TheStreet.com Ratings' Guide to Stock Mutual Funds

TheStreet.com Ratings' Guide to Stock Mutual Funds

A Quarterly Compilation of Investment Ratings
and Analyses Covering Equity and Balanced Mutual Funds

Summer 2007

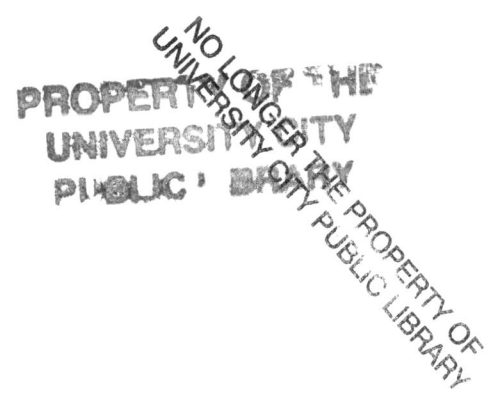

GREY HOUSE PUBLISHING

TheStreet.com Ratings, Inc.
P.O. Box 689608
Jupiter, FL 33468-9608
561-354-4400

Copyright © TheStreet.com Ratings, Inc. corporate headquarters located at 14 Wall Street, 15th floor, New York, NY, 10005; telephone 212-321-5000. All rights reserved. This publication contains original and creative work and is fully protected by all applicable copyright laws, as well as by laws covering misappropriation, trade secrets and unfair competition. Additionally, TheStreet.com Ratings, Inc. has added value to the underlying factual material through one or more of the following efforts: unique and original selection; expression; arrangement; coordination; and classification. None of the content of this publication may be reproduced, stored in a retrieval system, redistributed, or transmitted in any form or by any means (electronic, print, mechanical, photocopying, recording or otherwise) without the prior written permission of TheStreet.com Ratings, Inc. "TheStreet.com Ratings" is a trademark protected by all applicable common law and statutory laws.

Published by Grey House Publishing, Inc. located at 185 Millerton Road, Millerton, NY, 12546; telephone 518-789-8700. Grey House Publishing neither guarantees the accuracy of the data contained herein nor assumes any responsibility for errors, omissions or discrepancies. Grey House Publishing accepts no payment for listing; inclusion in the publication of any organization agency, institution, publication, service or individual does not imply endorsement of the publisher.

Edition No. 36, Summer 2007

ISBN: 978-1-59237-265-2
ISSN: 1935-2050

Invest like the pros with this no-risk offer from TheStreet.com

Get a free trial to your choice of 3 products.

Pick the product that fits your investment style. This is your chance to get up-to-the-minute market analysis, stock recommendations, insightful strategies, research and commentary from the premiere financial information resource, *The Street.com*.

Our respected Wall Street specialists span all sectors, evaluating thousands of stocks — thereby streamlining what could otherwise be a very time-consuming, overwhelming process for investors.

The unbiased, innovative leader. *TheStreet.com* delivers timely, unbiased information through a range of premium products. And, for a limited time, we're offering a free trial to three of our most popular ones:

TheStreet.com *Action Alerts PLUS* by Jim Cramer
Jim Cramer, who was one of the most successful hedge fund managers on Wall Street and is now a renowned financial commentator, sends you email alerts of every buy and sell he recommends — before he acts on any one of them.

TheStreet.com Stock UNDER $10
Designed for the relatively risk-tolerant, email alerts are sent throughout the week pinpointing undervalued, low-priced stocks across any sector.

TheStreet.com RealMoney
You receive up to 15 exclusive stories daily written by more than 45 contributing Wall Street pros. The focus is on investment commentary, analysis and potential money-making ideas.

Make more educated investing decisions.

To get your free 30-day trial, call 1-800-706-2501

Monday–Friday, 8 a.m.–6 p.m. ET; outside the U.S. and in Canada, call 1-212-321-5200.

Make sure you mention "Library Offer" and one of the following promotional codes:
Action Alerts PLUS: PRAA-0084   *Stocks Under $10*: PRSU-0019   *RealMoney*: PRRM-0072

Your time is an investment, too...Use it wisely with TheStreet.com

NO COST, NO OBLIGATION POLICY: Your trial to *TheStreet.com* product you select is at no cost and no obligation to you. This means that your credit card will not be charged during the trial period, allowing you to cancel the trial at no cost to you. You may cancel the trial during the trial period with no obligation to continue by calling customer service at 1-800-706-2501. Otherwise, after the trial period you will be charged for and continue to receive the subscription.

Please note: Your subscription will not begin until your free trial ends.

IMPORTANT SECURITIES DISCLAIMER: *The Street.com Ratings, Inc.* is a wholly owned subsidiary of *TheStreet.com, Inc.* which is a publisher and has registered as an investment adviser with the U.S. Securities and Exchange Commission. No content published by *TheStreet.com Ratings* or *TheStreet.com* constitutes a recommendation that any particular security, portfolio of securities, transaction or investment strategy is suitable for any specific person. None of the information providers or their affiliates will advise you personally concerning the nature, potential, value or suitability of any particular security, portfolio of securities, transaction, investment strategy or other matter.

Past performance is not indicative of future results.

TheStreet.com Ratings and *TheStreet.com* products may contain opinions from time to time with regard to securities mentioned in other products offered by *TheStreet.com*, and those opinions may be different from those obtained by using another product offered by *TheStreet.com*. Although we do not permit our editorial staff to hold positions in individual stocks other than *TheStreet.com*, from time to time, outside contributing columnists or their affiliates may write about securities in which they or their firms have a position, and that they may trade for their own account. In cases where the position is held at the time of publication, appropriate disclosure is made. In addition, outside contributing columnists may be subject to certain restrictions on trading for their own account. However, at the time of any transaction that you make, one or more contributing columnists or their affiliates may have a position in the securities written about. In addition, certain of *TheStreet.com's* affiliates and employees may, from time to time, have long and short positions in, or buy or sell the securities, or derivatives thereof, of companies mentioned and may take positions inconsistent with the views expressed. With respect to *Action Alerts PLUS* and *TheStreet.com Stocks Under $10*, the authors are subject to additional restrictions. To view these restrictions and complete terms of use please visit http://www.thestreet.com/tsc/commerce/terms/tou-sb-38.html and http://www.thestreet.com/tsc/commerce/terms/tou-sb-9.html.

© 2006 TheStreet.com, Inc., 14 Wall Street, 15th Floor, New York, NY 10005.

Invest like the pros with this no-risk offer from TheStreet.com

Get a **FREE TRIAL** to your choice of 3 products.

TheStreet.com
Action Alerts PLUS
by Jim Cramer

Jim Cramer, who was one of the most successful hedge fund managers on Wall Street and is now a renowned financial commentator, sends you email alerts of every buy and sell he recommends — before he acts on any one of them.

TheStreet.com
Stock $10 UNDER

Designed for the relatively risk-tolerant, email alerts are sent throughout the week pinpointing undervalued, low-priced stocks across any sector.

TheStreet.com
RealMoney

You receive up to 15 exclusive stories daily written by more than 45 contributing Wall Street pros. The focus is on investment commentary, analysis and potential money-making ideas.

Make more educated investing decisions.

To get your free 30-day trial, call 1-800-706-2501

Monday–Friday, 8 a.m.–6 p.m. ET; outside the U.S. and in Canada, call 1-212-321-5200.

Make sure you mention "Library Offer" and one of the following promotional codes:
Action Alerts PLUS: PRAA-0084   *Stocks Under $10*: PRSU-0019   *RealMoney*: PRRM-0072

Your time is an investment, too...Use it wisely with TheStreet.com

NO COST, NO OBLIGATION POLICY: Your trial to TheStreet.com product you select is at no cost and no obligation to you. This means that your credit card will not be charged during the trial period, allowing you to cancel the trial at no cost to you. You may cancel the trial during the trial period with no obligation to continue by calling customer service at 1-800-706-2501. Otherwise, after the trial period you will be charged for and continue to receive the subscription.

Please note: Your subscription will not begin until your free trial ends.

IMPORTANT SECURITIES DISCLAIMER: The Street.com Ratings, Inc. is a wholly owned subsidiary of TheStreet.com, Inc. which is a publisher and has registered as an investment adviser with the U.S. Securities and Exchange Commission. No content published by TheStreet.com Ratings or TheStreet.com constitutes a recommendation that any particular security, portfolio of securities, transaction or investment strategy is suitable for any specific person. None of the information providers or their affiliates will advise you personally concerning the nature, potential, value or suitability of any particular security, portfolio of securities, transaction, investment strategy or other matter.

Past performance is not indicative of future results.

TheStreet.com Ratings and TheStreet.com products may contain opinions from time to time with regard to securities mentioned in other products offered by TheStreet.com, and those opinions may be different from those obtained by using another product offered by TheStreet.com. Although we do not permit our editorial staff to hold positions in individual stocks other than TheStreet.com, from time to time, outside contributing columnists or their affiliates may write about securities in which they or their firms have a position, and that they may trade for their own account. In cases where the position is held at the time of publication, appropriate disclosure is made. In addition, outside contributing columnists may be subject to certain restrictions on trading for their own account. However, at the time of any transaction that you make, one or more contributing columnists or their affiliates may have a position in the securities written about. In addition, certain of TheStreet.com's affiliates and employees may, from time to time, have long and short positions in, or buy or sell the securities, or derivatives thereof, of companies mentioned and may take positions inconsistent with the views expressed. With respect to Action Alerts PLUS and TheStreet.com Stocks Under $10, the authors are subject to additional restrictions. To view these restrictions and complete terms of use please visit http://www.thestreet.com/tsc/commerce/terms/tou-sb-38.html and http://www.thestreet.com/tsc/commerce/terms/tou-sb-9.html.

© 2006 TheStreet.com, Inc., 14 Wall Street, 15th Floor, New York, NY 10005.

Contents

Introduction

    Welcome 3

    How to Use This Guide 5

    About TheStreet.com Investment Ratings 7

    Important Warnings and Cautions 11

Section I. Index of Stock Mutual Funds 13

Section II. Analysis of Largest Stock Mutual Funds 497

Section III. Top 200 Stock Mutual Funds 563

Section IV. Bottom 200 Stock Mutual Funds 573

Section V. Performance: 100 Best and Worst Stock Mutual Funds 583

Section VI. Risk: 100 Best and Worst Stock Mutual Funds 593

Section VII. Top-Rated Stock Mutual Funds by Risk Category 603

Section VIII. Top-Rated Stock Mutual Funds by Fund Type 617

Appendix

    What is a Mutual Fund? 645

    Investor Profile Quiz 647

    Performance Benchmarks 651

    Fund Type Descriptions 653

    Share Class Descriptions 655

Terms and Conditions

This Document is prepared strictly for the confidential use of our customer(s). It has been provided to you at your specific request. It is not directed to, or intended for distribution to or use by, any person or entity who is a citizen or resident of or located in any locality, state, country or other jurisdiction where such distribution, publication, availability or use would be contrary to law or regulation or which would subject TheStreet.com Ratings or its affiliates to any registration or licensing requirement within such jurisdiction.

No part of the analysts' compensation was, is, or will be, directly or indirectly, related to the specific recommendations or views expressed in this research report.

This Document is not intended for the direct or indirect solicitation of business. TheStreet.com Ratings, Inc. and its affiliates disclaims any and all liability to any person or entity for any loss or damage caused, in whole or in part, by any error (negligent or otherwise) or other circumstances involved in, resulting from or relating to the procurement, compilation, analysis, interpretation, editing, transcribing, publishing and/or dissemination or transmittal of any information contained herein.

TheStreet.com Ratings has not taken any steps to ensure that the securities or investment vehicle referred to in this report are suitable for any particular investor. The investment or services contained or referred to in this report may not be suitable for you and it is recommended that you consult an independent investment advisor if you are in doubt about such investments or investment services. Nothing in this report constitutes investment, legal, accounting or tax advice or a representation that any investment or strategy is suitable or appropriate to your individual circumstances or otherwise constitutes a personal recommendation to you.

The ratings and other opinions contained in this Document must be construed solely as statements of opinion from TheStreet.com Ratings, Inc., and not statements of fact. Each rating or opinion must be weighed solely as a factor in your choice of an institution and should not be construed as a recommendation to buy, sell or otherwise act with respect to the particular product or company involved.

Past performance should not be taken as an indication or guarantee of future performance, and no representation or warranty, expressed or implied, is made regarding future performance. Information, opinions and estimates contained in this report reflect a judgment at its original date of publication and are subject to change without notice. TheStreet.com Ratings offers a notification service for rating changes on companies you specify. For more information call 1-800-289-9222 or visit www.thestreet.com/ratings. The price, value and income from any of the securities or financial instruments mentioned in this report can fall as well as rise.

This Document and the information contained herein is copyrighted by TheStreet.com Ratings, Inc. Any copying, displaying, selling, distributing or otherwise delivering of this information or any part of this Document to any other person, without the express written consent of TheStreet.com Ratings, Inc. except by a reviewer or editor who may quote brief passages in connection with a review or a news story, is prohibited.

Welcome to TheStreet.com Ratings
Guide to Stock Mutual Funds

With the growing popularity of mutual fund investing, consumers need a reliable source to help them track and evaluate the performance of their mutual fund holdings. Plus, they need a way of identifying and monitoring other funds as potential new investments. Unfortunately, the hundreds of performance and risk measures available – multiplied by the vast number of mutual fund investments on the market today – can make this a daunting task for even the most sophisticated investor.

TheStreet.com Investment Ratings simplify the evaluation process. We condense all of the available mutual fund data into a single composite opinion of each fund's risk-adjusted performance. This allows you to instantly identify those funds that have historically done well and those that have underperformed the market. While there is no guarantee of future performance, TheStreet.com Investment Ratings provide a solid framework for making informed investment decisions.

TheStreet.com Ratings' Mission Statement

TheStreet.com Ratings' mission is to empower consumers, professionals, and institutions with high quality advisory information for selecting or monitoring a financial services company or financial investment.

In doing so, TheStreet.com Ratings will adhere to the highest ethical standards by maintaining our independent, unbiased outlook and approach to advising our customers.

Why rely on TheStreet.com Ratings?

TheStreet.com Ratings provides financial strength ratings evaluating the financial stability of insurance companies and banks in addition to TheStreet.com Investment Ratings. Our mission is to provide fair, objective information to help professionals and consumers alike make educated purchasing decisions.

At TheStreet.com Ratings, objectivity and total independence are never compromised. We never take a penny from rated companies for issuing our ratings, and we publish them without regard for the companies' preferences. TheStreet.com's ratings are more frequently reviewed and updated than any other ratings, so you can be sure that the information you receive is accurate and current.

Our rating scale, from A to E, is easy to understand as follows:

	Rating	Description
Top 10% of stock mutual funds	A	Excellent
Next 20% of stock mutual funds	B	Good
Middle 40% of stock mutual funds	C	Fair
Next 20% of stock mutual funds	D	Weak
Bottom 10% of stock mutual funds	E	Very Weak

In addition, a plus or minus sign designates that a fund is in the top third or bottom third of funds with the same letter grade.

Thank you for your trust and purchase of this Guide. If you have any comments, or wish to review other products from TheStreet.com Ratings, please call 1-800-289-9222 or visit www.thestreet.com/ratings. We look forward to hearing from you.

How to Use This Guide

The purpose of the *Guide to Stock Mutual Funds* is to provide investors with a reliable source of investment ratings and analyses on a timely basis. We realize that past performance is an important factor to consider when making the decision to purchase shares in a mutual fund. The ratings and analyses in this Guide can make that evaluation easier when you are considering:

- growth funds
- index funds
- balanced funds
- sector or international funds

However, this Guide does not include pure bond funds and money market funds since they are not comparable investments to funds invested exclusively or partially in equities. For information on bond and money market funds, refer to *TheStreet.com Ratings Guide to Bond and Money Market Mutual Funds*. The rating for a particular fund indicates our opinion regarding that fund's past risk-adjusted performance.

When evaluating a specific mutual fund, we recommend you follow these steps:

Step 1   **Confirm the fund name and ticker symbol.** To ensure you evaluate the correct mutual fund, verify the fund's exact name and ticker symbol as it was given to you in its prospectus or appears on your account statement. Many funds have similar names, so you want to make sure the fund you look up is really the one you are interested in evaluating.

Step 2   **Check the fund's Investment Rating.** Turn to Section I, the Index of Stock Mutual Funds, and locate the fund you are evaluating. This section contains all stock mutual funds analyzed by TheStreet.com Ratings including those that did not receive an Investment Rating. All funds are listed in alphabetical order by the name of the fund with the ticker symbol following the name for additional verification. Once you have located your specific fund, the first column after the ticker symbol shows its Investment Rating and corresponding percentile. Turn to *About TheStreet.com Investment Ratings* on page 7 for information about what this rating means.

Step 3   **Analyze the supporting data.** Following TheStreet.com Investment Rating are some of the various measures we have used in rating the fund. Refer to the Section I introduction (beginning on page 15) to see what each of these factors measures. In most cases, lower rated funds will have a low performance rating and/or a low risk rating (i.e., high volatility). Bear in mind, however, that TheStreet.com Investment Rating is the result of a complex computer-generated analysis which cannot be reproduced using only the data provided here.

How to Use This Guide

When looking to identify a mutual fund that achieves your specific investing goals, we recommend the following:

Step 4   **Take our Investor Profile Quiz.** Turn to page 647 of the Appendix and take our Investor Profile Quiz to help determine your level of risk tolerance. After you have scored yourself, the last page of the quiz will refer you to the risk category in Section VII (Top-Rated Stock Mutual Funds by Risk Category) that is best for you. There you can choose a fund that has historically provided top notch returns while keeping the risk at a level that is suited to your investment style.

Step 5   **View the 100 top performing funds.** If your priority is to achieve the highest return, regardless of the amount of risk, turn to Section V which lists the top 100 stock mutual funds with the best financial performance. Keep in mind that past performance alone is not always a true indicator of the future since these funds have already experienced a run up in price and could be due for a correction.

Step 6   **View the 100 funds with the lowest risk.** On the other hand, if capital preservation is your top priority, turn to Section VI which lists the top 100 stock mutual funds with the lowest risk. These funds will have lower performance ratings than most other funds, but can provide a safe harbor for your savings.

Step 7   **View the top-rated funds by fund type.** If you are looking to invest in a particular type of mutual fund (e.g., aggressive growth or a balanced fund), turn to Section VIII, Top-Rated Stock Mutual Funds by Fund Type. There you will find the top 100 stock mutual funds with the highest performance rating in each category. Please be careful to also consider the risk component when selecting a fund from one of these lists.

Step 8   **Refer back to Section I.** Once you have identified a particular fund that interests you, refer back to Section I, the Index of Stock Mutual Funds, for a more thorough analysis.

Always remember:

Step 9   **Read our warnings and cautions.** In order to use TheStreet.com Investment Ratings most effectively, we strongly recommend you consult the Important Warnings and Cautions listed on page 11. These are more than just "standard disclaimers." They are very important factors you should be aware of before using this Guide.

Step 10   **Stay up to date.** Periodically review the latest TheStreet.com Investment Ratings for the funds that you own to make sure they are still in line with your investment goals and level of risk tolerance. For information on how to acquire follow-up reports on a particular mutual fund, call 1-800-289-9222 or visit www.thestreet.com/ratings.

Data Source: Thomson Wealth Management
1455 Research Boulevard
Rockville, MD 20850

Date of data analyzed: June 30, 2007

About TheStreet.com Investment Ratings

TheStreet.com Investment Ratings represent a completely independent, unbiased opinion of a mutual fund's historical risk-adjusted performance. Each fund's rating is based on two primary components:

Primary Component #1   A fund's **Performance Rating** is based on its total return to shareholders over the last trailing three years, including share price appreciation and distributions to shareholders. This total return figure is stated net of the expenses and fees charged by the fund, and we also make additional adjustments for any front-end or deferred sales loads.

This adjusted return is then weighted to give more recent performance a slightly greater emphasis. Thus, two mutual funds may have provided identical returns to their shareholders over the last three years, but the one with the better performance in the last 12 months will receive a slightly higher performance rating.

Primary Component #2   The **Risk Rating** is based on the level of volatility in the fund's monthly returns, also over the last trailing three years. We use several statistical measures – standard deviation, semi-deviation and a drawdown factor – as our barometer of volatility. Funds with more volatility relative to other mutual funds are considered riskier, and thus receive a lower risk rating. By contrast, funds with a very stable returns are considered less risky and receive a higher risk rating.

Note that none of the mutual funds listed in this publication have received a risk rating in the A (Excellent) range. This is because all stock investments, by their very nature, involve at least some degree of risk.

Rarely will you ever find a mutual fund that has both a very high Performance Rating plus, at the same time, a very high Risk Rating. Therefore, the funds that receive the highest overall Investment Ratings are those that combine the ideal combination of both primary components. There is always a tradeoff between risk and reward. That is why we suggest you assess your own personal risk tolerance using the quiz on page 647 as a part of your decision-making process.

Keep in mind that while TheStreet.com Investment Ratings use the same rating scale as TheStreet.com Financial Strength Ratings of financial institutions, the two ratings have totally independent meanings. TheStreet.com Financial Strength Ratings assess the *future* financial stability of an insurer or bank as a way of helping investors place their money with a financially sound company and minimize the risk of loss. These ratings are derived without regard to the performance of the individual investments offered by the insurance companies, banks, or thrifts.

On the other hand, TheStreet.com Investment Ratings employ a ranking system to evaluate both safety and performance. Based on these measures, funds are divided into percentiles, and an individual performance rating and a risk rating are assigned to each fund. Then these measures are combined to derive a fund's composite percentile ranking. Finally, TheStreet.com Investment Ratings are assigned to their corresponding percentile rankings as shown on page 3.

How Our Ratings Differ From Those of Other Services

Balanced approach: TheStreet.com Investment Ratings are designed to meet the needs of aggressive *as well as* conservative investors. We realize that your investment goals can be different from those of other investors based upon your age, income, and tolerance for risk. Therefore, our ratings balance a fund's performance against the amount of risk it poses to identify those funds that have achieved the optimum mix of both factors. Some of these top funds have achieved excellent returns with only average risk. Others have achieved average returns with only moderate risk. Whatever your personal preferences, we can help you identify a top notch fund that meets your investing style.

Other Investment rating firms give a far greater weight to performance and insufficient consideration to risk. In effect, they are betting too heavily on a continuing bull market and not giving enough consideration to the risk of a decline. While performance is obviously a very important factor to consider, we believe that the riskiness of a fund is also very important. Therefore, we weigh these two components more equally when assigning TheStreet.com Investment Ratings.

But we don't stop there. We also assign a separate performance rating and risk rating to each fund so you can focus on the component that is most important to you. In fact, Sections V, VI, and VII are designed specifically to help you select the best stock mutual funds based on these two factors. No other source gives you the cream of the crop in this manner.

Easy to use: Unlike those of other services, TheStreet.com Investment Ratings are extremely intuitive and easy to use. Our rating scale (A to E) is easily understood by members of the general public based on their familiarity with school grades. So, there are no stars to count and no numbering systems to interpret.

More funds: *TheStreet.com Ratings Guide to Stock Mutual Funds* tracks more mutual funds than any other publication – with updates that come out more frequently than those of other rating agencies. We've included more than 8,000 funds in this edition, all of which are updated every three months. Compare that to other investment rating agencies, such as Morningstar, where coverage stops after the top 1,500 funds and it takes five months for a fund to cycle through their publication's update process.

Recency: Recognizing that every fund's performance is going to have its peaks and valleys, superior long-term performance is a major consideration in TheStreet.com Investment Ratings. Even so, we do not give a fund a top rating solely because it did well 10 or 15 years ago. Times change and the top performing funds in the current economic environment are often very different from those of a decade ago. Thus, our ratings are designed to keep you abreast of the best funds available *today* and in the *near future,* not the distant past.

No bias toward load funds: In keeping with our conservative, consumer-oriented nature, we adjust the performance for so-called "load" funds differently from other rating agencies. We spread the impact to you of front-end loads and back-end loads (a.k.a. deferred sales charges) over a much shorter period in our evaluation of a fund. Thus our performance rating, as well as the overall TheStreet.com Investment Rating, more fully reflects the actual returns the typical investor experiences when placing money in a load fund.

About TheStreet.com Investment Ratings

What Our Ratings Mean

A   **Excellent.** The mutual fund has an excellent track record for maximizing performance while minimizing risk, thus delivering the best possible combination of total return on investment and reduced volatility. It has made the most of the recent economic environment to maximize risk-adjusted returns compared to other mutual funds. While past performance is just an indication – not a guarantee – we believe this fund is among the most likely to deliver superior performance relative to risk in the future.

B   **Good.** The mutual fund has a good track record for balancing performance with risk. Compared to other mutual funds, it has achieved above-average returns given the level of risk in its underlying investments. While the risk-adjusted performance of any mutual fund is subject to change, we believe that this fund has proven to be a good investment in the recent past.

C   **Fair.** In the trade-off between performance and risk, the mutual fund has a track record which is about average. It is neither significantly better nor significantly worse than most other mutual funds. With some funds in this category, the total return may be better than average, but this can be misleading since the higher return was achieved with higher than average risk. With other funds, the risk may be lower than average, but the returns are also lower. In short, based on recent history, there is no particular advantage to investing in this fund.

D   **Weak.** The mutual fund has underperformed the universe of other funds given the level of risk in its underlying investments, resulting in a weak risk-adjusted performance. Thus, its investment strategy and/or management has not been attuned to capitalize on the recent economic environment. While the risk-adjusted performance of any mutual fund is subject to change, we believe that this fund has proven to be a bad investment over the recent past.

E   **Very Weak.** The mutual fund has significantly underperformed most other funds given the level of risk in its underlying investments, resulting in a very weak risk-adjusted performance. Thus, its investment strategy and/or management has done just the opposite of what was needed to maximize returns in the recent economic environment. While the risk-adjusted performance of any mutual fund is subject to change, we believe this fund has proven to be a very bad investment in the recent past.

+   **The plus sign** is an indication that the fund is in the top third of its letter grade.

-   **The minus sign** is an indication that the fund is in the bottom third of its letter grade.

U   **Unrated.** The mutual fund is unrated because it is too new to make a reliable assessment of its risk-adjusted performance. Typically, a fund must be established for at least three years before it is eligible to receive a TheStreet.com Investment Rating.

Important Warnings and Cautions

1. **A rating alone cannot tell the whole story.** Please read the explanatory information contained here, in the section introductions and in the appendix. It is provided in order to give you an understanding of our rating methodology as well as to paint a more complete picture of a mutual fund's strengths and weaknesses.

2. **Investment ratings shown in this Guide were current as of the publication date.** In the meantime, the rating may have been updated based on more recent data. TheStreet.com Ratings offers a notification service for ratings changes on companies that you specify. For more information call 1-800-289-9222 or visit www.thestreet.com/ratings.

3. **When deciding to buy or sell shares in a specific mutual fund, your decision must be based on a wide variety of factors in addition to TheStreet.com Investment Rating.** These include any charges you may incur from switching funds, to what degree it meets your long-term planning needs, and what other choices are available to you.

4. **TheStreet.com Investment Ratings represent our opinion of a mutual fund's past risk-adjusted performance.** As such, a high rating means we feel that the mutual fund has performed very well for its shareholders compared to other stock mutual funds. A high rating is not a guarantee that a fund will continue to perform well, nor is a low rating a prediction of continued weak performance. TheStreet.com Investment Ratings are not deemed to be a recommendation concerning the purchase or sale of any mutual fund.

5. **A mutual fund's individual performance is not the only factor in determining its rating.** Since TheStreet.com Investment Ratings are based on performance relative to other funds, it is possible for a fund's rating to be upgraded or downgraded based strictly on the improved or deteriorated performance of other funds.

6. **All funds that have the same TheStreet.com Investment Rating should be considered to be essentially equal from a risk/reward perspective.** This is true regardless of any differences in the underlying numbers which might appear to indicate greater strengths.

7. **Our rating standards are more consumer-oriented than those used by other rating agencies.** We make more conservative assumptions about the amortization of loads and other fees as we attempt to identify those funds that have historically provided superior returns with only little or moderate risk.

8. **We are an independent rating agency and do not depend on the cooperation of the managers operating the mutual funds we rate.** Our data are derived, for the most part, from price quotes obtained and documented on the open market. This is supplemented by information collected from the mutual fund prospectuses and regulatory filings. Although we seek to maintain an open line of communication with the mutual fund managers, we do not grant them the right to stop or influence publication of the ratings. This policy stems from the fact that this Guide is designed for the information of the consumer.

9. **This Guide does not cover bond and money market funds.** Because bond and money market funds represent a whole separate class of investments with unique risk profiles and performance expectations, they are excluded from this publication.

Section I

Index of
Stock Mutual Funds

An analysis of all rated and selected unrated

Equity Mutual Funds.

Funds are listed in alphabetical order.

Section I Contents

Left Pages

1. **Fund Type** — The mutual fund's peer category based on an analysis of its investment portfolio.

AG	Aggressive Growth	HL	Health
AA	Asset Allocation	IN	Income
BA	Balanced	IX	Index
CV	Convertible	MC	Mid Cap
EM	Emerging Market	OT	Other
EN	Energy/Natural Resources	PM	Precious Metals
FS	Financial Services	RE	Real Estate
FO	Foreign	SC	Small Cap
GL	Global	TC	Technology
GR	Growth	UT	Utilities
GI	Growth and Income		

   A blank fund type means that the mutual fund has not yet been categorized.

2. **Fund Name** — The name of the mutual fund as stated in its prospectus, which can sometimes differ slightly from the name that the company uses for advertising. If you cannot find the particular mutual fund you are interested in, or if you have any doubts regarding the precise name, verify the information with your broker or on your account statement. Also, use the fund's ticker symbol for confirmation. (See column 3.)

3. **Ticker Symbol** — The unique alphabetic symbol used for identifying and trading a specific mutual fund. No two funds can have the same ticker symbol, and the ticker symbol for mutual funds always ends with an "X".

   A handful of funds currently show no associated ticker symbol. This means that the fund is either small or new since the NASD only assigns a ticker symbol to funds with at least $25 million in assets or 1,000 shareholders.

4. **Overall Investment Rating** — Our overall rating is measured on a scale from A to E based on each fund's risk-adjusted performance. Please see page 10 for specific descriptions of each letter grade. Also, refer to page 7 for information on how our ratings are derived. Most important, when using this rating, please be sure to consider the warnings beginning on page 11 regarding the ratings' limitations and the underlying assumptions.

5. **Phone** — The telephone number of the company managing the fund. Call this number to receive a prospectus or other information about the fund.

6.	**Performance Rating/Points**	A letter grade rating based solely on the mutual fund's financial performance over the trailing three years, without any consideration for the amount of risk the fund poses. Like the overall Investment Rating, the Performance Rating is measured on a scale from A to E for ease of interpretation. The points score indicates where the Performance Rating falls on a scale of 0 to 10.
7.	**3-Month Total Return**	The total return the fund has provided to investors over the preceding three months. This total return figure is computed based on the fund's dividends, capital gains, and any other distributions to holders, as well as its share price appreciation/depreciation during the period, net of the expenses and fees it imposes on its shareholders. Although the total return figure does not reflect an adjustment for any loads the fund may carry, such adjustments have been made in deriving TheStreet.com Investment Ratings. The 3-Month Total Return shown here is not annualized.
8.	**6-Month Total Return**	The total return the fund has provided investors over the preceding six months, not annualized.
9.	**1-Year Total Return**	The total return the fund has provided investors over the preceding twelve months.
10.	**1-Year Total Return Percentile**	The fund's percentile rank based on its one-year performance compared to that of all other equity funds in existence for at least one year. A score of 99 is the best possible, indicating that the fund outperformed 99% of the other mutual funds. Zero is the worst possible percentile score.
11.	**3-Year Total Return**	The total annual return the fund has provided investors over the preceding three years.
12.	**3-Year Total Return Percentile**	The fund's percentile rank based on its three-year performance compared to that of all other equity funds in existence for at least three years. A score of 99 is the best possible, indicating that the fund outperformed 99% of the other mutual funds. Zero is the worst possible percentile score.
13.	**5-Year Total Return**	The total annual return the fund has provided investors over the preceding five years.
14.	**5-Year Total Return Percentile**	The fund's percentile rank based on its five-year performance compared to that of all other equity funds in existence for at least five years. A score of 99 is the best possible, indicating that the fund outperformed 99% of the other mutual funds. Zero is the worst possible percentile score.

15.	**Dividend Yield**	Distributions provided to fund investors over the preceding 12 months, expressed as a percent of the fund's current share price. Dividend distributions are based on a fund's need to pass earnings from both dividends and gains on the sale of investments along to shareholders. Thus, these dividend distributions are included as a part of the fund's total return. Keep in mind that a higher dividend yield means more current income, as opposed to capital appreciation, which in turn means a higher tax liability in the year of the distribution.
16.	**Expense Ratio**	The expense ratio is taken directly from each fund's annual report with no further calculation. It indicates the percentage of the fund's assets that are deducted each fiscal year to cover its expenses, although for practical purposes, it is actually accrued daily. Typical fund expenses include 12b-1 fees, management fees, administrative fees, operating costs, and all other asset-based costs incurred by the fund. Brokerage costs incurred by the fund to buy or sell shares of the underlying stocks, as well as any sales loads levied on investors, are not included in the expense ratio. If a mutual fund's net assets are small, its expense ratio can be quite high because the fund must cover its expenses from a smaller asset base. Conversely, as the net assets of the fund grow, the expense percentage should ideally diminish since the expenses are being spread across a larger asset base. Funds with higher expense ratios are generally less attractive since the expense ratio represents a hurdle that must be met before the investment becomes profitable to its shareholders. Since a fund's expenses affect its total return though, they are already factored into its Investment Rating.

Right Pages

1.	**Risk Rating/Points**	A letter grade rating based solely on the mutual fund's risk as determined by its monthly performance volatility over the trailing three years. The risk rating does not take into consideration the overall financial performance the fund has achieved or the total return it has provided to its shareholders. Like the overall Investment Rating, the Risk Rating is measured on a scale from A to E for ease of interpretation. The points score indicates where the Risk Rating falls on a scale of 0 to 10.
2.	**Standard Deviation**	A statistical measure of the amount of volatility in a fund's monthly performance over the last trailing 36 months. In absolute terms, standard deviation provides a historical measure of a fund's deviation from its mean, or average, monthly total return over the period.

A high standard deviation indicates a high degree of volatility in the past, which usually means you should expect to see a high degree of volatility in the future as well. This translates into higher risk since a large negative swing could easily become a sizable loss in the event you need to liquidate your shares.

3. **Beta**

The level of correlation between the fund's monthly performance over the last trailing 36 months and the performance of its investment category as a whole.

A beta of 1.00 means that the fund's returns have matched those of the index one for one during the stock market's ups and downs. A beta of 1.10 means that on average the fund has outperformed the index by 10% during rising markets and underperformed it by 10% during falling markets. Conversely, a beta of 0.85 means that the fund has typically perfomed 15% worse than the overall market during up markets and 15% better during down markets.

4. **Net Asset Value (NAV)**

The fund's share price as of the date indicated. A fund's NAV is computed by dividing the value of the fund's asset holdings, less accrued fees and expenses, by the number of its shares outstanding.

5. **Net Assets**

The total value (stated in millions of dollars) of all of the fund's asset holdings including stocks, bonds, cash, and other financial instruments, less accrued expenses and fees.

Larger funds have the advantage of being able to spread their expenses over a greater asset base so that the effect per share is lessened. On the other hand, if a fund becomes too large, it can be more difficult for the fund manager to buy and sell investments for the benefit of shareholders.

6. **Cash %**

The percentage of the fund's assets held in cash or money market funds as of the last reporting period. Investments in this area will tend to hamper the fund's returns while adding to its stability during market swings.

7. **Stocks %**

The percentage of the fund's assets held in common or preferred stocks as of the last reporting period. Since stocks are inherently riskier investments than the other categories, it is common for funds invested primarily or exclusively in stocks to receive a lower risk rating.

8. **Bonds %**

The percentage of the fund's assets held in bonds as of the last reporting period. This category includes corporate bonds, municipal bonds, and government bonds such as T-bills and T-bonds.

9. **Other %**

The percentage of the fund's assets invested as of the last reporting period in other types of financial instruments such as convertible securities, options, and warrants.

10.	**Portfolio Turnover Ratio**	The average annual portion of the fund's holdings that have been moved from one specific investment to another over the past three years. This indicates the amount of buying and selling the fund manager engages in. A portfolio turnover ratio of 100% signifies that on average, the entire value of the fund's assets is turned over once during the course of a year.
		A high portfolio turnover ratio has implications for shareholders since the fund is required to pass all realized earnings along to shareholders each year. Thus a high portfolio turnover ratio will result in higher annual distributions for shareholders, effectively increasing their annual taxable income. In contrast, a low turnover ratio means a higher level of unrealized gains that will not be taxable until you sell your shares in the fund.
11.	**Last Bull Market Return**	The fund's performance during the most recent stock bull market. Use this field in combination with the Last Bear Market Return (next column) to assess how well the fund anticipates and reacts to changing market conditions.
		Keep in mind that lower risk funds tend to under perform higher risk funds during a bull market due to the risk/reward tradeoff.
12.	**Last Bear Market Return**	The fund's performance during the most recent stock bear market. Use this field in combination with the Last Bull Market Return (previous column) to assess how well the fund anticipates and reacts to changing market conditions.
		Keep in mind that lower risk funds tend to fare better than higher risk funds during a bear market although they may still record a net loss.
13.	**Manager Quality Percentile**	The manager quality percentile is based on a ranking of the fund's alpha, a statistical measure representing the difference between a fund's actual returns and its expected performance given its level of risk. Fund managers who have been able to exceed the fund's statistically expected performance receive a high percentile rank with 99 representing the highest possible score. At the other end of the spectrum, fund managers who have actually detracted from the fund's expected performance receive a low percentile rank with 0 representing the lowest possible score.
14.	**Manager Tenure**	The number of years the current manager has been managing the fund. Since fund managers who deliver substandard returns are usually replaced, a long tenure is usually a good sign that shareholders are satisfied that the fund is achieving its stated objectives.
15.	**Initial Purchase Minimum**	The minimum investment amount, stated in dollars, that the fund management company requires in order for you to initially purchase shares in the fund. In theory, funds with high purchase minimums are able to keep expenses down because they have fewer accounts to administer. Don't be mislead, however, by the misconception that a fund with a high purchase minimum will deliver superior results simply because it is designed for "high rollers."

16.	**Additional Purchase Minimum**	The minimum subsequent fund purchase, stated in dollars, that you can make once you have opened an existing account. This minimum may be lowered or waived if you participate in an electronic transfer plan where shares of the fund are automatically purchased at regularly scheduled intervals.
17.	**Front End Load**	A fee charged on all new investments in the fund, stated as a percentage of the initial investment. Thus a fund with a 4% front-end load means that only 96% of your initial investment is working for you while the other 4% is immediately sacrificed to the fund company. It is generally best to avoid funds that charge a front-end load since there is usually a comparable no-load fund available to serve as an alternative.
		While a fund's total return does not reflect the expense to shareholders of a front end load, we have factored this fee into our evaluation when deriving its TheStreet.com Investment Rating.
18.	**Back End Load**	Also known as a deferred sales charge, this fee is levied when you sell the fund, and is stated as a percentage of your total sales price. For instance, investing in a fund with a 5% back-end load means that you will only receive 95% of your total investment when you sell the fund. The remaining 5% goes to the fund company. As with front-end loads, it is generally best to avoid funds that charge a back-end load since there is usually a comparable no-load fund available to serve as an alternative.
		While a fund's total return does not reflect the expense to shareholders of a back-end load, we have factored this fee into our evaluation when deriving its TheStreet.com Investment Rating.

I. Index of Stock Mutual Funds

Summer 2007

99 Pct = Best
0 Pct = Worst

Fund Type	Fund Name	Ticker Symbol	Overall Investment Rating	Phone	Performance Rating/Pts	3 Mo	6 Mo	1Yr / Pct	3Yr / Pct	5Yr / Pct	Dividend Yield	Expense Ratio
IN	1st Source Monogram Income Equity	FMIEX	B+	(800) 766-8938	B+ / 8.3	7.98	11.14	23.72 /79	17.62 /79	14.74 /74	1.20	1.45
AA	1st Source Monogram Long/Short	FMLSX	C	(800) 766-8938	D+ / 2.5	6.08	6.25	15.98 /32	9.14 /22	--	2.02	1.98
GR	Absolute Strategies A	ASFAX	U	(888) 263-5593	U /	1.46	3.01	6.27 / 2	--	--	1.42	2.78
GR	Absolute Strategies Inst	ASFIX	U	(888) 263-5593	U /	1.54	3.19	6.66 / 3	--	--	1.85	2.44
AG	Accessor Fd-Aggress Gr Alloc A	AGRRX	C+	(800) 759-3504	C / 5.5	6.31	8.39	20.78 /65	14.26 /64	--	0.20	1.67
AG	Accessor Fd-Aggress Gr Alloc Adv	AAGRX	B	(800) 759-3504	C+ / 6.9	6.42	8.62	21.24 /68	14.67 /66	12.86 /61	0.41	1.32
AG	Accessor Fd-Aggress Gr Alloc C	ACAGX	B-	(800) 759-3504	C+ / 6.0	6.08	8.06	19.96 /59	13.50 /58	--	0.00	2.32
AG	Accessor Fd-Aggress Gr Alloc Inv	ACAIX	B	(800) 759-3504	C+ / 6.5	6.23	8.30	20.59 /64	14.08 /63	12.74 /60	0.14	1.82
BA	Accessor Fd-Balanced Alloc A	AOBAX	C-	(800) 759-3504	D- / 1.2	3.47	5.33	14.04 /21	9.22 /22	--	2.20	1.47
BA	Accessor Fd-Balanced Alloc Adv	ABAAX	C	(800) 759-3504	D / 2.2	3.60	5.56	14.40 /23	9.60 /25	9.11 /24	2.65	1.12
BA	Accessor Fd-Balanced Alloc C	ABAFX	C-	(800) 759-3504	D / 1.6	3.35	5.00	13.33 /18	8.52 /17	--	1.72	2.12
BA	Accessor Fd-Balanced Alloc Inv	ACBIX	C	(800) 759-3504	D / 1.9	3.48	5.31	13.87 /20	9.09 /21	8.58 /19	2.19	1.62
GI	Accessor Fd-Gr & Inc Alloc A	AOIAX	C-	(800) 759-3504	D / 1.9	4.12	6.13	16.29 /34	10.35 /31	--	2.06	1.50
GI	Accessor Fd-Gr & Inc Alloc Adv	AGWAX	C+	(800) 759-3504	C- / 3.2	4.19	6.27	16.19 /33	10.76 /34	9.93 /32	2.11	1.15
GI	Accessor Fd-Gr & Inc Alloc C	AGIGX	C	(800) 759-3504	D+ / 2.4	3.95	5.74	15.02 /26	9.65 /25	--	1.20	2.15
GI	Accessor Fd-Gr & Inc Alloc Inv	AGIIX	C	(800) 759-3504	D+ / 2.8	4.08	5.98	15.55 /29	10.21 /29	9.39 /27	1.68	1.65
AA	Accessor Fd-Growth Alloc A	AOGAX	C+	(800) 759-3504	C- / 3.8	5.40	7.55	18.92 /52	12.59 /50	--	0.85	1.59
AA	Accessor Fd-Growth Alloc Adv	ACGAX	B-	(800) 759-3504	C / 5.5	5.48	7.65	19.36 /55	12.98 /54	11.91 /53	1.21	1.24
AA	Accessor Fd-Growth Alloc C	AGGGX	C+	(800) 759-3504	C / 4.4	5.21	7.14	18.15 /46	11.87 /44	--	0.33	2.24
AA	Accessor Fd-Growth Alloc Inv	AGALX	C+	(800) 759-3504	C / 5.0	5.30	7.41	18.75 /50	12.45 /49	11.36 /47	0.76	1.74
GR	Accessor Fd-Growth Portfolio Adv	AGROX	E+	(800) 759-3504	E+ / 0.6	3.10	2.61	11.15 /11	6.91 / 9	7.44 /11	0.35	1.12
GR	Accessor Fd-Growth Portfolio C	AGCGX	E+	(800) 759-3504	E / 0.4	2.86	2.13	10.06 / 8	5.87 / 5	--	0.00	2.12
GR	Accessor Fd-Growth Portfolio Inv	AGRIX	E+	(800) 759-3504	E+ / 0.6	3.04	2.51	10.96 /10	6.61 / 8	7.09 / 9	0.21	1.62
GL	Accessor Fd-Inc & Gr Alloc A	AOLAX	C-	(800) 759-3504	E / 0.4	2.37	3.86	10.65 / 9	6.87 / 9	--	3.05	1.43
GL	Accessor Fd-Inc & Gr Alloc Adv	AIGAX	C-	(800) 759-3504	E+ / 0.9	2.45	4.10	11.10 /11	7.25 /10	7.07 / 9	3.57	1.08
GL	Accessor Fd-Inc & Gr Alloc C	AIGMX	C-	(800) 759-3504	E+ / 0.6	2.20	3.62	9.99 / 8	6.19 / 6	--	2.63	2.08
GL	Accessor Fd-Inc & Gr Alloc Inv	ACIGX	C-	(800) 759-3504	E+ / 0.7	2.32	3.86	10.50 / 9	6.76 / 8	6.55 / 6	3.10	1.58
AA	Accessor Fd-Income Allocation A	AILAX	D+	(800) 759-3504	E- / 0.0	-0.01	1.28	4.76 / 1	3.35 / 1	--	5.08	1.27
AA	Accessor Fd-Income Allocation Adv	AIAAX	D+	(800) 759-3504	E- / 0.1	0.05	1.43	5.04 / 2	3.61 / 1	3.80 / 1	5.61	1.02
AA	Accessor Fd-Income Allocation C	AIACX	D+	(800) 759-3504	E- / 0.1	-0.26	0.88	3.96 / 1	2.57 / 1	--	4.63	2.02
AA	Accessor Fd-Income Allocation Inv	AIAIX	D+	(800) 759-3504	E- / 0.1	-0.14	1.12	4.46 / 1	3.10 / 1	3.27 / 0	5.12	1.52
FO	Accessor Fd-Intl Equity Adv	ACIEX	A-	(800) 759-3504	A / 9.5	8.87	15.27	38.23 /97	26.30 /94	18.87 /90	0.40	1.36
FO	Accessor Fd-Intl Equity C	AICIX	A-	(800) 759-3504	A / 9.4	8.61	14.69	36.88 /96	25.04 /93	--	0.00	2.36
FO	Accessor Fd-Intl Equity Inv	AIINX	A-	(800) 759-3504	A / 9.5	8.73	14.96	37.57 /96	25.80 /94	18.42 /89	0.08	1.86
SC	Accessor Fd-Small-Mid Cap Adv	ASMCX	B-	(800) 759-3504	C+ / 6.9	4.90	9.09	17.59 /42	16.47 /76	15.93 /81	0.09	1.16
SC	Accessor Fd-Small-Mid Cap C	ACSMX	C+	(800) 759-3504	C+ / 6.1	4.65	8.58	16.42 /35	15.31 /70	--	0.00	2.16
SC	Accessor Fd-Small-Mid Cap Inv	ACSIX	B-	(800) 759-3504	C+ / 6.6	4.74	8.85	17.09 /39	15.96 /74	15.45 /78	0.00	1.66
GR	Accessor Fd-Value Fund Adv	AVAIX	B	(800) 759-3504	C+ / 6.6	7.88	8.74	21.71 /71	14.28 /64	12.51 /58	1.09	0.97
GR	Accessor Fd-Value Fund C	AVCVX	B	(800) 759-3504	C+ / 5.7	7.61	8.15	20.48 /63	13.14 /55	--	0.28	1.97
GR	Accessor Fd-Value Fund Inv	AVUIX	B+	(800) 759-3504	C+ / 6.2	7.74	8.43	21.10 /67	13.81 /61	12.07 /54	0.64	1.47
GR	Activa Growth Fund	AGFDX	D-	(800) 346-2670	D+ / 2.7	7.45	9.41	15.61 /29	8.68 /18	8.41 /18	0.00	1.44
FO	Activa International Fund	AINFX	C+	(800) 346-2670	B / 8.0	6.11	8.24	20.89 /66	18.25 /81	12.81 /60	1.23	1.43
SC	Adams Harkness Sm Cap Gr Fd	ASCGX	E+	(888) 263-5593	C- / 3.6	10.77	10.68	9.35 / 6	12.01 /45	--	0.00	2.65
RE	Adelante US Real Estate Sec K	LLUKX	C+	(877) 563-5327	B / 7.9	-8.10	-4.92	13.34 /18	22.00 /89	18.85 /89	0.30	2.59
RE	Adelante US Real Estate Sec Y	LLUYX	C+	(877) 563-5327	B / 8.1	-8.04	-4.81	13.67 /19	22.33 /90	19.26 /90	0.51	2.12
EM	● Adv Inn Cir Acadian Emg Mkt I	AEMGX	C+	(866) 777-7818	A+ / 9.9	16.54	20.71	42.40 /97	42.77 /99	36.19 /99	1.31	1.39
GL	Adv Inn Cir Analytic Glb Lng-Shrt	ANGLX	C	(866) 777-7818	C- / 3.3	3.15	5.55	11.38 /11	12.81 /52	10.06 /33	2.01	6.20
SC	Adv Inn Cir Champlain Sm Comp	CIPSX	U	(866) 777-7818	U /	6.87	11.03	20.89 /66	--	--	0.00	2.26
SC	Adv Inn Cir FMA Sm Co I	FMACX	D	(866) 777-7818	C+ / 6.6	5.59	7.39	16.76 /36	15.37 /71	12.76 /60	0.03	1.29
IN	Adv Inn Cir FMC Select Fd		C	(866) 777-7818	C- / 3.2	6.12	8.92	18.73 /50	9.31 /23	9.61 /29	1.05	1.00
GR	Adv Inn Cir HGK Equity Val A	HGKEX	B	(866) 777-7818	C+ / 6.6	7.51	8.93	22.62 /75	15.40 /71	12.85 /61	0.61	3.43
SC	Adv Inn Cir ICM Sm Co I	ICSCX	C+	(866) 777-7818	B- / 7.4	5.86	10.86	20.38 /63	15.94 /74	14.38 /72	0.30	0.90

● Denotes fund is closed to new investors
* Denotes fund is included in Section II

www.thestreet.com/ratings

Summer 2007   I. Index of Stock Mutual Funds

RISK			NET ASSETS		ASSET					BULL / BEAR		FUND MANAGER		MINIMUMS		LOADS	
	3 Year		NAV						Portfolio	Last Bull	Last Bear	Manager	Manager	Initial	Additional	Front	Back
Risk	Standard		As of	Total	Cash	Stocks	Bonds	Other	Turnover	Market	Market	Quality	Tenure	Purch.	Purch.	End	End
Rating/Pts	Deviation	Beta	6/30/07	$(Mil)	%	%	%	%	Ratio	Return	Return	Pct	(Years)	$	$	Load	Load
C+ / 6.5	8.5	1.04	15.94	294	5	94	0	1	13.0	141.4	-9.3	94	11	1,000	25	0.0	0.0
B / 8.9	5.5	0.85	12.22	70	20	78	0	2	84.0	N/A	N/A	70	4	1,000	25	0.0	0.0
U /	N/A	N/A	10.73	36	22	57	7	14	424.0	N/A	N/A	N/A	N/A	10,000	100	4.5	0.0
U /	N/A	N/A	10.71	250	22	57	7	14	424.0	N/A	N/A	N/A	N/A	1,000,000	0	0.0	0.0
B- / 7.8	7.9	1.03	20.21	12	1	98	0	1	10.7	N/A	N/A	79	N/A	5,000	100	5.8	0.0
B / 8.8	7.9	1.02	20.40	45	1	98	0	1	10.7	119.0	-9.7	83	N/A	5,000	100	0.0	0.0
B- / 7.8	7.9	1.02	19.71	10	1	98	0	1	10.7	109.8	N/A	73	N/A	5,000	100	0.0	0.0
B / 8.8	7.9	1.01	19.94	14	1	98	0	1	10.7	114.4	-9.3	79	N/A	5,000	100	0.0	0.0
B+ / 9.5	4.1	0.89	17.84	29	8	55	35	2	13.3	N/A	N/A	68	N/A	5,000	100	5.8	0.0
B+ / 9.5	4.1	0.89	17.86	64	8	55	35	2	13.3	65.6	-4.0	72	7	5,000	100	0.0	0.0
B+ / 9.5	4.1	0.89	17.82	21	8	55	35	2	13.3	58.6	N/A	60	7	5,000	100	0.0	0.0
B+ / 9.5	4.1	0.89	17.85	16	8	55	35	2	13.3	62.2	-4.1	67	7	5,000	100	0.0	0.0
B+ / 9.1	5.0	0.64	18.35	29	4	65	29	2	14.3	N/A	N/A	73	N/A	5,000	100	5.8	0.0
B+ / 9.1	4.9	0.64	18.40	66	4	65	29	2	14.3	76.6	-5.2	77	7	5,000	100	0.0	0.0
B+ / 9.1	4.9	0.64	18.32	55	4	65	29	2	14.3	60.9	N/A	66	N/A	5,000	100	0.0	0.0
B+ / 9.1	4.9	0.64	18.37	17	4	65	29	2	14.3	72.9	-5.3	72	7	5,000	100	0.0	0.0
B / 8.5	6.5	1.37	19.48	28	2	84	12	2	18.9	N/A	N/A	77	N/A	5,000	100	5.8	0.0
B / 8.5	6.5	1.37	19.49	65	2	84	12	2	18.9	101.8	-7.6	80	7	5,000	100	0.0	0.0
B / 8.4	6.5	1.37	19.39	43	2	84	12	2	18.9	93.6	N/A	70	5	5,000	100	0.0	0.0
B / 8.5	6.5	1.37	19.47	18	2	84	12	2	18.9	97.7	-7.7	76	7	5,000	100	0.0	0.0
C+ / 6.8	7.5	0.96	26.67	165	1	98	0	1	130.9	66.6	-8.2	15	3	5,000	100	0.0	2.0
C+ / 6.7	7.5	0.96	25.93	6	1	98	0	1	130.9	59.8	N/A	10	3	5,000	100	0.0	2.0
C+ / 6.8	7.5	0.96	26.11	2	1	98	0	1	130.9	64.1	-8.2	13	3	5,000	100	0.0	2.0
B+ / 9.9	2.7	0.58	16.62	3	18	35	46	1	19.3	N/A	N/A	59	N/A	5,000	100	5.8	0.0
B+ / 9.9	2.7	0.58	16.64	20	18	35	46	1	19.3	44.1	-1.6	64	N/A	5,000	100	0.0	0.0
B+ / 9.9	2.7	0.58	16.58	9	18	35	46	1	19.3	38.0	N/A	49	5	5,000	100	0.0	0.0
B+ / 9.9	2.6	0.57	16.63	5	18	35	46	1	19.3	41.2	-1.8	58	7	5,000	100	0.0	0.0
B+ / 9.9	1.2	0.08	14.62	1	30	0	70	0	14.2	N/A	N/A	44	7	5,000	100	4.8	0.0
B+ / 9.9	1.2	0.09	14.63	12	30	0	70	0	14.2	15.8	2.4	47	7	5,000	100	0.0	0.0
B+ / 9.9	1.2	0.08	14.59	3	30	0	70	0	14.2	10.9	N/A	34	7	5,000	100	0.0	0.0
B+ / 9.9	1.2	0.08	14.61	4	30	0	70	0	14.2	13.4	2.3	40	7	5,000	100	0.0	0.0
C+ / 6.1	10.7	1.08	26.50	245	5	94	0	1	93.5	196.6	-11.7	73	N/A	5,000	100	0.0	2.0
C+ / 6.0	10.7	1.09	25.61	7	5	94	0	1	93.5	184.2	N/A	59	N/A	5,000	100	0.0	2.0
C+ / 6.0	10.7	1.09	25.66	5	5	94	0	1	93.5	191.6	-11.8	67	N/A	5,000	100	0.0	2.0
B- / 7.4	10.6	0.78	34.96	332	2	98	0	0	37.2	157.6	-9.1	93	N/A	5,000	100	0.0	2.0
B- / 7.3	10.6	0.78	33.53	4	2	98	0	0	37.2	146.8	N/A	89	N/A	5,000	100	0.0	2.0
B- / 7.3	10.6	0.78	33.57	6	2	98	0	0	37.2	152.7	-9.1	91	N/A	5,000	100	0.0	2.0
B / 8.6	8.0	1.03	25.93	151	0	98	0	2	64.2	118.9	-10.2	80	N/A	5,000	100	0.0	2.0
B / 8.6	8.0	1.03	25.87	4	0	98	0	2	64.2	109.8	N/A	68	N/A	5,000	100	0.0	2.0
B / 8.6	8.0	1.03	25.95	2	0	98	0	2	64.2	114.9	-10.3	76	N/A	5,000	100	0.0	2.0
C+ / 6.0	9.5	1.12	8.37	27	1	98	0	1	105.9	75.8	-10.0	17	N/A	500	50	0.0	0.0
C / 5.4	10.9	1.11	10.77	46	6	93	0	1	48.4	133.1	-8.6	8	N/A	500	50	0.0	0.0
C- / 3.1	17.8	1.22	13.68	27	0	99	0	1	497.0	N/A	N/A	19	3	2,000	250	0.0	1.0
C / 4.7	15.2	1.03	17.44	10	2	97	0	1	24.9	179.2	1.0	81	1	10,000	250	0.0	0.0
C / 4.6	15.3	1.03	17.25	26	2	97	0	1	24.9	183.2	1.1	83	1	250,000	10,000	0.0	0.0
C- / 3.2	18.4	1.17	33.40	957	4	95	0	1	40.0	387.2	-2.4	25	N/A	2,500	1,000	0.0	2.0
B / 8.0	7.2	0.44	11.79	17	32	67	0	1	117.0	81.9	-3.6	68	N/A	2,500	100	0.0	2.0
U /	N/A	N/A	13.69	241	10	89	0	1	93.9	N/A	N/A	N/A	N/A	10,000	0	0.0	0.0
D+ / 2.6	11.2	0.80	22.66	228	5	94	0	1	135.0	130.0	-7.1	88	N/A	2,500	100	0.0	0.0
B / 8.9	5.7	0.69	24.24	320	0	81	18	1	12.7	73.8	-5.0	56	12	10,000	1,000	0.0	0.0
B / 8.4	6.8	0.86	13.01	18	2	97	0	1	60.0	134.1	-10.7	92	N/A	2,000	0	5.5	0.0
C / 5.5	11.6	0.85	41.30	1,715	6	93	0	1	21.0	141.1	-6.5	89	18	2,500,000	1,000	0.0	0.0

www.thestreet.com/ratings   Data as of June 30, 2007

I. Index of Stock Mutual Funds

Summer 2007

99 Pct = Best
0 Pct = Worst

Fund Type	Fund Name	Ticker Symbol	Overall Investment Rating	Phone	Performance Rating/Pts	Total Return % through 6/30/07			Annualized		Incl. in Returns	
						3 Mo	6 Mo	1Yr / Pct	3Yr / Pct	5Yr / Pct	Dividend Yield	Expense Ratio
FO	Adv Inn Cir Japan Smaller Comp I	JSCFX	E	(866) 777-7818	E- / 0.1	-4.15	7.24	3.81 / 1	4.55 / 3	11.91 /53	0.00	1.66
GR	Adv Inn Cir LSV Value Equity	LSVEX	A-	(866) 777-7818	B / 7.8	5.64	7.63	21.97 /72	17.49 /79	15.20 /77	1.35	0.64
FO	Adv Inn Cir McKee Intl Eqty I	MKIEX	B+	(866) 777-7818	B+ / 8.9	8.00	12.16	26.96 /88	21.16 /87	17.13 /85	1.52	1.00
GR	Adv Inn Cir Reaves Sel Research I	RSRFX	U	(866) 777-7818	U /	6.32	13.83	27.40 /89	--	--	2.28	1.30
SC	Adv Inn Cir Sterling Cap SmCp Val I	SPSCX	D-	(866) 777-7818	C+ / 5.7	3.77	7.04	21.87 /72	13.24 /56	13.58 /66	0.00	1.63
GR	Adv Inn Cir TS&W Eq Port I	TSWEX	C+	(866) 777-7818	C+ / 6.0	6.58	7.95	18.69 /50	14.07 /63	10.48 /38	0.76	1.31
FO	Adv Inn Cir TS&W Intl Eq I	TSWIX	B+	(866) 777-7818	B+ / 8.9	6.94	9.70	28.43 /90	21.37 /88	15.19 /77	0.39	1.61
GR	Adv Series Tr-Capital Adv Growth	CIAOX	D	(866) 777-7818	C- / 4.1	7.70	9.06	18.52 /49	10.33 /30	11.24 /46	0.00	1.88
GR	AdvisorOne Amerigo N	CLSAX	C+	(800) 377-8796	C+ / 6.7	7.08	9.49	21.02 /67	14.02 /62	12.20 /55	0.96	1.15
GI	AdvisorOne Berolina Fund	CLBLX	U	(800) 377-8796	U /	7.16	9.71	22.51 /75	--	--	0.87	1.36
GR	AdvisorOne Descartes Fund	CLDEX	U	(800) 377-8796	U /	5.87	6.95	19.86 /59	--	--	0.70	1.49
GI	AdvisorOne Liahona Fund	CLHAX	U	(800) 377-8796	U /	4.34	5.23	15.17 /27	--	--	1.04	2.00
SC	Aegis Value Fund	AVALX	D	(800) 528-3780	B- / 7.0	5.04	12.77	23.91 /80	13.90 /61	15.31 /78	0.63	1.41
BA	AFBA 5Star Balanced A	AFSAX	C	(800) 243-9865	D+ / 2.4	5.88	6.44	15.16 /27	11.74 /43	11.62 /50	2.10	1.51
BA	● AFBA 5Star Balanced B	AFSBX	C	(800) 243-9865	D+ / 2.8	5.68	6.06	14.29 /22	10.92 /35	10.67 /40	1.54	2.26
BA	AFBA 5Star Balanced C	AFSCX	C	(800) 243-9865	D+ / 2.8	5.70	6.08	14.35 /22	10.91 /35	10.66 /40	1.60	2.26
BA	AFBA 5Star Balanced I	AFBAX	C+	(800) 243-9865	C- / 3.8	6.01	6.67	15.53 /29	12.05 /46	11.77 /51	2.61	1.25
BA	AFBA 5Star Balanced R	ASBRX	C+	(800) 243-9865	C- / 3.4	5.82	6.26	15.15 /27	11.56 /41	11.37 /47	2.79	1.76
GR	AFBA 5Star Large Cap A	AFEAX	C-	(800) 243-9865	D+ / 2.7	7.47	11.48	23.01 /77	9.23 /22	9.59 /29	0.00	1.92
GR	● AFBA 5Star Large Cap B	AFEBX	C	(800) 243-9865	C- / 3.1	7.31	11.11	22.08 /73	8.39 /17	8.75 /21	0.00	2.68
GR	AFBA 5Star Large Cap C	AFECX	C	(800) 243-9865	C- / 3.1	7.31	11.10	22.16 /73	8.41 /17	8.75 /21	0.00	2.68
GR	AFBA 5Star Large Cap I	AFBEX	C	(800) 243-9865	C- / 4.0	7.52	11.65	23.27 /78	9.46 /24	9.84 /31	0.00	1.68
GR	AFBA 5Star Large Cap R	ASLRX	C	(800) 243-9865	C- / 3.6	7.38	11.41	22.68 /76	8.95 /20	9.43 /27	0.00	2.19
MC	AFBA 5Star Mid Cap A	AFMAX	C-	(800) 243-9865	C / 4.7	8.65	12.21	20.61 /64	12.49 /50	14.24 /71	0.00	1.86
MC	● AFBA 5Star Mid Cap B	AFMBX	C	(800) 243-9865	C / 5.2	8.40	11.80	19.65 /57	11.63 /42	13.36 /65	0.00	2.62
MC	AFBA 5Star Mid Cap C	AFMCX	C	(800) 243-9865	C / 5.2	8.39	11.79	19.72 /58	11.65 /42	13.37 /65	0.00	2.62
MC	AFBA 5Star Mid Cap I	AFMIX	C+	(800) 243-9865	C+ / 6.1	8.66	12.33	20.88 /66	12.77 /52	14.52 /73	0.00	1.60
MC	AFBA 5Star Mid Cap R	ASPRX	C+	(800) 243-9865	C+ / 5.7	8.54	12.06	20.29 /62	12.19 /47	14.01 /70	0.00	2.11
TC	AFBA 5Star Science & Tech A	AFATX	D-	(800) 243-9865	C- / 3.3	9.06	11.32	22.25 /74	10.10 /29	16.34 /82	0.00	2.59
TC	● AFBA 5Star Science & Tech B	AFBTX	D	(800) 243-9865	C- / 3.8	8.88	10.98	21.39 /69	9.27 /23	15.46 /79	0.00	3.28
TC	AFBA 5Star Science & Tech C	AFCTX	D-	(800) 243-9865	C- / 3.8	8.87	10.97	21.37 /69	9.26 /23	15.48 /79	0.00	3.34
TC	AFBA 5Star Science & Tech I	AFITX	D+	(800) 243-9865	C / 4.8	9.15	11.54	22.54 /75	10.36 /31	16.60 /83	0.00	2.35
TC	AFBA 5Star Science & Tech R	ASNRX	C	(800) 243-9865	C- / 4.2	9.02	11.22	21.88 /72	9.78 /26	16.05 /81	0.00	2.85
SC	● AFBA 5Star Small Cap A	AFCAX	D	(800) 243-9865	C- / 3.2	5.81	9.76	21.49 /70	11.05 /36	13.42 /65	0.00	1.53
SC	● AFBA 5Star Small Cap B	AFCBX	D	(800) 243-9865	C- / 3.6	5.62	9.23	20.52 /64	10.19 /29	12.58 /58	0.00	2.28
SC	● AFBA 5Star Small Cap C	AFCCX	D	(800) 243-9865	C- / 3.6	5.62	9.35	20.64 /64	10.23 /30	12.60 /58	0.00	2.28
SC	AFBA 5Star Small Cap I	AFCIX	C-	(800) 243-9865	C / 4.6	5.89	9.90	21.83 /72	11.32 /39	13.71 /67	0.00	1.28
SC	AFBA 5Star Small Cap R	ASSRX	C-	(800) 243-9865	C- / 4.1	5.76	9.62	21.22 /68	10.78 /34	13.19 /63	0.00	1.78
GR	AFBA 5Star USA Global A	AFUAX	D+	(800) 243-9865	D / 1.8	5.43	9.87	21.57 /70	8.43 /17	9.31 /26	0.00	1.85
GR	● AFBA 5Star USA Global B	AFUBX	D+	(800) 243-9865	D / 2.1	5.23	9.36	20.58 /64	7.61 /12	8.50 /18	0.00	2.61
GR	AFBA 5Star USA Global C	AFUCX	C-	(800) 243-9865	D / 2.1	5.23	9.36	20.58 /64	7.61 /12	8.50 /18	0.00	2.61
GR	AFBA 5Star USA Global I	AFGLX	C-	(800) 243-9865	D+ / 2.9	5.48	9.87	21.82 /72	8.69 /18	9.61 /29	0.00	1.58
GR	AFBA 5Star USA Global R	ASURX	C-	(800) 243-9865	D+ / 2.5	5.41	9.66	21.22 /68	8.13 /15	9.72 /30	0.00	2.11
BA	AHA Balanced Portfolio	AHBPX	D-	(800) 445-1341	D / 1.7	3.19	4.03	12.57 /15	9.15 /22	8.38 /18	2.19	1.00
GR	AHA Diversified Equity A	AHADX	C	(800) 445-1341	C / 4.5	5.69	5.95	17.66 /43	12.12 /46	--	0.65	1.33
GR	AHA Diversified Equity I	AHDEX	C	(800) 445-1341	C / 4.8	5.77	6.09	17.99 /45	12.42 /49	11.12 /45	0.88	1.02
GR	AHA Socially Responsible Equity I	AHSRX	U	(800) 445-1341	U /	6.33	6.93	18.68 /50	--	--	1.02	1.10
FO	AIM Asia Pacific Growth A	ASIAX	A	(800) 347-4246	A+ / 9.8	13.95	21.74	51.03 /99	35.60 /98	25.38 /96	0.33	1.86
FO	AIM Asia Pacific Growth B	ASIBX	A	(800) 347-4246	A+ / 9.8	13.78	21.33	49.91 /99	34.66 /97	24.54 /96	0.00	2.61
FO	AIM Asia Pacific Growth C	ASICX	A	(800) 347-4246	A+ / 9.8	13.71	21.28	49.90 /99	34.62 /97	24.49 /96	0.00	2.61
BA	AIM Basic Balanced A	BBLAX	C-	(800) 347-4246	D- / 1.3	4.72	5.91	15.88 /31	8.43 /17	8.52 /19	1.97	1.10
BA	AIM Basic Balanced B	BBLBX	C-	(800) 347-4246	D- / 1.5	4.53	5.53	15.05 /26	7.61 /12	7.74 /13	1.36	1.85

● Denotes fund is closed to new investors
★ Denotes fund is included in Section II

www.thestreet.com/ratings

Summer 2007 — I. Index of Stock Mutual Funds

RISK			NET ASSETS		ASSET					BULL / BEAR		FUND MANAGER		MINIMUMS		LOADS	
	3 Year		NAV						Portfolio	Last Bull	Last Bear	Manager	Manager	Initial	Additional	Front	Back
Risk	Standard		As of	Total	Cash	Stocks	Bonds	Other	Turnover	Market	Market	Quality	Tenure	Purch.	Purch.	End	End
Rating/Pts	Deviation	Beta	6/30/07	$(Mil)	%	%	%	%	Ratio	Return	Return	Pct	(Years)	$	$	Load	Load
C+ / 6.2	14.6	0.67	13.63	35	7	92	0	1	103.0	110.7	-3.1	1	6	2,500	500	0.0	2.0
B- / 7.7	8.1	1.02	20.60	3,352	1	98	0	1	12.0	155.4	-7.8	94	8	100,000	0	0.0	0.0
C+ / 6.4	9.4	1.00	16.88	294	0	97	1	2	13.0	182.1	-9.2	36	7	2,500	100	0.0	1.0
U /	N/A	N/A	13.21	81	1	98	0	1	53.8	N/A	N/A	N/A	N/A	1,000,000	0	0.0	0.0
C- / 3.0	11.1	0.76	15.96	62	4	95	0	1	56.0	148.2	-8.6	78	N/A	2,500	100	0.0	0.0
C+ / 6.2	7.8	0.92	13.86	55	1	98	0	1	46.0	106.4	-9.6	84	N/A	2,500	100	0.0	1.0
C+ / 5.9	10.5	1.11	19.57	83	0	99	0	1	74.0	163.5	-11.8	21	N/A	2,500	100	0.0	1.0
C / 5.0	12.1	1.44	17.34	15	0	99	0	1	73.0	93.9	-8.9	12	8	5,000	250	0.0	0.0
C+ / 5.7	8.5	1.09	15.57	704	2	97	0	1	143.0	108.6	-8.6	72	10	100,000	0	0.0	0.0
U /	N/A	N/A	11.52	136	1	92	5	2	100.0	N/A	N/A	N/A	N/A	2,500	250	0.0	0.0
U /	N/A	N/A	11.54	144	2	97	0	1	9.0	N/A	N/A	N/A	N/A	2,500	250	0.0	0.0
U /	N/A	N/A	11.06	38	17	75	7	1	50.0	N/A	N/A	N/A	N/A	2,500	250	0.0	0.0
D+ / 2.4	10.0	0.54	16.25	426	30	68	0	2	18.0	129.5	-8.4	93	9	10,000	1,000	0.0	0.0
B+ / 9.1	5.1	0.88	15.01	23	11	60	21	8	28.0	93.4	-7.8	88	N/A	500	100	5.5	2.0
B+ / 9.2	5.1	0.87	14.80	2	11	60	21	8	28.0	87.3	-7.9	84	N/A	500	100	0.0	2.0
B+ / 9.2	5.1	0.87	14.81	16	11	60	21	8	28.0	87.2	-7.9	84	N/A	500	100	0.0	2.0
B+ / 9.1	5.1	0.87	14.49	51	11	60	21	8	28.0	95.3	-7.7	89	N/A	500	100	0.0	2.0
B+ / 9.8	5.1	0.87	14.28	N/A	11	60	21	8	28.0	92.8	-7.9	87	N/A	0	0	0.0	2.0
B / 8.1	8.7	1.06	16.41	1	3	96	0	1	23.0	89.8	-16.1	23	10	500	100	5.5	2.0
B / 8.1	8.7	1.06	15.70	N/A	3	96	0	1	23.0	83.8	-16.3	18	10	500	100	0.0	2.0
B / 8.1	8.6	1.06	15.71	1	3	96	0	1	23.0	83.8	-16.3	18	10	500	100	0.0	2.0
B / 8.2	8.7	1.06	16.58	25	3	96	0	1	23.0	91.7	-16.0	25	10	500	100	0.0	2.0
B / 8.2	8.6	1.06	16.01	N/A	3	96	0	1	23.0	89.4	-16.4	21	3	0	0	0.0	2.0
C+ / 6.2	11.8	1.01	17.33	14	N/A	100	0	N/A	22.0	133.8	-13.4	25	N/A	500	100	5.5	2.0
C+ / 6.1	11.9	1.02	16.64	N/A	N/A	100	0	N/A	22.0	126.5	-13.6	19	N/A	500	100	0.0	2.0
C+ / 6.1	11.8	1.02	16.65	6	N/A	100	0	N/A	22.0	126.7	-13.6	19	N/A	500	100	0.0	2.0
C+ / 6.2	11.8	1.01	17.55	16	N/A	100	0	N/A	22.0	136.2	-13.4	26	N/A	500	100	0.0	2.0
B- / 7.3	11.8	1.01	17.15	N/A	N/A	100	0	N/A	22.0	131.4	-13.4	23	N/A	0	0	0.0	2.0
C / 5.1	12.7	1.39	14.92	3	4	95	0	1	39.0	142.9	-17.7	13	10	500	100	5.5	2.0
C / 5.0	12.7	1.39	14.23	N/A	4	95	0	1	39.0	135.3	-18.0	10	10	500	100	0.0	2.0
C / 5.0	12.7	1.39	14.24	2	4	95	0	1	39.0	135.3	-18.0	10	10	500	100	0.0	2.0
C / 5.1	12.7	1.40	15.14	10	4	95	0	1	39.0	145.0	-17.7	14	10	500	100	0.0	2.0
B- / 7.0	12.7	1.40	14.74	N/A	4	95	0	1	39.0	139.6	-17.7	12	3	0	0	0.0	2.0
C+ / 5.7	13.0	0.91	19.28	223	6	93	0	1	18.0	154.7	-17.4	36	N/A	500	100	5.5	2.0
C+ / 5.7	13.0	0.91	18.42	3	6	93	0	1	18.0	146.7	-17.6	28	N/A	500	100	0.0	2.0
C+ / 5.7	12.9	0.90	18.44	23	6	93	0	1	18.0	146.9	-17.6	28	N/A	500	100	0.0	2.0
C+ / 5.8	13.0	0.90	19.58	16	6	93	0	1	18.0	157.5	-17.3	39	N/A	500	100	0.0	2.0
B- / 7.1	13.0	0.90	19.09	N/A	6	93	0	1	18.0	151.7	-17.3	33	N/A	0	0	0.0	2.0
B / 8.1	8.6	1.04	18.26	2	2	97	0	1	13.0	93.3	-13.1	20	10	500	100	5.5	2.0
B / 8.0	8.6	1.04	17.52	N/A	2	97	0	1	13.0	87.2	-13.2	15	10	500	100	0.0	2.0
B / 8.0	8.6	1.04	17.52	1	2	97	0	1	13.0	87.2	-13.2	15	10	500	100	0.0	2.0
B / 8.1	8.6	1.04	18.48	25	2	97	0	1	13.0	95.5	-12.9	21	10	500	100	0.0	2.0
B / 8.1	8.6	1.04	17.94	N/A	2	97	0	1	13.0	92.7	-13.3	18	3	0	0	0.0	2.0
C+ / 6.0	4.9	1.09	9.17	17	0	61	37	2	73.6	65.2	-4.6	55	N/A	1,000,000	0	0.0	0.0
B- / 7.2	7.7	1.03	18.73	11	3	96	0	1	99.2	100.9	N/A	56	N/A	1,000	0	0.0	0.0
B- / 7.2	7.7	1.03	18.69	101	3	96	0	1	99.2	103.2	-9.7	60	N/A	1,000,000	0	0.0	0.0
U /	N/A	N/A	12.35	57	4	95	0	1	28.6	N/A	N/A	N/A	N/A	1,000,000	0	0.0	0.0
C+ / 6.3	12.2	1.13	29.57	512	9	90	0	1	58.0	250.4	-3.3	98	10	1,000	50	5.5	2.0
C+ / 6.3	12.3	1.13	27.99	76	9	90	0	1	58.0	240.6	-3.4	97	10	1,000	50	0.0	2.0
C+ / 6.3	12.2	1.13	27.87	97	9	90	0	1	58.0	240.2	-3.4	97	10	1,000	50	0.0	2.0
B+ / 9.0	5.3	1.08	13.89	765	N/A	62	38	N/A	38.0	68.0	-6.9	45	N/A	1,000	50	5.5	0.0
B+ / 9.0	5.3	1.08	13.86	304	N/A	62	38	N/A	38.0	63.0	-7.0	35	8	1,000	50	0.0	0.0

www.thestreet.com/ratings

Data as of June 30, 2007

I. Index of Stock Mutual Funds

Summer 2007

99 Pct = Best
0 Pct = Worst

Fund Type	Fund Name	Ticker Symbol	Overall Investment Rating	Phone	Performance Rating/Pts	3 Mo	6 Mo	1Yr / Pct	3Yr / Pct	5Yr / Pct	Dividend Yield	Expense Ratio
BA	AIM Basic Balanced C	BBLCX	C-	(800) 347-4246	D- / 1.5	4.53	5.52	15.04 /26	7.64 /12	7.76 /13	1.36	1.85
BA	AIM Basic Balanced Inst	BBLIX	C	(800) 347-4246	D+ / 2.3	4.84	6.15	16.42 /35	8.91 /20	8.86 /21	2.52	0.64
BA	● AIM Basic Balanced Inv	BBLTX	C	(800) 347-4246	D / 2.0	4.72	5.91	15.97 /32	8.43 /17	8.52 /19	2.08	1.10
GR	AIM Basic Value A	GTVLX	C	(800) 347-4246	C- / 3.2	7.18	7.68	20.69 /65	10.67 /33	10.25 /36	0.06	1.20
GR	AIM Basic Value B	GTVBX	C	(800) 347-4246	C- / 3.7	6.99	7.28	19.80 /58	9.89 /27	9.49 /28	0.00	1.95
GR	AIM Basic Value C	GTVCX	C	(800) 347-4246	C- / 3.7	6.99	7.25	19.80 /58	9.88 /27	9.49 /28	0.00	1.95
MC	AIM Capital Development A	ACDAX	C+	(800) 347-4246	B / 7.8	8.91	14.82	22.96 /77	17.02 /78	13.54 /66	0.00	1.27
MC	AIM Capital Development B	ACDBX	C+	(800) 347-4246	B / 8.0	8.64	14.34	22.03 /73	16.17 /75	12.75 /60	0.00	2.02
MC	AIM Capital Development C	ACDCX	C+	(800) 347-4246	B / 8.0	8.65	14.35	22.06 /73	16.16 /74	12.75 /60	0.00	2.02
MC	AIM Capital Development Inst	ACDVX	A	(800) 347-4246	B+ / 8.4	9.00	15.06	23.52 /79	17.60 /79	14.16 /71	0.00	0.77
MC	● AIM Capital Development Inv	ACDIX	A	(800) 347-4246	B+ / 8.3	8.85	14.75	22.95 /77	17.03 /78	13.55 /66	0.00	1.27
* GI	AIM Charter Fund A	CHTRX	C+	(800) 347-4246	C- / 4.1	6.88	9.04	22.19 /73	11.62 /42	10.24 /36	0.61	1.29
GI	AIM Charter Fund B	BCHTX	C+	(800) 347-4246	C / 4.6	6.65	8.60	21.33 /69	10.82 /34	9.43 /27	0.14	2.04
GI	AIM Charter Fund C	CHTCX	C+	(800) 347-4246	C / 4.7	6.70	8.64	21.34 /69	10.84 /34	9.46 /27	0.14	2.04
GI	AIM Charter Fund Inst	CHTVX	B+	(800) 347-4246	C+ / 5.9	7.01	9.25	22.78 /76	12.17 /47	10.76 /41	0.92	0.82
FO	AIM China Fund A	AACFX	U	(800) 347-4246	U /	27.52	34.85	84.66 /99	--	--	0.50	4.14
AA	AIM Conservative Alloc A	ACNAX	D+	(800) 347-4246	E- / 0.2	1.66	3.67	9.39 / 6	5.73 / 5	--	2.80	1.33
AA	AIM Conservative Alloc B	ACNBX	D+	(800) 347-4246	E / 0.3	1.49	3.21	8.50 / 5	4.98 / 3	--	2.30	2.08
AA	AIM Conservative Alloc C	ACNCX	D+	(800) 347-4246	E / 0.3	1.49	3.21	8.51 / 5	4.95 / 3	--	2.31	2.08
AA	AIM Conservative Alloc Inst	ACNIX	C-	(800) 347-4246	E / 0.5	1.75	3.75	9.61 / 7	6.02 / 6	--	3.17	0.92
AA	AIM Conservative Alloc R	ACNRX	D+	(800) 347-4246	E / 0.4	1.57	3.39	8.96 / 6	5.45 / 4	--	2.74	1.58
* GR	AIM Constellation Fund A	CSTGX	D	(800) 347-4246	D+ / 2.4	8.12	9.65	16.82 /37	9.46 /24	8.74 /20	0.00	1.24
GR	AIM Constellation Fund B	CSTBX	D+	(800) 347-4246	D+ / 2.8	7.92	9.21	15.92 /31	8.66 /18	7.96 /14	0.00	1.99
GR	AIM Constellation Fund C	CSTCX	D+	(800) 347-4246	D+ / 2.8	7.92	9.22	15.93 /31	8.65 /18	7.95 /14	0.00	1.99
GR	AIM Constellation Fund Inst	CSITX	C	(800) 347-4246	C- / 3.9	8.25	9.87	17.32 /40	10.00 /28	9.30 /26	0.00	0.78
EM	AIM Developing Markets Fd A	GTDDX	B	(800) 347-4246	A+ / 9.9	13.77	20.80	53.45 /99	41.84 /99	31.91 /99	0.18	1.81
EM	AIM Developing Markets Fd B	GTDBX	B	(800) 347-4246	A+ / 9.9	13.56	20.37	52.35 /99	40.87 /99	31.11 /98	0.00	2.56
EM	AIM Developing Markets Fd C	GTDCX	B	(800) 347-4246	A+ / 9.9	13.57	20.35	52.28 /99	40.87 /99	31.11 /99	0.00	2.56
EM	AIM Developing Markets Fd Inst	GTDIX	A+	(800) 347-4246	A+ / 9.9	13.91	21.07	54.22 /99	42.21 /99	32.12 /99	0.48	1.29
GI	AIM Diversified Dividend A	LCEAX	C	(800) 347-4246	C- / 3.2	5.48	5.75	18.97 /52	11.85 /44	11.14 /45	1.34	1.04
GI	AIM Diversified Dividend B	LCEDX	C+	(800) 347-4246	C- / 3.8	5.28	5.37	18.19 /46	11.10 /37	10.42 /38	0.80	1.79
GI	AIM Diversified Dividend C	LCEVX	C+	(800) 347-4246	C- / 3.8	5.28	5.37	18.21 /47	11.11 /37	10.41 /37	0.80	1.79
GI	AIM Diversified Dividend Inst	DDFIX	B-	(800) 347-4246	C / 4.7	5.57	5.93	19.42 /56	12.05 /46	11.26 /46	1.75	0.60
GI	● AIM Diversified Dividend Inv	LCEIX	B-	(800) 347-4246	C / 4.5	5.52	5.73	19.11 /53	11.90 /44	11.18 /45	1.51	0.91
MC	AIM Dynamics Fund A	IDYAX	B	(800) 347-4246	B / 7.7	9.53	14.33	23.71 /79	16.61 /76	15.08 /77	0.00	1.06
MC	AIM Dynamics Fund B	IDYBX	B	(800) 347-4246	B / 8.0	9.33	13.87	22.80 /76	15.79 /73	14.25 /71	0.00	1.81
MC	AIM Dynamics Fund C	IFDCX	B+	(800) 347-4246	B / 8.0	9.37	13.94	22.81 /76	15.81 /73	14.22 /71	0.00	1.81
MC	AIM Dynamics Fund Inst	IDICX	B+	(800) 347-4246	B+ / 8.4	9.66	14.54	24.23 /81	17.18 /78	15.63 /79	0.00	0.63
MC	● AIM Dynamics Fund Inv	FIDYX	B+	(800) 347-4246	B+ / 8.3	9.53	14.33	23.71 /79	16.69 /77	15.12 /77	0.00	1.06
EN	AIM Energy A	IENAX	C+	(800) 347-4246	A+ / 9.6	14.85	23.00	20.15 /61	33.81 /97	26.27 /97	0.00	1.18
EN	AIM Energy B	IENBX	C	(800) 347-4246	A+ / 9.6	14.64	22.53	19.26 /54	32.86 /97	25.36 /96	0.00	1.93
EN	AIM Energy C	IEFCX	C	(800) 347-4246	A+ / 9.6	14.64	22.52	19.25 /54	32.88 /97	25.37 /96	0.00	1.93
EN	● AIM Energy Inv	FSTEX	C+	(800) 347-4246	A+ / 9.7	14.84	22.98	20.15 /61	33.86 /97	26.23 /97	0.00	1.18
FO	AIM European Growth A	AEDAX	A+	(800) 347-4246	A / 9.5	6.13	12.65	33.93 /95	29.09 /95	23.54 /95	0.59	1.61
FO	AIM European Growth B	AEDBX	A+	(800) 347-4246	A / 9.5	5.93	12.23	32.98 /95	28.17 /95	22.70 /95	0.11	2.36
FO	AIM European Growth C	AEDCX	A+	(800) 347-4246	A / 9.5	5.93	12.23	32.96 /95	28.17 /95	22.69 /95	0.11	2.36
FO	● AIM European Growth Inv	EGINX	A+	(800) 347-4246	A / 9.5	6.14	12.67	33.95 /95	29.16 /95	23.59 /95	0.65	1.58
FO	● AIM European Small Company A	ESMAX	A	(800) 347-4246	A+ / 9.9	7.42	19.12	41.26 /97	44.96 /99	38.10 /99	0.68	1.63
FO	● AIM European Small Company B	ESMBX	A	(800) 347-4246	A+ / 9.9	7.23	18.71	40.24 /97	43.91 /99	37.12 /99	0.16	2.38
FO	● AIM European Small Company C	ESMCX	A	(800) 347-4246	A+ / 9.9	7.23	18.66	40.18 /97	43.94 /99	37.11 /99	0.16	2.38
FS	AIM Financial Services A	IFSAX	E+	(800) 347-4246	D- / 1.1	3.44	0.21	15.09 /27	9.41 /24	8.72 /20	1.20	1.29
FS	AIM Financial Services B	IFSBX	E+	(800) 347-4246	D- / 1.3	3.23	-0.18	14.22 /22	8.62 /18	7.96 /14	0.53	2.04

● Denotes fund is closed to new investors
* Denotes fund is included in Section II

www.thestreet.com/ratings

I. Index of Stock Mutual Funds

Summer 2007

RISK			NET ASSETS		ASSET				Portfolio Turnover Ratio	BULL / BEAR		FUND MANAGER		MINIMUMS		LOADS	
	3 Year		NAV As of 6/30/07	Total $(Mil)	Cash %	Stocks %	Bonds %	Other %		Last Bull Market Return	Last Bear Market Return	Manager Quality Pct	Manager Tenure (Years)	Initial Purch. $	Additional Purch. $	Front End Load	Back End Load
Risk Rating/Pts	Standard Deviation	Beta															
B+ / 9.0	5.3	1.08	13.87	153	N/A	62	38	N/A	38.0	62.9	-6.9	36	N/A	1,000	50	0.0	0.0
B+ / 9.3	5.3	1.09	13.88	N/A	N/A	62	38	N/A	38.0	70.5	-6.9	51	6	1,000,000	0	0.0	0.0
B+ / 9.3	5.3	1.08	13.89	282	N/A	62	38	N/A	38.0	68.0	-6.9	45	6	1,000	50	0.0	0.0
B / 8.1	8.5	1.09	39.41	2,924	1	98	0	1	14.0	104.7	-11.7	32	9	1,000	50	5.5	0.0
B / 8.0	8.5	1.09	36.42	1,307	1	98	0	1	14.0	98.9	-11.9	26	9	1,000	50	0.0	0.0
B / 8.0	8.5	1.09	36.41	488	1	98	0	1	14.0	98.9	-11.9	26	9	1,000	50	0.0	0.0
C / 5.5	11.8	1.09	21.15	1,439	2	97	0	1	126.0	137.0	-7.0	63	9	1,000	50	5.5	0.0
C / 5.3	11.8	1.09	18.98	225	2	97	0	1	126.0	130.2	-7.1	53	9	1,000	50	0.0	0.0
C / 5.3	11.8	1.09	18.96	142	2	97	0	1	126.0	130.2	-7.1	53	9	1,000	50	0.0	0.0
B- / 7.5	12.2	1.12	21.93	87	2	97	0	1	126.0	142.4	-6.8	66	9	1,000,000	0	0.0	0.0
B- / 7.6	11.8	1.09	21.16	14	2	97	0	1	126.0	137.2	-7.0	64	3	1,000	50	0.0	0.0
B / 8.9	7.0	0.90	16.77	5,007	11	88	0	1	51.0	90.2	-9.5	64	5	1,000	50	5.5	0.0
B / 8.8	7.0	0.90	16.04	1,250	11	88	0	1	51.0	84.3	-9.6	N/A	5	1,000	50	0.0	0.0
B / 8.8	7.0	0.90	16.09	282	11	88	0	1	51.0	84.3	-9.6	54	5	1,000	50	0.0	0.0
B+ / 9.0	7.0	0.90	17.25	173	11	88	0	1	51.0	93.9	-9.3	70	5	1,000,000	0	0.0	0.0
U /	N/A	N/A	18.07	75	9	90	0	1	80.0	N/A	N/A	N/A	1	1,000	50	5.5	2.0
B+ / 9.6	2.1	0.43	11.03	66	9	90	0	1	34.0	N/A	N/A	54	3	1,000	50	5.5	0.0
B+ / 9.6	2.1	0.43	10.93	20	9	90	0	1	34.0	N/A	N/A	42	3	1,000	50	0.0	0.0
B+ / 9.6	2.2	0.45	10.92	20	9	90	0	1	34.0	N/A	N/A	41	3	1,000	50	0.0	0.0
B+ / 9.6	2.1	0.42	11.06	N/A	9	90	0	1	34.0	N/A	N/A	58	3	1,000,000	0	0.0	0.0
B+ / 9.6	2.1	0.44	10.98	5	9	90	0	1	34.0	N/A	N/A	49	3	0	0	0.0	0.0
C+ / 6.9	10.6	1.31	28.75	6,034	0	99	0	1	123.0	80.9	-10.0	13	2	1,000	50	5.5	0.0
C+ / 6.8	10.6	1.31	26.43	875	0	99	0	1	123.0	75.4	-10.1	10	2	1,000	50	0.0	0.0
C+ / 6.8	10.6	1.31	26.42	252	0	99	0	1	123.0	75.5	-10.1	10	2	1,000	50	0.0	0.0
B- / 7.7	10.6	1.31	31.49	95	0	99	0	1	123.0	84.8	-9.8	16	2	10,000,000	0	0.0	0.0
C / 4.7	16.8	1.09	32.06	901	8	91	0	1	51.0	352.7	-5.7	40	4	1,000	50	5.5	2.0
C / 4.7	16.8	1.09	31.08	85	8	91	0	1	51.0	341.2	-5.9	32	4	1,000	50	0.0	2.0
C / 4.7	16.8	1.09	31.05	155	8	91	0	1	51.0	341.3	-6.1	32	4	1,000	50	0.0	2.0
C+ / 6.6	16.8	1.09	32.18	20	8	91	0	1	51.0	356.2	-5.7	44	2	1,000,000	0	0.0	2.0
B / 8.9	6.2	0.80	14.33	256	5	94	0	1	9.0	101.4	-9.7	75	5	1,000	50	5.5	0.0
B / 8.9	6.2	0.80	14.20	97	5	94	0	1	9.0	95.8	-9.8	68	5	1,000	50	0.0	0.0
B / 8.9	6.2	0.81	14.19	57	5	94	0	1	9.0	95.9	-9.9	67	5	1,000	50	0.0	0.0
B+ / 9.2	6.2	0.80	14.32	53	5	94	0	1	9.0	102.4	-9.7	77	2	1,000,000	0	0.0	0.0
B+ / 9.2	6.2	0.80	14.32	1,524	5	94	0	1	9.0	101.6	-9.7	76	5	1,000	50	0.0	0.0
C+ / 6.8	12.4	1.14	24.26	221	2	97	0	1	120.0	134.4	-9.4	50	3	1,000	50	5.5	0.0
C+ / 6.8	12.4	1.14	23.32	66	2	97	0	1	120.0	127.4	-9.5	40	3	1,000	50	0.0	0.0
C+ / 6.8	12.4	1.14	22.88	38	2	97	0	1	120.0	127.6	-9.7	40	3	1,000	50	0.0	0.0
C+ / 6.8	12.4	1.14	24.97	180	2	97	0	1	120.0	139.2	-9.3	57	3	10,000,000	0	0.0	0.0
C+ / 6.8	12.4	1.14	24.26	1,618	2	97	0	1	120.0	134.7	-9.4	51	3	1,000	50	0.0	0.0
D+ / 2.8	20.9	1.01	47.11	669	4	95	0	1	52.0	237.2	4.4	74	5	1,000	50	5.5	0.0
D+ / 2.6	20.9	1.01	45.03	157	4	95	0	1	52.0	227.2	4.3	66	5	1,000	50	0.0	0.0
D+ / 2.6	20.9	1.01	44.17	189	4	95	0	1	52.0	227.4	4.2	66	7	1,000	50	0.0	0.0
D+ / 2.8	20.9	1.01	46.98	599	4	95	0	1	52.0	237.2	4.4	74	10	1,000	50	0.0	0.0
C+ / 6.9	11.0	1.10	46.03	1,091	5	94	0	1	28.0	259.2	-5.2	88	10	1,000	50	5.5	2.0
C+ / 6.8	11.0	1.10	43.40	176	5	94	0	1	28.0	248.9	-5.3	83	10	1,000	50	0.0	2.0
C+ / 6.8	11.0	1.10	43.42	163	5	94	0	1	28.0	249.0	-5.4	83	10	1,000	50	0.0	2.0
C+ / 6.8	11.0	1.10	45.96	368	5	94	0	1	28.0	259.8	-5.2	88	10	1,000	50	0.0	2.0
C+ / 5.9	13.8	1.28	33.02	433	6	93	0	1	35.0	497.8	-4.7	99	7	1,000	50	5.5	2.0
C+ / 5.9	13.8	1.28	31.73	71	6	93	0	1	35.0	479.8	-4.9	99	7	1,000	50	0.0	2.0
C+ / 5.9	13.8	1.28	31.73	91	6	93	0	1	35.0	479.9	-4.8	99	7	1,000	50	0.0	2.0
C+ / 5.8	9.1	1.05	28.24	66	1	98	0	1	5.0	88.2	-9.3	26	3	1,000	50	5.5	0.0
C+ / 5.9	9.1	1.05	28.11	41	1	98	0	1	5.0	82.6	-9.4	20	3	1,000	50	0.0	0.0

www.thestreet.com/ratings

Data as of June 30, 2007

I. Index of Stock Mutual Funds

Summer 2007

						PERFORMANCE						
	99 Pct = Best 0 Pct = Worst			**Overall**		Perfor-	Total Return % through 6/30/07				Incl. in Returns	
						mance				Annualized	Dividend	Expense
Fund Type	Fund Name	Ticker Symbol		**Investment Rating**	Phone	Rating/Pts	3 Mo	6 Mo	1Yr / Pct	3Yr / Pct	5Yr / Pct	Yield	Ratio
FS	AIM Financial Services C	IFSCX	E+	(800) 347-4246	D- / 1.3	3.25	-0.15	14.24 /22	8.64 /18	7.82 /13	0.54	2.04
FS	● AIM Financial Services Inv	FSFSX	E+	(800) 347-4246	D / 1.7	3.42	0.21	15.08 /26	9.45 /24	8.73 /20	1.25	1.29
GL	AIM Global Aggr Growth Fund A	AGAAX	B+	(800) 347-4246	A- / 9.2	8.10	13.73	31.68 /94	24.97 /93	20.53 /93	0.12	1.64
GL	AIM Global Aggr Growth Fund B	AGABX	B+	(800) 347-4246	A / 9.3	7.93	13.30	30.70 /93	24.12 /92	19.79 /92	0.00	2.39
GL	AIM Global Aggr Growth Fund C	AGACX	B+	(800) 347-4246	A / 9.3	7.92	13.29	30.69 /93	24.10 /92	19.77 /91	0.00	2.39
GL	AIM Global Equity Fund A	GTNDX	C+	(800) 347-4246	C+ / 6.3	5.74	8.50	19.89 /59	16.59 /76	16.09 /82	0.99	1.64
GL	AIM Global Equity Fund B	GNDBX	C+	(800) 347-4246	C+ / 6.7	5.52	8.07	18.94 /52	15.76 /73	15.37 /78	0.42	2.39
GL	AIM Global Equity Fund C	GNDCX	C+	(800) 347-4246	C+ / 6.8	5.60	8.08	19.04 /53	15.79 /73	15.37 /78	0.42	2.39
GL	AIM Global Equity Fund Inst	GNDIX	A	(800) 347-4246	B- / 7.5	5.87	8.73	20.37 /62	17.17 /78	16.47 /83	1.38	1.17
GL	AIM Global Growth Fund A	AGGAX	B+	(800) 347-4246	B / 7.8	7.00	10.74	26.50 /87	18.15 /81	13.33 /64	0.35	1.68
GL	AIM Global Growth Fund B	AGGBX	B+	(800) 347-4246	B / 8.0	6.81	10.36	25.56 /84	17.34 /79	12.63 /59	0.00	2.43
GL	AIM Global Growth Fund C	AGGCX	B+	(800) 347-4246	B / 8.0	6.77	10.31	25.50 /84	17.31 /79	12.62 /59	0.00	2.43
HL	AIM Global Health Care A	GGHCX	E+	(800) 347-4246	D- / 1.0	3.82	6.01	13.81 /20	8.79 /19	6.65 / 7	0.00	1.23
HL	AIM Global Health Care B	GTHBX	E+	(800) 347-4246	D- / 1.2	3.62	5.64	12.99 /16	8.05 /15	5.99 / 4	0.00	1.98
HL	AIM Global Health Care C	GTHCX	E+	(800) 347-4246	D- / 1.2	3.62	5.63	12.98 /16	8.04 /14	6.00 / 4	0.00	1.98
HL	● AIM Global Health Care Inv	GTHIX	D+	(800) 347-4246	D / 1.6	3.82	6.01	13.84 /20	8.80 /19	6.65 / 7	0.00	1.23
RE	AIM Global Real Estate A	AGREX	U	(800) 347-4246	U /	-6.65	-0.92	23.74 /80	--	--	2.80	1.57
RE	AIM Global Real Estate B	BGREX	U	(800) 347-4246	U /	-6.80	-1.31	22.80 /76	--	--	2.27	2.32
RE	AIM Global Real Estate C	CGREX	U	(800) 347-4246	U /	-6.86	-1.31	22.71 /76	--	--	2.27	2.32
GL	AIM Global Value A	AWSAX	B	(800) 347-4246	C+ / 6.3	3.47	5.20	18.48 /48	17.99 /80	15.85 /80	0.91	1.63
GL	AIM Global Value B	AWSBX	B	(800) 347-4246	C+ / 6.7	3.26	4.83	17.56 /42	17.14 /78	15.05 /76	0.41	2.38
GL	AIM Global Value C	AWSCX	B	(800) 347-4246	C+ / 6.7	3.25	4.76	17.55 /42	17.13 /78	15.06 /76	0.41	2.38
GL	AIM Global Value I	AWSIX	A+	(800) 347-4246	B- / 7.4	3.58	5.44	19.07 /53	18.32 /81	16.05 /81	1.36	1.20
PM	AIM Gold & Prec Met A	IGDAX	C-	(800) 347-4246	B+ / 8.3	0.49	1.66	10.78 /10	24.72 /93	21.11 /93	2.13	1.44
PM	AIM Gold & Prec Met B	IGDBX	C-	(800) 347-4246	B+ / 8.5	0.33	1.17	9.82 / 7	23.81 /92	20.56 /93	1.95	2.19
PM	AIM Gold & Prec Met C	IGDCX	C-	(800) 347-4246	B+ / 8.5	0.16	1.27	9.76 / 7	23.78 /92	20.35 /92	1.84	2.19
PM	● AIM Gold & Prec Met Inv	FGLDX	C	(800) 347-4246	B+ / 8.6	0.33	1.48	10.53 / 9	24.71 /93	21.30 /93	2.24	1.44
AA	AIM Growth Allocation A	AADAX	B	(800) 347-4246	C+ / 5.7	5.61	8.23	20.32 /62	14.86 /68	--	0.61	1.46
AA	AIM Growth Allocation B	AAEBX	B	(800) 347-4246	C+ / 6.1	5.38	7.77	19.36 /55	14.01 /62	--	0.09	2.21
AA	AIM Growth Allocation C	AADCX	B	(800) 347-4246	C+ / 6.1	5.38	7.85	19.46 /56	14.01 /62	--	0.09	2.21
AA	AIM Growth Allocation Inst	AADIX	B+	(800) 347-4246	B- / 7.0	5.66	8.42	20.72 /65	15.24 /70	--	0.89	0.95
AA	AIM Growth Allocation R	AADRX	B	(800) 347-4246	C+ / 6.6	5.48	8.10	19.96 /59	14.58 /66	--	0.46	1.71
FO	AIM International Allocation A	AINAX	U	(800) 347-4246	U /	6.98	10.76	27.30 /88	--	--	1.44	1.85
FO	AIM International Allocation B	INABX	U	(800) 347-4246	U /	6.73	10.36	26.44 /86	--	--	1.20	2.60
FO	AIM International Allocation C	INACX	U	(800) 347-4246	U /	6.73	10.28	26.36 /86	--	--	1.20	2.60
FO	AIM International Growth A	AIIEX	A	(800) 347-4246	A / 9.3	9.06	12.84	32.47 /95	25.55 /94	17.98 /88	0.52	1.59
FO	AIM International Growth B	AIEBX	A	(800) 347-4246	A / 9.3	8.83	12.41	31.46 /94	24.63 /93	17.13 /85	0.00	2.34
FO	AIM International Growth C	AIECX	A	(800) 347-4246	A / 9.3	8.86	12.39	31.47 /94	24.64 /93	17.13 /85	0.00	2.34
FO	AIM International Growth Inst	AIEVX	A+	(800) 347-4246	A / 9.5	9.17	13.05	33.03 /95	26.20 /94	18.62 /89	0.87	1.13
EM	● AIM International Small Co A	IEGAX	B+	(800) 347-4246	A+ / 9.8	10.76	19.44	38.34 /97	40.10 /99	34.89 /99	0.68	1.63
EM	● AIM International Small Co B	IEGBX	B+	(800) 347-4246	A+ / 9.8	10.58	19.00	37.31 /96	39.09 /98	33.93 /99	0.04	2.38
EM	● AIM International Small Co C	IEGCX	B+	(800) 347-4246	A+ / 9.8	10.58	19.01	37.33 /96	39.11 /98	33.96 /99	0.04	2.38
EM	● AIM International Small Co Inst	IEGIX	A+	(800) 347-4246	A+ / 9.8	10.90	19.68	38.94 /97	40.40 /99	35.06 /99	1.01	1.21
FO	AIM Intl Core Equity A	IBVAX	A-	(800) 347-4246	B / 7.9	6.07	9.66	24.47 /82	19.44 /84	14.35 /72	1.27	1.53
FO	AIM Intl Core Equity B	IBVBX	A	(800) 347-4246	B / 8.1	5.84	9.29	23.55 /79	18.59 /82	13.60 /66	0.72	2.28
FO	AIM Intl Core Equity C	IBVCX	A	(800) 347-4246	B / 8.1	5.84	9.22	23.44 /79	18.57 /82	13.61 /66	0.73	2.28
FO	AIM Intl Core Equity Inst	IBVIX	A+	(800) 347-4246	B+ / 8.5	6.18	9.98	25.13 /83	20.12 /85	--	1.80	0.96
FO	● AIM Intl Core Equity Inv	IIBCX	A	(800) 347-4246	B+ / 8.4	6.06	9.68	24.47 /82	19.48 /84	14.46 /73	1.32	1.53
FO	AIM Intl Core Equity R	IIBRX	A+	(800) 347-4246	B+ / 8.3	6.02	9.53	24.14 /81	19.18 /83	--	1.13	1.78
GR	AIM Large Cap Basic Value A	LCBAX	C	(800) 347-4246	C- / 3.2	7.20	8.04	20.66 /64	10.64 /33	10.19 /35	0.34	1.28
GR	AIM Large Cap Basic Value B	LCBBX	C	(800) 347-4246	C- / 3.7	7.05	7.63	19.85 /59	9.87 /27	9.43 /27	0.00	2.03
GR	AIM Large Cap Basic Value C	LCBCX	C	(800) 347-4246	C- / 3.7	7.05	7.63	19.85 /59	9.87 /27	9.43 /27	0.00	2.03

● Denotes fund is closed to new investors
* Denotes fund is included in Section II

Summer 2007

I. Index of Stock Mutual Funds

RISK			NET ASSETS		ASSET					BULL / BEAR		FUND MANAGER		MINIMUMS		LOADS	
	3 Year		NAV						Portfolio	Last Bull	Last Bear	Manager	Manager	Initial	Additional	Front	Back
Risk	Standard		As of	Total	Cash	Stocks	Bonds	Other	Turnover	Market	Market	Quality	Tenure	Purch.	Purch.	End	End
Rating/Pts	Deviation	Beta	6/30/07	$(Mil)	%	%	%	%	Ratio	Return	Return	Pct	(Years)	$	$	Load	Load
C+ / 5.8	9.0	1.05	27.35	15	1	98	0	1	5.0	81.8	-9.5	21	3	1,000	50	0.0	0.0
C+ / 5.8	9.1	1.05	28.41	492	1	98	0	1	5.0	88.4	-9.3	26	3	1,000	50	0.0	0.0
C+ / 5.8	11.5	1.17	26.84	943	6	93	0	1	64.0	206.9	-6.7	38	8	1,000	50	5.5	2.0
C+ / 5.7	11.5	1.17	24.37	133	6	93	0	1	64.0	198.9	-6.8	31	8	1,000	50	0.0	2.0
C+ / 5.7	11.5	1.17	24.38	38	6	93	0	1	64.0	199.0	-6.9	31	8	1,000	50	0.0	2.0
C+ / 6.8	8.6	0.84	17.87	353	4	95	0	1	166.0	146.5	-5.8	25	8	1,000	50	5.5	2.0
C+ / 6.8	8.6	0.84	17.00	97	4	95	0	1	166.0	140.1	-5.9	20	10	1,000	50	0.0	2.0
C+ / 6.8	8.5	0.83	16.98	46	4	95	0	1	166.0	140.0	-5.9	21	9	1,000	50	0.0	2.0
B / 8.4	8.5	0.83	18.05	87	4	95	0	1	166.0	150.4	-5.8	30	3	1,000,000	0	0.0	2.0
B- / 7.3	9.2	0.93	26.91	354	2	97	0	1	42.0	128.6	-7.4	24	4	1,000	50	5.5	2.0
B- / 7.2	9.3	0.93	25.25	85	2	97	0	1	42.0	122.7	-7.6	19	4	1,000	50	0.0	2.0
B- / 7.2	9.2	0.93	25.25	27	2	97	0	1	42.0	122.5	-7.5	19	4	1,000	50	0.0	2.0
C+ / 6.6	8.8	0.86	30.16	634	0	99	0	1	83.0	75.5	-10.0	33	2	1,000	50	5.5	2.0
C+ / 6.2	8.8	0.86	26.60	125	0	99	0	1	83.0	70.8	-10.1	27	2	1,000	50	0.0	2.0
C+ / 6.2	8.8	0.86	26.62	41	0	99	0	1	83.0	70.8	-10.1	26	2	1,000	50	0.0	2.0
B / 8.0	8.8	0.86	30.17	685	0	99	0	1	83.0	75.5	-10.0	33	2	1,000	50	0.0	2.0
U /	N/A	N/A	15.54	518	2	97	0	1	31.0	N/A	N/A	N/A	2	1,000	50	5.5	2.0
U /	N/A	N/A	15.53	58	2	97	0	1	31.0	N/A	N/A	N/A	2	1,000	50	0.0	2.0
U /	N/A	N/A	15.53	121	2	97	0	1	31.0	N/A	N/A	N/A	2	1,000	50	0.0	2.0
B / 8.4	7.5	0.66	16.98	170	10	89	0	1	24.0	127.5	-5.7	76	5	1,000	50	5.5	2.0
B / 8.4	7.5	0.66	16.49	64	10	89	0	1	24.0	120.8	-5.9	68	5	1,000	50	0.0	2.0
B / 8.4	7.6	0.66	16.50	52	10	89	0	1	24.0	120.8	-5.9	68	5	1,000	50	0.0	2.0
B / 8.8	7.5	0.66	17.05	95	10	89	0	1	24.0	129.4	-5.7	79	2	1,000,000	0	0.0	2.0
D+ / 2.6	24.2	1.19	6.14	55	5	94	0	1	85.0	156.9	14.6	86	5	1,000	50	5.5	2.0
D+ / 2.6	24.4	1.20	6.03	24	5	94	0	1	85.0	151.1	15.1	80	5	1,000	50	0.0	2.0
D+ / 2.6	24.3	1.19	6.40	21	5	94	0	1	85.0	150.4	14.7	81	7	1,000	50	0.0	2.0
D+ / 2.6	24.3	1.20	6.17	142	5	94	0	1	85.0	157.8	15.0	86	8	1,000	50	0.0	2.0
B / 8.4	8.7	1.76	14.86	469	0	99	0	1	24.0	N/A	N/A	79	2	1,000	50	5.5	0.0
B / 8.4	8.7	1.76	14.70	130	0	99	0	1	24.0	N/A	N/A	70	2	1,000	50	0.0	0.0
B / 8.4	8.7	1.76	14.70	95	0	99	0	1	24.0	N/A	N/A	70	2	1,000	50	0.0	0.0
B / 8.4	8.7	1.76	14.93	N/A	0	99	0	1	24.0	N/A	N/A	81	2	1,000,000	0	0.0	0.0
B / 8.4	8.7	1.76	14.81	11	0	99	0	1	24.0	N/A	N/A	76	2	0	0	0.0	0.0
U /	N/A	N/A	14.72	234	0	99	0	1	2.0	N/A	N/A	N/A	2	1,000	50	5.5	2.0
U /	N/A	N/A	14.60	36	0	99	0	1	2.0	N/A	N/A	N/A	2	1,000	50	0.0	2.0
U /	N/A	N/A	14.59	73	0	99	0	1	2.0	N/A	N/A	N/A	2	1,000	50	0.0	2.0
C+ / 6.7	10.3	1.08	33.57	2,470	5	94	0	1	37.0	179.6	-6.1	67	12	1,000	50	5.5	2.0
C+ / 6.6	10.3	1.08	31.17	251	5	94	0	1	37.0	171.1	-6.3	56	12	1,000	50	0.0	2.0
C+ / 6.6	10.3	1.08	31.20	239	5	94	0	1	37.0	171.1	-6.3	57	12	1,000	50	0.0	2.0
B / 8.1	10.3	1.07	34.04	553	5	94	0	1	37.0	185.9	-5.9	74	12	1,000,000	0	0.0	2.0
C / 5.3	13.5	0.74	28.82	766	6	93	0	1	69.0	416.5	1.2	98	7	1,000	50	5.5	2.0
C / 5.3	13.5	0.74	27.81	92	6	93	0	1	69.0	401.3	1.0	98	7	1,000	50	0.0	2.0
C / 5.3	13.5	0.74	27.80	145	6	93	0	1	69.0	401.1	1.0	98	7	1,000	50	0.0	2.0
B- / 7.5	13.5	0.74	28.89	34	6	93	0	1	69.0	419.6	1.2	98	N/A	1,000,000	0	0.0	2.0
B- / 7.7	8.5	0.90	15.89	95	3	96	0	1	21.0	149.8	-9.1	38	9	1,000	50	5.5	2.0
B- / 7.7	8.5	0.90	15.76	32	3	96	0	1	21.0	143.0	-9.1	31	9	1,000	50	0.0	2.0
B- / 7.7	8.5	0.90	15.40	47	3	96	0	1	21.0	143.6	-9.3	30	9	1,000	50	0.0	2.0
B / 8.7	8.6	0.91	15.98	357	3	96	0	1	21.0	N/A	N/A	43	N/A	1,000,000	0	0.0	2.0
B- / 7.7	8.5	0.91	16.09	45	3	96	0	1	21.0	151.0	-9.1	38	9	1,000	50	0.0	2.0
B / 8.6	8.5	0.90	15.86	4	3	96	0	1	21.0	N/A	N/A	35	N/A	0	0	0.0	2.0
B / 8.2	8.2	1.03	16.67	130	2	97	0	1	26.0	102.3	-11.8	37	8	1,000	50	5.5	0.0
B / 8.2	8.2	1.03	15.94	54	2	97	0	1	26.0	96.4	-12.0	30	8	1,000	50	0.0	0.0
B / 8.2	8.2	1.03	15.94	28	2	97	0	1	26.0	96.4	-12.0	30	8	1,000	50	0.0	0.0

www.thestreet.com/ratings

Data as of June 30, 2007

I. Index of Stock Mutual Funds

Summer 2007

99 Pct = Best
0 Pct = Worst

Fund Type	Fund Name	Ticker Symbol	Overall Investment Rating	Phone	Performance Rating/Pts	3 Mo	6 Mo	1Yr / Pct	3Yr / Pct	5Yr / Pct	Dividend Yield	Expense Ratio
GR	AIM Large Cap Basic Value Inst	LCBIX	B-	(800) 347-4246	C / 5.0	7.40	8.30	21.41 /69	11.26 /38	10.56 /39	0.85	0.73
GR	● AIM Large Cap Basic Value Inv	LCINX	C+	(800) 347-4246	C / 4.4	7.19	8.02	20.70 /65	10.70 /33	10.23 /35	0.36	1.28
GR	AIM Large Cap Growth A	LCGAX	D	(800) 347-4246	D / 1.6	6.76	7.14	16.35 /34	8.72 /19	8.84 /21	0.00	1.42
GR	AIM Large Cap Growth B	LCGBX	D	(800) 347-4246	D / 1.9	6.50	6.70	15.49 /29	7.93 /14	8.07 /15	0.00	2.17
GR	AIM Large Cap Growth C	LCGCX	D	(800) 347-4246	D / 1.9	6.50	6.70	15.49 /29	7.89 /13	8.04 /15	0.00	2.17
GR	● AIM Large Cap Growth Inv	LCGIX	D+	(800) 347-4246	D+ / 2.5	6.72	7.09	16.35 /34	8.81 /19	8.96 /23	0.00	1.37
GR	AIM Leisure Fund A	ILSAX	C	(800) 347-4246	C+ / 5.9	4.74	7.99	26.67 /87	13.93 /61	12.95 /62	1.83	1.27
GR	AIM Leisure Fund B	ILSBX	C+	(800) 347-4246	C+ / 6.3	4.55	7.60	25.71 /85	13.12 /55	12.16 /55	1.35	2.02
GR	AIM Leisure Fund C	IVLCX	C+	(800) 347-4246	C+ / 6.3	4.55	7.57	25.70 /85	13.12 /55	12.04 /54	1.39	2.02
GR	● AIM Leisure Fund Inv	FLISX	C+	(800) 347-4246	C+ / 6.9	4.75	8.00	26.67 /87	13.98 /62	12.96 /62	1.93	1.27
MC	AIM Mid Cap Basic Value A	MDCAX	B	(800) 347-4246	B- / 7.5	9.77	16.20	29.53 /92	14.15 /63	13.64 /67	0.00	1.52
MC	AIM Mid Cap Basic Value B	MDCBX	B	(800) 347-4246	B / 7.8	9.60	15.86	28.63 /91	13.33 /57	12.87 /61	0.00	2.27
MC	AIM Mid Cap Basic Value C	MDCVX	B	(800) 347-4246	B / 7.8	9.61	15.79	28.64 /91	13.34 /57	12.85 /61	0.00	2.27
MC	AIM Mid Cap Basic Value Inst	MDICX	A+	(800) 347-4246	B+ / 8.3	9.91	16.55	30.33 /93	14.81 /67	14.07 /70	0.00	0.98
MC	AIM Mid Cap Core Equity A	GTAGX	D-	(800) 347-4246	C- / 3.8	5.62	10.31	20.62 /64	11.45 /40	11.55 /49	0.61	1.27
MC	AIM Mid Cap Core Equity B	GTABX	D-	(800) 347-4246	C- / 4.2	5.44	9.92	19.79 /58	10.63 /33	10.75 /41	0.00	2.02
MC	AIM Mid Cap Core Equity C	GTACX	D-	(800) 347-4246	C- / 4.2	5.45	9.93	19.77 /58	10.63 /33	10.75 /41	0.00	2.02
AA	AIM Moderate Allocation Fund A	AMKAX	C	(800) 347-4246	D+ / 2.6	4.06	6.95	16.46 /35	11.34 /39	--	1.96	1.33
AA	AIM Moderate Allocation Fund B	AMKBX	C+	(800) 347-4246	C- / 3.0	3.85	6.58	15.63 /30	10.54 /32	--	1.45	2.08
AA	AIM Moderate Allocation Fund C	AMKCX	C+	(800) 347-4246	C- / 3.0	3.85	6.58	15.63 /30	10.54 /32	--	1.45	2.08
AA	AIM Moderate Allocation Fund Inst	AMLIX	C+	(800) 347-4246	C- / 3.9	4.04	7.10	16.76 /36	11.68 /42	--	2.29	0.90
AA	AIM Moderate Allocation Fund R	AMKRX	C+	(800) 347-4246	C- / 3.4	3.90	6.80	16.15 /33	11.08 /36	--	1.87	1.58
AA	AIM Moderate Growth Alloc A	AAMGX	U	(800) 347-4246	U /	5.05	7.69	18.94 /52	--	--	1.10	1.53
AA	AIM Moderate Growth Alloc B	AMBGX	U	(800) 347-4246	U /	4.86	7.26	18.05 /45	--	--	0.71	2.28
AA	AIM Moderate Growth Alloc C	ACMGX	U	(800) 347-4246	U /	4.86	7.27	17.96 /45	--	--	0.71	2.28
AA	AIM Moderately Cons Alloc A	CAAMX	U	(800) 347-4246	U /	2.65	4.78	12.03 /13	--	--	2.22	2.11
GR	AIM Multi Sector Fund A	IAMSX	B-	(800) 347-4246	C+ / 5.8	6.68	7.69	17.18 /39	15.46 /71	--	0.38	1.37
GR	AIM Multi Sector Fund B	IBMSX	B	(800) 347-4246	C+ / 6.2	6.47	7.27	16.26 /33	14.63 /66	--	0.06	2.12
GR	AIM Multi Sector Fund C	ICMSX	B	(800) 347-4246	C+ / 6.2	6.47	7.28	16.27 /34	14.64 /66	--	0.06	2.12
GR	AIM Multi Sector Fund Inst	IIMSX	A-	(800) 347-4246	B- / 7.1	6.77	7.93	17.71 /43	16.02 /74	--	0.59	0.90
RE	● AIM Real Estate Fund A	IARAX	C	(800) 347-4246	B- / 7.5	-9.65	-6.06	11.31 /11	22.79 /91	21.23 /93	1.35	1.46
RE	● AIM Real Estate Fund B	AARBX	C	(800) 347-4246	B / 7.7	-9.84	-6.45	10.50 / 9	21.90 /89	20.40 /92	0.67	2.21
RE	● AIM Real Estate Fund C	IARCX	C	(800) 347-4246	B / 7.7	-9.81	-6.41	10.52 / 9	21.90 /89	20.40 /92	0.67	2.21
RE	● AIM Real Estate Fund Inst	IARIX	B-	(800) 347-4246	B / 8.2	-9.55	-5.86	11.81 /13	23.39 /92	21.60 /94	1.85	0.99
RE	● AIM Real Estate Fund Inv	REINX	C	(800) 347-4246	B / 8.0	-9.66	-6.06	11.32 /11	22.82 /91	21.27 /93	1.42	1.44
IX	AIM S&P 500 Inst	ISIIX	C+	(800) 347-4246	C- / 4.0	6.24	6.82	20.20 /61	11.31 /39	10.26 /36	1.51	0.47
IX	● AIM S&P 500 Inv	ISPIX	C+	(800) 347-4246	C- / 3.8	6.12	6.64	19.96 /59	11.01 /36	10.00 /33	1.28	0.81
GR	AIM Select Equity Fund A	AGWFX	C-	(800) 347-4246	D+ / 2.5	6.01	6.21	18.26 /47	10.59 /32	9.23 /25	0.00	1.39
GR	AIM Select Equity Fund B	AGWBX	C-	(800) 347-4246	D+ / 2.9	5.81	5.81	17.44 /41	9.75 /26	8.43 /18	0.00	2.14
GR	AIM Select Equity Fund C	AGWCX	C-	(800) 347-4246	D+ / 2.9	5.82	5.82	17.40 /41	9.77 /26	8.43 /18	0.00	2.14
SC	AIM Small Cap Equity A	SMEAX	D-	(800) 347-4246	C- / 3.3	6.05	8.82	16.32 /34	11.91 /45	11.85 /52	0.00	1.57
SC	AIM Small Cap Equity B	SMEBX	D-	(800) 347-4246	C- / 3.8	5.83	8.39	15.43 /28	11.05 /36	11.05 /44	0.00	2.32
SC	AIM Small Cap Equity C	SMECX	D-	(800) 347-4246	C- / 3.8	5.83	8.39	15.43 /28	11.09 /37	11.06 /44	0.00	2.32
SC	● AIM Small Cap Growth A	GTSAX	C-	(800) 347-4246	C / 5.4	7.83	12.62	20.95 /66	12.88 /53	12.20 /55	0.00	1.29
SC	● AIM Small Cap Growth B	GTSBX	C	(800) 347-4246	C+ / 5.9	7.64	12.24	20.04 /60	12.04 /46	11.35 /47	0.00	2.04
SC	● AIM Small Cap Growth C	GTSDX	C	(800) 347-4246	C+ / 5.9	7.65	12.21	20.05 /60	12.04 /46	11.35 /47	0.00	2.04
SC	● AIM Small Cap Growth Inst	GTSVX	C+	(800) 347-4246	C+ / 6.9	7.94	12.86	21.43 /69	13.45 /58	12.75 /60	0.00	0.84
GR	AIM Structured Growth Inst	IASGX	U	(800) 347-4246	U /	5.14	7.56	18.94 /52	--	--	0.26	1.57
GR	AIM Structured Value Inst	ASIVX	U	(800) 347-4246	U /	3.20	5.57	20.32 /62	--	--	0.59	1.57
TC	AIM Technology A	ITYAX	E+	(800) 347-4246	D- / 1.3	7.62	6.61	17.79 /43	7.53 /12	7.43 /11	0.00	1.61
TC	AIM Technology B	ITYBX	E+	(800) 347-4246	D / 1.6	7.40	6.20	16.91 /37	6.75 / 8	6.61 / 6	0.00	2.36
TC	AIM Technology C	ITHCX	E+	(800) 347-4246	D / 1.6	7.42	6.22	16.92 /38	6.76 / 8	6.60 / 6	0.00	2.36

● Denotes fund is closed to new investors
* Denotes fund is included in Section II

www.thestreet.com/ratings

I. Index of Stock Mutual Funds

Summer 2007

RISK			NET ASSETS		ASSET				Portfolio Turnover Ratio	BULL / BEAR		FUND MANAGER		MINIMUMS		LOADS	
	3 Year		NAV							Last Bull	Last Bear	Manager	Manager	Initial	Additional	Front	Back
Risk	Standard		As of	Total	Cash	Stocks	Bonds	Other		Market	Market	Quality	Tenure	Purch.	Purch.	End	End
Rating/Pts	Deviation	Beta	6/30/07	$(Mil)	%	%	%	%		Return	Return	Pct	(Years)	$	$	Load	Load
B / 8.6	8.2	1.02	16.84	140	2	97	0	1	26.0	105.5	-11.8	46	8	10,000,000	0	0.0	0.0
B / 8.3	8.2	1.03	16.70	45	2	97	0	1	26.0	102.6	-11.8	38	8	1,000	50	0.0	0.0
B- / 7.2	10.0	1.24	12.31	990	0	99	0	1	70.0	79.2	-6.2	13	8	1,000	50	5.5	0.0
B- / 7.1	9.9	1.23	11.63	510	0	99	0	1	70.0	73.6	-6.2	10	8	1,000	50	0.0	0.0
B- / 7.1	10.0	1.24	11.63	172	0	99	0	1	70.0	73.6	-6.3	9	8	1,000	50	0.0	0.0
B- / 7.2	10.0	1.24	12.38	348	0	99	0	1	70.0	80.3	-6.2	13	8	1,000	50	0.0	0.0
C+ / 6.2	10.4	1.18	51.52	199	4	95	0	1	20.0	111.1	-10.2	62	5	1,000	50	5.5	0.0
C+ / 6.5	10.4	1.18	50.13	40	4	95	0	1	20.0	104.9	-10.4	52	5	1,000	50	0.0	0.0
C+ / 6.4	10.4	1.18	48.73	52	4	95	0	1	20.0	104.4	-10.5	52	7	1,000	50	0.0	0.0
C+ / 6.5	10.4	1.18	51.43	662	4	95	0	1	20.0	111.4	-10.2	63	23	1,000	50	0.0	0.0
C+ / 6.9	9.7	0.82	16.07	134	4	95	0	1	46.0	132.6	-10.5	67	1	1,000	50	5.5	0.0
C+ / 6.8	9.7	0.82	15.41	53	4	95	0	1	46.0	125.9	-10.7	58	1	1,000	50	0.0	0.0
C+ / 6.8	9.7	0.82	15.40	29	4	95	0	1	46.0	125.7	-10.6	58	1	1,000	50	0.0	0.0
B / 8.2	9.7	0.82	16.41	66	4	95	0	1	46.0	136.9	-10.5	74	1	1,000,000	0	0.0	0.0
C / 4.6	8.2	0.74	28.77	1,498	12	87	0	1	51.0	102.4	-8.1	46	9	1,000	50	5.5	0.0
C- / 4.0	8.2	0.74	24.61	466	12	87	0	1	51.0	96.2	-8.3	36	9	1,000	50	0.0	0.0
C- / 4.0	8.2	0.73	24.57	209	12	87	0	1	51.0	96.2	-8.3	36	8	1,000	50	0.0	0.0
B+ / 9.3	5.5	1.13	13.08	445	0	99	0	1	21.0	N/A	N/A	77	2	1,000	50	5.5	0.0
B+ / 9.3	5.5	1.14	12.96	158	0	99	0	1	21.0	N/A	N/A	68	2	1,000	50	0.0	0.0
B+ / 9.3	5.5	1.13	12.96	134	0	99	0	1	21.0	N/A	N/A	69	2	1,000	50	0.0	0.0
B+ / 9.3	5.5	1.12	13.13	N/A	0	99	0	1	21.0	N/A	N/A	80	2	1,000,000	0	0.0	0.0
B+ / 9.3	5.5	1.13	13.04	18	0	99	0	1	21.0	N/A	N/A	75	2	0	0	0.0	0.0
U /	N/A	N/A	13.72	332	0	99	0	1	21.0	N/A	N/A	N/A	2	1,000	50	5.5	0.0
U /	N/A	N/A	13.59	67	0	99	0	1	21.0	N/A	N/A	N/A	2	1,000	50	0.0	0.0
U /	N/A	N/A	13.58	61	0	99	0	1	21.0	N/A	N/A	N/A	2	1,000	50	0.0	0.0
U /	N/A	N/A	11.62	69	0	99	0	1	29.0	N/A	N/A	N/A	2	1,000	50	5.5	0.0
B / 8.0	9.1	1.10	29.40	513	7	92	0	1	66.0	115.8	-5.8	83	N/A	1,000	50	5.5	0.0
B / 8.0	9.1	1.11	28.46	90	7	92	0	1	66.0	109.3	-6.0	77	N/A	1,000	50	0.0	0.0
B / 8.0	9.1	1.10	28.45	96	7	92	0	1	66.0	109.3	-6.0	77	N/A	1,000	50	0.0	0.0
B / 8.4	9.1	1.10	29.80	164	7	92	0	1	66.0	N/A	N/A	86	N/A	1,000,000	0	0.0	0.0
C- / 3.7	14.6	0.99	31.41	1,149	3	96	0	1	45.0	206.2	0.7	88	N/A	1,000	50	5.5	0.0
C- / 3.7	14.6	0.98	31.54	184	3	96	0	1	45.0	197.4	0.5	84	N/A	1,000	50	0.0	0.0
C- / 3.7	14.6	0.98	31.47	171	3	96	0	1	45.0	197.2	0.6	84	N/A	1,000	50	0.0	0.0
C+ / 5.6	14.6	0.98	31.40	66	3	96	0	1	45.0	210.9	0.7	91	N/A	1,000,000	0	0.0	0.0
C- / 3.7	14.6	0.99	31.38	47	3	96	0	1	45.0	206.7	0.7	88	N/A	1,000	50	0.0	0.0
B / 8.5	7.3	1.00	14.96	22	3	96	0	1	7.0	93.4	-9.8	48	N/A	1,000,000	0	0.0	2.0
B / 8.5	7.3	1.00	15.63	217	3	96	0	1	7.0	91.3	-9.9	44	N/A	1,000	50	0.0	2.0
B / 8.1	8.8	1.15	22.41	312	2	97	0	1	72.0	100.5	-10.5	28	5	1,000	50	5.5	0.0
B / 8.1	8.8	1.15	19.66	119	2	97	0	1	72.0	94.4	-10.7	22	5	1,000	50	0.0	0.0
B / 8.1	8.8	1.15	19.63	36	2	97	0	1	72.0	94.2	-10.6	22	5	1,000	50	0.0	0.0
C / 4.4	12.0	0.84	13.32	353	2	97	0	1	56.0	133.2	-9.2	55	3	1,000	50	5.5	0.0
C- / 4.1	12.0	0.84	12.53	138	2	97	0	1	56.0	126.4	-9.4	43	3	1,000	50	0.0	0.0
C- / 4.2	11.9	0.83	12.53	62	2	97	0	1	56.0	126.3	-9.4	44	3	1,000	50	0.0	0.0
C / 5.5	13.8	0.98	32.92	1,139	1	98	0	1	49.0	121.3	-11.8	49	3	1,000	50	5.5	0.0
C / 5.4	13.8	0.98	29.71	90	1	98	0	1	49.0	114.2	-11.9	38	3	1,000	50	0.0	0.0
C / 5.4	13.8	0.98	29.69	31	1	98	0	1	49.0	114.3	-11.9	38	3	1,000	50	0.0	0.0
C+ / 6.9	13.8	0.98	33.87	235	1	98	0	1	49.0	125.9	-11.6	56	3	1,000,000	0	0.0	0.0
U /	N/A	N/A	11.66	163	1	98	0	1	7.0	N/A	N/A	N/A	N/A	1,000,000	0	0.0	0.0
U /	N/A	N/A	11.95	139	1	98	0	1	5.0	N/A	N/A	N/A	N/A	1,000,000	0	0.0	0.0
C / 5.2	15.4	1.70	30.66	284	4	95	0	1	126.0	75.1	-13.6	2	N/A	1,000	50	5.5	0.0
C / 5.1	15.4	1.70	29.45	61	4	95	0	1	126.0	69.7	-13.8	2	N/A	1,000	50	0.0	0.0
C / 5.1	15.4	1.70	28.67	21	4	95	0	1	126.0	69.6	-13.8	2	N/A	1,000	50	0.0	0.0

www.thestreet.com/ratings

Data as of June 30, 2007

I. Index of Stock Mutual Funds

Summer 2007

99 Pct = Best
0 Pct = Worst

Fund Type	Fund Name	Ticker Symbol	Overall Investment Rating	Phone	Performance Rating/Pts	3 Mo	6 Mo	1Yr / Pct	3Yr / Pct	5Yr / Pct	Dividend Yield	Expense Ratio
TC	AIM Technology Inst	FTPIX	D-	(800) 347-4246	D+ / 2.6	7.78	6.99	18.59 /49	8.29 /16	8.16 /16	0.00	0.81
TC	● AIM Technology Inv	FTCHX	E+	(800) 347-4246	D / 2.1	7.62	6.63	17.84 /44	7.52 /12	7.25 /10	0.00	1.61
MC	AIM Trimark Endeavor Fund A	ATDAX	A	(800) 347-4246	B / 7.7	2.64	11.03	29.40 /92	17.34 /79	--	0.00	1.62
MC	AIM Trimark Endeavor Fund B	ATDBX	A	(800) 347-4246	B / 7.9	2.46	10.60	28.39 /90	16.50 /76	--	0.00	2.37
MC	AIM Trimark Endeavor Fund C	ATDCX	A	(800) 347-4246	B / 7.9	2.46	10.60	28.39 /90	16.50 /76	--	0.00	2.37
MC	AIM Trimark Endeavor Fund Inst	ATDIX	A+	(800) 347-4246	B+ / 8.3	2.73	11.25	29.95 /92	17.87 /80	--	0.00	1.11
GL	AIM Trimark Fund A	ATKAX	A-	(800) 347-4246	B / 8.0	6.25	12.56	31.71 /94	17.34 /79	--	0.00	2.08
GL	AIM Trimark Fund B	ATKBX	A	(800) 347-4246	B / 8.1	6.01	12.16	30.72 /93	16.47 /76	--	0.00	2.83
GL	AIM Trimark Fund C	ATKCX	A	(800) 347-4246	B / 8.1	6.01	12.15	30.80 /93	16.49 /76	--	0.00	2.83
GL	AIM Trimark Fund Inst	ATKIX	A+	(800) 347-4246	B+ / 8.5	6.31	12.70	32.16 /94	17.73 /80	--	0.00	1.69
SC	AIM Trimark Small Companies A	ATIAX	A-	(800) 347-4246	B / 7.7	2.39	11.98	23.45 /79	18.49 /82	--	0.00	1.53
SC	AIM Trimark Small Companies B	ATIBX	A-	(800) 347-4246	B / 7.9	2.20	11.50	22.50 /75	17.62 /79	--	0.00	2.28
SC	AIM Trimark Small Companies C	ATICX	A-	(800) 347-4246	B / 7.9	2.20	11.51	22.52 /75	17.64 /79	--	0.00	2.28
SC	AIM Trimark Small Companies Inst	ATIIX	A+	(800) 347-4246	B+ / 8.3	2.53	12.21	24.05 /80	19.04 /83	--	0.00	1.02
UT	AIM Utilities Fund A	IAUTX	A+	(800) 347-4246	A- / 9.2	3.73	12.51	30.98 /93	25.90 /94	17.72 /87	1.50	1.46
UT	AIM Utilities Fund B	IBUTX	A+	(800) 347-4246	A / 9.3	3.52	12.12	29.97 /92	25.00 /93	16.86 /84	0.90	2.21
UT	AIM Utilities Fund C	IUTCX	A+	(800) 347-4246	A / 9.3	3.55	12.15	30.03 /92	24.99 /93	16.74 /84	0.90	2.21
UT	● AIM Utilities Fund Inv	FSTUX	A+	(800) 347-4246	A / 9.4	3.70	12.48	30.95 /93	25.92 /94	17.77 /87	1.59	1.46
IN	Al Frank Dividend Value Inv	VALDX	U	(888) 878-3944	U /	7.27	9.60	18.33 /47	--	--	0.46	2.07
GR	Al Frank Fund Adv	VALAX	C	(888) 878-3944	B- / 7.1	8.92	12.07	19.92 /59	14.90 /68	17.38 /86	0.00	1.45
GR	Al Frank Fund Inv	VALUX	B-	(888) 878-3944	B- / 7.0	8.86	11.91	19.58 /57	14.78 /67	17.31 /86	0.00	1.62
BA	Alger Fund-Balanced A	ALBAX	D	(800) 992-3863	E+ / 0.7	4.52	6.77	14.18 /21	7.38 /11	7.36 /10	1.25	1.32
BA	Alger Fund-Balanced B	ALGBX	D	(800) 992-3863	E+ / 0.9	4.33	6.35	13.35 /18	6.59 / 8	6.56 / 6	0.53	2.07
BA	Alger Fund-Balanced C	ALBCX	D	(800) 992-3863	E+ / 0.9	4.31	6.38	13.33 /18	6.59 / 8	6.56 / 6	0.57	2.07
GR	Alger Fund-Capital App A	ACAAX	B	(800) 992-3863	B / 8.1	7.74	14.68	32.67 /95	16.73 /77	13.26 /64	0.00	1.39
GR	Alger Fund-Capital App B	ACAPX	B	(800) 992-3863	B / 8.2	7.44	14.25	31.65 /94	15.86 /73	12.40 /57	0.00	2.14
GR	Alger Fund-Capital App C	ALCCX	B	(800) 992-3863	B / 8.2	7.54	14.25	31.65 /94	15.86 /73	12.40 /57	0.00	2.14
GR	Alger Fund-Capital App Instl I	ALARX	B+	(800) 992-3863	B+ / 8.5	7.45	14.64	32.06 /94	16.65 /76	13.24 /64	0.00	1.27
GR	Alger Fund-Capital App Instl R	ACARX	B+	(800) 992-3863	B+ / 8.4	7.38	14.37	31.50 /94	16.09 /74	--	0.00	1.79
HL	Alger Fund-Health Sciences A	AHSAX	C	(800) 992-3863	C- / 4.2	4.32	6.56	19.09 /53	14.16 /63	17.82 /87	0.00	1.35
HL	Alger Fund-Health Sciences B	AHSBX	C	(800) 992-3863	C / 4.8	4.13	6.20	18.28 /47	13.35 /57	16.98 /85	0.00	2.10
HL	Alger Fund-Health Sciences C	AHSCX	C	(800) 992-3863	C / 4.7	4.08	6.14	18.22 /47	13.33 /57	16.97 /85	0.00	2.12
GR	Alger Fund-Large Cap Gr Instl I	ALGRX	D+	(800) 992-3863	C- / 3.5	7.40	9.75	18.73 /50	9.26 /23	7.83 /14	0.00	1.21
GR	Alger Fund-Large Cap Gr Instl R	ALGIX	D+	(800) 992-3863	C- / 3.1	7.25	9.47	18.12 /46	8.84 /20	--	0.00	1.71
GR	Alger Fund-Large Cap Growth A	ALGAX	D	(800) 992-3863	D+ / 2.5	7.25	10.23	19.32 /55	9.80 /26	8.55 /19	0.00	1.21
GR	Alger Fund-Large Cap Growth B	AFGPX	D	(800) 992-3863	D+ / 2.8	7.00	9.73	18.45 /48	8.97 /20	7.75 /13	Yield	1.96
GR	Alger Fund-Large Cap Growth C	ALGCX	D	(800) 992-3863	D+ / 2.8	7.00	9.74	18.35 /48	8.98 /21	7.73 /13	0.00	1.96
MC	Alger Fund-MidCap Gr A	AMGAX	C-	(800) 992-3863	C+ / 6.8	9.34	15.51	26.59 /87	13.73 /60	13.86 /68	0.00	1.23
MC	Alger Fund-MidCap Gr B	AMCGX	C-	(800) 992-3863	B- / 7.0	9.10	15.13	25.68 /85	12.90 /53	12.96 /62	0.00	1.98
MC	Alger Fund-MidCap Gr C	AMGCX	C-	(800) 992-3863	B- / 7.1	9.12	15.17	25.75 /85	12.89 /53	12.96 /62	0.00	1.98
MC	Alger Fund-MidCap Gr Instl I	ALMRX	C+	(800) 992-3863	B / 8.0	9.86	16.54	27.54 /89	14.36 /64	14.08 /70	0.00	1.13
MC	Alger Fund-MidCap Gr Instl R	AGIRX	C	(800) 992-3863	B / 7.8	9.75	16.24	26.93 /88	13.81 /61	--	0.00	1.63
SC	● Alger Fund-Small Cap A	ALSAX	B-	(800) 992-3863	B / 7.6	7.37	11.83	21.54 /70	18.28 /81	16.72 /84	0.00	1.37
SC	● Alger Fund-Small Cap B	ALSCX	B-	(800) 992-3863	B / 7.8	7.12	11.26	20.58 /64	17.41 /79	15.87 /80	0.00	2.14
SC	● Alger Fund-Small Cap C	AGSCX	B-	(800) 992-3863	B / 7.8	7.11	11.43	20.55 /64	17.38 /79	15.90 /81	0.00	2.12
SC	● Alger Fund-Small Cap Instl I	ALSRX	B-	(800) 992-3863	B / 8.0	7.29	11.47	20.55 /64	17.47 /79	16.53 /83	0.00	1.31
SC	● Alger Fund-Small Cap Instl R	ASIRX	B-	(800) 992-3863	B / 7.8	7.15	11.18	19.88 /59	16.96 /77	--	0.00	1.83
MC	Alger Fund-SmallCap and MidCap A	ALMAX	B	(800) 992-3863	B+ / 8.6	8.55	15.04	25.44 /84	20.70 /86	16.66 /84	0.00	1.83
MC	Alger Fund-SmallCap and MidCap B	ALMBX	B	(800) 992-3863	B+ / 8.7	8.33	14.64	24.55 /82	19.88 /85	15.85 /80	0.00	2.56
MC	Alger Fund-SmallCap and MidCap C	ALMCX	B	(800) 992-3863	B+ / 8.7	8.33	14.55	24.45 /82	19.88 /85	15.85 /80	0.00	2.62
AG	Alger Spectra Fund N	SPECX	B+	(800) 711-6141	B+ / 8.5	7.69	14.57	33.42 /95	17.13 /78	13.15 /63	0.00	2.01
BA	Allegiant Balanced Allocation A	ABLLX	C-	(800) 622-3863	D / 2.0	4.64	5.67	16.30 /34	10.15 /29	8.25 /16	1.40	1.27

● Denotes fund is closed to new investors
* Denotes fund is included in Section II

www.thestreet.com/ratings

Summer 2007 — I. Index of Stock Mutual Funds

RISK			NET ASSETS		ASSET					BULL / BEAR		FUND MANAGER		MINIMUMS		LOADS	
	3 Year		NAV						Portfolio	Last Bull	Last Bear	Manager	Manager	Initial	Additional	Front	Back
Risk	Standard		As of	Total	Cash	Stocks	Bonds	Other	Turnover	Market	Market	Quality	Tenure	Purch.	Purch.	End	End
Rating/Pts	Deviation	Beta	6/30/07	$(Mil)	%	%	%	%	Ratio	Return	Return	Pct	(Years)	$	$	Load	Load
C /5.3	15.4	1.70	32.28	N/A	4	95	0	1	126.0	80.5	-13.5	3	N/A	1,000,000	0	0.0	0.0
C /5.2	15.4	1.70	30.38	586	4	95	0	1	126.0	74.3	-13.7	2	N/A	1,000	50	0.0	0.0
B /8.1	9.8	0.78	17.52	189	18	81	0	1	28.0	N/A	N/A	92	4	1,000	50	5.5	0.0
B /8.1	9.8	0.78	17.11	23	18	81	0	1	28.0	N/A	N/A	89	4	1,000	50	0.0	0.0
B /8.1	9.8	0.78	17.11	41	18	81	0	1	28.0	N/A	N/A	89	4	1,000	50	0.0	0.0
B /8.2	9.8	0.78	17.70	6	18	81	0	1	28.0	N/A	N/A	93	3	1,000,000	0	0.0	0.0
B- /7.7	9.3	0.82	16.49	58	4	96	0	0	59.0	N/A	N/A	34	4	1,000	50	5.5	2.0
B- /7.7	9.3	0.82	16.05	10	4	96	0	0	59.0	N/A	N/A	27	4	1,000	50	0.0	2.0
B- /7.7	9.3	0.82	16.06	11	4	96	0	0	59.0	N/A	N/A	28	4	1,000	50	0.0	2.0
B /8.3	9.2	0.81	16.68	N/A	4	96	0	0	59.0	N/A	N/A	39	3	1,000,000	0	0.0	2.0
B- /7.7	10.0	0.63	16.73	364	26	73	0	1	47.0	N/A	N/A	98	4	1,000	50	5.5	0.0
B- /7.7	10.0	0.63	16.29	28	26	73	0	1	47.0	N/A	N/A	97	4	1,000	50	0.0	0.0
B- /7.7	10.0	0.63	16.28	89	26	73	0	1	47.0	N/A	N/A	97	4	1,000	50	0.0	0.0
B /8.2	10.0	0.64	17.00	38	26	73	0	1	47.0	N/A	N/A	98	3	1,000,000	0	0.0	0.0
B- /7.7	8.9	0.71	18.73	215	4	95	0	1	33.0	169.1	-4.5	95	4	1,000	50	5.5	0.0
B- /7.7	8.9	0.72	18.79	52	4	95	0	1	33.0	161.0	-4.5	94	4	1,000	50	0.0	0.0
B- /7.8	8.9	0.72	18.94	24	4	95	0	1	33.0	160.4	-5.0	94	4	1,000	50	0.0	0.0
B- /7.7	8.9	0.72	18.88	121	4	95	0	1	33.0	169.5	-4.4	95	4	1,000	50	0.0	0.0
U /	N/A	N/A	14.61	33	2	97	0	1	5.0	N/A	N/A	N/A	3	1,000	100	0.0	2.0
C /4.8	13.7	1.61	36.87	8	1	98	0	1	10.0	197.3	-10.3	31	1	100,000	100	0.0	2.0
C+ /6.9	13.7	1.61	36.75	277	1	98	0	1	10.0	196.5	-10.3	30	9	1,000	100	0.0	2.0
B /8.1	7.3	1.38	22.88	33	2	63	33	2	271.3	56.5	-4.5	21	4	1,000	50	5.3	2.0
B /8.0	7.2	1.38	22.43	58	2	63	33	2	271.3	51.6	-4.6	17	4	1,000	50	0.0	2.0
B /8.0	7.2	1.38	22.52	17	2	63	33	2	271.3	51.6	-4.7	17	4	1,000	50	0.0	2.0
C+ /6.4	12.9	1.44	13.36	238	1	98	0	1	223.2	128.5	-6.2	69	2	1,000	50	5.3	2.0
C+ /6.4	12.9	1.44	12.27	186	1	98	0	1	223.2	121.5	-6.5	59	2	1,000	50	0.0	2.0
C+ /6.4	12.9	1.44	12.27	52	1	98	0	1	223.2	121.5	-6.3	59	2	1,000	50	0.0	2.0
C+ /6.5	12.7	1.41	19.03	276	3	96	0	1	225.3	126.4	-6.3	70	2	100,000	25	0.0	0.0
C+ /6.5	12.7	1.41	18.62	19	3	96	0	1	225.3	121.9	N/A	65	2	100,000	25	0.0	0.0
B- /7.1	11.0	1.03	18.36	147	8	91	0	1	168.9	135.9	-2.6	78	N/A	1,000	50	5.3	2.0
B- /7.1	11.0	1.03	17.63	21	8	91	0	1	168.9	128.6	-2.7	71	N/A	1,000	50	0.0	2.0
B- /7.1	11.0	1.02	17.62	51	8	91	0	1	168.9	128.8	-2.8	71	N/A	1,000	50	0.0	2.0
C+ /6.6	11.3	1.30	15.09	49	0	99	0	1	322.7	85.2	-9.3	12	6	100,000	25	0.0	0.0
C+ /6.6	11.2	1.29	14.80	6	0	99	0	1	322.7	81.7	N/A	11	4	100,000	0	0.0	0.0
C+ /6.7	11.2	1.30	12.72	175	0	99	0	1	322.9	87.8	-8.9	15	3	1,000	50	5.3	2.0
C+ /6.6	11.1	1.29	11.62	210	0	99	0	1	322.9	82.1	-9.1	12	3	1,000	50	0.0	2.0
C+ /6.6	11.2	1.30	11.61	41	0	99	0	1	322.9	82.1	-9.0	12	3	1,000	50	0.0	2.0
C- /4.2	14.4	1.28	9.83	349	1	98	0	1	253.6	129.1	-7.8	14	6	1,000	50	5.3	2.0
C- /3.9	14.4	1.28	8.75	213	1	98	0	1	253.6	122.1	-8.0	11	6	1,000	50	0.0	2.0
C- /3.9	14.3	1.27	8.73	74	1	98	0	1	253.6	122.0	-8.1	11	6	1,000	50	0.0	2.0
C /4.5	14.1	1.25	19.73	1,529	1	98	0	1	253.6	130.3	-8.0	19	6	100,000	100	0.0	0.0
C /4.4	14.1	1.26	19.25	52	1	98	0	1	253.6	125.6	N/A	16	6	100,000	0	0.0	0.0
C+ /6.1	14.5	1.04	7.28	436	5	94	0	1	83.7	162.8	-8.9	90	6	1,000	50	5.3	2.0
C+ /6.1	14.5	1.03	6.62	59	5	94	0	1	83.7	155.0	-9.1	87	6	1,000	50	0.0	2.0
C+ /6.1	14.5	1.03	6.63	41	5	94	0	1	83.7	155.4	-9.1	86	6	1,000	50	0.0	2.0
C+ /6.0	14.5	1.03	27.51	689	6	93	0	1	322.7	157.8	-8.6	87	6	100,000	100	0.0	0.0
C+ /6.0	14.5	1.03	26.96	32	6	93	0	1	322.7	152.7	N/A	85	6	100,000	0	0.0	0.0
C+ /5.7	14.0	1.25	15.99	69	4	95	0	1	80.6	162.4	-9.0	79	5	1,000	50	5.3	2.0
C+ /5.7	14.0	1.25	15.35	12	4	95	0	1	80.6	154.6	-9.2	72	5	1,000	50	0.0	2.0
C+ /5.7	14.1	1.25	15.35	24	4	95	0	1	80.6	154.8	-9.2	72	5	1,000	50	0.0	2.0
C+ /6.3	13.0	1.43	10.22	231	N/A	100	0	N/A	232.2	129.9	-6.4	74	N/A	1,000	50	0.0	2.0
B+ /9.0	5.0	1.09	11.84	17	0	69	30	1	85.0	69.2	-5.7	67	N/A	500	0	4.8	0.0

www.thestreet.com/ratings   Data as of June 30, 2007

I. Index of Stock Mutual Funds

Summer 2007

99 Pct = Best
0 Pct = Worst

Fund Type	Fund Name	Ticker Symbol	Overall Investment Rating	Phone	Performance Rating/Pts	Total Return % through 6/30/07					Incl. in Returns	
						3 Mo	6 Mo	1Yr / Pct	Annualized 3Yr / Pct	5Yr / Pct	Dividend Yield	Expense Ratio
BA	● Allegiant Balanced Allocation B	ALOBX	C	(800) 622-3863	D+ / 2.3	4.36	5.29	15.48 /29	9.34 /23	7.45 /11	0.81	1.99
BA	Allegiant Balanced Allocation C	ABACX	C	(800) 622-3863	D+ / 2.3	4.48	5.32	15.53 /29	9.35 /23	7.44 /11	0.88	1.99
BA	Allegiant Balanced Allocation Inst	ABAIX	C	(800) 622-3863	C- / 3.1	4.71	5.83	16.60 /36	10.44 /31	8.50 /18	1.69	1.02
FO	Allegiant International Equity A	AMIEX	B	(800) 622-3863	B+ / 8.6	5.21	11.13	29.10 /91	21.74 /88	15.34 /78	0.01	1.71
FO	● Allegiant International Equity B	AMINX	B	(800) 622-3863	B+ / 8.7	5.02	10.77	28.27 /90	20.90 /86	14.62 /73	0.00	2.42
FO	Allegiant International Equity C	AIUCX	B	(800) 622-3863	B+ / 8.7	5.03	10.74	28.20 /90	20.90 /86	14.63 /74	0.00	2.42
FO	Allegiant International Equity Inst	AIEIX	B	(800) 622-3863	A- / 9.0	5.28	11.27	29.44 /92	22.04 /89	15.70 /80	0.19	1.46
GR	Allegiant Large Cap Core Eq A	ACQAX	D	(800) 622-3863	D / 1.6	5.52	5.43	14.48 /23	9.56 /25	7.38 /10	0.20	1.19
GR	● Allegiant Large Cap Core Eq B	ARCEX	D	(800) 622-3863	D / 1.9	5.32	5.05	13.67 /19	8.82 /19	6.64 / 7	0.00	1.90
GR	Allegiant Large Cap Core Eq C	ACQCX	D	(800) 622-3863	D / 1.9	5.32	5.14	13.67 /19	8.84 /20	6.64 / 7	0.00	1.90
GR	Allegiant Large Cap Core Eq Inst	ACFIX	D+	(800) 622-3863	D+ / 2.6	5.59	5.59	14.76 /25	9.86 /27	7.66 /12	0.44	0.94
GR	Allegiant Large Cap Growth A	AEQRX	D-	(800) 622-3863	D- / 1.4	5.77	7.38	16.83 /37	8.08 /15	5.82 / 4	0.46	1.19
GR	● Allegiant Large Cap Growth B	AREGX	D-	(800) 622-3863	D / 1.7	5.60	7.00	16.03 /32	7.36 /11	5.09 / 2	0.00	1.90
GR	Allegiant Large Cap Growth C	AEWCX	D-	(800) 622-3863	D / 1.7	5.53	7.00	16.01 /32	7.33 /11	5.10 / 2	0.00	1.90
GR	Allegiant Large Cap Growth Inst	AEQIX	D-	(800) 622-3863	D+ / 2.3	5.83	7.53	17.13 /39	8.36 /16	6.10 / 5	0.71	0.94
GR	Allegiant Large Cap Value A	AEIRX	B-	(800) 622-3863	B- / 7.4	8.86	8.35	24.15 /81	16.59 /76	12.49 /57	0.92	1.19
GR	● Allegiant Large Cap Value B	AEINX	B	(800) 622-3863	B / 7.6	8.68	8.00	23.26 /78	15.80 /73	11.71 /51	0.37	1.90
GR	Allegiant Large Cap Value C	ALVCX	B	(800) 622-3863	B / 7.6	8.72	7.97	23.30 /78	15.80 /73	11.70 /51	0.41	1.90
GR	Allegiant Large Cap Value Inst	AEIIX	B	(800) 622-3863	B / 8.1	8.95	8.49	24.43 /81	16.89 /77	12.78 /60	1.18	0.94
MC	Allegiant Mid Cap Value A	ARVAX	C+	(800) 622-3863	B+ / 8.5	6.44	12.42	26.08 /86	20.60 /86	--	0.23	1.48
MC	● Allegiant Mid Cap Value B	ARVBX	C+	(800) 622-3863	B+ / 8.6	6.23	12.01	25.16 /83	19.78 /84	--	0.00	2.44
MC	Allegiant Mid Cap Value C	ARVCX	C+	(800) 622-3863	B+ / 8.7	6.27	12.02	25.27 /84	19.79 /84	--	0.00	2.19
MC	Allegiant Mid Cap Value Inst	ARVIX	C+	(800) 622-3863	B+ / 8.9	6.55	12.53	26.47 /86	20.93 /87	--	0.30	1.23
MC	Allegiant Multi-Factor Mid Cap Gr A	AMGFX	D+	(800) 622-3863	C / 4.8	9.39	14.49	20.67 /65	11.31 /39	9.39 /27	0.29	1.67
MC	● Allegiant Multi-Factor Mid Cap Gr B	AQIBX	C-	(800) 622-3863	C / 5.4	9.17	14.24	19.80 /58	10.58 /32	8.63 /20	0.00	2.39
MC	Allegiant Multi-Factor Mid Cap Gr C	ADWCX	C-	(800) 622-3863	C / 5.3	9.20	14.20	19.87 /59	10.54 /32	8.61 /20	0.00	2.39
MC	Allegiant Multi-Factor Mid Cap Gr I	AMCIX	C	(800) 622-3863	C+ / 6.2	9.45	14.73	20.94 /66	11.59 /42	9.66 /29	0.52	1.42
SC	Allegiant Multi-Factor Sm Cap Val A	AMRRX	E-	(800) 622-3863	E / 0.5	1.41	2.05	5.62 / 2	9.00 /21	9.99 /33	0.00	1.42
SC	● Allegiant Multi-Factor Sm Cap Val B	ASMVX	E-	(800) 622-3863	E+ / 0.6	1.22	1.71	4.87 / 1	8.24 /16	9.22 /25	0.00	2.13
SC	Allegiant Multi-Factor Sm Cap Val C	ASVCX	E-	(800) 622-3863	E+ / 0.6	1.22	1.65	4.89 / 1	8.24 /16	9.23 /25	0.00	2.13
SC	Allegiant Multi-Factor Sm Cap Val I	AMRIX	E-	(800) 622-3863	E+ / 0.9	1.44	2.14	5.90 / 2	9.26 /23	10.27 /36	0.06	1.17
SC	Allegiant Multi-Fct Sm Cap Core I	ALOIX	U	(800) 622-3863	U /	4.29	3.23	10.50 / 9	--	--	0.41	1.45
IX	Allegiant S&P 500 Index A	AEXAX	C+	(800) 622-3863	C- / 3.7	6.17	6.70	19.93 /59	11.10 /37	10.08 /34	1.30	0.75
IX	● Allegiant S&P 500 Index B	AEXBX	C	(800) 622-3863	C- / 3.5	5.85	6.29	19.00 /52	10.24 /30	9.21 /25	0.66	1.50
IX	Allegiant S&P 500 Index C	AEXCX	C	(800) 622-3863	C- / 3.5	5.94	6.29	19.08 /53	10.23 /30	9.23 /25	0.67	1.50
IX	Allegiant S&P 500 Index Inst	AQDIX	C+	(800) 622-3863	C / 4.5	6.13	6.74	20.16 /61	11.33 /39	10.31 /36	1.55	0.50
SC	Allegiant Small Cap Core A	ACRAX	C	(800) 622-3863	C / 4.9	10.23	12.58	15.73 /30	13.34 /57	--	0.00	1.43
SC	● Allegiant Small Cap Core B	ASCBX	C+	(800) 622-3863	C+ / 5.8	9.94	12.15	14.87 /25	12.55 /50	--	0.00	2.14
SC	Allegiant Small Cap Core C	ACOCX	C+	(800) 622-3863	C / 5.4	10.02	12.23	14.95 /26	12.60 /51	--	0.00	2.14
SC	Allegiant Small Cap Core I	ACRIX	B-	(800) 622-3863	C+ / 6.3	10.22	12.73	16.05 /32	13.66 /59	--	0.00	1.18
SC	Allegiant Small Cap Growth A	ASMGX	E-	(800) 622-3863	E / 0.3	8.13	8.13	10.87 /10	4.65 / 3	4.19 / 1	0.00	1.89
SC	● Allegiant Small Cap Growth B	ASGRX	E-	(800) 622-3863	E / 0.5	7.90	7.79	9.96 / 8	3.96 / 2	3.47 / 0	0.00	2.61
SC	Allegiant Small Cap Growth C	ASGCX	E-	(800) 622-3863	E / 0.4	8.00	7.88	10.04 / 8	3.98 / 2	3.48 / 1	0.00	2.61
SC	Allegiant Small Cap Growth Inst	ASMIX	E-	(800) 622-3863	E+ / 0.7	8.23	8.34	11.13 /11	4.97 / 3	4.45 / 1	0.00	1.64
AA	AllianceBern 2010 Ret Strat A	LTDAX	U	(800) 221-5672	U /	2.79	5.28	16.29 /34	--	--	1.99	8.25
AA	AllianceBern 2015 Ret Strat A	LTEAX	U	(800) 221-5672	U /	3.31	5.86	17.86 /44	--	--	1.77	9.00
AA	AllianceBern 2015 Ret Strat K	LTEKX	U	(800) 221-5672	U /	3.39	5.94	18.07 /46	--	--	1.87	8.62
AA	AllianceBern 2020 Ret Strat A	LTHAX	U	(800) 221-5672	U /	3.76	6.28	18.82 /51	--	--	1.70	8.59
AA	AllianceBern 2020 Ret Strat K	LTHKX	U	(800) 221-5672	U /	3.76	6.18	18.89 /51	--	--	1.75	7.71
AA	AllianceBern 2025 Ret Strat A	LTIAX	U	(800) 221-5672	U /	4.29	6.75	19.82 /58	--	--	1.66	8.80
AA	AllianceBern 2025 Ret Strat K	LTJKX	U	(800) 221-5672	U /	4.29	6.83	19.83 /58	--	--	1.67	6.74
AA	AllianceBern 2030 Ret Strat A	LTJAX	U	(800) 221-5672	U /	4.74	7.33	20.86 /66	--	--	1.53	13.18

● Denotes fund is closed to new investors
* Denotes fund is included in Section II

www.thestreet.com/ratings

I. Index of Stock Mutual Funds

Summer 2007

RISK			NET ASSETS		ASSET				Portfolio Turnover Ratio	BULL / BEAR		FUND MANAGER		MINIMUMS		LOADS	
	3 Year		NAV As of 6/30/07	Total $(Mil)	Cash %	Stocks %	Bonds %	Other %		Last Bull Market Return	Last Bear Market Return	Manager Quality Pct	Manager Tenure (Years)	Initial Purch. $	Additional Purch. $	Front End Load	Back End Load
Risk Rating/Pts	Standard Deviation	Beta															
B+ / 9.0	5.0	1.09	11.83	6	0	69	30	1	85.0	64.1	-5.7	57	N/A	500	0	0.0	0.0
B+ / 9.0	5.0	1.08	11.77	2	0	69	30	1	85.0	63.9	-5.8	58	N/A	500	0	0.0	0.0
B+ / 9.0	5.0	1.08	11.83	149	0	69	30	1	85.0	71.0	-5.5	71	N/A	0	0	0.0	0.0
C+ / 5.7	10.7	1.12	17.97	20	5	94	0	1	16.0	158.5	-7.7	21	N/A	500	0	5.5	2.0
C+ / 5.7	10.7	1.13	17.38	1	5	94	0	1	16.0	151.4	-7.8	17	N/A	500	0	0.0	2.0
C+ / 5.7	10.7	1.13	17.32	1	5	94	0	1	16.0	151.7	-7.8	17	N/A	500	0	0.0	2.0
C+ / 5.8	10.7	1.12	18.16	344	5	94	0	1	16.0	161.7	-7.6	23	N/A	0	0	0.0	2.0
B- / 7.4	7.8	1.02	13.09	6	0	100	0	0	35.0	78.1	-10.5	28	10	500	0	5.5	0.0
B- / 7.3	7.8	1.02	12.47	3	0	100	0	0	35.0	73.0	-10.7	23	9	500	0	0.0	0.0
B- / 7.3	7.8	1.02	12.47	N/A	0	100	0	0	35.0	72.9	-10.7	23	10	500	0	0.0	0.0
B- / 7.5	7.7	1.02	13.25	227	0	100	0	0	35.0	79.9	-10.5	31	10	0	0	0.0	0.0
C+ / 6.4	8.6	1.07	20.36	120	0	100	0	0	38.0	58.5	-9.7	16	N/A	500	0	5.5	0.0
C+ / 6.4	8.6	1.07	19.25	7	0	100	0	0	38.0	53.9	-9.9	13	9	500	0	0.0	0.0
C+ / 6.4	8.6	1.07	19.27	1	0	100	0	0	38.0	53.9	-9.9	12	18	500	0	0.0	0.0
C+ / 6.4	8.6	1.07	20.70	424	0	100	0	0	38.0	60.1	-9.7	18	N/A	0	0	0.0	0.0
C+ / 6.5	7.5	0.93	20.71	65	3	96	0	1	23.0	118.6	-9.0	94	N/A	500	0	5.5	0.0
C+ / 6.5	7.5	0.93	20.56	9	3	96	0	1	23.0	112.5	-9.2	91	N/A	500	0	0.0	0.0
C+ / 6.5	7.4	0.92	20.46	1	3	96	0	1	23.0	112.4	-9.2	92	N/A	500	0	0.0	0.0
C+ / 6.5	7.5	0.93	20.79	716	3	96	0	1	23.0	121.0	-8.9	94	N/A	0	0	0.0	0.0
C / 4.5	8.9	0.79	16.20	208	5	94	0	1	21.0	164.8	-6.1	97	N/A	500	0	5.5	0.0
C / 4.4	8.9	0.79	15.85	5	5	94	0	1	21.0	N/A	N/A	96	N/A	500	0	0.0	0.0
C / 4.5	8.9	0.79	15.94	6	5	94	0	1	21.0	N/A	N/A	96	N/A	500	0	0.0	0.0
C / 4.5	8.9	0.79	16.43	196	5	94	0	1	21.0	168.0	-6.2	97	N/A	0	0	0.0	0.0
C / 5.1	12.8	1.16	8.85	17	3	96	0	1	91.0	93.4	-8.6	10	19	500	0	5.5	0.0
C / 5.1	12.8	1.16	7.14	1	3	96	0	1	91.0	87.3	-8.5	8	19	500	0	0.0	0.0
C / 5.1	12.8	1.16	7.24	N/A	3	96	0	1	91.0	87.5	-8.6	8	19	500	0	0.0	0.0
C / 5.1	12.8	1.16	9.27	16	3	96	0	1	91.0	95.2	-8.5	11	19	0	0	0.0	0.0
D+ / 2.4	12.6	0.90	17.93	165	1	98	0	1	40.0	110.1	-9.2	20	N/A	500	0	5.5	2.0
D / 2.2	12.6	0.90	16.65	13	1	98	0	1	40.0	104.0	-9.5	16	N/A	500	0	0.0	2.0
D / 2.2	12.5	0.90	16.60	11	1	98	0	1	40.0	104.1	-9.5	16	N/A	500	0	0.0	2.0
D+ / 2.5	12.5	0.90	19.07	387	1	98	0	1	40.0	112.3	-9.2	22	N/A	0	0	0.0	2.0
U /	N/A	N/A	12.15	47	2	97	0	1	63.0	N/A	N/A	N/A	N/A	0	0	0.0	2.0
B / 8.6	7.4	1.00	12.84	32	3	96	0	1	14.0	91.7	-9.8	45	N/A	500	0	2.5	0.0
B / 8.6	7.3	1.00	12.73	4	3	96	0	1	14.0	85.8	-10.1	36	N/A	500	0	0.0	0.0
B / 8.6	7.3	1.00	12.76	2	3	96	0	1	14.0	85.9	-10.1	35	N/A	500	0	0.0	0.0
B / 8.6	7.3	1.00	12.87	173	3	96	0	1	14.0	93.9	-9.8	49	N/A	0	0	0.0	0.0
B- / 7.2	12.7	0.87	13.69	3	2	97	0	1	24.0	N/A	N/A	69	3	500	0	5.5	2.0
B- / 7.2	12.7	0.87	13.38	1	2	97	0	1	24.0	N/A	N/A	59	3	500	0	0.0	0.0
B- / 7.2	12.6	0.86	13.40	1	2	97	0	1	24.0	N/A	N/A	61	3	500	0	0.0	2.0
B- / 7.2	12.6	0.86	13.81	221	2	97	0	1	24.0	N/A	N/A	73	3	0	0	0.0	2.0
C- / 3.7	17.0	1.19	10.51	16	2	97	0	1	65.0	69.7	-12.3	2	N/A	500	0	5.5	2.0
C- / 3.7	17.0	1.19	9.83	1	2	97	0	1	65.0	65.0	-12.6	1	N/A	500	0	0.0	0.0
C- / 3.7	17.0	1.19	9.86	N/A	2	97	0	1	65.0	64.8	-12.6	1	N/A	500	0	0.0	2.0
C- / 3.7	17.0	1.19	10.78	18	2	97	0	1	65.0	71.8	-12.4	2	N/A	0	0	0.0	2.0
U /	N/A	N/A	12.17	44	0	69	30	1	7.0	N/A	N/A	N/A	N/A	2,500	50	4.3	0.0
U /	N/A	N/A	12.47	59	0	76	23	1	12.0	N/A	N/A	N/A	2	2,500	50	4.3	0.0
U /	N/A	N/A	12.49	33	0	76	23	1	12.0	N/A	N/A	N/A	2	1,000,000	0	0.0	0.0
U /	N/A	N/A	12.70	67	0	90	9	1	5.0	N/A	N/A	N/A	2	2,500	50	4.3	0.0
U /	N/A	N/A	12.71	32	0	90	9	1	5.0	N/A	N/A	N/A	2	1,000,000	0	0.0	0.0
U /	N/A	N/A	13.12	66	0	90	9	1	6.0	N/A	N/A	N/A	2	2,500	50	4.3	0.0
U /	N/A	N/A	13.13	35	0	90	9	1	6.0	N/A	N/A	N/A	2	1,000,000	0	0.0	0.0
U /	N/A	N/A	13.03	39	0	97	2	1	7.0	N/A	N/A	N/A	2	2,500	50	4.3	0.0

www.thestreet.com/ratings

Data as of June 30, 2007

I. Index of Stock Mutual Funds

Summer 2007

					PERFORMANCE						
	99 Pct = Best 0 Pct = Worst			Overall	Perfor-	Total Return % through 6/30/07					Incl. in Returns	
Fund Type	Fund Name	Ticker Symbol	Investment Rating	Phone	mance Rating/Pts	3 Mo	6 Mo	1Yr / Pct	Annualized		Dividend Yield	Expense Ratio
									3Yr / Pct	5Yr / Pct		
AA	AllianceBern 2035 Ret Strat A	LTKAX	U	(800) 221-5672	U /	4.96	7.63	20.94 /66	--	--	1.47	17.85
BA	AllianceBern Bal Wealth Strat A	ABWAX	C	(800) 221-5672	D+ / 2.6	2.46	4.81	15.96 /32	11.84 /44	--	2.64	1.06
BA	AllianceBern Bal Wealth Strat Adv	ABWYX	C+	(800) 221-5672	C- / 3.8	2.60	4.94	16.35 /34	12.19 /47	--	3.03	0.76
BA	AllianceBern Bal Wealth Strat B	ABWBX	C	(800) 221-5672	D+ / 2.8	2.29	4.42	15.18 /27	11.03 /36	--	2.13	1.78
BA	AllianceBern Bal Wealth Strat C	ABWCX	C	(800) 221-5672	D+ / 2.8	2.37	4.42	15.17 /27	11.06 /36	--	2.13	1.77
BA	AllianceBern Bal Wealth Strat R	ABWRX	C+	(800) 221-5672	C- / 3.1	2.45	4.66	15.56 /29	11.48 /41	--	2.49	1.42
BA	AllianceBern Balanced Shares A	CABNX	D	(800) 221-5672	D- / 1.5	3.24	3.72	16.53 /35	9.43 /24	9.90 /32	1.91	0.90
BA	AllianceBern Balanced Shares Adv	CBSYX	D+	(800) 221-5672	D+ / 2.4	3.30	3.81	16.84 /37	9.75 /26	10.21 /35	2.27	0.62
BA	AllianceBern Balanced Shares B	CABBX	D	(800) 221-5672	D / 1.7	2.99	3.25	15.67 /30	8.63 /18	9.09 /24	1.38	1.64
BA	AllianceBern Balanced Shares C	CBACX	D	(800) 221-5672	D / 1.7	2.98	3.30	15.66 /30	8.63 /18	9.09 /24	1.37	1.63
BA	AllianceBern Balanced Shares R	CBSRX	C-	(800) 221-5672	D / 1.9	3.11	3.51	16.07 /32	9.13 /22	--	1.70	1.22
AA	AllianceBern CBF AgeBa Agg <1984		D	(800) 221-5672	E+ / 0.8	1.98	3.87	11.31 /11	8.47 /17	7.76 /13	0.00	0.99
AA	AllianceBern CBF AgeBa Agg <1984		D	(800) 221-5672	E+ / 0.8	2.05	4.01	11.44 /12	8.49 /17	7.78 /13	0.00	0.99
AA	AllianceBern CBF AgeBa Agg <1984		D	(800) 221-5672	E+ / 0.9	1.82	3.54	10.61 / 9	7.76 /13	--	0.00	1.74
AA	AllianceBern CBF AgeBa Agg <1984		D	(800) 221-5672	E+ / 0.9	1.80	3.59	10.61 / 9	7.68 /12	6.97 / 8	0.00	1.74
AA	AllianceBern CBF AgeBa Agg <1984		D+	(800) 221-5672	D- / 1.1	2.00	3.92	11.17 /11	8.19 /15	7.49 /11	0.00	1.74
AA	AllianceBern CBF AgeBa Agg <1984		D+	(800) 221-5672	D- / 1.4	2.02	4.11	11.81 /13	8.76 /19	8.04 /15	0.00	0.74
AA	AllianceBern CBF AgeBa Agg <1984		D+	(800) 221-5672	D- / 1.2	1.97	3.93	11.44 /12	8.45 /17	7.76 /13	0.00	0.99
AG	AllianceBern CBF AgeBa Agg 02-04		C+	(800) 221-5672	C+ / 6.1	4.53	7.02	20.15 /61	15.59 /72	13.86 /69	0.00	1.19
AG	AllianceBern CBF AgeBa Agg 02-04		C+	(800) 221-5672	C+ / 6.1	4.53	7.01	20.12 /61	15.57 /72	13.84 /68	0.00	1.19
AG	AllianceBern CBF AgeBa Agg 02-04		C+	(800) 221-5672	C+ / 6.2	4.33	6.58	19.25 /54	14.69 /67	12.99 /62	0.00	1.94
AG	AllianceBern CBF AgeBa Agg 02-04		C+	(800) 221-5672	C+ / 6.6	4.43	6.83	19.69 /57	15.13 /69	13.43 /65	0.00	1.94
AG	AllianceBern CBF AgeBa Agg 02-04		C+	(800) 221-5672	C+ / 6.2	4.31	6.57	19.20 /54	14.69 /67	13.01 /62	0.00	1.94
AG	AllianceBern CBF AgeBa Agg 02-04		C+	(800) 221-5672	C+ / 6.7	4.46	6.88	19.85 /59	15.26 /70	13.48 /65	0.00	1.94
AG	AllianceBern CBF AgeBa Agg 02-04		C+	(800) 221-5672	B- / 7.0	4.53	7.12	20.33 /62	15.82 /73	14.08 /70	0.00	0.94
AG	AllianceBern CBF AgeBa Agg 02-04		C+	(800) 221-5672	C+ / 6.9	4.48	6.97	20.04 /60	15.57 /72	13.83 /68	0.00	1.19
AG	AllianceBern CBF AgeBa Agg 05-07		U	(800) 221-5672	U /	5.00	7.65	21.26 /68	--	--	0.00	1.19
AA	AllianceBern CBF AgeBa Agg 84-86		D	(800) 221-5672	E+ / 0.8	1.94	3.87	11.28 /11	8.27 /16	7.57 /12	0.00	0.99
AA	AllianceBern CBF AgeBa Agg 84-86		D	(800) 221-5672	E+ / 0.7	1.85	3.78	10.39 / 9	8.27 /16	7.61 /12	0.00	0.99
AA	AllianceBern CBF AgeBa Agg 84-86		D	(800) 221-5672	E+ / 0.8	1.60	3.42	9.51 / 7	7.47 /11	--	0.00	1.74
AA	AllianceBern CBF AgeBa Agg 84-86		D	(800) 221-5672	D- / 1.0	1.90	3.78	10.87 /10	7.91 /14	7.31 /10	0.00	1.74
AA	AllianceBern CBF AgeBa Agg 84-86		D	(800) 221-5672	E+ / 0.9	1.78	3.53	10.46 / 9	7.47 /11	6.79 / 7	0.00	1.74
AA	AllianceBern CBF AgeBa Agg 84-86		D	(800) 221-5672	D- / 1.1	1.89	3.76	10.98 /10	8.03 /14	7.32 /10	0.00	1.74
AA	AllianceBern CBF AgeBa Agg 84-86		D+	(800) 221-5672	D- / 1.3	1.99	3.97	11.56 /12	8.55 /18	7.87 /14	0.00	0.74
AA	AllianceBern CBF AgeBa Agg 84-86		D+	(800) 221-5672	D- / 1.1	1.93	3.86	11.26 /11	8.26 /16	7.60 /12	0.00	0.99
AA	AllianceBern CBF AgeBa Agg 87-89		D	(800) 221-5672	E+ / 0.9	3.37	3.89	11.25 /11	8.70 /19	8.25 /16	0.00	0.99
AA	AllianceBern CBF AgeBa Agg 87-89		D	(800) 221-5672	D- / 1.0	3.37	3.97	11.34 /11	8.69 /18	8.24 /16	0.00	0.99
AA	AllianceBern CBF AgeBa Agg 87-89		D	(800) 221-5672	D- / 1.1	3.35	3.53	10.47 / 9	7.89 /14	7.42 /11	0.00	1.74
AA	AllianceBern CBF AgeBa Agg 87-89		D+	(800) 221-5672	D- / 1.3	3.37	3.72	10.93 /10	8.33 /16	7.89 /14	0.00	1.74
AA	AllianceBern CBF AgeBa Agg 87-89		D	(800) 221-5672	D- / 1.1	3.44	3.53	10.46 / 9	7.88 /13	7.44 /11	0.00	1.74
AA	AllianceBern CBF AgeBa Agg 87-89		D+	(800) 221-5672	D- / 1.3	3.60	3.78	11.04 /10	8.44 /17	7.97 /15	0.00	1.74
AA	AllianceBern CBF AgeBa Agg 87-89		D+	(800) 221-5672	D / 1.6	3.81	4.06	11.58 /12	8.96 /20	8.51 /19	0.00	0.74
AA	AllianceBern CBF AgeBa Agg 87-89		D+	(800) 221-5672	D- / 1.4	3.37	3.89	11.25 /11	8.66 /18	8.22 /16	0.00	0.99
AA	AllianceBern CBF AgeBa Agg 90-92		D+	(800) 221-5672	D- / 1.3	2.26	4.27	12.70 /15	9.82 /26	9.15 /24	0.00	1.03
AA	AllianceBern CBF AgeBa Agg 90-92		D+	(800) 221-5672	D- / 1.3	2.26	4.27	12.70 /15	9.82 /26	9.15 /24	0.00	1.03
AA	AllianceBern CBF AgeBa Agg 90-92		D+	(800) 221-5672	D- / 1.5	2.10	3.85	11.88 /13	9.01 /21	8.34 /17	0.00	1.78
AA	AllianceBern CBF AgeBa Agg 90-92		D+	(800) 221-5672	D / 1.7	2.14	4.03	12.23 /14	9.41 /24	8.74 /21	0.00	1.78
AA	AllianceBern CBF AgeBa Agg 90-92		D+	(800) 221-5672	D- / 1.4	2.02	3.85	11.80 /13	8.99 /21	8.33 /17	0.00	1.78
AA	AllianceBern CBF AgeBa Agg 90-92		D+	(800) 221-5672	D / 1.7	2.13	4.10	12.36 /14	9.51 /24	8.84 /21	0.00	1.78
AA	AllianceBern CBF AgeBa Agg 90-92		C-	(800) 221-5672	D / 2.0	2.30	4.37	12.96 /16	10.05 /28	9.41 /27	0.00	0.78
AA	AllianceBern CBF AgeBa Agg 90-92		D+	(800) 221-5672	D / 1.9	2.26	4.27	12.70 /15	9.79 /26	9.13 /24	0.00	1.03
AA	AllianceBern CBF AgeBa Agg 93-95		C-	(800) 221-5672	D+ / 2.6	2.98	5.21	15.29 /28	11.72 /43	10.76 /41	0.00	1.07

● Denotes fund is closed to new investors
* Denotes fund is included in Section II

www.thestreet.com/ratings

I. Index of Stock Mutual Funds

RISK			NET ASSETS		ASSET					BULL / BEAR		FUND MANAGER		MINIMUMS		LOADS	
	3 Year		NAV						Portfolio	Last Bull	Last Bear	Manager	Manager	Initial	Additional	Front	Back
Risk	Standard		As of	Total	Cash	Stocks	Bonds	Other	Turnover	Market	Market	Quality	Tenure	Purch.	Purch.	End	End
Rating/Pts	Deviation	Beta	6/30/07	$(Mil)	%	%	%	%	Ratio	Return	Return	Pct	(Years)	$	$	Load	Load
U /	N/A	N/A	13.12	30	0	100	0	0	10.0	N/A	N/A	N/A	N/A	2,500	50	4.3	0.0
B / 8.7	5.6	1.20	14.08	1,431	3	63	32	2	1.0	N/A	N/A	78	N/A	2,500	50	4.3	0.0
B / 8.7	5.6	1.20	14.11	126	3	63	32	2	1.0	N/A	N/A	81	N/A	0	0	0.0	0.0
B / 8.7	5.7	1.21	14.02	644	3	63	32	2	1.0	N/A	N/A	70	N/A	2,500	50	0.0	0.0
B / 8.7	5.6	1.20	14.03	721	3	63	32	2	1.0	N/A	N/A	71	N/A	2,500	50	0.0	0.0
B+ / 9.6	5.6	1.20	14.07	9	3	63	32	2	1.0	N/A	N/A	75	N/A	10,000,000	0	0.0	0.0
B- / 7.6	5.0	1.09	18.46	967	1	67	31	1	52.0	70.2	-4.0	58	N/A	2,500	50	4.3	0.0
B- / 7.6	5.0	1.10	18.49	104	1	67	31	1	52.0	72.4	-4.0	62	N/A	0	0	0.0	0.0
B- / 7.5	5.0	1.10	17.46	425	1	67	31	1	52.0	65.1	-4.2	47	N/A	2,500	50	0.0	0.0
B- / 7.5	4.9	1.09	17.54	178	1	67	31	1	52.0	65.1	-4.2	47	N/A	2,500	50	0.0	0.0
B / 8.7	5.0	1.09	18.42	7	1	67	31	1	52.0	N/A	N/A	54	N/A	10,000,000	0	0.0	0.0
B / 8.4	3.6	0.78	12.89	2	4	39	55	2	N/A	52.1	-2.5	66	N/A	1,000	50	4.3	0.0
B / 8.4	3.6	0.78	12.96	1	4	39	55	2	N/A	52.3	-2.5	66	N/A	1,000	50	4.3	0.0
B / 8.4	3.7	0.79	12.30	1	4	39	55	2	N/A	47.9	-2.7	56	N/A	1,000	50	0.0	0.0
B / 8.4	3.6	0.78	12.41	1	4	39	55	2	N/A	47.5	-2.6	56	N/A	1,000	50	0.0	0.0
B / 8.4	3.7	0.78	12.74	1	4	39	55	2	N/A	50.5	-2.5	63	N/A	1,000	50	0.0	0.0
B / 8.4	3.7	0.78	13.16	N/A	4	39	55	2	N/A	53.8	-2.4	69	N/A	250	50	0.0	0.0
B / 8.4	3.7	0.78	12.96	N/A	4	39	55	2	N/A	52.0	-2.5	66	N/A	250	50	0.0	0.0
C+ / 6.2	8.5	1.09	17.53	80	0	92	7	1	N/A	130.8	-8.5	85	N/A	1,000	50	4.3	0.0
C+ / 6.2	8.5	1.08	17.55	5	0	92	7	1	N/A	130.6	-8.5	85	N/A	1,000	50	4.3	0.0
C+ / 6.2	8.5	1.09	16.85	48	0	92	7	1	N/A	123.3	-8.7	79	N/A	1,000	50	0.0	0.0
C+ / 6.2	8.5	1.09	17.20	1	0	92	7	1	N/A	127.1	-8.5	82	N/A	1,000	50	0.0	0.0
C+ / 6.2	8.6	1.09	16.70	30	0	92	7	1	N/A	123.4	-8.7	78	N/A	1,000	50	0.0	0.0
C+ / 6.2	8.6	1.09	17.09	2	0	92	7	1	N/A	127.6	-8.6	83	N/A	1,000	50	0.0	0.0
C+ / 6.2	8.6	1.09	17.76	15	0	92	7	1	N/A	132.8	-8.5	86	N/A	250	50	0.0	0.0
C+ / 6.2	8.6	1.09	17.49	2	0	92	7	1	N/A	130.5	-8.5	84	N/A	1,000	50	0.0	0.0
U /	N/A	N/A	14.49	27	2	97	0	1	N/A	N/A	N/A	N/A	N/A	1,000	50	4.3	0.0
B / 8.4	3.6	0.76	12.63	2	5	39	55	1	N/A	50.8	-2.5	65	5	1,000	50	4.3	0.0
B / 8.4	3.6	0.77	12.64	5	5	39	55	1	N/A	50.9	-2.4	64	7	1,000	50	4.3	0.0
B / 8.4	3.6	0.76	12.09	1	5	39	55	1	N/A	46.5	-2.7	54	5	1,000	50	0.0	0.0
B / 8.4	3.6	0.77	12.34	1	5	39	55	1	N/A	48.8	-2.0	60	7	1,000	50	0.0	0.0
B / 8.4	3.6	0.77	12.04	3	5	39	55	1	N/A	46.2	-2.6	54	5	1,000	50	0.0	0.0
B / 8.4	3.6	0.77	12.43	10	5	39	55	1	N/A	49.5	-2.6	61	7	1,000	50	0.0	0.0
B / 8.4	3.6	0.76	12.84	1	5	39	55	1	N/A	52.5	-2.4	68	7	250	50	0.0	0.0
B / 8.4	3.6	0.77	12.65	N/A	5	39	55	1	N/A	51.0	-2.5	64	6	250	50	0.0	0.0
B / 8.4	4.1	0.88	12.56	17	4	40	54	2	N/A	58.2	-3.3	63	5	1,000	50	4.3	0.0
B / 8.4	4.1	0.87	12.57	32	4	40	54	2	N/A	58.2	-3.3	63	7	1,000	50	4.3	0.0
B / 8.4	4.1	0.88	12.03	15	4	40	54	2	N/A	53.3	-3.4	52	5	1,000	50	0.0	0.0
B / 8.4	4.1	0.88	12.28	32	4	40	54	2	N/A	55.7	-3.3	58	7	1,000	50	0.0	0.0
B / 8.4	4.2	0.89	12.04	21	4	40	54	2	N/A	53.2	-3.4	51	5	1,000	50	0.0	0.0
B / 8.4	4.1	0.87	12.37	36	4	40	54	2	N/A	56.5	-3.3	60	7	1,000	50	0.0	0.0
B / 8.4	4.2	0.89	12.82	9	4	40	54	2	N/A	59.7	-3.1	65	7	250	50	0.0	0.0
B / 8.4	4.1	0.88	12.56	1	4	40	54	2	N/A	58.2	-3.3	62	7	250	50	0.0	0.0
B / 8.2	4.8	1.00	12.69	47	4	45	50	1	N/A	68.9	-4.3	68	5	1,000	50	4.3	0.0
B / 8.2	4.8	1.00	12.69	52	4	45	50	1	N/A	68.9	-4.3	68	7	1,000	50	4.3	0.0
B / 8.2	4.8	1.01	12.15	41	4	45	50	1	N/A	63.6	-4.5	58	5	1,000	50	0.0	0.0
B / 8.2	4.7	1.00	12.39	69	4	45	50	1	N/A	66.4	-4.5	64	7	1,000	50	0.0	0.0
B / 8.2	4.8	1.01	12.13	34	4	45	50	1	N/A	63.6	-4.5	57	5	1,000	50	0.0	0.0
B / 8.2	4.8	1.01	12.45	57	4	45	50	1	N/A	67.2	-4.5	65	7	1,000	50	0.0	0.0
B / 8.2	4.8	1.01	12.90	17	4	45	50	1	N/A	70.6	-4.3	71	7	250	50	0.0	0.0
B / 8.2	4.7	1.00	12.69	4	4	45	50	1	N/A	69.0	-4.4	68	7	250	50	0.0	0.0
B- / 7.7	5.8	1.22	13.12	60	2	60	37	1	N/A	85.7	-5.2	76	N/A	1,000	50	4.3	0.0

www.thestreet.com/ratings

Data as of June 30, 2007

I. Index of Stock Mutual Funds

Summer 2007

Fund Type	Fund Name	Ticker Symbol	Overall Investment Rating	Phone	Performance Rating/Pts	3 Mo	6 Mo	1Yr / Pct	3Yr / Pct	5Yr / Pct	Dividend Yield	Expense Ratio
	99 Pct = Best											
	0 Pct = Worst						Total Return % through 6/30/07		Annualized		Incl. in Returns	
AA	AllianceBern CBF AgeBa Agg 93-95		C-	(800) 221-5672	D+ / 2.5	2.99	5.14	15.22 /27	11.70 /43	10.73 /41	0.00	1.07
AA	AllianceBern CBF AgeBa Agg 93-95		C-	(800) 221-5672	D+ / 2.7	2.79	4.85	14.42 /23	10.88 /35	9.91 /32	0.00	1.82
AA	AllianceBern CBF AgeBa Agg 93-95		C-	(800) 221-5672	C- / 3.0	2.90	5.01	14.81 /25	11.33 /39	10.34 /37	0.00	1.82
AA	AllianceBern CBF AgeBa Agg 93-95		C-	(800) 221-5672	D+ / 2.7	2.70	4.76	14.31 /22	10.88 /35	9.91 /32	0.00	1.82
AA	AllianceBern CBF AgeBa Agg 93-95		C-	(800) 221-5672	C- / 3.1	2.88	5.06	15.00 /26	11.43 /40	10.44 /38	0.00	1.82
AA	AllianceBern CBF AgeBa Agg 93-95		C	(800) 221-5672	C- / 3.6	3.02	5.30	15.55 /29	12.03 /46	11.01 /43	0.00	0.82
AA	AllianceBern CBF AgeBa Agg 93-95		C-	(800) 221-5672	C- / 3.4	2.91	5.14	15.23 /27	11.71 /43	10.71 /40	0.00	1.07
AA	AllianceBern CBF AgeBa Agg 96-98		C-	(800) 221-5672	C- / 4.0	4.89	5.91	17.19 /39	13.13 /55	11.69 /51	0.00	1.11
AA	AllianceBern CBF AgeBa Agg 96-98		C-	(800) 221-5672	C- / 3.9	4.88	5.90	17.17 /39	13.08 /55	11.68 /50	0.00	1.11
AA	AllianceBern CBF AgeBa Agg 96-98		C	(800) 221-5672	C / 4.1	4.94	5.47	16.34 /34	12.25 /48	10.84 /42	0.00	1.86
AA	AllianceBern CBF AgeBa Agg 96-98		C	(800) 221-5672	C / 4.5	4.75	5.70	16.70 /36	12.68 /51	11.30 /47	0.00	1.86
AA	AllianceBern CBF AgeBa Agg 96-98		C	(800) 221-5672	C- / 4.1	4.34	5.49	16.28 /34	12.24 /48	10.85 /42	0.00	1.86
AA	AllianceBern CBF AgeBa Agg 96-98		C	(800) 221-5672	C / 4.6	4.47	5.67	16.82 /37	12.81 /52	11.40 /48	0.00	1.86
AA	AllianceBern CBF AgeBa Agg 96-98		C+	(800) 221-5672	C / 5.2	4.65	5.99	17.42 /41	13.34 /57	11.96 /53	0.00	0.86
AA	AllianceBern CBF AgeBa Agg 96-98		C	(800) 221-5672	C / 5.0	4.97	5.90	17.17 /39	13.08 /55	11.71 /51	0.00	1.11
AA	AllianceBern CBF AgeBa Agg 99-01		C	(800) 221-5672	C / 5.0	4.06	6.38	18.79 /51	14.40 /65	12.78 /60	0.00	1.15
AA	AllianceBern CBF AgeBa Agg 99-01		C	(800) 221-5672	C / 5.0	4.05	6.37	18.77 /50	14.39 /65	12.80 /60	0.00	1.15
AA	AllianceBern CBF AgeBa Agg 99-01		C	(800) 221-5672	C / 5.2	3.91	5.98	17.91 /44	13.52 /58	11.99 /53	0.00	1.90
AA	AllianceBern CBF AgeBa Agg 99-01		C+	(800) 221-5672	C+ / 5.6	3.91	6.20	18.36 /48	13.99 /62	12.39 /57	0.00	1.90
AA	AllianceBern CBF AgeBa Agg 99-01		C	(800) 221-5672	C / 5.2	3.78	5.96	17.82 /44	13.54 /59	11.96 /53	0.00	1.90
AA	AllianceBern CBF AgeBa Agg 99-01		C+	(800) 221-5672	C+ / 5.7	3.96	6.23	18.52 /49	14.11 /63	12.53 /58	0.00	1.90
AA	AllianceBern CBF AgeBa Agg 99-01		C+	(800) 221-5672	C+ / 6.1	4.07	6.44	18.96 /52	14.61 /66	13.08 /63	0.00	0.90
AA	AllianceBern CBF AgeBa Agg 99-01		C+	(800) 221-5672	C+ / 5.9	4.06	6.39	18.61 /49	14.34 /64	12.78 /60	0.00	1.15
AA	AllianceBern CBF AgeBased <1984 A		D	(800) 221-5672	E / 0.5	1.71	3.57	10.48 / 9	7.37 /11	6.59 / 6	0.00	0.97
AA	AllianceBern CBF AgeBased <1984		D	(800) 221-5672	E / 0.5	1.72	3.49	10.41 / 9	7.32 /11	6.56 / 6	0.00	0.97
AA	AllianceBern CBF AgeBased <1984 B		D	(800) 221-5672	E+ / 0.6	1.54	3.13	9.63 / 7	6.55 / 7	--	0.00	1.72
AA	AllianceBern CBF AgeBased <1984		D	(800) 221-5672	E+ / 0.7	1.59	3.33	10.02 / 8	6.93 / 9	6.18 / 5	0.00	1.72
AA	AllianceBern CBF AgeBased <1984		D	(800) 221-5672	E+ / 0.6	1.55	3.14	9.67 / 7	6.54 / 7	5.79 / 4	0.00	1.72
AA	AllianceBern CBF AgeBased <1984		D	(800) 221-5672	E+ / 0.8	1.66	3.46	10.31 / 9	7.11 /10	6.35 / 6	0.00	1.72
AA	AllianceBern CBF AgeBased <1984		D	(800) 221-5672	E+ / 0.9	1.84	3.67	10.66 / 9	7.63 /12	6.90 / 8	0.00	0.72
AA	AllianceBern CBF AgeBased <1984		D	(800) 221-5672	E+ / 0.8	1.79	3.57	10.58 / 9	7.37 /11	6.59 / 6	0.00	0.97
AA	AllianceBern CBF AgeBased 02-04 A		C	(800) 221-5672	C / 4.7	3.88	6.17	17.63 /42	14.19 /63	12.96 /62	0.00	1.13
AA	AllianceBern CBF AgeBased 02-04		C	(800) 221-5672	C / 4.7	3.88	6.18	17.65 /42	14.22 /64	12.96 /62	0.00	1.13
AA	AllianceBern CBF AgeBased 02-04 B		C	(800) 221-5672	C / 4.9	3.64	5.74	16.70 /36	13.37 /57	12.10 /54	0.00	1.88
AA	AllianceBern CBF AgeBased 02-04		C	(800) 221-5672	C / 5.3	3.76	5.96	17.23 /40	13.80 /61	12.53 /58	0.00	1.88
AA	AllianceBern CBF AgeBased 02-04 C		C	(800) 221-5672	C / 4.9	3.63	5.77	16.74 /36	13.35 /57	12.11 /55	0.00	1.88
AA	AllianceBern CBF AgeBased 02-04		C	(800) 221-5672	C / 5.4	3.81	6.04	17.31 /40	13.89 /61	12.66 /59	0.00	1.88
AA	AllianceBern CBF AgeBased 02-04 R		C+	(800) 221-5672	C+ / 5.8	3.90	6.25	17.86 /44	14.47 /65	13.17 /63	0.00	0.88
AA	AllianceBern CBF AgeBased 02-04		C+	(800) 221-5672	C+ / 5.7	3.89	6.19	17.69 /43	14.22 /64	12.92 /61	0.00	1.13
AA	AllianceBern CBF AgeBased 05-07 A		U	(800) 221-5672	U /	4.28	6.76	19.33 /55	--	--	0.00	1.17
AA	AllianceBern CBF AgeBased 84-86 A		D	(800) 221-5672	E / 0.5	1.69	3.44	10.31 / 9	7.21 /10	6.53 / 6	0.00	0.97
AA	AllianceBern CBF AgeBased 84-86		D	(800) 221-5672	E / 0.5	1.77	3.52	10.39 / 9	7.27 /10	6.54 / 6	0.00	0.97
AA	AllianceBern CBF AgeBased 84-86 B		D	(800) 221-5672	E+ / 0.6	1.51	3.07	9.51 / 7	6.42 / 7	5.73 / 4	0.00	1.72
AA	AllianceBern CBF AgeBased 84-86		D	(800) 221-5672	E+ / 0.7	1.65	3.35	9.98 / 8	6.87 / 9	6.14 / 5	0.00	1.72
AA	AllianceBern CBF AgeBased 84-86 C		D	(800) 221-5672	E+ / 0.6	1.59	3.15	9.59 / 7	6.45 / 7	5.74 / 4	0.00	1.72
AA	AllianceBern CBF AgeBased 84-86		D	(800) 221-5672	E+ / 0.7	1.72	3.41	10.10 / 8	6.99 / 9	6.25 / 5	0.00	1.72
AA	AllianceBern CBF AgeBased 84-86 R		D	(800) 221-5672	E+ / 0.9	1.74	3.55	10.59 / 9	7.49 /12	6.78 / 7	0.00	0.72
AA	AllianceBern CBF AgeBased 84-86		D	(800) 221-5672	E+ / 0.8	1.69	3.43	10.29 / 9	7.23 /10	6.51 / 6	0.00	0.97
AA	AllianceBern CBF AgeBased 87-89 A		D	(800) 221-5672	E / 0.5	1.81	3.51	10.35 / 9	7.49 /12	7.15 / 9	0.00	0.99
AA	AllianceBern CBF AgeBased 87-89		D	(800) 221-5672	E / 0.5	1.73	3.51	10.35 / 9	7.45 /11	7.12 / 9	0.00	0.99
AA	AllianceBern CBF AgeBased 87-89 B		D	(800) 221-5672	E+ / 0.6	1.55	3.05	9.44 / 7	6.66 / 8	6.32 / 5	0.00	1.74
AA	AllianceBern CBF AgeBased 87-89		D	(800) 221-5672	E+ / 0.7	1.60	3.34	9.93 / 8	7.08 / 9	6.74 / 7	0.00	1.74

• Denotes fund is closed to new investors
* Denotes fund is included in Section II

www.thestreet.com/ratings

Summer 2007

I. Index of Stock Mutual Funds

RISK			NET ASSETS		ASSET					BULL / BEAR		FUND MANAGER		MINIMUMS		LOADS	
	3 Year		NAV						Portfolio	Last Bull	Last Bear	Manager	Manager	Initial	Additional	Front	Back
Risk	Standard		As of	Total	Cash	Stocks	Bonds	Other	Turnover	Market	Market	Quality	Tenure	Purch.	Purch.	End	End
Rating/Pts	Deviation	Beta	6/30/07	$(Mil)	%	%	%	%	Ratio	Return	Return	Pct	(Years)	$	$	Load	Load
B- / 7.7	5.8	1.23	13.10	66	2	60	37	1	N/A	85.7	-5.2	76	N/A	1,000	50	4.3	0.0
B- / 7.7	5.8	1.22	12.54	49	2	60	37	1	N/A	79.9	-5.2	67	N/A	1,000	50	0.0	0.0
B- / 7.7	5.8	1.23	12.79	76	2	60	37	1	N/A	82.9	-5.2	72	N/A	1,000	50	0.0	0.0
B- / 7.7	5.8	1.22	12.54	34	2	60	37	1	N/A	80.0	-5.4	68	N/A	1,000	50	0.0	0.0
B- / 7.7	5.8	1.22	12.88	53	2	60	37	1	N/A	83.9	-5.2	73	N/A	1,000	50	0.0	0.0
B- / 7.7	5.8	1.22	13.30	23	2	60	37	1	N/A	87.7	-5.0	79	N/A	250	50	0.0	0.0
B- / 7.7	5.8	1.22	13.09	4	2	60	37	1	N/A	85.6	-5.1	76	N/A	250	50	0.0	0.0
B- / 7.1	6.9	1.45	13.09	66	0	74	25	1	N/A	99.1	-6.3	78	N/A	1,000	50	4.3	0.0
B- / 7.1	6.9	1.46	13.10	72	0	74	25	1	N/A	99.3	-6.3	77	N/A	1,000	50	4.3	0.0
B- / 7.1	6.9	1.46	12.53	48	0	74	25	1	N/A	93.0	-6.5	69	N/A	1,000	50	0.0	0.0
B- / 7.1	6.9	1.46	12.79	81	0	74	25	1	N/A	96.1	-6.4	74	N/A	1,000	50	0.0	0.0
B- / 7.1	6.9	1.44	12.50	35	0	74	25	1	N/A	92.7	-6.4	70	N/A	1,000	50	0.0	0.0
B- / 7.1	6.8	1.44	12.85	51	0	74	25	1	N/A	97.0	-6.4	76	N/A	1,000	50	0.0	0.0
B- / 7.1	6.8	1.44	13.28	27	0	74	25	1	N/A	101.0	-6.3	80	N/A	250	50	0.0	0.0
B- / 7.1	6.9	1.46	13.10	4	0	74	25	1	N/A	99.3	-6.3	77	N/A	250	50	0.0	0.0
C+ / 6.7	7.6	1.57	13.34	66	0	83	16	1	N/A	115.1	-7.5	83	N/A	1,000	50	4.3	0.0
C+ / 6.7	7.6	1.57	13.35	88	0	83	16	1	N/A	114.9	-7.3	83	N/A	1,000	50	4.3	0.0
C+ / 6.7	7.6	1.58	12.77	53	0	83	16	1	N/A	108.4	-7.6	75	N/A	1,000	50	0.0	0.0
C+ / 6.7	7.6	1.58	13.02	97	0	83	16	1	N/A	111.8	-7.4	80	N/A	1,000	50	0.0	0.0
C+ / 6.7	7.6	1.58	12.63	32	0	83	16	1	N/A	108.3	-7.5	76	N/A	1,000	50	0.0	0.0
C+ / 6.7	7.6	1.57	13.12	62	0	83	16	1	N/A	112.9	-7.5	81	N/A	1,000	50	0.0	0.0
C+ / 6.7	7.6	1.58	13.55	36	0	83	16	1	N/A	117.2	-7.3	84	N/A	250	50	0.0	0.0
C+ / 6.7	7.6	1.57	13.32	4	0	83	16	1	N/A	114.9	-7.4	82	N/A	250	50	0.0	0.0
B / 8.5	2.8	0.60	13.07	2	5	34	59	2	N/A	39.8	-0.7	64	N/A	1,000	50	4.3	0.0
B / 8.5	2.9	0.61	13.04	3	5	34	59	2	N/A	39.6	-0.7	63	N/A	1,000	50	4.3	0.0
B / 8.5	2.9	0.60	12.52	2	5	34	59	2	N/A	35.4	-1.0	53	N/A	1,000	50	0.0	0.0
B / 8.5	2.8	0.60	12.74	1	5	34	59	2	N/A	37.6	-0.9	58	N/A	1,000	50	0.0	0.0
B / 8.5	2.9	0.61	12.48	2	5	34	59	2	N/A	35.3	-1.0	52	N/A	1,000	50	0.0	0.0
B / 8.5	2.8	0.60	12.84	4	5	34	59	2	N/A	38.3	-0.9	60	N/A	1,000	50	0.0	0.0
B / 8.5	2.9	0.61	13.29	1	5	34	59	2	N/A	41.3	-0.6	67	N/A	250	50	0.0	0.0
B / 8.5	2.8	0.60	13.07	N/A	5	34	59	2	N/A	39.7	-0.7	64	N/A	250	50	0.0	0.0
C+ / 6.8	7.9	1.63	16.35	104	0	77	22	1	N/A	121.8	-8.6	79	N/A	1,000	50	4.3	0.0
C+ / 6.8	7.9	1.62	16.33	6	0	77	22	1	N/A	121.8	-8.6	80	N/A	1,000	50	4.3	0.0
C+ / 6.8	7.9	1.62	15.65	94	0	77	22	1	N/A	114.7	-8.6	72	N/A	1,000	50	0.0	0.0
C+ / 6.8	7.9	1.63	15.99	1	0	77	22	1	N/A	118.4	-8.6	76	N/A	1,000	50	0.0	0.0
C+ / 6.8	7.9	1.62	15.41	58	0	77	22	1	N/A	114.7	-8.7	71	N/A	1,000	50	0.0	0.0
C+ / 6.8	7.9	1.62	15.79	3	0	77	22	1	N/A	119.3	-8.5	76	N/A	1,000	50	0.0	0.0
C+ / 6.8	7.9	1.63	16.50	14	0	77	22	1	N/A	123.8	-8.6	81	N/A	250	50	0.0	0.0
C+ / 6.8	7.9	1.63	16.30	4	0	77	22	1	N/A	121.4	-8.5	79	N/A	250	50	0.0	0.0
U /	N/A	N/A	13.89	26	0	87	12	1	N/A	N/A	N/A	N/A	N/A	1,000	50	4.3	0.0
B / 8.5	2.9	0.60	12.62	9	6	34	59	1	N/A	39.3	-0.8	62	N/A	1,000	50	4.3	0.0
B / 8.5	2.8	0.60	12.64	15	6	34	59	1	N/A	39.3	-0.8	63	N/A	1,000	50	4.3	0.0
B / 8.5	2.8	0.60	12.09	3	6	34	59	1	N/A	34.8	-1.0	51	N/A	1,000	50	0.0	0.0
B / 8.5	2.9	0.60	12.34	3	6	34	59	1	N/A	37.2	-0.9	57	N/A	1,000	50	0.0	0.0
B / 8.5	2.8	0.59	12.11	12	6	34	59	1	N/A	34.8	-1.0	52	N/A	1,000	50	0.0	0.0
B / 8.5	2.9	0.60	12.43	23	6	34	59	1	N/A	37.7	-0.8	59	N/A	1,000	50	0.0	0.0
B / 8.5	2.9	0.60	12.84	3	6	34	59	1	N/A	40.8	-0.8	65	N/A	250	50	0.0	0.0
B / 8.5	2.9	0.61	12.65	1	6	34	59	1	N/A	39.3	-0.9	62	N/A	250	50	0.0	0.0
B / 8.5	3.2	0.68	12.37	53	5	35	58	2	N/A	47.5	-2.4	60	N/A	1,000	50	4.3	0.0
B / 8.5	3.2	0.67	12.37	58	5	35	58	2	N/A	47.5	-2.5	60	N/A	1,000	50	4.3	0.0
B / 8.5	3.2	0.67	11.82	51	5	35	58	2	N/A	42.9	-2.7	49	N/A	1,000	50	0.0	0.0
B / 8.5	3.9	0.79	12.07	57	5	35	58	2	N/A	45.2	1.6	47	N/A	1,000	50	0.0	0.0

www.thestreet.com/ratings

Data as of June 30, 2007

I. Index of Stock Mutual Funds

Summer 2007

Fund Type	Fund Name	Ticker Symbol	Overall Investment Rating 99 Pct = Best 0 Pct = Worst	Phone	PERFORMANCE						Incl. in Returns	
					Performance Rating/Pts	Total Return % through 6/30/07					Dividend Yield	Expense Ratio
						3 Mo	6 Mo	1Yr / Pct	Annualized			
									3Yr / Pct	5Yr / Pct		
AA	AllianceBern CBF AgeBased 87-89 C		D	(800) 221-5672	E+ / 0.6	1.55	3.05	9.44 / 7	6.63 / 8	6.30 / 5	0.00	1.74
AA	AllianceBern CBF AgeBased 87-89		D	(800) 221-5672	E+ / 0.8	1.76	3.40	10.05 / 8	7.21 / 10	6.86 / 7	0.00	1.74
AA	AllianceBern CBF AgeBased 87-89 R		D	(800) 221-5672	E+ / 0.9	1.86	3.62	10.64 / 9	7.74 / 13	7.38 / 10	0.00	0.74
AA	AllianceBern CBF AgeBased 87-89		D	(800) 221-5672	E+ / 0.8	1.73	3.52	10.26 / 8	7.46 / 11	7.10 / 9	0.00	0.99
AA	AllianceBern CBF AgeBased 90-92 A		D	(800) 221-5672	E+ / 0.9	1.85	3.60	11.36 / 11	8.73 / 19	8.28 / 17	0.00	1.03
AA	AllianceBern CBF AgeBased 90-92		D	(800) 221-5672	E+ / 0.9	1.85	3.60	11.35 / 11	8.73 / 19	8.27 / 16	0.00	1.03
AA	AllianceBern CBF AgeBased 90-92 B		D	(800) 221-5672	D- / 1.0	1.68	3.33	10.51 / 9	7.95 / 14	7.48 / 11	0.00	1.78
AA	AllianceBern CBF AgeBased 90-92		D	(800) 221-5672	D- / 1.1	1.81	3.52	10.96 / 10	8.38 / 16	7.91 / 14	0.00	1.78
AA	AllianceBern CBF AgeBased 90-92 C		D	(800) 221-5672	D- / 1.0	1.68	3.24	10.59 / 9	7.94 / 14	7.46 / 11	0.00	1.78
AA	AllianceBern CBF AgeBased 90-92		D+	(800) 221-5672	D- / 1.2	1.80	3.50	11.08 / 11	8.47 / 17	8.00 / 15	0.00	1.78
AA	AllianceBern CBF AgeBased 90-92 R		D+	(800) 221-5672	D- / 1.4	1.90	3.80	11.64 / 12	9.01 / 21	8.57 / 19	0.00	0.78
AA	AllianceBern CBF AgeBased 90-92		D+	(800) 221-5672	D- / 1.3	1.85	3.61	11.38 / 11	8.75 / 19	8.27 / 16	0.00	1.03
AA	AllianceBern CBF AgeBased 93-95 A		D+	(800) 221-5672	D- / 1.5	2.46	4.43	13.12 / 17	10.04 / 28	9.28 / 26	0.00	1.07
AA	AllianceBern CBF AgeBased 93-95		D+	(800) 221-5672	D- / 1.5	2.46	4.42	13.10 / 17	10.03 / 28	9.29 / 26	0.00	1.07
AA	AllianceBern CBF AgeBased 93-95 B		D+	(800) 221-5672	D / 1.6	2.23	4.01	12.34 / 14	9.21 / 22	8.46 / 18	0.00	1.82
AA	AllianceBern CBF AgeBased 93-95		D+	(800) 221-5672	D / 1.8	2.35	4.18	12.74 / 15	9.66 / 25	8.91 / 22	0.00	1.82
AA	AllianceBern CBF AgeBased 93-95 C		D+	(800) 221-5672	D / 1.6	2.31	4.00	12.29 / 14	9.21 / 22	8.47 / 18	0.00	1.82
AA	AllianceBern CBF AgeBased 93-95		D+	(800) 221-5672	D / 1.9	2.33	4.33	12.84 / 16	9.77 / 26	9.01 / 23	0.00	1.82
AA	AllianceBern CBF AgeBased 93-95 R		C-	(800) 221-5672	D+ / 2.3	2.50	4.52	13.37 / 18	10.30 / 30	9.55 / 28	0.00	0.82
AA	AllianceBern CBF AgeBased 93-95		C-	(800) 221-5672	D / 2.1	2.46	4.42	13.21 / 17	10.03 / 28	9.27 / 26	0.00	1.07
AA	AllianceBern CBF AgeBased 96-98 A		D+	(800) 221-5672	D+ / 2.4	2.88	5.07	14.85 / 25	11.63 / 42	10.83 / 42	0.00	1.11
AA	AllianceBern CBF AgeBased 96-98		D+	(800) 221-5672	D+ / 2.4	2.88	5.07	14.83 / 25	11.62 / 42	10.81 / 42	0.00	1.11
AA	AllianceBern CBF AgeBased 96-98 B		C-	(800) 221-5672	D+ / 2.6	2.68	4.61	14.05 / 21	10.77 / 34	9.98 / 33	0.00	1.86
AA	AllianceBern CBF AgeBased 96-98		C-	(800) 221-5672	D+ / 2.9	2.78	4.85	14.40 / 23	11.23 / 38	10.44 / 38	0.00	1.86
AA	AllianceBern CBF AgeBased 96-98 C		C-	(800) 221-5672	D+ / 2.6	2.75	4.68	13.98 / 20	10.80 / 34	9.98 / 33	0.00	1.86
AA	AllianceBern CBF AgeBased 96-98		C-	(800) 221-5672	C- / 3.0	2.85	4.98	14.58 / 24	11.36 / 39	10.55 / 39	0.00	1.86
AA	AllianceBern CBF AgeBased 96-98 R		C-	(800) 221-5672	C- / 3.5	2.99	5.15	15.15 / 27	11.89 / 44	11.10 / 45	0.00	0.86
AA	AllianceBern CBF AgeBased 96-98		C-	(800) 221-5672	C- / 3.3	2.96	5.07	14.94 / 26	11.62 / 42	10.81 / 42	0.00	1.11
AA	AllianceBern CBF AgeBased 99-01 A		C-	(800) 221-5672	C- / 3.6	3.42	5.61	16.40 / 34	13.10 / 55	12.06 / 54	0.00	1.15
AA	AllianceBern CBF AgeBased 99-01		C-	(800) 221-5672	C- / 3.6	3.43	5.61	16.41 / 35	13.11 / 55	12.02 / 54	0.00	1.15
AA	AllianceBern CBF AgeBased 99-01 B		C-	(800) 221-5672	C- / 3.8	3.24	5.25	15.51 / 29	12.23 / 48	11.19 / 45	0.00	1.90
AA	AllianceBern CBF AgeBased 99-01		C	(800) 221-5672	C- / 4.1	3.41	5.47	15.95 / 31	12.68 / 51	11.65 / 50	0.00	1.90
AA	AllianceBern CBF AgeBased 99-01 C		C-	(800) 221-5672	C- / 3.8	3.24	5.25	15.51 / 29	12.23 / 48	11.19 / 45	0.00	1.90
AA	AllianceBern CBF AgeBased 99-01		C	(800) 221-5672	C / 4.3	3.40	5.44	16.06 / 32	12.81 / 52	11.75 / 51	0.00	1.90
AA	AllianceBern CBF AgeBased 99-01 R		C	(800) 221-5672	C / 4.8	3.44	5.76	16.56 / 35	13.33 / 57	12.32 / 56	0.00	0.90
AA	AllianceBern CBF AgeBased 99-01		C	(800) 221-5672	C / 4.5	3.43	5.63	16.35 / 34	13.06 / 55	12.03 / 54	0.00	1.15
AA	AllianceBern CBF Fx Alloc Apprec A		C+	(800) 221-5672	C+ / 6.8	5.03	7.66	21.49 / 70	16.30 / 75	14.19 / 71	0.00	1.19
AA	AllianceBern CBF Fx Alloc Apprec AX		C+	(800) 221-5672	C+ / 6.8	5.02	7.56	21.43 / 69	16.30 / 75	14.20 / 71	0.00	1.19
AA	AllianceBern CBF Fx Alloc Apprec B		C+	(800) 221-5672	C+ / 6.9	4.78	7.18	20.50 / 63	15.43 / 71	13.37 / 65	0.00	1.94
AA	AllianceBern CBF Fx Alloc Apprec BX		C+	(800) 221-5672	B- / 7.2	4.92	7.44	21.03 / 67	15.90 / 73	13.79 / 68	0.00	1.94
AA	AllianceBern CBF Fx Alloc Apprec C		C+	(800) 221-5672	C+ / 6.9	4.78	7.17	20.57 / 64	15.44 / 71	13.34 / 64	0.00	1.94
AA	AllianceBern CBF Fx Alloc Apprec CX		C+	(800) 221-5672	B- / 7.2	4.88	7.46	21.16 / 68	16.00 / 74	13.92 / 69	0.00	1.94
AA	AllianceBern CBF Fx Alloc Apprec R		C+	(800) 221-5672	B- / 7.5	5.03	7.69	21.69 / 71	16.58 / 76	14.46 / 73	0.00	0.94
AA	AllianceBern CBF Fx Alloc Apprec RA		C+	(800) 221-5672	B- / 7.4	5.04	7.59	21.40 / 69	16.32 / 75	14.20 / 71	0.00	1.19
BA	AllianceBern CBF Fx Alloc Bal A		D+	(800) 221-5672	D+ / 2.6	3.12	5.37	15.63 / 30	11.57 / 41	10.20 / 35	0.00	1.05
BA	AllianceBern CBF Fx Alloc Bal AX		D+	(800) 221-5672	D+ / 2.5	3.05	5.29	15.64 / 30	11.54 / 41	10.19 / 35	0.00	1.05
BA	AllianceBern CBF Fx Alloc Bal B		C-	(800) 221-5672	D+ / 2.7	2.94	4.94	14.79 / 25	10.71 / 33	9.37 / 27	0.00	1.80
BA	AllianceBern CBF Fx Alloc Bal BX		C-	(800) 221-5672	C- / 3.0	3.04	5.16	15.23 / 27	11.16 / 37	9.82 / 31	0.00	1.80
BA	AllianceBern CBF Fx Alloc Bal C		C-	(800) 221-5672	D+ / 2.7	2.86	4.86	14.72 / 24	10.70 / 33	9.37 / 27	0.00	1.80
BA	AllianceBern CBF Fx Alloc Bal CX		C-	(800) 221-5672	C- / 3.1	3.02	5.14	15.35 / 28	11.25 / 38	9.92 / 32	0.00	1.80
BA	AllianceBern CBF Fx Alloc Bal R		C	(800) 221-5672	C- / 3.6	3.16	5.45	15.96 / 32	11.82 / 44	10.48 / 38	0.00	0.80
BA	AllianceBern CBF Fx Alloc Bal RA		C-	(800) 221-5672	C- / 3.3	3.05	5.21	15.56 / 29	11.51 / 41	10.20 / 35	0.00	1.05

● Denotes fund is closed to new investors
* Denotes fund is included in Section II

www.thestreet.com/ratings

I. Index of Stock Mutual Funds

Summer 2007

RISK			NET ASSETS		ASSET					BULL / BEAR		FUND MANAGER		MINIMUMS		LOADS	
	3 Year		NAV						Portfolio	Last Bull	Last Bear	Manager	Manager	Initial	Additional	Front	Back
Risk	Standard		As of	Total	Cash	Stocks	Bonds	Other	Turnover	Market	Market	Quality	Tenure	Purch.	Purch.	End	End
Rating/Pts	Deviation	Beta	6/30/07	$(Mil)	%	%	%	%	Ratio	Return	Return	Pct	(Years)	$	$	Load	Load
B / 8.5	3.2	0.67	11.82	61	5	35	58	2	N/A	42.8	-2.7	49	N/A	1,000	50	0.0	0.0
B / 8.5	3.2	0.68	12.15	67	5	35	58	2	N/A	45.9	-2.6	57	N/A	1,000	50	0.0	0.0
B / 8.5	3.2	0.67	12.58	15	5	35	58	2	N/A	49.1	-2.4	64	N/A	250	50	0.0	0.0
B / 8.5	3.2	0.67	12.36	4	5	35	58	2	N/A	47.3	-2.4	60	N/A	250	50	0.0	0.0
B / 8.4	3.9	0.84	12.65	102	4	40	54	2	N/A	58.6	-3.3	66	5	1,000	50	4.3	0.0
B / 8.4	4.0	0.85	12.66	80	4	40	54	2	N/A	58.6	-3.2	65	7	1,000	50	4.3	0.0
B / 8.4	3.9	0.84	12.09	125	4	40	54	2	N/A	53.6	-3.4	56	5	1,000	50	0.0	0.0
B / 8.4	3.9	0.84	12.35	100	4	40	54	2	N/A	56.1	-3.3	61	7	1,000	50	0.0	0.0
B / 8.4	3.9	0.84	12.11	86	4	40	54	2	N/A	53.5	-3.4	55	5	1,000	50	0.0	0.0
B / 8.4	3.9	0.84	12.43	79	4	40	54	2	N/A	56.9	-3.3	62	7	1,000	50	0.0	0.0
B / 8.4	3.9	0.83	12.85	27	4	40	54	2	N/A	60.2	-3.2	69	7	250	50	0.0	0.0
B / 8.4	4.0	0.84	12.63	8	4	40	54	2	N/A	58.6	-3.3	66	6	250	50	0.0	0.0
B / 8.1	4.8	1.02	12.50	115	3	49	47	1	N/A	70.1	-4.3	70	5	1,000	50	4.3	0.0
B / 8.1	4.8	1.03	12.52	77	3	49	47	1	N/A	70.3	-4.4	69	7	1,000	50	4.3	0.0
B / 8.1	4.9	1.03	11.93	123	3	49	47	1	N/A	64.8	-4.4	59	5	1,000	50	0.0	0.0
B / 8.1	4.8	1.02	12.21	97	3	49	47	1	N/A	67.7	-4.4	65	7	1,000	50	0.0	0.0
B / 8.1	4.8	1.02	11.97	77	3	49	47	1	N/A	64.7	-4.6	60	5	1,000	50	0.0	0.0
B / 8.1	4.8	1.02	12.30	68	3	49	47	1	N/A	68.4	-4.4	66	7	1,000	50	0.0	0.0
B / 8.1	4.8	1.03	12.72	29	3	49	47	1	N/A	72.0	-4.4	72	7	250	50	0.0	0.0
B / 8.1	4.9	1.03	12.51	7	3	49	47	1	N/A	70.0	-4.3	69	6	250	50	0.0	0.0
B- / 7.6	6.0	1.25	12.84	106	1	59	38	2	N/A	91.0	-6.3	74	5	1,000	50	4.3	0.0
B- / 7.7	6.0	1.24	12.85	75	1	59	38	2	N/A	90.9	-6.2	74	7	1,000	50	4.3	0.0
B- / 7.6	6.0	1.25	12.26	114	1	59	38	2	N/A	85.0	-6.4	65	5	1,000	50	0.0	0.0
B- / 7.7	5.9	1.24	12.55	96	1	59	38	2	N/A	88.2	-6.4	70	7	1,000	50	0.0	0.0
B- / 7.7	5.9	1.24	12.31	73	1	59	38	2	N/A	84.9	-6.4	66	5	1,000	50	0.0	0.0
B- / 7.7	5.9	1.24	12.65	67	1	59	38	2	N/A	89.1	-6.4	72	7	1,000	50	0.0	0.0
B- / 7.6	6.0	1.25	13.07	31	1	59	38	2	N/A	93.0	-6.2	76	7	250	50	0.0	0.0
B- / 7.7	5.9	1.24	12.85	7	1	59	38	2	N/A	90.9	-6.2	74	7	250	50	0.0	0.0
B- / 7.2	7.0	1.45	12.99	105	0	69	30	1	N/A	107.2	-7.3	78	5	1,000	50	4.3	0.0
B- / 7.2	7.0	1.44	12.98	87	0	69	30	1	N/A	107.1	-7.4	78	7	1,000	50	4.3	0.0
B- / 7.2	7.0	1.45	12.44	119	0	69	30	1	N/A	100.8	-7.7	69	5	1,000	50	0.0	0.0
B- / 7.2	7.0	1.45	12.72	109	0	69	30	1	N/A	104.3	-7.5	74	7	1,000	50	0.0	0.0
B- / 7.2	7.0	1.46	12.44	65	0	69	30	1	N/A	100.5	-7.5	69	5	1,000	50	0.0	0.0
B- / 7.2	7.0	1.46	12.79	69	0	69	30	1	N/A	105.2	-7.5	75	7	1,000	50	0.0	0.0
B- / 7.2	7.0	1.45	13.23	32	0	69	30	1	N/A	109.5	-7.4	80	7	250	50	0.0	0.0
B- / 7.2	7.0	1.45	12.95	6	0	69	30	1	N/A	107.3	-7.5	77	6	250	50	0.0	0.0
C+ / 5.9	9.0	1.85	14.19	268	0	100	0	0	N/A	135.5	-8.5	85	N/A	1,000	50	4.3	0.0
C+ / 5.9	9.0	1.85	14.22	287	0	100	0	0	N/A	135.8	-8.5	85	N/A	1,000	50	4.3	0.0
C+ / 5.9	9.0	1.85	13.58	237	0	100	0	0	N/A	128.6	-8.7	79	N/A	1,000	50	0.0	0.0
C+ / 5.9	9.0	1.85	13.87	274	0	100	0	0	N/A	132.2	-8.6	83	N/A	1,000	50	0.0	0.0
C+ / 5.9	9.0	1.85	13.60	192	0	100	0	0	N/A	128.5	-8.7	79	N/A	1,000	50	0.0	0.0
C+ / 5.9	9.0	1.85	13.97	271	0	100	0	0	N/A	133.2	-8.5	83	N/A	1,000	50	0.0	0.0
C+ / 5.9	9.0	1.85	14.42	117	0	100	0	0	N/A	138.3	-8.5	86	N/A	250	50	0.0	0.0
C+ / 5.9	9.0	1.85	14.18	22	0	100	0	0	N/A	135.7	-8.6	85	N/A	250	50	0.0	0.0
B- / 7.6	5.6	1.19	13.54	116	0	65	34	1	N/A	78.0	-4.3	76	5	1,000	50	4.3	0.0
B- / 7.6	5.6	1.19	13.53	68	0	65	34	1	N/A	78.0	-4.2	76	7	1,000	50	4.3	0.0
B- / 7.6	5.6	1.18	12.96	132	0	65	34	1	N/A	72.4	-4.5	68	5	1,000	50	0.0	0.0
B- / 7.6	5.6	1.18	13.24	63	0	65	34	1	N/A	75.4	-4.5	73	7	1,000	50	0.0	0.0
B- / 7.6	5.6	1.18	12.94	99	0	65	34	1	N/A	72.2	-4.4	68	5	1,000	50	0.0	0.0
B- / 7.6	5.6	1.19	13.30	73	0	65	34	1	N/A	76.1	-4.4	73	7	1,000	50	0.0	0.0
B- / 7.6	5.6	1.18	13.73	23	0	65	34	1	N/A	80.0	-4.3	79	7	250	50	0.0	0.0
B- / 7.6	5.6	1.19	13.52	6	0	65	34	1	N/A	78.1	-4.4	76	6	250	50	0.0	0.0

www.thestreet.com/ratings

Data as of June 30, 2007

I. Index of Stock Mutual Funds

Summer 2007

99 Pct = Best
0 Pct = Worst

Fund Type	Fund Name	Ticker Symbol	Overall Investment Rating	Phone	Performance Rating/Pts	3 Mo	6 Mo	1Yr / Pct	3Yr / Pct	5Yr / Pct	Dividend Yield	Expense Ratio
TC	AllianceBern CBF Global Tech A		E+	(800) 221-5672	C- / 3.0	8.98	8.68	23.28 /78	8.74 /19	8.47 /18	0.00	1.78
TC	AllianceBern CBF Global Tech B		E+	(800) 221-5672	C- / 3.2	8.84	8.32	22.40 /74	7.92 /14	7.64 /12	0.00	2.53
TC	AllianceBern CBF Global Tech C		D-	(800) 221-5672	C- / 3.2	8.83	8.30	22.49 /75	7.95 /14	7.65 /12	0.00	2.53
TC	AllianceBern CBF Global Tech R		D-	(800) 221-5672	C- / 4.1	9.14	8.84	23.64 /79	9.03 /21	8.72 /20	0.00	1.53
TC	AllianceBern CBF Global Tech RA		D-	(800) 221-5672	C- / 3.9	9.06	8.75	23.47 /79	8.76 /19	8.49 /18	0.00	1.78
GI	AllianceBern CBF Growth & Income A		C+	(800) 221-5672	C- / 4.1	5.21	6.56	23.05 /77	11.97 /45	10.91 /42	0.00	1.00
GI	AllianceBern CBF Growth & Income B		B-	(800) 221-5672	C / 4.4	5.08	6.25	22.28 /74	11.16 /37	9.93 /32	0.00	1.75
GI	AllianceBern CBF Growth & Income		B-	(800) 221-5672	C / 4.4	5.08	6.18	22.17 /73	11.16 /37	9.93 /32	0.00	1.75
GI	AllianceBern CBF Growth & Income		B+	(800) 221-5672	C / 5.5	5.31	6.73	23.44 /79	12.24 /48	11.04 /44	0.00	0.75
GI	AllianceBern CBF Growth & Income		B	(800) 221-5672	C / 5.2	5.24	6.60	23.12 /77	11.99 /45	10.77 /41	0.00	1.00
FO	AllianceBern CBF Intl Value A		A+	(800) 221-5672	A / 9.4	8.68	10.31	30.21 /93	27.49 /95	22.31 /94	0.00	1.15
FO	AllianceBern CBF Intl Value B		A+	(800) 221-5672	A / 9.4	8.51	9.91	29.24 /92	26.53 /94	21.40 /93	0.00	1.90
FO	AllianceBern CBF Intl Value C		A+	(800) 221-5672	A / 9.4	8.47	9.87	29.21 /91	26.50 /94	21.38 /93	0.00	1.90
FO	AllianceBern CBF Intl Value R		A+	(800) 221-5672	A / 9.5	8.75	10.44	30.54 /93	27.74 /95	22.61 /94	0.00	0.90
FO	AllianceBern CBF Intl Value RA		A+	(800) 221-5672	A / 9.5	8.68	10.30	30.24 /93	27.52 /95	22.31 /94	0.00	1.15
GR	AllianceBern CBF Lg Cap Growth A		D	(800) 221-5672	D- / 1.1	5.19	5.67	13.86 /20	7.80 /13	6.59 / 6	0.00	1.45
GR	AllianceBern CBF Lg Cap Growth B		D	(800) 221-5672	D- / 1.2	5.03	5.33	12.93 /16	7.00 / 9	5.78 / 4	0.00	2.20
GR	AllianceBern CBF Lg Cap Growth C		D	(800) 221-5672	D- / 1.2	5.05	5.34	12.96 /16	7.02 / 9	5.75 / 4	0.00	2.20
GR	AllianceBern CBF Lg Cap Growth R		D	(800) 221-5672	D / 1.7	5.23	5.79	14.01 /21	8.04 /14	6.82 / 7	0.00	1.20
GR	AllianceBern CBF Lg Cap Growth RA		D	(800) 221-5672	D / 1.6	5.19	5.67	13.75 /19	7.80 /13	6.61 / 6	0.00	1.45
MC	AllianceBern CBF Mid Cap Growth A		E-	(800) 221-5672	E+ / 0.9	4.65	6.84	9.47 / 7	8.03 /14	14.95 /76	0.00	1.32
MC	AllianceBern CBF Mid Cap Growth B		E-	(800) 221-5672	D- / 1.0	4.44	6.43	8.64 / 5	7.22 /10	14.12 /70	0.00	2.07
MC	AllianceBern CBF Mid Cap Growth C		E-	(800) 221-5672	D- / 1.0	4.44	6.43	8.64 / 5	7.24 /10	14.09 /70	0.00	2.07
MC	AllianceBern CBF Mid Cap Growth R		E-	(800) 221-5672	D- / 1.5	4.69	7.01	9.78 / 7	8.31 /16	15.24 /77	0.00	1.07
MC	AllianceBern CBF Mid Cap Growth		E-	(800) 221-5672	D- / 1.3	4.63	6.83	9.48 / 7	8.02 /14	14.95 /76	0.00	1.32
GR	AllianceBern CBF Sm Cap Growth A		C+	(800) 221-5672	C / 5.5	7.75	12.17	18.30 /47	13.23 /56	13.46 /65	0.00	1.38
GR	AllianceBern CBF Sm Cap Growth B		C+	(800) 221-5672	C+ / 5.7	7.58	11.79	17.44 /41	12.39 /49	12.62 /59	0.00	2.13
GR	AllianceBern CBF Sm Cap Growth C		C+	(800) 221-5672	C+ / 5.7	7.60	11.81	17.47 /41	12.36 /49	12.57 /58	0.00	2.13
GR	AllianceBern CBF Sm Cap Growth R		B-	(800) 221-5672	C+ / 6.5	7.78	12.29	18.60 /49	13.49 /58	13.74 /68	0.00	1.13
GR	AllianceBern CBF Sm Cap Growth		C+	(800) 221-5672	C+ / 6.3	7.76	12.18	18.31 /47	13.21 /56	13.45 /65	0.00	1.38
GR	AllianceBern CBF Sm/Mid Cap Val A		A-	(800) 221-5672	B- / 7.1	6.25	13.95	21.65 /71	15.65 /72	15.73 /80	0.00	1.10
GR	AllianceBern CBF Sm/Mid Cap Val B		A-	(800) 221-5672	B- / 7.3	6.08	13.57	20.75 /65	14.78 /67	14.88 /75	0.00	1.85
GR	AllianceBern CBF Sm/Mid Cap Val C		A-	(800) 221-5672	B- / 7.3	6.09	13.53	20.79 /65	14.78 /67	14.85 /75	0.00	1.85
GR	AllianceBern CBF Sm/Mid Cap Val R		A+	(800) 221-5672	B / 7.8	6.38	14.13	21.96 /72	15.96 /74	16.01 /81	0.00	0.85
GR	AllianceBern CBF Sm/Mid Cap Val		A	(800) 221-5672	B / 7.7	6.30	14.00	21.69 /71	15.68 /72	15.73 /80	0.00	1.10
GR	AllianceBern CBF Value Port A		B	(800) 221-5672	C / 5.1	5.25	5.51	21.41 /69	13.83 /61	12.28 /56	0.00	1.08
GR	AllianceBern CBF Value Port B		B	(800) 221-5672	C / 5.3	5.08	5.08	20.55 /64	12.98 /54	11.40 /48	0.00	1.83
GR	AllianceBern CBF Value Port C		B	(800) 221-5672	C / 5.3	5.02	5.08	20.55 /64	12.98 /54	11.40 /48	0.00	1.83
GR	AllianceBern CBF Value Port R		A-	(800) 221-5672	C+ / 6.2	5.30	5.62	21.80 /71	14.11 /63	12.58 /58	0.00	0.83
GR	AllianceBern CBF Value Port RA		B+	(800) 221-5672	C+ / 6.0	5.25	5.45	21.42 /69	13.80 /61	12.25 /56	0.00	1.08
GR	AllianceBern Focus Grow & Income A	ADGAX	C-	(800) 221-5672	C- / 4.0	5.51	8.24	26.78 /87	10.49 /32	11.04 /44	0.42	1.21
GR	AllianceBern Focus Grow & Income B	ADGBX	C-	(800) 221-5672	C / 4.4	5.50	8.06	26.18 /86	9.80 /26	10.28 /36	0.00	1.94
GR	AllianceBern Focus Grow & Income C	ADGCX	C-	(800) 221-5672	C- / 4.2	5.30	7.79	25.87 /85	9.71 /26	10.25 /36	0.00	1.92
GR	AllianceBern Focus Grow & Income R	ADGRX	C+	(800) 221-5672	C / 4.6	5.41	8.02	26.44 /86	10.07 /28	--	0.45	1.44
HL	AllianceBern Global Health Care A	AHLAX	D-	(800) 221-5672	E+ / 0.9	1.73	5.82	12.20 /14	8.17 /15	8.34 /17	0.00	1.76
HL	AllianceBern Global Health Care Adv	AHLDX	D	(800) 221-5672	D- / 1.4	1.81	6.00	12.51 /15	8.47 /17	8.67 /20	0.00	1.45
HL	AllianceBern Global Health Care B	AHLBX	D-	(800) 221-5672	E+ / 0.9	1.54	5.39	11.31 /11	7.35 /11	7.52 /11	0.00	2.50
HL	AllianceBern Global Health Care C	AHLCX	D-	(800) 221-5672	D- / 1.0	1.53	5.46	11.37 /11	7.39 /11	7.56 /11	0.00	2.47
RE	AllianceBern Global Real Est A	AREAX	C	(800) 221-5672	B / 7.9	-7.09	-3.18	14.28 /22	22.56 /90	19.86 /92	0.95	1.20
RE	AllianceBern Global Real Est Adv	ARSYX	C+	(800) 221-5672	B+ / 8.4	-7.03	-3.06	14.97 /26	23.07 /91	20.31 /92	1.31	0.92
RE	AllianceBern Global Real Est B	AREBX	C	(800) 221-5672	B / 7.9	-7.29	-3.57	13.34 /18	21.64 /88	19.01 /90	0.26	1.94
RE	AllianceBern Global Real Est C	ARECX	C	(800) 221-5672	B / 7.9	-7.24	-3.49	13.45 /18	21.69 /88	19.03 /90	0.26	1.91

● Denotes fund is closed to new investors
* Denotes fund is included in Section II

www.thestreet.com/ratings

Summer 2007 — I. Index of Stock Mutual Funds

RISK			NET ASSETS		ASSET					BULL / BEAR		FUND MANAGER		MINIMUMS		LOADS	
	3 Year		NAV						Portfolio	Last Bull	Last Bear	Manager	Manager	Initial	Additional	Front	Back
Risk	Standard		As of	Total	Cash	Stocks	Bonds	Other	Turnover	Market	Market	Quality	Tenure	Purch.	Purch.	End	End
Rating/Pts	Deviation	Beta	6/30/07	$(Mil)	%	%	%	%	Ratio	Return	Return	Pct	(Years)	$	$	Load	Load
C / 4.4	15.2	1.71	11.65	3	5	94	0	1	N/A	82.7	-12.5	3	N/A	1,000	50	4.3	0.0
C / 4.4	15.2	1.72	11.20	4	5	94	0	1	N/A	76.8	-12.7	3	N/A	1,000	50	0.0	0.0
C / 4.4	15.2	1.72	11.22	2	5	94	0	1	N/A	77.1	-12.7	3	N/A	1,000	50	0.0	0.0
C / 4.4	15.2	1.71	11.82	1	5	94	0	1	N/A	84.6	-12.5	4	N/A	250	50	0.0	0.0
C / 4.4	15.1	1.71	11.68	N/A	5	94	0	1	N/A	82.7	-12.5	3	N/A	250	50	0.0	0.0
B+ / 9.3	6.8	0.88	14.95	19	0	0	0	100	N/A	100.9	-8.0	69	N/A	1,000	50	4.3	0.0
B+ / 9.3	6.8	0.89	14.27	29	0	0	0	100	N/A	94.6	-8.2	59	N/A	1,000	50	0.0	0.0
B+ / 9.3	6.8	0.88	14.27	18	0	0	0	100	N/A	94.6	-8.2	60	N/A	1,000	50	0.0	0.0
B+ / 9.3	6.8	0.88	15.06	5	0	0	0	100	N/A	103.1	-8.1	72	N/A	250	50	0.0	0.0
B+ / 9.3	6.8	0.89	14.86	2	0	0	0	100	N/A	100.9	-8.1	69	N/A	250	50	0.0	0.0
B / 8.4	10.2	1.05	30.17	33	0	0	0	100	N/A	215.6	-4.5	86	N/A	1,000	50	4.3	0.0
B / 8.4	10.2	1.05	28.95	27	0	0	0	100	N/A	206.0	-4.8	81	N/A	1,000	50	0.0	0.0
B / 8.4	10.2	1.05	28.93	20	0	0	0	100	N/A	205.9	-4.8	81	N/A	1,000	50	0.0	0.0
B / 8.4	10.2	1.05	30.56	10	0	0	0	100	N/A	218.7	-4.5	87	N/A	250	50	0.0	0.0
B / 8.4	10.2	1.05	30.19	1	0	0	0	100	N/A	215.8	-4.5	86	N/A	250	50	0.0	0.0
B- / 7.8	11.5	1.36	11.75	16	0	0	0	100	N/A	70.2	-13.2	7	N/A	1,000	50	4.3	0.0
B- / 7.7	11.6	1.36	11.27	11	0	0	0	100	N/A	64.8	-13.4	5	N/A	1,000	50	0.0	0.0
B- / 7.7	11.5	1.36	11.24	9	0	0	0	100	N/A	64.7	-13.5	5	N/A	1,000	50	0.0	0.0
B- / 7.8	11.5	1.36	11.88	4	0	0	0	100	N/A	71.8	-13.2	7	N/A	250	50	0.0	0.0
B- / 7.8	11.6	1.36	11.75	1	0	0	0	100	N/A	70.2	-13.3	7	N/A	250	50	0.0	0.0
C- / 3.4	19.9	1.61	16.88	9	0	0	0	100	N/A	127.8	-11.0	0	N/A	1,000	50	4.3	0.0
C- / 3.4	19.8	1.61	16.22	11	0	0	0	100	N/A	120.8	-11.1	0	N/A	1,000	50	0.0	0.0
C- / 3.4	19.8	1.60	16.22	7	0	0	0	100	N/A	120.8	-11.1	0	N/A	1,000	50	0.0	0.0
C- / 3.5	19.8	1.60	16.95	3	0	0	0	100	N/A	130.2	-10.9	0	N/A	250	50	0.0	0.0
C- / 3.5	19.9	1.61	16.74	N/A	0	0	0	100	N/A	127.8	-10.9	0	N/A	250	50	0.0	0.0
B- / 7.1	14.9	1.56	16.68	3	0	0	0	100	N/A	133.6	-10.1	22	N/A	1,000	50	4.3	0.0
B- / 7.1	14.9	1.56	16.03	3	0	0	0	100	N/A	126.2	-10.3	18	N/A	1,000	50	0.0	0.0
B- / 7.1	14.9	1.56	16.00	2	0	0	0	100	N/A	126.1	-10.3	17	N/A	1,000	50	0.0	0.0
B- / 7.1	14.9	1.56	16.90	1	0	0	0	100	N/A	136.1	-10.1	24	N/A	250	50	0.0	0.0
B- / 7.1	14.9	1.56	16.67	N/A	0	0	0	100	N/A	133.5	-10.1	22	N/A	250	50	0.0	0.0
B / 8.4	10.2	1.14	21.07	13	0	0	0	100	N/A	154.7	-8.2	82	N/A	1,000	50	4.3	0.0
B / 8.4	10.2	1.15	20.25	19	0	0	0	100	N/A	146.7	-8.3	75	N/A	1,000	50	0.0	0.0
B / 8.4	10.2	1.15	20.22	12	0	0	0	100	N/A	146.7	-8.3	75	N/A	1,000	50	0.0	0.0
B / 8.4	10.3	1.15	21.33	4	0	0	0	100	N/A	157.0	-8.1	84	N/A	250	50	0.0	0.0
B / 8.4	10.2	1.14	20.93	1	0	0	0	100	N/A	154.7	-8.1	82	N/A	250	50	0.0	0.0
B+ / 9.2	7.3	0.94	17.24	27	0	0	0	100	N/A	112.4	-8.8	82	N/A	1,000	50	4.3	0.0
B+ / 9.2	7.3	0.94	16.54	18	0	0	0	100	N/A	105.6	-9.0	75	N/A	1,000	50	0.0	0.0
B+ / 9.2	7.3	0.94	16.54	14	0	0	0	100	N/A	105.7	-9.1	74	N/A	1,000	50	0.0	0.0
B+ / 9.2	7.3	0.94	17.49	7	0	0	0	100	N/A	114.6	-8.8	83	N/A	250	50	0.0	0.0
B+ / 9.2	7.3	0.94	17.23	1	0	0	0	100	N/A	112.3	-8.9	81	N/A	250	50	0.0	0.0
C+ / 6.9	8.1	0.98	16.28	142	5	94	0	1	133.0	95.9	-7.0	39	8	2,500	50	4.3	0.0
C+ / 6.7	8.1	0.99	15.55	107	5	94	0	1	133.0	90.4	-7.1	32	8	2,500	50	0.0	0.0
C+ / 6.7	8.1	0.99	15.50	52	5	94	0	1	133.0	90.1	-7.2	31	8	2,500	50	0.0	0.0
B / 8.6	8.0	0.98	16.17	2	5	94	0	1	133.0	N/A	N/A	36	N/A	10,000,000	0	0.0	0.0
B- / 7.3	10.0	0.78	14.72	48	0	99	0	1	28.0	72.7	-4.9	32	8	2,500	50	4.3	0.0
B- / 7.4	9.9	0.78	15.20	14	0	99	0	1	28.0	74.9	-4.8	36	8	0	0	0.0	0.0
B- / 7.3	10.0	0.79	13.88	64	0	99	0	1	28.0	67.3	-5.0	26	8	2,500	50	0.0	0.0
B- / 7.3	9.9	0.78	13.91	21	0	99	0	1	28.0	67.4	-5.0	26	8	2,500	50	0.0	0.0
C / 4.3	14.9	1.01	25.74	194	8	91	0	1	49.0	198.6	N/A	86	N/A	2,500	50	4.3	0.0
C / 4.4	14.9	1.00	25.65	7	8	91	0	1	49.0	203.4	0.1	88	N/A	0	0	0.0	0.0
C / 4.3	14.9	1.01	25.54	50	8	91	0	1	49.0	189.6	-0.2	81	N/A	2,500	50	0.0	0.0
C / 4.3	14.9	1.01	25.61	63	8	91	0	1	49.0	190.0	-0.2	81	N/A	2,500	50	0.0	0.0

www.thestreet.com/ratings

Data as of June 30, 2007

I. Index of Stock Mutual Funds

Summer 2007

99 Pct = Best
0 Pct = Worst

Fund Type	Fund Name	Ticker Symbol	Overall Investment Rating	Phone	Performance Rating/Pts	Total Return % through 6/30/07					Incl. in Returns	
						3 Mo	6 Mo	1Yr / Pct	Annualized 3Yr / Pct	5Yr / Pct	Dividend Yield	Expense Ratio
RE	AllianceBern Global Real Est II	ARIIX	C+	(800) 221-5672	A- / 9.1	-6.73	-2.65	23.89 /80	26.16 /94	22.03 /94	1.36	0.62
GL	AllianceBern Global Resch Grth A	ABZAX	B-	(800) 221-5672	C+ / 6.0	4.94	6.79	18.37 /48	15.82 /73	--	0.00	1.66
GL	AllianceBern Global Resch Grth Adv	ABZYX	B+	(800) 221-5672	B- / 7.0	5.06	6.96	18.75 /50	16.19 /75	--	0.23	1.35
GL	AllianceBern Global Resch Grth B	ABZBX	B-	(800) 221-5672	C+ / 6.2	4.77	6.38	17.52 /42	15.03 /69	--	0.00	2.40
GL	AllianceBern Global Resch Grth C	ABZCX	B-	(800) 221-5672	C+ / 6.2	4.77	6.38	17.52 /42	15.03 /69	--	0.00	2.38
TC	AllianceBern Global Tech A	ALTFX	E	(800) 221-5672	D+ / 2.9	9.04	8.64	23.27 /78	8.68 /18	8.35 /17	0.00	1.56
TC	AllianceBern Global Tech Adv	ATEYX	E+	(800) 221-5672	C- / 4.1	9.12	8.84	23.69 /79	9.01 /21	8.68 /20	0.00	1.26
TC	AllianceBern Global Tech B	ATEBX	E	(800) 221-5672	C- / 3.1	8.81	8.19	22.29 /74	7.82 /13	7.50 /11	0.00	2.34
TC	AllianceBern Global Tech C	ATECX	E+	(800) 221-5672	C- / 3.1	8.83	8.23	22.35 /74	7.88 /13	7.55 /11	0.00	2.29
TC	AllianceBern Global Tech R	ATERX	D-	(800) 221-5672	C- / 3.8	8.97	8.55	23.14 /78	8.61 /18	--	0.00	1.61
GL	AllianceBern Global Value A	ABAGX	A-	(800) 221-5672	B+ / 8.7	8.18	9.01	26.53 /87	21.81 /89	17.48 /86	1.42	1.33
GL	AllianceBern Global Value Adv	ABGYX	A	(800) 221-5672	A- / 9.0	8.27	9.17	26.86 /87	22.20 /90	17.84 /87	1.63	1.03
GL	AllianceBern Global Value B	ABBGX	A-	(800) 221-5672	B+ / 8.8	7.99	8.63	25.62 /84	20.95 /87	16.66 /84	1.02	2.05
GL	AllianceBern Global Value C	ABCGX	A-	(800) 221-5672	B+ / 8.8	7.98	8.61	25.65 /84	20.97 /87	16.67 /84	1.01	2.03
GL	AllianceBern Global Value I	AGVIX	U	(800) 221-5672	U /	8.30	9.20	26.90 /88	--	--	1.65	1.01
FO	AllianceBern Greater China 97 A	GCHAX	A	(800) 221-5672	A+ / 9.8	17.60	21.19	61.90 /99	33.83 /97	27.30 /97	0.37	1.88
FO	AllianceBern Greater China 97 Adv	GCHYX	A+	(800) 221-5672	A+ / 9.8	17.65	21.40	62.37 /99	34.27 /97	27.70 /97	0.52	1.57
FO	AllianceBern Greater China 97 B	GCHBX	A	(800) 221-5672	A+ / 9.8	17.37	20.78	60.78 /99	32.90 /97	26.38 /97	0.00	2.62
FO	AllianceBern Greater China 97 C	GCHCX	A	(800) 221-5672	A+ / 9.8	17.36	20.78	60.70 /99	32.92 /97	26.32 /97	0.00	2.59
GI	AllianceBern Growth and Income A	CABDX	C	(800) 221-5672	C- / 4.2	5.33	6.76	23.23 /78	11.87 /44	10.78 /41	1.01	1.00
GI	AllianceBern Growth and Income Adv	CBBYX	C+	(800) 221-5672	C / 5.5	5.31	6.73	23.41 /78	12.24 /48	11.05 /44	1.28	0.74
GI	AllianceBern Growth and Income B	CBBDX	C	(800) 221-5672	C / 4.4	4.98	6.18	22.44 /75	11.06 /36	9.93 /32	0.26	1.76
GI	AllianceBern Growth and Income C	CBBCX	C	(800) 221-5672	C / 4.3	4.97	6.16	22.38 /74	11.03 /36	9.90 /32	0.26	1.74
GI	AllianceBern Growth and Income R	CBBRX	C+	(800) 221-5672	C / 4.9	5.16	6.35	22.89 /77	11.63 /42	--	1.07	1.29
GR	AllianceBern Growth Fund A	AGRFX	E-	(800) 221-5672	D- / 1.2	5.63	7.23	17.06 /38	7.07 / 9	9.76 /30	0.00	1.53
GR	AllianceBern Growth Fund Adv	AGRYX	E	(800) 221-5672	D / 1.9	5.72	7.41	17.42 /41	7.40 /11	10.10 /34	0.00	1.23
GR	AllianceBern Growth Fund B	AGBBX	E	(800) 221-5672	D- / 1.3	5.41	6.79	16.14 /33	6.25 / 6	8.92 /22	0.00	2.29
GR	AllianceBern Growth Fund C	AGRCX	E	(800) 221-5672	D- / 1.3	5.44	6.81	16.22 /33	6.31 / 7	8.97 /23	0.00	2.25
FO	AllianceBern Intl Growth A	AWPAX	B+	(800) 221-5672	A- / 9.2	5.09	10.26	29.16 /91	25.88 /94	22.21 /94	0.66	1.28
FO	AllianceBern Intl Growth Adv	AWPYX	B+	(800) 221-5672	A / 9.4	5.14	10.44	29.59 /92	26.28 /94	22.60 /94	0.89	0.99
FO	AllianceBern Intl Growth B	AWPBX	B+	(800) 221-5672	A- / 9.2	4.87	9.81	28.18 /90	24.94 /93	21.27 /93	0.31	2.01
FO	AllianceBern Intl Growth C	AWPCX	B+	(800) 221-5672	A / 9.3	4.87	9.85	28.21 /90	25.01 /93	21.30 /93	0.31	1.99
FO	AllianceBern Intl Growth R	AWPRX	U	(800) 221-5672	U /	5.01	10.08	28.80 /91	--	--	0.70	1.59
FO	AllianceBern Intl Port A	AIZAX	A+	(800) 221-5672	B+ / 8.6	6.81	10.12	25.05 /83	21.23 /87	--	1.41	1.53
FO	AllianceBern Intl Port B	AIZBX	B	(800) 221-5672	B+ / 8.6	6.65	9.78	24.18 /81	20.37 /85	--	1.11	2.24
FO	AllianceBern Intl Port C	AIZCX	B	(800) 221-5672	B+ / 8.7	6.65	9.77	24.21 /81	20.40 /86	--	1.10	2.24
FO	AllianceBern Intl Research Gr A	AIPAX	B+	(800) 221-5672	A- / 9.1	6.95	11.69	30.66 /93	23.27 /91	15.51 /79	0.06	1.61
FO	AllianceBern Intl Research Gr Adv	AIPYX	B+	(800) 221-5672	A / 9.3	6.98	11.83	31.01 /93	23.60 /92	15.82 /80	0.29	1.32
FO	AllianceBern Intl Research Gr B	AIPBX	B+	(800) 221-5672	A- / 9.1	6.74	11.25	29.71 /92	22.38 /90	14.67 /74	0.03	2.38
FO	AllianceBern Intl Research Gr C	AIPCX	B+	(800) 221-5672	A- / 9.1	6.74	11.25	29.71 /92	22.34 /90	14.64 /74	0.03	2.34
* FO	AllianceBern Intl Value A	ABIAX	A	(800) 221-5672	A / 9.4	8.67	10.27	30.17 /93	27.41 /95	22.24 /94	1.49	1.19
FO	AllianceBern Intl Value Adv	ABIYX	A	(800) 221-5672	A / 9.5	8.75	10.43	30.53 /93	27.78 /95	22.59 /94	1.69	0.89
FO	AllianceBern Intl Value B	ABIBX	A	(800) 221-5672	A / 9.4	8.46	9.88	29.23 /92	26.51 /94	21.37 /93	1.14	1.90
FO	AllianceBern Intl Value C	ABICX	A	(800) 221-5672	A / 9.4	8.50	9.93	29.29 /92	26.53 /94	21.38 /93	1.14	1.89
FO	AllianceBern Intl Value I	AIVIX	U	(800) 221-5672	U /	8.78	10.48	30.63 /93	--	--	1.75	0.82
FO	AllianceBern Intl Value K	AIVKX	U	(800) 221-5672	U /	8.65	10.30	30.22 /93	--	--	1.74	1.00
FO	AllianceBern Intl Value R	AIVRX	A	(800) 221-5672	A / 9.5	8.57	10.08	29.80 /92	27.12 /95	--	1.58	1.50
GR	AllianceBern Lg Cap Growth A	APGAX	E	(800) 221-5672	D- / 1.0	5.16	5.62	13.67 /19	7.71 /13	6.48 / 6	0.00	1.56
GR	AllianceBern Lg Cap Growth Adv	APGYX	E+	(800) 221-5672	D / 1.7	5.26	5.80	14.07 /21	8.05 /15	6.81 / 7	0.00	1.26
GR	AllianceBern Lg Cap Growth B	APGBX	E	(800) 221-5672	D- / 1.1	4.93	5.21	12.81 /16	6.89 / 9	5.68 / 3	0.00	2.32
GR	AllianceBern Lg Cap Growth C	APGCX	E	(800) 221-5672	D- / 1.1	4.96	5.25	12.88 /16	6.93 / 9	5.72 / 4	0.00	2.28
GR	AllianceBern Lg Cap Growth I	ALLIX	U	(800) 221-5672	U /	5.32	5.98	14.81 /25	--	--	0.00	0.91

● Denotes fund is closed to new investors
* Denotes fund is included in Section II

www.thestreet.com/ratings

Summer 2007 — I. Index of Stock Mutual Funds

RISK			NET ASSETS		ASSET					BULL / BEAR		FUND MANAGER		MINIMUMS		LOADS	
	3 Year		NAV						Portfolio	Last Bull	Last Bear	Manager	Manager	Initial	Additional	Front	Back
Risk	Standard		As of	Total	Cash	Stocks	Bonds	Other	Turnover	Market	Market	Quality	Tenure	Purch.	Purch.	End	End
Rating/Pts	Deviation	Beta	6/30/07	$(Mil)	%	%	%	%	Ratio	Return	Return	Pct	(Years)	$	$	Load	Load
C / 4.4	15.0	0.98	16.76	1,344	8	91	0	1	49.0	227.0	0.2	96	N/A	2,000,000	0	0.0	0.0
B- / 7.8	9.6	0.95	18.71	58	2	97	0	1	79.0	130.6	-9.9	11	1	2,500	50	4.3	0.0
B- / 7.8	9.6	0.95	18.91	95	2	97	0	1	79.0	133.3	-9.8	12	1	0	0	0.0	0.0
B- / 7.7	9.6	0.95	18.02	3	2	97	0	1	79.0	123.7	-10.0	8	1	2,500	50	0.0	0.0
B- / 7.7	9.6	0.95	18.02	3	2	97	0	1	79.0	123.6	-10.0	8	1	2,500	50	0.0	0.0
C- / 3.4	15.2	1.72	70.29	985	2	97	0	1	106.0	82.3	-12.6	3	4	2,500	50	4.3	0.0
C- / 3.5	15.2	1.72	72.74	57	2	97	0	1	106.0	84.7	-12.5	4	4	0	0	0.0	0.0
C- / 3.4	15.2	1.72	62.50	443	2	97	0	1	106.0	76.3	-12.7	2	4	2,500	50	0.0	0.0
C- / 3.4	15.2	1.72	62.63	179	2	97	0	1	106.0	76.7	-12.7	2	4	2,500	50	0.0	0.0
C / 4.3	15.2	1.72	70.09	1	2	97	0	1	106.0	N/A	N/A	3	4	10,000,000	0	0.0	0.0
C+ / 6.8	8.7	0.89	17.06	173	2	97	0	1	29.0	162.4	-6.1	68	N/A	2,500	50	4.3	0.0
C+ / 6.8	8.7	0.89	17.15	230	2	97	0	1	29.0	165.8	-6.1	72	N/A	0	0	0.0	0.0
C+ / 6.9	8.7	0.89	16.75	29	2	97	0	1	29.0	154.5	-6.3	58	N/A	2,500	50	0.0	0.0
C+ / 6.8	8.7	0.89	16.78	28	2	97	0	1	29.0	154.9	-6.4	58	N/A	2,500	50	0.0	0.0
U /	N/A	N/A	17.10	58	2	97	0	1	29.0	N/A	N/A	N/A	2	10,000,000	0	0.0	0.0
C+ / 6.4	14.7	1.10	24.59	59	4	95	0	1	48.0	240.2	5.9	97	2	2,500	50	4.3	0.0
C+ / 6.4	14.7	1.10	25.13	9	4	95	0	1	48.0	244.7	6.0	97	2	0	0	0.0	0.0
C+ / 6.3	14.7	1.11	23.31	26	4	95	0	1	48.0	229.9	5.7	96	2	2,500	50	0.0	0.0
C+ / 6.3	14.8	1.11	23.25	29	4	95	0	1	48.0	229.2	5.7	96	2	2,500	50	0.0	0.0
B- / 7.4	6.9	0.90	4.74	2,451	1	98	0	1	56.0	100.8	-8.0	67	9	2,500	50	4.3	0.0
B- / 7.4	6.8	0.88	4.76	192	1	98	0	1	56.0	103.2	-7.9	72	9	0	0	0.0	0.0
B- / 7.4	6.9	0.89	4.64	1,153	1	98	0	1	56.0	94.4	-8.4	57	9	2,500	50	0.0	0.0
B- / 7.4	6.9	0.89	4.65	558	1	98	0	1	56.0	94.8	-8.4	57	9	2,500	50	0.0	0.0
B- / 7.8	6.9	0.90	4.69	4	1	98	0	1	56.0	N/A	N/A	64	N/A	10,000,000	0	0.0	0.0
C- / 3.8	13.6	1.61	39.59	910	N/A	100	0	N/A	58.0	88.7	-8.4	3	6	2,500	50	4.3	0.0
C- / 3.8	13.6	1.61	41.04	57	N/A	100	0	N/A	58.0	91.1	-8.3	3	6	0	0	0.0	0.0
C- / 3.7	13.6	1.61	27.06	229	N/A	100	0	N/A	58.0	82.6	-8.5	2	6	2,500	50	0.0	0.0
C- / 3.7	13.6	1.61	27.15	133	N/A	100	0	N/A	58.0	83.0	-8.5	2	6	2,500	50	0.0	0.0
C+ / 5.8	11.1	1.15	20.85	1,626	6	93	0	1	30.0	213.3	-5.9	53	N/A	2,500	50	4.3	0.0
C+ / 5.8	11.1	1.15	21.05	319	6	93	0	1	30.0	218.3	-5.9	58	N/A	0	0	0.0	0.0
C+ / 5.8	11.2	1.16	19.15	138	6	93	0	1	30.0	203.4	-6.0	40	N/A	2,500	50	0.0	0.0
C+ / 5.8	11.1	1.15	19.18	444	6	93	0	1	30.0	203.8	-6.0	42	N/A	2,500	50	0.0	0.0
U /	N/A	N/A	20.75	30	6	93	0	1	30.0	N/A	N/A	N/A	N/A	10,000,000	0	0.0	0.0
B / 8.1	9.6	1.02	28.39	44	2	97	0	1	73.0	N/A	N/A	32	N/A	2,500	50	4.3	0.0
C+ / 5.7	9.6	1.02	28.06	6	2	97	0	1	73.0	N/A	N/A	26	N/A	2,500	50	0.0	0.0
C+ / 5.7	9.6	1.02	28.08	27	2	97	0	1	73.0	N/A	N/A	26	N/A	2,500	50	0.0	0.0
C+ / 5.9	11.3	1.18	16.62	144	4	95	0	1	88.0	160.5	-12.5	24	N/A	2,500	50	4.3	0.0
C+ / 5.9	11.2	1.17	17.01	72	4	95	0	1	88.0	163.5	-12.4	26	N/A	0	0	0.0	0.0
C+ / 5.9	11.3	1.18	15.52	66	4	95	0	1	88.0	152.3	-12.6	19	N/A	2,500	50	0.0	0.0
C+ / 5.9	11.3	1.18	15.52	36	4	95	0	1	88.0	152.3	-12.6	19	N/A	2,500	50	0.0	0.0
C+ / 6.4	10.1	1.04	24.70	5,563	5	94	0	1	23.0	215.2	-4.6	86	7	2,500	50	4.3	0.0
C+ / 6.4	10.2	1.05	25.10	3,321	5	94	0	1	23.0	219.1	-4.5	87	7	0	0	0.0	0.0
C+ / 6.4	10.2	1.04	24.24	360	5	94	0	1	23.0	205.8	-4.8	81	7	2,500	50	0.0	0.0
C+ / 6.4	10.2	1.04	24.25	1,302	5	94	0	1	23.0	205.8	-4.8	81	7	2,500	50	0.0	0.0
U /	N/A	N/A	24.77	1,043	5	94	0	1	23.0	N/A	N/A	N/A	2	10,000,000	0	0.0	0.0
U /	N/A	N/A	24.62	244	5	94	0	1	23.0	N/A	N/A	N/A	2	1,000,000	0	0.0	0.0
C+ / 6.4	10.2	1.05	24.57	119	5	94	0	1	23.0	N/A	N/A	84	7	10,000,000	0	0.0	0.0
C / 5.2	11.5	1.36	21.79	1,129	N/A	100	0	N/A	44.0	69.8	-13.3	6	N/A	2,500	50	4.3	0.0
C / 5.2	11.5	1.36	22.62	202	N/A	100	0	N/A	44.0	71.9	-13.2	7	N/A	0	0	0.0	0.0
C / 5.1	11.6	1.36	19.38	717	N/A	100	0	N/A	44.0	64.4	-13.5	5	N/A	2,500	50	0.0	0.0
C / 5.1	11.6	1.36	19.45	338	N/A	100	0	N/A	44.0	64.6	-13.5	5	N/A	2,500	50	0.0	0.0
U /	N/A	N/A	22.17	86	N/A	100	0	N/A	44.0	N/A	N/A	N/A	N/A	10,000,000	0	0.0	0.0

www.thestreet.com/ratings

Data as of June 30, 2007

I. Index of Stock Mutual Funds

Summer 2007

99 Pct = Best
0 Pct = Worst

Fund Type	Fund Name	Ticker Symbol	Overall Investment Rating	Phone	Performance Rating/Pts	3 Mo	6 Mo	1Yr / Pct	3Yr / Pct	5Yr / Pct	Dividend Yield	Expense Ratio
GR	AllianceBern Lg Cap Growth R	ABPRX	D-	(800) 221-5672	D- / 1.5	5.14	5.60	13.55 /19	7.62 /12	--	0.00	1.60
MC	AllianceBern Mid Cap Growth A	CHCLX	E-	(800) 221-5672	E+ / 0.9	4.66	6.79	9.45 / 7	8.00 /14	14.99 /76	0.00	1.22
MC	AllianceBern Mid Cap Growth Adv	CHCYX	E-	(800) 221-5672	D- / 1.5	4.71	6.97	9.74 / 7	8.30 /16	15.18 /77	0.00	0.99
MC	AllianceBern Mid Cap Growth B	CHCBX	E-	(800) 221-5672	D- / 1.0	4.51	6.47	8.63 / 5	7.13 /10	14.02 /70	0.00	2.05
MC	AllianceBern Mid Cap Growth C	CHCCX	E-	(800) 221-5672	D- / 1.0	4.51	6.47	8.63 / 5	7.20 /10	14.02 /70	0.00	2.01
SC	AllianceBern Sm Cap Growth A	QUASX	D	(800) 221-5672	C / 4.9	7.64	11.97	17.90 /44	12.48 /50	12.45 /57	0.00	1.66
SC	AllianceBern Sm Cap Growth Adv	QUAYX	C-	(800) 221-5672	C+ / 6.0	7.75	12.11	18.20 /46	12.78 /52	12.76 /60	0.00	1.38
SC	AllianceBern Sm Cap Growth B	QUABX	D	(800) 221-5672	C / 5.0	7.44	11.50	16.95 /38	11.56 /41	11.56 /49	0.00	2.49
SC	AllianceBern Sm Cap Growth C	QUACX	D	(800) 221-5672	C / 5.0	7.42	11.50	16.99 /38	11.62 /42	11.60 /50	0.00	2.42
SC	AllianceBern Sm Cap Growth I	QUAIX	U	(800) 221-5672	U /	7.82	12.31	18.60 /49	--	--	0.00	1.02
SC	AllianceBern Sm/Mid Cap Value A	ABASX	C+	(800) 221-5672	B- / 7.1	6.20	13.92	21.57 /70	15.58 /72	15.59 /79	0.56	1.31
SC	AllianceBern Sm/Mid Cap Value Adv	ABYSX	C+	(800) 221-5672	B / 7.8	6.35	14.11	21.98 /72	15.93 /74	15.93 /81	0.80	1.01
SC	AllianceBern Sm/Mid Cap Value B	ABBSX	C+	(800) 221-5672	B- / 7.3	6.16	13.71	20.96 /66	14.85 /68	14.80 /75	0.00	2.03
SC	AllianceBern Sm/Mid Cap Value C	ABCSX	C+	(800) 221-5672	B- / 7.2	6.05	13.52	20.70 /65	14.77 /67	14.77 /75	0.00	2.02
SC	AllianceBern Sm/Mid Cap Value I	ABSIX	U	(800) 221-5672	U /	6.36	14.01	21.90 /72	--	--	0.92	0.89
SC	AllianceBern Sm/Mid Cap Value R	ABSRX	A-	(800) 221-5672	B / 7.6	6.18	13.81	21.28 /69	15.43 /71	--	0.65	1.55
AA	AllianceBern Tax-Mgd Bal WlthSt A	AGIAX	D	(800) 221-5672	E+ / 0.7	2.44	3.46	11.08 /11	8.04 /15	7.12 / 9	1.66	1.18
AA	AllianceBern Tax-Mgd Bal WlthSt Adv	AGIYX	D+	(800) 221-5672	D- / 1.2	2.52	3.62	11.49 /12	8.38 /17	--	2.01	0.88
AA	AllianceBern Tax-Mgd Bal WlthSt B	AGIBX	D	(800) 221-5672	E+ / 0.8	2.25	3.10	10.28 / 8	7.28 /10	6.34 / 5	1.04	1.91
AA	AllianceBern Tax-Mgd Bal WlthSt C	AGICX	D	(800) 221-5672	E+ / 0.8	2.25	3.09	10.35 / 9	7.30 /10	6.34 / 5	1.04	1.89
FO	AllianceBern Tax-Mgd Intl Port A	ABXAX	B	(800) 221-5672	B+ / 8.6	6.53	9.66	25.35 /84	21.25 /87	--	1.30	1.66
FO	AllianceBern Tax-Mgd Intl Port B	ABXBX	B	(800) 221-5672	B+ / 8.6	6.36	9.28	24.46 /82	20.41 /86	--	1.22	2.37
FO	AllianceBern Tax-Mgd Intl Port C	ABXCX	B	(800) 221-5672	B+ / 8.6	6.36	9.33	24.53 /82	20.40 /86	--	1.22	2.26
GR	AllianceBern Tax-Mgd Wlth Apprc A	ATWAX	C+	(800) 221-5672	C / 5.3	5.80	6.99	20.02 /60	14.03 /62	--	0.45	1.36
GR	AllianceBern Tax-Mgd Wlth Apprc	ATWYX	B-	(800) 221-5672	C+ / 6.5	5.90	7.15	20.42 /63	14.38 /65	--	0.69	1.01
GR	AllianceBern Tax-Mgd Wlth Apprc B	ATWBX	C+	(800) 221-5672	C+ / 5.6	5.64	6.63	19.16 /53	13.23 /56	--	0.00	2.09
GR	AllianceBern Tax-Mgd Wlth Apprc C	ATWCX	C+	(800) 221-5672	C+ / 5.6	5.64	6.63	19.15 /53	13.25 /56	--	0.00	2.06
AA	AllianceBern Tax-Mgd Wlth Pres A	ACIAX	D	(800) 221-5672	E- / 0.2	1.66	2.47	7.65 / 4	5.47 / 4	5.48 / 3	1.84	1.33
AA	AllianceBern Tax-Mgd Wlth Pres Adv	ACIYX	D+	(800) 221-5672	E / 0.4	1.74	2.62	7.97 / 4	5.77 / 5	--	2.21	1.03
AA	AllianceBern Tax-Mgd Wlth Pres B	ACIBX	D	(800) 221-5672	E- / 0.2	1.44	2.13	6.89 / 3	4.74 / 3	4.74 / 2	1.17	2.06
AA	AllianceBern Tax-Mgd Wlth Pres C	ACICX	D	(800) 221-5672	E- / 0.2	1.44	2.13	6.88 / 3	4.74 / 3	4.74 / 2	1.17	2.04
GR	AllianceBern US Large Cap A	ABBAX	D	(800) 221-5672	D+ / 2.5	5.33	5.41	17.52 /42	10.60 /32	--	0.01	1.45
GR	AllianceBern US Large Cap Adv	ABBYX	C-	(800) 221-5672	C- / 3.7	5.42	5.58	17.84 /44	10.96 /35	--	0.29	1.15
GR	AllianceBern US Large Cap B	ABBBX	D+	(800) 221-5672	D+ / 2.7	5.14	5.06	16.71 /36	9.83 /27	--	0.00	2.18
GR	AllianceBern US Large Cap C	ABBCX	D+	(800) 221-5672	D+ / 2.7	5.06	5.06	16.71 /36	9.83 /27	--	0.00	2.16
GR	AllianceBern US Large Cap R	ABBRX	C	(800) 221-5672	C- / 3.1	5.24	5.31	17.37 /40	10.34 /31	--	0.17	1.73
UT	AllianceBern Utility Income A	AUIAX	A+	(800) 221-5672	A- / 9.0	3.03	10.63	30.07 /92	23.59 /92	17.31 /86	1.94	1.32
UT	AllianceBern Utility Income Adv	AUIYX	A+	(800) 221-5672	A- / 9.2	3.10	10.78	30.46 /93	23.97 /92	17.65 /87	2.28	1.03
UT	AllianceBern Utility Income B	AUIBX	A+	(800) 221-5672	A- / 9.0	2.88	10.28	29.13 /91	22.68 /90	16.46 /83	1.38	2.05
UT	AllianceBern Utility Income C	AUICX	A+	(800) 221-5672	A- / 9.0	2.87	10.25	29.17 /91	22.72 /91	16.47 /83	1.37	2.04
IN	AllianceBern Value A	ABVAX	C+	(800) 221-5672	C / 5.0	5.27	5.49	21.33 /69	13.74 /60	12.14 /55	1.17	1.04
IN	AllianceBern Value Adv	ABVYX	B	(800) 221-5672	C+ / 6.2	5.31	5.60	21.75 /71	14.09 /63	12.49 /57	1.44	0.74
IN	AllianceBern Value B	ABVBX	B-	(800) 221-5672	C+ / 5.7	5.27	5.49	21.32 /69	13.35 /57	11.60 /50	0.92	1.76
IN	AllianceBern Value C	ABVCX	C+	(800) 221-5672	C / 5.3	5.11	5.11	20.54 /64	12.94 /53	11.36 /47	0.93	1.74
IN	AllianceBern Value I	ABVIX	U	(800) 221-5672	U /	5.34	5.64	21.75 /71	--	--	1.47	0.74
IN	AllianceBern Value R	ABVRX	B	(800) 221-5672	C / 5.4	5.15	5.30	20.96 /66	13.01 /54	--	1.20	1.36
GR	AllianceBern Wealth Apprc Strat A	AWAAX	B-	(800) 221-5672	C+ / 6.4	5.03	7.67	21.36 /69	15.53 /72	--	1.71	1.20
GR	AllianceBern Wealth Apprc Strat Adv	AWAYX	B	(800) 221-5672	B- / 7.3	5.14	7.78	21.72 /71	15.85 /73	--	1.99	0.89
GR	AllianceBern Wealth Apprc Strat B	AWABX	B-	(800) 221-5672	C+ / 6.5	4.77	7.23	20.43 /63	14.65 /66	--	1.30	1.92
GR	AllianceBern Wealth Apprc Strat C	AWACX	B-	(800) 221-5672	C+ / 6.5	4.77	7.23	20.44 /63	14.69 /67	--	1.30	1.90
GR	AllianceBern Wealth Apprc Strat R	AWARX	B	(800) 221-5672	C+ / 6.8	4.96	7.48	20.94 /66	15.13 /69	--	1.74	1.53
AA	AllianceBern Wealth Pres Strat A	ABPAX	D+	(800) 221-5672	E / 0.5	0.70	2.82	10.51 / 9	7.77 /13	--	2.96	1.08

● Denotes fund is closed to new investors
* Denotes fund is included in Section II

www.thestreet.com/ratings

I. Index of Stock Mutual Funds

Summer 2007

RISK			NET ASSETS		ASSET					BULL / BEAR		FUND MANAGER		MINIMUMS		LOADS	
	3 Year		NAV						Portfolio	Last Bull	Last Bear	Manager	Manager	Initial	Additional	Front	Back
Risk	Standard		As of	Total	Cash	Stocks	Bonds	Other	Turnover	Market	Market	Quality	Tenure	Purch.	Purch.	End	End
Rating/Pts	Deviation	Beta	6/30/07	$(Mil)	%	%	%	%	Ratio	Return	Return	Pct	(Years)	$	$	Load	Load
C+ / 6.4	11.6	1.36	21.70	1	N/A	100	0	N/A	44.0	N/A	N/A	6	N/A	10,000,000	0	0.0	0.0
D+ / 2.9	19.9	1.61	6.29	629	N/A	100	0	N/A	135.0	127.9	-10.8	0	N/A	2,500	50	4.3	0.0
D+ / 2.9	19.9	1.61	6.45	75	N/A	100	0	N/A	135.0	130.4	-11.0	0	N/A	0	0	0.0	0.0
D+ / 2.8	19.8	1.61	5.10	38	N/A	100	0	N/A	135.0	120.2	-11.2	0	N/A	2,500	50	0.0	0.0
D+ / 2.8	19.9	1.61	5.10	22	N/A	100	0	N/A	135.0	121.0	-11.2	0	N/A	2,500	50	0.0	0.0
C / 4.3	15.0	1.06	30.30	249	1	98	0	1	79.0	128.1	-10.2	34	7	2,500	50	4.3	0.0
C / 4.3	15.1	1.06	31.30	27	1	98	0	1	79.0	130.8	-10.2	37	7	0	0	0.0	0.0
C / 4.3	15.0	1.06	25.12	46	1	98	0	1	79.0	120.5	-10.5	27	7	2,500	50	0.0	0.0
C / 4.3	15.0	1.06	25.20	28	1	98	0	1	79.0	120.9	-10.5	27	7	2,500	50	0.0	0.0
U /	N/A	N/A	30.74	44	1	98	0	1	79.0	N/A	N/A	N/A	2	10,000,000	0	0.0	0.0
C+ / 5.6	10.2	0.71	18.49	663	3	96	0	1	54.0	153.8	-8.1	93	5	2,500	50	4.3	0.0
C+ / 5.7	10.2	0.71	18.76	205	3	96	0	1	54.0	157.1	-8.1	93	5	0	0	0.0	0.0
C / 5.5	10.2	0.71	17.92	219	3	96	0	1	54.0	146.5	-8.2	90	5	2,500	50	0.0	0.0
C / 5.5	10.2	0.71	17.88	230	3	96	0	1	54.0	146.2	-8.2	90	5	2,500	50	0.0	0.0
U /	N/A	N/A	18.55	79	3	96	0	1	54.0	N/A	N/A	N/A	N/A	10,000,000	0	0.0	0.0
B / 8.0	10.2	0.71	18.38	39	3	96	0	1	54.0	N/A	N/A	92	N/A	10,000,000	0	0.0	0.0
B / 8.6	4.1	0.87	12.90	220	2	47	50	1	57.0	54.8	-5.8	55	N/A	2,500	50	4.3	0.0
B / 8.6	4.1	0.88	12.91	11	2	47	50	1	57.0	N/A	N/A	59	N/A	0	0	0.0	0.0
B / 8.6	4.1	0.87	12.92	60	2	47	50	1	57.0	50.2	-6.0	44	N/A	2,500	50	0.0	0.0
B / 8.6	4.1	0.88	12.95	79	2	47	50	1	57.0	50.2	-6.0	44	N/A	2,500	50	0.0	0.0
C+ / 5.7	9.6	1.02	28.72	6	1	98	0	1	67.0	N/A	N/A	32	N/A	2,500	50	4.3	0.0
C+ / 5.7	9.6	1.02	28.26	1	1	98	0	1	67.0	N/A	N/A	26	N/A	2,500	50	0.0	0.0
C+ / 5.7	9.7	1.03	28.25	4	1	98	0	1	67.0	N/A	N/A	26	N/A	2,500	50	0.0	0.0
B- / 7.6	8.4	1.08	16.23	142	3	96	0	1	40.0	N/A	N/A	73	N/A	2,500	50	4.3	0.0
B- / 7.6	8.4	1.08	16.34	255	3	96	0	1	40.0	N/A	N/A	77	N/A	0	0	0.0	0.0
B- / 7.5	8.3	1.07	15.92	32	3	96	0	1	40.0	N/A	N/A	65	N/A	2,500	50	0.0	0.0
B- / 7.5	8.4	1.08	15.93	70	3	96	0	1	40.0	N/A	N/A	65	N/A	2,500	50	0.0	0.0
B+ / 9.0	2.5	0.53	11.80	87	2	29	68	1	75.0	29.6	-0.8	42	N/A	2,500	50	4.3	0.0
B+ / 9.2	2.5	0.54	11.82	8	2	29	68	1	75.0	N/A	N/A	46	N/A	0	0	0.0	0.0
B+ / 9.2	2.6	0.54	12.08	33	2	29	68	1	75.0	25.8	-0.9	33	N/A	2,500	50	0.0	0.0
B+ / 9.2	2.6	0.55	12.09	34	2	29	68	1	75.0	25.7	-0.9	33	N/A	2,500	50	0.0	0.0
B- / 7.0	9.1	1.17	14.42	53	0	99	0	1	6.0	80.1	-8.0	26	N/A	2,500	50	4.3	0.0
B- / 7.0	9.1	1.17	14.58	59	0	99	0	1	6.0	82.7	-8.0	29	N/A	0	0	0.0	0.0
C+ / 6.9	9.1	1.17	13.90	46	0	99	0	1	6.0	74.9	-8.2	21	5	2,500	50	0.0	0.0
C+ / 6.9	9.1	1.17	13.90	33	0	99	0	1	6.0	74.9	-8.2	21	5	2,500	50	0.0	0.0
B / 8.1	9.1	1.18	14.27	N/A	0	99	0	1	6.0	N/A	N/A	24	N/A	10,000,000	0	0.0	0.0
B- / 7.7	8.2	0.62	23.67	121	3	93	0	4	49.0	158.6	-3.6	95	6	2,500	50	4.3	0.0
B- / 7.7	8.2	0.62	23.79	6	3	93	0	4	49.0	161.9	-3.6	96	6	0	0	0.0	0.0
B- / 7.7	8.2	0.62	23.41	97	3	93	0	4	49.0	150.7	-3.7	94	6	2,500	50	0.0	0.0
B- / 7.7	8.2	0.62	23.47	51	3	93	0	4	49.0	150.8	-3.7	94	11	2,500	50	0.0	0.0
B / 8.1	7.3	0.94	15.18	389	1	98	0	1	19.0	111.9	-8.9	81	N/A	2,500	50	4.3	0.0
B / 8.0	7.3	0.94	15.28	473	1	98	0	1	19.0	114.6	-8.7	83	N/A	0	0	0.0	0.0
B / 8.2	7.3	0.95	15.18	142	1	98	0	1	19.0	107.8	-9.1	77	N/A	2,500	50	0.0	0.0
B / 8.2	7.3	0.94	15.02	116	1	98	0	1	19.0	105.6	-9.1	74	N/A	2,500	50	0.0	0.0
U /	N/A	N/A	15.18	199	1	98	0	1	19.0	N/A	N/A	N/A	N/A	10,000,000	0	0.0	0.0
B+ / 9.0	7.3	0.93	15.10	5	1	98	0	1	19.0	N/A	N/A	76	N/A	10,000,000	0	0.0	0.0
B- / 7.4	8.6	1.10	16.70	889	2	97	0	1	1.0	N/A	N/A	84	N/A	2,500	50	4.3	0.0
B- / 7.4	8.6	1.10	16.76	526	2	97	0	1	1.0	N/A	N/A	86	N/A	0	0	0.0	0.0
B- / 7.4	8.6	1.10	16.47	371	2	97	0	1	1.0	N/A	N/A	77	4	2,500	50	0.0	0.0
B- / 7.4	8.6	1.10	16.47	432	2	97	0	1	1.0	N/A	N/A	78	4	2,500	50	0.0	0.0
B / 8.6	8.6	1.10	16.52	12	2	97	0	1	1.0	N/A	N/A	82	N/A	10,000,000	0	0.0	0.0
B+ / 9.4	3.2	0.65	12.13	379	8	34	57	1	2.0	N/A	N/A	66	N/A	2,500	50	4.3	0.0

www.thestreet.com/ratings

Data as of June 30, 2007

I. Index of Stock Mutual Funds

Summer 2007

						PERFORMANCE						
	99 Pct = Best 0 Pct = Worst			Overall		Perfor-	Total Return % through 6/30/07					Incl. in Returns
						mance				Annualized		Dividend Expense
Fund Type	Fund Name		Ticker Symbol	Investment Rating	Phone	Rating/Pts	3 Mo	6 Mo	1Yr / Pct	3Yr / Pct	5Yr / Pct	Yield Ratio
AA	AllianceBern Wealth Pres Strat Adv		ABPYX	C-	(800) 221-5672	E+ / 0.9	0.78	2.96	10.82 /10	8.10 /15	--	3.38 0.78
AA	AllianceBern Wealth Pres Strat B		ABPBX	C-	(800) 221-5672	E+ / 0.6	0.54	2.43	9.66 / 7	7.01 / 9	--	2.48 1.79
AA	AllianceBern Wealth Pres Strat C		ABPCX	C-	(800) 221-5672	E+ / 0.6	0.54	2.43	9.67 / 7	7.01 / 9	--	2.48 1.78
AA	AllianceBern Wealth Pres Strat R		APPRX	C-	(800) 221-5672	E+ / 0.7	0.56	2.50	10.00 / 8	7.43 /11	--	2.83 1.42
GR	Allianz CCM Cap Appreciation A		PCFAX	D+	(800) 426-0107	C- / 3.0	7.03	9.32	14.18 /21	11.55 /41	9.07 /24	0.10 1.20
GR	Allianz CCM Cap Appreciation Admin		PICAX	C	(800) 426-0107	C / 4.3	7.05	9.38	14.38 /23	11.72 /43	9.30 /26	0.14 0.97
GR	Allianz CCM Cap Appreciation B		PFCBX	C-	(800) 426-0107	C- / 3.5	6.85	8.90	13.36 /18	10.72 /33	8.26 /16	0.00 1.87
GR	Allianz CCM Cap Appreciation C		PFCCX	C-	(800) 426-0107	C- / 3.5	6.84	8.94	13.33 /18	10.72 /34	8.26 /16	0.00 1.87
GR	Allianz CCM Cap Appreciation D		PCADX	C-	(800) 426-0107	C- / 4.2	7.03	9.28	14.18 /22	11.56 /41	9.07 /24	0.12 1.12
GR	Allianz CCM Cap Appreciation Inst		PAPIX	C	(800) 426-0107	C / 4.6	7.13	9.51	14.67 /24	11.99 /45	9.51 /28	0.26 0.72
GR	Allianz CCM Cap Appreciation R		PCARX	C-	(800) 426-0107	C- / 3.9	6.96	9.19	13.92 /20	11.24 /38	8.74 /21	0.12 1.37
SC	● Allianz CCM Emerging Co Admin		PMGAX	E-	(800) 426-0107	E+ / 0.9	3.70	5.43	4.47 / 1	8.19 /15	11.42 /48	0.00 1.77
SC	● Allianz CCM Emerging Co Inst		PMCIX	E-	(800) 426-0107	D- / 1.0	3.71	5.55	4.71 / 1	8.46 /17	11.68 /50	0.00 1.52
GR	Allianz CCM Focused Growth A		AFWAX	C-	(800) 426-0107	C / 5.2	5.54	11.38	14.11 /21	15.19 /70	13.33 /64	0.28 1.11
GR	Allianz CCM Focused Growth C		AFWCX	C	(800) 426-0107	C+ / 6.0	5.47	10.97	13.32 /17	14.90 /68	12.84 /61	0.10 1.86
GR	Allianz CCM Focused Growth D		AFWDX	C	(800) 426-0107	C+ / 6.3	5.65	11.38	14.16 /21	15.21 /70	13.34 /64	0.34 1.11
GR	Allianz CCM Focused Growth Inst		AFGIX	C+	(800) 426-0107	C+ / 6.7	5.82	11.65	14.72 /24	15.69 /72	13.80 /68	0.18 0.73
MC	Allianz CCM Mid Cap A		PFMAX	C-	(800) 426-0107	C / 5.5	7.67	14.27	14.52 /23	14.09 /63	12.23 /56	0.00 1.11
MC	Allianz CCM Mid Cap Admin		PMCGX	C+	(800) 426-0107	C+ / 6.7	7.72	14.40	14.73 /24	14.28 /64	12.41 /57	0.00 0.96
MC	Allianz CCM Mid Cap B		PFMBX	C-	(800) 426-0107	C / 5.2	7.45	13.85	13.67 /19	13.24 /56	11.38 /47	0.00 1.86
MC	Allianz CCM Mid Cap C		PFMCX	C-	(800) 426-0107	C / 5.2	7.49	13.89	13.71 /19	13.25 /56	11.40 /48	0.00 1.86
MC	Allianz CCM Mid Cap D		PMCDX	C	(800) 426-0107	C+ / 6.6	7.70	14.30	14.55 /23	14.11 /63	12.23 /56	0.00 1.11
MC	Allianz CCM Mid Cap Inst		PMGIX	C+	(800) 426-0107	C+ / 6.9	7.77	14.54	15.02 /26	14.57 /66	12.68 /59	0.00 0.71
MC	Allianz CCM Mid Cap R		PMCRX	C	(800) 426-0107	C+ / 6.3	7.58	14.13	14.25 /22	13.77 /60	11.87 /52	0.00 1.36
AA	Allianz Glb Inv Multi-Style Class A		PALAX	D+	(800) 426-0107	D / 1.7	3.58	5.36	14.81 /25	10.17 /29	9.90 /32	5.72 1.32
AA	Allianz Glb Inv Multi-Style Class B		PALBX	C-	(800) 426-0107	D / 2.0	3.31	4.91	13.98 /20	9.31 /23	9.07 /24	4.81 2.07
AA	Allianz Glb Inv Multi-Style Class C		PALCX	C-	(800) 426-0107	D / 2.0	3.40	5.01	14.06 /21	9.34 /23	9.08 /24	4.96 2.07
AA	Allianz Glb Inv Multi-Style Class I		PALLX	C	(800) 426-0107	C- / 3.0	3.73	5.73	15.49 /29	10.75 /34	10.42 /38	6.96 0.82
EM	Allianz NACM Emer Mkts Opp I		AOTIX	C	(800) 426-0107	A+ / 9.9	18.59	27.92	61.10 /99	46.90 /99	--	0.10 1.35
GL	Allianz NACM Global A		NGBAX	B	(800) 426-0107	B / 7.9	8.57	11.31	24.75 /82	18.39 /81	--	0.00 1.48
GL	Allianz NACM Global Admin		NGAAX	B+	(800) 426-0107	B+ / 8.4	8.65	11.38	24.99 /83	18.58 /82	--	0.00 1.32
GL	Allianz NACM Global B		NGBBX	B+	(800) 426-0107	B / 8.1	8.41	10.89	23.85 /80	17.52 /79	--	0.00 2.23
GL	Allianz NACM Global C		NGBCX	B+	(800) 426-0107	B / 8.1	8.39	10.87	23.79 /80	17.53 /79	--	0.00 2.23
GL	Allianz NACM Global D		NGBDX	B+	(800) 426-0107	B+ / 8.3	8.56	11.31	24.74 /82	18.38 /81	--	0.00 1.48
GL	Allianz NACM Global Inst		NGBIX	B+	(800) 426-0107	B+ / 8.5	8.70	11.52	25.26 /84	18.86 /83	--	0.00 1.07
GL	Allianz NACM Global R		NGBRX	B+	(800) 426-0107	B+ / 8.3	8.51	11.17	24.45 /82	18.09 /81	--	0.00 1.75
GR	Allianz NACM Growth A		NGWAX	C	(800) 426-0107	C / 4.6	5.78	8.73	20.79 /65	12.94 /53	--	0.00 1.17
GR	Allianz NACM Growth Admin		NGFAX	C+	(800) 426-0107	C+ / 6.0	5.80	8.80	20.96 /66	13.10 /55	--	0.00 1.02
GR	Allianz NACM Growth B		NGWBX	C+	(800) 426-0107	C / 5.2	5.65	8.40	19.96 /59	12.10 /46	--	0.00 1.92
GR	Allianz NACM Growth C		NGWCX	C+	(800) 426-0107	C / 5.1	5.58	8.40	19.88 /59	12.08 /46	--	0.00 1.92
GR	Allianz NACM Growth D		NGWDX	C+	(800) 426-0107	C+ / 5.8	5.78	8.74	20.73 /65	12.92 /53	--	0.00 1.17
GR	Allianz NACM Growth Inst		NGFIX	B-	(800) 426-0107	C+ / 6.2	5.86	8.98	21.27 /68	13.39 /57	--	0.00 0.77
FO	Allianz NACM International A		PNIAX	A+	(800) 426-0107	A- / 9.2	6.10	9.26	24.88 /83	27.48 /95	22.25 /94	0.34 1.47
FO	Allianz NACM International Adm		ANCAX	B+	(800) 426-0107	A / 9.4	6.17	9.39	25.12 /83	27.50 /95	21.67 /94	0.25 1.33
FO	Allianz NACM International C		PNICX	A+	(800) 426-0107	A / 9.3	5.92	8.88	23.94 /80	26.53 /94	21.36 /93	0.00 2.22
FO	Allianz NACM International D		PNIDX	A+	(800) 426-0107	A / 9.4	6.11	9.27	24.90 /83	27.50 /95	22.27 /94	0.47 1.47
FO	Allianz NACM International I		NAISX	A+	(800) 426-0107	A / 9.4	6.25	9.52	25.43 /84	27.95 /95	22.56 /94	0.55 1.07
FO	Allianz NACM International R		ANIRX	B+	(800) 426-0107	A / 9.4	6.06	9.15	24.60 /82	26.98 /94	21.18 /93	0.01 1.73
FO	Allianz NACM Pacific Rim A		PPRAX	B	(800) 426-0107	A+ / 9.6	12.41	19.19	35.33 /96	29.48 /96	22.48 /94	0.00 1.77
FO	Allianz NACM Pacific Rim B		PPRBX	B	(800) 426-0107	A+ / 9.6	12.13	18.70	34.27 /96	28.15 /95	21.46 /93	0.00 2.52
FO	Allianz NACM Pacific Rim C		PPRCX	B+	(800) 426-0107	A+ / 9.6	12.20	18.75	34.33 /96	28.52 /95	21.54 /94	0.00 2.52
FO	Allianz NACM Pacific Rim D		PPRDX	B	(800) 426-0107	A+ / 9.6	12.37	19.09	35.24 /96	29.46 /96	22.47 /94	0.00 1.77

● Denotes fund is closed to new investors
* Denotes fund is included in Section II

www.thestreet.com/ratings

Summer 2007 — I. Index of Stock Mutual Funds

RISK			NET ASSETS		ASSET				Portfolio	BULL / BEAR		FUND MANAGER		MINIMUMS		LOADS	
	3 Year		NAV							Last Bull	Last Bear	Manager	Manager	Initial	Additional	Front	Back
Risk	Standard		As of	Total	Cash	Stocks	Bonds	Other	Turnover	Market	Market	Quality	Tenure	Purch.	Purch.	End	End
Rating/Pts	Deviation	Beta	6/30/07	$(Mil)	%	%	%	%	Ratio	Return	Return	Pct	(Years)	$	$	Load	Load
B+ / 9.8	3.1	0.63	12.14	27	8	34	57	1	2.0	N/A	N/A	71	4	0	0	0.0	0.0
B+ / 9.8	3.2	0.65	12.08	167	8	34	57	1	2.0	N/A	N/A	56	N/A	2,500	50	0.0	0.0
B+ / 9.8	3.2	0.65	12.07	215	8	34	57	1	2.0	N/A	N/A	56	N/A	2,500	50	0.0	0.0
B+ / 9.9	3.2	0.64	12.15	11	8	34	57	1	2.0	N/A	N/A	62	N/A	10,000,000	0	0.0	0.0
C+ / 6.9	9.7	1.19	21.00	450	0	98	0	2	161.0	86.8	-6.5	33	10	5,000	100	5.5	0.0
C+ / 6.9	9.7	1.19	21.11	518	0	98	0	2	161.0	87.9	-6.4	35	11	5,000,000	0	0.0	0.0
C+ / 6.8	9.7	1.19	19.33	61	0	98	0	2	161.0	80.8	-6.7	26	10	5,000	100	0.0	0.0
C+ / 6.8	9.7	1.19	19.37	135	0	98	0	2	161.0	81.0	-6.7	26	10	5,000	100	0.0	0.0
C+ / 6.9	9.7	1.19	20.85	39	0	98	0	2	161.0	86.9	-6.5	33	N/A	5,000	100	0.0	0.0
C+ / 6.9	9.7	1.19	21.64	425	0	98	0	2	161.0	90.1	-6.5	37	15	5,000,000	0	0.0	0.0
C+ / 6.8	9.7	1.19	21.04	19	0	98	0	2	161.0	84.4	-6.6	30	N/A	2,500	50	0.0	0.0
C- / 3.5	15.0	1.07	22.13	55	4	94	0	2	155.0	111.4	-7.7	9	11	5,000,000	0	0.0	0.0
C- / 3.7	15.0	1.07	23.21	439	4	94	0	2	155.0	113.8	-7.7	10	14	5,000,000	0	0.0	0.0
C / 5.2	12.2	1.35	10.47	2	2	96	0	2	153.0	116.7	-7.0	61	N/A	5,000	100	5.5	0.0
C / 5.2	12.2	1.35	10.42	1	2	96	0	2	153.0	113.1	-7.2	57	N/A	5,000	100	0.0	0.0
C / 5.2	12.2	1.34	10.47	1	2	96	0	2	153.0	116.6	-7.0	61	N/A	5,000	100	0.0	0.0
C+ / 6.3	12.2	1.35	10.54	51	2	96	0	2	153.0	120.5	-6.9	67	N/A	5,000,000	0	0.0	0.0
C / 5.5	11.7	1.07	28.34	335	0	98	0	2	174.0	113.3	-6.0	32	10	5,000	100	5.5	0.0
C+ / 5.6	11.7	1.06	28.76	279	0	98	0	2	174.0	114.8	-6.0	34	13	5,000,000	0	0.0	0.0
C / 5.2	11.7	1.07	25.97	65	0	98	0	2	174.0	106.7	-6.2	26	10	5,000	100	0.0	0.0
C / 5.2	11.7	1.06	25.99	102	0	98	0	2	174.0	106.6	-6.1	26	10	5,000	100	0.0	0.0
C / 5.5	11.7	1.06	28.53	28	0	98	0	2	174.0	113.3	-6.0	32	N/A	5,000	100	0.0	0.0
C+ / 5.7	11.7	1.06	29.54	483	0	98	0	2	174.0	117.0	-6.0	37	15	5,000,000	0	0.0	0.0
C / 5.5	11.7	1.06	28.52	47	0	98	0	2	174.0	110.6	-6.1	30	N/A	2,500	50	0.0	0.0
B / 8.5	5.7	1.18	12.57	70	0	63	36	1	6.0	77.3	-4.7	61	5	5,000	100	5.5	0.0
B / 8.5	5.7	1.20	12.56	83	0	63	36	1	6.0	71.8	-4.9	49	5	5,000	100	0.0	0.0
B / 8.5	5.7	1.20	12.55	168	0	63	36	1	6.0	71.9	-4.9	49	5	5,000	100	0.0	0.0
B / 8.4	5.7	1.20	12.54	13	0	63	36	1	6.0	81.0	-4.7	67	5	5,000,000	0	0.0	0.0
D / 2.0	18.8	1.20	30.56	60	2	96	0	2	45.0	N/A	N/A	46	N/A	5,000,000	0	0.0	2.0
C+ / 6.7	10.5	1.05	20.66	14	2	96	0	2	114.0	156.6	-12.3	13	4	5,000	100	5.5	2.0
C+ / 6.7	10.5	1.05	20.85	N/A	2	96	0	2	114.0	158.5	-12.2	13	4	5,000,000	0	0.0	2.0
C+ / 6.7	10.5	1.05	19.85	22	2	96	0	2	114.0	148.5	-12.4	10	4	5,000	100	0.0	2.0
C+ / 6.7	10.5	1.05	19.89	13	2	96	0	2	114.0	148.5	-12.4	10	4	5,000	100	0.0	2.0
C+ / 6.7	10.5	1.05	20.67	2	2	96	0	2	114.0	156.6	-12.2	13	4	5,000	100	0.0	2.0
C+ / 6.7	10.5	1.05	21.11	N/A	2	96	0	2	114.0	161.1	-12.1	15	4	5,000,000	0	0.0	2.0
C+ / 6.7	10.5	1.05	20.41	N/A	2	96	0	2	114.0	153.7	-13.2	12	4	2,500	50	0.0	2.0
B- / 7.5	10.0	1.27	15.20	9	2	98	0	0	152.0	79.0	-11.6	40	1	5,000	100	5.5	0.0
B- / 7.5	10.0	1.27	15.33	N/A	2	98	0	0	152.0	80.0	-11.5	42	1	5,000,000	0	0.0	0.0
B- / 7.3	10.0	1.26	14.59	7	2	98	0	0	152.0	73.1	-11.7	32	1	5,000	100	0.0	0.0
B- / 7.3	10.0	1.26	14.58	7	2	98	0	0	152.0	73.0	-11.7	32	1	5,000	100	0.0	0.0
B- / 7.5	10.0	1.26	15.18	1	2	98	0	0	152.0	78.7	-11.6	41	1	5,000	100	0.0	0.0
B- / 7.5	10.0	1.27	15.54	1	2	98	0	0	152.0	82.0	-11.5	46	1	5,000,000	0	0.0	0.0
B / 8.2	10.5	1.09	26.08	383	0	98	0	2	152.0	236.5	-9.4	80	1	5,000	100	5.5	2.0
C+ / 5.6	10.5	1.09	26.34	N/A	0	98	0	2	152.0	231.1	-9.7	81	N/A	5,000,000	0	0.0	2.0
B / 8.2	10.5	1.09	25.75	201	0	98	0	2	152.0	226.1	-9.5	73	1	5,000	100	0.0	2.0
B / 8.2	10.5	1.09	26.05	30	0	98	0	2	152.0	236.6	-9.4	81	1	5,000	100	0.0	2.0
B- / 7.0	10.5	1.09	26.35	125	0	98	0	2	152.0	240.4	-9.4	83	1	5,000,000	0	0.0	2.0
C+ / 5.6	10.5	1.09	26.25	N/A	0	98	0	2	152.0	225.5	-9.8	77	N/A	2,500	50	0.0	2.0
C / 4.5	41.3	0.08	17.76	133	2	96	0	2	96.0	244.7	-10.1	99	N/A	5,000	100	5.5	2.0
C / 4.5	42.4	0.04	17.20	49	2	96	0	2	96.0	231.7	-10.1	99	N/A	5,000	100	0.0	2.0
C / 5.3	13.9	1.23	17.10	103	2	96	0	2	96.0	234.1	-10.4	63	N/A	5,000	100	0.0	2.0
C / 4.5	13.9	1.23	17.72	96	2	96	0	2	96.0	244.7	-10.1	72	N/A	5,000	100	0.0	2.0

www.thestreet.com/ratings

Data as of June 30, 2007

I. Index of Stock Mutual Funds

Summer 2007

99 Pct = Best
0 Pct = Worst

Fund Type	Fund Name	Ticker Symbol	Overall Investment Rating	Phone	Performance Rating/Pts	3 Mo	6 Mo	1Yr / Pct	3Yr / Pct	5Yr / Pct	Dividend Yield	Expense Ratio
FO	Allianz NACM Pacific Rim Inst	NAPRX	B+	(800) 426-0107	A+ / 9.6	12.49	19.39	35.84 /96	30.02 /96	23.04 /95	0.00	1.37
AG	Allianz NFJ All-Cap Value A	PNFAX	C+	(800) 426-0107	C / 4.5	4.98	6.04	18.76 /50	14.00 /62	--	0.74	1.33
AG	Allianz NFJ All-Cap Value Admin	PNCAX	B	(800) 426-0107	C+ / 5.9	4.93	6.03	18.86 /51	14.18 /63	--	0.90	1.17
AG	Allianz NFJ All-Cap Value B	PNFBX	C+	(800) 426-0107	C / 5.1	4.80	5.65	17.89 /44	13.15 /55	--	0.27	2.08
AG	Allianz NFJ All-Cap Value C	PNFCX	C+	(800) 426-0107	C / 5.0	4.74	5.59	17.86 /44	13.14 /55	--	0.25	2.08
AG	Allianz NFJ All-Cap Value D	PNFDX	B-	(800) 426-0107	C+ / 5.8	4.92	5.97	18.69 /50	13.98 /62	--	0.86	1.33
AG	Allianz NFJ All-Cap Value Inst	PNFIX	B	(800) 426-0107	C+ / 6.1	5.01	6.17	19.14 /53	14.45 /65	--	1.10	0.92
IN	● Allianz NFJ Dividend Value A	PNEAX	A+	(800) 426-0107	B / 7.6	6.69	8.58	23.78 /80	17.94 /80	15.09 /77	1.70	1.10
IN	● Allianz NFJ Dividend Value Admin	ANDAX	A+	(800) 426-0107	B / 8.2	6.74	8.64	23.91 /80	18.12 /81	15.29 /78	2.07	0.95
IN	● Allianz NFJ Dividend Value B	PNEBX	A+	(800) 426-0107	B / 7.8	6.52	8.18	22.79 /76	17.03 /78	14.21 /71	0.84	1.85
IN	● Allianz NFJ Dividend Value C	PNECX	A+	(800) 426-0107	B / 7.8	6.48	8.16	22.81 /76	17.04 /78	14.22 /71	0.93	1.85
IN	● Allianz NFJ Dividend Value D	PEIDX	A+	(800) 426-0107	B / 8.2	6.68	8.57	23.75 /80	17.92 /80	15.07 /77	1.90	1.10
IN	● Allianz NFJ Dividend Value Inst	NFJEX	A+	(800) 426-0107	B+ / 8.3	6.77	8.79	24.19 /81	18.42 /81	15.59 /79	2.18	7.10
IN	● Allianz NFJ Dividend Value R	PNERX	A+	(800) 426-0107	B / 8.1	6.66	8.46	23.46 /79	17.65 /80	14.79 /75	1.68	1.35
FO	Allianz NFJ Intl Value A	AFJAX	A+	(800) 426-0107	A+ / 9.7	15.18	20.32	41.28 /97	31.85 /97	--	1.21	1.48
FO	Allianz NFJ Intl Value C	AFJCX	A+	(800) 426-0107	A+ / 9.7	14.93	19.82	40.19 /97	30.90 /96	--	0.83	2.22
FO	Allianz NFJ Intl Value D	AFJDX	A+	(800) 426-0107	A+ / 9.7	15.18	20.31	41.30 /97	31.84 /97	--	1.28	1.50
FO	Allianz NFJ Intl Value Inst	ANJIX	B+	(800) 426-0107	A+ / 9.7	15.29	20.48	41.84 /97	32.36 /97	--	1.61	1.08
GR	Allianz NFJ Large Cap Value A	PNBAX	A	(800) 426-0107	B- / 7.2	7.00	8.64	21.09 /67	17.15 /78	13.42 /65	1.22	1.20
GR	Allianz NFJ Large Cap Value B	PNBBX	A+	(800) 426-0107	B- / 7.4	6.84	8.26	20.16 /61	16.28 /75	12.57 /58	0.51	1.87
GR	Allianz NFJ Large Cap Value C	PNBCX	A+	(800) 426-0107	B- / 7.4	6.82	8.26	20.17 /61	16.28 /75	12.57 /58	0.57	1.87
GR	Allianz NFJ Large Cap Value D	PNBDX	A+	(800) 426-0107	B / 7.8	7.00	8.65	21.08 /67	17.14 /78	13.42 /65	1.36	1.17
GR	Allianz NFJ Large Cap Value Inst	ANVIX	A+	(800) 426-0107	B / 8.0	7.07	8.85	21.52 /70	17.66 /80	13.93 /69	1.61	0.73
GR	Allianz NFJ Large Cap Value R	ANLRX	B	(800) 426-0107	B / 7.7	6.91	8.47	20.76 /65	16.91 /77	13.20 /63	1.22	1.38
SC	● Allianz NFJ Small Cap Value A	PCVAX	B	(800) 426-0107	B / 7.6	6.33	11.37	21.25 /68	18.07 /81	16.66 /84	1.39	1.25
SC	● Allianz NFJ Small Cap Value Adm	PVADX	B	(800) 426-0107	B / 8.2	6.38	11.46	21.44 /70	18.24 /81	16.63 /83	1.57	1.11
SC	● Allianz NFJ Small Cap Value B	PCVBX	B	(800) 426-0107	B / 7.9	6.14	10.96	20.36 /62	17.19 /78	15.79 /80	0.91	2.00
SC	● Allianz NFJ Small Cap Value C	PCVCX	B	(800) 426-0107	B / 7.8	6.14	10.91	20.32 /62	17.18 /78	15.78 /80	0.92	2.00
SC	● Allianz NFJ Small Cap Value D	PNVDX	B	(800) 426-0107	B / 8.2	6.35	11.36	21.24 /68	18.06 /81	16.66 /84	1.45	1.25
SC	● Allianz NFJ Small Cap Value I	PSVIX	B+	(800) 426-0107	B+ / 8.3	6.45	11.57	21.71 /71	18.54 /82	17.15 /85	1.69	0.86
SC	● Allianz NFJ Small Cap Value R	PNVRX	B	(800) 426-0107	B / 8.1	6.29	11.23	20.93 /66	17.74 /80	16.35 /82	1.26	1.51
GI	Allianz OCC Eq Pre Str Fd A	PGRAX	C	(800) 927-4648	C- / 3.9	6.16	7.66	21.84 /72	11.75 /43	9.32 /26	0.00	1.31
GI	Allianz OCC Eq Pre Str Fd Admin	PGOIX	C+	(800) 927-4648	C / 5.3	6.17	7.64	21.98 /72	11.95 /45	9.54 /28	0.00	1.15
GI	Allianz OCC Eq Pre Str Fd B	PGRBX	C+	(800) 927-4648	C / 4.4	6.01	7.31	20.96 /66	10.97 /35	8.54 /19	0.00	2.05
GI	Allianz OCC Eq Pre Str Fd C	PGNCX	C+	(800) 927-4648	C / 4.4	6.01	7.31	20.98 /67	10.98 /35	8.52 /19	0.00	2.05
GI	Allianz OCC Eq Pre Str Fd D	PGIDX	C+	(800) 927-4648	C / 5.2	6.16	7.66	21.84 /72	11.76 /43	9.33 /26	0.00	1.30
GI	Allianz OCC Eq Pre Str Fd Inst	PMEIX	B-	(800) 927-4648	C+ / 5.6	6.34	7.92	22.37 /74	12.25 /48	9.82 /31	0.00	0.90
GI	Allianz OCC Eq Pre Str Fd R	PGIRX	C+	(800) 927-4648	C / 4.9	6.18	7.56	21.45 /70	11.48 /41	8.99 /23	0.00	1.55
GR	Allianz OCC Growth A	PGWAX	C+	(800) 927-4648	C / 5.3	7.34	10.84	24.70 /82	12.27 /48	9.29 /26	0.00	1.17
GR	Allianz OCC Growth Admin	PGFAX	B-	(800) 927-4648	C+ / 6.5	7.38	10.95	24.90 /83	12.46 /49	9.42 /27	0.00	1.02
GR	Allianz OCC Growth B	PGFBX	C+	(800) 927-4648	C+ / 5.7	7.13	10.44	23.78 /80	11.44 /40	8.46 /18	0.00	1.92
GR	Allianz OCC Growth C	PGWCX	C+	(800) 927-4648	C+ / 5.7	7.13	10.44	23.78 /80	11.44 /40	8.46 /18	0.00	1.92
GR	Allianz OCC Growth D	PGRDX	B	(800) 927-4648	C+ / 6.4	7.36	10.84	24.76 /82	12.30 /48	9.28 /26	0.00	1.17
GR	Allianz OCC Growth Inst	PGFIX	B-	(800) 927-4648	C+ / 6.7	7.45	11.08	25.22 /83	12.73 /52	9.70 /30	0.00	0.77
GR	Allianz OCC Growth R	PPGRX	B-	(800) 927-4648	C+ / 6.1	7.26	10.71	24.38 /81	11.98 /45	8.96 /23	0.00	1.42
SC	Allianz OCC Opportunity A	POPAX	C	(800) 927-4648	B- / 7.0	8.64	12.68	24.85 /83	14.85 /68	16.20 /82	0.00	1.32
SC	Allianz OCC Opportunity Admin	POADX	C	(800) 927-4648	B / 7.8	8.71	12.81	25.01 /83	15.03 /69	16.36 /83	0.00	1.17
SC	Allianz OCC Opportunity B	POOBX	C	(800) 927-4648	B- / 7.3	8.44	12.28	23.91 /80	13.99 /62	15.33 /78	0.00	2.07
SC	Allianz OCC Opportunity C	POPCX	C	(800) 927-4648	B- / 7.3	8.44	12.33	23.97 /80	13.99 /62	15.33 /78	0.00	2.07
SC	Allianz OCC Opportunity Inst	POFIX	C	(800) 927-4648	B / 7.9	8.77	12.95	25.37 /84	15.31 /70	16.64 /83	0.00	0.92
GI	Allianz OCC Renaissance A	PQNAX	E	(800) 927-4648	D / 1.6	5.63	8.11	20.30 /62	7.93 /14	11.21 /45	0.00	1.25
GI	Allianz OCC Renaissance Admin	PRAAX	E+	(800) 927-4648	D+ / 2.6	5.73	8.23	20.46 /63	8.10 /15	11.45 /48	0.00	1.11

● Denotes fund is closed to new investors
* Denotes fund is included in Section II

www.thestreet.com/ratings

I. Index of Stock Mutual Funds

Summer 2007

RISK			NET ASSETS		ASSET					BULL / BEAR		FUND MANAGER		MINIMUMS		LOADS	
	3 Year		NAV						Portfolio	Last Bull	Last Bear	Manager	Manager	Initial	Additional	Front	Back
Risk	Standard		As of	Total	Cash	Stocks	Bonds	Other	Turnover	Market	Market	Quality	Tenure	Purch.	Purch.	End	End
Rating/Pts	Deviation	Beta	6/30/07	$(Mil)	%	%	%	%	Ratio	Return	Return	Pct	(Years)	$	$	Load	Load
C / 5.3	14.0	1.23	18.10	55	2	96	0	2	96.0	251.4	-10.1	77	N/A	5,000,000	0	0.0	2.0
B / 8.0	8.4	1.07	20.03	9	2	98	0	0	150.0	129.3	-10.1	74	N/A	5,000	100	5.5	0.0
B / 8.3	8.3	1.06	20.21	N/A	2	98	0	0	150.0	131.0	-10.0	76	N/A	5,000,000	0	0.0	0.0
B / 8.1	8.3	1.06	19.45	6	2	98	0	0	150.0	122.0	-10.3	65	N/A	5,000	100	0.0	0.0
B / 8.1	8.3	1.06	19.45	8	2	98	0	0	150.0	122.0	-10.2	65	N/A	5,000	100	0.0	0.0
B / 8.1	8.3	1.06	20.06	10	2	98	0	0	150.0	129.3	-10.1	74	N/A	5,000	100	0.0	0.0
B / 8.3	8.3	1.06	20.32	11	2	98	0	0	150.0	133.3	-10.0	79	N/A	5,000,000	0	0.0	0.0
B+ / 9.0	6.9	0.83	18.33	3,475	2	96	0	2	26.0	135.2	-9.2	97	N/A	5,000	100	5.5	0.0
B+ / 9.1	6.9	0.83	18.55	377	2	96	0	2	26.0	137.0	-9.1	97	N/A	5,000,000	0	0.0	0.0
B+ / 9.1	6.9	0.83	18.25	486	2	96	0	2	26.0	127.7	-9.2	96	N/A	5,000	100	0.0	0.0
B+ / 9.0	6.9	0.83	18.21	1,748	2	96	0	2	26.0	127.9	-9.3	96	N/A	5,000	100	0.0	0.0
B+ / 9.0	6.9	0.83	18.34	698	2	96	0	2	26.0	135.3	-9.2	97	N/A	5,000	100	0.0	0.0
B+ / 9.0	6.9	0.83	18.51	1,693	2	96	0	2	26.0	139.6	-9.0	97	N/A	5,000,000	0	0.0	0.0
B+ / 9.0	6.9	0.83	18.28	156	2	96	0	2	26.0	132.9	-9.3	96	N/A	2,500	50	0.0	0.0
B- / 7.7	12.9	1.24	26.52	298	2	98	0	0	25.0	275.7	N/A	86	N/A	5,000	100	5.5	2.0
B- / 7.7	12.9	1.24	26.34	156	2	98	0	0	25.0	264.3	N/A	82	N/A	5,000	100	0.0	2.0
B- / 7.7	12.9	1.24	26.55	14	2	98	0	0	25.0	275.7	N/A	86	N/A	5,000	100	0.0	2.0
C / 5.5	12.9	1.24	26.73	33	2	98	0	0	25.0	282.1	N/A	88	N/A	5,000,000	0	0.0	2.0
B+ / 9.0	7.2	0.88	20.69	210	4	94	0	2	32.0	127.0	-8.4	95	N/A	5,000	100	5.5	0.0
B+ / 9.0	7.2	0.88	20.56	42	4	94	0	2	32.0	119.6	-8.5	94	N/A	5,000	100	0.0	0.0
B+ / 9.0	7.2	0.88	20.56	95	4	94	0	2	32.0	119.7	-8.5	94	N/A	5,000	100	0.0	0.0
B+ / 9.0	7.2	0.88	20.72	71	4	94	0	2	32.0	126.8	-8.3	95	N/A	5,000	100	0.0	0.0
B+ / 9.0	7.2	0.88	20.81	161	4	94	0	2	32.0	131.2	-8.3	96	N/A	5,000,000	0	0.0	0.0
C+ / 6.5	7.2	0.88	20.77	2	4	94	0	2	32.0	125.0	-8.4	95	N/A	2,500	50	0.0	0.0
C+ / 6.4	10.4	0.73	34.77	1,965	4	94	0	2	32.0	147.1	-4.3	96	10	5,000	100	5.5	0.0
C+ / 6.4	10.4	0.73	34.83	902	4	94	0	2	32.0	146.4	-4.2	97	12	5,000,000	0	0.0	0.0
C+ / 6.5	10.4	0.73	33.52	289	4	94	0	2	32.0	139.3	-4.4	95	10	5,000	100	0.0	0.0
C+ / 6.5	10.4	0.73	33.55	593	4	94	0	2	32.0	139.3	-4.4	95	10	5,000	100	0.0	0.0
C+ / 6.5	10.4	0.73	35.49	5	4	94	0	2	32.0	147.0	-4.3	96	N/A	5,000	100	0.0	0.0
C+ / 6.5	10.4	0.73	35.97	961	4	94	0	2	32.0	151.3	-4.2	97	16	5,000,000	0	0.0	0.0
C+ / 6.5	10.4	0.73	35.15	76	4	94	0	2	32.0	144.0	-4.4	96	N/A	2,500	50	0.0	0.0
B / 8.1	7.3	0.94	9.47	29	0	98	0	2	149.0	89.8	-7.2	61	N/A	5,000	100	5.5	0.0
B / 8.1	7.2	0.93	9.64	N/A	0	98	0	2	149.0	91.7	-7.0	64	6	5,000,000	0	0.0	0.0
B / 8.1	7.2	0.94	9.18	16	0	98	0	2	149.0	83.8	-7.3	51	N/A	5,000	100	0.0	0.0
B / 8.1	7.2	0.93	9.17	22	0	98	0	2	149.0	83.9	-7.4	52	N/A	5,000	100	0.0	0.0
B / 8.1	7.3	0.94	9.47	N/A	0	98	0	2	149.0	90.0	-7.2	61	N/A	5,000	100	0.0	0.0
B / 8.2	7.3	0.94	9.72	3	0	98	0	2	149.0	93.3	-6.9	67	N/A	5,000,000	0	0.0	0.0
B / 8.1	7.2	0.94	9.45	N/A	0	98	0	2	149.0	87.2	-7.1	58	N/A	2,500	50	0.0	0.0
B- / 7.7	9.8	1.22	28.22	107	0	99	0	1	115.0	93.9	-9.7	37	N/A	5,000	100	5.5	0.0
B- / 7.8	9.8	1.22	25.33	N/A	0	99	0	1	115.0	94.9	-9.7	40	N/A	5,000,000	0	0.0	0.0
B- / 7.7	9.8	1.22	23.58	26	0	99	0	1	115.0	87.7	-9.9	30	N/A	5,000	100	0.0	0.0
B- / 7.7	9.8	1.22	23.58	426	0	99	0	1	115.0	87.8	-9.9	30	N/A	5,000	100	0.0	0.0
B- / 7.8	9.7	1.22	24.94	9	0	99	0	1	115.0	93.9	-9.7	38	N/A	5,000	100	0.0	0.0
B- / 7.8	9.8	1.22	25.97	7	0	99	0	1	115.0	97.0	-9.6	43	N/A	5,000,000	0	0.0	0.0
B- / 7.8	9.8	1.22	24.08	2	0	99	0	1	115.0	91.5	-9.8	34	N/A	2,500	50	0.0	0.0
C- / 4.2	16.6	1.14	31.20	69	N/A	N/A	0	N/A	171.0	165.7	-11.7	53	N/A	5,000	100	5.5	0.0
C- / 4.2	16.6	1.14	26.34	N/A	N/A	N/A	0	N/A	171.0	167.5	-11.6	55	N/A	5,000,000	0	0.0	0.0
C- / 4.1	16.6	1.14	24.42	17	N/A	N/A	0	N/A	171.0	157.4	-11.8	42	N/A	5,000	100	0.0	0.0
C- / 4.1	16.6	1.14	24.42	148	N/A	N/A	0	N/A	171.0	157.4	-11.8	42	N/A	5,000	100	0.0	0.0
C- / 4.2	16.6	1.14	26.78	27	N/A	N/A	0	N/A	171.0	170.1	-11.5	59	N/A	5,000,000	0	0.0	0.0
C- / 3.7	10.6	1.30	22.52	769	0	99	0	1	85.0	144.6	-16.0	8	N/A	5,000	100	5.5	0.0
C- / 4.0	10.6	1.30	22.89	81	0	99	0	1	85.0	145.9	-15.9	8	N/A	5,000,000	0	0.0	0.0

www.thestreet.com/ratings

Data as of June 30, 2007

I. Index of Stock Mutual Funds

Summer 2007

							PERFORMANCE						Incl. in Returns	
	99 Pct = Best								Total Return % through 6/30/07					
	0 Pct = Worst				Overall		Perfor-				Annualized		Dividend	Expense
Fund			Ticker		Investment		mance						Yield	Ratio
Type	Fund Name		Symbol		Rating	Phone	Rating/Pts	3 Mo	6 Mo	1Yr / Pct	3Yr / Pct	5Yr / Pct		
GI	Allianz OCC Renaissance B		PQNBX		E	(800) 927-4648	D / 2.0	5.47	7.72	19.34 / 55	7.13 / 10	10.37 / 37	0.00	2.00
GI	Allianz OCC Renaissance C		PQNCX		E	(800) 927-4648	D / 2.0	5.47	7.73	19.40 / 55	7.13 / 10	10.38 / 37	0.00	2.00
GI	Allianz OCC Renaissance D		PREDX		E	(800) 927-4648	D+ / 2.5	5.65	8.13	20.33 / 62	7.93 / 14	11.21 / 46	0.00	1.25
GI	Allianz OCC Renaissance Inst		PRNIX		E+	(800) 927-4648	D+ / 2.8	5.75	8.35	20.77 / 65	8.36 / 16	11.63 / 50	0.00	0.86
GI	Allianz OCC Renaissance R		PRNRX		E	(800) 927-4648	D+ / 2.3	5.64	8.02	20.06 / 60	7.66 / 12	10.88 / 42	0.00	1.50
MC	Allianz OCC Target A		PTAAX		C	(800) 927-4648	C+ / 6.7	9.47	13.34	26.74 / 87	13.31 / 57	13.40 / 65	0.00	1.22
MC	Allianz OCC Target Admin		PTADX		C+	(800) 927-4648	B- / 7.5	9.47	13.43	26.97 / 88	13.49 / 58	13.61 / 66	0.00	1.07
MC	Allianz OCC Target B		PTABX		C	(800) 927-4648	B- / 7.0	9.22	12.90	25.82 / 85	12.47 / 50	12.57 / 58	0.00	1.97
MC	Allianz OCC Target C		PTACX		C	(800) 927-4648	B- / 7.0	9.28	12.96	25.82 / 85	12.47 / 50	12.57 / 58	0.00	1.97
MC	Allianz OCC Target D		PTRDX		C+	(800) 927-4648	B- / 7.5	9.47	13.34	26.74 / 87	13.33 / 57	13.42 / 65	0.00	1.22
MC	Allianz OCC Target Inst		PFTIX		C+	(800) 927-4648	B / 7.7	9.57	13.55	27.23 / 88	13.77 / 60	13.85 / 68	0.00	0.82
GI	Allianz OCC Value A		PDLAX		D	(800) 927-4648	C- / 3.4	5.90	4.57	23.19 / 78	11.32 / 39	12.70 / 59	0.99	1.11
GI	Allianz OCC Value Admin		PVLAX		C-	(800) 927-4648	C / 4.8	5.92	4.72	23.42 / 78	11.50 / 41	12.87 / 61	1.17	0.97
GI	Allianz OCC Value B		PDLBX		D+	(800) 927-4648	C- / 3.8	5.66	4.16	22.27 / 74	10.49 / 32	11.85 / 52	0.43	1.86
GI	Allianz OCC Value C		PDLCX		D+	(800) 927-4648	C- / 3.8	5.71	4.21	22.29 / 74	10.50 / 32	11.87 / 52	0.42	1.86
GI	Allianz OCC Value D		PVLDX		C-	(800) 927-4648	C / 4.6	5.90	4.63	23.20 / 78	11.33 / 39	12.72 / 59	1.11	1.11
GI	Allianz OCC Value Inst		PDLIX		C-	(800) 927-4648	C / 5.0	5.96	4.78	23.69 / 79	11.75 / 43	13.14 / 63	1.22	0.72
GI	Allianz OCC Value R		PPVRX		D+	(800) 927-4648	C / 4.3	5.82	4.43	22.87 / 77	11.03 / 36	12.37 / 57	0.87	1.36
HL	Allianz RCM Biotechnology A		RABTX		E-	(800) 426-0107	E- / 0.0	3.45	-1.00	6.74 / 3	-1.06 / 0	9.26 / 25	0.00	1.57
HL	Allianz RCM Biotechnology B		RBBTX		E-	(800) 426-0107	E- / 0.0	3.29	-1.36	5.95 / 2	-1.80 / 0	8.44 / 18	0.00	2.32
HL	Allianz RCM Biotechnology C		RCBTX		E-	(800) 426-0107	E- / 0.0	3.29	-1.36	5.94 / 2	-1.80 / 0	8.45 / 18	0.00	2.32
HL	Allianz RCM Biotechnology D		DRBNX		E-	(800) 426-0107	E- / 0.0	3.50	-0.96	6.79 / 3	-1.06 / 0	9.27 / 26	0.00	1.57
EN	Allianz RCM Global Resources A		ARMAX		C-	(800) 426-0107	A+ / 9.7	15.51	25.34	24.29 / 81	34.85 / 97	--	0.09	1.48
EN	Allianz RCM Global Resources C		ARMCX		C-	(800) 426-0107	A+ / 9.7	15.28	24.86	23.29 / 78	33.82 / 97	--	0.09	2.25
EN	Allianz RCM Global Resources D		ARMDX		C-	(800) 426-0107	A+ / 9.7	15.51	25.34	24.31 / 81	34.87 / 97	--	0.10	1.53
EN	Allianz RCM Global Resources I		RGLIX		C+	(800) 426-0107	A+ / 9.7	15.60	25.62	24.73 / 82	35.35 / 97	--	0.00	1.07
GL	Allianz RCM Global Small Cap A		RGSAX		B	(800) 426-0107	B+ / 8.3	4.73	10.87	24.75 / 82	21.00 / 87	21.31 / 93	0.00	1.77
GL	Allianz RCM Global Small Cap B		RGSBX		B	(800) 426-0107	B+ / 8.4	4.52	10.44	23.77 / 80	20.11 / 85	20.50 / 93	0.00	2.52
GL	Allianz RCM Global Small Cap C		RGSCX		B	(800) 426-0107	B+ / 8.4	4.52	10.45	23.79 / 80	20.11 / 85	20.50 / 93	0.00	2.52
GL	Allianz RCM Global Small Cap D		DGSNX		B	(800) 426-0107	B+ / 8.6	4.73	10.87	24.75 / 82	21.03 / 87	21.42 / 93	0.00	1.77
GL	Allianz RCM Global Small Cap I		DGSCX		B	(800) 426-0107	B+ / 8.7	4.85	11.10	25.23 / 83	21.52 / 88	21.85 / 94	0.00	1.37
HL	Allianz RCM Healthcare A		RAGHX		E+	(800) 426-0107	E- / 0.2	5.03	6.24	12.20 / 14	4.62 / 3	7.96 / 15	0.00	1.57
HL	Allianz RCM Healthcare B		RBGHX		E+	(800) 426-0107	E / 0.3	4.86	5.83	11.35 / 11	3.85 / 2	7.14 / 9	0.00	2.32
HL	Allianz RCM Healthcare C		RCGHX		E+	(800) 426-0107	E / 0.3	4.86	5.88	11.34 / 11	3.85 / 2	7.14 / 9	0.00	2.32
HL	Allianz RCM Healthcare D		DGHCX		E+	(800) 426-0107	E / 0.5	5.07	6.24	12.20 / 14	4.64 / 3	7.95 / 14	0.00	1.57
FO	Allianz RCM Intl Growth Eqty A		RAIGX		B	(800) 426-0107	B / 8.1	7.62	11.92	22.43 / 75	19.59 / 84	14.25 / 71	0.74	1.38
FO	Allianz RCM Intl Growth Eqty Admin		RAIAX		B+	(800) 426-0107	B+ / 8.5	7.62	11.97	22.61 / 75	19.81 / 84	14.46 / 73	0.73	1.23
FO	Allianz RCM Intl Growth Eqty B		RBIGX		B+	(800) 426-0107	B / 8.2	7.40	11.53	21.50 / 70	18.73 / 82	13.42 / 65	0.29	2.13
FO	Allianz RCM Intl Growth Eqty C		RCIGX		B+	(800) 426-0107	B / 8.2	7.44	11.47	21.50 / 70	18.70 / 82	13.42 / 65	0.23	2.13
FO	Allianz RCM Intl Growth Eqty D		DIENX		B+	(800) 426-0107	B+ / 8.5	7.65	11.93	22.44 / 75	19.59 / 84	14.40 / 72	0.96	1.38
FO	Allianz RCM Intl Growth Eqty Inst		DRIEX		B+	(800) 426-0107	B+ / 8.6	7.76	12.14	22.95 / 77	20.07 / 85	14.93 / 76	0.97	0.98
GI	Allianz RCM Large-Cap Growth A		RALGX		D	(800) 426-0107	D / 1.8	5.84	6.82	16.06 / 32	9.40 / 24	7.88 / 14	0.22	1.12
GI	Allianz RCM Large-Cap Growth		DLGAX		C-	(800) 426-0107	D+ / 2.8	5.92	6.96	16.37 / 34	9.58 / 25	8.12 / 15	0.10	0.97
GI	Allianz RCM Large-Cap Growth B		RBLGX		D+	(800) 426-0107	D / 2.1	5.66	6.44	15.30 / 28	8.58 / 18	7.09 / 9	0.01	1.87
GI	Allianz RCM Large-Cap Growth C		RCLGX		D+	(800) 426-0107	D / 2.1	5.66	6.43	15.19 / 27	8.57 / 18	7.10 / 9	0.01	1.87
GI	Allianz RCM Large-Cap Growth D		DLCNX		C-	(800) 426-0107	D+ / 2.7	5.85	6.83	16.06 / 32	9.39 / 24	7.94 / 14	0.00	1.12
GI	Allianz RCM Large-Cap Growth Inst		DRLCX		C-	(800) 426-0107	C- / 3.0	6.03	7.07	16.59 / 35	9.85 / 27	8.36 / 17	0.27	0.72
GI	Allianz RCM Large-Cap Growth R		PLCRX		C-	(800) 426-0107	D+ / 2.5	5.85	6.75	15.88 / 31	9.15 / 22	7.63 / 12	0.00	1.50
MC	Allianz RCM Mid-Cap A		RMDAX		D	(800) 426-0107	C / 5.4	8.71	13.44	21.69 / 71	12.35 / 49	12.06 / 54	0.00	1.15
MC	Allianz RCM Mid-Cap Admin		DRMAX		C-	(800) 426-0107	C+ / 6.8	9.26	13.90	22.44 / 75	12.47 / 50	12.47 / 57	0.00	1.04
MC	Allianz RCM Mid-Cap B		RMDBX		C+	(800) 426-0107	C+ / 6.0	9.02	13.01	21.08 / 67	11.53 / 41	11.37 / 47	0.00	1.90
MC	Allianz RCM Mid-Cap C		RMDCX		D	(800) 426-0107	C+ / 5.9	9.06	13.06	21.17 / 68	11.42 / 40	11.31 / 47	0.00	1.90

• Denotes fund is closed to new investors

* Denotes fund is included in Section II

www.thestreet.com/ratings

Summer 2007 — I. Index of Stock Mutual Funds

RISK			NET ASSETS		ASSET				Portfolio Turnover Ratio	BULL / BEAR		FUND MANAGER		MINIMUMS		LOADS	
	3 Year		NAV							Last Bull	Last Bear	Manager	Manager	Initial	Additional	Front	Back
Risk Rating/Pts	Standard Deviation	Beta	As of 6/30/07	Total $(Mil)	Cash %	Stocks %	Bonds %	Other %		Market Return	Market Return	Quality Pct	Tenure (Years)	Purch. $	Purch. $	End Load	End Load
C- / 3.1	10.6	1.31	20.24	582	0	99	0	1	85.0	137.0	-16.1	6	N/A	5,000	100	0.0	0.0
C- / 3.1	10.6	1.30	20.06	622	0	99	0	1	85.0	137.0	-16.1	6	N/A	5,000	100	0.0	0.0
C- / 3.9	10.6	1.30	22.61	34	0	99	0	1	85.0	144.6	-16.0	8	N/A	5,000	100	0.0	0.0
C- / 4.2	10.6	1.30	23.35	57	0	99	0	1	85.0	148.5	-15.9	9	N/A	5,000,000	0	0.0	0.0
C- / 3.3	10.6	1.31	20.60	34	0	99	0	1	85.0	141.5	-16.0	7	N/A	2,500	50	0.0	0.0
C / 5.2	14.8	1.32	24.98	176	0	99	0	1	134.0	124.8	-8.1	10	N/A	5,000	100	5.5	0.0
C / 5.3	14.8	1.32	25.42	N/A	0	99	0	1	134.0	126.2	-8.0	11	N/A	5,000,000	0	0.0	0.0
C / 5.2	14.8	1.32	21.44	51	0	99	0	1	134.0	117.8	-8.3	8	N/A	5,000	100	0.0	0.0
C / 5.2	14.8	1.32	21.44	433	0	99	0	1	134.0	117.7	-8.3	8	N/A	5,000	100	0.0	0.0
C / 5.2	14.8	1.32	24.98	1	0	99	0	1	134.0	124.8	-8.1	11	N/A	5,000	100	0.0	0.0
C / 5.3	14.8	1.32	25.65	10	0	99	0	1	134.0	128.4	-8.0	12	N/A	5,000,000	0	0.0	0.0
C+ / 5.8	9.0	1.14	18.31	630	2	98	0	0	63.0	141.6	-13.8	35	2	5,000	100	5.5	0.0
C+ / 5.8	9.0	1.14	18.43	102	2	98	0	0	63.0	143.2	-13.8	36	2	5,000,000	0	0.0	0.0
C+ / 5.8	9.0	1.14	17.54	377	2	98	0	0	63.0	134.2	-13.9	28	2	5,000	100	0.0	0.0
C+ / 5.8	9.0	1.14	17.58	469	2	98	0	0	63.0	134.0	-13.9	28	2	5,000	100	0.0	0.0
C+ / 5.8	9.0	1.14	18.30	138	2	98	0	0	63.0	141.7	-13.8	35	2	5,000	100	0.0	0.0
C+ / 5.8	9.0	1.14	18.84	117	2	98	0	0	63.0	145.5	-13.7	39	2	5,000,000	0	0.0	0.0
C+ / 5.8	9.0	1.14	18.37	35	2	98	0	0	63.0	138.8	-13.9	32	2	2,500	50	0.0	0.0
C- / 3.6	18.0	1.46	24.87	10	2	96	0	2	147.0	62.6	-8.6	0	N/A	5,000	100	5.5	2.0
C- / 3.5	18.0	1.46	23.87	4	2	96	0	2	147.0	57.5	-8.8	0	N/A	5,000	100	0.0	2.0
C- / 3.5	18.0	1.47	23.88	6	2	96	0	2	147.0	57.6	-8.8	0	N/A	5,000	100	0.0	2.0
C- / 3.6	18.0	1.47	24.86	96	2	96	0	2	147.0	62.7	-8.6	0	N/A	5,000	100	0.0	2.0
D- / 1.0	21.8	1.04	19.59	5	2	98	0	0	128.0	N/A	N/A	76	3	5,000	100	5.5	2.0
D- / 1.0	21.8	1.04	19.39	4	2	98	0	0	128.0	N/A	N/A	68	3	5,000	100	0.0	2.0
D- / 1.0	21.8	1.04	19.59	1	2	98	0	0	128.0	N/A	N/A	77	3	5,000	100	0.0	2.0
D+ / 2.8	21.8	1.04	19.71	7	2	98	0	0	128.0	N/A	N/A	80	3	5,000,000	0	0.0	2.0
C+ / 5.8	12.2	1.17	34.78	98	2	96	0	2	73.0	216.2	-8.6	13	N/A	5,000	100	5.5	2.0
C+ / 5.7	12.2	1.17	33.53	57	2	96	0	2	73.0	206.5	-8.8	10	N/A	5,000	100	0.0	2.0
C+ / 5.7	12.3	1.17	33.51	57	2	96	0	2	73.0	206.6	-8.8	10	N/A	5,000	100	0.0	2.0
C+ / 5.8	12.2	1.17	34.78	63	2	96	0	2	73.0	216.5	-8.6	13	N/A	5,000	100	0.0	2.0
C+ / 5.8	12.3	1.17	35.64	34	2	96	0	2	73.0	221.3	-8.6	15	N/A	5,000,000	0	0.0	2.0
B- / 7.1	9.3	0.81	23.82	12	4	94	0	2	280.0	62.7	-2.0	10	N/A	5,000	100	5.5	2.0
B- / 7.0	9.2	0.81	22.86	6	4	94	0	2	280.0	57.5	-2.2	7	N/A	5,000	100	0.0	2.0
B- / 7.1	9.3	0.81	22.87	6	4	94	0	2	280.0	57.5	-2.2	7	N/A	5,000	100	0.0	2.0
B- / 7.1	9.2	0.81	23.82	66	4	94	0	2	280.0	62.5	-2.0	10	N/A	5,000	100	0.0	2.0
C+ / 6.6	10.5	1.10	15.40	22	0	100	0	0	79.0	145.6	-9.6	13	N/A	5,000	100	5.5	2.0
C+ / 6.6	10.5	1.09	15.81	N/A	0	100	0	0	79.0	147.2	-9.5	15	N/A	5,000,000	0	0.0	2.0
C+ / 6.5	10.5	1.10	15.09	16	0	100	0	0	79.0	137.8	-9.8	10	N/A	5,000	100	0.0	2.0
C+ / 6.5	10.6	1.10	15.16	45	0	100	0	0	79.0	137.8	-9.8	10	N/A	5,000	100	0.0	2.0
C+ / 6.5	10.6	1.10	15.48	2	0	100	0	0	79.0	145.7	-9.6	13	N/A	5,000	100	0.0	2.0
C+ / 6.6	10.5	1.10	15.70	8	0	100	0	0	79.0	150.6	-9.5	16	N/A	5,000,000	0	0.0	2.0
B- / 7.7	8.4	1.01	15.04	51	2	98	0	0	74.0	68.2	-8.5	27	N/A	5,000	100	5.5	0.0
B- / 7.7	8.5	1.01	15.22	66	2	98	0	0	74.0	69.4	-8.4	28	N/A	5,000,000	0	0.0	0.0
B- / 7.6	8.5	1.01	14.55	11	2	98	0	0	74.0	62.9	-8.7	22	N/A	5,000	100	0.0	0.0
B- / 7.6	8.4	1.01	14.57	11	2	98	0	0	74.0	63.0	-8.7	22	N/A	5,000	100	0.0	0.0
B- / 7.7	8.4	1.01	15.01	42	2	98	0	0	74.0	68.3	-8.5	27	N/A	5,000	100	0.0	0.0
B- / 7.7	8.5	1.02	15.29	348	2	98	0	0	74.0	71.2	-8.4	31	N/A	5,000,000	0	0.0	0.0
B- / 7.7	8.4	1.01	15.02	5	2	98	0	0	74.0	66.5	-8.6	25	N/A	5,000	100	0.0	0.0
C- / 3.6	12.4	1.10	2.87	4	2	98	0	0	161.0	99.0	-6.3	18	N/A	5,000	100	5.5	0.0
C- / 3.7	12.6	1.12	2.95	1	2	98	0	0	161.0	100.7	-5.8	17	N/A	5,000,000	0	0.0	0.0
B- / 7.1	12.5	1.10	2.78	2	2	98	0	0	161.0	93.9	-6.3	13	N/A	5,000	100	0.0	0.0
C- / 3.4	12.7	1.12	2.77	3	2	98	0	0	161.0	93.4	-5.8	12	N/A	5,000	100	0.0	0.0

www.thestreet.com/ratings

Data as of June 30, 2007

I. Index of Stock Mutual Funds

Summer 2007

99 Pct = Best
0 Pct = Worst

Fund Type	Fund Name	Ticker Symbol	Overall Investment Rating	Phone	Performance Rating/Pts	3 Mo	6 Mo	1Yr / Pct	3Yr / Pct	5Yr / Pct	Dividend Yield	Expense Ratio
MC	Allianz RCM Mid-Cap D	DMCNX	C-	(800) 426-0107	C+ / 6.6	8.99	13.67	21.86 /72	12.34 /48	12.32 /56	0.00	1.15
MC	Allianz RCM Mid-Cap Inst	DRMCX	C-	(800) 426-0107	B- / 7.0	9.42	13.96	22.75 /76	12.91 /53	12.80 /60	0.00	0.75
MC	Allianz RCM Mid-Cap R	PRMRX	D+	(800) 426-0107	C+ / 6.4	8.99	13.67	21.86 /72	12.04 /46	12.02 /54	0.00	1.40
TC	Allianz RCM Technology A	RAGTX	D	(800) 426-0107	C / 5.2	11.99	11.11	25.18 /83	11.66 /42	17.00 /85	0.00	1.64
TC	Allianz RCM Technology Admin	DGTAX	C	(800) 426-0107	C+ / 6.5	12.04	11.20	25.36 /84	11.83 /44	17.16 /85	0.00	1.50
TC	Allianz RCM Technology B	RBGTX	D+	(800) 426-0107	C+ / 5.7	11.81	10.72	24.24 /81	10.82 /34	16.12 /82	0.00	2.39
TC	Allianz RCM Technology C	RCGTX	D+	(800) 426-0107	C+ / 5.7	11.81	10.73	24.25 /81	10.84 /34	16.10 /82	0.00	2.39
TC	Allianz RCM Technology D	DGTNX	C-	(800) 426-0107	C+ / 6.3	12.01	11.15	25.20 /83	11.66 /42	17.00 /85	0.00	1.64
TC	Allianz RCM Technology Inst	DRGTX	C-	(800) 426-0107	C+ / 6.7	12.13	11.37	25.69 /85	12.11 /46	17.46 /86	0.00	1.24
AA	Alpha Strategies I Fund (The)	ALPHX	C	(877) 569-2382	D / 1.8	3.45	7.15	9.55 / 7	9.36 /23	--	1.72	5.75
BA	Alpine Dynamic Balanced	ADBYX	D	(888) 785-5578	D- / 1.2	1.58	1.73	8.50 / 5	9.36 /23	10.38 /37	1.67	1.19
IN	Alpine Dynamic Dividend Fund	ADVDX	B	(888) 785-5578	B- / 7.5	4.44	8.51	22.80 /76	16.56 /76	--	13.28	1.18
RE	Alpine Intl Real Estate Y	EGLRX	A	(888) 785-5578	A+ / 9.7	3.87	11.94	42.24 /97	32.95 /97	27.64 /97	1.36	1.17
RE	Alpine Realty Inc & Growth Y	AIGYX	C+	(888) 785-5578	C+ / 6.3	-7.54	-4.72	11.35 /11	18.71 /82	18.28 /89	3.47	1.17
RE	Alpine U.S. Real Estate Eq Y	EUEYX	E-	(888) 785-5578	D / 1.6	-1.35	-3.39	9.35 / 6	11.07 /36	16.84 /84	0.21	2.01
GR	Amana Mutual Fund-Growth Fund	AMAGX	B+	(800) 728-8762	B+ / 8.7	9.20	10.21	23.07 /77	21.25 /87	17.59 /87	0.00	1.47
IN	Amana Mutual Fund-Income Fund	AMANX	A+	(800) 728-8762	B+ / 8.6	6.39	10.42	21.86 /72	21.26 /87	15.90 /81	0.25	1.50
BA	American Beacon Balance AMR	AABNX	B-	(800) 967-9009	C- / 3.9	3.86	5.08	17.22 /40	11.87 /44	11.40 /48	2.79	0.36
BA	American Beacon Balance Inst	AADBX	C	(800) 967-9009	C- / 3.6	3.78	4.94	16.94 /38	11.60 /42	11.09 /44	2.54	0.62
BA	American Beacon Balance PlanAhd	AABPX	C-	(800) 967-9009	C- / 3.3	3.68	4.77	16.57 /35	11.27 /38	10.79 /41	2.45	0.88
BA	American Beacon Balance Ser	ABLSX	C+	(800) 967-9009	C- / 3.1	3.64	4.66	16.36 /34	10.99 /36	10.62 /40	2.60	1.25
EM	American Beacon Emerg Mkts AMR	AAMRX	B	(800) 967-9009	A+ / 9.8	15.23	17.14	45.91 /98	36.33 /98	29.29 /98	0.65	1.31
EM	American Beacon Emerg Mkts Inst	AEMFX	A+	(800) 967-9009	A+ / 9.8	15.07	17.05	45.55 /98	36.01 /98	28.97 /98	0.47	1.57
EM	American Beacon Emerg Mkts	AAEPX	B-	(800) 967-9009	A+ / 9.8	14.98	16.84	45.04 /98	35.64 /98	28.64 /98	0.19	1.92
IN	American Beacon Enhanced Income	AANPX	D+	(800) 967-9009	E- / 0.2	0.55	1.67	6.77 / 3	4.11 / 2	--	4.01	0.96
FO	American Beacon Intl Eq AMR	AAIAX	B+	(800) 967-9009	B+ / 8.8	6.70	9.99	25.81 /85	21.79 /89	17.99 /88	2.25	0.46
FO	American Beacon Intl Eq Index Inst	AIIIX	A+	(800) 967-9009	A- / 9.0	5.85	10.66	26.98 /88	22.22 /90	17.71 /87	1.66	0.22
FO	American Beacon Intl Eq Inst	AAIEX	A	(800) 967-9009	B+ / 8.8	6.63	9.84	25.43 /84	21.48 /88	17.71 /87	2.04	0.72
FO	American Beacon Intl Eq PlanAhd	AAIPX	A	(800) 967-9009	B+ / 8.7	6.53	9.69	25.12 /83	21.18 /87	17.52 /86	1.89	0.97
FO	American Beacon Intl Eq Svc	AAISX	A	(800) 967-9009	B+ / 8.6	6.48	9.55	24.79 /82	20.86 /86	17.24 /86	1.56	1.20
GR	American Beacon Lg Cap Val AMR	AAGAX	B	(800) 967-9009	B / 7.8	6.58	7.98	22.53 /75	17.00 /78	15.28 /78	1.34	0.36
GR	American Beacon Lg Cap Val Inst	AADEX	A	(800) 967-9009	B / 7.7	6.51	7.81	22.19 /73	16.70 /77	14.99 /76	1.19	0.62
*GR	American Beacon Lg Cap Val	AAGPX	A	(800) 967-9009	B / 7.6	6.42	7.68	21.90 /72	16.41 /76	14.69 /74	1.11	0.87
GR	American Beacon Lg Cap Val Svc	AVASX	U	(800) 967-9009	U /	6.36	7.53	21.60 /70	--	--	0.94	1.11
GR	American Beacon Lrg Cap Gr AMR	ALFIX	D-	(800) 967-9009	D / 2.1	6.14	6.75	16.04 /32	8.26 /16	9.13 /24	0.83	0.59
GR	American Beacon Lrg Cap Gr Inst	ALCGX	D+	(800) 967-9009	D / 1.9	5.88	6.49	15.67 /30	7.90 /14	8.88 /22	0.43	1.00
MC	American Beacon MidCap Val AMR	AMDIX	A+	(800) 967-9009	B- / 7.3	4.23	8.63	24.02 /80	16.31 /75	--	0.56	0.95
MC	American Beacon MidCap Val Inst	AACIX	A+	(800) 967-9009	B / 7.6	4.34	8.66	24.29 /81	16.34 /75	--	0.70	1.22
MC	American Beacon MidCap Val	AMPAX	C+	(800) 967-9009	B- / 7.5	4.17	8.51	23.72 /79	16.12 /74	--	0.64	1.64
IX	American Beacon S&P 500 Index	AASPX	C+	(800) 967-9009	C / 4.7	6.25	6.86	20.43 /63	11.50 /41	10.48 /38	1.80	0.14
IX	American Beacon S&P 500 PlanAhd	AAFPX	C+	(800) 967-9009	C- / 4.2	6.14	6.65	19.88 /59	11.01 /36	10.00 /33	1.23	0.61
SC	American Beacon Sm Cap Index Inst	ASCIX	C	(800) 967-9009	C / 5.0	4.54	6.65	16.31 /34	13.28 /57	13.72 /67	1.07	0.18
SC	American Beacon Sm Cap Val AMR	AASVX	B-	(800) 967-9009	B- / 7.1	6.20	9.85	19.48 /56	15.27 /70	16.82 /84	0.97	0.58
SC	• American Beacon Sm Cap Val Inst	AVFIX	B	(800) 967-9009	C+ / 6.9	6.13	9.71	19.16 /53	14.96 /68	16.49 /83	0.74	0.85
SC	• American Beacon Sm Cap Val	AVPAX	B-	(800) 967-9009	C+ / 6.7	6.07	9.58	18.87 /51	14.68 /67	16.21 /82	0.54	1.09
SC	• American Beacon Sm Cap Val Svc	AASSX	C	(800) 967-9009	C+ / 6.5	6.02	9.44	18.59 /49	14.41 /65	15.97 /81	0.37	1.37
BA	American Century Balanced Adv	TWBAX	D	(800) 345-6488	D- / 1.3	2.83	3.97	12.46 /14	8.18 /15	8.35 /17	1.78	1.15
BA	American Century Balanced Inst	ABINX	D+	(800) 345-6488	D- / 1.5	2.95	4.25	12.95 /16	8.68 /18	8.85 /21	2.20	0.70
BA	American Century Balanced Inv	TWBIX	D	(800) 345-6488	D- / 1.4	2.89	4.16	12.73 /15	8.46 /17	8.63 /20	2.01	0.90
GR	American Century Capital Gr A	ACCGX	D+	(800) 345-6488	D / 1.9	7.02	7.74	17.55 /42	8.94 /20	--	0.00	1.25
GR	American Century Capital Gr B	ACGBX	D+	(800) 345-6488	D / 2.2	6.75	7.30	16.64 /36	8.10 /15	--	0.00	2.00
GR	American Century Capital Gr C	ACPGX	D+	(800) 345-6488	D / 2.2	6.75	7.30	16.64 /36	8.10 /15	--	0.00	2.00

• Denotes fund is closed to new investors
* Denotes fund is included in Section II

I. Index of Stock Mutual Funds

Summer 2007

RISK			NET ASSETS		ASSET					BULL / BEAR		FUND MANAGER		MINIMUMS		LOADS	
	3 Year		NAV						Portfolio	Last Bull	Last Bear	Manager	Manager	Initial	Additional	Front	Back
Risk	Standard		As of	Total	Cash	Stocks	Bonds	Other	Turnover	Market	Market	Quality	Tenure	Purch.	Purch.	End	End
Rating/Pts	Deviation	Beta	6/30/07	$(Mil)	%	%	%	%	Ratio	Return	Return	Pct	(Years)	$	$	Load	Load
C- / 3.7	12.6	1.11	2.91	1	2	98	0	0	161.0	100.2	-5.8	17	N/A	5,000	100	0.0	0.0
C- / 3.9	12.5	1.11	3.02	75	2	98	0	0	161.0	103.4	-5.7	20	N/A	5,000,000	0	0.0	0.0
C- / 3.7	12.7	1.12	2.91	N/A	2	98	0	0	161.0	97.9	-5.7	15	N/A	5,000	100	0.0	0.0
C- / 4.0	17.5	1.71	45.29	383	0	100	0	0	272.0	143.3	-14.2	9	N/A	5,000	100	5.5	2.0
C / 5.3	16.9	1.59	45.97	30	0	100	0	0	272.0	144.7	-14.1	14	N/A	5,000,000	0	0.0	2.0
C- / 3.9	17.5	1.71	43.47	66	0	100	0	0	272.0	135.5	-14.3	7	N/A	5,000	100	0.0	2.0
C- / 3.9	17.5	1.71	43.45	174	0	100	0	0	272.0	135.7	-14.3	7	N/A	5,000	100	0.0	2.0
C- / 4.0	17.5	1.71	44.87	220	0	100	0	0	272.0	143.2	-14.1	9	N/A	5,000	100	0.0	2.0
C- / 4.0	17.5	1.71	46.23	330	0	100	0	0	272.0	147.3	-14.1	11	N/A	5,000,000	0	0.0	2.0
B+ / 9.6	4.9	0.62	13.78	463	0	81	10	9	137.0	42.6	2.2	82	5	10,000	250	0.0	0.0
B / 8.3	8.3	1.66	13.64	95	10	74	15	1	22.0	87.4	-4.8	25	6	1,000	0	0.0	1.0
C+ / 6.9	9.0	1.02	13.24	1,399	7	92	0	1	192.0	N/A	N/A	91	4	1,000	0	0.0	1.0
C+ / 6.3	11.1	0.39	45.58	2,072	10	90	0	0	30.0	295.1	0.6	99	18	1,000	50	0.0	1.0
C+ / 6.1	12.9	0.86	25.62	710	6	93	0	1	33.0	166.7	-0.5	77	8	1,000	0	0.0	1.0
C- / 3.4	18.9	0.72	36.44	182	N/A	N/A	0	N/A	19.0	194.5	-5.1	21	14	1,000	50	0.0	1.0
C+ / 6.2	10.3	1.28	22.78	537	4	95	0	1	5.0	159.1	-7.2	96	13	250	25	0.0	2.0
B- / 7.8	9.6	0.93	30.62	240	11	88	0	1	10.0	149.1	-6.3	98	17	250	25	0.0	2.0
B+ / 9.8	4.9	1.07	15.32	899	6	58	34	2	59.0	88.5	-4.1	84	N/A	2,000,000	0	0.0	0.0
B- / 7.8	4.9	1.07	15.93	55	6	58	34	2	59.0	86.7	-4.2	82	N/A	2,000,000	0	0.0	0.0
B- / 7.7	4.9	1.08	14.95	180	6	58	34	2	59.0	84.4	-4.3	79	N/A	2,500	50	0.0	0.0
B+ / 9.8	4.9	1.08	14.82	5	6	58	34	2	59.0	83.0	-4.3	76	N/A	2,500	50	0.0	0.0
C / 4.4	15.9	1.05	19.82	169	5	93	0	2	67.0	294.6	-5.9	17	N/A	2,000,000	0	0.0	2.0
C+ / 6.8	16.0	1.05	19.70	19	5	93	0	2	67.0	290.6	-6.0	15	N/A	2,000,000	0	0.0	2.0
C- / 4.0	15.9	1.05	19.50	8	5	93	0	2	67.0	286.3	-6.1	14	N/A	2,500	50	0.0	2.0
B+ / 9.9	2.3	0.17	10.21	102	2	5	81	12	65.0	N/A	N/A	41	N/A	2,500	50	0.0	0.0
C+ / 6.0	8.9	0.94	26.42	690	3	96	0	1	40.0	193.6	-10.2	56	N/A	2,000,000	0	0.0	2.0
B / 8.7	9.2	0.99	14.12	423	4	95	0	1	22.7	183.5	-9.6	50	7	2,000,000	0	0.0	0.0
B- / 7.2	8.9	0.94	26.23	1,694	3	96	0	1	40.0	190.7	-10.3	53	N/A	2,000,000	0	0.0	2.0
B- / 7.2	8.9	0.94	25.93	964	3	96	0	1	40.0	187.8	-10.3	49	N/A	2,500	50	0.0	2.0
B- / 7.3	8.9	0.94	25.81	5	3	96	0	1	40.0	184.5	-10.3	45	N/A	2,500	50	0.0	2.0
C+ / 6.4	7.4	0.96	25.44	1,124	4	95	0	1	26.0	147.6	-8.4	94	N/A	2,000,000	0	0.0	0.0
B / 8.5	7.3	0.96	25.69	1,905	4	95	0	1	26.0	145.0	-8.4	93	N/A	2,000,000	0	0.0	0.0
B / 8.5	7.3	0.96	24.53	4,817	4	95	0	1	26.0	142.2	-8.5	93	N/A	2,500	50	0.0	0.0
U /	N/A	N/A	24.42	86	4	95	0	1	26.0	N/A	N/A	N/A	N/A	2,500	50	0.0	0.0
C+ / 5.8	9.0	1.18	7.43	101	6	92	0	2	181.0	81.4	-9.6	12	N/A	2,000,000	0	0.0	0.0
B / 8.1	9.1	1.19	7.38	N/A	6	92	0	2	181.0	75.0	-0.1	11	N/A	2,000,000	0	0.0	0.0
B / 8.9	7.8	0.68	11.83	110	9	90	0	1	42.0	N/A	N/A	92	N/A	2,000,000	0	0.0	2.0
B / 8.9	7.8	0.68	11.79	6	9	90	0	1	42.0	N/A	N/A	92	N/A	2,000,000	0	0.0	0.0
C+ / 5.8	10.8	0.55	11.73	36	9	90	0	1	42.0	N/A	N/A	95	N/A	2,500	50	0.0	0.0
B / 8.7	7.4	1.00	20.39	242	1	98	0	1	10.0	95.2	-9.8	51	N/A	2,000,000	0	0.0	0.0
B / 8.7	7.3	1.00	20.14	20	1	98	0	1	10.0	91.4	-9.9	44	N/A	2,500	50	0.0	0.0
C+ / 6.7	13.5	1.01	15.88	70	7	92	0	1	40.3	145.0	-10.9	50	N/A	2,000,000	0	0.0	0.0
B- / 7.0	11.2	0.81	23.65	486	8	91	0	1	46.0	175.3	-9.2	88	N/A	0	0	0.0	0.0
B / 8.0	11.2	0.81	23.73	1,601	8	91	0	1	46.0	172.3	-9.3	86	N/A	2,000,000	0	0.0	0.0
B- / 7.0	11.1	0.81	23.23	1,518	8	91	0	1	46.0	169.3	-9.4	85	N/A	2,500	50	0.0	0.0
C+ / 5.6	11.1	0.80	23.08	79	8	91	0	1	46.0	166.5	-9.4	84	N/A	2,500	50	0.0	0.0
B / 8.1	4.9	1.07	17.12	15	2	64	32	2	197.0	59.4	-3.8	42	10	2,500	50	0.0	0.0
B / 8.0	4.8	1.07	17.13	1	2	64	32	2	197.0	62.4	-3.7	50	7	5,000,000	0	0.0	0.0
B / 8.0	4.9	1.07	17.13	642	2	64	32	2	197.0	61.1	-3.8	46	19	2,500	50	0.0	0.0
B- / 7.8	8.3	1.06	12.66	3	0	100	0	0	140.0	N/A	N/A	22	N/A	2,500	50	5.8	0.0
B- / 7.8	8.3	1.06	12.34	1	0	100	0	0	140.0	N/A	N/A	17	N/A	2,500	50	0.0	0.0
B- / 7.8	8.3	1.06	12.34	1	0	100	0	0	140.0	N/A	N/A	17	N/A	2,500	50	0.0	0.0

www.thestreet.com/ratings

Data as of June 30, 2007

I. Index of Stock Mutual Funds

Summer 2007

Fund Type	Fund Name	Ticker Symbol	Overall Investment Rating	Phone	Performance Rating/Pts	3 Mo	6 Mo	1Yr / Pct	3Yr / Pct	5Yr / Pct	Dividend Yield	Expense Ratio
GI	American Century Capital Val Adv	ACCVX	B	(800) 345-6488	C / 5.4	5.76	5.63	21.22 / 68	12.72 / 52	--	1.15	1.35
GI	American Century Capital Val Inst	ACPIX	B	(800) 345-6488	C+ / 5.9	6.00	5.87	21.73 / 71	13.25 / 56	11.80 / 52	1.59	1.10
GI	American Century Capital Val Inv	ACTIX	B	(800) 345-6488	C+ / 5.7	6.00	5.87	21.64 / 71	13.03 / 54	11.58 / 49	1.39	1.10
EM	American Century Emerging Mkt Adv	AEMMX	B-	(800) 345-6488	A+ / 9.9	15.03	21.31	54.85 / 99	41.98 / 99	29.36 / 98	0.88	2.05
EM	American Century Emerging Mkt C	ACECX	B	(800) 345-6488	A+ / 9.9	14.89	20.87	53.70 / 99	40.86 / 99	28.49 / 98	0.24	2.80
EM	American Century Emerging Mkt Inst	AMKIX	B	(800) 345-6488	A+ / 9.9	15.32	21.64	55.75 / 99	42.63 / 99	29.97 / 98	1.22	1.60
EM	American Century Emerging Mkt Inv	TWMIX	B-	(800) 345-6488	A+ / 9.9	15.14	21.55	55.37 / 99	42.36 / 99	29.72 / 98	1.07	1.80
GR	American Century Equity Growth Adv	BEQAX	C+	(800) 345-6488	C / 4.4	5.31	6.40	17.81 / 44	12.04 / 46	11.44 / 48	0.63	0.92
GR	American Century Equity Growth C	AEYCX	C	(800) 345-6488	C- / 3.7	5.15	5.99	16.96 / 38	11.21 / 38	10.62 / 40	0.01	1.67
GR	American Century Equity Growth Inst	AMEIX	C+	(800) 345-6488	C / 4.9	5.42	6.61	18.32 / 47	12.53 / 50	11.95 / 53	1.04	0.47
GR	American Century Equity Growth Inv	BEQGX	C+	(800) 345-6488	C / 4.7	5.37	6.52	18.09 / 46	12.31 / 48	11.72 / 51	0.86	0.67
IN	American Century Equity Income Adv	TWEAX	C	(800) 345-6488	C- / 3.3	3.35	4.29	18.13 / 46	11.12 / 37	11.20 / 45	1.87	1.23
IN	American Century Equity Income C	AEYIX	C-	(800) 345-6488	D+ / 2.7	3.16	3.93	17.25 / 40	10.25 / 30	10.38 / 37	1.19	1.98
IN	American Century Equity Income Inst	ACIIX	C	(800) 345-6488	C- / 3.9	3.58	4.62	18.78 / 50	11.66 / 42	11.72 / 51	2.28	0.78
* IN	American Century Equity Income Inv	TWEIX	C	(800) 345-6488	C- / 3.6	3.42	4.53	18.57 / 49	11.40 / 40	11.48 / 48	2.10	0.98
IN	American Century Equity Income R	AEURX	C	(800) 345-6488	C- / 3.2	3.41	4.30	18.01 / 45	10.87 / 35	--	1.65	1.48
IN	American Century Equity Index Inst	ACQIX	C+	(800) 345-6488	C / 4.5	6.26	6.80	20.14 / 61	11.39 / 40	10.41 / 37	1.57	0.29
IN	American Century Equity Index Inv	ACIVX	C+	(800) 345-6488	C / 4.3	6.21	6.71	20.14 / 61	11.17 / 37	10.19 / 35	1.38	0.49
IN	American Century Fdmtl Equity A	AFDAX	U	(800) 345-6488	U /	7.92	11.99	30.22 / 93	--	--	0.25	1.26
IN	● American Century Fdmtl Equity Inv	AFDIX	U	(800) 345-6488	U /	7.99	12.14	30.65 / 93	--	--	0.52	1.01
SC	American Century Giftrust	TWGTX	B-	(800) 345-6488	A / 9.5	15.06	25.15	33.94 / 95	22.84 / 91	15.03 / 76	0.00	1.00
PM	American Century Global Gold Adv	ACGGX	D-	(800) 345-6488	C+ / 6.2	-3.88	-6.48	-1.50 / 0	20.33 / 85	17.74 / 87	0.55	0.92
PM	American Century Global Gold Inv	BGEIX	D-	(800) 345-6488	C+ / 6.4	-3.86	-6.36	-1.28 / 0	20.60 / 86	17.96 / 88	0.66	0.67
GL	American Century Global Growth Adv	AGGRX	B+	(800) 345-6488	B+ / 8.6	8.47	11.71	26.13 / 86	19.86 / 85	14.46 / 73	0.18	1.56
GL	American Century Global Growth C	AGLCX	B+	(800) 345-6488	B+ / 8.6	8.32	11.32	25.30 / 84	19.00 / 83	13.67 / 67	0.00	2.31
GL	American Century Global Growth Inst	AGGIX	B+	(800) 345-6488	B+ / 8.8	8.52	11.92	26.71 / 87	20.45 / 86	14.97 / 76	0.58	1.11
GL	● American Century Global Growth Inv	TWGGX	B+	(800) 345-6488	B+ / 8.7	8.48	11.90	26.41 / 86	20.19 / 85	14.77 / 75	0.40	1.31
GR	American Century Growth Adv	TCRAX	C-	(800) 345-6488	D+ / 2.9	6.98	7.76	17.65 / 42	9.10 / 21	7.86 / 14	0.00	1.25
GR	American Century Growth C	TWGCX	D+	(800) 345-6488	D+ / 2.3	6.79	7.35	16.75 / 36	8.28 / 16	7.08 / 9	0.00	2.00
GR	American Century Growth Inst	TWGIX	C-	(800) 345-6488	C- / 3.4	7.09	8.00	18.16 / 46	9.60 / 25	8.35 / 17	0.25	0.80
GR	American Century Growth Inv	TWCGX	C-	(800) 345-6488	C- / 3.2	7.06	7.88	17.88 / 44	9.37 / 23	8.12 / 15	0.06	1.00
GR	American Century Growth R	AGWRX	C-	(800) 345-6488	D+ / 2.7	6.93	7.61	17.34 / 40	8.84 / 20	--	0.00	1.50
SC	American Century Heritage Adv	ATHAX	B-	(800) 345-6488	A / 9.5	15.01	24.95	33.45 / 95	22.88 / 91	15.36 / 78	0.00	1.25
SC	American Century Heritage C	AHGCX	B-	(800) 345-6488	A / 9.4	14.73	24.51	32.44 / 95	21.99 / 89	14.49 / 73	0.00	2.00
SC	American Century Heritage Inst	ATHIX	B-	(800) 345-6488	A / 9.5	15.14	25.27	34.01 / 95	23.44 / 92	15.88 / 81	0.00	0.80
SC	American Century Heritage Inv	TWHIX	B-	(800) 345-6488	A / 9.5	15.02	25.14	33.75 / 95	23.18 / 91	15.64 / 79	0.00	1.00
GI	American Century Inc & Gr Adv	AMADX	B-	(800) 345-6488	C+ / 5.7	7.25	7.55	22.42 / 75	12.24 / 48	11.43 / 48	1.26	0.92
GI	American Century Inc & Gr C	ACGCX	C+	(800) 345-6488	C / 4.9	7.05	7.16	21.50 / 70	11.40 / 40	10.62 / 40	0.59	1.67
GI	American Century Inc & Gr Inst	AMGIX	B-	(800) 345-6488	C+ / 6.1	7.36	7.80	22.97 / 77	12.74 / 52	11.94 / 53	1.66	0.47
GI	American Century Inc & Gr Inv	BIGRX	B-	(800) 345-6488	C+ / 5.9	7.31	7.67	22.70 / 76	12.53 / 50	11.71 / 51	1.48	0.67
GI	American Century Inc & Gr R	AICRX	C+	(800) 345-6488	C / 5.5	7.17	7.42	22.09 / 73	11.97 / 45	--	1.04	1.17
FO	American Century Intl Disc Adv	ACIDX	C	(800) 345-6488	A+ / 9.6	9.29	17.03	36.34 / 96	30.57 / 96	24.30 / 96	0.00	1.66
FO	American Century Intl Disc Inst	TIDIX	C	(800) 345-6488	A+ / 9.6	9.45	17.24	36.95 / 96	31.15 / 96	24.83 / 96	0.00	1.21
FO	● American Century Intl Disc Inv	TWEGX	C	(800) 345-6488	A+ / 9.6	9.40	17.11	36.68 / 96	30.90 / 96	24.58 / 96	0.00	1.41
FO	American Century Intl Gr A	CAIGX	B+	(800) 345-6488	B+ / 8.6	7.91	11.10	28.71 / 91	20.72 / 86	--	0.41	1.51
FO	American Century Intl Gr Adv	TWGAX	B+	(800) 345-6488	B+ / 8.8	7.93	11.03	28.64 / 91	20.71 / 86	13.40 / 65	0.43	1.51
FO	American Century Intl Gr B	CBIGX	B+	(800) 345-6488	B+ / 8.7	7.73	10.67	27.78 / 89	19.81 / 84	--	0.00	2.26
FO	American Century Intl Gr C	AIWCX	B+	(800) 345-6488	B+ / 8.7	7.77	10.64	27.72 / 89	19.85 / 85	12.53 / 58	0.00	2.26
FO	American Century Intl Gr Inst	TGRIX	B+	(800) 345-6488	B+ / 8.9	8.13	11.41	29.40 / 92	21.31 / 87	13.94 / 69	0.83	1.06
FO	● American Century Intl Gr Inv	TWIEX	B+	(800) 345-6488	B+ / 8.9	8.07	11.26	29.10 / 91	21.03 / 87	13.70 / 67	0.66	1.26
FO	American Century Intl Gr R	ATGRX	B+	(800) 345-6488	B+ / 8.8	7.84	10.93	28.41 / 90	20.48 / 86	--	0.21	1.76
FO	● American Century Intl Opport Inst	ACIOX	C	(800) 345-6488	A+ / 9.7	12.94	24.41	44.55 / 98	32.78 / 97	--	0.19	1.65

● Denotes fund is closed to new investors
* Denotes fund is included in Section II

Summer 2007 — I. Index of Stock Mutual Funds

RISK			NET ASSETS		ASSET					BULL / BEAR		FUND MANAGER		MINIMUMS		LOADS	
	3 Year		NAV						Portfolio	Last Bull	Last Bear	Manager	Manager	Initial	Additional	Front	Back
Risk	Standard		As of	Total	Cash	Stocks	Bonds	Other	Turnover	Market	Market	Quality	Tenure	Purch.	Purch.	End	End
Rating/Pts	Deviation	Beta	6/30/07	$(Mil)	%	%	%	%	Ratio	Return	Return	Pct	(Years)	$	$	Load	Load
B / 8.8	6.7	0.86	8.82	17	2	97	0	1	16.0	N/A	N/A	78	N/A	2,500	50	0.0	0.0
B / 8.8	6.7	0.86	8.84	32	2	97	0	1	16.0	109.0	-8.5	82	N/A	5,000,000	0	0.0	0.0
B / 8.8	6.7	0.86	8.84	502	2	97	0	1	16.0	107.1	-8.5	81	N/A	2,500	50	0.0	0.0
C- / 4.1	16.3	1.03	10.56	19	4	95	0	1	115.0	334.9	-6.4	67	N/A	2,500	50	0.0	2.0
C- / 4.2	16.3	1.03	10.34	6	4	95	0	1	115.0	322.8	-6.7	56	N/A	2,500	50	0.0	0.0
C- / 4.1	16.4	1.04	10.99	66	4	95	0	1	115.0	343.1	-6.3	71	N/A	5,000,000	0	0.0	2.0
C- / 4.1	16.3	1.03	10.80	827	4	95	0	1	115.0	339.8	-6.4	71	N/A	2,500	50	0.0	2.0
B / 8.2	8.5	1.11	26.89	483	0	99	0	1	102.0	102.1	-8.6	46	10	2,500	50	0.0	0.0
B / 8.2	8.4	1.11	26.76	13	0	99	0	1	102.0	96.0	-8.8	36	N/A	2,500	50	0.0	0.0
B / 8.2	8.5	1.11	26.92	529	0	99	0	1	102.0	105.7	-8.4	53	N/A	5,000,000	0	0.0	0.0
B / 8.2	8.5	1.11	26.91	2,675	0	99	0	1	102.0	104.1	-8.5	49	10	2,500	50	0.0	0.0
B / 8.0	5.4	0.67	8.89	1,346	6	76	0	18	160.0	89.0	-6.9	78	N/A	2,500	50	0.0	0.0
B / 8.0	5.4	0.67	8.89	137	6	76	0	18	160.0	83.3	-7.0	69	N/A	2,500	50	0.0	0.0
B- / 7.9	5.4	0.67	8.90	663	6	76	0	18	160.0	92.9	-6.9	83	N/A	5,000,000	0	0.0	0.0
B- / 7.9	5.4	0.67	8.89	4,940	6	76	0	18	160.0	91.0	-6.8	81	N/A	2,500	50	0.0	0.0
B / 8.0	5.4	0.67	8.88	51	6	76	0	18	160.0	N/A	N/A	76	N/A	2,500	50	0.0	0.0
B / 8.5	7.3	1.00	5.99	821	1	98	0	1	4.0	94.1	-9.8	50	1	5,000,000	0	0.0	0.0
B / 8.5	7.4	1.00	5.99	238	1	98	0	1	4.0	92.2	-9.8	46	1	10,000	50	0.0	0.0
U /	N/A	N/A	14.85	153	2	97	0	1	174.0	N/A	N/A	N/A	N/A	2,500	50	5.8	0.0
U /	N/A	N/A	14.87	31	2	97	0	1	174.0	N/A	N/A	N/A	2	2,500	50	0.0	0.0
C / 4.4	14.7	0.94	27.27	1,262	0	100	0	0	229.0	140.4	-9.9	98	14	2,500	50	0.0	0.0
D / 1.7	28.4	1.45	18.22	5	0	99	0	1	18.0	128.0	17.4	15	9	2,500	50	0.0	1.0
D / 1.7	28.3	1.45	18.26	950	0	99	0	1	18.0	130.2	17.3	16	16	2,500	50	0.0	1.0
C+ / 6.3	10.5	1.01	11.66	6	0	100	0	0	95.0	150.5	-10.6	24	N/A	2,500	50	0.0	2.0
C+ / 6.3	10.6	1.02	11.33	2	0	100	0	0	95.0	142.9	-10.8	18	N/A	2,500	50	0.0	0.0
C+ / 6.4	10.5	1.01	11.85	15	0	100	0	0	95.0	154.8	-10.4	27	N/A	5,000,000	0	0.0	2.0
C+ / 6.3	10.6	1.02	11.77	453	0	100	0	0	95.0	152.9	-10.6	25	N/A	2,500	50	0.0	2.0
B- / 7.7	8.3	1.06	23.60	192	0	99	0	1	127.0	73.0	-9.8	23	10	2,500	50	0.0	0.0
B- / 7.7	8.3	1.06	22.79	1	0	99	0	1	127.0	67.7	-10.0	18	10	2,500	50	0.0	0.0
B- / 7.7	8.3	1.05	24.16	761	0	99	0	1	127.0	76.3	-9.8	26	10	5,000,000	0	0.0	0.0
B- / 7.7	8.3	1.06	23.95	3,968	0	99	0	1	127.0	74.8	-9.8	24	10	2,500	50	0.0	0.0
B- / 7.7	8.3	1.06	23.62	2	0	99	0	1	127.0	N/A	N/A	21	10	2,500	50	0.0	0.0
C / 4.4	14.3	0.92	19.38	146	1	98	0	1	230.0	142.0	-9.6	98	7	2,500	50	0.0	0.0
C / 4.3	14.3	0.92	18.54	8	1	98	0	1	230.0	134.9	-9.8	98	6	2,500	50	0.0	0.0
C / 4.4	14.3	0.92	20.08	106	1	98	0	1	230.0	146.6	-9.5	98	N/A	5,000,000	0	0.0	0.0
C / 4.4	14.3	0.92	19.76	1,696	1	98	0	1	230.0	144.8	-9.6	98	7	2,500	50	0.0	0.0
B- / 7.9	8.5	1.13	35.01	719	0	99	0	1	63.0	104.6	-9.5	47	N/A	2,500	50	0.0	0.0
B / 8.0	8.5	1.13	34.98	2	0	99	0	1	63.0	98.5	-9.7	36	10	2,500	50	0.0	0.0
B- / 7.9	8.5	1.13	35.06	440	0	99	0	1	63.0	108.4	-9.3	54	N/A	5,000,000	0	0.0	0.0
B- / 7.9	8.5	1.13	35.04	3,471	0	99	0	1	63.0	106.7	-9.4	50	10	2,500	50	0.0	0.0
B / 8.0	8.5	1.13	35.04	1	0	99	0	1	63.0	N/A	N/A	43	10	2,500	50	0.0	0.0
D+ / 2.6	15.0	1.44	16.94	N/A	1	98	0	1	148.0	257.4	-6.6	36	N/A	10,000	50	0.0	2.0
D+ / 2.6	15.0	1.44	17.38	126	1	98	0	1	148.0	264.1	-6.6	41	N/A	5,000,000	0	0.0	2.0
D+ / 2.6	15.0	1.44	17.22	1,672	1	98	0	1	148.0	261.0	-6.5	38	13	10,000	50	0.0	2.0
C+ / 6.4	10.0	1.06	13.91	32	N/A	100	0	N/A	95.0	138.3	N/A	24	5	2,500	50	5.8	0.0
C+ / 6.4	10.0	1.06	13.89	254	N/A	100	0	N/A	95.0	138.5	-10.1	24	5	2,500	50	0.0	2.0
C+ / 6.4	10.0	1.06	13.80	3	N/A	100	0	N/A	95.0	130.7	N/A	18	5	2,500	50	0.0	0.0
C+ / 6.4	10.0	1.06	13.73	7	N/A	100	0	N/A	95.0	131.1	-10.3	19	5	2,500	50	0.0	0.0
C+ / 6.5	10.0	1.05	13.96	79	N/A	100	0	N/A	95.0	142.8	-10.1	28	5	5,000,000	0	0.0	2.0
C+ / 6.5	10.0	1.06	13.93	2,252	N/A	100	0	N/A	95.0	141.0	-10.1	25	5	2,500	50	0.0	2.0
C+ / 6.4	10.0	1.06	13.90	3	N/A	100	0	N/A	95.0	N/A	N/A	22	5	2,500	50	0.0	2.0
D / 1.6	15.2	1.41	11.26	4	1	98	0	1	160.0	357.8	N/A	67	N/A	5,000,000	0	0.0	2.0

www.thestreet.com/ratings

Data as of June 30, 2007

I. Index of Stock Mutual Funds

Summer 2007

99 Pct = Best
0 Pct = Worst

Fund Type	Fund Name	Ticker Symbol	Overall Investment Rating	Phone	Performance Rating/Pts	3 Mo	6 Mo	1Yr / Pct	3Yr / Pct	5Yr / Pct	Dividend Yield	Expense Ratio
FO	● American Century Intl Opport Inv	AIOIX	C	(800) 345-6488	A+ / 9.7	12.90	24.30	44.21 /98	32.50 /97	30.89 /98	0.02	1.85
FO	American Century Intl Stock Inv	ASKIX	U	(800) 345-6488	U /	7.69	11.15	28.20 /90	--	--	0.30	1.51
FO	American Century Intl Value A	MEQAX	B+	(800) 345-6488	A- / 9.1	8.70	13.26	32.06 /94	22.42 /90	16.63 /83	2.73	1.55
FO	American Century Intl Value B	MEQBX	B+	(800) 345-6488	A- / 9.1	8.51	12.93	31.17 /94	21.55 /88	15.82 /80	2.40	2.30
FO	American Century Intl Value Inst	ACVUX	U	(800) 345-6488	U /	8.81	13.49	32.46 /95	--	--	3.14	1.10
GR	American Century Leg Multi Cp Inv	ACMNX	U	(800) 345-6488	U /	10.55	17.79	27.36 /89	--	--	0.30	1.15
HL	American Century Life Sciences Adv	ALSVX	D-	(800) 345-6488	D- / 1.3	4.86	8.30	13.33 /18	6.69 / 8	6.01 / 4	0.00	1.71
HL	American Century Life Sciences C	ALFSX	D-	(800) 345-6488	E+ / 0.9	4.65	8.00	12.50 /15	5.88 / 6	5.20 / 2	0.00	2.46
HL	American Century Life Sciences I	AILSX	D-	(800) 345-6488	D- / 1.5	4.89	8.43	13.75 /19	7.12 /10	6.48 / 6	0.00	1.26
HL	American Century Life Sciences Inv	ALSIX	D-	(800) 345-6488	D- / 1.4	4.96	8.56	13.75 /19	6.93 / 9	6.28 / 5	0.00	1.36
GR	American Century Long-Short Eq A	ALIAX	U	(800) 345-6488	U /	4.18	7.79	2.32 / 1	--	--	0.43	2.63
GR	American Century Lrge Comp Val A	ALAVX	C+	(800) 345-6488	C / 4.4	5.95	5.89	21.60 /70	13.06 /55	--	1.36	1.09
GR	American Century Lrge Comp Val	ALPAX	B	(800) 345-6488	C+ / 5.7	5.96	5.90	21.63 /71	12.96 /54	11.67 /50	1.45	1.09
GR	American Century Lrge Comp Val B	ALBVX	B-	(800) 345-6488	C / 5.0	5.75	5.37	20.66 /65	12.33 /48	--	0.74	1.84
GR	American Century Lrge Comp Val C	ALPCX	B-	(800) 345-6488	C / 4.9	5.76	5.39	20.72 /65	12.18 /47	10.86 /42	0.75	1.84
GR	American Century Lrge Comp Val Inst	ALVSX	B+	(800) 345-6488	C+ / 6.1	6.08	6.12	21.99 /72	13.53 /58	12.17 /55	1.87	0.64
GR	● American Century Lrge Comp Val Inv	ALVIX	B	(800) 345-6488	C+ / 5.9	6.03	6.02	21.75 /71	13.30 /57	11.95 /53	1.68	0.84
GR	American Century Lrge Comp Val R	ALVRX	B	(800) 345-6488	C / 5.5	5.89	5.77	21.30 /69	12.79 /52	--	1.21	1.34
AA	American Century LStrong 2015 Inv	ARFIX	U	(800) 345-6488	U /	3.27	5.17	13.92 /20	--	--	2.20	0.20
AA	American Century LStrong 2025 Inst	ARWFX	U	(800) 345-6488	U /	4.42	6.46	16.45 /35	--	--	2.03	N/A
AA	American Century LStrong 2025 Inv	ARWIX	U	(800) 345-6488	U /	4.34	6.38	16.14 /33	--	--	1.84	0.20
AA	American Century LStrong 2035 Inv	ARYIX	U	(800) 345-6488	U /	5.38	7.69	18.92 /52	--	--	1.40	0.20
AA	American Century LStrong 2045 Inst	AOOIX	U	(800) 345-6488	U /	5.97	8.49	20.65 /64	--	--	1.37	N/A
AA	American Century LStrong 2045 Inv	AROIX	U	(800) 345-6488	U /	5.90	8.42	20.43 /63	--	--	1.18	0.20
GI	American Century LStrong Inc Inv	ARTOX	U	(800) 345-6488	U /	2.51	4.17	12.06 /13	--	--	2.86	0.20
MC	American Century Mid Cap Val Adv	ACLAX	U	(800) 345-6488	U /	5.85	9.72	25.50 /84	--	--	0.73	1.25
MC	American Century Mid Cap Val Inv	ACMVX	A+	(800) 345-6488	B+ / 8.3	5.91	9.85	25.81 /85	18.14 /81	--	0.95	1.00
MC	American Century MidCap Gr A	MAGAX	E+	(800) 345-6488	D / 1.7	5.95	11.73	12.01 /13	9.20 /22	8.11 /15	0.00	1.30
MC	American Century MidCap Gr B	MAGHX	E+	(800) 345-6488	D / 1.6	5.78	11.37	11.24 /11	8.50 /17	7.43 /11	0.00	2.05
MC	American Century MidCap Gr Inst	ACMIX	U	(800) 345-6488	U /	5.99	11.91	12.43 /14	--	--	0.00	0.85
SC	American Century New Opps II A	ANOAX	C+	(800) 345-6488	B / 7.8	12.65	19.58	23.26 /78	15.37 /71	--	0.00	1.75
SC	American Century New Opps II B	ANOBX	C+	(800) 345-6488	B / 8.1	12.63	19.13	22.55 /75	14.57 /66	--	0.00	2.50
SC	American Century New Opps II C	ANOCX	C+	(800) 345-6488	B / 8.1	12.58	19.05	22.46 /75	14.57 /66	--	0.00	2.50
SC	● American Century New Opps II Inv	ANOIX	C+	(800) 345-6488	B+ / 8.4	12.88	19.64	23.63 /79	15.68 /72	14.76 /74	0.00	1.50
SC	● American Century New Opps Inv	TWNOX	B-	(800) 345-6488	B- / 7.5	12.05	18.51	21.09 /67	13.94 /62	10.55 /39	0.00	1.50
GI	American Century Newton Investor	AEVIX	E-	(800) 345-6488	E / 0.3	5.53	8.35	11.07 /11	3.04 / 1	--	0.00	1.51
EM	American Century NT Emg Market	ACLKX	U	(800) 345-6488	U /	14.88	21.02	54.44 /99	--	--	0.64	1.60
GR	American Century NT Equity Gr Inst	ACLEX	U	(800) 345-6488	U /	5.37	6.59	18.08 /46	--	--	1.00	0.47
GR	American Century NT Growth Inst	ACLTX	U	(800) 345-6488	U /	7.07	7.97	18.16 /46	--	--	0.28	0.80
FO	American Century NT Intl Gr Inst	ACLNX	U	(800) 345-6488	U /	7.73	10.85	28.22 /90	--	--	0.27	1.07
GR	American Century NT Lrg Co Val Inst	ACLLX	U	(800) 345-6488	U /	6.12	6.01	21.80 /71	--	--	1.78	0.64
MC	American Century NT Md Cp Val Inst	ACLMX	U	(800) 345-6488	U /	5.96	10.02	26.03 /85	--	--	1.12	0.80
GR	American Century NT Vista Inst	ACLWX	U	(800) 345-6488	U /	14.24	21.71	24.73 /82	--	--	0.00	0.80
AA	American Century One Ch Vy Con	AONIX	U	(800) 345-6488	U /	0.97	2.21	8.28 / 4	--	--	3.66	N/A
AA	American Century One Chc Agg Inv	AOGIX	U	(800) 345-6488	U /	6.13	8.71	19.77 /58	--	--	2.05	N/A
AA	American Century One Chc Conv Inv	AOCIX	U	(800) 345-6488	U /	2.39	3.85	11.92 /13	--	--	3.01	N/A
AA	American Century One Chc Mod Inv	AOMIX	U	(800) 345-6488	U /	4.23	6.24	16.14 /33	--	--	2.72	N/A
AA	American Century One Chc VryAgg	AOVIX	U	(800) 345-6488	U /	7.72	10.46	22.92 /77	--	--	1.62	N/A
RE	American Century Real Estate Adv	AREEX	C-	(800) 345-6488	B- / 7.5	-9.22	-6.16	11.20 /11	21.11 /87	19.54 /91	1.26	1.39
RE	American Century Real Estate Inst	REAIX	C-	(800) 345-6488	B / 7.7	-9.15	-6.00	11.69 /12	21.65 /88	20.04 /92	1.69	0.95
RE	American Century Real Estate Inv	REACX	C-	(800) 345-6488	B / 7.6	-9.17	-6.09	11.44 /12	21.40 /88	19.82 /92	1.50	1.14
GR	American Century Select A	AASLX	E+	(800) 345-6488	E / 0.5	7.66	10.16	16.39 /34	4.15 / 2	--	0.15	1.25

● Denotes fund is closed to new investors
* Denotes fund is included in Section II

www.thestreet.com/ratings

Summer 2007 I. Index of Stock Mutual Funds

RISK			NET ASSETS		ASSET					BULL / BEAR		FUND MANAGER		MINIMUMS		LOADS	
	3 Year		NAV						Portfolio	Last Bull	Last Bear	Manager	Manager	Initial	Additional	Front	Back
Risk	Standard		As of	Total	Cash	Stocks	Bonds	Other	Turnover	Market	Market	Quality	Tenure	Purch.	Purch.	End	End
Rating/Pts	Deviation	Beta	6/30/07	$(Mil)	%	%	%	%	Ratio	Return	Return	Pct	(Years)	$	$	Load	Load
D / 1.6	15.2	1.40	11.20	219	1	98	0	1	160.0	353.5	-1.4	65	N/A	10,000	50	0.0	2.0
U /	N/A	N/A	15.55	139	0	99	0	1	109.0	N/A	N/A	N/A	1	2,500	50	0.0	2.0
C+ / 5.8	9.8	1.03	10.99	23	3	96	0	1	17.0	178.5	-12.0	41	N/A	2,500	50	5.8	0.0
C+ / 5.8	9.8	1.03	10.71	4	3	96	0	1	17.0	170.1	-12.0	33	N/A	2,500	50	0.0	0.0
U /	N/A	N/A	10.99	43	3	96	0	1	17.0	N/A	N/A	N/A	N/A	5,000,000	0	0.0	2.0
U /	N/A	N/A	12.78	34	0	100	0	0	121.0	N/A	N/A	N/A	N/A	2,500	50	0.0	0.0
C+ / 6.9	8.9	0.83	5.61	N/A	0	99	0	1	151.0	68.2	-3.1	19	7	2,500	50	0.0	0.0
C+ / 6.8	8.9	0.82	5.40	N/A	0	99	0	1	151.0	63.5	-3.4	15	7	2,500	50	0.0	0.0
C+ / 6.8	8.9	0.84	5.79	3	0	99	0	1	151.0	71.8	-3.4	21	7	5,000,000	0	0.0	0.0
C+ / 6.9	8.9	0.83	5.71	101	0	99	0	1	151.0	70.2	-3.4	20	7	2,500	50	0.0	0.0
U /	N/A	N/A	11.21	109	0	99	0	1	428.0	N/A	N/A	N/A	2	2,500	50	5.8	0.0
B / 8.6	6.7	0.85	7.98	242	2	97	0	1	12.0	107.4	N/A	82	8	2,500	50	5.8	0.0
B / 8.8	6.7	0.86	7.97	273	2	97	0	1	12.0	107.2	-8.3	81	N/A	2,500	50	0.0	0.0
B / 8.8	6.5	0.84	7.99	18	2	97	0	1	12.0	101.1	N/A	77	8	2,500	50	0.0	0.0
B / 8.8	6.6	0.85	7.97	76	2	97	0	1	12.0	100.9	-8.5	74	8	2,500	50	0.0	0.0
B / 8.7	6.7	0.86	7.97	607	2	97	0	1	12.0	110.9	-8.2	84	N/A	5,000,000	0	0.0	0.0
B / 8.7	6.7	0.86	7.97	1,565	2	97	0	1	12.0	109.6	-8.3	83	N/A	2,500	50	0.0	0.0
B / 8.8	6.6	0.85	7.98	20	2	97	0	1	12.0	N/A	N/A	80	8	2,500	50	0.0	0.0
U /	N/A	N/A	12.01	141	6	53	40	1	123.0	N/A	N/A	N/A	3	2,500	50	0.0	0.0
U /	N/A	N/A	12.53	45	5	64	29	2	120.0	N/A	N/A	N/A	3	5,000,000	0	0.0	0.0
U /	N/A	N/A	12.51	175	5	64	29	2	120.0	N/A	N/A	N/A	3	2,500	50	0.0	0.0
U /	N/A	N/A	13.31	90	1	77	21	1	141.0	N/A	N/A	N/A	3	2,500	50	0.0	0.0
U /	N/A	N/A	13.67	29	0	84	15	1	137.0	N/A	N/A	N/A	N/A	5,000,000	0	0.0	0.0
U /	N/A	N/A	13.65	48	0	84	15	1	137.0	N/A	N/A	N/A	N/A	2,500	50	0.0	0.0
U /	N/A	N/A	11.14	43	10	45	44	1	120.0	N/A	N/A	N/A	N/A	2,500	50	0.0	0.0
U /	N/A	N/A	14.09	30	2	96	0	2	187.0	N/A	N/A	N/A	N/A	2,500	50	0.0	0.0
B / 8.6	8.2	0.70	14.09	346	2	96	0	2	187.0	N/A	N/A	95	N/A	2,500	50	0.0	0.0
C / 5.3	11.4	1.03	14.95	32	8	91	0	1	52.0	77.6	-9.3	8	N/A	2,500	50	5.8	0.0
C / 5.3	11.4	1.03	13.91	6	8	91	0	1	52.0	72.9	-9.6	6	N/A	2,500	50	0.0	0.0
U /	N/A	N/A	15.03	160	8	91	0	1	52.0	N/A	N/A	N/A	N/A	5,000,000	0	0.0	0.0
C / 5.0	15.2	1.05	8.55	183	1	98	0	1	299.0	146.5	N/A	70	1	2,500	50	5.8	0.0
C / 5.0	15.1	1.04	8.47	4	1	98	0	1	299.0	139.4	N/A	62	1	2,500	50	0.0	0.0
C / 5.1	15.2	1.05	8.50	12	1	98	0	1	299.0	139.8	N/A	62	1	2,500	50	0.0	0.0
C / 5.0	15.2	1.05	8.59	243	1	98	0	1	299.0	149.3	-7.9	74	1	2,500	50	0.0	0.0
C+ / 6.3	15.2	1.03	7.81	261	1	98	0	1	298.0	104.0	-8.2	55	1	2,500	50	0.0	2.0
C- / 4.2	16.8	1.63	13.75	7	0	99	0	1	186.0	N/A	N/A	0	4	25,000	50	0.0	2.0
U /	N/A	N/A	13.82	25	2	97	0	1	59.0	N/A	N/A	N/A	1	2,500	50	0.0	0.0
U /	N/A	N/A	11.53	92	1	98	0	1	65.0	N/A	N/A	N/A	1	2,500	50	0.0	0.0
U /	N/A	N/A	11.51	78	N/A	100	0	N/A	57.0	N/A	N/A	N/A	1	2,500	50	0.0	0.0
U /	N/A	N/A	11.85	61	N/A	100	0	N/A	65.0	N/A	N/A	N/A	1	2,500	50	0.0	0.0
U /	N/A	N/A	11.76	88	1	98	0	1	8.0	N/A	N/A	N/A	1	2,500	50	0.0	0.0
U /	N/A	N/A	11.93	41	1	98	0	1	160.0	N/A	N/A	N/A	1	2,500	50	0.0	0.0
U /	N/A	N/A	11.55	41	N/A	100	0	N/A	109.0	N/A	N/A	N/A	1	2,500	50	0.0	0.0
U /	N/A	N/A	10.56	41	25	24	50	1	34.0	N/A	N/A	N/A	3	2,500	50	0.0	0.0
U /	N/A	N/A	13.85	394	6	78	15	1	6.0	N/A	N/A	N/A	N/A	2,500	50	0.0	0.0
U /	N/A	N/A	11.46	224	9	44	45	2	8.0	N/A	N/A	N/A	N/A	2,500	50	0.0	0.0
U /	N/A	N/A	12.72	578	8	63	28	1	7.0	N/A	N/A	N/A	N/A	2,500	50	0.0	0.0
U /	N/A	N/A	14.79	166	2	94	3	1	9.0	N/A	N/A	N/A	N/A	2,500	50	0.0	0.0
C- / 3.3	14.4	0.97	28.35	417	2	98	0	0	197.0	191.1	1.7	81	6	2,500	50	0.0	0.0
C- / 3.3	14.4	0.97	28.34	290	2	98	0	0	197.0	196.3	1.8	84	6	5,000,000	0	0.0	0.0
C- / 3.3	14.4	0.97	28.31	1,248	2	98	0	0	197.0	193.9	1.7	83	6	2,500	50	0.0	0.0
C+ / 6.6	9.5	1.12	40.33	22	0	99	0	1	218.0	52.5	N/A	4	1	2,500	50	5.8	0.0

www.thestreet.com/ratings   Data as of June 30, 2007

I. Index of Stock Mutual Funds

Summer 2007

Fund Type	Fund Name	Ticker Symbol	Overall Investment Rating	Phone	Performance Rating/Pts	3 Mo	6 Mo	1Yr / Pct	3Yr / Pct	5Yr / Pct	Dividend Yield	Expense Ratio
GR	American Century Select Adv	TWCAX	D-	(800) 345-6488	D- / 1.0	7.69	10.17	16.41 / 35	4.16 / 2	5.22 / 2	0.16	1.25
GR	American Century Select B	ABSLX	E+	(800) 345-6488	E+ / 0.7	7.47	9.75	15.53 / 29	3.38 / 1	--	0.00	2.00
GR	American Century Select C	ACSLX	E+	(800) 345-6488	E+ / 0.7	7.47	9.75	15.52 / 29	3.37 / 1	--	0.00	2.00
GR	American Century Select Inst	TWSIX	D-	(800) 345-6488	D- / 1.2	7.79	10.41	16.91 / 37	4.62 / 3	5.70 / 3	0.57	0.80
GR ●	American Century Select Inv	TWCIX	D-	(800) 345-6488	D- / 1.1	7.71	10.29	16.67 / 36	4.42 / 2	5.49 / 3	0.39	1.00
GR ●	American Century Sm Cap Val Adv	ACSCX	C	(800) 345-6488	C+ / 6.3	4.86	7.77	20.40 / 63	14.16 / 63	13.63 / 67	0.33	1.50
GR ●	American Century Sm Cap Val C	ACVCX	C-	(800) 345-6488	C+ / 5.6	4.69	7.38	19.45 / 56	13.32 / 57	12.81 / 60	0.00	2.25
GR ●	American Century Sm Cap Val Inst	ACVIX	C	(800) 345-6488	C+ / 6.7	5.17	8.08	20.95 / 66	14.70 / 67	14.16 / 71	0.72	1.05
GR ●	American Century Sm Cap Val Inv	ASVIX	C	(800) 345-6488	C+ / 6.5	5.02	7.93	20.65 / 64	14.45 / 65	13.92 / 69	0.55	1.25
SC	American Century Small Cap Gr A	MSASX	E+	(800) 345-6488	D+ / 2.8	8.61	9.17	12.01 / 13	11.33 / 39	11.24 / 46	0.00	1.55
SC	American Century Small Cap Gr B	MSBSX	D-	(800) 345-6488	C- / 3.3	8.45	8.81	11.26 / 11	10.61 / 33	10.53 / 39	0.00	2.05
SC ●	American Century Small Company	ASQAX	D+	(800) 345-6488	C- / 3.9	5.14	8.79	11.52 / 12	12.56 / 50	16.18 / 82	0.00	1.12
SC ●	American Century Small Company	ASCQX	D+	(800) 345-6488	C / 4.3	5.16	9.09	12.02 / 13	13.03 / 54	16.63 / 83	0.20	0.67
SC ●	American Century Small Company	ASQIX	D+	(800) 345-6488	C- / 4.1	5.18	9.01	11.85 / 13	12.84 / 53	16.42 / 83	0.03	0.87
SC ●	American Century Small Company R	ASCRX	D	(800) 345-6488	C- / 3.7	5.04	8.69	11.30 / 11	12.28 / 48	--	0.00	1.37
AA	American Century Str Alloc:Agg A	ALLAX	U	(800) 345-6488	U /	6.50	9.04	19.90 / 59	--	--	1.02	1.45
AA	American Century Str Alloc:Agg Adv	ACVAX	C+	(800) 345-6488	C+ / 5.9	6.51	9.05	19.92 / 59	12.98 / 54	11.42 / 48	1.08	1.45
AA	American Century Str Alloc:Agg C	ASTAX	C+	(800) 345-6488	C / 5.1	6.29	8.57	18.94 / 52	12.12 / 46	10.59 / 40	0.37	2.18
AA ●	American Century Str Alloc:Agg Inv	TWSAX	C+	(800) 345-6488	C+ / 6.1	6.62	9.16	20.19 / 61	13.28 / 57	11.71 / 51	1.32	1.20
GI	American Century Str Alloc:Con A	ACEAX	U	(800) 345-6488	U /	2.61	4.01	11.66 / 12	--	--	2.22	1.24
GI	American Century Str Alloc:Con Adv	ACCAX	D+	(800) 345-6488	D- / 1.0	2.61	4.19	11.66 / 12	7.41 / 11	6.99 / 8	2.35	1.24
GI	American Century Str Alloc:Con Inst	ACCIX	D+	(800) 345-6488	D- / 1.2	2.73	4.22	12.16 / 14	7.88 / 13	7.46 / 11	2.78	0.79
GI ●	American Century Str Alloc:Con Inv	TWSCX	D+	(800) 345-6488	D- / 1.1	2.68	4.31	11.94 / 13	7.68 / 12	7.25 / 10	2.59	0.99
AA	American Century Str Alloc:Mod A	ASMAX	U	(800) 345-6488	U /	4.74	6.67	16.54 / 35	--	--	1.53	1.31
AA	American Century Str Alloc:Mod Adv	ACOAX	C	(800) 345-6488	C- / 3.4	4.75	6.68	16.39 / 34	10.79 / 34	9.83 / 31	1.63	1.31
AA	American Century Str Alloc:Mod B	ASTBX	U	(800) 345-6488	U /	4.55	6.30	15.68 / 30	--	--	0.94	2.05
AA	American Century Str Alloc:Mod C	ASTCX	C-	(800) 345-6488	D+ / 2.7	4.54	6.29	15.66 / 30	9.95 / 27	9.04 / 23	0.94	2.06
AA	American Century Str Alloc:Mod Inst	ASAMX	C	(800) 345-6488	C- / 3.9	5.01	7.04	17.06 / 39	11.33 / 39	10.31 / 36	2.03	0.86
AA ●	American Century Str Alloc:Mod Inv	TWSMX	C	(800) 345-6488	C- / 3.7	4.96	6.94	16.83 / 37	11.06 / 36	10.09 / 34	1.85	1.06
AA	American Century Str Alloc:Mod R	ASMRX	C	(800) 345-6488	C- / 3.2	4.68	6.55	16.11 / 33	10.53 / 32	--	1.40	1.56
TC	American Century Technology Adv	ATADX	D-	(800) 345-6488	C / 4.8	10.81	15.69	22.20 / 74	8.57 / 18	9.90 / 32	0.00	1.76
TC	American Century Technology Inst	ATYIX	D-	(800) 345-6488	C / 5.3	10.94	15.99	22.78 / 76	9.04 / 21	10.52 / 39	0.00	1.31
TC	American Century Technology Inv	ATCIX	D-	(800) 345-6488	C / 5.0	10.88	15.83	22.47 / 75	8.83 / 19	10.18 / 35	0.00	1.51
GR	American Century Ultra Adv	TWUAX	E	(800) 345-6488	E / 0.4	6.71	6.83	9.83 / 7	3.33 / 1	4.93 / 2	0.00	1.24
GR	American Century Ultra C	TWCCX	E	(800) 345-6488	E / 0.3	6.53	6.44	9.00 / 6	2.56 / 1	4.15 / 1	0.00	1.99
GR	American Century Ultra Inst	TWUIX	E+	(800) 345-6488	E / 0.5	6.83	7.06	10.32 / 9	3.80 / 2	5.41 / 3	0.00	0.79
★ GR	American Century Ultra Inv	TWCUX	E	(800) 345-6488	E / 0.4	6.77	6.97	10.08 / 8	3.59 / 1	5.19 / 2	0.00	0.99
GR	American Century Ultra R	AULRX	E	(800) 345-6488	E / 0.3	6.67	6.71	9.54 / 7	3.10 / 1	--	0.00	1.49
UT	American Century Utilities Adv	ACUTX	A+	(800) 345-6488	A- / 9.2	3.03	11.60	31.44 / 94	23.75 / 92	17.44 / 86	1.72	0.93
UT	American Century Utilities Inv	BULIX	A+	(800) 345-6488	A- / 9.2	3.09	11.71	31.72 / 94	24.02 / 92	17.73 / 87	1.94	0.68
GI	American Century Value A	ACAVX	D+	(800) 345-6488	C- / 4.0	5.70	6.36	22.18 / 73	12.29 / 48	--	1.00	1.24
GI	American Century Value Adv	TWADX	C-	(800) 345-6488	C / 5.3	5.71	6.23	22.20 / 74	12.25 / 48	11.85 / 52	1.06	1.24
GI	American Century Value B	ACBVX	C-	(800) 345-6488	C / 4.5	5.52	5.87	21.32 / 69	11.45 / 40	--	0.40	1.99
GI	American Century Value C	ACLCX	C-	(800) 345-6488	C / 4.5	5.56	5.91	21.29 / 69	11.42 / 40	11.02 / 43	0.40	1.99
GI	American Century Value Inst	AVLIX	C	(800) 345-6488	C+ / 5.7	5.82	6.44	22.73 / 76	12.74 / 52	12.37 / 57	1.47	0.79
GI ●	American Century Value Inv	TWVLX	C	(800) 345-6488	C+ / 5.6	5.91	6.49	22.67 / 76	12.58 / 50	12.16 / 55	1.29	0.99
GR	American Century Veedot Inst	AVDIX	B+	(800) 345-6488	B+ / 8.8	16.91	24.27	32.84 / 95	15.00 / 69	13.00 / 62	0.00	1.25
GR	American Century Veedot Inv	AMVIX	B+	(800) 345-6488	B+ / 8.7	16.84	24.11	32.56 / 95	14.76 / 67	12.80 / 60	0.00	1.25
SC	American Century Vista Adv	TWVAX	C+	(800) 345-6488	B+ / 8.4	14.33	21.84	24.43 / 81	14.86 / 68	14.76 / 74	0.00	1.25
SC	American Century Vista C	TWVCX	C	(800) 345-6488	B / 8.2	14.10	21.34	23.47 / 79	13.98 / 62	13.93 / 69	0.00	2.00
SC	American Century Vista Inst	TWVIX	C+	(800) 345-6488	B+ / 8.5	14.42	22.10	24.96 / 83	15.36 / 71	15.27 / 78	0.00	0.80
SC	American Century Vista Inv	TWCVX	C+	(800) 345-6488	B+ / 8.5	14.36	21.98	24.73 / 82	15.13 / 69	15.06 / 76	0.00	1.00

● Denotes fund is closed to new investors
★ Denotes fund is included in Section II

Summer 2007

I. Index of Stock Mutual Funds

RISK		NET ASSETS		ASSET					BULL / BEAR		FUND MANAGER		MINIMUMS		LOADS	
	3 Year								Last Bull	Last Bear	Manager	Manager	Initial	Additional	Front	Back
Risk	Standard	NAV As of	Total	Cash	Stocks	Bonds	Other	Portfolio Turnover	Market	Market	Quality	Tenure	Purch.	Purch.	End	End
Rating/Pts	Deviation	Beta	6/30/07	$(Mil)	%	%	%	%	Ratio	Return	Return	Pct	(Years)	$	$	Load	Load
C+ / 6.7	9.4	1.12	40.07	20	0	99	0	1	218.0	52.6	-9.4	4	1	2,500	50	0.0	0.0
C+ / 6.6	9.4	1.12	39.27	5	0	99	0	1	218.0	47.7	N/A	3	1	2,500	50	0.0	0.0
C+ / 6.6	9.4	1.12	39.30	1	0	99	0	1	218.0	47.8	N/A	3	1	2,500	50	0.0	0.0
C+ / 6.7	9.4	1.12	40.84	151	0	99	0	1	218.0	55.4	-9.2	4	1	5,000,000	0	0.0	0.0
C+ / 6.7	9.4	1.12	40.51	2,382	0	99	0	1	218.0	54.2	-9.3	4	1	2,500	50	0.0	0.0
C / 5.3	10.4	1.24	10.47	436	2	96	0	2	121.0	136.6	-7.7	59	8	2,500	50	0.0	0.0
C / 5.0	10.5	1.25	10.04	4	2	96	0	2	121.0	129.3	-7.9	48	9	2,500	50	0.0	0.0
C / 5.3	10.4	1.24	10.52	467	2	96	0	2	121.0	140.8	-7.5	66	9	5,000,000	0	0.0	0.0
C / 5.3	10.4	1.24	10.49	1,255	2	96	0	2	121.0	138.8	-7.7	63	9	2,500	50	0.0	0.0
C / 4.7	14.0	0.97	16.90	35	0	100	0	0	42.0	108.6	-10.1	32	N/A	2,500	50	5.8	0.0
C / 4.7	13.9	0.97	16.05	6	0	100	0	0	42.0	103.1	-10.3	26	N/A	2,500	50	0.0	0.0
C+ / 5.8	13.4	0.93	10.64	359	1	98	0	1	122.0	162.1	-8.0	51	N/A	2,500	50	0.0	0.0
C+ / 5.8	13.3	0.93	10.80	387	1	98	0	1	122.0	166.7	-7.9	57	N/A	5,000,000	0	0.0	0.0
C+ / 5.8	13.4	0.93	10.77	910	1	98	0	1	122.0	164.5	-7.8	54	N/A	2,500	50	0.0	0.0
C+ / 5.8	13.3	0.93	10.63	N/A	1	98	0	1	122.0	N/A	N/A	47	N/A	2,500	50	0.0	0.0
U /	N/A	N/A	9.01	89	0	77	22	1	242.0	N/A	N/A	N/A	3	2,500	50	5.8	0.0
B- / 7.4	7.2	1.48	9.00	347	0	77	22	1	242.0	95.6	-6.7	75	11	2,500	50	0.0	0.0
B- / 7.4	7.3	1.50	8.95	29	0	77	22	1	242.0	89.8	-6.7	65	N/A	2,500	50	0.0	0.0
B- / 7.3	7.3	1.49	9.02	721	0	77	22	1	242.0	97.6	-6.4	78	N/A	2,500	50	0.0	0.0
U /	N/A	N/A	5.83	28	4	44	51	1	242.0	N/A	N/A	N/A	3	2,500	50	5.8	0.0
B / 8.9	3.5	0.45	5.83	171	4	44	51	1	242.0	47.4	-2.5	57	11	2,500	50	0.0	0.0
B / 8.9	3.5	0.45	5.83	140	4	44	51	1	242.0	50.2	-2.6	63	N/A	5,000,000	0	0.0	0.0
B / 8.9	3.5	0.45	5.83	344	4	44	51	1	242.0	48.9	-2.6	61	N/A	2,500	50	0.0	0.0
U /	N/A	N/A	7.39	172	2	62	34	2	203.0	N/A	N/A	N/A	3	2,500	50	5.8	0.0
B / 8.1	5.4	1.16	7.38	438	2	62	34	2	203.0	74.9	-4.8	70	11	2,500	50	0.0	0.0
U /	N/A	N/A	7.39	35	2	62	34	2	203.0	N/A	N/A	N/A	3	2,500	50	0.0	0.0
B / 8.2	5.5	1.18	7.40	40	2	62	34	2	203.0	69.7	-4.8	59	6	2,500	50	0.0	0.0
B / 8.1	5.5	1.18	7.39	491	2	62	34	2	203.0	78.1	-4.5	75	N/A	5,000,000	0	0.0	0.0
B / 8.1	5.5	1.18	7.39	935	2	62	34	2	203.0	76.6	-4.5	72	N/A	2,500	50	0.0	0.0
B / 8.2	5.4	1.16	7.38	4	2	62	34	2	203.0	N/A	N/A	67	4	2,500	50	0.0	0.0
D+ / 2.9	19.0	2.02	23.89	N/A	1	98	0	1	385.0	88.0	-13.3	1	5	2,500	50	0.0	0.0
D+ / 2.9	19.1	2.02	24.74	5	1	98	0	1	385.0	91.4	-13.1	2	N/A	5,000,000	0	0.0	0.0
D+ / 2.9	19.1	2.03	24.36	113	1	98	0	1	385.0	90.1	-13.2	1	5	2,500	50	0.0	0.0
C+ / 5.9	9.8	1.19	28.47	255	0	99	0	1	62.0	53.6	-9.8	2	5	2,500	50	0.0	0.0
C+ / 5.7	9.8	1.19	27.42	2	0	99	0	1	62.0	48.9	-9.9	2	5	2,500	50	0.0	0.0
C+ / 6.0	9.7	1.19	29.42	514	0	99	0	1	62.0	56.5	-9.7	3	5	5,000,000	0	0.0	0.0
C+ / 6.0	9.8	1.19	29.00	10,450	0	99	0	1	62.0	55.2	-9.7	2	5	2,500	50	0.0	0.0
C+ / 5.8	9.8	1.19	28.47	5	0	99	0	1	62.0	N/A	N/A	2	4	2,500	50	0.0	0.0
B- / 7.8	8.3	0.64	18.02	8	2	96	0	2	45.0	166.1	-5.2	95	N/A	2,500	50	0.0	0.0
B- / 7.9	8.3	0.64	18.04	502	2	96	0	2	45.0	168.6	-5.0	95	10	2,500	50	0.0	0.0
C+ / 5.8	6.6	0.85	8.04	73	2	97	0	1	140.0	109.0	N/A	76	N/A	2,500	50	5.8	0.0
C+ / 5.8	6.5	0.84	8.03	261	2	97	0	1	140.0	109.1	-9.6	76	N/A	2,500	50	0.0	0.0
C+ / 5.8	6.6	0.84	8.03	8	2	97	0	1	140.0	103.1	N/A	67	N/A	2,500	50	0.0	0.0
C+ / 5.8	6.5	0.84	7.98	23	2	97	0	1	140.0	102.4	-9.6	67	N/A	2,500	50	0.0	0.0
C+ / 5.8	6.6	0.85	8.04	305	2	97	0	1	140.0	113.1	-9.5	79	10	5,000,000	0	0.0	0.0
C+ / 5.8	6.6	0.85	8.04	2,571	2	97	0	1	140.0	111.2	-9.4	78	14	2,500	50	0.0	0.0
C+ / 6.1	14.5	1.50	8.09	11	0	99	0	1	330.0	121.9	-10.2	41	8	5,000,000	0	0.0	2.0
C+ / 6.1	14.5	1.51	7.98	164	0	99	0	1	330.0	119.4	-10.0	38	8	2,500	50	0.0	2.0
C- / 4.1	14.9	0.97	20.42	257	1	98	0	1	234.0	141.1	-10.0	74	N/A	2,500	50	0.0	0.0
C- / 4.0	14.8	0.97	19.67	4	1	98	0	1	234.0	133.9	-10.1	64	N/A	2,500	50	0.0	0.0
C- / 4.1	14.9	0.97	21.27	171	1	98	0	1	234.0	145.5	-9.8	78	N/A	5,000,000	0	0.0	0.0
C- / 4.1	14.9	0.97	20.87	2,390	1	98	0	1	234.0	143.4	-9.8	76	14	2,500	50	0.0	0.0

www.thestreet.com/ratings

Data as of June 30, 2007

I. Index of Stock Mutual Funds

Summer 2007

99 Pct = Best
0 Pct = Worst

Fund Type	Fund Name	Ticker Symbol	Overall Investment Rating	Phone	Performance Rating/Pts	Total Return % through 6/30/07			Annualized		Incl. in Returns	
						3 Mo	6 Mo	1Yr / Pct	3Yr / Pct	5Yr / Pct	Dividend Yield	Expense Ratio
GI	American Century VP Inc & Gr II	AVPGX	B	(800) 345-6488	C+ / 5.8	7.41	7.71	22.65 /76	12.23 /48	11.40 /48	1.54	0.95
GI	American Century VP Inc & Gr III	AIGTX	B	(800) 345-6488	C+ / 5.8	7.41	7.85	22.79 /76	12.51 /50	11.66 /50	1.77	0.70
GL	American Century VP Intl I	AVIIX	B+	(800) 345-6488	A- / 9.0	8.21	11.49	29.39 /92	21.06 /87	13.49 /66	0.65	1.23
GL	American Century VP Intl II	ANVPX	B+	(800) 345-6488	A- / 9.0	8.22	11.44	29.08 /91	20.84 /86	13.30 /64	0.52	1.38
GL	American Century VP Intl III	AIVPX	B+	(800) 345-6488	A- / 9.0	8.21	11.49	29.39 /92	21.06 /87	13.49 /66	0.65	1.23
MC	American Century VP Mid Cap Val I	AVIPX	U	(800) 345-6488	U /	6.00	9.96	25.77 /85	--	--	0.63	1.01
MC	American Century VP Mid Cap Val II	AVMTX	U	(800) 345-6488	U /	5.92	9.87	25.68 /85	--	--	0.42	1.15
GR	American Century VP Ultra I	AVPUX	E+	(800) 345-6488	E / 0.4	6.76	6.97	10.15 / 8	3.67 / 1	5.18 / 2	0.00	1.00
GR	American Century VP Ultra II	AVPSX	E+	(800) 345-6488	E / 0.4	6.70	6.91	10.00 / 8	3.51 / 1	5.02 / 2	0.00	1.15
GR	American Century VP Ultra III	AVUTX	E+	(800) 345-6488	E / 0.4	6.77	6.98	10.16 / 8	3.67 / 1	5.18 / 2	0.00	1.00
GR	American Century VP Value Cl II	AVPVX	C-	(800) 345-6488	C / 5.4	5.67	6.37	22.35 /74	12.41 /49	12.02 /54	1.38	1.08
GR	American Century VP Value Cl III	AVPTX	C-	(800) 345-6488	C / 5.4	5.81	6.42	22.54 /75	12.59 /50	12.20 /55	1.52	0.93
SC	American Century VP Vista I	AVSIX	C+	(800) 345-6488	B+ / 8.4	14.20	22.11	24.81 /82	14.92 /68	14.78 /75	0.00	1.00
GR	American Funds AMCAP 529A	CAFAX	D	(800) 421-4120	D / 2.0	6.00	8.12	16.76 /36	9.66 /25	10.43 /38	0.72	0.74
GR	American Funds AMCAP 529B	CAFBX	D+	(800) 421-4120	D+ / 2.4	5.76	7.67	15.80 /31	8.72 /19	9.45 /27	0.08	1.57
GR	American Funds AMCAP 529C	CAFCX	D+	(800) 421-4120	D+ / 2.4	5.76	7.72	15.79 /31	8.73 /19	9.48 /28	0.08	1.56
GR	American Funds AMCAP 529E	CAFEX	D+	(800) 421-4120	D+ / 2.8	5.91	8.00	16.39 /34	9.30 /23	10.05 /33	0.47	1.05
GR	American Funds AMCAP 529F	CAFFX	C-	(800) 421-4120	C- / 3.2	5.98	8.21	16.93 /38	9.75 /26	10.44 /38	0.95	0.55
* GR	American Funds AMCAP A	AMCPX	D	(800) 421-4120	D / 2.1	5.99	8.16	16.83 /37	9.72 /26	10.48 /38	0.75	0.68
GR	American Funds AMCAP B	AMPBX	D+	(800) 421-4120	D+ / 2.5	5.79	7.76	15.92 /31	8.88 /20	9.63 /29	0.09	1.46
GR	American Funds AMCAP C	AMPCX	D+	(800) 421-4120	D+ / 2.4	5.77	7.69	15.84 /31	8.81 /19	9.57 /28	0.08	1.50
GR	American Funds AMCAP F	AMPFX	C-	(800) 421-4120	C- / 3.1	5.97	8.15	16.81 /37	9.70 /26	10.44 /38	0.81	0.68
GR	American Funds AMCAP R1	RAFAX	D+	(800) 421-4120	D+ / 2.4	5.77	7.72	15.85 /31	8.79 /19	9.55 /28	0.08	1.50
GR	American Funds AMCAP R2	RAFBX	D+	(800) 421-4120	D+ / 2.4	5.78	7.73	15.87 /31	8.82 /19	9.59 /29	0.09	1.59
GR	American Funds AMCAP R3	RAFCX	D+	(800) 421-4120	D+ / 2.8	5.91	7.99	16.41 /35	9.32 /23	10.07 /34	0.45	1.04
GR	American Funds AMCAP R4	RAFEX	C-	(800) 421-4120	C- / 3.1	5.97	8.15	16.78 /37	9.64 /25	10.40 /37	0.76	0.73
GR	American Funds AMCAP R5	RAFFX	C-	(800) 421-4120	C- / 3.3	6.07	8.29	17.10 /39	9.99 /28	10.76 /41	1.06	0.43
BA	American Funds Amer Balancd Fd	CLBAX	D+	(800) 421-4120	D- / 1.3	5.00	5.72	15.65 /30	8.78 /19	9.32 /26	2.28	0.66
BA	American Funds Amer Balancd Fd	CLBBX	C-	(800) 421-4120	D / 1.6	4.80	5.32	14.69 /24	7.87 /13	8.39 /18	1.66	1.48
BA	American Funds Amer Balancd Fd	CLBCX	C-	(800) 421-4120	D / 1.6	4.75	5.32	14.69 /24	7.88 /13	8.40 /18	1.67	1.47
BA	American Funds Amer Balancd Fd	CLBEX	C-	(800) 421-4120	D / 1.9	4.93	5.58	15.33 /28	8.42 /17	8.95 /22	2.14	0.96
BA	American Funds Amer Balancd Fd	CLBFX	C-	(800) 421-4120	D / 2.2	5.06	5.84	15.90 /31	8.89 /20	9.35 /26	2.61	0.46
* BA	American Funds Amer Balancd Fd A	ABALX	D+	(800) 421-4120	D- / 1.4	5.02	5.81	15.70 /30	8.83 /19	9.38 /27	2.33	0.61
BA	American Funds Amer Balancd Fd B	BALBX	C-	(800) 421-4120	D / 1.7	4.79	5.39	14.85 /25	8.01 /14	8.55 /19	1.77	1.36
BA	American Funds Amer Balancd Fd C	BALCX	C-	(800) 421-4120	D / 1.6	4.83	5.36	14.80 /25	7.96 /14	8.49 /18	1.73	1.41
BA	American Funds Amer Balancd Fd F	BALFX	C-	(800) 421-4120	D / 2.2	5.02	5.76	15.73 /30	8.83 /19	9.36 /26	2.48	0.59
BA	American Funds Amer Balancd Fd R1	RLBAX	C-	(800) 421-4120	D / 1.6	4.78	5.37	14.81 /25	7.92 /14	8.47 /18	1.73	1.41
BA	American Funds Amer Balancd Fd R2	RLBBX	C-	(800) 421-4120	D / 1.6	4.83	5.36	14.80 /25	7.96 /14	8.51 /19	1.72	1.45
BA	American Funds Amer Balancd Fd R3	RLBCX	C-	(800) 421-4120	D / 1.9	4.95	5.61	15.34 /28	8.49 /17	8.97 /23	2.18	0.92
BA	American Funds Amer Balancd Fd R4	RLBEX	C-	(800) 421-4120	D / 2.1	5.01	5.74	15.68 /30	8.78 /19	9.32 /26	2.43	0.65
BA	American Funds Amer Balancd Fd R5	RLBFX	C	(800) 421-4120	D+ / 2.4	5.08	5.94	16.05 /32	9.10 /21	9.66 /29	2.71	0.35
GI	American Funds Amer Mutual Fd	CMLAX	C+	(800) 421-4120	C- / 3.9	6.30	8.13	20.60 /64	12.13 /47	10.17 /35	1.67	0.66
GI	American Funds Amer Mutual Fd	CMLBX	C+	(800) 421-4120	C / 4.4	6.07	7.70	19.57 /56	11.19 /37	9.20 /25	1.03	1.50
GI	American Funds Amer Mutual Fd	CMLCX	C+	(800) 421-4120	C / 4.4	6.11	7.70	19.59 /57	11.21 /38	9.22 /25	1.04	1.49
GI	American Funds Amer Mutual Fd	CMLEX	B-	(800) 421-4120	C / 5.0	6.24	7.96	20.21 /61	11.79 /43	9.79 /31	1.50	0.97
GI	American Funds Amer Mutual Fd	CMLFX	B	(800) 421-4120	C / 5.4	6.35	8.23	20.77 /65	12.25 /48	10.19 /35	1.95	0.47
* GI	American Funds Amer Mutual Fd A	AMRMX	C+	(800) 421-4120	C- / 4.0	6.31	8.17	20.63 /64	12.24 /48	10.26 /36	1.74	0.58
GI	American Funds Amer Mutual Fd B	AMFBX	B-	(800) 421-4120	C / 4.6	6.12	7.74	19.73 /58	11.36 /39	9.40 /27	1.14	1.37
GI	American Funds Amer Mutual Fd C	AMFCX	C+	(800) 421-4120	C / 4.5	6.12	7.74	19.67 /57	11.30 /39	9.33 /26	1.10	1.42
GI	American Funds Amer Mutual Fd F	AMFFX	B	(800) 421-4120	C / 5.4	6.32	8.17	20.63 /64	12.18 /47	10.17 /35	1.81	0.62
GI	American Funds Amer Mutual Fd R1	RMFAX	C+	(800) 421-4120	C / 4.5	6.09	7.70	19.63 /57	11.25 /38	9.29 /26	1.02	1.46
GI	American Funds Amer Mutual Fd R2	RMFBX	C+	(800) 421-4120	C / 4.5	6.10	7.71	19.62 /57	11.28 /38	9.29 /26	1.09	1.61

● Denotes fund is closed to new investors
* Denotes fund is included in Section II

www.thestreet.com/ratings

Summer 2007 — I. Index of Stock Mutual Funds

RISK			NET ASSETS		ASSET					BULL / BEAR		FUND MANAGER		MINIMUMS		LOADS	
	3 Year		NAV						Portfolio	Last Bull	Last Bear	Manager	Manager	Initial	Additional	Front	Back
Risk	Standard		As of	Total	Cash	Stocks	Bonds	Other	Turnover	Market	Market	Quality	Tenure	Purch.	Purch.	End	End
Rating/Pts	Deviation	Beta	6/30/07	$(Mil)	%	%	%	%	Ratio	Return	Return	Pct	(Years)	$	$	Load	Load
B / 8.4	8.6	1.14	9.13	28	0	99	0	1	63.0	103.9	-9.4	45	N/A	0	0	0.0	0.0
B / 8.3	8.5	1.13	9.13	10	0	99	0	1	63.0	106.3	-9.5	50	N/A	0	0	0.0	1.0
C+ / 6.3	9.9	1.05	11.20	685	0	99	0	1	98.0	139.1	-10.2	27	5	0	0	0.0	0.0
C+ / 6.3	10.0	1.05	11.19	173	0	99	0	1	98.0	137.6	-10.2	25	5	0	0	0.0	0.0
C+ / 6.3	10.0	1.06	11.20	129	0	99	0	1	98.0	139.1	-10.2	26	5	0	0	0.0	1.0
U /	N/A	N/A	14.66	49	4	95	0	1	203.0	N/A	N/A	N/A	N/A	0	0	0.0	0.0
U /	N/A	N/A	14.66	71	4	95	0	1	203.0	N/A	N/A	N/A	N/A	0	0	0.0	0.0
C+ / 6.5	9.7	1.19	10.74	100	1	98	0	1	118.0	54.3	-9.7	2	N/A	0	0	0.0	0.0
C+ / 6.4	9.7	1.19	10.67	684	1	98	0	1	118.0	53.3	-9.8	2	N/A	0	0	0.0	0.0
C+ / 6.5	9.7	1.19	10.73	1	1	98	0	1	118.0	54.3	-9.7	3	N/A	0	0	0.0	1.0
C / 5.3	6.6	0.85	8.38	917	2	97	0	1	132.0	110.3	-9.5	77	6	0	0	0.0	0.0
C / 5.3	6.6	0.85	8.38	18	2	97	0	1	132.0	111.6	-9.5	78	5	0	0	0.0	1.0
C- / 4.2	14.7	0.96	19.22	72	6	94	0	0	215.0	141.2	-10.0	75	N/A	0	0	0.0	0.0
B- / 7.1	7.5	0.93	21.47	478	15	84	0	1	19.9	82.0	-7.9	36	N/A	250	50	5.8	0.0
B- / 7.2	7.5	0.93	20.80	92	15	84	0	1	19.9	75.5	-8.1	27	N/A	250	50	0.0	0.0
B- / 7.3	7.5	0.92	20.82	152	15	84	0	1	19.9	75.6	-8.1	28	N/A	250	50	0.0	0.0
B- / 7.3	7.5	0.92	21.27	28	15	84	0	1	19.9	79.5	-8.0	32	N/A	250	25	0.0	0.0
B- / 7.3	7.5	0.92	21.48	16	15	84	0	1	19.9	82.2	-7.9	37	N/A	250	50	0.0	0.0
B- / 7.1	7.6	0.93	21.52	18,520	15	84	0	1	19.9	82.6	-7.8	36	40	250	50	5.8	0.0
B- / 7.3	7.5	0.92	20.74	1,226	15	84	0	1	19.9	76.7	-8.1	29	N/A	250	50	0.0	0.0
B- / 7.3	7.5	0.93	20.60	1,768	15	84	0	1	19.9	76.3	-8.1	28	6	250	50	0.0	0.0
B- / 7.3	7.5	0.93	21.42	2,768	15	84	0	1	19.9	82.3	-7.8	36	6	250	50	0.0	0.0
B- / 7.3	7.5	0.93	20.96	45	15	84	0	1	19.9	76.1	-8.1	28	N/A	0	0	0.0	0.0
B- / 7.3	7.5	0.93	20.95	469	15	84	0	1	19.9	76.2	-8.0	28	N/A	0	0	0.0	0.0
B- / 7.3	7.5	0.92	21.28	823	15	84	0	1	19.9	79.4	-7.9	33	N/A	0	0	0.0	0.0
B- / 7.3	7.6	0.93	21.44	597	15	84	0	1	19.9	81.9	-7.8	35	N/A	0	0	0.0	0.0
B- / 7.3	7.5	0.93	21.59	595	15	84	0	1	19.9	84.5	-7.8	39	N/A	0	0	0.0	0.0
B / 8.4	4.4	0.96	19.85	1,260	6	64	29	1	33.8	67.9	-5.0	58	N/A	250	50	5.8	0.0
B / 8.9	4.4	0.97	19.84	338	6	64	29	1	33.8	62.0	-5.3	45	N/A	250	50	0.0	0.0
B / 8.9	4.4	0.97	19.84	557	6	64	29	1	33.8	62.1	-5.3	46	N/A	250	50	0.0	0.0
B / 8.8	4.4	0.96	19.84	81	6	64	29	1	33.8	65.6	-5.2	54	N/A	250	25	0.0	0.0
B / 8.8	4.4	0.96	19.84	32	6	64	29	1	33.8	68.3	-5.1	60	N/A	250	50	0.0	0.0
B / 8.5	4.4	0.96	19.87	37,760	6	64	29	1	33.8	68.3	-5.1	59	32	250	50	5.8	0.0
B / 8.8	4.4	0.96	19.80	5,593	6	64	29	1	33.8	63.1	-5.3	48	N/A	250	50	0.0	0.0
B / 8.9	4.4	0.96	19.79	6,070	6	64	29	1	33.8	62.6	-5.2	47	N/A	250	50	0.0	0.0
B / 8.8	4.4	0.96	19.86	1,340	6	64	29	1	33.8	68.2	-5.1	59	6	250	50	0.0	0.0
B / 8.8	4.4	0.97	19.78	96	6	64	29	1	33.8	62.4	-5.3	46	N/A	0	0	0.0	0.0
B / 8.9	4.4	0.96	19.79	1,168	6	64	29	1	33.8	62.6	-5.3	47	N/A	0	0	0.0	0.0
B / 8.8	4.4	0.96	19.80	3,311	6	64	29	1	33.8	65.7	-5.2	55	N/A	0	0	0.0	0.0
B / 8.8	4.4	0.96	19.84	1,975	6	64	29	1	33.8	68.0	-5.1	58	N/A	0	0	0.0	0.0
B / 8.8	4.4	0.96	19.88	671	6	64	29	1	33.8	70.1	-5.0	62	N/A	0	0	0.0	0.0
B / 8.5	5.8	0.77	31.26	253	10	89	0	1	19.0	90.9	-7.2	80	N/A	250	50	5.8	0.0
B+ / 9.0	5.8	0.77	31.17	46	10	89	0	1	19.0	84.0	-7.4	71	N/A	250	50	0.0	0.0
B+ / 9.0	5.8	0.77	31.17	77	10	89	0	1	19.0	84.1	-7.4	71	N/A	250	50	0.0	0.0
B+ / 9.0	5.8	0.77	31.19	14	10	89	0	1	19.0	88.2	-7.3	77	N/A	250	25	0.0	0.0
B / 8.9	5.8	0.77	31.28	7	10	89	0	1	19.0	91.2	-7.2	81	N/A	250	50	0.0	0.0
B / 8.5	5.8	0.77	31.29	18,060	10	89	0	1	19.0	91.7	-7.2	81	N/A	250	50	5.8	0.0
B+ / 9.0	5.8	0.77	31.09	778	10	89	0	1	19.0	85.4	-7.4	73	N/A	250	50	0.0	0.0
B+ / 9.0	5.8	0.77	31.04	931	10	89	0	1	19.0	84.8	-7.4	72	N/A	250	50	0.0	0.0
B / 8.9	5.8	0.77	31.22	571	10	89	0	1	19.0	91.0	-7.2	80	N/A	250	50	0.0	0.0
B+ / 9.0	5.8	0.77	31.14	14	10	89	0	1	19.0	84.6	-7.4	72	N/A	0	0	0.0	0.0
B+ / 9.0	5.8	0.77	31.09	160	10	89	0	1	19.0	84.8	-7.5	72	N/A	0	0	0.0	0.0

www.thestreet.com/ratings

Data as of June 30, 2007

I. Index of Stock Mutual Funds

Summer 2007

	99 Pct = Best				**PERFORMANCE**							
	0 Pct = Worst					Total Return % through 6/30/07					Incl. in Returns	
		Ticker	Overall		Perfor-				Annualized		Dividend	Expense
Fund		Symbol	Investment		mance						Yield	Ratio
Type	Fund Name		Rating	Phone	Rating/Pts	3 Mo	6 Mo	1Yr / Pct	3Yr / Pct	5Yr / Pct		
GI	American Funds Amer Mutual Fd R3	RMFCX	B-	(800) 421-4120	C / 5.0	6.24	7.96	20.20 /61	11.81 /44	9.79 /31	1.51	0.96
GI	American Funds Amer Mutual Fd R4	RMFEX	B	(800) 421-4120	C / 5.3	6.30	8.11	20.56 /64	12.12 /46	10.14 /34	1.76	0.68
GI	American Funds Amer Mutual Fd R5	RMFFX	B	(800) 421-4120	C+ / 5.6	6.41	8.31	20.95 /66	12.48 /50	10.49 /38	2.03	0.38
IN	American Funds Cap Inc Builder	CIRAX	B	(800) 421-4120	C+ / 6.9	5.26	7.99	23.54 /79	16.51 /76	13.56 /66	3.18	0.64
IN	American Funds Cap Inc Builder	CIRBX	A+	(800) 421-4120	B- / 7.2	5.04	7.57	22.56 /75	15.55 /72	12.61 /58	2.62	1.49
IN	American Funds Cap Inc Builder	CIRCX	A+	(800) 421-4120	B- / 7.2	5.05	7.57	22.56 /75	15.57 /72	12.62 /59	2.63	1.47
IN	American Funds Cap Inc Builder	CIREX	A+	(800) 421-4120	B- / 7.5	5.18	7.84	23.17 /78	16.15 /74	13.19 /63	3.09	0.96
IN	American Funds Cap Inc Builder	CIRFX	A+	(800) 421-4120	B / 7.7	5.31	8.10	23.77 /80	16.63 /76	13.58 /66	3.55	0.46
* IN	American Funds Cap Inc Builder A	CAIBX	B	(800) 421-4120	C+ / 6.9	5.27	8.03	23.62 /79	16.61 /76	13.66 /67	3.24	0.58
IN	American Funds Cap Inc Builder B	CIBBX	A+	(800) 421-4120	B- / 7.3	5.07	7.63	22.69 /76	15.72 /72	12.79 /60	2.73	1.37
IN	American Funds Cap Inc Builder C	CIBCX	A+	(800) 421-4120	B- / 7.2	5.06	7.60	22.64 /76	15.65 /72	12.71 /59	2.69	1.41
IN	American Funds Cap Inc Builder F	CIBFX	A+	(800) 421-4120	B / 7.6	5.27	8.02	23.58 /79	16.54 /76	13.57 /66	3.41	0.62
IN	American Funds Cap Inc Builder R1	RIRAX	A+	(800) 421-4120	B- / 7.2	5.06	7.59	22.62 /75	15.62 /72	12.69 /59	2.67	1.44
IN	American Funds Cap Inc Builder R2	RIRBX	A+	(800) 421-4120	B- / 7.2	5.06	7.59	22.60 /75	15.63 /72	12.71 /59	2.66	1.55
IN	American Funds Cap Inc Builder R3	RIRCX	A+	(800) 421-4120	B- / 7.5	5.18	7.83	23.16 /78	16.15 /74	13.18 /63	3.09	0.98
IN	American Funds Cap Inc Builder R4	RIREX	A+	(800) 421-4120	B / 7.6	5.25	7.99	23.51 /79	16.50 /76	13.55 /66	3.36	0.68
IN	American Funds Cap Inc Builder R5	RIRFX	A+	(800) 421-4120	B / 7.8	5.33	8.15	23.87 /80	16.84 /77	13.89 /69	3.63	0.38
GL	American Funds Cap Wld Gr&Inc	CWIAX	A+	(800) 421-4120	B+ / 8.8	8.84	11.50	27.95 /90	21.75 /88	19.34 /91	2.02	0.79
GL	American Funds Cap Wld Gr&Inc	CWIBX	A+	(800) 421-4120	B+ / 8.9	8.62	11.03	26.90 /88	20.72 /86	18.32 /89	1.43	1.64
GL	American Funds Cap Wld Gr&Inc	CWICX	A+	(800) 421-4120	B+ / 8.9	8.63	11.04	26.89 /88	20.73 /86	18.34 /89	1.44	1.63
GL	American Funds Cap Wld Gr&Inc	CWIEX	A+	(800) 421-4120	A- / 9.0	8.77	11.32	27.56 /89	21.35 /88	18.94 /90	1.87	1.11
GL	American Funds Cap Wld Gr&Inc	CWIFX	A+	(800) 421-4120	A- / 9.1	8.89	11.60	28.17 /90	21.88 /89	19.38 /91	2.31	0.61
* GL	American Funds Cap Wld Gr&Inc A	CWGIX	A+	(800) 421-4120	B+ / 8.8	8.87	11.51	28.03 /90	21.83 /89	19.43 /91	2.07	0.73
GL	American Funds Cap Wld Gr&Inc B	CWGBX	A+	(800) 421-4120	B+ / 8.9	8.65	11.09	27.00 /88	20.88 /86	18.51 /89	1.52	1.53
GL	American Funds Cap Wld Gr&Inc C	CWGCX	A+	(800) 421-4120	B+ / 8.9	8.65	11.08	26.96 /88	20.83 /86	18.44 /89	1.49	1.58
GL	American Funds Cap Wld Gr&Inc F	CWGFX	A+	(800) 421-4120	A- / 9.1	8.85	11.49	27.99 /90	21.78 /88	19.36 /91	2.18	0.76
GL	American Funds Cap Wld Gr&Inc R1	RWIAX	A+	(800) 421-4120	B+ / 8.9	8.62	11.06	26.91 /88	20.76 /86	18.42 /89	1.48	1.60
GL	American Funds Cap Wld Gr&Inc R2	RWIBX	A+	(800) 421-4120	B+ / 8.9	8.64	11.08	26.95 /88	20.81 /86	18.44 /89	1.48	1.70
GL	American Funds Cap Wld Gr&Inc R3	RWICX	A+	(800) 421-4120	A- / 9.0	8.76	11.31	27.53 /89	21.36 /88	18.94 /90	1.87	1.13
GL	American Funds Cap Wld Gr&Inc R4	RWIEX	A+	(800) 421-4120	A- / 9.1	8.84	11.46	27.92 /90	21.73 /88	19.34 /91	2.13	0.82
GL	American Funds Cap Wld Gr&Inc R5	RWIFX	A+	(800) 421-4120	A- / 9.1	8.92	11.66	28.30 /90	22.11 /89	19.71 /91	2.38	0.52
FO	American Funds EuroPacific Gr 529A	CEUAX	B+	(800) 421-4120	A- / 9.0	8.41	11.57	27.29 /88	23.39 /92	18.38 /89	1.35	0.83
FO	American Funds EuroPacific Gr 529B	CEUBX	B+	(800) 421-4120	A- / 9.1	8.20	11.12	26.22 /86	22.33 /90	17.34 /86	0.80	1.67
FO	American Funds EuroPacific Gr 529C	CEUCX	B+	(800) 421-4120	A- / 9.1	8.19	11.11	26.23 /86	22.34 /90	17.35 /86	0.84	1.67
FO	American Funds EuroPacific Gr 529E	CEUEX	B+	(800) 421-4120	A- / 9.2	8.34	11.40	26.89 /88	22.98 /91	17.98 /88	1.20	1.15
FO	American Funds EuroPacific Gr 529F	CEUFX	B+	(800) 421-4120	A- / 9.2	8.48	11.67	27.50 /89	23.50 /92	18.38 /89	1.56	0.65
FO	American Funds EuroPacific Gr A	AEPGX	B+	(800) 421-4120	A- / 9.0	8.43	11.60	27.33 /88	23.43 /92	18.43 /89	1.33	0.79
FO	American Funds EuroPacific Gr B	AEGBX	B+	(800) 421-4120	A- / 9.1	8.22	11.18	26.37 /86	22.54 /90	17.55 /87	0.85	1.54
FO	American Funds EuroPacific Gr C	AEPCX	B+	(800) 421-4120	A- / 9.1	8.24	11.16	26.32 /86	22.44 /90	17.46 /86	0.84	1.62
FO	American Funds EuroPacific Gr F	AEGFX	B+	(800) 421-4120	A- / 9.2	8.44	11.60	27.30 /88	23.39 /92	18.38 /89	1.41	0.82
FO	American Funds EuroPacific Gr R1	RERAX	B+	(800) 421-4120	A- / 9.1	8.20	11.15	26.27 /86	22.41 /90	17.45 /86	0.99	1.62
FO	American Funds EuroPacific Gr R2	RERBX	B+	(800) 421-4120	A- / 9.1	8.20	11.14	26.28 /86	22.43 /90	17.46 /86	0.86	1.67
FO	American Funds EuroPacific Gr R3	RERCX	B+	(800) 421-4120	A- / 9.2	8.35	11.42	26.88 /88	23.02 /91	17.99 /88	1.22	1.15
FO	American Funds EuroPacific Gr R4	REREX	B+	(800) 421-4120	A- / 9.2	8.41	11.57	27.31 /88	23.39 /92	18.36 /89	1.42	0.87
FO	American Funds EuroPacific Gr R5	RERFX	A-	(800) 421-4120	A- / 9.2	8.49	11.73	27.61 /89	23.74 /92	18.72 /89	1.61	0.57
GI	American Funds Fundamentl Invs	CFNAX	B+	(800) 421-4120	B / 7.7	8.46	11.13	21.71 /71	17.84 /80	14.37 /72	1.15	0.66
GI	American Funds Fundamentl Invs	CFNBX	B+	(800) 421-4120	B / 7.9	8.22	10.67	20.68 /65	16.87 /77	13.39 /65	0.49	1.50
GI	American Funds Fundamentl Invs	CFNCX	B+	(800) 421-4120	B / 7.9	8.22	10.67	20.69 /65	16.87 /77	13.40 /65	0.49	1.49
GI	American Funds Fundamentl Invs	CFNEX	A-	(800) 421-4120	B / 8.1	8.36	10.94	21.29 /69	17.46 /79	13.98 /69	0.94	0.97
GI	American Funds Fundamentl Invs	CFNFX	A-	(800) 421-4120	B+ / 8.3	8.49	11.21	21.91 /72	17.97 /80	14.40 /72	1.38	0.47
* GI	American Funds Fundamentl Invs A	ANCFX	B+	(800) 421-4120	B / 7.7	8.47	11.15	21.79 /71	17.93 /80	14.45 /73	1.20	0.61
GI	American Funds Fundamentl Invs B	AFIBX	B+	(800) 421-4120	B / 7.9	8.26	10.74	20.85 /66	17.03 /78	13.57 /66	0.59	1.38

● Denotes fund is closed to new investors

* Denotes fund is included in Section II

www.thestreet.com/ratings

Summer 2007

I. Index of Stock Mutual Funds

RISK			NET ASSETS		ASSET				Portfolio Turnover Ratio	BULL / BEAR		FUND MANAGER		MINIMUMS		LOADS	
	3 Year		NAV							Last Bull	Last Bear	Manager	Manager	Initial	Additional	Front	Back
Risk Rating/Pts	Standard Deviation	Beta	As of 6/30/07	Total $(Mil)	Cash %	Stocks %	Bonds %	Other %		Market Return	Market Return	Quality Pct	Tenure (Years)	Purch. $	Purch. $	End Load	End Load
B / 8.9	5.8	0.77	31.16	230	10	89	0	1	19.0	88.2	-7.3	77	N/A	0	0	0.0	0.0
B / 8.9	5.8	0.77	31.24	68	10	89	0	1	19.0	90.8	-7.2	80	N/A	0	0	0.0	0.0
B / 8.9	5.8	0.77	31.30	233	10	89	0	1	19.0	93.3	-7.1	82	N/A	0	0	0.0	0.0
B / 8.9	5.3	0.57	64.99	1,081	11	69	18	2	26.0	101.7	-1.1	97	N/A	250	50	5.8	0.0
B+ / 9.2	5.3	0.57	64.99	158	11	69	18	2	26.0	94.5	-1.3	97	N/A	250	50	0.0	0.0
B+ / 9.2	5.3	0.57	64.99	430	11	69	18	2	26.0	94.6	-1.3	97	N/A	250	50	0.0	0.0
B+ / 9.2	5.3	0.57	64.99	55	11	69	18	2	26.0	98.9	-1.2	97	N/A	250	25	0.0	0.0
B+ / 9.2	5.4	0.57	64.99	24	11	69	18	2	26.0	101.9	-1.2	98	N/A	250	50	0.0	0.0
B / 8.9	5.4	0.57	64.99	74,365	11	69	18	2	26.0	102.4	-1.1	98	N/A	250	50	5.8	0.0
B+ / 9.2	5.3	0.57	64.99	5,418	11	69	18	2	26.0	95.9	-1.3	97	N/A	250	50	0.0	0.0
B+ / 9.2	5.3	0.57	64.99	11,629	11	69	18	2	26.0	95.3	-1.3	97	N/A	250	50	0.0	0.0
B+ / 9.2	5.3	0.57	64.99	5,041	11	69	18	2	26.0	101.7	-1.2	98	N/A	250	50	0.0	0.0
B+ / 9.2	5.3	0.57	64.99	108	11	69	18	2	26.0	95.1	-1.3	97	N/A	0	0	0.0	0.0
B+ / 9.2	5.3	0.57	64.99	559	11	69	18	2	26.0	95.3	-1.3	97	N/A	0	0	0.0	0.0
B+ / 9.2	5.3	0.57	64.99	667	11	69	18	2	26.0	98.8	-1.2	97	N/A	0	0	0.0	0.0
B+ / 9.2	5.3	0.57	64.99	211	11	69	18	2	26.0	101.5	-1.1	97	N/A	0	0	0.0	0.0
B+ / 9.2	5.4	0.57	64.99	699	11	69	18	2	26.0	104.2	-1.1	98	N/A	0	0	0.0	0.0
B- / 7.4	8.1	0.84	46.05	1,496	5	93	0	2	30.0	169.7	-6.3	77	N/A	250	50	5.8	0.0
B- / 7.4	8.1	0.84	45.94	184	5	93	0	2	30.0	159.9	-6.6	67	N/A	250	50	0.0	0.0
B- / 7.4	8.1	0.84	45.93	418	5	93	0	2	30.0	160.0	-6.5	67	N/A	250	50	0.0	0.0
B- / 7.4	8.1	0.84	46.01	71	5	93	0	2	30.0	165.7	-6.4	73	N/A	250	25	0.0	0.0
B- / 7.4	8.1	0.84	46.07	33	5	93	0	2	30.0	170.1	-6.4	78	N/A	250	50	0.0	0.0
B- / 7.4	8.1	0.84	46.13	73,954	5	93	0	2	30.0	170.5	-6.3	77	14	250	50	5.8	0.0
B- / 7.4	8.1	0.84	45.92	4,251	5	93	0	2	30.0	161.6	-6.5	69	N/A	250	50	0.0	0.0
B- / 7.4	8.1	0.84	45.78	8,513	5	93	0	2	30.0	160.9	-6.5	69	N/A	250	50	0.0	0.0
B- / 7.4	8.1	0.84	46.06	5,385	5	93	0	2	30.0	169.8	-6.3	77	N/A	250	50	0.0	0.0
B- / 7.4	8.1	0.84	45.88	118	5	93	0	2	30.0	160.7	-6.5	68	N/A	0	0	0.0	0.0
B- / 7.4	8.1	0.84	45.78	1,064	5	93	0	2	30.0	160.8	-6.5	68	N/A	0	0	0.0	0.0
B- / 7.4	8.1	0.84	45.94	1,567	5	93	0	2	30.0	165.7	-6.4	74	N/A	0	0	0.0	0.0
B- / 7.4	8.1	0.84	46.06	1,193	5	93	0	2	30.0	169.5	-6.4	77	N/A	0	0	0.0	0.0
B- / 7.4	8.1	0.84	46.14	1,508	5	93	0	2	30.0	173.1	-6.2	80	N/A	0	0	0.0	0.0
C+ / 6.2	9.5	0.98	51.67	668	6	93	0	1	27.2	177.8	-9.5	65	5	250	50	5.8	0.0
C+ / 6.2	9.5	0.98	50.78	99	6	93	0	1	27.2	167.6	-9.8	52	5	250	50	0.0	0.0
C+ / 6.2	9.5	0.98	50.71	276	6	93	0	1	27.2	167.7	-9.8	53	5	250	50	0.0	0.0
C+ / 6.2	9.5	0.99	51.29	40	6	93	0	1	27.2	173.9	-9.7	60	5	250	25	0.0	0.0
C+ / 6.2	9.5	0.99	51.69	43	6	93	0	1	27.2	178.1	-9.6	65	5	250	50	0.0	0.0
C+ / 6.2	9.5	0.98	51.96	60,997	6	93	0	1	27.2	178.4	-9.6	65	23	250	50	5.8	0.0
C+ / 6.2	9.5	0.98	51.20	1,832	6	93	0	1	27.2	169.8	-9.8	55	7	250	50	0.0	0.0
C+ / 6.2	9.5	0.99	50.71	3,951	6	93	0	1	27.2	168.7	-9.7	53	6	250	50	0.0	0.0
C+ / 6.2	9.5	0.99	51.76	9,381	6	93	0	1	27.2	177.9	-9.6	64	6	250	50	0.0	0.0
C+ / 6.2	9.5	0.99	50.54	150	6	93	0	1	27.2	168.6	-9.8	53	5	0	0	0.0	0.0
C+ / 6.2	9.5	0.99	50.69	1,202	6	93	0	1	27.2	168.8	-9.7	53	5	0	0	0.0	0.0
C+ / 6.2	9.5	0.98	51.14	7,603	6	93	0	1	27.2	174.0	-9.7	60	5	0	0	0.0	0.0
C+ / 6.2	9.5	0.98	51.30	9,427	6	93	0	1	27.2	177.8	-9.6	65	5	0	0	0.0	0.0
C+ / 6.2	9.5	0.99	52.02	16,578	6	93	0	1	27.2	181.2	-9.5	68	N/A	0	0	0.0	0.0
B- / 7.3	8.5	1.00	44.17	541	4	95	0	1	20.8	137.6	-9.7	95	29	250	50	5.8	0.0
B- / 7.3	8.5	1.00	44.15	73	4	95	0	1	20.8	129.1	-10.0	93	29	250	50	0.0	0.0
B- / 7.3	8.5	1.01	44.14	165	4	95	0	1	20.8	129.2	-10.0	93	29	250	50	0.0	0.0
B- / 7.3	8.5	1.01	44.14	26	4	95	0	1	20.8	134.2	-9.8	94	29	250	25	0.0	0.0
B- / 7.3	8.5	1.00	44.14	15	4	95	0	1	20.8	138.0	-9.8	95	29	250	50	0.0	0.0
B- / 7.3	8.5	1.00	44.20	37,272	4	95	0	1	20.8	138.3	-9.7	95	29	250	50	5.8	0.0
B- / 7.3	8.5	1.00	44.10	1,629	4	95	0	1	20.8	130.6	-9.9	93	29	250	50	0.0	0.0

I. Index of Stock Mutual Funds

Summer 2007

99 Pct = Best
0 Pct = Worst

Fund Type	Fund Name	Ticker Symbol	Overall Investment Rating	Phone	Performance Rating/Pts	Total Return % through 6/30/07					Incl. in Returns	
						3 Mo	6 Mo	1Yr / Pct	Annualized 3Yr / Pct	5Yr / Pct	Dividend Yield	Expense Ratio
GI	American Funds Fundamentl Invs C	AFICX	B+	(800) 421-4120	B / 7.9	8.23	10.70	20.77 /65	16.96 /77	13.49 /66	0.54	1.43
GI	American Funds Fundamentl Invs F	AFIFX	A-	(800) 421-4120	B / 8.2	8.47	11.15	21.76 /71	17.90 /80	14.40 /72	1.26	0.61
GI	American Funds Fundamentl Invs R1	RFNAX	B+	(800) 421-4120	B / 7.9	8.25	10.71	20.74 /65	16.93 /77	13.48 /65	0.52	1.47
GI	American Funds Fundamentl Invs R2	RFNBX	B+	(800) 421-4120	B / 7.9	8.26	10.69	20.76 /65	16.96 /77	13.51 /66	0.54	1.54
GI	American Funds Fundamentl Invs R3	RFNCX	A-	(800) 421-4120	B / 8.1	8.39	10.97	21.32 /69	17.47 /79	13.99 /70	0.94	0.99
GI	American Funds Fundamentl Invs R4	RFNEX	A-	(800) 421-4120	B / 8.2	8.47	11.14	21.68 /71	17.85 /80	14.38 /72	1.21	0.67
GI	American Funds Fundamentl Invs R5	RFNFX	A-	(800) 421-4120	B+ / 8.3	8.53	11.27	22.05 /73	18.20 /81	14.72 /74	1.47	0.38
GR	American Funds Gr Fnd of Amer	CGFAX	C	(800) 421-4120	C / 5.2	7.68	9.16	17.89 /44	13.96 /62	13.70 /67	0.70	0.68
GR	American Funds Gr Fnd of Amer	CGFBX	C+	(800) 421-4120	C+ / 5.6	7.47	8.75	16.93 /38	13.01 /54	12.71 /59	0.07	1.52
GR	American Funds Gr Fnd of Amer	CGFCX	C+	(800) 421-4120	C+ / 5.6	7.47	8.75	16.90 /37	13.01 /54	12.72 /59	0.10	1.52
GR	American Funds Gr Fnd of Amer	CGFEX	C+	(800) 421-4120	C+ / 6.1	7.61	9.00	17.53 /42	13.58 /59	13.29 /64	0.50	1.00
GR	American Funds Gr Fnd of Amer	CGFFX	C+	(800) 421-4120	C+ / 6.5	7.75	9.27	18.11 /46	14.07 /63	13.70 /67	0.90	0.50
*GR	American Funds Gr Fnd of Amer A	AGTHX	C	(800) 421-4120	C / 5.2	7.71	9.22	17.96 /45	14.01 /62	13.72 /67	0.70	0.65
GR	American Funds Gr Fnd of Amer B	AGRBX	C+	(800) 421-4120	C+ / 5.7	7.51	8.79	17.04 /38	13.16 /56	12.87 /61	0.11	1.40
GR	American Funds Gr Fnd of Amer C	GFACX	C+	(800) 421-4120	C+ / 5.7	7.47	8.76	17.00 /38	13.09 /55	12.81 /60	0.11	1.47
GR	American Funds Gr Fnd of Amer F	GFAFX	C+	(800) 421-4120	C+ / 6.4	7.69	9.21	17.95 /44	14.01 /62	13.72 /67	0.79	0.64
GR	American Funds Gr Fnd of Amer R1	RGAAX	C+	(800) 421-4120	C+ / 5.7	7.51	8.78	17.03 /38	13.10 /55	12.81 /60	0.26	1.45
GR	American Funds Gr Fnd of Amer R2	RGABX	C+	(800) 421-4120	C+ / 5.7	7.52	8.79	17.04 /38	13.11 /55	12.83 /61	0.12	1.46
GR	American Funds Gr Fnd of Amer R3	RGACX	C+	(800) 421-4120	C+ / 6.1	7.64	9.03	17.57 /42	13.67 /60	13.34 /64	0.54	0.96
GR	American Funds Gr Fnd of Amer R4	RGAEX	C+	(800) 421-4120	C+ / 6.4	7.70	9.19	17.91 /44	13.99 /62	13.69 /67	0.75	0.69
GR	American Funds Gr Fnd of Amer R5	RGAFX	C+	(800) 421-4120	C+ / 6.6	7.80	9.37	18.25 /47	14.32 /64	14.04 /70	0.98	0.39
IN	American Funds Inc Fnd of Amer	CIMAX	C+	(800) 421-4120	C- / 4.1	4.18	6.38	19.76 /58	13.43 /58	12.37 /57	3.92	0.63
IN	American Funds Inc Fnd of Amer	CIMBX	B-	(800) 421-4120	C / 4.7	3.99	5.99	18.88 /51	12.50 /50	11.42 /48	3.42	1.47
IN	American Funds Inc Fnd of Amer	CIMCX	B-	(800) 421-4120	C / 4.7	3.99	5.99	18.88 /51	12.52 /50	11.43 /48	3.42	1.46
IN	American Funds Inc Fnd of Amer	CIMEX	B	(800) 421-4120	C / 5.2	4.07	6.20	19.40 /55	13.06 /55	11.99 /53	3.89	0.94
IN	American Funds Inc Fnd of Amer	CIMFX	B+	(800) 421-4120	C+ / 5.7	4.24	6.45	20.02 /60	13.54 /59	12.39 /57	4.35	0.44
*IN	American Funds Inc Fnd of Amer A	AMECX	C+	(800) 421-4120	C- / 4.2	4.20	6.43	19.91 /59	13.55 /59	12.47 /57	4.00	0.56
IN	American Funds Inc Fnd of Amer B	IFABX	B	(800) 421-4120	C / 4.9	4.03	6.07	19.02 /52	12.69 /51	11.63 /50	3.55	1.33
IN	American Funds Inc Fnd of Amer C	IFACX	B	(800) 421-4120	C / 4.8	3.97	6.00	18.94 /52	12.59 /51	11.53 /49	3.50	1.38
IN	American Funds Inc Fnd of Amer F	IFAFX	B+	(800) 421-4120	C+ / 5.6	4.20	6.42	19.83 /58	13.45 /58	12.38 /57	4.20	0.60
IN	American Funds Inc Fnd of Amer R1	RIDAX	B-	(800) 421-4120	C / 4.7	3.94	6.00	18.86 /51	12.55 /50	11.48 /48	3.45	1.45
IN	American Funds Inc Fnd of Amer R2	RIDBX	B-	(800) 421-4120	C / 4.7	3.96	5.97	18.86 /51	12.57 /50	11.48 /48	3.46	1.52
IN	American Funds Inc Fnd of Amer R3	RIDCX	B	(800) 421-4120	C / 5.2	4.06	6.19	19.39 /55	13.07 /55	11.99 /53	3.89	0.96
IN	American Funds Inc Fnd of Amer R4	RIDEX	B+	(800) 421-4120	C / 5.5	4.18	6.39	19.76 /58	13.40 /58	12.35 /56	4.15	0.66
IN	American Funds Inc Fnd of Amer R5	RIDFX	B+	(800) 421-4120	C+ / 5.8	4.21	6.48	20.09 /60	13.75 /60	12.68 /59	4.42	0.36
GI	American Funds Inv Co of Amer 529A	CICAX	C	(800) 421-4120	C- / 4.1	6.86	7.97	18.34 /47	12.79 /52	11.24 /46	1.83	0.64
GI	American Funds Inv Co of Amer 529B	CICBX	C+	(800) 421-4120	C / 4.6	6.67	7.57	17.41 /41	11.86 /44	10.28 /36	1.21	1.47
GI	American Funds Inv Co of Amer	CICCX	C+	(800) 421-4120	C / 4.7	6.67	7.57	17.41 /41	11.88 /44	10.30 /36	1.21	1.46
GI	American Funds Inv Co of Amer 529E	CICEX	C+	(800) 421-4120	C / 5.2	6.80	7.83	18.03 /45	12.45 /49	10.86 /42	1.67	0.95
GI	American Funds Inv Co of Amer 529F	CICFX	B-	(800) 421-4120	C+ / 5.7	6.95	8.09	18.59 /49	12.94 /53	11.28 /46	2.12	0.45
GI	American Funds Inv Co of Amer A	AIVSX	C	(800) 421-4120	C- / 4.2	6.91	8.04	18.49 /48	12.91 /53	11.34 /47	1.89	0.57
GI	American Funds Inv Co of Amer B	AICBX	C+	(800) 421-4120	C / 4.8	6.70	7.63	17.55 /42	12.03 /46	10.47 /38	1.31	1.34
GI	American Funds Inv Co of Amer C	AICCX	C+	(800) 421-4120	C / 4.7	6.67	7.59	17.49 /41	11.96 /45	10.40 /37	1.26	1.41
GI	American Funds Inv Co of Amer F	AICFX	B-	(800) 421-4120	C+ / 5.6	6.91	7.99	18.43 /48	12.84 /53	11.26 /46	1.97	0.60
GI	American Funds Inv Co of Amer R1	RICAX	C+	(800) 421-4120	C / 4.7	6.69	7.60	17.49 /41	11.94 /45	10.39 /37	1.26	1.42
GI	American Funds Inv Co of Amer R2	RICBX	C+	(800) 421-4120	C / 4.7	6.68	7.59	17.49 /41	11.96 /45	10.42 /38	1.25	1.50
GI	American Funds Inv Co of Amer R3	RICCX	C+	(800) 421-4120	C / 5.2	6.79	7.83	18.03 /45	12.48 /50	10.87 /42	1.68	0.94
GI	American Funds Inv Co of Amer R4	RICEX	C+	(800) 421-4120	C / 5.5	6.86	7.98	18.38 /48	12.82 /52	11.24 /46	1.94	0.65
GI	American Funds Inv Co of Amer R5	RICFX	B-	(800) 421-4120	C+ / 5.8	6.97	8.16	18.74 /50	13.15 /55	11.58 /49	2.20	0.35
GR	American Funds New Economy 529A	CNGAX	B-	(800) 421-4120	C+ / 6.3	6.53	8.53	23.84 /80	14.83 /68	13.96 /69	0.64	0.85
GR	American Funds New Economy 529B	CNGBX	B-	(800) 421-4120	C+ / 6.6	6.32	8.12	22.78 /76	13.86 /61	12.95 /62	0.01	1.72
GR	American Funds New Economy 529C	CNGCX	B-	(800) 421-4120	C+ / 6.6	6.32	8.08	22.79 /76	13.86 /61	12.96 /62	0.09	1.71

● Denotes fund is closed to new investors
* Denotes fund is included in Section II

www.thestreet.com/ratings

Summer 2007

I. Index of Stock Mutual Funds

RISK			NET ASSETS		ASSET				BULL / BEAR		FUND MANAGER		MINIMUMS		LOADS	
	3 Year		NAV						Last Bull	Last Bear	Manager	Manager	Initial	Additional	Front	Back
Risk	Standard		As of	Total	Cash	Stocks	Bonds	Other	Portfolio	Market	Market	Quality	Tenure	Purch.	Purch.	End	End
Rating/Pts	Deviation	Beta	6/30/07	$(Mil)	%	%	%	%	Turnover Ratio	Return	Return	Pct	(Years)	$	$	Load	Load
B- / 7.3	8.5	1.01	44.05	1,765	4	95	0	1	20.8	130.0	-9.9	93	29	250	50	0.0	0.0
B- / 7.3	8.5	1.00	44.18	2,444	4	95	0	1	20.8	137.9	-9.8	95	6	250	50	0.0	0.0
B- / 7.3	8.5	1.00	44.07	36	4	95	0	1	20.8	129.8	-9.9	93	29	0	0	0.0	0.0
B- / 7.3	8.5	1.01	44.05	398	4	95	0	1	20.8	130.1	-9.9	93	29	0	0	0.0	0.0
B- / 7.3	8.5	1.00	44.13	828	4	95	0	1	20.8	134.1	-9.8	94	29	0	0	0.0	0.0
B- / 7.3	8.5	1.00	44.14	640	4	95	0	1	20.8	137.6	-9.7	95	29	0	0	0.0	0.0
B- / 7.3	8.5	1.00	44.21	687	4	95	0	1	20.8	140.6	-9.7	95	29	0	0	0.0	0.0
C+ / 6.9	8.7	1.06	35.75	2,656	9	90	0	1	22.4	111.9	-10.2	75	N/A	250	50	5.8	0.0
C+ / 6.9	8.7	1.06	34.80	530	9	90	0	1	22.4	104.2	-10.4	64	N/A	250	50	0.0	0.0
C+ / 6.9	8.7	1.06	34.80	832	9	90	0	1	22.4	104.3	-10.4	64	N/A	250	50	0.0	0.0
C+ / 6.9	8.7	1.06	35.49	141	9	90	0	1	22.4	108.8	-10.3	71	N/A	250	25	0.0	0.0
C+ / 6.9	8.7	1.05	35.73	76	9	90	0	1	22.4	112.1	-10.3	76	N/A	250	50	0.0	0.0
C+ / 6.9	8.7	1.06	35.90	91,308	9	90	0	1	22.4	112.1	-10.2	75	N/A	250	50	5.8	0.0
C+ / 6.9	8.7	1.06	34.65	7,758	9	90	0	1	22.4	105.6	-10.4	66	N/A	250	50	0.0	0.0
C+ / 6.9	8.7	1.05	34.51	11,069	9	90	0	1	22.4	105.0	-10.4	66	N/A	250	50	0.0	0.0
C+ / 6.9	8.7	1.06	35.69	24,444	9	90	0	1	22.4	112.0	-10.2	75	N/A	250	50	0.0	0.0
C+ / 6.9	8.7	1.06	34.93	386	9	90	0	1	22.4	105.0	-10.3	65	N/A	0	0	0.0	0.0
C+ / 6.9	8.7	1.05	35.02	2,800	9	90	0	1	22.4	105.1	-10.4	66	N/A	0	0	0.0	0.0
C+ / 6.9	8.7	1.05	35.38	13,136	9	90	0	1	22.4	109.2	-10.3	72	N/A	0	0	0.0	0.0
C+ / 6.9	8.6	1.05	35.66	17,460	9	90	0	1	22.4	111.9	-10.2	75	N/A	0	0	0.0	0.0
C+ / 6.9	8.7	1.06	35.94	11,492	9	90	0	1	22.4	114.6	-10.1	78	N/A	0	0	0.0	0.0
B / 8.8	5.0	0.58	21.25	661	9	64	22	5	34.9	90.8	-2.0	93	N/A	250	50	5.8	0.0
B+ / 9.3	5.0	0.59	21.20	121	9	64	22	5	34.9	84.3	-2.3	90	N/A	250	50	0.0	0.0
B+ / 9.3	5.0	0.58	21.21	290	9	64	22	5	34.9	84.4	-2.3	90	N/A	250	50	0.0	0.0
B+ / 9.3	5.0	0.58	21.21	33	9	64	22	5	34.9	88.1	-2.1	92	N/A	250	25	0.0	0.0
B+ / 9.3	5.1	0.58	21.24	19	9	64	22	5	34.9	90.9	-2.0	93	N/A	250	50	0.0	0.0
B / 8.8	5.0	0.58	21.27	67,765	9	64	22	5	34.9	91.5	-2.0	94	34	250	50	5.8	0.0
B+ / 9.3	5.0	0.58	21.15	5,323	9	64	22	5	34.9	85.7	-2.2	91	N/A	250	50	0.0	0.0
B+ / 9.3	5.0	0.59	21.11	9,104	9	64	22	5	34.9	85.0	-2.2	91	6	250	50	0.0	0.0
B+ / 9.3	5.0	0.58	21.24	3,107	9	64	22	5	34.9	90.9	-2.0	93	6	250	50	0.0	0.0
B+ / 9.3	5.0	0.59	21.20	74	9	64	22	5	34.9	84.8	-2.2	90	N/A	0	0	0.0	0.0
B+ / 9.3	5.0	0.58	21.14	551	9	64	22	5	34.9	84.6	-2.2	90	N/A	0	0	0.0	0.0
B+ / 9.3	5.0	0.58	21.22	974	9	64	22	5	34.9	88.2	-2.1	92	N/A	0	0	0.0	0.0
B+ / 9.3	5.0	0.58	21.25	438	9	64	22	5	34.9	90.6	-2.0	93	N/A	0	0	0.0	0.0
B+ / 9.3	5.1	0.58	21.26	281	9	64	22	5	34.9	93.0	-2.0	94	N/A	0	0	0.0	0.0
B / 8.0	6.1	0.79	35.83	1,283	14	84	0	2	20.4	93.6	-7.7	83	74	250	50	5.8	0.0
B / 8.0	6.1	0.79	35.75	264	14	84	0	2	20.4	86.7	-8.0	76	74	250	50	0.0	0.0
B / 8.0	6.1	0.79	35.76	370	14	84	0	2	20.4	86.8	-7.9	76	74	250	50	0.0	0.0
B / 8.0	6.1	0.79	35.77	55	14	84	0	2	20.4	90.9	-7.9	81	74	250	25	0.0	0.0
B / 8.0	6.1	0.79	35.82	16	14	84	0	2	20.4	94.0	-7.8	84	74	250	50	0.0	0.0
B / 8.0	6.1	0.79	35.87	78,697	14	84	0	2	20.4	94.3	-7.7	84	74	250	50	5.8	0.0
B / 8.0	6.1	0.79	35.72	4,451	14	84	0	2	20.4	88.1	-7.9	78	74	250	50	0.0	0.0
B / 8.0	6.0	0.79	35.65	3,591	14	84	0	2	20.4	87.5	-7.9	77	74	250	50	0.0	0.0
B / 8.0	6.1	0.79	35.83	1,673	14	84	0	2	20.4	93.8	-7.7	84	6	250	50	0.0	0.0
B / 8.0	6.1	0.79	35.73	58	14	84	0	2	20.4	87.3	-7.9	77	74	0	0	0.0	0.0
B / 8.0	6.1	0.79	35.75	707	14	84	0	2	20.4	87.4	-7.9	77	74	0	0	0.0	0.0
B / 8.0	6.1	0.79	35.80	1,032	14	84	0	2	20.4	91.0	-7.9	82	74	0	0	0.0	0.0
B / 8.0	6.1	0.79	35.83	384	14	84	0	2	20.4	93.7	-7.8	84	74	0	0	0.0	0.0
B / 8.0	6.1	0.79	35.87	2,259	14	84	0	2	20.4	96.1	-7.7	85	74	0	0	0.0	0.0
B- / 7.3	9.8	1.22	28.89	97	8	91	0	1	40.7	129.5	-13.8	69	24	250	50	5.8	0.0
B- / 7.3	9.8	1.22	28.09	16	8	91	0	1	40.7	121.0	-14.0	58	24	250	50	0.0	0.0
B- / 7.3	9.8	1.22	28.08	32	8	91	0	1	40.7	121.0	-14.0	58	24	250	50	0.0	0.0

www.thestreet.com/ratings

Data as of June 30, 2007

I. Index of Stock Mutual Funds

Summer 2007

					PERFORMANCE						
	99 Pct = Best 0 Pct = Worst		Overall		Perfor-	Total Return % through 6/30/07					Incl. in Returns
Fund Type	Fund Name	Ticker Symbol	Investment Rating	Phone	mance Rating/Pts	3 Mo	6 Mo	1Yr / Pct	Annualized		Dividend Expense
									3Yr / Pct	5Yr / Pct	Yield Ratio

Fund Type	Fund Name	Ticker	Rating	Phone	Perf/Pts	3 Mo	6 Mo	1Yr / Pct	3Yr / Pct	5Yr / Pct	Yield	Ratio
GR	American Funds New Economy 529E	CNGEX	B	(800) 421-4120	B- / 7.0	6.46	8.39	23.46 /79	14.47 /65	13.57 /66	0.43	1.18
GR	American Funds New Economy 529F	CNGFX	B	(800) 421-4120	B- / 7.3	6.61	8.65	24.10 /80	14.97 /68	13.97 /69	0.83	0.68
★ GR	American Funds New Economy A	ANEFX	B-	(800) 421-4120	C+ / 6.3	6.58	8.58	23.88 /80	14.90 /68	13.99 /70	0.63	0.82
GR	American Funds New Economy B	ANFBX	B-	(800) 421-4120	C+ / 6.7	6.38	8.20	22.97 /77	14.02 /62	13.12 /63	0.05	1.59
GR	American Funds New Economy C	ANFCX	B-	(800) 421-4120	C+ / 6.7	6.34	8.17	22.89 /77	13.96 /62	13.07 /62	0.11	1.64
GR	American Funds New Economy F	ANFFX	B	(800) 421-4120	B- / 7.2	6.58	8.59	23.92 /80	14.87 /68	13.97 /69	0.77	0.83
GR	American Funds New Economy R1	RNGAX	B-	(800) 421-4120	C+ / 6.7	6.33	8.12	22.92 /77	13.97 /62	13.08 /63	0.27	1.64
GR	American Funds New Economy R2	RNGBX	B-	(800) 421-4120	C+ / 6.7	6.34	8.17	22.94 /77	14.01 /62	13.12 /63	0.10	1.81
GR	American Funds New Economy R3	RNGCX	B	(800) 421-4120	B- / 7.0	6.46	8.39	23.43 /78	14.44 /65	13.56 /66	0.41	1.22
GR	American Funds New Economy R4	RNGEX	B	(800) 421-4120	B- / 7.2	6.56	8.60	23.89 /80	14.87 /68	13.98 /69	0.66	0.86
GR	American Funds New Economy R5	RNGFX	B+	(800) 421-4120	B- / 7.4	6.63	8.70	24.20 /81	15.21 /70	14.32 /72	0.91	0.55
GL	American Funds New Perspective	CNPAX	B+	(800) 421-4120	B / 7.8	8.43	10.29	24.49 /82	17.69 /80	15.63 /79	1.25	0.81
GL	American Funds New Perspective	CNPBX	B+	(800) 421-4120	B / 8.0	8.23	9.90	23.52 /79	16.72 /77	14.65 /74	0.67	1.65
GL	American Funds New Perspective	CNPCX	B+	(800) 421-4120	B / 8.0	8.24	9.87	23.54 /79	16.73 /77	14.65 /74	0.70	1.64
GL	American Funds New Perspective	CNPEX	A-	(800) 421-4120	B / 8.2	8.36	10.16	24.18 /81	17.33 /79	15.26 /77	1.09	1.12
GL	American Funds New Perspective	CNPFX	A-	(800) 421-4120	B+ / 8.3	8.50	10.43	24.77 /82	17.82 /80	15.67 /80	1.49	0.62
★ GL	American Funds New Perspective A	ANWPX	B+	(800) 421-4120	B / 7.8	8.49	10.37	24.63 /82	17.78 /80	15.71 /80	1.27	0.75
GL	American Funds New Perspective B	NPFBX	A-	(800) 421-4120	B / 8.0	8.26	9.92	23.65 /79	16.88 /77	14.82 /75	0.72	1.52
GL	American Funds New Perspective C	NPFCX	A-	(800) 421-4120	B / 8.0	8.24	9.91	23.59 /79	16.80 /77	14.76 /75	0.72	1.59
GL	American Funds New Perspective F	NPFFX	A-	(800) 421-4120	B+ / 8.3	8.45	10.34	24.57 /82	17.74 /80	15.67 /80	1.36	0.76
GL	American Funds New Perspective R1	RNPAX	B+	(800) 421-4120	B / 8.0	8.24	9.91	23.60 /79	16.83 /77	14.76 /75	0.85	1.59
GL	American Funds New Perspective R2	RNPBX	A-	(800) 421-4120	B / 8.0	8.25	9.92	23.61 /79	16.82 /77	14.79 /75	0.75	1.67
GL	American Funds New Perspective R3	RNPCX	A-	(800) 421-4120	B / 8.2	8.37	10.17	24.19 /81	17.38 /79	15.28 /78	1.11	1.10
GL	American Funds New Perspective R4	RNPEX	A-	(800) 421-4120	B+ / 8.3	8.48	10.33	24.55 /82	17.74 /80	15.67 /80	1.29	0.79
GL	American Funds New Perspective R5	RNPFX	A-	(800) 421-4120	B+ / 8.4	8.51	10.46	24.92 /83	18.07 /81	16.01 /81	1.54	0.51
GL	American Funds New World 529A	CNWAX	B+	(800) 421-4120	A+ / 9.6	11.55	15.16	41.77 /97	30.89 /96	24.63 /96	1.49	1.09
GL	American Funds New World 529B	CNWBX	B+	(800) 421-4120	A+ / 9.6	11.32	14.69	40.56 /97	29.76 /96	23.53 /95	1.01	1.97
GL	American Funds New World 529C	CNWCX	B+	(800) 421-4120	A+ / 9.6	11.34	14.72	40.59 /97	29.77 /96	23.55 /95	1.05	1.96
GL	American Funds New World 529E	CNWEX	B+	(800) 421-4120	A+ / 9.7	11.47	14.98	41.28 /97	30.45 /96	24.20 /96	1.37	1.43
GL	American Funds New World 529F	CNWFX	B+	(800) 421-4120	A+ / 9.7	11.61	15.29	42.03 /97	31.01 /96	24.66 /96	1.67	0.93
★ GL	American Funds New World A	NEWFX	B+	(800) 421-4120	A+ / 9.6	11.58	15.19	41.86 /97	30.95 /96	24.68 /96	1.49	1.06
GL	American Funds New World B	NEWBX	B+	(800) 421-4120	A+ / 9.6	11.35	14.76	40.71 /97	29.94 /96	23.70 /95	1.05	1.85
GL	American Funds New World C	NEWCX	B+	(800) 421-4120	A+ / 9.6	11.36	14.74	40.70 /97	29.88 /96	23.67 /95	1.06	1.89
GL	American Funds New World F	NWFFX	B+	(800) 421-4120	A+ / 9.7	11.58	15.22	41.83 /97	30.93 /96	24.64 /96	1.58	1.07
GL	American Funds New World R1	RNWAX	B+	(800) 421-4120	A+ / 9.6	11.33	14.73	40.67 /97	29.87 /96	23.68 /95	1.15	1.93
GL	American Funds New World R2	RNWBX	B+	(800) 421-4120	A+ / 9.6	11.37	14.74	40.69 /97	29.91 /96	23.71 /95	1.12	2.05
GL	American Funds New World R3	RNWCX	B+	(800) 421-4120	A+ / 9.7	11.49	15.01	41.29 /97	30.42 /96	24.18 /96	1.36	1.49
GL	American Funds New World R4	RNWEX	B+	(800) 421-4120	A+ / 9.7	11.57	15.19	41.77 /97	30.87 /96	24.63 /96	1.59	1.11
GL	American Funds New World R5	RNWFX	B+	(800) 421-4120	A+ / 9.7	11.65	15.35	42.20 /97	31.29 /96	25.02 /96	1.74	0.81
SC	American Funds SMALLCAP World	CSPAX	B+	(800) 421-4120	A- / 9.2	10.20	16.52	32.85 /95	23.33 /91	19.78 /91	1.36	1.11
SC	American Funds SMALLCAP World	CSPBX	B+	(800) 421-4120	A / 9.3	10.00	16.06	31.74 /94	22.28 /90	18.72 /89	0.70	1.97
SC	American Funds SMALLCAP World	CSPCX	B+	(800) 421-4120	A / 9.3	9.98	16.05	31.75 /94	22.29 /90	18.73 /89	0.76	1.96
SC	American Funds SMALLCAP World	CSPEX	B+	(800) 421-4120	A / 9.4	10.12	16.36	32.44 /95	22.93 /91	19.36 /91	1.18	1.44
SC	American Funds SMALLCAP World	CSPFX	B+	(800) 421-4120	A / 9.4	10.26	16.61	33.05 /95	23.45 /92	19.78 /91	1.58	0.94
★ SC	American Funds SMALLCAP World A	SMCWX	B+	(800) 421-4120	A- / 9.2	10.21	16.56	32.92 /95	23.39 /92	19.79 /92	1.34	1.08
SC	American Funds SMALLCAP World B	SCWBX	B+	(800) 421-4120	A / 9.3	10.03	16.13	31.93 /94	22.45 /90	18.88 /90	0.77	1.85
SC	American Funds SMALLCAP World C	SCWCX	B+	(800) 421-4120	A / 9.3	10.02	16.11	31.85 /94	22.39 /90	18.85 /89	0.82	1.89
SC	American Funds SMALLCAP World F	SCWFX	B+	(800) 421-4120	A / 9.4	10.21	16.55	32.92 /95	23.36 /92	19.78 /91	1.49	1.08
SC	American Funds SMALLCAP World	RSLAX	B+	(800) 421-4120	A / 9.3	9.98	16.06	31.82 /94	22.38 /90	18.85 /90	0.88	1.92
SC	American Funds SMALLCAP World	RSLBX	B+	(800) 421-4120	A / 9.3	10.01	16.09	31.87 /94	22.41 /90	18.89 /90	0.84	2.06
SC	American Funds SMALLCAP World	RSLCX	B+	(800) 421-4120	A / 9.4	10.14	16.33	32.42 /95	22.89 /91	19.35 /91	1.16	1.49
SC	American Funds SMALLCAP World	RSLEX	B+	(800) 421-4120	A / 9.4	10.21	16.53	32.86 /95	23.34 /91	19.77 /91	1.47	1.11

● Denotes fund is closed to new investors
★ Denotes fund is included in Section II

I. Index of Stock Mutual Funds

Summer 2007

RISK			NET ASSETS		ASSET					BULL / BEAR		FUND MANAGER		MINIMUMS		LOADS	
	3 Year		NAV						Portfolio	Last Bull	Last Bear	Manager	Manager	Initial	Additional	Front	Back
Risk	Standard		As of	Total	Cash	Stocks	Bonds	Other	Turnover	Market	Market	Quality	Tenure	Purch.	Purch.	End	End
Rating/Pts	Deviation	Beta	6/30/07	$(Mil)	%	%	%	%	Ratio	Return	Return	Pct	(Years)	$	$	Load	Load
B- / 7.3	9.8	1.22	28.67	5	8	91	0	1	40.7	126.0	-13.9	65	24	250	25	0.0	0.0
B- / 7.3	9.8	1.22	28.89	3	8	91	0	1	40.7	129.7	-13.9	70	24	250	50	0.0	0.0
B- / 7.3	9.8	1.22	28.99	8,270	8	91	0	1	40.7	129.8	-13.9	70	24	250	50	5.8	0.0
B- / 7.3	9.8	1.22	27.84	227	8	91	0	1	40.7	122.4	-14.0	59	24	250	50	0.0	0.0
B- / 7.3	9.8	1.22	27.68	181	8	91	0	1	40.7	121.9	-14.0	59	6	250	50	0.0	0.0
B- / 7.3	9.8	1.22	28.82	419	8	91	0	1	40.7	129.4	-13.8	69	6	250	50	0.0	0.0
B- / 7.3	9.8	1.22	28.24	12	8	91	0	1	40.7	122.1	-14.0	59	24	0	0	0.0	0.0
B- / 7.3	9.8	1.22	28.33	104	8	91	0	1	40.7	122.1	-13.9	59	24	0	0	0.0	0.0
B- / 7.3	9.8	1.22	28.68	104	8	91	0	1	40.7	125.9	-13.9	65	24	0	0	0.0	0.0
B- / 7.3	9.8	1.22	28.92	54	8	91	0	1	40.7	129.4	-13.8	69	24	0	0	0.0	0.0
B- / 7.4	9.8	1.22	29.10	135	8	91	0	1	40.7	132.5	-13.8	73	24	0	0	0.0	0.0
B- / 7.4	9.0	0.91	34.84	790	4	95	0	1	32.4	142.2	-10.2	23	N/A	250	50	5.8	0.0
B- / 7.4	9.0	0.91	34.31	129	4	95	0	1	32.4	133.4	-10.4	17	N/A	250	50	0.0	0.0
B- / 7.4	9.0	0.91	34.29	210	4	95	0	1	32.4	133.5	-10.4	17	N/A	250	50	0.0	0.0
B- / 7.4	9.0	0.91	34.60	46	4	95	0	1	32.4	138.8	-10.3	21	N/A	250	25	0.0	0.0
B- / 7.3	9.0	0.91	34.84	13	4	95	0	1	32.4	142.5	-10.2	24	N/A	250	50	0.0	0.0
B- / 7.4	9.0	0.91	35.03	47,224	4	95	0	1	32.4	142.9	-10.2	23	N/A	250	50	5.8	0.0
B- / 7.4	9.0	0.91	34.35	1,984	4	95	0	1	32.4	135.1	-10.4	18	7	250	50	0.0	0.0
B- / 7.4	9.0	0.91	34.15	1,894	4	95	0	1	32.4	134.3	-10.4	18	6	250	50	0.0	0.0
B- / 7.4	9.0	0.91	34.91	1,131	4	95	0	1	32.4	142.4	-10.2	23	6	250	50	0.0	0.0
B- / 7.4	9.0	0.91	34.15	45	4	95	0	1	32.4	134.4	-10.4	18	N/A	0	0	0.0	0.0
B- / 7.4	9.0	0.91	34.24	598	4	95	0	1	32.4	134.6	-10.4	18	N/A	0	0	0.0	0.0
B- / 7.4	9.0	0.91	34.56	1,162	4	95	0	1	32.4	139.0	-10.3	21	N/A	0	0	0.0	0.0
B- / 7.4	9.0	0.91	34.81	735	4	95	0	1	32.4	142.4	-10.2	23	N/A	0	0	0.0	0.0
B- / 7.3	9.0	0.91	35.07	2,441	4	95	0	1	32.4	145.4	-10.1	25	N/A	0	0	0.0	0.0
C+ / 5.6	11.4	1.07	55.54	264	5	86	7	2	30.0	230.0	-4.5	95	N/A	250	50	5.8	0.0
C+ / 5.6	11.4	1.07	54.49	32	5	86	7	2	30.0	217.8	-4.7	92	N/A	250	50	0.0	0.0
C+ / 5.6	11.4	1.07	54.49	65	5	86	7	2	30.0	218.0	-4.8	92	N/A	250	50	0.0	0.0
C+ / 5.6	11.4	1.07	55.18	15	5	86	7	2	30.0	225.1	-4.6	94	N/A	250	25	0.0	0.0
C+ / 5.6	11.4	1.07	55.57	11	5	86	7	2	30.0	230.3	-4.5	95	N/A	250	50	0.0	0.0
C+ / 5.6	11.4	1.07	55.80	10,701	5	86	7	2	30.0	230.4	-4.5	95	N/A	250	50	5.8	0.0
C+ / 5.6	11.4	1.07	54.73	460	5	86	7	2	30.0	219.7	-4.7	92	N/A	250	50	0.0	0.0
C+ / 5.6	11.4	1.07	54.19	776	5	86	7	2	30.0	219.2	-4.7	92	6	250	50	0.0	0.0
C+ / 5.6	11.4	1.07	55.49	959	5	86	7	2	30.0	230.2	-4.6	95	6	250	50	0.0	0.0
C+ / 5.6	11.4	1.07	54.44	18	5	86	7	2	30.0	219.2	-4.7	92	N/A	0	0	0.0	0.0
C+ / 5.6	11.4	1.07	54.48	177	5	86	7	2	30.0	219.5	-4.7	92	N/A	0	0	0.0	0.0
C+ / 5.6	11.4	1.07	55.31	165	5	86	7	2	30.0	224.8	-4.6	94	N/A	0	0	0.0	0.0
C+ / 5.6	11.4	1.07	55.74	72	5	86	7	2	30.0	229.9	-4.6	95	N/A	0	0	0.0	0.0
C+ / 5.6	11.4	1.07	55.99	518	5	86	7	2	30.0	234.2	-4.4	95	N/A	0	0	0.0	0.0
C+ / 5.7	11.6	0.78	45.36	431	6	92	0	2	44.6	208.5	-8.8	99	17	250	50	5.8	0.0
C+ / 5.7	11.6	0.78	44.23	66	6	92	0	2	44.6	197.3	-9.0	98	17	250	50	0.0	0.0
C+ / 5.7	11.6	0.78	44.19	172	6	92	0	2	44.6	197.3	-9.0	98	17	250	50	0.0	0.0
C+ / 5.7	11.6	0.78	44.94	27	6	92	0	2	44.6	204.1	-8.9	99	17	250	25	0.0	0.0
C+ / 5.7	11.6	0.78	45.35	31	6	92	0	2	44.6	208.9	-8.9	99	17	250	50	0.0	0.0
C+ / 5.7	11.6	0.78	45.54	19,824	6	92	0	2	44.6	209.0	-8.9	99	17	250	50	5.8	0.0
C+ / 5.7	11.6	0.78	43.77	772	6	92	0	2	44.6	199.0	-9.0	99	17	250	50	0.0	0.0
C+ / 5.7	11.6	0.78	43.47	1,003	6	92	0	2	44.6	198.6	-9.0	98	17	250	50	0.0	0.0
C+ / 5.7	11.6	0.78	45.21	705	6	92	0	2	44.6	208.7	-8.8	99	17	250	50	0.0	0.0
C+ / 5.7	11.6	0.78	44.30	33	6	92	0	2	44.6	198.5	-9.0	98	17	0	0	0.0	0.0
C+ / 5.7	11.6	0.78	44.38	623	6	92	0	2	44.6	198.8	-9.0	98	17	0	0	0.0	0.0
C+ / 5.7	11.6	0.78	44.87	496	6	92	0	2	44.6	203.8	-8.9	99	17	0	0	0.0	0.0
C+ / 5.7	11.6	0.78	45.32	220	6	92	0	2	44.6	208.6	-8.8	99	17	0	0	0.0	0.0

www.thestreet.com/ratings

Data as of June 30, 2007

I. Index of Stock Mutual Funds

Summer 2007

Fund Type	Fund Name	Ticker Symbol	Overall Investment Rating	Phone	Performance Rating/Pts	3 Mo	6 Mo	1Yr / Pct	3Yr / Pct	5Yr / Pct	Dividend Yield	Expense Ratio
	99 Pct = Best							Total Return % through 6/30/07	Annualized		Incl. in Returns	
SC	American Funds SMALLCAP World	RSLFX	B+	(800) 421-4120	A / 9.4	10.29	16.70	33.28 /95	23.73 /92	20.15 /92	1.68	0.80
GI	American Funds Wash Mutl Invs	CWMAX	C	(800) 421-4120	C- / 3.9	6.72	7.68	20.84 /66	11.91 /45	9.99 /33	1.62	0.68
GI	American Funds Wash Mutl Invs	CWMBX	C+	(800) 421-4120	C / 4.3	6.48	7.26	19.86 /59	10.98 /35	9.04 /23	0.99	1.51
GI	American Funds Wash Mutl Invs	CWMCX	C+	(800) 421-4120	C / 4.3	6.51	7.26	19.88 /59	10.98 /35	9.05 /23	0.99	1.50
GI	American Funds Wash Mutl Invs	CWMEX	C+	(800) 421-4120	C / 4.9	6.64	7.52	20.50 /63	11.56 /41	9.62 /29	1.46	0.98
GI	American Funds Wash Mutl Invs	CWMFX	B-	(800) 421-4120	C / 5.3	6.76	7.77	21.05 /67	12.03 /46	10.00 /33	1.91	0.49
* GI	American Funds Wash Mutl Invs A	AWSHX	C	(800) 421-4120	C- / 3.9	6.71	7.72	20.91 /66	12.00 /45	10.06 /34	1.69	0.60
GI	American Funds Wash Mutl Invs B	WSHBX	C+	(800) 421-4120	C / 4.5	6.55	7.33	20.03 /60	11.16 /37	9.23 /25	1.10	1.37
GI	American Funds Wash Mutl Invs C	WSHCX	C+	(800) 421-4120	C / 4.4	6.54	7.31	19.96 /59	11.08 /37	9.15 /24	1.05	1.43
GI	American Funds Wash Mutl Invs F	WSHFX	B-	(800) 421-4120	C / 5.3	6.75	7.72	20.93 /66	11.96 /45	10.01 /33	1.77	0.63
GI	American Funds Wash Mutl Invs R1	RWMAX	C+	(800) 421-4120	C / 4.3	6.50	7.29	19.91 /59	11.03 /36	9.12 /24	1.04	1.47
GI	American Funds Wash Mutl Invs R2	RWMBX	C+	(800) 421-4120	C / 4.4	6.51	7.28	19.92 /59	11.07 /36	9.14 /24	1.04	1.53
GI	American Funds Wash Mutl Invs R3	RWMCX	C+	(800) 421-4120	C / 4.9	6.65	7.53	20.48 /63	11.60 /42	9.64 /29	1.47	0.97
GI	American Funds Wash Mutl Invs R4	RWMEX	B-	(800) 421-4120	C / 5.2	6.74	7.70	20.85 /66	11.92 /45	9.98 /33	1.73	0.68
GI	American Funds Wash Mutl Invs R5	RWMFX	B	(800) 421-4120	C / 5.5	6.80	7.84	21.19 /68	12.26 /48	10.31 /36	2.00	0.38
GR	American Growth Fund A	AMRAX	E	(800) 525-2406	E+ / 0.7	6.44	1.46	17.63 /42	6.66 / 8	7.65 /12	0.00	3.66
GR	American Growth Fund B	AMRBX	E	(800) 525-2406	E+ / 0.9	6.00	0.95	16.91 /37	5.74 / 5	6.79 / 7	0.00	4.40
GR	American Growth Fund C	AMRCX	E+	(800) 525-2406	E+ / 0.9	6.35	0.95	16.91 /37	5.74 / 5	6.79 / 7	0.00	4.43
GR	American Growth Fund D	AMRGX	E+	(800) 525-2406	E+ / 0.8	6.27	1.42	17.88 /44	6.83 / 8	7.85 /14	0.00	3.36
GR	American Ind Stock I	ISISX	B-	(866) 410-2006	C+ / 6.7	6.94	9.09	22.44 /75	14.55 /66	12.56 /58	1.57	1.52
EM	American Indep Internatl Equity I	IMSSX	C	(866) 410-2006	A- / 9.0	9.20	12.07	28.15 /90	21.44 /88	17.20 /85	0.89	1.34
BA	American Perf Balanced Fd Inst	AIBLX	C-	(800) 762-7085	D / 2.1	3.31	5.14	13.59 /19	9.70 /26	9.23 /25	2.13	1.20
BA	American Perf Balanced Fd Inv	APBAX	D	(800) 762-7085	D / 2.0	3.31	5.00	13.35 /18	9.59 /25	9.17 /25	1.88	1.44
GR	American Perf US T/Eff Lg Cp Eq I	AIEQX	C+	(800) 762-7085	C+ / 6.2	5.10	7.25	18.47 /48	14.53 /66	11.00 /43	0.35	1.23
GR	American Perf US T/Eff Lg Cp Eq Inv	APEQX	B	(800) 762-7085	C+ / 6.0	5.00	7.07	18.13 /46	14.36 /64	10.91 /42	0.23	1.48
GR	American Trust Allegiance Fd	ATAFX	C-	(800) 385-7003	C- / 3.7	6.73	9.12	19.34 /55	9.75 /26	8.75 /21	0.05	1.90
GR	Ameriprime Adv Monteagle Value	MVRGX	B	(800) 934-5550	B+ / 8.5	9.19	16.28	21.23 /68	18.39 /81	13.74 /68	1.42	1.22
GI	Ameristock Mutual Fund	AMSTX	C-	(800) 394-5064	D+ / 2.6	7.61	5.87	18.88 /51	8.45 /17	6.99 / 8	3.53	0.80
AG	Ameritor Security Trust 1	ASTRX	E-	(800) 424-8570	E- / 0.0	5.56	5.56	-7.32 / 0	-5.48 / 0	-4.96 / 0	0.00	16.54
GI	AMF Large Cap Equity Inst	IICAX	E-	(800) 982-1846	E / 0.5	4.58	1.40	14.29 /22	4.49 / 2	4.77 / 2	0.27	1.00
FO	Amidex 35 Israel Fund A	AMDAX	B-	(888) 876-3566	B / 7.6	7.97	14.45	35.22 /96	14.37 /64	20.93 /93	0.00	3.40
FO	Amidex 35 Israel Fund C	AMDCX	B-	(888) 876-3566	B / 7.9	7.78	13.99	34.03 /95	13.52 /58	20.07 /92	0.00	4.15
FO	Amidex 35 Israel Fund Fd	AMDEX	B-	(888) 876-3566	B / 8.1	8.09	14.56	35.32 /96	14.46 /65	21.02 /93	0.00	3.39
HL	Amidex Cancer Innov & Healthcare A	CNCRX	D-	(888) 876-3566	E / 0.3	3.58	4.44	7.77 / 4	5.95 / 6	10.30 /36	0.00	4.46
GI	Ancora Equity Fund Class C	ANQCX	C+	(866) 626-2672	C- / 4.2	7.15	6.61	20.14 /61	10.85 /35	--	1.72	2.38
GI	Ancora Equity Fund Class D	ANQDX	B-	(866) 626-2672	C / 4.8	7.20	6.85	20.74 /65	11.39 /40	--	1.70	1.88
GI	Ancora Income Fund Class C	ANICX	D+	(866) 626-2672	E- / 0.2	-1.23	-0.93	6.59 / 2	5.46 / 4	--	4.20	2.37
GI	Ancora Income Fund Class D	ANIDX	C-	(866) 626-2672	E- / 0.2	-1.27	-0.87	6.50 / 2	5.57 / 5	--	4.24	2.12
MC	Apex Mid-Cap Growth Fund	BMCGX	E-	(877) 593-8637	E- / 0.0	0.64	11.35	16.30 /34	-5.15 / 0	8.84 /21	0.00	7.74
GI	API Efficient Frontier Cptl Inc Fd	APIGX	B+	(800) 544-6060	B / 8.0	7.26	10.05	27.91 /90	15.95 /74	13.19 /63	0.28	1.56
GR	API Efficient Frontier Income Fd	APIUX	D	(800) 544-6060	E- / 0.0	0.00	0.69	4.14 / 1	1.23 / 0	1.49 / 0	2.99	1.71
GL	API Tr-Efficient Fr Growth Prim	APITX	C	(800) 544-6060	C+ / 6.8	8.55	11.86	21.52 /70	13.36 /57	13.48 /65	0.00	1.58
GL	API Tr-Efficient Multiple Idx A	APIMX	B	(800) 544-6060	B+ / 8.5	8.12	11.08	30.42 /93	17.46 /79	16.26 /82	0.00	1.42
GR	API Trust-Value C	YCVTX	C	(800) 544-6060	B / 7.7	8.37	12.48	22.36 /74	15.49 /71	15.55 /79	0.00	1.57
GR	Aquila Rocky Mountain Equity A	ROCAX	D+	(800) 437-1020	D / 1.9	5.41	5.70	14.03 /21	10.01 /28	12.08 /54	0.00	2.95
GR	Aquila Rocky Mountain Equity C	ROCCX	D+	(800) 437-1020	D / 2.0	5.21	5.31	13.18 /17	9.20 /22	11.26 /46	0.00	3.70
GR	Aquila Rocky Mountain Equity Y	ROCYX	C-	(800) 437-1020	D+ / 2.4	5.46	5.80	14.30 /22	10.28 /30	12.37 /57	0.00	2.70
GI	Arbitrage Fund (The) - Instl	ARBNX	D	(800) 295-4485	E- / 0.1	1.71	4.23	5.91 / 2	3.95 / 2	--	0.00	2.16
GI	Arbitrage Fund (The) - Retail	ARBFX	D	(800) 295-4485	E- / 0.1	1.65	4.11	5.63 / 2	3.71 / 1	5.74 / 4	0.00	2.41
MC	Ariel Appreciation Fund	CAAPX	C+	(800) 292-7435	C / 5.5	7.86	9.93	23.47 /79	11.05 /36	10.49 /38	0.04	1.13
GR	Ariel Focus Fund	ARFFX	U	(800) 292-7435	U /	6.54	5.44	18.90 /51	--	--	0.38	1.78
SC	Ariel Fund	ARGFX	C+	(800) 292-7435	C / 5.4	7.89	12.14	22.04 /73	10.85 /35	12.24 /56	0.00	1.04

● Denotes fund is closed to new investors
* Denotes fund is included in Section II

www.thestreet.com/ratings

I. Index of Stock Mutual Funds

Summer 2007

RISK			NET ASSETS		ASSET				Portfolio Turnover Ratio	BULL / BEAR		FUND MANAGER		MINIMUMS		LOADS	
	3 Year		NAV							Last Bull	Last Bear	Manager	Manager	Initial	Additional	Front	Back
Risk	Standard		As of	Total	Cash	Stocks	Bonds	Other		Market	Market	Quality	Tenure	Purch.	Purch.	End	End
Rating/Pts	Deviation	Beta	6/30/07	$(Mil)	%	%	%	%		Return	Return	Pct	(Years)	$	$	Load	Load
C+ / 5.7	11.6	0.78	45.77	340	6	92	0	2	44.6	212.9	-8.8	99	17	0	0	0.0	0.0
B / 8.2	6.3	0.82	37.16	1,143	3	96	0	1	19.0	95.3	-9.1	74	55	250	50	5.8	0.0
B / 8.5	6.3	0.82	37.02	227	3	96	0	1	19.0	88.3	-9.3	64	55	250	50	0.0	0.0
B / 8.6	6.3	0.82	37.01	391	3	96	0	1	19.0	88.3	-9.3	64	55	250	50	0.0	0.0
B / 8.5	6.3	0.82	37.04	64	3	96	0	1	19.0	92.5	-9.2	71	55	250	25	0.0	0.0
B / 8.5	6.3	0.82	37.10	50	3	96	0	1	19.0	95.5	-9.1	75	55	250	50	0.0	0.0
B / 8.2	6.3	0.82	37.19	73,035	3	96	0	1	19.0	95.9	-9.1	75	55	250	50	5.8	0.0
B / 8.6	6.3	0.82	36.99	3,392	3	96	0	1	19.0	89.6	-9.2	66	55	250	50	0.0	0.0
B / 8.6	6.3	0.82	36.92	3,591	3	96	0	1	19.0	89.0	-9.3	65	6	250	50	0.0	0.0
B / 8.5	6.3	0.82	37.12	3,296	3	96	0	1	19.0	95.4	-9.1	75	6	250	50	0.0	0.0
B / 8.5	6.3	0.82	36.99	72	3	96	0	1	19.0	88.8	-9.3	65	55	0	0	0.0	0.0
B / 8.6	6.3	0.82	36.90	1,024	3	96	0	1	19.0	89.0	-9.3	65	55	0	0	0.0	0.0
B / 8.5	6.3	0.82	37.02	2,276	3	96	0	1	19.0	92.7	-9.2	71	55	0	0	0.0	0.0
B / 8.5	6.3	0.82	37.10	1,276	3	96	0	1	19.0	95.2	-9.1	75	55	0	0	0.0	0.0
B / 8.5	6.3	0.82	37.18	1,217	3	96	0	1	19.0	97.8	-9.0	77	55	0	0	0.0	0.0
C+ / 5.7	14.1	1.64	3.47	8	10	89	0	1	N/A	66.2	-12.9	2	11	0	0	5.8	0.0
C / 5.0	13.5	1.38	3.18	6	10	89	0	1	N/A	60.8	-13.1	3	11	0	0	0.0	0.0
C+ / 5.6	14.1	1.63	3.18	5	10	89	0	1	N/A	61.6	-13.5	1	11	0	0	0.0	0.0
C+ / 5.7	14.1	1.63	3.56	13	10	89	0	1	N/A	67.3	-12.7	2	11	0	0	5.8	0.0
B- / 7.9	6.8	0.79	16.80	122	2	97	0	1	49.3	118.3	-6.0	91	N/A	1,000	50	0.0	2.0
C- / 3.1	9.2	0.50	15.78	134	5	94	0	1	110.0	181.8	-10.4	67	N/A	1,000	50	0.0	2.0
B / 8.2	5.4	1.13	13.62	64	1	46	51	2	80.6	69.3	-4.8	59	2	100,000	100	0.0	0.0
B- / 7.2	5.4	1.13	13.63	25	1	46	51	2	80.6	68.7	-4.8	57	N/A	1,000	100	0.0	0.0
C+ / 6.4	7.1	0.91	11.78	11	0	99	0	1	11.2	111.6	-10.1	87	2	100,000	100	0.0	0.0
B / 8.2	7.2	0.93	11.75	2	0	99	0	1	11.2	110.9	-10.1	86	N/A	1,000	100	0.0	0.0
C+ / 6.7	8.6	1.09	19.99	22	3	96	0	1	79.9	83.9	-11.0	25	10	2,500	250	0.0	0.0
C+ / 6.1	12.8	1.26	20.43	22	2	97	0	1	28.0	153.1	-13.9	90	N/A	0	0	0.0	0.0
B / 8.4	6.6	0.78	46.36	540	3	96	0	1	9.6	65.6	-10.9	35	12	1,000	100	0.0	0.0
C- / 3.6	14.6	1.14	0.38	1	35	64	0	1	286.0	-5.0	-4.8	0	10	1,000	25	0.0	0.0
D- / 1.5	6.6	0.79	10.15	56	3	96	0	1	10.0	52.4	-12.3	10	16	20,000	0	0.0	0.0
C+ / 5.9	15.8	1.08	11.25	3	3	96	0	1	N/A	169.5	-10.7	3	4	500	250	5.5	1.0
C+ / 5.9	15.8	1.09	8.31	1	3	96	0	1	N/A	161.5	-11.0	2	4	500	250	0.0	0.0
C+ / 5.9	15.8	1.08	14.56	13	3	96	0	1	N/A	170.3	-10.7	3	4	500	250	0.0	2.0
B- / 7.4	11.6	0.72	11.28	1	0	99	0	1	12.4	81.4	-7.0	20	6	500	250	5.5	1.0
B / 8.8	7.5	0.96	12.74	11	10	84	5	1	67.1	N/A	N/A	47	3	20,000	1,000	0.0	0.0
B+ / 9.0	7.5	0.95	12.95	5	10	84	5	1	67.1	N/A	N/A	55	3	1,000,000	1,000	0.0	0.0
B+ / 9.9	3.7	0.07	9.53	12	5	13	78	4	5.3	N/A	N/A	71	3	20,000	1,000	0.0	0.0
B+ / 9.9	3.7	0.07	9.57	7	5	13	78	4	5.3	N/A	N/A	72	3	1,000,000	1,000	0.0	0.0
E- / 0.2	27.1	1.99	1.57	N/A	N/A	N/A	0	N/A	338.7	106.5	-19.0	0	14	1,000	100	0.0	0.0
C+ / 6.7	9.0	1.13	23.21	9	4	95	0	1	93.0	120.7	-7.0	84	19	500	100	0.0	0.0
B+ / 9.2	1.8	0.07	10.23	1	8	21	69	2	24.0	3.8	1.2	22	10	500	100	0.0	0.0
C / 4.7	12.4	1.06	13.58	57	0	99	0	1	162.0	128.7	-12.5	2	22	500	100	0.0	0.0
C+ / 5.7	12.8	1.18	18.24	5	0	99	0	1	60.0	149.6	-12.2	4	10	500	100	0.0	0.0
C / 4.4	15.8	1.93	18.12	37	1	98	0	1	138.0	167.2	-11.8	17	N/A	500	100	0.0	0.0
B / 8.0	10.0	1.21	34.32	24	10	89	0	1	13.3	106.9	-6.9	21	8	1,000	50	4.3	0.0
B- / 7.9	10.0	1.21	31.71	4	10	89	0	1	13.3	100.6	-7.1	16	8	1,000	50	0.0	0.0
B / 8.0	10.0	1.21	35.18	2	10	89	0	1	13.3	109.2	-6.9	22	8	1,000	50	0.0	2.0
B / 8.7	4.2	0.37	13.05	93	6	93	0	1	314.2	N/A	N/A	25	7	100,000	0	0.0	2.0
B / 8.6	4.3	0.37	12.93	78	6	93	0	1	314.2	25.5	2.2	23	7	2,000	0	0.0	2.0
B- / 7.7	8.5	0.66	53.13	2,700	1	98	0	1	24.1	107.3	-13.7	53	1	1,000	50	0.0	0.0
U /	N/A	N/A	12.21	37	4	95	0	1	30.3	N/A	N/A	N/A	N/A	1,000	50	0.0	0.0
B- / 7.1	9.2	0.59	58.10	4,100	2	97	0	1	24.6	112.9	-10.3	73	21	1,000	50	0.0	0.0

www.thestreet.com/ratings

Data as of June 30, 2007

I. Index of Stock Mutual Funds

Summer 2007

99 Pct = Best
0 Pct = Worst

Fund Type	Fund Name	Ticker Symbol	Overall Investment Rating	Phone	Performance Rating/Pts	3 Mo	6 Mo	1Yr / Pct	3Yr / Pct	5Yr / Pct	Dividend Yield	Expense Ratio
GR	Armstrong Associates	ARMSX	D-		D- / 1.0	5.71	4.79	10.64 / 9	6.96 / 9	7.60 / 12	0.15	1.20
AA	Arrow DWA Balanced Fund Class A	DWAFX	U	(800) 688-9246	U /	2.97	5.44	--	--	--	0.00	2.92
*FO	Artisan International Fund Inv	ARTIX	B+	(800) 344-1770	B+ / 8.8	5.53	10.52	26.75 / 87	21.97 / 89	15.02 / 76	8.62	1.20
FO ●	Artisan International Small Cap Inv	ARTJX	B-	(800) 344-1770	A+ / 9.6	8.78	13.47	37.13 / 96	31.32 / 96	29.89 / 98	2.46	1.53
FO ●	Artisan International Value Inv	ARTKX	A	(800) 344-1770	B+ / 8.5	3.36	5.66	23.77 / 80	21.96 / 89	--	1.44	1.25
*MC ●	Artisan Mid Cap Fund	ARTMX	C+	(800) 344-1770	B / 7.7	11.76	15.13	23.52 / 79	13.89 / 61	12.97 / 62	0.00	1.18
MC	Artisan Mid Cap Value Inv	ARTQX	A+	(800) 344-1770	B+ / 8.6	7.28	12.49	24.67 / 82	19.49 / 84	19.46 / 91	0.24	1.20
GR	Artisan Opportunistic Value Fund	ARTLX	U	(800) 344-1770	U /	7.12	11.92	27.65 / 89	--	--	0.21	1.64
SC ●	Artisan Small Cap Fund	ARTSX	D	(800) 344-1770	C- / 3.5	8.10	8.57	13.47 / 18	10.49 / 32	12.53 / 58	0.00	1.15
SC ●	Artisan Small Cap Value	ARTVX	C+	(800) 344-1770	B / 7.8	4.75	8.46	22.52 / 75	17.27 / 78	17.04 / 85	0.00	1.17
FO	AssetMark International Equity	AFIEX	B	(800) 664-5345	A- / 9.0	5.77	10.57	26.51 / 87	22.68 / 90	16.72 / 84	1.08	1.38
GR	AssetMark Large-Cap Growth	AFLGX	E+	(800) 664-5345	D- / 1.2	8.00	8.91	15.87 / 31	5.19 / 4	7.93 / 14	0.00	1.33
GR	AssetMark Large-Cap Value	AFLVX	C+	(800) 664-5345	C / 5.5	7.37	7.37	21.35 / 69	12.17 / 47	11.16 / 45	0.98	1.32
RE	AssetMark Real Estate Securities	AFREX	C-	(800) 664-5345	B / 7.7	-9.47	-6.61	11.43 / 12	21.83 / 89	18.70 / 89	1.21	1.49
MC	AssetMark Small Mid-Cap Growth	AFSGX	C	(800) 664-5345	C+ / 6.5	8.92	16.12	22.88 / 77	11.60 / 42	12.87 / 61	0.00	1.43
MC	AssetMark Small Mid-Cap Value	AFSVX	E-	(800) 664-5345	D+ / 2.3	3.01	3.10	12.20 / 14	10.87 / 35	11.67 / 50	2.00	1.47
GI	Aston ABN AMRO Growth Fund I	CTGIX	E	(800) 443-4725	E+ / 0.6	6.72	5.59	12.21 / 14	4.66 / 3	5.69 / 3	0.57	0.82
GI	Aston ABN AMRO Growth Fund N	CHTIX	E	(800) 443-4725	E+ / 0.6	6.63	5.41	11.86 / 13	4.35 / 2	5.37 / 3	0.11	1.11
GI	Aston ABN AMRO Growth Fund R	CCGRX	E	(800) 443-4725	E / 0.5	6.59	5.32	11.67 / 12	4.14 / 2	--	0.00	1.32
RE	Aston ABN AMRO Real Estate Fund I	AARIX	U	(800) 443-4725	U /	-10.99	-8.94	8.83 / 6	--	--	0.35	1.22
RE	Aston ABN AMRO Real Estate Fund	ARFCX	D-	(800) 443-4725	C+ / 6.7	-11.05	-9.05	8.59 / 5	20.91 / 86	18.64 / 89	0.26	1.47
AA	Aston Balanced Fund N	CHTAX	E-	(800) 443-4725	E / 0.4	4.23	3.90	11.14 / 11	4.67 / 3	5.37 / 3	1.36	1.15
BA	Aston Montag & Caldwell Balanced I	MOBIX	D+	(800) 443-4725	E+ / 0.6	4.09	4.64	11.67 / 12	5.22 / 4	5.07 / 2	1.63	1.08
BA	Aston Montag & Caldwell Balanced N	MOBAX	D+	(800) 443-4725	E / 0.5	4.13	4.62	11.47 / 12	4.98 / 3	4.83 / 2	1.35	1.34
GR	Aston Montag & Caldwell Gr I	MCGIX	D+	(800) 443-4725	D / 1.9	7.10	7.59	16.24 / 33	7.27 / 10	6.24 / 5	0.41	0.79
GR	Aston Montag & Caldwell Gr N	MCGFX	D+	(800) 443-4725	D / 1.7	7.04	7.42	15.91 / 31	6.98 / 9	5.94 / 4	0.22	1.07
GR	Aston Montag & Caldwell Gr R	MCRGX	D+	(800) 443-4725	D / 1.6	6.99	7.33	15.71 / 30	6.74 / 8	--	0.00	1.29
MC	Aston Optimum Mid Cap Fund I	ABMIX	U	(800) 443-4725	U /	9.19	13.00	32.11 / 94	--	--	0.00	0.89
MC	Aston Optimum Mid Cap Fund N	CHTTX	B	(800) 443-4725	B / 7.7	9.12	12.84	31.76 / 94	13.26 / 56	17.05 / 85	0.00	1.16
IN	Aston River Road Dyn Eq Inc N	ARDEX	U	(800) 443-4725	U /	5.37	7.04	21.86 / 72	--	--	2.82	2.55
SC ●	Aston River Road Sm Cap Value I	ARSIX	U	(800) 443-4725	U /	2.60	5.96	--	--	--	0.00	1.56
SC ●	Aston River Road Sm Cap Value N	ARSVX	U	(800) 443-4725	U /	2.52	5.82	20.74 / 65	--	--	0.32	1.81
GR	Aston TAMRO Lg Cap Val N	ATLVX	C-	(800) 443-4725	C- / 4.0	7.01	7.00	18.41 / 48	10.84 / 34	10.75 / 41	0.48	1.52
SC	Aston TAMRO Small Cap Fund I	ATSIX	U	(800) 443-4725	U /	4.63	7.88	22.37 / 74	--	--	0.00	1.12
SC	Aston TAMRO Small Cap Fund N	ATASX	C+	(800) 443-4725	C+ / 6.9	4.57	7.78	22.02 / 73	15.10 / 69	15.58 / 79	0.00	1.43
GI	Aston Value Fund Class I	AAVIX	U	(800) 443-4725	U /	5.98	8.39	23.99 / 80	--	--	1.57	0.92
GI	Aston Value Fund Class N	RVALX	A+	(800) 443-4725	B- / 7.4	5.92	8.28	23.60 / 79	15.72 / 72	12.42 / 57	1.35	1.17
AG	Aston Veredus Aggressive Gr I	AVEIX	E	(800) 443-4725	C- / 3.5	12.04	18.15	13.96 / 20	10.05 / 28	9.56 / 28	0.00	1.14
AG	Aston Veredus Aggressive Gr N	VERDX	E-	(800) 443-4725	C- / 3.3	11.97	18.04	13.74 / 19	9.76 / 26	9.26 / 25	0.00	1.42
TC	Aston Veredus SciTech Fund N	AVSTX	E-	(800) 443-4725	E- / 0.0	6.37	9.12	5.39 / 2	0.80 / 0	6.92 / 8	0.00	3.08
GR	Aston Veredus Select Growth N	AVSGX	C-	(800) 443-4725	C+ / 5.9	7.47	11.38	15.77 / 30	13.28 / 57	11.97 / 53	0.00	1.77
IN	Atlantic Whitehall Equity Inc Inst	AWEIX	U	(800) 994-2533	U /	6.32	8.60	21.60 / 70	--	--	0.66	1.64
GR	Atlantic Whitehall Growth Dist	WHGFX	E-	(800) 994-2533	E+ / 0.9	5.64	4.87	15.45 / 28	5.59 / 5	5.96 / 4	0.00	1.61
GR	Atlantic Whitehall Growth Inst	AWGFX	E-	(800) 994-2533	D- / 1.0	5.65	4.98	15.64 / 30	5.82 / 5	--	0.00	1.36
GL	Atlantic Whitehall Internatl Inst	AWIFX	B	(800) 994-2533	B+ / 8.5	5.91	9.40	24.50 / 82	19.85 / 85	--	1.45	1.54
MC	Atlantic Whitehall Mid-Cap Gr Inst	AWMCX	C+	(800) 994-2533	C / 5.2	6.45	11.97	18.57 / 49	11.58 / 41	--	0.00	1.24
GL	Atlantic Whitehall Mult-Cp Glb Inst	AWGVX	A+	(800) 994-2533	B+ / 8.8	6.61	13.05	32.96 / 95	18.66 / 82	--	0.25	1.68
GL	Austin Global Equity Fund	AGEQX	C+	(800) 754-8759	B+ / 8.7	7.77	11.69	24.92 / 83	20.63 / 86	16.77 / 84	1.75	2.37
AA	Auxier Focus Inv	AUXFX	C+	(877) 328-9437	C- / 4.2	6.69	8.59	21.11 / 67	10.94 / 35	11.46 / 48	1.57	1.36
GR	Ave Maria Catholic Values	AVEMX	C+	(866) 283-6274	C+ / 5.6	5.74	9.39	18.47 / 48	12.93 / 53	13.24 / 64	0.00	1.52
GR	Ave Maria Growth Fund	AVEGX	C+	(866) 283-6274	C / 4.5	4.40	8.77	14.39 / 23	12.67 / 51	--	0.00	1.62
GI	Ave Maria Rising Dividend Fd	AVEDX	U	(866) 283-6274	U /	4.82	8.24	20.12 / 61	--	--	1.21	1.32

● Denotes fund is closed to new investors
* Denotes fund is included in Section II

Summer 2007 — I. Index of Stock Mutual Funds

RISK			NET ASSETS		ASSET					BULL / BEAR		FUND MANAGER		MINIMUMS		LOADS	
	3 Year		NAV						Portfolio	Last Bull	Last Bear	Manager	Manager	Initial	Additional	Front	Back
Risk	Standard		As of	Total	Cash	Stocks	Bonds	Other	Turnover	Market	Market	Quality	Tenure	Purch.	Purch.	End	End
Rating/Pts	Deviation	Beta	6/30/07	$(Mil)	%	%	%	%	Ratio	Return	Return	Pct	(Years)	$	$	Load	Load
B- / 7.0	6.7	0.80	13.34	18	3	96	0	1	11.0	59.5	-9.7	22	39	250	0	0.0	0.0
U /	N/A	N/A	11.43	68	2	72	24	2	N/A	N/A	N/A	N/A	1	5,000	250	5.8	1.0
C+ / 6.4	10.0	1.05	32.04	17,019	0	100	0	0	57.8	176.5	-14.7	33	12	1,000	50	0.0	2.0
C- / 4.2	13.2	1.30	24.77	1,226	0	100	0	0	62.2	299.9	-1.5	75	6	1,000	50	0.0	2.0
B- / 7.5	9.7	0.96	29.51	2,070	0	100	0	0	42.5	235.2	-2.7	53	5	1,000	50	0.0	2.0
C+ / 5.7	12.1	1.06	35.07	5,704	1	98	0	1	73.6	117.2	-10.5	31	10	1,000	50	0.0	0.0
B- / 7.8	9.9	0.84	22.70	3,509	0	100	0	0	47.7	165.1	-4.1	95	6	1,000	50	0.0	0.0
U /	N/A	N/A	12.49	184	7	92	0	1	34.1	N/A	N/A	N/A	N/A	1,000	50	0.0	0.0
C+ / 5.9	14.0	1.01	19.76	1,205	0	100	0	0	102.0	126.0	-9.0	23	12	1,000	50	0.0	0.0
C / 5.5	11.9	0.79	19.61	2,424	1	98	0	1	58.9	159.6	-6.0	95	10	1,000	50	0.0	0.0
C / 5.3	10.0	1.05	15.58	797	1	98	0	1	89.2	172.8	-11.0	39	6	0	0	0.0	0.0
C+ / 5.9	11.1	1.36	10.39	820	1	98	0	1	142.7	68.0	-10.6	3	N/A	0	0	0.0	0.0
C+ / 6.9	7.6	0.99	13.25	747	3	95	0	2	30.3	117.1	-12.1	61	N/A	0	0	0.0	0.0
C- / 3.4	15.4	1.04	18.93	75	1	98	0	1	43.9	179.7	1.0	77	6	0	0	0.0	0.0
C / 4.6	13.9	1.23	11.60	197	1	98	0	1	213.1	112.9	-11.5	8	6	0	0	0.0	0.0
D- / 1.3	9.6	0.86	12.31	128	3	96	0	1	174.9	114.9	-9.0	26	N/A	0	0	0.0	0.0
C / 5.3	8.9	1.08	21.68	251	0	99	0	1	39.0	53.4	-11.3	5	7	5,000,000	0	0.0	0.0
C / 5.3	8.9	1.08	21.38	295	0	99	0	1	39.0	51.6	-11.4	4	8	2,500	50	0.0	0.0
C / 5.2	9.0	1.08	21.19	1	0	99	0	1	39.0	50.2	N/A	4	5	2,500	50	0.0	0.0
U /	N/A	N/A	14.82	40	0	99	0	1	96.0	N/A	N/A	N/A	2	2,000,000	0	0.0	2.0
D / 1.8	15.7	1.05	14.81	61	0	99	0	1	96.0	184.8	0.8	68	10	2,500	50	0.0	2.0
E- / 0.0	5.9	1.17	7.68	38	2	67	29	2	36.7	40.1	-6.5	12	N/A	2,500	50	0.0	0.0
B+ / 9.4	5.0	1.03	18.04	1	6	65	27	2	37.0	36.6	-4.4	19	9	1,000,000	0	0.0	0.0
B+ / 9.4	5.1	1.04	18.08	17	6	65	27	2	37.0	35.2	-4.5	17	13	2,500	50	0.0	0.0
B / 8.0	7.9	0.96	27.46	1,078	1	98	0	1	68.0	57.7	-9.0	16	11	5,000,000	0	0.0	0.0
B / 8.0	7.8	0.96	27.36	773	1	98	0	1	68.0	55.7	-9.0	15	13	2,500	50	0.0	0.0
B / 8.0	7.8	0.96	27.25	N/A	1	98	0	1	68.0	54.2	N/A	14	5	2,500	50	0.0	0.0
U /	N/A	N/A	30.77	115	4	95	0	1	42.0	N/A	N/A	N/A	N/A	2,000,000	0	0.0	0.0
C+ / 6.6	12.5	0.97	30.50	748	4	95	0	1	42.0	139.2	-10.1	35	N/A	2,500	50	0.0	0.0
U /	N/A	N/A	12.89	46	13	86	0	1	45.5	N/A	N/A	N/A	N/A	2,500	50	0.0	0.0
U /	N/A	N/A	14.92	62	7	92	0	1	N/A	N/A	N/A	N/A	N/A	1,000,000	0	0.0	0.0
U /	N/A	N/A	14.92	299	7	92	0	1	N/A	N/A	N/A	N/A	N/A	2,500	50	0.0	0.0
C+ / 6.4	7.1	0.91	13.58	16	0	99	0	1	43.0	97.6	-9.5	52	7	2,500	50	0.0	0.0
U /	N/A	N/A	21.23	131	5	94	0	1	43.0	N/A	N/A	N/A	N/A	2,000,000	0	0.0	0.0
C+ / 5.8	13.7	0.99	21.07	247	5	94	0	1	43.0	159.7	-9.2	74	7	2,500	50	0.0	0.0
U /	N/A	N/A	15.10	279	1	98	0	1	26.0	N/A	N/A	N/A	N/A	2,000,000	0	0.0	0.0
B / 8.8	6.3	0.81	15.09	132	1	98	0	1	26.0	116.2	-9.1	94	N/A	2,500	50	0.0	0.0
D / 1.6	18.6	1.91	21.03	106	2	98	0	0	132.0	118.3	-9.2	3	9	2,000,000	0	0.0	0.0
D- / 1.5	18.6	1.91	20.68	130	2	98	0	0	132.0	115.7	-9.2	3	9	2,500	0	0.0	0.0
D+ / 2.3	16.5	1.65	8.02	3	0	99	0	1	186.0	62.3	-6.0	0	6	2,500	50	0.0	2.0
C / 4.8	12.3	1.35	14.68	41	5	94	0	1	269.9	114.2	-5.1	36	N/A	2,500	50	0.0	0.0
U /	N/A	N/A	12.12	292	0	99	0	1	43.0	N/A	N/A	N/A	2	1,000,000	0	0.0	0.0
D / 2.2	8.3	1.05	12.93	21	2	97	0	1	38.0	53.0	-10.0	7	N/A	1,000	50	0.0	0.0
D+ / 2.3	8.3	1.05	13.08	78	2	97	0	1	38.0	N/A	N/A	8	N/A	1,000,000	0	0.0	0.0
C+ / 6.1	8.7	0.92	15.59	219	2	97	0	1	17.0	N/A	N/A	38	4	1,000,000	0	0.0	0.0
B- / 7.7	10.6	0.96	14.03	463	0	99	0	1	30.0	N/A	N/A	23	3	1,000,000	0	0.0	0.0
B / 8.3	9.3	0.82	14.99	109	5	94	0	1	59.0	N/A	N/A	48	3	1,000,000	0	0.0	0.0
C / 4.6	10.0	0.98	24.55	60	N/A	N/A	0	N/A	26.0	171.3	-8.9	34	14	2,500	1,000	0.0	2.0
B+ / 9.0	6.2	1.26	17.06	117	10	80	9	1	28.0	87.4	-6.0	66	8	10,000	50	0.0	2.0
B- / 7.7	9.6	1.04	18.05	296	6	93	0	1	59.0	134.2	-12.4	65	4	1,000	0	0.0	0.0
B- / 7.9	9.2	0.99	18.73	108	0	99	0	1	13.0	N/A	N/A	67	4	1,000	0	0.0	0.0
U /	N/A	N/A	13.00	95	38	61	0	1	65.0	N/A	N/A	N/A	2	1,000	0	0.0	0.0

www.thestreet.com/ratings

Data as of June 30, 2007

I. Index of Stock Mutual Funds

Summer 2007

99 Pct = Best
0 Pct = Worst

Fund Type	Fund Name	Ticker Symbol	Overall Investment Rating	Phone	Performance Rating/Pts	3 Mo	6 Mo	1Yr / Pct	3Yr / Pct	5Yr / Pct	Dividend Yield	Expense Ratio
GR	● AXA Enterprise-Grow A	ENGRX	D-	(800) 432-4320	E+ / 0.7	6.67	6.84	15.02 /26	6.41 / 7	5.35 / 3	0.00	1.63
GR	● AXA Enterprise-Grow B	ENGBX	D-	(800) 432-4320	E+ / 0.9	6.54	6.47	14.34 /22	5.81 / 5	4.76 / 2	0.00	2.18
GR	● AXA Enterprise-Grow C	ENGCX	D-	(800) 432-4320	E+ / 0.9	6.50	6.50	14.39 /23	5.81 / 5	4.75 / 2	0.00	2.18
GR	● AXA Enterprise-Grow Y	ENGYX	D-	(800) 432-4320	D- / 1.4	6.82	7.09	15.58 /29	6.90 / 9	5.83 / 4	0.00	1.18
GR	AXA Enterprise-Merg & Acquisition A	EMAAX	D-	(800) 432-4320	D / 1.8	3.73	6.87	14.44 /23	10.71 /33	9.30 /26	1.84	1.66
GR	AXA Enterprise-Merg & Acquisition B	EMABX	D-	(800) 432-4320	D / 2.1	3.50	6.45	13.68 /19	10.07 /28	8.69 /20	1.41	2.21
GR	AXA Enterprise-Merg & Acquisition C	EMACX	D-	(800) 432-4320	D / 2.2	3.50	6.53	13.77 /20	10.10 /29	8.71 /20	1.40	2.21
GR	AXA Enterprise-Merg & Acquisition Y	EMAYX	D	(800) 432-4320	D+ / 2.9	3.73	7.06	14.88 /25	11.19 /37	9.80 /31	2.36	1.21
GL	AXA Entp Socially Resp A	EGSAX	D+	(800) 432-4320	C / 5.5	7.53	8.38	21.66 /71	14.10 /63	11.13 /45	0.63	2.26
GL	AXA Entp Socially Resp B	EGSBX	D+	(800) 432-4320	C+ / 5.9	7.29	8.05	20.98 /67	13.46 /58	10.55 /39	0.14	2.81
GL	AXA Entp Socially Resp C	EGCCX	D+	(800) 432-4320	C+ / 5.9	7.40	8.05	21.00 /67	13.47 /58	10.55 /39	0.14	2.81
GL	AXA Entp Socially Resp Y	EGCYX	C-	(800) 432-4320	C+ / 6.8	7.63	8.57	22.14 /73	14.60 /66	11.65 /50	1.08	1.81
FS	AXA Entp-Global Financial Serv A	EGFAX	C+	(800) 432-4320	C+ / 5.7	3.65	1.79	16.32 /34	17.12 /78	14.71 /74	0.67	1.88
FS	AXA Entp-Global Financial Serv B	EGFBX	C+	(800) 432-4320	C+ / 6.0	3.47	1.38	15.61 /29	16.28 /75	13.93 /69	0.16	2.43
FS	AXA Entp-Global Financial Serv C	EGFCX	B-	(800) 432-4320	C+ / 6.2	3.48	1.49	15.78 /30	16.50 /76	14.06 /70	0.16	2.43
FS	AXA Entp-Global Financial Serv Y	EGFYX	B	(800) 432-4320	B- / 7.0	3.74	2.00	16.79 /37	17.64 /79	15.19 /77	1.14	1.43
MC	Azzad Ethical Mid Cap Fund	ADJEX	D+	(888) 350-3369	D+ / 2.9	7.67	8.83	10.21 / 8	11.09 /37	8.67 /20	0.00	1.90
GR	Baird Large Cap Inst	BHGIX	D-	(800) 338-1579	E+ / 0.8	4.38	6.21	12.52 /15	5.48 / 5	5.64 / 3	0.45	1.12
GR	Baird Large Cap Inv	BHGSX	D-	(800) 338-1579	E+ / 0.7	4.16	6.00	12.18 /14	5.21 / 4	5.33 / 3	0.10	1.37
MC	Baird Midcap Inst	BMDIX	E	(800) 338-1579	C- / 3.3	7.75	13.29	13.56 /19	9.38 /23	9.75 /30	0.00	1.01
MC	Baird Midcap Inv	BMDSX	E	(800) 338-1579	C- / 3.1	7.68	13.09	13.28 /17	9.11 /21	9.47 /28	0.00	1.25
SC	Baird Small Cap Fund Inst	BSMIX	E+	(800) 338-1579	E+ / 0.6	3.57	1.41	5.60 / 2	7.09 / 9	--	0.00	1.23
SC	Baird Small Cap Fund Inv	BSMSX	E+	(800) 338-1579	E / 0.5	3.76	1.51	5.63 / 2	6.92 / 9	--	0.00	1.48
BA	Barclays Gbl Inv - Ret Port Inst	STLAX	D+	(800) 474-2737	E+ / 0.7	0.98	2.74	10.10 / 8	7.20 /10	6.53 / 6	3.23	1.20
BA	Barclays Gbl Inv - Ret Port R	LPRAX	D+	(800) 474-2737	E+ / 0.6	0.99	2.62	9.82 / 7	6.84 / 8	6.76 / 7	3.21	1.45
AA	Barclays Gbl Inv LifePath 2010 Fd I	STLBX	C-	(800) 474-2737	D- / 1.1	1.41	3.12	11.19 /11	8.29 /16	7.36 /10	2.97	1.19
AA	Barclays Gbl Inv LifePath 2010 Fd R	LPRBX	C-	(800) 474-2737	E+ / 0.9	1.30	2.98	10.95 /10	7.92 /14	7.06 / 9	2.79	1.44
AA	Barclays Gbl Inv LifePath 2020 Fd I	STLCX	C	(800) 474-2737	D+ / 2.3	2.37	4.12	13.88 /20	10.32 /30	9.20 /25	2.35	1.20
AA	Barclays Gbl Inv LifePath 2020 Fd R	LPRCX	C-	(800) 474-2737	D / 2.0	2.29	3.99	13.62 /19	9.97 /28	8.88 /22	2.23	1.45
GR	Barclays Gbl Inv LifePath 2040 Fd I	STLEX	C+	(800) 474-2737	C / 4.8	3.66	5.42	17.63 /42	13.04 /54	11.48 /48	1.60	1.20
GR	Barclays Gbl Inv LifePath 2040 Fd R	LPREX	C+	(800) 474-2737	C / 4.4	3.55	5.28	17.32 /40	12.76 /52	11.27 /46	1.45	1.45
IX	Barclays Gbl Inv S&P500 Stock Fd	WFSPX	C+	(800) 474-2737	C / 4.7	6.23	6.87	20.38 /63	11.48 /41	10.51 /39	1.93	0.21
GL	Barclays Glbl Inv LifePath 2030 Fd	STLDX	C	(800) 474-2737	C- / 3.5	3.05	4.81	15.88 /31	11.87 /44	10.46 /38	1.97	1.20
GL	Barclays Glbl Inv LifePath 2030 R	LPRDX	C	(800) 474-2737	C- / 3.3	2.98	4.71	15.61 /29	11.60 /42	10.13 /34	1.78	1.45
SC	Baron Asset Fund	BARAX	C+	(800) 992-2766	B- / 7.4	5.57	8.63	16.96 /38	17.27 /78	13.22 /63	0.00	1.33
GR	Baron Fifth Avenue Growth Fd	BFTHX	C-	(800) 992-2766	D+ / 2.4	2.49	3.51	14.32 /22	10.67 /33	--	0.00	1.39
★ GR	Baron Growth Fund	BGRFX	C-	(800) 992-2766	C+ / 5.9	4.06	6.94	15.52 /29	14.86 /68	14.00 /70	0.00	1.31
TC	Baron iOpportunity Fund	BIOPX	C+	(800) 992-2766	B- / 7.5	6.44	12.20	24.80 /82	15.05 /69	23.89 /95	0.00	1.45
MC	Baron Partners Fund	BPTRX	B+	(800) 992-2766	B+ / 8.6	3.71	6.68	18.07 /46	21.63 /88	19.23 /90	0.00	1.77
SC	Baron Small Cap	BSCFX	C	(800) 992-2766	C+ / 6.7	6.12	10.21	19.57 /56	14.40 /65	13.74 /68	0.00	1.33
GR	Barrett Growth Fund	BGRWX	D+		D / 1.7	3.97	3.97	14.34 /22	8.64 /18	8.33 /17	0.00	2.52
GR	Barrett Opportunity Fund	SAOPX	A-	(866) 811-7256	B- / 7.5	5.31	7.94	19.46 /56	16.88 /77	11.27 /46	0.54	0.98
SC	● Battery March US Small Cap I	LMSIX	C-	(866) 811-7256	C- / 4.1	6.73	9.98	14.26 /22	12.01 /45	11.60 /50	0.20	0.79
GI	BB&T Capital Manager Conserv Gr A	BCGAX	D+	(800) 228-1872	E / 0.4	1.93	3.02	10.86 /10	6.86 / 8	6.00 / 4	2.93	1.71
GI	BB&T Capital Manager Conserv Gr B	BCGBX	C-	(800) 228-1872	E / 0.5	1.85	2.66	10.16 / 8	6.10 / 6	5.25 / 3	2.39	2.21
GI	BB&T Capital Manager Conserv Gr C	BCCCX	C-	(800) 228-1872	E / 0.5	1.79	2.60	10.09 / 8	6.08 / 6	5.23 / 2	2.30	2.21
GI	BB&T Capital Manager Conserv Gr I	BMGTX	C-	(800) 228-1872	E+ / 0.8	2.07	3.21	11.25 /11	7.14 /10	6.29 / 5	3.32	1.29
AG	BB&T Capital Manager Eqty A	BCAAX	C	(800) 228-1872	C- / 3.9	6.29	7.31	18.91 /51	12.58 /50	9.67 /29	0.80	1.89
AG	BB&T Capital Manager Eqty B	BCABX	C	(800) 228-1872	C / 4.5	6.14	6.91	18.07 /46	11.78 /43	8.87 /22	0.48	2.39
AG	BB&T Capital Manager Eqty C	BCACX	C	(800) 228-1872	C / 4.5	6.05	6.91	18.24 /47	11.78 /43	8.88 /22	0.36	2.39
AG	BB&T Capital Manager Eqty I	BCATX	C+	(800) 228-1872	C+ / 5.6	6.39	7.50	19.27 /54	12.88 /53	9.93 /32	1.00	1.39
GI	BB&T Capital Manager Growth A	BCMAX	C-	(800) 228-1872	D+ / 2.3	5.08	5.98	16.55 /35	10.72 /34	8.52 /19	1.39	1.84

● Denotes fund is closed to new investors
★ Denotes fund is included in Section II

www.thestreet.com/ratings

I. Index of Stock Mutual Funds

Summer 2007

RISK			NET ASSETS		ASSET				Portfolio Turnover Ratio	BULL / BEAR		FUND MANAGER		MINIMUMS		LOADS	
Risk Rating/Pts	3 Year Standard Deviation	Beta	NAV As of 6/30/07	Total $(Mil)	Cash %	Stocks %	Bonds %	Other %		Last Bull Market Return	Last Bear Market Return	Manager Quality Pct	Manager Tenure (Years)	Initial Purch. $	Additional Purch. $	Front End Load	Back End Load
B- / 7.3	7.8	0.96	19.83	616	0	98	0	2	68.0	51.9	-9.2	12	N/A	2,000	50	4.8	2.0
B- / 7.3	7.9	0.96	18.42	175	0	98	0	2	68.0	48.4	-9.4	10	N/A	2,000	50	0.0	2.0
B- / 7.3	7.9	0.96	18.68	100	0	98	0	2	68.0	48.4	-9.4	10	N/A	2,000	50	0.0	2.0
B- / 7.3	7.9	0.96	21.00	39	0	98	0	2	68.0	54.9	-9.1	14	N/A	1,000,000	0	0.0	2.0
C+ / 6.2	3.9	0.44	13.07	420	6	94	0	0	227.0	59.8	-1.3	88	N/A	2,000	50	4.8	2.0
C+ / 6.3	3.9	0.44	12.71	56	6	94	0	0	227.0	56.0	-1.5	84	N/A	2,000	50	0.0	2.0
C+ / 6.3	3.9	0.44	12.72	182	6	94	0	0	227.0	56.0	-1.5	85	N/A	2,000	50	0.0	2.0
C+ / 6.1	3.9	0.44	13.35	113	6	94	0	0	227.0	62.9	-1.2	90	N/A	1,000,000	0	0.0	2.0
C- / 4.1	8.1	0.79	10.99	12	2	96	0	2	154.0	104.7	-8.9	16	N/A	2,000	50	4.8	2.0
C- / 4.1	8.0	0.79	10.60	4	2	96	0	2	154.0	100.0	-9.1	14	N/A	2,000	50	0.0	2.0
C- / 4.1	8.0	0.78	10.60	7	2	96	0	2	154.0	100.2	-9.2	14	N/A	2,000	50	0.0	2.0
C- / 4.2	8.0	0.78	11.28	2	2	96	0	2	154.0	108.5	-8.9	19	N/A	1,000,000	0	0.0	2.0
B- / 7.5	9.0	0.89	9.66	27	2	96	0	2	19.0	149.6	-7.4	95	N/A	2,000	50	4.8	2.0
B- / 7.5	9.0	0.90	9.54	16	2	96	0	2	19.0	142.8	-7.6	94	N/A	2,000	50	0.0	2.0
B- / 7.5	9.0	0.90	9.52	7	2	96	0	2	19.0	143.7	-7.6	94	N/A	2,000	50	0.0	2.0
B- / 7.4	9.0	0.89	9.70	14	2	96	0	2	19.0	154.4	-7.3	96	N/A	1,000,000	0	0.0	2.0
B- / 7.1	12.3	1.07	10.11	3	N/A	100	0	N/A	147.7	73.8	-7.7	13	N/A	1,000	50	0.0	0.0
B- / 7.5	8.1	0.97	9.06	29	1	98	0	1	63.9	53.8	-11.6	9	7	25,000	0	0.0	0.0
B- / 7.5	8.1	0.98	9.01	1	1	98	0	1	63.9	52.0	-11.7	8	7	2,500	100	0.0	0.0
D+ / 2.3	11.4	0.98	10.57	35	0	99	0	1	78.6	84.7	-8.6	10	N/A	25,000	0	0.0	0.0
D / 2.2	11.4	0.99	10.37	5	0	99	0	1	78.6	83.0	-8.8	9	N/A	2,500	100	0.0	0.0
C+ / 6.7	12.5	0.88	12.20	35	4	95	0	1	52.8	N/A	N/A	12	N/A	25,000	0	0.0	0.0
C+ / 6.7	12.5	0.88	12.14	N/A	4	95	0	1	52.8	N/A	N/A	11	N/A	2,500	100	0.0	0.0
B+ / 9.4	3.2	0.66	11.74	107	0	37	61	2	10.0	42.3	-2.4	57	11	1,000,000	0	0.0	0.0
B+ / 9.3	3.1	0.65	11.00	20	0	37	61	2	10.0	45.2	-2.3	54	N/A	0	0	0.0	0.0
B+ / 9.3	3.9	0.83	13.76	389	1	45	52	2	12.0	53.7	-4.5	60	N/A	1,000,000	0	0.0	0.0
B+ / 9.3	3.8	0.83	13.54	70	1	45	52	2	12.0	51.8	-4.6	56	N/A	0	0	0.0	0.0
B+ / 9.0	5.2	1.13	18.02	705	1	64	33	2	16.0	72.5	-6.1	67	N/A	1,000,000	0	0.0	0.0
B+ / 9.0	5.1	1.11	17.28	156	1	64	33	2	16.0	70.3	-6.1	64	N/A	0	0	0.0	0.0
B / 8.2	7.2	0.95	21.91	342	2	90	7	1	29.0	100.9	-8.1	75	N/A	1,000,000	0	0.0	0.0
B / 8.2	7.2	0.94	21.02	87	2	90	7	1	29.0	98.9	-8.1	72	N/A	0	0	0.0	0.0
B / 8.5	7.3	1.00	179.57	280	1	98	0	1	14.0	95.0	-9.8	51	N/A	1,000,000	0	0.0	0.0
B / 8.4	6.2	1.34	17.58	487	2	78	19	1	22.0	87.6	-7.2	72	N/A	1,000,000	0	0.0	0.0
B / 8.4	6.3	1.35	17.29	107	2	78	19	1	22.0	85.7	-7.4	68	N/A	0	0	0.0	0.0
C / 5.3	11.2	0.74	64.96	4,438	4	95	0	1	21.9	152.1	-10.8	95	20	2,000	0	0.0	0.0
B / 8.0	9.7	1.17	13.57	127	3	96	0	1	105.8	N/A	N/A	27	1	2,000	0	0.0	0.0
C / 5.0	12.2	1.28	53.34	6,967	6	94	0	0	21.3	130.6	-7.5	64	13	2,000	0	0.0	0.0
C / 5.5	15.0	1.57	12.23	172	10	88	0	2	67.3	201.2	-12.0	36	1	2,000	0	0.0	1.0
C+ / 6.2	13.7	1.11	23.78	3,213	2	97	0	1	35.9	232.2	-16.5	92	15	2,000	0	0.0	0.0
C / 4.8	13.0	0.87	25.16	3,500	1	98	0	1	40.0	132.5	-6.4	79	10	2,000	0	0.0	0.0
B / 8.1	8.5	1.06	12.04	21	4	95	0	1	38.0	72.2	-9.0	20	9	2,500	50	0.0	0.0
B / 8.3	7.7	0.86	63.48	159	0	98	0	2	N/A	114.2	-9.1	95	1	1,000	100	0.0	0.0
C+ / 6.6	14.3	1.02	11.78	575	N/A	100	0	N/A	84.7	113.2	-6.0	33	N/A	1,000,000	0	0.0	2.0
B+ / 9.3	3.2	0.39	10.44	10	2	40	56	2	5.7	41.9	-3.0	56	N/A	1,000	0	5.8	0.0
B+ / 9.7	3.2	0.39	10.45	5	2	40	56	2	5.7	37.6	-3.2	45	N/A	1,000	0	0.0	0.0
B+ / 9.7	3.3	0.39	10.42	N/A	2	40	56	2	5.7	37.6	-3.2	44	N/A	1,000	0	0.0	0.0
B+ / 9.7	3.2	0.39	10.53	48	2	40	56	2	5.7	43.6	-2.9	60	N/A	1,500,000	0	0.0	0.0
B- / 7.5	7.2	0.95	12.31	10	3	96	0	1	1.5	94.1	-9.5	70	N/A	1,000	0	5.8	0.0
B- / 7.5	7.2	0.95	11.92	9	3	96	0	1	1.5	88.1	-9.7	61	N/A	1,000	0	0.0	0.0
B- / 7.5	7.2	0.95	11.92	N/A	3	96	0	1	1.5	88.4	-9.7	60	N/A	1,000	0	0.0	0.0
B- / 7.5	7.2	0.95	12.41	20	3	96	0	1	1.5	96.0	-9.4	73	N/A	1,500,000	0	0.0	0.0
B / 8.6	5.9	0.78	11.12	27	2	80	16	2	6.3	77.8	-7.9	65	N/A	1,000	0	5.8	0.0

www.thestreet.com/ratings

Data as of June 30, 2007

I. Index of Stock Mutual Funds

Summer 2007

						PERFORMANCE						
	99 Pct = Best 0 Pct = Worst			Overall Investment Rating		Perfor- mance Rating/Pts	Total Return % through 6/30/07			Annualized		Incl. in Returns
Fund Type	Fund Name		Ticker Symbol		Phone		3 Mo	6 Mo	1Yr / Pct	3Yr / Pct	5Yr / Pct	Dividend Yield	Expense Ratio
GI	BB&T Capital Manager Growth B	BCMBX	C	(800) 228-1872	D+ / 2.6	4.80	5.52	15.59 /29	9.85 /27	7.69 /13	0.82	2.34
GI	BB&T Capital Manager Growth C	BCGCX	C	(800) 228-1872	D+ / 2.6	4.80	5.53	15.72 /30	9.86 /27	7.70 /13	0.83	2.34
GI	BB&T Capital Manager Growth I	BCMTX	C	(800) 228-1872	C- / 3.5	5.04	6.10	16.80 /37	10.97 /35	8.77 /21	1.69	1.34
GI	BB&T Capital Manager Mod Gr A	BAMGX	C-	(800) 228-1872	D / 1.2	3.83	4.79	14.37 /23	9.18 /22	7.56 /11	1.92	1.79
GI	BB&T Capital Manager Mod Gr B	BBMGX	C-	(800) 228-1872	D- / 1.5	3.62	4.40	13.60 /19	8.35 /16	6.77 / 7	1.39	2.29
GI	BB&T Capital Manager Mod Gr C	BCMCX	C-	(800) 228-1872	D- / 1.5	3.60	4.38	13.53 /18	8.37 /16	6.81 / 7	1.39	2.29
GI	BB&T Capital Manager Mod Gr I	BCGTX	C	(800) 228-1872	D / 2.1	3.88	4.79	14.70 /24	9.44 /24	7.83 /14	2.26	1.29
IN	BB&T Equity Income A	BAEIX	A+	(800) 228-1872	B / 7.9	5.57	9.67	23.22 /78	19.20 /83	--	1.92	1.45
IN	BB&T Equity Income B	BEIBX	A+	(800) 228-1872	B / 8.1	5.33	9.25	22.26 /74	18.32 /81	--	1.41	1.95
IN	BB&T Equity Income C	BCEGX	A+	(800) 228-1872	B / 8.1	5.34	9.27	22.30 /74	18.32 /81	--	1.43	1.95
GR	BB&T Equity Index A	BAEQX	C	(800) 228-1872	C- / 3.0	6.15	6.61	19.92 /59	11.09 /37	10.17 /35	1.31	0.84
GR	BB&T Equity Index B	BBEQX	C	(800) 228-1872	C- / 3.5	5.96	6.24	19.07 /53	10.23 /30	9.31 /26	0.76	1.34
GR	BB&T Equity Index C	BCEQX	C	(800) 228-1872	C- / 3.4	5.91	6.31	18.95 /52	10.11 /29	9.45 /27	0.70	1.34
FO	BB&T International Equity A	BIQAX	B+	(800) 228-1872	B / 7.8	5.85	8.31	24.55 /82	18.49 /82	11.79 /51	0.91	1.75
FO	BB&T International Equity B	BIQBX	B+	(800) 228-1872	B / 8.0	5.67	7.98	23.66 /79	17.65 /80	10.93 /43	0.60	2.25
FO	BB&T International Equity C	BIQCX	B+	(800) 228-1872	B / 8.0	5.68	8.00	23.64 /79	17.60 /79	10.91 /42	0.71	2.25
FO	BB&T International Equity I	BBTIX	A-	(800) 228-1872	B+ / 8.3	5.90	8.41	24.74 /82	18.80 /82	11.98 /53	1.11	1.25
GI	BB&T Large Cap Fund A	BBTGX	C-	(800) 228-1872	C / 5.1	6.79	5.37	20.44 /63	14.28 /64	10.53 /39	0.86	1.43
GI	BB&T Large Cap Fund B	BGISX	C-	(800) 228-1872	C+ / 5.6	6.57	4.98	19.52 /56	13.40 /58	9.69 /30	0.37	1.93
GI	BB&T Large Cap Fund I	BBISX	C	(800) 228-1872	C+ / 6.5	6.81	5.52	20.77 /65	14.57 /66	10.80 /41	1.10	0.93
MC	BB&T Mid Cap Growth A	OVCBX	D	(800) 228-1872	C+ / 6.3	8.97	15.17	16.88 /37	14.64 /66	12.96 /62	0.08	1.19
MC	BB&T Mid Cap Growth B	OVMBX	D+	(800) 228-1872	C+ / 6.8	8.83	14.74	16.03 /32	13.78 /60	12.12 /55	0.00	1.94
MC	BB&T Mid Cap Growth C	OVMCX	D+	(800) 228-1872	C+ / 6.8	8.83	14.83	16.02 /32	13.80 /61	12.13 /55	0.00	1.94
MC	BB&T Mid Cap Growth I	OCAAX	C-	(800) 228-1872	B- / 7.4	9.09	15.31	17.18 /39	14.91 /68	13.25 /64	0.12	0.94
MC	BB&T Mid Cap Value A	OVEAX	D	(800) 228-1872	B / 7.7	5.83	10.77	25.24 /83	17.81 /80	14.68 /74	0.19	1.18
MC	BB&T Mid Cap Value B	OVEBX	D	(800) 228-1872	B / 8.0	5.63	10.37	24.31 /81	16.95 /77	13.86 /69	0.01	1.93
MC	BB&T Mid Cap Value C	OVECX	D	(800) 228-1872	B / 7.9	5.63	10.38	24.25 /81	16.94 /77	13.83 /68	0.03	1.93
MC	BB&T Mid Cap Value I	OVEIX	D	(800) 228-1872	B+ / 8.3	5.84	10.87	25.53 /84	18.10 /81	14.98 /76	0.29	0.93
SC	BB&T Small Cap Fund A	BTVAX	D	(800) 228-1872	C- / 4.2	3.81	6.84	15.83 /31	14.45 /65	--	1.16	1.73
SC	BB&T Small Cap Fund B	BTVBX	D+	(800) 228-1872	C / 4.9	3.59	6.45	15.02 /26	13.62 /59	--	1.15	2.23
SC	BB&T Small Cap Fund C	BTVCX	D+	(800) 228-1872	C / 4.9	3.60	6.46	14.97 /26	13.63 /59	--	1.16	2.23
SC	BB&T Small Cap Fund I	BTVIX	C-	(800) 228-1872	C+ / 5.9	3.80	7.02	16.18 /33	14.77 /67	--	1.33	1.23
IN	BB&T Special Opport Eqty A	BOPAX	B+	(800) 228-1872	B+ / 8.4	7.58	13.52	28.98 /91	18.65 /82	--	0.00	1.53
IN	BB&T Special Opport Eqty B	BOPBX	B+	(800) 228-1872	B+ / 8.5	7.41	13.12	28.08 /90	17.79 /80	--	0.00	2.03
IN	BB&T Special Opport Eqty C	BOPCX	B+	(800) 228-1872	B+ / 8.5	7.41	13.11	28.06 /90	17.81 /80	--	0.00	2.03
IN	BB&T Special Opport Eqty I	BOPIX	B+	(800) 228-1872	B+ / 8.7	7.62	13.63	29.34 /92	18.96 /83	--	0.00	1.03
GR	BBH Core Select Fund Class N	BBTEX	B-	(800) 625-5759	C / 5.5	7.69	9.13	20.35 /62	12.61 /51	9.14 /24	0.37	1.19
FO	BBH International Equity I	BBHLX	A-	(800) 625-5759	B+ / 8.3	5.21	8.15	22.73 /76	19.83 /85	14.74 /74	1.59	0.89
FO	BBH International Equity N	BBHEX	A-	(800) 625-5759	B / 8.2	5.15	8.04	22.44 /75	19.58 /84	14.38 /72	1.39	1.11
GR	Becker Value Equity Fund	BVEFX	B	(800) 551-3998	C+ / 5.9	6.90	7.72	20.85 /66	13.29 /57	--	0.87	1.53
GR	Berkshire Focus Fund	BFOCX	E	(877) 526-0707	C- / 4.0	10.50	6.18	18.26 /47	10.27 /30	9.13 /24	0.00	2.02
GR	Berwyn Cornerstone Fund	BERCX	B-	(800) 992-6757	C / 5.2	5.85	7.64	20.86 /66	12.48 /50	12.22 /55	0.34	2.91
GR	Berwyn Fund	BERWX	D-	(800) 992-6757	C- / 3.6	1.74	5.73	14.52 /23	12.77 /52	14.22 /71	0.15	1.29
GR	Biltmore Index Enhancing Fund A	BLTAX	U	(866) 722-1677	U /	5.57	7.74	--	--	--	0.00	1.73
GR	Bishop Street Large Cap Core Eq I	BSLIX	U	(800) 262-9565	U /	7.42	7.73	19.08 /53	--	--	0.39	1.32
GR	Bishop Street Strategic Growth Inst	BSRIX	C	(800) 262-9565	C+ / 5.6	7.40	8.49	21.21 /68	12.11 /46	--	0.00	1.30
SC	Bjurman Barry Small Cap Growth	BBSFX	E-	(800) 227-7264	E- / 0.2	6.39	11.05	5.79 / 2	3.27 / 1	--	0.00	1.80
SC	Bjurman Micro-Cap Growth Fund	BMCFX	E-	(800) 227-7264	D- / 1.0	2.44	4.41	7.32 / 3	8.87 /20	11.85 /52	0.00	2.23
MC	Bjurman Mid Cap Growth Fund	BACFX	C-	(800) 227-7264	C+ / 6.6	8.32	13.27	14.81 /25	14.77 /67	10.21 /35	0.00	2.02
EN	BlackRock All Cap Glb Resrces Inst	BACIX	U	(888) 825-2257	U /	15.03	20.36	18.74 /50	--	--	0.00	0.98
EN	BlackRock All Cap Glb Resrces Inv A	BACAX	U	(888) 825-2257	U /	14.98	20.20	18.26 /47	--	--	0.00	1.34
EN	BlackRock All Cap Glb Resrces Inv B	BACBX	U	(888) 825-2257	U /	14.76	19.73	17.37 /40	--	--	0.00	2.13

• Denotes fund is closed to new investors
* Denotes fund is included in Section II

www.thestreet.com/ratings

I. Index of Stock Mutual Funds

Summer 2007

RISK			NET ASSETS		ASSET				Portfolio Turnover Ratio	BULL / BEAR		FUND MANAGER		MINIMUMS		LOADS	
	3 Year		NAV							Last Bull	Last Bear	Manager	Manager	Initial	Additional	Front	Back
Risk	Standard		As of	Total	Cash	Stocks	Bonds	Other		Market	Market	Quality	Tenure	Purch.	Purch.	End	End
Rating/Pts	Deviation	Beta	6/30/07	$(Mil)	%	%	%	%		Return	Return	Pct	(Years)	$	$	Load	Load
B / 8.6	6.0	0.78	10.91	20	2	80	16	2	6.3	72.2	-8.1	54	N/A	1,000	0	0.0	0.0
B / 8.6	6.0	0.79	10.91	N/A	2	80	16	2	6.3	72.3	-8.1	53	N/A	1,000	0	0.0	0.0
B / 8.6	5.9	0.78	11.13	24	2	80	16	2	6.3	79.9	-7.9	68	N/A	1,500,000	0	0.0	0.0
B+ / 9.1	4.9	0.63	10.90	38	3	64	31	2	7.3	63.0	-6.1	61	N/A	1,000	0	5.8	0.0
B+ / 9.1	4.8	0.63	10.71	23	3	64	31	2	7.3	57.7	-6.2	50	N/A	1,000	0	0.0	0.0
B+ / 9.0	4.9	0.63	10.77	N/A	3	64	31	2	7.3	58.1	-6.0	49	N/A	1,000	0	0.0	0.0
B+ / 9.1	4.9	0.63	10.94	30	3	64	31	2	7.3	64.7	-6.0	64	N/A	1,500,000	0	0.0	0.0
B / 8.9	5.6	0.65	14.73	87	12	87	0	1	35.7	N/A	N/A	98	7	1,000	0	5.8	0.0
B / 8.9	5.7	0.65	14.69	14	12	87	0	1	35.7	N/A	N/A	98	7	1,000	0	0.0	0.0
B / 8.9	5.7	0.66	14.68	23	12	87	0	1	35.7	N/A	N/A	98	7	1,000	0	0.0	0.0
B / 8.3	7.3	1.00	10.08	112	0	99	0	1	14.0	92.2	-9.8	45	1	1,000	0	5.8	0.0
B / 8.3	7.4	1.01	9.91	11	0	99	0	1	14.0	86.2	-10.0	35	1	1,000	0	0.0	0.0
B / 8.1	7.3	0.99	10.00	N/A	0	99	0	1	14.0	85.7	-9.9	35	1	1,000	0	0.0	0.0
B- / 7.2	8.5	0.88	13.05	5	0	99	0	1	105.7	131.3	-13.3	33	N/A	1,000	0	5.8	0.0
B- / 7.1	8.5	0.88	12.31	2	0	99	0	1	105.7	123.7	-13.6	27	N/A	1,000	0	0.0	0.0
B- / 7.1	8.5	0.88	12.28	N/A	0	99	0	1	105.7	123.8	-13.6	26	N/A	1,000	0	0.0	0.0
B- / 7.2	8.5	0.88	13.26	160	0	99	0	1	105.7	133.3	-13.5	36	N/A	1,500,000	0	0.0	0.0
C / 5.0	6.6	0.85	19.36	62	2	97	0	1	60.7	104.4	-9.5	88	N/A	1,000	0	5.8	0.0
C / 5.0	6.6	0.85	19.13	21	2	97	0	1	60.7	97.8	-9.6	84	N/A	1,000	0	0.0	0.0
C / 5.1	6.6	0.85	19.42	653	2	97	0	1	60.7	106.5	-9.4	89	N/A	1,500,000	0	0.0	0.0
C- / 3.0	14.8	1.34	13.36	11	3	96	0	1	173.8	124.2	-9.8	15	14	1,000	0	5.8	0.0
D+ / 2.8	14.8	1.33	12.69	3	3	96	0	1	173.8	117.2	-10.0	11	14	1,000	0	0.0	0.0
D+ / 2.8	14.8	1.33	12.70	N/A	3	96	0	1	173.8	117.4	-10.0	12	14	1,000	0	0.0	0.0
C- / 3.2	14.8	1.34	14.16	164	3	96	0	1	173.8	126.7	-9.8	16	14	1,500,000	0	0.0	0.0
D- / 1.2	8.6	0.75	15.38	18	7	92	0	1	50.0	143.3	-6.7	94	N/A	1,000	0	5.8	0.0
D- / 1.1	8.6	0.75	15.01	6	7	92	0	1	50.0	135.6	-6.8	92	N/A	1,000	0	0.0	0.0
D- / 1.1	8.6	0.75	15.00	1	7	92	0	1	50.0	135.6	-6.9	91	N/A	1,000	0	0.0	0.0
D- / 1.2	8.6	0.75	15.45	246	7	92	0	1	50.0	145.8	-6.6	94	N/A	1,500,000	0	0.0	0.0
C / 5.0	10.6	0.77	16.36	10	7	92	0	1	43.5	N/A	N/A	86	4	1,000	0	5.8	0.0
C / 4.9	10.7	0.77	15.85	4	7	92	0	1	43.5	N/A	N/A	81	4	1,000	0	0.0	0.0
C / 4.9	10.6	0.77	15.83	N/A	7	92	0	1	43.5	N/A	N/A	81	4	1,000	0	0.0	0.0
C / 5.1	10.6	0.77	16.47	91	7	92	0	1	43.5	N/A	N/A	87	4	1,500,000	0	0.0	0.0
C+ / 6.6	8.2	0.88	18.30	118	16	83	0	1	49.4	N/A	N/A	97	4	1,000	0	5.8	0.0
C+ / 6.5	8.1	0.88	17.68	29	16	83	0	1	49.4	N/A	N/A	96	4	1,000	0	0.0	0.0
C+ / 6.5	8.2	0.88	17.69	49	16	83	0	1	49.4	N/A	N/A	96	4	1,000	0	0.0	0.0
C+ / 6.6	8.2	0.88	18.51	93	16	83	0	1	49.4	N/A	N/A	97	4	1,500,000	0	0.0	0.0
B / 8.5	7.9	1.00	13.03	98	8	91	0	1	53.0	81.9	-12.3	65	N/A	100,000	25,000	0.0	2.0
B- / 7.3	8.5	0.89	17.38	44	2	97	0	1	10.0	146.1	-9.3	44	N/A	5,000,000	25,000	0.0	2.0
B- / 7.3	8.5	0.89	17.34	619	2	97	0	1	10.0	143.5	-9.4	41	N/A	100,000	25,000	0.0	2.0
B / 8.5	8.4	1.07	15.34	66	7	92	0	1	30.5	N/A	N/A	66	4	2,500	100	0.0	1.0
D / 1.8	24.7	2.17	8.42	13	0	99	0	1	386.2	105.1	-20.7	2	10	5,000	500	0.0	0.0
B / 8.7	8.0	0.94	15.93	8	7	92	0	1	23.0	80.6	0.4	69	5	3,000	250	0.0	1.0
C / 5.1	11.1	1.07	30.46	149	9	90	0	1	38.0	148.1	-6.3	61	23	3,000	250	0.0	1.0
U /	N/A	N/A	11.56	41	3	96	0	1	N/A	N/A	N/A	N/A	1	1,000	50	4.8	2.0
U /	N/A	N/A	11.42	111	0	99	0	1	51.0	N/A	N/A	N/A	1	1,000	0	0.0	0.0
C+ / 6.7	11.3	1.38	16.10	141	0	99	0	1	53.0	106.7	-7.7	25	5	1,000	0	0.0	0.0
C- / 3.1	18.0	1.22	14.98	14	0	100	0	0	205.0	N/A	N/A	1	4	1,000	0	0.0	2.0
E+ / 0.7	18.0	1.23	21.79	313	0	99	0	1	45.0	124.3	-10.4	7	10	1,000	0	0.0	2.0
C / 4.4	13.3	1.13	12.89	6	1	98	0	1	83.0	108.4	-13.9	31	6	1,000	0	0.0	2.0
U /	N/A	N/A	17.91	546	14	84	0	2	41.0	N/A	N/A	N/A	N/A	2,000,000	0	0.0	2.0
U /	N/A	N/A	17.73	318	14	84	0	2	41.0	N/A	N/A	N/A	N/A	1,000	50	5.3	2.0
U /	N/A	N/A	17.42	53	14	84	0	2	41.0	N/A	N/A	N/A	N/A	1,000	50	0.0	2.0

www.thestreet.com/ratings

Data as of June 30, 2007

I. Index of Stock Mutual Funds

Summer 2007

99 Pct = Best
0 Pct = Worst

Fund Type	Fund Name	Ticker Symbol	Overall Investment Rating	Phone	Performance Rating/Pts	3 Mo	6 Mo	1Yr / Pct	3Yr / Pct	5Yr / Pct	Dividend Yield	Expense Ratio
EN	BlackRock All Cap Glb Resrces Inv C	BACCX	U	(888) 825-2257	U /	14.74	19.70	17.35 /40	--	--	0.00	2.07
AA	BlackRock Asset Allo Inst	PBAIX	C	(888) 825-2257	C- / 3.4	4.97	7.65	16.22 /33	10.68 /33	10.31 /36	1.27	0.86
AA	BlackRock Asset Allo Inv A	PCBAX	D+	(888) 825-2257	D / 2.2	4.84	7.45	15.88 /31	10.26 /30	9.92 /32	0.98	1.33
AA	BlackRock Asset Allo Inv B	CBIBX	C-	(888) 825-2257	D+ / 2.5	4.68	7.11	14.99 /26	9.47 /24	9.15 /24	0.48	2.08
AA	BlackRock Asset Allo Inv C	BRBCX	C-	(888) 825-2257	D+ / 2.5	4.66	7.03	14.98 /26	9.48 /24	9.14 /24	0.58	2.08
SC	BlackRock Aurora Inst	SSRCX	E-	(888) 825-2257	C- / 3.8	4.77	8.70	19.53 /56	11.02 /36	12.27 /56	0.00	1.05
SC	BlackRock Aurora Inv A	SSRAX	E-	(888) 825-2257	D+ / 2.4	4.69	8.52	19.06 /53	10.64 /33	11.91 /53	0.00	1.47
SC	BlackRock Aurora Inv B	SSRPX	E-	(888) 825-2257	D+ / 2.7	4.45	8.08	18.12 /46	9.81 /26	11.09 /44	0.00	2.24
SC	BlackRock Aurora Inv C	SSRDX	E-	(888) 825-2257	D+ / 2.7	4.45	8.08	18.12 /46	9.81 /26	11.09 /44	0.00	2.22
SC	BlackRock Aurora Svc	SSRSX	C-	(888) 825-2257	C- / 3.4	4.62	8.48	18.98 /52	10.62 /33	11.89 /52	0.00	1.64
BA	BlackRock Bal Capital Inst	MACPX	C-	(888) 825-2257	C- / 3.2	4.83	6.06	17.79 /43	10.30 /30	8.77 /21	2.16	0.61
BA	BlackRock Bal Capital Inv A	MDCPX	D+	(888) 825-2257	D / 2.1	4.74	5.93	17.47 /41	10.18 /29	8.52 /19	1.84	0.86
BA	BlackRock Bal Capital Inv B	MBCPX	D+	(888) 825-2257	D+ / 2.3	4.51	5.49	16.51 /35	9.14 /22	7.64 /12	1.14	1.64
BA	BlackRock Bal Capital Inv C	MCCPX	D+	(888) 825-2257	D+ / 2.3	4.56	5.53	16.57 /35	9.16 /22	7.65 /12	1.35	1.64
BA	BlackRock Bal Capital R	MRBPX	C-	(888) 825-2257	D+ / 2.7	4.67	5.74	17.13 /39	9.73 /26	--	1.78	1.11
GR	BlackRock Basic Val Prin Prot Inst	MAPVX	B	(888) 825-2257	C / 5.1	6.45	7.52	24.12 /81	11.12 /37	--	0.00	1.69
GR	BlackRock Basic Val Prin Prot Inv A	MDPVX	C+	(888) 825-2257	C- / 3.6	6.37	7.35	23.74 /80	10.82 /34	--	0.00	1.94
GR	BlackRock Basic Val Prin Prot Inv B	MBPVX	C+	(888) 825-2257	C- / 3.9	6.13	6.84	22.78 /76	9.97 /28	--	0.00	2.70
GR	BlackRock Basic Val Prin Prot Inv C	MCPVX	C+	(888) 825-2257	C- / 4.0	6.21	7.01	22.83 /76	10.01 /28	--	0.00	2.70
GI	BlackRock Basic Value Inst	MABAX	C+	(888) 825-2257	C+ / 6.6	6.67	7.98	25.11 /83	13.35 /57	12.60 /58	2.03	0.57
GI	BlackRock Basic Value Inv A	MDBAX	C	(888) 825-2257	C / 5.4	6.62	7.83	24.80 /82	13.06 /55	12.33 /56	1.65	0.82
GI	BlackRock Basic Value Inv B	MBBAX	C+	(888) 825-2257	C+ / 5.7	6.38	7.39	23.82 /80	12.19 /47	11.46 /48	0.65	1.59
GI	BlackRock Basic Value Inv C	MCBAX	C+	(888) 825-2257	C+ / 5.7	6.39	7.40	23.83 /80	12.18 /47	11.44 /48	0.87	1.59
GI	BlackRock Basic Value R	MRBVX	C+	(888) 825-2257	C+ / 6.2	6.53	7.68	24.45 /82	12.78 /52	--	1.46	1.07
GR	● BlackRock Capital Appr Inst	SRLSX	D+	(888) 825-2257	C- / 3.1	7.47	9.55	16.38 /34	9.17 /22	9.29 /26	0.00	0.86
GR	● BlackRock Capital Appr Inv A	SRLAX	D-	(888) 825-2257	D / 1.9	7.33	9.26	15.82 /31	8.78 /19	8.94 /22	0.00	1.38
GR	● BlackRock Capital Appr Inv B	SRLPX	D-	(888) 825-2257	D / 2.2	7.15	8.83	14.96 /26	7.96 /14	8.14 /16	0.00	2.17
GR	● BlackRock Capital Appr Inv C	SRLCX	D-	(888) 825-2257	D / 2.2	7.14	8.89	15.03 /26	8.01 /14	8.17 /16	0.00	2.01
GR	● BlackRock Capital Appr Svc	SSSLX	D+	(888) 825-2257	D+ / 2.8	7.33	9.26	15.82 /31	8.78 /19	8.94 /22	0.00	1.36
EN	BlackRock Comm Strategies A	MDCDX	E-	(888) 825-2257	E- / 0.0	-2.60	1.30	-19.56 / 0	1.74 / 0	--	5.81	1.87
EN	BlackRock Comm Strategies B	MBCDX	E-	(888) 825-2257	E- / 0.0	-2.93	0.82	-20.25 / 0	1.01 / 0	--	4.80	2.64
EN	BlackRock Comm Strategies C	MCCDX	E-	(888) 825-2257	E- / 0.0	-2.93	0.82	-20.23 / 0	0.99 / 0	--	4.89	2.64
EN	BlackRock Comm Strategies Inst	MACDX	E-	(888) 825-2257	E- / 0.0	-2.71	1.30	-19.45 / 0	1.96 / 0	--	6.47	1.62
EM	BlackRock Dev Cap Mkt Inst	MADCX	C+	(888) 825-2257	A+ / 9.8	14.62	17.37	41.99 /97	37.11 /98	27.40 /97	0.88	1.50
EM	BlackRock Dev Cap Mkt Inv A	MDDCX	C+	(888) 825-2257	A+ / 9.7	14.58	17.24	41.66 /97	36.75 /98	27.10 /97	0.68	1.75
EM	BlackRock Dev Cap Mkt Inv B	MBDCX	C+	(888) 825-2257	A+ / 9.8	14.34	16.77	40.59 /97	35.68 /98	26.09 /97	0.44	2.53
EM	BlackRock Dev Cap Mkt Inv C	MCDCX	C	(888) 825-2257	A+ / 9.8	14.32	16.78	40.58 /97	35.71 /98	26.09 /97	0.44	2.52
IN	BlackRock Eq Dividend Inst	MADVX	A	(888) 825-2257	B+ / 8.3	7.26	11.16	21.52 /70	18.51 /82	14.13 /70	1.86	0.82
IN	BlackRock Eq Dividend Inv A	MDDVX	A-	(888) 825-2257	B / 7.7	7.15	10.99	21.19 /68	18.20 /81	13.84 /68	1.56	1.07
IN	BlackRock Eq Dividend Inv B	MBDVX	A	(888) 825-2257	B / 7.9	6.98	10.51	20.19 /61	17.31 /79	12.96 /62	0.95	1.84
IN	BlackRock Eq Dividend Inv C	MCDVX	A	(888) 825-2257	B / 7.9	7.00	10.60	20.33 /62	17.32 /79	12.98 /62	1.09	1.84
IN	BlackRock Eq Dividend R	MRDVX	A	(888) 825-2257	B / 8.1	7.10	10.80	20.85 /66	17.96 /80	--	1.44	1.32
FO	BlackRock Eurofund Inst	MAEFX	A+	(888) 825-2257	A / 9.3	9.89	11.85	30.35 /93	24.49 /93	17.75 /87	2.74	0.99
FO	BlackRock Eurofund Inv A	MDEFX	A+	(888) 825-2257	A- / 9.1	9.84	11.72	30.04 /92	24.19 /92	17.46 /86	2.47	1.24
FO	BlackRock Eurofund Inv B	MBEFX	A+	(888) 825-2257	A- / 9.2	9.57	11.23	28.94 /91	23.17 /91	16.53 /83	1.77	2.01
FO	BlackRock Eurofund Inv C	MCEFX	A	(888) 825-2257	A- / 9.2	9.64	11.32	29.00 /91	23.23 /91	16.53 /83	2.60	2.01
FO	BlackRock Eurofund R	MREFX	A	(888) 825-2257	A- / 9.3	9.72	11.45	29.54 /92	23.86 /92	--	2.90	1.49
GR	BlackRock Focus 20 Fd Inst	MAFOX	C	(888) 825-2257	C / 5.4	10.05	16.16	18.56 /49	10.39 /31	9.67 /29	0.00	1.75
GR	BlackRock Focus 20 Fd Inv A	MDFOX	D+	(888) 825-2257	C- / 4.0	10.24	15.90	18.32 /47	10.17 /29	9.28 /26	0.00	2.00
GR	BlackRock Focus 20 Fd Inv B	MBFOX	C-	(888) 825-2257	C / 4.6	10.36	15.76	17.68 /43	9.33 /23	8.45 /18	0.00	2.87
GR	BlackRock Focus 20 Fd Inv C	MCFOX	D+	(888) 825-2257	C- / 4.2	9.84	15.22	17.13 /39	9.16 /22	8.35 /17	0.00	2.89
GR	BlackRock Focus Value Inst	MAPNX	B	(888) 825-2257	B- / 7.0	7.08	8.93	25.43 /84	13.78 /60	14.09 /70	1.03	1.26

● Denotes fund is closed to new investors
* Denotes fund is included in Section II

I. Index of Stock Mutual Funds

Summer 2007

RISK			NET ASSETS		ASSET				Portfolio Turnover Ratio	BULL / BEAR		FUND MANAGER		MINIMUMS		LOADS	
Risk Rating/Pts	3 Year Standard Deviation	Beta	NAV As of 6/30/07	Total $(Mil)	Cash %	Stocks %	Bonds %	Other %		Last Bull Market Return	Last Bear Market Return	Manager Quality Pct	Manager Tenure (Years)	Initial Purch. $	Additional Purch. $	Front End Load	Back End Load
U /	N/A	N/A	17.44	185	14	84	0	2	41.0	N/A	N/A	N/A	N/A	1,000	50	0.0	2.0
B- / 7.9	6.2	1.26	16.78	36	1	70	28	1	40.0	83.5	-6.4	63	2	2,000,000	0	0.0	0.0
B- / 7.9	6.2	1.26	16.73	501	1	70	28	1	40.0	80.8	-6.5	57	2	1,000	50	5.3	0.0
B- / 7.9	6.2	1.25	16.54	162	1	70	28	1	40.0	75.1	-6.6	47	2	1,000	50	0.0	0.0
B- / 7.9	6.2	1.26	16.51	86	1	70	28	1	40.0	75.4	-6.7	47	2	1,000	50	0.0	0.0
E- / 0.0	11.7	0.83	31.85	157	0	100	0	0	69.0	141.3	-13.3	44	2	2,000,000	0	0.0	2.0
E- / 0.0	11.7	0.83	29.69	979	0	100	0	0	69.0	137.9	-13.3	39	2	1,000	50	5.3	2.0
E- / 0.0	11.7	0.83	24.89	283	0	100	0	0	69.0	130.6	-13.5	31	2	1,000	50	0.0	2.0
E- / 0.0	11.7	0.83	24.89	236	0	100	0	0	69.0	130.6	-13.4	31	2	1,000	50	0.0	2.0
B- / 7.5	11.7	0.83	29.67	N/A	0	100	0	0	69.0	137.9	-13.3	39	2	5,000	0	0.0	2.0
B- / 7.6	4.8	1.03	29.07	1,273	0	66	33	1	12.0	72.9	-6.1	72	11	2,000,000	0	0.0	0.0
B- / 7.6	4.7	1.01	28.95	927	0	66	33	1	12.0	71.0	-6.0	72	11	1,000	50	5.3	0.0
B- / 7.7	4.7	1.01	28.06	113	0	66	33	1	12.0	65.5	-6.3	60	11	1,000	50	0.0	0.0
B- / 7.5	4.8	1.03	27.27	102	0	66	33	1	12.0	65.5	-6.3	58	11	1,000	50	0.0	0.0
B- / 7.5	4.8	1.04	28.01	8	0	66	33	1	12.0	70.1	N/A	65	11	1,000	50	0.0	0.0
B+ / 9.1	7.1	0.92	12.87	7	0	99	0	1	64.9	64.7	-4.8	55	5	2,000,000	0	0.0	0.0
B+ / 9.0	7.1	0.92	12.85	12	0	99	0	1	64.9	63.1	-4.9	51	5	1,000	50	5.3	0.0
B / 8.8	7.1	0.92	12.81	90	0	99	0	1	64.9	57.9	-5.0	40	5	1,000	50	0.0	0.0
B / 8.8	7.1	0.91	12.83	62	0	99	0	1	64.9	57.8	-5.0	41	5	1,000	50	0.0	0.0
C+ / 6.5	8.0	1.04	33.96	4,069	0	99	0	1	41.6	116.7	-11.7	70	8	2,000,000	0	0.0	0.0
C+ / 6.5	8.0	1.04	33.78	2,870	0	99	0	1	41.6	114.4	-11.8	66	8	1,000	50	5.3	0.0
C+ / 6.7	8.0	1.04	33.10	732	0	99	0	1	41.6	107.4	-11.9	56	8	1,000	50	0.0	0.0
C+ / 6.6	8.0	1.04	31.97	907	0	99	0	1	41.6	107.4	-11.9	56	8	1,000	50	0.0	0.0
C+ / 6.5	7.9	1.04	32.92	39	0	99	0	1	41.6	112.7	N/A	64	8	1,000	50	0.0	0.0
C+ / 6.6	9.7	1.16	16.98	62	0	99	0	1	55.0	80.6	-9.8	18	2	2,000,000	0	0.0	0.0
C+ / 6.6	9.7	1.16	16.40	120	0	99	0	1	55.0	77.9	-9.8	16	2	1,000	50	5.3	0.0
C+ / 6.5	9.7	1.17	15.29	54	0	99	0	1	55.0	72.5	-10.0	12	2	1,000	50	0.0	0.0
C+ / 6.5	9.7	1.17	15.31	15	0	99	0	1	55.0	72.7	-10.1	12	2	1,000	50	0.0	0.0
B- / 7.1	9.6	1.14	16.40	N/A	0	99	0	1	55.0	77.9	-9.8	17	N/A	5,000	0	0.0	0.0
E / 0.5	22.3	0.71	8.60	8	N/A	0	N/A	N/A	18.6	N/A	N/A	0	N/A	1,000	50	5.3	2.0
E / 0.5	22.3	0.71	8.62	6	N/A	0	N/A	N/A	18.6	N/A	N/A	0	N/A	1,000	50	0.0	2.0
E / 0.5	22.2	0.71	8.60	26	N/A	0	N/A	N/A	18.6	N/A	N/A	0	N/A	1,000	50	0.0	2.0
E+ / 0.6	22.2	0.71	8.60	12	N/A	0	N/A	N/A	18.6	N/A	N/A	0	N/A	2,000,000	0	0.0	2.0
D+ / 2.6	17.4	1.14	27.91	86	8	91	0	1	121.0	280.2	-5.8	8	N/A	2,000,000	0	0.0	2.0
D+ / 2.6	17.4	1.13	27.27	151	8	91	0	1	121.0	276.3	-5.9	8	N/A	1,000	50	5.3	2.0
D+ / 2.6	17.4	1.14	25.20	13	8	91	0	1	121.0	264.0	-6.1	6	N/A	1,000	50	0.0	2.0
D+ / 2.5	17.4	1.14	24.91	32	8	91	0	1	121.0	263.7	-6.0	6	N/A	1,000	50	0.0	2.0
B- / 7.9	7.9	0.81	20.09	496	7	92	0	1	2.2	127.2	-5.0	97	N/A	2,000,000	0	0.0	0.0
B- / 7.9	7.9	0.81	20.06	519	7	92	0	1	2.2	124.9	-5.2	97	N/A	1,000	50	5.3	0.0
B- / 7.9	7.9	0.81	20.10	107	7	92	0	1	2.2	117.5	-5.4	96	N/A	1,000	50	0.0	0.0
B- / 7.9	7.9	0.81	19.70	289	7	92	0	1	2.2	117.5	-5.4	96	N/A	1,000	50	0.0	0.0
B- / 7.9	7.9	0.81	20.17	30	7	92	0	1	2.2	124.0	N/A	97	N/A	1,000	50	0.0	0.0
B- / 7.1	9.9	1.01	24.45	359	1	96	2	1	76.0	188.9	-11.8	71	7	2,000,000	0	0.0	2.0
B- / 7.1	9.9	1.01	24.12	533	1	96	2	1	76.0	185.9	-11.8	68	7	1,000	50	5.3	2.0
B- / 7.1	9.9	1.00	20.60	48	1	96	2	1	76.0	176.2	-12.0	57	7	1,000	50	0.0	2.0
C+ / 6.9	9.9	1.00	19.57	74	1	96	2	1	76.0	176.3	-12.0	58	7	1,000	50	0.0	2.0
B- / 7.0	9.9	1.01	20.54	3	1	96	2	1	76.0	185.9	N/A	65	7	1,000	50	0.0	2.0
C+ / 5.8	13.4	1.32	2.30	16	2	97	0	1	117.2	97.4	-10.2	17	N/A	2,000,000	50	0.0	0.0
C+ / 5.8	13.2	1.29	2.26	8	2	97	0	1	117.2	95.6	-10.2	17	N/A	1,000	50	5.3	0.0
C+ / 5.7	13.4	1.29	2.13	30	2	97	0	1	117.2	89.2	-10.5	13	N/A	1,000	50	0.0	0.0
C+ / 5.8	13.1	1.27	2.12	20	2	97	0	1	117.2	88.3	-10.5	13	N/A	1,000	50	0.0	0.0
B- / 7.1	9.8	1.20	16.34	174	1	98	0	1	99.8	120.7	-13.7	59	N/A	2,000,000	50	0.0	0.0

www.thestreet.com/ratings

Data as of June 30, 2007

I. Index of Stock Mutual Funds

Summer 2007

						PERFORMANCE						
	99 Pct = Best 0 Pct = Worst			Overall		Perfor-	Total Return % through 6/30/07				Incl. in Returns	
Fund			Ticker	Investment		mance				Annualized		Dividend Expense
Type	Fund Name		Symbol	Rating	Phone	Rating/Pts	3 Mo	6 Mo	1Yr / Pct	3Yr / Pct	5Yr / Pct	Yield Ratio
GR	BlackRock Focus Value Inv A		MDPNX	C+	(888) 825-2257	C+ / 5.8	6.95	8.75	25.05 /83	13.50 /58	13.79 /68	0.71 1.51
GR	BlackRock Focus Value Inv B		MBPNX	C+	(888) 825-2257	C+ / 6.1	6.70	8.28	23.99 /80	12.60 /51	12.93 /61	0.02 2.28
GR	BlackRock Focus Value Inv C		MCPNX	C+	(888) 825-2257	C+ / 6.2	6.74	8.36	24.09 /80	12.63 /51	12.93 /61	0.06 2.28
GR	BlackRock Focus Value R		MRPNX	B-	(888) 825-2257	C+ / 6.6	6.78	8.56	24.57 /82	13.19 /56	--	0.55 1.76
GR	BlackRock Fundamental Gr Inst		MAFGX	D-	(888) 825-2257	D- / 1.5	6.03	7.68	11.20 /11	8.37 /16	7.71 /13	0.00 0.87
GR	BlackRock Fundamental Gr Inv A		MDFGX	E+	(888) 825-2257	E+ / 0.8	5.98	7.56	10.93 /10	8.10 /15	7.46 /11	0.00 1.12
GR	BlackRock Fundamental Gr Inv B		MBFGX	E+	(888) 825-2257	D- / 1.0	5.74	7.12	10.04 / 8	7.25 /10	6.61 / 6	0.00 1.90
GR	BlackRock Fundamental Gr Inv C		MCFGX	E+	(888) 825-2257	D- / 1.0	5.77	7.14	10.05 / 8	7.26 /10	6.60 / 6	0.00 1.91
GR	BlackRock Fundamental Gr R		MRFGX	E+	(888) 825-2257	D- / 1.2	5.89	7.36	10.60 / 9	7.83 /13	--	0.00 1.37
AA	BlackRock Fundmntl Gr Pr Pro Inst		MAPUX	C-	(888) 825-2257	E / 0.3	3.59	4.42	6.90 / 3	3.93 / 2	--	0.00 1.74
AA	BlackRock Fundmntl Gr Pr Pro Inv A		MDPUX	D+	(888) 825-2257	E- / 0.1	3.49	4.22	6.60 / 3	3.68 / 1	--	0.00 1.99
AA	BlackRock Fundmntl Gr Pr Pro Inv C		MCPUX	D+	(888) 825-2257	E- / 0.1	3.33	3.96	5.84 / 2	2.91 / 1	--	0.00 2.76
GL	BlackRock Glb Allocation Inst		MALOX	B	(888) 825-2257	C+ / 6.4	5.75	8.02	17.58 /42	15.36 /71	15.40 /78	2.01 0.92
GL	BlackRock Glb Allocation Inv A		MDLOX	C+	(888) 825-2257	C / 5.0	5.72	7.87	17.30 /40	15.08 /69	15.13 /77	1.72 1.17
GL	BlackRock Glb Allocation Inv B		MBLOX	B-	(888) 825-2257	C / 5.4	5.46	7.48	16.34 /34	14.19 /63	14.24 /71	1.15 1.94
GL	BlackRock Glb Allocation Inv C		MCLOX	B-	(888) 825-2257	C / 5.4	5.49	7.51	16.37 /34	14.21 /63	14.23 /71	1.31 1.94
GL	BlackRock Glb Allocation R		MRLOX	B-	(888) 825-2257	C+ / 5.9	5.59	7.74	16.97 /38	14.77 /67	--	1.68 1.42
GL	BlackRock Glb Dynamic Eq Inst		MAEGX	U	(888) 825-2257	U /	9.36	11.93	26.80 /87	--	--	1.38 1.28
GL	BlackRock Glb Dynamic Eq Inv A		MDEGX	U	(888) 825-2257	U /	9.29	11.77	26.46 /86	--	--	1.05 1.53
GL	BlackRock Glb Dynamic Eq Inv B		MBEGX	U	(888) 825-2257	U /	9.01	11.31	25.40 /84	--	--	0.27 2.29
GL	BlackRock Glb Dynamic Eq Inv C		MCEGX	U	(888) 825-2257	U /	9.12	11.33	25.50 /84	--	--	0.41 2.29
TC	BlackRock Glb Sci & Tech Opp Inst		BGSIX	C	(888) 825-2257	C+ / 6.3	9.54	11.44	21.10 /67	12.92 /53	13.14 /63	0.00 1.74
TC	BlackRock Glb Sci & Tech Opp Inv A		BGSAX	D+	(888) 825-2257	C / 4.7	9.43	11.23	20.65 /64	12.45 /49	12.68 /59	0.00 2.13
TC	BlackRock Glb Sci & Tech Opp Inv B		BGSBX	C-	(888) 825-2257	C / 5.1	9.09	10.82	19.63 /57	11.50 /41	11.73 /51	0.00 3.07
TC	BlackRock Glb Sci & Tech Opp Inv C		BGSCX	C-	(888) 825-2257	C / 5.0	9.09	10.82	19.44 /56	11.50 /41	11.73 /51	0.00 2.80
TC	BlackRock Glb Sci & Tech Opp Svc		BSTSX	C	(888) 825-2257	C+ / 5.9	9.33	11.11	20.59 /64	12.49 /50	12.75 /60	0.00 1.99
FS	BlackRock Global Finan Svc Inst		MAFNX	C	(888) 825-2257	B- / 7.1	3.91	2.16	7.02 / 3	19.40 /84	18.86 /90	2.62 1.28
FS	BlackRock Global Finan Svc Inv A		MDFNX	C-	(888) 825-2257	C+ / 6.0	3.87	2.05	6.79 / 3	19.10 /83	18.52 /89	2.27 1.55
FS	BlackRock Global Finan Svc Inv B		MBFNX	C-	(888) 825-2257	C+ / 6.3	3.62	1.65	5.95 / 2	18.20 /81	17.60 /87	1.61 2.31
FS	BlackRock Global Finan Svc Inv C		MCFNX	C-	(888) 825-2257	C+ / 6.3	3.65	1.60	5.91 / 2	18.20 /81	17.61 /87	1.72 2.32
FS	BlackRock Global Finan Svc R		MRFNX	C-	(888) 825-2257	C+ / 6.8	3.76	1.85	6.47 / 2	18.78 /82	--	2.32 1.81
GL	BlackRock Global Growth Inst		MAGGX	A+	(888) 825-2257	A / 9.4	11.71	17.23	34.29 /96	23.92 /92	16.69 /84	0.05 1.12
GL	BlackRock Global Growth Inv A		MDGGX	A+	(888) 825-2257	A / 9.3	11.65	17.07	33.91 /95	23.62 /92	16.40 /83	0.00 1.35
GL	BlackRock Global Growth Inv B		MBGGX	A+	(888) 825-2257	A / 9.3	11.40	16.63	32.88 /95	22.66 /90	15.50 /79	0.00 2.18
GL	BlackRock Global Growth Inv C		MCGGX	A+	(888) 825-2257	A / 9.3	11.48	16.64	32.91 /95	22.66 /90	15.47 /79	0.00 2.16
GL	BlackRock Global Growth R		MRGWX	B	(888) 825-2257	A / 9.4	11.57	16.95	33.53 /95	23.29 /91	--	0.00 1.62
GL	BlackRock Global Oppo Port Inst		BROIX	U	(888) 825-2257	U /	8.85	13.48	26.89 /88	--	--	0.68 2.26
GL	BlackRock Global Oppo Port Inv A		BROAX	U	(888) 825-2257	U /	8.78	13.42	26.56 /87	--	--	0.54 2.76
EN	BlackRock Global Resources Inst		SGLSX	D+	(888) 825-2257	A+ / 9.6	13.03	15.33	5.92 / 2	34.00 /97	33.88 /99	0.99 0.96
EN	BlackRock Global Resources Inv A		SSGRX	D	(888) 825-2257	A / 9.5	12.96	15.16	5.61 / 2	33.62 /97	33.41 /99	0.68 1.28
EN	BlackRock Global Resources Inv B		SSGPX	D	(888) 825-2257	A / 9.5	12.77	14.77	4.85 / 1	32.67 /97	32.50 /99	0.09 2.06
EN	BlackRock Global Resources Inv C		SSGDX	D	(888) 825-2257	A / 9.5	12.78	14.78	4.85 / 1	32.68 /97	32.49 /99	0.05 2.00
GL	BlackRock Global Small Cap Inst		MAGCX	B-	(888) 825-2257	B+ / 8.6	6.64	12.20	28.14 /90	19.60 /84	16.81 /84	0.00 1.22
GL	BlackRock Global Small Cap Inv A		MDGCX	C+	(888) 825-2257	B / 8.2	6.58	12.08	27.78 /89	19.29 /83	16.52 /83	0.00 1.46
GL	BlackRock Global Small Cap Inv B		MBGCX	C+	(888) 825-2257	B+ / 8.3	6.33	11.60	26.79 /87	18.35 /81	15.60 /79	0.00 2.24
GL	BlackRock Global Small Cap Inv C		MCGCX	C+	(888) 825-2257	B+ / 8.3	6.35	11.64	26.78 /87	18.37 /81	15.61 /79	0.00 2.25
GL	BlackRock Global Small Cap R		MRGSX	C+	(888) 825-2257	B+ / 8.5	6.44	11.85	27.42 /89	18.97 /83	--	0.00 1.71
TC	BlackRock Global Technology Inst		MAGTX	E	(888) 825-2257	E+ / 0.8	6.78	8.11	14.25 /22	5.33 / 4	8.84 /21	0.00 1.58
TC	BlackRock Global Technology Inv A		MDGTX	E	(888) 825-2257	E / 0.4	6.68	7.90	13.84 /20	5.03 / 4	8.55 /19	0.00 1.84
TC	BlackRock Global Technology Inv B		MBGTX	E-	(888) 825-2257	E / 0.5	6.34	7.36	12.89 /16	4.13 / 2	7.61 /12	0.00 2.67
TC	BlackRock Global Technology Inv C		MCGTX	E	(888) 825-2257	E / 0.5	6.36	7.38	12.93 /16	4.14 / 2	7.60 /12	0.00 2.72
TC	BlackRock Global Technology R		MRGTX	E	(888) 825-2257	E+ / 0.7	6.64	7.76	13.75 /19	4.83 / 3	--	0.00 2.07

● Denotes fund is closed to new investors
★ Denotes fund is included in Section II

www.thestreet.com/ratings

Summer 2007 — I. Index of Stock Mutual Funds

RISK			NET ASSETS		ASSET				Portfolio Turnover Ratio	BULL / BEAR		FUND MANAGER		MINIMUMS		LOADS	
	3 Year		NAV							Last Bull	Last Bear	Manager	Manager	Initial	Additional	Front	Back
Risk Rating/Pts	Standard Deviation	Beta	As of 6/30/07	Total $(Mil)	Cash %	Stocks %	Bonds %	Other %		Market Return	Market Return	Quality Pct	Tenure (Years)	Purch. $	Purch. $	End Load	End Load
B- / 7.1	9.8	1.20	16.15	143	1	98	0	1	99.8	118.5	-13.8	56	N/A	1,000	50	5.3	0.0
B- / 7.2	9.8	1.20	14.65	21	1	98	0	1	99.8	111.4	-14.0	43	N/A	1,000	50	0.0	0.0
B- / 7.1	9.8	1.20	14.26	27	1	98	0	1	99.8	111.3	-13.9	44	N/A	1,000	50	0.0	0.0
B- / 7.1	9.7	1.19	14.96	1	1	98	0	1	99.8	116.9	N/A	52	N/A	1,000	50	0.0	0.0
C+ / 6.3	8.2	0.92	21.44	1,243	1	98	0	1	60.1	74.2	-8.9	25	N/A	2,000,000	0	0.0	2.0
C+ / 6.3	8.2	0.92	20.91	1,651	1	98	0	1	60.1	72.4	-9.0	24	N/A	1,000	50	5.3	2.0
C+ / 6.2	8.2	0.92	18.96	696	1	98	0	1	60.1	66.8	-9.2	18	N/A	1,000	50	0.0	2.0
C+ / 6.2	8.2	0.92	19.06	884	1	98	0	1	60.1	66.8	-9.3	18	N/A	1,000	50	0.0	2.0
C+ / 6.2	8.2	0.92	19.41	43	1	98	0	1	60.1	71.3	N/A	22	N/A	1,000	50	0.0	2.0
B+ / 9.9	4.5	0.83	10.40	4	1	59	39	1	45.6	25.3	-1.2	17	5	2,000,000	0	0.0	0.0
B+ / 9.9	4.5	0.84	10.37	5	1	59	39	1	45.6	24.1	-1.3	16	5	1,000	50	5.3	0.0
B+ / 9.9	4.5	0.82	10.23	32	1	59	39	1	45.6	20.1	-1.5	12	5	1,000	50	0.0	0.0
B / 8.1	5.9	1.00	19.67	4,288	12	56	31	1	39.9	121.0	-4.4	96	18	2,000,000	0	0.0	2.0
B / 8.1	5.9	1.01	19.59	7,158	12	56	31	1	39.9	118.6	-4.4	96	50	1,000	50	5.3	2.0
B / 8.1	5.8	1.00	19.11	2,040	12	56	31	1	39.9	111.5	-4.6	94	18	1,000	50	0.0	2.0
B / 8.1	5.8	1.00	18.46	6,174	12	56	31	1	39.9	111.5	-4.6	94	N/A	1,000	50	0.0	2.0
B / 8.1	5.8	1.00	19.07	219	12	56	31	1	39.9	116.8	N/A	95	N/A	1,000	50	0.0	2.0
U /	N/A	N/A	13.58	301	0	100	0	0	38.0	N/A	N/A	N/A	N/A	2,000,000	0	0.0	2.0
U /	N/A	N/A	13.56	583	0	100	0	0	38.0	N/A	N/A	N/A	N/A	1,000	50	5.3	2.0
U /	N/A	N/A	13.51	85	0	100	0	0	38.0	N/A	N/A	N/A	N/A	1,000	50	0.0	2.0
U /	N/A	N/A	13.50	264	0	100	0	0	38.0	N/A	N/A	N/A	N/A	1,000	50	0.0	2.0
C / 5.4	14.6	1.67	8.38	1	0	98	0	2	49.0	124.5	-15.7	15	N/A	2,000,000	0	0.0	2.0
C / 5.4	14.5	1.66	8.12	15	0	98	0	2	49.0	119.8	-15.4	14	N/A	1,000	50	5.3	2.0
C / 5.3	14.5	1.66	7.68	9	0	98	0	2	49.0	112.5	-15.7	10	N/A	1,000	50	0.0	2.0
C / 5.3	14.6	1.66	7.68	8	0	98	0	2	49.0	112.8	-15.7	10	N/A	1,000	50	0.0	2.0
C / 5.3	14.6	1.67	8.20	N/A	0	98	0	2	49.0	120.8	-15.5	13	N/A	5,000	0	0.0	2.0
C / 4.6	17.6	1.29	17.01	16	0	100	0	0	79.3	201.4	-15.4	93	N/A	2,000,000	0	0.0	2.0
C / 4.6	17.6	1.29	16.90	24	0	100	0	0	79.3	198.1	-15.6	92	N/A	1,000	50	5.3	2.0
C / 4.6	17.6	1.29	16.61	25	0	100	0	0	79.3	188.4	-15.7	89	N/A	1,000	50	0.0	2.0
C / 4.6	17.6	1.29	16.49	21	0	100	0	0	79.3	188.3	-15.7	89	N/A	1,000	50	0.0	2.0
C / 4.3	17.6	1.29	16.56	8	0	100	0	0	79.3	195.9	N/A	91	N/A	1,000	50	0.0	2.0
B- / 7.4	11.9	1.15	16.60	267	0	100	0	0	80.3	169.4	-10.2	33	N/A	2,000,000	0	0.0	2.0
B- / 7.4	11.9	1.15	16.39	284	0	100	0	0	80.3	166.7	-10.3	31	N/A	1,000	50	5.3	2.0
B- / 7.3	11.9	1.15	15.64	50	0	100	0	0	80.3	158.0	-10.5	24	N/A	1,000	50	0.0	2.0
B- / 7.3	11.9	1.15	15.63	70	0	100	0	0	80.3	157.8	-10.5	24	N/A	1,000	50	0.0	2.0
C / 5.2	11.9	1.15	16.01	3	0	100	0	0	80.3	166.5	N/A	28	N/A	1,000	50	0.0	2.0
U /	N/A	N/A	12.54	36	4	95	0	1	62.0	N/A	N/A	N/A	N/A	2,000,000	0	0.0	2.0
U /	N/A	N/A	12.51	35	4	95	0	1	62.0	N/A	N/A	N/A	1	1,000	50	5.3	2.0
E- / 0.0	23.8	1.09	63.48	37	0	99	0	1	6.0	355.5	8.5	53	2	2,000,000	0	0.0	2.0
E- / 0.0	23.8	1.09	59.10	699	0	99	0	1	6.0	349.8	8.4	48	2	1,000	50	5.3	2.0
E- / 0.0	23.8	1.09	51.05	84	0	99	0	1	6.0	337.0	8.3	38	2	1,000	50	0.0	2.0
E- / 0.0	23.8	1.09	51.02	145	0	99	0	1	6.0	336.8	8.2	38	2	1,000	50	0.0	2.0
C / 4.9	12.3	1.19	29.24	412	0	100	0	0	95.6	165.9	-5.4	8	N/A	2,000,000	0	0.0	2.0
C / 4.9	12.4	1.19	28.85	335	0	100	0	0	95.6	163.2	-5.5	7	N/A	1,000	50	5.3	2.0
C / 4.9	12.4	1.19	27.71	131	0	100	0	0	95.6	154.5	-5.7	5	N/A	1,000	50	0.0	2.0
C / 4.8	12.3	1.19	27.15	519	0	100	0	0	95.6	154.5	-5.7	5	N/A	1,000	50	0.0	2.0
C / 4.8	12.3	1.19	27.94	34	0	100	0	0	95.6	161.6	N/A	6	N/A	1,000	50	0.0	2.0
C+ / 5.6	16.7	1.70	8.66	71	0	100	0	0	253.0	76.3	-15.0	1	N/A	2,000,000	0	0.0	2.0
C / 5.5	16.8	1.71	8.47	75	0	100	0	0	253.0	74.4	-15.1	1	N/A	1,000	50	5.3	2.0
C / 4.3	16.7	1.71	7.88	38	0	100	0	0	253.0	68.3	-15.3	0	N/A	1,000	50	0.0	2.0
C / 5.5	16.8	1.72	7.86	25	0	100	0	0	253.0	67.9	-15.3	0	N/A	1,000	50	0.0	2.0
C / 4.3	16.7	1.71	8.19	1	0	100	0	0	253.0	74.4	N/A	1	N/A	1,000	50	0.0	2.0

www.thestreet.com/ratings

Data as of June 30, 2007

I. Index of Stock Mutual Funds

Summer 2007

99 Pct = Best
0 Pct = Worst

Fund Type	Fund Name	Ticker Symbol	Overall Investment Rating	Phone	Performance Rating/Pts	3 Mo	6 Mo	1Yr / Pct	3Yr / Pct	5Yr / Pct	Dividend Yield	Expense Ratio
HL	● BlackRock Health Sci Opp Inst	SHSSX	C+	(888) 825-2257	C / 5.3	4.76	7.82	17.34 /40	13.90 /61	20.70 /93	0.00	1.25
HL	● BlackRock Health Sci Opp Inv A	SHSAX	C-	(888) 825-2257	C- / 3.8	4.70	7.66	16.92 /38	13.56 /59	20.34 /92	0.00	1.55
HL	● BlackRock Health Sci Opp Inv B	SHSPX	C	(888) 825-2257	C- / 4.1	4.50	7.20	15.97 /32	12.69 /51	19.45 /91	0.00	2.25
HL	● BlackRock Health Sci Opp Inv C	SHSCX	C	(888) 825-2257	C- / 4.2	4.50	7.25	16.08 /32	12.76 /52	19.50 /91	0.00	2.25
HL	● BlackRock Health Sci Opp Svc	SHISX	C	(888) 825-2257	C / 5.0	4.69	7.68	16.96 /38	13.65 /59	20.40 /92	0.00	1.55
HL	BlackRock Healthcare Inst	MAHCX	E	(888) 825-2257	C- / 3.0	4.14	8.63	14.07 /21	10.47 /31	8.95 /22	0.00	1.30
HL	BlackRock Healthcare Inv A	MDHCX	E-	(888) 825-2257	D / 2.0	4.25	8.69	14.00 /21	10.26 /30	8.70 /20	0.00	1.55
HL	BlackRock Healthcare Inv B	MBHCX	E-	(888) 825-2257	D / 2.2	4.01	8.09	12.79 /16	9.32 /23	7.81 /13	0.00	2.33
HL	BlackRock Healthcare Inv C	MCHCX	E-	(888) 825-2257	D+ / 2.3	4.01	8.35	13.11 /17	9.37 /23	7.84 /14	0.00	2.33
HL	BlackRock Healthcare R	MRHCX	E-	(888) 825-2257	D+ / 2.6	4.12	8.59	13.56 /19	9.92 /27	--	0.00	1.80
IX	BlackRock Index Eq Inst	PNIEX	C+	(888) 825-2257	C / 4.8	6.24	6.91	20.54 /64	11.59 /42	10.59 /40	1.37	0.21
IX	BlackRock Index Eq Inv A	CIEAX	C+	(888) 825-2257	C- / 3.8	6.20	6.79	20.29 /62	11.26 /38	10.13 /34	1.19	0.39
IX	● BlackRock Index Eq Inv B	CIEBX	C	(888) 825-2257	C- / 3.7	5.99	6.38	19.31 /55	10.39 /31	9.29 /26	0.62	1.38
IX	● BlackRock Index Eq Inv C	CIECX	C	(888) 825-2257	C- / 3.7	6.00	6.40	19.33 /55	10.40 /31	9.28 /26	0.69	1.27
IX	BlackRock Index Eq Svc	PNESX	C+	(888) 825-2257	C / 4.5	6.20	6.91	20.30 /62	11.29 /39	10.21 /35	1.23	0.48
FO	BlackRock International Inst	MAILX	B-	(888) 825-2257	C+ / 6.9	4.33	6.45	17.40 /41	17.17 /78	12.62 /59	1.35	1.71
FO	BlackRock International Inv A	MDILX	B-	(888) 825-2257	C+ / 5.8	4.30	6.35	17.15 /39	16.89 /77	12.35 /56	1.11	1.96
FO	BlackRock International Inv B	MBILX	B-	(888) 825-2257	C+ / 6.1	4.02	5.82	16.19 /33	15.95 /74	11.45 /48	0.50	2.74
FO	BlackRock International Inv C	MCILX	B-	(888) 825-2257	C+ / 6.1	4.10	5.90	16.26 /33	15.96 /74	11.45 /48	0.49	2.74
FO	BlackRock Intl Index Inst	MAIIX	B	(888) 825-2257	B+ / 8.8	5.76	10.44	26.58 /87	21.81 /89	17.29 /86	2.20	0.52
FO	BlackRock Intl Index Inv A	MDIIX	B	(888) 825-2257	B+ / 8.8	5.66	10.29	26.22 /86	21.48 /88	16.99 /85	2.01	0.78
FO	● BlackRock Intl Opp Inst	BISIX	B	(888) 825-2257	A+ / 9.7	8.85	15.62	38.02 /97	34.79 /97	26.20 /97	1.32	1.45
FO	● BlackRock Intl Opp Inv A	BREAX	B	(888) 825-2257	A+ / 9.7	8.75	15.44	37.56 /96	34.35 /97	25.74 /97	1.06	1.92
FO	● BlackRock Intl Opp Inv B	BREBX	B	(888) 825-2257	A+ / 9.7	8.52	14.96	36.48 /96	33.31 /97	24.77 /96	0.49	2.67
FO	● BlackRock Intl Opp Inv C	BRECX	B	(888) 825-2257	A+ / 9.7	8.57	15.02	36.56 /96	33.37 /97	24.80 /96	0.58	2.67
FO	● BlackRock Intl Opp Svc	BRESX	B	(888) 825-2257	A+ / 9.7	8.76	15.44	37.62 /96	34.40 /97	25.85 /97	1.15	1.75
FO	BlackRock Intl Value Inst	MAIVX	A-	(888) 825-2257	B+ / 8.9	9.01	10.83	24.40 /81	21.87 /89	16.27 /82	2.47	1.01
FO	BlackRock Intl Value Inv A	MDIVX	B+	(888) 825-2257	B+ / 8.5	8.91	10.63	23.84 /80	21.54 /88	15.98 /81	2.16	1.26
FO	BlackRock Intl Value Inv B	MBIVX	A+	(888) 825-2257	B+ / 8.6	8.63	10.16	22.98 /77	20.57 /86	15.06 /76	1.69	2.05
FO	BlackRock Intl Value Inv C	MCIVX	A+	(888) 825-2257	B+ / 8.6	8.66	10.14	22.98 /77	20.58 /86	15.07 /77	1.75	2.50
FO	BlackRock Intl Value R	MRIVX	B+	(888) 825-2257	B+ / 8.8	8.85	10.51	23.70 /79	21.24 /87	--	2.14	1.51
GR	BlackRock Invst Trust Prtf Inst	PNEIX	C	(888) 825-2257	C / 4.7	5.67	7.03	20.62 /64	11.51 /41	11.03 /44	1.11	0.81
GR	BlackRock Invst Trust Prtf Inv A	CEIAX	C-	(888) 825-2257	C- / 3.1	5.54	6.77	20.11 /60	11.07 /36	10.55 /39	0.71	1.28
GR	BlackRock Invst Trust Prtf Inv B	CINBX	C-	(888) 825-2257	C- / 3.5	5.38	6.44	19.28 /54	10.28 /30	9.76 /30	0.04	2.16
GR	BlackRock Invst Trust Prtf Inv C	BSECX	C-	(888) 825-2257	C- / 3.5	5.45	6.43	19.26 /54	10.30 /30	9.77 /30	0.05	1.91
GR	BlackRock Invst Trust Prtf Svc	PCESX	C	(888) 825-2257	C / 4.4	5.65	6.93	20.32 /62	11.24 /38	10.72 /41	0.80	1.11
GR	BlackRock Large Cap Core Inst	MALRX	B	(888) 825-2257	C+ / 6.6	5.68	8.13	17.46 /41	15.11 /69	12.63 /59	0.00	0.90
GR	BlackRock Large Cap Core Inv A	MDLRX	C+	(888) 825-2257	C / 5.3	5.65	7.98	17.12 /39	14.84 /68	12.33 /56	0.00	1.15
GR	BlackRock Large Cap Core Inv B	MBLRX	B-	(888) 825-2257	C+ / 5.7	5.37	7.58	16.18 /33	13.93 /61	11.47 /48	0.00	1.92
GR	BlackRock Large Cap Core Inv C	MCLRX	B-	(888) 825-2257	C+ / 5.7	5.46	7.60	16.22 /33	13.94 /62	11.48 /48	0.00	1.92
GR	BlackRock Large Cap Growth Inst	MALHX	C+	(888) 825-2257	C / 5.1	6.14	10.27	18.32 /47	11.93 /45	11.19 /45	0.00	1.05
GR	BlackRock Large Cap Growth Inv A	MDLHX	C-	(888) 825-2257	C- / 3.6	6.18	10.18	18.03 /45	11.65 /42	10.91 /42	0.00	1.30
GR	BlackRock Large Cap Growth Inv B	MBLHX	C	(888) 825-2257	C- / 4.0	5.96	9.75	17.16 /39	10.75 /34	10.02 /33	0.00	2.08
GR	BlackRock Large Cap Growth Inv C	MCLHX	C	(888) 825-2257	C- / 4.0	5.86	9.76	17.18 /39	10.77 /34	10.03 /33	0.00	2.07
GR	BlackRock Large Cap Growth R	MRLHX	C	(888) 825-2257	C / 4.5	6.07	9.97	17.67 /43	11.34 /39	--	0.00	1.55
GR	BlackRock Large Cap Value Inst	MALVX	A	(888) 825-2257	B / 7.8	6.54	9.26	19.15 /53	17.56 /79	14.90 /75	0.10	0.95
GR	BlackRock Large Cap Value Inv A	MDLVX	B+	(888) 825-2257	B- / 7.1	6.45	9.15	18.92 /52	17.27 /78	14.61 /73	0.07	1.20
GR	BlackRock Large Cap Value Inv B	MBLVX	A-	(888) 825-2257	B- / 7.3	6.20	8.68	17.92 /44	16.35 /75	13.71 /67	0.00	1.97
GR	BlackRock Large Cap Value Inv C	MCLVX	A-	(888) 825-2257	B- / 7.3	6.27	8.70	17.96 /45	16.36 /75	13.72 /67	0.00	1.97
GR	BlackRock Large Cap Value R	MRLVX	B+	(888) 825-2257	B / 7.6	6.32	8.92	18.49 /48	16.95 /77	--	0.03	1.46
GR	BlackRock Large Cap Value Svc	MSLVX	U	(888) 825-2257	U /	6.45	9.05	--	--	--	0.00	1.36
FO	BlackRock Latin America Inst	MALTX	C+	(888) 825-2257	A+ / 9.9	19.09	26.97	64.60 /99	61.27 /99	44.52 /99	1.05	1.31

● Denotes fund is closed to new investors
* Denotes fund is included in Section II

www.thestreet.com/ratings

I. Index of Stock Mutual Funds

Summer 2007

RISK			NET ASSETS		ASSET				Portfolio Turnover Ratio	BULL / BEAR		FUND MANAGER		MINIMUMS		LOADS	
	3 Year		NAV							Last Bull	Last Bear	Manager	Manager	Initial	Additional	Front	Back
Risk Rating/Pts	Standard Deviation	Beta	As of 6/30/07	Total $(Mil)	Cash %	Stocks %	Bonds %	Other %		Market Return	Market Return	Quality Pct	Tenure (Years)	Purch. $	Purch. $	End Load	End Load
B- / 7.1	11.3	1.06	28.41	162	7	92	0	1	70.0	183.7	-7.7	74	2	2,000,000	0	0.0	2.0
B- / 7.1	11.3	1.05	27.84	660	7	92	0	1	70.0	180.1	-7.7	71	2	1,000	50	5.3	2.0
B- / 7.1	11.3	1.05	26.50	92	7	92	0	1	70.0	171.5	-7.9	61	2	1,000	50	0.0	2.0
B- / 7.1	11.3	1.06	26.48	344	7	92	0	1	70.0	171.9	-7.9	61	2	1,000	50	0.0	2.0
B- / 7.2	11.2	1.03	27.91	7	7	92	0	1	70.0	180.9	-9.2	74	2	5,000	0	0.0	2.0
C- / 3.0	11.0	1.00	7.05	145	1	98	0	1	120.3	71.1	-1.6	38	15	2,000,000	0	0.0	0.0
D+ / 2.7	11.0	1.00	6.38	160	1	98	0	1	120.3	69.1	-1.8	35	13	1,000	50	5.3	0.0
D- / 1.5	11.0	1.00	4.41	62	1	98	0	1	120.3	63.3	-2.0	27	15	1,000	50	0.0	0.0
D- / 1.5	11.1	1.01	4.41	68	1	98	0	1	120.3	63.6	-2.0	27	13	1,000	50	0.0	0.0
D / 1.6	11.1	1.00	4.55	7	1	98	0	1	120.3	67.9	N/A	32	15	1,000	50	0.0	0.0
B / 8.5	7.3	1.00	29.01	494	0	100	0	0	4.0	95.7	-9.7	53	N/A	2,000,000	0	0.0	0.0
B / 8.5	7.3	1.00	28.78	312	0	100	0	0	4.0	92.5	-9.9	48	N/A	1,000	50	3.0	0.0
B / 8.5	7.3	1.00	28.26	64	0	100	0	0	4.0	86.3	-10.1	37	N/A	1,000	50	0.0	0.0
B / 8.5	7.3	1.00	28.22	169	0	100	0	0	4.0	86.2	-10.0	37	N/A	1,000	50	0.0	0.0
B / 8.5	7.3	1.00	28.81	34	0	100	0	0	4.0	93.0	-9.9	48	N/A	5,000	0	0.0	0.0
B- / 7.8	9.6	1.01	14.20	12	0	100	0	0	96.1	125.5	-8.2	11	N/A	2,000,000	0	0.0	2.0
B- / 7.8	9.6	1.01	14.06	36	0	100	0	0	96.1	123.1	-8.3	10	N/A	1,000	50	5.3	2.0
B- / 7.7	9.5	1.01	13.45	55	0	100	0	0	96.1	115.8	-8.5	8	N/A	1,000	50	0.0	2.0
B- / 7.7	9.5	1.01	13.46	22	0	100	0	0	96.1	115.9	-8.5	8	N/A	1,000	50	0.0	2.0
C / 5.5	9.2	0.99	16.72	165	N/A	100	0	N/A	22.7	179.4	-9.6	45	N/A	2,000,000	0	0.0	2.0
C / 5.5	9.2	0.99	16.61	224	N/A	100	0	N/A	22.7	176.7	-9.8	41	N/A	1,000	50	0.0	2.0
C / 4.5	12.3	1.27	48.48	455	6	93	0	1	36.0	281.6	-5.3	93	7	2,000,000	0	0.0	2.0
C / 4.5	12.3	1.27	46.73	530	6	93	0	1	36.0	275.9	-5.4	92	7	1,000	50	5.3	2.0
C / 4.4	12.3	1.27	44.18	102	6	93	0	1	36.0	263.6	-5.6	89	7	1,000	50	0.0	2.0
C / 4.4	12.3	1.27	44.11	249	6	93	0	1	36.0	264.1	-5.6	89	9	1,000	50	0.0	2.0
C / 4.5	12.3	1.27	47.04	165	6	93	0	1	36.0	277.1	-5.4	92	7	5,000	0	0.0	2.0
C+ / 6.6	9.5	0.99	34.48	1,254	2	97	0	1	81.0	181.4	-10.7	46	6	2,000,000	0	0.0	2.0
C+ / 6.6	9.5	0.99	34.33	391	2	97	0	1	81.0	178.2	-10.8	41	6	1,000	50	5.3	2.0
B / 8.2	9.5	0.99	33.60	91	2	97	0	1	81.0	169.0	-9.1	32	6	1,000	50	0.0	2.0
B / 8.2	9.5	0.99	33.24	333	2	97	0	1	81.0	168.9	-9.1	32	6	1,000	50	0.0	2.0
C+ / 6.6	9.5	0.99	34.06	60	2	97	0	1	81.0	176.6	N/A	38	4	1,000	50	0.0	2.0
B- / 7.5	7.7	1.04	15.83	481	0	99	0	1	31.0	98.8	-9.9	47	2	2,000,000	0	0.0	0.0
B- / 7.5	7.7	1.03	15.61	504	0	99	0	1	31.0	95.2	-9.9	41	2	1,000	50	5.3	0.0
B- / 7.5	7.7	1.04	14.88	165	0	99	0	1	31.0	89.3	-10.1	33	2	1,000	50	0.0	0.0
B- / 7.5	7.7	1.04	14.90	19	0	99	0	1	31.0	89.3	-10.1	33	2	1,000	50	0.0	0.0
B- / 7.5	7.7	1.04	15.89	1	0	99	0	1	31.0	96.6	-9.9	43	2	5,000	0	0.0	0.0
B / 8.0	10.4	1.25	15.43	1,040	0	100	0	0	87.7	126.9	-7.0	69	N/A	2,000,000	50	0.0	0.0
B / 8.0	10.4	1.25	15.15	1,315	0	100	0	0	87.7	124.4	-7.0	67	N/A	1,000	50	5.3	0.0
B / 8.0	10.4	1.25	14.33	379	0	100	0	0	87.7	116.9	-7.2	56	N/A	1,000	50	0.0	0.0
B / 8.0	10.4	1.25	14.30	1,399	0	100	0	0	87.7	116.9	-7.2	56	N/A	1,000	50	0.0	0.0
B- / 7.2	11.5	1.37	11.92	316	0	99	0	1	116.8	106.0	-6.8	24	N/A	2,000,000	50	0.0	0.0
B- / 7.2	11.5	1.37	11.69	282	0	99	0	1	116.8	103.6	-6.8	22	N/A	1,000	50	5.3	0.0
B- / 7.2	11.5	1.37	11.03	109	0	99	0	1	116.8	96.9	-7.1	17	N/A	1,000	50	0.0	0.0
B- / 7.2	11.5	1.38	11.02	249	0	99	0	1	116.8	97.3	-7.1	17	N/A	1,000	50	0.0	0.0
B- / 7.2	11.6	1.38	11.36	76	0	99	0	1	116.8	102.5	N/A	20	N/A	1,000	50	0.0	0.0
B / 8.2	10.0	1.17	21.01	1,339	0	99	0	1	70.9	149.6	-5.7	90	N/A	2,000,000	50	0.0	0.0
B / 8.2	10.0	1.17	20.63	2,286	0	99	0	1	70.9	147.1	-5.8	89	N/A	1,000	50	5.3	0.0
B / 8.2	10.0	1.17	19.54	307	0	99	0	1	70.9	138.9	-6.0	85	N/A	1,000	50	0.0	0.0
B / 8.2	10.0	1.17	19.50	973	0	99	0	1	70.9	138.9	-6.0	85	N/A	1,000	50	0.0	0.0
B- / 7.7	10.0	1.17	20.02	175	0	99	0	1	70.9	145.4	N/A	88	N/A	1,000	50	0.0	0.0
U /	N/A	N/A	20.96	30	0	99	0	1	70.9	N/A	N/A	N/A	N/A	5,000	0	0.0	0.0
C- / 3.6	21.4	1.73	68.50	101	2	97	0	1	48.3	634.7	-3.7	99	N/A	2,000,000	0	0.0	2.0

www.thestreet.com/ratings

Data as of June 30, 2007

I. Index of Stock Mutual Funds

Summer 2007

99 Pct = Best
0 Pct = Worst

Fund Type	Fund Name	Ticker Symbol	Overall Investment Rating	Phone	Performance Rating/Pts	3 Mo	6 Mo	1Yr / Pct	3Yr / Pct	5Yr / Pct	Dividend Yield	Expense Ratio
FO	BlackRock Latin America Inv A	MDLTX	C+	(888) 825-2257	A+ / 9.9	19.04	26.85	64.24 /99	60.86 /99	44.17 /99	0.85	1.57
FO	BlackRock Latin America Inv B	MBLTX	C+	(888) 825-2257	A+ / 9.9	18.78	26.34	62.96 /99	59.63 /99	43.04 /99	0.32	2.34
FO	BlackRock Latin America Inv C	MCLTX	C+	(888) 825-2257	A+ / 9.9	18.81	26.36	63.02 /99	59.67 /99	43.05 /99	0.51	2.34
MC	BlackRock Mid Cap Growth Eq Inst	CMGIX	C	(888) 825-2257	C+ / 5.7	8.00	12.64	17.71 /43	12.14 /47	12.12 /55	0.00	1.23
MC	BlackRock Mid Cap Growth Eq Inv A	BMGAX	C-	(888) 825-2257	C- / 4.0	7.76	12.32	17.06 /39	11.65 /42	11.59 /50	0.00	1.61
MC	BlackRock Mid Cap Growth Eq Inv B	BMGBX	C-	(888) 825-2257	C / 4.4	7.58	11.93	16.15 /33	10.78 /34	10.75 /41	0.00	2.33
MC	BlackRock Mid Cap Growth Eq Inv C	BMGCX	C-	(888) 825-2257	C / 4.4	7.58	11.93	16.15 /33	10.83 /34	10.78 /41	0.00	2.33
MC	BlackRock Mid Cap Growth Eq Svc	CMGSX	C	(888) 825-2257	C / 5.3	7.83	12.37	17.10 /39	11.74 /43	11.70 /51	0.00	2.23
MC	BlackRock Mid Cap Value Eq Inst	CMVIX	C	(888) 825-2257	B+ / 8.7	7.49	12.69	28.61 /91	18.84 /83	15.23 /77	0.90	0.99
MC	BlackRock Mid Cap Value Eq Inv A	BMCAX	C	(888) 825-2257	B+ / 8.3	7.45	12.60	28.38 /90	18.28 /81	14.75 /74	0.68	1.44
MC	BlackRock Mid Cap Value Eq Inv B	BMCVX	C	(888) 825-2257	B+ / 8.4	7.25	12.16	27.30 /88	17.64 /79	14.07 /70	0.10	2.24
MC	BlackRock Mid Cap Value Eq Inv C	BMCCX	C	(888) 825-2257	B+ / 8.4	7.17	12.08	27.28 /88	17.64 /79	14.08 /70	0.21	2.10
MC	BlackRock Mid Cp Val Opp Inst	MARFX	A	(888) 825-2257	B / 7.7	8.22	12.33	21.16 /68	15.94 /74	14.99 /76	0.00	1.01
MC	BlackRock Mid Cp Val Opp Inv A	MDRFX	B+	(888) 825-2257	B- / 7.0	8.14	12.19	20.87 /66	15.64 /72	14.71 /74	0.00	1.26
MC	BlackRock Mid Cp Val Opp Inv B	MBRFX	C+	(888) 825-2257	B- / 7.2	7.91	11.73	19.87 /59	14.74 /67	13.80 /68	0.00	2.04
MC	BlackRock Mid Cp Val Opp Inv C	MCRFX	C+	(888) 825-2257	B- / 7.2	7.87	11.73	19.87 /59	14.73 /67	13.78 /68	0.00	2.05
MC	BlackRock Mid Cp Val Opp R	MRRFX	C	(888) 825-2257	B- / 7.5	8.00	12.00	20.50 /63	15.33 /70	--	0.00	1.51
EN	BlackRock Natural Resource Inst	MAGRX	B-	(888) 825-2257	A+ / 9.7	16.58	22.82	21.12 /67	33.89 /97	26.74 /97	0.00	0.82
EN	BlackRock Natural Resource Inv A	MDGRX	B-	(888) 825-2257	A+ / 9.6	16.52	22.67	20.82 /66	33.56 /97	26.41 /97	0.00	1.07
EN	BlackRock Natural Resource Inv B	MBGRX	B-	(888) 825-2257	A+ / 9.6	16.28	22.19	19.88 /59	32.53 /97	25.44 /96	0.00	1.84
EN	BlackRock Natural Resource Inv C	MCGRX	B-	(888) 825-2257	A+ / 9.6	16.28	22.21	19.86 /59	32.53 /97	25.44 /96	0.00	1.84
FO	BlackRock Pacific Inst	MAPCX	B	(888) 825-2257	B / 8.2	5.36	8.38	18.11 /46	20.01 /85	16.69 /84	1.04	0.84
FO	BlackRock Pacific Inv A	MDPCX	B-	(888) 825-2257	B- / 7.5	5.29	8.29	17.81 /44	19.70 /84	16.41 /83	0.79	1.09
FO	BlackRock Pacific Inv B	MBPCX	B-	(888) 825-2257	B / 7.7	5.05	7.85	16.87 /37	18.78 /82	15.49 /79	0.16	1.86
FO	BlackRock Pacific Inv C	MCPCX	B-	(888) 825-2257	B / 7.7	5.07	7.87	16.93 /38	18.81 /82	15.51 /79	0.32	1.86
FO	BlackRock Pacific R	MRPCX	B	(888) 825-2257	B / 8.0	5.19	8.07	17.43 /41	19.45 /84	--	0.73	1.34
IX	BlackRock S&P Index Inst	MASRX	C+	(888) 825-2257	C / 4.5	6.23	6.84	20.24 /62	11.37 /39	10.40 /37	1.39	0.35
IX	BlackRock S&P Index Inv A	MDSRX	C+	(888) 825-2257	C- / 4.2	6.13	6.68	19.89 /59	11.10 /37	10.11 /34	1.17	0.60
SC	BlackRock Small Cap Core Eq Inst	BSQIX	C+	(888) 825-2257	C+ / 6.0	6.42	10.60	20.24 /62	13.57 /59	17.93 /88	0.00	1.39
SC	BlackRock Small Cap Core Eq Inv A	BSQAX	C-	(888) 825-2257	C / 4.4	6.32	10.38	19.75 /58	13.12 /55	17.57 /87	0.00	1.77
SC	BlackRock Small Cap Core Eq Inv B	BSQBX	C-	(888) 825-2257	C / 4.9	6.08	9.89	18.73 /50	12.26 /48	16.91 /85	0.00	2.52
SC	BlackRock Small Cap Core Eq Inv C	BSQCX	C-	(888) 825-2257	C / 4.9	6.13	9.94	18.84 /51	12.30 /48	16.93 /85	0.00	2.52
SC	BlackRock Small Cap Core Eq Svc	BSQSX	C	(888) 825-2257	C+ / 5.8	6.31	10.39	19.88 /59	13.38 /57	17.76 /87	0.00	1.64
SC	BlackRock Small Cap Gr Inst	PSGIX	C+	(888) 825-2257	B / 7.6	9.02	13.46	25.96 /85	14.75 /67	17.18 /85	0.00	0.99
SC	BlackRock Small Cap Gr Inv A	CSGEX	C	(888) 825-2257	C+ / 6.8	8.98	13.31	25.56 /84	14.42 /65	16.78 /84	0.00	1.46
SC	BlackRock Small Cap Gr Inv B	CSGBX	C	(888) 825-2257	C+ / 6.9	8.67	12.68	24.21 /81	13.39 /57	15.77 /80	0.00	2.51
SC	BlackRock Small Cap Gr Inv C	CGICX	C	(888) 825-2257	C+ / 6.9	8.65	12.71	24.37 /81	13.46 /58	15.83 /80	0.00	2.21
SC	BlackRock Small Cap Gr Svc	PCGEX	C+	(888) 825-2257	B- / 7.5	8.99	13.31	25.61 /84	14.47 /65	16.89 /84	0.00	1.29
SC	BlackRock Small Cap Growth II Inst	MASWX	B-	(888) 825-2257	B- / 7.2	8.71	12.66	16.35 /34	15.88 /73	14.92 /76	0.00	1.22
SC	BlackRock Small Cap Growth II Inv A	MDSWX	C+	(888) 825-2257	C+ / 6.1	8.60	12.55	16.07 /32	15.58 /72	14.64 /74	0.00	1.47
SC	BlackRock Small Cap Growth II Inv B	MBSWX	C+	(888) 825-2257	C+ / 6.4	8.36	12.06	15.11 /27	14.68 /67	13.75 /68	0.00	2.25
SC	BlackRock Small Cap Growth II Inv C	MCSWX	C+	(888) 825-2257	C+ / 6.4	8.37	12.07	15.13 /27	14.67 /66	13.72 /67	0.00	2.27
SC	BlackRock Small Cap Growth II R	MRUSX	C	(888) 825-2257	C+ / 6.8	8.49	12.31	15.66 /30	15.25 /70	--	0.00	1.75
SC	BlackRock Small Cap Index Inst	MASKX	D+	(888) 825-2257	C- / 4.1	4.44	6.46	15.88 /31	12.91 /53	13.32 /64	0.97	0.49
SC	BlackRock Small Cap Index Inv A	MDSKX	D+	(888) 825-2257	C- / 3.9	4.38	6.33	15.63 /30	12.63 /51	13.03 /62	0.75	0.74
SC	● BlackRock Small Cap Val Blrk	BSEBX	E-	(888) 825-2257	C / 4.8	3.61	5.38	17.44 /41	13.88 /61	13.91 /69	1.93	1.11
SC	● BlackRock Small Cap Val Inst	PNSEX	E	(888) 825-2257	C / 5.0	3.69	5.55	17.73 /43	14.09 /63	14.01 /70	2.17	0.97
SC	● BlackRock Small Cap Val Inv A	PSEIX	E-	(888) 825-2257	C- / 3.4	3.55	5.29	17.27 /40	13.69 /60	13.55 /66	1.78	1.44
SC	● BlackRock Small Cap Val Inv B	CCVBX	E-	(888) 825-2257	C- / 3.8	3.33	4.74	16.24 /33	12.77 /52	12.67 /59	1.11	2.37
SC	● BlackRock Small Cap Val Inv C	BSCCX	E-	(888) 825-2257	C- / 3.8	3.43	4.85	16.31 /34	12.80 /52	12.70 /59	1.23	2.19
SC	● BlackRock Small Cap Val Svc	PSESX	E-	(888) 825-2257	C / 4.7	3.61	5.33	17.32 /40	13.69 /60	13.64 /67	1.87	1.35
SC	BlackRock Small/Mid Gr Inst	SSEGX	C-	(888) 825-2257	C+ / 5.8	9.81	14.85	21.23 /68	11.41 /40	14.10 /70	0.00	1.10

● Denotes fund is closed to new investors
* Denotes fund is included in Section II

www.thestreet.com/ratings

Summer 2007 — I. Index of Stock Mutual Funds

RISK			NET ASSETS		ASSET					BULL / BEAR		FUND MANAGER		MINIMUMS		LOADS	
	3 Year		NAV						Portfolio	Last Bull	Last Bear	Manager	Manager	Initial	Additional	Front	Back
Risk	Standard		As of	Total	Cash	Stocks	Bonds	Other	Turnover	Market	Market	Quality	Tenure	Purch.	Purch.	End	End
Rating/Pts	Deviation	Beta	6/30/07	$(Mil)	%	%	%	%	Ratio	Return	Return	Pct	(Years)	$	$	Load	Load
C- / 3.5	21.4	1.73	67.89	311	2	97	0	1	48.3	627.3	-3.8	99	N/A	1,000	50	5.3	2.0
C- / 3.5	21.4	1.74	65.14	23	2	97	0	1	48.3	603.9	-4.0	99	N/A	1,000	50	0.0	2.0
C- / 3.5	21.4	1.74	64.18	108	2	97	0	1	48.3	604.3	-4.0	99	N/A	1,000	50	0.0	2.0
C+ / 6.5	11.2	1.02	12.83	73	0	99	0	1	31.0	109.3	-6.6	22	2	2,000,000	0	0.0	0.0
C+ / 6.5	11.2	1.02	11.94	269	0	99	0	1	31.0	105.2	-6.8	19	2	1,000	50	5.3	0.0
C+ / 6.5	11.3	1.03	10.79	45	0	99	0	1	31.0	99.0	-6.9	14	2	1,000	50	0.0	0.0
C+ / 6.5	11.2	1.02	10.79	18	0	99	0	1	31.0	99.0	-6.9	14	2	1,000	50	0.0	0.0
C+ / 6.5	11.2	1.02	12.26	1	0	99	0	1	31.0	106.6	-6.8	19	2	5,000	0	0.0	0.0
C- / 3.5	9.6	0.87	14.92	182	2	97	0	1	111.0	174.3	-13.3	93	2	2,000,000	0	0.0	0.0
C- / 3.5	9.7	0.87	14.57	677	2	97	0	1	111.0	169.2	-13.4	91	2	1,000	50	5.3	0.0
C- / 3.0	9.6	0.87	13.47	133	2	97	0	1	111.0	162.9	-13.6	89	2	1,000	50	0.0	0.0
C- / 3.0	9.6	0.87	13.45	183	2	97	0	1	111.0	163.1	-13.6	89	2	1,000	50	0.0	0.0
B / 8.0	10.2	0.92	20.40	109	1	98	0	1	99.4	142.1	-9.7	74	N/A	2,000,000	0	0.0	0.0
B / 8.0	10.2	0.92	20.06	138	1	98	0	1	99.4	139.5	-9.7	70	N/A	1,000	50	5.3	0.0
C+ / 5.6	10.2	0.92	18.96	74	1	98	0	1	99.4	131.5	-9.8	60	N/A	1,000	50	0.0	0.0
C+ / 5.6	10.2	0.92	18.77	115	1	98	0	1	99.4	131.6	-9.9	60	N/A	1,000	50	0.0	0.0
C- / 4.1	10.2	0.92	19.04	44	1	98	0	1	99.4	137.9	N/A	67	N/A	1,000	50	0.0	0.0
C / 4.3	21.3	1.03	63.56	69	1	98	0	1	10.4	231.7	6.3	69	N/A	2,000,000	0	0.0	0.0
C / 4.3	21.3	1.03	62.49	236	1	98	0	1	10.4	228.1	6.3	66	N/A	1,000	50	5.3	0.0
C- / 4.2	21.3	1.03	58.86	48	1	98	0	1	10.4	217.6	6.1	56	10	1,000	50	0.0	0.0
C- / 4.2	21.3	1.03	58.06	98	1	98	0	1	10.4	217.5	6.1	56	N/A	1,000	50	0.0	0.0
C+ / 6.3	9.8	0.94	31.44	475	3	96	0	1	17.3	154.6	-4.7	36	1	2,000,000	0	0.0	2.0
C+ / 6.3	9.8	0.94	31.23	355	3	96	0	1	17.3	152.0	-4.8	34	1	1,000	50	5.3	2.0
C+ / 6.3	9.9	0.94	28.73	58	3	96	0	1	17.3	143.7	-5.0	26	1	1,000	50	0.0	2.0
C+ / 6.3	9.8	0.94	27.54	159	3	96	0	1	17.3	143.9	-5.0	27	1	1,000	50	0.0	2.0
C+ / 6.3	9.8	0.94	28.78	4	3	96	0	1	17.3	152.2	N/A	31	1	1,000	50	0.0	2.0
B / 8.2	7.3	1.00	18.59	1,834	1	98	0	1	3.8	94.3	-9.8	49	N/A	2,000,000	0	0.0	0.0
B / 8.2	7.3	1.00	18.52	982	1	98	0	1	3.8	92.1	-9.9	46	N/A	1,000	50	0.0	0.0
C+ / 6.3	12.1	0.87	21.71	29	4	95	0	1	48.0	169.9	-8.0	71	N/A	2,000,000	0	0.0	2.0
C+ / 6.2	12.0	0.86	21.38	28	4	95	0	1	48.0	166.0	-8.0	67	N/A	1,000	50	5.3	2.0
C+ / 6.1	12.0	0.86	20.77	9	4	95	0	1	48.0	158.7	-8.0	56	N/A	1,000	50	0.0	2.0
C+ / 6.2	12.1	0.87	20.79	31	4	95	0	1	48.0	159.0	-8.0	56	N/A	1,000	50	0.0	2.0
C+ / 6.2	12.0	0.86	21.56	5	4	95	0	1	40.0	168.1	-8.0	70	N/A	5,000	0	0.0	2.0
C / 4.9	13.6	0.94	23.68	568	3	96	0	1	30.0	154.1	-10.4	76	N/A	2,000,000	0	0.0	2.0
C / 4.9	13.6	0.94	21.96	213	3	96	0	1	30.0	150.4	-10.4	73	N/A	1,000	50	5.3	2.0
C / 4.9	13.6	0.94	19.55	11	3	96	0	1	30.0	141.4	-10.7	61	N/A	1,000	50	0.0	2.0
C / 4.9	13.6	0.94	19.60	22	3	96	0	1	30.0	141.9	-10.6	62	N/A	1,000	50	0.0	2.0
C / 4.9	13.6	0.94	22.56	32	3	96	0	1	30.0	151.3	-10.5	73	N/A	5,000	0	0.0	2.0
C+ / 6.5	15.0	1.04	16.73	167	4	95	0	1	101.5	128.8	-7.1	76	N/A	2,000,000	50	0.0	2.0
C+ / 6.5	15.0	1.04	16.41	201	4	95	0	1	101.5	126.7	-7.3	74	N/A	1,000	50	5.3	2.0
C+ / 6.4	15.0	1.04	15.43	61	4	95	0	1	101.5	119.0	-7.4	64	N/A	1,000	50	0.0	2.0
C+ / 6.4	15.0	1.04	15.41	103	4	95	0	1	101.5	119.1	-7.4	64	N/A	1,000	50	0.0	2.0
C / 4.8	15.0	1.04	15.97	23	4	95	0	1	101.5	126.1	N/A	70	N/A	1,000	50	0.0	2.0
C+ / 6.0	13.4	1.00	16.48	81	21	78	0	1	40.3	141.2	-10.9	46	N/A	2,000,000	50	0.0	2.0
C+ / 6.0	13.4	1.00	16.45	54	21	78	0	1	40.3	138.5	-11.0	43	N/A	1,000	50	0.0	2.0
E- / 0.0	11.5	0.82	12.35	5	2	96	0	2	50.0	146.0	-6.7	79	5	5,000,000	0	0.0	2.0
E- / 0.0	11.5	0.82	12.37	32	2	96	0	2	50.0	146.9	-6.7	81	5	2,000,000	0	0.0	2.0
E- / 0.0	11.5	0.82	11.95	29	2	96	0	2	50.0	143.0	-6.8	77	5	1,000	50	5.3	2.0
E- / 0.0	11.5	0.82	9.94	5	2	96	0	2	50.0	135.1	-7.0	68	5	1,000	50	0.0	2.0
E- / 0.0	11.5	0.82	9.94	4	2	96	0	2	50.0	135.4	-7.0	68	5	1,000	50	0.0	2.0
E- / 0.0	11.5	0.82	12.06	2	2	96	0	2	50.0	143.7	-6.8	77	5	5,000	0	0.0	2.0
C / 5.0	13.8	0.92	18.02	28	1	98	0	1	41.0	122.9	-12.2	38	2	2,000,000	0	0.0	2.0

www.thestreet.com/ratings
Data as of June 30, 2007

I. Index of Stock Mutual Funds

Summer 2007

99 Pct = Best
0 Pct = Worst

					PERFORMANCE						
							Total Return % through 6/30/07			Incl. in Returns	
			Overall		Perfor-				Annualized	Dividend	Expense
Fund		Ticker	Investment		mance						
Type	Fund Name	Symbol	Rating	Phone	Rating/Pts	3 Mo	6 Mo	1Yr / Pct	3Yr / Pct	5Yr / Pct	Yield	Ratio
SC	BlackRock Small/Mid Gr Inv A	SCGAX	D	(888) 825-2257	C- / 4.2	9.66	14.61	20.85 /66	11.04 /36	13.72 /67	0.00	1.58
SC	BlackRock Small/Mid Gr Inv B	SRCBX	D+	(888) 825-2257	C / 4.7	9.45	14.22	19.90 /59	10.20 /29	12.91 /61	0.00	2.45
SC	BlackRock Small/Mid Gr Svc	SSPSX	C+	(888) 825-2257	C / 5.5	9.66	14.61	20.85 /66	11.04 /36	13.72 /67	0.00	1.49
MC	BlackRock U.S Opportunities Inst	BMCIX	B+	(888) 825-2257	B+ / 8.7	8.64	14.51	22.37 /74	20.48 /86	16.79 /84	0.00	1.43
MC	BlackRock U.S Opportunities Inv A	BMEAX	B	(888) 825-2257	B+ / 8.3	8.54	14.30	21.86 /72	19.99 /85	16.30 /82	0.00	1.82
MC	BlackRock U.S Opportunities Inv B	BRMBX	B+	(888) 825-2257	B+ / 8.4	8.31	13.86	20.95 /66	19.11 /83	15.44 /78	0.00	2.66
MC	BlackRock U.S Opportunities Inv C	BMECX	B+	(888) 825-2257	B+ / 8.4	8.35	13.87	20.97 /67	19.11 /83	15.44 /78	0.00	2.56
MC	BlackRock U.S Opportunities Svc	BMCSX	B+	(888) 825-2257	B+ / 8.6	8.56	14.34	21.88 /72	20.07 /85	16.40 /83	0.00	1.84
UT	BlackRock Utilities/Telecom B1	MBGUX	A+	(888) 825-2257	A / 9.4	6.42	14.34	32.88 /95	24.56 /93	16.05 /81	1.42	1.75
UT	BlackRock Utilities/Telecom C1	MCGUX	A+	(888) 825-2257	A / 9.4	6.43	14.29	32.74 /95	24.50 /93	16.00 /81	1.45	1.80
UT	BlackRock Utilities/Telecom Inst	MAGUX	A+	(888) 825-2257	A / 9.5	6.68	14.82	33.93 /95	25.54 /94	16.96 /85	2.11	0.98
UT	BlackRock Utilities/Telecom Inv A	MDGUX	A+	(888) 825-2257	A / 9.3	6.60	14.66	33.50 /95	25.18 /93	16.67 /84	1.80	1.23
SC	BlackRock Value Opportunities Inst	MASPX	D+	(888) 825-2257	C / 5.5	7.66	9.54	16.86 /37	13.32 /57	13.26 /64	0.00	1.02
SC	BlackRock Value Opportunities Inv A	MDSPX	D-	(888) 825-2257	C- / 4.0	7.59	9.41	16.60 /36	13.05 /55	12.98 /62	0.00	1.27
SC	BlackRock Value Opportunities Inv B	MBSPX	D-	(888) 825-2257	C / 4.4	7.33	8.98	15.65 /30	12.17 /47	12.10 /54	0.00	2.03
SC	BlackRock Value Opportunities Inv C	MCSPX	D-	(888) 825-2257	C / 4.4	7.38	8.99	15.69 /30	12.16 /47	12.08 /54	0.00	2.05
SC	BlackRock Value Opportunities R	MRSPX	D	(888) 825-2257	C / 5.0	7.47	9.23	16.25 /33	12.76 /52	--	0.00	1.51
GR	Blue Chip Investor Fund	BCIFX	D	(800) 710-5777	D+ / 2.5	3.44	4.16	19.45 /56	9.39 /24	7.91 /14	0.32	1.56
RE	BNY Hamilton Glb Real Est Sec I	BGBIX	U	(800) 426-9363	U /	-5.75	0.31	--	--	--	0.00	1.30
FO	BNY Hamilton Intl Equity Inst	BNUIX	B	(800) 426-9363	B+ / 8.5	6.00	9.70	25.35 /84	20.35 /85	15.05 /76	1.61	0.68
GR	BNY Hamilton Large Cap Value Inst	BCPVX	C	(800) 426-9363	C / 4.4	4.59	6.60	15.06 /26	12.69 /51	11.51 /49	1.57	0.80
IN	BNY Hamilton Lrg Cap Equity A	BNEIX	C	(800) 426-9363	C- / 4.2	6.58	7.77	20.34 /62	12.49 /50	9.73 /30	0.54	1.04
IN	BNY Hamilton Lrg Cap Equity Inst	BNQIX	B-	(800) 426-9363	C+ / 5.8	6.70	7.95	20.66 /65	12.77 /52	10.02 /33	0.79	0.79
GR	BNY Hamilton Lrg Cap Gr A	BLCGX	E-	(800) 426-9363	D- / 1.2	7.71	9.69	19.59 /57	6.01 / 6	5.97 / 4	0.01	1.09
GR	BNY Hamilton Lrg Cap Gr Inst	BNLIX	E-	(800) 426-9363	D / 2.0	7.75	9.84	20.01 /60	6.26 / 6	6.23 / 5	0.29	0.84
IN	BNY Hamilton Multi-Cap Equity Fd	BKMCX	C	(800) 426-9363	D+ / 2.8	5.97	7.10	14.94 /26	11.54 /41	10.11 /34	0.53	1.26
GR	BNY Hamilton S&P 500 Index Inst	BNSPX	C	(800) 426-9363	C / 4.4	6.19	6.73	20.15 /61	11.29 /39	10.31 /36	1.49	0.46
SC	BNY Hamilton Small Cap Gr A	BNSVX	E-	(800) 426-9363	E+ / 0.9	7.52	9.57	14.22 /22	6.26 / 6	7.63 /12	0.00	1.18
SC	BNY Hamilton Small Cap Gr Inst	BNSIX	E	(800) 426-9363	D / 1.6	7.51	9.68	14.32 /22	6.45 / 7	7.76 /13	0.00	0.95
SC	BNY Hamilton Smll Cap Cor Eqty Inst	BNCIX	U	(800) 426-9363	U /	2.99	6.85	12.46 /15	--	--	0.25	1.10
SC	● Bogle Small Cap Inst	BOGIX	D	(877) 264-5346	B- / 7.2	6.85	9.23	16.33 /34	16.32 /75	16.30 /82	0.00	1.43
SC	● Bogle Small Cap Inv	BOGLX	D	(877) 264-5346	B- / 7.2	6.83	9.23	16.26 /33	16.21 /75	16.19 /82	0.00	1.53
BA	Boston Balanced Fund	BTBFX	D+	(800) 366-6223	D / 1.6	4.85	6.46	15.06 /26	7.42 /11	8.11 /15	1.32	1.07
IN	Boston Equity Fund	BTEFX	C	(800) 366-6223	D+ / 2.6	6.23	7.53	17.70 /43	8.61 /18	--	0.59	1.10
MC	Boyar Value Fund	BOYAX	C-	(800) 266-5566	D / 1.7	5.05	4.32	20.28 /62	9.52 /24	9.30 /26	1.29	2.17
FO	Brandes Instl Intl Equity Fund	BIIEX	A-	(800) 237-7119	B+ / 8.7	4.42	9.16	25.86 /85	20.70 /86	18.91 /90	1.09	1.12
MC	Brandywine Advisors	BWAFX	C+	(800) 656-3017	B+ / 8.5	12.81	15.69	23.34 /78	16.98 /78	12.83 /61	0.00	1.19
GR	Brandywine Blue Fund Inc.	BLUEX	B	(800) 656-3017	B- / 7.3	8.81	11.39	19.99 /60	14.74 /67	12.95 /62	0.00	1.12
* GR	Brandywine Fund Inc.	BRWIX	B	(800) 656-3017	B / 8.1	9.60	12.83	21.02 /67	16.65 /76	12.11 /55	0.00	1.08
GR	Brazos Growth Portfolio B	BMUBX	C	(800) 426-9157	C+ / 6.6	12.82	19.27	20.43 /63	10.86 /35	6.24 / 5	0.00	1.45
GR	Brazos Growth Portfolio N	BMUAX	C	(800) 426-9157	C+ / 6.9	12.92	19.33	20.46 /63	11.37 /39	6.75 / 7	0.27	1.45
GR	Brazos Growth Portfolio Y	BJGRX	C+	(800) 426-9157	B- / 7.1	12.92	19.50	20.85 /66	11.75 /43	7.12 / 9	0.28	1.40
SC	Brazos Micro Cap Portfolio B	BMCBX	C	(800) 426-9157	B / 8.2	9.42	17.24	28.43 /90	14.64 /66	11.38 /47	0.00	1.90
SC	Brazos Micro Cap Portfolio N	BMIAX	C	(800) 426-9157	B+ / 8.3	9.45	17.17	29.10 /91	15.35 /71	12.07 /54	0.00	2.00
SC	Brazos Micro Cap Portfolio Y	BJMIX	C	(800) 426-9157	B+ / 8.4	9.53	17.36	28.85 /91	15.53 /72	12.25 /56	0.00	1.73
MC	Brazos Mid Cap Portfolio N	BMCNX	C-	(800) 426-9157	C+ / 6.8	12.84	19.38	20.72 /65	11.09 /37	8.04 /15	0.46	1.55
MC	Brazos Mid Cap Portfolio Y	BJMCX	C-	(800) 426-9157	C+ / 6.9	12.79	19.44	20.97 /67	11.38 /40	8.41 /18	0.46	1.44
SC	Brazos Small Cap Portfolio B		B	(800) 426-9157	B / 8.2	11.00	18.54	29.90 /92	13.93 /61	9.41 /27	0.00	1.55
SC	Brazos Small Cap Portfolio N	BSMAX	C+	(800) 426-9157	B+ / 8.4	10.91	18.47	31.22 /94	14.87 /68	10.18 /35	0.00	1.45
SC	Brazos Small Cap Portfolio Y	BJSCX	C+	(800) 426-9157	B+ / 8.4	11.00	18.63	29.99 /92	14.74 /67	10.23 /35	0.00	1.88
GI	Bridges Investment Fund	BRGIX	E	(800) 939-8401	E+ / 0.7	4.56	4.16	9.93 / 8	6.21 / 6	8.51 /19	0.77	0.79
AG	● Bridgeway Aggressive Investor 1	BRAGX	D+	(800) 661-3550	C+ / 6.6	8.31	13.68	10.79 /10	15.61 /72	15.91 /81	0.00	1.62

● Denotes fund is closed to new investors
* Denotes fund is included in Section II

www.thestreet.com/ratings

Summer 2007 I. Index of Stock Mutual Funds

RISK			NET ASSETS		ASSET				Portfolio Turnover Ratio	BULL / BEAR		FUND MANAGER		MINIMUMS		LOADS	
	3 Year		NAV							Last Bull	Last Bear	Manager	Manager	Initial	Additional	Front	Back
Risk Rating/Pts	Standard Deviation	Beta	As of 6/30/07	Total $(Mil)	Cash %	Stocks %	Bonds %	Other %		Market Return	Market Return	Quality Pct	Tenure (Years)	Purch. $	Purch. $	End Load	End Load
C / 5.0	13.8	0.92	17.02	222	1	98	0	1	41.0	120.0	-12.3	34	2	1,000	50	5.3	2.0
C / 4.9	13.8	0.92	14.94	23	1	98	0	1	41.0	113.4	-12.6	27	2	1,000	50	0.0	2.0
C+ / 6.8	13.8	0.92	17.02	N/A	1	98	0	1	41.0	120.0	-12.3	34	2	5,000	0	0.0	2.0
C+ / 6.4	12.4	1.13	35.83	146	3	96	0	1	51.0	183.1	-11.3	87	9	2,000,000	0	0.0	2.0
C+ / 6.4	12.4	1.13	34.45	191	3	96	0	1	51.0	178.2	-11.4	84	9	1,000	50	5.3	2.0
C+ / 6.3	12.4	1.13	32.21	39	3	96	0	1	51.0	169.3	-11.6	78	9	1,000	50	0.0	2.0
C+ / 6.3	12.4	1.13	32.19	77	3	96	0	1	51.0	169.4	-11.6	78	9	1,000	50	0.0	2.0
C+ / 6.4	12.5	1.14	34.76	20	3	96	0	1	51.0	178.9	-11.4	85	9	5,000	0	0.0	2.0
B- / 7.5	8.5	0.61	16.57	15	4	95	0	1	19.6	161.7	-4.8	97	5	1,000	50	0.0	0.0
B- / 7.5	8.5	0.61	16.39	16	4	95	0	1	19.6	161.2	-4.7	97	5	1,000	50	0.0	0.0
B- / 7.5	8.5	0.61	16.62	31	4	95	0	1	19.6	170.3	-4.4	97	5	2,000,000	0	0.0	0.0
B- / 7.5	8.5	0.61	16.62	108	4	95	0	1	19.6	167.6	-4.6	97	5	1,000	50	5.3	0.0
C / 4.4	11.2	0.80	26.86	776	1	98	0	1	72.5	132.6	-10.6	75	N/A	2,000,000	50	0.0	2.0
C / 4.4	11.2	0.80	26.52	770	1	98	0	1	72.5	130.2	-10.6	73	N/A	1,000	50	5.3	2.0
C- / 4.2	11.2	0.80	23.42	558	1	98	0	1	72.5	122.9	-10.9	63	N/A	1,000	50	0.0	2.0
C- / 4.0	11.2	0.80	22.56	558	1	98	0	1	72.5	122.6	-10.8	63	N/A	1,000	50	0.0	2.0
C- / 4.1	11.2	0.80	23.31	58	1	98	0	1	72.5	128.4	N/A	70	N/A	1,000	50	0.0	2.0
C+ / 6.9	7.9	0.85	120.64	27	8	91	0	1	36.9	85.4	-11.0	40	N/A	5,000	100	0.0	0.0
U /	N/A	N/A	10.00	54	2	97	0	1	N/A	N/A	N/A	N/A	N/A	1,000,000	0	0.0	2.0
C+ / 6.1	9.3	1.00	16.96	551	0	99	0	1	15.0	158.0	-8.9	29	N/A	1,000,000	0	0.0	2.0
B- / 7.7	7.7	0.91	12.49	358	2	98	0	0	59.0	95.8	-6.4	74	7	1,000,000	0	0.0	0.0
B- / 7.9	7.2	0.95	15.49	28	2	97	0	1	53.0	85.1	-5.4	69	N/A	2,000	100	5.3	0.0
B- / 7.9	7.2	0.95	15.54	397	2	97	0	1	53.0	87.0	-5.3	72	N/A	1,000,000	0	0.0	0.0
D+ / 2.6	8.6	1.06	8.38	4	1	98	0	1	51.0	53.5	-8.6	8	N/A	2,000	100	5.3	0.0
D+ / 2.6	8.6	1.05	8.48	137	1	98	0	1	51.0	54.9	-8.5	9	N/A	1,000,000	0	0.0	0.0
B / 8.8	7.3	0.91	18.10	65	2	97	0	1	7.0	102.1	-9.5	62	N/A	2,000	100	5.3	0.0
B- / 7.6	7.4	1.01	9.33	143	1	98	0	1	11.0	93.7	-9.8	48	7	1,000,000	0	0.0	0.0
C- / 3.6	14.8	1.05	15.45	4	2	97	0	1	127.0	74.6	-11.2	5	N/A	2,000	100	5.3	0.0
C- / 3.7	14.8	1.05	15.75	109	2	97	0	1	127.0	75.5	-11.1	5	N/A	1,000,000	0	0.0	0.0
U /	N/A	N/A	13.10	209	3	96	0	1	26.0	N/A	N/A	N/A	2	1,000,000	0	0.0	0.0
D / 1.7	14.2	0.99	26.98	218	0	99	0	1	126.6	168.3	-7.2	84	8	1,000,000	5,000	0.0	0.0
D / 1.7	14.2	0.99	26.74	156	0	99	0	1	126.6	167.2	-7.3	83	8	10,000	250	0.0	0.0
B / 8.4	4.9	1.02	31.32	180	2	72	24	2	37.2	51.1	-1.0	36	12	100,000	1,000	0.0	0.0
B / 8.8	6.7	0.88	13.99	66	1	98	0	1	21.5	N/A	N/A	30	N/A	100,000	1,000	0.0	0.0
B / 8.6	6.4	0.47	17.88	36	4	81	14	1	12.0	74.1	-7.9	62	N/A	5,000	1,000	5.0	2.0
C+ / 6.8	9.3	0.96	26.70	1,111	3	96	0	1	29.9	208.3	-11.6	39	N/A	1,000,000	0	0.0	0.0
C- / 4.1	13.9	1.19	12.24	244	5	94	0	1	93.8	115.7	-6.8	47	7	10,000	1,000	0.0	0.0
C+ / 6.8	11.4	1.34	35.31	2,716	6	93	0	1	100.2	111.7	-4.8	56	16	10,000	1,000	0.0	0.0
C+ / 6.5	12.7	1.45	38.69	4,546	0	98	1	1	89.9	121.7	-8.1	67	N/A	10,000	1,000	0.0	0.0
C / 5.2	14.3	1.49	18.57	2	1	98	0	1	511.0	81.3	-6.0	13	N/A	2,500	100	0.0	0.0
C / 5.2	14.4	1.50	19.14	51	1	98	0	1	511.0	85.3	-5.8	15	N/A	2,500	100	0.0	0.0
C / 5.2	14.4	1.48	19.67	8	1	98	0	1	511.0	88.0	-5.7	18	N/A	1,000,000	1,000	0.0	0.0
C- / 3.3	17.8	1.17	22.65	3	3	96	0	1	264.0	146.6	-7.8	46	N/A	2,500	100	0.0	0.0
C- / 3.6	17.8	1.17	23.75	10	3	96	0	1	264.0	153.0	-7.6	55	N/A	2,500	100	0.0	0.0
C- / 3.6	17.9	1.17	24.14	85	3	96	0	1	264.0	155.6	-7.6	57	N/A	1,000,000	1,000	0.0	0.0
C- / 4.2	13.9	1.21	11.95	42	1	98	0	1	472.0	84.4	-5.1	8	N/A	2,500	100	0.0	0.0
C- / 4.2	13.8	1.20	12.35	7	1	98	0	1	472.0	86.8	-5.0	9	N/A	1,000,000	1,000	0.0	0.0
C+ / 6.0	15.9	1.07	23.72	1	4	95	0	1	283.0	98.9	-8.5	50	N/A	2,500	100	0.0	0.0
C / 5.0	15.5	1.05	25.01	4	4	95	0	1	283.0	105.0	-8.3	65	N/A	2,500	100	0.0	0.0
C / 4.8	15.6	1.06	25.53	28	4	95	0	1	283.0	105.3	-8.3	62	N/A	1,000,000	1,000	0.0	0.0
C / 5.3	8.4	1.07	36.76	85	0	94	4	2	8.1	74.3	-9.0	8	10	1,000	250	0.0	0.0
C- / 3.4	19.2	1.97	61.90	368	0	100	0	0	89.1	157.6	-10.7	16	12	2,000	500	0.0	0.0

www.thestreet.com/ratings Data as of June 30, 2007

I. Index of Stock Mutual Funds

Summer 2007

99 Pct = Best
0 Pct = Worst

Fund Type	Fund Name	Ticker Symbol	Overall Investment Rating	Phone	Performance Rating/Pts	3 Mo	6 Mo	1Yr / Pct	3Yr / Pct	5Yr / Pct	Dividend Yield	Expense Ratio
AG	Bridgeway Aggressive Investor 2	BRAIX	C+	(800) 661-3550	B / 8.1	11.14	18.43	16.68 / 36	17.90 / 80	15.31 / 78	0.00	1.16
BA	Bridgeway Balanced Fund	BRBPX	C-	(800) 661-3550	E+ / 0.6	1.97	3.27	5.87 / 2	7.00 / 9	7.25 / 10	2.10	0.96
GR	Bridgeway Blue-Chip 35 Index Fund	BRLIX	C-	(800) 661-3550	D+ / 2.6	7.44	5.71	19.81 / 58	8.30 / 16	8.99 / 23	1.32	0.39
GR	Bridgeway Large Cap Growth N	BRLGX	C-	(800) 661-3550	C- / 3.9	7.13	11.80	16.98 / 38	10.05 / 28	--	0.30	0.73
GR	Bridgeway Large Cap Value N	BRLVX	A-	(800) 661-3550	B- / 7.3	4.92	7.29	19.57 / 56	16.47 / 76	--	0.88	0.78
SC	● Bridgeway Micro-Cap Ltd	BRMCX	E-	(800) 661-3550	D- / 1.0	3.00	0.23	-3.43 / 0	10.28 / 30	10.97 / 43	0.00	1.12
SC	Bridgeway Small Cap Growth N	BRSGX	D+	(800) 661-3550	C / 5.0	7.74	12.19	8.54 / 5	13.88 / 61	--	0.00	0.87
SC	Bridgeway Small Cap Value N	BRSVX	B	(800) 661-3550	B+ / 8.8	12.76	15.97	16.98 / 38	21.45 / 88	--	0.00	0.86
SC	● Bridgeway Ultra Small Company	BRUSX	D-	(800) 661-3550	C+ / 6.3	4.12	5.94	9.12 / 6	16.50 / 76	24.08 / 95	0.00	1.10
SC	Bridgeway Ultra SmComp Market	BRSIX	D-	(800) 661-3550	D / 1.7	3.40	4.20	10.08 / 8	10.37 / 31	20.12 / 92	0.40	0.65
GR	Brown Advisory Growth Equity Inst	BIAGX	C	(800) 540-6807	C- / 3.5	7.00	7.95	21.21 / 68	9.17 / 22	9.68 / 30	0.00	1.12
FO	Brown Advisory International Inst	BIANX	B-	(800) 540-6807	B / 8.2	6.09	8.02	19.87 / 59	19.14 / 83	--	1.08	1.31
RE	Brown Advisory Real Estate Inst	BIARX	C-	(800) 540-6807	C- / 4.1	-10.33	-8.23	7.18 / 3	16.63 / 76	--	2.40	1.34
SC	Brown Advisory Small Cp Val Fd	BIACX	C+	(800) 540-6807	C+ / 6.5	2.82	6.81	15.61 / 29	15.99 / 74	--	0.58	1.28
SC	● Brown Advisory Small-Cap Gr D	BIAAX	D	(800) 540-6807	C- / 4.2	8.60	12.91	21.55 / 70	8.99 / 21	--	0.00	1.67
SC	Brown Advisory Small-Cap Gr Inst	BIASX	D+	(800) 540-6807	C / 4.8	8.76	13.10	22.04 / 73	9.49 / 24	13.13 / 63	0.00	1.28
GR	Brown Advisory Value Equity Inst	BIAVX	B-	(800) 540-6807	C+ / 5.6	8.01	6.71	22.69 / 76	12.05 / 46	--	1.22	1.00
BA	Brown Capital Mgmt-Balanced	BCBIX	D-	(800) 525-3683	E / 0.5	3.69	4.24	12.17 / 14	4.67 / 3	5.29 / 3	0.83	1.20
AG	Brown Capital Mgmt-Equity	BCEIX	E+	(800) 525-3683	E+ / 0.7	5.05	5.28	14.84 / 25	4.84 / 3	5.52 / 3	0.00	1.20
MC	Brown Capital Mgmt-Mid Cap Inv	BCMVX	D	(800) 525-3683	D+ / 2.3	6.17	9.36	14.65 / 24	8.48 / 17	--	0.00	1.55
SC	Brown Capital Mgmt-Small Company	BCSIX	D	(800) 525-3683	C / 4.4	2.00	10.89	19.93 / 59	11.37 / 39	8.90 / 22	0.00	1.19
GR	Bruce Fund	BRUFX	B+	(800) 872-7823	B- / 7.1	3.85	4.83	9.66 / 7	18.15 / 81	30.07 / 98	2.33	1.03
BA	Buffalo Balanced Fund	BUFBX	C+	(800) 492-8332	C- / 3.7	5.91	6.64	15.60 / 29	11.94 / 45	12.17 / 55	2.67	1.03
GR	Buffalo Large Cap Fund	BUFEX	C+	(800) 492-8332	C / 4.6	7.89	12.09	24.30 / 81	9.88 / 27	10.16 / 34	0.10	1.05
SC	Buffalo Micro Cap Fund	BUFOX	D+	(800) 492-8332	C- / 3.1	2.48	4.76	16.28 / 34	11.97 / 45	--	0.00	1.49
MC	Buffalo Mid Cap Fund	BUFMX	C+	(800) 492-8332	C+ / 6.3	8.50	12.26	21.06 / 67	13.01 / 54	15.01 / 76	0.00	1.02
TC	Buffalo Science & Technology Fund	BUFTX	D+	(800) 492-8332	C+ / 5.8	9.05	11.96	23.28 / 78	11.68 / 42	17.40 / 86	0.00	1.03
SC	Buffalo Small Cap Fund	BUFSX	C-	(800) 492-8332	C+ / 6.1	6.25	10.43	23.08 / 77	13.15 / 55	15.45 / 78	0.00	1.00
GL	Buffalo USA Global Fund	BUFGX	C-	(800) 492-8332	D+ / 2.9	5.08	9.23	21.70 / 71	9.01 / 21	10.11 / 34	0.27	1.04
FS	Burnham Financial Industries A	BURFX	C-	(800) 874-3863	D- / 1.1	-1.59	0.00	10.42 / 9	11.23 / 38	--	0.77	1.57
FS	Burnham Financial Industries C	BURCX	C-	(800) 874-3863	D- / 1.3	-1.76	-0.41	9.63 / 7	10.48 / 32	--	0.19	2.32
FS	Burnham Financial Services A	BURKX	E-	(800) 874-3863	E- / 0.0	-5.21	-8.07	1.53 / 1	6.24 / 6	12.16 / 55	0.72	1.57
FS	Burnham Financial Services B	BURMX	E-	(800) 874-3863	E- / 0.1	-5.40	-8.42	0.78 / 1	5.42 / 4	11.34 / 47	0.00	2.32
GI	Burnham Fund A	BURHX	E	(800) 874-3863	D- / 1.3	6.32	5.69	16.95 / 38	8.51 / 17	6.21 / 5	0.47	1.41
GI	Burnham Fund B	BURIX	E	(800) 874-3863	D- / 1.5	6.06	5.24	16.03 / 32	7.71 / 13	5.41 / 3	0.00	2.20
GI	Burnham Fund C	BURJX	D-	(800) 874-3863	D- / 1.5	6.10	5.30	16.09 / 33	7.79 / 13	--	0.00	2.16
GR	C & B Core Equity Fd Inst	CBCEX	D	(866) 777-7818	D / 1.8	4.84	7.71	11.60 / 12	8.51 / 17	--	0.75	1.29
GI	C/Fund	CFUNX	C	(800) 338-9477	D+ / 2.5	7.13	6.66	19.17 / 54	8.14 / 15	8.79 / 21	0.36	2.00
GR	Calamos Blue Chip Fund A	CBCAX	C-	(800) 823-7386	D+ / 2.3	6.01	5.68	17.01 / 38	10.25 / 30	--	0.28	1.43
GR	Calamos Blue Chip Fund B	CBCBX	C-	(800) 823-7386	D+ / 2.5	5.74	5.16	16.11 / 33	9.38 / 23	--	0.00	2.18
GR	Calamos Blue Chip Fund C	CBXCX	C-	(800) 823-7386	D+ / 2.5	5.74	5.24	16.09 / 33	9.41 / 24	--	0.00	2.18
GR	Calamos Blue Chip Fund I	CBCIX	C	(800) 823-7386	C- / 3.4	6.06	5.81	17.33 / 40	10.53 / 32	--	0.63	1.18
CV	● Calamos Convertible Fund A	CCVIX	E	(800) 823-7386	E / 0.5	3.92	4.30	10.58 / 9	6.64 / 8	8.55 / 19	2.56	1.12
CV	● Calamos Convertible Fund B	CALBX	E+	(800) 823-7386	E+ / 0.6	3.78	3.96	9.74 / 7	5.85 / 5	7.73 / 13	1.56	1.87
CV	● Calamos Convertible Fund C	CCVCX	E	(800) 823-7386	E+ / 0.6	3.76	3.89	9.71 / 7	5.85 / 5	7.73 / 13	1.96	1.87
CV	● Calamos Convertible Fund I	CICVX	D-	(800) 823-7386	E+ / 0.9	4.05	4.47	10.90 / 10	6.91 / 9	8.82 / 21	3.08	0.87
GL	Calamos Global Growth & Income A	CVLOX	B-	(800) 823-7386	C+ / 6.1	5.74	6.82	19.57 / 57	15.62 / 72	13.39 / 65	0.00	1.41
GL	Calamos Global Growth & Income B	CVLDX	B-	(800) 823-7386	C+ / 6.3	5.55	6.41	18.75 / 50	14.71 / 67	12.50 / 58	0.00	2.16
GL	Calamos Global Growth & Income C	CVLCX	B-	(800) 823-7386	C+ / 6.3	5.60	6.51	18.70 / 50	14.70 / 67	12.50 / 58	0.00	2.16
GL	Calamos Global Growth & Income I	CGCIX	A	(800) 823-7386	B- / 7.1	5.79	6.96	19.89 / 59	15.88 / 73	13.70 / 67	0.00	1.16
GI	Calamos Growth & Income A	CVTRX	D+	(800) 823-7386	D / 2.1	5.95	5.80	13.59 / 19	10.60 / 32	11.18 / 45	1.19	1.05
GI	Calamos Growth & Income B	CVTYX	D+	(800) 823-7386	D+ / 2.3	5.74	5.37	12.72 / 15	9.77 / 26	10.35 / 37	0.40	1.80

● Denotes fund is closed to new investors
* Denotes fund is included in Section II

Summer 2007 — I. Index of Stock Mutual Funds

RISK			NET ASSETS		ASSET					BULL / BEAR		FUND MANAGER		MINIMUMS		LOADS	
	3 Year		NAV						Portfolio	Last Bull	Last Bear	Manager	Manager	Initial	Additional	Front	Back
Risk	Standard		As of	Total	Cash	Stocks	Bonds	Other	Turnover	Market	Market	Quality	Tenure	Purch.	Purch.	End	End
Rating/Pts	Deviation	Beta	6/30/07	$(Mil)	%	%	%	%	Ratio	Return	Return	Pct	(Years)	$	$	Load	Load
C / 4.6	19.0	2.00	20.05	651	0	100	0	0	89.1	168.9	-10.8	28	12	2,000	500	0.0	0.0
B+ / 9.9	3.9	0.62	12.95	87	2	57	40	1	51.3	49.7	1.4	58	6	2,000	500	0.0	0.0
B / 8.2	7.9	1.01	8.52	99	0	100	0	0	41.1	72.3	-11.0	20	N/A	2,000	500	0.0	0.0
C+ / 6.5	11.7	1.40	14.12	138	0	100	0	0	26.1	N/A	N/A	12	N/A	2,000	500	0.0	0.0
B / 8.2	9.1	1.12	17.07	86	0	100	0	0	23.1	N/A	N/A	87	N/A	2,000	500	0.0	0.0
D / 1.6	19.7	1.30	8.57	62	0	100	0	0	125.4	135.2	-8.4	8	N/A	2,000	500	0.0	0.0
C / 4.5	16.7	1.13	16.01	172	0	100	0	0	41.2	N/A	N/A	41	N/A	2,000	500	0.0	0.0
C+ / 5.8	15.8	1.09	18.74	280	0	100	0	0	48.6	N/A	N/A	96	N/A	2,000	500	0.0	0.0
D / 1.6	18.2	1.19	37.65	137	0	100	0	0	100.8	214.9	-2.5	66	13	2,000	500	0.0	0.0
C+ / 6.2	13.8	1.00	20.36	1,162	0	100	0	0	26.5	165.6	-1.6	23	10	2,000	500	0.0	2.0
B / 8.3	8.7	1.09	10.86	72	3	96	0	1	38.0	77.2	-10.8	22	8	5,000	100	0.0	0.0
C+ / 5.6	8.8	0.94	17.76	352	2	97	0	1	35.0	156.3	N/A	29	N/A	5,000	100	0.0	0.0
C+ / 6.3	15.1	1.02	13.89	27	2	97	0	1	45.0	N/A	N/A	27	4	5,000	100	0.0	0.0
C+ / 6.8	10.4	0.71	15.46	144	3	96	0	1	48.0	N/A	N/A	93	4	2,000	100	0.0	0.0
C / 4.9	15.8	1.06	25.89	14	1	98	0	1	80.0	126.4	-17.2	12	2	2,000	100	0.0	0.0
C / 4.9	15.8	1.05	13.90	148	1	98	0	1	80.0	129.3	-17.2	15	2	5,000	100	0.0	0.0
B / 8.2	7.8	0.97	15.88	217	3	96	0	1	75.0	110.7	N/A	61	4	5,000	100	0.0	0.0
B- / 7.9	7.0	1.40	16.57	14	5	72	21	2	52.7	48.6	-6.2	8	15	10,000	500	0.0	0.0
C+ / 6.8	9.4	1.16	19.35	13	1	98	0	1	68.6	60.5	-9.8	4	15	10,000	500	0.0	0.0
C+ / 6.7	12.3	1.08	14.96	6	3	96	0	1	65.1	81.0	-9.1	5	5	10,000	500	0.0	0.0
C / 4.9	14.5	0.96	36.15	315	9	90	0	1	6.6	95.9	-11.6	33	15	10,000	500	0.0	0.0
B / 8.0	10.7	0.92	424.14	386	28	32	39	1	29.0	234.6	5.4	96	24	1,000	500	0.0	0.0
B+ / 9.1	5.3	0.88	12.23	177	7	61	24	8	28.0	100.3	-10.7	89	N/A	2,500	100	0.0	2.0
B- / 7.7	8.7	1.07	23.01	60	1	98	0	1	17.0	92.7	-16.1	27	12	2,500	100	0.0	2.0
C+ / 6.8	13.7	0.94	13.65	56	6	93	0	1	38.0	N/A	N/A	42	N/A	2,500	100	0.0	2.0
C+ / 6.5	12.1	1.03	16.85	437	4	95	0	1	21.0	138.7	-13.6	27	N/A	2,500	100	0.0	2.0
C- / 3.8	12.4	1.38	14.70	176	5	94	0	1	35.0	152.0	-18.1	22	N/A	2,500	100	0.0	2.0
C / 4.7	13.1	0.91	29.75	2,219	4	95	0	1	15.0	175.9	-17.2	61	9	2,500	100	0.0	2.0
B- / 7.7	8.7	0.63	23.54	102	8	91	0	1	13.0	95.3	-12.6	8	12	2,500	100	0.0	2.0
B+ / 9.7	5.3	0.43	12.41	30	4	95	0	1	210.9	N/A	N/A	90	N/A	2,500	500	5.0	2.0
B+ / 9.7	5.3	0.44	12.28	6	4	95	0	1	210.9	N/A	N/A	87	N/A	2,500	500	0.0	2.0
D / 1.9	6.8	0.56	20.74	95	1	98	0	1	123.6	75.8	2.5	32	8	2,500	500	5.0	2.0
D / 1.8	6.8	0.56	19.80	22	1	98	0	1	123.6	70.5	2.3	25	8	2,500	500	0.0	2.0
C / 4.9	7.6	0.92	28.42	199	9	90	0	1	790.0	63.2	-6.0	26	12	2,500	500	5.0	2.0
C / 5.0	7.6	0.92	28.53	2	9	90	0	1	790.0	58.2	-6.2	21	12	2,500	500	0.0	2.0
C+ / 6.4	7.6	0.92	28.00	N/A	9	90	0	1	790.0	N/A	N/A	21	12	2,500	500	0.0	2.0
B- / 7.5	8.2	1.02	14.03	50	9	90	0	1	34.0	N/A	N/A	21	N/A	2,500	500	0.0	0.0
B+ / 9.2	6.7	0.82	19.22	4	2	96	1	1	9.4	61.4	-9.0	29	22	0	0	0.0	0.0
B / 8.4	7.9	1.05	13.76	112	2	97	0	1	39.2	N/A	N/A	32	N/A	2,500	50	4.8	0.0
B / 8.3	7.9	1.05	13.44	9	2	97	0	1	39.2	N/A	N/A	25	N/A	2,500	50	0.0	0.0
B / 8.3	7.9	1.05	13.45	15	2	97	0	1	39.2	N/A	N/A	25	N/A	2,500	50	0.0	0.0
B / 8.4	7.8	1.04	13.83	20	2	97	0	1	39.2	N/A	N/A	35	N/A	5,000,000	50	0.0	0.0
C+ / 5.9	6.6	1.05	19.66	315	2	15	0	83	72.2	59.0	-3.3	39	20	2,500	50	4.8	0.0
C+ / 6.3	6.7	1.05	22.93	139	2	15	0	83	72.2	54.0	-3.4	31	7	2,500	50	0.0	0.0
C+ / 5.9	6.6	1.05	19.72	281	2	15	0	83	72.2	54.0	-3.5	31	11	2,500	50	0.0	0.0
B- / 7.5	6.6	1.05	18.59	20	2	15	0	83	72.2	60.7	-3.2	43	10	5,000,000	50	0.0	0.0
B- / 7.5	7.7	0.70	11.43	557	0	56	0	44	67.1	98.6	-3.3	40	11	2,500	50	4.8	0.0
B- / 7.4	7.8	0.71	11.79	86	0	56	0	44	67.1	92.2	-3.4	30	7	2,500	50	0.0	0.0
B- / 7.5	7.7	0.70	11.12	362	0	56	0	44	67.1	92.1	-3.4	31	11	2,500	50	0.0	0.0
B / 8.7	7.7	0.70	11.52	96	0	56	0	44	67.1	100.3	-3.0	42	10	5,000,000	50	0.0	0.0
B- / 7.7	8.1	0.96	33.10	3,348	0	55	0	45	70.5	75.9	-1.4	43	19	2,500	50	4.8	0.0
B- / 7.7	8.1	0.96	37.03	733	0	55	0	45	70.5	70.4	-1.6	34	7	2,500	50	0.0	0.0

www.thestreet.com/ratings

Data as of June 30, 2007

I. Index of Stock Mutual Funds

Summer 2007

					PERFORMANCE						
	99 Pct = Best			Overall	Perfor-	Total Return % through 6/30/07				Incl. in Returns	
	0 Pct = Worst			Investment	mance				Annualized	Dividend	Expense
Fund		Ticker		Rating	Rating/Pts	3 Mo	6 Mo	1Yr / Pct	3Yr / Pct 5Yr / Pct	Yield	Ratio
Type	Fund Name	Symbol									
GI	Calamos Growth & Income C	CVTCX	D+	(800) 823-7386	D+ / 2.3	5.74	5.39	12.77 /15	9.77 /26	10.35 /37	0.55	1.80
GI	Calamos Growth & Income I	CGIIX	C	(800) 823-7386	C- / 3.2	6.00	5.92	13.90 /20	10.88 /35	11.46 /48	1.50	1.05
*MC	Calamos Growth Fund A	CVGRX	D-	(800) 823-7386	D+ / 2.7	9.05	11.32	14.62 /24	9.87 /27	12.59 /58	0.00	1.19
MC	Calamos Growth Fund B	CVGBX	D-	(800) 823-7386	C- / 3.0	8.85	10.91	13.77 /20	9.05 /21	11.76 /51	0.00	1.94
MC	Calamos Growth Fund C	CVGCX	D-	(800) 823-7386	C- / 3.0	8.84	10.91	13.76 /19	9.05 /21	11.75 /51	0.00	1.94
MC	Calamos Growth Fund I	CGRIX	C-	(800) 823-7386	C- / 3.9	9.12	11.47	14.92 /26	10.15 /29	12.88 /61	0.00	0.94
FO	Calamos International Growth A	CIGRX	U	(800) 823-7386	U /	8.53	12.78	29.34 /92	--	--	0.30	1.52
FO	Calamos International Growth B	CIGBX	U	(800) 823-7386	U /	8.28	12.32	28.32 /90	--	--	0.00	2.27
FO	Calamos International Growth C	CIGCX	U	(800) 823-7386	U /	8.29	12.34	28.36 /90	--	--	0.00	2.27
IN	Calamos Market Neutral Income Fd A	CVSIX	E+	(800) 823-7386	E- / 0.2	1.67	3.11	8.14 / 4	4.85 / 3	5.50 / 3	3.30	1.25
IN	Calamos Market Neutral Income Fd B	CAMNX	E+	(800) 823-7386	E- / 0.2	1.40	2.67	7.30 / 3	4.04 / 2	4.70 / 1	2.56	2.00
IN	Calamos Market Neutral Income Fd C	CVSCX	E+	(800) 823-7386	E- / 0.2	1.39	2.71	7.27 / 3	4.06 / 2	4.70 / 1	2.72	2.00
IN	Calamos Market Neutral Income Fd I	CMNIX	C-	(800) 823-7386	E / 0.3	1.66	3.17	8.36 / 5	5.13 / 4	5.78 / 4	3.71	1.00
GR	Calamos Value Fund A	CVAAX	D	(800) 823-7386	D / 1.8	5.29	3.49	16.80 /37	9.85 /27	10.80 /41	0.00	1.46
GR	Calamos Value Fund B	CVABX	D+	(800) 823-7386	D / 2.0	5.05	3.18	15.96 /32	9.03 /21	9.97 /33	0.00	2.21
GR	Calamos Value Fund C	CVACX	D+	(800) 823-7386	D / 2.0	5.05	3.10	15.98 /32	9.04 /21	9.95 /32	0.00	2.21
GR	Calamos Value Fund I	CVAIX	C	(800) 823-7386	D+ / 2.9	5.37	3.67	17.16 /39	10.16 /29	11.09 /44	0.00	1.21
AA	Caldwell & Orkin Mkt Opportunity	COAGX	E	(800) 237-7073	E- / 0.2	-2.61	5.84	14.42 /23	3.88 / 2	1.90 / 0	2.83	1.60
IN	California Inv Tr-Eqty Inc Fd	EQTIX	B-	(800) 225-8778	C+ / 5.8	5.36	7.20	21.30 /69	13.10 /55	12.02 /54	4.98	0.89
IN	California Inv Tr-Eqty Inc K	EQTKX	C+	(800) 225-8778	C / 5.0	5.26	6.91	20.03 /60	12.31 /48	--	1.22	1.39
FO	California Inv Tr-Euro Gr&Inc Fd	EUGIX	B+	(800) 225-8778	B+ / 8.6	9.96	11.41	25.41 /84	19.03 /83	14.49 /73	2.29	1.40
FO	California Inv Tr-Euro Gr&Inc K	EUGKX	B+	(800) 225-8778	B+ / 8.5	9.80	11.23	24.94 /83	18.50 /82	--	1.84	1.90
GR	California Inv Tr-NASDAQ 100 Ind Fd	NASDX	D-	(800) 225-8778	C- / 3.7	9.01	10.00	22.53 /75	8.34 /16	12.86 /61	0.00	1.02
GR	California Inv Tr-NASDAQ 100 Ind K	NDXKX	E+	(800) 225-8778	C- / 3.2	8.88	9.63	21.94 /72	7.87 /13	--	0.00	1.52
IX	California Inv Tr-S&P 500 Index Fd	SPFIX	C	(800) 225-8778	C / 4.5	6.22	6.84	20.19 /61	11.38 /40	10.56 /39	1.55	0.51
IX	California Inv Tr-S&P 500 Index K	SPXKX	C	(800) 225-8778	C- / 4.0	6.06	6.57	19.59 /57	10.81 /34	--	1.05	1.01
MC	California Inv Tr-S&P MidCp Indx Fd	SPMIX	C+	(800) 225-8778	C+ / 6.6	5.68	11.55	17.87 /44	14.40 /65	13.55 /66	0.69	0.63
MC	California Inv Tr-S&P MidCp Indx K	MIDKX	C	(800) 225-8778	C+ / 6.2	5.54	11.27	17.28 /40	13.83 /61	--	0.25	1.13
SC	California Inv Tr-S&P SmCp Index Fd	SMCIX	C	(800) 225-8778	C / 5.5	4.77	7.96	15.11 /27	13.99 /62	13.92 /69	0.58	0.90
SC	California Inv Tr-S&P SmCp Index K	SMLKX	C	(800) 225-8778	C / 5.0	4.66	7.71	14.56 /23	13.43 /58	--	0.21	1.40
AA	Calvert Aggresive Allocation A	CAAAX	U	(800) 368-2745	U /	5.03	6.30	16.59 /35	--	--	1.06	2.92
MC	Calvert Capital Accumulation A	CCAFX	E	(800) 368-2745	E+ / 0.6	5.13	9.62	12.29 /14	6.25 / 6	7.83 /14	0.00	1.71
MC	Calvert Capital Accumulation B	CWCBX	E	(800) 368-2745	E+ / 0.7	4.89	9.13	11.34 /11	5.34 / 4	6.88 / 8	0.00	2.57
MC	Calvert Capital Accumulation C	CCACX	E	(800) 368-2745	E+ / 0.7	4.90	9.19	11.41 /12	5.40 / 4	6.95 / 8	0.00	2.49
GR	Calvert Large Cap Growth A	CLGAX	E+	(800) 368-2745	D / 1.9	6.28	7.83	13.48 /18	10.38 /31	12.57 /58	0.00	1.52
GR	Calvert Large Cap Growth B	CLGBX	D-	(800) 368-2745	D / 2.0	6.07	7.42	12.62 /15	9.41 /24	11.55 /49	0.00	2.75
GR	Calvert Large Cap Growth C	CLGCX	D-	(800) 368-2745	D / 2.1	6.11	7.45	12.65 /15	9.50 /24	11.59 /50	0.00	2.75
GR	Calvert Large Cap Growth I	CLCIX	D	(800) 368-2745	C- / 3.6	6.44	8.16	14.13 /21	11.00 /36	13.23 /64	0.00	0.97
MC	Calvert Mid Cap Value A	CMVAX	U	(800) 368-2745	U /	6.43	9.34	20.09 /60	--	--	0.15	1.76
AA	Calvert Moderate Allocation A	CMAAX	U	(800) 368-2745	U /	3.48	4.67	13.31 /17	--	--	1.60	1.87
SC	Calvert New Vision Small Cap A	CNVAX	E-	(800) 368-2745	E- / 0.0	6.32	7.09	2.14 / 1	0.12 / 0	3.31 / 0	0.00	1.74
SC	Calvert New Vision Small Cap B	CNVBX	E-	(800) 368-2745	E- / 0.0	6.01	6.58	1.15 / 1	-0.80 / 0	2.34 / 0	0.00	2.66
SC	Calvert New Vision Small Cap C	CNVCX	E-	(800) 368-2745	E- / 0.0	6.07	6.64	1.26 / 1	-0.68 / 0	2.47 / 0	0.00	2.53
SC	Calvert New Vision Small Cap I	CVSMX	E-	(800) 368-2745	E- / 0.0	6.49	7.53	2.92 / 1	0.92 / 0	4.37 / 1	0.00	1.10
SC	Calvert Small Cap Value A	CCVAX	U	(800) 368-2745	U /	3.92	5.77	21.02 /67	--	--	0.00	1.98
BA	Calvert Social-Balanced Portf A	CSIFX	D	(800) 368-2745	E / 0.5	2.80	3.34	11.62 /12	7.49 /12	7.30 /10	1.68	1.34
BA	Calvert Social-Balanced Portf B	CSLBX	D	(800) 368-2745	E / 0.5	2.55	2.85	10.59 / 9	6.46 / 7	6.23 / 5	0.86	2.29
BA	Calvert Social-Balanced Portf C	CSGCX	D	(800) 368-2745	E / 0.5	2.55	2.89	10.65 / 9	6.47 / 7	6.26 / 5	0.88	2.24
BA	Calvert Social-Balanced Portf I	CBAIX	C-	(800) 368-2745	D- / 1.2	2.93	3.58	12.17 /14	7.92 /14	7.79 /13	2.19	1.20
AA	Calvert Social-Enhanced Eq A	CMIFX	D-	(800) 368-2745	D- / 1.1	4.48	3.75	15.89 /31	8.85 /20	9.08 /24	0.41	1.33
AA	Calvert Social-Enhanced Eq B	CDXBX	D-	(800) 368-2745	D- / 1.2	4.28	3.32	14.84 /25	7.87 /13	8.01 /15	0.00	2.27
AA	Calvert Social-Enhanced Eq C	CMICX	D-	(800) 368-2745	D- / 1.2	4.26	3.36	14.89 /25	7.89 /14	8.04 /15	0.00	2.22

● Denotes fund is closed to new investors
* Denotes fund is included in Section II

www.thestreet.com/ratings

I. Index of Stock Mutual Funds

Summer 2007

RISK			NET ASSETS		ASSET				Portfolio	BULL / BEAR		FUND MANAGER		MINIMUMS		LOADS	
	3 Year		NAV							Last Bull	Last Bear	Manager	Manager	Initial	Additional	Front	Back
Risk	Standard		As of	Total	Cash	Stocks	Bonds	Other	Turnover	Market	Market	Quality	Tenure	Purch.	Purch.	End	End
Rating/Pts	Deviation	Beta	6/30/07	$(Mil)	%	%	%	%	Ratio	Return	Return	Pct	(Years)	$	$	Load	Load
B- / 7.7	8.1	0.96	33.32	2,186	0	55	0	45	70.5	70.4	-1.6	34	11	2,500	50	0.0	0.0
B / 8.7	8.1	0.96	32.45	144	0	55	0	45	70.5	77.8	-1.4	47	10	5,000,000	50	0.0	0.0
C / 4.9	14.6	1.30	60.00	10,979	1	98	0	1	86.5	112.3	-8.5	4	17	2,500	50	4.8	0.0
C / 4.8	14.6	1.30	61.12	1,254	1	98	0	1	86.5	105.7	-8.6	3	N/A	2,500	50	0.0	0.0
C / 4.8	14.6	1.30	56.53	3,393	1	98	0	1	86.5	105.7	-8.6	3	N/A	2,500	50	0.0	0.0
C+ / 6.3	14.6	1.30	64.22	131	1	98	0	1	86.5	114.6	-8.4	4	N/A	5,000,000	50	0.0	0.0
U /	N/A	N/A	16.15	213	0	99	0	1	77.4	N/A	N/A	N/A	N/A	2,500	50	4.8	0.0
U /	N/A	N/A	15.95	32	0	99	0	1	77.4	N/A	N/A	N/A	N/A	2,500	50	0.0	0.0
U /	N/A	N/A	15.93	72	0	99	0	1	77.4	N/A	N/A	N/A	N/A	2,500	50	0.0	0.0
B- / 7.1	3.5	0.37	12.98	811	0	34	0	66	110.9	24.4	1.6	32	17	2,500	50	4.8	0.0
B- / 7.3	3.5	0.37	13.55	51	0	34	0	66	110.9	20.4	1.4	25	7	2,500	50	0.0	0.0
B- / 7.3	3.5	0.37	13.15	412	0	34	0	66	110.9	20.4	1.5	26	7	2,500	50	0.0	0.0
B+ / 9.9	3.5	0.37	12.87	20	0	34	0	66	110.9	25.8	1.7	35	7	5,000,000	50	0.0	0.0
B- / 7.7	8.5	1.08	13.92	90	0	99	0	1	47.5	103.1	-11.9	26	5	2,500	50	4.8	0.0
B- / 7.6	8.5	1.08	13.32	12	0	99	0	1	47.5	96.5	-12.1	21	5	2,500	50	0.0	0.0
B- / 7.6	8.6	1.08	13.31	16	0	99	0	1	47.5	96.5	-12.0	21	5	2,500	50	0.0	0.0
B / 8.3	8.5	1.08	14.14	13	0	99	0	1	47.5	105.1	-11.7	29	N/A	5,000,000	50	0.0	0.0
C+ / 5.8	6.4	-0.59	18.68	132	1	98	0	1	459.0	4.0	-0.5	86	15	25,000	100	0.0	2.0
B- / 7.9	7.7	1.00	18.50	25	16	83	0	1	2.6	108.3	-5.9	71	5	1,000	250	0.0	0.0
B- / 7.9	7.8	1.00	18.44	5	16	83	0	1	2.6	N/A	N/A	62	5	1,000	250	0.0	0.0
C+ / 6.3	9.2	0.92	11.59	7	1	98	0	1	3.2	139.6	-9.9	31	5	1,000	250	0.0	0.0
C+ / 6.3	9.1	0.91	11.64	7	1	98	0	1	3.2	N/A	N/A	28	5	1,000	250	0.0	0.0
C- / 4.2	14.2	1.67	4.84	13	2	97	0	1	14.1	89.9	-10.2	3	5	1,000	250	0.0	0.0
C- / 4.2	13.9	1.65	4.78	6	2	97	0	1	14.1	N/A	N/A	3	5	1,000	250	0.0	0.0
B- / 7.6	7.3	1.00	30.21	109	1	98	0	1	3.6	94.7	-9.9	50	5	1,000	250	0.0	0.0
B- / 7.6	7.3	1.00	30.36	8	1	98	0	1	3.6	N/A	N/A	42	5	1,000	250	0.0	0.0
C+ / 6.0	10.4	1.00	25.77	179	0	99	0	1	13.8	130.4	-9.0	44	5	1,000	250	0.0	0.0
C+ / 6.0	10.4	1.00	25.78	8	0	99	0	1	13.8	N/A	N/A	38	5	1,000	250	0.0	0.0
C+ / 6.3	12.5	0.93	20.81	28	10	89	0	1	11.2	142.6	-9.7	69	5	1,000	250	0.0	0.0
C+ / 6.3	12.3	0.91	20.76	10	10	89	0	1	11.2	N/A	N/A	65	5	1,000	250	0.0	0.0
U /	N/A	N/A	18.78	36	2	87	9	2	9.0	N/A	N/A	N/A	N/A	2,000	250	4.8	2.0
C / 5.5	12.2	1.09	27.68	111	0	96	2	2	31.0	72.2	-9.1	2	N/A	2,000	250	4.8	2.0
C / 5.5	12.2	1.09	25.33	12	0	96	2	2	31.0	65.8	-9.3	2	N/A	2,000	250	0.0	2.0
C / 5.5	12.2	1.09	24.60	13	0	96	2	2	31.0	66.3	-9.2	2	N/A	2,000	250	0.0	2.0
C+ / 5.7	11.6	1.41	34.17	991	0	98	0	2	34.0	105.7	-5.9	14	7	2,000	250	4.8	2.0
C+ / 5.6	11.6	1.41	32.13	48	0	98	0	2	34.0	97.8	-6.1	10	7	2,000	250	0.0	2.0
C+ / 5.6	11.6	1.41	32.32	117	0	98	0	2	34.0	98.1	-6.1	10	7	2,000	250	0.0	2.0
C+ / 5.7	11.6	1.41	35.53	499	0	98	0	2	34.0	110.7	-5.8	17	13	1,000,000	0	0.0	0.0
U /	N/A	N/A	21.19	47	6	92	0	2	37.0	N/A	N/A	N/A	N/A	1,000	250	4.8	2.0
U /	N/A	N/A	18.04	64	4	64	30	2	5.0	N/A	N/A	N/A	N/A	2,000	250	4.8	2.0
C- / 3.5	13.1	0.88	17.67	110	2	96	0	2	160.0	59.2	-14.2	1	N/A	2,000	250	4.8	2.0
C- / 3.2	13.0	0.87	15.88	12	2	96	0	2	160.0	53.0	-14.5	0	N/A	2,000	250	0.0	2.0
C- / 3.2	13.0	0.88	16.07	15	2	96	0	2	160.0	53.8	-14.5	0	N/A	2,000	250	0.0	2.0
C- / 3.8	13.0	0.88	18.70	11	2	96	0	2	160.0	67.3	-14.2	1	N/A	1,000,000	0	0.0	0.0
U /	N/A	N/A	19.63	43	6	92	0	2	63.0	N/A	N/A	N/A	N/A	1,000	250	4.8	2.0
B / 8.6	4.5	1.01	31.20	546	2	62	34	2	73.0	54.3	-4.7	38	12	1,000	250	4.8	2.0
B / 8.8	4.5	1.01	30.97	26	2	62	34	2	73.0	48.0	-5.0	28	N/A	1,000	250	0.0	2.0
B / 8.8	4.5	1.01	30.66	30	2	62	34	2	73.0	48.1	-4.9	28	N/A	1,000	250	0.0	2.0
B+ / 9.0	4.4	0.98	31.47	9	2	62	34	2	73.0	57.2	-4.6	45	N/A	1,000,000	0	0.0	0.0
B- / 7.4	7.7	1.66	20.74	67	0	98	0	2	47.0	78.5	-9.5	22	N/A	5,000	250	4.8	2.0
B- / 7.4	7.6	1.65	19.00	8	0	98	0	2	47.0	71.5	-9.7	16	N/A	5,000	250	0.0	2.0
B- / 7.4	7.7	1.66	19.09	10	0	98	0	2	47.0	71.8	-9.7	16	N/A	5,000	250	0.0	2.0

www.thestreet.com/ratings

Data as of June 30, 2007

I. Index of Stock Mutual Funds

Summer 2007

99 Pct = Best
0 Pct = Worst

Fund Type	Fund Name	Ticker Symbol	Overall Investment Rating	Phone	Performance Rating/Pts	3 Mo	6 Mo	1Yr / Pct	3Yr / Pct	5Yr / Pct	Dividend Yield	Expense Ratio
GR	Calvert Social-Equity A	CSIEX	D	(800) 368-2745	E+ / 0.9	5.45	4.77	14.00 /21	8.18 /15	7.82 /13	0.00	1.23
GR	Calvert Social-Equity B	CSEBX	D	(800) 368-2745	D- / 1.0	5.24	4.34	13.08 /17	7.29 /10	6.91 / 8	0.00	2.06
GR	Calvert Social-Equity C	CSECX	D	(800) 368-2745	D- / 1.0	5.24	4.35	13.13 /17	7.37 /11	6.98 / 8	0.00	1.99
GR	Calvert Social-Equity I	CEYIX	C-	(800) 368-2745	D / 2.0	5.58	5.04	14.61 /24	8.79 /19	8.41 /18	0.00	0.68
AG	Calvert Social-Index A	CSXAX	D-	(800) 368-2745	D- / 1.2	5.33	5.25	17.43 /41	8.24 /16	8.83 /21	0.83	1.22
AG	Calvert Social-Index B	CSXBX	D-	(800) 368-2745	D- / 1.2	5.04	4.70	16.31 /34	7.17 /10	7.74 /13	0.01	2.26
AG	Calvert Social-Index C	CSXCX	D-	(800) 368-2745	D- / 1.2	5.04	4.70	16.21 /33	7.18 /10	7.75 /13	0.01	2.13
AG	Calvert Social-Index I	CISIX	D	(800) 368-2745	D / 2.2	5.48	5.48	18.08 /46	8.74 /19	9.30 /26	0.85	0.80
FO	Calvert World Values Intl Eqty A	CWVGX	B	(800) 368-2745	B+ / 8.3	6.43	9.30	26.70 /87	20.24 /85	15.63 /79	0.67	1.75
FO	Calvert World Values Intl Eqty B	CWVBX	B	(800) 368-2745	B+ / 8.3	6.21	8.81	25.55 /84	19.04 /83	14.34 /72	0.00	2.75
FO	Calvert World Values Intl Eqty C	CWVCX	B	(800) 368-2745	B+ / 8.4	6.24	8.86	25.71 /85	19.22 /83	14.62 /73	0.09	2.59
FO	Calvert World Values Intl Eqty I	CWVIX	B+	(800) 368-2745	B+ / 8.8	6.62	9.65	27.57 /89	21.07 /87	16.58 /83	1.17	1.09
SC	Cambiar Conquistador Fund Inv	CAMSX	U	(866) 777-8227	U /	7.01	11.00	22.90 /77	--	--	0.00	3.00
FO	Cambiar International Equity Inv	CAMIX	B	(866) 777-8227	B+ / 8.7	9.87	13.33	27.83 /89	19.51 /84	15.21 /77	0.53	1.50
GR	Cambiar Opportunity Fund Inst	CAMWX	U	(866) 777-8227	U /	6.48	5.07	18.47 /48	--	--	0.59	1.07
GR	Cambiar Opportunity Fund Inv	CAMOX	B-	(866) 777-8227	C / 5.1	6.44	4.97	18.17 /46	12.92 /53	12.97 /62	0.42	1.34
AG	CAN SLIM Select Growth Fund	CSSGX	U	(800) 558-9105	U /	10.10	9.43	-0.19 / 0	--	--	0.00	2.39
MC	Capital Management Mid-Cap Inst	CMEIX	C-	(800) 525-3863	C+ / 6.0	9.07	12.63	17.50 /41	12.42 /49	10.48 /38	0.00	1.95
MC	Capital Management Mid-Cap Inv	CMCIX	D+	(800) 525-3863	C / 4.6	8.87	12.24	16.63 /36	11.62 /42	9.75 /30	0.00	2.70
SC	Capital Management Sm Cap Fund	CMSSX	D+	(888) 626-3863	C / 4.6	3.22	6.65	14.84 /25	13.32 /57	12.10 /55	0.00	2.54
SC	Capital Management Sm Cap Fund	CMSVX	D	(888) 626-3863	C- / 3.7	3.11	6.48	14.46 /23	13.07 /55	11.90 /52	0.00	3.29
GI	Capital One Capital Apprn Fund A	CWRSX	D-	(800) 999-0124	C- / 3.8	6.68	8.44	19.74 /58	11.42 /40	9.60 /29	0.46	1.20
GI	Capital One Capital Apprn Fund B	COCAX	E+	(800) 999-0124	C- / 4.0	6.57	8.14	18.89 /51	10.61 /33	8.79 /21	0.17	1.95
MC	Capital One Mid Cap Equity Fund A	CMCEX	C+	(800) 999-0124	C+ / 6.3	4.80	11.23	18.07 /46	15.66 /72	13.48 /65	0.20	1.24
MC	Capital One Mid Cap Equity Fund B	CMCPX	C+	(800) 999-0124	C+ / 6.5	4.63	10.80	17.18 /39	14.81 /67	12.67 /59	0.00	1.99
FO	Causeway International Value Inst	CIVIX	A+	(866) 947-7000	B+ / 8.6	7.20	10.61	26.35 /86	20.11 /85	18.40 /89	1.01	0.92
FO	Causeway International Value Inv	CIVVX	A+	(866) 947-7000	B+ / 8.6	7.14	10.51	25.98 /85	19.83 /85	18.13 /88	0.82	1.15
FS	Century Shares Trust Fd	CENSX	E-	(800) 321-1928	D / 2.1	5.45	5.07	16.07 /32	8.96 /20	8.71 /20	1.15	1.11
SC	● Century Small Cap Select Inst	CSMCX	D+	(800) 321-1928	D+ / 2.9	5.45	8.41	15.38 /28	10.04 /28	15.08 /77	1.24	1.07
SC	● Century Small Cap Select Inv	CSMVX	D+	(800) 321-1928	D+ / 2.6	5.37	8.23	15.06 /26	9.70 /26	14.65 /74	1.15	1.45
EM	CG Cap Mkt Fds-Emerging Mkts	TEMUX	C+	(800) 444-4273	A+ / 9.8	15.29	17.98	43.09 /98	38.10 /98	28.30 /97	0.70	1.27
FO	CG Cap Mkt Fds-Intl Equity Invts	TIEUX	A-	(800) 444-4273	B+ / 8.8	7.50	9.71	24.97 /83	21.32 /87	16.86 /84	1.81	0.80
GR	CG Cap Mkt Fds-Large Cap Grwth	TLGUX	C-	(800) 444-4273	C- / 3.3	7.83	9.21	16.90 /37	9.42 /24	10.94 /43	0.00	0.67
GR	CG Cap Mkt Fds-Large Cap Val Eq	TLVUX	B-	(800) 444-4273	C+ / 6.8	6.22	6.81	22.02 /73	14.60 /66	11.92 /53	1.31	0.68
SC	CG Cap Mkt Fds-Small Cap Growth	TSGUX	D-	(800) 444-4273	C- / 3.7	6.52	9.81	13.52 /18	10.93 /35	11.66 /50	0.00	0.99
SC	CG Cap Mkt Fds-Small Cap Val Eq	TSVUX	D-	(800) 444-4273	B / 7.7	6.54	10.82	20.08 /60	16.67 /77	15.23 /77	0.65	0.98
SC	● CGM Capital Development	LOMCX	C	(800) 345-4048	A / 9.4	12.06	24.99	19.29 /54	25.10 /93	18.75 /89	0.00	1.11
AG	CGM Focus Fund	CGMFX	C+	(800) 345-4048	A / 9.4	12.70	23.29	22.90 /77	25.77 /94	20.11 /92	1.77	1.20
BA	CGM Mutual Fund	LOMMX	C+	(800) 345-4048	B- / 7.2	15.64	14.93	13.83 /20	15.51 /71	11.32 /47	1.30	1.07
RE	CGM Realty Fund	CGMRX	C	(800) 345-4048	A+ / 9.7	11.18	14.68	30.57 /93	35.08 /97	32.07 /99	1.09	0.88
GL	Chaconia Income & Growth Fund	CHIGX	D-	(800) 368-3322	D- / 1.0	5.03	3.53	12.63 /15	7.54 /12	8.30 /17	0.00	3.62
GR	Chase Growth Fund	CHASX	D-	(888) 861-7556	D- / 1.1	5.10	6.42	7.92 / 4	8.68 /18	7.68 /12	0.30	1.18
MC	Chase Mid-Cap Growth Fund A	CHAMX	D-	(800) 218-4782	D+ / 2.5	7.96	11.89	9.74 / 7	12.50 /50	--	0.00	1.62
AG	● Chesapeake Aggressive Growth	CPGRX	E-	(800) 525-3863	E / 0.5	1.12	6.83	12.84 /16	5.62 / 5	6.90 / 8	0.00	3.89
GR	Chesapeake Core Growth Fund	CHCGX	D	(800) 525-3863	D / 2.2	4.16	9.57	17.83 /44	7.86 /13	11.33 /47	0.00	1.42
MC	Chesapeake Growth Fund A	CHEAX	C-	(800) 525-3863	C / 4.7	6.03	12.93	20.69 /65	11.34 /39	11.56 /49	0.00	2.39
MC	Chesapeake Growth Fund Inst	CHESX	C-	(800) 525-3863	C / 5.5	6.03	13.00	20.95 /66	11.42 /40	11.90 /52	0.00	2.11
FO	China U.S. Growth Fund (The)	CHUSX	A+	(800) 544-4774	A+ / 9.7	17.64	23.58	43.06 /97	30.70 /96	--	0.00	2.36
GR	Church Capital Value Trust Adv	CVLAX	U	(877) 742-8061	U /	8.36	8.36	18.80 /51	--	--	0.66	1.25
BA	Citizens Balanced Fund	CFBLX	D+	(800) 223-7010	D- / 1.4	4.53	6.35	11.82 /13	7.87 /13	--	1.38	1.79
GR	Citizens Core Growth Admin	CGADX	C-	(800) 223-7010	D / 2.1	7.08	9.38	12.06 /13	8.40 /17	6.79 / 7	0.19	1.13
GR	Citizens Core Growth Fd	WAIDX	D	(800) 223-7010	D / 1.8	6.95	9.16	11.56 /12	7.95 /14	6.36 / 6	0.00	1.53

● Denotes fund is closed to new investors
* Denotes fund is included in Section II

www.thestreet.com/ratings

Summer 2007 — I. Index of Stock Mutual Funds

RISK			NET ASSETS		ASSET				Portfolio Turnover Ratio	BULL / BEAR		FUND MANAGER		MINIMUMS		LOADS	
Risk Rating/Pts	3 Year Standard Deviation	Beta	NAV As of 6/30/07	Total $(Mil)	Cash %	Stocks %	Bonds %	Other %		Last Bull Market Return	Last Bear Market Return	Manager Quality Pct	Manager Tenure (Years)	Initial Purch. $	Additional Purch. $	Front End Load	Back End Load
B / 8.5	7.4	0.96	39.08	962	0	98	0	2	35.0	66.6	-9.4	22	9	1,000	250	4.8	2.0
B / 8.4	7.4	0.96	35.57	89	0	98	0	2	35.0	60.8	-9.6	17	9	1,000	250	0.0	2.0
B / 8.4	7.4	0.95	33.12	116	0	98	0	2	35.0	61.3	-9.6	17	9	1,000	250	0.0	2.0
B / 8.6	7.4	0.96	40.67	161	0	98	0	2	35.0	70.6	-9.2	26	9	1,000,000	0	0.0	0.0
B- / 7.1	8.5	1.12	13.44	58	2	96	0	2	12.0	77.7	-10.0	15	7	5,000	250	4.8	2.0
B- / 7.3	8.6	1.13	12.92	6	2	96	0	2	12.0	70.3	-10.2	10	7	5,000	250	0.0	2.0
B- / 7.3	8.5	1.12	12.91	8	2	96	0	2	12.0	70.4	-10.2	10	7	5,000	250	0.0	2.0
B- / 7.2	8.5	1.12	13.67	21	2	96	0	2	12.0	80.9	-9.9	17	7	1,000,000	0	0.0	1.0
C+ / 6.3	9.6	1.03	25.50	540	0	98	0	2	120.0	146.7	-7.7	24	1	2,000	250	4.8	2.0
C+ / 6.2	9.6	1.03	23.10	24	0	98	0	2	120.0	135.4	-8.0	17	1	2,000	250	0.0	2.0
C+ / 6.2	9.6	1.03	22.49	49	0	98	0	2	120.0	137.6	-7.9	18	1	2,000	250	0.0	2.0
C+ / 6.3	9.6	1.03	27.04	178	0	98	0	2	120.0	154.7	-7.5	29	1	1,000,000	0	0.0	0.0
U /	N/A	N/A	16.95	76	6	93	0	1	91.0	N/A	N/A	N/A	3	100,000	100	0.0	2.0
C+ / 5.6	10.3	1.01	27.72	42	2	96	0	2	102.0	171.5	-14.4	22	10	2,500	100	0.0	2.0
U /	N/A	N/A	21.36	972	3	96	0	1	N/A	N/A	N/A	N/A	2	5,000,000	0	0.0	0.0
B / 8.6	8.1	1.03	21.32	1,722	3	96	0	1	N/A	115.5	-10.2	66	10	2,500	100	0.0	0.0
U /	N/A	N/A	10.68	38	36	64	0	0	493.0	N/A	N/A	N/A	2	2,500	100	0.0	2.0
C / 5.1	9.6	0.81	21.40	16	7	92	0	1	54.1	110.2	-11.1	48	12	2,500	500	0.0	0.0
C / 5.0	9.7	0.81	19.63	N/A	7	92	0	1	54.1	103.9	-11.2	37	N/A	2,500	500	3.0	0.0
C / 5.4	13.3	0.85	20.84	10	16	83	0	1	40.9	120.9	-12.9	70	N/A	250,000	500	0.0	0.0
C / 5.4	13.4	0.86	20.22	N/A	16	83	0	1	40.9	118.9	-12.9	67	N/A	2,500	500	3.0	0.0
C- / 3.9	7.4	0.97	16.54	218	3	96	0	1	51.0	86.6	-9.6	54	12	1,000	100	4.5	0.0
C- / 3.3	7.4	0.97	15.20	5	3	96	0	1	51.0	80.8	-9.8	42	N/A	1,000	100	0.0	0.0
C+ / 6.7	10.4	0.96	19.00	152	4	95	0	1	50.0	126.3	-6.8	65	4	1,000	100	4.5	0.0
C+ / 6.5	10.4	0.96	17.64	3	4	95	0	1	50.0	119.4	-7.0	55	4	1,000	100	0.0	0.0
B- / 7.9	8.6	0.89	21.90	3,578	3	96	0	1	38.2	199.8	-12.4	50	6	1,000,000	0	0.0	2.0
B- / 7.9	8.6	0.89	21.77	1,770	3	96	0	1	38.2	196.8	-12.4	46	6	5,000	0	0.0	2.0
D+ / 2.4	6.6	0.65	28.63	293	4	94	0	2	48.0	85.0	-8.8	57	8	250,000	0	0.0	1.0
B- / 7.1	9.7	0.66	26.30	576	6	94	0	0	127.0	111.6	-4.8	54	8	250,000	0	0.0	1.0
B- / 7.1	9.7	0.66	25.91	305	6	94	0	0	127.0	108.4	-4.9	49	7	2,500	50	0.0	1.0
C- / 3.4	16.6	1.09	18.70	515	1	98	0	1	70.0	284.2	-6.7	18	N/A	100	0	0.0	0.0
C+ / 6.7	9.5	1.02	16.05	1,687	3	96	0	1	50.0	180.8	-11.6	34	N/A	100	0	0.0	0.0
B- / 7.2	10.5	1.25	15.29	2,406	2	97	0	1	63.0	93.1	-10.9	16	N/A	100	0	0.0	0.0
B- / 7.4	7.3	0.96	13.33	1,868	3	96	0	1	58.0	111.4	-9.2	86	N/A	100	0	0.0	0.0
C / 5.0	14.9	1.06	18.47	410	2	97	0	1	59.0	124.9	-10.8	23	8	100	0	0.0	0.0
E- / 0.0	11.6	0.83	14.34	382	1	98	0	1	31.0	167.0	-7.3	92	14	100	0	0.0	0.0
D / 2.0	19.2	0.96	32.61	541	0	99	0	1	300.0	205.7	-7.0	99	31	2,500	50	0.0	0.0
C- / 3.9	19.1	0.98	42.77	2,749	1	98	0	1	333.0	245.0	-15.7	99	10	2,500	50	0.0	0.0
C / 5.4	12.6	1.15	31.84	525	0	73	26	1	504.0	107.8	-5.0	95	26	2,500	50	0.0	0.0
D / 1.6	16.2	0.67	30.99	1,734	0	99	0	1	160.0	378.4	1.3	99	13	2,500	50	0.0	0.0
B- / 7.4	6.0	0.43	12.31	18	0	75	23	2	26.1	58.5	-4.8	17	N/A	250	100	0.0	2.0
B- / 7.6	8.9	0.98	20.21	509	1	98	0	1	163.9	70.5	-5.9	24	10	2,000	250	0.0	2.0
C / 5.5	10.8	0.92	31.61	30	1	98	0	1	120.0	95.0	-4.4	34	N/A	2,000	250	5.8	2.0
D- / 1.4	17.4	1.77	10.79	6	4	95	0	1	70.6	85.9	-14.5	1	14	25,000	500	3.0	0.0
C+ / 6.7	10.8	1.27	19.80	957	1	98	0	1	83.1	95.9	-9.2	9	10	25,000	500	0.0	0.0
C+ / 5.7	13.8	1.17	14.41	5	2	97	0	1	71.1	120.6	-13.0	10	13	25,000	500	3.0	0.0
C+ / 5.6	13.8	1.17	15.30	6	2	97	0	1	71.1	122.8	-12.7	10	13	1,000,000	5,000	0.0	0.0
B- / 7.0	13.4	1.12	18.87	96	1	98	0	1	192.2	N/A	N/A	92	N/A	1,000	50	5.3	0.0
U /	N/A	N/A	11.67	36	4	95	0	1	162.0	N/A	N/A	N/A	N/A	1,000	100	0.0	0.0
B / 8.5	6.0	1.19	13.30	12	0	68	31	1	35.8	52.6	N/A	32	3	2,500	50	0.0	0.0
B / 8.0	9.2	1.11	23.44	2	1	98	0	1	80.9	63.1	-10.2	16	3	1,000,000	0	0.0	0.0
B- / 7.1	9.1	1.11	22.77	250	1	98	0	1	80.9	60.2	-10.2	14	12	2,500	50	0.0	0.0

www.thestreet.com/ratings

Data as of June 30, 2007

I. Index of Stock Mutual Funds

Summer 2007

						PERFORMANCE						Incl. in Returns	
	99 Pct = Best 0 Pct = Worst			Overall		Perfor-	Total Return % through 6/30/07						
				Investment		mance				Annualized		Dividend	Expense
Fund Type	Fund Name		Ticker Symbol	Rating	Phone	Rating/Pts	3 Mo	6 Mo	1Yr / Pct	3Yr / Pct	5Yr / Pct	Yield	Ratio
GR	Citizens Core Growth Inst		WINIX	D	(800) 223-7010	D+ / 2.3	7.16	9.55	12.39 /14	8.74 /19	7.13 / 9	0.60	0.81
AG	Citizens Emerg Growth Admin		CGRDX	C+	(800) 223-7010	C / 5.1	5.19	11.40	13.66 /19	12.97 /54	9.84 /31	0.00	1.58
AG	Citizens Emerg Growth Fd		WAEGX	C-	(800) 223-7010	C / 4.8	5.09	11.19	13.29 /17	12.61 /51	9.47 /28	0.00	1.87
AG	Citizens Emerg Growth Inst		CEGIX	C	(800) 223-7010	C / 5.3	5.18	11.44	13.85 /20	13.25 /56	10.14 /34	0.00	1.39
GL	Citizens Global Eq Admin		CEADX	C+	(800) 223-7010	C / 4.7	6.68	8.53	17.26 /40	12.52 /50	8.88 /22	0.00	1.73
GL	Citizens Global Eq Fd		WAGEX	C	(800) 223-7010	C / 4.4	6.56	8.40	16.91 /37	12.18 /47	8.55 /19	0.00	1.98
GL	Citizens Global Eq Inst		CGEIX	C+	(800) 223-7010	C / 5.1	6.76	8.78	17.69 /43	12.90 /53	9.26 /25	0.00	1.38
SC	Citizens Small Cap Core Growth Fd		CSCSX	C-	(800) 223-7010	C / 4.7	8.89	12.34	14.22 /22	11.23 /38	10.20 /35	0.00	1.42
GR	Citizens Value Fund Fd		MYPVX	B	(800) 223-7010	C+ / 6.4	6.91	9.43	20.71 /65	13.53 /58	11.96 /53	0.35	1.54
GR	Clipper Fund		CFIMX	D	(800) 279-0279	D- / 1.5	4.99	2.46	16.56 /35	7.69 /12	7.25 /10	1.12	0.70
IN	CM Advisers Fund		CMAFX	C-	(800) 664-4888	D / 2.1	4.69	3.70	13.50 /18	10.02 /28	--	1.13	1.50
GI	CMG Enhanced S&P 500 Index Fund		CESPX	B+	(800) 426-3750	C+ / 5.9	5.88	6.11	21.56 /70	13.27 /57	--	1.36	0.31
FO	CMG International Stock Fund		COISX	A+	(800) 426-3750	B+ / 8.9	8.08	12.08	28.14 /90	20.80 /86	15.62 /79	2.03	0.81
GR	CMG Large Cap Growth Fund		CLCGX	C	(800) 426-3750	C- / 3.8	7.15	8.33	18.98 /52	9.98 /28	--	0.58	0.63
GR	CMG Large Cap Value Fund		CLCPX	B+	(800) 426-3750	C+ / 6.0	5.78	7.01	19.50 /56	13.85 /61	--	1.61	0.63
MC	CMG Mid Cap Growth Fund		CMCGX	B	(800) 426-3750	B / 7.7	7.00	12.11	19.54 /56	16.44 /76	--	0.31	0.90
MC	CMG Mid Cap Value Fund		CMCVX	A+	(800) 426-3750	B / 8.2	6.17	12.89	24.81 /82	17.06 /78	--	1.02	0.95
SC	CMG Small Cap Value Fund		CSCPX	B-	(800) 426-3750	C+ / 6.2	4.15	6.85	17.03 /38	15.12 /69	--	0.66	0.94
MC	CMG Small/Mid Cap Fund		COSMX	D	(800) 426-3750	B / 8.2	8.06	13.01	18.48 /48	18.01 /80	14.89 /75	0.00	0.98
IN	CMG Strategic Equity Fund		COSTX	D-	(800) 426-3750	C+ / 6.1	7.29	8.80	20.75 /65	13.05 /55	13.64 /67	0.21	0.47
GR	CNI Charter Large Cap Growth Eq A		CLEAX	D+	(888) 889-0799	D / 1.7	6.07	6.58	18.03 /45	6.92 / 9	7.23 /10	0.23	1.25
GR	CNI Charter Large Cap Growth Eq I		CNGIX	D+	(888) 889-0799	D / 1.9	6.20	6.76	18.41 /48	7.20 /10	7.48 /11	0.45	1.00
GR	CNI Charter Large Cap Value Eq A		CVEAX	B+	(888) 889-0799	B- / 7.0	5.95	7.67	21.50 /70	15.15 /69	12.35 /56	1.30	1.22
GR	CNI Charter Large Cap Value Eq I		CNLIX	A-	(888) 889-0799	B- / 7.2	6.01	7.88	21.87 /72	15.48 /71	12.65 /59	1.52	0.97
SC	CNI Charter RCB Small Cap Value A		RCBAX	D+	(888) 889-0799	D+ / 2.8	2.09	6.40	21.70 /71	9.18 /22	13.49 /66	0.00	1.46
SC	CNI Charter RCB Small Cap Value I		RCBIX	D+	(888) 889-0799	D+ / 2.9	2.13	6.53	22.01 /72	9.45 /24	13.77 /68	0.02	1.21
SC	CNI Charter RCB Small Cap Value R		RCBSX	D	(888) 889-0799	D / 2.2	2.09	6.41	21.74 /71	9.19 /22	13.49 /66	0.00	1.46
RE	Cohen & Steers Asia Pac Realty A		APFAX	U	(800) 437-9912	U /	1.04	12.23	--	--	--	0.00	3.00
RE	Cohen & Steers Asia Pac Realty C		APFCX	U	(800) 437-9912	U /	0.89	11.86	--	--	--	0.00	3.52
RE	Cohen & Steers Asia Pac Realty I		APFIX	U	(800) 437-9912	U /	1.17	12.45	--	--	--	0.00	2.85
GI	Cohen & Steers Dividend Value A		DVFAX	U	(800) 437-9912	U /	5.14	6.65	22.47 /75	--	--	1.44	7.20
FO	Cohen & Steers Intl Realty Fd A		IRFAX	U	(800) 437-9912	U /	-4.84	1.70	28.00 /90	--	--	2.85	1.61
FO	Cohen & Steers Intl Realty Fd C		IRFCX	U	(800) 437-9912	U /	-4.96	1.38	27.11 /88	--	--	2.49	2.26
FO	Cohen & Steers Intl Realty Fd I		IRFIX	U	(800) 437-9912	U /	-4.74	1.85	28.37 /90	--	--	3.23	1.25
RE	Cohen & Steers Realty Focus A		CSFAX	U	(800) 437-9912	U /	-7.95	-6.46	11.33 /11	--	--	2.02	1.61
RE	Cohen & Steers Realty Focus C		CSFCX	U	(800) 437-9912	U /	-8.09	-6.76	10.62 / 9	--	--	1.48	2.26
RE	Cohen & Steers Realty Focus I		CSSPX	C	(800) 437-9912	B / 7.7	-7.87	-6.32	11.71 /12	21.76 /88	21.88 /94	2.44	1.25
RE	Cohen & Steers Realty Income A		CSEIX	E+	(800) 437-9912	C- / 3.7	-6.18	-5.34	10.87 /10	16.46 /76	15.69 /80	3.55	1.25
RE	Cohen & Steers Realty Income B		CSBIX	D-	(800) 437-9912	C- / 4.2	-6.32	-5.65	10.14 / 8	15.71 /72	14.94 /76	3.21	1.90
RE	Cohen & Steers Realty Income C		CSCIX	D-	(800) 437-9912	C- / 4.2	-6.32	-5.65	10.20 / 8	15.71 /72	14.94 /76	3.21	1.90
RE	Cohen & Steers Realty Income I		CSDIX	D	(800) 437-9912	C / 5.1	-6.07	-5.17	11.32 /11	16.88 /77	16.09 /82	3.93	0.90
RE	Cohen & Steers Realty Shrs Fd		CSRSX	C+	(800) 437-9912	B / 8.1	-9.07	-7.09	11.23 /11	23.58 /92	20.51 /93	2.50	0.96
RE	Cohen & Steers Realty Shrs Inst		CSRIX	B	(800) 437-9912	B+ / 8.3	-8.96	-6.77	11.64 /12	23.77 /92	20.62 /93	2.45	0.77
UT	Cohen & Steers Utility A		CSUAX	A+	(800) 437-9912	B+ / 8.7	3.52	13.11	31.02 /93	21.01 /87	--	1.65	1.54
UT	Cohen & Steers Utility B		CSUBX	A+	(800) 437-9912	B+ / 8.8	3.35	12.79	30.14 /93	20.23 /85	--	1.14	2.14
UT	Cohen & Steers Utility C		CSUCX	A+	(800) 437-9912	B+ / 8.8	3.35	12.71	30.09 /92	20.21 /85	--	1.13	2.19
UT	Cohen & Steers Utility I		CSUIX	A+	(800) 437-9912	A- / 9.0	3.61	13.35	31.47 /94	21.43 /88	--	2.01	1.14
SC	Columbia Acorn 529 A			B	(800) 426-3750	B- / 7.1	6.55	11.49	20.25 /62	16.66 /76	--	0.00	1.29
SC	Columbia Acorn 529 B			B	(800) 426-3750	B- / 7.3	6.40	10.84	19.13 /53	15.70 /72	--	0.00	2.04
SC	Columbia Acorn 529 C			B	(800) 426-3750	B- / 7.4	6.37	11.06	19.35 /55	15.77 /73	--	0.00	2.04
SC	Columbia Acorn 529 Z			B+	(800) 426-3750	B / 7.8	6.63	11.41	20.38 /63	16.91 /77	--	0.00	1.04
MC	Columbia Acorn Fund A		LACAX	C+	(800) 426-3750	B- / 7.1	6.60	11.37	20.32 /62	16.86 /77	17.63 /87	0.11	1.05

● Denotes fund is closed to new investors
* Denotes fund is included in Section II

Summer 2007   I. Index of Stock Mutual Funds

RISK			NET ASSETS		ASSET				Portfolio	BULL / BEAR		FUND MANAGER		MINIMUMS		LOADS	
	3 Year		NAV							Last Bull	Last Bear	Manager	Manager	Initial	Additional	Front	Back
Risk	Standard		As of	Total	Cash	Stocks	Bonds	Other	Turnover	Market	Market	Quality	Tenure	Purch.	Purch.	End	End
Rating/Pts	Deviation	Beta	6/30/07	$(Mil)	%	%	%	%	Ratio	Return	Return	Pct	(Years)	$	$	Load	Load
B- / 7.1	9.2	1.11	19.15	49	1	98	0	1	80.9	65.3	-10.1	18	12	1,000,000	0	0.0	0.0
B- / 7.2	12.5	1.36	19.06	4	3	96	0	1	17.2	100.2	-9.6	33	2	1,000,000	0	0.0	0.0
C+ / 5.9	12.5	1.35	18.58	181	3	96	0	1	17.2	97.5	-9.7	30	2	2,500	50	0.0	0.0
C+ / 6.0	12.5	1.35	19.48	1	3	96	0	1	17.2	102.5	-9.6	36	2	1,000,000	0	0.0	0.0
B- / 7.9	8.1	0.81	21.88	1	3	96	0	1	30.9	78.7	-10.2	8	N/A	1,000,000	0	0.0	2.0
B- / 7.6	8.2	0.82	21.43	82	3	96	0	1	30.9	76.5	-10.2	7	N/A	2,500	50	0.0	2.0
B- / 7.6	8.1	0.81	22.42	N/A	3	96	0	1	30.9	81.4	-10.2	9	N/A	1,000,000	0	0.0	2.0
C+ / 5.8	13.5	0.93	13.84	41	4	96	0	0	24.1	100.9	-12.6	35	3	2,500	50	0.0	0.0
B / 8.1	9.0	1.15	15.32	56	5	94	0	1	23.4	114.5	-12.6	61	N/A	2,500	50	0.0	0.0
B- / 7.8	6.4	0.73	94.24	3,292	N/A	100	0	N/A	63.0	65.8	-11.5	32	N/A	25,000	1,000	0.0	0.0
B / 8.5	5.3	0.49	13.17	291	3	87	9	1	22.0	N/A	N/A	81	4	100,000	1,000	0.0	1.0
B / 8.9	7.6	1.03	15.12	217	0	100	0	0	66.0	N/A	N/A	69	2	3,000,000	2,500	0.0	0.0
B / 8.3	9.7	1.02	14.84	123	0	100	0	0	86.0	154.0	-9.1	28	2	3,000,000	2,500	0.0	0.0
B- / 7.6	9.7	1.23	12.74	47	0	100	0	0	180.0	N/A	N/A	19	4	3,000,000	2,500	0.0	0.0
B+ / 9.1	7.0	0.89	12.82	39	0	100	0	0	97.0	N/A	N/A	85	N/A	3,000,000	2,500	0.0	0.0
C+ / 6.8	13.4	1.22	16.66	29	0	100	0	0	65.0	N/A	N/A	36	1	3,000,000	2,500	0.0	0.0
B / 8.5	8.5	0.79	14.80	20	0	100	0	0	59.0	N/A	N/A	90	2	3,000,000	2,500	0.0	0.0
B- / 7.7	11.7	0.85	14.82	34	0	100	0	0	37.0	N/A	N/A	85	4	3,000,000	2,500	0.0	0.0
D- / 1.1	14.8	1.34	4.69	13	0	100	0	0	109.0	133.3	-6.9	37	1	3,000,000	2,500	0.0	0.0
D / 1.6	7.9	1.03	3.09	48	0	100	0	0	47.0	117.6	-9.7	67	N/A	5,000,000	0	0.0	0.0
B / 8.1	8.6	1.14	8.56	15	2	97	0	1	34.0	61.5	-9.2	9	N/A	0	0	0.0	0.0
B / 8.1	8.6	1.14	8.65	45	2	97	0	1	34.0	63.2	-9.1	10	N/A	0	0	0.0	0.0
B / 8.3	7.0	0.91	11.29	17	2	97	0	1	31.0	123.6	-10.1	90	N/A	0	0	0.0	0.0
B / 8.3	6.9	0.90	11.31	111	2	97	0	1	31.0	126.1	-10.0	91	N/A	0	0	0.0	0.0
B- / 7.1	9.5	0.60	32.75	11	3	94	1	2	66.0	127.7	-11.3	50	N/A	0	0	0.0	0.0
B- / 7.2	9.5	0.60	33.12	10	3	94	1	2	66.0	130.1	-11.2	N/A	N/A	0	0	0.0	0.0
B- / 7.1	9.5	0.60	32.70	46	3	94	1	2	66.0	127.7	-11.3	50	N/A	25,000	1,000	3.5	0.0
U /	N/A	N/A	14.83	179	0	98	0	2	N/A	N/A	N/A	N/A	N/A	1,000	250	4.5	1.0
U /	N/A	N/A	14.78	64	0	98	0	2	N/A	N/A	N/A	N/A	N/A	1,000	250	0.0	0.0
U /	N/A	N/A	14.85	32	0	98	0	2	N/A	N/A	N/A	N/A	N/A	100,000	500	0.0	1.0
U /	N/A	N/A	14.75	52	4	94	0	2	30.0	N/A	N/A	N/A	N/A	1,000	250	4.5	1.0
U /	N/A	N/A	18.66	1,683	2	98	0	0	30.0	N/A	N/A	N/A	N/A	1,000	250	4.5	1.0
U /	N/A	N/A	18.61	1,095	2	98	0	0	30.0	N/A	N/A	N/A	N/A	1,000	250	0.0	0.0
U /	N/A	N/A	18.68	1,040	2	98	0	0	30.0	N/A	N/A	N/A	N/A	100,000	500	0.0	1.0
U /	N/A	N/A	64.72	69	3	96	0	1	109.0	N/A	N/A	N/A	N/A	1,000	250	4.5	1.0
U /	N/A	N/A	64.57	43	3	96	0	1	109.0	N/A	N/A	N/A	3	1,000	250	0.0	0.0
C / 4.4	13.9	0.94	64.95	119	3	96	0	1	109.0	227.0	-0.2	87	10	100,000	500	0.0	1.0
C- / 3.8	12.8	0.87	15.64	512	0	98	0	2	28.0	144.2	-0.3	50	10	1,000	250	4.5	1.0
C- / 3.7	12.8	0.87	14.96	205	0	98	0	2	28.0	137.6	-0.5	40	10	1,000	250	0.0	0.0
C- / 3.7	12.8	0.87	14.96	600	0	98	0	2	28.0	137.6	-0.5	40	10	1,000	250	0.0	0.0
C- / 3.9	12.8	0.87	16.02	179	0	98	0	2	28.0	147.9	-0.3	55	10	100,000	500	0.0	1.0
C- / 4.2	15.6	1.05	82.15	3,806	2	98	0	0	31.0	214.0	-0.9	87	16	10,000	500	0.0	1.0
C+ / 6.3	15.6	1.05	52.07	1,394	2	98	0	0	31.0	214.4	-0.7	88	16	3,000,000	10,000	0.0	0.0
B / 8.6	8.7	0.73	18.67	44	0	98	0	2	56.0	N/A	N/A	72	N/A	1,000	250	4.5	1.0
B / 8.6	8.7	0.73	18.60	9	0	98	0	2	56.0	N/A	N/A	64	N/A	1,000	250	0.0	0.0
B / 8.6	8.7	0.73	18.61	28	0	98	0	2	56.0	N/A	N/A	64	N/A	1,000	250	0.0	0.0
B / 8.6	8.7	0.73	18.70	3	0	98	0	2	56.0	N/A	N/A	76	N/A	100,000	500	0.0	1.0
B- / 7.1	10.7	0.78	23.10	2	6	93	0	1	16.0	N/A	N/A	94	4	1,000	50	5.8	0.0
B- / 7.1	10.7	0.78	22.29	1	6	93	0	1	16.0	N/A	N/A	91	4	1,000	50	0.0	0.0
B- / 7.1	10.7	0.78	22.39	1	6	93	0	1	16.0	N/A	N/A	91	4	1,000	50	0.0	0.0
B- / 7.1	10.7	0.78	23.33	3	6	93	0	1	16.0	N/A	N/A	94	4	1,000	50	0.0	0.0
C+ / 5.7	10.7	1.00	31.94	4,632	5	94	0	1	16.0	165.1	-7.1	73	7	75,000	50	5.8	0.0

www.thestreet.com/ratings   Data as of June 30, 2007

I. Index of Stock Mutual Funds

Summer 2007

					PERFORMANCE							
	99 Pct = Best 0 Pct = Worst			Overall	Perfor-	Total Return % through 6/30/07					Incl. in Returns	
					mance				Annualized		Dividend	Expense
Fund Type	Fund Name	Ticker Symbol	Investment Rating	Phone	Rating/Pts	3 Mo	6 Mo	1Yr / Pct	3Yr / Pct	5Yr / Pct	Yield	Ratio
MC	Columbia Acorn Fund B	LACBX	C+	(800) 426-3750	B- / 7.5	6.45	11.05	19.60 /57	16.08 /74	16.85 /84	0.00	1.63
MC	Columbia Acorn Fund C	LIACX	C+	(800) 426-3750	B- / 7.4	6.41	10.94	19.37 /55	15.94 /74	16.76 /84	0.00	1.84
MC	Columbia Acorn Fund Z	ACRNX	B-	(800) 426-3750	B / 7.9	6.70	11.55	20.66 /65	17.20 /78	18.09 /88	0.36	0.75
FO	Columbia Acorn International Fund A	LAIAX	B+	(800) 426-3750	A / 9.5	8.53	14.41	34.52 /96	30.34 /96	23.96 /95	0.63	1.27
FO	Columbia Acorn International Fund B	LIABX	B+	(800) 426-3750	A+ / 9.6	8.36	14.09	33.67 /95	29.46 /96	23.11 /95	0.14	1.86
FO	Columbia Acorn International Fund C	LAICX	B+	(800) 426-3750	A+ / 9.6	8.33	14.00	33.47 /95	29.34 /96	23.06 /95	0.06	2.05
*FO	Columbia Acorn International Fund Z	ACINX	B+	(800) 426-3750	A+ / 9.6	8.61	14.59	34.91 /96	30.75 /96	24.42 /96	1.12	0.94
FO	Columbia Acorn Intl 529 A		A+	(800) 426-3750	A / 9.5	8.46	14.30	34.18 /96	30.03 /96	--	0.00	1.54
FO	Columbia Acorn Intl 529 B		A+	(800) 426-3750	A+ / 9.6	8.26	13.87	33.20 /95	29.10 /95	--	0.00	2.29
FO	Columbia Acorn Intl 529 C		A+	(800) 426-3750	A+ / 9.6	8.29	13.89	33.31 /95	29.12 /95	--	0.00	2.29
FO	Columbia Acorn Intl 529 Z		A+	(800) 426-3750	A+ / 9.6	8.49	14.38	34.51 /96	30.43 /96	--	0.00	1.29
FO	Columbia Acorn Intl Select Fund A	LAFAX	A-	(800) 426-3750	A / 9.3	7.31	11.62	34.62 /96	26.42 /94	21.58 /94	0.23	1.63
FO	Columbia Acorn Intl Select Fund B	LFFBX	A-	(800) 426-3750	A / 9.4	7.13	11.26	33.72 /95	25.63 /94	20.77 /93	0.00	2.23
FO	Columbia Acorn Intl Select Fund C	LFFCX	A-	(800) 426-3750	A / 9.4	7.11	11.16	33.51 /95	25.44 /94	20.68 /93	0.00	2.42
FO	Columbia Acorn Intl Select Fund Z	ACFFX	A	(800) 426-3750	A / 9.5	7.38	11.80	35.02 /96	26.76 /94	21.96 /94	0.48	1.28
GR	Columbia Acorn Select 529 A		A+	(800) 426-3750	B+ / 8.7	9.02	16.52	31.96 /94	19.04 /83	--	0.00	1.54
GR	Columbia Acorn Select 529 B		A+	(800) 426-3750	B+ / 8.8	8.83	16.10	30.90 /93	18.14 /81	--	0.00	2.29
GR	Columbia Acorn Select 529 C		A+	(800) 426-3750	B+ / 8.8	8.85	16.11	30.95 /93	18.16 /81	--	0.00	2.29
GR	Columbia Acorn Select 529 Z		A+	(800) 426-3750	A- / 9.0	8.70	16.27	31.86 /94	19.23 /83	--	0.00	1.29
MC	Columbia Acorn Select Fund A	LTFAX	B+	(800) 426-3750	B+ / 8.7	9.05	16.64	32.17 /94	19.35 /84	18.06 /88	0.00	1.27
MC	Columbia Acorn Select Fund B	LTFBX	B+	(800) 426-3750	B+ / 8.8	8.89	16.26	31.36 /94	18.50 /82	17.24 /86	0.00	1.88
MC	Columbia Acorn Select Fund C	LTFCX	B+	(800) 426-3750	B+ / 8.8	8.84	16.18	31.13 /93	18.38 /81	17.18 /85	0.00	2.08
MC	Columbia Acorn Select Fund Z	ACTWX	B+	(800) 426-3750	A- / 9.1	9.12	16.76	32.54 /95	19.66 /84	18.46 /89	0.00	0.98
GR	Columbia Acorn Select NY 529 A		A+	(800) 426-3750	B+ / 8.7	8.98	16.43	31.77 /94	18.99 /83	--	0.00	1.68
GR	Columbia Acorn Select NY 529 B		A+	(800) 426-3750	B+ / 8.8	8.77	16.03	30.85 /93	18.11 /81	--	0.00	2.43
GR	Columbia Acorn Select NY 529 C		A+	(800) 426-3750	B+ / 8.8	8.77	16.02	30.83 /93	18.14 /81	--	0.00	2.43
GR	Columbia Acorn Select NY 529 Z		A+	(800) 426-3750	A- / 9.0	9.03	16.57	32.18 /94	19.31 /84	--	0.00	1.43
SC	Columbia Acorn USA 529 A		C	(800) 426-3750	C- / 3.9	5.68	9.20	15.44 /28	13.08 /55	--	0.00	1.56
SC	Columbia Acorn USA 529 B		C	(800) 426-3750	C / 4.4	5.49	8.81	14.56 /24	12.22 /47	--	0.00	2.31
SC	Columbia Acorn USA 529 C		C	(800) 426-3750	C / 4.4	5.49	8.81	14.57 /24	12.23 /48	--	0.00	2.31
SC	Columbia Acorn USA 529 Z		C+	(800) 426-3750	C / 5.5	5.72	9.36	15.73 /30	13.40 /58	--	0.00	1.31
SC	Columbia Acorn USA Fund A	LAUAX	C-	(800) 426-3750	C- / 4.1	5.70	9.36	15.69 /30	13.38 /57	14.73 /74	0.00	1.30
SC	Columbia Acorn USA Fund B	LAUBX	C-	(800) 426-3750	C / 4.8	5.56	9.02	14.98 /26	12.63 /51	13.97 /69	0.00	1.89
SC	Columbia Acorn USA Fund C	LAUCX	C-	(800) 426-3750	C / 4.7	5.50	8.93	14.77 /25	12.49 /50	13.90 /69	0.00	2.09
SC	Columbia Acorn USA Fund Z	AUSAX	C	(800) 426-3750	C+ / 5.8	5.81	9.50	16.03 /32	13.73 /60	15.19 /77	0.00	1.01
MC	Columbia Acorn USA NY 529 A		C-	(800) 426-3750	C- / 3.9	5.68	9.21	15.43 /28	13.09 /55	--	0.00	1.64
MC	Columbia Acorn USA NY 529 B		C	(800) 426-3750	C / 4.4	5.48	8.79	14.54 /23	12.28 /48	--	0.00	2.39
MC	Columbia Acorn USA NY 529 C		C	(800) 426-3750	C / 4.4	5.47	8.78	14.53 /23	12.27 /48	--	0.00	2.39
MC	Columbia Acorn USA NY 529 Z		C+	(800) 426-3750	C / 5.5	5.76	9.34	15.68 /30	13.41 /58	--	0.00	1.39
AA	Columbia Agg Gr Ass Alloc 529 A		C+	(800) 426-3750	C- / 4.0	6.61	8.80	20.29 /62	12.05 /46	--	0.00	1.37
AA	Columbia Agg Gr Ass Alloc 529 B		C+	(800) 426-3750	C / 4.5	6.36	8.41	19.46 /56	11.19 /38	--	0.00	2.12
AA	Columbia Agg Gr Ass Alloc 529 C		C+	(800) 426-3750	C / 4.5	6.36	8.41	19.38 /55	11.22 /38	--	0.00	2.12
AA	Columbia Agg Gr Ass Alloc 529 Z		B	(800) 426-3750	C+ / 5.6	6.65	8.96	20.66 /65	12.38 /49	--	0.00	1.12
AG	Columbia Agg Gr NY 529 A		C+	(800) 426-3750	C- / 3.7	6.11	8.00	18.92 /52	12.17 /47	--	0.00	1.57
AG	Columbia Agg Gr NY 529 B		C+	(800) 426-3750	C- / 4.2	5.89	7.57	18.02 /45	11.32 /39	--	0.00	2.32
AG	Columbia Agg Gr NY 529 C		C+	(800) 426-3750	C- / 4.2	5.97	7.65	18.02 /45	11.36 /39	--	0.00	2.32
AG	Columbia Agg Gr NY 529 Z		B-	(800) 426-3750	C / 5.3	6.13	8.08	19.21 /54	12.43 /49	--	0.00	1.32
AA	Columbia Asset Alloc Fund II A	PHAAX	D+	(800) 426-3750	D- / 1.1	3.24	4.19	15.12 /27	8.83 /19	8.11 /15	1.72	1.29
AA	Columbia Asset Alloc Fund II B	NBASX	C-	(800) 426-3750	D- / 1.4	3.03	3.84	14.24 /22	8.03 /14	7.27 /10	1.12	2.04
AA	Columbia Asset Alloc Fund II C	NAACX	C-	(800) 426-3750	D- / 1.4	2.99	3.80	14.21 /22	8.02 /14	7.26 /10	1.12	2.04
AA	Columbia Asset Alloc Fund II Z	NPRAX	C	(800) 426-3750	D / 1.9	3.31	4.33	15.38 /28	9.08 /21	8.33 /17	2.07	1.04
AA	Columbia Asset Allocation Fund A	LAAAX	D	(800) 426-3750	D- / 1.5	3.93	5.70	14.80 /25	9.74 /26	9.07 /24	1.77	1.43

● Denotes fund is closed to new investors
* Denotes fund is included in Section II

www.thestreet.com/ratings

Summer 2007

I. Index of Stock Mutual Funds

RISK			NET ASSETS		ASSET					BULL / BEAR		FUND MANAGER		MINIMUMS		LOADS	
	3 Year		NAV						Portfolio	Last Bull	Last Bear	Manager	Manager	Initial	Additional	Front	Back
Risk	Standard		As of	Total	Cash	Stocks	Bonds	Other	Turnover	Market	Market	Quality	Tenure	Purch.	Purch.	End	End
Rating/Pts	Deviation	Beta	6/30/07	$(Mil)	%	%	%	%	Ratio	Return	Return	Pct	(Years)	$	$	Load	Load
C+ / 5.6	10.7	1.00	30.47	1,441	5	94	0	1	16.0	157.7	-7.2	65	7	75,000	50	0.0	0.0
C+ / 5.6	10.7	1.00	30.35	1,451	5	94	0	1	16.0	156.7	-7.2	64	7	75,000	50	0.0	0.0
C+ / 5.7	10.7	1.00	32.76	13,702	5	94	0	1	16.0	169.2	-6.9	76	7	75,000	50	0.0	0.0
C / 5.3	11.8	1.21	45.59	495	5	94	0	1	27.0	267.5	-5.1	82	4	2,500	50	5.8	2.0
C / 5.3	11.8	1.21	44.69	103	5	94	0	1	27.0	257.0	-5.3	76	4	2,500	50	0.0	2.0
C / 5.3	11.8	1.21	44.61	135	5	94	0	1	27.0	256.1	-5.2	75	4	2,500	50	0.0	2.0
C / 5.3	11.8	1.21	45.82	4,722	5	94	0	1	27.0	273.6	-5.3	85	4	2,500	50	0.0	2.0
C+ / 6.8	11.8	1.21	33.09	1	4	95	0	1	27.0	N/A	N/A	80	4	1,000	50	5.8	0.0
C+ / 6.9	11.8	1.21	32.10	1	4	95	0	1	27.0	N/A	N/A	73	4	1,000	50	0.0	0.0
C+ / 6.9	11.8	1.21	32.14	1	4	95	0	1	27.0	N/A	N/A	73	4	1,000	50	0.0	0.0
C+ / 6.9	11.8	1.21	33.48	2	4	95	0	1	27.0	N/A	N/A	83	4	1,000	50	0.0	0.0
C+ / 6.3	10.9	1.11	30.82	36	5	94	0	1	39.0	233.8	-8.3	69	6	2,500	50	5.8	2.0
C+ / 6.3	10.9	1.10	29.74	11	5	94	0	1	39.0	224.4	-8.3	62	6	2,500	50	0.0	2.0
C+ / 6.3	10.9	1.11	29.68	10	5	94	0	1	39.0	223.6	-8.4	58	6	2,500	50	0.0	2.0
C+ / 6.3	10.9	1.11	31.12	165	5	94	0	1	39.0	238.6	-8.2	73	6	2,500	50	0.0	2.0
B- / 7.8	10.1	1.12	21.51	1	5	94	0	1	19.0	N/A	N/A	95	4	1,000	50	5.8	0.0
B- / 7.8	10.1	1.12	20.84	1	5	94	0	1	19.0	N/A	N/A	93	4	1,000	50	0.0	0.0
B- / 7.8	10.1	1.12	20.90	1	5	94	0	1	19.0	N/A	N/A	93	4	1,000	50	0.0	0.0
B- / 7.8	10.0	1.11	21.73	1	5	94	0	1	19.0	N/A	N/A	95	4	1,000	50	0.0	0.0
C+ / 6.1	10.1	0.84	30.35	1,240	6	93	0	1	21.0	138.9	-4.6	95	N/A	50,000	50	5.8	0.0
C+ / 6.1	10.1	0.84	29.03	232	6	93	0	1	21.0	132.0	-4.7	93	N/A	50,000	50	0.0	0.0
C+ / 6.1	10.1	0.84	28.94	222	6	93	0	1	21.0	131.3	-4.7	93	N/A	50,000	50	0.0	0.0
C+ / 6.1	10.1	0.84	30.86	1,492	6	93	0	1	21.0	142.3	-4.4	95	N/A	50,000	50	0.0	0.0
B- / 7.8	10.1	1.12	18.21	11	5	94	0	1	19.0	N/A	N/A	95	4	1,000	50	5.8	0.0
B- / 7.8	10.1	1.12	17.73	4	5	94	0	1	19.0	N/A	N/A	93	4	1,000	50	0.0	0.0
B- / 7.8	10.1	1.12	17.74	6	5	94	0	1	19.0	N/A	N/A	93	4	1,000	50	0.0	0.0
B- / 7.8	10.1	1.11	18.36	N/A	5	94	0	1	19.0	N/A	N/A	96	4	1,000	50	0.0	0.0
B- / 7.3	10.7	0.76	21.01	N/A	6	93	0	1	13.0	N/A	N/A	77	4	1,000	50	5.8	0.0
B- / 7.3	10.7	0.76	20.38	N/A	6	93	0	1	13.0	N/A	N/A	68	4	1,000	50	0.0	0.0
B- / 7.3	10.7	0.76	20.37	N/A	6	93	0	1	13.0	N/A	N/A	68	4	1,000	50	0.0	0.0
R- / 7.3	10.7	0.76	21.26	1	6	93	0	1	13.0	N/A	N/A	80	4	1,000	50	0.0	0.0
C+ / 6.3	10.7	0.76	30.37	272	3	96	0	1	13.0	145.3	-7.8	79	11	75,000	50	5.0	0.0
C+ / 6.2	10.7	0.76	29.02	64	3	96	0	1	13.0	130.4	-7.9	73	11	75,000	50	0.0	0.0
C+ / 6.2	10.7	0.76	28.93	58	3	96	0	1	13.0	137.7	-7.9	71	11	75,000	50	0.0	0.0
C+ / 6.3	10.7	0.76	31.11	1,338	3	96	0	1	13.0	149.0	-7.6	82	11	75,000	50	0.0	0.0
B- / 7.2	10.7	0.98	16.01	6	6	93	0	1	13.0	N/A	N/A	33	4	1,000	50	5.8	0.0
B- / 7.2	10.7	0.98	15.60	3	6	93	0	1	13.0	N/A	N/A	26	4	1,000	50	0.0	0.0
B- / 7.2	10.7	0.97	15.61	4	6	93	0	1	13.0	N/A	N/A	26	4	1,000	50	0.0	0.0
B- / 7.2	10.7	0.98	16.16	N/A	6	93	0	1	13.0	N/A	N/A	36	4	1,000	50	0.0	0.0
B / 8.5	8.5	1.75	17.43	8	0	0	0	100	N/A	N/A	N/A	47	4	1,000	50	5.8	0.0
B / 8.4	8.5	1.76	16.88	9	0	0	0	100	N/A	N/A	N/A	36	4	1,000	50	0.0	0.0
B / 8.5	8.5	1.74	16.88	2	0	0	0	100	N/A	N/A	N/A	37	4	1,000	50	0.0	0.0
B / 8.6	8.5	1.76	17.64	2	0	0	0	100	N/A	N/A	N/A	51	4	1,000	50	0.0	0.0
B / 8.7	8.2	1.07	14.58	94	0	0	0	100	N/A	N/A	N/A	53	4	1,000	50	5.8	0.0
B / 8.6	8.2	1.07	14.21	57	0	0	0	100	N/A	N/A	N/A	41	4	1,000	50	0.0	0.0
B / 8.6	8.2	1.07	14.21	38	0	0	0	100	N/A	N/A	N/A	42	4	1,000	50	0.0	0.0
B / 8.7	8.2	1.07	14.71	1	0	0	0	100	N/A	N/A	N/A	56	4	1,000	50	0.0	0.0
B+ / 9.0	4.9	1.10	24.65	111	0	64	35	1	55.0	64.1	-5.6	49	2	2,500	50	5.8	0.0
B+ / 9.5	4.9	1.10	24.45	13	0	64	35	1	55.0	58.7	-5.8	39	2	2,500	50	0.0	0.0
B+ / 9.5	4.9	1.10	24.42	1	0	64	35	1	55.0	58.7	-5.7	38	2	2,500	50	0.0	0.0
B+ / 9.5	4.9	1.10	24.60	29	0	64	35	1	55.0	65.5	-5.5	53	2	2,500	50	0.0	0.0
B- / 7.3	5.5	1.18	16.47	7	5	61	32	2	98.0	68.1	-6.1	56	N/A	2,500	50	5.8	0.0

www.thestreet.com/ratings

Data as of June 30, 2007

I. Index of Stock Mutual Funds

Summer 2007

99 Pct = Best					**PERFORMANCE**							
0 Pct = Worst				Overall	Perfor-		Total Return % through 6/30/07				Incl. in Returns	
Fund		Ticker	Investment		mance				Annualized		Dividend	Expense
Type	Fund Name	Symbol	Rating	Phone	Rating/Pts	3 Mo	6 Mo	1Yr / Pct	3Yr / Pct	5Yr / Pct	Yield	Ratio
AA	Columbia Asset Allocation Fund B	LAABX	D	(800) 426-3750	D / 1.9	3.73	5.31	13.95 /20	8.95 /20	8.28 /17	1.18	2.08
AA	Columbia Asset Allocation Fund C	LAACX	D	(800) 426-3750	D / 1.9	3.73	5.24	13.88 /20	8.93 /20	8.27 /16	1.18	2.08
AA	Columbia Asset Allocation Fund G	GBAAX	D	(800) 426-3750	D / 1.9	3.74	5.33	14.01 /21	9.01 /21	8.32 /17	1.22	2.23
AA	Columbia Asset Allocation Fund T	GAAAX	D	(800) 426-3750	D- / 1.5	3.91	5.67	14.73 /24	9.73 /26	9.04 /23	1.72	1.38
AA	Columbia Asset Allocation Fund Z	GAATX	D+	(800) 426-3750	D+ / 2.6	3.99	5.83	15.08 /26	10.06 /28	9.37 /27	2.10	1.08
AA	Columbia Bal Ass Alloc 529 A		C-	(800) 426-3750	E / 0.5	2.84	4.41	11.89 /13	7.21 /10	--	0.00	1.23
AA	Columbia Bal Ass Alloc 529 B		C-	(800) 426-3750	E+ / 0.7	2.70	4.06	11.18 /11	6.42 / 7	--	0.00	1.98
AA	Columbia Bal Ass Alloc 529 C		C-	(800) 426-3750	E+ / 0.7	2.70	4.06	11.18 /11	6.42 / 7	--	0.00	1.98
AA	Columbia Bal Ass Alloc 529 Z		C-	(800) 426-3750	D- / 1.1	2.96	4.58	12.35 /14	7.55 /12	--	0.00	0.98
BA	Columbia Bal NY 529 A		C-	(800) 426-3750	E+ / 0.6	2.70	4.24	11.57 /12	7.48 /12	--	0.00	1.42
BA	Columbia Bal NY 529 B		C-	(800) 426-3750	E+ / 0.7	2.52	3.83	10.71 /10	6.68 / 8	--	0.00	2.17
BA	Columbia Bal NY 529 C		C-	(800) 426-3750	E+ / 0.7	2.44	3.74	10.62 / 9	6.61 / 8	--	0.00	2.17
BA	Columbia Bal NY 529 Z		C-	(800) 426-3750	D- / 1.1	2.77	4.38	11.87 /13	7.74 /13	--	0.00	1.17
BA	Columbia Balanced A	CBLAX	D+	(800) 426-3750	D- / 1.1	3.65	4.75	15.69 /30	8.66 /18	7.68 /12	1.82	1.08
BA	Columbia Balanced B	CBLBX	C-	(800) 426-3750	D- / 1.4	3.50	4.36	14.79 /25	7.84 /13	6.93 / 8	1.21	1.73
BA	Columbia Balanced C	CBLCX	C-	(800) 426-3750	D- / 1.4	3.46	4.36	14.79 /25	7.84 /13	6.93 / 8	1.21	1.73
BA	● Columbia Balanced D	CBLDX	C-	(800) 426-3750	D- / 1.4	3.46	4.32	14.80 /25	7.84 /13	6.95 / 8	1.21	1.73
BA	Columbia Balanced Z	CBALX	C	(800) 426-3750	D / 2.0	3.72	4.88	15.94 /31	8.92 /20	7.99 /15	2.17	0.73
AA	Columbia College Asset Alloc 529A		D+	(800) 426-3750	E- / 0.1	1.53	2.76	7.77 / 4	4.41 / 2	--	0.00	1.07
AA	Columbia College Asset Alloc 529B		D+	(800) 426-3750	E- / 0.2	1.31	2.30	6.93 / 3	3.62 / 1	--	0.00	1.82
AA	Columbia College Asset Alloc 529C		D+	(800) 426-3750	E- / 0.2	1.39	2.38	7.09 / 3	3.76 / 1	--	0.00	1.67
AA	Columbia College Asset Alloc 529Z		C-	(800) 426-3750	E / 0.3	1.60	2.81	8.05 / 4	4.72 / 3	--	0.00	0.82
AA	Columbia College NY 529A		D+	(800) 426-3750	E- / 0.1	1.43	2.52	7.46 / 3	4.44 / 2	--	0.00	1.36
AA	Columbia College NY 529B		D+	(800) 426-3750	E- / 0.2	1.19	2.21	6.64 / 3	3.65 / 1	--	0.00	2.11
AA	Columbia College NY 529C		D+	(800) 426-3750	E- / 0.2	1.27	2.30	6.91 / 3	3.80 / 2	--	0.00	1.96
AA	Columbia College NY 529Z		C-	(800) 426-3750	E / 0.3	1.50	2.68	7.69 / 4	4.71 / 3	--	0.00	1.11
GR	Columbia Common Stock Fund A	LCCAX	C	(800) 426-3750	C- / 4.1	6.26	7.10	22.13 /73	12.18 /47	8.86 /21	0.00	1.36
GR	Columbia Common Stock Fund B	LCCBX	C	(800) 426-3750	C / 4.6	6.07	6.71	21.14 /68	11.31 /39	8.06 /15	0.00	2.01
GR	Columbia Common Stock Fund C	LCCCX	C	(800) 426-3750	C / 4.6	6.07	6.71	21.22 /68	11.33 /39	--	0.00	2.01
GR	Columbia Common Stock Fund G	GGRBX	C	(800) 426-3750	C / 4.7	6.13	6.78	21.27 /68	11.40 /40	8.07 /15	0.00	2.16
GR	Columbia Common Stock Fund T	SGIEX	C	(800) 426-3750	C- / 4.0	6.23	7.00	22.01 /72	12.09 /46	8.78 /21	0.00	1.31
GR	Columbia Common Stock Fund Z	SMGIX	C+	(800) 426-3750	C+ / 5.7	6.37	7.29	22.44 /75	12.45 /49	9.18 /25	0.20	1.01
AA	Columbia Conser Asset Alloc 529A		C-	(800) 426-3750	E / 0.3	1.99	3.48	9.59 / 7	5.83 / 5	--	0.00	1.15
AA	Columbia Conser Asset Alloc 529B		C-	(800) 426-3750	E / 0.3	1.81	2.99	8.68 / 5	5.01 / 4	--	0.00	1.90
AA	Columbia Conser Asset Alloc 529C		C-	(800) 426-3750	E / 0.4	1.88	3.14	8.91 / 6	5.17 / 4	--	0.00	1.75
AA	Columbia Conser Asset Alloc 529Z		C-	(800) 426-3750	E+ / 0.6	2.13	3.60	9.94 / 8	6.11 / 6	--	0.00	0.90
GR	Columbia Conservative NY 529A		C-	(800) 426-3750	E / 0.3	1.88	3.28	9.23 / 6	5.94 / 6	--	0.00	1.38
GR	Columbia Conservative NY 529B		C-	(800) 426-3750	E / 0.3	1.66	2.83	8.29 / 4	5.09 / 4	--	0.00	2.13
GR	Columbia Conservative NY 529C		C-	(800) 426-3750	E / 0.4	1.74	3.00	8.54 / 5	5.27 / 4	--	0.00	1.98
GR	Columbia Conservative NY 529Z		C-	(800) 426-3750	E / 0.5	1.95	3.35	9.55 / 7	6.17 / 6	--	0.00	1.13
CV	Columbia Convertible Sec Fund A	PACIX	E+	(800) 426-3750	D- / 1.3	4.01	6.80	13.68 /19	9.10 /21	9.49 /28	2.06	1.10
CV	Columbia Convertible Sec Fund B	NCVBX	D-	(800) 426-3750	D / 1.6	3.74	6.37	12.82 /16	8.27 /16	8.65 /20	1.50	1.85
CV	Columbia Convertible Sec Fund C	PHIKX	D-	(800) 426-3750	D / 1.6	3.82	6.42	12.85 /16	8.27 /16	8.66 /20	1.48	1.85
CV	Columbia Convertible Sec Fund Z	NCIAX	D	(800) 426-3750	D+ / 2.3	4.07	6.94	14.03 /21	9.37 /23	9.75 /30	2.41	0.85
GI	Columbia Disciplined Value Fund A	LEVAX	B+	(800) 426-3750	B- / 7.3	6.34	8.79	24.66 /82	16.92 /77	11.95 /53	0.89	1.37
GI	Columbia Disciplined Value Fund B	LEVBX	B+	(800) 426-3750	B / 7.6	6.07	8.36	23.68 /79	16.04 /74	10.23 /35	0.29	2.02
GI	Columbia Disciplined Value Fund C	LEVCX	B+	(800) 426-3750	B / 7.6	6.09	8.31	23.65 /79	16.02 /74	--	0.29	2.02
GI	Columbia Disciplined Value Fund G	GEVBX	B+	(800) 426-3750	B / 7.6	6.08	8.39	23.74 /80	16.10 /74	11.09 /44	0.33	2.17
GI	Columbia Disciplined Value Fund T	GALEX	B+	(800) 426-3750	B- / 7.3	6.26	8.76	24.60 /82	16.86 /77	11.86 /52	0.85	1.32
GI	Columbia Disciplined Value Fund Z	GEVTX	A-	(800) 426-3750	B / 8.0	6.33	8.92	24.93 /83	17.21 /78	12.23 /56	1.14	1.02
GI	Columbia Dividend Income Fund A	LBSAX	B+	(800) 426-3750	C+ / 6.2	5.62	7.75	24.16 /81	15.06 /69	10.98 /43	1.62	1.26
GI	Columbia Dividend Income Fund B	LBSBX	B	(800) 426-3750	C+ / 6.6	5.40	7.29	23.15 /78	14.20 /63	10.13 /34	1.05	1.91

● Denotes fund is closed to new investors
* Denotes fund is included in Section II

www.thestreet.com/ratings

Summer 2007

I. Index of Stock Mutual Funds

RISK			NET ASSETS		ASSET					BULL / BEAR		FUND MANAGER		MINIMUMS		LOADS	
	3 Year		NAV						Portfolio	Last Bull	Last Bear	Manager	Manager	Initial	Additional	Front	Back
Risk	Standard		As of	Total	Cash	Stocks	Bonds	Other	Turnover	Market	Market	Quality	Tenure	Purch.	Purch.	End	End
Rating/Pts	Deviation	Beta	6/30/07	$(Mil)	%	%	%	%	Ratio	Return	Return	Pct	(Years)	$	$	Load	Load
B- / 7.3	5.5	1.18	16.47	6	5	61	32	2	98.0	63.0	-6.2	45	N/A	2,500	50	0.0	0.0
B- / 7.3	5.5	1.18	16.47	2	5	61	32	2	98.0	62.8	-6.1	45	N/A	2,500	50	0.0	0.0
B- / 7.3	5.5	1.18	16.47	5	5	61	32	2	98.0	63.2	-6.2	46	N/A	2,500	50	0.0	0.0
B- / 7.3	5.5	1.18	16.49	177	5	61	32	2	98.0	67.9	-6.1	56	N/A	2,500	50	5.8	0.0
B- / 7.3	5.5	1.19	16.48	147	5	61	32	2	98.0	69.9	-5.9	60	N/A	2,500	50	0.0	0.0
B+ / 9.9	4.0	0.87	13.74	5	0	0	0	100	N/A	N/A	N/A	43	4	1,000	50	5.8	0.0
B+ / 9.9	4.0	0.87	13.33	5	0	0	0	100	N/A	N/A	N/A	34	4	1,000	50	0.0	0.0
B+ / 9.9	3.9	0.87	13.33	6	0	0	0	100	N/A	N/A	N/A	34	4	1,000	50	0.0	0.0
B+ / 9.9	3.9	0.86	13.92	2	0	0	0	100	N/A	N/A	N/A	49	4	1,000	50	0.0	0.0
B+ / 9.9	3.8	0.82	12.54	61	0	0	0	100	N/A	N/A	N/A	50	4	1,000	50	5.8	0.0
B+ / 9.9	3.8	0.82	12.20	14	0	0	0	100	N/A	N/A	N/A	39	4	1,000	50	0.0	0.0
B+ / 9.9	3.8	0.82	12.19	50	0	0	0	100	N/A	N/A	N/A	39	4	1,000	50	0.0	0.0
B+ / 9.9	3.8	0.83	12.63	N/A	0	0	0	100	N/A	N/A	N/A	53	4	1,000	50	0.0	0.0
B / 8.6	5.9	1.26	24.79	6	1	61	36	2	59.0	58.3	-5.4	36	5	2,500	50	5.8	0.0
B+ / 9.4	5.9	1.27	24.78	7	1	61	36	2	59.0	53.3	-5.5	29	5	2,500	50	0.0	0.0
B+ / 9.4	5.9	1.26	24.78	2	1	61	36	2	59.0	53.3	-5.5	29	4	2,500	50	0.0	0.0
B+ / 9.4	5.9	1.26	24.77	N/A	1	61	36	2	59.0	53.6	-5.5	29	5	2,500	50	0.0	0.0
B+ / 9.4	5.9	1.27	24.76	202	1	61	36	2	59.0	60.4	-5.2	39	16	2,500	50	0.0	0.0
B+ / 9.9	1.8	0.39	11.93	1	0	0	0	100	N/A	N/A	N/A	38	4	1,000	50	5.8	0.0
B+ / 9.9	1.9	0.40	11.57	N/A	0	0	0	100	N/A	N/A	N/A	29	4	1,000	50	0.0	0.0
B+ / 9.9	1.9	0.40	11.63	N/A	0	0	0	100	N/A	N/A	N/A	31	4	1,000	50	0.0	0.0
B+ / 9.9	1.9	0.39	12.08	N/A	0	0	0	100	N/A	N/A	N/A	41	4	1,000	50	0.0	0.0
B+ / 9.9	1.8	0.38	11.38	6	0	0	0	100	N/A	N/A	N/A	39	4	1,000	50	5.8	0.0
B+ / 9.9	1.8	0.38	11.08	1	0	0	0	100	N/A	N/A	N/A	31	4	1,000	50	0.0	0.0
B+ / 9.9	1.8	0.37	11.14	9	0	0	0	100	N/A	N/A	N/A	32	4	1,000	50	0.0	0.0
B+ / 9.9	1.8	0.37	11.48	N/A	0	0	0	100	N/A	N/A	N/A	43	4	1,000	50	0.0	0.0
B- / 7.5	8.6	1.11	14.93	12	1	98	0	1	63.0	87.5	-9.8	48	2	2,500	50	5.8	0.0
B- / 7.4	8.6	1.11	14.15	5	1	98	0	1	63.0	81.7	-10.1	37	2	2,500	50	0.0	0.0
B- / 7.4	8.6	1.11	14.16	1	1	98	0	1	63.0	81.8	N/A	37	2	2,500	50	0.0	0.0
B- / 7.3	8.6	1.11	14.02	3	1	98	0	1	63.0	81.6	-10.0	38	2	2,500	50	0.0	0.0
B- / 7.5	8.6	1.11	14.83	174	1	98	0	1	63.0	87.1	-9.8	47	2	2,500	50	5.8	0.0
B- / 7.5	8.6	1.11	15.02	245	1	98	0	1	63.0	89.6	-9.8	52	2	2,500	50	0.0	0.0
B+ / 9.9	2.7	0.59	12.80	4	0	0	0	100	N/A	N/A	N/A	44	N/A	1,000	50	5.8	0.0
B+ / 9.9	2.7	0.60	12.39	N/A	0	0	0	100	N/A	N/A	N/A	34	N/A	1,000	50	0.0	0.0
B+ / 9.9	2.8	0.60	12.47	3	0	0	0	100	N/A	N/A	N/A	35	N/A	1,000	50	0.0	0.0
B+ / 9.9	2.7	0.59	12.94	1	0	0	0	100	N/A	N/A	N/A	48	N/A	1,000	50	0.0	0.0
B+ / 9.9	2.5	0.30	11.95	32	0	0	0	100	N/A	N/A	N/A	53	N/A	1,000	50	5.8	0.0
B+ / 9.9	2.6	0.32	11.63	2	0	0	0	100	N/A	N/A	N/A	39	N/A	1,000	50	0.0	0.0
B+ / 9.9	2.6	0.31	11.69	39	0	0	0	100	N/A	N/A	N/A	42	N/A	1,000	50	0.0	0.0
B+ / 9.9	2.6	0.32	12.04	N/A	0	0	0	100	N/A	N/A	N/A	55	N/A	1,000	50	0.0	0.0
C+ / 6.3	5.8	0.92	16.91	324	0	27	1	72	40.0	70.9	-1.2	77	2	2,500	50	5.8	0.0
C+ / 6.8	5.8	0.91	16.67	95	0	27	1	72	40.0	65.4	-1.4	68	2	2,500	50	0.0	0.0
C+ / 6.8	5.8	0.91	16.89	49	0	27	1	72	40.0	65.4	-1.4	68	2	2,500	50	0.0	0.0
C+ / 6.8	5.8	0.92	16.91	563	0	27	1	72	40.0	72.5	-1.0	79	2	2,500	50	0.0	0.0
B- / 7.4	7.8	0.99	16.65	32	0	99	0	1	81.0	132.0	-9.6	93	2	2,500	50	5.8	0.0
B- / 7.3	7.8	0.99	15.79	8	0	99	0	1	81.0	124.3	-9.9	90	2	2,500	50	0.0	0.0
B- / 7.3	7.8	0.99	15.75	6	0	99	0	1	81.0	125.1	-9.9	90	2	2,500	50	0.0	0.0
B- / 7.3	7.8	0.99	15.79	2	0	99	0	1	81.0	124.5	-9.7	91	2	2,500	50	0.0	0.0
B- / 7.4	7.8	0.99	16.65	146	0	99	0	1	81.0	131.1	-9.6	93	2	2,500	50	5.8	0.0
B- / 7.5	7.8	0.99	17.02	348	0	99	0	1	81.0	134.4	-9.5	94	2	2,500	50	0.0	0.0
B / 8.9	6.0	0.75	15.11	362	2	94	0	4	52.0	110.5	-12.1	94	27	2,500	50	5.8	0.0
B / 8.9	6.1	0.75	14.79	55	2	94	0	4	52.0	103.8	-12.1	91	27	2,500	50	0.0	0.0

www.thestreet.com/ratings

Data as of June 30, 2007

I. Index of Stock Mutual Funds

Summer 2007

					PERFORMANCE							
			Overall		Perfor-	Total Return % through 6/30/07					Incl. in Returns	
			Investment		mance				Annualized		Dividend	Expense
Fund		Ticker	Rating		Rating/Pts							
Type	Fund Name	Symbol		Phone		3 Mo	6 Mo	1Yr / Pct	3Yr / Pct	5Yr / Pct	Yield	Ratio
GI	Columbia Dividend Income Fund C	LBSCX	B	(800) 426-3750	C+ / 6.7	5.40	7.29	23.17 /78	14.21 /63	10.12 /34	1.05	1.91
GI	Columbia Dividend Income Fund G	GEQBX	B	(800) 426-3750	C+ / 6.9	5.58	7.75	24.02 /80	14.48 /65	10.27 /36	1.57	2.06
GI	Columbia Dividend Income Fund T	GEQAX	B+	(800) 426-3750	C+ / 6.2	5.61	7.72	24.10 /80	15.00 /69	10.92 /43	1.58	1.27
GI	Columbia Dividend Income Fund Z	GSFTX	A+	(800) 426-3750	B- / 7.3	5.69	7.88	24.46 /82	15.34 /70	11.31 /47	1.95	0.91
AG	Columbia FS Agg Gr Portfolio A		B-	(800) 426-3750	C / 5.4	5.65	7.45	18.64 /49	14.93 /68	11.86 /52	0.00	1.42
AG	Columbia FS Agg Gr Portfolio B		B	(800) 426-3750	C+ / 5.9	5.46	7.06	17.74 /43	14.07 /63	--	0.00	2.17
AG	Columbia FS Agg Gr Portfolio BX		B	(800) 426-3750	C+ / 5.7	5.52	7.29	18.14 /46	14.41 /65	11.35 /47	0.00	1.87
AG	Columbia FS Agg Gr Portfolio C		B	(800) 426-3750	C+ / 5.9	5.45	7.14	17.76 /43	14.08 /63	--	0.00	2.17
AG	Columbia FS Agg Gr Portfolio CX		B+	(800) 426-3750	C+ / 6.3	5.59	7.36	18.31 /47	14.67 /66	11.49 /49	0.00	1.67
AG	Columbia FS Agg Gr Portfolio Dir		B+	(800) 426-3750	C+ / 6.3	6.19	7.98	20.45 /63	13.87 /61	12.31 /56	0.00	0.50
AG	Columbia FS Agg Gr Portfolio E		B+	(800) 426-3750	C+ / 6.4	5.71	7.48	18.44 /48	14.73 /67	--	0.00	1.67
AG	Columbia FS Agg Gr Portfolio Z		B	(800) 426-3750	C+ / 6.7	5.71	7.67	18.85 /51	15.17 /70	--	0.00	1.17
BA	Columbia FS Bal Gr Portfolio A		C+	(800) 426-3750	C- / 3.0	4.51	6.44	16.13 /33	12.32 /48	10.71 /41	0.00	1.34
BA	Columbia FS Bal Gr Portfolio B		C+	(800) 426-3750	C- / 3.5	4.38	6.17	15.33 /28	11.46 /40	--	0.00	2.09
BA	Columbia FS Bal Gr Portfolio BX		C+	(800) 426-3750	C- / 3.2	4.35	6.17	15.56 /29	11.76 /43	10.16 /34	0.00	1.79
BA	Columbia FS Bal Gr Portfolio C		C+	(800) 426-3750	C- / 3.5	4.34	6.07	15.32 /28	11.43 /40	--	0.00	2.09
BA	Columbia FS Bal Gr Portfolio CX		C+	(800) 426-3750	C- / 4.0	4.45	6.33	15.83 /31	12.00 /45	10.41 /37	0.00	1.59
BA	Columbia FS Bal Gr Portfolio Dir		C+	(800) 426-3750	C- / 3.5	4.71	6.47	16.56 /35	11.01 /36	10.20 /35	0.00	0.56
BA	Columbia FS Bal Gr Portfolio E		C+	(800) 426-3750	C- / 3.9	4.35	6.26	15.84 /31	11.93 /45	--	0.00	1.59
BA	Columbia FS Bal Gr Portfolio Z		B	(800) 426-3750	C / 4.8	4.59	6.59	17.37 /40	12.73 /52	--	0.00	1.09
BA	Columbia FS Balanced Portfolio A		C	(800) 426-3750	D- / 1.4	3.46	5.21	13.36 /18	9.81 /26	8.93 /22	0.00	1.27
BA	Columbia FS Balanced Portfolio B		C	(800) 426-3750	D / 1.7	3.20	4.78	12.40 /14	8.97 /20	--	0.00	2.02
BA	Columbia FS Balanced Portfolio BX		C	(800) 426-3750	D- / 1.5	3.28	4.88	12.81 /16	9.30 /23	8.41 /18	0.00	1.79
BA	Columbia FS Balanced Portfolio C		C	(800) 426-3750	D- / 1.5	3.29	4.84	12.52 /15	8.96 /20	--	0.00	2.03
BA	Columbia FS Balanced Portfolio CX		C	(800) 426-3750	D / 2.0	3.37	5.06	13.04 /16	9.54 /24	8.66 /20	0.00	1.53
BA	Columbia FS Balanced Portfolio Dir		C	(800) 426-3750	D / 1.8	3.48	5.15	13.60 /19	8.83 /19	8.42 /18	0.00	0.60
BA	Columbia FS Balanced Portfolio E		C	(800) 426-3750	D / 2.0	3.40	5.09	13.05 /16	9.53 /24	--	0.00	1.53
BA	Columbia FS Balanced Portfolio Z		C	(800) 426-3750	D / 2.2	3.50	5.24	12.83 /16	9.95 /27	--	0.00	1.03
CV	Columbia FS Convertible Sec Port A		C-	(800) 426-3750	E+ / 0.9	3.93	6.66	13.46 /18	7.89 /14	--	0.00	1.39
CV	Columbia FS Convertible Sec Port B		C-	(800) 426-3750	E+ / 0.9	3.75	6.31	12.64 /15	7.98 /14	--	0.00	2.14
CV	Columbia FS Convertible Sec Port C		C-	(800) 426-3750	D- / 1.3	3.73	6.18	12.51 /15	7.93 /14	--	0.00	2.14
CV	Columbia FS Convertible Sec Port Z		C	(800) 426-3750	D / 2.2	3.98	6.82	13.75 /19	9.27 /23	--	0.00	1.14
GR	Columbia FS Foc Eq Port A		D	(800) 426-3750	D- / 1.2	2.54	1.89	10.99 /10	10.56 /32	7.69 /13	0.00	1.53
GR	Columbia FS Foc Eq Port B		D-	(800) 426-3750	E+ / 0.9	2.30	1.44	10.06 / 8	9.75 /26	6.86 / 8	0.00	2.28
GR	Columbia FS Foc Eq Port C		D	(800) 426-3750	D- / 1.3	2.27	1.43	10.10 / 8	9.70 /26	6.84 / 7	0.00	2.28
GR	Columbia FS Foc Eq Port E		D	(800) 426-3750	D / 1.7	2.41	1.71	10.58 / 9	10.26 /30	--	0.00	1.78
GR	Columbia FS Foc Eq Port Z		D+	(800) 426-3750	D / 2.0	2.55	1.98	11.17 /11	10.81 /34	--	0.00	1.28
GR	Columbia FS Growth Eq A		D+	(800) 426-3750	D / 1.8	5.21	5.74	13.86 /20	10.33 /30	--	0.00	1.56
GR	Columbia FS Growth Eq B		D	(800) 426-3750	D- / 1.5	4.96	5.30	13.07 /17	9.54 /24	--	0.00	2.31
GR	Columbia FS Growth Eq C		D+	(800) 426-3750	D / 2.0	4.99	5.35	13.03 /16	9.50 /24	--	0.00	2.31
GR	Columbia FS Growth Eq E		C-	(800) 426-3750	D+ / 2.5	5.10	5.55	13.47 /18	10.07 /28	--	0.00	1.81
GR	Columbia FS Growth Eq Z		C-	(800) 426-3750	D+ / 2.6	5.25	5.01	13.30 /17	10.25 /30	--	0.00	1.31
GR	Columbia FS Growth Port A		C+	(800) 426-3750	C / 4.6	5.32	7.32	17.87 /44	14.02 /62	11.51 /49	0.00	1.42
GR	Columbia FS Growth Port B		C+	(800) 426-3750	C- / 4.0	5.16	6.99	17.03 /38	13.22 /56	--	0.00	2.17
GR	Columbia FS Growth Port BX		B-	(800) 426-3750	C / 5.0	5.29	7.15	17.37 /41	13.57 /59	10.98 /43	0.00	1.87
GR	Columbia FS Growth Port C		B-	(800) 426-3750	C / 5.0	5.18	6.94	17.03 /38	13.22 /56	--	0.00	2.17
GR	Columbia FS Growth Port CX		B	(800) 426-3750	C+ / 5.7	5.18	7.13	17.51 /42	13.76 /60	11.22 /46	0.00	1.67
GR	Columbia FS Growth Port Dir		B	(800) 426-3750	C / 5.5	5.65	7.61	19.21 /54	13.00 /54	11.72 /51	0.00	0.51
GR	Columbia FS Growth Port E		B	(800) 426-3750	C+ / 5.7	5.30	7.23	17.57 /42	13.76 /60	--	0.00	1.67
GR	Columbia FS Growth Port Z		B+	(800) 426-3750	C+ / 5.9	5.44	7.46	18.15 /46	14.00 /62	--	0.00	1.17
GI	Columbia FS Inc & Gr Port A		C-	(800) 426-3750	E / 0.5	2.61	4.28	10.66 / 9	7.36 /11	6.64 / 7	0.00	1.12
GI	Columbia FS Inc & Gr Port B		C-	(800) 426-3750	E / 0.4	2.43	3.94	9.87 / 7	6.57 / 8	--	0.00	1.87

● Denotes fund is closed to new investors
* Denotes fund is included in Section II

www.thestreet.com/ratings

Summer 2007 — I. Index of Stock Mutual Funds

RISK			NET ASSETS		ASSET					BULL / BEAR		FUND MANAGER		MINIMUMS		LOADS	
	3 Year		NAV						Portfolio	Last Bull	Last Bear	Manager	Manager	Initial	Additional	Front	Back
Risk	Standard		As of	Total	Cash	Stocks	Bonds	Other	Turnover	Market	Market	Quality	Tenure	Purch.	Purch.	End	End
Rating/Pts	Deviation	Beta	6/30/07	$(Mil)	%	%	%	%	Ratio	Return	Return	Pct	(Years)	$	$	Load	Load
B / 8.9	6.0	0.75	14.78	20	2	94	0	4	52.0	104.2	-12.3	91	27	2,500	50	0.0	0.0
B / 8.9	6.1	0.76	14.79	1	2	94	0	4	52.0	105.3	-12.3	92	27	2,500	50	0.0	0.0
B / 8.9	6.0	0.75	15.11	101	2	94	0	4	52.0	110.0	-12.1	93	27	2,500	50	5.8	0.0
B / 8.9	6.0	0.75	15.11	571	2	94	0	4	52.0	113.0	-12.0	94	27	2,500	50	0.0	0.0
B / 8.6	8.5	1.10	15.15	85	0	0	0	100	N/A	118.6	-10.3	80	N/A	250	50	5.8	0.0
B / 8.6	8.5	1.10	19.71	44	0	0	0	100	N/A	N/A	N/A	72	N/A	250	50	0.0	0.0
B / 8.6	8.6	1.10	14.72	11	0	0	0	100	N/A	114.2	-10.3	75	N/A	250	50	0.0	2.5
B / 8.6	8.5	1.10	19.36	30	0	0	0	100	N/A	N/A	N/A	73	N/A	250	50	0.0	0.0
B / 8.6	8.5	1.10	14.73	4	0	0	0	100	N/A	116.2	-10.3	78	N/A	250	50	0.0	0.0
B / 8.7	8.1	1.08	15.96	63	0	0	0	100	N/A	116.7	-9.8	72	N/A	250	50	0.0	0.0
B / 8.6	8.5	1.09	19.98	2	0	0	0	100	N/A	116.7	-10.3	78	N/A	250	50	0.0	0.0
B / 8.6	8.5	1.09	19.80	3	0	0	0	100	N/A	120.6	N/A	82	N/A	250	50	0.0	0.0
B+ / 9.3	6.4	1.33	15.05	63	0	0	0	100	N/A	89.3	-6.0	77	N/A	250	50	5.8	0.0
B+ / 9.3	6.4	1.33	17.38	29	0	0	0	100	N/A	N/A	N/A	68	N/A	250	50	0.0	0.0
B+ / 9.3	6.4	1.32	14.63	12	0	0	0	100	N/A	85.5	-6.1	72	N/A	250	50	0.0	2.5
B+ / 9.3	6.4	1.32	17.31	31	0	0	0	100	N/A	N/A	N/A	68	N/A	250	50	0.0	0.0
B+ / 9.3	6.4	1.32	14.78	7	0	0	0	100	N/A	87.0	-5.9	74	N/A	250	50	0.0	0.0
B+ / 9.5	5.9	1.27	15.13	39	0	0	0	100	N/A	81.4	-5.7	66	N/A	250	50	0.0	0.0
B+ / 9.3	6.4	1.33	17.99	1	0	0	0	100	N/A	86.8	-6.1	73	N/A	250	50	0.0	0.0
B+ / 9.3	6.4	1.34	18.45	2	0	0	0	100	N/A	91.9	N/A	80	N/A	250	50	0.0	0.0
B+ / 9.9	4.7	0.99	14.34	45	1	61	36	2	N/A	65.1	-3.4	69	N/A	250	50	5.8	0.0
B+ / 9.9	4.6	0.98	15.14	22	1	61	36	2	N/A	N/A	N/A	60	N/A	250	50	0.0	0.0
B+ / 9.9	4.7	0.99	14.18	11	1	61	36	2	N/A	62.0	-3.6	63	N/A	250	50	0.0	2.5
B+ / 9.9	4.7	0.99	15.37	33	1	61	36	2	N/A	N/A	N/A	59	N/A	250	50	0.0	1.0
B+ / 9.9	4.7	0.98	14.13	10	1	61	36	2	N/A	63.6	-3.4	66	N/A	250	50	0.0	0.0
B+ / 9.9	4.2	0.92	14.28	32	1	61	36	2	N/A	59.0	-3.3	62	N/A	250	50	0.0	0.0
B+ / 9.9	4.7	0.99	16.11	1	1	61	36	2	N/A	63.5	-3.6	66	N/A	250	50	0.0	0.0
B+ / 9.9	4.7	1.00	16.27	1	1	61	36	2	N/A	66.5	N/A	70	N/A	250	50	0.0	0.0
B+ / 9.4	6.0	0.93	15.85	1	5	25	0	70	40.0	N/A	N/A	63	N/A	250	50	5.8	0.0
B+ / 9.5	5.8	0.92	15.51	N/A	5	25	0	70	40.0	N/A	N/A	64	N/A	250	50	0.0	5.0
B+ / 9.5	5.8	0.92	15.29	1	5	25	0	70	40.0	N/A	N/A	64	N/A	250	50	0.0	1.0
B+ / 9.5	5.7	0.90	13.32	N/A	5	25	0	70	40.0	N/A	N/A	79	N/A	250	50	0.0	0.0
D- / 7.8	10.2	1.17	14.54	4	0	100	0	0	71.0	82.5	8.0	26	N/A	250	50	5.8	0.0
D- / 7.8	10.1	1.16	13.35	2	0	100	0	0	71.0	76.6	-9.1	21	N/A	250	50	0.0	5.0
D- / 7.8	10.2	1.17	13.52	3	0	100	0	0	71.0	76.5	-9.1	21	N/A	250	50	0.0	1.0
D- / 7.8	10.2	1.17	17.88	N/A	0	100	0	0	71.0	N/A	N/A	24	N/A	250	50	0.0	0.0
D- / 7.8	10.2	1.16	16.52	N/A	0	100	0	0	71.0	84.3	-8.9	28	N/A	250	50	0.0	0.0
D- / 7.9	9.7	1.16	16.76	1	0	100	0	0	62.0	N/A	N/A	25	N/A	250	50	5.8	0.0
D- / 7.9	9.7	1.16	16.09	1	0	100	0	0	62.0	N/A	N/A	20	N/A	250	50	0.0	5.0
D- / 7.9	9.7	1.16	15.35	1	0	100	0	0	62.0	N/A	N/A	20	N/A	250	50	0.0	1.0
D- / 7.9	9.7	1.16	14.83	N/A	0	100	0	0	62.0	N/A	N/A	23	N/A	250	50	0.0	0.0
D- / 7.9	9.6	1.16	13.63	N/A	0	100	0	0	62.0	N/A	N/A	25	N/A	250	50	0.0	0.0
B / 8.8	7.8	1.01	15.24	54	0	90	10	0	N/A	108.7	-8.9	79	N/A	250	50	5.8	0.0
B / 8.9	7.8	1.00	18.97	31	0	90	10	0	N/A	N/A	N/A	72	N/A	250	50	0.0	5.0
B / 8.8	7.8	1.00	14.53	13	0	90	10	0	N/A	104.7	-9.0	75	N/A	250	50	0.0	2.5
B / 8.9	7.8	1.00	18.49	26	0	90	10	0	N/A	N/A	N/A	72	N/A	250	50	0.0	1.0
B / 8.8	7.8	1.01	15.03	6	0	90	10	0	N/A	106.4	-8.9	77	N/A	250	50	0.0	0.0
B / 8.9	7.5	1.00	15.70	35	0	90	10	0	N/A	105.4	-8.4	70	N/A	250	50	0.0	0.0
B / 8.9	7.8	1.00	19.27	2	0	90	10	0	N/A	106.1	-8.9	77	N/A	250	50	0.0	0.0
B / 8.8	7.8	1.00	19.01	1	0	90	10	0	N/A	109.0	N/A	79	N/A	250	50	0.0	0.0
B+ / 9.9	2.9	0.37	13.39	19	20	34	46	0	N/A	43.0	-1.9	64	N/A	250	50	5.8	0.0
B+ / 9.9	2.9	0.37	13.47	3	20	34	46	0	N/A	N/A	N/A	54	N/A	250	50	0.0	5.0

www.thestreet.com/ratings

Data as of June 30, 2007

I. Index of Stock Mutual Funds

Summer 2007

					PERFORMANCE						
	99 Pct = Best					Total Return % through 6/30/07				Incl. in Returns	
	0 Pct = Worst			Overall	Perfor-				Annualized	Dividend	Expense
Fund		Ticker		Investment	mance						
Type	Fund Name	Symbol	Phone	Rating	Rating/Pts	3 Mo	6 Mo	1Yr / Pct	3Yr / Pct	5Yr / Pct	Yield	Ratio
GI	Columbia FS Inc & Gr Port BX		(800) 426-3750	C-	E+ / 0.6	2.50	4.04	10.16 / 8	6.90 / 9	6.12 / 5	0.00	1.57
GI	Columbia FS Inc & Gr Port C		(800) 426-3750	C-	E+ / 0.6	2.42	3.92	9.92 / 8	6.57 / 8	--	0.00	1.87
GI	Columbia FS Inc & Gr Port CX		(800) 426-3750	C-	E+ / 0.8	2.57	4.19	10.48 / 9	7.13 / 10	6.37 / 6	0.00	1.37
GI	Columbia FS Inc & Gr Port Dir		(800) 426-3750	C-	E+ / 0.8	2.48	4.02	10.54 / 9	6.75 / 8	6.20 / 5	0.00	0.57
GI	Columbia FS Inc & Gr Port E		(800) 426-3750	C-	E+ / 0.8	2.51	4.19	10.40 / 9	7.08 / 9	--	0.00	1.37
GI	Columbia FS Inc & Gr Port Z		(800) 426-3750	C-	D- / 1.0	2.73	4.46	11.03 / 10	7.67 / 12	--	0.00	0.87
FO	Columbia FS Intl Opport Port A		(800) 426-3750	A-	B / 8.1	6.40	6.96	23.36 / 78	20.09 / 85	--	0.00	1.67
FO	Columbia FS Intl Opport Port B		(800) 426-3750	A	B+ / 8.4	6.38	6.79	23.15 / 78	19.73 / 84	--	0.00	2.42
FO	Columbia FS Intl Opport Port C		(800) 426-3750	A	B+ / 8.4	6.39	6.86	23.43 / 78	20.00 / 85	--	0.00	2.42
FO	Columbia FS Intl Opport Port E		(800) 426-3750	A-	B / 7.7	5.81	6.32	20.92 / 66	17.43 / 79	--	0.00	1.92
FO	Columbia FS Intl Opport Port Z		(800) 426-3750	A	B+ / 8.3	6.24	6.82	22.71 / 76	19.40 / 84	--	0.00	1.42
FO	● Columbia FS Intl Value Port A		(800) 426-3750	A+	B+ / 8.3	4.55	8.58	25.17 / 83	20.67 / 86	19.06 / 90	0.00	1.72
FO	● Columbia FS Intl Value Port B		(800) 426-3750	A+	B+ / 8.4	4.35	8.20	24.32 / 81	19.80 / 84	18.13 / 88	0.00	2.47
FO	● Columbia FS Intl Value Port C		(800) 426-3750	A+	B+ / 8.4	4.34	8.20	24.21 / 81	19.77 / 84	18.13 / 88	0.00	2.47
GR	Columbia FS Large Cap Core Port A		(800) 426-3750	C+	C- / 3.5	6.86	8.22	19.23 / 54	11.59 / 42	9.18 / 25	0.00	1.31
GR	Columbia FS Large Cap Core Port B		(800) 426-3750	C+	C- / 4.0	6.59	7.77	18.39 / 48	10.75 / 34	8.35 / 17	0.00	2.06
GR	Columbia FS Large Cap Core Port C		(800) 426-3750	C+	C- / 3.8	6.59	7.83	18.39 / 48	10.77 / 34	8.36 / 17	0.00	2.06
GR	Columbia FS Large Cap Core Port E		(800) 426-3750	C+	C / 4.5	6.75	8.03	18.91 / 51	11.32 / 39	--	0.00	1.56
GR	Columbia FS Large Cap Core Port Z		(800) 426-3750	B-	C / 5.1	6.90	8.37	19.55 / 56	11.86 / 44	--	0.00	1.06
GR	Columbia FS Large Cap Value Port A		(800) 426-3750	B-	C / 5.0	5.59	6.58	18.95 / 52	14.46 / 65	11.39 / 48	0.00	1.31
GR	Columbia FS Large Cap Value Port B		(800) 426-3750	B	C / 5.5	5.31	6.19	18.01 / 45	13.59 / 59	10.55 / 39	0.00	2.06
GR	Columbia FS Large Cap Value Port C		(800) 426-3750	B	C / 5.3	5.35	6.23	18.05 / 45	13.59 / 59	10.57 / 39	0.00	2.06
GR	Columbia FS Large Cap Value Port E		(800) 426-3750	B+	C+ / 6.0	5.48	6.51	18.63 / 49	14.16 / 63	--	0.00	1.56
GR	Columbia FS Large Cap Value Port Z		(800) 426-3750	B+	C+ / 6.4	5.59	6.76	19.18 / 54	14.68 / 67	--	0.00	1.06
GR	Columbia FS Lrg Cap Idx Port Dir		(800) 426-3750	C+	C / 4.5	6.21	6.77	20.22 / 61	11.32 / 39	10.28 / 36	0.00	0.34
MC	Columbia FS Mid Cap Growth Port A		(800) 426-3750	C+	C+ / 5.9	6.88	11.83	16.88 / 37	15.08 / 69	11.80 / 52	0.00	1.53
MC	Columbia FS Mid Cap Growth Port B		(800) 426-3750	C+	C+ / 6.4	6.64	11.35	15.97 / 32	14.19 / 63	10.76 / 41	0.00	2.28
MC	Columbia FS Mid Cap Growth Port C		(800) 426-3750	C+	C+ / 6.2	6.69	11.42	16.00 / 32	14.18 / 63	10.80 / 41	0.00	2.28
MC	Columbia FS Mid Cap Growth Port E		(800) 426-3750	C+	C+ / 6.8	6.83	11.74	16.71 / 36	14.81 / 67	--	0.00	1.78
MC	Columbia FS Mid Cap Growth Port Z		(800) 426-3750	B-	B- / 7.1	7.00	11.97	17.21 / 40	15.35 / 71	--	0.00	1.28
MC	Columbia FS Mid Cap Indx Port Dir		(800) 426-3750	B-	C+ / 6.9	5.73	11.79	18.11 / 46	14.81 / 67	13.75 / 68	0.00	0.34
MC	Columbia FS Mid Cap Value Port A		(800) 426-3750	A+	B / 8.1	6.23	12.42	23.60 / 79	19.24 / 83	--	0.00	1.46
MC	Columbia FS Mid Cap Value Port B		(800) 426-3750	A+	B+ / 8.3	6.03	12.02	22.67 / 76	18.38 / 81	--	0.00	2.21
MC	Columbia FS Mid Cap Value Port C		(800) 426-3750	A+	B / 8.2	6.01	11.98	22.62 / 75	18.35 / 81	--	0.00	2.21
MC	Columbia FS Mid Cap Value Port E		(800) 426-3750	A+	B+ / 8.5	6.18	12.33	23.35 / 78	18.96 / 83	--	0.00	1.71
MC	Columbia FS Mid Cap Value Port Z		(800) 426-3750	A+	B+ / 8.5	6.23	12.42	23.80 / 80	19.33 / 84	--	0.00	1.21
FO	Columbia FS Mul Adv Intl Eq Port A		(800) 426-3750	A+	B / 8.2	6.51	8.48	24.60 / 82	20.20 / 85	--	0.00	1.52
FO	Columbia FS Mul Adv Intl Eq Port B		(800) 426-3750	A+	B+ / 8.4	6.36	8.11	23.64 / 79	19.42 / 84	--	0.00	2.27
FO	Columbia FS Mul Adv Intl Eq Port C		(800) 426-3750	A+	B+ / 8.3	6.29	8.03	23.49 / 79	19.35 / 84	--	0.00	2.27
FO	Columbia FS Mul Adv Intl Eq Port E		(800) 426-3750	A+	B+ / 8.5	6.45	8.34	24.22 / 81	19.94 / 85	--	0.00	1.77
FO	Columbia FS Mul Adv Intl Eq Port Z		(800) 426-3750	A+	B+ / 8.8	6.59	8.62	26.33 / 86	21.16 / 87	--	0.00	1.27
SC	Columbia FS Small Cap Growth Port		(800) 426-3750	D+	C- / 3.7	7.78	11.85	14.13 / 21	12.10 / 46	10.35 / 37	0.00	1.48
SC	Columbia FS Small Cap Growth Port		(800) 426-3750	D+	C- / 4.2	7.64	11.46	13.33 / 18	11.28 / 38	9.50 / 28	0.00	2.23
SC	Columbia FS Small Cap Growth Port		(800) 426-3750	D+	C- / 4.0	7.69	11.55	13.36 / 18	11.28 / 38	9.53 / 28	0.00	2.23
SC	Columbia FS Small Cap Growth Port		(800) 426-3750	C-	C / 5.1	7.73	11.71	13.62 / 19	12.28 / 48	--	0.00	1.73
SC	Columbia FS Small Cap Growth Port		(800) 426-3750	C	C / 5.3	7.93	12.05	14.47 / 23	12.38 / 49	--	0.00	1.23
SC	Columbia FS Small Cap Value Port A		(800) 426-3750	B-	C+ / 6.5	6.41	10.04	17.31 / 40	16.42 / 76	--	0.00	1.62
SC	Columbia FS Small Cap Value Port B		(800) 426-3750	B-	C+ / 6.9	6.30	9.72	16.52 / 35	15.58 / 72	--	0.00	2.37
SC	Columbia FS Small Cap Value Port C		(800) 426-3750	B-	C+ / 6.8	6.22	9.74	16.51 / 35	15.60 / 72	--	0.00	2.37
SC	Columbia FS Small Cap Value Port E		(800) 426-3750	B+	B- / 7.2	6.40	9.94	16.98 / 38	16.14 / 74	--	0.00	1.87
SC	Columbia FS Small Cap Value Port Z		(800) 426-3750	B+	B- / 7.5	6.51	9.99	17.43 / 41	16.65 / 76	--	0.00	1.37
GL	● Columbia Global Value Fund A	NVVAX	(800) 426-3750	B	B / 7.8	7.34	10.97	29.88 / 92	17.46 / 79	17.12 / 85	0.80	1.48

● Denotes fund is closed to new investors
* Denotes fund is included in Section II

www.thestreet.com/ratings

Summer 2007   I. Index of Stock Mutual Funds

RISK		NET ASSETS		ASSET					BULL / BEAR		FUND MANAGER		MINIMUMS		LOADS	
	3 Year							Portfolio	Last Bull	Last Bear	Manager	Manager	Initial	Additional	Front	Back
Risk	Standard		NAV As of	Total	Cash	Stocks	Bonds	Other	Turnover	Market	Market	Quality	Tenure	Purch.	Purch.	End	End
Rating/Pts	Deviation	Beta	6/30/07	$(Mil)	%	%	%	%	Ratio	Return	Return	Pct	(Years)	$	$	Load	Load
B+ / 9.9	2.9	0.37	13.12	2	20	34	46	0	N/A	40.3	-2.1	58	N/A	250	50	0.0	2.5
B+ / 9.9	2.9	0.37	13.52	16	20	34	46	0	N/A	N/A	N/A	54	N/A	250	50	0.0	1.0
B+ / 9.9	2.9	0.37	13.18	6	20	34	46	0	N/A	41.5	-1.9	62	N/A	250	50	0.0	0.0
B+ / 9.9	2.6	0.33	13.21	16	20	34	46	0	N/A	38.7	-1.8	61	N/A	250	50	0.0	0.0
B+ / 9.9	2.9	0.37	13.91	1	20	34	46	0	N/A	41.4	-2.1	60	N/A	250	50	0.0	0.0
B+ / 9.9	2.9	0.37	14.29	N/A	20	34	46	0	N/A	44.7	N/A	68	N/A	250	50	0.0	0.0
B- / 7.6	11.1	1.14	22.60	3	4	95	0	1	118.0	169.0	-11.4	12	N/A	250	50	5.8	0.0
B- / 7.5	11.4	1.17	22.02	1	4	95	0	1	118.0	164.1	-11.6	9	N/A	250	50	0.0	0.0
B- / 7.4	11.5	1.18	21.81	3	4	95	0	1	118.0	169.8	-11.8	9	N/A	250	50	0.0	1.0
B- / 7.8	9.9	1.02	24.39	N/A	4	95	0	1	118.0	N/A	N/A	12	N/A	250	50	0.0	0.0
B- / 7.7	10.7	1.09	23.34	N/A	4	95	0	1	118.0	157.8	-9.6	13	N/A	250	50	0.0	0.0
B / 8.3	9.6	0.99	23.42	1	N/A	100	0	N/A	20.0	207.0	-10.4	33	N/A	250	50	5.8	0.0
B / 8.2	9.6	0.99	21.37	N/A	N/A	100	0	N/A	20.0	197.5	-10.8	26	N/A	250	50	0.0	0.0
B / 8.2	9.6	0.99	21.65	N/A	N/A	100	0	N/A	20.0	197.4	-10.8	26	N/A	250	50	0.0	1.0
B / 8.8	7.5	1.00	12.77	1	0	100	0	0	106.0	90.5	-10.3	53	N/A	250	50	5.8	0.0
B / 8.7	7.5	1.00	12.62	1	0	100	0	0	106.0	84.7	-10.5	41	N/A	250	50	0.0	0.0
B / 8.7	7.4	0.99	12.94	1	0	100	0	0	106.0	84.5	-10.4	42	N/A	250	50	0.0	1.0
B / 8.8	7.4	0.99	15.34	N/A	0	100	0	0	106.0	N/A	N/A	50	N/A	250	50	0.0	0.0
B / 8.8	7.4	0.99	14.25	N/A	0	100	0	0	106.0	N/A	N/A	57	N/A	250	50	0.0	0.0
B / 8.9	7.6	0.97	15.88	4	0	99	0	1	59.0	116.8	-9.6	84	N/A	250	50	5.8	0.0
B / 8.9	7.5	0.96	15.27	3	0	99	0	1	59.0	109.8	-9.8	78	N/A	250	50	0.0	0.0
B / 8.9	7.5	0.97	15.17	5	0	99	0	1	59.0	110.0	-9.8	78	N/A	250	50	0.0	1.0
B / 8.9	7.6	0.97	17.51	N/A	0	99	0	1	59.0	N/A	N/A	82	N/A	250	50	0.0	0.0
B / 8.9	7.5	0.97	19.26	N/A	0	99	0	1	59.0	118.7	-9.6	85	N/A	250	50	0.0	0.0
B / 8.8	7.4	1.00	14.03	10	0	100	0	0	12.0	93.8	-9.9	48	N/A	250	50	0.0	0.0
C+ / 6.9	13.0	1.12	13.99	2	0	100	0	0	67.0	111.6	-10.8	35	N/A	250	50	5.8	0.0
C+ / 6.8	13.0	1.12	12.85	1	0	100	0	0	67.0	104.7	-11.0	28	N/A	250	50	0.0	0.0
C+ / 6.8	13.1	1.12	13.56	1	0	100	0	0	67.0	104.8	-10.9	27	N/A	250	50	0.0	1.0
C+ / 6.8	13.0	1.12	17.04	N/A	0	100	0	0	67.0	N/A	N/A	32	N/A	250	50	0.0	0.0
C+ / 6.9	13.0	1.12	18.80	N/A	0	100	0	0	67.0	113.6	-10.8	38	N/A	250	50	0.0	0.0
B- / 7.9	10.5	1.01	17.54	8	0	100	0	0	24.0	133.7	-9.3	48	N/A	250	50	0.0	0.0
B / 8.5	8.6	0.78	23.36	2	N/A	100	0	N/A	41.0	N/A	N/A	96	N/A	250	50	5.8	0.0
B / 8.5	8.6	0.78	23.21	1	N/A	100	0	N/A	41.0	N/A	N/A	94	N/A	250	50	0.0	0.0
B / 8.5	8.6	0.78	21.68	2	N/A	100	0	N/A	41.0	N/A	N/A	94	N/A	250	50	0.0	1.0
B / 8.5	8.6	0.79	21.13	N/A	N/A	100	0	N/A	41.0	N/A	N/A	95	N/A	250	50	0.0	0.0
B / 8.6	8.5	0.78	17.74	N/A	N/A	100	0	N/A	41.0	N/A	N/A	96	N/A	250	50	0.0	0.0
B / 8.1	9.9	1.04	20.46	2	13	86	0	1	74.0	158.1	-10.6	23	N/A	250	50	5.8	0.0
B / 8.1	9.8	1.03	19.72	1	13	86	0	1	74.0	150.8	-10.8	19	N/A	250	50	0.0	0.0
B / 8.1	9.8	1.04	20.45	2	13	86	0	1	74.0	150.3	-10.7	18	N/A	250	50	0.0	1.0
B / 8.1	9.8	1.04	25.59	N/A	13	86	0	1	74.0	156.2	N/A	22	N/A	250	50	0.0	0.0
B / 8.2	10.0	1.04	23.94	N/A	13	86	0	1	74.0	165.1	-9.8	28	N/A	250	50	0.0	0.0
C+ / 5.8	14.9	1.06	15.10	2	0	99	0	1	117.0	114.0	-10.8	31	N/A	250	50	5.8	0.0
C+ / 5.8	15.0	1.06	13.52	1	0	99	0	1	117.0	107.2	-11.0	25	N/A	250	50	0.0	0.0
C+ / 5.8	14.9	1.06	14.00	1	0	99	0	1	117.0	107.1	-10.9	25	N/A	250	50	0.0	1.0
C+ / 5.8	14.9	1.06	13.93	N/A	0	99	0	1	117.0	N/A	N/A	33	N/A	250	50	0.0	0.0
C+ / 5.8	15.0	1.06	19.06	N/A	0	99	0	1	117.0	116.3	-11.5	33	N/A	250	50	0.0	0.0
B- / 7.8	11.2	0.82	23.24	1	0	99	0	1	80.0	N/A	N/A	92	N/A	250	50	5.8	0.0
B- / 7.8	11.2	0.82	23.13	1	0	99	0	1	80.0	N/A	N/A	88	N/A	250	50	0.0	0.0
B- / 7.8	11.2	0.82	23.22	1	0	99	0	1	80.0	N/A	N/A	88	N/A	250	50	0.0	1.0
B- / 7.8	11.2	0.82	20.46	N/A	0	99	0	1	80.0	N/A	N/A	91	N/A	250	50	0.0	0.0
B- / 7.8	11.2	0.82	16.84	N/A	0	99	0	1	80.0	N/A	N/A	92	N/A	250	50	0.0	0.0
C+ / 6.4	8.7	0.83	13.96	117	4	95	0	1	16.0	176.3	-14.0	33	6	2,500	50	5.8	2.0

www.thestreet.com/ratings   Data as of June 30, 2007

I. Index of Stock Mutual Funds

Summer 2007

99 Pct = Best
0 Pct = Worst

Fund Type	Fund Name	Ticker Symbol	Overall Investment Rating	Phone	PERFORMANCE Performance Rating/Pts	Total Return % through 6/30/07					Incl. in Returns	
						3 Mo	6 Mo	1Yr / Pct	Annualized 3Yr / Pct	5Yr / Pct	Dividend Yield	Expense Ratio
GL	● Columbia Global Value Fund B	NGLBX	B	(800) 426-3750	B / 8.0	7.07	10.52	28.92 /91	16.58 /76	16.24 /82	0.39	2.23
GL	● Columbia Global Value Fund C	NCGLX	B	(800) 426-3750	B / 8.0	7.07	10.52	28.92 /91	16.57 /76	16.22 /82	0.39	2.23
GL	● Columbia Global Value Fund Z	NVPAX	B+	(800) 426-3750	B+ / 8.4	7.36	11.12	30.24 /93	17.78 /80	17.42 /86	1.13	1.23
FO	Columbia Greater China A	NGCAX	A	(800) 426-3750	A+ / 9.9	23.65	21.76	68.04 /99	37.72 /98	27.33 /97	0.45	1.75
FO	Columbia Greater China B	NGCBX	A	(800) 426-3750	A+ / 9.9	23.42	21.32	66.76 /99	36.70 /98	26.38 /97	0.02	2.50
FO	Columbia Greater China C	NGCCX	A	(800) 426-3750	A+ / 9.9	23.44	21.31	66.73 /99	36.70 /98	26.34 /97	0.02	2.50
FO	Columbia Greater China Z	LNGZX	A	(800) 426-3750	A+ / 9.9	23.75	21.93	68.46 /99	38.07 /98	28.31 /98	0.61	1.50
AA	Columbia Growth Asset Alloc 529A		C	(800) 426-3750	D+ / 2.4	5.20	7.22	17.49 /41	10.53 /32	--	0.00	1.34
AA	Columbia Growth Asset Alloc 529B		C	(800) 426-3750	D+ / 2.8	4.96	6.82	16.51 /35	9.67 /25	--	0.00	2.09
AA	Columbia Growth Asset Alloc 529C		C	(800) 426-3750	D+ / 2.8	4.95	6.81	16.58 /35	9.69 /25	--	0.00	2.09
AA	Columbia Growth Asset Alloc 529Z		C+	(800) 426-3750	C- / 3.8	5.21	7.35	17.78 /43	10.82 /34	--	0.00	1.09
GR	Columbia Growth NY 529A		C	(800) 426-3750	D / 2.2	4.84	6.61	16.26 /33	10.57 /32	--	0.00	1.36
GR	Columbia Growth NY 529B		C	(800) 426-3750	D+ / 2.6	4.64	6.21	15.46 /29	9.74 /26	--	0.00	2.26
GR	Columbia Growth NY 529C		C	(800) 426-3750	D+ / 2.6	4.57	6.13	15.37 /28	9.71 /26	--	0.00	2.26
GR	Columbia Growth NY 529Z		C+	(800) 426-3750	C- / 3.5	4.87	6.71	16.58 /35	10.85 /35	--	0.00	1.26
GR	Columbia Growth Stock Fd 529A		D-	(800) 426-3750	E+ / 0.8	7.01	8.07	19.82 /58	5.04 / 4	--	0.00	2.16
GR	Columbia Growth Stock Fd 529B		D-	(800) 426-3750	D- / 1.3	6.80	7.61	23.74 /80	4.24 / 2	--	0.00	2.16
GR	Columbia Growth Stock Fd 529C		D-	(800) 426-3750	D- / 1.3	6.81	7.62	23.64 /79	4.21 / 2	--	0.00	2.16
GR	Columbia Growth Stock Fd 529Z		D-	(800) 426-3750	D- / 1.4	7.10	8.14	18.78 /50	5.31 / 4	--	0.00	1.16
FO	Columbia International Stk 529A		A+	(800) 426-3750	B+ / 8.5	7.86	11.84	27.07 /88	20.24 /85	--	0.00	1.49
FO	Columbia International Stk 529B		A+	(800) 426-3750	B+ / 8.6	7.64	11.39	26.07 /86	19.38 /84	--	0.00	2.24
FO	Columbia International Stk 529C		A+	(800) 426-3750	B+ / 8.6	7.63	11.43	26.10 /86	19.40 /84	--	0.00	2.24
FO	Columbia International Stk 529Z		A+	(800) 426-3750	B+ / 8.9	7.89	11.97	27.47 /89	20.64 /86	--	0.00	1.24
FO	Columbia International Stock A	CISAX	B+	(800) 426-3750	B+ / 8.5	7.93	12.00	27.46 /89	20.53 /86	--	1.20	1.34
FO	Columbia International Stock B	CISBX	B+	(800) 426-3750	B+ / 8.6	7.70	11.54	26.43 /86	19.68 /84	--	0.64	2.09
FO	Columbia International Stock C	CSKCX	B+	(800) 426-3750	B+ / 8.6	7.72	11.55	26.44 /86	19.69 /84	--	0.63	2.09
FO	● Columbia International Stock D	CISDX	B+	(800) 426-3750	B+ / 8.5	7.74	11.56	26.54 /87	19.68 /84	--	0.63	2.09
FO	Columbia International Stock Z	CMISX	B+	(800) 426-3750	B+ / 8.8	7.98	12.13	27.75 /89	20.88 /86	15.27 /78	1.47	1.09
FO	● Columbia International Value Fd A	NIVLX	B-	(800) 426-3750	B / 8.2	4.59	8.73	25.60 /84	21.03 /87	19.35 /91	1.09	1.30
FO	● Columbia International Value Fd B	NBIVX	B	(800) 426-3750	B+ / 8.4	4.42	8.34	24.59 /82	20.12 /85	18.46 /89	0.69	2.05
FO	● Columbia International Value Fd C	NVICX	B	(800) 426-3750	B+ / 8.4	4.43	8.31	24.62 /82	20.12 /85	18.46 /89	0.69	2.05
FO	● Columbia International Value Fd Z	EMIEX	B	(800) 426-3750	B+ / 8.7	4.64	8.84	25.85 /85	21.32 /87	19.65 /91	1.31	1.05
GR	Columbia Large Cap Core Fund A	NSGAX	C	(800) 426-3750	C- / 3.8	6.85	8.31	19.47 /56	11.90 /44	9.53 /28	0.71	1.05
GR	Columbia Large Cap Core Fund B	NSIBX	C+	(800) 426-3750	C / 4.3	6.71	7.98	18.67 /50	11.09 /37	8.67 /20	0.00	1.80
GR	Columbia Large Cap Core Fund C	NSGCX	C+	(800) 426-3750	C- / 4.2	6.64	7.91	18.59 /49	11.05 /36	8.67 /20	0.00	1.80
GR	Columbia Large Cap Core Fund Z	NSEPX	B-	(800) 426-3750	C / 5.4	6.94	8.47	19.85 /59	12.19 /47	9.76 /30	1.14	0.80
GR	Columbia Large Cap Enh Core Fd A	NMIAX	C+	(800) 426-3750	C / 5.2	6.10	6.53	21.33 /69	12.14 /47	11.05 /44	0.81	0.84
GR	Columbia Large Cap Enh Core Fd R	CCERX	C	(800) 426-3750	C / 5.0	6.03	6.32	21.05 /67	12.00 /45	10.97 /43	0.64	1.09
GR	Columbia Large Cap Enh Core Fd Z	NMIMX	C+	(800) 426-3750	C / 5.5	6.17	6.60	21.61 /70	12.42 /49	11.34 /47	1.18	0.58
GR	Columbia Large Cap Growth Fund A	LEGAX	D+	(800) 426-3750	D / 2.2	7.12	8.17	18.73 /50	9.36 /23	7.62 /12	0.11	1.14
GR	Columbia Large Cap Growth Fund B	LEGBX	D+	(800) 426-3750	D+ / 2.7	6.92	7.79	17.91 /44	8.56 /18	6.79 / 7	0.00	1.79
GR	Columbia Large Cap Growth Fund C	LEGCX	D+	(800) 426-3750	D+ / 2.6	6.92	7.79	17.78 /43	8.52 /17	--	0.00	1.79
GR	Columbia Large Cap Growth Fund G	GBEGX	D+	(800) 426-3750	D+ / 2.7	6.96	7.86	17.92 /44	8.60 /18	6.76 / 7	0.00	1.74
GR	Columbia Large Cap Growth Fund T	GAEGX	D+	(800) 426-3750	D / 2.2	7.12	8.18	18.69 /50	9.31 /23	7.51 /11	0.10	1.09
GR	Columbia Large Cap Growth Fund Z	GEGTX	C-	(800) 426-3750	C- / 3.5	7.14	8.31	19.01 /52	9.63 /25	7.88 /14	0.17	0.79
IX	Columbia Large Cap Index Fund A	NEIAX	C+	(800) 426-3750	C / 4.4	6.15	6.74	20.14 /61	11.26 /38	10.22 /35	1.19	0.47
IX	Columbia Large Cap Index Fund Z	NINDX	C-	(800) 426-3750	C / 4.7	6.25	6.87	20.43 /63	11.55 /41	10.50 /39	1.55	0.22
GR	Columbia Large Cap Value 529A		C+	(800) 426-3750	C- / 3.9	5.55	6.62	18.90 /51	12.83 /53	--	0.00	1.26
GR	Columbia Large Cap Value 529B		C+	(800) 426-3750	C / 4.4	5.35	6.19	17.98 /45	11.96 /45	--	0.00	2.01
GR	Columbia Large Cap Value 529C		C+	(800) 426-3750	C / 4.4	5.35	6.25	18.04 /45	12.01 /45	--	0.00	2.01
GR	Columbia Large Cap Value 529Z		B	(800) 426-3750	C+ / 5.6	5.66	6.84	19.30 /55	13.18 /56	--	0.00	1.01
GR	Columbia Large Cap Value Fund A	NVLEX	C+	(800) 426-3750	C / 5.3	5.63	6.77	19.29 /54	14.77 /67	11.71 /51	1.05	1.01

● Denotes fund is closed to new investors
* Denotes fund is included in Section II

www.thestreet.com/ratings

Summer 2007   I. Index of Stock Mutual Funds

RISK			NET ASSETS		ASSET					BULL / BEAR		FUND MANAGER		MINIMUMS		LOADS	
	3 Year		NAV						Portfolio	Last Bull	Last Bear	Manager	Manager	Initial	Additional	Front	Back
Risk	Standard		As of	Total	Cash	Stocks	Bonds	Other	Turnover	Market	Market	Quality	Tenure	Purch.	Purch.	End	End
Rating/Pts	Deviation	Beta	6/30/07	$(Mil)	%	%	%	%	Ratio	Return	Return	Pct	(Years)	$	$	Load	Load
C+ / 6.3	8.7	0.83	13.58	33	4	95	0	1	16.0	167.9	-14.2	27	6	2,500	50	0.0	2.0
C+ / 6.3	8.7	0.83	13.58	103	4	95	0	1	16.0	167.9	-14.2	26	6	2,500	50	0.0	2.0
C+ / 6.4	8.7	0.83	14.06	119	4	95	0	1	16.0	179.5	-14.0	36	6	2,500	50	0.0	2.0
C+ / 5.9	15.5	1.05	51.14	158	6	93	0	1	32.0	256.3	-4.5	99	N/A	2,500	50	5.8	2.0
C+ / 5.9	15.5	1.05	49.90	29	6	93	0	1	32.0	245.0	-4.7	99	N/A	2,500	50	0.0	2.0
C+ / 5.9	15.4	1.05	50.56	45	6	93	0	1	32.0	244.7	-4.7	99	N/A	2,500	50	0.0	2.0
C+ / 6.0	15.4	1.05	53.09	44	6	93	0	1	32.0	269.8	-4.4	99	N/A	2,500	50	0.0	2.0
B+ / 9.0	6.9	1.46	16.19	7	0	0	0	100	N/A	N/A	N/A	47	N/A	1,000	50	5.8	0.0
B / 8.7	6.9	1.46	15.67	11	0	0	0	100	N/A	N/A	N/A	36	N/A	1,000	50	0.0	0.0
B / 8.7	6.9	1.45	15.68	4	0	0	0	100	N/A	N/A	N/A	37	N/A	1,000	50	0.0	0.0
B+ / 9.1	6.9	1.46	16.36	3	0	0	0	100	N/A	N/A	N/A	51	N/A	1,000	50	0.0	0.0
B+ / 9.2	6.6	0.86	13.87	89	0	0	0	100	N/A	N/A	N/A	54	4	1,000	50	5.8	0.0
B / 8.8	6.6	0.86	13.52	47	0	0	0	100	N/A	N/A	N/A	42	4	1,000	50	0.0	0.0
B / 8.8	6.6	0.86	13.51	44	0	0	0	100	N/A	N/A	N/A	43	4	1,000	50	0.0	0.0
B+ / 9.2	6.6	0.86	13.99	1	0	0	0	100	N/A	N/A	N/A	58	4	1,000	50	0.0	0.0
B- / 7.2	10.2	1.29	13.12	N/A	0	100	0	0	113.0	N/A	N/A	3	N/A	1,000	50	5.8	0.0
B- / 7.1	10.7	1.31	12.72	N/A	0	100	0	0	113.0	N/A	N/A	2	N/A	1,000	50	0.0	0.0
B- / 7.0	10.7	1.31	12.71	N/A	0	100	0	0	113.0	N/A	N/A	2	N/A	1,000	50	0.0	0.0
B- / 7.2	10.2	1.28	13.28	N/A	0	100	0	0	113.0	N/A	N/A	3	N/A	1,000	50	0.0	0.0
B / 8.2	9.7	1.03	23.05	N/A	1	98	0	1	95.0	N/A	N/A	24	N/A	1,000	50	5.8	0.0
B / 8.2	9.7	1.03	22.39	N/A	1	98	0	1	95.0	N/A	N/A	19	N/A	1,000	50	0.0	0.0
B / 8.2	9.7	1.03	22.42	N/A	1	98	0	1	95.0	N/A	N/A	19	N/A	1,000	50	0.0	0.0
B / 8.3	9.7	1.03	23.39	N/A	1	98	0	1	95.0	N/A	N/A	26	N/A	1,000	50	0.0	0.0
C+ / 6.5	9.7	1.02	20.82	314	1	98	0	1	95.0	149.6	-8.7	26	N/A	2,500	50	5.8	2.0
C+ / 6.5	9.7	1.02	20.29	34	1	98	0	1	95.0	140.7	-8.6	21	N/A	2,500	50	0.0	2.0
C+ / 6.5	9.6	1.02	20.38	30	1	98	0	1	95.0	N/A	N/A	21	4	2,500	50	0.0	2.0
C+ / 6.5	9.7	1.03	20.46	1	1	98	0	1	95.0	143.5	-9.0	21	N/A	2,500	50	1.0	2.0
C+ / 6.5	9.6	1.02	20.98	1,067	1	98	0	1	95.0	154.2	-8.7	29	15	2,500	50	0.0	2.0
C+ / 5.8	9.6	0.99	25.53	1,111	3	96	0	1	20.0	210.5	-10.5	37	N/A	2,500	50	5.8	2.0
C+ / 5.7	9.6	0.98	24.87	107	3	96	0	1	20.0	200.6	-10.6	29	N/A	2,500	50	0.0	2.0
C+ / 5.7	9.6	0.99	24.84	166	3	96	0	1	20.0	200.8	-10.7	29	N/A	2,500	50	0.0	2.0
C+ / 5.8	9.6	0.99	25.70	2,599	3	96	0	1	20.0	213.8	-10.4	40	N/A	2,500	50	0.0	2.0
B / 8.3	7.5	1.00	15.63	199	N/A	100	0	N/A	106.0	92.9	10.2	57	N/A	2,500	50	5.8	0.0
B / 8.3	7.5	1.00	15.15	23	N/A	100	0	N/A	106.0	86.7	-10.4	45	N/A	2,500	50	0.0	0.0
B / 8.3	7.5	1.01	15.14	3	N/A	100	0	N/A	106.0	86.5	-10.3	44	N/A	2,500	50	0.0	0.0
B / 8.3	7.5	1.00	15.63	1,497	N/A	100	0	N/A	106.0	94.9	-10.2	61	N/A	2,500	50	0.0	0.0
B- / 7.5	7.8	1.05	15.26	19	4	95	0	1	269.0	100.4	-9.4	54	N/A	2,500	50	0.0	0.0
C+ / 6.3	7.8	1.05	15.24	N/A	4	95	0	1	269.0	99.8	-9.4	52	N/A	0	0	0.0	0.0
B- / 7.5	7.8	1.06	15.26	812	4	95	0	1	269.0	102.6	-9.4	57	N/A	2,500	50	0.0	0.0
B- / 7.4	9.8	1.25	25.29	153	0	99	0	1	171.0	72.8	-10.3	15	2	2,500	50	5.8	0.0
B- / 7.4	9.8	1.25	23.79	181	0	99	0	1	171.0	67.3	-10.4	12	2	2,500	50	0.0	0.0
B- / 7.4	9.8	1.25	23.80	32	0	99	0	1	171.0	67.2	-10.4	11	2	2,500	50	0.0	0.0
B- / 7.4	9.8	1.25	23.06	16	0	99	0	1	171.0	67.3	-10.5	12	2	2,500	50	0.0	0.0
B- / 7.4	9.8	1.25	25.13	223	0	99	0	1	171.0	72.2	-10.3	15	2	2,500	50	5.8	0.0
B- / 7.4	9.8	1.25	25.80	1,226	0	99	0	1	171.0	74.6	-10.2	17	2	2,500	50	0.0	0.0
B / 8.6	7.3	1.00	29.03	95	0	98	0	2	12.0	93.3	-9.9	48	N/A	2,500	50	0.0	0.0
C+ / 5.8	7.3	1.00	29.22	2,653	0	98	0	2	12.0	95.3	-9.8	52	N/A	2,500	50	0.0	0.0
B+ / 9.1	7.0	0.89	17.87	1	0	100	0	0	59.0	N/A	N/A	77	N/A	1,000	50	5.8	0.0
B+ / 9.1	7.1	0.90	17.32	1	0	100	0	0	59.0	N/A	N/A	67	N/A	1,000	50	0.0	0.0
B+ / 9.1	7.1	0.90	17.34	1	0	100	0	0	59.0	N/A	N/A	68	N/A	1,000	50	0.0	0.0
B+ / 9.1	7.0	0.89	18.11	1	0	100	0	0	59.0	N/A	N/A	80	N/A	1,000	50	0.0	0.0
B- / 7.6	7.6	0.97	15.32	1,453	0	99	0	1	59.0	119.6	-9.6	86	N/A	2,500	50	5.8	0.0

www.thestreet.com/ratings   Data as of June 30, 2007

I. Index of Stock Mutual Funds

Summer 2007

							PERFORMANCE						
	99 Pct = Best 0 Pct = Worst				Overall		Perfor-	\multicolumn{5}{c}{Total Return % through 6/30/07}	Incl. in Returns	
					Investment		mance				\multicolumn{2}{c}{Annualized}	Dividend	Expense
Fund Type	Fund Name			Ticker Symbol	Rating	Phone	Rating/Pts	3 Mo	6 Mo	1Yr / Pct	3Yr / Pct	5Yr / Pct	Yield	Ratio
GR	Columbia Large Cap Value Fund B			NVLNX	C+	(800) 426-3750	C+ / 5.8	5.47	6.44	18.41 /48	13.93 /61	10.86 /42	0.47	1.76
GR	Columbia Large Cap Value Fund C			NVALX	C+	(800) 426-3750	C+ / 5.8	5.47	6.37	18.41 /48	13.95 /62	10.87 /42	0.47	1.76
GR	Columbia Large Cap Value Fund R			CVURX	C+	(800) 426-3750	C+ / 6.3	5.57	6.64	19.02 /52	14.64 /66	11.63 /50	0.89	1.26
GR	Columbia Large Cap Value Fund Z			NVLUX	B-	(800) 426-3750	C+ / 6.7	5.69	6.89	19.54 /56	15.06 /69	11.97 /53	1.32	0.76
GR	Columbia Large Cap Value NY 529A				C+	(800) 426-3750	C- / 3.9	5.52	6.63	18.88 /51	12.83 /53	--	0.00	1.81
GR	Columbia Large Cap Value NY 529B				C+	(800) 426-3750	C / 4.3	5.36	6.20	17.93 /44	11.94 /45	--	0.00	2.56
GR	Columbia Large Cap Value NY 529C				C+	(800) 426-3750	C / 4.4	5.37	6.20	18.04 /45	11.96 /45	--	0.00	2.41
GR	Columbia Large Cap Value NY 529Z				B	(800) 426-3750	C / 5.5	5.61	6.79	19.22 /54	13.09 /55	--	0.00	1.56
BA	Columbia Liberty Fund A			COLFX	C-	(800) 426-3750	D / 1.7	4.11	5.88	15.49 /29	9.90 /27	8.41 /18	2.01	1.06
BA	Columbia Liberty Fund B			CCFBX	C-	(800) 426-3750	D / 2.0	3.92	5.50	14.53 /23	9.05 /21	7.60 /12	1.44	1.80
BA	Columbia Liberty Fund C			CTCCX	C-	(800) 426-3750	D / 2.0	3.82	5.40	14.45 /23	9.04 /21	7.57 /12	1.44	1.80
BA	Columbia Liberty Fund Z			CTCFX	C	(800) 426-3750	D+ / 2.8	4.12	6.06	15.70 /30	10.12 /29	8.65 /20	2.21	0.81
BA	Columbia Life Goal Bal Growth Fd A			NBIAX	C-	(800) 426-3750	D / 1.8	3.37	5.52	14.87 /25	10.60 /32	9.69 /30	2.23	0.50
BA	Columbia Life Goal Bal Growth Fd B			NLBBX	C-	(800) 426-3750	D / 2.2	3.20	5.07	13.91 /20	9.78 /26	8.88 /22	1.66	1.20
BA	Columbia Life Goal Bal Growth Fd C			NBICX	C-	(800) 426-3750	D / 2.2	3.25	5.19	13.94 /20	9.80 /26	8.89 /22	1.64	1.25
BA	Columbia Life Goal Bal Growth Fd R			CLBRX	C+	(800) 426-3750	D+ / 2.6	3.31	5.39	14.50 /23	10.45 /31	9.60 /29	2.12	0.75
BA	Columbia Life Goal Bal Growth Fd Z			NBGPX	C	(800) 426-3750	C- / 3.0	3.45	5.58	15.09 /27	10.86 /35	9.98 /33	2.60	0.25
GR	Columbia Life Goal Growth Fund A			NLGIX	C+	(800) 426-3750	C+ / 5.8	5.69	8.13	19.17 /54	15.31 /70	12.39 /57	0.70	0.50
GR	Columbia Life Goal Growth Fund B			NLGBX	C+	(800) 426-3750	C+ / 6.3	5.51	7.76	18.32 /47	14.46 /65	11.53 /49	0.41	1.25
GR	Columbia Life Goal Growth Fund C			NLGCX	C+	(800) 426-3750	C+ / 6.3	5.47	7.73	18.36 /48	14.46 /65	11.53 /49	0.41	1.25
GR	Columbia Life Goal Growth Fund R			CLGRX	C+	(800) 426-3750	C+ / 6.8	5.64	8.07	18.96 /52	15.19 /70	12.32 /56	0.62	0.75
GR	Columbia Life Goal Growth Fund Z			NGPAX	B-	(800) 426-3750	B- / 7.1	5.78	8.34	19.57 /57	15.61 /72	12.67 /59	0.91	0.25
GI	Columbia Life Goal Inc & Gr Fund A			NLGAX	D-	(800) 426-3750	E / 0.4	1.90	3.63	10.46 / 9	7.35 /11	7.16 / 9	3.13	0.50
GI	Columbia Life Goal Inc & Gr Fund B			NLIBX	D	(800) 426-3750	E+ / 0.6	1.72	3.26	9.57 / 7	6.51 / 7	6.34 / 6	2.60	1.25
GI	Columbia Life Goal Inc & Gr Fund C			NIICX	D	(800) 426-3750	E+ / 0.6	1.73	3.27	9.63 / 7	6.51 / 7	6.34 / 6	2.61	1.25
GI	Columbia Life Goal Inc & Gr Fund R			CLIRX	C-	(800) 426-3750	E+ / 0.8	1.84	3.50	10.19 / 8	7.22 /10	8.23 /16	3.07	0.75
GI	Columbia Life Goal Inc & Gr Fund Z			NIPAX	D	(800) 426-3750	E+ / 0.9	1.98	3.78	10.81 /10	7.60 /12	7.42 /11	3.58	0.25
IN	Columbia Life Goal Inc Fd A			NLFAX	D+	(800) 426-3750	E- / 0.1	0.58	2.12	7.19 / 3	4.66 / 3	--	4.31	1.20
IN	Columbia Life Goal Inc Fd B			NLOBX	D+	(800) 426-3750	E- / 0.1	0.39	1.75	6.40 / 2	3.88 / 2	--	3.71	1.95
IN	Columbia Life Goal Inc Fd C			NLFCX	D+	(800) 426-3750	E- / 0.2	0.49	1.75	6.40 / 2	3.92 / 2	--	3.71	1.95
IN	Columbia Life Goal Inc Fd Z				C-	(800) 426-3750	E / 0.3	0.64	2.25	7.34 / 3	4.92 / 3	--	4.70	0.95
GR	Columbia Marsico 21st Century Fd A			NMTAX	B+	(800) 426-3750	B / 8.1	10.12	11.52	22.44 /75	18.73 /82	18.12 /88	0.55	1.24
GR	Columbia Marsico 21st Century Fd B			NMTBX	B+	(800) 426-3750	B+ / 8.3	9.96	11.17	21.57 /70	17.88 /80	17.25 /86	0.12	1.99
GR	Columbia Marsico 21st Century Fd C			NMYCX	B+	(800) 426-3750	B+ / 8.3	9.96	11.17	21.57 /70	17.88 /80	17.25 /86	0.12	1.99
GR	Columbia Marsico 21st Century Fd R			CMTRX	A-	(800) 426-3750	B+ / 8.5	10.10	11.41	22.27 /74	18.62 /82	18.05 /88	0.43	1.49
GR	Columbia Marsico 21st Century Fd Z			NMYAX	A-	(800) 426-3750	B+ / 8.6	10.21	11.67	22.77 /76	19.05 /83	18.42 /89	0.73	0.99
GR	Columbia Marsico Focus 529A				D	(800) 426-3750	D- / 1.0	2.33	1.44	10.42 / 9	10.35 /31	--	0.00	1.80
GR	Columbia Marsico Focus 529B				D	(800) 426-3750	D- / 1.4	2.08	1.03	9.53 / 7	9.53 /24	--	0.00	2.55
GR	Columbia Marsico Focus 529C				D	(800) 426-3750	D- / 1.3	2.14	1.09	9.60 / 7	9.55 /25	--	0.00	2.55
GR	Columbia Marsico Focus 529Z				D+	(800) 426-3750	D / 1.9	2.37	1.61	10.78 /10	10.70 /33	--	0.00	1.55
GR	Columbia Marsico Focused Eq Fd A			NFEAX	D-	(800) 426-3750	D- / 1.3	2.57	2.05	11.24 /11	10.88 /35	7.98 /15	0.00	1.24
GR	Columbia Marsico Focused Eq Fd B			NFEBX	D	(800) 426-3750	D / 1.6	2.40	1.65	10.40 / 9	10.05 /28	7.17 / 9	0.00	1.99
GR	Columbia Marsico Focused Eq Fd C			NFECX	D	(800) 426-3750	D / 1.6	2.34	1.65	10.43 / 9	10.04 /28	7.16 / 9	0.00	1.99
GR	Columbia Marsico Focused Eq Fd Z			NFEPX	D+	(800) 426-3750	D+ / 2.3	2.66	2.15	11.54 /12	11.15 /37	8.24 /16	0.00	0.99
GR	Columbia Marsico Growth Fd 529A				D	(800) 426-3750	D / 1.6	5.15	5.48	13.57 /19	9.90 /27	--	0.00	1.81
GR	Columbia Marsico Growth Fd 529B				D+	(800) 426-3750	D / 1.9	4.98	5.11	12.78 /15	9.09 /21	--	0.00	2.56
GR	Columbia Marsico Growth Fd 529C				D+	(800) 426-3750	D / 1.9	4.97	5.11	12.77 /15	9.11 /21	--	0.00	2.56
GR	Columbia Marsico Growth Fd 529Z				C-	(800) 426-3750	D+ / 2.7	5.27	5.67	13.89 /20	10.23 /30	--	0.00	1.56
GR	Columbia Marsico Growth Fd A			NMGIX	D	(800) 426-3750	D / 2.0	5.29	5.92	14.16 /21	10.66 /33	8.59 /19	0.00	1.23
GR	Columbia Marsico Growth Fd B			NGIBX	D+	(800) 426-3750	D+ / 2.4	5.07	5.52	13.34 /18	9.84 /27	7.78 /13	0.00	1.98
GR	Columbia Marsico Growth Fd C			NMICX	D+	(800) 426-3750	D+ / 2.4	5.12	5.57	13.32 /17	9.85 /27	7.79 /13	0.00	1.98
GR	Columbia Marsico Growth Fd R			CMWRX	C-	(800) 426-3750	D+ / 2.8	5.21	5.79	13.92 /20	10.49 /32	8.49 /18	0.00	1.48

• Denotes fund is closed to new investors
* Denotes fund is included in Section II

I. Index of Stock Mutual Funds

Summer 2007

RISK			NET ASSETS		ASSET				Portfolio Turnover Ratio	BULL / BEAR		FUND MANAGER		MINIMUMS		LOADS	
	3 Year		NAV							Last Bull	Last Bear	Manager	Manager	Initial	Additional	Front	Back
Risk Rating/Pts	Standard Deviation	Beta	As of 6/30/07	Total $(Mil)	Cash %	Stocks %	Bonds %	Other %		Market Return	Market Return	Quality Pct	Tenure (Years)	Purch. $	Purch. $	End Load	End Load
B- / 7.6	7.6	0.97	14.84	521	0	99	0	1	59.0	112.2	-9.7	81	N/A	2,500	50	0.0	0.0
B- / 7.5	7.6	0.97	14.84	94	0	99	0	1	59.0	112.4	-9.8	81	N/A	2,500	50	0.0	0.0
C+ / 6.2	7.5	0.96	15.32	N/A	0	99	0	1	59.0	118.7	-9.6	85	N/A	0	0	0.0	0.0
B- / 7.6	7.6	0.97	15.34	2,348	0	99	0	1	59.0	121.5	-9.5	87	N/A	2,500	50	0.0	0.0
B+ / 9.1	7.1	0.90	15.11	5	0	100	0	0	59.0	N/A	N/A	76	N/A	1,000	50	5.8	0.0
B+ / 9.1	7.1	0.89	14.73	2	0	100	0	0	59.0	N/A	N/A	68	N/A	1,000	50	0.0	0.0
B+ / 9.1	7.1	0.90	14.72	4	0	100	0	0	59.0	N/A	N/A	68	N/A	1,000	50	0.0	0.0
B+ / 9.1	7.1	0.90	15.26	N/A	0	100	0	0	59.0	N/A	N/A	79	N/A	1,000	50	0.0	0.0
B / 8.8	5.2	1.12	9.38	530	5	61	33	1	98.0	66.0	-6.0	62	2	2,500	50	5.8	0.0
B / 8.8	5.2	1.13	9.37	57	5	61	33	1	98.0	60.9	-6.2	50	2	2,500	50	0.0	0.0
B / 8.8	5.2	1.13	9.34	5	5	61	33	1	98.0	60.9	-6.2	50	2	2,500	50	0.0	0.0
B / 8.8	5.2	1.13	10.00	1	5	61	33	1	98.0	67.9	-6.1	64	2	2,500	50	0.0	0.0
B / 8.3	5.2	1.10	12.45	280	2	57	37	4	18.0	76.6	-4.4	72	N/A	2,500	50	5.8	0.0
B / 8.4	5.1	1.10	12.38	329	2	57	37	4	18.0	71.1	-4.7	62	N/A	2,500	50	0.0	0.0
B / 8.4	5.2	1.10	12.52	121	2	57	37	4	18.0	71.1	-4.6	62	N/A	2,500	50	0.0	0.0
B+ / 9.7	5.2	1.10	12.44	2	2	57	37	4	18.0	76.0	-4.4	70	N/A	0	0	0.0	0.0
B / 8.3	5.2	1.10	12.42	310	2	57	37	4	18.0	78.4	-4.3	74	N/A	2,500	50	0.0	0.0
C+ / 6.5	8.7	1.12	15.11	225	0	97	0	3	8.0	124.8	-9.6	82	N/A	2,500	50	5.8	0.0
C+ / 6.5	8.6	1.11	14.31	178	0	97	0	3	8.0	117.5	-9.8	75	N/A	2,500	50	0.0	0.0
C+ / 6.5	8.7	1.11	14.22	105	0	97	0	3	8.0	117.5	-9.7	75	N/A	2,500	50	0.0	0.0
C+ / 6.0	8.7	1.11	15.09	1	0	97	0	3	8.0	124.0	-9.6	81	N/A	0	0	0.0	0.0
C+ / 6.5	8.7	1.11	15.23	278	0	97	0	3	8.0	127.2	-9.5	84	N/A	2,500	50	0.0	0.0
B- / 7.8	3.0	0.37	10.98	54	6	30	59	5	25.0	45.8	-1.4	65	N/A	2,500	50	5.8	0.0
B / 8.5	3.1	0.38	10.94	74	6	30	59	5	25.0	41.3	-1.6	52	N/A	2,500	50	0.0	0.0
B / 8.5	3.0	0.37	10.88	24	6	30	59	5	25.0	41.2	-1.6	54	N/A	2,500	50	0.0	0.0
B+ / 9.9	3.0	0.36	10.98	1	6	30	59	5	25.0	50.2	-1.4	64	N/A	0	0	0.0	0.0
B / 8.4	3.0	0.37	10.90	73	6	30	59	5	25.0	47.3	-1.3	67	N/A	2,500	50	0.0	0.0
B+ / 9.9	1.7	0.12	10.15	14	8	6	80	6	42.0	N/A	N/A	56	N/A	2,500	50	3.3	0.0
B+ / 9.9	1.6	0.09	10.14	9	8	6	80	6	42.0	N/A	N/A	47	N/A	2,500	50	0.0	0.0
B+ / 9.9	1.5	0.10	10.13	5	8	6	80	6	42.0	N/A	N/A	47	N/A	2,500	50	0.0	0.0
B+ / 9.9	1.6	0.09	10.15	4	8	6	80	6	42.0	N/A	N/A	61	N/A	2,500	50	0.0	0.0
C+ / 6.7	12.4	1.44	15.61	3,961	6	92	0	2	141.0	165.3	-8.8	85	N/A	2,500	50	5.8	0.0
C+ / 6.9	12.4	1.43	14.96	209	6	92	0	2	141.0	156.9	-8.9	80	N/A	2,500	50	0.0	0.0
C+ / 6.9	12.4	1.43	14.96	997	6	92	0	2	141.0	156.9	-8.9	80	N/A	2,500	50	0.0	0.0
B- / 7.2	12.4	1.44	15.64	11	6	92	0	2	141.0	164.5	-8.8	85	N/A	0	0	0.0	0.0
C+ / 6.9	12.4	1.44	15.81	1,020	6	92	0	2	141.0	168.3	-8.8	87	N/A	2,500	50	0.0	0.0
B- / 7.9	10.1	1.16	16.22	N/A	0	0	0	100	N/A	N/A	N/A	25	4	1,000	50	5.8	0.0
B- / 7.8	10.1	1.16	15.74	N/A	0	0	0	100	N/A	N/A	N/A	20	4	1,000	50	0.0	0.0
B- / 7.8	10.1	1.16	15.75	N/A	0	0	0	100	N/A	N/A	N/A	20	4	1,000	50	0.0	0.0
B- / 7.9	10.2	1.16	16.44	N/A	0	0	0	100	N/A	N/A	N/A	28	4	1,000	50	0.0	0.0
B- / 7.3	10.1	1.16	22.37	2,531	6	93	0	1	71.0	84.4	-8.8	29	10	2,500	50	5.8	0.0
B- / 7.3	10.1	1.16	20.91	305	6	93	0	1	71.0	78.7	-9.0	23	10	2,500	50	0.0	0.0
B- / 7.3	10.1	1.16	20.97	574	6	93	0	1	71.0	78.7	-9.0	23	10	2,500	50	0.0	0.0
B- / 7.3	10.2	1.17	22.81	1,301	6	93	0	1	71.0	86.5	-8.8	31	10	2,500	50	0.0	0.0
B- / 7.7	9.7	1.15	16.74	1	0	99	0	1	62.0	N/A	N/A	23	4	1,000	50	5.8	0.0
B- / 7.6	9.6	1.15	16.24	1	0	99	0	1	62.0	N/A	N/A	18	4	1,000	50	0.0	0.0
B- / 7.6	9.7	1.15	16.25	1	0	99	0	1	62.0	N/A	N/A	18	4	1,000	50	0.0	0.0
B- / 7.7	9.6	1.15	16.97	1	0	99	0	1	62.0	N/A	N/A	25	4	1,000	50	0.0	0.0
B- / 7.2	9.7	1.16	21.29	2,968	0	99	0	1	62.0	86.1	-8.0	28	N/A	2,500	50	5.8	0.0
B- / 7.2	9.7	1.16	19.88	151	0	99	0	1	62.0	80.5	-8.3	22	N/A	2,500	50	0.0	0.0
B- / 7.2	9.7	1.16	19.91	895	0	99	0	1	62.0	80.4	-8.2	22	N/A	2,500	50	0.0	0.0
B- / 7.7	9.7	1.16	21.19	8	0	99	0	1	62.0	85.3	-8.0	26	N/A	0	0	0.0	0.0

www.thestreet.com/ratings

Data as of June 30, 2007

I. Index of Stock Mutual Funds

Summer 2007

99 Pct = Best
0 Pct = Worst

Fund Type	Fund Name	Ticker Symbol	Overall Investment Rating	Phone	Performance Rating/Pts	3 Mo	6 Mo	1Yr / Pct	3Yr / Pct	5Yr / Pct	Dividend Yield	Expense Ratio
GR	Columbia Marsico Growth Fd Z	NGIPX	C-	(800) 426-3750	C- / 3.2	5.35	6.01	14.47 /23	10.94 /35	8.86 /21	0.00	0.98
GR	Columbia Marsico Growth NY 529A		D-	(800) 426-3750	E / 0.4	5.25	5.74	13.86 /20	5.02 / 4	--	0.00	1.67
GR	Columbia Marsico Growth NY 529B		D-	(800) 426-3750	E / 0.5	5.00	5.40	12.99 /16	4.23 / 2	--	0.00	2.42
GR	Columbia Marsico Growth NY 529C		D-	(800) 426-3750	E / 0.5	5.00	5.40	12.99 /16	4.23 / 2	--	0.00	2.42
GR	Columbia Marsico Growth NY 529Z		D-	(800) 426-3750	E+ / 0.8	5.21	5.79	14.07 /21	5.22 / 4	--	0.00	1.42
FO	Columbia Marsico Intl Opp Fund A	MAIOX	C+	(800) 426-3750	B / 8.2	6.54	7.32	24.24 /81	20.84 /86	17.69 /87	0.19	1.33
FO	Columbia Marsico Intl Opp Fund B	MBIOX	C+	(800) 426-3750	B+ / 8.3	6.42	6.94	23.35 /78	19.93 /85	16.84 /84	0.00	2.08
FO	Columbia Marsico Intl Opp Fund C	MCIOX	C+	(800) 426-3750	B+ / 8.3	6.35	6.86	23.25 /78	19.93 /85	16.81 /84	0.00	2.08
FO	Columbia Marsico Intl Opp Fund R	CMORX	A	(800) 426-3750	B+ / 8.5	6.55	7.19	23.96 /80	20.70 /86	17.61 /87	0.04	1.58
FO	Columbia Marsico Intl Opp Fund Z	NMOAX	B-	(800) 426-3750	B+ / 8.6	6.66	7.43	24.53 /82	21.16 /87	18.00 /88	0.36	1.08
AA	Columbia Master Heritage A	CMHAX	U	(800) 426-3750	U /	5.66	7.25	16.93 /38	--	--	2.33	0.69
FO	Columbia Master Intl Eq A	CMTAX	U	(800) 426-3750	U /	6.98	9.80	26.57 /87	--	--	2.03	1.56
FO	Columbia Master Intl Eq C	CMTCX	U	(800) 426-3750	U /	6.74	9.36	25.57 /84	--	--	1.69	2.31
FO	Columbia Master Intl Eq Z	CMTZX	U	(800) 426-3750	U /	7.06	9.87	26.98 /88	--	--	2.31	1.31
MC	Columbia Mid Cap Growth 529A		C+	(800) 426-3750	C+ / 6.5	6.90	11.81	18.83 /51	15.70 /72	--	0.00	1.51
MC	Columbia Mid Cap Growth 529B		C+	(800) 426-3750	C+ / 6.9	6.70	11.42	17.93 /44	14.82 /68	--	0.00	2.26
MC	Columbia Mid Cap Growth 529C		C+	(800) 426-3750	C+ / 6.9	6.64	11.43	17.87 /44	14.80 /67	--	0.00	2.26
MC	Columbia Mid Cap Growth 529Z		B	(800) 426-3750	B- / 7.5	6.94	11.99	19.10 /53	16.02 /74	--	0.00	1.26
MC	Columbia Mid Cap Growth Fund A	CBSAX	C+	(800) 426-3750	C+ / 6.8	7.01	12.02	19.11 /53	16.00 /74	11.72 /51	0.00	1.26
MC	Columbia Mid Cap Growth Fund B	CBSBX	C+	(800) 426-3750	B- / 7.1	6.78	11.59	18.20 /46	15.14 /69	10.95 /43	0.00	2.01
MC	Columbia Mid Cap Growth Fund C	CMCCX	C+	(800) 426-3750	B- / 7.1	6.77	11.57	18.21 /47	15.13 /69	10.99 /43	0.00	2.01
MC	● Columbia Mid Cap Growth Fund D	CBSDX	C+	(800) 426-3750	B- / 7.1	6.78	11.58	18.23 /47	15.13 /69	10.96 /43	0.00	2.01
MC	Columbia Mid Cap Growth Fund G	CBSGX	C+	(800) 426-3750	B- / 7.1	6.80	11.62	18.24 /47	15.19 /70	10.90 /42	0.00	1.96
MC	Columbia Mid Cap Growth Fund T	CBSTX	C+	(800) 426-3750	C+ / 6.7	6.97	11.97	19.04 /53	15.95 /74	--	0.00	1.31
MC	Columbia Mid Cap Growth Fund Z	CLSPX	C+	(800) 426-3750	B / 7.6	7.03	12.14	19.39 /55	16.28 /75	12.07 /54	0.15	1.01
MC	Columbia Mid Cap Index Fund A	NTIAX	C+	(800) 426-3750	C+ / 6.9	5.79	11.82	18.10 /46	14.80 /67	13.69 /67	0.74	0.47
MC	Columbia Mid Cap Index Fund Z	NMPAX	C+	(800) 426-3750	B- / 7.0	5.79	11.92	18.32 /47	15.05 /69	13.97 /69	1.06	0.22
MC	Columbia Mid Cap Value Fd 529A		A-	(800) 426-3750	B- / 7.1	6.19	12.40	23.57 /79	16.03 /74	--	0.00	1.39
MC	Columbia Mid Cap Value Fd 529B		A	(800) 426-3750	B- / 7.4	6.06	12.02	22.67 /76	15.16 /70	--	0.00	2.14
MC	Columbia Mid Cap Value Fd 529C		A	(800) 426-3750	B- / 7.5	6.07	12.10	22.77 /76	15.18 /70	--	0.00	2.14
MC	Columbia Mid Cap Value Fd 529Z		A+	(800) 426-3750	B / 7.8	5.97	12.28	23.61 /79	16.25 /75	--	0.00	1.14
MC	Columbia Mid Cap Value Fd A	CMUAX	B+	(800) 426-3750	B+ / 8.3	6.29	12.61	23.99 /80	19.61 /84	16.67 /84	0.57	1.11
MC	Columbia Mid Cap Value Fd B	CMUBX	B+	(800) 426-3750	B+ / 8.4	6.07	12.21	23.02 /77	18.69 /82	15.80 /80	0.07	1.86
MC	Columbia Mid Cap Value Fd C	CMUCX	B+	(800) 426-3750	B+ / 8.4	6.11	12.24	23.10 /77	18.72 /82	15.80 /80	0.07	1.86
MC	Columbia Mid Cap Value Fd Z	NAMAX	B+	(800) 426-3750	B+ / 8.7	6.35	12.73	24.26 /81	19.89 /85	16.93 /85	0.88	0.87
MC	Columbia Mid Cap Value NY 529A		A-	(800) 426-3750	B- / 7.2	6.18	12.43	23.53 /79	16.06 /74	--	0.00	1.44
MC	Columbia Mid Cap Value NY 529B		A	(800) 426-3750	B- / 7.4	6.02	11.97	22.67 /76	15.17 /70	--	0.00	2.19
MC	Columbia Mid Cap Value NY 529C		A	(800) 426-3750	B- / 7.5	6.01	12.03	22.72 /76	15.22 /70	--	0.00	2.19
MC	Columbia Mid Cap Value NY 529Z		A+	(800) 426-3750	B / 7.9	6.31	12.58	23.86 /80	16.38 /76	--	0.00	1.19
AA	Columbia Mod Gr Asset Alloc 529A		C-	(800) 426-3750	D- / 1.1	3.72	5.42	14.40 /23	8.66 /18	--	0.00	1.30
AA	Columbia Mod Gr Asset Alloc 529B		C-	(800) 426-3750	D- / 1.4	3.54	5.06	13.56 /19	7.87 /13	--	0.00	2.05
AA	Columbia Mod Gr Asset Alloc 529C		C-	(800) 426-3750	D- / 1.4	3.54	5.14	13.55 /19	7.86 /13	--	0.00	2.05
AA	Columbia Mod Gr Asset Alloc 529Z		C	(800) 426-3750	D / 2.0	3.74	5.58	14.72 /24	8.97 /20	--	0.00	1.05
GI	Columbia Moderate Gr NY 529A		C-	(800) 426-3750	D- / 1.0	3.48	5.05	13.62 /19	8.81 /19	--	0.00	1.46
GI	Columbia Moderate Gr NY 529B		C-	(800) 426-3750	D- / 1.3	3.23	4.59	12.71 /15	7.99 /14	--	0.00	2.21
GI	Columbia Moderate Gr NY 529C		C-	(800) 426-3750	D- / 1.3	3.24	4.68	12.72 /15	8.00 /14	--	0.00	2.21
GI	Columbia Moderate Gr NY 529Z		C	(800) 426-3750	D / 1.9	3.52	5.17	13.86 /20	9.09 /21	--	0.00	1.07
FO	Columbia Multi Adv Intl Eq Fd A	NIIAX	B	(800) 426-3750	B / 8.2	6.65	8.69	24.94 /83	20.63 /86	15.83 /80	0.80	1.14
FO	Columbia Multi Adv Intl Eq Fd B	NIENX	B	(800) 426-3750	B+ / 8.4	6.42	8.22	24.01 /80	19.74 /84	14.77 /75	0.39	1.89
FO	Columbia Multi Adv Intl Eq Fd C	NITRX	B	(800) 426-3750	B+ / 8.4	6.43	8.24	23.97 /80	19.76 /84	15.10 /77	0.39	1.89
FO	Columbia Multi Adv Intl Eq Fd Z	NIEQX	B+	(800) 426-3750	B+ / 8.6	6.69	8.77	25.23 /83	20.94 /87	15.92 /81	0.99	0.89
GL	Columbia Oppenheimer Global 529A		B+	(800) 426-3750	B- / 7.5	7.18	8.12	22.08 /73	17.91 /80	--	0.00	1.36

● Denotes fund is closed to new investors
* Denotes fund is included in Section II

www.thestreet.com/ratings

I. Index of Stock Mutual Funds

Summer 2007

RISK			NET ASSETS		ASSET				Portfolio Turnover Ratio	BULL / BEAR		FUND MANAGER		MINIMUMS		LOADS	
	3 Year		NAV							Last Bull	Last Bear	Manager	Manager	Initial	Additional	Front	Back
Risk	Standard		As of	Total	Cash	Stocks	Bonds	Other		Market	Market	Quality	Tenure	Purch.	Purch.	End	End
Rating/Pts	Deviation	Beta	6/30/07	$(Mil)	%	%	%	%		Return	Return	Pct	(Years)	$	$	Load	Load
B- / 7.3	9.7	1.16	21.68	2,194	0	99	0	1	62.0	88.2	-8.0	30	N/A	2,500	50	0.0	0.0
B- / 7.6	9.4	1.14	11.42	5	0	100	0	0	62.0	N/A	N/A	5	N/A	1,000	50	5.8	0.0
B- / 7.6	9.4	1.14	11.13	1	0	100	0	0	62.0	N/A	N/A	3	N/A	1,000	50	0.0	0.0
B- / 7.6	9.5	1.15	11.13	5	0	100	0	0	62.0	N/A	N/A	3	N/A	1,000	50	0.0	0.0
B- / 7.7	9.4	1.14	11.51	N/A	0	100	0	0	62.0	N/A	N/A	5	N/A	1,000	50	0.0	0.0
C / 5.1	11.3	1.16	15.71	528	4	95	0	1	118.0	176.5	-11.4	13	N/A	2,500	50	5.8	2.0
C / 5.0	11.3	1.16	15.00	45	4	95	0	1	118.0	167.6	-11.5	10	N/A	2,500	50	0.0	2.0
C / 5.0	11.3	1.16	15.00	99	4	95	0	1	118.0	167.8	-11.5	10	N/A	2,500	50	0.0	2.0
B- / 7.4	11.4	1.17	15.69	3	4	95	0	1	118.0	175.6	-11.4	12	N/A	0	0	0.0	2.0
C / 5.2	11.3	1.16	15.93	2,519	4	95	0	1	118.0	179.3	-11.3	15	N/A	2,500	50	0.0	2.0
U /	N/A	N/A	10.94	61	0	66	33	1	2.0	N/A	N/A	N/A	1	2,500	50	5.8	0.0
U /	N/A	N/A	12.35	93	0	99	0	1	1.0	N/A	N/A	N/A	1	2,500	50	5.8	2.0
U /	N/A	N/A	12.29	25	0	99	0	1	1.0	N/A	N/A	N/A	1	2,500	50	0.0	2.0
U /	N/A	N/A	12.37	54	0	99	0	1	1.0	N/A	N/A	N/A	1	2,500	50	0.0	2.0
C+ / 6.8	13.6	1.24	18.74	N/A	2	97	0	1	67.0	N/A	N/A	28	N/A	1,000	50	5.8	0.0
C+ / 6.8	13.6	1.23	18.15	N/A	2	97	0	1	67.0	N/A	N/A	23	N/A	1,000	50	0.0	0.0
C+ / 6.8	13.6	1.24	18.14	N/A	2	97	0	1	67.0	N/A	N/A	23	N/A	1,000	50	0.0	0.0
C+ / 6.8	13.6	1.24	18.96	N/A	2	97	0	1	67.0	N/A	N/A	31	N/A	1,000	50	0.0	0.0
C+ / 5.8	13.6	1.23	27.77	50	3	96	0	1	67.0	109.0	-7.4	31	1	2,500	50	5.8	0.0
C+ / 5.8	13.6	1.23	26.76	20	3	96	0	1	67.0	102.4	-7.5	25	1	2,500	50	0.0	0.0
C+ / 5.8	13.6	1.23	26.81	7	3	96	0	1	67.0	102.8	-7.5	25	1	2,500	50	0.0	0.0
C+ / 5.8	13.6	1.23	26.78	N/A	3	96	0	1	67.0	102.6	-7.5	25	1	2,500	50	0.0	0.0
C+ / 5.8	13.6	1.23	26.70	1	3	96	0	1	67.0	101.8	-7.5	25	1	2,500	50	0.0	0.0
C+ / 5.8	13.6	1.23	27.79	30	3	96	0	1	67.0	109.0	-7.3	31	1	2,500	50	5.8	0.0
C+ / 5.9	13.6	1.23	28.18	1,496	3	96	0	1	67.0	111.9	-7.2	33	1	2,500	50	0.0	0.0
C+ / 6.3	10.5	1.00	13.18	58	N/A	N/A	0	N/A	24.0	133.1	-9.3	49	7	2,500	50	0.0	0.0
C+ / 6.2	10.5	1.01	13.16	2,133	N/A	N/A	0	N/A	24.0	135.6	-9.2	51	7	2,500	50	0.0	0.0
B / 8.4	8.6	0.79	20.76	1	N/A	100	0	N/A	41.0	N/A	N/A	86	N/A	1,000	50	5.8	0.0
B / 8.4	8.6	0.79	20.13	1	N/A	100	0	N/A	41.0	N/A	N/A	80	N/A	1,000	50	0.0	0.0
B / 8.4	8.6	0.80	20.11	1	N/A	100	0	N/A	41.0	N/A	N/A	80	N/A	1,000	50	0.0	0.0
B / 8.4	8.6	0.79	20.94	N/A	N/A	100	0	N/A	41.0	N/A	N/A	87	N/A	1,000	50	0.0	0.0
C+ / 6.7	8.6	0.78	15.67	1,588	N/A	100	0	N/A	41.0	166.2	-7.7	96	N/A	2,500	50	5.8	0.0
C+ / 6.7	8.6	0.79	15.39	252	N/A	100	0	N/A	41.0	157.7	-7.8	95	N/A	2,500	50	0.0	0.0
C+ / 6.7	8.5	0.78	15.45	315	N/A	100	0	N/A	41.0	157.7	-7.8	95	N/A	2,500	50	0.0	0.0
C+ / 6.7	8.5	0.78	15.69	2,012	N/A	100	0	N/A	41.0	169.1	-7.7	96	N/A	2,500	50	0.0	0.0
B / 8.5	8.6	0.79	17.01	6	N/A	100	0	N/A	41.0	N/A	N/A	86	N/A	1,000	50	5.8	0.0
B / 8.5	8.6	0.79	16.56	2	N/A	100	0	N/A	41.0	N/A	N/A	81	N/A	1,000	50	0.0	0.0
B / 8.5	8.6	0.79	16.58	3	N/A	100	0	N/A	41.0	N/A	N/A	81	N/A	1,000	50	0.0	0.0
B / 8.5	8.6	0.79	17.18	N/A	N/A	100	0	N/A	41.0	N/A	N/A	87	N/A	1,000	50	0.0	0.0
B+ / 9.7	5.2	1.12	14.78	6	0	0	0	100	N/A	N/A	N/A	45	4	1,000	50	5.8	0.0
B+ / 9.7	5.2	1.13	14.32	10	0	0	0	100	N/A	N/A	N/A	35	4	1,000	50	0.0	0.0
B+ / 9.7	5.2	1.13	14.33	3	0	0	0	100	N/A	N/A	N/A	35	4	1,000	50	0.0	0.0
B+ / 9.7	5.2	1.13	14.96	2	0	0	0	100	N/A	N/A	N/A	49	4	1,000	50	0.0	0.0
B+ / 9.8	5.0	0.64	13.10	85	0	0	0	100	N/A	N/A	N/A	55	4	1,000	50	5.8	0.0
B+ / 9.8	5.0	0.65	12.77	42	0	0	0	100	N/A	N/A	N/A	42	4	1,000	50	0.0	0.0
B+ / 9.8	5.0	0.64	12.76	48	0	0	0	100	N/A	N/A	N/A	43	4	1,000	50	0.0	0.0
B+ / 9.8	5.0	0.64	13.23	1	0	0	0	100	N/A	N/A	N/A	58	4	1,000	50	0.0	0.0
C+ / 6.3	9.8	1.03	18.09	46	2	96	0	2	74.0	161.7	-10.6	26	N/A	2,500	50	5.8	0.0
C+ / 6.2	9.8	1.04	16.70	5	2	96	0	2	74.0	153.7	-10.8	20	N/A	2,500	50	0.0	2.0
C+ / 6.2	9.8	1.03	16.52	4	2	96	0	2	74.0	157.4	-10.8	21	N/A	2,500	50	0.0	2.0
C+ / 6.3	9.8	1.03	18.30	2,592	2	96	0	2	74.0	164.4	-10.5	28	N/A	2,500	50	0.0	2.0
B- / 7.7	10.3	1.00	23.44	1	0	0	0	100	N/A	N/A	N/A	15	4	1,000	50	5.8	0.0

www.thestreet.com/ratings

Data as of June 30, 2007

I. Index of Stock Mutual Funds

Summer 2007

99 Pct = Best
0 Pct = Worst

Fund Type	Fund Name	Ticker Symbol	Overall Investment Rating	Phone	Performance Rating/Pts	3 Mo	6 Mo	1Yr / Pct	3Yr / Pct	5Yr / Pct	Dividend Yield	Expense Ratio
GL	Columbia Oppenheimer Global 529B		B+	(800) 426-3750	B / 7.7	6.96	7.73	21.16 / 68	17.03 / 78	--	0.00	2.11
GL	Columbia Oppenheimer Global 529C		B+	(800) 426-3750	B / 7.7	6.97	7.73	21.17 / 68	17.02 / 78	--	0.00	2.11
GL	Columbia Oppenheimer Global 529Z		A	(800) 426-3750	B / 8.2	7.23	8.26	22.38 / 74	18.25 / 81	--	0.00	1.11
GR	Columbia Oppenheimer Main St.		C	(800) 426-3750	D+ / 2.8	6.29	6.63	18.65 / 49	10.86 / 35	--	0.00	1.08
GR	Columbia Oppenheimer Main St.		C	(800) 426-3750	C- / 3.2	6.14	6.21	17.77 / 43	10.03 / 28	--	0.00	1.83
GR	Columbia Oppenheimer Main St.		C	(800) 426-3750	C- / 3.2	6.08	6.22	17.78 / 43	10.01 / 28	--	0.00	1.83
GR	Columbia Oppenheimer Main St.		C+	(800) 426-3750	C- / 4.2	6.39	6.80	19.00 / 52	11.23 / 38	--	0.00	0.83
GR	Columbia Prem Classic Val NY 529A		C+	(800) 426-3750	C- / 3.5	5.88	5.58	20.50 / 63	12.03 / 46	--	0.00	1.90
GR	Columbia Prem Classic Val NY 529B		C+	(800) 426-3750	C- / 4.1	5.72	5.25	19.68 / 57	11.23 / 38	--	0.00	2.65
GR	Columbia Prem Classic Val NY 529C		C+	(800) 426-3750	C- / 4.0	5.73	5.26	19.61 / 57	11.22 / 38	--	0.00	2.65
GR	Columbia Prem Classic Val NY 529Z		B	(800) 426-3750	C / 5.1	5.98	5.75	20.77 / 65	12.29 / 48	--	0.00	1.65
GL	Columbia Prem Global Alloc NY 529A		C	(800) 426-3750	D / 1.9	3.39	4.37	14.27 / 22	11.21 / 38	--	0.00	1.83
GL	Columbia Prem Global Alloc NY 529B		C	(800) 426-3750	D+ / 2.3	3.18	3.95	13.43 / 18	10.33 / 30	--	0.00	2.58
GL	Columbia Prem Global Alloc NY 529C		C	(800) 426-3750	D+ / 2.3	3.26	4.03	13.51 / 18	10.39 / 31	--	0.00	2.58
GL	Columbia Prem Global Alloc NY 529Z		C+	(800) 426-3750	C- / 3.1	3.44	4.49	14.52 / 23	11.46 / 40	--	0.00	1.58
GR	Columbia Prem Lg Cap Val NY 529A		B	(800) 426-3750	C+ / 6.6	6.32	8.88	18.33 / 47	16.64 / 76	--	0.00	1.81
GR	Columbia Prem Lg Cap Val NY 529B		B+	(800) 426-3750	B- / 7.0	6.09	8.43	17.42 / 41	15.75 / 73	--	0.00	2.56
GR	Columbia Prem Lg Cap Val NY 529C		B	(800) 426-3750	C+ / 6.9	6.10	8.44	17.36 / 40	15.74 / 73	--	0.00	2.56
GR	Columbia Prem Lg Cap Val NY 529Z		A-	(800) 426-3750	B / 7.6	6.39	9.01	18.56 / 49	16.92 / 77	--	0.00	1.56
AG	Columbia Premiere Agg Gr NY 529A		D	(800) 426-3750	D / 1.6	6.22	4.38	12.53 / 15	10.14 / 29	--	0.00	1.76
AG	Columbia Premiere Agg Gr NY 529B		D+	(800) 426-3750	D / 1.9	5.99	3.94	11.54 / 12	9.27 / 23	--	0.00	2.51
AG	Columbia Premiere Agg Gr NY 529C		D+	(800) 426-3750	D / 1.9	6.06	4.02	11.60 / 12	9.29 / 23	--	0.00	2.51
AG	Columbia Premiere Agg Gr NY 529Z		C-	(800) 426-3750	D+ / 2.6	6.25	4.50	12.69 / 15	10.36 / 31	--	0.00	1.51
FO	Columbia Premiere Intl Eq NY 529A		A-	(800) 426-3750	B- / 7.3	5.58	7.96	20.15 / 61	18.33 / 81	--	0.00	1.86
FO	Columbia Premiere Intl Eq NY 529B		A-	(800) 426-3750	B / 7.6	5.34	7.50	19.27 / 54	17.42 / 79	--	0.00	2.61
FO	Columbia Premiere Intl Eq NY 529C		A-	(800) 426-3750	B / 7.6	5.41	7.58	19.30 / 55	17.37 / 79	--	0.00	2.61
FO	Columbia Premiere Intl Eq NY 529Z		A+	(800) 426-3750	B / 8.1	5.66	8.09	20.46 / 63	18.57 / 82	--	0.00	1.61
RE	Columbia Real Estate Equity A	CREAX	E-	(800) 426-3750	C- / 3.2	-10.74	-8.79	7.94 / 4	17.09 / 78	16.35 / 82	1.04	1.32
RE	Columbia Real Estate Equity B	CREBX	E-	(800) 426-3750	C- / 3.7	-10.93	-9.13	7.15 / 3	16.22 / 75	15.57 / 79	0.39	1.97
RE	Columbia Real Estate Equity C	CRECX	E-	(800) 426-3750	C- / 3.7	-10.91	-9.14	7.15 / 3	16.22 / 75	15.56 / 79	0.39	1.97
RE	● Columbia Real Estate Equity D	CREDX	E-	(800) 426-3750	C- / 3.7	-10.94	-9.13	7.15 / 3	16.22 / 75	15.58 / 79	0.39	1.97
RE	Columbia Real Estate Equity Fd 529A		D-	(800) 426-3750	D+ / 2.9	-10.82	-8.96	7.63 / 4	16.75 / 77	--	0.00	1.48
RE	Columbia Real Estate Equity Fd 529B		D-	(800) 426-3750	C- / 3.4	-11.00	-9.26	6.81 / 3	15.90 / 73	--	0.00	2.23
RE	Columbia Real Estate Equity Fd 529C		D-	(800) 426-3750	C- / 3.4	-11.01	-9.22	6.82 / 3	15.88 / 73	--	0.00	2.23
RE	Columbia Real Estate Equity Fd 529Z		D+	(800) 426-3750	C / 4.5	-10.74	-8.79	7.97 / 4	17.11 / 78	--	0.00	1.24
RE	Columbia Real Estate Equity Z	CREEX	E-	(800) 426-3750	C / 4.8	-10.72	-8.67	8.21 / 4	17.39 / 79	16.68 / 84	1.31	0.97
SC	Columbia Small Cap Core 529A		C	(800) 426-3750	C / 4.6	6.32	9.05	18.57 / 49	13.29 / 57	--	0.00	1.43
SC	Columbia Small Cap Core 529B		C+	(800) 426-3750	C / 5.2	6.13	8.64	17.71 / 43	12.46 / 49	--	0.00	2.18
SC	Columbia Small Cap Core 529C		C+	(800) 426-3750	C / 5.2	6.12	8.75	17.83 / 44	12.47 / 50	--	0.00	2.18
SC	Columbia Small Cap Core 529Z		B-	(800) 426-3750	C+ / 6.2	6.41	9.24	18.96 / 52	13.65 / 59	--	0.00	1.18
SC	● Columbia Small Cap Core Fd A	LSMAX	C-	(800) 426-3750	C / 4.9	6.47	9.22	18.94 / 52	13.64 / 59	12.92 / 61	0.00	1.21
SC	● Columbia Small Cap Core Fd B	LSMBX	C	(800) 426-3750	C / 5.5	6.28	8.83	18.07 / 46	12.78 / 52	12.04 / 54	0.00	1.96
SC	● Columbia Small Cap Core Fd C	LSMCX	C	(800) 426-3750	C / 5.5	6.27	8.82	18.11 / 46	12.78 / 52	--	0.00	1.96
SC	● Columbia Small Cap Core Fd G	GBSMX	C	(800) 426-3750	C / 5.5	6.23	8.80	18.12 / 46	12.83 / 53	12.05 / 54	0.00	1.91
SC	● Columbia Small Cap Core Fd T	SSCEX	C-	(800) 426-3750	C / 4.9	6.44	9.16	18.86 / 51	13.55 / 59	12.83 / 61	0.00	1.26
SC	● Columbia Small Cap Core Fd Z	SMCEX	C+	(800) 426-3750	C+ / 6.4	6.47	9.35	19.25 / 54	13.91 / 61	13.20 / 63	0.00	0.96
SC	Columbia Small Cap Core NY 529A		C	(800) 426-3750	C / 4.6	6.32	9.01	18.62 / 49	13.28 / 57	--	0.00	1.45
SC	Columbia Small Cap Core NY 529B		C+	(800) 426-3750	C / 5.2	6.19	8.63	17.69 / 43	12.45 / 49	--	0.00	2.20
SC	Columbia Small Cap Core NY 529C		C+	(800) 426-3750	C / 5.2	6.11	8.63	17.77 / 43	12.44 / 49	--	0.00	2.20
SC	Columbia Small Cap Core NY 529Z		B-	(800) 426-3750	C+ / 6.1	6.39	9.21	18.92 / 52	13.58 / 59	--	0.00	1.20
SC	Columbia Small Cap Growth Fd I A	CGOAX	C+	(800) 426-3750	B- / 7.0	8.72	13.04	18.24 / 47	16.25 / 75	15.03 / 76	0.00	1.40
SC	Columbia Small Cap Growth Fd I B	CGOBX	B-	(800) 426-3750	B- / 7.5	8.54	12.65	17.43 / 41	15.83 / 73	14.78 / 75	0.00	2.15

● Denotes fund is closed to new investors
* Denotes fund is included in Section II

www.thestreet.com/ratings

I. Index of Stock Mutual Funds

Summer 2007

| RISK | | | NET ASSETS | | ASSET | | | | Portfolio Turnover Ratio | BULL / BEAR | | FUND MANAGER | | MINIMUMS | | LOADS | |
| | 3 Year | | | | | | | | | | | | | | | | |
Risk Rating/Pts	Standard Deviation	Beta	NAV As of 6/30/07	Total $(Mil)	Cash %	Stocks %	Bonds %	Other %		Last Bull Market Return	Last Bear Market Return	Manager Quality Pct	Manager Tenure (Years)	Initial Purch. $	Additional Purch. $	Front End Load	Back End Load
B- / 7.6	10.3	0.99	22.73	N/A	0	0	0	100	N/A	N/A	N/A	12	4	1,000	50	0.0	0.0
B- / 7.6	10.3	1.00	22.72	N/A	0	0	0	100	N/A	N/A	N/A	11	4	1,000	50	0.0	0.0
B- / 7.7	10.3	1.00	23.73	N/A	0	0	0	100	N/A	N/A	N/A	17	4	1,000	50	0.0	0.0
B / 8.8	7.4	1.00	16.73	1	0	0	0	100	N/A	N/A	N/A	42	4	1,000	50	5.8	0.0
B / 8.6	7.4	1.00	16.24	N/A	0	0	0	100	N/A	N/A	N/A	34	4	1,000	50	0.0	0.0
B / 8.6	7.5	1.00	16.23	N/A	0	0	0	100	N/A	N/A	N/A	33	4	1,000	50	0.0	0.0
B / 8.9	7.4	1.00	16.97	N/A	0	0	0	100	N/A	N/A	N/A	48	4	1,000	50	0.0	0.0
B+ / 9.0	7.2	0.94	14.58	1	0	0	0	100	N/A	N/A	N/A	64	4	1,000	50	5.8	0.0
B+ / 9.1	7.2	0.94	14.23	N/A	0	0	0	100	N/A	N/A	N/A	55	4	1,000	50	0.0	0.0
B+ / 9.1	7.2	0.94	14.21	1	0	0	0	100	N/A	N/A	N/A	54	4	1,000	50	0.0	0.0
B+ / 9.0	7.3	0.95	14.71	N/A	0	0	0	100	N/A	N/A	N/A	67	4	1,000	50	0.0	0.0
B+ / 9.6	5.6	0.55	14.33	4	0	0	0	100	N/A	N/A	N/A	27	4	1,000	50	5.8	0.0
B+ / 9.6	5.7	0.55	13.94	1	0	0	0	100	N/A	N/A	N/A	21	4	1,000	50	0.0	0.0
B+ / 9.6	5.5	0.53	13.95	4	0	0	0	100	N/A	N/A	N/A	24	4	1,000	50	0.0	0.0
B+ / 9.6	5.7	0.55	14.43	N/A	0	0	0	100	N/A	N/A	N/A	28	4	1,000	50	0.0	0.0
B / 8.1	10.0	1.17	17.17	8	0	0	0	100	52.0	N/A	N/A	86	4	1,000	50	5.8	0.0
B / 8.1	10.0	1.17	16.72	2	0	0	0	100	52.0	N/A	N/A	81	4	1,000	50	0.0	0.0
B / 8.1	10.0	1.18	16.70	4	0	0	0	100	52.0	N/A	N/A	81	4	1,000	50	0.0	0.0
B / 8.1	10.1	1.17	17.31	N/A	0	0	0	100	52.0	N/A	N/A	87	4	1,000	50	0.0	0.0
B- / 7.7	10.5	1.24	13.83	4	0	0	0	100	N/A	N/A	N/A	20	4	1,000	50	5.8	0.0
B- / 7.7	10.5	1.24	13.44	1	0	0	0	100	N/A	N/A	N/A	15	4	1,000	50	0.0	0.0
B- / 7.7	10.5	1.24	13.47	2	0	0	0	100	N/A	N/A	N/A	15	4	1,000	50	0.0	0.0
B- / 7.7	10.5	1.24	13.94	N/A	0	0	0	100	N/A	N/A	N/A	21	4	1,000	50	0.0	0.0
B / 8.1	9.0	0.94	17.23	9	0	0	0	100	N/A	N/A	N/A	23	4	1,000	50	5.8	0.0
B / 8.0	9.1	0.95	16.77	2	0	0	0	100	N/A	N/A	N/A	17	4	1,000	50	0.0	0.0
B / 8.0	9.1	0.95	16.75	5	0	0	0	100	N/A	N/A	N/A	17	4	1,000	50	0.0	0.0
B / 8.1	9.1	0.95	17.37	N/A	0	0	0	100	N/A	N/A	N/A	24	4	1,000	50	0.0	0.0
E- / 0.0	14.4	0.97	20.74	39	1	98	0	1	10.0	159.6	-0.7	38	1	2,500	50	5.8	0.0
E- / 0.0	14.4	0.97	20.80	11	1	98	0	1	10.0	151.5	-0.8	30	1	2,500	50	0.0	0.0
E- / 0.0	14.4	0.97	20.77	7	1	98	0	1	10.0	151.4	-0.8	30	1	2,500	50	0.0	0.0
E- / 0.0	14.4	0.97	20.79	2	1	98	0	1	10.0	151.7	-0.9	31	1	2,500	50	0.0	0.0
C / 5.1	14.4	0.97	21.02	N/A	0	99	0	1	10.0	N/A	N/A	35	N/A	1,000	50	5.8	0.0
C / 5.1	14.4	0.97	20.38	N/A	0	99	0	1	10.0	N/A	N/A	28	N/A	1,000	50	0.0	0.0
C / 5.1	14.4	0.97	20.37	N/A	0	99	0	1	10.0	N/A	N/A	28	N/A	1,000	50	0.0	0.0
C / 5.1	14.4	0.97	21.28	N/A	0	99	0	1	10.0	N/A	N/A	39	N/A	1,000	50	0.0	0.0
E- / 0.0	14.4	0.97	20.75	422	1	98	0	1	10.0	162.8	-0.6	42	1	2,500	50	0.0	0.0
B- / 7.5	11.3	0.83	20.37	1	5	94	0	1	14.0	N/A	N/A	72	N/A	1,000	50	5.8	0.0
B- / 7.5	11.3	0.83	19.74	1	5	94	0	1	14.0	N/A	N/A	63	N/A	1,000	50	0.0	0.0
B- / 7.5	11.3	0.83	19.76	N/A	5	94	0	1	14.0	N/A	N/A	63	N/A	1,000	50	0.0	0.0
B- / 7.5	11.3	0.83	20.58	N/A	5	94	0	1	14.0	N/A	N/A	75	N/A	1,000	50	0.0	0.0
C+ / 6.1	11.3	0.83	20.74	190	2	96	0	2	14.0	129.0	-7.1	75	15	2,500	50	5.8	0.0
C+ / 5.9	11.3	0.83	19.47	39	2	96	0	2	14.0	121.7	-7.3	66	15	2,500	50	0.0	0.0
C+ / 5.9	11.3	0.83	19.49	46	2	96	0	2	14.0	121.7	-7.2	66	15	2,500	50	0.0	0.0
C+ / 5.9	11.3	0.83	19.28	6	2	96	0	2	14.0	122.1	-7.4	67	15	2,500	50	0.0	0.0
C+ / 6.1	11.3	0.83	20.50	141	2	96	0	2	14.0	128.4	-7.2	75	15	2,500	50	5.8	0.0
C+ / 6.2	11.3	0.83	21.06	901	2	96	0	2	14.0	131.5	-7.1	78	15	2,500	50	0.0	0.0
B- / 7.5	11.3	0.83	15.48	4	5	94	0	1	14.0	N/A	N/A	72	N/A	1,000	50	5.8	0.0
B- / 7.5	11.3	0.83	15.10	1	5	94	0	1	14.0	N/A	N/A	63	N/A	1,000	50	0.0	0.0
B- / 7.5	11.3	0.83	15.11	2	5	94	0	1	14.0	N/A	N/A	62	N/A	1,000	50	0.0	0.0
B- / 7.5	11.3	0.83	15.65	N/A	5	94	0	1	14.0	N/A	N/A	75	N/A	1,000	50	0.0	0.0
C+ / 6.0	15.4	1.08	31.91	15	2	97	0	1	109.0	141.5	-7.1	75	N/A	2,500	50	5.8	0.0
C+ / 6.1	15.4	1.08	31.52	1	2	97	0	1	109.0	139.0	-7.1	71	N/A	2,500	50	0.0	0.0

www.thestreet.com/ratings

Data as of June 30, 2007

I. Index of Stock Mutual Funds

Summer 2007

					PERFORMANCE						
	99 Pct = Best 0 Pct = Worst		Overall		Perfor-	Total Return % through 6/30/07					Incl. in Returns	
Fund		Ticker	Investment		mance				Annualized		Dividend	Expense
Type	Fund Name	Symbol	Rating	Phone	Rating/Pts	3 Mo	6 Mo	1Yr / Pct	3Yr / Pct	5Yr / Pct	Yield	Ratio
SC	Columbia Small Cap Growth Fd I C	CGOCX	B-	(800) 426-3750	B- / 7.5	8.51	12.62	17.39 /41	15.81 /73	14.77 /75	0.00	2.15
SC	● Columbia Small Cap Growth Fd I Z	CMSCX	C	(800) 426-3750	B / 7.8	8.79	13.20	18.55 /49	16.43 /76	15.13 /77	0.00	1.15
SC	Columbia Small Cap Growth Fund II	NSCGX	E	(800) 426-3750	C- / 4.0	7.96	12.02	14.48 /23	12.43 /49	10.64 /40	0.00	1.23
SC	Columbia Small Cap Growth Fund II	NCPBX	E	(800) 426-3750	C / 4.6	7.74	11.67	13.65 /19	11.61 /42	9.81 /31	0.00	1.98
SC	Columbia Small Cap Growth Fund II	NCPCX	E	(800) 426-3750	C / 4.6	7.74	11.69	13.62 /19	11.59 /42	9.81 /31	0.00	1.98
SC	Columbia Small Cap Growth Fund II	PSCPX	E+	(800) 426-3750	C+ / 5.6	8.00	12.24	14.86 /25	12.73 /52	10.93 /43	0.00	0.98
IX	Columbia Small Cap Index Fd A	NMSAX	C	(800) 426-3750	C+ / 5.7	5.13	8.40	15.64 /30	13.95 /62	13.78 /68	0.37	0.45
IX	Columbia Small Cap Index Fd Z	NMSCX	C	(800) 426-3750	C+ / 5.9	5.20	8.51	15.89 /31	14.25 /64	14.06 /70	0.62	0.20
SC	Columbia Small Cap Value Fund I A	CSMIX	C-	(800) 426-3750	C / 4.5	4.09	6.69	16.63 /36	14.59 /66	15.33 /78	0.03	1.29
SC	Columbia Small Cap Value Fund I B	CSSBX	C-	(800) 426-3750	C / 5.1	3.87	6.28	15.74 /30	13.73 /60	14.46 /73	0.00	2.04
SC	Columbia Small Cap Value Fund I C	CSSCX	C-	(800) 426-3750	C / 5.1	3.87	6.26	15.74 /30	13.74 /60	14.46 /73	0.00	2.04
SC	Columbia Small Cap Value Fund I Z	CSCZX	C	(800) 426-3750	C+ / 6.1	4.15	6.81	16.93 /38	14.90 /68	15.66 /80	0.23	1.04
SC	Columbia Small Cap Value Fund II A	COVAX	C+	(800) 426-3750	C+ / 6.8	6.55	10.32	17.75 /43	16.81 /77	16.24 /82	0.11	1.27
SC	Columbia Small Cap Value Fund II B	COVBX	C+	(800) 426-3750	B- / 7.1	6.34	9.90	16.84 /37	15.94 /74	15.34 /78	0.00	2.02
SC	Columbia Small Cap Value Fund II C	COVCX	C+	(800) 426-3750	B- / 7.1	6.34	9.91	16.85 /37	15.92 /73	15.35 /78	0.00	2.02
SC	Columbia Small Cap Value Fund II Z	NSVAX	B-	(800) 426-3750	B / 7.7	6.58	10.41	17.99 /45	17.08 /78	16.51 /83	0.34	1.02
GR	Columbia Strategic Investor Fund A	CSVAX	C-	(800) 426-3750	C / 4.7	7.02	8.36	20.37 /62	13.00 /54	13.24 /64	0.38	1.24
GR	Columbia Strategic Investor Fund B	CSVBX	C	(800) 426-3750	C / 5.2	6.87	7.96	19.53 /56	12.17 /47	12.43 /57	0.00	1.99
GR	Columbia Strategic Investor Fund C	CSRCX	C	(800) 426-3750	C / 5.2	6.81	7.96	19.46 /56	12.14 /47	12.43 /57	0.00	1.99
GR	● Columbia Strategic Investor Fund D	CSVDX	C	(800) 426-3750	C / 5.2	6.82	7.91	19.42 /56	12.15 /47	12.41 /57	0.00	1.99
GR	Columbia Strategic Investor Fund Z	CSVFX	C	(800) 426-3750	C+ / 6.2	7.11	8.50	20.66 /65	13.28 /57	13.51 /66	0.66	0.98
TC	Columbia Technology A	CTCAX	D+	(800) 426-3750	C+ / 6.6	9.76	12.36	15.68 /30	16.74 /77	21.17 /93	0.00	1.37
TC	Columbia Technology B	CTCBX	C-	(800) 426-3750	B- / 7.0	9.45	11.90	14.70 /24	15.85 /73	20.27 /92	0.00	2.12
TC	Columbia Technology C	CTHCX	C-	(800) 426-3750	B- / 7.0	9.53	11.98	14.78 /25	15.90 /73	20.33 /92	0.00	2.12
TC	● Columbia Technology D	CTCDX	C-	(800) 426-3750	C+ / 6.8	9.50	11.93	14.71 /24	15.88 /73	20.41 /92	0.00	2.12
TC	Columbia Technology Z	CMTFX	C-	(800) 426-3750	B / 7.6	9.73	12.52	15.93 /31	17.02 /78	21.51 /94	0.00	1.12
GI	Columbia Thermostat A	CTFAX	D-	(800) 426-3750	E+ / 0.9	1.98	4.25	12.58 /15	8.77 /19	--	3.45	1.35
GI	Columbia Thermostat B	CTFBX	D-	(800) 426-3750	D- / 1.2	1.81	3.99	11.95 /13	8.16 /15	--	2.88	1.88
GI	Columbia Thermostat C	CTFDX	D-	(800) 426-3750	D- / 1.1	1.73	3.83	11.66 /12	7.97 /14	--	2.70	2.15
GI	Columbia Thermostat NY 529A		C-	(800) 426-3750	E+ / 0.7	1.81	4.02	12.13 /14	8.47 /17	--	0.00	0.80
GI	Columbia Thermostat NY 529B		C-	(800) 426-3750	D- / 1.0	1.77	3.78	11.46 /12	7.69 /12	--	0.00	1.55
GI	Columbia Thermostat NY 529C		C-	(800) 426-3750	E+ / 0.9	1.61	3.61	11.29 /11	7.64 /12	--	0.00	1.55
GI	Columbia Thermostat NY 529Z		C	(800) 426-3750	D- / 1.4	1.95	4.22	12.47 /15	8.75 /19	--	0.00	0.55
GI	Columbia Thermostat Z	COTZX	D	(800) 426-3750	D / 1.6	1.99	4.35	12.79 /16	9.04 /21	--	4.13	1.10
GL	Columbia World Equity Fund A	CGUAX	B-	(800) 426-3750	C+ / 6.9	7.02	8.92	23.41 /78	16.74 /77	14.20 /71	0.94	1.47
GL	Columbia World Equity Fund B	CGUBX	B+	(800) 426-3750	B- / 7.2	6.85	8.46	22.45 /75	15.83 /73	13.36 /65	0.27	2.22
GL	Columbia World Equity Fund C	CGUCX	B+	(800) 426-3750	B- / 7.2	6.80	8.48	22.41 /75	15.83 /73	13.32 /64	0.27	2.22
AA	Commerce Asset Allocation Inst	CAAIX	D-	(800) 995-6365	D / 2.1	2.79	4.67	14.17 /21	9.70 /26	--	1.74	1.98
GI	● Commerce Core Equity Inst	CEFIX	E+	(800) 995-6365	D / 2.0	4.33	4.49	15.50 /29	8.85 /20	7.91 /14	0.57	1.10
GR	Commerce Growth Fd	CFGRX	D+	(800) 995-6365	D / 2.1	5.47	5.67	17.65 /42	8.25 /16	8.33 /17	0.13	1.18
FO	Commerce Intl Equity Fd	CFIEX	B+	(800) 995-6365	B+ / 8.7	7.76	10.79	26.12 /86	20.44 /86	14.03 /70	0.81	2.22
MC	Commerce Mid Cap Growth Fd	CFAGX	C-	(800) 995-6365	C / 4.6	4.10	6.98	16.42 /35	12.66 /51	12.54 /58	0.00	1.23
GI	Commerce Value Fund Inst	CFVLX	B-	(800) 995-6365	C+ / 5.9	4.86	4.73	19.80 /58	14.29 /64	10.06 /34	1.12	1.18
GL	Commonwealth Global Fund	CNGLX	B-	(888) 345-1898	B / 8.1	7.26	11.82	24.31 /81	17.03 /78	--	0.00	2.86
FO	Commonwealth-Australia/New	CNZLX	B	(888) 345-1898	A / 9.4	9.31	14.45	41.11 /97	22.02 /89	20.81 /93	0.28	3.00
FO	Commonwealth-Japan Fund	CNJFX	E-	(888) 345-1898	E- / 0.0	-2.31	0.53	0.73 / 1	2.41 / 1	2.83 / 0	0.00	3.23
RE	Commonwealth-Real Estate	CNREX	B	(888) 345-1898	C+ / 6.5	-0.20	2.27	16.18 /33	16.57 /76	--	0.60	2.97
GR	Concorde Value Fund	CONVX	C-	(800) 294-1699	C- / 3.7	5.69	4.21	17.43 /41	11.31 /39	9.27 /26	0.73	1.70
SC	Conestoga Small Cap Fund	CCASX	D	(800) 344-2716	D+ / 2.3	4.71	7.21	10.29 / 9	10.07 /29	--	0.00	1.32
GR	Constellation Sands Cap Inst Gr Ptf	CISGX	U	(800) 214-6744	U /	4.21	6.94	11.04 /10	--	--	0.00	0.80
IN	Copley Fund	COPLX	B		C+ / 6.3	2.32	7.17	22.76 /76	14.39 /65	9.86 /31	0.00	0.97
BA	CornerCap Balanced Fund	CBLFX	C	(888) 813-8637	D+ / 2.5	4.79	7.03	16.45 /35	9.56 /25	9.63 /29	2.35	1.30

● Denotes fund is closed to new investors
★ Denotes fund is included in Section II

www.thestreet.com/ratings

Summer 2007

I. Index of Stock Mutual Funds

RISK			NET ASSETS		ASSET				Portfolio	BULL / BEAR		FUND MANAGER		MINIMUMS		LOADS	
	3 Year		NAV							Last Bull	Last Bear	Manager	Manager	Initial	Additional	Front	Back
Risk	Standard		As of	Total	Cash	Stocks	Bonds	Other	Turnover	Market	Market	Quality	Tenure	Purch.	Purch.	End	End
Rating/Pts	Deviation	Beta	6/30/07	$(Mil)	%	%	%	%	Ratio	Return	Return	Pct	(Years)	$	$	Load	Load
C+ / 6.1	15.4	1.08	31.51	2	2	97	0	1	109.0	139.0	-7.1	71	N/A	2,500	50	0.0	0.0
C- / 4.0	15.4	1.08	32.07	223	2	97	0	1	109.0	142.5	-7.1	77	N/A	2,500	50	0.0	0.0
D / 1.7	14.9	1.06	14.25	217	2	97	0	1	117.0	116.3	-10.8	34	10	2,500	50	5.8	0.0
D- / 1.5	14.9	1.06	12.93	13	2	97	0	1	117.0	109.6	-10.9	27	10	2,500	50	0.0	0.0
D / 1.6	15.0	1.06	13.20	5	2	97	0	1	117.0	109.7	-10.9	27	10	2,500	50	0.0	0.0
D / 1.7	14.9	1.06	14.77	403	2	97	0	1	117.0	118.7	-10.7	37	10	2,500	50	0.0	0.0
C+ / 5.8	12.6	1.42	22.96	54	2	97	0	1	20.0	144.1	-9.9	38	N/A	2,500	50	0.0	0.0
C+ / 5.7	12.5	1.42	23.04	1,581	2	97	0	1	20.0	146.7	-9.8	41	N/A	2,500	50	0.0	0.0
C+ / 6.1	11.7	0.85	52.17	663	0	99	0	1	118.0	151.9	-10.5	82	5	2,500	50	5.8	0.0
C+ / 5.8	11.7	0.85	44.51	97	0	99	0	1	118.0	144.0	-10.7	74	5	2,500	50	0.0	0.0
C+ / 5.9	11.7	0.85	46.65	88	0	99	0	1	118.0	144.1	-10.7	74	5	2,500	50	0.0	0.0
C+ / 6.2	11.7	0.85	54.24	174	0	99	0	1	118.0	154.7	-10.5	83	5	2,500	50	0.0	0.0
C+ / 6.0	11.2	0.82	14.81	233	5	94	0	1	80.0	161.5	-9.1	93	N/A	2,500	50	5.8	0.0
C+ / 5.9	11.2	0.82	14.28	5	5	94	0	1	80.0	153.2	-9.3	90	N/A	2,500	50	0.0	0.0
C+ / 5.9	11.2	0.82	14.27	29	5	94	0	1	80.0	153.4	-9.4	90	N/A	2,500	50	0.0	0.0
C+ / 6.0	11.2	0.82	14.91	466	5	94	0	1	80.0	164.4	-9.1	93	N/A	2,500	50	0.0	0.0
C+ / 6.0	7.5	0.97	21.65	262	1	98	0	1	82.0	121.8	-10.3	73	5	2,500	50	5.8	0.0
C+ / 6.0	7.5	0.97	21.16	56	1	98	0	1	82.0	114.7	-10.6	64	5	2,500	50	0.0	0.0
C+ / 6.0	7.5	0.97	21.16	45	1	98	0	1	82.0	114.7	-10.6	63	4	2,500	50	0.0	0.0
C+ / 6.0	7.5	0.97	21.14	N/A	1	98	0	1	82.0	114.6	-10.6	63	5	2,500	50	0.0	0.0
C+ / 5.9	7.5	0.97	21.70	881	1	98	0	1	82.0	124.0	-10.2	75	7	2,500	50	0.0	0.0
C- / 3.5	19.9	2.05	11.36	95	1	98	0	1	350.0	209.7	-10.6	18	2	2,500	50	5.8	0.0
C- / 3.5	19.8	2.04	11.00	10	1	98	0	1	350.0	199.4	-10.8	14	2	2,500	50	0.0	0.0
C- / 3.5	19.9	2.05	11.03	31	1	98	0	1	350.0	200.2	-10.8	14	2	2,500	50	0.0	0.0
C- / 3.5	19.9	2.05	11.07	N/A	1	98	0	1	350.0	201.3	-10.8	14	2	2,500	50	1.0	0.0
C- / 3.5	19.9	2.05	11.50	119	1	98	0	1	350.0	213.3	-10.5	20	2	2,500	50	0.0	0.0
B- / 7.1	4.0	0.49	12.80	52	N/A	45	54	N/A	66.0	N/A	N/A	70	N/A	2,500	50	5.8	0.0
B- / 7.6	4.0	0.49	12.83	69	N/A	45	54	N/A	66.0	N/A	N/A	62	N/A	2,500	50	0.0	0.0
B- / 7.6	4.0	0.48	12.81	26	N/A	45	54	N/A	66.0	N/A	N/A	61	N/A	2,500	50	0.0	0.0
B+ / 9.9	4.0	0.49	12.94	3	0	40	59	1	96.0	N/A	N/A	66	N/A	1,000	50	5.8	0.0
B+ / 9.9	4.0	0.49	12.64	1	0	40	59	1	96.0	N/A	N/A	56	N/A	1,000	50	0.0	0.0
B+ / 9.9	4.0	0.49	12.62	3	0	40	59	1	96.0	N/A	N/A	56	N/A	1,000	50	0.0	0.0
B+ / 9.9	4.0	0.49	13.08	N/A	0	40	59	1	96.0	N/A	N/A	69	N/A	1,000	50	0.0	0.0
B- / 7.2	4.0	0.49	12.76	34	N/A	45	54	N/A	66.0	66.0	-5.6	73	N/A	2,500	50	0.0	0.0
B- / 7.6	8.0	0.81	15.73	91	0	99	0	1	85.0	118.9	-5.4	30	2	2,500	50	5.8	2.0
B- / 7.5	8.0	0.81	15.06	8	0	99	0	1	85.0	112.1	-5.6	23	2	2,500	50	0.0	2.0
B- / 7.5	8.0	0.81	15.03	1	0	99	0	1	85.0	111.9	-5.6	24	2	2,500	50	0.0	2.0
C+ / 5.8	5.3	1.16	20.21	18	0	60	39	1	55.0	64.5	-4.7	57	N/A	1,000	250	0.0	0.0
C / 5.5	7.9	1.05	16.43	76	0	99	0	1	53.0	79.7	-9.3	22	7	1,000	250	0.0	0.0
B- / 7.5	9.3	1.19	27.40	207	0	99	0	1	47.0	71.6	-8.9	12	10	1,000	250	0.0	0.0
C+ / 6.6	9.9	1.05	30.81	96	1	98	0	1	68.0	152.9	-12.8	23	N/A	1,000	250	0.0	2.0
C+ / 6.4	11.5	1.04	36.79	107	4	95	0	1	64.0	115.8	-7.5	24	N/A	1,000	250	0.0	0.0
B- / 7.8	7.4	0.94	29.30	137	2	97	0	1	49.0	101.0	-8.2	85	N/A	1,000	250	0.0	0.0
C+ / 5.7	9.4	0.91	19.21	28	1	93	4	2	36.0	123.3	N/A	20	5	200	0	0.0	0.0
C / 5.3	9.5	0.70	19.25	45	2	71	26	1	20.0	130.1	6.8	92	16	200	0	0.0	0.0
C- / 3.5	11.1	0.75	3.80	8	6	86	7	1	50.0	29.5	0.3	0	10	200	0	0.0	0.0
B- / 7.9	10.0	0.60	14.84	16	3	86	9	2	8.0	N/A	N/A	89	N/A	200	0	0.0	0.0
C+ / 6.9	7.6	0.96	18.58	19	2	97	0	1	31.3	86.8	-10.5	53	20	500	100	0.0	0.0
C+ / 6.7	12.6	0.87	19.77	28	4	95	0	1	19.0	106.0	-9.9	30	5	2,500	0	0.0	0.0
U /	N/A	N/A	11.87	1,359	0	99	0	1	28.4	N/A	N/A	N/A	2	1,000,000	0	0.0	0.0
B / 8.1	7.4	0.60	57.88	92	3	96	0	1	0.5	90.8	-4.4	95	29	1,000	100	0.0	0.0
B+ / 9.2	5.2	1.06	15.52	20	2	60	36	2	21.9	70.8	-4.8	62	N/A	2,000	250	0.0	1.0

www.thestreet.com/ratings

Data as of June 30, 2007

I. Index of Stock Mutual Funds

Summer 2007

99 Pct = Best
0 Pct = Worst

Fund Type	Fund Name	Ticker Symbol	Overall Investment Rating	Phone	Performance Rating/Pts	Total Return % through 6/30/07					Incl. in Returns	
						3 Mo	6 Mo	1Yr / Pct	3Yr / Pct (Annualized)	5Yr / Pct (Annualized)	Dividend Yield	Expense Ratio
SC	CornerCap Contrarian Fund	CMCRX	C+	(888) 813-8637	C+ / 6.8	9.18	9.46	25.93 /85	12.89 /53	11.66 /50	0.47	1.50
GR	CornerCap Sm. Cap Value Fd	CSCVX	D-	(888) 813-8637	C / 4.6	6.89	11.00	25.47 /84	9.63 /25	9.79 /31	0.03	1.50
GR	Country Trust Growth A	CGRAX	D-	(800) 245-2100	D / 1.9	6.49	7.10	16.21 /33	9.41 /24	8.73 /20	0.94	1.20
GR	Country Trust Growth Y	CTYGX	D	(800) 245-2100	D+ / 2.8	6.50	7.11	16.22 /33	9.42 /24	8.70 /20	1.00	1.20
GR ●	Country VP Growth Fund	CVPGX	D	(800) 245-2100	D+ / 2.8	6.59	7.20	15.37 /28	9.49 /24	--	0.54	1.17
GR	Crawford Dividend Growth C	CDGCX	E+	(800) 408-4682	D / 1.7	5.09	5.09	17.79 /43	7.43 /11	--	0.57	2.78
GR	Crawford Dividend Growth I	CDGIX	D-	(800) 408-4682	D+ / 2.3	5.40	5.66	19.29 /54	8.22 /16	--	1.36	1.52
EM	Credit Suisse Emerg Markets A	CUMKX	C+	(800) 222-8977	A+ / 9.7	13.88	13.65	41.51 /97	34.31 /97	25.15 /96	0.19	2.53
EM	Credit Suisse Emerg Markets Adv	WPEAX	C+	(800) 222-8977	A+ / 9.7	13.91	13.79	41.90 /97	34.66 /97	25.45 /96	0.40	2.53
EM ●	Credit Suisse Emerg Markets Com	WPEMX	C+	(800) 222-8977	A+ / 9.7	13.89	13.66	41.56 /97	34.32 /97	25.38 /96	0.20	2.53
GL	Credit Suisse Global Small Cap A	CPVAX	D+	(800) 222-8977	C / 4.3	2.86	7.02	16.24 /33	15.31 /70	12.86 /61	0.00	2.16
GL	Credit Suisse Global Small Cap Adv	WPVAX	C-	(800) 222-8977	C / 5.4	2.82	6.88	15.95 /31	15.02 /69	12.58 /58	0.00	2.41
GL	Credit Suisse Global Small Cap B	CPVBX	C-	(800) 222-8977	C / 4.9	2.70	6.63	15.38 /28	14.42 /65	12.00 /53	0.00	2.91
GL	Credit Suisse Global Small Cap C	CPVCX	C-	(800) 222-8977	C / 4.9	2.69	6.66	15.45 /28	14.45 /65	12.03 /54	0.00	2.91
GL ●	Credit Suisse Global Small Cap Com	WVCCX	C-	(800) 222-8977	C+ / 5.7	2.90	7.06	16.29 /34	15.30 /70	12.89 /61	0.00	2.16
FO	Credit Suisse Inst Intl Focus Fd	WPIEX	A-	(800) 222-8977	B+ / 8.9	9.55	12.37	25.72 /85	21.21 /87	14.92 /76	1.25	1.41
FO ●	Credit Suisse Internatl Focus A	CUIAX	B+	(800) 222-8977	B+ / 8.5	9.62	12.40	25.18 /83	20.65 /86	14.09 /70	0.56	1.76
FO	Credit Suisse Internatl Focus Adv	CUFAX	B+	(800) 222-8977	B+ / 8.7	9.50	12.23	24.78 /82	20.33 /85	13.76 /68	0.39	2.01
FO ●	Credit Suisse Internatl Focus B	CUIBX	B+	(800) 222-8977	B+ / 8.6	9.40	11.95	24.20 /81	19.73 /84	13.17 /63	0.00	2.51
FO ●	Credit Suisse Internatl Focus C	CUICX	B+	(800) 222-8977	B+ / 8.6	9.38	12.00	24.23 /81	19.76 /84	13.20 /63	0.00	2.51
FO ●	Credit Suisse Internatl Focus Com	WPMFX	B+	(800) 222-8977	B+ / 8.8	9.64	12.50	25.46 /84	20.95 /87	14.34 /72	0.80	1.51
FO	Credit Suisse Japan Equity A	CUJAX	E-	(800) 222-8977	E- / 0.0	-2.01	-5.22	-8.10 / 0	4.72 / 3	5.36 / 3	0.00	2.38
FO	Credit Suisse Japan Equity Adv	WPJAX	E-	(800) 222-8977	E- / 0.0	-1.88	-5.00	-7.79 / 0	4.85 / 3	5.53 / 3	0.00	2.13
FO ●	Credit Suisse Japan Equity Com	WPJGX	E-	(800) 222-8977	E- / 0.0	-1.84	-5.05	-7.93 / 0	4.62 / 3	5.50 / 3	0.00	2.38
GR	Credit Suisse Large Cap Blend A	CFFAX	D	(800) 222-8977	D / 1.8	6.39	6.81	19.27 /54	8.82 /19	6.74 / 7	0.28	1.56
GR	Credit Suisse Large Cap Blend B	CFFBX	D	(800) 222-8977	D+ / 2.3	6.22	6.40	18.38 /48	8.03 /14	5.95 / 4	0.00	2.31
GR	Credit Suisse Large Cap Blend C	CFFCX	D	(800) 222-8977	D+ / 2.3	6.16	6.42	18.44 /48	8.02 /14	5.89 / 4	0.00	2.31
GR ●	Credit Suisse Large Cap Blend Com	WFDCX	D+	(800) 222-8977	D+ / 2.8	6.43	6.85	19.26 /54	8.82 /19	6.72 / 7	0.52	1.56
GR	Credit Suisse Large Cap Value A	WFGIX	D-	(800) 222-8977	C / 4.8	4.98	5.83	21.02 /67	13.90 /61	11.32 /47	0.85	1.08
GR	Credit Suisse Large Cap Value Adv	CSLVX	D	(800) 222-8977	C+ / 5.8	4.96	5.68	20.72 /65	13.62 /59	--	0.68	1.33
GR	Credit Suisse Large Cap Value B	WGIBX	D-	(800) 222-8977	C / 5.3	4.82	5.42	20.12 /61	13.06 /55	10.44 /38	0.27	1.83
GR	Credit Suisse Large Cap Value C	CVUCX	D-	(800) 222-8977	C / 5.3	4.80	5.46	20.13 /61	13.06 /55	10.44 /38	0.27	1.83
GR ●	Credit Suisse Large Cap Value Com	CSWVX	D+	(800) 222-8977	C+ / 6.3	5.13	5.99	21.37 /69	14.21 /63	11.40 /48	1.11	0.89
GR	Credit Suisse Lg Cap Growth A	CUAAX	D-	(800) 222-8977	E+ / 0.8	6.83	7.86	15.22 /27	6.05 / 6	7.06 / 9	0.00	1.50
GR	Credit Suisse Lg Cap Growth Adv	WCATX	D-	(800) 222-8977	D- / 1.2	6.75	7.70	14.84 /25	5.78 / 5	6.77 / 7	0.00	1.50
GR	Credit Suisse Lg Cap Growth B	CUCBX	D-	(800) 222-8977	D- / 1.0	6.58	7.46	14.29 /22	5.27 / 4	6.24 / 5	0.00	2.34
GR	Credit Suisse Lg Cap Growth C	CUCCX	D-	(800) 222-8977	D- / 1.0	6.64	7.46	14.37 /23	5.27 / 4	6.26 / 5	0.00	2.34
GR ●	Credit Suisse Lg Cap Growth Com	CUCAX	D-	(800) 222-8977	D- / 1.4	6.85	8.00	15.47 /29	6.33 / 7	7.33 /10	0.00	1.00
MC	Credit Suisse Mid Cap Core Fund A	CUWAX	D-	(800) 222-8977	D- / 1.5	6.47	10.98	13.92 /20	8.40 /17	10.56 /39	0.00	1.75
MC	Credit Suisse Mid Cap Core Fund	WEGTX	D-	(800) 222-8977	D / 2.2	6.42	10.84	13.64 /19	8.13 /15	10.29 /36	0.00	2.00
MC	Credit Suisse Mid Cap Core Fund B	CUGBX	D	(800) 222-8977	D / 1.9	6.27	10.57	13.06 /17	7.59 /12	--	0.00	1.75
MC	Credit Suisse Mid Cap Core Fund C	CUGCX	E+	(800) 222-8977	D / 1.9	6.39	10.69	13.19 /17	7.56 /12	--	0.00	N/A
MC ●	Credit Suisse Mid Cap Core Fund	CUEGX	D	(800) 222-8977	D+ / 2.6	6.57	11.14	14.25 /22	8.67 /18	10.86 /42	0.00	1.50
SC	Credit Suisse Small Cap Core A	WFAGX	E+	(800) 222-8977	C- / 3.3	5.90	7.61	14.89 /25	13.20 /56	11.92 /53	0.38	1.37
SC	Credit Suisse Small Cap Core B	WSCBX	E+	(800) 222-8977	C- / 3.8	5.70	7.17	13.99 /20	12.37 /49	11.06 /44	0.05	2.12
SC	Credit Suisse Small Cap Core C	CCPCX	E+	(800) 222-8977	C- / 3.8	5.68	7.22	14.02 /21	12.35 /49	11.05 /44	0.05	2.12
SC ●	Credit Suisse Small Cap Core Com	CSWCX	D-	(800) 222-8977	C / 4.6	5.94	7.61	14.93 /26	13.20 /56	11.89 /52	0.52	1.37
GR	Credit Suisse Tr-Blue Chip	CUBCX	B-	(800) 222-8977	C / 5.0	6.32	6.95	20.70 /65	11.80 /44	9.63 /29	0.74	1.53
EM	Credit Suisse Tr-Emerg Markets	WPETX	C+	(800) 222-8977	A+ / 9.7	14.03	13.82	42.13 /97	33.87 /97	24.66 /96	0.42	1.55
GL	Credit Suisse Tr-Glb Small Cp	WTVCX	D+	(800) 222-8977	C+ / 6.0	2.56	6.55	16.13 /33	15.34 /70	13.34 /64	0.00	1.72
FO	Credit Suisse Tr-Intl Focus	WTIEX	A-	(800) 222-8977	A- / 9.0	9.78	12.74	25.71 /85	21.29 /87	14.31 /72	0.85	1.32
GR	Credit Suisse Tr-Large Cap Value	WGICX	B	(800) 222-8977	C+ / 6.5	5.71	6.65	22.10 /73	14.21 /64	10.31 /36	0.81	0.83

● Denotes fund is closed to new investors
* Denotes fund is included in Section II

www.thestreet.com/ratings

Summer 2007

I. Index of Stock Mutual Funds

RISK			NET ASSETS		ASSET					BULL / BEAR		FUND MANAGER		MINIMUMS		LOADS	
	3 Year		NAV							Last Bull	Last Bear	Manager	Manager	Initial	Additional	Front	Back
Risk	Standard		As of	Total	Cash	Stocks	Bonds	Other	Portfolio	Market	Market	Quality	Tenure	Purch.	Purch.	End	End
Rating/Pts	Deviation	Beta	6/30/07	$(Mil)	%	%	%	%	Turnover Ratio	Return	Return	Pct	(Years)	$	$	Load	Load
C+ / 6.9	12.3	0.83	13.08	6	0	94	4	2	43.6	157.3	-14.3	68	N/A	2,000	250	0.0	1.0
C- / 3.1	13.2	1.44	15.04	23	N/A	100	0	N/A	34.8	110.2	-7.5	10	15	2,000	250	0.0	1.0
C+ / 6.6	6.7	0.88	26.40	21	0	98	0	2	17.0	74.8	-8.2	37	N/A	1,000	100	5.5	0.0
C+ / 6.6	6.7	0.88	26.38	205	0	98	0	2	17.0	74.8	-8.2	37	N/A	1,000	100	0.0	0.0
C+ / 6.1	6.7	0.88	13.11	15	1	98	0	1	26.7	N/A	N/A	38	4	1,000	25	0.0	0.0
C+ / 5.8	6.9	0.81	12.81	N/A	1	98	0	1	35.0	N/A	N/A	25	3	5,000	250	0.0	0.0
C+ / 6.0	7.0	0.82	12.89	42	1	98	0	1	35.0	N/A	N/A	31	3	10,000	0	0.0	0.0
C- / 3.4	16.6	1.08	22.56	2	1	98	0	1	70.0	253.7	-8.4	7	6	2,500	100	5.8	2.0
C- / 3.4	16.6	1.08	21.95	1	1	98	0	1	70.0	256.8	-8.1	8	7	0	0	0.0	2.0
C- / 3.4	16.6	1.08	22.71	34	1	98	0	1	70.0	255.0	-8.0	7	7	2,500	100	0.0	2.0
C / 5.3	12.7	1.13	25.91	78	4	95	0	1	82.0	160.0	-14.7	3	7	2,500	100	5.8	2.0
C / 5.3	12.7	1.13	25.15	1	4	95	0	1	82.0	155.7	-14.4	3	9	0	0	0.0	2.0
C / 5.3	12.7	1.13	24.76	1	4	95	0	1	82.0	150.4	-14.5	2	N/A	2,500	100	0.0	2.0
C / 5.3	12.7	1.13	24.81	1	4	95	0	1	82.0	150.6	-14.5	2	N/A	2,500	100	0.0	2.0
C / 5.3	12.7	1.13	25.92	42	4	95	0	1	82.0	158.5	-14.3	3	7	2,500	100	0.0	2.0
C+ / 6.7	9.0	0.95	15.71	97	2	97	0	1	48.0	154.9	-8.8	48	5	3,000,000	50,000	0.0	2.0
C+ / 6.5	9.2	0.97	18.58	15	2	97	0	1	39.0	148.4	-8.6	37	N/A	2,500	100	5.8	2.0
C+ / 6.5	9.2	0.97	18.45	19	2	97	0	1	39.0	145.2	-8.6	34	N/A	0	0	0.0	2.0
C+ / 6.4	9.3	0.97	18.27	2	2	97	0	1	39.0	139.8	-8.8	29	N/A	2,500	100	0.0	2.0
C+ / 6.4	9.2	0.97	18.20	2	2	97	0	1	39.0	139.9	-8.8	30	N/A	2,500	100	0.0	2.0
C+ / 6.5	9.3	0.97	18.54	227	2	97	0	1	39.0	150.3	-8.5	39	N/A	2,500	100	0.0	2.0
C- / 4.1	14.0	1.00	6.35	N/A	1	98	0	1	65.0	71.5	-10.0	0	2	2,500	100	5.8	2.0
C- / 4.2	14.0	0.99	6.27	N/A	1	98	0	1	65.0	72.7	-10.0	0	2	0	0	0.0	2.0
C- / 4.1	14.1	1.00	6.39	42	1	98	0	1	65.0	71.7	-9.7	0	2	2,500	100	0.0	2.0
B- / 7.3	7.4	0.98	13.65	53	0	99	0	1	106.3	67.1	-10.0	25	N/A	2,500	100	5.8	0.0
B- / 7.1	7.4	0.98	13.14	4	0	99	0	1	106.3	61.9	-10.2	20	N/A	2,500	100	0.0	0.0
B- / 7.1	7.4	0.98	13.10	1	0	99	0	1	106.3	61.8	-10.1	20	N/A	2,500	100	0.0	0.0
B- / 7.2	7.4	0.98	13.58	2	0	99	0	1	106.3	67.0	-10.0	25	N/A	2,500	100	0.0	0.0
C- / 3.4	7.5	0.96	19.22	303	0	99	0	1	78.0	104.7	-7.5	81	N/A	2,500	100	5.8	0.0
C- / 3.5	7.5	0.96	19.28	6	0	99	0	1	78.0	N/A	N/A	79	N/A	0	0	0.0	0.0
C- / 3.4	7.5	0.96	18.88	12	0	99	0	1	78.0	97.7	-7.6	74	N/A	2,500	100	0.0	0.0
C- / 3.3	7.5	0.96	18.75	3	0	99	0	1	78.0	97.9	-7.7	74	N/A	2,500	100	0.0	0.0
C- / 3.4	7.5	0.96	19.12	1	0	99	0	1	70.0	105.1	-7.4	83	N/A	2,500	100	0.0	0.0
B- / 7.0	10.1	1.27	18.93	1	4	95	0	1	94.0	62.1	-8.6	5	4	2,500	100	5.8	0.0
B- / 7.0	10.1	1.26	18.19	3	4	95	0	1	94.0	60.2	-8.6	4	4	0	0	0.0	0.0
C+ / 6.9	10.1	1.26	18.15	N/A	4	95	0	1	94.0	57.0	-8.8	4	4	2,500	100	0.0	0.0
C+ / 6.9	10.1	1.26	18.15	N/A	4	95	0	1	94.0	57.0	-8.7	4	4	2,500	100	0.0	0.0
B- / 7.1	10.1	1.26	19.18	112	4	95	0	1	94.0	63.8	-8.5	5	4	2,500	100	0.0	0.0
C+ / 6.5	11.7	1.03	37.00	N/A	0	99	0	1	69.0	101.9	-7.2	6	N/A	2,500	100	5.8	0.0
C+ / 6.5	11.7	1.03	34.65	12	0	99	0	1	69.0	99.8	-7.2	6	N/A	0	0	0.0	0.0
B- / 7.1	11.7	1.03	36.10	N/A	0	99	0	1	69.0	N/A	N/A	5	N/A	2,500	100	0.0	0.0
C / 5.0	11.7	1.03	36.14	N/A	0	99	0	1	69.0	N/A	N/A	5	N/A	2,500	100	0.0	0.0
C+ / 6.5	11.7	1.03	37.61	188	0	99	0	1	69.0	104.1	-7.0	7	N/A	2,500	100	0.0	0.0
C- / 3.8	10.9	0.74	22.63	195	0	99	0	1	67.0	112.2	-6.9	79	N/A	2,500	100	5.8	2.0
C- / 3.1	10.9	0.75	20.02	11	0	99	0	1	67.0	105.6	-7.1	72	N/A	2,500	100	0.0	2.0
C- / 3.1	10.9	0.75	19.91	16	0	99	0	1	67.0	105.6	-7.0	71	N/A	2,500	100	0.0	2.0
C- / 3.8	10.9	0.74	22.48	66	0	99	0	1	67.0	112.1	-6.9	79	N/A	2,500	100	0.0	2.0
B / 8.6	7.4	1.00	12.78	12	3	96	0	1	131.0	90.1	-10.5	56	N/A	0	0	0.0	0.0
C- / 3.4	16.4	1.07	24.87	149	3	96	0	1	80.0	248.1	-8.3	7	5	0	0	0.0	0.0
C- / 3.9	12.3	1.09	15.62	112	3	94	0	3	117.0	163.3	-14.3	4	2	0	0	0.0	0.0
C+ / 6.6	9.1	0.96	15.49	97	0	99	0	1	37.0	152.9	-9.3	47	N/A	0	0	0.0	0.0
B / 8.7	7.4	0.94	18.13	58	1	98	0	1	143.0	103.6	-8.2	85	N/A	0	0	0.0	0.0

www.thestreet.com/ratings

Data as of June 30, 2007

I. Index of Stock Mutual Funds

Summer 2007

99 Pct = Best
0 Pct = Worst

Fund Type	Fund Name	Ticker Symbol	Overall Investment Rating	Phone	Performance Rating/Pts	Total Return % through 6/30/07					Incl. in Returns	
						3 Mo	6 Mo	1Yr / Pct	Annualized 3Yr / Pct	5Yr / Pct	Dividend Yield	Expense Ratio
MC	Credit Suisse Tr-Mid Cap Core Portf	WPEGX	D	(800) 222-8977	D+ / 2.7	6.63	11.31	14.29 /22	8.79 /19	10.82 /42	0.00	1.16
MC	● CRM Mid Cap Value Instl	CRIMX	A	(800) 276-2883	B+ / 8.3	7.12	12.90	25.69 /85	17.43 /79	16.85 /84	0.55	0.80
MC	● CRM Mid Cap Value Inv A	CRMMX	A	(800) 276-2883	B+ / 8.3	7.10	12.81	25.45 /84	17.15 /78	16.56 /83	0.39	1.02
MC	CRM Mid/Large Cap Value Inst	CRIGX	U	(800) 276-2883	U /	7.17	9.66	22.13 /73	--	--	0.15	1.70
MC	CRM Mid/Large Cap Value Inv	CRMGX	U	(800) 276-2883	U /	7.19	9.59	21.95 /72	--	--	0.06	1.89
SC	● CRM Small Cap Value Inst	CRISX	C	(800) 276-2883	B- / 7.1	6.81	9.56	20.75 /65	14.93 /68	14.73 /74	0.33	0.87
SC	● CRM Small Cap Value Inv	CRMSX	C	(800) 276-2883	C+ / 6.9	6.72	9.41	20.47 /63	14.65 /66	14.43 /72	0.10	1.12
SC	CRM Small/Mid Cap Value Inst	CRIAX	U	(800) 276-2883	U /	9.46	15.15	29.75 /92	--	--	0.00	1.21
SC	CRM Small/Mid Cap Value Inv	CRMAX	U	(800) 276-2883	U /	9.45	15.00	29.55 /92	--	--	0.00	1.46
GR	Croft-Leominster Value	CLVFX	A+	(800) 551-0990	B+ / 8.3	9.97	13.64	23.92 /80	17.68 /80	14.37 /72	0.41	1.76
GR	CSI Equity Fund Inv	CSIIX	C+	(800) 527-9500	C- / 4.0	5.98	5.22	18.43 /48	11.41 /40	9.88 /31	0.00	1.57
GI	Cullen High Dividend Equity I	CHDVX	U	(877) 485-8586	U /	5.92	6.58	21.86 /72	--	--	3.24	1.21
GI	Cullen High Dividend Equity Retail	CHDEX	B+	(877) 485-8586	C+ / 6.5	5.79	6.39	21.50 /70	14.44 /65	--	3.02	1.46
GI	Cutler Equity Fund	CALEX	C+	(888) 288-5374	C- / 4.2	5.70	6.42	19.59 /57	11.25 /38	8.64 /20	1.29	1.28
GR	Davenport Equity Fund (The)	DAVPX	C+		C / 5.1	7.77	8.58	20.06 /60	11.44 /40	9.96 /32	0.66	0.98
GL	Davis Appreciation & Income A	RPFCX	C	(800) 279-0279	C- / 3.1	3.43	6.14	15.52 /29	12.59 /51	12.53 /58	1.82	1.06
GL	Davis Appreciation & Income B	DCSBX	C	(800) 279-0279	C- / 3.3	3.22	5.71	14.56 /24	11.60 /42	11.53 /49	1.14	1.89
GL	Davis Appreciation & Income C	DCSCX	C	(800) 279-0279	C- / 3.3	3.21	5.70	14.56 /24	11.62 /42	11.53 /49	1.16	1.88
GL	Davis Appreciation & Income Y	DCSYX	C+	(800) 279-0279	C / 4.4	3.48	6.25	15.82 /31	12.86 /53	12.79 /60	2.13	0.80
FS	Davis Financial A	RPFGX	C+	(800) 279-0279	C / 5.1	7.25	4.95	23.02 /77	13.22 /56	13.23 /64	0.00	0.98
FS	Davis Financial B	DFIBX	C+	(800) 279-0279	C / 5.2	7.01	4.48	21.89 /72	12.22 /47	12.24 /56	0.00	1.88
FS	Davis Financial C	DFFCX	C+	(800) 279-0279	C / 5.3	7.03	4.52	21.97 /72	12.25 /48	12.25 /56	0.00	1.85
FS	Davis Financial Y	DVFYX	B-	(800) 279-0279	C+ / 6.2	7.28	5.02	23.19 /78	13.39 /57	13.42 /65	0.00	0.84
GL	● Davis Global Fund A	DGFAX	U	(800) 279-0279	U /	10.68	13.25	32.13 /94	--	--	1.23	1.54
★ GR	Davis New York Venture Fund A	NYVTX	B	(800) 279-0279	C / 5.2	6.48	7.50	19.92 /59	13.79 /60	13.53 /66	0.62	0.88
GR	Davis New York Venture Fund B	NYVBX	B	(800) 279-0279	C / 5.5	6.29	7.07	18.97 /52	12.90 /53	12.64 /59	0.01	1.66
GR	Davis New York Venture Fund C	NYVCX	B	(800) 279-0279	C / 5.5	6.28	7.08	19.00 /52	12.92 /53	12.66 /59	0.01	1.65
GR	Davis New York Venture Fund R	NYVRX	B+	(800) 279-0279	C+ / 5.9	6.43	7.34	19.57 /57	13.50 /58	--	0.41	1.15
GR	Davis New York Venture Fund Y	DNVYX	B+	(800) 279-0279	C+ / 6.4	6.56	7.65	20.23 /61	14.11 /63	13.88 /69	0.85	0.62
MC	Davis Opportunity A	RPEAX	C	(800) 279-0279	C / 4.6	6.77	5.96	17.53 /42	13.65 /59	14.72 /74	0.72	1.10
MC	Davis Opportunity B	RPFEX	C+	(800) 279-0279	C / 4.9	6.56	5.59	16.59 /36	12.78 /52	13.81 /68	0.08	1.88
MC	Davis Opportunity C	DGOCX	C+	(800) 279-0279	C / 4.9	6.55	5.58	16.64 /36	12.79 /52	13.83 /68	0.10	1.84
MC	Davis Opportunity Y	DGOYX	C+	(800) 279-0279	C+ / 5.9	6.83	6.12	17.89 /44	14.01 /62	15.10 /77	1.01	0.81
RE	Davis Real Estate A	RPFRX	C	(800) 279-0279	B- / 7.4	-8.49	-4.88	13.74 /19	21.75 /88	20.07 /92	1.63	1.09
RE	Davis Real Estate B	DREBX	C	(800) 279-0279	B- / 7.5	-8.69	-5.26	12.86 /16	20.83 /86	19.19 /90	0.98	1.86
RE	Davis Real Estate C	DRECX	C	(800) 279-0279	B- / 7.5	-8.68	-5.23	12.89 /16	20.85 /86	19.21 /90	1.00	1.84
RE	Davis Real Estate Y	DREYX	C	(800) 279-0279	B / 8.1	-8.42	-4.71	14.11 /21	22.19 /90	20.54 /93	2.01	0.74
OT	● Davis Research Fund Class A		A-	(800) 279-0279	B- / 7.1	7.61	8.82	22.44 /75	16.30 /75	15.75 /80	0.58	0.94
OT	● Davis Research Fund Class B		B	(800) 279-0279	C+ / 6.7	7.12	7.97	20.51 /63	14.43 /65	13.96 /69	0.00	10.95
OT	● Davis Research Fund Class C		B	(800) 279-0279	C+ / 6.8	7.11	7.96	20.47 /63	14.48 /65	13.98 /69	0.00	10.77
FO	● Dean International Value A	DAIVX	B-	(888) 899-8343	B+ / 8.5	8.73	9.59	22.69 /76	21.23 /87	16.55 /83	0.17	2.54
GR	● Dean Large Cap Value A	DALCX	C-	(888) 899-8343	D / 2.1	5.27	5.44	15.21 /27	10.53 /32	10.17 /35	0.00	2.57
SC	● Dean Small Cap Value A	DASCX	E	(888) 899-8343	D- / 1.0	-0.50	1.77	8.97 / 6	10.43 /31	9.26 /25	0.07	2.04
SC	Delafield Fund Inc	DEFIX	C+	(800) 221-3079	B / 8.1	6.92	12.64	26.54 /87	16.85 /77	16.68 /84	0.61	1.40
AA	Delaware Aggressive Alloc Port A	DFGAX	C-	(800) 362-3863	D+ / 2.9	4.87	6.27	16.64 /36	11.93 /45	10.61 /40	1.31	1.08
AA	● Delaware Aggressive Alloc Port B	DFGDX	C	(800) 362-3863	C- / 3.4	4.83	5.93	15.88 /31	11.13 /37	9.80 /31	0.73	1.78
AA	Delaware Aggressive Alloc Port C	DFGCX	C	(800) 362-3863	C- / 3.4	4.73	5.83	15.76 /30	11.09 /37	9.77 /30	0.73	1.78
AA	Delaware Aggressive Alloc Port I	DFGIX	C+	(800) 362-3863	C / 4.3	4.96	6.36	16.89 /37	12.21 /47	10.88 /42	1.60	0.78
AA	Delaware Aggressive Alloc Port R	DFGRX	C	(800) 362-3863	C- / 3.9	4.89	6.18	16.40 /34	11.60 /42	--	1.16	1.38
FS	Delaware American Services Fund A	DASAX	C+	(800) 362-3863	C+ / 6.6	8.06	11.57	22.19 /73	14.83 /68	17.38 /86	0.00	1.41
FS	● Delaware American Services Fund B	DASBX	B-	(800) 362-3863	B- / 7.0	7.85	11.15	21.30 /69	13.98 /62	16.48 /83	0.00	2.11
FS	Delaware American Services Fund C	DAMCX	B-	(800) 362-3863	B- / 7.0	7.85	11.15	21.30 /69	13.98 /62	16.50 /83	0.00	2.11

● Denotes fund is closed to new investors
★ Denotes fund is included in Section II

www.thestreet.com/ratings

I. Index of Stock Mutual Funds

Summer 2007

RISK			NET ASSETS		ASSET				Portfolio Turnover Ratio	BULL / BEAR		FUND MANAGER		MINIMUMS		LOADS	
	3 Year																
Risk Rating/Pts	Standard Deviation	Beta	NAV As of 6/30/07	Total $(Mil)	Cash %	Stocks %	Bonds %	Other %		Last Bull Market Return	Last Bear Market Return	Manager Quality Pct	Manager Tenure (Years)	Initial Purch. $	Additional Purch. $	Front End Load	Back End Load
C+ / 6.6	11.6	1.02	14.96	31	2	97	0	1	140.0	102.8	-7.1	7	4	0	0	0.0	0.0
B- / 7.6	8.8	0.76	33.69	2,608	4	93	2	1	110.0	166.3	-5.7	93	N/A	1,000,000	0	0.0	0.0
B- / 7.6	8.8	0.76	33.19	1,717	4	93	2	1	110.0	163.5	-5.7	92	N/A	2,500	100	0.0	0.0
U /	N/A	N/A	12.71	26	6	91	2	1	80.0	N/A	N/A	N/A	2	1,000,000	0	0.0	0.0
U /	N/A	N/A	12.68	25	6	91	2	1	80.0	N/A	N/A	N/A	2	2,500	100	0.0	0.0
C / 4.8	11.2	0.79	29.00	608	2	97	0	1	80.0	164.5	-14.4	87	N/A	1,000,000	0	0.0	0.0
C / 4.7	11.2	0.79	27.78	244	2	97	0	1	80.0	161.8	-14.5	86	N/A	2,500	100	0.0	0.0
U /	N/A	N/A	15.96	61	0	98	1	1	109.0	N/A	N/A	N/A	3	1,000,000	0	0.0	0.0
U /	N/A	N/A	15.87	36	0	98	1	1	109.0	N/A	N/A	N/A	3	2,500	100	0.0	0.0
B / 8.1	9.9	0.88	25.58	23	14	85	0	1	21.5	136.4	-8.4	96	12	2,000	200	0.0	2.0
B+ / 9.2	6.1	0.78	19.14	45	0	99	0	1	9.9	92.1	-8.4	73	10	1,000	50	0.0	0.0
U /	N/A	N/A	15.96	381	8	91	0	1	5.9	N/A	N/A	N/A	3	1,000,000	100	0.0	0.0
B+ / 9.4	6.4	0.73	15.95	60	8	91	0	1	5.9	N/A	N/A	93	6	1,000	100	0.0	0.0
B / 8.3	6.6	0.81	12.34	43	0	99	0	1	21.0	86.5	-11.7	68	4	25,000	0	0.0	0.0
B / 8.3	7.6	0.97	15.87	162	2	96	1	1	24.0	86.6	-8.0	54	N/A	5,000	100	0.0	0.0
B / 8.6	4.8	0.34	31.37	578	23	33	2	42	25.3	86.0	2.1	83	14	1,000	25	4.8	0.0
B / 8.7	4.8	0.34	30.98	54	23	33	2	42	25.3	79.0	1.9	74	14	1,000	25	0.0	0.0
B / 8.7	4.8	0.34	31.44	151	23	33	2	42	25.3	79.1	1.9	75	14	1,000	25	0.0	0.0
B / 8.7	4.8	0.34	31.52	96	23	33	2	42	25.3	87.8	2.1	84	14	5,000,000	25	0.0	0.0
B- / 7.7	8.6	0.79	49.83	829	0	99	0	1	4.2	119.5	-8.5	86	16	1,000	25	4.8	0.0
B- / 7.6	8.6	0.79	44.74	78	0	99	0	1	4.2	111.4	-8.7	79	16	1,000	25	0.0	0.0
B- / 7.6	8.6	0.79	45.55	95	0	99	0	1	4.2	111.4	-8.7	80	16	1,000	25	0.0	0.0
B- / 7.8	8.6	0.79	50.81	10	0	99	0	1	4.2	121.0	-8.5	87	16	5,000,000	25	0.0	0.0
U /	N/A	N/A	16.58	33	8	90	0	2	10.0	N/A	N/A	N/A	3	1,000	25	4.8	2.0
B / 8.9	6.4	0.82	41.41	30,838	2	97	0	1	6.0	116.0	-8.2	87	12	1,000	25	4.8	0.0
B / 8.8	6.4	0.82	39.54	3,282	2	97	0	1	6.0	108.8	-8.4	82	12	1,000	25	0.0	0.0
B / 8.8	6.4	0.82	39.80	8,052	2	97	0	1	6.0	108.9	-8.4	83	12	1,000	25	0.0	0.0
B+ / 9.1	6.4	0.82	41.40	756	2	97	0	1	6.0	N/A	N/A	86	12	500,000	25	0.0	0.0
B / 8.9	6.4	0.82	41.93	6,783	2	97	0	1	6.0	118.8	-8.2	89	12	5,000,000	25	0.0	0.0
B- / 7.5	9.5	0.82	29.16	771	6	92	0	2	40.3	129.8	-11.6	63	8	1,000	25	4.8	0.0
B- / 7.5	9.5	0.81	25.52	78	6	92	0	2	40.3	122.2	-11.8	52	8	1,000	25	0.0	0.0
B- / 7.5	9.5	0.81	26.68	317	6	92	0	2	40.3	122.6	-11.8	52	8	1,000	25	0.0	0.0
B- / 7.6	9.5	0.81	30.02	89	6	92	0	2	40.3	133.1	-11.6	67	8	5,000,000	25	0.0	0.0
C- / 3.8	13.9	0.93	44.00	555	7	88	0	5	38.0	191.0	1.4	88	13	1,000	25	4.8	0.0
C- / 3.8	14.0	0.93	43.66	43	7	88	0	5	38.0	182.0	1.2	83	13	1,000	25	0.0	0.0
C- / 3.8	13.9	0.93	44.05	105	7	88	0	5	38.0	182.3	1.2	84	10	1,000	25	0.0	0.0
C- / 3.8	13.9	0.93	44.41	71	7	88	0	5	38.0	195.8	1.6	90	11	5,000,000	25	0.0	0.0
B / 8.5	8.9	1.04	15.55	67	0	99	0	1	43.0	111.2	-2.1	90	6	1,000	25	4.8	0.0
B / 8.5	8.9	1.04	14.90	N/A	0	99	0	1	43.0	98.0	-2.5	80	6	1,000	25	0.0	0.0
B / 8.5	8.9	1.04	14.92	N/A	0	99	0	1	43.0	98.2	-2.5	80	6	1,000	25	0.0	0.0
C / 5.2	11.5	1.19	18.06	18	0	99	0	1	87.0	172.3	-10.8	13	N/A	1,000	0	5.3	0.0
B / 8.2	7.2	0.94	13.18	18	5	94	0	1	62.0	107.3	-15.7	44	N/A	1,000	0	5.3	0.0
C / 4.6	12.3	0.88	15.62	22	5	94	0	1	48.0	125.7	-12.9	32	N/A	1,000	0	5.3	0.0
C / 5.2	10.7	0.74	28.88	700	24	75	0	1	72.0	155.5	-10.3	95	14	5,000	0	0.0	2.0
B / 8.2	6.6	1.34	11.19	39	2	98	0	0	9.0	89.9	-7.1	72	N/A	1,000	100	5.8	0.0
B / 8.3	6.5	1.34	11.07	8	2	98	0	0	9.0	83.8	-7.3	63	N/A	1,000	100	0.0	0.0
B / 8.3	6.6	1.34	11.07	6	2	98	0	0	9.0	83.9	-7.4	63	N/A	1,000	100	0.0	0.0
B / 8.2	6.6	1.34	11.21	N/A	2	98	0	0	9.0	92.1	-7.3	75	N/A	1,000,000	0	0.0	0.0
B / 8.2	6.6	1.36	11.16	2	2	98	0	0	9.0	N/A	N/A	68	N/A	1,000	100	0.0	0.0
C+ / 6.9	12.0	0.92	20.64	406	N/A	100	0	N/A	78.0	154.8	-5.4	88	N/A	1,000	100	5.8	0.0
C+ / 6.8	12.0	0.92	19.64	71	N/A	100	0	N/A	78.0	146.9	-5.6	84	N/A	1,000	100	0.0	0.0
C+ / 6.8	12.0	0.93	19.64	147	N/A	100	0	N/A	78.0	146.9	-5.5	84	N/A	1,000	100	0.0	0.0

www.thestreet.com/ratings

Data as of June 30, 2007

I. Index of Stock Mutual Funds

Summer 2007

							PERFORMANCE						
	99 Pct = Best						Perfor-	Total Return % through 6/30/07				Incl. in Returns	
	0 Pct = Worst			Overall			mance				Annualized	Dividend	Expense
Fund Type	Fund Name		Ticker Symbol	Investment Rating	Phone		Rating/Pts	3 Mo	6 Mo	1Yr / Pct	3Yr / Pct	5Yr / Pct	Yield	Ratio
FS	Delaware American Services Fund I		DASIX	B	(800) 362-3863		B / 7.6	8.09	11.72	22.47 / 75	15.13 / 69	17.64 / 87	0.00	1.11
BA	Delaware Balanced A		DELFX	C	(800) 362-3863		D / 1.6	3.62	4.54	16.84 / 37	9.71 / 26	7.67 / 12	2.53	1.24
BA	● Delaware Balanced B		DELBX	C	(800) 362-3863		D / 1.9	3.42	4.13	15.93 / 31	8.86 / 20	6.84 / 7	1.93	1.99
BA	Delaware Balanced C		DEDCX	C	(800) 362-3863		D / 1.9	3.42	4.14	15.95 / 31	8.85 / 20	6.85 / 7	1.94	1.99
BA	Delaware Balanced I		DEICX	C+	(800) 362-3863		D+ / 2.6	3.67	4.65	17.13 / 39	9.94 / 27	7.92 / 14	2.88	0.99
BA	Delaware Balanced R		DELRX	C	(800) 362-3863		D / 2.2	3.50	4.35	16.48 / 35	9.34 / 23	--	2.41	1.58
AA	Delaware Conservative Alloc Port A		DFIAX	D+	(800) 362-3863		E / 0.5	2.33	3.53	11.21 / 11	7.42 / 11	7.44 / 11	2.56	1.18
AA	● Delaware Conservative Alloc Port B		DFIDX	D+	(800) 362-3863		E+ / 0.7	2.11	3.09	10.38 / 9	6.62 / 8	6.66 / 7	2.00	1.88
AA	Delaware Conservative Alloc Port C		DFICX	C-	(800) 362-3863		E+ / 0.7	2.12	3.10	10.43 / 9	6.61 / 8	6.66 / 7	2.01	1.88
AA	Delaware Conservative Alloc Port I		DFIIX	C-	(800) 362-3863		D- / 1.0	2.32	3.64	11.46 / 12	7.71 / 13	7.71 / 13	2.95	0.88
AA	Delaware Conservative Alloc Port R		DFIRX	C-	(800) 362-3863		E+ / 0.8	2.33	3.43	10.96 / 10	7.12 / 10	--	2.48	1.48
BA	Delaware Dividend Income A		DDIAX	C-	(800) 362-3863		D / 2.1	1.83	3.62	17.07 / 39	11.42 / 40	10.90 / 42	3.11	1.27
BA	● Delaware Dividend Income B		DDDBX	C	(800) 362-3863		D+ / 2.5	1.71	3.30	16.27 / 34	10.61 / 33	--	2.55	1.97
BA	Delaware Dividend Income C		DDICX	C	(800) 362-3863		D+ / 2.5	1.71	3.30	16.27 / 34	10.61 / 33	--	2.55	1.97
BA	Delaware Dividend Income I		DDIIX	C	(800) 362-3863		C- / 3.4	1.97	3.82	17.46 / 41	11.73 / 43	11.13 / 45	3.54	0.97
BA	Delaware Dividend Income R		DDDRX	C	(800) 362-3863		D+ / 2.9	1.77	3.49	16.79 / 37	11.11 / 37	--	3.05	1.57
EM	Delaware Emerging Markets A		DEMAX	C	(800) 362-3863		A+ / 9.8	17.45	21.11	49.70 / 99	36.69 / 98	32.35 / 99	1.99	2.02
EM	● Delaware Emerging Markets B		DEMBX	C	(800) 362-3863		A+ / 9.8	17.25	20.70	48.60 / 99	35.70 / 98	31.34 / 99	1.56	2.68
EM	Delaware Emerging Markets C		DEMCX	C	(800) 362-3863		A+ / 9.8	17.29	20.66	48.59 / 99	35.69 / 98	31.34 / 99	1.56	2.68
EM	Delaware Emerging Markets I		DEMIX	C+	(800) 362-3863		A+ / 9.8	17.54	21.27	50.13 / 99	37.02 / 98	32.68 / 99	2.27	1.68
GL	Delaware Global Value A		DABAX	B-	(800) 362-3863		B+ / 8.8	6.51	8.84	25.34 / 84	23.06 / 91	19.52 / 91	0.43	1.73
GL	● Delaware Global Value B		DABBX	B	(800) 362-3863		B+ / 8.8	6.25	8.41	24.29 / 81	22.09 / 89	18.63 / 89	0.00	2.43
GL	Delaware Global Value C		DABCX	B	(800) 362-3863		B+ / 8.9	6.33	8.40	24.37 / 81	22.15 / 89	18.63 / 89	0.00	2.43
GL	Delaware Global Value I		DABIX	B	(800) 362-3863		A- / 9.1	6.49	8.91	25.55 / 84	23.36 / 92	19.82 / 92	0.66	1.43
MC	Delaware Growth Opportunities A		DFCIX	C-	(800) 362-3863		C / 4.5	7.85	13.15	15.90 / 31	12.62 / 51	12.03 / 54	0.00	1.44
MC	● Delaware Growth Opportunities B		DFBIX	C-	(800) 362-3863		C / 5.1	7.66	12.75	15.07 / 26	11.85 / 44	11.25 / 46	0.00	2.14
MC	Delaware Growth Opportunities C		DEEVX	C-	(800) 362-3863		C / 5.1	7.64	12.76	15.08 / 26	11.84 / 44	11.25 / 46	0.00	2.14
MC	Delaware Growth Opportunities I		DFDIX	C	(800) 362-3863		C+ / 6.1	7.95	13.36	16.26 / 33	12.96 / 54	12.37 / 57	0.00	1.14
MC	Delaware Growth Opportunities R		DFRIX	C	(800) 362-3863		C+ / 5.6	7.85	13.05	15.68 / 30	12.37 / 49	--	0.00	1.74
FO	Delaware Intl Value Equity A		DEGIX	C-	(800) 362-3863		B+ / 8.6	6.80	10.98	27.96 / 90	21.13 / 87	16.97 / 85	0.91	1.48
FO	● Delaware Intl Value Equity B		DEIEX	C-	(800) 362-3863		B+ / 8.7	6.63	10.65	27.06 / 88	20.26 / 85	16.12 / 82	0.34	2.18
FO	Delaware Intl Value Equity C		DEGCX	C-	(800) 362-3863		B+ / 8.7	6.58	10.60	27.03 / 88	20.27 / 85	16.13 / 82	0.34	2.18
FO	Delaware Intl Value Equity I		DEQIX	C-	(800) 362-3863		A- / 9.0	6.90	11.14	28.28 / 90	21.47 / 88	17.31 / 86	1.23	1.18
FO	Delaware Intl Value Equity R		DIVRX	C-	(800) 362-3863		B+ / 8.8	6.70	10.82	27.58 / 89	20.82 / 86	--	0.79	1.78
GR	Delaware Large Cap Growth A		DGDAX	E	(800) 362-3863		E / 0.3	4.17	4.47	8.71 / 5	6.04 / 6	7.02 / 8	0.00	1.14
GR	● Delaware Large Cap Growth B		DGDBX	E	(800) 362-3863		E / 0.4	4.01	4.01	8.01 / 4	5.28 / 4	6.25 / 5	0.00	1.84
GR	Delaware Large Cap Growth C		DGDCX	E	(800) 362-3863		E / 0.4	4.00	4.15	8.00 / 4	5.27 / 4	6.28 / 5	0.00	1.84
GR	Delaware Large Cap Growth I		DGDIX	E+	(800) 362-3863		E+ / 0.7	4.30	4.60	9.15 / 6	6.32 / 7	7.32 / 10	0.00	0.84
GR	Delaware Large Cap Value Fund A		DELDX	C+	(800) 362-3863		C / 5.0	6.37	6.73	23.83 / 80	13.10 / 55	10.51 / 39	1.51	1.16
GR	● Delaware Large Cap Value Fund B		DEIBX	B-	(800) 362-3863		C / 5.5	6.18	6.35	22.94 / 77	12.28 / 48	9.70 / 30	0.95	1.89
GR	Delaware Large Cap Value Fund C		DECCX	B-	(800) 362-3863		C / 5.5	6.14	6.30	22.95 / 77	12.27 / 48	9.69 / 30	0.95	1.89
GR	Delaware Large Cap Value Fund I		DEDIX	B	(800) 362-3863		C+ / 6.4	6.40	6.83	24.13 / 81	13.39 / 57	10.80 / 41	1.85	0.89
GR	Delaware Large Cap Value Fund R		DECRX	B	(800) 362-3863		C+ / 6.0	6.32	6.62	23.53 / 79	12.80 / 52	--	1.40	1.48
AA	Delaware Moderate Allocation Port A		DFBAX	C-	(800) 362-3863		D- / 1.3	3.66	4.84	13.76 / 19	9.59 / 25	9.25 / 25	1.74	1.06
AA	● Delaware Moderate Allocation Port B		DFBBX	C-	(800) 362-3863		D / 1.6	3.38	4.36	12.77 / 15	8.76 / 19	8.45 / 18	1.16	1.76
AA	Delaware Moderate Allocation Port C		DFBCX	C-	(800) 362-3863		D / 1.6	3.47	4.35	12.85 / 16	8.78 / 19	8.45 / 18	1.16	1.76
AA	Delaware Moderate Allocation Port I		DFFIX	C	(800) 362-3863		D+ / 2.3	3.75	4.93	14.00 / 21	9.87 / 27	9.55 / 28	2.07	0.76
AA	Delaware Moderate Allocation Port R		DFBRX	C-	(800) 362-3863		D / 1.9	3.57	4.66	13.41 / 18	9.26 / 23	--	1.61	1.36
AG	Delaware Pooled Tr-All Cap Gr Eq		DPCEX	E+	(800) 362-3863		E+ / 0.7	3.72	4.07	9.07 / 6	6.46 / 7	7.55 / 11	0.00	1.14
EM	● Delaware Pooled Tr-Emerging Mkts		DPEMX	C	(800) 362-3863		A+ / 9.8	13.83	16.88	42.75 / 97	35.99 / 98	32.95 / 99	1.96	1.27
FO	● Delaware Pooled Tr-Intl Equity		DPIEX	A	(800) 362-3863		A- / 9.2	6.19	10.20	28.96 / 91	23.66 / 92	19.06 / 90	2.49	0.90
FO	Delaware Pooled Tr-Labor Intl Eq		DELPX	A	(800) 362-3863		A- / 9.2	5.98	10.27	28.92 / 91	23.30 / 91	18.98 / 90	2.19	0.89

● Denotes fund is closed to new investors
* Denotes fund is included in Section II

www.thestreet.com/ratings

Summer 2007   I. Index of Stock Mutual Funds

RISK			NET ASSETS		ASSET				Portfolio Turnover Ratio	BULL / BEAR		FUND MANAGER		MINIMUMS		LOADS	
	3 Year		NAV							Last Bull	Last Bear	Manager	Manager	Initial	Additional	Front	Back
Risk Rating/Pts	Standard Deviation	Beta	As of 6/30/07	Total $(Mil)	Cash %	Stocks %	Bonds %	Other %		Market Return	Market Return	Quality Pct	Tenure (Years)	Purch. $	Purch. $	End Load	End Load
C+ / 6.9	12.0	0.92	20.97	33	N/A	100	0	N/A	78.0	157.3	-5.3	89	N/A	1,000,000	0	0.0	0.0
B+ / 9.8	4.5	0.93	19.22	225	1	60	37	2	128.0	60.9	-5.0	71	N/A	1,000	100	5.8	0.0
B+ / 9.8	4.5	0.94	19.24	14	1	60	37	2	128.0	55.7	-5.2	61	N/A	1,000	100	0.0	0.0
B+ / 9.8	4.5	0.94	19.22	5	1	60	37	2	128.0	55.6	-5.2	61	N/A	1,000	100	0.0	0.0
B+ / 9.8	4.5	0.94	19.24	2	1	60	37	2	128.0	62.5	-5.0	73	N/A	1,000,000	0	0.0	0.0
B+ / 9.8	4.5	0.93	19.19	N/A	1	60	37	2	128.0	N/A	N/A	67	N/A	1,000	100	0.0	0.0
B+ / 9.4	3.6	0.78	9.67	40	8	91	0	1	9.0	48.6	-2.2	53	N/A	1,000	100	5.8	0.0
B+ / 9.5	3.7	0.79	9.69	1	8	91	0	1	9.0	44.1	-2.5	40	N/A	1,000	100	0.0	0.0
B+ / 9.5	3.7	0.79	9.65	2	8	91	0	1	9.0	44.2	-2.5	40	N/A	1,000	100	0.0	0.0
B+ / 9.4	3.7	0.78	9.69	N/A	8	91	0	1	9.0	50.3	-2.3	56	N/A	1,000,000	0	0.0	0.0
B+ / 9.5	3.6	0.78	9.66	1	8	91	0	1	9.0	N/A	N/A	48	N/A	1,000	100	0.0	0.0
B / 8.8	5.9	1.18	12.84	540	5	59	22	14	51.0	83.8	-2.4	75	N/A	1,000	100	5.8	0.0
B / 8.8	5.8	1.18	12.86	90	5	59	22	14	51.0	N/A	N/A	67	N/A	1,000	100	0.0	0.0
B / 8.8	5.9	1.19	12.86	438	5	59	22	14	51.0	N/A	N/A	67	N/A	1,000	100	0.0	0.0
B / 8.8	5.8	1.18	12.85	5	5	59	22	14	51.0	85.5	-2.4	78	N/A	1,000,000	0	0.0	0.0
B / 8.8	5.8	1.18	12.84	6	5	59	22	14	51.0	N/A	N/A	72	N/A	1,000	100	0.0	0.0
D+ / 2.4	14.3	0.92	19.79	579	N/A	99	0	N/A	46.0	303.1	0.8	63	1	1,000	100	5.8	0.0
D+ / 2.4	14.3	0.91	19.30	42	N/A	99	0	N/A	46.0	290.4	0.8	53	1	1,000	100	0.0	0.0
D+ / 2.4	14.3	0.91	19.27	208	N/A	99	0	N/A	46.0	290.5	0.8	53	1	1,000	100	0.0	0.0
D+ / 2.4	14.3	0.91	19.90	90	N/A	99	0	N/A	46.0	307.7	0.9	66	1	1,000,000	0	0.0	0.0
C / 5.3	9.0	0.84	12.43	70	2	97	0	1	124.0	208.4	-3.4	86	1	1,000	100	5.8	0.0
C / 5.4	9.0	0.84	12.24	12	2	97	0	1	124.0	198.8	-3.6	80	1	1,000	100	0.0	0.0
C / 5.4	9.0	0.84	12.26	44	2	97	0	1	124.0	198.7	-3.5	81	1	1,000	100	0.0	0.0
C / 5.2	9.0	0.84	12.47	6	2	97	0	1	124.0	211.6	-3.1	87	1	1,000,000	0	0.0	0.0
C+ / 5.8	13.1	1.15	25.56	623	1	98	0	1	80.0	113.3	-10.0	16	N/A	1,000	100	5.8	0.0
C+ / 5.7	13.1	1.16	21.93	15	1	98	0	1	80.0	107.1	-10.2	12	N/A	1,000	100	0.0	0.0
C+ / 5.7	13.1	1.16	22.53	9	1	98	0	1	80.0	107.2	-10.2	12	N/A	1,000	100	0.0	0.0
C+ / 5.9	13.1	1.15	27.84	6	1	98	0	1	80.0	116.1	-10.0	17	N/A	1,000,000	0	0.0	0.0
C+ / 5.8	13.1	1.15	25.29	1	1	98	0	1	80.0	N/A	N/A	15	N/A	1,000	100	0.0	0.0
D / 2.1	9.2	0.92	17.28	511	0	99	0	1	127.0	170.9	-7.4	54	1	1,000	100	5.8	0.0
D / 2.1	9.2	0.92	17.04	39	0	99	0	1	127.0	163.2	-7.7	43	1	1,000	100	0.0	0.0
D / 2.1	9.2	0.92	17.01	158	0	99	0	1	127.0	163.1	-7.6	43	1	1,000	100	0.0	0.0
D / 2.1	9.2	0.92	17.36	399	0	99	0	1	127.0	174.5	-7.4	58	1	1,000,000	0	0.0	0.0
D / 2.1	9.2	0.92	17.20	6	0	99	0	1	127.0	N/A	N/A	49	1	1,000	100	0.0	0.0
C+ / 6.1	9.7	1.02	7.24	8	0	99	0	1	23.0	61.2	-9.3	9	N/A	1,000	100	5.8	0.0
C+ / 6.0	9.7	1.02	7.01	2	0	99	0	1	23.0	56.2	-9.5	7	N/A	1,000	100	0.0	0.0
C+ / 6.0	9.8	1.02	7.02	4	0	99	0	1	23.0	56.4	-9.7	7	N/A	1,000	100	0.0	0.0
C+ / 6.1	9.8	1.02	7.28	25	0	99	0	1	23.0	63.0	-9.3	10	N/A	1,000,000	0	0.0	0.0
B / 8.1	7.3	0.92	22.00	1,295	0	99	0	1	16.0	102.8	-9.5	77	N/A	1,000	100	5.8	0.0
B / 8.2	7.3	0.93	21.86	78	0	99	0	1	16.0	96.6	-9.7	68	N/A	1,000	100	0.0	0.0
B / 8.2	7.3	0.93	22.01	38	0	99	0	1	16.0	96.6	-9.7	68	N/A	1,000	100	0.0	0.0
B / 8.1	7.3	0.92	21.98	51	0	99	0	1	16.0	105.1	-9.5	80	N/A	1,000,000	0	0.0	0.0
B / 8.1	7.3	0.93	21.98	2	0	99	0	1	16.0	N/A	N/A	74	N/A	1,000	100	0.0	0.0
B+ / 9.1	5.0	1.07	11.04	39	4	95	0	1	6.0	69.2	-4.9	61	N/A	1,000	100	5.8	0.0
B+ / 9.1	5.0	1.07	11.00	5	4	95	0	1	6.0	63.8	-5.0	51	N/A	1,000	100	0.0	0.0
B+ / 9.1	5.1	1.07	11.03	6	4	95	0	1	6.0	63.8	-5.0	51	N/A	1,000	100	0.0	0.0
B+ / 9.1	5.1	1.07	11.06	N/A	4	95	0	1	6.0	70.9	-4.8	65	N/A	1,000,000	0	0.0	0.0
B+ / 9.1	5.1	1.07	11.01	1	4	95	0	1	6.0	N/A	N/A	57	N/A	1,000	100	0.0	0.0
C+ / 5.8	12.2	1.28	6.13	8	3	96	0	1	55.0	72.1	-9.3	5	2	1,000,000	0	0.0	0.0
D / 1.9	13.9	0.89	16.13	852	2	97	0	1	30.0	318.5	1.2	65	10	1,000,000	0	0.0	0.0
C+ / 6.6	8.3	0.86	25.72	2,409	2	97	0	1	19.0	191.3	-7.1	87	N/A	1,000,000	0	0.0	0.0
B- / 7.0	8.0	0.82	23.20	1,006	2	97	0	1	21.0	190.4	-7.5	89	12	1,000,000	0	0.0	0.0

www.thestreet.com/ratings   Data as of June 30, 2007

I. Index of Stock Mutual Funds

Summer 2007

Fund Type	Fund Name	Ticker Symbol	Overall Investment Rating	Phone	Performance Rating/Pts	3 Mo	6 Mo	1Yr / Pct	3Yr / Pct	5Yr / Pct	Dividend Yield	Expense Ratio
GI	Delaware Pooled Tr-Lg Cap Val	DPDEX	B+	(800) 362-3863	C+ / 6.7	6.56	7.16	24.83 /83	13.66 /59	11.25 /46	1.50	1.28
GR	Delaware Pooled Tr-Lg Cp Gr Eq	DPLGX	U	(800) 362-3863	U /	4.30	4.53	9.79 / 7	--	--	0.04	0.91
MC	Delaware Pooled Tr-Mid Cap Gr	DPAGX	C-	(800) 362-3863	C / 5.5	7.94	11.78	14.97 /26	12.60 /51	12.15 /55	0.00	0.99
RE	● Delaware Pooled Tr-REIT Port I	DPRIX	E+	(800) 362-3863	C+ / 6.5	-9.37	-5.32	13.45 /18	18.67 /82	16.60 /83	1.83	1.09
RE	● Delaware Pooled Tr-REIT Port II	DPRTX	E+	(800) 362-3863	C+ / 6.5	-9.34	-5.45	13.27 /17	18.66 /82	16.33 /82	0.67	0.94
SC	Delaware Pooled Tr-Sm Cap Growth	DPSGX	E+	(800) 362-3863	C- / 3.6	7.34	10.39	16.90 /37	9.71 /26	11.14 /45	0.00	0.86
RE	Delaware REIT A	DPREX	E	(800) 362-3863	C / 5.1	-9.50	-5.50	13.11 /17	18.37 /81	16.31 /82	1.54	1.39
RE	● Delaware REIT B	DPRBX	E	(800) 362-3863	C+ / 5.6	-9.59	-5.83	12.30 /14	17.49 /79	15.44 /78	0.92	2.09
RE	Delaware REIT C	DPRCX	E	(800) 362-3863	C+ / 5.6	-9.64	-5.83	12.25 /14	17.49 /79	15.44 /78	0.92	2.09
RE	Delaware REIT I	DPRSX	E+	(800) 362-3863	C+ / 6.5	-9.42	-5.37	13.38 /18	18.66 /82	16.60 /83	1.83	1.09
RE	Delaware REIT R	DPRRX	E+	(800) 362-3863	C+ / 6.0	-9.51	-5.62	12.85 /16	18.03 /80	--	1.37	1.69
AG	Delaware Select Growth A	DVEAX	E+	(800) 362-3863	D- / 1.1	3.78	4.36	10.28 / 8	9.91 /27	9.37 /27	0.00	1.65
AG	● Delaware Select Growth B	DVEBX	E+	(800) 362-3863	D- / 1.4	3.56	3.98	9.42 / 7	9.07 /21	8.53 /19	0.00	2.40
AG	Delaware Select Growth C	DVECX	E+	(800) 362-3863	D- / 1.4	3.55	3.98	9.43 / 7	9.08 /21	8.55 /19	0.00	2.40
AG	Delaware Select Growth I	VAGGX	D-	(800) 362-3863	D / 2.0	3.83	4.47	10.54 / 9	10.16 /29	9.63 /29	0.00	1.40
AG	Delaware Select Growth R	DFSRX	E+	(800) 362-3863	D / 1.7	3.75	4.26	10.02 / 8	9.59 /25	--	0.00	2.00
SC	Delaware Small Cap Core A	DCCAX	C+	(800) 362-3863	C / 5.3	6.86	7.97	15.37 /28	15.13 /69	15.42 /78	0.00	2.53
SC	Delaware Small Cap Core I	DCCIX	B-	(800) 362-3863	C+ / 6.6	6.93	8.12	15.62 /29	15.32 /70	15.53 /79	0.00	2.83
SC	● Delaware Small Cap Value A	DEVLX	C-	(800) 362-3863	C / 5.3	4.79	7.49	14.82 /25	15.74 /73	14.80 /75	0.00	1.44
SC	● Delaware Small Cap Value B	DEVBX	C-	(800) 362-3863	C+ / 5.8	4.59	7.07	13.96 /20	14.91 /68	13.99 /70	0.00	2.13
SC	● Delaware Small Cap Value C	DEVCX	C-	(800) 362-3863	C+ / 5.8	4.56	7.08	13.96 /20	14.90 /68	13.98 /69	0.00	2.13
SC	● Delaware Small Cap Value I	DEVIX	C+	(800) 362-3863	C+ / 6.7	4.82	7.60	15.09 /27	16.06 /74	15.13 /77	0.00	1.13
SC	● Delaware Small Cap Value R	DVLRX	C	(800) 362-3863	C+ / 6.2	4.69	7.34	14.52 /23	15.44 /71	--	0.00	1.74
SC	Delaware Small-Cap Growth A	DSCAX	E+	(800) 362-3863	D+ / 2.5	9.99	9.34	16.62 /36	9.43 /24	12.66 /59	0.00	2.90
SC	● Delaware Small-Cap Growth B	DSCBX	E+	(800) 362-3863	D+ / 2.9	9.72	8.85	15.78 /30	8.61 /18	11.81 /52	0.00	2.90
SC	Delaware Small-Cap Growth C	DSCCX	E+	(800) 362-3863	D+ / 2.9	9.72	8.85	15.78 /30	8.61 /18	11.81 /52	0.00	2.90
SC	Delaware Small-Cap Growth I	DSCIX	D-	(800) 362-3863	C- / 3.8	10.03	9.39	16.78 /37	9.63 /25	12.90 /61	0.00	1.90
SC	Delaware Small-Cap Growth R	DSCRX	D-	(800) 362-3863	C- / 3.3	9.85	9.10	16.34 /34	9.12 /22	--	0.00	2.50
SC	Delaware Trend Fund A	DELTX	E	(800) 362-3863	D+ / 2.4	7.41	10.44	17.15 /39	9.63 /25	10.75 /41	0.00	1.40
SC	● Delaware Trend Fund B	DERBX	E	(800) 362-3863	D+ / 2.9	7.21	10.05	16.37 /34	8.86 /20	9.96 /32	0.00	2.11
SC	Delaware Trend Fund C	DETCX	E	(800) 362-3863	D+ / 2.9	7.22	10.07	16.32 /34	8.85 /20	9.97 /33	0.00	2.11
SC	Delaware Trend Fund I	DGTIX	E+	(800) 362-3863	C- / 3.9	7.48	10.58	17.51 /42	9.95 /28	11.08 /44	0.00	1.11
SC	Delaware Trend Fund R	DETRX	E+	(800) 362-3863	C- / 3.4	7.35	10.36	16.95 /38	9.37 /23	--	0.00	1.71
IN	Delaware US Growth A	DUGAX	E+	(800) 362-3863	E+ / 0.9	4.13	4.59	9.70 / 7	8.87 /20	6.10 / 5	0.00	1.22
IN	● Delaware US Growth B	DEUBX	E+	(800) 362-3863	D- / 1.1	3.94	4.20	8.96 / 6	8.11 /15	5.37 / 3	0.00	1.87
IN	Delaware US Growth C	DEUCX	E+	(800) 362-3863	D- / 1.1	3.94	4.18	8.98 / 6	8.11 /15	5.36 / 3	0.00	1.87
IN	Delaware US Growth I	DEUIX	D-	(800) 362-3863	D / 1.6	4.21	4.72	10.08 / 8	9.21 /22	6.42 / 6	0.00	0.87
IN	Delaware US Growth R	DEURX	D-	(800) 362-3863	D- / 1.4	4.09	4.48	9.55 / 7	8.63 /18	--	0.00	1.47
GR	Delaware Value A	DDVAX	B+	(800) 362-3863	C+ / 6.3	6.37	6.77	23.78 /80	15.24 /70	11.99 /53	1.24	1.16
GR	● Delaware Value B	DDVBX	B+	(800) 362-3863	C+ / 6.7	6.17	6.41	22.89 /77	14.38 /65	11.23 /46	0.68	1.86
GR	Delaware Value C	DDVCX	B+	(800) 362-3863	C+ / 6.7	6.09	6.33	22.78 /76	14.37 /65	11.16 /45	0.68	1.86
GR	Delaware Value I	DDVIX	A+	(800) 362-3863	B- / 7.4	6.44	6.92	24.15 /81	15.51 /71	12.25 /56	1.53	0.86
GR	DF Dent Premier Growth	DFDPX	B	(866) 233-3368	C+ / 6.1	7.41	10.58	15.42 /28	13.84 /61	14.50 /73	0.00	1.43
FO	DFA Continental Small Company	DFCSX	A-	(800) 984-9472	A+ / 9.7	6.04	17.50	43.18 /98	35.80 /98	31.24 /99	1.40	0.62
EM	DFA Emerging Markets	DFEMX	B	(800) 984-9472	A+ / 9.8	15.30	20.37	50.17 /99	37.56 /98	30.98 /98	1.69	0.61
FO	DFA Emerging Markets Small Cap	DEMSX	B	(800) 984-9472	A+ / 9.9	19.57	28.35	68.92 /99	42.15 /99	35.49 /99	1.09	0.81
EM	DFA Emerging Markets Value	DFEVX	B	(800) 984-9472	A+ / 9.9	19.47	28.33	62.09 /99	46.98 /99	39.38 /99	1.71	0.63
EM	DFA Emerging Markts Core Eqty Port	DFCEX	U	(800) 984-9472	U /	17.18	23.05	55.08 /99	--	--	1.43	0.85
EM	DFA Emerging Mkts Social Core Port	DFESX	U	(800) 984-9472	U /	17.30	23.51	--	--	--	0.00	0.78
GL	DFA Global 60/40 Inst	DGSIX	C+	(800) 984-9472	C- / 4.0	4.14	6.55	16.01 /32	12.07 /46	--	1.20	0.52
EM	DFA Global Equity Inst	DGEIX	A	(800) 984-9472	B / 8.2	6.26	9.42	23.66 /79	18.01 /80	--	1.64	0.60
FO	DFA International Small Cap Value	DISVX	A+	(800) 984-9472	A / 9.5	4.49	13.96	33.33 /95	28.78 /95	29.61 /98	2.16	0.70

● Denotes fund is closed to new investors
* Denotes fund is included in Section II

www.thestreet.com/ratings

I. Index of Stock Mutual Funds

Summer 2007

RISK			NET ASSETS		ASSET				Portfolio	BULL / BEAR		FUND MANAGER		MINIMUMS		LOADS	
	3 Year		NAV							Last Bull	Last Bear	Manager	Manager	Initial	Additional	Front	Back
Risk	Standard		As of	Total	Cash	Stocks	Bonds	Other	Turnover	Market	Market	Quality	Tenure	Purch.	Purch.	End	End
Rating/Pts	Deviation	Beta	6/30/07	$(Mil)	%	%	%	%	Ratio	Return	Return	Pct	(Years)	$	$	Load	Load
B+ / 9.0	7.1	0.91	22.90	15	1	98	0	1	109.0	106.6	-9.4	82	N/A	1,000,000	0	0.0	0.0
U /	N/A	N/A	9.46	359	N/A	N/A	0	N/A	13.0	N/A	N/A	N/A	N/A	1,000,000	0	0.0	0.0
C+ / 5.6	13.0	1.15	4.08	5	2	97	0	1	83.0	113.1	-9.6	16	11	1,000,000	0	0.0	0.0
E / 0.5	15.0	1.02	17.04	29	2	97	0	1	68.0	164.5	-0.2	48	8	1,000,000	0	0.0	0.0
E / 0.5	14.8	1.00	13.01	13	2	97	0	1	68.0	164.0	-0.3	51	10	1,000,000	0	0.0	0.0
C- / 3.7	15.0	1.03	16.68	54	N/A	N/A	0	N/A	69.0	95.5	-9.4	17	7	1,000,000	0	0.0	0.0
E / 0.5	15.0	1.02	17.02	175	2	97	0	1	60.0	161.7	-0.3	44	12	1,000	100	5.8	0.0
E / 0.5	15.0	1.02	17.02	55	2	97	0	1	60.0	153.5	-0.4	35	10	1,000	100	0.0	0.0
E / 0.5	15.0	1.02	17.02	57	2	97	0	1	60.0	153.6	-0.4	35	10	1,000	100	0.0	0.0
E / 0.5	15.0	1.02	17.04	77	2	97	0	1	60.0	164.4	-0.2	48	12	1,000,000	0	0.0	0.0
E / 0.5	15.0	1.02	17.03	7	2	97	0	1	60.0	N/A	N/A	40	10	1,000	100	0.0	0.0
C+ / 5.7	12.9	1.29	28.00	163	1	98	0	1	124.0	90.3	-10.1	16	N/A	1,000	100	5.8	0.0
C+ / 5.6	12.9	1.29	25.33	117	1	98	0	1	124.0	84.2	-10.2	12	N/A	1,000	100	0.0	0.0
C+ / 5.6	12.9	1.29	25.06	56	1	98	0	1	124.0	84.3	-10.2	12	N/A	1,000	100	0.0	0.0
C+ / 5.7	12.9	1.29	28.74	38	1	98	0	1	124.0	92.2	-10.0	17	N/A	1,000,000	0	0.0	0.0
C+ / 5.7	12.9	1.29	27.68	2	1	98	0	1	124.0	N/A	N/A	14	N/A	1,000	100	0.0	0.0
B- / 7.6	12.4	0.90	13.55	43	2	97	0	1	121.0	143.4	-7.1	82	N/A	1,000	100	5.8	0.0
B- / 7.6	12.3	0.90	13.58	38	2	97	0	1	121.0	144.5	-7.1	83	N/A	1,000,000	0	0.0	0.0
C+ / 5.6	10.9	0.79	41.33	496	2	97	0	1	36.0	148.6	-7.4	90	10	1,000	100	5.8	0.0
C / 5.4	10.9	0.79	37.84	76	2	97	0	1	36.0	141.1	-7.5	87	10	1,000	100	0.0	0.0
C / 5.3	10.9	0.79	37.82	133	2	97	0	1	36.0	141.1	-7.5	87	10	1,000	100	0.0	0.0
C+ / 5.7	10.9	0.79	42.64	36	2	97	0	1	36.0	151.7	-7.3	92	10	1,000,000	0	0.0	0.0
C+ / 5.6	10.9	0.79	40.82	29	2	97	0	1	36.0	N/A	N/A	89	10	1,000	100	0.0	0.0
C / 4.7	15.6	1.08	12.88	13	1	98	0	1	78.0	104.5	-9.4	13	N/A	1,000	100	5.8	0.0
C / 4.6	15.6	1.08	12.30	4	1	98	0	1	78.0	98.1	-9.5	10	N/A	1,000	100	0.0	0.0
C / 4.6	15.6	1.08	12.30	8	1	98	0	1	78.0	98.1	-9.5	10	N/A	1,000	100	0.0	0.0
C / 4.8	15.6	1.07	13.05	N/A	1	98	0	1	78.0	106.4	-9.3	14	N/A	1,000,000	0	0.0	0.0
C / 4.7	15.6	1.08	12.71	2	1	98	0	1	78.0	N/A	N/A	12	N/A	1,000	100	0.0	0.0
C- / 3.3	15.3	1.05	22.32	624	0	99	0	1	71.0	95.9	-9.8	15	10	1,000	100	5.8	0.0
D+ / 2.9	15.3	1.06	19.49	88	0	99	0	1	71.0	90.0	-10.0	12	10	1,000	100	0.0	0.0
D+ / 2.9	15.3	1.06	19.90	91	0	99	0	1	71.0	90.0	-9.9	12	10	1,000	100	0.0	0.0
C- / 3.4	15.3	1.06	23.72	155	0	99	0	1	71.0	98.3	-9.7	17	10	1,000,000	0	0.0	0.0
C- / 3.2	15.3	1.06	22.06	4	0	99	0	1	71.0	N/A	N/A	14	10	1,000	100	0.0	0.0
C+ / 6.4	10.9	1.13	14.13	168	0	99	0	1	25.0	57.0	-9.0	17	N/A	1,000	100	5.8	0.0
C+ / 6.3	10.9	1.13	12.65	19	0	99	0	1	25.0	52.4	-9.2	14	N/A	1,000	100	0.0	0.0
C+ / 6.3	10.9	1.13	13.71	22	0	99	0	1	25.0	52.3	-9.1	14	N/A	1,000	100	0.0	0.0
C+ / 6.4	10.9	1.13	14.85	646	0	99	0	1	25.0	59.0	-8.9	19	N/A	1,000,000	0	0.0	0.0
C+ / 6.4	10.9	1.13	14.00	1	0	99	0	1	25.0	N/A	N/A	16	N/A	1,000	100	0.0	0.0
B / 8.9	7.4	0.90	14.36	428	0	99	0	1	24.0	113.8	-8.6	90	3	1,000	100	5.8	0.0
B+ / 9.0	7.4	0.90	14.28	11	0	99	0	1	24.0	107.0	-8.7	87	3	1,000	100	0.0	0.0
B+ / 9.0	7.4	0.90	14.28	72	0	99	0	1	24.0	107.4	-8.8	87	3	1,000	100	0.0	0.0
B / 8.8	7.4	0.90	14.37	153	0	99	0	1	24.0	116.1	-8.5	91	3	1,000,000	0	0.0	0.0
B / 8.6	8.6	1.02	17.25	144	7	92	0	1	20.0	124.8	-8.5	76	6	100,000	2,000	0.0	0.0
C+ / 5.7	13.1	1.27	24.26	167	0	100	0	0	4.0	354.3	-1.9	95	N/A	2,000,000	0	0.0	0.0
C / 4.4	15.7	1.02	31.23	2,960	0	100	0	0	5.0	320.6	-5.6	31	N/A	2,000,000	0	0.0	0.0
C / 4.7	16.0	1.45	22.43	1,185	2	97	0	1	8.0	376.2	-2.7	97	N/A	2,000,000	0	0.0	0.0
C / 4.5	16.8	1.06	40.53	6,179	0	99	0	1	5.0	450.1	-1.9	89	N/A	2,000,000	0	0.0	0.0
U /	N/A	N/A	19.09	1,327	0	98	0	2	6.0	N/A	N/A	N/A	N/A	2,000,000	0	0.0	0.0
U /	N/A	N/A	14.58	462	0	0	0	100	N/A	N/A	N/A	N/A	N/A	2,000,000	0	0.0	0.0
B+ / 9.0	5.2	0.49	13.43	657	0	56	43	1	54.0	N/A	N/A	45	4	2,000,000	0	0.0	0.0
B- / 7.6	9.0	0.49	16.08	1,172	0	100	0	0	15.0	N/A	N/A	34	4	2,000,000	0	0.0	0.0
C+ / 6.8	10.3	1.00	23.71	8,490	0	99	0	1	14.0	303.1	2.1	93	N/A	2,000,000	0	0.0	0.0

www.thestreet.com/ratings

Data as of June 30, 2007

I. Index of Stock Mutual Funds

Summer 2007

99 Pct = Best
0 Pct = Worst

Fund Type	Fund Name	Ticker Symbol	Overall Investment Rating	Phone	Performance Rating/Pts	Total Return % through 6/30/07			Annualized		Dividend Yield	Expense Ratio
						3 Mo	6 Mo	1Yr / Pct	3Yr / Pct	5Yr / Pct		
FO	DFA International Small Company	DFISX	A	(800) 984-9472	A / 9.4	5.25	13.82	31.13 /93	25.97 /94	26.25 /97	1.97	0.56
EM	DFA International Value I	DFIVX	A+	(800) 984-9472	A / 9.5	7.81	13.24	35.07 /96	27.29 /95	23.19 /95	2.99	0.44
EM	DFA International Value III	DFVIX	B+	(800) 984-9472	A / 9.5	7.85	13.29	35.28 /96	27.51 /95	23.40 /95	3.13	0.26
EM	DFA International Value IV	DFVFX	A+	(800) 984-9472	A / 9.5	7.84	13.35	35.27 /96	27.49 /95	23.37 /95	2.38	0.27
FO	DFA Intl Core Equity Portfolio	DFIEX	U	(800) 984-9472	U /	5.99	11.92	29.13 /91	--	--	2.02	0.49
FO	DFA Japanese Small Co	DFJSX	E	(800) 984-9472	E+ / 0.6	-1.85	3.32	-2.44 / 0	8.70 /19	17.01 /85	1.34	0.61
FO	DFA Large Cap International	DFALX	A	(800) 984-9472	B+ / 8.9	6.55	11.21	26.54 /87	21.37 /88	17.21 /85	2.36	0.29
FO	DFA Pacific Rim Small Company	DFRSX	A+	(800) 984-9472	A+ / 9.9	20.82	33.83	65.58 /99	36.72 /98	31.22 /99	2.57	0.64
RE	DFA Real Estate Securities Port	DFREX	C-	(800) 984-9472	B / 7.6	-9.46	-6.30	11.49 /12	21.41 /88	18.82 /89	3.79	0.33
FO	DFA Tax Managed Intl Value	DTMIX	A+	(800) 984-9472	A / 9.5	7.55	13.12	34.63 /96	26.98 /95	22.98 /95	2.44	0.54
SC	DFA Tax Managed Sm Co Fd	DFTSX	C+	(800) 984-9472	C+ / 6.1	5.46	8.61	17.22 /40	14.24 /64	15.32 /78	0.45	0.53
MC	DFA Tax Managed US MktWide Val	DTMMX	A	(800) 984-9472	B / 7.8	6.09	8.65	19.94 /59	17.61 /79	15.21 /77	1.15	0.38
SC	DFA Tax Mgd US Target Val Fd	DTMVX	C+	(800) 984-9472	C+ / 6.4	4.24	7.14	15.91 /31	15.69 /72	16.19 /82	0.75	0.53
IN	DFA Tax-Managed U.S. Equity	DTMEX	C+	(800) 984-9472	C / 4.9	6.00	7.38	19.59 /57	11.86 /44	10.90 /42	1.46	0.24
GR	DFA U.S Large Cap Value I	DFLVX	A+	(800) 984-9472	B / 7.8	6.76	8.90	21.08 /67	17.27 /78	14.35 /72	1.27	0.28
GR	DFA U.S Large Cap Value III	DFUVX	B-	(800) 984-9472	B / 7.9	6.82	9.03	21.09 /67	17.38 /79	14.47 /73	1.40	0.14
SC	DFA U.S Small Cap Value I	DFSVX	C+	(800) 984-9472	C+ / 6.9	3.89	7.08	17.11 /39	16.47 /76	18.17 /88	1.49	0.53
IN	DFA U.S. Vector Equity Portfolio	DFVEX	U	(800) 984-9472	U /	5.57	7.92	19.42 /56	--	--	0.99	0.36
FO	DFA United Kingdom Small Co	DFUKX	A+	(800) 984-9472	A / 9.3	0.92	6.24	35.65 /96	25.67 /94	24.10 /95	2.80	0.67
IN	DFA US Core Equity 1 Portfolio	DFEOX	U	(800) 984-9472	U /	5.99	7.88	19.89 /59	--	--	1.30	0.23
IN	DFA US Core Equity 2 Portfolio	DFQTX	U	(800) 984-9472	U /	5.88	7.91	20.16 /61	--	--	1.23	0.26
IX	DFA US Large Company	DFLCX	C+	(800) 984-9472	C / 4.8	6.27	6.93	20.49 /63	11.59 /42	10.59 /40	1.70	0.19
SC	DFA US Micro Cap Portfolio	DFSCX	C-	(800) 984-9472	C / 4.7	4.35	6.09	15.98 /32	13.09 /55	15.89 /81	1.86	0.53
SC	DFA US Small Cap Portfolio	DFSTX	C-	(800) 984-9472	C / 4.9	4.53	6.66	15.94 /31	13.24 /56	14.79 /75	1.71	0.38
GR	Diamond Hill Financial Lng-Sht A	BANCX	D-	(614) 255-3333	E+ / 0.9	2.98	0.96	11.61 /12	9.25 /22	13.25 /64	1.08	1.61
GR	Diamond Hill Financial Lng-Sht C	BSGCX	D-	(614) 255-3333	D- / 1.0	2.80	0.60	10.81 /10	8.44 /17	12.39 /57	0.69	2.36
GR	Diamond Hill Large Cap A	DHLAX	B-	(614) 255-3333	C+ / 5.9	5.18	5.56	15.69 /30	16.46 /76	15.03 /76	0.76	1.21
GR	Diamond Hill Large Cap C	DHLCX	B	(614) 255-3333	C+ / 6.2	4.99	5.19	14.84 /25	15.57 /72	14.14 /71	0.30	1.96
GR	Diamond Hill Large Cap I	DHLRX	A-	(614) 255-3333	B- / 7.1	5.28	5.79	16.16 /33	16.84 /77	15.25 /77	1.12	0.78
GR	Diamond Hill Long-Short Fd Cl A	DIAMX	C+	(614) 255-3333	C- / 4.1	0.93	-0.22	8.59 / 5	16.13 /74	12.51 /58	1.26	1.51
GR	Diamond Hill Long-Short Fd Cl C	DHFCX	C+	(614) 255-3333	C / 4.5	0.74	-0.56	7.81 / 4	15.28 /70	11.64 /50	0.90	2.26
GR	Diamond Hill Long-Short Fd Cl I	DHLSX	B	(614) 255-3333	C+ / 5.7	1.03	0.00	9.04 / 6	16.55 /76	12.75 /60	1.60	1.08
SC	• Diamond Hill Small Cap A	DHSCX	C-	(614) 255-3333	C- / 3.9	6.55	5.99	9.78 / 7	14.44 /65	16.75 /84	0.30	1.41
SC	• Diamond Hill Small Cap C	DHSMX	C	(614) 255-3333	C- / 4.2	6.38	5.58	8.96 / 6	13.62 /59	15.83 /80	0.00	2.16
SC	• Diamond Hill Small Cap I	DHSIX	C+	(614) 255-3333	C / 5.4	6.65	6.18	10.22 / 8	14.78 /67	16.95 /85	0.69	0.98
GR	Direxion Commodity Bull 2X Fd	DXCLX	U	(800) 851-0511	U /	30.91	43.45	55.18 /99	--	--	0.00	3.26
IN	Direxion Dow 30 Bull 1.25X Fd	PDOWX	C	(800) 851-0511	C+ / 5.6	10.52	8.98	24.86 /83	10.55 /32	9.09 /24	0.21	1.93
FO	Direxion Emerg Mkts Bull 2.0X Fd	DXELX	U	(800) 851-0511	U /	23.81	23.11	76.61 /99	--	--	1.18	1.89
GR	Direxion Evolution All Equity Inv	PEVEX	D+	(800) 851-0511	C- / 3.2	6.24	4.76	11.38 /11	11.84 /44	--	0.75	1.62
GR	Direxion Evolution Large Cap Inv	PEVLX	U	(800) 851-0511	U /	7.48	9.61	16.85 /37	--	--	0.62	1.75
SC	Direxion Evolution Small Cap Inv	PEVSX	U	(800) 851-0511	U /	3.22	2.54	6.20 / 2	--	--	0.35	1.77
GI	Direxion Evolution Total Return Inv	PETRX	U	(800) 851-0511	U /	1.76	-1.71	9.51 / 7	--	--	1.51	1.71
BA	Direxion HCM Freedom Fund Adv	HCMFX	U	(800) 851-0511	U /	12.70	7.48	5.49 / 2	--	--	4.86	2.20
FO	Direxion Latin America Bull 2X Inv	DXZLX	U	(800) 851-0511	U /	38.53	46.57	122.36 /99	--	--	5.09	1.61
IN	Direxion Nasdaq 100 Bull 1.25X Fd	POTCX	E+	(800) 851-0511	C / 4.3	11.13	11.33	25.94 /85	7.82 /13	13.13 /63	0.00	1.78
IX	Direxion PSI Calender Effects Inv	PCALX	U	(800) 851-0511	U /	3.79	1.50	4.70 / 1	--	--	1.80	1.75
GR	Direxion S&P 500 Bear 1.0XFd	PSPSX	E-	(800) 851-0511	E- / 0.0	-4.16	-3.19	-10.76 / 0	-7.06 / 0	-9.82 / 0	3.49	3.58
SC	Direxion Small Cap Bull 2.5X Fd	DXRLX	E+	(800) 851-0511	C+ / 6.0	7.70	9.25	25.66 /84	11.59 /42	11.31 /47	0.00	3.22
SC	Direxion Small Cp Bear 2.5X	DXRSX	E-	(800) 851-0511	E- / 0.0	-9.29	-13.03	-30.31 / 0	-22.46 / 0	-22.01 / 0	6.83	2.36
GI	Direxion Spectrum Equity Opp Adv	SFEOX	U	(800) 851-0511	U /	5.53	3.40	4.52 / 1	--	--	1.37	2.36
GL	Direxion Spectrum Global Persp Adv	SFGPX	U	(800) 851-0511	U /	7.42	4.37	12.84 /16	--	--	1.16	2.65
AG	Diversified Inst Aggress Equity	DIAEX	D-	(800) 755-5801	C / 4.7	9.08	10.69	17.50 /41	10.80 /34	9.83 /31	0.00	1.25

• Denotes fund is closed to new investors
* Denotes fund is included in Section II

www.thestreet.com/ratings

Summer 2007 — I. Index of Stock Mutual Funds

RISK			NET ASSETS		ASSET				Portfolio Turnover Ratio	BULL / BEAR		FUND MANAGER		MINIMUMS		LOADS	
Risk Rating/Pts	3 Year Standard Deviation	Beta	NAV As of 6/30/07	Total $(Mil)	Cash %	Stocks %	Bonds %	Other %		Last Bull Market Return	Last Bear Market Return	Manager Quality Pct	Manager Tenure (Years)	Initial Purch. $	Additional Purch. $	Front End Load	Back End Load
C+ / 6.6	10.3	1.01	21.75	5,570	0	99	0	1	2.4	259.9	0.9	83	N/A	2,000,000	0	0.0	0.0
B- / 7.0	9.8	0.51	25.77	5,927	0	100	0	0	8.0	259.6	-7.7	95	N/A	2,000,000	0	0.0	0.0
C+ / 5.6	10.1	0.55	24.26	1,193	0	100	0	0	8.0	262.6	-7.7	93	N/A	5,000,000	0	0.0	0.0
B- / 7.3	9.8	0.52	21.31	789	0	100	0	0	8.0	261.9	-7.7	95	N/A	2,000,000	0	0.0	0.0
U /	N/A	N/A	14.54	1,568	0	99	0	1	2.0	N/A	N/A	N/A	2	2,000,000	0	0.0	0.0
C / 4.6	13.1	0.75	17.74	220	0	99	0	1	3.0	134.0	6.5	4	N/A	2,000,000	0	0.0	0.0
B- / 7.1	9.0	0.96	26.50	2,019	0	99	0	1	4.0	173.8	-9.3	46	N/A	2,000,000	0	0.0	0.0
C+ / 6.8	12.0	0.98	27.13	121	0	99	0	1	4.0	283.0	5.1	99	14	2,000,000	0	0.0	0.0
C- / 3.4	15.4	1.05	29.59	3,041	16	83	0	1	10.0	185.6	0.5	73	N/A	2,000,000	0	0.0	0.0
C+ / 6.9	9.9	1.03	22.00	2,894	1	98	0	1	13.0	250.5	-7.4	85	N/A	2,000,000	0	0.0	0.0
C+ / 6.4	13.7	1.01	28.59	1,951	15	84	0	1	22.0	161.4	-11.0	62	N/A	2,000,000	0	0.0	0.0
B / 8.3	9.3	0.84	19.36	3,066	12	87	0	1	10.0	154.3	-10.3	90	N/A	2,000,000	0	0.0	0.0
C+ / 6.1	13.2	0.97	26.89	3,585	10	89	0	1	35.0	186.2	-10.8	80	N/A	2,000,000	0	0.0	0.0
B / 8.3	7.8	1.06	15.86	1,809	7	92	0	1	21.0	101.6	-9.8	50	N/A	2,000,000	0	0.0	0.0
B / 8.5	8.9	1.13	27.37	8,106	0	100	0	0	8.0	145.9	-9.5	91	14	2,000,000	0	0.0	0.0
C+ / 5.8	9.2	1.17	21.00	1,836	0	100	0	0	8.0	147.0	-9.5	89	N/A	5,000,000	0	0.0	0.0
C+ / 6.0	13.5	0.99	31.53	10,085	0	100	0	0	20.0	207.6	-10.7	84	14	2,000,000	0	0.0	0.0
U /	N/A	N/A	12.57	793	8	91	0	1	24.0	N/A	N/A	N/A	N/A	2,000,000	0	0.0	0.0
B- / 7.0	11.1	0.95	34.56	43	0	99	0	1	8.0	272.1	-5.9	87	N/A	2,000,000	0	0.0	0.0
U /	N/A	N/A	12.43	1,020	8	90	0	2	6.0	N/A	N/A	N/A	N/A	2,000,000	0	0.0	0.0
U /	N/A	N/A	12.62	2,441	10	90	0	0	5.0	N/A	N/A	N/A	N/A	2,000,000	0	0.0	0.0
B / 8.6	7.3	1.00	44.11	3,346	16	83	0	1	4.0	95.7	-9.8	53	16	2,000,000	0	0.0	0.0
C+ / 5.7	13.9	1.02	16.60	5,382	12	87	0	1	22.0	161.8	-9.1	45	16	2,000,000	0	0.0	0.0
C+ / 6.0	13.7	1.02	22.74	3,750	15	84	0	1	18.0	153.0	-11.0	48	15	2,000,000	0	0.0	0.0
C+ / 6.9	6.4	0.61	21.10	39	24	75	0	1	18.0	102.6	-3.4	64	6	10,000	100	5.0	0.0
C+ / 6.9	6.3	0.61	20.22	6	24	75	0	1	18.0	96.2	-3.5	54	6	10,000	100	0.0	0.0
B / 8.1	8.9	0.94	17.27	373	9	90	0	1	25.0	140.4	-6.7	93	5	10,000	100	5.0	0.0
B / 8.1	8.9	0.95	16.82	27	9	90	0	1	25.0	132.9	-6.7	90	5	10,000	100	0.0	0.0
B / 8.5	8.9	0.94	17.35	73	9	90	0	1	25.0	142.7	-6.7	94	5	500,000	100	0.0	0.0
B / 8.8	7.6	0.41	18.53	993	39	60	0	1	32.0	120.4	-4.7	98	7	10,000	100	5.0	0.0
B / 8.8	7.6	0.41	17.78	272	39	60	0	1	32.0	113.5	-4.9	98	7	10,000	100	0.0	0.0
B / 8.9	7.6	0.41	18.63	447	39	60	0	1	32.0	122.6	-4.7	98	7	500,000	100	0.0	0.0
B- / 7.2	11.5	0.77	26.53	393	13	86	0	1	38.0	176.2	9.9	85	7	10,000	100	5.0	0.0
B- / 7.1	11.5	0.77	25.34	34	13	86	0	1	38.0	167.7	-10.1	81	6	10,000	100	0.0	0.0
B- / 7.7	11.5	0.77	26.63	47	13	86	0	1	38.0	178.7	-9.9	87	6	500,000	100	0.0	0.0
U /	N/A	N/A	32.65	39	34	65	0	1	8,528.0	N/A	N/A	N/A	N/A	25,000	500	0.0	0.0
C+ / 6.3	10.2	1.29	42.23	13	2	97	0	1	194.0	94.7	-13.9	20	8	25,000	500	0.0	0.0
U /	N/A	N/A	38.42	34	38	61	0	1	1,440.0	N/A	N/A	N/A	N/A	25,000	500	0.0	0.0
C+ / 6.6	14.1	1.54	24.86	93	0	99	0	1	1,119.0	N/A	N/A	15	N/A	10,000	1,000	0.0	0.0
U /	N/A	N/A	22.69	73	6	93	0	1	460.0	N/A	N/A	N/A	N/A	10,000	1,000	0.0	0.0
U /	N/A	N/A	20.17	40	5	94	0	1	423.0	N/A	N/A	N/A	N/A	10,000	1,000	0.0	0.0
U /	N/A	N/A	21.23	62	1	98	0	1	373.0	N/A	N/A	N/A	N/A	10,000	1,000	0.0	0.0
U /	N/A	N/A	18.10	31	100	0	0	0	2,215.0	N/A	N/A	N/A	N/A	25,000	1,000	0.0	0.0
U /	N/A	N/A	30.18	115	27	72	0	1	659.0	N/A	N/A	N/A	1	25,000	500	0.0	0.0
D+ / 2.6	18.0	2.11	54.03	13	5	94	0	1	237.0	100.2	-12.9	1	7	25,000	500	0.0	0.0
U /	N/A	N/A	20.29	49	7	92	0	1	1,586.0	N/A	N/A	N/A	N/A	10,000	1,000	0.0	0.0
C- / 3.3	7.3	-1.00	23.70	6	100	0	0	0	N/A	-45.5	9.0	18	10	25,000	500	0.0	0.0
D- / 1.5	21.9	1.53	69.93	5	77	22	0	1	762.0	156.2	-14.9	6	7	25,000	500	0.0	0.0
E- / 0.0	25.4	-1.78	10.55	13	100	0	0	0	N/A	-75.8	11.0	0	8	25,000	500	0.0	0.0
U /	N/A	N/A	21.58	37	42	58	0	0	2,310.0	N/A	N/A	N/A	N/A	25,000	1,000	0.0	0.0
U /	N/A	N/A	25.32	120	41	53	4	2	1,693.0	N/A	N/A	N/A	3	25,000	1,000	0.0	0.0
C- / 3.9	13.6	1.60	6.73	89	N/A	N/A	0	N/A	147.0	90.2	-9.6	9	N/A	5,000	0	0.0	0.0

www.thestreet.com/ratings

Data as of June 30, 2007

I. Index of Stock Mutual Funds

Summer 2007

99 Pct = Best
0 Pct = Worst

Fund Type	Fund Name	Ticker Symbol	Overall Investment Rating	Phone	Performance Rating/Pts	Total Return % through 6/30/07			Annualized		Dividend Yield	Expense Ratio
						3 Mo	6 Mo	1Yr / Pct	3Yr / Pct	5Yr / Pct		
BA	Diversified Inst Balanced	DIBFX	C-	(800) 755-5801	D- / 1.5	2.90	3.27	13.25 /17	8.77 /19	8.18 /16	2.98	0.90
GR	Diversified Inst Equity Growth	DIEGX	D-	(800) 755-5801	D- / 1.3	5.05	5.23	12.85 /16	7.50 /12	7.19 / 9	0.17	0.98
GI	Diversified Inst Growth & Income	DIGIX	C	(800) 755-5801	C- / 3.7	5.76	6.26	17.31 /40	10.97 /35	8.97 /23	0.95	1.00
AA	Diversified Inst Interm Horizon	DIIHX	C-	(800) 755-5801	D- / 1.3	2.87	4.36	12.01 /13	8.15 /15	7.62 /12	2.99	0.89
FO	Diversified Inst International Eq	DIIEX	A	(800) 755-5801	A- / 9.1	7.08	11.54	29.23 /92	21.74 /88	16.44 /83	4.34	1.19
AA	Diversified Inst Intrm-Long Hor SAF	DILHX	C-	(800) 755-5801	D+ / 2.5	4.26	5.73	14.79 /25	9.93 /27	8.72 /20	2.42	0.94
AA	Diversified Inst Long Horizon SAF	DILSX	C	(800) 755-5801	C / 4.3	5.59	7.06	17.80 /43	11.64 /42	9.63 /29	1.88	0.99
MC	Diversified Inst Mid-Cap Growth	DIMGX	D	(800) 755-5801	C+ / 5.6	9.83	13.34	14.64 /24	12.13 /47	11.77 /51	0.00	1.13
MC	Diversified Inst Mid-Cap Value	DIMVX	B	(800) 755-5801	B / 8.1	6.18	10.91	22.60 /75	17.59 /79	17.19 /85	3.07	1.05
OT	Diversified Inst Money Market	DFINX	D+	(800) 755-5801	E- / 0.1	1.16	2.40	4.89 / 1	3.48 / 1	2.47 / 0	4.69	0.62
AA	Diversified Inst Short Horizon SAF	DISHX	D+	(800) 755-5801	E- / 0.2	0.28	1.74	6.62 / 3	4.68 / 3	4.82 / 2	4.21	0.79
AA	Diversified Inst Shrt-Intrm Hor SAF	DIHSX	D+	(800) 755-5801	E+ / 0.6	1.69	3.14	9.36 / 6	6.45 / 7	6.41 / 6	3.58	0.84
SC	Diversified Inst Small Cap Value	DIVSX	E	(800) 755-5801	E+ / 0.6	4.09	4.22	8.62 / 5	6.25 / 6	9.76 /30	2.80	1.28
IN	Diversified Inst Special Equity	DISEX	D	(800) 755-5801	C- / 3.9	5.07	6.32	14.44 /23	12.00 /45	11.40 /48	1.53	1.18
IX	Diversified Inst Stock Index	DISFX	C+	(800) 755-5801	C- / 4.1	6.20	6.43	19.31 /55	11.08 /37	10.22 /35	0.73	0.38
IN	Diversified Inst Value & Income	DIVIX	B	(800) 755-5801	C+ / 6.6	6.31	7.04	22.02 /73	14.13 /63	11.56 /49	1.81	0.80
GR	Diversified Inst Value Fd I	DIVLX	U	(800) 755-5801	U /	4.42	5.38	22.21 /74	--	--	2.80	1.38
AG	Diversified Inv Aggress Equity	DVAEX	D-	(800) 755-5801	C / 4.4	8.96	10.53	17.23 /40	10.55 /32	9.55 /28	0.00	1.40
BA	Diversified Inv Balanced	DVIBX	C-	(800) 755-5801	D- / 1.3	2.80	3.07	12.84 /16	8.40 /17	7.81 /13	2.26	1.12
GR	Diversified Inv Equity Growth	DVEGX	D-	(800) 755-5801	D- / 1.2	4.92	5.12	12.56 /15	7.33 /11	6.94 / 8	0.02	1.21
GI	Diversified Inv Growth & Income	DVGIX	C-	(800) 755-5801	C- / 3.5	5.71	6.13	16.94 /38	10.71 /33	8.71 /20	0.58	1.20
GL	Diversified Inv Inst SmCap Growth	DISGX	D-	(800) 755-5801	C- / 4.2	7.92	13.10	19.69 /57	9.45 /24	--	1.38	1.87
AA	Diversified Inv Interm Horizon SAF	DVMSX	D+	(800) 755-5801	D- / 1.1	2.89	4.30	11.76 /13	7.79 /13	7.10 / 9	2.98	1.24
FO	Diversified Inv International Eq	DVIEX	A-	(800) 755-5801	A- / 9.0	7.03	11.38	28.87 /91	21.42 /88	16.16 /82	5.21	1.44
AA	Diversified Inv Intrm-Long Horizon	DVASX	C-	(800) 755-5801	D+ / 2.3	4.17	5.52	14.44 /23	9.57 /25	8.51 /19	2.49	1.33
AA	Diversified Inv Long Horizon SAF	DVLSX	C	(800) 755-5801	C- / 3.9	5.34	6.85	17.16 /39	11.35 /39	9.08 /24	2.01	1.38
MC	Diversified Inv Mid-Cap Growth	DVMGX	D	(800) 755-5801	C+ / 5.6	9.76	13.12	15.07 /26	11.99 /45	11.44 /48	0.64	1.34
MC	Diversified Inv Mid-Cap Value	DVMVX	B	(800) 755-5801	B / 8.0	6.12	10.71	22.23 /74	17.21 /78	16.69 /84	3.36	1.28
OT	Diversified Inv Money Market	DVMKX	D+	(800) 755-5801	E- / 0.1	1.13	2.30	4.70 / 1	3.21 / 1	2.17 / 0	4.61	0.86
AA	Diversified Inv Short Horizon SAF	DVCSX	D+	(800) 755-5801	E- / 0.2	0.25	1.65	6.24 / 2	4.29 / 2	4.40 / 1	4.09	1.20
AA	Diversified Inv Shrt-Intrm Horizon	DVSIX	D+	(800) 755-5801	E / 0.5	1.52	2.93	8.88 / 6	6.04 / 6	6.07 / 4	3.52	1.24
SC	Diversified Inv Small Cap Growth	DVSGX	E	(800) 755-5801	C- / 3.8	7.78	12.87	19.22 /54	9.02 /21	--	1.94	1.87
SC	Diversified Inv Small Cap Value	DVSVX	E	(800) 755-5801	E / 0.5	4.01	3.97	8.17 / 4	5.78 / 5	--	3.71	1.47
IN	Diversified Inv Special Equity	DVPEX	E+	(800) 755-5801	C- / 3.5	4.93	6.11	14.06 /21	11.63 /42	11.03 /44	2.91	1.42
IX	Diversified Inv Stock Index	DSKIX	C+	(800) 755-5801	C- / 4.1	6.12	6.55	19.84 /58	10.97 /35	10.02 /33	1.28	0.68
IN	Diversified Inv Value & Income	DVEIX	B-	(800) 755-5801	C+ / 6.3	6.22	6.87	21.63 /71	13.84 /61	11.28 /46	2.03	1.05
GR	Diversified Inv Value Fd Inv	DVVLX	U	(800) 755-5801	U /	4.43	5.28	21.99 /72	--	--	5.75	1.40
* BA	● Dodge & Cox Balanced Fund	DODBX	C+	(800) 621-3979	C- / 3.4	3.67	5.35	15.24 /27	11.57 /41	11.78 /51	2.56	0.53
* FO	Dodge & Cox International Stock	DODFX	A+	(800) 621-3979	A / 9.4	6.65	12.00	28.91 /91	26.30 /94	22.99 /95	1.14	0.70
* GI	● Dodge & Cox Stock Fund	DODGX	A	(800) 621-3979	B- / 7.1	5.41	7.23	19.74 /58	16.02 /74	14.80 /75	1.48	0.52
FO	Domini European Social Equity Inv	DEUFX	U	(800) 762-6814	U /	4.83	8.88	33.06 /95	--	--	2.18	1.88
GR	Domini Institutional Social Eq	DIEQX	C	(800) 762-6814	C- / 3.0	6.30	7.15	21.22 /68	9.42 /24	9.61 /29	1.11	0.80
FO	Domini PacAsia Social Eq Fd Inv	DPAFX	U	(800) 762-6814	U /	3.99	5.86	--	--	--	0.00	2.32
GR	Domini Social Equity Fd	DSEFX	C-	(800) 762-6814	D+ / 2.6	6.18	6.94	20.77 /65	8.90 /20	9.03 /23	0.63	1.19
GR	Domini Social Equity R	DSFRX	C	(800) 762-6814	D+ / 2.9	6.25	7.17	21.20 /68	9.25 /22	--	1.03	0.88
GR	Dow Jones Islamic Fund Class K	IMANX	C	(877) 417-6161	C- / 3.3	7.07	7.34	19.66 /57	9.33 /23	9.03 /23	0.16	1.63
* GR	Dreyfus Appreciation Fund	DGAGX	C	(800) 242-8671	C- / 3.0	6.19	4.99	19.00 /52	9.54 /24	8.02 /15	1.34	0.95
IX	Dreyfus Basic S&P 500 Stock Idx	DSPIX	C+	(800) 242-8671	C / 4.6	6.21	6.86	20.35 /62	11.46 /40	10.49 /38	1.66	0.20
GI	Dreyfus Disciplined Stock Fund	DDSTX	C+	(800) 242-8671	C+ / 5.7	6.76	8.15	22.31 /74	12.30 /48	9.35 /26	0.59	1.00
BA	Dreyfus Founders Balanced Fund A	FRIDX	D+	(800) 242-8671	E+ / 0.7	2.79	3.49	12.79 /16	7.95 /14	6.75 / 7	2.41	1.56
BA	● Dreyfus Founders Balanced Fund B	FRIBX	C-	(800) 242-8671	D- / 1.0	2.73	3.48	12.36 /14	7.24 /10	6.02 / 4	0.95	2.56
BA	Dreyfus Founders Balanced Fund C	FRICX	D+	(800) 242-8671	E+ / 0.8	2.50	2.92	11.76 /13	6.98 / 9	5.74 / 4	0.89	2.53

● Denotes fund is closed to new investors
* Denotes fund is included in Section II

www.thestreet.com/ratings

I. Index of Stock Mutual Funds

Summer 2007

RISK			NET ASSETS		ASSET				Portfolio Turnover Ratio	BULL / BEAR		FUND MANAGER		MINIMUMS		LOADS	
	3 Year		NAV							Last Bull	Last Bear	Manager	Manager	Initial	Additional	Front	Back
Risk Rating/Pts	Standard Deviation	Beta	As of 6/30/07	Total $(Mil)	Cash %	Stocks %	Bonds %	Other %		Market Return	Market Return	Quality Pct	Tenure (Years)	Purch. $	Purch. $	End Load	End Load
B+ / 9.5	4.7	1.06	10.43	91	0	59	51	0	224.0	59.2	-4.7	51	6	5,000	0	0.0	0.0
C+ / 6.4	9.5	1.20	7.77	859	N/A	N/A	0	N/A	84.0	65.6	-8.8	9	N/A	5,000	0	0.0	0.0
B- / 7.5	8.3	1.10	7.40	244	N/A	N/A	0	N/A	73.0	84.2	-9.5	34	18	5,000	0	0.0	0.0
B+ / 9.3	4.2	0.93	10.37	643	2	50	47	1	45.0	53.8	-3.2	52	11	5,000	0	0.0	0.0
B- / 7.0	9.8	1.03	11.40	738	N/A	N/A	0	N/A	81.0	164.7	-10.3	36	N/A	5,000	0	0.0	0.0
B / 8.6	5.9	1.26	10.31	542	2	70	27	1	47.0	71.0	-5.7	54	11	5,000	0	0.0	0.0
B- / 7.9	7.5	1.59	10.08	312	2	89	7	2	60.0	91.5	-9.2	53	9	5,000	0	0.0	0.0
C- / 3.5	13.5	1.20	13.85	66	N/A	N/A	0	N/A	151.0	95.1	-5.9	11	N/A	5,000	0	0.0	0.0
C+ / 6.6	8.9	0.80	17.98	303	N/A	N/A	0	N/A	80.0	168.4	-5.7	92	6	5,000	0	0.0	0.0
B+ / 9.9	0.4	N/A	10.07	325	100	0	0	0	N/A	11.5	0.4	52	N/A	5,000	0	0.0	0.0
B+ / 9.7	1.8	0.25	10.28	97	2	62	35	1	76.0	23.1	1.2	51	11	5,000	0	0.0	0.0
B+ / 9.4	2.7	0.58	9.93	91	2	30	67	1	95.0	38.2	-0.8	53	9	5,000	0	0.0	0.0
C / 5.2	12.5	0.90	15.93	45	N/A	N/A	0	N/A	105.0	114.7	-12.7	8	N/A	5,000	0	0.0	0.0
C / 5.3	12.7	1.48	12.02	319	N/A	N/A	0	N/A	86.0	127.5	-11.0	19	N/A	5,000	0	0.0	0.0
B / 8.2	7.3	1.00	10.04	995	N/A	100	0	N/A	14.0	92.7	-9.9	46	8	5,000	0	0.0	0.0
B / 8.1	7.4	0.98	14.10	1,085	N/A	N/A	0	N/A	31.0	108.6	-8.2	82	N/A	5,000	0	0.0	0.0
U /	N/A	N/A	12.52	80	N/A	N/A	0	N/A	74.0	N/A	N/A	N/A	N/A	5,000	0	0.0	0.0
C / 4.3	13.5	1.59	16.06	148	0	99	0	1	147.0	88.1	-9.6	9	N/A	5,000	0	0.0	0.0
B+ / 9.5	4.7	1.06	16.45	136	0	62	47	0	224.0	56.8	-4.7	46	8	5,000	0	0.0	0.0
C+ / 6.4	9.5	1.19	22.18	720	N/A	N/A	0	N/A	84.0	64.1	-8.9	9	7	5,000	0	0.0	0.0
B- / 7.6	8.2	1.10	23.86	451	N/A	N/A	0	N/A	73.0	82.4	-9.7	32	6	5,000	0	0.0	0.0
C- / 3.7	15.9	1.09	14.85	32	N/A	100	0	N/A	173.0	N/A	N/A	0	N/A	5,000	0	0.0	0.0
B / 8.4	4.3	0.94	11.90	688	0	51	47	2	70.0	51.0	-3.4	46	11	5,000	0	0.0	0.0
C+ / 6.6	9.8	1.03	19.37	738	N/A	N/A	0	N/A	81.0	161.7	-10.3	33	15	5,000	0	0.0	0.0
B / 8.5	6.0	1.28	13.21	682	2	70	27	1	59.0	69.0	-5.8	47	11	5,000	0	0.0	0.0
B- / 7.7	7.6	1.60	11.89	428	1	90	7	2	76.0	88.5	-9.1	48	9	5,000	0	0.0	0.0
C- / 3.2	13.6	1.20	11.81	125	N/A	N/A	0	N/A	151.0	93.3	-6.0	11	N/A	5,000	0	0.0	0.0
C+ / 6.7	8.8	0.80	16.33	621	N/A	N/A	0	N/A	80.0	164.4	-5.8	91	6	5,000	0	0.0	0.0
B+ / 9.9	0.4	N/A	10.64	368	100	0	0	0	N/A	10.1	0.3	48	N/A	5,000	0	0.0	0.0
B+ / 9.4	1.8	0.26	10.67	154	0	10	89	1	59.0	21.2	1.2	45	11	5,000	0	0.0	0.0
B+ / 9.5	2.8	0.60	10.03	167	1	30	68	1	57.0	36.6	-1.0	46	9	5,000	0	0.0	0.0
D+ / 2.3	15.9	1.10	15.52	55	N/A	N/A	0	N/A	173.0	103.1	-11.4	11	N/A	5,000	0	0.0	0.0
C / 4.9	12.6	0.90	12.60	92	N/A	N/A	0	N/A	105.0	101.1	-9.1	7	N/A	5,000	0	0.0	0.0
C- / 3.6	12.7	1.48	25.35	388	N/A	N/A	0	N/A	86.0	124.7	-11.1	17	22	5,000	0	0.0	0.0
B / 8.2	7.3	1.00	11.68	707	N/A	100	0	N/A	25.0	91.1	-9.8	44	N/A	5,000	0	0.0	0.0
B- / 7.4	7.4	0.97	27.60	1,228	N/A	N/A	0	N/A	31.0	106.4	-8.2	80	N/A	5,000	0	0.0	0.0
U /	N/A	N/A	12.14	79	N/A	N/A	0	N/A	74.0	N/A	N/A	N/A	N/A	5,000	0	0.0	0.0
B+ / 9.4	4.7	0.99	90.01	29,671	5	64	30	1	20.0	87.8	-4.7	84	76	2,500	100	0.0	0.0
B- / 7.2	10.0	1.04	48.90	44,612	5	94	0	1	9.0	263.9	-11.9	81	N/A	2,500	100	0.0	0.0
B / 8.7	7.4	0.94	162.09	73,314	4	95	0	1	14.0	134.9	-8.6	92	42	2,500	100	0.0	0.0
U /	N/A	N/A	15.46	134	1	98	0	1	69.0	N/A	N/A	N/A	2	2,500	100	0.0	2.0
B / 8.4	8.6	1.12	21.60	178	0	99	0	1	12.0	87.1	-10.3	21	11	2,000,000	0	0.0	2.0
U /	N/A	N/A	10.56	25	0	100	0	0	N/A	N/A	N/A	N/A	N/A	2,500	100	0.0	2.0
B / 8.4	8.6	1.13	35.66	1,139	0	99	0	1	12.0	83.2	-10.5	18	16	2,500	100	0.0	2.0
B / 8.4	8.6	1.12	13.48	55	0	99	0	1	12.0	N/A	N/A	20	4	2,500	100	0.0	2.0
B / 8.1	8.5	1.10	8.78	35	2	97	0	1	4.0	76.2	-9.8	22	N/A	250	50	0.0	0.0
B / 8.2	6.6	0.79	45.95	4,473	N/A	100	0	N/A	1.0	72.9	-9.1	48	17	2,500	100	0.0	0.0
B / 8.7	7.3	1.00	31.30	1,633	1	98	0	1	5.1	95.0	-9.8	50	N/A	10,000	1,000	0.0	0.0
B- / 7.6	7.5	1.00	38.13	948	0	99	0	1	96.4	86.8	-9.0	61	3	2,500	100	0.0	0.0
B / 8.9	5.7	1.18	9.43	2	2	60	37	1	197.0	52.1	-4.2	34	6	1,000	100	5.8	0.0
B+ / 9.3	5.7	1.19	9.47	N/A	2	60	37	1	197.0	48.0	-4.5	27	6	1,000	100	0.0	0.0
B+ / 9.3	5.7	1.19	9.27	N/A	2	60	37	1	197.0	46.6	-4.4	25	6	1,000	100	0.0	0.0

www.thestreet.com/ratings

Data as of June 30, 2007

I. Index of Stock Mutual Funds

Summer 2007

	99 Pct = Best 0 Pct = Worst			**Overall**		**PERFORMANCE**					**Incl. in Returns**	
						Perfor-	\multicolumn{5}{c}{Total Return % through 6/30/07}		
			Ticker	**Investment**		**mance**				Annualized		Dividend Expense
Fund Type	Fund Name		Symbol	**Rating**	Phone	**Rating/Pts**	3 Mo	6 Mo	1Yr / Pct	3Yr / Pct	5Yr / Pct	Yield Ratio
BA	Dreyfus Founders Balanced Fund F		FRINX	C-	(800) 242-8671	D- / 1.3	2.86	3.50	12.98 /16	8.15 /15	6.96 / 8	2.73	1.42
BA	Dreyfus Founders Balanced Fund I		FRIRX	C-	(800) 242-8671	D- / 1.4	2.79	3.58	13.14 /17	8.40 /17	8.33 /17	3.26	1.38
BA	Dreyfus Founders Balanced Fund T		FRIUX	D+	(800) 242-8671	E+ / 0.7	2.63	3.19	12.48 /15	7.68 /12	7.61 /12	1.91	1.96
SC	● Dreyfus Founders Discovery Fund A		FDIDX	E	(800) 242-8671	E+ / 0.8	7.72	8.97	12.87 /16	6.44 / 7	6.84 / 7	0.00	1.51
SC	● Dreyfus Founders Discovery Fund B		FDIEX	E	(800) 242-8671	D- / 1.0	7.26	9.06	11.77 /13	5.41 / 4	5.81 / 4	0.00	2.64
SC	● Dreyfus Founders Discovery Fund C		FDICX	E	(800) 242-8671	D- / 1.1	7.47	8.84	12.25 /14	5.61 / 5	5.94 / 4	0.00	2.36
SC	● Dreyfus Founders Discovery Fund F		FDISX	E	(800) 242-8671	D / 1.6	7.77	9.46	13.34 /18	6.59 / 8	6.94 / 8	0.00	1.53
SC	● Dreyfus Founders Discovery Fund I		FDIRX	E	(800) 242-8671	D / 1.7	7.73	9.49	13.52 /18	6.85 / 8	7.22 / 9	0.00	1.26
SC	● Dreyfus Founders Discovery Fund T		FDITX	E	(800) 242-8671	E+ / 0.8	7.54	8.94	12.56 /15	6.10 / 6	6.47 / 6	0.00	1.84
GR	Dreyfus Founders Equity Growth A		FRMAX	D+	(800) 242-8671	D / 1.9	5.07	5.07	18.28 /47	9.69 /25	8.99 /23	0.16	1.34
GR	● Dreyfus Founders Equity Growth B		FRMEX	C-	(800) 242-8671	D / 2.2	4.73	4.54	17.31 /40	8.82 /19	8.17 /16	0.00	2.01
GR	Dreyfus Founders Equity Growth C		FRMDX	C-	(800) 242-8671	D+ / 2.3	4.81	4.81	17.39 /41	8.99 /21	8.27 /16	0.00	2.01
GR	Dreyfus Founders Equity Growth F		FRMUX	C	(800) 242-8671	C- / 3.1	5.11	5.29	18.55 /49	9.99 /28	9.29 /26	0.10	1.10
GR	Dreyfus Founders Equity Growth I		FRMRX	C	(800) 242-8671	C- / 3.2	5.15	5.33	18.67 /50	10.11 /29	9.31 /26	0.08	1.04
GR	Dreyfus Founders Equity Growth T		FRMVX	D	(800) 242-8671	D- / 1.3	4.41	4.22	16.87 /37	8.47 /17	7.98 /15	0.00	2.46
GR	● Dreyfus Founders Growth Fund A		FRGDX	D+	(800) 242-8671	D / 1.7	5.03	4.94	18.16 /46	9.38 /23	8.79 /21	0.00	1.49
GR	● Dreyfus Founders Growth Fund B		FRGEX	D+	(800) 242-8671	D / 1.9	4.62	4.36	16.83 /37	8.38 /17	7.84 /14	0.00	1.49
GR	● Dreyfus Founders Growth Fund C		FRGFX	D+	(800) 242-8671	D / 2.1	4.79	4.61	17.21 /40	8.57 /18	7.93 /14	0.00	2.26
GR	● Dreyfus Founders Growth Fund F		FRGRX	C-	(800) 242-8671	D+ / 2.7	5.08	5.08	18.33 /47	9.50 /24	8.92 /22	0.00	1.41
GR	● Dreyfus Founders Growth Fund I		FRGYX	C-	(800) 242-8671	D+ / 2.9	5.08	5.08	18.41 /48	9.86 /27	9.23 /25	0.00	1.17
GR	● Dreyfus Founders Growth Fund T		FRGZX	D+	(800) 242-8671	D- / 1.5	4.84	4.75	17.52 /42	8.73 /19	8.12 /15	0.00	2.19
FO	● Dreyfus Founders Intl Equity A		FOIAX	A	(800) 242-8671	B+ / 8.8	7.61	10.90	26.51 /87	22.52 /90	16.99 /85	0.64	1.94
FO	● Dreyfus Founders Intl Equity B		FOIDX	A	(800) 242-8671	B+ / 8.9	7.39	10.55	25.64 /84	21.62 /88	16.15 /82	0.00	2.86
FO	● Dreyfus Founders Intl Equity C		FOICX	A	(800) 242-8671	B+ / 8.9	7.42	10.52	25.60 /84	21.64 /88	16.13 /82	0.13	2.69
FO	● Dreyfus Founders Intl Equity F		FOIEX	A+	(800) 242-8671	A- / 9.1	7.58	10.92	26.54 /87	22.55 /90	17.05 /85	0.54	2.04
FO	● Dreyfus Founders Intl Equity I		FOIRX	A+	(800) 242-8671	A- / 9.1	7.70	11.08	26.84 /87	22.99 /91	17.41 /86	0.88	1.85
FO	● Dreyfus Founders Intl Equity T		FOIUX	A	(800) 242-8671	B+ / 8.8	7.54	10.71	26.16 /86	22.20 /90	16.70 /84	0.44	2.42
MC	Dreyfus Founders Mid-Cap Growth A		FRSDX	A-	(800) 242-8671	B+ / 8.6	7.58	12.59	26.55 /87	20.52 /86	16.75 /84	0.00	1.40
MC	● Dreyfus Founders Mid-Cap Growth B		FRSFX	A-	(800) 242-8671	B+ / 8.7	7.49	12.18	25.66 /84	19.45 /84	15.75 /80	0.00	2.29
MC	Dreyfus Founders Mid-Cap Growth C		FRSCX	A-	(800) 242-8671	B+ / 8.7	7.39	12.13	25.51 /84	19.66 /84	15.80 /80	0.00	2.19
MC	● Dreyfus Founders Mid-Cap Growth F		FRSPX	A	(800) 242-8671	B+ / 8.9	7.58	12.67	26.57 /87	20.63 /86	16.94 /85	0.00	1.33
MC	Dreyfus Founders Mid-Cap Growth I		FRSRX	A	(800) 242-8671	B+ / 8.9	7.63	12.76	27.01 /88	20.70 /86	16.95 /85	0.00	1.14
MC	Dreyfus Founders Mid-Cap Growth T		FRSVX	A-	(800) 242-8671	B+ / 8.5	7.56	12.50	25.93 /85	19.57 /84	15.71 /80	0.00	2.13
GL	● Dreyfus Founders Passport Fund A		FPSAX	B+	(800) 242-8671	A- / 9.1	5.68	9.95	26.73 /87	25.40 /94	23.39 /95	Incl.	1.86
GL	● Dreyfus Founders Passport Fund B		FPSBX	B+	(800) 242-8671	A- / 9.1	5.43	9.41	25.14 /83	24.15 /92	22.23 /94	0.00	2.85
GL	● Dreyfus Founders Passport Fund C		FPSCX	B+	(800) 242-8671	A- / 9.2	5.49	9.58	25.74 /85	24.41 /93	22.39 /94	Incl.	2.68
GL	● Dreyfus Founders Passport Fund F		FPSSX	B+	(800) 242-8671	A / 9.3	5.72	10.03	26.71 /87	25.41 /94	23.42 /95	0.00	1.93
GL	● Dreyfus Founders Passport Fund I		FPSRX	B+	(800) 242-8671	A / 9.3	5.74	10.12	26.92 /88	25.62 /94	23.25 /95	0.00	1.69
GL	● Dreyfus Founders Passport Fund T		FPSTX	B+	(800) 242-8671	A- / 9.1	5.64	9.88	26.37 /86	24.91 /93	22.82 /95	0.00	2.26
GL	Dreyfus Founders Worldwide Grwth A		FWWAX	B-	(800) 242-8671	C+ / 6.6	6.02	8.22	21.82 /72	16.13 /74	13.29 /64	0.00	1.96
GL	● Dreyfus Founders Worldwide Grwth B		FWWBX	B-	(800) 242-8671	C+ / 6.9	5.76	7.81	20.70 /65	15.20 /70	12.40 /57	0.00	2.82
GL	Dreyfus Founders Worldwide Grwth C		FWWCX	B+	(800) 242-8671	B- / 7.0	5.81	7.83	20.91 /66	15.27 /70	12.45 /57	0.00	2.74
GL	● Dreyfus Founders Worldwide Grwth F		FWWGX	B+	(800) 242-8671	B- / 7.5	6.06	8.31	21.82 /72	16.16 /74	13.32 /64	0.00	2.01
GL	Dreyfus Founders Worldwide Grwth I		FWWRX	A-	(800) 242-8671	B / 7.7	6.08	8.38	22.17 /73	16.77 /77	13.87 /69	0.00	1.61
GL	Dreyfus Founders Worldwide Grwth T		FWWTX	B-	(800) 242-8671	C+ / 6.6	5.96	8.11	21.41 /69	15.74 /73	12.48 /57	0.00	2.22
GI	Dreyfus Fund		DREVX	C+	(800) 242-8671	C / 5.5	7.53	7.65	22.19 /73	11.87 /44	9.34 /26	1.31	0.74
SC	● Dreyfus Gr & Value-Emerg Leaders		DRELX	E-	(800) 242-8671	D / 2.2	2.95	6.42	11.31 /11	10.54 /32	11.19 /45	0.00	1.33
MC	● Dreyfus Gr & Value-Midcap Val		DMCVX	C+	(800) 242-8671	C+ / 6.5	6.05	12.03	22.61 /75	13.33 /57	17.04 /85	0.15	1.18
SC	● Dreyfus Gr & Value-Sm Co Val		DSCVX	C-	(800) 242-8671	C+ / 6.9	9.36	13.11	26.71 /87	12.39 /49	14.44 /73	0.00	1.19
GI	Dreyfus Growth & Income		DGRIX	D+	(800) 242-8671	C- / 3.2	5.22	5.36	20.45 /63	9.77 /26	8.16 /16	0.56	1.02
GR	Dreyfus Growth Opportunity		DREQX	C-	(800) 242-8671	C- / 3.2	6.74	8.19	19.56 /56	9.07 /21	7.91 /14	0.18	1.01
FO	Dreyfus Intl Stock Index		DIISX	A+	(800) 242-8671	B+ / 8.8	6.42	10.56	26.36 /86	21.57 /88	16.81 /84	1.84	0.60

● Denotes fund is closed to new investors
* Denotes fund is included in Section II

www.thestreet.com/ratings

I. Index of Stock Mutual Funds

Summer 2007

RISK			NET ASSETS		ASSET					BULL / BEAR		FUND MANAGER		MINIMUMS		LOADS	
	3 Year		NAV						Portfolio	Last Bull	Last Bear	Manager	Manager	Initial	Additional	Front	Back
Risk	Standard		As of	Total	Cash	Stocks	Bonds	Other	Turnover	Market	Market	Quality	Tenure	Purch.	Purch.	End	End
Rating/Pts	Deviation	Beta	6/30/07	$(Mil)	%	%	%	%	Ratio	Return	Return	Pct	(Years)	$	$	Load	Load
B+ / 9.2	5.7	1.20	9.44	56	2	60	37	1	197.0	53.7	-4.2	35	6	1,000	0	0.0	0.0
B+ / 9.2	5.7	1.20	9.37	N/A	2	60	37	1	197.0	53.4	-4.3	37	6	1,000	100	0.0	0.0
B+ / 9.2	5.7	1.20	9.71	N/A	2	60	37	1	197.0	49.8	-4.6	30	6	1,000	100	4.5	0.0
C / 4.4	15.6	1.10	32.79	13	2	97	0	1	202.0	86.5	-14.0	4	1	1,000	100	5.8	0.0
C / 4.3	15.6	1.10	30.59	1	2	97	0	1	202.0	79.4	-14.2	3	1	1,000	100	0.0	0.0
C / 4.3	15.6	1.10	30.79	3	2	97	0	1	202.0	80.3	-14.2	3	1	1,000	100	0.0	0.0
C / 4.4	15.6	1.10	32.87	218	2	97	0	1	202.0	87.6	-14.0	5	1	1,000	0	0.0	0.0
C / 4.4	15.6	1.10	33.58	30	2	97	0	1	202.0	89.8	-13.9	5	1	1,000	100	0.0	0.0
C / 4.4	15.6	1.10	31.82	N/A	2	97	0	1	202.0	84.4	-14.1	4	1	1,000	100	4.5	0.0
B / 8.1	8.3	1.05	6.01	13	2	97	0	1	110.0	81.2	-7.9	27	6	1,000	100	5.8	0.0
B / 8.1	8.2	1.03	5.76	1	2	97	0	1	110.0	74.9	-8.2	22	6	1,000	100	0.0	0.0
B / 8.1	8.4	1.05	5.67	5	2	97	0	1	110.0	75.7	-8.1	22	6	1,000	100	0.0	0.0
B / 8.1	8.3	1.04	6.17	223	2	97	0	1	110.0	83.1	-8.0	30	6	1,000	0	0.0	0.0
B / 8.1	8.3	1.04	6.13	2	2	97	0	1	110.0	83.6	-7.8	31	6	1,000	100	0.0	0.0
B / 8.0	8.3	1.05	5.68	N/A	2	97	0	1	110.0	73.8	-8.3	19	6	1,000	100	4.5	0.0
B / 8.0	8.6	1.08	12.95	12	2	97	0	1	103.0	79.8	-8.5	24	6	1,000	100	5.8	0.0
B / 8.0	8.5	1.07	12.22	1	2	97	0	1	103.0	73.3	-8.7	18	6	1,000	100	0.0	0.0
B / 8.0	8.5	1.06	12.26	1	2	97	0	1	103.0	73.9	-8.7	19	6	1,000	100	0.0	0.0
B / 8.1	8.5	1.06	13.04	313	2	97	0	1	103.0	80.7	-8.5	25	6	1,000	0	0.0	0.0
B / 8.1	8.5	1.07	13.25	3	2	97	0	1	103.0	83.3	-8.5	27	6	1,000	100	0.0	0.0
B / 8.0	8.5	1.07	12.34	N/A	2	97	0	1	103.0	75.6	-8.7	20	6	1,000	100	4.5	0.0
B- / 7.1	9.9	1.05	18.52	34	0	99	0	1	79.0	185.8	-13.3	38	4	1,000	100	5.8	0.0
B- / 7.1	10.0	1.05	18.03	1	0	99	0	1	79.0	176.9	-13.4	30	4	1,000	100	0.0	0.0
B- / 7.1	10.0	1.05	17.96	2	0	99	0	1	79.0	177.1	-13.6	30	4	1,000	100	0.0	0.0
B- / 7.2	9.9	1.05	18.59	16	0	99	0	1	79.0	186.3	-13.2	38	4	1,000	0	0.0	0.0
B- / 7.2	9.9	1.04	18.74	N/A	0	99	0	1	79.0	189.8	-13.2	45	4	1,000	100	0.0	0.0
B- / 7.1	9.9	1.05	18.40	N/A	0	99	0	1	79.0	182.8	-13.3	35	4	1,000	100	4.5	0.0
B- / 7.1	11.6	1.02	6.53	92	5	94	0	1	104.0	167.9	-8.6	92	3	1,000	100	5.8	0.0
B- / 7.0	11.7	1.03	6.17	2	5	94	0	1	104.0	158.5	-9.1	88	3	1,000	100	0.0	0.0
B- / 7.0	11.7	1.03	6.10	40	5	94	0	1	104.0	158.8	-8.8	89	3	1,000	100	0.0	0.0
B- / 7.0	11.7	1.03	6.67	190	5	94	0	1	104.0	169.6	-8.4	92	3	1,000	0	0.0	0.0
B- / 7.1	11.6	1.02	6.63	13	5	94	0	1	104.0	169.8	-8.8	93	3	1,000	100	0.0	0.0
B- / 7.0	11.7	1.04	6.12	N/A	5	94	0	1	104.0	150.6	8.4	88	3	1,000	100	4.5	0.0
C+ / 5.9	14.5	1.46	28.83	29	0	99	0	1	73.0	263.2	-7.6	8	2	1,000	100	5.8	0.0
C+ / 5.9	14.5	1.46	26.98	2	0	99	0	1	73.0	248.9	-7.9	6	2	1,000	100	0.0	0.0
C+ / 5.9	14.6	1.46	27.11	7	0	99	0	1	73.0	250.9	-7.8	6	2	1,000	100	0.0	0.0
C+ / 5.9	14.5	1.46	28.84	74	0	99	0	1	73.0	263.8	-7.6	8	2	1,000	0	0.0	0.0
C+ / 6.0	14.5	1.46	28.19	N/A	0	99	0	1	73.0	267.0	-8.1	9	2	1,000	100	0.0	0.0
C+ / 5.9	14.5	1.46	27.36	1	0	99	0	1	73.0	256.7	-7.8	7	2	1,000	100	4.5	0.0
B- / 7.8	8.3	0.81	18.31	2	2	97	0	1	114.0	130.3	-10.4	26	8	1,000	100	5.8	0.0
B- / 7.7	8.3	0.81	17.26	1	2	97	0	1	114.0	123.0	-10.6	20	8	1,000	100	0.0	0.0
B- / 7.7	8.2	0.81	16.94	N/A	2	97	0	1	114.0	123.3	-10.6	20	8	1,000	100	0.0	0.0
B- / 7.8	8.2	0.81	18.37	60	2	97	0	1	114.0	130.8	-10.4	26	8	1,000	0	0.0	0.0
B- / 7.8	8.3	0.82	19.01	3	2	97	0	1	114.0	135.5	-10.3	30	8	1,000	100	0.0	0.0
B- / 7.7	8.3	0.81	17.07	N/A	2	97	0	1	114.0	127.6	-11.3	23	8	1,000	100	4.5	0.0
C+ / 6.9	7.7	1.03	10.93	1,456	0	99	0	1	54.7	89.0	-10.9	53	2	2,500	100	0.0	0.0
D / 2.0	12.2	0.88	36.96	530	0	99	0	1	65.3	113.8	-10.8	33	N/A	2,500	100	0.0	1.0
C+ / 6.1	13.0	1.16	35.94	1,284	1	98	0	1	152.7	159.3	-11.4	19	4	2,500	100	0.0	1.0
C- / 3.9	18.1	1.25	28.74	133	0	99	0	1	170.6	189.1	-17.0	20	2	2,500	100	0.0	1.0
C+ / 6.4	8.0	1.04	16.62	782	0	99	0	1	123.6	79.0	-11.3	28	1	2,500	100	0.0	0.0
B- / 7.3	8.2	1.05	9.29	213	1	98	0	1	101.9	75.2	-10.1	23	2	2,500	100	0.0	0.0
B- / 7.4	9.2	1.00	20.73	480	0	99	0	1	4.1	175.6	-9.9	39	N/A	2,500	100	0.0	2.0

www.thestreet.com/ratings

Data as of June 30, 2007

I. Index of Stock Mutual Funds

Summer 2007

99 Pct = Best
0 Pct = Worst

Fund Type	Fund Name	Ticker Symbol	Overall Investment Rating	Phone	Performance Rating/Pts	Total Return % through 6/30/07					Incl. in Returns	
						3 Mo	6 Mo	1Yr / Pct	Annualized 3Yr / Pct	5Yr / Pct	Dividend Yield	Expense Ratio
GR	Dreyfus Inv Core Value I		B	(800) 242-8671	C+ / 6.5	5.59	6.92	23.37 /78	13.97 /62	11.19 /45	6.82	0.86
GR	Dreyfus Inv Core Value S		B	(800) 242-8671	C+ / 6.4	5.52	6.76	23.08 /77	13.79 /60	11.03 /44	6.67	1.11
MC	Dreyfus Inv MidCap Stock I		D-	(800) 242-8671	C / 4.8	5.58	10.06	13.26 /17	12.74 /52	11.50 /49	10.53	0.80
MC	Dreyfus Inv MidCap Stock S		E+	(800) 242-8671	C / 4.6	5.61	9.98	13.19 /17	12.57 /50	11.33 /47	10.45	1.05
GR	Dreyfus Inv Tech Growth Fund I		E+	(800) 242-8671	D- / 1.2	5.53	7.20	15.26 /27	6.07 / 6	8.34 /17	0.00	0.85
GR	Dreyfus Inv Tech Growth Fund S		E+	(800) 242-8671	D- / 1.1	5.41	7.11	14.91 /25	5.81 / 5	8.05 /15	0.00	1.11
GI	Dreyfus Lifetime Gr & Inc Inv	DGIIX	D+	(800) 242-8671	D / 1.8	3.65	4.86	13.74 /19	8.82 /19	7.95 /14	2.55	1.34
GI	Dreyfus Lifetime Gr & Inc Rest	DGIRX	D+	(800) 242-8671	D / 1.9	3.68	4.97	14.06 /21	9.12 /22	8.35 /17	2.89	1.04
GR	Dreyfus Lifetime Growth Inv	DLGIX	C+	(800) 242-8671	C / 5.2	5.79	6.92	19.06 /53	12.62 /51	10.38 /37	2.04	1.41
GR	Dreyfus Lifetime Growth Rest	DLGRX	B-	(800) 242-8671	C / 5.5	5.87	7.07	19.40 /55	13.02 /54	10.81 /42	2.26	1.27
GI	Dreyfus Lifetime Income Inv	DLIIX	D	(800) 242-8671	E- / 0.2	1.19	2.33	7.77 / 4	3.94 / 2	4.23 / 1	3.90	1.23
GI	Dreyfus Lifetime Income Rest	DLIRX	D	(800) 242-8671	E- / 0.2	1.18	2.31	7.88 / 4	4.26 / 2	4.61 / 1	4.10	1.05
MC	Dreyfus MidCap Index Fund	PESPX	C+	(800) 242-8671	C+ / 6.4	5.69	11.69	17.90 /44	14.63 /66	13.63 /67	0.83	0.50
MC	Dreyfus Prem New Lead Strat Fd A	DNLDX	C-	(800) 782-6620	C- / 3.8	2.28	5.51	15.77 /30	14.23 /64	13.30 /64	0.17	1.20
MC	● Dreyfus Prem New Lead Strat Fd B	DNLBX	C-	(800) 782-6620	C- / 4.2	2.09	5.11	14.95 /26	13.38 /57	12.53 /58	0.00	1.98
MC	Dreyfus Prem New Lead Strat Fd C	DNLCX	C-	(800) 782-6620	C- / 4.2	2.09	5.12	14.91 /25	13.39 /57	12.55 /58	0.00	1.88
MC	Dreyfus Prem New Lead Strat Fd I	DNLRX	C	(800) 782-6620	C / 5.2	2.29	5.55	15.85 /31	14.34 /64	13.46 /65	0.30	1.18
MC	Dreyfus Prem New Lead Strat Fd T	DNLTX	C-	(800) 782-6620	C- / 3.8	2.21	5.40	15.55 /29	14.01 /62	13.05 /62	0.03	1.31
GR	Dreyfus Premier Alpha Growth A	DPWAX	D-	(800) 782-6620	D- / 1.3	5.52	5.43	8.44 / 5	10.54 /32	9.07 /24	0.00	1.12
GR	● Dreyfus Premier Alpha Growth B	BSFBX	E+	(800) 782-6620	D / 1.6	5.30	4.96	7.53 / 3	9.68 /25	8.37 /17	0.00	1.90
GR	Dreyfus Premier Alpha Growth C	BSFCX	E+	(800) 782-6620	D / 1.6	5.28	5.00	7.56 / 3	9.71 /26	8.43 /18	0.00	1.89
GR	Dreyfus Premier Alpha Growth I	DPARX	D	(800) 782-6620	D+ / 2.3	5.58	5.58	8.78 / 5	10.70 /33	9.17 /25	0.00	0.79
GR	Dreyfus Premier Alpha Growth T	BSFAX	E+	(800) 782-6620	D- / 1.4	5.42	5.29	8.12 / 4	10.26 /30	8.90 /22	0.00	1.40
BA	Dreyfus Premier Balanced Fd A	PRBAX	D	(800) 782-6620	E+ / 0.7	3.04	3.85	15.21 /27	7.46 /11	6.17 / 5	1.77	1.26
BA	● Dreyfus Premier Balanced Fd B	PRBBX	C-	(800) 782-6620	E+ / 0.9	2.85	3.44	14.37 /23	6.67 / 8	5.38 / 3	1.15	2.01
BA	Dreyfus Premier Balanced Fd C	DPBCX	C-	(800) 782-6620	E+ / 0.9	2.84	3.50	14.41 /23	6.68 / 8	5.38 / 3	1.15	2.01
BA	Dreyfus Premier Balanced Fd I	PDBLX	C-	(800) 782-6620	D- / 1.4	3.10	3.99	15.51 /29	7.73 /13	6.43 / 6	2.12	1.01
BA	Dreyfus Premier Balanced Fd T	DBFTX	D+	(800) 782-6620	E+ / 0.7	2.97	3.71	14.91 /25	7.19 /10	5.91 / 4	1.56	1.51
BA	Dreyfus Premier Balanced Opport A	DBOAX	D+	(800) 782-6620	E / 0.3	3.85	3.95	12.79 /16	5.59 / 5	6.82 / 7	1.45	1.21
BA	● Dreyfus Premier Balanced Opport B	DBOBX	D+	(800) 782-6620	E / 0.5	3.67	3.57	11.95 /13	4.77 / 3	6.26 / 5	0.77	2.01
BA	Dreyfus Premier Balanced Opport C	DBOCX	D+	(800) 782-6620	E / 0.5	3.66	3.56	11.98 /13	4.80 / 3	6.30 / 5	0.72	1.95
BA	Dreyfus Premier Balanced Opport I	DBORX	C-	(800) 782-6620	E+ / 0.7	3.90	4.00	12.96 /16	5.74 / 5	6.93 / 8	1.72	1.07
BA	● Dreyfus Premier Balanced Opport J	THPBX	D+	(800) 782-6620	E+ / 0.8	3.94	4.14	13.13 /17	5.85 / 5	7.02 / 8	1.80	0.96
BA	Dreyfus Premier Balanced Opport T	DBOTX	D+	(800) 782-6620	E / 0.4	3.80	3.80	12.54 /15	5.29 / 4	6.64 / 7	1.15	1.51
BA	Dreyfus Premier Balanced Opport Z	DBOZX	C-	(800) 782-6620	E+ / 0.7	3.95	4.05	13.04 /16	5.69 / 5	6.92 / 8	1.70	1.15
GR	Dreyfus Premier Core Equity A	DLTSX	C-	(800) 782-6620	D- / 1.3	5.82	4.32	17.96 /45	8.34 /16	6.56 / 6	0.99	1.36
GR	● Dreyfus Premier Core Equity B	DPEBX	C-	(800) 782-6620	D / 1.6	5.60	3.89	17.11 /39	7.54 /12	5.76 / 4	0.34	2.11
GR	Dreyfus Premier Core Equity C	DPECX	C-	(800) 782-6620	D / 1.6	5.61	3.96	17.08 /39	7.55 /12	5.77 / 4	0.43	2.11
GR	Dreyfus Premier Core Equity I	DPERX	C	(800) 782-6620	D+ / 2.6	5.83	4.42	18.24 /47	9.15 /22	7.19 / 9	1.25	1.11
GR	Dreyfus Premier Core Equity T	DCETX	C-	(800) 782-6620	D- / 1.4	5.74	4.23	17.71 /43	8.09 /15	6.30 / 5	0.80	1.61
GR	Dreyfus Premier Core Value A	DCVIX	C	(800) 782-6620	C / 5.2	5.62	6.83	23.14 /78	13.78 /60	10.78 /41	1.20	1.15
GR	● Dreyfus Premier Core Value B	DBCVX	C+	(800) 782-6620	C+ / 5.8	5.42	6.45	22.26 /74	12.97 /54	9.98 /33	0.59	1.90
GR	Dreyfus Premier Core Value C	DCVCX	C+	(800) 782-6620	C+ / 5.7	5.43	6.45	22.24 /74	12.94 /53	9.95 /32	0.59	1.90
GR	Dreyfus Premier Core Value I	DTCRX	C+	(800) 782-6620	C+ / 6.6	5.69	7.00	23.47 /79	14.07 /63	11.06 /44	1.49	0.90
GR	Dreyfus Premier Core Value Inst	DCVFX	C+	(800) 782-6620	C+ / 6.5	5.65	6.89	23.28 /78	13.90 /61	10.90 /42	1.36	1.05
GR	Dreyfus Premier Core Value T	DCVTX	C	(800) 782-6620	C / 5.3	5.59	6.73	22.88 /77	13.51 /58	10.50 /39	1.00	1.40
EM	● Dreyfus Premier Emerging Mrkts A	DRFMX	C	(800) 782-6620	A+ / 9.7	14.43	15.46	39.00 /97	32.10 /97	26.80 /97	0.33	1.81
EM	● Dreyfus Premier Emerging Mrkts B	DBPEX	C	(800) 782-6620	A+ / 9.7	14.21	15.04	38.00 /97	31.10 /96	--	0.00	2.57
EM	● Dreyfus Premier Emerging Mrkts C	DCPEX	C	(800) 782-6620	A+ / 9.7	14.21	15.04	37.99 /96	31.14 /96	25.98 /97	0.00	2.53
EM	● Dreyfus Premier Emerging Mrkts I	DRPEX	C	(800) 782-6620	A+ / 9.7	14.52	15.66	39.47 /97	32.55 /97	27.22 /97	2.54	1.47
EM	● Dreyfus Premier Emerging Mrkts T	DTPEX	C	(800) 782-6620	A+ / 9.6	14.38	15.31	38.54 /97	31.65 /97	26.33 /97	0.08	2.16
SC	● Dreyfus Premier Enterprise Fund A	DPMGX	D-	(800) 782-6620	C / 4.8	5.88	5.93	13.90 /20	15.31 /70	17.87 /87	0.00	2.33

● Denotes fund is closed to new investors
* Denotes fund is included in Section II

www.thestreet.com/ratings

Summer 2007

I. Index of Stock Mutual Funds

RISK			NET ASSETS		ASSET				Portfolio Turnover Ratio	BULL / BEAR		FUND MANAGER		MINIMUMS		LOADS	
	3 Year		NAV							Last Bull Market Return	Last Bear Market Return	Manager Quality Pct	Manager Tenure (Years)	Initial Purch. $	Additional Purch. $	Front End Load	Back End Load
Risk Rating/Pts	Standard Deviation	Beta	As of 6/30/07	Total $(Mil)	Cash %	Stocks %	Bonds %	Other %									
B / 8.2	7.2	0.94	19.07	39	1	98	0	1	44.8	111.0	-10.5	83	N/A	1,000,000	1,000	0.0	0.0
B / 8.2	7.2	0.94	19.10	44	1	98	0	1	44.8	109.6	-10.5	82	N/A	1,000	100	0.0	0.0
D+ / 3.0	10.8	1.01	16.83	337	0	99	0	1	149.0	108.6	-6.8	26	13	1,000,000	1,000	0.0	0.0
C- / 3.0	10.8	1.01	16.76	46	0	99	0	1	149.0	107.1	-6.8	25	13	1,000	100	0.0	0.0
C+ / 5.9	14.1	1.44	10.12	87	2	97	0	1	66.1	73.3	-13.0	3	N/A	1,000,000	1,000	0.0	0.0
C+ / 5.9	14.1	1.44	9.94	95	2	97	0	1	66.1	71.5	-13.1	3	N/A	1,000	100	0.0	0.0
B / 8.0	5.2	0.68	17.91	47	1	62	35	2	31.9	61.0	-4.9	51	4	2,500	100	0.0	0.0
B- / 7.8	5.1	0.67	16.90	34	1	62	35	2	31.9	63.7	-4.8	55	4	2,500	100	0.0	0.0
B / 8.3	8.2	1.08	19.01	13	1	98	0	1	55.1	99.2	-9.6	57	4	2,500	100	0.0	0.0
B / 8.3	8.1	1.07	18.94	35	1	98	0	1	55.1	102.5	-9.5	63	4	2,500	100	0.0	0.0
B+ / 9.0	2.2	0.19	12.76	9	32	0	67	1	31.9	21.5	0.1	38	4	2,500	100	0.0	0.0
B / 8.9	2.1	0.18	12.84	95	32	0	67	1	31.9	23.5	0.2	43	4	2,500	100	0.0	0.0
B- / 7.1	10.4	1.00	32.67	2,513	1	98	0	1	16.1	132.3	-9.2	47	N/A	2,500	100	0.0	2.0
C+ / 6.7	10.0	0.91	49.77	1,219	0	99	0	1	40.3	127.0	-8.8	55	2	1,000	100	5.8	0.0
C+ / 6.6	10.0	0.91	47.94	23	0	99	0	1	40.3	119.9	-8.9	44	2	1,000	100	0.0	0.0
C+ / 6.6	10.0	0.91	47.98	29	0	99	0	1	40.3	120.0	-8.9	44	2	1,000	100	0.0	0.0
C+ / 6.7	10.0	0.91	50.10	24	0	99	0	1	40.3	128.4	-8.7	57	2	1,000	100	0.0	0.0
C+ / 6.6	10.0	0.91	49.12	22	0	99	0	1	40.3	124.7	-8.8	52	2	1,000	100	4.5	0.0
B- / 7.1	13.6	1.45	24.29	709	1	98	0	1	186.1	84.1	-6.9	13	3	1,000	100	5.8	0.0
C / 5.1	13.7	1.45	22.84	61	1	98	0	1	186.1	78.8	-6.8	9	3	1,000	100	0.0	0.0
C / 5.0	13.7	1.45	22.91	175	1	98	0	1	186.1	79.1	-6.8	10	3	1,000	100	0.0	0.0
B- / 7.1	13.7	1.46	24.41	46	1	98	0	1	186.1	85.0	-6.9	13	3	1,000	100	0.0	0.0
C / 5.1	13.7	1.45	24.10	99	1	98	0	1	186.1	82.7	-6.9	12	3	1,000	100	4.5	0.0
B / 8.8	5.2	1.15	14.37	77	1	64	33	2	229.9	51.9	-7.1	30	2	1,000	100	5.8	0.0
B+ / 9.3	5.2	1.15	14.34	10	1	64	33	2	229.9	47.3	-7.3	24	2	1,000	100	0.0	0.0
B+ / 9.3	5.2	1.15	14.39	9	1	64	33	2	229.9	47.3	-7.2	24	2	1,000	100	0.0	0.0
B+ / 9.3	5.2	1.16	14.36	14	1	64	33	2	229.9	53.6	-7.0	33	2	1,000	100	0.0	0.0
B+ / 9.0	5.2	1.15	14.38	N/A	1	64	33	2	229.9	50.4	-7.1	28	2	1,000	100	4.5	0.0
B+ / 9.6	5.6	1.21	21.05	180	2	72	24	2	33.3	51.5	-6.4	16	3	1,000	100	5.8	0.0
B+ / 9.6	5.6	1.21	20.88	159	2	72	24	2	33.3	47.6	-6.4	12	3	1,000	100	0.0	0.0
B+ / 9.6	5.6	1.21	20.94	97	2	72	24	2	33.3	47.9	-6.4	12	3	1,000	100	0.0	0.0
B+ / 9.6	5.6	1.21	21.04	1	2	72	24	2	33.3	52.2	-6.4	17	3	1,000	100	0.0	0.0
B / 8.9	5.6	1.21	21.12	80	2	72	24	2	33.3	52.8	-6.4	17	3	1,000	100	0.0	0.0
B+ / 9.6	5.6	1.21	21.03	2	2	72	24	2	33.3	50.2	-6.4	14	3	1,000	100	4.5	0.0
B+ / 9.6	5.6	1.20	21.05	82	2	72	24	2	33.3	52.2	-6.4	17	3	1,000	100	0.0	0.0
B / 8.9	6.8	0.79	17.64	90	0	99	0	1	0.9	61.4	-8.3	34	9	1,000	100	5.8	0.0
B+ / 9.0	6.7	0.79	17.34	38	0	99	0	1	0.9	56.3	-8.5	27	9	1,000	100	0.0	0.0
B / 8.9	6.7	0.79	17.32	76	0	99	0	1	0.9	56.3	-8.5	27	9	1,000	100	0.0	0.0
B+ / 9.0	6.6	0.76	17.97	N/A	0	99	0	1	0.9	65.9	-8.2	47	9	1,000	100	0.0	0.0
B+ / 9.0	6.7	0.79	17.49	4	0	99	0	1	0.9	59.6	-8.3	31	9	1,000	100	4.5	0.0
C+ / 6.9	7.3	0.95	33.45	568	N/A	100	0	N/A	44.7	109.3	-10.5	81	1	1,000	100	5.8	0.0
C+ / 6.9	7.3	0.95	32.82	41	N/A	100	0	N/A	44.7	102.9	-10.7	74	1	1,000	100	0.0	0.0
C+ / 6.9	7.3	0.95	32.79	19	N/A	100	0	N/A	44.7	102.7	-10.7	74	1	1,000	100	0.0	0.0
C+ / 6.9	7.3	0.95	33.43	7	N/A	100	0	N/A	44.7	111.5	-10.4	83	1	1,000	100	0.0	0.0
C+ / 6.9	7.3	0.95	33.43	45	N/A	100	0	N/A	44.7	110.2	-10.4	82	1	1,000	100	0.0	0.0
C+ / 6.9	7.3	0.95	33.45	3	N/A	100	0	N/A	44.7	107.0	-10.5	79	1	1,000	100	4.5	0.0
D+ / 2.5	15.8	1.04	24.35	1,170	2	97	0	1	50.0	256.2	-5.5	6	11	1,000	100	5.8	1.0
D+ / 2.5	15.9	1.04	23.71	4	2	97	0	1	50.0	244.6	-5.7	4	11	1,000	100	0.0	0.0
D+ / 2.5	15.8	1.04	23.79	9	2	97	0	1	50.0	245.2	-5.6	4	11	1,000	100	0.0	1.0
D+ / 2.5	15.8	1.04	24.45	333	2	97	0	1	50.0	261.4	-5.5	7	11	1,000	100	0.0	1.0
D+ / 2.5	15.8	1.04	24.02	N/A	2	97	0	1	50.0	250.3	-5.7	5	11	1,000	100	4.5	1.0
C- / 3.2	14.8	1.02	23.04	142	4	95	0	1	124.9	185.1	-5.3	72	3	1,000	100	5.8	0.0

www.thestreet.com/ratings

Data as of June 30, 2007

I. Index of Stock Mutual Funds

Summer 2007

						PERFORMANCE						
	99 Pct = Best					Perfor-	Total Return % through 6/30/07				Incl. in Returns	
	0 Pct = Worst		Ticker	Overall Investment		mance				Annualized	Dividend	Expense
Fund Type	Fund Name		Symbol	Rating	Phone	Rating/Pts	3 Mo	6 Mo	1Yr / Pct	3Yr / Pct	5Yr / Pct	Yield	Ratio
SC	● Dreyfus Premier Enterprise Fund B	DMCGX	D-	(800) 782-6620	C / 5.3	5.76	5.55	13.04 /16	14.44 /65	16.97 /85	0.00	3.12
SC	● Dreyfus Premier Enterprise Fund C	DMCCX	D-	(800) 782-6620	C / 5.3	5.70	5.54	13.05 /16	14.44 /65	16.97 /85	0.00	3.11
SC	● Dreyfus Premier Enterprise Fund T	DMCTX	D-	(800) 782-6620	C / 4.8	5.89	5.84	13.63 /19	15.01 /69	17.56 /87	0.00	2.62
SC	Dreyfus Premier Future Leaders A	DFLAX	E-	(800) 782-6620	D- / 1.1	2.96	4.12	9.50 / 7	10.07 /29	10.14 /34	0.00	1.44
SC	● Dreyfus Premier Future Leaders B	DFLBX	E-	(800) 782-6620	D- / 1.4	2.70	3.66	8.64 / 5	9.29 /23	9.35 /26	0.00	2.19
SC	Dreyfus Premier Future Leaders C	DPFCX	E-	(800) 782-6620	D- / 1.4	2.83	3.79	8.77 / 5	9.32 /23	9.37 /27	0.00	2.15
SC	Dreyfus Premier Future Leaders I	DFLRX	E-	(800) 782-6620	D / 2.0	2.98	4.22	9.81 / 7	10.50 /32	10.56 /39	0.00	1.02
SC	Dreyfus Premier Future Leaders T	DFLTX	E-	(800) 782-6620	D- / 1.1	2.86	3.98	9.17 / 6	9.75 /26	9.75 /30	0.00	1.75
GL	Dreyfus Premier Global Alpha Fund A	AVGAX	U	(800) 782-6620	U /	0.51	1.86	14.45 /23	--	--	0.45	2.67
GL	Dreyfus Premier Global Alpha Fund C	AVGCX	U	(800) 782-6620	U /	0.29	1.42	13.65 /19	--	--	0.41	3.49
GL	Dreyfus Premier Global Alpha Fund I	AVGRX	U	(800) 782-6620	U /	0.58	2.00	14.82 /25	--	--	0.50	2.51
FO	Dreyfus Premier Greater China A	DPCAX	A-	(800) 782-6620	A+ / 9.9	25.75	39.67	95.39 /99	43.54 /99	30.72 /98	0.80	1.92
FO	● Dreyfus Premier Greater China B	DPCBX	A-	(800) 782-6620	A+ / 9.9	25.52	39.08	93.88 /99	42.41 /99	29.70 /98	0.43	2.73
FO	Dreyfus Premier Greater China C	DPCCX	A-	(800) 782-6620	A+ / 9.9	25.52	39.14	93.91 /99	42.45 /99	29.73 /98	0.58	2.69
FO	Dreyfus Premier Greater China I	DPCRX	A-	(800) 782-6620	A+ / 9.9	25.84	39.86	95.93 /99	43.93 /99	31.11 /99	0.95	1.62
FO	Dreyfus Premier Greater China T	DPCTX	A-	(800) 782-6620	A+ / 9.9	25.67	39.44	94.82 /99	43.07 /99	30.40 /98	0.70	2.28
GI	Dreyfus Premier Growth & Inc A	PEGAX	D+	(800) 782-6620	D / 1.7	5.07	4.97	19.57 /57	9.08 /21	7.55 /11	0.00	1.81
GI	● Dreyfus Premier Growth & Inc B	PEGBX	D+	(800) 782-6620	D / 2.0	4.84	4.55	18.60 /49	8.20 /15	6.65 / 7	0.00	2.61
GI	Dreyfus Premier Growth & Inc C	DGICX	D+	(800) 782-6620	D / 2.1	4.86	4.57	18.60 /49	8.24 /16	6.72 / 7	0.00	2.58
GI	Dreyfus Premier Growth & Inc I	DRERX	D+	(800) 782-6620	D / 2.2	4.81	4.81	19.61 /57	8.18 /15	7.03 / 8	0.00	1.89
GI	Dreyfus Premier Growth & Inc T	DGITX	D	(800) 782-6620	D- / 1.5	4.79	4.56	18.79 /51	8.37 /16	6.62 / 7	0.00	2.31
HL	Dreyfus Premier Health Care A	DHCAX	D	(800) 782-6620	D / 1.7	6.52	10.33	18.01 /45	7.90 /14	10.40 /37	0.00	2.61
HL	● Dreyfus Premier Health Care B	DHCBX	D	(800) 782-6620	D / 2.0	6.37	9.95	17.13 /39	7.04 / 9	9.59 /29	0.00	3.36
HL	Dreyfus Premier Health Care C	DHCCX	D	(800) 782-6620	D / 2.0	6.31	9.88	17.16 /39	7.02 / 9	9.56 /28	0.00	3.38
HL	Dreyfus Premier Health Care I	DHCRX	D+	(800) 782-6620	D+ / 2.8	6.64	10.48	18.26 /47	8.21 /16	10.65 /40	0.00	2.26
HL	Dreyfus Premier Health Care T	DHCTX	D	(800) 782-6620	D / 1.6	6.54	10.07	17.66 /43	7.54 /12	9.91 /32	0.00	2.84
FO	● Dreyfus Premier Intl Equity A	DIEAX	A	(800) 782-6620	A- / 9.0	6.31	9.39	27.05 /88	24.17 /92	19.85 /92	0.55	1.38
FO	● Dreyfus Premier Intl Equity B	DIEBX	A+	(800) 782-6620	A- / 9.1	6.09	8.94	26.05 /85	23.27 /91	19.18 /90	0.08	2.18
FO	● Dreyfus Premier Intl Equity C	DIECX	A+	(800) 782-6620	A- / 9.1	6.12	9.00	26.12 /86	23.26 /91	19.17 /90	0.17	2.11
FO	● Dreyfus Premier Intl Equity I	DIERX	A+	(800) 782-6620	A- / 9.2	6.37	9.54	27.39 /89	24.51 /93	20.24 /92	0.64	1.07
FO	● Dreyfus Premier Intl Equity T	DIETX	A	(800) 782-6620	A- / 9.0	6.17	9.15	26.64 /87	23.85 /92	19.69 /91	0.33	1.79
FO	Dreyfus Premier Intl Growth A	DRGLX	A	(800) 782-6620	B+ / 8.8	7.62	10.82	26.40 /86	22.83 /91	16.39 /83	0.49	1.58
FO	● Dreyfus Premier Intl Growth B	DGLBX	A	(800) 782-6620	B+ / 8.9	7.45	10.36	25.30 /84	21.90 /89	15.38 /78	0.00	2.39
FO	Dreyfus Premier Intl Growth C	DIGCX	A	(800) 782-6620	A- / 9.0	7.49	10.46	25.42 /84	21.92 /89	15.45 /78	0.00	2.38
FO	Dreyfus Premier Intl Growth I	DIGRX	A+	(800) 782-6620	A- / 9.1	7.69	10.99	26.64 /87	23.00 /91	16.29 /82	0.70	1.33
FO	Dreyfus Premier Intl Growth T	DPITX	A	(800) 782-6620	B+ / 8.8	7.67	10.78	25.94 /85	22.11 /89	15.34 /78	0.16	2.30
FO	● Dreyfus Premier Intl Small Cap A	DSMAX	A-	(800) 782-6620	A / 9.4	5.46	9.75	26.84 /87	29.01 /95	26.51 /97	0.35	1.58
FO	● Dreyfus Premier Intl Small Cap B	DSMBX	A-	(800) 782-6620	A / 9.5	5.24	9.30	25.85 /85	28.07 /95	25.69 /97	0.00	2.39
FO	● Dreyfus Premier Intl Small Cap C	DSMCX	A-	(800) 782-6620	A / 9.5	5.24	9.31	25.81 /85	28.06 /95	25.68 /96	0.00	2.36
FO	● Dreyfus Premier Intl Small Cap I	DSMRX	A-	(800) 782-6620	A / 9.5	5.51	9.87	27.16 /88	29.42 /96	26.84 /97	0.54	1.31
FO	● Dreyfus Premier Intl Small Cap T	DSMTX	A-	(800) 782-6620	A / 9.4	5.39	9.58	26.43 /86	28.68 /95	26.21 /97	0.12	1.89
FO	Dreyfus Premier Intl Stk CL I	DISRX	U	(800) 782-6620	U /	5.07	4.40	--	--	--	0.00	1.71
FO	Dreyfus Premier Intl Value A	DVLAX	C+	(800) 782-6620	B- / 7.2	5.66	7.77	20.65 /64	17.72 /80	15.07 /77	1.30	1.55
FO	● Dreyfus Premier Intl Value B	DIBVX	C+	(800) 782-6620	B- / 7.5	5.48	7.40	19.86 /59	16.84 /77	--	0.72	2.32
FO	Dreyfus Premier Intl Value C	DICVX	C+	(800) 782-6620	B- / 7.5	5.46	7.38	19.77 /58	16.87 /77	14.32 /72	0.74	2.26
FO	Dreyfus Premier Intl Value I	DIRVX	B-	(800) 782-6620	B / 8.0	5.76	7.98	21.11 /67	18.14 /81	15.41 /78	1.69	1.21
FO	Dreyfus Premier Intl Value T	DITVX	C+	(800) 782-6620	B- / 7.1	5.57	7.63	20.23 /62	17.24 /78	14.47 /73	1.06	1.96
GR	Dreyfus Premier Intrinsic Value A	DPVAX	C-	(800) 782-6620	D / 2.1	5.61	1.73	18.98 /52	10.62 /33	9.83 /31	0.66	1.07
GR	● Dreyfus Premier Intrinsic Value B	BLCBX	D+	(800) 782-6620	D+ / 2.5	5.37	1.32	18.04 /45	9.78 /26	9.05 /23	0.00	1.96
GR	Dreyfus Premier Intrinsic Value C	BLCCX	D+	(800) 782-6620	D+ / 2.6	5.43	1.36	18.13 /46	9.83 /27	9.11 /24	0.00	1.92
GR	Dreyfus Premier Intrinsic Value I	BSLYX	C-	(800) 782-6620	C- / 3.4	5.65	1.83	19.30 /55	10.96 /35	10.32 /36	0.83	0.88
GR	Dreyfus Premier Intrinsic Value T	BLCAX	D	(800) 782-6620	D / 2.2	5.52	1.59	18.66 /50	10.37 /31	9.64 /29	0.28	1.42

● Denotes fund is closed to new investors
* Denotes fund is included in Section II

www.thestreet.com/ratings

I. Index of Stock Mutual Funds

Summer 2007

RISK			NET ASSETS		ASSET					BULL / BEAR		FUND MANAGER		MINIMUMS		LOADS	
	3 Year		NAV						Portfolio	Last Bull	Last Bear	Manager	Manager	Initial	Additional	Front	Back
Risk	Standard		As of	Total	Cash	Stocks	Bonds	Other	Turnover	Market	Market	Quality	Tenure	Purch.	Purch.	End	End
Rating/Pts	Deviation	Beta	6/30/07	$(Mil)	%	%	%	%	Ratio	Return	Return	Pct	(Years)	$	$	Load	Load
D+ / 2.8	14.8	1.02	21.49	36	4	95	0	1	124.9	175.9	-5.5	63	3	1,000	100	0.0	0.0
D+ / 2.8	14.8	1.02	21.52	64	4	95	0	1	124.9	176.1	-5.5	63	3	1,000	100	0.0	0.0
C- / 3.0	14.8	1.03	22.48	2	4	95	0	1	124.9	181.7	-5.3	69	3	1,000	100	4.5	0.0
D+ / 2.6	13.1	0.91	16.69	76	0	99	0	1	77.0	113.8	-11.3	27	2	1,000	100	5.8	0.0
D+ / 2.3	13.1	0.91	15.57	29	0	99	0	1	77.0	107.4	-11.5	22	2	1,000	100	0.0	0.0
D+ / 2.3	13.1	0.91	15.62	35	0	99	0	1	77.0	107.6	-11.5	22	2	1,000	100	0.0	0.0
D+ / 2.8	13.1	0.91	17.27	10	0	99	0	1	77.0	117.4	-11.2	30	2	1,000	100	0.0	0.0
D+ / 2.4	13.1	0.91	16.20	2	0	99	0	1	77.0	110.7	-11.4	25	2	1,000	100	4.5	0.0
U /	N/A	N/A	13.72	271	0	65	36	0	N/A	N/A	N/A	N/A	1	1,000	100	5.8	0.0
U /	N/A	N/A	13.61	69	0	65	36	0	N/A	N/A	N/A	N/A	1	1,000	100	0.0	0.0
U /	N/A	N/A	13.76	52	0	65	36	0	N/A	N/A	N/A	N/A	1	1,000	100	0.0	0.0
C+ / 5.6	19.4	1.33	49.47	578	6	93	0	1	188.1	315.7	6.5	99	9	1,000	100	5.8	0.0
C / 5.5	19.4	1.32	46.87	48	6	93	0	1	188.1	302.2	6.4	98	9	1,000	100	0.0	0.0
C / 5.5	19.4	1.32	46.82	280	6	93	0	1	188.1	302.8	6.3	98	9	1,000	100	0.0	0.0
C+ / 5.6	19.4	1.33	50.21	179	6	93	0	1	188.1	320.9	6.7	99	9	1,000	100	0.0	0.0
C / 5.5	19.4	1.33	48.12	6	6	93	0	1	188.1	311.5	6.4	99	7	1,000	100	4.5	0.0
B- / 7.9	8.0	1.05	20.71	26	1	98	0	1	120.0	74.5	-11.3	23	1	1,000	100	5.8	0.0
B- / 7.9	8.0	1.05	19.08	3	1	98	0	1	120.0	68.6	-11.6	17	1	1,000	100	0.0	0.0
B- / 7.9	8.0	1.05	19.21	2	1	98	0	1	120.0	69.0	-11.5	18	1	1,000	100	0.0	0.0
B / 8.0	8.0	1.04	20.48	N/A	1	98	0	1	120.0	70.5	-11.3	18	1	1,000	100	0.0	0.0
B- / 7.9	8.0	1.05	19.48	N/A	1	98	0	1	120.0	69.8	-11.7	19	1	1,000	100	4.5	0.0
B- / 7.2	9.4	0.86	16.66	6	2	97	0	1	86.4	83.9	-6.0	25	1	1,000	100	5.8	0.0
B- / 7.1	9.4	0.86	16.03	2	2	97	0	1	86.4	77.5	-6.0	19	1	1,000	100	0.0	0.0
B- / 7.1	9.5	0.87	16.01	1	2	97	0	1	86.4	77.5	-6.1	19	1	1,000	100	0.0	0.0
B- / 7.2	9.4	0.87	16.86	N/A	2	97	0	1	86.4	85.8	-5.9	27	1	1,000	100	0.0	0.0
B- / 7.2	9.4	0.86	16.28	N/A	2	97	0	1	86.4	79.9	-6.0	23	1	1,000	100	4.5	0.0
B- / 7.2	9.9	1.05	48.21	286	2	98	0	0	51.0	196.1	-5.2	58	4	1,000	100	5.8	0.0
B- / 7.1	9.9	1.05	47.39	14	2	98	0	0	51.0	188.2	-5.3	48	4	1,000	100	0.0	0.0
B- / 7.1	9.9	1.05	47.37	74	2	98	0	0	51.0	188.0	-5.3	48	4	1,000	100	0.0	0.0
B- / 7.2	10.0	1.06	48.90	16	2	98	0	0	51.0	200.7	-5.2	60	4	1,000	100	0.0	0.0
B- / 7.2	9.9	1.05	48.17	1	2	98	0	0	51.0	194.2	-5.2	55	4	1,000	100	4.5	0.0
B- / 7.2	10.0	1.05	14.54	46	1	98	0	1	80.8	183.8	-10.5	41	3	1,000	100	5.8	0.0
B- / 7.1	10.0	1.06	13.42	3	1	98	0	1	80.8	173.0	-10.9	32	3	1,000	100	0.0	0.0
B- / 7.1	10.0	1.05	12.78	3	1	98	0	1	80.8	174.6	-10.8	33	3	1,000	100	0.0	0.0
B- / 7.2	10.0	1.06	14.84	1	1	98	0	1	80.8	184.7	-11.3	42	3	1,000	100	0.0	0.0
B- / 7.2	10.0	1.05	14.18	N/A	1	98	0	1	80.8	173.2	-10.7	34	3	1,000	100	4.5	0.0
C+ / 6.2	11.6	1.17	31.08	278	1	98	0	1	65.0	281.7	-3.1	80	4	1,000	100	5.8	0.0
C+ / 6.2	11.6	1.17	30.31	18	1	98	0	1	65.0	270.4	-3.2	72	4	1,000	100	0.0	0.0
C+ / 6.2	11.6	1.17	30.30	80	1	98	0	1	65.0	270.1	-3.2	72	4	1,000	100	0.0	0.0
C+ / 6.2	11.6	1.17	31.40	26	1	98	0	1	65.0	286.9	-3.1	82	4	1,000	100	0.0	0.0
C+ / 6.2	11.6	1.17	30.89	1	1	98	0	1	65.0	277.8	-3.2	77	4	1,000	100	4.5	0.0
U /	N/A	N/A	13.05	49	2	97	0	1	N/A	N/A	N/A	N/A	1	1,000	100	0.0	0.0
C+ / 5.6	8.7	0.93	21.08	631	2	97	0	1	48.7	166.3	-11.6	22	5	1,000	100	5.8	0.0
C+ / 5.7	8.7	0.93	20.60	23	2	97	0	1	48.7	157.7	-11.8	17	5	1,000	100	0.0	0.0
C+ / 5.7	8.7	0.92	20.66	71	2	97	0	1	48.7	158.2	-11.7	17	5	1,000	100	0.0	0.0
C / 5.5	8.7	0.93	21.12	79	2	97	0	1	48.7	170.5	-11.7	24	5	1,000	100	0.0	0.0
C+ / 5.6	8.7	0.92	20.46	3	2	97	0	1	48.7	160.4	-11.9	19	5	1,000	100	4.5	0.0
B+ / 9.0	7.4	0.90	23.52	24	0	99	0	1	47.6	101.7	-11.9	50	3	1,000	100	5.8	0.0
B- / 7.1	7.3	0.90	22.95	20	0	99	0	1	47.6	95.9	-12.1	40	3	1,000	100	0.0	0.0
B- / 7.1	7.4	0.90	23.12	26	0	99	0	1	47.6	95.9	-12.1	40	3	1,000	100	0.0	0.0
B- / 7.0	7.3	0.90	23.93	113	0	99	0	1	47.6	105.3	-11.8	56	3	1,000	100	0.0	0.0
B- / 7.1	7.3	0.90	23.70	27	0	99	0	1	47.6	100.0	-11.9	47	3	1,000	100	4.5	0.0

www.thestreet.com/ratings

Data as of June 30, 2007

I. Index of Stock Mutual Funds

Summer 2007

						Performance						
	99 Pct = Best 0 Pct = Worst			Overall		Perfor-	Total Return % through 6/30/07				Incl. in Returns	
Fund Type	Fund Name	Ticker Symbol	Investment Rating	Phone	mance Rating/Pts	3 Mo	6 Mo	1Yr / Pct	Annualized		Dividend Yield	Expense Ratio
									3Yr / Pct	5Yr / Pct		
IN	Dreyfus Premier Large Co Stock A	DRDEX	C+	(800) 782-6620	C / 4.5	6.78	8.15	22.27 /74	12.40 /49	9.32 /26	0.34	1.15
IN	● Dreyfus Premier Large Co Stock B	DRLBX	B-	(800) 782-6620	C / 5.1	6.56	7.77	21.42 /69	11.61 /42	8.52 /19	0.19	1.90
IN	Dreyfus Premier Large Co Stock C	DLCCX	C+	(800) 782-6620	C / 5.1	6.60	7.77	21.37 /69	11.59 /42	8.52 /19	0.19	1.90
IN	Dreyfus Premier Large Co Stock I	DEIRX	B	(800) 782-6620	C+ / 6.0	6.85	8.29	22.59 /75	12.71 /52	9.60 /29	0.42	0.90
IN	Dreyfus Premier Large Co Stock T	DLSTX	C+	(800) 782-6620	C / 4.5	6.71	8.02	21.97 /72	12.14 /47	9.05 /23	0.29	1.40
MC	Dreyfus Premier Midcap Stock A	DPMAX	E-	(800) 782-6620	C- / 3.1	5.54	9.92	12.73 /15	12.27 /48	10.94 /43	0.00	1.35
MC	● Dreyfus Premier Midcap Stock B	DMSBX	E	(800) 782-6620	C- / 3.6	5.41	9.48	11.89 /13	11.46 /40	10.12 /34	0.07	2.10
MC	Dreyfus Premier Midcap Stock C	DMSCX	E	(800) 782-6620	C- / 3.6	5.39	9.54	11.86 /13	11.43 /40	10.10 /34	0.07	2.10
MC	Dreyfus Premier Midcap Stock I	DDMRX	E	(800) 782-6620	C / 4.6	5.66	10.10	13.02 /16	12.56 /50	11.23 /46	0.06	1.10
MC	Dreyfus Premier Midcap Stock T	DMSTX	E-	(800) 782-6620	C- / 3.1	5.51	9.79	12.45 /14	11.99 /45	10.67 /40	0.06	1.60
MC	Dreyfus Premier Midcap Value A	DMVPX	C	(800) 782-6620	C+ / 5.8	6.16	11.63	23.51 /79	13.63 /59	14.76 /75	0.29	1.81
MC	● Dreyfus Premier Midcap Value B	DMVBX	B	(800) 782-6620	C+ / 6.3	5.99	11.31	22.56 /75	12.80 /52	14.26 /71	0.00	2.65
MC	Dreyfus Premier Midcap Value C	DMVCX	B-	(800) 782-6620	C+ / 6.2	5.93	11.25	22.53 /75	12.72 /52	14.21 /71	0.00	2.71
MC	Dreyfus Premier Midcap Value I	DMVRX	B-	(800) 782-6620	C+ / 6.7	6.22	11.81	23.71 /79	13.17 /56	14.48 /73	0.55	2.20
MC	Dreyfus Premier Midcap Value T	DMVTX	B-	(800) 782-6620	C+ / 5.7	6.10	11.47	23.14 /78	13.15 /55	14.46 /73	0.12	2.63
EN	Dreyfus Premier Natural Resources A	DNLAX	B-	(800) 782-6620	A / 9.5	14.82	22.24	19.64 /57	30.58 /96	--	0.00	1.72
EN	● Dreyfus Premier Natural Resources B	DLDBX	B-	(800) 782-6620	A+ / 9.6	14.62	21.81	18.79 /51	29.59 /96	--	0.00	2.51
EN	Dreyfus Premier Natural Resources C	DLDCX	B-	(800) 782-6620	A+ / 9.6	14.56	21.77	18.76 /50	29.62 /96	--	0.00	2.44
EN	Dreyfus Premier Natural Resources I	DLDRX	B-	(800) 782-6620	A+ / 9.6	14.88	22.44	19.95 /59	30.97 /96	--	0.00	1.40
EN	Dreyfus Premier Natural Resources T	DLDTX	B-	(800) 782-6620	A / 9.5	14.69	21.99	19.25 /54	30.22 /96	--	0.00	2.07
GR	Dreyfus Premier S&P STARS Fd A	DPPAX	C	(800) 782-6620	C- / 4.1	4.43	7.75	19.29 /54	13.10 /55	11.79 /51	0.00	1.21
GR	● Dreyfus Premier S&P STARS Fd B	BSPBX	C	(800) 782-6620	C / 4.6	4.17	7.30	18.30 /47	12.24 /48	11.06 /44	0.00	2.10
GR	Dreyfus Premier S&P STARS Fd C	BSPCX	C	(800) 782-6620	C / 4.6	4.21	7.30	18.35 /48	12.25 /48	11.06 /44	0.00	2.08
GR	Dreyfus Premier S&P STARS Fd I	BSSPX	C+	(800) 782-6620	C+ / 5.8	4.50	7.91	19.66 /57	13.50 /58	12.31 /56	0.00	0.92
GR	Dreyfus Premier S&P STARS Fd T	BSPAX	C	(800) 782-6620	C- / 4.1	4.33	7.58	18.92 /52	12.83 /53	11.62 /50	0.00	1.56
MC	Dreyfus Premier S&P STARS Opp A	DPOAX	A-	(800) 782-6620	B / 7.9	9.35	14.27	18.81 /51	19.11 /83	16.07 /81	0.00	1.43
MC	● Dreyfus Premier S&P STARS Opp B	BSOBX	B+	(800) 782-6620	B / 8.1	9.16	13.82	17.92 /44	18.45 /82	15.41 /78	0.00	2.26
MC	Dreyfus Premier S&P STARS Opp C	BSOCX	B+	(800) 782-6620	B / 8.1	9.20	13.86	17.96 /45	18.46 /82	15.42 /78	0.00	2.23
MC	Dreyfus Premier S&P STARS Opp I	DSORX	A	(800) 782-6620	B+ / 8.4	9.43	14.39	19.06 /53	19.58 /84	16.57 /83	0.00	1.18
MC	Dreyfus Premier S&P STARS Opp T	BSOAX	B	(800) 782-6620	B / 7.9	9.30	14.12	18.54 /49	19.04 /83	16.05 /81	0.00	1.76
MC	Dreyfus Premier Select Mid-Cap Gr A	DASMX	C	(800) 782-6620	C+ / 6.2	5.60	12.98	16.23 /33	15.69 /72	--	0.00	4.21
MC	● Dreyfus Premier Select Mid-Cap Gr B	DBSMX	C	(800) 782-6620	C+ / 6.6	5.46	12.63	15.40 /28	14.85 /68	--	0.00	4.95
MC	Dreyfus Premier Select Mid-Cap Gr C	DCSMX	C	(800) 782-6620	C+ / 6.6	5.45	12.60	15.44 /28	14.86 /68	--	0.00	4.90
MC	Dreyfus Premier Select Mid-Cap Gr I	DRSMX	C+	(800) 782-6620	B- / 7.3	5.72	13.18	16.61 /36	16.04 /74	--	0.00	3.81
MC	Dreyfus Premier Select Mid-Cap Gr T	DMGTX	C	(800) 782-6620	C+ / 6.2	5.62	12.90	15.96 /32	15.46 /71	--	0.00	4.32
SC	● Dreyfus Premier Small Cap Eqty A	DSEAX	C+	(800) 782-6620	C+ / 5.8	4.16	6.76	17.61 /42	16.27 /75	16.24 /82	0.00	1.60
SC	● Dreyfus Premier Small Cap Eqty B	DSEBX	C+	(800) 782-6620	C+ / 6.3	3.92	6.31	16.69 /36	15.42 /71	15.46 /79	0.00	2.46
SC	● Dreyfus Premier Small Cap Eqty C	DSECX	C+	(800) 782-6620	C+ / 6.2	3.93	6.35	16.70 /36	15.38 /71	15.44 /78	0.00	2.46
SC	● Dreyfus Premier Small Cap Eqty I	DSERX	B	(800) 782-6620	B- / 7.0	4.20	6.91	17.90 /44	16.57 /76	16.49 /83	0.00	1.35
SC	● Dreyfus Premier Small Cap Eqty T	DSETX	C+	(800) 782-6620	C+ / 5.7	3.97	6.43	17.11 /39	15.91 /73	15.92 /81	0.00	2.46
SC	● Dreyfus Premier Small Cap Val A	DSVAX	D+	(800) 782-6620	C- / 3.0	3.44	6.66	14.29 /22	12.94 /54	14.56 /73	0.18	1.51
SC	● Dreyfus Premier Small Cap Val B	DSVBX	C-	(800) 782-6620	C- / 3.6	3.25	6.33	13.46 /18	12.13 /47	13.73 /68	0.11	2.26
SC	● Dreyfus Premier Small Cap Val C	DSVCX	C-	(800) 782-6620	C- / 3.6	3.24	6.32	13.44 /18	12.12 /46	13.71 /67	0.11	2.26
SC	● Dreyfus Premier Small Cap Val I	DSVRX	C	(800) 782-6620	C / 4.6	3.51	6.83	14.60 /24	13.24 /56	14.85 /75	1.28	1.26
SC	● Dreyfus Premier Small Cap Val T	DSVTX	D+	(800) 782-6620	C- / 3.0	3.37	6.55	13.99 /20	12.66 /51	14.28 /71	0.10	1.76
AG	Dreyfus Premier Strategic Value A	DAGVX	B	(800) 782-6620	C+ / 6.9	6.80	8.79	24.21 /81	15.92 /73	15.85 /80	0.54	1.20
AG	● Dreyfus Premier Strategic Value B	DBGVX	B+	(800) 782-6620	B- / 7.3	6.58	8.37	23.27 /78	15.08 /69	15.02 /76	0.00	1.97
AG	Dreyfus Premier Strategic Value C	DCGVX	B+	(800) 782-6620	B- / 7.3	6.62	8.40	23.29 /78	15.11 /69	15.06 /77	0.08	1.91
AG	Dreyfus Premier Strategic Value I	DRGVX	A	(800) 782-6620	B / 7.7	6.83	8.89	24.47 /82	16.17 /75	16.10 /82	0.79	0.92
AG	Dreyfus Premier Strategic Value T	DTGVX	B	(800) 782-6620	C+ / 6.9	6.76	8.67	23.90 /80	15.56 /72	15.58 /79	0.53	1.43
GR	Dreyfus Premier Struct Lg Cap Val A	DLVAX	C+	(800) 782-6620	C- / 3.6	2.51	4.06	17.47 /41	13.84 /61	--	1.28	4.75
GR	● Dreyfus Premier Struct Lg Cap Val B	DLVBX	C+	(800) 782-6620	C- / 4.1	2.31	3.65	16.63 /36	12.97 /54	--	0.51	5.49

● Denotes fund is closed to new investors
* Denotes fund is included in Section II

www.thestreet.com/ratings

I. Index of Stock Mutual Funds

Summer 2007

RISK			NET ASSETS		ASSET				Portfolio	BULL / BEAR		FUND MANAGER		MINIMUMS		LOADS	
	3 Year		NAV						Turnover	Last Bull	Last Bear	Manager	Manager	Initial	Additional	Front	Back
Risk	Standard		As of	Total	Cash	Stocks	Bonds	Other	Ratio	Market	Market	Quality	Tenure	Purch.	Purch.	End	End
Rating/Pts	Deviation	Beta	6/30/07	$(Mil)	%	%	%	%		Return	Return	Pct	(Years)	$	$	Load	Load
B / 8.5	7.6	1.01	26.94	52	0	99	0	1	97.9	87.0	-9.1	62	3	1,000	100	5.8	0.0
B / 8.4	7.5	1.01	25.52	9	0	99	0	1	97.9	81.3	-9.2	52	3	1,000	100	0.0	0.0
B / 8.4	7.6	1.01	25.52	7	0	99	0	1	97.9	81.2	-9.2	51	3	1,000	100	0.0	0.0
B / 8.5	7.6	1.01	27.30	9	0	99	0	1	97.9	89.1	-9.0	65	3	1,000	100	0.0	0.0
B / 8.4	7.5	1.01	26.54	1	0	99	0	1	97.9	85.1	-9.1	59	3	1,000	100	4.5	0.0
D / 1.7	10.9	1.02	15.42	81	0	99	0	1	144.5	104.6	-7.0	23	13	1,000	100	5.8	0.0
D / 1.7	10.9	1.02	13.65	19	0	99	0	1	144.5	98.3	-7.1	18	13	1,000	100	0.0	0.0
D / 1.7	10.9	1.02	13.68	12	0	99	0	1	144.5	98.1	-7.1	18	13	1,000	100	0.0	0.0
D / 1.7	10.9	1.02	16.05	31	0	99	0	1	144.5	106.9	-7.0	24	13	1,000	100	0.0	0.0
D / 1.7	10.9	1.03	14.94	1	0	99	0	1	144.5	102.4	-7.1	21	13	1,000	100	4.5	0.0
C+ / 5.8	11.2	0.97	14.30	17	1	98	0	1	162.0	140.5	-10.7	38	4	1,000	100	5.8	0.0
B- / 7.8	11.1	0.97	13.98	1	1	98	0	1	162.0	135.3	-10.7	31	4	1,000	100	0.0	0.0
B- / 7.8	11.2	0.97	13.94	1	1	98	0	1	162.0	135.0	-10.7	30	4	1,000	100	0.0	0.0
B- / 7.8	11.2	0.97	14.01	N/A	1	98	0	1	162.0	137.6	-10.7	34	4	1,000	100	0.0	0.0
B- / 7.8	11.0	0.95	14.09	N/A	1	98	0	1	162.0	137.5	-10.7	36	4	1,000	100	4.5	0.0
C- / 4.1	20.7	0.98	29.68	14	0	99	0	1	69.9	N/A	N/A	51	2	1,000	100	5.8	0.0
C- / 4.1	20.7	0.98	28.93	5	0	99	0	1	69.9	N/A	N/A	40	2	1,000	100	0.0	0.0
C- / 4.1	20.7	0.98	29.03	5	0	99	0	1	69.9	N/A	N/A	40	2	1,000	100	0.0	0.0
C- / 4.1	20.7	0.98	29.95	1	0	99	0	1	69.9	N/A	N/A	56	2	1,000	100	0.0	0.0
C- / 4.1	20.6	0.98	29.51	1	0	99	0	1	69.9	N/A	N/A	47	2	1,000	100	4.5	0.0
B / 8.0	10.4	1.28	34.20	139	N/A	100	0	N/A	123.1	125.2	-12.7	41	3	1,000	100	5.8	0.0
B- / 7.1	10.4	1.28	32.20	256	N/A	100	0	N/A	123.1	118.8	-12.8	32	3	1,000	100	0.0	0.0
B- / 7.1	10.4	1.29	32.19	221	N/A	100	0	N/A	123.1	118.9	-12.8	32	3	1,000	100	0.0	0.0
B- / 7.2	10.4	1.29	36.03	160	N/A	100	0	N/A	123.1	129.5	-12.5	46	3	1,000	100	0.0	0.0
B- / 7.1	10.4	1.28	33.94	357	N/A	100	0	N/A	123.1	123.5	-12.7	38	3	1,000	100	4.5	0.0
B- / 7.6	12.4	1.12	25.39	139	3	96	0	1	32.8	155.9	-10.0	79	3	1,000	100	5.8	0.0
C+ / 6.7	12.4	1.12	24.55	25	3	96	0	1	32.8	149.6	-10.0	74	3	1,000	100	0.0	0.0
C+ / 6.7	12.4	1.12	24.56	75	3	96	0	1	32.8	149.8	-10.1	74	3	1,000	100	0.0	0.0
B- / 7.6	12.4	1.12	25.99	34	3	96	0	1	32.8	159.9	-9.8	82	3	1,000	100	0.0	0.0
C+ / 6.7	12.4	1.12	25.38	25	3	96	0	1	32.8	155.7	-10.0	79	3	1,000	100	4.5	0.0
C / 5.2	12.3	1.07	21.67	3	6	93	0	1	64.9	N/A	N/A	50	1	1,000	100	5.8	0.0
C / 5.0	12.3	1.07	20.87	1	6	93	0	1	64.9	N/A	N/A	39	1	1,000	100	0.0	0.0
C / 5.0	12.3	1.07	20.91	1	6	93	0	1	64.9	N/A	N/A	39	1	1,000	100	0.0	0.0
C / 5.3	12.3	1.07	21.99	N/A	6	93	0	1	64.9	N/A	N/A	N/A	1	1,000	100	0.0	0.0
C / 5.2	12.3	1.07	21.44	N/A	6	93	0	1	64.9	N/A	N/A	46	1	1,000	100	4.5	0.0
B- / 7.1	11.6	0.84	34.58	45	4	95	0	1	60.0	176.2	-10.7	90	4	1,000	100	5.8	0.0
B- / 7.1	11.6	0.84	33.37	3	4	95	0	1	60.0	167.4	-10.8	87	4	1,000	100	0.0	0.0
B- / 7.1	11.6	0.84	33.35	11	4	95	0	1	60.0	167.1	-10.8	87	4	1,000	100	0.0	0.0
B- / 7.2	11.6	0.84	34.97	17	4	95	0	1	60.0	179.1	-10.7	91	4	1,000	100	0.0	0.0
B- / 7.1	11.6	0.84	34.08	1	4	95	0	1	60.0	172.6	-10.7	89	4	1,000	100	4.5	0.0
C+ / 6.7	11.6	0.85	23.83	271	1	98	0	1	89.6	153.2	-10.1	66	2	1,000	100	5.8	0.0
C+ / 6.6	11.6	0.85	22.31	23	1	98	0	1	89.6	145.4	-10.2	56	2	1,000	100	0.0	0.0
C+ / 6.6	11.6	0.85	22.34	45	1	98	0	1	89.6	145.2	-10.3	56	2	1,000	100	0.0	0.0
C+ / 6.7	11.6	0.85	24.22	291	1	98	0	1	89.6	156.0	-10.1	70	2	1,000	100	0.0	0.0
C+ / 6.7	11.6	0.85	23.40	22	1	98	0	1	89.6	150.6	-10.2	63	2	1,000	100	4.5	0.0
B / 8.1	8.5	1.11	35.03	451	0	99	0	1	72.2	144.2	-9.5	86	4	1,000	100	5.8	0.0
B / 8.1	8.5	1.11	33.67	18	0	99	0	1	72.2	136.8	-9.7	80	4	1,000	100	0.0	0.0
B / 8.1	8.4	1.11	33.68	30	0	99	0	1	72.2	137.0	-9.6	81	4	1,000	100	0.0	0.0
B / 8.1	8.5	1.11	35.04	7	0	99	0	1	72.2	146.3	-9.5	87	4	1,000	100	0.0	0.0
B / 8.1	8.5	1.11	34.11	8	0	99	0	1	72.2	141.5	-9.6	83	4	1,000	100	4.5	0.0
B+ / 9.0	7.9	0.98	15.11	1	1	98	0	1	85.1	N/A	N/A	79	4	1,000	100	5.8	0.0
B+ / 9.0	7.9	0.98	15.04	N/A	1	98	0	1	85.1	N/A	N/A	71	4	1,000	100	0.0	0.0

www.thestreet.com/ratings

Data as of June 30, 2007

I. Index of Stock Mutual Funds

Summer 2007

99 Pct = Best
0 Pct = Worst

Fund Type	Fund Name	Ticker Symbol	Overall Investment Rating	Phone	Performance Rating/Pts	3 Mo	6 Mo	1Yr / Pct	3Yr / Pct	5Yr / Pct	Dividend Yield	Expense Ratio
GR	Dreyfus Premier Struct Lg Cap Val C	DLVCX	C+	(800) 782-6620	C- / 4.1	2.31	3.65	16.62 /36	12.99 /54	--	0.44	5.51
GR	Dreyfus Premier Struct Lg Cap Val I	DLVRX	B	(800) 782-6620	C / 5.2	2.58	4.20	17.85 /44	14.13 /63	--	1.65	4.46
GR	Dreyfus Premier Struct Lg Cap Val T	DLVTX	C+	(800) 782-6620	C- / 3.6	2.51	3.92	17.26 /40	13.55 /59	--	1.01	4.96
MC	Dreyfus Premier Structure Mid Cap A	DPSAX	B-	(800) 782-6620	C+ / 6.4	5.92	11.34	18.37 /48	15.80 /73	14.58 /73	0.00	1.35
MC	● Dreyfus Premier Structure Mid Cap B	DPSBX	B-	(800) 782-6620	C+ / 6.7	5.69	10.94	17.48 /41	14.86 /68	13.68 /67	0.00	2.20
MC	Dreyfus Premier Structure Mid Cap C	DPSCX	B-	(800) 782-6620	C+ / 6.8	5.69	10.88	17.42 /41	14.90 /68	13.67 /67	0.00	2.12
MC	Dreyfus Premier Structure Mid Cap I	DPSRX	B+	(800) 782-6620	B- / 7.4	5.96	11.42	18.81 /51	15.93 /74	14.79 /75	0.00	2.08
MC	Dreyfus Premier Structure Mid Cap T	DPSTX	B-	(800) 782-6620	C+ / 6.4	5.85	11.22	18.07 /46	15.54 /72	14.32 /72	0.00	1.54
GR	Dreyfus Premier Tax Mgd Grwth A	DTMGX	C-	(800) 782-6620	D- / 1.4	5.29	3.90	18.46 /48	8.56 /18	7.13 / 9	1.09	1.36
GR	● Dreyfus Premier Tax Mgd Grwth B	DPTMX	C-	(800) 782-6620	D / 1.7	5.07	3.57	17.67 /43	7.77 /13	6.34 / 6	0.37	2.11
GR	Dreyfus Premier Tax Mgd Grwth C	DPTAX	C-	(800) 782-6620	D / 1.7	5.09	3.53	17.65 /42	7.75 /13	6.34 / 6	0.52	2.11
GR	Dreyfus Premier Tax Mgd Grwth I	DPTRX	C	(800) 782-6620	D+ / 2.4	5.32	4.05	18.70 /50	8.84 /20	7.31 /10	1.39	1.10
GR	Dreyfus Premier Tax Mgd Grwth T	DPMTX	C-	(800) 782-6620	D- / 1.4	5.20	3.79	18.21 /47	8.29 /16	6.86 / 8	0.89	1.61
TC	Dreyfus Premier Tech Growth A	DTGRX	E	(800) 782-6620	E / 0.5	5.35	6.58	14.38 /23	5.50 / 5	8.20 /16	0.00	1.38
TC	● Dreyfus Premier Tech Growth B	DTGBX	E	(800) 782-6620	E+ / 0.6	5.29	6.16	13.38 /18	4.45 / 2	7.14 / 9	0.00	2.47
TC	Dreyfus Premier Tech Growth C	DTGCX	E	(800) 782-6620	E+ / 0.6	5.18	6.14	13.44 /18	4.54 / 3	7.20 / 9	0.00	2.33
TC	Dreyfus Premier Tech Growth I	DGVRX	E	(800) 782-6620	D- / 1.1	5.42	6.74	14.79 /25	5.92 / 6	8.67 /20	0.00	0.82
TC	Dreyfus Premier Tech Growth T	DPTGX	E	(800) 782-6620	E / 0.5	5.28	6.38	14.02 /21	5.07 / 4	7.74 /13	0.00	1.79
GR	Dreyfus Premier Third Century A	DTCAX	D	(800) 782-6620	D- / 1.0	5.55	6.34	16.90 /37	7.10 / 9	6.23 / 5	0.00	1.25
GR	● Dreyfus Premier Third Century B	DTCBX	D	(800) 782-6620	D- / 1.2	5.33	5.81	15.98 /32	6.23 / 6	5.38 / 3	0.00	2.06
GR	Dreyfus Premier Third Century C	DTCCX	D	(800) 782-6620	D- / 1.3	5.42	6.02	16.19 /33	6.33 / 7	5.47 / 3	0.00	2.02
GR	Dreyfus Premier Third Century I	DRTCX	D+	(800) 782-6620	D / 1.8	5.77	6.55	17.48 /41	7.41 /11	6.58 / 6	0.00	0.84
GR	Dreyfus Premier Third Century T	DTCTX	D	(800) 782-6620	E+ / 0.9	5.53	6.12	16.63 /36	6.72 / 8	5.88 / 4	0.00	1.66
GR	● Dreyfus Premier Third Century Z	DRTHX	D+	(800) 782-6620	D / 1.8	5.68	6.46	17.41 /41	7.41 /11	6.53 / 6	0.00	1.04
GL	Dreyfus Premier Wrldwde Growth A	PGROX	C+	(800) 782-6620	C / 4.9	5.96	7.31	22.04 /73	13.40 /58	11.19 /45	0.74	1.23
GL	● Dreyfus Premier Wrldwde Growth B	PGWBX	B-	(800) 782-6620	C / 5.4	5.72	6.85	21.02 /67	12.47 /50	10.28 /36	0.00	2.08
GL	Dreyfus Premier Wrldwde Growth C	PGRCX	B-	(800) 782-6620	C / 5.4	5.75	6.90	21.15 /68	12.55 /50	10.36 /37	1.12	1.96
GL	Dreyfus Premier Wrldwde Growth I	DPWRX	B+	(800) 782-6620	C+ / 6.4	6.03	7.44	22.39 /74	13.71 /60	11.50 /49	1.04	1.06
GL	Dreyfus Premier Wrldwde Growth T	DPWTX	C+	(800) 782-6620	C / 5.0	5.88	7.17	21.78 /71	13.13 /55	10.92 /43	0.58	1.46
IX	Dreyfus S&P 500 Index Fund	PEOPX	C+	(800) 242-8671	C- / 4.1	6.14	6.71	20.00 /60	11.15 /37	10.19 /35	1.27	0.50
SC	Dreyfus Small Cap Stock Index Fd	DISSX	C	(800) 242-8671	C / 5.3	5.12	8.37	15.63 /30	14.08 /63	13.90 /69	0.45	0.50
GR	● Dreyfus Socially Resp Growth I		D+	(800) 242-8671	D / 1.9	5.72	6.55	17.54 /42	7.62 /12	6.71 / 7	0.51	0.83
GR	Dreyfus Socially Resp Growth S		C-	(800) 242-8671	D / 1.8	5.68	6.43	17.28 /40	7.36 /11	6.45 / 6	0.27	1.08
GI	● Dreyfus Stock Index Fund I		C+	(800) 242-8671	C- / 4.2	5.77	6.37	19.77 /58	11.26 /38	10.35 /37	1.16	0.27
GI	Dreyfus Stock Index Fund S		C+	(800) 242-8671	C- / 4.0	5.77	6.30	19.55 /56	11.01 /36	10.09 /34	0.99	0.52
EM	● Driehaus Emerging Markets Growth	DREGX	C+	(800) 560-6111	A+ / 9.9	14.14	17.50	45.73 /98	43.33 /99	33.70 /99	0.00	1.83
FO	Driehaus International Discovery Fd	DRIDX	A	(800) 560-6111	A+ / 9.6	11.64	20.41	31.91 /94	31.15 /96	23.97 /95	0.00	1.74
FO	Dunham International Stock N	DNINX	U	(800) 377-8796	U /	6.81	9.30	23.81 /80	--	--	0.08	2.40
GI	Dunham Large Cap Growth N	DNLGX	U	(800) 377-8796	U /	6.82	8.21	9.93 / 8	--	--	0.00	2.21
GI	Dunham Large Cap Value N	DNLVX	U	(800) 377-8796	U /	7.72	8.33	19.17 /54	--	--	0.60	3.10
SC	Dunham Small Cap Growth N	DNDGX	U	(800) 377-8796	U /	8.13	9.71	11.58 /12	--	--	0.00	2.42
SC	Dunham Small Cap Value N	DNSVX	U	(800) 377-8796	U /	3.93	8.18	21.16 /68	--	--	0.00	2.59
BA	DWS Balanced Fund A	KTRAX	D	(800) 621-1048	E+ / 0.6	3.25	4.29	12.82 /16	7.45 /11	6.93 / 8	2.89	0.98
BA	DWS Balanced Fund B	KTRBX	C-	(800) 621-1048	D- / 1.0	3.07	4.15	12.60 /15	6.99 / 9	6.25 / 5	2.81	1.98
BA	DWS Balanced Fund C	KTRCX	D+	(800) 621-1048	E+ / 0.8	2.94	3.75	11.87 /13	6.51 / 7	6.01 / 4	2.21	1.77
BA	DWS Balanced Fund Inst	KTRIX	C-	(800) 621-1048	D- / 1.3	3.23	4.45	13.18 /17	7.75 /13	7.28 /10	3.38	0.75
BA	● DWS Balanced Fund S	KTRSX	U	(800) 621-1048	U /	3.20	4.38	13.03 /16	--	--	3.25	0.78
GI	DWS Blue Chip Fund A	KBCAX	D	(800) 621-1048	D+ / 2.9	4.08	5.54	17.28 /40	12.03 /46	11.36 /47	0.57	1.11
GI	DWS Blue Chip Fund B	KBCBX	D	(800) 621-1048	C- / 3.2	3.86	5.11	16.18 /33	11.07 /36	10.40 /37	0.00	1.97
GI	DWS Blue Chip Fund C	KBCCX	D	(800) 621-1048	C- / 3.3	3.91	5.19	16.42 /35	11.20 /38	10.48 /38	0.00	1.77
GI	DWS Blue Chip Fund Inst	KBCIX	C-	(800) 621-1048	C / 4.5	4.22	5.74	17.71 /43	12.51 /50	11.82 /52	0.98	0.68
GR	DWS Capital Growth Fund A	SDGAX	D+	(800) 621-1048	D / 1.6	5.96	6.65	16.32 /34	8.99 /21	8.36 /17	0.07	1.10

● Denotes fund is closed to new investors
* Denotes fund is included in Section II

www.thestreet.com/ratings

Summer 2007

I. Index of Stock Mutual Funds

RISK			NET ASSETS		ASSET					BULL / BEAR		FUND MANAGER		MINIMUMS		LOADS	
	3 Year		NAV						Portfolio	Last Bull	Last Bear	Manager	Manager	Initial	Additional	Front	Back
Risk	Standard		As of	Total	Cash	Stocks	Bonds	Other	Turnover	Market	Market	Quality	Tenure	Purch.	Purch.	End	End
Rating/Pts	Deviation	Beta	6/30/07	$(Mil)	%	%	%	%	Ratio	Return	Return	Pct	(Years)	$	$	Load	Load
B+ / 9.0	7.9	0.98	15.04	1	1	98	0	1	85.1	N/A	N/A	72	4	1,000	100	0.0	0.0
B+ / 9.0	7.9	0.98	15.13	N/A	1	98	0	1	85.1	N/A	N/A	81	4	1,000	100	0.0	0.0
B+ / 9.0	7.9	0.98	15.10	N/A	1	98	0	1	85.1	N/A	N/A	77	4	1,000	100	4.5	0.0
B- / 7.3	10.7	1.00	21.99	111	6	93	0	1	119.2	137.5	-8.2	62	6	1,000	100	5.8	0.0
B- / 7.3	10.7	1.00	21.00	6	6	93	0	1	119.2	129.6	-8.3	50	6	1,000	100	0.0	0.0
B- / 7.3	10.7	1.00	20.99	30	6	93	0	1	119.2	129.8	-8.4	50	6	1,000	100	0.0	0.0
B- / 7.4	10.7	1.00	22.24	30	6	93	0	1	119.2	139.1	-8.0	63	6	1,000	100	0.0	0.0
B- / 7.3	10.7	1.00	21.71	15	6	93	0	1	119.2	135.4	-8.2	58	6	1,000	100	4.5	0.0
B / 8.9	7.0	0.79	19.72	95	0	99	0	1	1.1	66.5	-9.1	36	N/A	1,000	100	5.8	0.0
B / 8.9	6.9	0.78	18.86	27	0	99	0	1	1.1	61.4	-9.3	29	N/A	1,000	100	0.0	0.0
B / 8.9	7.0	0.79	18.78	35	0	99	0	1	1.1	61.3	-9.3	29	N/A	1,000	100	0.0	0.0
B / 8.8	7.0	0.78	19.78	N/A	0	99	0	1	1.1	67.8	-9.1	39	N/A	1,000	100	0.0	0.0
B / 8.9	7.0	0.78	19.42	3	0	99	0	1	1.1	64.8	-9.2	34	N/A	1,000	100	4.5	0.0
C / 5.0	14.6	1.49	26.40	364	0	98	0	2	48.3	72.7	-13.5	2	10	1,000	100	5.8	0.0
C / 4.9	14.6	1.49	24.49	20	0	98	0	2	48.3	65.6	-13.8	1	10	1,000	100	0.0	0.0
C / 4.9	14.6	1.49	24.56	41	0	98	0	2	48.3	65.9	-13.7	1	10	1,000	100	0.0	0.0
C / 5.0	14.5	1.48	27.25	5	0	98	0	2	48.3	75.7	-13.4	2	10	1,000	100	0.0	0.0
C / 5.0	14.5	1.49	25.53	3	0	98	0	2	48.3	69.6	-13.6	2	10	1,000	100	4.5	0.0
B- / 7.8	8.9	1.13	9.89	16	0	98	0	2	78.5	66.4	-9.9	10	2	1,000	100	5.8	0.0
B / 8.0	8.9	1.14	9.29	4	0	98	0	2	78.5	60.7	-10.0	7	2	1,000	100	0.0	0.0
B / 8.0	8.8	1.13	9.33	4	0	98	0	2	78.5	61.2	-10.0	7	2	1,000	100	0.0	0.0
B / 8.0	9.0	1.16	10.08	1	0	98	0	2	78.5	68.4	-9.8	10	2	1,000	100	0.0	0.0
B / 8.0	8.8	1.13	9.54	N/A	0	98	0	2	78.5	64.0	-10.1	9	2	1,000	100	4.5	0.0
B / 8.1	8.9	1.13	10.05	326	0	98	0	2	78.5	68.3	-9.8	11	2	1,000	100	0.0	0.0
B / 8.5	7.7	0.68	45.50	614	N/A	100	0	N/A	0.3	100.3	-9.3	24	N/A	1,000	100	5.8	0.0
B / 8.5	7.7	0.68	43.23	65	N/A	100	0	N/A	0.3	93.4	-9.5	18	N/A	1,000	100	0.0	0.0
B / 8.5	7.7	0.68	42.13	94	N/A	100	0	N/A	0.3	94.1	-9.5	19	N/A	1,000	100	0.0	0.0
B / 8.5	7.7	0.68	45.92	2	N/A	100	0	N/A	0.3	102.8	-9.3	27	N/A	1,000	100	0.0	0.0
B / 8.5	7.7	0.68	45.01	4	N/A	100	0	N/A	0.3	98.4	-9.4	23	N/A	1,000	100	4.5	0.0
B / 8.6	7.3	1.00	42.68	3,770	1	98	0	1	5.0	92.7	-9.8	46	N/A	2,500	100	0.0	1.0
C+ / 6.8	12.4	0.92	25.49	1,006	0	99	0	1	25.1	144.3	-9.7	71	N/A	2,500	100	0.0	2.0
B / 8.0	8.9	1.13	30.15	360	0	99	0	1	32.2	69.6	-9.8	12	N/A	5,000	1,000	0.0	0.0
B / 8.7	8.8	1.13	29.95	9	0	99	0	1	32.2	67.8	0.8	11	2	5,000	1,000	0.0	0.0
B+ / 9.2	7.4	1.01	38.29	2,987	0	99	0	1	4.9	94.5	-9.8	47	N/A	5,000	1,000	0.0	0.0
B+ / 9.2	7.4	1.01	38.30	602	0	99	0	1	4.9	92.5	-9.8	44	N/A	5,000	1,000	0.0	0.0
C- / 3.3	17.6	1.13	45.93	853	4	95	0	1	181.0	367.6	-4.3	41	10	10,000	2,000	0.0	2.0
C+ / 6.5	14.9	1.36	47.38	679	1	98	0	1	68.9	252.3	-3.7	61	9	10,000	2,000	0.0	2.0
U /	N/A	N/A	15.99	41	8	91	0	1	62.0	N/A	N/A	N/A	3	100,000	0	0.0	0.0
U /	N/A	N/A	5.01	55	13	86	0	1	248.0	N/A	N/A	N/A	N/A	100,000	0	0.0	0.0
U /	N/A	N/A	13.26	47	10	89	0	1	22.0	N/A	N/A	N/A	3	100,000	0	0.0	0.0
U /	N/A	N/A	15.03	29	5	94	0	1	237.0	N/A	N/A	N/A	3	100,000	0	0.0	0.0
U /	N/A	N/A	12.70	26	3	96	0	1	127.0	N/A	N/A	N/A	N/A	100,000	0	0.0	0.0
B / 8.8	4.9	1.09	10.05	1,322	5	58	36	1	98.0	51.2	-5.0	33	N/A	1,000	50	5.8	0.0
B+ / 9.3	4.9	1.09	10.10	59	5	58	36	1	98.0	47.6	-5.2	29	N/A	1,000	50	0.0	0.0
B+ / 9.3	4.9	1.10	10.03	32	5	58	36	1	98.0	46.0	-5.3	25	N/A	1,000	50	0.0	0.0
B+ / 9.3	4.9	1.08	10.06	N/A	5	58	36	1	98.0	53.4	-5.0	36	N/A	1,000,000	0	0.0	0.0
U /	N/A	N/A	10.05	398	5	58	36	1	98.0	N/A	N/A	N/A	N/A	2,500	50	0.0	0.0
C+ / 6.1	7.8	1.03	21.70	450	4	95	0	1	259.0	106.4	-9.5	55	4	1,000	50	5.8	0.0
C+ / 6.0	7.8	1.03	20.17	57	4	95	0	1	259.0	99.0	-9.7	42	4	1,000	50	0.0	0.0
C+ / 6.1	7.8	1.03	20.47	42	4	95	0	1	259.0	99.5	-9.6	44	4	1,000	50	0.0	0.0
C+ / 6.1	7.8	1.03	22.48	38	4	95	0	1	259.0	110.0	-9.4	61	4	1,000,000	0	0.0	0.0
B / 8.1	7.5	0.99	53.86	791	0	99	0	1	15.0	74.1	-10.0	26	5	1,000	50	5.8	0.0

www.thestreet.com/ratings

Data as of June 30, 2007

I. Index of Stock Mutual Funds

Summer 2007

99 Pct = Best
0 Pct = Worst

Fund Type	Fund Name	Ticker Symbol	Overall Investment Rating	Phone	Performance Rating/Pts	3 Mo	6 Mo	1Yr / Pct	3Yr / Pct	5Yr / Pct	Dividend Yield	Expense Ratio
GR	DWS Capital Growth Fund B	SDGBX	D+	(800) 621-1048	D / 2.1	5.91	6.56	15.99 /32	8.25 /16	7.57 /12	0.00	2.11
GR	DWS Capital Growth Fund C	SDGCX	D+	(800) 621-1048	D / 1.9	5.71	6.15	15.34 /28	8.09 /15	7.49 /11	0.00	1.97
GR	DWS Capital Growth Fund Inst	SDGTX	C-	(800) 621-1048	D+ / 2.8	6.06	6.83	16.73 /36	9.42 /24	--	0.40	0.74
GR	DWS Capital Growth Fund R	SDGRX	C-	(800) 621-1048	D+ / 2.3	5.93	6.49	15.95 /31	8.66 /18	--	0.00	1.43
GR	● DWS Capital Growth Fund S	SCGSX	C-	(800) 621-1048	D+ / 2.7	6.04	6.79	16.63 /36	9.24 /22	8.61 /20	0.32	0.84
EN	DWS Commodity Securities A	SKNRX	U	(800) 621-1048	U /	7.89	14.89	6.95 / 3	--	--	0.44	1.51
EN	DWS Commodity Securities C	SKCRX	U	(800) 621-1048	U /	7.72	14.46	6.12 / 2	--	--	0.00	2.26
TC	DWS Communication Fund A	TISHX	A	(800) 621-1048	A- / 9.2	11.90	16.21	34.57 /96	22.53 /90	20.13 /92	0.00	1.49
TC	DWS Communication Fund B	FTEBX	A	(800) 621-1048	A- / 9.2	11.65	15.78	33.58 /95	21.61 /88	19.08 /90	0.00	2.24
TC	DWS Communication Fund C	FTICX	A	(800) 621-1048	A- / 9.2	11.69	15.77	33.55 /95	21.62 /88	19.08 /90	0.00	2.24
TC	DWS Communication Fund Inst	FLICX	A	(800) 621-1048	A / 9.4	11.97	16.37	34.90 /96	22.85 /91	20.47 /92	0.00	1.24
AA	DWS Conserv Alloc Fd A	SUCAX	D+	(800) 621-1048	E+ / 0.6	2.37	3.72	11.05 /10	7.72 /13	7.13 / 9	4.47	1.20
AA	DWS Conserv Alloc Fd B	SUCBX	C-	(800) 621-1048	E+ / 0.7	2.17	3.32	10.20 / 8	6.93 / 9	6.33 / 5	3.98	1.95
AA	DWS Conserv Alloc Fd C	SUCCX	C-	(800) 621-1048	E+ / 0.7	2.18	3.33	10.21 / 8	6.92 / 9	6.32 / 5	3.99	1.96
AA	● DWS Conserv Alloc Fd S	SCPCX	C-	(800) 621-1048	D- / 1.1	2.44	3.85	11.25 /11	7.97 /14	7.36 /10	5.00	0.89
GR	DWS Dreman Concen Value A	LOPEX	U	(800) 621-1048	U /	8.04	7.31	21.54 /70	--	--	1.30	1.67
★ GR	DWS Dreman High Ret Eqty A	KDHAX	C+	(800) 621-1048	C- / 4.2	6.14	5.01	18.51 /49	13.67 /60	12.29 /56	1.59	1.14
GR	DWS Dreman High Ret Eqty B	KDHBX	C+	(800) 621-1048	C / 4.8	5.93	4.59	17.53 /42	12.75 /52	11.37 /47	0.92	1.94
GR	DWS Dreman High Ret Eqty C	KDHCX	C+	(800) 621-1048	C / 4.9	5.95	4.63	17.62 /42	12.82 /52	11.44 /48	0.98	1.88
GR	DWS Dreman High Ret Eqty Inst	KDHIX	B	(800) 621-1048	C+ / 5.9	6.20	5.16	18.87 /51	14.02 /62	--	1.98	0.74
GR	DWS Dreman High Ret Eqty R	KDHRX	B-	(800) 621-1048	C / 5.4	6.07	4.91	18.32 /47	13.45 /58	--	1.55	1.22
GR	● DWS Dreman High Ret Eqty S	KDHSX	U	(800) 621-1048	U /	6.14	5.07	18.61 /49	--	--	1.87	0.99
MC	DWS Dreman Mid Cap Value A	MIDVX	U	(800) 621-1048	U /	7.56	12.21	22.68 /76	--	--	0.61	1.75
SC	DWS Dreman Small Cap Val A	KDSAX	B	(800) 621-1048	B / 8.0	6.75	10.33	20.44 /63	19.52 /84	17.43 /86	0.00	1.20
SC	DWS Dreman Small Cap Val B	KDSBX	B	(800) 621-1048	B / 8.1	6.55	9.85	19.40 /55	18.49 /82	16.42 /83	0.00	2.00
SC	DWS Dreman Small Cap Val C	KDSCX	B	(800) 621-1048	B / 8.2	6.54	9.92	19.51 /56	18.63 /82	16.54 /83	0.00	1.93
SC	DWS Dreman Small Cap Val Inst	KDSIX	B+	(800) 621-1048	B+ / 8.5	6.86	10.51	20.85 /66	19.94 /85	--	0.09	0.85
SC	DWS Dreman Small Cap Val S	KDSSX	U	(800) 621-1048	U /	6.77	10.42	20.71 /65	--	--	0.06	0.90
FO	DWS EAFE Equity Index Fund Inst	BTAEX	A+	(800) 621-1048	B+ / 8.9	5.91	10.47	26.36 /86	21.78 /88	16.96 /85	2.66	0.45
EM	DWS Emerg Mkts Eqty Fd A	SEKAX	C-	(800) 621-1048	A+ / 9.8	14.35	17.93	46.48 /98	36.28 /98	29.36 /98	0.09	1.82
EM	DWS Emerg Mkts Eqty Fd B	SEKBX	C-	(800) 621-1048	A+ / 9.8	14.07	17.39	45.23 /98	35.17 /97	28.30 /97	0.00	2.70
EM	DWS Emerg Mkts Eqty Fd C	SEKCX	C-	(800) 621-1048	A+ / 9.8	14.12	17.43	45.33 /98	35.20 /97	28.32 /98	0.00	2.62
EM	DWS Emerg Mkts Eqty Fd S	SEMGX	C-	(800) 621-1048	A+ / 9.8	14.39	17.98	46.85 /98	36.56 /98	29.68 /98	0.31	1.60
IX	DWS Enhac S&P 500 Indx A	OUTDX	C-	(800) 621-1048	D+ / 2.8	5.85	6.08	19.18 /54	10.97 /35	9.47 /28	0.52	1.30
IX	DWS Enhac S&P 500 Indx B	OUTBX	C	(800) 621-1048	C- / 3.2	5.68	5.68	18.25 /47	10.13 /29	8.63 /20	0.19	2.05
IX	DWS Enhac S&P 500 Indx C	OUTCX	C	(800) 621-1048	C- / 3.3	5.66	5.74	18.40 /48	10.17 /29	8.66 /20	0.20	2.02
IX	DWS Enhac S&P 500 Indx R	OUTRX	C	(800) 621-1048	C- / 3.7	5.78	5.85	18.76 /50	10.65 /33	--	0.46	1.49
IX	DWS Enhac S&P 500 Indx S	SSFFX	C+	(800) 621-1048	C- / 4.2	5.91	6.29	19.58 /57	11.25 /38	9.75 /30	0.88	1.05
IX	DWS Equity 500 Index Inst	BTIIX	C+	(800) 621-1048	C / 4.8	6.25	6.97	20.56 /64	11.62 /42	10.63 /40	1.77	0.10
IX	DWS Equity 500 Index S	BTIEX	C+	(800) 621-1048	C / 4.7	6.23	6.92	20.45 /63	11.47 /40	10.49 /38	1.64	0.22
GI	DWS Equity Income A	SDDAX	D-	(800) 621-1048	C- / 4.2	5.18	6.60	21.51 /70	12.95 /54	--	1.77	1.24
GI	DWS Equity Income B	SDDBX	D-	(800) 621-1048	C / 4.8	4.96	6.16	20.50 /63	12.01 /45	--	1.11	2.03
GI	DWS Equity Income C	SDDCX	C	(800) 621-1048	C / 4.8	4.97	6.17	20.53 /64	12.03 /46	--	1.12	1.99
GI	DWS Equity Income I	SDDGX	D	(800) 621-1048	C+ / 5.7	5.29	6.76	21.71 /71	12.95 /54	--	1.83	0.96
GI	DWS Equity Part A	FLEPX	C-	(800) 621-1048	D+ / 2.6	5.80	6.63	17.41 /41	11.56 /41	12.36 /57	0.22	1.21
GI	DWS Equity Part B	FEPBX	C	(800) 621-1048	C- / 3.0	5.57	6.14	16.40 /34	10.69 /33	11.50 /49	0.00	1.99
GI	DWS Equity Part C	FEPCX	C	(800) 621-1048	C- / 3.0	5.57	6.17	16.48 /35	10.71 /33	11.50 /49	0.00	1.95
GI	DWS Equity Part Inst	FLIPX	C+	(800) 621-1048	C- / 4.0	5.84	6.77	17.78 /43	11.86 /44	12.66 /59	0.62	0.92
FO	DWS Europe Equity Fund A	SERAX	A-	(800) 621-1048	B+ / 8.9	5.87	9.51	27.22 /88	24.15 /92	15.75 /80	4.51	1.34
FO	DWS Europe Equity Fund B	SERBX	A-	(800) 621-1048	B+ / 8.9	5.68	9.09	26.06 /85	22.98 /91	14.73 /74	3.82	2.41
FO	DWS Europe Equity Fund C	SERCX	A-	(800) 621-1048	A- / 9.0	5.67	9.08	26.13 /86	23.12 /91	14.80 /75	3.91	2.28
FO	DWS Europe Equity Fund Inst	SERNX	U	(800) 621-1048	U /	6.01	9.78	27.76 /89	--	--	3.87	0.90

● Denotes fund is closed to new investors
★ Denotes fund is included in Section II

I. Index of Stock Mutual Funds

Summer 2007

RISK			NET ASSETS		ASSET				Portfolio Turnover Ratio	BULL / BEAR		FUND MANAGER		MINIMUMS		LOADS	
	3 Year		NAV As of 6/30/07	Total $(Mil)	Cash %	Stocks %	Bonds %	Other %		Last Bull Market Return	Last Bear Market Return	Manager Quality Pct	Manager Tenure (Years)	Initial Purch. $	Additional Purch. $	Front End Load	Back End Load
Risk Rating/Pts	Standard Deviation	Beta															
B / 8.0	7.6	0.99	51.64	43	0	99	0	1	15.0	68.8	-10.1	21	5	1,000	50	0.0	0.0
B / 8.0	7.5	0.99	51.44	30	0	99	0	1	15.0	68.3	-10.1	20	5	1,000	50	0.0	0.0
B / 8.1	7.5	0.99	54.25	82	0	99	0	1	15.0	77.1	-9.9	29	5	1,000,000	0	0.0	0.0
B / 8.1	7.5	0.99	53.78	N/A	0	99	0	1	15.0	N/A	N/A	24	5	0	0	0.0	0.0
B / 8.1	7.5	0.99	54.27	867	0	99	0	1	15.0	75.8	-9.9	27	5	2,500	50	0.0	0.0
U /	N/A	N/A	13.12	211	50	48	0	2	80.0	N/A	N/A	N/A	2	1,000	50	5.8	2.0
U /	N/A	N/A	12.98	53	50	48	0	2	80.0	N/A	N/A	N/A	N/A	1,000	50	0.0	2.0
C+ / 6.8	11.5	1.36	27.17	364	2	98	0	0	21.1	158.1	-14.7	97	23	1,000	50	5.8	0.0
C+ / 6.8	11.5	1.36	25.02	7	2	98	0	0	21.1	150.4	-15.5	96	12	1,000	50	0.0	2.0
C+ / 6.8	11.5	1.36	25.04	15	2	98	0	0	21.1	150.2	-15.5	96	12	1,000	50	0.0	2.0
C+ / 6.8	11.5	1.36	27.79	5	2	98	0	0	21.1	161.2	-14.6	97	5	1,000,000	0	0.0	2.0
B+ / 9.1	3.4	0.75	12.60	46	20	40	38	2	69.0	46.3	-2.5	59	N/A	1,000	50	5.8	0.0
B+ / 9.8	3.4	0.75	12.62	8	20	40	38	2	69.0	41.7	-2.6	48	N/A	1,000	50	0.0	0.0
B+ / 9.7	3.4	0.75	12.61	14	20	40	38	2	69.0	41.8	-2.7	47	N/A	1,000	50	0.0	0.0
B+ / 9.7	3.4	0.75	12.59	83	20	40	38	2	69.0	47.9	-2.4	62	N/A	2,500	50	0.0	0.0
U /	N/A	N/A	12.82	54	1	98	0	1	38.0	N/A	N/A	N/A	N/A	1,000	50	5.8	0.0
B / 8.6	6.9	0.80	53.05	6,085	17	82	0	1	32.0	109.1	-5.1	87	N/A	1,000	50	5.8	0.0
B / 8.6	6.9	0.80	52.91	659	17	82	0	1	32.0	102.0	-5.3	82	N/A	1,000	50	0.0	0.0
B / 8.6	6.9	0.80	52.96	1,155	17	82	0	1	32.0	102.6	-5.3	83	N/A	1,000	50	0.0	0.0
B / 8.6	6.9	0.80	53.01	994	17	82	0	1	32.0	112.0	-5.0	89	N/A	1,000,000	0	0.0	0.0
B / 8.6	6.9	0.80	52.96	31	17	82	0	1	32.0	N/A	N/A	86	4	0	0	0.0	0.0
U /	N/A	N/A	52.96	306	17	82	0	1	32.0	N/A	N/A	N/A	N/A	2,500	50	0.0	0.0
U /	N/A	N/A	13.23	43	8	90	0	2	34.0	N/A	N/A	N/A	1	1,000	50	5.8	0.0
C+ / 6.5	12.2	0.84	41.59	1,530	5	94	0	1	48.0	182.4	-4.3	97	N/A	1,000	50	5.8	0.0
C+ / 6.4	12.2	0.84	38.08	111	5	94	0	1	48.0	172.3	-4.5	96	N/A	1,000	50	0.0	0.0
C+ / 6.4	12.1	0.84	38.63	292	5	94	0	1	48.0	173.5	-4.5	96	N/A	1,000	50	0.0	0.0
C+ / 6.5	12.1	0.84	42.21	133	5	94	0	1	48.0	186.8	-4.3	97	N/A	1,000,000	0	0.0	0.0
U /	N/A	N/A	41.96	202	5	94	0	1	48.0	N/A	N/A	N/A	N/A	2,500	50	0.0	0.0
B- / 7.4	9.1	0.97	17.74	487	3	96	0	1	8.0	174.7	-9.5	50	11	1,000,000	0	0.0	0.0
E+ / 0.8	16.1	1.05	25.26	113	N/A	100	0	N/A	145.0	290.7	-6.0	17	6	1,000	50	5.8	2.0
E+ / 0.7	16.1	1.05	23.83	7	N/A	100	0	N/A	145.0	277.5	-6.2	13	6	1,000	50	0.0	2.0
E+ / 0.7	16.1	1.05	23.92	14	N/A	100	0	N/A	145.0	277.6	-6.1	13	6	1,000	50	0.0	2.0
E+ / 0.8	16.1	1.05	25.52	227	N/A	100	0	N/A	145.0	294.5	-5.9	18	11	2,500	50	0.0	2.0
B / 8.0	7.4	1.00	14.32	35	0	99	0	1	94.0	89.1	-9.9	44	N/A	1,000	50	5.8	0.0
B / 8.3	7.4	1.01	14.00	12	0	99	0	1	94.0	83.1	-10.1	34	N/A	1,000	50	0.0	0.0
B / 8.3	7.4	1.00	14.04	9	0	99	0	1	94.0	83.3	-10.1	34	N/A	1,000	50	0.0	0.0
B / 8.3	7.4	1.01	14.14	2	0	99	0	1	94.0	N/A	N/A	39	N/A	0	0	0.0	0.0
B / 8.3	7.4	1.01	14.20	48	0	99	0	1	94.0	91.1	-9.8	47	N/A	2,500	50	0.0	0.0
B / 8.6	7.3	1.00	170.23	2,082	0	98	0	2	4.0	95.8	-9.8	53	N/A	1,000,000	0	0.0	0.0
B / 8.6	7.3	1.00	168.55	854	0	98	0	2	4.0	94.8	-9.8	51	N/A	1,000	50	0.0	0.0
C- / 3.4	6.2	0.76	12.72	75	0	88	10	2	61.0	N/A	N/A	86	4	1,000	50	5.8	0.0
C- / 3.4	6.2	0.76	12.73	23	0	88	10	2	61.0	N/A	N/A	79	4	1,000	50	0.0	0.0
C+ / 6.6	6.2	0.76	12.72	43	0	88	10	2	61.0	N/A	N/A	79	4	1,000	50	0.0	0.0
C- / 3.4	6.2	0.77	12.77	3	0	88	10	2	61.0	N/A	N/A	85	4	1,000,000	0	0.0	0.0
B / 8.3	8.4	1.01	33.59	285	7	92	0	1	3.0	112.9	-10.3	51	12	1,000	50	5.8	2.0
B / 8.5	8.4	1.01	31.46	8	7	92	0	1	3.0	106.0	-10.5	40	12	1,000	50	0.0	2.0
B / 8.5	8.4	1.01	31.47	14	7	92	0	1	3.0	106.1	-10.5	40	12	1,000	50	0.0	2.0
B / 8.5	8.4	1.01	33.82	172	7	92	0	1	3.0	115.3	-10.3	55	12	1,000,000	0	0.0	2.0
C+ / 6.6	10.8	1.10	41.09	123	0	99	0	1	203.0	178.6	-12.0	45	6	1,000	50	5.8	2.0
C+ / 6.6	10.8	1.10	40.56	6	0	99	0	1	203.0	168.2	-12.2	33	6	1,000	50	0.0	2.0
C+ / 6.6	10.8	1.10	40.60	8	0	99	0	1	203.0	168.9	-12.2	35	6	1,000	50	0.0	2.0
U /	N/A	N/A	41.66	37	0	99	0	1	203.0	N/A	N/A	N/A	2	1,000,000	0	0.0	2.0

www.thestreet.com/ratings

Data as of June 30, 2007

I. Index of Stock Mutual Funds

Summer 2007

99 Pct = Best
0 Pct = Worst

Fund Type	Fund Name	Ticker Symbol	Overall Investment Rating	Phone	Performance Rating/Pts	3 Mo	6 Mo	1Yr / Pct	3Yr / Pct	5Yr / Pct	Dividend Yield	Expense Ratio
FO	DWS Europe Equity Fund S	SCGEX	A	(800) 621-1048	A- / 9.2	5.97	9.66	27.49 /89	24.41 /93	15.98 /81	4.92	1.15
GL	DWS Global Opportunities Fund A	KGDAX	B-	(800) 621-1048	B+ / 8.4	2.92	8.48	24.37 /81	22.29 /90	19.99 /92	0.01	1.71
GL	DWS Global Opportunities Fund B	KGDBX	B-	(800) 621-1048	B+ / 8.5	2.73	8.07	23.42 /78	21.36 /88	19.05 /90	0.00	2.70
GL	DWS Global Opportunities Fund C	KGDCX	B-	(800) 621-1048	B+ / 8.4	2.74	8.08	23.46 /79	21.39 /88	19.09 /90	0.00	2.41
GL	DWS Global Opportunities Fund S	SGSCX	B	(800) 621-1048	B+ / 8.8	3.01	8.66	24.77 /82	22.68 /90	20.33 /92	0.33	1.34
GL	DWS Global Thematic Fund A	SGQAX	B	(800) 621-1048	A / 9.3	7.17	11.32	30.09 /92	26.98 /95	18.47 /89	0.23	1.70
GL	DWS Global Thematic Fund B	SGQBX	B	(800) 621-1048	A / 9.3	6.93	10.86	28.99 /91	25.92 /94	17.50 /86	0.00	2.47
GL	DWS Global Thematic Fund C	SGQCX	B	(800) 621-1048	A / 9.3	7.00	10.96	29.18 /91	26.05 /94	17.58 /87	0.00	2.49
GL	DWS Global Thematic Fund R	SGQRX	B+	(800) 621-1048	A / 9.4	7.14	11.35	29.90 /92	26.70 /94	--	0.04	2.00
GL	DWS Global Thematic Fund S	SCOBX	B+	(800) 621-1048	A / 9.4	7.25	11.39	30.39 /93	27.41 /95	18.82 /89	0.51	1.28
PM	DWS Gold & Prec Metals Fund A	SGDAX	D-	(800) 621-1048	B- / 7.1	0.82	1.65	9.22 / 6	21.08 /87	25.37 /96	0.99	1.52
PM	DWS Gold & Prec Metals Fund B	SGDBX	D-	(800) 621-1048	B- / 7.3	0.63	1.22	8.36 / 5	20.15 /85	24.40 /96	0.27	2.29
PM	DWS Gold & Prec Metals Fund C	SGDCX	D-	(800) 621-1048	B- / 7.4	0.63	1.27	8.43 / 5	20.19 /85	24.44 /96	0.31	2.25
PM	DWS Gold & Prec Metals Fund S	SCGDX	D-	(800) 621-1048	B / 7.9	0.86	1.74	9.48 / 7	21.39 /88	25.64 /96	1.30	1.25
GI	DWS Growth & Income A	SUWAX	D-	(800) 621-1048	D- / 1.3	4.07	2.70	16.56 /35	9.27 /23	8.25 /16	0.75	1.01
GI	DWS Growth & Income B	SUWBX	D-	(800) 621-1048	D- / 1.5	3.86	2.21	15.47 /29	8.23 /16	7.31 /10	0.11	1.85
GI	DWS Growth & Income C	SUWCX	D-	(800) 621-1048	D / 1.6	3.85	2.26	15.64 /30	8.39 /17	7.39 /11	0.16	1.78
GI	DWS Growth & Income Inst	SUWIX	D	(800) 621-1048	D+ / 2.4	4.21	2.96	17.10 /39	9.75 /26	--	1.20	0.51
* GI	DWS Growth & Income S	SCDGX	D-	(800) 621-1048	D / 2.0	4.18	2.86	16.98 /38	9.67 /25	8.62 /20	1.13	0.66
GI	DWS Growth Alloc Fd A	SUPAX	C-	(800) 621-1048	D / 1.7	4.17	5.35	16.02 /32	10.61 /33	9.41 /27	2.55	1.35
GI	DWS Growth Alloc Fd B	SUPBX	C-	(800) 621-1048	D / 2.1	3.93	5.04	15.18 /27	9.79 /26	8.61 /20	1.96	2.14
GI	DWS Growth Alloc Fd C	SUPCX	C-	(800) 621-1048	D / 2.1	3.99	5.04	15.25 /27	9.82 /26	8.59 /19	1.96	2.14
GI	DWS Growth Alloc Fd S	SPGRX	C	(800) 621-1048	D+ / 2.8	4.23	5.55	16.30 /34	10.90 /35	9.67 /29	2.95	1.07
HL	DWS Health Care Fund A	SUHAX	D-	(800) 621-1048	D- / 1.0	3.54	6.90	16.56 /35	8.36 /16	11.21 /46	0.00	1.56
HL	DWS Health Care Fund B	SUHBX	D-	(800) 621-1048	D- / 1.2	3.33	6.47	15.65 /30	7.44 /11	10.29 /36	0.00	2.36
HL	DWS Health Care Fund C	SUHCX	D-	(800) 621-1048	D- / 1.1	3.32	6.50	15.65 /30	7.51 /12	10.33 /36	0.00	2.30
HL	DWS Health Care Fund Inst	SUHIX	D	(800) 621-1048	D / 1.9	3.68	7.17	17.16 /39	8.77 /19	11.64 /50	0.00	1.12
HL	● DWS Health Care Fund S	SCHLX	D-	(800) 621-1048	D / 1.8	3.64	7.04	16.84 /37	8.60 /18	11.47 /48	0.00	1.33
FO	DWS International Fd A	SUIAX	B+	(800) 621-1048	B+ / 8.6	6.18	10.12	26.47 /86	22.30 /90	14.97 /76	2.31	1.35
FO	DWS International Fd B	SUIBX	B+	(800) 621-1048	B+ / 8.7	5.97	9.60	25.29 /84	21.06 /87	13.91 /69	1.46	2.32
FO	DWS International Fd C	SUICX	B+	(800) 621-1048	B+ / 8.7	5.97	9.72	25.53 /84	21.28 /87	14.04 /70	1.69	2.17
FO	DWS International Fd Inst	SUIIX	B+	(800) 621-1048	A- / 9.0	6.29	10.33	27.01 /88	22.81 /91	15.53 /79	2.77	0.84
FO	● DWS International Fd S	SCINX	B+	(800) 621-1048	A- / 9.0	6.24	10.27	26.85 /87	22.70 /91	15.35 /78	2.72	1.00
FO	DWS Internatl Eqty A	DBAIX	B+	(800) 621-1048	B+ / 8.6	5.95	9.70	26.05 /85	22.31 /90	15.11 /77	2.19	2.02
FO	DWS Internatl Eqty B	DBBIX	B+	(800) 621-1048	B+ / 8.7	5.78	9.30	25.05 /83	21.39 /88	14.22 /71	1.62	2.76
FO	DWS Internatl Eqty C	DBCIX	B+	(800) 621-1048	B+ / 8.6	5.77	9.09	25.06 /83	21.35 /88	14.23 /71	1.60	2.76
FO	DWS Internatl Eqty S	BTEQX	B+	(800) 621-1048	B+ / 8.9	5.98	9.72	26.03 /85	22.29 /90	15.07 /77	2.32	1.77
FO	DWS Internatl Sel Eqty A	DBISX	C+	(800) 621-1048	B+ / 8.5	5.90	10.64	26.00 /85	21.59 /88	15.57 /79	2.82	1.50
FO	DWS Internatl Sel Eqty B	DBIBX	C+	(800) 621-1048	B+ / 8.6	5.81	10.20	25.08 /83	20.70 /86	14.70 /74	2.24	2.38
FO	DWS Internatl Sel Eqty C	DBICX	C+	(800) 621-1048	B+ / 8.5	5.72	10.20	25.13 /83	20.68 /86	14.69 /74	2.18	2.22
FO	DWS Internatl Sel Eqty Inst	MGINX	C-	(800) 621-1048	B+ / 8.9	6.03	10.79	26.56 /87	21.92 /89	15.87 /80	3.23	1.07
FO	DWS Internatl Sel Eqty R	DBITX	C-	(800) 621-1048	B+ / 8.7	5.97	10.55	25.73 /85	21.30 /87	--	2.72	1.84
FO	DWS Internatl Sel Eqty S	DBIVX	U	(800) 621-1048	U /	6.03	10.89	26.47 /87	--	--	3.15	1.24
FO	DWS Japan Equity A	FJEAX	E	(800) 621-1048	D / 1.8	0.59	2.33	5.43 / 2	13.52 /58	12.81 /60	0.00	1.54
FO	DWS Japan Equity B	FJEBX	E	(800) 621-1048	D / 2.2	0.40	1.89	4.57 / 1	12.64 /51	11.97 /53	0.00	2.31
FO	DWS Japan Equity C	FJECX	E	(800) 621-1048	D / 2.2	0.40	1.95	4.64 / 1	12.67 /51	12.00 /54	0.00	2.24
FO	● DWS Japan Equity S	FJESX	E+	(800) 621-1048	C- / 3.0	0.65	2.39	5.67 / 2	13.78 /60	--	0.00	1.31
GR	DWS Large Cap Value Fund A	KDCAX	D	(800) 621-1048	D+ / 2.4	5.83	6.62	18.60 /49	10.28 /30	9.38 /27	1.46	1.00
GR	DWS Large Cap Value Fund B	KDCBX	D+	(800) 621-1048	D+ / 2.8	5.59	6.19	17.58 /42	9.36 /23	8.49 /18	0.62	1.88
GR	DWS Large Cap Value Fund C	KDCCX	D+	(800) 621-1048	D+ / 2.8	5.63	6.22	17.75 /43	9.47 /24	8.57 /19	0.75	1.80
GR	DWS Large Cap Value Fund Inst	KDCIX	C-	(800) 621-1048	C- / 3.9	5.92	6.87	19.10 /53	10.71 /33	9.81 /31	1.78	0.57
GR	DWS Large Cap Value Fund S	KDCSX	U	(800) 621-1048	U /	5.91	6.84	18.99 /52	--	--	1.72	0.73

● Denotes fund is closed to new investors
* Denotes fund is included in Section II

www.thestreet.com/ratings

Summer 2007

I. Index of Stock Mutual Funds

RISK			NET ASSETS		ASSET				Portfolio Turnover Ratio	BULL / BEAR		FUND MANAGER		MINIMUMS		LOADS	
	3 Year		NAV							Last Bull	Last Bear	Manager	Manager	Initial	Additional	Front	Back
Risk	Standard		As of	Total	Cash	Stocks	Bonds	Other		Market	Market	Quality	Tenure	Purch.	Purch.	End	End
Rating/Pts	Deviation	Beta	6/30/07	$(Mil)	%	%	%	%		Return	Return	Pct	(Years)	$	$	Load	Load
C+ / 6.6	10.8	1.10	41.20	425	0	99	0	1	203.0	180.8	-12.0	49	13	2,500	50	0.0	2.0
C / 5.5	12.5	1.23	45.05	273	3	96	0	1	29.0	205.9	-6.7	14	9	1,000	50	5.8	2.0
C / 5.4	12.5	1.23	41.40	34	3	96	0	1	29.0	196.1	-7.0	10	9	1,000	50	0.0	2.0
C / 5.4	12.5	1.23	41.61	41	3	96	0	1	29.0	196.3	-7.0	10	9	1,000	50	1.0	2.0
C / 5.5	12.5	1.23	46.19	524	3	96	0	1	29.0	209.8	-6.7	15	16	2,500	50	0.0	2.0
C / 5.4	10.5	1.08	37.07	513	4	96	0	0	143.0	180.8	-5.3	79	N/A	1,000	50	5.8	2.0
C / 5.3	10.6	1.08	36.25	38	4	96	0	0	143.0	171.2	-5.4	69	N/A	1,000	50	0.0	2.0
C / 5.3	10.6	1.08	36.36	202	4	96	0	0	143.0	172.0	-5.4	70	N/A	1,000	50	1.0	2.0
C / 5.4	10.5	1.08	37.08	5	4	96	0	0	143.0	N/A	N/A	76	N/A	0	0	0.0	2.0
C / 5.3	10.5	1.08	36.97	1,493	4	96	0	0	143.0	184.7	-5.2	82	N/A	2,500	50	0.0	2.0
E+ / 0.6	27.0	1.32	21.00	191	0	98	0	2	69.0	187.9	20.4	32	6	1,000	50	5.8	2.0
E+ / 0.6	27.0	1.32	20.76	48	0	98	0	2	69.0	178.8	20.0	25	6	1,000	50	0.0	2.0
E+ / 0.6	27.0	1.32	20.73	102	0	98	0	2	69.0	179.0	20.2	26	6	1,000	50	0.0	2.0
E+ / 0.6	27.0	1.32	21.02	317	0	98	0	2	69.0	190.8	20.3	35	6	2,500	50	0.0	2.0
C+ / 6.6	7.7	1.02	22.57	77	1	98	0	1	101.0	80.1	-9.8	26	N/A	1,000	50	5.8	0.0
C+ / 6.5	7.7	1.02	22.05	11	1	98	0	1	101.0	73.4	-9.9	19	N/A	1,000	50	0.0	0.0
C+ / 6.5	7.7	1.02	22.13	8	1	98	0	1	101.0	74.2	-10.0	20	N/A	1,000	50	0.0	0.0
C+ / 6.6	7.7	1.02	22.75	34	1	98	0	1	101.0	83.7	-9.7	29	N/A	1,000,000	0	0.0	0.0
C+ / 6.6	7.7	1.02	22.72	4,247	1	98	0	1	101.0	82.7	-9.7	29	N/A	2,500	50	0.0	2.0
B / 8.8	5.9	0.78	15.75	102	8	62	30	0	59.0	83.4	-8.1	63	N/A	1,000	50	5.8	2.0
B / 8.8	5.8	0.78	15.62	30	8	62	30	0	59.0	77.7	-8.3	53	N/A	1,000	50	0.0	2.0
B / 8.8	5.9	0.78	15.63	41	8	62	30	0	59.0	77.7	-8.3	53	N/A	1,000	50	0.0	2.0
B / 8.8	5.9	0.78	15.78	162	8	62	30	0	59.0	85.4	-8.1	66	N/A	2,500	50	0.0	2.0
C+ / 6.8	9.6	0.92	26.32	37	1	98	0	1	23.0	83.7	-3.6	25	N/A	1,000	50	5.8	2.0
C+ / 6.8	9.6	0.92	24.85	11	1	98	0	1	23.0	77.2	-3.8	19	N/A	1,000	50	0.0	2.0
C+ / 6.8	9.6	0.92	24.92	9	1	98	0	1	23.0	77.6	-3.8	20	N/A	1,000	50	1.0	2.0
C+ / 6.9	9.6	0.92	27.07	6	1	98	0	1	23.0	86.4	-3.5	28	N/A	1,000,000	0	0.0	2.0
C+ / 6.8	9.6	0.92	26.76	159	1	98	0	1	23.0	85.3	-3.5	27	N/A	2,500	50	0.0	2.0
C+ / 6.3	10.9	1.15	67.70	303	2	97	0	1	76.0	160.6	-10.3	22	2	1,000	50	5.8	2.0
C+ / 6.2	10.9	1.14	66.90	30	2	97	0	1	76.0	150.1	-10.5	16	2	0	0	0.0	2.0
C+ / 6.2	10.9	1.14	66.91	32	2	97	0	1	76.0	151.6	-10.5	17	2	2,500	50	0.0	2.0
C+ / 6.3	10.9	1.14	67.80	25	2	97	0	1	76.0	165.9	-10.2	25	2	1,000	50	0.0	2.0
C+ / 6.3	10.9	1.14	68.06	1,689	2	97	0	1	76.0	164.3	-10.3	25	2	1,000	50	0.0	2.0
C+ / 6.3	11.0	1.17	17.99	11	1	98	0	1	96.0	161.9	-9.4	20	N/A	1,000	50	5.8	2.0
C+ / 6.2	11.0	1.16	17.74	1	1	98	0	1	96.0	153.4	-10.4	15	N/A	2,500	50	0.0	2.0
C+ / 6.2	11.1	1.17	17.41	2	1	98	0	1	96.0	153.4	-10.5	15	N/A	1,000	50	1.0	2.0
C+ / 6.3	11.0	1.17	35.09	234	1	98	0	1	96.0	161.5	-10.3	20	N/A	1,000	50	0.0	2.0
C / 4.8	11.0	1.14	13.10	91	0	99	0	1	140.0	168.8	-12.6	19	N/A	1,000	50	5.8	2.0
C / 4.8	11.0	1.14	12.75	11	0	99	0	1	140.0	160.5	-12.8	15	N/A	1,000,000	0	0.0	2.0
C / 4.8	11.0	1.14	12.75	16	0	99	0	1	140.0	160.4	-12.8	14	N/A	2,500	50	1.0	2.0
D / 1.6	11.0	1.14	12.84	81	0	99	0	1	140.0	171.7	-12.6	20	N/A	1,000	50	0.0	2.0
D / 1.6	11.0	1.14	12.78	1	0	99	0	1	140.0	N/A	N/A	17	N/A	1,000	50	0.0	2.0
U /	N/A	N/A	12.83	47	0	99	0	1	140.0	N/A	N/A	N/A	N/A	1,000	50	0.0	2.0
C- / 3.5	14.6	1.06	15.35	67	2	97	0	1	105.0	118.7	-5.7	3	N/A	2,500	50	5.8	2.0
C- / 3.4	14.6	1.06	15.12	13	2	97	0	1	105.0	111.7	-5.8	2	N/A	1,000	50	0.0	2.0
C- / 3.4	14.6	1.06	15.13	53	2	97	0	1	105.0	111.8	-5.8	2	N/A	1,000	50	0.0	2.0
C- / 3.5	14.6	1.06	15.42	92	2	97	0	1	105.0	120.9	-5.6	3	N/A	1,000	50	0.0	2.0
C+ / 6.9	6.7	0.86	23.73	330	0	100	0	0	76.0	90.6	-8.8	50	10	1,000,000	0	5.8	0.0
C+ / 6.9	6.7	0.86	23.78	33	0	100	0	0	76.0	84.1	-9.0	38	10	2,500	50	0.0	0.0
C+ / 6.9	6.7	0.86	23.77	33	0	100	0	0	76.0	84.7	-9.0	39	10	1,000	50	0.0	0.0
C+ / 6.9	6.7	0.87	23.76	58	0	100	0	0	76.0	93.8	-8.6	56	7	1,000,000	0	0.0	0.0
U /	N/A	N/A	23.73	1,404	0	100	0	0	76.0	N/A	N/A	N/A	3	2,500	50	0.0	0.0

www.thestreet.com/ratings

Data as of June 30, 2007

I. Index of Stock Mutual Funds

Summer 2007

99 Pct = Best
0 Pct = Worst

Fund Type	Fund Name	Ticker Symbol	Overall Investment Rating	Phone	Performance Rating/Pts	3 Mo	6 Mo	1Yr / Pct	3Yr / Pct	5Yr / Pct	Dividend Yield	Expense Ratio
								Total Return % through 6/30/07	Annualized		Incl. in Returns	
GR	DWS Large Company Growth A	SGGAX	D	(800) 621-1048	D- / 1.3	6.14	6.85	16.21 /33	8.16 /15	7.51 /11	0.00	1.28
GR	DWS Large Company Growth B	SGGBX	D+	(800) 621-1048	D / 1.6	6.04	6.49	15.34 /28	7.34 /11	6.69 / 7	0.00	2.17
GR	DWS Large Company Growth C	SGGCX	D+	(800) 621-1048	D / 1.6	5.99	6.49	15.32 /28	7.35 /11	6.69 / 7	0.00	2.15
GR	DWS Large Company Growth Inst	SGGIX	C-	(800) 621-1048	D+ / 2.4	6.29	7.11	16.69 /36	8.61 /18	7.98 /15	0.00	0.80
GR	● DWS Large Company Growth S	SCQGX	C-	(800) 621-1048	D+ / 2.3	6.22	6.96	16.53 /35	8.41 /17	7.77 /13	0.00	1.02
FO	DWS Latin America Eq Fund A	SLANX	C+	(800) 621-1048	A+ / 9.9	18.85	24.05	56.55 /99	54.57 /99	38.40 /99	0.33	1.81
FO	DWS Latin America Eq Fund B	SLAOX	C+	(800) 621-1048	A+ / 9.9	18.65	23.52	55.20 /99	53.25 /99	37.25 /99	0.00	2.88
FO	DWS Latin America Eq Fund C	SLAPX	C+	(800) 621-1048	A+ / 9.9	18.64	23.57	55.28 /99	53.45 /99	37.32 /99	0.00	2.70
FO	● DWS Latin America Eq Fund S	SLAFX	C+	(800) 621-1048	A+ / 9.9	18.93	24.18	57.01 /99	54.95 /99	38.73 /99	0.58	1.52
AA	DWS Lifecycle Long Range Inst	BTAMX	D	(800) 621-1048	D / 2.2	3.53	4.84	14.94 /26	9.61 /25	8.88 /22	2.96	0.88
AA	DWS Lifecycle Long Range Inv	BTILX	D-	(800) 621-1048	D / 2.0	3.40	4.69	14.86 /25	9.26 /23	8.46 /18	2.65	0.91
SC	DWS Micro Cap Fd A	SMFAX	D-	(800) 621-1048	B- / 7.2	14.01	15.85	22.29 /74	14.08 /63	12.12 /55	0.00	2.22
SC	DWS Micro Cap Fd B	SMFBX	D-	(800) 621-1048	B- / 7.5	13.81	15.41	21.46 /70	13.22 /56	11.29 /46	0.00	3.08
SC	DWS Micro Cap Fd C	SMFCX	D-	(800) 621-1048	B- / 7.5	13.81	15.41	21.41 /69	13.17 /56	11.29 /46	0.00	2.98
SC	DWS Micro Cap Fd Inst	MGMCX	D	(800) 621-1048	B / 8.0	14.15	16.00	22.69 /76	14.38 /65	12.39 /57	0.00	1.72
MC	DWS Mid Cap Growth A	SMCAX	C	(800) 621-1048	C+ / 6.6	6.76	11.95	22.58 /75	15.02 /69	10.71 /41	0.00	1.30
MC	DWS Mid Cap Growth B	SMCBX	C	(800) 621-1048	B- / 7.0	6.60	11.52	21.69 /71	14.15 /63	9.88 /31	0.00	2.21
MC	DWS Mid Cap Growth C	SMCCX	C	(800) 621-1048	C+ / 6.8	6.60	11.58	21.69 /71	14.15 /63	9.88 /32	0.00	2.11
MC	DWS Mid Cap Growth Inst	BTEAX	C+	(800) 621-1048	B / 7.6	6.87	12.10	22.95 /77	15.30 /70	10.99 /43	0.00	1.00
MC	DWS Mid Cap Growth S	SMCSX	U	(800) 621-1048	U /	6.90	12.21	22.98 /77	--	--	0.00	0.97
AA	DWS Moderate Alloc Fd A	SPDAX	D+	(800) 621-1048	D- / 1.2	3.35	4.70	13.93 /20	9.24 /22	8.32 /17	4.88	1.32
AA	DWS Moderate Alloc Fd B	SPDBX	C-	(800) 621-1048	D- / 1.4	3.07	4.22	13.05 /16	8.39 /17	7.49 /11	4.42	2.08
AA	DWS Moderate Alloc Fd C	SPDCX	C-	(800) 621-1048	D- / 1.5	3.08	4.23	13.08 /17	8.45 /17	7.53 /11	4.45	2.04
AA	● DWS Moderate Alloc Fd S	SPBAX	C	(800) 621-1048	D / 2.1	3.42	4.75	14.23 /22	9.49 /24	8.57 /19	5.43	1.04
RE	DWS RREEF Glb Real Est Sec A	RRGAX	U	(800) 621-1048	U /	-5.13	0.25	--	--	--	0.00	1.91
RE	DWS RREEF Glb Real Est Sec C	RRGCX	U	(800) 621-1048	U /	-5.40	-0.23	--	--	--	0.00	2.65
RE	DWS RREEF Glb Real Est Sec Inst	RRGIX	U	(800) 621-1048	U /	-5.13	0.33	--	--	--	0.00	1.36
RE	DWS RREEF Glb Real Est Sec S	RRGTX	U	(800) 621-1048	U /	-5.13	0.27	--	--	--	0.00	1.41
RE	● DWS RREEF Real Est Sec A	RRRAX	C	(800) 621-1048	B- / 7.3	-8.88	-5.84	14.10 /21	21.84 /89	20.34 /92	1.03	0.82
RE	● DWS RREEF Real Est Sec B	RRRBX	C	(800) 621-1048	B- / 7.5	-9.03	-6.21	13.13 /17	20.78 /86	19.23 /90	0.45	1.72
RE	● DWS RREEF Real Est Sec C	RRRCX	C	(800) 621-1048	B- / 7.5	-9.02	-6.17	13.25 /17	20.89 /86	19.36 /91	0.50	1.62
RE	● DWS RREEF Real Est Sec Inst	RRRRX	C	(800) 621-1048	B / 8.0	-8.78	-5.67	14.48 /23	22.21 /90	20.38 /92	1.29	0.54
RE	● DWS RREEF Real Est Sec R	RRRSX	C	(800) 621-1048	B / 7.8	-8.88	-5.89	13.91 /20	21.49 /88	--	0.90	1.03
IX	DWS S&P 500 Index Fund A	SXPAX	U	(800) 621-1048	U /	6.12	6.67	19.79 /58	--	--	1.18	0.74
IX	● DWS S&P 500 Index Fund S	SCPIX	C+	(800) 621-1048	C / 4.5	6.18	6.86	20.27 /62	11.27 /38	10.29 /36	1.48	0.45
SC	DWS Small Cap Core A	SZCAX	E-	(800) 621-1048	D- / 1.3	3.12	3.97	12.92 /16	10.84 /34	12.17 /55	0.00	1.60
SC	DWS Small Cap Core B	SZCBX	E-	(800) 621-1048	D / 1.6	2.96	3.58	12.09 /14	9.96 /28	11.27 /46	0.00	2.54
SC	DWS Small Cap Core C	SZCCX	E-	(800) 621-1048	D- / 1.5	2.90	3.57	12.10 /14	10.04 /28	11.33 /47	0.00	2.41
SC	● DWS Small Cap Core S	SSLCX	E	(800) 621-1048	D+ / 2.4	3.21	4.14	13.34 /18	11.23 /38	12.50 /58	0.00	1.20
SC	DWS Small Cap Growth Fund A	SSDAX	E	(800) 621-1048	D+ / 2.3	7.05	10.77	12.41 /14	10.32 /30	7.97 /15	0.00	1.36
SC	DWS Small Cap Growth Fund B	SSDBX	E	(800) 621-1048	D+ / 2.7	6.83	10.31	11.53 /12	9.47 /24	7.16 / 9	0.00	2.31
SC	DWS Small Cap Growth Fund C	SSDCX	E	(800) 621-1048	D+ / 2.5	6.78	10.31	11.53 /12	9.47 /24	7.16 / 9	0.00	2.21
SC	DWS Small Cap Growth Fund S	SSDSX	U	(800) 621-1048	U /	7.04	10.83	12.64 /15	--	--	0.00	1.05
SC	DWS Small Cap Value A	SAAUX	E-	(800) 621-1048	D / 1.9	2.63	2.13	11.81 /13	12.02 /45	11.90 /52	0.08	1.36
SC	DWS Small Cap Value B	SABUX	E-	(800) 621-1048	D+ / 2.3	2.38	1.69	10.84 /10	11.06 /36	10.95 /43	0.00	2.18
SC	DWS Small Cap Value C	SACUX	E-	(800) 621-1048	D / 2.2	2.41	1.72	10.97 /10	11.16 /37	11.03 /44	0.00	2.17
SC	● DWS Small Cap Value S	SCSUX	E	(800) 621-1048	C- / 3.2	2.71	2.26	12.13 /14	12.36 /49	12.22 /55	0.41	1.02
BA	● DWS Target 2008 Fd A	KRFGX	D-	(800) 621-1048	E- / 0.1	1.46	2.06	6.79 / 3	3.41 / 1	4.34 / 1	3.72	1.32
AA	● DWS Target 2010	KRFAX	E+	(800) 621-1048	E- / 0.1	0.80	1.61	7.72 / 4	4.26 / 2	5.09 / 2	2.23	1.11
AA	● DWS Target 2011	KRFBX	D-	(800) 621-1048	E- / 0.1	0.77	1.66	8.39 / 5	4.77 / 3	5.47 / 3	3.11	1.02
AA	● DWS Target 2012	KRFCX	D-	(800) 621-1048	E- / 0.2	0.79	1.59	9.06 / 6	5.10 / 4	5.64 / 3	3.07	1.09
AA	● DWS Target 2013 Fund	KRFDX	D	(800) 621-1048	E- / 0.1	0.44	1.21	8.86 / 6	5.17 / 4	4.13 / 1	2.93	1.18

● Denotes fund is closed to new investors
* Denotes fund is included in Section II

www.thestreet.com/ratings

I. Index of Stock Mutual Funds

Summer 2007

RISK			NET ASSETS		ASSET					BULL / BEAR		FUND MANAGER		MINIMUMS		LOADS	
	3 Year		NAV						Portfolio	Last Bull	Last Bear	Manager	Manager	Initial	Additional	Front	Back
Risk	Standard		As of	Total	Cash	Stocks	Bonds	Other	Turnover	Market	Market	Quality	Tenure	Purch.	Purch.	End	End
Rating/Pts	Deviation	Beta	6/30/07	$(Mil)	%	%	%	%	Ratio	Return	Return	Pct	(Years)	$	$	Load	Load
B / 8.2	7.9	1.02	28.53	21	0	98	0	2	21.0	65.1	-8.9	19	5	1,000	50	5.8	0.0
B / 8.1	7.9	1.02	27.22	3	0	98	0	2	21.0	59.8	-9.1	14	5	1,000	50	0.0	0.0
B / 8.1	7.9	1.03	27.25	3	0	98	0	2	21.0	59.8	-9.1	14	5	1,000	50	0.0	0.0
B / 8.2	7.9	1.03	29.22	18	0	98	0	2	21.0	68.1	-8.9	21	5	1,000,000	0	0.0	0.0
B / 8.2	7.9	1.02	29.05	265	0	98	0	2	21.0	66.9	-8.9	20	5	2,500	50	0.0	0.0
C- / 3.3	22.0	1.76	71.22	91	0	99	0	1	70.0	477.7	-3.2	99	6	1,000	50	5.8	2.0
C- / 3.3	22.0	1.76	70.20	11	0	99	0	1	70.0	457.6	-3.5	98	6	1,000	50	0.0	2.0
C- / 3.3	22.0	1.76	70.18	23	0	99	0	1	70.0	458.9	-3.4	98	6	1,000	50	0.0	2.0
C- / 3.3	22.0	1.76	71.42	940	0	99	0	1	70.0	483.5	-3.1	99	11	2,500	50	0.0	2.0
C+ / 6.7	4.6	1.04	11.39	799	0	56	42	2	175.0	65.3	-4.6	64	N/A	1,000,000	0	0.0	0.0
C+ / 6.6	4.6	1.03	10.93	5	0	56	42	2	175.0	62.7	-4.7	60	N/A	1,000	50	0.0	0.0
D- / 1.3	15.7	0.97	20.81	26	2	98	0	0	100.0	121.3	-9.6	65	5	1,000	50	5.8	0.0
D- / 1.1	15.7	0.97	19.75	4	2	98	0	0	100.0	114.4	-9.8	55	5	1,000	50	0.0	0.0
D- / 1.1	15.7	0.97	19.75	9	2	98	0	0	100.0	114.4	-9.8	54	5	1,000	50	0.0	0.0
D- / 1.5	15.7	0.97	21.51	14	2	98	0	0	100.0	123.6	-9.5	69	11	1,000,000	0	0.0	0.0
C / 5.0	13.5	1.21	19.11	581	0	100	0	0	53.0	107.7	-8.2	26	N/A	1,000	50	5.8	0.0
C / 5.0	13.5	1.21	18.40	36	0	100	0	0	53.0	101.2	-8.4	20	N/A	1,000	50	0.0	0.0
C / 5.0	13.4	1.21	18.40	29	0	100	0	0	53.0	101.1	-8.4	21	N/A	1,000	50	1.0	0.0
C / 5.0	13.5	1.21	19.45	393	0	100	0	0	53.0	109.9	-8.1	28	N/A	1,000,000	0	0.0	0.0
U /	N/A	N/A	19.21	266	0	100	0	0	53.0	N/A	N/A	N/A	N/A	2,500	50	0.0	0.0
B / 8.9	4.6	1.04	12.65	127	5	62	32	1	52.0	63.3	-5.0	59	N/A	1,000	50	5.8	0.0
B+ / 9.2	4.7	1.04	12.66	24	5	62	32	1	52.0	58.2	-5.2	47	N/A	1,000	50	0.0	0.0
B+ / 9.3	4.7	1.04	12.66	37	5	62	32	1	52.0	58.4	-5.2	48	N/A	1,000	50	0.0	0.0
B+ / 9.3	4.6	1.04	12.63	143	5	62	32	1	52.0	65.1	-5.0	63	N/A	2,500	50	0.0	0.0
U /	N/A	N/A	11.84	427	2	97	0	1	N/A	N/A	N/A	N/A	N/A	1,000	50	5.8	0.0
U /	N/A	N/A	11.91	93	2	97	0	1	N/A	N/A	N/A	N/A	N/A	1,000	50	0.0	0.0
U /	N/A	N/A	11.83	63	2	97	0	1	N/A	N/A	N/A	N/A	N/A	1,000,000	0	0.0	0.0
U /	N/A	N/A	11.84	86	2	97	0	1	N/A	N/A	N/A	N/A	N/A	2,500	50	0.0	0.0
C- / 4.1	15.3	1.04	24.87	713	0	100	0	0	60.0	193.8	0.5	78	N/A	1,000	50	5.8	0.0
C- / 4.1	15.3	1.04	24.83	29	0	100	0	0	60.0	182.6	0.3	68	N/A	1,000	50	0.0	0.0
C- / 4.1	15.3	1.04	24.90	92	0	100	0	0	60.0	183.8	0.4	69	N/A	1,000	50	0.0	0.0
C- / 4.1	15.3	1.04	24.88	655	0	100	0	0	60.0	196.9	0.6	81	N/A	1,000,000	0	0.0	0.0
C- / 4.1	15.3	1.04	24.90	22	0	100	0	0	60.0	N/A	N/A	75	N/A	0	0	0.0	0.0
U /	N/A	N/A	19.91	114	2	98	0	0	5.0	N/A	N/A	N/A	N/A	1,000	50	4.5	0.0
B / 8.6	7.3	1.00	19.95	639	2	98	0	0	5.0	93.2	-9.8	48	N/A	2,500	50	0.0	0.0
C- / 3.5	13.3	0.98	23.83	12	2	96	0	2	205.0	128.0	-10.3	27	N/A	1,000	50	5.8	2.0
C- / 3.0	13.4	0.98	22.29	3	2	96	0	2	205.0	120.2	-10.4	21	N/A	1,000	50	0.0	2.0
C- / 3.1	13.4	0.98	22.36	2	2	96	0	2	205.0	120.8	-10.4	22	N/A	1,000	50	1.0	2.0
C- / 3.6	13.4	0.98	24.40	137	2	96	0	2	205.0	130.8	-10.2	30	N/A	2,500	50	0.0	2.0
C- / 3.8	14.8	1.00	26.12	62	3	96	0	1	80.0	86.5	-15.1	23	N/A	1,000	50	5.8	0.0
C- / 3.7	14.8	1.00	25.04	5	3	96	0	1	80.0	80.6	-15.3	17	N/A	1,000	50	0.0	0.0
C- / 3.7	14.8	1.00	25.04	10	3	96	0	1	80.0	80.6	-15.3	18	N/A	1,000	50	1.0	0.0
U /	N/A	N/A	26.30	307	3	96	0	1	80.0	N/A	N/A	N/A	N/A	2,500	50	0.0	0.0
D+ / 2.8	11.7	0.84	25.37	17	4	96	0	0	117.0	132.3	-8.1	57	N/A	1,000	50	5.8	0.0
D+ / 2.4	11.7	0.84	24.07	3	4	96	0	0	117.0	123.9	-8.2	44	N/A	1,000	50	0.0	0.0
D+ / 2.4	11.7	0.84	24.18	8	4	96	0	0	117.0	124.7	-8.2	45	N/A	1,000	50	1.0	0.0
D+ / 2.7	11.6	0.84	25.35	284	4	96	0	0	117.0	135.0	-8.0	61	N/A	2,500	50	0.0	0.0
B- / 7.6	2.0	0.36	10.42	18	0	22	78	0	23.0	17.3	1.9	29	N/A	1,000	50	5.0	0.0
C+ / 6.6	2.9	0.42	8.86	44	0	26	72	2	27.0	20.9	2.4	34	N/A	1,000	50	5.0	0.0
B- / 7.6	3.1	0.46	10.44	72	0	28	70	2	29.0	23.7	2.5	38	N/A	1,000	50	5.0	0.0
B / 8.2	3.3	0.55	8.95	57	0	34	64	2	34.0	27.1	1.8	37	N/A	1,000	50	5.0	0.0
B / 8.8	3.6	0.53	9.23	40	0	32	66	2	36.0	27.5	-1.4	39	N/A	1,000	50	5.0	0.0

www.thestreet.com/ratings

Data as of June 30, 2007

I. Index of Stock Mutual Funds

Summer 2007

99 Pct = Best
0 Pct = Worst

Fund Type	Fund Name	Ticker Symbol	Overall Investment Rating	Phone	Performance Rating/Pts	3 Mo	6 Mo	1Yr / Pct	3Yr / Pct	5Yr / Pct	Dividend Yield	Expense Ratio
BA	DWS Target 2014 Fd A	KRFEX	E+	(800) 621-1048	E- / 0.1	-0.26	0.65	8.58 / 5	3.96 / 2	4.13 / 1	0.12	1.16
TC	DWS Technology Fd A	KTCAX	E-	(800) 621-1048	E+ / 0.8	8.95	8.30	20.80 / 66	4.61 / 3	8.86 / 21	0.00	1.15
TC	DWS Technology Fd B	KTCBX	E-	(800) 621-1048	E+ / 0.9	8.56	7.56	19.39 / 55	3.45 / 1	7.66 / 12	0.00	2.37
TC	DWS Technology Fd C	KTCCX	E-	(800) 621-1048	D- / 1.0	8.71	7.85	19.74 / 58	3.73 / 1	7.86 / 14	0.00	2.05
TC	DWS Technology Fd Inst	KTCIX	E	(800) 621-1048	D / 1.8	9.00	8.55	21.34 / 69	5.34 / 4	--	0.00	0.65
TC	DWS Technology Fd S	KTCSX	U	(800) 621-1048	U /	8.94	8.29	20.78 / 65	--	--	0.00	1.15
BA	DWS Value Builder Fund A	FLVBX	E	(800) 621-1048	E+ / 0.8	4.58	5.14	14.35 / 22	7.39 / 11	9.31 / 26	1.27	1.20
BA	DWS Value Builder Fund B	FVBBX	E	(800) 621-1048	D- / 1.0	4.32	4.68	13.37 / 18	6.55 / 7	8.47 / 18	0.63	1.95
BA	DWS Value Builder Fund C	FVBCX	E	(800) 621-1048	D- / 1.0	4.33	4.69	13.47 / 18	6.58 / 8	8.48 / 18	0.64	1.95
BA	DWS Value Builder Fund I	FLIVX	E+	(800) 621-1048	D / 1.6	4.80	5.41	14.86 / 25	7.73 / 13	9.62 / 29	1.57	0.95
FO	E*TRADE International Index Fund	ETINX	A	(800) 786-2575	B+ / 8.8	5.97	10.15	26.05 / 85	21.54 / 88	17.07 / 85	0.97	1.18
SC	E*TRADE Russell 2000 Index Fund	ETRUX	C-	(800) 786-2575	C / 4.5	4.38	6.38	16.17 / 33	13.08 / 55	13.14 / 63	1.00	0.72
IX	E*TRADE S & P 500 Index Fund	ETSPX	C+	(800) 786-2575	C / 4.5	6.24	6.94	20.53 / 64	11.56 / 41	10.50 / 39	1.72	0.50
TC	E*TRADE Technology Index Fund	ETTIX	D-	(800) 786-2575	C- / 3.3	10.36	10.17	25.54 / 84	7.06 / 9	10.80 / 41	0.00	1.03
GR	Eagle Growth Shares	EGRWX	E	(800) 749-9933	D- / 1.4	4.67	9.80	9.42 / 7	10.99 / 36	7.56 / 11	0.00	3.49
FO	● Eaton Vance Asian Small Co A	EVASX	C-	(800) 225-6265	A+ / 9.9	11.53	22.38	55.29 / 99	40.60 / 99	31.19 / 99	0.23	2.20
FO	● Eaton Vance Asian Small Co B	EBASX	C-	(800) 225-6265	A+ / 9.9	11.37	22.03	54.49 / 99	39.90 / 98	30.52 / 98	0.00	2.71
GR	Eaton Vance Atlanta Cap LrgCap A	EAALX	D	(800) 225-6265	D- / 1.4	7.70	6.94	16.18 / 33	8.04 / 15	6.63 / 7	0.09	1.42
GR	Eaton Vance Atlanta Cap LrgCap I	EILGX	D+	(800) 225-6265	D+ / 2.4	7.81	7.01	16.47 / 35	8.29 / 16	6.96 / 8	0.33	1.42
SC	Eaton Vance Atlanta Cap SMID Cap	EAASX	C	(800) 225-6265	C- / 3.9	4.88	8.73	16.45 / 35	13.15 / 55	11.48 / 49	0.00	1.87
SC	Eaton Vance Atlanta Cap SMID Cap I	EISMX	C+	(800) 225-6265	C / 5.5	4.96	8.89	16.73 / 36	13.44 / 58	11.85 / 52	0.00	1.87
BA	Eaton Vance Balanced A	EVIFX	C+	(800) 225-6265	C / 4.9	6.28	9.86	22.25 / 74	12.80 / 52	11.06 / 44	2.09	1.18
BA	Eaton Vance Balanced B	EMIFX	E	(800) 225-6265	C / 5.4	6.08	9.45	21.35 / 69	11.94 / 45	10.22 / 35	1.53	1.93
BA	Eaton Vance Balanced C	ECIFX	E	(800) 225-6265	C / 5.4	6.07	9.43	21.28 / 69	11.95 / 45	10.22 / 35	1.52	1.93
GL	Eaton Vance Diversified Income A	EADDX	U	(800) 225-6265	U /	0.79	2.92	7.57 / 3	--	--	6.20	1.09
GL	Eaton Vance Diversified Income B	EBDDX	U	(800) 225-6265	U /	0.60	2.44	6.67 / 3	--	--	5.77	1.84
GL	Eaton Vance Diversified Income C	ECDDX	U	(800) 225-6265	U /	0.60	2.44	6.67 / 3	--	--	5.77	1.84
IN	Eaton Vance Dividend Income A	EDIAX	U	(800) 225-6265	U /	5.66	7.39	22.14 / 73	--	--	5.77	2.62
IN	Eaton Vance Dividend Income C	EDICX	U	(800) 225-6265	U /	5.49	6.99	21.27 / 68	--	--	5.47	3.37
EM	Eaton Vance Emerging Mkts A	ETEMX	B	(800) 225-6265	A+ / 9.6	10.21	12.03	35.82 / 96	33.09 / 97	25.45 / 96	0.57	2.34
EM	Eaton Vance Emerging Mkts B	EMEMX	B	(800) 225-6265	A+ / 9.7	10.03	11.72	35.06 / 96	32.43 / 97	24.77 / 96	0.17	2.84
GL	Eaton Vance Eqty Resrch A	EAERX	C+	(800) 225-6265	C / 4.7	6.23	7.99	19.73 / 58	13.37 / 57	10.98 / 43	0.33	4.99
GL	Eaton Vance Global Growth Equity A	ETIAX	B-	(800) 225-6265	B / 7.9	11.02	14.60	31.51 / 94	15.34 / 70	12.87 / 61	0.00	2.55
GL	Eaton Vance Global Growth Equity B	EMIAX	B-	(800) 225-6265	B / 8.2	10.85	14.36	30.84 / 93	14.75 / 67	12.25 / 56	0.00	3.05
GL	Eaton Vance Global Growth Equity C	ECIAX	B-	(800) 225-6265	B / 8.2	10.90	14.35	30.89 / 93	14.77 / 67	12.24 / 56	0.00	3.05
FO	Eaton Vance Greater China A	EVCGX	B+	(800) 225-6265	A+ / 9.9	21.88	29.40	66.49 / 99	36.88 / 98	26.27 / 97	0.09	2.39
FO	Eaton Vance Greater China B	EMCGX	B+	(800) 225-6265	A+ / 9.9	21.66	29.00	65.58 / 99	36.23 / 98	25.61 / 96	0.00	2.89
FO	Eaton Vance Greater China C	ECCGX	B+	(800) 225-6265	A+ / 9.9	21.65	29.01	65.58 / 99	36.18 / 98	25.57 / 96	0.00	2.89
FO	Eaton Vance Greater India A	ETGIX	C	(800) 225-6265	A+ / 9.9	21.80	14.66	47.01 / 98	48.40 / 99	40.96 / 99	0.00	2.19
FO	Eaton Vance Greater India B	EMGIX	C	(800) 225-6265	A+ / 9.9	21.65	14.41	46.28 / 98	47.68 / 99	40.50 / 99	0.00	2.69
FO	Eaton Vance Greater India C	ECGIX	U	(800) 225-6265	U /	21.67	14.38	--	--	--	0.00	2.68
GR	Eaton Vance Large Cap Gr A	EALCX	C-	(800) 225-6265	D+ / 2.5	6.77	6.63	18.54 / 49	10.36 / 31	--	0.00	1.52
GR	Eaton Vance Large Cap Gr B	EBLCX	C-	(800) 225-6265	C- / 3.0	6.62	6.26	17.72 / 43	9.52 / 24	--	0.00	2.27
GR	Eaton Vance Large Cap Gr C	ECLCX	C-	(800) 225-6265	C- / 3.0	6.62	6.26	17.72 / 43	9.52 / 24	--	0.00	2.27
GI	Eaton Vance Large Cap Value A	EHSTX	A-	(800) 225-6265	B- / 7.0	5.66	8.29	21.50 / 70	17.05 / 78	12.85 / 61	1.12	1.01
GI	Eaton Vance Large Cap Value B	EMSTX	B-	(800) 225-6265	B- / 7.3	5.51	7.89	20.61 / 64	16.19 / 75	12.01 / 54	0.50	1.76
GI	Eaton Vance Large Cap Value C	ECSTX	A	(800) 225-6265	B- / 7.3	5.46	7.89	20.61 / 64	16.20 / 75	12.01 / 54	0.50	1.76
GI	Eaton Vance Large Cap Value I	EILVX	A+	(800) 225-6265	B / 7.8	5.72	8.43	21.81 / 71	17.19 / 78	12.94 / 61	1.42	0.77
GI	Eaton Vance Large Cap Value R	ERSTX	A+	(800) 225-6265	B / 7.6	5.64	8.16	21.21 / 68	16.79 / 77	12.67 / 59	0.96	1.26
GL	Eaton Vance Medallion Strtgc Inc A	EAMSX	U	(800) 225-6265	U /	2.22	4.13	9.05 / 6	--	--	5.46	1.62
GL	Eaton Vance Medallion Strtgc Inc C	ECMSX	U	(800) 225-6265	U /	2.13	3.93	8.52 / 5	--	--	5.43	2.03
GL	Eaton Vance Medallion Strtgc Inc R	ERMSX	U	(800) 225-6265	U /	2.02	3.93	8.50 / 5	--	--	0.00	2.03

● Denotes fund is closed to new investors
* Denotes fund is included in Section II

www.thestreet.com/ratings

I. Index of Stock Mutual Funds — Summer 2007

RISK			NET ASSETS		ASSET					BULL / BEAR		FUND MANAGER		MINIMUMS		LOADS	
	3 Year		NAV						Portfolio	Last Bull	Last Bear	Manager	Manager	Initial	Additional	Front	Back
Risk	Standard		As of	Total	Cash	Stocks	Bonds	Other	Turnover	Market	Market	Quality	Tenure	Purch.	Purch.	End	End
Rating/Pts	Deviation	Beta	6/30/07	$(Mil)	%	%	%	%	Ratio	Return	Return	Pct	(Years)	$	$	Load	Load
B- / 7.2	4.1	0.54	7.75	40	0	28	70	2	31.0	27.9	-2.8	27	N/A	1,000	50	5.0	2.0
C- / 3.4	16.2	1.75	12.66	813	5	94	0	1	58.0	66.5	-13.4	0	N/A	1,000	50	5.8	0.0
C- / 3.3	16.2	1.75	10.53	45	5	94	0	1	58.0	58.8	-13.6	0	N/A	1,000	50	0.0	0.0
C- / 3.4	16.2	1.76	10.86	38	5	94	0	1	58.0	60.2	-13.6	0	N/A	1,000	50	0.0	0.0
C- / 4.1	16.1	1.75	13.08	7	5	94	0	1	58.0	71.8	-13.4	1	N/A	1,000,000	0	0.0	0.0
U /	N/A	N/A	12.67	112	5	94	0	1	58.0	N/A	N/A	N/A	N/A	2,500	50	0.0	0.0
C / 5.3	7.3	1.32	21.39	306	0	76	23	1	19.0	77.1	-7.9	24	15	1,000	50	5.8	0.0
C / 5.3	7.3	1.32	21.38	9	0	76	23	1	19.0	71.5	-8.1	18	15	1,000	50	0.0	0.0
C / 5.3	7.3	1.32	21.41	15	0	76	23	1	19.0	71.6	-8.1	18	15	1,000	50	0.0	0.0
C / 5.3	7.3	1.32	21.65	44	0	76	23	1	19.0	79.1	-7.9	26	15	1,000,000	0	0.0	0.0
C+ / 6.9	9.0	0.96	14.56	170	5	94	0	1	54.6	177.8	-9.7	48	8	5,000	250	0.0	1.0
C+ / 5.9	13.5	1.00	14.40	137	2	97	0	1	25.0	140.3	-11.2	48	7	5,000	250	0.0	1.0
B / 8.5	7.3	1.00	11.92	379	1	98	0	1	2.5	94.8	-9.7	52	8	5,000	250	0.0	1.0
C / 4.8	15.6	1.80	6.39	45	1	98	0	1	7.4	86.0	-14.3	1	8	5,000	250	0.0	1.0
C / 4.7	8.2	0.75	14.79	4	30	69	0	1	14.0	76.9	-6.4	71	20	500	0	8.5	0.0
E+ / 0.8	11.9	0.98	38.99	277	0	99	0	1	33.0	325.0	-0.4	99	3	1,000	50	5.8	1.0
D- / 1.2	11.9	0.98	38.78	54	0	99	0	1	33.0	316.1	-0.5	99	3	1,000	50	0.0	0.0
B / 8.1	7.5	0.99	12.17	13	1	98	0	1	46.0	66.7	-10.5	20	5	1,000	50	5.8	0.0
B- / 7.6	7.5	0.98	11.60	14	1	98	0	1	46.0	68.8	-10.3	21	5	1,000	0	0.0	0.0
B- / 7.6	10.9	0.79	13.32	14	2	97	0	1	34.0	112.1	-10.0	75	5	1,000	50	5.8	0.0
C+ / 6.8	11.0	0.79	13.96	14	2	97	0	1	34.0	115.1	-10.0	77	5	1,000	0	0.0	0.0
B / 8.0	7.5	1.45	8.22	193	7	62	29	2	52.0	88.2	-8.9	75	7	1,000	50	5.8	0.0
E- / 0.0	7.5	1.45	8.22	31	7	62	29	2	52.0	82.3	-9.0	66	7	1,000	50	0.0	0.0
E- / 0.0	7.6	1.46	8.24	20	7	62	29	2	52.0	82.3	-9.0	65	7	1,000	50	0.0	0.0
U /	N/A	N/A	9.76	197	0	0	100	0	40.0	N/A	N/A	N/A	3	1,000	50	4.8	0.0
U /	N/A	N/A	9.75	38	0	0	100	0	40.0	N/A	N/A	N/A	3	1,000	50	0.0	0.0
U /	N/A	N/A	9.75	176	0	0	100	0	40.0	N/A	N/A	N/A	3	1,000	50	0.0	0.0
U /	N/A	N/A	12.29	118	1	98	0	1	24.0	N/A	N/A	N/A	2	1,000	50	5.8	0.0
U /	N/A	N/A	12.24	86	1	98	0	1	24.0	N/A	N/A	N/A	2	1,000	50	0.0	0.0
C / 4.6	16.7	1.07	31.41	149	0	99	0	1	32.0	222.0	-0.5	6	N/A	1,000	50	5.8	1.0
C / 4.6	16.7	1.07	29.96	32	0	99	0	1	32.0	215.0	-0.6	5	N/A	1,000	50	0.0	0.0
B / 8.4	7.6	0.67	14.32	5	1	98	0	1	74.0	98.8	-9.0	25	2	1,000	50	5.8	0.0
C+ / 5.7	12.6	1.21	22.37	61	4	95	0	1	186.0	117.2	12.2	2	12	1,000	50	5.8	1.0
C+ / 5.6	12.7	1.21	22.06	22	4	95	0	1	186.0	112.6	-12.5	1	12	1,000	50	0.0	0.0
C+ / 5.6	12.7	1.21	21.27	13	4	95	0	1	186.0	112.6	-12.4	1	12	1,000	50	0.0	0.0
C / 5.5	13.8	0.92	29.58	239	3	96	0	1	49.0	228.5	0.5	99	5	1,000	50	5.8	1.0
C / 5.5	13.8	0.92	29.49	45	3	96	0	1	49.0	221.6	0.3	99	5	1,000	50	0.0	0.0
C / 5.5	13.8	0.92	29.44	70	3	96	0	1	49.0	221.3	0.4	99	5	1,000	50	0.0	0.0
D+ / 2.3	21.5	1.66	29.16	892	4	95	0	1	67.0	482.0	1.9	98	N/A	1,000	50	5.8	1.0
D+ / 2.3	21.5	1.66	27.14	222	4	95	0	1	67.0	474.5	1.8	97	N/A	1,000	50	0.0	0.0
U /	N/A	N/A	27.18	51	4	95	0	1	67.0	N/A	N/A	N/A	N/A	1,000	50	0.0	0.0
B- / 7.7	8.1	1.04	16.56	60	4	95	0	1	56.0	83.8	-9.0	33	5	1,000	50	5.8	0.0
B- / 7.6	8.1	1.04	15.95	14	4	95	0	1	56.0	78.0	-9.3	26	5	1,000	50	0.0	0.0
B- / 7.6	8.1	1.04	15.95	17	4	95	0	1	56.0	77.9	-9.2	26	5	1,000	50	0.0	0.0
B / 8.7	7.0	0.88	22.45	4,470	2	97	0	1	52.0	121.4	-8.7	95	7	1,000	50	5.8	0.0
C+ / 6.4	7.0	0.89	22.45	272	2	97	0	1	52.0	114.6	-8.9	93	7	1,000	50	0.0	0.0
B / 8.7	7.0	0.89	22.45	607	2	97	0	1	52.0	114.4	-8.9	94	7	1,000	50	0.0	0.0
B+ / 9.0	7.0	0.88	22.45	277	2	97	0	1	52.0	122.3	-8.7	95	3	250,000	0	0.0	0.0
B+ / 9.0	7.0	0.89	22.45	89	2	97	0	1	52.0	119.7	-8.7	95	3	1,000	50	0.0	0.0
U /	N/A	N/A	10.14	79	0	0	100	0	41.0	N/A	N/A	N/A	2	5,000	2,000	6.0	0.0
U /	N/A	N/A	10.12	69	0	0	100	0	41.0	N/A	N/A	N/A	2	5,000	2,000	0.0	0.0
U /	N/A	N/A	11.10	27	0	0	100	0	41.0	N/A	N/A	N/A	2	5,000	2,000	0.0	0.0

www.thestreet.com/ratings

Data as of June 30, 2007

I. Index of Stock Mutual Funds

Summer 2007

Fund Type	Fund Name	Ticker Symbol	Overall Investment Rating	Phone	Performance Rating/Pts	3 Mo	6 Mo	1Yr / Pct	3Yr / Pct	5Yr / Pct	Dividend Yield	Expense Ratio
SC	Eaton Vance Multi-cap Growth A	EVGFX	B-	(800) 225-6265	B+ / 8.9	12.84	19.11	39.79 /97	17.29 /79	15.05 /76	0.00	1.22
SC	Eaton Vance Multi-cap Growth B	EMGFX	D+	(800) 225-6265	A- / 9.0	12.77	18.83	38.96 /97	16.48 /76	14.22 /71	0.00	2.01
SC	Eaton Vance Multi-cap Growth C	ECGFX	D+	(800) 225-6265	A- / 9.0	12.55	18.61	38.70 /97	16.38 /76	14.15 /71	0.00	2.01
SC	Eaton Vance Small Cap Growth A	ETEGX	C	(800) 225-6265	B / 8.0	10.58	18.71	29.27 /92	15.41 /71	10.79 /41	0.00	2.69
SC	Eaton Vance Small Cap Growth B	EBSMX	B	(800) 225-6265	B / 8.2	10.34	18.22	28.31 /90	14.55 /66	9.97 /33	0.00	3.44
SC	Eaton Vance Small Cap Growth C	ECSMX	B	(800) 225-6265	B / 8.2	10.39	18.32	28.26 /90	14.55 /66	9.99 /33	0.00	3.44
SC	Eaton Vance Small Cap Value A	EAVSX	C	(800) 225-6265	C / 4.8	5.68	11.48	17.80 /43	13.44 /58	13.56 /66	0.00	2.06
SC	Eaton Vance Small Cap Value B	EBVSX	C	(800) 225-6265	C / 5.3	5.50	11.01	16.88 /37	12.60 /51	--	0.00	2.81
SC	Eaton Vance Small Cap Value C	ECVSX	C	(800) 225-6265	C / 5.3	5.45	11.05	16.78 /37	12.58 /50	--	0.00	2.81
SC	Eaton Vance Special Eq A	EVSEX	B	(800) 225-6265	B+ / 8.6	11.67	20.31	32.22 /94	16.87 /77	11.99 /53	0.00	1.42
SC	Eaton Vance Special Eq B	EMSEX	B	(800) 225-6265	B+ / 8.7	11.46	19.83	31.17 /94	16.03 /74	11.15 /45	0.00	2.17
SC	Eaton Vance Special Eq C	ECSEX	B	(800) 225-6265	B+ / 8.7	11.39	19.76	31.09 /93	16.00 /74	11.13 /45	0.00	2.17
EM	Eaton Vance Strctd Emerging Mkt A	EAEMX	U	(800) 225-6265	U /	13.48	18.72	46.50 /98	--	--	0.00	11.01
EM	Eaton Vance Strctd Emerging Mkt I	EIEMX	U	(800) 225-6265	U /	13.54	18.88	46.70 /98	--	--	0.00	10.76
SC	● Eaton Vance Tax Mgd SmCap Gr A	ETMGX	B	(800) 225-6265	B+ / 8.5	11.53	20.16	31.57 /94	16.53 /76	11.54 /49	0.00	1.41
SC	● Eaton Vance Tax Mgd SmCap Gr B	EMMGX	B	(800) 225-6265	B+ / 8.6	11.38	19.78	30.62 /93	15.68 /72	10.69 /40	0.00	2.16
SC	● Eaton Vance Tax Mgd SmCap Gr C	ECMGX	B	(800) 225-6265	B+ / 8.6	11.34	19.76	30.64 /93	15.68 /72	10.72 /41	0.00	2.16
IN	Eaton Vance Tax-Managed Div Inc A	EADIX	B	(800) 225-6265	C+ / 6.8	6.10	9.27	21.96 /72	16.25 /75	--	4.85	1.19
IN	Eaton Vance Tax-Managed Div Inc B	EBDIX	A-	(800) 225-6265	B- / 7.2	5.92	8.83	21.07 /67	15.40 /71	--	4.42	1.94
IN	Eaton Vance Tax-Managed Div Inc C	ECDIX	A-	(800) 225-6265	B- / 7.1	5.84	8.84	20.98 /67	15.36 /71	--	4.43	1.94
EM	Eaton Vance Tax-Mgd Emg Mkt Fd I	EITEX	A+	(800) 225-6265	A+ / 9.9	15.09	21.73	53.74 /99	42.65 /99	36.46 /99	1.56	0.95
AA	Eaton Vance Tax-Mgd Eqty A-Alloc A	EAEAX	B-	(800) 225-6265	C+ / 6.9	7.87	10.74	23.34 /78	15.51 /71	12.16 /55	0.00	2.09
AA	Eaton Vance Tax-Mgd Eqty A-Alloc B	EBEAX	B+	(800) 225-6265	B- / 7.2	7.67	10.33	22.32 /74	14.67 /66	11.34 /47	0.00	2.84
AA	Eaton Vance Tax-Mgd Eqty A-Alloc C	ECEAX	B+	(800) 225-6265	B- / 7.2	7.69	10.36	22.37 /74	14.64 /66	11.32 /47	0.00	2.84
IN	● Eaton Vance Tax-Mgd Growth 1.0	CAPEX	C	(800) 225-6265	C- / 3.2	5.96	6.12	17.15 /39	10.18 /29	9.14 /24	1.40	0.46
GR	● Eaton Vance Tax-Mgd Growth 1.1 A	ETTGX	C-	(800) 225-6265	D / 1.9	5.89	5.93	16.74 /36	9.82 /26	8.76 /21	0.94	0.80
GR	● Eaton Vance Tax-Mgd Growth 1.1 B	EMTGX	C-	(800) 225-6265	D+ / 2.3	5.66	5.54	15.88 /31	8.99 /21	7.95 /14	0.02	1.55
GR	● Eaton Vance Tax-Mgd Growth 1.1 C	ECTGX	C-	(800) 225-6265	D+ / 2.3	5.64	5.51	15.87 /31	8.98 /21	7.95 /14	0.38	1.55
GR	● Eaton Vance Tax-Mgd Growth 1.1 I	EITMX	C	(800) 225-6265	C- / 3.1	5.96	6.13	17.11 /39	10.08 /29	9.05 /23	1.27	0.55
GR	Eaton Vance Tax-Mgd Growth 1.2 A	EXTGX	C-	(800) 225-6265	D / 1.8	5.86	5.86	16.59 /36	9.63 /25	8.60 /19	0.78	0.95
GR	Eaton Vance Tax-Mgd Growth 1.2 B	EYTGX	C-	(800) 225-6265	D / 2.2	5.59	5.50	15.74 /30	8.80 /19	7.79 /13	0.13	1.70
GR	Eaton Vance Tax-Mgd Growth 1.2 C	EZTGX	C-	(800) 225-6265	D / 2.2	5.59	5.41	15.68 /30	8.81 /19	7.77 /13	0.17	1.70
GR	Eaton Vance Tax-Mgd Growth 1.2 I	EITGX	C	(800) 225-6265	C- / 3.0	5.93	6.02	16.91 /37	9.93 /27	8.87 /22	1.05	0.70
FO	Eaton Vance Tax-Mgd Intl Equity A	ETIGX	A-	(800) 225-6265	A- / 9.0	8.75	10.71	27.08 /88	23.79 /92	14.84 /75	0.78	1.67
FO	Eaton Vance Tax-Mgd Intl Equity B	EMIGX	A-	(800) 225-6265	A- / 9.1	8.47	10.32	26.09 /86	22.88 /91	13.99 /70	0.12	2.42
FO	Eaton Vance Tax-Mgd Intl Equity C	ECIGX	A-	(800) 225-6265	A- / 9.1	8.51	10.27	26.14 /86	22.84 /91	14.01 /70	0.34	2.42
MC	Eaton Vance Tax-Mgd Mid-Cap Core	EXMCX	C	(800) 225-6265	C- / 3.9	6.43	11.56	17.91 /44	11.98 /45	10.57 /39	0.00	1.77
MC	Eaton Vance Tax-Mgd Mid-Cap Core	EBMCX	C	(800) 225-6265	C / 4.5	6.25	11.15	17.10 /39	11.11 /37	9.75 /30	0.00	2.52
MC	Eaton Vance Tax-Mgd Mid-Cap Core	ECMCX	C	(800) 225-6265	C / 4.4	6.18	11.08	17.02 /38	11.12 /37	9.74 /30	0.00	2.52
GR	Eaton Vance Tax-Mgd MultiCap Gr A	EACPX	C+	(800) 225-6265	B+ / 8.7	13.12	18.80	37.64 /96	16.47 /76	14.81 /75	0.00	1.50
GR	Eaton Vance Tax-Mgd MultiCap Gr B	EBCPX	C+	(800) 225-6265	B+ / 8.8	12.94	18.32	36.60 /96	15.58 /72	13.94 /69	0.00	2.25
GR	Eaton Vance Tax-Mgd MultiCap Gr C	ECCPX	C+	(800) 225-6265	B+ / 8.8	12.92	18.37	36.63 /96	15.62 /72	13.95 /69	0.00	2.25
SC	Eaton Vance Tax-Mgd Small-Cap Val	ESVAX	C-	(800) 225-6265	C- / 4.1	5.96	10.18	16.06 /32	13.03 /54	12.45 /57	0.00	2.01
SC	Eaton Vance Tax-Mgd Small-Cap Val	ESVBX	C	(800) 225-6265	C / 4.6	5.67	9.75	15.13 /27	12.18 /47	11.62 /50	0.00	2.76
SC	Eaton Vance Tax-Mgd Small-Cap Val	ESVCX	C	(800) 225-6265	C / 4.7	5.74	9.73	15.19 /27	12.19 /47	11.64 /50	0.00	2.76
IN	Eaton Vance Tax-Mgd Value A	EATVX	B	(800) 225-6265	C+ / 6.7	5.72	7.68	20.20 /61	16.71 /77	12.40 /57	0.80	1.18
IN	Eaton Vance Tax-Mgd Value B	EBTVX	A-	(800) 225-6265	B- / 7.0	5.48	7.32	19.35 /55	15.84 /73	11.56 /49	0.20	1.93
IN	Eaton Vance Tax-Mgd Value C	ECTVX	A-	(800) 225-6265	B- / 7.0	5.55	7.34	19.38 /55	15.86 /73	11.57 /49	0.24	1.93
UT	Eaton Vance Utilities A	EVTMX	A+	(800) 225-6265	A / 9.5	6.02	13.15	35.00 /96	28.15 /95	20.93 /93	2.09	1.06
UT	Eaton Vance Utilities B	EMTMX	C+	(800) 225-6265	A / 9.5	5.82	12.71	33.97 /95	27.17 /95	20.01 /92	1.57	1.81
UT	Eaton Vance Utilities C	ECTMX	C	(800) 225-6265	A / 9.5	5.74	12.63	33.97 /95	27.18 /95	19.99 /92	1.57	1.81
UT	Eaton Vance Utilities I	EIUTX	A+	(800) 225-6265	A / 9.5	6.09	13.29	35.34 /96	28.35 /95	21.05 /93	2.43	0.81

● Denotes fund is closed to new investors
* Denotes fund is included in Section II

www.thestreet.com/ratings

I. Index of Stock Mutual Funds

Summer 2007

RISK			NET ASSETS		ASSET				Portfolio Turnover Ratio	BULL / BEAR		FUND MANAGER		MINIMUMS		LOADS	
	3 Year		NAV							Last Bull	Last Bear	Manager	Manager	Initial	Additional	Front	Back
Risk Rating/Pts	Standard Deviation	Beta	As of 6/30/07	Total $(Mil)	Cash %	Stocks %	Bonds %	Other %		Market Return	Market Return	Quality Pct	Tenure (Years)	Purch. $	Purch. $	End Load	End Load
C / 4.7	16.7	1.13	10.72	148	11	88	0	1	208.0	149.3	-16.4	80	7	1,000	50	5.8	0.0
E+ / 0.9	16.8	1.13	10.60	12	11	88	0	1	208.0	141.8	-16.6	73	7	1,000	50	0.0	0.0
E+ / 0.9	16.8	1.13	10.58	10	11	88	0	1	208.0	141.5	-16.7	72	7	1,000	50	0.0	0.0
C- / 3.3	14.3	0.98	14.53	11	6	93	0	1	103.0	101.9	-10.0	77	1	1,000	50	5.8	0.0
C+ / 6.1	14.2	0.98	14.73	3	6	93	0	1	103.0	95.6	-10.2	69	1	1,000	50	0.0	0.0
C+ / 6.1	14.3	0.98	14.34	3	6	93	0	1	103.0	95.6	-10.2	68	1	1,000	50	0.0	0.0
C+ / 6.3	10.4	0.72	16.38	13	2	98	0	0	51.0	121.6	-7.3	83	2	1,000	50	5.8	0.0
C+ / 6.3	10.3	0.72	16.30	5	2	98	0	0	51.0	114.8	-7.5	76	2	1,000	50	0.0	0.0
C+ / 6.3	10.3	0.72	16.25	7	2	98	0	0	51.0	114.7	-7.5	76	2	1,000	50	0.0	0.0
C+ / 5.9	14.7	1.01	16.17	51	2	97	0	1	98.0	111.1	-10.4	85	1	1,000	50	5.8	0.0
C+ / 5.9	14.7	1.01	15.95	3	2	97	0	1	98.0	104.4	-10.7	80	1	1,000	50	0.0	0.0
C+ / 5.9	14.6	1.01	15.94	3	2	97	0	1	98.0	104.5	-10.8	80	1	1,000	50	0.0	0.0
U /	N/A	N/A	14.65	39	0	99	0	1	6.0	N/A	N/A	N/A	N/A	1,000	50	5.8	1.0
U /	N/A	N/A	14.67	189	0	99	0	1	6.0	N/A	N/A	N/A	N/A	250,000	0	0.0	1.0
C+ / 6.0	14.5	1.00	15.38	61	2	97	0	1	99.0	108.6	-10.2	84	1	1,000	50	5.8	0.0
C+ / 6.0	14.5	1.00	14.29	40	2	97	0	1	99.0	102.3	-10.5	78	1	1,000	50	0.0	0.0
C+ / 6.0	14.6	1.00	14.24	31	2	97	0	1	99.0	102.0	-10.4	78	1	1,000	50	0.0	0.0
B / 8.3	6.8	0.74	14.55	1,048	0	99	0	1	247.0	N/A	N/A	96	4	1,000	50	5.8	0.0
B / 8.3	6.7	0.74	14.52	179	0	99	0	1	247.0	N/A	N/A	95	4	1,000	50	0.0	0.0
B / 8.3	6.7	0.73	14.52	722	0	99	0	1	247.0	N/A	N/A	95	4	1,000	50	0.0	0.0
B- / 7.3	14.4	0.94	47.67	1,147	0	99	0	1	9.0	368.4	-0.9	92	N/A	50,000	0	0.0	2.0
B- / 7.7	9.2	1.81	15.77	328	2	97	0	1	39.0	115.5	-9.8	82	5	1,000	50	5.8	0.0
B- / 7.6	9.2	1.81	15.16	149	2	97	0	1	39.0	108.6	-9.9	75	5	1,000	50	0.0	0.0
B- / 7.6	9.3	1.81	15.13	274	2	97	0	1	39.0	108.8	-10.0	74	5	1,000	50	0.0	0.0
B / 8.7	7.1	0.95	636.07	1,060	0	99	0	1	1.0	83.1	-9.7	39	17	0	0	0.0	0.0
B / 8.5	7.1	0.95	27.68	1,645	0	99	0	1	1.0	80.4	-9.8	35	11	1,000	50	5.8	0.0
B / 8.7	7.1	0.96	26.30	582	0	99	0	1	1.0	74.8	-9.9	28	11	1,000	50	0.0	0.0
B / 8.7	7.1	0.95	25.09	586	0	99	0	1	1.0	74.8	-9.9	28	11	1,000	50	0.0	0.0
B / 8.7	7.1	0.95	26.14	9	0	99	0	1	1.0	82.3	-9.6	38	8	250,000	0	0.0	0.0
B / 8.5	7.1	0.96	12.46	682	0	99	0	1	1.0	79.0	-9.7	33	6	1,000	50	5.8	0.0
B / 8.7	7.1	0.96	12.09	313	0	99	0	1	1.0	73.5	-9.9	26	6	1,000	50	0.0	0.0
B / 8.7	7.0	0.95	12.09	361	0	99	0	1	1.0	73.6	-9.9	27	6	1,000	50	0.0	0.0
B / 8.7	7.1	0.95	12.50	12	0	99	0	1	1.0	81.2	-9.7	36	6	250,000	0	0.0	0.0
C+ / 6.5	10.9	1.14	12.92	98	2	97	0	1	181.0	163.3	-12.0	34	3	1,000	50	5.8	1.0
C+ / 6.5	10.8	1.13	12.29	30	2	97	0	1	181.0	155.1	-12.2	28	3	1,000	50	0.0	0.0
C+ / 6.5	10.8	1.13	12.24	42	2	97	0	1	181.0	154.8	-12.1	27	3	1,000	50	0.0	0.0
B- / 7.6	8.8	0.82	15.06	22	0	99	0	1	55.0	93.9	-7.1	41	5	1,000	50	5.8	0.0
B- / 7.6	8.8	0.82	14.45	6	0	99	0	1	55.0	87.9	-7.3	32	5	1,000	50	0.0	0.0
B- / 7.6	8.8	0.82	14.44	8	0	99	0	1	55.0	87.9	-7.3	32	5	1,000	50	0.0	0.0
C / 4.4	16.3	1.76	15.86	36	10	89	0	1	181.0	142.2	-14.8	34	7	1,000	50	5.8	0.0
C / 4.5	16.3	1.76	14.92	19	10	89	0	1	181.0	134.7	-15.0	26	7	1,000	50	0.0	0.0
C / 4.5	16.2	1.75	14.95	24	10	89	0	1	181.0	134.8	-15.0	27	7	1,000	50	0.0	0.0
C+ / 6.9	10.9	0.78	16.35	19	4	95	0	1	49.0	118.4	-7.2	75	2	1,000	50	5.8	0.0
C+ / 6.9	10.9	0.78	15.65	7	4	95	0	1	49.0	111.7	-7.4	66	2	1,000	50	0.0	0.0
C+ / 6.9	10.9	0.78	15.67	8	4	95	0	1	49.0	111.9	-7.4	66	2	1,000	50	0.0	0.0
B / 8.4	7.4	0.92	20.88	675	1	98	0	1	26.0	118.8	-8.6	94	8	1,000	50	5.8	0.0
B / 8.4	7.4	0.92	19.65	253	1	98	0	1	26.0	112.0	-8.8	92	7	1,000	50	0.0	0.0
B / 8.4	7.4	0.92	20.17	340	1	98	0	1	26.0	112.0	-8.8	92	7	1,000	50	0.0	0.0
B- / 7.7	8.5	0.57	14.69	1,245	2	97	0	1	76.0	200.6	-4.9	99	8	1,000	50	5.8	0.0
C- / 3.4	22.0	1.35	14.70	153	2	97	0	1	76.0	191.0	-5.0	8	8	1,000	50	0.0	0.0
D / 2.2	8.5	0.57	14.70	224	2	97	0	1	76.0	191.0	-5.1	98	8	1,000	50	0.0	0.0
B / 8.3	8.5	0.58	14.69	8	2	97	0	1	76.0	202.2	-4.9	99	2	250,000	0	0.0	0.0

www.thestreet.com/ratings

Data as of June 30, 2007

I. Index of Stock Mutual Funds

Summer 2007

99 Pct = Best
0 Pct = Worst

Fund Type	Fund Name	Ticker Symbol	Overall Investment Rating	Phone	Performance Rating/Pts	3 Mo	6 Mo	1Yr / Pct	3Yr / Pct	5Yr / Pct	Dividend Yield	Expense Ratio
HL	Eaton Vance WW Health Sciences A	ETHSX	E	(800) 225-6265	E / 0.4	6.77	5.92	13.11 /17	5.38 / 4	8.54 /19	0.00	1.49
HL	Eaton Vance WW Health Sciences B	EMHSX	E	(800) 225-6265	E+ / 0.6	6.57	5.49	12.21 /14	4.57 / 3	7.73 /13	0.00	2.24
HL	Eaton Vance WW Health Sciences C	ECHSX	E	(800) 225-6265	E+ / 0.6	6.66	5.49	12.30 /14	4.61 / 3	7.72 /13	0.00	2.24
HL	Eaton Vance WW Health Sciences R	ERHSX	E	(800) 225-6265	E+ / 0.7	6.72	5.81	12.83 /16	5.25 / 4	8.37 /17	0.00	1.74
GR	Edgar Lomax Value Fund	LOMAX	A	(888) 263-6443	B / 7.6	7.17	6.70	24.38 /81	16.22 /75	10.69 /40	1.78	1.74
AA	Elfun Diversified Fund	ELDFX	D+	(800) 242-0134	C- / 3.5	5.27	6.15	18.00 /45	10.57 /32	9.75 /30	2.23	0.23
IN	Elfun Income Fund	EINFX	D	(800) 242-0134	E- / 0.1	-0.49	1.21	6.50 / 2	4.11 / 2	4.42 / 1	5.65	0.21
FO	Elfun International Fund	EGLBX	A	(800) 242-0134	A / 9.4	8.85	12.96	29.54 /92	25.10 /93	18.02 /88	1.73	0.17
GI	Elfun Trusts	ELFNX	D-	(800) 242-0134	D+ / 2.6	7.21	5.85	18.67 /50	8.66 /18	8.04 /15	1.18	0.13
GI	Elite Growth & Income Fund	ELGIX	B	(800) 423-1068	B- / 7.0	6.63	11.71	23.20 /78	13.85 /61	11.51 /49	0.15	1.39
SC	Emerald Growth A	HSPGX	E+	(800) 232-0224	D / 2.2	6.54	10.22	11.49 /12	11.90 /44	12.20 /55	0.00	1.40
TC	Emerald Opportunities Fund C	HSYCX	E+	(800) 232-0224	D- / 1.4	6.57	3.58	7.18 / 3	9.74 /26	11.66 /50	0.00	2.90
FS	Emerald Select Banking & Finance A	HSSAX	E+	(800) 232-0224	E- / 0.1	-1.85	-4.44	1.03 / 1	7.76 /13	12.56 /58	0.00	1.62
SC	Empiric Core Equity Fund A	EMCAX	C+	(800) 880-0324	C+ / 6.7	6.98	10.76	17.02 /38	16.55 /76	17.49 /86	0.00	1.69
GI	Endowments Growth & Income Fund	ENDIX	C	(800) 421-4120	C- / 3.5	7.02	7.24	19.18 /54	9.79 /26	9.88 /32	1.57	0.71
FO	Epoch Global Eq Shrhld Yield I	EPSYX	U	(800) 527-9500	U /	4.11	7.64	26.77 /87	--	--	3.60	1.05
GR	Epoch U.S. All Cap Equity Inst	EPACX	U	(800) 527-9500	U /	5.84	7.77	20.71 /65	--	--	0.01	1.72
GR	Epoch U.S. All Cap Equity P	EPAPX	U	(800) 527-9500	U /	5.80	7.54	--	--	--	0.00	2.62
GI	EquiTrust Blue Chip Fund A	FBUAX	U	(877) 860-2904	U /	7.44	6.59	20.60 /64	--	--	0.92	1.41
GI	EquiTrust Blue Chip Fund Inst		C-	(877) 860-2904	C / 4.3	7.60	6.94	21.48 /70	10.53 /32	9.09 /24	1.60	0.48
GI	● EquiTrust Blue Chip Fund Trad	FBBLX	C	(877) 860-2904	C- / 3.3	7.26	6.42	20.23 /62	9.35 /23	7.93 /14	0.59	1.66
GI	EquiTrust Managed Fund A	FMNAX	U	(877) 860-2904	U /	2.86	4.16	12.52 /15	--	--	2.48	1.69
GI	EquiTrust Managed Fund Inst		D+	(877) 860-2904	D / 1.8	3.16	4.63	13.42 /18	9.04 /21	9.75 /30	3.34	0.85
GI	● EquiTrust Managed Fund Trad	FBMGX	D-	(877) 860-2904	E+ / 0.9	2.73	3.91	11.16 /11	7.16 /10	8.02 /15	1.41	2.09
GR	EquiTrust Value Growth A	FVGAX	U	(877) 860-2904	U /	5.71	6.68	17.42 /41	--	--	0.56	1.52
GR	EquiTrust Value Growth Inst		C-	(877) 860-2904	C / 4.3	5.84	7.01	18.21 /47	11.56 /41	11.93 /53	1.01	0.72
GR	● EquiTrust Value Growth Trad	FABUX	C	(877) 860-2904	C- / 3.3	5.66	6.50	17.03 /38	10.42 /31	10.82 /42	0.29	1.83
GR	ETrade Delphi Value Inst	KDVIX	C-	(800) 456-2736	C / 5.1	3.96	6.01	17.12 /39	13.50 /58	12.46 /57	0.44	1.24
GR	ETrade Delphi Value Retail	KDVRX	C-	(800) 456-2736	C / 4.8	3.94	5.85	16.78 /37	13.17 /56	12.13 /55	0.20	1.53
AA	ETrade Kobren Growth	KOGRX	C	(800) 456-2736	C / 5.2	6.11	7.41	17.78 /43	12.80 /52	11.74 /51	1.56	1.82
GR	Everest America Fund	EVAMX	B+	(866) 232-3837	C+ / 6.7	3.77	8.81	19.41 /55	15.31 /70	10.05 /33	0.79	2.15
GL	Evergreen Asset Allocation A	EAAFX	C	(800) 343-2898	D+ / 2.4	4.42	5.70	14.80 /25	11.56 /41	11.22 /46	2.61	1.36
GL	Evergreen Asset Allocation B	EABFX	C	(800) 343-2898	D+ / 2.8	4.20	5.28	13.98 /20	10.78 /34	10.50 /39	2.13	2.06
GL	Evergreen Asset Allocation C	EACFX	C	(800) 343-2898	D+ / 2.8	4.21	5.30	14.00 /21	10.77 /34	10.52 /39	2.16	2.06
GL	Evergreen Asset Allocation I	EAIFX	C+	(800) 343-2898	C- / 3.8	4.53	5.80	15.19 /27	11.90 /44	11.53 /49	3.03	0.63
GL	Evergreen Asset Allocation R	EAXFX	C	(800) 343-2898	C- / 3.3	4.31	5.52	14.53 /23	11.34 /39	11.07 /44	2.60	1.09
BA	Evergreen Balanced A	EKBAX	D+	(800) 343-2898	D- / 1.0	4.40	4.94	13.93 /20	8.29 /16	7.31 /10	1.66	0.99
BA	Evergreen Balanced B	EKBBX	C-	(800) 343-2898	D- / 1.3	4.20	4.52	13.08 /17	7.52 /12	6.55 / 6	1.03	1.69
BA	Evergreen Balanced C	EKBCX	C-	(800) 343-2898	D- / 1.2	4.21	4.45	13.13 /17	7.49 /12	6.56 / 6	1.07	1.69
BA	Evergreen Balanced I	EKBYX	C-	(800) 343-2898	D / 1.8	4.49	4.99	14.20 /22	8.59 /18	7.62 /12	2.05	0.73
GR	Evergreen Disc Small-Mid Val I	EDISX	U	(800) 343-2898	U /	2.36	3.76	15.40 /28	--	--	1.04	3.20
GI	Evergreen Disciplined Value A	EDSAX	B	(800) 343-2898	C / 5.4	4.99	6.49	20.87 /66	14.73 /67	13.98 /69	1.29	1.13
GI	Evergreen Disciplined Value B	EDSBX	B+	(800) 343-2898	C+ / 6.0	4.77	6.06	19.94 /59	14.05 /62	13.57 /66	0.69	1.88
GI	Evergreen Disciplined Value C	EDSCX	B+	(800) 343-2898	C+ / 5.9	4.78	6.01	19.90 /59	14.00 /62	13.55 /66	0.69	1.88
GI	Evergreen Disciplined Value I	EDSIX	B+	(800) 343-2898	C+ / 6.7	5.08	6.58	21.15 /68	14.88 /68	14.07 /70	1.59	0.88
EM	Evergreen Emerging Market Growth	EMGAX	B-	(800) 343-2898	A+ / 9.8	14.15	16.52	48.75 /99	40.32 /99	30.45 /98	0.57	2.05
EM	Evergreen Emerging Market Growth	EMGBX	C+	(800) 343-2898	A+ / 9.8	13.97	16.09	47.72 /98	39.33 /98	29.53 /98	0.54	2.75
EM	Evergreen Emerging Market Growth	EMGCX	C+	(800) 343-2898	A+ / 9.8	13.93	16.05	47.73 /98	39.31 /98	29.51 /98	0.54	2.75
EM	Evergreen Emerging Market Growth I	EMGYX	B-	(800) 343-2898	A+ / 9.9	14.23	16.63	49.20 /99	40.72 /99	30.83 /98	0.63	1.75
BA	Evergreen Envision Gr and Inc A	EGAIX	U	(800) 343-2898	U /	3.00	4.72	13.74 /19	--	--	2.43	0.66
IN	Evergreen Equity Income A	ETRAX	C	(800) 343-2898	C- / 4.0	5.83	7.05	20.21 /61	12.68 /51	11.28 /46	1.70	1.22
IN	Evergreen Equity Income B	ETRBX	C	(800) 343-2898	C / 4.7	5.65	6.67	19.38 /55	11.90 /44	10.48 /38	1.17	1.92

● Denotes fund is closed to new investors
* Denotes fund is included in Section II

I. Index of Stock Mutual Funds

Summer 2007

RISK			NET ASSETS		ASSET					BULL / BEAR		FUND MANAGER		MINIMUMS		LOADS	
	3 Year		NAV						Portfolio	Last Bull	Last Bear	Manager	Manager	Initial	Additional	Front	Back
Risk	Standard		As of	Total	Cash	Stocks	Bonds	Other	Turnover	Market	Market	Quality	Tenure	Purch.	Purch.	End	End
Rating/Pts	Deviation	Beta	6/30/07	$(Mil)	%	%	%	%	Ratio	Return	Return	Pct	(Years)	$	$	Load	Load
C / 4.7	11.5	0.99	11.98	1,103	2	97	0	1	14.0	70.3	-7.8	8	18	1,000	50	5.8	1.0
C / 4.7	11.4	0.99	12.49	452	2	97	0	1	14.0	65.1	-8.1	6	11	1,000	50	0.0	0.0
C / 4.7	11.5	0.99	12.50	353	2	97	0	1	14.0	64.8	-7.9	6	9	1,000	50	0.0	0.0
C / 5.2	11.4	0.99	12.39	7	2	97	0	1	14.0	69.1	-32.4	8	4	1,000	50	0.0	1.0
B / 8.1	8.4	1.02	14.50	29	1	98	0	1	30.4	112.2	-11.7	90	N/A	2,500	100	0.0	0.0
C+ / 6.2	5.7	1.22	21.39	291	N/A	75	25	N/A	30.0	71.1	-4.9	64	N/A	500	100	0.0	0.0
B / 8.8	2.7	-0.04	10.87	366	N/A	0	N/A	N/A	328.0	16.1	3.6	65	N/A	500	100	0.0	0.0
C+ / 6.4	10.4	1.10	29.02	422	2	97	0	1	30.0	194.1	-9.6	57	16	500	100	0.0	0.0
C+ / 5.6	7.9	0.99	54.60	2,322	2	97	0	1	14.0	67.0	-9.4	24	19	500	100	0.0	0.0
B- / 7.1	9.8	1.16	21.36	66	4	95	0	1	188.5	99.4	-8.3	64	N/A	10,000	0	0.0	0.0
C / 4.9	14.8	1.04	15.32	189	1	98	0	1	66.0	127.0	-13.4	31	N/A	4,000	100	5.8	2.0
C+ / 5.8	17.7	1.90	9.25	3	12	87	0	1	248.0	120.2	-15.6	3	2	4,000	100	0.0	2.0
B- / 7.0	8.8	0.60	27.53	143	4	95	0	1	30.0	89.6	0.9	46	10	4,000	100	5.8	2.0
C+ / 6.6	11.3	0.72	38.92	71	0	99	0	1	57.8	198.3	-11.5	95	12	5,000	100	5.8	2.0
B- / 7.8	6.0	0.79	16.39	121	14	85	0	1	24.7	80.9	-7.3	51	37	50,000	0	0.0	0.0
U /	N/A	N/A	18.98	560	11	88	0	1	19.5	N/A	N/A	N/A	2	100,000	10,000	0.0	2.0
U /	N/A	N/A	18.31	36	6	93	0	1	63.9	N/A	N/A	N/A	2	100,000	10,000	0.0	1.0
U /	N/A	N/A	18.25	69	6	93	0	1	63.9	N/A	N/A	N/A	1	2,500	100	0.0	2.0
U /	N/A	N/A	48.83	37	3	96	0	1	N/A	N/A	N/A	N/A	N/A	250	0	5.8	0.0
C+ / 6.4	7.0	0.90	49.14	14	3	96	0	1	N/A	81.1	-10.6	50	N/A	250	0	0.0	0.0
B / 8.8	7.0	0.90	48.75	15	3	96	0	1	N/A	73.5	-10.8	35	N/A	250	0	0.0	0.0
U /	N/A	N/A	15.71	31	12	63	24	1	36.0	N/A	N/A	N/A	N/A	250	0	5.8	0.0
B- / 7.9	5.1	0.63	15.79	10	12	63	24	1	36.0	70.0	-2.6	59	7	250	0	0.0	0.0
B- / 7.8	5.2	0.63	15.70	9	12	63	24	1	36.0	59.6	-2.8	35	7	250	0	0.0	0.0
U /	N/A	N/A	16.30	61	8	91	0	1	30.0	N/A	N/A	N/A	N/A	250	0	5.8	0.0
C+ / 6.6	7.0	0.90	16.49	12	8	91	0	1	30.0	99.6	-6.0	63	7	250	0	0.0	0.0
B / 8.6	7.1	0.91	16.23	13	8	91	0	1	30.0	92.7	-6.1	47	7	250	0	0.0	0.0
C+ / 5.9	9.5	1.11	19.93	86	4	95	0	1	28.0	113.1	-7.9	65	N/A	1,000,000	0	0.0	0.0
C+ / 5.9	9.5	1.11	19.54	61	4	95	0	1	28.0	110.6	-8.0	61	N/A	2,500	500	0.0	0.0
C+ / 6.9	7.5	1.51	15.80	84	6	93	0	1	49.0	94.8	-6.0	72	11	2,500	500	0.0	0.0
B+ / 9.0	7.3	0.91	14.57	13	5	94	0	1	108.0	106.0	-6.3	90	6	5,000	250	0.0	0.5
B / 8.8	4.7	0.94	15.35	4,232	0	52	47	1	1.0	79.6	-1.8	86	N/A	1,000	0	5.8	0.0
B / 8.8	4.8	0.96	15.12	2,147	0	52	47	1	1.0	74.5	-2.0	80	N/A	1,000	0	0.0	0.0
B / 8.8	4.8	0.96	14.85	4,486	0	52	47	1	1.0	74.5	-2.0	80	N/A	1,000	0	0.0	0.0
B / 8.8	4.7	0.95	15.46	308	0	52	47	1	1.0	82.2	-1.9	87	N/A	1,000,000	0	0.0	0.0
B / 8.8	4.8	0.94	15.24	12	0	52	47	1	1.0	78.5	-1.8	84	N/A	0	0	0.0	0.0
B / 8.7	5.1	1.15	9.71	899	0	71	28	1	87.0	55.5	-4.9	39	6	1,000	0	5.8	0.0
B+ / 9.0	5.2	1.16	9.71	90	0	71	28	1	87.0	51.0	-5.1	31	6	1,000	0	0.0	0.0
B+ / 9.0	5.2	1.16	9.71	72	0	71	28	1	87.0	50.8	-5.0	30	6	1,000	0	0.0	0.0
B+ / 9.0	5.1	1.15	9.67	204	0	71	28	1	87.0	57.4	-4.8	42	6	1,000,000	0	0.0	0.0
U /	N/A	N/A	12.14	31	3	96	0	1	98.0	N/A	N/A	N/A	2	1,000,000	0	0.0	0.0
B+ / 9.0	7.8	1.00	18.94	132	1	98	0	1	44.0	128.6	-7.9	84	2	1,000	0	5.8	0.0
B+ / 9.0	7.7	0.99	18.86	8	1	98	0	1	44.0	124.6	-7.9	80	2	1,000	0	0.0	0.0
B+ / 9.0	7.8	0.99	18.83	3	1	98	0	1	44.0	124.4	-7.9	80	2	1,000	0	0.0	0.0
B+ / 9.0	7.8	0.99	18.90	606	1	98	0	1	44.0	129.4	-7.9	85	2	1,000,000	0	0.0	0.0
C- / 3.7	17.2	1.11	24.76	222	4	95	0	1	69.0	325.2	-6.3	25	8	1,000	0	5.8	1.0
C- / 3.6	17.2	1.11	22.51	32	4	95	0	1	69.0	313.0	-6.4	19	1	1,000	0	0.0	1.0
C- / 3.6	17.2	1.11	22.41	95	4	95	0	1	69.0	312.8	-6.4	19	1	1,000	0	0.0	1.0
C- / 3.7	17.2	1.11	25.60	309	4	95	0	1	69.0	330.7	-6.2	26	13	1,000,000	0	0.0	1.0
U /	N/A	N/A	11.02	132	0	54	44	2	7.0	N/A	N/A	N/A	N/A	1,000	0	4.8	0.0
B- / 7.5	7.2	0.93	24.85	424	2	97	0	1	73.0	95.9	-7.3	72	6	1,000	0	5.8	0.0
B- / 7.5	7.2	0.93	24.64	52	2	97	0	1	73.0	90.1	-7.5	64	6	1,000	0	0.0	0.0

www.thestreet.com/ratings

Data as of June 30, 2007

I. Index of Stock Mutual Funds

Summer 2007

99 Pct = Best
0 Pct = Worst

Fund Type	Fund Name	Ticker Symbol	Overall Investment Rating	Phone	Performance Rating/Pts	Total Return % through 6/30/07 3 Mo	6 Mo	1Yr / Pct	Annualized 3Yr / Pct	5Yr / Pct	Dividend Yield	Expense Ratio
IN	Evergreen Equity Income C	ETRCX	C	(800) 343-2898	C / 4.7	5.68	6.66	19.39 /55	11.91 /45	10.48 /38	1.19	1.92
IN	Evergreen Equity Income I	EVTRX	C+	(800) 343-2898	C+ / 5.7	5.91	7.16	20.57 /64	13.02 /54	11.59 /50	2.05	0.92
IN	Evergreen Equity Income R	ETRRX	C+	(800) 343-2898	C / 5.2	5.76	6.91	19.98 /60	12.42 /49	11.15 /45	1.61	1.42
IX	Evergreen Equity Index Fund A	ESINX	C	(800) 343-2898	C- / 3.2	6.13	6.65	19.93 /59	11.08 /37	10.05 /33	1.20	0.94
IX	Evergreen Equity Index Fund B	ESIOX	C	(800) 343-2898	C- / 3.5	5.94	6.27	19.04 /53	10.25 /30	9.24 /25	0.54	1.69
IX	Evergreen Equity Index Fund C	ESECX	C	(800) 343-2898	C- / 3.5	5.93	6.27	19.07 /53	10.26 /30	9.23 /25	0.56	1.69
IX	Evergreen Equity Index Fund I	EVIIX	C+	(800) 343-2898	C / 4.5	6.19	6.80	20.25 /62	11.36 /39	10.33 /36	1.50	0.69
IX	Evergreen Equity Index Fund IS	EVISX	C+	(800) 343-2898	C- / 4.2	6.13	6.66	19.94 /59	11.08 /37	10.05 /33	1.26	0.94
GI	Evergreen Fundamental Large Cap A	EGIAX	C	(800) 343-2898	C- / 3.5	7.55	7.59	18.68 /50	11.71 /43	10.03 /33	0.37	1.40
GI	Evergreen Fundamental Large Cap B	EGIBX	C+	(800) 343-2898	C- / 4.1	7.33	7.19	17.80 /44	10.94 /35	9.25 /25	0.11	2.10
GI	Evergreen Fundamental Large Cap C	EGICX	C+	(800) 343-2898	C- / 4.1	7.37	7.24	17.85 /44	10.95 /35	9.25 /25	0.11	2.10
GI	Evergreen Fundamental Large Cap I	EVVTX	B-	(800) 343-2898	C / 5.2	7.62	7.74	19.03 /53	12.05 /46	10.35 /37	0.53	1.10
GL	Evergreen Global Large Cap Eq Fd A	EAGLX	B+	(800) 343-2898	B- / 7.2	7.07	10.63	25.40 /84	16.28 /75	9.74 /30	0.55	1.95
GL	Evergreen Global Large Cap Eq Fd B	EBGLX	B+	(800) 343-2898	B- / 7.5	6.86	10.24	24.52 /82	15.46 /71	8.96 /23	0.00	2.65
GL	Evergreen Global Large Cap Eq Fd C	ECGLX	B+	(800) 343-2898	B- / 7.5	6.88	10.20	24.58 /82	15.47 /71	8.97 /23	0.00	2.65
GL	Evergreen Global Large Cap Eq Fd I	EYGLX	A-	(800) 343-2898	B / 8.0	7.13	10.83	25.84 /85	16.62 /76	10.06 /34	0.82	1.65
GL	Evergreen Global Opportunities A	EKGAX	B+	(800) 343-2898	A / 9.4	7.11	15.38	29.28 /92	27.38 /95	21.89 /94	0.11	1.68
GL	Evergreen Global Opportunities B	EKGBX	B	(800) 343-2898	A / 9.4	6.86	14.95	28.34 /90	26.48 /94	21.02 /93	0.00	2.38
GL	Evergreen Global Opportunities C	EKGCX	B	(800) 343-2898	A / 9.4	6.90	14.95	28.37 /90	26.51 /94	21.02 /93	0.00	2.38
GL	Evergreen Global Opportunities I	EKGYX	B+	(800) 343-2898	A / 9.5	7.14	15.52	29.61 /92	27.76 /95	22.23 /94	0.29	1.38
SC	Evergreen Growth A	EGWAX	D	(800) 343-2898	C / 5.0	8.62	12.51	17.24 /40	12.98 /54	12.20 /55	0.00	1.31
SC	Evergreen Growth B	EGRBX	D	(800) 343-2898	C / 5.5	8.38	12.09	16.32 /34	12.17 /47	11.37 /47	0.00	2.01
SC	Evergreen Growth C	EGRTX	D	(800) 343-2898	C+ / 5.6	8.53	12.25	16.56 /35	12.21 /47	11.43 /48	0.00	2.01
SC	Evergreen Growth I	EGRYX	C-	(800) 343-2898	C+ / 6.5	8.73	12.69	17.61 /42	13.32 /57	12.52 /58	0.00	1.01
HL	Evergreen Health Care Fund A	EHABX	D-	(800) 343-2898	D- / 1.5	3.71	4.71	14.63 /24	10.03 /28	13.95 /69	0.00	1.72
HL	Evergreen Health Care Fund B	EHCBX	D-	(800) 343-2898	D / 1.9	3.50	4.34	13.83 /20	9.25 /22	13.14 /63	0.00	2.42
HL	Evergreen Health Care Fund C	EHCCX	D-	(800) 343-2898	D / 1.9	3.55	4.35	13.84 /20	9.26 /23	13.15 /63	0.00	2.42
HL	Evergreen Health Care Fund I	EHCYX	D	(800) 343-2898	D+ / 2.6	3.82	4.85	14.96 /26	10.35 /31	14.28 /72	0.00	1.42
FO	Evergreen International Equity A	EKZAX	B+	(800) 343-2898	B+ / 8.6	7.15	10.49	24.71 /82	21.91 /89	15.69 /80	2.31	1.02
FO	Evergreen International Equity B	EKZBX	B+	(800) 343-2898	B+ / 8.7	6.89	10.11	23.80 /80	21.03 /87	14.87 /75	1.86	1.72
FO	Evergreen International Equity C	EKZCX	B+	(800) 343-2898	B+ / 8.7	6.99	10.11	23.88 /80	21.06 /87	14.89 /75	1.92	1.72
FO	Evergreen International Equity I	EKZYX	A-	(800) 343-2898	B+ / 8.9	7.27	10.68	25.03 /83	22.24 /90	16.05 /81	2.66	0.72
FO	Evergreen International Equity R	EKZRX	A-	(800) 343-2898	B+ / 8.9	7.06	10.33	24.39 /81	21.61 /88	15.28 /78	2.41	1.22
GR	Evergreen Intrinsic Value Class A	EIVAX	U	(800) 343-2898	U /	5.35	7.17	--	--	--	0.00	1.56
GR	Evergreen Intrinsic Value Class B	EIVBX	U	(800) 343-2898	U /	5.18	6.71	--	--	--	0.00	2.31
GR	Evergreen Intrinsic Value Class I	EIVIX	U	(800) 343-2898	U /	5.44	7.25	--	--	--	0.00	1.31
GR	Evergreen Large Cap Equity A	EVSAX	B-	(800) 343-2898	C / 5.4	6.24	7.81	22.43 /75	13.49 /58	11.87 /52	0.89	0.91
GR	Evergreen Large Cap Equity B	EVSBX	B	(800) 343-2898	C+ / 5.7	6.04	7.46	21.61 /70	12.66 /51	11.08 /44	0.23	1.66
GR	Evergreen Large Cap Equity C	EVSTX	B	(800) 343-2898	C+ / 5.7	6.06	7.47	21.60 /70	12.68 /51	11.05 /44	0.26	1.66
GR	Evergreen Large Cap Equity I	EVSYX	B	(800) 343-2898	C+ / 6.6	6.31	7.98	22.79 /76	13.81 /61	12.17 /55	1.12	0.66
GR	Evergreen Large Cap Equity IS	EVSSX	B+	(800) 343-2898	C+ / 6.4	6.25	7.81	22.50 /75	13.54 /59	11.91 /53	0.89	0.80
GR	Evergreen Large Comp Growth A	EKJAX	D+	(800) 343-2898	D+ / 2.9	10.75	9.70	21.13 /67	9.02 /21	8.58 /19	0.00	1.15
GR	Evergreen Large Comp Growth B	EKJBX	D+	(800) 343-2898	C- / 3.3	10.43	9.14	20.13 /61	8.18 /15	7.82 /13	0.00	1.85
GR	Evergreen Large Comp Growth C	EKJCX	D+	(800) 343-2898	C- / 3.3	10.43	9.14	20.13 /61	8.18 /15	7.78 /13	0.00	1.85
GR	Evergreen Large Comp Growth I	EKJYX	C-	(800) 343-2898	C / 4.3	10.72	9.83	21.43 /69	9.28 /23	8.91 /22	0.00	0.85
MC	Evergreen Mid Cap Growth A	EKAAX	D	(800) 343-2898	C- / 4.2	7.35	11.44	24.44 /81	10.80 /34	13.81 /68	0.00	1.10
MC	Evergreen Mid Cap Growth B	EKABX	D+	(800) 343-2898	C / 4.8	7.09	10.93	23.55 /79	10.01 /28	13.00 /62	0.00	1.80
MC	Evergreen Mid Cap Growth C	EKACX	D+	(800) 343-2898	C / 4.9	7.08	11.11	23.51 /79	10.06 /28	13.03 /62	0.00	1.80
MC	Evergreen Mid Cap Growth I	EKAYX	C-	(800) 343-2898	C+ / 5.7	7.28	11.41	24.64 /82	11.05 /36	14.12 /70	0.00	0.80
GR	Evergreen Omega A	EKOAX	D-	(800) 343-2898	D+ / 2.3	10.76	10.15	21.11 /67	7.73 /13	9.07 /24	0.00	1.49
GR	Evergreen Omega B	EKOBX	D-	(800) 343-2898	D+ / 2.7	10.56	9.72	20.27 /62	6.97 / 9	8.31 /17	0.00	2.19
GR	Evergreen Omega C	EKOCX	D-	(800) 343-2898	D+ / 2.7	10.57	9.74	20.26 /62	6.98 / 9	8.30 /17	0.00	2.19

● Denotes fund is closed to new investors
* Denotes fund is included in Section II

www.thestreet.com/ratings

Summer 2007   **I. Index of Stock Mutual Funds**

RISK			NET ASSETS		ASSET				Portfolio Turnover Ratio	BULL / BEAR		FUND MANAGER		MINIMUMS		LOADS	
Risk Rating/Pts	3 Year Standard Deviation	Beta	NAV As of 6/30/07	Total $(Mil)	Cash %	Stocks %	Bonds %	Other %		Last Bull Market Return	Last Bear Market Return	Manager Quality Pct	Manager Tenure (Years)	Initial Purch. $	Additional Purch. $	Front End Load	Back End Load
B- / 7.4	7.2	0.93	24.59	29	2	97	0	1	73.0	90.2	-7.5	64	6	1,000	0	0.0	0.0
B- / 7.5	7.2	0.93	24.84	669	2	97	0	1	73.0	98.4	-7.3	75	6	1,000,000	0	0.0	0.0
B- / 7.5	7.2	0.93	24.89	N/A	2	97	0	1	73.0	94.7	-7.3	70	6	0	0	0.0	0.0
B / 8.3	7.3	1.00	56.15	384	0	100	0	0	15.0	91.7	-9.8	46	7	25,000	0	4.8	0.0
B / 8.6	7.3	1.00	55.89	121	0	100	0	0	15.0	85.7	-10.0	36	7	25,000	0	0.0	0.0
B / 8.6	7.3	1.00	55.95	183	0	100	0	0	15.0	85.7	-10.0	36	7	25,000	0	0.0	0.0
B / 8.6	7.3	1.00	56.19	368	0	100	0	0	15.0	93.7	-9.8	50	7	1,000,000	0	0.0	0.0
B / 8.6	7.3	1.00	56.16	10	0	100	0	0	15.0	91.7	-9.8	46	7	1,000,000	0	0.0	0.0
B / 8.4	7.7	1.02	27.35	671	0	99	0	1	16.0	91.1	-9.1	52	6	1,000	0	5.8	0.0
B / 8.4	7.7	1.02	25.48	159	0	99	0	1	16.0	85.5	-9.3	41	6	1,000	0	0.0	0.0
B / 8.4	7.7	1.02	25.49	83	0	99	0	1	16.0	85.5	-9.2	42	6	1,000	0	0.0	0.0
B / 8.4	7.7	1.02	27.84	285	0	99	0	1	16.0	93.5	-9.0	56	6	1,000,000	0	0.0	0.0
B- / 7.7	7.9	0.80	20.60	111	0	98	0	2	34.0	105.8	-10.1	28	6	1,000	0	5.8	1.0
B- / 7.7	7.9	0.80	19.16	11	0	98	0	2	34.0	99.9	-10.4	22	N/A	1,000	0	0.0	1.0
B- / 7.7	7.9	0.80	19.12	18	0	98	0	2	34.0	99.9	-10.3	23	N/A	1,000	0	0.0	1.0
B- / 7.7	7.9	0.80	21.19	3	0	98	0	2	34.0	108.2	-10.0	31	N/A	1,000,000	0	0.0	1.0
C / 5.4	12.1	1.16	37.07	389	2	97	0	1	101.0	239.8	-11.1	66	10	1,000	0	5.8	1.0
C / 5.2	12.1	1.16	30.98	74	2	97	0	1	101.0	229.6	-11.2	57	10	1,000	0	0.0	1.0
C / 5.2	12.1	1.16	31.14	97	2	97	0	1	101.0	229.9	-11.3	57	10	1,000	0	0.0	1.0
C / 5.4	12.2	1.17	38.12	29	2	97	0	1	101.0	244.0	-11.0	70	10	1,000,000	0	0.0	1.0
C- / 4.0	15.1	1.08	18.53	93	2	97	0	1	96.0	117.7	-9.2	37	22	1,000	0	5.8	0.0
C- / 3.7	15.1	1.08	16.04	19	2	97	0	1	96.0	111.0	-9.5	30	22	1,000	0	0.0	0.0
C- / 3.7	15.1	1.08	16.04	173	2	97	0	1	96.0	111.3	-9.4	30	22	1,000	0	0.0	0.0
C- / 4.1	15.1	1.08	19.18	683	2	97	0	1	96.0	120.3	-9.2	41	22	1,000,000	0	0.0	0.0
C+ / 6.9	9.8	1.00	21.78	159	2	97	0	1	39.0	116.4	-5.5	34	1	1,000	0	5.8	0.0
C+ / 6.8	9.9	1.00	20.42	94	2	97	0	1	39.0	110.1	-5.8	27	1	1,000	0	0.0	0.0
C+ / 6.8	9.9	1.00	20.41	68	2	97	0	1	39.0	110.0	-5.8	27	1	1,000	0	0.0	0.0
C+ / 6.9	9.8	1.00	22.28	10	2	97	0	1	39.0	119.1	-5.6	37	1	1,000,000	0	0.0	0.0
C+ / 6.6	9.6	1.00	11.69	721	2	97	0	1	71.0	157.4	-7.3	42	9	1,000	0	5.8	1.0
C+ / 6.6	9.7	1.01	11.33	71	2	97	0	1	71.0	149.6	-7.5	32	16	1,000	0	0.0	1.0
C+ / 6.6	9.6	1.01	11.33	113	2	97	0	1	71.0	150.0	-7.7	33	9	1,000	0	0.0	1.0
C+ / 6.6	9.6	1.01	11.81	2,474	2	97	0	1	71.0	160.7	-7.4	46	9	1,000,000	0	0.0	1.0
C+ / 6.6	9.6	1.01	11.53	7	2	97	0	1	71.0	153.8	-7.5	38	4	0	0	0.0	0.0
U /	N/A	N/A	11.81	83	3	96	0	1	2.0	N/A	N/A	N/A	1	1,000	0	5.0	0.0
U /	N/A	N/A	11.77	25	3	96	0	1	2.0	N/A	N/A	N/A	1	1,000	0	0.0	0.0
U /	N/A	N/A	11.83	60	3	96	0	1	2.0	N/A	N/A	N/A	1	1,000,000	0	0.0	0.0
B / 8.5	7.8	1.05	18.92	542	2	98	0	0	41.0	108.3	-7.8	70	7	1,000	0	4.8	0.0
B / 8.5	7.8	1.05	18.09	26	2	98	0	0	41.0	101.9	-8.0	61	7	1,000	0	0.0	0.0
B / 8.5	7.8	1.05	18.41	11	2	98	0	0	41.0	101.9	-8.0	62	7	1,000	0	0.0	0.0
B / 8.5	7.8	1.05	19.01	1,766	2	98	0	0	41.0	110.6	-7.7	74	7	1,000,000	0	0.0	0.0
B / 8.5	7.8	1.05	18.94	70	2	98	0	0	41.0	108.5	-7.8	71	7	1,000,000	0	0.0	0.0
C+ / 6.8	11.2	1.36	8.14	355	0	99	0	1	78.0	73.7	-10.0	10	N/A	1,000	0	5.8	0.0
C+ / 6.7	11.1	1.36	7.52	17	0	99	0	1	78.0	68.7	-10.3	7	N/A	1,000	0	0.0	0.0
C+ / 6.7	11.1	1.36	7.52	9	0	99	0	1	78.0	68.7	-10.3	7	N/A	1,000	0	0.0	0.0
C+ / 6.8	11.1	1.36	8.16	12	0	99	0	1	78.0	76.2	-10.1	11	N/A	1,000,000	0	0.0	0.0
C / 5.3	13.1	1.16	6.72	530	0	99	0	1	102.0	115.0	-6.3	8	N/A	1,000	0	5.8	0.0
C / 5.2	13.1	1.16	6.19	21	0	99	0	1	102.0	108.8	-6.6	7	N/A	1,000	0	0.0	0.0
C / 5.2	13.1	1.16	6.20	7	0	99	0	1	102.0	109.1	-6.6	7	N/A	1,000	0	0.0	0.0
C / 5.3	13.2	1.16	6.93	91	0	99	0	1	102.0	117.6	-6.2	9	N/A	1,000,000	0	0.0	0.0
C+ / 6.0	12.9	1.55	30.06	577	0	99	0	1	88.0	79.8	-9.5	4	1	1,000	0	5.8	0.0
C+ / 6.0	12.9	1.55	26.29	216	0	99	0	1	88.0	74.5	-9.7	3	1	1,000	0	0.0	0.0
C+ / 6.0	12.9	1.55	26.36	56	0	99	0	1	88.0	74.5	-9.7	3	1	1,000	0	0.0	0.0

www.thestreet.com/ratings   Data as of June 30, 2007

I. Index of Stock Mutual Funds

Summer 2007

99 Pct = Best
0 Pct = Worst

Fund Type	Fund Name	Ticker Symbol	Overall Investment Rating	Phone	Performance Rating/Pts	Total Return % through 6/30/07					Incl. in Returns	
						3 Mo	6 Mo	1Yr / Pct	Annualized 3Yr / Pct	5Yr / Pct	Dividend Yield	Expense Ratio
GR	Evergreen Omega I	EOMYX	D+	(800) 343-2898	C- / 3.6	10.84	10.29	21.43 /69	8.05 /15	9.40 /27	0.00	1.19
GR	Evergreen Omega R	EKORX	D	(800) 343-2898	C- / 3.2	10.72	9.99	20.85 /66	7.51 /12	8.92 /22	0.00	1.69
PM	Evergreen Precious Metals A	EKWAX	C-	(800) 343-2898	B+ / 8.8	-1.79	-1.28	7.21 / 3	28.17 /95	25.88 /97	0.67	1.17
PM	Evergreen Precious Metals B	EKWBX	C-	(800) 343-2898	B+ / 8.9	-1.96	-1.62	6.47 / 2	27.27 /95	24.99 /96	0.11	1.87
PM	Evergreen Precious Metals C	EKWCX	C-	(800) 343-2898	B+ / 8.9	-1.98	-1.62	6.47 / 2	27.28 /95	25.01 /96	0.19	1.87
PM	Evergreen Precious Metals I	EKWYX	C-	(800) 343-2898	A- / 9.1	-1.73	-1.14	7.51 / 3	28.54 /95	26.24 /97	0.93	0.87
SC	Evergreen Small Cap Value A	ESKAX	D+	(800) 343-2898	C- / 3.8	4.58	8.62	14.67 /24	13.48 /58	12.35 /56	0.00	1.43
SC	Evergreen Small Cap Value B	ESKBX	C-	(800) 343-2898	C / 4.3	4.37	8.18	13.79 /20	12.64 /51	11.76 /51	0.00	2.18
SC	Evergreen Small Cap Value C	ESKCX	C-	(800) 343-2898	C / 4.3	4.36	8.13	13.78 /20	12.63 /51	11.76 /51	0.00	2.18
SC	Evergreen Small Cap Value I	ESKIX	C	(800) 343-2898	C / 5.5	4.71	8.80	15.03 /26	13.80 /61	12.70 /59	0.00	1.18
MC	Evergreen Small-Mid Growth A	ESMGX	U	(800) 343-2898	U /	8.33	16.04	23.84 /80	--	--	0.00	2.04
MC	Evergreen Small-Mid Growth Inst	ESMIX	U	(800) 343-2898	U /	8.39	16.19	24.11 /81	--	--	0.08	1.74
SC	Evergreen Special Equity A	ESEAX	E+	(800) 343-2898	E+ / 0.7	4.36	6.50	9.58 / 7	8.01 /14	10.29 /36	0.00	1.65
SC	Evergreen Special Equity B	ESEBX	E+	(800) 343-2898	D- / 1.0	4.10	6.04	8.78 / 5	7.26 /10	9.53 /28	0.00	2.35
SC	Evergreen Special Equity C	ESQCX	E+	(800) 343-2898	D- / 1.0	4.18	6.12	8.79 / 6	7.26 /10	9.53 /28	0.00	2.35
SC	Evergreen Special Equity I	ESDDX	E+	(800) 343-2898	D- / 1.4	4.33	6.54	9.80 / 7	8.32 /16	10.62 /40	0.00	1.35
SC	Evergreen Special Equity IS	ESSEX	E+	(800) 343-2898	D- / 1.3	4.34	6.54	9.60 / 7	8.08 /15	10.36 /37	0.00	1.60
SC	● Evergreen Special Values A	ESPAX	C	(800) 343-2898	C+ / 6.0	4.78	6.61	18.75 /50	16.27 /75	15.70 /80	0.28	1.34
SC	● Evergreen Special Values B	ESPBX	C	(800) 343-2898	C+ / 6.5	4.59	6.21	17.86 /44	15.43 /71	14.85 /75	0.00	2.09
SC	● Evergreen Special Values C	ESPCX	C	(800) 343-2898	C+ / 6.5	4.58	6.20	17.82 /44	15.41 /71	14.85 /75	0.00	2.09
SC	● Evergreen Special Values I	ESPIX	C+	(800) 343-2898	B- / 7.2	4.85	6.75	19.03 /53	16.59 /76	16.01 /81	0.51	1.09
SC	● Evergreen Special Values R	ESPRX	C+	(800) 343-2898	C+ / 6.9	4.70	6.48	18.41 /48	15.99 /74	15.50 /79	0.13	1.59
GR	Evergreen Strategic Growth A	ESGAX	D	(800) 343-2898	D / 2.1	6.43	9.16	20.57 /64	8.60 /18	7.81 /13	0.00	1.08
GR	Evergreen Strategic Growth B	ESGBX	D+	(800) 343-2898	D+ / 2.5	6.26	8.78	19.72 /58	7.84 /13	7.04 / 8	0.00	1.78
GR	Evergreen Strategic Growth C	ESGTX	D+	(800) 343-2898	D+ / 2.5	6.26	8.74	19.67 /57	7.83 /13	7.03 / 8	0.00	1.78
GR	Evergreen Strategic Growth I	ESGIX	C-	(800) 343-2898	C- / 3.4	6.51	9.29	20.88 /66	8.93 /20	8.11 /15	0.26	0.78
GR	Evergreen Strategic Growth IS	ESGSX	C-	(800) 343-2898	C- / 3.2	6.43	9.18	20.65 /64	8.66 /18	7.86 /14	0.03	1.03
GR	Evergreen Strategic Growth R	ESGRX	D+	(800) 343-2898	C- / 3.0	6.40	9.05	20.31 /62	8.42 /17	7.76 /13	0.00	1.28
UT	Evergreen Utility and Telecom A	EVUAX	A+	(800) 343-2898	A / 9.5	6.17	17.21	34.99 /96	29.30 /95	22.37 /94	5.79	1.22
UT	Evergreen Utility and Telecom B	EVUBX	A+	(800) 343-2898	A+ / 9.6	5.96	16.77	34.01 /95	28.38 /95	21.50 /94	5.42	1.92
UT	Evergreen Utility and Telecom C	EVUCX	A+	(800) 343-2898	A+ / 9.6	5.97	16.80	33.99 /95	28.36 /95	21.48 /93	5.48	1.92
UT	Evergreen Utility and Telecom I	EVUYX	A+	(800) 343-2898	A+ / 9.8	6.15	17.33	35.31 /96	29.64 /96	22.72 /95	6.32	0.92
GR	Excelsior Blended Equity Fd	UMEQX	C	(800) 446-1012	C+ / 5.6	7.56	8.92	22.01 /72	12.57 /50	10.81 /42	0.54	1.21
EM	Excelsior Emerging Markets Fd	UMEMX	C+	(800) 446-1012	A+ / 9.7	13.94	13.13	40.54 /97	35.41 /98	30.16 /98	0.58	1.92
EM	Excelsior Emerging Markets I	EXEMX	U	(800) 446-1012	U /	13.96	13.24	41.00 /97	--	--	0.73	1.68
EN	Excelsior Energy & Nat Resrc Fd	UMESX	C	(800) 446-1012	A+ / 9.7	13.72	22.44	26.27 /86	34.27 /97	25.48 /96	0.21	1.13
IN	Excelsior Equity Income Fd	UMEIX	C+	(800) 446-1012	C / 4.4	7.06	8.31	21.92 /72	11.04 /36	--	1.73	1.22
IN	Excelsior Equity Income Retire	UREIX	C+	(800) 446-1012	C- / 3.9	6.90	8.15	21.37 /69	10.50 /32	--	1.17	1.84
IN	Excelsior Equity Opportunities Fd	UMECX	A+	(800) 446-1012	B / 8.0	9.31	12.82	24.76 /82	16.50 /76	--	0.41	1.31
IN	Excelsior Equity Opportunities I	EXECX	U	(800) 446-1012	U /	9.43	12.93	25.02 /83	--	--	0.62	0.99
FO	Excelsior Instl Intl Equity I	EXIIX	B+	(800) 446-1012	A- / 9.1	6.70	11.19	25.36 /84	24.00 /92	17.69 /87	0.73	1.46
FO	Excelsior International Fd	UMINX	A	(800) 446-1012	A- / 9.0	6.53	10.96	24.65 /82	22.96 /91	17.21 /86	0.42	1.58
GR	Excelsior Large Cap Growth Retail	UMLGX	C-	(800) 446-1012	C- / 3.8	3.87	7.10	18.13 /46	11.94 /45	9.83 /31	0.00	1.20
GR	Excelsior Large Cap Growth Retire	URLGX	C-	(800) 446-1012	C- / 3.4	3.73	6.90	17.57 /42	11.36 /39	9.49 /28	0.00	1.87
MC	Excelsior Mid Cap Value & Restr Fd	UMVEX	B	(800) 446-1012	B- / 7.5	9.63	10.04	24.69 /82	15.08 /69	14.56 /73	0.88	1.13
MC	Excelsior Mid Cap Value & Restr I	EXVAX	B+	(800) 446-1012	B / 7.6	9.68	10.19	25.00 /83	15.37 /71	14.85 /75	1.08	0.88
FO	Excelsior Pacific/Asia Retail	USPAX	C+	(800) 446-1012	B+ / 8.3	9.56	11.56	24.92 /83	17.96 /80	14.66 /74	0.00	1.62
RE	Excelsior Real Estate Fd	UMREX	D+	(800) 446-1012	C+ / 6.4	-9.11	-6.85	10.39 / 9	19.77 /84	16.77 /84	0.73	1.52
SC	Excelsior Small Cap Retail	UMLCX	C+	(800) 446-1012	B- / 7.1	7.81	14.74	21.35 /69	14.41 /65	15.45 /78	0.00	1.56
★ GR	Excelsior Value & Restructg Fd	UMBIX	A-	(800) 446-1012	B+ / 8.3	10.05	13.80	23.98 /80	17.57 /79	16.94 /85	0.78	1.05
GR	Excelsior Value & Restructg I	EXBIX	A-	(800) 446-1012	B+ / 8.4	10.10	13.91	24.27 /81	17.83 /80	--	0.96	0.85
★ GR	Fairholme Fund	FAIRX	B+	(866) 202-2263	B / 8.1	6.83	9.52	17.35 /40	19.81 /84	17.44 /86	0.76	1.00

● Denotes fund is closed to new investors
★ Denotes fund is included in Section II

www.thestreet.com/ratings

I. Index of Stock Mutual Funds

Summer 2007

RISK			NET ASSETS		ASSET				Portfolio Turnover Ratio	BULL / BEAR		FUND MANAGER		MINIMUMS		LOADS	
	3 Year		NAV							Last Bull	Last Bear	Manager	Manager	Initial	Additional	Front	Back
Risk Rating/Pts	Standard Deviation	Beta	As of 6/30/07	Total $(Mil)	Cash %	Stocks %	Bonds %	Other %		Market Return	Market Return	Quality Pct	Tenure (Years)	Purch. $	Purch. $	End Load	End Load
C+ / 6.0	12.9	1.55	30.88	16	0	99	0	1	88.0	82.0	-9.5	4	1	1,000,000	0	0.0	0.0
C+ / 6.0	12.9	1.56	29.85	N/A	0	99	0	1	88.0	78.6	-9.5	3	1	0	0	0.0	0.0
D / 1.8	27.0	1.38	56.43	446	1	95	2	2	19.0	206.9	18.3	88	N/A	1,000	0	5.8	1.0
D / 1.8	27.0	1.38	53.93	75	1	95	2	2	19.0	197.9	18.1	84	N/A	1,000	0	0.0	1.0
D / 1.8	27.0	1.38	53.57	232	1	95	2	2	19.0	197.9	18.1	84	N/A	1,000	0	0.0	1.0
D / 1.8	27.0	1.38	56.12	6	1	95	2	2	19.0	210.5	18.4	89	N/A	1,000,000	0	0.0	1.0
C+ / 6.2	11.4	0.81	23.16	90	13	86	0	1	28.0	125.0	-8.4	76	N/A	1,000	0	5.8	0.0
C+ / 6.0	11.4	0.81	22.80	10	13	86	0	1	28.0	118.7	-8.3	67	N/A	1,000	0	0.0	0.0
C+ / 6.0	11.4	0.81	22.81	10	13	86	0	1	28.0	118.8	-8.3	67	N/A	1,000	0	0.0	0.0
C+ / 6.3	11.4	0.81	24.05	242	13	86	0	1	28.0	127.7	-8.3	79	N/A	1,000,000	0	0.0	0.0
U /	N/A	N/A	14.18	49	0	99	0	1	142.0	N/A	N/A	N/A	2	1,000	0	5.8	0.0
U /	N/A	N/A	14.21	131	0	99	0	1	142.0	N/A	N/A	N/A	2	1,000,000	0	0.0	0.0
C+ / 5.8	14.6	1.02	15.07	40	1	98	0	1	78.0	112.1	-10.9	10	N/A	1,000	0	5.8	0.0
C+ / 5.8	14.6	1.03	14.22	18	1	98	0	1	78.0	105.8	-11.0	7	N/A	1,000	0	0.0	0.0
C+ / 5.8	14.6	1.03	14.22	10	1	98	0	1	78.0	106.0	-11.1	7	N/A	1,000	0	0.0	0.0
C+ / 5.9	14.6	1.03	15.65	67	1	98	0	1	78.0	114.7	-10.8	11	N/A	1,000,000	0	0.0	0.0
C+ / 5.8	14.6	1.03	15.15	3	1	98	0	1	78.0	112.6	-10.8	10	N/A	1,000,000	0	0.0	0.0
C+ / 5.8	11.4	0.82	29.18	1,046	2	97	0	1	52.0	153.7	-9.8	91	10	1,000	0	5.8	0.0
C+ / 5.6	11.4	0.82	28.05	179	2	97	0	1	52.0	145.9	-10.0	88	7	1,000	0	0.0	0.0
C+ / 5.6	11.4	0.82	28.11	144	2	97	0	1	52.0	145.9	-10.0	88	5	1,000	0	0.0	0.0
C+ / 5.8	11.4	0.82	29.40	1,152	2	97	0	1	52.0	156.7	-9.8	92	10	1,000,000	0	0.0	0.0
C+ / 5.8	11.4	0.82	28.94	8	2	97	0	1	52.0	151.6	-9.8	90	4	0	0	0.0	0.0
B- / 7.1	9.7	1.21	31.94	7	0	99	0	1	84.0	72.8	-6.6	13	10	1,000	0	5.8	0.0
B- / 7.0	9.7	1.21	30.72	3	0	99	0	1	84.0	67.7	-6.7	10	10	1,000	0	0.0	0.0
B- / 7.0	9.7	1.21	30.72	3	0	99	0	1	84.0	67.6	-6.7	10	10	1,000	0	0.0	0.0
B- / 7.1	9.7	1.21	32.22	1,078	0	99	0	1	84.0	75.0	-6.6	15	10	1,000,000	0	0.0	0.0
B- / 7.1	9.7	1.21	31.76	15	0	99	0	1	84.0	73.2	-6.6	13	9	1,000,000	0	0.0	0.0
B- / 7.1	9.7	1.20	31.93	N/A	0	99	0	1	84.0	72.2	-6.6	12	4	0	0	0.0	0.0
B- / 7.4	9.3	0.64	16.19	525	6	89	1	4	71.0	230.5	-5.9	99	N/A	1,000	0	5.8	0.0
B- / 7.4	9.3	0.65	16.20	87	6	89	1	4	71.0	220.7	-6.1	98	N/A	1,000	0	0.0	0.0
B- / 7.4	9.3	0.65	16.20	110	6	89	1	4	71.0	220.9	-6.3	98	N/A	1,000	0	0.0	0.0
B- / 7.4	9.3	0.65	16.21	3	6	89	1	4	71.0	234.7	-5.9	99	N/A	1,000,000	0	0.0	0.0
C+ / 5.7	7.5	0.98	37.92	408	0	99	0	1	9.6	94.1	-9.8	67	N/A	500	50	0.0	2.0
C- / 3.5	16.2	1.07	15.96	1,203	4	95	0	1	15.6	303.7	-3.1	11	N/A	500	50	0.0	2.0
U /	N/A	N/A	16.00	48	4	95	0	1	15.6	N/A	N/A	N/A	N/A	500	0	0.0	2.0
D / 1.9	21.2	1.00	26.48	665	4	95	0	1	278.5	258.6	1.0	82	12	500	50	0.0	2.0
B / 8.4	7.4	0.95	10.09	246	3	96	0	1	31.0	N/A	N/A	50	4	500	50	0.0	2.0
B / 8.8	7.4	0.96	10.14	N/A	3	96	0	1	31.0	N/A	N/A	42	N/A	500	50	0.0	2.0
B / 8.4	8.6	1.01	15.45	334	3	96	0	1	10.9	N/A	N/A	91	3	500	50	0.0	2.0
U /	N/A	N/A	15.46	64	3	96	0	1	10.9	N/A	N/A	N/A	2	0	0	0.0	2.0
C+ / 6.3	10.2	1.06	12.07	72	2	97	0	1	31.1	199.3	-9.2	52	N/A	500	0	0.0	2.0
B- / 7.0	10.1	1.05	20.22	701	3	96	0	1	28.1	194.1	-9.7	43	N/A	500	50	0.0	2.0
C+ / 6.4	11.5	1.29	11.01	762	0	99	0	1	32.5	95.8	-11.5	29	N/A	500	50	0.0	2.0
C+ / 6.8	11.6	1.30	10.84	N/A	0	99	0	1	32.5	92.8	-11.5	24	N/A	500	50	0.0	2.0
B- / 7.1	11.4	0.97	23.47	332	1	98	0	1	25.4	136.8	-8.7	57	N/A	500	50	0.0	2.0
B- / 7.1	11.3	0.97	23.54	33	1	98	0	1	25.4	139.1	-8.7	60	N/A	500	0	0.0	2.0
C / 4.4	13.5	1.22	12.84	214	2	97	0	1	93.4	144.2	-7.5	4	9	500	50	0.0	2.0
C- / 3.6	14.7	1.00	10.47	100	1	98	0	1	37.8	166.3	-0.8	65	10	500	50	0.0	2.0
C / 5.2	13.7	0.96	20.71	791	1	98	0	1	51.6	175.0	-15.1	70	N/A	500	50	0.0	2.0
B- / 7.1	10.7	1.29	59.53	8,803	0	99	0	1	12.8	163.2	-7.1	86	15	500	50	0.0	2.0
B- / 7.1	10.7	1.29	59.51	344	0	99	0	1	12.8	165.7	-7.3	87	15	500	0	0.0	2.0
B- / 7.2	7.7	0.68	31.75	5,507	1	79	18	2	20.3	149.0	-7.2	98	N/A	2,500	1,000	0.0	2.0

www.thestreet.com/ratings

Data as of June 30, 2007

I. Index of Stock Mutual Funds

Summer 2007

99 Pct = Best
0 Pct = Worst

Fund Type	Fund Name	Ticker Symbol	Overall Investment Rating	Phone	Performance Rating/Pts	Total Return % through 6/30/07					Incl. in Returns	
						3 Mo	6 Mo	1Yr / Pct	Annualized 3Yr / Pct	5Yr / Pct	Dividend Yield	Expense Ratio
IN	FAM Equity-Income Fund	FAMEX	C-	(800) 932-3271	C- / 4.2	6.55	10.10	18.33 /47	10.70 /33	9.85 /31	0.80	1.61
SC	FAM Value Fund	FAMVX	C-	(800) 932-3271	C- / 3.3	4.12	7.43	16.73 /36	10.55 /32	10.95 /43	0.56	1.38
BA	FBP Contrarian Balanced Fund	FBPBX	D+	(800) 443-4249	D- / 1.3	4.59	4.14	12.57 /15	7.71 /13	8.99 /23	1.90	0.97
GR	FBP Contrarian Value Fund	FBPEX	C	(800) 443-4249	C- / 3.9	5.97	4.76	19.67 /57	11.06 /36	11.31 /47	1.07	1.00
EN	FBR Gas Utility Index Fund	GASFX	A-	(888) 888-0025	B / 8.1	2.24	6.48	21.13 /67	20.19 /85	13.36 /65	2.21	0.80
FS	FBR Large Cap Financial Fd	FBRFX	E	(888) 888-0025	E+ / 0.8	1.54	0.25	12.15 /14	8.01 /14	8.59 /19	0.50	1.84
TC	FBR Large Cap Technology Fd	FBRTX	D	(888) 888-0025	C / 4.6	6.76	8.31	19.41 /55	11.50 /41	15.97 /81	0.00	1.92
FS	FBR Small Cap Financial Fd	FBRSX	E-	(888) 888-0025	E- / 0.0	-4.61	-10.61	-6.78 / 0	4.38 / 2	9.85 /31	0.49	1.46
SC	FBR Small Cap Fund	FBRVX	B+	(888) 888-0025	B+ / 8.4	6.50	8.25	24.94 /83	19.22 /83	23.17 /95	0.00	1.40
TC	FBR Small Cap Technology Fund	FBRCX	C	(888) 888-0025	B- / 7.0	7.93	13.79	29.87 /92	11.93 /45	--	0.00	5.45
GI	Federated American Leaders A	FALDX	D-	(800) 341-7400	D / 2.0	5.75	2.59	18.54 /49	10.10 /29	8.86 /22	0.83	1.17
GI	Federated American Leaders B	FALBX	D	(800) 341-7400	D+ / 2.3	5.54	2.21	17.61 /42	9.25 /23	8.02 /15	0.21	1.96
GI	Federated American Leaders C	FALCX	D	(800) 341-7400	D+ / 2.3	5.54	2.15	17.59 /42	9.26 /23	8.03 /15	0.24	1.94
GI	Federated American Leaders F	FALFX	D	(800) 341-7400	D+ / 2.7	5.72	2.57	18.56 /49	10.12 /29	8.87 /22	0.89	1.16
GI	Federated American Leaders K	FALKX	D	(800) 341-7400	D+ / 2.5	5.59	2.35	17.96 /45	9.61 /25	8.37 /18	0.47	1.64
GR	Federated Capital Appreciation A	FEDEX	C-	(800) 341-7400	C / 5.3	9.15	11.07	27.02 /88	11.45 /40	9.02 /23	0.54	1.24
GR	Federated Capital Appreciation B	CPABX	C-	(800) 341-7400	C+ / 5.8	8.92	10.62	26.04 /85	10.58 /32	8.19 /16	0.00	2.04
GR	Federated Capital Appreciation C	CPACX	C-	(800) 341-7400	C+ / 5.7	8.94	10.64	26.02 /85	10.55 /32	8.17 /16	0.00	2.03
GR	Federated Capital Appreciation K	CPAKX	C	(800) 341-7400	C+ / 6.1	9.01	10.84	26.47 /87	10.96 /35	8.66 /20	0.31	1.69
GI	Federated Capital Income Fund A	CAPAX	D	(800) 341-7400	D / 2.0	2.05	3.51	15.45 /29	11.43 /40	7.90 /14	3.98	1.32
GI	Federated Capital Income Fund B	CAPBX	C-	(800) 341-7400	D+ / 2.4	1.98	3.25	14.71 /24	10.63 /33	7.14 / 9	3.47	2.07
GI	Federated Capital Income Fund C	CAPCX	C-	(800) 341-7400	D+ / 2.4	1.98	3.26	14.74 /25	10.60 /32	7.15 / 9	3.49	2.07
GI	Federated Capital Income Fund F	CAPFX	C-	(800) 341-7400	D+ / 2.8	2.18	3.52	15.47 /29	11.44 /40	7.94 /14	4.18	1.57
AA	Federated Conserv Allocation Inst	FMCGX	D+	(800) 341-7400	D- / 1.2	3.37	4.97	14.25 /22	7.33 /11	7.33 /10	2.69	1.89
AA	Federated Conserv Allocation Sel	FCGSX	D	(800) 341-7400	E+ / 0.9	3.19	4.51	13.34 /18	6.54 / 7	6.58 / 6	2.01	2.64
IN	Federated Equity Income A	LEIFX	C+	(800) 341-7400	C / 5.1	5.84	5.91	21.97 /72	13.94 /62	11.76 /51	2.37	1.65
IN	Federated Equity Income B	LEIBX	B-	(800) 341-7400	C+ / 5.6	5.59	5.47	21.01 /67	13.06 /55	10.91 /42	1.80	1.89
IN	Federated Equity Income C	LEICX	B-	(800) 341-7400	C+ / 5.6	5.59	5.42	21.01 /67	13.06 /55	10.90 /42	1.81	1.90
IN	Federated Equity Income F	LFEIX	B-	(800) 341-7400	C+ / 5.8	5.72	5.73	21.66 /71	13.64 /59	11.47 /48	2.26	1.39
AA	Federated Growth Allocation Inst	FMGPX	B-	(800) 341-7400	C / 5.1	7.35	9.11	22.88 /77	10.89 /35	9.65 /29	1.05	2.00
AA	Federated Growth Allocation Sel	FMGSX	C+	(800) 341-7400	C- / 4.2	7.18	8.59	21.84 /72	10.07 /29	8.84 /21	0.38	2.75
FO	Federated International Cap App A	IGFAX	B	(800) 341-7400	B / 8.2	8.60	9.88	24.18 /81	19.95 /85	14.94 /76	0.61	2.20
FO	Federated International Cap App B	IGFBX	B+	(800) 341-7400	B+ / 8.3	8.36	9.41	23.15 /78	18.94 /83	14.02 /70	0.00	2.70
FO	Federated International Cap App C	IGFCX	B+	(800) 341-7400	B+ / 8.3	8.27	9.42	23.12 /77	18.93 /83	14.01 /70	0.05	2.70
FO	Federated International Equity A	FTITX	C+	(800) 341-7400	C+ / 6.0	6.04	8.69	19.10 /53	16.06 /74	11.93 /53	0.00	1.73
FO	Federated International Equity B	FIEBX	C+	(800) 341-7400	C+ / 6.3	5.85	8.24	18.16 /46	15.12 /69	11.04 /44	0.00	2.49
FO	Federated International Equity C	FIECX	C+	(800) 341-7400	C+ / 6.3	5.89	8.26	18.20 /46	15.13 /69	11.04 /44	0.00	2.49
FO	Federated International Sm Co A	ISCAX	B	(800) 341-7400	A / 9.5	9.18	17.33	35.07 /96	29.03 /95	23.97 /95	0.00	1.84
FO	Federated International Sm Co B	ISCBX	B	(800) 341-7400	A / 9.5	8.99	16.91	34.05 /96	28.07 /95	23.05 /95	0.00	2.59
FO	Federated International Sm Co C	ISCCX	B	(800) 341-7400	A / 9.5	9.00	16.90	34.06 /96	28.08 /95	23.05 /95	0.00	2.59
FO	Federated International Value A	FGFAX	A	(800) 341-7400	B+ / 8.6	5.91	11.23	27.71 /89	21.94 /89	16.90 /85	1.71	2.10
FO	Federated International Value B	FGFBX	A	(800) 341-7400	B+ / 8.7	5.70	10.84	26.70 /87	21.02 /87	16.02 /81	1.32	2.60
FO	Federated International Value C	FGFCX	A	(800) 341-7400	B+ / 8.7	5.69	10.81	26.71 /87	21.02 /87	16.03 /81	1.37	2.61
MC	Federated Kaufmann A	KAUAX	B-	(800) 341-7400	B / 7.7	9.37	13.43	26.35 /86	16.09 /74	15.61 /79	0.00	2.18
MC	Federated Kaufmann B	KAUBX	B-	(800) 341-7400	B / 8.0	9.38	13.39	25.85 /85	15.47 /71	15.00 /76	0.00	2.68
MC	Federated Kaufmann C	KAUCX	B-	(800) 341-7400	B / 8.0	9.38	13.19	25.85 /85	15.47 /71	15.00 /76	0.00	2.68
*MC	Federated Kaufmann K	KAUFX	B	(800) 341-7400	B / 8.2	9.37	13.43	26.35 /86	16.08 /74	15.61 /79	0.00	2.44
SC	Federated Kaufmann Sm Cap A	FKASX	C	(800) 341-7400	C+ / 6.5	6.72	11.21	17.68 /43	15.92 /73	--	0.00	2.21
SC	Federated Kaufmann Sm Cap B	FKBSX	C+	(800) 341-7400	B- / 7.0	6.59	10.90	17.09 /39	15.27 /70	--	0.00	2.74
SC	Federated Kaufmann Sm Cap C	FKCSX	C+	(800) 341-7400	B- / 7.0	6.64	10.90	17.09 /39	15.29 /70	--	0.00	2.74
AA	Federated Market Opportunity A	FMAAX	E+	(800) 341-7400	E- / 0.0	-2.74	-2.66	-3.87 / 0	4.01 / 2	4.91 / 2	3.48	1.22
AA	Federated Market Opportunity B	FMBBX	D-	(800) 341-7400	E- / 0.0	-2.95	-2.98	-4.55 / 0	3.25 / 1	4.14 / 1	2.89	1.97

● Denotes fund is closed to new investors
* Denotes fund is included in Section II

www.thestreet.com/ratings

Summer 2007 I. Index of Stock Mutual Funds

RISK			NET ASSETS		ASSET					BULL / BEAR		FUND MANAGER		MINIMUMS		LOADS	
	3 Year		NAV						Portfolio	Last Bull	Last Bear	Manager	Manager	Initial	Additional	Front	Back
Risk	Standard		As of	Total	Cash	Stocks	Bonds	Other	Turnover	Market	Market	Quality	Tenure	Purch.	Purch.	End	End
Rating/Pts	Deviation	Beta	6/30/07	$(Mil)	%	%	%	%	Ratio	Return	Return	Pct	(Years)	$	$	Load	Load
C+ / 6.8	9.0	0.94	23.67	142	7	92	0	1	19.0	80.0	-7.2	47	11	2,000	0	0.0	0.0
B- / 7.6	7.4	0.47	53.34	1,734	8	90	0	2	9.4	92.1	-7.4	81	20	500	0	0.0	0.0
B / 8.6	5.2	1.03	19.72	70	0	72	26	2	24.0	69.5	-6.0	39	18	5,000	100	0.0	0.0
B- / 7.3	7.4	0.93	28.85	64	0	99	0	1	15.0	105.0	-10.1	53	14	5,000	100	0.0	0.0
B- / 7.6	9.0	0.27	21.53	317	0	99	0	1	16.0	153.4	-5.8	98	N/A	2,000	0	0.0	1.0
C / 4.4	7.0	0.79	20.41	26	13	86	0	1	54.0	75.1	-2.0	31	10	2,000	0	0.0	1.0
C / 4.5	13.0	1.48	12.64	38	7	92	0	1	108.0	113.9	-10.3	17	5	2,000	0	0.0	1.0
D+ / 2.7	9.3	0.75	25.87	220	2	97	0	1	8.0	69.3	0.1	11	10	2,000	0	0.0	1.0
C+ / 6.8	12.2	0.75	58.29	1,728	32	67	0	1	3.0	174.3	-3.3	97	N/A	2,000	0	0.0	1.0
C / 4.9	17.5	1.93	12.79	5	4	95	0	1	152.0	N/A	N/A	5	3	2,000	0	0.0	1.0
C+ / 6.8	7.4	0.96	25.08	1,498	0	99	0	1	55.0	88.3	-8.5	37	6	1,500	100	5.5	0.0
C+ / 6.8	7.4	0.96	25.15	363	0	99	0	1	55.0	82.2	-8.7	30	6	1,500.	100	0.0	0.0
C+ / 6.8	7.4	0.96	25.15	105	0	99	0	1	55.0	82.2	-8.7	30	6	1,500	100	0.0	0.0
C+ / 6.7	7.4	0.96	25.03	51	0	99	0	1	55.0	88.4	-8.5	38	6	1,500	100	1.0	0.0
C+ / 6.7	7.4	0.96	25.07	49	0	99	0	1	55.0	84.7	-8.7	33	6	0	0	0.0	0.0
C / 5.4	7.7	0.98	27.20	1,515	4	95	0	1	113.0	84.7	-9.7	54	7	1,500	100	5.5	0.0
C / 5.3	7.7	0.98	26.24	442	4	95	0	1	113.0	78.7	-9.8	41	7	1,500	100	0.0	0.0
C / 5.2	7.7	0.98	26.21	145	4	95	0	1	113.0	78.7	-9.9	41	7	1,500	100	0.0	0.0
C / 5.4	7.7	0.98	27.09	18	4	95	0	1	113.0	81.8	-9.8	46	7	0	0	0.0	0.0
B- / 7.4	3.9	0.41	8.26	359	5	36	56	3	41.0	76.3	-3.4	92	7	1,500	100	5.5	0.0
B- / 7.9	3.9	0.41	8.28	64	5	36	56	3	41.0	70.9	-3.8	89	7	1,500	100	0.0	0.0
B- / 7.9	3.9	0.41	8.27	45	5	36	56	3	41.0	70.8	-3.6	88	7	1,500	100	0.0	0.0
B- / 7.9	3.9	0.41	8.26	100	5	36	56	3	41.0	76.1	-3.4	91	7	1,500	100	1.0	0.0
B / 8.5	3.9	0.83	11.84	42	0	46	52	2	14.0	46.7	-2.3	48	9	25,000	0	0.0	0.0
B / 8.6	3.9	0.83	11.84	22	0	46	52	2	14.0	42.4	-2.4	37	N/A	1,500	0	0.0	0.0
B- / 7.8	6.3	0.78	22.46	849	6	93	0	1	60.0	103.0	-10.5	89	5	1,500	100	5.5	0.0
B / 8.1	6.3	0.78	22.44	199	6	93	0	1	60.0	96.5	-10.6	85	5	1,500	100	0.0	0.0
B / 8.1	6.3	0.78	22.45	76	6	93	0	1	60.0	96.7	-10.6	85	5	1,500	100	0.0	0.0
B / 8.1	6.3	0.78	22.47	41	6	93	0	1	60.0	100.8	-10.5	88	5	1,500	100	1.0	0.0
B / 8.4	6.8	1.42	15.87	31	0	87	12	1	14.0	83.0	-8.6	55	9	25,000	0	0.0	0.0
B / 8.4	6.8	1.42	15.75	29	0	87	12	1	14.0	77.3	-8.7	43	9	1,500	0	0.0	0.0
C+ / 6.5	9.9	1.03	13.01	149	0	98	0	2	98.0	153.5	-8.7	22	5	1,500	100	5.5	2.0
C+ / 6.5	9.9	1.04	12.32	21	0	98	0	2	98.0	144.7	8.0	16	5	1,500	100	0.0	2.0
C+ / 6.5	9.9	1.03	12.31	40	0	98	0	2	98.0	144.8	-8.9	16	5	1,500	100	0.0	2.0
C+ / 6.5	10.1	1.02	24.76	202	0	98	0	2	79.0	131.2	-11.4	7	2	1,500	100	5.5	2.0
C+ / 6.4	10.1	1.02	22.06	30	0	98	0	2	79.0	123.4	-11.6	5	2	1,500	100	0.0	2.0
C+ / 6.4	10.1	1.02	21.76	64	0	98	0	2	79.0	123.5	-11.6	5	2	1,500	100	0.0	2.0
C / 5.1	13.8	1.39	51.73	442	1	98	0	1	70.0	254.1	-4.7	32	8	1,500	100	5.5	2.0
C / 5.1	13.9	1.39	47.64	131	1	98	0	1	70.0	242.9	-4.8	26	8	1,500	100	0.0	2.0
C / 5.0	13.8	1.39	47.59	84	1	98	0	1	70.0	243.0	-4.8	26	8	1,500	100	0.0	2.0
B- / 7.3	9.2	0.96	26.34	116	4	95	0	1	28.0	169.9	-13.0	55	9	1,500	100	5.5	2.0
B- / 7.3	9.2	0.96	24.85	52	4	95	0	1	28.0	161.3	-13.2	43	9	1,500	100	0.0	2.0
B- / 7.3	9.2	0.96	24.90	15	4	95	0	1	28.0	161.5	-13.2	43	9	1,500	100	0.0	2.0
C+ / 5.9	12.3	1.10	6.42	3,410	5	92	0	3	64.0	154.3	-10.5	49	21	1,500	100	5.5	0.0
C+ / 5.9	12.4	1.11	6.18	1,295	5	92	0	3	64.0	148.0	-10.3	40	21	1,500	100	0.0	0.0
C+ / 5.9	12.3	1.10	6.18	1,116	5	92	0	3	64.0	148.0	-10.3	41	21	1,500	100	0.0	0.0
C+ / 6.0	12.3	1.10	6.42	5,018	5	92	0	3	64.0	153.5	-10.3	49	21	1,500	100	0.0	0.2
C / 5.4	14.5	1.01	26.98	910	1	98	0	1	51.0	229.0	N/A	79	21	1,500	100	5.5	0.0
C / 5.3	14.5	1.01	26.35	176	1	98	0	1	51.0	221.9	N/A	73	21	1,500	100	0.0	0.0
C / 5.3	14.5	1.01	26.35	338	1	98	0	1	51.0	221.9	N/A	73	21	1,500	100	0.0	0.0
B- / 7.5	4.6	-0.34	12.19	1,188	30	42	27	1	124.0	35.6	1.8	78	7	1,500	100	5.5	0.0
B- / 7.7	4.6	-0.34	12.14	336	30	42	27	1	124.0	31.4	1.6	70	7	1,500	100	0.0	0.0

www.thestreet.com/ratings Data as of June 30, 2007

I. Index of Stock Mutual Funds

Summer 2007

					PERFORMANCE						
						Total Return % through 6/30/07				Incl. in Returns	
	99 Pct = Best			Overall	Perfor-				Annualized	Dividend	Expense
Fund	0 Pct = Worst	Ticker	Investment		mance						
Type	Fund Name	Symbol	Rating	Phone	Rating/Pts	3 Mo	6 Mo	1Yr / Pct	3Yr / Pct	5Yr / Pct	Yield	Ratio
---	---	---	---	---	---	---	---	---	---	---	---	---
AA	Federated Market Opportunity C	FMRCX	D-	(800) 341-7400	E- / 0.0	-2.96	-2.98	-4.55 / 0	3.25 / 1	4.13 / 1	2.92	1.97
GR	Federated Max-Cap Index C	MXCCX	C	(800) 341-7400	C- / 3.5	5.92	6.20	18.79 / 51	10.28 / 30	9.28 / 26	0.54	1.43
GR	Federated Max-Cap Index Inst	FISPX	C+	(800) 341-7400	C / 4.5	6.17	6.77	20.02 / 60	11.38 / 40	10.39 / 37	1.47	0.64
GR	Federated Max-Cap Index Instl-Svc	FMXSX	C	(800) 341-7400	C- / 4.2	6.14	6.62	19.66 / 57	11.07 / 36	10.07 / 34	1.20	0.94
GR	Federated Max-Cap Index K	FMXKX	C	(800) 341-7400	C- / 3.8	5.97	6.34	19.09 / 53	10.56 / 32	9.59 / 29	0.81	1.12
GR	Federated MDT All Cap Core Fd A	QAACX	C	(617) 234-2200	C / 4.6	6.30	7.22	18.05 / 45	13.67 / 60	--	0.00	1.28
GR	Federated MDT All Cap Core Fd C	QCACX	U	(617) 234-2200	U /	6.06	6.86	17.13 / 39	--	--	0.00	2.03
GR	Federated MDT All Cap Core Fd Inst	QIACX	C+	(617) 234-2200	C+ / 6.1	6.38	7.42	18.34 / 47	13.97 / 62	--	0.00	1.03
BA	Federated MDT Balanced Fund A	QABGX	C	(617) 234-2200	D / 1.7	3.38	4.93	12.20 / 14	10.99 / 36	--	1.03	1.38
BA	Federated MDT Balanced Fund C	QCBGX	C	(617) 234-2200	D / 2.2	3.19	4.59	11.24 / 11	10.44 / 31	--	0.76	2.13
BA	Federated MDT Balanced Fund Inst	QIBGX	D	(617) 234-2200	D+ / 2.4	3.45	5.07	12.51 / 15	11.14 / 37	--	1.15	1.13
GR	Federated MDT Large Cap Gr Fd A	QALGX	U	(617) 234-2200	U /	6.56	10.72	15.18 / 27	--	--	0.00	3.24
MC	Federated MidCap Gr Strategies A	FGSAX	C+	(800) 341-7400	B- / 7.5	9.19	15.25	22.73 / 76	15.78 / 73	14.42 / 72	0.00	1.00
MC	Federated MidCap Gr Strategies B	FGSBX	C+	(800) 341-7400	B / 7.7	8.98	14.81	21.80 / 71	14.87 / 68	13.54 / 66	0.00	1.75
MC	Federated MidCap Gr Strategies C	FGSCX	C+	(800) 341-7400	B / 7.7	9.00	14.84	21.84 / 72	14.89 / 68	13.55 / 66	0.00	1.75
MC	Federated Mid-Cap Index Fund	FMDCX	B-	(800) 341-7400	C+ / 6.8	5.72	11.78	18.03 / 45	14.63 / 66	13.63 / 67	1.36	0.72
SC	Federated Mini-Cap Index C	MNCCX	D	(800) 341-7400	C- / 3.5	3.96	5.69	14.57 / 24	11.69 / 43	12.11 / 55	0.00	1.99
SC	Federated Mini-Cap Index Inst	FMCPX	C-	(800) 341-7400	C / 4.3	4.24	6.17	15.61 / 29	12.65 / 51	13.05 / 62	0.57	1.24
AA	Federated Moderate Allocation Inst	FMMGX	C	(800) 341-7400	D+ / 2.9	5.46	7.13	18.70 / 50	9.25 / 23	8.87 / 22	2.07	2.50
AA	Federated Moderate Allocation Sel	FMMSX	C-	(800) 341-7400	D+ / 2.3	5.28	6.75	17.88 / 44	8.49 / 17	8.14 / 16	1.41	1.75
BA	Federated Stock and Bond Fund A	FSTBX	D	(800) 341-7400	D / 1.8	5.31	6.79	18.26 / 47	9.04 / 21	8.04 / 15	1.93	1.44
BA	Federated Stock and Bond Fund B	FSBBX	D	(800) 341-7400	D / 2.1	5.12	6.38	17.29 / 40	8.18 / 15	7.20 / 9	1.30	2.24
BA	Federated Stock and Bond Fund C	FSBCX	D	(800) 341-7400	D / 2.1	5.15	6.43	17.40 / 41	8.21 / 16	7.23 / 10	1.35	2.21
BA	Federated Stock and Bond Fund K	FSBKX	D	(800) 341-7400	D+ / 2.3	5.24	6.60	17.76 / 43	8.55 / 18	7.59 / 12	1.65	1.93
GI	Federated Stock Trust	FSTKX	D-	(800) 341-7400	C / 5.1	6.72	5.81	22.25 / 74	11.75 / 43	10.09 / 34	1.11	0.99
IN	Federated Strategic Value A	SVAAX	U	(800) 341-7400	U /	1.06	3.22	23.30 / 78	--	--	3.51	1.45
IN	Federated Strategic Value C	SVACX	U	(800) 341-7400	U /	0.71	2.84	22.35 / 74	--	--	3.00	1.95
IN	Federated Strategic Value Inst	SVAIX	U	(800) 341-7400	U /	0.97	3.34	23.55 / 79	--	--	3.93	0.95
TC	Federated Technology A	FCTAX	E	(800) 341-7400	D- / 1.3	8.74	10.09	21.96 / 72	5.41 / 4	9.07 / 24	0.00	2.39
TC	Federated Technology B	FCTEX	E	(800) 341-7400	D- / 1.5	8.52	9.53	20.82 / 66	4.53 / 2	8.26 / 16	0.00	3.14
TC	Federated Technology C	FCTYX	E	(800) 341-7400	D- / 1.5	8.52	9.53	20.82 / 66	4.53 / 2	8.26 / 16	0.00	3.14
AA	Fidelity Adv 529 100% Equity A		B-	(800) 522-7297	C / 4.8	7.28	9.35	21.32 / 69	12.73 / 52	11.04 / 44	0.00	1.35
AA	Fidelity Adv 529 100% Equity B		B	(800) 522-7297	C / 5.3	7.09	8.90	20.36 / 62	11.89 / 44	10.25 / 36	0.00	2.10
AA	Fidelity Adv 529 100% Equity C		B	(800) 522-7297	C / 5.3	7.02	8.92	20.39 / 63	11.87 / 44	10.22 / 35	0.00	2.10
AA	● Fidelity Adv 529 100% Equity D		B+	(800) 522-7297	C+ / 5.8	7.23	9.23	21.02 / 67	12.46 / 49	10.75 / 41	0.00	1.60
AA	● Fidelity Adv 529 100% Equity Old-A		B	(800) 522-7297	C / 5.3	7.29	9.37	21.27 / 68	12.72 / 52	11.00 / 43	0.00	1.35
AA	● Fidelity Adv 529 100% Equity Old-B		B	(800) 522-7297	C+ / 5.6	7.18	9.06	20.72 / 65	12.18 / 47	10.47 / 38	0.00	1.85
AA	Fidelity Adv 529 100% Equity P		B	(800) 522-7297	C+ / 5.6	7.16	9.09	20.70 / 65	12.16 / 47	10.51 / 39	0.00	1.85
AA	Fidelity Adv 529 2007 A		C-	(800) 522-7297	E- / 0.2	2.00	3.32	8.97 / 6	5.79 / 5	6.29 / 5	0.00	1.18
AA	Fidelity Adv 529 2007 B		C-	(800) 522-7297	E / 0.3	1.74	2.94	8.11 / 4	4.96 / 3	5.54 / 3	0.00	1.93
AA	Fidelity Adv 529 2007 C		C-	(800) 522-7297	E / 0.3	1.83	3.02	8.20 / 4	5.00 / 4	5.54 / 3	0.00	1.93
AA	● Fidelity Adv 529 2007 D		C-	(800) 522-7297	E / 0.4	1.87	3.20	8.74 / 5	5.52 / 5	6.04 / 4	0.00	1.43
AA	● Fidelity Adv 529 2007 Old-A		C-	(800) 522-7297	E / 0.3	2.00	3.32	8.97 / 6	5.78 / 5	6.30 / 5	0.00	1.18
AA	● Fidelity Adv 529 2007 Old-B		C-	(800) 522-7297	E / 0.4	1.81	3.08	8.40 / 5	5.24 / 4	5.75 / 4	0.00	1.68
AA	Fidelity Adv 529 2007 P		C-	(800) 522-7297	E / 0.4	1.80	3.07	8.48 / 5	5.26 / 4	5.78 / 4	0.00	1.68
AA	Fidelity Adv 529 2010 A		C-	(800) 522-7297	E / 0.4	2.40	3.92	10.43 / 9	7.06 / 9	7.69 / 13	0.00	1.21
AA	Fidelity Adv 529 2010 B		C-	(800) 522-7297	E+ / 0.6	2.24	3.56	9.60 / 7	6.26 / 6	6.93 / 8	0.00	1.96
AA	Fidelity Adv 529 2010 C		C-	(800) 522-7297	E+ / 0.6	2.32	3.65	9.69 / 7	6.29 / 7	6.93 / 8	0.00	1.96
AA	● Fidelity Adv 529 2010 D		C-	(800) 522-7297	E+ / 0.7	2.35	3.82	10.14 / 8	6.78 / 8	7.39 / 11	0.00	1.46
AA	● Fidelity Adv 529 2010 Old-A		C-	(800) 522-7297	E+ / 0.6	2.40	3.93	10.43 / 9	7.06 / 9	7.68 / 12	0.00	1.21
AA	● Fidelity Adv 529 2010 Old-B		C-	(800) 522-7297	E+ / 0.7	2.30	3.70	9.88 / 8	6.53 / 7	7.11 / 9	0.00	1.71
AA	Fidelity Adv 529 2010 P		C-	(800) 522-7297	E+ / 0.7	2.31	3.71	9.91 / 8	6.55 / 7	7.11 / 9	0.00	1.71

● Denotes fund is closed to new investors
* Denotes fund is included in Section II

www.thestreet.com/ratings

Summer 2007 | I. Index of Stock Mutual Funds

RISK			NET ASSETS		ASSET					BULL / BEAR		FUND MANAGER		MINIMUMS		LOADS	
	3 Year		NAV						Portfolio	Last Bull	Last Bear	Manager	Manager	Initial	Additional	Front	Back
Risk	Standard		As of	Total	Cash	Stocks	Bonds	Other	Turnover	Market	Market	Quality	Tenure	Purch.	Purch.	End	End
Rating/Pts	Deviation	Beta	6/30/07	$(Mil)	%	%	%	%	Ratio	Return	Return	Pct	(Years)	$	$	Load	Load
B- / 7.7	4.6	-0.34	12.11	791	30	42	27	1	124.0	31.3	1.6	70	7	1,500	100	0.0	0.0
B- / 7.8	7.3	1.00	27.50	75	2	96	0	2	42.0	85.9	-10.0	36	N/A	1,500	100	0.0	0.0
B- / 7.8	7.3	1.00	27.62	658	2	96	0	2	42.0	94.1	-9.8	50	N/A	25,000	0	0.0	0.0
B- / 7.8	7.3	1.00	27.57	499	2	96	0	2	42.0	91.7	-9.9	45	N/A	25,000	0	0.0	0.0
B- / 7.8	7.3	1.00	27.57	74	2	96	0	2	42.0	88.1	-9.9	39	N/A	0	0	0.0	0.0
B- / 7.4	9.0	1.15	17.37	205	1	98	0	1	212.0	108.4	-5.4	63	N/A	1,500	100	5.5	0.0
U /	N/A	N/A	17.14	106	1	98	0	1	212.0	N/A	N/A	N/A	N/A	1,500	100	0.0	0.0
B- / 7.4	9.0	1.15	17.52	85	1	98	0	1	212.0	110.4	-5.4	66	N/A	1,000,000	2,500	0.0	0.0
B+ / 9.6	5.7	1.18	14.05	52	4	67	27	2	139.0	82.3	-3.8	71	N/A	1,500	100	5.5	0.0
B+ / 9.6	5.7	1.18	13.91	16	4	67	27	2	139.0	79.8	-3.8	65	N/A	1,500	100	0.0	0.0
C+ / 6.6	5.7	1.18	14.09	84	4	67	27	2	139.0	83.0	-3.8	73	N/A	1,000,000	2,500	0.0	2.0
U /	N/A	N/A	12.19	89	N/A	N/A	0	N/A	237.0	N/A	N/A	N/A	1	1,500	100	5.5	0.0
C+ / 5.8	12.9	1.18	42.77	526	1	98	0	1	115.0	138.9	-9.2	35	1	1,500	100	5.5	0.0
C+ / 5.8	12.9	1.18	38.61	83	1	98	0	1	115.0	131.0	-9.3	27	1	1,500	100	0.0	0.0
C+ / 5.8	12.9	1.18	39.00	29	1	98	0	1	115.0	131.1	-9.3	27	1	1,500	100	0.0	0.0
B- / 7.2	10.5	1.01	25.45	1,322	12	87	0	1	13.0	132.1	-9.2	46	4	25,000	0	0.0	0.0
C+ / 5.8	13.4	1.00	16.52	22	9	90	0	1	22.0	131.0	-11.1	32	4	1,500	100	0.0	0.0
C+ / 5.9	13.4	1.00	17.22	89	9	90	0	1	22.0	139.1	-11.0	43	4	25,000	0	0.0	0.0
B / 8.7	5.3	1.13	13.80	64	0	66	32	2	9.0	65.6	-5.2	53	9	25,000	0	0.0	0.0
B / 8.7	5.3	1.13	13.79	40	0	66	32	2	9.0	60.7	-5.3	42	9	1,500	100	0.0	0.0
B- / 7.1	5.2	1.11	19.66	196	13	59	27	1	106.0	57.7	-3.7	52	13	1,500	100	5.5	0.0
B- / 7.1	5.2	1.11	19.62	44	13	59	27	1	106.0	52.5	-3.8	40	11	1,500	100	0.0	0.0
B- / 7.1	5.2	1.11	19.56	27	13	59	27	1	106.0	52.7	-3.8	40	11	1,500	100	0.0	0.0
B- / 7.1	5.2	1.11	19.68	14	13	59	27	1	106.0	55.0	-3.8	44	8	1,500	100	0.0	0.0
C- / 3.2	7.1	0.93	33.60	664	1	98	0	1	54.0	95.7	-8.2	62	8	25,000	0	0.0	0.0
U /	N/A	N/A	6.54	654	2	97	0	1	27.0	N/A	N/A	N/A	2	0	0	5.5	0.0
U /	N/A	N/A	6.55	221	2	97	0	1	27.0	N/A	N/A	N/A	2	0	0	0.0	0.0
U /	N/A	N/A	6.55	154	2	97	0	1	27.0	N/A	N/A	N/A	2	0	0	0.0	0.0
C / 4.7	15.9	1.75	6.22	21	0	99	0	1	87.0	89.5	-15.0	1	7	1,500	100	5.5	0.0
C / 4.6	16.0	1.76	5.86	34	0	99	0	1	87.0	83.2	-15.1	0	7	1,500	100	0.0	0.0
C / 4.6	16.0	1.76	5.86	7	0	99	0	1	87.0	83.5	-15.1	0	7	1,500	100	0.0	0.0
B+ / 9.1	8.2	1.69	14.74	45	0	100	0	0	8.0	101.5	-9.6	60	2	1,000	50	5.8	0.0
B+ / 9.0	8.2	1.69	14.19	14	0	100	0	0	8.0	94.8	-9.6	49	2	1,000	50	0.0	0.0
B+ / 9.0	8.2	1.69	14.17	26	0	100	0	0	8.0	94.7	-9.6	49	2	1,000	50	0.0	0.0
B+ / 9.0	8.2	1.70	14.68	24	0	100	0	0	8.0	98.8	-9.5	56	2	1,000	50	0.0	0.0
B+ / 9.1	8.2	1.69	14.71	21	0	100	0	0	8.0	101.1	-9.6	60	2	1,000	50	3.5	0.0
B+ / 9.0	8.2	1.69	14.33	22	0	100	0	0	8.0	96.7	-9.6	54	2	1,000	50	0.0	0.0
B+ / 9.0	8.2	1.69	14.52	1	0	100	0	0	8.0	96.9	-9.5	53	2	1,000	50	0.0	0.0
B+ / 9.9	3.2	0.69	12.75	47	29	26	43	2	14.0	43.4	-4.0	37	2	1,000	50	5.8	0.0
B+ / 9.9	3.2	0.67	12.27	3	29	26	43	2	14.0	39.1	-4.0	30	2	1,000	50	0.0	0.0
B+ / 9.9	3.2	0.68	12.27	49	29	26	43	2	14.0	38.9	-4.0	29	2	1,000	50	0.0	0.0
B+ / 9.9	3.2	0.67	12.56	36	29	26	43	2	14.0	41.9	-4.0	35	2	1,000	50	0.0	0.0
B+ / 9.9	3.2	0.69	12.76	23	29	26	43	2	14.0	43.5	-4.0	37	2	1,000	50	3.5	0.0
B+ / 9.9	3.2	0.68	12.39	19	29	26	43	2	14.0	40.3	-4.0	32	2	1,000	50	0.0	0.0
B+ / 9.9	3.2	0.67	12.41	2	29	26	43	2	14.0	40.5	-4.1	32	2	1,000	50	0.0	0.0
B+ / 9.9	4.4	0.93	13.24	105	14	36	48	2	10.0	56.7	-5.0	38	2	1,000	50	5.8	0.0
B+ / 9.8	4.4	0.93	12.79	31	14	36	48	2	10.0	51.8	-5.1	30	2	1,000	50	0.0	0.0
B+ / 9.8	4.4	0.93	12.79	71	14	36	48	2	10.0	51.8	-5.1	30	2	1,000	50	0.0	0.0
B+ / 9.9	4.4	0.93	13.04	35	14	36	48	2	10.0	55.0	-5.2	35	2	1,000	50	0.0	0.0
B+ / 9.9	4.4	0.93	13.23	32	14	36	48	2	10.0	56.6	-5.0	37	2	1,000	50	3.5	0.0
B+ / 9.9	4.4	0.93	12.90	40	14	36	48	2	10.0	53.2	-5.1	32	2	1,000	50	0.0	0.0
B+ / 9.8	4.4	0.93	12.87	3	14	36	48	2	10.0	53.3	-5.2	32	2	1,000	50	0.0	0.0

www.thestreet.com/ratings

Data as of June 30, 2007

I. Index of Stock Mutual Funds

Summer 2007

						PERFORMANCE						
	99 Pct = Best 0 Pct = Worst					Perfor- mance Rating/Pts	Total Return % through 6/30/07				Incl. in Returns	
				Overall						Annualized		Dividend Expense
Fund Type	Fund Name		Ticker Symbol	Investment Rating	Phone		3 Mo	6 Mo	1Yr / Pct	3Yr / Pct	5Yr / Pct	Yield Ratio
AA	Fidelity Adv 529 2013 A			C-	(800) 522-7297	E+ / 0.9	3.26	5.02	12.68 /15	8.42 /17	8.80 /21	0.00 1.25
AA	Fidelity Adv 529 2013 B			C-	(800) 522-7297	D- / 1.1	3.06	4.54	11.85 /13	7.61 /12	8.07 /15	0.00 2.00
AA	Fidelity Adv 529 2013 C			C-	(800) 522-7297	D- / 1.1	3.07	4.55	11.86 /13	7.61 /12	8.05 /15	0.00 2.00
AA	● Fidelity Adv 529 2013 D			C-	(800) 522-7297	D- / 1.4	3.24	4.86	12.45 /14	8.15 /15	8.60 /19	0.00 1.50
AA	● Fidelity Adv 529 2013 Old-A			C-	(800) 522-7297	D- / 1.1	3.26	5.01	12.64 /15	8.44 /17	8.85 /21	0.00 1.25
AA	● Fidelity Adv 529 2013 Old-B			C-	(800) 522-7297	D- / 1.2	3.19	4.74	12.18 /14	7.88 /13	8.30 /17	0.00 1.75
AA	Fidelity Adv 529 2013 P			C-	(800) 522-7297	D- / 1.2	3.13	4.68	12.05 /13	7.86 /13	8.30 /17	0.00 1.75
AA	Fidelity Adv 529 2016 A			C-	(800) 522-7297	D / 1.7	4.45	6.35	15.61 /29	9.87 /27	10.04 /33	0.00 1.29
AA	Fidelity Adv 529 2016 B			C	(800) 522-7297	D / 2.1	4.28	5.91	14.73 /24	9.05 /21	9.32 /26	0.00 2.04
AA	Fidelity Adv 529 2016 C			C	(800) 522-7297	D / 2.1	4.20	5.91	14.73 /24	9.02 /21	9.32 /26	0.00 2.04
AA	● Fidelity Adv 529 2016 D			C	(800) 522-7297	D+ / 2.5	4.43	6.26	15.34 /28	9.62 /25	9.82 /31	0.00 1.54
AA	● Fidelity Adv 529 2016 Old-A			C	(800) 522-7297	D / 2.1	4.45	6.34	15.59 /29	9.85 /27	10.07 /34	0.00 1.29
AA	● Fidelity Adv 529 2016 Old-B			C	(800) 522-7297	D+ / 2.3	4.32	6.09	15.05 /26	9.29 /23	9.53 /28	0.00 1.79
AA	Fidelity Adv 529 2016 P			C	(800) 522-7297	D+ / 2.3	4.33	6.11	15.00 /26	9.33 /23	9.51 /28	0.00 1.79
AA	Fidelity Adv 529 2019 A			C	(800) 522-7297	D+ / 2.8	5.37	7.47	18.03 /45	11.08 /37	10.85 /42	0.00 1.32
AA	Fidelity Adv 529 2019 B			C+	(800) 522-7297	C- / 3.3	5.25	7.09	17.20 /39	10.27 /30	10.12 /34	0.00 2.07
AA	Fidelity Adv 529 2019 C			C+	(800) 522-7297	C- / 3.2	5.17	7.01	17.10 /39	10.27 /30	10.12 /34	0.00 2.07
AA	● Fidelity Adv 529 2019 D			C+	(800) 522-7297	C- / 3.8	5.38	7.35	17.78 /43	10.84 /34	10.64 /40	0.00 1.57
AA	● Fidelity Adv 529 2019 Old-A			C+	(800) 522-7297	C- / 3.3	5.43	7.54	18.10 /46	11.10 /37	10.88 /42	0.00 1.32
AA	● Fidelity Adv 529 2019 Old-B			C+	(800) 522-7297	C- / 3.5	5.27	7.18	17.48 /41	10.53 /32	10.34 /37	0.00 1.82
AA	Fidelity Adv 529 2019 P			C+	(800) 522-7297	C- / 3.5	5.29	7.20	17.44 /41	10.54 /32	10.35 /37	0.00 1.82
AA	Fidelity Adv 529 2022 A			C+	(800) 522-7297	C- / 3.8	6.32	8.46	20.12 /61	11.96 /45	--	0.00 1.35
AA	Fidelity Adv 529 2022 B			C+	(800) 522-7297	C / 4.3	6.15	8.09	19.25 /54	11.12 /37	--	0.00 2.10
AA	Fidelity Adv 529 2022 C			C+	(800) 522-7297	C / 4.4	6.14	8.14	19.22 /54	11.13 /37	--	0.00 2.10
AA	● Fidelity Adv 529 2022 D			B	(800) 522-7297	C / 4.9	6.32	8.35	19.79 /58	11.67 /42	--	0.00 1.60
AA	● Fidelity Adv 529 2022 Old-A			B-	(800) 522-7297	C / 4.3	6.37	8.51	20.16 /61	11.97 /45	--	0.00 1.35
AA	● Fidelity Adv 529 2022 Old-B			B-	(800) 522-7297	C / 4.6	6.21	8.20	19.51 /56	11.38 /40	--	0.00 1.85
AA	Fidelity Adv 529 2022 P			B-	(800) 522-7297	C / 4.6	6.21	8.19	19.48 /56	11.40 /40	--	0.00 1.85
AA	Fidelity Adv 529 70% Equity A			C	(800) 522-7297	D+ / 2.5	5.10	7.13	17.51 /42	10.73 /34	10.41 /37	0.00 1.31
AA	Fidelity Adv 529 70% Equity B			C+	(800) 522-7297	D+ / 2.9	4.89	6.76	16.63 /36	9.91 /27	9.66 /29	0.00 2.06
AA	Fidelity Adv 529 70% Equity C			C+	(800) 522-7297	D+ / 2.9	4.89	6.76	16.63 /36	9.91 /27	9.66 /29	0.00 2.06
AA	● Fidelity Adv 529 70% Equity D			C+	(800) 522-7297	C- / 3.4	5.03	7.00	17.25 /40	10.48 /32	10.17 /35	0.00 1.56
AA	● Fidelity Adv 529 70% Equity Old-A			C+	(800) 522-7297	D+ / 2.9	5.17	7.19	17.56 /42	10.74 /34	10.46 /38	0.00 1.31
AA	● Fidelity Adv 529 70% Equity Old-B			C+	(800) 522-7297	C- / 3.1	4.99	6.92	16.99 /38	10.19 /29	9.88 /32	0.00 1.81
AA	Fidelity Adv 529 70% Equity P			C+	(800) 522-7297	C- / 3.1	4.94	6.86	16.92 /38	10.19 /29	9.92 /32	0.00 1.81
AA	Fidelity Adv 529 College A			D+	(800) 522-7297	E- / 0.1	1.53	2.86	7.78 / 4	4.63 / 3	4.48 / 1	0.00 1.15
AA	Fidelity Adv 529 College B			D+	(800) 522-7297	E- / 0.2	1.35	2.48	6.96 / 3	3.84 / 2	3.76 / 1	0.00 1.90
AA	Fidelity Adv 529 College C			D+	(800) 522-7297	E- / 0.2	1.36	2.40	6.98 / 3	3.81 / 2	3.73 / 1	0.00 1.90
AA	● Fidelity Adv 529 College D			C-	(800) 522-7297	E- / 0.2	1.39	2.65	7.47 / 3	4.34 / 2	4.22 / 1	0.00 1.40
AA	● Fidelity Adv 529 College Old-A			D+	(800) 522-7297	E- / 0.2	1.45	2.78	7.70 / 4	4.60 / 3	4.46 / 1	0.00 1.15
AA	● Fidelity Adv 529 College Old-B			D+	(800) 522-7297	E- / 0.2	1.34	2.54	7.18 / 3	4.06 / 2	3.95 / 1	0.00 1.65
AA	Fidelity Adv 529 College P			C-	(800) 522-7297	E- / 0.2	1.41	2.60	7.18 / 3	4.10 / 2	3.98 / 1	0.00 1.65
FO	Fidelity Adv 529 Diversified Intl A			A+	(800) 522-7297	B / 8.1	6.19	10.67	21.72 /71	20.26 /85	17.59 /87	0.00 1.52
FO	Fidelity Adv 529 Diversified Intl B			A+	(800) 522-7297	B+ / 8.3	5.95	10.24	20.81 /66	19.38 /84	16.80 /84	0.00 2.27
FO	Fidelity Adv 529 Diversified Intl C			A+	(800) 522-7297	B+ / 8.3	5.95	10.24	20.81 /66	19.38 /84	16.80 /84	0.00 2.27
FO	● Fidelity Adv 529 Diversified Intl D			A+	(800) 522-7297	B+ / 8.4	6.12	10.54	21.39 /69	19.95 /85	17.29 /86	0.00 1.77
FO	Fidelity Adv 529 Diversified Intl P			A+	(800) 522-7297	B+ / 8.4	5.99	10.34	21.02 /67	19.66 /84	17.01 /85	0.00 2.02
GR	Fidelity Adv 529 Dividend Growth A			C	(800) 522-7297	D / 2.1	6.88	6.88	20.77 /65	9.00 /21	8.40 /18	0.00 1.35
GR	Fidelity Adv 529 Dividend Growth B			C	(800) 522-7297	D+ / 2.6	6.64	6.47	19.84 /58	8.22 /16	7.68 /12	0.00 2.10
GR	Fidelity Adv 529 Dividend Growth C			C	(800) 522-7297	D+ / 2.6	6.72	6.47	19.84 /58	8.22 /16	7.68 /13	0.00 2.10
GR	● Fidelity Adv 529 Dividend Growth D			C	(800) 522-7297	D+ / 2.9	6.73	6.73	20.45 /63	8.73 /19	8.14 /16	0.00 1.60
GR	Fidelity Adv 529 Dividend Growth P			C	(800) 522-7297	D+ / 2.8	6.73	6.65	20.23 /62	8.49 /17	7.87 /14	0.00 1.85

● Denotes fund is closed to new investors
* Denotes fund is included in Section II

www.thestreet.com/ratings

I. Index of Stock Mutual Funds

Summer 2007

RISK			NET ASSETS		ASSET				Portfolio	BULL / BEAR		FUND MANAGER		MINIMUMS		LOADS	
	3 Year		NAV							Last Bull	Last Bear	Manager	Manager	Initial	Additional	Front	Back
Risk	Standard		As of	Total	Cash	Stocks	Bonds	Other	Turnover	Market	Market	Quality	Tenure	Purch.	Purch.	End	End
Rating/Pts	Deviation	Beta	6/30/07	$(Mil)	%	%	%	%	Ratio	Return	Return	Pct	(Years)	$	$	Load	Load
B+ / 9.7	5.5	1.14	13.60	127	9	50	39	2	11.0	68.9	-6.0	41	2	1,000	50	5.8	0.0
B+ / 9.6	5.4	1.13	13.12	51	9	50	39	2	11.0	63.9	-6.1	33	2	1,000	50	0.0	0.0
B+ / 9.6	5.4	1.13	13.11	55	9	50	39	2	11.0	63.7	-6.1	33	2	1,000	50	0.0	0.0
B+ / 9.7	5.5	1.14	13.37	27	9	50	39	2	11.0	67.5	-6.1	38	2	1,000	50	0.0	0.0
B+ / 9.7	5.4	1.13	13.63	32	9	50	39	2	11.0	69.2	-6.0	42	2	1,000	50	3.5	0.0
B+ / 9.6	5.4	1.13	13.26	46	9	50	39	2	11.0	65.5	-6.1	35	2	1,000	50	0.0	0.0
B+ / 9.6	5.5	1.14	13.20	3	9	50	39	2	11.0	65.7	-6.1	35	2	1,000	50	0.0	0.0
B+ / 9.4	6.6	1.37	14.07	129	4	62	32	2	7.0	82.4	-6.7	44	2	1,000	50	5.8	0.0
B+ / 9.3	6.6	1.37	13.63	50	4	62	32	2	7.0	77.3	-6.9	35	2	1,000	50	0.0	0.0
B+ / 9.3	6.5	1.36	13.63	41	4	62	32	2	7.0	77.3	-6.9	35	2	1,000	50	0.0	0.0
B+ / 9.3	6.6	1.36	13.91	25	4	62	32	2	7.0	80.8	-6.8	41	2	1,000	50	0.0	0.0
B+ / 9.3	6.6	1.38	14.09	29	4	62	32	2	7.0	82.7	-6.7	44	2	1,000	50	3.5	0.0
B+ / 9.3	6.6	1.37	13.76	44	4	62	32	2	7.0	78.9	-6.9	38	2	1,000	50	0.0	0.0
B+ / 9.3	6.6	1.37	13.72	4	4	62	32	2	7.0	78.9	-6.8	38	2	1,000	50	0.0	0.0
B+ / 9.3	7.1	1.48	14.53	132	0	75	24	1	6.0	90.0	-6.8	53	2	1,000	50	5.8	0.0
B+ / 9.2	7.2	1.50	14.04	50	0	75	24	1	6.0	84.5	-6.9	41	2	1,000	50	0.0	0.0
B+ / 9.2	7.1	1.48	14.04	38	0	75	24	1	6.0	84.5	-6.9	42	2	1,000	50	0.0	0.0
B+ / 9.3	7.1	1.50	14.31	22	0	75	24	1	6.0	88.4	-6.9	49	2	1,000	50	0.0	0.0
B+ / 9.3	7.1	1.48	14.55	35	0	75	24	1	6.0	90.3	-6.8	54	2	1,000	50	3.5	0.0
B+ / 9.1	7.1	1.48	14.18	44	0	75	24	1	6.0	86.2	-6.9	45	2	1,000	50	0.0	0.0
B+ / 9.2	7.1	1.49	14.14	5	0	75	24	1	6.0	86.4	-6.9	45	2	1,000	50	0.0	0.0
B+ / 9.2	7.5	1.57	18.33	143	0	85	14	1	2.0	94.3	-7.2	59	2	1,000	50	5.8	0.0
B+ / 9.1	7.5	1.57	17.78	54	0	85	14	1	2.0	88.7	-7.3	47	2	1,000	50	0.0	0.0
B+ / 9.1	7.5	1.57	17.80	41	0	85	14	1	2.0	89.0	-7.3	47	2	1,000	50	0.0	0.0
B+ / 9.2	7.5	1.56	18.16	2	0	85	14	1	2.0	92.4	-7.2	55	2	1,000	50	0.0	0.0
B+ / 9.2	7.5	1.56	18.36	4	0	85	14	1	2.0	94.5	-7.2	59	2	1,000	50	3.5	0.0
B+ / 9.2	7.5	1.56	17.95	3	0	85	14	1	2.0	90.5	-7.3	52	2	1,000	50	0.0	0.0
B+ / 9.2	7.5	1.57	17.97	3	0	85	14	1	2.0	90.5	-7.2	51	2	1,000	50	0.0	0.0
B+ / 9.6	6.2	1.33	15.03	36	0	70	30	0	7.0	79.0	-5.1	59	2	1,000	50	5.8	0.0
B+ / 9.5	6.3	1.33	14.38	7	0	70	30	0	7.0	73.9	-5.1	48	2	1,000	50	0.0	0.0
B+ / 9.5	6.2	1.32	14.38	26	0	70	30	0	7.0	73.7	-5.1	49	2	1,000	50	0.0	0.0
B+ / 9.6	6.2	1.32	14.82	21	0	70	30	0	7.0	77.3	-5.1	57	2	1,000	50	0.0	0.0
B+ / 9.6	6.2	1.32	15.06	18	0	70	30	0	7.0	79.2	-5.1	59	2	1,000	50	3.5	0.0
B+ / 9.5	6.2	1.32	14.53	18	0	70	30	0	7.0	75.5	-5.1	53	2	1,000	50	0.0	0.0
B+ / 9.5	6.3	1.33	14.65	1	0	70	30	0	7.0	75.4	-5.1	52	2	1,000	50	0.0	0.0
B+ / 9.9	1.8	0.37	12.60	12	40	20	40	0	23.0	23.5	-0.2	42	2	1,000	50	5.8	0.0
B+ / 9.9	1.8	0.36	11.98	2	40	20	40	0	23.0	19.6	-0.3	33	2	1,000	50	0.0	0.0
B+ / 9.9	1.9	0.38	11.96	13	40	20	40	0	23.0	19.5	-0.3	32	2	1,000	50	0.0	0.0
B+ / 9.9	1.8	0.37	12.38	18	40	20	40	0	23.0	22.1	-0.2	38	2	1,000	50	0.0	0.0
B+ / 9.9	1.8	0.38	12.59	11	40	20	40	0	23.0	23.5	-0.2	41	2	1,000	50	3.5	0.0
B+ / 9.9	1.9	0.38	12.09	4	40	20	40	0	23.0	20.8	-0.3	35	2	1,000	50	0.0	0.0
B+ / 9.9	1.8	0.38	12.24	1	40	20	40	0	23.0	20.9	-0.4	35	2	1,000	50	0.0	0.0
B / 8.2	10.5	1.10	22.30	42	1	98	0	1	N/A	166.7	-5.5	16	2	1,000	50	5.8	1.0
B / 8.2	10.5	1.10	21.54	11	1	98	0	1	N/A	158.5	-5.8	12	2	1,000	50	0.0	1.0
B / 8.2	10.5	1.10	21.54	23	1	98	0	1	N/A	158.2	-5.7	12	2	1,000	50	0.0	1.0
B / 8.2	10.5	1.10	22.02	1	1	98	0	1	N/A	164.1	-5.7	14	2	1,000	50	0.0	1.0
B / 8.2	10.5	1.11	21.76	1	1	98	0	1	N/A	161.1	-5.7	13	2	1,000	50	0.0	1.0
B+ / 9.1	7.4	0.94	14.13	14	1	98	0	1	10.0	71.1	-11.1	29	2	1,000	50	5.8	0.0
B+ / 9.0	7.4	0.94	13.65	7	1	98	0	1	10.0	65.6	-11.0	23	2	1,000	50	0.0	0.0
B+ / 9.0	7.4	0.95	13.65	8	1	98	0	1	10.0	65.8	-11.1	23	2	1,000	50	0.0	0.0
B+ / 9.0	7.5	0.95	13.96	N/A	1	98	0	1	10.0	69.6	-11.1	26	2	1,000	50	0.0	0.0
B+ / 9.0	7.4	0.94	13.79	N/A	1	98	0	1	10.0	67.4	-11.1	25	2	1,000	50	0.0	0.0

www.thestreet.com/ratings

Data as of June 30, 2007

I. Index of Stock Mutual Funds

Summer 2007

99 Pct = Best
0 Pct = Worst

Fund Type	Fund Name	Ticker Symbol	Overall Investment Rating	Phone	Performance Rating/Pts	3 Mo	6 Mo	1Yr / Pct	3Yr / Pct	5Yr / Pct	Dividend Yield	Expense Ratio
GR	Fidelity Adv 529 Equity Growth A		C	(800) 522-7297	D+ / 2.7	10.75	12.18	19.60 /57	8.43 /17	8.06 /15	0.00	1.34
GR	Fidelity Adv 529 Equity Growth B		C	(800) 522-7297	C- / 3.1	10.55	11.75	18.73 /50	7.58 /12	7.11 / 9	0.00	2.09
GR	Fidelity Adv 529 Equity Growth C		C	(800) 522-7297	C- / 3.1	10.58	11.78	18.72 /50	7.60 /12	7.23 /10	0.00	2.09
GR	● Fidelity Adv 529 Equity Growth D		C	(800) 522-7297	C- / 3.6	10.66	12.20	19.44 /56	8.15 /15	7.73 /13	0.00	1.59
GR	Fidelity Adv 529 Equity Growth P		C	(800) 522-7297	C- / 3.3	10.53	11.90	18.98 /52	7.86 /13	7.48 /11	0.00	1.85
IN	Fidelity Adv 529 Equity Income A		C+	(800) 522-7297	C- / 3.6	5.73	6.63	20.39 /63	12.00 /45	11.04 /44	0.00	1.23
IN	Fidelity Adv 529 Equity Income B		C+	(800) 522-7297	C- / 4.1	5.60	6.25	19.48 /56	11.18 /37	10.23 /35	0.00	1.98
IN	Fidelity Adv 529 Equity Income C		C+	(800) 522-7297	C- / 4.1	5.60	6.24	19.54 /56	11.16 /37	10.26 /36	0.00	1.98
IN	● Fidelity Adv 529 Equity Income D		B-	(800) 522-7297	C / 4.7	5.67	6.52	20.09 /60	11.72 /43	10.74 /41	0.00	1.48
IN	Fidelity Adv 529 Equity Income P		B-	(800) 522-7297	C / 4.4	5.67	6.38	19.80 /58	11.48 /41	10.50 /39	0.00	1.73
MC	Fidelity Adv 529 Mid Cap A		C+	(800) 522-7297	C+ / 6.7	6.22	11.75	24.66 /82	14.90 /68	15.39 /78	0.00	1.34
MC	Fidelity Adv 529 Mid Cap B		B-	(800) 522-7297	B- / 7.0	6.03	11.35	23.77 /80	14.03 /62	14.58 /73	0.00	2.09
MC	Fidelity Adv 529 Mid Cap C		B-	(800) 522-7297	B- / 7.0	6.02	11.34	23.66 /79	14.05 /62	14.60 /73	0.00	2.09
MC	● Fidelity Adv 529 Mid Cap D		B	(800) 522-7297	B- / 7.3	6.14	11.63	24.37 /81	14.60 /66	15.24 /77	0.00	1.59
MC	Fidelity Adv 529 Mid Cap P		B	(800) 522-7297	B- / 7.2	6.08	11.50	24.01 /80	14.33 /64	15.03 /76	0.00	1.84
SC	Fidelity Adv 529 Small Cap A		B-	(800) 522-7297	C+ / 5.6	6.47	12.71	18.11 /46	14.08 /63	14.35 /72	0.00	1.53
SC	Fidelity Adv 529 Small Cap B		B	(800) 522-7297	C+ / 6.0	6.30	12.28	17.25 /40	13.21 /56	13.55 /66	0.00	2.28
SC	Fidelity Adv 529 Small Cap C		B	(800) 522-7297	C+ / 6.0	6.24	12.28	17.25 /40	13.21 /56	13.55 /66	0.00	2.28
SC	● Fidelity Adv 529 Small Cap D		B	(800) 522-7297	C+ / 6.5	6.44	12.61	17.92 /44	13.79 /60	14.11 /70	0.00	1.78
SC	Fidelity Adv 529 Small Cap P		B	(800) 522-7297	C+ / 6.3	6.37	12.46	17.58 /42	13.59 /59	13.92 /69	0.00	2.03
AA	Fidelity Adv 529 Value Strat A		C+	(800) 522-7297	B- / 7.1	7.51	15.31	28.92 /91	13.90 /61	16.26 /82	0.00	1.35
AA	Fidelity Adv 529 Value Strat B		B-	(800) 522-7297	B- / 7.4	7.34	14.89	28.00 /90	13.02 /54	15.59 /79	0.00	2.10
AA	Fidelity Adv 529 Value Strat C		B-	(800) 522-7297	B- / 7.4	7.34	14.91	28.01 /90	13.05 /55	15.74 /80	0.00	2.10
AA	● Fidelity Adv 529 Value Strat D		B-	(800) 522-7297	B / 7.7	7.52	15.26	28.66 /91	13.62 /59	15.91 /81	0.00	1.60
AA	Fidelity Adv 529 Value Strat P		B-	(800) 522-7297	B- / 7.5	7.39	15.03	28.30 /90	13.33 /57	15.77 /80	0.00	1.85
AG	Fidelity Adv Aggressive Growth A	FGVAX	D+	(800) 522-7297	C / 5.0	10.75	13.32	26.37 /86	10.38 /31	10.21 /35	0.00	1.62
AG	Fidelity Adv Aggressive Growth B	FGVBX	C-	(800) 522-7297	C+ / 5.6	10.58	12.93	25.48 /84	9.57 /25	9.38 /27	0.00	2.36
AG	Fidelity Adv Aggressive Growth C	FGECX	C-	(800) 522-7297	C / 5.5	10.56	12.90	25.42 /84	9.55 /25	9.39 /27	0.00	2.36
AG	Fidelity Adv Aggressive Growth I	FRVIX	C-	(800) 522-7297	C+ / 6.4	10.82	13.45	26.64 /87	10.66 /33	10.51 /39	0.00	1.27
AG	Fidelity Adv Aggressive Growth T	FGVTX	D+	(800) 522-7297	C / 5.2	10.64	13.14	25.98 /85	10.09 /29	9.92 /32	0.00	1.95
AA	Fidelity Adv Asset Manager 20% A	FTAWX	D	(800) 522-7297	E / 0.3	1.33	2.95	8.55 / 5	7.10 / 9	7.70 /13	3.63	0.97
AA	Fidelity Adv Asset Manager 20% B	FTBWX	D+	(800) 522-7297	E / 0.5	1.07	2.48	7.85 / 4	6.87 / 9	7.56 /12	3.44	1.72
AA	Fidelity Adv Asset Manager 20% C	FTCWX	D+	(800) 522-7297	E / 0.5	1.11	2.54	7.93 / 4	6.89 / 9	7.58 /12	3.52	1.72
AA	Fidelity Adv Asset Manager 20% I	FTIWX	D+	(800) 522-7297	E+ / 0.7	1.30	3.03	8.71 / 5	7.15 /10	7.73 /13	3.99	0.58
AA	Fidelity Adv Asset Manager 20% T	FTDWX	D	(800) 522-7297	E / 0.4	1.22	2.78	8.32 / 5	7.02 / 9	7.65 /12	3.66	1.22
AA	Fidelity Adv Asset Manager 50% A	FFAMX	D	(800) 522-7297	E+ / 0.7	3.18	5.35	13.28 /17	7.55 /12	7.94 /14	2.59	1.14
AA	Fidelity Adv Asset Manager 50% B	FFBMX	D	(800) 522-7297	D- / 1.1	2.94	4.85	12.59 /15	7.33 /11	7.81 /13	2.51	1.89
AA	Fidelity Adv Asset Manager 50% C	FFCMX	D	(800) 522-7297	D- / 1.1	2.92	4.91	12.62 /15	7.34 /11	7.82 /13	2.59	1.89
AA	Fidelity Adv Asset Manager 50% I	FFIMX	D	(800) 522-7297	D- / 1.3	3.14	5.38	13.44 /18	7.60 /12	7.97 /15	2.82	0.71
AA	Fidelity Adv Asset Manager 50% T	FFTMX	D	(800) 522-7297	E+ / 0.9	3.07	5.18	13.06 /17	7.48 /12	7.90 /14	2.58	1.39
AA	Fidelity Adv Asset Manager 70% A	FLOAX	C-	(800) 522-7297	C- / 3.5	4.52	6.84	16.11 /33	12.97 /54	11.67 /50	1.85	1.25
AA	Fidelity Adv Asset Manager 70% B	FLLBX	C	(800) 522-7297	C- / 3.9	4.34	6.42	15.17 /27	12.08 /46	10.78 /41	1.24	2.05
AA	Fidelity Adv Asset Manager 70% C	FLOCX	C	(800) 522-7297	C- / 4.0	4.37	6.45	15.26 /27	12.11 /46	10.82 /42	1.31	2.00
AA	Fidelity Adv Asset Manager 70% I	FAVIX	C+	(800) 522-7297	C / 5.1	4.62	6.93	16.34 /34	13.30 /57	12.03 /54	2.18	0.97
AA	Fidelity Adv Asset Manager 70% T	FAATX	C-	(800) 522-7297	C- / 3.7	4.53	6.69	15.85 /31	12.69 /51	11.37 /47	1.64	1.50
AA	Fidelity Adv Asset Manager 85% A	FEYAX	D+	(800) 522-7297	C- / 3.7	5.69	8.55	19.30 /55	12.03 /46	12.12 /55	1.33	1.26
AA	Fidelity Adv Asset Manager 85% B	FEYBX	C-	(800) 522-7297	C / 4.6	5.49	8.02	18.56 /49	11.79 /43	11.98 /53	1.28	2.01
AA	Fidelity Adv Asset Manager 85% C	FEYCX	C-	(800) 522-7297	C / 4.6	5.42	8.03	18.57 /49	11.80 /44	11.98 /53	1.35	2.01
AA	Fidelity Adv Asset Manager 85% I	FEYIX	C	(800) 522-7297	C / 5.2	5.76	8.69	19.61 /57	12.12 /46	12.18 /55	1.45	1.00
AA	Fidelity Adv Asset Manager 85% T	FEYTX	C-	(800) 522-7297	C- / 4.0	5.62	8.31	19.06 /53	11.95 /45	12.07 /54	1.30	1.51
BA	Fidelity Adv Balanced Fund A	FABLX	C-	(800) 522-7297	D+ / 2.3	5.01	8.15	17.11 /39	10.22 /30	9.33 /26	1.58	0.99
BA	Fidelity Adv Balanced Fund B	FAISX	C-	(800) 522-7297	D+ / 2.6	4.80	7.75	16.19 /33	9.32 /23	8.43 /18	0.87	1.84

● Denotes fund is closed to new investors
* Denotes fund is included in Section II

www.thestreet.com/ratings

I. Index of Stock Mutual Funds

RISK			NET ASSETS		ASSET				Portfolio	BULL / BEAR		FUND MANAGER		MINIMUMS		LOADS	
	3 Year		NAV							Last Bull	Last Bear	Manager	Manager	Initial	Additional	Front	Back
Risk	Standard		As of	Total	Cash	Stocks	Bonds	Other	Turnover	Market	Market	Quality	Tenure	Purch.	Purch.	End	End
Rating/Pts	Deviation	Beta	6/30/07	$(Mil)	%	%	%	%	Ratio	Return	Return	Pct	(Years)	$	$	Load	Load
B / 8.5	9.5	1.17	13.91	13	0	99	0	1	5.0	74.8	-11.5	14	2	1,000	50	5.8	0.0
B / 8.4	9.6	1.18	13.31	5	0	99	0	1	5.0	69.1	-11.5	10	2	1,000	50	0.0	0.0
B / 8.4	9.6	1.18	13.38	8	0	99	0	1	5.0	69.3	-11.1	10	2	1,000	50	0.0	0.0
B / 8.5	9.6	1.17	13.70	N/A	0	99	0	1	5.0	72.8	-11.5	12	2	1,000	50	0.0	0.0
B / 8.5	9.6	1.17	13.54	N/A	0	99	0	1	5.0	70.9	-11.5	11	2	1,000	50	0.0	0.0
B+ / 9.2	7.6	1.01	16.24	23	N/A	100	0	N/A	4.0	106.9	-10.6	56	2	1,000	50	5.8	0.0
B+ / 9.2	7.6	1.01	15.64	8	N/A	100	0	N/A	4.0	100.3	-10.6	46	2	1,000	50	0.0	0.0
B+ / 9.1	7.6	1.01	15.66	14	N/A	100	0	N/A	4.0	100.0	-10.4	45	2	1,000	50	0.0	0.0
B+ / 9.2	7.6	1.01	16.02	1	N/A	100	0	N/A	4.0	104.6	-10.6	53	2	1,000	50	0.0	0.0
B+ / 9.2	7.6	1.01	15.85	N/A	N/A	100	0	N/A	4.0	102.5	-10.6	50	2	1,000	50	0.0	0.0
C+ / 6.9	13.0	1.13	19.31	27	0	99	0	1	2.0	136.2	-4.6	32	2	1,000	50	5.8	0.0
C+ / 6.8	13.0	1.13	18.64	9	0	99	0	1	2.0	128.6	-4.8	26	2	1,000	50	0.0	0.0
C+ / 6.8	13.0	1.13	18.66	15	0	99	0	1	2.0	128.3	-4.5	26	2	1,000	50	0.0	0.0
C+ / 6.9	13.0	1.13	19.19	1	0	99	0	1	2.0	135.3	-4.8	30	2	1,000	50	0.0	0.0
C+ / 6.9	13.0	1.13	19.01	1	0	99	0	1	2.0	133.1	-4.8	28	2	1,000	50	0.0	0.0
B / 8.1	12.0	0.83	19.24	18	0	99	0	1	3.0	143.1	-12.5	80	2	1,000	50	5.8	0.0
B / 8.1	12.0	0.83	18.56	6	0	99	0	1	3.0	135.5	-12.6	72	2	1,000	50	0.0	0.0
B / 8.1	12.0	0.83	18.56	9	0	99	0	1	3.0	135.2	-12.5	72	2	1,000	50	0.0	0.0
B / 8.1	12.0	0.83	19.02	N/A	0	99	0	1	3.0	140.3	-12.5	77	2	1,000	50	0.0	0.0
B / 8.1	11.9	0.82	18.86	N/A	0	99	0	1	3.0	138.3	-12.5	76	2	1,000	50	0.0	0.0
C+ / 6.3	14.3	2.67	20.33	12	3	96	0	1	7.0	170.6	-16.8	20	2	1,000	50	5.8	0.0
C+ / 6.2	14.3	2.67	19.75	5	3	96	0	1	7.0	162.3	-17.0	16	2	1,000	50	0.0	0.0
C+ / 6.2	14.3	2.67	19.88	6	3	96	0	1	7.0	162.3	-16.6	16	2	1,000	50	0.0	0.0
C+ / 6.3	14.3	2.67	20.02	N/A	3	96	0	1	7.0	166.4	-16.9	18	2	1,000	50	0.0	0.0
C+ / 6.3	14.3	2.67	19.90	N/A	3	96	0	1	7.0	164.9	-16.9	17	2	1,000	50	0.0	0.0
C / 4.7	12.9	1.39	11.74	12	1	98	0	1	173.0	90.9	-6.5	14	2	2,500	100	5.8	0.0
C / 4.7	12.9	1.39	11.18	9	1	98	0	1	173.0	85.2	-6.8	11	2	2,500	100	0.0	0.0
C / 4.7	13.0	1.40	11.20	8	1	98	0	1	173.0	85.2	-6.7	11	2	2,500	100	0.0	0.0
C / 4.7	13.0	1.40	11.98	1	1	98	0	1	173.0	93.1	-6.4	16	2	2,500	100	0.0	0.0
C / 4.7	12.9	1.39	11.54	18	1	98	0	1	173.0	88.9	-6.5	13	2	2,500	100	3.5	0.0
B+ / 9.0	3.2	0.63	12.83	2	23	19	56	2	6.0	42.0	-0.3	58	1	2,500	100	5.8	0.0
B+ / 9.0	3.2	0.63	12.80	1	23	19	56	2	6.0	41.3	-0.3	56	1	2,500	100	0.0	0.0
B+ / 9.0	3.2	0.62	12.80	1	23	19	56	2	6.0	41.3	-0.3	66	1	2,500	100	0.0	0.0
B+ / 9.0	3.2	0.63	12.83	N/A	23	19	56	2	6.0	42.3	-0.3	59	1	2,500	100	0.0	0.0
B+ / 9.0	3.2	0.63	12.81	2	23	19	56	2	6.0	41.8	-0.3	57	1	2,500	100	3.5	0.0
B / 8.2	4.2	0.89	16.87	2	N/A	49	51	N/A	14.0	50.6	-4.1	46	1	2,500	100	5.8	0.0
B / 8.2	4.1	0.89	16.81	1	N/A	49	51	N/A	14.0	49.8	-4.1	43	1	2,500	100	0.0	0.0
B / 8.2	4.1	0.89	16.80	2	N/A	49	51	N/A	14.0	49.8	-4.1	43	1	2,500	100	0.0	0.0
B / 8.2	4.2	0.89	16.88	N/A	N/A	49	51	N/A	14.0	50.8	-4.1	47	1	2,500	100	0.0	0.0
B / 8.2	4.1	0.89	16.85	2	N/A	49	51	N/A	14.0	50.3	-4.1	45	1	2,500	100	3.5	0.0
B- / 7.4	6.9	1.42	12.91	119	N/A	70	29	N/A	16.0	87.1	-6.2	78	9	2,500	100	5.8	0.0
B- / 7.4	7.0	1.43	12.77	38	N/A	70	29	N/A	16.0	80.7	-6.4	69	9	2,500	100	0.0	0.0
B- / 7.4	7.0	1.43	12.76	50	N/A	70	29	N/A	16.0	81.0	-6.4	69	9	2,500	100	0.0	0.0
B- / 7.4	7.0	1.43	12.95	5	N/A	70	29	N/A	16.0	89.6	-6.2	80	9	2,500	100	0.0	0.0
B- / 7.4	6.9	1.42	12.85	77	N/A	70	29	N/A	16.0	84.8	-6.3	75	9	2,500	100	3.5	0.0
C+ / 6.2	9.4	1.89	14.48	4	1	84	14	1	40.0	115.5	-6.5	38	1	2,500	100	5.8	0.0
C+ / 6.1	9.4	1.89	14.41	1	1	84	14	1	40.0	114.5	-6.5	35	1	2,500	100	0.0	0.0
C+ / 6.2	9.4	1.89	14.40	2	1	84	14	1	40.0	114.5	-6.5	35	1	2,500	100	0.0	0.0
C+ / 6.2	9.4	1.89	14.51	N/A	1	84	14	1	40.0	116.1	-6.5	39	1	2,500	100	0.0	0.0
C+ / 6.2	9.4	1.89	14.46	1	1	84	14	1	40.0	115.3	-6.5	37	1	2,500	100	3.5	0.0
B / 8.0	5.6	1.09	17.67	259	1	67	30	2	85.0	61.8	-3.6	68	6	2,500	100	5.8	0.0
B / 8.1	5.6	1.09	17.61	67	1	67	30	2	85.0	56.2	-3.8	57	6	2,500	100	0.0	0.0

I. Index of Stock Mutual Funds

Summer 2007

99 Pct = Best
0 Pct = Worst

Fund Type	Fund Name	Ticker Symbol	Overall Investment Rating	Phone	Performance Rating/Pts	3 Mo	6 Mo	1Yr / Pct	3Yr / Pct	5Yr / Pct	Dividend Yield	Expense Ratio
BA	Fidelity Adv Balanced Fund C	FABCX	C-	(800) 522-7297	D+ / 2.6	4.78	7.79	16.20 /33	9.35 /23	8.48 /18	0.97	1.78
BA	Fidelity Adv Balanced Fund I	FAIOX	C	(800) 522-7297	C- / 3.6	5.08	8.37	17.49 /41	10.54 /32	9.65 /29	1.91	0.69
BA	Fidelity Adv Balanced Fund T	FAIGX	C-	(800) 522-7297	D+ / 2.5	4.97	8.09	16.90 /37	9.99 /28	9.07 /24	1.38	1.22
HL	Fidelity Adv Biotechnology A	FBTAX	E-	(800) 522-7297	E- / 0.0	3.98	-0.54	5.63 / 2	2.64 / 1	10.72 /41	0.00	1.48
HL	Fidelity Adv Biotechnology B	FBTBX	E-	(800) 522-7297	E- / 0.0	3.73	-1.00	4.82 / 1	1.89 / 0	9.91 /32	0.00	2.23
HL	Fidelity Adv Biotechnology C	FBTCX	E-	(800) 522-7297	E- / 0.0	3.73	-1.00	4.82 / 1	1.84 / 0	9.91 /32	0.00	2.17
HL	Fidelity Adv Biotechnology I	FBTIX	E-	(800) 522-7297	E- / 0.1	4.19	-0.40	6.12 / 2	2.98 / 1	11.09 /44	0.00	1.05
HL	Fidelity Adv Biotechnology T	FBTTX	E-	(800) 522-7297	E- / 0.0	3.90	-0.69	5.42 / 2	2.38 / 1	10.45 /38	0.00	1.79
GR	Fidelity Adv Capital Devp Class A	FDTTX	C-	(800) 522-7297	C- / 3.7	7.72	8.24	21.05 /67	11.24 /38	8.89 /22	0.61	1.06
* GR	Fidelity Adv Capital Devp Class O	FDETX	C+	(800) 522-7297	C / 5.5	7.79	8.47	21.59 /70	11.80 /44	9.54 /28	0.97	0.61
TC	Fidelity Adv Commu Equipment A	FDMAX	E-	(800) 522-7297	D+ / 2.3	10.39	12.08	19.05 /53	8.19 /15	16.74 /84	0.00	2.13
TC	Fidelity Adv Commu Equipment B	FDMBX	E	(800) 522-7297	D+ / 2.7	10.16	11.64	18.16 /46	7.42 /11	15.88 /81	0.00	2.94
TC	Fidelity Adv Commu Equipment C	FDMCX	E	(800) 522-7297	D+ / 2.7	10.04	11.66	18.03 /45	7.38 /11	15.80 /80	0.00	2.86
TC	Fidelity Adv Commu Equipment I	FDMIX	E	(800) 522-7297	C- / 3.6	10.45	12.24	19.26 /54	8.45 /17	17.02 /85	0.00	1.70
TC	Fidelity Adv Commu Equipment T	FDMTX	E-	(800) 522-7297	D+ / 2.5	10.32	11.89	18.66 /50	7.90 /14	16.42 /83	0.00	2.51
GR	Fidelity Adv Consumer Discre A	FCNAX	E	(800) 522-7297	D- / 1.4	1.81	5.45	16.22 /33	9.97 /28	7.50 /11	0.24	1.42
GR	Fidelity Adv Consumer Discre B	FCIBX	E+	(800) 522-7297	D / 1.8	1.65	5.03	15.40 /28	9.17 /22	6.71 / 7	0.00	2.19
GR	Fidelity Adv Consumer Discre C	FCECX	E+	(800) 522-7297	D / 1.8	1.64	5.02	15.38 /28	9.18 /22	6.71 / 7	0.01	2.12
GR	Fidelity Adv Consumer Discre I	FCNIX	E+	(800) 522-7297	D+ / 2.5	1.94	5.59	16.52 /35	10.27 /30	7.77 /13	0.33	1.18
GR	Fidelity Adv Consumer Discre T	FACPX	E+	(800) 522-7297	D / 1.6	1.74	5.27	15.96 /32	9.70 /26	7.23 /10	0.16	1.69
GR	Fidelity Adv Consumer Staples A	FDAGX	C	(800) 522-7297	C / 4.9	3.12	8.02	21.03 /67	14.41 /65	9.92 /32	0.49	1.38
GR	Fidelity Adv Consumer Staples B	FDBGX	C	(800) 522-7297	C+ / 5.9	2.91	7.49	20.39 /63	14.21 /63	9.81 /31	0.48	2.13
GR	Fidelity Adv Consumer Staples C	FDCGX	C	(800) 522-7297	C+ / 5.9	2.91	7.49	20.39 /63	14.21 /63	9.81 /31	0.45	2.13
GR	Fidelity Adv Consumer Staples I	FDIGX	C+	(800) 522-7297	C+ / 6.2	3.17	8.05	21.08 /67	14.43 /65	9.93 /32	0.53	0.91
GR	Fidelity Adv Consumer Staples T	FDTGX	C	(800) 522-7297	C / 5.3	3.04	7.79	20.75 /65	14.32 /64	9.87 /31	0.50	1.63
GR	Fidelity Adv Divers Stk A	FDTOX	D	(800) 522-7297	C- / 3.0	6.92	8.74	17.33 /40	11.11 /37	8.90 /22	0.57	0.95
GR	Fidelity Adv Divers Stk B	FDTBX	D+	(800) 522-7297	C- / 3.7	6.74	8.30	16.35 /34	10.50 /32	8.54 /19	0.34	1.82
GR	Fidelity Adv Divers Stk C	FDTCX	D+	(800) 522-7297	C- / 3.7	6.74	8.30	16.32 /34	10.51 /32	8.55 /19	0.32	1.84
GR	Fidelity Adv Divers Stk I	FDTIX	C-	(800) 522-7297	C / 4.8	6.99	8.90	17.89 /44	11.60 /42	9.55 /28	0.00	0.77
GR	Fidelity Adv Divers Stk O	FDESX	C-	(800) 522-7297	C / 4.9	7.11	9.04	17.87 /44	11.71 /43	9.61 /29	0.90	0.77
GR	Fidelity Adv Divers Stk T	FDTEX	D	(800) 522-7297	C- / 3.3	6.91	8.61	17.02 /38	10.90 /35	8.78 /21	0.67	1.25
FO	Fidelity Adv Diversified Intl A	FDVAX	B	(800) 522-7297	B / 8.2	6.23	10.84	22.07 /73	20.59 /86	17.88 /87	0.82	1.26
FO	Fidelity Adv Diversified Intl B	FDIBX	B	(800) 522-7297	B+ / 8.3	6.00	10.36	21.03 /67	19.53 /84	16.84 /84	0.19	2.12
FO	Fidelity Adv Diversified Intl C	FADCX	B	(800) 522-7297	B+ / 8.4	6.03	10.38	21.16 /68	19.64 /84	16.95 /85	0.33	2.02
* FO	Fidelity Adv Diversified Intl I	FDVIX	B+	(800) 522-7297	B+ / 8.6	6.30	10.95	22.37 /74	20.93 /87	18.24 /88	1.07	0.97
FO	Fidelity Adv Diversified Intl T	FADIX	B	(800) 522-7297	B+ / 8.3	6.16	10.68	21.81 /72	20.30 /85	17.57 /87	0.66	1.48
GR	Fidelity Adv Dividend Growth A	FADAX	C-	(800) 522-7297	D+ / 2.3	6.91	6.99	21.08 /67	9.26 /23	8.72 /20	0.88	1.13
GR	Fidelity Adv Dividend Growth B	FADBX	C	(800) 522-7297	D+ / 2.7	6.66	6.49	19.97 /59	8.37 /16	7.86 /14	0.05	1.93
GR	Fidelity Adv Dividend Growth C	FDGCX	C	(800) 522-7297	D+ / 2.7	6.73	6.57	20.13 /61	8.44 /17	7.93 /14	0.27	1.87
GR	Fidelity Adv Dividend Growth I	FDGIX	C	(800) 522-7297	C- / 3.7	7.00	7.15	21.39 /69	9.60 /25	9.11 /24	1.22	0.80
GR	Fidelity Adv Dividend Growth T	FDGTX	C-	(800) 522-7297	D+ / 2.5	6.88	6.88	20.82 /66	9.04 /21	8.53 /19	0.69	1.32
GI	Fidelity Adv Dynamic Cap App A	FARAX	C	(800) 522-7297	C+ / 5.8	7.04	9.39	17.60 /42	15.12 /69	13.17 /63	0.00	1.23
GI	Fidelity Adv Dynamic Cap App B	FRMBX	C+	(800) 522-7297	C+ / 6.3	6.87	9.03	16.69 /36	14.24 /64	12.33 /56	0.00	2.01
GI	Fidelity Adv Dynamic Cap App C	FRECX	C+	(800) 522-7297	C+ / 6.3	6.85	9.00	16.71 /36	14.28 /64	12.39 /57	0.00	1.97
GI	Fidelity Adv Dynamic Cap App I	FDCIX	C+	(800) 522-7297	B- / 7.1	7.22	9.65	18.05 /45	15.53 /72	13.62 /67	0.00	0.84
GI	Fidelity Adv Dynamic Cap App T	FRGTX	C	(800) 522-7297	C+ / 6.0	6.99	9.27	17.33 /40	14.85 /68	12.91 /61	0.00	1.47
TC	Fidelity Adv Electronics A	FELAX	E-	(800) 522-7297	D- / 1.3	9.61	11.46	16.96 /38	6.50 / 7	6.17 / 5	0.00	1.50
TC	Fidelity Adv Electronics B	FELBX	E-	(800) 522-7297	D / 1.6	9.43	11.08	16.05 /32	5.69 / 5	5.37 / 3	0.00	2.29
TC	Fidelity Adv Electronics C	FELCX	E-	(800) 522-7297	D / 1.6	9.44	10.96	16.07 /32	5.65 / 5	5.38 / 3	0.00	2.26
TC	Fidelity Adv Electronics I	FELIX	E-	(800) 522-7297	D / 2.2	9.66	11.61	17.16 /39	6.77 / 8	6.49 / 6	0.00	1.11
TC	Fidelity Adv Electronics T	FELTX	E-	(800) 522-7297	D- / 1.4	9.51	11.25	16.52 /35	6.19 / 6	5.91 / 4	0.00	1.82
EM	Fidelity Adv Emerging Asia A	FEAAX	A	(800) 522-7297	A+ / 9.8	18.01	20.12	51.17 /99	38.58 /98	24.85 /96	0.47	1.73

● Denotes fund is closed to new investors
* Denotes fund is included in Section II

www.thestreet.com/ratings

I. Index of Stock Mutual Funds

Summer 2007

RISK			NET ASSETS		ASSET				Portfolio Turnover Ratio	BULL / BEAR		FUND MANAGER		MINIMUMS		LOADS	
	3 Year		NAV							Last Bull	Last Bear	Manager	Manager	Initial	Additional	Front	Back
Risk	Standard		As of	Total	Cash	Stocks	Bonds	Other		Market	Market	Quality	Tenure	Purch.	Purch.	End	End
Rating/Pts	Deviation	Beta	6/30/07	$(Mil)	%	%	%	%		Return	Return	Pct	(Years)	$	$	Load	Load
B /8.1	5.7	1.10	17.59	83	1	67	30	2	85.0	56.5	-3.8	57	6	2,500	100	0.0	0.0
B /8.1	5.7	1.10	17.91	33	1	67	30	2	85.0	63.7	-3.5	71	6	2,500	100	0.0	0.0
B /8.1	5.7	1.10	17.79	983	1	67	30	2	85.0	60.1	-3.6	65	6	2,500	100	3.5	0.0
C /4.4	17.1	1.30	7.32	14	0	99	0	1	62.0	73.0	-6.8	1	2	2,500	100	5.8	0.8
C /4.4	17.0	1.29	6.96	13	0	99	0	1	62.0	67.8	-7.1	1	2	2,500	100	0.0	0.8
C /4.4	17.1	1.30	6.96	12	0	99	0	1	62.0	67.8	-7.1	1	2	2,500	100	0.0	0.8
C /4.5	17.0	1.29	7.46	1	0	99	0	1	62.0	75.3	-6.8	1	2	2,500	100	0.0	0.8
C /4.4	17.0	1.30	7.20	13	0	99	0	1	62.0	71.4	-6.8	1	2	2,500	100	3.5	0.8
B- /7.1	8.1	0.96	13.40	445	4	94	0	2	184.0	68.7	-6.5	52	7	2,500	100	5.8	0.0
B- /7.1	8.1	0.96	13.70	5,249	4	94	0	2	184.0	72.7	-6.2	60	7	50	50	0.0	0.0
D+ /2.5	19.5	1.85	9.56	3	1	98	0	1	104.0	124.8	-10.2	2	4	2,500	100	5.8	0.8
D+ /2.4	19.5	1.84	9.11	2	1	98	0	1	104.0	118.1	-10.5	1	4	2,500	100	0.0	0.8
D+ /2.4	19.5	1.85	9.10	2	1	98	0	1	104.0	117.9	-10.5	1	4	2,500	100	0.0	0.8
D+ /2.5	19.5	1.84	9.72	N/A	1	98	0	1	104.0	127.0	-10.1	2	4	2,500	100	0.0	0.8
D+ /2.4	19.5	1.85	9.41	3	1	98	0	1	104.0	122.5	-10.2	2	4	2,500	100	3.5	0.8
C /5.0	10.0	1.12	16.84	21	0	99	0	1	210.0	77.2	-10.4	25	N/A	2,500	100	5.8	0.8
C /4.7	10.0	1.13	15.44	12	0	99	0	1	210.0	71.5	-10.5	19	N/A	2,500	100	0.0	0.8
C /4.7	10.0	1.12	15.47	9	0	99	0	1	210.0	71.7	-10.5	20	N/A	2,500	100	0.0	0.8
C /5.1	10.0	1.12	17.38	2	0	99	0	1	210.0	79.1	-10.3	27	N/A	2,500	100	0.0	0.8
C /4.9	10.0	1.13	16.39	16	0	99	0	1	210.0	75.4	-10.5	23	N/A	2,500	100	3.5	0.8
C+ /6.4	7.2	0.74	61.10	4	1	98	0	1	99.0	101.1	-8.0	92	N/A	2,500	100	5.8	0.8
C+ /6.4	7.2	0.74	60.80	1	1	98	0	1	99.0	100.2	-8.0	91	N/A	2,500	100	0.0	0.8
C+ /6.4	7.2	0.74	60.82	1	1	98	0	1	99.0	100.2	-8.0	91	N/A	2,500	100	0.0	0.8
C+ /6.4	7.2	0.74	61.12	2	1	98	0	1	99.0	101.1	-8.0	92	N/A	2,500	100	0.0	0.8
C+ /6.4	7.2	0.74	60.96	2	1	98	0	1	99.0	100.7	-8.0	92	N/A	2,500	100	3.5	0.8
C+ /5.7	8.8	1.09	16.54	173	2	97	0	1	211.0	81.8	-9.3	37	1	2,500	100	5.8	0.8
C+ /5.9	8.7	1.08	16.31	1	2	97	0	1	211.0	78.9	-9.3	32	1	2,500	100	0.0	0.0
C+ /5.9	8.7	1.08	16.31	4	2	97	0	1	211.0	79.0	-9.3	32	1	2,500	100	0.0	0.0
C+ /6.0	8.8	1.09	17.00	48	2	97	0	1	211.0	86.3	-9.1	43	1	2,500	100	0.0	0.0
C+ /5.7	8.8	1.09	16.88	2,903	2	97	0	1	211.0	86.7	-9.1	44	1	2,500	250	0.0	0.0
C+ /5.9	8.8	1.08	16.40	27	2	97	0	1	211.0	80.8	-9.3	35	1	2,500	100	3.5	0.0
C+ /6.2	10.5	1.10	25.25	5,402	3	96	0	1	83.0	169.4	-5.4	18	3	2,500	100	5.8	1.0
C+ /6.2	10.5	1.10	24.19	554	3	96	0	1	83.0	159.7	-5.7	13	3	2,500	100	0.0	1.0
C+ /6.2	10.5	1.10	24.25	1,632	3	96	0	1	83.0	160.6	-5.7	14	3	2,500	100	0.0	1.0
C+ /6.2	10.5	1.10	25.64	5,061	3	96	0	1	83.0	172.9	-5.4	19	3	2,500	100	0.0	1.0
C+ /6.2	10.5	1.10	24.97	3,849	3	96	0	1	83.0	166.6	-5.5	16	3	2,500	100	3.5	1.0
B /8.1	7.4	0.94	14.38	582	2	97	0	1	29.0	72.5	-10.9	31	9	2,500	100	5.8	0.0
B /8.6	7.5	0.95	13.94	281	2	97	0	1	29.0	66.7	-11.0	24	9	2,500	100	0.0	0.0
B /8.6	7.5	0.95	13.95	316	2	97	0	1	29.0	67.0	-11.0	24	9	2,500	100	0.0	0.0
B /8.6	7.4	0.95	14.53	1,271	2	97	0	1	29.0	75.0	-10.8	34	9	2,500	100	0.0	0.0
B /8.4	7.4	0.95	14.30	1,147	2	97	0	1	29.0	71.0	-10.9	29	9	2,500	100	3.5	0.0
C+ /6.1	14.0	1.49	20.38	326	6	93	0	1	150.0	96.0	-5.4	43	2	2,500	100	5.8	0.0
C+ /6.0	14.0	1.50	19.44	66	6	93	0	1	150.0	89.6	-5.5	34	2	2,500	100	0.0	0.0
C+ /6.0	14.0	1.49	19.49	133	6	93	0	1	150.0	90.1	-5.5	34	2	2,500	100	0.0	0.0
C+ /6.1	14.0	1.49	20.80	102	6	93	0	1	150.0	99.0	-5.3	49	2	2,500	100	0.0	0.0
C+ /6.1	14.0	1.50	20.04	309	6	93	0	1	150.0	94.0	-5.4	39	2	2,500	100	3.5	0.0
D+ /2.6	20.9	2.11	9.24	8	N/A	99	0	N/A	20.0	86.8	-18.4	0	N/A	2,500	100	5.8	0.8
D+ /2.5	21.0	2.11	8.82	5	N/A	99	0	N/A	20.0	81.0	-18.6	0	N/A	2,500	100	0.0	0.8
D+ /2.5	21.0	2.11	8.81	9	N/A	99	0	N/A	20.0	81.2	-18.7	0	N/A	2,500	100	0.0	0.8
D+ /2.7	20.9	2.11	9.42	1	N/A	99	0	N/A	20.0	89.3	-18.5	0	N/A	2,500	100	0.0	0.8
D+ /2.6	21.0	2.12	9.10	9	N/A	99	0	N/A	20.0	84.9	-18.5	0	N/A	2,500	100	3.5	0.8
C+ /6.0	14.3	0.84	28.83	94	3	96	0	1	77.0	252.4	-12.0	91	3	2,500	100	5.8	1.5

www.thestreet.com/ratings

Data as of June 30, 2007

I. Index of Stock Mutual Funds

Summer 2007

Fund Type	Fund Name	Ticker Symbol	Overall Investment Rating	Phone	Performance Rating/Pts	3 Mo	6 Mo	1Yr / Pct	3Yr / Pct	5Yr / Pct	Dividend Yield	Expense Ratio
EM	Fidelity Adv Emerging Asia B	FERBX	A	(800) 522-7297	A+ / 9.8	17.77	19.62	50.00 /99	37.56 /98	23.90 /95	0.11	2.59
EM	Fidelity Adv Emerging Asia C	FERCX	A	(800) 522-7297	A+ / 9.8	17.77	19.63	49.97 /99	37.52 /98	23.90 /95	0.16	2.46
EM	Fidelity Adv Emerging Asia I	FERIX	A	(800) 522-7297	A+ / 9.9	18.12	20.25	51.50 /99	38.90 /98	25.12 /96	0.62	1.41
EM	Fidelity Adv Emerging Asia T	FEATX	A	(800) 522-7297	A+ / 9.8	17.94	19.98	50.77 /99	38.25 /98	24.54 /96	0.38	2.07
EM	Fidelity Adv Emerging Markets A	FAMKX	B	(800) 522-7297	A+ / 9.8	14.99	19.19	45.99 /98	41.94 /99	--	0.10	1.84
EM	Fidelity Adv Emerging Markets B	FBMKX	B	(800) 522-7297	A+ / 9.9	14.80	18.78	44.90 /98	40.88 /99	--	0.00	2.66
EM	Fidelity Adv Emerging Markets C	FMCKX	B	(800) 522-7297	A+ / 9.9	14.80	18.78	44.90 /98	40.89 /99	--	0.00	2.58
EM	Fidelity Adv Emerging Markets I	FIMKX	B	(800) 522-7297	A+ / 9.9	15.08	19.37	46.36 /98	42.28 /99	--	0.24	1.47
EM	Fidelity Adv Emerging Markets T	FTMKX	B	(800) 522-7297	A+ / 9.9	14.94	19.05	45.63 /98	41.53 /99	--	0.00	2.12
EN	Fidelity Adv Energy A	FANAX	C+	(800) 522-7297	A+ / 9.6	15.31	22.70	20.82 /66	33.29 /97	24.20 /96	0.00	1.21
EN	Fidelity Adv Energy B	FANRX	C+	(800) 522-7297	A+ / 9.6	15.09	22.21	19.86 /59	32.31 /97	23.30 /95	0.00	1.96
EN	Fidelity Adv Energy C	FNRCX	C+	(800) 522-7297	A+ / 9.6	15.11	22.26	19.94 /59	32.37 /97	23.35 /95	0.00	1.92
EN	Fidelity Adv Energy I	FANIX	C+	(800) 522-7297	A+ / 9.7	15.40	22.89	21.16 /68	33.75 /97	24.66 /96	0.00	0.87
EN	Fidelity Adv Energy T	FAGNX	C+	(800) 522-7297	A+ / 9.6	15.25	22.56	20.52 /64	33.03 /97	23.97 /95	0.00	1.42
GR	Fidelity Adv Equity Growth A	EPGAX	D-	(800) 522-7297	D+ / 2.8	10.77	12.30	19.83 /58	8.61 /18	8.10 /15	0.00	1.25
GR	Fidelity Adv Equity Growth B	EPGBX	D-	(800) 522-7297	C- / 3.2	10.58	11.88	18.89 /51	7.74 /13	7.25 /10	0.00	2.00
GR	Fidelity Adv Equity Growth C	EPGCX	D-	(800) 522-7297	C- / 3.2	10.56	11.88	18.91 /51	7.76 /13	7.27 /10	0.00	2.00
GR	Fidelity Adv Equity Growth I	EQPGX	D+	(800) 522-7297	C / 4.3	10.87	12.51	20.25 /62	9.00 /21	8.52 /19	0.35	1.00
GR	Fidelity Adv Equity Growth T	FAEGX	D-	(800) 522-7297	C- / 3.1	10.73	12.20	19.62 /57	8.41 /17	7.90 /14	0.00	1.50
IN	Fidelity Adv Equity Income A	FEIAX	D	(800) 522-7297	C- / 3.8	5.83	6.74	20.68 /65	12.29 /48	11.29 /46	0.95	1.15
IN	Fidelity Adv Equity Income B	FEIBX	D	(800) 522-7297	C / 4.3	5.63	6.29	19.69 /57	11.34 /39	10.36 /37	0.37	1.90
IN	Fidelity Adv Equity Income C	FEICX	D	(800) 522-7297	C / 4.3	5.63	6.32	19.72 /58	11.41 /40	10.42 /38	0.47	1.90
IN	Fidelity Adv Equity Income I	EQPIX	C-	(800) 522-7297	C / 5.5	5.90	6.89	21.02 /67	12.62 /51	11.64 /50	1.34	0.90
IN	Fidelity Adv Equity Income T	FEIRX	D	(800) 522-7297	C- / 4.1	5.77	6.60	20.39 /63	12.03 /46	11.05 /44	0.90	1.40
GR	Fidelity Adv Equity Value A	FAVAX	C	(800) 522-7297	C+ / 6.1	7.51	11.20	23.13 /78	13.99 /62	12.66 /59	0.46	1.33
GR	Fidelity Adv Equity Value B	FAVBX	C+	(800) 522-7297	C+ / 6.6	7.37	10.91	22.25 /74	13.13 /55	11.83 /52	0.00	2.08
GR	Fidelity Adv Equity Value C	FAVCX	C+	(800) 522-7297	C+ / 6.5	7.29	10.85	22.18 /73	13.13 /55	11.83 /52	0.00	2.08
GR	Fidelity Adv Equity Value I	FAIVX	C+	(800) 522-7297	B- / 7.3	7.69	11.44	23.60 /79	14.39 /65	13.03 /62	0.72	1.00
GR	Fidelity Adv Equity Value T	FAVTX	C+	(800) 522-7297	C+ / 6.4	7.55	11.16	22.89 /77	13.70 /60	12.38 /57	0.22	1.59
FO	Fidelity Adv Europe Cap App A	FAEAX	B+	(800) 522-7297	A- / 9.0	4.96	9.43	29.54 /92	24.36 /93	16.45 /83	0.53	1.81
FO	Fidelity Adv Europe Cap App B	FBEAX	B+	(800) 522-7297	A- / 9.1	4.74	8.97	28.57 /91	23.52 /92	15.62 /79	0.14	2.69
FO	Fidelity Adv Europe Cap App C	FCEAX	B+	(800) 522-7297	A- / 9.1	4.75	9.00	28.55 /91	23.46 /92	15.59 /79	0.23	2.57
FO	Fidelity Adv Europe Cap App I	FIEAX	B+	(800) 522-7297	A- / 9.2	5.00	9.53	29.89 /92	24.73 /93	16.72 /84	0.69	1.46
FO	Fidelity Adv Europe Cap App T	FAECX	B+	(800) 522-7297	A- / 9.0	4.83	9.21	29.20 /91	24.07 /92	16.20 /82	0.40	2.07
GL	Fidelity Adv Fifty A	FFYAX	C-	(800) 522-7297	C / 5.3	7.53	12.51	19.84 /58	13.20 /56	10.47 /38	0.00	1.33
GL	Fidelity Adv Fifty B	FFYBX	C-	(800) 522-7297	C+ / 5.8	7.19	11.97	18.94 /52	12.27 /48	9.62 /29	0.00	2.10
GL	Fidelity Adv Fifty C	FFYCX	C-	(800) 522-7297	C+ / 5.8	7.30	12.02	19.00 /52	12.29 /48	9.66 /29	0.00	2.09
GL	Fidelity Adv Fifty I	FFYIX	C	(800) 522-7297	C+ / 6.7	7.59	12.65	20.19 /61	13.53 /58	10.86 /42	0.00	1.00
GL	Fidelity Adv Fifty T	FFYTX	C-	(800) 522-7297	C+ / 5.6	7.41	12.33	19.59 /57	12.86 /53	10.14 /34	0.00	1.62
FS	Fidelity Adv Financial Serv A	FAFDX	D-	(800) 522-7297	D- / 1.4	2.25	0.71	14.67 /24	11.12 /37	10.46 /38	0.82	1.25
FS	Fidelity Adv Financial Serv B	FAFBX	D-	(800) 522-7297	D / 1.8	1.98	0.32	13.79 /20	10.30 /30	9.64 /29	0.06	1.99
FS	Fidelity Adv Financial Serv C	FAFCX	D-	(800) 522-7297	D / 1.8	2.04	0.36	13.84 /20	10.35 /31	9.71 /30	0.19	1.94
FS	Fidelity Adv Financial Serv I	FFSIX	D	(800) 522-7297	D+ / 2.6	2.31	0.88	15.09 /27	11.56 /41	10.90 /42	1.13	0.86
FS	Fidelity Adv Financial Serv T	FAFSX	D-	(800) 522-7297	D / 1.6	2.17	0.58	14.38 /23	10.87 /35	10.21 /35	0.58	1.47
AA	Fidelity Adv Freedom 2005 A	FFAVX	D+	(800) 522-7297	E+ / 0.9	3.49	5.55	13.61 /19	8.23 /16	--	1.87	0.25
AA	Fidelity Adv Freedom 2005 B	FFBVX	C-	(800) 522-7297	D- / 1.2	3.29	5.08	12.75 /15	7.45 /11	--	1.21	1.00
AA	Fidelity Adv Freedom 2005 C	FCFVX	C-	(800) 522-7297	D- / 1.2	3.31	5.10	12.73 /15	7.42 /11	--	1.26	1.00
AA	Fidelity Adv Freedom 2005 I	FFIVX	C-	(800) 522-7297	D / 1.7	3.62	5.67	13.95 /20	8.52 /17	--	2.14	0.69
AA	Fidelity Adv Freedom 2005 T	FFTVX	C-	(800) 522-7297	D- / 1.0	3.43	5.39	13.34 /18	7.95 /14	--	1.68	0.50
AA	Fidelity Adv Freedom 2010 A	FACFX	D+	(800) 522-7297	D- / 1.0	3.73	5.71	14.00 /21	8.38 /17	--	1.95	0.25
AA	Fidelity Adv Freedom 2010 B	FCFBX	C-	(800) 522-7297	D- / 1.3	3.47	5.28	13.06 /17	7.55 /12	--	1.35	1.00
AA	Fidelity Adv Freedom 2010 C	FCFCX	C-	(800) 522-7297	D- / 1.2	3.49	5.22	13.06 /17	7.53 /12	--	1.41	1.00

● Denotes fund is closed to new investors
★ Denotes fund is included in Section II

www.thestreet.com/ratings

I. Index of Stock Mutual Funds

Summer 2007

RISK			NET ASSETS		ASSET					BULL / BEAR		FUND MANAGER		MINIMUMS		LOADS	
	3 Year		NAV						Portfolio	Last Bull	Last Bear	Manager	Manager	Initial	Additional	Front	Back
Risk	Standard		As of	Total	Cash	Stocks	Bonds	Other	Turnover	Market	Market	Quality	Tenure	Purch.	Purch.	End	End
Rating/Pts	Deviation	Beta	6/30/07	$(Mil)	%	%	%	%	Ratio	Return	Return	Pct	(Years)	$	$	Load	Load
C+ / 6.0	14.3	0.84	27.37	29	3	96	0	1	77.0	241.5	-12.2	88	3	2,500	100	0.0	1.5
C+ / 6.0	14.3	0.84	27.30	53	3	96	0	1	77.0	241.5	-12.2	88	3	2,500	100	0.0	1.5
C+ / 6.0	14.3	0.84	29.33	10	3	96	0	1	77.0	255.8	-12.0	92	3	2,500	100	0.0	1.5
C+ / 6.0	14.3	0.84	28.34	45	3	96	0	1	77.0	248.7	-12.1	91	3	2,500	100	3.5	1.5
C / 4.3	17.7	1.15	25.47	126	1	98	0	1	48.0	N/A	N/A	23	3	2,500	100	5.8	1.5
C / 4.3	17.7	1.16	24.98	28	1	98	0	1	48.0	N/A	N/A	18	3	2,500	100	0.0	1.5
C / 4.3	17.7	1.15	24.98	68	1	98	0	1	48.0	N/A	N/A	18	3	2,500	100	0.0	1.5
C / 4.3	17.7	1.16	25.64	21	1	98	0	1	48.0	N/A	N/A	25	3	2,500	100	0.0	1.5
C / 4.3	17.7	1.16	25.31	75	1	98	0	1	48.0	N/A	N/A	21	3	2,500	100	3.5	1.5
D+ / 2.8	20.4	0.99	48.44	262	0	99	0	1	105.0	231.6	1.3	75	1	2,500	100	5.8	0.8
D+ / 2.8	20.4	0.99	46.82	119	0	99	0	1	105.0	221.4	1.1	67	1	2,500	100	0.0	0.8
D+ / 2.8	20.4	0.99	47.07	133	0	99	0	1	105.0	221.8	1.2	68	1	2,500	100	0.0	0.8
D+ / 2.8	20.4	0.99	49.83	16	0	99	0	1	105.0	236.8	1.4	79	1	2,500	100	0.0	0.8
D+ / 2.8	20.4	0.99	49.43	383	0	99	0	1	105.0	228.9	1.3	73	1	2,500	100	3.5	0.8
C / 5.4	9.6	1.18	57.41	1,289	0	99	0	1	103.0	76.0	-11.4	14	1	2,500	100	5.8	0.0
C / 5.4	9.6	1.18	53.32	319	0	99	0	1	103.0	70.1	-11.6	11	1	2,500	100	0.0	0.0
C / 5.4	9.6	1.17	54.15	282	0	99	0	1	103.0	70.2	-11.6	11	1	2,500	100	0.0	0.0
C / 5.4	9.6	1.18	60.88	1,309	0	99	0	1	103.0	78.8	-11.3	16	1	2,500	100	0.0	0.0
C / 5.4	9.6	1.18	57.37	2,799	0	99	0	1	103.0	74.6	-11.5	13	1	2,500	100	3.5	0.0
C / 5.2	7.6	1.01	31.51	1,714	0	99	0	1	56.0	108.9	-10.5	60	11	2,500	100	5.8	0.0
C / 5.2	7.6	1.01	31.53	360	0	99	0	1	56.0	101.5	-10.6	47	11	2,500	100	0.0	0.0
C / 5.1	7.6	1.01	31.56	423	0	99	0	1	56.0	102.1	-10.7	48	10	2,500	100	0.0	0.0
C / 5.2	7.6	1.01	32.36	1,949	0	99	0	1	56.0	111.7	-10.4	64	11	2,500	100	0.0	0.0
C / 5.2	7.6	1.01	31.88	3,054	0	99	0	1	56.0	107.0	-10.5	57	11	2,500	100	3.5	0.0
C+ / 6.1	7.8	1.01	12.46	37	0	100	0	0	251.0	109.7	-11.0	79	1	2,500	100	5.8	0.0
C+ / 6.3	7.8	1.00	12.24	20	0	100	0	0	251.0	103.1	-11.2	71	1	2,500	100	0.0	0.0
C+ / 6.3	7.8	1.00	12.21	19	0	100	0	0	251.0	103.2	-11.2	71	1	2,500	100	0.0	0.0
C+ / 6.1	7.8	1.01	12.61	5	0	100	0	0	251.0	112.7	-11.0	82	1	2,500	100	0.0	0.0
C+ / 6.2	7.8	1.01	12.40	58	0	100	0	0	251.0	107.6	-11.2	76	1	2,500	100	3.5	0.0
C+ / 5.9	12.1	1.21	19.26	31	6	84	9	1	173.0	194.5	-10.2	27	N/A	2,500	100	5.8	1.0
C+ / 6.0	12.1	1.20	18.58	11	6	84	9	1	173.0	185.5	-10.3	22	N/A	2,500	100	0.0	1.0
C+ / 5.9	12.1	1.21	18.53	17	6	84	9	1	173.0	185.4	-10.4	21	N/A	2,500	100	0.0	1.0
C+ / 6.0	12.1	1.21	19.53	2	6	84	9	1	173.0	197.1	-10.1	29	N/A	2,500	100	0.0	1.0
C+ / 5.9	12.1	1.21	19.09	32	6	84	9	1	173.0	191.4	-10.2	24	N/A	2,500	100	3.5	1.0
C / 5.2	11.4	0.89	12.57	52	0	99	0	1	226.0	79.5	-9.4	7	1	2,500	100	5.8	0.0
C / 5.2	11.4	0.89	11.93	20	0	99	0	1	226.0	73.4	-9.6	5	1	2,500	100	0.0	0.0
C / 5.1	11.4	0.89	11.90	21	0	99	0	1	226.0	73.7	-9.6	5	1	2,500	100	0.0	0.0
C / 5.3	11.4	0.88	12.90	7	0	99	0	1	226.0	82.0	-9.3	7	1	2,500	100	0.0	0.0
C / 5.2	11.4	0.88	12.32	35	0	99	0	1	226.0	77.0	-9.4	6	1	2,500	100	3.5	0.0
C+ / 6.7	8.5	0.99	22.72	112	0	99	0	1	62.0	99.3	-9.2	49	N/A	2,500	100	5.8	0.8
C+ / 6.9	8.5	0.99	22.10	76	0	99	0	1	62.0	93.0	-9.4	38	N/A	2,500	100	0.0	0.8
C+ / 6.8	8.5	0.99	22.06	61	0	99	0	1	62.0	93.6	-9.4	39	N/A	2,500	100	0.0	0.8
C+ / 6.9	8.5	0.99	23.04	10	0	99	0	1	62.0	102.7	-9.1	55	N/A	2,500	100	0.0	0.8
C+ / 6.9	8.5	0.99	22.64	105	0	99	0	1	62.0	97.5	-9.3	45	N/A	2,500	100	3.5	0.8
B+ / 9.0	3.9	0.85	12.08	57	12	48	38	2	30.0	N/A	N/A	59	4	2,500	100	5.8	0.0
B+ / 9.3	3.9	0.86	12.03	4	12	48	38	2	30.0	N/A	N/A	47	4	2,500	100	0.0	0.0
B+ / 9.3	3.9	0.85	12.01	10	12	48	38	2	30.0	N/A	N/A	47	4	2,500	100	0.0	0.0
B+ / 9.2	3.9	0.86	12.13	4	12	48	38	2	30.0	N/A	N/A	62	4	2,500	100	0.0	0.0
B+ / 9.3	3.9	0.86	12.06	23	12	48	38	2	30.0	N/A	N/A	54	4	2,500	100	3.5	0.0
B / 8.9	4.0	0.88	12.55	287	10	50	38	2	22.0	N/A	N/A	58	4	2,500	100	5.8	0.0
B+ / 9.3	4.0	0.88	12.46	36	10	50	38	2	22.0	N/A	N/A	47	4	2,500	100	0.0	0.0
B+ / 9.3	4.0	0.88	12.43	52	10	50	38	2	22.0	N/A	N/A	46	4	2,500	100	0.0	0.0

www.thestreet.com/ratings

Data as of June 30, 2007

I. Index of Stock Mutual Funds

Summer 2007

99 Pct = Best
0 Pct = Worst

Fund Type	Fund Name	Ticker Symbol	Overall Investment Rating	Phone	Performance Rating/Pts	3 Mo	6 Mo	1Yr / Pct	3Yr / Pct	5Yr / Pct	Dividend Yield	Expense Ratio
AA	Fidelity Adv Freedom 2010 I	FCIFX	C-	(800) 522-7297	D / 1.8	3.77	5.83	14.19 /22	8.64 /18	--	2.26	0.70
AA	Fidelity Adv Freedom 2010 T	FCFTX	C-	(800) 522-7297	D- / 1.1	3.60	5.58	13.70 /19	8.08 /15	--	1.79	0.50
AA	Fidelity Adv Freedom 2015 A	FFVAX	C-	(800) 522-7297	D / 1.6	4.21	6.27	15.34 /28	9.60 /25	--	1.71	0.25
AA	Fidelity Adv Freedom 2015 B	FFVBX	C-	(800) 522-7297	D / 1.9	3.95	5.84	14.40 /23	8.76 /19	--	1.12	1.00
AA	Fidelity Adv Freedom 2015 C	FFVCX	C-	(800) 522-7297	D / 1.9	3.97	5.86	14.49 /23	8.76 /19	--	1.18	1.00
AA	Fidelity Adv Freedom 2015 I	FFVIX	C	(800) 522-7297	D+ / 2.7	4.23	6.45	15.66 /30	9.86 /27	--	1.98	0.73
AA	Fidelity Adv Freedom 2015 T	FFVTX	C-	(800) 522-7297	D / 1.7	4.07	6.13	14.99 /26	9.30 /23	--	1.52	0.50
AA	Fidelity Adv Freedom 2020 A	FDAFX	C-	(800) 522-7297	D+ / 2.4	4.96	7.19	17.34 /40	10.67 /33	--	1.48	0.25
AA	Fidelity Adv Freedom 2020 B	FDBFX	C	(800) 522-7297	D+ / 2.9	4.88	6.87	16.52 /35	9.86 /27	--	0.90	1.00
AA	Fidelity Adv Freedom 2020 C	FDCFX	C	(800) 522-7297	D+ / 2.8	4.81	6.80	16.47 /35	9.83 /27	--	0.92	1.00
AA	Fidelity Adv Freedom 2020 I	FDIFX	C	(800) 522-7297	C- / 3.8	5.07	7.36	17.67 /43	10.94 /35	--	1.75	0.76
AA	Fidelity Adv Freedom 2020 T	FDTFX	C-	(800) 522-7297	D+ / 2.6	4.98	7.12	17.18 /39	10.42 /31	--	1.30	0.50
AA	Fidelity Adv Freedom 2025 A	FATWX	C-	(800) 522-7297	D+ / 2.7	5.28	7.51	17.84 /44	11.07 /36	--	1.33	0.25
AA	Fidelity Adv Freedom 2025 B	FBTWX	C	(800) 522-7297	C- / 3.2	5.04	7.11	17.07 /39	10.25 /30	--	0.76	1.00
AA	Fidelity Adv Freedom 2025 C	FCTWX	C	(800) 522-7297	C- / 3.3	5.13	7.12	17.09 /39	10.26 /30	--	0.78	1.00
AA	Fidelity Adv Freedom 2025 I	FITWX	C+	(800) 522-7297	C- / 4.1	5.30	7.60	18.16 /46	11.36 /39	--	1.57	0.77
AA	Fidelity Adv Freedom 2025 T	FTTWX	C	(800) 522-7297	C- / 3.0	5.21	7.43	17.65 /42	10.79 /34	--	1.15	0.50
AA	Fidelity Adv Freedom 2030 A	FAFEX	C	(800) 522-7297	C- / 3.8	6.09	8.37	19.74 /58	12.02 /46	--	1.11	0.25
AA	Fidelity Adv Freedom 2030 B	FBFEX	C	(800) 522-7297	C / 4.3	5.95	8.01	18.91 /51	11.19 /38	--	0.58	1.00
AA	Fidelity Adv Freedom 2030 C	FCFEX	C	(800) 522-7297	C / 4.3	5.88	8.02	18.83 /51	11.18 /37	--	0.58	1.00
AA	Fidelity Adv Freedom 2030 I	FEFIX	C+	(800) 522-7297	C / 5.4	6.19	8.54	20.06 /60	12.32 /48	--	1.34	0.79
AA	Fidelity Adv Freedom 2030 T	FTFEX	C	(800) 522-7297	C- / 4.0	6.04	8.32	19.52 /56	11.76 /43	--	0.92	0.50
AA	Fidelity Adv Freedom 2035 A	FATHX	C	(800) 522-7297	C- / 4.0	6.26	8.52	19.93 /59	12.27 /48	--	1.07	0.25
AA	Fidelity Adv Freedom 2035 B	FBTHX	C+	(800) 522-7297	C / 4.5	5.96	7.99	18.95 /52	11.44 /40	--	0.61	1.00
AA	Fidelity Adv Freedom 2035 C	FCTHX	C+	(800) 522-7297	C / 4.6	6.03	8.06	19.04 /53	11.46 /40	--	0.62	1.00
AA	Fidelity Adv Freedom 2035 I	FITHX	B-	(800) 522-7297	C+ / 5.6	6.32	8.66	20.29 /62	12.58 /50	--	1.33	0.79
AA	Fidelity Adv Freedom 2035 T	FTTHX	C	(800) 522-7297	C- / 4.2	6.10	8.29	19.61 /57	12.00 /45	--	0.89	0.50
AA	Fidelity Adv Freedom 2040 A	FAFFX	C	(800) 522-7297	C / 4.4	6.41	8.78	20.57 /64	12.65 /51	--	1.11	0.25
AA	Fidelity Adv Freedom 2040 B	FBFFX	C+	(800) 522-7297	C / 5.0	6.23	8.40	19.66 /57	11.79 /43	--	0.63	1.00
AA	Fidelity Adv Freedom 2040 C	FCFFX	C+	(800) 522-7297	C / 5.0	6.30	8.39	19.75 /58	11.79 /43	--	0.63	1.00
AA	Fidelity Adv Freedom 2040 I	FIFFX	B-	(800) 522-7297	C+ / 6.0	6.52	8.96	20.91 /66	12.95 /54	--	1.37	0.80
AA	Fidelity Adv Freedom 2040 T	FTFFX	C+	(800) 522-7297	C / 4.7	6.37	8.67	20.30 /62	12.35 /49	--	0.95	0.50
AA	Fidelity Adv Freedom Income A	FAFAX	D+	(800) 522-7297	E- / 0.2	1.63	3.19	8.55 / 5	5.07 / 4	--	3.16	0.25
AA	Fidelity Adv Freedom Income B	FBFAX	C-	(800) 522-7297	E- / 0.2	1.44	2.86	7.61 / 3	4.27 / 2	--	2.59	1.00
AA	Fidelity Adv Freedom Income C	FCAFX	C-	(800) 522-7297	E- / 0.2	1.55	2.87	7.75 / 4	4.28 / 2	--	2.62	1.00
AA	Fidelity Adv Freedom Income I	FIAFX	C-	(800) 522-7297	E / 0.4	1.69	3.38	8.79 / 6	5.35 / 4	--	3.57	0.60
AA	Fidelity Adv Freedom Income T	FTAFX	D+	(800) 522-7297	E- / 0.2	1.58	3.08	8.18 / 4	4.77 / 3	--	3.00	0.50
GL	Fidelity Adv Global Cap App-Cl A	FGEAX	D+	(800) 522-7297	C / 4.4	6.36	10.27	18.91 /51	13.06 /55	12.01 /54	0.00	1.69
GL	Fidelity Adv Global Cap App-Cl B	FGEBX	D+	(800) 522-7297	C / 4.9	6.10	9.83	18.00 /45	12.17 /47	11.15 /45	0.00	2.52
GL	Fidelity Adv Global Cap App-Cl C	FEUCX	D+	(800) 522-7297	C / 5.0	6.09	9.82	18.06 /45	12.19 /47	11.16 /45	0.00	2.50
GL	Fidelity Adv Global Cap App-Cl I	FEUIX	C	(800) 522-7297	C+ / 5.9	6.36	10.42	19.22 /54	13.32 /57	12.34 /56	0.00	1.29
GL	Fidelity Adv Global Cap App-Cl T	FGETX	D+	(800) 522-7297	C / 4.6	6.27	10.09	18.62 /49	12.76 /52	11.71 /51	0.00	1.99
PM	Fidelity Adv Gold Fund Class A	FGDAX	D-	(800) 522-7297	B+ / 8.4	-2.25	-2.65	6.11 / 2	25.83 /94	17.95 /88	0.48	1.32
PM	Fidelity Adv Gold Fund Class B	FGDBX	D-	(800) 522-7297	B+ / 8.6	-2.41	-3.00	5.67 / 2	25.65 /94	17.86 /87	0.44	2.07
PM	Fidelity Adv Gold Fund Class C	FGDCX	D-	(800) 522-7297	B+ / 8.6	-2.38	-3.02	5.65 / 2	25.64 /94	17.85 /87	0.47	2.07
PM	Fidelity Adv Gold Fund Class I	FGDIX	D	(800) 522-7297	B+ / 8.7	-2.15	-2.50	6.31 / 2	25.90 /94	18.00 /88	0.52	0.86
PM	Fidelity Adv Gold Fund Class T	FGDTX	D-	(800) 522-7297	B+ / 8.5	-2.28	-2.71	6.02 / 2	25.79 /94	17.93 /88	0.43	1.57
GR	Fidelity Adv Gr Opportunity A	FAGAX	D+	(800) 522-7297	C- / 4.2	7.53	12.61	23.90 /80	10.74 /34	9.82 /31	0.00	0.95
GR	Fidelity Adv Gr Opportunity B	FABGX	C-	(800) 522-7297	C / 4.9	7.30	12.20	22.98 /77	9.91 /27	8.96 /23	0.00	1.69
GR	Fidelity Adv Gr Opportunity C	FACGX	C-	(800) 522-7297	C / 4.9	7.29	12.20	22.97 /77	9.91 /27	9.00 /23	0.00	1.70
GR	Fidelity Adv Gr Opportunity I	FAGCX	C	(800) 522-7297	C+ / 6.0	7.62	12.82	24.43 /81	11.19 /38	10.27 /36	0.00	0.60
GR	Fidelity Adv Gr Opportunity T	FAGOX	D+	(800) 522-7297	C / 4.7	7.45	12.53	23.71 /79	10.59 /32	9.66 /29	0.00	1.13

● Denotes fund is closed to new investors
* Denotes fund is included in Section II

www.thestreet.com/ratings

Summer 2007

I. Index of Stock Mutual Funds

RISK			NET ASSETS		ASSET					BULL / BEAR		FUND MANAGER		MINIMUMS		LOADS	
	3 Year		NAV						Portfolio	Last Bull	Last Bear	Manager	Manager	Initial	Additional	Front	Back
Risk	Standard		As of	Total	Cash	Stocks	Bonds	Other	Turnover	Market	Market	Quality	Tenure	Purch.	Purch.	End	End
Rating/Pts	Deviation	Beta	6/30/07	$(Mil)	%	%	%	%	Ratio	Return	Return	Pct	(Years)	$	$	Load	Load
B+ / 9.2	4.0	0.87	12.59	25	10	50	38	2	22.0	N/A	N/A	63	4	2,500	100	0.0	0.0
B+ / 9.2	4.0	0.88	12.50	209	10	50	38	2	22.0	N/A	N/A	55	4	2,500	100	3.5	0.0
B / 8.8	5.0	1.08	12.70	350	5	57	36	2	11.0	N/A	N/A	61	4	2,500	100	5.8	0.0
B+ / 9.0	5.0	1.08	12.62	44	5	57	36	2	11.0	N/A	N/A	50	4	2,500	100	0.0	0.0
B / 8.9	5.1	1.09	12.61	62	5	57	36	2	11.0	N/A	N/A	49	4	2,500	100	0.0	0.0
B / 8.9	5.0	1.08	12.77	42	5	57	36	2	11.0	N/A	N/A	64	4	2,500	100	0.0	0.0
B / 8.9	5.0	1.08	12.67	200	5	57	36	2	11.0	N/A	N/A	57	4	2,500	100	3.5	0.0
B / 8.4	5.9	1.26	13.90	602	0	68	30	2	13.0	N/A	N/A	63	4	2,500	100	5.8	0.0
B / 8.5	5.9	1.26	13.83	92	0	68	30	2	13.0	N/A	N/A	52	4	2,500	100	0.0	0.0
B / 8.5	5.9	1.26	13.81	91	0	68	30	2	13.0	N/A	N/A	52	4	2,500	100	0.0	0.0
B / 8.4	5.9	1.26	13.97	48	0	68	30	2	13.0	N/A	N/A	66	4	2,500	100	0.0	0.0
B / 8.4	5.9	1.25	13.89	471	0	68	30	2	13.0	N/A	N/A	60	4	2,500	100	3.5	0.0
B / 8.2	6.4	1.35	13.45	372	0	71	28	1	3.0	N/A	N/A	62	4	2,500	100	5.8	0.0
B / 8.2	6.4	1.35	13.36	42	0	71	28	1	3.0	N/A	N/A	51	4	2,500	100	0.0	0.0
B / 8.2	6.4	1.35	13.36	37	0	71	28	1	3.0	N/A	N/A	51	4	2,500	100	0.0	0.0
B / 8.2	6.4	1.35	13.52	18	0	71	28	1	3.0	N/A	N/A	65	4	2,500	100	0.0	0.0
B / 8.2	6.3	1.34	13.47	170	0	71	28	1	3.0	N/A	N/A	59	4	2,500	100	3.5	0.0
B- / 7.9	7.0	1.48	14.83	425	0	82	18	0	8.0	N/A	N/A	65	4	2,500	100	5.8	0.0
B- / 7.9	7.0	1.47	14.71	63	0	82	18	0	8.0	N/A	N/A	55	4	2,500	100	0.0	0.0
B- / 7.9	7.0	1.48	14.70	60	0	82	18	0	8.0	N/A	N/A	55	4	2,500	100	0.0	0.0
B- / 7.9	7.0	1.46	14.89	33	0	82	18	0	8.0	N/A	N/A	69	4	2,500	100	0.0	0.0
B- / 7.9	7.0	1.47	14.79	313	0	82	18	0	8.0	N/A	N/A	63	4	2,500	100	3.5	0.0
B- / 7.9	7.2	1.51	14.01	196	0	82	17	1	5.0	N/A	N/A	66	4	2,500	100	5.8	0.0
B- / 7.9	7.2	1.51	13.84	27	0	82	17	1	5.0	N/A	N/A	56	4	2,500	100	0.0	0.0
B- / 7.9	7.2	1.51	13.86	22	0	82	17	1	5.0	N/A	N/A	56	4	2,500	100	0.0	0.0
B- / 7.9	7.2	1.50	14.06	10	0	82	17	1	5.0	N/A	N/A	70	4	2,500	100	0.0	0.0
B- / 7.9	7.2	1.51	13.94	94	0	82	17	1	5.0	N/A	N/A	63	4	2,500	100	3.5	0.0
B- / 7.7	7.5	1.57	15.30	321	0	84	14	2	7.0	N/A	N/A	67	4	2,500	100	5.8	0.0
B- / 7.7	7.6	1.58	15.13	53	0	84	14	2	7.0	N/A	N/A	56	4	2,500	100	0.0	0.0
B- / 7.7	7.6	1.58	15.13	58	0	84	14	2	7.0	N/A	N/A	56	4	2,500	100	0.0	0.0
B- / 7.7	7.6	1.57	15.36	25	0	84	14	2	7.0	N/A	N/A	70	4	2,500	100	0.0	0.0
B- / 7.7	7.5	1.57	15.25	249	0	84	14	2	7.0	N/A	N/A	63	4	2,500	100	3.5	0.0
B+ / 9.4	1.9	0.39	10.78	60	0	55	44	1	38.0	N/A	N/A	47	4	2,500	100	5.8	0.0
B+ / 9.9	1.9	0.38	10.76	5	0	55	44	1	38.0	N/A	N/A	37	4	2,500	100	0.0	0.0
B+ / 9.9	1.9	0.39	10.76	14	0	55	44	1	38.0	N/A	N/A	36	4	2,500	100	0.0	0.0
B+ / 9.9	1.9	0.39	10.80	4	0	55	44	1	38.0	N/A	N/A	51	4	2,500	100	0.0	0.0
B+ / 9.9	1.9	0.38	10.77	43	0	55	44	1	38.0	N/A	N/A	43	4	2,500	100	3.5	0.0
C / 5.3	9.7	0.93	14.71	13	6	92	0	2	251.0	108.7	-8.2	5	1	2,500	100	5.8	1.0
C / 5.0	9.8	0.94	13.74	5	6	92	0	2	251.0	102.2	-8.4	4	1	2,500	100	0.0	1.0
C / 5.0	9.8	0.93	13.76	5	6	92	0	2	251.0	102.2	-8.4	4	1	2,500	100	0.0	1.0
C / 5.4	9.8	0.93	15.05	3	6	92	0	2	251.0	111.2	-8.0	5	1	2,500	100	0.0	1.0
C / 5.2	9.8	0.93	14.40	25	6	92	0	2	251.0	106.4	-8.3	4	1	2,500	100	3.5	1.0
E- / 0.1	24.7	1.21	33.89	3	5	94	0	1	85.0	117.6	19.7	89	N/A	2,500	100	5.8	0.8
E- / 0.1	24.7	1.22	33.77	1	5	94	0	1	85.0	116.9	19.7	88	N/A	2,500	100	0.0	0.8
E- / 0.1	24.7	1.22	33.75	1	5	94	0	1	85.0	116.7	19.7	88	N/A	2,500	100	0.0	0.8
E- / 0.1	24.9	1.21	33.95	1	5	94	0	1	85.0	117.9	19.7	90	N/A	2,500	100	0.0	0.8
E- / 0.1	24.7	1.21	33.88	1	5	94	0	1	85.0	117.5	19.7	89	N/A	2,500	100	3.5	0.8
C / 5.4	11.5	1.26	38.57	445	0	99	0	1	126.0	84.9	-9.5	22	2	2,500	100	5.8	0.0
C / 5.3	11.5	1.27	37.35	70	0	99	0	1	126.0	79.0	-9.7	17	2	2,500	100	0.0	0.0
C / 5.3	11.5	1.27	37.53	77	0	99	0	1	126.0	79.3	-9.7	17	2	2,500	100	0.0	0.0
C / 5.4	11.5	1.26	39.42	132	0	99	0	1	126.0	88.2	-9.4	25	2	2,500	100	0.0	0.0
C / 5.4	11.5	1.27	39.08	2,178	0	99	0	1	126.0	83.9	-9.5	21	2	2,500	100	3.5	0.0

www.thestreet.com/ratings

Data as of June 30, 2007

I. Index of Stock Mutual Funds

Summer 2007

					PERFORMANCE							
	99 Pct = Best 0 Pct = Worst			Overall	Perfor-	Total Return % through 6/30/07					Incl. in Returns	
Fund		Ticker		Investment	mance				Annualized		Dividend	Expense
Type	Fund Name	Symbol	Phone	Rating	Rating/Pts	3 Mo	6 Mo	1Yr / Pct	3Yr / Pct	5Yr / Pct	Yield	Ratio
GI	Fidelity Adv Growth & Income A	FGIRX	(800) 522-7297	C	C- / 3.3	6.45	7.90	19.72 /58	11.28 /38	9.79 /31	0.31	1.07
GI	Fidelity Adv Growth & Income B	FGISX	(800) 522-7297	C	C- / 3.8	6.25	7.46	18.80 /51	10.42 /31	8.94 /22	0.00	1.85
GI	Fidelity Adv Growth & Income C	FGIUX	(800) 522-7297	C	C- / 3.8	6.26	7.47	18.86 /51	10.48 /32	8.99 /23	0.00	1.80
GI	Fidelity Adv Growth & Income I	FGIOX	(800) 522-7297	C+	C / 5.0	6.56	8.05	20.15 /61	11.66 /42	10.18 /35	0.59	0.73
GI	Fidelity Adv Growth & Income T	FGITX	(800) 522-7297	C	C- / 3.6	6.43	7.77	19.46 /56	11.05 /36	9.56 /28	0.04	1.28
HL	Fidelity Adv Health Care A	FACDX	(800) 522-7297	D-	D / 1.6	3.77	5.01	15.95 /31	9.98 /28	9.61 /29	0.00	1.25
HL	Fidelity Adv Health Care B	FAHTX	(800) 522-7297	D-	D / 1.9	3.57	4.61	15.09 /27	9.14 /22	8.80 /21	0.00	2.01
HL	Fidelity Adv Health Care C	FHCCX	(800) 522-7297	D-	D / 1.9	3.57	4.61	15.12 /27	9.21 /22	8.87 /22	0.00	1.94
HL	Fidelity Adv Health Care I	FHCIX	(800) 522-7297	D	D+ / 2.7	3.87	5.17	16.40 /34	10.39 /31	10.05 /33	0.00	0.86
HL	Fidelity Adv Health Care T	FACTX	(800) 522-7297	D-	D / 1.7	3.72	4.89	15.70 /30	9.71 /26	9.35 /26	0.00	1.50
GR	Fidelity Adv Industrials A	FCLAX	(800) 522-7297	B	B / 8.0	11.98	13.42	19.15 /53	18.35 /81	16.81 /84	0.20	1.26
GR	Fidelity Adv Industrials B	FCLBX	(800) 522-7297	B	B / 8.1	11.76	12.96	18.20 /46	17.42 /79	15.92 /81	0.00	2.04
GR	Fidelity Adv Industrials C	FCLCX	(800) 522-7297	B	B / 8.2	11.78	12.97	18.25 /47	17.50 /79	15.95 /81	0.00	1.99
GR	Fidelity Adv Industrials I	FCLIX	(800) 522-7297	B+	B+ / 8.5	12.07	13.57	19.49 /56	18.72 /82	17.14 /85	0.45	0.91
GR	Fidelity Adv Industrials T	FCLTX	(800) 522-7297	B	B / 8.1	11.90	13.26	18.83 /51	18.09 /81	16.53 /83	0.10	1.49
FO	Fidelity Adv International Disc A	FAIDX	(800) 522-7297	A+	B+ / 8.9	8.41	11.80	28.44 /90	23.01 /91	19.22 /90	0.76	1.27
FO	Fidelity Adv International Disc B	FADDX	(800) 522-7297	A+	A- / 9.0	8.17	11.29	27.22 /88	22.12 /89	18.71 /89	0.38	2.27
FO	Fidelity Adv International Disc C	FCADX	(800) 522-7297	A+	A- / 9.0	8.17	11.31	27.29 /88	22.21 /90	18.76 /89	0.33	2.16
FO	Fidelity Adv International Disc I	FIADX	(800) 522-7297	A+	A- / 9.2	8.48	11.94	28.76 /91	23.37 /92	19.44 /91	0.92	1.00
FO	Fidelity Adv International Disc T	FTADX	(800) 522-7297	A+	A- / 9.0	8.31	11.57	27.90 /89	22.63 /90	19.00 /90	0.59	1.71
FO	● Fidelity Adv International Sm Cap A	FIASX	(800) 522-7297	C	A / 9.3	11.75	18.30	25.67 /85	26.16 /94	--	0.00	1.64
FO	● Fidelity Adv International Sm Cap B	FIBSX	(800) 522-7297	C	A / 9.3	11.48	17.83	24.69 /82	25.15 /93	--	0.00	2.48
FO	● Fidelity Adv International Sm Cap C	FICSX	(800) 522-7297	C	A / 9.3	11.51	17.84	24.70 /82	25.23 /93	--	0.00	2.38
FO	● Fidelity Adv International Sm Cap I	FIXIX	(800) 522-7297	C	A / 9.4	11.83	18.53	26.08 /86	26.60 /94	--	0.21	1.29
FO	● Fidelity Adv International Sm Cap T	FTISX	(800) 522-7297	C	A / 9.3	11.64	18.16	25.33 /84	25.83 /94	--	0.00	1.89
FO	Fidelity Adv Intl Cap Apprec A	FCPAX	(800) 522-7297	C+	B / 7.9	6.54	11.67	25.82 /85	18.12 /81	13.61 /66	0.56	1.43
FO	Fidelity Adv Intl Cap Apprec B	FCPBX	(800) 522-7297	C+	B / 8.1	6.36	11.27	24.83 /83	17.16 /78	12.68 /59	0.00	2.26
FO	Fidelity Adv Intl Cap Apprec C	FCPCX	(800) 522-7297	C+	B / 8.1	6.34	11.30	24.90 /83	17.25 /78	12.80 /60	0.00	2.16
FO	Fidelity Adv Intl Cap Apprec I	FCPIX	(800) 522-7297	B-	B+ / 8.4	6.60	11.84	26.23 /86	18.49 /82	13.97 /69	0.76	1.04
FO	Fidelity Adv Intl Cap Apprec T	FIATX	(800) 522-7297	C+	B / 8.0	6.44	11.57	25.53 /84	17.84 /80	13.35 /65	0.35	1.65
FO	Fidelity Adv Japan A	FJPAX	(800) 522-7297	E-	E- / 0.1	-1.35	-0.24	-2.72 / 0	5.82 / 5	9.70 /30	0.00	1.52
FO	Fidelity Adv Japan B	FAJBX	(800) 522-7297	E-	E- / 0.1	-1.55	-0.56	-3.40 / 0	5.04 / 4	8.90 /22	0.00	2.33
FO	Fidelity Adv Japan C	FAJCX	(800) 522-7297	E-	E- / 0.1	-1.48	-0.50	-3.38 / 0	5.08 / 4	8.95 /22	0.00	2.18
FO	Fidelity Adv Japan I	FAJIX	(800) 522-7297	E	E- / 0.2	-1.32	-0.06	-2.38 / 0	6.20 / 6	10.07 /34	0.00	1.12
FO	Fidelity Adv Japan T	FAJTX	(800) 522-7297	E-	E- / 0.1	-1.37	-0.30	-2.88 / 0	5.58 / 5	9.43 /27	0.00	1.82
FO	● Fidelity Adv Korea A	FAKAX	(800) 522-7297	B	A+ / 9.9	24.29	29.33	45.53 /98	43.99 /99	25.54 /96	0.63	1.82
FO	● Fidelity Adv Korea B	FAKBX	(800) 522-7297	B	A+ / 9.9	23.93	28.72	44.25 /98	42.84 /99	24.55 /96	0.22	2.64
FO	● Fidelity Adv Korea C	FAKCX	(800) 522-7297	B	A+ / 9.9	23.88	28.66	44.25 /98	42.80 /99	24.55 /96	0.10	2.56
FO	● Fidelity Adv Korea I	FKRIX	(800) 522-7297	B	A+ / 9.9	24.20	29.31	45.68 /98	44.26 /99	25.81 /97	0.85	1.50
FO	● Fidelity Adv Korea T	FAKTX	(800) 522-7297	B	A+ / 9.9	24.03	29.03	44.99 /98	43.57 /99	25.19 /96	0.49	2.23
GR	Fidelity Adv Large Cap Fund A	FALAX	(800) 522-7297	C+	C / 5.5	9.07	10.52	22.75 /76	12.76 /52	9.77 /31	0.12	1.22
GR	Fidelity Adv Large Cap Fund B	FALHX	(800) 522-7297	B-	C+ / 5.9	8.89	10.12	21.83 /72	11.90 /44	8.95 /22	0.00	1.99
GR	Fidelity Adv Large Cap Fund C	FLCCX	(800) 522-7297	B-	C+ / 5.9	8.91	10.14	21.81 /72	11.93 /45	8.96 /23	0.00	1.97
GR	Fidelity Adv Large Cap Fund I	FALIX	(800) 522-7297	B	C+ / 6.9	9.17	10.70	23.15 /78	13.17 /56	10.18 /35	0.40	0.88
GR	Fidelity Adv Large Cap Fund T	FALGX	(800) 522-7297	B-	C+ / 5.7	9.01	10.42	22.38 /74	12.55 /50	9.58 /28	0.00	1.41
GR	Fidelity Adv Large Cap Growth A	FLNAX	(800) 522-7297	E	D- / 1.0	2.69	2.70	10.86 /10	9.98 /28	9.68 /30	0.00	1.22
GR	Fidelity Adv Large Cap Growth B	FLNBX	(800) 522-7297	E+	D / 1.6	2.52	2.44	10.58 / 9	9.90 /27	9.63 /29	0.00	2.03
GR	Fidelity Adv Large Cap Growth C	FLNEX	(800) 522-7297	E+	D / 1.6	2.52	2.44	10.58 / 9	9.89 /27	9.62 /29	0.00	1.97
GR	Fidelity Adv Large Cap Growth I	FLNOX	(800) 522-7297	E+	D / 1.8	2.78	2.87	11.04 /10	10.04 /28	9.71 /30	0.00	0.86
GR	Fidelity Adv Large Cap Growth T	FLNTX	(800) 522-7297	E	D- / 1.3	2.69	2.70	10.86 /10	9.98 /28	9.68 /30	0.00	1.42
GR	Fidelity Adv Large Cap Value A	FLUAX	(800) 522-7297	C	C+ / 5.9	4.58	7.52	19.53 /56	15.83 /73	12.74 /60	0.64	1.19
GR	Fidelity Adv Large Cap Value B	FLUBX	(800) 522-7297	C+	C+ / 6.8	4.31	7.18	19.16 /53	15.71 /72	12.67 /59	0.69	1.99

● Denotes fund is closed to new investors
* Denotes fund is included in Section II

www.thestreet.com/ratings

Summer 2007

I. Index of Stock Mutual Funds

RISK			NET ASSETS		ASSET					BULL / BEAR		FUND MANAGER		MINIMUMS		LOADS	
	3 Year		NAV						Portfolio	Last Bull	Last Bear	Manager	Manager	Initial	Additional	Front	Back
Risk	Standard		As of	Total	Cash	Stocks	Bonds	Other	Turnover	Market	Market	Quality	Tenure	Purch.	Purch.	End	End
Rating/Pts	Deviation	Beta	6/30/07	$(Mil)	%	%	%	%	Ratio	Return	Return	Pct	(Years)	$	$	Load	Load
B / 8.0	7.0	0.88	21.12	298	5	94	0	1	109.0	77.7	-8.4	61	2	2,500	100	5.8	0.0
B / 8.1	7.0	0.88	20.39	99	5	94	0	1	109.0	71.9	-8.5	50	2	2,500	100	0.0	0.0
B / 8.1	7.0	0.88	20.36	122	5	94	0	1	109.0	72.2	-8.6	51	2	2,500	100	0.0	0.0
B / 8.1	7.0	0.88	21.28	696	5	94	0	1	109.0	80.2	-8.3	66	2	2,500	100	0.0	0.0
B / 8.1	7.0	0.88	21.01	471	5	94	0	1	109.0	76.0	-8.5	58	2	2,500	100	3.5	0.0
C+ / 6.3	8.8	0.81	23.67	242	0	100	0	0	141.0	70.5	-5.1	52	N/A	2,500	100	5.8	0.8
C+ / 6.3	8.8	0.81	22.03	123	0	100	0	0	141.0	65.0	-5.2	41	N/A	2,500	100	0.0	0.8
C+ / 6.3	8.8	0.81	22.02	110	0	100	0	0	141.0	65.5	-5.2	42	N/A	2,500	100	0.0	0.8
C+ / 6.4	8.8	0.81	24.41	23	0	100	0	0	141.0	73.3	-5.0	58	N/A	2,500	100	0.0	0.8
C+ / 6.3	8.8	0.80	23.15	196	0	100	0	0	141.0	68.6	-5.1	49	N/A	2,500	100	3.5	0.8
C+ / 6.4	11.2	1.27	25.52	153	0	98	0	2	151.0	167.1	-9.6	90	N/A	2,500	100	5.8	0.8
C+ / 6.5	11.2	1.27	24.23	44	0	98	0	2	151.0	158.4	-9.7	86	N/A	2,500	100	0.0	0.8
C+ / 6.4	11.2	1.27	24.30	57	0	98	0	2	151.0	158.9	-9.7	86	N/A	2,500	100	0.0	0.8
C+ / 6.4	11.2	1.27	26.28	19	0	98	0	2	151.0	170.4	-9.5	91	N/A	2,500	100	0.0	0.8
C+ / 6.4	11.2	1.28	25.20	75	0	98	0	2	151.0	164.5	-9.6	89	N/A	2,500	100	3.5	0.8
B- / 7.7	10.9	1.16	42.17	264	2	97	0	1	56.0	197.6	-9.0	25	2	2,500	100	5.8	1.0
B- / 7.7	10.9	1.16	41.71	10	2	97	0	1	56.0	191.4	-9.0	19	2	2,500	100	0.0	1.0
B- / 7.7	10.9	1.16	41.82	16	2	97	0	1	56.0	192.0	-9.0	20	2	2,500	100	0.0	1.0
B- / 7.7	11.0	1.16	42.47	41	2	97	0	1	56.0	200.2	-9.0	27	2	2,500	250	0.0	1.0
B- / 7.7	11.0	1.16	41.96	32	2	97	0	1	56.0	195.0	-9.0	22	2	2,500	100	3.5	1.0
D / 2.2	14.0	1.33	29.29	36	2	96	0	2	84.0	294.6	-1.5	23	5	2,500	100	5.8	2.0
D+ / 2.3	14.0	1.32	28.75	11	2	96	0	2	84.0	281.6	-1.5	17	5	2,500	100	0.0	2.0
D+ / 2.3	14.0	1.32	28.87	20	2	96	0	2	84.0	283.0	-1.5	18	5	2,500	100	0.0	2.0
D / 2.2	14.0	1.33	29.49	8	2	96	0	2	84.0	300.3	-1.5	25	5	2,500	100	0.0	2.0
D / 2.2	14.0	1.33	29.15	40	2	96	0	2	84.0	290.6	-1.5	21	5	2,500	100	3.5	2.0
C / 5.0	11.3	1.11	18.08	134	11	88	0	1	170.0	142.4	-10.4	8	1	2,500	100	5.8	1.0
C / 5.0	11.3	1.11	16.88	45	11	88	0	1	170.0	134.1	-10.6	6	1	2,500	100	0.0	1.0
C / 4.9	11.3	1.11	16.94	68	11	88	0	1	170.0	135.1	-10.6	6	1	2,500	100	0.0	1.0
C / 5.1	11.3	1.11	18.89	18	11	88	0	1	170.0	145.6	-10.3	9	1	2,500	100	0.0	1.0
C / 5.0	11.3	1.11	17.84	188	11	88	0	1	170.0	140.1	-10.5	7	1	2,500	100	3.5	1.0
C / 4.9	14.5	0.94	16.79	37	N/A	100	0	N/A	83.0	100.7	-7.9	0	4	2,500	100	5.8	1.5
C / 4.8	14.5	0.94	15.90	11	N/A	100	0	N/A	83.0	94.6	-8.1	0	4	2,500	100	0.0	1.5
C / 4.8	14.5	0.94	16.01	41	N/A	100	0	N/A	83.0	94.6	-8.0	0	4	2,500	100	0.0	1.5
C / 4.9	14.5	0.94	17.21	10	N/A	100	0	N/A	83.0	103.7	-7.8	0	4	2,500	100	0.0	1.5
C / 4.8	14.5	0.94	16.51	17	N/A	100	0	N/A	83.0	98.4	-7.9	0	4	2,500	100	3.5	1.5
C / 4.3	21.9	1.52	32.85	35	1	98	0	1	133.0	304.5	-20.0	97	1	2,500	100	5.8	1.5
C- / 4.2	21.9	1.52	31.33	10	1	98	0	1	133.0	291.6	-20.2	96	1	2,500	100	0.0	1.5
C- / 4.2	21.9	1.52	31.38	11	1	98	0	1	133.0	291.2	-20.2	96	1	2,500	100	0.0	1.5
C / 4.3	21.9	1.52	33.31	4	1	98	0	1	133.0	309.2	-20.0	97	1	2,500	100	0.0	1.5
C / 4.3	21.9	1.52	32.31	6	1	98	0	1	133.0	299.9	-20.1	97	1	2,500	100	3.5	1.5
B- / 7.9	8.8	1.11	20.69	163	0	99	0	1	91.0	88.8	-9.3	55	2	2,500	100	5.8	0.0
B / 8.0	8.9	1.12	19.59	62	0	99	0	1	91.0	83.0	-9.6	43	2	2,500	100	0.0	0.0
B / 8.0	8.8	1.11	19.55	49	0	99	0	1	91.0	83.0	-9.5	44	2	2,500	100	0.0	0.0
B / 8.0	8.8	1.11	21.32	699	0	99	0	1	91.0	91.8	-9.3	60	2	2,500	100	0.0	0.0
B / 8.0	8.8	1.11	20.56	178	0	99	0	1	91.0	87.6	-9.4	53	2	2,500	100	3.5	0.0
C / 5.1	11.8	1.42	11.82	N/A	0	99	0	1	189.0	90.9	-10.2	12	N/A	2,500	100	5.8	0.0
C / 5.1	11.8	1.42	11.79	N/A	0	99	0	1	189.0	90.4	-10.2	11	N/A	2,500	100	0.0	0.0
C / 5.1	11.8	1.42	11.79	N/A	0	99	0	1	189.0	90.5	-10.2	11	N/A	2,500	100	0.0	0.0
C / 5.1	11.8	1.41	11.84	N/A	0	99	0	1	189.0	91.0	-10.2	12	N/A	2,500	100	0.0	0.0
C / 5.1	11.8	1.41	11.82	N/A	0	99	0	1	189.0	90.7	-10.2	12	N/A	2,500	100	3.5	0.0
C+ / 6.2	7.7	0.95	15.77	7	0	99	0	1	164.0	125.8	-10.3	91	N/A	2,500	100	5.8	0.0
C+ / 6.2	7.7	0.95	15.72	4	0	99	0	1	164.0	125.2	-10.3	91	N/A	2,500	100	0.0	0.0

www.thestreet.com/ratings

Data as of June 30, 2007

I. Index of Stock Mutual Funds

Summer 2007

99 Pct = Best
0 Pct = Worst

Fund Type	Fund Name	Ticker Symbol	Overall Investment Rating	Phone	Performance Rating/Pts	3 Mo	6 Mo	1Yr / Pct	3Yr / Pct	5Yr / Pct	Dividend Yield	Expense Ratio
GR	Fidelity Adv Large Cap Value C	FLUEX	C+	(800) 522-7297	C+ / 6.9	4.45	7.32	19.31 /55	15.76 /73	12.70 /59	0.68	1.94
GR	Fidelity Adv Large Cap Value I	FLUIX	C+	(800) 522-7297	B- / 7.0	4.57	7.59	19.61 /57	15.85 /73	12.75 /60	0.68	0.82
GR	Fidelity Adv Large Cap Value T	FLUTX	C+	(800) 522-7297	C+ / 6.3	4.44	7.38	19.38 /55	15.78 /73	12.71 /59	0.66	1.38
FO	Fidelity Adv Latin America A	FLTAX	B-	(800) 522-7297	A+ / 9.9	20.10	23.38	56.47 /99	57.00 /99	41.34 /99	0.84	1.62
FO	Fidelity Adv Latin America B	FLTBX	B-	(800) 522-7297	A+ / 9.9	19.86	22.93	55.35 /99	55.82 /99	40.32 /99	0.45	2.42
FO	Fidelity Adv Latin America C	FLACX	B-	(800) 522-7297	A+ / 9.9	19.87	22.90	55.27 /99	55.84 /99	40.28 /99	0.47	2.34
FO	Fidelity Adv Latin America I	FLNIX	B-	(800) 522-7297	A+ / 9.9	20.22	23.61	56.96 /99	57.42 /99	41.74 /99	1.00	1.26
FO	Fidelity Adv Latin America T	FLTTX	B-	(800) 522-7297	A+ / 9.9	20.00	23.23	56.09 /99	56.58 /99	41.00 /99	0.70	1.89
GR	Fidelity Adv Leveraged Co Stk A	FLSAX	A	(800) 522-7297	A / 9.3	12.61	20.35	28.33 /90	23.47 /92	36.11 /99	0.10	1.16
GR	Fidelity Adv Leveraged Co Stk B	FLCBX	A	(800) 522-7297	A / 9.3	12.40	19.89	27.27 /88	22.48 /90	35.15 /99	0.00	1.96
GR	Fidelity Adv Leveraged Co Stk C	FLSCX	A	(800) 522-7297	A / 9.3	12.40	19.93	27.36 /89	22.59 /90	35.12 /99	0.00	1.89
GR	Fidelity Adv Leveraged Co Stk I	FLVIX	A	(800) 522-7297	A / 9.4	12.67	20.53	28.68 /91	23.85 /92	36.51 /99	0.28	0.87
GR	Fidelity Adv Leveraged Co Stk T	FLSTX	A	(800) 522-7297	A / 9.3	12.53	20.20	28.00 /90	23.14 /91	35.72 /99	0.00	1.40
PM	Fidelity Adv Materials Fund A	FMFAX	B	(800) 522-7297	A- / 9.2	9.42	19.82	26.17 /86	24.08 /92	19.68 /91	0.70	1.37
PM	Fidelity Adv Materials Fund B	FMFBX	B	(800) 522-7297	A / 9.3	9.22	19.08	25.34 /84	23.81 /92	19.52 /91	0.70	2.12
PM	Fidelity Adv Materials Fund C	FMFCX	B	(800) 522-7297	A / 9.3	9.23	19.09	25.35 /84	23.81 /92	19.52 /91	0.72	2.12
PM	Fidelity Adv Materials Fund I	FMFEX	B	(800) 522-7297	A / 9.3	9.49	19.64	26.01 /85	24.03 /92	19.65 /91	0.69	0.92
PM	Fidelity Adv Materials Fund T	FMFTX	B	(800) 522-7297	A- / 9.2	9.36	19.41	25.75 /85	23.94 /92	19.60 /91	0.71	1.62
MC	● Fidelity Adv Mid Cap Fund A	FMCDX	C	(800) 522-7297	C+ / 6.9	6.29	11.91	24.98 /83	15.15 /69	15.63 /79	0.00	1.10
MC	● Fidelity Adv Mid Cap Fund B	FMCBX	C	(800) 522-7297	B- / 7.2	6.09	11.49	23.97 /80	14.22 /64	14.74 /74	0.00	1.92
MC	● Fidelity Adv Mid Cap Fund C	FMCEX	C	(800) 522-7297	B- / 7.2	6.08	11.52	24.01 /80	14.29 /64	14.80 /75	0.00	1.86
MC	● Fidelity Adv Mid Cap Fund I	FMCCX	C+	(800) 522-7297	B / 7.8	6.37	12.08	25.33 /84	15.54 /72	16.07 /81	0.00	0.78
MC	● Fidelity Adv Mid Cap Fund T	FMCAX	C	(800) 522-7297	B- / 7.1	6.23	11.83	24.73 /82	14.95 /68	15.44 /78	0.00	1.28
MC	Fidelity Adv Mid Cap Growth A	FGCAX	E+	(800) 522-7297	D / 2.1	3.38	5.15	9.87 / 7	12.43 /49	13.28 /64	0.00	1.23
MC	Fidelity Adv Mid Cap Growth B	FGCBX	E+	(800) 522-7297	C- / 3.0	3.24	4.87	9.57 / 7	12.32 /48	13.21 /63	0.00	2.02
MC	Fidelity Adv Mid Cap Growth C	FGCCX	E+	(800) 522-7297	C- / 3.0	3.24	4.87	9.57 / 7	12.32 /48	13.21 /63	0.00	1.98
MC	Fidelity Adv Mid Cap Growth I	FGCOX	D-	(800) 522-7297	C- / 3.2	3.52	5.30	10.02 / 8	12.48 /50	13.31 /64	0.00	0.85
MC	Fidelity Adv Mid Cap Growth T	FGCTX	E+	(800) 522-7297	D+ / 2.4	3.38	5.08	9.80 / 7	12.40 /49	13.26 /64	0.00	1.42
MC	Fidelity Adv Mid Cap II A	FIIAX	U	(800) 522-7297	U /	9.01	12.11	17.91 /44	--	--	0.00	1.22
MC	Fidelity Adv Mid Cap II B	FIIBX	U	(800) 522-7297	U /	8.78	11.65	17.04 /38	--	--	0.00	2.01
MC	Fidelity Adv Mid Cap II C	FIICX	U	(800) 522-7297	U /	8.84	11.70	17.10 /39	--	--	0.00	1.96
MC	Fidelity Adv Mid Cap II I	FIIMX	U	(800) 522-7297	U /	9.14	12.30	18.30 /47	--	--	0.00	0.96
MC	Fidelity Adv Mid Cap II T	FITIX	U	(800) 522-7297	U /	8.98	12.02	17.76 /43	--	--	0.00	1.37
MC	Fidelity Adv Mid Cap Value A	FMPAX	C+	(800) 522-7297	B- / 7.4	4.07	11.02	19.61 /57	18.44 /82	14.81 /75	0.35	1.23
MC	Fidelity Adv Mid Cap Value B	FMPBX	B-	(800) 522-7297	B / 7.9	3.90	10.78	19.35 /55	18.35 /81	14.76 /75	0.38	2.01
MC	Fidelity Adv Mid Cap Value C	FMPEX	B-	(800) 522-7297	B / 7.9	3.90	10.78	19.35 /55	18.35 /81	14.76 /75	0.38	1.97
MC	Fidelity Adv Mid Cap Value I	FMPOX	B-	(800) 522-7297	B / 8.0	4.18	11.20	19.81 /58	18.50 /82	14.84 /75	0.37	0.84
MC	Fidelity Adv Mid Cap Value T	FMPTX	B-	(800) 522-7297	B / 7.6	4.07	11.02	19.61 /57	18.44 /82	14.81 /75	0.36	1.41
GR	● Fidelity Adv New Insights A	FNIAX	B-	(800) 522-7297	C+ / 6.7	7.49	9.36	16.96 /38	16.74 /77	--	0.16	1.12
GR	● Fidelity Adv New Insights B	FNIBX	B	(800) 522-7297	B- / 7.0	7.24	8.85	16.01 /32	15.81 /73	--	0.00	1.93
GR	● Fidelity Adv New Insights C	FNICX	B	(800) 522-7297	B- / 7.1	7.28	8.94	16.10 /33	15.91 /73	--	0.00	1.85
GR	● Fidelity Adv New Insights I	FINSX	B+	(800) 522-7297	B / 7.6	7.53	9.45	17.25 /40	17.11 /78	--	0.42	0.83
GR	● Fidelity Adv New Insights T	FNITX	B-	(800) 522-7297	C+ / 6.9	7.42	9.19	16.72 /36	16.50 /76	--	0.00	1.32
FO	Fidelity Adv Overseas Fund A	FAOAX	B+	(800) 522-7297	B+ / 8.4	8.12	12.92	26.10 /86	19.91 /85	15.35 /78	0.83	1.19
FO	Fidelity Adv Overseas Fund B	FAOBX	B+	(800) 522-7297	B+ / 8.5	7.92	12.47	25.09 /83	18.94 /83	14.37 /72	0.06	1.93
FO	Fidelity Adv Overseas Fund C	FAOCX	B+	(800) 522-7297	B+ / 8.5	7.92	12.50	25.17 /83	19.03 /83	14.48 /73	0.29	1.94
FO	Fidelity Adv Overseas Fund I	FAOIX	A-	(800) 522-7297	B+ / 8.8	8.20	13.08	26.51 /87	20.37 /85	15.79 /80	1.18	0.85
FO	Fidelity Adv Overseas Fund T	FAERX	B+	(800) 522-7297	B+ / 8.5	8.09	12.80	25.86 /85	19.75 /84	15.20 /77	0.71	1.44
RE	Fidelity Adv Real Estate A	FHEAX	C-	(800) 522-7297	B- / 7.5	-9.40	-6.73	11.09 /11	23.03 /91	--	0.80	1.29
RE	Fidelity Adv Real Estate B	FHEBX	C-	(800) 522-7297	B / 7.7	-9.55	-7.03	10.29 / 9	22.11 /89	--	0.22	2.05
RE	Fidelity Adv Real Estate C	FHECX	C-	(800) 522-7297	B / 7.7	-9.59	-7.08	10.24 / 8	22.09 /89	--	0.24	2.05
RE	Fidelity Adv Real Estate I	FHEIX	C	(800) 522-7297	B / 8.2	-9.34	-6.60	11.43 /12	23.44 /92	--	1.10	0.94

● Denotes fund is closed to new investors
★ Denotes fund is included in Section II

www.thestreet.com/ratings

I. Index of Stock Mutual Funds

Summer 2007

RISK			NET ASSETS		ASSET				Portfolio Turnover Ratio	BULL / BEAR		FUND MANAGER		MINIMUMS		LOADS	
	3 Year		NAV							Last Bull	Last Bear	Manager	Manager	Initial	Additional	Front	Back
Risk	Standard		As of	Total	Cash	Stocks	Bonds	Other		Market	Market	Quality	Tenure	Purch.	Purch.	End	End
Rating/Pts	Deviation	Beta	6/30/07	$(Mil)	%	%	%	%		Return	Return	Pct	(Years)	$	$	Load	Load
C+ / 6.2	7.7	0.95	15.74	1	0	99	0	1	164.0	125.2	-10.3	91	N/A	2,500	100	0.0	0.0
C+ / 6.2	7.7	0.95	15.78	N/A	0	99	0	1	164.0	125.9	-10.3	91	N/A	2,500	100	0.0	0.0
C+ / 6.2	7.7	0.95	15.75	10	0	99	0	1	164.0	125.6	-10.3	91	N/A	2,500	100	3.5	0.0
C- / 3.8	20.8	1.71	50.72	100	2	97	0	1	50.0	565.7	-4.3	99	2	2,500	100	5.8	1.5
C- / 3.8	20.7	1.71	49.43	25	2	97	0	1	50.0	546.0	-4.4	99	2	2,500	100	0.0	1.5
C- / 3.8	20.7	1.71	49.22	44	2	97	0	1	50.0	545.3	-4.4	99	2	2,500	100	0.0	1.5
C- / 3.8	20.7	1.71	51.73	13	2	97	0	1	50.0	574.0	-4.1	99	2	2,500	100	0.0	1.5
C- / 3.8	20.7	1.71	50.35	38	2	97	0	1	50.0	559.2	-4.4	99	2	2,500	100	3.5	1.5
C+ / 6.7	12.6	1.25	39.56	1,362	5	93	0	2	7.0	295.5	-4.3	98	4	10,000	1,000	5.8	0.0
C+ / 6.6	12.6	1.25	38.16	212	5	93	0	2	7.0	283.2	-4.6	97	4	10,000	1,000	0.0	0.0
C+ / 6.6	12.7	1.25	38.15	721	5	93	0	2	7.0	283.4	-4.5	97	4	10,000	1,000	0.0	0.0
C+ / 6.7	12.6	1.25	39.93	540	5	93	0	2	7.0	300.8	-4.3	98	4	10,000	1,000	0.0	0.0
C+ / 6.6	12.6	1.25	38.98	795	5	93	0	2	7.0	290.9	-4.5	98	4	10,000	1,000	3.5	0.0
C / 5.1	13.6	0.37	56.02	4	10	89	0	1	158.0	179.4	2.0	99	N/A	2,500	100	5.8	0.8
C / 5.1	13.5	0.37	55.67	2	10	89	0	1	158.0	177.7	2.0	99	N/A	2,500	100	0.0	0.8
C / 5.1	13.5	0.37	55.66	3	10	89	0	1	158.0	177.6	2.0	99	N/A	2,500	100	0.0	0.8
C / 5.1	13.5	0.37	55.98	N/A	10	89	0	1	158.0	178.9	2.0	99	N/A	2,500	100	0.0	0.8
C / 5.1	13.5	0.37	55.83	3	10	89	0	1	158.0	178.4	2.0	99	N/A	2,500	100	3.5	0.8
C / 4.9	13.1	1.13	27.19	1,849	0	100	0	0	156.0	137.9	-4.6	34	6	2,500	100	5.8	0.0
C / 5.0	13.0	1.13	26.14	718	0	100	0	0	156.0	130.1	-4.7	27	6	2,500	100	0.0	0.0
C / 5.0	13.0	1.13	26.16	526	0	100	0	0	156.0	130.5	-4.7	27	6	2,500	100	0.0	0.0
C / 4.9	13.0	1.13	28.05	972	0	100	0	0	156.0	141.6	-4.4	38	6	2,500	100	0.0	0.0
C / 5.0	13.0	1.13	27.45	4,222	0	100	0	0	156.0	136.4	-4.6	33	6	2,500	100	3.5	0.0
C / 4.6	14.2	1.29	14.69	N/A	0	99	0	1	178.0	123.7	-9.0	9	N/A	2,500	100	5.8	0.8
C / 4.6	14.2	1.29	14.65	N/A	0	99	0	1	178.0	123.1	-9.0	8	N/A	2,500	100	0.0	0.8
C / 4.6	14.2	1.29	14.65	N/A	0	99	0	1	178.0	123.1	-9.0	8	N/A	2,500	100	0.0	0.8
C / 4.6	14.2	1.29	14.71	N/A	0	99	0	1	178.0	123.9	-9.0	9	N/A	2,500	100	0.0	0.8
C / 4.6	14.2	1.29	14.68	N/A	0	99	0	1	178.0	123.6	-9.0	9	N/A	2,500	100	3.5	0.8
U /	N/A	N/A	18.03	577	1	98	0	1	140.0	N/A	N/A	N/A	3	2,500	100	5.8	0.0
U /	N/A	N/A	17.71	104	1	98	0	1	140.0	N/A	N/A	N/A	3	2,500	100	0.0	0.0
U /	N/A	N/A	17.73	260	1	98	0	1	140.0	N/A	N/A	N/A	3	2,500	100	0.0	0.0
U /	N/A	N/A	18.15	402	1	98	0	1	140.0	N/A	N/A	N/A	3	2,500	100	0.0	0.0
U /	N/A	N/A	17.96	673	1	98	0	1	140.0	N/A	N/A	N/A	3	2,500	100	3.5	0.0
C+ / 5.9	9.0	0.80	18.15	3	0	99	0	1	187.0	151.4	-6.8	94	N/A	2,500	100	5.8	0.8
C+ / 5.9	9.0	0.80	18.11	3	0	99	0	1	187.0	150.8	-6.8	94	N/A	2,500	100	0.0	0.8
C+ / 5.9	9.0	0.80	18.11	2	0	99	0	1	187.0	151.0	-6.8	94	N/A	2,500	100	0.0	0.8
C+ / 5.9	9.0	0.80	18.18	N/A	0	99	0	1	187.0	151.6	-6.8	94	N/A	2,500	100	0.0	0.8
C+ / 5.9	9.0	0.80	18.15	2	0	99	0	1	187.0	151.4	-6.8	94	N/A	2,500	100	3.5	0.8
B- / 7.5	9.7	1.11	20.09	2,001	5	94	0	1	79.0	N/A	N/A	89	4	2,500	100	5.8	0.0
B- / 7.4	9.6	1.11	19.56	458	5	94	0	1	79.0	N/A	N/A	85	4	2,500	100	0.0	0.0
B- / 7.4	9.6	1.11	19.61	1,667	5	94	0	1	79.0	N/A	N/A	85	4	2,500	100	0.0	0.0
B- / 7.5	9.7	1.12	20.27	1,750	5	94	0	1	79.0	N/A	N/A	90	4	2,500	100	0.0	0.0
B- / 7.5	9.7	1.12	19.97	2,237	5	94	0	1	79.0	N/A	N/A	88	4	2,500	100	3.5	0.0
C+ / 6.7	10.7	1.11	24.64	141	1	98	0	1	65.0	168.0	-13.0	14	2	2,500	100	5.8	1.0
C+ / 6.7	10.7	1.11	23.72	29	1	98	0	1	65.0	158.5	-13.2	10	2	2,500	100	0.0	1.0
C+ / 6.7	10.7	1.11	24.12	44	1	98	0	1	65.0	159.4	-13.2	11	2	2,500	100	0.0	1.0
C+ / 6.7	10.7	1.11	25.07	498	1	98	0	1	65.0	172.3	-12.9	16	2	2,500	100	0.0	1.0
C+ / 6.7	10.7	1.11	25.11	681	1	98	0	1	65.0	166.5	-13.0	13	2	2,500	100	3.5	1.0
C- / 3.1	15.2	1.03	20.24	133	1	98	0	1	60.0	190.4	0.3	87	3	2,500	100	5.8	0.0
C- / 3.1	15.2	1.03	20.09	29	1	98	0	1	60.0	180.9	0.2	82	3	2,500	100	0.0	0.0
C- / 3.1	15.2	1.03	20.08	44	1	98	0	1	60.0	181.1	0.2	82	3	2,500	100	0.0	0.0
C- / 3.2	15.2	1.03	20.38	14	1	98	0	1	60.0	194.4	0.4	88	3	2,500	100	0.0	0.0

www.thestreet.com/ratings

Data as of June 30, 2007

I. Index of Stock Mutual Funds

Summer 2007

							PERFORMANCE						
	99 Pct = Best								Total Return % through 6/30/07			Incl. in Returns	
	0 Pct = Worst			Overall		Perfor-				Annualized		Dividend	Expense
Fund Type	Fund Name	Ticker Symbol		Investment Rating	Phone	mance Rating/Pts	3 Mo	6 Mo	1Yr / Pct	3Yr / Pct	5Yr / Pct	Yield	Ratio
RE	Fidelity Adv Real Estate T	FHETX		C-	(800) 522-7297	B / 7.6	-9.45	-6.82	10.89 /10	22.74 /91	--	0.59	1.55
SC	Fidelity Adv Small Cap A	FSCDX		C-	(800) 522-7297	C+ / 5.7	6.54	12.83	18.39 /48	14.27 /64	14.59 /73	0.00	1.32
SC	Fidelity Adv Small Cap B	FSCBX		C-	(800) 522-7297	C+ / 6.1	6.33	12.38	17.44 /41	13.39 /58	13.68 /67	0.00	2.12
SC	Fidelity Adv Small Cap C	FSCEX		C-	(800) 522-7297	C+ / 6.2	6.33	12.38	17.45 /41	13.42 /58	13.73 /68	0.00	2.07
SC	Fidelity Adv Small Cap Growth A	FCAGX		U	(800) 522-7297	U /	9.92	16.26	23.92 /80	--	--	0.00	1.53
SC	Fidelity Adv Small Cap Growth T	FCTGX		U	(800) 522-7297	U /	9.88	16.08	23.68 /79	--	--	0.00	1.73
SC	Fidelity Adv Small Cap I	FSCIX		C+	(800) 522-7297	B- / 7.1	6.60	13.02	18.79 /51	14.69 /67	15.02 /76	0.00	0.97
SC	Fidelity Adv Small Cap T	FSCTX		C	(800) 522-7297	C+ / 6.0	6.48	12.74	18.16 /46	14.07 /63	14.34 /72	0.00	1.50
SC	Fidelity Adv Small Cap Value A	FCVAX		U	(800) 522-7297	U /	7.10	10.33	18.40 /48	--	--	0.00	1.51
SC	Fidelity Adv Small Cap Value C	FCVCX		U	(800) 522-7297	U /	6.95	9.96	17.52 /42	--	--	0.00	2.22
SC	Fidelity Adv Small Cap Value T	FCVTX		U	(800) 522-7297	U /	7.06	10.22	18.08 /46	--	--	0.00	1.67
GI	Fidelity Adv Strat Div & Inc A	FASDX		C	(800) 522-7297	C- / 4.0	3.83	7.21	16.95 /38	13.77 /60	--	1.20	1.14
GI	Fidelity Adv Strat Div & Inc B	FBSDX		C+	(800) 522-7297	C / 4.5	3.59	6.80	16.00 /32	12.88 /53	--	0.56	1.96
GI	Fidelity Adv Strat Div & Inc C	FCSDX		C+	(800) 522-7297	C / 4.6	3.60	6.82	16.08 /32	12.93 /53	--	0.62	1.89
GI	Fidelity Adv Strat Div & Inc I	FSIDX		B-	(800) 522-7297	C+ / 5.7	3.89	7.43	17.35 /40	14.15 /63	--	1.54	0.82
GI	Fidelity Adv Strat Div & Inc T	FTSDX		C+	(800) 522-7297	C / 4.3	3.79	7.08	16.73 /36	13.54 /59	--	1.05	1.35
RE	Fidelity Adv Strat Real Return I	FSIRX		U	(800) 522-7297	U /	-0.64	1.91	4.78 / 1	--	--	3.66	0.82
RE	Fidelity Adv Strat Real Return T	FSRTX		U	(800) 522-7297	U /	-0.69	1.76	4.57 / 1	--	--	3.32	1.05
GR	Fidelity Adv Strategic Growth A	FTQAX		E+	(800) 522-7297	D- / 1.4	9.45	10.83	18.16 /46	6.52 / 7	4.69 / 1	0.00	1.73
GR	Fidelity Adv Strategic Growth B	FTQBX		D-	(800) 522-7297	D / 1.8	9.39	10.49	17.30 /40	5.76 / 5	3.97 / 1	0.00	2.48
GR	Fidelity Adv Strategic Growth C	FTQCX		D-	(800) 522-7297	D / 1.8	9.32	10.43	17.26 /40	5.75 / 5	3.91 / 1	0.00	2.48
GR	Fidelity Adv Strategic Growth I	FTQIX		D-	(800) 522-7297	D+ / 2.5	9.60	11.08	18.56 /49	6.83 / 8	4.99 / 2	0.00	1.35
GR	Fidelity Adv Strategic Growth T	FTQTX		D-	(800) 522-7297	D / 1.6	9.45	10.74	17.83 /44	6.27 / 7	4.46 / 1	0.00	2.03
GR	Fidelity Adv Tax Mgd Stock Fund A	FTAMX		B-	(800) 522-7297	C+ / 6.8	8.09	12.73	20.97 /67	15.36 /71	12.11 /55	0.00	1.58
GR	Fidelity Adv Tax Mgd Stock Fund B	FTBMX		B+	(800) 522-7297	B- / 7.2	7.84	12.33	20.10 /60	14.51 /66	11.29 /46	0.00	2.35
GR	Fidelity Adv Tax Mgd Stock Fund C	FTCMX		B+	(800) 522-7297	B- / 7.2	7.92	12.33	20.10 /60	14.51 /66	11.29 /46	0.00	2.32
GR	Fidelity Adv Tax Mgd Stock Fund I	FTIMX		A-	(800) 522-7297	B / 7.7	8.19	12.93	21.35 /69	15.63 /72	12.42 /57	0.00	1.32
GR	Fidelity Adv Tax Mgd Stock Fund T	FTMSX		B+	(800) 522-7297	B- / 7.0	7.98	12.59	20.64 /64	15.10 /69	11.85 /52	0.00	1.87
TC	Fidelity Adv Technology A	FADTX		E	(800) 522-7297	C- / 3.2	9.65	11.38	22.97 /77	9.24 /22	13.12 /63	0.00	1.30
TC	Fidelity Adv Technology B	FABTX		E+	(800) 522-7297	C- / 3.7	9.44	10.97	22.08 /73	8.43 /17	12.30 /56	0.00	2.05
TC	Fidelity Adv Technology C	FTHCX		E+	(800) 522-7297	C- / 3.7	9.46	10.98	22.04 /73	8.44 /17	12.31 /56	0.00	2.05
TC	Fidelity Adv Technology I	FATIX		D-	(800) 522-7297	C / 4.9	9.70	11.55	23.40 /78	9.68 /25	13.64 /67	0.00	0.90
TC	Fidelity Adv Technology T	FATEX		E	(800) 522-7297	C- / 3.4	9.59	11.23	22.70 /76	8.99 /21	12.85 /61	0.00	1.55
TC	Fidelity Adv Telecom Fd A	FTUAX		B	(800) 522-7297	A- / 9.2	11.22	18.08	37.71 /96	21.02 /87	22.55 /94	0.96	1.32
TC	Fidelity Adv Telecom Fd B	FTUBX		B	(800) 522-7297	A / 9.3	11.04	17.67	37.18 /96	20.86 /86	22.45 /94	0.94	2.07
TC	Fidelity Adv Telecom Fd C	FTUCX		B	(800) 522-7297	A / 9.3	11.02	17.65	37.15 /96	20.86 /86	22.45 /94	0.95	2.07
TC	Fidelity Adv Telecom Fd I	FTUIX		B	(800) 522-7297	A / 9.3	11.32	18.24	37.92 /96	21.08 /87	22.58 /94	0.96	0.88
TC	Fidelity Adv Telecom Fd T	FTUTX		B	(800) 522-7297	A- / 9.2	11.16	17.93	37.53 /96	20.97 /87	22.52 /94	0.96	1.57
UT	Fidelity Adv Utilities A	FUGAX		A+	(800) 522-7297	A- / 9.0	1.07	12.25	33.19 /95	23.84 /92	19.43 /91	1.01	1.34
UT	Fidelity Adv Utilities B	FAUBX		A+	(800) 522-7297	A- / 9.1	0.90	11.83	32.27 /94	22.92 /91	18.57 /89	0.32	2.09
UT	Fidelity Adv Utilities C	FUGCX		A+	(800) 522-7297	A- / 9.1	0.90	11.84	32.26 /94	22.96 /91	18.63 /89	0.49	2.02
UT	Fidelity Adv Utilities I	FUGIX		A+	(800) 522-7297	A / 9.3	1.15	12.46	33.74 /95	24.34 /93	19.96 /92	1.37	0.94
UT	Fidelity Adv Utilities T	FAUFX		A+	(800) 522-7297	A- / 9.0	1.03	12.10	32.85 /95	23.50 /92	19.13 /90	0.79	1.60
GR	Fidelity Adv Value A	FAVFX		B+	(800) 522-7297	B- / 7.3	6.21	11.04	23.05 /77	16.75 /77	--	0.00	1.35
GR	Fidelity Adv Value B	FBVFX		A-	(800) 522-7297	B / 7.6	6.01	10.66	22.14 /73	15.89 /73	--	0.00	2.15
GR	Fidelity Adv Value C	FCVFX		A-	(800) 522-7297	B / 7.6	6.02	10.68	22.13 /73	15.87 /73	--	0.00	2.13
GR	Fidelity Adv Value I	FVIFX		A	(800) 522-7297	B / 8.0	6.31	11.27	23.36 /78	17.08 /78	--	0.00	1.00
GR	Fidelity Adv Value Leaders A	FVLAX		B-	(800) 522-7297	C+ / 6.0	6.57	9.08	21.78 /71	14.81 /67	--	0.47	1.41
GR	Fidelity Adv Value Leaders B	FVLBX		B-	(800) 522-7297	C+ / 6.5	6.41	8.73	20.90 /66	13.93 /61	--	0.00	2.23
GR	Fidelity Adv Value Leaders C	FVLCX		B-	(800) 522-7297	C+ / 6.5	6.42	8.67	20.85 /66	13.92 /61	--	0.00	2.22
GR	Fidelity Adv Value Leaders I	FVLIX		B+	(800) 522-7297	B- / 7.2	6.67	9.24	22.03 /73	15.07 /69	--	0.65	1.04
GR	Fidelity Adv Value Leaders T	FVLTX		B-	(800) 522-7297	C+ / 6.3	6.54	8.91	21.47 /70	14.49 /65	--	0.23	1.65

● Denotes fund is closed to new investors
★ Denotes fund is included in Section II

www.thestreet.com/ratings

I. Index of Stock Mutual Funds

Summer 2007

RISK			NET ASSETS		ASSET				Portfolio Turnover Ratio	BULL / BEAR		FUND MANAGER		MINIMUMS		LOADS	
	3 Year		NAV							Last Bull	Last Bear	Manager	Manager	Initial	Additional	Front	Back
Risk Rating/Pts	Standard Deviation	Beta	As of 6/30/07	Total $(Mil)	Cash %	Stocks %	Bonds %	Other %		Market Return	Market Return	Quality Pct	Tenure (Years)	Purch. $	Purch. $	End Load	End Load
C- / 3.1	15.2	1.03	20.22	115	1	98	0	1	60.0	186.9	0.3	85	3	2,500	100	3.5	0.0
C / 5.3	12.0	0.83	25.59	1,000	8	91	0	1	74.0	144.9	-12.3	81	2	2,500	100	5.8	0.0
C / 4.9	12.0	0.83	23.51	185	8	91	0	1	74.0	136.9	-12.5	73	2	2,500	100	0.0	0.0
C / 4.9	12.0	0.83	23.70	323	8	91	0	1	74.0	137.3	-12.5	74	2	2,500	100	0.0	0.0
U /	N/A	N/A	16.73	34	2	97	0	1	83.0	N/A	N/A	N/A	N/A	2,500	100	5.8	1.5
U /	N/A	N/A	16.68	28	2	97	0	1	83.0	N/A	N/A	N/A	N/A	2,500	100	3.5	1.5
C / 5.5	11.9	0.83	26.48	628	8	91	0	1	74.0	148.7	-12.3	84	2	2,500	100	0.0	0.0
C / 5.2	12.0	0.83	24.96	1,654	8	91	0	1	74.0	142.9	-12.4	80	2	2,500	100	3.5	0.0
U /	N/A	N/A	15.38	65	1	98	0	1	85.0	N/A	N/A	N/A	1	2,500	100	5.8	1.5
U /	N/A	N/A	15.23	36	1	98	0	1	85.0	N/A	N/A	N/A	1	2,500	100	0.0	1.5
U /	N/A	N/A	15.32	56	1	98	0	1	85.0	N/A	N/A	N/A	1	2,500	100	3.5	1.5
B / 8.2	6.8	0.84	13.83	126	21	65	0	14	59.0	N/A	N/A	86	N/A	2,500	100	5.8	0.0
B / 8.1	6.7	0.84	13.77	35	21	65	0	14	59.0	N/A	N/A	81	N/A	2,500	100	0.0	0.0
B / 8.2	6.8	0.84	13.77	102	21	65	0	14	59.0	N/A	N/A	82	N/A	2,500	100	0.0	0.0
B / 8.1	6.8	0.84	13.87	24	21	65	0	14	59.0	N/A	N/A	88	N/A	2,500	100	0.0	0.0
B / 8.1	6.8	0.84	13.81	172	21	65	0	14	59.0	N/A	N/A	85	N/A	2,500	100	3.5	0.0
U /	N/A	N/A	10.25	281	12	11	76	1	27.0	N/A	N/A	N/A	2	2,500	100	0.0	0.8
U /	N/A	N/A	10.24	31	12	11	76	1	27.0	N/A	N/A	N/A	2	2,500	100	4.0	0.8
C+ / 6.1	10.4	1.21	10.54	6	3	96	0	1	95.0	62.7	-11.0	6	N/A	2,500	100	5.8	0.0
C+ / 6.0	10.4	1.21	9.90	4	3	96	0	1	95.0	57.7	-11.2	5	N/A	2,500	100	0.0	0.0
C+ / 6.0	10.5	1.22	9.85	2	3	96	0	1	95.0	57.5	-11.1	5	N/A	2,500	100	0.0	0.0
C+ / 6.1	10.5	1.22	10.73	N/A	3	96	0	1	95.0	64.5	-11.0	7	N/A	2,500	100	0.0	0.0
C+ / 6.1	10.5	1.21	10.31	9	3	96	0	1	95.0	60.9	-11.0	6	N/A	2,500	100	3.5	0.0
B- / 7.8	9.9	1.21	15.23	18	0	99	0	1	211.0	113.1	-10.9	76	3	2,500	100	5.8	0.0
B- / 7.8	9.9	1.20	14.58	4	0	99	0	1	211.0	106.4	-11.0	67	3	2,500	100	0.0	0.0
B- / 7.8	9.9	1.20	14.58	9	0	99	0	1	211.0	106.3	-11.0	67	3	2,500	100	0.0	0.0
B- / 7.8	10.0	1.21	15.46	1	0	99	0	1	211.0	115.3	-10.9	78	3	2,500	100	0.0	0.0
B- / 7.8	9.9	1.20	15.02	9	0	99	0	1	211.0	110.8	-11.0	74	3	2,500	100	3.5	0.0
C- / 3.0	18.2	1.77	20.45	304	1	98	0	1	221.0	94.5	-13.4	3	2	2,500	100	5.8	0.8
C- / 3.0	18.3	1.78	19.02	108	1	98	0	1	221.0	88.5	-13.5	3	2	2,500	100	0.0	0.8
C- / 3.0	18.3	1.78	19.10	87	1	98	0	1	221.0	88.7	-13.6	3	2	2,500	100	0.0	0.8
C- / 3.1	18.2	1.77	21.15	21	1	98	0	1	221.0	98.1	-13.2	4	2	2,500	100	0.0	0.8
C- / 3.0	18.3	1.77	20.00	262	1	98	0	1	221.0	92.6	13.6	3	2	2,500	100	3.5	0.8
C / 5.3	11.5	1.20	57.22	2	0	99	0	1	162.0	151.9	-15.9	97	N/A	2,500	100	5.8	0.8
C / 5.3	11.4	1.20	57.05	1	0	99	0	1	162.0	150.9	-15.9	96	N/A	2,500	100	0.0	0.8
C / 5.3	11.4	1.20	57.03	1	0	99	0	1	162.0	151.0	-15.9	96	N/A	2,500	100	0.0	0.8
C / 5.3	11.5	1.20	57.34	N/A	0	99	0	1	162.0	152.2	-15.9	97	N/A	2,500	100	0.0	0.8
C / 5.3	11.4	1.20	57.16	1	0	99	0	1	162.0	151.5	-15.9	96	N/A	2,500	100	3.5	0.8
B- / 7.9	8.5	0.49	21.71	99	1	98	0	1	190.0	183.1	-6.9	98	1	2,500	100	5.8	0.8
B- / 7.9	8.5	0.49	21.37	50	1	98	0	1	190.0	174.3	-7.1	98	1	2,500	100	0.0	0.8
B- / 7.9	8.5	0.49	21.34	48	1	98	0	1	190.0	175.2	-7.1	98	1	2,500	100	0.0	0.8
B- / 7.8	8.5	0.49	21.93	21	1	98	0	1	190.0	188.1	-6.8	98	1	2,500	100	0.0	0.8
B- / 7.9	8.5	0.49	21.68	67	1	98	0	1	190.0	180.2	-7.0	98	1	2,500	100	3.5	0.8
B- / 7.9	9.2	1.12	16.60	72	3	96	0	1	35.0	N/A	N/A	89	4	2,500	100	5.8	0.0
B- / 7.9	9.1	1.11	16.40	16	3	96	0	1	35.0	N/A	N/A	85	4	2,500	100	0.0	0.0
B- / 7.9	9.1	1.12	16.37	27	3	96	0	1	35.0	N/A	N/A	85	4	2,500	100	0.0	0.0
B- / 8.0	9.1	1.11	16.69	15	3	96	0	1	35.0	N/A	N/A	90	4	2,500	100	0.0	0.0
B- / 7.8	8.4	1.08	16.22	51	0	99	0	1	91.0	N/A	N/A	80	1	2,500	100	5.8	0.0
B- / 7.8	8.4	1.08	15.94	7	0	99	0	1	91.0	N/A	N/A	72	1	2,500	100	0.0	0.0
B- / 7.8	8.4	1.09	15.91	10	0	99	0	1	91.0	N/A	N/A	72	1	2,500	100	0.0	0.0
B- / 7.7	8.4	1.08	16.31	5	0	99	0	1	91.0	N/A	N/A	82	1	2,500	100	0.0	0.0
B- / 7.8	8.4	1.08	16.13	50	0	99	0	1	91.0	N/A	N/A	78	1	2,500	100	3.5	0.0

www.thestreet.com/ratings

Data as of June 30, 2007

I. Index of Stock Mutual Funds

Summer 2007

						PERFORMANCE						
	99 Pct = Best			Overall		Perfor-	Total Return % through 6/30/07					Incl. in Returns
	0 Pct = Worst		Ticker	Investment		mance				Annualized		Dividend Expense
Fund Type	Fund Name		Symbol	Rating	Phone	Rating/Pts	3 Mo	6 Mo	1Yr / Pct	3Yr / Pct	5Yr / Pct	Yield Ratio
MC	Fidelity Adv Value Strategies A		FSOAX	C-	(800) 522-7297	B- / 7.2	7.60	15.42	29.18 /91	14.07 /63	16.67 /84	0.00 1.17
MC	Fidelity Adv Value Strategies B		FASBX	C-	(800) 522-7297	B- / 7.5	7.38	14.98	28.13 /90	13.17 /56	15.72 /80	0.00 1.97
MC	Fidelity Adv Value Strategies C		FVCSX	C-	(800) 522-7297	B- / 7.5	7.37	14.96	28.14 /90	13.17 /56	15.73 /80	0.00 1.95
MC	Fidelity Adv Value Strategies Fd		FSLSX	C	(800) 522-7297	B / 8.0	7.68	15.60	29.50 /92	14.39 /65	17.05 /85	0.10 1.17
MC	Fidelity Adv Value Strategies I		FASOX	C	(800) 522-7297	B / 8.0	7.69	15.64	29.66 /92	14.51 /66	17.11 /85	0.17 0.79
MC	Fidelity Adv Value Strategies T		FASPX	C-	(800) 522-7297	B- / 7.4	7.55	15.33	28.95 /91	13.87 /61	16.45 /83	0.00 1.35
GR	Fidelity Adv Value T		FTVFX	B+	(800) 522-7297	B- / 7.4	6.10	10.87	22.69 /76	16.44 /76	--	0.00 1.59
FO	Fidelity Advisor Intl Sm Opp Fd A		FOPAX	U	(800) 522-7297	U /	5.82	13.22	28.22 /90	--	--	0.00 1.63
FO	Fidelity Advisor Intl Sm Opp Fd C		FOPCX	U	(800) 522-7297	U /	5.66	12.87	27.29 /88	--	--	0.00 2.38
FO	Fidelity Advisor Intl Sm Opp Fd I		FOPIX	U	(800) 522-7297	U /	5.92	13.43	28.68 /91	--	--	0.00 1.25
FO	Fidelity Advisor Intl Sm Opp Fd T		FOPTX	U	(800) 522-7297	U /	5.79	13.09	27.96 /90	--	--	0.00 1.85
AG	Fidelity Aggressive Growth Fund		FDEGX	C	(800) 544-8888	C+ / 6.6	11.08	13.83	27.43 /89	11.18 /37	12.96 /62	0.00 0.77
FO	Fidelity Aggressive Int"l Fd		FIVFX	C+	(800) 544-8888	B+ / 8.3	6.21	11.42	25.24 /84	18.38 /81	14.21 /71	0.94 0.87
AA	Fidelity Asset Manager 20%		FASIX	D+	(800) 544-8888	E+ / 0.7	1.39	3.04	8.81 / 6	7.18 /10	7.75 /13	4.00 0.58
★ AA	Fidelity Asset Manager 50%		FASMX	D+	(800) 544-8888	D- / 1.3	3.21	5.45	13.45 /18	7.60 /12	7.98 /15	2.83 0.72
AA	Fidelity Asset Manager 70%		FASGX	C	(800) 544-8888	D+ / 2.3	4.69	7.20	16.58 /35	8.65 /18	8.94 /22	2.24 0.81
AG	Fidelity Asset Manager 85%		FAMRX	C+	(800) 544-8888	C / 5.1	5.76	8.61	19.51 /56	12.09 /46	12.16 /55	1.44 0.91
★ BA	Fidelity Balanced Fund		FBALX	B-	(800) 544-8888	C / 5.4	5.21	8.46	17.41 /41	13.09 /55	12.73 /60	1.86 0.64
★ GR	Fidelity Blue Chip Growth		FBGRX	D	(800) 544-8888	D / 1.7	7.70	7.04	16.23 /33	6.72 / 8	6.93 / 8	0.50 0.63
GR	Fidelity Blue Chip Value		FBCVX	B+	(800) 544-8888	B- / 7.3	6.73	9.32	22.29 /74	15.08 /69	--	0.78 0.94
AA	Fidelity CA 100% Equity Index			U	(800) 544-8888	U /	6.02	7.77	--	--	--	0.00 0.50
AA	Fidelity CA 2006 Index			U	(800) 544-8888	U /	1.37	2.78	--	--	--	0.00 0.50
AA	Fidelity CA 2009 Index			U	(800) 544-8888	U /	1.66	3.17	--	--	--	0.00 0.50
AA	Fidelity CA 2012 Index			U	(800) 544-8888	U /	2.33	3.95	--	--	--	0.00 0.50
AA	Fidelity CA 2015 Index			U	(800) 544-8888	U /	3.09	4.82	--	--	--	0.00 0.50
AA	Fidelity CA 2018 Index			U	(800) 544-8888	U /	3.95	5.68	--	--	--	0.00 0.50
AA	Fidelity CA 2021 Index			U	(800) 544-8888	U /	4.70	6.44	--	--	--	0.00 0.50
AA	Fidelity CA 2024 Index			U	(800) 544-8888	U /	5.08	6.92	--	--	--	0.00 0.50
AA	Fidelity CA Cash Res Port			U	(800) 544-8888	U /	1.18	2.39	--	--	--	0.00 0.72
AA	Fidelity CA College Index			U	(800) 544-8888	U /	1.18	2.58	--	--	--	0.00 0.50
GL	Fidelity CA International Index			U	(800) 544-8888	U /	6.23	10.49	--	--	--	0.00 0.50
AA	Fidelity CA Social Choice			U	(800) 544-8888	U /	4.28	4.59	--	--	--	0.00 0.80
FO	Fidelity Canada Fund		FICDX	A+	(800) 544-8888	A+/ 9.6	16.21	21.10	31.71 /94	29.37 /96	24.92 /96	0.61 1.00
★ GI	Fidelity Capital & Income		FAGIX	C-	(800) 544-8888	C- / 3.3	2.31	5.53	15.28 /27	12.01 /45	17.07 /85	5.97 0.75
★ GR	Fidelity Capital Appreciation		FDCAX	C	(800) 544-8888	C+ / 5.6	7.50	9.96	18.39 /48	12.42 /49	14.62 /73	0.35 0.91
FO	Fidelity China Region Fund		FHKCX	A+	(800) 544-8888	A / 9.5	15.17	14.23	35.88 /96	25.55 /94	19.40 /91	1.03 1.14
GI	● Fidelity Congress Street		CNGRX	C+	(800) 544-8888	C- / 4.2	8.44	6.87	20.26 /62	10.36 /31	9.31 /26	1.83 0.68
★ GR	● Fidelity Contrafund		FCNTX	C+	(800) 544-8888	C+ / 6.9	7.50	9.02	16.98 /38	15.26 /70	13.67 /67	0.51 0.90
CV	Fidelity Convertible Securities		FCVSX	A	(800) 544-8888	B / 7.9	10.45	15.64	24.33 /81	14.79 /67	13.93 /69	1.65 0.83
AA	Fidelity DE 100% Equity Portfolio			B+	(800) 544-8888	C+ / 6.2	7.81	9.24	21.52 /70	12.91 /53	11.40 /48	0.00 1.09
AA	Fidelity DE 70% Equity Portfolio			C+	(800) 544-8888	C- / 3.7	5.54	7.04	17.42 /41	10.78 /34	10.56 /39	0.00 1.04
AA	Fidelity DE College Portfolio			E-	(800) 544-8888	E / 0.3	1.62	2.87	8.12 / 4	4.95 / 3	4.94 / 2	0.00 0.87
AA	Fidelity DE Conservative Portfolio			D+	(800) 544-8888	E- / 0.1	0.17	1.34	4.94 / 2	3.29 / 1	3.37 / 0	0.00 0.82
AA	Fidelity DE Portfolio 2006			C-	(800) 544-8888	E / 0.4	1.89	3.08	8.73 / 5	5.54 / 5	5.76 / 4	0.00 0.89
AA	Fidelity DE Portfolio 2009			C-	(800) 544-8888	E+ / 0.8	2.55	3.80	10.39 / 9	6.80 / 8	7.27 /10	0.00 0.92
AA	Fidelity DE Portfolio 2012			C	(800) 544-8888	D- / 1.3	3.27	4.59	12.26 /14	8.08 /15	8.45 /18	0.00 0.96
AA	Fidelity DE Portfolio 2015			C	(800) 544-8888	D+ / 2.4	4.45	5.95	14.99 /26	9.52 /24	9.90 /32	0.00 1.01
AA	Fidelity DE Portfolio 2018			C+	(800) 544-8888	C- / 3.6	5.51	7.03	17.31 /40	10.64 /33	10.69 /40	0.00 1.04
AA	Fidelity DE Portfolio 2021			B	(800) 544-8888	C / 5.0	6.45	8.03	19.38 /55	11.86 /44	11.45 /48	0.00 1.07
★ GR	Fidelity Disciplined Equity		FDEQX	B	(800) 544-8888	C+ / 6.8	6.33	9.44	21.12 /67	14.41 /65	11.89 /52	0.56 0.92
★ FO	● Fidelity Diversified Intl Fund		FDIVX	A-	(800) 544-8888	A- / 9.0	7.77	11.10	25.72 /85	22.14 /89	19.02 /90	0.83 1.01
★ GR	Fidelity Dividend Growth Fund		FDGFX	C+	(800) 544-8888	C- / 3.8	6.96	7.23	21.48 /70	9.70 /26	9.18 /25	1.29 0.60

● Denotes fund is closed to new investors
★ Denotes fund is included in Section II

www.thestreet.com/ratings

I. Index of Stock Mutual Funds

Summer 2007

RISK			NET ASSETS		ASSET					BULL / BEAR		FUND MANAGER		MINIMUMS		LOADS	
	3 Year		NAV						Portfolio	Last Bull	Last Bear	Manager	Manager	Initial	Additional	Front	Back
Risk	Standard		As of	Total	Cash	Stocks	Bonds	Other	Turnover	Market	Market	Quality	Tenure	Purch.	Purch.	End	End
Rating/Pts	Deviation	Beta	6/30/07	$(Mil)	%	%	%	%	Ratio	Return	Return	Pct	(Years)	$	$	Load	Load
C- / 3.2	14.3	1.26	33.43	402	N/A	100	0	N/A	168.0	172.7	-16.8	16	1	2,500	100	5.8	0.0
D+ / 2.9	14.3	1.27	31.43	211	N/A	100	0	N/A	168.0	163.4	-17.0	12	1	2,500	100	0.0	0.0
D+ / 2.8	14.3	1.27	31.17	108	N/A	100	0	N/A	168.0	163.6	-17.0	12	1	2,500	100	0.0	0.0
C- / 3.5	14.3	1.26	36.58	762	N/A	100	0	N/A	168.0	176.1	-16.7	18	1	2,500	250	0.0	0.0
C- / 3.3	14.3	1.27	35.30	96	N/A	100	0	N/A	168.0	177.0	-16.7	19	1	2,500	100	0.0	0.0
C- / 3.3	14.3	1.26	34.35	892	N/A	100	0	N/A	168.0	170.4	-16.8	15	1	2,500	100	3.5	0.0
B- / 7.9	9.2	1.12	16.53	56	3	96	0	1	35.0	N/A	N/A	88	4	2,500	100	3.5	0.0
U /	N/A	N/A	17.81	59	0	99	0	1	164.0	N/A	N/A	N/A	2	2,500	100	5.8	2.0
U /	N/A	N/A	17.54	38	0	99	0	1	164.0	N/A	N/A	N/A	2	2,500	100	0.0	2.0
U /	N/A	N/A	17.90	26	0	99	0	1	164.0	N/A	N/A	N/A	2	2,500	100	0.0	2.0
U /	N/A	N/A	17.71	47	0	99	0	1	164.0	N/A	N/A	N/A	2	2,500	100	3.5	2.0
C / 5.4	13.1	1.43	22.06	3,810	3	96	0	1	155.0	97.7	-9.8	17	2	2,500	250	0.0	1.5
C / 5.0	10.9	1.09	18.63	732	6	92	0	2	176.0	146.1	-10.4	10	1	2,500	250	0.0	1.0
B+ / 9.1	3.2	0.63	12.84	2,440	23	19	56	2	81.0	42.3	-0.3	60	11	2,500	250	0.0	0.0
B / 8.7	4.2	0.89	16.88	9,066	2	50	47	1	65.0	50.8	-4.1	47	11	2,500	250	0.0	0.0
B+ / 9.0	5.6	1.19	17.42	3,250	0	70	29	1	82.0	63.7	-6.8	41	11	2,500	250	0.0	0.0
B- / 7.6	9.4	1.17	14.50	547	4	82	13	1	187.0	115.9	-6.5	40	8	2,500	250	0.0	0.0
B / 8.4	6.8	1.38	20.98	26,249	0	66	33	1	93.0	96.4	-4.7	81	5	2,500	250	0.0	0.0
B- / 7.6	8.3	1.07	47.43	19,705	0	99	0	1	96.0	61.6	-9.2	10	1	2,500	250	0.0	0.0
B / 8.1	8.4	1.09	16.18	734	0	99	0	1	116.0	N/A	N/A	82	1	2,500	250	0.0	0.0
U /	N/A	N/A	11.10	413	0	0	0	100	N/A	N/A	N/A	N/A	N/A	50	25	0.0	0.0
U /	N/A	N/A	10.35	146	0	0	0	100	N/A	N/A	N/A	N/A	N/A	50	25	0.0	0.0
U /	N/A	N/A	10.42	330	0	0	0	100	N/A	N/A	N/A	N/A	N/A	50	25	0.0	0.0
U /	N/A	N/A	10.52	196	0	0	0	100	N/A	N/A	N/A	N/A	N/A	50	25	0.0	0.0
U /	N/A	N/A	10.66	222	0	0	0	100	N/A	N/A	N/A	N/A	N/A	50	25	0.0	0.0
U /	N/A	N/A	10.79	433	0	0	0	100	N/A	N/A	N/A	N/A	N/A	50	25	0.0	0.0
U /	N/A	N/A	10.91	117	0	0	0	100	N/A	N/A	N/A	N/A	N/A	50	25	0.0	0.0
U /	N/A	N/A	10.97	27	0	0	0	100	N/A	N/A	N/A	N/A	N/A	50	25	0.0	0.0
U /	N/A	N/A	10.30	43	0	0	0	100	N/A	N/A	N/A	N/A	N/A	50	25	0.0	0.0
U /	N/A	N/A	10.33	165	0	0	0	100	N/A	N/A	N/A	N/A	N/A	50	25	0.0	0.0
U /	N/A	N/A	11.59	28	0	0	0	100	N/A	N/A	N/A	N/A	N/A	50	25	0.0	0.0
U /	N/A	N/A	10.71	71	0	0	0	100	N/A	N/A	N/A	N/A	N/A	50	25	0.0	0.0
B- / 7.2	12.9	1.01	58.42	3,821	0	97	2	1	50.0	219.0	4.6	94	5	2,500	250	0.0	1.5
B- / 7.0	4.2	0.40	9.12	9,485	9	15	74	2	39.0	86.4	10.0	94	4	2,500	250	0.0	1.0
C+ / 6.2	11.1	1.34	29.81	9,694	7	92	0	1	198.0	124.2	-8.3	30	2	2,500	250	0.0	0.0
B- / 7.0	11.4	0.84	28.01	954	6	93	0	1	36.0	156.1	-7.9	94	N/A	2,500	250	0.0	1.5
B / 8.5	7.5	0.90	487.33	72	4	95	0	1	N/A	76.2	-8.1	47	10	2,500	250	0.0	0.0
C+ / 6.8	9.1	1.08	70.38	72,875	7	92	0	1	76.0	117.9	-4.9	83	17	2,500	250	0.0	0.0
B- / 7.8	8.6	1.29	29.16	2,687	1	15	0	84	35.0	94.2	0.4	95	2	2,500	250	0.0	0.0
B+ / 9.1	8.6	1.80	13.95	37	0	100	0	0	10.0	103.5	-9.6	55	N/A	50	15	0.0	0.0
B+ / 9.6	6.2	1.34	14.29	17	0	70	30	0	9.0	79.1	-5.0	58	N/A	50	15	0.0	0.0
E+ / 0.8	1.9	0.39	15.04	9	40	20	40	0	16.0	25.6	-0.1	45	N/A	50	15	0.0	0.0
B+ / 9.9	1.4	0.04	12.11	6	54	0	44	2	17.0	12.1	2.5	46	N/A	50	15	0.0	0.0
B+ / 9.9	2.4	0.52	15.07	28	30	23	45	2	16.0	37.7	-2.8	44	N/A	50	15	0.0	0.0
B+ / 9.9	3.7	0.80	15.30	48	12	44	42	2	20.0	51.6	-4.3	42	N/A	50	15	0.0	0.0
B+ / 9.8	4.7	1.02	15.48	54	8	55	35	2	21.0	62.7	-5.2	44	N/A	50	15	0.0	0.0
B+ / 9.7	5.9	1.26	15.50	59	0	67	32	1	18.0	80.8	-7.3	47	N/A	50	15	0.0	0.0
B+ / 9.6	6.6	1.42	15.52	69	0	69	30	1	12.0	87.5	-7.3	52	N/A	50	15	0.0	0.0
B+ / 9.3	7.5	1.59	15.34	36	0	84	14	2	8.0	95.0	-7.7	56	N/A	50	15	0.0	0.0
B / 8.0	8.5	1.11	31.76	10,050	0	99	0	1	98.0	108.4	-7.8	75	1	2,500	250	0.0	0.0
C+ / 6.6	10.1	1.07	41.05	53,189	4	94	1	1	59.0	185.4	-5.6	31	6	2,500	250	0.0	1.0
B / 8.6	7.5	0.95	33.97	17,263	2	97	0	1	39.0	75.7	-10.8	34	10	2,500	250	0.0	0.0

www.thestreet.com/ratings

Data as of June 30, 2007

I. Index of Stock Mutual Funds

Summer 2007

99 Pct = Best
0 Pct = Worst

Fund Type	Fund Name	Ticker Symbol	Overall Investment Rating	Phone	Performance Rating/Pts	3 Mo	6 Mo	1Yr / Pct	3Yr / Pct	5Yr / Pct	Dividend Yield	Expense Ratio
EM	Fidelity Emerging Markets	FEMKX	B-	(800) 544-8888	A+ / 9.9	15.59	19.80	47.56 /98	43.26 /99	30.67 /98	0.68	1.11
★ IN	Fidelity Equity Income I	FEQIX	B	(800) 544-8888	C+ / 6.9	7.31	8.45	23.67 /79	13.92 /61	11.96 /53	1.47	0.68
★ IN	Fidelity Equity Income-II	FEQTX	C+	(800) 544-8888	C / 4.9	6.15	7.63	19.65 /57	11.89 /44	11.49 /49	1.40	0.67
★ FO	Fidelity Europe	FIEUX	B+	(800) 544-8888	A / 9.3	7.17	9.76	25.66 /84	25.97 /94	20.34 /92	0.95	1.16
FO	Fidelity European Cap Apprec	FECAX	B+	(800) 544-8888	A / 9.3	5.05	9.75	30.31 /93	25.18 /93	17.52 /86	0.68	1.09
GR ●	Fidelity Exchange Fund	FDLEX	B	(800) 544-8888	C+ / 6.3	7.22	7.21	23.72 /79	13.00 /54	11.74 /51	1.36	0.62
★ GR	Fidelity Export Fund	FEXPX	C+	(800) 544-8888	C+ / 6.2	7.13	9.79	17.28 /40	14.12 /63	14.36 /72	0.16	0.83
AG	Fidelity Fifty Fund	FFTYX	C	(800) 544-8888	C+ / 6.8	7.59	12.65	20.47 /63	13.68 /60	11.07 /44	0.32	0.77
GR	Fidelity Focused Stock Fund	FTQGX	C+	(800) 544-8888	C+ / 5.8	7.20	10.72	10.90 /10	14.69 /67	9.51 /28	0.07	1.08
AA	Fidelity Four In One Index Fund	FFNOX	B-	(800) 544-8888	C / 5.0	5.10	6.99	19.08 /53	12.59 /51	11.65 /50	1.71	0.10
AA	Fidelity Freedom 2000 Fd	FFFBX	C-	(800) 544-8888	E+ / 0.6	2.21	3.85	9.72 / 7	6.09 / 6	5.70 / 3	3.40	0.53
AA	Fidelity Freedom 2005 Fd	FFFVX	C-	(800) 544-8888	D / 1.8	3.64	5.69	13.64 /19	8.74 /19	--	2.35	0.64
★ AA	Fidelity Freedom 2010 Fd	FFFCX	C-	(800) 544-8888	D / 1.9	3.83	5.75	13.94 /20	8.98 /21	8.59 /19	2.37	0.64
★ AA	Fidelity Freedom 2015 Fd	FFVFX	C	(800) 544-8888	D+ / 2.8	4.26	6.40	15.19 /27	10.16 /29	--	1.91	0.69
★ AA	Fidelity Freedom 2020 Fd	FFFDX	C	(800) 544-8888	C- / 4.0	5.19	7.29	17.09 /39	11.36 /39	10.72 /41	1.65	0.73
★ AA	Fidelity Freedom 2025 Fd	FFTWX	C+	(800) 544-8888	C / 4.3	5.30	7.61	17.59 /42	11.74 /43	--	1.43	0.75
★ AA	Fidelity Freedom 2030 Fd	FFFEX	C+	(800) 544-8888	C+ / 5.6	6.32	8.51	19.40 /55	12.76 /52	11.71 /51	1.24	0.80
AA	Fidelity Freedom 2035 Fd	FFTHX	C+	(800) 544-8888	C+ / 5.8	6.33	8.67	19.46 /56	13.01 /54	--	1.17	0.78
★ AA	Fidelity Freedom 2040 Fd	FFFFX	B-	(800) 544-8888	C+ / 6.1	6.64	8.89	20.13 /61	13.33 /57	12.27 /56	1.23	0.79
AA	Fidelity Freedom 2045 Fd	FFFGX	U	(800) 544-8888	U /	6.76	8.95	20.44 /63	--	--	0.68	0.82
AA	Fidelity Freedom 2050 Fd	FFFHX	U	(800) 544-8888	U /	6.93	9.22	20.74 /65	--	--	0.59	0.83
BA	Fidelity Freedom Income Fd	FFFAX	C-	(800) 544-8888	E / 0.4	1.72	3.31	8.66 / 5	5.54 / 5	5.10 / 2	3.80	0.52
★ GR	Fidelity Fund	FFIDX	C+	(800) 544-8888	C / 5.3	6.97	9.00	20.86 /66	11.75 /43	10.34 /37	0.82	0.57
GL	Fidelity Global Balanced Fund	FGBLX	C	(800) 544-8888	C / 4.5	3.36	6.56	15.93 /31	13.22 /56	12.61 /59	0.80	1.18
★ GI	Fidelity Growth & Income	FGRIX	E+	(800) 544-8888	D+ / 2.9	7.43	6.91	17.25 /40	9.23 /22	7.60 /12	0.66	0.69
GI	Fidelity Growth & Income Fund II	FGRTX	C+	(800) 544-8888	C / 4.9	6.63	8.06	20.05 /60	11.53 /41	10.57 /39	0.74	0.82
★ GR ●	Fidelity Growth Company	FDGRX	C	(800) 544-8888	C+ / 6.1	9.34	9.04	18.62 /49	12.95 /54	13.81 /68	0.00	0.97
GR	Fidelity Growth Discovery Fund	FDSVX	B	(800) 544-8888	B- / 7.2	11.40	11.75	25.24 /84	12.85 /53	9.97 /33	0.83	0.77
★ GR	Fidelity Independence Fund	FDFFX	B+	(800) 544-8888	B / 7.7	11.16	13.43	21.88 /72	14.77 /67	12.59 /58	0.40	0.87
★ FO	Fidelity International Discovery Fd	FIGRX	A	(800) 544-8888	A- / 9.2	8.46	11.89	28.71 /91	23.27 /91	19.38 /91	0.87	1.09
GL	Fidelity International Real Estate	FIREX	U	(800) 544-8888	U /	-6.17	-1.81	25.75 /85	--	--	1.24	1.12
FO ●	Fidelity International Small Cap	FISMX	C	(800) 544-8888	A / 9.4	11.81	18.49	26.08 /86	26.61 /94	--	0.19	1.29
FO	Fidelity International Value Fund	FIVLX	U	(800) 544-8888	U /	6.48	10.49	26.19 /86	--	--	0.33	1.50
FO	Fidelity Intl Sm Cp Opp Fd	FSCOX	U	(800) 544-8888	U /	5.98	13.43	28.76 /91	--	--	0.00	1.28
FO	Fidelity Japan Fund	FJPNX	E+	(800) 544-8888	D+ / 2.4	0.96	5.27	5.86 / 2	12.31 /48	13.21 /63	0.06	1.08
FO ●	Fidelity Japan Small Companies	FJSCX	E-	(800) 544-8888	E- / 0.0	-0.56	-2.26	-10.98 / 0	1.37 / 0	11.87 /52	0.08	1.02
GR	Fidelity Large Cap Stock Fund	FLCSX	B	(800) 544-8888	C+ / 6.2	9.28	10.84	23.32 /78	11.85 /44	9.51 /28	0.67	0.81
★ EM	Fidelity Latin American Fund	FLATX	B-	(800) 544-8888	A+ / 9.9	20.33	23.83	57.67 /99	57.65 /99	42.35 /99	1.09	1.05
★ GR	Fidelity Leveraged Company Stock	FLVCX	A-	(800) 544-8888	A / 9.4	12.21	20.23	29.33 /92	24.10 /92	37.92 /99	0.33	0.86
GR	Fidelity Lg Cap Growth Fd	FSLGX	D-	(800) 544-8888	D / 1.8	2.78	2.87	11.04 /10	10.04 /28	9.71 /30	0.00	1.10
GR	Fidelity Lg Cap Value Fd	FSLVX	B+	(800) 522-7297	B- / 7.0	4.64	7.65	19.68 /57	15.88 /73	12.77 /60	0.68	0.90
★ MC ●	Fidelity Low-Priced Stock	FLPSX	B	(800) 544-8888	B / 7.6	6.34	9.10	22.27 /74	16.77 /77	16.15 /82	0.64	0.88
AA	Fidelity MA 100% Equity Portfolio		A-	(800) 544-8888	C+ / 6.4	7.85	9.19	21.60 /70	13.10 /55	11.57 /49	0.00	1.09
AA	Fidelity MA 70% Equity Portfolio		C+	(800) 544-8888	C- / 3.8	5.60	7.10	17.46 /41	10.92 /35	10.73 /41	0.00	1.04
AA	Fidelity MA College Portfolio		C-	(800) 544-8888	E / 0.3	1.49	2.72	7.99 / 4	4.83 / 3	4.87 / 2	0.00	0.86
AA	Fidelity MA Conservative Portfolio		D+	(800) 544-8888	E- / 0.1	0.17	1.34	4.94 / 2	3.26 / 1	3.35 / 0	0.00	0.82
AA	Fidelity MA Portfolio 2006		C-	(800) 544-8888	E / 0.4	1.82	3.01	8.69 / 5	5.47 / 5	6.04 / 4	0.00	0.87
AA	Fidelity MA Portfolio 2009		C-	(800) 544-8888	E+ / 0.7	2.42	3.72	10.28 / 8	6.62 / 8	7.32 /10	0.00	0.90
AA	Fidelity MA Portfolio 2012		C-	(800) 544-8888	D- / 1.2	3.24	4.62	12.24 /14	7.86 /13	8.27 /17	0.00	0.93
AA	Fidelity MA Portfolio 2015		C	(800) 544-8888	D / 2.1	4.20	5.68	14.67 /24	9.15 /22	9.72 /30	0.00	0.97
AA	Fidelity MA Portfolio 2018		C+	(800) 544-8888	C- / 3.3	5.31	6.80	17.04 /38	10.33 /30	10.43 /38	0.00	1.01
AA	Fidelity MA Portfolio 2021		B-	(800) 544-8888	C / 4.5	6.21	7.79	19.00 /52	11.43 /40	11.08 /44	0.00	1.03

● Denotes fund is closed to new investors
★ Denotes fund is included in Section II

www.thestreet.com/ratings

I. Index of Stock Mutual Funds

Summer 2007

RISK			NET ASSETS		ASSET					BULL / BEAR		FUND MANAGER		MINIMUMS		LOADS	
Risk Rating/Pts	3 Year Standard Deviation	Beta	NAV As of 6/30/07	Total $(Mil)	Cash %	Stocks %	Bonds %	Other %	Portfolio Turnover Ratio	Last Bull Market Return	Last Bear Market Return	Manager Quality Pct	Manager Tenure (Years)	Initial Purch. $	Additional Purch. $	Front End Load	Back End Load
C- / 4.1	17.9	1.17	29.22	4,426	1	98	0	1	66.0	325.1	-7.6	27	3	2,500	250	0.0	1.5
B / 8.3	7.4	0.98	62.23	33,310	2	95	0	3	24.0	113.6	-10.2	80	14	2,500	250	0.0	0.0
B- / 7.4	7.7	1.02	25.02	11,517	1	98	0	1	160.0	99.1	-10.8	55	1	2,500	250	0.0	0.0
C+ / 6.0	11.8	1.19	43.20	5,029	2	98	0	0	127.0	242.0	-15.2	43	1	2,500	250	0.0	1.0
C+ / 5.7	12.2	1.22	29.95	1,436	7	84	7	2	143.0	203.9	-9.9	31	N/A	2,500	250	0.0	1.0
B / 8.0	7.4	0.98	346.99	240	4	95	0	1	1.0	100.1	-8.6	72	10	2,500	250	0.0	0.0
B- / 7.1	10.1	1.18	25.23	4,449	1	98	0	1	58.0	117.1	-9.0	65	2	2,500	250	0.0	0.8
C / 5.3	11.5	1.31	26.09	1,566	1	97	0	2	336.0	83.0	-9.1	45	1	2,500	250	0.0	0.0
B- / 7.7	10.5	1.12	13.84	76	0	99	0	1	202.0	106.6	-8.9	77	N/A	2,500	250	0.0	0.0
B / 8.7	6.6	1.44	31.48	1,930	0	85	14	1	1.0	99.2	-7.7	74	8	10,000	1,000	0.0	0.5
B+ / 9.6	2.4	0.51	12.70	1,760	36	28	34	2	34.0	32.6	-0.7	53	11	2,500	250	0.0	0.0
B+ / 9.1	4.1	0.90	12.01	948	11	50	38	1	12.0	N/A	N/A	62	4	2,500	250	0.0	0.0
B+ / 9.0	4.3	0.95	15.08	14,038	9	51	38	2	16.0	56.5	-2.5	62	11	2,500	250	0.0	0.0
B / 8.8	5.2	1.14	12.69	5,826	5	58	36	1	2.0	N/A	N/A	64	4	2,500	250	0.0	0.0
B- / 8.0	6.2	1.34	16.16	19,960	0	69	29	2	10.0	81.6	-5.2	66	11	2,500	250	0.0	0.0
B / 8.1	6.7	1.42	13.41	5,135	0	72	27	1	1.0	N/A	N/A	66	4	2,500	250	0.0	0.0
B- / 7.6	7.4	1.55	16.84	13,260	0	82	17	1	8.0	96.1	-6.8	69	11	2,500	250	0.0	0.0
B- / 7.7	7.5	1.58	13.96	3,047	0	83	16	1	2.0	N/A	N/A	70	4	2,500	250	0.0	0.0
B- / 7.4	7.8	1.65	9.99	6,665	1	85	13	1	3.0	105.0	-7.8	70	6	2,500	250	0.0	0.0
U /	N/A	N/A	11.57	281	0	88	11	1	N/A	N/A	N/A	N/A	1	2,500	250	0.0	0.0
U /	N/A	N/A	11.61	248	0	90	9	1	11.0	N/A	N/A	N/A	1	2,500	250	0.0	0.0
B+ / 9.9	2.0	0.42	11.67	2,443	39	20	39	2	26.0	27.7	-0.4	52	11	2,500	250	0.0	0.0
B- / 7.9	7.6	0.98	38.98	7,500	1	98	0	1	45.0	92.3	-8.9	57	5	2,500	250	0.0	0.0
C+ / 6.9	6.5	1.15	23.05	330	4	62	33	1	151.0	101.6	-4.9	88	N/A	2,500	250	0.0	1.0
C- / 3.6	7.0	0.90	33.24	29,061	0	99	0	1	46.0	66.0	-6.9	34	2	2,500	250	0.0	0.0
B / 8.1	7.1	0.89	12.06	205	4	95	0	1	98.0	79.4	-7.7	64	2	2,500	250	0.0	0.0
C+ / 5.9	12.2	1.45	76.01	32,155	0	99	0	1	54.0	120.8	-12.2	26	10	2,500	250	0.0	0.0
B- / 7.3	8.5	0.98	14.36	481	5	93	0	2	194.0	74.8	-6.4	70	N/A	2,500	250	0.0	0.0
B- / 7.0	11.6	1.41	24.91	5,033	0	99	0	1	169.0	100.6	-7.2	49	1	2,500	250	0.0	0.0
C+ / 6.6	10.9	1.16	42.43	11,868	3	96	0	1	56.0	199.5	-9.0	27	3	2,500	250	0.0	1.0
U /	N/A	N/A	16.27	1,167	2	97	0	1	234.0	N/A	N/A	N/A	N/A	2,500	250	0.0	1.5
D / 2.2	14.0	1.32	29.54	1,663	3	96	0	1	84.0	300.4	-1.5	25	5	2,500	250	0.0	2.0
U /	N/A	N/A	12.32	450	3	96	0	1	29.0	N/A	N/A	N/A	1	2,500	250	0.0	1.0
U /	N/A	N/A	17.91	1,551	0	99	0	1	164.0	N/A	N/A	N/A	2	2,500	250	0.0	2.0
C / 4.9	15.9	1.11	17.97	1,819	0	99	0	1	78.0	122.8	-5.7	1	N/A	2,500	250	0.0	1.5
C- / 3.4	17.2	0.86	12.54	872	2	97	0	1	98.0	109.9	-1.6	0	11	2,500	250	0.0	1.5
B / 8.1	8.6	1.11	19.37	1,005	N/A	100	0	N/A	83.0	85.7	-9.1	44	2	2,500	250	0.0	0.0
C- / 3.7	20.8	1.30	55.39	4,886	2	97	0	1	60.0	582.5	-3.9	89	N/A	2,500	250	0.0	1.5
C+ / 6.2	13.0	1.29	34.83	7,772	1	97	0	2	23.0	307.2	-2.1	98	4	10,000	1,000	0.0	1.5
C+ / 6.2	11.8	1.41	11.84	175	0	99	0	1	189.0	91.0	-10.2	12	3	2,500	250	0.0	0.0
B / 8.1	7.7	0.95	15.79	1,694	0	99	0	1	164.0	125.9	-10.3	91	N/A	2,500	250	0.0	0.0
C+ / 6.6	10.4	0.93	47.50	41,237	8	91	0	1	26.0	157.2	-9.4	80	18	2,500	250	0.0	1.5
B+ / 9.1	8.6	1.79	14.02	236	0	100	0	0	17.0	104.8	-9.6	58	N/A	1,000	50	0.0	0.0
B+ / 9.6	6.4	1.37	14.33	122	0	70	30	0	21.0	80.9	-5.5	59	N/A	1,000	50	0.0	0.0
B+ / 9.9	1.9	0.38	14.33	59	40	19	40	1	36.0	24.5	N/A	44	N/A	1,000	50	0.0	0.0
B+ / 9.9	1.5	0.04	12.11	36	54	0	44	2	45.0	12.1	2.5	45	N/A	1,000	50	0.0	0.0
B+ / 9.9	2.5	0.54	14.01	200	26	27	45	2	27.0	38.7	-3.3	42	N/A	1,000	50	0.0	0.0
B+ / 9.9	3.6	0.80	13.94	350	11	47	41	1	34.0	51.2	-4.4	40	N/A	1,000	50	0.0	0.0
B+ / 9.8	4.7	1.02	14.03	384	5	58	35	2	29.0	61.4	-5.5	41	N/A	1,000	50	0.0	0.0
B+ / 9.7	5.7	1.24	14.15	415	0	69	29	2	24.0	76.8	-7.2	44	N/A	1,000	50	0.0	0.0
B+ / 9.6	6.5	1.40	14.29	441	N/A	72	28	N/A	24.0	83.6	-7.2	49	N/A	1,000	50	0.0	0.0
B+ / 9.4	7.2	1.54	15.22	257	0	84	14	2	17.0	90.1	-7.6	54	N/A	1,000	50	0.0	0.0

www.thestreet.com/ratings

Data as of June 30, 2007

I. Index of Stock Mutual Funds

Summer 2007

99 Pct = Best
0 Pct = Worst

						PERFORMANCE						
				Overall		Perfor-	Total Return % through 6/30/07				Incl. in Returns	
			Ticker	Investment		mance				Annualized	Dividend	Expense
Fund Type	Fund Name		Symbol	Rating	Phone	Rating/Pts	3 Mo	6 Mo	1Yr / Pct	3Yr / Pct	5Yr / Pct	Yield	Ratio
AA	Fidelity MA Portfolio 2024			U	(800) 544-8888	U /	6.83	8.33	20.00 /60	--	--	0.00	1.05
★ GR	● Fidelity Magellan Fund		FMAGX	E	(800) 544-8888	C- / 3.9	8.60	10.78	16.74 /36	9.96 /28	8.81 /21	0.35	0.57
MC	Fidelity Mid Cap Growth Fd		FSMGX	D-	(800) 522-7297	C- / 3.1	3.45	5.23	9.95 / 8	12.45 /49	13.29 /64	0.00	1.02
MC	Fidelity Mid Cap Value		FSMVX	A	(800) 544-8888	B / 8.0	4.18	11.20	19.81 /58	18.49 /82	14.84 /75	0.37	0.84
★ MC	● Fidelity Mid-Cap Stock Fund		FMCSX	B-	(800) 544-8888	B / 8.2	7.67	14.77	20.62 /64	17.77 /80	14.43 /73	0.00	0.81
GR	Fidelity NASDAQ Composite Index		FNCMX	D	(800) 544-8888	C- / 3.1	7.65	8.15	20.59 /64	8.83 /20	--	0.28	0.58
MC	Fidelity New Millennium		FMILX	E+	(800) 544-8888	C+ / 6.0	7.80	10.42	16.45 /35	13.37 /57	12.42 /57	0.00	0.93
AA	Fidelity NH 100% Equity Portfolio			B+	(800) 544-8888	C+ / 6.2	7.88	9.23	21.71 /71	12.79 /52	11.34 /47	0.00	1.09
AA	Fidelity NH 70% Equity Portfolio			C+	(800) 544-8888	C- / 3.5	5.42	6.93	17.36 /40	10.59 /32	10.45 /38	0.00	1.04
AA	Fidelity NH College Portfolio			C-	(800) 544-8888	E / 0.3	1.60	2.83	8.08 / 4	4.96 / 3	4.91 / 2	0.00	0.87
AA	Fidelity NH Conservative Portfolio			D+	(800) 544-8888	E- / 0.1	0.08	1.26	4.85 / 1	3.26 / 1	3.35 / 0	0.00	0.82
AA	Fidelity NH Portfolio 2006			C-	(800) 544-8888	E / 0.4	1.90	3.12	8.75 / 5	5.57 / 5	6.19 / 5	0.00	0.88
AA	Fidelity NH Portfolio 2009			C-	(800) 544-8888	E+ / 0.7	2.50	3.79	10.41 / 9	6.77 / 8	7.46 /11	0.00	0.92
AA	Fidelity NH Portfolio 2012			C-	(800) 544-8888	D- / 1.3	3.40	4.70	12.45 /14	8.03 /14	8.49 /18	0.00	0.95
AA	Fidelity NH Portfolio 2015			C	(800) 544-8888	D+ / 2.3	4.49	5.89	14.97 /26	9.35 /23	9.76 /30	0.00	1.00
AA	Fidelity NH Portfolio 2018			C	(800) 544-8888	C- / 3.4	5.52	6.98	17.35 /40	10.41 /31	10.44 /38	0.00	1.04
AA	Fidelity NH Portfolio 2021			B	(800) 544-8888	C / 4.8	6.40	7.90	19.25 /54	11.69 /43	11.30 /47	0.00	1.07
AA	Fidelity NH Portfolio 2024			U	(800) 544-8888	U /	6.77	8.35	20.25 /62	--	--	0.00	1.09
FO	Fidelity Nordic Fund		FNORX	A-	(800) 544-8888	A+ / 9.7	11.99	17.50	40.14 /97	31.85 /97	23.41 /95	0.61	1.14
★ SC	Fidelity OTC Portfolio		FOCPX	C-	(800) 544-8888	C+ / 6.5	9.61	11.36	26.64 /87	11.48 /41	12.12 /55	0.00	0.95
★ FO	Fidelity Overseas Fund		FOSFX	B+	(800) 544-8888	A- / 9.1	9.33	13.21	28.18 /90	22.30 /90	17.00 /85	0.99	1.00
FO	Fidelity Pacific Basin		FPBFX	B+	(800) 544-8888	A / 9.5	12.56	17.62	32.25 /94	25.63 /94	19.81 /92	0.47	1.14
★ GI	Fidelity Puritan Fund		FPURX	C	(800) 544-8888	C- / 3.4	4.58	5.88	17.70 /43	10.69 /34	10.14 /34	2.75	0.62
RE	Fidelity Real Estate High Income Fd			D	(800) 544-8888	D / 1.6	0.44	1.29	7.95 / 4	10.35 /31	11.35 /47	8.30	0.82
RE	Fidelity Real Estate Income		FRIFX	D+	(800) 544-8888	E+ / 0.9	-1.10	0.56	8.47 / 5	8.82 /19	--	4.81	0.89
★ RE	Fidelity Real Estate Investment		FRESX	D+	(800) 544-8888	B- / 7.1	-11.14	-7.79	9.26 / 6	21.16 /87	18.54 /89	1.17	0.83
GR	Fidelity Select Air Transport		FSAIX	B-	(800) 544-8888	B- / 7.5	2.83	6.37	13.16 /17	18.82 /83	13.66 /67	0.00	1.00
GR	Fidelity Select Automotive Fund		FSAVX	B	(800) 544-8888	B+ / 8.3	14.71	19.13	34.38 /96	12.91 /53	11.57 /49	0.13	1.42
FS	Fidelity Select Banking Port		FSRBX	E-	(800) 544-8888	E / 0.4	0.55	-2.35	6.96 / 3	7.21 /10	7.57 /12	1.79	0.93
HL	Fidelity Select Biotech Port		FBIOX	E-	(800) 544-8888	E- / 0.1	4.09	-0.60	5.96 / 2	3.18 / 1	11.09 /44	0.00	0.93
FS	Fidelity Select Brkge & Invst Mgt		FSLBX	B	(800) 544-8888	A- / 9.0	3.71	3.50	23.10 /77	23.84 /92	18.11 /88	0.48	0.90
GR	Fidelity Select Chemicals Port		FSCHX	B	(800) 544-8888	A- / 9.0	9.81	17.48	31.10 /93	19.70 /84	16.56 /83	0.76	0.99
TC	Fidelity Select Commun Equip Port		FSDCX	E	(800) 544-8888	C- / 3.2	10.29	13.20	16.73 /36	8.19 /15	16.96 /85	0.00	0.94
TC	Fidelity Select Computers Port		FDCPX	D-	(800) 544-8888	C / 4.3	10.45	10.84	28.28 /90	7.84 /13	10.58 /39	0.00	0.95
GR	Fidelity Select Constn & Housing		FSHOX	D-	(800) 544-8888	C- / 4.0	3.05	3.16	14.05 /21	13.63 /59	13.32 /64	0.18	0.95
GR	Fidelity Select Consu Staples Port		FDFAX	B-	(800) 544-8888	C+ / 6.2	3.17	8.06	21.09 /67	14.43 /65	9.94 /32	0.52	1.01
GR	Fidelity Select Consumer Discr		FSCPX	D+	(800) 544-8888	D+ / 2.6	1.72	5.68	16.84 /37	10.39 /31	7.36 /10	0.21	1.14
GR	Fidelity Select Defense & Aerospace		FSDAX	B+	(800) 544-8888	B+ / 8.7	6.28	11.17	25.63 /84	20.36 /85	16.65 /84	0.06	0.92
TC	Fidelity Select Electronics Port		FSELX	E	(800) 544-8888	D+ / 2.7	10.48	12.90	17.88 /44	7.15 /10	7.74 /13	0.09	0.91
EN	Fidelity Select Energy		FSENX	B-	(800) 544-8888	A+ / 9.7	15.39	22.79	20.97 /67	35.44 /98	25.11 /96	0.21	0.89
EN	Fidelity Select Energy Svcs		FSESX	C+	(800) 544-8888	A+ / 9.8	21.55	30.48	23.25 /78	36.96 /98	24.43 /96	0.00	0.88
EN	Fidelity Select Environmental		FSLEX	E	(800) 544-8888	D- / 1.2	4.98	4.92	5.90 / 2	9.23 /22	10.94 /43	0.00	1.11
FS	Fidelity Select Financial Services		FIDSX	D-	(800) 544-8888	D+ / 2.5	2.30	0.85	15.05 /26	11.43 /40	10.72 /41	0.98	0.93
PM	Fidelity Select Gold		FSAGX	C-	(800) 544-8888	B+ / 8.7	-2.15	-2.47	6.31 / 2	25.90 /94	17.99 /88	0.49	0.90
HL	Fidelity Select Health Care		FSPHX	E+	(800) 544-8888	C- / 3.5	5.87	7.35	17.32 /40	10.73 /34	10.17 /35	0.27	0.88
FS	Fidelity Select Home Finance		FSVLX	E-	(800) 544-8888	E- / 0.1	2.33	-4.01	4.66 / 1	3.19 / 1	6.58 / 6	1.42	0.93
GR	Fidelity Select Ind Equipment		FSCGX	B-	(800) 544-8888	B / 8.1	12.04	14.97	21.49 /70	15.84 /73	15.21 /77	0.53	0.99
GR	Fidelity Select Industrials Port		FCYIX	B+	(800) 544-8888	B+ / 8.5	12.02	13.55	19.10 /53	18.60 /82	16.67 /84	0.45	1.03
FS	Fidelity Select Insurance		FSPCX	C-	(800) 544-8888	C- / 3.8	5.83	3.91	18.37 /48	11.58 /41	11.48 /49	0.45	0.98
GR	Fidelity Select IT Serv Portfolio		FBSOX	C+	(800) 544-8888	B+ / 8.4	14.14	16.40	25.31 /84	16.07 /74	12.79 /60	0.00	1.19
GR	Fidelity Select Leisure		FDLSX	D-	(800) 544-8888	C- / 3.9	3.78	5.27	15.97 /32	12.40 /49	14.73 /74	0.21	0.96
GR	Fidelity Select Materials Port		FSDPX	B	(800) 544-8888	A / 9.4	9.50	19.68	26.05 /85	24.04 /92	19.65 /91	0.74	1.01

● Denotes fund is closed to new investors
★ Denotes fund is included in Section II

www.thestreet.com/ratings

Summer 2007   **I. Index of Stock Mutual Funds**

RISK			NET ASSETS		ASSET				Portfolio Turnover Ratio	BULL / BEAR		FUND MANAGER		MINIMUMS		LOADS	
	3 Year		NAV							Last Bull Market Return	Last Bear Market Return	Manager Quality Pct	Manager Tenure (Years)	Initial Purch. $	Additional Purch. $	Front End Load	Back End Load
Risk Rating/Pts	Standard Deviation	Beta	As of 6/30/07	Total $(Mil)	Cash %	Stocks %	Bonds %	Other %									
U /	N/A	N/A	13.14	55	0	0	0	100	16.0	N/A	N/A	N/A	3	1,000	50	0.0	0.0
D / 2.2	8.7	1.05	93.80	44,373	0	99	0	1	45.0	77.3	-10.1	29	2	2,500	250	0.0	0.0
C / 5.0	14.2	1.29	14.70	430	0	99	0	1	206.0	123.9	-9.0	9	3	2,500	250	0.0	0.8
B- / 7.8	9.0	0.80	18.18	1,065	0	99	0	1	187.0	151.5	-6.8	94	2	2,500	250	0.0	0.8
C+ / 5.7	12.5	1.13	31.90	15,888	1	98	0	1	45.0	131.8	-9.1	66	2	2,500	250	0.0	0.8
C+ / 5.8	13.0	1.56	35.02	180	N/A	100	0	N/A	7.0	N/A	N/A	5	4	10,000	10,000	0.0	0.8
D- / 1.4	13.9	1.22	31.92	2,309	N/A	100	0	N/A	147.0	107.2	-12.0	15	1	2,500	250	0.0	0.0
B+ / 9.0	8.6	1.80	13.96	481	0	100	0	0	10.0	102.7	-9.5	54	N/A	1,000	50	0.0	0.0
B+ / 9.6	6.2	1.33	14.20	247	0	70	30	0	9.0	78.2	-5.1	57	N/A	1,000	50	0.0	0.0
B+ / 9.9	1.9	0.39	15.25	122	40	20	40	0	11.0	25.5	-0.1	45	N/A	1,000	50	0.0	0.0
B+ / 9.9	1.5	0.04	12.10	76	54	0	44	2	8.0	12.1	2.4	45	N/A	1,000	50	0.0	0.0
B+ / 9.9	2.8	0.59	15.53	365	38	21	40	1	12.0	40.3	-3.1	40	N/A	1,000	50	0.0	0.0
B+ / 9.9	3.8	0.83	15.59	669	24	31	44	1	10.0	53.3	-4.5	40	N/A	1,000	50	0.0	0.0
B+ / 9.7	4.9	1.06	15.81	750	15	42	42	1	12.0	64.1	-5.5	41	N/A	1,000	50	0.0	0.0
B+ / 9.7	5.9	1.26	15.82	832	8	55	36	1	11.0	79.3	-7.0	45	N/A	1,000	50	0.0	0.0
B / 8.5	6.6	1.41	15.49	839	2	68	28	2	9.0	85.5	-7.2	49	N/A	1,000	50	0.0	0.0
B+ / 9.3	7.6	1.45	15.30	526	0	80	19	1	9.0	93.2	-7.5	63	N/A	1,000	50	0.0	0.0
U /	N/A	N/A	13.24	125	0	87	12	1	5.0	N/A	N/A	N/A	3	1,000	50	0.0	0.0
C+ / 5.8	15.1	1.43	46.99	772	1	98	0	1	67.0	289.5	-19.2	52	9	2,500	250	0.0	1.5
C / 4.4	14.7	0.96	46.06	8,848	0	99	0	1	148.0	103.0	-12.9	34	2	2,500	250	0.0	0.0
C+ / 5.9	11.4	1.18	50.72	8,786	5	94	0	1	132.0	183.8	-12.7	18	1	2,500	250	0.0	1.0
C+ / 5.6	12.4	1.14	32.17	1,161	N/A	100	0	N/A	75.0	191.9	-7.7	54	3	2,500	250	0.0	1.5
B / 8.7	4.9	0.64	21.00	26,588	N/A	63	37	N/A	78.0	77.0	-5.0	77	7	2,500	250	0.0	0.0
B- / 7.8	3.3	0.05	10.92	585	1	9	89	1	22.0	56.6	4.3	95	1	5,000,000	0	0.0	0.0
B+ / 9.0	3.3	0.20	11.82	578	6	42	46	6	31.0	56.9	N/A	80	4	2,500	250	0.0	0.8
D+ / 2.7	15.1	1.02	33.42	6,919	0	99	0	1	48.0	183.9	0.7	76	9	2,500	250	0.0	0.8
C+ / 6.4	13.4	1.18	50.37	77	0	99	0	1	165.0	182.1	-13.4	94	2	2,500	250	0.0	0.8
C+ / 6.2	12.7	1.21	46.02	37	0	99	0	1	256.0	105.7	-12.8	47	1	2,500	250	0.0	0.8
C- / 3.5	7.2	0.78	32.22	306	2	97	0	1	112.0	70.7	-5.8	26	1	2,500	250	0.0	0.8
C- / 3.1	17.2	1.30	64.57	1,265	0	99	0	1	70.0	74.8	-6.6	1	2	2,500	250	0.0	0.8
C / 5.3	14.0	1.42	74.30	1,082	2	97	0	1	124.0	190.3	-16.7	97	N/A	2,500	250	0.0	0.8
C / 5.3	12.5	1.08	77.93	154	11	88	0	1	90.0	153.2	-10.2	96	1	2,500	250	0.0	0.8
C- / 3.1	19.5	1.84	23.16	330	2	97	0	1	122.0	125.5	10.0	2	4	2,500	250	0.0	0.8
C- / 4.1	18.3	2.04	43.77	466	11	88	0	1	214.0	93.3	-12.6	1	1	2,500	250	0.0	0.8
C- / 4.1	16.3	1.74	45.52	122	0	100	0	0	54.0	151.5	-9.6	16	N/A	2,500	250	0.0	0.8
B- / 7.6	7.2	0.74	61.13	400	1	98	0	1	99.0	101.2	-8.0	92	3	2,500	250	0.0	0.8
B- / 7.4	9.9	1.12	26.41	39	0	99	0	1	244.0	78.2	-10.4	28	N/A	2,500	250	0.0	0.8
C+ / 6.5	9.9	0.93	86.57	1,269	2	97	0	1	82.0	188.0	-9.2	98	2	2,500	250	0.0	0.8
D+ / 2.9	21.5	2.07	49.47	1,868	0	98	0	2	97.0	92.8	-19.4	1	N/A	2,500	250	0.0	0.8
C / 4.3	20.5	1.01	58.98	2,637	0	99	0	1	102.0	240.4	1.7	86	1	2,500	250	0.0	0.8
D+ / 2.5	23.0	1.05	85.91	1,846	0	99	0	1	92.0	199.9	1.6	86	2	2,500	250	0.0	0.8
C / 4.9	13.5	0.21	18.13	43	1	98	0	1	224.0	87.0	-10.7	57	N/A	2,500	250	0.0	0.8
C / 5.5	8.5	0.98	118.29	503	0	99	0	1	55.0	100.9	-9.1	53	N/A	2,500	250	0.0	0.8
D+ / 2.4	24.7	1.21	33.96	1,275	7	92	0	1	85.0	117.9	19.7	89	4	2,500	250	0.0	0.8
C- / 3.0	9.1	0.83	129.70	2,113	1	98	0	1	91.0	74.6	-5.0	60	1	2,500	250	0.0	0.8
D+ / 2.9	9.8	1.05	46.49	228	0	99	0	1	52.0	67.9	-3.2	3	1	2,500	250	0.0	0.8
C+ / 5.8	11.8	1.33	35.03	120	0	99	0	1	104.0	148.0	-12.3	70	N/A	2,500	250	0.0	0.8
C+ / 6.4	11.2	1.28	22.42	93	0	99	0	1	185.0	167.1	-9.8	91	N/A	2,500	250	0.0	0.8
B- / 7.3	9.5	0.85	73.67	250	0	98	0	2	58.0	109.0	-12.3	69	1	2,500	250	0.0	0.8
C / 4.5	11.8	1.28	18.90	64	1	98	0	1	200.0	126.3	-12.9	76	N/A	2,500	250	0.0	0.8
C / 4.8	12.5	1.29	81.20	254	0	99	0	1	179.0	121.9	-8.4	33	1	2,500	250	0.0	0.8
C / 5.2	13.5	1.14	55.96	339	6	93	0	1	185.0	179.0	2.0	98	N/A	2,500	250	0.0	0.8

www.thestreet.com/ratings   Data as of June 30, 2007

I. Index of Stock Mutual Funds

Summer 2007

99 Pct = Best
0 Pct = Worst

Fund Type	Fund Name	Ticker Symbol	Overall Investment Rating	Phone	Performance Rating/Pts	3 Mo	6 Mo	1Yr / Pct	3Yr / Pct	5Yr / Pct	Dividend Yield	Expense Ratio
HL	Fidelity Select Medical Delivery	FSHCX	B-	(800) 544-8888	B+ / 8.5	2.92	9.81	18.07 /46	21.38 /88	14.93 /76	0.00	0.95
GR	Fidelity Select Medical Eqpmnt Sys	FSMEX	E+	(800) 544-8888	D / 1.9	2.86	7.81	19.35 /55	7.75 /13	14.31 /72	0.00	0.93
GR	Fidelity Select Multimedia	FBMPX	D	(800) 544-8888	C- / 3.9	5.64	5.17	19.73 /58	11.28 /38	16.41 /83	0.00	1.04
EN	Fidelity Select Natural Gas	FSNGX	C	(800) 544-8888	A+ / 9.6	12.30	24.69	20.88 /66	31.87 /97	25.91 /97	0.00	0.90
EN	Fidelity Select Natural Resources	FNARX	B	(800) 544-8888	A+ / 9.7	15.07	25.44	26.10 /86	35.49 /98	25.26 /96	0.23	0.93
TC	Fidelity Select Netwrkg & Infrastr	FNINX	E-	(800) 544-8888	E+ / 0.6	7.76	6.88	14.29 /22	3.81 / 2	8.32 /17	0.00	1.00
EN	Fidelity Select Paper/Forest	FSPFX	E	(800) 544-8888	D+ / 2.5	6.75	12.17	26.92 /88	5.77 / 5	5.14 / 2	2.62	1.16
HL	Fidelity Select Pharmaceuticals	FPHAX	C+	(800) 544-8888	C / 5.1	8.99	10.61	18.73 /50	11.36 /39	9.01 /23	0.59	1.02
GR	Fidelity Select Retailing	FSRPX	D	(800) 544-8888	C / 4.4	0.99	7.20	17.75 /43	13.02 /54	10.18 /35	0.38	1.06
TC	Fidelity Select Software & Comp Svs	FSCSX	C	(800) 544-8888	C+ / 6.8	5.93	7.66	30.07 /92	13.16 /56	14.71 /74	0.00	0.92
TC	Fidelity Select Technology	FSPTX	D	(800) 544-8888	C / 5.1	10.18	13.65	26.45 /86	8.90 /20	13.06 /62	0.00	0.95
TC	Fidelity Select Telecommunications	FSTCX	A	(800) 544-8888	A / 9.3	11.29	18.23	37.89 /96	21.07 /87	22.58 /94	1.01	0.99
GR	Fidelity Select Transportation	FSRFX	C	(800) 544-8888	C+ / 6.7	5.17	10.44	5.90 / 2	17.45 /79	14.99 /76	0.05	1.03
UT	Fidelity Select Utilities Growth	FSUTX	A+	(800) 544-8888	A- / 9.0	0.59	10.53	29.56 /92	23.09 /91	18.85 /90	1.20	0.93
TC	Fidelity Select Wireless Fund	FWRLX	B-	(800) 544-8888	A / 9.4	18.64	21.86	35.18 /96	20.94 /87	26.65 /97	0.00	0.97
SC	Fidelity Small Cap Growth Fund	FCPGX	U	(800) 544-8888	U /	10.01	16.40	24.33 /81	--	--	0.00	1.13
SC	Fidelity Small Cap Independence	FDSCX	C+	(800) 544-8888	B+ / 8.3	9.51	14.87	25.44 /84	17.18 /78	13.44 /65	0.19	0.86
SC	● Fidelity Small Cap Retirement Fd	FSCRX	C	(800) 544-8888	C+ / 6.6	9.24	12.10	18.69 /50	13.89 /61	11.38 /47	0.00	1.07
★ SC	● Fidelity Small Cap Stock Fund	FSLCX	D+	(800) 544-8888	C+ / 6.1	7.64	12.11	18.91 /51	13.44 /58	14.41 /72	0.00	1.02
SC	Fidelity Small Cap Value Fund	FCPVX	U	(800) 544-8888	U /	7.13	10.50	18.76 /50	--	--	0.00	1.09
FO	Fidelity Southeast Asia Fund	FSEAX	A-	(800) 544-8888	A+ / 9.9	23.64	28.76	62.62 /99	41.68 /99	27.86 /97	0.63	1.21
IX	Fidelity Spartan 500 Idx Adv	FSMAX	C+	(800) 544-8888	C / 4.7	6.26	6.93	20.51 /63	11.61 /42	10.62 /40	1.58	0.10
★ IX	Fidelity Spartan 500 Idx Inv	FSMKX	C+	(800) 544-8888	C / 4.7	6.26	6.92	20.49 /63	11.60 /42	10.61 /40	1.56	0.10
GR	Fidelity Spartan Ext Mkt Idx Adv	FSEVX	B	(800) 544-8888	B- / 7.1	5.38	9.62	19.75 /58	15.75 /73	15.89 /81	1.03	0.07
GR	Fidelity Spartan Ext Mkt Idx Inv	FSEMX	B	(800) 544-8888	B- / 7.1	5.35	9.58	19.69 /57	15.72 /73	15.88 /81	1.00	0.10
FO	Fidelity Spartan Intl Index Adv	FSIVX	A+	(800) 544-8888	B+ / 8.9	6.33	10.73	27.16 /88	21.93 /89	17.49 /86	1.75	0.17
FO	Fidelity Spartan Intl Index Inv	FSIIX	A+	(800) 544-8888	B+ / 8.9	6.32	10.72	27.12 /88	21.91 /89	17.48 /86	1.72	0.20
GR	Fidelity Spartan Total Mkt Idx Adv	FSTVX	B-	(800) 544-8888	C / 5.5	6.07	7.55	20.40 /63	12.70 /51	11.79 /51	1.25	0.07
★ GR	Fidelity Spartan Total Mkt Idx Inv	FSTMX	B-	(800) 544-8888	C / 5.4	6.07	7.54	20.37 /62	12.68 /51	11.79 /51	1.23	0.10
IX	Fidelity Spartan US Equity Idx Adv	FUSVX	B-	(800) 544-8888	C / 4.8	6.25	6.93	20.52 /64	11.61 /42	10.61 /40	1.69	0.07
IX	Fidelity Spartan US Equity Idx Inv	FUSEX	C+	(800) 544-8888	C / 4.8	6.26	6.92	20.49 /63	11.60 /42	10.60 /40	1.67	0.10
GR	Fidelity Stock Selector	FDSSX	B-	(800) 544-8888	C / 5.4	6.59	8.16	19.90 /59	12.40 /49	11.34 /47	0.43	0.88
GI	Fidelity Strategic Div & Inc	FSDIX	B-	(800) 544-8888	C+ / 5.7	3.88	7.41	17.34 /40	14.15 /63	--	1.54	0.80
IN	Fidelity Strategic Real Return Fund	FSRRX	U	(800) 544-8888	U /	-0.73	1.91	4.79 / 1	--	--	3.67	0.80
GR	Fidelity Tax Managed Stock Fund	FTXMX	A-	(800) 544-8888	B / 7.7	8.46	13.45	21.32 /69	15.93 /74	12.67 /59	0.37	0.89
FO	Fidelity The Japan Fund CL S	SJPNX	E-	(800) 544-8888	E- / 0.2	-0.79	-0.48	3.74 / 1	6.40 / 7	11.91 /53	1.05	1.39
GR	Fidelity Trend Fund	FTRNX	C+	(800) 544-8888	C / 5.0	7.50	7.45	19.42 /56	11.78 /43	10.96 /43	0.78	0.81
UT	Fidelity Utilities Fund	FIUIX	A+	(800) 544-8888	A / 9.3	4.42	12.94	33.73 /95	24.41 /93	18.02 /88	1.37	0.85
GI	Fidelity Value Discovery Fund	FVDFX	A	(800) 544-8888	B+ / 8.3	7.70	11.21	21.35 /69	18.66 /82	--	0.50	0.94
★ GI	Fidelity Value Fund	FDVLX	A-	(800) 544-8888	B / 8.2	6.35	11.43	23.80 /80	17.74 /80	16.12 /82	0.58	0.67
FO	Fidelity Worldwide Fund	FWWFX	B	(800) 544-8888	B+ / 8.3	7.88	11.64	25.69 /85	17.79 /80	15.01 /76	0.68	1.08
BA	Fifth Third Balanced A	FSBFX	D	(800) 282-5706	E / 0.4	3.89	6.24	12.25 /14	5.82 / 5	5.45 / 3	2.26	1.47
BA	Fifth Third Balanced Adv	FTBAX	D	(800) 282-5706	E / 0.5	3.75	6.04	11.92 /13	5.52 / 5	5.18 / 2	2.07	1.72
BA	● Fifth Third Balanced B	FBFBX	D	(800) 282-5706	E+ / 0.6	3.66	5.74	11.37 /11	5.00 / 4	4.64 / 1	1.67	2.22
BA	Fifth Third Balanced C	FTBCX	D	(800) 282-5706	E+ / 0.6	3.66	5.76	11.40 /12	5.01 / 4	4.65 / 1	1.60	2.22
BA	Fifth Third Balanced Inst	FBFIX	D+	(800) 282-5706	E+ / 0.9	3.94	6.27	12.48 /15	6.07 / 6	5.70 / 4	2.62	1.22
GI	Fifth Third Discpl Lrge Cap Val A	FSSIX	C-	(800) 282-5706	C / 5.0	5.87	6.95	20.55 /64	13.74 /60	14.28 /72	1.02	1.32
GI	Fifth Third Discpl Lrge Cap Val Adv	FVEQX	E+	(800) 282-5706	C / 5.0	5.80	6.83	20.32 /62	13.23 /56	16.28 /82	0.84	1.57
GI	● Fifth Third Discpl Lrge Cap Val B	FBEQX	C	(800) 282-5706	C / 5.4	5.68	6.56	19.70 /57	12.93 /53	13.43 /65	0.41	2.07
GI	Fifth Third Discpl Lrge Cap Val C	FEQCX	C	(800) 282-5706	C / 5.4	5.65	6.55	19.70 /57	12.94 /54	13.41 /65	0.42	2.07
GI	Fifth Third Discpl Lrge Cap Val I	FEINX	C+	(800) 282-5706	C+ / 6.3	5.91	7.13	20.86 /66	14.03 /62	14.56 /73	1.26	1.07
GR	Fifth Third Dividend Growth A	FSPIX	D-	(800) 282-5706	D / 2.0	6.66	7.64	19.22 /54	8.69 /18	6.11 / 5	1.55	2.97

● Denotes fund is closed to new investors
★ Denotes fund is included in Section II

www.thestreet.com/ratings

Summer 2007
I. Index of Stock Mutual Funds

RISK			NET ASSETS		ASSET					BULL / BEAR		FUND MANAGER		MINIMUMS		LOADS	
	3 Year		NAV						Portfolio	Last Bull	Last Bear	Manager	Manager	Initial	Additional	Front	Back
Risk	Standard		As of	Total	Cash	Stocks	Bonds	Other	Turnover	Market	Market	Quality	Tenure	Purch.	Purch.	End	End
Rating/Pts	Deviation	Beta	6/30/07	$(Mil)	%	%	%	%	Ratio	Return	Return	Pct	(Years)	$	$	Load	Load
C / 5.2	13.9	0.89	52.22	697	3	95	0	2	92.0	184.3	-4.7	98	2	2,500	250	0.0	0.8
C / 5.4	9.8	0.93	24.18	794	1	98	0	1	71.0	87.1	1.8	21	N/A	2,500	250	0.0	0.8
C / 5.3	10.8	1.14	46.72	78	0	99	0	1	179.0	102.0	-14.1	35	1	2,500	250	0.0	0.8
D+ / 2.4	23.2	1.08	45.18	1,352	0	99	0	1	59.0	236.4	6.9	35	2	2,500	250	0.0	0.8
C / 4.8	20.1	0.97	34.25	1,501	1	98	0	1	116.0	245.6	1.2	90	1	2,500	250	0.0	0.8
D / 1.6	22.8	2.14	2.64	72	0	99	0	1	136.0	69.7	-12.1	0	3	2,500	250	0.0	0.8
C- / 3.2	15.5	0.24	36.32	72	3	91	4	2	126.0	60.2	-9.7	17	N/A	2,500	250	0.0	0.8
B- / 7.3	11.5	1.04	11.70	209	2	97	0	1	204.0	80.8	-6.2	45	1	2,500	250	0.0	0.8
C / 4.5	13.0	1.22	54.16	73	1	98	0	1	202.0	130.3	-17.4	46	N/A	2,500	250	0.0	0.8
C / 4.7	15.6	1.51	70.59	890	0	98	0	2	139.0	102.4	-8.3	24	N/A	2,500	250	0.0	0.8
C- / 4.2	16.9	1.75	77.16	1,751	1	98	0	1	113.0	94.0	-12.9	3	N/A	2,500	250	0.0	0.8
C+ / 6.7	11.5	1.20	57.30	691	0	99	0	1	162.0	152.1	-15.9	97	N/A	2,500	250	0.0	0.8
C / 5.1	15.6	1.42	55.06	100	0	99	0	1	133.0	164.8	-8.0	78	N/A	2,500	250	0.0	0.8
B / 8.0	8.3	0.49	61.10	1,079	4	95	0	1	107.0	180.8	-8.6	98	1	2,500	250	0.0	0.8
C / 4.6	12.8	1.37	8.53	382	0	99	0	1	124.0	262.0	-15.7	95	N/A	2,500	250	0.0	0.8
U /	N/A	N/A	16.82	1,042	2	97	0	1	83.0	N/A	N/A	N/A	1	2,500	250	0.0	1.5
C / 4.7	13.4	0.94	24.18	2,626	3	96	0	1	126.0	139.8	-9.2	90	2	2,500	250	0.0	1.5
C / 4.6	12.2	0.85	17.97	255	3	96	0	1	124.0	121.2	-9.1	76	1	2,500	250	0.0	1.5
C- / 3.9	12.2	0.85	19.88	5,070	5	94	0	1	120.0	141.8	-10.3	72	9	2,500	250	0.0	2.0
U /	N/A	N/A	15.47	1,323	1	98	0	1	85.0	N/A	N/A	N/A	1	2,500	250	0.0	1.5
C+ / 5.7	15.3	1.25	35.41	3,260	0	100	0	0	100.0	299.5	-12.2	99	14	2,500	250	0.0	1.5
B / 8.8	7.3	1.00	104.20	9,484	0	100	0	0	5.0	95.8	-9.8	53	2	100,000	1,000	0.0	0.5
B / 8.5	7.3	1.00	104.20	8,296	0	100	0	0	5.0	95.7	-9.8	53	2	10,000	1,000	0.0	0.5
B- / 7.4	11.1	1.33	41.42	1,093	0	100	0	0	16.0	149.9	-8.8	69	2	100,000	1,000	0.0	0.8
B- / 7.0	11.2	1.33	41.41	2,348	0	100	0	0	16.0	149.8	-8.8	69	4	10,000	1,000	0.0	0.8
B / 8.4	9.2	0.99	48.75	1,788	0	100	0	0	2.0	180.4	-9.5	46	2	100,000	1,000	0.0	1.0
B- / 7.4	9.2	0.99	48.75	4,358	0	100	0	0	2.0	180.3	-9.5	46	4	10,000	1,000	0.0	1.0
B / 8.6	7.9	1.07	42.45	3,347	0	100	0	0	4.0	106.9	-9.6	59	2	100,000	1,000	0.0	0.5
B / 8.3	7.9	1.07	42.45	4,464	0	100	0	0	4.0	106.8	-9.6	59	4	10,000	1,000	0.0	0.5
B / 8.8	7.3	1.00	53.41	5,652	N/A	100	0	N/A	7.0	95.9	-9.8	53	2	100,000	2,500	0.0	0.0
D / 8.6	7.3	1.00	53.41	23,614	N/A	100	0	N/A	7.0	95.8	-9.8	53	4	100,000	2,500	0.0	0.0
B / 8.2	7.9	1.05	30.10	879	2	98	0	0	109.0	96.4	-9.8	58	6	2,500	250	0.0	0.0
B / 8.1	6.8	0.84	13.88	1,306	9	78	0	13	125.0	N/A	N/A	88	2	2,500	250	0.0	0.0
U /	N/A	N/A	10.26	3,879	2	20	76	2	11.0	N/A	N/A	N/A	2	2,500	250	0.0	0.8
B- / 7.9	9.9	1.19	16.03	89	0	99	0	1	178.0	117.8	-10.9	82	3	10,000	1,000	0.0	1.0
C- / 3.3	14.8	1.12	12.57	383	1	98	0	1	66.0	119.8	-8.0	0	5	2,500	250	0.0	2.0
B- / 7.3	7.7	1.02	68.97	940	0	99	0	1	81.0	91.6	-9.6	53	N/A	2,500	250	0.0	0.0
B- / 7.7	8.0	0.47	21.24	1,907	0	99	0	1	104.0	161.1	-4.9	98	2	2,500	250	0.0	0.0
B- / 7.8	9.8	1.15	19.44	1,205	N/A	100	0	N/A	189.0	139.9	N/A	94	5	2,500	250	0.0	0.0
B- / 7.3	9.3	1.14	89.81	22,983	3	96	0	1	36.0	154.6	-8.0	92	11	2,500	250	0.0	0.0
C+ / 6.3	9.5	0.94	22.45	1,513	0	99	0	1	205.0	145.3	-11.2	20	1	2,500	250	0.0	1.0
B / 8.8	4.3	0.88	13.59	29	2	60	37	1	191.0	39.9	-5.2	28	1	1,000	50	5.0	0.0
B / 8.9	4.3	0.88	13.55	N/A	2	60	37	1	191.0	38.5	-5.3	26	1	1,000	50	3.3	0.0
B / 8.9	4.3	0.89	13.43	6	2	60	37	1	191.0	35.6	-5.4	22	1	1,000	50	0.0	0.0
B / 8.9	4.3	0.88	13.42	1	2	60	37	1	191.0	35.6	-5.5	22	1	1,000	50	0.0	0.0
B / 8.9	4.3	0.88	13.66	26	2	60	37	1	191.0	41.5	-5.2	30	1	1,000	50	0.0	0.0
C+ / 6.0	7.2	0.89	14.92	31	2	97	0	1	56.0	121.5	-11.3	84	N/A	1,000	50	5.0	0.0
D / 1.8	60.4	1.94	14.89	N/A	2	97	0	1	56.0	115.7	-2.9	8	N/A	1,000	50	3.3	0.0
C+ / 6.0	7.2	0.89	15.08	6	2	97	0	1	56.0	114.6	-11.5	78	N/A	1,000	50	0.0	0.0
C+ / 5.9	7.2	0.89	14.78	2	2	97	0	1	56.0	114.4	-11.6	78	N/A	1,000	50	0.0	0.0
C+ / 6.0	7.2	0.89	14.96	645	2	97	0	1	56.0	123.8	-11.3	85	N/A	1,000	50	0.0	0.0
C+ / 6.7	11.3	1.27	25.53	4	0	100	0	0	35.0	68.5	-10.5	11	N/A	1,000	50	5.0	0.0

www.thestreet.com/ratings

Data as of June 30, 2007

I. Index of Stock Mutual Funds

Summer 2007

						PERFORMANCE						
	99 Pct = Best					Perfor-	Total Return % through 6/30/07				Incl. in Returns	
	0 Pct = Worst			Overall		mance				Annualized	Dividend	Expense
Fund			Ticker	Investment		Rating/Pts	3 Mo	6 Mo	1Yr / Pct	3Yr / Pct	5Yr / Pct	Yield	Ratio
Type	Fund Name		Symbol	Rating	Phone								
GR	● Fifth Third Dividend Growth B		FTPBX	D	(800) 282-5706	D / 2.2	6.49	7.21	18.29 /47	7.81 /13	5.30 / 3	0.99	3.72
GR	Fifth Third Dividend Growth C		FTPCX	D	(800) 282-5706	D+ / 2.3	6.50	7.23	18.32 /47	7.85 /13	5.32 / 3	1.03	3.72
GR	Fifth Third Dividend Growth I		FPFIX	D+	(800) 282-5706	C- / 3.0	6.70	7.72	19.46 /56	8.87 /20	6.34 / 6	1.84	2.72
GI	Fifth Third Equity Index A		KNIDX	C	(800) 282-5706	C- / 3.3	6.20	6.73	20.08 /60	11.21 /38	10.17 /35	1.40	0.85
GI	Fifth Third Equity Index Adv		FVINX	C	(800) 282-5706	C- / 3.4	6.12	6.63	19.79 /58	10.94 /35	9.92 /32	1.23	1.10
GI	● Fifth Third Equity Index B		FBINX	C	(800) 282-5706	C- / 3.7	6.00	6.37	19.21 /54	10.39 /31	9.35 /26	0.77	1.60
GI	Fifth Third Equity Index C		FCINX	C	(800) 282-5706	C- / 3.7	6.01	6.38	19.27 /54	10.41 /31	9.39 /27	0.76	1.60
GI	Fifth Third Equity Index Inst		KNIEX	C+	(800) 282-5706	C / 4.7	6.28	6.92	20.45 /63	11.51 /41	10.46 /38	1.71	0.60
GI	Fifth Third Equity Index Pfd		KNIPX	C+	(800) 282-5706	C / 4.5	6.24	6.84	20.25 /62	11.33 /39	--	1.58	0.75
GI	Fifth Third Equity Index Sel		KNISX	C+	(800) 282-5706	C / 4.6	6.26	6.88	20.36 /62	11.41 /40	--	1.63	0.68
GI	Fifth Third Equity Index Tr		KNITX	C+	(800) 282-5706	C / 4.4	6.18	6.75	20.11 /60	11.22 /38	--	1.47	0.85
FO	Fifth Third Internatl Equity A		FSIEX	A-	(800) 282-5706	B+ / 8.7	8.42	13.22	27.87 /89	20.87 /86	15.80 /80	0.60	1.62
FO	Fifth Third Internatl Equity Adv		FAIEX	A-	(800) 282-5706	B+ / 8.8	8.29	13.10	27.53 /89	20.56 /86	--	0.53	1.87
FO	● Fifth Third Internatl Equity B		FBIEX	A-	(800) 282-5706	B+ / 8.8	8.15	12.79	26.90 /88	19.95 /85	14.87 /75	0.41	2.37
FO	Fifth Third Internatl Equity C		FTECX	A-	(800) 282-5706	B+ / 8.8	8.24	12.85	26.94 /88	19.98 /85	14.85 /75	0.40	2.37
FO	Fifth Third Internatl Equity Inst		FIEIX	A	(800) 282-5706	A- / 9.1	8.49	13.46	28.27 /90	21.17 /87	16.02 /81	0.71	1.37
GR	Fifth Third Large Cap Core A		KNVIX	C	(800) 282-5706	C- / 3.2	4.95	6.02	19.76 /58	11.59 /42	9.65 /29	0.49	1.28
GR	● Fifth Third Large Cap Core B		FBLVX	C	(800) 282-5706	C- / 3.5	4.71	5.59	18.79 /51	10.73 /34	8.82 /21	0.06	2.03
GR	Fifth Third Large Cap Core C		FCLVX	C	(800) 282-5706	C- / 3.5	4.65	5.53	18.79 /51	10.72 /34	8.80 /21	0.06	2.03
GR	Fifth Third Large Cap Core Inst		KNVEX	C+	(800) 282-5706	C / 4.6	5.01	6.13	20.06 /60	11.87 /44	9.92 /32	0.68	1.03
AG	Fifth Third LifeModel Agg A		LASAX	C	(800) 282-5706	C- / 4.1	6.57	9.24	19.58 /57	12.11 /46	--	0.49	0.73
AG	● Fifth Third LifeModel Agg B		LASBX	C+	(800) 282-5706	C / 4.5	6.33	8.86	18.62 /49	11.27 /38	--	0.15	1.48
AG	Fifth Third LifeModel Agg C		LASCX	C	(800) 282-5706	C / 4.5	6.33	8.85	18.64 /49	11.27 /38	--	0.16	1.48
AG	Fifth Third LifeModel Agg Inst		LASIX	C+	(800) 282-5706	C+ / 5.6	6.62	9.34	19.81 /58	12.38 /49	--	0.68	0.48
AA	Fifth Third LifeModel Conserv A		LCVAX	D	(800) 282-5706	E- / 0.2	1.62	3.35	9.22 / 6	5.46 / 4	--	3.24	0.83
AA	● Fifth Third LifeModel Conserv B		LCVBX	D+	(800) 282-5706	E / 0.3	1.43	2.96	8.43 / 5	4.68 / 3	--	2.68	1.58
AA	Fifth Third LifeModel Conserv C		LCVCX	D+	(800) 282-5706	E / 0.3	1.43	2.97	8.48 / 5	4.67 / 3	--	2.64	1.58
AA	Fifth Third LifeModel Conserv Inst		LCVIX	D+	(800) 282-5706	E / 0.5	1.68	3.47	9.58 / 7	5.72 / 5	--	3.64	0.58
AG	Fifth Third LifeModel Mod Agg A		LMAAX	C-	(800) 282-5706	D+ / 2.3	5.09	7.48	16.75 /36	10.32 /30	--	1.28	0.70
AG	● Fifth Third LifeModel Mod Agg B		LMABX	C-	(800) 282-5706	D+ / 2.7	4.91	7.12	15.97 /32	9.53 /24	--	0.67	1.45
AG	Fifth Third LifeModel Mod Agg C		LMACX	C-	(800) 282-5706	D+ / 2.7	4.98	7.18	15.97 /32	9.52 /24	--	0.67	1.45
AG	Fifth Third LifeModel Mod Agg Inst		LMAIX	C	(800) 282-5706	C- / 3.6	5.22	7.68	17.09 /39	10.62 /33	--	1.58	0.45
AA	Fifth Third LifeModel Mod Cons A		LAMVX	D+	(800) 282-5706	E+ / 0.7	2.95	4.89	12.27 /14	7.34 /11	--	2.44	0.75
AA	● Fifth Third LifeModel Mod Cons B		LBMVX	D+	(800) 282-5706	E+ / 0.8	2.76	4.60	11.56 /12	6.56 / 7	--	1.85	1.50
AA	Fifth Third LifeModel Mod Cons C		LCMVX	D+	(800) 282-5706	E+ / 0.8	2.76	4.59	11.56 /12	6.55 / 7	--	1.85	1.50
AA	Fifth Third LifeModel Mod Cons Inst		LIMVX	C-	(800) 282-5706	D- / 1.2	3.01	5.11	12.64 /15	7.61 /12	--	2.81	0.50
AA	Fifth Third LifeModel Moderate A		LMDAX	D+	(800) 282-5706	D- / 1.1	3.75	5.87	13.91 /20	8.35 /16	--	2.03	0.68
AA	● Fifth Third LifeModel Moderate B		LMDBX	C-	(800) 282-5706	D- / 1.3	3.49	5.42	13.06 /17	7.53 /12	--	1.44	1.43
AA	Fifth Third LifeModel Moderate C		LMDCX	C-	(800) 282-5706	D- / 1.2	3.48	5.42	13.04 /16	7.51 /12	--	1.43	1.43
AA	Fifth Third LifeModel Moderate Inst		LMDIX	C-	(800) 282-5706	D / 1.8	3.80	6.00	14.19 /22	8.61 /18	--	2.38	0.43
SC	Fifth Third Micro Cap Value A		MXCAX	E-	(800) 282-5706	D / 2.2	3.62	7.35	14.84 /25	10.76 /34	19.17 /90	0.38	1.65
SC	Fifth Third Micro Cap Value Adv		MXSAX	E-	(800) 282-5706	D / 1.8	3.52	7.14	14.43 /23	9.59 /25	17.45 /86	0.29	1.90
SC	● Fifth Third Micro Cap Value B		MXCBX	E-	(800) 282-5706	D / 2.1	3.34	6.75	13.83 /20	9.24 /22	17.03 /85	0.10	2.40
SC	Fifth Third Micro Cap Value C		MXCSX	E-	(800) 282-5706	D / 2.0	3.34	6.75	13.74 /19	9.18 /22	16.98 /85	0.05	2.40
SC	Fifth Third Micro Cap Value Inst		MXAIX	E-	(800) 282-5706	D+ / 2.8	3.75	7.48	15.16 /27	10.12 /29	17.99 /88	0.48	1.40
MC	Fifth Third Mid Cap Growth A		FSMCX	D-	(800) 282-5706	C / 5.3	6.77	13.14	17.39 /41	13.42 /58	12.22 /56	0.00	1.33
MC	Fifth Third Mid Cap Growth Adv		FTMVX	D-	(800) 282-5706	C / 5.4	6.74	12.97	17.14 /39	13.11 /55	11.95 /53	0.00	1.58
MC	● Fifth Third Mid Cap Growth B		FBMBX	D-	(800) 282-5706	C+ / 5.7	6.61	12.70	16.55 /35	12.58 /50	11.39 /48	0.00	2.08
MC	Fifth Third Mid Cap Growth C		FCMCX	D-	(800) 282-5706	C+ / 5.7	6.63	12.76	16.54 /35	12.59 /51	11.40 /48	0.00	2.08
MC	Fifth Third Mid Cap Growth Inst		FMCIX	D+	(800) 282-5706	C+ / 6.5	6.89	13.22	17.72 /43	13.69 /60	12.51 /58	0.00	1.08
GI	Fifth Third Multi Cap Value A		MXLAX	C+	(800) 282-5706	B- / 7.2	7.03	10.01	24.03 /80	16.12 /74	16.08 /81	0.92	1.56
GI	Fifth Third Multi Cap Value Adv		MXSEX	C+	(800) 282-5706	B- / 7.3	6.92	9.85	23.72 /79	15.83 /73	15.84 /80	0.73	1.81

● Denotes fund is closed to new investors
* Denotes fund is included in Section II

www.thestreet.com/ratings

Summer 2007

I. Index of Stock Mutual Funds

RISK			NET ASSETS		ASSET				Portfolio	BULL / BEAR		FUND MANAGER		MINIMUMS		LOADS	
	3 Year		NAV							Last Bull	Last Bear	Manager	Manager	Initial	Additional	Front	Back
Risk	Standard		As of	Total	Cash	Stocks	Bonds	Other	Turnover	Market	Market	Quality	Tenure	Purch.	Purch.	End	End
Rating/Pts	Deviation	Beta	6/30/07	$(Mil)	%	%	%	%	Ratio	Return	Return	Pct	(Years)	$	$	Load	Load
C+ / 6.7	11.3	1.27	24.78	N/A	0	100	0	0	35.0	63.0	-10.7	9	N/A	1,000	50	0.0	0.0
C+ / 6.7	11.2	1.26	24.13	N/A	0	100	0	0	35.0	63.2	-10.8	9	N/A	1,000	50	0.0	0.0
C+ / 6.7	11.3	1.27	25.96	20	0	100	0	0	35.0	69.9	-10.5	12	N/A	1,000	50	0.0	0.0
B / 8.4	7.3	1.00	28.40	73	0	100	0	0	6.0	92.6	-9.9	47	15	1,000	50	5.0	0.0
B / 8.6	7.3	1.00	28.37	2	0	100	0	0	6.0	90.6	-9.9	44	N/A	1,000	50	3.3	0.0
B / 8.6	7.3	1.00	28.25	4	0	100	0	0	6.0	86.6	-10.0	37	N/A	1,000	50	0.0	0.0
B / 8.6	7.3	1.00	28.29	2	0	100	0	0	6.0	86.7	-10.1	37	N/A	1,000	50	0.0	0.0
B / 8.6	7.3	1.00	28.50	212	0	100	0	0	6.0	94.6	-9.8	51	15	1,000	50	0.0	0.0
B / 8.6	7.3	1.00	28.49	73	0	100	0	0	6.0	N/A	N/A	49	6	500,000	50	0.0	0.0
B / 8.6	7.3	1.00	28.49	20	0	100	0	0	6.0	N/A	N/A	50	6	1,000,000	50	0.0	0.0
B / 8.6	7.3	1.00	28.49	73	0	100	0	0	6.0	N/A	N/A	48	6	1,000,000	50	0.0	0.0
C+ / 6.8	9.8	1.04	15.84	30	4	95	0	1	23.0	155.9	-8.6	27	13	1,000	50	5.0	0.0
C+ / 6.8	9.8	1.04	15.80	10	4	95	0	1	23.0	N/A	N/A	24	4	1,000	50	3.3	0.0
C+ / 6.8	9.8	1.04	15.52	3	4	95	0	1	23.0	147.4	-8.7	21	N/A	1,000	50	0.0	0.0
C+ / 6.8	9.9	1.04	15.11	1	4	95	0	1	23.0	147.6	-8.9	21	11	1,000	50	0.0	0.0
C+ / 6.8	9.8	1.04	15.85	496	4	95	0	1	23.0	158.0	-8.5	29	9	1,000	50	0.0	0.0
B / 8.3	8.0	1.07	17.59	21	2	97	0	1	102.0	93.5	-10.0	45	N/A	1,000	50	5.0	0.0
B / 8.3	8.0	1.07	17.57	1	2	97	0	1	102.0	87.3	-10.1	35	N/A	1,000	50	0.0	0.0
B / 8.3	8.0	1.07	17.57	N/A	2	97	0	1	102.0	87.4	-10.1	35	N/A	1,000	50	0.0	0.0
B / 8.3	8.0	1.07	17.83	201	2	97	0	1	102.0	95.5	-9.9	49	N/A	1,000	50	0.0	0.0
B- / 7.7	8.7	1.11	17.02	60	2	94	2	2	14.0	103.5	-10.2	47	1	1,000	50	5.0	0.0
B / 8.7	8.7	1.11	16.62	20	2	94	2	2	14.0	97.0	-10.5	37	1	1,000	50	0.0	0.0
B- / 7.7	8.7	1.11	16.62	3	2	94	2	2	14.0	97.2	-10.4	37	1	1,000	50	0.0	0.0
B- / 7.7	8.7	1.11	17.08	158	2	94	2	2	14.0	105.8	-10.1	50	1	1,000	50	0.0	0.0
B+ / 9.1	2.5	0.52	11.01	15	2	25	71	2	46.0	31.1	-0.5	43	1	1,000	50	5.0	0.0
B+ / 9.6	2.5	0.53	10.99	10	2	25	71	2	46.0	26.9	-0.6	33	1	1,000	50	0.0	0.0
B+ / 9.6	2.5	0.53	11.00	3	2	25	71	2	46.0	27.0	-0.7	34	1	1,000	50	0.0	0.0
B+ / 9.6	2.5	0.53	11.03	26	2	25	71	2	46.0	32.5	-0.5	46	1	1,000	50	0.0	0.0
B / 8.5	6.8	0.87	15.77	134	0	100	0	0	35.0	79.9	-7.3	50	1	1,000	50	5.0	0.0
B / 8.4	6.8	0.87	15.71	59	0	100	0	0	35.0	74.2	-7.4	39	1	1,000	50	0.0	0.0
D / 8.4	6.8	0.87	15.71	9	0	100	0	0	35.0	74.2	-7.4	39	1	1,000	50	0.0	0.0
B / 8.5	6.8	0.87	15.80	158	0	100	0	0	35.0	81.8	-7.2	54	1	1,000	50	0.0	0.0
B / 8.9	4.1	0.88	12.06	37	1	45	52	2	38.0	48.0	-3.3	44	1	1,000	50	5.0	0.0
B+ / 9.3	4.1	0.88	12.03	20	1	45	52	2	38.0	43.9	-3.5	35	1	1,000	50	0.0	0.0
B+ / 9.3	4.1	0.88	12.04	3	1	45	52	2	38.0	43.9	-3.5	35	1	1,000	50	0.0	0.0
B+ / 9.2	4.1	0.88	12.08	45	1	45	52	2	38.0	50.2	-3.2	48	1	1,000	50	0.0	0.0
B / 8.9	5.0	1.06	13.53	98	2	55	42	1	41.0	59.0	-4.4	45	1	1,000	50	5.0	0.0
B+ / 9.0	5.1	1.07	13.46	45	2	55	42	1	41.0	54.0	-4.6	35	1	1,000	50	0.0	0.0
B+ / 9.0	5.1	1.07	13.47	7	2	55	42	1	41.0	54.2	-4.7	35	1	1,000	50	0.0	0.0
B+ / 9.0	5.1	1.07	13.54	390	2	55	42	1	41.0	60.8	-4.4	48	1	1,000	50	0.0	0.0
D- / 1.5	13.1	0.86	7.16	15	3	94	1	2	37.0	165.5	-5.2	37	N/A	1,000	50	5.0	0.0
D- / 1.5	13.1	0.86	7.05	11	3	94	1	2	37.0	150.9	-5.7	27	N/A	1,000	50	3.3	0.0
D- / 1.5	13.0	0.86	6.80	6	3	94	1	2	37.0	147.2	-5.7	25	N/A	1,000	50	0.0	0.0
D- / 1.5	13.1	0.86	6.80	3	3	94	1	2	37.0	147.4	-5.9	24	N/A	1,000	50	0.0	0.0
D- / 1.5	13.0	0.85	7.47	57	3	94	1	2	37.0	155.7	-5.6	31	N/A	1,000	50	0.0	0.0
C- / 3.0	12.5	1.15	15.93	33	2	97	0	1	69.0	113.2	-12.5	21	N/A	1,000	50	5.0	0.0
D+ / 2.9	12.5	1.15	15.68	1	2	97	0	1	69.0	110.9	-12.4	19	N/A	1,000	50	3.3	0.0
D+ / 2.6	12.6	1.15	15.00	6	2	97	0	1	69.0	106.7	-12.6	16	N/A	1,000	50	0.0	0.0
D+ / 2.4	12.5	1.15	14.32	1	2	97	0	1	69.0	106.4	-12.6	16	N/A	1,000	50	0.0	0.0
C- / 3.1	12.6	1.15	16.44	347	2	97	0	1	69.0	115.5	-12.4	22	N/A	5,000,000	50	0.0	0.0
C+ / 5.8	8.6	1.09	26.40	46	1	98	0	1	24.0	147.5	-10.5	87	N/A	1,000	50	5.0	0.0
C+ / 5.8	8.6	1.09	26.24	34	1	98	0	1	24.0	145.1	-10.5	86	N/A	1,000	50	3.3	0.0

I. Index of Stock Mutual Funds

Summer 2007

						PERFORMANCE							
	99 Pct = Best												
	0 Pct = Worst			Overall		Perfor-	Total Return % through 6/30/07					Incl. in Returns	
Fund			Ticker	Investment		mance				Annualized		Dividend	Expense
Type	Fund Name		Symbol	Rating	Phone	Rating/Pts	3 Mo	6 Mo	1Yr / Pct	3Yr / Pct	5Yr / Pct	Yield	Ratio
GI	Fifth Third Multi Cap Value B		MXLBX	C+	(800) 282-5706	B- / 7.4	6.77	9.56	23.08 /77	15.24 /70	15.23 /77	0.41	2.31
GI	Fifth Third Multi Cap Value C		MXLCX	C+	(800) 282-5706	B- / 7.4	6.83	9.60	23.15 /78	15.25 /70	15.22 /77	0.44	2.31
GI	Fifth Third Multi Cap Value Inst		MXEIX	B-	(800) 282-5706	B / 7.9	7.08	10.13	24.37 /81	16.41 /76	16.39 /83	1.15	1.31
GR	Fifth Third Quality Growth A		FSQGX	D-	(800) 282-5706	D- / 1.2	7.76	9.05	16.71 /36	6.54 / 7	6.22 / 5	0.32	1.33
GR	Fifth Third Quality Growth Adv		FQGVX	D-	(800) 282-5706	D- / 1.3	7.73	8.97	16.43 /35	6.29 / 7	5.96 / 4	0.22	1.58
GR	Fifth Third Quality Growth B		FSBQX	D-	(800) 282-5706	D- / 1.4	7.62	8.69	15.85 /31	5.77 / 5	5.43 / 3	0.06	2.08
GR	Fifth Third Quality Growth C		FSQCX	D-	(800) 282-5706	D- / 1.4	7.57	8.66	15.86 /31	5.77 / 5	5.43 / 3	0.05	2.08
GR	Fifth Third Quality Growth Inst		FQGIX	D-	(800) 282-5706	D / 2.0	7.89	9.22	17.01 /38	6.84 / 8	6.49 / 6	0.44	1.08
SC	Fifth Third Small Cap Growth A		KNEMX	E	(800) 282-5706	C / 5.4	9.25	15.82	19.78 /58	12.02 /46	10.65 /40	0.00	1.28
SC	Fifth Third Small Cap Growth Adv		FTGVX	E	(800) 282-5706	C+ / 5.7	9.18	15.66	19.45 /56	11.93 /45	10.39 /37	0.00	1.53
SC	Fifth Third Small Cap Growth B		FTGBX	E	(800) 282-5706	C+ / 5.8	9.01	15.39	18.87 /51	11.37 /39	9.82 /31	0.00	2.03
SC	Fifth Third Small Cap Growth C		FTGCX	E	(800) 282-5706	C+ / 5.8	9.01	15.38	18.83 /51	11.35 /39	9.82 /31	0.00	2.03
SC	Fifth Third Small Cap Growth Inst		KNEEX	E+	(800) 282-5706	C+ / 6.7	9.32	15.99	20.07 /60	12.49 /50	10.94 /43	0.00	1.03
SC	Fifth Third Small Cap Value A		FTVAX	D-	(800) 282-5706	C- / 3.0	3.22	6.97	15.12 /27	12.43 /49	--	0.28	1.49
SC	Fifth Third Small Cap Value Adv		FTVVX	D-	(800) 282-5706	C- / 3.1	3.11	6.84	14.80 /25	12.13 /47	--	0.24	1.74
SC	Fifth Third Small Cap Value B		FTVBX	D	(800) 282-5706	C- / 3.3	2.93	6.48	14.18 /22	11.57 /41	--	0.15	2.24
SC	Fifth Third Small Cap Value C		FTVCX	D	(800) 282-5706	C- / 3.3	2.94	6.55	14.21 /22	11.58 /41	--	0.15	2.24
SC	Fifth Third Small Cap Value Inst		FTVIX	D+	(800) 282-5706	C / 4.3	3.28	7.11	15.38 /28	12.71 /52	--	0.34	1.24
TC	Fifth Third Technology A		FTTAX	E-	(800) 282-5706	E+ / 0.9	6.67	7.92	14.08 /21	6.74 / 8	14.74 /74	0.00	1.76
TC	Fifth Third Technology Adv		FTTVX	E-	(800) 282-5706	D- / 1.0	6.50	7.76	13.79 /20	6.42 / 7	14.41 /72	0.00	2.01
TC	Fifth Third Technology B		FTCBX	E-	(800) 282-5706	D- / 1.1	6.45	7.55	13.22 /17	5.90 / 6	13.87 /69	0.00	2.51
TC	Fifth Third Technology C		FTTCX	E-	(800) 282-5706	D- / 1.1	6.47	7.47	13.26 /17	5.92 / 6	13.88 /69	0.00	2.51
TC	Fifth Third Technology Inst		FTTIX	E-	(800) 282-5706	D / 1.6	6.65	7.97	14.35 /22	6.97 / 9	15.00 /76	0.00	1.51
FO	First America Int Select Fd Y		ISYCX	U	(800) 677-3863	U /	7.67	11.85	--	--	--	0.00	1.58
BA	First American Balanced A		FABAX	D	(800) 677-3863	D- / 1.5	4.38	4.91	14.20 /22	9.73 /26	8.72 /20	1.57	1.27
BA	First American Balanced B		FANBX	D+	(800) 677-3863	D / 1.8	4.20	4.51	13.31 /17	8.91 /20	7.92 /14	0.93	2.02
BA	First American Balanced C		FCBAX	D+	(800) 677-3863	D / 1.8	4.19	4.60	13.34 /18	8.90 /20	7.89 /14	0.95	2.02
BA	First American Balanced R		FBGYX	D+	(800) 677-3863	D / 2.2	4.38	4.94	14.11 /21	9.50 /24	8.59 /19	1.42	1.52
BA	First American Balanced Y		FBAIX	C-	(800) 677-3863	D+ / 2.5	4.43	5.04	14.54 /23	9.99 /28	9.00 /23	1.88	1.02
IN	First American Eqty Inc A		FFEIX	C	(800) 677-3863	C- / 4.0	6.16	6.06	22.34 /74	12.11 /46	10.38 /37	1.61	1.16
IN	First American Eqty Inc B		FAEBX	C	(800) 677-3863	C / 4.5	6.05	5.78	21.46 /70	11.27 /38	9.56 /28	1.19	1.91
IN	First American Eqty Inc C		FFECX	C	(800) 677-3863	C / 4.5	6.03	5.77	21.40 /69	11.27 /38	9.56 /28	1.18	1.91
IN	First American Eqty Inc R		FEISX	C+	(800) 677-3863	C / 5.0	6.10	5.93	21.99 /72	11.79 /43	10.20 /35	1.49	1.41
IN	First American Eqty Inc Y		FAQIX	C+	(800) 677-3863	C / 5.5	6.25	6.22	22.62 /75	12.36 /49	10.66 /40	1.91	0.91
IX	First American Eqty Indx A		FAEIX	C	(800) 677-3863	C- / 3.1	6.18	6.65	19.89 /59	11.09 /37	10.12 /34	1.19	0.76
IX	First American Eqty Indx B		FAEQX	C	(800) 677-3863	C- / 3.5	5.96	6.26	19.01 /52	10.26 /30	9.30 /26	0.62	1.51
IX	First American Eqty Indx C		FCEIX	C	(800) 677-3863	C- / 3.5	5.93	6.23	18.98 /52	10.26 /30	9.29 /26	0.61	1.51
IX	First American Eqty Indx R		FADSX	C+	(800) 677-3863	C- / 4.0	6.09	6.49	19.55 /56	10.80 /34	9.94 /32	1.05	1.01
IX	First American Eqty Indx Y		FEIIX	C+	(800) 677-3863	C / 4.5	6.25	6.79	20.20 /61	11.37 /39	10.40 /37	1.50	0.51
FO	First American International A		FAIAX	B+	(800) 677-3863	B / 7.6	6.64	9.19	21.45 /70	18.31 /81	13.62 /67	0.73	1.49
FO	First American International B		FNABX	B+	(800) 677-3863	B / 7.8	6.47	8.85	20.61 /64	17.44 /79	12.78 /60	0.18	2.24
FO	First American International C		FIACX	B+	(800) 677-3863	B / 7.8	6.45	8.81	20.52 /64	17.44 /79	12.76 /60	0.14	2.24
FO	First American International R		ARQIX	B+	(800) 677-3863	B / 8.0	6.62	9.10	21.16 /68	17.79 /80	13.31 /64	0.53	1.74
FO	First American International Y		FAICX	A-	(800) 677-3863	B / 8.2	6.75	9.35	21.76 /71	18.64 /82	13.91 /69	0.97	1.24
GR	First American Lrg Cap Gr Opp A		FRGWX	D+	(800) 677-3863	D+ / 2.7	8.98	10.58	20.70 /65	8.84 /20	7.95 /14	0.00	1.17
GR	First American Lrg Cap Gr Opp B		FETBX	C-	(800) 677-3863	C- / 3.1	8.79	10.17	19.83 /58	8.03 /14	7.14 / 9	0.00	1.92
GR	First American Lrg Cap Gr Opp C		FAWCX	C-	(800) 677-3863	C- / 3.1	8.79	10.14	19.81 /58	8.01 /14	7.14 / 9	0.00	1.92
GR	First American Lrg Cap Gr Opp R		FLCYX	C-	(800) 677-3863	C- / 3.6	8.91	10.41	20.41 /63	8.56 /18	7.78 /13	0.00	1.42
GR	First American Lrg Cap Gr Opp Y		FIGWX	C	(800) 677-3863	C- / 4.0	9.04	10.67	20.98 /67	9.09 /21	8.22 /16	0.15	0.92
GR	First American Lrg Cap Select A		FLRAX	C	(800) 677-3863	C- / 3.8	7.91	7.40	20.15 /61	11.60 /42	--	0.24	1.19
GR	First American Lrg Cap Select B		FLPBX	C	(800) 677-3863	C- / 4.2	7.72	7.01	19.23 /54	10.78 /34	--	0.00	1.94
GR	First American Lrg Cap Select C		FLYCX	C	(800) 677-3863	C- / 4.2	7.65	7.01	19.23 /54	10.76 /34	--	0.00	1.94

● Denotes fund is closed to new investors
* Denotes fund is included in Section II

www.thestreet.com/ratings

I. Index of Stock Mutual Funds

Summer 2007

RISK			NET ASSETS		ASSET					BULL / BEAR		FUND MANAGER		MINIMUMS		LOADS	
	3 Year		NAV						Portfolio	Last Bull	Last Bear	Manager	Manager	Initial	Additional	Front	Back
Risk	Standard		As of	Total	Cash	Stocks	Bonds	Other	Turnover	Market	Market	Quality	Tenure	Purch.	Purch.	End	End
Rating/Pts	Deviation	Beta	6/30/07	$(Mil)	%	%	%	%	Ratio	Return	Return	Pct	(Years)	$	$	Load	Load
C+ / 5.6	8.6	1.09	25.42	26	1	98	0	1	24.0	139.8	-10.6	83	N/A	1,000	50	0.0	0.0
C+ / 5.6	8.6	1.09	25.40	8	1	98	0	1	24.0	139.6	-10.6	83	N/A	1,000	50	0.0	0.0
C+ / 5.8	8.6	1.09	26.76	272	1	98	0	1	24.0	150.3	-10.4	89	N/A	5,000,000	50	0.0	0.0
C+ / 6.7	11.0	1.32	18.33	99	1	98	0	1	108.0	61.6	-11.8	5	14	1,000	50	5.0	0.0
C+ / 6.7	11.1	1.32	18.11	2	1	98	0	1	108.0	59.9	-11.8	4	6	1,000	50	3.3	0.0
C+ / 6.6	11.1	1.32	17.52	12	1	98	0	1	108.0	56.6	-12.0	4	7	1,000	50	0.0	0.0
C+ / 6.6	11.1	1.32	17.06	3	1	98	0	1	108.0	56.5	-11.9	4	11	1,000	50	0.0	0.0
C+ / 6.7	11.1	1.32	18.74	575	1	98	0	1	108.0	63.3	-11.6	5	14	5,000,000	50	0.0	0.0
E- / 0.0	16.3	1.14	13.47	18	1	96	2	1	67.0	111.4	-10.4	24	N/A	1,000	50	5.0	0.0
E- / 0.0	16.3	1.14	13.44	N/A	1	96	2	1	67.0	109.1	-10.4	24	N/A	1,000	50	3.3	0.0
E- / 0.0	16.3	1.14	12.82	1	1	96	2	1	67.0	104.7	-10.5	20	N/A	1,000	50	0.0	0.0
E- / 0.0	16.3	1.14	12.83	N/A	1	96	2	1	67.0	104.8	-10.5	20	N/A	1,000	50	0.0	0.0
E- / 0.0	16.3	1.14	14.07	131	1	96	2	1	67.0	113.6	-10.3	28	N/A	5,000,000	50	0.0	0.0
C+ / 5.7	10.3	0.69	21.49	2	2	97	0	1	99.0	N/A	N/A	77	N/A	1,000	50	5.0	0.0
C+ / 5.6	10.3	0.69	21.23	1	2	97	0	1	99.0	N/A	N/A	75	N/A	1,000	50	3.3	0.0
C / 5.5	10.3	0.69	20.70	1	2	97	0	1	99.0	N/A	N/A	69	N/A	1,000	50	0.0	0.0
C / 5.5	10.3	0.69	20.66	1	2	97	0	1	99.0	N/A	N/A	69	N/A	1,000	50	0.0	0.0
C+ / 5.7	10.3	0.69	21.70	125	2	97	0	1	99.0	N/A	N/A	80	N/A	5,000,000	50	0.0	0.0
C- / 3.0	19.6	2.02	11.99	4	10	89	0	1	506.0	104.3	-13.9	1	4	1,000	50	5.0	0.0
C- / 3.0	19.6	2.02	11.80	4	10	89	0	1	506.0	102.2	-13.9	0	4	1,000	50	3.3	0.0
D+ / 2.9	19.6	2.02	11.39	1	10	89	0	1	506.0	97.9	-14.0	0	4	1,000	50	0.0	0.0
D+ / 2.9	19.6	2.02	11.36	N/A	10	89	0	1	506.0	98.1	-14.0	0	4	1,000	50	0.0	0.0
C- / 3.0	19.6	2.02	12.19	34	10	89	0	1	506.0	106.6	-13.9	1	4	5,000,000	50	0.0	0.0
U /	N/A	N/A	11.23	244	11	88	0	1	N/A	N/A	N/A	N/A	N/A	0	0	0.0	0.0
B- / 7.8	5.6	1.19	12.06	105	0	65	34	1	143.0	64.3	-5.7	55	N/A	1,000	100	5.5	0.0
B- / 7.8	5.6	1.20	11.97	10	0	65	34	1	143.0	58.9	-5.7	43	N/A	1,000	100	0.0	0.0
B- / 7.8	5.6	1.19	12.05	3	0	65	34	1	143.0	58.9	-5.8	44	N/A	1,000	100	0.0	0.0
B- / 7.8	5.6	1.20	12.16	N/A	0	65	34	1	143.0	63.0	-5.6	52	N/A	0	0	0.0	0.0
B- / 7.8	5.6	1.19	12.09	235	0	65	34	1	143.0	65.7	-5.5	58	N/A	0	0	0.0	0.0
B- / 7.3	6.9	0.90	15.79	177	1	98	0	1	16.0	95.2	-9.4	69	13	1,000	100	5.5	0.0
B- / 7.3	6.9	0.91	15.62	18	1	98	0	1	16.0	89.0	-9.5	58	13	1,000	100	0.0	0.0
B- / 7.3	6.9	0.91	15.65	10	1	98	0	1	16.0	89.1	-9.6	58	13	1,000	100	0.0	0.0
B- / 7.3	6.9	0.91	15.77	1	1	98	0	1	16.0	93.5	-9.3	65	N/A	0	0	0.0	0.0
B- / 7.4	6.9	0.90	15.91	1,098	1	98	0	1	16.0	97.3	-9.4	72	13	0	0	0.0	0.0
B / 8.3	7.3	1.00	27.82	215	0	100	0	0	3.0	91.9	-9.8	46	N/A	1,000	100	5.5	0.0
B / 8.6	7.3	1.00	27.44	34	0	100	0	0	3.0	85.8	-10.0	36	N/A	1,000	100	0.0	0.0
B / 8.6	7.3	1.00	27.60	20	0	100	0	0	3.0	85.8	-10.0	36	N/A	1,000	100	0.0	0.0
B / 8.5	7.3	1.00	27.78	6	0	100	0	0	3.0	90.5	-9.8	42	N/A	0	0	0.0	0.0
B / 8.6	7.3	1.00	27.81	1,799	0	100	0	0	3.0	93.9	-9.8	50	N/A	0	0	0.0	0.0
B- / 7.2	9.0	0.95	16.39	58	0	99	0	1	16.0	141.0	-11.0	23	N/A	1,000	100	5.5	0.0
B- / 7.2	9.0	0.95	15.13	7	0	99	0	1	16.0	133.4	-11.2	18	N/A	1,000	100	0.0	0.0
B- / 7.2	9.0	0.94	15.68	8	0	99	0	1	16.0	133.5	-11.2	18	N/A	1,000	100	0.0	0.0
B- / 7.2	9.1	0.95	16.43	N/A	0	99	0	1	16.0	137.5	-11.0	19	N/A	0	0	0.0	0.0
B- / 7.2	9.0	0.94	16.60	1,697	0	99	0	1	16.0	143.9	-11.1	25	N/A	0	0	0.0	0.0
B- / 7.5	9.0	1.14	33.12	90	1	98	0	1	98.0	74.2	-11.2	17	N/A	1,000	100	5.5	0.0
B- / 7.4	9.0	1.13	31.19	12	1	98	0	1	98.0	68.6	-11.3	13	N/A	1,000	100	0.0	0.0
B- / 7.4	9.0	1.14	31.82	8	1	98	0	1	98.0	68.7	-11.3	13	N/A	1,000	100	0.0	0.0
B- / 7.4	9.0	1.13	32.87	1	1	98	0	1	98.0	72.8	-11.1	16	N/A	0	0	0.0	0.0
B- / 7.5	9.0	1.13	34.13	702	1	98	0	1	98.0	76.0	-11.1	19	N/A	0	0	0.0	0.0
B / 8.1	8.3	1.08	16.50	8	0	99	0	1	112.0	88.3	N/A	44	N/A	1,000	100	5.5	0.0
B / 8.0	8.3	1.07	16.18	1	0	99	0	1	112.0	82.2	N/A	35	N/A	1,000	100	0.0	0.0
B / 8.0	8.2	1.07	16.18	N/A	0	99	0	1	112.0	82.3	N/A	35	N/A	1,000	100	0.0	0.0

www.thestreet.com/ratings

Data as of June 30, 2007

I. Index of Stock Mutual Funds

Summer 2007

					PERFORMANCE						Incl. in Returns	
	99 Pct = Best						Total Return % through 6/30/07					
	0 Pct = Worst			Overall	Perfor-				Annualized		Dividend	Expense
Fund		Ticker		Investment	mance						Yield	Ratio
Type	Fund Name	Symbol	Phone	Rating	Rating/Pts	3 Mo	6 Mo	1Yr / Pct	3Yr / Pct	5Yr / Pct		
GR	First American Lrg Cap Select R	FLSSX	(800) 677-3863	C+	C / 4.8	7.81	7.25	19.84 /58	11.29 /39	--	0.12	1.44
GR	First American Lrg Cap Select Y	FLRYX	(800) 677-3863	C+	C / 5.3	7.93	7.57	20.45 /63	11.89 /44	--	0.46	0.94
GI	First American Lrg Cap Val A	FASKX	(800) 677-3863	C+	C+ / 5.8	8.41	7.62	20.79 /65	14.46 /65	10.96 /43	0.96	1.16
GI	First American Lrg Cap Val B	FATBX	(800) 677-3863	B-	C+ / 6.3	8.22	7.23	19.92 /59	13.61 /59	10.14 /34	0.55	1.91
GI	First American Lrg Cap Val C	FALVX	(800) 677-3863	B-	C+ / 6.3	8.21	7.23	19.91 /59	13.60 /59	10.13 /34	0.53	1.91
GI	First American Lrg Cap Val R	FAVSX	(800) 677-3863	B-	C+ / 6.7	8.31	7.50	20.50 /63	14.14 /63	10.78 /41	0.82	1.41
GI	First American Lrg Cap Val Y	FSKIX	(800) 677-3863	B	B- / 7.0	8.50	7.78	21.13 /67	14.75 /67	11.25 /46	1.19	0.91
MC	First American Mid Cap Gr Opp A	FRSLX	(800) 677-3863	C	B- / 7.1	7.97	13.27	19.91 /59	16.07 /74	15.27 /78	0.00	1.22
MC	First American Mid Cap Gr Opp B	FMQBX	(800) 677-3863	C	B- / 7.4	7.78	12.85	19.04 /53	15.20 /70	14.41 /72	0.00	1.97
MC	First American Mid Cap Gr Opp C	FMECX	(800) 677-3863	C	B- / 7.4	7.76	12.83	19.02 /52	15.20 /70	14.44 /73	0.00	1.97
MC	First American Mid Cap Gr Opp R	FMEYX	(800) 677-3863	C	B / 7.6	7.91	13.14	19.64 /57	15.79 /73	15.11 /77	0.00	1.47
MC	First American Mid Cap Gr Opp Y	FISGX	(800) 677-3863	C+	B / 7.9	8.03	13.39	20.22 /61	16.36 /75	15.56 /79	0.00	0.97
MC	First American Mid Cap Index A	FDXAX	(800) 677-3863	C+	C+ / 5.6	5.67	11.62	17.73 /43	14.46 /65	13.37 /65	0.78	0.81
MC	First American Mid Cap Index B	FMDBX	(800) 677-3863	C+	C+ / 6.0	5.49	11.24	16.82 /37	13.63 /59	12.55 /58	0.18	1.56
MC	First American Mid Cap Index C	FDXCX	(800) 677-3863	C+	C+ / 6.0	5.48	11.14	16.84 /37	13.61 /59	12.52 /58	0.23	1.56
MC	First American Mid Cap Index R	FMCYX	(800) 677-3863	C+	C+ / 6.4	5.57	11.48	17.42 /41	14.12 /63	13.18 /63	0.70	1.06
MC	First American Mid Cap Index Y	FIMEX	(800) 677-3863	C+	C+ / 6.8	5.73	11.76	18.01 /45	14.77 /67	13.66 /67	1.05	0.56
MC	First American Mid Cap Val A	FASEX	(800) 677-3863	B	B- / 7.1	7.20	10.36	18.61 /49	17.06 /78	15.38 /78	0.57	1.23
MC	First American Mid Cap Val B	FAESX	(800) 677-3863	B+	B- / 7.4	7.01	9.97	17.72 /43	16.19 /75	14.52 /73	0.14	1.98
MC	First American Mid Cap Val C	FACSX	(800) 677-3863	B+	B- / 7.3	6.97	9.93	17.71 /43	16.19 /75	14.51 /73	0.15	1.98
MC	First American Mid Cap Val R	FMVSX	(800) 677-3863	B+	B / 7.6	7.12	10.19	18.28 /47	16.78 /77	15.22 /77	0.40	1.48
MC	First American Mid Cap Val Y	FSEIX	(800) 677-3863	A-	B / 7.9	7.27	10.49	18.91 /51	17.36 /79	15.67 /80	0.80	0.98
RE	First American Real Est Secs A	FREAX	(800) 677-3863	C	B / 7.8	-9.08	-6.40	12.57 /15	23.60 /92	20.59 /93	1.43	1.21
RE	First American Real Est Secs B	FREBX	(800) 677-3863	C	B / 8.0	-9.28	-6.77	11.71 /12	22.66 /90	19.69 /91	0.99	1.96
RE	First American Real Est Secs C	FRLCX	(800) 677-3863	C	B / 8.0	-9.28	-6.75	11.73 /13	22.67 /90	19.69 /91	1.05	1.96
RE	First American Real Est Secs R	FRSSX	(800) 677-3863	C+	B / 8.2	-9.14	-6.52	12.27 /14	23.29 /91	20.40 /92	1.34	1.46
RE	First American Real Est Secs Y	FARCX	(800) 677-3863	C+	B+ / 8.4	-9.06	-6.30	12.82 /16	23.90 /92	20.89 /93	1.68	0.96
SC	First American Sm Cap Gr Opp A	FRMPX	(800) 677-3863	E-	D- / 1.5	5.68	9.75	15.34 /28	8.27 /16	12.12 /55	0.00	1.58
SC	First American Sm Cap Gr Opp B	FROBX	(800) 677-3863	E-	D / 1.8	5.50	9.37	14.48 /23	7.47 /11	11.28 /46	0.00	2.33
SC	First American Sm Cap Gr Opp C	FMPCX	(800) 677-3863	E-	D / 1.8	5.48	9.36	14.49 /23	7.46 /11	11.29 /46	0.00	2.33
SC	First American Sm Cap Gr Opp R	FMPYX	(800) 677-3863	E-	D / 2.1	5.62	9.59	15.09 /27	8.04 /15	11.99 /53	0.00	1.83
SC	First American Sm Cap Gr Opp Y	FIMPX	(800) 677-3863	E-	D+ / 2.5	5.72	9.86	15.63 /30	8.51 /17	12.38 /57	0.00	1.33
SC	First American Sm Cap Index A	FMDAX	(800) 677-3863	D-	C- / 3.1	4.28	6.09	15.61 /29	12.62 /51	12.89 /61	0.67	1.11
SC	First American Sm Cap Index B	FPXBX	(800) 677-3863	D-	C- / 3.5	4.02	5.70	14.68 /24	11.65 /42	12.00 /54	0.16	1.86
SC	First American Sm Cap Index C	FPXCX	(800) 677-3863	D-	C- / 3.4	4.05	5.65	14.72 /24	11.62 /42	11.98 /53	0.18	1.86
SC	First American Sm Cap Index R	ARSCX	(800) 677-3863	D	C- / 3.9	4.14	5.94	15.29 /28	12.22 /47	12.62 /59	0.54	1.36
SC	First American Sm Cap Index Y	ASETX	(800) 677-3863	D+	C / 4.5	4.35	6.23	15.90 /31	12.77 /52	13.13 /63	0.92	0.86
SC	First American Sm Cap Select A	EMGRX	(800) 677-3863	E-	D+ / 2.8	3.39	4.01	12.24 /14	13.14 /55	15.58 /79	0.00	1.23
SC	First American Sm Cap Select B	ARSBX	(800) 677-3863	E-	C- / 3.2	3.22	3.59	11.43 /12	12.30 /48	14.73 /74	0.00	1.98
SC	First American Sm Cap Select C	FHMCX	(800) 677-3863	E-	C- / 3.2	3.23	3.63	11.42 /12	12.29 /48	14.73 /74	0.00	1.98
SC	First American Sm Cap Select R	ASEIX	(800) 677-3863	E-	C- / 3.7	3.36	3.91	11.99 /13	12.89 /53	15.43 /78	0.00	1.48
SC	First American Sm Cap Select Y	ARSTX	(800) 677-3863	E	C- / 4.2	3.51	4.16	12.62 /15	13.43 /58	15.89 /81	0.00	0.98
SC	First American Sm Cap Val A	FSCAX	(800) 677-3863	E-	D+ / 2.9	2.23	3.53	12.32 /14	13.40 /58	12.67 /59	0.13	1.26
SC	First American Sm Cap Val B	FCSBX	(800) 677-3863	E-	C- / 3.3	2.09	3.13	11.51 /12	12.56 /50	11.82 /52	0.00	2.01
SC	First American Sm Cap Val C	FSCVX	(800) 677-3863	E-	C- / 3.3	2.13	3.15	11.54 /12	12.57 /50	11.85 /52	0.00	2.01
SC	First American Sm Cap Val R	FSVSX	(800) 677-3863	E	C- / 3.8	2.25	3.49	12.18 /14	13.17 /56	12.53 /58	0.11	1.51
SC	First American Sm Cap Val Y	FSCCX	(800) 677-3863	E	C / 4.3	2.32	3.67	12.65 /15	13.69 /60	12.96 /62	0.32	1.01
MC	First American Sm Mid Cap Core A	FATAX	(800) 677-3863	E+	D / 1.7	5.37	7.84	13.75 /19	9.48 /24	11.74 /51	0.00	1.52
MC	First American Sm Mid Cap Core B	FITBX	(800) 677-3863	D-	D / 2.0	5.15	7.61	12.90 /16	8.68 /18	10.89 /42	0.00	2.27
MC	First American Sm Mid Cap Core C	FTACX	(800) 677-3863	D-	D / 2.0	5.15	7.40	12.85 /16	8.67 /18	10.89 /42	0.00	2.27
MC	First American Sm Mid Cap Core Y	FATCX	(800) 677-3863	D-	D+ / 2.7	5.35	8.04	14.01 /21	9.74 /26	12.01 /54	0.13	1.27
AA	First American Strat-Agg Gr Alloc A	FAAGX	(800) 677-3863	C+	C / 5.1	6.78	8.47	19.63 /57	13.71 /60	11.90 /52	1.72	1.49

● Denotes fund is closed to new investors
* Denotes fund is included in Section II

www.thestreet.com/ratings

Summer 2007 — I. Index of Stock Mutual Funds

RISK			NET ASSETS		ASSET					BULL / BEAR		FUND MANAGER		MINIMUMS		LOADS	
	3 Year		NAV						Portfolio	Last Bull	Last Bear	Manager	Manager	Initial	Additional	Front	Back
Risk	Standard		As of	Total	Cash	Stocks	Bonds	Other	Turnover	Market	Market	Quality	Tenure	Purch.	Purch.	End	End
Rating/Pts	Deviation	Beta	6/30/07	$(Mil)	%	%	%	%	Ratio	Return	Return	Pct	(Years)	$	$	Load	Load
B /8.1	8.2	1.07	16.42	N/A	0	99	0	1	112.0	86.3	N/A	40	N/A	0	0	0.0	0.0
B /8.1	8.2	1.07	16.54	465	0	99	0	1	112.0	90.2	N/A	49	N/A	0	0	0.0	0.0
B- /7.4	7.5	0.96	22.59	119	0	99	0	1	55.0	106.0	-10.1	85	1	1,000	100	5.5	0.0
B- /7.4	7.5	0.96	21.92	9	0	99	0	1	55.0	99.6	-10.2	79	1	1,000	100	0.0	0.0
B- /7.4	7.5	0.96	22.21	5	0	99	0	1	55.0	99.6	-10.3	79	1	1,000	100	0.0	0.0
B- /7.4	7.5	0.96	22.56	N/A	0	99	0	1	55.0	104.5	-10.1	82	1	0	0	0.0	0.0
B- /7.4	7.5	0.96	22.68	772	0	99	0	1	55.0	108.3	-10.1	86	1	0	0	0.0	0.0
C /4.7	12.0	1.08	43.78	393	0	99	0	1	94.0	134.0	-7.4	52	N/A	1,000	100	5.5	0.0
C /4.3	12.0	1.08	39.78	15	0	99	0	1	94.0	126.8	-7.6	41	N/A	1,000	100	0.0	0.0
C /4.5	12.0	1.08	41.50	25	0	99	0	1	94.0	126.7	-7.6	41	N/A	1,000	100	0.0	0.0
C /4.6	12.0	1.08	43.39	24	0	99	0	1	94.0	132.4	-7.4	49	N/A	0	0	0.0	0.0
C /4.9	12.0	1.08	46.40	1,368	0	99	0	1	94.0	136.5	-7.3	56	N/A	0	0	0.0	0.0
C+ /6.9	10.4	1.00	15.47	18	4	95	0	1	9.0	130.0	-9.3	44	7	1,000	100	5.5	0.0
C+ /6.9	10.4	1.00	15.17	2	4	95	0	1	9.0	123.1	-9.5	35	7	1,000	100	0.0	0.0
C+ /6.9	10.4	1.00	15.21	5	4	95	0	1	9.0	122.8	-9.5	35	N/A	1,000	100	0.0	0.0
C+ /6.9	10.4	1.00	15.38	5	4	95	0	1	9.0	128.1	-9.3	41	6	0	0	0.0	0.0
C+ /6.9	10.4	1.00	15.48	343	4	95	0	1	9.0	132.6	-9.3	49	7	0	0	0.0	0.0
B- /7.6	8.5	0.76	28.37	263	1	98	0	1	87.0	143.2	-5.7	91	1	1,000	100	5.5	0.0
B- /7.5	8.4	0.76	27.03	9	1	98	0	1	87.0	135.6	-5.9	88	1	1,000	100	0.0	0.0
B- /7.5	8.5	0.76	27.61	26	1	98	0	1	87.0	135.5	-5.8	88	1	1,000	100	0.0	0.0
B- /7.6	8.5	0.76	28.26	33	1	98	0	1	87.0	141.4	-5.7	91	1	0	0	0.0	0.0
B- /7.6	8.5	0.76	28.51	821	1	98	0	1	87.0	145.7	-5.6	92	1	0	0	0.0	0.0
C- /4.1	14.7	0.99	23.07	222	0	99	0	1	197.0	201.4	0.2	91	8	1,000	100	5.5	0.0
C- /4.1	14.6	0.99	22.65	8	0	99	0	1	197.0	192.1	-0.1	88	8	1,000	100	0.0	0.0
C- /4.1	14.6	0.99	22.73	20	0	99	0	1	197.0	192.0	-0.1	88	8	1,000	100	0.0	0.0
C- /4.1	14.6	0.99	23.28	17	0	99	0	1	197.0	199.2	0.2	90	8	0	0	0.0	0.0
C- /4.1	14.7	0.99	23.25	662	0	99	0	1	197.0	204.7	0.2	92	8	0	0	0.0	0.0
E+ /0.8	16.9	1.15	21.39	157	3	96	0	1	209.0	124.3	-17.9	7	3	1,000	100	5.5	0.0
E+ /0.6	16.9	1.14	19.37	5	3	96	0	1	209.0	117.3	-18.1	5	3	1,000	100	0.0	0.0
E+ /0.7	16.9	1.15	20.22	3	3	96	0	1	209.0	117.2	-18.0	5	3	1,000	100	0.0	0.0
E+ /0.8	16.9	1.15	21.25	1	3	96	0	1	209.0	123.1	-17.9	7	3	0	0	0.0	0.0
E+ /0.9	16.9	1.14	22.73	158	3	96	0	1	209.0	126.6	-17.9	8	3	0	0	0.0	0.0
C /5.1	13.5	1.00	15.48	10	0	99	0	1	18.0	138.4	-11.3	42	7	1,000	100	5.5	0.0
C /5.0	13.4	1.00	14.98	1	0	99	0	1	18.0	130.3	-11.4	32	6	1,000	100	0.0	0.0
C /5.0	13.4	1.00	15.13	3	0	99	0	1	18.0	130.3	-11.5	32	N/A	1,000	100	0.0	0.0
C /5.1	13.4	1.00	15.27	1	0	99	0	1	18.0	136.2	-11.5	38	7	0	0	0.0	0.0
C /5.1	13.4	1.00	15.48	124	0	99	0	1	18.0	140.4	-11.3	45	7	0	0	0.0	0.0
E+ /0.7	12.7	0.91	14.01	280	3	96	0	1	111.0	141.8	-11.5	61	3	1,000	100	5.5	0.0
E+ /0.7	12.7	0.91	11.55	15	3	96	0	1	111.0	134.2	-11.7	50	3	1,000	100	0.0	0.0
E+ /0.7	12.7	0.92	13.12	31	3	96	0	1	111.0	134.1	-11.7	50	3	1,000	100	0.0	0.0
E+ /0.7	12.7	0.91	13.83	31	3	96	0	1	111.0	140.0	-11.5	58	3	0	0	0.0	0.0
D- /1.0	12.7	0.91	15.04	792	3	96	0	1	111.0	144.4	-11.5	65	3	0	0	0.0	0.0
D /1.6	11.5	0.84	13.78	59	1	98	0	1	96.0	141.2	-7.9	73	2	1,000	100	5.5	0.0
D /1.6	11.5	0.84	12.20	7	1	98	0	1	96.0	133.8	-8.1	63	2	1,000	100	0.0	0.0
D /1.6	11.5	0.84	12.46	4	1	98	0	1	96.0	133.9	-8.2	63	2	1,000	100	0.0	0.0
D /1.6	11.5	0.84	13.63	3	1	98	0	1	96.0	139.9	-8.0	70	2	0	0	0.0	0.0
D /1.6	11.5	0.84	14.13	339	1	98	0	1	96.0	144.0	-8.0	75	2	0	0	0.0	0.0
C+ /5.8	15.5	1.34	10.59	25	0	99	0	1	113.0	114.6	-17.0	3	2	1,000	100	5.5	0.0
C+ /5.8	15.5	1.34	9.19	8	0	99	0	1	113.0	107.9	-17.3	2	2	1,000	100	0.0	0.0
C+ /5.8	15.4	1.33	10.01	5	0	99	0	1	113.0	107.9	-17.2	2	2	1,000	100	0.0	0.0
C+ /5.8	15.5	1.34	11.02	87	0	99	0	1	113.0	116.8	-17.0	3	2	0	0	0.0	0.0
B /8.0	7.7	1.60	13.70	59	0	98	0	2	38.0	106.1	-8.5	76	N/A	1,000	100	5.5	0.0

www.thestreet.com/ratings

Data as of June 30, 2007

I. Index of Stock Mutual Funds

Summer 2007

						PERFORMANCE						
	99 Pct = Best			Overall		Perfor-	Total Return % through 6/30/07					Incl. in Returns
	0 Pct = Worst		Ticker	Investment		mance				Annualized		Dividend Expense
Fund Type	Fund Name		Symbol	Rating	Phone	Rating/Pts	3 Mo	6 Mo	1Yr / Pct	3Yr / Pct	5Yr / Pct	Yield Ratio
AA	First American Strat-Agg Gr Alloc B		FSGBX	B-	(800) 677-3863	C+ / 5.6	6.52	8.06	18.65 /49	12.88 /53	11.05 /44	1.60 2.24
AA	First American Strat-Agg Gr Alloc C		FSACX	B-	(800) 677-3863	C+ / 5.6	6.51	8.06	18.73 /50	12.87 /53	11.04 /44	1.59 2.24
AA	First American Strat-Agg Gr Alloc R		FSASX	B-	(800) 677-3863	C+ / 6.0	6.66	8.35	19.34 /55	13.46 /58	11.73 /51	1.74 1.74
AA	First American Strat-Agg Gr Alloc Y		FSAYX	B	(800) 677-3863	C+ / 6.4	6.78	8.64	19.88 /59	13.98 /62	12.15 /55	1.93 1.24
AA	First American Strat-Gr Alloc A		FAGSX	C	(800) 677-3863	C- / 3.1	5.45	6.92	16.86 /37	11.90 /44	10.59 /40	1.74 1.41
AA	First American Strat-Gr Alloc B		FSNBX	C	(800) 677-3863	C- / 3.5	5.18	6.49	15.97 /32	11.06 /36	9.78 /31	1.54 1.25
AA	First American Strat-Gr Alloc C		FSNCX	C	(800) 677-3863	C- / 3.6	5.24	6.55	15.99 /32	11.10 /37	9.78 /31	1.53 2.16
AA	First American Strat-Gr Alloc R		FSNSX	C+	(800) 677-3863	C- / 4.1	5.39	6.78	16.65 /36	11.67 /42	10.44 /38	1.78 1.66
AA	First American Strat-Gr Alloc Y		FSGYX	C+	(800) 677-3863	C / 4.5	5.44	7.01	17.09 /39	12.20 /47	10.86 /42	1.95 1.16
AA	First American Strat-Gr&Inc Allc A		FSGNX	C-	(800) 677-3863	D / 1.8	4.25	5.60	14.55 /23	10.46 /31	9.38 /27	1.82 1.32
AA	First American Strat-Gr&Inc Allc B		FSKBX	C	(800) 677-3863	D / 2.2	4.10	5.30	13.77 /20	9.66 /25	8.56 /19	1.55 2.07
AA	First American Strat-Gr&Inc Allc C		FSKCX	C	(800) 677-3863	D / 2.2	4.10	5.20	13.77 /20	9.67 /25	8.55 /19	1.56 2.07
AA	First American Strat-Gr&Inc Allc R		FSKSX	C	(800) 677-3863	D+ / 2.6	4.28	5.49	14.37 /23	10.23 /30	9.20 /25	1.80 1.57
AA	First American Strat-Gr&Inc Allc Y		FSKYX	C	(800) 677-3863	C- / 3.0	4.33	5.75	14.88 /25	10.73 /34	9.63 /29	2.18 1.07
AA	First American Strat-Inc Alloc A		FSFIX	D	(800) 677-3863	E / 0.4	1.53	2.88	9.77 / 7	6.98 / 9	6.85 / 7	2.71 1.31
AA	First American Strat-Inc Alloc B		FSFBX	C-	(800) 677-3863	E / 0.5	1.35	2.51	9.03 / 6	6.20 / 6	6.03 / 4	2.17 2.06
AA	First American Strat-Inc Alloc C		FSJCX	D+	(800) 677-3863	E / 0.5	1.35	2.51	9.01 / 6	6.19 / 6	6.04 / 4	2.17 2.06
AA	First American Strat-Inc Alloc R		FSJSX	C-	(800) 677-3863	E+ / 0.6	1.47	2.76	9.59 / 7	6.70 / 8	6.68 / 7	2.70 1.56
AA	First American Strat-Inc Alloc Y		FSFYX	C-	(800) 677-3863	E+ / 0.8	1.59	3.01	10.15 / 8	7.28 /10	7.12 / 9	3.11 1.06
MC	First Eagle Fund of America A		FEFAX	C+	(800) 334-2143	B- / 7.0	8.20	13.44	25.70 /85	14.89 /68	13.61 /66	0.00 1.41
MC	First Eagle Fund of America C		FEAMX	C+	(800) 334-2143	B- / 7.3	7.99	13.00	24.73 /82	14.34 /64	12.98 /62	0.00 2.16
MC	● First Eagle Fund of America Y		FEAFX	B	(800) 334-2143	B / 7.6	8.23	13.44	25.67 /85	14.93 /68	13.67 /67	0.00 1.16
* GL	● First Eagle Global Fund A		SGENX	B	(800) 334-2143	B- / 7.1	4.48	6.97	18.06 /45	18.63 /82	19.33 /91	2.22 1.15
GL	● First Eagle Global Fund C		FESGX	B+	(800) 334-2143	B- / 7.2	4.30	6.57	17.18 /39	17.65 /80	18.38 /89	1.71 1.90
GL	● First Eagle Global Fund I		SGIIX	B+	(800) 334-2143	B / 7.8	4.55	7.10	18.35 /48	18.92 /83	19.64 /91	2.54 0.90
PM	● First Eagle Gold Fund A		SGGDX	E	(800) 334-2143	C / 5.0	-3.80	-2.69	1.11 / 1	19.66 /84	17.82 /87	3.01 1.22
PM	● First Eagle Gold Fund C		FEGOX	E	(800) 334-2143	C / 5.4	-3.98	-3.05	0.35 / 0	18.74 /82	--	2.50 1.97
PM	● First Eagle Gold Fund I		FEGIX	E+	(800) 334-2143	C+ / 6.3	-3.73	-2.58	1.33 / 1	19.94 /85	--	3.35 0.97
* FO	● First Eagle Overseas Fund A		SGOVX	B	(800) 334-2143	B / 7.9	3.71	8.01	18.38 /48	20.91 /86	21.31 /93	2.84 1.14
FO	● First Eagle Overseas Fund C		FESOX	B+	(800) 334-2143	B / 8.0	3.52	7.61	17.46 /41	19.68 /84	20.22 /92	2.34 1.89
FO	● First Eagle Overseas Fund I		SGOIX	B+	(800) 334-2143	B+ / 8.4	3.76	8.15	18.63 /49	21.21 /87	21.61 /94	3.18 0.89
SC	First Eagle U.S. Value A		FEVAX	C-	(800) 334-2143	D / 2.1	4.69	5.56	13.66 /19	11.72 /43	12.56 /58	1.64 1.25
SC	First Eagle U.S. Value C		FEVCX	C	(800) 334-2143	D+ / 2.4	4.45	5.19	12.82 /16	10.87 /35	11.70 /51	1.15 2.00
SC	First Eagle U.S. Value I		FEVIX	C	(800) 334-2143	C- / 3.3	4.77	5.70	13.97 /20	11.99 /45	12.84 /61	1.90 1.00
BA	First Focus Balanced Fund Inst		FOBAX	C-	(800) 662-4203	D+ / 2.5	4.34	8.01	12.46 /15	9.95 /28	10.96 /43	0.95 1.41
GR	First Focus Core Equity Inst		FOEQX	C+	(800) 662-4203	C+ / 6.0	6.69	6.95	21.21 /68	13.31 /57	10.41 /37	0.90 1.28
GR	First Focus Growth Opp Inst		FOGRX	C-	(800) 662-4203	C / 5.5	6.18	10.92	16.51 /35	12.74 /52	12.79 /60	0.00 1.34
FO	First Focus International Eq Inst		FFITX	B+	(800) 662-4203	A / 9.3	9.53	13.33	29.82 /92	23.83 /92	16.77 /84	0.89 1.62
AA	First Focus Sh Inter Bond Inst		FOSIX	D+	(800) 662-4203	E- / 0.1	0.25	1.58	4.86 / 1	2.94 / 1	3.42 / 0	4.46 1.06
MC	First Focus Small Company Inst		FOSCX	D-	(800) 662-4203	D+ / 2.8	3.18	6.46	14.61 /24	10.54 /32	11.27 /46	0.42 1.42
GR	First Inv Blue Chip A		FIBCX	D	(800) 423-4026	D / 2.2	6.62	5.99	18.52 /49	9.78 /26	7.81 /13	0.43 1.45
GR	● First Inv Focused Equity A		FIFEX	D+	(800) 423-4026	D- / 1.4	6.77	7.11	16.35 /34	8.24 /16	8.47 /18	0.00 1.80
GL	First Inv Global A		FIISX	C+	(800) 423-4026	C+ / 6.2	7.66	9.51	21.49 /70	14.79 /67	12.02 /54	0.53 1.76
GL	First Inv Global B		FIBGX	C+	(800) 423-4026	C+ / 6.7	7.44	9.16	20.71 /65	13.97 /62	11.26 /46	0.62 2.46
GI	First Inv Growth & Income A		FGINX	C	(800) 423-4026	C / 5.0	6.81	9.28	22.20 /74	12.98 /54	10.95 /43	0.38 1.37
FO	First Inv International A		FIINX	U	(800) 423-4026	U /	5.71	8.45	24.36 /81	--	--	0.54 3.18
MC	First Inv Mid-Cap Opp A		FIUSX	C	(800) 423-4026	C+ / 5.9	5.80	10.31	20.34 /62	14.86 /68	12.60 /58	0.00 1.44
MC	First Inv Mid-Cap Opp B		FIMBX	C+	(800) 423-4026	C+ / 6.4	5.60	9.91	19.48 /56	14.07 /63	11.82 /52	0.00 2.14
AG	First Inv Select Growth A		FICGX	D-	(800) 423-4026	D / 1.8	7.96	8.69	16.04 /32	8.69 /18	11.30 /47	0.00 1.53
AG	First Inv Select Growth B		FIGBX	D-	(800) 423-4026	D / 2.2	7.78	8.28	15.14 /27	7.93 /14	10.51 /39	0.00 2.23
SC	First Inv Special Situations A		FISSX	C	(800) 423-4026	C+ / 6.5	6.58	9.85	24.01 /80	14.94 /68	12.06 /54	0.00 1.72
SC	First Inv Special Situations B		FISBX	C+	(800) 423-4026	C+ / 6.9	6.38	9.48	23.16 /78	14.14 /63	11.28 /46	0.00 2.42

● Denotes fund is closed to new investors
* Denotes fund is included in Section II

www.thestreet.com/ratings

I. Index of Stock Mutual Funds

Summer 2007

RISK			NET ASSETS		ASSET				Portfolio Turnover Ratio	BULL / BEAR		FUND MANAGER		MINIMUMS		LOADS	
	3 Year		NAV As of 6/30/07	Total $(Mil)	Cash %	Stocks %	Bonds %	Other %		Last Bull Market Return	Last Bear Market Return	Manager Quality Pct	Manager Tenure (Years)	Initial Purch. $	Additional Purch. $	Front End Load	Back End Load
Risk Rating/Pts	Standard Deviation	Beta															
B / 8.0	7.7	1.60	13.40	5	0	98	0	2	38.0	99.8	-8.8	68	N/A	1,000	100	0.0	0.0
B / 8.0	7.7	1.60	13.41	4	0	98	0	2	38.0	99.8	-8.8	68	N/A	1,000	100	0.0	0.0
B / 8.0	7.7	1.60	13.62	1	0	98	0	2	38.0	104.7	-8.5	74	N/A	0	0	0.0	0.0
B / 8.0	7.7	1.60	13.70	76	0	98	0	2	38.0	108.3	-8.5	79	N/A	0	0	0.0	0.0
B / 8.5	6.5	1.38	12.97	69	1	82	15	2	47.0	86.4	-6.7	70	N/A	1,000	100	5.5	0.0
B / 8.5	6.5	1.38	12.80	10	1	82	15	2	47.0	80.5	-6.9	60	N/A	1,000	100	0.0	0.0
B / 8.5	6.5	1.38	12.85	7	1	82	15	2	47.0	80.4	-6.9	61	N/A	1,000	100	0.0	0.0
B / 8.5	6.5	1.38	12.91	1	1	82	15	2	47.0	84.9	-6.6	67	N/A	0	0	0.0	0.0
B / 8.5	6.5	1.38	12.98	93	1	82	15	2	47.0	88.2	-6.5	73	N/A	0	0	0.0	0.0
B+ / 9.0	5.2	1.12	12.02	126	1	68	30	1	51.0	69.3	-4.7	68	N/A	1,000	100	5.5	0.0
B+ / 9.0	5.2	1.13	11.92	9	1	68	30	1	51.0	63.9	-4.9	58	N/A	1,000	100	0.0	0.0
B+ / 9.0	5.2	1.13	11.93	7	1	68	30	1	51.0	63.9	-4.8	59	N/A	1,000	100	0.0	0.0
B+ / 9.0	5.2	1.13	11.95	1	1	68	30	1	51.0	67.9	-4.6	66	N/A	0	0	0.0	0.0
B+ / 9.0	5.2	1.14	11.99	171	1	68	30	1	51.0	71.0	-4.5	71	N/A	0	0	0.0	0.0
B+ / 9.1	2.9	0.60	11.62	30	3	32	64	1	23.0	40.6	-0.7	59	9	1,000	100	5.5	0.0
B+ / 9.7	2.9	0.60	11.57	4	3	32	64	1	23.0	36.2	-0.9	48	9	1,000	100	0.0	0.0
B+ / 9.2	2.9	0.59	11.59	3	3	32	64	1	23.0	36.1	-0.8	48	9	1,000	100	0.0	0.0
B+ / 9.7	2.9	0.60	11.61	1	3	32	64	1	23.0	39.5	-0.8	55	9	0	0	0.0	0.0
B+ / 9.6	2.9	0.60	11.62	37	3	32	64	1	23.0	42.0	-0.6	63	9	0	0	0.0	0.0
C+ / 6.4	7.2	0.62	29.04	65	8	91	0	1	40.4	103.7	-3.5	90	9	2,500	100	5.0	2.0
C+ / 6.1	7.3	0.62	26.77	61	8	91	0	1	40.4	98.9	-3.6	88	9	2,500	100	0.0	2.0
C+ / 6.5	7.2	0.62	29.46	730	8	91	0	1	40.4	103.9	-3.5	90	9	2,500	100	0.0	2.0
B- / 7.6	6.2	0.63	48.99	13,189	17	73	8	2	28.6	147.2	-0.7	85	28	2,500	100	5.0	2.0
B- / 7.7	6.2	0.63	48.51	5,501	17	73	8	2	28.6	138.8	-0.9	78	28	2,500	100	0.0	2.0
B- / 7.5	6.2	0.64	49.17	3,123	17	73	8	2	28.6	149.9	-0.6	86	28	1,000,000	100	0.0	2.0
E+ / 0.9	21.5	1.17	20.28	695	3	71	25	1	32.3	108.3	20.5	41	14	2,500	100	5.0	2.0
E+ / 0.9	21.5	1.17	20.02	149	3	71	25	1	32.3	N/A	N/A	32	14	2,500	100	0.0	2.0
E+ / 0.9	21.6	1.17	20.41	144	3	71	25	1	32.3	N/A	N/A	44	14	1,000,000	100	0.0	2.0
C+ / 6.6	7.0	0.71	27.09	6,159	20	73	5	2	28.0	171.0	1.5	88	14	2,500	100	5.0	2.0
C+ / 6.9	7.0	0.70	26.74	1,218	20	73	5	2	28.0	160.6	1.3	83	14	2,500	100	0.0	2.0
C+ / 6.6	7.0	0.71	27.34	4,281	20	73	5	2	28.0	173.8	1.6	89	14	1,000,000	100	0.0	2.0
B / 8.8	4.9	0.31	16.53	348	33	55	10	2	31.8	96.4	-4.4	93	6	2,500	100	5.0	2.0
B+ / 9.0	4.8	0.31	16.43	224	33	55	10	2	31.8	89.9	-4.9	90	6	2,500	100	0.0	2.0
B / 8.8	4.9	0.31	16.69	103	33	55	10	2	31.8	98.2	-4.7	94	6	1,000,000	100	0.0	2.0
B / 8.2	8.3	1.56	15.28	34	0	61	48	0	33.0	77.2	-4.5	34	11	1,000	50	0.0	0.0
C+ / 6.3	7.7	0.96	11.00	111	0	94	4	2	16.0	98.2	-8.1	76	N/A	1,000	50	0.0	0.0
C+ / 5.6	12.1	1.39	16.15	72	0	87	22	0	34.0	117.1	-10.6	29	9	1,000	50	0.0	0.0
C+ / 5.7	10.4	1.10	16.66	100	6	93	0	1	49.0	173.5	-10.1	41	5	1,000	50	0.0	0.0
B+ / 9.5	1.8	N/A	9.32	46	N/A	0	N/A	N/A	34.0	10.8	3.0	44	N/A	1,000	50	0.0	0.0
C+ / 5.8	10.6	0.92	20.08	46	0	92	26	0	19.0	100.4	-8.6	19	N/A	1,000	50	0.0	0.0
B- / 7.2	7.5	1.01	25.16	477	0	98	0	2	6.0	77.0	-9.8	31	N/A	1,000	0	5.8	0.0
B / 8.6	6.7	0.87	10.25	44	1	98	0	1	76.0	71.5	-11.9	27	N/A	1,000	0	5.8	0.0
C+ / 6.3	8.4	0.85	8.29	304	0	99	0	1	105.0	115.7	-11.4	14	N/A	1,000	0	5.8	0.0
C+ / 6.2	8.4	0.85	7.51	14	0	99	0	1	105.0	109.4	-11.4	11	N/A	1,000	0	0.0	0.0
C+ / 6.9	8.6	1.10	17.14	813	0	99	0	1	34.0	102.6	-9.2	59	N/A	1,000	0	5.8	0.0
U /	N/A	N/A	12.58	76	5	94	0	1	9.0	N/A	N/A	N/A	1	1,000	0	5.8	0.0
C+ / 6.2	10.4	0.96	32.09	496	2	98	0	0	55.0	128.1	-11.1	57	N/A	1,000	0	5.8	0.0
C+ / 6.1	10.3	0.95	29.05	53	2	98	0	0	55.0	121.4	-11.3	46	N/A	1,000	0	0.0	0.0
C+ / 6.5	11.1	1.31	9.76	224	3	96	0	1	107.0	95.3	-11.4	10	7	1,000	0	5.8	0.0
C+ / 6.4	11.0	1.30	9.28	25	3	96	0	1	107.0	89.5	-11.5	8	7	1,000	0	0.0	0.0
C+ / 5.6	11.9	0.82	25.09	304	1	98	0	1	48.0	132.6	-12.4	85	N/A	1,000	0	5.8	0.0
C / 5.5	11.9	0.82	22.51	19	1	98	0	1	48.0	125.6	-12.5	81	N/A	1,000	0	0.0	0.0

www.thestreet.com/ratings

Data as of June 30, 2007

I. Index of Stock Mutual Funds

Summer 2007

99 Pct = Best
0 Pct = Worst

Fund Type	Fund Name	Ticker Symbol	Overall Investment Rating	Phone	Performance Rating/Pts	Total Return % through 6/30/07					Incl. in Returns	
						3 Mo	6 Mo	1Yr / Pct	3Yr / Pct (Annualized)	5Yr / Pct (Annualized)	Dividend Yield	Expense Ratio
AA	First Inv Total Return A	FITRX	C-	(800) 423-4026	D- / 1.4	3.92	5.90	15.23 /27	9.23 /22	8.36 /17	1.64	1.38
MC	First Inv Value A	FIUTX	C+	(800) 423-4026	C- / 4.2	5.07	6.46	19.31 /55	13.40 /58	11.74 /51	1.07	1.40
TC	Firsthand-E-Commerce Fund (The)	TEFQX	C-	(888) 884-2675	B- / 7.5	9.29	13.33	30.03 /92	12.66 /51	15.22 /77	0.00	1.95
TC	Firsthand-Global Technology	GTFQX	E	(888) 884-2675	C- / 3.3	8.19	11.80	29.05 /91	6.13 / 6	9.29 /26	0.00	1.95
TC	Firsthand-Technology Innovators	TIFQX	E-	(888) 884-2675	E- / 0.2	5.38	9.16	13.46 /18	1.09 / 0	5.17 / 2	0.00	1.95
TC	Firsthand-Technology Leaders Fund	TLFQX	D	(888) 884-2675	C / 5.1	8.93	10.92	20.13 /61	10.84 /34	12.22 /56	0.00	1.95
TC	Firsthand-Technology Value Fund	TVFQX	E+	(888) 884-2675	C / 4.9	4.11	13.72	18.51 /49	11.40 /40	12.85 /61	0.00	1.92
AG	Flex-funds Aggressive Growth	FLAGX	D	(800) 325-3539	C- / 3.6	4.56	7.13	18.67 /50	10.58 /32	8.86 /22	0.39	1.72
GR	Flex-funds Defensive Growth Fund	FLDFX	U	(800) 325-3539	U /	4.57	6.66	16.74 /36	--	--	0.84	1.81
GR	Flex-funds Dynamic Growth	FLDGX	C-	(800) 325-3539	C / 4.5	5.65	7.64	19.33 /55	11.46 /40	9.55 /28	0.40	1.86
GR	Flex-funds Focused Growth Fund	FLFGX	U	(800) 325-3539	U /	4.57	6.71	18.11 /46	--	--	0.71	1.84
GR	Flex-funds Muirfield	FLMFX	D	(800) 325-3539	D+ / 2.8	5.92	7.75	18.95 /52	8.84 /20	9.27 /26	0.66	1.55
IX	Flex-funds The Quantex Fund	FLCGX	C+	(800) 325-3539	C+ / 6.5	5.18	9.47	24.09 /80	13.29 /57	10.36 /37	0.64	1.57
UT	Flex-funds Total Return Utilities	FLRUX	A+	(800) 325-3539	B+ / 8.9	6.65	12.70	25.75 /85	21.14 /87	13.60 /66	0.37	2.05
GR	FMC Strategic Value Fund		A-	(866) 777-7818	B+ / 8.6	7.03	12.59	25.32 /84	19.30 /83	17.88 /87	0.59	1.22
SC	● FMI Common Stock Fund	FMIMX	B-	(800) 811-5311	B / 7.8	5.82	11.69	25.82 /85	15.73 /73	14.56 /73	0.24	1.21
SC	FMI Focus Fund	FMIOX	C+	(800) 811-5311	C+ / 6.9	8.98	13.16	22.82 /76	12.88 /53	12.53 /58	0.00	1.52
GR	FMI Large Cap Fund	FMIHX	B+	(800) 811-5311	C+ / 6.8	6.01	7.97	20.57 /64	14.89 /68	14.42 /72	0.59	1.05
GI	FMI Provident Trust Strategy Fd	FMIRX	B	(800) 811-5311	B- / 7.0	7.38	10.83	17.99 /45	15.04 /69	13.30 /64	0.79	1.32
FO	Forester Discovery Fund	INTLX	D+	(800) 388-0365	E- / 0.1	1.09	2.20	4.40 / 1	2.41 / 1	1.82 / 0	4.11	1.35
IN	Forester Value Fund	FVALX	D-	(800) 388-0365	D / 1.7	-0.34	0.35	3.20 / 1	11.52 /41	6.83 / 7	0.61	1.35
GI	Fort Pitt Capital Total Return Fd	FPCGX	C		C+ / 5.8	6.58	7.35	18.04 /45	14.29 /64	14.77 /75	0.63	1.81
EM	Forward Global Emerg Markets Inst	PTEMX	B	(800) 999-6809	A+ / 9.8	13.89	14.93	45.14 /98	36.99 /98	31.34 /99	0.42	1.86
EM	Forward Global Emerg Markets Inv	PGERX	A+	(800) 999-6809	A+ / 9.8	13.83	14.82	44.61 /98	36.57 /98	--	0.23	2.26
GI	Forward Hoover Mini Cap Fd	FFHMX	C	(800) 999-6809	C / 5.4	6.17	7.99	14.37 /23	14.69 /67	--	3.59	1.64
GI	Forward Hoover Mini Cap Inst	FFMIX	C	(800) 999-6809	C+ / 5.8	6.31	8.20	14.77 /25	15.23 /70	--	3.52	1.34
SC	Forward Hoover Small Cap Eq Fd	FFSCX	C	(800) 999-6809	C+ / 6.2	6.16	12.02	16.94 /38	14.41 /65	14.07 /70	3.28	1.68
SC	Forward Hoover Small Cap Eq Inst	FFHIX	C+	(800) 999-6809	C+ / 6.5	6.29	12.23	17.28 /40	14.81 /67	14.56 /73	3.20	1.33
FO	Forward International Equity Fund	FFINX	A	(800) 999-6809	A / 9.5	8.64	15.14	38.43 /97	26.94 /94	19.74 /91	8.85	1.55
FO	Forward Intl Small Comp Eq A	FFIAX	U	(800) 999-6809	U /	4.13	10.50	29.03 /91	--	--	2.46	1.48
FO	Forward Intl Small Comp Eq Inst	PTSCX	B+	(800) 999-6809	A / 9.5	4.21	10.52	29.23 /92	28.66 /95	25.65 /96	2.95	1.28
FO	Forward Intl Small Comp Eq Inv	PISRX	B	(800) 999-6809	A / 9.4	4.13	10.34	28.91 /91	28.31 /95	25.43 /96	2.78	1.66
RE	Forward Progressive Real Est Fd	FFREX	C	(800) 999-6809	C+ / 6.6	-7.21	-4.84	11.88 /13	19.42 /84	16.12 /82	1.35	1.39
MC	Fountainhead Special Value Fund	KINGX	C	(800) 868-9535	C+ / 5.9	5.70	8.09	20.16 /61	13.63 /59	16.32 /82	0.00	2.25
GR	● FPA Capital Fund Inc	FPPTX	C	(800) 982-4372	C+ / 6.1	8.36	15.78	20.68 /65	13.95 /62	15.42 /78	1.84	0.83
BA	● FPA Crescent Fund	FPACX	B	(800) 982-4372	C+ / 6.3	9.64	12.05	19.11 /53	13.32 /57	13.79 /68	3.39	1.39
GI	FPA Paramount Fund Inc	FPRAX	C-	(800) 982-4372	C- / 3.7	10.55	11.37	15.49 /29	11.77 /43	14.17 /71	1.27	0.85
GR	FPA Perennial Fund Inc	FPPFX	C-	(800) 982-4372	C- / 4.0	10.78	11.55	15.17 /27	12.36 /49	14.08 /70	0.99	0.91
AG	Franklin Aggressive Growth Fd A	FGRAX	D+	(800) 342-5236	C- / 3.7	6.68	9.33	13.24 /17	13.05 /55	12.68 /59	0.00	1.41
AG	Franklin Aggressive Growth Fd Adv	FRAAX	C	(800) 321-8563	C / 5.4	6.73	9.51	13.59 /19	13.38 /57	13.03 /62	0.00	1.16
AG	Franklin Aggressive Growth Fd B	FKABX	C-	(800) 342-5236	C / 4.3	6.49	8.96	12.49 /15	12.24 /48	11.90 /52	0.00	2.15
AG	Franklin Aggressive Growth Fd C	FKACX	C-	(800) 342-5236	C / 4.3	6.45	8.98	12.45 /14	12.25 /48	11.89 /52	0.00	2.16
AG	Franklin Aggressive Growth Fd R	FKARX	C-	(800) 342-5236	C / 4.8	6.59	9.21	12.96 /16	12.80 /52	12.42 /57	0.00	1.66
* GI	● Franklin Balance Sheet Investmt A	FRBSX	B-	(800) 342-5236	C+ / 6.7	4.01	9.34	17.00 /38	17.50 /79	15.43 /78	1.08	0.94
GI	● Franklin Balance Sheet Investmt Adv	FBSAX	B+	(800) 321-8563	B / 7.6	4.09	9.48	17.30 /40	17.79 /80	15.71 /80	1.36	0.70
GI	● Franklin Balance Sheet Investmt B	FBSBX	B+	(800) 342-5236	B- / 7.0	3.83	8.95	16.13 /33	16.62 /76	14.56 /73	0.47	1.70
GI	● Franklin Balance Sheet Investmt C	FCBSX	B+	(800) 342-5236	B- / 7.0	3.81	8.94	16.12 /33	16.61 /76	14.55 /73	0.47	1.69
GI	Franklin Balance Sheet Investmt R	FBSRX	B+	(800) 342-5236	B- / 7.3	3.95	9.21	16.72 /36	17.20 /78	15.14 /77	0.97	1.20
BA	Franklin Balanced Fund A	FBLAX	U	(800) 342-5236	U /	4.00	6.18		--	--	0.00	2.10
HL	Franklin Biotechnology Discovery A	FBDIX	E-	(800) 342-5236	E / 0.4	4.02	2.66	15.53 /29	5.50 / 5	11.75 /51	0.00	1.26
GR	Franklin Capital Growth A	FKREX	D-	(800) 342-5236	D- / 1.2	7.80	8.52	17.03 /38	6.89 / 9	8.02 /15	0.09	0.96
GR	Franklin Capital Growth Adv	FEACX	D+	(800) 321-8563	D / 2.1	7.90	8.71	17.35 /40	7.14 /10	8.30 /17	0.33	0.71

● Denotes fund is closed to new investors
* Denotes fund is included in Section II

www.thestreet.com/ratings

I. Index of Stock Mutual Funds

Summer 2007

| RISK | | NET ASSETS | | ASSET | | | | | BULL / BEAR | | FUND MANAGER | | MINIMUMS | | LOADS | |
| | 3 Year | | | | | | | | | | | | | | | |
Risk Rating/Pts	Standard Deviation	Beta	NAV As of 6/30/07	Total $(Mil)	Cash %	Stocks %	Bonds %	Other %	Portfolio Turnover Ratio	Last Bull Market Return	Last Bear Market Return	Manager Quality Pct	Manager Tenure (Years)	Initial Purch. $	Additional Purch. $	Front End Load	Back End Load
B / 8.9	5.4	1.15	15.96	350	6	60	33	1	57.0	64.3	-4.7	52	N/A	1,000	0	5.8	0.0
B / 8.8	6.5	0.56	8.37	416	9	90	0	1	15.0	108.9	-5.7	87	11	1,000	0	5.8	0.0
D+ / 2.8	18.7	1.89	4.59	44	8	91	0	1	59.0	136.2	-15.9	8	N/A	10,000	50	0.0	0.0
D+ / 2.3	20.8	2.01	5.02	13	8	91	0	1	70.0	103.4	-19.0	0	N/A	10,000	50	0.0	0.0
D / 1.6	22.9	2.10	10.96	23	2	94	0	4	64.0	59.9	-25.4	0	9	10,000	50	0.0	0.0
C- / 3.6	17.2	1.77	22.44	68	3	96	0	1	53.0	109.4	-15.0	6	10	10,000	50	0.0	0.0
D+ / 2.3	19.6	1.85	41.04	359	0	99	0	1	47.0	136.0	-23.0	6	13	10,000	50	0.0	0.0
C+ / 5.9	9.7	1.22	8.71	28	7	91	0	2	200.0	96.6	-12.6	24	N/A	2,500	100	0.0	0.0
U /	N/A	N/A	11.19	61	9	89	0	2	105.0	N/A	N/A	N/A	1	2,500	100	0.0	0.0
C+ / 6.1	9.0	1.13	10.29	20	5	92	2	1	123.0	96.9	-11.5	37	N/A	2,500	100	0.0	0.0
U /	N/A	N/A	11.43	55	10	88	1	1	92.0	N/A	N/A	N/A	1	2,500	100	0.0	0.0
C+ / 6.2	8.0	1.00	6.26	53	4	93	1	2	131.0	79.7	-10.5	24	N/A	2,500	100	0.0	0.0
C+ / 6.0	10.4	1.23	21.68	25	15	83	1	1	30.0	99.0	-9.9	50	N/A	2,500	100	0.0	0.0
B- / 7.6	9.9	0.51	25.03	26	0	99	0	1	27.0	137.7	-8.9	95	12	2,500	100	0.0	0.0
B- / 7.0	10.5	1.11	26.41	275	N/A	81	18	N/A	18.6	165.5	-9.0	96	9	10,000	1,000	0.0	0.0
C+ / 6.2	9.2	0.65	28.38	539	12	87	0	1	38.4	127.0	-8.4	94	26	1,000	100	0.0	0.0
C+ / 5.7	11.9	0.84	36.54	984	14	86	0	0	49.0	122.0	-12.6	66	10	1,000	100	0.0	0.0
B+ / 9.0	6.3	0.74	16.40	545	10	89	0	1	29.1	122.1	-8.0	93	6	1,000	100	0.0	0.0
B- / 7.4	9.2	1.02	8.29	58	28	70	0	2	84.1	117.3	-4.3	85	8	1,000	100	0.0	0.0
B+ / 9.7	1.2	-0.01	10.20	4	100	0	0	0	N/A	7.5	0.2	39	8	2,500	100	0.0	0.0
C+ / 6.0	10.9	-0.18	11.56	4	20	79	0	1	19.0	34.3	-0.2	98	8	2,500	100	0.0	0.0
C+ / 6.4	8.4	1.00	17.81	51	10	89	0	1	11.0	125.3	-9.6	81	6	2,500	100	0.0	2.0
C / 4.9	16.1	1.05	26.64	47	0	95	3	2	102.0	318.8	-5.0	21	12	100,000	0	0.0	2.0
C+ / 6.6	16.1	1.05	26.50	16	0	95	3	2	102.0	N/A	N/A	18	6	4,000	100	0.0	2.0
C+ / 5.8	13.5	1.36	20.81	10	0	100	0	0	270.0	134.7	N/A	54	4	2,000	100	0.0	2.0
C+ / 5.8	13.5	1.36	21.24	103	0	100	0	0	270.0	N/A	N/A	60	4	100,000	0	0.0	2.0
C+ / 5.7	13.9	1.00	22.93	416	0	100	0	0	210.0	134.1	-7.2	65	9	2,000	100	0.0	2.0
C+ / 6.8	13.9	1.00	23.49	172	0	100	0	0	210.0	138.1	-6.9	70	9	100,000	0	0.0	2.0
C+ / 6.3	11.3	1.16	20.99	46	1	98	0	1	94.0	196.4	-11.2	63	7	2,000	100	0.0	2.0
U /	N/A	N/A	20.94	581	0	97	14	0	75.0	N/A	N/A	N/A	2	2,000	100	5.8	2.0
C+ / 5.6	12.3	1.23	21.02	5	0	97	14	0	75.0	292.8	-9.5	64	11	100,000	0	0.0	2.0
C / 5.2	12.3	1.23	20.92	338	0	97	14	0	75.0	289.3	-9.5	60	5	2,500	100	0.0	2.0
C+ / 5.7	13.7	0.93	19.56	53	0	98	0	2	19.0	150.7	0.1	73	8	2,000	100	0.0	2.0
C+ / 6.1	11.3	0.84	25.39	19	N/A	N/A	0	N/A	95.0	160.3	-5.5	58	11	5,000	1,000	0.0	1.0
C+ / 5.8	10.0	0.94	46.59	2,376	31	61	6	2	18.0	139.2	-13.5	82	23	1,500	100	5.3	2.0
B / 8.4	6.0	0.73	28.49	1,454	30	55	13	2	29.0	94.2	-4.3	95	14	1,500	100	0.0	2.0
B- / 7.3	9.6	1.03	17.92	457	3	96	0	1	19.0	129.6	-16.5	52	7	1,500	100	5.3	2.0
B- / 7.0	9.7	1.04	38.46	504	4	95	0	1	16.0	121.5	-13.7	58	12	1,500	100	5.3	2.0
C+ / 5.9	12.9	1.43	19.33	107	0	98	0	2	183.3	120.2	-11.0	29	N/A	1,000	50	5.8	0.0
C+ / 6.0	12.9	1.43	19.81	89	0	98	0	2	183.3	123.0	-11.0	31	N/A	50,000	50	0.0	0.0
C+ / 5.9	12.9	1.42	18.37	15	0	98	0	2	183.3	113.8	-11.2	23	N/A	1,000	50	0.0	0.0
C+ / 5.9	12.9	1.42	18.33	32	0	98	0	2	183.3	113.6	-11.2	23	N/A	1,000	50	0.0	0.0
C+ / 5.9	12.9	1.42	19.09	8	0	98	0	2	183.3	118.3	-11.2	27	N/A	1,000	50	0.0	0.0
B- / 7.7	9.5	1.08	72.94	4,869	14	84	0	2	7.4	150.3	-8.3	93	17	1,000	50	5.8	0.0
B- / 7.7	9.5	1.08	73.07	388	14	84	0	2	7.4	152.8	-8.2	93	17	50,000	50	0.0	0.0
B- / 7.8	9.5	1.08	71.83	130	14	84	0	2	7.4	142.3	-8.5	89	6	1,000	50	0.0	0.0
B- / 7.8	9.5	1.08	71.93	147	14	84	0	2	7.4	142.0	-8.3	89	6	1,000	50	0.0	0.0
B- / 7.7	9.5	1.08	72.45	72	14	84	0	2	7.4	147.7	-8.4	92	17	1,000	50	0.0	0.0
U /	N/A	N/A	11.31	26	12	56	32	0	13.1	N/A	N/A	N/A	1	1,000	50	5.8	0.0
D+ / 2.8	17.0	1.55	61.07	418	4	94	2	0	37.4	100.8	-11.4	2	10	1,000	50	5.8	0.0
B- / 7.1	9.1	1.17	12.86	849	4	96	0	0	40.3	72.0	-9.3	8	N/A	1,000	50	5.8	0.0
B- / 7.7	9.1	1.17	12.98	460	4	96	0	0	40.3	73.8	-9.2	9	N/A	50,000	50	0.0	0.0

www.thestreet.com/ratings

Data as of June 30, 2007

I. Index of Stock Mutual Funds

Summer 2007

99 Pct = Best
0 Pct = Worst

Fund Type	Fund Name	Ticker Symbol	Overall Investment Rating	Phone	Performance Rating/Pts	Total Return % through 6/30/07					Incl. in Returns	
						3 Mo	6 Mo	1Yr / Pct	Annualized 3Yr / Pct	5Yr / Pct	Dividend Yield	Expense Ratio
GR	● Franklin Capital Growth B	FKEQX	D	(800) 342-5236	D- / 1.5	7.70	8.18	16.12 /33	6.11 / 6	7.23 /10	0.00	1.71
GR	Franklin Capital Growth C	FREQX	D	(800) 342-5236	D- / 1.5	7.69	8.17	16.20 /33	6.11 / 6	7.22 / 9	0.00	1.70
GR	Franklin Capital Growth R	FKIRX	D	(800) 342-5236	D / 1.8	7.79	8.43	16.78 /37	6.64 / 8	7.77 /13	0.00	1.21
CV	Franklin Convertible Securities A	FISCX	D	(800) 342-5236	D+ / 2.7	3.84	7.06	16.32 /34	11.69 /43	13.53 /66	3.04	0.88
CV	Franklin Convertible Securities C	FROTX	C-	(800) 342-5236	C- / 3.2	3.68	6.74	15.48 /29	10.87 /35	12.70 /59	2.56	1.63
TC	Franklin DynaTech A	FKDNX	E+	(800) 342-5236	D- / 1.2	7.13	8.61	16.01 /32	7.36 /11	10.86 /42	0.00	0.97
TC	● Franklin DynaTech B	FDNBX	E+	(800) 342-5236	D- / 1.5	6.93	8.22	15.17 /27	6.56 / 7	10.02 /33	0.00	1.72
TC	Franklin DynaTech C	FDYNX	E+	(800) 342-5236	D- / 1.5	6.92	8.18	15.16 /27	6.56 / 7	10.03 /33	0.00	1.71
IN	Franklin Equity Inc A	FISEX	C	(800) 342-5236	C- / 3.1	6.14	7.09	19.71 /57	11.24 /38	9.42 /27	1.72	0.93
IN	● Franklin Equity Inc B	FBEIX	C	(800) 342-5236	C- / 3.7	5.97	6.68	18.87 /51	10.42 /31	8.62 /20	1.16	1.67
IN	Franklin Equity Inc C	FRETX	C	(800) 342-5236	C- / 3.7	5.97	6.68	18.87 /51	10.43 /31	8.61 /20	1.17	1.67
IN	Franklin Equity Inc R	FREIX	C	(800) 342-5236	C- / 4.1	6.11	6.95	19.44 /56	10.97 /35	9.17 /25	1.59	1.18
GR	Franklin Flex Cap Growth A	FKCGX	D-	(800) 342-5236	D / 1.9	6.86	9.20	14.75 /25	9.46 /24	10.95 /43	0.16	0.95
GR	Franklin Flex Cap Growth Adv	FKCAX	C-	(800) 321-8563	C- / 3.1	6.91	9.32	15.03 /26	9.71 /26	11.10 /45	0.25	0.70
GR	Franklin Flex Cap Growth B	FKCBX	D	(800) 342-5236	D+ / 2.3	6.65	8.78	13.88 /20	8.64 /18	10.12 /34	0.00	1.70
GR	Franklin Flex Cap Growth C	FCIIX	D	(800) 342-5236	D+ / 2.3	6.66	8.81	13.90 /20	8.65 /18	10.12 /34	0.00	1.70
GR	Franklin Flex Cap Growth R	FRCGX	D	(800) 342-5236	D+ / 2.7	6.78	9.07	14.45 /23	9.19 /22	10.68 /40	0.09	1.20
TC	Franklin Global Communications A	FRGUX	B+	(800) 342-5236	A / 9.4	13.02	16.47	37.70 /96	23.18 /91	19.11 /90	0.00	1.40
TC	● Franklin Global Communications B		B+	(800) 342-5236	A / 9.4	12.82	15.96	36.75 /96	22.31 /90	18.21 /88	0.00	2.14
TC	Franklin Global Communications C	FRUTX	B+	(800) 342-5236	A / 9.4	12.81	15.95	36.72 /96	22.26 /90	18.21 /88	0.00	2.15
HL	Franklin Global Health Care A	FKGHX	D	(800) 342-5236	D- / 1.5	5.12	7.17	15.35 /28	9.03 /21	8.59 /19	0.47	1.28
HL	● Franklin Global Health Care B	FGHBX	D	(800) 342-5236	D / 1.8	4.94	6.78	14.49 /23	8.22 /16	7.79 /13	0.00	2.02
HL	Franklin Global Health Care C	FGIIX	D	(800) 342-5236	D / 1.8	4.95	6.76	14.50 /23	8.22 /16	7.78 /13	0.00	2.03
IX	Franklin Global Real Estate A	FAGRX	U	(800) 342-5236	U /	-4.58	0.33	19.02 /52	--	--	3.03	1.61
IX	Franklin Global Real Estate Adv	FVGRX	U	(800) 321-8563	U /	-4.51	0.54	19.35 /55	--	--	3.42	1.26
PM	Franklin Gold & Prec Metals A	FKRCX	C	(800) 342-5236	A / 9.3	0.76	3.69	13.38 /18	29.81 /96	23.73 /95	2.10	0.93
PM	Franklin Gold & Prec Metals Adv	FGADX	C	(800) 321-8563	A / 9.4	0.80	3.80	13.65 /19	30.12 /96	24.02 /95	2.43	0.68
PM	● Franklin Gold & Prec Metals B	FAGPX	C	(800) 342-5236	A / 9.3	0.53	3.28	12.52 /15	28.83 /95	22.80 /95	1.33	1.68
PM	Franklin Gold & Prec Metals C	FRGOX	C	(800) 342-5236	A / 9.3	0.56	3.32	12.56 /15	28.86 /95	22.83 /95	1.40	1.68
GR	Franklin Growth A	FKGRX	C+	(800) 342-5236	C- / 4.2	7.29	8.48	20.57 /64	12.31 /48	10.97 /43	0.22	0.91
GR	Franklin Growth Adv	FCGAX	B	(800) 321-8563	C+ / 5.8	7.36	8.62	20.85 /66	12.59 /51	11.24 /46	0.44	0.67
GR	● Franklin Growth B	FKGBX	C+	(800) 342-5236	C / 4.8	7.09	8.08	19.62 /57	11.46 /40	10.14 /34	0.00	1.67
GR	Franklin Growth C	FRGSX	C+	(800) 342-5236	C / 4.8	7.08	8.07	19.66 /57	11.46 /40	10.13 /34	0.00	1.66
GR	Franklin Growth R	FGSRX	B-	(800) 342-5236	C / 5.4	7.22	8.34	20.24 /62	12.02 /46	10.69 /40	0.02	1.17
* BA	Franklin Income A	FKINX	C-	(800) 342-5236	C- / 3.4	2.43	5.77	18.39 /48	12.47 /50	13.70 /67	4.97	0.64
BA	Franklin Income Adv	FRIAX	C	(800) 321-8563	C / 4.6	2.47	5.87	19.12 /53	12.70 /51	13.93 /69	5.33	0.49
BA	● Franklin Income B	FBICX	C-	(800) 342-5236	C- / 3.4	2.23	5.35	17.48 /41	11.42 /40	12.80 /60	4.41	1.49
BA	Franklin Income C	FCISX	C	(800) 342-5236	C- / 3.8	2.28	5.47	18.15 /46	11.83 /44	13.15 /63	4.68	1.14
BA	Franklin Income R	FISRX	C	(800) 342-5236	C- / 4.2	2.37	6.05	18.65 /49	12.20 /47	13.43 /65	4.87	0.99
FO	Franklin Intl Smaller Co Grw Adv	FKSCX	A+	(800) 321-8563	A+ / 9.6	5.81	12.50	22.00 /72	31.31 /96	--	0.66	1.20
GI	Franklin Large Cap Value A	FLVAX	D+	(800) 342-5236	D / 1.9	4.43	3.66	17.27 /40	10.36 /31	9.59 /29	1.15	1.39
GI	Franklin Large Cap Value Adv		C+	(800) 321-8563	C- / 3.1	4.57	3.85	17.67 /43	10.59 /32	9.73 /30	1.53	1.04
GI	● Franklin Large Cap Value B	FBLCX	C-	(800) 342-5236	D+ / 2.3	4.29	3.38	16.56 /35	9.65 /25	8.90 /22	0.60	2.04
GI	Franklin Large Cap Value C	FLCVX	C-	(800) 342-5236	D+ / 2.3	4.29	3.38	16.55 /35	9.65 /25	8.91 /22	0.66	2.03
GI	Franklin Large Cap Value R	FLCRX	C-	(800) 342-5236	D+ / 2.7	4.41	3.62	17.16 /39	10.17 /29	9.43 /27	1.08	1.54
SC	● Franklin MicroCap Value A	FRMCX	B-	(800) 342-5236	C+ / 6.6	3.65	9.36	19.89 /59	16.78 /77	16.21 /82	1.13	1.23
SC	Franklin MicroCap Value Adv	FVRMX	A	(800) 321-8563	B- / 7.5	3.71	9.47	20.16 /61	16.93 /77	16.30 /82	1.40	0.99
MC	Franklin MidCap Value A	FMVAX	U	(800) 342-5236	U /	5.89	10.35	19.90 /59	--	--	1.46	2.01
EN	Franklin Natural Resources A	FRNRX	C+	(800) 342-5236	A+ / 9.6	15.29	22.81	26.29 /86	31.17 /96	23.08 /95	0.54	1.03
EN	Franklin Natural Resources Adv	FNRAX	C+	(800) 321-8563	A+ / 9.6	15.41	22.98	26.64 /87	31.58 /97	23.53 /95	0.77	0.70
EN	Franklin Natural Resources C	FNCRX	U	(800) 342-5236	U /	15.10	22.40	25.39 /84	--	--	0.17	1.68
RE	Franklin Real Estate Sec A	FREEX	E	(800) 342-5236	D+ / 2.5	-7.46	-9.76	6.89 / 3	15.92 /74	15.17 /77	1.38	0.92

● Denotes fund is closed to new investors
* Denotes fund is included in Section II

www.thestreet.com/ratings

I. Index of Stock Mutual Funds

Summer 2007

RISK			NET ASSETS		ASSET				Portfolio Turnover Ratio	BULL / BEAR		FUND MANAGER		MINIMUMS		LOADS	
	3 Year		NAV							Last Bull	Last Bear	Manager	Manager	Initial	Additional	Front	Back
Risk	Standard		As of	Total	Cash	Stocks	Bonds	Other		Market	Market	Quality	Tenure	Purch.	Purch.	End	End
Rating/Pts	Deviation	Beta	6/30/07	$(Mil)	%	%	%	%		Return	Return	Pct	(Years)	$	$	Load	Load
B- / 7.6	9.1	1.16	12.17	64	4	96	0	0	40.3	66.7	-9.5	6	N/A	1,000	50	0.0	0.0
B- / 7.6	9.1	1.16	12.05	131	4	96	0	0	40.3	66.6	-9.5	6	N/A	1,000	50	0.0	0.0
B- / 7.7	9.1	1.16	12.73	31	4	96	0	0	40.3	70.2	-9.3	8	N/A	1,000	50	0.0	0.0
C+ / 6.7	6.9	1.09	17.20	826	6	2	0	92	31.4	103.3	-2.0	89	9	1,000	50	5.8	0.0
B- / 7.0	6.9	1.08	17.05	306	6	2	0	92	31.4	97.0	-2.2	85	9	1,000	50	0.0	0.0
C+ / 5.8	12.1	1.43	29.13	510	0	98	0	2	18.6	79.8	-7.9	5	39	1,000	50	5.8	0.0
C+ / 5.7	12.0	1.43	27.79	16	0	98	0	2	18.6	74.0	-8.0	4	N/A	1,000	50	0.0	0.0
C+ / 5.7	12.0	1.43	27.50	64	0	98	0	2	18.6	74.0	-8.0	4	N/A	1,000	50	0.0	0.0
B / 8.1	6.4	0.81	23.21	866	0	96	4	0	29.3	96.4	-11.2	68	N/A	1,000	50	5.8	0.0
B / 8.1	6.4	0.81	23.10	51	0	96	4	0	29.3	90.2	-11.3	58	N/A	1,000	50	0.0	0.0
B / 8.1	6.4	0.81	23.11	180	0	96	4	0	29.3	90.3	-11.4	58	N/A	1,000	50	0.0	0.0
B / 8.1	6.4	0.81	23.23	16	0	96	4	0	29.3	94.3	-11.2	65	N/A	1,000	50	0.0	0.0
C+ / 6.5	10.2	1.26	46.32	2,003	2	96	0	2	66.6	96.3	-6.8	15	N/A	1,000	50	5.8	0.0
B- / 7.0	10.2	1.26	46.60	308	2	96	0	2	66.6	97.6	-6.8	17	N/A	50,000	50	0.0	0.0
C+ / 6.5	10.2	1.26	43.49	116	2	96	0	2	66.6	90.2	-7.0	11	N/A	1,000	50	0.0	0.0
C+ / 6.5	10.2	1.26	43.59	373	2	96	0	2	66.6	90.2	-6.9	12	N/A	1,000	50	0.0	0.0
C+ / 6.5	10.2	1.26	45.74	82	2	96	0	2	66.6	94.2	-6.8	14	N/A	1,000	50	0.0	0.0
C+ / 5.6	13.7	1.51	14.50	82	2	98	0	0	149.3	168.0	-11.4	96	N/A	1,000	50	5.8	0.0
C / 5.5	13.7	1.51	13.73	4	2	98	0	0	149.3	159.7	-11.4	95	N/A	1,000	50	0.0	0.0
C / 5.5	13.7	1.51	13.74	15	2	98	0	0	149.3	159.7	-11.5	95	N/A	1,000	50	0.0	0.0
B- / 7.4	9.5	1.03	25.85	107	6	92	0	2	39.8	87.8	-9.3	24	13	1,000	50	5.8	0.0
B- / 7.3	9.5	1.03	24.41	11	6	92	0	2	39.8	82.0	-9.5	19	8	1,000	50	0.0	0.0
B- / 7.3	9.5	1.03	24.17	27	6	92	0	2	39.8	82.0	-9.5	18	11	1,000	50	0.0	0.0
U /	N/A	N/A	11.67	35	4	96	0	0	13.6	N/A	N/A	N/A	1	1,000	50	5.8	0.0
U /	N/A	N/A	11.69	38	4	96	0	0	13.6	N/A	N/A	N/A	1	50,000	50	0.0	0.0
D / 2.2	25.4	1.24	33.20	988	0	98	0	2	11.0	197.1	10.3	96	10	1,000	50	5.8	0.0
D / 2.2	25.4	1.24	34.13	64	0	98	0	2	11.0	200.4	10.3	97	10	50,000	50	0.0	0.0
D / 2.2	25.4	1.24	32.11	62	0	98	0	2	11.0	187.8	10.1	95	10	1,000	50	0.0	0.0
D / 2.2	25.4	1.24	32.41	235	0	98	0	2	11.0	187.9	10.1	95	10	1,000	50	0.0	0.0
B / 8.4	8.8	1.10	45.16	2,063	0	98	0	2	2.2	105.3	-10.9	51	42	1,000	50	5.8	0.0
B / 8.4	8.8	1.10	45.22	352	0	98	0	2	2.2	107.5	-10.9	55	42	50,000	50	0.0	0.0
B / 8.3	8.8	1.10	43.34	142	0	98	0	2	2.2	98.9	-11.1	40	42	1,000	50	0.0	0.0
B / 8.3	8.8	1.10	42.97	334	0	98	0	2	2.2	98.9	-11.1	40	42	1,000	50	0.0	0.0
B / 8.4	8.8	1.10	44.83	53	0	98	0	2	2.2	103.1	-11.0	47	42	1,000	50	0.0	0.0
B- / 7.3	5.5	0.91	2.74	34,857	6	48	46	0	28.4	93.9	0.2	90	50	1,000	50	4.3	0.0
B- / 7.6	5.6	0.93	2.73	5,995	6	48	46	0	28.4	94.7	0.7	91	50	50,000	50	0.0	0.0
B- / 7.5	5.4	0.92	2.73	3,845	6	48	46	0	28.4	86.7	0.5	86	N/A	1,000	50	0.0	0.0
B- / 7.6	5.4	0.88	2.76	15,953	6	48	46	0	28.4	89.9	0.1	88	12	1,000	50	0.0	0.0
B- / 7.6	5.6	0.94	2.72	262	6	48	46	0	28.4	91.2	0.6	89	50	1,000	50	0.0	0.0
B- / 7.1	12.9	1.19	30.97	43	9	90	0	1	15.6	302.8	-3.3	89	N/A	50,000	50	0.0	0.0
B / 8.3	6.3	0.80	16.72	188	6	94	0	0	34.4	88.0	-8.8	59	7	1,000	50	5.8	0.0
B+ / 9.3	6.3	0.80	16.71	3	6	94	0	0	34.4	89.2	-8.8	61	2	50,000	50	0.0	0.0
B / 8.4	6.2	0.80	16.53	20	6	94	0	0	34.4	83.1	-9.0	49	7	1,000	50	0.0	0.0
B / 8.4	6.2	0.79	16.52	57	6	94	0	0	34.4	82.8	-8.8	49	7	1,000	50	0.0	0.0
B / 8.3	6.3	0.80	16.59	8	6	94	0	0	34.4	86.8	-8.8	56	N/A	1,000	50	0.0	0.0
B- / 7.9	8.3	0.52	45.45	520	16	82	2	0	6.5	145.6	-3.3	97	12	1,000	50	5.8	0.0
B / 8.6	8.3	0.52	45.53	17	16	82	2	0	6.5	146.5	-3.3	97	2	50,000	50	0.0	0.0
U /	N/A	N/A	12.58	69	2	96	0	2	11.0	N/A	N/A	N/A	2	1,000	50	5.8	0.0
C- / 3.2	20.2	0.98	40.87	534	2	96	0	2	56.1	227.0	-2.5	58	12	1,000	50	5.8	0.0
C- / 3.3	20.2	0.98	42.92	56	2	96	0	2	56.1	232.1	-2.4	62	N/A	50,000	50	0.0	0.0
U /	N/A	N/A	40.55	40	2	96	0	2	56.1	N/A	N/A	N/A	N/A	1,000	50	0.0	0.0
C- / 3.2	13.5	0.87	23.67	634	4	94	0	2	42.1	152.2	0.2	43	N/A	1,000	50	5.8	0.0

www.thestreet.com/ratings

Data as of June 30, 2007

I. Index of Stock Mutual Funds

Summer 2007

99 Pct = Best
0 Pct = Worst

Fund Type	Fund Name	Ticker Symbol	Overall Investment Rating	Phone	Performance Rating/Pts	Total Return % through 6/30/07					Incl. in Returns	
						3 Mo	6 Mo	1Yr / Pct	3Yr / Pct (Annualized)	5Yr / Pct (Annualized)	Dividend Yield	Expense Ratio
RE	Franklin Real Estate Sec Adv	FRLAX	E+	(800) 321-8563	C- / 3.9	-7.40	-9.64	7.20 / 3	16.23 /75	15.46 /79	1.69	0.67
RE	● Franklin Real Estate Sec B	FBREX	E	(800) 342-5236	C- / 3.0	-7.63	-10.06	6.13 / 2	15.08 /69	14.33 /72	0.74	1.67
RE	Franklin Real Estate Sec C	FRRSX	E	(800) 342-5236	C- / 3.0	-7.63	-10.08	6.13 / 2	15.08 /69	14.31 /72	0.75	1.66
GI	Franklin Rising Dividends A	FRDPX	D+	(800) 342-5236	D / 1.8	5.13	4.46	16.65 /36	9.90 /27	9.48 /28	2.23	1.02
GI	Franklin Rising Dividends Adv	FRDAX	C	(800) 321-8563	D+ / 2.8	5.20	4.58	16.96 /38	10.05 /28	9.57 /28	2.58	0.78
GI	● Franklin Rising Dividends B	FRDBX	C-	(800) 342-5236	D / 2.2	4.96	4.07	15.81 /31	9.13 /22	8.78 /21	1.65	1.78
GI	Franklin Rising Dividends C	FRDTX	C-	(800) 342-5236	D / 2.2	4.94	4.06	15.77 /30	9.13 /22	8.77 /21	1.73	1.76
GI	Franklin Rising Dividends R	FRDRX	C-	(800) 342-5236	D+ / 2.5	5.10	4.33	16.37 /34	9.68 /25	9.32 /26	2.15	1.28
SC	● Franklin Small Cap Growth II A	FSGRX	E+	(800) 342-5236	D / 2.0	5.33	9.90	14.91 /25	9.71 /26	11.62 /50	0.00	1.16
SC	● Franklin Small Cap Growth II Adv	FSSAX	D-	(800) 321-8563	C- / 3.2	5.37	10.01	15.18 /27	9.95 /28	11.90 /52	0.00	0.92
SC	● Franklin Small Cap Growth II B	FBSGX	E+	(800) 342-5236	D+ / 2.3	5.14	9.40	13.99 /21	8.85 /20	10.78 /41	0.00	1.91
SC	● Franklin Small Cap Growth II C	FCSGX	E+	(800) 342-5236	D+ / 2.4	5.13	9.48	14.07 /21	8.87 /20	10.80 /41	0.00	1.92
SC	● Franklin Small Cap Growth II R	FSSRX	E+	(800) 342-5236	D+ / 2.8	5.25	9.79	14.68 /24	9.44 /24	11.31 /47	0.00	1.42
SC	Franklin Small Cap Value A	FRVLX	B-	(800) 342-5236	C+ / 6.5	6.13	10.11	16.43 /35	16.95 /77	14.38 /72	0.52	1.30
SC	Franklin Small Cap Value Adv	FVADX	B	(800) 321-8563	B- / 7.5	6.20	10.28	16.79 /37	17.34 /79	14.76 /75	0.72	0.98
SC	● Franklin Small Cap Value B	FBVAX	B-	(800) 342-5236	C+ / 6.9	5.95	9.74	15.60 /29	16.17 /75	13.62 /67	0.00	1.98
SC	Franklin Small Cap Value C	FRVFX	B-	(800) 342-5236	C+ / 6.9	5.93	9.73	15.60 /29	16.17 /75	13.61 /66	0.10	1.98
SC	Franklin Small Cap Value R	FVFRX	B	(800) 342-5236	B- / 7.2	6.07	10.00	16.18 /33	16.74 /77	14.18 /71	0.46	1.48
*MC	Franklin Small-Mid Cap Growth A	FRSGX	C	(800) 342-5236	C+ / 5.7	7.18	13.50	20.76 /65	13.47 /58	12.77 /60	0.00	0.97
MC	Franklin Small-Mid Cap Growth Adv	FSGAX	C+	(800) 321-8563	B- / 7.0	7.26	13.69	21.10 /67	13.78 /60	13.06 /62	0.00	0.72
MC	Franklin Small-Mid Cap Growth B	FBSMX	C+	(800) 342-5236	C+ / 6.2	6.98	13.08	19.88 /59	12.63 /51	--	0.00	1.72
MC	Franklin Small-Mid Cap Growth C	FRSIX	C+	(800) 342-5236	C+ / 6.2	6.97	13.11	19.87 /59	12.62 /51	11.93 /53	0.00	1.72
MC	Franklin Small-Mid Cap Growth R	FSMRX	C+	(800) 342-5236	C+ / 6.6	7.10	13.36	20.48 /63	13.20 /56	12.47 /57	0.00	1.22
TC	Franklin Technology A	FTCAX	E	(800) 342-5236	D / 2.2	8.21	11.19	19.06 /53	8.38 /17	11.86 /52	0.00	1.76
TC	Franklin Technology Adv	FRTCX	D-	(800) 321-8563	C- / 3.6	8.20	11.31	19.46 /56	8.75 /19	12.18 /55	0.00	1.41
TC	● Franklin Technology B		E+	(800) 342-5236	D+ / 2.6	7.82	10.71	18.16 /46	7.66 /12	11.10 /45	0.00	2.39
TC	Franklin Technology C	FFTCX	E+	(800) 342-5236	D+ / 2.7	7.85	10.75	18.24 /47	7.69 /13	11.09 /44	0.00	2.40
TC	Franklin Technology R	FTERX	E+	(800) 342-5236	C- / 3.1	8.09	11.09	18.77 /50	8.23 /16	11.74 /51	0.00	1.91
GL	Franklin Templeton Conserv Tgt A	FTCIX	D+	(800) 342-5236	D- / 1.0	3.11	5.30	12.15 /14	8.99 /21	8.37 /18	2.96	1.42
GL	Franklin Templeton Conserv Tgt Adv		C	(800) 321-8563	D / 1.8	3.17	5.41	12.44 /14	9.12 /22	8.45 /18	3.37	1.17
GL	● Franklin Templeton Conserv Tgt B		C-	(800) 342-5236	D- / 1.3	2.93	4.92	11.27 /11	8.18 /15	--	2.41	2.17
GL	Franklin Templeton Conserv Tgt C	FTCCX	C-	(800) 342-5236	D- / 1.3	2.89	4.90	11.25 /11	8.20 /15	7.57 /12	2.48	2.16
GL	Franklin Templeton Conserv Tgt R	FTCRX	C-	(800) 342-5236	D- / 1.5	3.05	5.12	11.82 /13	8.74 /19	8.10 /15	2.90	1.67
GI	Franklin Templeton Corefl Allc A	FTCOX	C+	(800) 342-5236	C / 4.3	6.77	8.25	20.41 /63	12.59 /51	--	0.97	1.40
GI	Franklin Templeton Corefl Allc Adv		B+	(800) 321-8563	C+ / 5.9	6.82	8.37	20.80 /66	12.95 /54	--	1.31	1.05
GI	● Franklin Templeton Corefl Allc B	FBCOX	C+	(800) 342-5236	C / 5.0	6.61	7.87	19.61 /57	11.84 /44	--	0.44	2.05
GI	Franklin Templeton Corefl Allc C	FTCLX	C+	(800) 342-5236	C / 5.0	6.56	7.82	19.56 /56	11.84 /44	--	0.50	2.04
GI	Franklin Templeton Corefl Allc R		B	(800) 342-5236	C / 5.5	6.71	8.12	20.20 /61	12.41 /49	--	0.89	1.55
*GI	Franklin Templeton Foundng Allc A	FFALX	B-	(800) 342-5236	C / 5.3	4.77	7.16	20.93 /66	14.56 /66	--	2.69	1.27
GI	Franklin Templeton Foundng Allc Adv	FFAAX	B	(800) 321-8563	C+ / 6.8	4.88	7.41	21.36 /69	14.95 /68	--	3.08	0.92
GI	● Franklin Templeton Foundng Allc B	FFABX	B+	(800) 342-5236	C+ / 5.9	4.58	6.75	20.00 /60	13.80 /61	--	2.23	1.92
GI	Franklin Templeton Foundng Allc C	FFACX	B+	(800) 342-5236	C+ / 5.9	4.55	6.83	20.09 /60	13.80 /61	--	2.44	1.92
GI	Franklin Templeton Foundng Allc R	FFARX	B+	(800) 342-5236	C+ / 6.3	4.77	7.09	20.65 /64	14.35 /64	--	2.70	1.42
GI	Franklin Templeton Growth Tgt A	FGTIX	C	(800) 342-5236	C / 4.3	5.45	8.52	17.85 /44	13.32 /57	11.90 /52	1.52	1.58
GI	Franklin Templeton Growth Tgt Adv		B	(800) 321-8563	C+ / 5.8	5.57	8.64	18.14 /46	13.49 /58	12.00 /54	1.73	1.33
GI	● Franklin Templeton Growth Tgt B		C+	(800) 342-5236	C / 4.9	5.27	8.17	17.00 /38	12.50 /50	--	1.24	2.33
GI	Franklin Templeton Growth Tgt C	FTGTX	C+	(800) 342-5236	C / 4.9	5.28	8.10	16.95 /38	12.48 /50	11.05 /44	1.26	2.33
GI	Franklin Templeton Growth Tgt R	FGTRX	C+	(800) 342-5236	C / 5.4	5.37	8.38	17.53 /42	13.04 /54	11.60 /50	1.50	1.83
GL	Franklin Templeton Moderate Tgt A	FMTIX	C-	(800) 342-5236	D / 2.0	4.08	6.64	14.59 /24	10.80 /34	9.97 /33	2.49	1.47
GL	Franklin Templeton Moderate Tgt Adv		C+	(800) 321-8563	C- / 3.2	4.21	6.82	14.86 /25	10.98 /36	10.08 /34	2.87	1.22
GL	● Franklin Templeton Moderate Tgt B	FBMTX	C-	(800) 342-5236	D+ / 2.4	3.89	6.25	13.70 /19	9.96 /28	--	1.94	2.22
GL	Franklin Templeton Moderate Tgt C	FTMTX	C-	(800) 342-5236	D+ / 2.5	3.95	6.28	13.76 /19	9.98 /28	9.16 /25	1.99	2.22

● Denotes fund is closed to new investors
* Denotes fund is included in Section II

www.thestreet.com/ratings

Summer 2007 — I. Index of Stock Mutual Funds

RISK			NET ASSETS		ASSET					BULL / BEAR		FUND MANAGER		MINIMUMS		LOADS	
	3 Year		NAV						Portfolio	Last Bull	Last Bear	Manager	Manager	Initial	Additional	Front	Back
Risk	Standard		As of	Total	Cash	Stocks	Bonds	Other	Turnover	Market	Market	Quality	Tenure	Purch.	Purch.	End	End
Rating/Pts	Deviation	Beta	6/30/07	$(Mil)	%	%	%	%	Ratio	Return	Return	Pct	(Years)	$	$	Load	Load
C- / 3.2	13.5	0.87	23.79	47	4	94	0	2	42.1	155.1	0.2	47	N/A	50,000	50	0.0	0.0
C- / 3.2	13.5	0.87	23.34	49	4	94	0	2	42.1	144.3	N/A	34	N/A	1,000	50	0.0	0.0
C- / 3.2	13.5	0.87	23.21	131	4	94	0	2	42.1	144.4	N/A	34	N/A	1,000	50	0.0	0.0
B- / 7.9	7.2	0.87	37.47	2,088	2	96	0	2	7.6	84.0	-7.3	44	11	1,000	50	5.8	0.0
B / 8.6	7.2	0.87	37.44	50	2	96	0	2	7.6	84.7	-7.3	46	11	50,000	50	0.0	0.0
B / 8.1	7.2	0.87	37.05	285	2	96	0	2	7.6	78.9	-7.5	35	11	1,000	50	0.0	0.0
B / 8.0	7.2	0.87	36.95	638	2	96	0	2	7.6	78.8	-7.5	35	11	1,000	50	0.0	0.0
B / 8.0	7.2	0.87	37.33	56	2	96	0	2	7.6	82.7	-7.4	42	11	1,000	50	0.0	0.0
C / 4.6	14.3	1.02	13.43	533	0	100	0	0	44.3	116.2	-9.3	18	7	1,000	50	5.8	0.0
C / 4.7	14.3	1.02	13.74	342	0	100	0	0	44.3	118.2	-9.2	19	7	50,000	50	0.0	0.0
C / 4.5	14.3	1.02	12.69	84	0	100	0	0	44.3	109.2	-9.4	13	7	1,000	50	0.0	0.0
C / 4.5	14.3	1.02	12.70	118	0	100	0	0	44.3	109.4	-9.5	13	7	1,000	50	0.0	0.0
C / 4.6	14.3	1.02	13.23	6	0	100	0	0	44.3	113.9	-9.4	16	7	1,000	50	0.0	0.0
B- / 7.0	12.1	0.84	48.13	882	10	90	0	0	17.4	157.1	-10.0	93	11	1,000	50	5.8	0.0
B- / 7.0	12.1	0.84	49.47	98	10	90	0	0	17.4	160.7	-10.0	93	11	50,000	50	0.0	0.0
B- / 7.0	12.1	0.84	46.10	81	10	90	0	0	17.4	149.9	-10.2	90	8	1,000	50	0.0	0.0
B- / 7.0	12.0	0.84	45.55	284	10	90	0	0	17.4	149.6	-10.1	90	11	1,000	50	0.0	0.0
B- / 7.0	12.0	0.84	47.87	100	10	90	0	0	17.4	155.1	-10.1	92	11	1,000	50	0.0	0.0
C+ / 6.2	11.6	1.07	42.87	5,583	0	98	0	2	39.8	118.0	-9.5	27	15	1,000	50	5.8	0.0
C+ / 6.3	11.6	1.07	43.60	839	0	98	0	2	39.8	120.3	-9.4	29	15	50,000	50	0.0	0.0
C+ / 6.2	11.6	1.07	41.23	33	0	98	0	2	39.8	111.0	-9.6	22	5	1,000	50	0.0	0.0
C+ / 6.1	11.6	1.07	40.04	658	0	98	0	2	39.8	111.2	-9.7	21	12	1,000	50	0.0	0.0
C+ / 6.2	11.6	1.07	42.25	120	0	98	0	2	39.8	115.5	-9.5	25	15	1,000	50	0.0	0.0
C- / 4.1	15.8	1.73	6.06	30	6	92	0	2	96.2	102.3	-9.9	3	N/A	1,000	50	5.8	0.0
C- / 4.1	15.8	1.73	6.20	3	6	92	0	2	96.2	105.0	-9.6	3	N/A	50,000	50	0.0	0.0
C- / 4.0	15.9	1.75	5.79	4	6	92	0	2	96.2	96.9	-10.1	2	N/A	1,000	50	0.0	0.0
C- / 4.0	15.7	1.72	5.77	9	6	92	0	2	96.2	96.6	-10.1	2	N/A	1,000	50	0.0	0.0
C- / 4.0	15.8	1.74	6.01	7	6	92	0	2	96.2	101.3	-10.0	3	N/A	1,000	50	0.0	0.0
B+ / 9.0	4.2	0.84	13.65	217	19	40	39	2	11.1	55.1	-1.3	68	11	1,000	50	5.8	0.0
B+ / 9.9	4.2	0.85	13.64	3	19	40	39	2	11.1	55.6	-1.3	70	11	50,000	50	0.0	0.0
B+ / 9.1	4.2	0.85	13.60	6	19	40	39	2	11.1	N/A	N/A	58	11	1,000	50	0.0	0.0
B+ / 9.0	4.2	0.85	13.48	90	19	40	39	2	11.1	50.2	-1.5	58	11	1,000	50	0.0	0.0
B+ / 9.0	4.3	0.85	13.62	17	19	40	39	2	11.1	53.6	-1.4	65	11	1,000	50	0.0	0.0
B / 8.4	7.3	0.96	14.99	514	0	99	0	1	1.7	N/A	N/A	68	4	1,000	50	5.8	0.0
B+ / 9.2	7.4	0.97	15.04	3	0	99	0	1	1.7	N/A	N/A	72	4	50,000	50	0.0	0.0
B / 8.4	7.3	0.97	14.83	80	0	99	0	1	1.7	N/A	N/A	59	4	1,000	50	0.0	0.0
B / 8.4	7.3	0.97	14.79	187	0	99	0	1	1.7	N/A	N/A	59	4	1,000	50	0.0	0.0
B+ / 9.2	7.3	0.97	14.95	3	0	99	0	1	1.7	N/A	N/A	66	4	1,000	50	0.0	0.0
B / 8.7	5.9	0.70	14.73	9,810	0	66	32	2	1.0	N/A	N/A	93	4	1,000	50	5.8	0.0
B / 8.8	5.9	0.71	14.84	47	0	66	32	2	1.0	N/A	N/A	94	4	50,000	50	0.0	0.0
B+ / 9.0	5.9	0.71	14.62	794	0	66	32	2	1.0	N/A	N/A	91	4	1,000	50	0.0	0.0
B / 8.9	5.9	0.70	14.47	5,123	0	66	32	2	1.0	N/A	N/A	91	4	1,000	50	0.0	0.0
B / 8.9	5.9	0.71	14.72	30	0	66	32	2	1.0	N/A	N/A	93	4	1,000	50	0.0	0.0
B- / 7.7	7.7	0.93	16.43	367	5	79	14	2	9.3	100.3	-5.9	79	11	1,000	50	5.8	0.0
B / 8.9	7.6	0.93	16.46	8	5	79	14	2	9.3	101.0	-5.9	80	11	50,000	50	0.0	0.0
B- / 7.7	7.7	0.93	16.17	9	5	79	14	2	9.3	N/A	N/A	71	11	1,000	50	0.0	0.0
B- / 7.7	7.6	0.93	16.16	136	5	79	14	2	9.3	93.7	-5.9	71	11	1,000	50	0.0	0.0
B- / 7.7	7.7	0.93	16.29	32	5	79	14	2	9.3	98.1	-5.8	76	11	1,000	50	0.0	0.0
B / 8.6	5.5	1.10	14.51	443	9	56	34	1	9.4	72.1	-2.8	73	11	1,000	50	5.8	0.0
B+ / 9.6	5.6	1.10	14.52	9	9	56	34	1	9.4	72.8	-2.8	75	11	50,000	50	0.0	0.0
B / 8.6	5.5	1.10	14.46	12	9	56	34	1	9.4	N/A	N/A	64	11	1,000	50	0.0	0.0
B / 8.6	5.6	1.11	14.27	148	9	56	34	1	9.4	66.7	-3.1	64	11	1,000	50	0.0	0.0

www.thestreet.com/ratings

Data as of June 30, 2007

I. Index of Stock Mutual Funds

Summer 2007

99 Pct = Best
0 Pct = Worst

Fund Type	Fund Name	Ticker Symbol	Overall Investment Rating	Phone	Performance Rating/Pts	3 Mo	6 Mo	1Yr / Pct	3Yr / Pct	5Yr / Pct	Dividend Yield	Expense Ratio
GL	Franklin Templeton Moderate Tgt R	FTMRX	C	(800) 342-5236	D+ / 2.8	4.02	6.55	14.26 / 22	10.52 / 32	9.71 / 30	2.42	1.72
GI	Franklin Templeton Persptv Allc A	FPAAX	U	(800) 342-5236	U /	6.34	8.39	19.58 / 57	--	--	1.26	1.49
GI	Franklin Templeton Persptv Allc C	FPCAX	U	(800) 342-5236	U /	6.15	8.05	18.77 / 50	--	--	0.86	2.13
GR	Franklin U.S. Long-Short A	FUSLX	D-	(800) 342-5236	E / 0.4	4.82	9.17	10.96 / 10	4.93 / 3	2.99 / 0	0.98	1.91
UT	Franklin Utilities A	FKUTX	A-	(800) 342-5236	B / 7.8	-0.91	6.81	25.35 / 84	19.85 / 85	14.87 / 75	2.78	0.76
UT	Franklin Utilities Adv	FRUAX	A	(800) 321-8563	B+ / 8.3	-0.87	6.93	25.52 / 84	20.05 / 85	15.03 / 76	3.02	0.61
UT	● Franklin Utilities B	FRUBX	A	(800) 342-5236	B / 8.0	-0.97	6.63	24.85 / 83	19.28 / 83	14.29 / 72	2.42	1.26
UT	Franklin Utilities C	FRUSX	A	(800) 342-5236	B / 8.1	-0.97	6.65	24.83 / 83	19.30 / 84	14.30 / 72	2.44	1.25
UT	Franklin Utilities R	FRURX	A	(800) 342-5236	B / 8.1	-1.00	6.65	24.93 / 83	19.42 / 84	14.47 / 73	2.60	1.11
SC	Frontegra IronBridge Small Cap Fund	IBSCX	C+	(888) 825-2100	B- / 7.4	7.05	12.31	22.11 / 73	14.79 / 67	--	0.09	1.10
MC	Frontegra IronBridge SMID Fund	IBSMX	U	(888) 825-2100	U /	7.14	14.29	22.25 / 74	--	--	0.03	0.98
EM	Frontegra New Star Intl Equity Fd	FRNSX	B+	(888) 825-2100	B+ / 8.5	6.34	13.37	27.12 / 88	19.01 / 83	--	1.32	1.05
SC	Frontier MicroCap Fund	FEFPX	E-	(800) 231-2901	E- / 0.0	0.00	5.56	--	-11.05 / 0	-28.26 / 0	0.00	29.79
GI	FTI Large Cap Growth and Income	FLCIX	C-	(800) 321-8563	C / 4.3	7.95	8.89	19.30 / 55	10.43 / 31	10.85 / 42	0.48	1.03
SC	FTI Small Capitalization Equity	FTSCX	D-	(800) 321-8563	C / 4.3	7.06	11.18	19.99 / 60	10.08 / 29	10.07 / 34	0.00	1.36
AG	Fund *X Aggressive Upgrader Fund	HOTFX	C+	(866) 455-3863	B+ / 8.7	8.42	11.81	27.22 / 88	20.18 / 85	--	1.23	2.20
GR	Fund *X Conservative Upgrader Fund	RELAX	C+	(866) 455-3863	C / 5.4	3.89	6.28	19.58 / 57	14.01 / 62	--	1.10	2.41
BA	Fund *X Flexible Income Fund	INCMX	D	(866) 455-3863	E / 0.5	1.44	3.31	9.67 / 7	6.69 / 8	--	3.18	2.10
GR	Fund *X Upgrader Fund	FUNDX	B-	(866) 455-3863	B+ / 8.5	8.21	11.20	26.39 / 86	18.75 / 82	14.62 / 74	1.29	2.17
AA	Gabelli ABC Fund	GABCX	D-	(800) 422-3554	D- / 1.2	3.23	5.40	10.39 / 9	8.02 / 14	5.82 / 4	2.30	1.14
GR	Gabelli Asset A	GATAX	A-	(800) 422-3554	B- / 7.4	7.23	11.54	25.52 / 84	16.30 / 75	14.64 / 74	0.58	1.35
GR	● Gabelli Asset B	GATBX	A	(800) 422-3554	B / 7.7	7.03	11.13	24.50 / 82	15.54 / 72	14.10 / 70	0.00	2.11
GR	Gabelli Asset C	GATCX	A-	(800) 422-3554	B / 7.7	7.03	11.14	24.58 / 82	15.49 / 71	14.08 / 70	0.04	2.11
GR	Gabelli Asset Fd	GABAX	A	(800) 422-3554	B / 8.0	7.24	11.57	25.52 / 84	16.36 / 75	14.68 / 74	0.56	1.36
GR	Gabelli Blue Chip Value A	GBCAX	C+	(800) 422-3554	C / 4.5	6.28	7.50	19.88 / 59	13.25 / 56	16.22 / 82	0.26	1.82
GR	Gabelli Blue Chip Value AAA	GABBX	B	(800) 422-3554	C+ / 5.8	6.22	7.52	19.95 / 59	13.18 / 56	16.15 / 82	0.22	1.82
GR	Gabelli Blue Chip Value B	GBCBX	C+	(800) 422-3554	C / 5.1	6.06	7.08	19.02 / 52	12.41 / 49	15.59 / 79	0.00	2.57
GR	Gabelli Blue Chip Value C	GBCCX	C+	(800) 422-3554	C / 5.1	6.06	7.08	19.04 / 53	12.38 / 49	15.58 / 79	0.00	2.57
GR	Gabelli Capital Asset Fund		B-	(800) 422-3554	B / 7.7	7.66	11.95	25.47 / 84	15.17 / 70	15.46 / 79	0.25	1.10
AG	Gabelli Comstck Partners Cap Val A	DRCVX	E-	(800) 422-3554	E- / 0.0	-4.95	-3.65	-10.18 / 0	-10.33 / 0	-11.13 / 0	3.80	2.20
AG	Gabelli Comstck Partners Cap Val B	DCVBX	E-	(800) 422-3554	E- / 0.0	-4.61	-3.72	-10.58 / 0	-10.92 / 0	-11.74 / 0	2.90	2.96
AG	Gabelli Comstck Partners Cap Val C	CPCCX	E-	(800) 422-3554	E- / 0.0	-4.85	-3.92	-11.03 / 0	-11.03 / 0	-11.84 / 0	3.62	2.95
AG	Gabelli Comstck Partners Cap Val R	CPCRX	E-	(800) 422-3554	E- / 0.0	-4.50	-3.20	-9.51 / 0	-9.95 / 0	-10.90 / 0	4.25	1.95
AG	Gabelli Comstock Partners Strat A	CPFAX	E-	(800) 422-3554	E- / 0.0	-3.62	-5.12	-9.82 / 0	-10.08 / 0	-9.27 / 0	2.39	2.63
AG	Gabelli Comstock Partners Strat C	CPFCX	E-	(800) 422-3554	E- / 0.0	-4.09	-5.92	-10.67 / 0	-10.90 / 0	-10.02 / 0	1.76	3.38
AG	● Gabelli Comstock Partners Strat O	CPSFX	E-	(800) 422-3554	E- / 0.0	-4.09	-5.24	-9.90 / 0	-9.99 / 0	-9.08 / 0	2.85	2.86
IN	Gabelli Equity Income A	GCAEX	B	(800) 422-3554	C+ / 5.7	6.77	8.75	21.19 / 68	14.31 / 64	13.62 / 67	1.59	1.46
IN	Gabelli Equity Income B	GCBEX	B+	(800) 422-3554	C+ / 6.2	6.58	8.34	20.36 / 62	13.50 / 58	13.05 / 62	1.73	2.21
IN	Gabelli Equity Income C	GCCEX	B+	(800) 422-3554	C+ / 6.2	6.58	8.35	20.31 / 62	13.51 / 58	13.08 / 63	1.73	2.21
IN	Gabelli Equity Income Fd	GABEX	B	(800) 422-3554	C+ / 6.8	6.75	8.72	21.17 / 68	14.36 / 64	13.65 / 67	1.68	1.46
SC	Gabelli Small Cap Growth A	GCASX	B-	(800) 422-3554	B- / 7.2	6.62	11.06	23.35 / 78	16.32 / 75	16.08 / 81	0.00	1.45
SC	Gabelli Small Cap Growth B	GCBSX	B-	(800) 422-3554	B- / 7.5	6.38	10.65	22.39 / 74	15.47 / 71	15.48 / 79	0.00	2.20
SC	Gabelli Small Cap Growth C	GCCSX	B-	(800) 422-3554	B- / 7.5	6.42	10.62	22.40 / 75	15.48 / 71	15.48 / 79	0.00	2.20
SC	Gabelli Small Cap Growth Fd	GABSX	B	(800) 422-3554	B / 7.8	6.58	11.06	23.31 / 78	16.34 / 75	16.08 / 81	0.00	1.45
UT	Gabelli Utilities A	GAUAX	B	(800) 422-3554	C / 4.9	-0.04	4.68	19.04 / 53	15.89 / 73	12.80 / 60	8.17	1.44
UT	Gabelli Utilities AAA	GABUX	B	(800) 422-3554	C+ / 6.2	0.07	4.70	19.11 / 53	15.90 / 73	12.76 / 60	8.70	0.89
UT	● Gabelli Utilities B	GAUBX	B	(800) 422-3554	C / 5.4	-0.26	4.31	18.13 / 46	15.01 / 69	11.95 / 53	9.10	2.19
UT	Gabelli Utilities C	GAUCX	B+	(800) 422-3554	C / 5.5	-0.26	4.29	18.19 / 46	15.04 / 69	12.02 / 54	9.06	2.19
AG	Gabelli Value Fund A	GABVX	D	(800) 422-3554	C+ / 5.9	7.02	9.99	23.68 / 79	13.73 / 60	13.72 / 67	0.12	1.41
AG	Gabelli Value Fund B	GVCBX	B-	(800) 422-3554	C+ / 6.3	6.75	9.53	22.70 / 76	12.86 / 53	12.86 / 61	0.00	2.16
AG	Gabelli Value Fund C	GVCCX	B-	(800) 422-3554	C+ / 6.3	6.86	9.65	22.76 / 76	12.87 / 53	12.86 / 61	0.00	2.16
BA	Gabelli Westwood Balanced Fd A	WEBCX	D-	(800) 422-3554	D+ / 2.7	4.61	6.33	13.85 / 20	11.67 / 42	8.63 / 20	1.19	1.57

● Denotes fund is closed to new investors
* Denotes fund is included in Section II

www.thestreet.com/ratings

Summer 2007
I. Index of Stock Mutual Funds

RISK			NET ASSETS		ASSET					BULL / BEAR		FUND MANAGER		MINIMUMS		LOADS	
	3 Year		NAV						Portfolio	Last Bull	Last Bear	Manager	Manager	Initial	Additional	Front	Back
Risk	Standard		As of	Total	Cash	Stocks	Bonds	Other	Turnover	Market	Market	Quality	Tenure	Purch.	Purch.	End	End
Rating/Pts	Deviation	Beta	6/30/07	$(Mil)	%	%	%	%	Ratio	Return	Return	Pct	(Years)	$	$	Load	Load
B / 8.6	5.5	1.10	14.48	36	9	56	34	1	9.4	70.3	-2.9	71	11	1,000	50	0.0	0.0
U /	N/A	N/A	13.76	223	0	99	0	1	1.7	N/A	N/A	N/A	3	1,000	50	5.8	0.0
U /	N/A	N/A	13.63	80	0	99	0	1	1.7	N/A	N/A	N/A	3	1,000	50	0.0	0.0
B / 8.3	4.8	0.44	17.62	28	N/A	100	0	N/A	220.5	12.3	1.7	28	7	10,000	50	5.8	0.0
B- / 7.7	8.3	0.68	14.39	2,163	0	94	4	2	8.0	142.4	-3.6	73	15	1,000	50	4.3	0.0
B- / 7.7	8.2	0.68	14.45	96	0	94	4	2	8.0	143.8	-3.7	75	15	50,000	50	0.0	0.0
B- / 7.7	8.2	0.68	14.38	133	0	94	4	2	8.0	137.1	-3.7	68	8	1,000	50	0.0	0.0
B- / 7.7	8.3	0.68	14.35	435	0	94	4	2	8.0	137.1	-3.7	68	12	1,000	50	0.0	0.0
B- / 7.7	8.3	0.68	14.35	46	0	94	4	2	8.0	138.7	-3.7	69	5	1,000	50	0.0	0.0
C / 5.2	13.7	0.99	20.35	435	4	95	0	1	60.0	141.0	-6.4	71	5	100,000	1,000	0.0	0.0
U /	N/A	N/A	13.36	193	2	96	0	2	91.0	N/A	N/A	N/A	3	100,000	1,000	0.0	0.0
C+ / 6.7	8.9	0.49	16.11	712	0	98	0	2	35.0	N/A	N/A	43	3	100,000	1,000	0.0	2.0
E- / 0.1	26.1	1.08	0.19	N/A	0	100	0	0	9.0	-53.5	-28.3	0	5	500	50	0.0	2.0
C+ / 6.3	8.4	1.06	7.41	95	3	96	0	1	12.0	88.1	-9.3	33	9	1,000	0	0.0	0.0
C- / 4.0	17.2	1.20	21.98	30	0	99	0	1	20.0	110.7	-14.1	11	4	1,000	0	0.0	0.0
C / 4.7	12.7	1.34	51.10	278	0	99	0	1	119.0	159.8	-11.1	93	5	2,500	100	0.0	2.0
B- / 7.0	8.6	1.01	37.92	101	0	99	0	1	111.0	107.9	-8.1	78	5	2,500	100	0.0	2.0
B+ / 9.0	3.0	0.54	30.19	134	1	28	70	1	76.0	37.9	3.0	59	5	2,500	100	0.0	2.0
C / 5.3	11.1	1.22	44.95	837	0	99	0	1	112.0	143.8	-9.4	93	6	2,500	100	0.0	2.0
B- / 7.0	2.1	0.24	10.54	215	0	98	0	2	190.0	31.9	0.4	86	14	10,000	0	0.0	0.0
B / 8.0	8.4	1.03	52.66	7	0	98	1	1	7.0	130.1	-10.4	90	21	1,000	0	5.8	0.0
B / 8.0	8.4	1.03	51.92	N/A	0	98	1	1	7.0	124.8	-10.4	87	21	1,000	0	0.0	0.0
B / 8.0	8.4	1.03	51.77	4	0	98	1	1	7.0	124.6	-10.4	87	21	1,000	0	0.0	0.0
B / 8.0	8.4	1.03	52.86	2,666	0	98	1	1	7.0	130.4	-10.4	90	21	1,000	0	0.0	0.0
B / 8.3	7.9	0.99	15.91	N/A	N/A	98	1	N/A	44.0	128.7	-11.2	73	8	1,000	0	5.8	0.0
B / 8.3	7.9	0.99	15.88	37	N/A	98	1	N/A	44.0	128.2	-11.2	73	8	1,000	0	0.0	0.0
B / 8.3	7.9	0.99	15.58	N/A	N/A	98	1	N/A	44.0	122.8	-11.2	64	8	1,000	0	0.0	0.0
B / 8.3	7.9	0.99	15.57	N/A	N/A	98	1	N/A	44.0	122.7	-11.2	64	8	1,000	0	0.0	0.0
C+ / 6.0	8.6	1.04	20.80	240	0	98	2	0	40.0	129.7	-9.5	85	12	1,000	0	0.0	0.0
D+ / 2.6	9.9	-1.22	2.11	30	1	0	97	2	N/A	-53.9	9.7	9	11	1,000	0	4.5	0.0
D+ / 2.6	9.7	-1.21	2.07	2	1	0	97	2	N/A	-55.4	9.1	7	11	1,000	0	0.0	0.0
D+ / 2.6	9.6	-1.19	1.96	11	1	0	97	2	N/A	-55.4	9.2	6	11	1,000	0	0.0	0.0
D+ / 2.6	9.6	-1.18	2.12	N/A	1	0	97	2	N/A	-53.4	9.4	9	11	1,000	0	0.0	0.0
C- / 3.4	5.8	-0.67	2.44	1	1	1	96	2	30.0	-45.6	6.2	2	11	1,000	0	4.5	0.0
C- / 3.4	5.6	-0.65	2.46	N/A	1	1	96	2	30.0	-47.6	6.1	1	11	1,000	0	0.0	0.0
C- / 3.4	5.7	-0.65	2.36	5	1	1	96	2	30.0	-44.9	6.3	2	11	1,000	0	0.0	0.0
B / 8.9	6.3	0.80	22.64	11	0	94	4	2	14.0	108.2	-5.4	90	4	1,000	0	5.8	0.0
B / 8.9	6.3	0.80	22.11	N/A	0	94	4	2	14.0	103.2	-5.4	87	4	1,000	0	0.0	0.0
B / 8.9	6.3	0.80	22.10	12	0	94	4	2	14.0	103.4	-5.4	87	4	1,000	0	0.0	0.0
B / 8.9	6.3	0.80	22.71	996	0	94	4	2	14.0	108.5	-5.4	90	4	1,000	0	0.0	0.0
C+ / 6.6	10.9	0.79	34.65	4	N/A	94	6	N/A	2.0	146.4	-8.6	92	N/A	1,000	0	5.8	0.0
C+ / 6.5	10.9	0.79	33.66	N/A	N/A	94	6	N/A	2.0	140.3	-8.6	89	N/A	1,000	0	0.0	0.0
C+ / 6.5	10.9	0.79	33.65	4	N/A	94	6	N/A	2.0	140.2	-8.6	89	N/A	1,000	0	0.0	0.0
C+ / 6.6	10.9	0.79	34.65	842	N/A	94	6	N/A	2.0	146.4	-8.6	92	N/A	1,000	0	0.0	0.0
B+ / 9.2	6.6	0.48	9.20	236	0	90	8	2	15.0	133.2	-4.5	78	N/A	1,000	0	5.8	0.0
B / 8.0	6.6	0.48	9.17	166	0	90	8	2	15.0	133.0	-4.7	78	N/A	1,000	0	0.0	0.0
B+ / 9.2	6.6	0.48	8.76	N/A	0	90	8	2	15.0	125.4	-4.8	70	N/A	1,000	0	0.0	0.0
B+ / 9.3	6.5	0.47	8.80	252	0	90	8	2	15.0	125.7	-4.7	71	N/A	1,000	0	0.0	0.0
C- / 3.5	9.4	1.09	19.37	849	1	98	0	1	17.0	112.3	-10.5	69	18	1,000	0	5.5	0.0
B- / 7.3	9.4	1.09	18.04	13	1	98	0	1	17.0	105.7	-10.7	59	7	1,000	0	0.0	0.0
B- / 7.3	9.4	1.09	18.06	15	1	98	0	1	17.0	105.6	-10.7	59	7	1,000	0	0.0	0.0
C+ / 5.9	4.5	0.86	12.34	6	1	59	38	2	68.0	67.3	-3.9	88	14	1,000	0	4.0	0.0

www.thestreet.com/ratings

Data as of June 30, 2007

I. Index of Stock Mutual Funds

Summer 2007

99 Pct = Best
0 Pct = Worst

Fund Type	Fund Name	Ticker Symbol	Overall Investment Rating	Phone	Performance Rating/Pts	Total Return % through 6/30/07					Incl. in Returns	
						3 Mo	6 Mo	1Yr / Pct	Annualized 3Yr / Pct	5Yr / Pct	Dividend Yield	Expense Ratio
BA	Gabelli Westwood Balanced Fd AAA	WEBAX	D+	(800) 422-3554	C- / 3.7	4.61	6.40	14.11 /21	11.92 /45	8.99 /23	1.61	1.32
BA	Gabelli Westwood Balanced Fd B	WBCBX	C+	(800) 422-3554	C- / 3.0	4.45	6.02	13.23 /17	11.08 /37	8.16 /16	0.66	2.07
BA	Gabelli Westwood Balanced Fd C	WBCCX	C+	(800) 422-3554	C- / 3.0	4.44	6.08	13.27 /17	11.12 /37	8.18 /16	0.63	2.07
IN	Gabelli Westwood Equity Fund A	WEECX	C	(800) 422-3554	B- / 7.3	7.64	9.77	20.78 /65	16.73 /77	11.66 /50	0.15	1.79
IN	Gabelli Westwood Equity Fund AAA	WESWX	C+	(800) 422-3554	B / 7.9	7.61	9.82	21.08 /67	17.00 /78	11.94 /53	0.37	1.54
IN	Gabelli Westwood Income A	WERAX	C+	(800) 422-3554	C- / 4.2	1.73	5.01	15.03 /26	14.73 /67	14.37 /72	3.25	2.27
IN	Gabelli Westwood Income AAA	WESRX	E	(800) 422-3554	C / 5.4	1.71	5.07	15.30 /28	14.98 /69	14.61 /73	3.78	2.02
IN	Gabelli Westwood Income B	WERBX	C+	(800) 422-3554	C / 4.6	1.52	4.69	14.36 /22	14.12 /63	13.81 /68	2.47	2.77
IN	Gabelli Westwood Income C	WERCX	C+	(800) 422-3554	C / 4.6	1.62	4.76	14.40 /23	14.14 /63	14.00 /70	2.49	2.77
SC	Gabelli Westwood Mighty Mites AAA	WEMMX	C+	(800) 422-3554	B+ / 8.5	6.65	14.10	29.45 /92	17.23 /78	15.46 /79	0.00	1.61
SC	Gabelli Westwood Mighty Mites C	WMMCX	A+	(800) 422-3554	B / 8.2	6.49	13.65	28.50 /91	16.37 /76	14.60 /73	0.00	2.36
SC	Gabelli Westwood Sm Cap Equity	WESCX	B+	(800) 422-3554	B+ / 8.5	5.50	11.15	21.89 /72	20.07 /85	10.87 /42	1.04	2.02
SC	Gabelli Woodland Small Cap Val A		C	(800) 422-3554	C- / 3.9	5.87	7.96	18.41 /48	12.67 /51	--	0.13	2.31
SC	Gabelli Woodland Small Cap Val AAA	GWSVX	E+	(800) 422-3554	C / 5.2	5.91	7.82	18.19 /46	12.55 /50	--	0.39	2.31
SC	Gabelli Woodland Small Cap Val B		C	(800) 422-3554	C / 4.3	5.55	6.99	16.98 /38	11.88 /44	--	0.00	3.06
SC	Gabelli Woodland Small Cap Val C		C	(800) 422-3554	C / 4.3	5.67	7.36	17.27 /40	11.75 /43	--	0.00	3.06
CV	GAMCO Global Conv Secs A		E	(800) 422-3554	D- / 1.2	2.31	5.48	10.97 /10	9.95 /28	10.97 /43	1.42	2.14
CV	GAMCO Global Conv Secs AAA	GAGCX	E	(800) 422-3554	D / 2.0	2.31	5.67	11.15 /11	10.02 /28	10.93 /43	1.50	2.14
CV	GAMCO Global Conv Secs B		E	(800) 422-3554	D- / 1.5	2.11	5.11	10.16 / 8	9.12 /22	10.12 /34	1.60	2.89
CV	GAMCO Global Conv Secs C		E	(800) 422-3554	D- / 1.5	2.07	5.02	10.22 / 8	9.13 /22	10.14 /34	1.57	2.89
GL	GAMCO Global Growth A	GGGAX	B-	(800) 422-3554	C+ / 6.8	6.70	9.77	19.28 /54	16.46 /76	14.66 /74	0.24	1.78
GL	● GAMCO Global Growth AAA	GICPX	B+	(800) 422-3554	B- / 7.5	6.70	9.77	19.33 /55	16.46 /76	14.65 /74	0.25	1.79
GL	GAMCO Global Growth B	GGGBX	B	(800) 422-3554	B- / 7.1	6.52	9.39	18.40 /48	15.59 /72	13.81 /68	0.00	2.53
GL	GAMCO Global Growth C	GGGCX	B	(800) 422-3554	B- / 7.1	6.55	9.37	18.47 /48	15.59 /72	13.81 /68	0.00	2.53
GL	GAMCO Global Opportunity AAA	GABOX	B	(800) 422-3554	B / 8.2	6.47	11.03	19.09 /53	18.82 /83	16.33 /82	0.02	1.95
TC	GAMCO Global Telecom A	GTCAX	A+	(800) 422-3554	A- / 9.2	9.03	14.13	40.14 /97	21.97 /89	22.48 /94	0.55	1.56
TC	GAMCO Global Telecom AAA	GABTX	A+	(800) 422-3554	A / 9.4	8.97	14.07	40.01 /97	21.96 /89	22.47 /94	0.54	1.56
TC	GAMCO Global Telecom B	GTCBX	A+	(800) 422-3554	A / 9.3	8.74	13.61	38.99 /97	21.04 /87	21.54 /94	0.00	2.31
TC	GAMCO Global Telecom C	GTCCX	A+	(800) 422-3554	A- / 9.2	8.71	13.56	38.94 /97	21.02 /87	21.54 /94	0.17	2.31
PM	GAMCO Gold A	GLDAX	D	(800) 422-3554	B+ / 8.6	1.37	0.84	6.95 / 3	26.19 /94	22.58 /94	1.77	1.47
PM	GAMCO Gold AAA	GOLDX	D	(800) 422-3554	B+ / 8.9	1.37	0.84	6.93 / 3	26.19 /94	22.57 /94	1.81	1.47
PM	GAMCO Gold B	GLDBX	D	(800) 422-3554	B+ / 8.7	1.18	0.44	6.09 / 2	25.21 /93	21.72 /94	1.06	2.22
PM	GAMCO Gold C	GLDCX	D	(800) 422-3554	B+ / 8.7	1.18	0.49	6.17 / 2	25.26 /93	21.77 /94	1.25	2.22
GR	GAMCO Growth A	GGCAX	D+	(800) 422-3554	D+ / 2.3	7.16	8.46	15.83 /31	10.07 /29	9.37 /27	0.00	1.44
GR	● GAMCO Growth AAA	GABGX	C-	(800) 422-3554	C- / 3.4	7.16	8.46	15.84 /31	10.06 /28	9.36 /26	0.00	1.78
GR	GAMCO Growth B	GGCBX	C-	(800) 422-3554	D+ / 2.7	6.98	8.05	14.96 /26	9.23 /22	8.79 /21	0.00	2.19
GR	GAMCO Growth C	GGCCX	C-	(800) 422-3554	D+ / 2.7	6.98	8.05	14.96 /26	9.25 /23	8.79 /21	0.00	2.19
FO	GAMCO International Growth A	GAIGX	B+	(800) 422-3554	B / 7.6	5.77	8.63	22.10 /73	18.55 /82	14.97 /76	1.51	1.78
FO	● GAMCO International Growth AAA	GIGRX	B	(800) 422-3554	B / 8.2	5.79	8.59	22.06 /73	18.55 /82	14.81 /75	1.60	1.89
FO	GAMCO International Growth B	GBIGX	B+	(800) 422-3554	B / 7.9	5.57	8.21	21.16 /68	17.66 /80	13.96 /69	1.05	2.53
FO	GAMCO International Growth C	GCIGX	B+	(800) 422-3554	B / 7.9	5.57	8.20	21.19 /68	17.73 /80	13.77 /68	1.50	2.53
GR	GAMCO Mathers Fund	MATRX	D+	(800) 422-3554	E- / 0.1	1.53	2.80	3.77 / 1	2.20 / 0	0.31 / 0	3.57	2.14
GI	Gateway Fund	GATEX	C-	(800) 354-6339	D- / 1.4	3.16	5.68	11.76 /13	8.21 /16	7.83 /14	2.25	0.94
AA	GE Aggressive Allocation Fd	GEAAX	C	(800) 242-0134	C / 5.4	5.62	7.60	18.71 /50	12.97 /54	9.82 /31	1.89	0.93
AA	GE Aggressive Strategy Fund	GAGSX	C	(800) 242-0134	C / 5.2	5.60	7.53	18.40 /48	12.62 /51	9.52 /28	1.70	1.22
AA	GE Conservative Allocation	GECAX	D-	(800) 242-0134	D / 1.6	3.29	4.84	13.51 /18	8.54 /18	7.24 /10	3.22	0.82
AA	GE Conservative Strategy Fund	GCSTX	D-	(800) 242-0134	D- / 1.5	3.26	4.74	13.30 /17	8.43 /17	7.09 / 9	3.00	1.08
GL	GE Global Equity A	GEGEX	B	(800) 242-0134	B / 7.8	7.49	11.13	26.29 /86	17.93 /80	13.28 /64	0.44	1.37
GL	● GE Global Equity B	GGEBX	B+	(800) 242-0134	B / 8.0	7.30	10.71	25.35 /84	17.05 /78	12.45 /57	0.00	2.12
GL	GE Global Equity C	GEQCX	B-	(800) 242-0134	B / 8.0	7.29	10.73	25.39 /84	17.02 /78	12.62 /59	0.00	2.12
GL	● GE Global Equity Y	GGEDX	B+	(800) 242-0134	B+ / 8.3	7.57	11.28	26.61 /87	18.23 /81	13.59 /66	0.68	1.12
GR	GE Insti Premier Growth Eq Inv	GEIPX	D-	(800) 242-0134	D / 2.0	6.67	5.92	17.06 /39	7.82 /13	7.93 /14	0.67	0.36

● Denotes fund is closed to new investors
* Denotes fund is included in Section II

I. Index of Stock Mutual Funds

Summer 2007

RISK			NET ASSETS		ASSET				Portfolio Turnover Ratio	BULL / BEAR		FUND MANAGER		MINIMUMS		LOADS	
	3 Year		NAV As of 6/30/07	Total $(Mil)	Cash %	Stocks %	Bonds %	Other %		Last Bull Market Return	Last Bear Market Return	Manager Quality Pct	Manager Tenure (Years)	Initial Purch. $	Additional Purch. $	Front End Load	Back End Load
Risk Rating/Pts	Standard Deviation	Beta															
C+ / 5.9	4.5	0.85	12.29	147	1	59	38	2	68.0	69.0	-4.0	89	16	1,000	0	0.0	0.0
B+ / 9.9	4.4	0.86	12.43	N/A	1	59	38	2	68.0	63.5	-4.0	85	6	1,000	0	0.0	0.0
B+ / 9.9	4.5	0.85	12.45	1	1	59	38	2	68.0	63.7	-4.1	86	6	1,000	0	0.0	0.0
C / 4.7	7.8	0.93	12.25	3	0	100	0	0	73.0	115.6	-7.8	94	13	1,000	0	4.0	0.0
C / 4.6	7.8	0.93	12.30	183	0	100	0	0	73.0	117.8	-7.6	95	20	1,000	0	0.0	0.0
B / 8.6	8.6	0.60	10.74	N/A	0	55	37	8	99.0	114.8	0.3	95	6	1,000	0	4.0	0.0
E- / 0.0	8.6	0.60	10.41	12	0	55	37	8	99.0	116.4	0.4	96	10	1,000	0	0.0	0.0
B / 8.6	8.6	0.60	10.98	N/A	0	55	37	8	99.0	110.7	0.1	94	6	1,000	0	0.0	0.0
B / 8.6	8.6	0.60	11.43	N/A	0	55	37	8	99.0	111.0	0.4	94	6	1,000	0	0.0	0.0
C / 4.9	10.0	0.61	17.32	N/A	0	99	0	1	4.0	116.9	-2.2	97	N/A	50,000	0	0.0	0.0
B / 8.1	10.0	0.61	16.40	9	0	99	0	1	4.0	110.3	-2.4	96	N/A	50,000	0	0.0	0.0
C+ / 6.6	12.2	0.88	15.35	8	0	100	0	0	N/A	132.2	-13.5	97	N/A	1,000	0	0.0	0.0
B- / 7.8	10.8	0.76	12.62	N/A	N/A	94	5	N/A	59.0	104.6	N/A	74	5	1,000	0	5.8	0.0
D / 1.7	10.8	0.76	12.54	9	N/A	94	5	N/A	59.0	104.5	N/A	73	5	1,000	0	0.0	0.0
B- / 7.6	11.6	0.80	12.55	N/A	N/A	94	5	N/A	59.0	103.0	N/A	59	5	1,000	0	0.0	0.0
B- / 7.8	10.8	0.75	12.11	N/A	N/A	94	5	N/A	59.0	98.5	N/A	64	5	1,000	0	0.0	0.0
C- / 4.0	7.2	0.94	5.73	N/A	0	0	0	100	7.0	63.9	3.5	83	N/A	1,000	0	5.8	0.0
C- / 3.7	7.1	0.92	5.73	10	0	0	0	100	7.0	63.6	3.5	84	N/A	1,000	0	0.0	0.0
C- / 3.5	7.1	0.93	5.30	N/A	0	0	0	100	7.0	58.6	3.4	76	N/A	1,000	0	0.0	0.0
C- / 3.6	7.2	0.94	5.39	N/A	0	0	0	100	7.0	59.1	3.3	76	N/A	1,000	0	0.0	0.0
B- / 7.2	8.9	0.88	25.17	1	0	98	1	1	20.0	127.5	-8.9	19	N/A	1,000	0	5.8	0.0
B- / 7.3	8.8	0.88	25.17	99	0	98	1	1	20.0	127.3	-8.8	20	N/A	1,000	0	0.0	0.0
B- / 7.2	8.8	0.88	24.00	N/A	0	98	1	1	20.0	120.3	-9.1	15	N/A	1,000	0	0.0	0.0
B- / 7.2	8.9	0.88	23.92	N/A	0	98	1	1	20.0	120.4	-9.1	15	N/A	1,000	0	0.0	0.0
C+ / 5.9	10.7	1.08	20.23	22	0	100	0	0	7.0	147.0	-7.5	12	9	1,000	0	0.0	0.0
B- / 7.9	9.1	1.04	25.60	2	0	91	8	1	7.0	171.9	-7.9	98	7	1,000	0	5.8	0.0
B / 8.1	9.0	1.03	25.62	243	0	91	8	1	7.0	171.4	-7.8	98	7	1,000	0	0.0	0.0
B / 8.0	9.0	1.03	24.88	N/A	0	91	8	1	7.0	163.1	-8.0	98	7	1,000	0	0.0	0.0
B / 8.0	9.1	1.04	24.71	1	0	91	8	1	7.0	163.0	-8.1	98	7	1,000	0	0.0	0.0
E / 0.5	27.3	1.32	25.16	17	0	100	0	0	12.0	150.1	21.1	83	5	1,000	0	5.8	0.0
E / 0.5	27.4	1.32	25.19	413	0	100	0	0	12.0	150.0	21.1	83	13	1,000	0	0.0	0.0
E / 0.5	27.4	1.32	24.88	2	0	100	0	0	12.0	141.9	20.9	76	5	1,000	0	0.0	0.0
E / 0.5	27.1	1.31	24.84	9	0	100	0	0	12.0	142.4	20.8	78	5	1,000	0	0.0	0.0
B- / 7.7	8.8	1.11	33.22	N/A	N/A	97	2	N/A	57.0	86.1	-15.4	26	12	1,000	0	5.8	0.0
B- / 7.7	8.8	1.11	33.21	913	N/A	97	2	N/A	57.0	86.0	-15.4	26	12	1,000	0	0.0	0.0
B- / 7.7	8.9	1.12	32.35	N/A	N/A	97	2	N/A	57.0	81.3	-15.4	20	12	1,000	0	0.0	0.0
B- / 7.7	8.9	1.12	32.35	N/A	N/A	97	2	N/A	57.0	81.3	-15.4	21	12	1,000	0	0.0	0.0
B- / 7.5	10.8	1.11	26.95	N/A	0	99	0	1	18.0	151.3	-8.1	9	7	1,000	0	5.8	0.0
C+ / 6.3	10.7	1.11	26.68	62	0	99	0	1	18.0	151.3	-8.2	9	12	1,000	0	0.0	0.0
B- / 7.4	10.8	1.11	25.96	N/A	0	99	0	1	18.0	143.5	-8.4	7	7	1,000	0	0.0	0.0
B- / 7.4	10.8	1.11	25.60	N/A	0	99	0	1	18.0	141.9	-8.4	7	7	1,000	0	0.0	0.0
B+ / 9.6	1.9	-0.13	10.65	31	87	12	0	1	121.0	3.5	-0.1	48	N/A	1,000	0	0.0	0.0
B+ / 9.4	2.7	0.32	28.29	3,847	4	95	0	1	9.0	48.4	-4.4	78	13	1,000	100	0.0	0.0
C+ / 6.4	6.9	1.41	13.73	12	1	98	0	1	15.0	89.0	-7.5	78	9	0	0	0.0	0.0
C+ / 6.5	6.9	1.41	13.57	10	2	97	0	1	8.0	87.0	-7.6	76	9	0	0	0.0	0.0
B- / 7.0	3.7	0.80	9.74	2	2	97	0	1	30.0	48.8	-2.5	66	N/A	0	0	0.0	0.0
B- / 7.0	3.7	0.80	11.71	3	2	97	0	1	30.0	48.4	-2.7	64	9	0	0	0.0	0.0
C+ / 6.9	8.9	0.90	29.86	46	2	97	0	1	57.0	123.3	-9.5	26	14	500	100	5.8	2.0
C+ / 6.9	8.9	0.90	27.49	1	2	97	0	1	57.0	116.4	-9.6	21	14	500	100	0.0	2.0
C+ / 5.8	8.9	0.89	27.66	N/A	2	97	0	1	57.0	117.9	-9.6	21	14	500	100	0.0	2.0
C+ / 6.9	8.9	0.90	29.98	24	2	97	0	1	57.0	125.7	-9.4	28	14	500	100	0.0	2.0
C+ / 5.7	8.7	1.08	12.16	637	2	97	0	1	31.0	68.5	-9.3	14	8	5,000,000	0	0.0	0.0

www.thestreet.com/ratings

Data as of June 30, 2007

I. Index of Stock Mutual Funds

Fund Type	Fund Name	Ticker Symbol	Overall Investment Rating	Phone	Performance Rating/Pts	3 Mo	6 Mo	1Yr / Pct	3Yr / Pct	5Yr / Pct	Dividend Yield	Expense Ratio
	99 Pct = Best							Total Return % through 6/30/07			Incl. in Returns	
	0 Pct = Worst								Annualized			
GR	GE Insti Premier Growth Eq Svc	GEPSX	E+	(800) 242-0134	D / 1.9	6.60	5.76	16.85 /37	7.56 /12	7.65 /12	0.45	0.61
FO	GE Institutional Intl Equity Inv	GIEIX	A	(800) 242-0134	A / 9.3	8.68	12.78	28.73 /91	24.48 /93	17.64 /87	1.26	0.55
FO	GE Institutional Intl Equity Svc	GIESX	B+	(800) 242-0134	A- / 9.2	8.58	12.62	28.43 /90	24.17 /92	17.34 /86	1.10	0.80
IX	GE Institutional S&P 500 Index Inv	GIDIX	C+	(800) 242-0134	C / 4.7	6.27	6.90	20.45 /63	11.49 /41	10.52 /39	1.37	0.15
SC	GE Institutional Sm-Cap Val Eq Inv	GSVIX	C	(800) 242-0134	C+ / 5.8	5.28	9.05	17.56 /42	13.54 /59	11.00 /43	0.43	0.60
AA	GE Institutional Strat Invest Inv	GSIVX	C	(800) 242-0134	C- / 4.0	5.83	7.51	19.24 /54	10.85 /35	9.74 /30	1.84	0.36
GR	GE Institutional US Equity Inv	GUSIX	C	(800) 242-0134	C- / 3.9	6.84	7.00	20.38 /63	10.30 /30	8.49 /18	1.42	0.36
GR	GE Institutional US Equity Svc	GUSSX	C-	(800) 242-0134	C- / 4.0	6.70	6.86	19.97 /60	10.49 /32	8.94 /22	1.23	0.61
GR	GE Institutional Value Equity Inv	GEIVX	B-	(800) 242-0134	C+ / 6.1	7.10	8.16	23.00 /77	12.77 /52	10.46 /38	1.78	0.44
FO	GE International Equity Fd A	GEICX	B+	(800) 242-0134	A- / 9.0	8.79	12.52	28.22 /90	23.54 /92	14.57 /73	0.67	1.49
FO	● GE International Equity Fd B	GEIBX	A-	(800) 242-0134	A- / 9.1	8.56	12.16	27.30 /88	22.65 /90	13.63 /67	0.12	2.24
FO	GE International Equity Fd C	GIECX	B	(800) 242-0134	A- / 9.1	8.61	12.19	27.35 /88	22.66 /90	13.77 /68	0.06	2.24
FO	● GE International Equity Fd Y	GEIDX	A-	(800) 242-0134	A- / 9.2	8.84	12.70	28.60 /91	23.93 /92	14.83 /75	0.89	1.24
AA	GE Moderate Allocation Fund	GMALX	C-	(800) 242-0134	C- / 3.5	4.61	6.40	16.46 /35	11.06 /36	8.70 /20	2.66	0.87
GI	GE Moderate Strategy	GMSTX	D+	(800) 242-0134	C- / 3.3	4.55	6.19	16.22 /33	10.75 /34	8.45 /18	2.33	1.15
GR	GE Premier Growth Equity A	GEPCX	E	(800) 242-0134	E+ / 0.9	6.50	5.57	16.30 /34	7.11 /10	7.22 / 9	0.00	1.01
GR	● GE Premier Growth Equity B	GEPBX	E	(800) 242-0134	D- / 1.2	6.32	5.22	15.46 /29	6.31 / 7	6.42 / 6	0.02	1.76
GR	GE Premier Growth Equity C	GPGCX	E+	(800) 242-0134	D- / 1.2	6.32	5.21	15.47 /29	6.32 / 7	6.44 / 6	0.00	1.76
GR	● GE Premier Growth Equity Y	GEPDX	E+	(800) 242-0134	D / 1.8	6.61	5.73	16.63 /36	7.39 /11	7.49 /11	0.55	0.76
* GI	GE S&S Program Mutual Fund	GESSX	C	(800) 242-0134	C / 4.6	6.96	7.13	20.80 /66	11.04 /36	9.44 /27	1.72	0.09
SC	GE Small Cap Equity A	GASCX	C	(800) 242-0134	C- / 4.0	5.20	8.69	17.08 /39	13.07 /55	10.52 /39	0.00	1.23
SC	● GE Small Cap Equity B	GBSCX	D	(800) 242-0134	C / 4.5	5.01	8.33	16.18 /33	12.23 /48	9.71 /30	0.00	1.98
SC	GE Small Cap Equity C	GESCX	C	(800) 242-0134	C / 4.6	5.03	8.29	16.23 /33	12.24 /48	9.66 /29	0.00	1.98
SC	● GE Small Cap Equity Y	GESVX	C-	(800) 242-0134	C+ / 5.6	5.28	8.84	17.37 /41	13.36 /57	10.81 /42	0.00	0.98
AA	GE Strategic Investment Fd A	GESIX	D-	(800) 242-0134	D+ / 2.6	5.88	7.42	18.93 /52	10.53 /32	9.45 /27	1.79	0.86
AA	● GE Strategic Investment Fd B	GESBX	D	(800) 242-0134	C- / 3.1	5.67	6.98	18.00 /45	9.68 /25	8.63 /20	1.21	1.61
AA	GE Strategic Investment Fd C	GECSX	C-	(800) 242-0134	C- / 3.1	5.68	7.03	18.04 /45	9.69 /25	8.66 /20	1.24	1.61
AA	● GE Strategic Investment Fd Y	GESDX	D+	(800) 242-0134	C- / 4.2	5.95	7.52	19.32 /55	11.03 /36	9.87 /31	2.09	0.61
GR	GE US Equity A	GEEQX	D	(800) 242-0134	D+ / 2.7	6.74	6.82	19.90 /59	10.29 /30	8.72 /20	1.20	0.78
GR	● GE US Equity B	GEEBX	D+	(800) 242-0134	C- / 3.1	6.55	6.43	19.00 /52	9.47 /24	7.91 /14	0.48	1.53
GR	GE US Equity C	GEECX	D	(800) 242-0134	C- / 3.1	6.55	6.42	19.02 /52	9.47 /24	7.95 /14	0.62	1.53
GR	● GE US Equity Y	GEEDX	C-	(800) 242-0134	C- / 4.1	6.81	6.93	20.20 /61	10.57 /32	9.00 /23	1.50	0.53
GR	GE Value Equity Fund A	ITVAX	C-	(800) 242-0134	C- / 4.0	6.87	7.61	21.84 /72	11.85 /44	9.63 /29	0.96	1.20
GR	● GE Value Equity Fund B	ITVBX	C	(800) 242-0134	C / 4.5	6.64	7.22	20.87 /66	11.03 /36	8.77 /21	0.15	1.95
GR	GE Value Equity Fund C	ITVCX	C-	(800) 242-0134	C / 4.5	6.70	7.18	20.93 /66	11.01 /36	8.81 /21	0.32	1.95
GR	● GE Value Equity Fund Y	ITVYX	C+	(800) 242-0134	C+ / 5.9	6.98	7.93	23.22 /78	12.37 /49	10.03 /33	0.83	0.96
HL	Genomics Fund	SATSX	E	(800) 527-9500	D- / 1.3	9.24	5.21	11.00 /10	6.75 / 8	12.78 /60	0.00	3.76
GI	Giant 5 Tot Index Sys Indep Shrs	INDEX	U	(800) 788-5680	U /	3.82	6.98	15.40 /28	--	--	0.00	1.36
GI	Giant 5 Tot Invest Sys Indep Shrs	FIVEX	U	(800) 788-5680	U /	5.47	10.21	17.53 /42	--	--	0.00	1.36
FO	Glenmede International Equity	GTCIX	C+	(800) 442-8299	A / 9.4	7.54	9.61	24.68 /82	27.03 /95	19.52 /91	1.56	1.11
GR	Glenmede Large Cap Growth Fund	GTLLX	B	(800) 442-8299	C+ / 6.0	6.32	9.19	19.72 /58	13.22 /56	--	0.43	0.88
GR	Glenmede Large Cap Value Fd	GTMEX	C+	(800) 442-8299	C+ / 5.8	4.64	5.74	17.54 /42	14.34 /64	12.24 /56	1.23	0.97
FO	Glenmede Philadelphia Intl Fund	GTIIX	A-	(800) 442-8299	A- / 9.0	7.61	9.74	25.15 /83	22.13 /89	16.09 /82	2.05	0.86
SC	Glenmede Small Cap Equity Adv	GTCSX	C-	(800) 442-8299	B- / 7.5	9.49	11.42	19.45 /56	15.42 /71	13.79 /68	0.00	0.92
SC	Glenmede Small Cap Equity I	GTSCX	C-	(800) 442-8299	B / 7.7	9.90	11.93	20.21 /61	15.83 /73	14.13 /70	0.00	0.72
GR	Glenmede Strategic Equity	GTCEX	B-	(800) 442-8299	C+ / 5.9	8.69	9.89	20.70 /65	12.14 /47	9.26 /25	0.44	0.86
SC	Glenmede U.S. Emerging Growth	GTGSX	C	(800) 442-8299	C / 5.1	8.14	9.46	14.73 /24	12.49 /50	11.93 /53	0.00	0.90
GL	Global Opportunities Bd Inst	GOBIX	U	(866) 811-7256	U /	0.70	1.15	--	--	--	0.00	0.65
GL	GMO Alpha Only Fund III	GGHEX	D+		E- / 0.2	1.91	2.70	5.21 / 2	4.49 / 2	3.48 / 1	1.98	0.67
GL	GMO Alpha Only Fund IV	GAPOX	U		U /	1.91	2.80	5.31 / 2	--	--	2.07	0.62
AA	GMO Benchmark Free Allocation III	GBMFX	B		B- / 7.3	5.48	6.94	16.84 /37	17.10 /78	--	3.75	0.67
FO	GMO Currency Hedged Intl Eq III	GMOCX	B+		B+ / 8.8	7.11	10.75	24.32 /81	21.49 /88	14.93 /76	0.00	0.74

● Denotes fund is closed to new investors
* Denotes fund is included in Section II

Summer 2007   I. Index of Stock Mutual Funds

RISK			NET ASSETS		ASSET				Portfolio	BULL / BEAR		FUND MANAGER		MINIMUMS		LOADS	
	3 Year		NAV							Last Bull	Last Bear	Manager	Manager	Initial	Additional	Front	Back
Risk	Standard		As of	Total	Cash	Stocks	Bonds	Other	Turnover	Market	Market	Quality	Tenure	Purch.	Purch.	End	End
Rating/Pts	Deviation	Beta	6/30/07	$(Mil)	%	%	%	%	Ratio	Return	Return	Pct	(Years)	$	$	Load	Load
C+ / 5.7	8.7	1.08	12.12	133	2	97	0	1	31.0	66.6	-9.3	13	6	5,000,000	0	0.0	0.0
C+ / 6.5	10.4	1.09	18.53	2,107	2	97	0	1	26.0	187.9	-9.3	50	10	5,000,000	0	0.0	2.0
C+ / 5.6	10.4	1.09	18.47	25	2	97	0	1	26.0	185.2	-9.4	47	N/A	5,000,000	0	0.0	2.0
B / 8.6	7.3	1.00	14.40	149	2	97	0	1	12.0	94.9	-9.7	51	6	5,000,000	0	0.0	0.0
C+ / 5.9	12.1	0.87	16.75	815	3	96	0	1	47.0	120.3	-9.6	71	9	5,000,000	0	0.0	0.0
B- / 7.6	5.8	1.24	12.89	107	2	73	23	2	143.0	70.5	-4.8	66	10	5,000,000	0	0.0	0.0
B / 8.2	6.8	0.90	14.21	668	1	98	0	1	56.0	76.8	-10.0	47	N/A	5,000,000	0	0.0	0.0
C+ / 6.3	6.9	0.92	14.18	36	1	98	0	1	56.0	79.1	-9.1	46	N/A	5,000,000	0	0.0	0.0
B- / 7.4	6.8	0.89	12.06	104	0	99	0	1	52.0	93.6	-8.7	77	N/A	5,000,000	0	0.0	0.0
C+ / 6.4	10.5	1.11	23.27	54	2	97	0	1	39.0	159.7	-9.2	37	13	500	100	5.8	2.0
C+ / 6.4	10.5	1.11	21.68	2	2	97	0	1	39.0	150.6	-9.3	30	13	500	100	0.0	2.0
C / 5.5	10.5	1.10	21.82	1	2	97	0	1	39.0	152.3	-9.3	30	8	500	100	0.0	2.0
C+ / 6.4	10.5	1.10	23.52	10	2	97	0	1	39.0	162.1	-9.2	41	13	500	100	0.0	2.0
C+ / 6.8	5.4	1.13	12.47	8	0	99	0	1	16.0	70.0	-5.3	75	N/A	500	25	0.0	0.0
C+ / 6.8	5.4	0.68	11.50	20	0	99	0	1	16.0	68.6	-5.4	74	9	500	25	0.0	0.0
C / 5.3	8.7	1.08	26.55	217	2	97	0	1	25.0	63.9	-9.5	11	11	500	100	5.8	0.0
C / 4.9	8.7	1.08	24.21	14	2	97	0	1	25.0	58.7	-9.7	9	11	500	100	0.0	0.0
C+ / 5.6	8.7	1.08	24.22	32	2	97	0	1	25.0	58.9	-9.7	9	11	500	100	0.0	0.0
C / 5.2	8.7	1.08	26.95	49	2	97	0	1	25.0	65.6	-9.5	12	11	500	100	0.0	0.0
B- / 7.3	7.0	0.92	49.61	4,839	0	99	0	1	40.0	82.6	-9.0	54	27	100	25	0.0	0.0
B- / 7.4	12.2	0.88	16.39	63	1	98	0	1	38.0	118.4	-11.8	64	N/A	500	100	5.8	0.0
C / 4.4	12.2	0.88	15.08	10	1	98	0	1	38.0	111.4	-11.9	54	N/A	500	100	0.0	0.0
B- / 7.4	12.3	0.88	15.03	8	1	98	0	1	38.0	111.3	-11.9	54	N/A	500	100	0.0	0.0
C / 5.2	12.3	0.88	16.75	9	1	98	0	1	38.0	120.7	-11.7	67	N/A	500	100	0.0	0.0
C+ / 5.6	5.8	1.24	25.92	144	0	77	21	2	118.0	69.1	-4.8	63	N/A	500	100	5.8	0.0
C+ / 5.7	5.8	1.24	24.99	15	0	77	21	2	118.0	63.9	-5.0	51	N/A	500	100	0.0	0.0
B- / 7.2	5.8	1.24	24.36	14	0	77	21	2	118.0	64.0	-5.0	51	N/A	500	100	0.0	0.0
C+ / 5.6	5.8	1.24	26.17	5	0	77	21	2	118.0	72.1	-4.7	68	N/A	500	100	0.0	0.0
C+ / 6.4	6.9	0.92	30.07	316	1	98	0	1	46.0	77.8	-9.2	44	N/A	500	100	5.8	0.0
C+ / 6.5	6.9	0.92	28.63	6	1	98	0	1	46.0	72.3	-9.4	35	N/A	500	100	0.0	0.0
C+ / 6.1	6.9	0.92	28.16	7	1	98	0	1	46.0	72.6	-9.4	35	N/A	500	100	0.0	0.0
C+ / 6.3	6.9	0.92	29.95	131	1	98	0	1	46.0	79.8	-9.2	48	N/A	500	100	0.0	0.0
B- / 7.0	6.8	0.89	12.45	64	0	99	0	1	52.0	87.0	-8.8	67	N/A	500	100	5.8	0.0
B- / 7.2	6.8	0.89	11.88	3	0	99	0	1	52.0	80.9	-8.9	57	N/A	500	100	0.0	0.0
C+ / 6.4	6.8	0.89	11.79	2	0	99	0	1	52.0	81.4	-8.9	57	N/A	500	100	0.0	0.0
B- / 7.3	6.9	0.90	13.48	N/A	0	99	0	1	52.0	90.1	-8.7	72	N/A	500	100	0.0	0.0
C / 4.3	16.7	1.38	3.43	4	N/A	100	0	N/A	34.6	112.4	-11.1	4	4	5,000	100	0.0	0.0
U /	N/A	N/A	16.86	25	N/A	69	30	N/A	N/A	N/A	N/A	N/A	1	2,500	100	0.0	2.0
U /	N/A	N/A	17.16	33	N/A	N/A	0	N/A	111.0	N/A	N/A	N/A	1	2,500	100	0.0	2.0
C- / 3.8	12.2	1.07	22.73	1,022	2	97	0	1	45.0	213.9	-11.0	81	19	25,000	1,000	0.0	0.0
B / 8.3	9.6	1.21	14.17	55	0	99	0	1	111.0	N/A	N/A	51	3	25,000	1,000	0.0	0.0
C+ / 6.7	7.0	0.86	12.07	48	0	99	0	1	92.0	116.0	-8.3	88	6	25,000	1,000	0.0	0.0
C+ / 6.5	9.1	0.95	22.64	584	3	96	0	1	49.0	172.8	-10.9	59	15	1,000,000	1,000	0.0	0.0
C- / 3.2	12.3	0.87	19.03	257	2	97	0	1	60.0	130.4	-6.5	85	15	25,000	1,000	0.0	0.0
C- / 3.3	12.3	0.88	19.42	N/A	2	97	0	1	60.0	133.5	-6.4	87	9	10,000,000	0	0.0	0.0
B- / 7.9	7.7	0.99	20.00	92	0	99	0	1	85.0	86.2	-10.0	61	N/A	25,000	1,000	0.0	0.0
C+ / 6.6	15.5	1.09	8.10	41	0	99	0	1	114.0	119.6	-13.1	32	8	25,000	1,000	0.0	0.0
U /	N/A	N/A	9.88	100	4	0	95	1	N/A	N/A	N/A	N/A	N/A	1,000,000	0	0.0	2.0
B+ / 9.9	1.7	0.03	10.65	164	11	88	0	1	22.0	16.1	2.9	64	N/A	10,000,000	0	0.1	0.1
U /	N/A	N/A	10.65	1,724	11	88	0	1	22.0	N/A	N/A	N/A	N/A	125,000,000	0	0.1	0.1
B- / 7.0	5.8	0.92	28.66	1,334	7	59	33	1	45.0	N/A	N/A	98	N/A	10,000,000	0	0.2	0.0
C+ / 6.1	8.1	0.68	8.14	238	1	98	0	1	18.0	145.4	-8.9	92	12	10,000,000	0	0.0	0.0

www.thestreet.com/ratings   Data as of June 30, 2007

I. Index of Stock Mutual Funds

Summer 2007

99 Pct = Best
0 Pct = Worst

Fund Type	Fund Name	Ticker Symbol	Overall Investment Rating	Phone	Performance Rating/Pts	3 Mo	6 Mo	1Yr / Pct	3Yr / Pct	5Yr / Pct	Dividend Yield	Expense Ratio
IN	GMO Developed World Stock III	GDWTX	U		U /	7.11	9.60	24.04 /80	--	--	1.37	0.75
IN	GMO Developed World Stock IV	GDWFX	U		U /	7.14	9.64	24.10 /80	--	--	1.39	0.70
EM	● GMO Emerging Countries Fund III	GMCEX	B		A+ / 9.8	15.41	17.67	42.58 /97	39.06 /98	31.66 /99	1.45	1.06
EM	● GMO Emerging Countries Fund M	GECMX	C+		A+ / 9.8	15.31	17.51	42.21 /97	38.65 /98	--	1.11	1.41
EM	● GMO Emerging Markets Fund III	GMOEX	B		A+ / 9.9	16.92	20.06	46.25 /98	41.96 /99	33.48 /99	1.81	1.10
EM	● GMO Emerging Markets Fund IV	GMEFX	C+		A+ / 9.9	16.92	20.12	46.32 /98	42.03 /99	33.52 /99	1.83	1.05
EM	● GMO Emerging Markets Fund V	GEMVX	C+		A+ / 9.9	16.88	20.03	46.24 /98	41.96 /99	--	1.84	1.03
EM	● GMO Emerging Markets Fund VI	GEMMX	C+		A+ / 9.9	16.95	20.15	46.43 /98	42.10 /99	--	1.87	1.00
EM	● GMO Emerging Markets Quality Fd III	GMASX	B		A+ / 9.7	12.29	14.13	38.52 /97	34.25 /97	28.96 /98	1.29	0.72
EM	● GMO Emerging Markets Quality Fd VI	GMQSX	U		U /	12.26	14.09	38.66 /97	--	--	1.36	0.62
FO	GMO Foreign Fund II	GMFRX	A+		A- / 9.1	6.54	10.50	27.48 /89	22.52 /90	19.22 /90	1.99	0.86
FO	GMO Foreign Fund III	GMOFX	B+		A- / 9.1	6.51	10.51	27.53 /89	22.62 /90	19.31 /90	2.06	0.79
FO	GMO Foreign Fund IV	GMFFX	B+		A- / 9.1	6.56	10.57	27.60 /89	22.69 /90	19.37 /91	2.12	0.73
FO	GMO Foreign Fund M	GMFMX	B+		A- / 9.0	6.46	10.35	27.15 /88	22.28 /90	18.96 /90	1.82	1.09
FO	● GMO Foreign Small Companies III	GMFSX	B+		A+ / 9.6	7.58	15.76	39.30 /97	30.13 /96	26.69 /97	1.79	0.95
FO	● GMO Foreign Small Companies IV	GFSFX	B-		A+ / 9.6	7.58	15.75	39.36 /97	30.18 /96	26.74 /97	1.84	0.90
GL	GMO Glb Bal Asset Allocation III	GMWAX	C+		C / 4.6	4.79	6.37	15.88 /31	12.87 /53	12.84 /61	3.32	0.54
GL	GMO Global Eq Allocation III	GMGEX	B-		B / 7.7	6.75	8.63	22.11 /73	16.51 /76	15.62 /79	2.78	0.58
FO	GMO International Core Eqty III	GMIEX	A+		A- / 9.0	6.68	11.61	25.81 /85	22.25 /90	18.89 /90	1.69	0.58
FO	GMO International Core Eqty IV	GMIRX	A+		A- / 9.0	6.71	11.64	25.87 /85	22.31 /90	--	1.75	0.52
FO	GMO International Core Eqty VI	GCEFX	U		U /	6.74	11.70	25.94 /85	--	--	1.80	0.48
GL	● GMO International Eq Alloc III	GIEAX	B+		A / 9.4	9.05	13.09	29.89 /92	25.87 /94	23.01 /95	3.82	0.73
FO	GMO International Growth Equity III	GMIGX	A+		B+ / 8.8	7.00	10.54	25.00 /83	21.20 /87	16.86 /84	1.35	0.72
FO	GMO International Growth Equity IV	GMGFX	U		U /	7.06	10.60	--	--	--	0.00	0.66
FO	GMO International Intrinsic Val II	GMICX	B+		A- / 9.1	6.72	11.68	25.96 /85	22.66 /90	20.59 /93	1.39	0.80
FO	GMO International Intrinsic Val III	GMOIX	A+		A- / 9.1	6.78	11.73	26.09 /86	22.76 /91	20.68 /93	1.43	0.73
FO	GMO International Intrinsic Val IV	GMCFX	A		A- / 9.1	6.78	11.76	26.16 /86	22.83 /91	20.75 /93	1.49	0.67
FO	GMO International Intrinsic Val M	GMVMX	B+		A- / 9.0	6.68	11.55	25.70 /85	22.38 /90	--	1.13	1.05
FO	GMO International Small Co III	GMISX	A+		A / 9.5	5.53	13.52	32.83 /95	27.45 /95	27.34 /97	1.75	0.80
GL	GMO Intl Oppor Equity Alloc III	GIOTX	U		U /	7.31	11.38	26.50 /87	--	--	2.95	0.68
RE	GMO Real Estate III	GMORX	E+		C+ / 6.4	-10.31	-8.63	9.48 / 7	19.58 /84	16.66 /84	2.60	0.53
AA	GMO Strategic Opp Allc III	GBATX	U		U /	4.99	7.22	18.48 /48	--	--	3.49	0.54
FO	GMO Tax Managed Intl Equities III	GTMIX	A+		A / 9.3	7.80	12.98	28.19 /90	24.28 /93	21.02 /93	1.66	0.77
IN	GMO Tax Managed US Equities Fd III	GTMUX	C-		D+ / 2.4	4.98	5.60	16.90 /37	9.10 /21	8.45 /18	1.37	0.56
SC	GMO Tax Mgd Small/Mid Cap Fd III	GTMSX	C		C / 4.9	4.03	7.48	14.42 /23	13.61 /59	12.58 /58	0.78	0.97
IN	GMO Tobacco Free Core III	GMTCX	D-		D / 1.8	4.85	5.17	16.37 /34	8.14 /15	8.14 /16	1.79	0.53
IN	GMO U.S. Quality Equity III	GQETX	D		D- / 1.2	4.53	4.43	17.51 /42	6.34 / 7	--	1.44	0.50
IN	GMO U.S. Quality Equity IV	GQEFX	D		D- / 1.2	4.54	4.49	17.50 /41	6.36 / 7	--	1.40	0.46
IN	GMO U.S. Quality Equity V	GQLFX	U		U /	4.59	4.49	--	--	--	0.00	0.45
IN	GMO U.S. Quality Equity VI	GQLOX	U		U /	4.55	4.50	--	--	--	0.00	0.42
IN	GMO US Core Eqty Fund III	GMUEX	C-		D / 2.0	4.85	5.13	16.30 /34	8.45 /17	8.45 /18	1.43	0.48
IN	GMO US Core Eqty Fund IV	GMRTX	C-		D / 2.0	4.88	5.16	16.41 /35	8.52 /17	8.51 /19	1.49	0.43
IN	GMO US Core Eqty Fund M	GMTMX	D+		D / 1.8	4.78	4.92	15.99 /32	8.12 /15	8.15 /16	1.16	0.78
IN	GMO US Core Eqty Fund VI	GMCQX	C-		D / 2.0	4.82	5.10	16.38 /34	8.55 /18	--	1.53	0.39
AA	GMO US Equity Allocation Fund-III	GMUSX	D-		D / 2.2	4.83	5.16	16.59 /36	8.91 /20	9.32 /26	2.16	0.67
GR	GMO US Growth Fund III	GMGWX	D-		E+ / 0.6	4.82	5.24	13.34 /18	4.80 / 3	6.73 / 7	0.86	0.50
GR	GMO US Growth Fund M	GMWMX	D-		E / 0.5	4.75	5.11	12.99 /16	4.50 / 2	--	0.49	0.80
GR	GMO US Intrinsic Value Fund III	GMVUX	C+		C / 4.4	5.68	6.12	19.71 /57	11.53 /41	10.96 /43	1.36	0.57
MC	GMO US S/M Cap Gwth Fd III	GMSPX	C-		C / 4.3	5.39	9.82	14.77 /25	12.20 /47	14.20 /71	0.50	0.91
GR	GMO US S/M cap Value Fd III	GMSUX	C+		C / 4.7	3.97	6.51	15.26 /27	13.50 /58	13.48 /65	1.24	0.50
GR	GMO US Value Fund III	GMLUX	C-		D / 1.9	4.42	4.32	16.41 /35	8.53 /17	8.68 /20	1.48	0.70
GR	GMO US Value Fund M	GMAMX	D+		D / 1.7	4.36	4.17	16.00 /32	8.21 /16	8.35 /17	1.21	1.00

● Denotes fund is closed to new investors
* Denotes fund is included in Section II

www.thestreet.com/ratings

Summer 2007   I. Index of Stock Mutual Funds

| RISK | | | NET ASSETS | | ASSET | | | | Portfolio Turnover Ratio | BULL / BEAR | | FUND MANAGER | | MINIMUMS | | LOADS | |
| | 3 Year | | NAV As of 6/30/07 | Total $(Mil) | Cash % | Stocks % | Bonds % | Other % | | Last Bull Market Return | Last Bear Market Return | Manager Quality Pct | Manager Tenure (Years) | Initial Purch. $ | Additional Purch. $ | Front End Load | Back End Load |
Risk Rating/Pts	Standard Deviation	Beta															
U /	N/A	N/A	26.83	296	8	91	0	1	43.0	N/A	N/A	N/A	N/A	10,000,000	0	0.3	0.3
U /	N/A	N/A	26.85	231	8	91	0	1	43.0	N/A	N/A	N/A	N/A	125,000,000	0	0.3	0.3
C / 4.4	16.4	1.08	19.25	369	1	98	0	1	58.0	324.5	-3.1	25	N/A	10,000,000	0	0.0	0.0
D+ / 2.6	16.4	1.08	19.06	31	1	98	0	1	58.0	319.3	-3.3	23	N/A	10,000,000	0	0.0	0.0
C / 4.5	16.6	1.09	25.08	4,569	1	97	0	2	44.0	347.2	-3.7	43	14	10,000,000	0	0.0	0.8
C- / 3.5	16.5	1.09	25.02	2,826	1	97	0	2	44.0	347.7	-3.6	43	N/A	125,000,000	0	0.8	0.8
C- / 3.5	16.6	1.09	24.99	928	1	97	0	2	44.0	N/A	N/A	42	N/A	250,000,000	0	0.8	0.8
C- / 3.5	16.6	1.09	25.04	5,730	1	97	0	2	44.0	N/A	N/A	44	N/A	300,000,000	0	0.8	0.8
C / 4.7	15.1	0.96	13.25	351	2	97	0	1	17.0	296.4	0.4	25	N/A	10,000,000	0	0.0	0.5
U /	N/A	N/A	13.28	600	2	97	0	1	17.0	N/A	N/A	N/A	N/A	300,000,000	0	0.0	0.5
B- / 7.3	9.2	0.98	20.21	1,035	2	97	0	1	23.0	185.5	-5.7	56	N/A	10,000,000	0	0.0	0.0
C+ / 6.1	9.1	0.98	20.29	5,070	2	97	0	1	23.0	186.6	-5.8	58	N/A	35,000,000	0	0.0	0.0
C+ / 6.1	9.2	0.98	20.30	3,571	2	97	0	1	23.0	187.5	-5.8	58	N/A	250,000,000	0	0.0	0.0
C+ / 6.1	9.2	0.98	20.26	9	2	97	0	1	23.0	182.9	-5.8	54	N/A	10,000,000	0	0.0	0.0
C+ / 5.8	10.4	1.06	20.57	429	4	95	0	1	37.0	282.7	-2.9	94	N/A	10,000,000	0	0.0	0.0
C- / 4.2	10.4	1.06	20.58	810	4	95	0	1	37.0	283.6	-2.9	94	N/A	125,000,000	0	0.0	0.0
B / 8.6	4.9	0.97	12.70	3,299	5	61	32	2	23.0	92.0	-1.8	91	N/A	10,000,000	0	0.1	0.1
C+ / 6.2	7.8	1.55	12.97	387	0	96	3	1	20.0	134.8	-5.6	92	N/A	10,000,000	0	0.0	0.0
B / 8.2	9.5	1.01	43.25	950	6	93	0	1	47.0	181.1	-5.3	46	N/A	10,000,000	0	0.0	0.0
B / 8.2	9.5	1.01	43.24	834	6	93	0	1	47.0	N/A	N/A	46	N/A	125,000,000	0	0.0	0.0
U /	N/A	N/A	43.24	3,638	6	93	0	1	47.0	N/A	N/A	N/A	N/A	300,000,000	0	0.0	0.0
C+ / 5.6	10.5	1.61	20.13	837	0	100	0	0	4.0	216.2	-3.8	99	N/A	10,000,000	0	0.2	0.2
B / 8.0	10.1	1.06	34.40	1,051	4	95	0	1	74.0	154.7	-5.9	27	N/A	10,000,000	0	0.0	0.0
U /	N/A	N/A	34.43	3,139	4	95	0	1	74.0	N/A	N/A	N/A	1	125,000,000	0	0.0	0.0
C+ / 6.1	8.8	0.93	38.25	634	3	96	0	1	36.0	195.7	-3.8	68	N/A	10,000,000	0	0.0	0.0
B / 8.6	8.8	0.93	38.58	2,977	3	96	0	1	36.0	196.6	-3.8	69	N/A	35,000,000	0	0.0	0.0
B- / 7.0	8.8	0.93	38.57	4,915	3	96	0	1	36.0	197.3	-3.8	70	N/A	125,000,000	0	0.0	0.0
C+ / 6.1	8.8	0.93	38.15	20	3	96	0	1	36.0	N/A	N/A	65	N/A	10,000,000	0	0.0	0.0
B- / 7.8	11.6	1.19	12.97	805	3	96	0	1	48.0	300.0	-4.1	60	N/A	10,000,000	0	0.6	0.6
U /	N/A	N/A	24.38	582	0	100	0	0	1.0	N/A	N/A	N/A	N/A	10,000,000	0	0.0	0.0
E / 0.5	15.3	1.04	11.22	36	3	96	0	1	43.0	171.1	-0.6	56	N/A	10,000,000	0	0.0	0.0
U /	N/A	N/A	25.23	577	0	64	35	1	23.0	N/A	N/A	N/A	2	10,000,000	0	0.1	0.1
B- / 7.1	9.5	1.01	23.07	1,236	2	97	0	1	34.0	201.7	-5.1	69	N/A	5,000,000	0	0.0	0.0
B / 8.1	8.0	1.03	14.19	125	1	98	0	1	67.0	78.2	-9.0	24	N/A	5,000,000	0	0.0	0.0
C+ / 6.9	11.8	0.84	21.00	25	2	97	0	1	65.0	131.8	-8.9	75	N/A	5,000,000	0	0.5	End
C+ / 5.9	7.8	1.02	13.04	186	3	96	0	1	73.0	74.8	-9.1	19	N/A	10,000,000	0	0.0	0.0
B / 8.1	7.6	0.90	22.81	1,800	5	94	0	1	50.0	N/A	N/A	14	N/A	10,000,000	0	0.0	0.0
B / 8.1	7.5	0.90	22.83	646	5	94	0	1	50.0	N/A	N/A	14	N/A	125,000,000	0	0.0	0.0
U /	N/A	N/A	22.82	415	5	94	0	1	50.0	N/A	N/A	N/A	N/A	250,000,000	0	0.0	0.0
U /	N/A	N/A	22.82	3,343	5	94	0	1	50.0	N/A	N/A	N/A	N/A	300,000,000	0	0.0	0.0
B / 8.3	7.9	1.03	14.79	1,856	0	99	0	1	78.0	76.9	-8.7	20	N/A	10,000,000	0	0.0	0.0
B / 8.3	7.9	1.03	14.77	640	0	99	0	1	78.0	77.3	-8.7	20	N/A	125,000,000	0	0.0	0.0
B / 8.2	7.9	1.03	14.76	131	0	99	0	1	78.0	75.0	-8.8	18	N/A	10,000,000	0	0.0	0.0
B / 8.3	7.9	1.03	14.76	1,954	0	99	0	1	78.0	N/A	N/A	21	N/A	300,000,000	0	0.0	0.0
C+ / 5.8	7.8	1.66	6.73	142	0	100	0	0	35.0	87.8	-7.2	22	N/A	10,000,000	0	0.0	0.0
B- / 7.7	8.9	1.13	18.11	216	3	96	0	1	111.0	58.3	-7.2	4	N/A	10,000,000	0	0.0	0.0
B- / 7.7	8.9	1.13	18.05	84	3	96	0	1	111.0	56.3	-7.3	4	N/A	10,000,000	0	0.0	0.0
B / 8.8	7.8	1.00	10.29	38	1	98	0	1	72.0	102.1	-9.4	51	N/A	10,000,000	0	0.0	0.0
C+ / 6.7	13.7	1.27	20.11	26	3	96	0	1	109.0	132.0	-8.8	9	N/A	10,000,000	0	0.5	0.5
B- / 7.9	10.8	1.28	10.44	60	3	96	0	1	79.0	140.4	-7.8	47	N/A	10,000,000	0	0.5	0.5
B / 8.5	7.1	0.90	11.29	32	3	96	0	1	79.0	86.7	-7.5	27	N/A	10,000,000	0	0.0	0.0
B / 8.4	7.0	0.90	11.25	13	3	96	0	1	79.0	84.3	-7.5	25	N/A	10,000,000	0	0.0	0.0

www.thestreet.com/ratings   Data as of June 30, 2007

I. Index of Stock Mutual Funds

Summer 2007

						PERFORMANCE						
	99 Pct = Best			Overall		Perfor-	Total Return % through 6/30/07					Incl. in Returns
	0 Pct = Worst		Ticker	Investment		mance				Annualized		Dividend Expense
Fund Type	Fund Name		Symbol	Rating	Phone	Rating/Pts	3 Mo	6 Mo	1Yr / Pct	3Yr / Pct	5Yr / Pct	Yield Ratio
AA	GMO World Opp Equity Alloc - III		GWOAX	U		U /	6.63	9.29	23.46 /79	--	--	2.69 0.64
FO	Goldman Sachs Asia Equity A		GSAGX	B+	(800) 292-4726	A+ / 9.6	16.99	17.58	39.04 /97	28.17 /95	19.03 /90	0.34 1.87
FO	Goldman Sachs Asia Equity B		GSABX	B+	(800) 292-4726	A+ / 9.6	16.75	17.16	38.04 /97	27.17 /95	18.22 /88	0.00 2.62
FO	Goldman Sachs Asia Equity C		GSACX	B+	(800) 292-4726	A+ / 9.6	16.86	17.20	38.04 /97	27.24 /95	18.18 /88	0.00 2.62
FO	Goldman Sachs Asia Equity Inst		GSAIX	B+	(800) 292-4726	A+ / 9.6	17.11	17.85	39.61 /97	28.67 /95	19.68 /91	0.64 1.47
BA	Goldman Sachs Balanced A		GSBFX	D	(800) 292-4726	D- / 1.0	3.06	4.01	14.17 /21	8.60 /18	8.22 /16	2.53 1.27
BA	Goldman Sachs Balanced B		GSBBX	D	(800) 292-4726	D- / 1.2	2.83	3.64	13.35 /18	7.79 /13	7.42 /11	1.97 2.02
BA	Goldman Sachs Balanced C		GSBCX	D	(800) 292-4726	D- / 1.2	2.85	3.63	13.36 /18	7.78 /13	7.42 /11	2.01 2.02
BA	Goldman Sachs Balanced Inst		GSBIX	C-	(800) 292-4726	D / 2.0	3.17	4.26	14.71 /24	9.40 /24	8.87 /22	3.00 0.87
AA	Goldman Sachs Balanced Strat A		GIPAX	D-	(800) 292-4726	E+ / 0.9	2.31	4.18	11.24 /11	9.32 /23	8.42 /18	2.33 1.52
AA	Goldman Sachs Balanced Strat B		GIPBX	D	(800) 292-4726	D- / 1.1	2.03	3.79	10.31 / 9	8.46 /17	7.61 /12	1.74 2.27
AA	Goldman Sachs Balanced Strat C		GIPCX	D	(800) 292-4726	D- / 1.2	2.05	3.73	10.37 / 9	8.48 /17	7.60 /12	1.80 2.27
AA	Goldman Sachs Balanced Strat Inst		GIPIX	D+	(800) 292-4726	D / 1.8	2.32	4.37	11.64 /12	9.76 /26	8.85 /21	2.81 1.03
AA	Goldman Sachs Balanced Strat Svc		GIPSX	D	(800) 292-4726	D- / 1.5	2.28	4.20	11.11 /11	9.22 /22	8.33 /17	2.36 1.53
BA	Goldman Sachs Balanced Svc		GSBSX	D+	(800) 292-4726	D- / 1.5	3.07	4.04	14.12 /21	8.44 /17	8.11 /15	2.44 1.37
EM	Goldman Sachs BRIC A		GBRAX	U	(800) 292-4726	U /	18.77	18.68	53.33 /99	--	--	0.12 2.42
EM	Goldman Sachs BRIC C		GBRCX	U	(800) 292-4726	U /	18.58	18.30	52.13 /99	--	--	0.13 3.17
EM	Goldman Sachs BRIC Inst		GBRIX	U	(800) 292-4726	U /	18.95	19.04	54.03 /99	--	--	0.13 7.16
GR	Goldman Sachs Capital Growth A		GSCGX	D	(800) 292-4726	D / 1.7	7.96	7.91	17.53 /42	8.16 /15	7.77 /13	0.00 1.44
GR	Goldman Sachs Capital Growth B		GSCBX	D	(800) 292-4726	D / 2.0	7.74	7.53	16.65 /36	7.36 /11	6.97 / 8	0.00 2.19
GR	Goldman Sachs Capital Growth C		GSPCX	D	(800) 292-4726	D / 2.0	7.80	7.54	16.68 /36	7.35 /11	6.96 / 8	0.00 2.19
GR	Goldman Sachs Capital Growth Inst		GSPIX	C-	(800) 292-4726	D+ / 2.9	8.06	8.11	17.98 /45	8.58 /18	8.20 /16	0.00 1.04
GR	Goldman Sachs Capital Growth Svc		GSPSX	D+	(800) 292-4726	D+ / 2.5	7.92	7.87	17.44 /41	8.04 /15	7.66 /12	0.00 1.54
GR	Goldman Sachs Concentrated Gr A		GCGAX	D	(800) 292-4726	C- / 3.0	9.78	9.78	21.08 /67	9.26 /23	--	0.00 1.64
GR	Goldman Sachs Concentrated Gr B		GCGBX	D+	(800) 292-4726	C- / 3.4	9.60	9.44	20.15 /61	8.44 /17	--	0.00 2.39
GR	Goldman Sachs Concentrated Gr C		GCGCX	D+	(800) 292-4726	C- / 3.4	9.63	9.38	20.10 /60	8.43 /17	--	0.00 2.39
GR	Goldman Sachs Concentrated Gr Inst		GCRIX	C	(800) 292-4726	C / 4.6	9.91	10.07	21.61 /70	9.70 /26	--	0.00 1.24
GR	Goldman Sachs Concentrated Gr Svc		GCGSX	C-	(800) 292-4726	C- / 4.0	9.72	9.72	20.94 /66	9.16 /22	--	0.00 1.68
EM	Goldman Sachs Emerg Mkts Eq A		GEMAX	B-	(800) 292-4726	A+ / 9.7	11.91	14.38	39.12 /97	37.06 /98	28.37 /98	0.28 1.81
EM	Goldman Sachs Emerg Mkts Eq B		GEKBX	B-	(800) 292-4726	A+ / 9.7	11.69	13.96	38.08 /97	36.11 /98	27.59 /97	0.00 2.56
EM	Goldman Sachs Emerg Mkts Eq C		GEMCX	B-	(800) 292-4726	A+ / 9.7	11.69	13.95	38.06 /97	36.04 /98	27.49 /97	0.00 2.56
EM	Goldman Sachs Emerg Mkts Eq Inst		GEMIX	B-	(800) 292-4726	A+ / 9.8	12.00	14.57	39.62 /97	37.58 /98	28.98 /98	1.04 1.41
EM	Goldman Sachs Emerg Mkts Eq Svc		GEMSX	B-	(800) 292-4726	A+ / 9.8	11.90	14.35	38.96 /97	36.91 /98	28.36 /98	0.54 1.91
AA	Goldman Sachs Equity Gr Strg A		GAPAX	B-	(800) 292-4726	B- / 7.4	5.10	7.98	22.06 /73	18.19 /81	15.35 /78	1.35 1.61
AA	Goldman Sachs Equity Gr Strg B		GAPBX	B-	(800) 292-4726	B / 7.7	4.89	7.59	21.12 /67	17.30 /79	14.48 /73	0.79 2.36
AA	Goldman Sachs Equity Gr Strg C		GAXCX	B-	(800) 292-4726	B / 7.7	4.91	7.62	21.20 /68	17.31 /79	14.48 /73	1.04 2.36
AA	Goldman Sachs Equity Gr Strg Inst		GAPIX	B	(800) 292-4726	B / 8.2	5.16	8.21	22.55 /75	18.64 /82	15.80 /80	1.64 0.28
AA	Goldman Sachs Equity Gr Strg Svc		GAPSX	B	(800) 292-4726	B / 7.9	5.01	7.91	21.88 /72	18.05 /81	15.22 /77	1.53 0.78
AA	Goldman Sachs Gr & Inc Strat A		GOIAX	D+	(800) 292-4726	C- / 3.1	3.41	5.40	15.07 /26	12.99 /54	11.74 /51	1.88 1.56
AA	Goldman Sachs Gr & Inc Strat B		GOIBX	C-	(800) 292-4726	C- / 3.5	3.15	5.03	14.19 /22	12.11 /46	10.91 /42	1.31 2.31
AA	Goldman Sachs Gr & Inc Strat C		GOICX	C-	(800) 292-4726	C- / 3.5	3.17	5.07	14.18 /22	12.16 /47	10.91 /42	1.36 2.31
AA	Goldman Sachs Gr & Inc Strat Inst		GOIIX	C	(800) 292-4726	C / 4.7	3.50	5.58	15.53 /29	13.43 /58	12.19 /55	2.33 1.07
AA	Goldman Sachs Gr & Inc Strat Svc		GOISX	C-	(800) 292-4726	C- / 4.1	3.31	5.35	14.89 /25	12.86 /53	11.62 /50	1.89 1.57
GI	Goldman Sachs Growth & Income A		GSGRX	B	(800) 292-4726	C+ / 5.8	5.66	6.75	23.31 /78	14.60 /66	12.87 /61	1.12 1.18
GI	Goldman Sachs Growth & Income B		GSGBX	B+	(800) 292-4726	C+ / 6.2	5.48	6.38	22.39 /74	13.75 /60	12.04 /54	0.54 1.93
GI	Goldman Sachs Growth & Income C		GSGCX	B+	(800) 292-4726	C+ / 6.2	5.49	6.38	22.42 /75	13.74 /60	12.03 /54	0.60 1.93
GI	Goldman Sachs Growth & Income		GSIIX	A	(800) 292-4726	B- / 7.1	5.79	6.97	23.86 /80	15.05 /69	13.33 /64	1.52 0.79
GI	Goldman Sachs Growth & Income		GSGSX	B	(800) 292-4726	C+ / 6.8	5.68	6.72	23.21 /78	14.48 /65	12.77 /60	1.11 1.29
MC	Goldman Sachs Growth Opp A		GGOAX	C-	(800) 292-4726	C / 5.5	9.08	15.00	23.14 /78	11.77 /43	12.42 /57	0.00 1.47
MC	Goldman Sachs Growth Opp B		GGOBX	C	(800) 292-4726	C+ / 5.9	8.87	14.65	22.27 /74	10.95 /35	11.58 /49	0.00 2.22
MC	Goldman Sachs Growth Opp C		GGOCX	C	(800) 292-4726	C+ / 6.0	8.89	14.66	22.27 /74	10.97 /35	11.59 /50	0.00 2.22
MC	Goldman Sachs Growth Opp Inst		GGOIX	C+	(800) 292-4726	C+ / 6.9	9.20	15.28	23.68 /79	12.22 /47	12.87 /61	0.00 1.07

● Denotes fund is closed to new investors
* Denotes fund is included in Section II

www.thestreet.com/ratings

Summer 2007   **I. Index of Stock Mutual Funds**

RISK			NET ASSETS		ASSET				Portfolio	BULL / BEAR		FUND MANAGER		MINIMUMS		LOADS	
	3 Year		NAV							Last Bull	Last Bear	Manager	Manager	Initial	Additional	Front	Back
Risk	Standard		As of	Total	Cash	Stocks	Bonds	Other	Turnover	Market	Market	Quality	Tenure	Purch.	Purch.	End	End
Rating/Pts	Deviation	Beta	6/30/07	$(Mil)	%	%	%	%	Ratio	Return	Return	Pct	(Years)	$	$	Load	Load
U /	N/A	N/A	26.36	985	0	100	0	0	12.0	N/A	N/A	N/A	2	10,000,000	0	0.0	0.0
C / 5.2	14.8	1.22	21.07	124	8	90	0	2	162.0	176.1	-11.3	62	N/A	1,000	50	5.5	2.0
C / 5.2	14.8	1.22	20.14	3	8	90	0	2	162.0	168.4	-11.5	51	N/A	1,000	50	0.0	2.0
C / 5.2	14.8	1.22	20.03	5	8	90	0	2	162.0	168.1	-11.5	51	N/A	1,000	50	0.0	2.0
C / 5.2	14.8	1.22	22.18	71	8	90	0	2	162.0	182.8	-11.2	67	N/A	1,000,000	0	0.0	2.0
B / 8.2	4.4	0.99	20.69	183	0	60	40	0	256.0	58.1	-3.7	54	13	1,000	50	5.5	0.0
B / 8.2	4.4	0.98	20.55	17	0	60	40	0	256.0	53.1	-3.8	43	11	1,000	50	0.0	0.0
B / 8.2	4.4	0.98	20.51	8	0	60	40	0	256.0	53.1	-3.8	43	10	1,000	50	0.0	0.0
B / 8.2	4.5	1.01	20.97	3	0	60	40	0	256.0	62.3	-3.6	63	10	1,000,000	0	0.0	0.0
B- / 7.8	3.8	0.78	11.59	321	0	50	49	1	89.0	59.8	-2.1	75	N/A	1,000	50	5.5	0.0
B- / 7.8	3.8	0.78	11.58	38	0	50	49	1	89.0	54.7	-2.3	66	N/A	1,000	50	0.0	0.0
B- / 7.8	3.8	0.77	11.58	137	0	50	49	1	89.0	54.7	-2.3	67	N/A	1,000	50	0.0	0.0
B- / 7.8	3.8	0.77	11.59	98	0	50	49	1	89.0	62.5	-2.0	80	9	1,000,000	0	0.0	0.0
B- / 7.8	3.8	0.78	11.61	8	0	50	49	1	89.0	59.1	-2.2	74	N/A	0	0	0.0	0.0
B / 8.3	4.4	0.98	20.73	N/A	0	60	40	0	256.0	57.3	-3.7	52	10	0	0	0.0	0.0
U /	N/A	N/A	15.31	193	3	96	0	1	8.0	N/A	N/A	N/A	N/A	1,000	50	5.5	2.0
U /	N/A	N/A	15.19	67	3	96	0	1	8.0	N/A	N/A	N/A	N/A	1,000	50	0.0	2.0
U /	N/A	N/A	15.38	28	3	96	0	1	8.0	N/A	N/A	N/A	N/A	1,000,000	0	0.0	2.0
B- / 7.1	9.2	1.15	24.00	1,402	0	99	0	1	51.0	71.0	-11.0	13	N/A	1,000	50	5.5	0.0
B- / 7.3	9.2	1.14	22.00	95	0	99	0	1	51.0	65.6	-11.2	10	N/A	1,000	50	0.0	0.0
B- / 7.3	9.2	1.15	21.97	80	0	99	0	1	51.0	65.6	-11.1	10	N/A	1,000	50	0.0	0.0
B- / 7.4	9.2	1.15	24.80	308	0	99	0	1	51.0	74.0	-10.9	16	N/A	1,000,000	0	0.0	0.0
B- / 7.3	9.2	1.15	23.70	11	0	99	0	1	51.0	70.3	-11.0	13	N/A	0	0	0.0	0.0
C+ / 6.4	10.1	1.24	14.93	88	1	98	0	1	48.0	70.1	-12.3	15	N/A	1,000	50	5.5	0.0
C+ / 6.7	10.1	1.24	14.38	1	1	98	0	1	48.0	64.7	-12.5	11	N/A	1,000	50	0.0	0.0
C+ / 6.7	10.1	1.24	14.35	1	1	98	0	1	48.0	64.6	-12.5	11	N/A	1,000	50	0.0	0.0
C+ / 6.8	10.1	1.24	15.19	162	1	98	0	1	48.0	73.0	-12.2	17	N/A	1,000,000	0	0.0	0.0
C+ / 6.7	10.1	1.24	14.90	N/A	1	98	0	1	48.0	69.7	-12.3	14	N/A	0	0	0.0	0.0
C- / 4.0	17.9	1.17	26.40	653	6	93	0	1	101.0	289.4	-7.9	6	N/A	1,000	50	5.5	2.0
C- / 3.9	17.9	1.17	25.31	16	6	93	0	1	101.0	279.1	-8.0	4	N/A	1,000	50	0.0	2.0
C- / 3.9	17.9	1.17	25.32	28	6	93	0	1	101.0	278.7	-8.0	4	N/A	1,000	50	0.0	2.0
C- / 4.0	17.9	1.17	27.53	1,268	6	93	0	1	101.0	297.5	-7.7	6	N/A	1,000,000	0	0.0	2.0
C- / 4.0	17.9	1.17	26.14	3	6	93	0	1	101.0	289.3	-7.9	5	N/A	0	0	0.0	2.0
C+ / 6.3	8.7	1.69	17.32	567	0	100	0	0	35.0	149.8	-8.7	95	9	1,000	50	5.5	0.0
C+ / 6.2	8.7	1.70	16.73	59	0	100	0	0	35.0	141.7	-8.7	92	9	1,000	50	0.0	0.0
C+ / 6.2	8.7	1.70	16.66	314	0	100	0	0	35.0	141.8	-8.9	92	9	1,000	50	0.0	0.0
C+ / 6.3	8.8	1.71	17.53	46	0	100	0	0	35.0	153.7	-8.5	95	9	1,000,000	0	0.0	0.0
C+ / 6.3	8.7	1.69	17.18	7	0	100	0	0	35.0	148.5	-8.6	94	9	0	0	0.0	0.0
B- / 7.0	5.8	1.17	13.58	1,863	3	69	26	2	84.0	92.9	-3.6	87	N/A	1,000	50	5.5	0.0
B- / 7.0	5.8	1.17	13.55	165	3	69	26	2	84.0	86.7	-3.7	82	N/A	1,000	50	0.0	0.0
B- / 7.0	5.7	1.17	13.52	664	3	69	26	2	84.0	86.9	-3.8	82	N/A	1,000	50	0.0	0.0
B- / 7.0	5.7	1.17	13.62	421	3	69	26	2	84.0	96.2	-3.5	89	N/A	1,000,000	0	0.0	0.0
B- / 7.0	5.8	1.17	13.55	12	3	69	26	2	84.0	92.1	-3.6	86	N/A	0	0	0.0	0.0
B / 8.6	6.7	0.83	31.33	1,592	0	99	0	1	51.0	114.7	-6.8	90	14	1,000	50	5.5	0.0
B / 8.6	6.7	0.83	30.47	157	0	99	0	1	51.0	108.0	-7.0	87	11	1,000	50	0.0	0.0
B / 8.6	6.7	0.83	30.35	67	0	99	0	1	51.0	107.9	-7.0	87	N/A	1,000	50	0.0	0.0
B / 8.6	6.7	0.83	31.73	75	0	99	0	1	51.0	118.3	-6.7	92	11	1,000,000	0	0.0	0.0
B / 8.6	6.7	0.83	31.33	2	0	99	0	1	51.0	113.8	-6.9	90	11	0	0	0.0	0.0
C+ / 5.6	11.4	1.02	24.99	967	N/A	N/A	0	N/A	82.0	107.6	-10.3	19	N/A	1,000	50	5.5	0.0
C+ / 5.6	11.4	1.02	23.56	65	N/A	N/A	0	N/A	82.0	101.3	-10.6	15	N/A	1,000	50	0.0	0.0
C+ / 5.6	11.4	1.02	23.39	128	N/A	N/A	0	N/A	82.0	101.2	-10.5	15	N/A	1,000	50	0.0	0.0
C+ / 5.7	11.4	1.02	25.88	860	N/A	N/A	0	N/A	82.0	111.3	-10.3	23	N/A	1,000,000	0	0.0	0.0

www.thestreet.com/ratings   Data as of June 30, 2007

I. Index of Stock Mutual Funds

Summer 2007

	99 Pct = Best 0 Pct = Worst			**Overall**		**PERFORMANCE**						
						Perfor-	\multicolumn{5}{c	}{Total Return % through 6/30/07}	\multicolumn{2}{c	}{Incl. in Returns}
Fund		Ticker	**Investment**			**mance**				\multicolumn{2}{c|}{Annualized}	Dividend	Expense
Type	Fund Name	Symbol	**Rating**	Phone		**Rating/Pts**	3 Mo	6 Mo	1Yr / Pct	3Yr / Pct	5Yr / Pct	Yield	Ratio

Fund Type	Fund Name	Ticker Symbol	Overall Investment Rating	Phone	Performance Rating/Pts	3 Mo	6 Mo	1Yr / Pct	3Yr / Pct	5Yr / Pct	Dividend Yield	Expense Ratio
MC	Goldman Sachs Growth Opp Svc	GGOSX	C	(800) 292-4726	C+ / 6.5	9.12	15.06	23.11 /77	11.68 /42	12.32 /56	0.00	1.57
AA	Goldman Sachs Growth Strategy A	GGSAX	C	(800) 292-4726	C+ / 5.6	4.29	6.73	18.46 /48	15.64 /72	13.71 /67	1.58	1.60
AA	Goldman Sachs Growth Strategy B	GGSBX	C+	(800) 292-4726	C+ / 6.0	4.10	6.31	17.54 /42	14.75 /67	12.88 /61	1.05	2.35
AA	Goldman Sachs Growth Strategy C	GGSCX	C+	(800) 292-4726	C+ / 6.0	4.06	6.36	17.59 /42	14.76 /67	12.88 /61	1.25	2.35
AA	Goldman Sachs Growth Strategy Inst	GGSIX	C+	(800) 292-4726	B- / 7.0	4.41	6.91	18.92 /52	16.09 /74	14.18 /71	1.90	1.11
AA	Goldman Sachs Growth Strategy Svc	GGSSX	C+	(800) 292-4726	C+ / 6.6	4.17	6.61	18.30 /47	15.51 /71	13.61 /66	1.50	1.61
TC	Goldman Sachs Internet Tollkp A	GITAX	D	(800) 292-4726	C / 4.3	6.16	8.63	24.30 /81	11.68 /42	14.50 /73	0.00	1.56
TC	Goldman Sachs Internet Tollkp B	GITBX	D+	(800) 292-4726	C / 4.9	5.95	8.30	23.47 /79	10.84 /34	13.67 /67	0.00	2.31
TC	Goldman Sachs Internet Tollkp C	GITCX	D	(800) 292-4726	C / 4.8	5.84	8.19	23.33 /78	10.80 /34	13.64 /67	0.00	2.31
TC	Goldman Sachs Internet Tollkp I	GITIX	C-	(800) 292-4726	C+ / 5.9	6.18	8.81	24.75 /82	12.11 /46	14.98 /76	0.00	1.19
TC	Goldman Sachs Internet Tollkp Svc	GITSX	C-	(800) 292-4726	C / 5.4	5.97	8.57	24.17 /81	11.50 /41	14.45 /73	0.00	1.69
FO	Goldman Sachs Intl Con Equity A	GSIFX	B-	(800) 292-4726	B- / 7.2	4.45	6.34	22.18 /73	18.59 /82	13.49 /66	0.60	1.58
FO	Goldman Sachs Intl Con Equity B	GSEBX	B	(800) 292-4726	B- / 7.4	4.29	5.96	21.28 /69	17.68 /80	12.76 /60	0.00	2.33
FO	Goldman Sachs Intl Con Equity C	GSICX	B	(800) 292-4726	B- / 7.4	4.25	5.91	21.26 /68	17.71 /80	12.75 /60	0.12	2.33
FO	Goldman Sachs Intl Con Equity Inst	GSIEX	B+	(800) 292-4726	B / 8.0	4.56	6.55	22.63 /76	19.05 /83	14.06 /70	0.93	1.18
FO	Goldman Sachs Intl Con Equity Svc	GSISX	B	(800) 292-4726	B / 7.8	4.42	6.30	22.05 /73	18.46 /82	13.48 /66	0.69	1.68
RE	Goldman Sachs Intl Rel Est Sec A	GIRAX	U	(800) 292-4726	U /	-3.36	4.77	--	--	--	0.00	2.13
RE	Goldman Sachs Intl Rel Est Sec Inst	GIRIX	U	(800) 292-4726	U /	-3.28	5.00	--	--	--	0.00	1.18
FO	Goldman Sachs Intl Sm Cap A	GISAX	B	(800) 292-4726	B+ / 8.6	4.40	11.58	22.45 /75	23.12 /91	20.28 /92	0.78	1.79
FO	Goldman Sachs Intl Sm Cap B	GISBX	B	(800) 292-4726	B+ / 8.7	4.21	11.13	21.56 /70	22.19 /90	19.47 /91	0.00	2.54
FO	Goldman Sachs Intl Sm Cap C	GISCX	B	(800) 292-4726	B+ / 8.7	4.19	11.11	21.50 /70	22.19 /90	19.44 /91	0.27	2.54
FO	Goldman Sachs Intl Sm Cap Inst	GISIX	B	(800) 292-4726	A- / 9.0	4.48	11.73	22.90 /77	23.59 /92	20.84 /93	1.10	1.39
FO	Goldman Sachs Intl Sm Cap Serv	GISSX	B	(800) 292-4726	B+ / 8.9	4.37	11.46	22.29 /74	22.96 /91	20.22 /92	0.89	1.89
FO	Goldman Sachs Japanese Equity A	GSJAX	E	(800) 292-4726	E+ / 0.6	0.08	0.66	3.40 / 1	10.32 /30	7.84 /14	0.00	1.93
FO	Goldman Sachs Japanese Equity B	GSJBX	E	(800) 292-4726	E+ / 0.8	-0.09	0.35	2.57 / 1	9.47 /24	7.10 / 9	0.00	2.68
FO	Goldman Sachs Japanese Equity C	GSJCX	E	(800) 292-4726	E+ / 0.8	-0.09	0.35	2.67 / 1	9.48 /24	7.11 / 9	0.00	2.68
FO	Goldman Sachs Japanese Equity Inst	GSJIX	E+	(800) 292-4726	D- / 1.3	0.24	0.96	3.85 / 1	10.79 /34	8.37 /18	0.07	1.53
FO	Goldman Sachs Japanese Equity Svc	GSJSX	E	(800) 292-4726	D- / 1.0	0.08	0.65	3.27 / 1	10.22 /30	7.94 /14	0.00	2.03
GI	Goldman Sachs Large Cap Value A	GSLAX	B-	(800) 292-4726	C+ / 5.6	6.46	7.35	21.96 /72	14.31 /64	12.93 /61	0.70	1.23
GI	Goldman Sachs Large Cap Value B	GSVBX	B	(800) 292-4726	C+ / 6.0	6.27	6.95	21.04 /67	13.45 /58	12.08 /54	0.12	1.98
GI	Goldman Sachs Large Cap Value C	GSVCX	B-	(800) 292-4726	C+ / 6.0	6.24	6.92	21.00 /67	13.43 /58	12.10 /55	0.34	1.98
GI	Goldman Sachs Large Cap Value Inst	GSLIX	B+	(800) 292-4726	B- / 7.0	6.54	7.56	22.47 /75	14.75 /67	13.39 /65	1.04	0.83
GI	Goldman Sachs Large Cap Value Svc	GSVSX	B	(800) 292-4726	C+ / 6.6	6.42	7.31	21.85 /72	14.20 /63	12.84 /61	0.72	1.33
MC	● Goldman Sachs Mid Cap Value A	GCMAX	B+	(800) 292-4726	B- / 7.2	4.70	9.60	21.28 /69	17.48 /79	15.24 /77	0.39	1.17
MC	● Goldman Sachs Mid Cap Value B	GCMBX	B+	(800) 292-4726	B- / 7.5	4.52	9.20	20.38 /63	16.62 /76	14.39 /72	0.00	1.92
MC	● Goldman Sachs Mid Cap Value C	GCMCX	B+	(800) 292-4726	B- / 7.5	4.52	9.21	20.39 /63	16.61 /76	14.39 /72	0.00	1.92
MC	● Goldman Sachs Mid Cap Value Inst	GSMCX	A-	(800) 292-4726	B / 8.0	4.81	9.84	21.78 /71	17.96 /80	15.70 /80	0.73	0.79
MC	● Goldman Sachs Mid Cap Value Svc	GSMSX	B+	(800) 292-4726	B / 7.8	4.66	9.55	21.16 /68	17.36 /79	15.17 /77	0.40	1.29
RE	Goldman Sachs Real Estate Sec A	GREAX	C-	(800) 292-4726	C+ / 6.4	-10.28	-7.28	9.55 / 7	21.10 /87	18.88 /90	1.41	1.53
RE	Goldman Sachs Real Estate Sec B	GREBX	C	(800) 292-4726	C+ / 6.8	-10.46	-7.65	8.66 / 5	20.20 /85	17.98 /88	0.89	2.28
RE	Goldman Sachs Real Estate Sec C	GRECX	C	(800) 292-4726	C+ / 6.8	-10.46	-7.65	8.72 / 5	20.20 /85	17.99 /88	0.93	2.28
RE	Goldman Sachs Real Estate Sec Inst	GREIX	C	(800) 292-4726	B- / 7.5	-10.17	-7.09	10.00 / 8	21.62 /88	19.38 /91	1.78	1.10
RE	Goldman Sachs Real Estate Sec Svc	GRESX	C	(800) 292-4726	B- / 7.2	-10.31	-7.35	9.41 / 7	20.99 /87	18.77 /89	1.39	1.60
SC	● Goldman Sachs Small Cap Value A	GSSMX	D	(800) 292-4726	C- / 3.5	3.35	5.55	16.66 /36	13.28 /57	13.28 /64	0.00	1.48
SC	● Goldman Sachs Small Cap Value B	GSQBX	D	(800) 292-4726	C- / 3.9	3.17	5.18	15.78 /31	12.44 /49	12.43 /57	0.00	2.23
SC	● Goldman Sachs Small Cap Value C	GSSCX	D	(800) 292-4726	C- / 3.9	3.14	5.16	15.77 /30	12.42 /49	12.43 /57	0.00	2.23
SC	● Goldman Sachs Small Cap Value Inst	GSSIX	C-	(800) 292-4726	C / 5.2	3.45	5.76	17.08 /39	13.72 /60	13.72 /67	0.18	1.08
SC	● Goldman Sachs Small Cap Value Svc	GSSSX	C-	(800) 292-4726	C / 4.6	3.34	5.52	16.52 /35	13.15 /55	13.15 /63	0.00	1.58
MC	Goldman Sachs Small/Mid-Cap Gr	GSMYX	U	(800) 292-4726	U /	9.85	15.24	26.60 /87	--	--	0.00	6.98
GR	Goldman Sachs Strategic Gr A	GGRAX	D-	(800) 292-4726	D / 1.7	8.68	8.57	18.74 /50	7.54 /12	7.18 / 9	0.00	1.56
GR	Goldman Sachs Strategic Gr B	GSWBX	D	(800) 292-4726	D / 2.0	8.54	8.19	17.98 /45	6.78 / 8	6.39 / 6	0.00	2.31
GR	Goldman Sachs Strategic Gr C	GGRCX	D	(800) 292-4726	D / 2.0	8.42	8.18	17.81 /44	6.77 / 8	6.35 / 6	0.00	2.31

● Denotes fund is closed to new investors
* Denotes fund is included in Section II

www.thestreet.com/ratings

Summer 2007 — I. Index of Stock Mutual Funds

RISK			NET ASSETS		ASSET					BULL / BEAR		FUND MANAGER		MINIMUMS		LOADS	
	3 Year		NAV						Portfolio	Last Bull	Last Bear	Manager	Manager	Initial	Additional	Front	Back
Risk	Standard		As of	Total	Cash	Stocks	Bonds	Other	Turnover	Market	Market	Quality	Tenure	Purch.	Purch.	End	End
Rating/Pts	Deviation	Beta	6/30/07	$(Mil)	%	%	%	%	Ratio	Return	Return	Pct	(Years)	$	$	Load	Load
C+ / 5.6	11.4	1.02	24.76	11	N/A	N/A	0	N/A	82.0	106.9	-10.4	19	N/A	0	0	0.0	0.0
C+ / 6.3	7.3	1.46	15.55	1,624	0	86	12	2	51.0	122.6	-6.1	91	9	1,000	50	5.5	0.0
C+ / 6.3	7.3	1.46	15.50	220	0	86	12	2	51.0	115.5	-6.3	88	9	1,000	50	0.0	0.0
C+ / 6.3	7.3	1.46	15.38	878	0	86	12	2	51.0	115.5	-6.3	88	9	1,000	50	0.0	0.0
C+ / 6.3	7.3	1.46	15.63	182	0	86	12	2	51.0	126.3	-6.0	93	9	1,000,000	0	0.0	0.0
C+ / 6.3	7.3	1.46	15.49	13	0	86	12	2	51.0	121.7	-6.1	91	9	0	0	0.0	0.0
C / 4.8	14.5	1.59	9.82	133	0	99	0	1	35.0	106.3	-11.0	13	N/A	1,000	50	5.5	0.0
C / 4.8	14.3	1.57	9.26	107	0	99	0	1	35.0	99.8	-11.1	10	N/A	1,000	50	0.0	0.0
C / 4.7	14.5	1.59	9.25	58	0	99	0	1	35.0	100.0	-11.1	9	N/A	1,000	50	0.0	0.0
C / 4.8	14.4	1.58	10.13	17	0	99	0	1	35.0	109.9	-10.8	15	N/A	1,000,000	0	0.0	0.0
C / 4.8	14.4	1.58	9.76	N/A	0	99	0	1	35.0	106.1	-11.0	12	N/A	0	0	0.0	0.0
C+ / 6.8	10.4	1.06	24.66	432	3	96	0	1	59.0	141.8	-11.1	13	N/A	1,000	50	5.5	2.0
C+ / 6.8	10.4	1.06	23.82	13	3	96	0	1	59.0	134.8	-11.2	9	N/A	1,000	50	0.0	2.0
C+ / 6.8	10.4	1.06	23.30	33	3	96	0	1	59.0	134.9	-11.2	9	N/A	1,000	50	0.0	2.0
C+ / 6.8	10.4	1.06	25.23	131	3	96	0	1	59.0	146.6	-11.0	15	N/A	1,000,000	0	0.0	2.0
C+ / 6.8	10.4	1.06	24.80	1	3	96	0	1	59.0	141.4	-11.1	12	N/A	0	0	0.0	2.0
U /	N/A	N/A	12.50	717	0	99	0	1	N/A	N/A	N/A	N/A	N/A	1,000	50	5.5	2.0
U /	N/A	N/A	12.52	645	0	99	0	1	N/A	N/A	N/A	N/A	N/A	1,000,000	0	0.0	2.0
C+ / 5.6	12.8	1.22	22.55	118	1	98	0	1	60.0	238.3	-6.7	18	9	1,000	50	5.5	2.0
C / 5.5	12.8	1.22	21.76	5	1	98	0	1	60.0	228.4	-6.8	14	N/A	1,000	50	0.0	2.0
C / 5.5	12.8	1.22	21.61	9	1	98	0	1	60.0	228.5	-6.8	14	N/A	1,000	50	0.0	2.0
C+ / 5.6	12.8	1.22	23.34	107	1	98	0	1	60.0	244.9	-6.7	20	N/A	1,000,000	0	0.0	2.0
C / 5.5	12.9	1.22	22.47	1	1	98	0	1	60.0	237.7	-6.8	17	N/A	0	0	0.0	2.0
C / 5.3	13.7	0.97	12.16	30	4	95	0	1	73.0	89.0	-7.7	1	N/A	1,000	50	5.5	2.0
C / 5.3	13.7	0.97	11.58	2	4	95	0	1	73.0	83.2	-7.7	1	N/A	1,000	50	0.0	2.0
C / 5.3	13.8	0.98	11.55	5	4	95	0	1	73.0	83.3	-7.8	1	N/A	1,000	50	0.0	2.0
C / 5.3	13.7	0.97	12.66	14	4	95	0	1	73.0	92.7	-7.5	2	N/A	1,000,000	0	0.0	2.0
C / 5.3	13.7	0.97	12.30	N/A	4	95	0	1	73.0	90.0	-7.7	1	N/A	0	0	0.0	2.0
B / 8.0	7.2	0.91	15.48	1,000	2	97	0	1	66.0	116.0	-7.1	86	N/A	1,000	50	5.5	0.0
B / 8.1	7.2	0.91	15.08	47	2	97	0	1	66.0	109.2	-7.3	81	8	1,000	50	0.0	0.0
B / 8.0	7.2	0.91	14.99	115	2	97	0	1	66.0	109.4	-7.3	81	N/A	1,000	50	0.0	0.0
B- / 7.9	7.2	0.91	15.65	1,385	2	97	0	1	66.0	119.9	-7.1	88	8	1,000,000	0	0.0	0.0
B / 8.0	7.2	0.91	15.42	7	2	97	0	1	66.0	115.3	-7.2	86	8	0	0	0.0	0.0
B- / 7.5	8.8	0.80	42.34	4,705	3	96	0	1	49.0	146.2	-6.7	91	N/A	1,000	50	5.5	0.0
B- / 7.5	8.8	0.80	40.94	210	3	96	0	1	49.0	138.4	-6.8	88	N/A	1,000	50	0.0	0.0
B- / 7.5	8.8	0.80	40.69	386	3	96	0	1	49.0	138.4	-6.8	88	N/A	1,000	50	0.0	0.0
B- / 7.5	8.8	0.80	42.74	2,766	3	96	0	1	49.0	150.5	-6.6	93	12	1,000,000	0	0.0	0.0
B- / 7.5	8.8	0.80	41.98	284	3	96	0	1	49.0	145.5	-6.7	91	10	0	0	0.0	0.0
C / 4.5	15.2	1.02	20.57	427	1	98	0	1	30.0	195.1	0.2	74	N/A	1,000	50	5.5	0.0
C / 4.5	15.2	1.02	20.61	19	1	98	0	1	30.0	185.8	N/A	65	N/A	1,000	50	0.0	0.0
C / 4.5	15.1	1.02	20.42	23	1	98	0	1	30.0	185.8	N/A	65	N/A	1,000	50	0.0	0.0
C / 4.6	15.1	1.02	20.67	519	1	98	0	1	30.0	200.1	0.3	79	N/A	1,000,000	0	0.0	0.0
C / 4.5	15.2	1.02	20.67	10	1	98	0	1	30.0	193.8	0.1	73	N/A	0	0	0.0	0.0
C+ / 5.8	11.4	0.81	46.56	1,081	2	97	0	1	46.0	131.7	-6.5	74	15	1,000	50	5.5	0.0
C / 5.5	11.4	0.81	42.03	75	2	97	0	1	46.0	124.5	-6.7	65	11	1,000	50	0.0	0.0
C / 5.5	11.4	0.81	41.98	106	2	97	0	1	46.0	124.5	-6.7	65	N/A	1,000	50	0.0	0.0
C+ / 5.9	11.4	0.81	48.31	861	2	97	0	1	46.0	135.7	-6.4	78	10	1,000,000	0	0.0	0.0
C+ / 5.7	11.4	0.81	45.85	59	2	97	0	1	46.0	130.7	-6.5	73	10	0	0	0.0	0.0
U /	N/A	N/A	13.61	73	4	95	0	1	64.0	N/A	N/A	N/A	N/A	1,000,000	0	0.0	0.0
B- / 7.0	9.2	1.16	10.52	138	0	99	0	1	53.0	65.5	-11.4	11	N/A	1,000	50	5.5	0.0
B- / 7.2	9.2	1.15	9.91	7	0	99	0	1	53.0	60.4	-11.6	8	N/A	1,000	50	0.0	0.0
B- / 7.2	9.2	1.15	9.92	11	0	99	0	1	53.0	60.4	-11.7	8	N/A	1,000	50	0.0	0.0

www.thestreet.com/ratings

Data as of June 30, 2007

I. Index of Stock Mutual Funds

Summer 2007

	99 Pct = Best				**PERFORMANCE**							
	0 Pct = Worst			**Overall**	**Perfor-**		Total Return % through 6/30/07				Incl. in Returns	
Fund		Ticker		**Investment**	**mance**				Annualized		Dividend	Expense
Type	Fund Name	Symbol		**Rating**	Phone	**Rating/Pts**	3 Mo	6 Mo	1Yr / Pct	3Yr / Pct	5Yr / Pct	Yield	Ratio
GR	Goldman Sachs Strategic Gr Inst	GSTIX	C-	(800) 292-4726	D+ / 2.9	8.85	8.74	19.29 /54	8.01 /14	7.60 /12	0.00	1.16
GR	Goldman Sachs Strategic Gr Svc	GSTSX	D+	(800) 292-4726	D+ / 2.5	8.65	8.54	18.67 /50	7.55 /12	7.18 / 9	0.00	1.65
FO	Goldman Sachs Stru Intl Eq A	GCIAX	A	(800) 292-4726	B+ / 8.8	6.11	12.02	28.66 /91	22.77 /91	17.61 /87	0.96	1.34
FO	Goldman Sachs Stru Intl Eq B	GCIBX	A	(800) 292-4726	B+ / 8.9	5.92	11.66	27.78 /89	21.88 /89	16.84 /84	0.37	2.09
FO	Goldman Sachs Stru Intl Eq C	GCICX	A	(800) 292-4726	A- / 9.0	5.93	11.61	27.72 /89	21.82 /89	16.85 /84	0.48	2.09
FO	Goldman Sachs Stru Intl Eq Inst	GCIIX	A+	(800) 292-4726	A- / 9.1	6.29	12.23	29.26 /92	23.25 /91	18.19 /88	1.24	0.95
FO	Goldman Sachs Stru Intl Eq Svc	GCISX	A	(800) 292-4726	A- / 9.1	6.16	11.98	28.53 /91	22.65 /90	17.59 /87	0.91	1.46
GR	Goldman Sachs Stru Lrg Cp Gr A	GLCGX	D-	(800) 292-4726	D- / 1.0	5.84	5.02	13.25 /17	8.00 /14	9.32 /26	0.05	1.16
GR	Goldman Sachs Stru Lrg Cp Gr B	GCLCX	D	(800) 292-4726	D- / 1.1	5.44	4.40	12.22 /14	7.13 /10	8.47 /18	0.00	1.91
GR	Goldman Sachs Stru Lrg Cp Gr C	GLCCX	D	(800) 292-4726	D- / 1.1	5.43	4.47	12.21 /14	7.12 /10	8.46 /18	0.00	1.91
GR	Goldman Sachs Stru Lrg Cp Gr Inst	GCGIX	D+	(800) 292-4726	D / 1.9	5.96	5.30	13.85 /20	8.47 /17	9.79 /31	0.29	0.76
GR	Goldman Sachs Stru Lrg Cp Gr Svc	GSCLX	D	(800) 292-4726	D / 1.6	5.82	4.99	13.13 /17	7.95 /14	9.24 /25	0.00	1.26
GI	Goldman Sachs Stru Lrg Cp Val A	GCVAX	C+	(800) 292-4726	C / 4.9	4.66	5.29	18.34 /47	14.78 /67	12.88 /61	1.01	1.09
GI	Goldman Sachs Stru Lrg Cp Val B	GCVBX	B-	(800) 292-4726	C / 5.4	4.47	4.90	17.45 /41	13.91 /61	12.03 /54	0.33	1.84
GI	Goldman Sachs Stru Lrg Cp Val C	GCVCX	B-	(800) 292-4726	C / 5.4	4.43	4.94	17.49 /41	13.93 /61	12.04 /54	0.37	1.84
GI	Goldman Sachs Stru Lrg Cp Val Inst	GCVIX	B+	(800) 292-4726	C+ / 6.4	4.70	5.50	18.80 /51	15.22 /70	13.32 /64	1.42	0.69
GI	Goldman Sachs Stru Lrg Cp Val Svc	GCLSX	B	(800) 292-4726	C+ / 6.0	4.63	5.25	18.25 /47	14.68 /67	12.78 /60	1.06	1.20
SC	Goldman Sachs Stru Sm Cap Eq A	GCSAX	E+	(800) 292-4726	E+ / 0.9	0.42	0.77	7.28 / 3	10.21 /29	11.36 /47	0.03	1.36
SC	Goldman Sachs Stru Sm Cap Eq B	GCSBX	E+	(800) 292-4726	D- / 1.1	0.23	0.38	6.53 / 2	9.41 /24	10.52 /39	0.00	2.11
SC	Goldman Sachs Stru Sm Cap Eq C	GCSCX	E+	(800) 292-4726	D- / 1.1	0.15	0.38	6.50 / 2	9.40 /24	10.52 /39	0.00	2.11
SC	Goldman Sachs Stru Sm Cap Eq Inst	GCSIX	D-	(800) 292-4726	D / 1.7	0.47	0.88	7.67 / 4	10.65 /33	11.81 /52	0.35	0.97
SC	Goldman Sachs Stru Sm Cap Eq Svc	GCSSX	E+	(800) 292-4726	D- / 1.4	0.35	0.64	7.18 / 3	10.10 /29	11.26 /46	0.00	1.46
GI	Goldman Sachs Stru US Equity A	GSSQX	D+	(800) 292-4726	D / 2.1	5.02	4.51	16.11 /33	10.76 /34	11.14 /45	0.72	1.15
GI	Goldman Sachs Stru US Equity B	GSSBX	C-	(800) 292-4726	D+ / 2.5	4.83	4.12	15.26 /27	9.94 /27	10.31 /36	0.35	1.90
GI	Goldman Sachs Stru US Equity C	GSUSX	C-	(800) 292-4726	D+ / 2.5	4.86	4.14	15.30 /28	9.94 /27	10.32 /36	0.38	1.90
GI	Goldman Sachs Stru US Equity Inst	GSELX	C	(800) 292-4726	C- / 3.5	5.13	4.72	16.58 /35	11.21 /38	11.58 /49	1.06	0.75
GI	Goldman Sachs Stru US Equity Svc	GSESX	C	(800) 292-4726	C- / 3.0	5.01	4.46	16.03 /32	10.65 /33	11.03 /44	0.69	1.25
FO	Goldman Sachs Struc Intl Eq Flx A	GAFLX	U	(800) 292-4726	U /	6.15	14.32	--	--	--	0.00	1.94
FO	Goldman Sachs Struc Intl Eq Flx I	GIFLX	U	(800) 292-4726	U /	6.21	14.46	--	--	--	0.00	1.54
GR	Goldman Sachs Struc U.S. Eq Flex A	GFEAX	U	(800) 292-4726	U /	5.01	2.30	--	--	--	0.00	2.40
GR	Goldman Sachs Struct T/M Eq A	GCTAX	C	(800) 292-4726	C- / 3.8	5.16	6.23	16.05 /32	13.33 /57	12.43 /57	0.50	1.49
GR	Goldman Sachs Struct T/M Eq B	GCTBX	C+	(800) 292-4726	C- / 4.2	4.92	5.75	15.13 /27	12.47 /50	11.58 /49	0.00	2.24
GR	Goldman Sachs Struct T/M Eq C	GCTCX	C+	(800) 292-4726	C- / 4.2	5.02	5.86	15.27 /27	12.49 /50	11.61 /50	0.00	2.24
GR	Goldman Sachs Struct T/M Eq Inst	GCTIX	B-	(800) 292-4726	C / 5.5	5.32	6.38	16.50 /35	13.77 /60	12.89 /61	0.81	0.92
GR	Goldman Sachs Struct T/M Eq Svc	GCTSX	C+	(800) 292-4726	C / 4.9	5.08	6.07	15.94 /31	13.19 /56	12.31 /56	0.32	1.42
IN	Goldman Sachs US Eqty Divi & Pre A	GSPAX	U	(800) 292-4726	U /	4.00	5.70	17.92 /44	--	--	2.61	1.72
IN	Goldman Sachs US Eqty Divi & Pre I	GSPKX	U	(800) 292-4726	U /	4.10	5.90	18.40 /48	--	--	3.24	1.13
GR	Government Street Equity Fund	GVEQX	D	(800) 281-3217	D+ / 2.3	5.07	6.87	14.77 /25	8.99 /21	9.09 /24	0.94	0.78
MC	Government Street Mid-Cap Fund	GVMCX	B-	(800) 281-3217	C / 5.3	5.56	11.52	14.29 /22	12.95 /54	--	0.33	1.10
GR	Granum Value Fund	GRVFX	E		D- / 1.1	2.52	3.12	14.17 /21	8.07 /15	6.80 / 7	0.38	2.21
BA	Green Century Balanced	GCBLX	D-	(800) 934-7336	E+ / 0.6	3.72	3.54	12.67 /15	6.26 / 6	10.01 /33	1.13	1.38
GR	Green Century Equity	GCEQX	D-	(800) 934-7336	D / 1.6	5.30	4.87	18.25 /47	7.75 /13	8.09 /15	0.81	0.95
BA	Greenspring Fund	GRSPX	C-	(800) 366-3863	D+ / 2.6	6.15	6.83	12.77 /15	10.59 /32	11.45 /48	2.31	1.04
SC	Greenville Small Cap Growth Fund	GCMSX	E+	(888) 334-9075	E+ / 0.8	2.26	7.20	5.37 / 2	7.83 /13	--	0.00	2.45
EN	Guinness Atkinson Alt Energy Fd	GAAEX	U	(800) 915-6565	U /	14.46	31.12	34.65 /96	--	--	0.00	2.60
FO	Guinness Atkinson Asia Focus Fund	IASMX	A-	(800) 915-6565	A+ / 9.8	21.43	26.63	55.23 /99	34.84 /97	26.45 /97	1.15	1.84
FO	Guinness Atkinson China & HK Fund	ICHKX	B+	(800) 915-6565	A+ / 9.8	22.13	27.34	58.82 /99	30.37 /96	25.24 /96	0.03	1.59
EN	Guinness Atkinson Glob Energy Fund	GAGEX	C-	(800) 915-6565	A+ / 9.7	16.63	19.97	16.21 /33	38.13 /98	--	0.66	1.45
TC	Guinness Atkinson Glob Innov Fund	IWIRX	A	(800) 915-6565	A- / 9.0	15.44	16.46	31.12 /93	18.51 /82	16.42 /83	0.00	1.64
SC	Hallmark Small Cap Growth R	HEGAX	D-	(800) 637-1700	C / 4.8	7.39	11.39	21.30 /69	10.35 /31	11.93 /53	0.00	1.55
SC	Hancock Horizon Burkenroad A	HHBUX	C-	(888) 346-6300	C- / 3.8	6.54	8.36	13.34 /18	13.89 /61	14.73 /74	0.00	1.71
SC	Hancock Horizon Burkenroad D	HYBUX	C	(888) 346-6300	C / 4.8	6.51	8.28	13.14 /17	13.70 /60	14.49 /73	0.00	1.96

● Denotes fund is closed to new investors
* Denotes fund is included in Section II

www.thestreet.com/ratings

I. Index of Stock Mutual Funds

Summer 2007

RISK			NET ASSETS		ASSET				Portfolio Turnover Ratio	BULL / BEAR		FUND MANAGER		MINIMUMS		LOADS	
	3 Year		NAV							Last Bull	Last Bear	Manager	Manager	Initial	Additional	Front	Back
Risk	Standard		As of	Total	Cash	Stocks	Bonds	Other		Market	Market	Quality	Tenure	Purch.	Purch.	End	End
Rating/Pts	Deviation	Beta	6/30/07	$(Mil)	%	%	%	%		Return	Return	Pct	(Years)	$	$	Load	Load
B- / 7.3	9.2	1.16	10.82	157	0	99	0	1	53.0	68.4	-11.4	12	N/A	1,000,000	0	0.0	0.0
B- / 7.3	9.2	1.15	10.55	N/A	0	99	0	1	53.0	65.4	-11.4	11	N/A	0	0	0.0	0.0
B- / 7.1	9.5	1.00	16.50	1,540	0	100	0	0	59.0	187.3	-9.9	53	10	1,000	50	5.5	2.0
B- / 7.1	9.5	1.00	16.28	19	0	100	0	0	59.0	179.1	-10.0	42	10	1,000	50	0.0	2.0
B- / 7.1	9.6	1.01	16.25	14	0	100	0	0	59.0	179.0	-10.0	40	10	1,000	50	0.0	0.0
B- / 7.1	9.6	1.01	16.89	3,145	0	100	0	0	59.0	193.0	-9.8	57	N/A	1,000,000	0	0.0	2.0
B- / 7.1	9.6	1.01	16.54	59	0	100	0	0	59.0	187.1	-10.0	50	N/A	0	0	0.0	2.0
B- / 7.6	9.2	1.18	14.85	611	0	99	0	1	111.0	80.6	-9.4	11	10	1,000	50	5.5	0.0
B- / 7.9	9.2	1.19	13.77	54	0	99	0	1	111.0	75.3	-9.6	8	10	1,000	50	0.0	0.0
B- / 7.9	9.2	1.19	13.78	38	0	99	0	1	111.0	75.3	-9.6	8	10	1,000	50	0.0	0.0
B- / 7.9	9.2	1.18	15.30	1,596	0	99	0	1	111.0	83.9	-9.3	13	N/A	1,000,000	0	0.0	0.0
B- / 7.9	9.2	1.18	14.73	N/A	0	99	0	1	111.0	80.3	-9.4	11	10	0	0	0.0	0.0
B / 8.3	7.7	0.98	15.26	622	0	99	0	1	127.0	122.0	-8.1	85	N/A	1,000	50	5.5	0.0
B / 8.3	7.7	0.98	15.16	19	0	99	0	1	127.0	115.1	-8.2	80	N/A	1,000	50	0.0	0.0
B / 8.3	7.7	0.98	15.17	28	0	99	0	1	127.0	115.1	-8.2	80	N/A	1,000	50	0.0	0.0
B / 8.4	7.7	0.98	15.25	1,432	0	99	0	1	127.0	125.8	-7.9	88	N/A	1,000,000	0	0.0	0.0
B / 8.4	7.7	0.97	15.32	12	0	99	0	1	127.0	121.1	-8.1	85	N/A	0	0	0.0	0.0
C+ / 6.0	12.9	0.93	14.45	258	0	99	0	1	151.0	123.0	-9.6	26	10	1,000	50	5.5	0.0
C+ / 5.8	12.9	0.93	13.18	13	0	99	0	1	151.0	116.0	-9.8	21	10	1,000	50	0.0	0.0
C+ / 5.8	12.9	0.93	13.23	25	0	99	0	1	151.0	116.2	-9.9	21	10	1,000	50	0.0	0.0
C+ / 6.0	12.9	0.93	14.97	656	0	99	0	1	151.0	126.9	-9.6	30	N/A	1,000,000	0	0.0	0.0
C+ / 5.9	12.9	0.93	14.25	31	0	99	0	1	151.0	122.2	-9.8	26	N/A	0	0	0.0	0.0
B- / 7.9	8.2	1.07	34.50	972	0	99	0	1	129.0	98.6	-8.4	35	N/A	1,000	50	5.5	0.0
B / 8.2	8.2	1.07	32.34	169	0	99	0	1	129.0	92.4	-8.5	28	N/A	1,000	50	0.0	0.0
B / 8.2	8.2	1.07	32.18	117	0	99	0	1	129.0	92.3	-8.4	28	10	1,000	50	0.0	0.0
B / 8.2	8.2	1.07	35.28	821	0	99	0	1	129.0	102.0	-8.2	39	N/A	1,000,000	0	0.0	0.0
B / 8.2	8.2	1.07	34.18	17	0	99	0	1	129.0	97.7	-8.3	33	N/A	0	0	0.0	0.0
U /	N/A	N/A	12.77	281	0	100	0	0	N/A	N/A	N/A	N/A	N/A	1,000	50	5.5	2.0
U /	N/A	N/A	12.82	104	0	100	0	0	N/A	N/A	N/A	N/A	N/A	1,000,000	0	0.0	2.0
U /	N/A	N/A	10.68	55	0	100	0	0	N/A	N/A	N/A	N/A	1	1,000	50	5.5	0.0
B / 8.2	8.8	1.14	12.44	259	0	99	0	1	90.0	115.4	-9.1	59	N/A	1,000	50	5.5	0.0
B / 8.2	8.8	1.15	11.95	24	0	99	0	1	90.0	108.4	-9.1	48	N/A	1,000	50	0.0	0.0
B / 8.1	8.8	1.15	11.93	32	0	99	0	1	90.0	108.6	-9.2	48	N/A	1,000	50	0.0	0.0
B / 8.2	8.8	1.14	12.67	84	0	99	0	1	90.0	118.8	-8.9	65	N/A	1,000,000	0	0.0	0.0
B / 8.2	8.8	1.15	12.41	1	0	99	0	1	90.0	114.3	-9.0	57	N/A	0	0	0.0	0.0
U /	N/A	N/A	11.43	269	0	99	0	1	63.0	N/A	N/A	N/A	N/A	1,000	50	5.5	0.0
U /	N/A	N/A	11.43	85	0	99	0	1	63.0	N/A	N/A	N/A	N/A	1,000,000	0	0.0	0.0
C+ / 6.7	7.5	0.98	50.67	90	1	98	0	1	15.0	82.0	-9.2	26	16	5,000	100	0.0	0.0
B / 8.3	9.2	0.86	13.86	36	9	90	0	1	12.0	N/A	N/A	46	N/A	5,000	100	0.0	0.0
C / 5.3	7.5	0.85	35.37	99	2	98	0	0	18.8	65.9	-3.7	27	10	5,000	100	0.0	2.0
B- / 7.2	11.0	1.77	18.28	54	2	66	30	2	86.0	97.7	-10.7	8	2	2,500	100	0.0	2.0
B- / 7.1	8.3	1.09	23.35	43	0	100	0	0	9.0	75.5	-10.6	14	12	2,500	100	0.0	2.0
B / 8.2	6.2	0.96	25.03	274	20	53	2	25	38.6	80.3	2.1	78	20	2,000	100	0.0	2.0
C+ / 6.4	14.7	1.00	11.76	13	0	99	0	1	54.3	N/A	N/A	10	N/A	2,000	500	0.0	1.0
U /	N/A	N/A	15.04	104	2	97	0	1	N/A	N/A	N/A	N/A	1	5,000	250	0.0	2.0
C+ / 5.6	15.4	1.26	21.02	59	N/A	100	0	N/A	95.7	252.6	-7.4	94	N/A	2,500	250	0.0	2.0
C / 5.2	14.4	0.96	33.72	183	0	99	0	1	64.8	217.8	-1.8	97	N/A	5,000	250	0.0	2.0
D- / 1.3	21.8	1.05	30.64	61	1	98	0	1	47.2	N/A	N/A	90	3	5,000	250	0.0	2.0
C+ / 6.8	12.2	1.48	20.94	59	2	97	0	1	36.5	134.1	-13.0	82	N/A	5,000	250	0.0	2.0
C- / 3.2	16.4	1.07	48.23	24	0	99	0	1	17.0	126.3	-14.4	18	13	1,000	100	0.0	0.0
C+ / 6.5	14.0	0.95	33.56	22	0	99	0	1	22.0	149.4	-7.6	65	6	1,000	500	5.3	1.0
C+ / 6.5	13.9	0.95	33.23	8	0	99	0	1	22.0	147.2	-7.7	63	7	1,000	500	0.0	1.0

www.thestreet.com/ratings

Data as of June 30, 2007

I. Index of Stock Mutual Funds

Summer 2007

						PERFORMANCE						
	99 Pct = Best					Perfor-	Total Return % through 6/30/07				Incl. in Returns	
	0 Pct = Worst			Overall		mance				Annualized	Dividend	Expense
Fund			Ticker	Investment		Rating/Pts	3 Mo	6 Mo	1Yr / Pct	3Yr / Pct	5Yr / Pct	Yield	Ratio
Type	Fund Name		Symbol	Rating	Phone								
GR	Hancock Horizon Growth A		HHRAX	C-	(888) 346-6300	C / 4.9	7.42	12.07	17.15 /39	13.00 /54	11.90 /52	0.00	1.35
GR	Hancock Horizon Growth C		HHRCX	C-	(888) 346-6300	C / 5.1	7.23	11.72	16.38 /34	12.20 /47	11.08 /44	0.00	2.10
GR	Hancock Horizon Growth Tr		HHRTX	C	(888) 346-6300	C+ / 6.2	7.52	12.17	17.44 /41	13.30 /57	12.17 /55	0.00	1.10
IN	Hancock Horizon Value A		HHGAX	B+	(888) 346-6300	B- / 7.5	6.20	9.78	18.70 /50	18.44 /82	14.16 /71	0.61	1.33
IN	Hancock Horizon Value C		HHGCX	B+	(888) 346-6300	B / 7.6	6.00	9.50	17.98 /45	17.61 /79	13.33 /64	0.09	2.08
IN	Hancock Horizon Value Tr		HHGTX	A-	(888) 346-6300	B / 8.1	6.25	9.92	19.01 /52	18.75 /82	14.44 /73	0.85	1.08
EM	Hansberger Eme Markts Fd Inst		HEMGX	D+	(800) 414-6927	A+ / 9.7	13.59	16.61	43.77 /98	32.58 /97	26.50 /97	1.78	1.35
FO	Hansberger Intl Core Fd Inst		HICFX	U	(800) 414-6927	U /	8.28	12.43	29.48 /92	--	--	1.28	1.22
FO	Hansberger Intl Growth Fd Inst		HITGX	A	(800) 414-6927	A / 9.3	8.97	13.14	32.23 /94	22.83 /91	--	0.53	0.93
GR	Harbor Capital Appreciation Inst		HACAX	D-	(800) 422-1050	D / 1.9	3.61	4.86	14.34 /22	9.08 /21	8.25 /16	0.20	0.67
GR	Harbor Capital Appreciation Inv		HCAIX	D-	(800) 422-1050	D / 1.7	3.50	4.66	13.90 /20	8.64 /18	--	0.00	1.07
GR	Harbor Capital Appreciation Retire		HRCAX	D-	(800) 422-1050	D / 1.8	3.54	4.72	14.06 /21	8.81 /19	--	0.00	0.92
GL	Harbor Global Value Inst		HAGVX	U	(800) 422-1050	U /	5.16	4.78	--	--	--	0.00	3.41
FO	Harbor International Growth Inst		HAIGX	B	(800) 422-1050	B+ / 8.6	6.72	7.51	24.79 /82	21.15 /87	12.98 /62	0.25	0.98
FO	Harbor International Growth Inv		HIIGX	B	(800) 422-1050	B+ / 8.5	6.58	7.37	24.32 /81	20.70 /86	--	0.00	1.37
FO	Harbor International Growth Retire		HRIGX	B	(800) 422-1050	B+ / 8.6	6.65	7.44	24.49 /82	20.86 /86	--	0.08	1.23
FO	Harbor International Inst		HAINX	A-	(800) 422-1050	A / 9.5	10.29	13.70	34.53 /96	27.59 /95	21.75 /94	2.02	0.85
FO	Harbor International Inv		HIINX	A-	(800) 422-1050	A / 9.5	10.20	13.51	34.04 /95	27.07 /95	--	1.79	1.24
FO	Harbor International Retire		HRINX	A-	(800) 422-1050	A / 9.5	10.22	13.56	34.17 /96	27.27 /95	--	1.88	1.10
GI	Harbor Large Cap Value Inst		HAVLX	B-	(800) 422-1050	C / 4.9	7.07	4.85	19.54 /56	12.14 /47	10.24 /36	1.26	0.68
GI	Harbor Large Cap Value Inv		HILVX	C+	(800) 422-1050	C / 4.4	6.96	4.63	19.08 /53	11.68 /42	--	0.87	1.08
GI	Harbor Large Cap Value Retire		HRLVX	C+	(800) 422-1050	C / 4.6	7.04	4.71	19.20 /54	11.87 /44	--	1.02	1.08
MC	Harbor Mid Cap Growth Inst		HAMGX	C+	(800) 422-1050	B+ / 8.5	11.64	14.30	24.90 /83	17.37 /79	15.99 /81	0.18	1.06
MC	Harbor Mid Cap Growth Inv		HIMGX	C+	(800) 422-1050	B+ / 8.4	11.36	14.03	24.43 /81	16.93 /77	--	0.00	1.44
MC	Harbor Mid Cap Growth Retire		HRMGX	C+	(800) 422-1050	B+ / 8.5	11.43	14.23	24.44 /81	17.18 /78	--	0.12	1.30
MC	Harbor Mid Cap Value Inst		HAMVX	B-	(800) 422-1050	C+ / 6.8	4.90	9.23	19.58 /57	15.03 /69	11.58 /49	0.78	1.46
MC	Harbor Mid Cap Value Inv		HIMVX	B-	(800) 422-1050	C+ / 6.6	4.84	9.02	19.20 /54	14.71 /67	11.37 /47	0.58	1.83
MC	Harbor Mid Cap Value Retire		HRMVX	B-	(800) 422-1050	C+ / 6.7	4.84	9.17	19.37 /55	14.86 /68	--	0.72	1.69
SC	● Harbor Small Cap Growth Inst		HASGX	E	(800) 422-1050	D+ / 2.3	4.23	8.32	12.17 /14	9.46 /24	16.31 /82	0.00	0.82
SC	● Harbor Small Cap Growth Inv		HISGX	E-	(800) 422-1050	D / 2.0	4.16	8.16	11.72 /13	9.02 /21	--	0.00	1.22
SC	● Harbor Small Cap Growth Retire		HRSGX	E	(800) 422-1050	D / 2.0	4.12	8.17	11.87 /13	9.18 /22	--	0.00	1.07
SC	● Harbor Small Cap Value Inst		HASCX	C-	(800) 422-1050	C- / 3.5	4.59	2.99	8.86 / 6	12.96 /54	16.63 /83	0.09	0.83
SC	● Harbor Small Cap Value Inv		HISVX	D+	(800) 422-1050	C- / 3.1	4.51	2.78	8.46 / 5	12.51 /50	--	0.00	1.23
SC	● Harbor Small Cap Value Retire		HSVRX	C-	(800) 422-1050	C- / 3.3	4.56	2.90	8.64 / 5	12.74 /52	--	0.00	1.08
EM	Harding Loevner Emerg Mrkt Inst		HLMEX	U	(877) 435-8105	U /	12.76	14.36	43.36 /98	--	--	0.11	1.81
EM	Harding Loevner Emerg Mrkt Inv		HLEMX	B-	(877) 435-8105	A+ / 9.8	12.80	14.21	43.07 /97	38.38 /98	29.31 /98	0.05	1.75
GL	Harding Loevner Global Equity		HLMGX	B+	(877) 435-8105	B / 8.0	6.64	10.23	22.62 /75	18.06 /81	13.90 /69	0.28	1.60
FO	Harding Loevner Intl Equity Inst		HLMIX	B+	(877) 435-8105	B+ / 8.6	4.84	7.80	23.16 /78	21.60 /88	14.22 /71	0.45	1.01
AA	Hartford Advisers A		ITTAX	C-	(800) 523-7798	D / 1.8	6.03	7.16	18.18 /46	8.90 /20	8.16 /16	1.61	1.17
AA	Hartford Advisers B		IHABX	C	(800) 523-7798	D / 2.1	5.73	6.70	17.22 /40	8.07 /15	7.35 /10	0.91	1.96
AA	Hartford Advisers C		HAFCX	C	(800) 523-7798	D / 2.2	5.84	6.85	17.42 /41	8.18 /15	7.46 /11	1.04	1.87
AA	Hartford Advisers R3		ITTRX	C+	(800) 523-7798	D+ / 2.9	5.89	6.99	18.30 /47	9.17 /22	8.60 /19	1.76	1.45
AA	Hartford Advisers R4		ITTSX	C+	(800) 523-7798	D+ / 2.9	5.97	7.15	18.47 /48	9.22 /22	8.63 /20	1.90	1.15
AA	Hartford Advisers R5		ITTTX	C+	(800) 523-7798	C- / 3.0	6.10	7.37	18.71 /50	9.29 /23	8.67 /20	2.04	0.84
AA	Hartford Advisers Y		IHAYX	C	(800) 523-7798	C- / 3.1	6.14	7.45	18.80 /51	9.32 /23	8.69 /20	2.12	0.71
AA	Hartford Balanced Alloc A		HBAAX	C	(800) 523-7798	D / 1.8	4.04	6.00	14.60 /24	10.21 /29	--	2.52	1.36
AA	Hartford Balanced Alloc B		HBABX	C	(800) 523-7798	D / 2.1	3.84	5.60	13.66 /19	9.40 /24	--	1.95	2.18
AA	Hartford Balanced Alloc C		HBACX	C	(800) 523-7798	D / 2.1	3.85	5.62	13.71 /19	9.42 /24	--	1.98	2.12
AA	Hartford Balanced Alloc R3		HBARX	C	(800) 523-7798	D+ / 2.6	3.93	5.76	14.35 /22	10.13 /29	--	2.61	1.73
AA	Hartford Balanced Alloc R4		HBASX	C+	(800) 523-7798	D+ / 2.6	4.01	5.92	14.53 /23	10.18 /29	--	2.60	1.43
AA	Hartford Balanced Alloc R5		HBATX	C+	(800) 523-7798	D+ / 2.7	4.09	6.08	14.69 /24	10.24 /30	--	2.74	1.12
BA	Hartford Balanced Income A		HBLAX	U	(800) 523-7798	U /	1.39	3.24	--	--	--	0.00	1.58

● Denotes fund is closed to new investors
* Denotes fund is included in Section II

Summer 2007   I. Index of Stock Mutual Funds

RISK			NET ASSETS		ASSET					BULL / BEAR		FUND MANAGER		MINIMUMS		LOADS	
	3 Year		NAV						Portfolio	Last Bull	Last Bear	Manager	Manager	Initial	Additional	Front	Back
Risk	Standard		As of	Total	Cash	Stocks	Bonds	Other	Turnover	Market	Market	Quality	Tenure	Purch.	Purch.	End	End
Rating/Pts	Deviation	Beta	6/30/07	$(Mil)	%	%	%	%	Ratio	Return	Return	Pct	(Years)	$	$	Load	Load
C / 5.5	11.4	1.29	19.41	41	0	99	0	1	94.0	114.5	-6.6	39	6	1,000	500	5.3	0.0
C / 5.3	11.4	1.29	18.40	N/A	0	99	0	1	94.0	108.0	-6.8	31	6	1,000	500	0.0	1.0
C+ / 5.6	11.4	1.29	19.73	55	0	99	0	1	94.0	116.8	-6.5	43	6	1,000	500	0.0	0.0
B- / 7.5	9.1	1.04	28.01	64	1	98	0	1	64.0	139.9	-4.2	95	7	1,000	500	5.3	0.0
B- / 7.5	9.1	1.04	27.56	2	1	98	0	1	64.0	132.7	-4.4	94	7	1,000	500	0.0	1.0
B- / 7.5	9.1	1.04	28.09	86	1	98	0	1	64.0	142.5	-4.2	96	7	1,000	500	0.0	0.0
E- / 0.0	16.8	1.10	9.41	316	1	98	0	1	64.0	248.2	-4.0	4	11	1,000,000	100,000	0.0	0.0
U /	N/A	N/A	13.82	67	0	98	0	2	55.0	N/A	N/A	N/A	2	1,000,000	100,000	0.0	0.0
C+ / 6.5	10.4	1.08	20.88	765	0	99	0	1	54.0	N/A	N/A	36	4	1,000,000	100,000	0.0	0.0
C+ / 6.1	10.7	1.26	34.97	7,893	0	99	0	1	71.0	84.3	-12.2	13	17	50,000	100	0.0	0.0
C+ / 6.0	10.7	1.26	34.59	659	0	99	0	1	71.0	81.1	-12.2	12	5	2,500	0	0.0	0.0
C+ / 6.0	10.7	1.26	34.80	270	0	99	0	1	71.0	82.7	-12.2	12	5	0	0	0.0	0.0
U /	N/A	N/A	11.62	122	9	90	0	1	N/A	N/A	N/A	N/A	1	50,000	100	0.0	2.0
C+ / 5.9	11.2	1.15	14.61	752	5	94	0	1	100.0	146.1	-13.7	16	N/A	50,000	100	0.0	2.0
C+ / 5.9	11.2	1.15	14.57	34	5	94	0	1	100.0	143.0	-13.7	14	N/A	2,500	0	0.0	2.0
C+ / 5.9	11.2	1.15	14.59	N/A	5	94	0	1	100.0	144.3	-13.7	14	N/A	0	0	0.0	2.0
C+ / 6.2	11.0	1.13	70.54	21,069	1	98	0	1	12.0	220.7	-8.0	76	20	50,000	100	0.0	2.0
C+ / 6.1	11.0	1.13	69.90	1,728	1	98	0	1	12.0	215.0	-8.0	71	5	2,500	0	0.0	2.0
C+ / 6.1	11.0	1.13	70.18	304	1	98	0	1	12.0	217.3	-8.0	73	5	0	0	0.0	2.0
B / 8.7	7.5	0.93	20.08	293	1	98	0	1	31.0	99.7	-9.2	67	N/A	50,000	100	0.0	0.0
B / 8.7	7.5	0.93	20.01	247	1	98	0	1	31.0	96.2	-9.3	61	N/A	2,500	0	0.0	0.0
B / 8.7	7.5	0.93	20.07	7	1	98	0	1	31.0	98.1	-9.2	64	N/A	0	0	0.0	0.0
C / 4.6	13.2	1.15	9.11	175	7	92	0	1	131.0	142.0	-8.5	58	N/A	50,000	100	0.0	0.0
C / 4.6	13.2	1.15	9.02	12	7	92	0	1	131.0	139.5	-8.5	52	N/A	2,500	0	0.0	0.0
C / 4.6	13.2	1.15	9.07	61	7	92	0	1	131.0	140.8	-8.5	55	N/A	0	0	0.0	0.0
B- / 7.5	8.7	0.79	14.56	79	2	97	0	1	18.0	116.4	-11.7	80	N/A	50,000	100	0.0	0.0
B- / 7.5	8.7	0.79	14.51	8	2	97	0	1	18.0	114.4	-11.7	77	N/A	2,500	0	0.0	0.0
B- / 7.5	8.7	0.79	14.52	N/A	2	97	0	1	18.0	115.5	-11.7	78	N/A	0	0	0.0	0.0
C- / 3.0	13.6	0.96	13.80	630	1	98	0	1	55.0	116.9	-9.2	19	N/A	50,000	100	0.0	0.0
D+ / 2.9	13.6	0.96	13.52	48	1	98	0	1	55.0	113.3	-9.2	17	N/A	2,500	0	0.0	0.0
C- / 3.0	13.7	0.96	13.64	38	1	98	0	1	55.0	114.8	-9.2	18	N/A	0	0	0.0	0.0
B- / 7.0	11.5	0.79	22.08	1,667	1	98	0	1	27.0	145.6	-7.2	73	6	50,000	100	0.0	0.0
B- / 7.0	11.5	0.79	21.78	118	1	98	0	1	27.0	142.0	-7.2	60	6	2,500	0	0.0	0.0
B- / 7.0	11.5	0.79	21.99	61	1	98	0	1	27.0	144.1	-7.2	71	6	0	0	0.0	0.0
U /	N/A	N/A	16.88	137	0	98	0	2	35.0	N/A	N/A	N/A	N/A	5,000,000	0	0.0	2.0
C- / 4.0	16.7	1.10	51.12	1,667	0	98	0	2	35.0	305.8	-5.2	17	8	25,000	0	0.0	2.0
C+ / 6.8	9.1	0.94	25.54	33	1	98	0	1	27.0	124.8	-9.2	22	N/A	100,000	0	0.0	2.0
C+ / 6.3	10.3	1.06	19.91	369	4	95	0	1	35.0	144.6	-10.4	28	N/A	100,000	0	0.0	2.0
B / 8.9	5.3	1.13	18.13	1,105	0	79	26	0	99.0	58.2	-5.5	48	N/A	1,000	50	5.5	0.0
B+ / 9.2	5.3	1.13	17.96	279	0	79	26	0	99.0	53.2	-5.7	37	N/A	1,000	50	0.0	0.0
B+ / 9.2	5.3	1.13	18.14	212	0	79	26	0	99.0	53.8	-5.7	39	N/A	1,000	50	0.0	0.0
B+ / 9.7	5.3	1.13	18.31	N/A	0	79	26	0	99.0	60.6	-5.4	52	N/A	0	0	0.0	0.0
B+ / 9.7	5.4	1.13	18.31	N/A	0	79	26	0	99.0	60.9	-5.4	52	N/A	0	0	0.0	0.0
B+ / 9.7	5.4	1.13	18.32	N/A	0	79	26	0	99.0	61.1	-5.4	N/A	N/A	0	0	0.0	0.0
B+ / 9.2	5.3	1.13	18.32	20	0	79	26	0	99.0	61.2	-5.4	54	N/A	1,000,000	0	0.0	0.0
B+ / 9.7	5.4	1.12	12.52	560	N/A	60	40	N/A	15.0	N/A	N/A	66	N/A	1,000	50	5.5	0.0
B+ / 9.6	5.4	1.12	12.49	127	N/A	60	40	N/A	15.0	N/A	N/A	56	N/A	1,000	50	0.0	0.0
B+ / 9.7	5.4	1.11	12.49	205	N/A	60	40	N/A	15.0	N/A	N/A	57	N/A	1,000	50	0.0	0.0
B+ / 9.7	5.4	1.12	12.50	N/A	N/A	60	40	N/A	15.0	N/A	N/A	65	N/A	0	0	0.0	0.0
B+ / 9.7	5.4	1.12	12.52	N/A	N/A	60	40	N/A	15.0	N/A	N/A	66	N/A	0	0	0.0	0.0
B+ / 9.7	5.4	1.12	12.52	N/A	N/A	60	40	N/A	15.0	N/A	N/A	66	N/A	0	0	0.0	0.0
U /	N/A	N/A	10.77	30	0	0	98	2	8.0	N/A	N/A	N/A	1	1,000	50	5.5	0.0

www.thestreet.com/ratings   Data as of June 30, 2007

I. Index of Stock Mutual Funds

Summer 2007

						PERFORMANCE						
	99 Pct = Best							Total Return % through 6/30/07			Incl. in Returns	
	0 Pct = Worst			Overall		Perfor-				Annualized	Dividend	Expense
Fund			Ticker	Investment		mance						
Type	Fund Name		Symbol	Rating	Phone	Rating/Pts	3 Mo	6 Mo	1Yr / Pct	3Yr / Pct	5Yr / Pct	Yield	Ratio
GR	Hartford Capital App II A		HCTAX	U	(800) 523-7798	U /	9.89	13.88	26.85 /87	--	--	0.00	1.66
GR	Hartford Capital App II B		HCTBX	U	(800) 523-7798	U /	9.67	13.38	25.75 /85	--	--	0.00	2.54
GR	Hartford Capital App II C		HFCCX	U	(800) 523-7798	U /	9.73	13.44	25.99 /85	--	--	0.00	2.37
GR	Hartford Capital App II I		HCTIX	U	(800) 523-7798	U /	9.94	14.01	27.18 /88	--	--	0.00	1.46
* GR	Hartford Capital Apprec A		ITHAX	B+	(800) 523-7798	B- / 7.5	9.33	9.68	22.56 /75	17.02 /78	17.59 /87	0.27	1.18
GR	Hartford Capital Apprec B		IHCAX	B+	(800) 523-7798	B / 7.7	9.10	9.23	21.58 /70	16.11 /74	16.70 /84	0.00	1.97
GR	Hartford Capital Apprec C		HCACX	B+	(800) 523-7798	B / 7.7	9.12	9.24	21.68 /71	16.20 /75	16.81 /84	0.00	1.90
GR	Hartford Capital Apprec I		ITHIX	B-	(800) 523-7798	B / 8.1	9.38	9.82	22.81 /76	17.10 /78	17.64 /87	0.90	0.88
GR	Hartford Capital Apprec R3		ITHRX	B-	(800) 523-7798	B / 8.1	9.19	9.43	22.54 /75	17.38 /79	18.09 /88	0.67	1.49
GR	Hartford Capital Apprec R4		ITHSX	B-	(800) 523-7798	B / 8.2	9.28	9.61	22.73 /76	17.44 /79	18.13 /88	0.67	1.19
GR	Hartford Capital Apprec R5		ITHTX	B-	(800) 523-7798	B / 8.2	9.37	9.75	22.93 /77	17.50 /79	18.16 /88	0.67	0.88
GR	Hartford Capital Apprec Y		HCAYX	A-	(800) 523-7798	B / 8.2	9.42	9.88	23.06 /77	17.55 /79	18.19 /88	0.67	0.75
AA	Hartford Conservative Alloc A		HCVAX	C-	(800) 523-7798	E+ / 0.6	2.61	4.34	11.36 /11	7.67 /12	--	2.94	1.34
AA	Hartford Conservative Alloc B		HCVBX	C-	(800) 523-7798	E+ / 0.8	2.35	3.90	10.59 / 9	6.95 / 9	--	2.44	2.18
AA	Hartford Conservative Alloc C		HCVCX	C-	(800) 523-7798	E+ / 0.8	2.38	3.94	10.54 / 9	6.93 / 9	--	2.48	2.11
AA	Hartford Conservative Alloc I		HCVIX	C-	(800) 523-7798	D- / 1.1	2.61	4.44	11.56 /12	7.73 /13	--	3.45	1.42
AA	Hartford Conservative Alloc R3		HCVRX	C-	(800) 523-7798	D- / 1.0	2.48	4.08	11.08 /11	7.58 /12	--	2.96	1.70
AA	Hartford Conservative Alloc R4		HCVSX	C-	(800) 523-7798	D- / 1.0	2.58	4.26	11.27 /11	7.64 /12	--	3.03	1.40
AA	Hartford Conservative Alloc R5		HCVTX	C-	(800) 523-7798	D- / 1.1	2.65	4.41	11.43 /12	7.69 /13	--	3.17	1.09
GR	Hartford Disciplined Equity A		HAIAX	C	(800) 523-7798	C- / 3.2	6.92	8.58	19.64 /57	10.88 /35	9.97 /33	0.64	1.40
GR	Hartford Disciplined Equity B		HGIBX	C+	(800) 523-7798	C- / 3.8	6.72	8.21	18.82 /51	10.12 /29	9.20 /25	0.10	2.30
GR	Hartford Disciplined Equity C		HGICX	C+	(800) 523-7798	C- / 3.8	6.71	8.20	18.84 /51	10.10 /29	9.21 /25	0.06	2.30
GR	Hartford Disciplined Equity R3		HGIRX	C-	(800) 523-7798	C / 4.7	6.79	8.32	19.77 /58	11.29 /39	10.42 /38	0.68	1.61
GR	Hartford Disciplined Equity R4		HGISX	C-	(800) 523-7798	C / 4.9	6.93	8.54	20.01 /60	11.36 /39	10.46 /38	0.68	1.31
GR	Hartford Disciplined Equity R5		HGITX	C-	(800) 523-7798	C / 5.0	6.99	8.68	20.16 /61	11.41 /40	10.49 /38	0.67	1.00
GR	Hartford Disciplined Equity Y		HGIYX	B-	(800) 523-7798	C / 5.0	7.06	8.82	20.32 /62	11.46 /40	10.52 /39	0.67	0.89
GI	Hartford Dividend & Growth A		IHGIX	B+	(800) 523-7798	C+ / 6.2	7.55	8.74	23.67 /79	14.45 /65	11.56 /49	1.08	1.14
GI	Hartford Dividend & Growth B		ITDGX	B	(800) 523-7798	C+ / 6.5	7.29	8.27	22.61 /75	13.46 /58	10.65 /40	0.41	1.99
GI	Hartford Dividend & Growth C		HDGCX	B	(800) 523-7798	C+ / 6.6	7.34	8.36	22.77 /76	13.62 /59	10.80 /41	0.53	1.87
GI	Hartford Dividend & Growth I		HDGIX	C+	(800) 523-7798	C+ / 6.3	7.66	8.95	23.99 /80	12.64 /51	10.50 /39	1.60	1.08
GI	Hartford Dividend & Growth R3		HDGRX	B-	(800) 523-7798	B- / 7.2	7.45	8.56	23.63 /79	14.77 /67	12.01 /54	1.09	1.43
GI	Hartford Dividend & Growth R4		HDGSX	B-	(800) 523-7798	B- / 7.3	7.53	8.67	23.81 /80	14.83 /68	12.04 /54	1.23	1.13
GI	Hartford Dividend & Growth R5		HDGTX	B-	(800) 523-7798	B- / 7.3	7.56	8.83	23.99 /80	14.88 /68	12.07 /54	1.36	0.82
GI	Hartford Dividend & Growth Y		HDGYX	A	(800) 523-7798	B- / 7.4	7.66	8.94	24.12 /81	14.92 /68	12.10 /55	1.45	0.71
AA	Hartford Equity Growth Alloc A		HAAAX	B	(800) 523-7798	C+ / 5.8	7.21	9.55	21.29 /69	14.20 /63	--	1.50	1.67
AA	Hartford Equity Growth Alloc B		HAABX	B+	(800) 523-7798	C+ / 6.3	7.03	9.13	20.41 /63	13.46 /58	--	1.09	2.50
AA	Hartford Equity Growth Alloc C		HAACX	B+	(800) 523-7798	C+ / 6.3	7.11	9.21	20.51 /63	13.46 /58	--	1.10	2.39
AA	Hartford Equity Growth Alloc I		HAAIX	C+	(800) 523-7798	B- / 7.0	7.36	9.70	21.59 /70	14.30 /64	--	1.69	1.59
AA	Hartford Equity Growth Alloc R3		HAARX	C+	(800) 523-7798	C+ / 6.8	7.22	9.40	21.12 /67	14.15 /63	--	1.59	1.88
AA	Hartford Equity Growth Alloc R4		HAASX	C+	(800) 523-7798	C+ / 6.9	7.21	9.55	21.29 /69	14.20 /63	--	1.59	1.58
AA	Hartford Equity Growth Alloc R5		HAATX	C+	(800) 523-7798	C+ / 6.9	7.28	9.62	21.46 /70	14.25 /64	--	1.59	1.27
IN	Hartford Equity Income A		HQIAX	B-	(800) 523-7798	C / 4.8	4.44	6.78	20.50 /63	13.91 /61	--	1.57	1.30
IN	Hartford Equity Income B		HQIBX	B	(800) 523-7798	C / 5.2	4.23	6.43	19.56 /56	12.93 /53	--	0.91	2.14
IN	Hartford Equity Income C		HQICX	B	(800) 523-7798	C / 5.3	4.26	6.41	19.68 /57	13.13 /55	--	1.01	2.01
IN	Hartford Equity Income I		HQIIX	C+	(800) 523-7798	C+ / 6.1	4.54	7.00	20.79 /65	14.00 /62	--	2.06	1.37
IN	Hartford Equity Income R3		HQIRX	C+	(800) 523-7798	C+ / 6.2	4.33	6.59	20.46 /63	14.32 /64	--	1.69	1.61
IN	Hartford Equity Income R4		HQISX	C+	(800) 523-7798	C+ / 6.3	4.41	6.76	20.65 /64	14.38 /65	--	1.84	1.31
IN	Hartford Equity Income R5		HQITX	C+	(800) 523-7798	C+ / 6.4	4.55	6.98	20.90 /66	14.46 /65	--	1.97	1.00
IN	Hartford Equity Income Y		HQIYX	B	(800) 523-7798	C+ / 6.4	4.59	7.10	21.04 /67	14.50 /65	--	2.08	0.88
GR	Hartford Fundamental Growth A		HFFAX	C	(800) 523-7798	C- / 3.9	10.20	9.72	23.19 /78	10.20 /29	10.05 /33	0.00	1.58
GR	Hartford Fundamental Growth B		HFFBX	C+	(800) 523-7798	C / 4.4	10.04	9.35	22.19 /73	9.40 /24	9.25 /25	0.00	2.37
GR	Hartford Fundamental Growth C		HFFCX	C+	(800) 523-7798	C / 4.4	10.03	9.44	22.29 /74	9.42 /24	9.27 /26	0.00	2.29

● Denotes fund is closed to new investors
* Denotes fund is included in Section II

www.thestreet.com/ratings

Summer 2007

I. Index of Stock Mutual Funds

RISK			NET ASSETS		ASSET				Portfolio Turnover Ratio	BULL / BEAR		FUND MANAGER		MINIMUMS		LOADS	
	3 Year		NAV							Last Bull	Last Bear	Manager	Manager	Initial	Additional	Front	Back
Risk Rating/Pts	Standard Deviation	Beta	As of 6/30/07	Total $(Mil)	Cash %	Stocks %	Bonds %	Other %		Market Return	Market Return	Quality Pct	Tenure (Years)	Purch. $	Purch. $	End Load	End Load
U /	N/A	N/A	15.34	565	N/A	N/A	0	N/A	113.0	N/A	N/A	N/A	N/A	1,000	50	5.5	0.0
U /	N/A	N/A	15.08	77	N/A	N/A	0	N/A	113.0	N/A	N/A	N/A	N/A	1,000	50	0.0	0.0
U /	N/A	N/A	15.11	277	N/A	N/A	0	N/A	113.0	N/A	N/A	N/A	N/A	1,000	50	0.0	0.0
U /	N/A	N/A	15.38	45	N/A	N/A	0	N/A	113.0	N/A	N/A	N/A	N/A	1,000	50	0.0	0.0
B- / 7.4	10.0	1.21	41.71	11,487	N/A	N/A	0	N/A	74.0	148.8	-10.5	87	11	1,000	50	5.5	0.0
B- / 7.2	10.0	1.20	37.75	2,065	N/A	N/A	0	N/A	74.0	140.9	-10.7	82	11	1,000	50	0.0	0.0
B- / 7.2	10.0	1.21	37.94	3,801	N/A	N/A	0	N/A	74.0	141.8	-10.6	82	11	1,000	50	0.0	0.0
C+ / 5.7	10.0	1.21	41.50	85	N/A	N/A	0	N/A	74.0	149.3	-10.5	87	N/A	1,000	50	0.0	0.0
C+ / 5.7	10.0	1.21	44.31	N/A	N/A	N/A	0	N/A	74.0	153.2	-10.4	88	N/A	0	0	0.0	0.0
C+ / 5.7	10.0	1.21	44.38	N/A	N/A	N/A	0	N/A	74.0	153.5	-10.4	89	N/A	0	0	0.0	0.0
C+ / 5.7	10.0	1.21	44.45	N/A	N/A	N/A	0	N/A	74.0	153.8	-10.4	89	N/A	0	0	0.0	0.0
B- / 7.4	10.0	1.21	44.50	744	N/A	N/A	0	N/A	74.0	154.1	-10.4	89	11	1,000,000	0	0.0	0.0
B+ / 9.9	3.7	0.78	11.28	108	0	40	58	2	29.0	N/A	N/A	56	N/A	1,000	50	5.5	0.0
B+ / 9.9	3.7	0.79	11.28	24	0	40	58	2	29.0	N/A	N/A	45	N/A	1,000	50	0.0	0.0
B+ / 9.9	3.7	0.79	11.27	50	0	40	58	2	29.0	N/A	N/A	45	N/A	1,000	50	0.0	0.0
B+ / 9.9	3.7	0.78	11.26	2	0	40	58	2	29.0	N/A	N/A	57	N/A	1,000	50	0.0	0.0
B+ / 9.9	3.7	0.78	11.27	N/A	0	40	58	2	29.0	N/A	N/A	55	N/A	0	0	0.0	0.0
B+ / 9.9	3.7	0.78	11.28	N/A	0	40	58	2	29.0	N/A	N/A	55	N/A	0	0	0.0	0.0
B+ / 9.9	3.7	0.78	11.28	N/A	0	40	58	2	29.0	N/A	N/A	56	N/A	0	0	0.0	0.0
B / 8.7	7.9	1.05	14.68	185	0	100	0	0	31.0	91.2	-10.3	38	9	1,000	50	5.5	0.0
B / 8.6	7.9	1.05	13.97	33	0	100	0	0	31.0	85.4	-10.4	30	9	1,000	50	0.0	0.0
B / 8.6	8.0	1.05	13.99	28	0	100	0	0	31.0	85.7	-10.4	30	9	1,000	50	0.0	0.0
C+ / 6.1	7.9	1.05	15.10	N/A	0	100	0	0	31.0	94.6	-10.1	42	N/A	0	0	0.0	0.0
C+ / 6.1	7.9	1.05	15.13	N/A	0	100	0	0	31.0	94.9	-10.1	44	N/A	0	0	0.0	0.0
C+ / 6.1	7.9	1.05	15.15	N/A	0	100	0	0	31.0	95.1	-10.1	44	N/A	0	0	0.0	0.0
B / 8.7	7.9	1.05	15.17	110	0	100	0	0	31.0	95.3	-10.1	45	9	1,000,000	0	0.0	0.0
B / 8.6	7.1	0.93	22.64	3,115	N/A	N/A	0	N/A	29.0	105.8	-9.4	86	6	1,000	50	5.5	0.0
B / 8.5	7.1	0.92	22.30	400	N/A	N/A	0	N/A	29.0	98.6	-9.6	80	6	1,000	50	0.0	0.0
B / 8.5	7.2	0.93	22.26	362	N/A	N/A	0	N/A	29.0	99.8	-9.6	81	6	1,000	50	0.0	0.0
C+ / 6.4	7.0	0.83	22.58	1	N/A	N/A	0	N/A	29.0	96.1	-9.4	80	N/A	1,000	50	0.0	0.0
C+ / 6.3	7.1	0.93	22.91	N/A	N/A	N/A	0	N/A	29.0	109.0	-9.3	87	N/A	0	0	0.0	0.0
C+ / 6.3	7.1	0.92	22.91	N/A	N/A	N/A	0	N/A	29.0	109.3	-9.3	88	N/A	0	0	0.0	0.0
C+ / 6.3	7.1	0.93	22.91	N/A	N/A	N/A	0	N/A	29.0	109.6	-9.3	88	N/A	0	0	0.0	0.0
B / 8.6	7.2	0.93	22.91	139	N/A	N/A	0	N/A	29.0	109.8	-9.3	88	6	1,000,000	0	0.0	0.0
B / 8.5	8.9	1.80	14.57	157	0	100	0	0	14.0	N/A	N/A	70	N/A	1,000	50	5.5	0.0
B / 8.5	8.9	1.80	14.46	43	0	100	0	0	14.0	N/A	N/A	62	N/A	1,000	50	0.0	0.0
B / 8.5	8.9	1.80	14.46	67	0	100	0	0	14.0	N/A	N/A	62	N/A	1,000	50	0.0	0.0
C+ / 5.9	8.9	1.81	14.59	N/A	0	100	0	0	14.0	N/A	N/A	71	N/A	1,000	50	0.0	0.0
C+ / 5.9	8.9	1.80	14.55	1	0	100	0	0	14.0	N/A	N/A	70	N/A	0	0	0.0	0.0
C+ / 5.9	8.9	1.81	14.57	N/A	0	100	0	0	14.0	N/A	N/A	70	N/A	0	0	0.0	0.0
C+ / 5.9	8.9	1.81	14.59	N/A	0	100	0	0	14.0	N/A	N/A	70	N/A	0	0	0.0	0.0
B / 8.9	6.4	0.74	14.76	701	N/A	N/A	0	N/A	24.0	N/A	N/A	90	N/A	1,000	50	5.5	0.0
B / 8.9	6.4	0.74	14.74	52	N/A	N/A	0	N/A	24.0	N/A	N/A	86	N/A	1,000	50	0.0	0.0
B / 8.9	6.4	0.74	14.75	72	N/A	N/A	0	N/A	24.0	N/A	N/A	87	N/A	1,000	50	0.0	0.0
C+ / 6.5	6.4	0.74	14.73	1	N/A	N/A	0	N/A	24.0	N/A	N/A	91	N/A	1,000	50	0.0	0.0
C+ / 6.5	6.4	0.74	14.82	N/A	N/A	N/A	0	N/A	24.0	N/A	N/A	92	N/A	0	0	0.0	0.0
C+ / 6.5	6.4	0.74	14.82	N/A	N/A	N/A	0	N/A	24.0	N/A	N/A	92	N/A	0	0	0.0	0.0
C+ / 6.5	6.4	0.74	14.83	N/A	N/A	N/A	0	N/A	24.0	N/A	N/A	92	N/A	0	0	0.0	0.0
B / 8.9	6.4	0.74	14.83	131	N/A	N/A	0	N/A	24.0	N/A	N/A	92	N/A	1,000,000	0	0.0	0.0
B / 8.0	8.3	0.96	12.75	37	2	96	0	2	123.0	79.1	-11.9	39	N/A	1,000	50	5.5	0.0
B- / 7.9	8.2	0.95	12.28	12	2	96	0	2	123.0	73.3	-12.0	32	N/A	1,000	50	0.0	0.0
B- / 7.9	8.3	0.95	12.29	13	2	96	0	2	123.0	73.7	-12.0	31	N/A	1,000	50	0.0	0.0

www.thestreet.com/ratings

Data as of June 30, 2007

I. Index of Stock Mutual Funds

Fund Type	Fund Name	Ticker Symbol	Overall Investment Rating	Phone	Performance Rating/Pts	3 Mo	6 Mo	1Yr / Pct	3Yr / Pct	5Yr / Pct	Dividend Yield	Expense Ratio
GR	Hartford Fundamental Growth Y	HFFYX	B-	(800) 523-7798	C+ / 5.6	10.25	9.97	23.65 /79	10.69 /33	10.55 /39	0.00	1.08
GL	Hartford Global Comm A	HGCAX	B	(800) 523-7798	A / 9.3	12.15	9.99	40.17 /97	23.31 /91	27.02 /97	1.31	1.89
GL	Hartford Global Comm B	HGCBX	B	(800) 523-7798	A / 9.4	11.81	9.59	38.97 /97	22.50 /90	26.11 /97	1.16	2.77
GL	Hartford Global Comm C	HGCCX	B	(800) 523-7798	A / 9.4	11.83	9.60	39.06 /97	22.40 /90	26.05 /97	1.18	2.64
GL	Hartford Global Comm Y	HGCYX	B+	(800) 523-7798	A / 9.5	12.15	10.27	40.57 /97	23.89 /92	27.56 /97	1.79	1.31
FS	Hartford Global Finan Serv A	HGFAX	C	(800) 523-7798	C- / 3.2	2.34	2.26	15.69 /30	13.97 /62	10.33 /37	0.71	1.70
FS	Hartford Global Finan Serv B	HGFBX	C	(800) 523-7798	C- / 3.8	2.15	1.93	15.01 /26	13.21 /56	9.58 /29	0.17	2.71
FS	Hartford Global Finan Serv C	HGFCX	C	(800) 523-7798	C- / 3.7	2.16	1.86	14.82 /25	13.12 /55	9.53 /28	0.28	2.55
FS	Hartford Global Finan Serv Y	HGFYX	C+	(800) 523-7798	C / 5.0	2.45	2.53	16.23 /33	14.45 /65	10.83 /42	0.98	1.24
GL	Hartford Global Growth A	HALAX	D+	(800) 523-7798	C- / 3.4	8.77	9.90	18.66 /50	10.76 /34	11.90 /52	0.00	1.53
GL	Hartford Global Growth B	HGLBX	C-	(800) 523-7798	C- / 3.9	8.60	9.50	17.87 /44	9.92 /27	11.07 /44	0.00	2.44
GL	Hartford Global Growth C	HGLCX	C-	(800) 523-7798	C- / 3.9	8.61	9.51	17.84 /44	9.96 /28	11.16 /45	0.00	2.20
GL	Hartford Global Growth R3	HALRX	D+	(800) 523-7798	C / 5.0	8.70	9.74	18.78 /50	11.22 /38	12.47 /57	0.00	1.68
GL	Hartford Global Growth R4	HALSX	D+	(800) 523-7798	C / 5.1	8.79	9.94	18.99 /52	11.29 /39	12.51 /58	0.00	1.38
GL	Hartford Global Growth R5	HALTX	D+	(800) 523-7798	C / 5.2	8.89	10.08	19.16 /53	11.34 /39	12.54 /58	0.00	1.07
GL	Hartford Global Growth Y	HGLYX	C+	(800) 523-7798	C / 5.3	8.93	10.18	19.32 /55	11.39 /40	12.57 /58	0.00	0.93
HL	Hartford Global Health A	HGHAX	D	(800) 523-7798	D / 1.8	2.71	4.11	13.88 /20	11.02 /36	12.72 /59	0.00	1.51
HL	Hartford Global Health B	HGHBX	D	(800) 523-7798	D / 2.1	2.51	3.69	12.86 /16	10.18 /29	11.92 /53	0.00	2.35
HL	Hartford Global Health C	HGHCX	D	(800) 523-7798	D / 2.1	2.57	3.81	13.13 /17	10.22 /30	11.94 /53	0.00	2.21
HL	Hartford Global Health I	HGHIX	D	(800) 523-7798	D+ / 2.9	2.81	4.27	14.44 /23	11.21 /38	12.84 /61	0.00	1.16
HL	Hartford Global Health R3	HGHRX	D	(800) 523-7798	D+ / 2.8	2.60	3.89	13.87 /20	11.39 /40	13.18 /63	0.00	1.68
HL	Hartford Global Health R4	HGHSX	D	(800) 523-7798	D+ / 2.9	2.76	4.11	14.11 /21	11.47 /40	13.23 /64	0.00	1.38
HL	Hartford Global Health R5	HGHTX	D	(800) 523-7798	C- / 3.0	2.81	4.27	14.29 /22	11.53 /41	13.27 /64	0.00	1.07
HL	Hartford Global Health Y	HGHYX	C-	(800) 523-7798	C- / 3.1	2.86	4.44	14.47 /23	11.59 /42	13.30 /64	0.00	0.98
TC	Hartford Global Technology A	HGTAX	C-	(800) 523-7798	C / 4.9	11.75	11.75	25.43 /84	10.36 /31	14.11 /70	0.00	2.00
TC	Hartford Global Technology B	HGTBX	C-	(800) 523-7798	C / 5.4	11.65	11.45	24.60 /82	9.62 /25	13.35 /65	0.00	2.86
TC	Hartford Global Technology C	HGTCX	C-	(800) 523-7798	C / 5.1	11.31	11.11	24.25 /81	9.36 /23	13.24 /64	0.00	2.71
TC	Hartford Global Technology Y	HGTYX	C	(800) 523-7798	C+ / 6.3	11.94	11.94	25.70 /85	10.74 /34	14.57 /73	0.00	1.16
AA	Hartford Growth Alloc A	HRAAX	C+	(800) 523-7798	C- / 3.6	5.75	7.76	17.71 /43	12.24 /48	--	1.61	1.52
AA	Hartford Growth Alloc B	HRABX	C+	(800) 523-7798	C- / 4.1	5.55	7.31	16.90 /37	11.48 /41	--	1.20	2.34
AA	Hartford Growth Alloc C	HRACX	C+	(800) 523-7798	C- / 4.1	5.63	7.39	16.94 /38	11.49 /41	--	1.23	2.27
AA	Hartford Growth Alloc I	HRAIX	C	(800) 523-7798	C / 5.0	5.93	7.95	18.07 /46	12.35 /49	--	2.19	1.49
AA	Hartford Growth Alloc R3	HRARX	C	(800) 523-7798	C / 4.6	5.60	7.44	17.36 /40	12.12 /46	--	1.71	1.83
AA	Hartford Growth Alloc R4	HRASX	C	(800) 523-7798	C / 4.8	5.75	7.68	17.62 /42	12.21 /47	--	1.71	1.53
AA	Hartford Growth Alloc R5	HRATX	C	(800) 523-7798	C / 4.9	5.83	7.84	17.79 /43	12.27 /48	--	1.70	1.22
GR	Hartford Growth Fund A	HGWAX	D-	(800) 523-7798	D- / 1.1	9.46	8.16	16.17 /33	6.32 / 7	10.46 /38	0.00	1.34
GR	Hartford Growth Fund B	HGWBX	D-	(800) 523-7798	D- / 1.3	9.23	7.67	15.17 /27	5.48 / 5	9.64 /29	0.00	2.22
GR	Hartford Growth Fund C	HGWCX	D-	(800) 523-7798	D- / 1.3	9.28	7.72	15.28 /27	5.58 / 5	9.71 /30	0.00	2.02
GR	Hartford Growth Fund I	HGWJX	E+	(800) 523-7798	D / 1.8	9.55	8.31	16.53 /35	6.43 / 7	10.53 /39	0.00	0.96
GR	Hartford Growth Fund L	FECLX	D-	(800) 523-7798	D- / 1.3	9.55	8.26	16.44 /35	6.61 / 8	10.78 /41	0.00	1.05
GR	Hartford Growth Fund R3	HGWRX	E+	(800) 523-7798	D / 1.9	9.40	7.95	16.20 /33	6.71 / 8	10.92 /43	0.00	1.55
GR	Hartford Growth Fund R4	HGWSX	E+	(800) 523-7798	D / 1.9	9.50	8.17	16.43 /35	6.78 / 8	10.97 /43	0.00	1.25
GR	Hartford Growth Fund R5	HGWUX	E+	(800) 523-7798	D / 2.0	9.60	8.33	16.61 /36	6.84 / 8	11.00 /43	0.00	0.94
GR	Hartford Growth Fund Y	HGWYX	D	(800) 523-7798	D / 2.0	9.60	8.39	16.67 /36	6.85 / 8	11.01 /43	0.00	0.83
GR	Hartford Growth Opportunity A	HGOAX	B	(800) 523-7798	B+ / 8.3	13.65	16.10	27.68 /89	16.75 /77	16.97 /85	0.00	1.60
GR	Hartford Growth Opportunity B	HGOBX	B	(800) 523-7798	B+ / 8.4	13.43	15.66	26.68 /87	15.84 /73	16.11 /82	0.00	2.26
GR	Hartford Growth Opportunity C	HGOCX	B	(800) 523-7798	B+ / 8.4	13.42	15.70	26.72 /87	15.85 /73	16.14 /82	0.00	2.26
GR	Hartford Growth Opportunity I	HGOIX	B-	(800) 523-7798	B+ / 8.7	13.73	16.30	27.99 /90	16.84 /77	17.03 /85	0.00	1.15
GR	Hartford Growth Opportunity L	FGRWX	B	(800) 523-7798	B+ / 8.4	13.71	16.24	27.96 /90	17.02 /78	17.29 /86	0.00	1.07
GR	Hartford Growth Opportunity R3	HGORX	B-	(800) 523-7798	B+ / 8.7	13.54	15.92	27.75 /89	17.15 /78	17.45 /86	0.00	1.57
GR	Hartford Growth Opportunity R4	HGOSX	B-	(800) 523-7798	B+ / 8.7	13.63	16.09	27.94 /90	17.20 /78	17.49 /86	0.00	1.27
GR	Hartford Growth Opportunity R5	HGOTX	B-	(800) 523-7798	B+ / 8.7	13.71	16.29	28.16 /90	17.27 /79	17.53 /87	0.00	0.96

- Denotes fund is closed to new investors
* Denotes fund is included in Section II

www.thestreet.com/ratings

Summer 2007   I. Index of Stock Mutual Funds

RISK			NET ASSETS		ASSET					BULL / BEAR		FUND MANAGER		MINIMUMS		LOADS	
	3 Year		NAV						Portfolio	Last Bull	Last Bear	Manager	Manager	Initial	Additional	Front	Back
Risk	Standard		As of	Total	Cash	Stocks	Bonds	Other	Turnover	Market	Market	Quality	Tenure	Purch.	Purch.	End	End
Rating/Pts	Deviation	Beta	6/30/07	$(Mil)	%	%	%	%	Ratio	Return	Return	Pct	(Years)	$	$	Load	Load
B / 8.1	8.3	0.95	13.02	N/A	2	96	0	2	123.0	82.5	-11.8	46	N/A	1,000,000	0	0.0	0.0
C / 5.3	16.9	1.38	9.69	22	0	98	0	2	104.0	203.5	-7.5	7	N/A	1,000	50	5.5	0.0
C / 5.3	16.7	1.37	9.37	5	0	98	0	2	104.0	194.6	-7.6	6	N/A	1,000	50	0.0	0.0
C / 5.3	16.7	1.37	9.36	8	0	98	0	2	104.0	193.8	-7.6	6	N/A	1,000	50	0.0	0.0
C / 5.4	16.7	1.37	9.88	2	0	98	0	2	104.0	209.3	-7.4	9	N/A	1,000,000	0	0.0	0.0
B / 8.0	8.4	0.86	14.02	23	4	96	0	0	52.0	114.2	-12.2	87	N/A	1,000	50	5.5	0.0
B- / 7.9	8.4	0.86	13.76	4	4	96	0	0	52.0	108.1	-12.3	82	N/A	1,000	50	0.0	0.0
B- / 7.9	8.4	0.86	13.72	5	4	96	0	0	52.0	107.6	-12.3	82	N/A	1,000	50	0.0	0.0
B / 8.0	8.4	0.86	14.19	2	4	96	0	0	52.0	118.4	-12.2	89	N/A	1,000,000	0	0.0	0.0
C+ / 6.5	11.8	0.99	21.09	429	0	98	0	2	125.0	109.5	-13.0	2	9	1,000	50	5.5	0.0
C+ / 6.5	11.8	0.99	19.71	73	0	98	0	2	125.0	102.9	-13.1	1	9	1,000	50	0.0	0.0
C+ / 6.5	11.8	0.99	19.81	67	0	98	0	2	125.0	103.5	-13.1	1	9	1,000	50	0.0	0.0
C / 4.9	11.8	0.99	21.98	N/A	0	98	0	2	125.0	114.1	-12.8	2	N/A	0	0	0.0	0.0
C / 4.9	11.8	0.99	22.02	N/A	0	98	0	2	125.0	114.3	-12.8	2	N/A	0	0	0.0	0.0
C / 4.9	11.8	0.99	22.05	N/A	0	98	0	2	125.0	114.6	-12.8	2	N/A	0	0	0.0	0.0
B- / 7.2	11.8	0.99	22.08	204	0	98	0	2	125.0	114.8	-12.8	2	N/A	1,000,000	0	0.0	0.0
B- / 7.1	9.1	0.86	18.22	479	2	98	0	0	30.0	105.6	-9.4	60	N/A	1,000	50	5.5	0.0
B- / 7.4	9.1	0.86	17.14	83	2	98	0	0	30.0	99.1	-9.5	49	N/A	1,000	50	0.0	0.0
B- / 7.4	9.1	0.86	17.17	126	2	98	0	0	30.0	99.4	-9.5	49	N/A	1,000	50	0.0	0.0
C+ / 5.9	9.1	0.87	18.31	8	2	98	0	0	30.0	106.6	-9.4	62	N/A	1,000	50	0.0	0.0
C+ / 5.9	9.1	0.87	18.96	N/A	2	98	0	0	30.0	109.1	-9.3	64	N/A	0	0	0.0	0.0
C+ / 5.9	9.1	0.87	19.00	N/A	2	98	0	0	30.0	109.4	-9.3	65	N/A	0	0	0.0	0.0
C+ / 5.9	9.1	0.87	19.03	N/A	2	98	0	0	30.0	109.6	-9.3	66	N/A	0	0	0.0	0.0
B- / 7.5	9.1	0.87	19.06	206	2	98	0	0	30.0	109.9	-9.3	67	N/A	1,000,000	0	0.0	0.0
C / 5.4	16.3	1.77	6.56	35	2	98	0	0	144.0	112.8	-12.9	5	N/A	1,000	50	5.5	0.0
C / 5.4	16.3	1.77	6.23	13	2	98	0	0	144.0	106.7	-12.9	4	N/A	1,000	50	0.0	0.0
C / 5.4	16.3	1.77	6.20	13	2	98	0	0	144.0	105.4	-12.8	4	N/A	1,000	50	0.0	0.0
C / 5.5	16.3	1.78	6.75	2	2	98	0	0	144.0	115.9	-12.5	6	N/A	1,000,000	0	0.0	0.0
B / 8.8	7.1	1.45	13.61	462	6	80	12	2	14.0	N/A	N/A	69	N/A	1,000	50	5.5	0.0
B / 8.8	7.1	1.45	13.51	132	6	80	12	2	14.0	N/A	N/A	60	N/A	1,000	50	0.0	0.0
B / 8.8	7.1	1.44	13.51	211	6	80	12	2	14.0	N/A	N/A	61	N/A	1,000	50	0.0	0.0
C+ / 6.6	7.1	1.46	13.58	1	6	80	12	2	14.0	N/A	N/A	70	N/A	1,000	50	0.0	0.0
C+ / 6.6	7.1	1.46	13.57	N/A	6	80	12	2	14.0	N/A	N/A	68	N/A	0	0	0.0	0.0
C+ / 6.6	7.1	1.46	13.60	N/A	6	80	12	2	14.0	N/A	N/A	69	N/A	0	0	0.0	0.0
C+ / 6.6	7.1	1.45	13.62	N/A	6	80	12	2	14.0	N/A	N/A	70	N/A	0	0	0.0	0.0
C+ / 6.7	11.2	1.30	19.09	589	2	98	0	0	92.0	81.6	-9.8	5	6	1,000	50	5.5	0.0
C+ / 6.5	11.2	1.30	16.56	40	2	98	0	0	92.0	76.0	-10.0	4	6	1,000	50	0.0	0.0
C+ / 6.5	11.2	1.30	16.61	80	2	98	0	0	92.0	76.5	-10.0	4	6	1,000	50	0.0	0.0
C / 5.1	11.2	1.30	19.15	27	2	98	0	0	92.0	82.1	-9.8	5	N/A	1,000	50	0.0	0.0
C+ / 6.8	11.2	1.30	19.39	302	2	98	0	0	92.0	84.0	-9.7	5	6	1,000	50	4.8	0.0
C / 5.2	11.2	1.30	19.56	N/A	2	98	0	0	92.0	85.0	-9.7	5	N/A	0	0	0.0	0.0
C / 5.2	11.2	1.30	19.60	N/A	2	98	0	0	92.0	85.3	-9.7	6	N/A	0	0	0.0	0.0
C / 5.2	11.2	1.30	19.63	N/A	2	98	0	0	92.0	85.5	-9.7	6	N/A	0	0	0.0	0.0
C+ / 6.8	11.2	1.30	19.64	92	2	98	0	0	92.0	85.7	-9.7	6	6	1,000,000	0	0.0	0.0
C+ / 6.1	12.5	1.42	33.38	602	N/A	100	0	N/A	131.0	154.1	-9.7	71	6	1,000	50	5.5	0.0
C+ / 5.9	12.5	1.42	28.21	41	N/A	100	0	N/A	131.0	146.2	-9.9	61	6	1,000	50	0.0	0.0
C+ / 5.9	12.5	1.42	28.23	75	N/A	100	0	N/A	131.0	146.4	-9.8	61	6	1,000	50	0.0	0.0
C / 5.1	12.5	1.43	33.46	4	N/A	100	0	N/A	131.0	154.7	-9.7	72	N/A	1,000	50	0.0	0.0
C+ / 6.1	12.5	1.42	33.93	712	N/A	100	0	N/A	131.0	157.1	-9.6	74	6	1,000	50	4.8	0.0
C / 5.1	12.5	1.42	34.22	N/A	N/A	100	0	N/A	131.0	158.7	-9.6	75	N/A	0	0	0.0	0.0
C / 5.1	12.5	1.43	34.27	N/A	N/A	100	0	N/A	131.0	159.1	-9.6	75	N/A	0	0	0.0	0.0
C / 5.1	12.5	1.43	34.33	N/A	N/A	100	0	N/A	131.0	159.4	-9.6	76	N/A	0	0	0.0	0.0

www.thestreet.com/ratings   Data as of June 30, 2007

I. Index of Stock Mutual Funds

Summer 2007

Fund Type	Fund Name	Ticker Symbol	Overall Investment Rating	Phone	Performance Rating/Pts	3 Mo	6 Mo	1Yr / Pct	3Yr / Pct	5Yr / Pct	Dividend Yield	Expense Ratio
	99 Pct = Best							Total Return % through 6/30/07			Incl. in Returns	
	0 Pct = Worst								Annualized			
GR	Hartford Growth Opportunity Y	HGOYX	B+	(800) 523-7798	B+ / 8.7	13.77	16.40	28.27 / 90	17.31 / 79	17.55 / 87	0.00	0.85
AA	Hartford Income Alloc A	HINAX	D+	(800) 523-7798	E- / 0.0	-0.03	1.62	5.41 / 2	3.37 / 1	--	4.08	1.39
AA	Hartford Income Alloc B	HINBX	D+	(800) 523-7798	E- / 0.1	-0.20	1.26	4.78 / 1	2.67 / 1	--	3.57	2.18
AA	Hartford Income Alloc C	HINCX	D+	(800) 523-7798	E- / 0.1	-0.30	1.27	4.67 / 1	2.64 / 1	--	3.56	2.12
AA	Hartford Income Alloc I	HINIX	D+	(800) 523-7798	E- / 0.1	-0.06	1.75	5.60 / 2	3.43 / 1	--	4.46	1.49
AA	Hartford Income Alloc R3	HINRX	D+	(800) 523-7798	E- / 0.1	-0.13	1.42	5.20 / 2	3.30 / 1	--	4.08	1.59
AA	Hartford Income Alloc R4	HINSX	D+	(800) 523-7798	E- / 0.1	-0.06	1.57	5.36 / 2	3.35 / 1	--	4.23	1.29
AA	Hartford Income Alloc R5	HINUX	D+	(800) 523-7798	E- / 0.1	-0.08	1.72	5.52 / 2	3.40 / 1	--	4.38	0.98
FO	Hartford Intl Growth Fund A	HNCAX	B-	(800) 523-7798	B / 7.6	7.82	10.18	26.14 / 86	16.60 / 76	17.11 / 85	0.08	1.60
FO	Hartford Intl Growth Fund B	HNCBX	B-	(800) 523-7798	B / 7.8	7.52	9.65	25.13 / 83	15.76 / 73	16.26 / 82	0.00	2.46
FO	Hartford Intl Growth Fund C	HNCCX	B-	(800) 523-7798	B / 7.8	7.59	9.80	25.22 / 83	15.75 / 73	16.28 / 82	0.00	2.30
FO	Hartford Intl Growth Fund I	HNCJX	C+	(800) 523-7798	B / 8.1	7.75	10.20	26.44 / 86	16.69 / 77	17.17 / 85	1.01	1.43
FO	Hartford Intl Growth Fund Y	HNCYX	B	(800) 523-7798	B+ / 8.3	7.92	10.45	26.74 / 87	17.13 / 78	17.68 / 87	0.00	1.06
FO	Hartford Intl Opportunity A	IHOAX	B+	(800) 523-7798	B+ / 8.5	7.88	10.64	25.62 / 84	20.40 / 86	14.85 / 75	0.28	1.61
FO	Hartford Intl Opportunity B	HIOBX	A-	(800) 523-7798	B+ / 8.6	7.67	10.26	24.78 / 82	19.59 / 84	14.02 / 70	0.00	2.56
FO	Hartford Intl Opportunity C	HIOCX	A-	(800) 523-7798	B+ / 8.6	7.61	10.22	24.62 / 82	19.46 / 84	13.94 / 69	0.00	2.33
FO	Hartford Intl Opportunity R3	IHORX	B	(800) 523-7798	B+ / 8.8	7.80	10.48	25.76 / 85	20.90 / 86	15.31 / 78	1.00	1.76
FO	Hartford Intl Opportunity R4	IHOSX	B	(800) 523-7798	B+ / 8.8	7.91	10.65	25.96 / 85	20.96 / 87	15.35 / 78	1.00	1.46
FO	Hartford Intl Opportunity R5	IHOTX	B	(800) 523-7798	B+ / 8.9	7.95	10.83	26.16 / 86	21.03 / 87	15.39 / 78	1.00	1.15
FO	Hartford Intl Opportunity Y	HAOYX	A	(800) 523-7798	B+ / 8.9	8.00	10.94	26.29 / 86	21.07 / 87	15.41 / 78	1.00	1.02
FO	Hartford Intl Small Company A	HNSAX	B	(800) 523-7798	B+ / 8.8	5.29	11.40	29.50 / 92	22.11 / 89	21.54 / 94	0.77	1.64
FO	Hartford Intl Small Company B	HNSBX	B	(800) 523-7798	B+ / 8.9	5.08	11.00	28.66 / 91	21.26 / 87	20.83 / 93	0.43	2.56
FO	Hartford Intl Small Company C	HNSCX	B	(800) 523-7798	B+ / 8.9	5.07	10.98	28.59 / 91	21.20 / 87	20.63 / 93	0.32	2.33
FO	Hartford Intl Small Company Y	HNSYX	B+	(800) 523-7798	A- / 9.1	5.42	11.60	30.07 / 92	22.62 / 90	22.06 / 94	0.99	1.10
MC	● Hartford MidCap Fd A	HFMCX	C+	(800) 523-7798	B+ / 8.5	10.77	16.29	25.28 / 84	18.90 / 83	15.69 / 80	0.00	1.27
MC	● Hartford MidCap Fd B	HAMBX	C+	(800) 523-7798	B+ / 8.6	10.58	15.83	24.31 / 81	18.01 / 80	14.83 / 75	0.00	2.04
MC	● Hartford MidCap Fd C	HMDCX	C+	(800) 523-7798	B+ / 8.6	10.60	15.87	24.43 / 81	18.09 / 81	14.93 / 76	0.00	1.96
MC	● Hartford MidCap Fd Y	HMDYX	B	(800) 523-7798	B+ / 8.9	10.86	16.51	25.80 / 85	19.43 / 84	16.25 / 82	0.00	0.81
MC	● Hartford MidCap Value A	HMVAX	B+	(800) 523-7798	B+ / 8.3	8.42	15.97	27.84 / 89	17.59 / 79	16.13 / 82	0.00	1.45
MC	● Hartford MidCap Value B	HMVBX	B	(800) 523-7798	B+ / 8.4	8.15	15.48	26.83 / 87	16.70 / 77	15.29 / 78	0.00	2.28
MC	● Hartford MidCap Value C	HMVCX	B	(800) 523-7798	B+ / 8.4	8.22	15.47	26.91 / 88	16.73 / 77	15.30 / 78	0.00	2.16
MC	● Hartford MidCap Value Y	HMVYX	A-	(800) 523-7798	B+ / 8.7	8.53	16.31	28.46 / 90	18.13 / 81	16.69 / 84	0.00	0.94
MC	Hartford Sel MidCap Value A	HFVAX	U	(800) 523-7798	U /	4.34	8.03	21.51 / 70	--	--	0.00	1.69
SC	Hartford Select SmallCap Value Y	HTVYX	U	(800) 523-7798	U /	2.91	6.75	--	--	--	0.00	1.71
SC	Hartford Small Company A	IHSAX	C+	(800) 523-7798	B- / 7.2	6.09	11.02	18.61 / 49	17.39 / 79	15.81 / 80	0.00	1.64
SC	Hartford Small Company B	HSCBX	C+	(800) 523-7798	B- / 7.4	5.95	10.71	17.73 / 43	16.55 / 76	14.96 / 76	0.00	2.56
SC	Hartford Small Company C	HSMCX	C+	(800) 523-7798	B- / 7.4	5.89	10.64	17.71 / 43	16.53 / 76	14.96 / 76	0.00	2.33
SC	Hartford Small Company I	IHSIX	C+	(800) 523-7798	B / 7.9	6.17	11.20	18.91 / 51	17.49 / 79	15.87 / 81	0.00	0.94
SC	Hartford Small Company R3	IHSRX	C+	(800) 523-7798	B / 7.9	6.01	10.86	18.72 / 50	17.79 / 80	16.24 / 82	0.00	1.66
SC	Hartford Small Company R4	IHSSX	C+	(800) 523-7798	B / 7.9	6.10	11.04	18.91 / 51	17.85 / 80	16.28 / 82	0.00	1.36
SC	Hartford Small Company R5	IHSUX	C+	(800) 523-7798	B / 8.0	6.18	11.22	19.11 / 53	17.91 / 80	16.31 / 82	0.00	1.05
SC	Hartford Small Company Y	HSCYX	B-	(800) 523-7798	B / 8.0	6.22	11.31	19.20 / 54	17.95 / 80	16.33 / 82	0.00	0.94
SC	Hartford SmallCap Growth A	HSLAX	D-	(800) 523-7798	D+ / 2.7	5.68	8.58	14.65 / 24	11.37 / 39	13.49 / 66	0.00	1.56
SC	Hartford SmallCap Growth B	HSLBX	D	(800) 523-7798	C- / 3.2	5.49	8.19	13.88 / 20	10.62 / 33	12.72 / 59	0.00	2.39
SC	Hartford SmallCap Growth C	HSLCX	D	(800) 523-7798	C- / 3.1	5.43	8.06	13.71 / 19	10.53 / 32	12.66 / 59	0.00	2.25
SC	Hartford SmallCap Growth L	FACAX	D	(800) 523-7798	C- / 3.0	5.71	8.63	14.83 / 25	11.57 / 41	13.61 / 66	0.00	1.15
SC	Hartford SmallCap Growth R3	HSLRX	D-	(800) 523-7798	C- / 4.0	5.54	8.34	14.61 / 24	11.69 / 43	13.87 / 69	0.00	1.62
SC	Hartford SmallCap Growth R4	HSLSX	D	(800) 523-7798	C- / 4.1	5.65	8.53	14.80 / 25	11.75 / 43	13.91 / 69	0.00	1.32
SC	Hartford SmallCap Growth R5	HSLTX	D	(800) 523-7798	C- / 4.2	5.71	8.68	14.97 / 26	11.81 / 44	13.94 / 69	0.00	1.01
SC	Hartford SmallCap Growth Y	HSLYX	D+	(800) 523-7798	C- / 4.2	5.74	8.74	15.03 / 26	11.83 / 44	13.95 / 69	0.00	0.92
GR	Hartford Stock A	IHSTX	C+	(800) 523-7798	C / 4.8	8.95	9.89	24.34 / 81	11.48 / 41	9.80 / 31	0.38	1.41
GR	Hartford Stock B	ITSBX	B-	(800) 523-7798	C / 5.2	8.72	9.47	23.33 / 78	10.53 / 32	8.91 / 22	0.00	2.23

● Denotes fund is closed to new investors
★ Denotes fund is included in Section II

www.thestreet.com/ratings

Summer 2007   I. Index of Stock Mutual Funds

RISK			NET ASSETS		ASSET					BULL / BEAR		FUND MANAGER		MINIMUMS		LOADS	
	3 Year		NAV						Portfolio	Last Bull	Last Bear	Manager	Manager	Initial	Additional	Front	Back
Risk	Standard		As of	Total	Cash	Stocks	Bonds	Other	Turnover	Market	Market	Quality	Tenure	Purch.	Purch.	End	End
Rating/Pts	Deviation	Beta	6/30/07	$(Mil)	%	%	%	%	Ratio	Return	Return	Pct	(Years)	$	$	Load	Load
C+ / 6.1	12.5	1.43	34.36	113	N/A	100	0	N/A	131.0	159.6	-9.6	76	6	1,000,000	0	0.0	0.0
B+ / 9.9	1.8	0.12	9.82	33	8	0	92	0	38.0	N/A	N/A	41	N/A	1,000	50	4.5	0.0
B+ / 9.9	1.8	0.12	9.82	5	8	0	92	0	38.0	N/A	N/A	33	N/A	1,000	50	0.0	0.0
B+ / 9.9	1.8	0.12	9.81	8	8	0	92	0	38.0	N/A	N/A	33	N/A	1,000	50	0.0	0.0
B+ / 9.9	1.8	0.12	9.82	1	8	0	92	0	38.0	N/A	N/A	42	N/A	1,000	50	0.0	0.0
B+ / 9.9	1.8	0.12	9.82	N/A	8	0	92	0	38.0	N/A	N/A	40	N/A	0	0	0.0	0.0
B+ / 9.9	1.8	0.12	9.82	N/A	8	0	92	0	38.0	N/A	N/A	41	N/A	0	0	0.0	0.0
B+ / 9.9	1.8	0.12	9.82	N/A	8	0	92	0	38.0	N/A	N/A	42	N/A	0	0	0.0	0.0
C+ / 6.3	11.6	1.10	16.13	348	4	96	0	0	165.0	164.0	-10.2	5	6	1,000	50	5.5	0.0
C+ / 6.2	11.6	1.10	15.45	44	4	96	0	0	165.0	155.9	-10.3	4	6	1,000	50	0.0	0.0
C+ / 6.2	11.6	1.10	15.46	55	4	96	0	0	165.0	155.5	-10.3	4	6	1,000	50	0.0	0.0
C / 5.1	11.6	1.10	15.99	N/A	4	96	0	0	165.0	164.6	-10.2	5	N/A	1,000	50	0.0	0.0
C+ / 6.3	11.6	1.10	16.49	10	4	96	0	0	165.0	168.9	-10.0	6	6	1,000,000	0	0.0	0.0
C+ / 6.9	10.3	1.08	18.61	208	0	98	0	2	102.0	157.3	-11.5	19	N/A	1,000	50	5.5	0.0
C+ / 6.9	10.3	1.08	17.41	33	0	98	0	2	102.0	149.8	-11.7	15	N/A	1,000	50	0.0	0.0
C+ / 6.9	10.3	1.08	17.25	25	0	98	0	2	102.0	149.1	-11.6	14	N/A	1,000	50	0.0	0.0
C / 5.5	10.3	1.08	19.08	N/A	0	98	0	2	102.0	162.2	-11.4	22	N/A	0	0	0.0	0.0
C / 5.5	10.3	1.08	19.11	N/A	0	98	0	2	102.0	162.5	-11.4	22	N/A	0	0	0.0	0.0
C / 5.5	10.3	1.08	19.14	N/A	0	98	0	2	102.0	162.9	-11.4	23	N/A	0	0	0.0	0.0
B- / 7.0	10.3	1.08	19.16	108	0	98	0	2	102.0	163.2	-11.4	23	N/A	1,000,000	0	0.0	0.0
C+ / 5.6	10.2	0.99	16.91	137	2	96	0	2	107.0	213.9	-0.4	48	N/A	1,000	50	5.5	0.0
C / 5.5	10.2	0.99	16.35	18	2	96	0	2	107.0	204.7	-0.7	38	N/A	1,000	50	0.0	0.0
C / 5.5	10.2	0.99	16.17	30	2	96	0	2	107.0	204.2	-0.7	37	N/A	1,000	50	0.0	0.0
C+ / 5.7	10.2	0.99	17.13	119	2	96	0	2	107.0	219.5	-0.4	54	N/A	1,000,000	0	0.0	0.0
C / 4.8	10.7	0.99	25.92	2,152	0	100	0	0	84.0	144.6	-8.4	87	10	1,000	50	5.5	0.0
C- / 4.0	10.7	0.99	23.42	475	0	100	0	0	84.0	136.8	-8.5	83	10	1,000	50	0.0	0.0
C- / 4.1	10.8	0.99	23.58	535	0	100	0	0	84.0	137.8	-8.5	83	9	1,000	50	0.0	0.0
C / 5.2	10.7	0.99	27.67	190	0	100	0	0	84.0	149.6	-8.3	89	10	1,000,000	0	0.0	0.0
C+ / 6.6	11.0	1.01	15.32	337	N/A	N/A	0	N/A	40.0	159.8	-9.0	79	22	1,000	50	5.5	0.0
C+ / 6.3	11.0	1.00	14.47	67	N/A	N/A	0	N/A	40.0	152.2	-9.2	71	22	1,000	50	0.0	0.0
C+ / 6.3	11.0	1.00	14.48	69	N/A	N/A	0	N/A	40.0	152.4	-9.2	71	22	1,000	50	0.0	0.0
C+ / 6.8	11.0	1.01	15.90	2	N/A	N/A	0	N/A	40.0	165.5	-8.9	83	N/A	1,000,000	0	0.0	0.0
U /	N/A	N/A	13.46	45	0	98	0	2	63.0	N/A	N/A	N/A	N/A	1,000	50	5.5	0.0
U /	N/A	N/A	12.02	91	N/A	N/A	0	N/A	10.0	N/A	N/A	N/A	1	1,000,000	0	0.0	0.0
C / 5.5	14.2	0.97	23.18	268	N/A	N/A	0	N/A	170.0	178.2	-13.0	89	7	1,000	50	5.5	0.0
C / 5.3	14.3	0.97	21.19	54	N/A	N/A	0	N/A	170.0	169.6	-13.2	86	7	1,000	50	0.0	0.0
C / 5.4	14.2	0.97	21.21	59	N/A	N/A	0	N/A	170.0	169.5	-13.1	86	7	1,000	50	0.0	0.0
C / 4.7	14.2	0.97	23.24	1	N/A	N/A	0	N/A	170.0	178.9	-13.0	90	N/A	1,000	50	0.0	0.0
C / 4.7	14.2	0.97	24.50	N/A	N/A	N/A	0	N/A	170.0	182.9	-12.9	91	N/A	0	0	0.0	0.0
C / 4.7	14.2	0.97	24.54	N/A	N/A	N/A	0	N/A	170.0	183.3	-12.9	91	N/A	0	0	0.0	0.0
C / 4.7	14.2	0.97	24.58	N/A	N/A	N/A	0	N/A	170.0	183.7	-12.9	91	N/A	0	0	0.0	0.0
C / 5.5	14.2	0.97	24.60	173	N/A	N/A	0	N/A	170.0	183.8	-12.9	91	7	1,000,000	0	0.0	0.0
C+ / 5.7	14.1	1.02	34.44	264	N/A	100	0	N/A	86.0	138.0	-15.0	29	6	1,000	50	5.5	0.0
C+ / 5.7	14.1	1.02	30.77	19	N/A	100	0	N/A	86.0	131.2	-15.2	23	6	1,000	50	0.0	0.0
C+ / 5.7	14.1	1.02	30.69	26	N/A	100	0	N/A	86.0	130.7	-15.2	23	6	1,000	50	0.0	0.0
C+ / 5.7	14.1	1.02	34.62	148	N/A	100	0	N/A	86.0	139.4	-15.0	30	6	1,000	50	4.8	0.0
C / 4.7	14.1	1.02	35.07	N/A	N/A	100	0	N/A	86.0	141.5	-14.9	31	N/A	0	0	0.0	0.0
C / 4.7	14.1	1.02	35.13	N/A	N/A	100	0	N/A	86.0	141.8	-14.9	32	N/A	0	0	0.0	0.0
C / 4.7	14.1	1.02	35.18	N/A	N/A	100	0	N/A	86.0	142.1	-14.9	32	N/A	0	0	0.0	0.0
C+ / 5.8	14.1	1.02	35.20	15	N/A	100	0	N/A	86.0	142.2	-14.9	32	6	1,000,000	0	0.0	0.0
B / 8.5	7.9	1.01	23.99	698	N/A	N/A	0	N/A	110.0	86.1	-10.9	50	2	1,000	50	5.5	0.0
B / 8.5	7.9	1.00	22.31	194	N/A	N/A	0	N/A	110.0	79.6	-11.0	38	2	1,000	50	0.0	0.0

www.thestreet.com/ratings   Data as of June 30, 2007

I. Index of Stock Mutual Funds

Summer 2007

99 Pct = Best
0 Pct = Worst

Fund Type	Fund Name	Ticker Symbol	Overall Investment Rating	Phone	Performance Rating/Pts	Total Return % through 6/30/07					Incl. in Returns	
						3 Mo	6 Mo	1Yr / Pct	Annualized 3Yr / Pct	5Yr / Pct	Dividend Yield	Expense Ratio
GR	Hartford Stock C	HSFCX	B-	(800) 523-7798	C / 5.3	8.80	9.54	23.49 /79	10.69 /33	9.05 /23	0.00	2.08
GR	Hartford Stock R3	HASRX	C+	(800) 523-7798	C+/ 6.3	8.92	9.78	24.55 /82	11.95 /45	10.32 /36	0.79	1.54
GR	Hartford Stock R4	HASSX	C+	(800) 523-7798	C+/ 6.3	8.95	9.96	24.75 /82	12.01 /45	10.36 /37	0.78	1.24
GR	Hartford Stock R5	HASTX	C+	(800) 523-7798	C+/ 6.4	9.03	10.09	24.90 /83	12.05 /46	10.38 /37	0.78	0.93
GR	Hartford Stock Y	HASYX	B	(800) 523-7798	C+/ 6.5	9.07	10.18	25.00 /83	12.08 /46	10.40 /37	0.78	0.83
GI	Hartford Value Fd A	HVFAX	B+	(800) 523-7798	C+/ 6.0	6.30	8.50	22.19 /74	14.73 /67	11.09 /44	0.00	1.38
GI	Hartford Value Fd B	HVFBX	B+	(800) 523-7798	C+/ 6.4	6.04	8.01	21.18 /68	13.88 /61	10.27 /36	0.00	2.29
GI	Hartford Value Fd C	HVFCX	B+	(800) 523-7798	C+/ 6.4	6.12	8.09	21.27 /68	13.87 /61	10.28 /36	0.00	2.15
GI	Hartford Value Fd R3	HVFRX	C+	(800) 523-7798	B- / 7.0	6.11	8.23	22.15 /73	14.94 /68	11.33 /47	0.59	1.64
GI	Hartford Value Fd R4	HVFSX	B-	(800) 523-7798	B- / 7.1	6.26	8.47	22.42 /75	15.02 /69	11.38 /47	0.59	1.34
GI	Hartford Value Fd R5	HVFTX	B-	(800) 523-7798	B- / 7.2	6.34	8.63	22.60 /75	15.08 /69	11.41 /48	0.59	1.03
GI	Hartford Value Fd Y	HVFYX	A	(800) 523-7798	B- / 7.2	6.33	8.71	22.69 /76	15.11 /69	11.43 /48	0.59	0.92
GR	Hartford Value Opportunities A	HVOAX	B+	(800) 523-7798	B- / 7.2	6.85	10.04	24.59 /82	16.20 /75	15.87 /81	0.66	1.52
GR	Hartford Value Opportunities B	HVOBX	B+	(800) 523-7798	B- / 7.5	6.71	9.62	23.66 /79	15.36 /71	15.05 /76	0.21	2.38
GR	Hartford Value Opportunities C	HVOCX	B+	(800) 523-7798	B- / 7.5	6.66	9.58	23.62 /79	15.34 /70	15.06 /77	0.43	2.22
GR	Hartford Value Opportunities I	HVOIX	B-	(800) 523-7798	B / 7.9	6.97	10.19	24.90 /83	16.29 /75	15.93 /81	1.54	1.38
GR	Hartford Value Opportunities L	FVAAX	B+	(800) 523-7798	B- / 7.4	6.89	10.07	24.65 /82	16.33 /75	15.95 /81	0.65	1.23
GR	Hartford Value Opportunities R3	HVORX	B-	(800) 523-7798	B / 7.8	6.78	9.84	24.29 /81	16.38 /76	16.12 /82	0.00	1.73
GR	Hartford Value Opportunities R4	HVOSX	B-	(800) 523-7798	B / 7.9	6.89	10.01	24.48 /82	16.44 /76	16.16 /82	0.00	1.43
GR	Hartford Value Opportunities R5	HVOTX	B-	(800) 523-7798	B / 7.9	6.93	10.18	24.68 /82	16.50 /76	16.20 /82	0.00	1.12
GR	Hartford Value Opportunities Y	HVOYX	A	(800) 523-7798	B / 8.0	6.90	10.63	25.19 /83	16.65 /76	16.29 /82	0.00	1.00
GR	Heartland Select Value Fd	HRSVX	A	(888) 505-5180	B+/ 8.6	8.33	14.03	24.26 /81	18.85 /83	16.08 /81	0.43	1.25
SC	Heartland Value Fund	HRTVX	D+	(888) 505-5180	C / 5.4	5.31	6.11	18.91 /52	13.21 /56	17.12 /85	0.50	1.12
GI	Heartland Value Plus Fund	HRVIX	C+	(888) 505-5180	B- / 7.2	5.82	14.49	29.11 /91	12.68 /51	16.82 /84	0.84	1.26
FO	Henderson European Focus A	HFEAX	B+	(866) 443-6337	A / 9.5	6.63	13.58	38.54 /97	29.76 /96	31.69 /99	0.00	1.56
FO	Henderson European Focus B	HFEBX	B+	(866) 443-6337	A+/ 9.6	6.40	13.15	37.47 /96	28.83 /95	30.74 /98	0.00	2.31
FO	Henderson European Focus C	HFECX	B+	(866) 443-6337	A+/ 9.6	6.40	13.15	37.47 /96	28.83 /95	30.74 /98	0.00	2.31
GL	Henderson Global Equity Income Fd	HFQAX	U	(866) 443-6337	U /	6.73	10.59	--	--	--	0.00	1.52
GL	Henderson Global Equity Income Fd	HFQCX	U	(866) 443-6337	U /	6.55	10.10	--	--	--	0.00	2.27
TC	Henderson Global Technology A	HFGAX	C	(866) 443-6337	B- / 7.3	13.53	17.00	27.03 /88	13.93 /61	16.94 /85	0.00	1.93
TC	Henderson Global Technology B	HFGBX	C	(866) 443-6337	B / 7.6	13.33	16.59	26.18 /86	13.09 /55	16.18 /82	0.00	2.68
TC	Henderson Global Technology C	HFGCX	C	(866) 443-6337	B / 7.6	13.29	16.56	26.16 /86	13.10 /55	16.12 /82	0.00	2.68
FO	Henderson Internatl Opport A	HFOAX	A	(866) 443-6337	A- / 9.1	9.25	13.53	29.99 /92	23.86 /92	21.30 /93	0.13	1.58
FO	Henderson Internatl Opport B	HFOBX	A	(866) 443-6337	A- / 9.2	9.01	13.06	29.02 /91	22.92 /91	20.43 /92	0.00	2.33
FO	Henderson Internatl Opport C	HFOCX	A	(866) 443-6337	A- / 9.2	8.97	13.07	28.99 /91	22.91 /91	20.42 /92	0.00	2.33
FO	Henderson Japan-Asia Focus A	HFJAX	U	(866) 443-6337	U /	1.40	2.94	2.32 / 1	--	--	0.00	1.92
FO	Henderson Japan-Asia Focus C	HFJCX	U	(866) 443-6337	U /	1.21	2.66	1.62 / 1	--	--	0.00	2.67
GR	Henderson U.S. Focus Fund A	HFUAX	D-	(866) 443-6337	D+/ 2.4	9.61	13.65	21.01 /67	8.29 /16	--	0.00	2.06
GR	Henderson U.S. Focus Fund B	HFUBX	D	(866) 443-6337	D+/ 2.8	9.36	13.16	20.05 /60	7.44 /11	--	0.00	2.81
GR	Henderson U.S. Focus Fund C	HFUCX	D	(866) 443-6337	D+/ 2.8	9.36	13.05	20.05 /60	7.44 /11	--	0.00	2.81
BA	Hennessy Balanced Fund	HBFBX	C-	(800) 966-4354	D- / 1.1	4.42	5.33	15.48 /29	6.89 / 9	5.31 / 3	3.03	1.34
MC	Hennessy Cornerstone Gr Fd Ser 2	HENLX	E	(800) 966-4354	D / 1.7	4.41	7.50	3.28 / 1	10.79 /34	17.53 /87	0.00	1.25
SC	Hennessy Cornerstone Growth	HFCGX	D	(800) 966-4354	C+/ 6.4	8.34	9.77	12.44 /14	15.87 /73	15.10 /77	0.00	1.21
GL	Hennessy Cornerstone Value	HFCVX	B	(800) 966-4354	C+/ 5.8	6.09	8.39	22.75 /76	12.89 /53	10.61 /40	2.10	1.15
GR	Hennessy Focus 30 Fund	HFTFX	C+	(800) 966-4354	B+/ 8.9	7.16	17.54	13.53 /18	23.43 /92	--	0.00	1.21
GR	Hennessy Total Return Fund	HDOGX	C	(800) 966-4354	C- / 4.0	5.99	7.15	20.85 /66	10.90 /35	8.71 /20	2.42	2.80
GR	Henssler Equity Fd	HEQFX	C-		D+/ 2.3	4.62	6.03	19.41 /55	8.44 /17	9.02 /23	0.82	1.29
GR	Heritage Capital Appreciation A	HRCPX	C	(800) 421-4184	C / 5.2	8.91	10.26	18.78 /50	12.94 /54	11.64 /50	0.00	1.19
GR	Heritage Capital Appreciation C	HRCCX	C+	(800) 421-4184	C / 5.4	8.71	9.88	17.88 /44	12.03 /46	10.78 /41	0.00	1.94
GR	Heritage Capital Appreciation I	HRCIX	U	(800) 421-4184	U /	9.04	10.53	19.26 /54	--	--	0.00	0.91
GR	Heritage Divers Growth A	HAGAX	C-	(800) 421-4184	C+/ 6.2	9.37	16.29	23.96 /80	12.31 /48	13.30 /64	0.00	1.29
GR	Heritage Divers Growth C	HAGCX	C-	(800) 421-4184	C+/ 6.5	9.17	15.85	23.03 /77	11.48 /41	12.45 /57	0.00	2.04

• Denotes fund is closed to new investors
* Denotes fund is included in Section II

www.thestreet.com/ratings

Summer 2007 — I. Index of Stock Mutual Funds

RISK			NET ASSETS		ASSET					BULL / BEAR		FUND MANAGER		MINIMUMS		LOADS	
	3 Year		NAV						Portfolio	Last Bull	Last Bear	Manager	Manager	Initial	Additional	Front	Back
Risk	Standard		As of	Total	Cash	Stocks	Bonds	Other	Turnover	Market	Market	Quality	Tenure	Purch.	Purch.	End	End
Rating/Pts	Deviation	Beta	6/30/07	$(Mil)	%	%	%	%	Ratio	Return	Return	Pct	(Years)	$	$	Load	Load
B / 8.5	7.9	1.01	22.50	157	N/A	N/A	0	N/A	110.0	80.6	-11.1	39	2	1,000	50	0.0	0.0
C+ / 6.2	7.9	1.01	24.92	N/A	N/A	N/A	0	N/A	110.0	89.8	-10.8	56	N/A	0	0	0.0	0.0
C+ / 6.2	7.9	1.01	24.96	N/A	N/A	N/A	0	N/A	110.0	90.1	-10.8	57	N/A	0	0	0.0	0.0
C+ / 6.1	7.9	1.01	24.99	N/A	N/A	N/A	0	N/A	110.0	90.3	-10.8	57	N/A	0	0	0.0	0.0
B / 8.6	7.9	1.01	25.01	137	N/A	N/A	0	N/A	110.0	90.5	-10.8	58	2	1,000,000	0	0.0	0.0
B / 8.8	7.0	0.89	13.66	92	2	98	0	0	50.0	111.4	-10.6	88	6	1,000	50	5.5	0.0
B / 8.7	7.0	0.90	13.35	13	2	98	0	0	50.0	105.1	-10.9	85	6	1,000	50	0.0	0.0
B / 8.7	7.0	0.89	13.36	14	2	98	0	0	50.0	104.8	-10.7	85	6	1,000	50	0.0	0.0
C+ / 6.4	7.1	0.91	13.54	N/A	2	98	0	0	50.0	113.4	-10.5	89	N/A	0	0	0.0	0.0
C+ / 6.4	7.1	0.90	13.57	N/A	2	98	0	0	50.0	113.7	-10.5	89	N/A	0	0	0.0	0.0
C+ / 6.4	7.1	0.90	13.59	N/A	2	98	0	0	50.0	114.0	-10.5	89	N/A	0	0	0.0	0.0
B / 8.8	7.1	0.90	13.60	287	2	98	0	0	50.0	114.2	-10.5	90	6	1,000,000	0	0.0	0.0
B / 8.0	9.3	1.17	19.18	151	0	98	0	2	57.0	148.7	-11.1	84	N/A	1,000	50	5.5	0.0
B- / 7.9	9.3	1.17	17.66	22	0	98	0	2	57.0	141.4	-11.2	78	N/A	1,000	50	0.0	0.0
B- / 7.9	9.3	1.17	17.61	30	0	98	0	2	57.0	141.5	-11.3	78	N/A	1,000	50	0.0	0.0
C+ / 5.8	9.3	1.17	19.04	1	0	98	0	2	57.0	149.3	-11.1	85	N/A	1,000	50	0.0	0.0
B / 8.0	9.3	1.17	19.23	48	0	98	0	2	57.0	149.7	-11.1	85	6	1,000	50	4.8	0.0
C+ / 5.9	9.3	1.16	19.53	N/A	0	98	0	2	57.0	150.7	-11.1	85	N/A	0	0	0.0	0.0
C+ / 5.9	9.3	1.16	19.56	N/A	0	98	0	2	57.0	150.9	-11.1	86	N/A	0	0	0.0	0.0
C+ / 5.9	9.3	1.16	19.59	N/A	0	98	0	2	57.0	151.3	-11.1	86	N/A	0	0	0.0	0.0
B / 8.0	9.3	1.15	19.67	N/A	0	98	0	2	57.0	152.3	-11.1	87	N/A	1,000,000	0	0.0	0.0
B- / 7.4	9.6	1.12	31.86	352	0	100	0	0	51.4	154.2	-10.3	95	N/A	1,000	100	0.0	0.0
C / 4.7	13.3	0.93	54.35	2,095	0	100	0	0	96.2	170.2	-8.2	60	23	5,000	100	0.0	0.0
C+ / 5.7	11.9	1.20	30.45	283	0	100	0	0	94.5	151.2	-8.2	45	5	1,000	100	0.0	0.0
C / 5.5	13.3	1.27	37.64	943	9	90	0	1	64.0	326.5	-5.0	67	6	500	50	5.8	2.0
C / 5.5	13.3	1.27	36.06	66	9	90	0	1	64.0	313.9	-5.2	58	6	500	50	0.0	2.0
C / 5.5	13.3	1.27	36.06	312	9	90	0	1	64.0	313.9	-5.2	58	6	500	50	0.0	2.0
U /	N/A	N/A	10.94	84	17	82	0	1	N/A	N/A	N/A	N/A	1	500	50	5.8	2.0
U /	N/A	N/A	10.91	64	17	82	0	1	N/A	N/A	N/A	N/A	1	500	50	0.0	2.0
C / 4.5	16.8	1.78	16.45	51	6	93	0	1	159.0	149.5	-11.7	16	6	500	50	5.8	2.0
C / 4.5	16.8	1.78	15.81	2	6	93	0	1	159.0	142.0	-11.6	12	6	500	50	0.0	2.0
C / 4.5	16.7	1.78	15.77	23	6	93	0	1	159.0	141.4	-11.5	12	6	500	50	0.0	2.0
C+ / 6.7	9.6	0.99	26.94	2,099	6	93	0	1	100.0	211.6	-10.8	69	6	500	50	5.8	2.0
C+ / 6.7	9.7	0.99	25.89	129	6	93	0	1	100.0	202.1	-10.9	58	6	500	50	0.0	2.0
C+ / 6.7	9.7	0.99	25.87	1,037	6	93	0	1	100.0	202.3	-11.0	58	6	500	50	0.0	2.0
U /	N/A	N/A	10.15	61	3	96	0	1	29.0	N/A	N/A	N/A	1	500	50	5.8	2.0
U /	N/A	N/A	10.05	36	3	96	0	1	29.0	N/A	N/A	N/A	1	500	50	0.0	2.0
C+ / 6.1	10.9	1.27	12.32	9	3	96	0	1	98.0	N/A	N/A	10	1	500	50	5.8	2.0
C+ / 6.0	10.9	1.26	12.04	1	3	96	0	1	98.0	N/A	N/A	8	1	500	50	0.0	2.0
C+ / 6.0	10.9	1.27	12.04	3	3	96	0	1	98.0	N/A	N/A	7	1	500	50	0.0	2.0
B+ / 9.2	4.2	0.59	12.39	23	9	52	38	1	87.9	40.1	-5.9	58	11	2,500	100	0.0	1.5
C / 4.7	15.8	1.34	31.95	180	2	97	0	1	109.0	155.2	-6.0	4	N/A	2,500	100	0.0	1.5
D+ / 2.4	17.6	1.15	20.00	1,130	0	98	0	2	90.4	143.1	-10.9	64	7	2,500	100	0.0	1.5
B / 8.8	6.5	0.54	16.54	210	2	97	0	1	35.4	101.8	-8.4	46	7	2,500	100	0.0	1.5
C / 4.3	17.1	1.42	14.81	273	4	95	0	1	123.7	N/A	N/A	97	4	2,500	100	0.0	1.5
B- / 7.9	6.2	0.56	13.48	99	0	76	23	1	24.2	71.9	-7.6	83	9	2,500	100	0.0	1.5
B / 8.4	7.4	0.97	16.54	120	1	98	0	1	58.0	79.5	-10.3	23	9	2,000	200	0.0	0.0
C+ / 6.5	10.2	1.24	33.63	493	1	98	0	1	58.0	100.4	-11.9	44	20	1,000	0	4.8	0.0
C+ / 6.8	10.2	1.24	30.58	161	1	98	0	1	58.0	93.8	-12.1	34	12	1,000	0	0.0	0.0
U /	N/A	N/A	33.79	44	1	98	0	1	58.0	N/A	N/A	N/A	1	2,500,000	0	0.0	0.0
C / 4.5	13.3	1.50	31.06	118	2	97	0	1	111.0	110.3	-10.0	20	9	1,000	0	4.8	0.0
C / 4.4	13.3	1.50	28.58	65	2	97	0	1	111.0	103.7	-10.1	15	9	1,000	0	0.0	0.0

www.thestreet.com/ratings

Data as of June 30, 2007

I. Index of Stock Mutual Funds

Summer 2007

99 Pct = Best
0 Pct = Worst

Fund Type	Fund Name	Ticker Symbol	Overall Investment Rating	Phone	Performance Rating/Pts	3 Mo	6 Mo	1Yr / Pct	3Yr / Pct	5Yr / Pct	Dividend Yield	Expense Ratio
GI	Heritage Growth and Income Trust A	HRCVX	A	(800) 421-4184	B / 7.7	8.36	10.34	25.82 /85	16.83 /77	13.33 /64	2.21	1.42
GI	Heritage Growth and Income Trust C	HIGCX	A	(800) 421-4184	B / 7.9	8.19	9.90	24.91 /83	15.96 /74	12.49 /57	1.82	2.17
MC	Heritage Ser Tr Mid Cap Stock A	HMCAX	C+	(800) 421-4184	B- / 7.4	9.02	13.87	22.70 /76	15.57 /72	12.12 /55	0.00	1.13
MC	Heritage Ser Tr Mid Cap Stock C	HMCCX	C+	(800) 421-4184	B- / 7.5	8.83	13.43	21.71 /71	14.71 /67	11.28 /46	0.00	1.88
MC	Heritage Ser Tr Mid Cap Stock I	HMCJX	U	(800) 421-4184	U /	9.10	14.06	23.06 /77	--	--	0.00	0.84
MC	Heritage Ser Tr Mid Cap Stock R5	HMRSX	U	(800) 421-4184	U /	9.14	14.11	23.08 /77	--	--	0.00	0.67
GR	Heritage Ser Tr-Core Eq A	HTCAX	U	(800) 421-4184	U /	6.72	5.44	19.68 /57	--	--	0.42	1.53
GR	Heritage Ser Tr-Core Eq I	HTCIX	U	(800) 421-4184	U /	6.82	5.68	20.21 /61	--	--	0.78	1.24
FO	Heritage Ser Tr-Intl Equity A	HEIAX	A-	(800) 421-4184	A / 9.4	8.27	13.21	33.37 /95	27.04 /95	19.53 /91	1.26	1.65
FO	Heritage Ser Tr-Intl Equity C	HEICX	A-	(800) 421-4184	A / 9.5	8.07	12.76	32.34 /94	26.07 /94	18.65 /89	0.93	2.40
SC	Heritage Ser Tr-Small Cap Stk A	HRSCX	C-	(800) 421-4184	C+ / 6.2	8.30	12.17	25.29 /84	13.02 /54	12.99 /62	0.00	1.24
SC	Heritage Ser Tr-Small Cap Stk C	HSCCX	C-	(800) 421-4184	C+ / 6.5	8.12	11.78	24.37 /81	12.18 /47	12.14 /55	0.00	1.99
GI	Hester Total Return Fund	AHTRX	D	(800) 366-6223	C- / 3.3	8.71	8.40	19.17 /54	8.90 /20	11.50 /49	0.08	1.70
GR	High Pointe Select Value Fund	HPSVX	U	(800) 984-1099	U /	6.90	2.88	16.37 /34	--	--	0.31	1.42
IN	Highbridge Stat Mkt Neutral A	HSKAX	U	(800) 358-4782	U /	1.42	3.60	6.41 / 2	--	--	0.89	3.74
IN	Highbridge Stat Mkt Neutral C	HSKCX	U	(800) 358-4782	U /	1.30	3.35	5.92 / 2	--	--	0.73	4.31
IN	Highbridge Stat Mkt Neutral Sel	HSKSX	U	(800) 358-4782	U /	1.54	3.78	6.73 / 3	--	--	1.01	3.50
BA	HighMark Balanced Fund Fid	HMBAX	C-	(800) 433-6884	D- / 1.3	3.69	3.72	13.37 /18	7.96 /14	7.17 / 9	1.93	0.97
BA	HighMark Balanced Fund Ret A	HMBRX	D+	(800) 433-6884	E+ / 0.7	3.63	3.60	13.05 /17	7.69 /13	6.89 / 8	1.62	1.22
BA	● HighMark Balanced Fund Ret B	HMBBX	C-	(800) 433-6884	E+ / 0.9	3.41	3.24	12.35 /14	7.00 / 9	6.21 / 5	1.15	1.85
BA	HighMark Balanced Fund Ret C	HMBCX	C-	(800) 433-6884	E+ / 0.9	3.49	3.33	12.39 /14	7.00 / 9	6.20 / 5	1.17	1.85
AA	HighMark Capital Growth Alloc A	HMAAX	U	(800) 433-6884	U /	5.34	6.89	17.85 /44	--	--	1.38	1.60
AA	HighMark Capital Growth Alloc C	HMACX	U	(800) 433-6884	U /	5.14	6.50	17.07 /39	--	--	1.08	2.30
SC	HighMark Cognitive Value Fund A	HCLAX	D+	(800) 433-6884	C / 4.6	5.40	6.95	16.50 /35	14.97 /68	12.15 /55	0.34	1.48
SC	HighMark Cognitive Value Fund C	HCLCX	C-	(800) 433-6884	C+ / 5.9	5.28	6.58	15.68 /30	14.62 /66	11.94 /53	0.00	2.08
SC	HighMark Cognitive Value Fund Fid	HCLFX	C	(800) 433-6884	C+ / 6.4	5.54	7.16	17.02 /38	15.14 /69	12.25 /56	0.38	1.23
SC	HighMark Cognitive Value Fund M	HCLMX	C-	(800) 433-6884	C+ / 6.4	5.54	7.17	16.94 /38	15.12 /69	12.24 /56	0.38	1.08
IN	HighMark Core Equity Fund Fid	HMCFX	B	(800) 433-6884	C+ / 5.7	6.10	6.75	21.62 /71	12.88 /53	10.33 /37	0.98	0.95
IN	HighMark Core Equity Fund Ret A	HCEAX	C+	(800) 433-6884	C- / 4.1	6.05	6.63	21.24 /68	12.58 /50	10.04 /33	0.70	1.20
IN	● HighMark Core Equity Fund Ret B	HCEBX	B-	(800) 433-6884	C / 4.9	5.85	6.34	20.52 /64	11.88 /44	9.35 /26	0.37	1.84
IN	HighMark Core Equity Fund Ret C	HCECX	B-	(800) 433-6884	C / 4.9	5.85	6.35	20.54 /64	11.89 /44	--	0.39	1.84
GR	HighMark Enhanced Growth Fund A	HEHAX	E	(800) 433-6884	D / 1.7	8.85	10.62	20.12 /61	6.86 / 8	11.45 /48	0.00	1.40
GR	HighMark Enhanced Growth Fund C	HEGCX	E+	(800) 433-6884	D+ / 2.3	8.66	10.31	19.53 /56	6.68 / 8	11.34 /47	0.00	2.00
GR	HighMark Enhanced Growth Fund Fid	HEGFX	E+	(800) 433-6884	D+ / 2.8	9.02	10.91	20.54 /64	7.07 / 9	11.58 /49	0.00	1.25
GR	HighMark Enhanced Growth Fund M	HEGMX	E+	(800) 433-6884	D+ / 2.8	9.02	10.91	20.54 /64	7.07 / 9	11.58 /49	0.00	1.00
AA	HighMark Growth & Inc Alloc A	HMRAX	U	(800) 433-6884	U /	4.12	5.76	14.86 /25	--	--	1.89	1.50
FO	HighMark International Opp Fund A	HIOAX	B+	(800) 433-6884	A / 9.4	9.09	14.09	31.47 /94	26.94 /94	21.22 /93	1.06	1.57
FO	HighMark International Opp Fund C	HITCX	B+	(800) 433-6884	A / 9.5	8.81	13.69	30.49 /93	26.52 /94	20.98 /93	0.93	2.27
FO	HighMark International Opp Fund Fid	HIOFX	B+	(800) 433-6884	A / 9.5	9.06	14.17	31.78 /94	27.09 /95	21.30 /93	1.19	1.52
FO	HighMark International Opp Fund M	HIOMX	B+	(800) 433-6884	A / 9.5	9.18	14.30	31.81 /94	27.10 /95	21.31 /93	1.19	1.27
IN	HighMark Large Cap Value Fid	HMIEX	B+	(800) 433-6884	B- / 7.2	5.36	6.75	20.50 /63	16.23 /75	12.82 /60	1.34	0.95
IN	HighMark Large Cap Value Ret A	HMERX	B	(800) 433-6884	C+ / 6.1	5.28	6.60	20.16 /61	15.90 /73	12.54 /58	1.05	1.20
IN	● HighMark Large Cap Value Ret B	HIEBX	B	(800) 433-6884	C+ / 6.6	5.16	6.35	19.53 /56	15.19 /70	11.83 /52	0.69	1.84
IN	HighMark Large Cap Value Ret C	HIECX	B	(800) 433-6884	C+ / 6.6	5.12	6.30	19.51 /56	15.19 /70	11.87 /52	0.70	1.84
GR	HighMark Large Growth Fund Fid	HMGRX	D	(800) 433-6884	D- / 1.4	4.76	5.97	10.25 / 8	8.29 /16	7.59 /12	0.11	0.97
GR	HighMark Large Growth Fund Ret A	HMRGX	D-	(800) 433-6884	E+ / 0.8	4.74	5.85	10.07 / 8	8.04 /15	7.32 /10	0.00	1.22
GR	● HighMark Large Growth Fund Ret B	HMGBX	D-	(800) 433-6884	D- / 1.0	4.60	5.55	9.39 / 6	7.37 /11	6.67 / 7	0.00	1.83
GR	HighMark Large Growth Fund Ret C	HGRCX	D-	(800) 433-6884	D- / 1.0	4.48	5.55	9.39 / 6	7.37 /11	6.63 / 7	0.00	1.83
SC	HighMark Sm Cap Value Fid	HMSCX	D+	(800) 433-6884	C / 4.4	4.16	5.86	13.83 /20	13.28 /57	14.42 /72	0.86	1.37
SC	HighMark Sm Cap Value Ret A	HASVX	D-	(800) 433-6884	D+ / 2.6	4.07	5.75	13.54 /19	13.01 /54	14.09 /70	0.61	1.62
SC	● HighMark Sm Cap Value Ret B	HBSVX	D-	(800) 433-6884	C- / 3.6	3.92	5.42	12.90 /16	12.29 /48	13.28 /64	0.19	2.24
SC	HighMark Sm Cap Value Ret C	HSVCX	D-	(800) 433-6884	C- / 3.6	3.88	5.39	12.83 /16	12.30 /48	13.28 /64	0.28	2.24

● Denotes fund is closed to new investors
* Denotes fund is included in Section II

www.thestreet.com/ratings

Summer 2007   I. Index of Stock Mutual Funds

RISK			NET ASSETS		ASSET					BULL / BEAR		FUND MANAGER		MINIMUMS		LOADS	
	3 Year		NAV						Portfolio	Last Bull	Last Bear	Manager	Manager	Initial	Additional	Front	Back
Risk	Standard		As of	Total	Cash	Stocks	Bonds	Other	Turnover	Market	Market	Quality	Tenure	Purch.	Purch.	End	End
Rating/Pts	Deviation	Beta	6/30/07	$(Mil)	%	%	%	%	Ratio	Return	Return	Pct	(Years)	$	$	Load	Load
B / 8.2	6.9	0.82	16.26	82	1	94	0	5	54.0	115.8	-7.3	96	6	1,000	0	4.8	0.0
B / 8.1	6.9	0.82	15.87	52	1	94	0	5	54.0	109.0	-7.4	94	6	1,000	0	0.0	0.0
C / 5.5	9.1	0.81	31.53	1,235	N/A	100	0	N/A	180.0	115.4	-6.2	82	10	1,000	0	4.8	0.0
C / 5.3	9.1	0.81	28.72	400	N/A	100	0	N/A	180.0	108.6	-6.4	74	10	1,000	0	0.0	0.0
U /	N/A	N/A	31.64	77	N/A	100	0	N/A	180.0	N/A	N/A	N/A	1	2,500,000	0	0.0	0.0
U /	N/A	N/A	31.63	30	N/A	100	0	N/A	180.0	N/A	N/A	N/A	1	2,500,000	0	0.0	0.0
U /	N/A	N/A	17.64	27	7	92	0	1	43.0	N/A	N/A	N/A	2	1,000	0	4.8	0.0
U /	N/A	N/A	17.69	170	7	92	0	1	43.0	N/A	N/A	N/A	1	2,500,000	0	0.0	0.0
C+ / 6.1	11.5	1.19	33.77	141	5	94	0	1	58.0	186.4	-6.5	56	5	1,000	0	4.8	0.0
C+ / 6.0	11.6	1.20	31.20	167	5	94	0	1	58.0	177.5	-6.6	42	5	1,000	0	0.0	0.0
C / 4.6	12.5	0.89	40.84	326	5	94	0	1	49.0	138.0	-11.9	63	12	1,000	0	4.8	0.0
C / 4.5	12.5	0.89	36.35	112	5	94	0	1	49.0	130.6	-12.0	52	12	1,000	0	0.0	0.0
C+ / 6.0	8.0	1.02	37.80	12	0	100	0	0	24.0	87.7	-7.0	24	19	1,000	250	0.0	0.0
U /	N/A	N/A	11.78	46	0	99	0	1	58.9	N/A	N/A	N/A	N/A	10,000	2,000	0.0	1.0
U /	N/A	N/A	16.41	121	4	95	0	1	78.0	N/A	N/A	N/A	2	10,000	25	5.3	0.0
U /	N/A	N/A	16.33	57	4	95	0	1	78.0	N/A	N/A	N/A	2	10,000	25	0.0	0.0
U /	N/A	N/A	16.47	1,366	4	95	0	1	78.0	N/A	N/A	N/A	2	1,000,000	0	0.0	0.0
B+ / 9.3	4.5	0.99	15.14	34	1	67	30	2	16.0	55.0	-5.7	45	N/A	1,000	100	0.0	0.0
B+ / 9.1	4.5	0.99	15.11	8	1	67	30	2	16.0	53.3	-5.6	41	N/A	1,000	100	5.5	0.0
B+ / 9.3	4.5	0.98	15.06	2	1	67	30	2	16.0	49.3	-5.9	34	N/A	1,000	100	0.0	0.0
B+ / 9.3	4.5	0.99	15.04	N/A	1	67	30	2	16.0	49.2	-5.9	34	N/A	1,000	100	0.0	0.0
U /	N/A	N/A	26.66	50	2	88	8	2	12.0	N/A	N/A	N/A	3	1,000	100	5.5	0.0
U /	N/A	N/A	26.37	30	2	88	8	2	12.0	N/A	N/A	N/A	3	1,000	100	0.0	0.0
C / 5.2	12.0	0.88	13.85	4	1	98	0	1	76.0	141.9	-10.6	82	N/A	1,000	100	5.5	2.0
C / 5.2	12.0	0.88	13.77	N/A	1	98	0	1	76.0	139.9	-10.6	80	N/A	1,000	100	0.0	0.0
C / 5.2	12.0	0.88	13.91	3	1	98	0	1	76.0	142.8	-10.6	83	N/A	1,000	100	0.0	0.0
C- / 3.9	12.0	0.88	13.90	110	1	98	0	1	76.0	142.6	-10.6	83	N/A	5,000	100	0.0	0.0
B / 8.8	6.9	0.90	10.53	134	0	99	0	1	72.0	94.6	-9.8	77	N/A	1,000	100	0.0	0.0
B / 8.8	7.0	0.91	10.50	8	0	99	0	1	72.0	92.7	-10.0	73	N/A	1,000	100	5.5	0.0
B / 8.8	7.0	0.90	10.30	3	0	99	0	1	72.0	87.6	-10.2	66	N/A	1,000	100	0.0	0.0
B / 8.8	6.9	0.90	10.30	1	0	99	0	1	72.0	N/A	N/A	67	N/A	1,000	100	0.0	0.0
C / 4.5	14.2	1.59	10.21	N/A	1	98	0	1	53.0	76.4	-8.5	3	N/A	1,000	100	5.5	0.0
C / 4.5	14.1	1.58	10.16	N/A	1	98	0	1	53.0	75.7	-8.5	2	N/A	1,000	100	0.0	0.0
C / 4.5	14.1	1.58	10.27	13	1	98	0	1	53.0	77.4	-8.5	3	N/A	1,000	100	0.0	0.0
C / 4.8	14.1	1.58	10.27	138	1	98	0	1	53.0	77.4	-8.5	3	N/A	5,000	100	0.0	0.0
U /	N/A	N/A	24.79	48	4	69	26	1	13.0	N/A	N/A	N/A	N/A	1,000	100	5.5	0.0
C / 5.5	10.9	1.15	9.96	14	1	98	0	1	48.0	211.2	-6.3	64	N/A	1,000	100	5.5	2.0
C / 5.5	10.9	1.15	9.88	3	1	98	0	1	48.0	208.4	-6.3	59	N/A	1,000	100	0.0	0.0
C / 5.5	10.9	1.16	9.99	56	1	98	0	1	48.0	212.3	-6.3	65	N/A	1,000	100	0.0	2.0
C+ / 5.6	10.9	1.15	9.99	276	1	98	0	1	48.0	212.0	-6.3	66	N/A	5,000	100	0.0	2.0
B / 8.0	8.3	1.02	15.99	225	1	98	0	1	81.0	129.8	-11.1	90	16	1,000	100	0.0	0.0
B / 8.0	8.3	1.01	16.02	162	1	98	0	1	81.0	127.2	-11.1	89	16	1,000	100	5.5	0.0
B / 8.0	8.3	1.01	15.77	3	1	98	0	1	81.0	121.2	-11.3	86	8	1,000	100	0.0	0.0
B / 8.0	8.3	1.01	15.73	8	1	98	0	1	81.0	121.6	-11.4	86	16	1,000	100	0.0	0.0
B- / 7.7	9.7	1.07	10.12	113	0	99	0	1	68.0	66.7	-7.8	17	N/A	1,000	100	0.0	0.0
B- / 7.7	9.6	1.06	9.95	15	0	99	0	1	68.0	65.0	-8.0	16	N/A	1,000	100	5.5	0.0
B- / 7.7	9.6	1.06	9.32	6	0	99	0	1	68.0	60.3	-8.0	13	N/A	1,000	100	0.0	0.0
B- / 7.7	9.6	1.07	9.32	1	0	99	0	1	68.0	60.5	-8.0	13	N/A	1,000	100	0.0	0.0
C / 5.1	11.0	0.80	18.80	201	0	99	0	1	35.0	135.6	-4.5	75	6	1,000	100	0.0	0.0
C / 5.1	11.0	0.80	18.39	67	0	99	0	1	35.0	133.1	-4.6	73	6	1,000	100	5.5	2.0
C / 5.0	11.0	0.80	17.49	12	0	99	0	1	35.0	126.7	-4.7	65	6	1,000	100	0.0	0.0
C / 5.0	11.0	0.80	17.39	23	0	99	0	1	35.0	126.7	-4.7	65	6	1,000	100	0.0	0.0

www.thestreet.com/ratings   Data as of June 30, 2007

I. Index of Stock Mutual Funds

Summer 2007

Fund Type	Fund Name	Ticker Symbol	Overall Investment Rating	Phone	Performance Rating/Pts	3 Mo	6 Mo	1Yr / Pct	3Yr / Pct	5Yr / Pct	Dividend Yield	Expense Ratio
GI	HighMark Value Momentum Fid	HMVMX	C+	(800) 433-6884	B- / 7.0	6.41	6.96	22.39 /74	14.86 /68	12.64 /59	1.26	0.97
GI	HighMark Value Momentum Ret A	HMVLX	C	(800) 433-6884	C+ / 5.7	6.31	6.80	22.03 /73	14.56 /66	12.35 /57	0.99	1.22
GI	● HighMark Value Momentum Ret B	HVMBX	C	(800) 433-6884	C+ / 6.2	6.18	6.50	21.31 /69	13.85 /61	11.64 /50	0.63	1.84
GI	HighMark Value Momentum Ret C	HVMCX	C	(800) 433-6884	C+ / 6.3	6.20	6.48	21.35 /69	13.86 /61	11.63 /50	0.65	1.84
FS	Hilliard-Lyons Senbanc Fund	SENBX	E	(800) 444-1854	E- / 0.0	-3.64	-6.41	0.45 / 1	2.99 / 1	8.32 /17	1.88	1.54
GR	Hodges Fund	HDPMX	A-	(877) 232-1222	B+ / 8.9	8.42	12.72	22.28 /74	22.16 /89	24.23 /96	0.00	1.42
SC	Homestead Funds-Small Company	HSCSX	C+	(800) 258-3030	C+ / 5.7	6.71	7.66	14.39 /23	15.00 /69	11.94 /53	1.10	1.23
GI	Homestead Funds-Value Fund	HOVLX	A-	(800) 258-3030	B- / 7.5	8.00	10.80	20.94 /66	16.21 /75	13.27 /64	2.00	0.71
GR	● Hotchkis and Wiley All Cap Value A	HWAAX	C-	(800) 796-5606	C- / 4.2	3.96	8.24	20.56 /64	12.86 /53	--	0.00	1.22
GR	● Hotchkis and Wiley All Cap Value C	HWACX	C-	(800) 796-5606	C / 4.8	3.77	7.88	19.85 /59	12.09 /46	--	0.00	1.97
GR	● Hotchkis and Wiley All Cap Value I	HWAIX	C	(800) 796-5606	C+ / 5.7	4.01	8.29	20.82 /66	13.13 /55	--	0.00	1.00
GR	Hotchkis and Wiley Core Value A	HWCAX	U	(800) 796-5606	U /	4.46	5.48	21.57 /70	--	--	0.41	1.23
GR	Hotchkis and Wiley Core Value C	HWCCX	U	(800) 796-5606	U /	4.31	5.11	20.77 /65	--	--	0.00	1.98
GR	Hotchkis and Wiley Core Value I	HWCIX	U	(800) 796-5606	U /	4.52	5.61	21.80 /71	--	--	0.68	0.99
GI	● Hotchkis and Wiley Large Cap Val A	HWLAX	C	(800) 796-5606	C- / 3.8	3.80	5.16	19.35 /55	13.03 /54	14.98 /76	0.79	1.22
GI	● Hotchkis and Wiley Large Cap Val C	HWLCX	C+	(800) 796-5606	C- / 4.2	3.61	4.82	18.62 /49	12.25 /48	14.17 /71	0.19	1.97
GI	● Hotchkis and Wiley Large Cap Val I	HWLIX	C+	(800) 796-5606	C / 5.2	3.82	5.26	19.63 /57	13.31 /57	15.25 /77	1.06	0.98
GI	● Hotchkis and Wiley Large Cap Val R	HWLRX	C+	(800) 796-5606	C / 4.7	3.73	5.00	19.06 /53	12.75 /52	14.80 /75	0.64	1.49
MC	● Hotchkis and Wiley Mid-Cap Val A	HWMAX	B-	(800) 796-5606	C+ / 6.6	4.54	7.01	21.56 /70	16.50 /76	18.86 /90	0.00	1.27
MC	● Hotchkis and Wiley Mid-Cap Val C	HWMCX	B-	(800) 796-5606	B- / 7.0	4.36	6.70	20.88 /66	15.70 /72	18.01 /88	0.00	2.01
MC	● Hotchkis and Wiley Mid-Cap Val I	HWMIX	B	(800) 796-5606	B- / 7.5	4.61	7.17	21.87 /72	16.78 /77	19.15 /90	0.05	1.01
MC	● Hotchkis and Wiley Mid-Cap Val R	HWMRX	B	(800) 796-5606	B- / 7.2	4.51	6.91	21.27 /68	16.21 /75	18.90 /90	0.00	1.51
SC	● Hotchkis and Wiley Small Cap Val A	HWSAX	E+	(800) 796-5606	C- / 3.5	5.87	9.26	14.03 /21	12.54 /50	18.14 /88	0.03	1.30
SC	● Hotchkis and Wiley Small Cap Val C	HWSCX	D-	(800) 796-5606	C- / 4.1	5.69	9.01	13.65 /19	11.85 /44	17.33 /86	0.00	2.04
SC	● Hotchkis and Wiley Small Cap Val I	HWSIX	D	(800) 796-5606	C / 5.0	5.93	9.41	14.32 /22	12.82 /52	18.40 /89	0.16	1.04
GI	HSBC Investor Growth & Income A	HSGAX	C	(800) 782-8183	C- / 3.4	7.22	9.79	16.85 /37	12.02 /46	9.56 /28	0.16	1.47
GI	HSBC Investor Growth & Income B	HSGBX	C	(800) 782-8183	C- / 3.8	7.03	9.27	15.91 /31	11.21 /38	8.73 /20	0.00	2.22
GI	HSBC Investor Growth & Income C	HSGCX	C	(800) 782-8183	C- / 3.8	7.07	9.29	15.87 /31	11.17 /37	--	0.00	2.22
GI	HSBC Investor Growth & Income Y	HSGYX	C+	(800) 782-8183	C / 4.8	7.32	9.89	17.05 /38	12.30 /48	9.82 /31	0.29	1.22
MC	HSBC Investor Growth A	HOTAX	D-	(800) 782-8183	E+ / 0.8	5.32	6.96	11.07 /11	8.20 /15	--	0.03	1.44
MC	HSBC Investor Growth B	HOTBX	D	(800) 782-8183	D- / 1.0	5.14	6.55	10.32 / 9	7.40 /11	--	0.00	2.19
MC	HSBC Investor Growth C	HOTCX	D	(800) 782-8183	D- / 1.0	5.11	6.51	10.26 / 8	7.38 /11	--	0.00	2.19
MC	HSBC Investor Growth Y	HOTYX	D	(800) 782-8183	D- / 1.5	5.35	7.13	11.40 /12	8.46 /17	--	0.14	1.19
FO	HSBC Investor Intl Equity Adv	RINEX	A-	(800) 782-8183	A / 9.4	9.04	12.42	31.44 /94	26.60 /94	18.54 /89	2.13	0.97
MC	HSBC Investor Mid Cap A	HMIAX	B+	(800) 782-8183	B / 7.8	11.31	17.43	23.87 /80	16.37 /76	13.19 /63	0.00	1.85
MC	HSBC Investor Mid Cap B	HMIBX	B+	(800) 782-8183	B / 8.0	11.14	17.10	23.04 /77	15.52 /72	12.35 /56	0.00	2.60
MC	HSBC Investor Mid Cap C	HSMIX	B+	(800) 782-8183	B / 8.0	11.16	16.93	22.96 /77	15.48 /71	12.48 /57	0.00	2.60
MC	HSBC Investor Mid Cap Y	HMCTX	A	(800) 782-8183	B+ / 8.4	11.43	17.70	24.32 /81	16.66 /77	13.45 /65	0.00	1.60
SC	HSBC Investor Opportunity A	HSOAX	B-	(800) 782-8183	B / 8.1	11.78	17.13	24.89 /83	17.17 /78	14.04 /70	0.00	1.70
SC	HSBC Investor Opportunity B	HOPBX	A-	(800) 782-8183	B / 8.2	11.59	16.67	23.88 /80	16.30 /75	13.17 /63	0.00	2.45
SC	HSBC Investor Opportunity C	HOPCX	A-	(800) 782-8183	B / 8.2	11.54	16.65	23.88 /80	16.32 /75	13.17 /63	0.00	2.45
SC	HSBC Investor Opportunity Y	RESCX	C+	(800) 782-8183	B+ / 8.4	10.69	16.12	24.11 /81	17.38 /79	14.41 /72	0.00	1.03
FO	HSBC Investor Overseas Equity A	HOEAX	B+	(800) 782-8183	A- / 9.2	8.72	11.68	30.10 /92	25.54 /94	17.97 /88	1.73	1.67
FO	HSBC Investor Overseas Equity B	HOEBX	A+	(800) 782-8183	A / 9.3	8.52	11.30	29.15 /91	24.60 /93	17.09 /85	1.30	2.42
FO	HSBC Investor Overseas Equity C	HOECX	A+	(800) 782-8183	A / 9.3	8.60	11.30	29.14 /91	24.62 /93	17.09 /85	1.10	2.42
IN	HSBC Investor Value A	HIVAX	B+	(800) 782-8183	C+ / 6.1	6.27	8.32	21.02 /67	15.71 /72	--	0.68	1.43
IN	HSBC Investor Value B	HIVBX	B+	(800) 782-8183	C+ / 6.4	6.02	7.86	20.07 /60	14.83 /68	--	0.09	2.18
IN	HSBC Investor Value C	HIVCX	B+	(800) 782-8183	C+ / 6.4	6.06	7.89	20.12 /61	14.83 /68	--	0.06	2.18
IN	HSBC Investor Value Y	HIVYX	A	(800) 782-8183	B- / 7.2	6.28	8.46	21.35 /69	15.99 /74	--	0.93	1.18
MC	Huntington Dividend Capture A	HDCAX	D-	(800) 253-0412	E+ / 0.7	-1.12	-0.02	11.26 /11	9.69 /25	9.15 /25	2.72	1.56
MC	Huntington Dividend Capture B	HDCBX	D	(800) 253-0412	E+ / 0.9	-1.25	-0.26	10.74 /10	9.11 /21	8.59 /19	2.41	2.06
MC	Huntington Dividend Capture Tr	HDCTX	D	(800) 253-0412	D- / 1.3	-1.06	0.10	11.53 /12	9.96 /28	9.42 /27	3.12	1.31

● Denotes fund is closed to new investors
* Denotes fund is included in Section II

I. Index of Stock Mutual Funds

Summer 2007

RISK			NET ASSETS		ASSET				Portfolio Turnover Ratio	BULL / BEAR		FUND MANAGER		MINIMUMS		LOADS	
	3 Year		NAV							Last Bull	Last Bear	Manager	Manager	Initial	Additional	Front	Back
Risk Rating/Pts	Standard Deviation	Beta	As of 6/30/07	Total $(Mil)	Cash %	Stocks %	Bonds %	Other %		Market Return	Market Return	Quality Pct	Tenure (Years)	Purch. $	Purch. $	End Load	End Load
C+ / 6.0	7.5	0.97	25.16	468	0	99	0	1	21.0	118.2	-8.3	86	N/A	1,000	100	0.0	0.0
C+ / 6.0	7.5	0.97	25.12	33	0	99	0	1	21.0	116.0	-8.4	85	N/A	1,000	100	5.5	0.0
C+ / 5.9	7.5	0.97	24.74	7	0	99	0	1	21.0	110.2	-8.5	80	N/A	1,000	100	0.0	0.0
C+ / 5.9	7.5	0.97	24.67	2	0	99	0	1	21.0	110.1	-8.5	80	N/A	1,000	100	0.0	0.0
C+ / 6.1	7.3	0.73	15.63	155	N/A	92	7	N/A	5.1	45.5	7.2	7	N/A	250	100	2.3	0.0
C+ / 6.7	13.7	1.56	29.24	705	1	98	0	1	62.0	288.8	-20.3	93	15	250	50	0.0	2.0
C+ / 6.8	10.9	0.74	20.52	67	12	86	0	2	5.0	123.7	-9.3	89	9	500	0	0.0	2.0
B / 8.1	6.9	0.84	39.30	716	10	90	0	0	13.0	130.4	-12.0	95	17	500	0	0.0	2.0
C+ / 6.1	12.6	1.34	21.55	65	0	98	0	2	73.0	162.5	N/A	33	N/A	2,500	100	5.3	0.0
C+ / 6.0	12.6	1.34	20.94	47	0	98	0	2	73.0	153.0	N/A	27	N/A	2,500	100	0.0	0.0
C+ / 6.1	12.6	1.35	21.55	51	0	98	0	2	73.0	163.6	N/A	35	N/A	1,000,000	100	0.0	0.0
U /	N/A	N/A	15.21	671	2	98	0	0	13.0	N/A	N/A	N/A	N/A	2,500	100	5.3	0.0
U /	N/A	N/A	15.01	161	2	98	0	0	13.0	N/A	N/A	N/A	N/A	2,500	100	0.0	0.0
U /	N/A	N/A	15.26	1,711	2	98	0	0	13.0	N/A	N/A	N/A	N/A	1,000,000	100	0.0	0.0
B / 8.1	8.9	1.09	26.51	3,061	2	98	0	0	27.0	143.9	-9.9	61	10	2,500	100	5.3	0.0
B / 8.2	8.9	1.09	26.12	453	2	98	0	0	27.0	136.7	-10.1	51	10	2,500	100	0.0	0.0
B / 8.1	8.9	1.09	26.62	2,670	2	98	0	0	27.0	146.6	-9.9	65	10	1,000,000	100	0.0	0.0
B / 8.1	8.9	1.09	26.68	103	2	98	0	0	27.0	142.7	-10.0	58	4	0	0	0.0	0.0
B- / 7.2	10.3	0.89	31.75	1,152	4	94	0	2	55.0	190.4	-9.5	81	8	2,500	100	5.3	0.0
B- / 7.1	10.3	0.89	30.43	252	4	94	0	2	55.0	181.8	-9.7	75	8	2,500	100	0.0	0.0
B- / 7.2	10.3	0.89	31.99	3,678	4	94	0	2	55.0	193.5	-9.5	83	N/A	1,000,000	100	0.0	0.0
B- / 7.2	10.3	0.89	32.01	27	4	94	0	2	55.0	191.6	-9.6	79	4	0	0	0.0	0.0
C- / 3.9	13.0	0.89	50.14	122	0	98	0	2	52.0	178.9	-7.4	57	10	2,500	100	5.3	0.0
C- / 3.6	13.0	0.89	47.18	15	0	98	0	2	52.0	171.3	-7.6	47	10	2,500	100	0.0	0.0
C- / 3.8	13.0	0.89	50.00	526	0	98	0	2	52.0	181.8	-7.4	60	10	1,000,000	100	0.0	0.0
B / 8.5	8.6	1.07	12.33	2	1	98	0	1	34.9	85.4	-8.5	50	N/A	1,000	100	5.0	2.0
B / 8.5	8.6	1.07	12.02	5	1	98	0	1	34.9	79.8	-8.8	40	N/A	1,000	100	0.0	2.0
B / 8.5	8.6	1.06	12.12	N/A	1	98	0	1	34.9	N/A	N/A	40	N/A	1,000	100	0.0	2.0
B / 8.6	8.6	1.07	12.36	43	1	98	0	1	34.9	87.4	-8.6	55	N/A	5,000,000	0	0.0	2.0
B- / 7.9	9.5	0.80	15.14	28	0	99	0	1	75.1	N/A	N/A	14	3	1,000	100	5.0	2.0
B- / 7.8	9.5	0.81	14.31	1	0	99	0	1	75.1	N/A	N/A	11	3	1,000	100	0.0	2.0
B- / 7.8	9.5	0.80	14.39	N/A	0	99	0	1	75.1	N/A	N/A	11	3	1,000	100	0.0	2.0
B- / 7.9	9.5	0.81	15.19	25	0	99	0	1	75.1	N/A	N/A	15	3	5,000,000	0	0.0	2.0
C+ / 6.1	10.1	1.06	23.89	372	2	97	0	1	33.4	189.5	-10.7	79	N/A	5,000,000	0	0.0	2.0
B- / 7.4	12.1	1.10	10.04	7	2	98	0	0	53.2	126.7	-10.1	54	N/A	1,000	100	5.0	2.0
B- / 7.4	12.1	1.09	9.38	7	2	98	0	0	53.2	119.6	-10.3	43	N/A	1,000	100	0.0	2.0
B- / 7.4	12.0	1.09	9.46	N/A	2	98	0	0	53.2	120.6	-10.1	43	N/A	1,000	100	0.0	2.0
B- / 7.4	12.1	1.09	10.24	20	2	98	0	0	53.2	128.8	-10.0	58	N/A	5,000,000	0	0.0	2.0
C / 5.5	12.5	0.86	15.18	15	0	100	0	0	60.8	140.1	-8.9	93	N/A	1,000	100	5.0	2.0
B- / 7.3	12.5	0.86	13.86	5	0	100	0	0	60.8	132.6	-9.1	90	N/A	1,000	100	0.0	2.0
B- / 7.3	12.5	0.85	14.01	N/A	0	100	0	0	60.8	132.7	-9.1	90	N/A	1,000	100	0.0	2.0
C / 4.3	12.5	0.86	17.50	140	0	100	0	0	60.8	145.5	-8.7	93	N/A	5,000,000	0	0.0	2.0
C / 5.5	10.2	1.07	19.69	17	0	99	0	1	33.4	181.9	-11.4	69	N/A	1,000	100	5.0	2.0
B / 8.1	10.2	1.07	18.72	4	0	99	0	1	33.4	172.8	-11.5	59	N/A	1,000	100	0.0	2.0
B / 8.1	10.1	1.06	19.20	N/A	0	99	0	1	33.4	172.8	-11.5	60	N/A	1,000	100	0.0	2.0
B / 8.7	8.4	1.00	16.84	30	0	99	0	1	20.6	N/A	N/A	89	N/A	1,000	100	5.0	2.0
B / 8.7	8.3	1.00	16.16	2	0	99	0	1	20.6	N/A	N/A	85	N/A	1,000	100	0.0	2.0
B / 8.7	8.4	1.00	16.28	N/A	0	99	0	1	20.6	N/A	N/A	85	N/A	1,000	100	0.0	2.0
B / 8.7	8.3	0.99	16.81	28	0	99	0	1	20.6	N/A	N/A	90	N/A	5,000,000	0	0.0	2.0
B- / 7.8	4.9	0.32	11.48	12	1	98	0	1	98.0	69.5	-1.6	81	6	1,000	50	5.8	0.0
B- / 7.8	5.0	0.32	11.45	18	1	98	0	1	98.0	65.8	-1.7	76	6	1,000	50	0.0	0.0
B- / 7.8	4.9	0.32	11.48	114	1	98	0	1	98.0	71.3	-1.6	83	6	1,000	500	0.0	0.0

www.thestreet.com/ratings

Data as of June 30, 2007

I. Index of Stock Mutual Funds

Summer 2007

99 Pct = Best
0 Pct = Worst

Fund Type	Fund Name	Ticker Symbol	Overall Investment Rating	Phone	Performance Rating/Pts	3 Mo	6 Mo	1Yr / Pct	3Yr / Pct	5Yr / Pct	Dividend Yield	Expense Ratio
GR	Huntington Growth A	HGWIX	E	(800) 253-0412	E / 0.5	3.28	4.64	13.82 /20	6.23 / 6	5.93 / 4	0.00	1.40
GR	Huntington Growth B	HUGBX	E	(800) 253-0412	E+ / 0.7	3.07	4.30	13.24 /17	5.68 / 5	5.39 / 3	0.00	1.90
GR	Huntington Growth Tr	HGWTX	E	(800) 253-0412	D- / 1.0	3.39	4.81	14.15 /21	6.51 / 7	6.20 / 5	0.19	1.15
IN	Huntington Income Equity A	HUINX	D	(800) 253-0412	D+ / 2.6	6.93	7.91	17.10 /39	10.47 /31	7.57 /12	1.13	1.40
IN	Huntington Income Equity B	HUIEX	D+	(800) 253-0412	C- / 3.3	6.80	7.62	16.51 /35	9.92 /27	7.03 / 8	0.79	1.90
IN	Huntington Income Equity Tr	HIEFX	C-	(800) 253-0412	C- / 4.0	7.00	8.04	17.42 /41	10.75 /34	7.84 /14	1.41	1.15
FO	Huntington International Equity A	HIEAX	B+	(800) 253-0412	B+ / 8.8	7.79	10.28	25.81 /85	22.56 /90	17.58 /87	0.37	1.86
FO	Huntington International Equity B	HUIBX	B+	(800) 253-0412	A- / 9.0	7.78	10.24	25.45 /84	22.01 /89	17.02 /85	0.06	2.36
FO	Huntington International Equity Tr	HIETX	B+	(800) 253-0412	A- / 9.1	7.91	10.46	26.24 /86	22.87 /91	17.87 /87	0.54	1.61
GR	Huntington Macro 100 Investment A	HMALX	E	(800) 253-0412	E+ / 0.9	7.74	5.72	11.07 /11	7.57 /12	--	5.33	1.70
GR	Huntington Macro 100 Investment B	HMBNX	E	(800) 253-0412	D- / 1.2	7.56	5.43	10.53 / 9	7.05 / 9	--	5.73	2.20
GR	Huntington Macro 100 Investment Tr	HMTPX	E+	(800) 253-0412	D / 1.6	7.86	5.94	11.45 /12	7.86 /13	--	5.60	1.45
MC	Huntington Mid Corp America A	HUMIX	C+	(800) 253-0412	C / 5.3	6.51	11.51	19.86 /59	13.53 /58	12.58 /58	0.00	1.58
MC	Huntington Mid Corp America B	HMABX	C+	(800) 253-0412	C+ / 6.1	6.39	11.26	19.36 /55	13.00 /54	12.04 /54	0.00	2.08
MC	Huntington Mid Corp America Tr	HMATX	B-	(800) 253-0412	C+ / 6.7	6.58	11.64	20.20 /61	13.85 /61	12.88 /61	0.03	1.33
TC	Huntington New Economy A	HNEAX	C	(800) 253-0412	C+ / 6.4	6.17	12.01	17.40 /41	15.83 /73	13.99 /70	0.00	1.70
TC	Huntington New Economy B	HNEBX	C+	(800) 253-0412	B- / 7.0	6.01	11.76	16.80 /37	15.25 /70	13.40 /65	0.00	2.20
TC	Huntington New Economy Tr	HNETX	C+	(800) 253-0412	B- / 7.4	6.26	12.15	17.69 /43	16.12 /74	14.28 /72	0.00	1.45
GR	Huntington Rotating Markets A	HRIAX	B-	(800) 253-0412	C+ / 6.3	6.67	8.77	19.81 /58	15.71 /72	11.11 /45	0.65	1.88
GR	Huntington Rotating Markets Tr	HRITX	B+	(800) 253-0412	B- / 7.5	6.70	8.86	21.82 /72	15.99 /74	11.37 /47	0.83	1.63
SC	Huntington Situs Small Cap A	HSUAX	C+	(800) 253-0412	B- / 7.0	4.96	11.45	17.54 /42	17.39 /79	--	0.00	1.65
SC	Huntington Situs Small Cap B	HSUBX	B-	(800) 253-0412	B- / 7.4	4.80	11.10	16.90 /37	16.80 /77	--	0.00	2.15
SC	Huntington Situs Small Cap Tr	HSUTX	B	(800) 253-0412	B / 7.8	5.05	11.62	17.83 /44	17.70 /80	--	0.00	1.40
GR	Hussman Strategic Growth	HSGFX	D	(800) 487-7626	E- / 0.1	-0.25	1.34	1.98 / 1	3.98 / 2	7.58 /12	0.80	1.10
FO	ICON Asia-Pacific Reg Fd S	ICARX	B	(800) 764-0442	A / 9.5	12.51	16.30	29.90 /92	27.20 /95	21.67 /94	0.21	1.44
GR	ICON Consumer Discretionary	ICCCX	E-	(800) 764-0442	E+ / 0.9	4.85	5.34	14.94 /26	5.69 / 5	4.11 / 1	0.00	1.32
GR	ICON Core Equity Fd C	ICNCX	D-	(800) 764-0442	C- / 3.1	7.93	7.85	10.00 / 8	11.51 /41	8.18 /16	0.00	2.03
GR	ICON Core Equity Fd I	ICNIX	D	(800) 764-0442	C- / 3.9	8.11	8.25	10.86 /10	12.38 /49	9.01 /23	0.00	1.23
GR	ICON Core Equity Fd Z	ICNZX	D+	(800) 764-0442	C- / 3.9	8.16	8.37	11.13 /11	12.44 /49	--	0.00	0.99
EN	ICON Energy	ICENX	C+	(800) 764-0442	A+ / 9.6	17.46	23.68	19.30 /55	31.65 /97	27.22 /97	0.00	1.17
IN	ICON Equity Income Fd C	IOECX	D+	(800) 764-0442	C- / 3.4	8.59	8.79	16.41 /35	9.66 /25	--	1.29	2.29
IN	ICON Equity Income Fd I	IOEIX	C-	(800) 764-0442	C / 4.4	8.92	9.39	17.62 /42	10.70 /33	--	2.03	1.23
IN	ICON Equity Income Fd Z	IOEZX	C	(800) 764-0442	C / 4.5	8.85	9.39	17.55 /42	10.78 /34	--	2.15	4.36
FO	ICON Europe Fund S	ICSEX	B+	(800) 764-0442	A / 9.5	8.05	12.21	32.37 /95	28.05 /95	22.08 /94	0.21	1.51
FS	ICON Financial	ICFSX	D	(800) 764-0442	C- / 3.0	5.17	1.28	14.44 /23	11.55 /41	11.92 /53	0.97	1.20
HL	ICON Healthcare	ICHCX	E+	(800) 764-0442	D / 1.7	2.52	5.30	9.06 / 6	9.78 /26	10.92 /43	0.00	1.19
GR	ICON Income Opportunity Fund C	IOCCX	E	(800) 764-0442	E- / 0.1	4.65	0.65	4.62 / 1	3.60 / 1	--	0.00	2.61
GR	ICON Income Opportunity Fund I	IOCIX	E+	(800) 764-0442	E- / 0.2	4.86	1.21	4.62 / 1	4.42 / 2	--	0.07	1.47
GR	ICON Income Opportunity Fund Z	IOCZX	E+	(800) 764-0442	E / 0.3	4.95	1.34	5.84 / 2	4.80 / 3	--	0.00	3.52
SC	ICON Industrials	ICTRX	D	(800) 764-0442	B- / 7.4	12.60	17.04	11.47 /12	16.40 /76	10.76 /41	0.03	1.24
TC	ICON Information Technology	ICTEX	D-	(800) 764-0442	C- / 3.5	12.39	10.71	22.08 /73	7.34 /11	5.21 / 2	0.00	1.25
FO	ICON Intl Equity Fd C	IIQCX	A+	(800) 764-0442	A / 9.5	11.26	15.48	30.86 /93	26.41 /94	--	0.00	2.76
FO	ICON Intl Equity Fd I	IIQIX	A+	(800) 764-0442	A+ / 9.6	11.55	16.08	32.11 /94	28.22 /95	--	0.01	1.71
FO	ICON Intl Equity Fd Z	ICNEX	B+	(800) 764-0442	A+ / 9.6	11.60	16.23	32.45 /95	28.72 /95	24.41 /96	0.00	1.41
GR	ICON Leisure & Consumer Staple	ICLEX	E-	(800) 764-0442	E+ / 0.8	5.22	4.80	17.93 /44	4.70 / 3	6.14 / 5	0.21	1.54
GR	ICON Long/Short Fd C	IOLCX	C	(800) 764-0442	C / 4.8	7.93	10.60	12.69 /15	12.19 /47	--	0.00	2.30
GR	ICON Long/Short Fd I	IOLIX	C+	(800) 764-0442	C+ / 5.6	8.17	11.07	13.79 /20	13.10 /55	--	0.19	1.45
GR	ICON Long/Short Fd Z	IOLZX	C+	(800) 764-0442	C+ / 5.8	8.23	11.18	14.09 /21	13.39 /58	--	0.34	1.17
EN	ICON Materials	ICBMX	B-	(800) 764-0442	A / 9.5	12.06	22.68	27.52 /89	26.18 /94	18.53 /89	0.97	1.30
UT	ICON Telecommunications & Utilities	ICTUX	B	(800) 764-0442	A- / 9.2	6.59	14.84	36.20 /96	21.84 /89	15.66 /80	1.15	1.38
GR	IMS Capital Value	IMSCX	B-	(800) 934-5550	C+ / 6.7	7.99	12.19	19.88 /59	13.66 /59	17.95 /88	0.26	1.52
GR	Industry Leaders D	ILFDX	B	(866) 280-1952	C / 5.2	6.18	5.92	20.19 /61	12.41 /49	11.16 /45	0.83	0.80

● Denotes fund is closed to new investors
* Denotes fund is included in Section II

www.thestreet.com/ratings

I. Index of Stock Mutual Funds

Summer 2007

RISK			NET ASSETS		ASSET				Portfolio Turnover Ratio	BULL / BEAR		FUND MANAGER		MINIMUMS		LOADS	
Risk Rating/Pts	3 Year Standard Deviation	Beta	NAV As of 6/30/07	Total $(Mil)	Cash %	Stocks %	Bonds %	Other %		Last Bull Market Return	Last Bear Market Return	Manager Quality Pct	Manager Tenure (Years)	Initial Purch. $	Additional Purch. $	Front End Load	Back End Load
C / 4.9	7.1	0.88	38.37	9	N/A	100	0	N/A	31.0	56.6	-11.6	14	N/A	1,000	50	5.8	0.0
C / 4.6	7.1	0.88	36.63	6	N/A	100	0	N/A	31.0	53.3	-11.7	12	N/A	1,000	50	0.0	0.0
C / 4.9	7.1	0.88	39.03	232	N/A	100	0	N/A	31.0	58.3	-11.5	16	N/A	1,000	500	0.0	0.0
C+ / 6.7	6.4	0.73	33.36	7	0	100	0	0	43.0	87.6	-10.7	67	N/A	1,000	50	5.8	0.0
C+ / 6.8	6.5	0.73	33.20	8	0	100	0	0	43.0	83.7	-10.9	60	N/A	1,000	50	0.0	0.0
C+ / 6.8	6.4	0.73	33.36	192	0	100	0	0	43.0	89.6	-10.7	70	N/A	1,000	500	0.0	0.0
C+ / 6.2	9.8	1.03	14.94	10	0	100	0	0	26.0	171.2	-8.6	44	6	1,000	50	5.8	0.0
C+ / 6.0	9.7	1.03	14.62	3	0	100	0	0	26.0	164.8	-8.7	38	6	1,000	50	0.0	0.0
C+ / 6.2	9.7	1.03	15.05	310	0	100	0	0	26.0	173.7	-8.4	48	6	1,000	500	0.0	0.0
C / 5.0	11.7	1.39	11.75	3	N/A	100	0	N/A	222.0	N/A	N/A	6	N/A	1,000	50	5.8	0.0
C / 5.0	11.7	1.39	11.59	2	N/A	100	0	N/A	222.0	N/A	N/A	5	N/A	1,000	50	0.0	0.0
C / 5.0	11.7	1.40	11.86	39	N/A	100	0	N/A	222.0	N/A	N/A	6	N/A	1,000	500	0.0	0.0
B- / 7.4	9.2	0.84	17.90	5	0	100	0	0	6.0	118.3	-8.2	57	6	1,000	50	5.8	0.0
B- / 7.4	9.2	0.84	17.36	9	0	100	0	0	6.0	113.5	-8.2	50	6	1,000	50	0.0	0.0
B- / 7.5	9.2	0.84	18.20	162	0	100	0	0	6.0	120.5	-8.1	61	6	1,000	500	0.0	0.0
C+ / 5.6	11.5	1.33	17.72	10	N/A	100	0	N/A	50.0	137.4	-8.2	70	6	1,000	50	5.8	0.0
C+ / 5.6	11.5	1.33	17.10	5	N/A	100	0	N/A	50.0	132.3	-8.3	63	6	1,000	50	0.0	0.0
C+ / 5.7	11.6	1.34	18.00	115	N/A	100	0	N/A	50.0	140.0	-8.1	72	6	1,000	500	0.0	0.0
B- / 7.3	8.9	1.08	14.39	5	0	100	0	0	35.0	111.8	-10.2	86	6	1,000	50	5.8	0.0
B- / 7.3	9.2	1.13	14.50	54	0	100	0	0	35.0	114.2	-10.2	85	6	1,000	500	0.0	0.0
C+ / 6.3	10.7	0.74	22.20	16	0	100	0	0	19.0	162.6	-9.0	96	N/A	1,000	50	5.8	0.0
C+ / 6.2	10.7	0.74	21.62	5	0	100	0	0	19.0	156.6	-9.1	95	N/A	1,000	50	0.0	0.0
C+ / 6.3	10.7	0.74	22.48	111	0	100	0	0	19.0	165.0	-8.9	96	N/A	1,000	500	0.0	0.0
B / 8.9	4.0	0.10	15.85	2,706	N/A	N/A	0	N/A	63.0	41.4	1.1	47	7	1,000	100	0.0	1.5
C / 4.8	14.8	1.18	16.91	173	0	99	0	1	159.5	178.8	-2.0	60	N/A	1,000	100	0.0	0.0
D+ / 2.7	12.6	1.38	13.62	164	0	99	0	1	173.8	85.9	-14.2	3	N/A	1,000	100	0.0	0.0
C / 4.8	12.2	1.38	15.38	101	0	99	0	1	148.7	108.5	-14.1	21	7	1,000	100	0.0	0.0
C / 5.0	12.1	1.38	16.27	101	0	99	0	1	148.7	115.3	-13.9	27	7	1,000	100	0.0	0.0
C+ / 6.2	12.2	1.38	16.31	1	0	99	0	1	148.7	N/A	N/A	27	3	1,000,000	100	0.0	0.0
D+ / 2.7	23.2	1.12	39.22	744	1	98	0	1	22.9	256.8	-0.5	24	N/A	1,000	100	0.0	0.0
C+ / 6.4	9.1	1.09	16.23	5	2	88	7	3	162.8	94.3	-7.4	25	5	1,000	100	0.0	0.0
C+ / 6.4	9.1	1.08	16.37	136	2	88	7	3	162.8	102.0	-7.3	33	5	1,000	100	0.0	0.0
B- / 7.7	9.1	1.08	16.35	N/A	2	88	7	3	162.8	N/A	N/A	35	3	1,000,000	100	0.0	0.0
C / 5.4	13.8	1.37	23.61	170	1	98	0	1	100.6	245.1	-9.1	28	N/A	1,000	100	0.0	0.0
C+ / 6.0	10.8	1.15	15.04	299	2	97	0	1	153.5	128.7	-13.1	37	10	1,000	100	0.0	0.0
C / 5.0	10.8	0.92	17.47	557	3	96	0	1	61.4	99.8	-5.3	37	N/A	1,000	100	0.0	0.0
C+ / 6.2	7.3	0.79	12.40	3	0	99	0	1	159.6	53.1	-6.1	7	N/A	1,000	100	0.0	0.0
C+ / 6.4	7.4	0.79	12.93	64	0	99	0	1	159.6	58.3	-5.8	10	N/A	1,000	100	0.0	0.0
C+ / 6.9	7.3	0.79	13.11	N/A	0	99	0	1	159.6	N/A	N/A	11	N/A	1,000,000	100	0.0	0.0
D- / 1.4	14.4	0.90	10.37	119	1	98	0	1	89.4	138.2	-13.3	88	1	1,000	100	0.0	0.0
C- / 4.1	15.4	1.83	10.34	219	N/A	100	0	N/A	155.4	83.5	-20.8	1	4	1,000	100	0.0	0.0
C+ / 6.9	13.2	1.29	17.68	21	1	98	0	1	129.3	N/A	N/A	29	2	1,000	100	0.0	0.0
B- / 7.0	13.2	1.30	18.55	118	1	98	0	1	129.3	N/A	N/A	44	2	1,000	100	0.0	0.0
C / 5.1	13.2	1.30	18.76	32	1	98	0	1	129.3	270.1	-2.4	50	2	1,000,000	100	0.0	0.0
D- / 1.0	11.1	1.17	10.48	76	2	97	0	1	215.8	71.1	-13.4	4	4	1,000	100	0.0	0.0
B- / 7.0	11.1	1.19	18.78	39	3	96	0	1	94.6	129.5	-15.0	39	N/A	1,000	100	0.0	0.0
B- / 7.0	11.2	1.20	19.47	209	3	96	0	1	94.6	137.4	-14.8	51	N/A	1,000	100	0.0	0.0
B- / 7.3	11.1	1.19	19.59	4	3	96	0	1	94.6	N/A	N/A	55	N/A	1,000,000	100	0.0	0.0
C- / 4.1	17.5	0.64	14.12	132	3	96	0	1	176.9	222.5	-11.3	93	4	1,000	100	0.0	0.0
C / 4.9	9.6	0.39	8.90	103	2	97	0	1	209.5	159.7	-9.6	98	1	1,000	100	0.0	0.0
B- / 7.6	9.6	1.09	22.83	196	2	97	0	1	29.0	154.0	-6.6	68	11	5,000	100	0.0	0.5
B+ / 9.2	7.0	0.92	12.89	3	0	99	0	1	38.4	99.8	-9.5	71	8	10,000	100	0.0	0.0

www.thestreet.com/ratings

Data as of June 30, 2007

I. Index of Stock Mutual Funds

Summer 2007

99 Pct = Best
0 Pct = Worst

Fund Type	Fund Name	Ticker Symbol	Overall Investment Rating	Phone	Performance Rating/Pts	Total Return % through 6/30/07					Incl. in Returns	
						3 Mo	6 Mo	1Yr / Pct	Annualized 3Yr / Pct	5Yr / Pct	Dividend Yield	Expense Ratio
GR	Industry Leaders I	ILFIX	B	(866) 280-1952	C / 5.2	6.23	5.97	20.20 /61	12.41 /49	11.28 /46	0.61	0.81
GR	Industry Leaders L	ILFLX	B	(866) 280-1952	C / 5.5	6.32	6.06	20.59 /64	12.82 /52	11.66 /50	0.86	0.47
MC	ING Alliance Berns Mid Cap Gr I	IABIX	U	(800) 334-3444	U /	4.67	6.64	9.38 / 6	--	--	0.00	0.83
MC	ING Alliance Berns Mid Cap Gr S	IALSX	E-	(800) 334-3444	D- / 1.3	4.64	6.55	9.16 / 6	8.06 /15	16.08 /82	0.00	1.08
MC	ING Alliance Berns Mid Cap Gr S2	IALTX	E-	(800) 334-3444	D- / 1.2	4.61	6.48	8.98 / 6	7.90 /14	--	0.00	1.43
GI	ING Amer Cen Lar Co Val ADV	ISVAX	C+	(800) 334-3444	C- / 3.8	5.84	5.57	20.80 /66	10.47 /32	10.15 /34	0.50	1.50
GI	ING Amer Cen Lar Co Val I	ISVIX	C+	(800) 334-3444	C / 4.3	6.00	5.80	21.40 /69	11.02 /36	10.71 /41	0.76	1.00
GI	ING Amer Cen Lar Co Val S	ISVSX	C+	(800) 334-3444	C- / 4.0	5.93	5.67	21.12 /67	10.76 /34	10.44 /38	0.23	1.25
SC	ING American Century SmCap Val	IASAX	C+	(800) 334-3444	C+ / 6.3	5.09	8.16	20.60 /64	14.03 /62	13.31 /64	0.01	1.75
SC	ING American Century SmCap Val I	IACIX	C+	(800) 334-3444	C+ / 6.7	5.22	8.39	21.14 /68	14.60 /66	13.87 /69	0.02	1.25
SC	ING American Century SmCap Val S	IASSX	C+	(800) 334-3444	C+ / 6.5	5.10	8.29	20.88 /66	14.32 /64	13.60 /66	0.01	1.50
GI	ING American FD Growth & Income	IAFGX	C+	(800) 334-3444	C / 4.5	7.01	7.79	19.14 /53	11.23 /38	--	0.61	0.53
GR	ING American Funds Growth Portfolio	IAFSX	B	(800) 334-3444	C+ / 6.9	8.69	10.31	18.40 /48	14.48 /65	--	0.15	0.53
FO	ING American Funds Int Portfolio	IFSTX	A+	(800) 334-3444	A- / 9.1	9.41	12.32	25.93 /85	22.29 /90	--	0.58	0.53
BA	ING Balanced A	AETAX	D	(800) 334-3444	E+ / 0.7	3.34	4.34	12.70 /15	7.87 /13	7.33 /10	1.62	1.40
BA	ING Balanced B	ABFBX	D	(800) 334-3444	E+ / 0.9	3.22	4.06	11.89 /13	7.07 / 9	6.54 / 6	1.00	2.15
BA	ING Balanced C	ACBLX	D	(800) 334-3444	E+ / 0.9	3.22	4.05	11.92 /13	7.08 / 9	6.52 / 6	0.97	2.15
BA	ING Balanced I	AETFX	D+	(800) 334-3444	D- / 1.4	3.43	4.51	13.02 /16	8.15 /15	7.60 /12	1.96	1.15
BA	ING Balanced O	IDBAX	U	(800) 334-3444	U /	3.36	4.44	12.71 /15	--	--	1.76	1.40
SC	ING Baron Small Cap Growth ADV	IBSAX	C	(800) 334-3444	C+ / 6.2	4.35	7.34	14.80 /25	15.38 /71	15.36 /78	0.00	2.08
SC	ING Baron Small Cap Growth I	IBGIX	C+	(800) 334-3444	C+ / 6.6	4.45	7.60	15.42 /28	15.94 /74	15.96 /81	0.00	1.58
SC	ING Baron Small Cap Growth S	IBSSX	C+	(800) 334-3444	C+ / 6.4	4.40	7.47	15.11 /27	15.68 /72	15.66 /80	0.00	1.83
GR	ING BlackRock Large Cap Growth A	IMLGX	C+	(800) 334-3444	C / 4.8	5.94	9.28	19.02 /52	11.60 /42	--	0.00	1.74
GR	ING BlackRock Large Cap Growth I		U	(800) 334-3444	U /	6.03	9.60	19.78 /58	--	--	0.00	0.84
GR	ING BlackRock Large Cap Growth S	IMLSX	C+	(800) 334-3444	C / 5.2	6.04	9.44	19.50 /56	12.00 /45	10.14 /34	0.00	1.09
GR	ING BlackRock Large Cap Growth S2	IMLTX	C+	(800) 334-3444	C / 5.0	5.92	9.35	19.37 /55	11.78 /43	--	0.00	1.44
GR	ING BlackRock Large Cap Value I	IMVVX	B-	(800) 334-3444	C+ / 5.7	6.28	9.33	19.59 /57	12.69 /51	--	0.66	0.85
GR	ING BlackRock Large Cap Value S	IMVSX	B-	(800) 334-3444	C / 5.4	6.23	9.22	19.33 /55	12.40 /49	12.80 /60	0.47	1.10
GR	ING BlackRock Large Cap Value S2	IMVTX	C+	(800) 334-3444	C / 5.3	6.19	9.19	19.11 /53	12.25 /48	--	0.44	1.45
GI	ING Capital Guardian U.S. Equ S	ICGUX	C-	(800) 334-3444	D+ / 2.9	6.75	6.66	15.27 /27	9.73 /26	11.32 /47	0.40	1.00
GI	ING Capital Guardian U.S. Equ S2	ICGSX	C-	(800) 334-3444	D+ / 2.7	6.69	6.52	15.00 /26	9.54 /25	--	0.30	1.25
SC	ING Columbia Small Cap Value II S	ICSSX	U	(800) 334-3444	U /	6.56	10.44	18.12 /46	--	--	0.00	1.24
GI	ING Corp Leaders Trust Fd B	LEXCX	A	(800) 334-3444	B / 8.2	7.17	8.59	23.45 /79	17.89 /80	13.52 /66	5.92	0.49
GI	ING Davis Venture Value ADV	ISBAX	C-	(800) 334-3444	D+ / 2.8	6.27	6.65	18.19 /46	9.01 /21	10.96 /43	0.00	1.40
GI	ING Davis Venture Value I	ISFIX	C-	(800) 334-3444	C- / 3.2	6.41	6.95	18.83 /51	9.56 /25	11.53 /49	0.02	0.90
GI	ING Davis Venture Value S	ISCSX	C-	(800) 334-3444	C- / 3.0	6.32	6.80	18.49 /48	9.27 /23	11.25 /46	0.01	1.32
GR	ING Direct Index Plus Large Cap O	IDLOX	C+	(800) 334-3444	C- / 3.9	5.97	6.26	19.06 /53	10.80 /34	9.35 /26	0.88	0.95
SC	ING Direct Index Plus Small Cap O	IDSOX	D+	(800) 334-3444	C- / 3.7	3.73	6.16	11.93 /13	12.63 /51	13.00 /62	0.00	1.07
FO	ING Direct International Growth O	IDIOX	A-	(800) 334-3444	B+ / 8.4	5.34	7.75	22.03 /73	20.15 /85	13.44 /65	1.28	1.60
FO	ING Disciplined Intl Small Cap I	IIDSX	U	(800) 334-3444	U /	5.89	14.43	--	--	--	0.00	1.02
SC	ING Disciplined Sm Cap Val Port I	IISIX	U	(800) 334-3444	U /	2.88	4.38	16.13 /33	--	--	0.00	0.75
FO	ING Diversified International A	IFFAX	U	(800) 334-3444	U /	7.35	11.94	29.51 /92	--	--	0.41	0.66
FO	ING Diversified International B	IFFBX	U	(800) 334-3444	U /	7.15	11.57	28.60 /91	--	--	0.06	1.41
FO	ING Diversified International C	IFFCX	U	(800) 334-3444	U /	7.15	11.49	28.54 /91	--	--	0.08	1.41
EM	ING Emerging Countries A	NECAX	A	(800) 334-3444	A+ / 9.7	17.68	21.50	49.51 /99	31.84 /97	23.75 /95	1.03	2.02
EM	ING Emerging Countries B	NACBX	A	(800) 334-3444	A+ / 9.7	17.47	21.05	48.42 /98	30.89 /96	23.00 /95	0.47	2.67
EM	ING Emerging Countries C	NAEMX	A	(800) 334-3444	A+ / 9.7	17.49	21.08	48.44 /98	30.85 /96	22.72 /95	0.67	2.67
EM	ING Emerging Countries I	NECIX	U	(800) 334-3444	U /	17.76	21.70	50.02 /99	--	--	1.35	1.55
EM	ING Emerging Countries Q	NACQX	A	(800) 334-3444	A+ / 9.8	17.72	21.60	49.71 /99	31.96 /97	23.79 /95	1.09	1.80
IN	ING Equities Plus S	IEPSX	U	(800) 334-3444	U /	6.32	7.10	20.06 /60	--	--	0.00	0.97
HL	ING Evergreen Health Sciences S	IEHSX	C-	(800) 334-3444	D+ / 2.9	3.90	5.01	15.91 /31	10.60 /32	--	0.00	1.02
GR	ING Evergreen Omega Port Cl I		U	(800) 334-3444	U /	10.78	10.40	21.69 /71	--	--	0.00	0.60

● Denotes fund is closed to new investors
* Denotes fund is included in Section II

www.thestreet.com/ratings

Summer 2007

I. Index of Stock Mutual Funds

RISK			NET ASSETS		ASSET				Portfolio	BULL / BEAR		FUND MANAGER		MINIMUMS		LOADS	
	3 Year		NAV							Last Bull	Last Bear	Manager	Manager	Initial	Additional	Front	Back
Risk	Standard		As of	Total	Cash	Stocks	Bonds	Other	Turnover	Market	Market	Quality	Tenure	Purch.	Purch.	End	End
Rating/Pts	Deviation	Beta	6/30/07	$(Mil)	%	%	%	%	Ratio	Return	Return	Pct	(Years)	$	$	Load	Load
B+ / 9.2	7.0	0.91	12.79	12	0	99	0	1	38.4	100.5	-9.5	71	8	5,000	100	0.0	0.0
B+ / 9.2	6.9	0.91	13.12	10	0	99	0	1	38.4	103.2	-9.4	75	6	250,000	100	0.0	0.0
U /	N/A	N/A	18.14	144	0	100	0	0	122.0	N/A	N/A	N/A	2	0	0	0.0	0.0
D / 2.1	19.8	1.60	18.05	446	0	100	0	0	122.0	130.4	-10.6	0	6	0	0	0.0	0.0
D / 2.0	19.9	1.61	17.91	20	0	100	0	0	122.0	128.9	-10.7	0	5	0	0	0.0	0.0
B / 8.6	7.1	0.92	16.68	11	0	100	0	0	56.0	94.8	-11.8	47	2	0	0	0.0	0.0
B / 8.6	7.1	0.92	16.96	82	0	100	0	0	56.0	98.9	-11.7	54	2	0	0	0.0	0.0
B / 8.7	7.1	0.92	16.96	21	0	100	0	0	56.0	97.0	-11.8	50	2	0	0	0.0	0.0
C+ / 6.7	10.4	0.76	14.44	14	N/A	100	0	N/A	132.0	134.3	-7.8	84	5	0	0	0.0	0.0
C+ / 6.7	10.4	0.76	14.72	49	N/A	100	0	N/A	132.0	139.3	-7.7	87	5	0	0	0.0	0.0
C+ / 6.8	10.4	0.76	14.63	49	N/A	100	0	N/A	132.0	136.6	-7.6	86	5	0	0	0.0	0.0
B / 8.8	6.9	0.91	47.32	1,586	0	100	0	0	1.0	N/A	N/A	57	4	0	0	0.0	0.0
B / 8.1	9.4	1.12	70.92	2,292	0	100	0	0	1.0	N/A	N/A	75	4	0	0	0.0	0.0
B / 8.2	9.2	0.93	25.34	1,293	0	100	0	0	4.0	N/A	N/A	65	4	0	0	0.0	0.0
B / 8.1	4.9	1.09	13.03	119	4	79	16	1	309.0	56.0	-3.9	37	5	1,000	0	5.8	0.0
B / 8.2	4.9	1.09	12.86	59	4	79	16	1	309.0	51.0	-3.9	30	5	1,000	0	0.0	0.0
B / 8.2	4.9	1.09	12.88	52	4	79	16	1	309.0	50.9	-4.0	30	5	1,000	0	0.0	0.0
B / 8.2	4.9	1.09	13.02	29	4	79	16	1	309.0	57.6	-3.9	41	5	250,000	0	0.0	0.0
U /	N/A	N/A	12.97	36	4	79	16	1	309.0	N/A	N/A	N/A	3	1,000	0	0.0	0.0
C+ / 6.0	13.0	0.90	19.44	51	0	99	0	1	15.0	137.9	-7.8	84	5	0	0	0.0	0.0
C+ / 6.0	13.0	0.90	19.96	158	0	99	0	1	15.0	142.9	-7.5	87	5	0	0	0.0	0.0
C+ / 6.0	13.0	0.90	19.70	354	0	99	0	1	15.0	140.4	-7.6	85	5	0	0	0.0	0.0
B- / 7.6	10.6	1.29	12.48	6	0	99	0	1	139.0	N/A	N/A	26	3	0	0	0.0	0.0
U /	N/A	N/A	12.67	292	0	99	0	1	139.0	N/A	N/A	N/A	1	0	0	0.0	0.0
B- / 7.6	10.7	1.30	12.64	165	0	99	0	1	139.0	91.7	-8.5	29	3	0	0	0.0	0.0
B- / 7.6	10.8	1.31	12.52	11	0	99	0	1	139.0	90.3	-8.6	27	3	0	0	0.0	0.0
B / 8.2	10.2	1.27	15.24	104	0	100	0	0	103.0	N/A	N/A	37	2	0	0	0.0	0.0
B / 8.2	10.3	1.28	15.17	79	0	100	0	0	103.0	109.0	-12.2	34	2	0	0	0.0	0.0
B / 8.1	10.3	1.28	15.09	5	0	100	0	0	103.0	107.7	-12.3	32	2	0	0	0.0	0.0
B / 8.1	8.4	1.09	13.29	557	0	99	0	1	26.0	92.9	-9.6	25	7	0	0	0.0	0.0
B / 8.1	8.4	1.09	13.24	10	0	99	0	1	26.0	91.7	-9.6	24	5	0	0	0.0	0.0
U /	N/A	N/A	11.21	138	0	100	0	0	48.0	N/A	N/A	N/A	1	0	0	0.0	0.0
B- / 7.9	8.3	0.93	22.71	441	0	100	0	0	N/A	127.3	-7.2	96	N/A	1,000	50	0.0	0.0
B- / 7.5	8.3	1.05	20.68	9	N/A	100	0	N/A	6.0	94.0	-8.0	22	2	0	0	0.0	0.0
B- / 7.6	8.3	1.05	21.25	78	N/A	100	0	N/A	6.0	98.2	-7.9	26	2	0	0	0.0	0.0
B- / 7.6	8.3	1.05	21.04	184	N/A	100	0	N/A	6.0	95.9	-7.9	24	2	0	0	0.0	0.0
B / 8.6	7.5	1.01	19.18	89	0	99	0	1	133.0	86.7	-9.6	40	6	1,000	0	0.0	0.0
C+ / 6.3	12.5	0.92	19.47	45	0	99	0	1	109.0	131.1	-9.4	54	6	1,000	0	0.0	0.0
B- / 7.1	9.9	1.05	12.24	90	2	97	0	1	75.0	154.7	-10.8	21	N/A	1,000	0	0.0	0.0
U /	N/A	N/A	11.50	340	0	99	0	1	N/A	N/A	N/A	N/A	1	250,000	0	0.0	0.0
U /	N/A	N/A	11.45	180	3	96	0	1	N/A	N/A	N/A	N/A	1	0	0	0.0	0.0
U /	N/A	N/A	13.88	290	3	96	0	1	30.0	N/A	N/A	N/A	N/A	1,000	0	5.8	0.0
U /	N/A	N/A	13.79	35	3	96	0	1	30.0	N/A	N/A	N/A	N/A	1,000	0	0.0	0.0
U /	N/A	N/A	13.78	124	3	96	0	1	30.0	N/A	N/A	N/A	N/A	1,000	0	0.0	0.0
C+ / 6.2	13.7	0.85	39.61	185	0	100	0	0	35.0	226.2	-7.2	37	2	1,000	0	5.8	0.0
C+ / 6.2	13.7	0.85	38.93	17	0	100	0	0	35.0	216.7	-7.4	30	2	1,000	0	0.0	0.0
C+ / 6.2	13.7	0.85	36.82	49	0	100	0	0	35.0	216.5	-7.3	29	2	1,000	0	0.0	0.0
U /	N/A	N/A	39.71	34	0	100	0	0	35.0	N/A	N/A	N/A	2	250,000	0	0.0	0.0
C+ / 6.2	13.7	0.85	40.98	19	0	100	0	0	35.0	228.6	-7.1	39	2	100,000	0	0.0	0.0
U /	N/A	N/A	11.61	122	4	17	78	1	146.0	N/A	N/A	N/A	1	0	0	0.0	0.0
B- / 7.5	9.5	0.96	12.78	209	0	100	0	0	37.0	N/A	N/A	43	1	0	0	0.0	0.0
U /	N/A	N/A	12.85	195	0	100	0	0	123.0	N/A	N/A	N/A	1	0	0	0.0	0.0

www.thestreet.com/ratings

Data as of June 30, 2007

I. Index of Stock Mutual Funds

99 Pct = Best
0 Pct = Worst

Fund Type	Fund Name	Ticker Symbol	Overall Investment Rating	Phone	Performance Rating/Pts	Total Return % through 6/30/07				Incl. in Returns	
						3 Mo	6 Mo	1Yr / Pct	Annualized 3Yr / Pct	5Yr / Pct	Dividend Yield	Expense Ratio
GR	ING Evergreen Omega Port Cl S	IEOSX	C-	(800) 334-3444	C- / 3.7	10.76	10.29	21.41 /69	8.12 /15	--	0.00	0.85
GR	ING Evergreen Omega Port Cl S2	IEOTX	C-	(800) 334-3444	C- / 3.5	10.64	10.16	21.20 /68	7.96 /14	--	0.00	1.20
GR	ING Fidelity VIP Contrafund Port S	VPCSX	U	(800) 334-3444	U /	7.23	8.68	16.43 /35	--	--	0.00	0.30
IN	ING Fidelity VIP Equity Inc Port S	VPESX	U	(800) 334-3444	U /	7.35	8.35	23.55 /79	--	--	0.00	0.30
GR	ING Fidelity VIP Growth Port Cl S	VPGSX	U	(800) 334-3444	U /	10.75	12.30	19.59 /57	--	--	0.00	0.30
MC	ING Fidelity VIP Mid Cap Port Cl S	VPFSX	U	(800) 334-3444	U /	9.09	12.07	17.99 /45	--	--	0.00	0.30
FS	ING Financial Services A	PBTAX	D-	(800) 334-3444	D / 1.8	2.75	0.00	14.96 /26	11.86 /44	10.46 /38	0.93	1.29
FS	ING Financial Services B	PBTBX	D	(800) 334-3444	D / 2.2	2.52	-0.38	14.07 /21	11.04 /36	9.63 /29	0.00	1.94
MC	ING FMR Div Mid Cap I		U	(800) 334-3444	U /	8.90	11.98	17.91 /44	--	--	0.00	0.65
MC	ING FMR Div Mid Cap S	IFDSX	A-	(800) 334-3444	B+ / 8.4	8.87	11.88	17.65 /42	19.76 /84	15.61 /79	0.00	0.90
MC	ING FMR Div Mid Cap S2	IFDTX	A-	(800) 334-3444	B+ / 8.3	8.85	11.79	17.40 /41	19.54 /84	--	0.00	1.25
GR	ING FMR Large Cap Gr I	FEGJX	U	(800) 334-3444	U /	3.12	3.21	11.48 /12	--	--	0.00	0.71
GR	ING FMR Large Cap Gr S	FEGSX	U	(800) 334-3444	U /	3.04	3.13	11.20 /11	--	--	0.00	0.96
MC	ING FMR Mid Cap Growth I	IMMIX	D-	(800) 334-3444	E+ / 0.8	3.27	4.98	12.07 /13	6.42 / 7	--	0.00	0.77
MC	ING FMR Mid Cap Growth S	IMMSX	D-	(800) 334-3444	E+ / 0.7	3.14	4.79	11.74 /13	6.14 / 6	9.40 /27	0.00	1.02
MC	ING FMR Mid Cap Growth S2	IMMTX	D-	(800) 334-3444	E+ / 0.7	3.08	4.65	11.55 /12	5.96 / 6	--	0.00	1.37
FO	ING Foreign Fund A	IAFAX	A+	(800) 334-3444	A / 9.3	7.83	12.17	31.31 /94	25.41 /94	--	0.00	1.58
FO	ING Foreign Fund B	IAFBX	A+	(800) 334-3444	A / 9.3	7.60	11.76	30.31 /93	24.49 /93	--	0.00	2.33
FO	ING Foreign Fund C	ICFCX	A+	(800) 334-3444	A / 9.3	7.59	11.74	30.33 /93	24.48 /93	--	0.00	2.33
FO	ING Foreign Fund I	IAFIX	A+	(800) 334-3444	A / 9.4	7.92	12.37	31.80 /94	25.78 /94	--	0.00	1.28
FO	ING Foreign Fund Q	IAFQX	A+	(800) 334-3444	A / 9.4	7.86	12.24	31.39 /94	25.49 /94	--	0.00	1.53
IN	ING Franklin Income I	IIFIX	U	(800) 334-3444	U /	2.03	4.80	14.88 /25	--	--	0.00	0.80
IN	ING Franklin Income S	IIFSX	U	(800) 334-3444	U /	2.03	4.71	14.70 /24	--	--	0.00	1.16
GR	ING Fundamental Research ADV	IDIAX	C	(800) 334-3444	C- / 3.9	6.93	7.15	18.99 /52	10.52 /32	9.35 /26	0.00	1.30
GR	ING Fundamental Research Init	IDIIX	C+	(800) 334-3444	C / 4.4	7.05	7.37	19.47 /56	11.06 /36	9.86 /31	0.27	0.80
GR	ING Fundamental Research S	IDISX	C	(800) 334-3444	C- / 4.2	7.06	7.28	19.25 /54	10.81 /34	9.62 /29	0.08	1.05
GR	● ING GET Series-S	IGFSX	D+	(800) 334-3444	E / 0.5	3.20	4.00	10.27 / 8	5.29 / 4	--	2.81	0.98
GR	● ING GET Series-T	IGFTX	D+	(800) 334-3444	E / 0.4	3.16	3.77	9.62 / 7	4.87 / 3	--	2.77	0.98
GR	● ING GET Series-U	IFGUX	D+	(800) 334-3444	E / 0.5	3.34	3.96	10.80 /10	5.39 / 4	--	2.35	0.99
GR	● ING GET Series-V	IGFVX	D+	(800) 334-3444	E- / 0.2	1.63	2.74	6.55 / 2	3.59 / 1	--	2.34	0.98
IN	● ING GET U.S. Core Portfolio -Ser 1	IGUAX	C-	(800) 334-3444	E+ / 0.6	3.40	3.99	11.27 /11	5.52 / 5	--	2.56	0.98
IN	● ING GET U.S. Core Portfolio -Ser 10	IGUBX	U	(800) 334-3444	U /	4.20	4.30	14.59 /24	--	--	1.84	1.14
IN	● ING GET U.S. Core Portfolio -Ser 11	IGUCX	U	(800) 334-3444	U /	3.72	4.29	14.13 /21	--	--	3.34	1.03
IN	● ING GET U.S. Core Portfolio -Ser 12	IGULX	U	(800) 334-3444	U /	4.84	5.03	16.40 /34	--	--	1.25	0.94
GI	● ING GET U.S. Core Portfolio -Ser 13	IGUMX	U	(800) 334-3444	U /	2.35	3.05	--	--	--	0.00	1.02
IN	● ING GET U.S. Core Portfolio -Ser 3	IGUEX	D+	(800) 334-3444	E / 0.4	2.71	3.60	9.87 / 8	4.70 / 3	--	2.59	0.97
IN	● ING GET U.S. Core Portfolio Ser 4	IGUFX	C-	(800) 334-3444	E+ / 0.6	3.31	3.98	11.69 /12	5.74 / 5	--	2.93	0.99
IN	● ING GET U.S. Core Portfolio -Ser 6	IGUHX	U	(800) 334-3444	U /	4.56	4.37	14.95 /26	--	--	2.41	0.99
IN	● ING GET U.S. Core Portfolio -Ser 7	IGUIX	U	(800) 334-3444	U /	4.54	4.73	15.31 /28	--	--	2.52	1.01
IN	● ING GET U.S. Core Portfolio -Ser 8	IGUJX	U	(800) 334-3444	U /	4.70	4.89	15.66 /30	--	--	2.23	1.04
IN	● ING GET U.S. Core Portfolio -Srs 2	IGUDX	D+	(800) 334-3444	E / 0.4	2.76	3.36	9.66 / 7	4.66 / 3	--	2.95	0.98
IN	● ING GET U.S. Core Portfolio Srs 5	IGUGX	U	(800) 334-3444	U /	5.24	4.95	16.25 /33	--	--	1.69	1.01
GL	ING Global Equity Dividend A	IAGEX	A+	(800) 334-3444	B / 7.8	4.03	6.28	23.10 /77	19.72 /84	--	3.07	1.27
GL	ING Global Equity Dividend B	IBGEX	A+	(800) 334-3444	B / 8.0	3.86	5.91	22.21 /74	18.87 /83	--	2.61	2.02
GL	ING Global Equity Dividend C	ICGEX	A+	(800) 334-3444	B / 8.0	3.81	5.94	22.14 /73	18.82 /83	--	2.64	2.02
PM	ING Global Natural Resources Fund	LEXMX	C+	(800) 334-3444	A / 9.5	13.38	17.05	21.46 /70	29.22 /95	22.37 /94	1.94	1.42
RE	ING Global Real Estate A	IGLAX	B+	(800) 334-3444	B+ / 8.8	-6.79	-1.55	22.15 /73	25.79 /94	23.53 /95	4.06	1.39
RE	ING Global Real Estate B	IGBAX	B+	(800) 334-3444	B+ / 8.8	-6.96	-1.91	21.24 /68	24.84 /93	22.63 /94	4.42	2.14
RE	ING Global Real Estate C	IGCAX	B+	(800) 334-3444	B+ / 8.9	-6.94	-1.91	21.28 /69	24.86 /93	22.68 /95	4.23	2.14
RE	ING Global Real Estate I	IGLIX	U	(800) 334-3444	U /	-6.71	-1.39	22.55 /75	--	--	4.58	1.06
RE	ING Global Real Estate O	IDGTX	U	(800) 334-3444	U /	-6.80	-1.57	--	--	--	0.00	1.39
RE	ING Global Real Estate Port I	IRGIX	U	(800) 334-3444	U /	-6.91	-1.64	22.64 /76	--	--	1.91	1.08

● Denotes fund is closed to new investors
* Denotes fund is included in Section II

I. Index of Stock Mutual Funds

Summer 2007

RISK			NET ASSETS		ASSET					BULL / BEAR		FUND MANAGER		MINIMUMS		LOADS	
	3 Year		NAV						Portfolio	Last Bull	Last Bear	Manager	Manager	Initial	Additional	Front	Back
Risk	Standard		As of	Total	Cash	Stocks	Bonds	Other	Turnover	Market	Market	Quality	Tenure	Purch.	Purch.	End	End
Rating/Pts	Deviation	Beta	6/30/07	$(Mil)	%	%	%	%	Ratio	Return	Return	Pct	(Years)	$	$	Load	Load
C+ / 6.7	12.7	1.53	12.76	9	0	100	0	0	123.0	N/A	N/A	5	1	0	0	0.0	0.0
C+ / 6.7	12.7	1.54	12.69	1	0	100	0	0	123.0	N/A	N/A	4	1	0	0	0.0	0.0
U /	N/A	N/A	14.53	299	0	100	0	0	16.0	N/A	N/A	N/A	3	0	0	0.0	0.0
U /	N/A	N/A	14.02	48	0	100	0	0	25.0	N/A	N/A	N/A	3	0	0	0.0	0.0
U /	N/A	N/A	12.78	26	0	100	0	0	43.0	N/A	N/A	N/A	3	0	0	0.0	0.0
U /	N/A	N/A	15.60	58	0	100	0	0	12.0	N/A	N/A	N/A	3	0	0	0.0	0.0
C+ / 6.6	8.6	1.02	23.92	243	3	96	0	1	26.0	105.5	-9.9	55	6	1,000	0	5.8	0.0
C+ / 6.8	8.6	1.02	23.55	30	3	96	0	1	26.0	98.9	-10.0	44	6	1,000	0	0.0	0.0
U /	N/A	N/A	15.05	90	0	100	0	0	160.0	N/A	N/A	N/A	3	0	0	0.0	0.0
B- / 7.3	11.9	0.99	14.97	1,128	0	100	0	0	160.0	153.4	-8.5	91	3	0	0	0.0	0.0
B- / 7.3	11.9	0.99	14.89	58	0	100	0	0	160.0	151.6	-8.5	90	3	0	0	0.0	0.0
U /	N/A	N/A	11.24	441	0	100	0	0	322.0	N/A	N/A	N/A	1	0	0	0.0	0.0
U /	N/A	N/A	11.19	171	0	100	0	0	322.0	N/A	N/A	N/A	1	0	0	0.0	0.0
B- / 7.1	12.6	1.11	13.28	6	0	100	0	0	211.0	N/A	N/A	2	1	0	0	0.0	0.0
B- / 7.1	12.6	1.11	13.13	496	0	100	0	0	211.0	89.4	-7.0	2	1	0	0	0.0	0.0
B- / 7.1	12.6	1.11	13.04	20	0	100	0	0	211.0	88.3	-7.0	2	1	0	0	0.0	0.0
B- / 7.6	11.5	1.18	21.75	305	2	97	0	1	65.0	N/A	N/A	39	4	1,000	0	5.8	0.0
B- / 7.5	11.4	1.18	21.10	46	2	97	0	1	65.0	N/A	N/A	31	4	1,000	0	0.0	0.0
B- / 7.5	11.5	1.19	21.13	208	2	97	0	1	65.0	N/A	N/A	31	4	1,000	0	0.0	0.0
B- / 7.6	11.5	1.19	22.07	87	2	97	0	1	65.0	N/A	N/A	43	4	250,000	0	0.0	0.0
B- / 7.6	11.5	1.19	21.83	1	2	97	0	1	65.0	N/A	N/A	39	4	100,000	0	0.0	0.0
U /	N/A	N/A	11.58	50	0	53	43	4	9.0	N/A	N/A	N/A	1	0	0	0.0	0.0
U /	N/A	N/A	11.55	308	0	53	43	4	9.0	N/A	N/A	N/A	1	0	0	0.0	0.0
B- / 7.8	7.7	1.02	10.64	3	0	100	0	0	54.0	85.6	-10.2	37	2	0	0	0.0	0.0
B- / 7.9	7.8	1.02	10.78	58	0	100	0	0	54.0	89.5	-10.0	43	2	0	0	0.0	0.0
B- / 7.9	7.7	1.03	10.76	29	0	100	0	0	54.0	87.8	-10.2	39	2	0	0	0.0	0.0
B+ / 9.6	2.5	0.29	10.20	108	0	44	55	1	40.0	23.7	1.9	44	2	0	0	0.0	0.0
B+ / 9.6	2.5	0.28	10.04	95	0	64	35	1	39.0	22.4	N/A	40	2	0	0	0.0	0.0
B+ / 9.6	2.9	0.34	10.02	97	0	58	41	1	39.0	N/A	N/A	40	2	0	0	0.0	0.0
B+ / 9.6	1.8	0.10	10.11	134	1	20	78	1	32.0	N/A	N/A	42	2	0	0	0.0	0.0
B+ / 9.6	3.1	0.37	10.36	103	0	41	57	2	57.0	N/A	N/A	40	2	0	0	0.0	0.0
U /	N/A	N/A	10.96	26	0	82	17	1	93.0	N/A	N/A	N/A	2	U	0	0.0	0.0
U /	N/A	N/A	10.70	28	0	79	20	1	114.0	N/A	N/A	N/A	1	0	0	0.0	0.0
U /	N/A	N/A	11.51	52	0	91	8	1	N/A	N/A	N/A	N/A	1	0	0	0.0	0.0
U /	N/A	N/A	10.47	97	0	58	40	2	N/A	N/A	N/A	N/A	1	0	0	0.0	0.0
B+ / 9.6	2.7	0.30	10.44	108	0	41	57	2	57.0	N/A	N/A	37	2	0	0	0.0	0.0
B+ / 9.6	3.4	0.40	10.60	50	0	54	45	1	41.0	N/A	N/A	39	2	0	0	0.0	0.0
U /	N/A	N/A	10.71	70	0	85	14	1	84.0	N/A	N/A	N/A	2	0	0	0.0	0.0
U /	N/A	N/A	10.89	49	0	99	0	1	78.0	N/A	N/A	N/A	2	0	0	0.0	0.0
U /	N/A	N/A	10.87	32	0	100	0	0	101.0	N/A	N/A	N/A	2	0	0	0.0	0.0
B+ / 9.6	2.8	0.30	10.23	77	0	43	56	1	59.0	N/A	N/A	36	2	0	0	0.0	0.0
U /	N/A	N/A	10.88	34	0	100	0	0	90.0	N/A	N/A	N/A	2	0	0	0.0	0.0
B+ / 9.0	7.4	0.73	16.59	190	0	100	0	0	50.0	N/A	N/A	79	1	1,000	0	5.8	0.0
B+ / 9.0	7.4	0.73	16.53	59	0	100	0	0	50.0	N/A	N/A	73	1	1,000	0	0.0	0.0
B+ / 9.0	7.4	0.73	16.49	121	0	100	0	0	50.0	N/A	N/A	71	1	1,000	0	0.0	0.0
D+ / 2.8	26.2	1.22	12.29	138	0	100	0	0	158.0	166.5	13.3	96	9	1,000	0	5.8	0.0
C+ / 6.6	12.1	0.74	22.46	970	0	100	0	0	39.0	229.5	0.6	98	6	1,000	0	5.8	0.0
C+ / 6.5	12.1	0.74	19.21	58	0	100	0	0	39.0	219.3	0.4	98	5	1,000	0	0.0	0.0
C+ / 6.5	12.1	0.74	20.16	283	0	100	0	0	39.0	219.9	0.4	98	5	1,000	0	0.0	0.0
U /	N/A	N/A	22.48	46	0	100	0	0	39.0	N/A	N/A	N/A	2	250,000	0	0.0	0.0
U /	N/A	N/A	22.45	27	0	100	0	0	39.0	N/A	N/A	N/A	1	1,000	0	0.0	0.0
U /	N/A	N/A	13.20	100	0	100	0	0	37.0	N/A	N/A	N/A	1	0	0	0.0	0.0

www.thestreet.com/ratings

Data as of June 30, 2007

I. Index of Stock Mutual Funds

Summer 2007

						PERFORMANCE						
	99 Pct = Best 0 Pct = Worst			Overall		Perfor- mance	Total Return % through 6/30/07				Incl. in Returns	
Fund			Ticker	Investment		Rating/Pts				Annualized	Dividend	Expense
Type	Fund Name		Symbol	Rating	Phone		3 Mo	6 Mo	1Yr / Pct	3Yr / Pct	5Yr / Pct	Yield	Ratio
RE	ING Global Real Estate S	IRGTX	U	(800) 334-3444	U /	-6.99	-1.79	22.36 /74	--	--	1.82	1.33
EN	ING Global Resources I	IGRIX	C-	(800) 334-3444	A+/ 9.6	13.57	17.67	24.67 /82	32.32 /97	--	0.25	0.85
EN	ING Global Resources S	IGRSX	C-	(800) 334-3444	A+/ 9.6	13.45	17.53	24.30 /81	31.97 /97	22.73 /95	0.14	1.10
EN	ING Global Resources S2	IGRTX	C-	(800) 334-3444	A+/ 9.6	13.39	17.43	24.19 /81	31.77 /97	--	0.08	1.45
TC	ING Global Science And Technology	ATNAX	D-	(800) 334-3444	C- / 3.2	8.39	9.84	18.31 /47	10.69 /33	8.74 /21	0.00	2.09
TC	ING Global Science And Technology	ATCBX	D	(800) 334-3444	C- / 3.7	8.16	9.43	17.17 /39	9.85 /27	7.92 /14	0.00	2.84
TC	ING Global Science And Technology	ATHCX	D-	(800) 334-3444	C- / 3.7	7.96	9.24	17.30 /40	9.83 /27	7.71 /13	0.00	2.84
TC	ING Global Science And Technology I	ATEIX	D+	(800) 334-3444	C / 4.8	8.46	9.89	18.48 /48	10.96 /35	9.00 /23	0.00	1.84
TC	ING Global Science And Technology	IDTOX	D+	(800) 334-3444	C / 4.6	8.61	10.07	18.27 /47	10.67 /33	8.71 /20	0.00	2.09
TC	ING Global Technology Port S	IGSSX	C-	(800) 334-3444	C / 4.3	10.74	7.77	19.57 /57	10.07 /29	12.55 /58	0.00	1.65
TC	ING Global Technology Port S2	IGSTX	C-	(800) 334-3444	C- / 4.2	10.82	7.67	19.34 /55	9.97 /28	--	0.00	2.00
GL	ING Global Value Choice A	NAWGX	B+	(800) 334-3444	B / 8.1	7.55	12.52	27.42 /89	17.86 /80	12.58 /58	0.00	1.78
GL	ING Global Value Choice B	NAWBX	A-	(800) 334-3444	B+/ 8.3	7.40	12.16	26.64 /87	17.11 /78	11.84 /52	0.00	2.43
GL	ING Global Value Choice C	NAWCX	A-	(800) 334-3444	B+/ 8.3	7.39	12.15	26.63 /87	17.11 /78	11.85 /52	0.00	2.43
GL	ING Global Value Choice Q	NAWQX	A	(800) 334-3444	B+/ 8.5	7.67	12.71	27.77 /89	18.18 /81	12.89 /61	0.00	1.36
FO	ING Greater China Fund A	IFCAX	U	(800) 334-3444	U /	17.79	14.77	48.49 /98	--	--	0.32	2.64
GR	ING Growth A	AEGAX	D-	(800) 334-3444	D- / 1.2	6.87	7.65	14.21 /22	8.02 /14	7.15 / 9	0.00	1.26
IN	ING Growth and Income A	AAGIX	B-	(800) 334-3444	C / 5.2	6.57	7.34	21.61 /70	13.73 /60	9.93 /32	1.24	1.23
IN	ING Growth and Income B	AGINX	B	(800) 334-3444	C+/ 5.7	6.34	6.86	20.61 /64	12.86 /53	9.12 /24	0.68	2.02
IN	ING Growth and Income C	AEICX	B	(800) 334-3444	C+/ 5.6	6.36	6.89	20.56 /64	12.84 /53	9.11 /24	0.67	2.02
IN	ING Growth and Income I	AEGIX	B	(800) 334-3444	C+/ 6.5	6.55	7.41	21.75 /71	13.98 /62	10.19 /35	1.53	1.02
GR	ING Growth B	AGRWX	D-	(800) 334-3444	D- / 1.5	6.69	7.25	13.42 /18	7.22 /10	6.35 / 6	0.00	2.01
GR	ING Growth C	ACGRX	D-	(800) 334-3444	D- / 1.5	6.68	7.33	13.39 /18	7.21 /10	6.34 / 6	0.00	2.01
GR	ING Growth I	AEGRX	D	(800) 334-3444	D / 2.2	6.96	7.80	14.53 /23	8.30 /16	7.45 /11	0.00	1.01
FO	ING Index Plus Int Eq I	IFIIX	U	(800) 334-3444	U /	5.52	11.32	27.65 /89	--	--	0.88	1.05
IX	ING Index Plus Large Cap A	AELAX	C	(800) 334-3444	C- / 3.2	5.93	6.22	19.00 /52	10.78 /34	9.36 /27	0.82	0.95
IX	● ING Index Plus Large Cap B	ATLBX	C	(800) 334-3444	C- / 3.2	5.79	5.85	18.19 /46	9.98 /28	8.56 /19	0.10	1.70
IX	ING Index Plus Large Cap C	AELCX	C	(800) 334-3444	C- / 3.4	5.87	5.98	18.44 /48	10.25 /30	8.82 /21	0.40	1.45
IX	ING Index Plus Large Cap I	AELIX	C+	(800) 334-3444	C- / 4.1	6.05	6.40	19.32 /55	11.04 /36	9.64 /29	1.06	0.70
IX	ING Index Plus Large Cap R	AELRX	C+	(800) 334-3444	C- / 3.6	5.91	6.09	18.69 /50	10.51 /32	--	0.66	1.20
IN	● ING Index Plus LargeCap Equity Fd A	NPPAX	D	(800) 334-3444	E+/ 0.6	5.03	5.23	13.59 /19	5.64 / 5	4.65 / 1	2.60	1.63
IN	● ING Index Plus LargeCap Equity Fd B	NPPBX	D+	(800) 334-3444	E+/ 0.6	4.84	4.84	12.61 /15	4.82 / 3	3.88 / 1	1.95	2.38
IN	● ING Index Plus LargeCap Equity Fd	NPPCX	D+	(800) 334-3444	E+/ 0.6	4.90	4.90	12.71 /15	4.84 / 3	3.89 / 1	1.73	2.38
IN	● ING Index Plus LargeCap Equity Fd		C-	(800) 334-3444	E+/ 0.8	5.10	5.30	13.59 /19	5.65 / 5	4.70 / 1	2.74	1.59
MC	ING Index Plus Mid Cap A	AIMAX	C+	(800) 334-3444	C+/ 5.6	6.41	11.83	17.10 /39	13.59 /59	12.74 /60	0.23	0.98
MC	● ING Index Plus Mid Cap B	APMBX	C	(800) 334-3444	C / 5.5	6.25	11.40	16.29 /34	12.76 /52	11.89 /52	0.00	1.73
MC	ING Index Plus Mid Cap C	APMCX	C+	(800) 334-3444	C+/ 5.8	6.26	11.52	16.55 /35	13.07 /55	12.19 /55	0.00	1.48
MC	ING Index Plus Mid Cap I	AIMIX	C+	(800) 334-3444	C+/ 6.4	6.49	11.97	17.42 /41	13.91 /61	13.03 /62	0.43	0.73
MC	ING Index Plus Mid Cap O	IDMOX	C+	(800) 334-3444	C+/ 6.2	6.38	11.78	17.12 /39	13.58 /59	12.75 /60	0.25	0.99
MC	ING Index Plus Mid Cap R	AIMRX	B-	(800) 334-3444	C+/ 6.0	6.40	11.73	16.88 /37	13.32 /57	--	0.06	1.24
SC	ING Index Plus Small Cap A	AISAX	D	(800) 334-3444	C- / 3.1	3.70	6.21	11.90 /13	12.64 /51	12.98 /62	0.00	1.07
SC	● ING Index Plus Small Cap B	AISBX	D	(800) 334-3444	C- / 3.0	3.56	5.81	11.10 /11	11.81 /44	12.15 /55	0.00	1.82
SC	ING Index Plus Small Cap C	APSCX	D	(800) 334-3444	C- / 3.3	3.60	5.93	11.36 /11	12.12 /46	12.43 /57	0.00	1.57
SC	ING Index Plus Small Cap I	AISIX	C-	(800) 334-3444	C- / 4.0	3.77	6.33	12.19 /14	12.94 /54	13.28 /64	0.00	0.82
SC	ING Index Plus Small Cap R	AISRX	C-	(800) 334-3444	C- / 3.5	3.67	6.08	11.67 /12	12.38 /49	--	0.00	1.25
IN	● ING Indx Pls Lrg Cp Eqty II A	PIIAX	D-	(800) 334-3444	E / 0.3	5.78	5.47	9.42 / 7	4.15 / 2	3.59 / 1	3.36	1.62
IN	● ING Indx Pls Lrg Cp Eqty II B	PIIBX	D	(800) 334-3444	E / 0.3	5.57	5.08	8.58 / 5	3.39 / 1	2.84 / 0	2.61	2.37
IN	● ING Indx Pls Lrg Cp Eqty II C	PICIX	D	(800) 334-3444	E / 0.3	5.53	5.15	8.63 / 5	3.37 / 1	2.82 / 0	2.39	2.37
FO	ING International Cap Appr Fd I	ICAIX	U	(800) 334-3444	U /	8.71	12.93	31.55 /94	--	--	0.64	1.56
FO	ING International Equity Fd A	AEIAX	B+	(800) 334-3444	B / 8.0	5.32	7.82	22.13 /73	20.19 /85	13.40 /65	1.15	1.68
FO	ING International Equity Fd B	ANTLX	B+	(800) 334-3444	B / 8.2	5.19	7.37	21.23 /68	19.32 /84	12.60 /58	0.68	2.43
FO	ING International Equity Fd C	AIFCX	B+	(800) 334-3444	B / 8.2	5.11	7.37	21.19 /68	19.28 /83	12.58 /58	0.73	2.43

● Denotes fund is closed to new investors
* Denotes fund is included in Section II

www.thestreet.com/ratings

I. Index of Stock Mutual Funds

Summer 2007

RISK			NET ASSETS		ASSET					BULL / BEAR		FUND MANAGER		MINIMUMS		LOADS	
	3 Year		NAV						Portfolio	Last Bull	Last Bear	Manager	Manager	Initial	Additional	Front	Back
Risk	Standard		As of	Total	Cash	Stocks	Bonds	Other	Turnover	Market	Market	Quality	Tenure	Purch.	Purch.	End	End
Rating/Pts	Deviation	Beta	6/30/07	$(Mil)	%	%	%	%	Ratio	Return	Return	Pct	(Years)	$	$	Load	Load
U /	N/A	N/A	13.17	139	0	100	0	0	39.0	N/A	N/A	N/A	1	0	0	0.0	0.0
E+ / 0.9	21.9	1.04	25.70	28	1	98	0	1	159.0	N/A	N/A	50	1	0	0	0.0	0.0
E+ / 0.9	21.9	1.04	25.55	813	1	98	0	1	159.0	228.2	-0.5	46	1	0	0	0.0	0.0
E+ / 0.9	21.9	1.04	25.40	37	1	98	0	1	159.0	226.2	-0.5	44	1	0	0	0.0	0.0
C / 5.1	14.8	1.67	4.91	33	0	100	0	0	140.0	88.1	-15.9	7	3	1,000	0	5.8	0.0
C / 5.1	14.8	1.67	4.64	10	0	100	0	0	140.0	81.6	-15.8	6	3	1,000	0	0.0	0.0
C / 5.1	14.8	1.66	4.61	3	0	100	0	0	140.0	81.8	-16.2	6	3	1,000	0	0.0	0.0
C / 5.1	14.8	1.67	5.00	5	0	100	0	0	140.0	90.1	-15.8	8	3	250,000	0	0.0	0.0
C / 5.1	14.8	1.67	4.92	31	0	100	0	0	140.0	87.7	-15.8	7	3	1,000	0	0.0	0.0
C+ / 6.2	13.8	1.51	7.63	82	0	99	0	1	164.0	82.1	-10.9	9	1	0	0	0.0	0.0
C+ / 6.2	13.7	1.51	7.58	7	0	99	0	1	164.0	81.0	-10.7	9	1	0	0	0.0	0.0
B- / 7.3	8.9	0.84	26.07	54	0	99	0	1	77.0	125.1	-10.8	36	1	1,000	0	5.8	0.0
B- / 7.2	8.9	0.84	28.14	22	0	99	0	1	77.0	118.8	-10.9	29	1	1,000	0	0.0	0.0
B- / 7.2	8.9	0.84	25.01	38	0	99	0	1	77.0	118.8	-11.0	29	1	1,000	0	0.0	0.0
B- / 7.3	8.9	0.84	30.60	3	0	99	0	1	77.0	127.6	-10.8	39	1	100,000	0	0.0	0.0
U /	N/A	N/A	17.02	44	0	100	0	0	108.0	N/A	N/A	N/A	2	1,000	0	5.8	0.0
C+ / 6.7	10.2	1.26	14.63	28	0	100	0	0	147.0	67.9	-9.1	9	3	1,000	0	5.8	0.0
B / 8.6	6.7	0.79	13.31	59	4	95	0	1	31.0	99.5	-10.1	88	1	1,000	0	5.8	0.0
B / 8.6	6.7	0.79	13.08	11	4	95	0	1	31.0	93.3	-10.3	84	1	1,000	0	0.0	0.0
B / 8.6	6.7	0.79	13.04	3	4	95	0	1	31.0	93.2	-10.3	84	1	1,000	0	0.0	0.0
B / 8.6	6.7	0.79	13.34	25	4	95	0	1	31.0	101.4	-10.1	89	1	250,000	0	0.0	0.0
C+ / 6.6	10.2	1.26	14.20	6	0	100	0	0	147.0	62.8	-9.3	7	3	1,000	0	0.0	0.0
C+ / 6.7	10.2	1.26	14.06	2	0	100	0	0	147.0	62.8	-9.4	7	3	1,000	0	0.0	0.0
C+ / 6.8	10.2	1.27	15.21	12	0	100	0	0	147.0	70.1	-9.1	10	3	250,000	0	0.0	0.0
U /	N/A	N/A	13.37	94	0	99	0	1	188.0	N/A	N/A	N/A	2	250,000	0	0.0	0.0
B / 8.6	7.5	1.02	19.12	202	0	99	0	1	133.0	86.9	-9.6	40	2	1,000	0	3.0	0.0
B / 8.5	7.5	1.01	19.01	28	0	99	0	1	133.0	81.0	-9.8	32	2	1,000	0	0.0	0.0
B / 8.6	7.5	1.01	19.13	16	0	99	0	1	133.0	83.0	-9.8	35	2	1,000	0	0.0	0.0
B / 8.6	7.5	1.02	19.28	91	0	99	0	1	133.0	88.7	-9.6	43	2	250,000	0	0.0	0.0
B / 8.7	7.5	1.01	19.00	27	0	99	0	1	133.0	N/A	N/A	37	2	250,000	0	0.0	0.0
B / 8.9	4.2	0.36	10.86	4	2	97	0	1	12.0	22.6	2.4	42	2	1,000	0	3.0	0.0
B+ / 9.1	4.1	0.37	10.83	35	2	97	0	1	12.0	18.7	2.2	32	2	1,000	0	0.0	0.0
B+ / 9.1	4.2	0.37	10.91	6	2	97	0	1	12.0	18.6	2.3	32	2	1,000	0	0.0	0.0
B+ / 9.3	4.2	0.37	10.93	N/A	2	97	0	1	12.0	22.7	2.5	41	2	100,000	0	0.0	0.0
C+ / 6.7	10.2	0.98	19.10	167	2	97	0	1	111.0	120.0	-8.2	37	2	1,000	0	3.0	0.0
C+ / 6.7	10.3	0.98	18.18	30	2	97	0	1	111.0	112.9	-8.4	30	2	1,000	0	0.0	0.0
C+ / 6.7	10.2	0.98	18.49	21	2	97	0	1	111.0	115.4	-8.3	33	2	1,000	0	0.0	0.0
C+ / 6.8	10.2	0.98	19.37	41	2	97	0	1	111.0	122.3	-8.2	40	2	250,000	0	0.0	0.0
C+ / 6.7	10.3	0.98	19.17	68	2	97	0	1	111.0	119.8	-8.1	37	2	1,000	0	0.0	0.0
B- / 7.9	10.2	0.98	18.95	33	2	97	0	1	111.0	N/A	N/A	35	2	250,000	0	0.0	0.0
C+ / 6.3	12.5	0.92	19.32	66	0	99	0	1	109.0	131.0	-9.4	54	2	1,000	0	3.0	0.0
C+ / 6.2	12.5	0.92	18.03	14	0	99	0	1	109.0	123.8	-9.6	43	2	1,000	0	0.0	0.0
C+ / 6.2	12.5	0.92	18.41	8	0	99	0	1	109.0	126.5	-9.5	47	2	1,000	0	0.0	0.0
C+ / 6.3	12.5	0.92	19.82	17	0	99	0	1	109.0	133.4	-9.3	58	2	250,000	0	0.0	0.0
B- / 7.4	12.5	0.92	19.20	16	0	99	0	1	109.0	N/A	N/A	50	2	250,000	0	0.0	0.0
B / 8.2	3.9	0.29	10.06	7	2	97	0	1	25.0	16.3	2.6	31	2	1,000	0	3.0	0.0
B / 8.8	3.8	0.29	10.05	53	2	97	0	1	25.0	12.6	2.4	25	2	1,000	0	0.0	0.0
B / 8.9	3.8	0.30	10.12	9	2	97	0	1	25.0	12.7	2.3	25	2	1,000	0	0.0	0.0
U /	N/A	N/A	13.36	111	0	100	0	0	91.0	N/A	N/A	N/A	2	250,000	0	0.0	0.0
B- / 7.1	9.9	1.05	12.27	27	2	97	0	1	75.0	154.8	-10.8	21	5	1,000	0	5.8	0.0
B- / 7.1	9.9	1.05	11.95	5	2	97	0	1	75.0	147.3	-11.0	16	5	1,000	0	0.0	0.0
B- / 7.1	9.9	1.05	11.94	2	2	97	0	1	75.0	146.9	-11.0	17	5	1,000	0	0.0	0.0

www.thestreet.com/ratings

Data as of June 30, 2007

I. Index of Stock Mutual Funds

Summer 2007

99 Pct = Best
0 Pct = Worst

Fund Type	Fund Name	Ticker Symbol	Overall Investment Rating	Phone	Performance Rating/Pts	Total Return % through 6/30/07					Incl. in Returns	
						3 Mo	6 Mo	1Yr / Pct	Annualized 3Yr / Pct	5Yr / Pct	Dividend Yield	Expense Ratio
FO	ING International Equity Fd I	AEIGX	A-	(800) 334-3444	B+ / 8.5	5.38	7.87	22.42 /75	20.45 /86	13.60 /66	1.45	1.43
RE	ING International Real Estate A	IIRAX	U	(800) 334-3444	U /	-3.80	3.30	32.42 /95	--	--	2.22	2.01
RE	ING International Real Estate C	IIRCX	U	(800) 334-3444	U /	-3.95	2.93	31.38 /94	--	--	1.95	2.76
RE	ING International Real Estate I	IIRIX	U	(800) 334-3444	U /	-3.75	3.42	32.77 /95	--	--	2.54	1.76
FO	ING International Small Cap A	NTKLX	A-	(800) 334-3444	A+ / 9.6	10.45	22.49	42.71 /97	30.17 /96	23.02 /95	0.42	1.66
FO	ING International Small Cap B	NAPBX	A-	(800) 334-3444	A+ / 9.7	10.28	22.09	41.77 /97	29.32 /96	22.22 /94	0.00	2.31
FO	ING International Small Cap C	NARCX	A-	(800) 334-3444	A+ / 9.7	10.29	22.11	41.78 /97	29.32 /96	22.21 /94	0.00	2.31
FO	ING International Small Cap I	NAPIX	U	(800) 334-3444	U /	10.55	22.73	43.29 /98	--	--	0.76	1.20
FO	ING International Small Cap Q	NAGUX	A-	(800) 334-3444	A+ / 9.7	10.52	22.59	42.93 /97	30.42 /96	23.33 /95	0.50	1.48
FO	• ING International Value A	NIVAX	B+	(800) 334-3444	B+ / 8.5	4.73	9.67	27.08 /88	21.13 /87	18.97 /90	0.77	1.60
FO	• ING International Value B	NIVBX	B+	(800) 334-3444	B+ / 8.6	4.59	9.29	26.18 /86	20.28 /85	18.15 /88	0.13	2.30
FO	• ING International Value C	NIVCX	B+	(800) 334-3444	B+ / 8.6	4.61	9.29	26.21 /86	20.28 /85	18.16 /88	0.22	2.30
FO	ING International Value Choice I	IVCIX	U	(800) 334-3444	U /	4.73	6.84	19.26 /54	--	--	0.72	1.36
FO	• ING International Value I	NIIVX	A-	(800) 334-3444	B+ / 8.9	4.87	9.86	27.55 /89	21.59 /88	19.45 /91	1.13	1.22
FO	• ING International Value Q	NQGVX	A-	(800) 334-3444	B+ / 8.8	4.81	9.85	27.32 /88	21.32 /88	19.19 /90	0.89	1.47
FO	ING Intl Grwth Opp Fd A	LEXIX	B-	(800) 334-3444	B+ / 8.3	7.40	11.66	27.14 /88	19.06 /83	13.94 /69	0.95	1.65
FO	ING Intl Grwth Opp Fd B	LBXIX	B-	(800) 334-3444	B+ / 8.4	7.13	11.18	26.12 /86	18.21 /81	12.86 /61	0.35	2.40
FO	ING Intl Grwth Opp Fd C	LCXIX	B	(800) 334-3444	B+ / 8.4	7.21	11.18	26.14 /86	18.16 /81	12.86 /61	0.39	2.40
FO	ING Intl Grwth Opp Fd I	LIXIX	B	(800) 334-3444	B+ / 8.7	7.44	11.81	27.59 /89	19.54 /84	14.19 /71	1.36	1.25
FO	ING Intl Grwth Opp Fd Q	LQXIX	A	(800) 334-3444	B+ / 8.7	7.40	11.70	27.26 /88	19.20 /83	13.97 /69	1.18	1.50
FO	ING Intl Grwth Opp Fd S	IIPSX	A	(800) 334-3444	B+ / 8.7	7.53	11.64	27.88 /89	19.36 /84	13.95 /69	1.38	1.27
FO	ING Intl Grwth Opp Fd S2	IIPTX	A	(800) 334-3444	B+ / 8.7	7.47	11.59	27.78 /89	19.19 /83	--	1.30	1.58
GR	ING Janus Contrarian Port S	IJCSX	A+	(800) 334-3444	A / 9.4	8.54	16.04	36.65 /96	23.45 /92	19.43 /91	0.33	1.09
GR	ING Janus Contrarian Port S2	IJCTX	A+	(800) 334-3444	A / 9.4	8.46	16.00	36.43 /96	23.26 /91	--	0.28	1.44
EM	ING JPMorgan Emrg Mkt Eq Port I		U	(800) 334-3444	U /	13.07	15.55	45.74 /98	--	--	0.47	1.26
EM	ING JPMorgan Emrg Mkt Eq Port S	IJPIX	A	(800) 334-3444	A+ / 9.8	13.00	15.42	45.34 /98	37.72 /98	26.50 /97	0.37	1.51
EM	ING JPMorgan Emrg Mkt Eq Port S2	IJPTX	A	(800) 334-3444	A+ / 9.8	12.94	15.32	45.12 /98	37.51 /98	--	0.35	1.84
FO	ING JPMorgan Fleming Intl ADV	IIGAX	A-	(800) 334-3444	B / 8.2	6.64	9.30	21.59 /70	18.57 /82	13.15 /63	0.57	1.50
FO	ING JPMorgan Fleming Intl I	ISGIX	A-	(800) 334-3444	B+ / 8.4	6.77	9.59	22.19 /74	19.17 /83	13.67 /67	0.77	1.00
FO	ING JPMorgan Fleming Intl S	ISGSX	A-	(800) 334-3444	B+ / 8.3	6.66	9.42	21.81 /72	18.88 /83	13.42 /65	0.12	1.25
MC	ING JPMorgan MidCap Val Port ADV	IJMAX	B	(800) 334-3444	C+ / 6.1	3.99	7.36	17.70 /43	14.79 /67	15.36 /78	0.00	1.53
MC	ING JPMorgan MidCap Val Port I	IJMIX	B	(800) 334-3444	C+ / 6.6	4.10	7.63	18.32 /47	15.39 /71	15.94 /81	0.01	1.03
MC	ING JPMorgan MidCap Val Port S	IJMSX	B+	(800) 334-3444	C+ / 6.4	4.07	7.48	17.98 /45	15.09 /69	15.66 /80	0.01	1.28
SC	ING JPMorgan Sm Cap Eq Port I	IJSIX	B-	(800) 334-3444	C+ / 6.7	4.75	9.35	18.72 /50	14.94 /68	--	0.06	0.88
SC	ING JPMorgan Sm Cap Eq Port S	IJSSX	B-	(800) 334-3444	C+ / 6.4	4.64	9.28	18.45 /48	14.64 /67	14.14 /71	0.00	1.13
SC	ING JPMorgan Sm Cap Eq Port S2	IJSTX	B-	(800) 334-3444	C+ / 6.3	4.61	9.13	18.27 /47	14.47 /65	--	0.00	1.44
GR	ING JPMorgan Val Opp I	IJVIX	U	(800) 334-3444	U /	6.86	7.79	23.86 /80	--	--	0.62	0.53
GR	ING JPMorgan Val Opp S	IJVSX	U	(800) 334-3444	U /	6.88	7.72	23.56 /79	--	--	0.31	0.78
FO	ING Julius Baer Foreign Port I	IJBPX	U	(800) 334-3444	U /	7.99	12.46	32.03 /94	--	--	0.00	0.89
FO	ING Julius Baer Foreign Port S	IJBSX	A+	(800) 334-3444	A / 9.4	7.86	12.27	31.63 /94	25.46 /94	17.22 /86	0.01	1.14
FO	ING Julius Baer Foreign Port S2	IJBTX	A+	(800) 334-3444	A / 9.4	7.82	12.18	31.40 /94	25.29 /93	--	0.01	1.41
GR	ING Large Cap Gr A	NLCAX	E+	(800) 334-3444	D- / 1.0	9.60	8.28	16.16 /33	6.28 / 7	7.85 /14	0.00	1.43
GR	ING Large Cap Gr B	NLCBX	E+	(800) 334-3444	D- / 1.4	9.44	7.90	15.38 /28	5.59 / 5	7.15 / 9	0.00	2.08
GR	ING Large Cap Gr C	NLCCX	E+	(800) 334-3444	D- / 1.4	9.41	7.92	15.43 /28	5.59 / 5	7.17 / 9	0.00	2.08
GR	ING Large Cap Gr I	PLCIX	D-	(800) 334-3444	D / 2.0	9.75	8.48	16.69 /36	6.77 / 8	8.39 /18	0.00	0.97
GR	ING Large Cap Gr Q	NLCQX	D-	(800) 334-3444	D / 1.9	9.66	8.38	16.44 /35	6.50 / 7	8.10 /15	0.00	1.22
GR	ING Large Cap Value Fd A	IVLAX	B-	(800) 334-3444	C+ / 5.7	10.07	7.90	26.38 /86	12.61 /51	--	0.44	1.45
GR	ING Large Cap Value Fd B	IVLBX	B-	(800) 334-3444	C+ / 6.1	9.78	7.51	25.39 /84	11.75 /43	--	0.00	2.20
GR	ING Large Cap Value Fd C	IVCLX	B-	(800) 334-3444	C+ / 6.1	9.89	7.51	25.41 /84	11.75 /43	--	0.00	2.20
AG	ING Legg Mason Prts Aggr Gr ADV	IMEAX	C-	(800) 334-3444	D+ / 2.5	5.97	3.86	13.25 /17	10.16 /29	9.97 /33	0.00	1.30
AG	ING Legg Mason Prts Aggr Gr I	IMEIX	C-	(800) 334-3444	D+ / 2.9	6.08	4.11	13.80 /20	10.70 /33	10.51 /39	0.00	0.80
AG	ING Legg Mason Prts Aggr Gr S	IMESX	C-	(800) 334-3444	D+ / 2.7	6.01	3.98	13.53 /18	10.43 /31	10.24 /36	0.00	1.05

• Denotes fund is closed to new investors
* Denotes fund is included in Section II

Summer 2007

I. Index of Stock Mutual Funds

RISK			NET ASSETS		ASSET					BULL / BEAR		FUND MANAGER		MINIMUMS		LOADS	
	3 Year		NAV						Portfolio	Last Bull	Last Bear	Manager	Manager	Initial	Additional	Front	Back
Risk	Standard		As of	Total	Cash	Stocks	Bonds	Other	Turnover	Market	Market	Quality	Tenure	Purch.	Purch.	End	End
Rating/Pts	Deviation	Beta	6/30/07	$(Mil)	%	%	%	%	Ratio	Return	Return	Pct	(Years)	$	$	Load	Load
B- / 7.1	10.0	1.06	12.34	7	2	97	0	1	75.0	156.9	-10.6	22	5	250,000	0	0.0	0.0
U /	N/A	N/A	13.15	235	0	100	0	0	29.0	N/A	N/A	N/A	1	1,000	0	5.8	0.0
U /	N/A	N/A	13.08	101	0	100	0	0	29.0	N/A	N/A	N/A	1	1,000	0	0.0	0.0
U /	N/A	N/A	13.17	50	0	100	0	0	29.0	N/A	N/A	N/A	1	250,000	0	0.0	0.0
C+ / 5.9	12.8	1.28	62.97	437	0	99	0	1	85.0	260.8	-6.5	69	13	1,000	0	5.8	0.0
C+ / 5.9	12.7	1.28	64.89	67	0	99	0	1	85.0	251.0	-6.7	61	N/A	1,000	0	0.0	0.0
C+ / 5.9	12.7	1.28	59.36	95	0	99	0	1	85.0	250.9	-6.7	60	N/A	1,000	0	0.0	0.0
U /	N/A	N/A	63.17	336	0	99	0	1	85.0	N/A	N/A	N/A	N/A	250,000	0	0.0	0.0
C+ / 5.9	12.7	1.28	67.67	126	0	99	0	1	85.0	264.4	-6.5	71	12	100,000	0	0.0	0.0
C+ / 6.7	9.6	0.99	22.57	2,215	0	100	0	0	25.0	209.8	-10.6	38	N/A	1,000	0	5.8	0.0
C+ / 6.8	9.6	0.99	22.12	344	0	100	0	0	25.0	200.6	-10.7	30	N/A	1,000	0	0.0	0.0
C+ / 6.8	9.6	0.99	22.00	770	0	100	0	0	25.0	200.5	-10.6	30	N/A	1,000	0	0.0	0.0
U /	N/A	N/A	13.74	81	0	99	0	1	31.0	N/A	N/A	N/A	2	250,000	0	0.0	0.0
C+ / 6.7	9.6	0.99	22.61	2,158	0	100	0	0	25.0	214.9	-10.4	42	N/A	250,000	0	0.0	0.0
C+ / 6.7	9.6	0.99	22.64	28	0	100	0	0	25.0	211.9	-10.5	39	N/A	100,000	0	0.0	0.0
C+ / 5.6	10.4	1.07	14.08	61	0	99	0	1	173.0	136.7	-9.8	13	1	1,000	0	5.8	0.0
C+ / 5.6	10.3	1.07	13.52	17	0	99	0	1	173.0	129.1	-10.3	11	1	1,000	0	0.0	0.0
C+ / 5.6	10.3	1.07	13.53	17	0	99	0	1	173.0	128.8	-10.3	10	1	1,000	0	0.0	0.0
C+ / 5.6	10.3	1.07	14.01	9	0	99	0	1	173.0	140.2	-9.9	16	1	250,000	0	0.0	0.0
B- / 7.3	10.3	1.07	13.94	31	0	99	0	1	173.0	138.2	-10.0	14	1	100,000	0	0.0	0.0
B- / 7.2	10.5	1.08	11.99	170	0	99	0	1	173.0	140.4	-9.8	14	1	0	0	0.0	0.0
B- / 7.2	10.5	1.09	11.94	11	0	99	0	1	173.0	138.9	-9.8	13	1	0	0	0.0	0.0
B- / 7.5	11.5	1.35	17.29	683	0	100	0	0	34.0	208.1	-10.6	97	7	0	0	0.0	0.0
B- / 7.5	11.5	1.35	17.18	38	0	100	0	0	34.0	206.1	-10.6	97	5	0	0	0.0	0.0
U /	N/A	N/A	22.66	267	0	100	0	0	5.0	N/A	N/A	N/A	2	0	0	0.0	0.0
C+ / 6.2	16.4	1.08	22.60	667	0	100	0	0	5.0	273.3	-8.5	19	2	0	0	0.0	0.0
C+ / 6.2	16.4	1.08	22.43	40	0	100	0	0	5.0	271.2	-8.6	18	2	0	0	0.0	0.0
B- / 7.3	8.8	0.93	17.51	14	0	99	0	1	22.0	143.2	-11.4	26	5	0	0	0.0	0.0
B- / 7.3	8.8	0.93	17.82	541	0	99	0	1	22.0	147.6	-11.2	30	5	0	0	0.0	0.0
B- / 7.3	8.8	0.93	17.77	180	0	99	0	1	22.0	145.6	-11.3	28	5	0	0	0.0	0.0
B / 8.2	6.8	0.59	17.21	28	0	100	0	0	44.0	122.2	-5.1	91	5	0	0	0.0	0.0
B / 8.2	6.8	0.59	17.50	149	0	100	0	0	44.0	126.8	-5.0	93	5	0	0	0.0	0.0
B / 8.8	6.8	0.59	17.38	103	0	100	0	0	44.0	124.0	-5.0	92	5	0	0	0.0	0.0
B- / 7.3	12.8	0.94	15.67	130	0	100	0	0	43.0	N/A	N/A	77	3	0	0	0.0	0.0
B- / 7.3	12.8	0.94	15.55	278	0	100	0	0	43.0	137.2	-7.3	74	3	0	0	0.0	0.0
B- / 7.3	12.8	0.94	15.42	58	0	100	0	0	43.0	135.8	-7.5	73	3	0	0	0.0	0.0
U /	N/A	N/A	13.70	300	0	100	0	0	90.0	N/A	N/A	N/A	2	0	0	0.0	0.0
U /	N/A	N/A	13.67	78	0	100	0	0	90.0	N/A	N/A	N/A	2	0	0	0.0	0.0
U /	N/A	N/A	19.05	1,080	3	96	0	1	62.0	N/A	N/A	N/A	3	0	0	0.0	0.0
B- / 7.6	11.3	1.17	18.94	926	3	96	0	1	62.0	178.1	-10.5	42	4	0	0	0.0	0.0
B- / 7.6	11.3	1.17	18.88	83	3	96	0	1	62.0	176.4	-10.5	40	4	0	0	0.0	0.0
C+ / 6.2	11.3	1.32	21.57	73	0	100	0	0	99.0	79.3	-11.0	4	4	1,000	0	5.8	0.0
C+ / 6.2	11.4	1.32	20.63	62	0	100	0	0	99.0	74.4	-11.1	3	4	1,000	0	0.0	0.0
C+ / 6.2	11.4	1.32	20.57	34	0	100	0	0	99.0	74.4	-11.2	3	4	1,000	0	0.0	0.0
C+ / 6.3	11.4	1.32	22.51	78	0	100	0	0	99.0	82.9	-10.8	5	4	250,000	0	0.0	0.0
C+ / 6.2	11.4	1.32	22.24	1	0	100	0	0	99.0	81.0	-10.9	5	4	100,000	0	0.0	0.0
B- / 7.9	10.3	1.20	12.57	72	0	100	0	0	34.0	N/A	N/A	44	N/A	1,000	0	5.8	0.0
B- / 7.9	10.3	1.19	12.46	12	0	100	0	0	34.0	N/A	N/A	35	N/A	1,000	0	0.0	0.0
B- / 7.9	10.3	1.19	12.45	21	0	100	0	0	34.0	N/A	N/A	35	N/A	1,000	0	0.0	0.0
B- / 7.7	10.2	1.21	49.74	8	0	100	0	0	6.0	95.3	-9.9	21	5	0	0	0.0	0.0
B- / 7.8	10.2	1.21	51.12	1,145	0	100	0	0	6.0	99.5	-9.8	25	5	0	0	0.0	0.0
B- / 7.8	10.2	1.21	50.42	187	0	100	0	0	6.0	97.3	-9.8	23	5	0	0	0.0	0.0

www.thestreet.com/ratings

Data as of June 30, 2007

I. Index of Stock Mutual Funds

Summer 2007

						PERFORMANCE						Incl. in Returns	
	99 Pct = Best					Perfor-	Total Return % through 6/30/07						
	0 Pct = Worst			Overall		mance				Annualized		Dividend	Expense
Fund Type	Fund Name		Ticker Symbol	Investment Rating	Phone	Rating/Pts	3 Mo	6 Mo	1Yr / Pct	3Yr / Pct	5Yr / Pct	Yield	Ratio
GR	ING Legg Mason Prts Lg Cap Gr ADV		IAPPX	E	(800) 334-3444	E+ / 0.6	7.04	3.93	15.56 /29	4.17 / 2	--	0.00	1.34
GR	ING Legg Mason Prts Lg Cap Gr I		IAAIX	E	(800) 334-3444	E+ / 0.8	7.16	4.10	16.03 /32	4.68 / 3	--	0.00	0.84
GR	ING Legg Mason Prts Lg Cap Gr S		IACSX	E	(800) 334-3444	E+ / 0.7	7.06	3.98	15.82 /31	4.40 / 2	--	0.00	1.09
GR	ING Legg Mason Value Port I		ILVIX	D+	(800) 334-3444	D+ / 2.6	6.73	5.13	17.78 /43	9.03 /21	--	0.00	0.78
GR	ING Legg Mason Value Port S		ILVSX	D+	(800) 334-3444	D+ / 2.5	6.67	5.06	17.53 /42	8.79 /19	8.03 /15	0.00	1.03
GR	ING Legg Mason Value Port S2		ILVTX	D	(800) 334-3444	D+ / 2.3	6.71	5.00	17.40 /41	8.62 /18	--	0.00	1.28
AG	ING Lifestyle Agg Growth S		ILSGX	B	(800) 334-3444	C+ / 6.7	5.64	7.67	20.77 /65	14.69 /67	--	0.12	0.46
AA	ING Lifestyle Growth Portfolio I			U	(800) 334-3444	U /	4.44	6.53	18.03 /45	--	--	0.43	0.16
AA	ING Lifestyle Growth Portfolio S		ILGSX	C+	(800) 334-3444	C / 4.9	4.37	6.47	17.70 /43	12.80 /52	--	0.43	0.46
AA	ING Lifestyle Moderate Growth S		ILMSX	C	(800) 334-3444	C- / 3.1	3.38	5.23	15.47 /29	11.15 /37	--	0.78	0.46
AA	ING Lifestyle Moderate Portf S		ILOSX	C	(800) 334-3444	D / 1.9	2.63	4.29	13.11 /17	9.58 /25	--	0.89	0.46
GI	ING Liquid Assets I		IPLXX	D+	(800) 334-3444	E- / 0.1	1.28	2.56	5.24 / 2	3.76 / 1	--	5.11	0.29
GI	ING Liquid Assets S		ISPXX	D+	(800) 334-3444	E- / 0.1	1.21	2.43	4.97 / 2	3.50 / 1	2.44 / 0	4.86	0.54
GI	ING Liquid Assets S2		ITLXX	D+	(800) 334-3444	E- / 0.1	1.18	2.36	4.82 / 1	3.34 / 1	--	4.71	0.81
GI	ING Lord Abbett Affiliated I			C+	(800) 334-3444	C / 4.4	5.26	5.76	18.11 /46	12.02 /46	--	1.07	0.75
GI	ING Lord Abbett Affiliated S		ISLSX	C+	(800) 334-3444	C- / 4.1	5.11	5.60	17.80 /44	11.73 /43	10.78 /41	0.76	1.00
GI	ING Lord Abbett Affiliated S2		ILATX	C+	(800) 334-3444	C- / 3.9	5.05	5.55	17.53 /42	11.53 /41	--	0.79	1.35
GI	ING MagnaCap A		PMCFX	C	(800) 334-3444	C- / 4.1	6.16	7.66	20.24 /62	12.67 /51	9.97 /33	0.96	1.21
GI	ING MagnaCap B		PMGBX	C+	(800) 334-3444	C / 4.7	5.91	7.21	19.29 /54	11.80 /44	9.16 /25	0.39	1.91
GI	ING MagnaCap C		PMGCX	C+	(800) 334-3444	C / 4.8	5.98	7.20	19.35 /55	11.81 /44	9.16 /25	0.39	1.91
GI	ING MagnaCap I		PMIGX	B+	(800) 334-3444	C+ / 5.8	6.27	7.86	20.58 /64	13.00 /54	--	1.27	0.84
GI	ING MagnaCap M		PMCMX	C	(800) 334-3444	C- / 4.1	5.98	7.33	19.59 /57	12.11 /46	9.43 /27	0.53	1.66
AA	ING Marketpro Port S		IMPSX	U	(800) 334-3444	U /	4.63	5.74	14.42 /23	--	--	0.28	0.80
GR	ING Marsico Growth A		IMGAX	D-	(800) 334-3444	D+ / 2.5	5.46	5.85	13.08 /17	9.99 /28	--	0.00	1.63
GR	ING Marsico Growth I		IMGIX	D-	(800) 334-3444	C- / 3.0	5.59	6.10	13.71 /19	10.66 /33	--	0.00	0.77
GR	ING Marsico Growth S		IMGSX	D-	(800) 334-3444	D+ / 2.8	5.52	6.03	13.42 /18	10.39 /31	10.54 /39	0.00	1.02
GR	ING Marsico Growth S2		IMGTX	D-	(800) 334-3444	D+ / 2.7	5.50	5.95	13.30 /17	10.22 /30	--	0.00	1.33
FO	ING Marsico Intl Opp I		IMASX	U	(800) 334-3444	U /	6.93	7.83	25.71 /85	--	--	0.06	0.77
FO	ING Marsico Intl Opp S		IMISX	U	(800) 334-3444	U /	6.89	7.66	25.40 /84	--	--	0.02	1.02
IN	ING MFS Total Return A		IMTAX	D	(800) 334-3444	D- / 1.4	3.71	5.64	15.93 /31	9.35 /23	--	1.81	1.46
IN	ING MFS Total Return I		IMTIX	C+	(800) 334-3444	D+ / 2.8	3.92	5.99	16.66 /36	10.04 /28	--	2.33	0.64
IN	ING MFS Total Return S		IMSRX	C-	(800) 334-3444	D+ / 2.6	3.82	5.84	16.32 /34	9.75 /26	8.82 /21	2.10	0.89
IN	ING MFS Total Return S2		IMTRX	C	(800) 334-3444	D+ / 2.4	3.80	5.78	16.14 /33	9.58 /25	--	2.04	1.16
UT	ING MFS Utilities S		IMUSX	U	(800) 334-3444	U /	8.76	18.54	42.94 /97	--	--	0.08	1.04
MC	ING Mid Cap Opportunities A		NMCAX	C	(800) 334-3444	C+ / 5.7	10.50	14.77	17.97 /45	12.98 /54	11.86 /52	0.00	1.82
MC	ING Mid Cap Opportunities B		NMCBX	C	(800) 334-3444	C+ / 6.1	10.30	14.38	17.03 /38	12.16 /47	11.03 /44	0.00	2.52
MC	ING Mid Cap Opportunities C		NMCCX	C	(800) 334-3444	C+ / 6.1	10.36	14.38	17.13 /39	12.14 /47	11.04 /44	0.00	2.52
MC	ING Mid Cap Opportunities I		NMCIX	C+	(800) 334-3444	B- / 7.1	10.62	15.04	18.52 /49	13.49 /58	12.27 /56	0.00	1.03
MC	ING Mid Cap Opportunities Q		NMCQX	C+	(800) 334-3444	C+ / 6.9	10.59	14.96	18.27 /47	13.21 /56	12.08 /54	0.00	1.28
GR	ING Neuberger Berman Partn Portf I		INBIX	U	(800) 334-3444	U /	7.98	8.97	22.03 /73	--	--	0.00	0.75
GR	ING Neuberger Berman Partn Portf S		INBSX	U	(800) 334-3444	U /	7.92	8.81	21.64 /71	--	--	0.00	1.00
BA	ING OpCap Balanced Value ADV		IOBAX	C-	(800) 334-3444	D / 1.7	5.31	5.31	16.04 /32	7.82 /13	10.17 /35	0.73	1.50
BA	ING OpCap Balanced Value I		ICBIX	C-	(800) 334-3444	D / 2.1	5.51	5.58	16.68 /36	8.37 /16	10.74 /41	1.19	1.00
BA	ING OpCap Balanced Value S		IOBSX	C-	(800) 334-3444	D / 1.9	5.45	5.52	16.37 /34	8.12 /15	10.46 /38	0.82	1.25
GL	ING Oppenheimer Glb Port A			C+	(800) 334-3444	B / 7.7	7.13	5.65	22.58 /75	17.14 /78	14.25 /71	0.05	1.16
GL	ING Oppenheimer Glb Port Adv		IGMAX	B+	(800) 334-3444	B / 7.9	7.13	8.38	22.60 /75	17.15 /78	14.25 /71	0.05	1.16
GL	ING Oppenheimer Glb Port I		IGMIX	B+	(800) 334-3444	B / 8.1	7.34	8.69	23.27 /78	17.71 /80	15.06 /77	0.06	0.66
GL	ING Oppenheimer Glb Port S		IGMSX	B+	(800) 334-3444	B / 8.0	7.20	8.58	22.92 /77	17.40 /79	14.50 /73	0.06	0.91
GR	ING Oppenheimer Main Street I		IOMIX	B-	(800) 334-3444	C / 5.0	6.53	7.01	19.69 /57	12.04 /46	--	1.15	0.76
GR	ING Oppenheimer Main Street S		IOMSX	C+	(800) 334-3444	C / 4.8	6.48	6.91	19.38 /55	11.76 /43	9.98 /33	0.91	1.01
GR	ING Oppenheimer Main Street S2		IOMTX	C+	(800) 334-3444	C / 4.6	6.46	6.84	19.21 /54	11.60 /42	--	0.90	1.36
GI	ING PIMCO Total Return ADV		IPRAX	D	(800) 334-3444	E- / 0.1	-1.25	0.36	5.05 / 2	3.27 / 1	4.01 / 1	1.58	1.27

• Denotes fund is closed to new investors
* Denotes fund is included in Section II

www.thestreet.com/ratings

Summer 2007

I. Index of Stock Mutual Funds

RISK			NET ASSETS		ASSET				Portfolio Turnover Ratio	BULL / BEAR		FUND MANAGER		MINIMUMS		LOADS	
	3 Year		NAV							Last Bull	Last Bear	Manager	Manager	Initial	Additional	Front	Back
Risk	Standard		As of	Total	Cash	Stocks	Bonds	Other		Market	Market	Quality	Tenure	Purch.	Purch.	End	End
Rating/Pts	Deviation	Beta	6/30/07	$(Mil)	%	%	%	%		Return	Return	Pct	(Years)	$	$	Load	Load
C / 4.9	13.2	1.43	12.16	16	0	100	0	0	14.0	N/A	N/A	1	3	0	0	0.0	0.0
C / 5.1	13.2	1.43	12.43	13	0	100	0	0	14.0	N/A	N/A	2	3	0	0	0.0	0.0
C / 5.0	13.1	1.42	12.28	11	0	100	0	0	14.0	N/A	N/A	2	3	0	0	0.0	0.0
B- / 7.1	12.4	1.49	11.89	495	0	100	0	0	11.0	N/A	N/A	7	3	0	0	0.0	0.0
B- / 7.1	12.4	1.49	11.83	443	0	100	0	0	11.0	75.7	-7.7	6	3	0	0	0.0	0.0
B- / 7.1	12.4	1.49	11.77	30	0	100	0	0	11.0	74.4	-7.7	6	3	0	0	0.0	0.0
B / 8.3	9.3	1.19	15.16	1,335	0	100	0	0	24.0	N/A	N/A	70	3	0	0	0.0	0.0
U /	N/A	N/A	14.36	29	0	100	0	0	21.0	N/A	N/A	N/A	1	0	0	0.0	0.0
B / 8.6	7.8	1.60	14.32	3,376	0	100	0	0	21.0	N/A	N/A	67	3	0	0	0.0	0.0
B+ / 9.1	5.9	1.25	13.47	2,590	0	100	0	0	20.0	N/A	N/A	69	3	0	0	0.0	0.0
B+ / 9.4	4.6	0.99	12.89	1,131	0	100	0	0	19.0	N/A	N/A	66	3	0	0	0.0	0.0
B+ / 9.6	0.4	N/A	1.00	186	33	0	66	1	N/A	N/A	N/A	55	3	0	0	0.0	0.0
B+ / 9.6	0.4	N/A	1.00	963	33	0	66	1	N/A	11.4	0.3	52	3	0	0	0.0	0.0
B+ / 9.6	0.4	N/A	1.00	31	33	0	66	1	N/A	10.7	0.2	49	3	0	0	0.0	0.0
B / 8.9	6.6	0.84	13.41	21	0	100	0	0	48.0	N/A	N/A	74	2	0	0	0.0	0.0
B / 8.9	6.6	0.83	13.38	149	0	100	0	0	48.0	99.3	-11.8	71	2	0	0	0.0	0.0
B / 8.9	6.6	0.83	13.31	4	0	100	0	0	48.0	98.0	-11.8	69	2	0	0	0.0	0.0
B / 8.1	7.7	0.95	14.47	340	0	100	0	0	80.0	102.0	-10.9	71	2	1,000	0	5.8	0.0
B / 8.1	7.6	0.94	13.97	22	0	100	0	0	80.0	95.5	-11.0	62	2	1,000	0	0.0	0.0
B / 8.1	7.7	0.94	13.99	6	0	100	0	0	80.0	95.7	-11.0	62	2	1,000	0	0.0	0.0
B / 8.9	7.6	0.94	14.41	4	0	100	0	0	80.0	N/A	N/A	75	2	250,000	0	0.0	0.0
B / 8.1	7.6	0.94	14.35	3	0	100	0	0	80.0	97.7	-10.9	65	2	1,000	0	3.5	0.0
U /	N/A	N/A	11.97	36	0	46	52	2	16.0	N/A	N/A	N/A	2	0	0	0.0	0.0
C+ / 5.6	9.6	1.13	17.38	13	0	100	0	0	64.0	N/A	N/A	24	4	0	0	0.0	0.0
C+ / 5.6	9.6	1.13	17.75	91	0	100	0	0	64.0	N/A	N/A	29	4	0	0	0.0	0.0
C+ / 5.6	9.6	1.13	17.58	785	0	100	0	0	64.0	88.6	-9.8	27	5	0	0	0.0	0.0
C+ / 5.6	9.6	1.13	17.46	26	0	100	0	0	64.0	87.3	-9.8	26	5	0	0	0.0	0.0
U /	N/A	N/A	16.52	155	0	100	0	0	103.0	N/A	N/A	N/A	2	0	0	0.0	0.0
U /	N/A	N/A	16.45	249	0	100	0	0	103.0	N/A	N/A	N/A	2	0	0	0.0	0.0
B- / 7.8	4.1	0.52	19.84	6	0	87	12	1	44.0	N/A	N/A	73	3	0	0	5.8	0.0
B+ / 9.6	4.1	0.52	20.17	141	0	87	12	1	44.0	N/A	N/A	80	3	0	0	0.0	0.0
B- / 7.9	4.1	0.52	20.11	1,387	0	87	12	1	44.0	63.9	-4.7	77	3	0	0	0.0	0.0
B+ / 9.6	4.1	0.52	19.96	58	0	87	12	1	44.0	62.6	-4.7	76	3	0	0	0.0	0.0
U /	N/A	N/A	17.26	477	0	93	0	7	93.0	N/A	N/A	N/A	2	0	0	0.0	0.0
C+ / 5.8	13.4	1.21	17.79	115	0	99	0	1	103.0	108.2	-11.2	14	2	1,000	0	5.8	0.0
C+ / 5.7	13.4	1.21	16.70	83	0	99	0	1	103.0	101.6	-11.2	11	2	1,000	0	0.0	0.0
C+ / 5.8	13.4	1.21	16.62	79	0	99	0	1	103.0	101.9	-11.4	11	2	1,000	0	0.0	0.0
C+ / 5.8	13.3	1.21	18.43	4	0	99	0	1	103.0	111.3	-11.1	17	2	250,000	0	0.0	0.0
C+ / 5.8	13.4	1.21	18.06	5	0	99	0	1	103.0	110.0	-11.2	15	2	100,000	0	0.0	0.0
U /	N/A	N/A	11.91	261	0	100	0	0	111.0	N/A	N/A	N/A	1	0	0	0.0	0.0
U /	N/A	N/A	11.86	182	0	100	0	0	111.0	N/A	N/A	N/A	1	0	0	0.0	0.0
B / 8.4	7.4	1.49	15.67	2	0	74	25	1	79.0	75.6	-5.7	21	6	0	0	0.0	0.0
B / 8.4	7.4	1.50	15.89	4	0	74	25	1	79.0	79.4	-5.5	24	6	0	0	0.0	0.0
B / 8.4	7.4	1.49	15.86	74	0	74	25	1	79.0	77.5	-5.6	23	6	0	0	0.0	0.0
C / 5.4	10.2	0.98	17.58	108	0	100	0	0	23.0	129.1	-8.8	13	3	0	0	0.0	0.0
B- / 7.1	10.0	0.96	17.58	115	0	100	0	0	23.0	129.1	-8.8	15	3	0	0	0.0	0.0
B- / 7.1	10.0	0.96	18.13	2,536	0	100	0	0	23.0	136.6	-8.7	18	3	0	0	0.0	0.0
B- / 7.1	10.0	0.96	17.71	199	0	100	0	0	23.0	131.6	-8.8	16	3	0	0	0.0	0.0
B / 8.7	7.8	1.05	21.22	6	0	100	0	0	90.0	N/A	N/A	54	3	0	0	0.0	0.0
B / 8.7	7.8	1.05	21.20	534	0	100	0	0	90.0	95.0	-9.0	50	3	0	0	0.0	0.0
B / 8.7	7.8	1.04	21.09	5	0	100	0	0	90.0	93.7	-9.0	48	3	0	0	0.0	0.0
B / 8.8	2.8	-0.06	11.07	28	6	0	93	1	826.0	13.0	3.5	55	N/A	0	0	0.0	0.0

www.thestreet.com/ratings

Data as of June 30, 2007

I. Index of Stock Mutual Funds

Summer 2007

Fund Type	Fund Name	Ticker Symbol	Overall Investment Rating	Phone	Performance Rating/Pts	3 Mo	6 Mo	1Yr / Pct	3Yr / Pct	5Yr / Pct	Dividend Yield	Expense Ratio
GI	ING PIMCO Total Return I	IPTIX	D	(800) 334-3444	E- / 0.1	-1.15	0.54	5.55 / 2	3.78 / 1	4.52 / 1	1.90	0.77
GI	ING PIMCO Total Return S	IPTSX	D	(800) 334-3444	E- / 0.1	-1.15	0.45	5.34 / 2	3.55 / 1	4.27 / 1	1.69	1.02
GI	ING Pioneer I	IPPIX	U	(800) 334-3444	U /	6.32	8.13	20.33 /62	--	--	0.00	0.74
MC	ING Pioneer Mid Cap Value I	IPVIX	U	(800) 334-3444	U /	8.29	13.20	25.98 /85	--	--	0.24	0.64
MC	ING Pioneer Mid Cap Value S	IPVSX	U	(800) 334-3444	U /	8.25	13.09	25.68 /85	--	--	0.16	0.89
GI	ING Pioneer S	IPPSX	U	(800) 334-3444	U /	6.18	7.91	19.91 /59	--	--	0.00	0.99
RE	ING Real Estate Fd A	CLARX	D	(800) 334-3444	C+ / 6.4	-9.68	-7.54	9.30 / 6	21.05 /87	--	2.01	1.20
RE	ING Real Estate Fd B	CRBCX	C	(800) 334-3444	C+ / 6.7	-9.90	-7.91	8.40 / 5	20.13 /85	--	1.37	1.95
RE	ING Real Estate Fd C	CRCRX	D	(800) 334-3444	C+ / 6.7	-9.91	-7.94	8.35 / 5	20.08 /85	--	1.32	1.95
RE	ING Real Estate Fd I	CRARX	D+	(800) 334-3444	B- / 7.3	-9.61	-7.39	9.56 / 7	20.96 /87	18.97 /90	2.27	0.92
RE	ING Real Estate Fd O	IDROX	U	(800) 334-3444	U /	-9.74	-7.59	9.24 / 6	--	--	2.17	1.16
EM	ING Russia A	LETRX	C+	(800) 334-3444	A+ / 9.8	1.12	3.95	36.22 /96	45.04 /99	41.48 /99	0.00	1.98
SC	ING Small Company A	AESAX	D+	(800) 334-3444	C+ / 5.9	5.90	9.83	17.51 /42	15.52 /72	12.62 /59	0.00	1.40
SC	ING Small Company B	ASMLX	D+	(800) 334-3444	C+ / 6.4	5.68	9.42	16.57 /35	14.65 /66	11.77 /51	0.00	2.15
SC	ING Small Company C	ASCCX	D+	(800) 334-3444	C+ / 6.4	5.72	9.43	16.61 /36	14.65 /66	11.74 /51	0.00	2.15
SC	ING Small Company I	AESGX	C-	(800) 334-3444	B- / 7.1	5.97	9.94	17.81 /44	15.78 /73	12.89 /61	0.00	1.15
SC	ING SmallCap Opportunities A	NSPAX	C	(800) 334-3444	C+ / 5.6	7.23	12.14	18.86 /51	13.97 /62	9.28 /26	0.00	1.85
SC	ING SmallCap Opportunities B	NSPBX	C	(800) 334-3444	C+ / 6.1	7.01	11.73	17.95 /44	13.13 /55	8.50 /18	0.00	2.55
SC	ING SmallCap Opportunities C	NSPCX	C	(800) 334-3444	C+ / 6.1	7.06	11.76	18.00 /45	13.14 /55	8.50 /19	0.00	2.55
SC	ING SmallCap Opportunities I	NSPIX	C+	(800) 334-3444	B- / 7.0	7.34	12.38	19.39 /55	14.50 /65	9.79 /31	0.00	1.34
SC	ING SmallCap Opportunities Q	NSPQX	C+	(800) 334-3444	C+ / 6.9	7.28	12.24	19.09 /53	14.21 /63	9.50 /28	0.00	1.59
SC	ING SmallCap Value Choice A	SAAAX	U	(800) 334-3444	U /	5.48	9.20	14.73 /24	--	--	0.12	2.14
AA	ING Solution 2015 Portfolio Class A	ISOAX	U	(800) 334-3444	U /	2.67	3.97	13.04 /16	--	--	0.16	0.62
AA	ING Solution 2015 Portfolio Class I	ISOIX	U	(800) 334-3444	U /	2.72	4.18	13.49 /18	--	--	0.16	0.12
AA	ING Solution 2015 Portfolio Class S	ISOSX	U	(800) 334-3444	U /	2.65	4.03	13.26 /17	--	--	0.16	0.37
AA	ING Solution 2025 Portfolio Class A	ISZAX	U	(800) 334-3444	U /	3.78	5.05	14.99 /26	--	--	0.20	0.62
AA	ING Solution 2025 Portfolio Class I	ISZIX	U	(800) 334-3444	U /	3.90	5.32	15.59 /29	--	--	0.20	0.12
AA	ING Solution 2025 Portfolio Class S	ISZSX	U	(800) 334-3444	U /	3.76	5.19	15.28 /28	--	--	0.18	0.37
AA	ING Solution 2035 Portfolio Class A	ISQAX	U	(800) 334-3444	U /	4.45	5.69	16.82 /37	--	--	0.10	0.62
AA	ING Solution 2035 Portfolio Class I	ISQIX	U	(800) 334-3444	U /	4.56	6.03	17.41 /41	--	--	0.11	0.12
AA	ING Solution 2035 Portfolio Class S	ISQSX	U	(800) 334-3444	U /	4.58	5.90	17.19 /39	--	--	0.09	0.37
AA	ING Solution 2045 Portfolio Class A	ISRAX	U	(800) 334-3444	U /	5.16	6.53	18.16 /46	--	--	0.03	0.62
AA	ING Solution 2045 Portfolio Class S	ISRSX	U	(800) 334-3444	U /	5.21	6.66	18.45 /48	--	--	0.03	0.37
AA	ING Solution Income Portfolio A	ISWAX	U	(800) 334-3444	U /	0.98	2.53	9.39 / 6	--	--	0.19	0.62
AA	ING Solution Income Portfolio S	ISWSX	U	(800) 334-3444	U /	1.06	2.70	9.52 / 7	--	--	0.17	0.37
GR	ING Stock Index Portfolio Class I	INGIX	C+	(800) 334-3444	C / 4.6	6.27	6.85	20.27 /62	11.40 /40	--	1.39	0.27
AA	ING Strategic Allocation Consv A	ATLAX	D	(800) 334-3444	E / 0.4	2.33	3.48	10.44 / 9	6.88 / 9	6.02 / 4	2.58	1.38
AA	ING Strategic Allocation Consv B	ALYBX	D	(800) 334-3444	E / 0.5	2.05	3.01	9.59 / 7	6.09 / 6	5.23 / 2	2.14	2.13
AA	ING Strategic Allocation Consv C	ACLGX	D	(800) 334-3444	E / 0.5	2.13	3.08	9.64 / 7	6.06 / 6	5.24 / 3	2.25	2.13
AA	ING Strategic Allocation Consv I	ALEGX	D	(800) 334-3444	E+ / 0.8	2.30	3.53	10.70 /10	7.14 /10	6.28 / 5	2.95	1.13
AA	ING Strategic Allocation Growth A	ATAAX	C-	(800) 334-3444	D+ / 2.4	4.77	6.07	16.38 /34	11.05 /36	8.99 /23	1.15	1.28
AA	ING Strategic Allocation Growth B	AAFBX	C-	(800) 334-3444	D+ / 2.8	4.68	5.76	15.58 /29	10.24 /30	8.21 /16	0.66	2.03
AA	ING Strategic Allocation Growth C	AAFCX	C-	(800) 334-3444	D+ / 2.8	4.66	5.73	15.55 /29	10.24 /30	8.18 /16	0.78	2.03
AA	ING Strategic Allocation Growth I	ASCEX	C	(800) 334-3444	C- / 3.8	4.96	6.26	16.71 /36	11.34 /39	9.26 /25	1.44	1.03
AA	ING Strategic Allocation Moderate A	ATCAX	D+	(800) 334-3444	D- / 1.2	3.99	5.17	14.22 /22	9.13 /22	7.69 /13	1.58	1.29
AA	ING Strategic Allocation Moderate B	ACFBX	C-	(800) 334-3444	D- / 1.5	3.80	4.73	13.31 /17	8.33 /16	6.90 / 8	1.08	2.04
AA	ING Strategic Allocation Moderate C	ACCRX	C-	(800) 334-3444	D- / 1.5	3.83	4.75	13.32 /17	8.31 /16	6.90 / 8	1.24	2.04
AA	ING Strategic Allocation Moderate I	ACROX	C-	(800) 334-3444	D / 2.2	4.03	5.28	14.43 /23	9.39 /24	7.96 /15	1.89	1.04
AA	ING T. Rowe Price Cap App A	ITRAX	B	(800) 334-3444	C+ / 5.6	5.78	7.24	18.93 /52	13.26 /56	--	1.36	1.55
AA	ING T. Rowe Price Cap App I	ITRIX	B+	(800) 334-3444	C+ / 6.2	5.95	7.58	19.68 /57	13.94 /62	--	1.30	0.65
AA	ING T. Rowe Price Cap App S	ITCSX	C+	(800) 334-3444	C+ / 6.0	5.89	7.44	19.42 /56	13.69 /60	13.70 /67	1.04	0.90
AA	ING T. Rowe Price Cap App S2	ITCTX	B	(800) 334-3444	C+ / 5.8	5.85	7.37	19.22 /54	13.48 /58	--	1.01	1.25

● Denotes fund is closed to new investors
* Denotes fund is included in Section II

www.thestreet.com/ratings

Summer 2007 — I. Index of Stock Mutual Funds

RISK			NET ASSETS		ASSET				Portfolio Turnover Ratio	BULL / BEAR		FUND MANAGER		MINIMUMS		LOADS	
Risk Rating/Pts	3 Year Standard Deviation	Beta	NAV As of 6/30/07	Total $(Mil)	Cash %	Stocks %	Bonds %	Other %		Last Bull Market Return	Last Bear Market Return	Manager Quality Pct	Manager Tenure (Years)	Initial Purch. $	Additional Purch. $	Front End Load	Back End Load
B / 8.7	2.8	-0.05	11.22	257	6	0	93	1	826.0	15.4	3.7	62	N/A	0	0	0.0	0.0
B / 8.8	2.8	-0.06	11.16	101	6	0	93	1	826.0	14.4	3.6	59	N/A	0	0	0.0	0.0
U /	N/A	N/A	13.97	32	0	100	0	0	19.0	N/A	N/A	N/A	2	0	0	0.0	0.0
U /	N/A	N/A	13.98	245	0	100	0	0	109.0	N/A	N/A	N/A	2	0	0	0.0	0.0
U /	N/A	N/A	13.91	726	0	100	0	0	109.0	N/A	N/A	N/A	2	0	0	0.0	0.0
U /	N/A	N/A	13.91	100	0	100	0	0	19.0	N/A	N/A	N/A	2	0	0	0.0	0.0
D+ / 2.5	15.6	1.05	17.43	144	0	100	0	0	51.0	185.8	N/A	70	5	1,000	0	5.8	0.0
C / 4.4	15.6	1.05	17.45	6	0	100	0	0	51.0	177.0	N/A	59	5	1,000	0	0.0	0.0
D+ / 2.6	15.6	1.05	18.05	4	0	100	0	0	51.0	176.3	N/A	58	4	1,000	0	0.0	0.0
D+ / 2.6	15.6	1.04	18.40	150	0	100	0	0	51.0	189.4	0.6	69	11	250,000	0	0.0	0.0
U /	N/A	N/A	17.40	47	0	100	0	0	51.0	N/A	N/A	N/A	3	0	0	0.0	0.0
D+ / 2.9	23.8	1.07	64.99	828	0	100	0	0	20.0	368.0	9.4	79	6	1,000	0	5.8	2.0
C- / 3.7	12.3	0.89	17.76	76	2	97	0	1	75.0	137.4	-10.3	85	2	1,000	0	5.8	0.0
C- / 3.6	12.3	0.89	17.30	7	2	97	0	1	75.0	129.8	-10.4	79	2	1,000	0	0.0	0.0
C- / 3.6	12.3	0.89	17.18	4	2	97	0	1	75.0	129.6	-10.3	79	2	1,000	0	0.0	0.0
C- / 4.0	12.3	0.89	18.81	28	2	97	0	1	75.0	139.7	-10.2	86	2	250,000	0	0.0	0.0
C+ / 5.8	13.7	0.98	34.54	88	2	97	0	1	87.0	119.0	-16.0	63	2	1,000	0	5.8	0.0
C+ / 5.7	13.8	0.98	31.14	25	2	97	0	1	87.0	112.3	-16.1	52	2	1,000	0	0.0	0.0
C+ / 5.7	13.7	0.98	31.08	34	2	97	0	1	87.0	112.3	-16.1	52	2	1,000	0	0.0	0.0
C+ / 5.8	13.7	0.98	35.40	4	2	97	0	1	87.0	123.2	-15.9	68	2	250,000	0	0.0	0.0
C+ / 5.8	13.7	0.98	34.93	N/A	2	97	0	1	87.0	120.9	-16.0	65	2	100,000	0	0.0	0.0
U /	N/A	N/A	14.24	73	0	100	0	0	36.0	N/A	N/A	N/A	2	1,000	0	5.8	0.0
U /	N/A	N/A	12.31	145	0	100	0	0	14.0	N/A	N/A	N/A	2	0	0	0.0	0.0
U /	N/A	N/A	12.45	30	0	100	0	0	14.0	N/A	N/A	N/A	2	0	0	0.0	0.0
U /	N/A	N/A	12.38	244	0	100	0	0	14.0	N/A	N/A	N/A	2	0	0	0.0	0.0
U /	N/A	N/A	12.90	211	0	48	51	1	23.0	N/A	N/A	N/A	2	0	0	0.0	0.0
U /	N/A	N/A	13.07	36	0	48	51	1	23.0	N/A	N/A	N/A	2	0	0	0.0	0.0
U /	N/A	N/A	12.98	370	0	48	51	1	23.0	N/A	N/A	N/A	2	0	0	0.0	0.0
U /	N/A	N/A	13.37	165	14	85	0	1	15.0	N/A	N/A	N/A	2	0	0	0.0	0.0
U /	N/A	N/A	13.53	28	14	85	0	1	15.0	N/A	N/A	N/A	2	0	0	0.0	0.0
U /	N/A	N/A	13.46	297	14	85	0	1	15.0	N/A	N/A	N/A	2	0	0	0.0	0.0
U /	N/A	N/A	13.86	83	6	93	0	1	20.0	N/A	N/A	N/A	2	0	0	0.0	0.0
U /	N/A	N/A	13.93	161	6	93	0	1	20.0	N/A	N/A	N/A	2	0	0	0.0	0.0
U /	N/A	N/A	11.36	48	0	35	64	1	32.0	N/A	N/A	N/A	2	0	0	0.0	0.0
U /	N/A	N/A	11.43	70	0	35	64	1	32.0	N/A	N/A	N/A	2	0	0	0.0	0.0
B / 8.7	7.3	1.00	13.73	430	1	98	0	1	9.0	N/A	N/A	50	2	0	0	0.0	0.0
B / 8.6	3.5	0.77	11.00	24	11	65	23	1	364.0	42.3	-1.5	45	5	1,000	0	5.8	0.0
B / 8.8	3.4	0.76	10.95	5	11	65	23	1	364.0	38.0	-1.6	36	5	1,000	0	0.0	0.0
B / 8.9	3.5	0.78	11.05	2	11	65	23	1	364.0	38.0	-1.8	35	5	1,000	0	0.0	0.0
B / 8.7	3.5	0.77	11.13	5	11	65	23	1	364.0	44.0	-1.5	49	5	250,000	0	0.0	0.0
B / 8.3	6.8	1.44	13.62	49	3	92	3	2	242.0	83.2	-7.1	56	5	1,000	0	5.8	0.0
B / 8.2	6.8	1.45	13.41	19	3	92	3	2	242.0	77.6	-7.2	44	5	1,000	0	0.0	0.0
B / 8.2	6.8	1.44	13.48	3	3	92	3	2	242.0	77.3	-7.2	45	5	1,000	0	0.0	0.0
B / 8.3	6.8	1.44	13.75	16	3	92	3	2	242.0	85.0	-7.0	60	5	250,000	0	0.0	0.0
B / 8.7	5.4	1.17	13.02	62	3	87	8	2	290.0	63.6	-4.7	49	5	1,000	0	5.8	0.0
B / 8.7	5.4	1.16	12.85	19	3	87	8	2	290.0	58.4	-4.8	38	5	1,000	0	0.0	0.0
B / 8.7	5.4	1.18	13.01	2	3	87	8	2	290.0	58.6	-4.8	37	5	1,000	0	0.0	0.0
B / 8.7	5.4	1.17	13.16	14	3	87	8	2	290.0	65.4	-4.6	52	5	250,000	0	0.0	0.0
B / 8.9	6.1	1.25	28.00	104	0	85	1	14	58.0	N/A	N/A	86	1	0	0	0.0	0.0
B / 8.9	6.1	1.25	28.66	126	0	85	1	14	58.0	N/A	N/A	89	1	0	0	0.0	0.0
C+ / 6.8	6.1	1.25	28.59	3,094	0	85	1	14	58.0	100.1	-3.5	88	1	0	0	0.0	0.0
B / 8.9	6.1	1.25	28.41	122	0	85	1	14	58.0	98.7	-3.6	87	1	0	0	0.0	0.0

www.thestreet.com/ratings

Data as of June 30, 2007

I. Index of Stock Mutual Funds

Summer 2007

99 Pct = Best
0 Pct = Worst

Fund Type	Fund Name	Ticker Symbol	Overall Investment Rating	Phone	Performance Rating/Pts	3 Mo	6 Mo	1Yr / Pct	3Yr / Pct	5Yr / Pct	Dividend Yield	Expense Ratio
GR	ING T. Rowe Price Div Mid Cap ADV	IAXAX	C-	(800) 334-3444	C / 4.6	7.78	11.01	18.99 /52	10.52 /32	11.39 /48	0.00	1.16
GR	ING T. Rowe Price Div Mid Cap I	IAXIX	C	(800) 334-3444	C / 5.1	7.88	11.39	19.59 /57	11.07 /36	11.94 /53	0.00	0.66
GR	ING T. Rowe Price Div Mid Cap S	IAXSX	C	(800) 334-3444	C / 4.9	7.77	11.21	19.37 /55	10.83 /34	11.65 /50	0.00	0.91
IN	ING T. Rowe Price Eq Income A	ITEAX	B	(800) 334-3444	C+ / 6.2	6.61	7.72	21.93 /72	13.28 /57	--	1.15	1.66
IN	ING T. Rowe Price Eq Income I	ITEIX	B	(800) 334-3444	C+ / 6.7	6.75	8.05	22.64 /76	13.95 /62	--	1.34	0.76
IN	ING T. Rowe Price Eq Income S	IRPSX	B	(800) 334-3444	C+ / 6.5	6.70	7.88	22.26 /74	13.66 /59	11.57 /49	1.15	1.01
IN	ING T. Rowe Price Eq Income S2	ITETX	B+	(800) 334-3444	C+ / 6.4	6.68	7.86	22.13 /73	13.51 /58	--	1.14	1.36
GR	ING T. Rowe Price Growth Eq ADV	IGEAX	C+	(800) 334-3444	C / 5.2	7.72	8.26	21.43 /70	11.37 /39	10.92 /43	0.00	1.25
GR	ING T. Rowe Price Growth Eq I	ITGIX	B-	(800) 334-3444	C+ / 5.7	7.85	8.52	22.03 /73	11.93 /45	11.48 /49	0.21	0.75
GR	ING T. Rowe Price Growth Eq S	ITGSX	C+	(800) 334-3444	C / 5.4	7.77	8.38	21.72 /71	11.65 /42	11.19 /45	0.00	1.00
FO	ING Templeton Foreign Equity S	IFTSX	U	(800) 334-3444	U /	7.61	11.91	30.61 /93	--	--	0.89	1.49
GL	ING Templeton Glb Gr I		U	(800) 334-3444	U /	5.93	7.39	23.14 /78	--	--	1.01	0.93
GL	ING Templeton Glb Gr S		A	(800) 334-3444	B- / 7.4	5.86	7.25	22.82 /76	15.97 /74	14.29 /72	0.81	1.18
GL	ING Templeton Glb Gr S2	ICGGX	A-	(800) 334-3444	B- / 7.3	5.76	7.16	22.63 /76	15.79 /73	--	0.75	1.39
GR	ING Thornburg Value Portfolio ADV	ICAAX	B+	(800) 334-3444	C+ / 6.3	7.09	10.26	26.23 /86	12.03 /46	9.99 /33	0.11	1.40
GR	ING Thornburg Value Portfolio I	IMOIX	B	(800) 334-3444	C+ / 6.8	7.22	10.52	26.86 /87	12.58 /50	10.53 /39	0.40	0.90
GR	ING Thornburg Value Portfolio S	IMOSX	B	(800) 334-3444	C+ / 6.5	7.14	10.39	26.54 /87	12.30 /48	10.26 /36	0.18	1.15
AA	ING UBS U.S. Allocation S	IUBSX	C+	(800) 334-3444	D+ / 2.9	4.15	5.29	15.74 /30	10.56 /32	8.69 /20	1.22	1.04
AA	ING UBS U.S. Allocation S2	IUBTX	C	(800) 334-3444	D+ / 2.8	4.17	5.22	15.52 /29	10.39 /31	--	1.17	1.39
GR	ING UBS U.S. Large Cap Eq ADV	IMRAX	B	(800) 334-3444	C+ / 6.0	6.62	6.92	20.38 /63	13.37 /57	10.62 /40	0.66	1.35
GR	ING UBS U.S. Large Cap Eq I	IMRIX	B+	(800) 334-3444	C+ / 6.4	6.69	7.20	21.06 /67	13.91 /61	11.16 /45	0.70	0.85
GR	ING UBS U.S. Large Cap Eq S	IMRSX	B+	(800) 334-3444	C+ / 6.2	6.68	6.99	20.74 /65	13.62 /59	10.85 /42	0.63	1.10
SC	ING UBS U.S. Small Cap Growth I	IUSIX	U	(800) 334-3444	U /	4.61	9.67	14.61 /24	--	--	0.00	1.27
MC	ING Value Choice A	PAVAX	U	(800) 334-3444	U /	6.21	10.20	23.81 /80	--	--	0.54	1.86
MC	ING Value Choice B	PAVBX	U	(800) 334-3444	U /	5.95	9.80	22.90 /77	--	--	0.00	2.61
MC	ING Value Choice C	PAVCX	U	(800) 334-3444	U /	6.02	9.81	22.92 /77	--	--	0.00	2.61
GI	ING Van Kamp Eq & Inc Port ADV	IUAAX	C	(800) 334-3444	C- / 3.7	5.29	5.76	16.26 /33	11.37 /40	9.65 /29	1.43	1.07
GI	ING Van Kamp Eq & Inc Port I	IUAIX	C+	(800) 334-3444	C- / 4.2	5.43	6.06	16.87 /37	11.93 /45	10.20 /35	1.73	0.57
GI	ING Van Kamp Eq & Inc Port S	IUASX	C+	(800) 334-3444	C- / 3.9	5.36	5.91	16.58 /35	11.66 /42	9.93 /32	1.64	0.82
GR	ING Van Kampen Cap Gr Port I	IVKEX	C	(800) 334-3444	C / 4.9	6.84	9.88	18.11 /46	11.61 /42	--	0.00	0.67
GR	ING Van Kampen Cap Gr Port S	IVKGX	C-	(800) 334-3444	C / 4.6	6.71	9.76	17.71 /43	11.31 /39	8.83 /21	0.00	0.92
GR	ING Van Kampen Cap Gr Port S2	IVKTX	C-	(800) 334-3444	C / 4.4	6.66	9.64	17.61 /42	11.12 /37	--	0.00	1.27
GI	ING Van Kampen ComStock ADV	IVKAX	C+	(800) 334-3444	C / 4.6	5.20	6.07	18.47 /48	12.17 /47	11.63 /50	0.64	1.38
GI	ING Van Kampen ComStock I	IVKIX	C+	(800) 334-3444	C / 5.1	5.26	6.28	19.01 /52	12.70 /51	12.18 /55	0.84	0.88
GI	ING Van Kampen ComStock S	IVKSX	C+	(800) 334-3444	C / 4.8	5.22	6.17	18.71 /50	12.43 /49	11.92 /53	0.62	1.13
GL	ING Van Kampen Glb Franch S	IVGTX	A	(800) 334-3444	B- / 7.4	2.97	9.05	22.51 /75	16.48 /76	13.80 /68	1.47	1.23
GL	ING Van Kampen Glb Franch S2		A	(800) 334-3444	B- / 7.4	2.92	8.96	22.34 /74	16.28 /75	--	1.39	1.42
GI	ING Van Kampen Gr and Inc A	IVGAX	B	(800) 334-3444	C+ / 6.8	7.44	7.32	20.73 /65	14.48 /65	--	1.18	1.65
GI	ING Van Kampen Gr and Inc S	IVGSX	A	(800) 334-3444	B- / 7.0	7.54	7.50	21.15 /68	14.85 /68	12.24 /56	1.01	1.00
GI	ING Van Kampen Gr and Inc S2	IVITX	B	(800) 334-3444	C+ / 6.9	7.51	7.43	20.96 /67	14.70 /67	--	0.93	1.35
RE	ING Van Kampen Real Estate I	IVRIX	B	(800) 334-3444	B+ / 8.9	-7.44	-3.48	15.67 /30	25.94 /94	--	1.29	0.75
RE	ING Van Kampen Real Estate S	IVRSX	B	(800) 334-3444	B+ / 8.8	-7.48	-3.60	15.38 /28	25.64 /94	21.48 /93	1.09	1.00
RE	ING Van Kampen Real Estate S2	IVRTX	B	(800) 334-3444	B+ / 8.8	-7.53	-3.67	15.19 /27	25.45 /94	--	1.07	1.35
BA	ING VP Balanced Portfolio Inc I		D+	(800) 334-3444	E / 0.3	-3.24	-2.12	5.99 / 2	6.27 / 7	6.73 / 7	0.00	0.60
BA	ING VP Balanced Portfolio Inc S		D+	(800) 334-3444	E / 0.3	-3.12	-2.06	5.94 / 2	6.03 / 6	--	0.00	0.85
FS	ING VP Financial Services Port I		C	(800) 334-3444	D+ / 2.9	2.94	0.24	15.25 /27	11.80 /44	--	1.38	0.91
FS	ING VP Financial Services Port S		C	(800) 334-3444	D+ / 2.7	2.88	0.18	14.99 /26	11.60 /42	--	1.15	1.16
GL	ING VP Global Equity Dividend Port		A-	(800) 334-3444	B- / 7.1	4.50	6.95	24.83 /83	15.14 /69	11.26 /46	4.17	1.17
TC	ING VP Global Science and Tech CL		C	(800) 334-3444	C / 5.4	8.80	10.70	19.58 /57	11.47 /40	9.10 /24	0.00	1.06
TC	ING VP Global Science and Tech CL		C-	(800) 334-3444	C / 5.2	8.62	10.53	19.15 /53	11.25 /38	8.97 /23	0.00	1.33
GI	ING VP Growth and Income Port I		B-	(800) 334-3444	C / 5.1	6.88	7.61	20.11 /61	11.82 /44	9.18 /25	1.08	0.59
GI	ING VP Growth and Income Port S		C+	(800) 334-3444	C / 4.7	6.78	7.47	19.67 /57	11.50 /41	--	0.91	0.84

● Denotes fund is closed to new investors
* Denotes fund is included in Section II

www.thestreet.com/ratings

Summer 2007
I. Index of Stock Mutual Funds

RISK			NET ASSETS		ASSET				Portfolio	BULL / BEAR		FUND MANAGER		MINIMUMS		LOADS	
	3 Year		NAV							Last Bull	Last Bear	Manager	Manager	Initial	Additional	Front	Back
Risk	Standard		As of	Total	Cash	Stocks	Bonds	Other	Turnover	Market	Market	Quality	Tenure	Purch.	Purch.	End	End
Rating/Pts	Deviation	Beta	6/30/07	$(Mil)	%	%	%	%	Ratio	Return	Return	Pct	(Years)	$	$	Load	Load
C+ / 6.3	12.1	1.41	9.98	46	0	100	0	0	37.0	108.8	-8.5	14	3	0	0	0.0	0.0
C+ / 6.3	12.1	1.41	10.27	1,065	0	100	0	0	37.0	113.3	-8.5	17	3	0	0	0.0	0.0
C+ / 6.3	12.1	1.41	10.12	12	0	100	0	0	37.0	111.2	-8.5	16	3	0	0	0.0	0.0
B / 8.5	6.7	0.89	16.46	33	0	99	0	1	19.0	N/A	N/A	81	3	0	0	0.0	0.0
B / 8.9	6.6	0.88	16.77	103	0	99	0	1	19.0	N/A	N/A	86	4	0	0	0.0	0.0
B- / 7.9	6.7	0.88	16.71	1,313	0	99	0	1	19.0	108.3	-10.2	84	8	0	0	0.0	0.0
B / 8.9	6.6	0.88	16.61	71	0	99	0	1	19.0	106.9	-10.2	83	5	0	0	0.0	0.0
B- / 7.9	8.7	1.13	63.19	108	0	100	0	0	43.0	91.9	-8.9	36	6	0	0	0.0	0.0
B- / 7.9	8.7	1.13	64.42	1,348	0	100	0	0	43.0	96.0	-8.8	42	10	0	0	0.0	0.0
B- / 7.9	8.7	1.13	63.78	63	0	100	0	0	43.0	94.0	-8.8	39	6	0	0	0.0	0.0
U /	N/A	N/A	13.44	93	0	99	0	1	5.0	N/A	N/A	N/A	1	0	0	0.0	0.0
U /	N/A	N/A	15.54	25	0	100	0	0	20.0	N/A	N/A	N/A	1	0	0	0.0	0.0
B / 8.3	8.1	0.78	15.54	511	0	100	0	0	20.0	128.6	-10.6	28	2	0	0	0.0	0.0
B / 8.3	8.0	0.78	15.42	9	0	100	0	0	20.0	127.4	-10.6	27	2	0	0	0.0	0.0
B / 8.6	8.5	1.04	34.60	2	0	100	0	0	171.0	94.5	-11.7	55	1	0	0	0.0	0.0
B / 8.6	8.4	1.03	35.20	194	0	100	0	0	171.0	98.7	-11.6	62	1	0	0	0.0	0.0
B / 8.6	8.4	1.03	34.97	22	0	100	0	0	171.0	96.6	-11.7	58	1	0	0	0.0	0.0
B+ / 9.4	4.8	1.05	11.55	105	0	90	9	1	79.0	71.2	-6.0	74	2	0	0	0.0	0.0
B+ / 9.3	4.9	1.07	11.49	5	0	90	9	1	79.0	N/A	N/A	71	2	0	0	0.0	0.0
B / 8.7	7.0	0.90	11.12	10	0	100	0	0	39.0	101.4	-9.2	81	3	0	0	0.0	0.0
B / 8.7	7.0	0.90	11.32	389	0	100	0	0	39.0	105.7	-9.1	84	3	0	0	0.0	0.0
B / 8.7	7.0	0.91	11.18	58	0	100	0	0	39.0	103.6	-9.1	82	3	0	0	0.0	0.0
U /	N/A	N/A	10.66	26	0	100	0	0	104.0	N/A	N/A	N/A	1	0	0	0.0	0.0
U /	N/A	N/A	15.86	217	0	82	0	18	27.0	N/A	N/A	N/A	2	1,000	0	5.8	0.0
U /	N/A	N/A	15.73	43	0	82	0	18	27.0	N/A	N/A	N/A	2	1,000	0	0.0	0.0
U /	N/A	N/A	15.72	87	0	82	0	18	27.0	N/A	N/A	N/A	2	1,000	0	0.0	0.0
B / 8.5	5.2	0.65	40.00	15	0	74	4	22	57.0	88.5	-10.0	82	3	0	0	0.0	0.0
B / 8.5	5.1	0.65	40.80	911	0	74	4	22	57.0	92.6	-9.9	85	3	0	0	0.0	0.0
B / 8.5	5.1	0.65	40.50	101	0	74	4	22	57.0	90.5	-10.0	83	3	0	0	0.0	0.0
C+ / 6.3	12.0	1.41	13.12	34	0	100	0	0	59.0	N/A	N/A	20	3	0	0	0.0	0.0
C+ / 6.3	12.0	1.41	13.04	58	0	100	0	0	59.0	85.5	-10.8	19	3	0	0	0.0	0.0
C+ / 6.3	12.1	1.41	12.97	14	0	100	0	0	59.0	84.1	-10.7	17	3	0	0	0.0	0.0
B / 8.1	6.5	0.80	13.97	45	0	100	0	0	27.0	101.0	-7.3	78	5	0	0	0.0	0.0
B / 8.2	6.5	0.80	14.21	682	0	100	0	0	27.0	105.3	-7.2	82	5	0	0	0.0	0.0
B / 8.2	6.5	0.80	14.12	381	0	100	0	0	27.0	103.1	-7.1	80	5	0	0	0.0	0.0
B / 8.7	6.9	0.55	17.36	368	0	99	0	1	16.0	127.7	-5.5	81	5	0	0	0.0	0.0
B / 8.7	6.9	0.55	17.27	90	0	99	0	1	16.0	126.0	-5.3	80	5	0	0	0.0	0.0
B / 8.8	7.0	0.88	29.91	7	0	100	0	0	30.0	N/A	N/A	88	3	0	0	0.0	0.0
B / 8.8	7.0	0.88	30.39	982	0	100	0	0	30.0	114.2	-6.9	89	5	0	0	0.0	0.0
B / 8.8	7.0	0.88	30.22	83	0	100	0	0	30.0	112.7	-6.9	89	5	0	0	0.0	0.0
C+ / 5.6	14.2	0.96	37.70	246	0	99	0	1	28.0	N/A	N/A	96	4	0	0	0.0	0.0
C+ / 5.6	14.2	0.96	37.49	895	0	99	0	1	28.0	226.7	-0.6	96	6	0	0	0.0	0.0
C+ / 5.6	14.2	0.96	37.32	38	0	99	0	1	28.0	224.7	-0.7	96	5	0	0	0.0	0.0
B+ / 9.4	5.5	0.84	14.34	1,128	6	81	12	1	236.0	50.7	-3.7	34	5	0	0	0.0	0.0
B+ / 9.4	5.5	0.85	14.27	11	6	81	12	1	236.0	N/A	N/A	31	4	0	0	0.0	0.0
B / 8.7	8.5	1.01	13.34	4	6	93	0	1	48.0	N/A	N/A	55	3	0	0	0.0	0.0
B / 8.7	8.5	1.01	13.32	86	6	93	0	1	48.0	N/A	N/A	53	3	0	0	0.0	0.0
B / 8.4	8.0	0.81	9.87	60	0	100	0	0	31.0	111.7	-10.5	20	1	0	0	0.0	0.0
C+ / 5.9	15.0	1.67	5.07	81	0	100	0	0	129.0	88.8	-15.8	9	3	0	0	0.0	0.0
C+ / 5.8	15.2	1.70	5.04	1	0	100	0	0	129.0	88.0	-15.5	8	3	0	0	0.0	0.0
B / 8.5	7.9	1.05	25.16	3,034	1	98	0	1	103.0	92.0	-10.1	50	3	0	0	0.0	0.0
B / 8.5	7.9	1.05	25.04	6	1	98	0	1	103.0	N/A	N/A	46	3	0	0	0.0	0.0

www.thestreet.com/ratings

Data as of June 30, 2007

I. Index of Stock Mutual Funds

Summer 2007

99 Pct = Best
0 Pct = Worst

Fund Type	Fund Name	Ticker Symbol	Overall Investment Rating	Phone	Performance Rating/Pts	Total Return % through 6/30/07					Incl. in Returns	
						3 Mo	6 Mo	1Yr / Pct	Annualized 3Yr / Pct	5Yr / Pct	Dividend Yield	Expense Ratio
GR	ING VP Growth Portfolio Class I	IIGPX	D+	(800) 334-3444	D+ / 2.3	6.90	7.80	14.92 /26	8.58 /18	7.69 /13	0.17	0.69
GR	ING VP Growth Portfolio Class S	ISGPX	D	(800) 334-3444	D / 2.2	6.86	7.67	14.62 /24	8.32 /16	7.44 /11	0.17	0.94
GL	ING VP Index Plus Intl Eq I	IVPPX	U	(800) 334-3444	U /	5.49	11.37	27.98 /90	--	--	1.07	0.55
GL	ING VP Index Plus Intl Eq S		U	(800) 334-3444	U /	5.36	11.15	27.59 /89	--	--	0.87	0.80
GR	ING VP Index Plus Large Cap Port I	IPLIX	C+	(800) 334-3444	C / 4.3	6.06	6.48	19.54 /56	11.30 /39	9.95 /32	1.20	0.43
GR	ING VP Index Plus Large Cap Port S		C+	(800) 334-3444	C / 4.3	6.41	6.78	19.78 /58	11.17 /37	9.76 /30	1.21	0.68
MC	ING VP Index Plus MidCap Port I	IPMIX	B	(800) 334-3444	C+ / 6.6	6.54	12.12	17.80 /44	14.17 /63	13.39 /65	0.72	0.49
MC	ING VP Index Plus MidCap Port S	IPMSX	B	(800) 334-3444	C+ / 6.4	6.47	11.99	17.46 /41	13.87 /61	13.10 /63	0.47	0.74
SC	ING VP Index Plus SmallCap Port I	IPSIX	C	(800) 334-3444	C- / 4.2	3.84	6.50	12.50 /15	13.26 /56	13.36 /65	0.42	0.49
SC	ING VP Index Plus SmallCap Port S		C	(800) 334-3444	C- / 4.2	4.13	6.76	12.59 /15	13.11 /55	13.15 /63	0.42	0.74
FO	ING VP International Equity Port I		A+	(800) 334-3444	B / 8.2	3.42	5.94	20.33 /62	19.98 /85	14.25 /71	0.00	0.99
FO	ING VP International Equity Port S		A	(800) 334-3444	B / 8.1	3.52	5.90	20.28 /62	19.72 /84	13.97 /69	0.00	1.24
FO	ING VP International Value Port I		A+	(800) 334-3444	B+ / 8.9	6.01	10.11	28.29 /90	21.25 /87	15.41 /78	2.08	1.19
FO	ING VP International Value Port S		A+	(800) 334-3444	B+ / 8.8	5.90	9.95	27.70 /89	20.80 /86	15.19 /77	1.87	1.30
MC	ING VP MidCap Opportunities Port I		C+	(800) 334-3444	C+ / 6.9	10.61	14.95	18.28 /47	13.24 /56	12.31 /56	0.00	0.90
MC	ING VP MidCap Opportunities Port S		C+	(800) 334-3444	C+ / 6.8	10.51	14.91	18.14 /46	13.06 /55	12.12 /55	0.00	1.20
RE	ING VP Real Estate Portfolio Cl I	IVPRX	C	(800) 334-3444	B- / 7.4	-9.23	-7.19	9.70 / 7	21.20 /87	--	2.07	0.93
RE	ING VP Real Estate Portfolio Cl S		U	(800) 334-3444	U /	-9.25	-7.31	9.46 / 7	--	--	1.84	1.18
SC	ING VP Small Company Portfolio I		E+	(800) 334-3444	E+ / 0.7	-9.60	-5.85	1.11 / 1	10.48 /32	9.49 /28	0.00	0.85
SC	ING VP Small Company Portfolio S		E+	(800) 334-3444	E+ / 0.6	-9.59	-5.85	0.66 / 1	10.12 /29	9.26 /25	0.00	1.10
SC	ING VP SmallCap Opp Port I		B-	(800) 334-3444	B- / 7.1	7.41	12.47	19.66 /57	14.48 /65	10.04 /33	0.00	0.90
SC	ING VP SmallCap Opp Port S		B-	(800) 334-3444	B- / 7.0	7.36	12.36	19.44 /56	14.26 /64	9.83 /31	0.00	1.10
AA	ING VP Strt Alloc Consv Port I		D+	(800) 334-3444	E- / 0.2	-3.50	-2.29	4.66 / 1	5.27 / 4	5.36 / 3	0.00	0.72
AA	ING VP Strt Alloc Gr Port Cl I		D+	(800) 334-3444	E+ / 0.8	-2.95	-1.64	8.19 / 4	8.77 /19	8.04 /15	0.00	0.71
AA	ING VP Strt Alloc Mod Port Cl I		D+	(800) 334-3444	E / 0.4	-2.26	-1.11	7.75 / 4	7.37 /11	6.99 / 8	0.00	0.70
GR	ING VP Value Opportunity Port Cl I		C+	(800) 334-3444	C / 4.4	4.35	5.93	18.25 /47	12.18 /47	8.31 /17	0.00	0.69
GR	ING VP Value Opportunity Port Cl S		C+	(800) 334-3444	C / 4.3	4.51	6.04	18.23 /47	12.00 /45	8.11 /15	0.00	0.94
MC	ING Wells Fargo Discpl Val Port S	IJETX	C-	(800) 334-3444	C- / 3.3	2.52	5.18	15.69 /30	11.56 /41	11.18 /45	0.50	1.10
MC	ING Wells Fargo Discpl Val Port S2	IJPSX	C-	(800) 334-3444	C- / 3.1	2.48	5.09	15.50 /29	11.39 /40	--	0.45	1.45
SC	ING Wells Fargo SmCp Discpl I	IWSSX	U	(800) 334-3444	U /	3.92	7.02	16.39 /34	--	--	0.40	0.87
SC	ING Wells Fargo SmCp Discpl S	IWSSX	U	(800) 334-3444	U /	3.84	6.94	16.21 /33	--	--	0.23	1.12
GI	Integrity Fund of Funds	IFOFX	B-	(701) 852-5292	C / 5.3	6.59	7.79	19.15 /53	12.47 /50	11.13 /45	0.33	3.29
GI	Integrity Growth & Income A	IGIAX	B	(701) 852-5292	C / 5.4	9.25	8.44	20.75 /65	13.42 /58	9.79 /31	0.70	2.45
HL	Integrity Health Sciences Fund A	IHLAX	E+	(701) 852-5292	E / 0.5	5.57	3.49	14.90 /25	5.94 / 6	8.23 /16	0.00	3.29
SC	Integrity Small Cap Growth Fund A	ICPAX	E-	(701) 852-5292	D / 2.2	5.38	5.86	12.47 /15	11.40 /40	9.47 /28	0.00	2.82
TC	Integrity Technology Fund A	ITKAX	D	(701) 852-5292	C- / 3.4	8.72	7.51	18.57 /49	11.34 /39	12.90 /61	0.00	3.38
GR	IPO Plus Aftermarket Fund	IPOSX	D-	(888) 476-3863	C / 5.0	7.15	8.30	18.00 /45	12.62 /51	12.94 /61	0.00	3.22
SC	Ironwood Isabelle Sm-Co Stk Fd Inst	IZZIX	D+	(800) 472-6114	B- / 7.4	6.25	9.05	24.24 /81	15.99 /74	11.90 /52	0.00	2.28
SC	Ironwood Isabelle Sm-Co Stk Fd Inv	IZZYX	D+	(800) 472-6114	B- / 7.3	6.24	8.92	23.94 /80	15.60 /72	11.52 /49	0.00	2.14
AA	ISI Strategy A	STRTX	C	(800) 955-7175	C- / 3.3	5.26	7.23	17.27 /40	11.23 /38	9.91 /32	1.15	0.95
AA	Ivy Fund-Asset Strategy A	WASAX	B	(800) 777-6472	B+ / 8.6	8.48	12.23	16.30 /34	23.04 /91	15.72 /80	0.50	1.13
AA	Ivy Fund-Asset Strategy B	WASBX	B	(800) 777-6472	B+ / 8.7	8.26	11.80	15.33 /28	21.98 /89	14.71 /74	0.00	1.98
AA	Ivy Fund-Asset Strategy C	WASCX	B	(800) 777-6472	B+ / 8.7	8.29	11.82	15.40 /28	22.10 /89	14.84 /75	0.00	1.90
AA	Ivy Fund-Asset Strategy Y	WASYX	B+	(800) 777-6472	B+ / 8.9	8.47	12.22	16.29 /34	23.05 /91	15.77 /80	0.54	1.15
BA	Ivy Fund-Balanced Fund A	IBNAX	C-	(800) 777-6472	D- / 1.2	4.97	5.63	12.73 /15	9.06 /21	8.95 /23	1.03	1.39
BA	Ivy Fund-Balanced Fund B	IBNBX	C-	(800) 777-6472	D- / 1.4	4.68	5.07	11.60 /12	7.97 /14	--	0.17	2.39
BA	Ivy Fund-Balanced Fund C	IBNCX	C-	(800) 777-6472	D- / 1.5	4.80	5.27	11.86 /13	8.16 /15	--	0.40	2.16
BA	Ivy Fund-Balanced Fund Y	IBNYX	C	(800) 777-6472	D / 2.1	5.00	5.69	12.87 /16	9.25 /23	--	1.22	1.26
GR	Ivy Fund-Capital Appreciation A	WMEAX	C	(800) 777-6472	C / 4.5	7.53	10.38	22.32 /74	11.82 /44	12.58 /58	0.00	1.40
GR	Ivy Fund-Capital Appreciation B	WMEBX	C+	(800) 777-6472	C / 4.7	7.21	9.77	20.93 /66	10.66 /33	11.45 /48	0.00	2.51
GR	Ivy Fund-Capital Appreciation C	WMECX	C+	(800) 777-6472	C / 5.0	7.30	9.98	21.29 /69	10.87 /35	11.51 /49	0.00	2.18
GR	Ivy Fund-Core Equity A	WCEAX	C-	(800) 777-6472	C- / 4.0	7.68	7.89	15.75 /30	13.07 /55	8.91 /22	0.00	1.37

● Denotes fund is closed to new investors
* Denotes fund is included in Section II

www.thestreet.com/ratings

I. Index of Stock Mutual Funds

Summer 2007

RISK			NET ASSETS		ASSET					BULL / BEAR		FUND MANAGER		MINIMUMS		LOADS	
	3 Year		NAV						Portfolio	Last Bull	Last Bear	Manager	Manager	Initial	Additional	Front	Back
Risk	Standard		As of	Total	Cash	Stocks	Bonds	Other	Turnover	Market	Market	Quality	Tenure	Purch.	Purch.	End	End
Rating/Pts	Deviation	Beta	6/30/07	$(Mil)	%	%	%	%	Ratio	Return	Return	Pct	(Years)	$	$	Load	Load
B- / 7.2	10.2	1.26	11.46	179	0	99	0	1	188.0	71.8	-9.0	11	9	0	0	0.0	0.0
B- / 7.2	10.2	1.26	11.35	23	0	99	0	1	188.0	70.1	-9.1	10	6	0	0	0.0	0.0
U /	N/A	N/A	14.60	511	N/A	100	0	N/A	155.0	N/A	N/A	N/A	2	0	0	0.0	0.0
U /	N/A	N/A	14.55	147	N/A	100	0	N/A	155.0	N/A	N/A	N/A	2	0	0	0.0	0.0
B / 8.8	7.5	1.01	18.38	2,417	1	98	0	1	128.0	91.1	-9.6	47	6	0	0	0.0	0.0
B / 8.8	7.5	1.02	18.26	227	1	98	0	1	128.0	89.8	-9.6	44	6	0	0	0.0	0.0
B / 8.0	10.2	0.97	19.48	1,306	2	97	0	1	84.0	125.0	-8.3	45	6	0	0	0.0	0.0
B / 8.0	10.2	0.98	19.29	269	2	97	0	1	84.0	122.8	-8.4	40	6	0	0	0.0	0.0
B- / 7.4	12.4	0.91	17.25	778	2	97	0	1	93.0	135.9	-9.2	62	6	0	0	0.0	0.0
B- / 7.4	12.5	0.92	17.08	208	2	97	0	1	93.0	134.3	-9.4	60	6	0	0	0.0	0.0
B / 8.0	9.9	1.03	13.02	83	1	98	0	1	79.0	155.4	-10.5	22	5	0	0	0.0	0.0
B / 8.0	9.9	1.04	12.93	1	1	98	0	1	79.0	152.6	-10.5	20	5	0	0	0.0	0.0
B / 8.2	9.6	1.00	16.72	525	3	96	0	1	146.0	152.7	-9.2	36	5	0	0	0.0	0.0
B / 8.2	9.5	0.99	16.87	11	3	96	0	1	146.0	149.3	-9.4	34	5	0	0	0.0	0.0
C+ / 6.4	13.2	1.19	9.38	73	0	99	0	1	139.0	110.0	-11.4	17	2	0	0	0.0	0.0
C+ / 6.4	13.2	1.19	9.25	34	0	99	0	1	139.0	108.3	-11.3	16	2	0	0	0.0	0.0
C / 4.5	15.5	1.04	18.13	163	0	100	0	0	37.0	N/A	N/A	73	3	0	0	0.0	0.0
U /	N/A	N/A	18.10	43	0	100	0	0	37.0	N/A	N/A	N/A	3	0	0	0.0	0.0
C+ / 6.6	15.1	0.89	20.43	588	3	96	0	1	83.0	104.5	-10.0	32	2	0	0	0.0	0.0
C+ / 6.6	15.0	0.89	20.28	3	3	96	0	1	83.0	102.8	-10.0	29	2	0	0	0.0	0.0
C+ / 6.6	13.6	0.97	22.46	86	2	97	0	1	84.0	120.3	-15.1	70	2	0	0	0.0	0.0
C+ / 6.6	13.6	0.97	22.18	123	2	97	0	1	84.0	118.5	-15.2	67	2	0	0	0.0	0.0
B+ / 9.6	4.2	0.55	13.24	142	6	66	27	1	335.0	37.2	-1.5	39	5	0	0	0.0	0.0
B / 8.8	7.4	1.15	16.78	298	3	91	4	2	233.0	73.1	-7.0	45	5	0	0	0.0	0.0
B+ / 9.3	5.7	0.93	15.15	285	0	89	10	1	258.0	57.0	-4.6	41	5	0	0	0.0	0.0
B / 8.9	7.5	0.91	16.78	169	0	100	0	0	83.0	92.6	-9.2	69	2	0	0	0.0	0.0
B / 8.9	7.5	0.91	16.67	28	0	100	0	0	83.0	91.2	-9.3	67	2	0	0	0.0	0.0
B- / 7.7	9.0	0.75	18.68	272	0	100	0	0	97.0	106.6	-12.4	46	2	0	0	0.0	0.0
B- / 7.7	8.9	0.74	18.57	5	0	100	0	0	97.0	105.3	-12.5	45	2	0	0	0.0	0.0
U /	N/A	N/A	12.20	133	0	100	0	0	62.0	N/A	N/A	N/A	2	0	0	0.0	0.0
U /	N/A	N/A	12.18	56	0	100	0	0	62.0	N/A	N/A	N/A	2	0	0	0.0	0.0
B / 8.6	7.4	0.96	14.39	14	2	97	0	1	16.5	96.9	-9.7	67	12	1,000	50	0.0	0.0
B / 8.9	7.6	0.85	39.57	44	5	94	0	1	94.2	105.8	-9.5	84	2	1,000	50	5.8	0.0
C+ / 6.8	11.5	1.08	11.57	2	22	76	0	2	15.9	65.3	-3.4	7	N/A	1,000	50	5.8	0.0
E- / 0.0	12.2	0.79	9.40	4	26	74	0	0	25.7	99.2	-12.1	54	N/A	1,000	50	5.8	0.0
C+ / 6.1	13.7	1.55	10.60	3	22	76	0	2	18.3	119.3	-17.5	13	N/A	1,000	50	5.8	0.0
C- / 3.4	15.1	1.26	15.14	19	18	81	0	1	260.3	121.9	-10.3	37	10	5,000	100	0.0	2.0
D+ / 2.4	16.8	1.15	15.30	4	1	98	0	1	131.3	176.8	-20.8	66	9	500,000	50,000	0.0	2.0
D+ / 2.3	16.8	1.15	14.65	39	1	98	0	1	131.3	172.9	-20.8	62	9	1,000	100	0.0	2.0
B / 8.0	6.0	1.26	14.35	79	1	76	21	2	41.0	78.2	-6.1	69	10	5,000	250	3.0	0.0
C+ / 5.9	11.3	1.25	22.29	1,411	8	79	11	2	123.0	102.5	2.7	99	8	500	0	5.8	0.0
C+ / 5.9	11.4	1.26	21.89	143	8	79	11	2	123.0	95.2	2.4	99	8	500	0	0.0	0.0
C+ / 5.9	11.4	1.26	21.95	1,548	8	79	11	2	123.0	96.2	2.4	99	8	500	0	0.0	0.0
C+ / 5.9	11.4	1.26	22.31	267	8	79	11	2	123.0	102.9	2.7	99	10	10,000,000	0	0.0	0.0
B+ / 9.2	5.1	1.06	16.94	62	5	72	22	1	23.0	64.0	-4.6	55	4	500	0	5.8	0.0
B+ / 9.5	5.1	1.06	16.89	3	5	72	22	1	23.0	N/A	N/A	40	4	500	0	0.0	0.0
B+ / 9.5	5.0	1.06	16.91	3	5	72	22	1	23.0	N/A	N/A	43	4	500	0	0.0	0.0
B+ / 9.5	5.1	1.07	16.94	29	5	72	22	1	23.0	N/A	N/A	57	4	10,000,000	0	0.0	0.0
B- / 7.7	9.6	1.15	10.85	157	4	96	0	0	95.0	94.6	-5.3	39	5	500	0	5.8	0.0
B- / 7.7	9.5	1.14	10.11	5	4	96	0	0	95.0	86.6	-5.6	29	5	500	0	0.0	0.0
B- / 7.7	9.5	1.14	10.14	26	4	96	0	0	95.0	87.1	-5.4	31	5	500	0	0.0	0.0
C+ / 6.2	8.0	0.98	10.80	91	6	92	0	2	114.0	82.2	-9.1	73	N/A	500	0	5.8	0.0

www.thestreet.com/ratings

Data as of June 30, 2007

I. Index of Stock Mutual Funds

Summer 2007

99 Pct = Best
0 Pct = Worst

Fund Type	Fund Name	Ticker Symbol	Overall Investment Rating	Phone	Performance Rating/Pts	3 Mo	6 Mo	1Yr / Pct	3Yr / Pct	5Yr / Pct	Dividend Yield	Expense Ratio
GR	Ivy Fund-Core Equity B	WCEBX	C-	(800) 777-6472	C / 4.4	7.49	7.38	14.67 /24	12.07 /46	7.90 /14	0.00	2.29
GR	Ivy Fund-Core Equity C	WTRCX	C-	(800) 777-6472	C / 4.7	7.52	7.52	14.99 /26	12.25 /48	8.06 /15	0.00	2.13
GR	Ivy Fund-Core Equity Y	WCEYX	C	(800) 777-6472	C+ / 5.7	7.82	8.02	15.99 /32	13.35 /57	9.08 /24	0.00	1.21
GL	Ivy Fund-Cundill Global Value A	ICDAX	C	(800) 777-6472	C / 4.8	4.67	9.51	18.24 /47	14.66 /66	13.99 /70	0.58	1.90
GL	● Ivy Fund-Cundill Global Value Adv	ICDVX	B-	(800) 777-6472	C+ / 6.8	4.72	9.70	18.80 /51	15.23 /70	14.55 /73	1.08	1.23
GL	Ivy Fund-Cundill Global Value B	ICDBX	C+	(800) 777-6472	C / 5.2	4.39	8.97	17.18 /39	13.65 /59	13.05 /62	0.00	2.51
GL	Ivy Fund-Cundill Global Value C	ICDCX	C+	(800) 777-6472	C / 5.5	4.53	9.14	17.50 /41	13.92 /61	13.21 /63	0.09	2.55
GL	● Ivy Fund-Cundill Global Value I		B+	(800) 777-6472	B- / 7.5	6.44	11.54	20.67 /65	15.70 /72	--	1.03	1.16
GL	Ivy Fund-Cundill Global Value Y	ICDYX	B-	(800) 777-6472	C+ / 6.4	4.71	9.68	18.67 /50	15.14 /69	--	0.89	1.46
GI	Ivy Fund-Dividend Income A	IVDAX	B	(800) 777-6472	C+ / 6.1	6.78	9.44	16.69 /36	15.91 /73	--	0.95	1.38
GI	Ivy Fund-Dividend Income B	IVDBX	B+	(800) 777-6472	C+ / 6.4	6.53	8.89	15.69 /30	14.89 /68	--	0.21	2.30
GI	Ivy Fund-Dividend Income C	IVDCX	B	(800) 777-6472	C+ / 6.5	6.61	8.99	15.86 /31	14.96 /68	--	0.29	2.17
GI	Ivy Fund-Dividend Income Y	IVDYX	A	(800) 777-6472	B- / 7.2	6.87	9.53	16.85 /37	16.07 /74	--	1.08	1.29
FO	Ivy Fund-European Opport A	IEOAX	B+	(800) 777-6472	A- / 9.2	8.18	13.32	33.28 /95	24.89 /93	24.33 /96	0.91	1.64
FO	● Ivy Fund-European Opport Adv	IEOVX	A-	(800) 777-6472	A / 9.5	8.30	13.59	33.93 /95	25.50 /94	24.73 /96	1.32	1.19
FO	Ivy Fund-European Opport B	IEOBX	B+	(800) 777-6472	A / 9.3	8.00	12.90	32.32 /94	24.00 /92	23.29 /95	0.32	2.40
FO	Ivy Fund-European Opport C	IEOCX	B+	(800) 777-6472	A / 9.3	8.02	12.94	32.40 /95	24.04 /92	23.33 /95	0.39	2.32
FO	Ivy Fund-European Opport Y	IEOYX	A-	(800) 777-6472	A / 9.4	8.27	13.44	33.57 /95	25.16 /93	--	1.09	1.44
EN	Ivy Fund-Global Nat Resource A	IGNAX	B+	(800) 777-6472	A+ / 9.6	14.90	21.99	27.63 /89	34.06 /97	26.92 /97	0.39	1.31
EN	● Ivy Fund-Global Nat Resource Adv	IGNVX	B+	(800) 777-6472	A+ / 9.7	14.99	22.21	28.09 /90	34.37 /97	27.04 /97	0.56	1.47
EN	Ivy Fund-Global Nat Resource B	IGNBX	B+	(800) 777-6472	A+ / 9.7	14.67	21.53	26.62 /87	32.97 /97	25.82 /97	0.00	2.12
EN	Ivy Fund-Global Nat Resource C	IGNCX	B	(800) 777-6472	A+ / 9.7	14.69	21.56	26.71 /87	33.08 /97	25.90 /97	0.00	2.04
EN	Ivy Fund-Global Nat Resource Y	IGNYX	B+	(800) 777-6472	A+ / 9.7	14.92	22.05	27.77 /89	34.34 /97	--	0.51	1.27
GL	Ivy Fund-International Balanced A	IVBAX	B-	(800) 777-6472	C / 5.5	4.77	6.26	19.89 /59	15.94 /74	15.69 /80	2.37	1.38
GL	Ivy Fund-International Balanced B	IVBBX	B-	(800) 777-6472	C+ / 5.7	4.55	5.82	18.82 /51	14.68 /67	--	1.64	2.35
GL	Ivy Fund-International Balanced C	IVBCX	B	(800) 777-6472	C+ / 5.9	4.60	5.90	19.07 /53	14.95 /68	--	1.84	2.12
GL	Ivy Fund-International Balanced Y	IVBYX	B	(800) 777-6472	C+ / 6.7	4.78	6.36	20.02 /60	16.01 /74	--	2.56	1.24
FO	Ivy Fund-International Core Eq A	IVIAX	A	(800) 777-6472	A- / 9.2	8.11	12.05	28.25 /90	25.86 /94	17.24 /86	0.29	1.56
FO	● Ivy Fund-International Core Eq Adv	IVIVX	A	(800) 777-6472	A / 9.4	8.10	12.12	28.38 /90	26.53 /94	17.19 /85	0.38	2.48
FO	Ivy Fund-International Core Eq B	IIFBX	A	(800) 777-6472	A / 9.3	7.91	11.60	27.24 /88	24.84 /93	15.98 /81	0.00	2.35
FO	Ivy Fund-International Core Eq C	IVIFX	A	(800) 777-6472	A / 9.3	7.91	11.68	27.35 /89	24.91 /93	15.97 /81	0.00	2.29
FO	Ivy Fund-International Core Eq Y	IVVYX	A	(800) 777-6472	A / 9.4	8.13	12.19	28.32 /90	25.98 /94	--	0.34	1.45
FO	Ivy Fund-International Grth Fd A	IVINX	B	(800) 777-6472	B+ / 8.5	7.77	11.75	27.28 /88	21.10 /87	13.82 /68	0.12	1.46
FO	● Ivy Fund-International Grth Fd Adv		A-	(800) 777-6472	B / 8.2	6.89	10.02	23.30 /78	17.71 /80	--	0.00	4.66
FO	Ivy Fund-International Grth Fd B	IVIBX	B	(800) 777-6472	B+ / 8.6	7.52	11.19	25.95 /85	19.77 /84	12.53 /58	0.00	2.55
FO	Ivy Fund-International Grth Fd C	IVNCX	B	(800) 777-6472	B+ / 8.6	7.47	11.15	25.90 /85	19.88 /85	12.61 /59	0.00	2.54
FO	● Ivy Fund-International Grth Fd II	IVIIX	B+	(800) 777-6472	A- / 9.0	7.75	11.77	27.49 /89	21.26 /87	13.99 /70	0.38	1.20
FO	Ivy Fund-International Grth Fd Y	IVIYX	B	(800) 777-6472	B+ / 8.8	7.75	11.72	27.24 /88	21.08 /87	--	0.15	1.46
GR	Ivy Fund-Large Cap Gr A	WLGAX	D-	(800) 777-6472	D- / 1.3	5.84	7.94	9.74 / 7	10.00 /28	9.16 /25	0.00	1.39
GR	Ivy Fund-Large Cap Gr B	WLGBX	D-	(800) 777-6472	D- / 1.4	5.51	7.28	8.40 / 5	8.77 /19	7.81 /13	0.00	2.42
GR	Ivy Fund-Large Cap Gr C	WLGCX	D	(800) 777-6472	D- / 1.5	5.55	7.37	8.66 / 5	9.05 /21	8.19 /16	0.00	2.18
GR	Ivy Fund-Large Cap Gr Y	WLGYX	D+	(800) 777-6472	D+ / 2.3	5.85	8.01	9.89 / 8	10.23 /30	9.41 /27	0.00	1.19
MC	Ivy Fund-Mid Cap Growth A	WMGAX	C	(800) 777-6472	C / 4.9	7.26	10.65	17.11 /39	13.52 /58	13.25 /64	0.00	1.59
MC	Ivy Fund-Mid Cap Growth B	WMGBX	C+	(800) 777-6472	C / 5.1	7.06	10.14	15.91 /31	12.33 /48	11.94 /53	0.00	2.62
MC	Ivy Fund-Mid Cap Growth C	WMGCX	C+	(800) 777-6472	C / 5.5	7.05	10.23	16.28 /34	12.71 /52	12.33 /56	0.00	2.42
MC	Ivy Fund-Mid Cap Growth Y	WMGYX	B-	(800) 777-6472	C+ / 6.4	7.41	10.84	17.54 /42	13.93 /61	13.60 /66	0.00	1.42
FO	Ivy Fund-Pacific Opportunities A	IPOAX	C+	(800) 777-6472	A+ / 9.7	14.02	15.04	43.09 /98	32.67 /97	23.84 /95	0.05	1.84
FO	● Ivy Fund-Pacific Opportunities Adv	IPOVX	B-	(800) 777-6472	A+ / 9.7	14.09	15.27	43.89 /98	33.48 /97	24.32 /96	0.49	1.28
FO	Ivy Fund-Pacific Opportunities B	IPOBX	C+	(800) 777-6472	A+ / 9.7	13.69	14.42	41.56 /97	31.40 /96	22.40 /94	0.00	2.88
FO	Ivy Fund-Pacific Opportunities C	IPOCX	C+	(800) 777-6472	A+ / 9.7	13.73	14.61	41.98 /97	31.63 /97	22.77 /95	0.00	2.60
FO	Ivy Fund-Pacific Opportunities Y	IPOYX	B-	(800) 777-6472	A+ / 9.7	14.03	15.18	43.48 /98	33.08 /97	--	0.24	1.58
RE	Ivy Fund-Real Estate Securities A	IRSAX	D+	(800) 777-6472	C / 5.2	-9.15	-6.70	8.17 / 4	19.39 /84	18.67 /89	0.49	1.57

● Denotes fund is closed to new investors
* Denotes fund is included in Section II

www.thestreet.com/ratings

Summer 2007

I. Index of Stock Mutual Funds

RISK			NET ASSETS		ASSET				Portfolio	BULL / BEAR		FUND MANAGER		MINIMUMS		LOADS	
	3 Year		NAV							Last Bull	Last Bear	Manager	Manager	Initial	Additional	Front	Back
Risk	Standard		As of	Total	Cash	Stocks	Bonds	Other	Turnover	Market	Market	Quality	Tenure	Purch.	Purch.	End	End
Rating/Pts	Deviation	Beta	6/30/07	$(Mil)	%	%	%	%	Ratio	Return	Return	Pct	(Years)	$	$	Load	Load
C+ / 6.0	8.0	0.97	10.04	11	6	92	0	2	114.0	75.3	-9.5	61	N/A	500	0	0.0	0.0
C+ / 6.0	8.0	0.97	10.15	165	6	92	0	2	114.0	76.2	-9.3	64	N/A	500	0	0.0	0.0
C+ / 6.3	8.0	0.96	11.31	2	6	92	0	2	114.0	83.4	-9.1	76	N/A	10,000,000	0	0.0	0.0
B- / 7.4	6.1	0.37	17.04	710	12	87	0	1	15.0	127.6	-6.3	90	7	500	0	5.8	2.0
B- / 7.4	6.1	0.37	17.08	3	12	87	0	1	15.0	132.2	-6.1	92	7	500	50	0.0	0.0
B- / 7.4	6.1	0.37	16.64	59	12	87	0	1	15.0	119.2	-6.3	86	6	500	0	0.0	2.0
B- / 7.4	6.1	0.37	16.60	232	12	87	0	1	15.0	121.1	-6.4	87	6	500	0	0.0	2.0
B- / 7.8	6.6	0.40	17.20	2	12	87	0	1	15.0	135.3	-6.3	92	5	500	50	0.0	0.0
B- / 7.4	6.1	0.37	17.11	14	12	87	0	1	15.0	N/A	N/A	92	4	10,000,000	0	0.0	2.0
B / 8.6	7.7	0.88	16.73	129	6	92	0	2	24.0	N/A	N/A	93	4	500	0	5.8	0.0
B / 8.5	7.7	0.88	16.65	11	6	92	0	2	24.0	N/A	N/A	89	4	500	0	0.0	0.0
B / 8.5	7.7	0.88	16.66	22	6	92	0	2	24.0	N/A	N/A	90	4	500	0	0.0	0.0
B / 8.6	7.7	0.89	16.74	6	6	92	0	2	24.0	N/A	N/A	93	4	10,000,000	0	0.0	0.0
C+ / 6.0	12.3	1.17	43.90	457	0	98	0	2	42.0	283.5	-13.1	37	N/A	500	0	5.8	2.0
C+ / 6.0	12.3	1.17	44.37	2	0	98	0	2	42.0	290.5	-13.3	43	N/A	500	50	0.0	0.0
C+ / 6.0	12.3	1.17	42.27	59	0	98	0	2	42.0	271.6	-13.4	30	N/A	500	0	0.0	2.0
C+ / 6.0	12.3	1.17	42.43	72	0	98	0	2	42.0	272.0	-13.5	30	N/A	500	0	0.0	2.0
C+ / 6.0	12.3	1.17	43.97	5	0	98	0	2	42.0	N/A	N/A	40	N/A	10,000,000	0	0.0	2.0
C / 5.1	16.1	0.75	36.39	4,269	0	98	0	2	106.0	269.6	2.4	98	10	500	0	5.8	2.0
C / 5.1	16.1	0.75	36.20	N/A	0	98	0	2	106.0	272.4	2.3	98	9	500	50	0.0	2.0
C / 5.1	16.1	0.74	34.15	317	0	98	0	2	106.0	257.4	2.1	97	10	500	0	0.0	2.0
C / 5.0	16.1	0.74	33.49	1,403	0	98	0	2	106.0	258.3	2.1	97	10	500	0	0.0	2.0
C / 5.1	16.1	0.75	36.59	418	0	98	0	2	106.0	N/A	N/A	98	10	10,000,000	0	0.0	2.0
B / 8.3	7.5	1.20	17.44	249	8	64	28	0	22.0	127.1	-3.7	95	N/A	500	0	5.8	2.0
B / 8.2	7.5	1.19	17.40	13	8	64	28	0	22.0	N/A	N/A	93	4	500	0	0.0	2.0
B / 8.3	7.5	1.20	17.41	35	8	64	28	0	22.0	N/A	N/A	93	4	500	0	0.0	2.0
B / 8.3	7.5	1.20	17.45	1	8	64	28	0	22.0	N/A	N/A	95	4	10,000,000	0	0.0	2.0
C+ / 6.6	11.0	1.14	19.06	182	5	93	0	2	108.0	173.5	-8.6	56	5	500	0	5.8	2.0
C+ / 6.6	11.0	1.14	18.96	N/A	5	93	0	2	108.0	176.5	-8.6	63	5	500	50	0.0	0.0
C+ / 6.6	11.1	1.14	17.60	17	5	93	0	2	108.0	164.4	-8.8	43	5	500	0	0.0	2.0
C+ / 6.6	11.0	1.14	17.59	38	5	93	0	2	108.0	164.2	-8.8	44	5	500	0	0.0	2.0
C+ / 6.6	11.1	1.14	19.15	4	5	93	0	2	108.0	N/A	N/A	56	N/A	10,000,000	0	0.0	2.0
C+ / 5.8	11.2	1.15	37.29	173	0	96	0	4	97.0	136.2	-10.0	16	7	500	0	5.8	2.0
B- / 7.3	11.2	1.15	34.92	N/A	0	96	0	4	97.0	114.6	-10.1	6	7	500	50	0.0	0.0
C+ / 5.7	11.2	1.15	34.17	12	0	96	0	4	97.0	125.5	-10.3	10	7	500	0	0.0	2.0
C+ / 5.8	11.2	1.15	34.08	59	0	96	0	4	97.0	126.4	-10.3	11	7	500	0	0.0	2.0
C+ / 5.8	11.2	1.15	37.69	N/A	0	96	0	4	97.0	138.1	-10.0	16	7	500	50	0.0	0.0
C+ / 5.8	11.2	1.15	37.27	4	0	96	0	4	97.0	N/A	N/A	15	7	10,000,000	0	0.0	2.0
B- / 7.3	10.9	1.11	12.51	170	4	96	0	0	93.0	76.6	-4.7	26	7	500	0	5.8	0.0
B- / 7.2	10.9	1.11	11.49	12	4	96	0	0	93.0	67.9	-5.0	18	7	500	0	0.0	0.0
B- / 7.2	10.9	1.11	11.80	19	4	96	0	0	93.0	70.2	-4.8	20	7	500	0	0.0	0.0
B- / 7.3	10.9	1.11	12.67	55	4	96	0	0	93.0	78.1	-4.5	28	7	10,000,000	0	0.0	0.0
B- / 7.3	10.2	0.90	14.03	116	2	96	0	2	25.0	111.7	-4.3	48	6	500	0	5.8	0.0
B- / 7.2	10.2	0.90	13.04	12	2	96	0	2	25.0	102.3	-4.8	34	6	500	0	0.0	0.0
B- / 7.2	10.2	0.90	13.36	13	2	96	0	2	25.0	105.0	-4.6	38	6	500	0	0.0	0.0
B- / 7.3	10.3	0.91	14.21	11	2	96	0	2	25.0	114.4	-4.3	53	6	10,000,000	0	0.0	0.0
C- / 3.8	14.0	1.33	19.28	435	4	96	0	0	74.0	233.7	-8.3	80	N/A	500	0	5.8	2.0
C- / 3.8	14.0	1.33	18.87	N/A	4	96	0	0	74.0	239.3	-7.8	85	N/A	500	50	0.0	0.0
C- / 3.8	14.0	1.33	17.61	23	4	96	0	0	74.0	217.0	-8.5	70	N/A	500	0	0.0	2.0
C- / 3.8	14.0	1.33	17.89	38	4	96	0	0	74.0	221.9	-8.5	73	N/A	500	0	0.0	2.0
C- / 3.8	14.0	1.33	19.42	6	4	96	0	0	74.0	N/A	N/A	83	N/A	10,000,000	0	0.0	2.0
C / 4.4	14.6	0.98	23.73	355	0	98	0	2	35.0	181.9	2.1	63	N/A	500	0	5.8	0.0

www.thestreet.com/ratings

Data as of June 30, 2007

I. Index of Stock Mutual Funds

Summer 2007

						PERFORMANCE						
	99 Pct = Best 0 Pct = Worst			Overall		Perfor-	Total Return % through 6/30/07				Incl. in Returns	
Fund			Ticker	Investment		mance				Annualized		Dividend Expense
Type	Fund Name		Symbol	Rating	Phone	Rating/Pts	3 Mo	6 Mo	1Yr / Pct	3Yr / Pct	5Yr / Pct	Yield Ratio
RE	Ivy Fund-Real Estate Securities B		IRSBX	D+	(800) 777-6472	C / 5.4	-9.38	-7.16	7.13 / 3	18.16 /81	--	0.00 2.57
RE	Ivy Fund-Real Estate Securities C		IRSCX	D+	(800) 777-6472	C+/ 5.7	-9.34	-7.06	7.34 / 3	18.41 /81	--	0.00 2.39
RE	Ivy Fund-Real Estate Securities Y		IRSYX	C-	(800) 777-6472	C+/ 6.6	-9.14	-6.66	8.37 / 5	19.66 /84	--	0.71 1.37
TC	Ivy Fund-Science & Tech A		WSTAX	C+	(800) 777-6472	B- / 7.0	7.98	12.81	20.94 /66	15.72 /73	15.06 /77	0.00 1.47
TC	Ivy Fund-Science & Tech B		WSTBX	C+	(800) 777-6472	B- / 7.1	7.73	12.28	19.75 /58	14.48 /65	13.77 /68	0.00 2.51
TC	Ivy Fund-Science & Tech C		WSTCX	C+	(800) 777-6472	B- / 7.2	7.73	12.33	19.91 /59	14.74 /67	14.07 /70	0.00 2.33
TC	Ivy Fund-Science & Tech Y		WSTYX	B-	(800) 777-6472	B / 7.8	8.00	12.88	21.07 /67	15.92 /74	15.32 /78	0.00 1.35
SC	Ivy Fund-Small Cap Growth A		WSGAX	D-	(800) 777-6472	C- / 3.4	6.47	9.68	14.03 /21	12.36 /49	12.66 /59	0.00 1.49
SC	Ivy Fund-Small Cap Growth B		WSGBX	D-	(800) 777-6472	C- / 3.7	6.18	9.19	12.97 /16	11.29 /39	11.52 /49	0.00 2.45
SC	Ivy Fund-Small Cap Growth C		WRGCX	D-	(800) 777-6472	C- / 3.9	6.22	9.26	13.22 /17	11.58 /41	11.82 /52	0.00 2.20
SC	Ivy Fund-Small Cap Growth Y		WSCYX	D+	(800) 777-6472	C / 5.0	6.50	9.80	14.31 /22	12.58 /50	12.86 /61	0.00 1.32
SC	Ivy Fund-Small Cap Value Fund A		IYSAX	E	(800) 777-6472	D / 2.0	2.90	5.03	15.67 /30	11.18 /37	11.79 /51	0.00 1.74
SC	Ivy Fund-Small Cap Value Fund B		IYSBX	E-	(800) 777-6472	D / 2.2	2.58	4.47	14.39 /23	9.96 /28	--	0.00 2.82
SC	Ivy Fund-Small Cap Value Fund C		IYSCX	E	(800) 777-6472	D+/ 2.4	2.68	4.61	14.79 /25	10.29 /30	--	0.00 2.52
SC	Ivy Fund-Small Cap Value Fund Y		IYSYX	E+	(800) 777-6472	C- / 3.4	2.98	5.23	16.13 /33	11.56 /41	--	0.00 1.39
GR	Ivy Fund-Value Fund A		IYVAX	C+	(800) 777-6472	C / 4.4	6.04	8.02	22.25 /74	12.52 /50	10.73 /41	0.62 1.49
GR	Ivy Fund-Value Fund B		IYVBX	C+	(800) 777-6472	C / 4.8	5.79	7.56	21.09 /67	11.42 /40	--	0.00 2.46
GR	Ivy Fund-Value Fund C		IYVCX	B-	(800) 777-6472	C / 4.9	5.82	7.58	21.23 /68	11.53 /41	--	0.01 2.38
GR	Ivy Fund-Value Fund Y		IYVYX	B	(800) 777-6472	C+/ 6.0	6.14	8.13	22.57 /75	12.76 /52	--	0.85 1.29
RE	IXIS AEW Real Estate A		NRFAX	D	(800) 225-5478	C+/ 6.8	-10.27	-7.78	9.60 / 7	21.78 /88	19.05 /90	2.33 1.48
RE	IXIS AEW Real Estate B		NRFBX	D+	(800) 225-5478	B- / 7.1	-10.38	-8.13	8.86 / 6	20.96 /87	18.16 /88	1.75 2.22
RE	IXIS AEW Real Estate C		NRCFX	D+	(800) 225-5478	B- / 7.1	-10.40	-8.11	8.81 / 6	20.85 /86	18.16 /88	1.76 2.23
RE	IXIS AEW Real Estate Y		NRFYX	C-	(800) 225-5478	B / 7.7	-10.09	-7.51	10.15 / 8	22.13 /89	19.41 /91	2.83 1.09
GR	IXIS CGM Advisor Trgt Eqty A		NEFGX	C+	(800) 225-5478	C+/ 6.0	11.54	11.86	16.25 /33	14.93 /68	10.64 /40	0.66 1.16
GR	IXIS CGM Advisor Trgt Eqty B		NEBGX	B-	(800) 225-5478	C+/ 6.8	11.47	11.47	15.44 /28	14.11 /63	9.80 /31	0.69 1.91
GR	IXIS CGM Advisor Trgt Eqty C		NEGCX	B-	(800) 225-5478	C+/ 6.8	11.36	11.48	15.33 /28	14.07 /63	9.78 /31	0.69 1.90
GR	IXIS CGM Advisor Trgt Eqty Y		NEGYX	B	(800) 225-5478	B- / 7.2	11.77	11.97	16.65 /36	15.27 /70	11.06 /44	0.96 0.87
FO	IXIS Hansberger Intl A		NEFDX	B+	(800) 225-5478	B+/ 8.8	8.64	12.79	29.64 /92	22.03 /89	17.11 /85	1.17 1.50
FO	IXIS Hansberger Intl B		NEDBX	B+	(800) 225-5478	A- / 9.0	8.45	12.40	28.69 /91	21.16 /87	16.25 /82	0.65 2.25
FO	IXIS Hansberger Intl C		NEDCX	B+	(800) 225-5478	A- / 9.0	8.41	12.36	28.64 /91	21.13 /87	16.26 /82	0.76 2.25
MC	IXIS Harris Assoc Foc Val A		NRSAX	D-	(800) 225-5478	C- / 3.8	9.32	7.24	20.97 /67	11.91 /45	10.62 /40	0.00 1.46
MC	IXIS Harris Assoc Foc Val B		NRSBX	D-	(800) 225-5478	C / 4.8	9.04	6.84	20.01 /60	11.06 /36	9.79 /31	0.00 2.21
MC	IXIS Harris Assoc Foc Val C		NRSCX	D-	(800) 225-5478	C / 4.8	9.14	6.94	20.12 /61	11.09 /37	9.81 /31	0.00 2.22
GR	IXIS Harris Assoc Large Cap Value A		NEFOX	C-	(800) 225-5478	D+/ 2.5	7.49	6.10	22.46 /75	9.31 /23	9.12 /24	0.26 1.30
GR	IXIS Harris Assoc Large Cap Value B		NEGBX	C	(800) 225-5478	D+/ 2.9	7.30	5.73	21.62 /71	8.49 /17	8.30 /17	0.29 2.07
GR	IXIS Harris Assoc Large Cap Value C		NECOX	C	(800) 225-5478	D+/ 2.9	7.31	5.74	21.65 /71	8.51 /17	8.30 /17	0.29 2.06
GR	IXIS Harris Assoc Large Cap Value Y		NEOYX	C+	(800) 225-5478	C- / 4.0	7.61	6.34	23.10 /77	9.68 /25	9.57 /28	0.26 0.91
GI	IXIS Income Diversified Portfolio A		IIDPX	U	(800) 225-5478	U /	-2.73	-0.75	9.12 / 6	--	--	3.39 1.32
GI	IXIS Income Diversified Portfolio C		CIDPX	U	(800) 225-5478	U /	-2.83	-1.11	8.50 / 5	--	--	2.86 2.07
GR	IXIS Loomis Sayles Growth Fund A		LGRRX	E+	(800) 225-5478	D- / 1.2	5.63	8.06	14.46 /23	8.11 /15	8.95 /23	0.00 1.17
GR	IXIS Loomis Sayles Growth Fund B		LGRBX	E+	(800) 225-5478	D- / 1.5	5.45	7.59	13.52 /18	7.26 /10	8.11 /15	0.00 2.11
GR	IXIS Loomis Sayles Growth Fund C		LGRCX	E+	(800) 225-5478	D- / 1.5	5.45	7.76	13.70 /19	7.32 /11	8.15 /16	0.00 1.95
GR	IXIS Loomis Sayles Growth Fund Y		LSGRX	E+	(800) 225-5478	D / 2.2	5.70	8.37	14.91 /25	8.51 /17	9.29 /26	0.00 0.80
GR	IXIS Loomis Sayles Research Fund A		LSRRX	D	(800) 225-5478	C- / 3.3	6.03	7.13	17.80 /44	11.94 /45	9.98 /33	0.63 1.68
GR	IXIS Loomis Sayles Research Fund B		LSCBX	D+	(800) 225-5478	C- / 3.8	5.79	6.66	16.90 /37	11.13 /37	9.10 /24	0.12 2.33
GR	IXIS Loomis Sayles Research Fund C		LSCCX	D+	(800) 225-5478	C- / 3.6	5.82	6.69	16.95 /38	11.07 /36	9.02 /23	0.20 2.37
GR	IXIS Loomis Sayles Research Fund Y		LISRX	C	(800) 225-5478	C / 5.2	6.11	7.20	18.22 /47	12.67 /51	10.05 /33	0.96 1.26
GL	● IXIS Moderate Divers A		AMDPX	U	(800) 225-5478	U /	4.68	6.36	15.73 /30	--	--	1.43 1.31
GL	IXIS Moderate Divers C		CMDPX	U	(800) 225-5478	U /	4.41	5.98	14.79 /25	--	--	0.81 2.06
GI	IXIS U.S. Diversified Portfolio A		NEFSX	C+	(800) 225-5478	C / 5.4	7.28	11.25	20.79 /65	13.41 /58	12.24 /56	0.00 1.46
GI	IXIS U.S. Diversified Portfolio B		NESBX	C+	(800) 225-5478	C+/ 5.8	7.08	10.82	19.90 /59	12.32 /48	11.39 /48	0.00 2.22
GI	IXIS U.S. Diversified Portfolio C		NECCX	C+	(800) 225-5478	C+/ 5.8	7.08	10.81	19.88 /59	12.33 /48	11.39 /48	0.00 2.22

● Denotes fund is closed to new investors
* Denotes fund is included in Section II

www.thestreet.com/ratings

I. Index of Stock Mutual Funds

Summer 2007

RISK			NET ASSETS		ASSET					BULL / BEAR		FUND MANAGER		MINIMUMS		LOADS	
	3 Year		NAV						Portfolio	Last Bull	Last Bear	Manager	Manager	Initial	Additional	Front	Back
Risk	Standard		As of	Total	Cash	Stocks	Bonds	Other	Turnover	Market	Market	Quality	Tenure	Purch.	Purch.	End	End
Rating/Pts	Deviation	Beta	6/30/07	$(Mil)	%	%	%	%	Ratio	Return	Return	Pct	(Years)	$	$	Load	Load
C / 4.3	14.6	0.98	23.48	20	0	98	0	2	35.0	N/A	N/A	48	4	500	0	0.0	0.0
C / 4.4	14.6	0.98	23.58	23	0	98	0	2	35.0	N/A	N/A	52	4	500	0	0.0	0.0
C / 4.4	14.6	0.98	23.73	203	0	98	0	2	35.0	N/A	N/A	66	4	10,000,000	0	0.0	0.0
C+ / 5.8	12.1	1.22	30.99	203	8	90	0	2	81.0	119.0	-3.6	78	6	500	0	5.8	0.0
C+ / 5.7	12.1	1.22	28.72	20	8	90	0	2	81.0	108.7	-3.9	66	6	500	0	0.0	0.0
C+ / 5.7	12.0	1.21	29.25	118	8	90	0	2	81.0	111.1	-3.8	69	6	500	0	0.0	0.0
C+ / 5.8	12.1	1.21	31.99	105	8	90	0	2	81.0	120.9	-3.6	80	6	10,000,000	0	0.0	0.0
C / 4.4	13.0	0.89	13.82	114	4	94	0	2	96.0	105.8	-5.7	N/A	N/A	500	0	5.8	0.0
C- / 4.0	13.0	0.89	12.71	16	4	94	0	2	96.0	97.2	-6.0	39	N/A	500	0	0.0	0.0
C- / 4.1	13.0	0.89	12.98	262	4	94	0	2	96.0	99.4	-6.0	43	N/A	500	0	0.0	0.0
C / 4.7	13.0	0.89	15.24	159	4	94	0	2	96.0	107.2	-5.7	57	N/A	10,000,000	0	0.0	0.0
C- / 3.2	11.9	0.85	16.69	131	6	94	0	0	123.0	141.1	-13.7	43	N/A	500	0	5.8	0.0
D+ / 2.7	11.9	0.85	15.88	9	6	94	0	0	123.0	N/A	N/A	31	N/A	500	0	0.0	0.0
D+ / 2.9	11.8	0.85	16.11	13	6	94	0	0	123.0	N/A	N/A	34	N/A	500	0	0.0	0.0
C- / 3.3	11.8	0.85	16.91	21	6	94	0	0	123.0	N/A	N/A	49	N/A	10,000,000	0	0.0	0.0
B / 8.6	7.2	0.93	20.16	81	4	96	0	0	61.0	102.7	-9.2	70	13	500	0	5.8	0.0
B / 8.7	7.2	0.93	19.93	7	4	96	0	0	61.0	N/A	N/A	57	4	500	0	0.0	0.0
B / 8.7	7.2	0.93	20.00	6	4	96	0	0	61.0	N/A	N/A	59	4	500	0	0.0	0.0
B / 8.7	7.2	0.93	20.17	N/A	4	96	0	0	61.0	N/A	N/A	73	4	10,000,000	0	0.0	0.0
D+ / 2.6	15.6	1.05	22.05	106	3	96	0	1	15.0	191.2	0.6	75	7	2,500	100	5.8	0.0
D+ / 2.6	15.5	1.05	22.03	16	3	96	0	1	15.0	182.0	0.4	68	7	2,500	100	0.0	0.0
D+ / 2.6	15.6	1.05	22.06	25	3	96	0	1	15.0	182.1	0.4	67	7	2,500	100	0.0	0.0
D+ / 2.6	15.5	1.05	21.47	46	3	96	0	1	15.0	194.9	0.7	79	N/A	100,000	100	0.0	0.0
B- / 7.0	10.6	1.02	11.57	706	1	98	0	1	171.0	120.2	-7.4	84	N/A	2,500	100	5.8	2.0
B- / 7.0	10.7	1.02	10.57	34	1	98	0	1	171.0	112.9	-7.6	79	N/A	2,500	100	0.0	0.0
B- / 7.0	10.6	1.02	10.56	9	1	98	0	1	171.0	113.2	-7.6	78	N/A	2,500	100	0.0	0.0
B- / 7.0	10.6	1.02	11.84	12	1	98	0	1	171.0	122.5	-7.0	86	N/A	100,000	100	0.0	2.0
C+ / 6.1	9.9	1.03	23.73	125	1	98	0	1	49.0	170.2	-10.2	37	N/A	2,500	100	5.8	2.0
C+ / 6.0	9.9	1.03	21.41	33	1	98	0	1	49.0	162.0	-10.5	30	N/A	2,500	100	0.0	0.0
C+ / 6.0	9.9	1.03	21.38	26	1	98	0	1	49.0	161.7	-10.4	30	N/A	2,500	100	1.0	0.0
C / 4.3	8.4	0.66	12.27	57	0	99	0	1	36.0	88.4	-6.1	64	N/A	2,500	100	5.8	2.0
C- / 3.9	8.4	0.66	11.53	70	0	99	0	1	36.0	82.5	-6.3	53	N/A	2,500	100	0.0	0.0
C- / 3.9	8.4	0.66	11.54	77	0	99	0	1	36.0	82.5	-6.3	N/A	N/A	2,500	100	0.0	0.0
B / 8.1	7.9	0.97	16.39	198	2	97	0	1	23.0	88.0	-9.2	29	N/A	2,500	100	5.8	0.0
B / 8.4	7.9	0.98	15.17	35	2	97	0	1	23.0	82.0	-9.4	23	N/A	2,500	100	0.0	0.0
B / 8.4	7.9	0.97	15.15	18	2	97	0	1	23.0	82.0	-9.4	24	N/A	2,500	100	0.0	0.0
B / 8.4	8.0	0.97	16.98	14	2	97	0	1	23.0	89.7	-8.4	32	N/A	100,000	100	0.0	0.0
U /	N/A	N/A	10.85	68	7	44	48	1	52.0	N/A	N/A	N/A	N/A	10,000	100	4.5	0.0
U /	N/A	N/A	10.83	90	7	44	48	1	52.0	N/A	N/A	N/A	N/A	10,000	100	0.0	0.0
C / 5.3	12.3	1.47	6.57	218	0	99	0	1	174.0	81.0	-8.5	5	N/A	2,500	100	5.8	0.0
C / 5.2	12.4	1.47	6.38	28	0	99	0	1	174.0	75.1	-8.6	4	N/A	2,500	100	0.0	0.0
C / 5.2	12.4	1.47	6.39	38	0	99	0	1	174.0	75.1	-8.6	4	N/A	2,500	100	0.0	0.0
C / 5.3	12.3	1.46	6.86	113	0	99	0	1	174.0	83.4	-8.2	6	8	100,000	100	0.0	0.0
C+ / 6.1	8.6	1.11	9.32	1	0	99	0	1	143.0	95.7	-8.6	45	N/A	2,500	100	5.8	0.0
C+ / 6.1	8.7	1.12	9.13	N/A	0	99	0	1	143.0	89.2	-8.7	34	N/A	2,500	100	0.0	0.0
C+ / 6.1	8.6	1.11	9.09	1	0	99	0	1	143.0	88.3	-8.7	35	N/A	2,500	100	1.0	0.0
C+ / 6.0	8.5	1.09	9.38	26	0	99	0	1	143.0	97.3	-8.7	57	N/A	100,000	100	0.0	0.0
U /	N/A	N/A	11.36	25	0	70	29	1	89.0	N/A	N/A	N/A	1	10,000	100	5.8	0.0
U /	N/A	N/A	11.32	65	0	70	29	1	89.0	N/A	N/A	N/A	1	10,000	100	0.0	0.0
B- / 7.5	9.4	1.18	25.51	417	0	98	0	2	83.0	114.9	-8.7	56	1	2,500	100	5.8	0.0
B- / 7.5	9.6	1.20	22.53	142	0	98	0	2	83.0	108.1	-8.9	40	1	2,500	100	0.0	0.0
B- / 7.5	9.6	1.19	22.55	48	0	98	0	2	83.0	108.3	-9.0	41	1	2,500	100	0.0	0.0

www.thestreet.com/ratings

Data as of June 30, 2007

I. Index of Stock Mutual Funds

Summer 2007

99 Pct = Best
0 Pct = Worst

Fund Type	Fund Name	Ticker Symbol	Overall Investment Rating	Phone	Performance Rating/Pts	Total Return % through 6/30/07					Incl. in Returns	
						3 Mo	6 Mo	1Yr / Pct	Annualized 3Yr / Pct	5Yr / Pct	Dividend Yield	Expense Ratio
GI	IXIS U.S. Diversified Portfolio Y	NESYX	B-	(800) 225-5478	C+ / 6.9	7.41	11.45	21.38 /69	13.84 /61	12.83 /61	0.00	1.03
GR	● IXIS Value A	NEFVX	C	(800) 225-5478	C / 5.1	6.97	7.09	22.69 /76	13.30 /57	12.04 /54	0.28	1.38
GR	● IXIS Value B	NEVBX	C	(800) 225-5478	C+ / 5.6	6.88	6.74	21.84 /72	12.46 /49	11.21 /46	0.11	2.14
GR	● IXIS Value C	NECVX	C	(800) 225-5478	C+ / 5.6	6.88	6.74	21.84 /72	12.46 /49	11.21 /46	0.11	2.14
SC	IXIS Vaug Nel Sm Cp Val A	NEFJX	B-	(800) 225-5478	C+ / 6.2	6.11	8.95	18.05 /45	16.00 /74	13.02 /62	0.00	1.61
SC	IXIS Vaug Nel Sm Cp Val B	NEJBX	B-	(800) 225-5478	C+ / 6.6	5.90	8.55	17.16 /39	15.14 /69	12.18 /55	0.00	2.39
SC	IXIS Vaug Nel Sm Cp Val C	NEJCX	B-	(800) 225-5478	C+ / 6.6	5.90	8.55	17.15 /39	15.13 /69	12.19 /55	0.00	2.37
GR	IXIS Westpeak Capital Growth A	NEFCX	D-	(800) 225-5478	E / 0.5	1.89	3.13	12.69 /15	7.33 /11	6.12 / 5	0.00	1.62
GR	IXIS Westpeak Capital Growth B	NECBX	D-	(800) 225-5478	E+ / 0.7	1.59	2.77	11.75 /13	6.49 / 7	5.33 / 3	0.00	2.38
GR	IXIS Westpeak Capital Growth C	NECGX	D-	(800) 225-5478	E+ / 0.7	1.59	2.77	11.77 /13	6.51 / 7	5.29 / 3	0.00	2.38
BA	J Hancock Balanced A	SVBAX	B	(800) 257-3336	C+ / 5.9	6.22	10.59	18.82 /51	14.65 /66	11.06 /44	1.35	1.28
BA	J Hancock Balanced B	SVBBX	B	(800) 257-3336	C+ / 6.2	6.04	10.22	18.02 /45	13.86 /61	10.30 /36	0.80	2.07
BA	J Hancock Balanced C	SVBCX	B	(800) 257-3336	C+ / 6.2	6.04	10.21	18.00 /45	13.86 /61	10.30 /36	0.79	2.07
BA	J Hancock Balanced I	SVBIX	B+	(800) 257-3336	B- / 7.1	6.26	10.75	19.25 /54	15.15 /69	11.61 /50	1.82	0.84
GR	● J Hancock Classic Value A	PZFVX	B-	(800) 257-3336	C / 5.0	7.15	6.18	21.81 /72	13.26 /56	14.36 /72	0.61	1.30
GR	● J Hancock Classic Value B	JCVBX	B-	(800) 257-3336	C / 5.4	6.93	5.80	20.96 /67	12.42 /49	--	0.00	2.11
GR	● J Hancock Classic Value C	JCVCX	B-	(800) 257-3336	C / 5.3	6.94	5.80	20.92 /66	12.41 /49	--	0.00	2.11
GR	● J Hancock Classic Value I	JCVIX	B	(800) 257-3336	C+ / 6.4	7.27	6.42	22.34 /74	13.73 /60	--	1.02	0.98
GR	J Hancock Classic Value II A	JHVAX	U	(800) 257-3336	U /	6.52	4.74	--	--	--	0.00	2.24
GR	J Hancock Classic Value II C	JHNCX	U	(800) 257-3336	U /	6.27	4.40	--	--	--	0.00	2.17
GR	● J Hancock Classic Value R1	JCVRX	B	(800) 257-3336	C+ / 5.7	7.04	6.00	21.34 /69	12.88 /53	--	0.29	1.69
GI	J Hancock Core Equity A	JHDCX	D+	(800) 257-3336	D+ / 2.8	3.75	5.91	18.31 /47	11.41 /40	8.58 /19	0.00	1.47
GI	J Hancock Core Equity B	JHIDX	C-	(800) 257-3336	C- / 3.1	3.56	5.51	17.48 /41	10.62 /33	7.82 /13	0.00	2.23
GI	J Hancock Core Equity C	JHCEX	C-	(800) 257-3336	C- / 3.1	3.56	5.54	17.48 /41	10.63 /33	7.82 /13	0.00	2.23
GI	J Hancock Core Equity I	JHCIX	C	(800) 257-3336	C / 4.3	3.90	6.18	18.98 /52	12.02 /46	9.18 /25	0.00	0.90
FS	J Hancock Financial Indust A	FIDAX	D+	(800) 257-3336	C- / 3.7	4.66	3.86	18.97 /52	12.91 /53	10.68 /40	0.59	1.46
FS	J Hancock Financial Indust B	FIDBX	C-	(800) 257-3336	C- / 4.0	4.47	3.53	18.16 /46	12.13 /47	9.90 /32	0.00	2.16
FS	J Hancock Financial Indust C	FIDCX	C-	(800) 257-3336	C- / 4.0	4.48	3.47	18.11 /46	12.12 /46	9.89 /32	0.00	2.16
FS	J Hancock Financial Indust I	FIDIX	C	(800) 257-3336	C / 5.3	4.77	4.09	19.44 /56	13.48 /58	11.19 /45	1.03	0.90
FO	J Hancock Greater China Opp A	JCOAX	U	(800) 257-3336	U /	18.18	18.89	60.07 /99	--	--	0.35	1.92
FO	J Hancock Greater China Opp B	JCOBX	U	(800) 257-3336	U /	17.99	18.44	59.06 /99	--	--	0.03	2.62
FO	J Hancock Greater China Opp C	JCOCX	U	(800) 257-3336	U /	17.93	18.39	58.99 /99	--	--	0.03	2.62
GR	J Hancock Growth Trends A	JGTAX	D-	(800) 257-3336	D- / 1.0	4.70	3.96	14.66 /24	7.91 /14	8.23 /16	0.00	2.00
GR	J Hancock Growth Trends B	JGTBX	D-	(800) 257-3336	D- / 1.1	4.47	3.55	13.80 /20	7.14 /10	7.47 /11	0.00	2.70
GR	J Hancock Growth Trends C	JGTCX	D-	(800) 257-3336	D- / 1.1	4.47	3.55	13.80 /20	7.14 /10	7.47 /11	0.00	2.70
GR	J Hancock Gwth Opp A	GMSGX	U	(800) 257-3336	U /	4.29	7.91	12.42 /14	--	--	0.00	2.59
HL	J Hancock Health Sciences A	JHGRX	E-	(800) 257-3336	E / 0.4	3.73	1.17	12.08 /14	6.56 / 8	9.36 /27	0.00	1.53
HL	J Hancock Health Sciences B	JHRBX	E-	(800) 257-3336	E / 0.5	3.57	0.81	11.28 /11	5.81 / 5	8.59 /19	0.00	2.23
HL	J Hancock Health Sciences C	JHRCX	E-	(800) 257-3336	E / 0.5	3.54	0.81	11.28 /11	5.81 / 5	8.59 /19	0.00	2.23
GR	J Hancock II All Cap Growth 1	JICGX	U	(800) 257-3336	U /	8.19	9.78	16.91 /37	--	--	0.05	0.99
GR	J Hancock II All Cap Growth Fd	JHCGX	U	(800) 257-3336	U /	8.24	9.82	17.03 /38	--	--	0.06	0.94
GR	J Hancock II All Cap Value 1	JICVX	U	(800) 257-3336	U /	6.66	9.03	15.42 /28	--	--	0.69	0.94
GR	J Hancock II All Cap Value Fd	JHCVX	U	(800) 257-3336	U /	6.61	9.00	15.41 /28	--	--	0.70	0.89
GR	J Hancock II Blue Chip Grwth 1	JIBCX	U	(800) 257-3336	U /	8.41	8.74	20.61 /64	--	--	0.43	0.90
GR	J Hancock II Blue Chip Grwth Fd	JHBCX	U	(800) 257-3336	U /	8.41	8.80	20.70 /65	--	--	0.44	0.85
GR	J Hancock II Capital Appr 1	JICPX	U	(800) 257-3336	U /	3.57	4.88	14.26 /22	--	--	0.11	0.84
GR	J Hancock II Capital Appr Fd	JHCPX	U	(800) 257-3336	U /	3.56	4.88	14.26 /22	--	--	0.11	0.79
IN	J Hancock II Core Equity Fd	JHCRX	U	(800) 257-3336	U /	6.59	4.99	17.80 /44	--	--	0.02	0.83
GR	J Hancock II Emer Grwth 1	JIEGX	U	(800) 257-3336	U /	7.20	7.59	11.50 /12	--	--	0.03	0.98
GR	J Hancock II Emer Grwth Fd	JHEGX	U	(800) 257-3336	U /	7.26	7.65	11.58 /12	--	--	0.04	0.93
SC	J Hancock II Emer Sm Comp 1	JIEOX	U	(800) 257-3336	U /	8.34	11.04	12.07 /13	--	--	0.00	1.08
IN	J Hancock II Eqty-Inc 1	JIEMX	U	(800) 257-3336	U /	6.62	7.98	22.25 /74	--	--	1.42	0.90

● Denotes fund is closed to new investors
* Denotes fund is included in Section II

www.thestreet.com/ratings

Summer 2007

I. Index of Stock Mutual Funds

RISK			NET ASSETS		ASSET				Portfolio Turnover Ratio	BULL / BEAR		FUND MANAGER		MINIMUMS		LOADS	
Risk Rating/Pts	3 Year Standard Deviation	Beta	NAV As of 6/30/07	Total $(Mil)	Cash %	Stocks %	Bonds %	Other %		Last Bull Market Return	Last Bear Market Return	Manager Quality Pct	Manager Tenure (Years)	Initial Purch. $	Additional Purch. $	Front End Load	Back End Load
B- / 7.5	9.5	1.19	27.25	22	0	98	0	2	83.0	119.3	-8.5	61	1	100,000	100	0.0	0.0
C+ / 6.4	7.6	1.01	9.18	111	2	97	0	1	61.0	113.2	-10.1	72	N/A	2,500	100	5.8	0.0
C+ / 6.0	7.7	1.02	8.05	17	2	97	0	1	61.0	106.7	-10.4	62	N/A	2,500	100	0.0	0.0
C+ / 5.9	7.7	1.02	8.05	3	2	97	0	1	61.0	106.7	-10.2	62	N/A	2,500	100	0.0	0.0
B- / 7.6	11.1	0.81	22.76	98	4	95	0	1	88.0	149.6	-14.9	91	N/A	2,500	100	5.8	0.0
B- / 7.5	11.1	0.81	20.82	31	4	95	0	1	88.0	141.7	-14.9	87	N/A	2,500	100	0.0	0.0
B- / 7.5	11.1	0.81	20.83	22	4	95	0	1	88.0	141.8	-15.0	87	N/A	2,500	100	0.0	0.0
B- / 7.4	9.4	1.20	13.50	46	N/A	100	0	N/A	126.0	66.9	-8.5	9	N/A	2,500	100	5.8	0.0
B- / 7.4	9.4	1.20	11.51	7	N/A	100	0	N/A	126.0	61.6	-8.8	7	N/A	2,500	100	0.0	0.0
B- / 7.4	9.4	1.20	11.49	1	N/A	100	0	N/A	126.0	61.7	-8.8	7	N/A	2,500	100	0.0	0.0
B / 8.3	6.0	0.97	14.69	132	4	64	30	2	60.0	85.3	-4.8	95	4	1,000	0	5.0	0.0
B / 8.3	6.0	0.98	14.69	27	4	64	30	2	60.0	79.9	-5.0	93	4	1,000	0	0.0	0.0
B / 8.3	6.0	0.98	14.69	13	4	64	30	2	60.0	79.9	-5.0	94	4	1,000	0	0.0	0.0
B / 8.3	6.0	0.96	14.69	5	4	64	30	2	60.0	89.2	-4.7	96	4	250,000	0	0.0	0.0
B / 8.6	7.8	0.96	29.38	6,548	11	88	0	1	20.0	123.5	-9.7	76	11	50,000	0	5.0	0.0
B / 8.6	7.8	0.96	28.99	324	11	88	0	1	20.0	116.6	-9.9	67	11	50,000	0	0.0	0.0
B / 8.6	7.8	0.96	28.98	1,107	11	88	0	1	20.0	116.5	-9.9	67	11	50,000	0	0.0	0.0
B / 8.7	7.8	0.96	29.51	1,714	11	88	0	1	20.0	127.5	-9.6	80	11	250,000	0	0.0	0.0
U /	N/A	N/A	11.93	93	3	96	0	1	N/A	N/A	N/A	N/A	1	1,000	0	5.0	0.0
U /	N/A	N/A	11.86	37	3	96	0	1	N/A	N/A	N/A	N/A	1	1,000	0	0.0	0.0
B / 8.7	7.8	0.97	29.33	30	11	88	0	1	20.0	N/A	N/A	72	N/A	0	0	0.0	0.0
B- / 7.3	7.9	1.05	35.66	209	0	99	0	1	78.0	87.3	-10.2	45	N/A	1,000	0	5.0	0.0
B- / 7.3	7.9	1.05	33.14	80	0	99	0	1	78.0	81.8	-10.3	35	N/A	1,000	0	0.0	0.0
B- / 7.3	7.9	1.05	33.13	13	0	99	0	1	78.0	81.8	-10.3	36	N/A	1,000	0	0.0	0.0
B- / 7.3	7.9	1.05	36.74	N/A	0	99	0	1	78.0	91.7	-9.9	53	N/A	250,000	0	0.0	0.0
C+ / 6.2	8.5	0.97	20.45	704	4	95	0	1	25.0	103.1	-9.9	73	11	1,000	0	5.0	0.0
C+ / 6.2	8.5	0.97	19.38	123	4	95	0	1	25.0	97.2	-10.1	63	10	1,000	0	0.0	0.0
C+ / 6.2	8.5	0.97	19.36	21	4	95	0	1	25.0	97.2	-10.1	63	8	1,000	0	0.0	0.0
C+ / 6.2	8.5	0.97	20.86	N/A	4	95	0	1	25.0	107.0	-9.7	78	6	250,000	0	0.0	0.0
U /	N/A	N/A	21.78	167	1	98	0	1	57.0	N/A	N/A	N/A	2	1,000	0	5.0	0.0
U /	N/A	N/A	21.58	34	1	98	0	1	57.0	N/A	N/A	N/A	2	1,000	0	0.0	0.0
U /	N/A	N/A	21.57	34	1	98	0	1	57.0	N/A	N/A	N/A	2	1,000	0	0.0	0.0
B- / 7.4	9.4	1.14	7.35	35	9	90	0	1	70.0	73.4	-10.3	12	6	1,000	0	5.0	0.0
B- / 7.3	9.4	1.14	7.01	44	9	90	0	1	70.0	68.9	-10.6	9	6	1,000	0	0.0	0.0
B- / 7.3	9.4	1.14	7.01	16	9	90	0	1	70.0	68.7	-10.6	10	6	1,000	0	0.0	0.0
U /	N/A	N/A	25.52	102	8	91	0	1	N/A	N/A	N/A	N/A	N/A	1,000	0	5.0	0.0
D- / 1.2	10.5	1.09	38.94	143	9	90	0	1	93.0	74.6	-3.8	9	N/A	1,000	0	5.0	0.0
E+ / 0.9	10.5	1.09	33.68	55	9	90	0	1	93.0	69.5	-3.9	7	N/A	1,000	0	0.0	0.0
E+ / 0.9	10.5	1.09	33.68	12	9	90	0	1	93.0	69.5	-3.9	7	N/A	1,000	0	0.0	0.0
U /	N/A	N/A	19.42	35	2	97	0	1	106.0	N/A	N/A	N/A	N/A	1,000	0	0.0	0.0
U /	N/A	N/A	19.45	100	2	97	0	1	106.0	N/A	N/A	N/A	N/A	1,000	0	0.0	0.0
U /	N/A	N/A	17.62	27	4	95	0	1	48.0	N/A	N/A	N/A	N/A	1,000	0	0.0	0.0
U /	N/A	N/A	17.57	70	4	95	0	1	48.0	N/A	N/A	N/A	N/A	1,000	0	0.0	0.0
U /	N/A	N/A	21.02	209	1	98	0	1	28.0	N/A	N/A	N/A	N/A	1,000	0	0.0	0.0
U /	N/A	N/A	21.01	1,480	1	98	0	1	28.0	N/A	N/A	N/A	N/A	1,000	0	0.0	0.0
U /	N/A	N/A	10.74	68	3	96	0	1	57.0	N/A	N/A	N/A	N/A	1,000	0	0.0	0.0
U /	N/A	N/A	10.75	580	3	96	0	1	57.0	N/A	N/A	N/A	N/A	1,000	0	0.0	0.0
U /	N/A	N/A	16.82	823	1	98	0	1	13.0	N/A	N/A	N/A	N/A	1,000	0	0.0	0.0
U /	N/A	N/A	17.86	131	3	96	0	1	206.0	N/A	N/A	N/A	N/A	1,000	0	0.0	0.0
U /	N/A	N/A	17.87	70	3	96	0	1	206.0	N/A	N/A	N/A	N/A	1,000	0	0.0	0.0
U /	N/A	N/A	31.04	50	0	99	0	1	80.0	N/A	N/A	N/A	N/A	1,000	0	0.0	0.0
U /	N/A	N/A	20.30	225	5	94	0	1	39.0	N/A	N/A	N/A	N/A	1,000	0	0.0	0.0

www.thestreet.com/ratings

Data as of June 30, 2007

I. Index of Stock Mutual Funds

Summer 2007

99 Pct = Best
0 Pct = Worst

Fund Type	Fund Name	Ticker Symbol	Overall Investment Rating	Phone	Performance Rating/Pts	Total Return % through 6/30/07			Annualized		Incl. in Returns	
						3 Mo	6 Mo	1Yr / Pct	3Yr / Pct	5Yr / Pct	Dividend Yield	Expense Ratio
IN	J Hancock II Eqty-Inc Fd	JHEIX	U	(800) 257-3336	U /	6.68	8.04	22.34 /74	--	--	1.43	0.85
GR	J Hancock II Fundamental Value 1	JIFVX	U	(800) 257-3336	U /	6.70	6.64	18.54 /49	--	--	0.70	0.86
GR	J Hancock II Fundamental Value Fd	JHFLX	U	(800) 257-3336	U /	6.71	6.65	18.59 /49	--	--	0.71	0.81
FO	J Hancock II Intl Oppty Fd	JHIOX	U	(800) 257-3336	U /	6.75	7.40	25.16 /83	--	--	0.27	1.00
FO	J Hancock II Intl Small Cap 1	JIIMX	U	(800) 257-3336	U /	11.86	19.80	40.68 /97	--	--	1.01	1.18
FO	J Hancock II Intl Small Cap Fd	JHISX	U	(800) 257-3336	U /	11.91	19.85	40.82 /97	--	--	1.02	1.13
GL	J Hancock II Intl Value 1	JIVIX	U	(800) 257-3336	U /	6.84	8.49	27.15 /88	--	--	2.13	1.01
GL	J Hancock II Intl Value Fd	JHVIX	U	(800) 257-3336	U /	6.85	8.45	27.15 /88	--	--	2.14	0.96
GR	J Hancock II Large Cap 1	JILPX	U	(800) 257-3336	U /	6.57	7.05	20.79 /65	--	--	0.78	0.87
GR	J Hancock II Large Cap Fd	JHLPX	U	(800) 257-3336	U /	6.63	7.11	20.96 /67	--	--	0.79	0.82
GR	J Hancock II Large Cap Value 1	JICZX	U	(800) 257-3336	U /	6.17	8.80	19.87 /59	--	--	0.51	0.93
GR	J Hancock II Large Cap Value Fd	JHCLX	U	(800) 257-3336	U /	6.20	8.87	19.99 /60	--	--	0.52	0.88
MC	J Hancock II Mid Cap Stock 1	JIMSX	U	(800) 257-3336	U /	11.44	14.17	25.31 /84	--	--	0.29	0.96
MC	J Hancock II Mid Cap Stock Fd	JHMSX	U	(800) 257-3336	U /	11.42	14.22	25.36 /84	--	--	0.30	0.91
MC	J Hancock II Mid Cap Value 1	JIMVX	U	(800) 257-3336	U /	5.75	10.97	23.73 /79	--	--	0.62	0.97
MC	J Hancock II Mid Cap Value Fd	JHMVX	U	(800) 257-3336	U /	5.80	11.02	23.81 /80	--	--	0.63	0.92
EN	J Hancock II Natural Resources 1	JINRX	U	(800) 257-3336	U /	14.64	21.63	26.78 /87	--	--	0.76	1.12
EN	J Hancock II Natural Resources Fd	JHNRX	U	(800) 257-3336	U /	14.66	21.64	26.86 /87	--	--	0.77	1.12
MC	J Hancock II Quantitative MdCp 1	JIQMX	U	(800) 257-3336	U /	5.20	8.86	12.39 /14	--	--	0.18	0.85
GR	J Hancock II Quantitative Val 1	JIQVX	U	(800) 257-3336	U /	4.82	5.48	21.33 /69	--	--	1.06	0.79
GR	J Hancock II Quantitative Val Fd	JHQVX	U	(800) 257-3336	U /	4.81	5.48	21.40 /69	--	--	1.07	0.74
RE	J Hancock II Real Estate Sec 1	JIREX	U	(800) 257-3336	U /	-8.78	-5.75	14.23 /22	--	--	2.96	0.82
SC	J Hancock II Sm Cap Oppty 1	JISOX	U	(800) 257-3336	U /	5.91	5.87	9.55 / 7	--	--	1.17	1.10
SC	J Hancock II Sm Cap Oppty Fd	JHSOX	U	(800) 257-3336	U /	5.94	5.89	9.61 / 7	--	--	1.18	1.05
SC	J Hancock II Sm Comp Fd	JHSNX	U	(800) 257-3336	U /	5.06	8.75	11.33 /11	--	--	0.00	1.29
SC	J Hancock II Small Cap Fd	JHSPX	U	(800) 257-3336	U /	4.21	5.90	13.48 /18	--	--	0.00	0.91
SC	J Hancock II Small Company Grth Fd	JHSRX	U	(800) 257-3336	U /	7.38	11.96	20.09 /60	--	--	0.00	1.16
SC	J Hancock II Small Val Company 1	JISVX	U	(800) 257-3336	U /	3.69	6.99	11.59 /12	--	--	0.24	1.12
SC	J Hancock II Small Val Company Fd	JHSVX	U	(800) 257-3336	U /	3.66	7.00	11.61 /12	--	--	0.25	1.07
GR	J Hancock II Spectrum Fd	JHSTX	U	(800) 257-3336	U /	0.80	2.55	9.36 / 6	--	--	4.30	0.94
GI	J Hancock II Total Return 1	JITRX	U	(800) 257-3336	U /	-1.25	0.43	4.96 / 2	--	--	3.96	0.82
GI	J Hancock II Total Return Fd	JHTRX	U	(800) 257-3336	U /	-1.17	0.53	5.04 / 2	--	--	4.03	0.77
GL	J Hancock II US Glbl Ldr Grw Fd	JHGUX	U	(800) 257-3336	U /	1.73	0.15	8.43 / 5	--	--	0.49	0.74
IN	J Hancock II US Multi Sector Fd	JHUMX	U	(800) 257-3336	U /	5.34	5.91	16.01 /32	--	--	0.84	0.82
GI	J Hancock II Value & Recons Fd	JHVSX	U	(800) 257-3336	U /	10.22	13.88	24.02 /80	--	--	0.84	0.92
GR	J Hancock II Vista Fd	JHVTX	U	(800) 257-3336	U /	14.26	21.76	24.12 /81	--	--	0.00	1.02
GI	J Hancock Indep Div Core II I	COREX	E	(800) 257-3336	C / 5.1	3.81	5.63	18.17 /46	13.31 /57	10.32 /36	0.37	0.96
FO	J Hancock Intl Core A	GIDEX	U	(800) 257-3336	U /	7.12	12.14	26.76 /87	--	--	0.00	2.74
FO	J Hancock Intl Core B	GOCBX	U	(800) 257-3336	U /	6.94	11.66	25.88 /85	--	--	0.00	3.44
FO	J Hancock Intl Gwth A	GOIGX	U	(800) 257-3336	U /	6.04	9.34	24.08 /80	--	--	0.33	2.34
GR	J Hancock Large Cap Equity A	TAGRX	B+	(800) 257-3336	B+ / 8.7	10.16	17.00	28.31 /90	19.23 /83	12.38 /57	0.00	1.23
GR	J Hancock Large Cap Equity B	TSGWX	B+	(800) 257-3336	B+ / 8.8	10.01	16.59	27.35 /89	18.35 /81	11.54 /49	0.00	1.98
GR	J Hancock Large Cap Equity C	JHLVX	B+	(800) 257-3336	B+ / 8.8	9.96	16.59	27.35 /89	18.35 /81	11.54 /49	0.00	1.98
GR	J Hancock Large Cap Equity I	JLVIX	B+	(800) 257-3336	A- / 9.0	10.31	17.34	28.93 /91	19.82 /84	13.09 /63	0.00	0.77
GR	J Hancock Large Cap Select A	MSBFX	D-	(800) 257-3336	E / 0.4	4.66	1.82	15.34 /28	5.03 / 4	4.85 / 2	0.37	1.48
GR	J Hancock Large Cap Select B	JHLBX	D-	(800) 257-3336	E / 0.4	4.41	1.43	14.42 /23	4.21 / 2	--	0.00	2.23
GR	J Hancock Large Cap Select C	JHLCX	D-	(800) 257-3336	E / 0.4	4.47	1.43	14.42 /23	4.21 / 2	--	0.00	2.23
GR	J Hancock Large Cap Select I	JHLIX	D-	(800) 257-3336	E+ / 0.7	4.75	1.98	15.76 /30	5.43 / 4	--	0.78	1.08
GR	J Hancock Large Cap Select R1	JHLRX	D-	(800) 257-3336	E / 0.5	4.53	1.57	14.71 /24	4.52 / 2	--	0.00	2.22
AA	J Hancock Lifecycle 2015 1	JLBOX	U	(800) 257-3336	U /	4.32	6.67	--	--	--	0.00	1.15
AA	J Hancock Lifecycle 2020 1	JLDOX	U	(800) 257-3336	U /	5.54	8.12	--	--	--	0.00	0.99
AA	J Hancock Lifecycle 2025 1	JLEOX	U	(800) 257-3336	U /	6.21	8.81	--	--	--	0.00	0.92

• Denotes fund is closed to new investors
* Denotes fund is included in Section II

www.thestreet.com/ratings

Summer 2007

I. Index of Stock Mutual Funds

RISK			NET ASSETS		ASSET					BULL / BEAR		FUND MANAGER		MINIMUMS		LOADS	
	3 Year		NAV						Portfolio	Last Bull	Last Bear	Manager	Manager	Initial	Additional	Front	Back
Risk	Standard		As of	Total	Cash	Stocks	Bonds	Other	Turnover	Market	Market	Quality	Tenure	Purch.	Purch.	End	End
Rating/Pts	Deviation	Beta	6/30/07	$(Mil)	%	%	%	%	Ratio	Return	Return	Pct	(Years)	$	$	Load	Load
U /	N/A	N/A	20.29	725	5	94	0	1	39.0	N/A	N/A	N/A	N/A	1,000	0	0.0	0.0
U /	N/A	N/A	18.16	87	4	95	0	1	8.0	N/A	N/A	N/A	N/A	1,000	0	0.0	0.0
U /	N/A	N/A	18.13	952	4	95	0	1	8.0	N/A	N/A	N/A	N/A	1,000	0	0.0	0.0
U /	N/A	N/A	19.30	755	2	97	0	1	99.0	N/A	N/A	N/A	N/A	1,000	0	0.0	0.0
U /	N/A	N/A	24.99	71	7	92	0	1	89.0	N/A	N/A	N/A	N/A	1,000	0	0.0	0.0
U /	N/A	N/A	25.00	432	7	92	0	1	89.0	N/A	N/A	N/A	N/A	1,000	0	0.0	0.0
U /	N/A	N/A	20.31	170	4	95	0	1	59.0	N/A	N/A	N/A	N/A	1,000	0	0.0	0.0
U /	N/A	N/A	20.27	1,113	4	95	0	1	59.0	N/A	N/A	N/A	N/A	1,000	0	0.0	0.0
U /	N/A	N/A	16.71	32	4	95	0	1	24.0	N/A	N/A	N/A	N/A	1,000	0	0.0	0.0
U /	N/A	N/A	16.72	310	4	95	0	1	24.0	N/A	N/A	N/A	N/A	1,000	0	0.0	0.0
U /	N/A	N/A	27.19	141	N/A	100	0	N/A	54.0	N/A	N/A	N/A	N/A	1,000	0	0.0	0.0
U /	N/A	N/A	27.25	420	N/A	100	0	N/A	54.0	N/A	N/A	N/A	N/A	1,000	0	0.0	0.0
U /	N/A	N/A	19.09	133	1	98	0	1	104.0	N/A	N/A	N/A	N/A	1,000	0	0.0	0.0
U /	N/A	N/A	19.12	369	1	98	0	1	104.0	N/A	N/A	N/A	N/A	1,000	0	0.0	0.0
U /	N/A	N/A	22.26	122	2	97	0	1	74.0	N/A	N/A	N/A	N/A	1,000	0	0.0	0.0
U /	N/A	N/A	22.26	170	2	97	0	1	74.0	N/A	N/A	N/A	N/A	1,000	0	0.0	0.0
U /	N/A	N/A	43.53	106	5	94	0	1	71.0	N/A	N/A	N/A	N/A	1,000	0	0.0	0.0
U /	N/A	N/A	43.40	766	5	94	0	1	71.0	N/A	N/A	N/A	N/A	1,000	0	0.0	0.0
U /	N/A	N/A	16.59	135	1	98	0	1	119.0	N/A	N/A	N/A	N/A	1,000	0	0.0	0.0
U /	N/A	N/A	18.28	116	2	97	0	1	127.0	N/A	N/A	N/A	N/A	1,000	0	0.0	0.0
U /	N/A	N/A	18.29	690	2	97	0	1	127.0	N/A	N/A	N/A	N/A	1,000	0	0.0	0.0
U /	N/A	N/A	18.18	194	2	97	0	1	199.0	N/A	N/A	N/A	N/A	1,000	0	0.0	0.0
U /	N/A	N/A	25.63	39	4	95	0	1	59.0	N/A	N/A	N/A	N/A	1,000	0	0.0	0.0
U /	N/A	N/A	25.52	218	4	95	0	1	59.0	N/A	N/A	N/A	N/A	1,000	0	0.0	0.0
U /	N/A	N/A	18.27	102	0	99	0	1	110.0	N/A	N/A	N/A	N/A	1,000	0	0.0	0.0
U /	N/A	N/A	16.33	248	3	96	0	1	53.0	N/A	N/A	N/A	N/A	1,000	0	0.0	0.0
U /	N/A	N/A	13.39	177	1	98	0	1	49.0	N/A	N/A	N/A	N/A	1,000	0	0.0	0.0
U /	N/A	N/A	26.95	160	3	96	0	1	12.0	N/A	N/A	N/A	N/A	1,000	0	0.0	0.0
U /	N/A	N/A	26.92	325	3	96	0	1	12.0	N/A	N/A	N/A	N/A	1,000	0	0.0	0.0
U /	N/A	N/A	10.48	954	5	17	77	1	123.0	N/A	N/A	N/A	N/A	1,000	0	0.0	0.0
U /	N/A	N/A	13.48	122	N/A	0	99	N/A	398.0	N/A	N/A	N/A	N/A	1,000	0	0.0	0.0
U /	N/A	N/A	13.45	1,356	N/A	0	99	N/A	398.0	N/A	N/A	N/A	N/A	1,000	0	0.0	0.0
U /	N/A	N/A	13.51	648	1	98	0	1	17.0	N/A	N/A	N/A	N/A	1,000	0	0.0	0.0
U /	N/A	N/A	11.64	1,533	3	96	0	1	116.0	N/A	N/A	N/A	N/A	1,000	0	0.0	0.0
U /	N/A	N/A	13.70	405	0	99	0	1	6.0	N/A	N/A	N/A	N/A	1,000	0	0.0	0.0
U /	N/A	N/A	14.10	172	4	95	0	1	79.0	N/A	N/A	N/A	N/A	1,000	0	0.0	0.0
D- / 1.1	8.4	1.09	3.00	7	1	98	0	1	115.0	101.8	-9.2	65	12	250,000	0	0.0	0.0
U /	N/A	N/A	47.68	125	4	96	0	0	37.0	N/A	N/A	N/A	N/A	1,000	0	5.0	0.0
U /	N/A	N/A	47.32	26	4	96	0	0	37.0	N/A	N/A	N/A	N/A	1,000	0	0.0	0.0
U /	N/A	N/A	25.99	25	6	93	0	1	N/A	N/A	N/A	N/A	N/A	1,000	0	5.0	0.0
C+ / 6.3	11.1	0.89	24.84	665	11	85	2	2	78.0	119.5	-9.8	97	N/A	1,000	0	5.0	0.0
C+ / 6.2	11.1	0.89	23.19	124	11	85	2	2	78.0	112.7	-10.0	97	N/A	1,000	0	0.0	0.0
C+ / 6.2	11.2	0.89	23.19	68	11	85	2	2	78.0	112.5	-10.0	97	N/A	1,000	0	0.0	0.0
C+ / 6.3	11.2	0.89	25.58	133	11	85	2	2	78.0	125.7	-9.7	98	N/A	250,000	0	0.0	0.0
B- / 7.7	6.7	0.79	19.55	55	5	94	0	1	12.0	54.6	-12.4	12	14	1,000	0	5.0	0.0
B- / 7.7	6.7	0.79	19.16	3	5	94	0	1	12.0	N/A	N/A	9	4	1,000	0	0.0	0.0
B- / 7.7	6.7	0.79	19.16	2	5	94	0	1	12.0	N/A	N/A	9	4	1,000	0	0.0	0.0
B- / 7.6	6.7	0.79	19.61	3	5	94	0	1	12.0	N/A	N/A	14	4	250,000	0	0.0	0.0
B- / 7.7	6.7	0.79	19.37	N/A	5	94	0	1	12.0	N/A	N/A	10	4	0	0	0.0	0.0
U /	N/A	N/A	10.87	35	0	70	30	0	N/A	N/A	N/A	N/A	N/A	0	0	0.0	0.0
U /	N/A	N/A	11.05	47	0	80	18	2	N/A	N/A	N/A	N/A	N/A	0	0	0.0	0.0
U /	N/A	N/A	11.12	48	0	88	10	2	N/A	N/A	N/A	N/A	N/A	0	0	0.0	0.0

www.thestreet.com/ratings

Data as of June 30, 2007

I. Index of Stock Mutual Funds

Summer 2007

					PERFORMANCE						Incl. in Returns	
	99 Pct = Best 0 Pct = Worst			Overall	Perfor-			Total Return % through 6/30/07				
Fund		Ticker	Investment		mance				Annualized		Dividend	Expense
Type	Fund Name	Symbol	Rating	Phone	Rating/Pts	3 Mo	6 Mo	1Yr / Pct	3Yr / Pct	5Yr / Pct	Yield	Ratio
AA	J Hancock Lifecycle 2030 1	JLFOX	U	(800) 257-3336	U /	6.77	9.49	--	--	--	0.00	1.30
AA	J Hancock Lifecycle Retirement 1	JLROX	U	(800) 257-3336	U /	1.07	3.07	--	--	--	0.00	0.63
AG	J Hancock Lifestyle Aggressive 1	JILAX	U	(800) 257-3336	U /	6.91	9.67	21.14 /68	--	--	2.75	1.00
AG	J Hancock Lifestyle Aggressive A	JALAX	U	(800) 257-3336	U /	6.76	9.38	20.51 /63	--	--	2.17	1.56
AG	J Hancock Lifestyle Aggressive C	JCLAX	U	(800) 257-3336	U /	6.64	9.03	19.68 /57	--	--	1.66	2.27
BA	J Hancock Lifestyle Balanced 1	JILBX	U	(800) 257-3336	U /	3.69	5.72	15.96 /32	--	--	6.58	0.96
BA	J Hancock Lifestyle Balanced A	JALBX	U	(800) 257-3336	U /	3.62	5.49	15.49 /29	--	--	5.91	1.43
BA	J Hancock Lifestyle Balanced B	JBLBX	U	(800) 257-3336	U /	3.36	5.02	14.57 /24	--	--	5.40	2.58
BA	J Hancock Lifestyle Balanced C	JCLBX	U	(800) 257-3336	U /	3.37	5.10	14.66 /24	--	--	5.41	2.26
AA	J Hancock Lifestyle Cons 1	JILCX	U	(800) 257-3336	U /	-0.44	1.43	8.60 / 5	--	--	7.24	0.93
AA	J Hancock Lifestyle Cons A	JALRX	U	(800) 257-3336	U /	0.24	1.98	8.88 / 6	--	--	6.90	1.83
AA	J Hancock Lifestyle Cons C	JCLCX	U	(800) 257-3336	U /	-0.01	1.57	8.09 / 4	--	--	6.40	2.86
GR	J Hancock Lifestyle Growth 1	JILGX	U	(800) 257-3336	U /	5.07	7.43	18.08 /46	--	--	4.95	0.97
GR	J Hancock Lifestyle Growth 5	JHLGX	U	(800) 257-3336	U /	5.07	7.44	--	--	--	0.00	0.04
GR	J Hancock Lifestyle Growth A	JALGX	U	(800) 257-3336	U /	4.99	7.20	17.46 /41	--	--	4.65	1.69
GR	J Hancock Lifestyle Growth B	JBLGX	U	(800) 257-3336	U /	4.73	6.79	16.61 /36	--	--	4.22	2.55
GR	J Hancock Lifestyle Growth C	JCLGX	U	(800) 257-3336	U /	4.80	6.86	16.64 /36	--	--	4.25	2.30
BA	J Hancock Lifestyle Mode 1	JILMX	U	(800) 257-3336	U /	1.92	3.81	12.48 /15	--	--	6.73	0.94
BA	J Hancock Lifestyle Mode A	JALMX	U	(800) 257-3336	U /	1.85	3.59	11.88 /13	--	--	5.83	1.66
BA	J Hancock Lifestyle Mode C	JCLMX	U	(800) 257-3336	U /	1.67	3.18	11.09 /11	--	--	5.29	2.50
MC	J Hancock Mid Cap Equity A	JCEAX	B	(800) 257-3336	B- / 7.4	11.11	15.20	22.17 /73	15.25 /70	--	0.00	4.25
MC	J Hancock Mid Cap Equity B	JCEBX	B+	(800) 257-3336	B / 7.7	10.97	14.79	21.38 /69	14.65 /66	--	0.00	4.95
MC	J Hancock Mid Cap Equity C	JCECX	B	(800) 257-3336	B / 7.7	10.89	14.79	21.37 /69	14.65 /66	--	0.00	4.95
MC	J Hancock Mid Cap Equity I	JCEIX	B+	(800) 257-3336	B / 8.1	11.24	15.46	22.83 /76	15.71 /72	--	0.00	3.81
GR	J Hancock Multi Cap Growth A	JMGAX	C-	(800) 257-3336	C- / 3.1	5.85	10.30	16.43 /35	11.11 /37	12.15 /55	0.00	1.97
GR	J Hancock Multi Cap Growth B	JMGBX	C-	(800) 257-3336	C- / 3.6	5.78	9.94	15.64 /30	10.37 /31	11.36 /47	0.00	2.67
GR	J Hancock Multi Cap Growth C	JMGCX	C-	(800) 257-3336	C- / 3.6	5.78	9.94	15.64 /30	10.37 /31	11.39 /48	0.00	2.67
RE	J Hancock Real Estate A	JREAX	C+	(800) 257-3336	B+ / 8.3	-4.29	-1.00	20.23 /62	23.00 /91	18.78 /89	0.54	1.59
RE	J Hancock Real Estate B	JREBX	B-	(800) 257-3336	B+ / 8.4	-4.47	-1.37	19.35 /55	22.13 /89	17.95 /88	0.03	2.29
RE	J Hancock Real Estate C	JRECX	B-	(800) 257-3336	B+ / 8.4	-4.47	-1.37	19.40 /55	22.15 /89	17.96 /88	0.03	2.29
FS	J Hancock Regional Bank A	FRBAX	E-	(800) 257-3336	E / 0.3	-0.76	-2.43	5.71 / 2	7.75 /13	8.42 /18	1.53	1.99
FS	J Hancock Regional Bank B	FRBFX	E-	(800) 257-3336	E / 0.4	-0.95	-2.80	4.95 / 2	6.99 / 9	7.66 /12	0.93	1.99
FS	J Hancock Regional Bank C	FRBCX	E-	(800) 257-3336	E / 0.4	-0.92	-2.79	4.95 / 2	6.99 / 9	7.67 /12	0.93	1.99
SC	J Hancock Small Cap Equity A	SPVAX	E	(800) 257-3336	D / 1.8	6.97	7.17	10.74 /10	10.24 /30	10.99 /43	0.00	1.42
SC	J Hancock Small Cap Equity B	SPVBX	E+	(800) 257-3336	D / 2.2	6.78	6.78	9.96 / 8	9.48 /24	10.20 /35	0.00	2.12
SC	J Hancock Small Cap Equity C	SPVCX	E+	(800) 257-3336	D / 2.2	6.78	6.78	9.96 / 8	9.48 /24	10.20 /35	0.00	2.12
SC	J Hancock Small Cap Equity I	SPVIX	E+	(800) 257-3336	C- / 3.2	7.12	7.44	11.35 /11	10.87 /35	11.70 /51	0.00	0.85
SC	J Hancock Small Cap Equity R	SPVRX	E+	(800) 257-3336	D+ / 2.5	6.85	6.90	10.39 / 9	9.97 /28	--	0.00	1.81
SC	J Hancock Small Cap Fund A	DSISX	E+	(800) 257-3336	D / 1.9	5.00	6.62	14.07 /21	10.25 /30	9.84 /31	0.00	1.60
SC	J Hancock Small Cap Fund C	DSCSX	U	(800) 257-3336	U /	4.77	6.16	13.23 /17	--	--	0.00	2.30
SC	J Hancock Small Cap Intrin Val A	JHIAX	U	(800) 257-3336	U /	7.83	15.55	30.33 /93	--	--	0.00	2.23
SC	J Hancock Small Cap Intrin Val C	JSICX	U	(800) 257-3336	U /	7.73	15.20	29.48 /92	--	--	0.00	2.93
IN	J Hancock Sovereign Investors A	SOVIX	D-	(800) 257-3336	D / 2.1	7.15	6.67	18.06 /45	9.20 /22	7.49 /11	0.91	1.16
IN	J Hancock Sovereign Investors B	SOVBX	D	(800) 257-3336	D+ / 2.4	6.93	6.26	17.18 /39	8.43 /17	6.74 / 7	0.34	1.86
IN	J Hancock Sovereign Investors C	SOVCX	D	(800) 257-3336	D+ / 2.4	6.92	6.25	17.15 /39	8.43 /17	6.74 / 7	0.33	1.86
IN	J Hancock Sovereign Investors I	SOIIX	C	(800) 257-3336	C- / 3.3	7.22	6.85	18.55 /49	9.68 /25	--	1.40	0.71
IN	J Hancock Sovereign Investors R1	SVIRX	D-	(800) 257-3336	D+ / 2.4	7.00	6.38	16.77 /37	8.53 /17	--	0.49	1.92
GR	J Hancock Tech Leaders A	LUXRX	E	(800) 257-3336	D- / 1.5	8.65	8.32	14.22 /22	8.03 /14	8.60 /19	0.00	4.87
TC	J Hancock Technology A	NTTFX	E-	(800) 257-3336	E- / 0.1	8.75	7.80	12.35 /14	1.28 / 0	5.24 / 3	0.00	1.93
TC	J Hancock Technology B	FGTBX	E-	(800) 257-3336	E- / 0.2	8.74	7.69	11.63 /12	0.60 / 0	4.55 / 1	0.00	2.63
TC	J Hancock Technology C	JHTCX	E-	(800) 257-3336	E- / 0.2	8.39	7.69	11.63 /12	0.60 / 0	4.55 / 1	0.00	2.63
TC	J Hancock Technology I	JHTIX	E-	(800) 257-3336	E / 0.4	8.73	8.44	13.54 /19	2.20 / 0	7.00 / 8	0.00	0.97

● Denotes fund is closed to new investors
★ Denotes fund is included in Section II

www.thestreet.com/ratings

Summer 2007 — I. Index of Stock Mutual Funds

RISK			NET ASSETS		ASSET					BULL / BEAR		FUND MANAGER		MINIMUMS		LOADS	
	3 Year		NAV						Portfolio	Last Bull	Last Bear	Manager	Manager	Initial	Additional	Front	Back
Risk	Standard		As of	Total	Cash	Stocks	Bonds	Other	Turnover	Market	Market	Quality	Tenure	Purch.	Purch.	End	End
Rating/Pts	Deviation	Beta	6/30/07	$(Mil)	%	%	%	%	Ratio	Return	Return	Pct	(Years)	$	$	Load	Load
U /	N/A	N/A	11.19	34	0	94	4	2	N/A	N/A	N/A	N/A	N/A	0	0	0.0	0.0
U /	N/A	N/A	10.42	48	8	42	50	0	N/A	N/A	N/A	N/A	N/A	0	0	0.0	0.0
U /	N/A	N/A	16.10	3,312	0	99	0	1	23.0	N/A	N/A	N/A	N/A	1,000	0	0.0	0.0
U /	N/A	N/A	16.10	88	0	99	0	1	23.0	N/A	N/A	N/A	N/A	1,000	0	5.0	0.0
U /	N/A	N/A	16.06	68	0	99	0	1	23.0	N/A	N/A	N/A	N/A	1,000	0	0.0	0.0
U /	N/A	N/A	15.07	8,615	0	67	32	1	3.0	N/A	N/A	N/A	N/A	1,000	0	0.0	0.0
U /	N/A	N/A	15.12	217	0	67	32	1	3.0	N/A	N/A	N/A	N/A	1,000	0	5.0	0.0
U /	N/A	N/A	15.08	48	0	67	32	1	3.0	N/A	N/A	N/A	N/A	1,000	0	0.0	0.0
U /	N/A	N/A	15.10	210	0	67	32	1	3.0	N/A	N/A	N/A	N/A	1,000	0	0.0	0.0
U /	N/A	N/A	13.46	1,295	0	20	80	0	3.0	N/A	N/A	N/A	N/A	1,000	0	0.0	0.0
U /	N/A	N/A	13.47	30	0	20	80	0	3.0	N/A	N/A	N/A	N/A	1,000	0	5.0	0.0
U /	N/A	N/A	13.44	27	0	20	80	0	3.0	N/A	N/A	N/A	N/A	1,000	0	0.0	0.0
U /	N/A	N/A	15.76	9,331	0	20	80	0	3.0	N/A	N/A	N/A	N/A	1,000	0	0.0	0.0
U /	N/A	N/A	15.75	32	0	20	80	0	3.0	N/A	N/A	N/A	N/A	0	0	0.0	0.0
U /	N/A	N/A	15.78	252	0	20	80	0	3.0	N/A	N/A	N/A	N/A	1,000	0	5.0	0.0
U /	N/A	N/A	15.73	61	0	20	80	0	3.0	N/A	N/A	N/A	N/A	1,000	0	0.0	0.0
U /	N/A	N/A	15.73	233	0	20	80	0	3.0	N/A	N/A	N/A	N/A	1,000	0	0.0	0.0
U /	N/A	N/A	13.94	2,227	0	40	60	0	3.0	N/A	N/A	N/A	N/A	1,000	0	0.0	0.0
U /	N/A	N/A	13.95	56	0	40	60	0	3.0	N/A	N/A	N/A	N/A	1,000	0	5.0	0.0
U /	N/A	N/A	13.93	49	0	40	60	0	3.0	N/A	N/A	N/A	N/A	1,000	0	0.0	0.0
B- / 7.1	12.9	1.16	14.70	13	6	93	0	1	47.0	N/A	N/A	32	4	1,000	0	5.0	0.0
B- / 7.0	12.9	1.16	14.36	6	6	93	0	1	47.0	N/A	N/A	28	4	1,000	0	0.0	0.0
B- / 7.0	12.9	1.16	14.36	2	6	93	0	1	47.0	N/A	N/A	27	4	1,000	0	0.0	0.0
B- / 7.1	12.9	1.16	14.94	N/A	6	93	0	1	47.0	N/A	N/A	36	4	250,000	0	0.0	0.0
B- / 7.4	10.7	1.28	11.03	8	10	89	0	1	24.0	112.3	-12.7	24	N/A	1,000	0	5.0	0.0
B- / 7.3	10.7	1.29	10.62	4	10	89	0	1	24.0	106.6	-13.0	19	N/A	1,000	0	0.0	0.0
B- / 7.3	10.7	1.28	10.62	3	10	89	0	1	24.0	106.4	-13.0	19	N/A	1,000	0	0.0	0.0
C / 5.2	13.7	0.92	22.24	47	2	97	0	1	32.0	182.4	0.2	93	9	1,000	0	5.0	0.0
C / 5.2	13.7	0.92	22.18	22	2	97	0	1	32.0	174.1	0.1	90	7	1,000	0	0.0	0.0
C / 5.2	13.7	0.92	22.19	14	2	97	0	1	32.0	174.2	0.1	90	7	1,000	0	0.0	0.0
C- / 4.2	7.0	0.68	36.55	1,519	0	99	0	1	7.0	72.8	-4.5	38	15	1,000	0	5.0	0.0
C- / 4.1	7.0	0.68	36.14	166	0	99	0	1	7.0	67.7	-4.6	30	22	1,000	0	0.0	0.0
C- / 4.1	7.0	0.68	36.15	38	0	99	0	1	7.0	67.7	-4.6	30	8	1,000	0	0.0	0.0
C / 4.4	14.7	1.04	23.93	567	0	100	0	0	30.0	120.5	-8.8	20	11	1,000	0	5.0	0.0
C / 4.3	14.7	1.04	22.20	160	0	100	0	0	30.0	114.1	-9.0	16	11	1,000	0	0.0	0.0
C / 4.3	14.8	1.04	22.20	46	0	100	0	0	30.0	114.2	-9.0	15	5	1,000	0	0.0	0.0
C / 4.4	14.7	1.04	24.83	35	0	100	0	0	30.0	126.4	-8.7	24	5	250,000	0	0.0	0.0
C / 4.4	14.7	1.04	23.70	3	0	100	0	0	30.0	N/A	N/A	18	4	0	0	0.0	0.0
C / 5.3	13.9	0.97	13.86	156	1	98	0	1	74.0	109.2	-9.5	24	N/A	1,000	0	5.0	0.0
U /	N/A	N/A	13.61	42	1	98	0	1	74.0	N/A	N/A	N/A	N/A	1,000	0	0.0	0.0
U /	N/A	N/A	15.83	131	27	72	0	1	82.0	N/A	N/A	N/A	2	1,000	0	5.0	0.0
U /	N/A	N/A	15.61	32	27	72	0	1	82.0	N/A	N/A	N/A	2	1,000	0	0.0	0.0
C+ / 6.4	6.2	0.81	20.10	807	10	89	0	1	36.0	65.7	-8.5	42	13	1,000	0	5.0	0.0
C+ / 6.5	6.1	0.81	20.04	95	10	89	0	1	36.0	60.9	-8.6	33	13	1,000	0	0.0	0.0
C+ / 6.4	6.1	0.81	20.07	15	10	89	0	1	36.0	60.9	-8.6	33	9	1,000	0	0.0	0.0
B / 8.1	6.2	0.81	20.08	N/A	10	89	0	1	36.0	N/A	N/A	48	4	250,000	0	0.0	0.0
C+ / 6.3	6.1	0.80	19.89	N/A	10	89	0	1	36.0	N/A	N/A	35	4	0	0	0.0	0.0
C / 4.7	14.4	1.61	10.68	2	13	86	0	1	104.0	71.9	-13.0	4	1	1,000	0	5.0	0.0
C- / 3.5	18.1	2.00	3.73	132	9	90	0	1	78.0	51.6	-16.6	0	1	1,000	0	5.0	0.0
C- / 3.5	18.2	2.02	3.36	49	9	90	0	1	78.0	47.4	-16.8	0	1	1,000	0	0.0	0.0
C- / 3.4	18.3	2.02	3.36	9	9	90	0	1	78.0	47.4	-16.8	0	1	1,000	0	0.0	0.0
C- / 3.6	18.2	2.01	4.11	N/A	9	90	0	1	78.0	63.5	-16.3	0	1	250,000	0	0.0	0.0

www.thestreet.com/ratings

Data as of June 30, 2007

I. Index of Stock Mutual Funds

Summer 2007

99 Pct = Best
0 Pct = Worst

Fund Type	Fund Name	Ticker Symbol	Overall Investment Rating	Phone	Performance Rating/Pts	Total Return % through 6/30/07					Incl. in Returns	
						3 Mo	6 Mo	1Yr / Pct	3Yr / Pct (Annualized)	5Yr / Pct (Annualized)	Dividend Yield	Expense Ratio
GR	J Hancock Trust 500 Index Ser I	JEINX	C-	(800) 257-3336	C- / 4.2	6.06	6.58	19.90 /59	11.05 /36	10.11 /34	1.26	N/A
GR	J Hancock Trust All Cap Core Ser I	JEACX	C	(800) 257-3336	C / 5.0	4.80	6.29	16.84 /37	13.16 /56	13.63 /67	0.76	0.88
GI	J Hancock Trust Am BlChip I&G Tr I	JEBIX	C-	(800) 257-3336	C / 5.5	6.75	7.10	20.03 /60	12.68 /51	--	0.72	1.07
GI	J Hancock Trust Am Gwth-Inc Ser I	JEGFX	D+	(800) 257-3336	C / 4.7	7.07	7.87	19.33 /55	11.39 /40	--	2.85	0.91
FO	J Hancock Trust Amer Intl Ser I	JEILX	B	(800) 257-3336	A- / 9.1	9.45	12.39	26.10 /86	22.44 /90	--	1.68	1.18
GR	J Hancock Trust American Grow Tr I	JEGRX	C	(800) 257-3336	B- / 7.0	8.75	10.40	18.59 /49	14.66 /66	--	0.87	0.97
GR	J Hancock Trust Classic Val Ser I	JECVX	C+	(800) 257-3336	C+ / 6.3	6.87	6.41	22.12 /73	13.55 /59	--	0.86	0.96
GR	J Hancock Trust Dyn Gwth Ser I	JEDGX	C+	(800) 257-3336	B / 7.6	6.94	12.25	23.05 /77	15.33 /70	11.98 /53	0.00	1.03
FS	J Hancock Trust Fin Svcs Ser I	JEFSX	C+	(800) 257-3336	C+ / 6.8	6.74	3.79	23.28 /78	14.83 /68	13.36 /65	0.50	0.91
GL	J Hancock Trust Gbl Alloc Ser I	JEGLX	C+	(800) 257-3336	C- / 3.3	3.40	4.46	14.59 /24	11.80 /44	9.80 /31	1.58	1.02
AG	J Hancock Trust Lifestyle Agg Ser I	JELAX	C+	(800) 257-3336	B- / 7.4	6.67	9.51	20.88 /66	15.78 /73	13.80 /68	6.83	N/A
BA	J Hancock Trust Lifestyle Bal Ser I	JELBX	C+	(800) 257-3336	C- / 3.9	3.61	5.71	15.90 /31	12.16 /47	11.32 /47	4.88	N/A
AA	J Hancock Trust Lifestyle Con Ser I	JELCX	C-	(800) 257-3336	E+ / 0.6	0.16	2.03	9.19 / 6	7.01 / 9	6.90 / 8	4.51	N/A
GR	J Hancock Trust Lifestyle Gr Ser I	JELGX	C	(800) 257-3336	C+ / 5.6	4.93	7.34	17.86 /44	13.54 /59	12.46 /57	5.10	N/A
BA	J Hancock Trust Lifestyle Mod Ser I	JELMX	C	(800) 257-3336	D- / 1.5	1.84	3.67	12.30 /14	9.16 /22	8.89 /22	4.54	N/A
FO	J Hancock Trust Pacific Rim Ser I	JEPMX	C+	(800) 257-3336	B / 7.8	4.77	9.11	17.10 /39	18.36 /81	15.61 /79	0.88	1.06
GR	J Hancock Trust Quant All Cap Ser I	JEQAX	C+	(800) 257-3336	C+ / 6.9	7.90	8.83	20.73 /65	14.30 /64	--	0.86	0.81
SC	J Hancock Trust SmallCap Val Ser I	JESVX	U	(800) 257-3336	U /	2.77	8.02	21.21 /68	--	--	0.39	1.19
GR	J Hancock Trust TotStk Mkt Idx I	JETSX	C	(800) 257-3336	C / 5.1	5.89	7.34	19.85 /59	12.17 /47	11.32 /47	1.14	N/A
GR	J Hancock Trust US LgCap Ser I	JEULX	D	(800) 257-3336	C- / 3.0	6.93	6.87	15.32 /28	9.92 /27	11.12 /45	0.52	0.91
UT	J Hancock Trust Utilities Ser I	JEUTX	A	(800) 257-3336	A+ / 9.7	8.92	18.87	43.66 /98	30.58 /96	24.86 /96	0.93	1.00
GR	J Hancock Trust Value Ser I	JEVLX	B+	(800) 257-3336	B+ / 8.7	9.05	11.68	29.00 /91	18.85 /83	15.42 /78	0.70	0.83
GR	J Hancock US Glob Lead Gr A	USGLX	E+	(800) 257-3336	E- / 0.0	1.62	-0.14	7.98 / 4	2.50 / 1	3.75 / 1	0.00	1.31
GR	J Hancock US Glob Lead Gr B	USLBX	E+	(800) 257-3336	E- / 0.1	1.42	-0.54	7.17 / 3	1.73 / 0	2.97 / 0	0.00	2.06
GR	J Hancock US Glob Lead Gr C	USLCX	E+	(800) 257-3336	E- / 0.1	1.46	-0.50	7.21 / 3	1.74 / 0	2.97 / 0	0.00	2.06
GR	J Hancock US Glob Lead Gr I	USLIX	E+	(800) 257-3336	E- / 0.1	1.74	0.07	8.48 / 5	2.94 / 1	4.17 / 1	0.00	0.87
GR	J Hancock US Glob Lead Gr R1	UGLRX	E+	(800) 257-3336	E- / 0.1	1.53	-0.35	7.50 / 3	2.22 / 0	--	0.00	1.73
SC	J HancockTrust SmallCap Idx Ser I	JESIX	D	(800) 257-3336	C / 4.3	4.17	6.14	15.68 /30	12.68 /51	12.88 /61	0.77	N/A
GI	Jackson Perspective 5 Fund CL A	JXFAX	U	(888) 276-0061	U /	7.25	10.90	--	--	--	0.00	1.45
GR	Jackson Perspective Index 5 Fund A	JXIAX	U	(888) 276-0061	U /	4.11	6.30	--	--	--	0.00	1.45
TC	Jacob Internet Fund	JAMFX	D+	(888) 522-6239	B- / 7.2	3.51	8.86	20.40 /63	16.88 /77	33.66 /99	1.12	2.42
GI	Jacobs & Co Mutual Fund	JACOX	E+	(877) 560-6823	E- / 0.0	-1.11	-1.23	-2.16 / 0	0.13 / 0	-1.96 / 0	4.96	4.37
BA	James Advantage Bal Goldn Rainbow	GLRBX	C	(888) 426-7640	D / 2.0	3.05	4.88	10.13 / 8	10.34 /31	9.70 /30	2.13	1.21
GR	James Advantage Equity A	JALCX	B+	(888) 426-7640	B / 7.8	7.26	8.20	11.59 /12	18.87 /83	13.48 /66	0.31	1.50
GR	James Advantage Market Neutral A	JAMNX	D-	(888) 426-7640	E- / 0.2	3.35	3.67	-0.84 / 0	5.03 / 4	3.42 / 0	3.33	1.95
SC	James Advantage Small Cap Value A	JASCX	C-	(888) 426-7640	C- / 3.2	4.71	5.22	6.97 / 3	12.58 /50	17.43 /86	0.45	1.50
BA	Jamestown Balanced Fund	JAMBX	D	(866) 738-1126	D / 1.6	4.92	5.99	15.55 /29	7.56 /12	7.27 /10	1.76	0.94
GR	Jamestown Equity Fund	JAMEX	C-	(866) 738-1126	C- / 3.8	7.28	8.34	20.35 /62	9.67 /25	8.62 /20	0.40	0.97
FO	Jamestown Intl Equity Fund	JAMIX	B-	(866) 738-1126	B / 7.9	5.68	8.31	21.10 /67	18.45 /82	13.00 /62	0.74	1.75
BA	Janus Adviser Balanced C	JABCX	D+	(800) 525-3713	D+ / 2.4	4.24	5.71	14.62 /24	9.68 /25	--	1.31	1.58
BA	Janus Adviser Balanced I	JBALX	C-	(800) 525-3713	D+ / 2.6	4.51	6.24	15.78 /31	9.79 /26	8.19 /16	2.19	0.63
BA	Janus Adviser Balanced S	JABRX	C-	(800) 525-3713	D+ / 2.8	4.37	5.97	15.18 /27	10.23 /30	8.45 /18	1.72	1.11
GR	Janus Adviser Contrarian Fund A	JCNAX	U	(800) 525-3713	U /	7.95	15.24	36.35 /96	--	--	0.22	8.30
GR	Janus Adviser Contrarian Fund C	JCNCX	U	(800) 525-3713	U /	7.68	14.76	35.28 /96	--	--	0.03	8.83
GR	Janus Adviser Forty A	JDCAX	U	(800) 525-3713	U /	7.46	10.43	22.19 /74	--	--	0.09	1.06
GR	Janus Adviser Forty C	JACCX	C+	(800) 525-3713	B- / 7.2	7.30	10.07	21.30 /69	14.99 /69	--	0.00	1.70
GR	Janus Adviser Forty I	JCAPX	U	(800) 525-3713	U /	7.57	10.62	22.53 /75	--	--	0.27	0.70
GR	Janus Adviser Forty S	JARTX	C+	(800) 525-3713	B- / 7.5	7.41	10.33	21.90 /72	15.56 /72	11.87 /52	0.07	1.18
GR	Janus Adviser Fundamental Equity C	JADCX	C	(800) 525-3713	C+ / 6.3	8.06	8.84	15.94 /31	14.24 /64	--	0.00	1.96
GR	Janus Adviser Fundamental Equity S	JADEX	C	(800) 525-3713	C+ / 6.7	8.24	9.12	16.57 /35	14.85 /68	11.60 /50	0.12	1.49
GR	Janus Adviser Growth & Income C	JGICX	C-	(800) 525-3713	C / 4.8	8.06	8.64	14.92 /26	12.04 /46	--	0.61	1.66
GR	Janus Adviser Growth & Income S	JADGX	C	(800) 525-3713	C / 5.3	8.24	8.93	15.52 /29	12.63 /51	9.92 /32	1.06	1.23

● Denotes fund is closed to new investors
* Denotes fund is included in Section II

www.thestreet.com/ratings

Summer 2007
I. Index of Stock Mutual Funds

RISK			NET ASSETS		ASSET					BULL / BEAR		FUND MANAGER		MINIMUMS		LOADS	
	3 Year		NAV						Portfolio	Last Bull	Last Bear	Manager	Manager	Initial	Additional	Front	Back
Risk	Standard		As of	Total	Cash	Stocks	Bonds	Other	Turnover	Market	Market	Quality	Tenure	Purch.	Purch.	End	End
Rating/Pts	Deviation	Beta	6/30/07	$(Mil)	%	%	%	%	Ratio	Return	Return	Pct	(Years)	$	$	Load	Load
C+ / 6.2	7.3	1.00	12.97	1,440	0	99	0	1	11.0	91.8	-9.8	45	4	250,000	0	0.0	0.0
C+ / 6.4	8.0	1.05	20.67	215	10	89	0	1	240.0	115.5	-7.9	67	5	250,000	0	0.0	0.0
C / 5.2	11.8	1.16	17.78	19	N/A	100	0	N/A	15.0	N/A	N/A	49	4	250,000	0	0.0	0.0
C / 5.4	11.0	1.09	21.03	23	N/A	100	0	N/A	2.0	N/A	N/A	40	4	250,000	0	0.0	0.0
C / 5.1	12.2	1.00	27.06	91	N/A	100	0	N/A	6.0	N/A	N/A	49	4	250,000	0	0.0	0.0
C / 5.2	11.9	1.26	23.54	99	N/A	100	0	N/A	3.0	N/A	N/A	63	2	250,000	0	0.0	0.0
C+ / 6.6	7.6	0.94	16.82	34	12	87	0	1	47.0	N/A	N/A	80	3	250,000	0	0.0	0.0
C / 4.9	13.6	1.53	6.78	123	1	98	0	1	45.0	111.7	-9.0	42	3	250,000	0	0.0	0.0
C+ / 6.2	8.3	0.86	19.27	69	4	95	0	1	12.0	119.2	-8.3	90	6	250,000	0	0.0	0.0
B+ / 9.7	5.2	0.51	12.61	95	4	67	28	1	90.0	89.3	-9.9	39	4	250,000	0	0.0	0.0
C+ / 5.9	9.1	1.13	11.27	251	N/A	100	0	N/A	23.0	132.7	-10.4	84	N/A	250,000	0	0.0	0.0
B+ / 9.6	5.5	1.19	13.94	1,181	0	63	36	1	23.0	84.5	-4.1	81	N/A	250,000	0	0.0	0.0
B+ / 9.9	2.9	0.48	13.12	178	0	32	68	0	20.0	38.5	1.2	67	N/A	250,000	0	0.0	0.0
C+ / 6.5	7.1	0.90	14.16	1,067	0	80	19	1	26.0	105.3	-7.5	82	N/A	250,000	0	0.0	0.0
B+ / 9.9	4.0	0.87	13.26	358	0	40	59	1	24.0	58.6	-1.4	69	N/A	250,000	0	0.0	0.0
C / 5.3	11.0	1.00	12.95	117	2	97	0	1	46.0	154.8	-10.1	17	7	250,000	0	0.0	0.0
C+ / 5.7	10.1	1.26	18.21	307	0	99	0	1	141.0	N/A	N/A	58	4	250,000	0	0.0	0.0
U /	N/A	N/A	19.99	78	1	98	0	1	49.0	N/A	N/A	N/A	5	250,000	0	0.0	0.0
C+ / 6.2	8.0	1.07	13.79	270	0	99	0	1	21.0	102.2	-9.6	52	4	250,000	0	0.0	0.0
C+ / 5.9	8.3	1.07	17.25	430	1	98	0	1	29.0	93.4	-9.6	28	8	250,000	0	0.0	0.0
C+ / 6.4	8.4	0.52	15.73	194	6	92	1	1	98.0	227.9	-0.6	99	6	250,000	0	0.0	0.0
C+ / 6.1	9.0	1.11	22.46	317	7	92	0	1	65.0	160.9	-10.1	95	4	250,000	0	0.0	0.0
B- / 7.2	8.5	0.88	28.81	1,052	14	85	0	1	34.0	43.4	-10.2	4	N/A	1,000	0	5.0	0.0
B- / 7.1	8.5	0.88	27.79	124	14	85	0	1	34.0	38.9	-10.3	3	N/A	1,000	0	0.0	0.0
B- / 7.1	8.5	0.88	27.80	139	14	85	0	1	34.0	38.9	-10.3	3	N/A	1,000	0	0.0	0.0
B- / 7.3	8.5	0.88	29.30	17	14	85	0	1	34.0	46.1	-10.2	5	12	250,000	0	0.0	0.0
B- / 7.1	8.5	0.87	28.53	4	14	85	0	1	34.0	N/A	N/A	4	N/A	0	0	0.0	0.0
C / 4.9	13.5	1.00	16.73	248	2	97	0	1	29.0	139.0	-11.0	43	4	250,000	0	0.0	0.0
U /	N/A	N/A	11.09	27	3	96	0	1	N/A	N/A	N/A	N/A	1	1,000	500	5.8	0.0
U /	N/A	N/A	10.63	57	3	80	16	1	N/A	N/A	N/A	N/A	1	1,000	500	5.8	0.0
D+ / 2.9	22.2	2.11	2.95	102	13	86	0	1	126.0	304.9	-4.8	16	11	2,500	100	0.0	2.0
C+ / 6.6	7.4	0.72	8.03	4	4	49	46	1	148.8	5.7	-5.7	3	6	2,000	100	0.0	0.0
B+ / 9.4	4.5	0.78	18.33	340	17	46	35	2	50.0	68.8	-1.9	84	10	2,000	0	0.0	0.0
B- / 7.5	11.8	1.26	12.28	27	0	100	0	0	57.0	132.0	-4.9	92	8	2,000	0	0.0	0.0
B / 8.3	5.5	-0.06	12.17	51	40	59	0	1	53.0	22.0	4.2	77	9	2,000	0	0.0	0.0
B- / 7.0	14.0	0.95	24.56	327	5	94	0	1	79.0	158.8	-3.8	49	9	2,000	0	0.0	0.0
B- / 7.3	5.4	1.15	15.18	45	0	68	30	2	40.0	52.8	-3.0	31	5	5,000	0	0.0	0.0
B- / 7.2	7.9	1.04	19.44	26	0	99	0	1	53.0	79.1	-6.8	28	15	5,000	0	0.0	0.0
C+ / 6.1	9.7	1.03	15.21	27	3	96	0	1	13.0	140.7	-10.9	15	3	5,000	0	0.0	2.0
B- / 7.6	5.4	1.17	28.16	19	2	59	37	2	57.1	56.6	-3.3	56	N/A	2,500	100	0.0	0.0
B- / 7.9	8.9	0.80	27.33	3	2	59	37	2	57.1	58.0	-3.2	79	N/A	1,000,000	0	0.0	0.0
B- / 7.5	5.4	1.17	27.78	506	2	59	37	2	57.1	59.9	-3.2	63	N/A	2,500	100	0.0	0.0
U /	N/A	N/A	15.20	48	14	85	0	1	14.4	N/A	N/A	N/A	2	2,500	100	5.8	0.0
U /	N/A	N/A	15.01	66	14	85	0	1	14.4	N/A	N/A	N/A	2	2,500	100	0.0	0.0
U /	N/A	N/A	34.00	553	8	91	0	1	20.0	N/A	N/A	N/A	N/A	2,500	100	5.8	0.0
C / 5.4	10.3	1.19	33.35	125	8	91	0	1	20.0	97.0	-8.5	74	5	2,500	100	0.0	0.0
U /	N/A	N/A	33.97	83	8	91	0	1	20.0	N/A	N/A	N/A	N/A	1,000,000	0	0.0	0.0
C / 5.5	10.3	1.19	33.76	2,490	8	91	0	1	20.0	101.3	-8.4	79	10	2,500	100	0.0	0.0
C / 5.3	9.8	1.17	21.05	14	1	98	0	1	27.9	103.4	-8.2	67	N/A	2,500	100	0.0	0.0
C / 5.3	9.8	1.17	21.29	77	1	98	0	1	27.9	107.7	-8.1	74	N/A	2,500	100	0.0	0.0
C+ / 5.9	10.3	1.18	19.58	10	0	99	0	1	43.8	84.9	-8.0	38	N/A	2,500	100	0.0	0.0
C+ / 5.9	10.3	1.18	19.55	235	0	99	0	1	43.8	89.1	-7.9	46	N/A	2,500	100	0.0	0.0

www.thestreet.com/ratings

Data as of June 30, 2007

I. Index of Stock Mutual Funds

Summer 2007

99 Pct = Best
0 Pct = Worst

Fund Type	Fund Name	Ticker Symbol	Overall Investment Rating	Phone	Performance Rating/Pts	3 Mo	6 Mo	1Yr / Pct	3Yr / Pct	5Yr / Pct	Dividend Yield	Expense Ratio
GR	Janus Adviser INTECH Rsk Mgd	JDOAX	U	(800) 525-3713	U /	2.15	4.91	14.80 /25	--	--	0.24	1.24
GR	Janus Adviser INTECH Rsk Mgd	JLCCX	D	(800) 525-3713	C- / 3.0	1.93	4.44	13.76 /19	11.73 /43	--	0.00	1.99
GR	Janus Adviser INTECH Rsk Mgd	JRMCX	U	(800) 525-3713	U /	2.17	4.94	14.89 /25	--	--	0.47	0.84
GR	Janus Adviser INTECH Rsk Mgd	JLCIX	D	(800) 525-3713	D+ / 2.9	2.10	4.72	14.33 /22	12.04 /46	--	0.22	1.50
GR	Janus Adviser INTECH Rsk Mgd Gr A	JDRAX	U	(800) 525-3713	U /	4.22	5.63	14.13 /21	--	--	0.24	0.91
GR	Janus Adviser INTECH Rsk Mgd Gr	JCGCX	E+	(800) 525-3713	D- / 1.4	3.97	5.26	13.30 /17	7.94 /14	--	0.00	1.64
GR	Janus Adviser INTECH Rsk Mgd Gr I	JRMGX	U	(800) 525-3713	U /	4.31	5.80	14.51 /23	--	--	0.45	0.61
GR	Janus Adviser INTECH Rsk Mgd Gr S	JCGIX	E+	(800) 525-3713	D- / 1.5	4.17	5.59	13.92 /20	8.49 /17	--	0.08	1.15
GI	Janus Adviser INTECH Rsk Mgd Val I	JRSIX	U	(800) 525-3713	U /	3.27	6.22	19.20 /54	--	--	1.43	2.91
FO	Janus Adviser International Gr A	JDIAX	U	(800) 525-3713	U /	11.08	14.31	42.02 /97	--	--	0.70	1.04
FO	Janus Adviser International Gr C	JIGCX	B-	(800) 525-3713	A+ / 9.8	10.86	13.89	40.97 /97	37.13 /98	--	0.63	1.77
FO	Janus Adviser International Gr I	JIGFX	U	(800) 525-3713	U /	11.13	14.47	42.38 /97	--	--	0.78	0.75
FO	Janus Adviser International Gr S	JIGRX	B-	(800) 525-3713	A+ / 9.8	11.02	14.20	41.73 /97	37.83 /98	24.32 /96	0.63	1.24
GR	Janus Adviser Large Cap Growth C	JGOCX	D	(800) 525-3713	D+ / 2.6	6.01	8.93	19.44 /56	8.02 /14	--	0.00	1.73
GR	Janus Adviser Large Cap Growth S	JGORX	D	(800) 525-3713	C- / 3.0	6.16	9.21	20.01 /60	8.55 /18	7.91 /14	0.00	1.27
GL	Janus Adviser Long/Short A	JALSX	U	(800) 525-3713	U /	6.48	12.12	--	--	--	0.00	3.09
GL	Janus Adviser Long/Short I	JLSIX	U	(800) 525-3713	U /	6.47	12.20	--	--	--	0.00	2.84
GL	Janus Adviser Long/Short S	JSLSX	U	(800) 525-3713	U /	6.48	12.12	--	--	--	0.00	3.23
MC	Janus Adviser Mid Cap Growth C	JGRCX	C+	(800) 525-3713	B / 7.8	7.46	12.30	23.51 /79	15.83 /73	--	0.00	1.90
MC	Janus Adviser Mid Cap Growth S	JGRTX	C+	(800) 525-3713	B / 8.0	7.63	12.62	24.13 /81	16.41 /76	15.52 /79	0.00	1.38
MC	Janus Adviser Mid Cap Value A	JDPAX	U	(800) 525-3713	U /	6.13	10.25	22.26 /74	--	--	0.82	1.17
MC	Janus Adviser Mid Cap Value C	JMVCX	B+	(800) 525-3713	B- / 7.1	5.90	9.81	21.32 /69	15.01 /69	--	0.36	1.93
MC	Janus Adviser Mid Cap Value I	JMVAX	U	(800) 525-3713	U /	6.20	10.39	22.61 /75	--	--	1.09	0.86
MC	Janus Adviser Mid Cap Value S	JMVIX	B+	(800) 525-3713	B- / 7.2	6.03	10.09	21.97 /72	15.03 /69	--	0.73	1.33
SC	Janus Adviser Small Company Value	JCSCX	C-	(800) 525-3713	C / 5.1	2.71	5.05	16.69 /36	14.02 /62	--	0.00	2.60
SC	Janus Adviser Small Company Value	JISCX	C	(800) 525-3713	C+ / 5.6	2.84	5.32	17.29 /40	14.58 /66	14.87 /75	0.00	2.10
GL	Janus Adviser Worldwide C	JWWCX	B	(800) 525-3713	B / 7.9	9.16	12.41	30.42 /93	14.32 /64	--	1.74	1.68
GL	Janus Adviser Worldwide S	JWGRX	B	(800) 525-3713	B / 8.1	9.33	12.69	31.09 /93	14.91 /68	8.89 /22	1.67	1.19
BA	Janus Aspen Balanced Inst	JABLX	C	(800) 525-3713	C- / 3.1	4.59	6.32	15.72 /30	10.62 /33	8.73 /20	2.40	0.58
BA	Janus Aspen Balanced Svc		C-	(800) 525-3713	D+ / 2.9	4.51	6.21	15.45 /29	10.34 /31	8.47 /18	2.18	0.83
GR	Janus Aspen Fdmtl Equity Inst	JEIIX	C+	(800) 525-3713	C+ / 6.6	8.12	9.13	16.35 /34	14.65 /66	11.24 /46	0.03	1.73
GR	Janus Aspen Fdmtl Equity Svc		C	(800) 525-3713	C+ / 6.3	7.84	8.76	15.81 /31	14.28 /64	11.34 /47	0.00	2.00
FO	Janus Aspen Foreign Stk Svc		B	(800) 525-3713	B / 8.2	8.41	15.01	26.59 /87	15.74 /73	13.78 /68	1.52	1.72
GR	Janus Aspen Forty Instl	JACAX	C+	(800) 525-3713	B- / 7.4	7.61	10.71	22.16 /73	15.10 /69	12.01 /54	0.31	0.70
GR	Janus Aspen Forty Svc		C+	(800) 525-3713	B- / 7.3	7.49	10.51	21.83 /72	14.81 /67	11.73 /51	0.14	0.95
HL	Janus Aspen Global Life Sci Inst	JGLIX	E+	(800) 525-3713	D+ / 2.7	2.98	8.81	11.39 /12	10.62 /33	10.48 /38	0.00	1.10
HL	Janus Aspen Global Life Sci Svc		D-	(800) 525-3713	D+ / 2.4	2.82	8.62	11.10 /11	10.34 /31	10.21 /35	0.00	1.35
TC	Janus Aspen Global Technology Inst	JGLTX	D+	(800) 525-3713	C+ / 6.5	9.35	13.32	24.47 /82	11.57 /41	11.22 /46	0.00	0.85
TC	Janus Aspen Global Technology S2		C-	(800) 525-3713	C+ / 6.1	9.33	13.10	24.24 /81	11.39 /40	11.07 /44	0.00	1.10
TC	Janus Aspen Global Technology Svc		C-	(800) 525-3713	C+ / 6.3	9.28	13.12	24.48 /82	11.33 /39	10.97 /43	0.00	1.10
GI	Janus Aspen Growth & Income Inst	JGIIX	C	(800) 525-3713	C+ / 5.8	8.45	9.33	15.98 /32	13.23 /56	10.00 /33	1.88	0.87
GI	Janus Aspen Growth & Income Svc		C	(800) 525-3713	C+ / 5.6	8.37	9.17	15.62 /29	12.98 /54	9.76 /30	1.55	1.10
GR	Janus Aspen INTECH Rsk Mgd Core		D	(800) 525-3713	D+ / 2.7	1.07	3.62	12.99 /16	11.76 /43	--	8.52	1.86
GR	Janus Aspen INTECH Rsk Mgd Gr		E+	(800) 525-3713	D- / 1.5	3.99	5.23	13.45 /18	8.10 /15	--	4.21	2.23
FO	Janus Aspen International Gr Inst	JAIGX	B-	(800) 525-3713	A+ / 9.8	11.67	14.16	41.99 /97	38.52 /98	24.69 /96	0.78	0.71
FO	Janus Aspen International Gr S2		B	(800) 525-3713	A+ / 9.8	11.59	14.03	41.64 /97	38.20 /98	24.44 /96	0.91	0.96
FO	Janus Aspen International Gr Svc		B	(800) 525-3713	A+ / 9.8	11.79	14.22	41.85 /97	38.26 /98	24.42 /96	0.67	0.96
GR	Janus Aspen Large Cap Growth Inst	JAGRX	D+	(800) 525-3713	C- / 3.5	6.29	9.60	20.75 /65	9.17 /22	8.82 /21	0.59	0.69
GR	Janus Aspen Large Cap Growth Svc		D	(800) 525-3713	C- / 3.3	6.25	9.46	20.45 /63	8.92 /20	8.55 /19	0.43	0.94
MC	Janus Aspen Mid Cap Gr Inst	JAAGX	C+	(800) 525-3713	B / 8.2	7.73	12.86	24.99 /83	17.04 /78	15.96 /81	0.09	0.70
MC	Janus Aspen Mid Cap Gr Svc		C+	(800) 525-3713	B / 8.2	7.66	12.71	24.68 /82	16.75 /77	15.66 /80	0.04	0.95
MC	Janus Aspen Mid Cap Value Inst	JAMVX	B-	(800) 525-3713	B- / 7.4	6.10	10.38	22.40 /75	15.28 /70	--	1.09	0.96

● Denotes fund is closed to new investors
* Denotes fund is included in Section II

www.thestreet.com/ratings

Summer 2007   I. Index of Stock Mutual Funds

RISK			NET ASSETS		ASSET					BULL / BEAR		FUND MANAGER		MINIMUMS		LOADS	
	3 Year		NAV						Portfolio	Last Bull	Last Bear	Manager	Manager	Initial	Additional	Front	Back
Risk	Standard		As of	Total	Cash	Stocks	Bonds	Other	Turnover	Market	Market	Quality	Tenure	Purch.	Purch.	End	End
Rating/Pts	Deviation	Beta	6/30/07	$(Mil)	%	%	%	%	Ratio	Return	Return	Pct	(Years)	$	$	Load	Load
U /	N/A	N/A	15.17	27	1	98	0	1	92.4	N/A	N/A	N/A	N/A	2,500	100	5.8	0.0
C+ / 5.9	7.6	0.95	14.81	24	1	98	0	1	92.4	102.5	N/A	60	4	2,500	100	0.0	0.0
U /	N/A	N/A	15.09	101	1	98	0	1	92.4	N/A	N/A	N/A	N/A	1,000,000	0	0.0	2.0
C+ / 5.9	7.6	0.96	15.09	45	1	98	0	1	92.4	105.5	N/A	63	5	2,500	100	0.0	2.0
U /	N/A	N/A	14.82	50	3	96	0	1	78.6	N/A	N/A	N/A	N/A	2,500	100	5.8	0.0
C+ / 5.7	8.5	1.08	14.40	16	3	96	0	1	78.6	79.1	N/A	15	4	2,500	100	0.0	0.0
U /	N/A	N/A	14.77	1,251	3	96	0	1	78.6	N/A	N/A	N/A	N/A	1,000,000	0	0.0	2.0
C+ / 5.7	8.5	1.08	14.74	163	3	96	0	1	78.6	83.0	N/A	18	4	2,500	100	0.0	2.0
U /	N/A	N/A	12.30	46	1	98	0	1	132.9	N/A	N/A	N/A	N/A	1,000,000	0	0.0	2.0
U /	N/A	N/A	62.16	102	6	93	0	1	38.3	N/A	N/A	N/A	N/A	2,500	100	5.8	0.0
C- / 4.2	14.0	1.36	62.89	142	6	93	0	1	38.3	274.5	-12.0	94	5	2,500	100	0.0	0.0
U /	N/A	N/A	62.18	62	6	93	0	1	38.3	N/A	N/A	N/A	N/A	1,000,000	0	0.0	2.0
C / 4.3	14.0	1.36	62.08	1,305	6	93	0	1	38.3	281.2	-11.9	95	N/A	2,500	100	0.0	2.0
C+ / 6.2	9.4	1.20	25.74	3	0	99	0	1	18.5	75.1	-10.4	11	1	2,500	100	0.0	0.0
C+ / 6.3	9.4	1.20	25.85	165	0	99	0	1	18.5	78.7	-10.3	13	1	2,500	100	0.0	0.0
U /	N/A	N/A	12.49	57	13	86	0	1	66.1	N/A	N/A	N/A	1	10,000	100	5.8	0.0
U /	N/A	N/A	12.51	46	13	86	0	1	66.1	N/A	N/A	N/A	1	1,000,000	0	0.0	2.0
U /	N/A	N/A	12.49	38	13	86	0	1	66.1	N/A	N/A	N/A	1	10,000	100	0.0	2.0
C / 5.1	11.7	1.07	35.15	8	2	97	0	1	28.3	132.6	-6.1	52	5	2,500	100	0.0	0.0
C / 5.1	11.8	1.07	35.70	105	2	97	0	1	28.3	137.5	-6.0	59	10	2,500	100	0.0	0.0
U /	N/A	N/A	19.90	346	5	94	0	1	88.6	N/A	N/A	N/A	N/A	2,500	100	5.8	0.0
B- / 7.7	8.2	0.76	19.58	47	5	94	0	1	88.6	137.9	N/A	82	N/A	2,500	100	0.0	0.0
U /	N/A	N/A	19.86	80	5	94	0	1	88.6	N/A	N/A	N/A	N/A	1,000,000	0	0.0	0.0
B- / 7.7	8.2	0.76	19.86	107	5	94	0	1	88.6	139.5	N/A	82	N/A	2,500	100	0.0	0.0
C+ / 5.7	11.7	0.84	16.65	3	4	95	0	1	114.0	N/A	N/A	78	4	1,000	100	0.0	0.0
C+ / 5.8	11.8	0.84	17.03	35	4	95	0	1	114.0	141.9	-7.1	82	5	2,500	100	0.0	0.0
C+ / 6.4	9.1	0.77	37.76	1	1	98	0	1	25.0	90.3	-11.6	19	3	2,500	100	0.0	0.0
C+ / 6.5	9.0	0.77	37.48	144	1	98	0	1	25.0	94.7	-11.5	23	3	2,500	100	0.0	0.0
B / 8.3	5.4	1.16	29.23	1,419	2	59	37	2	52.0	61.6	-3.1	68	2	2,500	100	0.0	0.0
B- / 7.8	5.4	1.16	30.23	547	2	59	37	2	52.0	59.9	-3.2	65	2	2,500	100	0.0	0.0
C+ / 6.3	9.7	1.17	25.37	13	2	97	0	1	51.0	106.7	-8.9	72	2	2,500	100	0.0	0.0
C+ / 5.8	9.8	1.17	25.41	2	2	97	0	1	51.0	104.5	-7.2	68	2	2,500	100	0.0	0.0
C+ / 6.2	7.5	0.72	18.73	25	2	97	0	1	16.0	160.9	-15.9	38	6	2,500	100	0.0	0.0
C / 5.1	10.5	1.23	33.34	462	0	99	0	1	44.0	103.0	-8.9	71	10	2,500	100	0.0	0.0
C+ / 5.6	10.5	1.23	33.03	482	0	99	0	1	44.0	100.9	-9.0	68	8	2,500	100	0.0	0.0
C / 4.5	12.2	0.99	10.37	3	1	98	0	1	80.0	98.7	-3.6	41	3	2,500	100	0.0	0.0
C / 5.2	12.2	0.98	10.21	26	1	98	0	1	80.0	96.7	-3.6	38	3	2,500	100	0.0	0.0
C- / 3.4	16.0	1.73	4.68	3	0	99	0	1	89.0	103.6	-14.5	8	1	2,500	100	0.0	0.0
C- / 4.2	16.1	1.74	4.92	26	0	99	0	1	89.0	102.1	-14.7	8	1	2,500	100	0.0	1.0
C- / 4.2	16.0	1.72	4.83	133	0	99	0	1	89.0	101.7	-14.9	8	1	2,500	100	0.0	0.0
C+ / 6.1	10.4	1.19	20.15	48	1	98	0	1	58.0	92.7	-8.9	53	3	2,500	100	0.0	0.0
C+ / 5.9	10.4	1.20	20.27	36	1	98	0	1	58.0	90.7	-8.9	49	3	2,500	100	0.0	0.0
C+ / 6.2	7.8	0.97	13.14	16	1	98	0	1	141.0	105.8	N/A	58	4	2,500	100	0.0	0.0
C+ / 5.7	8.7	1.10	12.31	11	0	99	0	1	120.0	81.4	N/A	15	4	2,500	100	0.0	0.0
C- / 3.9	14.5	1.40	58.24	919	0	99	0	1	60.0	286.5	-11.8	95	6	2,500	100	0.0	0.0
C / 4.6	14.5	1.40	57.76	364	0	99	0	1	60.0	283.1	-11.8	94	6	2,500	100	0.0	1.0
C / 4.6	14.5	1.40	57.64	1,347	0	99	0	1	60.0	282.7	-11.9	94	6	2,500	100	0.0	0.0
C+ / 6.3	9.4	1.19	25.24	691	0	99	0	1	54.0	84.1	-11.0	16	1	2,500	100	0.0	0.0
C+ / 5.6	9.4	1.19	24.92	234	0	99	0	1	54.0	82.2	-11.1	15	1	2,500	100	0.0	0.0
C / 5.1	11.6	1.06	36.98	549	0	99	0	1	41.0	141.9	-5.8	68	5	2,500	100	0.0	0.0
C / 5.3	11.6	1.06	36.07	305	0	99	0	1	41.0	139.3	-5.8	64	5	2,500	100	0.0	0.0
C+ / 6.3	8.6	0.79	17.39	14	1	98	0	1	89.0	N/A	N/A	82	4	2,500	100	0.0	0.0

www.thestreet.com/ratings   Data as of June 30, 2007

I. Index of Stock Mutual Funds

Summer 2007

99 Pct = Best
0 Pct = Worst

Fund Type	Fund Name	Ticker Symbol	Overall Investment Rating	Phone	Performance Rating/Pts	3 Mo	6 Mo	1Yr / Pct	3Yr / Pct	5Yr / Pct	Dividend Yield	Expense Ratio
MC	Janus Aspen Mid Cap Value Svc		C+	(800) 525-3713	B- / 7.2	6.18	10.35	22.14 /73	14.93 /68	--	0.86	1.32
SC	Janus Aspen Sm Co Val Svc		D+	(800) 525-3713	C / 4.7	2.64	4.70	16.54 /35	13.57 /59	--	0.70	2.20
GL	Janus Aspen Worldwide Gr Inst	JAWGX	B	(800) 525-3713	B+ / 8.3	9.39	13.03	32.06 /94	15.26 /70	9.50 /28	0.95	0.64
GL	Janus Aspen Worldwide Gr S2		B-	(800) 525-3713	B / 8.1	9.32	12.87	31.73 /94	14.96 /68	9.23 /25	0.85	0.90
GL	Janus Aspen Worldwide Gr Svc		B-	(800) 525-3713	B / 8.2	9.31	12.88	31.72 /94	14.96 /68	9.23 /25	0.83	0.90
★ GR	Janus Contrarian Fund	JSVAX	B	(800) 525-3713	A / 9.5	9.68	17.11	38.58 /97	26.17 /94	22.01 /94	0.96	0.95
BA	Janus Fd Inc-Balanced Fund	JABAX	C	(800) 525-3713	D+ / 2.9	4.40	6.07	15.31 /28	10.36 /31	8.58 /19	2.10	0.82
MC	Janus Fd Inc-Enterprise Fund	JAENX	C+	(800) 525-3713	B / 8.0	7.59	12.64	24.65 /82	16.21 /75	15.77 /80	0.00	1.00
HL	Janus Fd Inc-Global Life Sciences	JAGLX	E	(800) 525-3713	E+ / 0.8	3.57	9.21	8.49 / 5	7.42 /11	8.76 /21	0.00	1.02
TC	Janus Fd Inc-Global Technology	JAGTX	D	(800) 525-3713	C+ / 6.2	9.38	13.46	24.83 /83	11.66 /42	11.28 /46	0.00	1.13
★ GI	Janus Fd Inc-Growth & Income	JAGIX	C	(800) 525-3713	C+ / 5.8	8.41	9.26	16.24 /33	13.08 /55	10.18 /35	1.41	0.89
★ GR	Janus Fd Inc-Janus Fund	JANSX	D	(800) 525-3713	C- / 3.2	6.13	9.45	20.29 /62	8.79 /19	8.47 /18	0.31	0.91
MC	● Janus Fd Inc-Mid Cap Value Inst	JMIVX	B-	(800) 525-3713	B- / 7.3	6.00	10.12	22.09 /73	15.34 /70	15.60 /79	1.24	0.93
★ MC	Janus Fd Inc-Mid Cap Value Inv	JMCVX	B-	(800) 525-3713	B- / 7.3	6.03	10.12	22.00 /72	15.18 /70	15.38 /78	1.13	0.97
GL	Janus Fd Inc-Orion Fund	JORNX	C+	(800) 525-3713	A- / 9.0	10.26	14.40	26.04 /85	20.69 /86	18.33 /89	0.20	1.01
★ FO	Janus Fd Inc-Overseas Fund	JAOSX	B-	(800) 525-3713	A+ / 9.8	11.39	14.71	43.91 /98	38.82 /98	25.35 /96	1.04	0.92
SC	● Janus Fd Inc-Small Cap Val Inst	JSIVX	E	(800) 525-3713	C / 4.7	4.50	7.30	18.87 /51	12.19 /47	11.48 /49	1.53	1.01
SC	● Janus Fd Inc-Small Cap Val Inv	JSCVX	E	(800) 525-3713	C / 4.4	4.40	7.13	18.59 /49	11.94 /45	11.22 /46	1.39	1.05
SC	Janus Fd Inc-Triton Fund	JATTX	U	(800) 525-3713	U /	7.10	12.04	25.42 /84	--	--	0.00	1.11
★ GR	● Janus Fd Inc-Twenty Fund	JAVLX	C+	(800) 525-3713	B / 8.0	9.10	11.96	24.65 /82	15.95 /74	14.25 /71	0.52	0.92
SC	● Janus Fd Inc-Venture Fund	JAVTX	C	(800) 525-3713	B+ / 8.7	9.90	15.04	33.04 /95	17.25 /78	17.01 /85	0.00	0.91
★ GL	Janus Fd Inc-Worldwide Fund	JAWWX	B	(800) 525-3713	B / 8.1	9.25	12.80	31.51 /94	15.40 /71	9.52 /28	1.13	0.87
GR	Janus Fundamental Equity Fund	JAEIX	C+	(800) 525-3713	C+ / 6.8	8.23	9.15	16.76 /36	15.00 /69	11.61 /50	0.41	0.92
GL	Janus Global Opportunities Fund	JGVAX	C	(800) 525-3713	B- / 7.3	11.03	15.92	28.54 /91	12.42 /49	11.80 /52	0.50	1.17
GR	Janus Global Research Fund	JARFX	U	(800) 525-3713	U /	7.99	15.09	29.25 /92	--	--	0.31	1.16
GR	Janus INTECH Risk-Mgd Stock Fund	JRMSX	D+	(800) 525-3713	C- / 3.2	2.28	4.86	14.73 /24	12.41 /49	--	0.67	0.92
★ GR	Janus Research Fund	JAMRX	C+	(800) 525-3713	B- / 7.4	7.56	15.23	27.70 /89	12.87 /53	12.57 /58	0.07	0.98
AA	Janus SMART Portfolio Conservative	JSPCX	U	(800) 525-3713	U /	2.79	4.96	13.97 /20	--	--	1.72	1.42
AA	Janus SMART Portfolio Growth	JSPGX	U	(800) 525-3713	U /	5.76	8.39	22.10 /73	--	--	1.02	1.14
AA	Janus SMART Portfolio Moderate	JSPMX	U	(800) 525-3713	U /	4.26	6.49	17.46 /41	--	--	1.36	1.16
BA	JennDry Dryden Active Allocation A	PIBAX	D+	(800) 257-3893	D- / 1.4	3.57	5.22	15.05 /26	9.54 /25	9.83 /31	2.64	1.13
BA	JennDry Dryden Active Allocation B	PBFBX	D+	(800) 257-3893	D / 1.7	3.35	4.78	14.11 /21	8.70 /19	9.01 /23	2.06	1.83
BA	JennDry Dryden Active Allocation C	PABCX	D+	(800) 257-3893	D / 1.7	3.28	4.78	14.11 /21	8.70 /19	9.01 /23	2.06	1.83
BA	JennDry Dryden Active Allocation Z	PABFX	C-	(800) 257-3893	D+ / 2.4	3.62	5.34	15.34 /28	9.82 /26	10.09 /34	3.02	0.83
AA	JennDry Dryden Conserv Alloc A	JDUAX	C-	(800) 257-3893	E+ / 0.7	2.26	3.97	11.09 /11	8.11 /15	--	2.39	1.94
AA	JennDry Dryden Conserv Alloc B	JDABX	C-	(800) 257-3893	E+ / 0.8	2.06	3.60	10.27 / 8	7.34 /11	--	1.80	2.64
AA	JennDry Dryden Conserv Alloc C	JDACX	C-	(800) 257-3893	E+ / 0.8	2.06	3.60	10.27 / 8	7.34 /11	--	1.80	2.64
AA	JennDry Dryden Conserv Alloc Z	JDAZX	C	(800) 257-3893	D- / 1.3	2.31	4.12	11.33 /11	8.47 /17	--	2.75	1.64
RE	JennDry Dryden Glb Real Est Cl A	PURAX	C	(800) 778-8769	B+ / 8.9	-6.96	-0.28	19.62 /57	26.86 /94	24.32 /96	1.23	1.24
RE	JennDry Dryden Glb Real Est Cl B	PURBX	C	(800) 778-8769	A- / 9.0	-7.14	-0.63	18.70 /50	25.88 /94	23.39 /95	0.77	1.99
RE	JennDry Dryden Glb Real Est Cl C	PURCX	C	(800) 778-8769	A- / 9.0	-7.14	-0.63	18.70 /50	25.88 /94	23.39 /95	0.77	1.99
RE	JennDry Dryden Glb Real Est Cl Z	PURZX	C	(800) 778-8769	A- / 9.2	-6.91	-0.17	19.84 /59	27.15 /95	24.62 /96	1.46	0.99
GR	JennDry Dryden Growth Alloc A	JDAAX	B-	(800) 257-3893	C / 5.3	5.48	7.79	18.90 /51	14.65 /66	--	0.96	2.00
GR	JennDry Dryden Growth Alloc B	JDGBX	B	(800) 257-3893	C+ / 5.8	5.23	7.38	18.02 /45	13.85 /61	--	0.49	2.70
GR	JennDry Dryden Growth Alloc C	JDGCX	B	(800) 257-3893	C+ / 5.8	5.23	7.38	18.02 /45	13.85 /61	--	0.49	2.70
GR	JennDry Dryden Growth Alloc Z	JDGZX	B	(800) 257-3893	C+ / 6.7	5.55	7.93	19.20 /54	14.95 /68	--	1.21	1.70
FO	JennDry Dryden Internatl Val A	PISAX	A+	(800) 778-8769	A- / 9.2	9.02	13.06	30.01 /92	23.88 /92	15.53 /79	0.09	1.70
FO	JennDry Dryden Internatl Val B	PISBX	A+	(800) 778-8769	A- / 9.2	8.81	12.62	29.03 /91	22.92 /91	14.64 /74	0.00	2.40
FO	JennDry Dryden Internatl Val C	PCISX	A+	(800) 778-8769	A- / 9.2	8.80	12.65	29.05 /91	22.93 /91	14.64 /74	0.00	2.40
FO	JennDry Dryden Internatl Val Z	PISZX	A+	(800) 778-8769	A / 9.4	9.08	13.23	30.35 /93	24.15 /92	15.78 /80	0.31	1.40
FO	JennDry Dryden Intl Equity A	PJRAX	A	(800) 257-3893	B+ / 8.9	7.14	11.47	26.52 /87	22.92 /91	18.51 /89	1.26	1.45
FO	JennDry Dryden Intl Equity B	PJRBX	A	(800) 257-3893	A- / 9.0	6.94	11.16	25.64 /84	22.02 /89	17.58 /87	0.71	2.15

● Denotes fund is closed to new investors
★ Denotes fund is included in Section II

Summer 2007   I. Index of Stock Mutual Funds

RISK			NET ASSETS		ASSET					BULL / BEAR		FUND MANAGER		MINIMUMS		LOADS	
	3 Year		NAV						Portfolio	Last Bull	Last Bear	Manager	Manager	Initial	Additional	Front	Back
Risk	Standard		As of	Total	Cash	Stocks	Bonds	Other	Turnover	Market	Market	Quality	Tenure	Purch.	Purch.	End	End
Rating/Pts	Deviation	Beta	6/30/07	$(Mil)	%	%	%	%	Ratio	Return	Return	Pct	(Years)	$	$	Load	Load
C+ / 6.1	8.5	0.79	17.32	75	1	98	0	1	89.0	142.3	N/A	79	5	2,500	100	0.0	0.0
C / 5.4	11.5	0.82	20.36	18	1	98	0	1	59.0	136.5	N/A	76	5	2,500	100	0.0	0.0
C+ / 6.4	8.7	0.72	36.55	1,246	1	98	0	1	46.0	98.5	-11.3	32	3	2,500	100	0.0	0.0
C+ / 5.9	8.7	0.72	36.34	N/A	1	98	0	1	46.0	96.5	-11.4	30	3	2,500	100	0.0	1.0
C+ / 5.9	8.7	0.72	36.24	243	1	98	0	1	46.0	96.4	-11.3	30	3	2,500	100	0.0	0.0
C / 4.8	12.3	1.42	19.71	7,519	0	99	0	1	21.2	229.9	-7.9	98	7	2,500	100	0.0	0.0
B / 8.5	5.3	1.15	25.59	2,633	4	58	37	1	45.5	60.5	-3.1	66	N/A	2,500	100	0.0	0.0
C / 5.1	11.5	1.05	53.45	1,996	1	98	0	1	34.5	140.3	-6.1	60	N/A	2,500	100	0.0	0.0
C / 4.9	10.9	0.95	21.47	836	0	99	0	1	59.2	83.7	-3.5	18	N/A	2,500	100	0.0	2.0
C- / 3.3	16.1	1.75	14.58	912	0	99	0	1	41.0	103.7	-14.6	8	1	2,500	100	0.0	2.0
C+ / 6.2	10.4	1.19	41.41	6,725	0	99	0	1	26.6	93.4	-8.5	51	N/A	2,500	100	0.0	0.0
C+ / 6.3	9.4	1.19	30.80	11,985	0	99	0	1	24.7	82.0	-10.6	14	N/A	2,500	100	0.0	0.0
C+ / 6.4	8.2	0.76	26.33	880	4	95	0	1	121.8	144.0	-7.6	84	9	2,500	100	0.0	0.0
C+ / 6.4	8.2	0.76	26.22	6,088	4	95	0	1	121.8	142.1	-7.7	83	9	2,500	100	0.0	0.0
C / 4.4	12.1	1.01	11.28	3,803	1	98	0	1	49.8	183.4	-11.2	30	7	2,500	100	0.0	0.0
C- / 4.0	14.4	1.39	53.11	8,703	1	98	0	1	48.3	295.0	-12.4	95	7	2,500	100	0.0	2.0
D- / 1.4	9.1	0.64	28.07	825	8	91	0	1	59.4	119.7	-8.9	80	N/A	2,500	100	0.0	0.0
D- / 1.4	9.1	0.64	27.79	935	8	91	0	1	59.4	117.7	-8.9	78	10	2,500	100	0.0	0.0
U /	N/A	N/A	15.08	116	0	99	0	1	87.0	N/A	N/A	N/A	N/A	2,500	100	0.0	0.0
C / 5.2	11.3	1.27	61.15	10,529	1	98	0	1	31.0	119.7	-8.5	76	10	2,500	100	0.0	0.0
C- / 3.0	15.9	1.09	71.84	1,635	0	99	0	1	61.1	180.1	-12.4	83	10	2,500	100	0.0	0.0
C+ / 6.6	8.9	0.75	56.92	4,658	2	97	0	1	28.0	99.9	-11.6	28	N/A	2,500	100	0.0	2.0
C+ / 6.3	9.8	1.17	28.28	1,086	1	98	0	1	13.1	109.0	-8.7	75	N/A	2,500	100	0.0	0.0
C / 4.6	9.5	0.76	16.31	168	0	99	0	1	38.0	137.2	-15.4	12	N/A	2,500	100	0.0	2.0
U /	N/A	N/A	14.87	197	1	98	0	1	79.7	N/A	N/A	N/A	2	2,500	100	0.0	0.0
C+ / 6.9	7.5	0.96	16.62	563	4	95	0	1	86.1	107.0	N/A	67	4	2,500	100	0.0	2.0
C / 5.5	10.0	1.21	28.75	4,463	0	99	0	1	54.8	105.3	-9.7	46	N/A	2,500	100	0.0	0.0
U /	N/A	N/A	11.43	50	0	42	57	1	20.0	N/A	N/A	N/A	2	2,500	100	0.0	2.0
U /	N/A	N/A	12.66	144	0	81	18	1	28.0	N/A	N/A	N/A	2	2,500	100	0.0	2.0
U /	N/A	N/A	11.98	99	0	62	37	1	16.0	N/A	N/A	N/A	2	2,500	100	0.0	2.0
B / 8.1	5.6	1.23	14.51	450	5	64	29	2	152.0	76.2	-5.1	50	N/A	2,500	100	5.5	0.0
B / 8.3	5.5	1.23	14.48	52	5	64	29	2	152.0	70.6	-5.3	39	N/A	2,500	100	0.0	0.0
B / 8.3	5.5	1.23	14.48	26	5	64	29	2	152.0	70.8	-5.3	39	N/A	2,500	100	0.0	0.0
B / 8.1	5.5	1.22	14.59	169	5	64	29	2	152.0	78.0	-5.0	54	N/A	0	0	0.0	0.0
B+ / 9.9	3.7	0.80	11.72	18	1	40	57	2	18.0	N/A	N/A	60	3	2,500	100	5.5	0.0
B+ / 9.9	3.7	0.80	11.69	12	1	40	57	2	18.0	N/A	N/A	50	3	2,500	100	0.0	0.0
B+ / 9.9	3.7	0.79	11.69	5	1	40	57	2	18.0	N/A	N/A	50	3	2,500	100	0.0	0.0
B+ / 9.9	3.7	0.79	11.76	N/A	1	40	57	2	18.0	N/A	N/A	66	3	0	0	0.0	0.0
C- / 3.0	13.4	0.89	24.86	241	0	99	0	1	35.0	247.7	2.6	98	N/A	2,500	100	5.5	0.0
C- / 3.0	13.4	0.89	24.65	32	0	99	0	1	35.0	236.9	2.4	97	N/A	2,500	100	0.0	0.0
C- / 3.0	13.4	0.89	24.65	57	0	99	0	1	35.0	236.8	2.4	97	N/A	2,500	100	0.0	0.0
C- / 3.1	13.4	0.89	24.93	62	0	99	0	1	35.0	251.1	2.8	98	N/A	0	0	0.0	0.0
B / 8.7	8.3	1.05	14.81	22	2	91	6	1	8.0	N/A	N/A	81	3	2,500	100	5.5	0.0
B / 8.7	8.3	1.06	14.69	27	2	91	6	1	8.0	N/A	N/A	73	3	2,500	100	0.0	0.0
B / 8.7	8.3	1.06	14.69	8	2	91	6	1	8.0	N/A	N/A	73	3	2,500	100	0.0	0.0
B / 8.7	8.3	1.06	14.84	1	2	91	6	1	8.0	N/A	N/A	83	3	0	0	0.0	0.0
B- / 7.0	9.5	1.02	31.07	91	1	98	0	1	48.0	170.6	-13.5	63	N/A	2,500	100	5.5	0.0
B- / 7.0	9.5	1.01	29.90	16	1	98	0	1	48.0	161.9	-13.7	52	N/A	2,500	100	0.0	0.0
B- / 7.0	9.6	1.02	29.93	17	1	98	0	1	48.0	161.9	-13.7	52	N/A	2,500	100	0.0	0.0
B- / 7.0	9.6	1.02	31.23	214	1	98	0	1	48.0	173.2	-13.5	66	N/A	0	0	0.0	0.0
B- / 7.3	9.3	0.99	9.91	523	1	98	0	1	60.0	197.2	-11.4	58	4	2,500	100	5.5	0.0
B- / 7.2	9.3	1.00	9.56	40	1	98	0	1	60.0	187.9	-11.6	46	4	2,500	100	0.0	0.0

www.thestreet.com/ratings   Data as of June 30, 2007

I. Index of Stock Mutual Funds

Summer 2007

99 Pct = Best
0 Pct = Worst

Fund Type	Fund Name	Ticker Symbol	Overall Investment Rating	Phone	Performance Rating/Pts	3 Mo	6 Mo	1Yr / Pct	3Yr / Pct	5Yr / Pct	Dividend Yield	Expense Ratio
FO	JennDry Dryden Intl Equity C	PJRCX	A	(800) 257-3893	A- / 9.0	6.94	11.16	25.64 /84	22.02 /89	17.58 /87	0.71	2.15
FO	JennDry Dryden Intl Equity F		U	(800) 257-3893	U /	7.05	11.28	--	--	--	0.00	1.90
FO	JennDry Dryden Intl Equity Z	PJIZX	A+	(800) 257-3893	A- / 9.1	7.18	11.61	26.80 /87	23.16 /91	18.75 /89	1.50	1.15
GR	JennDry Dryden Large Cap Core Eq	PTMAX	C	(800) 257-3893	C- / 3.9	6.59	7.62	21.52 /70	11.88 /44	11.07 /44	0.44	1.27
GR	JennDry Dryden Large Cap Core Eq	PTMBX	C+	(800) 257-3893	C / 4.4	6.35	7.18	20.63 /64	11.02 /36	10.21 /35	0.00	1.97
GR	JennDry Dryden Large Cap Core Eq	PTMCX	C+	(800) 257-3893	C / 4.4	6.35	7.18	20.63 /64	11.02 /36	10.21 /35	0.00	1.97
GR	JennDry Dryden Large Cap Core Eq	PTEZX	B-	(800) 257-3893	C / 5.5	6.64	7.74	21.80 /71	12.13 /47	11.32 /47	0.67	0.97
MC	JennDry Dryden Mid Cap Value Fd C	NCBVX	D	(800) 778-8769	C+ / 5.9	5.38	8.58	17.33 /40	14.19 /63	13.68 /67	0.00	2.21
MC	JennDry Dryden Mid Cap Value Fd L	NABVX	D	(800) 778-8769	C / 5.4	5.52	8.86	17.96 /45	14.74 /67	14.25 /71	0.00	1.71
MC	JennDry Dryden Mid Cap Value Fd M	NBBVX	D+	(800) 778-8769	C+ / 6.1	5.38	8.59	17.35 /40	14.17 /63	13.67 /67	0.00	2.21
MC	JennDry Dryden Mid Cap Value Fd X	NBVZX	C-	(800) 778-8769	C+ / 6.6	5.68	9.13	18.53 /49	14.72 /67	14.00 /70	0.00	1.39
AA	JennDry Dryden Moderate Alloc A	JDTAX	C	(800) 257-3893	D+ / 2.4	3.95	5.95	15.10 /27	11.46 /40	--	1.57	1.74
AA	JennDry Dryden Moderate Alloc B	JDMBX	C	(800) 257-3893	D+ / 2.8	3.80	5.55	14.24 /22	10.62 /33	--	1.07	2.44
AA	JennDry Dryden Moderate Alloc C	JDMCX	C	(800) 257-3893	D+ / 2.8	3.80	5.56	14.26 /22	10.59 /32	--	1.07	2.44
AA	JennDry Dryden Moderate Alloc Z	JDMZX	C+	(800) 257-3893	C- / 3.7	4.02	6.11	15.46 /29	11.68 /42	--	1.81	1.44
SC	JennDry Dryden Small Cap Core Eq	PQVAX	C	(800) 257-3893	C+ / 5.7	6.58	10.17	16.32 /34	15.12 /69	15.00 /76	0.00	1.22
SC	JennDry Dryden Small Cap Core Eq	PQVBX	C+	(800) 257-3893	C+ / 6.1	6.38	9.70	15.43 /28	14.27 /64	14.13 /70	0.00	1.92
SC	JennDry Dryden Small Cap Core Eq	PQVCX	C+	(800) 257-3893	C+ / 6.1	6.43	9.76	15.43 /28	14.27 /64	14.13 /71	0.00	1.92
SC	JennDry Dryden Small Cap Core Eq	PSQZX	C+	(800) 257-3893	C+ / 6.9	6.62	10.24	16.55 /35	15.40 /71	15.27 /78	0.00	0.92
SC	JennDry Dryden Small Cap Value Fd	PZVAX	D	(800) 778-8769	C / 4.3	4.11	5.43	13.97 /20	14.84 /68	16.27 /82	1.30	1.33
SC	JennDry Dryden Small Cap Value Fd	PZVBX	D+	(800) 778-8769	C / 4.8	3.97	5.07	13.15 /17	13.98 /62	15.41 /78	1.47	2.03
SC	JennDry Dryden Small Cap Value Fd	PZVCX	D+	(800) 778-8769	C / 4.8	3.97	5.07	13.15 /17	13.98 /62	15.41 /78	1.47	2.03
SC	● JennDry Dryden Small Cap Value Fd		U	(800) 778-8769	U /	3.97	5.07	13.15 /17	--	--	1.47	2.03
IX	JennDry Dryden Stock Index A	PSIAX	C	(800) 257-3893	C- / 3.5	6.17	6.68	19.88 /59	11.04 /36	10.08 /34	1.42	0.72
IX	JennDry Dryden Stock Index B	PBSIX	C	(800) 257-3893	C- / 3.5	5.95	6.26	18.96 /52	10.22 /30	9.25 /25	0.78	1.55
IX	JennDry Dryden Stock Index C	PSICX	C	(800) 257-3893	C- / 3.5	5.99	6.29	18.99 /52	10.23 /30	9.25 /25	0.78	1.46
IX	JennDry Dryden Stock Index I	PDSIX	C+	(800) 257-3893	C / 4.6	6.26	6.86	20.28 /62	11.42 /40	10.45 /38	1.76	0.38
IX	JennDry Dryden Stock Index Z	PSIFX	C+	(800) 257-3893	C / 4.5	6.22	6.80	20.20 /61	11.33 /39	10.35 /37	1.69	0.44
GR	JennDry Dryden Strategic Value A	SUVAX	C	(800) 257-3893	C- / 3.9	5.10	5.92	21.19 /68	12.52 /50	12.77 /60	1.25	1.51
GR	JennDry Dryden Strategic Value B	SUVBX	C+	(800) 257-3893	C / 4.4	4.91	5.45	20.26 /62	11.69 /43	11.93 /53	0.53	2.21
GR	JennDry Dryden Strategic Value C	SUVCX	C+	(800) 257-3893	C / 4.4	4.91	5.45	20.26 /62	11.69 /43	11.93 /53	0.53	2.21
GR	JennDry Dryden Strategic Value Z	SUVZX	B	(800) 257-3893	C / 5.5	5.16	5.97	21.45 /70	12.81 /52	13.04 /62	1.58	1.21
GI	JennDry Jennison 20/20 Focus Fd A	PTWAX	B-	(800) 257-3893	B- / 7.5	5.68	8.71	21.79 /71	18.15 /81	14.74 /74	0.18	1.23
GI	JennDry Jennison 20/20 Focus Fd B	PTWBX	B-	(800) 257-3893	B / 7.7	5.43	8.25	20.88 /66	17.25 /78	13.87 /69	0.00	1.93
GI	JennDry Jennison 20/20 Focus Fd C	PTWCX	B-	(800) 257-3893	B / 7.7	5.50	8.31	20.87 /66	17.27 /79	13.88 /69	0.00	1.93
GI	JennDry Jennison 20/20 Focus Fd R	JTWRX	B+	(800) 257-3893	B / 8.0	5.64	8.54	21.47 /70	17.97 /80	--	0.14	1.68
GI	JennDry Jennison 20/20 Focus Fd Z	PTWZX	B	(800) 257-3893	B / 8.2	5.75	8.79	22.07 /73	18.43 /81	15.02 /76	0.28	0.93
GI	JennDry Jennison Blend A	PBQAX	C+	(800) 257-3893	C+ / 6.3	6.32	9.05	21.60 /70	15.28 /70	12.53 /58	0.43	0.95
GI	JennDry Jennison Blend B	PBQFX	C+	(800) 257-3893	C+ / 6.7	6.10	8.61	20.74 /65	14.39 /65	11.68 /50	0.05	1.65
GI	JennDry Jennison Blend C	PRECX	C+	(800) 257-3893	C+ / 6.7	6.10	8.61	20.74 /65	14.39 /65	11.68 /50	0.05	1.65
GI	JennDry Jennison Blend Z	PEQZX	B	(800) 257-3893	B- / 7.4	6.36	9.14	21.93 /72	15.57 /72	12.80 /60	0.65	0.65
GR	JennDry Jennison Conservative Gr A	TBDAX	E+	(800) 257-3893	E / 0.4	3.86	3.14	12.42 /14	6.51 / 7	6.91 / 8	0.00	1.68
GR	JennDry Jennison Conservative Gr B	TBDBX	E+	(800) 257-3893	E+ / 0.6	3.71	2.82	11.73 /13	5.73 / 5	6.14 / 5	0.00	2.38
GR	JennDry Jennison Conservative Gr C	TBDCX	E+	(800) 257-3893	E+ / 0.6	3.71	2.82	11.73 /13	5.73 / 5	6.14 / 5	0.00	2.38
GR	JennDry Jennison Equity Opp A	PJIAX	C	(800) 257-3893	C+ / 6.2	7.38	12.31	23.20 /78	13.87 /61	12.23 /56	1.34	1.16
GR	JennDry Jennison Equity Opp B	PJIBX	C	(800) 257-3893	C+ / 6.6	7.15	11.86	22.24 /74	13.03 /54	11.40 /48	1.39	1.86
GR	JennDry Jennison Equity Opp C	PJGCX	C	(800) 257-3893	C+ / 6.6	7.15	11.86	22.24 /74	13.03 /54	11.40 /48	1.39	1.86
GR	JennDry Jennison Equity Opp Z	PJGZX	C+	(800) 257-3893	B- / 7.3	7.37	12.34	23.43 /79	14.14 /63	12.50 /58	1.66	0.86
FS	JennDry Jennison Financial Svcs A	PFSAX	D+	(800) 257-3893	C / 4.6	5.27	3.42	22.53 /75	13.73 /60	11.71 /51	0.83	1.57
FS	JennDry Jennison Financial Svcs B	PUFBX	C-	(800) 257-3893	C / 5.2	5.12	3.02	21.76 /71	12.89 /53	10.88 /42	0.91	2.27
FS	JennDry Jennison Financial Svcs C	PUFCX	C-	(800) 257-3893	C / 5.2	5.12	3.02	21.76 /71	12.89 /53	10.88 /42	0.91	2.27
FS	JennDry Jennison Financial Svcs Z	PFSZX	C	(800) 257-3893	C+ / 6.1	5.35	3.52	22.98 /77	14.00 /62	12.00 /54	0.86	1.27

● Denotes fund is closed to new investors
* Denotes fund is included in Section II

www.thestreet.com/ratings

Summer 2007 I. Index of Stock Mutual Funds

RISK			NET ASSETS		ASSET					BULL / BEAR		FUND MANAGER		MINIMUMS		LOADS	
	3 Year		NAV						Portfolio	Last Bull	Last Bear	Manager	Manager	Initial	Additional	Front	Back
Risk	Standard		As of	Total	Cash	Stocks	Bonds	Other	Turnover	Market	Market	Quality	Tenure	Purch.	Purch.	End	End
Rating/Pts	Deviation	Beta	6/30/07	$(Mil)	%	%	%	%	Ratio	Return	Return	Pct	(Years)	$	$	Load	Load
B- / 7.2	9.4	1.00	9.56	75	1	98	0	1	60.0	187.9	-11.6	45	4	2,500	100	0.0	0.0
U /	N/A	N/A	9.57	35	1	98	0	1	60.0	N/A	N/A	N/A	N/A	1,000	100	0.0	0.0
B- / 7.2	9.3	0.99	10.00	331	1	98	0	1	60.0	199.9	-11.3	60	4	0	0	0.0	0.0
B / 8.3	7.6	1.02	14.40	106	0	99	0	1	97.0	98.0	-8.3	54	N/A	2,500	100	5.5	0.0
B / 8.2	7.6	1.03	13.74	31	0	99	0	1	97.0	91.6	-8.4	42	N/A	2,500	100	0.0	0.0
B / 8.2	7.6	1.03	13.74	60	0	99	0	1	97.0	91.6	-8.4	41	N/A	2,500	100	0.0	0.0
B / 8.3	7.6	1.03	14.62	23	0	99	0	1	97.0	100.0	-8.2	57	N/A	0	0	0.0	0.0
C- / 3.5	12.0	1.06	17.84	77	5	94	0	1	80.0	128.5	-6.4	33	N/A	2,500	100	1.0	0.0
C- / 3.8	12.0	1.06	18.93	34	5	94	0	1	80.0	133.3	-6.2	39	N/A	1,000	100	5.5	0.0
C- / 3.5	12.0	1.06	17.83	87	5	94	0	1	80.0	128.4	-6.3	33	N/A	1,000	100	0.0	0.0
C- / 3.5	12.0	1.06	18.04	18	5	94	0	1	80.0	131.6	-6.4	38	N/A	1,000	100	0.0	0.0
B+ / 9.5	5.9	1.24	13.17	42	1	66	31	2	10.0	N/A	N/A	73	3	2,500	100	5.5	0.0
B+ / 9.5	6.0	1.25	13.12	38	1	66	31	2	10.0	N/A	N/A	63	3	2,500	100	0.0	0.0
B+ / 9.5	5.9	1.23	13.11	12	1	66	31	2	10.0	N/A	N/A	64	3	2,500	100	0.0	0.0
B+ / 9.5	5.9	1.23	13.19	2	1	66	31	2	10.0	N/A	N/A	75	3	0	0	0.0	0.0
C+ / 6.2	13.1	0.95	21.88	118	1	98	0	1	93.0	153.4	-8.9	77	7	1,000	100	5.5	0.0
C+ / 6.2	13.1	0.95	20.35	16	1	98	0	1	93.0	145.6	-9.2	69	7	1,000	100	0.0	0.0
C+ / 6.2	13.1	0.95	20.35	26	1	98	0	1	93.0	145.5	-9.2	69	7	2,500	100	0.0	0.0
C+ / 6.3	13.1	0.95	22.39	31	1	98	0	1	93.0	156.1	-8.9	80	7	0	0	0.0	0.0
C / 5.1	10.8	0.77	19.23	108	0	99	0	1	93.0	158.5	-8.1	87	N/A	2,500	100	5.5	0.0
C / 4.7	10.8	0.77	17.81	28	0	99	0	1	93.0	150.4	-8.3	83	N/A	2,500	100	0.0	0.0
C / 4.8	10.8	0.78	17.81	98	0	99	0	1	93.0	150.4	-8.3	83	N/A	2,500	100	0.0	0.0
U /	N/A	N/A	17.81	47	0	99	0	1	93.0	N/A	N/A	N/A	N/A	2,500	100	0.0	0.0
B / 8.2	7.3	1.00	33.54	104	2	97	0	1	3.0	91.6	-9.8	45	N/A	2,500	100	3.3	0.0
B / 8.2	7.3	1.00	33.28	78	2	97	0	1	3.0	85.6	-10.0	36	N/A	2,500	100	0.0	0.0
B / 8.2	7.3	1.00	33.29	47	2	97	0	1	3.0	85.6	-10.0	36	N/A	2,500	100	0.0	0.0
B / 8.2	7.3	1.00	33.63	749	2	97	0	1	3.0	94.4	-9.8	50	N/A	0	0	0.0	0.0
B / 8.2	7.3	1.00	33.62	720	2	97	0	1	3.0	93.6	-9.7	49	N/A	0	0	0.0	0.0
B / 8.3	7.4	0.94	14.75	17	0	99	0	1	129.0	114.6	-9.7	70	2	2,500	100	5.5	0.0
B / 8.6	7.4	0.94	14.27	56	0	99	0	1	129.0	107.8	-9.8	60	2	2,500	100	0.0	0.0
B / 8.6	7.4	0.94	14.27	40	0	99	0	1	129.0	107.8	-9.8	60	2	2,500	100	0.0	0.0
B / 8.7	7.5	0.95	14.91	4	0	99	0	1	129.0	116.9	-9.6	73	2	0	0	0.0	0.0
C+ / 6.1	9.6	1.15	16.30	772	4	95	0	1	114.0	140.8	-11.9	93	9	2,500	100	5.5	0.0
C+ / 6.0	9.7	1.16	15.09	193	4	95	0	1	114.0	133.4	-12.1	89	3	2,500	100	0.0	0.0
C+ / 6.0	9.7	1.15	15.10	222	4	95	0	1	114.0	133.4	-12.1	90	9	2,500	100	0.0	0.0
B- / 7.3	9.7	1.15	16.23	5	4	95	0	1	114.0	N/A	N/A	92	9	0	0	0.0	0.0
C+ / 6.1	9.6	1.15	16.66	214	4	95	0	1	114.0	143.3	-11.8	93	9	0	0	0.0	0.0
C+ / 6.7	9.4	1.15	20.85	1,624	2	97	0	1	78.0	117.5	-9.9	79	7	2,500	100	5.5	0.0
C+ / 6.8	9.4	1.15	20.32	143	2	97	0	1	78.0	110.6	-10.0	71	7	2,500	100	0.0	0.0
C+ / 6.8	9.4	1.15	20.32	38	2	97	0	1	78.0	110.6	-10.0	71	7	2,500	100	0.0	0.0
C+ / 6.7	9.4	1.14	20.84	85	2	97	0	1	78.0	119.8	-9.8	82	7	0	0	0.0	0.0
C+ / 6.3	10.7	1.32	8.87	86	0	99	0	1	173.0	72.2	-11.0	5	2	2,500	100	5.5	0.0
C+ / 6.2	10.7	1.32	8.38	22	0	99	0	1	173.0	67.0	-11.1	4	2	2,500	100	0.0	0.0
C+ / 6.3	10.7	1.31	8.38	126	0	99	0	1	173.0	66.8	-11.1	4	2	0	0	0.0	0.0
C / 5.0	9.4	1.17	18.10	346	0	99	0	1	75.0	117.8	-12.4	63	7	2,500	100	5.5	0.0
C / 4.6	9.5	1.18	16.79	142	0	99	0	1	75.0	111.0	-12.4	52	7	2,500	100	0.0	0.0
C / 4.6	9.5	1.17	16.79	53	0	99	0	1	75.0	111.0	-12.4	52	7	2,500	100	0.0	0.0
C / 5.1	9.5	1.18	18.40	81	0	99	0	1	75.0	120.1	-12.2	66	7	0	0	0.0	0.0
C / 5.4	10.2	1.05	13.33	61	4	95	0	1	78.0	112.3	-10.4	74	5	2,500	100	5.5	0.0
C / 5.4	10.2	1.05	12.68	29	4	95	0	1	78.0	105.7	-10.6	64	5	2,500	100	0.0	0.0
C / 5.4	10.2	1.05	12.68	23	4	95	0	1	78.0	105.7	-10.6	64	5	2,500	100	0.0	0.0
C / 5.4	10.2	1.05	13.53	5	4	95	0	1	78.0	114.3	-10.3	76	5	0	0	0.0	0.0

www.thestreet.com/ratings

Data as of June 30, 2007

I. Index of Stock Mutual Funds

Summer 2007

99 Pct = Best
0 Pct = Worst

Fund Type	Fund Name	Ticker Symbol	Overall Investment Rating	Phone	Performance Rating/Pts	Total Return % through 6/30/07					Incl. in Returns	
						3 Mo	6 Mo	1Yr / Pct	Annualized 3Yr / Pct	5Yr / Pct	Dividend Yield	Expense Ratio
GR	JennDry Jennison Growth A	PJFAX	E	(800) 257-3893	D- / 1.0	3.37	4.56	13.77 /20	8.55 /18	7.74 /13	0.00	1.09
GR	JennDry Jennison Growth B	PJFBX	E+	(800) 257-3893	D- / 1.2	3.17	4.20	12.94 /16	7.74 /13	6.94 / 8	0.00	1.79
GR	JennDry Jennison Growth C	PJFCX	E+	(800) 257-3893	D- / 1.2	3.17	4.20	12.94 /16	7.74 /13	6.94 / 8	0.00	1.79
GR	JennDry Jennison Growth Z	PJFZX	E+	(800) 257-3893	D / 1.8	3.38	4.73	14.09 /21	8.82 /19	8.01 /15	0.00	0.79
HL	● JennDry Jennison Health Sciences A	PHLAX	C	(800) 257-3893	C+ / 5.6	2.02	7.66	18.98 /52	15.81 /73	20.21 /92	0.21	1.24
HL	● JennDry Jennison Health Sciences B	PHLBX	C	(800) 257-3893	C+ / 6.0	1.83	7.29	18.09 /46	14.96 /68	19.31 /91	0.24	1.94
HL	● JennDry Jennison Health Sciences C	PHLCX	C	(800) 257-3893	C+ / 6.0	1.83	7.29	18.09 /46	14.94 /68	19.30 /90	0.24	1.94
HL	● JennDry Jennison Health Sciences Z	PHSZX	C+	(800) 257-3893	C+ / 6.9	2.10	7.80	19.25 /54	16.14 /74	20.53 /93	0.21	0.94
MC	JennDry Jennison Mid Cap Growth A	PEEAX	C+	(800) 257-3893	C+ / 6.5	6.81	10.75	18.17 /46	16.00 /74	16.55 /83	0.00	1.21
MC	JennDry Jennison Mid Cap Growth B	PEEBX	C+	(800) 257-3893	C+ / 6.9	6.61	10.36	17.27 /40	15.11 /69	15.68 /80	0.00	1.91
MC	JennDry Jennison Mid Cap Growth C	PEGCX	C+	(800) 257-3893	C+ / 6.9	6.65	10.35	17.32 /40	15.13 /69	15.69 /80	0.00	1.91
MC	● JennDry Jennison Mid Cap Growth M		U	(800) 257-3893	U /	6.61	10.31	17.29 /40	--	--	0.00	1.91
MC	JennDry Jennison Mid Cap Growth Z	PEGZX	C+	(800) 257-3893	B- / 7.5	6.88	10.91	18.48 /48	16.26 /75	16.82 /84	0.00	0.91
EN	JennDry Jennison Nat Resources A	PGNAX	C+	(800) 257-3893	A+ / 9.7	13.97	21.49	26.12 /86	38.78 /98	31.02 /98	1.24	1.12
EN	JennDry Jennison Nat Resources B	PRGNX	C+	(800) 257-3893	A+ / 9.8	13.77	21.02	25.17 /83	37.75 /98	30.04 /98	0.90	1.87
EN	JennDry Jennison Nat Resources C	PNRCX	C+	(800) 257-3893	A+ / 9.8	13.77	21.02	25.19 /83	37.75 /98	30.04 /98	0.90	1.87
EN	JennDry Jennison Nat Resources Z	PNRZX	C+	(800) 257-3893	A+ / 9.8	14.02	21.62	26.41 /86	39.12 /98	31.35 /99	1.46	0.87
GR	JennDry Jennison Select Growth A	SPFAX	E	(800) 257-3893	E+ / 0.7	3.14	4.86	13.53 /18	7.25 /10	7.09 / 9	0.00	1.87
GR	JennDry Jennison Select Growth B	SPFBX	E	(800) 257-3893	E+ / 0.8	3.02	4.37	12.58 /15	6.42 / 7	6.32 / 5	0.00	2.62
GR	JennDry Jennison Select Growth C	SPFCX	E	(800) 257-3893	E+ / 0.8	3.02	4.37	12.58 /15	6.42 / 7	6.32 / 5	0.00	2.62
GR	JennDry Jennison Select Growth Z	SPFZX	E	(800) 257-3893	D- / 1.2	3.22	4.91	13.76 /19	7.50 /12	7.41 /11	0.00	1.62
SC	● JennDry Jennison Small Company A	PGOAX	C+	(800) 257-3893	B- / 7.3	7.56	11.53	18.88 /51	17.25 /78	16.48 /83	0.31	1.22
SC	● JennDry Jennison Small Company B	CHNDX	C+	(800) 257-3893	B / 7.6	7.34	11.16	18.02 /45	16.39 /76	15.63 /79	0.40	1.92
SC	● JennDry Jennison Small Company C	PSCCX	C+	(800) 257-3893	B / 7.6	7.41	11.16	18.02 /45	16.39 /76	15.63 /79	0.40	1.92
SC	● JennDry Jennison Small Company R	JSCRX	B+	(800) 257-3893	B / 7.8	7.45	11.38	18.52 /49	17.03 /78	--	0.33	1.67
SC	● JennDry Jennison Small Company Z	PSCZX	B-	(800) 257-3893	B / 7.9	7.44	11.51	18.97 /52	17.47 /79	16.73 /84	0.31	0.92
TC	JennDry Jennison Technology A	PTYAX	E	(800) 257-3893	D+ / 2.4	6.85	7.35	16.62 /36	10.32 /30	12.38 /57	0.00	1.67
TC	JennDry Jennison Technology B	PTYBX	E	(800) 257-3893	D+ / 2.8	6.77	6.90	15.76 /30	9.50 /24	11.56 /49	0.00	2.37
TC	JennDry Jennison Technology C	PTYCX	E	(800) 257-3893	D+ / 2.8	6.77	6.90	15.76 /30	9.50 /24	11.56 /49	0.00	2.37
TC	JennDry Jennison Technology Z	PTFZX	E+	(800) 257-3893	C- / 3.7	7.07	7.57	16.96 /38	10.54 /32	12.67 /59	0.00	1.37
UT	JennDry Jennison Utility A	PRUAX	C+	(800) 257-3893	A+ / 9.6	8.43	14.38	30.45 /93	31.53 /97	24.30 /96	2.62	0.82
UT	JennDry Jennison Utility B	PRUTX	B-	(800) 257-3893	A+ / 9.6	8.18	13.95	29.48 /92	30.53 /96	23.37 /95	2.16	1.52
UT	JennDry Jennison Utility C	PCUFX	C+	(800) 257-3893	A+ / 9.6	8.18	13.96	29.51 /92	30.52 /96	23.36 /95	2.16	1.52
UT	JennDry Jennison Utility Z	PRUZX	C+	(800) 257-3893	A+ / 9.6	8.49	14.58	30.84 /93	31.83 /97	24.61 /96	2.94	0.52
GR	JennDry Jennison Value A	PBEAX	B+	(800) 257-3893	B / 7.6	7.95	8.67	21.65 /71	18.05 /81	14.21 /71	1.79	1.03
GR	JennDry Jennison Value B	PBQIX	B+	(800) 257-3893	B / 7.8	7.80	8.27	20.71 /65	17.17 /78	13.36 /65	1.25	1.73
GR	JennDry Jennison Value C	PEICX	B+	(800) 257-3893	B / 7.8	7.80	8.31	20.77 /65	17.18 /78	13.37 /65	1.25	1.73
GR	JennDry Jennison Value Z	PEIZX	B+	(800) 257-3893	B / 8.2	8.03	8.80	21.95 /72	18.33 /81	14.48 /73	2.10	0.73
IN	Jennison Equity Income Fd A	SPQAX	B	(800) 778-8769	C+ / 6.5	5.81	11.21	27.77 /89	13.92 /61	--	2.38	1.54
IN	Jennison Equity Income Fd B		B	(800) 778-8769	C+ / 6.8	5.63	10.80	26.87 /87	13.01 /54	--	1.71	2.24
IN	Jennison Equity Income Fd C	AGOCX	B	(800) 778-8769	C+ / 6.8	5.64	10.82	26.84 /87	12.95 /54	11.43 /48	1.72	2.24
IN	● Jennison Equity Income Fd L	AGOAX	B	(800) 778-8769	C+ / 6.2	5.78	11.07	27.48 /89	13.57 /59	12.02 /54	2.13	1.74
IN	● Jennison Equity Income Fd M	AGOBX	B	(800) 778-8769	C+ / 6.8	5.63	10.80	26.87 /87	13.01 /54	11.47 /48	1.71	2.24
IN	● Jennison Equity Income Fd X	AXGOX	B	(800) 778-8769	C+ / 6.8	5.64	10.83	26.86 /87	12.99 /54	11.46 /48	1.72	2.24
GR	Jensen Portfolio I	JENIX	D	(800) 992-4144	D- / 1.1	5.13	3.93	17.12 /39	6.12 / 6	7.31 /10	0.93	0.66
GR	Jensen Portfolio J	JENSX	D	(800) 992-4144	D- / 1.0	5.11	3.86	16.93 /38	5.92 / 6	7.17 / 9	0.74	0.85
GR	Jensen Portfolio R	JENRX	D	(800) 992-4144	E+ / 0.9	5.02	3.71	16.65 /36	5.66 / 5	--	0.50	1.10
GR	Jhaveri Value Fund		D-	(440) 250-9136	E / 0.5	5.04	0.87	12.88 /16	5.27 / 4	9.09 /24	0.00	2.50
MC	Johnson Disciplined Mid Cap Fund		C+	(800) 541-0170	B / 7.8	6.51	12.13	18.99 /52	17.01 /78	14.63 /74	0.36	1.00
IN	Johnson Enhanced Return Fund		U	(800) 541-0170	U /	5.45	6.03	20.23 /62	--	--	4.25	1.08
GR	Johnson Growth Fund		D	(800) 541-0170	C- / 3.2	6.88	6.64	17.25 /40	9.88 /27	8.23 /16	0.64	1.01
RE	Johnson Realty Fund		C	(800) 541-0170	B- / 7.4	-9.73	-6.96	12.68 /15	20.80 /86	18.06 /88	3.58	1.00

● Denotes fund is closed to new investors
* Denotes fund is included in Section II

www.thestreet.com/ratings

Summer 2007

I. Index of Stock Mutual Funds

RISK			NET ASSETS		ASSET				Portfolio	BULL / BEAR		FUND MANAGER		MINIMUMS		LOADS	
	3 Year		NAV							Last Bull	Last Bear	Manager	Manager	Initial	Additional	Front	Back
Risk	Standard		As of	Total	Cash	Stocks	Bonds	Other	Turnover	Market	Market	Quality	Tenure	Purch.	Purch.	End	End
Rating/Pts	Deviation	Beta	6/30/07	$(Mil)	%	%	%	%	Ratio	Return	Return	Pct	(Years)	$	$	Load	Load
C / 5.4	10.9	1.28	17.19	1,563	0	99	0	1	72.0	81.3	-12.5	11	N/A	1,000	100	5.5	0.0
C / 5.3	10.9	1.28	15.62	198	0	99	0	1	72.0	75.5	-12.6	8	N/A	1,000	100	0.0	0.0
C / 5.3	10.9	1.28	15.62	79	0	99	0	1	72.0	75.5	-12.6	8	N/A	2,500	100	0.0	0.0
C / 5.4	10.9	1.28	17.73	1,147	0	99	0	1	72.0	83.2	-12.4	12	N/A	0	0	0.0	0.0
C+ / 5.6	12.1	1.00	21.72	367	8	91	0	1	122.0	161.9	-0.5	89	8	2,500	100	5.5	0.0
C / 5.5	12.1	1.00	20.11	138	8	91	0	1	122.0	153.5	-0.7	85	8	2,500	100	0.0	0.0
C / 5.5	12.1	1.00	20.10	127	8	91	0	1	122.0	153.6	-0.7	85	8	2,500	100	0.0	0.0
C+ / 5.6	12.1	1.00	22.32	332	8	91	0	1	122.0	164.7	-0.5	91	8	0	0	0.0	0.0
C+ / 5.8	13.8	1.19	24.32	429	3	96	0	1	86.0	149.2	-10.9	36	2	2,500	100	5.5	0.0
C+ / 5.7	13.8	1.18	22.27	106	3	96	0	1	86.0	141.4	-11.1	29	2	2,500	100	0.0	0.0
C+ / 5.7	13.9	1.19	22.28	76	3	96	0	1	86.0	141.4	-11.1	28	2	2,500	100	0.0	0.0
U /	N/A	N/A	22.25	52	3	96	0	1	86.0	N/A	N/A	N/A	1	1,000	100	0.0	0.0
C+ / 5.8	13.8	1.18	25.00	187	3	96	0	1	86.0	151.7	-10.8	39	2	0	0	0.0	0.0
C- / 3.4	21.8	1.03	54.33	1,097	3	96	0	1	34.0	289.5	8.1	93	2	2,500	100	5.5	0.0
C- / 3.2	21.8	1.03	47.27	316	3	96	0	1	34.0	277.3	7.9	91	2	2,500	100	0.0	0.0
C- / 3.2	21.8	1.03	47.27	550	3	96	0	1	34.0	277.3	7.9	91	2	2,500	100	0.0	0.0
C- / 3.4	21.8	1.03	55.46	355	3	96	0	1	34.0	293.6	8.1	94	2	0	0	0.0	0.0
C / 4.8	11.7	1.35	7.55	9	0	99	0	1	164.0	74.6	-14.2	6	N/A	2,500	100	5.5	0.0
C / 4.8	11.7	1.35	7.16	30	0	99	0	1	164.0	68.8	-14.3	4	N/A	2,500	100	0.0	0.0
C / 4.8	11.7	1.35	7.16	16	0	99	0	1	164.0	68.8	-14.3	4	N/A	2,500	100	0.0	0.0
C / 4.9	11.7	1.34	7.69	2	0	99	0	1	164.0	76.2	-13.9	6	N/A	0	0	0.0	0.0
C+ / 6.0	11.9	0.85	22.34	896	3	96	0	1	66.0	170.9	-9.2	93	N/A	2,500	100	5.5	0.0
C / 5.2	11.8	0.85	17.83	73	3	96	0	1	66.0	162.6	-9.4	91	N/A	2,500	100	0.0	0.0
C / 5.2	11.8	0.85	17.83	136	3	96	0	1	66.0	162.5	-9.4	91	N/A	2,500	100	0.0	0.0
B- / 7.1	11.8	0.85	22.21	8	3	96	0	1	66.0	N/A	N/A	93	N/A	0	0	0.0	0.0
C+ / 6.1	11.8	0.85	23.25	588	3	96	0	1	66.0	173.3	-9.2	94	N/A	0	0	0.0	0.0
C- / 3.5	17.0	1.85	9.05	67	0	99	0	1	76.0	101.6	-12.8	4	2	2,500	100	5.5	0.0
C- / 3.4	17.0	1.84	8.52	31	0	99	0	1	76.0	95.0	-12.8	3	2	2,500	100	0.0	0.0
C- / 3.4	17.0	1.84	8.52	19	0	99	0	1	76.0	95.0	-12.8	3	2	2,500	100	0.0	0.0
C- / 3.5	17.1	1.85	9.24	5	0	99	0	1	76.0	103.3	-12.7	4	2	0	0	0.0	0.0
C- / 3.9	9.6	0.54	16.05	4,711	3	96	0	1	56.0	251.8	-4.7	99	7	1,000	100	5.5	0.0
C- / 3.9	9.6	0.54	16.03	380	3	96	0	1	56.0	240.4	-4.8	99	7	1,000	100	0.0	0.0
C- / 3.9	9.6	0.54	16.02	210	3	96	0	1	56.0	240.1	-4.8	99	7	2,500	100	0.0	0.0
C- / 3.9	9.6	0.54	16.06	157	3	96	0	1	56.0	255.0	-4.6	99	7	0	0	0.0	0.0
B- / 7.1	8.4	1.04	22.94	1,108	1	98	0	1	49.0	135.5	-9.0	95	4	2,500	100	5.5	0.0
B- / 7.3	8.5	1.04	22.66	128	1	98	0	1	49.0	128.3	-9.2	93	4	2,500	100	0.0	0.0
B- / 7.3	8.5	1.04	22.67	70	1	98	0	1	49.0	128.3	-9.2	93	4	2,500	100	0.0	0.0
B- / 7.1	8.5	1.04	23.00	116	1	98	0	1	49.0	138.0	-8.9	95	4	0	0	0.0	0.0
B / 8.8	6.8	0.87	18.60	48	1	98	0	1	66.0	N/A	N/A	86	N/A	2,500	100	5.5	0.0
B / 8.8	6.9	0.88	18.03	5	1	98	0	1	66.0	N/A	N/A	80	N/A	2,500	100	0.0	0.0
B / 8.5	6.9	0.87	18.00	46	1	98	0	1	66.0	103.4	-8.4	79	N/A	2,500	100	0.0	0.0
B / 8.4	6.9	0.88	18.52	36	1	98	0	1	66.0	108.0	-8.3	84	N/A	2,500	100	5.8	0.0
B / 8.5	6.8	0.87	18.03	94	1	98	0	1	66.0	103.7	-8.4	80	N/A	2,500	100	0.0	0.0
B / 8.5	6.9	0.87	17.99	28	1	98	0	1	66.0	103.7	-8.4	80	N/A	2,500	100	0.0	0.0
B / 8.3	6.9	0.80	27.84	334	6	94	0	0	10.2	60.0	-11.6	17	15	1,000,000	100	0.0	0.0
B / 8.3	6.9	0.81	27.86	1,907	6	94	0	0	10.2	58.9	-11.6	16	15	2,500	100	0.0	0.0
B / 8.3	6.9	0.80	27.77	22	6	94	0	0	10.2	N/A	N/A	14	15	2,500	100	0.0	0.0
B- / 7.7	9.2	1.06	10.43	9	41	58	0	1	258.0	64.6	-9.3	6	12	10,000	1,000	0.0	0.0
C / 5.2	12.0	1.11	35.69	88	0	99	0	1	91.2	141.7	-8.6	60	13	2,000	100	0.0	0.0
U /	N/A	N/A	16.82	52	8	0	91	1	17.3	N/A	N/A	N/A	2	2,000	100	0.0	0.0
C+ / 6.1	7.4	0.95	28.44	53	0	99	0	1	66.2	79.6	-11.7	36	14	2,000	100	0.0	0.0
C / 4.4	15.4	1.04	21.71	22	0	99	0	1	10.5	177.6	0.4	68	9	2,000	100	0.0	0.0

www.thestreet.com/ratings

Data as of June 30, 2007

I. Index of Stock Mutual Funds

Summer 2007

99 Pct = Best
0 Pct = Worst

Fund Type	Fund Name	Ticker Symbol	Overall Investment Rating	Phone	Performance Rating/Pts	Total Return % through 6/30/07			Annualized		Incl. in Returns	
						3 Mo	6 Mo	1Yr / Pct	3Yr / Pct	5Yr / Pct	Dividend Yield	Expense Ratio
FO	JohnsonFamily Intl Value	JFIEX	A	(800) 276-8272	B+ / 8.8	6.86	10.79	26.12 /86	21.64 /88	18.17 /88	1.36	1.41
GR	JohnsonFamily Large Cap Value	JFLCX	C+	(800) 276-8272	C / 5.5	4.14	5.34	19.89 /59	14.18 /63	12.33 /56	1.42	1.08
SC	JohnsonFamily Small Cap Value	JFSCX	E-	(800) 276-8272	D / 2.1	0.86	2.53	14.95 /26	10.99 /36	10.32 /36	0.31	1.45
GR	Jordan Opportunity Fund	JORDX	A-	(800) 441-7013	B+ / 8.3	13.12	16.59	25.64 /84	15.77 /73	13.70 /67	0.00	2.09
BA	JPMorgan 529 Bal - Fee Structure A		C-	(800) 358-4782	D- / 1.0	2.84	4.92	13.19 /17	8.83 /20	8.62 /20	0.00	1.10
BA	JPMorgan 529 Bal - Fee Structure B		C	(800) 358-4782	D- / 1.3	2.65	4.57	12.48 /15	8.03 /14	7.88 /14	0.00	1.85
BA	JPMorgan 529 Bal - Fee Structure C		C	(800) 358-4782	D- / 1.2	2.56	4.55	12.44 /14	8.01 /14	7.92 /14	0.00	1.85
BA	JPMorgan 529 Bal - Fee Structure H		C	(800) 358-4782	D / 1.8	2.87	5.08	13.51 /18	9.10 /21	8.90 /22	0.00	0.85
GI	JPMorgan 529 Cons Gr - Fee Struct		C-	(800) 358-4782	E / 0.3	1.42	3.35	10.14 / 8	6.41 / 7	6.61 / 6	0.00	1.05
GI	JPMorgan 529 Cons Gr - Fee Struct		C-	(800) 358-4782	E / 0.4	1.24	2.91	9.28 / 6	5.60 / 5	5.86 / 4	0.00	1.80
GI	JPMorgan 529 Cons Gr - Fee Struct		C-	(800) 358-4782	E / 0.4	1.16	2.90	9.33 / 6	5.60 / 5	5.92 / 4	0.00	1.80
GI	JPMorgan 529 Cons Gr - Fee Struct		C-	(800) 358-4782	E+ / 0.6	1.48	3.46	10.35 / 9	6.63 / 8	6.86 / 8	0.00	0.80
GR	JPMorgan 529 Eq Index- Fee Struct		D	(800) 358-4782	C- / 3.1	6.10	6.67	19.90 /59	11.03 /36	9.98 /33	0.00	0.60
GR	JPMorgan 529 Eq Index- Fee Struct		D+	(800) 358-4782	C- / 3.7	6.05	6.47	19.70 /57	10.38 /31	9.35 /26	0.00	1.35
GR	JPMorgan 529 Eq Index- Fee Struct		D+	(800) 358-4782	C- / 3.7	6.11	6.45	19.61 /57	10.37 /31	9.40 /27	0.00	1.35
GR	JPMorgan 529 Eq Index- Fee Struct		C-	(800) 358-4782	C / 4.3	6.02	6.66	19.91 /59	11.19 /38	10.22 /35	0.00	0.35
GR	JPMorgan 529 Gr - Fee Structure A		C-	(800) 358-4782	C / 4.3	5.64	8.10	19.42 /56	12.96 /54	11.48 /49	0.00	1.17
GR	JPMorgan 529 Gr - Fee Structure B		C	(800) 358-4782	C / 4.8	5.42	7.67	18.61 /49	12.13 /47	10.71 /41	0.00	1.92
GR	JPMorgan 529 Gr - Fee Structure C		C	(800) 358-4782	C / 4.9	5.39	7.70	18.68 /50	12.15 /47	10.81 /42	0.00	1.92
GR	JPMorgan 529 Gr - Fee Structure H		C	(800) 358-4782	C+ / 5.8	5.70	8.28	19.73 /58	13.24 /56	11.77 /51	0.00	0.92
GI	JPMorgan 529 Gr & Inc- Fee Struct A		C	(800) 358-4782	D+ / 2.3	4.19	6.53	16.32 /34	10.90 /35	10.15 /34	0.00	1.13
GI	JPMorgan 529 Gr & Inc- Fee Struct B		C+	(800) 358-4782	D+ / 2.7	4.05	6.16	15.55 /29	10.13 /29	9.43 /27	0.00	1.88
GI	JPMorgan 529 Gr & Inc- Fee Struct C		C	(800) 358-4782	D+ / 2.7	3.97	6.07	15.51 /29	10.11 /29	9.45 /27	0.00	1.88
GI	JPMorgan 529 Gr & Inc- Fee Struct H		C+	(800) 358-4782	C- / 3.6	4.27	6.65	16.58 /35	11.20 /38	10.47 /38	0.00	0.88
FO	JPMorgan 529 Int - Fee Structure A		C+	(800) 358-4782	B / 7.8	7.16	9.24	23.21 /78	18.27 /81	--	0.00	1.55
FO	JPMorgan 529 Int - Fee Structure B		B-	(800) 358-4782	B / 8.0	7.01	8.86	22.34 /74	17.35 /79	--	0.00	2.35
FO	JPMorgan 529 Int - Fee Structure C		B-	(800) 358-4782	B / 7.9	7.01	8.86	22.34 /74	17.31 /79	--	0.00	2.35
GR	JPMorgan 529 Lg Cap Gr - Fee Stru		E+	(800) 358-4782	D- / 1.5	7.49	7.09	16.30 /34	8.14 /15	--	0.00	1.34
GR	JPMorgan 529 Lg Cap Gr - Fee Stru		E+	(800) 358-4782	D / 1.8	7.35	6.68	15.38 /28	7.28 /10	--	0.00	2.14
GR	JPMorgan 529 Lg Cap Gr - Fee Stru		E+	(800) 358-4782	D / 1.7	7.34	6.68	15.37 /28	7.27 /10	--	0.00	2.14
GR	JPMorgan 529 Lg Cap VI - Fee Stru A		C+	(800) 358-4782	C+ / 6.6	5.93	9.13	22.16 /73	15.62 /72	--	0.00	1.46
GR	JPMorgan 529 Lg Cap VI - Fee Stru B		C+	(800) 358-4782	C+ / 6.9	5.69	8.66	21.14 /68	14.73 /67	--	0.00	2.26
GR	JPMorgan 529 Lg Cap VI - Fee Stru		C+	(800) 358-4782	C+ / 6.9	5.76	8.72	21.14 /68	14.73 /67	--	0.00	2.26
SC	JPMorgan 529 SmCp - Fee Structure		C-	(800) 358-4782	C+ / 5.8	4.84	9.71	19.12 /53	15.08 /69	--	0.00	1.94
SC	JPMorgan 529 SmCp - Fee Structure		C-	(800) 358-4782	C+ / 6.2	4.67	9.32	18.27 /47	14.25 /64	--	0.00	2.69
SC	JPMorgan 529 SmCp - Fee Structure		C-	(800) 358-4782	C+ / 6.2	4.67	9.32	18.19 /46	14.21 /63	--	0.00	2.69
FO	JPMorgan Asia Eq A	JAEAX	A-	(800) 358-4782	A+ / 9.7	16.62	20.45	50.69 /99	30.42 /96	19.33 /91	0.15	2.17
FO	JPMorgan Asia Eq Inst	JPAIX	A-	(800) 358-4782	A+ / 9.7	16.75	20.72	51.29 /99	30.94 /96	19.81 /92	0.40	1.45
FO	JPMorgan Asia Eq Sel	JPASX	A-	(800) 358-4782	A+ / 9.7	16.72	20.65	51.10 /99	30.76 /96	19.64 /91	0.28	1.60
MC	JPMorgan Capital Growth A	VCAGX	C	(800) 358-4782	C / 5.5	8.18	11.64	19.01 /52	13.49 /58	13.45 /65	0.00	1.35
MC	JPMorgan Capital Growth B	VCGBX	C	(800) 358-4782	C+ / 6.1	8.05	11.39	18.41 /48	12.92 /53	12.88 /61	0.00	1.85
MC	JPMorgan Capital Growth C	VCGCX	C	(800) 358-4782	C+ / 6.1	8.03	11.37	18.44 /48	12.93 /53	12.86 /61	0.00	1.85
MC	JPMorgan Capital Growth Sel	VCGIX	C+	(800) 358-4782	C+ / 6.8	8.22	11.78	19.30 /55	13.81 /61	13.84 /68	0.02	0.93
GI	JPMorgan Disciplined Eq A	JDEAX	C	(800) 358-4782	C- / 3.6	5.90	7.65	21.82 /72	11.26 /38	10.16 /34	1.08	0.95
GI	JPMorgan Disciplined Eq I	JPIEX	B-	(800) 358-4782	C / 5.2	6.00	7.84	22.34 /74	11.72 /43	10.65 /40	1.48	0.54
GI	JPMorgan Disciplined Eq Sel	JDESX	B-	(800) 358-4782	C / 5.1	5.93	7.76	22.16 /73	11.56 /41	10.46 /38	1.30	0.75
GI	JPMorgan Disciplined Eq Ultra	JDEUX	B-	(800) 358-4782	C / 5.4	6.09	7.96	22.53 /75	11.86 /44	10.76 /41	1.59	0.45
MC	JPMorgan Divers Mid Cap Gr A	OSGIX	D+	(800) 358-4782	C / 5.5	8.08	11.56	18.65 /49	13.51 /58	11.85 /52	0.00	1.41
MC	JPMorgan Divers Mid Cap Gr B	OGOBX	D+	(800) 358-4782	C+ / 6.0	7.91	11.24	17.98 /45	12.79 /52	11.10 /45	0.00	1.99
MC	JPMorgan Divers Mid Cap Gr C	OMGCX	D+	(800) 358-4782	C+ / 5.9	7.90	11.21	17.95 /45	12.77 /52	11.09 /44	0.00	1.99
MC	JPMorgan Divers Mid Cap Gr Sel	HLGEX	C	(800) 358-4782	C+ / 6.7	8.16	11.68	18.95 /52	13.80 /61	12.14 /55	0.00	1.16
MC	JPMorgan Divers Mid Cap Gr Ultra	JDGUX	B-	(800) 358-4782	C+ / 6.8	8.18	11.78	19.13 /53	13.92 /61	12.21 /55	0.00	0.91

● Denotes fund is closed to new investors
* Denotes fund is included in Section II

www.thestreet.com/ratings

Summer 2007 — I. Index of Stock Mutual Funds

RISK			NET ASSETS		ASSET				Portfolio	BULL / BEAR		FUND MANAGER		MINIMUMS		LOADS	
	3 Year		NAV							Last Bull	Last Bear	Manager	Manager	Initial	Additional	Front	Back
Risk	Standard		As of	Total	Cash	Stocks	Bonds	Other	Turnover	Market	Market	Quality	Tenure	Purch.	Purch.	End	End
Rating/Pts	Deviation	Beta	6/30/07	$(Mil)	%	%	%	%	Ratio	Return	Return	Pct	(Years)	$	$	Load	Load
B- / 7.1	8.8	0.94	17.76	115	4	96	0	0	21.0	173.5	-6.5	56	9	2,500	50	0.0	2.0
B- / 7.9	6.4	0.80	11.67	160	3	96	0	1	46.0	120.8	-9.7	90	9	2,500	50	0.0	2.0
D / 1.7	11.2	0.79	10.52	39	2	97	0	1	87.0	120.6	-10.5	49	9	2,500	50	0.0	2.0
B- / 7.4	12.1	1.24	12.16	26	0	83	16	1	304.0	130.1	-7.7	77	2	10,000	500	0.0	2.0
B+ / 9.9	4.1	0.90	14.50	38	0	50	49	1	N/A	60.4	-3.0	63	6	50	25	5.3	0.0
B+ / 9.9	4.1	0.91	13.97	39	0	50	49	1	N/A	55.6	-3.1	52	6	50	25	0.0	0.0
B+ / 9.9	4.1	0.91	14.01	12	0	50	49	1	N/A	55.5	-3.0	52	6	50	25	0.0	0.0
B+ / 9.9	4.1	0.90	14.70	11	0	50	49	1	N/A	62.1	-2.9	66	6	50	25	0.0	0.0
B+ / 9.9	2.8	0.27	13.58	12	0	30	69	1	N/A	39.0	-0.6	62	6	50	25	5.3	0.0
B+ / 9.9	2.8	0.28	13.07	10	0	30	69	1	N/A	34.7	-0.7	51	6	50	25	0.0	0.0
B+ / 9.9	2.8	0.28	13.13	7	0	30	69	1	N/A	34.9	-0.7	51	6	50	25	0.0	0.0
B+ / 9.9	2.8	0.28	13.75	6	0	30	69	1	N/A	40.3	-0.5	65	6	50	25	0.0	0.0
C+ / 6.2	7.3	1.00	13.92	6	0	100	0	0	N/A	91.1	-10.0	45	6	50	25	5.3	0.0
C+ / 6.1	7.4	1.01	13.49	4	0	100	0	0	N/A	86.7	-10.1	36	6	50	25	0.0	0.0
C+ / 6.1	7.4	1.00	13.54	2	0	100	0	0	N/A	86.6	-10.0	37	6	50	25	0.0	0.0
C+ / 6.2	7.3	1.00	14.09	15	0	100	0	0	N/A	93.0	-9.8	47	6	50	25	0.0	0.0
C+ / 6.3	7.4	0.97	15.74	123	0	90	10	0	N/A	104.0	-8.1	72	6	50	25	5.3	0.0
C+ / 6.3	7.4	0.98	15.17	113	0	90	10	0	N/A	98.1	-8.3	62	6	50	25	0.0	0.0
C+ / 6.3	7.4	0.97	15.25	12	0	90	10	0	N/A	98.3	-8.3	63	6	50	25	0.0	0.0
C+ / 6.3	7.4	0.98	15.96	22	0	90	10	0	N/A	106.3	-8.1	74	6	50	25	0.0	0.0
B+ / 9.5	5.8	0.75	15.18	58	0	70	29	1	N/A	81.7	-5.6	69	6	50	25	5.3	0.0
B+ / 9.5	5.8	0.75	14.64	57	0	70	29	1	N/A	76.4	-5.7	61	6	50	25	0.0	0.0
B+ / 9.5	5.8	0.75	14.67	11	0	70	29	1	N/A	76.5	-5.7	60	6	50	25	0.0	0.0
B+ / 9.5	5.8	0.75	15.40	15	0	70	29	1	N/A	83.9	-5.5	73	6	50	25	0.0	0.0
C+ / 5.7	8.9	0.95	20.81	3	0	100	0	0	N/A	N/A	N/A	22	4	50	25	5.3	0.0
C+ / 5.6	8.9	0.95	20.15	1	0	100	0	0	N/A	N/A	N/A	17	4	50	25	0.0	0.0
C+ / 5.6	9.0	0.96	20.15	1	0	100	0	0	N/A	N/A	N/A	16	4	50	25	0.0	0.0
C+ / 5.6	9.0	1.13	14.20	1	0	100	0	0	N/A	N/A	N/A	14	4	50	25	5.3	0.0
C / 5.5	9.0	1.13	13.73	1	0	100	0	0	N/A	N/A	N/A	10	4	50	25	0.0	0.0
C / 5.5	9.0	1.13	13.74	N/A	0	100	0	0	N/A	N/A	N/A	10	4	50	25	0.0	0.0
C+ / 6.6	6.0	0.74	18.41	4	0	100	0	0	N/A	N/A	N/A	95	4	50	25	5.3	0.0
C+ / 6.6	6.0	0.73	17.82	2	0	100	0	0	N/A	N/A	N/A	93	4	50	25	0.0	0.0
C+ / 6.6	6.0	0.73	17.82	2	0	100	0	0	N/A	N/A	N/A	93	4	50	25	0.0	0.0
C / 4.9	13.5	0.93	20.56	2	0	100	0	0	N/A	N/A	N/A	79	4	50	25	5.3	0.0
C / 4.9	13.4	0.92	19.94	1	0	100	0	0	N/A	N/A	N/A	72	4	50	25	0.0	0.0
C / 4.9	13.4	0.93	19.95	1	0	100	0	0	N/A	N/A	N/A	72	4	50	25	0.0	0.0
C+ / 6.0	13.2	1.10	35.51	15	0	100	0	0	99.0	189.6	-10.2	92	2	1,000	25	5.3	2.0
C+ / 6.0	13.2	1.10	35.89	67	0	100	0	0	99.0	194.5	-10.0	93	2	3,000,000	0	0.0	2.0
C+ / 6.0	13.2	1.10	35.81	464	0	100	0	0	99.0	192.6	-10.1	93	2	1,000,000	0	0.0	2.0
C+ / 5.7	11.9	1.08	44.71	526	2	97	0	1	63.0	126.5	-8.7	26	5	1,000	25	5.3	0.0
C / 5.4	11.9	1.08	40.38	20	2	97	0	1	63.0	121.7	-8.8	22	5	1,000	25	0.0	0.0
C / 5.4	11.9	1.08	39.68	26	2	97	0	1	63.0	121.5	-8.9	22	5	1,000	25	0.0	0.0
C+ / 5.9	11.9	1.08	47.64	397	2	97	0	1	63.0	129.6	-8.6	28	5	1,000,000	0	0.0	0.0
B / 8.4	7.5	1.01	18.45	2	1	98	0	1	34.0	94.8	-9.8	46	5	1,000	25	5.3	0.0
B / 8.7	7.5	1.01	18.46	116	1	98	0	1	34.0	98.5	-9.8	53	5	3,000,000	0	0.0	0.0
B / 8.7	7.5	1.01	18.48	68	1	98	0	1	34.0	97.2	-9.8	50	5	1,000,000	0	0.0	0.0
B / 8.7	7.5	1.02	18.47	139	1	98	0	1	34.0	99.5	-9.8	54	5	20,000,000	0	0.0	0.0
C / 4.4	11.4	1.05	24.89	481	0	99	0	1	112.0	106.4	-8.9	29	3	1,000	25	5.3	0.0
C- / 3.6	11.4	1.04	20.88	124	0	99	0	1	112.0	100.6	-9.1	24	3	1,000	25	0.0	0.0
C- / 4.1	11.3	1.04	23.21	39	0	99	0	1	112.0	100.6	-9.1	24	3	1,000	25	0.0	0.0
C / 4.6	11.4	1.05	26.10	741	0	99	0	1	112.0	108.7	-8.8	32	3	1,000,000	0	0.0	0.0
B- / 7.3	11.4	1.04	26.19	3	0	99	0	1	112.0	109.3	-8.8	33	3	5,000,000	0	0.0	0.0

www.thestreet.com/ratings

Data as of June 30, 2007

I. Index of Stock Mutual Funds

Summer 2007

99 Pct = Best
0 Pct = Worst

Fund Type	Fund Name	Ticker Symbol	Overall Investment Rating	Phone	Performance Rating/Pts	3 Mo	6 Mo	1Yr / Pct	3Yr / Pct	5Yr / Pct	Dividend Yield	Expense Ratio
MC	● JPMorgan Divers Mid Cap Val A	OGDIX	E+	(800) 358-4782	C / 5.1	4.02	7.81	19.66 /57	14.37 /65	12.49 /58	0.70	1.36
MC	● JPMorgan Divers Mid Cap Val B	OGDBX	E+	(800) 358-4782	C+ / 5.7	3.88	7.52	18.97 /52	13.65 /59	11.74 /51	0.34	1.99
MC	● JPMorgan Divers Mid Cap Val C	OMVCX	E+	(800) 358-4782	C+ / 5.7	3.88	7.52	18.97 /52	13.67 /60	11.74 /51	0.34	1.99
MC	● JPMorgan Divers Mid Cap Val Sel	HLDEX	D-	(800) 358-4782	C+ / 6.4	4.04	7.91	19.97 /60	14.64 /66	12.77 /60	0.94	1.11
MC	● JPMorgan Divers Mid Cap Val Ultra	JDVUX	B	(800) 358-4782	C+ / 6.5	4.08	7.99	20.13 /61	14.79 /67	12.86 /61	1.06	0.86
BA	JPMorgan Diversified Fd A	JDVAX	C-	(800) 358-4782	D / 1.7	3.61	5.76	15.87 /31	9.83 /27	8.82 /21	1.84	1.42
BA	JPMorgan Diversified Fd B	JDVBX	C	(800) 358-4782	D / 2.1	3.52	5.52	15.30 /28	9.23 /22	8.28 /17	1.40	1.92
BA	JPMorgan Diversified Fd C	JDVCX	C	(800) 358-4782	D / 2.1	3.49	5.51	15.24 /27	9.24 /22	8.29 /17	1.48	1.92
BA	JPMorgan Diversified Fd Inst	JPDVX	C	(800) 358-4782	D+ / 2.9	3.73	6.00	16.39 /34	10.36 /31	9.35 /26	2.38	1.02
BA	JPMorgan Diversified Fd Sel	JDVSX	C	(800) 358-4782	D+ / 2.7	3.67	5.87	16.11 /33	10.09 /29	9.08 /24	2.15	1.17
SC	JPMorgan Dynamic Small Gr A	VSCOX	D-	(800) 358-4782	C- / 3.9	6.79	10.02	18.70 /50	11.87 /44	11.22 /46	0.00	1.82
SC	JPMorgan Dynamic Small Gr B	VSCBX	D-	(800) 358-4782	C / 4.5	6.64	9.70	18.00 /45	11.20 /38	10.54 /39	0.00	2.32
SC	JPMorgan Dynamic Small Gr C	VSCCX	D	(800) 358-4782	C / 4.5	6.65	9.72	17.97 /45	11.22 /38	10.55 /39	0.00	2.32
SC	JPMorgan Dynamic Small Gr Sel	JDSCX	D+	(800) 358-4782	C+ / 5.6	6.89	10.22	19.16 /53	12.32 /48	11.66 /50	0.00	1.57
EM	JPMorgan Emerg Mkt Eq A	JFAMX	B	(800) 358-4782	A+ / 9.8	12.99	16.07	46.40 /98	36.86 /98	29.47 /98	0.24	2.00
EM	JPMorgan Emerg Mkt Eq B	JFBMX	B	(800) 358-4782	A+ / 9.8	12.89	15.81	45.62 /98	36.17 /98	28.88 /98	0.00	2.50
EM	JPMorgan Emerg Mkt Eq C	JEMCX	A	(800) 358-4782	A+ / 9.8	12.88	15.80	45.69 /98	36.16 /98	28.87 /98	0.27	2.50
EM	JPMorgan Emerg Mkt Eq Inst	JMIEX	B	(800) 358-4782	A+ / 9.8	13.14	16.28	46.97 /98	37.48 /98	30.14 /98	0.52	1.47
EM	JPMorgan Emerg Mkt Eq Sel	JEMSX	B	(800) 358-4782	A+ / 9.8	13.05	16.22	46.74 /98	37.23 /98	29.80 /98	0.40	1.75
IN	JPMorgan Equity Income A	OIEIX	E+	(800) 358-4782	C / 4.9	4.87	6.46	21.98 /72	13.55 /59	10.41 /37	1.72	1.24
IN	JPMorgan Equity Income B	OGIBX	E+	(800) 358-4782	C / 5.5	4.84	6.21	21.39 /69	12.92 /53	9.72 /30	1.37	1.99
IN	JPMorgan Equity Income C	OINCX	E+	(800) 358-4782	C / 5.5	4.77	6.23	21.42 /69	12.90 /53	9.72 /30	1.38	1.99
GR	JPMorgan Equity Income II-Sel	VEISX	C-	(800) 358-4782	C+ / 6.1	5.02	6.56	22.23 /74	13.71 /60	11.80 /52	1.87	0.94
IN	JPMorgan Equity Income Sel	HLIEX	D-	(800) 358-4782	C+ / 6.2	4.98	6.63	22.32 /74	13.87 /61	10.71 /41	2.03	0.94
IX	JPMorgan Equity Index A	OGEAX	C	(800) 358-4782	C- / 3.2	6.12	6.67	20.02 /60	11.17 /37	10.15 /34	1.37	0.98
IX	JPMorgan Equity Index B	OGEIX	C	(800) 358-4782	C- / 3.6	5.93	6.29	19.12 /53	10.33 /30	9.32 /26	0.73	1.49
IX	JPMorgan Equity Index C	OEICX	C	(800) 358-4782	C- / 3.6	5.91	6.28	19.11 /53	10.33 /30	9.32 /26	0.77	1.48
IX	JPMorgan Equity Index Sel	HLEIX	C+	(800) 358-4782	C / 4.6	6.18	6.83	20.31 /62	11.43 /40	10.42 /38	1.67	0.73
GI	JPMorgan Growth & Income A	VGRIX	B	(800) 358-4782	C / 5.4	6.45	7.84	23.24 /78	13.46 /58	11.22 /46	0.78	1.30
GI	JPMorgan Growth & Income B	VINBX	B+	(800) 358-4782	C+ / 6.0	6.31	7.60	22.61 /75	12.91 /53	10.67 /40	0.37	1.80
GI	JPMorgan Growth & Income C	VGICX	B+	(800) 358-4782	C+ / 6.0	6.34	7.60	22.61 /75	12.91 /53	10.68 /40	0.46	1.80
GI	JPMorgan Growth & Income Sel	VGIIX	B	(800) 358-4782	C+ / 6.7	6.52	7.99	23.57 /79	13.85 /61	11.64 /50	1.06	1.05
GR	JPMorgan Growth Advantage A	VHIAX	B-	(800) 358-4782	B- / 7.3	10.08	12.81	23.53 /79	15.32 /70	14.79 /75	0.00	1.90
GR	JPMorgan Growth Advantage B	VHIBX	B-	(800) 358-4782	B / 7.6	9.90	12.45	22.75 /76	14.55 /66	13.97 /69	0.00	2.40
GR	JPMorgan Growth Advantage C	JGACX	C+	(800) 358-4782	B- / 7.5	9.90	12.45	22.56 /75	14.55 /66	13.97 /69	0.00	2.40
GR	JPMorgan Growth Advantage Sel	JGASX	C+	(800) 358-4782	B / 7.9	10.19	13.07	23.80 /80	15.46 /71	14.87 /75	0.00	1.65
FO	JPMorgan International Eq A	JSEAX	B+	(800) 358-4782	B / 7.9	6.93	9.47	22.19 /74	19.40 /84	14.69 /74	1.17	1.49
FO	JPMorgan International Eq B	JSEBX	B+	(800) 358-4782	B / 8.1	6.79	9.20	21.55 /70	18.71 /82	14.08 /70	0.99	2.00
FO	JPMorgan International Eq C	JIECX	B+	(800) 358-4782	B / 8.1	6.79	9.19	21.56 /70	18.70 /82	14.07 /70	1.00	2.00
FO	JPMorgan International Eq R	JIERX	B	(800) 358-4782	B+ / 8.4	7.05	9.73	22.74 /76	19.82 /85	15.13 /77	1.61	1.07
FO	JPMorgan International Eq Sel	VSIEX	A-	(800) 358-4782	B+ / 8.4	6.99	9.62	22.52 /75	19.73 /84	15.08 /77	1.42	1.24
FO	JPMorgan Intl Equity Index A	OEIAX	A	(800) 358-4782	A- / 9.0	7.39	11.96	29.85 /92	23.50 /92	18.75 /89	1.64	1.29
FO	JPMorgan Intl Equity Index B	OGEBX	A	(800) 358-4782	A- / 9.1	7.21	11.61	28.98 /91	22.61 /90	17.90 /88	1.24	1.93
FO	JPMorgan Intl Equity Index C	OIICX	A	(800) 358-4782	A- / 9.1	7.22	11.56	28.93 /91	22.61 /90	17.89 /88	1.22	1.93
FO	JPMorgan Intl Equity Index Sel	OIEAX	A+	(800) 358-4782	A- / 9.2	7.46	12.12	30.20 /93	23.80 /92	19.06 /90	1.89	1.04
FO	JPMorgan Intl Opps A	JIOAX	A	(800) 358-4782	B+ / 8.7	6.71	10.55	27.80 /89	22.23 /90	16.07 /81	0.91	1.56
FO	JPMorgan Intl Opps B	JIOBX	A	(800) 358-4782	B+ / 8.8	6.58	10.31	27.15 /88	21.61 /88	15.48 /79	0.61	2.06
FO	JPMorgan Intl Opps Inst	JPIOX	A	(800) 358-4782	A- / 9.1	6.79	10.79	28.35 /90	22.94 /91	16.95 /85	1.32	1.15
FO	JPMorgan Intl Opps Sel	JIOSX	A	(800) 358-4782	A- / 9.0	6.76	10.71	28.13 /90	22.64 /90	16.65 /84	1.11	1.30
FO	JPMorgan Intl Value A	JFEAX	A+	(800) 358-4782	A / 9.3	7.37	11.51	30.23 /93	26.99 /95	20.40 /92	0.97	1.45
FO	JPMorgan Intl Value B	JFEBX	A+	(800) 358-4782	A / 9.4	7.27	11.28	29.68 /92	26.39 /94	19.80 /92	0.69	1.95
FO	JPMorgan Intl Value C	JIUCX	B+	(800) 358-4782	A / 9.4	7.25	11.28	29.64 /92	26.38 /94	19.79 /92	1.13	1.95

● Denotes fund is closed to new investors
* Denotes fund is included in Section II

www.thestreet.com/ratings

Summer 2007 — I. Index of Stock Mutual Funds

RISK			NET ASSETS		ASSET					BULL / BEAR		FUND MANAGER		MINIMUMS		LOADS	
	3 Year		NAV						Portfolio	Last Bull	Last Bear	Manager	Manager	Initial	Additional	Front	Back
Risk	Standard		As of	Total	Cash	Stocks	Bonds	Other	Turnover	Market	Market	Quality	Tenure	Purch.	Purch.	End	End
Rating/Pts	Deviation	Beta	6/30/07	$(Mil)	%	%	%	%	Ratio	Return	Return	Pct	(Years)	$	$	Load	Load
D / 2.0	8.3	0.75	15.85	213	1	98	0	1	52.0	130.0	-8.8	78	3	1,000	25	5.3	0.0
D / 1.8	8.3	0.75	15.01	54	1	98	0	1	52.0	123.4	-8.8	72	3	1,000	25	0.0	0.0
D / 1.8	8.3	0.75	15.01	30	1	98	0	1	52.0	123.5	-8.8	72	3	1,000	25	0.0	0.0
D / 1.9	8.3	0.75	15.76	441	1	98	0	1	52.0	132.4	-8.7	80	3	1,000,000	0	0.0	0.0
B / 8.7	8.3	0.75	15.77	3	1	98	0	1	52.0	133.2	-8.7	82	3	5,000,000	0	0.0	0.0
B / 8.8	4.9	1.09	15.69	160	7	60	32	1	127.0	68.7	-5.8	63	7	1,000	25	5.3	0.0
B+ / 9.1	4.9	1.10	15.69	76	7	60	32	1	127.0	64.7	-5.8	55	7	1,000	25	0.0	0.0
B+ / 9.1	5.0	1.10	15.68	5	7	60	32	1	127.0	64.7	-5.8	55	7	1,000	25	0.0	0.0
B+ / 9.1	5.0	1.10	15.70	226	7	60	32	1	127.0	72.5	-5.7	69	7	3,000,000	0	0.0	0.0
B+ / 9.1	5.0	1.10	15.71	107	7	60	32	1	127.0	70.8	-5.8	66	7	1,000,000	0	0.0	0.0
C / 4.3	15.4	1.10	20.75	88	0	99	0	1	86.0	116.0	-10.2	26	3	1,000	25	5.3	0.0
C- / 4.2	15.4	1.10	19.11	36	0	99	0	1	86.0	110.5	-10.3	22	3	1,000	25	0.0	0.0
C- / 4.2	15.4	1.10	19.08	73	0	99	0	1	86.0	110.5	-10.3	22	3	1,000	25	0.0	0.0
C / 4.4	15.4	1.10	21.56	32	0	99	0	1	86.0	119.6	-10.1	30	3	1,000,000	0	0.0	0.0
C / 4.7	16.8	1.10	21.31	42	0	99	0	1	4.0	310.3	-6.3	12	2	1,000	25	5.3	2.0
C / 4.7	16.8	1.09	21.10	11	0	99	0	1	4.0	301.6	-6.2	10	2	1,000	25	0.0	2.0
C+ / 6.3	16.8	1.10	21.03	5	0	99	0	1	4.0	301.4	-6.2	10	2	1,000	25	0.0	2.0
C / 4.7	16.8	1.10	21.78	152	0	99	0	1	4.0	318.7	-6.2	14	2	3,000,000	0	0.0	2.0
C / 4.7	16.8	1.09	21.57	294	0	99	0	1	4.0	314.5	-6.3	13	2	1,000,000	0	0.0	2.0
D / 1.8	6.2	0.75	12.42	156	5	94	0	1	21.0	98.0	-8.5	89	3	1,000	25	5.3	0.0
D / 1.8	6.2	0.75	12.36	27	5	94	0	1	21.0	92.8	-8.6	86	3	1,000	25	0.0	0.0
D / 1.8	6.1	0.75	12.35	7	5	94	0	1	21.0	92.9	-8.6	86	3	1,000	25	0.0	0.0
C / 4.4	6.3	0.80	23.20	204	0	99	0	1	63.0	110.3	-9.7	87	1	1,000,000	0	0.0	0.0
D / 1.8	6.2	0.75	12.53	99	5	94	0	1	21.0	100.3	-8.3	90	3	1,000,000	0	0.0	0.0
B / 8.3	7.3	1.00	34.16	623	0	100	0	0	10.0	92.4	-9.8	47	12	1,000	25	5.3	0.0
B / 8.6	7.3	1.00	34.02	135	0	100	0	0	10.0	86.3	-10.0	36	12	1,000	25	0.0	0.0
B / 8.6	7.3	1.00	34.04	92	0	100	0	0	10.0	86.3	-10.0	37	3	1,000	25	0.0	0.0
B / 8.6	7.3	1.00	34.16	1,225	0	100	0	0	10.0	94.5	-9.8	50	12	1,000,000	0	0.0	0.0
B / 8.7	6.8	0.86	40.42	581	2	97	0	1	16.0	107.3	-10.0	84	5	1,000	25	5.3	0.0
B / 8.9	6.8	0.86	39.67	21	2	97	0	1	16.0	102.9	-10.1	80	5	1,000	25	0.0	0.0
B / 8.9	6.7	0.86	38.18	5	2	97	0	1	16.0	102.9	-10.1	80	5	1,000	25	0.0	0.0
B / 8.9	6.8	0.86	41.71	9	2	97	0	1	16.0	110.5	-9.9	86	5	1,000,000	0	0.0	0.0
C+ / 6.5	12.4	1.46	8.19	51	0	99	0	1	140.0	136.9	-8.8	50	5	1,000	25	5.3	0.0
C+ / 6.5	12.3	1.46	7.77	2	0	99	0	1	140.0	130.1	-9.2	40	5	1,000	25	0.0	0.0
C / 5.1	12.4	1.47	7.77	N/A	0	99	0	1	140.0	130.4	-9.2	39	5	1,000	25	0.0	0.0
C / 5.1	12.4	1.47	8.22	17	0	99	0	1	140.0	137.5	-8.8	51	5	1,000,000	0	0.0	0.0
B- / 7.3	9.0	0.94	40.53	173	3	96	0	1	22.0	151.8	-11.3	30	8	1,000	25	5.3	2.0
B- / 7.3	9.0	0.95	40.19	13	3	96	0	1	22.0	146.0	-11.3	25	8	1,000	25	0.0	2.0
B- / 7.3	9.0	0.95	40.02	56	3	96	0	1	22.0	146.0	-11.4	25	8	1,000	25	0.0	2.0
C+ / 5.9	9.0	0.95	40.64	59	3	96	0	1	22.0	155.8	-11.2	33	8	5,000,000	0	0.0	2.0
B- / 7.3	9.0	0.95	40.65	3,635	3	96	0	1	22.0	155.2	-11.2	32	8	1,000,000	0	0.0	2.0
B- / 7.0	10.0	1.07	31.09	120	0	100	0	0	12.0	193.1	-8.2	46	3	1,000	25	5.3	2.0
C+ / 6.9	10.0	1.07	29.13	20	0	100	0	0	12.0	183.9	-8.2	36	3	1,000	25	0.0	2.0
C+ / 6.9	9.9	1.07	30.31	21	0	100	0	0	12.0	184.0	-8.3	36	3	1,000	25	0.0	2.0
B- / 7.0	10.0	1.07	31.27	1,506	0	100	0	0	12.0	196.1	-8.1	49	3	1,000,000	0	0.0	2.0
B- / 7.1	9.7	1.03	17.50	14	N/A	100	0	N/A	92.0	169.9	-11.8	39	2	1,000	25	5.3	2.0
B- / 7.1	9.7	1.03	17.34	2	N/A	100	0	N/A	92.0	164.3	-11.9	34	2	1,000	25	0.0	2.0
B- / 7.1	9.7	1.03	17.77	131	N/A	100	0	N/A	92.0	178.7	-11.7	48	2	3,000,000	0	0.0	2.0
B- / 7.1	9.7	1.03	17.68	64	N/A	100	0	N/A	92.0	175.2	-11.7	43	2	1,000,000	0	0.0	2.0
B- / 7.7	9.3	0.97	19.66	73	3	96	0	1	80.0	225.2	-9.8	91	6	1,000	25	5.3	2.0
B- / 7.7	9.3	0.97	19.34	13	3	96	0	1	80.0	218.6	-9.9	88	6	1,000	25	0.0	2.0
C+ / 5.9	9.3	0.97	19.24	11	3	96	0	1	80.0	218.5	-9.9	88	1	1,000	25	0.0	2.0

www.thestreet.com/ratings

Data as of June 30, 2007

I. Index of Stock Mutual Funds

Summer 2007

99 Pct = Best
0 Pct = Worst

Fund Type	Fund Name	Ticker Symbol	Overall Investment Rating	Phone	Performance Rating/Pts	Total Return % through 6/30/07					Incl. in Returns	
						3 Mo	6 Mo	1Yr / Pct	3Yr / Pct (Annualized)	5Yr / Pct (Annualized)	Dividend Yield	Expense Ratio
FO	JPMorgan Intl Value Inst	JNUSX	A+	(800) 358-4782	A / 9.5	7.51	11.74	30.79 /93	27.60 /95	20.95 /93	1.18	1.02
FO	JPMorgan Intl Value Sel	JIESX	A+	(800) 358-4782	A / 9.4	7.49	11.67	30.66 /93	27.25 /95	20.62 /93	1.10	1.41
GR	JPMorgan Intrepid America A	JIAAX	B-	(800) 358-4782	C / 4.9	4.55	6.65	18.67 /50	14.33 /64	--	0.72	1.29
GR	JPMorgan Intrepid America C	JIACX	B	(800) 358-4782	C+ / 5.6	4.41	6.37	18.03 /45	13.85 /61	--	0.58	1.79
GR	JPMorgan Intrepid America R	JIARX	C	(800) 358-4782	C+ / 6.3	4.67	6.88	19.19 /54	14.62 /66	--	0.99	0.84
GR	JPMorgan Intrepid America Sel	JPIAX	B	(800) 358-4782	C+ / 6.2	4.63	6.77	18.93 /52	14.54 /66	--	0.81	1.04
FO	JPMorgan Intrepid Euro A	VEUAX	A	(800) 358-4782	A / 9.5	9.16	13.85	34.54 /96	30.11 /96	22.34 /94	0.60	1.75
FO	JPMorgan Intrepid Euro B	VEUBX	A	(800) 358-4782	A+ / 9.6	8.98	13.56	33.93 /95	29.46 /96	21.66 /94	0.30	2.50
FO	JPMorgan Intrepid Euro C	VEUCX	A	(800) 358-4782	A+ / 9.6	8.99	13.52	33.84 /95	29.46 /96	21.66 /94	0.53	2.50
FO	JPMorgan Intrepid Euro Inst	JFEIX	A+	(800) 358-4782	A+ / 9.6	9.23	14.06	35.11 /96	30.77 /96	23.06 /95	0.81	1.05
FO	JPMorgan Intrepid Euro Sel	JFESX	A+	(800) 358-4782	A+ / 9.6	9.21	13.99	34.90 /96	30.49 /96	22.67 /95	0.67	1.50
GR	JPMorgan Intrepid Growth A	JIGAX	C	(800) 358-4782	C- / 3.3	6.28	8.97	17.97 /45	11.35 /39	--	0.20	1.30
GR	JPMorgan Intrepid Growth C	JCICX	C	(800) 358-4782	C- / 4.0	6.12	8.73	17.32 /40	10.88 /35	--	0.02	1.80
GR	JPMorgan Intrepid Growth R	JGIRX	C-	(800) 358-4782	C / 4.8	6.39	9.22	18.46 /48	11.61 /42	--	0.43	0.85
GR	JPMorgan Intrepid Growth Sel	JPGSX	C	(800) 358-4782	C / 4.7	6.39	9.12	18.27 /47	11.56 /41	--	0.25	1.05
FO	JPMorgan Intrepid Int A	JFTAX	A-	(800) 358-4782	B+ / 8.5	6.76	10.88	27.57 /89	21.23 /87	16.00 /81	0.49	1.80
FO	JPMorgan Intrepid Int C	JIICX	A+	(800) 358-4782	B+ / 8.7	6.64	10.58	26.99 /88	20.97 /87	15.85 /80	0.57	2.12
FO	JPMorgan Intrepid Int Inst	JFTIX	A	(800) 358-4782	B+ / 8.9	6.92	11.17	28.29 /90	21.90 /89	16.73 /84	0.82	1.24
FO	JPMorgan Intrepid Int Sel	JISIX	A+	(800) 358-4782	B+ / 8.9	6.80	11.01	27.95 /90	21.77 /88	16.66 /84	0.75	1.38
GR	JPMorgan Intrepid Long/Short Sel	JILSX	U	(800) 358-4782	U /	4.95	9.33	18.97 /52	--	--	0.08	2.95
MC	JPMorgan Intrepid Mid Cap A	PECAX	D	(800) 358-4782	C+ / 6.9	4.84	10.29	18.13 /46	17.13 /78	13.61 /66	0.29	1.34
MC	JPMorgan Intrepid Mid Cap B	ODMBX	D	(800) 358-4782	B- / 7.2	4.70	10.00	17.47 /41	16.42 /76	12.84 /61	0.08	1.84
MC	JPMorgan Intrepid Mid Cap C	ODMCX	D	(800) 358-4782	B- / 7.3	4.70	9.99	17.54 /42	16.43 /76	12.84 /61	0.08	1.84
MC	JPMorgan Intrepid Mid Cap Sel	WOOPX	D+	(800) 358-4782	B / 7.7	4.93	10.48	18.52 /49	17.46 /79	13.90 /69	0.48	1.09
MC	JPMorgan Intrepid Mid Cap Ultra	JDMUX	A	(800) 358-4782	B / 7.8	4.91	10.50	18.63 /49	17.59 /79	13.97 /69	0.62	0.84
GR	JPMorgan Intrepid Multi Cap A	JICAX	B	(800) 358-4782	C+ / 5.6	5.26	9.56	21.52 /70	14.15 /63	--	0.39	2.39
GR	JPMorgan Intrepid Multi Cap C	JICCX	B+	(800) 358-4782	C+ / 6.3	5.09	9.27	20.93 /66	13.69 /60	--	0.22	2.90
GR	JPMorgan Intrepid Multi Cap Sel	JIISX	C+	(800) 358-4782	C+ / 6.8	5.32	9.71	21.88 /72	14.37 /65	--	0.53	2.06
GR	JPMorgan Intrepid Value A	JIVAX	B+	(800) 358-4782	C+ / 6.9	4.68	6.48	20.30 /62	17.53 /79	--	0.95	1.75
GR	JPMorgan Intrepid Value C	JIVCX	A+	(800) 358-4782	B- / 7.4	4.56	6.22	19.72 /58	17.06 /78	--	0.65	2.25
GR	JPMorgan Intrepid Value R	JIVRX	B-	(800) 358-4782	B / 7.7	4.81	6.69	20.81 /66	17.84 /80	--	1.33	1.31
GR	JPMorgan Intrepid Value Sel	JPIVX	A+	(800) 358-4782	B / 7.7	4.76	6.60	20.60 /64	17.76 /80	--	1.17	1.51
AA	JPMorgan Investor Balanced A	OGIAX	D+	(800) 358-4782	D- / 1.0	2.63	4.83	12.74 /15	8.72 /19	8.30 /17	2.91	1.57
AA	JPMorgan Investor Balanced B	OGBBX	C-	(800) 358-4782	D- / 1.2	2.48	4.52	12.09 /14	8.06 /15	7.60 /12	2.47	2.10
AA	JPMorgan Investor Balanced C	OGBCX	C-	(800) 358-4782	D- / 1.2	2.50	4.57	12.12 /14	8.08 /15	7.61 /12	2.52	2.10
AA	JPMorgan Investor Balanced Sel	OIBFX	C	(800) 358-4782	D / 1.7	2.69	4.95	13.09 /17	9.01 /21	8.58 /19	3.27	1.32
AA	JPMorgan Investor Conserv Gr A	OICAX	D+	(800) 358-4782	E / 0.3	1.33	3.20	9.28 / 6	6.33 / 7	6.28 / 5	3.36	1.51
AA	JPMorgan Investor Conserv Gr B	OICGX	C-	(800) 358-4782	E / 0.4	1.25	2.98	8.76 / 5	5.71 / 5	5.60 / 3	2.96	2.03
AA	JPMorgan Investor Conserv Gr C	OCGCX	C-	(800) 358-4782	E / 0.4	1.28	2.93	8.73 / 5	5.71 / 5	5.59 / 3	3.01	2.03
AA	JPMorgan Investor Conserv Gr Sel	ONCFX	C-	(800) 358-4782	E+ / 0.6	1.48	3.41	9.61 / 7	6.61 / 8	6.57 / 6	3.74	1.25
GI	JPMorgan Investor Gr & Inc A	ONGIX	C-	(800) 358-4782	D+ / 2.3	3.99	6.39	15.69 /30	10.63 /33	9.73 /30	2.44	1.66
GI	JPMorgan Investor Gr & Inc B	ONEBX	C	(800) 358-4782	D+ / 2.6	3.85	6.11	15.03 /26	9.95 /28	9.00 /23	2.01	2.18
GI	JPMorgan Investor Gr & Inc C	ONECX	C	(800) 358-4782	D+ / 2.5	3.84	6.06	15.09 /27	9.92 /27	9.00 /23	2.06	2.18
GI	JPMorgan Investor Gr & Inc Sel	ONGFX	C	(800) 358-4782	C- / 3.3	4.10	6.52	16.07 /32	10.90 /35	10.01 /33	2.81	1.40
GR	JPMorgan Investor Growth A	ONGAX	C	(800) 358-4782	C- / 3.9	5.25	7.80	18.41 /48	12.45 /49	10.92 /43	1.78	1.77
GR	JPMorgan Investor Growth B	OGIGX	C	(800) 358-4782	C / 4.3	5.10	7.46	17.68 /43	11.75 /43	10.18 /35	1.40	2.27
GR	JPMorgan Investor Growth C	OGGCX	C	(800) 358-4782	C / 4.3	5.11	7.51	17.73 /43	11.78 /43	10.19 /35	1.44	2.27
GR	JPMorgan Investor Growth Sel	ONIFX	C+	(800) 358-4782	C / 5.3	5.37	7.96	18.75 /50	12.72 /52	11.21 /46	2.06	1.51
FO	JPMorgan Japan Fund A	CVJAX	E-	(800) 358-4782	E / 0.3	-1.42	-2.02	-1.12 / 0	9.19 /22	11.91 /53	0.00	1.75
FO	JPMorgan Japan Fund B	CVJBX	E	(800) 358-4782	E / 0.4	-1.63	-2.27	-1.63 / 0	8.60 /18	11.06 /44	0.00	2.50
FO	JPMorgan Japan Fund C	JPCNX	E	(800) 358-4782	E / 0.4	-1.63	-2.27	-1.74 / 0	8.56 /18	11.04 /44	0.00	2.50
FO	JPMorgan Japan Fund Sel	JPNSX	E	(800) 358-4782	E / 0.5	-1.42	-1.92	-0.93 / 0	9.26 /23	11.95 /53	0.30	1.50

● Denotes fund is closed to new investors
* Denotes fund is included in Section II

www.thestreet.com/ratings

I. Index of Stock Mutual Funds

Summer 2007

RISK			NET ASSETS		ASSET				Portfolio	BULL / BEAR		FUND MANAGER		MINIMUMS		LOADS	
	3 Year		NAV							Last Bull	Last Bear	Manager	Manager	Initial	Additional	Front	Back
Risk	Standard		As of	Total	Cash	Stocks	Bonds	Other	Turnover	Market	Market	Quality	Tenure	Purch.	Purch.	End	End
Rating/Pts	Deviation	Beta	6/30/07	$(Mil)	%	%	%	%	Ratio	Return	Return	Pct	(Years)	$	$	Load	Load
B- / 7.7	9.3	0.97	19.89	96	3	96	0	1	80.0	231.9	-9.7	92	6	3,000,000	0	0.0	2.0
B- / 7.7	9.3	0.97	19.81	581	3	96	0	1	80.0	227.7	-9.7	91	6	1,000,000	0	0.0	2.0
B / 8.7	8.8	1.11	29.66	128	0	99	0	1	109.0	119.3	N/A	74	3	1,000	25	5.3	0.0
B / 8.7	8.7	1.10	29.38	34	0	99	0	1	109.0	116.7	N/A	69	3	1,000	25	0.0	0.0
C+ / 6.0	8.8	1.11	29.81	79	0	99	0	1	109.0	120.9	N/A	77	1	5,000,000	0	0.0	0.0
B / 8.4	8.8	1.11	29.80	5,922	0	99	0	1	109.0	120.4	N/A	76	4	1,000,000	0	0.0	0.0
C+ / 6.6	10.6	1.09	32.31	331	N/A	100	0	N/A	80.0	235.0	-12.1	92	7	1,000	25	5.3	2.0
C+ / 6.6	10.6	1.08	29.98	38	N/A	100	0	N/A	80.0	227.6	-12.3	90	7	1,000	25	0.0	2.0
C+ / 6.5	10.6	1.08	29.81	64	N/A	100	0	N/A	80.0	227.5	-12.3	90	7	1,000	25	0.0	2.0
C+ / 6.6	10.6	1.08	33.01	275	N/A	100	0	N/A	80.0	243.4	-12.0	94	7	3,000,000	0	0.0	2.0
C+ / 6.6	10.6	1.08	32.60	301	N/A	100	0	N/A	80.0	239.0	-12.1	93	7	1,000,000	0	0.0	2.0
B / 8.2	9.6	1.22	24.53	83	2	98	0	0	130.0	97.8	N/A	29	3	1,000	25	5.3	0.0
B / 8.2	9.7	1.06	24.28	35	2	98	0	0	130.0	95.4	N/A	37	3	1,000	25	0.0	0.0
C+ / 5.7	9.6	1.22	24.63	128	2	98	0	0	130.0	99.2	N/A	31	1	5,000,000	0	0.0	0.0
B- / 7.2	9.6	1.22	24.64	1,953	2	98	0	0	130.0	98.8	N/A	31	4	1,000,000	0	0.0	0.0
C+ / 6.9	9.8	1.03	25.57	20	0	100	0	0	92.0	166.1	-12.4	30	2	1,000	25	5.3	2.0
B / 8.2	9.8	1.03	25.39	4	0	100	0	0	92.0	164.4	-12.4	28	1	1,000	25	0.0	2.0
B- / 7.0	9.8	1.03	25.97	264	0	100	0	0	92.0	172.9	-12.1	36	2	3,000,000	0	0.0	2.0
B / 8.2	9.8	1.03	25.91	249	0	100	0	0	92.0	172.1	-12.1	35	1	1,000,000	0	0.0	2.0
U /	N/A	N/A	18.02	65	N/A	100	0	N/A	43.0	N/A	N/A	N/A	1	1,000,000	0	0.0	0.0
D / 2.0	11.0	1.01	18.57	237	1	98	0	1	136.0	133.5	-8.1	75	3	1,000	25	5.3	0.0
D / 1.8	10.9	1.00	17.16	32	1	98	0	1	136.0	127.0	-8.3	68	3	1,000	25	0.0	0.0
D / 1.8	10.9	1.00	17.17	40	1	98	0	1	136.0	126.9	-8.3	68	3	1,000	25	0.0	0.0
D / 2.0	10.9	1.01	19.09	643	1	98	0	1	136.0	136.0	-8.0	78	3	1,000,000	0	0.0	0.0
B / 8.1	10.9	1.00	19.09	47	1	98	0	1	136.0	136.8	-8.0	79	3	5,000,000	0	0.0	0.0
B / 8.7	8.6	1.09	25.22	11	3	96	0	1	79.0	125.2	N/A	74	3	1,000	25	5.3	0.0
B / 8.7	8.6	1.09	24.98	5	3	96	0	1	79.0	122.6	N/A	69	3	1,000	25	0.0	0.0
C+ / 6.5	8.6	1.09	25.32	22	3	96	0	1	79.0	126.4	N/A	76	4	1,000,000	0	0.0	0.0
B+ / 9.0	8.2	0.97	29.19	194	4	96	0	0	112.0	141.8	N/A	95	3	1,000	25	5.3	0.0
B+ / 9.0	8.2	0.97	29.05	66	4	96	0	0	112.0	138.9	N/A	94	3	1,000	25	0.0	0.0
C+ / 6.2	8.2	0.97	29.26	43	4	96	0	0	112.0	143.6	N/A	95	1	5,000,000	0	0.0	0.0
B / 8.6	8.2	0.97	29.26	120	4	96	0	0	112.0	143.1	N/A	95	4	1,000,000	0	0.0	0.0
B+ / 9.0	3.8	0.83	13.18	1,057	0	51	47	2	17.0	58.7	-3.3	66	11	500	25	4.5	0.0
B+ / 9.5	3.8	0.84	13.16	622	0	51	47	2	17.0	54.3	-3.4	57	11	500	25	0.0	0.0
B+ / 9.5	3.8	0.84	13.07	125	0	51	47	2	17.0	54.4	-3.4	57	10	500	25	0.0	0.0
B+ / 9.5	3.8	0.84	13.19	108	0	51	47	2	17.0	60.4	-3.1	69	11	1,000,000	0	0.0	0.0
B+ / 9.3	2.3	0.47	11.29	422	2	31	66	1	18.0	37.6	-0.9	59	11	500	25	4.5	0.0
B+ / 9.7	2.3	0.48	11.30	242	2	31	66	1	18.0	33.9	-1.0	50	11	500	25	0.0	0.0
B+ / 9.7	2.3	0.48	11.27	85	2	31	66	1	18.0	34.0	-1.1	49	10	500	25	0.0	0.0
B+ / 9.8	2.3	0.48	11.33	33	2	31	66	1	18.0	39.2	-0.8	62	11	1,000,000	0	0.0	0.0
B / 8.6	5.5	0.73	15.14	1,039	0	71	27	2	22.0	79.1	-5.8	69	11	500	25	4.5	0.0
B / 8.9	5.6	0.73	15.07	790	0	71	27	2	22.0	74.3	-6.1	60	11	500	25	0.0	0.0
B / 8.9	5.5	0.73	14.89	130	0	71	27	2	22.0	74.2	-6.0	60	10	500	25	0.0	0.0
B / 8.9	5.6	0.73	14.99	139	0	71	27	2	22.0	81.1	-5.8	71	11	1,000,000	0	0.0	0.0
B- / 7.6	7.1	0.93	17.03	735	0	90	8	2	26.0	99.5	-8.2	70	11	500	25	4.5	0.0
B- / 7.6	7.1	0.93	16.80	639	0	90	8	2	26.0	94.0	-8.4	62	11	500	25	0.0	0.0
B- / 7.6	7.1	0.93	16.58	99	0	90	8	2	26.0	94.2	-8.5	63	10	500	25	0.0	0.0
B- / 7.6	7.1	0.93	17.24	58	0	90	8	2	26.0	101.7	-8.2	73	11	1,000,000	0	0.0	0.0
C / 4.7	14.1	0.99	9.71	47	0	100	0	0	151.0	121.1	-4.5	1	3	1,000	25	5.3	2.0
C / 4.6	14.0	0.99	9.04	6	0	100	0	0	151.0	115.4	-4.7	1	3	1,000	25	0.0	2.0
C+ / 5.8	14.0	0.98	9.03	7	0	100	0	0	151.0	115.2	-4.7	1	N/A	1,000	25	0.0	2.0
C+ / 5.8	14.1	0.99	9.70	240	0	100	0	0	151.0	121.7	-4.5	1	N/A	1,000,000	0	0.0	2.0

www.thestreet.com/ratings

Data as of June 30, 2007

I. Index of Stock Mutual Funds

Summer 2007

99 Pct = Best
0 Pct = Worst

Fund Type	Fund Name	Ticker Symbol	Overall Investment Rating	Phone	Performance Rating/Pts	3 Mo	6 Mo	1Yr / Pct	3Yr / Pct (Annualized)	5Yr / Pct (Annualized)	Dividend Yield	Expense Ratio
GR	JPMorgan Large Cap Growth A	OLGAX	D	(800) 358-4782	D / 1.6	7.11	8.98	16.60 /36	8.09 /15	8.20 /16	0.00	1.30
GR	JPMorgan Large Cap Growth B	OGLGX	D	(800) 358-4782	D / 2.0	6.92	8.70	15.97 /32	7.47 /11	7.51 /11	0.00	1.80
GR	JPMorgan Large Cap Growth C	OLGCX	D	(800) 358-4782	D / 2.0	6.92	8.72	15.98 /32	7.46 /11	7.50 /11	0.00	1.81
GR	JPMorgan Large Cap Growth Sel	SEEGX	D+	(800) 358-4782	D+ / 2.6	7.14	9.10	16.84 /37	8.33 /16	8.47 /18	0.00	1.05
GR	JPMorgan Large Cap Growth Ultra	JLGUX	C-	(800) 358-4782	D+ / 2.8	7.17	9.25	17.12 /39	8.52 /17	8.58 /19	0.00	0.81
GR	JPMorgan Large Cap Value A	OLVAX	B-	(800) 358-4782	C+ / 5.9	6.69	7.67	23.49 /79	14.26 /64	11.30 /47	1.11	1.24
GR	JPMorgan Large Cap Value B	OLVBX	B	(800) 358-4782	C+ / 6.5	6.60	7.40	22.97 /77	13.65 /59	10.62 /40	0.74	1.99
GR	JPMorgan Large Cap Value C	OLVCX	B	(800) 358-4782	C+ / 6.5	6.58	7.39	22.92 /77	13.61 /59	10.61 /40	0.76	1.99
GR	JPMorgan Large Cap Value R	JLVRX	C+	(800) 358-4782	B- / 7.1	6.81	7.86	24.04 /80	14.62 /66	11.63 /50	1.57	0.79
GR	JPMorgan Large Cap Value Sel	HLQVX	B+	(800) 358-4782	B- / 7.1	6.80	7.79	23.83 /80	14.55 /66	11.59 /50	1.38	0.99
GR	JPMorgan Large Cap Value Ultra	JLVUX	A+	(800) 358-4782	B- / 7.2	6.81	7.94	24.14 /81	14.77 /67	11.72 /51	1.60	0.60
MC	JPMorgan Market Expansion Index A	OMEAX	C+	(800) 358-4782	C+ / 6.4	5.87	11.46	18.69 /50	15.64 /72	14.24 /71	0.59	0.95
MC	JPMorgan Market Expansion Index B	OMEBX	C+	(800) 358-4782	C+ / 6.8	5.63	11.12	17.82 /44	14.80 /67	13.41 /65	0.13	1.45
MC	JPMorgan Market Expansion Index C	OMECX	C+	(800) 358-4782	C+ / 6.7	5.64	11.04	17.75 /43	14.79 /67	13.37 /65	0.16	1.45
MC	JPMorgan Market Expansion Index	PGMIX	B-	(800) 358-4782	B- / 7.4	5.84	11.56	18.92 /52	15.90 /73	14.49 /73	0.83	0.70
IN	JPMorgan Market Neutral Fund A	JMNAX	D	(800) 358-4782	E- / 0.1	1.56	5.10	8.30 / 4	3.05 / 1	2.27 / 0	3.67	4.86
IN	JPMorgan Market Neutral Fund B	JMNBX	D	(800) 358-4782	E- / 0.1	1.43	4.81	7.77 / 4	2.56 / 1	1.75 / 0	3.47	5.36
IN	JPMorgan Market Neutral Fund Inst	JPMNX	D	(800) 358-4782	E- / 0.2	1.69	5.29	8.80 / 6	3.54 / 1	2.70 / 0	4.24	4.18
GR	● JPMorgan Mid Cap Equity Sel	VSNGX	C+	(800) 358-4782	C+ / 6.8	6.16	9.78	18.97 /52	14.80 /67	14.83 /75	0.24	1.08
MC	● JPMorgan Mid Cap Value A	JAMCX	B	(800) 358-4782	C / 5.5	4.09	7.57	18.21 /47	15.26 /70	16.04 /81	0.84	1.39
MC	● JPMorgan Mid Cap Value B	JBMCX	B+	(800) 358-4782	C+ / 6.1	3.99	7.32	17.65 /42	14.65 /66	15.36 /78	0.42	2.00
MC	● JPMorgan Mid Cap Value C	JCMVX	B+	(800) 358-4782	C+ / 6.1	3.98	7.31	17.64 /42	14.65 /66	15.36 /78	0.41	2.00
MC	● JPMorgan Mid Cap Value Inst	FLMVX	B	(800) 358-4782	C+ / 6.9	4.22	7.81	18.82 /51	15.83 /73	16.62 /83	1.27	0.99
MC	● JPMorgan Mid Cap Value Sel	JMVSX	B	(800) 358-4782	C+ / 6.7	4.13	7.66	18.54 /49	15.55 /72	16.34 /82	1.05	1.14
AA	JPMorgan Multi-Cap Mrkt Netral A	OGNAX	D	(800) 358-4782	E- / 0.1	0.90	2.55	5.27 / 2	4.88 / 3	--	2.61	3.02
AA	JPMorgan Multi-Cap Mrkt Netral B	OGNBX	D+	(800) 358-4782	E- / 0.1	0.73	2.22	4.56 / 1	4.10 / 2	--	1.96	3.52
AA	JPMorgan Multi-Cap Mrkt Netral C	OGNCX	D+	(800) 358-4782	E- / 0.1	0.73	2.22	4.56 / 1	4.10 / 2	--	1.97	3.52
AA	JPMorgan Multi-Cap Mrkt Netral Sel	OGNIX	D+	(800) 358-4782	E / 0.3	0.98	2.72	5.59 / 2	5.15 / 4	--	2.98	2.77
RE	JPMorgan Realty Income Fund Cl A	URTAX	B-	(800) 358-4782	B- / 7.0	-9.12	-5.95	11.42 /12	21.45 /88	19.35 /91	1.31	1.58
RE	JPMorgan Realty Income Fund Cl B	URTBX	B	(800) 358-4782	B- / 7.4	-9.19	-6.10	10.91 /10	20.84 /86	18.99 /90	1.02	2.09
RE	JPMorgan Realty Income Fund Cl C	URTCX	B	(800) 358-4782	B- / 7.3	-9.22	-6.11	10.84 /10	20.82 /86	18.98 /90	1.05	2.09
RE	JPMorgan Realty Income Fund Cl I	URTLX	D	(800) 358-4782	B / 7.8	-9.02	-5.71	11.89 /13	21.92 /89	19.64 /91	1.64	1.17
RE	JPMorgan Realty Income Fund Cl R	JRIRX	C+	(800) 358-4782	B / 7.8	-9.01	-5.68	11.94 /13	21.95 /89	19.66 /91	1.69	1.12
SC	● JPMorgan Small Cap Core Fund Sel	VSSCX	D-	(800) 358-4782	C / 4.6	4.65	7.86	15.97 /32	12.52 /50	12.55 /58	0.40	1.04
SC	● JPMorgan Small Cap Equity A	VSEAX	C+	(800) 358-4782	B / 8.0	4.70	11.16	22.23 /74	19.23 /83	16.62 /83	0.01	1.36
SC	● JPMorgan Small Cap Equity B	VSEBX	C+	(800) 358-4782	B / 8.2	4.59	10.87	21.60 /70	18.59 /82	15.90 /81	0.00	1.86
SC	● JPMorgan Small Cap Equity C	JSECX	A	(800) 358-4782	B / 8.2	4.59	10.88	21.61 /70	18.57 /82	15.88 /81	0.00	1.86
SC	● JPMorgan Small Cap Equity R	JSERX	B-	(800) 358-4782	B+ / 8.5	4.84	11.44	22.84 /76	19.84 /85	17.22 /86	0.33	0.91
SC	● JPMorgan Small Cap Equity Sel	VSEIX	B	(800) 358-4782	B+ / 8.5	4.81	11.32	22.58 /75	19.75 /84	17.17 /85	0.24	1.11
SC	JPMorgan Small Cap Growth A	PGSGX	E+	(800) 358-4782	C / 5.0	7.72	8.89	17.09 /39	13.73 /60	13.55 /66	0.00	1.39
SC	JPMorgan Small Cap Growth B	OGFBX	E+	(800) 358-4782	C / 5.5	7.53	8.54	16.38 /34	12.99 /54	12.78 /60	0.00	1.89
SC	JPMorgan Small Cap Growth C	OSGCX	E+	(800) 358-4782	C / 5.5	7.58	8.55	16.46 /35	13.01 /54	12.81 /60	0.00	1.89
SC	JPMorgan Small Cap Growth Inst	JISGX	C+	(800) 358-4782	C+ / 6.4	7.81	9.04	17.49 /41	14.11 /63	13.90 /69	0.00	0.99
SC	JPMorgan Small Cap Growth Sel	OGGFX	D	(800) 358-4782	C+ / 6.3	7.75	8.98	17.34 /40	14.01 /62	13.84 /68	0.00	1.14
SC	JPMorgan Small Cap Value A	PSOAX	D	(800) 358-4782	C / 4.5	4.20	6.62	16.68 /36	14.32 /64	13.26 /64	0.48	1.36
SC	JPMorgan Small Cap Value B	PSOBX	D	(800) 358-4782	C / 5.1	4.02	6.27	15.97 /32	13.59 /59	12.50 /58	0.13	1.86
SC	JPMorgan Small Cap Value C	OSVCX	D	(800) 358-4782	C / 5.1	4.05	6.32	15.97 /32	13.59 /59	12.49 /58	0.15	1.86
SC	JPMorgan Small Cap Value R	JSVRX	C	(800) 358-4782	C+ / 6.0	4.28	6.80	17.10 /39	14.64 /66	13.57 /66	0.77	0.91
SC	JPMorgan Small Cap Value Sel	PSOPX	C-	(800) 358-4782	C+ / 5.9	4.26	6.75	16.98 /38	14.60 /66	13.54 /66	0.68	1.11
SC	JPMorgan Small Cap Value Ultra	JSVUX	B-	(800) 358-4782	C+ / 6.0	4.33	6.82	17.19 /39	14.75 /67	13.63 /67	0.81	0.85
AA	JPMorgan Smart Ret 2010 Inst	JSWIX	U	(800) 358-4782	U /	2.30	4.45	13.32 /17	--	--	3.70	0.81
AA	JPMorgan Smart Ret 2015 Inst	JSFIX	U	(800) 358-4782	U /	2.91	5.20	15.73 /30	--	--	3.36	0.86

● Denotes fund is closed to new investors
* Denotes fund is included in Section II

www.thestreet.com/ratings

Summer 2007

I. Index of Stock Mutual Funds

RISK			NET ASSETS		ASSET					BULL / BEAR		FUND MANAGER		MINIMUMS		LOADS	
	3 Year		NAV						Portfolio	Last Bull	Last Bear	Manager	Manager	Initial	Additional	Front	Back
Risk	Standard		As of	Total	Cash	Stocks	Bonds	Other	Turnover	Market	Market	Quality	Tenure	Purch.	Purch.	End	End
Rating/Pts	Deviation	Beta	6/30/07	$(Mil)	%	%	%	%	Ratio	Return	Return	Pct	(Years)	$	$	Load	Load
B- / 7.2	9.2	1.13	18.68	228	0	99	0	1	49.0	69.9	-9.3	13	3	1,000	25	5.3	0.0
B- / 7.2	9.2	1.14	16.99	107	0	99	0	1	49.0	65.5	-9.5	11	3	1,000	25	0.0	0.0
B- / 7.2	9.2	1.13	16.84	12	0	99	0	1	49.0	65.5	-9.5	11	3	1,000	25	0.0	0.0
B- / 7.2	9.2	1.14	18.46	671	0	99	0	1	49.0	71.7	-9.2	14	3	1,000,000	0	0.0	0.0
B- / 7.6	9.2	1.14	18.54	3	0	99	0	1	49.0	72.5	-9.2	15	2	5,000,000	0	0.0	0.0
B- / 7.8	7.4	0.95	18.54	48	0	99	0	1	72.0	115.6	-9.9	84	3	1,000	25	5.3	0.0
B- / 7.8	7.4	0.95	18.38	15	0	99	0	1	72.0	110.2	-10.1	80	3	1,000	25	0.0	0.0
B- / 7.8	7.3	0.94	18.32	5	0	99	0	1	72.0	110.1	-10.0	80	3	1,000	25	0.0	0.0
C+ / 6.3	7.4	0.95	18.37	32	0	99	0	1	72.0	118.5	-9.8	86	1	5,000,000	0	0.0	0.0
B- / 7.8	7.4	0.95	18.39	711	0	99	0	1	72.0	118.0	-9.8	86	3	1,000,000	0	0.0	0.0
B+ / 9.1	7.4	0.95	18.39	8	0	99	0	1	72.0	119.4	-9.8	87	2	5,000,000	0	0.0	0.0
C+ / 6.5	11.1	1.05	13.58	83	0	99	0	1	53.0	144.0	-9.7	52	7	1,000	25	5.3	0.0
C+ / 6.5	11.1	1.05	13.33	27	0	99	0	1	53.0	136.2	-9.6	41	7	1,000	25	0.0	0.0
C+ / 6.5	11.1	1.05	12.94	25	0	99	0	1	53.0	136.5	-9.7	40	7	1,000	25	0.0	0.0
C+ / 6.5	11.2	1.06	13.61	584	0	99	0	1	53.0	146.3	-9.5	54	7	1,000,000	0	0.0	0.0
B / 8.7	2.9	-0.08	14.28	12	4	95	0	1	476.0	13.4	-0.8	54	7	1,000	25	5.3	0.0
B+ / 9.1	2.9	-0.08	14.07	1	4	95	0	1	476.0	11.1	-0.8	47	7	1,000	25	0.0	0.0
B+ / 9.2	2.9	-0.07	14.45	27	4	95	0	1	476.0	15.6	-0.7	60	7	3,000,000	0	0.0	0.0
C+ / 6.5	9.0	1.10	37.93	284	2	97	0	1	41.0	127.4	-6.1	79	5	1,000,000	0	0.0	0.0
B / 8.7	6.8	0.59	27.71	3,826	3	96	0	1	20.0	124.6	-4.5	92	10	1,000	25	5.3	0.0
B / 8.7	6.8	0.59	27.11	238	3	96	0	1	20.0	119.0	-4.6	90	10	1,000	25	0.0	0.0
B / 8.7	6.8	0.59	27.17	819	3	96	0	1	20.0	119.0	-4.7	90	10	1,000	25	0.0	0.0
B / 8.6	6.8	0.59	28.17	2,568	3	96	0	1	20.0	129.3	-4.3	94	10	3,000,000	0	0.0	0.0
B / 8.7	6.8	0.59	27.96	1,169	3	96	0	1	20.0	127.0	-4.4	93	10	1,000,000	0	0.0	0.0
B+ / 9.4	2.9	0.07	11.24	213	6	93	0	1	121.0	N/A	N/A	66	4	1,000	25	5.3	0.0
B+ / 9.7	3.0	0.06	11.07	25	6	93	0	1	121.0	N/A	N/A	56	4	1,000	25	0.0	0.0
B+ / 9.7	3.0	0.06	11.07	188	6	93	0	1	121.0	N/A	N/A	56	4	1,000	25	0.0	0.0
B+ / 9.5	2.9	0.07	11.31	1,850	6	93	0	1	121.0	N/A	N/A	69	4	1,000,000	0	0.0	0.0
C+ / 6.8	14.5	0.97	15.66	9	2	97	0	1	166.0	193.8	N/A	83	N/A	1,000	25	5.3	0.0
C+ / 6.8	14.5	0.97	15.59	3	2	97	0	1	166.0	189.5	N/A	79	N/A	1,000	25	0.0	0.0
C+ / 6.8	14.5	0.97	15.53	3	2	97	0	1	166.0	189.4	N/A	78	N/A	1,000	25	0.0	0.0
D- / 1.5	14.5	0.97	15.67	130	2	97	0	1	166.0	197.3	N/A	86	N/A	3,000,000	0	0.0	0.0
C / 4.7	14.5	0.97	15.67	8	2	97	0	1	166.0	197.5	N/A	86	N/A	5,000,000	0	0.0	0.0
C- / 3.3	13.4	0.99	51.34	1,017	1	98	0	1	86.0	127.2	-7.8	43	3	1,000,000	0	0.0	0.0
C / 5.4	11.6	0.83	33.16	522	4	95	0	1	21.0	171.0	-7.8	96	3	1,000	25	5.3	0.0
C / 5.0	11.6	0.83	29.17	31	4	95	0	1	21.0	164.2	-8.0	96	3	1,000	25	0.0	0.0
B- / 7.7	11.6	0.83	29.15	62	4	95	0	1	21.0	164.2	-8.0	96	3	1,000	25	0.0	0.0
C / 5.4	11.6	0.83	35.75	17	4	95	0	1	21.0	177.2	-7.7	97	3	5,000,000	0	0.0	0.0
C+ / 5.6	11.6	0.83	35.71	875	4	95	0	1	21.0	176.6	-7.7	97	3	1,000,000	0	0.0	0.0
D+ / 2.5	14.6	1.05	12.00	108	1	98	0	1	97.5	131.0	-10.7	50	3	1,000	25	5.3	0.0
D / 1.6	14.6	1.05	10.42	21	1	98	0	1	97.5	124.8	-10.9	40	3	1,000	25	0.0	0.0
D / 1.8	14.6	1.05	10.79	20	1	98	0	1	97.5	124.6	-10.8	40	3	1,000	25	0.0	0.0
C+ / 6.5	14.6	1.05	12.42	65	1	98	0	1	97.5	134.0	-10.6	55	3	3,000,000	0	0.0	0.0
D+ / 2.6	14.6	1.05	12.38	374	1	98	0	1	97.5	133.4	-10.6	54	3	1,000,000	0	0.0	0.0
C / 4.5	10.7	0.79	24.56	209	3	96	0	1	45.0	145.8	-10.8	84	2	1,000	25	5.3	0.0
C- / 4.1	10.8	0.79	22.47	33	3	96	0	1	45.0	138.8	-11.0	79	2	1,000	25	0.0	0.0
C- / 4.1	10.8	0.79	22.34	53	3	96	0	1	45.0	138.8	-10.9	79	2	1,000	25	0.0	0.0
C+ / 5.6	10.8	0.79	25.32	11	3	96	0	1	45.0	148.6	-10.8	86	2	5,000,000	0	0.0	0.0
C / 4.6	10.8	0.79	25.33	592	3	96	0	1	45.0	148.4	-10.8	86	2	1,000,000	0	0.0	0.0
B / 8.0	10.7	0.79	25.34	69	3	96	0	1	45.0	149.2	-10.8	86	2	5,000,000	0	0.0	0.0
U /	N/A	N/A	16.23	50	1	47	50	2	2.0	N/A	N/A	N/A	1	3,000,000	0	0.0	0.0
U /	N/A	N/A	16.57	92	2	57	39	2	2.0	N/A	N/A	N/A	1	3,000,000	0	0.0	0.0

www.thestreet.com/ratings

Data as of June 30, 2007

I. Index of Stock Mutual Funds

Summer 2007

99 Pct = Best
0 Pct = Worst

Fund Type	Fund Name	Ticker Symbol	Overall Investment Rating	Phone	Performance Rating/Pts	3 Mo	6 Mo	1Yr / Pct	3Yr / Pct	5Yr / Pct	Dividend Yield	Expense Ratio
AA	JPMorgan Smart Ret 2020 Inst	JTTIX	U	(800) 358-4782	U /	3.46	5.88	17.81 /44	--	--	2.99	0.91
AA	JPMorgan Smart Ret 2030 Inst	JSMIX	U	(800) 358-4782	U /	4.50	7.20	20.60 /64	--	--	2.65	1.01
AA	JPMorgan Smart Ret 2040 Inst	SMTIX	U	(800) 358-4782	U /	4.60	7.28	20.77 /65	--	--	2.73	1.03
BA	JPMorgan Smart Ret Inc Inst	JSIIX	U	(800) 358-4782	U /	1.76	3.69	10.99 /10	--	--	3.18	0.77
GR	JPMorgan Tax Aware Core Eq Sel	JTCEX	U	(800) 358-4782	U /	6.25	5.88	19.54 /56	--	--	1.01	0.88
GI	JPMorgan Tax Aware Disc Eq I	JPDEX	C+	(800) 358-4782	C /4.8	5.54	7.09	21.79 /71	11.45 /40	10.58 /39	1.29	0.59
GR	JPMorgan Tax Aware Dvrs Eq Sel	JTDEX	U	(800) 358-4782	U /	5.33	6.58	20.52 /64	--	--	1.25	0.79
GR	JPMorgan Tax Aware Lrg Cap Gr Sel	VSLGX	D+	(800) 358-4782	D /2.2	7.13	9.09	16.86 /37	7.59 /12	7.14 / 9	0.14	0.87
GR	JPMorgan Tax Aware US Equity A	JTEAX	C-	(800) 358-4782	D /2.2	6.23	5.76	19.35 /55	9.66 /25	8.73 /20	0.67	1.13
GR	JPMorgan Tax Aware US Equity B	JTEBX	C	(800) 358-4782	D+/2.7	6.05	5.44	18.69 /50	9.10 /21	8.19 /16	0.24	1.63
GR	JPMorgan Tax Aware US Equity C	JTECX	C	(800) 358-4782	D+/2.7	6.07	5.48	18.73 /50	9.11 /21	8.20 /16	0.28	1.63
GR	JPMorgan Tax Aware US Equity Inst	JTUIX	C	(800) 358-4782	C-/3.6	6.31	5.94	19.82 /58	10.11 /29	9.18 /25	1.56	0.72
GR	JPMorgan Tax Aware US Equity Sel	JPTAX	C	(800) 358-4782	C-/3.4	6.22	5.86	19.64 /57	9.93 /27	9.01 /23	0.92	0.87
GI	JPMorgan US Equity A	JUEAX	C	(800) 358-4782	C /4.8	7.80	9.51	24.09 /80	11.81 /44	11.11 /45	0.70	1.12
GI	JPMorgan US Equity B	JUEBX	C+	(800) 358-4782	C /5.5	7.73	9.22	23.50 /79	11.20 /38	10.45 /38	0.28	1.62
GI	JPMorgan US Equity C	JUECX	C+	(800) 358-4782	C /5.4	7.65	9.16	23.43 /79	11.20 /38	10.45 /38	0.31	1.62
GI	JPMorgan US Equity I	JMUEX	C+	(800) 358-4782	C+/6.3	7.91	9.73	24.60 /82	12.31 /48	11.57 /49	1.07	0.72
GI	JPMorgan US Equity Sel	JUESX	C+	(800) 358-4782	C+/6.2	7.88	9.57	24.44 /82	12.11 /46	11.39 /48	0.95	0.87
GR	JPMorgan US LgCap Core Plus R	JCPRX	U	(800) 358-4782	U /	8.63	11.21	28.94 /91	--	--	0.38	2.66
GR	JPMorgan US LgCap Core Plus Sel	JLPSX	U	(800) 358-4782	U /	8.59	11.12	28.62 /91	--	--	0.32	2.86
RE	JPMorgan US Real Estate A	SUSIX	C-	(800) 358-4782	B- /7.2	-8.47	-7.29	8.73 / 5	22.49 /90	19.75 /91	0.90	1.28
RE	JPMorgan US Real Estate C	JPRCX	B-	(800) 358-4782	B /7.6	-8.56	-7.49	8.20 / 4	22.03 /89	19.47 /91	0.53	1.78
RE	JPMorgan US Real Estate R	JURRX	C+	(800) 358-4782	B /8.0	-8.38	-7.10	9.17 / 6	22.87 /91	19.97 /92	1.38	0.83
RE	JPMorgan US Real Estate Sel	SUIEX	B	(800) 358-4782	B /7.9	-8.44	-7.16	8.96 / 6	22.75 /91	19.90 /92	1.20	1.03
SC	● JPMorgan US Small Company I	JUSSX	D	(800) 358-4782	C /5.2	4.63	7.85	16.06 /32	13.43 /58	12.11 /55	0.56	1.02
SC	● JPMorgan US Small Company Sel	JSCSX	D	(800) 358-4782	C /5.1	4.55	7.67	15.87 /31	13.26 /56	11.92 /53	0.31	1.17
GI	JPMorgan Value Advtg A	JVAAX	U	(800) 358-4782	U /	4.55	7.75	21.58 /70	--	--	0.53	1.67
GI	JPMorgan Value Advtg C	JVACX	U	(800) 358-4782	U /	4.42	7.46	21.00 /67	--	--	0.32	2.17
GI	JPMorgan Value Advtg Sel	JVASX	U	(800) 358-4782	U /	4.64	7.89	21.89 /72	--	--	0.75	1.42
GI	JPMorgan Value Opportunity A	JVOAX	C+	(800) 358-4782	C+/6.1	6.71	7.57	23.23 /78	14.65 /66	13.66 /67	1.09	1.13
GI	JPMorgan Value Opportunity B	JVOBX	C+	(800) 358-4782	C+/6.6	6.56	7.27	22.57 /75	13.97 /62	12.89 /61	0.79	1.63
GI	JPMorgan Value Opportunity C	JVOCX	B+	(800) 358-4782	C+/6.6	6.56	7.27	22.58 /75	13.98 /62	12.89 /61	0.76	1.63
GI	JPMorgan Value Opportunity Inst	JVOIX	A+	(800) 358-4782	B- /7.3	6.80	7.77	23.75 /80	15.07 /69	13.90 /69	1.51	0.74
GL	Julius Baer Global Equity A	BJGQX	U	(800) 387-6977	U /	6.40	9.19	24.36 /81	--	--	0.00	2.27
GL	Julius Baer Global Equity I	JGEIX	U	(800) 387-6977	U /	6.45	9.33	24.67 /82	--	--	0.00	1.89
★ FO	● Julius Baer International Equity A	BJBIX	A	(800) 387-6977	A+/9.6	8.82	14.28	34.85 /96	28.19 /95	22.06 /94	0.54	1.25
FO	● Julius Baer International Equity I	JIEIX	A	(800) 387-6977	A+/9.6	8.87	14.43	35.20 /96	28.54 /95	22.46 /94	0.72	1.00
GL	Julius Baer Intl Equity II cl A	JETAX	U	(800) 387-6977	U /	8.15	12.52	31.12 /93	--	--	0.00	1.34
GL	Julius Baer Intl Equity II cl I	JETIX	U	(800) 387-6977	U /	8.24	12.67	31.31 /94	--	--	0.00	1.07
SC	Kalmar Growth With Value Small Cap	KGSCX	D	(800) 282-2319	C- /3.7	8.45	12.20	16.78 /37	10.04 /28	12.06 /54	0.00	1.33
IN	Keeley All Cap Value Fund	KACVX	U	(800) 533-5344	U /	11.75	18.19	24.75 /82	--	--	0.02	3.97
MC	Keeley Mid Cap Value Fund	KMCVX	U	(800) 533-5344	U /	12.93	19.71	24.73 /82	--	--	0.00	2.27
★ SC	Keeley Small Cap Value Fund	KSCVX	C-	(800) 533-5344	B+/8.8	8.69	13.15	18.66 /50	23.42 /92	19.84 /92	0.00	1.39
IN	Kelmoore Strategy Eagle A	KSEAX	E-	(877) 328-9456	E- /0.0	1.66	1.09	4.86 / 1	0.34 / 0	6.38 / 6	19.75	2.12
IN	Kelmoore Strategy Eagle C	KSECX	E-	(877) 328-9456	E- /0.0	1.49	0.66	4.02 / 1	-0.59 / 0	5.55 / 3	23.21	2.87
GR	Kelmoore Strategy Fund A	KSAIX	E	(877) 328-9456	E- /0.1	1.49	3.67	10.10 / 8	3.75 / 1	5.95 / 4	11.57	2.23
GR	Kelmoore Strategy Fund C	KSOIX	E	(877) 328-9456	E- /0.2	1.28	3.29	9.28 / 6	3.00 / 1	5.13 / 2	13.52	2.98
GR	Kelmoore Strategy Liberty A	KSLAX	E+	(877) 328-9456	E- /0.2	1.64	3.34	10.73 /10	4.34 / 2	6.98 / 8	10.54	2.34
GR	Kelmoore Strategy Liberty C	KSLCX	E+	(877) 328-9456	E- /0.2	1.46	2.95	9.91 / 8	3.58 / 1	6.13 / 5	11.91	3.09
RE	Kensington Int Real Estate A	KIRAX	U	(800) 253-2949	U /	-4.74	2.37	29.28 /92	--	--	1.24	2.17
RE	Kensington Int Real Estate C	KIRCX	U	(800) 253-2949	U /	-4.92	1.94	28.25 /90	--	--	1.07	2.92
RE	Kensington Int Real Estate Y	KIRYX	U	(800) 253-2949	U /	-4.68	2.47	29.52 /92	--	--	1.41	1.92

● Denotes fund is closed to new investors
★ Denotes fund is included in Section II

www.thestreet.com/ratings

Summer 2007   I. Index of Stock Mutual Funds

RISK			NET ASSETS		ASSET					BULL / BEAR		FUND MANAGER		MINIMUMS		LOADS	
	3 Year		NAV						Portfolio	Last Bull	Last Bear	Manager	Manager	Initial	Additional	Front	Back
Risk	Standard		As of	Total	Cash	Stocks	Bonds	Other	Turnover	Market	Market	Quality	Tenure	Purch.	Purch.	End	End
Rating/Pts	Deviation	Beta	6/30/07	$(Mil)	%	%	%	%	Ratio	Return	Return	Pct	(Years)	$	$	Load	Load
U /	N/A	N/A	16.88	147	2	67	30	1	6.0	N/A	N/A	N/A	1	3,000,000	0	0.0	0.0
U /	N/A	N/A	17.33	122	1	83	14	2	6.0	N/A	N/A	N/A	1	3,000,000	0	0.0	0.0
U /	N/A	N/A	17.34	98	2	84	12	2	6.0	N/A	N/A	N/A	1	3,000,000	0	0.0	0.0
U /	N/A	N/A	15.99	62	7	34	57	2	1.0	N/A	N/A	N/A	1	3,000,000	0	0.0	0.0
U /	N/A	N/A	15.95	152	0	99	0	1	13.0	N/A	N/A	N/A	1	1,000,000	0	0.0	0.0
B / 8.7	7.5	1.02	20.40	731	0	99	0	1	26.0	97.7	-9.9	48	10	3,000,000	0	0.0	0.0
U /	N/A	N/A	17.43	217	0	99	0	1	4.0	N/A	N/A	N/A	1	1,000,000	0	0.0	0.0
B- / 7.3	9.8	1.20	19.23	37	0	99	0	1	38.0	59.5	-10.4	9	3	1,000,000	0	0.0	0.0
B / 8.5	6.7	0.88	20.86	10	0	99	0	1	32.0	79.7	-9.7	40	3	1,000	25	5.3	0.0
B / 8.7	6.7	0.88	20.66	2	0	99	0	1	32.0	76.0	-9.8	34	3	1,000	25	0.0	0.0
B / 8.7	6.7	0.88	20.61	1	0	99	0	1	32.0	75.9	-9.8	34	3	1,000	25	0.0	0.0
B / 8.7	6.7	0.88	14.52	65	0	99	0	1	32.0	82.7	-9.6	45	3	3,000,000	0	0.0	0.0
B / 8.7	6.7	0.88	20.90	256	0	99	0	1	32.0	81.6	-9.7	43	3	1,000,000	0	0.0	0.0
B- / 7.0	7.8	1.04	12.36	143	2	96	0	2	84.0	101.6	-10.1	51	6	1,000	25	5.3	0.0
B- / 7.0	7.8	1.03	12.24	22	2	96	0	2	84.0	96.4	-10.1	43	6	1,000	25	0.0	0.0
B- / 7.0	7.8	1.04	12.23	9	2	96	0	2	84.0	96.5	-10.1	43	6	1,000	25	0.0	0.0
B- / 7.0	7.8	1.03	12.35	224	2	96	0	2	84.0	105.0	-10.0	58	14	3,000,000	0	0.0	0.0
B- / 7.0	7.8	1.03	12.34	1,099	2	96	0	2	84.0	103.5	-9.9	55	6	1,000,000	0	0.0	0.0
U /	N/A	N/A	21.03	44	N/A	N/A	0	N/A	92.0	N/A	N/A	N/A	N/A	5,000,000	0	0.0	0.0
U /	N/A	N/A	20.99	1,235	N/A	N/A	0	N/A	92.0	N/A	N/A	N/A	2	1,000,000	0	0.0	0.0
C- / 3.5	15.3	1.03	20.88	409	2	97	0	1	72.0	199.9	0.5	84	10	1,000	25	5.3	0.0
C+ / 6.3	15.3	1.03	20.77	12	2	97	0	1	72.0	196.6	0.5	81	2	1,000	25	0.0	0.0
C / 4.5	15.3	1.03	20.90	29	2	97	0	1	72.0	202.6	0.5	86	1	5,000,000	0	0.0	0.0
C+ / 6.3	15.3	1.03	20.89	628	2	97	0	1	72.0	201.9	0.5	85	2	1,000,000	0	0.0	0.0
C- / 4.2	13.4	0.99	14.02	41	2	97	0	1	32.0	131.0	-12.0	54	3	3,000,000	0	0.0	0.0
C- / 4.2	13.4	0.99	14.03	81	2	97	0	1	32.0	129.2	-12.0	52	3	1,000,000	0	0.0	0.0
U /	N/A	N/A	20.45	201	14	85	0	1	90.0	N/A	N/A	N/A	2	1,000	25	5.3	0.0
U /	N/A	N/A	20.31	245	14	85	0	1	90.0	N/A	N/A	N/A	2	1,000	25	0.0	0.0
U /	N/A	N/A	20.52	36	14	85	0	1	90.0	N/A	N/A	N/A	2	1,000,000	0	0.0	0.0
C+ / 6.4	7.3	0.94	21.32	97	1	98	0	1	70.0	122.9	-6.1	87	21	1,000	25	5.3	0.0
C+ / 6.5	7.3	0.93	20.94	12	1	98	0	1	70.0	116.5	-6.3	83	N/A	1,000	25	0.0	0.0
B+ / 9.1	7.3	0.94	20.96	11	1	98	0	1	70.0	116.6	-6.3	83	2	1,000	25	0.0	0.0
B+ / 9.1	7.3	0.93	21.36	947	1	98	0	1	70.0	125.2	-6.1	88	3	3,000,000	0	0.0	0.0
U /	N/A	N/A	44.06	36	4	96	0	0	162.0	N/A	N/A	N/A	N/A	1,000	1,000	0.0	0.0
U /	N/A	N/A	44.42	37	4	96	0	0	162.0	N/A	N/A	N/A	N/A	1,000,000	0	0.0	0.0
C+ / 6.3	11.5	1.19	48.26	10,878	4	94	0	2	62.0	205.7	-6.2	69	14	1,000	1,000	0.0	0.0
C+ / 6.3	11.5	1.19	49.33	14,165	4	94	0	2	62.0	209.2	-5.9	72	14	1,000,000	0	0.0	0.0
U /	N/A	N/A	16.98	1,489	4	94	0	2	61.0	N/A	N/A	N/A	N/A	1,000	1,000	0.0	0.0
U /	N/A	N/A	17.07	5,559	4	94	0	2	61.0	N/A	N/A	N/A	N/A	1,000,000	0	0.0	0.0
C / 5.5	13.4	0.96	18.86	394	2	97	0	1	30.8	113.5	-6.3	23	N/A	10,000	1,000	0.0	2.0
U /	N/A	N/A	13.32	64	0	99	0	1	N/A	N/A	N/A	N/A	1	1,000	50	4.5	0.0
U /	N/A	N/A	13.97	89	0	100	0	0	63.8	N/A	N/A	N/A	2	1,000	50	4.5	0.0
D / 1.9	15.2	1.00	29.51	5,215	0	99	0	1	17.6	213.0	-7.7	98	14	1,000	50	4.5	0.0
D / 1.8	13.8	1.49	9.64	63	N/A	N/A	0	N/A	199.7	40.9	-10.1	0	7	1,000	50	5.5	0.0
D / 1.6	14.0	1.48	8.68	51	N/A	N/A	0	N/A	199.7	35.8	-10.3	0	7	1,000	50	0.0	0.0
C+ / 6.1	7.6	0.86	30.10	44	N/A	N/A	0	N/A	304.1	42.7	-7.9	6	8	1,000	50	5.5	0.0
C+ / 5.7	7.6	0.85	27.25	44	N/A	N/A	0	N/A	304.1	38.3	-8.1	5	8	1,000	50	0.0	0.0
C+ / 6.8	7.2	0.71	49.83	21	0	99	0	1	195.8	43.2	-6.2	12	7	1,000	50	5.5	0.0
C+ / 6.4	7.2	0.71	46.67	17	0	99	0	1	195.8	38.6	-6.6	9	7	1,000	50	0.0	0.0
U /	N/A	N/A	30.61	197	8	92	0	0	59.5	N/A	N/A	N/A	N/A	2,000	25	5.8	1.0
U /	N/A	N/A	30.47	56	8	92	0	0	59.5	N/A	N/A	N/A	N/A	2,000	25	0.0	1.0
U /	N/A	N/A	30.63	30	8	92	0	0	59.5	N/A	N/A	N/A	N/A	30,000	25	0.0	1.0

www.thestreet.com/ratings   Data as of June 30, 2007

I. Index of Stock Mutual Funds

Summer 2007

						PERFORMANCE						
	99 Pct = Best			Overall		Perfor-	Total Return % through 6/30/07				Incl. in Returns	
	0 Pct = Worst		Ticker	Investment		mance				Annualized	Dividend	Expense
Fund Type	Fund Name		Symbol	Rating	Phone	Rating/Pts	3 Mo	6 Mo	1Yr / Pct	3Yr / Pct	5Yr / Pct	Yield	Ratio
RE	Kensington Real Estate Secs A	KREAX	C-	(800) 253-2949	C+ / 6.3	-8.68	-6.24	10.77 / 10	20.82 / 86	--	1.82	1.45
RE	Kensington Real Estate Secs B	KREBX	C-	(800) 253-2949	C+ / 6.7	-8.86	-6.60	9.95 / 8	19.89 / 85	--	1.22	2.20
RE	Kensington Real Estate Secs C	KRECX	C-	(800) 253-2949	C+ / 6.7	-8.86	-6.59	9.92 / 8	19.88 / 85	--	1.20	2.20
RE	Kensington Select Income A	KIFAX	E+	(800) 253-2949	E / 0.3	0.20	-0.50	9.35 / 6	8.32 / 16	9.85 / 31	6.66	2.44
RE	Kensington Select Income B	KIFBX	D-	(800) 253-2949	E / 0.5	0.00	-0.87	8.53 / 5	7.50 / 12	9.01 / 23	6.37	3.19
RE	Kensington Select Income C	KIFCX	D-	(800) 253-2949	E / 0.5	0.00	-0.87	8.51 / 5	7.50 / 12	9.01 / 23	6.38	3.19
RE	Kensington Select Income Y	KIFYX	U	(800) 253-2949	U /	0.28	-0.36	9.66 / 7	--	--	7.32	2.19
RE	Kensington Strategic Realty A	KSRAX	E+	(800) 253-2949	C- / 3.4	-8.62	-5.76	7.97 / 4	17.23 / 78	15.23 / 77	3.63	3.07
RE	Kensington Strategic Realty B	KSRBX	D-	(800) 253-2949	C- / 3.9	-8.79	-6.09	7.16 / 3	16.35 / 75	14.38 / 72	3.09	3.82
RE	Kensington Strategic Realty C	KSRCX	D-	(800) 253-2949	C- / 3.9	-8.79	-6.10	7.17 / 3	16.35 / 75	14.38 / 72	3.10	3.82
GR	Keystone Large Cap Growth A	KLGAX	U	(800) 343-2898	U /	4.84	8.18	--	--	--	0.00	1.63
TC	Kinetics Internet Emerg Growth NL	WWWEX	D-	(800) 930-3828	D / 1.8	1.99	2.40	16.80 / 37	9.78 / 26	10.09 / 34	3.47	3.09
TC	Kinetics Internet Fund A	KINAX	D-	(800) 930-3828	D / 2.2	6.27	7.37	12.80 / 16	11.51 / 41	11.58 / 49	0.33	2.23
TC	Kinetics Internet Fund NL	WWWFX	D	(800) 930-3828	C- / 3.4	6.36	7.51	13.13 / 17	11.66 / 42	12.08 / 54	0.35	1.98
GR	Kinetics Market Opportunities NL	KMKNX	U	(800) 930-3828	U /	8.20	13.86	40.12 / 97	--	--	0.26	2.68
HL	Kinetics Medical Fund A	KRXAX	C-	(800) 930-3828	C- / 3.5	7.01	12.64	22.59 / 75	10.64 / 33	9.94 / 32	0.00	2.53
HL	Kinetics Medical Fund NL	MEDRX	C+	(800) 930-3828	C / 5.1	7.08	12.78	22.91 / 77	10.92 / 35	10.34 / 37	0.17	2.28
GR	Kinetics Paradigm Fund A	KNPAX	B+	(800) 930-3828	B+ / 8.8	6.57	9.63	25.17 / 83	24.07 / 92	22.13 / 94	0.40	2.04
GR	Kinetics Paradigm Fund C	KNPCX	A-	(800) 930-3828	A- / 9.0	6.43	9.33	24.48 / 82	23.47 / 92	21.54 / 94	0.15	2.54
GR	Kinetics Paradigm Fund I	KNPYX	U	(800) 930-3828	U /	6.67	9.86	25.67 / 85	--	--	0.67	1.74
GR	Kinetics Paradigm Fund NL	WWNPX	A-	(800) 930-3828	A- / 9.1	6.59	9.73	25.44 / 84	24.49 / 93	22.51 / 94	0.55	1.79
GL	Kinetics Small Cap Opport A	KSOAX	A+	(800) 930-3828	A- / 9.1	7.76	15.31	33.97 / 95	23.38 / 92	18.88 / 90	0.08	2.08
GL	Kinetics Small Cap Opport Inst	KSCYX	U	(800) 930-3828	U /	7.87	15.57	34.51 / 96	--	--	0.26	1.78
GL	Kinetics Small Cap Opport NL	KSCOX	A+	(800) 930-3828	A / 9.3	7.84	15.45	34.41 / 96	23.76 / 92	19.18 / 90	0.26	1.83
MC	Kirr Marbach Value Fund	KMVAX	C+		C+ / 6.4	7.29	9.82	21.87 / 72	13.47 / 58	12.39 / 57	0.00	1.61
FO	Laudus Internatl MarketMasters Inv	SWOIX	A	(866) 855-9102	A / 9.4	8.20	14.88	32.76 / 95	24.37 / 93	19.62 / 91	0.62	1.64
FO	Laudus Internatl MarketMasters Sel	SWMIX	A+	(866) 855-9102	A / 9.3	8.18	14.97	31.96 / 94	24.27 / 93	--	0.08	1.59
GL	Laudus Rosenberg Glb Lg/Sht Eq Inst	MSMNX	D	(800) 447-3332	E- / 0.1	0.00	1.24	1.60 / 1	4.53 / 3	1.44 / 0	2.39	3.07
GL	Laudus Rosenberg Glb Lg/Sht Eq Inv	RMSIX	D	(800) 447-3332	E- / 0.1	0.00	1.17	1.36 / 1	4.20 / 2	1.14 / 0	1.75	3.37
FO	Laudus Rosenberg Intl Dis Inv	LIDIX	U	(800) 447-3332	U /	8.22	14.80	32.69 / 95	--	--	0.45	1.74
FO	Laudus Rosenberg Intl Eq Inst	REQIX	A	(800) 447-3332	B+ / 8.6	5.30	10.08	25.39 / 84	20.96 / 87	16.53 / 83	0.83	1.96
FO	Laudus Rosenberg Intl Eq Inv	RIEIX	A	(800) 447-3332	B+ / 8.6	5.24	9.95	25.02 / 83	20.54 / 86	16.17 / 82	0.64	2.33
FO	● Laudus Rosenberg Intl SmCp Inst	ICSIX	A-	(800) 447-3332	A / 9.5	6.04	13.56	31.05 / 93	28.38 / 95	27.71 / 97	1.44	1.25
FO	● Laudus Rosenberg Intl SmCp Inv	RISIX	A-	(800) 447-3332	A / 9.5	5.94	13.34	30.52 / 93	27.91 / 95	27.34 / 97	1.17	1.60
MC	● Laudus Rosenberg US Disc Inst	RDISX	C+	(800) 447-3332	C / 5.0	4.44	9.07	13.48 / 18	14.30 / 64	15.18 / 77	0.14	1.09
MC	● Laudus Rosenberg US Disc Inv	RDIVX	C	(800) 447-3332	C / 4.6	4.34	8.90	13.05 / 17	13.91 / 61	14.80 / 75	0.00	1.43
GI	Laudus Rosenberg US LgMdCp L/S	SSMNX	D+	(800) 447-3332	E+ / 0.7	3.13	3.30	5.55 / 2	8.34 / 16	2.93 / 0	4.28	2.69
GI	Laudus Rosenberg US LgMdCp L/S	RMNIX	D+	(800) 447-3332	E+ / 0.6	3.04	3.12	5.33 / 2	8.02 / 14	2.62 / 0	3.92	2.99
IX	Laudus Rosenberg US LrgCap Gr	REDIX	C-	(800) 447-3332	C- / 3.0	6.86	8.42	17.44 / 41	9.90 / 27	9.02 / 23	0.20	1.34
IX	Laudus Rosenberg US LrgCap Gr Inv	REFIX	C-	(800) 447-3332	D+ / 2.8	6.71	8.26	17.08 / 39	9.59 / 25	--	0.00	1.32
GR	Laudus Rosenberg US LrgCap Inst	AXLIX	B+	(800) 447-3332	C+ / 6.2	6.28	7.50	20.12 / 61	14.55 / 66	11.45 / 48	0.63	1.14
GR	Laudus Rosenberg US LrgCap Inv	AXLVX	B	(800) 447-3332	C+ / 5.9	6.21	7.35	19.70 / 57	14.15 / 63	--	0.37	1.52
SC	● Laudus Rosenberg US SmCap Adv	LIFUX	E	(800) 447-3332	D+ / 2.5	4.94	6.93	11.59 / 12	10.80 / 34	12.15 / 55	0.00	1.32
SC	● Laudus Rosenberg US SmCap Inst	USCIX	E	(800) 447-3332	D+ / 2.7	5.01	7.06	11.90 / 13	11.14 / 37	12.50 / 58	0.00	1.04
SC	● Laudus Rosenberg US SmCap Inv	BRSCX	E	(800) 447-3332	D+ / 2.4	4.99	6.83	11.53 / 12	10.69 / 33	12.05 / 54	0.00	1.39
GR	Laudus Rosenberg Value Lg/Shrt Inst	BMNIX	D	(800) 447-3332	E- / 0.1	0.28	2.96	-0.54 / 0	4.25 / 2	1.77 / 0	2.25	2.89
GR	Laudus Rosenberg Value Lg/Shrt Inv	BRMIX	D	(800) 447-3332	E- / 0.1	0.19	2.70	-0.85 / 0	3.93 / 2	1.46 / 0	1.98	3.19
SC	Laudus Small-Cap MarketMasters Inv	SWOSX	D-	(866) 855-9102	C / 4.4	5.07	9.19	18.81 / 51	11.95 / 45	13.64 / 67	0.00	1.63
SC	Laudus Small-Cap MarketMasters Sel	SWMSX	C	(866) 855-9102	C / 4.6	5.12	9.21	18.97 / 52	12.13 / 47	--	0.00	1.58
AA	Laudus U.S. MarketMasters Fund Inv	SWOGX	C+	(866) 855-9102	C / 5.0	6.57	9.95	23.30 / 78	11.26 / 38	11.42 / 48	0.37	1.38
AA	Laudus U.S. MarketMasters Fund Sel	SWMGX	C+	(866) 855-9102	C / 5.1	6.64	10.09	23.51 / 79	11.46 / 40	--	0.56	1.33
EM	Lazard Emerging Markets Inst	LZEMX	B	(800) 823-6300	A+ / 9.9	14.10	17.48	46.76 / 98	42.00 / 99	32.61 / 99	1.03	1.20

● Denotes fund is closed to new investors
* Denotes fund is included in Section II

www.thestreet.com/ratings

Summer 2007

I. Index of Stock Mutual Funds

RISK			NET ASSETS	ASSET						BULL / BEAR		FUND MANAGER		MINIMUMS		LOADS	
	3 Year		NAV						Portfolio	Last Bull	Last Bear	Manager	Manager	Initial	Additional	Front	Back
Risk	Standard		As of	Total	Cash	Stocks	Bonds	Other	Turnover	Market	Market	Quality	Tenure	Purch.	Purch.	End	End
Rating/Pts	Deviation	Beta	6/30/07	$(Mil)	%	%	%	%	Ratio	Return	Return	Pct	(Years)	$	$	Load	Load
C- / 3.9	14.5	0.98	44.20	43	0	99	0	1	130.9	177.4	N/A	77	5	2,000	25	5.8	1.0
C- / 3.9	14.5	0.98	43.88	10	0	99	0	1	130.9	168.2	N/A	69	5	2,000	25	0.0	1.0
C- / 3.9	14.5	0.98	43.82	26	0	99	0	1	130.9	168.0	N/A	69	5	2,000	25	0.0	1.0
B- / 7.0	5.0	0.26	34.49	467	N/A	95	5	N/A	20.6	57.4	5.0	66	6	2,000	25	5.8	1.0
B- / 7.3	5.0	0.26	34.19	65	N/A	95	5	N/A	20.6	52.3	4.8	55	6	2,000	25	0.0	1.0
B- / 7.3	5.0	0.26	34.12	223	N/A	95	5	N/A	20.6	52.4	4.8	55	6	2,000	25	0.0	1.0
U /	N/A	N/A	34.47	38	N/A	95	5	N/A	20.6	N/A	N/A	N/A	N/A	30,000	25	0.0	1.0
C- / 4.0	14.1	0.92	50.17	384	N/A	N/A	0	N/A	151.5	144.2	0.9	49	8	2,000	25	5.8	1.0
C- / 4.0	14.1	0.92	49.61	59	N/A	N/A	0	N/A	151.5	136.5	0.7	39	8	2,000	25	0.0	1.0
C- / 4.0	14.1	0.92	49.57	159	N/A	N/A	0	N/A	151.5	136.5	0.7	39	8	2,000	25	0.0	1.0
U /	N/A	N/A	30.30	82	3	96	0	1	56.0	N/A	N/A	N/A	1	2,500	100	4.3	0.0
C+ / 6.2	9.6	1.09	5.12	4	19	80	0	1	10.0	85.7	-4.8	25	8	2,500	100	0.0	2.0
C+ / 5.9	11.6	0.95	30.32	N/A	2	95	0	3	11.0	92.6	-4.4	57	N/A	2,500	100	5.8	2.0
C+ / 5.9	11.8	0.95	30.77	131	2	95	0	3	11.0	94.1	-3.8	58	8	2,500	100	0.0	2.0
U /	N/A	N/A	13.72	31	8	91	0	1	N/A	N/A	N/A	N/A	N/A	2,500	100	0.0	2.0
C+ / 6.7	10.0	0.97	19.69	1	7	92	0	1	20.0	77.9	-5.6	43	N/A	2,500	100	5.8	2.0
B- / 7.2	10.0	0.97	20.12	19	7	92	0	1	20.0	80.0	-5.4	47	N/A	2,500	100	0.0	2.0
C+ / 6.5	9.7	0.99	27.88	305	14	83	0	3	3.0	196.8	-2.0	99	N/A	2,500	100	5.8	2.0
C+ / 6.5	9.7	0.99	27.31	189	14	83	0	3	3.0	190.9	-2.2	99	N/A	2,500	100	0.0	2.0
U /	N/A	N/A	28.30	699	14	83	0	3	3.0	N/A	N/A	N/A	N/A	1,000,000	100,000	0.0	2.0
C+ / 6.6	9.7	1.00	28.30	1,956	14	83	0	3	3.0	201.1	-1.9	99	N/A	2,500	100	0.0	2.0
B- / 7.1	10.5	0.79	30.81	23	13	84	0	3	6.0	213.3	1.3	91	N/A	2,500	100	5.8	2.0
U /	N/A	N/A	31.10	288	13	84	0	3	6.0	N/A	N/A	N/A	N/A	1,000,000	100,000	0.0	2.0
B- / 7.1	10.4	0.79	31.09	574	13	84	0	3	6.0	217.4	1.4	92	N/A	2,500	100	0.0	2.0
C+ / 6.7	9.6	0.84	17.67	55	0	99	0	1	37.9	120.2	-11.4	56	9	1,000	100	0.0	1.0
C+ / 6.4	10.2	1.05	23.63	1,894	3	96	0	1	90.0	217.0	-10.7	61	2	100	1	0.0	2.0
B / 8.1	10.1	1.04	23.66	938	3	96	0	1	90.0	N/A	N/A	61	2	50,000	1	0.0	2.0
B+ / 9.2	4.0	0.14	12.23	14	5	94	0	1	189.0	6.0	9.2	33	7	50,000	0	0.0	2.0
B+ / 9.2	3.9	0.14	12.12	4	5	94	0	1	189.0	4.6	9.1	31	6	2,500	0	0.0	2.0
U /	N/A	N/A	13.03	62	2	96	0	2	N/A	N/A	N/A	N/A	1	2,500	0	0.0	2.0
B- / 7.2	9.2	0.97	14.30	76	0	100	0	0	64.0	169.0	-7.8	39	7	50,000	0	0.0	2.0
B- / 7.2	9.2	0.97	14.25	65	0	100	0	0	64.0	165.6	-7.8	35	7	2,500	0	0.0	2.0
C+ / 6.1	11.0	1.11	24.04	1,283	2	97	0	1	92.0	278.5	0.6	83	11	50,000	0	0.0	2.0
C+ / 6.1	10.9	1.11	23.71	990	2	97	0	1	92.0	273.5	0.6	81	11	2,500	0	0.0	2.0
B- / 7.5	12.2	1.12	20.68	750	0	99	0	1	86.0	138.9	-5.5	28	6	50,000	0	0.0	2.0
B- / 7.5	12.2	1.12	20.44	234	0	99	0	1	86.0	135.8	-5.6	26	6	2,500	0	0.0	2.0
B / 8.8	5.3	0.15	12.52	11	5	94	0	1	165.9	15.7	5.6	88	9	50,000	0	0.0	2.0
B / 8.9	5.3	0.15	12.56	10	5	94	0	1	165.9	14.3	5.5	86	9	2,500	0	0.0	2.0
B- / 7.9	8.8	1.15	10.43	77	0	100	0	0	71.0	82.1	-8.4	23	7	50,000	0	0.0	2.0
B- / 7.9	8.8	1.15	10.49	2	0	100	0	0	71.0	N/A	N/A	21	7	2,500	0	0.0	2.0
B / 8.7	8.5	1.10	14.04	119	0	99	0	1	144.0	103.5	-6.4	77	5	50,000	0	0.0	2.0
B / 8.7	8.6	1.11	14.03	11	0	99	0	1	144.0	100.9	-6.6	72	5	2,500	0	0.0	2.0
C- / 3.3	13.1	0.95	12.96	50	0	99	0	1	76.0	120.4	-7.2	29	10	100,000	1,000	0.0	2.0
C- / 3.4	13.1	0.95	13.20	723	0	99	0	1	76.0	123.5	-7.2	32	18	50,000	0	0.0	2.0
C- / 3.2	13.1	0.95	12.83	275	0	99	0	1	76.0	119.8	-7.2	28	11	2,500	0	0.0	2.0
B / 8.7	4.8	-0.11	10.78	264	0	100	0	0	140.0	3.5	9.9	72	10	50,000	0	0.0	2.0
B / 8.7	4.8	-0.11	10.65	65	0	100	0	0	140.0	2.2	9.9	68	10	2,500	0	0.0	2.0
C- / 3.6	14.0	1.01	13.67	98	8	91	0	1	105.0	148.7	-9.5	34	10	100	1	0.0	2.0
C+ / 6.7	14.0	1.02	13.76	4	8	91	0	1	105.0	N/A	N/A	35	2	50,000	1	0.0	2.0
B- / 7.9	9.1	1.83	14.59	139	4	95	0	1	65.0	100.9	-9.7	33	2	100	1	0.0	2.0
B / 8.3	9.0	1.81	14.62	9	4	95	0	1	65.0	N/A	N/A	36	2	50,000	1	0.0	2.0
C / 4.7	16.0	1.04	24.20	3,786	4	95	0	1	13.6	358.5	-5.9	63	13	1,000,000	0	0.0	1.0

www.thestreet.com/ratings

Data as of June 30, 2007

I. Index of Stock Mutual Funds

Summer 2007

99 Pct = Best
0 Pct = Worst

Fund Type	Fund Name	Ticker Symbol	Overall Investment Rating	Phone	Performance Rating/Pts	3 Mo	6 Mo	1Yr / Pct	3Yr / Pct	5Yr / Pct	Dividend Yield	Expense Ratio
EM	Lazard Emerging Markets Open	LZOEX	B	(800) 823-6300	A+ / 9.9	14.01	17.29	46.30 /98	41.71 /99	32.37 /99	0.68	1.55
FO	Lazard Intl Equity Inst	LZIEX	A-	(800) 823-6300	B / 8.0	5.37	7.11	20.48 /63	18.88 /83	14.31 /72	4.86	0.84
FO	Lazard Intl Equity Open	LZIOX	B+	(800) 823-6300	B / 7.8	5.35	6.89	20.08 /60	18.52 /82	13.98 /69	4.30	1.15
FO	Lazard Intl Equity Select Inst	LZSIX	B-	(800) 823-6300	B / 8.0	5.52	8.26	21.94 /72	18.33 /81	13.31 /64	1.50	1.85
FO	Lazard Intl Equity Select Open	LZESX	B-	(800) 823-6300	B / 7.8	5.36	8.02	21.49 /70	17.97 /80	12.99 /62	1.24	2.13
FO	Lazard Intl Small Cap Inst	LZISX	C+	(800) 823-6300	B / 8.2	2.31	4.72	20.88 /66	20.85 /86	20.00 /92	1.12	0.86
FO	Lazard Intl Small Cap Open	LZSMX	C+	(800) 823-6300	B / 8.1	2.20	4.61	20.49 /63	20.48 /86	19.62 /91	0.85	1.19
FO	Lazard Intl Strategic Eqty Prt Inst	LISIX	U	(800) 823-6300	U /	4.83	7.98	21.63 /71	--	--	1.02	0.94
MC	Lazard Mid Cap Inst	LZMIX	B+	(800) 823-6300	B / 8.0	7.59	12.14	24.83 /83	16.40 /76	15.14 /77	0.47	0.89
SC	Lazard Small Cap Inst	LZSCX	E	(800) 823-6300	C- / 3.8	4.01	6.09	16.46 /35	12.03 /46	11.89 /52	0.05	0.91
SC	Lazard Small Cap Open	LZCOX	E-	(800) 823-6300	C- / 3.4	3.85	5.89	16.05 /32	11.65 /42	11.64 /50	0.00	1.23
GR	Lazard U.S. Strategic Eq Port Inst	LZUSX	U	(800) 823-6300	U /	6.53	7.79	23.72 /79	--	--	0.56	1.35
IX	Legg Mason American Lead Co Prim	LMALX	C+	(866) 811-7256	C / 4.8	7.41	5.96	19.22 /54	11.81 /44	11.36 /47	0.00	1.86
IX	Legg Mason Classic Valuation Prim	LMCVX	B	(866) 811-7256	B- / 7.0	8.68	8.10	23.67 /79	14.02 /62	10.46 /38	0.00	2.17
EM	Legg Mason Emerg Mkts Prim	LMEMX	C+	(866) 811-7256	A+ / 9.9	15.61	18.84	47.60 /98	41.15 /99	31.35 /99	0.00	2.38
GR	Legg Mason Growth Tr Prim	LMGTX	D-	(866) 811-7256	C- / 3.5	12.55	12.40	23.65 /79	6.62 / 8	17.99 /88	0.00	1.87
FO	Legg Mason Intl Eq Tr Prim	LMGEX	B+	(866) 811-7256	A- / 9.1	6.49	9.04	25.19 /83	24.47 /93	19.05 /90	0.01	2.00
* GR	Legg Mason Opport Tr Prim	LMOPX	C	(866) 811-7256	B / 7.7	10.10	14.17	28.35 /90	13.54 /59	20.74 /93	0.00	2.31
IN	Legg Mason Partners Equity Fd O	SABRX	D	(866) 811-7256	C- / 3.4	7.22	6.06	19.40 /55	10.05 /28	9.80 /31	0.85	0.59
* AG	Legg Mason Prt Aggr Gr A	SHRAX	D	(866) 811-7256	D / 1.9	6.36	4.62	13.05 /17	10.70 /33	13.01 /62	0.00	1.17
AG	Legg Mason Prt Aggr Gr B	SAGBX	D+	(866) 811-7256	D / 2.2	6.14	4.19	12.11 /14	9.80 /26	12.09 /54	0.00	1.98
AG	Legg Mason Prt Aggr Gr C	SAGCX	D+	(866) 811-7256	D+ / 2.3	6.19	4.28	12.32 /14	9.95 /28	12.22 /56	0.00	1.84
AG	Legg Mason Prt Aggr Gr I	SAGYX	C-	(866) 811-7256	C- / 3.2	6.47	4.83	13.53 /18	11.17 /37	13.48 /66	0.00	0.76
GR	Legg Mason Prt All Cap Fund A	SPAAX	D	(866) 811-7256	D- / 1.2	4.87	3.63	16.32 /34	8.76 /19	8.52 /19	0.00	1.23
GR	Legg Mason Prt All Cap Fund B	SPBBX	D+	(866) 811-7256	D / 1.6	4.71	3.30	15.59 /29	7.94 /14	7.69 /13	0.00	2.03
GR	Legg Mason Prt All Cap Fund C	SPBLX	D+	(866) 811-7256	D / 1.6	4.70	3.30	15.55 /29	7.96 /14	7.74 /13	0.00	1.83
GR	Legg Mason Prt Appr Fund A	SHAPX	D+	(866) 811-7256	D / 2.0	6.23	5.74	17.10 /39	10.00 /28	9.51 /28	0.74	0.96
GR	Legg Mason Prt Appr Fund B	SAPBX	C-	(866) 811-7256	D+ / 2.3	5.96	5.26	16.02 /32	9.03 /21	8.59 /19	0.00	1.87
GR	Legg Mason Prt Appr Fund C	SAPCX	C-	(866) 811-7256	D+ / 2.5	6.02	5.32	16.26 /33	9.16 /22	8.66 /20	0.11	1.70
GR	Legg Mason Prt Appr Fund I	SAPYX	C	(866) 811-7256	C- / 3.4	6.25	5.91	17.49 /41	10.43 /31	9.91 /32	1.13	0.59
IN	Legg Mason Prt Cap & Inc Sh A	SOPAX	D+	(866) 811-7256	D+ / 2.7	5.27	7.08	16.38 /34	11.38 /40	13.39 /65	1.31	1.10
IN	Legg Mason Prt Cap & Inc Sh B	SOPTX	C-	(866) 811-7256	C- / 3.3	5.15	6.80	15.77 /30	10.77 /34	12.78 /60	1.06	1.63
IN	Legg Mason Prt Cap & Inc Sh C	SBPLX	C	(866) 811-7256	C- / 3.1	5.08	6.65	15.54 /29	10.52 /32	12.51 /58	0.96	1.86
IN	Legg Mason Prt Cap & Inc Sh I	SOPYX	C+	(866) 811-7256	C / 4.3	5.36	7.30	16.87 /37	11.82 /44	13.82 /68	1.64	0.78
GR	Legg Mason Prt Capital Fund A	SCCAX	D-	(866) 811-7256	C- / 3.3	6.35	6.17	20.72 /65	11.44 /40	12.85 /61	0.00	0.97
GR	Legg Mason Prt Capital Fund B	SPABX	D-	(866) 811-7256	C- / 3.8	6.14	5.76	19.81 /58	10.53 /32	11.91 /53	0.00	1.78
GR	Legg Mason Prt Capital Fund C	SCCCX	D-	(866) 811-7256	C- / 3.8	6.12	5.74	19.75 /58	10.53 /32	11.90 /52	0.00	1.77
GR	Legg Mason Prt Capital Fund I	SACYX	D-	(866) 811-7256	C- / 3.4	6.41	6.31	12.67 /15	11.29 /39	12.98 /62	0.00	0.64
GR	Legg Mason Prt Capital Fund O	SACPX	D+	(866) 811-7256	C / 4.8	6.14	6.03	20.72 /65	11.73 /43	13.23 /64	0.00	0.63
GI	Legg Mason Prt Classic Values A	SCLAX	C-	(866) 811-7256	C / 4.7	7.37	9.89	26.75 /87	11.27 /38	--	0.00	1.39
GI	Legg Mason Prt Classic Values B	SCLBX	C-	(866) 811-7256	C / 5.2	7.15	9.49	25.74 /85	10.39 /31	--	0.00	2.15
GI	Legg Mason Prt Classic Values C	SCLLX	C	(866) 811-7256	C / 5.3	7.21	9.55	25.80 /85	10.43 /31	--	0.00	2.14
IN	● Legg Mason Prt Cp Pres II A	SMPRX	D+	(866) 811-7256	E- / 0.1	2.61	2.88	7.97 / 4	3.56 / 1	--	1.17	1.87
IN	● Legg Mason Prt Cp Pres II B	SPCBX	D	(866) 811-7256	E- / 0.1	2.37	2.55	7.15 / 3	2.76 / 1	--	0.51	2.62
IN	● Legg Mason Prt Cp Pres II C	SMPLX	D+	(866) 811-7256	E- / 0.1	2.37	2.46	7.05 / 3	2.76 / 1	--	0.51	2.62
GR	Legg Mason Prt Div Lg Cp Gr A	CFLGX	D-	(866) 811-7256	E / 0.5	5.68	4.38	16.19 /33	5.49 / 5	5.87 / 4	0.70	1.22
GR	Legg Mason Prt Div Lg Cp Gr B	CLCBX	D	(866) 811-7256	E+ / 0.7	5.44	3.96	15.30 /28	4.70 / 3	5.09 / 2	0.05	2.10
GR	Legg Mason Prt Div Lg Cp Gr C	SMDLX	D-	(866) 811-7256	E+ / 0.7	5.46	3.97	15.28 /28	4.71 / 3	5.08 / 2	0.01	2.22
IN	Legg Mason Prt Dividend Strategy 1	CSGWX	D	(866) 811-7256	D- / 1.5	6.54	7.18	20.61 /64	8.57 /18	7.46 /11	1.86	0.91
IN	Legg Mason Prt Dividend Strategy A	GROAX	D+	(866) 811-7256	D / 1.7	6.48	7.02	20.15 /61	8.14 /15	6.89 / 8	1.65	1.46
IN	Legg Mason Prt Dividend Strategy B	GROBX	C-	(866) 811-7256	D / 2.0	6.27	6.65	19.28 /54	7.33 /11	6.04 / 4	1.17	2.26
IN	Legg Mason Prt Dividend Strategy C	SCPLX	C-	(866) 811-7256	D+ / 2.3	6.32	6.74	19.64 /57	7.68 /12	6.61 / 6	1.28	1.76

● Denotes fund is closed to new investors
* Denotes fund is included in Section II

www.thestreet.com/ratings

I. Index of Stock Mutual Funds

Summer 2007

RISK			NET ASSETS		ASSET					BULL / BEAR		FUND MANAGER		MINIMUMS		LOADS	
	3 Year		NAV						Portfolio	Last Bull	Last Bear	Manager	Manager	Initial	Additional	Front	Back
Risk	Standard		As of	Total	Cash	Stocks	Bonds	Other	Turnover	Market	Market	Quality	Tenure	Purch.	Purch.	End	End
Rating/Pts	Deviation	Beta	6/30/07	$(Mil)	%	%	%	%	Ratio	Return	Return	Pct	(Years)	$	$	Load	Load
C / 4.7	15.9	1.04	24.42	941	4	95	0	1	13.6	354.4	-5.7	61	10	10,000	0	0.0	1.0
B- / 7.4	9.0	0.97	17.47	448	10	89	0	1	18.0	135.6	-8.0	23	15	1,000,000	0	0.0	1.0
B- / 7.4	9.0	0.97	17.53	55	10	89	0	1	18.0	132.7	-8.1	21	15	10,000	0	0.0	1.0
C+ / 5.9	8.9	0.91	14.15	18	4	95	0	1	19.3	137.0	-9.7	27	6	1,000,000	0	0.0	1.0
C+ / 5.8	8.9	0.92	14.15	15	4	95	0	1	19.3	133.9	-9.6	24	6	10,000	0	0.0	1.0
C / 4.5	11.0	1.11	18.64	246	5	94	0	1	12.7	212.5	-5.7	18	14	1,000,000	0	0.0	1.0
C / 4.5	11.0	1.11	18.59	275	5	94	0	1	12.7	208.8	-5.8	17	14	10,000	0	0.0	1.0
U /	N/A	N/A	13.67	422	4	95	0	1	27.7	N/A	N/A	N/A	N/A	1,000,000	0	0.0	1.0
B- / 7.2	8.8	0.79	16.16	248	4	95	0	1	23.1	137.0	-8.2	87	10	1,000,000	0	0.0	1.0
D- / 1.5	12.6	0.91	15.32	170	1	98	0	1	27.6	123.5	-10.6	47	6	1,000,000	0	0.0	1.0
D- / 1.5	12.6	0.91	15.11	35	1	98	0	1	27.6	120.5	-10.5	42	6	10,000	0	0.0	1.0
U /	N/A	N/A	12.73	114	3	96	0	1	13.9	N/A	N/A	N/A	N/A	1,000,000	0	0.0	1.0
B- / 7.7	8.6	1.11	26.62	794	0	99	0	1	19.0	98.0	-11.2	43	9	1,000	100	0.0	0.0
B- / 7.1	9.7	1.22	15.60	96	2	97	0	1	14.9	117.1	-12.2	60	N/A	1,000	100	0.0	0.0
D+ / 2.9	17.7	1.15	26.83	365	1	98	0	1	96.4	346.1	-6.8	20	11	1,000	100	0.0	2.0
C / 4.8	16.2	1.83	33.80	602	2	98	0	0	31.0	102.3	-11.3	1	N/A	1,000	100	0.0	0.0
C+ / 6.2	9.8	1.04	21.12	496	1	98	0	1	111.2	189.0	-4.8	63	12	1,000	100	0.0	2.0
C- / 4.1	18.9	2.19	21.54	5,258	N/A	N/A	1	N/A	14.2	177.4	-8.8	5	N/A	1,000	100	0.0	0.0
C+ / 6.0	7.8	1.04	15.83	951	1	98	0	1	41.0	90.6	-9.8	31	N/A	0	0	0.0	0.8
B- / 7.4	10.5	1.24	121.00	4,655	0	99	0	1	5.0	96.8	-9.6	23	24	500	50	5.8	0.0
B- / 7.4	10.5	1.24	106.89	2,133	0	99	0	1	5.0	90.1	-9.8	18	24	500	50	0.0	0.0
B- / 7.4	10.5	1.24	107.94	1,947	0	99	0	1	5.0	91.1	-9.8	19	24	500	50	0.0	0.0
B- / 7.5	10.5	1.24	126.58	1,984	0	99	0	1	5.0	100.3	-9.5	26	24	1,000,000	0	0.0	0.0
B / 8.2	8.4	1.08	10.55	439	2	97	0	1	N/A	84.7	-11.3	19	N/A	500	50	5.8	0.0
B / 8.1	8.4	1.08	10.01	211	2	97	0	1	N/A	78.8	-11.4	15	N/A	500	50	0.0	0.0
B / 8.1	8.3	1.07	10.03	257	2	97	0	1	N/A	79.1	-11.4	15	N/A	500	50	0.0	0.0
B / 8.0	6.5	0.84	16.19	3,910	5	94	0	1	33.0	79.6	-7.8	49	N/A	500	50	5.8	0.0
B / 8.1	6.5	0.83	15.71	838	5	94	0	1	33.0	73.2	-7.9	37	N/A	500	50	0.0	0.0
B / 8.1	6.5	0.83	15.76	642	5	94	0	1	33.0	73.7	-7.9	39	14	500	50	0.0	0.0
B / 8.0	6.4	0.83	16.16	817	5	94	0	1	33.0	82.4	-7.6	56	N/A	1,000,000	0	0.0	0.0
B- / 7.2	5.6	0.66	17.90	2,434	4	76	19	1	175.0	90.0	-0.9	81	1	500	50	5.8	0.0
B- / 7.2	5.6	0.66	17.71	573	4	76	19	1	175.0	85.7	-1.0	76	1	500	50	0.0	0.0
B / 8.3	5.6	0.66	17.74	552	4	76	19	1	175.0	83.8	-1.0	73	1	500	50	0.0	0.0
B / 8.3	5.6	0.65	18.20	8	4	76	19	1	175.0	93.1	-0.8	84	1	1,000,000	0	0.0	0.0
C / 5.2	9.2	1.12	30.13	351	0	99	0	1	193.0	111.4	-7.9	37	1	500	50	5.8	0.0
C / 4.9	9.2	1.12	27.67	268	0	99	0	1	193.0	104.1	-8.1	29	1	500	50	0.0	0.0
C / 4.9	9.2	1.12	27.75	369	0	99	0	1	193.0	104.2	-8.1	29	1	500	50	0.0	0.0
C / 5.1	11.0	1.12	31.15	379	0	99	0	1	193.0	111.8	-7.7	36	1	1,000,000	0	0.0	0.0
C / 5.3	9.2	1.13	31.15	393	0	99	0	1	193.0	114.7	-7.7	40	1	1,000,000	0	0.0	0.0
C+ / 6.1	10.4	1.28	18.22	61	4	95	0	1	63.0	N/A	N/A	25	4	500	50	5.8	0.0
C+ / 5.9	10.4	1.28	17.53	62	4	95	0	1	63.0	N/A	N/A	19	4	500	50	0.0	0.0
C+ / 5.9	10.4	1.29	17.55	58	4	95	0	1	63.0	106.3	0.7	19	4	500	50	0.0	0.0
B+ / 9.6	2.4	0.26	11.79	16	8	34	56	2	16.0	15.1	1.2	29	N/A	500	50	5.0	0.0
B+ / 9.1	2.5	0.27	11.67	166	8	34	56	2	16.0	11.6	1.0	22	N/A	500	50	0.0	0.0
B+ / 9.6	2.5	0.27	11.67	12	8	34	56	2	16.0	11.5	1.0	22	N/A	500	50	0.0	0.0
B- / 7.8	7.4	0.94	16.20	154	2	97	0	1	11.0	52.1	-9.3	9	N/A	500	50	5.8	0.0
B / 8.2	7.4	0.94	15.50	3	2	97	0	1	11.0	47.3	-9.4	7	N/A	500	50	0.0	0.0
B- / 7.7	7.4	0.94	16.23	N/A	2	97	0	1	11.0	47.4	-9.4	7	N/A	500	50	0.0	0.0
B- / 7.5	6.7	0.84	19.32	2,064	4	96	0	0	21.0	72.1	-10.6	32	N/A	1,000	50	8.5	0.0
B / 8.0	6.7	0.84	18.82	440	4	96	0	0	21.0	68.7	-10.8	28	N/A	500	50	5.8	0.0
B / 8.2	6.8	0.84	17.68	236	4	96	0	0	21.0	63.1	-11.0	23	N/A	500	50	0.0	0.0
B / 8.3	6.7	0.84	18.81	12	4	96	0	0	21.0	66.4	-10.8	25	N/A	500	50	0.0	0.0

www.thestreet.com/ratings

Data as of June 30, 2007

I. Index of Stock Mutual Funds

Summer 2007

99 Pct = Best
0 Pct = Worst

Fund Type	Fund Name	Ticker Symbol	Overall Investment Rating	Phone	Performance Rating/Pts	3 Mo	6 Mo	1Yr / Pct	3Yr / Pct	5Yr / Pct	Dividend Yield	Expense Ratio
EM	Legg Mason Prt Emerg Markets Eq A	SMKAX	U	(866) 811-7256	U /	14.42	17.07	45.34 /98	--	--	0.12	2.09
EM	Legg Mason Prt Emerg Markets Eq I	SBEYX	U	(866) 811-7256	U /	14.59	17.38	46.03 /98	--	--	0.50	1.48
GI	Legg Mason Prt Fundamental Value	SHFVX	D+	(866) 811-7256	D / 2.2	5.97	5.83	18.85 /51	9.87 /27	10.58 /39	0.83	1.21
GI	Legg Mason Prt Fundamental Value	SFVBX	D+	(866) 811-7256	D+ / 2.5	5.74	5.39	17.74 /43	8.95 /20	9.67 /29	0.18	2.05
GI	Legg Mason Prt Fundamental Value	SFVCX	C-	(866) 811-7256	D+ / 2.6	5.80	5.45	18.07 /46	9.08 /21	9.77 /31	0.34	1.89
GI	Legg Mason Prt Fundamental Value I	SFVYX	C	(866) 811-7256	C- / 3.6	6.11	6.11	19.37 /55	10.34 /31	11.05 /44	1.25	0.77
GL	Legg Mason Prt Global Eq A	CFIPX	B-	(866) 811-7256	B / 8.2	6.43	10.02	25.54 /84	19.48 /84	14.47 /73	0.70	1.45
GL	Legg Mason Prt Global Eq B	SILCX	A+	(866) 811-7256	B+ / 8.3	6.25	9.63	24.56 /82	18.43 /81	13.56 /66	0.09	2.25
GL	Legg Mason Prt Global Eq C	SILLX	B	(866) 811-7256	B+ / 8.3	6.09	9.46	24.24 /81	18.34 /81	13.54 /66	0.06	2.78
GL	Legg Mason Prt Global Eq I	SMYIX	A+	(866) 811-7256	B+ / 8.6	6.41	10.09	25.76 /85	19.79 /84	--	1.09	1.15
CV	Legg Mason Prt Inc Fd Con Cl A	SCRAX	D-	(866) 811-7256	D- / 1.1	4.10	6.45	14.52 /23	8.33 /16	12.20 /55	1.44	1.27
CV	Legg Mason Prt Inc Fd Con Cl B	SCVSX	D	(866) 811-7256	D- / 1.5	3.91	6.13	13.90 /20	7.73 /13	11.60 /50	1.03	1.78
CV	Legg Mason Prt Inc Fd Con Cl C	SMCLX	C-	(866) 811-7256	D- / 1.4	3.96	6.12	13.75 /19	7.54 /12	11.38 /47	0.86	2.01
CV	Legg Mason Prt Inc Fd Con Cl I	SCVYX	D	(866) 811-7256	D / 2.0	4.22	6.66	14.96 /26	8.74 /19	12.66 /59	1.88	0.90
FO	Legg Mason Prt Intl All Cap Opp A	SBIEX	C+	(866) 811-7256	B / 7.8	4.88	6.54	22.93 /77	19.49 /84	13.86 /69	1.12	1.36
FO	Legg Mason Prt Intl All Cap Opp B	SBIBX	C+	(866) 811-7256	B / 8.0	4.71	6.11	22.02 /73	18.50 /82	12.92 /61	0.51	2.21
FO	Legg Mason Prt Intl All Cap Opp C	SBICX	C+	(866) 811-7256	B / 7.9	4.71	6.16	21.97 /72	18.43 /82	12.82 /60	0.55	2.24
GR	Legg Mason Prt Investors Value A	SINAX	C	(866) 811-7256	C- / 3.9	5.91	6.72	19.85 /59	12.51 /50	11.57 /49	1.09	0.91
GR	Legg Mason Prt Investors Value B	SBINX	C	(866) 811-7256	C- / 4.2	5.70	6.30	18.90 /51	11.47 /40	10.56 /39	0.36	1.84
GR	Legg Mason Prt Investors Value C	SINOX	C	(866) 811-7256	C / 4.3	5.69	6.30	18.91 /52	11.54 /41	10.61 /40	0.43	1.74
GR	Legg Mason Prt Investors Value I	SIVYX	C+	(866) 811-7256	C / 5.5	6.00	6.87	20.19 /61	12.86 /53	11.93 /53	1.43	0.56
GR	Legg Mason Prt Investors Value O	SAIFX	C+	(866) 811-7256	C / 5.5	5.96	6.82	20.17 /61	12.84 /53	11.90 /52	1.40	0.62
GR	Legg Mason Prt Lg Cap Gr A	SBLGX	E+	(866) 811-7256	E / 0.3	7.19	3.92	16.08 /32	4.13 / 2	9.03 /23	0.00	1.11
GR	Legg Mason Prt Lg Cap Gr B	SBLBX	E+	(866) 811-7256	E / 0.5	6.97	3.53	15.22 /27	3.38 / 1	8.22 /16	0.00	1.90
GR	Legg Mason Prt Lg Cap Gr C	SLCCX	E+	(866) 811-7256	E / 0.5	6.98	3.53	15.23 /27	3.37 / 1	8.21 /16	0.00	1.86
GR	Legg Mason Prt Lg Cap Gr I	SBLYX	E+	(866) 811-7256	E+ / 0.8	7.22	4.07	16.46 /35	4.52 / 2	9.43 /27	0.00	0.73
AA	Legg Mason Prt Lifestyle Allo 30% A	SBCPX	D	(866) 811-7256	E / 0.3	1.33	2.75	10.19 / 8	5.52 / 5	6.76 / 7	3.46	0.72
AA	Legg Mason Prt Lifestyle Allo 30% B	SBCBX	D+	(866) 811-7256	E / 0.3	1.17	2.50	9.62 / 7	4.95 / 3	6.21 / 5	3.02	1.21
AA	Legg Mason Prt Lifestyle Allo 30% C	SBCLX	D+	(866) 811-7256	E / 0.3	1.28	2.55	9.57 / 7	5.05 / 4	6.26 / 5	3.06	1.11
BA	Legg Mason Prt Lifestyle Allo 50% A	SBBAX	D	(866) 811-7256	E / 0.5	2.87	4.07	12.85 /16	6.61 / 8	7.47 /11	2.48	0.69
BA	Legg Mason Prt Lifestyle Allo 50% B	SCBBX	D+	(866) 811-7256	E+ / 0.6	2.59	3.55	11.91 /13	5.75 / 5	6.61 / 7	1.79	1.45
BA	Legg Mason Prt Lifestyle Allo 50% C	SCBCX	D+	(866) 811-7256	E+ / 0.6	2.64	3.65	12.07 /13	5.92 / 6	6.77 / 7	1.96	1.29
GR	Legg Mason Prt Lifestyle Allo 70% A	SCGRX	D+	(866) 811-7256	D- / 1.0	4.29	5.62	14.87 /25	8.11 /15	8.75 /21	0.06	0.81
GR	Legg Mason Prt Lifestyle Allo 70% B	SGRBX	C-	(866) 811-7256	D- / 1.3	4.06	5.22	14.00 /21	7.28 /10	7.93 /14	0.03	1.55
GR	Legg Mason Prt Lifestyle Allo 70% C	SCGCX	C-	(866) 811-7256	D- / 1.4	4.14	5.37	14.33 /22	7.50 /12	8.12 /16	0.86	1.32
GR	Legg Mason Prt Lifestyle Allo 85% A	SCHAX	D+	(866) 811-7256	D / 1.8	5.74	6.52	16.69 /36	9.35 /23	9.94 /32	0.24	0.96
GR	Legg Mason Prt Lifestyle Allo 85% B	SCHBX	D+	(866) 811-7256	D / 2.1	5.55	6.16	15.83 /31	8.53 /17	9.13 /24	0.00	1.68
GR	Legg Mason Prt Lifestyle Allo 85% C	SCHCX	C-	(866) 811-7256	D+ / 2.3	5.55	6.23	16.06 /32	8.74 /19	9.30 /26	0.00	1.34
MC	Legg Mason Prt Md Cp Cr 1	SMCPX	C-	(866) 811-7256	C / 5.2	6.52	11.58	21.51 /70	13.88 /61	11.66 /50	0.00	1.03
MC	Legg Mason Prt Md Cp Cr A	SBMAX	C-	(866) 811-7256	C+ / 5.6	6.49	11.45	21.23 /68	13.69 /60	11.57 /49	0.00	1.23
MC	Legg Mason Prt Md Cp Cr B	SBMDX	C-	(866) 811-7256	C+ / 6.0	6.22	10.99	20.23 /62	12.80 /52	10.74 /41	0.00	2.01
MC	Legg Mason Prt Md Cp Cr C	SBMLX	B-	(866) 811-7256	C+ / 6.1	6.27	11.03	20.33 /62	12.85 /53	10.75 /41	0.00	1.95
MC	Legg Mason Prt Md Cp Cr I	SMBYX	B+	(866) 811-7256	B- / 7.0	6.60	11.73	21.78 /71	14.06 /62	11.99 /53	0.00	0.78
GR	Legg Mason Prt S&P 500 Index A	SBSPX	C+	(866) 811-7256	C- / 4.2	6.14	6.66	19.83 /58	11.02 /36	10.08 /34	1.28	0.56
GR	Legg Mason Prt S&P 500 Index D	SBSDX	C+	(866) 811-7256	C / 4.5	6.18	6.77	20.07 /60	11.31 /39	10.37 /37	1.43	0.42
SC	Legg Mason Prt Sm Cap Gr A	SASMX	D	(866) 811-7256	C / 4.6	7.08	8.97	19.24 /54	12.98 /54	12.31 /56	0.00	1.25
SC	Legg Mason Prt Sm Cap Gr B	SBSMX	D+	(866) 811-7256	C / 5.0	6.84	8.55	18.22 /47	11.93 /45	11.30 /47	0.00	2.37
SC	● Legg Mason Prt Sm Cap Gr C	SCSMX	D+	(866) 811-7256	C / 5.1	6.83	8.59	18.32 /47	12.04 /46	11.41 /48	0.00	2.15
SC	Legg Mason Prt Sm Cap Gr I	SBPYX	U	(866) 811-7256	U /	7.13	9.14	19.65 /57	--	--	0.00	0.79
SC	Legg Mason Prt Sm Cp Core A	SBDSX	E+	(866) 811-7256	C- / 3.5	6.10	9.74	15.46 /29	12.21 /47	11.59 /50	10.58	1.24
SC	Legg Mason Prt Sm Cp Core B	SBDBX	E+	(866) 811-7256	C- / 3.9	5.85	9.16	14.46 /23	11.31 /39	10.68 /40	12.62	2.03
SC	Legg Mason Prt Sm Cp Core C	SBDLX	E+	(866) 811-7256	C- / 4.0	5.92	9.32	14.62 /24	11.35 /39	10.72 /41	12.59	2.02

● Denotes fund is closed to new investors
* Denotes fund is included in Section II

www.thestreet.com/ratings

I. Index of Stock Mutual Funds

Summer 2007

RISK			NET ASSETS		ASSET				Portfolio	BULL / BEAR		FUND MANAGER		MINIMUMS		LOADS	
	3 Year		NAV							Last Bull	Last Bear	Manager	Manager	Initial	Additional	Front	Back
Risk	Standard		As of	Total	Cash	Stocks	Bonds	Other	Turnover	Market	Market	Quality	Tenure	Purch.	Purch.	End	End
Rating/Pts	Deviation	Beta	6/30/07	$(Mil)	%	%	%	%	Ratio	Return	Return	Pct	(Years)	$	$	Load	Load
U /	N/A	N/A	20.71	38	5	92	2	1	63.0	N/A	N/A	N/A	2	500	50	5.8	0.0
U /	N/A	N/A	20.73	43	5	92	2	1	63.0	N/A	N/A	N/A	2	1,000,000	0	0.0	0.0
B- / 7.6	8.7	1.10	17.05	2,553	4	95	0	1	19.0	106.2	-12.9	25	17	500	50	5.8	0.0
B- / 7.6	8.7	1.11	15.83	1,134	4	95	0	1	19.0	99.2	-13.1	19	15	500	50	0.0	0.0
B- / 7.6	8.7	1.11	15.86	772	4	95	0	1	19.0	100.1	-13.1	20	14	500	50	0.0	0.0
B- / 7.6	8.7	1.11	17.55	279	4	95	0	1	19.0	109.9	-12.8	29	11	1,000,000	0	0.0	0.0
C+ / 5.8	8.7	0.91	13.33	144	0	99	0	1	228.0	150.0	-11.1	37	1	500	50	5.8	0.0
B / 8.4	8.6	0.91	12.74	66	0	99	0	1	228.0	141.6	-11.1	29	1	500	50	0.0	0.0
C+ / 5.8	8.6	0.90	13.42	84	0	99	0	1	228.0	141.2	-11.2	28	1	500	50	0.0	0.0
B / 8.5	8.7	0.91	13.31	2	0	99	0	1	228.0	N/A	N/A	40	1	1,000,000	0	0.0	0.0
B- / 7.0	7.2	1.10	18.24	40	1	18	0	81	98.0	80.1	0.5	60	N/A	500	50	5.8	0.0
B- / 7.4	7.2	1.11	18.16	15	1	18	0	81	98.0	76.1	0.4	51	N/A	500	50	0.0	0.0
B / 8.9	7.2	1.11	18.26	23	1	18	0	81	98.0	74.7	0.3	49	N/A	500	50	0.0	0.0
B- / 7.4	7.2	1.11	18.40	9	1	18	0	81	98.0	83.2	0.6	65	N/A	1,000,000	0	0.0	0.0
C / 5.3	9.3	0.98	15.48	145	3	96	0	1	8.0	140.0	-11.7	26	N/A	500	50	5.8	0.0
C / 5.2	9.3	0.98	14.23	21	3	96	0	1	8.0	131.7	-11.9	20	N/A	500	50	0.0	0.0
C / 5.1	9.3	0.98	13.78	62	3	96	0	1	8.0	130.7	-11.9	19	N/A	500	50	0.0	0.0
B- / 7.4	6.9	0.89	22.99	702	2	97	0	1	25.0	106.1	-11.9	74	N/A	500	50	5.8	0.0
B- / 7.4	6.9	0.90	22.43	50	2	97	0	1	25.0	98.4	-12.1	62	N/A	500	50	0.0	0.0
B- / 7.4	6.9	0.90	22.52	104	2	97	0	1	25.0	98.9	-12.1	63	N/A	500	50	0.0	0.0
B- / 7.4	6.9	0.89	22.95	564	2	97	0	1	25.0	109.0	-11.8	77	N/A	1,000,000	0	0.0	0.0
B- / 7.4	6.9	0.89	22.94	592	2	97	0	1	25.0	108.8	-11.8	77	N/A	500	50	0.0	0.0
C+ / 6.6	12.4	1.41	24.91	2,581	0	100	0	0	13.0	71.5	-10.8	2	10	500	50	5.8	0.0
C+ / 6.5	12.4	1.40	23.16	341	0	100	0	0	13.0	66.2	-10.9	1	10	500	50	0.0	0.0
C+ / 6.5	12.4	1.40	23.15	635	0	100	0	0	13.0	66.1	-10.9	1	10	500	50	0.0	0.0
C+ / 6.6	12.4	1.40	25.83	1,946	0	100	0	0	13.0	74.3	-10.7	2	10	1,000,000	0	0.0	0.0
B+ / 9.0	3.2	0.68	11.89	82	0	29	70	1	92.0	39.2	0.3	34	11	500	50	4.3	0.0
B+ / 9.6	3.2	0.67	12.08	21	0	29	70	1	92.0	36.1	0.2	30	11	500	50	0.0	0.0
B+ / 9.7	3.2	0.68	12.06	6	0	29	70	1	92.0	36.3	0.2	30	11	500	50	0.0	0.0
B / 8.7	4.3	0.97	12.88	254	0	50	49	1	86.0	49.5	-2.4	31	11	500	50	5.8	0.0
B+ / 9.3	4.4	0.97	13.19	70	0	50	49	1	86.0	44.6	-2.7	24	11	500	50	0.0	0.0
B+ / 9.3	4.4	0.98	13.22	27	0	50	49	1	86.0	45.4	-2.5	25	11	500	50	0.0	0.0
B / 8.6	6.7	0.87	14.08	431	0	69	29	2	92.0	72.2	-6.9	20	11	500	50	5.8	0.0
B / 8.9	6.7	0.87	14.20	127	0	69	29	2	92.0	66.7	-7.0	21	11	500	50	0.0	0.0
B / 8.9	6.7	0.87	14.23	32	0	69	29	2	92.0	68.0	-7.1	22	11	500	50	0.0	0.0
B- / 7.8	8.8	1.15	16.77	521	0	85	14	1	79.0	93.4	-9.9	20	11	500	50	5.8	0.0
B- / 7.9	8.9	1.15	15.97	152	0	85	14	1	79.0	87.6	-10.2	15	11	500	50	0.0	0.0
B- / 7.9	8.8	1.15	16.13	30	0	85	14	1	79.0	88.9	-10.1	16	11	500	50	0.0	0.0
C / 5.0	10.4	0.95	23.70	8	1	98	0	1	69.0	110.9	-9.0	44	1	1,000	50	8.5	0.0
C / 5.0	10.4	0.95	23.46	500	1	98	0	1	69.0	109.8	-9.1	42	1	500	50	5.8	0.0
C / 4.7	10.4	0.95	21.51	264	1	98	0	1	69.0	103.1	-9.2	33	1	500	50	0.0	0.0
B / 8.0	10.4	0.95	21.54	296	1	98	0	1	69.0	103.4	-9.2	33	1	500	50	0.0	0.0
B / 8.1	10.4	0.95	24.39	2	1	98	0	1	69.0	112.9	-8.9	47	1	1,000,000	0	0.0	0.0
B / 8.6	7.3	1.00	15.31	467	1	98	0	1	7.0	91.4	-9.8	44	1	500	50	0.0	0.0
B / 8.6	7.4	1.00	15.40	42	1	98	0	1	7.0	93.6	-9.8	48	1	1,000	50	0.0	0.0
C / 4.8	14.3	0.99	17.39	603	5	94	0	1	94.0	140.0	-12.8	48	N/A	500	50	5.8	0.0
C / 4.6	14.2	0.99	15.77	93	5	94	0	1	94.0	130.7	-13.0	36	N/A	500	50	0.0	0.0
C / 4.8	14.2	0.99	15.95	101	5	94	0	1	94.0	131.6	-12.9	37	N/A	500	50	0.0	0.0
U /	N/A	N/A	17.57	269	5	94	0	1	94.0	N/A	N/A	N/A	N/A	1,000,000	0	0.0	0.0
C- / 3.8	13.7	1.01	14.46	40	0	99	0	1	117.0	125.0	-10.0	37	N/A	500	50	5.8	0.0
C- / 3.0	13.7	1.00	12.72	8	0	99	0	1	117.0	117.4	-10.2	29	N/A	500	50	0.0	0.0
C- / 3.0	13.7	1.01	12.75	15	0	99	0	1	117.0	117.5	-10.1	29	N/A	500	50	0.0	0.0

www.thestreet.com/ratings

Data as of June 30, 2007

I. Index of Stock Mutual Funds

Summer 2007

					PERFORMANCE						
	99 Pct = Best 0 Pct = Worst			Overall	Perfor-	Total Return % through 6/30/07				Incl. in Returns	
Fund Type	Fund Name	Ticker Symbol		Investment Rating	Phone	mance Rating/Pts	3 Mo	6 Mo	1Yr / Pct	Annualized 3Yr / Pct	5Yr / Pct	Dividend Yield	Expense Ratio

Fund Type	Fund Name	Ticker Symbol	Overall Investment Rating	Phone	Performance Rating/Pts	3 Mo	6 Mo	1Yr / Pct	3Yr / Pct	5Yr / Pct	Dividend Yield	Expense Ratio
SC	Legg Mason Prt Small Cap Value A	SBVAX	C	(866) 811-7256	C- / 4.2	7.75	9.67	15.69 / 30	13.02 / 54	14.02 / 70	0.00	1.13
SC	Legg Mason Prt Small Cap Value B	SBVBX	C	(866) 811-7256	C / 4.9	7.56	9.27	14.86 / 25	12.18 / 47	13.16 / 63	0.00	1.87
SC	Legg Mason Prt Small Cap Value C	SBVLX	C	(866) 811-7256	C / 4.7	7.54	9.21	14.71 / 24	12.07 / 46	13.09 / 63	0.00	1.99
SC	Legg Mason Prt Small Cap Value I	SMCYX	C+	(866) 811-7256	C+ / 5.9	7.82	9.85	16.10 / 33	13.42 / 58	--	0.00	0.77
GI	Legg Mason Prt Social Awareness A	SSIAX	E+	(866) 811-7256	E / 0.4	3.76	3.38	13.15 / 17	5.73 / 5	6.70 / 7	1.26	1.10
GI	Legg Mason Prt Social Awareness B	SESIX	D-	(866) 811-7256	E / 0.4	3.48	2.80	11.91 / 13	4.76 / 3	5.77 / 4	0.38	1.99
GI	Legg Mason Prt Social Awareness C	SESLX	D-	(866) 811-7256	E / 0.5	3.61	3.02	12.37 / 14	5.02 / 4	5.95 / 4	0.72	1.79
MC	Legg Mason Special Invest Prim	LMASX	D-	(866) 811-7256	C+ / 6.6	8.14	13.39	25.94 / 85	11.82 / 44	18.57 / 89	0.00	1.78
SC	● Legg Mason US Sm-Cap Value Tr	LMSVX	D-	(866) 811-7256	D+ / 2.8	3.68	4.06	14.11 / 21	11.10 / 37	11.62 / 50	0.00	2.00
GR	Legg Mason Value Trust Fin-Intrm	LMVFX	D+	(866) 811-7256	D+ / 2.5	6.67	5.15	17.63 / 42	8.91 / 20	13.63 / 67	0.00	1.02
GR	Legg Mason Value Trust Inst	LMNVX	D+	(866) 811-7256	D+ / 2.8	6.74	5.31	18.01 / 45	9.26 / 23	14.00 / 70	0.00	0.69
★ GR	Legg Mason Value Trust Prim	LMVTX	D-	(866) 811-7256	D / 2.0	6.49	4.81	16.86 / 37	8.19 / 15	12.87 / 61	0.00	1.70
GI	Lehman Bro Strat Inc Inst	LBSIX	D-	(800) 877-9700	E+ / 0.7	-0.86	0.78	8.56 / 5	8.48 / 17	--	4.40	2.30
GI	Lehman Bro Strat Inc T	LBSTX	D-	(800) 877-9700	E+ / 0.7	-0.91	0.73	8.51 / 5	8.46 / 17	--	4.36	1.09
AA	Leuthold Asset Allocation Fd	LAALX	U	(888) 200-0409	U /	4.47	7.44	14.27 / 22	--	--	1.18	1.34
GI	● Leuthold Core Investment Fund	LCORX	B	(888) 200-0409	C+ / 6.9	7.50	9.69	17.80 / 44	14.98 / 69	16.67 / 84	1.94	1.08
SC	Leuthold Grizzly Short Fund	GRZZX	E-	(888) 200-0409	E- / 0.0	-4.46	-5.41	-15.68 / 0	-9.32 / 0	-13.69 / 0	8.00	1.70
GR	● Leuthold Select Industries Fund	LSLTX	B-	(888) 200-0409	A- / 9.0	10.62	13.83	23.79 / 80	21.01 / 87	17.72 / 87	0.58	1.24
AA	Lifetime Achievement Fund	LFTAX	B+	(414) 299-2120	B- / 7.4	4.83	8.19	22.06 / 73	17.61 / 79	15.17 / 77	0.00	3.04
GR	LKCM Aquinas Growth Fund	AQEGX	U	(800) 423-6369	U /	6.21	7.31	13.87 / 20	--	--	0.00	1.48
IN	LKCM Aquinas Value Fund	AQEIX	U	(800) 423-6369	U /	6.36	9.70	22.70 / 76	--	--	0.69	1.50
BA	LKCM Balanced Fd	LKBAX	C	(800) 423-6369	D+ / 2.7	4.88	7.30	16.93 / 38	9.65 / 25	8.24 / 16	1.76	1.45
GR	LKCM Equity Fd	LKEQX	C+	(800) 423-6369	C / 4.8	6.49	10.33	22.17 / 73	10.87 / 35	9.73 / 30	0.86	1.07
SC	LKCM Small Cap Equity Adv	LKSAX	D+	(800) 423-6369	C+ / 5.8	5.77	7.13	13.83 / 20	15.06 / 69	--	0.00	1.23
SC	LKCM Small Cap Equity Inst	LKSCX	D+	(800) 423-6369	C+ / 6.0	5.79	7.28	14.11 / 21	15.34 / 71	14.65 / 74	0.00	0.98
★ GR	● Longleaf Partners Fund	LLPFX	B-	(800) 445-9469	C+ / 6.7	8.08	10.47	23.30 / 78	13.11 / 55	13.38 / 65	0.35	1.04
FO	Longleaf Partners Intl Fd	LLINX	A+	(800) 445-9469	B+ / 8.4	8.81	14.97	29.81 / 92	16.35 / 75	15.07 / 77	0.06	1.77
SC	● Longleaf Partners Small-Cap Fund	LLSCX	B	(800) 445-9469	B+ / 8.4	3.22	10.82	31.29 / 94	17.88 / 80	17.59 / 87	1.56	1.06
GL	Loomis Sayles Global Markets C	LGMCX	U	(800) 225-5478	U /	6.53	9.51	22.40 / 75	--	--	1.34	2.32
GL	Loomis Sayles Global Markets Y	LSWWX	B+	(800) 225-5478	B- / 7.3	6.79	10.01	23.59 / 79	15.49 / 71	15.46 / 79	1.84	1.19
AG	Loomis Sayles Mid Cap Gr Inst	LSAIX	C-	(800) 633-3330	B / 7.7	8.78	16.60	17.92 / 44	15.42 / 71	15.18 / 77	0.00	1.12
AG	Loomis Sayles Mid Cap Gr Ret	LAGRX	C-	(800) 633-3330	B / 7.6	8.77	16.52	17.63 / 42	15.14 / 69	14.89 / 75	0.00	1.52
SC	Loomis Sayles Small Cap Gr Inst	LSSIX	C	(800) 633-3330	B / 7.9	10.35	16.74	23.51 / 79	15.39 / 71	12.80 / 60	0.00	1.38
SC	Loomis Sayles Small Cap Gr Ret	LCGRX	C	(800) 633-3330	B / 7.8	10.33	16.61	23.14 / 78	15.10 / 69	12.51 / 58	0.00	1.92
SC	Loomis Sayles Small Cap Val Admin	LSVAX	C+	(800) 633-3330	C+ / 6.7	5.39	9.98	17.97 / 45	15.57 / 72	13.65 / 67	0.13	1.46
SC	Loomis Sayles Small Cap Val Inst	LSSCX	C+	(800) 633-3330	B- / 7.0	5.50	10.24	18.56 / 49	16.16 / 74	14.22 / 71	0.54	0.90
SC	Loomis Sayles Small Cap Val Ret	LSCRX	C+	(800) 633-3330	C+ / 6.9	5.43	10.09	18.25 / 47	15.87 / 73	13.93 / 69	0.32	1.20
GR	Loomis Sayles Tax Managed Eq I	LSCGX	D	(800) 633-3330	C- / 3.2	5.49	6.58	19.05 / 53	9.83 / 27	8.88 / 22	0.72	1.64
GI	Loomis Sayles Value A	LSVRX	B	(800) 225-5478	B / 7.7	6.39	7.91	24.86 / 83	18.32 / 81	14.38 / 72	0.52	8.65
GI	Loomis Sayles Value Y	LSGIX	A+	(800) 225-5478	B+ / 8.3	6.48	8.09	25.19 / 83	18.62 / 82	14.68 / 74	0.60	0.91
★ GI	Lord Abbett Affiliated Fund A	LAFFX	D+	(800) 201-6984	D+ / 2.8	5.10	5.48	17.80 / 44	11.69 / 43	10.80 / 41	1.12	0.80
GI	Lord Abbett Affiliated Fund B	LAFBX	C-	(800) 201-6984	C- / 3.4	4.99	5.15	17.06 / 39	10.96 / 35	10.09 / 34	0.59	1.45
GI	Lord Abbett Affiliated Fund C	LAFCX	C-	(800) 201-6984	C- / 3.4	5.00	5.23	17.03 / 38	10.97 / 35	10.11 / 34	0.60	1.45
GI	Lord Abbett Affiliated Fund P	LAFPX	C	(800) 201-6984	C- / 3.9	5.09	5.45	17.64 / 42	11.57 / 41	10.70 / 40	1.10	0.90
GI	Lord Abbett Affiliated Fund Y	LAFYX	C	(800) 201-6984	C / 4.4	5.24	5.67	18.15 / 46	12.09 / 46	11.20 / 45	1.49	0.45
GI	Lord Abbett All Value A	LDFVX	C-	(800) 201-6984	C- / 3.4	5.79	8.10	14.41 / 23	12.71 / 52	12.37 / 57	0.51	1.12
GI	Lord Abbett All Value B	GILBX	C	(800) 201-6984	C- / 4.0	5.59	7.80	13.71 / 19	11.99 / 45	11.67 / 50	0.00	1.77
GI	Lord Abbett All Value C	GILAX	C	(800) 201-6984	C- / 4.0	5.61	7.74	13.69 / 19	11.99 / 45	11.66 / 50	0.02	1.77
GI	Lord Abbett All Value P	LAVPX	C	(800) 201-6984	C / 4.6	5.68	8.02	14.28 / 22	12.61 / 51	12.28 / 56	0.61	1.22
GI	Lord Abbett All Value Y	LAVYX	C+	(800) 201-6984	C / 5.1	5.84	8.23	14.81 / 25	13.15 / 56	--	0.83	0.77
IN	Lord Abbett America's Value A	LAMAX	C	(800) 201-6984	C- / 3.8	4.17	7.79	20.14 / 61	12.45 / 49	10.61 / 40	2.32	1.33
IN	Lord Abbett America's Value B	LAMBX	C+	(800) 201-6984	C / 4.4	4.04	7.50	19.43 / 56	11.73 / 43	9.91 / 32	1.88	1.98

● Denotes fund is closed to new investors
★ Denotes fund is included in Section II

www.thestreet.com/ratings

I. Index of Stock Mutual Funds

Summer 2007

RISK		NET ASSETS		ASSET					BULL / BEAR		FUND MANAGER		MINIMUMS		LOADS	
	3 Year	NAV						Portfolio	Last Bull	Last Bear	Manager	Manager	Initial	Additional	Front	Back
Risk	Standard	As of	Total	Cash	Stocks	Bonds	Other	Turnover	Market	Market	Quality	Tenure	Purch.	Purch.	End	End
Rating/Pts	Deviation	Beta	6/30/07	$(Mil)	%	%	%	%	Ratio	Return	Return	Pct	(Years)	$	$	Load	Load
B- / 7.2	9.8	0.70	25.86	330	1	98	0	1	27.0	132.1	-10.1	82	9	500	50	5.8	0.0
B- / 7.1	9.8	0.70	24.76	88	1	98	0	1	27.0	124.7	-10.2	74	9	500	50	0.0	0.0
B- / 7.1	9.8	0.70	24.67	184	1	98	0	1	27.0	124.1	-10.2	73	9	500	50	0.0	0.0
B- / 7.2	9.8	0.70	26.21	127	1	98	0	1	27.0	N/A	N/A	84	9	1,000,000	0	0.0	0.0
C+ / 6.8	5.9	0.77	21.47	194	4	69	26	1	47.0	54.7	-6.0	16	1	500	50	5.8	0.0
B- / 7.2	5.9	0.77	21.56	50	4	69	26	1	47.0	49.0	-6.2	12	1	500	50	0.0	0.0
B- / 7.2	5.9	0.77	21.65	14	4	69	26	1	47.0	50.1	-6.1	13	1	500	50	0.0	0.0
D- / 1.4	14.5	1.22	42.22	3,375	0	99	0	1	36.4	144.1	-10.1	9	N/A	1,000	100	0.0	0.0
C / 5.4	10.3	0.73	13.75	208	1	98	0	1	28.9	128.7	-9.3	58	9	1,000	100	0.0	0.0
B- / 7.0	12.4	1.49	82.18	2,302	0	99	0	1	11.1	105.8	-9.9	7	N/A	1,000,000	0	0.0	0.0
B- / 7.0	12.4	1.49	83.89	7,125	0	99	0	1	11.1	108.7	-9.9	8	N/A	1,000,000	0	0.0	0.0
C+ / 6.4	12.4	1.49	74.95	11,537	0	99	0	1	11.1	100.1	-10.1	5	N/A	1,000	100	0.0	0.0
B- / 7.3	3.5	0.27	10.18	19	N/A	25	71	N/A	89.0	N/A	N/A	83	4	0	0	0.0	0.0
B- / 7.6	3.6	0.27	10.18	1	N/A	25	71	N/A	89.0	N/A	N/A	83	N/A	0	0	0.0	0.0
U /	N/A	N/A	11.14	424	4	67	28	1	86.8	N/A	N/A	N/A	N/A	10,000	100	0.0	0.0
B / 8.6	8.0	0.74	20.42	1,546	5	66	28	1	82.6	121.3	-2.1	94	12	10,000	100	0.0	0.0
D+ / 2.3	11.1	-0.67	4.77	55	100	0	0	0	399.8	-56.1	10.3	5	7	10,000	100	0.0	0.0
C / 4.8	12.5	1.30	21.15	74	1	98	0	1	8.5	178.8	-6.4	96	7	10,000	100	0.0	0.0
B- / 7.7	11.3	2.01	24.98	173	N/A	N/A	0	N/A	26.0	134.1	-10.1	87	7	10,000	500	2.5	2.0
U /	N/A	N/A	16.58	53	0	99	0	1	45.0	N/A	N/A	N/A	N/A	5,000	500	0.0	1.0
U /	N/A	N/A	15.04	39	0	100	0	0	42.0	N/A	N/A	N/A	N/A	5,000	500	0.0	1.0
B+ / 9.6	4.6	0.94	14.21	12	3	69	26	2	15.0	62.5	-4.8	70	10	10,000	1,000	0.0	1.0
B / 8.2	7.2	0.94	15.92	53	1	98	0	1	23.0	83.5	-9.2	49	13	10,000	1,000	0.0	1.0
C- / 3.9	13.0	0.93	23.28	27	2	97	0	1	56.0	N/A	N/A	79	13	10,000	1,000	0.0	1.0
C- / 3.9	13.0	0.93	23.58	688	2	97	0	1	56.0	146.9	-8.9	82	13	10,000	1,000	0.0	1.0
B- / 7.9	8.7	0.90	38.51	12,299	7	92	0	1	19.0	105.3	-7.5	79	20	10,000	0	0.0	0.0
B / 8.1	8.2	0.58	21.74	3,774	5	94	0	1	24.0	162.4	-17.0	76	9	10,000	0	0.0	0.0
C+ / 5.8	9.0	0.57	33.38	3,932	16	84	0	0	34.0	176.9	-11.6	98	16	10,000	0	0.0	0.0
U /	N/A	N/A	14.51	36	2	66	31	1	103.0	N/A	N/A	N/A	11	2,500	100	0.0	0.0
B- / 7.5	7.5	0.66	14.62	68	2	66	31	1	103.0	102.2	2.4	49	11	100,000	100	0.0	2.0
C- / 3.3	15.4	1.63	25.14	22	0	100	0	0	211.0	145.4	-13.7	35	8	100,000	50	0.0	0.0
C- / 3.2	15.4	1.63	24.55	27	0	100	0	0	211.0	142.8	-13.8	32	8	2,500	50	0.0	0.0
C- / 3.8	15.4	1.08	14.92	26	3	96	0	1	100.0	140.7	-14.0	67	2	100,000	50	0.0	2.0
C- / 3.8	15.4	1.08	14.53	3	3	96	0	1	100.0	137.8	-13.9	64	2	2,500	50	0.0	2.0
C+ / 5.6	10.7	0.78	28.55	86	4	95	0	1	60.0	136.8	-6.6	90	7	0	0	0.0	2.0
C+ / 5.7	10.7	0.78	29.17	540	4	95	0	1	60.0	142.0	-6.5	92	7	100,000	50	0.0	2.0
C+ / 5.8	10.7	0.78	28.92	435	4	95	0	1	60.0	139.4	-6.6	91	7	2,500	50	0.0	2.0
C+ / 6.2	7.1	0.90	11.34	6	2	97	0	1	43.0	75.7	-6.3	40	4	25,000	50	0.0	0.0
C+ / 6.4	7.1	0.91	23.46	18	3	96	0	1	36.0	136.4	-9.8	96	7	2,500	100	5.8	0.0
B / 8.4	7.1	0.91	23.51	162	3	96	0	1	36.0	139.1	-9.8	97	7	100,000	100	0.0	0.0
B- / 7.2	7.3	0.92	16.04	16,733	0	99	0	1	40.0	101.5	-11.2	63	N/A	250	0	5.8	0.0
B- / 7.3	7.3	0.92	16.09	1,307	0	99	0	1	40.0	96.1	-11.3	54	N/A	250	0	0.0	0.0
B- / 7.3	7.3	0.92	16.06	1,730	0	99	0	1	40.0	96.1	-11.4	53	N/A	250	0	0.0	0.0
B- / 7.3	7.3	0.92	16.01	460	0	99	0	1	40.0	100.7	-11.3	61	N/A	0	0	0.0	0.0
B- / 7.3	7.3	0.92	16.08	1,200	0	99	0	1	40.0	104.6	-11.1	67	N/A	1,000,000	0	0.0	0.0
B- / 7.6	8.3	1.04	13.34	2,364	1	98	0	1	63.8	105.9	-8.1	63	N/A	1,000	0	5.8	0.0
B- / 7.6	8.3	1.04	12.85	285	1	98	0	1	63.8	100.3	-8.3	N/A	N/A	1,000	0	0.0	0.0
B- / 7.6	8.3	1.04	12.80	646	1	98	0	1	63.8	100.2	-8.2	53	N/A	1,000	0	0.0	0.0
B- / 7.6	8.3	1.04	13.20	49	1	98	0	1	63.8	104.9	-8.0	62	N/A	0	0	0.0	0.0
B- / 7.6	8.4	1.05	13.41	11	1	98	0	1	63.8	N/A	N/A	67	N/A	1,000,000	0	0.0	0.0
B / 8.3	6.5	0.80	14.08	1,345	1	98	0	1	23.0	94.7	-8.2	81	6	1,000	0	5.8	0.0
B / 8.5	6.5	0.80	13.99	75	1	98	0	1	23.0	89.5	-8.3	74	6	1,000	0	0.0	0.0

www.thestreet.com/ratings

Data as of June 30, 2007

I. Index of Stock Mutual Funds

Summer 2007

99 Pct = Best
0 Pct = Worst

Fund Type	Fund Name	Ticker Symbol	Overall Investment Rating	Phone	Performance Rating/Pts	3 Mo	6 Mo	1Yr / Pct	3Yr / Pct (Annualized)	5Yr / Pct (Annualized)	Dividend Yield	Expense Ratio
IN	Lord Abbett America's Value C	LAMCX	C+	(800) 201-6984	C / 4.4	4.04	7.50	19.41 /55	11.73 /43	9.92 /32	1.88	1.98
IN	Lord Abbett America's Value P	LAMPX	C+	(800) 201-6984	C / 5.0	4.13	7.79	20.06 /60	12.36 /49	10.56 /39	2.36	1.43
IN	Lord Abbett America's Value Y	LAMYX	B-	(800) 201-6984	C / 5.5	4.31	8.00	20.62 /64	12.85 /53	11.01 /43	2.76	0.98
CV	Lord Abbett Convertible Fund A	LACFX	D	(800) 201-6984	D- / 1.0	3.98	6.39	11.88 /13	8.45 /17	--	3.64	1.27
CV	Lord Abbett Convertible Fund B	LBCFX	D	(800) 201-6984	D- / 1.3	3.82	6.06	11.18 /11	7.79 /13	--	3.20	1.92
CV	Lord Abbett Convertible Fund C	LACCX	D	(800) 201-6984	D- / 1.3	3.83	6.07	11.19 /11	7.79 /13	--	3.21	1.92
CV	Lord Abbett Convertible Fund P	LCFPX	D+	(800) 201-6984	D- / 1.5	3.93	6.28	11.67 /12	8.34 /16	--	3.35	1.37
CV	Lord Abbett Convertible Fund Y	LCFYX	D+	(800) 201-6984	D / 1.8	4.06	6.47	12.24 /14	8.85 /20	--	4.15	0.92
SC	Lord Abbett Developing Growth A	LAGWX	C	(800) 201-6984	B / 7.9	13.60	18.88	22.91 /77	15.76 /73	12.15 /55	0.00	1.22
SC	Lord Abbett Developing Growth B	LADBX	C	(800) 201-6984	B / 8.2	13.40	18.53	22.14 /73	15.03 /69	11.45 /48	0.00	1.87
SC	Lord Abbett Developing Growth C	LADCX	C	(800) 201-6984	B / 8.2	13.34	18.51	22.09 /73	15.01 /69	11.44 /48	0.00	1.87
SC	Lord Abbett Developing Growth P	LADPX	C	(800) 201-6984	B+ / 8.4	13.59	18.86	22.78 /76	15.65 /72	12.07 /54	0.00	1.27
SC	Lord Abbett Developing Growth Y	LADYX	C	(800) 201-6984	B+ / 8.5	13.67	19.07	23.35 /78	16.17 /75	12.57 /58	0.00	0.87
GL	Lord Abbett Global-Equity A	LAGEX	C+	(800) 201-6984	C+ / 6.7	6.66	9.42	23.58 /79	15.44 /71	12.33 /56	0.26	1.82
GL	Lord Abbett Global-Equity B	LAGBX	B-	(800) 201-6984	B- / 7.1	6.44	9.10	22.78 /76	14.69 /67	11.58 /49	0.08	2.47
GL	Lord Abbett Global-Equity C	LAGCX	B-	(800) 201-6984	B- / 7.1	6.43	9.08	22.75 /76	14.70 /67	11.64 /50	0.08	2.47
GR	Lord Abbett Growth Opportunities A	LMGAX	D-	(800) 201-6984	D+ / 2.9	6.75	11.06	16.42 /35	10.66 /33	9.80 /31	0.00	1.56
GR	Lord Abbett Growth Opportunities B	LMGBX	D	(800) 201-6984	C- / 3.5	6.59	10.69	15.63 /30	9.97 /28	9.12 /24	0.00	2.21
GR	Lord Abbett Growth Opportunities C	LMGCX	D	(800) 201-6984	C- / 3.5	6.60	10.70	15.64 /30	9.95 /28	9.13 /24	0.00	2.21
GR	Lord Abbett Growth Opportunities P	LGOPX	D	(800) 201-6984	C- / 4.0	6.75	11.01	16.32 /34	10.56 /32	9.72 /30	0.00	1.66
GR	Lord Abbett Growth Opportunities Y	LMGYX	D+	(800) 201-6984	C / 4.5	6.85	11.20	16.77 /37	11.05 /36	10.16 /34	0.00	1.21
IN	Lord Abbett Income Strategy A	ISFAX	U	(800) 201-6984	U /	1.25	3.58	11.71 /13	--	--	4.48	1.57
FO	Lord Abbett Intl Core Equity A	LICAX	A-	(800) 201-6984	A- / 9.0	8.15	11.90	29.95 /92	22.74 /91	--	0.32	1.42
FO	Lord Abbett Intl Core Equity B	LICBX	A-	(800) 201-6984	A- / 9.1	8.02	11.60	29.17 /91	22.00 /89	--	0.00	2.07
FO	Lord Abbett Intl Core Equity C	LICCX	A-	(800) 201-6984	A- / 9.1	8.02	11.60	29.17 /91	21.96 /89	--	0.00	2.07
FO	Lord Abbett Intl Core Equity P	LICPX	A	(800) 201-6984	A- / 9.2	8.16	11.92	29.93 /92	22.65 /90	--	0.36	1.52
FO	Lord Abbett Intl Core Equity Y	LICYX	A	(800) 201-6984	A- / 9.2	8.29	12.17	30.53 /93	23.17 /91	--	0.53	1.17
GL	Lord Abbett Inv Tr-Div Eq Strat A	LDSAX	U	(800) 201-6984	U /	6.56	9.02	21.27 /68	--	--	1.17	3.25
BA	Lord Abbett Invt Tr-Balan Strat A	LABFX	D	(800) 201-6984	D- / 1.2	3.29	4.90	14.63 /24	9.21 /22	9.47 /28	3.01	0.45
BA	Lord Abbett Invt Tr-Balan Strat B	LABBX	C-	(800) 201-6984	D / 1.6	3.14	4.57	13.83 /20	8.48 /17	8.77 /21	2.59	1.10
BA	Lord Abbett Invt Tr-Balan Strat C	BFLAX	C-	(800) 201-6984	D / 1.6	3.15	4.60	13.88 /20	8.48 /17	8.78 /21	2.62	1.10
BA	Lord Abbett Invt Tr-Balan Strat P	LABPX	C-	(800) 201-6984	D / 1.9	3.29	4.88	14.49 /23	9.10 /21	--	3.12	0.55
GR	Lord Abbett Large Cap Core A	LRLCX	D+	(800) 201-6984	D / 2.0	5.03	7.08	17.60 /42	9.73 /26	9.79 /31	0.50	1.30
GR	Lord Abbett Large Cap Core B	LARBX	C-	(800) 201-6984	D+ / 2.5	4.87	6.74	16.83 /37	9.02 /21	9.08 /24	0.00	1.95
GR	Lord Abbett Large Cap Core C	LLRCX	C-	(800) 201-6984	D+ / 2.5	4.85	6.75	16.84 /37	9.02 /21	9.09 /24	0.00	1.95
GR	Lord Abbett Large Cap Core P	LRLPX	C-	(800) 201-6984	D+ / 2.9	5.02	7.02	17.48 /41	9.62 /25	9.72 /30	0.18	1.43
GR	Lord Abbett Large Cap Core Y	LARYX	C	(800) 201-6984	C- / 3.3	5.09	7.24	17.97 /45	10.12 /29	10.18 /35	0.82	0.95
GR	Lord Abbett Large Cap Value A	LALAX	C	(800) 201-6984	D+ / 2.8	5.44	5.51	18.17 /46	11.47 /40	--	1.08	1.28
GR	Lord Abbett Large Cap Value B	LLCBX	C	(800) 201-6984	C- / 3.4	5.23	5.23	17.36 /40	10.72 /34	--	0.76	1.93
GR	Lord Abbett Large Cap Value C	LLCCX	C	(800) 201-6984	C- / 3.4	5.30	5.23	17.44 /41	10.76 /34	--	0.69	1.93
GR	Lord Abbett Large Cap Value P	LALPX	C+	(800) 201-6984	C- / 3.9	5.36	5.50	18.06 /45	11.36 /39	--	1.01	1.38
GR	Lord Abbett Large Cap Value Y	LLCYX	C+	(800) 201-6984	C / 4.3	5.48	5.70	18.56 /49	11.84 /44	--	1.39	0.93
GR	Lord Abbett Lg Cap Growth A	LALCX	E+	(800) 201-6984	E+ / 0.9	6.15	6.71	14.18 /22	7.15 /10	7.08 / 9	0.00	1.67
GR	Lord Abbett Lg Cap Growth B	LALBX	E+	(800) 201-6984	D- / 1.2	6.08	6.47	13.61 /19	6.49 / 7	6.42 / 6	0.00	2.32
GR	Lord Abbett Lg Cap Growth C	LACGX	E+	(800) 201-6984	D- / 1.1	5.89	6.28	13.41 /18	6.43 / 7	6.38 / 6	0.00	2.32
GR	Lord Abbett Lg Cap Growth P	LLCPX	D-	(800) 201-6984	D- / 1.5	6.11	6.67	14.07 /21	7.09 / 9	7.17 / 9	0.00	1.77
GR	Lord Abbett Lg Cap Growth Y	LALYX	D-	(800) 201-6984	D / 1.7	6.12	6.87	14.53 /23	7.47 /12	7.29 /10	0.00	1.32
* MC	● Lord Abbett Mid-Cap Value A	LAVLX	C+	(800) 201-6984	C+ / 6.8	6.02	11.31	24.21 /81	15.36 /71	13.79 /68	0.41	1.05
MC	● Lord Abbett Mid-Cap Value B	LMCBX	B-	(800) 201-6984	B- / 7.2	5.84	10.90	23.34 /78	14.59 /66	13.04 /62	0.00	1.75
MC	● Lord Abbett Mid-Cap Value C	LMCCX	B-	(800) 201-6984	B- / 7.2	5.81	10.94	23.37 /78	14.58 /66	13.05 /62	0.00	1.75
MC	● Lord Abbett Mid-Cap Value P	LMCPX	B-	(800) 201-6984	B- / 7.5	5.99	11.21	24.01 /80	15.23 /70	13.67 /67	0.32	1.20
MC	● Lord Abbett Mid-Cap Value Y	LMCYX	B	(800) 201-6984	B / 7.7	6.07	11.48	24.58 /82	15.73 /73	14.18 /71	0.71	0.75

● Denotes fund is closed to new investors
* Denotes fund is included in Section II

www.thestreet.com/ratings

Summer 2007 — I. Index of Stock Mutual Funds

RISK			NET ASSETS		ASSET					BULL / BEAR		FUND MANAGER		MINIMUMS		LOADS	
Risk Rating/Pts	3 Year Standard Deviation	Beta	NAV As of 6/30/07	Total $(Mil)	Cash %	Stocks %	Bonds %	Other %	Portfolio Turnover Ratio	Last Bull Market Return	Last Bear Market Return	Manager Quality Pct	Manager Tenure (Years)	Initial Purch. $	Additional Purch. $	Front End Load	Back End Load
B /8.5	6.4	0.80	14.01	98	1	98	0	1	23.0	89.5	-8.4	74	6	1,000	0	0.0	0.0
B /8.5	6.5	0.80	14.12	3	1	98	0	1	23.0	94.0	-8.2	80	N/A	0	0	0.0	0.0
B /8.5	6.5	0.80	14.15	24	1	98	0	1	23.0	97.8	-8.2	83	6	1,000,000	0	0.0	0.0
B /8.2	6.5	1.00	12.64	95	0	0	0	100	43.8	N/A	N/A	66	4	1,000	0	4.8	0.0
B /8.2	6.5	1.00	12.61	16	0	0	0	100	43.8	N/A	N/A	58	4	1,000	0	0.0	0.0
B /8.2	6.5	1.01	12.60	65	0	0	0	100	43.8	N/A	N/A	57	4	1,000	0	0.0	0.0
B /8.2	6.4	1.00	12.71	N/A	0	0	0	100	43.8	N/A	N/A	65	4	0	0	0.0	0.0
B /8.2	6.4	1.00	12.67	151	0	0	0	100	43.8	N/A	N/A	71	4	1,000,000	0	0.0	0.0
C- /3.4	16.3	1.13	19.96	550	2	97	0	1	168.7	130.5	-12.0	66	N/A	1,000	0	5.8	0.0
C- /3.1	16.3	1.12	18.36	54	2	97	0	1	168.7	124.4	-12.2	57	N/A	1,000	0	0.0	0.0
C- /3.1	16.3	1.13	18.44	59	2	97	0	1	168.7	124.4	-12.2	57	N/A	1,000	0	0.0	0.0
C- /3.4	16.3	1.13	19.73	74	2	97	0	1	168.7	129.7	-12.1	65	N/A	0	0	0.0	0.0
C- /3.6	16.3	1.12	20.79	127	2	97	0	1	168.7	134.0	-11.9	70	N/A	1,000,000	0	0.0	0.0
C+ /6.7	8.4	0.86	14.41	91	2	97	0	1	95.2	104.8	-5.1	16	N/A	1,000	0	5.8	0.0
C+ /6.7	8.3	0.86	13.55	13	2	97	0	1	95.2	99.4	-5.4	13	N/A	1,000	0	0.0	0.0
C+ /6.7	8.3	0.86	13.57	15	2	97	0	1	95.2	99.3	-5.1	13	N/A	1,000	0	0.0	0.0
C /5.4	11.2	1.30	22.30	603	1	98	0	1	159.9	89.6	-7.2	20	N/A	1,000	0	5.8	0.0
C /5.3	11.1	1.30	21.02	101	1	98	0	1	159.9	84.6	-7.4	16	N/A	1,000	0	0.0	0.0
C /5.3	11.2	1.30	21.01	82	1	98	0	1	159.9	84.5	-7.4	16	N/A	1,000	0	0.0	0.0
C /5.4	11.2	1.30	22.29	16	1	98	0	1	159.9	88.9	-7.3	19	N/A	0	0	0.0	0.0
C /5.5	11.2	1.30	22.93	26	1	98	0	1	159.9	92.3	-7.1	22	N/A	1,000,000	0	0.0	0.0
U /	N/A	N/A	15.89	56	2	31	66	1	N/A	N/A	N/A	N/A	N/A	1,000	0	4.8	0.0
C+ /6.6	10.3	1.08	17.11	945	3	96	0	1	134.0	N/A	N/A	34	N/A	1,000	0	5.8	0.0
C+ /6.6	10.3	1.08	16.84	73	3	96	0	1	134.0	N/A	N/A	29	N/A	1,000	0	0.0	0.0
C+ /6.6	10.3	1.08	16.84	192	3	96	0	1	134.0	N/A	N/A	29	N/A	1,000	0	0.0	0.0
C+ /6.6	10.3	1.08	17.09	N/A	3	96	0	1	134.0	N/A	N/A	34	N/A	0	0	0.0	0.0
C+ /6.6	10.3	1.08	17.24	253	3	96	0	1	134.0	N/A	N/A	38	N/A	1,000,000	0	0.0	0.0
U /	N/A	N/A	17.88	27	3	96	0	1	N/A	N/A	N/A	N/A	1	1,000	0	5.8	0.0
B /8.3	4.9	1.02	12.25	1,106	0	60	40	0	N/A	71.7	-5.7	60	N/A	1,000	0	5.8	0.0
B+ /9.0	4.9	1.02	12.23	122	0	60	40	0	N/A	67.1	-5.8	50	N/A	1,000	0	0.0	0.0
B+ /9.0	4.9	1.02	12.21	192	0	60	40	0	N/A	67.2	-5.9	50	N/A	1,000	0	0.0	0.0
B+ /9.0	4.9	1.02	12.21	8	0	60	40	0	N/A	70.8	N/A	59	N/A	0	0	0.0	0.0
B- /7.9	7.1	0.92	31.92	697	3	96	0	1	39.5	94.1	-11.5	37	N/A	1,000	0	5.8	0.0
B /8.2	7.1	0.92	30.57	76	3	96	0	1	39.5	88.8	-11.6	30	N/A	1,000	0	0.0	0.0
B /8.2	7.2	0.92	30.69	92	3	96	0	1	39.5	88.8	-11.6	30	N/A	1,000	0	0.0	0.0
B /8.1	7.2	0.92	32.03	7	3	96	0	1	39.5	93.3	-11.4	36	N/A	0	0	0.0	0.0
B /8.1	7.1	0.92	32.00	256	3	96	0	1	39.5	97.1	-11.4	42	N/A	1,000,000	0	0.0	0.0
B /8.4	7.2	0.92	14.93	26	1	98	0	1	42.2	N/A	N/A	60	N/A	1,000	50	5.8	0.0
B /8.5	7.2	0.92	14.68	4	1	98	0	1	42.2	N/A	N/A	50	N/A	1,000	50	0.0	0.0
B /8.6	7.2	0.92	14.69	6	1	98	0	1	42.2	N/A	N/A	51	N/A	1,000	50	0.0	0.0
B /8.6	7.2	0.91	14.95	N/A	1	98	0	1	42.2	N/A	N/A	59	N/A	0	0	0.0	0.0
B /8.6	7.3	0.92	15.01	35	1	98	0	1	42.2	N/A	N/A	64	N/A	1,000,000	0	0.0	0.0
C+ /6.4	10.4	1.22	6.04	123	0	99	0	1	188.3	62.0	-9.4	8	N/A	1,000	50	5.8	0.0
C+ /6.4	10.3	1.21	5.76	35	0	99	0	1	188.3	57.9	-9.6	6	N/A	1,000	50	0.0	0.0
C+ /6.4	10.3	1.21	5.75	45	0	99	0	1	188.3	57.7	-9.6	6	N/A	1,000	50	0.0	0.0
C+ /6.4	10.4	1.22	6.08	N/A	0	99	0	1	188.3	62.7	-9.4	8	N/A	0	0	0.0	0.0
C+ /6.5	10.4	1.22	6.07	59	0	99	0	1	188.3	64.6	-9.8	9	N/A	1,000,000	0	0.0	0.0
C+ /6.5	9.6	0.85	24.47	7,250	1	98	0	1	20.0	130.9	-11.1	76	12	1,000	50	5.8	0.0
C+ /6.4	9.6	0.85	23.38	849	1	98	0	1	20.0	124.5	-11.2	69	10	1,000	50	0.0	0.0
C+ /6.4	9.6	0.85	23.30	1,000	1	98	0	1	20.0	124.6	-11.3	68	10	1,000	50	0.0	0.0
C+ /6.4	9.6	0.85	23.88	804	1	98	0	1	20.0	129.9	-11.1	75	10	0	0	0.0	0.0
C+ /6.4	9.6	0.85	24.45	728	1	98	0	1	20.0	134.3	-11.0	79	8	1,000,000	0	0.0	0.0

www.thestreet.com/ratings

Data as of June 30, 2007

I. Index of Stock Mutual Funds

Summer 2007

99 Pct = Best
0 Pct = Worst

Fund Type	Fund Name	Ticker Symbol	Overall Investment Rating	Phone	Performance Rating/Pts	3 Mo	6 Mo	1Yr / Pct	3Yr / Pct	5Yr / Pct	Dividend Yield	Expense Ratio
GL	Lord Abbett Sec Tr-Alpha Strategy A	ALFAX	B	(800) 201-6984	B+ / 8.5	8.74	13.24	24.63 /82	20.28 /85	17.35 /86	2.55	1.86
GL	Lord Abbett Sec Tr-Alpha Strategy B	ALFBX	B	(800) 201-6984	B+ / 8.7	8.55	12.86	23.85 /80	19.51 /84	16.58 /83	2.12	2.51
GL	Lord Abbett Sec Tr-Alpha Strategy C	ALFCX	B	(800) 201-6984	B+ / 8.7	8.59	12.92	23.84 /80	19.52 /84	16.59 /83	2.49	2.51
FO	Lord Abbett Sec Tr-Intl Opp A	LAIEX	B	(800) 201-6984	A / 9.3	7.15	12.36	31.86 /94	25.13 /93	20.74 /93	0.08	1.60
FO	Lord Abbett Sec Tr-Intl Opp B	LINBX	B	(800) 201-6984	A / 9.3	6.98	12.00	30.98 /93	24.28 /93	19.89 /92	0.00	2.25
FO	Lord Abbett Sec Tr-Intl Opp C	LINCX	B	(800) 201-6984	A / 9.3	7.02	12.00	30.99 /93	24.29 /93	20.03 /92	0.00	2.25
FO	Lord Abbett Sec Tr-Intl Opp P	LINPX	B	(800) 201-6984	A / 9.4	7.14	12.30	31.76 /94	25.09 /93	20.76 /93	0.15	1.70
FO	Lord Abbett Sec Tr-Intl Opp Y	LINYX	B+	(800) 201-6984	A / 9.4	7.27	12.56	32.36 /94	25.55 /94	21.11 /93	0.32	1.25
SC	● Lord Abbett Small Cap Blend A	LSBAX	C+	(800) 201-6984	C+ / 6.6	8.95	14.23	19.80 /58	14.74 /67	16.54 /83	0.00	1.37
SC	● Lord Abbett Small Cap Blend B	LSBBX	C+	(800) 201-6984	B- / 7.0	8.76	13.81	18.97 /52	14.01 /62	15.79 /80	0.00	2.02
SC	● Lord Abbett Small Cap Blend C	LSBCX	C+	(800) 201-6984	B- / 7.1	8.83	13.88	19.06 /53	14.02 /62	15.80 /80	0.00	2.02
SC	● Lord Abbett Small Cap Blend P	LSBPX	C+	(800) 201-6984	B- / 7.4	8.88	14.13	19.69 /57	14.63 /66	16.50 /83	0.00	1.47
SC	● Lord Abbett Small Cap Blend Y	LSBYX	C+	(800) 201-6984	B / 7.6	9.02	14.40	20.25 /62	15.16 /70	16.91 /85	0.00	1.02
SC	● Lord Abbett Small Cap Value A	LRSCX	C	(800) 201-6984	B- / 7.5	8.17	10.68	16.59 /36	18.83 /83	18.53 /89	0.00	1.23
SC	● Lord Abbett Small Cap Value B	LRSBX	C	(800) 201-6984	B / 7.8	7.98	10.31	15.78 /31	18.04 /80	17.76 /87	0.00	1.93
SC	● Lord Abbett Small Cap Value C	LSRCX	C	(800) 201-6984	B / 7.8	7.96	10.29	15.79 /31	18.04 /80	17.76 /87	0.00	1.93
SC	● Lord Abbett Small Cap Value P	LRSPX	C+	(800) 201-6984	B / 8.0	8.12	10.58	16.42 /35	18.70 /82	18.42 /89	0.00	1.38
SC	● Lord Abbett Small Cap Value Y	LRSYX	C+	(800) 201-6984	B / 8.2	8.23	10.81	16.94 /38	19.23 /83	18.94 /90	0.00	0.93
MC	Lord Abbett Value Opportunities A	LVOAX	U	(800) 201-6984	U /	9.35	13.93	24.06 /80	--	--	0.00	1.75
MC	Lord Abbett Value Opportunities C	LVOCX	U	(800) 201-6984	U /	9.11	13.53	23.27 /78	--	--	0.00	2.40
MC	Lord Abbett Value Opportunities Y	LVOYX	U	(800) 201-6984	U /	9.39	14.14	24.51 /82	--	--	0.10	1.40
GL	Lord Abbett World Gr & Inc Strat A	LWSAX	U	(800) 201-6984	U /	4.73	7.04	17.53 /42	--	--	2.23	1.64
GL	Lord Abbett World Gr & Inc Strat C	LWSCX	U	(800) 201-6984	U /	4.55	6.65	16.81 /37	--	--	1.83	2.29
GI	Lotsoff Capital Mgmt Active Income	LCMAX	U	(877) 568-7633	U /	1.17	2.17	4.08 / 1	--	--	3.01	0.95
SC	Lotsoff Capital Mgmt Micro Cap	LCMMX	C-	(877) 568-7633	C- / 3.5	5.48	6.00	13.76 /19	11.47 /40	--	0.00	1.29
GI	Lou Holland Growth Fund	LHGFX	D	(800) 522-2711	D- / 1.5	8.67	7.56	16.03 /32	5.94 / 6	7.21 / 9	0.07	1.47
GR	MainStay All Cap Growth A	MAAAX	C-	(800) 624-6782	C / 4.3	8.76	12.18	16.58 /35	12.21 /47	8.94 /22	0.00	1.58
GR	MainStay All Cap Growth B	MAWBX	C	(800) 624-6782	C / 4.9	8.56	11.74	15.66 /30	11.35 /39	8.13 /16	0.00	2.33
GR	MainStay All Cap Growth C	MAWCX	C	(800) 624-6782	C / 4.9	8.56	11.73	15.69 /30	11.38 /40	8.15 /16	0.00	2.33
GR	MainStay All Cap Growth I	MATIX	C+	(800) 624-6782	C+ / 6.2	8.95	12.50	17.29 /40	12.88 /53	9.45 /27	0.00	0.95
GI	MainStay All Cap Value A	MALAX	C+	(800) 624-6782	C- / 4.2	7.38	8.51	20.61 /64	12.09 /46	9.55 /28	0.70	1.58
GI	● MainStay All Cap Value B	MALBX	C+	(800) 624-6782	C / 4.7	7.20	8.12	19.70 /57	11.27 /38	8.77 /21	0.22	2.33
GI	MainStay All Cap Value C	MALCX	C+	(800) 624-6782	C / 4.7	7.20	8.12	19.70 /57	11.27 /38	8.77 /21	0.22	2.33
GI	MainStay All Cap Value I	MALIX	B	(800) 624-6782	C+ / 6.0	7.53	8.86	21.12 /67	12.74 /52	10.07 /34	1.06	1.01
BA	MainStay Balanced A	MBNAX	D	(800) 624-6782	E+ / 0.8	1.66	3.61	11.21 /11	8.74 /19	9.64 /29	1.56	1.28
BA	MainStay Balanced B	MBNBX	D+	(800) 624-6782	E+ / 0.9	1.47	3.23	10.41 / 9	7.95 /14	8.84 /21	0.94	2.03
BA	MainStay Balanced C	MBACX	D+	(800) 624-6782	E+ / 0.9	1.47	3.23	10.41 / 9	7.92 /14	8.83 /21	0.94	2.03
BA	MainStay Balanced I	MBAIX	C-	(800) 624-6782	D- / 1.5	1.73	3.82	11.70 /12	9.24 /22	10.05 /33	2.05	0.87
BA	MainStay Balanced R1	MBNRX	C-	(800) 624-6782	D- / 1.4	1.71	3.74	11.55 /12	9.11 /21	9.93 /32	1.95	0.97
BA	MainStay Balanced R2	MBCRX	D+	(800) 624-6782	D- / 1.3	1.64	3.64	11.28 /11	8.84 /20	9.66 /29	1.71	1.23
BA	MainStay Balanced R3	MBDRX	C-	(800) 624-6782	D- / 1.2	1.58	3.48	11.01 /10	8.57 /18	9.38 /27	1.47	1.47
GR	MainStay Capital Appreciation A	MCSAX	D-	(800) 624-6782	D / 1.7	7.28	10.71	15.80 /31	8.20 /16	6.34 / 6	0.00	1.30
GR	MainStay Capital Appreciation B	MCSCX	D-	(800) 624-6782	D / 2.0	7.08	10.28	14.92 /26	7.39 /11	5.54 / 3	0.00	2.05
GR	MainStay Capital Appreciation C	MCACX	D-	(800) 624-6782	D / 2.0	7.11	10.32	14.95 /26	7.40 /11	5.54 / 3	0.00	2.05
GR	MainStay Capital Appreciation I	MCPIX	D	(800) 624-6782	C- / 3.0	7.45	11.01	16.53 /35	8.71 /19	6.73 / 7	0.00	0.66
GI	MainStay Common Stock A	MSOAX	C	(800) 624-6782	C- / 3.8	6.17	7.11	20.57 /64	12.08 /46	9.13 /24	0.34	1.55
GI	MainStay Common Stock B	MOPBX	C+	(800) 624-6782	C / 4.3	5.92	6.69	19.67 /57	11.26 /38	8.32 /17	0.00	2.30
GI	MainStay Common Stock C	MGOCX	C+	(800) 624-6782	C / 4.3	6.00	6.76	19.67 /57	11.26 /38	8.32 /17	0.00	2.30
GI	MainStay Common Stock I	MSOIX	B	(800) 624-6782	C+ / 5.7	6.30	7.45	21.35 /69	12.68 /51	9.61 /29	0.94	0.88
AA	MainStay Conservative Allocation A	MCKAX	U	(800) 624-6782	U /	2.58	4.03	11.95 /13	--	--	2.54	1.24
CV	MainStay Convertible Fund A	MCOAX	D+	(800) 624-6782	D+ / 2.7	7.65	9.12	15.85 /31	10.54 /32	9.91 /32	1.22	1.36
CV	MainStay Convertible Fund B	MCSVX	C-	(800) 624-6782	C- / 3.1	7.42	8.68	14.93 /26	9.74 /26	9.11 /24	0.77	2.11

● Denotes fund is closed to new investors
* Denotes fund is included in Section II

www.thestreet.com/ratings

I. Index of Stock Mutual Funds

Summer 2007

RISK			NET ASSETS		ASSET				Portfolio Turnover Ratio	BULL / BEAR		FUND MANAGER		MINIMUMS		LOADS	
	3 Year		NAV							Last Bull	Last Bear	Manager	Manager	Initial	Additional	Front	Back
Risk Rating/Pts	Standard Deviation	Beta	As of 6/30/07	Total $(Mil)	Cash %	Stocks %	Bonds %	Other %		Market Return	Market Return	Quality Pct	Tenure (Years)	Purch. $	Purch. $	End Load	End Load
C+ / 5.9	12.7	1.18	27.12	271	1	98	0	1	8.8	176.5	-7.9	10	9	1,000	50	5.8	0.0
C+ / 5.9	12.7	1.18	26.15	54	1	98	0	1	8.8	169.0	-8.1	8	9	1,000	50	0.0	0.0
C+ / 5.9	12.7	1.18	26.05	117	1	98	0	1	8.8	168.8	-8.0	8	9	1,000	50	0.0	0.0
C / 5.3	12.9	1.26	19.18	196	3	96	0	1	98.2	224.8	-6.6	25	N/A	1,000	50	5.8	0.0
C / 5.3	12.9	1.26	18.39	43	3	96	0	1	98.2	215.8	-7.1	20	N/A	1,000	50	0.0	0.0
C / 5.3	12.8	1.25	18.30	42	3	96	0	1	98.2	215.5	-6.5	21	N/A	1,000	50	0.0	0.0
C / 5.3	12.9	1.26	19.36	1	3	96	0	1	98.2	225.6	-6.8	25	N/A	0	0	0.0	0.0
C / 5.3	12.8	1.26	19.62	170	3	96	0	1	98.2	229.2	-6.7	28	N/A	1,000,000	0	0.0	0.0
C+ / 5.8	12.0	0.80	19.35	856	4	95	0	1	55.4	176.2	-12.2	86	6	1,000	50	5.8	0.0
C+ / 5.7	12.0	0.80	18.63	94	4	95	0	1	55.4	168.9	-12.3	81	6	1,000	50	0.0	0.0
C+ / 5.7	12.0	0.81	18.62	305	4	95	0	1	55.4	168.8	-12.3	81	6	1,000	50	0.0	0.0
C+ / 5.8	12.0	0.80	19.38	114	4	95	0	1	55.4	175.9	-12.2	85	6	0	0	0.0	0.0
C+ / 5.8	12.0	0.80	19.70	370	4	95	0	1	55.4	180.3	-12.1	87	6	1,000,000	0	0.0	0.0
C / 4.6	13.2	0.94	32.85	2,502	4	95	0	1	71.1	173.8	-5.9	95	N/A	1,000	50	5.8	0.0
C- / 4.1	13.2	0.94	29.64	67	4	95	0	1	71.1	166.3	-6.1	93	N/A	1,000	50	0.0	0.0
C- / 4.1	13.2	0.94	29.69	92	4	95	0	1	71.1	166.3	-6.1	93	N/A	1,000	50	0.0	0.0
C / 4.5	13.2	0.94	32.61	433	4	95	0	1	71.1	172.5	-5.9	94	N/A	0	0	0.0	0.0
C / 4.8	13.2	0.94	34.44	1,192	4	95	0	1	71.1	177.9	-5.9	95	N/A	1,000,000	0	0.0	0.0
U /	N/A	N/A	14.15	128	10	89	0	1	N/A	N/A	N/A	N/A	N/A	1,000	50	5.8	0.0
U /	N/A	N/A	14.01	46	10	89	0	1	N/A	N/A	N/A	N/A	N/A	1,000	50	0.0	0.0
U /	N/A	N/A	14.21	26	10	89	0	1	N/A	N/A	N/A	N/A	N/A	1,000,000	0	0.0	0.0
U /	N/A	N/A	18.36	229	0	74	25	1	N/A	N/A	N/A	N/A	N/A	1,000	50	5.8	0.0
U /	N/A	N/A	18.28	64	0	74	25	1	N/A	N/A	N/A	N/A	N/A	1,000	50	0.0	0.0
U /	N/A	N/A	10.36	168	15	0	74	11	75.0	N/A	N/A	N/A	2	25,000	5,000	0.0	0.0
C+ / 6.9	13.6	0.97	12.89	318	1	98	0	1	41.4	N/A	N/A	34	4	25,000	5,000	0.0	0.0
B- / 7.7	7.9	1.02	20.06	58	0	99	0	1	30.0	66.1	-8.8	9	11	250	0	0.0	0.0
C+ / 6.6	11.6	1.37	27.07	29	1	98	0	1	17.0	90.3	-9.5	26	16	1,000	50	5.5	0.0
C+ / 6.6	11.6	1.37	26.37	11	1	98	0	1	17.0	84.4	-9.6	20	16	1,000	50	0.0	0.0
C+ / 6.6	11.6	1.37	26.39	6	1	98	0	1	17.0	84.5	-9.6	21	16	1,000	50	0.0	0.0
C+ / 6.7	11.6	1.37	28.36	287	1	98	0	1	17.0	94.3	-9.4	31	16	5,000,000	0	0.0	0.0
B / 8.4	7.7	0.98	16.58	25	1	98	0	1	34.7	99.1	-9.9	61	8	1,000	50	5.5	0.0
B / 8.4	7.7	0.99	16.37	9	1	98	0	1	34.7	93.1	-10.1	50	8	1,000	50	0.0	0.0
B / 8.4	7.8	0.99	16.37	4	1	98	0	1	34.7	93.0	-10.1	50	8	1,000	50	0.0	0.0
B / 8.4	7.7	0.98	16.71	135	1	98	0	1	34.7	103.4	-9.9	69	8	5,000,000	0	0.0	0.0
B / 8.7	5.8	1.12	28.55	449	1	59	38	2	12.3	74.5	-2.9	46	18	1,000	50	5.5	0.0
B / 8.8	5.8	1.12	28.49	163	1	59	38	2	12.3	69.0	-3.0	37	18	1,000	50	0.0	0.0
B / 8.8	5.8	1.12	28.48	183	1	59	38	2	12.3	69.2	-3.1	37	18	1,000	50	0.0	0.0
B / 8.7	5.8	1.12	28.59	408	1	59	38	2	12.3	77.4	-2.8	N/A	18	5,000,000	0	0.0	0.0
B / 8.8	5.8	1.12	28.57	150	1	59	38	2	12.3	76.5	-2.8	52	18	0	0	0.0	0.0
B / 8.7	5.8	1.12	28.55	112	1	59	38	2	12.3	74.7	-2.9	48	18	0	0	0.0	0.0
B+ / 9.5	5.8	1.12	28.54	N/A	1	59	38	2	12.3	72.8	-2.9	44	18	0	0	0.0	0.0
C+ / 6.5	9.9	1.22	36.27	722	2	97	0	1	88.1	70.3	-9.7	11	16	1,000	50	5.5	0.0
C+ / 6.4	9.9	1.22	32.82	349	2	97	0	1	88.1	64.9	-9.9	8	16	1,000	50	0.0	0.0
C+ / 6.4	9.9	1.22	32.83	6	2	97	0	1	88.1	64.9	-9.9	8	16	1,000	50	0.0	0.0
C+ / 6.5	9.9	1.21	36.79	N/A	2	97	0	1	88.1	73.0	-9.6	13	13	5,000,000	0	0.0	0.0
B / 8.4	7.8	1.05	15.82	44	0	99	0	1	53.5	91.7	-8.3	N/A	3	1,000	50	5.5	0.0
B / 8.3	7.8	1.05	14.84	39	0	99	0	1	53.5	86.0	-8.5	42	3	1,000	50	0.0	0.0
B / 8.3	7.8	1.05	14.84	4	0	99	0	1	53.5	85.9	-8.5	42	3	1,000	50	0.0	0.0
B / 8.8	7.8	1.05	15.86	199	0	99	0	1	53.5	95.5	-8.2	61	3	5,000,000	0	0.0	0.0
U /	N/A	N/A	11.03	62	3	39	56	2	33.0	N/A	N/A	N/A	N/A	1,000	50	5.5	0.0
B- / 7.4	7.1	1.06	16.05	349	0	9	0	91	54.3	64.6	-1.8	83	8	1,000	50	5.5	0.0
B- / 7.4	7.1	1.07	16.06	117	0	9	0	91	54.3	59.5	-1.9	77	8	1,000	50	0.0	0.0

I. Index of Stock Mutual Funds

Summer 2007

						PERFORMANCE						
	99 Pct = Best					Perfor-	\multicolumn{5}{c|}{Total Return % through 6/30/07}	\multicolumn{2}{c|}{Incl. in Returns}
	0 Pct = Worst			Overall		mance				\multicolumn{2}{c|}{Annualized}	Dividend	Expense
Fund Type	Fund Name	Ticker Symbol	Investment Rating		Phone	Rating/Pts	3 Mo	6 Mo	1Yr / Pct	3Yr / Pct	5Yr / Pct	Yield	Ratio
CV	MainStay Convertible Fund C	MCCVX	C-		(800) 624-6782	C- / 3.1	7.43	8.76	14.94 /26	9.71 /26	9.09 /24	0.77	2.11
IX	● MainStay Equity Index A	MCSEX	C+		(800) 624-6782	C / 4.8	6.15	6.63	21.69 /71	12.40 /49	11.90 /52	1.39	0.75
AA	MainStay Growth Allocation A	MGXAX	U		(800) 624-6782	U /	7.12	8.72	21.32 /69	--	--	1.00	1.34
AA	MainStay Growth Allocation B	MGXBX	U		(800) 624-6782	U /	6.87	8.21	20.35 /62	--	--	0.91	2.09
GR	MainStay Growth Equity Fund I	MRIEX	U		(800) 624-6782	U /	7.85	8.33	19.52 /56	--	--	0.77	1.48
GR	MainStay ICAP Equity Fd A	ICAUX	C+		(800) 624-6782	C+ / 6.3	6.66	7.79	21.61 /70	15.40 /71	11.35 /47	1.20	1.21
GR	MainStay ICAP Equity Fd C	ICAVX	C+		(800) 624-6782	C+ / 6.7	6.47	7.38	20.73 /65	14.55 /66	10.53 /39	0.86	1.96
GR	MainStay ICAP Equity Fd I	ICAEX	C		(800) 624-6782	B- / 7.4	6.77	7.99	22.01 /72	15.72 /73	11.65 /50	1.48	0.89
GR	MainStay ICAP Equity Fd R1	ICAWX	B-		(800) 624-6782	B- / 7.3	6.75	7.91	21.91 /72	15.61 /72	11.55 /49	1.42	0.99
GR	MainStay ICAP Equity Fd R2	ICAYX	B-		(800) 624-6782	B- / 7.2	6.66	7.77	21.60 /70	15.32 /70	11.26 /46	1.28	1.24
GR	MainStay ICAP Equity Fd R3	ICAZX	C+		(800) 624-6782	B- / 7.0	6.62	7.63	21.31 /69	15.03 /69	10.99 /43	1.11	1.49
FO	MainStay ICAP International Fd A	ICEVX	B+		(800) 624-6782	A- / 9.2	8.95	12.26	26.37 /86	26.09 /94	19.78 /91	2.99	1.25
FO	MainStay ICAP International Fd C	ICEWX	B+		(800) 624-6782	A / 9.3	8.74	11.84	25.41 /84	25.14 /93	18.87 /90	2.80	0.98
FO	MainStay ICAP International Fd Inst	ICEUX	A		(800) 624-6782	A / 9.4	9.00	12.37	26.65 /87	26.39 /94	20.07 /92	3.28	1.08
FO	MainStay ICAP International Fd R1	ICETX	B+		(800) 624-6782	A / 9.4	8.99	12.31	26.51 /87	26.27 /94	19.95 /92	3.26	1.33
FO	MainStay ICAP International Fd R2	ICEYX	B+		(800) 624-6782	A / 9.4	8.94	12.20	26.27 /86	25.96 /94	19.65 /91	3.16	1.58
FO	MainStay ICAP International Fd R3	ICEZX	B+		(800) 624-6782	A / 9.3	8.86	12.03	25.89 /85	25.64 /94	19.35 /91	2.98	1.40
GR	MainStay ICAP Select Equity Fd A	ICSRX	B-		(800) 624-6782	B- / 7.4	7.83	9.64	24.18 /81	16.55 /76	14.74 /74	1.19	1.17
GR	MainStay ICAP Select Equity Fd C	ICSVX	B-		(800) 624-6782	B / 7.6	7.62	9.22	23.27 /78	15.68 /72	13.89 /69	0.87	1.92
GR	MainStay ICAP Select Equity Fd I	ICSLX	A+		(800) 624-6782	B / 8.1	7.92	9.77	24.51 /82	16.85 /77	15.04 /76	1.40	0.89
GR	MainStay ICAP Select Equity Fd R1	ICSWX	B		(800) 624-6782	B / 8.0	7.88	9.74	24.43 /81	16.74 /77	14.93 /76	1.35	0.99
GR	MainStay ICAP Select Equity Fd R2	ICSYX	B		(800) 624-6782	B / 7.9	7.84	9.57	24.10 /81	16.45 /76	14.64 /74	1.23	1.24
GR	MainStay ICAP Select Equity Fd R3	ICSZX	B-		(800) 624-6782	B / 7.8	7.78	9.43	23.79 /80	16.16 /76	14.35 /72	1.09	1.49
AA	MainStay Income Manager A	MATAX	C-		(800) 624-6782	D- / 1.3	2.88	3.89	14.88 /25	9.71 /26	8.30 /17	3.66	1.28
AA	MainStay Income Manager B	MAMBX	C-		(800) 624-6782	D / 1.6	2.65	3.47	13.96 /20	8.90 /20	7.50 /11	3.20	2.04
AA	MainStay Income Manager C	MAMCX	C-		(800) 624-6782	D / 1.6	2.72	3.54	14.04 /21	8.92 /20	7.51 /11	3.20	2.03
AA	MainStay Income Manager I	MASIX	C		(800) 624-6782	D / 2.2	2.89	3.91	14.95 /26	9.93 /27	8.53 /19	3.93	0.90
FO	MainStay Intl Equity A	MSEAX	B+		(800) 624-6782	B / 7.6	3.22	6.66	26.14 /86	19.19 /83	15.66 /80	0.37	1.67
FO	MainStay Intl Equity B	MINEX	A-		(800) 624-6782	B / 7.8	3.11	6.28	25.30 /84	18.33 /81	14.79 /75	0.00	2.42
FO	MainStay Intl Equity C	MIECX	A-		(800) 624-6782	B / 7.8	3.05	6.35	25.25 /84	18.29 /81	14.77 /75	0.00	2.42
FO	MainStay Intl Equity I	MSIIX	A		(800) 624-6782	B+ / 8.3	3.39	6.94	26.83 /87	19.85 /85	16.20 /82	0.82	1.08
FO	MainStay Intl Equity R1	MIERX	A		(800) 624-6782	B+ / 8.4	3.34	6.92	26.71 /87	19.71 /84	16.00 /81	0.75	1.18
FO	MainStay Intl Equity R2	MIRRX	A		(800) 624-6782	B+ / 8.4	3.28	6.78	26.42 /86	19.53 /84	15.81 /80	0.56	1.43
FO	MainStay Intl Equity R3	MIFRX	A+		(800) 624-6782	B / 8.2	3.22	6.66	26.18 /86	18.94 /83	15.33 /78	0.43	1.64
GR	MainStay Large Cap Growth Fd A	MLAAX	C		(800) 624-6782	C- / 4.0	8.67	10.32	18.33 /47	11.63 /42	10.72 /41	0.00	1.49
GR	MainStay Large Cap Growth Fd B	MLABX	C+		(800) 624-6782	C / 4.5	8.63	9.93	17.37 /41	10.84 /34	9.93 /32	0.00	2.25
GR	MainStay Large Cap Growth Fd C	MLACX	C+		(800) 624-6782	C / 4.6	8.63	9.93	17.58 /42	10.84 /34	9.94 /32	0.00	2.24
GR	MainStay Large Cap Growth Fd I	MLAIX	B-		(800) 624-6782	C+ / 5.9	9.06	10.70	19.06 /53	12.26 /48	11.21 /46	0.00	0.90
GR	MainStay Large Cap Growth Fd R1	MLRRX	C		(800) 624-6782	C+ / 5.7	8.94	10.59	18.99 /52	12.05 /46	11.04 /44	0.00	1.00
GR	MainStay Large Cap Growth Fd R2	MLRTX	C-		(800) 624-6782	C+ / 5.6	8.99	10.64	18.87 /51	11.88 /44	10.77 /41	0.00	1.25
GR	MainStay Large Cap Growth Fd R3	MLGRX	C-		(800) 624-6782	C / 5.1	8.67	10.32	18.33 /47	11.39 /40	10.44 /38	0.00	1.51
GI	MainStay MAP Fund A	MAPAX	C		(800) 624-6782	C / 5.3	6.42	8.00	19.53 /56	14.14 /63	14.01 /70	0.20	1.27
GI	MainStay MAP Fund B	MAPBX	C		(800) 624-6782	C+ / 5.7	6.23	7.60	18.67 /50	13.30 /57	13.16 /63	0.00	2.02
GI	MainStay MAP Fund C	MMPCX	C		(800) 624-6782	C+ / 5.7	6.23	7.60	18.67 /50	13.30 /57	13.16 /63	0.00	2.02
GI	MainStay MAP Fund I	MUBFX	C+		(800) 624-6782	C+ / 6.7	6.50	8.20	19.91 /59	14.55 /66	14.39 /72	0.43	0.91
GI	MainStay MAP Fund R1	MAPRX	C+		(800) 624-6782	C+ / 6.6	6.46	8.12	19.78 /58	14.43 /65	14.25 /71	0.37	1.01
GI	MainStay MAP Fund R2	MPRRX	C+		(800) 624-6782	C+ / 6.4	6.42	8.00	19.53 /56	14.15 /63	13.98 /70	0.18	1.26
GI	MainStay MAP Fund R3	MMAPX	C+		(800) 624-6782	C+ / 6.1	6.37	7.92	19.24 /54	13.79 /60	13.63 /67	0.05	1.51
MC	MainStay Mid Cap Growth Fund A	MMCPX	B-		(800) 624-6782	B / 8.1	9.57	16.48	19.00 /52	18.65 /82	14.29 /72	0.00	1.55
MC	MainStay Mid Cap Growth Fund B	MMGBX	B		(800) 624-6782	B+ / 8.3	9.33	15.99	18.03 /45	17.80 /80	13.45 /65	0.00	2.30
MC	MainStay Mid Cap Growth Fund C	MMGCX	B		(800) 624-6782	B+ / 8.3	9.42	16.09	18.13 /46	17.80 /80	13.45 /65	0.00	2.30
MC	MainStay Mid Cap Growth Fund I	MMGOX	A-		(800) 624-6782	B+ / 8.6	9.64	16.67	19.45 /56	19.10 /83	14.66 /74	0.00	1.04

● Denotes fund is closed to new investors
* Denotes fund is included in Section II

www.thestreet.com/ratings

Summer 2007

I. Index of Stock Mutual Funds

RISK			NET ASSETS		ASSET					BULL / BEAR		FUND MANAGER		MINIMUMS		LOADS	
	3 Year		NAV						Portfolio	Last Bull	Last Bear	Manager	Manager	Initial	Additional	Front	Back
Risk	Standard		As of	Total	Cash	Stocks	Bonds	Other	Turnover	Market	Market	Quality	Tenure	Purch.	Purch.	End	End
Rating/Pts	Deviation	Beta	6/30/07	$(Mil)	%	%	%	%	Ratio	Return	Return	Pct	(Years)	$	$	Load	Load
B- / 7.4	7.1	1.07	16.05	26	0	9	0	91	54.3	59.3	-1.9	77	8	1,000	50	0.0	0.0
B- / 7.7	7.5	1.01	51.81	487	6	93	0	1	1.0	98.6	-5.6	61	11	1,000	50	3.0	0.0
U /	N/A	N/A	13.09	96	0	99	0	1	84.0	N/A	N/A	N/A	6	1,000	50	5.5	0.0
U /	N/A	N/A	12.91	52	0	99	0	1	84.0	N/A	N/A	N/A	6	1,000	50	0.0	0.0
U /	N/A	N/A	12.09	39	0	99	0	1	74.0	N/A	N/A	N/A	N/A	5,000,000	0	0.0	0.0
C+ / 6.4	7.3	0.91	48.16	17	2	97	0	1	79.7	110.7	-6.4	91	1	1,000	50	5.5	0.0
C+ / 6.4	7.3	0.92	48.08	4	2	97	0	1	79.7	104.1	-6.5	87	1	1,000	50	0.0	0.0
C / 4.8	7.3	0.91	48.19	1,039	2	97	0	1	79.7	113.0	-6.3	92	13	5,000,000	0	0.0	0.0
C+ / 6.4	7.3	0.91	48.19	N/A	2	97	0	1	79.7	112.2	-6.3	91	1	0	0	0.0	0.0
C+ / 6.4	7.3	0.91	48.16	1	2	97	0	1	79.7	110.0	-6.4	90	1	0	0	0.0	0.0
C+ / 6.4	7.3	0.91	48.15	N/A	2	97	0	1	79.7	107.7	-6.4	89	1	0	0	0.0	0.0
C+ / 5.8	9.9	1.03	43.28	67	2	97	0	1	154.7	213.6	-9.4	79	1	1,000	50	5.5	2.0
C+ / 5.8	9.9	1.03	43.16	19	2	97	0	1	154.7	203.8	-9.5	72	1	1,000	50	0.0	2.0
C+ / 6.8	9.9	1.03	43.30	653	2	97	0	1	154.7	216.9	-9.3	82	10	5,000,000	0	0.0	2.0
C+ / 5.8	9.9	1.03	43.27	N/A	2	97	0	1	154.7	215.6	-9.4	81	1	0	0	0.0	2.0
C+ / 5.8	9.9	1.03	43.25	3	2	97	0	1	154.7	212.3	-9.3	79	1	0	0	0.0	2.0
C+ / 5.8	9.9	1.03	43.22	N/A	2	97	0	1	154.7	208.8	-9.4	76	1	0	0	0.0	2.0
C+ / 6.2	7.9	0.96	45.30	68	2	97	0	1	115.4	138.6	-3.4	93	N/A	1,000	50	5.5	0.0
C+ / 6.2	7.9	0.96	45.21	13	2	97	0	1	115.4	131.2	-3.6	90	N/A	1,000	50	0.0	0.0
B / 8.4	7.9	0.96	45.33	1,752	2	97	0	1	115.4	141.2	-3.3	94	N/A	5,000,000	0	0.0	0.0
C+ / 6.2	7.9	0.96	45.34	N/A	2	97	0	1	115.4	140.3	-3.4	93	N/A	0	0	0.0	0.0
C+ / 6.2	7.9	0.96	45.29	N/A	2	97	0	1	115.4	137.6	-3.4	93	N/A	0	0	0.0	0.0
C+ / 6.2	7.9	0.96	45.27	N/A	2	97	0	1	115.4	135.2	-3.5	92	N/A	0	0	0.0	0.0
B / 8.9	4.8	1.05	14.79	91	11	52	36	1	20.1	63.6	-3.7	65	1	1,000	50	5.5	0.0
B+ / 9.4	4.8	1.06	14.63	32	11	52	36	1	20.1	58.4	-3.8	54	1	1,000	50	0.0	0.0
B+ / 9.4	4.8	1.05	14.64	14	11	52	36	1	20.1	58.5	-3.8	55	1	1,000	50	0.0	0.0
B+ / 9.3	4.8	1.05	14.89	283	11	52	36	1	20.1	64.9	-3.6	67	1	5,000,000	0	0.0	0.0
B- / 7.7	8.1	0.82	17.61	191	4	95	0	1	16.0	149.8	-7.9	56	6	1,000	50	5.5	2.0
B- / 7.7	8.1	0.82	16.59	80	4	95	0	1	16.0	142.1	-8.2	45	6	1,000	50	0.0	2.0
B- / 7.7	8.1	0.82	16.57	26	4	95	0	1	16.0	142.0	-8.2	44	6	1,000	50	0.0	2.0
B- / 7.7	8.1	0.82	17.71	611	4	95	0	1	16.0	155.7	-8.0	62	6	5,000,000	0	0.0	2.0
B- / 7.7	8.2	0.83	17.62	4	4	95	0	1	16.0	153.5	-8.0	59	6	0	0	0.0	0.0
B- / 7.7	8.1	0.82	17.64	N/A	4	95	0	1	16.0	151.8	-8.1	60	6	0	0	0.0	0.0
B / 8.3	8.1	0.82	17.62	N/A	4	95	0	1	16.0	147.2	-8.2	54	1	0	0	0.0	0.0
B- / 7.8	10.6	1.25	6.52	265	1	98	0	1	30.2	97.4	-7.5	29	N/A	1,000	50	5.5	0.0
B- / 7.8	10.5	1.25	6.42	128	1	98	0	1	30.2	91.3	-7.7	24	N/A	1,000	50	0.0	Load
B- / 7.7	10.6	1.26	6.42	31	1	98	0	1	30.2	91.3	-7.6	23	N/A	1,000	50	0.0	0.0
B- / 7.8	10.5	1.25	6.62	400	1	98	0	1	30.2	101.2	-7.5	35	N/A	5,000,000	0	0.0	0.0
C / 5.5	10.6	1.27	6.58	17	1	98	0	1	30.2	99.8	-7.6	32	N/A	0	0	0.0	0.0
C / 5.5	10.6	1.27	6.55	2	1	98	0	1	30.2	97.4	-7.5	30	N/A	0	0	0.0	0.0
C / 5.5	10.6	1.26	6.52	N/A	1	98	0	1	30.2	95.0	-7.5	27	N/A	0	0	0.0	0.0
C+ / 6.0	8.5	1.09	39.95	617	5	94	0	1	36.6	129.9	-9.1	73	N/A	1,000	50	5.5	0.0
C+ / 5.9	8.5	1.09	37.54	391	5	94	0	1	36.6	122.6	-9.2	64	N/A	1,000	50	0.0	0.0
C+ / 5.9	8.5	1.09	37.54	307	5	94	0	1	36.6	122.6	-9.2	64	N/A	1,000	50	0.0	0.0
C+ / 6.0	8.5	1.09	40.62	424	5	94	0	1	36.6	133.3	-9.1	77	N/A	5,000,000	0	0.0	0.0
C+ / 6.0	8.5	1.10	40.20	18	5	94	0	1	36.6	132.1	-9.1	76	N/A	0	0	0.0	0.0
C+ / 6.0	8.5	1.09	39.96	7	5	94	0	1	36.6	129.7	-9.1	73	N/A	0	0	0.0	0.0
C+ / 6.9	8.5	1.10	39.91	N/A	5	94	0	1	36.6	126.7	-9.2	69	N/A	0	0	0.0	0.0
C+ / 5.9	13.4	1.23	14.42	135	0	99	0	1	15.3	170.7	-10.3	62	6	1,000	50	5.5	0.0
C+ / 5.8	13.4	1.22	13.71	62	0	99	0	1	15.3	162.9	-10.6	52	6	1,000	50	0.0	0.0
C+ / 5.8	13.4	1.23	13.71	43	0	99	0	1	15.3	162.7	-10.6	52	6	1,000	50	0.0	0.0
B- / 7.0	13.4	1.23	14.56	3	0	99	0	1	15.3	174.7	-10.3	67	6	5,000,000	0	0.0	0.0

www.thestreet.com/ratings

Data as of June 30, 2007

I. Index of Stock Mutual Funds

Summer 2007

99 Pct = Best
0 Pct = Worst

Fund Type	Fund Name	Ticker Symbol	Overall Investment Rating	Phone	Performance Rating/Pts	3 Mo	6 Mo	1Yr / Pct	3Yr / Pct	5Yr / Pct	Dividend Yield	Expense Ratio
MC	MainStay Mid Cap Growth Fund R3	MMGRX	A-	(800) 624-6782	B+ / 8.4	9.52	16.34	18.77 /50	18.28 /81	13.94 /69	0.00	1.67
MC	MainStay Mid Cap Opportunity A	MMOAX	C	(800) 624-6782	C- / 4.1	3.54	8.36	17.46 /41	13.55 /59	14.32 /72	0.33	1.64
MC	MainStay Mid Cap Opportunity B	MMOBX	C	(800) 624-6782	C / 4.6	3.34	7.97	16.58 /35	12.70 /51	13.48 /66	0.00	2.38
MC	MainStay Mid Cap Opportunity C	MMOCX	C	(800) 624-6782	C / 4.6	3.31	7.94	16.60 /36	12.67 /51	13.48 /66	0.00	2.38
MC	MainStay Mid Cap Opportunity I	MMOIX	C+	(800) 624-6782	C+ / 5.8	3.60	8.53	17.82 /44	13.92 /61	14.68 /74	0.45	1.13
MC	MainStay Mid Cap Opportunity R3	MMORX	C+	(800) 624-6782	C / 5.1	3.43	8.24	17.11 /39	13.23 /56	13.99 /70	0.05	1.72
MC	MainStay Mid Cap Value A	MYIAX	D+	(800) 624-6782	C / 4.5	5.52	9.40	19.05 /53	13.17 /56	11.23 /46	0.23	1.38
MC	MainStay Mid Cap Value B	MEIBX	D+	(800) 624-6782	C / 5.1	5.28	8.98	18.15 /46	12.32 /48	10.39 /37	0.00	2.13
MC	MainStay Mid Cap Value C	MCEIX	D+	(800) 624-6782	C / 5.1	5.34	8.98	18.15 /46	12.34 /49	10.39 /37	0.00	2.13
MC	MainStay Mid Cap Value I	MMVIX	B	(800) 624-6782	C+ / 6.2	5.68	9.71	19.59 /57	13.61 /59	11.62 /50	0.37	0.81
MC	MainStay Mid Cap Value R1	MMIRX	C	(800) 624-6782	C+ / 6.1	5.61	9.62	19.46 /56	13.55 /59	11.54 /49	0.00	0.92
MC	MainStay Mid Cap Value R2	MMRRX	C-	(800) 624-6782	C+ / 5.9	5.56	9.48	19.20 /54	13.24 /56	11.23 /46	0.00	1.16
AA	MainStay Moderate Allocation A	MMRAX	U	(800) 624-6782	U /	4.15	5.73	15.50 /29	--	--	1.94	1.13
AA	MainStay Moderate Allocation B	MMRBX	U	(800) 624-6782	U /	3.99	5.38	14.65 /24	--	--	1.56	1.88
AA	MainStay Moderate Gr Allocation A	MGDAX	U	(800) 624-6782	U /	5.66	7.29	18.53 /49	--	--	1.11	1.18
AA	MainStay Moderate Gr Allocation B	MGDBX	U	(800) 624-6782	U /	5.54	6.99	17.65 /43	--	--	1.02	1.93
GR	MainStay S&P 500 Index A	MSXAX	C	(800) 624-6782	C- / 3.5	6.10	6.63	19.83 /58	10.93 /35	10.10 /34	1.19	0.76
GR	MainStay S&P 500 Index I	MSPIX	C+	(800) 624-6782	C / 4.5	6.21	6.76	20.19 /61	11.36 /39	10.46 /38	1.53	0.35
SC	MainStay Small Cap Growth A	MSMAX	E	(800) 624-6782	E / 0.4	3.88	5.94	6.19 / 2	7.51 /12	7.94 /14	0.00	1.93
SC	MainStay Small Cap Growth B	MSOBX	E	(800) 624-6782	E+ / 0.6	3.65	5.51	5.44 / 2	6.69 / 8	7.13 / 9	0.00	2.68
SC	MainStay Small Cap Growth C	MSCCX	E	(800) 624-6782	E / 0.5	3.71	5.57	5.43 / 2	6.71 / 8	7.14 / 9	0.00	2.68
SC	MainStay Small Cap Growth I	MSSIX	E	(800) 624-6782	E+ / 0.9	4.03	6.27	6.91 / 3	7.94 /14	8.31 /17	0.00	1.26
SC	MainStay Small Cap Opp A	MOPAX	E+	(800) 624-6782	C- / 3.0	2.32	3.22	10.03 / 8	13.94 /62	15.56 /79	0.00	1.62
SC	MainStay Small Cap Opp B	MOTBX	E+	(800) 624-6782	C- / 3.4	2.15	2.82	9.20 / 6	13.03 /54	14.67 /74	0.00	2.37
SC	MainStay Small Cap Opp C	MOPCX	E+	(800) 624-6782	C- / 3.4	2.15	2.82	9.19 / 6	13.05 /55	14.72 /74	0.00	2.37
SC	MainStay Small Cap Opp I	MOPIX	D	(800) 624-6782	C / 4.7	2.47	3.40	10.57 / 9	14.47 /65	15.99 /81	0.01	1.24
SC	MainStay Small Cap Value A	MSPAX	E-	(800) 624-6782	E- / 0.2	1.28	1.28	7.04 / 3	5.71 / 5	9.30 /26	0.68	1.68
SC	MainStay Small Cap Value B	MSPBX	E-	(800) 624-6782	E- / 0.2	1.15	0.90	6.33 / 2	4.93 / 3	8.50 /19	0.04	2.43
SC	MainStay Small Cap Value C	MSMCX	E-	(800) 624-6782	E- / 0.2	1.15	0.90	6.33 / 2	4.95 / 3	8.49 /18	0.04	2.43
SC	MainStay Small Cap Value I	MSVVX	E+	(800) 624-6782	E / 0.3	1.50	1.05	6.95 / 3	5.95 / 6	9.56 /28	0.82	1.28
BA	MainStay Total Return A	MTRAX	D-	(800) 624-6782	D- / 1.3	4.59	6.15	14.02 /21	8.88 /20	7.86 /14	1.56	1.31
BA	MainStay Total Return B	MKTRX	D-	(800) 624-6782	D / 1.6	4.43	5.78	13.20 /17	8.10 /15	7.07 / 9	0.95	2.06
BA	MainStay Total Return C	MCTRX	D-	(800) 624-6782	D- / 1.5	4.39	5.80	13.16 /17	8.05 /15	7.04 / 8	0.95	2.06
BA	MainStay Total Return I	MTOIX	D	(800) 624-6782	D+ / 2.4	4.72	6.37	14.47 /23	9.55 /25	8.37 /18	1.91	0.96
GI	MainStay Value Fund A	MVAAX	C	(800) 624-6782	C / 4.4	7.26	7.55	19.93 /59	12.76 /52	9.54 /28	0.83	1.25
GI	MainStay Value Fund B	MKVAX	C	(800) 624-6782	C / 5.0	7.07	7.17	19.04 /53	11.93 /45	8.72 /20	0.36	2.00
GI	MainStay Value Fund C	MSCVX	C	(800) 624-6782	C / 5.0	7.07	7.17	19.04 /53	11.93 /45	8.72 /20	0.35	2.00
GI	MainStay Value Fund I	MVAIX	C+	(800) 624-6782	C+ / 6.1	7.41	7.81	20.50 /63	13.18 /56	9.88 /32	1.20	0.79
GI	MainStay Value Fund R1	MVARX	C+	(800) 624-6782	C+ / 6.0	7.38	7.78	20.41 /63	13.09 /55	9.80 /31	1.13	0.88
GI	MainStay Value Fund R2	MVRTX	C+	(800) 624-6782	C+ / 5.8	7.32	7.62	20.06 /60	12.83 /53	9.52 /28	0.96	1.14
BA	Mairs & Power Balanced Fund	MAPOX	C	(800) 304-7404	D+ / 2.4	5.12	6.12	13.26 /17	9.71 /26	10.35 /37	2.87	0.79
GR	Mairs & Power Growth Fund	MPGFX	C	(800) 304-7404	C- / 3.3	6.88	8.16	16.31 /34	10.01 /28	11.83 /52	1.23	0.69
BA	Managers AMG Chicago Eq Prt Bal A	MBEAX	C-	(800) 835-3879	D- / 1.4	3.46	4.32	15.43 /28	9.65 /25	9.66 /29	2.01	2.00
BA	Managers AMG Chicago Eq Prt Bal B	MBEBX	C-	(800) 835-3879	D / 1.8	3.32	3.92	14.56 /24	8.89 /20	9.01 /23	1.43	2.00
BA	Managers AMG Chicago Eq Prt Bal C	MBECX	C-	(800) 835-3879	D / 1.7	3.21	3.88	14.60 /24	8.89 /20	8.99 /23	1.41	2.54
BA	Managers AMG Chicago Eq Prt Bal Y	MBEYX	C	(800) 835-3879	D+ / 2.5	3.51	4.43	15.79 /31	10.00 /28	10.09 /34	2.36	1.00
MC	Managers AMG Chicago Eq Prt	MKPAX	C+	(800) 835-3879	C+ / 5.8	6.71	12.12	18.01 /45	14.52 /66	13.62 /67	0.23	1.36
MC	Managers AMG Chicago Eq Prt	MKPBX	B-	(800) 835-3879	C+ / 6.4	6.48	11.97	17.40 /41	13.86 /61	13.01 /62	0.26	2.11
MC	Managers AMG Chicago Eq Prt	MKPCX	C+	(800) 835-3879	C+ / 6.3	6.49	11.74	17.16 /39	13.78 /60	12.96 /62	0.26	2.11
MC	Managers AMG Chicago Eq Prt	MKPYX	B	(800) 835-3879	B- / 7.0	6.79	12.26	18.32 /47	14.88 /68	14.07 /70	0.23	1.11
GR	Managers AMG Essex Large Cap	MGCAX	D-	(800) 835-3879	D / 1.8	5.38	8.05	17.04 /38	7.23 /10	5.81 / 4	0.00	3.26
FO	Managers AMG FQ Global Alter A	MGAAX	U	(800) 835-3879	U /	2.10	2.40	5.11 / 2	--	--	1.75	3.58

● Denotes fund is closed to new investors
* Denotes fund is included in Section II

www.thestreet.com/ratings

I. Index of Stock Mutual Funds

Summer 2007

RISK			NET ASSETS		ASSET				Portfolio Turnover Ratio	BULL / BEAR		FUND MANAGER		MINIMUMS		LOADS	
	3 Year		NAV							Last Bull	Last Bear	Manager	Manager	Initial	Additional	Front	Back
Risk	Standard		As of	Total	Cash	Stocks	Bonds	Other		Market	Market	Quality	Tenure	Purch.	Purch.	End	End
Rating/Pts	Deviation	Beta	6/30/07	$(Mil)	%	%	%	%		Return	Return	Pct	(Years)	$	$	Load	Load
B- / 7.0	13.4	1.23	14.38	1	0	99	0	1	15.3	167.1	-10.4	57	1	0	0	0.0	0.0
B- / 7.6	9.9	0.88	30.46	78	3	96	0	1	50.7	136.1	-6.5	52	1	1,000	50	5.5	0.0
B- / 7.6	9.9	0.88	29.66	25	3	96	0	1	50.7	128.8	-6.6	41	1	1,000	50	0.0	0.0
B- / 7.6	9.9	0.88	29.64	30	3	96	0	1	50.7	128.7	-6.6	40	1	1,000	50	0.0	0.0
B- / 7.6	9.8	0.87	30.79	27	3	96	0	1	50.7	139.4	-6.4	57	1	5,000,000	0	0.0	0.0
B / 8.1	9.9	0.87	30.46	N/A	3	96	0	1	50.7	133.3	-6.6	48	1	0	0	0.0	0.0
C / 5.1	10.3	0.83	18.15	186	3	96	0	1	21.7	114.9	-9.3	55	8	1,000	50	5.5	0.0
C / 5.0	10.3	0.82	17.36	161	3	96	0	1	21.7	108.3	-9.5	44	8	1,000	50	0.0	0.0
C / 5.0	10.3	0.82	17.36	41	3	96	0	1	21.7	108.1	-9.5	44	8	1,000	50	0.0	0.0
B / 8.0	10.3	0.83	18.42	1	3	96	0	1	21.7	118.1	-9.2	61	8	5,000,000	0	0.0	0.0
C / 5.3	10.3	0.83	18.46	N/A	3	96	0	1	21.7	117.7	-9.3	60	8	0	0	0.0	0.0
C / 5.2	10.3	0.83	18.24	N/A	3	96	0	1	21.7	115.0	-9.4	56	8	0	0	0.0	0.0
U /	N/A	N/A	11.79	158	2	59	37	2	48.0	N/A	N/A	N/A	2	1,000	50	5.5	0.0
U /	N/A	N/A	11.73	56	2	59	37	2	48.0	N/A	N/A	N/A	2	1,000	50	0.0	0.0
U /	N/A	N/A	12.51	176	2	79	18	1	61.0	N/A	N/A	N/A	2	1,000	50	5.5	0.0
U /	N/A	N/A	12.39	80	2	79	18	1	61.0	N/A	N/A	N/A	2	1,000	50	0.0	0.0
B / 8.7	7.3	1.00	34.60	341	3	96	0	1	2.0	91.5	-9.8	44	11	1,000	50	3.0	0.0
B / 8.7	7.3	1.00	34.90	1,461	3	96	0	1	2.0	94.3	-9.8	50	11	5,000,000	0	0.0	0.0
C / 5.1	15.0	1.06	17.67	103	1	98	0	1	89.5	95.8	-11.5	7	9	1,000	50	5.5	0.0
C / 5.1	15.0	1.06	16.48	97	1	98	0	1	89.5	89.7	-11.7	6	9	1,000	50	0.0	0.0
C / 5.1	15.0	1.06	16.49	6	1	98	0	1	89.5	89.8	-11.7	6	9	1,000	50	0.0	1.0
C / 4.4	15.0	1.06	17.80	4	1	98	0	1	89.5	98.7	-11.4	9	N/A	5,000,000	0	0.0	0.0
C- / 4.0	12.7	0.88	21.18	462	0	99	0	1	32.0	161.1	-3.3	74	N/A	1,000	50	5.5	0.0
C- / 3.8	12.6	0.87	20.42	45	0	99	0	1	32.0	152.6	-3.5	64	N/A	1,000	50	0.0	0.0
C- / 3.9	12.6	0.88	20.43	96	0	99	0	1	32.0	152.9	-3.5	65	N/A	1,000	50	0.0	0.0
C- / 4.1	12.7	0.88	21.57	881	0	99	0	1	32.0	165.6	-3.3	79	N/A	5,000,000	0	0.0	0.0
D / 1.8	12.9	0.91	13.43	54	0	99	0	1	92.8	99.9	-10.9	6	N/A	1,000	50	5.5	0.0
D- / 1.2	12.9	0.91	12.29	38	0	99	0	1	92.8	93.6	-11.0	5	N/A	1,000	50	0.0	0.0
D- / 1.2	12.9	0.91	12.29	9	0	99	0	1	92.8	93.6	-11.0	5	N/A	1,000	50	0.0	0.0
C+ / 6.9	12.9	0.91	13.50	N/A	0	99	0	1	92.8	101.8	-10.8	7	N/A	5,000,000	0	0.0	0.0
B- / 7.0	5.7	1.20	19.54	517	3	61	35	1	70.0	59.8	-3.9	42	16	1,000	50	5.5	0.0
B- / 7.1	5.7	1.20	19.60	181	3	61	35	1	70.0	54.8	-4.1	34	16	1,000	50	0.0	0.0
B- / 7.1	5.7	1.20	19.57	3	3	61	35	1	70.0	54.6	-4.1	34	16	1,000	50	0.0	0.0
B- / 7.1	5.6	1.19	19.64	N/A	3	61	35	1	70.0	63.2	-3.8	54	16	5,000,000	0	0.0	0.0
C+ / 6.9	7.2	0.91	23.11	552	5	94	0	1	48.0	101.9	-10.1	75	8	1,000	50	5.5	0.0
C+ / 6.9	7.1	0.90	22.93	184	5	94	0	1	48.0	95.6	-10.2	67	8	1,000	50	0.0	0.0
C+ / 6.9	7.1	0.90	22.93	14	5	94	0	1	48.0	95.6	-10.2	67	8	1,000	50	0.0	0.0
C+ / 6.9	7.2	0.91	23.10	32	5	94	0	1	48.0	104.8	-10.1	79	8	5,000,000	0	0.0	0.0
C+ / 6.9	7.2	0.91	23.09	N/A	5	94	0	1	48.0	104.1	-10.1	78	8	0	0	0.0	0.0
C+ / 6.9	7.2	0.90	23.04	5	5	94	0	1	48.0	101.9	-10.1	76	8	0	0	0.0	0.0
B+ / 9.2	4.9	1.00	66.10	151	2	63	34	1	6.9	72.0	-2.4	67	1	2,500	100	0.0	0.0
B / 8.3	7.5	0.90	82.99	2,805	2	97	0	1	4.4	93.7	-6.7	42	8	2,500	100	0.0	0.0
B+ / 9.0	5.3	1.19	13.29	2	0	100	0	0	117.0	70.9	-2.9	55	N/A	2,000	100	5.8	0.0
B+ / 9.1	5.4	1.20	13.06	8	0	100	0	0	117.0	66.4	-2.9	43	N/A	2,000	100	0.0	0.0
B+ / 9.1	5.3	1.19	13.18	4	0	100	0	0	117.0	66.4	-2.9	44	N/A	2,000	100	0.0	0.0
B+ / 9.2	5.3	1.19	13.39	8	0	100	0	0	117.0	73.6	-2.7	59	N/A	2,500,000	1,000	0.0	0.0
B- / 7.2	11.2	1.03	16.37	9	2	97	0	1	84.1	124.8	-4.9	40	7	2,000	100	5.8	0.0
B- / 7.2	11.1	1.02	15.44	11	2	97	0	1	84.1	119.6	-5.0	35	7	2,000	100	0.0	0.0
B- / 7.2	11.2	1.03	15.42	11	2	97	0	1	84.1	119.1	-5.0	33	7	2,000	100	0.0	0.0
B- / 7.2	11.2	1.03	17.30	61	2	97	0	1	84.1	128.5	-4.8	45	7	2,500,000	100	0.0	0.0
C+ / 6.2	10.0	1.19	31.53	65	2	97	0	1	80.4	60.9	-10.7	9	N/A	2,000	100	0.0	0.0
U /	N/A	N/A	10.23	39	0	90	9	1	48.0	N/A	N/A	N/A	1	2,000	100	5.8	0.0

www.thestreet.com/ratings

Data as of June 30, 2007

I. Index of Stock Mutual Funds

Summer 2007

						PERFORMANCE						
	99 Pct = Best							Total Return % through 6/30/07				Incl. in Returns
	0 Pct = Worst			Overall		Perfor-				Annualized		Dividend Expense
Fund			Ticker	Investment		mance						
Type	Fund Name		Symbol	Rating	Phone	Rating/Pts	3 Mo	6 Mo	1Yr / Pct	3Yr / Pct	5Yr / Pct	Yield Ratio
GR	Managers AMG Systematic Value A		MSYAX	U	(800) 835-3879	U /	5.63	9.50	22.26 /74	--	--	0.66 2.08
GR	Managers AMG Systematic Value		MSYSX	C+	(800) 835-3879	B / 7.7	5.69	9.65	22.51 /75	16.46 /76	14.57 /73	0.69 1.12
MC	Managers AMG TSqr MidCap Gr Inst		TMDIX	U	(800) 835-3879	U /	7.99	9.85	22.11 /73	--	--	0.00 1.23
MC	Managers AMG TSqr MidCap Gr		TMDPX	U	(800) 835-3879	U /	8.02	9.80	21.98 /72	--	--	0.00 1.23
SC	● Managers AMG TSqr SmCap Gr I		TSCIX	B	(800) 835-3879	B- / 7.0	8.14	9.10	15.69 /30	15.64 /72	14.82 /75	0.00 1.10
SC	● Managers AMG TSqr SmCap Gr		TSCPX	B-	(800) 835-3879	C+ / 6.9	8.05	9.01	15.56 /29	15.50 /71	14.67 /74	0.00 1.25
EM	Managers Emerging Markets Eq		MEMEX	B	(800) 835-3879	A+ / 9.8	15.18	16.41	48.30 /98	38.31 /98	29.92 /98	0.70 1.76
MC	Managers Essex Growth I		MEAIX	E+	(800) 835-3879	D- / 1.4	7.50	9.50	11.91 /13	6.56 / 8	7.58 /12	0.00 1.29
SC	Managers Essex Sm/MicroCap Gr Fd		MBRSX	D	(800) 835-3879	C+ / 5.9	8.00	14.30	16.15 /33	14.46 /65	18.10 /88	0.00 1.91
GI	Managers First Quad Tax-Managed		MFQTX	A+	(800) 835-3879	B+ / 8.5	5.00	13.17	24.31 /81	18.83 /83	13.63 /67	0.00 1.41
GL	Managers Fremont Global Fund		MMAFX	C	(800) 835-3879	C- / 3.4	4.16	5.43	15.93 /31	11.38 /40	10.44 /38	0.84 1.27
SC	Managers Fremont US Micro-Cap Fd		MMCFX	E+	(800) 835-3879	D+ / 2.5	4.22	7.35	15.73 /30	9.38 /23	11.65 /50	0.00 1.56
SC	Managers Fremont US Micro-Cap		MIMFX	E	(800) 835-3879	D+ / 2.3	4.32	6.66	14.47 /23	9.32 /23	12.03 /54	0.00 1.39
FO	Managers International Eq		MGITX	A-	(800) 835-3879	B+ / 8.9	6.97	9.74	26.36 /86	22.39 /90	15.75 /80	1.60 1.47
RE	Managers Real Estate Sec Fund		MRESX	C	(800) 835-3879	B- / 7.5	-10.14	-6.23	11.65 /12	21.19 /87	18.34 /89	0.95 1.47
SC	● Managers Small Cap Fund		MSSCX	C+	(800) 835-3879	C+ / 6.2	7.37	8.73	15.91 /31	14.31 /64	13.72 /67	0.00 1.40
SC	Managers Small Company		MSCFX	C-	(800) 835-3879	C / 4.9	7.78	11.11	19.18 /54	10.90 /35	12.78 /60	0.00 1.54
SC	Managers Special Equity Fd		MGSEX	D	(800) 835-3879	C / 4.5	5.67	9.84	16.25 /33	11.74 /43	12.42 /57	0.00 1.47
SC	Managers Special Equity I		MSEIX	C	(800) 835-3879	C / 4.8	5.74	9.98	16.54 /35	11.99 /45	--	0.00 1.23
GI	Managers Value		MGIEX	C-	(800) 835-3879	C+ / 5.6	6.64	5.65	21.53 /70	12.69 /51	10.31 /36	1.02 1.23
GR	Manning & Napier Equity Series		EXEYX	B-	(585) 325-6880	B / 7.6	7.03	8.80	21.55 /70	16.32 /75	14.58 /73	0.23 2.30
AA	Manning & Napier Pro-Blend Con		EXDAX	C-	(800) 466-3863	E+ / 0.8	2.13	3.49	10.44 / 9	7.06 / 9	6.80 / 7	2.46 1.08
AA	Manning & Napier Pro-Blend Ext		MNBAX	C+	(800) 466-3863	C / 5.3	4.85	6.39	18.40 /48	13.28 /57	12.62 /59	1.34 1.14
AA	Manning & Napier Pro-Blend Max		EXHAX	B-	(800) 466-3863	B- / 7.0	5.94	7.92	22.26 /74	14.90 /68	14.42 /72	0.74 1.16
AA	Manning & Napier Pro-Blend Mod		EXBAX	C	(800) 466-3863	C- / 3.0	3.75	5.25	15.36 /28	10.93 /35	10.33 /37	1.58 1.16
FO	Manning & Napier World Opprty Fd A		EXWAX	B+	(800) 466-3863	A / 9.3	6.13	12.11	32.54 /95	24.27 /93	19.79 /92	0.59 1.16
GR	Manor Fund		MNRMX	D	(800) 787-3334	C- / 3.4	5.70	5.70	8.80 / 6	12.44 /49	12.64 /59	0.17 1.49
GR	Manor Growth Fund		MNRGX	D-	(800) 787-3334	D / 2.1	4.99	7.22	13.99 /21	8.82 /19	9.98 /33	0.00 1.53
SC	Marketocracy Masters 100 Fund		MOFQX	C+	(888) 884-8482	C+ / 6.7	9.49	10.37	22.40 /75	12.95 /54	12.63 /59	0.00 1.95
GI	Markman Core Growth Fd		MTRPX	C	(800) 707-2771	C+ / 6.5	7.12	7.71	21.26 /68	13.88 /61	14.71 /74	0.00 1.64
FO	Marshall International Stock Adv		MRIAX	A	(800) 236-8554	B+ / 8.5	7.16	11.35	26.38 /86	21.05 /87	14.77 /75	0.18 1.49
FO	Marshall International Stock Inst		MRIIX	B+	(800) 236-8554	B+ / 8.8	7.19	11.46	26.73 /87	21.33 /88	15.05 /76	0.38 1.26
FO	Marshall International Stock Inv		MRISX	B+	(800) 236-8554	B+ / 8.8	7.16	11.35	26.38 /86	21.05 /87	14.78 /75	0.19 1.49
IN	Marshall Large Cap Value Fd		MAEIX	D+	(800) 236-8554	C- / 3.4	5.32	5.70	18.65 /49	13.12 /55	10.01 /33	1.10 1.23
IN	Marshall Large Cap Value Y		MREIX	C-	(800) 236-8554	C / 4.8	5.32	5.70	18.65 /50	13.12 /55	10.01 /33	1.16 1.23
GR	Marshall Large-Cap Growth A		MLCAX	E+	(800) 236-8554	D / 1.8	6.38	7.04	19.10 /53	9.47 /24	7.60 /12	0.03 1.27
GR	Marshall Large-Cap Growth Inv		MASTX	D-	(800) 236-8554	D+ / 2.8	6.38	7.04	19.10 /53	9.47 /24	7.60 /12	0.03 1.27
MC	Marshall Mid-Cap Growth Adv		MMSAX	C-	(800) 236-8554	C / 4.6	8.05	13.54	17.60 /42	12.99 /54	9.62 /29	0.00 1.30
MC	Marshall Mid-Cap Growth Inv		MRMSX	C+	(800) 236-8554	C+ / 5.9	8.05	13.54	17.60 /42	12.99 /54	9.62 /29	0.00 1.30
MC	Marshall Mid-Cap Value Adv		MVEAX	C	(800) 236-8554	C / 4.4	5.98	9.82	20.92 /66	13.12 /55	13.94 /69	0.36 1.19
MC	Marshall Mid-Cap Value Inv		MRVEX	C+	(800) 236-8554	C+ / 5.7	5.98	9.82	20.92 /66	13.12 /55	13.94 /69	0.38 1.19
SC	Marshall Small-Cap Growth Adv		MASCX	C-	(800) 236-8554	B- / 7.0	6.85	13.34	19.34 /55	16.91 /77	17.73 /87	0.00 1.54
SC	Marshall Small-Cap Growth Inv		MRSCX	C	(800) 236-8554	B / 7.7	6.85	13.34	19.34 /55	16.91 /77	17.73 /87	0.00 1.54
MC	Marsico 21ST Century Fund		MXXIX	B+	(888) 860-8686	B+ / 8.4	10.32	11.56	22.17 /73	18.70 /82	18.01 /88	0.79 1.30
GI	Marsico Flexible Capital Fd		MFCFX	U	(888) 860-8686	U /	-0.48	2.60	--	--	--	0.00 2.00
★ GR	Marsico Focus Fund		MFOCX	D	(888) 860-8686	D / 1.9	2.35	1.61	10.90 /10	10.93 /35	7.94 /14	0.10 1.22
GR	Marsico Growth Fd		MGRIX	D+	(888) 860-8686	D+ / 2.5	5.30	5.77	14.19 /22	10.52 /32	8.86 /22	0.00 1.24
FO	Marsico International Oppt		MIOFX	B	(888) 860-8686	B+ / 8.6	7.01	7.45	24.92 /83	20.91 /87	17.94 /88	0.18 1.35
GR	MassMutual Prem Enhnd Idx Core Eq		DLBQX	C+	(800) 542-6767	C / 4.3	5.46	5.70	19.28 /54	11.70 /43	10.33 /37	0.98 0.79
GR	MassMutual Prem Enhnd Idx Growth		MPGLX	U	(800) 542-6767	U /	6.75	8.12	19.35 /55	--	--	0.33 0.90
GR	MassMutual Prem Enhnd Idx Growth		MPGSX	U	(800) 542-6767	U /	6.86	8.23	19.26 /54	--	--	0.39 0.68
GR	MassMutual Prem Enhnd Idx Growth		DEIGX	C	(800) 542-6767	C- / 3.2	6.84	8.32	19.60 /57	9.04 /21	9.30 /26	0.37 0.74

● Denotes fund is closed to new investors
★ Denotes fund is included in Section II

www.thestreet.com/ratings

Summer 2007   I. Index of Stock Mutual Funds

RISK			NET ASSETS		ASSET					BULL / BEAR		FUND MANAGER		MINIMUMS		LOADS	
	3 Year		NAV						Portfolio	Last Bull	Last Bear	Manager	Manager	Initial	Additional	Front	Back
Risk	Standard		As of	Total	Cash	Stocks	Bonds	Other	Turnover	Market	Market	Quality	Tenure	Purch.	Purch.	End	End
Rating/Pts	Deviation	Beta	6/30/07	$(Mil)	%	%	%	%	Ratio	Return	Return	Pct	(Years)	$	$	Load	Load
U /	N/A	N/A	13.14	51	2	97	0	1	114.3	N/A	N/A	N/A	N/A	2,000	100	5.8	0.0
C /5.2	7.7	0.98	13.18	31	2	97	0	1	114.3	130.9	-8.7	92	N/A	2,500,000	1,000	0.0	0.0
U /	N/A	N/A	14.05	318	4	95	0	1	46.3	N/A	N/A	N/A	2	3,000,000	100,000	0.0	0.0
U /	N/A	N/A	14.01	207	4	95	0	1	46.3	N/A	N/A	N/A	2	1,000,000	10,000	0.0	0.0
B- /7.3	11.3	0.79	13.55	505	5	94	0	1	60.2	130.1	-8.6	90	N/A	5,000,000	100,000	0.0	0.0
B- /7.3	11.3	0.79	13.43	178	5	94	0	1	60.2	129.2	-8.6	89	N/A	1,000,000	10,000	0.0	0.0
C /4.3	16.6	1.09	28.45	190	2	97	0	1	44.5	303.3	-4.9	18	9	2,000	100	0.0	0.0
C+ /5.8	14.6	1.20	11.18	16	1	98	0	1	85.9	64.1	-9.5	2	N/A	100,000	1,000	0.0	0.0
C- /3.6	17.3	1.17	21.74	97	4	95	0	1	92.9	176.9	-9.9	43	N/A	2,000	100	5.8	0.0
B /8.4	9.6	1.15	16.16	99	1	98	0	1	98.3	130.2	-7.6	94	7	2,500,000	1,000	0.0	0.0
B /8.4	6.2	1.30	15.48	171	2	97	0	1	89.0	80.1	-4.2	69	N/A	2,000	100	0.0	0.0
C /4.4	17.1	1.18	38.25	276	10	89	0	1	116.0	109.3	-11.7	9	N/A	2,000	100	0.0	0.0
D+ /2.9	17.0	1.17	15.22	135	10	89	0	1	116.0	106.6	-11.2	9	N/A	250,000	1,000	0.0	0.0
C+ /6.6	10.6	1.10	73.99	255	5	94	0	1	76.6	162.2	-8.9	28	N/A	2,000	100	0.0	2.0
C /4.5	15.2	1.03	11.92	28	0	99	0	1	82.5	182.7	N/A	74	10	2,000	100	0.0	0.0
B- /7.2	11.7	0.83	17.19	96	3	96	0	1	46.6	115.4	-6.2	81	N/A	2,000	100	0.0	0.0
C+ /6.2	12.9	0.92	13.30	42	3	96	0	1	40.7	118.9	-6.4	33	N/A	2,000	100	0.0	0.0
C /4.8	12.8	0.93	91.12	2,260	9	90	0	1	75.7	126.2	-12.1	40	22	2,000	100	0.0	0.0
B- /7.2	12.8	0.93	91.89	393	9	90	0	1	75.7	N/A	N/A	44	N/A	2,500,000	1,000	0.0	0.0
C /5.1	7.5	0.98	29.56	81	0	99	0	1	35.6	105.8	-11.1	68	7	2,000	100	0.0	0.0
C+ /6.3	7.9	0.90	21.02	114	6	93	0	1	55.0	122.6	-10.9	93	9	2,000	100	0.0	0.0
B+ /9.4	2.5	0.43	12.38	91	2	28	69	1	48.0	33.1	0.4	70	12	2,000	100	0.0	0.0
B- /7.5	5.6	1.06	17.24	545	3	67	29	1	82.0	83.6	-5.2	90	14	2,000	100	0.0	0.0
C+ /6.9	7.3	1.39	19.05	443	2	87	9	2	56.0	114.8	-8.0	90	12	2,000	100	0.0	0.0
B /8.5	4.4	0.83	13.77	349	3	51	44	2	72.0	63.6	-3.6	85	14	2,000	100	0.0	0.0
C+ /6.0	10.0	1.01	10.74	505	10	89	0	1	5.0	194.7	-5.0	68	11	2,000	100	0.0	0.0
C+ /6.1	9.0	1.10	18.54	4	7	92	0	1	25.0	100.2	-6.8	53	12	1,000	100	0.0	0.0
C+ /5.8	9.4	1.16	12.63	5	7	92	0	1	25.9	84.4	-6.2	16	8	1,000	100	0.0	0.0
C+ /6.4	15.0	0.94	16.50	44	5	94	0	1	156.0	107.8	-0.4	56	6	2,000	50	0.0	0.0
C /5.1	12.3	1.43	13.69	65	0	100	0	0	799.0	135.8	-9.6	36	5	5,000	0	0.0	0.0
B- /7.5	10.4	1.09	17.95	8	3	96	0	1	146.0	158.1	-12.0	22	N/A	1,000	50	5.8	2.0
C+ /6.3	10.4	1.09	18.19	252	3	96	0	1	146.0	160.6	-12.0	23	N/A	1,000,000	50	0.0	2.0
C+ /6.3	10.4	1.09	17.95	294	3	96	0	1	146.0	157.8	-12.0	22	N/A	1,000	50	0.0	2.0
C+ /6.3	7.2	0.86	14.61	13	1	98	0	1	121.0	94.7	-9.7	82	3	1,000	50	5.8	2.0
C+ /6.3	7.2	0.86	14.61	344	1	98	0	1	121.0	94.7	-9.7	82	3	1,000	50	0.0	2.0
C /5.0	8.4	1.09	13.68	10	2	97	0	1	134.0	75.4	-11.1	23	N/A	1,000	50	5.8	2.0
C /5.0	8.4	1.09	13.68	246	2	97	0	1	134.0	75.4	-11.1	23	4	1,000	50	0.0	2.0
C+ /6.4	12.5	1.12	17.44	5	3	96	0	1	134.0	89.3	-8.7	20	3	1,000	50	5.8	2.0
C+ /6.4	12.5	1.12	17.44	221	3	96	0	1	134.0	89.3	-8.7	20	3	1,000	50	0.0	2.0
C+ /6.8	8.6	0.78	16.67	15	4	94	0	2	63.0	127.6	-7.5	61	10	1,000	50	5.8	2.0
C+ /6.8	8.6	0.78	16.67	637	4	94	0	2	63.0	127.6	-7.5	61	10	1,000	50	0.0	2.0
C- /4.1	15.1	1.03	19.03	8	7	92	0	1	148.0	166.0	-15.4	84	3	1,000	50	5.8	2.0
C- /4.1	15.1	1.03	19.03	254	7	92	0	1	148.0	166.0	-15.4	84	N/A	1,000	50	0.0	2.0
C+ /6.7	12.6	1.05	16.99	2,056	10	89	0	1	39.0	166.2	-9.0	82	7	2,500	100	0.0	2.0
U /	N/A	N/A	10.26	27	24	66	8	2	29.0	N/A	N/A	N/A	N/A	2,500	100	0.0	2.0
B- /7.2	10.1	1.16	19.60	4,685	4	95	0	1	20.0	85.6	-9.1	30	10	2,500	100	0.0	2.0
B- /7.0	9.6	1.15	21.25	2,855	1	98	0	1	18.0	90.9	-8.5	27	10	2,500	100	0.0	2.0
C+ /5.8	11.3	1.16	18.17	748	3	96	0	1	60.0	179.8	-11.7	14	7	2,500	100	0.0	2.0
B /8.5	7.4	1.01	13.53	54	0	99	0	1	163.0	95.2	-9.1	54	7	0	0	0.0	0.0
U /	N/A	N/A	10.12	87	1	98	0	1	163.0	N/A	N/A	N/A	3	0	0	0.0	0.0
U /	N/A	N/A	10.13	105	1	98	0	1	163.0	N/A	N/A	N/A	3	0	0	0.0	0.0
B /8.1	8.8	1.14	10.15	73	1	98	0	1	163.0	80.3	-9.4	18	7	0	0	0.0	0.0

www.thestreet.com/ratings   Data as of June 30, 2007

I. Index of Stock Mutual Funds

Summer 2007

99 Pct = Best
0 Pct = Worst

Fund Type	Fund Name	Ticker Symbol	Overall Investment Rating	Phone	Performance Rating/Pts	3 Mo	6 Mo	1Yr / Pct	3Yr / Pct	5Yr / Pct	Dividend Yield	Expense Ratio
GR	MassMutual Prem Enhnd Idx Val II S	MPTSX	U	(800) 542-6767	U /	4.53	4.94	20.12 /61	--	--	1.90	0.63
GR	MassMutual Prem Enhnd Idx Val L	MPILX	U	(800) 542-6767	U /	4.38	4.85	19.62 /57	--	--	0.99	0.91
GR	MassMutual Prem Enhnd Idx Val S	MEPSX	U	(800) 542-6767	U /	4.50	4.96	20.48 /63	--	--	1.11	0.66
GR	MassMutual Prem Enhnd Idx Val Y	DENVX	B-	(800) 542-6767	C+ / 6.6	4.37	4.84	19.77 /58	15.48 /71	12.96 /62	1.00	0.76
SC	MassMutual Prem Main Street	MPULX	U	(800) 542-6767	U /	5.45	9.77	--	--	--	0.00	0.98
SC	MassMutual Prem Main Street	MPVSX	U	(800) 542-6767	U /	5.54	9.86	--	--	--	0.00	0.73
BA	MassMutual Premier Balanced N	MMBNX	C-	(800) 542-6767	D- / 1.2	3.10	3.80	13.52 /18	7.78 /13	--	1.83	1.52
BA	MassMutual Premier Balanced S	MBLDX	C-	(800) 542-6767	D / 1.7	3.32	4.21	14.42 /23	8.76 /19	8.17 /16	2.56	0.65
BA	MassMutual Premier Balanced Y	MBAYX	C-	(800) 542-6767	D / 1.6	3.31	4.18	14.36 /22	8.58 /18	8.02 /15	2.35	0.81
GR	MassMutual Premier Capital Apprec	MACAX	U	(800) 542-6767	U /	6.34	8.99	17.58 /42	--	--	0.00	1.23
GR	MassMutual Premier Capital Apprec L	MCALX	U	(800) 542-6767	U /	6.34	9.09	17.69 /43	--	--	0.00	1.00
GR	MassMutual Premier Capital Apprec	MCASX	U	(800) 542-6767	U /	6.40	9.13	18.02 /45	--	--	0.00	0.78
GR	MassMutual Premier Capital Apprec	MCAYX	U	(800) 542-6767	U /	6.33	9.07	17.88 /44	--	--	0.00	0.78
GR	MassMutual Premier Core Growth S	DLBRX	D	(800) 542-6767	D+ / 2.9	7.17	10.81	20.65 /64	7.65 /12	7.04 / 9	0.00	0.80
GL	MassMutual Premier Global A	MGFAX	U	(800) 542-6767	U /	7.21	8.31	22.33 /74	--	--	0.86	1.50
GL	MassMutual Premier Global L	MGFLX	U	(800) 542-6767	U /	7.32	8.58	22.68 /76	--	--	1.01	1.25
GL	MassMutual Premier Global S	MGFSX	U	(800) 542-6767	U /	7.38	8.65	22.88 /77	--	--	1.20	1.07
FO	MassMutual Premier Intl Equity L	MIELX	A-	(800) 542-6767	A / 9.3	6.78	10.80	33.03 /95	23.29 /91	16.53 /83	0.76	1.30
FO	MassMutual Premier Intl Equity N	MIENX	A-	(800) 542-6767	A- / 9.2	6.65	10.53	32.33 /94	22.61 /90	--	0.56	1.85
FO	MassMutual Premier Intl Equity S	MIEDX	A-	(800) 542-6767	A / 9.3	6.84	10.90	33.19 /95	23.50 /92	16.85 /84	1.11	1.12
GR	MassMutual Premier Main Street L	MMSLX	U	(800) 542-6767	U /	6.51	6.88	19.27 /54	--	--	0.81	1.02
GR	MassMutual Premier Main Street S	MMSSX	U	(800) 542-6767	U /	6.49	7.05	19.49 /56	--	--	1.10	0.82
SC	MassMutual Premier Sm Captlzn Val	DSMVX	D	(800) 542-6767	C- / 3.5	4.88	6.84	15.20 /27	11.14 /37	12.75 /60	0.00	0.87
SC	MassMutual Premier Small Co Opp A	DLBMX	E-	(800) 542-6767	D+ / 2.3	5.29	9.58	16.76 /36	10.16 /29	9.15 /25	0.00	1.17
SC	MassMutual Premier Small Co Opp S	MSCDX	U	(800) 542-6767	U /	5.45	9.76	17.23 /40	--	--	0.00	0.72
GR	MassMutual Premier Value A	MCEAX	U	(800) 542-6767	U /	8.17	12.90	27.74 /89	--	--	3.58	1.10
GR	MassMutual Premier Value L	DLBVX	A	(800) 542-6767	B / 7.7	8.25	13.04	28.11 /90	14.25 /64	10.35 /37	3.96	0.81
GR	MassMutual Premier Value S	MVEDX	U	(800) 542-6767	U /	8.36	13.21	28.41 /90	--	--	4.19	0.60
SC	MassMutual Sel Small Cap Val Eq L	MMQLX	U	(800) 542-6767	U /	2.62	4.22	16.80 /37	--	--	0.45	1.47
SC	MassMutual Sel Small Cap Val Eq S	MMQSX	U	(800) 542-6767	U /	2.61	4.30	16.92 /38	--	--	0.47	1.22
AG	MassMutual Select Aggres Gr A	MMAAX	E	(800) 542-6767	E / 0.3	4.19	6.60	10.43 / 9	5.38 / 4	7.74 /13	0.00	1.35
AG	MassMutual Select Aggres Gr N	MMANX	E	(800) 542-6767	E / 0.5	3.94	6.21	9.90 / 8	5.05 / 4	--	0.00	1.65
AG	MassMutual Select Aggres Gr S	MGRSX	E	(800) 542-6767	E+ / 0.8	4.21	6.87	10.95 /10	5.92 / 6	8.30 /17	0.00	0.85
GR	MassMutual Select Blue Chip Gr A	MBCGX	D+	(800) 542-6767	D / 1.7	8.40	8.51	19.95 /59	7.66 /12	7.03 / 8	0.00	1.39
GR	MassMutual Select Blue Chip Gr L	MBCLX	C-	(800) 542-6767	D+ / 2.9	8.39	8.61	20.25 /62	7.93 /14	7.42 /11	0.05	1.14
GR	MassMutual Select Blue Chip Gr N	MBCNX	C-	(800) 542-6767	D+ / 2.4	8.31	8.31	19.61 /57	7.34 /11	--	0.00	1.69
GR	MassMutual Select Blue Chip Gr S	MBCSX	C	(800) 542-6767	C- / 3.1	8.56	8.78	20.52 /64	8.22 /16	7.70 /13	0.26	0.88
GR	MassMutual Select Blue Chip Gr Y	MBCYX	C-	(800) 542-6767	C- / 3.0	8.49	8.71	20.35 /62	8.05 /15	7.52 /11	0.25	1.00
AA	MassMutual Select Dest Ret 2010 A	MRXAX	D	(800) 542-6767	E / 0.3	2.01	3.71	9.83 / 7	6.53 / 7	--	2.57	0.54
AA	MassMutual Select Dest Ret 2010 L	MRXLX	C-	(800) 542-6767	E+ / 0.7	2.09	3.89	10.10 / 8	6.92 / 9	--	2.91	0.29
AA	MassMutual Select Dest Ret 2010 N	MRXNX	C-	(800) 542-6767	E+ / 0.6	2.01	3.61	9.55 / 7	6.37 / 7	--	2.50	0.84
AA	MassMutual Select Dest Ret 2010 S	MRXSX	C-	(800) 542-6767	E+ / 0.8	2.18	3.97	10.32 / 9	7.11 /10	--	3.02	0.14
AA	MassMutual Select Dest Ret 2010 Y	MRXYX	C-	(800) 542-6767	E+ / 0.8	2.09	3.88	10.18 / 8	7.02 / 9	--	2.99	0.19
AA	MassMutual Select Dest Ret 2020 A	MRTAX	D+	(800) 542-6767	E+ / 0.9	3.15	5.18	12.78 /16	8.41 /17	--	1.97	0.50
AA	MassMutual Select Dest Ret 2020 L	MRTLX	C-	(800) 542-6767	D / 1.7	3.31	5.42	13.10 /17	8.67 /18	--	2.24	0.25
AA	MassMutual Select Dest Ret 2020 N	MRTNX	C-	(800) 542-6767	D- / 1.3	3.15	5.08	12.45 /14	8.07 /15	--	1.82	0.80
AA	MassMutual Select Dest Ret 2020 S	MRTSX	C-	(800) 542-6767	D / 1.7	3.31	5.42	13.25 /17	8.84 /20	--	2.38	0.10
AA	MassMutual Select Dest Ret 2020 Y	MRTYX	C-	(800) 542-6767	D / 1.7	3.22	5.33	13.12 /17	8.76 /19	--	2.34	0.14
AA	MassMutual Select Dest Ret 2030 A	MRYAX	C-	(800) 542-6767	D / 2.2	5.04	7.14	16.12 /33	10.53 /32	--	1.29	0.50
AA	MassMutual Select Dest Ret 2030 L	MYRLX	C	(800) 542-6767	C- / 3.5	5.10	7.27	16.40 /34	10.82 /34	--	1.52	0.25
AA	MassMutual Select Dest Ret 2030 N	MRYNX	C	(800) 542-6767	C- / 3.0	4.96	7.04	15.78 /31	10.22 /30	--	1.11	0.80
AA	MassMutual Select Dest Ret 2030 S	MRYSX	C	(800) 542-6767	C- / 3.7	5.17	7.34	16.64 /36	10.99 /36	--	1.65	0.10

● Denotes fund is closed to new investors
* Denotes fund is included in Section II

www.thestreet.com/ratings

I. Index of Stock Mutual Funds

Summer 2007

RISK			NET ASSETS		ASSET				Portfolio Turnover Ratio	BULL / BEAR		FUND MANAGER		MINIMUMS		LOADS	
Risk Rating/Pts	3 Year Standard Deviation	Beta	NAV As of 6/30/07	Total $(Mil)	Cash %	Stocks %	Bonds %	Other %		Last Bull Market Return	Last Bear Market Return	Manager Quality Pct	Manager Tenure (Years)	Initial Purch. $	Additional Purch. $	Front End Load	Back End Load
U /	N/A	N/A	10.84	156	0	99	0	1	133.0	N/A	N/A	N/A	N/A	0	0	0.0	0.0
U /	N/A	N/A	14.05	116	2	97	0	1	144.0	N/A	N/A	N/A	3	0	0	0.0	0.0
U /	N/A	N/A	14.17	127	2	97	0	1	144.0	N/A	N/A	N/A	3	0	0	0.0	0.0
B- / 7.4	7.2	0.91	14.09	152	2	97	0	1	144.0	122.6	-8.5	91	7	0	0	0.0	0.0
U /	N/A	N/A	11.80	51	0	99	0	1	N/A	N/A	N/A	N/A	1	0	0	0.0	0.0
U /	N/A	N/A	11.81	68	0	99	0	1	N/A	N/A	N/A	N/A	1	0	0	0.0	0.0
B+ / 9.5	4.6	1.05	10.64	N/A	7	64	27	2	150.0	55.5	N/A	39	5	0	0	0.0	0.0
B+ / 9.4	4.6	1.05	10.89	187	7	64	27	2	150.0	61.4	-4.8	52	13	0	0	0.0	0.0
B+ / 9.5	4.7	1.05	11.22	2	7	64	27	2	150.0	60.3	-4.9	49	9	0	0	0.0	0.0
U /	N/A	N/A	12.24	326	2	97	0	1	58.0	N/A	N/A	N/A	2	0	0	5.8	0.0
U /	N/A	N/A	12.24	64	2	97	0	1	58.0	N/A	N/A	N/A	2	0	0	0.0	0.0
U /	N/A	N/A	12.31	633	2	97	0	1	58.0	N/A	N/A	N/A	2	0	0	0.0	0.0
U /	N/A	N/A	12.26	52	2	97	0	1	58.0	N/A	N/A	N/A	2	0	0	0.0	0.0
C+ / 6.3	8.9	0.98	10.46	49	0	99	0	1	164.0	64.5	-8.4	18	1	0	0	0.0	0.0
U /	N/A	N/A	13.68	46	0	99	0	1	25.0	N/A	N/A	N/A	N/A	0	0	5.8	0.0
U /	N/A	N/A	13.79	298	0	99	0	1	25.0	N/A	N/A	N/A	N/A	0	0	0.0	0.0
U /	N/A	N/A	13.82	424	0	99	0	1	25.0	N/A	N/A	N/A	N/A	0	0	0.0	0.0
C+ / 6.3	11.1	1.14	17.65	102	0	100	0	0	27.0	226.8	-15.9	29	8	0	0	0.0	0.0
C+ / 6.3	11.1	1.14	17.32	N/A	0	100	0	0	27.0	220.9	N/A	24	4	0	0	0.0	0.0
C+ / 6.3	11.1	1.14	17.80	963	0	100	0	0	27.0	231.1	-16.0	30	13	0	0	0.0	0.0
U /	N/A	N/A	12.11	102	0	99	0	1	110.0	N/A	N/A	N/A	5	0	0	0.0	0.0
U /	N/A	N/A	12.14	246	0	99	0	1	110.0	N/A	N/A	N/A	5	0	0	0.0	0.0
C+ / 5.6	11.7	0.84	16.55	108	2	97	0	1	33.0	125.6	-7.4	45	1	0	0	0.0	0.0
E- / 0.0	12.7	0.91	12.93	188	1	98	0	1	134.0	90.9	-5.4	28	1	0	0	5.8	0.0
U /	N/A	N/A	13.16	247	1	98	0	1	134.0	N/A	N/A	N/A	1	0	0	0.0	0.0
U /	N/A	N/A	20.65	28	4	95	0	1	157.0	N/A	N/A	N/A	1	0	0	5.8	0.0
B / 8.2	7.2	0.87	20.72	82	4	95	0	1	157.0	108.2	-9.1	87	1	0	0	0.0	0.0
U /	N/A	N/A	20.74	416	4	95	0	1	157.0	N/A	N/A	N/A	1	0	0	0.0	0.0
U /	N/A	N/A	11.37	43	3	96	0	1	177.0	N/A	N/A	N/A	N/A	0	0	0.0	0.0
U /	N/A	N/A	11.39	99	3	96	0	1	177.0	N/A	N/A	N/A	N/A	0	0	0.0	0.0
C / 5.2	12.1	1.29	6.46	112	0	99	0	1	49.0	76.5	-8.4	4	3	0	0	5.8	0.0
C / 5.2	12.1	1.29	6.33	1	0	99	0	1	49.0	74.7	N/A	3	3	0	0	0.0	0.0
C / 5.3	12.1	1.29	6.69	239	0	99	0	1	49.0	80.8	-8.6	4	3	0	0	0.0	0.0
B- / 7.9	8.4	1.10	10.58	48	0	99	0	1	98.0	65.2	-10.2	13	N/A	0	0	5.8	0.0
B / 8.1	8.4	1.10	10.72	364	0	99	0	1	98.0	67.0	-9.4	14	N/A	0	0	0.0	0.0
B / 8.1	8.4	1.10	10.43	3	0	99	0	1	98.0	63.2	N/A	12	N/A	0	0	0.0	0.0
B / 8.1	8.3	1.09	10.78	112	0	99	0	1	98.0	68.5	-9.3	16	N/A	0	0	0.0	0.0
B / 8.1	8.4	1.10	10.73	31	0	99	0	1	98.0	67.9	-9.7	15	N/A	0	0	0.0	0.0
B+ / 9.2	3.2	0.70	11.17	71	4	38	56	2	17.0	N/A	N/A	45	4	0	0	5.8	0.0
B+ / 9.4	3.1	0.68	11.23	61	4	38	56	2	17.0	N/A	N/A	53	4	0	0	0.0	0.0
B+ / 9.6	3.2	0.69	11.19	N/A	4	38	56	2	17.0	N/A	N/A	44	4	0	0	0.0	0.0
B+ / 9.4	3.1	0.68	11.26	31	4	38	56	2	17.0	N/A	N/A	55	4	0	0	0.0	0.0
B+ / 9.4	3.2	0.68	11.24	73	4	38	56	2	17.0	N/A	N/A	N/A	4	0	0	0.0	0.0
B / 8.9	4.6	1.02	11.78	173	0	57	42	1	23.0	N/A	N/A	49	4	0	0	5.8	0.0
B+ / 9.2	4.6	1.02	11.86	291	0	57	42	1	23.0	N/A	N/A	53	4	0	0	0.0	0.0
B+ / 9.2	4.6	1.01	11.79	N/A	0	57	42	1	23.0	N/A	N/A	45	4	0	0	0.0	0.0
B+ / 9.1	4.6	1.01	11.87	83	0	57	42	1	23.0	N/A	N/A	56	4	0	0	0.0	0.0
B+ / 9.1	4.6	1.01	11.85	136	0	57	42	1	23.0	N/A	N/A	55	4	0	0	0.0	0.0
B / 8.5	6.8	1.43	12.91	135	0	82	17	1	17.0	N/A	N/A	49	4	0	0	5.8	0.0
B / 8.6	6.7	1.43	12.99	235	0	82	17	1	17.0	N/A	N/A	54	4	0	0	0.0	0.0
B / 8.6	6.8	1.44	12.92	N/A	0	82	17	1	17.0	N/A	N/A	45	4	0	0	0.0	0.0
B / 8.5	6.8	1.44	13.01	56	0	82	17	1	17.0	N/A	N/A	55	4	0	0	0.0	0.0

www.thestreet.com/ratings

Data as of June 30, 2007

I. Index of Stock Mutual Funds

Summer 2007

99 Pct = Best
0 Pct = Worst

Fund Type	Fund Name	Ticker Symbol	Overall Investment Rating	Phone	Performance Rating/Pts	3 Mo	6 Mo	1Yr / Pct	3Yr / Pct	5Yr / Pct	Dividend Yield	Expense Ratio
AA	MassMutual Select Dest Ret 2030 Y	MRYYX	C	(800) 542-6767	C- / 3.6	5.10	7.36	16.53 / 35	10.91 / 35	--	1.62	0.15
AA	MassMutual Select Dest Ret 2040 A	MRFAX	C	(800) 542-6767	C- / 3.4	6.09	8.23	18.29 / 47	11.87 / 44	--	0.86	0.50
AA	MassMutual Select Dest Ret 2040 L	MRFLX	C+	(800) 542-6767	C / 5.0	6.14	8.35	18.57 / 49	12.12 / 46	--	1.06	0.25
AA	MassMutual Select Dest Ret 2040 N	MFRNX	C+	(800) 542-6767	C / 4.4	6.00	8.14	18.02 / 45	11.50 / 41	--	0.63	0.80
AA	MassMutual Select Dest Ret 2040 S	MFRSX	C+	(800) 542-6767	C / 5.2	6.21	8.51	18.80 / 51	12.33 / 48	--	1.18	0.10
AA	MassMutual Select Dest Ret 2040 Y	MRFYX	C+	(800) 542-6767	C / 5.1	6.14	8.44	18.69 / 50	12.25 / 48	--	1.15	0.15
AA	MassMutual Select Dest Ret Inc A	MRDAX	D	(800) 542-6767	E- / 0.2	1.25	2.93	8.11 / 4	5.27 / 4	--	2.88	0.47
AA	MassMutual Select Dest Ret Inc L	MDRLX	D+	(800) 542-6767	E / 0.4	1.34	3.12	8.41 / 5	5.72 / 5	--	3.24	0.22
AA	MassMutual Select Dest Ret Inc N	MDRNX	D+	(800) 542-6767	E / 0.3	1.15	2.73	7.69 / 4	5.10 / 4	--	2.76	0.77
AA	MassMutual Select Dest Ret Inc S	MDRSX	D+	(800) 542-6767	E / 0.4	1.34	3.12	8.55 / 5	5.81 / 5	--	3.37	0.09
AA	MassMutual Select Dest Ret Inc Y	MDRYX	D+	(800) 542-6767	E / 0.4	1.34	3.12	8.42 / 5	5.78 / 5	--	3.35	0.12
GI	MassMutual Select Divers Val A	MDDAX	U	(800) 542-6767	U /	5.48	5.96	21.83 / 72	--	--	1.43	1.09
GI	MassMutual Select Divers Val L	MDDLX	U	(800) 542-6767	U /	5.53	6.02	22.11 / 73	--	--	1.34	0.80
GI	MassMutual Select Divers Val S	MDVSX	U	(800) 542-6767	U /	5.68	6.24	22.43 / 75	--	--	1.79	0.59
GI	MassMutual Select Divers Val Y	MDVYX	U	(800) 542-6767	U /	5.61	6.17	22.29 / 74	--	--	1.72	0.69
FO	MassMutual Select Diversified Int L	MMZLX	U	(800) 542-6767	U /	11.79	14.02	--	--	--	0.00	1.24
FO	MassMutual Select Diversified Int S	MMZSX	U	(800) 542-6767	U /	11.78	14.12	--	--	--	0.00	0.99
SC	MassMutual Select Emerging Growth	MMEGX	E+	(800) 542-6767	C- / 3.5	12.74	13.83	16.26 / 33	9.86 / 27	10.18 / 35	0.00	1.45
SC	MassMutual Select Emerging Growth	MEGLX	D	(800) 542-6767	C / 5.0	12.68	13.92	16.32 / 34	10.13 / 29	10.45 / 38	0.00	1.21
SC	MassMutual Select Emerging Growth	MEGNX	D-	(800) 542-6767	C / 4.5	12.62	13.73	16.00 / 32	9.58 / 25	--	0.00	1.76
SC	MassMutual Select Emerging Growth	MEESX	D	(800) 542-6767	C / 5.3	12.73	13.95	16.67 / 36	10.42 / 31	10.81 / 42	0.00	0.96
SC	MassMutual Select Emerging Growth	MEGYX	D	(800) 542-6767	C / 5.3	12.65	13.88	16.80 / 37	10.37 / 31	10.66 / 40	0.00	1.05
GR	MassMutual Select Focused Value A	MFVAX	C+	(800) 542-6767	C+ / 6.8	9.21	10.79	29.84 / 92	13.41 / 58	16.97 / 85	1.15	1.30
GR	MassMutual Select Focused Value L	MMFVX	B	(800) 542-6767	B / 7.6	9.24	10.91	30.10 / 92	13.70 / 60	17.26 / 86	1.38	1.05
GR	MassMutual Select Focused Value N	MFVNX	B-	(800) 542-6767	B- / 7.4	9.10	10.57	29.37 / 92	13.06 / 55	--	1.07	1.60
GR	MassMutual Select Focused Value S	MFVSX	B	(800) 542-6767	B / 7.8	9.32	11.08	30.48 / 93	13.99 / 62	17.56 / 87	1.57	0.80
GR	MassMutual Select Focused Value Y	MMFYX	B	(800) 542-6767	B / 7.7	9.33	10.99	30.33 / 93	13.86 / 61	17.44 / 86	1.51	0.90
IN	MassMutual Select Fundamental Val	MFUAX	C+	(800) 542-6767	C+ / 5.8	6.57	8.39	22.20 / 74	14.35 / 64	11.05 / 44	0.76	1.23
IN	MassMutual Select Fundamental Val	MFULX	B	(800) 542-6767	B- / 7.0	6.61	8.52	22.42 / 75	14.65 / 66	11.33 / 47	0.98	0.98
IN	MassMutual Select Fundamental Val	MFUNX	B-	(800) 542-6767	C+ / 6.6	6.45	8.28	21.88 / 72	14.00 / 62	--	0.43	1.53
IN	MassMutual Select Fundamental Val	MVUSX	B	(800) 542-6767	B- / 7.2	6.67	8.66	22.76 / 76	14.87 / 68	11.54 / 49	1.14	0.79
IN	MassMutual Select Fundamental Val	MFUYX	B	(800) 542-6767	B- / 7.1	6.60	8.58	22.67 / 76	14.83 / 68	11.52 / 49	1.13	0.83
GI	MassMutual Select Growth Equity A	MGQAX	E+	(800) 542-6767	E- / 0.2	4.54	4.93	12.56 / 15	4.08 / 2	4.44 / 1	0.00	1.25
GI	MassMutual Select Growth Equity L	MGELX	D-	(800) 542-6767	E / 0.5	4.74	5.12	12.87 / 16	4.35 / 2	4.70 / 2	0.41	1.00
GI	MassMutual Select Growth Equity N	MGENX	E+	(800) 542-6767	E / 0.4	4.62	4.88	12.33 / 14	3.86 / 2	--	0.00	1.55
GI	MassMutual Select Growth Equity S	MGESX	D-	(800) 542-6767	E+ / 0.6	4.69	5.19	13.11 / 17	4.55 / 3	4.91 / 2	0.61	0.79
GI	MassMutual Select Growth Equity Y	MGEYX	D-	(800) 542-6767	E / 0.5	4.70	5.21	13.03 / 16	4.49 / 2	4.85 / 2	0.50	0.85
GR	MassMutual Select Indexed Equity A	MIEAX	C	(800) 542-6767	D+ / 2.9	6.11	6.60	19.72 / 58	10.91 / 35	9.86 / 31	1.04	0.85
GR	MassMutual Select Indexed Equity L	MMILX	C+	(800) 542-6767	C / 4.4	6.24	6.81	20.10 / 60	11.19 / 38	10.15 / 34	1.33	0.60
GR	MassMutual Select Indexed Equity N	MMINX	C+	(800) 542-6767	C- / 3.9	6.10	6.51	19.50 / 56	10.59 / 32	--	0.83	1.15
GR	MassMutual Select Indexed Equity S	MMIEX	C+	(800) 542-6767	C / 4.4	6.16	6.72	20.10 / 60	11.22 / 38	10.25 / 36	1.32	0.42
GR	MassMutual Select Indexed Equity Z	MIEZX	C+	(800) 542-6767	C / 4.7	6.23	6.87	20.33 / 62	11.50 / 41	10.52 / 39	1.52	0.20
GR	MassMutual Select Large Cap Gr A	MLGAX	E+	(800) 542-6767	D- / 1.1	5.18	6.78	15.27 / 27	8.09 / 15	6.98 / 8	0.00	1.38
GR	MassMutual Select Large Cap Gr L	MLGLX	D-	(800) 542-6767	D / 2.2	5.15	6.80	15.43 / 28	8.80 / 19	7.53 / 11	0.00	1.09
GR	MassMutual Select Large Cap Gr N	MLGNX	E+	(800) 542-6767	D / 1.9	5.10	6.59	14.85 / 25	8.28 / 16	--	0.00	1.66
GR	MassMutual Select Large Cap Gr S	MLGSX	D-	(800) 542-6767	D / 2.2	5.26	7.04	15.72 / 30	8.59 / 18	7.50 / 11	0.00	0.94
GR	MassMutual Select Large Cap Gr Y	MLGYX	D-	(800) 542-6767	D / 2.1	5.19	6.87	15.70 / 30	8.52 / 17	7.42 / 11	0.00	0.98
GR	MassMutual Select Large Cap Value	MMLAX	C+	(800) 542-6767	C- / 3.8	6.86	6.78	18.59 / 49	12.43 / 49	12.28 / 56	0.30	1.25
GR	MassMutual Select Large Cap Value	MLVLX	B	(800) 542-6767	C / 5.4	6.90	6.99	18.95 / 52	12.74 / 52	12.54 / 58	0.52	1.00
GR	MassMutual Select Large Cap Value	MLVNX	B-	(800) 542-6767	C / 4.8	6.77	6.69	18.20 / 47	12.11 / 46	--	0.07	1.55
GR	MassMutual Select Large Cap Value	MLVSX	B	(800) 542-6767	C+ / 5.7	6.95	7.12	19.20 / 54	13.01 / 54	12.82 / 60	0.73	0.76
GR	MassMutual Select Large Cap Value	MMLYX	B	(800) 542-6767	C+ / 5.6	6.97	7.05	19.05 / 53	12.88 / 53	12.72 / 60	0.66	0.85

● Denotes fund is closed to new investors
★ Denotes fund is included in Section II

www.thestreet.com/ratings

Summer 2007   I. Index of Stock Mutual Funds

RISK			NET ASSETS		ASSET					BULL / BEAR		FUND MANAGER		MINIMUMS		LOADS	
	3 Year		NAV						Portfolio	Last Bull	Last Bear	Manager	Manager	Initial	Additional	Front	Back
Risk	Standard		As of	Total	Cash	Stocks	Bonds	Other	Turnover	Market	Market	Quality	Tenure	Purch.	Purch.	End	End
Rating/Pts	Deviation	Beta	6/30/07	$(Mil)	%	%	%	%	Ratio	Return	Return	Pct	(Years)	$	$	Load	Load
B / 8.5	6.8	1.44	12.99	90	0	82	17	1	17.0	N/A	N/A	54	4	0	0	0.0	0.0
B / 8.0	8.1	1.69	13.41	61	0	98	0	2	18.0	N/A	N/A	49	4	0	0	5.8	0.0
B / 8.0	8.1	1.69	13.49	151	0	98	0	2	18.0	N/A	N/A	53	4	0	0	0.0	0.0
B / 8.0	8.1	1.68	13.42	N/A	0	98	0	2	18.0	N/A	N/A	44	4	0	0	0.0	0.0
B / 8.0	8.1	1.68	13.51	38	0	98	0	2	18.0	N/A	N/A	56	4	0	0	0.0	0.0
B / 8.0	8.1	1.68	13.49	41	0	98	0	2	18.0	N/A	N/A	55	4	0	0	0.0	0.0
B / 8.9	2.6	0.47	10.53	55	4	24	70	2	15.0	N/A	N/A	43	4	0	0	5.8	0.0
B+ / 9.3	2.4	0.47	10.59	93	4	24	70	2	15.0	N/A	N/A	50	4	0	0	0.0	0.0
B+ / 9.5	2.4	0.48	10.54	N/A	4	24	70	2	15.0	N/A	N/A	41	4	0	0	0.0	0.0
B+ / 9.2	2.4	0.47	10.59	10	4	24	70	2	15.0	N/A	N/A	52	4	0	0	0.0	0.0
B+ / 9.2	2.4	0.48	10.59	116	4	24	70	2	15.0	N/A	N/A	51	4	0	0	0.0	0.0
U /	N/A	N/A	13.86	101	2	98	0	0	15.0	N/A	N/A	N/A	3	0	0	5.8	0.0
U /	N/A	N/A	13.92	87	2	98	0	0	15.0	N/A	N/A	N/A	3	0	0	0.0	0.0
U /	N/A	N/A	13.96	333	2	98	0	0	15.0	N/A	N/A	N/A	3	0	0	0.0	0.0
U /	N/A	N/A	13.93	151	2	98	0	0	15.0	N/A	N/A	N/A	3	0	0	0.0	0.0
U /	N/A	N/A	11.47	50	2	97	0	1	N/A	N/A	N/A	N/A	N/A	0	0	0.0	0.0
U /	N/A	N/A	11.48	94	2	97	0	1	N/A	N/A	N/A	N/A	N/A	0	0	0.0	0.0
C- / 3.8	16.8	1.14	7.08	14	N/A	N/A	0	N/A	288.0	112.0	-17.1	13	N/A	0	0	5.8	0.0
C- / 3.9	16.8	1.13	7.20	40	N/A	N/A	0	N/A	288.0	114.6	-17.0	14	N/A	0	0	0.0	0.0
C- / 3.8	16.8	1.14	6.96	N/A	N/A	N/A	0	N/A	288.0	109.9	N/A	12	N/A	0	0	0.0	0.0
C- / 3.9	16.8	1.14	7.35	48	N/A	N/A	0	N/A	288.0	116.9	-16.8	15	N/A	0	0	0.0	0.0
C- / 3.9	16.8	1.14	7.30	1	N/A	N/A	0	N/A	288.0	116.1	-16.9	15	N/A	0	0	0.0	0.0
C+ / 6.4	8.6	1.09	20.03	266	6	93	0	1	36.0	125.8	-6.0	66	N/A	0	0	5.8	0.0
C+ / 6.5	8.6	1.09	20.34	185	6	93	0	1	36.0	128.2	-5.9	69	N/A	0	0	0.0	0.0
C+ / 6.3	8.6	1.09	19.67	3	6	93	0	1	36.0	122.9	N/A	62	N/A	0	0	0.0	0.0
C+ / 6.5	8.6	1.09	20.65	402	6	93	0	1	36.0	130.9	-5.9	72	N/A	0	0	0.0	0.0
C+ / 6.5	8.6	1.09	20.50	150	6	93	0	1	36.0	129.7	-5.8	71	N/A	0	0	0.0	0.0
B- / 7.5	7.3	0.93	13.31	298	2	97	0	1	43.0	110.9	-10.9	85	5	0	0	5.8	0.0
B- / 7.5	7.3	0.93	13.38	292	2	97	0	1	43.0	113.0	-10.9	87	5	0	0	0.0	0.0
B- / 7.6	7.3	0.94	13.21	3	2	97	0	1	43.0	108.4	N/A	83	4	0	0	0.0	0.0
B- / 7.5	7.2	0.93	13.43	565	2	97	0	1	43.0	114.8	-10.7	88	N/A	0	0	0.0	0.0
B- / 7.5	7.3	0.93	13.41	150	2	97	0	1	43.0	114.4	-10.8	88	5	0	0	0.0	0.0
B- / 7.1	8.9	1.13	8.52	69	1	98	0	1	114.0	47.5	-10.1	3	N/A	0	0	5.8	0.0
B- / 7.1	8.9	1.13	8.62	171	1	98	0	1	114.0	48.9	-10.0	4	N/A	0	0	0.0	0.0
B- / 7.1	8.9	1.13	8.38	N/A	1	98	0	1	114.0	45.6	N/A	3	N/A	0	0	0.0	0.0
B- / 7.1	8.9	1.13	8.71	152	1	98	0	1	114.0	50.5	-9.9	4	N/A	0	0	0.0	0.0
B- / 7.1	8.9	1.13	8.68	60	1	98	0	1	114.0	50.1	-10.0	4	N/A	0	0	0.0	0.0
B / 8.3	7.3	1.00	13.89	315	2	97	0	1	4.0	90.2	-9.8	43	N/A	0	0	5.8	0.0
B / 8.7	7.4	1.00	13.96	357	2	97	0	1	4.0	92.4	-9.9	46	N/A	0	0	0.0	0.0
B / 8.6	7.3	1.00	13.74	4	2	97	0	1	4.0	88.0	N/A	39	N/A	0	0	0.0	0.0
B / 8.7	7.3	1.00	14.14	787	2	97	0	1	4.0	92.9	-9.9	47	N/A	0	0	0.0	0.0
B / 8.7	7.3	1.00	14.16	445	2	97	0	1	4.0	92.5	-9.8	51	N/A	0	0	0.0	0.0
C+ / 5.7	11.2	1.32	10.55	9	0	99	0	1	98.0	68.2	-13.1	8	4	0	0	5.8	0.0
C+ / 5.7	11.2	1.32	10.83	1	0	99	0	1	98.0	72.3	-12.9	10	4	0	0	0.0	0.0
C+ / 5.6	11.2	1.32	10.51	N/A	0	99	0	1	98.0	68.5	N/A	9	4	0	0	0.0	0.0
C+ / 5.7	11.2	1.31	10.80	21	0	99	0	1	98.0	71.2	-12.6	10	N/A	0	0	0.0	0.0
C+ / 5.7	11.2	1.31	10.74	13	0	99	0	1	98.0	71.0	-12.7	10	4	0	0	0.0	0.0
B+ / 9.0	6.2	0.79	13.71	416	1	98	0	1	18.0	102.6	-7.5	81	7	0	0	5.8	0.0
B+ / 9.0	6.2	0.80	13.78	248	1	98	0	1	18.0	104.6	-7.3	83	7	0	0	0.0	0.0
B+ / 9.0	6.2	0.79	13.56	1	1	98	0	1	18.0	100.0	N/A	78	4	0	0	0.0	0.0
B+ / 9.0	6.1	0.78	13.85	651	1	98	0	1	18.0	106.7	-7.3	85	7	0	0	0.0	0.0
B+ / 9.0	6.2	0.79	13.82	195	1	98	0	1	18.0	105.9	-7.2	84	7	0	0	0.0	0.0

www.thestreet.com/ratings   Data as of June 30, 2007

I. Index of Stock Mutual Funds

Summer 2007

99 Pct = Best
0 Pct = Worst

Fund Type	Fund Name	Ticker Symbol	Overall Investment Rating	Phone	Performance Rating/Pts	3 Mo	6 Mo	1Yr / Pct	3Yr / Pct	5Yr / Pct	Dividend Yield	Expense Ratio
MC	MassMutual Select Mid Cap Gr Eq A	MMMAX	E+	(800) 542-6767	D+ / 2.6	2.77	7.63	6.99 / 3	13.46 / 58	10.19 / 35	0.15	1.30
MC	MassMutual Select Mid Cap Gr Eq L	MMGLX	D	(800) 542-6767	C- / 4.0	2.72	7.69	7.22 / 3	13.73 / 60	10.44 / 38	0.38	1.05
MC	MassMutual Select Mid Cap Gr Eq N	MMGNX	D-	(800) 542-6767	C- / 3.5	2.62	7.44	6.61 / 3	13.11 / 55	--	0.00	1.60
MC	MassMutual Select Mid Cap Gr Eq S	MCGSX	D	(800) 542-6767	C / 4.3	2.86	7.89	7.43 / 3	14.00 / 62	10.67 / 40	0.64	0.83
MC	MassMutual Select Mid Cap Gr Eq Y	MCGYX	D	(800) 542-6767	C- / 4.2	2.78	7.82	7.36 / 3	13.93 / 62	10.60 / 40	0.57	0.90
MC	MassMutual Select Mid Cap Value L	MLULX	U	(800) 542-6767	U /	6.18	9.81	--	--	--	0.00	1.31
MC	MassMutual Select Mid Cap Value S	MLUSX	U	(800) 542-6767	U /	6.35	9.98	--	--	--	0.00	1.06
MC	MassMutual Select Mid Cp Gr Eq II A	MEFAX	C+	(800) 542-6767	C+ / 6.6	10.21	13.67	20.23 / 62	14.42 / 65	14.24 / 71	0.00	1.35
MC	MassMutual Select Mid Cp Gr Eq II L	MMELX	B-	(800) 542-6767	B / 7.6	10.32	13.80	20.56 / 64	14.70 / 67	14.53 / 73	0.00	1.10
MC	MassMutual Select Mid Cp Gr Eq II N	MEFNX	B-	(800) 542-6767	B- / 7.2	10.10	13.44	19.81 / 58	14.06 / 62	--	0.00	1.65
MC	MassMutual Select Mid Cp Gr Eq II S	MGRFX	B	(800) 542-6767	B / 7.7	10.35	13.93	20.87 / 66	14.97 / 69	14.80 / 75	0.00	0.86
MC	MassMutual Select Mid Cp Gr Eq II Y	MEFYX	B	(800) 542-6767	B / 7.6	10.34	13.86	20.76 / 65	14.89 / 68	14.72 / 74	0.00	0.95
IN	MassMutual Select OTC 100 A	MOTAX	E+	(800) 542-6767	D / 2.1	8.84	9.59	22.14 / 73	7.76 / 13	12.22 / 56	0.00	1.11
IN	MassMutual Select OTC 100 L	MOTLX	D-	(800) 542-6767	C- / 3.5	9.17	9.91	22.61 / 75	8.03 / 14	12.54 / 58	0.00	0.86
IN	MassMutual Select OTC 100 N	MOTNX	D-	(800) 542-6767	D+ / 2.9	9.01	9.51	21.65 / 71	7.43 / 11	--	0.00	1.41
IN	MassMutual Select OTC 100 S	MOTCX	D	(800) 542-6767	C- / 3.7	9.01	9.98	22.77 / 76	8.25 / 16	12.88 / 61	0.00	0.61
IN	MassMutual Select OTC 100 Y	MOTYX	D	(800) 542-6767	C- / 3.6	9.09	10.07	22.69 / 76	8.12 / 15	12.68 / 59	0.00	0.71
FO	MassMutual Select Overseas A	MOSAX	A+	(800) 542-6767	B / 8.0	3.83	8.12	24.33 / 81	19.82 / 85	14.71 / 74	1.20	1.62
FO	MassMutual Select Overseas L	MOSLX	A-	(800) 542-6767	B+ / 8.5	3.95	8.31	24.68 / 82	20.12 / 85	15.01 / 76	1.44	1.37
FO	MassMutual Select Overseas N	MOSNX	B+	(800) 542-6767	B+ / 8.3	3.79	8.05	23.99 / 80	19.47 / 84	--	1.04	1.92
FO	MassMutual Select Overseas S	MOSSX	A-	(800) 542-6767	B+ / 8.5	3.93	8.42	24.77 / 82	20.30 / 85	15.19 / 77	1.54	1.17
FO	MassMutual Select Overseas Y	MOSYX	A+	(800) 542-6767	B+ / 8.5	3.94	8.37	24.69 / 82	20.23 / 85	15.13 / 77	1.51	1.22
SC	MassMutual Select Sm Cap Core Eq	MMUSX	U	(800) 542-6767	U /	1.53	2.42	11.69 / 12	--	--	0.20	1.13
SC	MassMutual Select Small Cap Gr Eq	MMGEX	C-	(800) 542-6767	C / 4.6	7.09	10.64	15.72 / 30	13.43 / 58	13.74 / 68	0.00	1.51
SC	MassMutual Select Small Cap Gr Eq	MSGLX	C+	(800) 542-6767	C+ / 6.1	7.19	10.80	16.08 / 32	13.73 / 60	14.03 / 70	0.00	1.26
SC	MassMutual Select Small Cap Gr Eq	MSGNX	C	(800) 542-6767	C+ / 5.6	7.03	10.51	15.46 / 29	13.11 / 55	--	0.00	1.81
SC	MassMutual Select Small Cap Gr Eq	MSGSX	C+	(800) 542-6767	C+ / 6.3	7.26	10.87	16.38 / 34	14.04 / 62	14.35 / 72	0.00	0.97
SC	MassMutual Select Small Cap Gr Eq	MSCYX	C+	(800) 542-6767	C+ / 6.2	7.22	10.86	16.22 / 33	13.90 / 61	14.22 / 71	0.00	1.11
SC	MassMutual Select Small Comp Gr A	MRWAX	E+	(800) 542-6767	C- / 3.6	9.47	12.21	24.12 / 81	9.38 / 23	13.10 / 63	0.00	1.54
SC	MassMutual Select Small Comp Gr L	MMCLX	D	(800) 542-6767	C / 5.3	9.59	12.39	24.49 / 82	9.68 / 25	13.45 / 65	0.00	1.29
SC	MassMutual Select Small Comp Gr N	MMCNX	D-	(800) 542-6767	C / 4.7	9.38	12.06	23.81 / 80	9.06 / 21	--	0.00	1.84
SC	MassMutual Select Small Comp Gr S	MSCSX	D	(800) 542-6767	C / 5.4	9.57	12.44	24.64 / 82	9.89 / 27	12.13 / 55	0.00	1.10
SC	MassMutual Select Small Comp Gr Y	MMCYX	D	(800) 542-6767	C / 5.4	9.61	12.49	24.62 / 82	9.81 / 26	13.62 / 67	0.00	1.14
SC	MassMutual Select Small Comp Val A	MMYAX	D-	(800) 542-6767	D / 2.2	3.96	6.14	11.49 / 12	12.01 / 45	12.46 / 57	0.00	1.49
SC	MassMutual Select Small Comp Val L	MMYLX	D+	(800) 542-6767	C- / 3.5	3.99	6.29	11.75 / 13	12.29 / 48	12.76 / 60	0.00	1.24
SC	MassMutual Select Small Comp Val	MSVNX	D	(800) 542-6767	C- / 3.0	3.90	5.97	11.18 / 11	11.68 / 42	--	0.00	1.79
SC	MassMutual Select Small Comp Val S	MSVSX	D+	(800) 542-6767	C- / 3.7	4.02	6.29	11.97 / 13	12.50 / 50	13.01 / 62	0.05	1.05
SC	MassMutual Select Small Comp Val Y	MMVYX	D+	(800) 542-6767	C- / 3.6	4.03	6.31	11.92 / 13	12.44 / 49	12.95 / 62	0.03	1.09
IN	MassMutual Select Value Equity L	MMVLX	C-	(800) 542-6767	C+ / 5.8	4.73	7.74	17.99 / 45	13.88 / 61	11.07 / 44	0.81	1.30
IN	MassMutual Select Value Equity N	MMVNX	C-	(800) 542-6767	C / 5.2	4.54	7.33	17.27 / 40	13.28 / 57	--	0.33	1.59
IN	MassMutual Select Value Equity S	MVESX	C-	(800) 542-6767	C+ / 5.9	4.70	7.70	18.21 / 47	14.09 / 63	11.30 / 47	0.95	0.85
IN	MassMutual Select Value Equity Y	MVEYX	C-	(800) 542-6767	C+ / 5.9	4.79	7.79	18.13 / 46	14.05 / 62	11.26 / 46	0.90	0.90
BA	MassMutual Strategic Balanced A	MTSAX	D	(800) 542-6767	E+ / 0.6	3.23	3.59	13.50 / 18	7.37 / 11	--	1.89	1.23
BA	MassMutual Strategic Balanced L	MTSLX	C-	(800) 542-6767	D- / 1.2	3.22	3.67	13.78 / 20	7.60 / 12	--	2.19	0.98
BA	MassMutual Strategic Balanced N	MTSNX	D+	(800) 542-6767	D- / 1.0	3.15	3.42	13.18 / 17	7.02 / 9	--	1.79	1.53
BA	MassMutual Strategic Balanced S	MSTSX	C-	(800) 542-6767	D- / 1.3	3.30	3.84	14.01 / 21	7.85 / 13	--	2.40	0.78
BA	MassMutual Strategic Balanced Y	MSTYX	C-	(800) 542-6767	D- / 1.3	3.39	3.84	14.04 / 21	7.79 / 13	--	2.34	0.83
GR	Masters Select Equity Fund	MSEFX	C-	(800) 960-0188	C- / 4.1	8.99	9.75	20.08 / 60	10.33 / 30	11.67 / 50	0.00	1.19
GR	Masters Select Focused Oppor Fd	MSFOX	U	(800) 960-0188	U /	6.80	8.26	19.30 / 55	--	--	0.00	1.63
FO	● Masters Select International Fund	MSILX	B-	(800) 960-0188	A / 9.4	8.25	14.83	31.56 / 94	26.16 / 94	18.28 / 89	1.71	1.21
SC	Masters Select Smaller Companies	MSSFX	C-	(800) 960-0188	C / 5.4	8.59	13.12	19.33 / 55	11.79 / 43	--	0.00	1.32
GR	Masters Select Value	MSVFX	C	(800) 960-0188	C+ / 6.1	6.53	8.81	24.34 / 81	13.12 / 55	13.43 / 65	0.23	1.24

● Denotes fund is closed to new investors
* Denotes fund is included in Section II

www.thestreet.com/ratings

Summer 2007

I. Index of Stock Mutual Funds

RISK			NET ASSETS		ASSET				Portfolio Turnover Ratio	BULL / BEAR		FUND MANAGER		MINIMUMS		LOADS	
Risk Rating/Pts	3 Year Standard Deviation	Beta	NAV As of 6/30/07	Total $(Mil)	Cash %	Stocks %	Bonds %	Other %		Last Bull Market Return	Last Bear Market Return	Manager Quality Pct	Manager Tenure (Years)	Initial Purch. $	Additional Purch. $	Front End Load	Back End Load
C / 4.7	14.1	1.24	11.14	29	2	96	0	2	130.0	99.8	-11.0	15	N/A	0	0	5.8	0.0
C / 4.7	14.2	1.24	11.34	45	2	96	0	2	130.0	101.9	-10.9	16	N/A	0	0	0.0	0.0
C / 4.7	14.2	1.25	10.97	N/A	2	96	0	2	130.0	97.4	N/A	13	N/A	0	0	0.0	0.0
C / 4.7	14.2	1.24	11.49	86	2	96	0	2	130.0	103.7	-10.7	17	N/A	0	0	0.0	0.0
C / 4.7	14.2	1.25	11.45	6	2	96	0	2	130.0	103.1	-10.9	17	N/A	0	0	0.0	0.0
U /	N/A	N/A	12.54	77	4	95	0	1	N/A	N/A	N/A	N/A	1	0	0	0.0	0.0
U /	N/A	N/A	12.56	134	4	95	0	1	N/A	N/A	N/A	N/A	1	0	0	0.0	0.0
C+ / 6.5	10.9	0.98	15.97	374	2	98	0	0	42.0	131.4	-8.2	47	N/A	0	0	5.8	0.0
C+ / 6.5	10.9	0.98	16.25	510	2	98	0	0	42.0	133.8	-8.0	50	N/A	0	0	0.0	0.0
C+ / 6.4	10.9	0.99	15.70	4	2	98	0	0	42.0	128.5	N/A	41	N/A	0	0	0.0	0.0
C+ / 6.5	10.9	0.98	16.52	322	2	98	0	0	42.0	136.3	-8.0	54	N/A	0	0	0.0	0.0
C+ / 6.5	10.9	0.98	16.43	210	2	98	0	0	42.0	135.3	-8.0	53	N/A	0	0	0.0	0.0
C / 5.2	14.3	1.68	4.80	19	0	99	0	1	7.0	85.1	-9.8	3	N/A	0	0	5.8	0.0
C / 5.2	14.2	1.68	4.88	8	0	99	0	1	7.0	87.1	-9.7	3	N/A	0	0	0.0	0.0
C / 5.1	14.3	1.68	4.72	1	0	99	0	1	7.0	82.7	N/A	2	N/A	0	0	0.0	0.0
C / 5.2	14.3	1.67	4.96	15	0	99	0	1	7.0	89.2	-9.6	3	N/A	0	0	0.0	0.0
C / 5.3	14.3	1.68	4.92	2	0	99	0	1	7.0	88.2	-9.7	3	N/A	0	0	0.0	0.0
B / 8.5	8.7	0.89	13.84	306	0	99	0	1	36.0	159.7	-12.1	45	N/A	0	0	5.8	0.0
B- / 7.0	8.6	0.88	13.95	337	0	99	0	1	36.0	162.8	-12.1	50	6	0	0	0.0	0.0
B- / 7.1	8.6	0.88	13.69	4	0	99	0	1	36.0	156.5	N/A	42	N/A	0	0	0.0	0.0
B- / 7.0	8.7	0.89	14.03	490	0	99	0	1	36.0	164.7	-12.1	51	6	0	0	0.0	0.0
B / 8.5	8.7	0.89	13.99	231	0	99	0	1	36.0	164.1	-12.1	50	N/A	0	0	0.0	0.0
U /	N/A	N/A	10.60	30	1	98	0	1	N/A	N/A	N/A	N/A	1	0	0	0.0	0.0
C+ / 6.4	12.0	0.86	17.68	117	4	95	0	1	84.0	125.6	-8.9	71	N/A	0	0	5.8	0.0
C+ / 6.4	12.0	0.86	18.05	117	4	95	0	1	84.0	128.0	-8.8	74	N/A	0	0	0.0	0.0
C+ / 6.3	12.0	0.86	17.35	1	4	95	0	1	84.0	122.9	N/A	67	4	0	0	0.0	0.0
C+ / 6.4	12.0	0.86	18.46	320	4	95	0	1	84.0	130.8	-8.8	77	5	0	0	0.0	0.0
C+ / 6.4	12.0	0.86	18.27	143	4	95	0	1	84.0	129.5	-8.8	75	N/A	0	0	0.0	0.0
C- / 3.6	18.1	1.26	11.67	58	N/A	N/A	0	N/A	102.0	122.9	-14.9	7	N/A	0	0	5.8	0.0
C- / 3.6	18.1	1.26	11.88	42	N/A	N/A	0	N/A	102.0	125.7	-14.6	8	N/A	0	0	0.0	0.0
C- / 3.6	18.1	1.26	11.43	1	N/A	N/A	0	N/A	102.0	120.3	N/A	6	N/A	0	0	0.0	0.0
C- / 3.6	18.1	1.26	12.02	50	N/A	N/A	0	N/A	102.0	127.3	-18.1	8	N/A	0	0	0.0	0.0
C- / 3.6	18.1	1.26	11.98	18	N/A	N/A	0	N/A	102.0	126.8	-14.5	8	N/A	0	0	0.0	0.0
C+ / 6.2	11.7	0.86	16.26	171	2	97	0	1	50.0	140.4	-10.7	54	N/A	0	0	5.8	0.0
C+ / 6.2	11.7	0.86	16.40	124	2	97	0	1	50.0	143.0	-10.5	57	N/A	0	0	0.0	0.0
C+ / 6.1	11.6	0.86	15.98	2	2	97	0	1	50.0	137.6	N/A	50	4	0	0	0.0	0.0
C+ / 6.2	11.6	0.86	16.57	288	2	97	0	1	50.0	145.2	-10.3	60	N/A	0	0	0.0	0.0
C+ / 6.2	11.7	0.86	16.51	156	2	97	0	1	50.0	144.6	-10.3	59	4	0	0	0.0	0.0
C / 5.0	8.6	1.10	10.86	12	1	98	0	1	177.0	110.7	-10.2	70	3	0	0	0.0	0.0
C / 5.2	8.6	1.10	10.83	N/A	1	98	0	1	177.0	106.3	N/A	63	N/A	0	0	0.0	0.0
C / 5.0	8.6	1.10	10.91	56	1	98	0	1	177.0	112.7	-10.1	72	3	0	0	0.0	0.0
C / 5.0	8.6	1.10	10.93	6	1	98	0	1	177.0	112.1	-10.1	72	3	0	0	0.0	0.0
B / 8.7	5.2	1.10	11.84	31	5	60	34	1	85.0	N/A	N/A	32	4	0	0	5.8	0.0
B+ / 9.2	5.2	1.10	11.87	90	5	60	34	1	85.0	N/A	N/A	34	4	0	0	0.0	0.0
B+ / 9.2	5.2	1.11	11.80	1	5	60	34	1	85.0	N/A	N/A	29	4	0	0	0.0	0.0
B+ / 9.2	5.1	1.09	11.89	30	5	60	34	1	85.0	N/A	N/A	37	4	0	0	0.0	0.0
B+ / 9.2	5.2	1.10	11.89	87	5	60	34	1	85.0	N/A	N/A	36	4	0	0	0.0	0.0
C+ / 6.4	11.6	1.41	17.22	806	1	97	0	2	38.4	101.4	-11.9	13	11	5,000	250	0.0	2.0
U /	N/A	N/A	11.93	101	8	91	0	1	N/A	N/A	N/A	N/A	N/A	5,000	250	0.0	2.0
C / 4.6	9.8	1.01	21.52	1,924	2	97	0	1	98.0	206.0	-14.7	84	N/A	5,000	250	0.0	2.0
C+ / 5.7	12.6	0.89	16.81	303	7	92	0	1	102.7	N/A	N/A	47	N/A	5,000	250	0.0	2.0
C+ / 5.9	9.1	1.10	17.78	402	1	97	1	1	31.0	119.1	-10.8	61	N/A	5,000	250	0.0	2.0

www.thestreet.com/ratings

Data as of June 30, 2007

I. Index of Stock Mutual Funds

Summer 2007

						PERFORMANCE						
	99 Pct = Best					Perfor-	Total Return % through 6/30/07				Incl. in Returns	
	0 Pct = Worst		Ticker	Overall Investment		mance				Annualized	Dividend	Expense
Fund Type	Fund Name		Symbol	Rating	Phone	Rating/Pts	3 Mo	6 Mo	1Yr / Pct	3Yr / Pct	5Yr / Pct	Yield	Ratio

Fund Type	Fund Name	Ticker Symbol	Overall Rating	Phone	Perf Rating/Pts	3 Mo	6 Mo	1Yr / Pct	3Yr / Pct	5Yr / Pct	Div Yield	Exp Ratio
GI	Matrix Advisor Value Fund	MAVFX	B-	(800) 366-6223	C+ / 6.1	10.40	10.54	30.54 /93	10.17 /29	12.14 /55	0.73	1.32
GI	Matthew 25 Fund	MXXVX	D	(888) 625-3863	C- / 3.6	8.67	6.89	13.61 /19	11.24 /38	13.01 /62	1.28	1.15
FO	Matthews Asia Pacific Eqty Inc Fd	MAPIX	U	(800) 892-0382	U /	8.19	10.80	--	--	--	0.00	2.93
FO	● Matthews Asian Growth & Income Fd	MACSX	A	(800) 892-0382	A- / 9.1	8.89	11.57	28.54 /91	23.05 /91	21.23 /93	2.74	1.20
TC	Matthews Asian Technology Fund	MATFX	B-	(800) 892-0382	A- / 9.0	12.48	11.49	33.38 /95	20.08 /85	19.54 /91	0.00	1.41
FO	Matthews Asia-Pacific Fund	MPACX	B	(800) 892-0382	B+ / 8.4	8.85	7.62	22.79 /76	19.89 /85	--	0.38	1.26
FO	Matthews China Fund	MCHFX	A	(800) 892-0382	A+ / 9.9	24.85	29.14	77.78 /99	35.51 /98	27.27 /97	0.49	1.27
FO	Matthews India Fund	MINDX	U	(800) 892-0382	U /	23.53	18.25	60.12 /99	--	--	0.00	1.41
FO	Matthews Japan Fund	MJFOX	E-	(800) 892-0382	E- / 0.0	-3.21	-2.31	-6.37 / 0	2.39 / 1	10.37 /37	0.00	1.25
FO	Matthews Korea Fund	MAKOX	B-	(800) 892-0382	A+ / 9.7	18.35	12.84	29.12 /91	34.53 /97	23.78 /95	0.11	1.30
FO	● Matthews Pacific Tiger Fund	MAPTX	A-	(800) 892-0382	A+ / 9.7	16.69	15.86	41.66 /97	30.82 /96	25.33 /96	0.82	1.18
GR	McCarthy Multi-Cap Stk Fund	MGAMX	D+	(888) 263-6443	D / 2.2	5.57	4.77	13.41 /18	9.43 /24	11.18 /45	0.14	1.15
BA	● McMorgan Balanced Fd	MCMBX	C	(800) 788-9485	D+ / 2.3	3.80	5.02	16.26 /33	9.41 /24	8.14 /16	2.41	0.97
BA	● McMorgan Balanced Z	MCBZX	C	(800) 788-9485	D / 2.1	3.73	4.85	15.98 /32	9.14 /22	7.87 /14	2.17	1.22
GR	McMorgan Equity Investment Fd	MCMEX	B-	(800) 788-9485	C / 5.4	6.48	7.39	21.28 /69	12.23 /48	9.33 /26	1.03	0.76
GR	McMorgan Equity Investment Z	MCEZX	B-	(800) 788-9485	C / 5.1	6.39	7.23	20.96 /67	11.94 /45	9.05 /23	0.80	1.01
BA	Mellon Balanced Inv	MIBLX	D	(800) 499-3327	D+ / 2.5	4.02	5.99	14.35 /22	9.95 /28	8.95 /23	1.96	0.85
BA	Mellon Balanced M	MPBLX	D	(800) 499-3327	D+ / 2.7	4.10	6.22	14.69 /24	10.26 /30	9.26 /25	2.19	0.60
EM	Mellon Emerging Markets Inv	MIEGX	D+	(800) 499-3327	A+ / 9.7	14.39	15.30	38.79 /97	32.32 /97	27.14 /97	0.48	1.78
EM	Mellon Emerging Markets M	MEMKX	D+	(800) 499-3327	A+ / 9.7	14.41	15.38	39.11 /97	32.59 /97	27.42 /97	0.69	1.52
GI	Mellon Income Stock Inv	MIISX	C+	(800) 499-3327	C+ / 5.6	5.38	6.66	18.66 /50	13.42 /58	10.66 /40	1.50	1.06
GI	Mellon Income Stock M	MPISX	C+	(800) 499-3327	C+ / 5.8	5.37	6.72	18.83 /51	13.69 /60	10.94 /43	1.71	0.81
FO	Mellon Insti Newton Intl Eq	SNIEX	U	(800) 499-3327	U /	8.52	9.76	23.17 /78	--	--	0.79	1.53
FO	Mellon International Inv	MIINX	A	(800) 499-3327	B / 7.9	5.46	7.78	21.41 /69	17.76 /80	15.29 /78	1.25	1.36
FO	Mellon International M	MPITX	B-	(800) 499-3327	B / 8.0	5.58	7.94	21.70 /71	18.09 /81	15.62 /79	1.48	1.10
GR	Mellon Large Cap Stock Inv	MILCX	C+	(800) 499-3327	C- / 4.0	6.51	7.99	18.95 /52	10.58 /32	8.33 /17	0.52	1.06
GR	Mellon Large Cap Stock M	MPLCX	C+	(800) 499-3327	C- / 4.2	6.48	8.03	19.17 /54	10.81 /34	8.55 /19	0.74	0.80
MC	Mellon Mid Cap Stock Inv	MIMSX	C	(800) 499-3327	B / 8.0	7.24	14.07	18.80 /51	17.19 /78	13.95 /69	0.24	1.15
MC	Mellon Mid Cap Stock M	MPMCX	C	(800) 499-3327	B / 8.1	7.33	14.21	19.02 /52	17.50 /79	14.25 /71	0.44	0.91
MC	● Mellon Mid Cap Stock Prem	MMSPX	C-	(800) 499-3327	B / 7.7	7.05	13.69	17.88 /44	16.36 /75	--	0.00	1.90
SC	Mellon Small Cap Stock Inv	MISCX	E	(800) 499-3327	C / 4.4	6.90	12.13	15.48 /29	11.02 /36	11.63 /50	0.00	1.26
SC	Mellon Small Cap Stock M	MPSSX	E+	(800) 499-3327	C / 4.7	7.03	12.32	15.75 /30	11.30 /39	11.91 /53	0.00	1.01
BA	MEMBERS Diversified In Fd A	MBLAX	D	(800) 877-6089	E / 0.4	1.45	1.62	11.30 /11	7.05 / 9	6.82 / 7	3.08	1.27
BA	MEMBERS Diversified In Fd B	MBLNX	D	(800) 877-6089	E / 0.5	1.26	1.17	10.46 / 9	6.25 / 6	6.02 / 4	2.54	2.02
FO	MEMBERS International Fd A	MINAX	B	(800) 877-6089	B+ / 8.4	5.57	7.62	23.05 /77	22.50 /90	18.12 /88	0.60	1.88
FO	MEMBERS International Fd B	MINBX	B	(800) 877-6089	B+ / 8.7	5.44	7.29	22.16 /73	21.60 /88	17.26 /86	0.00	2.64
GR	MEMBERS Large Cap Growth Fd A	MCAAX	D-	(800) 877-6089	D- / 1.2	6.54	6.83	16.41 /35	7.57 /12	7.98 /15	0.00	1.49
GR	MEMBERS Large Cap Growth Fd B	MCPBX	D	(800) 877-6089	D- / 1.5	6.31	6.46	15.56 /29	6.78 / 8	7.19 / 9	0.00	2.24
GI	MEMBERS Large Cap Value Fd A	MGWAX	C	(800) 877-6089	C- / 4.2	4.88	5.34	20.83 /66	13.34 /57	10.44 /38	1.29	1.20
GI	MEMBERS Large Cap Value Fd B	MGWBX	C+	(800) 877-6089	C / 4.8	4.69	4.96	19.94 /59	12.51 /50	9.62 /29	0.66	1.95
MC	MEMBERS Mid Cap Growth A	MERAX	C+	(800) 877-6089	C+ / 6.4	10.46	13.69	26.54 /87	13.31 /57	14.41 /72	0.00	1.61
MC	MEMBERS Mid Cap Growth B	MERBX	C+	(800) 877-6089	B- / 7.0	10.08	13.11	25.49 /84	12.42 /49	13.51 /66	0.00	2.35
MC	MEMBERS Mid Cap Value A	MICAX	C+	(800) 877-6089	C / 4.4	3.68	8.13	19.19 /54	14.35 /64	12.17 /55	0.46	1.76
MC	MEMBERS Mid Cap Value B	MICBX	B	(800) 877-6089	C / 5.5	3.54	7.76	18.31 /47	13.53 /58	11.28 /46	0.00	2.51
AA	MEMBERS Moderate Alloc A	MMDAX	U	(800) 877-6089	U /	3.27	4.99	15.01 /26	--	--	1.01	1.13
SC	Mercantile Capital Opport A	MPPAX	D-	(800) 551-2145	C- / 3.1	6.96	7.83	14.21 /22	11.79 /43	14.19 /71	0.00	2.06
SC	Mercantile Capital Opport C	MPPCX	D	(800) 551-2145	C- / 3.7	6.88	7.67	13.58 /19	11.19 /38	13.61 /66	0.00	2.56
SC	Mercantile Capital Opport Inst	MCOPX	D+	(800) 551-2145	C / 4.7	7.06	8.09	14.75 /25	12.31 /48	14.73 /74	0.00	1.55
RE	Mercantile Divers Real Estate A	MDRAX	D	(800) 551-2145	C / 4.7	-10.29	-7.91	9.45 / 7	18.42 /81	16.91 /85	1.31	1.52
RE	Mercantile Divers Real Estate C	MDRCX	D+	(800) 551-2145	C / 5.4	-10.38	-8.13	8.94 / 6	17.98 /80	16.38 /83	0.84	2.02
RE	Mercantile Divers Real Estate Inst	MDVRX	C-	(800) 551-2145	C+ / 6.2	-10.16	-7.66	9.97 / 8	18.99 /83	17.46 /86	1.89	1.02
GR	Mercantile Equity Growth A	MEWAX	D	(800) 551-2145	D / 1.6	6.73	8.27	20.62 /64	7.22 /10	7.26 /10	0.00	1.58

● Denotes fund is closed to new investors
* Denotes fund is included in Section II

www.thestreet.com/ratings

Summer 2007

I. Index of Stock Mutual Funds

RISK			NET ASSETS		ASSET					BULL / BEAR		FUND MANAGER		MINIMUMS		LOADS	
	3 Year		NAV						Portfolio	Last Bull	Last Bear	Manager	Manager	Initial	Additional	Front	Back
Risk	Standard		As of	Total	Cash	Stocks	Bonds	Other	Turnover	Market	Market	Quality	Tenure	Purch.	Purch.	End	End
Rating/Pts	Deviation	Beta	6/30/07	$(Mil)	%	%	%	%	Ratio	Return	Return	Pct	(Years)	$	$	Load	Load
B- / 7.6	10.2	1.25	63.56	230	0	99	0	1	28.0	103.2	-13.4	20	11	1,000	100	0.0	1.0
C+ / 5.7	13.9	1.37	19.55	102	0	99	0	1	28.5	105.1	-10.9	20	12	10,000	100	0.0	1.0
U /	N/A	N/A	11.83	60	0	99	0	1	17.0	N/A	N/A	N/A	N/A	2,500	250	0.0	2.0
C+ / 6.9	8.9	0.76	20.12	2,216	1	77	0	22	22.6	162.4	-1.3	92	13	2,500	250	0.0	2.0
C / 5.0	14.3	1.44	8.83	157	0	99	0	1	73.4	212.5	-15.1	91	8	2,500	250	0.0	2.0
C+ / 5.7	11.8	1.14	18.21	481	0	99	0	1	70.4	N/A	N/A	12	4	2,500	250	0.0	2.0
C+ / 6.1	14.5	0.98	31.20	1,298	1	98	0	1	32.4	240.5	3.0	99	N/A	2,500	250	0.0	2.0
U /	N/A	N/A	18.27	760	0	96	0	4	59.7	N/A	N/A	N/A	2	2,500	250	0.0	2.0
C- / 3.8	11.6	0.84	16.89	280	0	99	0	1	42.2	117.9	-7.6	0	9	2,500	250	0.0	2.0
C / 4.3	19.2	1.36	7.03	247	0	98	0	2	33.9	259.0	-18.2	87	12	2,500	250	0.0	2.0
C+ / 6.0	13.8	1.22	27.47	3,623	0	99	0	1	49.8	257.9	-7.1	83	13	2,500	250	0.0	2.0
B- / 7.4	8.1	1.04	12.51	45	1	98	0	1	75.0	97.0	-13.1	26	6	1,000	100	0.0	0.0
B+ / 9.3	5.0	1.11	20.32	60	N/A	62	37	N/A	118.0	58.1	-4.2	56	13	5,000	250	0.0	0.0
B+ / 9.3	4.9	1.11	20.31	9	N/A	62	37	N/A	118.0	56.4	-4.2	53	6	5,000	250	0.0	0.0
B / 8.5	7.6	1.03	28.13	208	0	99	0	1	70.8	86.8	-9.7	58	N/A	5,000	250	0.0	0.0
B / 8.5	7.6	1.03	28.10	15	0	99	0	1	70.8	84.8	-9.7	55	6	5,000	250	0.0	0.0
C+ / 6.6	5.5	1.19	13.04	4	23	39	36	2	64.4	64.2	-3.3	58	1	10,000	100	0.0	0.0
C+ / 6.6	5.5	1.19	13.00	363	23	39	36	2	64.4	66.1	-3.4	62	1	10,000	100	0.0	0.0
E- / 0.1	15.9	1.05	24.49	9	2	97	0	1	49.1	257.5	-5.1	6	6	10,000	100	0.0	0.0
E- / 0.1	15.9	1.05	24.30	1,548	2	97	0	1	49.1	261.6	-5.3	6	7	10,000	100	0.0	0.0
B- / 7.2	6.7	0.85	11.00	2	4	95	0	1	40.8	98.9	-8.1	84	N/A	10,000	100	0.0	0.0
B- / 7.1	6.7	0.85	10.93	439	4	95	0	1	40.8	101.1	-7.9	85	N/A	10,000	100	0.0	0.0
U /	N/A	N/A	25.67	47	0	99	0	1	55.0	N/A	N/A	N/A	N/A	100,000	5,000	0.0	2.0
B / 8.2	8.7	0.92	19.12	10	3	96	0	1	70.0	169.0	-11.4	22	5	10,000	100	0.0	0.0
C+ / 5.9	8.6	0.92	18.36	2,968	3	96	0	1	70.0	172.4	-11.5	25	5	10,000	100	0.0	0.0
B / 8.7	7.6	1.02	11.71	11	0	99	0	1	19.1	78.0	-8.9	37	N/A	10,000	100	0.0	0.0
B / 8.3	7.6	1.02	11.68	2,021	0	99	0	1	19.1	79.7	-8.9	39	N/A	10,000	100	0.0	0.0
C- / 3.4	11.4	1.07	14.67	35	1	98	0	1	93.3	138.4	-7.9	68	3	10,000	100	0.0	0.0
C- / 3.4	11.4	1.07	14.79	1,786	1	98	0	1	93.3	141.1	-7.9	71	3	10,000	100	0.0	0.0
C- / 3.2	11.4	1.07	14.12	4	1	98	0	1	93.3	131.3	-8.2	58	3	10,000	100	0.0	0.0
D / 1.7	13.2	0.95	15.34	5	3	96	0	1	108.8	121.0	-9.4	31	5	10,000	100	0.0	0.0
D / 1.9	13.1	0.95	15.68	701	3	96	0	1	108.8	123.2	-9.2	34	5	10,000	100	0.0	0.0
B / 8.5	4.2	0.92	13.12	91	6	46	46	2	67.5	51.1	-5.0	38	N/A	1,000	150	5.8	0.0
B / 8.9	4.1	0.92	13.13	66	6	46	46	2	67.5	46.3	-5.2	30	N/A	1,000	150	0.0	0.0
C+ / 6.0	9.9	1.04	16.10	54	3	96	0	1	80.8	179.3	-7.4	39	N/A	1,000	150	5.8	2.0
C+ / 6.1	9.9	1.05	15.90	16	3	96	0	1	80.8	170.8	-7.6	31	N/A	1,000	150	0.0	0.0
B- / 7.4	7.6	0.97	15.96	65	0	99	0	1	96.9	72.6	-10.3	18	N/A	1,000	150	5.8	0.0
B- / 7.4	7.6	0.97	15.00	38	0	99	0	1	96.9	67.6	-10.6	14	N/A	1,000	150	0.0	0.0
B / 8.0	6.9	0.89	16.76	117	0	99	0	1	30.3	104.9	-11.5	82	N/A	1,000	150	5.8	0.0
B / 8.0	6.9	0.88	16.51	52	0	99	0	1	30.3	98.3	-11.5	75	N/A	1,000	150	0.0	0.0
C+ / 6.2	11.4	0.96	7.39	34	1	98	0	1	101.6	123.9	-11.3	37	N/A	1,000	150	5.8	2.0
C+ / 6.1	11.5	0.96	6.99	15	1	98	0	1	101.6	116.7	-11.2	29	N/A	1,000	150	0.0	0.0
B / 8.6	8.6	0.79	14.10	42	0	99	0	1	86.9	125.9	-9.4	74	N/A	1,000	150	5.8	2.0
B / 8.6	8.6	0.79	13.47	24	0	99	0	1	86.9	118.5	-9.5	65	N/A	1,000	150	0.0	0.0
U /	N/A	N/A	11.37	41	0	99	0	1	34.8	N/A	N/A	N/A	N/A	1,000	150	5.8	0.0
C / 5.1	12.9	0.93	11.98	2	0	100	0	0	51.7	119.5	-6.4	40	N/A	1,000	100	4.8	0.0
C / 5.1	12.9	0.94	11.65	N/A	0	100	0	0	51.7	114.4	-6.5	34	N/A	1,000	100	0.0	0.0
C / 5.2	12.9	0.93	12.29	220	0	100	0	0	51.7	123.9	-6.2	47	N/A	1,000,000	100	0.0	0.0
C / 4.5	15.3	1.03	19.06	3	0	100	0	0	20.8	163.7	-0.2	41	N/A	1,000	100	4.8	0.0
C / 4.5	15.2	1.03	19.02	1	0	100	0	0	20.8	158.3	-0.4	37	N/A	1,000	100	0.0	0.0
C / 4.5	15.3	1.03	19.18	200	0	100	0	0	20.8	169.2	-0.2	49	N/A	1,000,000	100	0.0	0.0
B- / 7.4	9.1	1.17	8.25	1	2	98	0	0	69.2	66.1	-10.7	9	N/A	1,000	100	4.8	0.0

www.thestreet.com/ratings

Data as of June 30, 2007

I. Index of Stock Mutual Funds

Summer 2007

99 Pct = Best
0 Pct = Worst

Fund Type	Fund Name	Ticker Symbol	Overall Investment Rating	Phone	Performance Rating/Pts	Total Return % through 6/30/07					Incl. in Returns	
						3 Mo	6 Mo	1Yr / Pct	Annualized 3Yr / Pct	5Yr / Pct	Dividend Yield	Expense Ratio
GR	Mercantile Equity Growth C	MEWCX	D	(800) 551-2145	D / 2.0	6.59	8.01	20.03 /60	6.71 / 8	6.78 / 7	0.00	2.09
GR	Mercantile Equity Growth Inst	MEQGX	D+	(800) 551-2145	D+ / 2.7	6.76	8.51	21.19 /68	7.76 /13	7.81 /13	0.17	1.08
IN	Mercantile Equity Income A	MEYAX	D+	(800) 551-2145	C- / 3.6	7.13	5.64	21.27 /68	11.32 /39	9.23 /25	1.57	1.37
IN	Mercantile Equity Income C	MEYCX	C-	(800) 551-2145	C- / 4.2	7.18	5.58	20.85 /66	10.81 /34	8.81 /21	1.21	1.87
IN	Mercantile Equity Income Inst	MEQIX	C	(800) 551-2145	C / 5.3	7.24	5.89	22.05 /73	11.96 /45	9.81 /31	2.05	0.87
GI	Mercantile Growth & Income A	MIFAX	D-	(800) 551-2145	D+ / 2.5	6.43	6.57	19.70 /57	9.71 /26	8.74 /21	0.19	1.32
GI	Mercantile Growth & Income C	MIFCX	D-	(800) 551-2145	D+ / 2.9	6.39	6.33	19.15 /53	9.17 /22	8.20 /16	0.00	1.82
GI	Mercantile Growth & Income Inst	MVAEX	D	(800) 551-2145	C- / 3.9	6.64	6.86	20.36 /62	10.30 /30	9.26 /25	0.62	0.82
FO	Mercantile Internatl Equity A	MIAEX	B+	(800) 551-2145	B / 8.1	6.29	10.60	25.73 /85	18.76 /82	15.46 /79	0.10	2.09
FO	Mercantile Internatl Equity C	MICEX	A-	(800) 551-2145	B+ / 8.3	6.15	10.32	25.07 /83	18.35 /81	14.92 /76	0.00	2.54
FO	Mercantile Internatl Equity Inst	MEQUX	A-	(800) 551-2145	B+ / 8.6	6.33	10.81	26.31 /86	19.30 /84	16.00 /81	0.36	1.54
IN	Meridian Equity Income Fund	MEIFX	U	(800) 446-6662	U /	6.31	7.35	21.61 /70	--	--	1.24	1.67
GR	Meridian Growth Fund	MERDX	D+	(800) 446-6662	C- / 3.3	3.16	8.92	19.69 /57	10.59 /32	12.51 /58	0.02	0.85
GR	Meridian Value Fund	MVALX	D+	(800) 446-6662	C+ / 5.7	4.78	8.96	23.90 /80	12.83 /53	13.82 /68	0.93	1.09
FS	Merk Hard Currency Fund Investor	MERKX	U	(866) 637-5386	U /	3.10	5.01	8.75 / 5	--	--	3.63	1.31
FO	MetLife Invest Intl Stock R	CISRX	A-		B+ / 8.7	6.06	9.31	25.10 /83	20.84 /86	--	1.40	1.28
GR	MetLife Invest Large Co Stock R	CLCRX	C+		C- / 3.9	5.75	6.61	18.77 /50	10.95 /35	--	0.66	0.98
SC	MetLife Invest Small Co Stock R	CSCRX	D-		C / 4.4	5.02	7.76	15.55 /29	12.26 /48	--	0.00	1.13
EM	Metzler/Payden European Emrg Mkts	MPYMX	B-	(888) 409-8007	A+ / 9.9	7.63	11.48	38.89 /97	44.98 /99	--	0.32	1.51
FO	Metzler/Payden European Leaders	MPYGX	B+	(888) 409-8007	A- / 9.1	8.56	12.33	25.93 /85	23.19 /91	--	1.17	1.51
AG	MFS Aggressive Gr Alloc 529A	EAGTX	C	(800) 343-2829	C / 4.8	6.05	9.40	21.09 /67	13.08 /55	12.32 /56	0.49	1.74
AG	MFS Aggressive Gr Alloc 529B	EBAAX	C+	(800) 343-2829	C / 5.5	5.84	9.03	20.28 /62	12.33 /48	11.52 /49	0.00	2.39
AG	MFS Aggressive Gr Alloc 529C	ECAAX	C+	(800) 343-2829	C / 5.5	5.91	9.03	20.30 /62	12.37 /49	11.58 /50	0.03	2.39
AG	MFS Aggressive Gr Alloc A	MAAGX	C+	(800) 343-2829	C / 5.2	6.15	9.56	21.46 /70	13.41 /58	12.55 /58	0.66	1.49
AG	MFS Aggressive Gr Alloc B	MBAGX	C+	(800) 343-2829	C+ / 5.8	5.98	9.21	20.68 /65	12.64 /51	11.87 /52	0.17	2.14
AG	MFS Aggressive Gr Alloc C	MCAGX	C+	(800) 343-2829	C+ / 5.8	5.99	9.22	20.64 /64	12.67 /51	11.85 /52	0.19	2.14
AG	MFS Aggressive Gr Alloc I	MIAGX	B-	(800) 343-2829	C+ / 6.6	6.22	9.66	21.83 /72	13.76 /60	12.95 /62	0.98	1.14
AG	MFS Aggressive Gr Alloc R	MAARX	C+	(800) 343-2829	C+ / 6.2	6.11	9.38	21.16 /68	13.20 /56	12.41 /57	0.54	1.64
AG	MFS Aggressive Gr Alloc R1	MAAFX	B-	(800) 343-2829	C+ / 5.7	5.92	9.11	20.50 /63	12.55 /50	11.82 /52	0.41	2.34
AG	MFS Aggressive Gr Alloc R2	MAAMX	B	(800) 343-2829	C+ / 5.9	6.08	9.34	20.94 /66	12.85 /53	11.99 /53	0.65	1.89
AG	MFS Aggressive Gr Alloc R3	MAWAX	C+	(800) 343-2829	C+ / 6.0	6.04	9.34	21.04 /67	13.01 /54	12.24 /56	0.66	1.79
AG	MFS Aggressive Gr Alloc R4	MAAHX	B	(800) 343-2829	C+ / 6.3	6.12	9.47	21.32 /69	13.35 /57	12.51 /58	0.82	1.54
AG	MFS Aggressive Gr Alloc R5	MAALX	B	(800) 343-2829	C+ / 6.5	6.22	9.70	21.72 /71	13.61 /59	12.67 /59	0.90	1.24
GR	● MFS Capital Opportunities I	MCOIX	B-	(800) 343-2829	C+ / 6.4	7.86	10.96	24.79 /82	12.09 /46	10.14 /34	0.00	1.05
AA	MFS Conservative Alloc 529A	ECLAX	C-	(800) 343-2829	E / 0.5	2.71	4.34	11.54 /12	7.32 /11	6.60 / 6	2.52	1.41
AA	MFS Conservative Alloc 529B	EBCAX	C-	(800) 343-2829	E+ / 0.8	2.57	4.12	10.87 /10	6.65 / 8	5.90 / 4	2.18	2.06
AA	MFS Conservative Alloc 529C	ECACX	C-	(800) 343-2829	E+ / 0.8	2.58	4.05	10.86 /10	6.64 / 8	5.91 / 4	2.13	2.06
AA	MFS Conservative Alloc A	MACFX	D+	(800) 343-2829	E+ / 0.6	2.78	4.50	11.89 /13	7.60 /12	6.84 / 7	2.68	1.16
AA	MFS Conservative Alloc B	MACBX	C-	(800) 343-2829	E+ / 0.8	2.56	4.19	11.16 /11	6.91 / 9	6.15 / 5	2.21	1.81
AA	MFS Conservative Alloc C	MACVX	C-	(800) 343-2829	E+ / 0.8	2.65	4.20	11.10 /11	6.92 / 9	6.16 / 5	2.24	1.81
AA	MFS Conservative Alloc I	MACIX	C-	(800) 343-2829	D- / 1.3	2.85	4.72	12.26 /14	7.98 /14	7.22 / 9	3.14	0.81
AA	MFS Conservative Alloc R	MACRX	C-	(800) 343-2829	D- / 1.0	2.71	4.43	11.67 /12	7.45 /11	6.67 / 7	2.70	1.31
AA	MFS Conservative Alloc R1	MACKX	C-	(800) 343-2829	E+ / 0.8	2.59	4.07	10.98 /10	6.82 / 8	6.10 / 5	2.55	1.91
AA	MFS Conservative Alloc R2	MACLX	C-	(800) 343-2829	E+ / 0.9	2.75	4.40	11.46 /12	7.10 / 9	6.27 / 5	2.77	1.56
AA	MFS Conservative Alloc R3	MCARX	C-	(800) 343-2829	D- / 1.0	2.75	4.40	11.54 /12	7.25 /10	6.40 / 6	2.90	1.46
AA	MFS Conservative Alloc R4	MACNX	C-	(800) 343-2829	D- / 1.1	2.80	4.52	11.81 /13	7.61 /12	6.84 / 7	3.00	1.21
AA	MFS Conservative Alloc R5	MACJX	C-	(800) 343-2829	D- / 1.2	2.78	4.58	12.07 /14	7.81 /13	6.96 / 8	3.08	0.91
GR	MFS Core Equity A	MRGAX	C	(800) 343-2829	C / 4.9	6.38	9.00	23.33 /78	12.73 /52	11.15 /45	0.00	1.32
GR	MFS Core Equity B	MRGBX	C+	(800) 343-2829	C+ / 5.6	6.20	8.63	22.57 /75	12.02 /46	10.44 /38	0.00	1.97
GR	MFS Core Equity C	MRGCX	C+	(800) 343-2829	C+ / 5.6	6.23	8.61	22.53 /75	12.00 /45	10.42 /38	0.00	1.97
GR	MFS Core Equity R	MGIRX	C+	(800) 343-2829	C+ / 6.0	6.38	8.90	23.18 /78	12.55 /50	10.99 /43	0.00	1.47
GR	MFS Core Equity R3	MRERX	C+	(800) 343-2829	C+ / 5.9	6.31	8.79	23.01 /77	12.36 /49	10.85 /42	0.00	1.66

● Denotes fund is closed to new investors
* Denotes fund is included in Section II

www.thestreet.com/ratings

I. Index of Stock Mutual Funds

Summer 2007

RISK			NET ASSETS		ASSET				Portfolio Turnover Ratio	BULL / BEAR		FUND MANAGER		MINIMUMS		LOADS	
	3 Year		NAV							Last Bull	Last Bear	Manager	Manager	Initial	Additional	Front	Back
Risk	Standard		As of	Total	Cash	Stocks	Bonds	Other		Market	Market	Quality	Tenure	Purch.	Purch.	End	End
Rating/Pts	Deviation	Beta	6/30/07	$(Mil)	%	%	%	%		Return	Return	Pct	(Years)	$	$	Load	Load
B- / 7.4	9.1	1.16	8.09	N/A	2	98	0	0	69.2	63.1	-10.9	8	N/A	1,000	100	0.0	0.0
B- / 7.4	9.1	1.17	8.37	52	2	98	0	0	69.2	70.0	-10.7	11	N/A	1,000,000	100	0.0	0.0
C+ / 6.3	6.9	0.87	5.14	1	0	98	0	2	74.1	90.2	-10.1	63	2	1,000	100	4.8	0.0
C+ / 6.2	6.8	0.86	5.16	N/A	0	98	0	2	74.1	86.4	-10.2	58	2	1,000	100	0.0	0.0
C+ / 6.3	6.7	0.84	5.16	99	0	98	0	2	74.1	94.6	-9.8	73	2	1,000,000	100	0.0	0.0
C+ / 5.6	8.0	1.05	19.14	8	0	98	0	2	66.1	76.2	-8.7	28	1	1,000	100	4.8	0.0
C / 5.5	8.0	1.05	18.81	2	0	98	0	2	66.1	72.5	-8.8	24	1	1,000	100	0.0	0.0
C+ / 5.6	8.0	1.05	19.27	444	0	98	0	2	66.1	80.2	-8.6	32	1	1,000,000	100	0.0	0.0
B- / 7.1	9.2	0.97	19.10	5	2	98	0	0	58.8	143.4	-8.2	22	N/A	1,000	100	4.8	0.0
B- / 7.1	9.2	0.97	18.81	N/A	2	98	0	0	58.8	138.6	-8.4	21	N/A	1,000	100	0.0	0.0
B- / 7.2	9.2	0.97	19.33	822	2	98	0	0	58.8	148.7	-8.1	25	N/A	1,000,000	100	0.0	0.0
U /	N/A	N/A	13.14	44	4	95	0	1	60.0	N/A	N/A	N/A	2	1,000	50	0.0	2.0
C+ / 6.3	10.6	1.25	42.74	2,071	5	94	0	1	29.0	128.0	-12.0	22	23	1,000	50	0.0	2.0
C- / 4.0	9.6	1.16	38.79	1,820	4	95	0	1	58.0	114.9	-5.1	52	N/A	1,000	50	0.0	2.0
U /	N/A	N/A	10.99	96	14	0	85	1	29.0	N/A	N/A	N/A	2	2,500	100	0.0	0.0
C+ / 6.7	9.4	1.00	20.66	41	1	98	0	1	35.5	154.0	-12.4	32	N/A	1,000	50	0.0	0.0
B / 8.6	7.6	1.03	14.52	54	1	98	0	1	34.4	89.0	-9.6	41	N/A	1,000	50	0.0	0.0
C / 4.3	12.3	0.90	15.27	25	2	97	0	1	70.3	129.2	-11.3	51	N/A	1,000	50	0.0	0.0
C- / 3.7	19.9	1.11	36.02	485	6	92	0	2	128.0	399.7	N/A	65	N/A	5,000	1,000	0.0	2.0
C+ / 6.2	12.3	1.21	19.81	21	2	96	0	2	150.0	182.5	N/A	20	N/A	5,000	1,000	0.0	2.0
B- / 7.2	9.5	1.19	16.99	45	0	100	0	0	1.0	111.1	-8.4	51	5	250	50	5.8	0.0
B- / 7.1	9.5	1.20	16.66	27	0	100	0	0	1.0	105.3	-8.7	40	5	250	50	0.0	0.0
B- / 7.1	9.5	1.20	16.67	13	0	100	0	0	1.0	105.3	-8.6	41	5	250	50	0.0	0.0
B- / 7.2	9.5	1.19	17.08	513	0	100	0	0	1.0	113.4	-8.5	55	5	1,000	50	5.8	0.0
B- / 7.1	9.5	1.19	16.83	263	0	100	0	0	1.0	107.4	-8.6	45	5	1,000	50	0.0	0.0
B- / 7.2	9.5	1.19	16.82	214	0	100	0	0	1.0	107.5	-8.6	46	5	1,000	50	0.0	0.0
B- / 7.2	9.4	1.19	17.25	60	0	100	0	0	1.0	116.5	-8.4	60	5	10,000,000	0	0.0	0.0
B- / 7.2	9.5	1.19	17.02	28	0	100	0	0	1.0	112.2	-8.5	52	5	1,000	50	0.0	0.0
B / 8.2	9.5	1.20	16.65	12	0	100	0	0	1.0	107.0	-8.6	43	N/A	1,000	50	0.0	0.0
B / 8.2	9.5	1.20	16.74	8	0	100	0	0	1.0	108.5	-8.6	47	N/A	1,000	50	0.0	0.0
B- / 7.2	9.5	1.19	16.85	46	0	100	0	0	1.0	110.9	-8.6	50	4	1,000	50	0.0	0.0
B / 8.3	9.5	1.19	16.99	45	0	100	0	0	1.0	113.1	-8.5	54	N/A	1,000	50	0.0	0.0
B / 8.3	9.5	1.20	17.08	84	0	100	0	0	1.0	114.6	-8.5	57	N/A	1,000	50	0.0	0.0
B- / 7.5	8.4	1.06	17.42	22	0	99	0	1	102.0	98.1	-11.9	53	N/A	10,000,000	0	0.0	0.0
B+ / 9.6	3.1	0.68	12.49	26	10	40	50	0	4.0	42.1	-2.3	58	5	250	50	5.8	0.0
B+ / 9.7	3.1	0.67	12.37	4	10	40	50	0	4.0	38.0	-2.4	50	5	250	50	0.0	0.0
B+ / 9.7	3.1	0.67	12.32	15	10	40	50	0	4.0	38.2	-2.5	49	5	250	50	0.0	0.0
B+ / 9.2	3.1	0.67	12.55	298	10	40	50	0	4.0	43.5	-2.2	62	5	1,000	50	5.8	0.0
B+ / 9.7	3.1	0.68	12.43	162	10	40	50	0	4.0	39.6	-2.4	53	5	1,000	50	0.0	0.0
B+ / 9.7	3.1	0.67	12.41	140	10	40	50	0	4.0	39.7	-2.5	54	5	1,000	50	0.0	0.0
B+ / 9.4	3.1	0.68	12.64	25	10	40	50	0	4.0	45.7	-2.2	67	5	10,000,000	0	0.0	0.0
B+ / 9.6	3.1	0.67	12.49	15	10	40	50	0	4.0	42.6	-2.3	60	5	1,000	50	0.0	0.0
B+ / 9.9	3.1	0.67	12.27	5	10	40	50	0	4.0	39.4	-2.4	52	N/A	1,000	50	0.0	0.0
B+ / 9.9	3.1	0.68	12.35	3	10	40	50	0	4.0	40.4	-2.4	55	N/A	1,000	50	0.0	0.0
B+ / 9.5	3.1	0.68	12.33	22	10	40	50	0	4.0	41.2	-2.4	57	4	1,000	50	0.0	0.0
B+ / 9.9	3.1	0.67	12.50	14	10	40	50	0	4.0	43.4	-2.2	62	N/A	1,000	50	0.0	0.0
B+ / 9.9	3.1	0.67	12.55	16	10	40	50	0	4.0	44.4	-2.2	65	N/A	1,000	50	0.0	0.0
B- / 7.2	8.1	1.06	20.34	145	N/A	100	0	N/A	138.0	104.6	-9.1	60	2	1,000	50	5.8	0.0
B- / 7.1	8.1	1.06	19.01	44	N/A	100	0	N/A	138.0	99.2	-9.3	51	10	1,000	50	0.0	0.0
B- / 7.1	8.1	1.07	18.93	19	N/A	100	0	N/A	138.0	99.0	-9.3	50	10	1,000	50	0.0	0.0
B- / 7.2	8.1	1.07	20.18	4	N/A	100	0	N/A	138.0	103.3	-9.1	58	2	1,000	50	0.0	0.0
B- / 7.2	8.1	1.06	20.04	3	N/A	100	0	N/A	138.0	101.9	-9.1	56	4	1,000	50	0.0	0.0

www.thestreet.com/ratings

Data as of June 30, 2007

I. Index of Stock Mutual Funds

Summer 2007

99 Pct = Best
0 Pct = Worst

Fund Type	Fund Name	Ticker Symbol	Overall Investment Rating	Phone	Performance Rating/Pts	Total Return % through 6/30/07					Incl. in Returns	
						3 Mo	6 Mo	1Yr / Pct	Annualized 3Yr / Pct	5Yr / Pct	Dividend Yield	Expense Ratio
GR	MFS Core Equity R4	MRGHX	B	(800) 343-2829	C+ / 6.1	6.39	8.96	23.30 /78	12.68 /51	11.12 /45	0.00	1.37
GR	MFS Core Equity R5	MRGJX	B	(800) 343-2829	C+ / 6.3	6.45	9.12	23.67 /79	12.94 /54	11.27 /46	0.00	1.07
GR	MFS Core Growth Fund A	MFCAX	D+	(800) 343-2829	D+ / 2.8	7.52	8.21	18.73 /50	10.28 /30	7.77 /13	0.00	1.38
GR	MFS Core Growth Fund B	MFCBX	C-	(800) 343-2829	C- / 3.3	7.33	7.80	17.95 /45	9.55 /25	7.07 / 9	0.00	2.03
GR	MFS Core Growth Fund C	MFCCX	C-	(800) 343-2829	C- / 3.3	7.33	7.80	17.95 /45	9.55 /25	7.07 / 9	0.00	2.03
GR	MFS Core Growth Fund I	MFCIX	C	(800) 343-2829	C / 4.3	7.63	8.35	19.11 /53	10.65 /33	8.14 /16	0.00	1.03
GR	MFS Core Growth Fund R	MCFRX	C-	(800) 343-2829	C- / 3.8	7.46	8.09	18.51 /49	10.11 /29	7.64 /12	0.00	1.53
GR	MFS Core Growth Fund R3	MCRRX	C-	(800) 343-2829	C- / 3.6	7.45	8.03	18.39 /48	9.91 /27	7.49 /11	0.00	1.74
GR	MFS Core Growth Fund R4	MFCHX	D+	(800) 343-2829	C- / 3.9	7.48	8.10	18.62 /49	10.22 /30	7.73 /13	0.00	1.43
GR	MFS Core Growth Fund R5	MFCJX	D+	(800) 343-2829	C- / 4.1	7.59	8.33	18.95 /52	10.47 /32	7.88 /14	0.00	1.13
AA	MFS Diversified Income Fund Class	DIFAX	U	(800) 343-2829	U /	0.08	2.21	13.19 /17	--	--	4.11	1.36
AA	MFS Diversified Income Fund Class	DIFCX	U	(800) 343-2829	U /	-0.10	1.85	12.30 /14	--	--	3.67	2.01
GR	MFS Emerging Growth Fund A	MFEGX	C-	(800) 343-2829	C / 4.5	8.57	11.30	21.16 /68	11.73 /43	10.73 /41	0.00	1.29
GR	MFS Emerging Growth Fund B	MEGBX	C	(800) 343-2829	C / 5.1	8.36	10.90	20.27 /62	10.91 /35	9.90 /32	0.00	2.04
GR	MFS Emerging Growth Fund C	MFECX	C	(800) 343-2829	C / 5.1	8.32	10.87	20.22 /61	10.90 /35	9.89 /32	0.00	2.04
GR	MFS Emerging Growth Fund I	MFEIX	C+	(800) 343-2829	C+ / 6.1	8.61	11.42	21.45 /70	12.01 /45	11.00 /43	0.00	1.04
GR	MFS Emerging Growth Fund R	MFERX	C	(800) 343-2829	C+ / 5.6	8.47	11.14	20.82 /66	11.45 /40	10.47 /38	0.00	1.54
GR	MFS Emerging Growth Fund R1	MFELX	C+	(800) 343-2829	C / 5.0	8.32	10.83	20.14 /61	10.81 /34	9.84 /31	0.00	2.14
GR	MFS Emerging Growth Fund R2	MFEMX	C+	(800) 343-2829	C / 5.3	8.40	11.03	20.56 /64	11.10 /37	10.01 /33	0.00	1.79
GR	MFS Emerging Growth Fund R3	MEGRX	C	(800) 343-2829	C / 5.4	8.45	11.11	20.71 /65	11.25 /38	11.55 /49	0.00	1.69
GR	MFS Emerging Growth Fund R4	MFEHX	C+	(800) 343-2829	C+ / 5.7	8.51	11.22	20.96 /67	11.61 /42	10.66 /40	0.00	1.44
GR	MFS Emerging Growth Fund R5	MFEJX	C+	(800) 343-2829	C+ / 6.0	8.59	11.40	21.35 /69	11.87 /44	10.81 /42	0.00	1.14
EM	MFS Emerging Mkt Equity Fund A	MEMAX	B	(800) 343-2829	A+ / 9.7	11.88	14.45	39.17 /97	36.72 /98	28.36 /98	1.32	1.82
EM	MFS Emerging Mkt Equity Fund B	MEMBX	B	(800) 343-2829	A+ / 9.7	11.70	14.08	38.24 /97	35.84 /98	27.61 /97	0.85	2.47
EM	MFS Emerging Mkt Equity Fund C	MEMCX	B	(800) 343-2829	A+ / 9.7	11.68	14.06	38.28 /97	35.86 /98	27.61 /97	1.04	2.47
EM	● MFS Emerging Mkt Equity Fund I	MEMIX	B	(800) 343-2829	A+ / 9.8	11.96	14.61	39.63 /97	37.19 /98	28.87 /98	1.59	1.47
GL	MFS Global Equity Fund A	MWEFX	C+	(800) 343-2829	B- / 7.0	5.57	7.52	22.36 /74	17.03 /78	14.70 /74	1.76	1.47
GL	MFS Global Equity Fund B	MWEBX	B-	(800) 343-2829	B- / 7.3	5.35	7.13	21.41 /69	16.17 /75	13.84 /68	1.23	2.22
GL	MFS Global Equity Fund C	MWECX	B-	(800) 343-2829	B- / 7.3	5.40	7.14	21.48 /70	16.18 /75	13.84 /68	1.40	2.22
GL	MFS Global Equity Fund I	MWEIX	B	(800) 343-2829	B / 7.8	5.64	7.67	22.64 /76	17.33 /79	14.99 /76	2.05	1.22
GL	MFS Global Equity Fund R	MGERX	B	(800) 343-2829	B / 7.6	5.52	7.41	22.06 /73	16.75 /77	14.44 /73	1.66	1.72
GL	MFS Global Equity Fund R1	MWEGX	A-	(800) 343-2829	B- / 7.3	5.34	7.09	21.31 /69	16.06 /74	13.78 /68	1.48	2.40
GL	MFS Global Equity Fund R2	MWEKX	A	(800) 343-2829	B- / 7.4	5.46	7.29	21.77 /71	16.37 /76	13.95 /69	1.68	2.10
GL	MFS Global Equity Fund R3	MEQRX	B-	(800) 343-2829	B- / 7.5	5.49	7.32	21.88 /72	16.53 /76	14.74 /74	1.64	1.95
GL	MFS Global Equity Fund R4	MWEHX	A	(800) 343-2829	B / 7.6	5.56	7.47	22.20 /74	16.91 /77	14.63 /74	1.91	1.62
GL	MFS Global Equity Fund R5	MWELX	A+	(800) 343-2829	B / 7.8	5.63	7.61	22.57 /75	17.16 /78	14.78 /75	1.99	1.32
GL	MFS Global Growth Fund A	MWOFX	C+	(800) 343-2829	C+ / 6.9	7.23	9.39	23.10 /77	15.99 /74	13.94 /69	0.83	1.61
GL	MFS Global Growth Fund B	MWOBX	B-	(800) 343-2829	B- / 7.3	7.05	8.97	22.21 /74	15.12 /69	13.10 /63	0.20	2.26
GL	MFS Global Growth Fund C	MWOCX	B-	(800) 343-2829	B- / 7.3	7.04	8.98	22.22 /74	15.14 /69	13.09 /63	0.27	2.26
GL	MFS Global Growth Fund I	MWOIX	B	(800) 343-2829	B / 7.8	7.29	9.49	23.39 /78	16.29 /75	14.23 /71	1.09	1.26
GL	MFS Global Growth Fund R	MGLRX	B	(800) 343-2829	B- / 7.5	7.21	9.26	22.86 /77	15.70 /72	13.68 /67	0.65	1.76
GL	MFS Global Growth Fund R1	MWOGX	B	(800) 343-2829	B- / 7.2	7.04	8.92	22.09 /73	15.03 /69	13.04 /62	0.34	2.44
GL	MFS Global Growth Fund R2	MWOKX	B	(800) 343-2829	B- / 7.4	7.13	9.15	22.55 /75	15.32 /70	13.21 /63	0.53	2.13
GL	MFS Global Growth Fund R3	MGWRX	B-	(800) 343-2829	B- / 7.4	7.18	9.19	22.67 /76	15.48 /71	14.25 /71	0.54	1.99
GL	MFS Global Growth Fund R4	MWOHX	B+	(800) 343-2829	B / 7.6	7.17	9.29	22.93 /77	15.85 /73	13.86 /69	0.86	1.66
GL	MFS Global Growth Fund R5	MWOJX	B+	(800) 343-2829	B / 7.7	7.30	9.46	23.29 /78	16.12 /74	14.02 /70	1.02	1.36
GL	MFS Global Total Return Fund A	MFWTX	D-	(800) 343-2829	D+ / 2.4	2.41	4.41	13.77 /20	12.51 /50	12.03 /54	1.34	1.52
GL	MFS Global Total Return Fund B	MFWBX	D	(800) 343-2829	D+ / 2.9	2.26	4.05	13.06 /17	11.79 /43	11.29 /46	0.76	2.17
GL	MFS Global Total Return Fund C	MFWCX	D	(800) 343-2829	D+ / 2.9	2.23	4.05	13.09 /17	11.77 /43	11.30 /47	0.83	2.17
GL	● MFS Global Total Return Fund I	MFWIX	D+	(800) 343-2829	C- / 3.8	2.45	4.55	14.18 /22	12.90 /53	12.40 /57	1.74	1.17
GL	MFS Global Total Return Fund R	MGRRX	D	(800) 343-2829	C- / 3.3	2.37	4.31	13.59 /19	12.33 /48	11.89 /52	1.23	1.67
GL	MFS Global Total Return Fund R1	MFWGX	C+	(800) 343-2829	D+ / 2.8	2.22	4.01	12.94 /16	11.69 /43	11.23 /46	0.88	2.27

● Denotes fund is closed to new investors
* Denotes fund is included in Section II

www.thestreet.com/ratings

Summer 2007   I. Index of Stock Mutual Funds

RISK			NET ASSETS		ASSET					BULL / BEAR		FUND MANAGER		MINIMUMS		LOADS	
	3 Year		NAV						Portfolio	Last Bull	Last Bear	Manager	Manager	Initial	Additional	Front	Back
Risk	Standard		As of	Total	Cash	Stocks	Bonds	Other	Turnover	Market	Market	Quality	Tenure	Purch.	Purch.	End	End
Rating/Pts	Deviation	Beta	6/30/07	$(Mil)	%	%	%	%	Ratio	Return	Return	Pct	(Years)	$	$	Load	Load
B / 8.0	8.1	1.06	20.31	31	N/A	100	0	N/A	138.0	104.3	-9.1	60	2	1,000	50	0.0	0.0
B / 8.0	8.1	1.06	20.46	N/A	N/A	100	0	N/A	138.0	105.7	-9.1	63	2	1,000	50	0.0	0.0
B- / 7.1	8.7	1.11	20.44	486	5	94	0	1	245.0	75.3	-10.9	28	11	1,000	50	5.8	0.0
B- / 7.0	8.7	1.11	19.48	153	5	94	0	1	245.0	70.5	-11.0	23	8	1,000	50	0.0	0.0
B- / 7.0	8.7	1.11	19.48	57	5	94	0	1	245.0	70.5	-11.0	23	8	1,000	50	0.0	0.0
B- / 7.1	8.7	1.11	21.03	35	5	94	0	1	245.0	77.9	-10.8	31	11	10,000,000	0	0.0	0.0
B- / 7.1	8.7	1.11	20.32	4	5	94	0	1	245.0	74.4	-10.9	27	11	1,000	50	0.0	0.0
B- / 7.1	8.7	1.11	20.18	3	5	94	0	1	245.0	73.1	-10.9	25	4	1,000	50	0.0	0.0
C+ / 5.9	8.7	1.11	20.41	1	5	94	0	1	245.0	75.1	-10.9	28	N/A	1,000	50	0.0	0.0
C+ / 6.0	8.7	1.11	20.55	42	5	94	0	1	245.0	76.2	-10.9	29	N/A	1,000	50	0.0	0.0
U /	N/A	N/A	10.79	199	3	38	58	1	N/A	N/A	N/A	N/A	1	1,000	50	5.8	0.0
U /	N/A	N/A	10.78	86	3	38	58	1	N/A	N/A	N/A	N/A	1	1,000	50	0.0	0.0
C+ / 6.3	11.9	1.37	41.57	2,144	2	97	0	1	124.0	97.9	-8.4	23	5	1,000	50	5.8	0.0
C+ / 6.2	11.9	1.37	37.86	561	2	97	0	1	124.0	91.6	-8.6	18	5	1,000	50	0.0	0.0
C+ / 6.2	11.9	1.38	37.63	142	2	97	0	1	124.0	91.6	-8.6	18	5	1,000	50	0.0	0.0
C+ / 6.3	11.9	1.37	42.64	78	2	97	0	1	124.0	100.0	-8.4	25	5	10,000,000	0	0.0	0.0
C+ / 6.3	11.9	1.37	41.09	9	2	97	0	1	124.0	95.8	-8.4	21	5	1,000	50	0.0	0.0
B- / 7.3	11.9	1.37	37.76	3	2	97	0	1	124.0	91.1	-8.6	17	N/A	1,000	50	0.0	0.0
B- / 7.3	11.9	1.37	38.05	4	2	97	0	1	124.0	92.6	-8.6	19	N/A	1,000	50	0.0	0.0
C+ / 6.3	11.9	1.37	40.80	13	2	97	0	1	124.0	106.4	-8.6	20	4	1,000	50	0.0	0.0
B- / 7.3	11.9	1.37	41.43	11	2	97	0	1	124.0	97.3	-8.4	22	N/A	1,000	50	0.0	0.0
B- / 7.3	11.9	1.37	41.72	44	2	97	0	1	124.0	98.6	-8.4	24	N/A	1,000	50	0.0	0.0
C / 4.6	16.0	1.04	41.90	286	0	99	0	1	58.0	289.6	-7.8	20	N/A	1,000	50	5.8	1.0
C / 4.6	16.0	1.04	40.11	63	0	99	0	1	58.0	279.8	-7.9	17	N/A	1,000	50	0.0	1.0
C / 4.6	16.0	1.04	39.58	72	0	99	0	1	58.0	279.8	-7.9	17	N/A	1,000	50	0.0	1.0
C / 4.6	16.0	1.04	43.45	157	0	99	0	1	58.0	296.1	-7.7	23	N/A	10,000,000	0	0.0	1.0
C+ / 6.5	7.4	0.73	30.32	509	0	99	0	1	39.0	133.3	-9.0	51	14	1,000	50	5.8	0.0
C+ / 6.4	7.4	0.73	28.56	126	0	99	0	1	39.0	126.0	-9.2	40	15	1,000	50	0.0	0.0
C+ / 6.3	7.4	0.73	27.91	47	0	99	0	1	39.0	126.0	-9.2	40	13	1,000	50	0.0	0.0
C+ / 6.5	7.4	0.73	30.89	76	0	99	0	1	39.0	135.8	-8.9	55	10	10,000,000	0	0.0	0.0
C+ / 6.5	7.4	0.73	29.99	13	0	99	0	1	39.0	130.7	-9.0	48	14	1,000	50	0.0	0.0
B / 8.3	7.4	0.73	28.39	2	0	99	0	1	39.0	125.4	-9.2	39	N/A	1,000	50	0.0	0.0
B / 8.3	7.4	0.73	28.57	1	0	99	0	1	39.0	127.1	-9.2	43	N/A	1,000	50	0.0	0.0
C+ / 6.4	7.4	0.73	29.76	14	0	99	0	1	39.0	135.1	-9.2	45	4	1,000	50	0.0	0.0
B / 8.4	7.4	0.73	30.20	12	0	99	0	1	39.0	132.6	-9.0	49	N/A	1,000	50	0.0	0.0
B / 8.4	7.4	0.73	30.39	N/A	0	99	0	1	39.0	134.0	-9.0	53	N/A	1,000	50	0.0	0.0
C+ / 6.6	9.3	0.92	27.14	300	1	98	0	1	96.0	125.3	-8.7	13	11	1,000	50	5.8	0.0
C+ / 6.5	9.2	0.92	25.50	70	1	98	0	1	96.0	118.2	-8.9	10	11	1,000	50	0.0	0.0
C+ / 6.5	9.3	0.93	25.25	20	1	98	0	1	96.0	118.3	-8.9	10	11	1,000	50	0.0	0.0
C+ / 6.6	9.2	0.92	27.68	8	1	98	0	1	96.0	127.8	-8.7	14	N/A	10,000,000	0	0.0	0.0
C+ / 6.6	9.2	0.92	26.90	4	1	98	0	1	96.0	122.9	-8.8	12	N/A	1,000	50	0.0	0.0
B- / 7.3	9.3	0.93	25.40	N/A	1	98	0	1	96.0	117.6	-8.9	9	N/A	1,000	50	0.0	0.0
B- / 7.3	9.3	0.93	25.54	N/A	1	98	0	1	96.0	119.2	-8.9	10	N/A	1,000	50	0.0	0.0
C+ / 6.5	9.3	0.93	26.73	1	1	98	0	1	96.0	129.5	-8.9	11	4	1,000	50	0.0	0.0
B- / 7.3	9.3	0.93	27.05	2	1	98	0	1	96.0	124.6	-8.7	12	N/A	1,000	50	0.0	0.0
B- / 7.3	9.3	0.93	27.19	N/A	1	98	0	1	96.0	126.0	-8.7	13	N/A	1,000	50	0.0	0.0
C+ / 6.2	5.3	0.51	14.96	442	9	59	31	1	88.0	83.9	-1.4	47	7	1,000	50	5.8	0.0
C+ / 6.5	5.3	0.51	15.23	103	9	59	31	1	88.0	79.0	-1.5	38	7	1,000	50	0.0	0.0
C+ / 6.4	5.3	0.51	15.11	123	9	59	31	1	88.0	78.9	-1.5	38	7	1,000	50	0.0	0.0
C+ / 6.0	5.3	0.51	14.85	4	9	59	31	1	88.0	86.7	-1.3	52	10	10,000,000	0	0.0	0.0
C+ / 6.1	5.3	0.51	14.90	1	9	59	31	1	88.0	82.8	-1.4	44	1	1,000	50	0.0	0.0
B+ / 9.7	5.3	0.51	15.08	1	9	59	31	1	88.0	78.5	-1.5	37	1	1,000	50	0.0	0.0

www.thestreet.com/ratings

Data as of June 30, 2007

I. Index of Stock Mutual Funds

Summer 2007

99 Pct = Best
0 Pct = Worst

Fund Type	Fund Name	Ticker Symbol	Overall Investment Rating	Phone	Performance Rating/Pts	3 Mo	6 Mo	1Yr / Pct	3Yr / Pct	5Yr / Pct	Dividend Yield	Expense Ratio
GL	MFS Global Total Return Fund R3	MGBRX	D	(800) 343-2829	C- / 3.1	2.27	4.21	13.36 /18	12.10 /46	11.42 /48	1.15	1.82
GL	MFS Global Total Return Fund R4	MFWHX	C+	(800) 343-2829	C- / 3.5	2.41	4.36	13.71 /19	12.49 /50	12.00 /54	1.41	1.66
GL	MFS Global Total Return Fund R5	MFWJX	C+	(800) 343-2829	C- / 3.7	2.41	4.42	14.03 /21	12.72 /52	12.14 /55	1.55	1.36
AA	MFS Growth Allocation 529A	EAGWX	C	(800) 343-2829	C- / 3.3	4.91	7.62	18.37 /48	11.97 /45	11.34 /47	1.54	1.64
AA	MFS Growth Allocation 529B	EBGWX	C	(800) 343-2829	C- / 3.9	4.78	7.31	17.65 /43	11.28 /38	10.57 /39	1.11	2.29
AA	MFS Growth Allocation 529C	ECGWX	C	(800) 343-2829	C- / 3.9	4.71	7.24	17.55 /42	11.27 /38	10.59 /40	1.14	2.29
AA	MFS Growth Allocation A	MAGWX	C	(800) 343-2829	C- / 3.5	4.95	7.72	18.68 /50	12.26 /48	11.61 /50	1.72	1.39
AA	MFS Growth Allocation B	MBGWX	C	(800) 343-2829	C- / 4.2	4.88	7.47	17.89 /44	11.56 /41	10.89 /42	1.26	2.04
AA	MFS Growth Allocation C	MCGWX	C	(800) 343-2829	C- / 4.1	4.82	7.41	17.86 /44	11.56 /41	10.88 /42	1.29	2.04
AA	MFS Growth Allocation I	MGWIX	C	(800) 343-2829	C / 5.3	5.12	7.95	19.06 /53	12.66 /51	12.00 /54	2.10	1.04
AA	MFS Growth Allocation R	MGARX	C+	(800) 343-2829	C / 4.7	4.96	7.67	18.44 /48	12.08 /46	11.49 /49	1.67	1.54
AA	MFS Growth Allocation R1	MAGMX	C+	(800) 343-2829	C- / 4.1	4.81	7.35	17.77 /43	11.45 /40	10.82 /42	1.53	1.27
AA	MFS Growth Allocation R2	MAGNX	C+	(800) 343-2829	C / 4.4	4.92	7.61	18.20 /46	11.74 /43	11.00 /43	1.74	1.79
AA	MFS Growth Allocation R3	MGALX	C+	(800) 343-2829	C / 4.5	4.89	7.55	18.31 /47	11.84 /44	11.22 /46	1.80	1.69
AA	MFS Growth Allocation R4	MAGEX	B-	(800) 343-2829	C / 4.8	4.98	7.69	18.60 /49	12.21 /47	11.58 /50	1.96	1.44
AA	MFS Growth Allocation R5	MAGJX	B	(800) 343-2829	C / 5.1	5.08	7.93	19.01 /52	12.51 /50	11.76 /51	2.03	1.14
FO	MFS Inst Intl Equity Fund	MIEIX	A	(800) 343-2829	B+ / 8.7	5.24	8.99	25.00 /83	21.28 /87	17.65 /87	2.33	0.83
FO	MFS Inst Intl Research Equity Fund	MIREX	B	(800) 343-2829	A- / 9.2	7.76	10.54	27.76 /89	23.90 /92	--	1.66	0.99
GR	MFS Inst Large Cap Value Fund	ILVAX	B	(800) 343-2829	B / 7.6	6.03	8.42	23.88 /80	16.21 /75	12.88 /61	2.19	0.77
FO	MFS International Diversifictn A	MDIDX	U	(800) 343-2829	U /	7.17	10.33	27.42 /89	--	--	2.75	1.79
FO	MFS International Diversifictn B	MDIFX	U	(800) 343-2829	U /	6.96	10.00	26.57 /87	--	--	2.45	2.44
FO	MFS International Diversifictn C	MDIGX	U	(800) 343-2829	U /	6.91	9.94	26.56 /87	--	--	2.48	2.44
FO	MFS International Diversifictn I	MDIJX	U	(800) 343-2829	U /	7.26	10.56	27.83 /89	--	--	3.11	1.44
FO	MFS International Diversifictn R4	MDIHX	U	(800) 343-2829	U /	7.12	10.29	27.37 /89	--	--	2.94	1.84
FO	MFS International Growth Fund A	MGRAX	B+	(800) 343-2829	B+ / 8.8	7.77	11.77	28.80 /91	21.92 /89	18.08 /88	0.70	1.67
FO	MFS International Growth Fund B	MGRBX	B+	(800) 343-2829	B+ / 8.9	7.60	11.38	27.94 /90	21.12 /87	17.38 /86	0.17	2.32
FO	MFS International Growth Fund C	MGRCX	B+	(800) 343-2829	B+ / 8.9	7.59	11.36	27.93 /90	21.11 /87	17.38 /86	0.26	2.32
FO	● MFS International Growth Fund I	MQGIX	A-	(800) 343-2829	A- / 9.1	7.84	11.94	29.23 /92	22.33 /90	18.92 /90	0.93	1.32
FO	● MFS Intl New Discovery 529A	EAIDX	B+	(800) 343-2829	A- / 9.2	6.31	11.25	30.80 /93	24.71 /93	22.30 /94	0.47	1.80
FO	● MFS Intl New Discovery 529B	EBIDX	B+	(800) 343-2829	A- / 9.2	6.12	10.87	29.92 /92	23.88 /92	21.31 /93	0.17	2.45
FO	● MFS Intl New Discovery 529C	ECIDX	B+	(800) 343-2829	A- / 9.2	6.15	10.90	29.97 /92	23.91 /92	21.49 /94	0.03	2.45
FO	● MFS Intl New Discovery A	MIDAX	B+	(800) 343-2829	A- / 9.2	6.39	11.41	31.20 /94	25.04 /93	22.61 /94	0.65	1.55
FO	● MFS Intl New Discovery B	MIDBX	B+	(800) 343-2829	A / 9.3	6.25	11.06	30.29 /93	24.21 /92	21.81 /94	0.12	2.20
FO	● MFS Intl New Discovery C	MIDCX	B+	(800) 343-2829	A / 9.3	6.19	11.01	30.28 /93	24.22 /92	21.82 /94	0.17	2.20
FO	● MFS Intl New Discovery I	MWNIX	B+	(800) 343-2829	A / 9.4	6.47	11.59	31.58 /94	25.46 /94	23.04 /95	0.94	1.20
FO	● MFS Intl New Discovery R	MINRX	B+	(800) 343-2829	A / 9.3	6.35	11.32	30.99 /93	24.85 /93	22.47 /94	0.57	1.70
FO	● MFS Intl New Discovery R3	MIDRX	B+	(800) 343-2829	A / 9.3	6.31	11.24	30.82 /93	24.62 /93	22.28 /94	0.54	1.85
FO	● MFS Intl New Discovery R4	MIDHX	A+	(800) 343-2829	A / 9.4	6.37	11.35	31.10 /93	25.01 /93	22.60 /94	0.76	1.60
FO	● MFS Intl New Discovery R5	MIDJX	A+	(800) 343-2829	A / 9.4	6.46	11.56	31.50 /94	25.28 /93	22.75 /95	0.92	1.30
FO	MFS Intl Value Fund A	MGIAX	B+	(800) 343-2829	B+ / 8.5	5.16	8.06	23.14 /78	22.32 /90	19.17 /90	1.13	1.65
FO	MFS Intl Value Fund B	MGIBX	A-	(800) 343-2829	B+ / 8.6	4.98	7.70	22.32 /74	21.53 /88	18.46 /89	0.65	2.30
FO	MFS Intl Value Fund C	MGICX	A-	(800) 343-2829	B+ / 8.6	4.98	7.69	22.34 /74	21.53 /88	18.46 /89	0.74	2.30
FO	MFS Intl Value Fund I	MINIX	A+	(800) 343-2829	B+ / 8.9	5.26	8.26	23.58 /79	22.75 /91	19.68 /91	1.41	1.30
GR	MFS Mass Investors Gr Stk 529A	EISTX	D	(800) 343-2829	D- / 1.5	7.58	7.18	16.49 /35	8.30 /16	6.82 / 7	0.00	1.18
GR	MFS Mass Investors Gr Stk 529B	EMIVX	D+	(800) 343-2829	D / 1.9	7.38	6.77	15.63 /30	7.59 /12	6.16 / 5	0.00	1.83
GR	MFS Mass Investors Gr Stk 529C	EMICX	D+	(800) 343-2829	D / 1.9	7.41	6.89	15.70 /30	7.63 /12	6.08 / 4	0.00	1.83
GR	MFS Mass Investors Gr Stk A	MIGFX	D	(800) 343-2829	D / 1.7	7.63	7.32	16.71 /36	8.57 /18	7.11 / 9	0.00	0.93
GR	MFS Mass Investors Gr Stk B	MIGBX	D+	(800) 343-2829	D / 2.1	7.46	6.94	16.02 /32	7.86 /13	6.41 / 6	0.00	1.58
GR	MFS Mass Investors Gr Stk C	MIGDX	D+	(800) 343-2829	D / 2.1	7.49	6.98	16.00 /32	7.86 /13	6.41 / 6	0.00	1.58
GR	● MFS Mass Investors Gr Stk I	MGTIX	C-	(800) 343-2829	D+ / 2.9	7.75	7.52	17.17 /39	8.97 /20	7.49 /11	0.00	0.58
GR	MFS Mass Investors Gr Stk R	MIGRX	C-	(800) 343-2829	D+ / 2.5	7.59	7.19	16.51 /35	8.41 /17	7.01 / 8	0.00	1.08
GR	MFS Mass Investors Gr Stk R1	MIGMX	D+	(800) 343-2829	D / 2.0	7.40	6.89	15.89 /31	7.72 /13	6.33 / 5	0.00	1.68

● Denotes fund is closed to new investors
* Denotes fund is included in Section II

www.thestreet.com/ratings

I. Index of Stock Mutual Funds

Summer 2007

RISK			NET ASSETS		ASSET				Portfolio Turnover Ratio	BULL / BEAR		FUND MANAGER		MINIMUMS		LOADS	
	3 Year		NAV							Last Bull	Last Bear	Manager	Manager	Initial	Additional	Front	Back
Risk Rating/Pts	Standard Deviation	Beta	As of 6/30/07	Total $(Mil)	Cash %	Stocks %	Bonds %	Other %		Market Return	Market Return	Quality Pct	Tenure (Years)	Purch. $	Purch. $	End Load	End Load
C+ / 6.2	5.3	0.51	14.88	1	9	59	31	1	88.0	80.1	-1.5	42	4	1,000	50	0.0	0.0
B+ / 9.7	5.3	0.51	14.93	3	9	59	31	1	88.0	83.7	-1.4	46	1	1,000	50	0.0	0.0
B+ / 9.7	5.3	0.51	14.95	N/A	9	59	31	1	88.0	84.9	-1.4	50	1	1,000	50	0.0	0.0
B / 8.0	7.2	1.49	15.81	50	0	80	20	0	N/A	91.3	-6.2	64	5	250	50	5.8	0.0
B / 8.0	7.1	1.49	15.57	34	0	80	20	0	N/A	86.1	-6.4	55	5	250	50	0.0	0.0
B / 8.0	7.2	1.49	15.55	20	0	80	20	0	N/A	86.1	-6.4	55	5	250	50	0.0	0.0
B / 8.0	7.2	1.50	15.90	1,130	0	80	20	0	N/A	93.4	-6.1	67	5	1,000	50	5.8	0.0
B / 8.0	7.2	1.50	15.68	690	0	80	20	0	N/A	88.3	-6.4	58	5	1,000	50	0.0	0.0
B / 8.0	7.1	1.49	15.66	543	0	80	20	0	N/A	88.2	-6.4	59	5	1,000	50	0.0	0.0
C+ / 6.5	7.1	1.49	16.02	62	0	80	20	0	N/A	96.5	-6.1	72	5	10,000,000	0	0.0	0.0
B / 8.0	7.2	1.50	15.86	52	0	80	20	0	N/A	92.3	-6.1	65	N/A	1,000	50	0.0	0.0
B+ / 9.1	7.2	1.49	15.48	18	0	80	20	0	N/A	87.8	-6.4	57	N/A	1,000	50	0.0	0.0
B+ / 9.1	7.2	1.49	15.56	18	0	80	20	0	N/A	89.1	-6.4	61	N/A	1,000	50	0.0	0.0
B / 8.0	7.2	1.49	15.67	71	0	80	20	0	N/A	91.1	-6.4	62	5	1,000	50	0.0	0.0
B+ / 9.1	7.2	1.50	15.82	81	0	80	20	0	N/A	93.2	-6.1	66	N/A	1,000	50	0.0	0.0
B+ / 9.1	7.1	1.49	15.92	49	0	80	20	0	N/A	94.6	-6.1	70	N/A	1,000	50	0.0	0.0
B- / 7.2	8.8	0.92	21.71	2,729	3	96	0	1	45.0	162.7	-7.7	56	N/A	3,000,000	0	0.0	0.0
C / 5.0	9.9	1.03	17.09	226	1	98	0	1	92.0	181.8	-7.9	59	N/A	3,000,000	0	0.0	0.0
C+ / 6.6	6.3	0.81	13.01	83	1	98	0	1	50.0	119.8	-9.0	95	1	3,000,000	0	0.0	0.0
U /	N/A	N/A	17.20	1,369	0	100	0	0	1.0	N/A	N/A	N/A	N/A	1,000	50	5.8	0.0
U /	N/A	N/A	17.05	236	0	100	0	0	1.0	N/A	N/A	N/A	N/A	1,000	50	0.0	0.0
U /	N/A	N/A	17.03	664	0	100	0	0	1.0	N/A	N/A	N/A	N/A	1,000	50	0.0	0.0
U /	N/A	N/A	17.28	66	0	100	0	0	1.0	N/A	N/A	N/A	N/A	10,000,000	0	0.0	0.0
U /	N/A	N/A	17.15	34	0	100	0	0	1.0	N/A	N/A	N/A	N/A	1,000	50	0.0	0.0
C+ / 6.3	10.2	1.07	28.30	296	2	97	0	1	90.0	172.0	-8.7	30	10	1,000	50	5.8	0.0
C+ / 6.3	10.2	1.07	26.91	50	2	97	0	1	90.0	165.1	-8.9	24	10	1,000	50	0.0	0.0
C+ / 6.3	10.2	1.07	26.66	41	2	97	0	1	90.0	165.1	-8.9	24	10	1,000	50	0.0	0.0
C+ / 6.4	10.2	1.07	30.66	711	2	97	0	1	90.0	179.7	-8.6	33	10	10,000,000	0	0.0	0.0
C+ / 5.6	11.1	1.14	30.16	4	3	96	0	1	68.0	231.4	-7.0	42	5	250	50	5.8	0.0
C / 5.5	11.1	1.14	28.97	1	3	96	0	1	68.0	222.0	-7.1	34	5	250	50	0.0	0.0
C / 5.5	11.1	1.14	28.99	1	3	96	0	1	68.0	222.4	-7.2	34	5	250	50	0.0	0.0
C+ / 5.6	11.1	1.14	30.46	3,043	3	96	0	1	68.0	234.9	-7.0	46	10	1,000	50	5.8	0.0
C+ / 5.6	11.1	1.14	29.42	327	3	96	0	1	68.0	225.7	-7.1	37	7	1,000	50	0.0	0.0
C+ / 5.6	11.1	1.14	29.35	499	3	96	0	1	68.0	225.7	-7.1	37	N/A	1,000	50	0.0	0.0
C / 5.5	11.1	1.14	31.11	1,018	3	96	0	1	68.0	239.8	-6.9	51	10	10,000,000	0	0.0	0.0
C+ / 5.6	11.1	1.14	30.30	47	3	96	0	1	68.0	233.0	-7.0	44	10	1,000	50	0.0	0.0
C / 5.5	11.1	1.14	29.98	36	3	96	0	1	68.0	230.5	-7.0	41	4	1,000	50	0.0	0.0
B- / 7.7	11.1	1.14	30.41	18	3	96	0	1	68.0	234.7	-7.0	45	N/A	1,000	50	0.0	0.0
B- / 7.7	11.1	1.14	30.50	27	3	96	0	1	68.0	236.8	-7.0	49	N/A	1,000	50	0.0	0.0
C+ / 6.8	8.7	0.90	32.83	387	3	96	0	1	54.0	181.4	-6.8	71	N/A	1,000	50	5.8	0.0
C+ / 6.8	8.7	0.91	31.62	79	3	96	0	1	54.0	174.1	-6.8	62	N/A	1,000	50	0.0	0.0
C+ / 6.8	8.7	0.91	30.96	91	3	96	0	1	54.0	174.2	-6.9	62	N/A	1,000	50	0.0	0.0
B / 8.0	8.7	0.90	33.82	618	3	96	0	1	54.0	186.3	-6.6	75	N/A	10,000,000	0	0.0	0.0
B- / 7.8	9.0	1.13	14.62	6	3	96	0	1	91.0	64.9	-10.3	15	5	250	50	5.8	0.0
B- / 7.7	9.0	1.13	13.24	1	3	96	0	1	91.0	60.4	-10.4	11	5	250	50	0.0	0.0
B- / 7.7	9.0	1.13	13.19	1	3	96	0	1	91.0	60.5	-10.4	12	5	250	50	0.0	0.0
B- / 7.8	9.0	1.13	14.81	3,827	3	96	0	1	91.0	66.8	-10.2	16	8	1,000	50	5.8	0.0
B- / 7.7	9.0	1.13	13.40	1,091	3	96	0	1	91.0	62.3	-10.5	12	2	1,000	50	0.0	0.0
B- / 7.7	9.0	1.13	13.34	411	3	96	0	1	91.0	62.2	-10.4	12	2	1,000	50	0.0	0.0
B- / 7.9	9.0	1.13	15.15	87	3	96	0	1	91.0	69.2	-10.1	18	2	10,000,000	0	0.0	0.0
B- / 7.8	9.0	1.14	14.75	25	3	96	0	1	91.0	66.1	-10.2	15	8	1,000	50	0.0	0.0
B- / 7.9	9.0	1.13	13.35	3	3	96	0	1	91.0	61.7	-10.5	12	2	1,000	50	0.0	0.0

www.thestreet.com/ratings

Data as of June 30, 2007

I. Index of Stock Mutual Funds

Summer 2007

							PERFORMANCE						
	99 Pct = Best						Perfor-	Total Return % through 6/30/07				Incl. in Returns	
	0 Pct = Worst			Overall			mance				Annualized	Dividend	Expense
Fund Type	Fund Name		Ticker Symbol	Investment Rating	Phone		Rating/Pts	3 Mo	6 Mo	1Yr / Pct	3Yr / Pct 5Yr / Pct	Yield	Ratio
GR	MFS Mass Investors Gr Stk R2		MIGLX	C-	(800) 343-2829		D+ / 2.3	7.59	7.07	16.32 /34	8.04 /15 6.52 / 6	0.00	1.33
GR	MFS Mass Investors Gr Stk R3		MIRGX	D+	(800) 343-2829		D+ / 2.3	7.52	7.12	16.35 /34	8.21 /16 8.38 /18	0.00	1.23
GR	MFS Mass Investors Gr Stk R4		MIGHX	C-	(800) 343-2829		D+ / 2.6	7.64	7.32	16.72 /36	8.54 /18 7.09 / 9	0.00	0.98
GR	MFS Mass Investors Gr Stk R5		MIGKX	C-	(800) 343-2829		D+ / 2.8	7.66	7.43	17.05 /38	8.79 /19 7.24 /10	0.00	0.68
GI	MFS Mass Investors Trust 529A		EAMTX	C	(800) 343-2829		C- / 4.0	6.60	7.43	20.51 /63	12.24 /48 9.65 /29	0.61	1.20
GI	MFS Mass Investors Trust 529B		EBMTX	C	(800) 343-2829		C / 4.7	6.41	7.11	19.73 /58	11.53 /41 8.75 /21	0.24	1.85
GI	MFS Mass Investors Trust 529C		ECITX	C	(800) 343-2829		C / 4.6	6.41	7.06	19.68 /57	11.49 /41 8.65 /20	0.16	1.85
GI	MFS Mass Investors Trust A		MITTX	C	(800) 343-2829		C- / 4.2	6.65	7.58	20.82 /66	12.52 /50 9.69 /30	0.79	0.95
GI	MFS Mass Investors Trust B		MITBX	C+	(800) 343-2829		C / 4.9	6.47	7.20	19.99 /60	11.79 /43 8.98 /23	0.08	1.60
GI	MFS Mass Investors Trust C		MITCX	C+	(800) 343-2829		C / 4.9	6.46	7.19	20.04 /60	11.80 /44 8.97 /23	0.21	1.60
GI	● MFS Mass Investors Trust I		MITIX	C+	(800) 343-2829		C+ / 5.9	6.76	7.75	21.21 /68	12.93 /53 10.07 /34	1.17	0.60
GI	MFS Mass Investors Trust R		MITRX	C+	(800) 343-2829		C / 5.4	6.59	7.48	20.59 /64	12.36 /49 9.47 /28	0.66	1.10
GI	MFS Mass Investors Trust R1		MITGX	C+	(800) 343-2829		C / 4.8	6.48	7.16	19.88 /59	11.69 /43 8.92 /22	0.40	1.70
GI	MFS Mass Investors Trust R2		MITKX	C+	(800) 343-2829		C / 5.1	6.56	7.35	20.30 /62	11.98 /45 9.10 /24	0.63	1.35
GI	MFS Mass Investors Trust R3		MIRTX	C+	(800) 343-2829		C / 5.2	6.57	7.40	20.43 /63	12.13 /47 --	0.70	1.25
GI	MFS Mass Investors Trust R4		MITHX	C+	(800) 343-2829		C / 5.5	6.63	7.50	20.74 /65	12.48 /50 9.67 /29	0.91	1.00
GI	MFS Mass Investors Trust R5		MITDX	B-	(800) 343-2829		C+ / 5.8	6.71	7.68	21.07 /67	12.72 /52 9.81 /31	1.12	0.70
MC	MFS Mid Cap Value Fund 529A		EACVX	C-	(800) 343-2829		C / 4.8	4.21	9.72	20.94 /66	13.36 /57 13.46 /65	0.01	1.59
MC	MFS Mid Cap Value Fund 529B		EBCVX	C-	(800) 343-2829		C / 5.4	4.02	9.42	20.19 /61	12.64 /51 12.68 /59	0.00	2.24
MC	MFS Mid Cap Value Fund 529C		ECCVX	C-	(800) 343-2829		C / 5.4	4.01	9.32	20.15 /61	12.64 /51 12.72 /60	0.00	2.24
MC	MFS Mid Cap Value Fund A		MVCAX	C-	(800) 343-2829		C / 5.0	4.23	9.83	21.20 /68	13.66 /59 13.75 /68	0.32	1.34
MC	MFS Mid Cap Value Fund B		MCBVX	C-	(800) 343-2829		C+ / 5.7	4.10	9.51	20.51 /63	12.92 /53 13.04 /62	0.00	1.99
MC	MFS Mid Cap Value Fund C		MVCCX	C	(800) 343-2829		C+ / 5.7	4.10	9.50	20.49 /63	12.94 /54 13.05 /62	0.00	1.99
MC	● MFS Mid Cap Value Fund I		MCVIX	C+	(800) 343-2829		C+ / 6.5	4.36	10.02	21.64 /71	14.04 /62 14.15 /71	0.66	0.99
MC	MFS Mid Cap Value Fund R		MMVRX	C	(800) 343-2829		C+ / 6.1	4.25	9.80	21.08 /67	13.53 /58 13.65 /67	0.17	1.49
MC	MFS Mid Cap Value Fund R3		MCVRX	C	(800) 343-2829		C+ / 6.0	4.15	9.66	20.92 /66	13.30 /57 --	0.16	1.64
MC	MFS Mid Cap Value Fund R4		MVCHX	B-	(800) 343-2829		C+ / 6.2	4.24	9.85	21.21 /68	13.63 /59 13.74 /68	0.46	1.39
MC	MFS Mid Cap Value Fund R5		MVCJX	B	(800) 343-2829		C+ / 6.5	4.35	10.02	21.61 /70	13.89 /61 13.90 /69	0.58	1.09
MC	MFS Mid-Cap Growth Fund 529A		EAMCX	E	(800) 343-2829		D- / 1.1	6.42	11.02	15.90 /31	6.79 / 8 --	0.00	1.69
MC	MFS Mid-Cap Growth Fund 529B		EBCGX	E	(800) 343-2829		D- / 1.5	6.26	10.76	15.24 /27	6.16 / 6 8.87 /22	0.00	2.34
MC	MFS Mid-Cap Growth Fund 529C		ECGRX	E	(800) 343-2829		D- / 1.5	6.29	10.76	15.21 /27	6.18 / 6 8.88 /22	0.00	2.34
MC	MFS Mid-Cap Growth Fund A		OTCAX	E	(800) 343-2829		D- / 1.3	6.43	11.19	16.28 /34	7.23 /10 9.92 /32	0.00	1.34
MC	MFS Mid-Cap Growth Fund B		OTCBX	E	(800) 343-2829		D / 1.7	6.30	10.87	15.58 /29	6.43 / 7 9.11 /24	0.00	2.09
MC	MFS Mid-Cap Growth Fund C		OTCCX	E	(800) 343-2829		D / 1.7	6.33	10.89	15.58 /29	6.42 / 7 9.10 /24	0.00	2.09
MC	● MFS Mid-Cap Growth Fund I		OTCIX	E+	(800) 343-2829		D+ / 2.3	6.62	11.43	16.68 /36	7.49 /12 10.20 /35	0.00	1.09
MC	MFS Mid-Cap Growth Fund R		MMCRX	E+	(800) 343-2829		D / 2.0	6.50	11.21	16.09 /33	6.98 / 9 9.69 /30	0.00	1.59
MC	MFS Mid-Cap Growth Fund R1		OTCGX	E+	(800) 343-2829		D / 1.6	6.32	10.78	15.37 /28	6.32 / 7 9.05 /23	0.00	2.19
MC	MFS Mid-Cap Growth Fund R2		OTCKX	E+	(800) 343-2829		D / 1.7	6.28	10.96	15.67 /30	6.54 / 7 9.18 /25	0.00	1.84
MC	MFS Mid-Cap Growth Fund R3		MCPRX	E	(800) 343-2829		D / 1.8	6.44	11.05	15.82 /31	6.73 / 8 10.12 /34	0.00	1.74
MC	MFS Mid-Cap Growth Fund R4		OTCHX	E+	(800) 343-2829		D / 2.0	6.45	11.23	16.20 /33	7.12 /10 9.86 /31	0.00	1.49
MC	MFS Mid-Cap Growth Fund R5		OTCJX	E+	(800) 343-2829		D / 2.2	6.52	11.40	16.48 /35	7.33 /11 9.98 /33	0.00	1.19
AA	MFS Moderate Allocation 529A		EAMDX	C-	(800) 343-2829		D- / 1.5	3.75	5.94	14.86 /25	9.53 /24 8.98 /23	2.05	1.49
AA	MFS Moderate Allocation 529B		EBMDX	C-	(800) 343-2829		D / 1.9	3.65	5.62	14.20 /22	8.83 /20 8.32 /17	1.70	2.14
AA	MFS Moderate Allocation 529C		ECMAX	C-	(800) 343-2829		D / 1.9	3.64	5.61	14.21 /22	8.83 /20 8.34 /17	1.65	2.14
AA	MFS Moderate Allocation A		MAMAX	C-	(800) 343-2829		D / 1.6	3.81	6.06	15.20 /27	9.82 /26 9.24 /25	2.23	1.24
AA	MFS Moderate Allocation B		MMABX	C-	(800) 343-2829		D / 2.0	3.70	5.73	14.44 /23	9.12 /22 8.58 /19	1.77	1.89
AA	MFS Moderate Allocation C		MMACX	C-	(800) 343-2829		D / 2.0	3.70	5.74	14.49 /23	9.10 /21 8.58 /19	1.80	1.89
AA	● MFS Moderate Allocation I		MMAIX	C	(800) 343-2829		D+ / 2.8	3.92	6.24	15.60 /29	10.20 /29 9.68 /30	2.66	0.89
AA	MFS Moderate Allocation R		MAMRX	C	(800) 343-2829		D+ / 2.4	3.75	5.94	15.01 /26	9.62 /25 9.07 /24	2.23	1.39
AA	MFS Moderate Allocation R1		MAMFX	C	(800) 343-2829		D / 2.0	3.67	5.65	14.33 /22	9.02 /21 8.52 /19	2.13	1.22
AA	MFS Moderate Allocation R2		MAMKX	C	(800) 343-2829		D / 2.2	3.68	5.86	14.70 /24	9.30 /23 8.69 /20	2.33	1.64
AA	MFS Moderate Allocation R3		MARRX	C	(800) 343-2829		D+ / 2.3	3.78	5.90	14.91 /25	9.45 /24 8.85 /21	2.36	1.54

● Denotes fund is closed to new investors
★ Denotes fund is included in Section II

www.thestreet.com/ratings

I. Index of Stock Mutual Funds

Summer 2007

RISK			NET ASSETS		ASSET					BULL / BEAR		FUND MANAGER		MINIMUMS		LOADS	
	3 Year		NAV							Last Bull	Last Bear	Manager	Manager	Initial	Additional	Front	Back
Risk	Standard		As of	Total	Cash	Stocks	Bonds	Other	Portfolio Turnover	Market	Market	Quality	Tenure	Purch.	Purch.	End	End
Rating/Pts	Deviation	Beta	6/30/07	$(Mil)	%	%	%	%	Ratio	Return	Return	Pct	(Years)	$	$	Load	Load
B /8.0	9.0	1.14	13.47	1	3	96	0	1	91.0	63.0	-10.5	13	2	1,000	50	0.0	0.0
B- /7.8	9.0	1.13	14.59	15	3	96	0	1	91.0	77.8	-10.5	14	8	1,000	50	0.0	0.0
B /8.0	9.0	1.14	14.80	16	3	96	0	1	91.0	66.5	-10.2	16	2	1,000	50	0.0	0.0
B /8.0	9.0	1.13	14.90	240	3	96	0	1	91.0	67.8	-10.2	17	2	1,000	50	0.0	0.0
B- /7.5	7.2	0.93	21.65	2	0	99	0	1	27.0	87.2	-9.3	68	N/A	250	50	5.8	0.0
B- /7.5	7.2	0.94	20.91	1	0	99	0	1	27.0	81.1	-9.8	59	N/A	250	50	0.0	0.0
B- /7.5	7.2	0.94	20.74	2	0	99	0	1	27.0	81.1	-9.8	58	N/A	250	50	0.0	0.0
B- /7.5	7.2	0.94	21.96	3,608	0	99	0	1	27.0	88.1	-9.6	70	N/A	1,000	50	5.8	0.0
B- /7.5	7.2	0.94	21.40	726	0	99	0	1	27.0	82.8	-9.7	62	N/A	1,000	50	0.0	0.0
B- /7.5	7.2	0.93	21.27	297	0	99	0	1	27.0	82.9	-9.7	62	N/A	1,000	50	0.0	0.0
B- /7.5	7.2	0.93	21.63	132	0	99	0	1	27.0	90.7	-9.5	75	N/A	10,000,000	0	0.0	0.0
B- /7.5	7.2	0.93	21.66	15	0	99	0	1	27.0	86.8	-9.9	69	N/A	1,000	50	0.0	0.0
B- /7.9	7.2	0.94	21.21	4	0	99	0	1	27.0	82.4	-9.7	61	N/A	1,000	50	0.0	0.0
B- /7.9	7.2	0.94	21.28	1	0	99	0	1	27.0	83.7	-9.7	64	N/A	1,000	50	0.0	0.0
B- /7.5	7.2	0.94	21.42	16	0	99	0	1	27.0	N/A	N/A	66	N/A	1,000	50	0.0	0.0
B- /7.9	7.2	0.93	21.88	16	0	99	0	1	27.0	87.9	-9.6	70	N/A	1,000	50	0.0	0.0
B- /7.9	7.2	0.94	21.95	N/A	0	99	0	1	27.0	89.1	-9.6	72	N/A	1,000	50	0.0	0.0
C+ /5.6	10.7	0.98	15.35	1	2	97	0	1	122.0	129.6	-8.2	35	1	250	50	5.8	0.0
C /5.4	10.7	0.97	14.75	N/A	2	97	0	1	122.0	123.2	-8.3	29	1	250	50	0.0	0.0
C /5.4	10.7	0.97	14.78	1	2	97	0	1	122.0	123.4	-8.4	29	1	250	50	0.0	0.0
C+ /5.7	10.7	0.98	15.53	167	2	97	0	1	122.0	132.0	-8.1	38	1	1,000	50	5.8	0.0
C /5.5	10.7	0.97	14.97	86	2	97	0	1	122.0	125.8	-8.3	31	1	1,000	50	0.0	0.0
C /5.5	10.7	0.97	14.98	46	2	97	0	1	122.0	125.7	-8.3	32	1	1,000	50	0.0	0.0
C+ /5.8	10.7	0.97	15.81	622	2	97	0	1	122.0	135.5	-8.0	43	1	10,000,000	0	0.0	0.0
C+ /5.6	10.6	0.97	15.46	7	2	97	0	1	122.0	130.9	-8.1	37	1	1,000	50	0.0	0.0
C+ /5.6	10.7	0.98	15.32	4	2	97	0	1	122.0	N/A	N/A	35	1	1,000	50	0.0	0.0
B- /7.8	10.7	0.98	15.50	2	2	97	0	1	122.0	131.9	-8.1	38	1	1,000	50	0.0	0.0
B- /7.8	10.7	0.98	15.59	N/A	2	97	0	1	122.0	133.4	-8.1	41	1	1,000	50	0.0	0.0
C /4.6	12.6	1.11	10.28	1	0	99	0	1	122.0	87.5	-7.1	3	N/A	250	50	5.8	0.0
C /4.6	12.5	1.11	9.68	N/A	0	99	0	1	122.0	82.0	-7.3	2	N/A	250	50	0.0	0.0
C /4.6	12.6	1.11	9.47	N/A	0	99	0	1	122.0	82.3	-7.3	2	N/A	250	50	0.0	0.0
C /4.6	12.5	1.11	10.43	426	0	99	0	1	122.0	89.5	-7.0	3	N/A	1,000	50	5.8	0.0
C /4.6	12.5	1.11	9.79	246	0	99	0	1	122.0	83.8	-7.2	2	N/A	1,000	50	0.0	0.0
C /4.6	12.5	1.11	9.57	73	0	99	0	1	122.0	83.8	-7.2	2	N/A	1,000	50	0.0	0.0
C /4.7	12.5	1.11	10.63	629	0	99	0	1	122.0	91.7	-6.9	3	N/A	10,000,000	0	0.0	0.0
C /4.6	12.5	1.11	10.32	5	0	99	0	1	122.0	87.5	-7.0	3	N/A	1,000	50	0.0	0.0
C /5.3	12.6	1.11	9.76	1	0	99	0	1	122.0	83.2	-7.2	2	N/A	1,000	50	0.0	0.0
C /5.3	12.5	1.11	9.82	1	0	99	0	1	122.0	84.5	-7.2	2	N/A	1,000	50	0.0	0.0
C /4.6	12.5	1.11	10.25	3	0	99	0	1	122.0	92.5	-7.2	3	N/A	1,000	50	0.0	0.0
C /5.3	12.5	1.11	10.40	3	0	99	0	1	122.0	89.0	-7.0	3	N/A	1,000	50	0.0	0.0
C /5.3	12.5	1.11	10.46	34	0	99	0	1	122.0	90.0	-7.0	3	N/A	1,000	50	0.0	0.0
B /8.9	5.1	1.10	14.10	37	4	60	34	2	2.0	64.4	-4.2	59	5	250	50	5.8	0.0
B /8.9	5.1	1.10	13.91	23	4	60	34	2	2.0	60.0	-4.3	49	5	250	50	0.0	0.0
B /8.9	5.1	1.10	13.94	17	4	60	34	2	2.0	60.1	-4.3	49	5	250	50	0.0	0.0
B /8.8	5.1	1.11	14.17	906	4	60	34	2	2.0	66.3	-4.1	62	5	1,000	50	5.8	0.0
B /8.9	5.1	1.10	14.03	560	4	60	34	2	2.0	61.7	-4.2	53	5	1,000	50	0.0	0.0
B+ /9.0	5.1	1.11	14.01	456	4	60	34	2	2.0	61.7	-4.3	53	5	1,000	50	0.0	0.0
B /8.9	5.1	1.10	14.31	45	4	60	34	2	2.0	68.8	-4.1	67	5	10,000,000	0	0.0	0.0
B /8.9	5.1	1.10	14.10	41	4	60	34	2	2.0	65.0	-4.1	60	5	1,000	50	0.0	0.0
B+ /9.7	5.1	1.10	13.84	15	4	60	34	2	2.0	61.3	-4.2	52	N/A	1,000	50	0.0	0.0
B+ /9.7	5.1	1.09	14.08	11	4	60	34	2	2.0	62.5	-4.2	56	N/A	1,000	50	0.0	0.0
B /8.9	5.1	1.10	13.99	69	4	60	34	2	2.0	63.6	-4.2	58	5	1,000	50	0.0	0.0

I. Index of Stock Mutual Funds

Summer 2007

99 Pct = Best 0 Pct = Worst			Overall		**PERFORMANCE**						Incl. in Returns	
					Perfor-	\multicolumn{5}{c|}{Total Return % through 6/30/07}		
					mance				\multicolumn{2}{c|}{Annualized}	Dividend	Expense
Fund Type	Fund Name	Ticker Symbol	Investment Rating	Phone	Rating/Pts	3 Mo	6 Mo	1Yr / Pct	3Yr / Pct	5Yr / Pct	Yield	Ratio
AA	MFS Moderate Allocation R4	MAMHX	C	(800) 343-2829	D+ / 2.5	3.83	6.01	15.11 /27	9.79 /26	9.22 /25	2.47	1.29
AA	MFS Moderate Allocation R5	MAMJX	C+	(800) 343-2829	D+ / 2.6	3.89	6.15	15.41 /28	10.00 /28	9.35 /26	2.61	0.99
SC	MFS New Discovery Fund 529A	EANDX	D-	(800) 343-2829	D+ / 2.9	4.66	9.03	20.82 /66	10.60 /32	8.68 /20	0.00	1.82
SC	MFS New Discovery Fund 529B	EBNDX	D-	(800) 343-2829	C- / 3.5	4.48	8.71	20.02 /60	9.89 /27	7.56 /12	0.00	2.47
SC	MFS New Discovery Fund 529C	ECNDX	D-	(800) 343-2829	C- / 3.5	4.47	8.65	20.01 /60	9.89 /27	7.57 /12	0.00	2.47
SC	MFS New Discovery Fund A	MNDAX	D-	(800) 343-2829	C- / 3.1	4.71	9.19	21.15 /68	10.87 /35	8.94 /22	0.00	1.57
SC	MFS New Discovery Fund B	MNDBX	D	(800) 343-2829	C- / 3.8	4.58	8.83	20.38 /63	10.16 /29	8.23 /16	0.00	2.22
SC	MFS New Discovery Fund C	MNDCX	D	(800) 343-2829	C- / 3.8	4.58	8.82	20.42 /63	10.17 /29	8.22 /16	0.00	2.22
SC	MFS New Discovery Fund I	MNDIX	D+	(800) 343-2829	C / 4.8	4.80	9.36	21.52 /70	11.27 /38	9.31 /26	0.00	1.22
SC	● MFS New Discovery Fund R	MFNRX	D	(800) 343-2829	C- / 4.2	4.69	9.09	20.97 /67	10.70 /33	8.79 /21	0.00	1.72
SC	MFS New Discovery Fund R3	MNDRX	D	(800) 343-2829	C- / 4.1	4.66	9.04	20.78 /65	10.52 /32	8.66 /20	0.00	1.87
SC	MFS New Discovery Fund R4	MNDHX	C-	(800) 343-2829	C / 4.3	4.71	9.15	21.04 /67	10.82 /34	8.91 /22	0.00	1.62
SC	MFS New Discovery Fund R5	MNDJX	C-	(800) 343-2829	C / 4.6	4.78	9.31	21.43 /70	11.07 /36	9.05 /23	0.00	1.32
MC	MFS New Endeavor Fund A	MECAX	E+	(800) 343-2829	C- / 3.4	7.20	13.73	23.46 /79	9.34 /23	15.56 /79	0.00	1.47
MC	MFS New Endeavor Fund B	MECBX	E+	(800) 343-2829	C- / 4.0	7.07	13.38	22.75 /76	8.65 /18	14.85 /75	0.00	2.12
MC	MFS New Endeavor Fund C	MECCX	E+	(800) 343-2829	C- / 4.0	7.07	13.29	22.66 /76	8.62 /18	14.83 /75	0.00	2.12
MC	● MFS New Endeavor Fund I	MECIX	D-	(800) 343-2829	C / 5.1	7.27	13.92	23.93 /80	9.72 /26	15.98 /81	0.00	1.12
MC	MFS New Endeavor Fund R	MNERX	D-	(800) 343-2829	C / 4.6	7.18	13.68	23.29 /78	9.19 /22	15.41 /78	0.00	1.62
MC	MFS New Endeavor Fund R3	MENRX	E+	(800) 343-2829	C / 4.3	7.09	13.46	23.05 /77	8.94 /20	15.22 /77	0.00	1.77
MC	MFS New Endeavor Fund R4	MECHX	C	(800) 343-2829	C / 4.6	7.13	13.66	23.30 /78	9.29 /23	15.53 /79	0.00	1.52
MC	MFS New Endeavor Fund R5	MECJX	C	(800) 343-2829	C / 4.9	7.23	13.81	23.79 /80	9.54 /25	15.69 /80	0.00	1.22
GR	MFS Research Fund A	MFRFX	C+	(800) 343-2829	C / 5.0	7.11	9.90	21.95 /72	12.81 /52	10.64 /40	0.23	1.05
GR	MFS Research Fund B	MFRBX	C+	(800) 343-2829	C+ / 5.7	6.98	9.53	21.19 /68	12.08 /46	9.92 /32	0.00	1.67
GR	MFS Research Fund C	MFRCX	C+	(800) 343-2829	C+ / 5.7	6.98	9.53	21.18 /68	12.08 /46	9.93 /32	0.00	1.67
GR	MFS Research Fund I	MRFIX	B-	(800) 343-2829	C+ / 6.5	7.23	10.05	22.38 /74	13.19 /56	11.01 /43	0.56	0.67
GR	MFS Research Fund R	MFRRX	B-	(800) 343-2829	C+ / 6.1	7.10	9.81	21.77 /71	12.62 /51	10.47 /38	0.05	1.17
GR	MFS Research Fund R1	MFRLX	B	(800) 343-2829	C+ / 5.6	6.93	9.50	21.05 /67	11.99 /45	9.87 /31	0.00	1.77
GR	MFS Research Fund R2	MFRKX	B	(800) 343-2829	C+ / 5.8	7.03	9.68	21.49 /70	12.27 /48	10.03 /33	0.00	1.42
GR	MFS Research Fund R3	MSRRX	B-	(800) 343-2829	C+ / 5.9	7.07	9.71	21.63 /71	12.43 /49	11.49 /49	0.17	1.32
GR	MFS Research Fund R4	MFRHX	B+	(800) 343-2829	C+ / 6.2	7.12	9.87	21.93 /72	12.79 /52	10.63 /40	0.20	1.07
GR	MFS Research Fund R5	MFRJX	B+	(800) 343-2829	C+ / 6.4	7.20	10.03	22.26 /74	13.03 /54	10.77 /41	0.48	0.77
FO	MFS Research International 529A	EARSX	B	(800) 343-2829	B+ / 8.8	7.65	10.08	26.75 /87	22.94 /91	17.95 /88	0.82	1.68
FO	MFS Research International 529B	EBRIX	B	(800) 343-2829	A- / 9.0	7.44	9.69	25.94 /85	22.14 /89	16.65 /84	0.56	2.33
FO	MFS Research International 529C	ECRIX	B	(800) 343-2829	A- / 9.0	7.39	9.69	25.88 /85	22.14 /89	16.60 /83	0.42	2.33
FO	MFS Research International A	MRSAX	B	(800) 343-2829	B+ / 8.9	7.68	10.20	27.06 /88	23.26 /91	18.22 /88	0.95	1.43
FO	MFS Research International B	MRIBX	B	(800) 343-2829	A- / 9.0	7.49	9.83	26.27 /86	22.45 /90	17.48 /86	0.49	2.08
FO	MFS Research International C	MRICX	B	(800) 343-2829	A- / 9.0	7.47	9.82	26.21 /86	22.45 /90	17.47 /86	0.56	2.08
FO	MFS Research International I	MRSIX	B+	(800) 343-2829	A- / 9.2	7.78	10.34	27.50 /89	23.67 /92	18.66 /89	1.24	1.08
FO	MFS Research International R	MRIRX	B+	(800) 343-2829	A- / 9.1	7.63	10.12	26.87 /88	23.07 /91	18.07 /88	0.90	1.58
FO	MFS Research International R3	MRSRX	B	(800) 343-2829	A- / 9.1	7.62	10.02	26.69 /87	22.83 /91	17.90 /88	0.92	1.73
FO	MFS Research International R4	MRSHX	A+	(800) 343-2829	A- / 9.1	7.66	10.19	26.98 /88	23.21 /91	18.20 /88	1.10	1.48
FO	MFS Research International R5	MRSJX	A+	(800) 343-2829	A- / 9.2	7.72	10.35	27.39 /89	23.50 /92	18.36 /89	1.21	1.18
GR	MFS Sector Rotational Fund Class A	SRFAX	C-	(800) 343-2829	C / 5.3	5.99	10.19	16.33 /34	14.66 /66	13.41 /65	0.00	3.12
GR	MFS Sector Rotational Fund Class B	SRFBX	C	(800) 343-2829	C+ / 6.0	5.83	9.86	14.98 /26	14.21 /64	13.15 /63	0.00	3.77
GR	MFS Sector Rotational Fund Class C	SRFCX	C	(800) 343-2829	C+ / 6.0	5.88	9.92	15.63 /30	14.12 /63	13.17 /63	0.00	3.77
GR	MFS Strategic Value A	MSVTX	C-	(800) 343-2829	C / 5.2	8.28	10.87	25.66 /84	11.80 /44	10.95 /43	1.20	1.39
GR	MFS Strategic Value B	MSVLX	C-	(800) 343-2829	C+ / 5.8	8.13	10.51	24.84 /83	11.08 /37	10.24 /36	0.69	2.04
GR	MFS Strategic Value C	MQSVX	C-	(800) 343-2829	C+ / 5.8	8.06	10.50	24.76 /82	11.08 /37	10.22 /35	0.64	2.04
GR	MFS Strategic Value I	MISVX	B	(800) 343-2829	C+ / 6.6	8.30	11.03	25.97 /85	12.18 /47	11.32 /47	1.66	1.04
GR	MFS Strategic Value R	MSVRX	C	(800) 343-2829	C+ / 6.2	8.19	10.79	25.45 /84	11.62 /42	10.80 /41	1.20	1.54
GR	MFS Strategic Value R3	MVSRX	C	(800) 343-2829	C+ / 6.1	8.22	10.70	25.26 /84	11.42 /40	10.63 /40	1.23	1.69
GR	MFS Strategic Value R4	MSVHX	B+	(800) 343-2829	C+ / 6.3	8.18	10.78	25.54 /84	11.73 /43	10.91 /42	1.42	1.44

● Denotes fund is closed to new investors
* Denotes fund is included in Section II

www.thestreet.com/ratings

Summer 2007

I. Index of Stock Mutual Funds

RISK			NET ASSETS		ASSET				Portfolio	BULL / BEAR		FUND MANAGER		MINIMUMS		LOADS	
	3 Year		NAV							Last Bull	Last Bear	Manager	Manager	Initial	Additional	Front	Back
Risk	Standard		As of	Total	Cash	Stocks	Bonds	Other	Turnover	Market	Market	Quality	Tenure	Purch.	Purch.	End	End
Rating/Pts	Deviation	Beta	6/30/07	$(Mil)	%	%	%	%	Ratio	Return	Return	Pct	(Years)	$	$	Load	Load
B+ / 9.7	5.1	1.10	14.11	88	4	60	34	2	2.0	66.1	-4.1	62	N/A	1,000	50	0.0	0.0
B+ / 9.7	5.1	1.10	14.16	43	4	60	34	2	2.0	67.0	-4.1	65	N/A	1,000	50	0.0	0.0
C / 5.0	15.9	1.10	20.89	2	N/A	100	0	N/A	99.0	94.0	-10.7	18	N/A	250	50	5.8	0.0
C / 4.9	15.9	1.11	19.84	N/A	N/A	100	0	N/A	99.0	88.7	-10.9	14	N/A	250	50	0.0	0.0
C / 4.9	15.9	1.11	19.85	N/A	N/A	100	0	N/A	99.0	88.7	-10.9	14	N/A	250	50	0.0	0.0
C / 5.0	15.9	1.11	21.14	438	N/A	100	0	N/A	99.0	95.9	-10.6	19	N/A	1,000	50	5.8	0.0
C / 5.0	15.9	1.11	20.08	112	N/A	100	0	N/A	99.0	90.7	-10.8	15	N/A	1,000	50	0.0	0.0
C / 5.0	15.9	1.11	20.11	48	N/A	100	0	N/A	99.0	90.7	-10.9	15	N/A	1,000	50	0.0	0.0
C / 5.1	15.9	1.11	21.85	114	N/A	100	0	N/A	99.0	99.0	-10.6	22	N/A	10,000,000	0	0.0	0.0
C / 5.0	15.9	1.11	21.00	11	N/A	100	0	N/A	99.0	94.7	-10.6	18	N/A	1,000	50	0.0	0.0
C / 5.0	15.9	1.11	20.87	7	N/A	100	0	N/A	99.0	93.5	-10.6	17	N/A	1,000	50	0.0	0.0
C+ / 6.0	15.9	1.11	21.11	4	N/A	100	0	N/A	99.0	95.7	-10.6	19	N/A	1,000	50	0.0	0.0
C+ / 6.0	15.9	1.11	21.25	72	N/A	100	0	N/A	99.0	97.0	-10.6	20	N/A	1,000	50	0.0	0.0
C- / 3.3	13.2	1.14	14.00	138	1	98	0	1	139.0	117.0	-6.9	6	2	1,000	50	5.8	0.0
C- / 3.1	13.1	1.14	13.47	43	1	98	0	1	139.0	111.0	-6.9	4	2	1,000	50	0.0	0.0
C- / 3.1	13.2	1.15	13.47	26	1	98	0	1	139.0	111.2	-7.0	4	2	1,000	50	0.0	0.0
C- / 3.5	13.1	1.14	14.32	3	1	98	0	1	139.0	120.3	-6.8	6	2	10,000,000	0	0.0	0.0
C- / 3.3	13.1	1.14	13.88	10	1	98	0	1	139.0	115.6	-6.9	5	2	1,000	50	0.0	0.0
C- / 3.2	13.2	1.14	13.74	4	1	98	0	1	139.0	114.0	-6.9	5	2	1,000	50	0.0	0.0
C+ / 6.8	13.2	1.14	13.98	2	1	98	0	1	139.0	116.9	-6.9	5	2	1,000	50	0.0	0.0
C+ / 6.8	13.2	1.14	14.09	N/A	1	98	0	1	139.0	118.2	-6.9	6	2	1,000	50	0.0	0.0
B- / 7.9	8.7	1.09	26.21	1,421	0	99	0	1	99.0	97.9	-9.1	58	N/A	1,000	50	5.8	0.0
B- / 7.8	8.7	1.09	24.36	256	0	99	0	1	99.0	92.5	-9.2	49	N/A	1,000	50	0.0	0.0
B- / 7.8	8.7	1.09	24.37	163	0	99	0	1	99.0	92.5	-9.1	48	N/A	1,000	50	0.0	0.0
B- / 7.9	8.7	1.10	26.71	926	0	99	0	1	99.0	100.8	-9.0	63	N/A	10,000,000	0	0.0	0.0
B- / 7.9	8.8	1.10	25.96	4	0	99	0	1	99.0	96.5	-9.1	55	N/A	1,000	50	0.0	0.0
B / 8.5	8.7	1.09	24.21	2	0	99	0	1	99.0	92.1	-9.2	47	N/A	1,000	50	0.0	0.0
B / 8.5	8.7	1.09	24.37	N/A	0	99	0	1	99.0	93.5	-9.2	51	N/A	1,000	50	0.0	0.0
B- / 7.9	8.7	1.10	25.75	4	0	99	0	1	99.0	106.7	-9.2	53	N/A	1,000	50	0.0	0.0
B / 8.5	8.7	1.10	26.17	3	0	99	0	1	99.0	97.8	-9.1	58	N/A	1,000	50	0.0	0.0
B / 8.5	8.7	1.09	26.22	N/A	0	99	0	1	99.0	99.0	-9.1	61	N/A	1,000	50	0.0	0.0
C+ / 5.6	9.8	1.03	20.97	2	1	98	0	1	85.0	171.8	-8.1	49	2	250	50	5.8	0.0
C+ / 5.6	9.9	1.03	19.92	1	1	98	0	1	85.0	164.5	-8.3	39	2	250	50	0.0	0.0
C+ / 5.6	9.9	1.03	19.92	1	1	98	0	1	85.0	164.5	-8.4	39	2	250	50	0.0	0.0
C+ / 5.6	9.8	1.03	21.18	1,825	1	98	0	1	85.0	174.7	-8.0	54	2	1,000	50	5.8	0.0
C+ / 5.6	9.9	1.03	20.23	205	1	98	0	1	85.0	167.4	-8.3	43	2	1,000	50	0.0	0.0
C+ / 5.6	9.8	1.03	20.13	211	1	98	0	1	85.0	167.2	-8.2	43	2	1,000	50	0.0	0.0
C+ / 5.6	9.9	1.03	21.76	2,195	1	98	0	1	85.0	179.0	-8.0	58	2	10,000,000	0	0.0	0.0
C+ / 5.6	9.9	1.03	21.01	89	1	98	0	1	85.0	172.9	-8.0	50	2	1,000	50	0.0	0.0
C+ / 5.6	9.8	1.03	20.76	30	1	98	0	1	85.0	170.9	-8.0	48	2	1,000	50	0.0	0.0
B / 8.2	9.8	1.02	21.09	47	1	98	0	1	85.0	174.3	-8.0	53	2	1,000	50	0.0	0.0
B / 8.2	9.9	1.03	21.21	180	1	98	0	1	85.0	176.2	-8.0	56	2	1,000	50	0.0	0.0
C+ / 5.8	10.1	1.17	18.93	134	5	94	0	1	168.0	131.6	-5.4	72	N/A	1,000	50	5.8	0.0
C+ / 5.8	10.2	1.17	18.71	1	5	94	0	1	168.0	129.1	-5.4	67	N/A	1,000	50	0.0	0.0
C+ / 5.8	10.2	1.16	18.72	21	5	94	0	1	168.0	129.2	-5.4	67	N/A	1,000	50	0.0	0.0
C / 5.1	8.1	1.01	17.14	475	0	99	0	1	46.0	102.6	-12.7	54	9	1,000	50	5.8	0.0
C / 5.1	8.1	1.01	16.62	232	0	99	0	1	46.0	97.0	-12.8	44	7	1,000	50	0.0	0.0
C / 5.1	8.1	1.01	16.63	95	0	99	0	1	46.0	97.2	-12.9	44	7	1,000	50	0.0	0.0
B / 8.8	8.1	1.01	17.22	13	0	99	0	1	46.0	105.6	-12.6	59	9	10,000,000	0	0.0	0.0
C / 5.2	8.1	1.01	17.04	12	0	99	0	1	46.0	101.5	-12.7	51	N/A	1,000	50	0.0	0.0
C / 5.1	8.1	1.01	16.86	5	0	99	0	1	46.0	99.7	-12.7	49	4	1,000	50	0.0	0.0
B / 8.7	8.1	1.01	17.06	4	0	99	0	1	46.0	102.3	-12.7	53	N/A	1,000	50	0.0	0.0

www.thestreet.com/ratings

Data as of June 30, 2007

I. Index of Stock Mutual Funds

Summer 2007

99 Pct = Best
0 Pct = Worst

Fund Type	Fund Name	Ticker Symbol	Overall Investment Rating	Phone	Performance Rating/Pts	3 Mo	6 Mo	1Yr / Pct	3Yr / Pct	5Yr / Pct	Dividend Yield	Expense Ratio
GR	MFS Strategic Value R5	MSVJX	B	(800) 343-2829	C+ / 6.5	8.35	11.02	25.95 /85	12.00 /45	11.07 /44	1.59	1.14
TC	MFS Technology Fund A	MTCAX	C	(800) 343-2829	C+ / 6.9	9.34	10.91	33.64 /95	12.90 /53	13.34 /64	0.00	1.79
TC	MFS Technology Fund B	MTCBX	C	(800) 343-2829	B- / 7.3	9.15	10.59	32.73 /95	12.16 /47	12.64 /59	0.00	2.44
TC	MFS Technology Fund C	MTCCX	C	(800) 343-2829	B- / 7.3	9.16	10.61	32.80 /95	12.19 /47	12.60 /58	0.00	2.44
TC	● MFS Technology Fund I	MTCIX	C	(800) 343-2829	B / 7.8	9.50	11.12	34.10 /96	13.28 /57	13.73 /68	0.00	1.44
TC	MFS Technology Fund R	MTQRX	C	(800) 343-2829	B / 7.6	9.34	10.83	33.47 /95	12.75 /52	13.15 /63	0.00	1.94
TC	MFS Technology Fund R3	MTERX	C	(800) 343-2829	B- / 7.5	9.31	10.81	33.33 /95	12.56 /50	13.01 /62	0.00	2.09
TC	MFS Technology Fund R4	MTCHX	C-	(800) 343-2829	B / 7.6	9.44	10.92	33.54 /95	12.87 /53	13.32 /64	0.00	1.84
TC	MFS Technology Fund R5	MTCJX	C-	(800) 343-2829	B / 7.8	9.46	11.03	33.91 /95	13.13 /55	13.48 /66	0.00	1.54
AA	MFS Total Return Fund 529A	EATRX	D-	(800) 343-2829	D- / 1.5	3.49	5.59	15.89 /31	9.62 /25	8.53 /19	2.34	1.12
AA	MFS Total Return Fund 529B	EBTRX	D	(800) 343-2829	D / 1.9	3.38	5.31	15.13 /27	8.92 /20	7.87 /14	1.88	1.77
AA	MFS Total Return Fund 529C	ECTRX	D	(800) 343-2829	D / 1.9	3.36	5.29	15.14 /27	8.91 /20	7.87 /14	1.87	1.77
* AA	MFS Total Return Fund A	MSFRX	D-	(800) 343-2829	D / 1.7	3.55	5.77	16.14 /33	9.89 /27	8.84 /21	2.55	0.87
AA	MFS Total Return Fund B	MTRBX	D	(800) 343-2829	D / 2.1	3.38	5.37	15.33 /28	9.17 /22	8.12 /16	2.10	1.52
AA	MFS Total Return Fund C	MTRCX	D	(800) 343-2829	D / 2.1	3.36	5.41	15.34 /28	9.16 /22	8.12 /16	2.10	1.52
AA	MFS Total Return Fund I	MTRIX	D+	(800) 343-2829	D+ / 2.9	3.70	5.95	16.54 /35	10.28 /30	9.21 /25	3.03	0.52
AA	MFS Total Return Fund R	MFTRX	D	(800) 343-2829	D+ / 2.5	3.57	5.69	15.96 /32	9.72 /26	8.68 /20	2.56	1.02
AA	MFS Total Return Fund R1	MSFFX	C	(800) 343-2829	D / 2.0	3.37	5.35	15.26 /27	9.08 /21	8.06 /15	2.04	1.65
AA	MFS Total Return Fund R2	MSFKX	C	(800) 343-2829	D / 2.2	3.40	5.46	15.66 /30	9.31 /23	8.20 /16	2.36	1.30
AA	MFS Total Return Fund R3	MTRRX	D	(800) 343-2829	D+ / 2.3	3.53	5.61	15.77 /30	9.49 /24	8.38 /18	2.43	1.20
AA	MFS Total Return Fund R4	MSFHX	C+	(800) 343-2829	D+ / 2.5	3.53	5.69	16.02 /32	9.82 /26	8.80 /21	2.67	0.93
AA	MFS Total Return Fund R5	MSFJX	C+	(800) 343-2829	D+ / 2.8	3.67	5.90	16.50 /35	10.10 /29	8.96 /23	2.94	0.64
GR	MFS Union Standard Equity Fund A	MUEAX	B-	(800) 343-2829	C+ / 6.2	6.84	8.70	24.28 /81	14.58 /66	11.79 /51	0.48	1.48
GR	MFS Union Standard Equity Fund B	MUSBX	B-	(800) 343-2829	C+ / 6.8	6.70	8.37	23.52 /79	13.87 /61	11.07 /44	0.10	2.13
GR	MFS Union Standard Equity Fund C	MUECX	B-	(800) 343-2829	C+ / 6.8	6.74	8.42	23.58 /79	13.88 /61	11.09 /44	0.16	2.13
GR	MFS Union Standard Equity Fund I	MUSEX	B+	(800) 343-2829	B- / 7.4	6.98	8.97	24.84 /83	15.00 /69	12.18 /55	0.65	1.13
UT	MFS Utilities Fund A	MMUFX	A+	(800) 343-2829	A+ / 9.6	8.90	18.66	43.97 /98	30.75 /96	25.26 /96	1.60	1.11
UT	MFS Utilities Fund B	MMUBX	A+	(800) 343-2829	A+ / 9.7	8.73	18.30	42.99 /97	29.80 /96	24.36 /96	1.06	1.86
UT	MFS Utilities Fund C	MMUCX	A+	(800) 343-2829	A+ / 9.7	8.67	18.23	42.87 /97	29.78 /96	24.34 /96	1.08	1.86
UT	MFS Utilities Fund I	MMUIX	A+	(800) 343-2829	A+ / 9.7	8.95	18.84	44.33 /98	31.09 /96	25.58 /96	1.91	0.86
UT	MFS Utilities Fund R	MMURX	A+	(800) 343-2829	A+ / 9.7	8.84	18.54	43.68 /98	30.44 /96	24.84 /96	1.49	1.36
UT	MFS Utilities Fund R1	MMUGX	A+	(800) 343-2829	A+ / 9.6	8.66	18.21	42.72 /97	29.68 /96	24.29 /96	1.01	1.96
UT	MFS Utilities Fund R2	MMUKX	A+	(800) 343-2829	A+ / 9.7	8.76	18.41	43.31 /98	30.00 /96	24.48 /96	1.31	1.51
UT	MFS Utilities Fund R3	MURRX	A+	(800) 343-2829	A+ / 9.7	8.75	18.49	43.42 /98	30.18 /96	24.63 /96	1.38	1.51
UT	MFS Utilities Fund R4	MMUHX	A+	(800) 343-2829	A+ / 9.7	8.87	18.60	43.81 /98	30.58 /96	25.16 /96	1.58	1.26
UT	MFS Utilities Fund R5	MMUJX	A+	(800) 343-2829	A+ / 9.7	8.88	18.75	44.18 /98	30.89 /96	25.34 /96	1.83	0.96
GR	MFS Value Fund 529A	EAVLX	B	(800) 343-2829	C+ / 6.2	5.75	7.94	22.73 /76	15.23 /70	11.91 /53	0.97	1.42
GR	MFS Value Fund 529B	EBVLX	B	(800) 343-2829	C+ / 6.7	5.60	7.63	21.96 /72	14.50 /66	11.21 /46	0.52	2.07
GR	MFS Value Fund 529C	ECVLX	B	(800) 343-2829	C+ / 6.7	5.60	7.60	21.93 /72	14.49 /65	11.22 /46	0.52	2.07
* GR	MFS Value Fund A	MEIAX	B+	(800) 343-2829	C+ / 6.4	5.87	8.12	23.06 /77	15.53 /72	12.22 /56	1.15	1.17
GR	MFS Value Fund B	MFEBX	B	(800) 343-2829	C+ / 6.9	5.68	7.78	22.25 /74	14.77 /67	11.49 /49	0.62	1.82
GR	MFS Value Fund C	MEICX	B	(800) 343-2829	C+ / 6.9	5.67	7.73	22.23 /74	14.77 /67	11.48 /49	0.65	1.82
GR	● MFS Value Fund I	MEIIX	A	(800) 343-2829	B / 7.7	6.37	8.75	24.02 /80	16.09 /74	12.69 /59	1.92	0.82
GR	MFS Value Fund R	MFVRX	A-	(800) 343-2829	B- / 7.2	5.82	8.04	22.90 /77	15.36 /71	12.08 /54	1.07	1.32
GR	MFS Value Fund R3	MVRRX	A-	(800) 343-2829	B- / 7.1	5.76	7.93	22.66 /76	15.13 /69	11.92 /53	1.01	1.47
GR	MFS Value Fund R4	MEIHX	A+	(800) 343-2829	B- / 7.3	5.83	8.09	23.02 /77	15.50 /71	12.20 /55	1.20	1.22
GR	MFS Value Fund R5	MEIJX	A+	(800) 343-2829	B- / 7.4	5.89	8.25	23.35 /78	15.76 /73	12.35 /57	1.44	0.92
GR	MFS Value Fund W	MEIWX	U	(800) 343-2829	U /	5.90	8.23	23.35 /78	--	--	1.46	0.92
PM	Midas Fund	MIDSX	C+	(800) 400-6432	A+ / 9.7	3.90	11.89	18.96 /52	38.59 /98	28.98 /98	0.33	2.39
AG	Midas Special Equities Fund	MISEX	E+	(800) 400-6432	E / 0.3	3.74	-0.54	11.63 /12	4.80 / 3	4.62 / 1	0.10	3.89
GR	MMA Praxis Core Stock A	MMPAX	D	(800) 977-2947	D- / 1.0	5.88	4.92	16.32 /34	8.10 /15	6.96 / 8	0.21	1.74
GR	MMA Praxis Core Stock B	MMPGX	D+	(800) 977-2947	D- / 1.3	5.69	4.55	15.53 /29	7.39 /11	6.27 / 5	0.00	2.23

● Denotes fund is closed to new investors
* Denotes fund is included in Section II

www.thestreet.com/ratings

Summer 2007

I. Index of Stock Mutual Funds

RISK			NET ASSETS		ASSET				Portfolio Turnover Ratio	BULL / BEAR		FUND MANAGER		MINIMUMS		LOADS	
	3 Year		NAV							Last Bull	Last Bear	Manager	Manager	Initial	Additional	Front	Back
Risk Rating/Pts	Standard Deviation	Beta	As of 6/30/07	Total $(Mil)	Cash %	Stocks %	Bonds %	Other %		Market Return	Market Return	Quality Pct	Tenure (Years)	Purch. $	Purch. $	End Load	End Load
B / 8.7	8.1	1.01	17.12	N/A	0	99	0	1	46.0	103.7	-12.7	57	N/A	1,000	50	0.0	0.0
C / 4.3	17.7	1.83	13.11	54	3	96	0	1	217.0	111.9	-15.3	10	2	1,000	50	5.8	0.0
C / 4.3	17.7	1.83	12.53	40	3	96	0	1	217.0	106.4	-15.6	8	2	1,000	50	0.0	0.0
C / 4.3	17.6	1.83	12.51	15	3	96	0	1	217.0	106.0	-15.5	8	2	1,000	50	0.0	0.0
C / 4.3	17.7	1.83	13.49	4	3	96	0	1	217.0	114.8	-15.3	11	2	10,000,000	0	0.0	0.0
C / 4.3	17.6	1.83	13.00	3	3	96	0	1	217.0	110.6	-15.5	9	2	1,000	50	0.0	0.0
C / 4.3	17.6	1.82	12.92	3	3	96	0	1	217.0	108.7	-15.3	9	2	1,000	50	0.0	0.0
C- / 3.3	17.7	1.84	13.10	2	3	96	0	1	217.0	111.7	-15.3	9	N/A	1,000	50	0.0	0.0
C- / 3.3	17.7	1.83	13.19	N/A	3	96	0	1	217.0	113.2	-15.3	11	N/A	1,000	50	0.0	0.0
B- / 7.0	4.2	0.93	16.86	15	1	58	39	2	48.0	62.8	-4.2	71	5	250	50	5.8	0.0
B- / 7.0	4.2	0.92	16.89	6	1	58	39	2	48.0	58.4	-4.3	63	5	250	50	0.0	0.0
B- / 7.0	4.1	0.92	16.96	6	1	58	39	2	48.0	58.4	-4.3	63	5	250	50	0.0	0.0
B- / 7.0	4.2	0.92	16.89	7,343	1	58	39	2	48.0	64.8	-4.1	74	1	1,000	50	5.8	0.0
B- / 7.0	4.2	0.93	16.88	2,060	1	58	39	2	48.0	60.2	-4.3	66	1	1,000	50	0.0	0.0
B- / 7.0	4.2	0.93	16.95	1,497	1	58	39	2	48.0	60.2	-4.3	66	1	1,000	50	0.0	0.0
B- / 7.0	4.2	0.93	16.89	289	1	58	39	2	48.0	67.1	-4.0	77	1	10,000,000	0	0.0	0.0
B- / 7.0	4.2	0.93	16.90	99	1	58	39	2	48.0	63.6	-4.1	72	1	1,000	50	0.0	0.0
B+ / 9.9	4.2	0.92	16.88	10	1	58	39	2	48.0	59.9	-4.3	65	1	1,000	50	0.0	0.0
B+ / 9.9	4.1	0.92	16.86	6	1	58	39	2	48.0	60.8	-4.3	68	1	1,000	50	0.0	0.0
B- / 7.0	4.2	0.92	16.93	77	1	58	39	2	48.0	62.1	-4.3	69	4	1,000	50	0.0	0.0
B+ / 9.9	4.2	0.92	16.89	110	1	58	39	2	48.0	64.6	-4.1	73	1	1,000	50	0.0	0.0
B+ / 9.9	4.1	0.92	16.90	226	1	58	39	2	48.0	65.7	-4.1	76	1	1,000	50	0.0	0.0
B- / 7.7	7.7	1.03	16.24	38	1	98	0	1	32.0	107.8	-9.0	82	N/A	1,000	50	5.8	0.0
B- / 7.7	7.6	1.02	15.93	5	1	98	0	1	32.0	102.1	-9.2	76	N/A	1,000	50	0.0	0.0
B- / 7.6	7.7	1.03	15.84	3	1	98	0	1	32.0	102.4	-9.2	76	N/A	1,000	50	0.0	0.0
B- / 7.7	7.7	1.03	16.40	52	1	98	0	1	32.0	110.8	-8.9	84	N/A	10,000,000	0	0.0	0.0
B / 8.1	8.6	0.54	19.23	2,216	4	94	1	1	100.0	233.9	-0.5	99	15	1,000	50	5.8	0.0
B / 8.1	8.6	0.53	19.17	641	4	94	1	1	100.0	223.3	-0.7	99	14	1,000	50	0.0	0.0
B / 8.1	8.6	0.54	19.18	365	4	94	1	1	100.0	223.7	-0.8	99	13	1,000	50	0.0	0.0
B / 8.1	8.6	0.54	19.26	17	4	94	1	1	100.0	237.4	-0.4	99	15	10,000,000	0	0.0	0.0
B / 8.1	8.6	0.53	19.21	11	4	94	1	1	100.0	230.0	-1.0	99	15	1,000	50	0.0	0.0
B / 8.1	8.6	0.53	19.16	4	4	94	1	1	100.0	222.6	-0.7	99	2	1,000	50	0.0	0.0
B / 8.2	8.6	0.53	19.16	2	4	94	1	1	100.0	224.7	-0.7	99	2	1,000	50	0.0	0.0
B / 8.1	8.6	0.54	19.20	34	4	94	1	1	100.0	226.9	-0.7	99	4	1,000	50	0.0	0.0
B / 8.2	8.6	0.54	19.22	29	4	94	1	1	100.0	232.5	-0.5	99	2	1,000	50	0.0	0.0
B / 8.2	8.6	0.54	19.23	2	4	94	1	1	100.0	234.9	-0.5	99	2	1,000	50	0.0	0.0
B / 8.4	6.2	0.81	28.64	7	1	98	0	1	26.0	111.5	-9.0	93	5	250	50	5.8	0.0
B / 8.4	6.2	0.81	28.39	2	1	98	0	1	26.0	106.5	-9.1	91	5	250	50	0.0	0.0
B / 8.4	6.3	0.81	28.37	3	1	98	0	1	26.0	106.8	-9.1	91	5	250	50	0.0	0.0
B / 8.4	6.3	0.81	28.78	6,436	1	98	0	1	26.0	114.0	-9.0	94	5	1,000	50	5.8	0.0
B / 8.5	6.3	0.81	28.62	1,175	1	98	0	1	26.0	108.2	-9.2	91	5	1,000	50	0.0	0.0
B / 8.4	6.3	0.81	28.57	1,094	1	98	0	1	26.0	108.2	-9.2	91	5	1,000	50	0.0	0.0
B / 8.4	6.3	0.82	28.90	1,537	1	98	0	1	26.0	118.1	-8.9	95	5	10,000,000	0	0.0	0.0
B / 8.4	6.3	0.81	28.73	97	1	98	0	1	26.0	112.9	-9.1	93	5	1,000	50	0.0	0.0
B / 8.4	6.3	0.81	28.62	83	1	98	0	1	26.0	111.3	-9.0	93	4	1,000	50	0.0	0.0
B+ / 9.4	6.2	0.81	28.74	114	1	98	0	1	26.0	113.9	-9.0	94	5	1,000	50	0.0	0.0
B+ / 9.4	6.2	0.81	28.79	138	1	98	0	1	26.0	115.2	-9.0	94	5	1,000	50	0.0	0.0
U /	N/A	N/A	28.76	41	1	98	0	1	26.0	N/A	N/A	N/A	N/A	0	0	0.0	0.0
D+ / 2.8	25.9	1.32	4.80	190	0	99	0	1	118.0	244.1	9.4	99	N/A	1,000	100	0.0	1.0
B- / 7.2	9.3	0.93	16.65	16	0	100	0	0	73.0	56.4	-19.7	8	8	1,000	100	0.0	1.0
B / 8.4	6.9	0.90	16.12	110	1	98	0	1	131.0	66.0	-9.2	25	1	500	50	5.3	2.0
B / 8.5	6.9	0.89	15.41	66	1	98	0	1	131.0	61.6	-9.3	20	1	500	50	0.0	2.0

www.thestreet.com/ratings

Data as of June 30, 2007

I. Index of Stock Mutual Funds

Summer 2007

99 Pct = Best
0 Pct = Worst

Fund Type	Fund Name	Ticker Symbol	Overall Investment Rating	Phone	Performance Rating/Pts	Total Return % through 6/30/07					Incl. in Returns	
						3 Mo	6 Mo	1Yr / Pct	Annualized 3Yr / Pct	5Yr / Pct	Dividend Yield	Expense Ratio
GR	MMA Praxis Core Stock Inst	MMCSX	U	(800) 977-2947	U /	5.96	5.13	16.76 /36	--	--	0.37	1.03
FO	MMA Praxis International A	MPIAX	B+	(800) 977-2947	B / 7.7	6.28	9.19	22.19 /74	18.98 /83	12.70 /59	1.34	2.09
FO	MMA Praxis International B	MMPNX	B+	(800) 977-2947	B / 7.9	6.12	8.85	21.36 /69	18.21 /81	11.97 /53	0.80	2.57
FO	MMA Praxis International Inst	MPIIX	U	(800) 977-2947	U /	6.39	9.47	22.80 /76	--	--	1.86	1.39
GR	MMA Praxis Value Index A	MVIAX	C	(800) 977-2947	C- / 3.8	4.20	4.66	19.36 /55	13.85 /61	11.70 /51	1.07	1.37
GR	MMA Praxis Value Index B	MPVBX	C+	(800) 977-2947	C / 4.5	3.99	4.36	18.61 /49	13.28 /57	11.12 /45	0.49	1.92
GR	MMA Praxis Value Index Inst	MVIIX	U	(800) 977-2947	U /	4.18	4.73	19.58 /57	--	--	1.59	0.95
SC	Monetta Fund	MONTX	C+	(800) 666-3882	B- / 7.0	9.34	12.57	16.27 /34	14.57 /66	11.21 /46	0.00	1.68
BA	Monetta Trust-Balanced A	MBALX	D+	(800) 666-3882	E+ / 0.6	2.64	4.71	8.99 / 6	6.38 / 7	6.76 / 7	0.52	2.38
MC	Monetta Trust-Mid-Cap Equity A	MMCEX	C-	(800) 666-3882	C / 5.0	6.42	13.04	14.13 /21	12.15 /47	10.76 /41	0.00	2.22
GR	Monteagle Large Cap Grw Fund	MEHRX	D-	(877) 272-9746	D- / 1.4	6.00	6.48	13.30 /17	7.19 /10	7.45 /11	0.00	1.21
GR	Monteagle Quality Growth Fund	MFGIX	D	(877) 272-9746	D- / 1.0	5.68	8.16	12.76 /15	5.92 / 6	5.10 / 2	0.00	1.22
IN	Morgan Stanley Allocator A	ALRAX	E+	(800) 869-6397	E+ / 0.9	4.13	4.60	13.38 /18	8.27 /16	--	0.94	1.38
IN	Morgan Stanley Allocator B	ALRBX	E+	(800) 869-6397	D- / 1.1	3.85	4.13	12.47 /15	7.46 /11	--	0.21	2.13
IN	Morgan Stanley Allocator C	ALRCX	E+	(800) 869-6397	D- / 1.1	3.85	4.14	12.44 /14	7.47 /12	--	0.27	2.13
IN	Morgan Stanley Allocator D	ALRDX	D-	(800) 869-6397	D / 1.6	4.13	4.60	13.61 /19	8.50 /17	--	1.23	1.13
BA	● Morgan Stanley Balanced Fund A	BGRAX	C-	(800) 869-6397	D+ / 2.5	5.04	5.56	16.21 /33	11.25 /38	9.21 /25	1.97	1.13
BA	● Morgan Stanley Balanced Fund B	BGRBX	C	(800) 869-6397	D+ / 2.9	4.82	5.14	15.35 /28	10.42 /31	8.39 /18	1.32	1.89
BA	● Morgan Stanley Balanced Fund C	BGRCX	C	(800) 869-6397	D+ / 2.9	4.83	5.15	15.30 /28	10.42 /31	8.38 /18	1.35	1.89
BA	● Morgan Stanley Balanced Fund D	BGRDX	C+	(800) 869-6397	C- / 3.8	5.11	5.69	16.43 /35	11.52 /41	9.47 /28	2.31	0.89
GR	Morgan Stanley Capital Opp Trust A	CPOAX	C-	(800) 869-6397	C+ / 6.5	6.61	9.26	14.81 /25	17.08 /78	15.21 /77	0.00	1.55
GR	Morgan Stanley Capital Opp Trust B	CPOBX	C	(800) 869-6397	C+ / 6.8	6.40	8.83	13.99 /21	16.21 /75	14.33 /72	0.00	2.30
GR	Morgan Stanley Capital Opp Trust C	CPOCX	C	(800) 869-6397	C+ / 6.8	6.43	8.87	13.99 /21	16.24 /75	14.35 /72	0.00	2.30
GR	Morgan Stanley Capital Opp Trust D	CPODX	C	(800) 869-6397	B- / 7.4	6.66	9.37	15.10 /27	17.37 /79	15.48 /79	0.00	1.30
CV	Morgan Stanley Convertbl Sec Tr A	CNSAX	D	(800) 869-6397	D- / 1.0	3.89	6.74	14.21 /22	8.09 /15	9.47 /28	2.53	1.12
CV	Morgan Stanley Convertbl Sec Tr B	CNSBX	D+	(800) 869-6397	D- / 1.3	3.69	6.25	13.32 /17	7.27 /10	8.62 /20	1.92	1.88
CV	Morgan Stanley Convertbl Sec Tr C	CNSCX	D+	(800) 869-6397	D- / 1.3	3.71	6.30	13.42 /18	7.33 /11	8.67 /20	1.95	1.73
CV	Morgan Stanley Convertbl Sec Tr D	CNSDX	C-	(800) 869-6397	D / 1.9	4.07	6.91	14.61 /24	8.37 /16	9.74 /30	2.90	0.88
SC	Morgan Stanley Devlp Growth Sec A	DGRAX	B-	(800) 869-6397	B / 7.7	9.03	12.23	18.68 /50	17.97 /80	16.21 /82	0.00	1.04
SC	Morgan Stanley Devlp Growth Sec B	DGRBX	B-	(800) 869-6397	B / 7.9	8.82	11.82	17.79 /43	17.07 /78	15.31 /78	0.00	1.80
SC	Morgan Stanley Devlp Growth Sec C	DGRCX	B-	(800) 869-6397	B / 7.9	8.82	11.78	17.77 /43	17.10 /78	15.33 /78	0.00	1.80
SC	Morgan Stanley Devlp Growth Sec D	DGRDX	B	(800) 869-6397	B+ / 8.3	9.09	12.36	18.94 /52	18.24 /81	16.46 /83	0.00	0.80
GI	Morgan Stanley Dividend Gr Sec A	DIVAX	E-	(800) 869-6397	D / 2.2	6.26	6.38	18.55 /49	9.66 /25	7.96 /15	0.83	0.87
GI	Morgan Stanley Dividend Gr Sec B	DIVBX	E-	(800) 869-6397	C- / 3.2	6.25	6.44	18.69 /50	9.77 /26	7.81 /13	0.97	0.74
GI	Morgan Stanley Dividend Gr Sec C	DIVCX	E-	(800) 869-6397	D+ / 2.5	6.05	6.01	17.65 /43	8.86 /20	7.16 / 9	0.27	1.62
GI	Morgan Stanley Dividend Gr Sec D	DIVDX	E-	(800) 869-6397	C- / 3.4	6.35	6.54	18.86 /51	9.94 /27	8.23 /16	1.09	0.62
GI	Morgan Stanley Equal-Wgtd S&P500	VADAX	C+	(800) 869-6397	C / 5.2	5.68	8.54	20.45 /63	13.82 /61	13.34 /64	0.79	0.64
GI	Morgan Stanley Equal-Wgtd S&P500	VADBX	C+	(800) 869-6397	C+ / 5.6	5.50	8.15	19.55 /56	12.98 /54	12.49 /58	0.11	1.39
GI	Morgan Stanley Equal-Wgtd S&P500	VADCX	C+	(800) 869-6397	C+ / 5.6	5.48	8.12	19.55 /56	12.99 /54	12.50 /58	0.25	1.39
GI	Morgan Stanley Equal-Wgtd S&P500	VADDX	B-	(800) 869-6397	C+ / 6.5	5.74	8.66	20.73 /65	14.11 /63	13.62 /67	1.04	0.39
FO	Morgan Stanley European Eq A	EUGAX	A	(800) 869-6397	B+ / 8.8	8.88	12.49	30.96 /93	21.24 /87	14.44 /73	0.92	1.47
FO	Morgan Stanley European Eq B	EUGBX	A+	(800) 869-6397	A- / 9.1	8.92	12.46	30.97 /93	21.37 /88	14.36 /72	1.07	1.37
FO	Morgan Stanley European Eq C	EUGCX	A	(800) 869-6397	B+ / 8.8	8.71	12.01	29.87 /92	20.30 /85	13.55 /66	0.38	2.22
FO	Morgan Stanley European Eq D	EUGDX	A+	(800) 869-6397	A- / 9.1	8.95	12.55	31.21 /94	21.52 /88	14.71 /74	1.14	1.22
FS	Morgan Stanley Financl Serv Tr A	FSVAX	E-	(800) 869-6397	D+ / 2.4	5.95	1.36	18.65 /50	11.79 /43	9.79 /31	1.43	1.34
FS	Morgan Stanley Financl Serv Tr B	FSVBX	E-	(800) 869-6397	D+ / 2.7	5.71	0.97	17.83 /44	10.94 /35	8.97 /23	0.26	2.09
FS	Morgan Stanley Financl Serv Tr C	FSVCX	E-	(800) 869-6397	D+ / 2.8	5.81	0.97	17.76 /43	10.99 /36	9.03 /23	0.68	2.09
FS	Morgan Stanley Financl Serv Tr D	FSVDX	E-	(800) 869-6397	C- / 3.7	6.08	1.49	19.08 /53	12.09 /46	10.08 /34	1.67	1.09
GR	Morgan Stanley Focus Growth A	AMOAX	D-	(800) 869-6397	D+ / 2.9	6.78	10.76	16.08 /32	10.52 /32	7.39 /11	0.00	1.01
GR	Morgan Stanley Focus Growth B	AMOBX	D	(800) 869-6397	C- / 3.2	6.59	10.33	15.21 /27	9.68 /25	6.56 / 6	0.00	1.76
GR	Morgan Stanley Focus Growth C	AMOCX	D	(800) 869-6397	C- / 3.2	6.58	10.31	15.20 /27	9.69 /25	6.56 / 6	0.00	1.73
GR	Morgan Stanley Focus Growth D	AMODX	D+	(800) 869-6397	C- / 4.1	6.81	10.84	16.34 /34	10.78 /34	7.62 /12	0.00	0.76

● Denotes fund is closed to new investors
* Denotes fund is included in Section II

www.thestreet.com/ratings

Summer 2007   I. Index of Stock Mutual Funds

| RISK | | | NET ASSETS | | ASSET | | | | | BULL / BEAR | | FUND MANAGER | | MINIMUMS | | LOADS | |
Risk Rating/Pts	3 Year Standard Deviation	Beta	NAV As of 6/30/07	Total $(Mil)	Cash %	Stocks %	Bonds %	Other %	Portfolio Turnover Ratio	Last Bull Market Return	Last Bear Market Return	Manager Quality Pct	Manager Tenure (Years)	Initial Purch. $	Additional Purch. $	Front End Load	Back End Load
U /	N/A	N/A	16.18	180	1	98	0	1	131.0	N/A	N/A	N/A	1	1,000,000	0	0.0	2.0
B- / 7.3	9.3	0.98	15.38	50	3	96	0	1	79.0	130.8	-10.3	22	4	500	50	5.3	2.0
B- / 7.2	9.3	0.98	15.12	24	3	96	0	1	79.0	124.3	-10.4	18	4	500	50	0.0	2.0
U /	N/A	N/A	15.35	114	3	96	0	1	79.0	N/A	N/A	N/A	1	1,000,000	0	0.0	2.0
B / 8.3	8.5	0.77	11.88	31	0	100	0	0	55.0	112.7	-10.6	89	8	500	50	5.3	2.0
B / 8.6	7.0	0.89	11.86	15	0	100	0	0	55.0	108.2	-10.6	81	8	500	50	0.0	2.0
U /	N/A	N/A	11.82	33	0	100	0	0	55.0	N/A	N/A	N/A	1	1,000,000	0	0.0	2.0
C+ / 6.5	10.6	0.70	14.51	60	0	99	0	1	32.6	93.5	-12.7	89	21	1,000	0	0.0	0.0
B+ / 9.1	4.7	0.93	12.12	3	5	58	35	2	11.7	46.5	-5.1	31	11	1,000	0	0.0	0.0
C / 5.5	12.9	1.15	9.45	6	1	98	0	1	20.4	99.0	-10.9	14	11	1,000	0	0.0	0.0
B- / 7.0	12.0	1.43	7.07	29	0	99	0	1	76.0	69.1	-11.5	4	N/A	2,000	0	0.0	0.0
B- / 7.8	8.5	1.08	8.75	15	0	99	0	1	63.0	50.3	-9.2	7	9	2,000	0	0.0	0.0
C+ / 6.2	6.9	0.91	11.43	11	22	67	7	4	64.0	51.1	N/A	25	4	10,000	100	5.3	0.0
C+ / 6.4	6.8	0.90	11.21	54	22	67	7	4	64.0	46.3	N/A	20	4	10,000	100	0.0	0.0
C+ / 6.3	6.8	0.90	11.20	9	22	67	7	4	64.0	46.4	N/A	20	4	10,000	100	0.0	0.0
C+ / 6.1	6.8	0.90	11.49	1	22	67	7	4	64.0	52.7	N/A	27	4	5,000,000	0	0.0	0.0
B / 8.6	4.8	1.00	15.45	128	4	67	27	2	52.0	75.3	-4.0	82	5	1,000	100	5.3	0.0
B / 8.6	4.8	0.99	15.47	165	4	67	27	2	52.0	69.6	-4.2	75	5	1,000	100	0.0	0.0
B / 8.6	4.8	1.00	15.47	117	4	67	27	2	52.0	69.8	-4.3	75	5	1,000	100	0.0	0.0
B / 8.5	4.8	1.00	15.44	2	4	67	27	2	52.0	76.9	-3.9	84	5	5,000,000	0	0.0	0.0
C / 4.5	12.9	1.46	21.94	255	1	98	0	1	57.0	159.5	-8.5	71	5	1,000	100	5.3	0.0
C / 4.5	13.0	1.47	20.45	177	1	98	0	1	57.0	151.2	-8.6	61	5	1,000	100	0.0	0.0
C / 4.5	13.0	1.47	20.37	40	1	98	0	1	57.0	151.4	-8.6	61	5	1,000	100	0.0	0.0
C / 4.5	13.0	1.47	22.41	73	1	98	0	1	57.0	162.3	-8.4	73	5	5,000,000	0	0.0	0.0
B- / 7.7	6.2	1.00	18.74	111	2	0	0	98	58.0	59.2	0.3	62	6	1,000	100	5.3	0.0
B / 8.4	6.2	1.00	18.76	46	2	0	0	98	58.0	54.2	0.1	51	6	1,000	100	0.0	0.0
B / 8.4	6.1	0.99	18.65	8	2	0	0	98	58.0	54.5	0.1	52	6	1,000	100	0.0	0.0
B / 8.4	6.2	1.00	18.75	1	2	0	0	98	58.0	61.0	0.4	65	6	5,000,000	0	0.0	0.0
C+ / 5.9	13.1	0.88	32.85	277	0	99	0	1	59.0	162.4	-8.5	94	5	1,000	100	5.3	0.0
C+ / 5.9	13.1	0.88	29.99	125	0	99	0	1	59.0	153.9	-8.7	92	5	1,000	100	0.0	0.0
C+ / 5.9	13.1	0.88	30.09	28	0	99	0	1	59.0	154.2	-8.6	92	5	1,000	100	0.0	0.0
C+ / 6.0	13.1	0.88	33.72	22	0	99	0	1	59.0	165.0	-8.5	95	5	5,000,000	0	0.0	0.0
E- / 0.0	6.9	0.92	21.30	80	1	98	0	1	115.0	84.6	-8.2	36	N/A	1,000	100	5.3	0.0
E- / 0.0	6.9	0.92	21.45	3,076	1	98	0	1	115.0	84.2	-8.4	37	N/A	1,000	100	0.0	0.0
E- / 0.0	6.9	0.92	21.25	58	1	98	0	1	115.0	78.9	-8.4	29	N/A	1,000	100	0.0	0.0
E- / 0.0	6.9	0.92	21.32	245	1	98	0	1	115.0	86.5	-8.2	39	N/A	5,000,000	0	0.0	0.0
B- / 7.4	8.9	1.16	45.39	1,072	1	98	0	1	14.0	127.0	-8.6	64	4	1,000	100	5.3	0.0
B- / 7.9	8.9	1.16	44.85	631	1	98	0	1	14.0	119.9	-8.7	54	4	1,000	100	0.0	0.0
B- / 7.8	8.9	1.16	44.06	124	1	98	0	1	14.0	120.0	-8.7	54	4	1,000	100	0.0	0.0
B- / 7.8	8.9	1.16	45.68	537	1	98	0	1	14.0	129.5	-8.5	67	4	5,000,000	0	0.0	0.0
B- / 7.2	9.7	0.98	25.39	31	0	99	0	1	68.0	150.6	-12.7	40	1	1,000	100	5.3	2.0
B- / 7.2	9.7	0.98	24.55	600	0	99	0	1	68.0	151.1	-12.9	41	1	1,000	100	0.0	2.0
B- / 7.2	9.7	0.98	24.35	15	0	99	0	1	68.0	142.6	-12.9	31	1	1,000	100	0.0	2.0
B- / 7.2	9.7	0.99	26.18	6	0	99	0	1	68.0	153.2	-12.6	42	1	5,000,000	0	0.0	2.0
E+ / 0.7	9.0	1.02	12.64	90	2	97	0	1	51.0	99.4	-9.3	54	4	1,000	100	5.3	2.0
E+ / 0.6	8.9	1.02	11.47	45	2	97	0	1	51.0	93.1	-9.6	43	4	1,000	100	0.0	2.0
E / 0.5	8.9	1.01	11.47	7	2	97	0	1	51.0	93.3	-9.5	44	4	1,000	100	0.0	2.0
E+ / 0.8	8.9	1.01	12.92	8	2	97	0	1	51.0	101.5	-9.3	58	4	5,000,000	0	0.0	2.0
C+ / 5.7	12.3	1.40	30.89	1,319	1	98	0	1	98.0	74.3	-8.6	15	3	1,000	100	5.3	0.0
C+ / 5.6	12.3	1.40	28.63	786	1	98	0	1	98.0	68.7	-8.8	11	3	1,000	100	0.0	0.0
C+ / 5.6	12.3	1.40	28.35	112	1	98	0	1	98.0	68.7	-8.8	11	3	1,000	100	0.0	0.0
C+ / 5.7	12.3	1.40	31.69	770	1	98	0	1	98.0	76.0	-8.6	16	3	5,000,000	0	0.0	0.0

www.thestreet.com/ratings   Data as of June 30, 2007

I. Index of Stock Mutual Funds

Summer 2007

99 Pct = Best
0 Pct = Worst

Fund Type	Fund Name	Ticker Symbol	Overall Investment Rating	Phone	Performance Rating/Pts	3 Mo	6 Mo	1Yr / Pct	3Yr / Pct	5Yr / Pct	Dividend Yield	Expense Ratio
IN	Morgan Stanley Fundamental Value	FVFAX	C-	(800) 869-6397	C / 5.1	7.14	6.82	19.15 /53	14.02 /62	--	0.93	1.34
IN	Morgan Stanley Fundamental Value	FVFBX	C	(800) 869-6397	C+ / 6.1	7.17	6.86	19.28 /54	13.77 /60	--	1.08	1.19
IN	Morgan Stanley Fundamental Value	FVFCX	C	(800) 869-6397	C+ / 5.6	6.98	6.50	18.39 /48	13.23 /56	--	0.39	2.05
IN	Morgan Stanley Fundamental Value	FVFDX	C	(800) 869-6397	C+ / 6.4	7.29	6.97	19.48 /56	14.28 /64	--	1.18	1.10
GL	Morgan Stanley Glb Divnd Gr Sec A	GLBAX	B	(800) 869-6397	B- / 7.2	7.84	10.34	27.75 /89	15.82 /73	13.06 /62	1.26	1.20
GL	Morgan Stanley Glb Divnd Gr Sec B	GLBBX	B+	(800) 869-6397	B / 7.8	7.82	10.29	27.80 /89	15.71 /72	12.65 /59	1.40	1.08
GL	Morgan Stanley Glb Divnd Gr Sec C	GLBCX	B	(800) 869-6397	B- / 7.4	7.64	9.94	26.79 /87	14.96 /68	12.22 /56	0.70	1.95
GL	Morgan Stanley Glb Divnd Gr Sec D	GLBDX	B+	(800) 869-6397	B / 7.9	7.88	10.45	27.98 /90	16.10 /74	13.32 /64	1.55	0.95
GL	Morgan Stanley Global Advantage A	GADAX	B-	(800) 869-6397	C+ / 6.8	6.67	10.60	27.39 /89	15.24 /70	11.90 /52	0.00	1.33
GL	Morgan Stanley Global Advantage B	GADBX	B-	(800) 869-6397	B- / 7.1	6.48	10.27	26.50 /87	14.40 /65	11.06 /44	0.00	2.08
GL	Morgan Stanley Global Advantage C	GADCX	B-	(800) 869-6397	B- / 7.1	6.46	10.24	26.41 /86	14.35 /64	11.06 /44	0.00	2.08
GL	Morgan Stanley Global Advantage D	GADDX	B	(800) 869-6397	B / 7.7	6.70	10.75	27.71 /89	15.53 /72	12.18 /55	0.00	1.08
HL	Morgan Stanley Health Sci Tr A	HCRAX	E-	(800) 869-6397	E+ / 0.7	5.15	6.83	15.36 /28	7.01 / 9	9.74 /30	0.00	1.53
HL	Morgan Stanley Health Sci Tr B	HCRBX	E-	(800) 869-6397	E+ / 0.9	4.95	6.46	14.53 /23	6.21 / 6	8.91 /22	0.00	2.28
HL	Morgan Stanley Health Sci Tr C	HCRCX	E-	(800) 869-6397	E+ / 0.9	4.94	6.45	14.50 /23	6.25 / 6	8.90 /22	0.00	2.25
HL	Morgan Stanley Health Sci Tr D	HCRDX	E	(800) 869-6397	D- / 1.4	5.22	6.98	15.66 /30	7.29 /10	10.01 /33	0.00	1.28
FO	Morgan Stanley International A	INLAX	B+	(800) 869-6397	B+ / 8.8	8.16	12.88	28.40 /90	21.77 /88	15.94 /81	1.31	1.32
FO	Morgan Stanley International B	INLBX	B+	(800) 869-6397	B+ / 8.8	7.89	12.16	27.25 /88	20.78 /86	15.03 /76	0.72	2.07
FO	Morgan Stanley International C	INLCX	B+	(800) 869-6397	B+ / 8.8	7.92	12.21	27.21 /88	20.79 /86	15.05 /76	0.84	2.06
FO	Morgan Stanley International D	INLDX	A-	(800) 869-6397	A- / 9.0	8.14	12.77	28.52 /91	21.98 /89	16.20 /82	1.73	1.07
FO	Morgan Stanley Intl Small Cap A	ISMAX	E+	(800) 869-6397	C+ / 6.9	1.30	8.19	20.93 /66	18.44 /82	18.46 /89	1.32	2.02
FO	Morgan Stanley Intl Small Cap B	ISMBX	E+	(800) 869-6397	B- / 7.2	1.08	7.77	20.04 /60	17.55 /79	17.49 /86	0.38	2.77
FO	Morgan Stanley Intl Small Cap C	ISMCX	E+	(800) 869-6397	B- / 7.2	1.17	7.90	20.13 /61	17.67 /80	17.59 /87	0.78	2.77
FO	Morgan Stanley Intl Small Cap D	ISMDX	D-	(800) 869-6397	B / 7.7	1.37	8.37	21.24 /68	18.73 /82	18.69 /89	1.60	1.77
FO	Morgan Stanley Intl Value Equity A	IVQAX	C+	(800) 869-6397	B- / 7.2	5.53	10.10	24.35 /81	17.11 /78	14.82 /75	1.27	1.37
FO	Morgan Stanley Intl Value Equity B	IVQBX	C+	(800) 869-6397	B- / 7.4	5.43	9.79	23.51 /79	16.24 /75	13.96 /69	0.58	2.13
FO	Morgan Stanley Intl Value Equity C	IVQCX	C+	(800) 869-6397	B- / 7.4	5.32	9.78	23.39 /78	16.25 /75	13.97 /69	0.70	2.04
FO	Morgan Stanley Intl Value Equity D	IVQDX	C+	(800) 869-6397	B / 7.9	5.58	10.30	24.59 /82	17.37 /79	15.10 /77	1.52	1.13
FO	Morgan Stanley Japan Fund A	JPNAX	E	(800) 869-6397	E / 0.4	1.55	2.61	1.87 / 1	9.21 /22	9.95 /32	0.00	1.80
FO	Morgan Stanley Japan Fund B	JPNBX	E	(800) 869-6397	E / 0.5	1.33	1.78	0.66 / 1	8.27 /16	9.03 /23	0.00	2.55
FO	Morgan Stanley Japan Fund C	JPNCX	E	(800) 869-6397	E / 0.5	1.34	1.91	0.78 / 1	8.31 /16	9.03 /23	0.00	2.55
FO	Morgan Stanley Japan Fund D	JPNDX	E+	(800) 869-6397	E+ / 0.8	1.63	2.36	1.73 / 1	9.33 /23	10.11 /34	0.00	1.55
MC	Morgan Stanley Mid Cap Value A	MDFAX	C+	(800) 869-6397	B+ / 8.3	8.83	11.23	28.54 /91	18.15 /81	15.73 /80	0.15	1.39
MC	Morgan Stanley Mid Cap Value B	MDFBX	C+	(800) 869-6397	B+ / 8.4	8.60	10.83	27.47 /89	17.25 /78	14.86 /75	0.00	2.15
MC	Morgan Stanley Mid Cap Value C	MDFCX	C+	(800) 869-6397	B+ / 8.4	8.57	10.80	27.50 /89	17.28 /78	14.90 /75	0.00	2.13
MC	Morgan Stanley Mid Cap Value D	MDFDX	C+	(800) 869-6397	B+ / 8.6	8.78	11.34	28.77 /91	18.39 /81	15.99 /81	0.33	1.15
GI	Morgan Stanley Multi-Asst Cl FD A	MAFAX	D+	(800) 869-6397	D+ / 2.6	4.37	6.34	15.74 /30	11.49 /41	10.31 /36	1.66	1.73
GI	Morgan Stanley Multi-Asst Cl FD B	MAFBX	C-	(800) 869-6397	D+ / 2.9	4.20	5.92	14.83 /25	10.63 /33	9.46 /27	0.93	2.49
GI	Morgan Stanley Multi-Asst Cl FD C	MAFCX	C-	(800) 869-6397	C- / 3.0	4.29	6.02	14.95 /26	10.72 /34	9.49 /28	1.03	2.46
GI	Morgan Stanley Multi-Asst Cl FD D	MAFDX	C	(800) 869-6397	C- / 3.9	4.51	6.46	15.97 /32	11.79 /44	10.57 /39	1.96	1.49
GI	Morgan Stanley NASDAQ 100 A	NSQAX	D-	(800) 869-6397	D+ / 2.6	9.13	10.11	22.77 /76	8.30 /16	13.12 /63	0.00	1.11
GI	Morgan Stanley NASDAQ 100 B	NSQBX	D-	(800) 869-6397	C- / 3.0	8.92	9.60	21.81 /72	7.47 /12	12.22 /56	0.00	1.87
GI	Morgan Stanley NASDAQ 100 C	NSQCX	D-	(800) 869-6397	C- / 3.0	8.90	9.70	21.90 /72	7.53 /12	12.26 /56	0.00	1.80
GI	Morgan Stanley NASDAQ 100 D	NSQDX	D	(800) 869-6397	C- / 3.9	9.22	10.20	23.12 /77	8.52 /17	13.31 /64	0.00	0.87
EN	Morgan Stanley Natural Res Dev A	NREAX	D+	(800) 869-6397	A / 9.5	13.47	20.05	19.17 /54	30.14 /96	20.70 /93	0.02	1.11
EN	Morgan Stanley Natural Res Dev B	NREBX	D+	(800) 869-6397	A / 9.5	13.27	19.54	18.28 /47	29.15 /95	19.79 /92	0.00	1.87
EN	Morgan Stanley Natural Res Dev C	NRECX	D+	(800) 869-6397	A / 9.5	13.32	19.61	18.34 /47	29.18 /95	19.80 /92	0.00	1.87
EN	Morgan Stanley Natural Res Dev D	NREDX	D+	(800) 869-6397	A+ / 9.6	13.60	20.20	19.47 /56	30.45 /96	20.99 /93	0.20	0.87
FO	Morgan Stanley Pacific Growth A	TGRAX	B+	(800) 869-6397	A- / 9.1	9.39	14.84	31.19 /94	23.33 /91	18.94 /90	0.13	1.77
FO	Morgan Stanley Pacific Growth B	TGRBX	B+	(800) 869-6397	A- / 9.2	9.18	14.37	30.25 /93	22.39 /90	17.90 /88	0.00	2.52
FO	Morgan Stanley Pacific Growth C	TGRCX	B+	(800) 869-6397	A- / 9.2	9.17	14.36	30.23 /93	22.44 /90	17.94 /88	0.00	2.48
FO	Morgan Stanley Pacific Growth D	TGRDX	B+	(800) 869-6397	A / 9.3	9.44	14.97	31.54 /94	23.64 /92	19.13 /90	0.33	1.52

● Denotes fund is closed to new investors
* Denotes fund is included in Section II

www.thestreet.com/ratings

I. Index of Stock Mutual Funds

Summer 2007

RISK			NET ASSETS		ASSET				Portfolio	BULL / BEAR		FUND MANAGER		MINIMUMS		LOADS	
	3 Year		NAV							Last Bull	Last Bear	Manager	Manager	Initial	Additional	Front	Back
Risk	Standard		As of	Total	Cash	Stocks	Bonds	Other	Turnover	Market	Market	Quality	Tenure	Purch.	Purch.	End	End
Rating/Pts	Deviation	Beta	6/30/07	$(Mil)	%	%	%	%	Ratio	Return	Return	Pct	(Years)	$	$	Load	Load
C+ / 5.8	6.7	0.86	14.41	32	2	85	0	13	28.0	105.2	-6.0	87	5	1,000	100	5.3	0.0
C+ / 5.8	6.8	0.86	14.34	70	2	85	0	13	28.0	101.7	-6.1	86	5	1,000	100	0.0	0.0
C+ / 6.0	6.7	0.86	14.26	7	2	85	0	13	28.0	99.0	-6.2	83	5	1,000	100	0.0	0.0
C+ / 5.7	6.8	0.86	14.43	2	2	85	0	13	28.0	107.1	-5.9	88	5	5,000,000	0	0.0	0.0
B- / 7.1	7.8	0.77	17.08	835	1	98	0	1	21.0	131.1	-10.6	30	5	1,000	100	5.3	2.0
B- / 7.1	7.8	0.77	17.30	252	1	98	0	1	21.0	128.3	-10.7	29	5	1,000	100	0.0	2.0
B- / 7.1	7.8	0.77	16.98	21	1	98	0	1	21.0	123.9	-10.7	24	5	1,000	100	0.0	2.0
B- / 7.1	7.8	0.77	17.12	276	1	98	0	1	21.0	133.5	-10.5	32	5	5,000,000	0	0.0	2.0
B- / 7.0	9.1	0.88	12.00	203	N/A	100	0	N/A	137.0	120.9	-10.8	14	N/A	1,000	100	5.3	2.0
C+ / 6.9	9.2	0.88	11.17	34	N/A	100	0	N/A	137.0	113.8	-10.9	10	N/A	1,000	100	0.0	2.0
C+ / 6.9	9.2	0.88	11.20	24	N/A	100	0	N/A	137.0	113.9	-11.1	10	N/A	1,000	100	0.0	2.0
B- / 7.0	9.2	0.88	12.26	1	N/A	100	0	N/A	137.0	123.2	-10.7	15	N/A	5,000,000	0	0.0	2.0
C- / 3.4	11.4	1.15	17.35	151	6	93	0	1	72.0	81.2	-9.8	9	2	1,000	100	5.3	2.0
D+ / 2.3	11.4	1.15	15.49	117	6	93	0	1	72.0	75.6	-10.0	7	2	1,000	100	0.0	2.0
D+ / 2.4	11.4	1.15	15.52	14	6	93	0	1	72.0	75.8	-10.0	7	2	1,000	100	0.0	2.0
C- / 3.7	11.4	1.15	17.93	7	6	93	0	1	72.0	83.2	-9.8	10	2	5,000,000	0	0.0	2.0
C+ / 6.4	9.8	1.04	15.51	164	1	98	0	1	13.0	160.9	-8.3	34	8	1,000	100	5.3	2.0
C+ / 6.3	9.8	1.04	15.31	112	1	98	0	1	13.0	152.2	-8.6	26	8	1,000	100	0.0	2.0
C+ / 6.3	9.8	1.04	15.26	35	1	98	0	1	13.0	152.2	-8.5	26	8	1,000	100	0.0	2.0
C+ / 6.4	9.8	1.04	15.54	24	1	98	0	1	13.0	162.9	-8.3	35	8	5,000,000	0	0.0	2.0
E- / 0.0	10.1	0.92	13.21	35	0	99	0	1	40.0	195.5	-3.1	27	N/A	1,000	100	5.3	2.0
E- / 0.0	10.1	0.92	12.21	21	0	99	0	1	40.0	185.1	-3.3	21	N/A	1,000	100	0.0	2.0
E- / 0.0	10.1	0.92	12.15	4	0	99	0	1	40.0	186.2	-3.3	22	N/A	1,000	100	0.0	2.0
E- / 0.0	10.0	0.92	13.33	9	0	99	0	1	40.0	197.3	-2.9	29	N/A	5,000,000	0	0.0	2.0
C / 5.4	8.2	0.85	14.50	129	2	97	0	1	36.0	140.0	-9.0	28	6	1,000	100	5.3	2.0
C+ / 5.6	8.2	0.85	14.36	200	2	97	0	1	36.0	132.3	-9.2	22	6	1,000	100	0.0	2.0
C / 5.5	8.2	0.84	14.26	70	2	97	0	1	36.0	132.8	-9.3	22	6	1,000	100	0.0	2.0
C / 5.3	8.2	0.85	14.57	459	2	97	0	1	36.0	142.4	-9.1	30	6	5,000,000	0	0.0	2.0
C+ / 5.8	12.0	0.87	9.82	31	2	97	0	1	110.0	94.4	-3.1	2	N/A	1,000	100	5.3	2.0
C+ / 5.8	12.0	0.87	9.15	13	2	97	0	1	110.0	87.8	-3.4	1	N/A	1,000	100	0.0	2.0
C+ / 5.8	12.0	0.88	9.06	13	2	97	0	1	110.0	87.9	-3.4	1	N/A	1,000	100	0.0	2.0
C+ / 5.8	12.0	0.87	9.97	12	2	97	0	1	110.0	95.8	-3.3	2	N/A	5,000,000	0	0.0	2.0
C / 4.3	9.0	0.78	13.07	20	2	97	0	1	52.0	157.0	-11.1	94	N/A	1,000	100	5.3	0.0
C- / 4.0	9.0	0.77	12.38	45	2	97	0	1	52.0	149.7	-11.3	92	N/A	1,000	100	0.0	0.0
C- / 4.0	9.0	0.78	12.41	9	2	97	0	1	52.0	150.1	-11.3	92	N/A	1,000	100	0.0	0.0
C / 4.4	9.0	0.78	13.26	239	2	97	0	1	52.0	160.4	-11.1	94	N/A	5,000,000	0	0.0	0.0
B- / 7.4	7.9	1.01	12.41	13	19	80	0	1	88.0	100.5	-10.0	50	10	1,000	100	5.3	0.0
B- / 7.8	7.9	1.01	12.16	15	19	80	0	1	88.0	94.4	-10.3	38	10	1,000	100	0.0	0.0
B- / 7.8	7.8	1.00	12.16	4	19	80	0	1	88.0	94.4	-10.2	40	10	1,000	100	0.0	0.0
B- / 7.6	7.9	1.01	12.52	N/A	19	80	0	1	88.0	102.8	-10.0	54	10	5,000,000	0	0.0	0.0
C / 5.2	14.2	1.67	11.00	12	2	97	0	1	14.0	89.3	-9.5	3	6	1,000	100	5.3	0.0
C / 5.1	14.3	1.67	10.50	19	2	97	0	1	14.0	83.4	-9.8	2	6	1,000	100	0.0	0.0
C / 5.1	14.2	1.67	10.52	9	2	97	0	1	14.0	83.4	-9.6	3	6	1,000	100	0.0	0.0
C / 5.2	14.3	1.68	11.13	N/A	2	97	0	1	14.0	91.1	-9.5	3	6	5,000,000	0	0.0	0.0
E / 0.4	20.4	1.00	25.34	123	9	90	0	1	21.0	203.3	-2.8	41	N/A	1,000	100	5.3	2.0
E- / 0.2	20.4	1.00	23.00	70	9	90	0	1	21.0	193.8	-3.0	32	N/A	1,000	100	0.0	2.0
E- / 0.2	20.5	1.00	22.93	15	9	90	0	1	21.0	193.8	-3.1	32	N/A	1,000	100	0.0	2.0
E / 0.5	20.4	1.00	25.87	19	9	90	0	1	21.0	206.7	-2.9	44	N/A	5,000,000	0	0.0	2.0
C+ / 5.9	10.9	1.06	24.22	160	1	98	0	1	41.0	176.3	-7.4	46	9	1,000	100	5.3	2.0
C+ / 5.8	10.9	1.06	23.08	39	1	98	0	1	41.0	166.2	-7.6	35	9	1,000	100	0.0	2.0
C+ / 5.8	10.9	1.06	23.09	9	1	98	0	1	41.0	166.7	-7.6	36	9	1,000	100	0.0	2.0
C+ / 5.9	10.9	1.06	24.57	3	1	98	0	1	41.0	178.5	-7.5	49	9	5,000,000	0	0.0	2.0

www.thestreet.com/ratings

Data as of June 30, 2007

I. Index of Stock Mutual Funds

Summer 2007

99 Pct = Best
0 Pct = Worst

Fund Type	Fund Name	Ticker Symbol	Overall Investment Rating	Phone	Performance Rating/Pts	Total Return % through 6/30/07				Incl. in Returns	
						3 Mo	6 Mo	1Yr / Pct	Annualized 3Yr / Pct	Annualized 5Yr / Pct	Dividend Yield	Expense Ratio
RE	● Morgan Stanley Real Estate A	REFAX	D	(800) 869-6397	B+ / 8.5	-7.72	-3.77	16.04 /32	25.87 /94	21.36 /93	1.26	1.50
RE	● Morgan Stanley Real Estate B	REFBX	D	(800) 869-6397	B+ / 8.6	-7.87	-4.16	15.23 /27	24.94 /93	20.45 /92	0.55	2.26
RE	● Morgan Stanley Real Estate C	REFCX	D	(800) 869-6397	B+ / 8.6	-7.90	-4.20	15.20 /27	24.94 /93	20.45 /92	0.58	2.23
RE	● Morgan Stanley Real Estate D	REFDX	D	(800) 869-6397	B+ / 8.8	-7.65	-3.66	16.36 /34	26.21 /94	21.68 /94	1.52	1.26
IX	Morgan Stanley S&P 500 Index A	SPIAX	C	(800) 869-6397	C- / 3.1	6.13	6.68	19.91 /59	11.01 /36	10.03 /33	1.27	0.66
IX	Morgan Stanley S&P 500 Index B	SPIBX	C	(800) 869-6397	C- / 3.4	5.90	6.25	19.03 /53	10.16 /29	9.19 /25	0.54	1.42
IX	Morgan Stanley S&P 500 Index C	SPICX	C	(800) 869-6397	C- / 3.5	5.92	6.28	19.04 /53	10.21 /29	9.22 /25	0.70	1.38
IX	Morgan Stanley S&P 500 Index D	SPIDX	C+	(800) 869-6397	C / 4.5	6.20	6.82	20.22 /61	11.28 /38	10.28 /36	1.54	0.42
IN	Morgan Stanley Sm-Mid Special Val	JBJAX	C+	(800) 869-6397	B+ / 8.7	8.71	17.43	31.52 /94	18.97 /83	18.58 /89	0.00	1.34
IN	Morgan Stanley Sm-Mid Special Val	JBJBX	C+	(800) 869-6397	B+ / 8.8	8.51	16.95	30.55 /93	18.09 /81	17.67 /87	0.00	2.09
IN	Morgan Stanley Sm-Mid Special Val	JBJCX	C+	(800) 869-6397	B+ / 8.8	8.49	17.01	30.61 /93	18.13 /81	17.70 /87	0.00	2.09
IN	Morgan Stanley Sm-Mid Special Val	JBJDX	B-	(800) 869-6397	A- / 9.0	8.71	17.54	31.82 /94	19.26 /83	18.86 /90	0.00	1.09
SC	● Morgan Stanley Special Growth A	SMPAX	E+	(800) 869-6397	C- / 3.1	3.76	5.74	14.67 /24	13.63 /59	11.05 /44	0.00	1.82
SC	● Morgan Stanley Special Growth B	SMPBX	E+	(800) 869-6397	C- / 3.5	3.51	5.29	13.76 /20	12.75 /52	10.20 /35	0.00	2.57
SC	● Morgan Stanley Special Growth C	SMPCX	E+	(800) 869-6397	C- / 3.6	3.56	5.34	13.82 /20	12.83 /53	10.25 /36	0.00	2.57
SC	● Morgan Stanley Special Growth D	SMPDX	D-	(800) 869-6397	C / 4.5	3.80	5.84	14.91 /25	13.91 /61	11.33 /47	0.00	1.57
SC	Morgan Stanley Special Value A	SVFAX	D-	(800) 869-6397	B / 8.2	6.84	10.93	28.37 /90	19.00 /83	15.49 /79	0.00	1.28
SC	Morgan Stanley Special Value B	SVFBX	D-	(800) 869-6397	B+ / 8.3	6.57	10.47	27.35 /89	18.08 /81	14.60 /73	0.00	2.03
SC	Morgan Stanley Special Value C	SVFCX	D-	(800) 869-6397	B+ / 8.3	6.63	10.52	27.39 /89	18.15 /81	14.64 /74	0.00	2.02
SC	Morgan Stanley Special Value D	SVFDX	D	(800) 869-6397	B+ / 8.6	6.87	11.00	28.63 /91	19.28 /83	15.76 /80	0.00	1.03
AA	Morgan Stanley Strategist Fund A	SRTAX	C	(800) 869-6397	D+ / 2.7	4.12	6.04	15.37 /28	11.85 /44	10.48 /38	2.20	0.93
AA	Morgan Stanley Strategist Fund B	SRTBX	C	(800) 869-6397	C- / 3.0	3.95	5.65	14.55 /23	11.02 /36	9.65 /29	1.59	1.68
AA	Morgan Stanley Strategist Fund C	SRTCX	C	(800) 869-6397	C- / 3.0	3.89	5.67	14.53 /23	11.02 /36	9.64 /29	1.63	1.64
AA	Morgan Stanley Strategist Fund D	SRTDX	C+	(800) 869-6397	C- / 4.0	4.18	6.16	15.64 /30	12.10 /46	10.74 /41	2.54	0.68
TC	Morgan Stanley Technology Fd A	IFOAX	E-	(800) 869-6397	E+ / 0.6	8.54	9.06	18.68 /50	4.26 / 2	7.30 /10	0.00	1.77
TC	Morgan Stanley Technology Fd B	IFOBX	E-	(800) 869-6397	E+ / 0.7	8.32	8.66	17.89 /44	3.42 / 1	6.44 / 6	0.00	2.52
TC	Morgan Stanley Technology Fd C	IFOCX	E-	(800) 869-6397	E+ / 0.7	8.33	8.56	17.78 /43	3.43 / 1	6.42 / 6	0.00	2.52
TC	Morgan Stanley Technology Fd D	IFODX	E	(800) 869-6397	D- / 1.1	8.62	9.24	18.99 /52	4.49 / 2	7.51 /11	0.00	1.52
GR	Morgan Stanley Total Mkt Index A	TMIAX	C	(800) 869-6397	C- / 3.8	5.78	7.16	19.69 /57	12.12 /47	11.10 /45	1.09	0.77
GR	Morgan Stanley Total Mkt Index B	TMIBX	C+	(800) 869-6397	C- / 4.1	5.68	6.73	18.74 /50	11.29 /39	10.26 /36	0.41	1.52
GR	Morgan Stanley Total Mkt Index C	TMICX	C+	(800) 869-6397	C- / 4.1	5.60	6.83	18.88 /51	11.28 /38	10.27 /36	0.48	1.51
GR	Morgan Stanley Total Mkt Index D	TMIDX	B-	(800) 869-6397	C / 5.3	5.89	7.26	20.05 /60	12.41 /49	11.38 /47	1.35	0.52
MC	Morgan Stanley U.S Mid Cap Value I	UMCVX	A+	(800) 869-6397	B+ / 8.6	8.75	11.79	28.69 /91	18.45 /82	16.15 /82	0.23	1.01
RE	Morgan Stanley UIF Glbl Real Est II	UGETX	U	(800) 869-6397	U /	-5.94	0.83	24.17 /81	--	--	1.42	1.79
UT	Morgan Stanley Utilities Fund A	UTLAX	B	(800) 869-6397	B+ / 8.6	2.75	11.92	28.71 /91	21.92 /89	14.57 /73	1.44	1.03
UT	Morgan Stanley Utilities Fund B	UTLBX	B+	(800) 869-6397	B+ / 8.8	2.53	11.44	28.19 /90	21.79 /89	14.35 /72	1.16	0.94
UT	Morgan Stanley Utilities Fund C	UTLCX	B+	(800) 869-6397	B+ / 8.7	2.51	11.43	27.74 /89	21.00 /87	13.70 /67	0.88	1.71
UT	Morgan Stanley Utilities Fund D	UTLDX	B+	(800) 869-6397	B+ / 8.9	2.76	11.96	28.93 /91	22.21 /90	14.85 /75	1.73	0.78
GI	Morgan Stanley Value Fund A	VLUAX	C+	(800) 869-6397	C- / 3.9	5.10	5.94	18.81 /51	12.99 /54	11.01 /43	1.43	1.01
GI	Morgan Stanley Value Fund B	VLUBX	C+	(800) 869-6397	C / 4.3	4.85	5.49	17.95 /45	12.15 /47	10.17 /35	0.66	1.76
GI	Morgan Stanley Value Fund C	VLUCX	C+	(800) 869-6397	C / 4.4	4.92	5.57	18.03 /45	12.20 /47	10.22 /35	0.84	1.73
GI	Morgan Stanley Value Fund D	VLUDX	B	(800) 869-6397	C / 5.5	5.16	6.13	19.16 /53	13.28 /57	11.26 /46	1.66	0.76
BA	Mosaic Balanced Fund	BHBFX	E+	(800) 336-3063	E / 0.5	3.09	1.36	11.53 /12	5.42 / 4	5.78 / 4	1.36	1.22
GI	Mosaic Foresight Fund	GEWWX	C	(800) 336-3063	C- / 3.1	6.96	7.04	21.57 /70	8.69 /18	7.08 / 9	0.47	1.27
GR	Mosaic Investors Fund	MINVX	D-	(800) 336-3063	D- / 1.1	4.55	1.56	15.00 /26	7.24 /10	7.11 / 9	0.41	0.95
MC	Mosaic Mid-Cap Growth Fd	GTSGX	B-	(800) 336-3063	C+ / 6.5	6.93	10.05	23.78 /80	12.94 /54	12.47 /57	0.00	1.25
GR	MP 63 Fund	DRIPX	C	(877) 676-3386	D+ / 2.6	6.13	6.77	17.34 /40	9.65 /25	9.70 /30	1.16	0.97
GR	MSIF Equities Plus Inst	MQUIX	U	(800) 354-8185	U /	5.96	7.10	20.50 /63	--	--	4.62	1.06
RE	MSIF Global Real Estate A	MRLAX	U	(800) 354-8185	U /	-6.02	1.21	--	--	--	0.00	1.25
GI	MSIF Inc Lrge Cap Rel Value Port A	MSIVX	B	(800) 354-8185	C+ / 6.9	7.57	7.57	21.90 /72	15.21 /70	12.24 /56	1.57	0.68
GI	MSIF Inc Lrge Cap Rel Value Port B	IVABX	B+	(800) 354-8185	C+ / 6.8	7.51	7.51	21.64 /71	14.92 /68	11.96 /53	1.36	0.93
GR	MSIF Inc US Large Cap Growth Port	MSEQX	C-	(800) 354-8185	C / 4.3	6.81	9.81	17.79 /43	11.60 /42	9.63 /29	0.02	0.65

● Denotes fund is closed to new investors
* Denotes fund is included in Section II

Summer 2007   I. Index of Stock Mutual Funds

RISK			NET ASSETS		ASSET					BULL / BEAR		FUND MANAGER		MINIMUMS		LOADS	
	3 Year		NAV						Portfolio	Last Bull	Last Bear	Manager	Manager	Initial	Additional	Front	Back
Risk	Standard		As of	Total	Cash	Stocks	Bonds	Other	Turnover	Market	Market	Quality	Tenure	Purch.	Purch.	End	End
Rating/Pts	Deviation	Beta	6/30/07	$(Mil)	%	%	%	%	Ratio	Return	Return	Pct	(Years)	$	$	Load	Load
E / 0.4	14.6	0.99	15.95	51	1	98	0	1	20.0	227.0	-0.6	96	8	1,000	100	5.3	2.0
E / 0.4	14.6	0.99	15.89	54	1	98	0	1	20.0	216.1	-0.7	95	8	1,000	100	0.0	2.0
E / 0.4	14.6	0.98	15.88	16	1	98	0	1	20.0	216.5	-0.7	95	8	1,000	100	0.0	2.0
E / 0.5	14.6	0.99	15.98	12	1	98	0	1	20.0	230.4	-0.5	96	8	5,000,000	0	0.0	2.0
B / 8.4	7.3	1.00	16.28	535	2	97	0	1	4.0	91.4	-9.9	45	9	1,000	100	5.3	0.0
B / 8.6	7.3	1.00	15.80	411	2	97	0	1	4.0	85.3	-10.1	35	9	1,000	100	0.0	0.0
B / 8.6	7.3	1.00	15.74	137	2	97	0	1	4.0	85.5	-10.0	35	9	1,000	100	0.0	0.0
B / 8.7	7.3	1.00	16.44	98	2	97	0	1	4.0	93.3	-9.8	48	9	5,000,000	0	0.0	0.0
C / 4.7	9.7	1.07	15.97	52	4	93	0	3	70.0	161.1	-6.2	96	5	1,000	100	5.3	0.0
C / 4.4	9.7	1.07	15.18	134	4	93	0	3	70.0	152.9	-6.5	94	5	1,000	100	0.0	0.0
C / 4.4	9.7	1.06	15.20	32	4	93	0	3	70.0	153.0	-6.5	94	5	1,000	100	0.0	0.0
C / 4.7	9.7	1.07	16.22	17	4	93	0	3	70.0	164.0	-6.2	96	5	5,000,000	0	0.0	0.0
C- / 4.1	14.5	1.01	23.21	53	1	98	0	1	80.0	145.1	-11.3	54	9	1,000	100	5.3	2.0
C- / 4.0	14.5	1.01	21.50	35	1	98	0	1	80.0	137.4	-11.5	42	9	1,000	100	0.0	2.0
C- / 4.0	14.5	1.01	21.50	5	1	98	0	1	80.0	137.8	-11.5	44	9	1,000	100	0.0	2.0
C- / 4.1	14.5	1.01	23.74	7	1	98	0	1	80.0	147.9	-11.3	58	9	5,000,000	0	0.0	2.0
E- / 0.1	11.0	0.75	19.69	336	4	95	0	1	28.0	157.1	-8.1	97	N/A	1,000	100	5.3	2.0
E- / 0.0	11.1	0.75	17.51	229	4	95	0	1	28.0	149.0	-8.4	96	N/A	1,000	100	0.0	2.0
E- / 0.0	11.0	0.75	17.54	39	4	95	0	1	28.0	149.2	-8.3	96	N/A	1,000	100	0.0	2.0
E / 0.3	11.0	0.75	20.38	56	4	95	0	1	28.0	159.8	-8.1	97	N/A	5,000,000	0	0.0	2.0
B / 8.5	5.5	1.17	20.83	567	20	60	19	1	43.0	89.6	-6.7	80	10	1,000	100	5.3	0.0
B / 8.5	5.5	1.18	20.91	288	20	60	19	1	43.0	83.7	-6.9	72	17	1,000	100	0.0	0.0
B / 8.5	5.5	1.17	20.75	50	20	60	19	1	43.0	83.7	-6.9	72	10	1,000	100	0.0	0.0
B / 8.5	5.5	1.18	20.85	68	20	60	19	1	43.0	91.6	-6.7	82	10	5,000,000	0	0.0	0.0
C / 4.4	15.4	1.71	11.31	91	0	99	0	1	177.0	65.6	-14.0	0	1	1,000	100	5.3	2.0
C / 4.3	15.4	1.71	10.41	137	0	99	0	1	177.0	60.1	-14.2	0	1	1,000	100	0.0	2.0
C / 4.3	15.3	1.70	10.40	20	0	99	0	1	177.0	60.1	-14.2	0	1	1,000	100	0.0	2.0
C / 4.4	15.3	1.71	11.59	2	0	99	0	1	177.0	67.3	-14.0	1	1	5,000,000	0	0.0	2.0
B / 8.4	7.9	1.06	13.17	30	2	97	0	1	2.0	100.9	-9.7	53	8	1,000	100	5.3	0.0
B / 8.4	7.8	1.06	12.84	104	2	97	0	1	2.0	94.6	-9.8	42	8	1,000	100	0.0	0.0
B / 8.4	7.9	1.06	12.82	27	2	97	0	1	2.0	94.9	-9.9	41	8	1,000	100	0.0	0.0
B / 8.4	7.9	1.06	13.30	11	2	97	0	1	2.0	103.1	-9.7	57	8	5,000,000	0	0.0	0.0
B / 8.5	9.0	0.78	21.99	362	4	95	0	1	65.0	102.0	10.8	94	N/A	0	0	0.0	0.0
U /	N/A	N/A	12.19	256	4	95	0	1	N/A	N/A	N/A	N/A	1	0	0	0.0	0.0
C+ / 6.1	8.5	0.69	16.13	206	1	98	0	1	20.0	140.5	-5.0	86	10	1,000	100	5.3	2.0
C+ / 6.1	8.4	0.69	16.23	66	1	98	0	1	20.0	139.5	-5.2	86	19	1,000	100	0.0	2.0
C+ / 6.2	8.5	0.69	16.20	14	1	98	0	1	20.0	133.2	-5.2	81	10	1,000	100	0.0	2.0
C+ / 6.1	8.5	0.69	16.09	5	1	98	0	1	20.0	143.0	-4.9	87	10	5,000,000	0	0.0	2.0
B / 8.8	6.5	0.81	15.87	113	6	93	0	1	13.0	115.1	-9.6	84	4	1,000	100	5.3	0.0
B+ / 9.0	6.6	0.81	15.36	149	6	93	0	1	13.0	108.2	-9.7	77	4	1,000	100	0.0	0.0
B / 8.9	6.5	0.81	15.34	22	6	93	0	1	13.0	108.6	-9.7	78	4	1,000	100	0.0	0.0
B / 8.8	6.6	0.81	16.10	12	6	93	0	1	13.0	117.2	-9.5	85	4	5,000,000	0	0.0	0.0
C+ / 6.8	4.9	1.01	18.50	15	2	64	32	2	35.0	43.6	-5.9	21	15	1,000	50	0.0	0.0
B / 8.3	6.7	0.81	15.06	5	6	93	0	1	54.0	55.7	-6.5	36	N/A	1,000	50	0.0	0.0
B- / 7.2	7.2	0.88	20.89	186	8	91	0	1	52.0	67.2	-11.3	20	N/A	1,000	50	0.0	0.0
B- / 7.4	8.3	0.67	14.35	151	10	89	0	1	47.0	108.0	-7.9	74	N/A	1,000	50	0.0	0.0
B+ / 9.1	6.2	0.78	14.20	44	0	99	0	1	25.9	87.8	-9.4	50	N/A	1,000	100	0.0	2.0
U /	N/A	N/A	10.83	28	12	87	0	1	N/A	N/A	N/A	N/A	1	5,000,000	1,000	0.0	2.0
U /	N/A	N/A	11.70	370	3	96	0	1	4.0	N/A	N/A	N/A	N/A	500,000	0	0.0	2.0
B / 8.6	7.0	0.88	13.07	252	3	96	0	1	33.0	125.2	-9.7	91	4	500,000	1,000	0.0	2.0
B+ / 9.1	7.0	0.88	13.05	70	3	96	0	1	33.0	122.9	-9.9	90	4	100,000	1,000	0.0	2.0
C+ / 6.2	12.1	1.41	22.27	1,145	2	98	0	0	59.0	91.2	-10.5	20	N/A	500,000	1,000	0.0	2.0

www.thestreet.com/ratings   Data as of June 30, 2007

I. Index of Stock Mutual Funds

Summer 2007

99 Pct = Best
0 Pct = Worst

Fund Type	Fund Name	Ticker Symbol	Overall Investment Rating	Phone	Performance Rating/Pts	3 Mo	6 Mo	1Yr / Pct	3Yr / Pct	5Yr / Pct	Dividend Yield	Expense Ratio
GR	MSIF Inc US Large Cap Growth Port	MSEGX	C-	(800) 354-8185	C- / 4.1	6.73	9.67	17.51 /42	11.32 /39	9.37 /27	0.00	0.90
FO	MSIF Inc. Active Intl Allocation A	MSACX	A	(800) 354-8185	A- / 9.1	8.25	12.98	29.05 /91	22.11 /89	16.68 /84	2.06	0.83
FO	MSIF Inc. Active Intl Allocation B	MSIBX	A	(800) 354-8185	A- / 9.0	8.18	12.83	28.75 /91	21.81 /89	16.36 /83	1.76	1.08
EM	MSIF Inc. Emerging Markets A	MGEMX	C+	(800) 354-8185	A+ / 9.9	14.38	17.34	48.90 /99	40.34 /99	30.38 /98	0.74	1.41
EM	MSIF Inc. Emerging Markets B	MMKBX	C+	(800) 354-8185	A+ / 9.8	14.30	17.19	48.52 /98	39.98 /99	30.02 /98	0.51	1.66
GR	MSIF Inc. Focus Equity A	MSAGX	C-	(800) 354-8185	C / 4.7	7.05	10.99	16.20 /33	12.14 /47	10.51 /39	0.00	0.79
GR	MSIF Inc. Focus Equity B	MAEBX	C-	(800) 354-8185	C / 4.4	7.04	10.87	15.96 /32	11.83 /44	10.22 /35	0.00	1.04
GL	MSIF Inc. Global Franchise A	MSFAX	B-	(800) 354-8185	B- / 7.5	3.31	9.42	23.10 /77	16.95 /77	14.75 /74	0.62	1.07
GL	MSIF Inc. Global Franchise B	MSFBX	A-	(800) 354-8185	B- / 7.3	3.29	9.15	22.78 /76	16.66 /77	14.45 /73	0.37	1.32
GL	MSIF Inc. Global Value Equity A	MSGEX	A-	(800) 354-8185	B / 7.6	7.54	9.98	27.52 /89	15.49 /71	11.38 /47	1.46	0.90
GL	MSIF Inc. Global Value Equity B	MIGEX	A-	(800) 354-8185	B- / 7.5	7.47	9.84	27.21 /88	15.19 /70	11.08 /44	1.28	1.15
FO	● MSIF Inc. International Equity A	MSIQX	C+	(800) 354-8185	B / 8.0	5.58	10.30	24.81 /82	17.72 /80	15.49 /79	2.22	0.93
FO	MSIF Inc. International Equity B	MIQBX	C+	(800) 354-8185	B / 7.9	5.49	10.15	24.50 /82	17.43 /79	15.20 /77	2.00	1.18
FO	MSIF Inc. International Magnum A	MSIMX	B+	(800) 354-8185	B+ / 8.9	7.51	12.10	29.88 /92	20.94 /87	15.43 /78	2.06	1.12
FO	MSIF Inc. International Magnum B	MIMBX	B+	(800) 354-8185	B+ / 8.8	7.40	11.92	29.44 /92	20.60 /86	15.10 /77	1.80	1.38
FO	● MSIF Inc. International Sm-Cap A	MSISX	C+	(800) 354-8185	B / 7.9	1.66	8.68	21.68 /71	19.09 /83	19.83 /92	1.35	1.10
RE	● MSIF Inc. Intl Real Estate A	MSUAX	A	(800) 354-8185	A / 9.5	-8.60	-3.50	29.73 /92	31.45 /96	29.34 /98	2.46	1.11
RE	● MSIF Inc. Intl Real Estate B	IERBX	A	(800) 354-8185	A / 9.5	-8.63	-3.62	29.40 /92	31.10 /96	29.01 /98	2.36	1.45
SC	● MSIF Inc. Small Company Growth A	MSSGX	D	(800) 354-8185	C / 4.7	3.91	5.94	15.14 /27	13.98 /62	15.05 /76	0.00	1.04
SC	MSIF Inc. Small Company Growth B	MSSMX	D-	(800) 354-8185	C / 4.3	3.81	5.78	14.82 /25	13.68 /60	14.74 /74	0.00	1.29
RE	● MSIF Inc. US Real Estate A	MSUSX	B	(800) 354-8185	B+ / 8.9	-7.24	-2.97	16.93 /38	26.71 /94	22.04 /94	1.61	0.89
RE	● MSIF Inc. US Real Estate B	MUSDX	B	(800) 354-8185	B+ / 8.9	-7.31	-3.10	16.65 /36	26.38 /94	21.73 /94	1.41	1.14
BA	MSIF Trust Balanced Adv	MBAAX	C+	(800) 354-8185	C- / 3.5	5.07	6.59	17.44 /41	10.65 /33	9.46 /27	1.67	0.89
BA	MSIF Trust Balanced Inst	MPBAX	C+	(800) 354-8185	C- / 3.7	5.05	6.80	17.60 /42	10.91 /35	9.72 /30	1.90	0.64
BA	MSIF Trust Balanced Inv	MABIX	C+	(800) 354-8185	C- / 3.6	5.02	6.77	17.46 /41	10.74 /34	9.58 /29	1.77	0.79
MC	MSIF Trust Mid Cap Growth Adv	MACGX	B	(800) 354-8185	B / 8.2	9.25	12.45	19.27 /54	17.89 /80	16.53 /83	0.17	0.88
MC	MSIF Trust Mid Cap Growth Inst	MPEGX	B	(800) 354-8185	B+ / 8.3	9.26	12.55	19.53 /56	18.18 /81	16.81 /84	0.39	0.63
MC	MSIF Trust Mid Cap Value Adv	MMCAX	A+	(800) 354-8185	A- / 9.0	9.41	12.40	31.84 /94	19.80 /84	16.68 /84	0.41	1.15
MC	MSIF Trust Mid Cap Value Inst	MPMVX	A+	(800) 354-8185	A- / 9.0	9.49	12.54	32.22 /94	20.10 /85	16.97 /85	0.61	0.90
MC	MSIF Trust Mid Cap Value Inv	MPMIX	A+	(800) 354-8185	A- / 9.0	9.44	12.43	32.00 /94	19.93 /85	16.80 /84	0.45	1.05
SC	MSIF Trust U.S Small Cap Value Adv	MCVAX	B+	(800) 354-8185	B+ / 8.5	6.89	10.96	28.55 /91	19.18 /83	17.55 /87	0.05	1.06
SC	● MSIF Trust U.S Small Cap Value Inst	MPSCX	B+	(800) 354-8185	B+ / 8.6	6.97	11.11	28.88 /91	19.49 /84	17.86 /87	0.25	0.81
GR	MSIF Trust Value Adv	MPVAX	C+	(800) 354-8185	C+ / 5.6	5.32	6.32	19.44 /56	13.42 /58	11.65 /50	1.58	0.87
GR	MSIF Trust Value Inst	MPVLX	C+	(800) 354-8185	C+ / 5.9	5.37	6.44	19.79 /58	13.70 /60	11.94 /53	1.79	0.65
GR	MSIF Trust Value Inv	MPVIX	C+	(800) 354-8185	C+ / 5.7	5.32	6.39	19.58 /57	13.54 /59	11.77 /51	1.66	0.80
BA	MTB Balanced A	ARBAX	D	(800) 836-2211	E+ / 0.8	3.89	6.10	16.99 /38	6.55 / 7	6.31 / 5	2.10	1.54
BA	MTB Balanced B	ABLDX	D	(800) 836-2211	D- / 1.0	3.71	5.74	16.07 /32	5.80 / 5	5.56 / 3	1.42	2.04
BA	MTB Balanced Inst-I	ARGIX	D+	(800) 836-2211	D- / 1.4	3.95	6.22	17.10 /39	6.73 / 8	6.49 / 6	2.28	1.17
GI	MTB Equity Income A	ARERX	D	(800) 836-2211	C+ / 5.9	6.40	8.71	24.85 /83	13.85 /61	9.37 /27	1.53	1.50
GI	MTB Equity Income B	AEIBX	D+	(800) 836-2211	C+ / 6.3	6.23	8.24	23.95 /80	13.06 /55	--	0.99	2.00
GI	MTB Equity Income Inst-I	AREIX	C-	(800) 836-2211	B- / 7.0	6.47	8.83	25.08 /83	14.12 /63	9.58 /29	1.78	1.24
GR	MTB Equity Index A	ARKAX	C	(800) 836-2211	C- / 3.0	6.20	6.72	19.79 /58	10.97 /35	9.96 /32	1.20	0.98
GR	MTB Equity Index B	ARKBX	C	(800) 836-2211	C- / 3.4	5.93	6.26	18.88 /51	10.14 /29	--	0.60	1.48
GR	MTB Equity Index Inst-I	ARKEX	C+	(800) 836-2211	C / 4.5	6.26	6.86	20.10 /60	11.26 /38	10.27 /36	1.52	0.73
FO	MTB International Equity A	GVIEX	B+	(800) 836-2211	B+ / 8.7	7.23	11.69	29.35 /92	20.66 /86	15.22 /77	0.75	1.84
FO	MTB International Equity B	VIEFX	B+	(800) 836-2211	B+ / 8.8	6.96	11.26	28.40 /90	19.83 /85	14.33 /72	0.30	2.35
FO	MTB International Equity Inst-I	MVIEX	B+	(800) 836-2211	B+ / 8.9	7.21	11.70	29.37 /92	20.80 /86	--	0.85	1.59
GR	MTB Large Cap Growth A	VLCPX	D	(800) 836-2211	D- / 1.3	6.73	7.95	19.32 /55	6.99 / 9	5.83 / 4	0.00	1.70
GR	MTB Large Cap Growth B	VLGRX	D	(800) 836-2211	D / 1.6	6.54	7.56	18.36 /48	6.16 / 6	5.00 / 2	0.00	2.21
GR	MTB Large Cap Growth Inst-I	MLGIX	D+	(800) 836-2211	D / 2.1	6.63	7.96	19.38 /55	7.13 /10	--	0.24	1.46
GR	MTB Large Cap Stock A	AVERX	D-	(800) 836-2211	D / 2.1	7.36	7.72	19.53 /56	8.79 /19	7.40 /11	1.00	1.51
GR	MTB Large Cap Stock B	AVEBX	D	(800) 836-2211	D+ / 2.5	7.18	7.31	18.65 /49	8.01 /14	6.61 / 7	0.48	2.00

● Denotes fund is closed to new investors
★ Denotes fund is included in Section II

www.thestreet.com/ratings

Summer 2007   I. Index of Stock Mutual Funds

RISK			NET ASSETS		ASSET				Portfolio Turnover Ratio	BULL / BEAR		FUND MANAGER		MINIMUMS		LOADS	
Risk Rating/Pts	3 Year Standard Deviation	Beta	NAV As of 6/30/07	Total $(Mil)	Cash %	Stocks %	Bonds %	Other %		Last Bull Market Return	Last Bear Market Return	Manager Quality Pct	Manager Tenure (Years)	Initial Purch. $	Additional Purch. $	Front End Load	Back End Load
C+ / 6.2	12.1	1.41	21.88	60	2	98	0	0	59.0	89.3	-10.6	19	N/A	100,000	1,000	0.0	2.0
B- / 7.0	9.6	1.02	17.06	1,075	8	91	0	1	12.0	165.6	-8.2	41	15	500,000	1,000	0.0	2.0
C+ / 6.9	9.6	1.02	17.33	4	8	91	0	1	12.0	162.3	-8.3	38	15	100,000	1,000	0.0	2.0
C- / 3.5	17.0	1.12	34.37	2,608	1	94	0	5	62.0	318.4	-7.9	24	6	500,000	1,000	0.0	2.0
C- / 3.5	17.0	1.12	33.88	128	1	94	0	5	62.0	313.4	-8.0	22	6	100,000	1,000	0.0	2.0
C+ / 6.0	12.8	1.44	16.86	12	2	97	0	1	60.0	98.2	-9.8	22	N/A	500,000	1,000	0.0	2.0
C+ / 6.0	12.7	1.44	16.42	3	2	97	0	1	60.0	96.3	-10.0	20	N/A	100,000	1,000	0.0	2.0
C+ / 6.5	6.8	0.55	19.64	143	3	96	0	1	29.0	134.7	-5.4	85	N/A	500,000	1,000	0.0	2.0
B / 8.3	6.8	0.55	19.45	5	3	96	0	1	29.0	132.3	-5.2	83	5	100,000	1,000	0.0	2.0
B / 8.0	7.6	0.75	22.26	71	1	98	0	1	29.0	130.4	-12.8	30	15	500,000	1,000	0.0	2.0
B / 8.0	7.6	0.75	22.00	27	1	98	0	1	29.0	127.9	-12.9	27	15	100,000	1,000	0.0	2.0
C / 4.9	8.2	0.85	22.70	6,203	3	96	0	1	28.0	146.6	-9.0	32	12	500,000	1,000	0.0	2.0
C / 4.9	8.2	0.85	22.47	1,237	3	96	0	1	28.0	144.1	-9.1	30	12	100,000	1,000	0.0	2.0
C+ / 6.1	9.4	0.99	15.75	131	0	99	0	1	76.0	156.1	-10.0	36	11	500,000	1,000	0.0	2.0
C+ / 6.1	9.4	0.99	15.68	3	0	99	0	1	76.0	153.1	-10.0	32	11	100,000	1,000	0.0	2.0
C / 4.5	9.9	0.90	25.78	1,341	1	98	0	1	36.0	202.4	-2.5	35	15	500,000	1,000	0.0	2.0
C+ / 6.5	12.6	0.48	33.60	1,631	6	93	0	1	30.0	312.6	-0.4	99	8	500,000	1,000	0.0	2.0
C+ / 6.5	12.6	0.48	33.57	118	6	93	0	1	30.0	308.1	-0.4	99	8	100,000	1,000	0.0	2.0
C / 4.3	14.3	1.00	14.10	1,092	0	99	0	1	56.0	148.0	-11.2	60	3	500,000	1,000	0.0	2.0
C- / 4.2	14.2	0.99	13.36	876	0	99	0	1	56.0	145.3	-11.3	57	3	100,000	1,000	0.0	2.0
C / 5.5	14.3	0.97	27.30	1,611	3	96	0	1	27.0	232.2	N/A	97	12	500,000	1,000	0.0	2.0
C / 5.5	14.3	0.97	27.01	288	3	96	0	1	27.0	228.7	-0.1	97	11	100,000	1,000	0.0	2.0
B+ / 9.0	5.4	1.17	14.01	30	12	64	22	2	13.0	71.1	-6.2	68	N/A	500,000	0	0.0	0.0
B+ / 9.0	5.3	1.17	14.03	289	12	64	22	2	13.0	73.0	-6.2	71	N/A	5,000,000	0	0.0	0.0
B+ / 9.0	5.4	1.17	14.01	5	12	64	22	2	13.0	72.0	-6.3	69	N/A	1,000,000	0	0.0	0.0
C+ / 6.0	13.1	1.17	29.89	1,270	4	96	0	0	19.0	163.3	-8.8	61	5	500,000	0	0.0	0.0
C+ / 6.0	13.1	1.17	30.68	1,410	4	96	0	0	19.0	166.1	-8.8	65	5	5,000,000	0	0.0	0.0
B / 8.2	9.3	0.79	36.17	17	3	96	0	1	20.0	169.6	-11.1	96	9	500,000	0	0.0	0.0
B / 8.2	9.3	0.79	36.35	153	3	96	0	1	20.0	172.5	-11.1	96	13	5,000,000	0	0.0	0.0
B / 8.2	9.3	0.79	36.17	4	3	96	0	1	20.0	170.9	-11.1	96	11	1,000,000	0	0.0	0.0
C+ / 6.5	11.0	0.75	29.15	55	6	93	0	1	11.0	164.5	-10.7	97	4	500,000	0	0.0	0.0
C+ / 6.5	11.0	0.75	29.30	857	6	93	0	1	11.0	167.4	-10.7	97	4	5,000,000	0	0.0	2.0
B- / 7.2	6.7	0.83	18.88	224	2	97	0	1	9.0	121.7	-10.0	85	N/A	500,000	0	0.0	0.0
B- / 7.2	6.7	0.83	18.91	317	2	97	0	1	9.0	124.1	-10.0	87	N/A	5,000,000	0	0.0	0.0
B- / 7.2	6.7	0.83	18.94	88	2	97	0	1	9.0	122.6	-10.0	86	N/A	1,000,000	0	0.0	0.0
B / 8.2	6.1	1.29	15.16	21	2	66	31	1	48.0	51.4	-5.8	19	N/A	500	25	5.5	0.0
B / 8.5	6.0	1.27	15.19	5	2	66	31	1	48.0	46.9	-5.9	15	N/A	500	25	0.0	0.0
B / 8.5	6.0	1.27	15.21	5	2	66	31	1	48.0	52.4	-5.8	21	N/A	100,000	150,000	0.0	0.0
C- / 3.4	7.1	0.87	9.30	5	2	97	0	1	90.0	97.7	-9.7	85	4	500	25	5.5	0.0
C- / 3.5	7.1	0.87	9.25	N/A	2	97	0	1	90.0	N/A	N/A	80	4	500	25	0.0	0.0
C- / 3.5	7.0	0.87	9.25	49	2	97	0	1	90.0	99.1	-9.7	87	4	100,000	150,000	0.0	0.0
B / 8.2	7.3	0.99	12.48	5	0	99	0	1	20.0	90.7	-9.7	45	9	500	25	5.5	0.0
B / 8.4	7.3	1.00	12.45	1	0	99	0	1	20.0	N/A	N/A	35	4	500	25	0.0	0.0
B / 8.5	7.3	1.00	12.48	105	0	99	0	1	20.0	92.8	-9.7	48	N/A	100,000	150,000	0.0	0.0
C+ / 6.3	9.2	0.95	14.24	13	2	97	0	1	136.0	153.1	-10.0	41	8	500	25	5.5	0.0
C+ / 6.3	9.2	0.95	13.83	1	2	97	0	1	136.0	145.4	-10.3	33	8	500	25	0.0	0.0
C+ / 6.3	9.2	0.95	14.13	257	2	97	0	1	136.0	N/A	N/A	42	8	100,000	150,000	0.0	0.0
B- / 7.7	8.5	1.10	9.51	2	2	97	0	1	64.0	55.6	-9.1	10	N/A	500	25	5.5	0.0
B- / 7.7	8.5	1.10	8.96	1	2	97	0	1	64.0	50.4	-9.4	8	N/A	500	25	0.0	0.0
B- / 7.8	8.5	1.10	9.49	70	2	97	0	1	64.0	N/A	N/A	11	N/A	100,000	150,000	0.0	0.0
C+ / 6.5	8.3	1.09	9.63	33	0	99	0	1	47.0	72.5	-7.8	19	4	500	25	5.5	0.0
C+ / 6.3	8.2	1.08	9.10	5	0	99	0	1	47.0	66.8	-7.9	15	4	500	25	0.0	0.0

www.thestreet.com/ratings   Data as of June 30, 2007

I. Index of Stock Mutual Funds

Summer 2007

99 Pct = Best
0 Pct = Worst

Fund Type	Fund Name	Ticker Symbol	Overall Investment Rating	Phone	Performance Rating/Pts	3 Mo	6 Mo	1Yr / Pct	3Yr / Pct (Annualized)	5Yr / Pct (Annualized)	Dividend Yield	Expense Ratio
GR	MTB Large Cap Stock Inst-I	MVEFX	D-	(800) 836-2211	C- / 3.1	7.30	7.78	19.56 /56	8.93 /20	7.57 /12	1.18	1.25
GR	MTB Large Cap Value A	VEINX	B-	(800) 836-2211	C+ / 5.7	6.53	8.46	21.27 /68	14.37 /65	11.85 /52	0.77	1.27
GR	MTB Large Cap Value B	VLCVX	B-	(800) 836-2211	C+ / 6.0	6.35	7.96	20.20 /61	13.37 /57	10.83 /42	0.06	1.92
GR	MTB Large Cap Value Inst-I	MLCVX	B	(800) 836-2211	C+ / 6.8	6.59	8.52	21.28 /69	14.40 /65	--	0.75	1.17
MC	MTB Mid Cap Growth A	AMCRX	D	(800) 836-2211	C / 5.4	7.05	13.32	17.69 /43	13.63 /59	12.34 /56	0.00	1.61
MC	MTB Mid Cap Growth B	MCEBX	D+	(800) 836-2211	C+ / 5.9	6.89	12.90	16.90 /37	12.82 /52	--	0.00	2.11
MC	MTB Mid Cap Growth Inst-I	ARMEX	C-	(800) 836-2211	C+ / 6.6	7.10	13.37	17.84 /44	13.82 /61	12.52 /58	0.00	1.36
MC	MTB Mid Cap Stock A	VMCSX	D+	(800) 836-2211	C / 5.3	5.47	10.07	18.48 /48	14.25 /64	11.46 /48	0.54	1.58
MC	MTB Mid Cap Stock B	VMCPX	D+	(800) 836-2211	C+ / 5.6	5.21	9.62	17.45 /41	13.26 /56	10.47 /38	0.11	2.09
MC	MTB Mid Cap Stock Inst-I	MMCIX	C-	(800) 836-2211	C+ / 6.4	5.46	10.05	18.51 /49	14.28 /64	--	0.55	1.35
AG	MTB Mngd Alloc-Aggressive Gr A	VMAGX	C-	(800) 836-2211	C- / 3.6	6.62	8.78	20.36 /62	11.18 /37	9.28 /26	1.47	1.51
AG	MTB Mngd Alloc-Aggressive Gr B	VMABX	C	(800) 836-2211	C- / 4.1	6.50	8.50	19.67 /57	10.55 /32	8.57 /19	1.25	2.01
AA	MTB Mngd Alloc-Conserv Gr A	VMCGX	D	(800) 836-2211	E- / 0.2	2.01	3.40	8.93 / 6	4.93 / 3	4.49 / 1	2.53	1.81
AA	MTB Mngd Alloc-Conserv Gr B	VMCBX	D+	(800) 836-2211	E / 0.3	1.88	3.12	8.23 / 4	4.36 / 2	3.81 / 1	2.10	2.37
AA	MTB Mngd Alloc-Moderate Gr A	VMMGX	D	(800) 836-2211	D- / 1.2	4.43	6.27	14.94 /26	8.24 /16	7.00 / 8	1.84	1.22
AA	MTB Mngd Alloc-Moderate Gr B	VMMBX	D	(800) 836-2211	D- / 1.4	4.31	5.86	14.01 /21	7.44 /11	6.13 / 5	1.65	1.72
GR	MTB Multi Cap Growth A	ARGAX	D+	(800) 836-2211	D+ / 2.5	7.06	10.10	19.70 /57	9.29 /23	9.50 /28	0.00	1.57
GR	MTB Multi Cap Growth B	ACPLX	C-	(800) 836-2211	D+ / 2.9	6.74	9.55	18.71 /50	8.46 /17	8.70 /20	0.00	2.07
GR	MTB Multi Cap Growth Inst-I	ARCGX	C-	(800) 836-2211	C- / 3.7	7.05	10.10	19.81 /58	9.43 /24	9.66 /29	0.00	1.32
SC	MTB Small Cap Growth A	ARPAX	D	(800) 836-2211	C / 5.2	7.88	12.05	21.39 /69	12.58 /50	10.71 /41	0.00	1.70
SC	MTB Small Cap Growth B	ASEBX	D	(800) 836-2211	C+ / 5.7	7.66	11.62	20.49 /63	11.75 /43	9.90 /32	0.00	2.19
SC	MTB Small Cap Growth C	ARPCX	D+	(800) 836-2211	C+ / 6.3	7.82	12.01	21.32 /69	12.49 /50	10.34 /37	0.00	2.02
SC	MTB Small Cap Growth Inst-I	ARPEX	C-	(800) 836-2211	C+ / 6.5	7.86	12.12	21.53 /70	12.73 /52	10.86 /42	0.00	1.45
SC	MTB Small Cap Stock A	GVAGX	E+	(800) 836-2211	C / 5.5	8.18	11.00	21.27 /68	13.13 /55	15.44 /78	0.00	1.54
SC	MTB Small Cap Stock B	VSCSX	D-	(800) 836-2211	C+ / 5.9	8.05	10.64	20.30 /62	12.29 /48	14.54 /73	0.00	2.03
SC	MTB Small Cap Stock Inst-I	MSCIX	D-	(800) 836-2211	C+ / 6.6	8.33	11.17	21.34 /69	13.20 /56	--	0.00	1.27
GI	Muhlenkamp Fund	MUHLX	D+	(800) 860-3863	C- / 3.0	8.51	4.33	12.80 /16	11.30 /39	12.76 /60	0.81	1.06
BA	Munder Asset Allocation Fd-Bal A	MUBAX	C-	(800) 438-5789	D / 1.6	4.94	6.65	14.48 /23	10.26 /30	9.50 /28	1.02	1.51
BA	● Munder Asset Allocation Fd-Bal B	MUBBX	C-	(800) 438-5789	D / 1.9	4.72	6.25	13.60 /19	9.46 /24	8.66 /20	0.38	2.26
BA	Munder Asset Allocation Fd-Bal C	MUBCX	C-	(800) 438-5789	D / 1.9	4.62	6.23	13.54 /19	9.41 /24	8.64 /20	0.37	2.26
BA	Munder Asset Allocation Fd-Bal K	MUBKX	C	(800) 438-5789	D+ / 2.5	4.89	6.61	14.48 /23	10.26 /30	9.49 /28	1.08	1.51
BA	Munder Asset Allocation Fd-Bal Y	MUBYX	C	(800) 438-5789	D+ / 2.6	4.96	6.74	14.67 /24	10.53 /32	9.74 /30	1.32	1.26
EN	Munder Energy Fund A	MPFAX	B-	(800) 438-5789	A / 9.5	15.20	21.91	22.60 /75	30.71 /96	23.56 /95	0.00	1.56
EN	● Munder Energy Fund B	MPFBX	B-	(800) 438-5789	A+ / 9.6	15.03	21.48	21.77 /71	29.75 /96	22.64 /94	0.00	2.31
EN	Munder Energy Fund C	MPFTX	B-	(800) 438-5789	A+ / 9.6	15.02	21.47	21.68 /71	29.73 /96	22.61 /94	0.00	2.31
EN	Munder Energy Fund Y	MPFYX	C	(800) 438-5789	A+ / 9.6	15.30	22.12	22.95 /77	31.01 /96	23.84 /95	0.00	1.31
TC	Munder Future Technology A	MTFAX	E	(800) 438-5789	D- / 1.2	7.67	12.25	23.35 /78	5.53 / 5	7.55 /11	0.00	2.53
TC	● Munder Future Technology B	MTFBX	E	(800) 438-5789	D- / 1.4	7.34	11.58	22.54 /75	4.65 / 3	6.74 / 7	0.00	3.26
TC	Munder Future Technology C	MTFTX	E	(800) 438-5789	D / 1.6	7.58	11.99	22.76 /76	4.77 / 3	6.77 / 7	0.00	3.27
TC	Munder Future Technology Y	MTFYX	E	(800) 438-5789	D / 2.1	7.58	12.19	23.63 /79	5.77 / 5	7.83 /14	0.00	2.24
HL	Munder Healthcare A	MFHAX	E+	(800) 438-5789	E / 0.3	3.84	5.81	13.40 /18	4.83 / 3	10.65 /40	0.00	1.83
HL	● Munder Healthcare B	MFHBX	E+	(800) 438-5789	E / 0.3	3.64	5.46	12.56 /15	4.05 / 2	9.83 /31	0.00	2.58
HL	Munder Healthcare C	MFHCX	E+	(800) 438-5789	E / 0.3	3.65	5.42	12.52 /15	4.04 / 2	9.82 /31	0.00	2.58
HL	Munder Healthcare K	MFHKX	E+	(800) 438-5789	E / 0.5	3.85	5.82	13.42 /18	4.82 / 3	10.65 /40	0.00	1.84
HL	Munder Healthcare Y	MFHYX	E+	(800) 438-5789	E / 0.5	3.90	5.95	13.68 /19	5.08 / 4	10.93 /43	0.00	1.58
IX	Munder Index 500 A	MUXAX	C-	(800) 438-5789	C- / 3.2	6.15	6.64	19.86 /59	10.99 /36	10.00 /33	1.26	0.66
IX	● Munder Index 500 B	MUXBX	C	(800) 438-5789	C- / 3.5	6.08	6.51	19.55 /56	10.71 /33	9.73 /30	1.05	1.41
IX	Munder Index 500 K	MUXKX	D+	(800) 438-5789	C- / 3.7	6.12	6.64	19.83 /58	10.98 /36	9.99 /33	1.29	0.66
IX	Munder Index 500 Y	MUXYX	C	(800) 438-5789	C- / 4.0	6.20	6.79	20.16 /61	11.27 /38	10.28 /36	1.52	0.41
MC	Munder Instl S&P MidCap Index K	MIMKX	C	(800) 438-5789	C+ / 6.2	5.63	11.55	17.74 /43	14.38 /65	13.37 /65	0.76	0.84
MC	Munder Instl S&P MidCap Index Y	MIMIX	C+	(800) 438-5789	C+ / 6.4	5.71	11.69	17.99 /45	14.64 /66	13.64 /67	0.86	0.59
SC	Munder Instl S&P SmCap Index K	MSIKX	C-	(800) 438-5789	C / 4.9	4.99	8.14	15.24 /27	13.61 /59	13.51 /66	0.40	0.79

● Denotes fund is closed to new investors
* Denotes fund is included in Section II

www.thestreet.com/ratings

I. Index of Stock Mutual Funds

Summer 2007

RISK			NET ASSETS		ASSET				Portfolio Turnover Ratio	BULL / BEAR		FUND MANAGER		MINIMUMS		LOADS	
	3 Year		NAV							Last Bull	Last Bear	Manager	Manager	Initial	Additional	Front	Back
Risk Rating/Pts	Standard Deviation	Beta	As of 6/30/07	Total $(Mil)	Cash %	Stocks %	Bonds %	Other %		Market Return	Market Return	Quality Pct	Tenure (Years)	Purch. $	Purch. $	End Load	End Load
C / 5.1	8.2	1.09	9.56	145	0	99	0	1	47.0	73.5	-7.7	20	4	100,000	150,000	0.0	0.0
B / 8.1	7.9	0.97	13.77	40	2	97	0	1	18.0	117.9	-9.7	83	N/A	500	25	5.5	0.0
B / 8.0	7.9	0.97	13.57	2	2	97	0	1	18.0	109.9	-10.0	76	N/A	500	25	0.0	0.0
B / 8.1	7.9	0.97	13.78	136	2	97	0	1	18.0	N/A	N/A	84	N/A	100,000	150,000	0.0	0.0
C- / 4.1	13.0	1.21	15.48	7	1	98	0	1	79.0	121.4	-8.3	18	N/A	500	25	5.5	0.0
C- / 3.8	12.9	1.20	15.05	1	1	98	0	1	79.0	N/A	N/A	14	N/A	500	25	0.0	0.0
C- / 4.1	12.9	1.21	15.69	53	1	98	0	1	79.0	122.9	-8.2	19	N/A	100,000	150,000	0.0	0.0
C / 4.6	10.8	1.01	16.40	48	1	98	0	1	51.0	110.7	-7.9	40	14	500	25	5.5	0.0
C- / 4.1	10.8	1.01	15.15	3	1	98	0	1	51.0	102.9	-8.1	30	7	500	25	0.0	0.0
C / 4.6	10.8	1.01	16.42	84	1	98	0	1	51.0	N/A	N/A	41	4	100,000	150,000	0.0	0.0
B- / 7.3	8.0	1.04	11.28	23	0	99	0	1	6.0	84.9	-8.7	43	N/A	500	25	5.0	0.0
B- / 7.2	8.0	1.04	10.98	11	0	99	0	1	6.0	80.2	-8.9	35	5	500	25	0.0	0.0
B+ / 9.3	2.3	0.48	10.09	10	1	98	0	1	17.0	26.5	-1.3	39	N/A	500	25	4.0	0.0
B+ / 9.7	2.3	0.48	10.06	3	1	98	0	1	17.0	23.3	-1.5	33	5	500	25	0.0	0.0
B / 8.1	5.3	1.14	10.85	42	3	96	0	1	9.0	54.1	-5.2	39	N/A	500	25	4.5	0.0
B / 8.1	5.4	1.14	10.66	24	3	96	0	1	9.0	49.1	-5.4	31	5	500	25	0.0	0.0
B- / 7.4	10.2	1.30	18.96	20	3	96	0	1	124.0	83.9	-7.3	13	4	500	25	5.5	0.0
B- / 7.3	10.2	1.30	17.89	4	3	96	0	1	124.0	78.4	-7.4	10	4	500	25	0.0	0.0
B- / 7.4	10.2	1.30	19.29	19	3	96	0	1	124.0	85.0	-7.1	13	4	100,000	150,000	0.0	0.0
C- / 3.8	17.9	1.23	20.27	57	2	97	0	1	534.0	140.6	-13.7	22	4	500	25	5.5	0.0
C- / 3.6	17.9	1.23	19.11	3	2	97	0	1	534.0	133.2	-13.8	17	4	500	25	0.0	0.0
C- / 3.6	17.9	1.24	19.59	N/A	2	97	0	1	534.0	137.7	-13.8	21	4	500	25	0.0	0.0
C- / 3.8	17.9	1.23	20.72	135	2	97	0	1	534.0	142.0	-13.5	23	4	100,000	150,000	0.0	0.0
D / 1.7	14.1	1.03	8.07	6	0	99	0	1	59.0	149.0	-12.8	45	6	500	25	5.5	0.0
D / 1.7	14.0	1.03	7.38	2	0	99	0	1	59.0	140.8	-12.9	36	6	500	25	0.0	0.0
D / 1.7	14.1	1.03	8.06	91	0	99	0	1	59.0	N/A	N/A	46	6	100,000	150,000	0.0	0.0
C+ / 6.7	12.4	1.49	90.92	2,257	0	98	0	2	11.6	134.6	-10.3	15	19	1,500	50	0.0	2.0
B / 8.9	6.0	1.29	13.49	53	3	64	31	2	47.2	73.7	-4.1	56	N/A	2,500	50	5.5	2.0
B / 8.9	6.0	1.28	13.35	16	3	64	31	2	47.2	68.2	-4.3	45	N/A	2,500	50	0.0	2.0
B / 8.9	6.0	1.28	13.40	18	3	64	31	2	47.2	68.2	-4.3	44	N/A	2,500	50	0.0	2.0
B / 8.9	6.0	1.29	13.41	12	3	64	31	2	47.2	73.6	-4.2	56	N/A	0	0	0.0	2.0
B+ / 9.0	6.0	1.27	13.41	36	3	64	31	2	47.2	75.5	-4.1	60	N/A	1,000,000	0	0.0	2.0
C / 4.4	19.3	0.94	21.37	43	0	99	0	1	25.5	237.0	1.3	66	N/A	2,500	50	5.5	2.0
C / 4.4	19.2	0.94	20.36	39	0	99	0	1	25.5	227.3	1.0	57	N/A	2,500	50	0.0	2.0
C / 4.4	19.3	0.94	20.37	22	0	99	0	1	25.5	227.5	1.0	56	N/A	2,500	50	0.0	2.0
D / 1.8	19.2	0.94	21.70	1	0	99	0	1	25.5	241.3	1.3	70	N/A	1,000,000	0	0.0	2.0
C- / 3.7	16.1	1.78	4.49	75	1	98	0	1	140.9	61.1	-11.4	1	N/A	2,500	50	5.5	2.0
C- / 3.6	16.1	1.79	4.24	13	1	98	0	1	140.9	56.0	-11.7	0	N/A	2,500	50	0.0	2.0
C- / 3.6	16.0	1.78	3.83	23	1	98	0	1	140.9	56.5	-11.8	0	N/A	2,500	50	0.0	2.0
C- / 3.8	15.9	1.78	4.97	1	1	98	0	1	140.9	63.4	-11.6	1	N/A	1,000,000	0	0.0	2.0
C+ / 6.3	11.5	0.94	26.75	68	0	99	0	1	36.6	109.5	-11.4	7	N/A	2,500	50	5.5	2.0
C+ / 6.3	11.4	0.94	24.74	21	0	99	0	1	36.6	103.0	-11.5	6	N/A	2,500	50	0.0	2.0
C+ / 6.3	11.5	0.94	24.71	26	0	99	0	1	36.6	102.9	-11.5	6	N/A	2,500	50	0.0	2.0
B- / 7.0	11.5	0.94	26.71	N/A	0	99	0	1	36.6	109.5	-11.4	7	N/A	0	0	0.0	2.0
C+ / 6.3	11.5	0.94	27.43	13	0	99	0	1	36.6	111.7	-11.3	8	N/A	1,000,000	0	0.0	2.0
B- / 7.7	7.4	1.00	31.24	506	3	96	0	1	2.8	91.4	-9.9	44	N/A	2,500	50	2.5	2.0
B- / 7.7	7.3	1.00	31.25	71	3	96	0	1	2.8	89.3	-9.9	40	N/A	2,500	50	0.0	2.0
C+ / 6.3	7.3	1.00	31.22	216	3	96	0	1	2.8	91.4	-9.9	44	N/A	0	0	0.0	2.0
B- / 7.7	7.3	1.00	31.30	82	3	96	0	1	2.8	93.5	-9.8	48	N/A	1,000,000	0	0.0	2.0
C+ / 6.0	10.4	1.00	11.86	61	1	98	0	1	5.0	129.6	-9.3	44	N/A	0	0	0.0	2.0
C+ / 6.0	10.5	1.00	13.68	28	1	98	0	1	5.0	132.4	-9.3	46	9	1,000,000	0	0.0	2.0
C+ / 5.8	12.5	0.93	17.96	108	0	99	0	1	8.0	141.2	-9.8	65	N/A	0	0	0.0	2.0

www.thestreet.com/ratings

Data as of June 30, 2007

I. Index of Stock Mutual Funds

Summer 2007

99 Pct = Best
0 Pct = Worst

Fund Type	Fund Name	Ticker Symbol	Overall Investment Rating	Phone	Performance Rating/Pts	3 Mo	6 Mo	1Yr / Pct	3Yr / Pct	5Yr / Pct	Dividend Yield	Expense Ratio
FO	Munder International Equity A	MUIAX	A-	(800) 438-5789	B+ / 8.8	6.26	10.97	28.48 /90	22.80 /91	18.04 /88	1.10	1.53
FO	● Munder International Equity B	MUIEX	A	(800) 438-5789	B+ / 8.9	6.04	10.52	27.50 /89	21.87 /89	17.15 /85	0.55	2.29
FO	Munder International Equity C	MUICX	A	(800) 438-5789	B+ / 8.9	6.03	10.51	27.51 /89	21.88 /89	17.15 /85	0.54	2.28
FO	Munder International Equity K	MUIKX	B+	(800) 438-5789	A- / 9.1	6.21	10.97	28.50 /91	22.78 /91	18.01 /88	1.16	1.53
FO	Munder International Equity Y	MUIYX	A	(800) 438-5789	A- / 9.1	6.30	11.07	28.81 /91	23.07 /91	18.31 /89	1.36	1.28
TC	Munder Internet Fund A	MNNAX	E-	(800) 438-5789	D+ / 2.4	9.80	12.92	21.41 /69	8.12 /15	16.98 /85	0.00	2.18
TC	● Munder Internet Fund B	MNNBX	E	(800) 438-5789	D+ / 2.8	9.61	12.49	20.47 /63	7.32 /11	16.12 /82	0.00	2.95
TC	Munder Internet Fund C	MNNCX	E	(800) 438-5789	D+ / 2.7	9.61	12.48	20.46 /63	7.31 /10	16.17 /82	0.00	2.94
TC	Munder Internet Fund K	MNNKX	E-	(800) 438-5789	C- / 3.3	9.70	12.83	21.24 /68	8.09 /15	17.03 /85	0.00	2.20
TC	Munder Internet Fund Y	MNNYX	E	(800) 438-5789	C- / 3.6	9.84	13.05	21.64 /71	8.38 /17	17.34 /86	0.00	1.93
GR	Munder Large Cap Core Growth A	MUSAX	C-	(800) 438-5789	D+ / 2.3	6.72	8.50	17.96 /45	10.35 /31	9.27 /26	0.00	1.48
GR	● Munder Large Cap Core Growth B	MUSGX	C-	(800) 438-5789	D+ / 2.7	6.46	8.03	17.04 /38	9.48 /24	8.45 /18	0.00	2.23
GR	Munder Large Cap Core Growth C	MUSCX	C-	(800) 438-5789	D+ / 2.7	6.47	8.03	17.12 /39	9.50 /24	8.45 /18	0.00	2.23
GR	Munder Large Cap Core Growth K	MUSKX	C	(800) 438-5789	C- / 3.4	6.70	8.47	17.98 /45	10.34 /31	9.28 /26	0.00	1.46
GR	Munder Large Cap Core Growth Y	MUSYX	C	(800) 438-5789	C- / 3.6	6.74	8.57	18.31 /47	10.61 /33	9.54 /28	0.00	1.23
GI	Munder Large Cap Value A	MUGAX	C+	(800) 438-5789	C / 4.6	5.71	6.25	19.84 /59	14.32 /64	11.83 /52	0.76	1.43
GI	● Munder Large Cap Value B	MUGBX	B-	(800) 438-5789	C / 5.1	5.60	5.86	18.94 /52	13.47 /58	11.00 /43	0.26	2.18
GI	Munder Large Cap Value C	MUGCX	B-	(800) 438-5789	C / 5.1	5.60	5.93	18.95 /52	13.48 /58	11.01 /43	0.26	2.18
GI	Munder Large Cap Value Y	MUGYX	B	(800) 438-5789	C+ / 6.1	5.83	6.43	20.16 /61	14.61 /66	12.12 /55	1.02	1.18
SC	Munder Micro-Cap Equity A	MMEAX	D	(800) 438-5789	D+ / 2.8	7.93	6.77	8.31 / 4	13.67 /60	15.43 /78	0.41	1.65
SC	● Munder Micro-Cap Equity B	MMEBX	D	(800) 438-5789	C- / 3.2	7.68	6.34	7.45 / 3	12.81 /52	14.56 /73	0.00	2.40
SC	Munder Micro-Cap Equity C	MMECX	D	(800) 438-5789	C- / 3.2	7.68	6.34	7.45 / 3	12.80 /52	14.57 /73	0.00	2.40
SC	Munder Micro-Cap Equity K	MMEKX	C-	(800) 438-5789	C- / 3.9	7.88	6.74	8.28 / 4	13.66 /60	15.43 /78	0.43	1.65
SC	Munder Micro-Cap Equity Y	MMEYX	C-	(800) 438-5789	C- / 4.2	7.98	6.89	8.56 / 5	13.93 /62	15.71 /80	0.64	1.40
MC	Munder MidCap Core Growth A	MGOAX	B	(800) 438-5789	B / 8.0	11.35	17.06	23.10 /77	17.31 /79	17.30 /86	0.13	1.29
MC	● Munder MidCap Core Growth B	MGROX	B	(800) 438-5789	B / 8.2	11.15	16.64	22.16 /73	16.45 /76	16.43 /83	0.00	2.04
MC	Munder MidCap Core Growth C	MGOTX	B	(800) 438-5789	B / 8.2	11.17	16.65	22.16 /73	16.45 /76	16.42 /83	0.00	2.04
MC	Munder MidCap Core Growth K	MGOKX	B-	(800) 438-5789	B+ / 8.4	11.36	17.07	23.11 /77	17.32 /79	--	0.14	1.28
MC	Munder MidCap Core Growth R	MMSRX	U	(800) 438-5789	U /	11.31	16.95	22.77 /76	--	--	0.00	1.55
MC	Munder MidCap Core Growth Y	MGOYX	B+	(800) 438-5789	B+ / 8.5	11.42	17.24	23.43 /79	17.61 /79	17.61 /87	0.29	1.05
RE	Munder Real Estate Equity A	MURAX	D-	(800) 438-5789	C- / 3.6	-9.61	-9.61	7.90 / 4	18.17 /81	17.41 /86	2.03	1.48
RE	● Munder Real Estate Equity B	MURBX	D-	(800) 438-5789	C- / 4.0	-9.72	-9.89	7.18 / 3	17.30 /79	16.54 /83	1.41	2.23
RE	Munder Real Estate Equity C	MURCX	D-	(800) 438-5789	C- / 4.1	-9.73	-9.90	7.17 / 3	17.30 /79	16.53 /83	1.40	2.23
RE	Munder Real Estate Equity Y	MURYX	D	(800) 438-5789	C / 5.2	-9.54	-9.49	8.21 / 4	18.47 /82	17.70 /87	2.37	1.23
SC	Munder Small Cap Value A	MNVAX	D	(800) 438-5789	D+ / 2.7	5.90	5.75	9.26 / 6	13.62 /59	15.09 /77	0.65	1.34
SC	● Munder Small Cap Value B	MCVBX	D	(800) 438-5789	C- / 3.1	5.68	5.38	8.42 / 5	12.77 /52	14.23 /71	0.21	2.09
SC	Munder Small Cap Value C	MCVCX	D+	(800) 438-5789	C- / 3.1	5.70	5.36	8.45 / 5	12.77 /52	14.23 /71	0.21	2.09
SC	Munder Small Cap Value K	MCVKX	C	(800) 438-5789	C- / 3.8	5.87	5.76	9.24 / 6	13.61 /59	15.09 /77	0.69	1.34
SC	Munder Small Cap Value Y	MCVYX	C-	(800) 438-5789	C- / 4.1	5.96	5.89	9.54 / 7	13.91 /61	15.37 /78	0.91	1.09
GI	Mutual Beacon A	TEBIX	B	(800) 342-5236	B- / 7.2	5.16	9.47	23.87 /80	16.77 /77	14.12 /70	1.14	1.15
GI	● Mutual Beacon B	TEBBX	B	(800) 342-5236	B- / 7.5	5.00	9.09	23.00 /77	16.01 /74	13.38 /65	0.60	1.85
GI	Mutual Beacon C	TEMEX	B	(800) 342-5236	B- / 7.5	5.04	9.13	23.06 /77	16.01 /74	13.38 /65	0.62	1.85
★ GI	Mutual Beacon Z	BEGRX	B+	(800) 321-8563	B / 7.9	5.26	9.61	24.24 /81	17.16 /78	14.50 /73	1.43	0.85
GL	Mutual Discovery A	TEDIX	A+	(800) 342-5236	B+ / 8.9	7.39	12.74	28.27 /90	22.29 /90	17.59 /87	1.26	1.36
GL	● Mutual Discovery B	TEDBX	A+	(800) 342-5236	A- / 9.0	7.20	12.35	27.39 /89	21.49 /88	16.82 /84	0.76	2.05
GL	Mutual Discovery C	TEDSX	A+	(800) 342-5236	A- / 9.0	7.18	12.38	27.39 /89	21.47 /88	16.82 /84	0.82	2.05
GL	Mutual Discovery R	TEDRX	A+	(800) 342-5236	A- / 9.1	7.31	12.61	27.97 /90	22.08 /89	17.39 /86	1.21	1.55
★ GL	Mutual Discovery Z	MDISX	A+	(800) 321-8563	A- / 9.2	7.46	12.89	28.65 /91	22.69 /90	17.98 /88	1.54	1.05
FO	Mutual European A	TEMIX	A+	(800) 342-5236	A / 9.4	9.17	16.62	35.80 /96	25.91 /94	19.32 /91	1.84	1.34
FO	● Mutual European B	TEUBX	A+	(800) 342-5236	A / 9.5	8.97	16.21	34.84 /96	25.08 /93	18.52 /89	1.41	2.05
FO	Mutual European C	TEURX	A+	(800) 342-5236	A / 9.5	8.98	16.20	34.89 /96	25.07 /93	18.53 /89	1.39	2.05
FO	Mutual European Z	MEURX	A+	(800) 321-8563	A / 9.5	9.23	16.73	36.14 /96	26.30 /94	19.70 /91	2.13	1.05

● Denotes fund is closed to new investors
★ Denotes fund is included in Section II

www.thestreet.com/ratings

Summer 2007

I. Index of Stock Mutual Funds

RISK			NET ASSETS		ASSET					BULL / BEAR		FUND MANAGER		MINIMUMS		LOADS	
	3 Year		NAV						Portfolio	Last Bull	Last Bear	Manager	Manager	Initial	Additional	Front	Back
Risk	Standard		As of	Total	Cash	Stocks	Bonds	Other	Turnover	Market	Market	Quality	Tenure	Purch.	Purch.	End	End
Rating/Pts	Deviation	Beta	6/30/07	$(Mil)	%	%	%	%	Ratio	Return	Return	Pct	(Years)	$	$	Load	Load
C+ / 6.9	9.4	1.01	22.06	21	0	100	0	0	43.0	180.9	-8.6	51	15	2,500	50	5.5	2.0
C+ / 6.9	9.4	1.01	21.23	6	0	100	0	0	43.0	171.8	-8.8	40	15	2,500	50	0.0	2.0
C+ / 6.9	9.4	1.01	21.45	7	0	100	0	0	43.0	171.9	-8.8	40	15	2,500	50	0.0	2.0
C+ / 5.8	9.5	1.01	22.05	66	0	100	0	0	43.0	180.4	-8.6	50	15	0	0	0.0	2.0
C+ / 6.9	9.5	1.01	22.28	149	0	100	0	0	43.0	183.6	-8.6	55	15	1,000,000	0	0.0	2.0
D+ / 2.4	20.7	1.95	23.42	402	2	97	0	1	66.8	135.4	-14.0	1	N/A	2,500	50	5.5	2.0
D+ / 2.4	20.7	1.95	21.89	36	2	97	0	1	66.8	128.0	-14.1	1	N/A	2,500	50	0.0	2.0
D+ / 2.4	20.7	1.95	21.90	84	2	97	0	1	66.8	128.1	-14.2	1	N/A	2,500	50	0.0	2.0
D- / 1.1	20.7	1.95	23.40	N/A	2	97	0	1	66.8	135.1	-14.0	1	N/A	0	0	0.0	2.0
D+ / 2.4	20.7	1.95	24.00	7	2	97	0	1	66.8	137.9	-13.9	2	N/A	1,000,000	0	0.0	2.0
B / 8.0	8.3	1.08	18.26	27	0	99	0	1	50.0	87.8	-9.7	30	N/A	2,500	50	5.5	2.0
B / 8.0	8.3	1.08	16.14	3	0	99	0	1	50.0	81.9	-9.9	24	N/A	2,500	50	0.0	2.0
B / 8.0	8.3	1.08	16.28	4	0	99	0	1	50.0	82.1	-9.9	24	N/A	2,500	50	0.0	2.0
B / 8.1	8.3	1.08	18.31	47	0	99	0	1	50.0	87.9	-9.7	30	N/A	0	0	0.0	2.0
B / 8.0	8.3	1.08	19.00	44	0	99	0	1	50.0	89.8	-9.7	33	N/A	1,000,000	0	0.0	2.0
B / 8.4	7.1	0.92	17.28	18	0	99	0	1	46.8	115.4	-8.0	86	N/A	2,500	50	5.5	2.0
B / 8.4	7.1	0.92	16.86	4	0	99	0	1	46.8	108.8	-8.1	80	N/A	2,500	50	0.0	2.0
B / 8.4	7.1	0.92	16.85	4	0	99	0	1	46.8	108.8	-8.2	80	N/A	2,500	50	0.0	2.0
B / 8.4	7.1	0.92	17.32	74	0	99	0	1	46.8	117.8	-7.9	87	N/A	1,000,000	0	0.0	2.0
C+ / 6.2	13.1	0.90	47.80	315	1	98	0	1	25.6	172.4	-5.3	69	N/A	2,500	50	5.5	2.0
C+ / 6.2	13.1	0.90	44.30	42	1	98	0	1	25.6	163.8	-5.5	59	N/A	2,500	50	0.0	2.0
C+ / 6.2	13.1	0.90	44.31	82	1	98	0	1	25.6	163.9	-5.6	59	N/A	2,500	50	0.0	2.0
B- / 7.1	13.1	0.90	47.80	10	1	98	0	1	25.6	172.5	-5.4	69	N/A	0	0	0.0	2.0
C+ / 6.2	13.2	0.90	48.87	30	1	98	0	1	25.6	175.3	-5.3	72	N/A	1,000,000	0	0.0	2.0
C+ / 6.4	11.7	1.05	29.43	1,838	1	98	0	1	52.1	149.9	-6.0	71	N/A	2,500	50	5.5	2.0
C+ / 6.4	11.7	1.05	28.11	69	1	98	0	1	52.1	142.1	-6.2	62	N/A	2,500	50	0.0	2.0
C+ / 6.4	11.7	1.05	28.17	441	1	98	0	1	52.1	142.0	-6.1	62	N/A	2,500	50	0.0	2.0
C / 5.3	11.7	1.05	29.42	103	1	98	0	1	52.1	149.8	N/A	72	N/A	0	0	0.0	2.0
U /	N/A	N/A	29.33	39	1	98	0	1	52.1	N/A	N/A	N/A	N/A	0	0	0.0	2.0
C+ / 6.4	11.7	1.05	29.85	1,309	1	98	0	1	52.1	152.7	-5.9	74	N/A	1,000,000	0	0.0	2.0
C / 4.3	14.7	0.99	21.74	11	0	100	0	0	29.9	167.9	0.9	47	N/A	2,500	50	5.5	2.0
C / 4.3	14.6	0.99	21.68	3	0	100	0	0	29.9	159.8	0.7	37	N/A	2,500	50	0.0	2.0
C / 4.3	14.6	0.99	21.84	3	0	100	0	0	29.9	159.6	0.7	37	N/A	2,500	50	0.0	2.0
C / 4.3	14.6	0.99	21.76	61	0	100	0	0	29.9	171.0	0.9	51	N/A	1,000,000	0	0.0	2.0
C+ / 6.5	12.3	0.85	30.89	446	2	97	0	1	31.2	153.1	-1.7	74	N/A	2,500	50	5.5	2.0
C+ / 6.4	12.3	0.85	29.57	51	2	97	0	1	31.2	145.2	-1.9	64	N/A	2,500	50	0.0	2.0
C+ / 6.4	12.3	0.85	29.47	174	2	97	0	1	31.2	145.1	-1.9	64	N/A	2,500	50	0.0	2.0
B- / 7.4	12.3	0.85	30.85	46	2	97	0	1	31.2	153.2	-1.7	73	N/A	0	0	0.0	2.0
C+ / 6.5	12.3	0.85	31.11	368	2	97	0	1	31.2	155.8	-1.7	76	N/A	1,000,000	0	0.0	2.0
B- / 7.1	6.1	0.72	18.02	2,810	6	90	2	2	40.7	121.0	-3.9	97	2	1,000	50	5.8	0.0
B- / 7.2	6.2	0.72	17.50	203	6	90	2	2	40.7	114.8	-4.1	96	2	1,000	50	0.0	0.0
B- / 7.2	6.2	0.72	17.81	948	6	90	2	2	40.7	114.9	-4.1	96	2	1,000	50	0.0	0.0
B- / 7.1	6.2	0.72	18.15	4,309	6	90	2	2	40.7	124.1	-3.9	97	2	1,000	50	0.0	0.0
B / 8.2	7.2	0.67	33.95	8,289	4	92	2	2	22.3	161.4	-5.2	94	2	1,000	50	5.8	0.0
B / 8.2	7.3	0.67	33.19	298	4	92	2	2	22.3	154.3	-5.4	93	2	1,000	50	0.0	0.0
B / 8.2	7.2	0.67	33.61	2,917	4	92	2	2	22.3	154.2	-5.3	93	2	1,000	50	0.0	0.0
B / 8.2	7.2	0.67	33.68	248	4	92	2	2	22.3	159.7	-5.2	94	2	1,000	50	0.0	0.0
B / 8.2	7.2	0.67	34.34	4,560	4	92	2	2	22.3	165.3	-5.1	95	2	1,000	50	0.0	0.0
B- / 7.6	8.0	0.73	28.18	1,221	6	92	2	0	37.7	195.4	-6.8	97	3	1,000	50	5.8	0.0
B- / 7.6	8.0	0.73	27.47	70	6	92	2	0	37.7	187.2	-7.0	96	3	1,000	50	0.0	0.0
B- / 7.6	8.0	0.72	28.07	373	6	92	2	0	37.7	187.0	-6.9	97	3	1,000	50	0.0	0.0
B- / 7.6	8.0	0.73	28.67	1,285	6	92	2	0	37.7	199.5	-6.7	98	3	1,000	50	0.0	0.0

www.thestreet.com/ratings

Data as of June 30, 2007

I. Index of Stock Mutual Funds

Summer 2007

					PERFORMANCE						Incl. in Returns	
	99 Pct = Best 0 Pct = Worst			Overall	Perfor-	Total Return % through 6/30/07						
				Investment	mance				Annualized		Dividend	Expense
Fund Type	Fund Name	Ticker Symbol		Rating	Phone	Rating/Pts	3 Mo	6 Mo	1Yr / Pct	3Yr / Pct	5Yr / Pct	Yield	Ratio
FS	Mutual Financial Svcs A	TFSIX	C+	(800) 342-5236	C+ / 6.2	2.00	5.52	19.78 /58	17.12 /78	14.52 /73	1.84	1.39
FS	● Mutual Financial Svcs B	TBFSX	C+	(800) 342-5236	C+ / 6.7	1.82	5.18	19.00 /52	16.32 /75	13.77 /68	1.34	2.08
FS	Mutual Financial Svcs C	TMFSX	C+	(800) 342-5236	C+ / 6.6	1.79	5.15	18.93 /52	16.32 /75	13.75 /68	1.37	2.08
FS	Mutual Financial Svcs Z	TEFAX	B	(800) 321-8563	B- / 7.3	2.03	5.64	20.11 /61	17.46 /79	14.89 /75	2.20	1.08
GI	Mutual Qualified A	TEQIX	A+	(800) 342-5236	B / 8.0	6.44	11.97	25.07 /83	18.55 /82	14.90 /75	1.28	1.15
GI	● Mutual Qualified B	TEBQX	A+	(800) 342-5236	B / 8.2	6.26	11.59	24.24 /81	17.78 /80	14.14 /71	0.77	1.82
GI	Mutual Qualified C	TEMQX	A+	(800) 342-5236	B / 8.2	6.28	11.60	24.21 /81	17.78 /80	14.14 /71	0.82	1.83
★ GI	Mutual Qualified Z	MQIFX	A+	(800) 321-8563	B+ / 8.5	6.56	12.16	25.48 /84	18.96 /83	15.28 /78	1.60	0.83
GR	Mutual Recovery A	FMRAX	B	(800) 342-5236	C+ / 6.8	4.69	11.28	23.46 /79	15.82 /73	--	0.80	3.53
GR	Mutual Recovery Adv	FMRVX	A+	(800) 321-8563	B / 7.7	4.70	11.46	23.92 /80	16.22 /75	--	0.90	3.18
GR	● Mutual Recovery B		A	(800) 342-5236	B- / 7.2	4.47	10.92	22.70 /76	15.10 /69	--	0.71	4.18
GR	Mutual Recovery C	FCMRX	A	(800) 342-5236	B- / 7.2	4.50	10.96	22.74 /76	15.11 /69	--	0.74	4.18
GI	Mutual Shares A	TESIX	B	(800) 342-5236	C+ / 6.7	6.04	9.31	22.49 /75	15.95 /74	13.37 /65	1.03	1.18
GI	● Mutual Shares B	FMUBX	A	(800) 342-5236	B- / 7.1	5.85	8.94	21.67 /71	15.21 /70	12.62 /59	0.50	1.84
GI	Mutual Shares C	TEMTX	A-	(800) 342-5236	B- / 7.1	5.83	8.97	21.69 /71	15.20 /70	12.63 /59	0.56	1.84
GI	Mutual Shares R	TESRX	A	(800) 342-5236	B- / 7.4	5.99	9.23	22.33 /74	15.79 /73	13.19 /63	0.99	1.34
★ GI	Mutual Shares Z	MUTHX	A+	(800) 321-8563	B / 7.7	6.13	9.50	22.92 /77	16.37 /76	13.76 /68	1.34	0.84
GR	MUTUALS.com GenWave Growth	GWGFX	C	(800) 688-8257	C- / 3.5	4.87	5.95	15.77 /30	11.59 /42	11.38 /47	1.32	1.61
GR	MUTUALS.com Vice Fund	VICEX	B+	(800) 688-8257	B / 7.6	5.60	7.98	22.18 /73	17.13 /78	--	0.29	1.93
RE	Nations Mort & Asset Backed Port	NMTGX	E+	(800) 321-7854	E- / 0.2	-0.63	0.90	6.41 / 2	4.31 / 2	--	5.49	N/A
FO	Nationwide China Opport A	GOPAX	A+	(888) 366-0404	A+ / 9.9	25.32	34.88	81.60 /99	41.72 /99	--	0.20	2.15
FO	Nationwide China Opport B	GOPBX	B	(888) 366-0404	A+ / 9.9	25.10	34.39	80.17 /99	40.71 /99	--	0.02	2.90
FO	Nationwide China Opport C	GOPCX	B	(888) 366-0404	A+ / 9.9	25.10	34.39	80.29 /99	40.67 /99	--	0.01	2.90
FO	Nationwide China Opport Inst	GOPIX	A+	(888) 366-0404	A+ / 9.9	25.46	35.06	82.00 /99	42.11 /99	--	0.30	1.90
FO	Nationwide China Opport Instl-Svc	GOPSX	A+	(888) 366-0404	A+ / 9.9	25.46	35.08	82.03 /99	42.01 /99	--	0.30	1.90
FO	Nationwide China Opport R	GOPRX	B	(888) 366-0404	A+ / 9.9	25.27	34.65	80.86 /99	41.26 /99	--	0.03	2.60
EM	Nationwide Emerging Markets A	GEGAX	B-	(888) 366-0404	A+ / 9.8	18.60	20.48	52.69 /99	37.83 /98	30.76 /98	0.25	1.65
EM	Nationwide Emerging Markets B	GEGBX	B-	(888) 366-0404	A+ / 9.8	18.43	20.11	51.80 /99	36.94 /98	29.89 /98	0.08	2.31
EM	Nationwide Emerging Markets C	GEGCX	B-	(888) 366-0404	A+ / 9.8	18.44	20.08	51.78 /99	36.92 /98	29.89 /98	0.07	2.31
EM	Nationwide Emerging Markets Inst	GEGIX	B	(888) 366-0404	A+ / 9.9	18.68	20.65	53.23 /99	38.29 /98	31.17 /99	0.45	1.31
EM	Nationwide Emerging Markets IS	GEGSX	B-	(888) 366-0404	A+ / 9.9	18.68	20.65	53.23 /99	38.29 /98	31.17 /99	0.45	1.34
EM	Nationwide Emerging Markets R	GEMRX	B-	(888) 366-0404	A+ / 9.8	18.55	20.35	52.39 /99	37.66 /98	30.35 /98	0.20	2.01
GI	Nationwide Fund A	NWFAX	D	(888) 366-0404	C- / 3.3	6.35	7.76	19.70 /57	12.04 /46	9.83 /31	0.76	1.04
GI	Nationwide Fund B	NWFBX	D	(888) 366-0404	C- / 3.8	6.12	7.33	18.70 /50	11.24 /38	9.07 /24	0.15	1.76
GI	Nationwide Fund C	GTRCX	D	(888) 366-0404	C- / 3.9	6.19	7.35	18.79 /51	11.26 /38	9.07 /24	0.15	1.76
GI	Nationwide Fund D	MUIFX	D	(888) 366-0404	C- / 3.8	6.37	7.83	19.86 /59	12.29 /48	10.10 /34	0.94	0.80
GI	Nationwide Fund Inst	GNWIX	B-	(888) 366-0404	C / 5.0	6.43	7.90	20.08 /60	12.41 /49	10.16 /34	1.02	0.76
GI	Nationwide Fund R	GNWRX	D+	(888) 366-0404	C / 4.3	6.23	7.52	18.95 /52	11.88 /44	9.76 /30	0.41	1.46
EN	Nationwide Glb Natural Res A	GGNAX	B-	(888) 366-0404	A+ / 9.8	15.63	21.64	27.71 /89	42.95 /99	--	0.00	1.38
EN	Nationwide Glb Natural Res B	GGNBX	C	(888) 366-0404	A+ / 9.8	15.42	21.16	26.76 /87	41.85 /99	--	0.00	2.12
EN	Nationwide Glb Natural Res C	GGNCX	C	(888) 366-0404	A+ / 9.8	15.46	21.20	26.74 /87	41.89 /99	--	0.00	2.12
EN	Nationwide Glb Natural Res I	GGNIX	C	(888) 366-0404	A+ / 9.9	15.73	21.77	28.03 /90	43.30 /99	--	0.01	1.12
EN	Nationwide Glb Natural Res IS	GGNSX	C	(888) 366-0404	A+ / 9.9	15.75	21.80	28.00 /90	43.23 /99	--	0.01	1.12
EN	Nationwide Glb Natural Res R	GGNRX	C	(888) 366-0404	A+ / 9.8	15.56	21.42	27.22 /88	42.47 /99	--	0.00	1.85
HL	Nationwide Glbl Health Sci A	GLSAX	E	(888) 366-0404	E+ / 0.6	4.97	6.96	15.08 /26	6.33 / 7	10.25 /36	0.00	1.61
HL	Nationwide Glbl Health Sci B	GLSBX	E	(888) 366-0404	E+ / 0.8	4.73	6.61	14.27 /22	5.63 / 5	9.51 /28	0.00	2.27
HL	Nationwide Glbl Health Sci C	GMSCX	E+	(888) 366-0404	E+ / 0.8	4.82	6.70	14.37 /23	5.62 / 5	9.53 /28	0.00	2.27
HL	Nationwide Glbl Health Sci Inst	GGHIX	D	(888) 366-0404	D- / 1.1	5.13	7.18	15.47 /29	6.69 / 8	10.58 /39	0.00	1.27
HL	Nationwide Glbl Health Sci IS	GLSIX	E+	(888) 366-0404	D- / 1.1	5.06	7.21	15.55 /29	6.56 / 8	10.50 /39	0.00	1.43
HL	Nationwide Glbl Health Sci R	GGHRX	E+	(888) 366-0404	E+ / 0.9	4.93	6.88	14.66 /24	6.20 / 6	9.89 /32	0.00	1.97
TC	Nationwide Glob Tech & Comm A	GAGTX	D	(888) 366-0404	C / 4.3	9.40	13.19	32.52 /95	9.16 /22	10.24 /36	0.00	2.00
TC	Nationwide Glob Tech & Comm B	GBGTX	D+	(888) 366-0404	C / 5.0	9.16	12.86	31.73 /94	8.41 /17	9.50 /28	0.00	2.72

● Denotes fund is closed to new investors
★ Denotes fund is included in Section II

www.thestreet.com/ratings

Summer 2007

I. Index of Stock Mutual Funds

RISK			NET ASSETS		ASSET				Portfolio Turnover Ratio	BULL / BEAR		FUND MANAGER		MINIMUMS		LOADS	
Risk Rating/Pts	3 Year		NAV As of 6/30/07	Total $(Mil)	Cash %	Stocks %	Bonds %	Other %		Last Bull Market Return	Last Bear Market Return	Manager Quality Pct	Manager Tenure (Years)	Initial Purch. $	Additional Purch. $	Front End Load	Back End Load
	Standard Deviation	Beta															
C+ / 6.9	8.5	0.76	23.35	615	10	88	0	2	62.7	129.6	-3.6	97	3	1,000	50	5.8	0.0
C+ / 6.9	8.5	0.77	22.73	45	10	88	0	2	62.7	123.2	-3.7	96	3	1,000	50	0.0	0.0
C+ / 6.9	8.5	0.77	23.13	243	10	88	0	2	62.7	123.2	-3.8	96	3	1,000	50	0.0	0.0
C+ / 6.8	8.4	0.77	23.36	227	10	88	0	2	62.7	132.8	-3.5	97	3	1,000	50	0.0	0.0
B / 8.2	6.5	0.76	24.27	1,278	6	88	4	2	23.6	130.1	-4.2	98	7	1,000	50	5.8	0.0
B / 8.3	6.5	0.77	23.71	78	6	88	4	2	23.6	124.0	-4.4	97	7	1,000	50	0.0	0.0
B / 8.3	6.5	0.77	24.00	514	6	88	4	2	23.6	124.0	-4.4	97	7	1,000	50	0.0	0.0
B / 8.2	6.5	0.76	24.44	4,679	6	88	4	2	23.6	133.6	-4.2	98	7	1,000	50	0.0	0.0
B / 8.8	6.1	0.60	15.32	272	20	74	6	0	85.6	N/A	N/A	97	4	10,000	1,000	5.8	0.0
B / 8.8	6.1	0.60	15.47	158	20	74	6	0	85.6	N/A	N/A	97	4	10,000	50	0.0	0.0
B / 8.8	6.1	0.60	15.05	5	20	74	6	0	85.6	N/A	N/A	96	4	10,000	1,000	0.0	0.0
B / 8.8	6.0	0.60	15.05	106	20	74	6	0	85.6	N/A	N/A	96	4	10,000	1,000	0.0	0.0
B / 8.5	6.0	0.74	28.25	8,598	8	88	2	2	33.4	109.7	-3.3	95	14	1,000	50	5.8	0.0
B / 8.6	6.0	0.73	27.57	674	8	88	2	2	33.4	103.8	-3.4	94	14	1,000	50	0.0	0.0
B / 8.6	6.0	0.74	27.87	2,778	8	88	2	2	33.4	104.0	-3.5	94	14	1,000	50	0.0	0.0
B / 8.5	6.0	0.74	28.09	272	8	88	2	2	33.4	108.3	-3.3	95	14	1,000	50	0.0	0.0
B / 8.5	6.0	0.74	28.49	13,019	8	88	2	2	33.4	112.7	-3.2	96	14	1,000	50	0.0	0.0
B- / 7.8	7.8	1.00	13.36	51	9	84	6	1	53.0	106.9	-10.4	53	N/A	4,000	100	0.0	1.0
B- / 7.7	10.4	1.20	21.49	120	3	96	0	1	44.4	167.5	-11.0	87	N/A	4,000	100	0.0	1.0
C+ / 6.9	2.2	0.03	9.78	141	0	0	0	100	N/A	16.7	2.0	56	4	1,000	100	0.0	0.0
B- / 7.0	15.3	1.07	24.39	28	2	98	0	0	97.0	N/A	N/A	99	3	2,000	100	5.8	2.0
C / 4.5	15.3	1.07	24.07	3	2	98	0	0	97.0	N/A	N/A	99	3	2,000	100	0.0	2.0
C / 4.5	15.3	1.07	24.07	13	2	98	0	0	97.0	N/A	N/A	99	3	2,000	100	0.0	2.0
B- / 7.0	15.3	1.07	24.49	13	2	98	0	0	97.0	N/A	N/A	99	3	1,000,000	0	0.0	2.0
B- / 7.0	15.3	1.07	24.44	1	2	98	0	0	97.0	N/A	N/A	99	3	50,000	0	0.0	2.0
C / 4.5	15.3	1.07	24.27	N/A	2	98	0	0	97.0	N/A	N/A	99	3	0	0	0.0	2.0
C- / 3.8	17.9	1.17	21.28	47	0	100	0	0	112.0	311.4	-5.4	7	1	2,000	100	5.8	2.0
C- / 3.7	17.9	1.17	20.37	8	0	100	0	0	112.0	300.4	-5.6	5	1	2,000	100	0.0	2.0
C- / 3.8	17.9	1.17	20.75	10	0	100	0	0	112.0	300.3	-5.7	5	1	2,000	100	0.0	2.0
C / 4.3	17.9	1.17	21.73	12	0	100	0	0	112.0	317.4	-5.3	8	1	1,000,000	0	0.0	2.0
C- / 3.9	17.9	1.17	21.73	3	0	100	0	0	112.0	317.4	-5.3	8	1	50,000	0	0.0	2.0
C- / 3.8	17.9	1.17	20.58	1	0	100	0	0	112.0	307.3	-5.6	6	1	1,000,000	0	0.0	2.0
C / 5.6	8.3	1.10	20.53	121	0	98	0	2	289.0	91.3	-9.3	48	1	2,000	100	5.8	2.0
C / 5.4	8.3	1.10	19.76	18	0	98	0	2	289.0	85.8	-9.4	38	1	2,000	100	0.0	2.0
C / 5.4	8.2	1.10	19.74	1	0	98	0	2	289.0	85.7	-9.4	38	1	2,000	100	0.0	2.0
C / 5.5	8.3	1.10	20.29	1,160	0	98	0	2	289.0	93.3	-9.2	51	1	2,000	100	4.5	2.0
B / 8.8	8.2	1.09	20.32	N/A	0	98	0	2	289.0	93.8	-9.2	53	1	1,000,000	0	0.0	2.0
C / 5.5	8.2	1.09	20.31	N/A	0	98	0	2	289.0	90.5	-9.2	46	1	0	0	0.0	2.0
C- / 3.9	19.6	0.95	22.71	24	2	96	0	2	194.0	N/A	N/A	99	4	2,000	100	5.8	2.0
D / 1.8	19.6	0.95	22.16	2	2	96	0	2	194.0	N/A	N/A	98	4	2,000	100	0.0	2.0
D / 1.8	19.6	0.95	22.18	11	2	96	0	2	194.0	N/A	N/A	98	4	2,000	100	0.0	2.0
D / 1.8	19.6	0.95	22.88	21	2	96	0	2	194.0	N/A	N/A	99	4	1,000,000	0	0.0	2.0
D / 1.7	19.6	0.95	22.85	N/A	2	96	0	2	194.0	N/A	N/A	99	4	50,000	0	0.0	2.0
D / 1.8	19.6	0.95	22.50	2	2	96	0	2	194.0	N/A	N/A	98	4	0	0	0.0	2.0
C+ / 5.9	9.8	0.88	11.83	10	2	98	0	0	213.0	79.7	-4.1	15	1	2,000	100	5.8	2.0
C+ / 5.7	9.8	0.88	11.29	2	2	98	0	0	213.0	75.0	-4.3	12	1	2,000	100	0.0	2.0
C+ / 5.7	9.8	0.88	11.30	1	2	98	0	0	213.0	74.8	-4.3	12	1	2,000	100	0.0	2.0
B- / 7.8	9.8	0.88	12.09	18	2	98	0	0	213.0	82.1	-4.1	17	1	1,000,000	0	0.0	2.0
C+ / 5.9	9.8	0.88	12.04	1	2	98	0	0	213.0	81.4	-4.1	16	1	50,000	0	0.0	2.0
C+ / 5.8	9.8	0.87	11.50	N/A	2	98	0	0	213.0	77.8	-4.3	15	1	0	0	0.0	2.0
C / 4.6	17.1	1.89	4.89	3	8	92	0	0	324.0	92.4	-14.8	2	N/A	2,000	100	5.8	2.0
C / 4.6	17.1	1.89	4.65	2	8	92	0	0	324.0	86.5	-14.8	2	N/A	2,000	100	0.0	2.0

www.thestreet.com/ratings

Data as of June 30, 2007

I. Index of Stock Mutual Funds

Summer 2007

						PERFORMANCE						
	99 Pct = Best			Overall		Perfor-	Total Return % through 6/30/07				Incl. in Returns	
	0 Pct = Worst		Ticker	Investment		mance				Annualized	Dividend	Expense
Fund Type	Fund Name		Symbol	Rating	Phone	Rating/Pts	3 Mo	6 Mo	1Yr / Pct	3Yr / Pct	5Yr / Pct	Yield	Ratio
TC	Nationwide Glob Tech & Comm C	GCGTX	D	(888) 366-0404	C / 4.9	9.09	12.77	31.47 /94	8.35 /16	9.50 /28	0.00	2.72
TC	Nationwide Glob Tech & Comm Inst	GGTIX	D+	(888) 366-0404	C+ / 5.8	9.15	13.09	32.54 /95	9.46 /24	10.55 /39	0.00	1.72
TC	Nationwide Glob Tech & Comm IS	GIGTX	C-	(888) 366-0404	C+ / 6.4	9.52	13.45	34.57 /96	9.83 /27	10.77 /41	0.00	1.92
TC	Nationwide Glob Tech & Comm R	GGTRX	D+	(888) 366-0404	C / 5.4	9.26	12.92	31.85 /94	8.95 /20	9.83 /31	0.00	2.42
FS	Nationwide Global Finan Svc A	GLFAX	C+	(888) 366-0404	C / 4.8	2.91	3.95	16.64 /36	16.44 /76	16.38 /83	0.88	1.52
FS	Nationwide Global Finan Svc B	GLFBX	C+	(888) 366-0404	C / 5.4	2.66	3.53	15.79 /31	15.61 /72	15.53 /79	0.33	2.25
FS	Nationwide Global Finan Svc C	GLFCX	C+	(888) 366-0404	C / 5.4	2.71	3.59	15.88 /31	15.62 /72	15.54 /79	0.34	2.25
FS	Nationwide Global Finan Svc Inst	GLFIX	B+	(888) 366-0404	C+ / 6.3	2.96	4.13	16.99 /38	16.77 /77	16.69 /84	1.17	1.25
FS	Nationwide Global Finan Svc IS	GFISX	B	(888) 366-0404	C+ / 6.3	2.96	4.12	16.99 /38	16.77 /77	16.69 /84	1.17	1.27
FS	Nationwide Global Finan Svc R	GLFRX	B	(888) 366-0404	C+ / 6.1	2.81	3.82	16.19 /33	16.24 /75	15.95 /81	0.52	1.95
UT	Nationwide Global Utilities A	GGUAX	B-	(888) 366-0404	A- / 9.1	4.84	8.94	33.79 /95	24.96 /93	19.06 /90	1.61	1.80
UT	Nationwide Global Utilities B	GGUBX	B-	(888) 366-0404	A- / 9.2	4.74	8.57	32.99 /95	24.07 /92	18.22 /88	1.26	2.55
UT	Nationwide Global Utilities C	GGUCX	B-	(888) 366-0404	A- / 9.2	4.65	8.49	32.92 /95	24.02 /92	18.21 /88	1.28	2.55
UT	Nationwide Global Utilities Inst	GLUIX	A+	(888) 366-0404	A / 9.3	4.96	9.12	34.28 /96	25.30 /93	19.40 /91	1.86	1.55
UT	Nationwide Global Utilities IS	GUISX	B+	(888) 366-0404	A / 9.3	4.96	9.12	34.28 /96	25.30 /93	19.40 /91	1.86	1.55
UT	Nationwide Global Utilities R	GLURX	B-	(888) 366-0404	A- / 9.2	4.81	8.79	33.33 /95	24.65 /93	18.61 /89	1.45	2.25
GR	Nationwide Growth Fund A	NMFAX	D+	(888) 366-0404	D+ / 2.9	8.09	11.59	22.30 /74	9.66 /25	9.08 /24	0.00	1.15
GR	Nationwide Growth Fund B	NMFBX	C-	(888) 366-0404	C- / 3.4	7.89	11.08	21.29 /69	8.92 /20	8.33 /17	0.00	1.80
GR	Nationwide Growth Fund C	GCGRX	C-	(888) 366-0404	C- / 3.5	7.88	11.23	21.45 /70	8.97 /20	8.36 /17	0.00	1.80
GR	Nationwide Growth Fund D	MUIGX	C-	(888) 366-0404	C- / 3.3	8.05	11.61	22.43 /75	9.98 /28	9.39 /27	0.00	0.80
GR	Nationwide Growth Fund Inst	GGFIX	C	(888) 366-0404	C / 4.4	8.19	11.77	22.46 /75	10.00 /28	9.37 /27	0.00	0.80
GR	Nationwide Growth Fund Instl-Svc	GWISX	C	(888) 366-0404	C / 4.4	8.17	11.74	22.58 /75	9.97 /27	9.42 /27	0.00	0.80
GR	Nationwide Growth Fund R	GGFRX	C-	(888) 366-0404	C- / 3.9	8.04	11.36	21.61 /70	9.54 /25	9.02 /23	0.00	1.50
FO	Nationwide Internatl Index A	GIIAX	B+	(888) 366-0404	B+ / 8.6	5.79	10.38	26.28 /86	21.67 /88	16.60 /83	1.86	0.80
FO	Nationwide Internatl Index B	GIIBX	B+	(888) 366-0404	B+ / 8.8	5.63	10.04	25.51 /84	20.95 /87	15.90 /81	1.45	1.41
FO	Nationwide Internatl Index Inst	GIXIX	A-	(888) 366-0404	A- / 9.0	5.87	10.64	26.76 /87	22.17 /89	17.06 /85	2.28	0.41
FO	Nationwide Intl Growth A	GIGAX	A	(888) 366-0404	A+ / 9.6	8.67	14.61	37.53 /96	31.15 /96	21.02 /93	0.16	1.73
FO	Nationwide Intl Growth B	GIGBX	A-	(888) 366-0404	A+ / 9.6	8.49	14.19	36.56 /96	30.18 /96	20.12 /92	0.00	2.44
FO	Nationwide Intl Growth C	GIGCX	A-	(888) 366-0404	A+ / 9.6	8.44	14.19	36.42 /96	30.18 /96	20.14 /92	0.00	2.44
FO	Nationwide Intl Growth Inst	GIGIX	A+	(888) 366-0404	A+ / 9.6	8.74	14.83	37.95 /96	31.50 /96	21.35 /93	0.28	1.44
FO	Nationwide Intl Growth Instl-Svc	GIGSX	A	(888) 366-0404	A+ / 9.6	8.74	14.83	37.94 /96	31.50 /97	21.35 /93	0.28	1.45
FO	Nationwide Intl Growth R	GIRRX	A	(888) 366-0404	A+ / 9.6	8.57	14.45	36.95 /96	30.88 /96	20.54 /93	0.16	2.14
GL	Nationwide Inv Dest Aggressive A	NDAAX	C+	(888) 366-0404	C / 5.4	5.42	8.10	20.26 /62	14.44 /65	12.50 /58	2.12	0.75
GL	Nationwide Inv Dest Aggressive B	NDABX	B-	(888) 366-0404	C+ / 5.9	5.20	7.71	19.41 /55	13.60 /59	11.75 /51	1.76	1.49
GL	Nationwide Inv Dest Aggressive C	NDACX	B-	(888) 366-0404	C+ / 5.9	5.21	7.73	19.44 /56	13.63 /59	11.74 /51	1.76	1.49
GL	Nationwide Inv Dest Aggressive Inst	GAIDX	B	(888) 366-0404	C+ / 6.8	5.54	8.30	20.67 /65	14.82 /68	12.69 /59	2.40	0.49
GL	Nationwide Inv Dest Aggressive R	GAFRX	B	(888) 366-0404	C+ / 6.3	5.33	7.93	19.81 /58	14.25 /64	12.21 /55	2.13	1.19
GL	Nationwide Inv Dest Aggressive Svc	NDASX	B	(888) 366-0404	C+ / 6.4	5.37	8.05	20.08 /60	14.31 /64	12.39 /57	2.14	0.89
GL	Nationwide Inv Dest Cons A	NDCAX	D+	(888) 366-0404	E- / 0.2	1.31	2.77	7.83 / 4	5.39 / 4	5.07 / 2	3.29	0.75
GL	Nationwide Inv Dest Cons B	NDCBX	D+	(888) 366-0404	E- / 0.2	1.12	2.41	7.04 / 3	4.66 / 3	4.33 / 1	2.76	1.49
GL	Nationwide Inv Dest Cons C	NDCCX	D+	(888) 366-0404	E- / 0.2	1.04	2.34	6.97 / 3	4.65 / 3	4.31 / 1	2.78	1.49
GL	Nationwide Inv Dest Cons Inst	GIMCX	C-	(888) 366-0404	E / 0.4	1.27	2.78	7.94 / 4	5.69 / 5	5.22 / 2	3.71	0.49
GL	Nationwide Inv Dest Cons R	GCFRX	D+	(888) 366-0404	E / 0.3	1.17	2.60	7.54 / 3	5.26 / 4	4.77 / 2	3.32	1.19
GL	Nationwide Inv Dest Cons Svc	NDCSX	D+	(888) 366-0404	E / 0.3	1.28	2.71	7.67 / 4	5.27 / 4	4.97 / 2	3.35	0.88
GL	Nationwide Inv Dest Mod Aggr A	NDMAX	C	(888) 366-0404	C- / 3.5	4.58	7.17	17.86 /44	12.62 /51	11.13 /45	2.32	0.75
GL	Nationwide Inv Dest Mod Aggr B	NDMBX	C+	(888) 366-0404	C- / 4.0	4.36	6.72	16.84 /37	11.79 /44	10.29 /36	1.91	1.48
GL	Nationwide Inv Dest Mod Aggr C	NDMCX	C+	(888) 366-0404	C- / 4.1	4.45	6.72	16.94 /38	11.87 /44	10.36 /37	1.91	1.48
GL	Nationwide Inv Dest Mod Aggr Inst	GMIAX	B	(888) 366-0404	C / 5.1	4.65	7.21	18.05 /45	12.89 /53	11.21 /46	2.70	0.48
GL	Nationwide Inv Dest Mod Aggr R	GMARX	C+	(888) 366-0404	C / 4.6	4.51	7.01	17.40 /41	12.45 /49	10.74 /41	2.38	1.18
GL	Nationwide Inv Dest Mod Aggr Svc	NDMSX	C+	(888) 366-0404	C / 4.7	4.55	7.03	17.64 /42	12.51 /50	10.98 /43	2.35	0.88
GL	Nationwide Inv Dest Mod Conserv A	NADCX	D+	(888) 366-0404	E+ / 0.6	2.34	4.23	11.07 /11	7.63 /12	7.07 / 9	2.96	0.76
GL	Nationwide Inv Dest Mod Conserv B	NBDCX	C-	(888) 366-0404	E+ / 0.8	2.15	3.85	10.27 / 8	6.88 / 9	6.33 / 5	2.44	1.48

• Denotes fund is closed to new investors
* Denotes fund is included in Section II

www.thestreet.com/ratings

I. Index of Stock Mutual Funds

Summer 2007

RISK			NET ASSETS		ASSET				Portfolio Turnover Ratio	BULL / BEAR		FUND MANAGER		MINIMUMS		LOADS	
	3 Year		NAV							Last Bull	Last Bear	Manager	Manager	Initial	Additional	Front	Back
Risk	Standard		As of	Total	Cash	Stocks	Bonds	Other		Market	Market	Quality	Tenure	Purch.	Purch.	End	End
Rating/Pts	Deviation	Beta	6/30/07	$(Mil)	%	%	%	%		Return	Return	Pct	(Years)	$	$	Load	Load
C / 4.5	17.1	1.89	4.68	N/A	8	92	0	0	324.0	86.7	-14.7	2	N/A	2,000	100	0.0	2.0
C- / 4.0	17.1	1.89	5.01	15	8	92	0	0	324.0	94.0	-14.3	3	N/A	1,000,000	0	0.0	2.0
C / 4.6	17.1	1.90	5.06	N/A	8	92	0	0	324.0	95.6	-14.3	3	N/A	50,000	0	0.0	2.0
C / 4.5	17.0	1.88	4.72	N/A	8	92	0	0	324.0	89.4	-14.8	2	N/A	0	0	0.0	2.0
B / 8.0	8.3	0.83	16.10	29	2	96	0	2	175.0	153.1	-9.4	95	5	2,000	100	5.8	2.0
B / 8.0	8.2	0.83	15.76	3	2	96	0	2	175.0	145.3	-9.7	94	5	2,000	100	0.0	2.0
B / 8.0	8.2	0.83	15.76	7	2	96	0	2	175.0	145.3	-9.7	94	5	2,000	100	0.0	2.0
B / 8.9	8.2	0.83	16.20	22	2	96	0	2	175.0	155.7	-9.4	96	3	1,000,000	0	0.0	2.0
B / 8.0	8.2	0.83	16.20	2	2	96	0	2	175.0	155.7	-9.4	96	5	50,000	0	0.0	2.0
B / 8.0	8.3	0.83	15.83	N/A	2	96	0	2	175.0	149.6	-9.7	95	4	0	0	0.0	2.0
C / 4.8	8.7	0.43	14.41	12	0	100	0	0	77.0	180.1	-7.7	99	N/A	2,000	100	5.8	2.0
C / 4.8	8.8	0.44	14.17	3	0	100	0	0	77.0	171.5	-7.8	98	N/A	2,000	100	0.0	2.0
C / 4.8	8.7	0.43	14.16	6	0	100	0	0	77.0	171.6	-7.8	99	N/A	2,000	100	0.0	2.0
B / 8.6	8.7	0.43	14.49	8	0	100	0	0	77.0	183.3	-7.6	99	N/A	1,000,000	0	0.0	2.0
C+ / 6.0	8.7	0.43	14.49	2	0	100	0	0	77.0	183.3	-7.6	99	N/A	50,000	0	0.0	2.0
C / 4.8	8.7	0.43	14.23	N/A	0	100	0	0	77.0	175.9	-7.8	99	N/A	0	0	0.0	2.0
B- / 7.1	10.1	1.27	8.28	14	0	98	0	2	309.0	85.4	-10.0	16	7	2,000	100	5.8	2.0
B- / 7.1	10.2	1.29	7.52	4	0	98	0	2	309.0	80.5	-10.1	12	7	2,000	100	0.0	2.0
B- / 7.1	10.2	1.28	7.53	1	0	98	0	2	309.0	80.7	-10.6	12	6	2,000	100	0.0	2.0
B- / 7.2	10.2	1.28	8.46	183	0	98	0	2	309.0	87.9	-9.9	17	7	2,000	100	4.5	2.0
B- / 7.6	10.2	1.28	8.45	N/A	0	98	0	2	309.0	87.7	-9.9	17	3	1,000,000	0	0.0	2.0
B- / 7.1	10.2	1.28	8.47	N/A	0	98	0	2	309.0	88.2	-9.9	17	5	50,000	0	0.0	2.0
B- / 7.1	10.2	1.28	8.33	N/A	0	98	0	2	309.0	84.7	-9.9	15	4	0	0	0.0	2.0
C+ / 6.6	9.2	0.98	11.85	199	0	98	0	2	7.0	176.1	-10.0	44	N/A	2,000	100	5.8	0.0
C+ / 6.6	9.1	0.98	11.66	1	0	98	0	2	7.0	168.8	-10.0	38	N/A	2,000	100	0.0	0.0
C+ / 6.5	9.2	0.98	11.88	2,380	0	98	0	2	7.0	180.8	-9.9	50	N/A	1,000,000	0	0.0	0.0
C+ / 6.2	12.4	1.24	15.91	82	2	98	0	0	171.0	230.4	-9.0	84	N/A	2,000	100	5.8	2.0
C+ / 6.1	12.4	1.24	15.21	10	2	98	0	0	171.0	220.9	-10.5	77	N/A	2,000	100	0.0	2.0
C+ / 6.1	12.4	1.24	15.29	35	2	98	0	0	171.0	220.7	-10.3	77	N/A	2,000	100	0.0	2.0
B- / 7.6	12.4	1.24	16.16	8	2	98	0	0	171.0	234.2	-10.1	85	N/A	1,000,000	0	0.0	2.0
C+ / 6.2	12.4	1.24	16.16	6	2	98	0	0	171.0	234.2	-10.1	85	N/A	50,000	0	0.0	2.0
C+ / 6.1	12.4	1.24	15.38	N/A	2	98	0	0	171.0	226.5	-10.5	81	N/A	0	0	0.0	2.0
B / 8.0	7.9	1.62	11.60	89	0	94	4	2	4.8	119.0	9.3	81	N/A	2,000	100	5.8	0.0
B / 8.0	7.8	1.62	11.46	21	0	94	4	2	4.8	112.8	-9.5	74	N/A	2,000	100	0.0	0.0
B / 8.0	7.8	1.61	11.44	124	0	94	4	2	4.8	112.5	-9.6	75	N/A	2,000	100	0.0	0.0
B / 8.8	7.8	1.61	11.69	33	0	94	4	2	4.8	120.7	-9.3	84	N/A	1,000,000	0	0.0	0.0
B / 8.2	7.8	1.61	11.50	18	0	94	4	2	4.8	117.1	-9.5	80	N/A	0	0	0.0	0.0
B / 8.0	7.9	1.62	11.63	862	0	94	4	2	4.8	118.0	-9.3	80	N/A	50,000	0	0.0	0.0
B+ / 9.4	1.8	0.37	10.37	19	14	20	64	2	36.5	28.3	-0.4	53	N/A	2,000	100	5.8	0.0
B+ / 9.8	1.8	0.37	10.36	4	14	20	64	2	36.5	24.5	-0.6	43	N/A	2,000	100	0.0	0.0
B+ / 9.9	1.8	0.36	10.32	20	14	20	64	2	36.5	24.5	-0.6	43	N/A	2,000	100	0.0	0.0
B+ / 9.9	1.8	0.36	10.42	5	14	20	64	2	36.5	29.4	-0.5	58	N/A	1,000,000	0	0.0	0.0
B+ / 9.8	1.7	0.35	10.37	5	14	20	64	2	36.5	27.2	-0.6	52	N/A	0	0	0.0	0.0
B+ / 9.8	1.8	0.37	10.39	181	14	20	64	2	36.5	27.8	-0.5	51	N/A	50,000	0	0.0	0.0
B / 8.6	6.4	1.35	11.67	109	0	80	20	0	6.7	96.7	-7.4	78	N/A	2,000	100	5.8	0.0
B / 8.5	6.4	1.35	11.50	44	0	80	20	0	6.7	90.5	-7.6	70	N/A	2,000	100	0.0	0.0
B / 8.5	6.4	1.34	11.51	225	0	80	20	0	6.7	90.9	-7.6	71	N/A	2,000	100	0.0	0.0
B+ / 9.3	6.4	1.34	11.66	61	0	80	20	0	6.7	97.6	-7.5	81	N/A	1,000,000	0	0.0	0.0
B / 8.7	6.4	1.35	11.52	34	0	80	20	0	6.7	94.3	-7.6	77	N/A	0	0	0.0	0.0
B / 8.6	6.4	1.35	11.65	1,314	0	80	20	0	6.7	95.9	-7.5	77	N/A	50,000	0	0.0	0.0
B+ / 9.2	3.1	0.69	10.75	29	10	40	50	0	12.6	47.1	-2.7	61	N/A	2,000	100	5.8	0.0
B+ / 9.7	3.1	0.68	10.75	8	10	40	50	0	12.6	42.7	-2.8	52	N/A	2,000	100	0.0	0.0

www.thestreet.com/ratings

Data as of June 30, 2007

I. Index of Stock Mutual Funds

Fund Type	Fund Name	Ticker Symbol	Overall Investment Rating	Phone	Performance Rating/Pts	3 Mo	6 Mo	1Yr / Pct	3Yr / Pct	5Yr / Pct	Dividend Yield	Expense Ratio
GL	Nationwide Inv Dest Mod Conserv C	NCDCX	C-	(888) 366-0404	E+ / 0.7	2.06	3.77	10.19 / 8	6.87 / 9	6.32 / 5	2.43	1.48
GL	Nationwide Inv Dest Mod Conserv I	GMIMX	C-	(888) 366-0404	D- / 1.1	2.39	4.32	11.38 / 11	7.99 / 14	7.23 / 10	3.36	0.48
GL	Nationwide Inv Dest Mod Conserv R	GMMRX	C-	(888) 366-0404	E+ / 0.9	2.21	3.95	10.62 / 9	7.51 / 12	6.79 / 7	3.05	1.18
GL	Nationwide Inv Dest Mod Conserv	NSDCX	C-	(888) 366-0404	D- / 1.0	2.30	4.14	10.89 / 10	7.56 / 12	6.97 / 8	3.01	0.88
GL	Nationwide Inv Dest Moderate A	NADMX	C-	(888) 366-0404	D- / 1.5	3.37	5.39	14.16 / 21	9.87 / 27	8.97 / 23	2.68	0.75
GL	Nationwide Inv Dest Moderate B	NBDMX	C-	(888) 366-0404	D / 1.8	3.20	5.06	13.33 / 18	9.07 / 21	8.16 / 16	2.16	1.47
GL	Nationwide Inv Dest Moderate C	NCDMX	C-	(888) 366-0404	D / 1.8	3.21	4.98	13.29 / 17	9.07 / 21	8.13 / 16	2.18	1.47
GL	Nationwide Inv Dest Moderate Inst	GMDIX	C+	(888) 366-0404	D+ / 2.5	3.43	5.51	14.33 / 22	10.12 / 29	9.08 / 24	3.08	0.47
GL	Nationwide Inv Dest Moderate R	GMDRX	C	(888) 366-0404	D / 2.1	3.34	5.25	13.68 / 19	9.59 / 25	8.56 / 19	2.64	1.17
GL	Nationwide Inv Dest Moderate Svc	NSDMX	C	(888) 366-0404	D / 2.2	3.43	5.33	14.03 / 21	9.72 / 26	8.84 / 21	2.71	0.84
GR	Nationwide Large Cap Value A	NPVAX	C	(888) 366-0404	C / 5.1	5.23	5.65	20.34 / 62	15.19 / 70	12.59 / 58	0.96	1.44
GR	Nationwide Large Cap Value B	NLVBX	C	(888) 366-0404	C+ / 5.8	5.07	5.36	19.66 / 57	14.48 / 65	11.91 / 53	0.53	2.06
GR	Nationwide Large Cap Value C	NLVAX	C	(888) 366-0404	C+ / 5.7	5.02	5.32	19.63 / 57	14.47 / 65	11.90 / 53	0.56	2.06
GR	Nationwide Large Cap Value R	GLVRX	C	(888) 366-0404	C+ / 6.1	5.16	5.54	19.91 / 59	15.05 / 69	12.31 / 56	0.95	1.76
GI	Nationwide Ldrs A	GULAX	C-	(888) 366-0404	C- / 4.0	5.79	4.93	15.80 / 31	14.75 / 67	11.40 / 48	0.06	1.74
GI	Nationwide Ldrs B	GULBX	C-	(888) 366-0404	C / 4.7	5.61	4.56	14.94 / 26	13.94 / 62	10.60 / 40	0.00	2.45
GI	Nationwide Ldrs C	GULCX	C-	(888) 366-0404	C / 4.7	5.61	4.57	14.95 / 26	13.94 / 62	10.54 / 39	0.00	2.45
GI	Nationwide Ldrs Inst	GNLIX	B	(888) 366-0404	C+ / 5.7	5.84	5.14	16.13 / 33	15.10 / 69	11.61 / 50	0.13	1.45
GI	Nationwide Ldrs IS	GULIX	C	(888) 366-0404	C+ / 5.6	5.86	5.01	16.07 / 32	14.91 / 68	11.50 / 49	0.13	1.55
GI	Nationwide Ldrs R	GNLRX	C	(888) 366-0404	C / 5.2	5.77	4.81	15.36 / 28	14.55 / 66	11.01 / 43	0.00	2.15
SC	● Nationwide Micro Cap Equity A	GMEAX	E-	(888) 366-0404	D / 2.1	7.03	6.97	8.38 / 5	12.49 / 50	22.76 / 95	0.00	1.85
SC	● Nationwide Micro Cap Equity B	GMEBX	E-	(888) 366-0404	D+ / 2.5	6.87	6.62	7.55 / 3	11.70 / 43	21.85 / 94	0.00	2.52
SC	● Nationwide Micro Cap Equity C	GMECX	E-	(888) 366-0404	D+ / 2.5	6.85	6.61	7.60 / 3	11.70 / 43	21.88 / 94	0.00	2.52
SC	● Nationwide Micro Cap Equity Inst	GMEIX	E	(888) 366-0404	C- / 3.4	7.07	7.13	8.65 / 5	12.79 / 52	23.07 / 95	0.00	1.52
SC	● Nationwide Micro Cap Equity IS	GMESX	E	(888) 366-0404	C- / 3.4	7.13	7.13	8.65 / 5	12.79 / 52	23.07 / 95	0.00	1.52
SC	● Nationwide Micro Cap Equity R	GCERX	E-	(888) 366-0404	D+ / 2.9	6.96	6.78	7.86 / 4	12.18 / 47	22.20 / 94	0.00	2.22
MC	Nationwide Mid Cap Gr Leaders A	NMGAX	C+	(888) 366-0404	C+ / 6.0	5.76	12.86	19.92 / 59	15.19 / 70	12.80 / 60	0.00	1.52
MC	Nationwide Mid Cap Gr Leaders B	NMGBX	C+	(888) 366-0404	C+ / 6.5	5.62	12.46	19.09 / 53	14.41 / 65	12.05 / 54	0.00	2.24
MC	Nationwide Mid Cap Gr Leaders C	GMGCX	C+	(888) 366-0404	C+ / 6.5	5.62	12.45	19.07 / 53	14.40 / 65	12.04 / 54	0.00	2.24
MC	Nationwide Mid Cap Gr Leaders D	NMCGX	C+	(888) 366-0404	C+ / 6.5	5.84	13.04	20.24 / 62	15.53 / 72	13.17 / 63	0.00	1.24
MC	Nationwide Mid Cap Gr Leaders I	GMGIX	C	(888) 366-0404	B- / 7.2	5.84	13.05	20.25 / 62	15.51 / 71	13.16 / 63	0.00	1.207
MC	Nationwide Mid Cap Gr Leaders R	GMGRX	C+	(888) 366-0404	C+ / 6.8	5.71	12.60	19.17 / 54	14.97 / 69	12.74 / 60	0.00	1.94
MC	Nationwide Mid Cap Growth A	GMCAX	D	(888) 366-0404	D+ / 2.9	6.11	8.98	15.71 / 30	12.04 / 46	--	0.00	1.89
MC	Nationwide Mid Cap Growth B	GCPBX	D	(888) 366-0404	C- / 3.4	5.90	8.56	14.85 / 25	11.22 / 38	--	0.00	2.61
MC	Nationwide Mid Cap Growth C	GCPCX	D	(888) 366-0404	C- / 3.4	5.90	8.56	14.85 / 25	11.22 / 38	--	0.00	2.61
MC	Nationwide Mid Cap Growth Inst	GMCGX	C-	(888) 366-0404	C / 4.4	6.16	9.12	15.99 / 32	12.35 / 49	--	0.00	1.61
MC	Nationwide Mid Cap Growth R	GMCRX	D+	(888) 366-0404	C- / 3.9	6.03	8.85	15.25 / 27	11.82 / 44	--	0.00	2.31
MC	Nationwide Mid Cap Market Index A	GMXAX	C+	(888) 366-0404	C / 5.5	5.70	11.65	17.74 / 43	14.36 / 64	13.34 / 64	1.18	0.75
MC	Nationwide Mid Cap Market Index B	GMCBX	C+	(888) 366-0404	C+ / 6.1	5.54	11.34	17.04 / 38	13.70 / 60	12.67 / 59	0.72	1.36
MC	Nationwide Mid Cap Market Index C	GMCCX	C	(888) 366-0404	C+ / 6.0	5.52	11.29	16.99 / 38	13.68 / 60	12.65 / 59	0.79	1.36
MC	Nationwide Mid Cap Market Index I	GMXIX	B-	(888) 366-0404	C+ / 6.9	5.82	11.83	18.20 / 47	14.84 / 68	13.77 / 68	1.58	0.36
SC	Nationwide Northpt SmCap Gr Inst	GNSIX	U	(888) 366-0404	U /	7.59	9.70	14.56 / 24	--	--	0.00	1.40
AA	Nationwide Opt Alloc Fd Gro A	GVAAX	B-	(888) 366-0404	C / 5.5	4.85	7.52	20.14 / 61	14.84 / 68	--	2.35	2.54
AA	Nationwide Opt Alloc Fd Gro B	GVABX	B	(888) 366-0404	C+ / 5.9	4.78	7.23	19.32 / 55	13.94 / 62	--	2.38	3.28
AA	Nationwide Opt Alloc Fd Gro C	GAACX	B	(888) 366-0404	C+ / 5.9	4.70	7.15	19.22 / 54	13.92 / 61	--	2.38	3.28
AA	Nationwide Opt Alloc Fd Gro I	GAAIX	B	(888) 366-0404	C+ / 6.8	5.00	7.66	20.34 / 62	15.08 / 69	--	2.54	2.28
AA	Nationwide Opt Alloc Fd Gro R	GAARX	B+	(888) 366-0404	C+ / 6.3	4.90	7.42	19.49 / 56	14.39 / 65	--	2.57	2.98
AA	Nationwide Opt Alloc Fd Mod A	GMAAX	C	(888) 366-0404	D / 2.1	2.49	4.70	14.16 / 21	11.68 / 43	--	2.73	1.78
AA	Nationwide Opt Alloc Fd Mod B	GMABX	C	(888) 366-0404	D+ / 2.3	2.26	4.32	13.36 / 18	10.41 / 31	--	2.42	2.51
AA	Nationwide Opt Alloc Fd Mod C	GMACX	C	(888) 366-0404	D+ / 2.3	2.25	4.31	13.36 / 18	10.53 / 32	--	2.43	2.51
AA	Nationwide Opt Alloc Fd Mod Inst	GMAIX	C+	(888) 366-0404	C- / 3.1	2.56	4.86	14.38 / 23	11.64 / 42	--	3.08	1.51
AA	Nationwide Opt Alloc Fd Mod IS	GAMSX	C+	(888) 366-0404	C- / 3.1	2.56	4.78	14.50 / 23	11.56 / 41	--	3.08	1.59

● Denotes fund is closed to new investors
* Denotes fund is included in Section II

I. Index of Stock Mutual Funds

Summer 2007

RISK			NET ASSETS		ASSET				Portfolio Turnover Ratio	BULL / BEAR		FUND MANAGER		MINIMUMS		LOADS	
	3 Year		NAV							Last Bull	Last Bear	Manager	Manager	Initial	Additional	Front	Back
Risk	Standard		As of	Total	Cash	Stocks	Bonds	Other		Market	Market	Quality	Tenure	Purch.	Purch.	End	End
Rating/Pts	Deviation	Beta	6/30/07	$(Mil)	%	%	%	%		Return	Return	Pct	(Years)	$	$	Load	Load
B+ / 9.7	3.1	0.69	10.71	44	10	40	50	0	12.6	42.7	-2.7	51	N/A	2,000	100	0.0	0.0
B+ / 9.9	3.1	0.68	10.82	11	10	40	50	0	12.6	48.2	-2.7	66	N/A	1,000,000	0	0.0	0.0
B+ / 9.7	3.1	0.69	10.77	10	10	40	50	0	12.6	45.8	-2.8	60	N/A	0	0	0.0	0.0
B+ / 9.7	3.1	0.69	10.79	279	10	40	50	0	12.6	46.4	-2.7	61	N/A	50,000	0	0.0	0.0
B+ / 9.1	4.8	1.03	11.35	84	4	60	34	2	8.4	68.9	-5.1	67	N/A	2,000	100	5.8	0.0
B+ / 9.2	4.8	1.03	11.27	38	4	60	34	2	8.4	63.7	-5.2	57	N/A	2,000	100	0.0	0.0
B+ / 9.2	4.8	1.04	11.23	211	4	60	34	2	8.4	64.0	-5.3	57	N/A	2,000	0	0.0	0.0
B+ / 9.9	4.8	1.03	11.35	72	4	60	34	2	8.4	70.0	-5.1	70	N/A	1,000,000	0	0.0	0.0
B+ / 9.4	4.8	1.03	11.26	33	4	60	34	2	8.4	66.6	-5.2	64	N/A	0	0	0.0	0.0
B+ / 9.2	4.8	1.04	11.33	1,289	4	60	34	2	8.4	68.0	-5.1	65	N/A	50,000	0	0.0	0.0
C+ / 6.2	7.5	0.94	14.27	34	2	98	0	0	104.0	120.3	-8.8	89	N/A	2,000	100	5.8	2.0
C+ / 6.1	7.5	0.94	14.03	2	2	98	0	0	104.0	114.7	-9.0	86	N/A	2,000	100	0.0	2.0
C+ / 6.1	7.5	0.94	13.96	8	2	98	0	0	104.0	114.5	-9.0	86	N/A	2,000	100	0.0	2.0
C+ / 6.1	7.5	0.94	14.00	N/A	2	98	0	0	104.0	118.4	-9.0	88	N/A	0	0	0.0	2.0
C+ / 6.4	10.1	1.14	14.23	8	0	100	0	0	867.0	109.4	-8.0	75	N/A	2,000	100	5.8	2.0
C+ / 6.3	10.1	1.14	13.75	1	0	100	0	0	867.0	102.9	-8.0	67	N/A	2,000	100	0.0	2.0
C+ / 6.3	10.1	1.14	13.74	4	0	100	0	0	867.0	103.0	-8.1	67	N/A	2,000	100	0.0	2.0
B / 8.3	10.1	1.14	14.32	6	0	100	0	0	867.0	111.0	-7.9	78	N/A	1,000,000	0	0.0	2.0
C+ / 6.5	10.1	1.14	14.44	1	0	100	0	0	867.0	110.1	-7.9	77	N/A	50,000	0	0.0	2.0
C+ / 6.3	10.1	1.14	13.94	N/A	0	100	0	0	867.0	106.6	-8.0	73	N/A	0	0	0.0	2.0
D / 1.8	16.0	1.07	19.49	40	4	94	0	2	89.0	210.4	-2.6	34	5	2,000	100	5.8	2.0
D / 1.7	16.0	1.07	18.52	6	4	94	0	2	89.0	201.1	-2.8	27	5	2,000	100	0.0	2.0
D / 1.7	15.9	1.07	18.55	27	4	94	0	2	89.0	201.3	-2.8	27	5	2,000	100	0.0	2.0
D / 1.9	16.0	1.07	19.83	15	4	94	0	2	89.0	214.0	-2.5	37	5	1,000,000	0	0.0	2.0
D / 1.9	16.0	1.07	19.83	N/A	4	94	0	2	89.0	214.0	-2.5	37	5	50,000	0	0.0	2.0
D / 1.8	16.0	1.07	18.89	N/A	4	94	0	2	89.0	203.7	-2.6	31	5	0	0	0.0	2.0
C+ / 6.7	11.7	1.01	17.64	7	6	92	0	2	131.0	123.9	-9.1	54	N/A	2,000	100	5.8	2.0
C+ / 6.7	11.7	1.01	16.16	3	6	92	0	2	131.0	117.7	-9.2	43	N/A	2,000	100	0.0	2.0
C+ / 6.7	11.7	1.01	16.17	1	6	92	0	2	131.0	117.6	-9.2	43	N/A	2,000	100	0.0	2.0
C+ / 6.7	11.7	1.01	18.12	11	6	92	0	2	131.0	126.9	-9.0	57	N/A	2,000	100	4.5	2.0
C / 4.6	15.5	0.95	18.11	17	6	92	0	2	131.0	126.7	-9.0	65	N/A	1,000,000	0	0.0	2.0
C+ / 6.7	11.7	1.00	17.78	N/A	6	92	0	2	131.0	122.7	-9.0	50	N/A	0	0	0.0	2.0
C+ / 6.2	12.1	1.09	17.36	2	8	90	0	2	66.0	111.5	-6.8	17	4	2,000	100	5.8	2.0
C+ / 6.1	12.1	1.09	16.86	N/A	8	90	0	2	66.0	106.2	-6.8	13	4	2,000	100	0.0	2.0
C+ / 6.1	12.1	1.08	16.86	1	8	90	0	2	66.0	106.2	-6.8	13	4	2,000	100	0.0	2.0
C+ / 6.2	12.1	1.08	17.59	5	8	90	0	2	66.0	114.1	-6.8	19	5	1,000,000	0	0.0	2.0
C+ / 6.2	12.1	1.08	17.22	N/A	8	90	0	2	66.0	109.9	-6.8	16	4	0	0	0.0	2.0
B- / 7.0	10.4	1.00	16.20	220	16	84	0	0	17.0	129.3	-9.2	43	N/A	2,000	100	5.8	0.0
B- / 7.0	10.5	1.00	15.99	1	16	84	0	0	17.0	123.9	-9.3	36	N/A	2,000	100	0.0	0.0
C+ / 6.0	10.4	1.00	15.90	1	16	84	0	0	17.0	123.6	-9.3	36	N/A	2,000	100	0.0	0.0
B- / 7.0	10.4	1.00	16.32	678	16	84	0	0	17.0	133.5	-9.1	50	N/A	1,000,000	0	0.0	0.0
U /	N/A	N/A	13.46	111	2	98	0	0	88.0	N/A	N/A	N/A	N/A	1,000,000	0	0.0	2.0
B / 8.5	9.0	1.84	13.19	5	0	91	7	2	67.0	N/A	N/A	75	1	2,000	100	5.8	0.0
B / 8.5	9.0	1.84	12.94	1	0	91	7	2	67.0	N/A	N/A	65	1	2,000	100	0.0	0.0
B / 8.4	9.0	1.85	12.93	10	0	91	7	2	67.0	N/A	N/A	65	1	2,000	100	0.0	0.0
B / 8.5	8.9	1.83	13.24	N/A	0	91	7	2	67.0	N/A	N/A	77	1	1,000,000	0	0.0	0.0
B / 8.5	8.9	1.83	13.06	N/A	0	91	7	2	67.0	N/A	N/A	71	1	0	0	0.0	0.0
B+ / 9.8	4.9	1.02	12.25	11	1	56	41	2	87.0	N/A	N/A	84	1	2,000	100	5.8	0.0
B+ / 9.8	4.9	1.02	12.08	3	1	56	41	2	87.0	N/A	N/A	74	1	2,000	100	0.0	0.0
B+ / 9.8	4.9	1.03	12.09	28	1	56	41	2	87.0	N/A	N/A	75	1	2,000	100	0.0	0.0
B+ / 9.8	4.8	1.01	12.26	N/A	1	56	41	2	87.0	N/A	N/A	84	1	1,000,000	0	0.0	0.0
B+ / 9.8	4.9	1.02	12.24	N/A	1	56	41	2	87.0	N/A	N/A	83	1	50,000	0	0.0	0.0

www.thestreet.com/ratings

Data as of June 30, 2007

I. Index of Stock Mutual Funds

99 Pct = Best
0 Pct = Worst

Fund Type	Fund Name	Ticker Symbol	Overall Investment Rating	Phone	Performance Rating/Pts	Total Return % through 6/30/07					Incl. in Returns	
						3 Mo	6 Mo	1Yr / Pct	3Yr / Pct (Annualized)	5Yr / Pct (Annualized)	Dividend Yield	Expense Ratio
AA	Nationwide Opt Alloc Fd Mod R	GMRRX	C+	(888) 366-0404	D+ / 2.6	2.43	4.56	13.66 /19	10.95 /35	--	2.51	2.21
AA	Nationwide Opt Alloc Fd Spc A	GASAX	B	(888) 366-0404	C+ / 6.5	4.90	7.29	20.32 /62	16.59 /76	--	2.93	2.06
AA	Nationwide Opt Alloc Fd Spc B	GASBX	B	(888) 366-0404	C+ / 6.9	4.67	6.92	19.38 /55	15.76 /73	--	3.01	2.80
AA	Nationwide Opt Alloc Fd Spc C	GAMCX	B	(888) 366-0404	C+ / 6.9	4.67	6.92	19.39 /55	15.74 /73	--	3.00	2.80
AA	Nationwide Opt Alloc Fd Spc Inst	GASIX	A	(888) 366-0404	B- / 7.5	4.95	7.41	20.56 /64	16.93 /77	--	3.15	1.80
AA	Nationwide Opt Alloc Fd Spc IS	GAISX	A	(888) 366-0404	B- / 7.5	4.96	7.51	20.60 /64	16.85 /77	--	3.15	1.89
AA	Nationwide Opt Alloc Fd Spc R	GASRX	A-	(888) 366-0404	B- / 7.2	4.83	7.14	19.87 /59	16.30 /75	--	2.97	2.50
AA	Nationwide Opt Alloc ModGr A	GMMAX	C+	(888) 366-0404	C- / 3.9	3.84	6.47	17.76 /43	13.49 /58	--	2.51	1.94
AA	Nationwide Opt Alloc ModGr B	GMMBX	B-	(888) 366-0404	C / 4.4	3.61	5.99	16.91 /37	12.62 /51	--	2.18	2.67
AA	Nationwide Opt Alloc ModGr C	GMMCX	B-	(888) 366-0404	C / 4.4	3.61	6.00	16.94 /38	12.61 /51	--	2.19	2.67
AA	Nationwide Opt Alloc ModGr Inst	GMMIX	B	(888) 366-0404	C / 5.5	3.90	6.60	18.03 /45	13.78 /60	--	2.83	1.67
AA	Nationwide Opt Alloc ModGr IS	GAASX	B	(888) 366-0404	C / 5.5	3.90	6.53	18.05 /45	13.70 /60	--	2.84	1.78
AA	Nationwide Opt Alloc ModGr R	GAGRX	B-	(888) 366-0404	C / 4.8	3.78	6.23	17.13 /39	13.07 /55	--	2.27	2.37
IX	Nationwide S&P 500 Index A	GRMAX	C	(888) 366-0404	C- / 3.1	6.09	6.71	20.07 /60	11.18 /37	10.15 /34	1.38	0.52
IX	Nationwide S&P 500 Index B	GRMBX	C	(888) 366-0404	C- / 3.6	5.94	6.23	19.12 /53	10.36 /31	9.36 /27	0.83	1.26
IX	Nationwide S&P 500 Index C	GRMCX	C	(888) 366-0404	C- / 3.6	5.88	6.27	19.09 /53	10.35 /31	9.36 /27	0.88	1.26
IX	Nationwide S&P 500 Index Inst	GRMIX	C+	(888) 366-0404	C / 4.6	6.21	6.80	20.35 /62	11.47 /40	10.47 /38	1.68	0.26
IX	Nationwide S&P 500 Index Instl-Svc	GRISX	C+	(888) 366-0404	C / 4.3	6.15	6.68	20.08 /60	11.20 /38	10.18 /35	1.45	0.51
IX	Nationwide S&P 500 Index L	GRMLX	C+	(888) 366-0404	C / 4.5	6.18	6.75	20.23 /62	11.37 /40	10.37 /37	1.61	0.33
IX	Nationwide S&P 500 Index Svc	GRMSX	C+	(888) 366-0404	C- / 4.2	6.13	6.63	19.88 /59	11.02 /36	10.02 /33	1.32	0.66
SC	● Nationwide Small Cap Fd A	GSXAX	B+	(888) 366-0404	A- / 9.1	6.78	8.95	27.07 /88	25.53 /94	21.15 /93	0.31	1.42
SC	● Nationwide Small Cap Fd B	GSXBX	B+	(888) 366-0404	A- / 9.2	6.60	8.59	26.16 /86	24.71 /93	20.41 /92	0.07	2.11
SC	● Nationwide Small Cap Fd C	GSXCX	A+	(888) 366-0404	A- / 9.2	6.58	8.62	26.17 /86	24.72 /93	20.40 /92	0.07	2.11
SC	● Nationwide Small Cap Fd Inst	GSCIX	A+	(888) 366-0404	A / 9.3	6.89	9.12	27.44 /89	25.95 /94	21.48 /94	0.43	1.11
SC	● Nationwide Small Cap Fd Instl-Svc	GSXIX	B-	(888) 366-0404	A / 9.3	6.82	9.05	27.20 /88	25.89 /94	21.45 /93	0.38	1.28
SC	● Nationwide Small Cap Fd R	GNSRX	B+	(888) 366-0404	A- / 9.2	6.69	8.81	26.64 /87	25.38 /93	20.83 /93	0.23	1.81
SC	Nationwide Small Cap Index A	GMRAX	D	(888) 366-0404	C- / 3.1	4.20	6.12	15.52 /29	12.78 /52	13.17 /63	1.20	0.74
SC	Nationwide Small Cap Index B	GMRBX	D+	(888) 366-0404	C- / 3.8	4.07	5.85	14.93 /26	12.07 /46	12.46 /57	0.71	1.34
SC	Nationwide Small Cap Index C	GMRCX	D	(888) 366-0404	C- / 3.8	4.02	5.81	14.89 /25	12.11 /46	--	0.86	1.34
SC	Nationwide Small Cap Index Inst	GMRIX	C-	(888) 366-0404	C / 4.9	4.34	6.33	16.06 /32	13.23 /56	13.63 /67	1.59	0.34
GR	Nationwide U.S. Gr Leaders A	GXXAX	D	(888) 366-0404	C- / 3.2	8.07	12.79	17.07 /39	11.10 /37	15.46 /79	0.00	1.46
GR	Nationwide U.S. Gr Leaders B	GXXBX	D	(888) 366-0404	C- / 3.8	7.87	12.34	16.30 /34	10.31 /30	14.67 /74	0.00	2.17
GR	Nationwide U.S. Gr Leaders C	GXXCX	D	(888) 366-0404	C- / 3.8	7.92	12.37	16.30 /34	10.33 /30	14.65 /74	0.00	2.17
GR	Nationwide U.S. Gr Leaders Inst	GGLIX	C+	(888) 366-0404	C / 4.8	8.20	12.94	17.49 /41	11.43 /40	15.74 /80	0.00	1.17
GR	Nationwide U.S. Gr Leaders IS	GXXIX	C-	(888) 366-0404	C / 4.7	8.14	12.90	17.36 /40	11.24 /38	15.62 /79	0.00	1.30
GR	Nationwide U.S. Gr Leaders L/S A	MLSAX	D+	(888) 366-0404	E+ / 0.8	4.54	7.36	12.23 /14	8.06 /15	8.03 /15	1.41	2.67
GR	Nationwide U.S. Gr Leaders L/S B	MLSBX	C-	(888) 366-0404	D- / 1.0	4.40	6.94	11.31 /11	7.27 /10	7.22 / 9	0.89	3.41
GR	Nationwide U.S. Gr Leaders L/S C	MLSCX	D+	(888) 366-0404	D- / 1.0	4.34	6.89	11.40 /12	7.31 /10	7.25 /10	1.39	3.41
GR	Nationwide U.S. Gr Leaders L/S Inst	GGUIX	D	(888) 366-0404	D- / 1.5	4.60	7.47	12.48 /15	8.33 /16	8.20 /16	1.74	2.41
GR	Nationwide U.S. Gr Leaders L/S R	GLSRX	D	(888) 366-0404	D- / 1.2	4.51	7.18	11.53 /12	7.81 /13	--	1.01	3.11
GR	Nationwide U.S. Gr Leaders R	GGLRX	D+	(888) 366-0404	C- / 4.2	7.92	12.55	16.58 /35	10.89 /35	15.09 /77	0.00	1.87
SC	Nationwide Value Opp Fund A	GVOAX	E	(888) 366-0404	D+ / 2.5	3.21	5.35	13.37 /18	13.18 /56	12.44 /57	0.00	1.60
SC	Nationwide Value Opp Fund B	GVOBX	E	(888) 366-0404	C- / 3.0	3.05	4.96	12.63 /15	12.44 /49	11.69 /51	0.00	2.34
SC	Nationwide Value Opp Fund C	GVOCX	E	(888) 366-0404	C- / 3.0	3.07	4.98	12.59 /15	12.42 /49	11.69 /51	0.00	2.34
SC	Nationwide Value Opp Fund Inst	GVAIX	C	(888) 366-0404	C- / 4.0	3.35	5.59	13.78 /20	13.57 /59	12.73 /60	0.00	1.34
SC	Nationwide Value Opp Fund R	GVORX	E+	(888) 366-0404	C- / 3.5	3.14	5.17	12.87 /16	12.99 /54	12.06 /54	0.00	2.04
GL	Nationwide Worldwd Leaders A	GLLAX	A	(888) 366-0404	A- / 9.1	5.81	11.98	30.41 /93	24.93 /93	16.84 /84	0.39	1.62
GL	Nationwide Worldwd Leaders B	GLLBX	A	(888) 366-0404	A- / 9.2	5.66	11.52	29.43 /92	24.04 /92	16.01 /81	0.04	2.33
GL	Nationwide Worldwd Leaders C	GLLCX	A	(888) 366-0404	A- / 9.2	5.63	11.57	29.47 /92	24.01 /92	16.02 /81	0.07	2.33
GL	Nationwide Worldwd Leaders Inst	GWLIX	A+	(888) 366-0404	A / 9.3	5.87	12.04	30.71 /93	25.20 /93	17.11 /85	0.58	1.33
GL	Nationwide Worldwd Leaders IS	GLLSX	A	(888) 366-0404	A / 9.3	5.87	12.06	30.54 /93	24.94 /93	16.97 /85	0.46	1.58
GL	Nationwide Worldwd Leaders R	GWLRX	A	(888) 366-0404	A- / 9.2	5.84	11.83	29.89 /92	24.64 /93	16.41 /83	0.31	2.03

● Denotes fund is closed to new investors
* Denotes fund is included in Section II

www.thestreet.com/ratings

Summer 2007   I. Index of Stock Mutual Funds

RISK			NET ASSETS		ASSET					BULL / BEAR		FUND MANAGER		MINIMUMS		LOADS	
	3 Year		NAV						Portfolio	Last Bull	Last Bear	Manager	Manager	Initial	Additional	Front	Back
Risk	Standard		As of	Total	Cash	Stocks	Bonds	Other	Turnover	Market	Market	Quality	Tenure	Purch.	Purch.	End	End
Rating/Pts	Deviation	Beta	6/30/07	$(Mil)	%	%	%	%	Ratio	Return	Return	Pct	(Years)	$	$	Load	Load
B+ / 9.8	4.9	1.02	12.20	N/A	1	56	41	2	87.0	N/A	N/A	79	1	0	0	0.0	0.0
B / 8.5	8.8	1.76	14.12	40	0	91	8	1	26.0	N/A	N/A	88	1	2,000	100	5.8	0.0
B / 8.5	8.8	1.77	13.91	7	0	91	8	1	26.0	N/A	N/A	84	1	2,000	100	0.0	0.0
B / 8.5	8.8	1.77	13.90	59	0	91	8	1	26.0	N/A	N/A	84	1	2,000	100	0.0	0.0
B / 8.5	8.8	1.77	14.20	N/A	0	91	8	1	26.0	N/A	N/A	90	1	1,000,000	0	0.0	0.0
B / 8.5	8.8	1.75	14.18	N/A	0	91	8	1	26.0	N/A	N/A	90	1	50,000	0	0.0	0.0
B / 8.5	8.8	1.76	14.10	N/A	0	91	8	1	26.0	N/A	N/A	87	1	0	0	0.0	0.0
B+ / 9.2	6.8	1.42	12.86	15	0	75	23	2	72.0	N/A	N/A	82	1	2,000	100	5.8	0.0
B+ / 9.2	6.8	1.42	12.73	4	0	75	23	2	72.0	N/A	N/A	75	1	2,000	100	0.0	0.0
B+ / 9.2	6.9	1.43	12.72	20	0	75	23	2	72.0	N/A	N/A	74	1	2,000	100	0.0	0.0
B+ / 9.2	6.8	1.42	12.90	N/A	0	75	23	2	72.0	N/A	N/A	84	1	1,000,000	0	0.0	0.0
B+ / 9.2	6.9	1.43	12.88	N/A	0	75	23	2	72.0	N/A	N/A	83	1	50,000	0	0.0	0.0
B+ / 9.2	6.8	1.43	12.82	N/A	0	75	23	2	72.0	N/A	N/A	79	1	0	0	0.0	0.0
B / 8.1	7.3	1.00	12.74	74	6	92	0	2	3.0	92.5	-9.9	47	N/A	2,000	100	5.8	0.0
B / 8.4	7.3	1.00	12.69	11	6	92	0	2	3.0	86.8	-10.0	37	N/A	2,000	100	0.0	0.0
B / 8.5	7.3	1.00	12.62	3	6	92	0	2	3.0	86.8	-10.0	37	N/A	2,000	100	0.0	0.0
B / 8.3	7.4	1.00	12.80	1,720	6	92	0	2	3.0	94.7	-9.8	50	N/A	1,000,000	0	0.0	0.0
B / 8.3	7.3	1.00	12.79	96	6	92	0	2	3.0	92.7	-9.8	47	N/A	50,000	0	0.0	0.0
B / 8.4	7.3	1.00	12.82	N/A	6	92	0	2	3.0	94.2	-9.8	49	N/A	0	0	0.0	0.0
B / 8.4	7.3	1.00	12.74	671	6	92	0	2	3.0	91.4	-9.8	45	N/A	25,000	0	0.0	0.0
C+ / 5.8	14.2	1.02	23.48	937	0	98	0	2	177.0	248.1	-10.3	99	N/A	2,000	100	5.8	2.0
C+ / 5.6	14.2	1.02	22.06	23	0	98	0	2	177.0	239.0	-10.4	98	N/A	2,000	100	0.0	2.0
B- / 7.1	14.2	1.02	22.10	282	0	98	0	2	177.0	239.1	-11.4	98	N/A	2,000	100	0.0	2.0
B- / 7.1	14.2	1.02	23.98	45	0	98	0	2	177.0	252.3	-10.3	99	N/A	1,000,000	0	0.0	2.0
C / 4.7	14.2	1.02	23.96	45	0	98	0	2	177.0	251.9	-10.3	99	N/A	50,000	0	0.0	2.0
C+ / 5.7	14.2	1.02	22.45	9	0	98	0	2	177.0	244.8	-10.4	99	N/A	0	0	0.0	2.0
C+ / 6.1	13.4	1.00	13.21	137	16	82	0	2	25.0	139.5	-10.9	45	N/A	2,000	100	5.8	0.0
C+ / 6.1	13.4	1.00	13.11	1	16	82	0	2	25.0	133.2	-11.1	37	N/A	2,000	100	0.0	0.0
C / 5.3	13.5	1.00	13.07	1	16	82	0	2	25.0	N/A	N/A	36	N/A	2,000	100	0.0	0.0
C+ / 6.2	13.4	1.00	13.34	300	16	82	0	2	25.0	144.1	-11.0	51	N/A	1,000,000	0	0.0	0.0
C+ / 5.8	11.7	1.34	11.11	75	2	98	0	0	376.0	117.1	-10.2	20	7	2,000	100	5.8	0.0
C+ / 5.7	11.7	1.34	10.56	6	2	98	0	0	376.0	110.8	-10.4	16	7	2,000	100	0.0	2.0
C+ / 5.7	11.7	1.35	10.63	31	2	98	0	0	376.0	110.5	-10.3	16	7	2,000	100	0.0	2.0
B- / 7.4	11.7	1.35	11.35	4	2	98	0	0	376.0	119.0	-10.1	22	3	1,000,000	0	0.0	2.0
C+ / 5.8	11.7	1.34	11.29	1	2	98	0	0	376.0	117.9	-10.1	21	7	50,000	0	0.0	2.0
B / 8.9	4.0	0.28	11.15	33	28	72	0	0	739.3	66.6	-7.7	79	N/A	2,000	100	5.8	2.0
B+ / 9.2	4.0	0.29	10.83	1	28	72	0	0	739.3	61.0	-7.7	71	N/A	2,000	100	0.0	2.0
B / 8.8	4.0	0.28	8.18	24	28	72	0	0	739.3	61.1	-7.7	72	N/A	2,000	100	0.0	2.0
B- / 7.8	4.0	0.29	11.19	18	28	72	0	0	739.3	67.8	-7.7	81	N/A	1,000,000	0	0.0	2.0
B- / 7.8	4.0	0.28	10.96	N/A	28	72	0	0	739.3	N/A	N/A	77	N/A	0	0	0.0	2.0
C+ / 5.8	11.7	1.34	10.76	2	2	98	0	0	376.0	114.6	-10.4	19	4	0	0	0.0	2.0
C- / 3.2	11.8	0.86	14.78	13	2	96	0	2	168.0	124.5	-9.3	68	7	2,000	100	5.8	2.0
C- / 3.0	11.8	0.86	14.17	2	2	96	0	2	168.0	118.4	-9.4	59	7	2,000	100	0.0	2.0
D+ / 2.9	11.8	0.86	14.12	1	2	96	0	2	168.0	118.2	-9.3	59	6	2,000	100	0.0	2.0
B- / 7.7	11.8	0.86	15.11	N/A	2	96	0	2	168.0	127.3	-9.2	72	3	1,000,000	0	0.0	2.0
C- / 3.1	11.8	0.86	14.45	N/A	2	96	0	2	168.0	122.0	-9.4	66	4	0	0	0.0	2.0
C+ / 6.7	10.3	1.03	13.81	56	2	96	0	2	244.0	183.9	-12.9	70	N/A	2,000	100	5.8	2.0
C+ / 6.7	10.3	1.03	13.26	2	2	96	0	2	244.0	175.6	-13.1	61	N/A	2,000	100	0.0	2.0
C+ / 6.7	10.3	1.03	13.31	15	2	96	0	2	244.0	175.8	-13.2	60	N/A	2,000	100	0.0	2.0
B / 8.1	10.3	1.03	14.01	N/A	2	96	0	2	244.0	186.6	-12.9	72	N/A	1,000,000	0	0.0	2.0
C+ / 6.7	10.3	1.03	13.96	N/A	2	96	0	2	244.0	184.7	-12.9	71	N/A	50,000	0	0.0	2.0
C+ / 6.7	10.2	1.03	13.41	N/A	2	96	0	2	244.0	180.3	-13.1	68	N/A	0	0	0.0	2.0

www.thestreet.com/ratings   Data as of June 30, 2007

I. Index of Stock Mutual Funds

Summer 2007

99 Pct = Best
0 Pct = Worst

Fund Type	Fund Name	Ticker Symbol	Overall Investment Rating	Phone	Performance Rating/Pts	3 Mo	6 Mo	1Yr / Pct	3Yr / Pct	5Yr / Pct	Dividend Yield	Expense Ratio
FO	Navellier Millennium Intl Gr A	NAIMX	A	(800) 887-8671	B+ / 8.6	8.65	10.34	26.08 /86	20.02 /85	14.99 /76	0.04	15.14
MC	Navellier Millennium Top 20 A	NTGRX	E-	(800) 887-8671	E- / 0.2	-1.93	0.89	0.41 / 1	6.72 / 8	3.72 / 1	0.00	3.76
SC	Navellier Performance Aggr Micro	NPMCX	E-	(800) 887-8671	D / 1.7	4.49	7.20	12.60 /15	8.88 /20	6.98 / 8	0.00	2.27
MC	Navellier Performance Mid Cap Gr Fd	NPMDX	E	(800) 887-8671	D+ / 2.9	2.67	6.85	6.79 / 3	12.90 /53	10.34 /37	0.19	1.34
MC	Navellier Performance Mid Cap Gr I	NRFCX	D-	(800) 887-8671	C- / 3.2	2.73	6.61	7.17 / 3	13.28 /57	10.73 /41	0.55	0.99
AG	Needham Aggressive Growth Fund	NEAGX	B-	(800) 625-7071	B- / 7.1	6.79	12.61	22.96 /77	14.65 /66	12.70 /59	0.00	2.24
GR	Needham Growth Fund	NEEGX	C-	(800) 625-7071	C / 4.8	4.18	6.08	15.83 /31	13.88 /61	14.52 /73	0.20	1.82
SC	Needham Small Cap Gr Fund	NESGX	E-	(800) 625-7071	E+ / 0.6	3.42	5.45	10.74 /10	6.38 / 7	18.53 /89	0.00	2.36
BA	Neuberger Berman AMT Balanced	NBABX	C+	(800) 877-9700	C / 5.1	6.02	10.84	16.83 /37	12.10 /46	9.70 /30	0.70	1.15
GR	Neuberger Berman AMT Guardian I		C+	(800) 877-9700	B- / 7.2	8.93	9.54	23.00 /77	14.37 /65	11.21 /46	0.58	1.03
GR	Neuberger Berman AMT Social Resp		C+	(800) 877-9700	B- / 7.3	8.94	10.11	24.24 /81	14.13 /63	13.31 /64	0.00	1.07
GR	Neuberger Berman AMT Social Resp		C+	(800) 877-9700	B- / 7.2	8.90	10.01	23.97 /80	14.05 /62	13.26 /64	0.00	1.20
GR	Neuberger Berman Century Fd	NBCIX	D+	(800) 877-9700	D / 2.2	7.29	7.75	15.01 /26	8.23 /16	7.16 / 9	0.00	1.50
SC	Neuberger Berman Fasciano Adv	NBFVX	D-	(800) 877-9700	D / 2.0	7.42	10.50	12.41 /14	7.84 /13	8.36 /17	0.00	1.50
SC	Neuberger Berman Fasciano Inv	NBFSX	D-	(800) 877-9700	D / 2.2	7.47	10.61	12.63 /15	8.13 /15	8.74 /21	0.00	1.25
GR	Neuberger Berman Focus Adv	NBFAX	E	(800) 877-9700	D+ / 2.4	7.71	7.24	13.71 /19	8.83 /20	9.76 /30	0.00	1.29
GR	Neuberger Berman Focus Inv	NBSSX	E	(800) 877-9700	D+ / 2.7	7.85	7.44	14.15 /21	9.25 /23	10.19 /35	0.39	0.86
GR	Neuberger Berman Focus Tr	NBFCX	E	(800) 877-9700	D+ / 2.5	7.81	7.35	13.93 /20	9.06 /21	9.99 /33	0.15	1.09
SC	● Neuberger Berman Genesis Adv	NBGAX	B-	(800) 877-9700	B- / 7.3	8.11	13.40	19.04 /53	14.92 /68	15.68 /80	0.52	1.36
SC	● Neuberger Berman Genesis Inv	NBGNX	B-	(800) 877-9700	B- / 7.5	8.17	13.55	19.39 /55	15.28 /70	16.03 /81	1.15	1.03
SC	● Neuberger Berman Genesis Tr	NBGEX	B-	(800) 877-9700	B- / 7.5	8.17	13.51	19.32 /55	15.20 /70	15.97 /81	1.03	1.11
GI	Neuberger Berman Guardian Adv	NBGUX	B-	(800) 877-9700	C+ / 6.9	8.76	9.15	22.21 /74	13.73 /60	11.31 /47	0.00	1.50
GI	Neuberger Berman Guardian Inv	NGUAX	B+	(800) 877-9700	B- / 7.3	8.96	9.54	23.06 /77	14.46 /65	11.92 /53	0.32	0.87
GI	Neuberger Berman Guardian Tr	NBGTX	B+	(800) 877-9700	B- / 7.2	8.91	9.42	22.86 /77	14.28 /64	11.76 /51	0.22	1.06
FO	Neuberger Berman International Inst	NBIIX	U	(800) 877-9700	U /	7.18	10.16	25.19 /83	--	--	1.20	0.83
FO	Neuberger Berman International Inv	NBISX	B	(800) 877-9700	A / 9.3	6.90	9.52	24.83 /83	25.94 /94	22.07 /94	0.99	1.30
FO	Neuberger Berman International Tr	NBITX	B	(800) 877-9700	A / 9.3	6.90	9.49	24.75 /82	25.85 /94	22.48 /94	0.75	1.38
FO	Neuberger Berman Intl Large Cap I	NILIX	U	(800) 877-9700	U /	8.73	11.30		--	--	0.00	2.02
FO	Neuberger Berman Intl Large Cap Tr	NILTX	U	(800) 877-9700	U /	8.65	11.12		--	--	0.00	1.25
MC	Neuberger Berman Manhattan Adv	NBMBX	B	(800) 877-9700	B+ / 8.3	8.81	15.65	23.51 /79	17.05 /78	13.86 /69	0.00	1.50
MC	Neuberger Berman Manhattan Inv	NMANX	B	(800) 877-9700	B+ / 8.5	9.05	16.06	24.17 /81	17.74 /80	14.44 /73	0.00	1.03
MC	Neuberger Berman Manhattan Tr	NBMTX	B	(800) 877-9700	B+ / 8.4	8.91	15.84	23.71 /79	17.40 /79	14.19 /71	0.00	1.35
SC	Neuberger Berman Millennium Adv	NBMVX	C+	(800) 877-9700	B / 8.1	9.46	16.04	20.50 /63	16.30 /75	10.28 /36	0.00	1.60
SC	Neuberger Berman Millennium Inv	NBMIX	C+	(800) 877-9700	B / 8.2	9.60	16.17	20.86 /66	16.53 /76	10.41 /37	0.00	1.30
SC	Neuberger Berman Millennium Tr	NBMOX	C+	(800) 877-9700	B / 8.2	9.56	16.13	20.72 /65	16.49 /76	10.37 /37	0.00	1.40
GR	Neuberger Berman Partners Adv	NBPBX	B+	(800) 877-9700	B / 8.1	7.98	9.28	22.14 /73	17.81 /80	14.24 /71	0.23	1.17
GR	Neuberger Berman Partners Inst	NBPIX	U	(800) 877-9700	U /	8.13	9.55	22.76 /76	--	--	0.21	0.66
GR	Neuberger Berman Partners Inv	NPRTX	B+	(800) 877-9700	B+ / 8.3	8.08	9.47	22.56 /75	18.22 /81	14.67 /74	0.56	0.81
GR	Neuberger Berman Partners Tr	NBPTX	B+	(800) 877-9700	B / 8.2	8.03	9.34	22.36 /74	18.03 /80	14.47 /73	0.39	1.02
RE	Neuberger Berman Real Estate Fund	NBRFX	C-	(800) 877-9700	B / 7.6	-9.52	-7.42	11.30 /11	21.90 /89	20.56 /93	2.32	0.99
GR	Neuberger Berman Regency Inv	NBRVX	B	(800) 877-9700	B- / 7.5	6.47	10.06	20.07 /60	16.19 /75	15.11 /77	0.52	1.10
GR	Neuberger Berman Regency Tr	NBREX	B-	(800) 877-9700	B- / 7.4	6.43	9.94	19.94 /59	16.01 /74	15.00 /76	0.35	1.25
GR	Neuberger Berman Socially Resp Inv	NBSRX	A-	(800) 877-9700	B / 7.6	9.08	10.23	24.62 /82	14.74 /67	13.75 /68	0.14	0.92
GR	Neuberger Berman Socially Resp Tr	NBSTX	A-	(800) 877-9700	B- / 7.5	9.07	10.17	24.41 /81	14.54 /66	13.51 /66	0.06	1.11
GR	New Alternatives Fund	NALFX	B+	(800) 423-8383	A+ / 9.6	11.99	25.30	41.07 /97	25.80 /94	16.64 /83	0.30	1.25
GI	New Century Alternative Strategies	NCHPX	C	(888) 639-0102	D+ / 2.6	2.84	5.34	12.83 /16	11.54 /41	10.25 /36	2.56	2.35
GI	New Century Balanced	NCIPX	C-	(888) 639-0102	D+ / 2.3	3.75	6.06	15.30 /28	10.15 /29	9.12 /24	1.18	2.13
GI	New Century Capital	NCCPX	C+	(888) 639-0102	C / 5.5	6.54	9.10	19.15 /53	13.12 /55	10.88 /42	0.00	2.13
FO	New Century International	NCFPX	B	(888) 639-0102	A / 9.4	9.51	12.64	33.61 /95	25.68 /94	19.51 /91	0.79	2.42
GL	New Century Opportunistic	NCAPX	C	(888) 639-0102	C+ / 6.3	8.38	10.25	18.69 /50	14.00 /62	11.16 /45	0.00	2.71
GL	New Covenant Balanced Growth	NCBGX	C-	(800) 858-6127	D / 1.8	3.73	5.15	14.11 /21	8.85 /20	8.28 /17	2.01	0.38
BA	New Covenant Balanced Income	NCBIX	C-	(800) 858-6127	E+ / 0.7	2.01	3.50	10.65 / 9	6.70 / 8	6.63 / 7	2.92	0.41

● Denotes fund is closed to new investors
* Denotes fund is included in Section II

www.thestreet.com/ratings

I. Index of Stock Mutual Funds

Summer 2007

RISK			NET ASSETS		ASSET					BULL / BEAR		FUND MANAGER		MINIMUMS		LOADS	
	3 Year		NAV						Portfolio	Last Bull	Last Bear	Manager	Manager	Initial	Additional	Front	Back
Risk	Standard		As of	Total	Cash	Stocks	Bonds	Other	Turnover	Market	Market	Quality	Tenure	Purch.	Purch.	End	End
Rating/Pts	Deviation	Beta	6/30/07	$(Mil)	%	%	%	%	Ratio	Return	Return	Pct	(Years)	$	$	Load	Load
B- / 7.4	11.4	1.16	11.31	2	6	93	0	1	82.0	154.5	-8.8	11	N/A	2,000	100	0.0	2.0
D+ / 2.9	17.7	1.43	14.73	6	1	98	0	1	167.0	81.9	-9.5	0	N/A	2,000	100	0.0	2.0
C- / 3.0	17.4	1.19	33.51	21	1	98	0	1	155.0	109.0	-13.3	7	N/A	2,000	100	0.0	2.0
C- / 3.3	14.4	1.26	33.05	136	0	99	0	1	142.0	100.8	-10.9	11	N/A	2,000	100	0.0	2.0
C / 4.5	14.4	1.26	33.85	76	0	99	0	1	142.0	103.9	-10.9	13	N/A	250,000	100	0.0	2.0
C+ / 6.4	11.4	1.29	15.72	20	17	82	0	1	55.0	102.5	-11.5	61	6	5,000	500	0.0	2.0
C+ / 5.7	14.2	1.59	41.38	251	14	85	0	1	48.0	128.1	-8.8	25	4	5,000	500	0.0	2.0
E+ / 0.6	13.7	0.88	15.10	12	18	80	0	2	115.0	119.3	-11.9	9	N/A	5,000	500	0.0	2.0
B- / 7.6	8.0	1.42	12.68	77	1	62	35	2	62.0	71.4	-4.2	69	1	1,000	100	0.0	0.0
C+ / 6.0	8.5	1.04	21.59	148	0	99	0	1	23.0	112.3	-8.0	79	10	0	0	0.0	0.0
C+ / 6.1	8.8	1.06	18.40	401	5	94	0	1	18.0	103.9	-4.7	76	N/A	0	0	0.0	0.0
C+ / 6.1	8.8	1.06	18.36	96	5	94	0	1	18.0	103.4	-4.7	75	1	0	0	0.0	0.0
B- / 7.6	9.0	1.12	7.51	11	1	98	0	1	60.0	66.5	-10.1	15	N/A	1,000	100	0.0	0.0
C+ / 6.0	11.1	0.78	12.31	29	2	97	0	1	27.0	83.9	-9.3	21	5	0	0	0.0	0.0
C+ / 6.1	11.1	0.78	46.61	445	2	97	0	1	27.0	86.6	-9.2	23	19	1,000	100	0.0	0.0
C- / 3.9	11.3	1.34	17.33	27	3	96	0	1	33.0	119.5	-17.3	10	4	0	0	0.0	0.0
C- / 3.8	11.3	1.34	33.80	1,097	3	96	0	1	33.0	123.0	-17.3	11	4	1,000	100	0.0	0.0
C- / 3.8	11.3	1.34	24.84	95	3	96	0	1	33.0	121.4	-17.3	11	N/A	0	0	0.0	0.0
C+ / 6.2	10.6	0.69	31.73	568	N/A	100	0	N/A	14.0	127.2	-6.0	91	10	0	0	0.0	0.0
C+ / 6.2	10.6	0.69	37.88	2,029	N/A	100	0	N/A	14.0	130.2	-5.9	92	13	1,000	100	0.0	0.0
C+ / 6.2	10.6	0.69	54.18	5,357	N/A	100	0	N/A	14.0	129.6	-5.9	92	N/A	0	0	0.0	0.0
B- / 7.8	8.6	1.05	18.25	1	0	99	0	1	34.0	113.2	-8.2	73	5	0	0	0.0	0.0
B- / 7.8	8.5	1.04	20.67	1,526	0	99	0	1	34.0	118.2	-8.0	80	5	1,000	100	0.0	0.0
B- / 7.8	8.5	1.04	16.26	138	0	99	0	1	34.0	116.8	-8.0	78	5	1,000	0	0.0	0.0
U /	N/A	N/A	15.07	608	1	98	0	1	45.0	N/A	N/A	N/A	2	5,000,000	0	0.0	2.0
C / 5.3	12.0	1.20	26.81	756	1	98	0	1	45.0	235.7	-6.8	41	4	1,000	100	0.0	2.0
C / 5.4	12.0	1.20	29.43	905	1	98	0	1	45.0	234.1	-6.6	40	N/A	0	0	0.0	2.0
U /	N/A	N/A	12.71	96	0	99	0	1	11.0	N/A	N/A	N/A	1	1,000	100	0.0	2.0
U /	N/A	N/A	12.69	42	0	99	0	1	11.0	N/A	N/A	N/A	1	1,000	100	0.0	2.0
C+ / 5.9	13.1	1.18	16.55	1	N/A	100	0	N/A	45.0	130.0	-9.6	50	N/A	0	0	0.0	0.0
C+ / 5.9	13.0	1.17	10.48	441	N/A	100	0	N/A	45.0	135.3	-9.6	60	N/A	1,000	100	0.0	0.0
C+ / 5.9	13.1	1.18	16.02	10	N/A	100	0	N/A	45.0	133.2	-9.6	54	N/A	0	0	0.0	0.0
C / 5.1	14.3	0.98	14.11	3	0	99	0	1	142.0	133.2	-13.6	84	N/A	0	0	0.0	0.0
C / 5.1	14.3	0.97	19.18	54	0	99	0	1	142.0	134.1	-13.5	86	N/A	1,000	100	0.0	0.0
C / 5.1	14.3	0.97	21.09	5	0	99	0	1	142.0	133.7	-13.5	85	N/A	0	0	0.0	0.0
C+ / 6.9	12.1	1.36	22.73	748	0	99	0	1	33.0	146.8	-9.6	84	9	0	0	0.0	0.0
U /	N/A	N/A	34.18	144	0	99	0	1	33.0	N/A	N/A	N/A	1	0	0	0.0	0.0
C+ / 6.8	12.1	1.37	33.99	2,492	0	99	0	1	33.0	150.8	-9.6	86	9	1,000	100	0.0	0.0
C+ / 6.9	12.1	1.36	26.22	1,223	0	99	0	1	33.0	149.1	-9.6	85	9	0	0	0.0	0.0
D+ / 2.9	15.0	1.01	14.69	134	1	98	0	1	83.0	197.9	1.5	82	5	1,000	100	0.0	1.0
C+ / 6.6	12.3	1.35	19.91	110	N/A	100	0	N/A	65.0	148.2	-6.2	72	N/A	1,000	100	0.0	0.0
C+ / 6.5	21.3	1.38	17.37	56	N/A	100	0	N/A	65.0	147.2	-6.2	67	N/A	1,000	100	0.0	0.0
B / 8.0	8.8	1.06	28.34	692	3	96	0	1	18.0	107.4	-4.7	81	6	1,000	100	0.0	0.0
B / 8.0	8.9	1.06	19.61	361	3	96	0	1	18.0	105.6	-4.7	79	6	1,000	100	0.0	0.0
C+ / 5.6	11.5	1.02	55.02	201	20	79	0	1	39.8	163.1	-8.9	99	25	2,500	250	4.8	0.0
B / 8.7	5.4	0.51	13.42	116	0	100	0	0	12.3	72.2	-0.7	89	5	1,000	0	0.0	2.0
B / 8.7	6.6	0.84	15.75	94	4	66	30	0	12.4	75.0	-4.6	51	12	1,000	50	0.0	2.0
B- / 7.2	9.9	1.24	19.54	140	0	98	0	2	14.6	106.3	-10.0	46	12	1,000	50	0.0	2.0
C / 4.7	13.3	1.37	17.73	126	2	98	0	0	25.4	196.4	-6.7	16	7	1,000	50	0.0	2.0
C+ / 6.0	12.9	1.10	10.86	13	0	98	0	2	8.4	108.8	-10.3	2	7	1,000	50	0.0	2.0
B+ / 9.3	5.0	1.12	90.86	353	1	63	35	1	10.0	61.1	-5.4	48	N/A	500	100	0.0	0.0
B+ / 9.8	3.2	0.70	20.40	122	1	39	59	1	13.0	40.2	-1.9	48	N/A	500	100	0.0	0.0

www.thestreet.com/ratings

Data as of June 30, 2007

I. Index of Stock Mutual Funds

Summer 2007

99 Pct = Best
0 Pct = Worst

Fund Type	Fund Name	Ticker Symbol	Overall Investment Rating	Phone	Performance Rating/Pts	3 Mo	6 Mo	1Yr / Pct	3Yr / Pct	5Yr / Pct	Dividend Yield	Expense Ratio
GL	New Covenant Growth	NCGFX	C+	(800) 858-6127	C / 5.3	6.43	7.76	19.68 /57	12.29 /48	10.66 /40	0.73	1.34
IN	New River Core Equity Fund	NRVCX	C+	(866) 672-3863	C / 4.7	7.08	9.34	18.74 /50	11.85 /44	--	0.11	3.25
SC	New River Small Cap Fund	NRVSX	C+	(866) 672-3863	C+ / 6.9	11.83	16.83	19.75 /58	12.94 /54	--	0.23	2.11
GR	New York Equity Fund	NYSAX	E-	(888) 899-8344	E- / 0.0	-2.58	-12.58	-1.86 / 0	-3.63 / 0	6.95 / 8	0.00	1.98
IN	Nicholas Equity Income Fund Fd	NSEIX	B	(800) 544-6547	C+ / 6.3	3.98	7.27	24.17 /81	13.57 /59	10.83 /42	2.26	1.22
GR	Nicholas Fund	NICSX	D+	(800) 544-6547	C- / 3.0	7.73	6.75	15.53 /29	9.75 /26	9.81 /31	1.25	0.75
GR	Nicholas High Income Fund I	NCINX	D	(800) 544-6547	E+ / 0.6	0.16	2.59	9.15 / 6	7.08 / 9	7.11 / 9	6.96	0.71
GR	Nicholas II Fund I	NCTWX	C-	(800) 544-6547	C- / 4.0	7.76	10.25	18.33 /47	10.02 /28	11.74 /51	0.24	0.67
GR	Nicholas II Fund N	NNTWX	C+	(800) 544-6547	C+ / 5.6	7.66	10.02	23.02 /77	11.28 /38	12.51 /58	3.99	1.02
GR	Nicholas Limited Edition I	NCLEX	D-	(800) 544-6547	D+ / 2.6	6.87	8.66	13.99 /21	9.19 /22	12.20 /55	0.00	0.92
GL	Nicholas-Applegate Glb Select I	NACHX	B+	(800) 551-8043	B+ / 8.6	8.98	11.50	25.21 /83	19.00 /83	16.64 /84	0.02	1.16
GL	Nicholas-Applegate Glb Select II	NAGSX	B+	(800) 551-8043	B+ / 8.6	8.98	11.50	25.23 /83	19.05 /83	16.67 /84	0.04	1.11
GR	Nicholas-Applegate Growth Equity A	NAPGX	C	(800) 551-8043	C+ / 6.4	4.12	11.39	22.04 /73	15.35 /71	11.20 /45	0.00	1.89
GR	Nicholas-Applegate Growth Equity B	NAGBX	C	(800) 551-8043	C+ / 6.7	3.90	10.94	21.02 /67	14.47 /65	10.35 /37	0.00	2.59
GR	Nicholas-Applegate Growth Equity C	PNACX	C	(800) 551-8043	C+ / 6.7	3.90	10.94	21.02 /67	14.47 /65	10.35 /37	0.00	2.59
GR	Nicholas-Applegate Growth Equity Z	PNAZX	C+	(800) 551-8043	B- / 7.4	4.21	11.58	22.31 /74	15.59 /72	11.44 /48	0.00	1.59
FO	Nicholas-Applegate Intl AllCap Gr I	NIACX	B	(800) 551-8043	A+ / 9.6	13.05	14.40	33.94 /95	29.35 /96	21.26 /93	0.46	1.18
FO	Nicholas-Applegate Intl Gr Opp I	NAGPX	B+	(800) 551-8043	A+ / 9.8	16.25	23.69	42.78 /97	32.78 /97	25.63 /96	0.00	1.43
FO	Nicholas-Applegate Intl Gr Opp II	NAIIX	B+	(800) 551-8043	A+ / 9.8	16.29	23.79	42.99 /97	32.97 /97	25.77 /97	0.00	1.28
FO	Nicholas-Applegate Intl Gr Opp IV	NAIVX	U	(800) 551-8043	U /	16.33	23.87	43.14 /98	--	--	0.00	1.17
FO	Nicholas-Applegate Intl Growth I	NACIX	B	(800) 551-8043	A / 9.4	12.21	13.95	30.76 /93	24.22 /92	16.74 /84	0.24	1.41
FO	Nicholas-Applegate Intl Growth II	NACTX	U	(800) 551-8043	U /	12.29	14.13	31.15 /94	--	--	0.52	1.02
FO	Nicholas-Applegate Intl Growth R	NACRX	B-	(800) 551-8043	A / 9.4	12.17	13.79	30.31 /93	23.86 /92	16.38 /83	0.20	1.64
CV	Nicholas-Applegate US Convert Fd	NIGIX	B-	(800) 551-8043	C+ / 6.1	6.45	11.39	19.84 /59	12.89 /53	12.68 /59	1.59	1.02
SC	Nicholas-Applegate US Emerg Gr I	NAGQX	C+	(800) 551-8043	B+ / 8.8	13.22	18.18	21.13 /68	18.78 /82	13.93 /69	0.00	1.21
SC	Nicholas-Applegate US Emerg Gr R	NARRX	C+	(800) 551-8043	B+ / 8.7	13.24	18.02	20.83 /66	18.49 /82	13.67 /67	0.00	1.45
SC	Nicholas-Applegate US Micro Cap	NAMCX	C-	(800) 551-8043	C+ / 6.4	9.98	11.43	17.24 /40	13.22 /56	14.97 /76	0.00	1.58
SC	Nicholas-Applegate US Sm Cap Val I	NASVX	C	(800) 551-8043	C+ / 5.9	3.26	4.40	14.68 /24	15.36 /71	17.29 /86	0.38	1.31
GR	Nicholas-Applegate US Sys Lrg Gr I	NLCIX	C	(800) 551-8043	C / 4.5	5.87	9.07	21.54 /70	10.70 /33	7.29 /10	0.00	1.13
GR	Nicholas-Applegate US Sys Lrg Gr R	NLCRX	C	(800) 551-8043	C- / 4.2	5.82	8.90	21.24 /68	10.43 /31	7.06 / 9	0.00	1.37
MC	Nicholas-Applegate US Sys Md Gr I	NASSX	B+	(800) 551-8043	B / 7.7	4.36	11.74	22.11 /73	16.64 /76	--	0.00	1.34
GI	North Track DJ Equity Income 100+ A	NJPAX	U	(800) 826-4600	U /	5.52	7.04	20.10 /60	--	--	2.62	1.74
FS	North Track DJ US Fin 100+ A	NDUAX	D-	(800) 826-4600	E+ / 0.9	1.73	-1.47	12.81 /16	10.03 /28	9.46 /27	1.13	1.34
FS	North Track DJ US Fin 100+ B	NDUBX	D	(800) 826-4600	D- / 1.1	1.52	-1.82	12.00 /13	9.21 /22	8.66 /20	0.45	2.09
FS	North Track DJ US Fin 100+ C	NDUCX	D	(800) 826-4600	D- / 1.1	1.53	-1.83	12.01 /13	9.20 /22	8.65 /20	0.48	2.09
HL	North Track DJ US Hlthcare 100+ A	NDJAX	D-	(800) 826-4600	E+ / 0.9	4.62	5.55	16.40 /35	7.16 /10	9.15 /25	0.00	1.36
HL	North Track DJ US Hlthcare 100+ B	NDJBX	D-	(800) 826-4600	D- / 1.1	4.42	5.12	15.38 /28	6.35 / 7	8.32 /17	0.00	2.11
HL	North Track DJ US Hlthcare 100+ C	NDJCX	D-	(866) 826-4600	D- / 1.1	4.41	5.11	15.47 /29	6.34 / 7	8.33 /17	0.00	2.11
MC	North Track Geneva Growth A	PNMAX	D-	(800) 826-4600	D+ / 2.5	5.53	9.91	9.94 / 8	12.18 /47	11.98 /53	0.00	1.36
MC	North Track Geneva Growth B	PNMBX	D	(800) 826-4600	D+ / 2.9	5.36	9.57	9.08 / 6	11.33 /39	11.14 /45	0.00	2.11
MC	North Track Geneva Growth C	MGPCX	D	(800) 826-4600	D+ / 2.7	5.35	9.51	9.09 / 6	11.33 /39	11.14 /45	0.00	2.12
TC	North Track NYSE ArcaTech 100 Idx	PPTIX	E+	(800) 826-4600	D / 1.8	7.15	7.79	20.04 /60	8.13 /15	12.27 /56	0.00	0.99
TC	North Track NYSE ArcaTech 100 Idx	PSEBX	E+	(800) 826-4600	D / 2.2	6.99	7.39	19.20 /54	7.33 /11	11.43 /48	0.00	1.74
TC	North Track NYSE ArcaTech 100 Idx	PTICX	E+	(800) 826-4600	D / 2.2	6.94	7.39	19.13 /53	7.32 /11	11.42 /48	0.00	1.74
GR	North Track S&P 100 Index A	PPSPX	C-	(800) 826-4600	D / 2.1	6.90	5.51	21.03 /67	8.90 /20	8.17 /16	1.16	1.16
GR	North Track S&P 100 Index B	PSUBX	C-	(800) 826-4600	D+ / 2.4	6.74	5.15	20.17 /61	8.09 /15	7.37 /10	0.47	1.91
GR	North Track S&P 100 Index C	SPPCX	C-	(800) 826-4600	D+ / 2.4	6.71	5.14	20.15 /61	8.09 /15	7.38 /11	0.35	1.92
AA	North Track Strategic Allocation A	NTSAX	D-	(800) 826-4600	D- / 1.0	4.46	3.65	15.91 /31	7.95 /14	--	0.00	1.86
AA	North Track Strategic Allocation B	NTSBX	D	(800) 826-4600	D- / 1.2	4.25	3.34	15.09 /27	7.15 /10	--	0.00	2.61
AA	North Track Strategic Allocation C	NTSCX	D	(800) 826-4600	D- / 1.2	4.17	3.26	14.98 /26	7.12 /10	--	0.00	2.61
GR	Northeast Investors Growth	NTHFX	C-	(800) 225-6704	C- / 3.2	5.44	6.97	14.18 /22	10.76 /34	10.33 /37	0.00	1.15
GR	Northern Enhanced Lg Cap Retail	NOLCX	U	(800) 595-9111	U /	4.71	5.37	19.42 /56	--	--	1.23	1.71

• Denotes fund is closed to new investors
* Denotes fund is included in Section II

www.thestreet.com/ratings

Summer 2007 I. Index of Stock Mutual Funds

RISK			NET ASSETS		ASSET					BULL / BEAR		FUND MANAGER		MINIMUMS		LOADS	
	3 Year		NAV						Portfolio	Last Bull	Last Bear	Manager	Manager	Initial	Additional	Front	Back
Risk	Standard		As of	Total	Cash	Stocks	Bonds	Other	Turnover	Market	Market	Quality	Tenure	Purch.	Purch.	End	End
Rating/Pts	Deviation	Beta	6/30/07	$(Mil)	%	%	%	%	Ratio	Return	Return	Pct	(Years)	$	$	Load	Load
B / 8.0	8.3	0.73	38.90	1,034	2	97	0	1	51.0	99.8	-10.3	13	N/A	500	100	0.0	0.0
B / 8.7	8.2	1.03	14.52	8	4	95	0	1	26.0	N/A	N/A	53	N/A	1,000	250	0.0	2.0
C+ / 6.8	13.9	0.95	18.05	57	8	91	0	1	13.0	N/A	N/A	53	N/A	1,000	250	0.0	2.0
C / 4.4	15.8	1.36	7.92	4	10	89	0	1	122.0	40.9	-14.7	0	N/A	1,000	0	2.5	0.0
B / 8.4	7.0	0.78	16.10	42	12	87	0	1	36.3	109.7	-9.3	88	N/A	100,000	100	0.0	0.0
B- / 7.0	7.7	0.93	58.65	2,243	3	96	0	1	30.0	90.6	-9.3	37	38	500	100	0.0	0.0
B / 8.6	3.6	0.28	10.79	99	14	0	84	2	49.9	50.7	3.5	69	4	100,000	100	0.0	0.0
C+ / 6.4	8.9	1.10	25.28	549	5	94	0	1	16.9	98.8	-8.4	26	14	100,000	100	0.0	0.0
B- / 7.9	9.1	1.11	25.15	1	5	94	0	1	16.9	105.8	-8.4	37	2	500	100	0.0	0.0
C+ / 6.1	10.6	1.21	21.32	172	5	94	0	1	31.0	111.6	-8.8	16	14	2,000	100	0.0	0.0
C+ / 6.3	10.7	1.06	20.26	61	3	96	0	1	105.0	152.6	-11.1	14	10	250,000	0	0.0	0.0
C+ / 6.3	10.7	1.06	20.27	94	3	96	0	1	105.0	153.0	-11.1	15	4	25,000,000	0	0.0	0.0
C / 5.4	11.8	1.37	13.40	105	1	98	0	1	108.0	110.2	-10.1	61	N/A	2,500	100	5.5	0.0
C / 5.4	11.8	1.36	10.65	18	1	98	0	1	108.0	103.2	-10.3	51	N/A	2,500	100	0.0	0.0
C / 5.4	11.8	1.36	10.65	3	1	98	0	1	108.0	103.2	-10.3	51	N/A	2,500	100	0.0	0.0
C / 5.4	11.9	1.37	13.87	2	1	98	0	1	108.0	111.9	-10.0	64	N/A	0	0	0.0	0.0
C / 4.9	13.3	1.35	16.29	27	N/A	N/A	0	N/A	118.0	242.2	-8.6	42	N/A	250,000	0	0.0	0.0
C / 5.3	13.5	1.31	66.68	127	1	98	0	1	127.0	282.2	-6.4	83	2	250,000	0	0.0	0.0
C / 5.3	13.5	1.31	67.02	85	1	98	0	1	127.0	284.5	-6.4	84	2	10,000,000	0	0.0	0.0
U /	N/A	N/A	66.95	81	1	98	0	1	127.0	N/A	N/A	N/A	2	50,000,000	0	0.0	0.0
C / 4.7	12.3	1.25	25.08	17	2	97	0	1	119.0	169.4	-8.5	20	N/A	250,000	0	0.0	0.0
U /	N/A	N/A	25.12	59	2	97	0	1	119.0	N/A	N/A	N/A	N/A	25,000,000	0	0.0	0.0
C / 4.6	12.3	1.25	24.43	3	2	97	0	1	119.0	165.8	-8.6	19	N/A	250,000	10,000	0.0	0.0
B- / 7.6	7.6	1.16	25.83	42	2	0	0	98	92.0	96.4	-3.0	92	N/A	250,000	0	0.0	0.0
C / 4.3	15.5	1.08	14.82	9	1	98	0	1	148.0	147.0	-12.1	90	N/A	250,000	0	0.0	0.0
C / 4.3	15.4	1.08	14.54	4	1	98	0	1	148.0	144.5	-12.2	89	N/A	250,000	10,000	0.0	0.0
C- / 4.0	16.8	1.17	16.86	93	0	99	0	1	165.0	183.0	-11.9	31	12	250,000	10,000	0.0	0.0
C+ / 5.9	11.4	0.82	19.93	52	0	99	0	1	55.0	187.4	-7.3	88	N/A	250,000	10,000	0.0	0.0
B- / 7.7	9.7	1.24	20.93	1	N/A	N/A	0	N/A	100.0	72.6	-11.8	23	1	250,000	0	0.0	0.0
B- / 7.7	9.7	1.25	20.55	6	N/A	N/A	0	N/A	100.0	71.2	-11.9	21	1	250,000	10,000	0.0	0.0
B- / 7.2	13.0	1.18	14.37	4	1	98	0	1	191.0	N/A	N/A	43	1	250,000	0	0.0	0.0
U /	N/A	N/A	12.06	28	N/A	100	0	N/A	37.8	N/A	N/A	N/A	2	1,000	50	5.3	0.0
B- / 7.7	8.4	1.01	14.12	21	0	99	0	1	17.4	93.3	-9.9	34	5	1,000	50	5.3	0.0
B / 8.2	8.4	1.01	14.02	8	0	99	0	1	17.4	87.1	-9.9	27	5	1,000	50	0.0	0.0
B / 8.2	8.4	1.00	13.95	11	0	99	0	1	17.4	87.3	-10.0	27	5	1,000	50	0.0	0.0
B- / 7.0	9.2	0.81	13.13	24	0	99	0	1	21.0	69.7	-4.9	23	5	1,000	50	5.3	0.0
B- / 7.0	9.3	0.81	12.53	10	0	99	0	1	21.0	64.4	-5.1	18	5	1,000	50	0.0	0.0
B- / 7.0	9.3	0.82	12.54	11	0	99	0	1	21.0	64.7	-5.1	18	5	1,000	50	0.0	0.0
C+ / 6.1	11.3	0.98	19.85	191	0	99	0	1	21.9	105.2	-9.5	25	8	1,000	50	5.3	0.0
C+ / 6.1	11.3	0.98	18.67	19	0	99	0	1	21.9	98.9	-9.7	20	8	1,000	50	0.0	0.0
C+ / 6.1	11.3	0.99	18.89	20	0	99	0	1	21.9	98.9	-9.7	19	8	1,000	50	1.0	0.0
C / 5.1	13.4	1.59	27.13	268	0	99	0	1	11.1	102.8	-11.4	4	5	1,000	50	5.3	0.0
C / 5.1	13.4	1.59	25.27	61	0	99	0	1	11.1	96.5	-11.5	3	5	1,000	50	0.0	0.0
C / 5.1	13.4	1.59	25.72	26	0	99	0	1	11.1	96.3	-11.5	3	5	1,000	50	0.0	0.0
B / 8.4	7.1	0.93	39.05	123	1	98	0	1	4.3	72.2	-11.0	29	5	1,000	50	5.3	0.0
B / 8.6	7.1	0.93	38.19	24	1	98	0	1	4.3	66.8	-11.1	23	5	1,000	50	0.0	0.0
B / 8.6	7.2	0.93	38.47	5	1	98	0	1	4.3	66.9	-11.1	23	5	1,000	50	0.0	0.0
B- / 7.7	8.5	1.82	13.35	30	N/A	100	0	N/A	9.4	N/A	N/A	12	4	1,000	50	5.3	0.0
B- / 7.6	8.5	1.81	12.99	20	N/A	100	0	N/A	9.4	N/A	N/A	9	4	1,000	50	0.0	0.0
B- / 7.6	8.5	1.81	12.99	13	N/A	100	0	N/A	9.4	N/A	N/A	9	4	1,000	50	0.0	0.0
B- / 7.5	9.3	1.15	21.50	145	N/A	100	0	1	52.0	93.0	-11.6	29	27	1,000	0	0.0	0.0
U /	N/A	N/A	11.74	177	5	94	0	1	100.0	N/A	N/A	N/A	N/A	2,500	50	0.0	0.0

www.thestreet.com/ratings

Data as of June 30, 2007

I. Index of Stock Mutual Funds

Summer 2007

						PERFORMANCE						
	99 Pct = Best 0 Pct = Worst			Overall		Perfor-	Total Return % through 6/30/07				Incl. in Returns	
Fund Type	Fund Name		Ticker Symbol	Investment Rating	Phone	mance Rating/Pts	3 Mo	6 Mo	1Yr / Pct	Annualized		Dividend Yield	Expense Ratio
										3Yr / Pct	5Yr / Pct		
BA	Northern Instl Balanced A		BBALX	D	(800) 637-1380	D- / 1.2	3.46	4.87	13.92 /20	7.24 /10	6.72 / 7	2.57	0.79
BA	Northern Instl Balanced C		BBCCX	D	(800) 637-1380	D- / 1.1	3.41	4.69	13.66 /19	6.99 / 9	6.47 / 6	2.35	1.03
BA	Northern Instl Balanced D		BBADX	D	(800) 637-1380	D- / 1.0	3.40	4.57	13.41 /18	6.81 / 8	6.30 / 5	2.22	1.18
GR	Northern Instl Diversified Gr A		BDVAX	D-	(800) 637-1380	C- / 3.3	5.59	6.56	18.32 /47	10.04 /28	8.28 /17	0.80	1.15
GR	Northern Instl Diversified Gr D		BDGDX	D-	(800) 637-1380	D+ / 2.9	5.46	6.34	17.80 /44	9.54 /25	7.80 /13	0.69	1.54
GR	Northern Instl Equity Index A		BEIAX	C	(800) 637-1380	C / 4.7	6.29	6.92	20.46 /63	11.50 /41	10.51 /39	1.57	0.24
GR	Northern Instl Equity Index C		BEICX	C	(800) 637-1380	C / 4.3	6.14	6.73	20.07 /60	11.20 /38	10.25 /36	1.36	0.48
GR	Northern Instl Equity Index D		BEIDX	C	(800) 637-1380	C- / 4.2	6.11	6.67	19.90 /59	11.04 /36	10.06 /34	1.20	0.63
GR	Northern Instl Focused Growth A		BFGAX	D-	(800) 637-1380	D+ / 2.3	6.91	7.15	18.10 /46	8.00 /14	5.60 / 3	0.49	1.06
GR	Northern Instl Focused Growth C		BFGCX	E+	(800) 637-1380	D / 2.1	6.87	7.03	17.80 /44	7.54 /12	5.25 / 3	0.36	1.30
GR	Northern Instl Focused Growth D		BFGDX	E+	(800) 637-1380	D / 2.0	6.70	6.79	17.51 /42	7.52 /12	5.16 / 2	0.08	1.45
FO	Northern Instl Intl Equity Index A		BIEIX	B+	(800) 637-1380	B+ / 8.9	6.41	10.76	26.85 /87	22.13 /89	17.78 /87	2.67	0.58
FO	Northern Instl Intl Equity Index D		BIEDX	B+	(800) 637-1380	B+ / 8.8	6.40	10.65	26.50 /87	21.56 /88	17.42 /86	2.42	0.97
FO	Northern Instl Int'l Growth A		BIGAX	B+	(800) 637-1380	B+ / 8.7	6.47	10.67	27.53 /89	20.64 /86	16.52 /83	0.86	1.20
FO	Northern Instl Int'l Growth D		BIGDX	B+	(800) 637-1380	B+ / 8.6	6.38	10.48	27.11 /88	20.19 /85	16.04 /81	0.54	1.59
MC	Northern Instl Mid Cap Growth A		BMGRX	C	(800) 637-1380	C+ / 5.8	8.06	14.25	21.38 /69	11.20 /38	10.19 /35	0.13	1.68
MC	Northern Instl Mid Cap Growth C		BMDCX	C	(800) 637-1380	C / 5.5	7.95	14.05	20.86 /66	10.88 /35	9.90 /32	0.13	1.92
MC	Northern Instl Mid Cap Growth D		BMCDX	C	(800) 637-1380	C / 5.3	7.86	14.02	20.68 /65	10.68 /33	9.73 /30	0.14	2.07
SC	Northern Instl Small Co. Growth A		BSGRX	C	(800) 637-1380	C+ / 6.6	5.66	10.31	18.05 /45	14.55 /66	10.09 /34	0.00	3.21
SC	Northern Instl Small Co. Idx A		BSCAX	C	(800) 637-1380	C / 5.0	4.44	6.42	16.41 /35	13.30 /57	13.78 /68	0.69	0.53
SC	Northern Instl Small Co. Idx D		BSIDX	C-	(800) 637-1380	C / 4.6	4.33	6.20	15.97 /32	12.88 /53	13.41 /65	0.26	0.92
FO	Northern Multi Mgr Intl Equity Fd		NMIEX	U	(800) 595-9111	U /	6.48	8.95	22.49 /75	--	--	0.22	1.59
MC	Northern Multi Mgr Mid Cap Fd		NMMCX	U	(800) 595-9111	U /	5.69	9.89	15.61 /29	--	--	0.14	1.30
SC	Northern Multi Mgr Small Cap Fd		NMMSX	U	(800) 595-9111	U /	5.75	9.77	17.99 /45	--	--	0.00	1.49
EM	Northern Trust Emerg Mkts Eq Fd		NOEMX	U	(800) 595-9111	U /	14.67	16.67	43.01 /97	--	--	0.48	0.77
GR	Northern Trust Growth Equity		NOGEX	D	(800) 595-9111	C- / 3.1	5.65	6.57	18.35 /48	9.72 /26	7.90 /14	0.70	1.14
CV	Northern Trust Income Equity		NOIEX	C+	(800) 595-9111	C+ / 6.1	4.65	7.98	23.28 /78	13.18 /56	11.10 /45	2.82	1.24
FO	Northern Trust Intl Eq Index Fd		NOINX	U	(800) 595-9111	U /	6.32	10.70	26.91 /88	--	--	2.14	0.62
FO	Northern Trust Intl Growth Equity		NOIGX	B+	(800) 595-9111	B+ / 8.7	6.69	10.76	27.83 /89	20.41 /86	16.02 /81	1.44	1.39
GR	Northern Trust Large Cap Value		NOLVX	C	(800) 595-9111	C / 5.2	6.64	7.74	21.61 /70	11.75 /43	11.64 /50	1.62	1.19
MC	Northern Trust Midcap Growth		NOMCX	C+	(800) 595-9111	C+ / 6.0	8.10	14.55	22.17 /73	11.29 /39	9.93 /32	0.00	1.16
MC	Northern Trust Midcap Index Fd		NOMIX	U	(800) 595-9111	U /	5.80	11.84	18.18 /46	--	--	1.05	0.60
GR	Northern Trust Select Equity		NOEQX	D-	(800) 595-9111	D / 2.1	6.88	7.09	17.98 /45	7.46 /11	4.88 / 2	0.34	1.17
SC	Northern Trust Small Cap Growth		NSGRX	C	(800) 595-9111	C+ / 6.6	5.01	9.55	17.75 /43	14.95 /68	10.49 /39	0.00	1.42
SC	Northern Trust Small Cap Index		NSIDX	D	(800) 595-9111	C / 4.7	4.30	6.34	16.05 /32	12.97 /54	13.27 /64	0.68	0.51
SC	Northern Trust Small Cap Value		NOSGX	C-	(800) 595-9111	C / 5.0	2.35	2.47	12.21 /14	14.77 /67	14.08 /70	0.61	1.18
IX	Northern Trust Stock Index		NOSIX	C+	(800) 595-9111	C / 4.6	6.24	6.84	20.35 /62	11.35 /39	10.26 /36	1.57	0.40
TC	Northern Trust Technology		NTCHX	E	(800) 595-9111	D- / 1.5	8.08	9.14	20.54 /64	4.78 / 3	8.99 /23	0.00	1.33
GL	NorthPointe Small Cap Value Inst		NNSVX	E	(800) 848-0920	C / 5.4	3.33	5.45	13.76 /20	14.70 /67	14.37 /72	0.56	1.05
BA	Nuveen Balanced Muni & Stock A		NBMSX	D+	(800) 257-8787	E+ / 0.7	2.46	3.29	10.97 /10	8.44 /17	6.59 / 6	2.48	1.26
BA	Nuveen Balanced Muni & Stock B		NMNBX	C-	(800) 257-8787	E+ / 0.9	2.28	2.90	10.10 / 8	7.62 /12	5.79 / 4	1.82	2.00
BA	Nuveen Balanced Muni & Stock C		NBMCX	C-	(800) 257-8787	E+ / 0.9	2.28	2.94	10.11 / 8	7.64 /12	5.80 / 4	1.82	2.01
BA	Nuveen Balanced Muni & Stock R		NMNRX	C-	(800) 257-8787	D- / 1.3	2.52	3.40	11.23 /11	8.71 /19	6.87 / 8	3.05	1.01
BA	Nuveen Balanced Stock & Bond A		NNSAX	D	(800) 257-8787	D- / 1.5	3.71	4.84	14.38 /23	10.06 /28	7.82 /13	2.04	1.31
BA	Nuveen Balanced Stock & Bond B		NNSBX	D+	(800) 257-8787	D / 1.9	3.56	4.45	13.54 /19	9.25 /23	7.02 / 8	1.46	2.06
BA	Nuveen Balanced Stock & Bond C		NUVCX	D+	(800) 257-8787	D / 1.9	3.56	4.45	13.53 /18	9.24 /22	7.02 / 8	1.46	2.06
BA	Nuveen Balanced Stock & Bond R		NNSRX	C-	(800) 257-8787	D+ / 2.6	3.78	4.97	14.67 /24	10.33 /30	8.10 /15	2.39	1.06
GR	Nuveen Large Cap Value A		NNGAX	C+	(800) 257-8787	C+ / 6.2	6.64	7.74	21.66 /71	15.28 /70	11.13 /45	0.76	1.28
GR	Nuveen Large Cap Value B		NNGBX	B-	(800) 257-8787	C+ / 6.6	6.42	7.32	20.77 /65	14.42 /65	10.31 /36	0.16	2.03
GR	Nuveen Large Cap Value C		NNGCX	B-	(800) 257-8787	C+ / 6.6	6.47	7.37	20.76 /65	14.42 /65	10.31 /36	0.16	2.03
GR	Nuveen Large Cap Value R		NNGRX	B	(800) 257-8787	B- / 7.3	6.72	7.86	21.99 /72	15.57 /72	11.41 /48	1.01	1.03
GI	Nuveen NWQ Multi-Cap Value Fund		NQVAX	C+	(800) 257-8787	C / 4.8	5.10	6.30	15.51 /29	15.03 /69	17.41 /86	0.45	1.33

• Denotes fund is closed to new investors
* Denotes fund is included in Section II

www.thestreet.com/ratings

I. Index of Stock Mutual Funds

RISK			NET ASSETS		ASSET					BULL / BEAR		FUND MANAGER		MINIMUMS		LOADS	
	3 Year		NAV						Portfolio	Last Bull	Last Bear	Manager	Manager	Initial	Additional	Front	Back
Risk	Standard		As of	Total	Cash	Stocks	Bonds	Other	Turnover	Market	Market	Quality	Tenure	Purch.	Purch.	End	End
Rating/Pts	Deviation	Beta	6/30/07	$(Mil)	%	%	%	%	Ratio	Return	Return	Pct	(Years)	$	$	Load	Load
B- / 7.9	5.2	1.13	12.71	60	0	63	43	0	200.3	49.3	-3.5	30	N/A	5,000,000	0	0.0	0.0
B- / 7.9	5.2	1.12	12.70	5	0	63	43	0	200.3	48.0	-3.5	28	N/A	5,000,000	0	0.0	0.0
B- / 7.9	5.2	1.14	12.60	N/A	0	63	43	0	200.3	46.9	-3.6	26	N/A	5,000,000	0	0.0	0.0
C / 5.4	8.1	1.07	8.12	54	2	97	0	1	123.4	79.8	-8.9	28	N/A	5,000,000	0	0.0	0.0
C / 5.4	8.2	1.08	7.72	N/A	2	97	0	1	123.4	76.7	-9.1	24	N/A	5,000,000	0	0.0	0.0
B- / 7.3	7.3	1.00	17.57	740	2	97	0	1	17.1	95.2	-9.8	51	1	5,000,000	0	0.0	0.0
B- / 7.3	7.3	1.00	17.47	27	2	97	0	1	17.1	93.3	-9.9	47	1	5,000,000	0	0.0	0.0
B- / 7.3	7.3	1.00	17.44	5	2	97	0	1	17.1	91.8	-9.9	45	1	5,000,000	0	0.0	0.0
C+ / 5.6	9.1	1.18	14.38	92	2	97	0	1	151.0	59.4	-9.9	12	5	5,000,000	0	0.0	0.0
C / 5.5	9.2	1.18	14.00	N/A	2	97	0	1	151.0	56.9	-9.9	10	N/A	5,000,000	0	0.0	0.0
C / 5.5	9.2	1.18	13.69	N/A	2	97	0	1	151.0	56.8	-10.0	10	N/A	5,000,000	0	0.0	0.0
C+ / 6.1	9.1	0.98	15.44	151	1	98	0	1	68.2	182.8	-9.6	51	1	5,000,000	0	0.0	2.0
C+ / 6.0	9.1	0.98	14.96	N/A	1	98	0	1	68.2	176.3	-9.8	45	1	5,000,000	0	0.0	2.0
C+ / 6.2	9.7	1.01	14.31	241	2	97	0	1	94.1	169.3	-9.6	29	5	5,000,000	0	0.0	2.0
C+ / 6.2	9.6	1.01	14.34	1	2	97	0	1	94.1	165.0	-9.9	26	5	5,000,000	0	0.0	2.0
C+ / 6.3	11.6	1.03	13.95	6	7	92	0	1	178.6	92.0	-7.6	16	1	5,000,000	0	0.0	0.0
C+ / 6.2	11.7	1.03	13.72	N/A	7	92	0	1	178.6	89.9	-7.6	15	1	5,000,000	0	0.0	0.0
C+ / 6.2	11.7	1.03	13.58	N/A	7	92	0	1	178.6	88.5	-7.6	13	1	5,000,000	0	0.0	0.0
C+ / 5.6	13.2	0.92	11.77	3	2	97	0	1	275.7	113.0	-9.4	76	N/A	5,000,000	0	0.0	0.0
C+ / 6.5	13.4	1.00	18.57	70	0	99	0	1	46.0	145.9	-11.0	52	1	5,000,000	0	0.0	0.0
C+ / 6.5	13.4	1.00	18.33	N/A	0	99	0	1	46.0	142.4	-11.2	46	1	5,000,000	0	0.0	0.0
U /	N/A	N/A	12.66	1,256	4	95	0	1	40.6	N/A	N/A	N/A	1	2,500	50	0.0	0.0
U /	N/A	N/A	11.89	398	1	98	0	1	16.6	N/A	N/A	N/A	1	2,500	50	0.0	0.0
U /	N/A	N/A	12.13	266	4	95	0	1	70.8	N/A	N/A	N/A	1	2,500	50	0.0	0.0
U /	N/A	N/A	12.74	621	2	97	0	1	16.2	N/A	N/A	N/A	1	2,500	50	0.0	2.0
C+ / 6.2	8.2	1.08	17.10	591	1	98	0	1	88.8	77.8	-9.0	25	N/A	2,500	50	0.0	0.0
B- / 7.3	6.3	0.90	13.77	538	12	54	32	2	32.9	82.1	-1.4	95	N/A	2,500	50	0.0	0.0
U /	N/A	N/A	14.80	1,678	1	98	0	1	7.5	N/A	N/A	N/A	1	2,500	50	0.0	2.0
C+ / 6.1	9.7	1.01	14.52	1,253	2	97	0	1	70.0	165.3	-9.6	27	N/A	2,500	50	0.0	2.0
C+ / 6.5	6.9	0.86	14.61	1,229	2	97	0	1	41.1	108.7	-11.1	69	N/A	2,500	50	0.0	0.0
C+ / 6.3	11.7	1.04	17.08	192	4	95	0	1	140.5	91.3	-7.8	16	N/A	2,500	50	0.0	0.0
U /	N/A	N/A	13.13	355	1	98	0	1	23.2	N/A	N/A	N/A	1	2,500	50	0.0	0.0
C+ / 6.3	9.2	1.19	22.36	176	0	99	0	1	149.0	56.8	9.0	9	N/A	2,500	50	0.0	0.0
C / 5.5	13.2	0.92	14.46	53	1	98	0	1	141.0	114.8	-9.2	78	N/A	2,500	50	0.0	0.0
C / 4.5	13.4	1.00	11.40	386	1	98	0	1	21.8	141.4	-11.2	47	1	2,500	50	0.0	0.0
C+ / 5.7	11.4	0.83	17.01	1,043	5	94	0	1	41.1	149.4	-7.7	84	6	2,500	50	0.0	0.0
B- / 7.7	7.3	1.00	18.55	726	3	96	0	1	3.3	93.3	-9.8	49	1	2,500	50	0.0	0.0
C / 4.7	14.5	1.71	13.38	147	1	98	0	1	84.7	79.9	-13.4	1	N/A	2,500	50	0.0	0.0
E- / 0.0	11.9	0.92	11.30	34	4	96	0	0	177.0	144.8	-9.8	9	7	1,000,000	0	0.0	0.0
B+ / 9.3	3.1	0.64	25.76	62	0	41	58	1	44.0	47.8	-1.7	74	11	3,000	50	5.8	0.0
B+ / 9.5	3.1	0.64	27.36	6	0	41	58	1	44.0	43.1	-1.8	64	11	3,000	50	0.0	0.0
B+ / 9.5	3.1	0.65	27.33	9	0	41	58	1	44.0	43.2	-1.8	64	11	3,000	50	0.0	0.0
B+ / 9.5	3.1	0.64	25.15	2	0	41	58	1	44.0	49.5	-1.6	76	11	3,000	50	0.0	0.0
B- / 7.8	4.1	0.86	26.73	34	1	58	39	2	56.0	62.0	-2.7	78	11	3,000	50	5.8	0.0
B- / 7.9	4.1	0.86	26.73	6	1	58	39	2	56.0	57.0	-2.9	70	11	3,000	50	0.0	0.0
B- / 7.9	4.1	0.86	26.75	8	1	58	39	2	56.0	57.0	-2.9	70	11	3,000	50	0.0	0.0
B- / 7.8	4.1	0.86	26.73	11	1	58	39	2	56.0	63.7	-2.7	81	11	3,000	50	0.0	0.0
B- / 7.3	7.2	0.91	30.05	492	1	98	0	1	81.0	108.9	-6.4	90	N/A	3,000	50	5.8	0.0
B- / 7.4	7.2	0.91	29.32	19	1	98	0	1	81.0	102.4	-6.6	87	N/A	3,000	50	0.0	0.0
B- / 7.4	7.2	0.91	29.28	31	1	98	0	1	81.0	102.4	-6.6	87	N/A	3,000	50	0.0	0.0
B- / 7.2	7.2	0.91	30.18	32	1	98	0	1	81.0	111.2	-6.3	91	N/A	3,000	50	0.0	0.0
B- / 7.8	9.7	1.15	26.15	634	5	94	0	1	10.0	159.9	-6.2	77	10	3,000	50	5.8	0.0

www.thestreet.com/ratings

I. Index of Stock Mutual Funds

Summer 2007

	99 Pct = Best					**PERFORMANCE**						
	0 Pct = Worst			**Overall**		**Perfor-**	\multicolumn{5}{c	}{Total Return % through 6/30/07}	\multicolumn{2}{c	}{Incl. in Returns}
Fund		Ticker	**Investment**		**mance**				\multicolumn{2}{c	}{Annualized}	Dividend	Expense
Type	Fund Name	Symbol	**Rating**	Phone	**Rating/Pts**	3 Mo	6 Mo	1Yr / Pct	3Yr / Pct	5Yr / Pct	Yield	Ratio
GI	Nuveen NWQ Multi-Cap Value Fund	NQVBX	C+	(800) 257-8787	C / 5.3	4.87	5.91	14.65 /24	14.17 /63	16.53 /83	0.00	2.08
GI	Nuveen NWQ Multi-Cap Value Fund	NQVCX	C+	(800) 257-8787	C / 5.3	4.87	5.91	14.64 /24	14.17 /63	16.53 /83	0.00	2.08
GI	● Nuveen NWQ Multi-Cap Value Fund	NQVRX	B-	(800) 257-8787	C+ / 6.2	5.12	6.45	15.77 /30	15.30 /70	17.71 /87	0.70	1.09
SC	Nuveen NWQ Sm and MidCap VL R	NSMRX	U	(800) 257-8787	U /	5.78	7.80	--	--	--	0.00	1.34
SC	● Nuveen NWQ Small Cap Value A	NSCAX	U	(800) 257-8787	U /	6.13	10.29	16.08 /32	--	--	0.50	1.95
SC	● Nuveen NWQ Small Cap Value R	NSCRX	U	(800) 257-8787	U /	6.23	10.47	16.40 /35	--	--	0.75	1.73
GR	Nuveen Rittenhouse Growth Fund A	NRGAX	D	(800) 257-8787	E+ / 0.9	7.02	7.06	18.39 /48	6.66 / 8	5.60 / 3	0.00	1.51
GR	Nuveen Rittenhouse Growth Fund B	NRGBX	D	(800) 257-8787	D- / 1.1	6.82	6.67	17.42 /41	5.85 / 5	4.80 / 2	0.00	2.27
GR	Nuveen Rittenhouse Growth Fund C	NRGCX	D	(800) 257-8787	D- / 1.1	6.81	6.66	17.46 /41	5.86 / 5	4.81 / 2	0.00	2.27
GR	Nuveen Rittenhouse Growth Fund R	NRGRX	C-	(800) 257-8787	D / 1.9	7.08	7.17	18.62 /49	6.92 / 9	5.85 / 4	0.00	1.26
GL	Nuveen Tradewinds Global All-Cap A	NWGAX	U	(800) 257-8787	U /	7.84	11.13	26.35 /86	--	--	0.53	1.34
FO	Nuveen Tradewinds Intl Value A	NAIGX	B	(800) 257-8787	B / 7.6	5.99	7.98	20.45 /63	19.67 /84	18.86 /90	0.78	1.63
FO	Nuveen Tradewinds Intl Value B	NBIGX	B	(800) 257-8787	B / 7.8	5.76	7.54	19.52 /56	18.77 /82	17.85 /87	0.18	2.33
FO	Nuveen Tradewinds Intl Value C	NCIGX	B	(800) 257-8787	B / 7.8	5.76	7.54	19.51 /56	18.75 /82	17.86 /87	0.18	2.37
FO	Nuveen Tradewinds Intl Value R	NGRRX	B+	(800) 257-8787	B / 8.2	6.02	8.10	20.71 /65	19.95 /85	19.02 /90	1.04	1.39
IN	● Nuveen Tradewinds Value Opp A	NVOAX	U	(800) 257-8787	U /	5.63	9.47	22.96 /77	--	--	0.83	1.63
IN	● Nuveen Tradewinds Value Opp C	NVOCX	U	(800) 257-8787	U /	5.44	9.05	22.03 /73	--	--	0.26	2.40
IN	● Nuveen Tradewinds Value Opp R	NVORX	U	(800) 257-8787	U /	5.72	9.60	23.28 /78	--	--	1.09	1.48
TC	Oak Assoc-Black Oak Emerging Tech	BOGSX	E-	(888) 462-5386	E+ / 0.8	8.26	10.18	15.28 /28	3.44 / 1	6.94 / 8	0.00	1.53
HL	Oak Assoc-Live Oak Health Sciences	LOGSX	E+	(888) 462-5386	E+ / 0.8	4.54	10.21	14.20 /22	4.59 / 3	8.93 /22	0.00	1.23
SC	Oak Assoc-Pin Oak Aggressive Stock	POGSX	E+	(888) 462-5386	C / 4.6	10.81	14.97	26.69 /87	7.49 /12	10.49 /39	0.00	1.27
TC	Oak Assoc-Red Oak Technology	ROGSX	E+	(888) 462-5386	C- / 3.4	10.53	11.14	26.84 /87	6.34 / 7	8.04 /15	0.00	1.34
GR	Oak Assoc-White Oak Select Gr Fd	WOGSX	E	(888) 462-5386	E+ / 0.6	9.43	11.50	18.24 /47	1.23 / 0	5.82 / 4	0.00	1.20
GR	Oak Value Fund	OAKVX	D-	(800) 680-4199	C- / 4.0	8.12	9.46	25.03 /83	9.30 /23	8.74 /21	0.07	1.37
★ BA	Oakmark Equity and Income I	OAKBX	C-	(800) 625-6275	D+ / 2.5	4.04	7.38	14.86 /25	10.35 /31	11.26 /46	1.72	0.84
BA	Oakmark Equity and Income II	OARBX	C-	(800) 625-6275	D+ / 2.3	3.95	7.21	14.50 /23	10.03 /28	10.96 /43	1.45	1.18
★ GR	Oakmark Fund (The) I	OAKMX	C	(800) 625-6275	C- / 3.3	6.35	6.08	21.27 /68	10.08 /29	9.22 /25	0.85	1.02
GR	Oakmark Fund (The) II	OARMX	C	(800) 625-6275	C- / 3.0	6.25	5.88	20.83 /66	9.74 /26	8.87 /22	0.51	1.36
GL	Oakmark Global I	OAKGX	B+	(800) 625-6275	B+ / 8.5	5.54	10.80	27.73 /89	19.58 /84	20.47 /93	1.00	1.14
GL	Oakmark Global II	OARGX	B+	(800) 625-6275	B+ / 8.4	5.39	10.59	27.23 /88	19.18 /83	20.07 /92	0.69	1.53
★ FO	Oakmark International I	OAKIX	B+	(800) 625-6275	B+ / 8.7	3.18	8.25	24.71 /82	22.12 /89	17.38 /86	1.43	1.04
FO	Oakmark International II	OARIX	B+	(800) 625-6275	B+ / 8.6	3.13	8.07	24.26 /81	21.70 /88	16.97 /85	1.13	1.42
FO	● Oakmark International Small Cap I	OAKEX	B	(800) 625-6275	A / 9.4	2.52	8.48	31.58 /94	27.79 /95	23.98 /95	2.00	1.34
FO	● Oakmark International Small Cap II	OAREX	B	(800) 625-6275	A / 9.4	2.52	8.44	31.48 /94	27.75 /95	23.87 /95	1.94	1.41
★ MC	Oakmark Select I	OAKLX	D+	(800) 625-6275	C- / 3.6	7.84	5.56	17.87 /44	10.99 /36	10.57 /39	1.01	0.98
MC	Oakmark Select II	OARLX	D	(800) 625-6275	C- / 3.3	7.70	5.34	17.42 /41	10.65 /33	10.25 /36	0.62	1.37
FO	Oberweis China Opportunities Fund	OBCHX	U	(800) 245-7311	U /	18.28	31.54	72.76 /99	--	--	0.00	1.91
SC	Oberweis Emerging Growth Portfolio	OBEGX	E	(800) 245-7311	D / 1.8	9.58	7.53	12.89 /16	7.53 /12	13.15 /63	0.00	1.35
SC	Oberweis Micro Cap Portfolio	OBMCX	E-	(800) 245-7311	C- / 4.1	7.10	10.83	19.29 /54	10.38 /31	19.67 /91	0.00	1.62
MC	Oberweis Mid Cap Growth Portfolio	OBMDX	D-	(800) 245-7311	C- / 4.1	10.25	11.98	15.44 /28	10.24 /30	13.73 /68	0.00	1.89
PM	OCM Gold Fund	OCMGX	D	(800) 628-9403	B / 8.1	0.11	-0.61	6.08 / 2	24.09 /92	20.82 /93	0.00	2.24
IN	Old Mutual Analytic Dfns Eqty A	ANAEX	B-	(888) 744-5050	C / 4.4	6.12	9.78	18.18 /46	13.03 /54	11.42 /48	0.12	2.18
IN	Old Mutual Analytic Dfns Eqty C	ANCEX	B	(888) 744-5050	C / 4.9	5.83	9.29	17.21 /40	12.18 /47	10.46 /38	0.01	2.86
IN	Old Mutual Analytic Dfns Eqty I	ANIEX	U	(888) 744-5050	U /	6.11	9.93	18.46 /48	--	--	0.22	2.11
IN	● Old Mutual Analytic Dfns Eqty Z	ANDEX	B	(888) 744-5050	C+ / 6.1	6.18	9.93	18.46 /48	13.59 /59	12.30 /56	0.22	1.82
GI	Old Mutual Analytic U.S. Lng/Sh A	OADEX	A	(888) 744-5050	B / 7.7	7.63	12.65	30.82 /93	15.75 /73	11.85 /52	0.13	2.47
GI	Old Mutual Analytic U.S. Lng/Sh Adv	OALSX	B	(888) 744-5050	B / 8.2	7.62	12.62	30.72 /93	15.64 /72	11.75 /51	0.27	1.74
GI	Old Mutual Analytic U.S. Lng/Sh C	OCDEX	A+	(888) 744-5050	B / 7.9	7.44	12.34	29.93 /92	14.91 /68	11.03 /44	0.00	3.95
GI	Old Mutual Analytic U.S. Lng/Sh I	OISLX	B	(888) 744-5050	B+ / 8.3	7.61	12.77	31.11 /93	16.04 /74	12.18 /55	0.27	1.23
GI	Old Mutual Analytic U.S. Lng/Sh R	ORLSX	B	(888) 744-5050	B / 8.1	7.34	12.25	30.29 /93	15.51 /71	11.68 /50	0.27	1.99
GI	Old Mutual Analytic U.S. Lng/Sh Z	OBDEX	A+	(888) 744-5050	B+ / 8.3	7.61	12.77	31.11 /93	16.04 /74	12.18 /55	0.27	1.56
AA	Old Mutual Asset Alloc Bal Port A	OMABX	U	(888) 744-5050	U /	4.18	6.97	16.01 /32	--	--	1.20	1.82

● Denotes fund is closed to new investors
★ Denotes fund is included in Section II

Summer 2007   I. Index of Stock Mutual Funds

RISK			NET ASSETS		ASSET					BULL / BEAR		FUND MANAGER		MINIMUMS		LOADS	
	3 Year		NAV						Portfolio	Last Bull	Last Bear	Manager	Manager	Initial	Additional	Front	Back
Risk	Standard		As of	Total	Cash	Stocks	Bonds	Other	Turnover	Market	Market	Quality	Tenure	Purch.	Purch.	End	End
Rating/Pts	Deviation	Beta	6/30/07	$(Mil)	%	%	%	%	Ratio	Return	Return	Pct	(Years)	$	$	Load	Load
B- /7.8	9.7	1.15	25.64	75	5	94	0	1	10.0	151.9	-6.4	68	10	3,000	50	0.0	0.0
B- /7.8	9.7	1.15	25.64	441	5	94	0	1	10.0	151.6	-6.3	68	10	3,000	50	0.0	0.0
B- /7.8	9.7	1.15	26.09	350	5	94	0	1	10.0	162.8	-6.2	79	10	3,000	50	0.0	0.0
U /	N/A	N/A	21.41	217	0	100	0	0	N/A	N/A	N/A	N/A	N/A	3,000	50	0.0	0.0
U /	N/A	N/A	30.11	77	5	94	0	1	26.0	N/A	N/A	N/A	3	3,000	50	5.8	0.0
U /	N/A	N/A	30.18	134	5	94	0	1	26.0	N/A	N/A	N/A	3	3,000	50	0.0	0.0
B- /7.9	7.5	0.93	24.40	46	0	99	0	1	73.0	53.0	-9.1	15	N/A	3,000	50	5.8	2.0
B /8.2	7.5	0.92	22.72	23	0	99	0	1	73.0	48.3	-9.3	11	N/A	3,000	50	0.0	2.0
B /8.2	7.5	0.92	22.74	36	0	99	0	1	73.0	48.2	-9.3	11	N/A	3,000	50	0.0	2.0
B /8.3	7.5	0.92	24.97	15	0	99	0	1	73.0	54.7	-9.1	16	N/A	3,000	50	0.0	0.0
U /	N/A	N/A	25.85	201	13	86	0	1	7.0	N/A	N/A	N/A	1	3,000	50	5.8	2.0
C+ /6.6	9.6	0.96	35.06	381	5	94	0	1	28.0	177.8	-4.2	30	N/A	3,000	50	5.8	2.0
C+ /6.6	9.6	0.96	33.79	17	5	94	0	1	28.0	167.5	-4.4	23	N/A	3,000	50	0.0	2.0
C+ /6.6	9.6	0.96	33.81	155	5	94	0	1	28.0	167.7	-4.4	23	N/A	3,000	50	0.0	2.0
C+ /6.6	9.6	0.96	35.22	444	5	94	0	1	28.0	179.2	-4.1	31	N/A	3,000	50	0.0	2.0
U /	N/A	N/A	32.48	247	17	72	0	11	29.0	N/A	N/A	N/A	3	3,000	50	5.8	0.0
U /	N/A	N/A	32.16	99	17	72	0	11	29.0	N/A	N/A	N/A	3	3,000	50	0.0	0.0
U /	N/A	N/A	32.54	161	17	72	0	11	29.0	N/A	N/A	N/A	3	3,000	50	0.0	0.0
D+ /2.7	20.4	2.28	2.49	35	3	96	0	1	46.7	88.6	-15.4	0	2	2,000	50	0.0	0.0
C+ /5.7	12.2	1.07	11.98	22	1	98	0	1	18.6	63.4	-6.0	5	6	2,000	50	0.0	0.0
D+ /2.6	18.0	0.99	25.11	79	1	98	0	1	5.5	104.0	-13.2	9	N/A	2,000	50	0.0	0.0
C- /3.4	17.0	1.87	8.08	113	0	98	0	2	0.9	73.2	-11.7	1	N/A	2,000	50	0.0	0.0
C /4.8	14.1	1.69	35.97	429	0	99	0	1	19.5	61.9	-15.2	0	15	2,000	50	0.0	0.0
C- /3.7	7.7	0.90	25.80	147	1	98	0	1	20.0	86.6	-11.9	34	14	2,500	100	0.0	2.0
B /8.6	4.7	0.74	27.79	12,239	2	60	37	1	81.0	81.2	-2.8	85	12	1,000	100	0.0	2.0
B /8.7	4.7	0.74	27.65	896	2	60	37	1	81.0	79.1	-3.1	83	7	1,000	100	0.0	2.0
B /8.1	7.0	0.86	48.71	6,224	6	93	0	1	6.0	85.0	-7.9	47	7	1,000	100	0.0	2.0
B /8.1	7.0	0.86	48.43	38	6	93	0	1	6.0	82.5	-8.0	42	6	1,000	100	0.0	2.0
C+ /6.3	8.2	0.82	28.01	2,997	1	98	0	1	41.0	200.4	-12.1	60	N/A	1,000	100	0.0	2.0
C+ /6.3	8.3	0.82	27.57	96	1	98	0	1	41.0	196.4	-12.3	55	N/A	1,000	100	0.0	2.0
C+ /6.5	8.3	0.84	27.55	9,103	4	94	0	2	25.0	198.2	-12.9	81	15	1,000	100	0.0	2.0
C+ /6.5	8.3	0.84	27.31	705	4	94	0	2	25.0	193.8	-13.1	78	15	1,000	100	0.0	2.0
C /5.3	9.5	0.84	24.83	1,512	3	96	0	1	44.0	289.3	-9.9	97	12	1,000	100	0.0	2.0
C /5.3	9.5	0.84	24.79	1	3	96	0	1	44.0	288.2	-10.0	97	6	1,000	100	0.0	2.0
C+ /6.1	8.6	0.62	35.34	6,203	4	95	0	1	22.0	85.2	-6.2	58	11	1,000	100	0.0	2.0
C+ /6.2	8.6	0.62	35.11	60	4	95	0	1	22.0	82.9	-6.2	N/A	8	1,000	100	0.0	2.0
U /	N/A	N/A	25.69	874	6	93	0	1	53.0	N/A	N/A	N/A	N/A	1,000	100	0.0	2.0
C- /3.5	19.6	1.36	29.27	220	1	98	0	1	74.0	127.8	-16.3	3	6	1,000	100	0.0	1.0
E+ /0.8	19.9	1.26	17.80	54	4	95	0	1	108.0	165.9	-3.5	10	6	1,000	100	0.0	1.0
C- /4.2	19.4	1.62	15.70	11	1	98	0	1	112.0	120.4	-10.2	1	N/A	1,000	100	0.0	1.0
D- /1.1	26.6	1.40	17.89	113	2	97	0	1	20.0	126.3	21.0	51	19	1,000	100	4.5	1.5
B+ /9.5	5.7	0.50	15.26	601	N/A	100	0	N/A	131.7	78.3	-1.5	94	N/A	2,500	0	5.8	0.0
B+ /9.5	5.7	0.50	15.06	342	N/A	100	0	N/A	131.7	72.3	-1.8	91	N/A	2,500	0	0.0	0.0
U /	N/A	N/A	15.28	29	N/A	100	0	N/A	131.7	N/A	N/A	N/A	N/A	2,000,000	0	0.0	0.0
B /8.5	5.7	0.50	15.28	135	N/A	100	0	N/A	131.7	84.1	-1.3	95	12	2,500	0	0.0	0.0
B /8.1	8.5	1.06	15.23	8	N/A	N/A	0	N/A	145.1	115.2	-9.8	87	4	2,500	0	5.8	0.0
C+ /6.0	8.5	1.06	15.26	N/A	N/A	N/A	0	N/A	145.1	114.2	-9.8	86	N/A	2,500	0	0.0	0.0
B /8.4	8.5	1.05	15.02	3	N/A	N/A	0	N/A	145.1	108.6	-10.0	83	4	2,500	0	0.0	0.0
C+ /6.0	8.5	1.05	15.28	21	N/A	N/A	0	N/A	145.1	117.7	-9.8	88	N/A	2,000,000	0	0.0	0.0
C+ /6.0	8.5	1.06	15.21	N/A	N/A	N/A	0	N/A	145.1	113.7	-9.8	86	N/A	0	0	0.0	0.0
B /8.4	8.5	1.05	15.28	217	N/A	N/A	0	N/A	145.1	117.7	-9.8	88	4	2,500	0	0.0	0.0
U /	N/A	N/A	12.87	51	4	60	36	0	130.0	N/A	N/A	N/A	3	2,500	0	5.8	0.0

www.thestreet.com/ratings   Data as of June 30, 2007

I. Index of Stock Mutual Funds

Fund Type	Fund Name	Ticker Symbol	Overall Investment Rating	Phone	Performance Rating/Pts	3 Mo	6 Mo	1Yr / Pct	3Yr / Pct	5Yr / Pct	Dividend Yield	Expense Ratio
AA	Old Mutual Asset Alloc Bal Port C	OMBCX	U	(888) 744-5050	U /	4.01	6.63	15.17 /27	--	--	0.63	2.54
AA	Old Mutual Asset Alloc Cons Port C	OMCCX	U	(888) 744-5050	U /	1.58	3.73	9.56 / 7	--	--	1.80	2.75
AA	Old Mutual Asset Alloc Gr Prt A	OMGAX	U	(888) 744-5050	U /	6.47	9.59	22.01 /73	--	--	0.00	2.22
AA	Old Mutual Asset Alloc Gr Prt C	OMCGX	U	(888) 744-5050	U /	6.30	9.16	21.06 /67	--	--	0.00	2.93
AA	Old Mutual Asset Alloc Gr Prt I	OMGIX	U	(888) 744-5050	U /	6.51	9.69	22.25 /74	--	--	0.00	1.68
AA	Old Mutual Asset Alloc Mod Gr Prt A	OMMAX	U	(888) 744-5050	U /	5.46	8.29	19.18 /54	--	--	0.47	1.91
AA	Old Mutual Asset Alloc Mod Gr Prt C	OMMCX	U	(888) 744-5050	U /	5.21	7.82	18.23 /47	--	--	0.03	2.62
GR	Old Mutual Barrow Hanley Value A	OAFOX	E-	(888) 744-5050	D+ / 2.3	6.59	7.94	21.94 /72	9.03 /21	8.18 /16	1.27	1.79
GR	Old Mutual Barrow Hanley Value Adv	OCLFX	E-	(888) 744-5050	C- / 3.4	6.48	7.82	21.79 /71	9.00 /21	8.19 /16	1.20	2.68
GR	Old Mutual Barrow Hanley Value C	OCFOX	E-	(888) 744-5050	D+ / 2.7	6.40	7.40	20.74 /65	8.17 /15	7.35 /10	0.23	2.56
GR	Old Mutual Barrow Hanley Value I	OIBHX	D+	(888) 744-5050	C- / 3.6	6.52	7.99	22.13 /73	9.28 /23	8.45 /18	1.65	0.92
GR	Old Mutual Barrow Hanley Value R	ORBHX	D	(888) 744-5050	C- / 3.3	6.27	7.61	21.41 /69	8.96 /20	8.19 /16	1.47	1.62
GR	Old Mutual Barrow Hanley Value Z	OBFOX	E-	(888) 744-5050	C- / 3.6	6.64	7.99	22.12 /73	9.28 /23	8.45 /18	1.59	1.43
TC	Old Mutual Col Cir Tech & Comm A	OATCX	D-	(888) 744-5050	C- / 4.0	11.29	13.03	22.28 /74	9.85 /27	9.11 /24	0.00	1.71
TC	Old Mutual Col Cir Tech & Comm Adv	OTNAX	D	(888) 744-5050	C / 5.4	11.28	12.94	22.24 /74	9.83 /27	9.11 /24	0.00	1.71
TC	Old Mutual Col Cir Tech & Comm C	OCOMX	D-	(888) 744-5050	C / 4.6	11.12	12.54	21.36 /69	9.03 /21	8.32 /17	0.00	2.39
TC	Old Mutual Col Cir Tech & Comm I	OICTX	D+	(888) 744-5050	C+ / 5.7	11.49	13.30	22.70 /76	10.16 /29	9.42 /27	0.00	1.04
TC	Old Mutual Col Cir Tech & Comm R	ORCTX	D	(888) 744-5050	C / 5.2	11.14	12.68	21.82 /72	9.69 /25	8.93 /22	0.00	1.96
TC	Old Mutual Col Cir Tech & Comm Z	OBTCX	D+	(888) 744-5050	C+ / 5.6	11.34	13.15	22.53 /75	10.11 /29	9.39 /27	0.00	1.84
TC	Old Mutual Col Cir Tech&Comm Insur	OTECX	C-	(888) 744-5050	C+ / 6.1	11.40	13.48	23.17 /78	10.76 /34	10.25 /36	0.00	1.14
GR	Old Mutual Copper Rock Em Gr A	OMARX	U	(888) 744-5050	U /	10.84	14.74	21.62 /71	--	--	0.00	2.97
GR	Old Mutual Copper Rock Em Gr I	OMIRX	U	(888) 744-5050	U /	10.94	14.91	22.08 /73	--	--	0.00	1.71
SC	Old Mutual Emerging Growth Fd A	OAEGX	D+	(888) 744-5050	C+ / 5.7	11.07	14.97	22.08 /73	11.96 /45	11.05 /44	0.00	1.60
SC	Old Mutual Emerging Growth Fd Adv	OAEMX	C-	(888) 744-5050	C+ / 6.9	11.16	14.95	22.25 /74	12.08 /46	11.22 /46	0.00	1.58
SC	Old Mutual Emerging Growth Fd C	OCEGX	C-	(888) 744-5050	C+ / 6.1	10.83	14.52	21.18 /68	11.13 /37	10.23 /35	0.00	2.31
SC	Old Mutual Emerging Growth Fd I	OIEGX	C-	(888) 744-5050	B- / 7.0	11.21	15.15	22.54 /75	12.27 /48	11.37 /47	0.00	1.03
SC	Old Mutual Emerging Growth Fd R	OREGX	C-	(888) 744-5050	C+ / 6.6	10.91	14.70	21.73 /71	11.77 /43	10.92 /43	0.00	1.83
SC	Old Mutual Emerging Growth Fd Z	OBEHX	C	(888) 744-5050	B- / 7.0	11.15	15.16	22.47 /75	12.25 /48	11.36 /47	0.00	1.57
GR	Old Mutual Focused Fd A	OAFCX	B+	(888) 744-5050	B- / 7.0	9.96	7.21	26.96 /88	15.00 /69	12.05 /54	0.18	1.73
GR	Old Mutual Focused Fd Adv	OAVFX	B-	(888) 744-5050	B / 7.7	9.79	6.97	26.84 /87	15.15 /69	12.24 /56	0.23	1.54
GR	Old Mutual Focused Fd C	OCFCX	A	(888) 744-5050	B- / 7.3	9.79	6.85	26.04 /85	14.15 /63	11.24 /46	0.00	2.26
GR	Old Mutual Focused Fd I	OIFCX	B-	(888) 744-5050	B / 7.8	10.03	7.38	27.33 /88	15.30 /70	12.35 /57	0.00	0.85
GR	Old Mutual Focused Fd R	ORFCX	B-	(888) 744-5050	B / 7.6	9.71	6.84	26.46 /86	14.92 /68	12.02 /54	0.23	1.79
GR	Old Mutual Focused Fd Z	OBFVX	A+	(888) 744-5050	B / 7.8	10.03	7.34	27.28 /88	15.29 /70	12.34 /56	0.23	1.44
MC	Old Mutual Growth Fd A	OAHGX	C	(888) 744-5050	C+ / 6.7	12.07	16.85	21.83 /72	13.18 /56	9.65 /29	0.00	1.42
MC	Old Mutual Growth Fd Adv	OBGWX	C+	(888) 744-5050	B- / 7.5	12.10	16.88	21.85 /72	13.18 /56	9.65 /29	0.00	1.38
MC	Old Mutual Growth Fd C	OCHGX	C+	(888) 744-5050	B- / 7.0	11.87	16.41	20.94 /66	12.34 /49	8.83 /21	0.00	2.16
MC	Old Mutual Growth Fd I	OIGHX	C	(888) 744-5050	B / 7.6	12.17	17.07	22.24 /74	13.49 /58	9.95 /32	0.00	0.90
MC	Old Mutual Growth Fd R	ORGHX	C	(888) 744-5050	B- / 7.4	11.86	16.59	21.53 /70	13.13 /55	9.63 /29	0.00	1.66
MC	Old Mutual Growth Fd Z	OBHGX	C+	(888) 744-5050	B / 7.6	12.13	17.03	22.15 /73	13.46 /58	9.93 /32	0.00	1.33
RE	Old Mutual Heitman REIT Fund A	OARTX	D+	(888) 744-5050	C / 5.2	-10.37	-8.02	8.13 / 4	19.69 /84	17.60 /87	1.88	2.71
RE	Old Mutual Heitman REIT Fund Adv	OBRAX	C-	(888) 744-5050	C+ / 6.4	-10.44	-8.04	8.11 / 4	19.69 /84	17.66 /87	2.01	1.54
RE	Old Mutual Heitman REIT Fund C	OCRTX	D+	(888) 744-5050	C+ / 5.8	-10.57	-8.41	7.34 / 3	18.84 /83	16.75 /84	1.17	3.35
RE	Old Mutual Heitman REIT Fund I	OIHRX	C	(888) 744-5050	C+ / 6.7	-10.29	-7.85	8.51 / 5	20.05 /85	17.99 /88	2.41	0.98
RE	Old Mutual Heitman REIT Fund R	ORHRX	C-	(888) 744-5050	C+ / 6.2	-10.55	-8.30	7.74 / 4	19.38 /84	17.32 /86	2.00	1.69
RE	Old Mutual Heitman REIT Fund Z	OBRTX	C-	(888) 744-5050	C+ / 6.6	-10.34	-7.96	8.38 / 5	20.00 /85	17.96 /88	2.22	1.30
SC	Old Mutual Ins Growth II Portfolio	OIIGX	C	(888) 744-5050	B- / 7.2	11.34	16.15	21.08 /67	12.96 /54	9.17 /25	0.00	1.15
GR	Old Mutual Ins Lg Cap Growth Portf	OLCGX	D-	(888) 744-5050	D / 1.8	6.78	8.31	14.19 /22	7.53 /12	7.65 /12	0.00	1.21
GR	Old Mutual Ins Lg Cap Grth Concent	OSELX	E	(888) 744-5050	D / 1.8	6.93	8.16	15.35 /28	7.27 /10	8.06 /15	0.00	1.08
MC	Old Mutual Ins Mid-Cap	OMCVX	B-	(888) 744-5050	C+ / 6.0	6.62	8.90	19.02 /53	13.34 /57	13.00 /62	0.24	1.20
GR	Old Mutual Large Cap Fd A	OLLLX	C+	(888) 744-5050	C / 4.4	8.62	6.67	26.11 /86	11.42 /40	7.49 /11	0.17	1.38
GR	Old Mutual Large Cap Fd Adv	OBLWX	B	(888) 744-5050	C+ / 5.8	8.63	6.68	26.08 /86	11.44 /40	7.57 /12	0.12	2.34

● Denotes fund is closed to new investors
* Denotes fund is included in Section II

www.thestreet.com/ratings

Summer 2007

I. Index of Stock Mutual Funds

RISK			NET ASSETS		ASSET				Portfolio Turnover Ratio	BULL / BEAR		FUND MANAGER		MINIMUMS		LOADS	
	3 Year		NAV							Last Bull	Last Bear	Manager	Manager	Initial	Additional	Front	Back
Risk	Standard		As of	Total	Cash	Stocks	Bonds	Other		Market	Market	Quality	Tenure	Purch.	Purch.	End	End
Rating/Pts	Deviation	Beta	6/30/07	$(Mil)	%	%	%	%		Return	Return	Pct	(Years)	$	$	Load	Load
U /	N/A	N/A	12.84	109	4	60	36	0	130.0	N/A	N/A	N/A	3	2,500	0	0.0	0.0
U /	N/A	N/A	11.31	26	6	30	62	2	146.8	N/A	N/A	N/A	3	2,500	0	0.0	0.0
U /	N/A	N/A	15.31	55	0	100	0	0	94.1	N/A	N/A	N/A	3	2,500	0	5.8	0.0
U /	N/A	N/A	15.02	97	0	100	0	0	94.1	N/A	N/A	N/A	3	2,500	0	0.0	0.0
U /	N/A	N/A	15.39	25	0	100	0	0	94.1	N/A	N/A	N/A	3	2,000,000	0	0.0	0.0
U /	N/A	N/A	14.10	61	20	80	0	0	112.0	N/A	N/A	N/A	3	2,500	0	5.8	0.0
U /	N/A	N/A	13.93	162	20	80	0	0	112.0	N/A	N/A	N/A	3	2,500	0	0.0	0.0
E- / 0.0	7.8	0.90	9.31	2	N/A	100	0	N/A	60.8	82.3	-12.9	32	N/A	2,500	0	5.8	0.0
E- / 0.0	7.8	0.90	9.32	N/A	N/A	100	0	N/A	60.8	82.4	-12.9	32	N/A	2,500	0	0.0	0.0
E- / 0.0	7.8	0.90	9.13	4	N/A	100	0	N/A	60.8	76.4	-13.1	25	N/A	2,500	0	0.0	0.0
C+ / 6.0	7.8	0.90	9.31	N/A	N/A	100	0	N/A	60.8	84.3	-12.9	34	N/A	2,000,000	0	0.0	0.0
C+ / 5.9	7.8	0.90	9.30	N/A	N/A	100	0	N/A	60.8	82.5	-12.8	31	N/A	0	0	0.0	0.0
E- / 0.0	7.8	0.90	9.32	125	N/A	100	0	N/A	60.8	84.3	-12.9	35	N/A	2,500	0	0.0	0.0
C- / 4.1	16.5	1.72	14.49	N/A	0	100	0	0	116.7	90.3	-15.7	5	N/A	2,500	0	5.8	0.0
C- / 4.1	16.5	1.73	14.40	N/A	0	100	0	0	116.7	90.3	-15.6	5	N/A	2,500	0	0.0	0.0
C- / 4.1	16.5	1.72	14.09	N/A	0	100	0	0	116.7	84.2	-15.8	4	N/A	2,500	0	0.0	0.0
C- / 4.0	16.5	1.72	14.65	N/A	0	100	0	0	116.7	92.6	-15.7	5	N/A	2,000,000	0	0.0	0.0
C- / 4.0	16.5	1.72	14.57	N/A	0	100	0	0	116.7	89.2	-15.8	5	1	0	0	0.0	0.0
C- / 4.1	16.5	1.72	14.63	165	0	100	0	0	116.7	92.3	-15.7	5	N/A	2,500	0	0.0	0.0
C- / 4.2	16.3	1.70	3.03	65	1	98	0	1	188.1	98.7	-15.3	7	N/A	2,500	0	0.0	0.0
U /	N/A	N/A	13.39	37	N/A	100	0	N/A	74.6	N/A	N/A	N/A	N/A	2,500	0	5.8	0.0
U /	N/A	N/A	13.49	68	N/A	100	0	N/A	74.6	N/A	N/A	N/A	N/A	2,000,000	0	0.0	0.0
C / 4.3	16.5	1.10	17.36	N/A	2	97	0	1	199.0	114.1	-19.0	26	N/A	2,500	0	5.8	0.0
C- / 4.2	16.5	1.11	17.53	N/A	2	97	0	1	199.0	115.7	-19.0	27	N/A	2,500	0	0.0	0.0
C- / 4.2	16.5	1.10	16.88	N/A	2	97	0	1	199.0	107.2	-19.1	21	N/A	2,500	0	0.0	0.0
C- / 4.2	16.5	1.10	17.56	N/A	2	97	0	1	199.0	116.7	-19.0	28	N/A	2,000,000	0	0.0	0.0
C- / 4.2	16.5	1.11	17.48	N/A	2	97	0	1	199.0	113.0	-19.0	25	N/A	0	0	0.0	0.0
C / 4.3	16.5	1.10	17.55	174	2	97	0	1	199.0	116.6	-19.0	28	N/A	2,500	0	0.0	0.0
B / 8.2	8.4	1.00	25.72	3	2	97	0	1	84.0	112.0	-11.2	86	N/A	2,500	0	5.8	0.0
C+ / 6.1	8.4	1.00	25.80	N/A	2	97	0	1	84.0	113.7	-11.2	86	N/A	2,500	0	0.0	0.0
B / 8.9	8.4	1.00	25.12	N/A	2	97	0	1	84.0	105.4	-11.4	80	N/A	2,500	0	0.0	0.0
C+ / 6.1	8.4	1.00	25.90	N/A	2	97	0	1	84.0	114.3	-11.2	87	N/A	2,000,000	0	0.0	0.0
C+ / 6.1	8.4	1.00	25.76	N/A	2	97	0	1	84.0	112.0	11.3	85	N/A	0	0	0.0	0.0
B / 8.9	8.4	1.00	25.89	24	2	97	0	1	84.0	114.2	-11.2	87	8	2,500	0	0.0	0.0
C+ / 5.6	14.1	1.24	26.56	N/A	0	99	0	1	93.6	92.8	-9.0	14	4	2,500	0	5.8	0.0
C+ / 5.6	14.1	1.24	26.04	N/A	0	99	0	1	93.6	92.7	-9.0	14	1	2,500	0	0.0	0.0
C+ / 5.6	14.0	1.24	25.82	N/A	0	99	0	1	93.6	86.8	-9.1	10	4	2,500	0	0.0	0.0
C / 4.6	14.1	1.24	26.82	N/A	0	99	0	1	93.6	95.1	-8.9	15	N/A	2,000,000	0	0.0	0.0
C / 4.6	14.1	1.24	26.70	N/A	0	99	0	1	93.6	92.9	-9.0	13	N/A	0	0	0.0	0.0
C+ / 5.6	14.1	1.24	26.80	570	0	99	0	1	93.6	95.0	-8.9	15	1	2,500	0	0.0	0.0
C / 4.3	15.1	1.02	13.64	N/A	0	99	0	1	60.2	177.7	1.4	59	N/A	2,500	0	5.8	0.0
C / 4.3	15.1	1.02	13.56	14	0	99	0	1	60.2	178.3	1.5	59	N/A	2,500	0	0.0	0.0
C / 4.3	15.2	1.02	13.62	N/A	0	99	0	1	60.2	169.4	1.2	48	N/A	2,500	0	0.0	0.0
C / 4.5	15.1	1.02	13.63	N/A	0	99	0	1	60.2	181.5	1.5	64	N/A	2,000,000	0	0.0	0.0
C / 4.5	15.1	1.02	13.62	N/A	0	99	0	1	60.2	175.5	1.1	55	N/A	0	0	0.0	0.0
C / 4.3	15.1	1.02	13.64	110	0	99	0	1	60.2	181.3	1.5	63	N/A	2,500	0	0.0	0.0
C- / 4.2	13.9	0.93	14.53	33	0	99	0	1	179.5	91.6	-9.1	57	10	2,500	0	0.0	0.0
C+ / 6.8	11.1	1.28	21.25	13	0	99	0	1	190.1	74.5	-7.0	7	N/A	2,500	0	0.0	0.0
C- / 3.8	13.7	1.46	11.27	62	0	99	0	1	204.9	79.3	-6.8	4	N/A	2,500	0	0.0	0.0
B- / 7.8	10.8	0.97	6.44	3	2	97	0	1	152.6	114.0	-7.8	36	3	2,500	0	0.0	0.0
B / 8.1	7.5	0.92	16.64	N/A	0	100	0	0	161.7	81.0	-10.0	59	N/A	2,500	0	5.8	0.0
B / 8.7	7.5	0.92	16.62	N/A	0	100	0	0	161.7	81.2	-9.8	59	N/A	2,500	0	0.0	0.0

www.thestreet.com/ratings

Data as of June 30, 2007

I. Index of Stock Mutual Funds

Summer 2007

99 Pct = Best
0 Pct = Worst

Fund Type	Fund Name	Ticker Symbol	Overall Investment Rating	Phone	Performance Rating/Pts	3 Mo	6 Mo	1Yr / Pct	3Yr / Pct	5Yr / Pct	Dividend Yield	Expense Ratio
GR	Old Mutual Large Cap Fd C	OCCAX	B-	(888) 744-5050	C / 5.1	8.39	6.29	25.19 /83	10.62 /33	6.68 / 7	0.00	2.13
GR	Old Mutual Large Cap Fd I	OILCX	C+	(888) 744-5050	C+ / 6.1	8.65	6.91	26.58 /87	11.76 /43	7.86 /14	0.27	0.83
GR	Old Mutual Large Cap Fd R	ORLAX	C	(888) 744-5050	C / 5.5	8.34	6.33	25.61 /84	11.16 /37	7.30 /10	0.27	1.62
GR	Old Mutual Large Cap Fd Z	OLCVX	B+	(888) 744-5050	C+ / 6.0	8.72	6.85	26.50 /87	11.73 /43	7.85 /14	0.27	1.22
GR	Old Mutual Large Cap Gr Con A	OLGBX	E	(888) 744-5050	E+ / 0.9	6.79	7.80	14.57 /24	6.86 / 9	7.66 /12	0.00	2.78
GR	Old Mutual Large Cap Gr Con Adv	OLTAX	E+	(888) 744-5050	D / 1.6	6.83	7.85	14.67 /24	6.88 / 9	7.69 /13	0.00	1.55
GR	Old Mutual Large Cap Gr Con C	OCLAX	E+	(888) 744-5050	D- / 1.2	6.57	7.42	13.72 /19	6.07 / 6	6.86 / 8	0.00	2.23
GR	Old Mutual Large Cap Gr Con I	OILLX	E	(888) 744-5050	D / 1.7	6.89	8.07	15.00 /26	7.18 /10	7.96 /15	0.00	0.97
GR	Old Mutual Large Cap Gr Con R	ORLLX	E	(888) 744-5050	D- / 1.4	6.52	7.52	14.15 /21	6.71 / 8	7.55 /11	0.00	1.78
GR	Old Mutual Large Cap Gr Con Z	OLCPX	E+	(888) 744-5050	D / 1.7	6.84	7.96	14.88 /25	7.14 /10	7.94 /14	0.00	1.51
GR	Old Mutual Large Cap Growth A	OALHX	E+	(888) 744-5050	E+ / 0.9	6.73	8.09	13.81 /20	7.03 / 9	7.26 /10	0.00	4.49
GR	Old Mutual Large Cap Growth Adv	OBLAX	D-	(888) 744-5050	D / 1.6	6.78	8.14	13.86 /20	7.05 / 9	7.26 /10	0.00	2.72
GR	Old Mutual Large Cap Growth C	OCLHX	E+	(888) 744-5050	D- / 1.2	6.57	7.71	12.98 /16	6.24 / 6	6.47 / 6	0.00	7.59
GR	Old Mutual Large Cap Growth I	OIGGX	E+	(888) 744-5050	D / 1.8	6.84	8.37	14.26 /22	7.35 /11	7.55 /11	0.00	0.93
GR	Old Mutual Large Cap Growth R	ORGGX	E+	(888) 744-5050	D- / 1.4	6.51	7.80	13.41 /18	6.79 / 8	7.03 / 8	0.00	1.71
GR	Old Mutual Large Cap Growth Z	OBHLX	D-	(888) 744-5050	D / 1.7	6.80	8.24	14.12 /21	7.30 /10	7.53 /11	0.00	1.43
MC	Old Mutual Mid-Cap A	OAMJX	D	(888) 744-5050	C+ / 5.6	7.10	9.05	20.87 /66	14.03 /62	12.90 /61	0.00	1.51
MC	Old Mutual Mid-Cap Adv	OZZAX	D+	(888) 744-5050	C+ / 6.7	7.09	9.12	20.95 /66	14.03 /62	12.93 /61	0.00	1.50
MC	Old Mutual Mid-Cap C	OCCPX	D	(888) 744-5050	C+ / 6.0	6.91	8.65	20.04 /60	13.20 /56	12.07 /54	0.00	2.24
MC	Old Mutual Mid-Cap I	OIMMX	C+	(888) 744-5050	C+ / 6.9	7.20	9.26	21.29 /69	14.36 /64	13.25 /64	0.00	1.02
MC	Old Mutual Mid-Cap R	ORMMX	C	(888) 744-5050	C+ / 6.5	6.90	8.83	20.54 /64	13.85 /61	12.78 /60	0.00	1.75
MC	Old Mutual Mid-Cap Z	OBMEX	C-	(888) 744-5050	C+ / 6.9	7.20	9.27	21.22 /68	14.34 /64	13.23 /64	0.00	1.33
GR	Old Mutual Select Growth Fd A	OAHEX	D	(888) 744-5050	C- / 3.3	10.46	12.41	19.67 /57	9.60 /25	8.12 /16	0.00	5.23
GR	Old Mutual Select Growth Fd Adv	OAGSX	D	(888) 744-5050	C / 4.8	10.50	12.44	19.79 /58	9.84 /27	8.34 /17	0.00	1.58
GR	Old Mutual Select Growth Fd C	OCHEX	D	(888) 744-5050	C- / 3.8	10.21	11.98	18.78 /50	8.78 /19	7.30 /10	0.00	8.93
GR	Old Mutual Select Growth Fd I	OIGSX	D	(888) 744-5050	C / 4.9	10.52	12.63	20.00 /60	9.90 /27	8.39 /18	0.00	0.98
GR	Old Mutual Select Growth Fd R	ORGSX	D	(888) 744-5050	C / 4.4	10.23	12.16	19.30 /55	9.51 /24	8.04 /15	0.00	1.83
GR	Old Mutual Select Growth Fd Z	OBHEX	C-	(888) 744-5050	C / 4.9	10.52	12.55	19.96 /59	9.89 /27	8.38 /18	0.00	1.61
SC	Old Mutual Small Cap A	OSAMX	B-	(888) 744-5050	C+ / 6.9	8.60	12.89	25.00 /83	14.54 /66	11.05 /44	0.00	4.65
SC	Old Mutual Small Cap Adv	OVAAX	B	(888) 744-5050	B / 7.6	8.58	12.85	24.94 /83	14.50 /66	11.05 /44	0.00	1.35
SC	Old Mutual Small Cap C	OSCMX	B	(888) 744-5050	B- / 7.2	8.39	12.44	23.99 /80	13.65 /59	10.21 /35	0.00	5.88
SC	Old Mutual Small Cap I	OICSX	C+	(888) 744-5050	B / 7.8	8.67	13.09	25.33 /84	14.81 /67	11.32 /47	0.00	1.11
SC	Old Mutual Small Cap R	ORSCX	C+	(888) 744-5050	B- / 7.5	8.40	12.57	24.55 /82	14.39 /65	10.96 /43	0.00	1.94
SC	Old Mutual Small Cap Z	OBSWX	B+	(888) 744-5050	B / 7.7	8.67	13.01	25.29 /84	14.80 /67	11.32 /47	0.00	1.67
SC	Old Mutual Strategic Small Comp A	OSSAX	E+	(888) 744-5050	C+ / 6.3	9.54	13.55	22.92 /77	13.51 /58	11.95 /53	0.00	2.13
SC	Old Mutual Strategic Small Comp Adv	OBSSX	D-	(888) 744-5050	B- / 7.3	9.64	13.66	22.96 /77	13.55 /59	11.91 /53	0.00	2.17
SC	Old Mutual Strategic Small Comp C	OCSSX	E+	(888) 744-5050	C+ / 6.8	9.42	13.22	22.08 /73	12.70 /51	11.06 /44	0.00	7.29
SC	Old Mutual Strategic Small Comp I	OISSX	C	(888) 744-5050	B- / 7.4	9.72	13.86	23.42 /78	13.86 /61	12.21 /55	0.00	1.09
SC	Old Mutual Strategic Small Comp R	ORSSX	C	(888) 744-5050	B- / 7.1	9.37	13.33	22.52 /75	13.32 /57	11.71 /51	0.00	1.91
SC	Old Mutual Strategic Small Comp Z	OSSCX	D-	(888) 744-5050	B- / 7.4	9.65	13.70	23.25 /78	13.80 /61	12.18 /55	0.00	1.63
SC	● Old Mutual TS&W Small Cap Value A	OACVX	D+	(888) 744-5050	C+ / 5.9	3.46	6.96	13.52 /18	17.00 /78	17.58 /87	0.00	1.63
SC	● Old Mutual TS&W Small Cap Value C	OCCVX	D+	(888) 744-5050	C+ / 6.3	3.27	6.53	12.67 /15	16.13 /74	16.64 /84	0.00	2.37
SC	● Old Mutual TS&W Small Cap Value Z	OSMVX	C-	(888) 744-5050	B- / 7.1	3.54	7.12	13.78 /20	17.32 /79	17.95 /88	0.00	1.46
SC	Old Mutual-Small Cap Growth	OSCGX	D	(888) 744-5050	C+ / 6.0	10.74	14.90	21.75 /71	10.67 /33	10.22 /35	0.00	2.46
FO	Old Westbury International	OWEIX	B+	(800) 607-2200	B / 8.2	5.95	9.43	22.43 /75	18.28 /81	14.74 /74	1.09	1.14
GR	Olstein All Cap Value Adv	OFAFX	C	(800) 799-2113	C+ / 5.9	7.28	9.87	26.48 /87	11.21 /38	11.28 /46	0.00	1.45
GR	Olstein All Cap Value C	OFALX	C-	(800) 799-2113	C / 5.2	7.08	9.42	25.53 /84	10.38 /31	10.44 /38	0.00	2.20
AG	Oppenheimer 529 Agg Port 4		U	(800) 525-7048	U /	5.64	8.17	18.54 /49	--	--	0.00	0.92
AA	Oppenheimer 529 Moderate Port 4		U	(800) 525-7048	U /	4.25	6.34	15.40 /28	--	--	0.00	0.91
AG	Oppenheimer 529 SE Aggressive 3		U	(800) 525-7048	U /	6.70	8.75	20.02 /60	--	--	0.00	2.03
AG	Oppenheimer 529 SE Aggressive A		U	(800) 525-7048	U /	6.83	9.07	20.81 /66	--	--	0.00	1.28
AA	Oppenheimer 529 SE Conserative 3		U	(800) 525-7048	U /	2.12	3.13	11.02 /10	--	--	0.00	0.95

● Denotes fund is closed to new investors
* Denotes fund is included in Section II

www.thestreet.com/ratings

I. Index of Stock Mutual Funds

Summer 2007

RISK			NET ASSETS		ASSET				Portfolio Turnover Ratio	BULL / BEAR		FUND MANAGER		MINIMUMS		LOADS	
Risk Rating/Pts	3 Year Standard Deviation	Beta	NAV As of 6/30/07	Total $(Mil)	Cash %	Stocks %	Bonds %	Other %		Last Bull Market Return	Last Bear Market Return	Manager Quality Pct	Manager Tenure (Years)	Initial Purch. $	Additional Purch. $	Front End Load	Back End Load
B / 8.7	7.5	0.92	16.40	N/A	0	100	0	0	161.7	75.4	-10.1	49	N/A	2,500	0	0.0	0.0
C+ / 6.2	7.5	0.92	16.71	N/A	0	100	0	0	161.7	83.3	-9.8	64	N/A	2,000,000	0	0.0	0.0
C+ / 6.2	7.5	0.92	16.62	N/A	0	100	0	0	161.7	79.6	-9.9	56	N/A	0	0	0.0	0.0
B / 8.7	7.5	0.92	16.70	87	0	100	0	0	161.7	83.2	-9.8	63	N/A	2,500	0	0.0	0.0
C / 5.4	13.6	1.45	19.34	1	0	99	0	1	152.2	76.8	-6.9	4	4	2,500	0	5.8	0.0
C+ / 5.6	13.6	1.45	19.23	N/A	0	99	0	1	152.2	76.9	-6.9	4	N/A	2,500	0	0.0	0.0
C / 5.5	13.6	1.45	18.81	N/A	0	99	0	1	152.2	71.3	-7.0	3	4	2,500	0	0.0	0.0
C / 4.6	13.6	1.45	19.55	N/A	0	99	0	1	152.2	79.0	-6.8	4	N/A	2,000,000	0	0.0	0.0
C / 4.6	13.6	1.45	19.44	N/A	0	99	0	1	152.2	76.1	-6.9	4	N/A	0	0	0.0	0.0
C+ / 5.6	13.6	1.45	19.53	109	0	99	0	1	152.2	78.9	-6.8	4	N/A	2,500	0	0.0	0.0
C+ / 6.1	11.1	1.29	24.73	N/A	0	99	0	1	133.4	70.9	-7.3	6	N/A	2,500	0	5.8	0.0
C+ / 6.3	11.1	1.29	24.57	N/A	0	99	0	1	133.4	70.9	-7.2	6	N/A	2,500	0	0.0	0.0
C+ / 6.3	11.1	1.29	24.02	N/A	0	99	0	1	133.4	65.6	-7.4	5	N/A	2,500	0	0.0	0.0
C / 5.2	11.1	1.29	25.00	N/A	0	99	0	1	133.4	72.9	-7.1	7	N/A	2,000,000	0	0.0	0.0
C / 5.1	11.1	1.29	24.87	N/A	0	99	0	1	133.4	69.4	-7.3	6	N/A	0	0	0.0	0.0
C+ / 6.3	11.1	1.29	24.97	85	0	99	0	1	133.4	72.7	-7.1	7	N/A	2,500	0	0.0	0.0
C- / 3.4	10.8	0.96	17.35	N/A	0	100	0	0	88.3	116.3	-8.4	45	8	2,500	0	5.8	0.0
C- / 3.2	10.8	0.96	17.23	6	0	100	0	0	88.3	116.3	-8.4	45	8	2,500	0	0.0	0.0
C- / 3.0	10.7	0.96	16.71	N/A	0	100	0	0	88.3	109.7	-8.6	36	4	2,500	0	0.0	0.0
C / 5.5	10.8	0.96	17.58	N/A	0	100	0	0	88.3	118.9	-8.3	49	N/A	2,000,000	0	0.0	0.0
C / 5.4	10.8	0.96	17.50	N/A	0	100	0	0	88.3	115.4	-8.4	42	N/A	0	0	0.0	0.0
C- / 3.3	10.8	0.97	17.57	238	0	100	0	0	88.3	118.8	-8.3	48	8	2,500	0	0.0	0.0
C / 5.5	14.4	1.58	27.98	N/A	0	99	0	1	201.2	79.7	-11.0	7	4	2,500	0	5.8	0.0
C / 4.5	14.3	1.58	28.21	N/A	0	99	0	1	201.2	81.5	-10.9	7	N/A	2,500	0	0.0	0.0
C / 5.5	14.3	1.58	27.20	N/A	0	99	0	1	201.2	74.0	-11.1	5	4	2,500	0	0.0	0.0
C / 4.5	14.3	1.57	28.26	N/A	0	99	0	1	201.2	81.6	-10.9	7	N/A	2,000,000	0	0.0	0.0
C / 4.5	14.3	1.57	28.13	N/A	0	99	0	1	201.2	79.3	-11.0	6	N/A	0	0	0.0	0.0
C / 5.5	14.3	1.57	28.25	122	0	99	0	1	201.2	81.5	-10.9	7	N/A	2,500	0	0.0	0.0
B- / 7.0	11.9	0.84	30.05	N/A	5	94	0	1	104.6	128.5	-12.5	82	3	2,500	0	5.8	0.0
B- / 7.0	12.0	0.85	29.86	N/A	5	94	0	1	104.6	128.6	-12.6	82	3	2,500	0	0.0	0.0
C+ / 6.9	12.0	0.85	29.20	N/A	5	94	0	1	104.6	121.3	-12.7	74	3	2,500	0	0.0	0.0
C / 5.4	12.0	0.85	30.33	N/A	5	94	0	1	104.6	130.9	-12.5	83	N/A	2,000,000	0	0.0	0.0
C / 5.4	12.0	0.85	30.19	N/A	5	94	0	1	104.6	127.8	-12.6	81	N/A	0	0	0.0	0.0
B- / 7.0	12.0	0.85	30.32	46	5	94	0	1	104.6	130.9	-12.5	83	3	2,500	0	0.0	0.0
E+ / 0.8	13.9	0.98	14.58	1	0	98	0	2	160.2	130.8	-14.6	57	N/A	2,500	0	5.8	0.0
E+ / 0.8	13.9	0.98	14.56	1	0	98	0	2	160.2	130.9	-14.4	57	N/A	2,500	0	0.0	0.0
E+ / 0.7	13.9	0.98	14.05	N/A	0	98	0	2	160.2	123.3	-14.8	46	N/A	2,500	0	0.0	0.0
C / 4.8	13.9	0.98	14.79	N/A	0	98	0	2	160.2	133.3	-14.6	61	N/A	2,000,000	0	0.0	0.0
C / 4.8	13.9	0.98	14.71	N/A	0	98	0	2	160.2	129.1	-14.7	55	N/A	0	0	0.0	0.0
E+ / 0.8	13.9	0.98	14.77	34	0	98	0	2	160.2	133.2	-14.6	60	N/A	2,500	0	0.0	0.0
C- / 3.9	13.0	0.92	26.89	1	0	99	0	1	35.4	177.9	-5.8	90	4	2,500	0	5.8	0.0
C- / 3.8	13.0	0.92	25.93	1	0	99	0	1	35.4	168.8	-6.0	86	4	2,500	0	0.0	0.0
C- / 4.0	13.0	0.92	27.23	67	0	99	0	1	35.4	181.1	-5.6	91	4	2,500	0	0.0	0.0
C- / 3.4	17.2	1.16	10.41	3	1	98	0	1	300.0	115.7	-17.8	15	N/A	2,500	0	0.0	0.0
C+ / 6.6	9.2	0.95	14.75	2,079	1	98	0	1	50.0	149.9	-10.4	22	N/A	1,000	100	0.0	0.0
C+ / 5.9	10.3	1.27	20.49	305	11	88	0	1	59.4	122.1	-15.2	25	8	1,000	100	0.0	0.0
C+ / 5.6	10.3	1.27	19.05	1,508	11	88	0	1	59.4	115.3	-15.0	20	8	1,000	100	0.0	0.0
U /	N/A	N/A	13.11	56	0	80	20	0	N/A	N/A	N/A	N/A	N/A	250	25	0.0	0.0
U /	N/A	N/A	13.26	38	0	60	40	0	N/A	N/A	N/A	N/A	N/A	250	25	0.0	0.0
U /	N/A	N/A	30.09	59	0	100	0	0	N/A	N/A	N/A	N/A	2	250	25	0.0	0.0
U /	N/A	N/A	31.76	150	0	100	0	0	N/A	N/A	N/A	N/A	2	250	25	4.8	0.0
U /	N/A	N/A	26.00	33	0	80	20	0	N/A	N/A	N/A	N/A	2	250	25	0.0	0.0

www.thestreet.com/ratings

Data as of June 30, 2007

I. Index of Stock Mutual Funds

Summer 2007

99 Pct = Best
0 Pct = Worst

Fund Type	Fund Name	Ticker Symbol	Overall Investment Rating	Phone	Performance Rating/Pts	Total Return % through 6/30/07				Incl. in Returns	
						3 Mo	6 Mo	1Yr / Pct	Annualized 3Yr / Pct	5Yr / Pct	Dividend Yield	Expense Ratio
AA	Oppenheimer 529 SE Conservative A		U	(800) 525-7048	U /	2.29	3.47	11.78 /13	--	--	0.00	0.95
AA	Oppenheimer 529 SE Moderate 3		U	(800) 525-7048	U /	4.44	5.70	16.09 /33	--	--	0.00	1.97
AA	Oppenheimer 529 SE Moderate A		U	(800) 525-7048	U /	4.56	6.04	16.91 /38	--	--	0.00	1.22
AA	Oppenheimer 529 SE Moderately		U	(800) 525-7048	U /	5.93	8.71	19.46 /56	--	--	0.00	2.03
AA	Oppenheimer 529 SE Moderately		U	(800) 525-7048	U /	6.09	9.05	20.28 /62	--	--	0.00	1.28
AG	Oppenheimer 529 TEP Aggressive		U	(800) 525-7048	U /	6.66	9.19	20.98 /67	--	--	0.00	1.02
AA	Oppenheimer 529 TEP Cons Portfolio		U	(800) 525-7048	U /	2.37	3.91	12.27 /14	--	--	0.00	0.95
AA	Oppenheimer 529 TEP Mod Agg Port		U	(800) 525-7048	U /	6.11	9.45	20.68 /65	--	--	0.00	1.03
AA	Oppenheimer 529 TEP Moderate Port		U	(800) 525-7048	U /	4.55	6.47	17.23 /40	--	--	0.00	0.98
AA	Oppenheimer Active Alloc Fd Cl A	OAAAX	U	(800) 525-7048	U /	4.54	7.10	18.03 /45	--	--	1.75	1.28
AA	Oppenheimer Active Alloc Fd Cl B	OAABX	U	(800) 525-7048	U /	4.41	6.72	17.07 /39	--	--	1.38	2.09
AA	Oppenheimer Active Alloc Fd Cl C	OAACX	U	(800) 525-7048	U /	4.41	6.72	17.14 /39	--	--	1.43	2.05
AA	Oppenheimer Active Alloc Fd Cl N	OAANX	U	(800) 525-7048	U /	4.47	6.95	17.69 /43	--	--	1.78	1.45
BA	Oppenheimer Balanced A	OPASX	D	(800) 525-7048	D- / 1.5	3.25	5.45	17.06 /39	9.34 /23	9.47 /28	2.00	1.06
BA	Oppenheimer Balanced B	OASBX	D	(800) 525-7048	D / 1.7	3.02	5.01	16.07 /32	8.32 /16	8.44 /18	1.32	1.99
BA	Oppenheimer Balanced C	OASCX	D	(800) 525-7048	D / 1.7	3.02	5.01	16.04 /32	8.38 /17	8.53 /19	1.37	1.93
BA	Oppenheimer Balanced N	OASNX	D+	(800) 525-7048	D / 2.0	3.10	5.24	16.54 /35	8.86 /20	8.95 /23	1.78	1.47
* GR	Oppenheimer Capital Appr A	OPTFX	D	(800) 525-7048	D / 1.8	6.38	9.21	17.85 /44	8.61 /18	8.96 /23	0.00	1.07
GR	Oppenheimer Capital Appr B	OTGBX	D	(800) 525-7048	D / 2.1	6.16	8.78	16.90 /37	7.69 /13	8.05 /15	0.00	1.93
GR	Oppenheimer Capital Appr C	OTFCX	D	(800) 525-7048	D / 2.2	6.19	8.80	16.95 /38	7.78 /13	8.13 /16	0.00	1.84
GR	Oppenheimer Capital Appr N	OTCNX	D	(800) 525-7048	D+ / 2.5	6.29	9.02	17.42 /41	8.23 /16	8.61 /20	0.00	1.42
GR	Oppenheimer Capital Appr VA		C-	(800) 525-7048	C- / 3.0	6.48	9.12	17.95 /45	9.02 /21	9.38 /27	0.00	0.91
GR	Oppenheimer Capital Appr Y	OTCYX	D+	(800) 525-7048	C- / 3.1	6.47	9.41	18.29 /47	9.01 /21	9.37 /27	0.00	0.70
IN	Oppenheimer Capital Income Fd A	OPPEX	C-	(800) 525-7048	D+ / 2.4	3.16	5.73	18.82 /51	11.06 /36	12.00 /54	2.85	0.89
IN	Oppenheimer Capital Income Fd B	OPEBX	C-	(800) 525-7048	D+ / 2.8	2.97	5.31	17.78 /43	10.12 /29	11.06 /44	2.26	1.73
IN	Oppenheimer Capital Income Fd C	OPECX	C-	(800) 525-7048	D+ / 2.8	2.92	5.35	17.81 /44	10.16 /29	11.09 /44	2.31	1.70
IN	Oppenheimer Capital Income Fd N	OCINX	C	(800) 525-7048	C- / 3.2	3.00	5.53	18.36 /48	10.63 /33	11.55 /49	2.71	1.27
EN	Oppenheimer Comm Str Tot Retn A	QRAAX	E-	(800) 525-7048	E- / 0.1	1.46	6.29	-12.51 / 0	7.21 /10	14.45 /73	3.13	1.54
EN	Oppenheimer Comm Str Tot Retn B	QRABX	E-	(800) 525-7048	E- / 0.1	1.34	5.91	-13.25 / 0	6.30 / 7	13.48 /66	2.50	2.43
EN	Oppenheimer Comm Str Tot Retn C	QRACX	E-	(800) 525-7048	E- / 0.1	1.35	5.78	-13.15 / 0	6.35 / 7	13.52 /66	2.58	2.33
EN	Oppenheimer Comm Str Tot Retn N	QRANX	E-	(800) 525-7048	E- / 0.1	1.33	6.04	-12.86 / 0	6.80 / 8	14.17 /71	3.10	1.95
EN	Oppenheimer Comm Str Tot Retn Y	QRAYX	E-	(800) 525-7048	E- / 0.2	1.60	6.56	-11.96 / 0	7.74 /13	14.97 /76	3.82	1.08
AA	Oppenheimer Consrve Inv Fd Cl A	OACIX	U	(800) 525-7048	U /	1.18	3.33	9.77 / 7	--	--	2.76	1.19
AA	Oppenheimer Consrve Inv Fd Cl B	OBCIX	U	(800) 525-7048	U /	1.00	2.88	8.85 / 6	--	--	2.34	2.05
AA	Oppenheimer Consrve Inv Fd Cl C	OCCIX	U	(800) 525-7048	U /	1.00	2.98	8.85 / 6	--	--	2.42	2.02
AA	Oppenheimer Consrve Inv Fd Cl N	ONCIX	U	(800) 525-7048	U /	1.18	3.24	9.51 / 7	--	--	2.77	1.38
CV	Oppenheimer Convertible Sec A	RCVAX	D-	(800) 525-7048	D- / 1.4	4.64	7.98	15.61 /29	8.69 /18	9.63 /29	2.83	0.95
CV	Oppenheimer Convertible Sec B	RCVBX	D	(800) 525-7048	D / 1.7	4.22	7.39	14.60 /24	7.77 /13	8.72 /20	2.18	1.75
CV	Oppenheimer Convertible Sec C	RCVCX	D	(800) 525-7048	D / 1.7	4.23	7.42	14.81 /25	7.78 /13	8.75 /21	2.32	1.74
CV	Oppenheimer Convertible Sec M	RCVGX	D	(800) 525-7048	D / 1.7	4.47	7.88	15.78 /31	8.68 /18	9.47 /28	3.02	0.91
CV	Oppenheimer Convertible Sec N	RCVNX	D	(800) 525-7048	D / 1.9	4.46	7.71	15.38 /28	8.12 /15	9.09 /24	2.80	1.23
EM	Oppenheimer Developing Mkts A	ODMAX	B-	(800) 525-7048	A+ / 9.8	15.00	16.99	46.17 /98	40.62 /99	32.97 /99	0.92	1.37
EM	Oppenheimer Developing Mkts B	ODVBX	B-	(800) 525-7048	A+ / 9.8	14.79	16.56	45.12 /98	39.53 /98	31.92 /99	0.32	2.14
EM	Oppenheimer Developing Mkts C	ODVCX	B-	(800) 525-7048	A+ / 9.8	14.80	16.59	45.18 /98	39.60 /98	31.99 /99	0.45	2.09
EM	Oppenheimer Developing Mkts N	ODVNX	B-	(800) 525-7048	A+ / 9.8	14.88	16.75	45.59 /98	40.11 /99	32.54 /99	0.74	1.75
SC	Oppenheimer Discovery A	OPOCX	E-	(800) 525-7048	E+ / 0.8	10.07	14.46	13.92 /20	7.24 /10	9.59 /29	0.00	1.31
SC	Oppenheimer Discovery B	ODIBX	E	(800) 525-7048	D- / 1.0	9.84	14.02	13.05 /17	6.39 / 7	8.71 /20	0.00	2.09
SC	Oppenheimer Discovery C	ODICX	E	(800) 525-7048	D- / 1.0	9.84	13.99	13.01 /16	6.39 / 7	8.72 /20	0.00	2.18
SC	Oppenheimer Discovery N	ODINX	E	(800) 525-7048	D- / 1.2	9.97	14.26	13.59 /19	6.93 / 9	9.27 /26	0.00	1.65
SC	Oppenheimer Discovery Y	ODIYX	E	(800) 525-7048	D- / 1.5	10.17	14.57	14.16 /21	7.51 /12	9.87 /31	0.00	1.17
GR	Oppenheimer Dividend Growth Fund	OADGX	U	(800) 525-7048	U /	5.79	6.09	17.13 /39	--	--	1.20	1.21
SC	Oppenheimer Emerging Growth A	OEGAX	E-	(800) 525-7048	D- / 1.4	9.93	12.28	10.52 / 9	9.98 /28	13.91 /69	0.00	1.58

● Denotes fund is closed to new investors
* Denotes fund is included in Section II

www.thestreet.com/ratings

Summer 2007

I. Index of Stock Mutual Funds

RISK			NET ASSETS		ASSET				Portfolio	BULL / BEAR		FUND MANAGER		MINIMUMS		LOADS	
	3 Year		NAV							Last Bull	Last Bear	Manager	Manager	Initial	Additional	Front	Back
Risk	Standard		As of	Total	Cash	Stocks	Bonds	Other	Turnover	Market	Market	Quality	Tenure	Purch.	Purch.	End	End
Rating/Pts	Deviation	Beta	6/30/07	$(Mil)	%	%	%	%	Ratio	Return	Return	Pct	(Years)	$	$	Load	Load
U /	N/A	N/A	27.70	69	0	80	20	0	N/A	N/A	N/A	N/A	2	250	25	4.8	0.0
U /	N/A	N/A	28.72	44	0	60	40	0	N/A	N/A	N/A	N/A	2	250	25	0.0	0.0
U /	N/A	N/A	30.01	95	0	60	40	0	N/A	N/A	N/A	N/A	2	250	25	4.8	0.0
U /	N/A	N/A	29.47	47	0	80	20	0	N/A	N/A	N/A	N/A	2	250	25	0.0	0.0
U /	N/A	N/A	30.84	109	0	80	20	0	N/A	N/A	N/A	N/A	2	250	25	4.8	0.0
U /	N/A	N/A	13.78	110	0	100	0	0	N/A	N/A	N/A	N/A	2	250	25	0.0	0.0
U /	N/A	N/A	13.82	32	0	40	60	0	N/A	N/A	N/A	N/A	2	250	25	0.0	0.0
U /	N/A	N/A	14.24	68	0	80	20	0	N/A	N/A	N/A	N/A	2	250	25	0.0	0.0
U /	N/A	N/A	14.49	48	0	60	40	0	N/A	N/A	N/A	N/A	2	250	25	0.0	0.0
U /	N/A	N/A	12.67	1,257	0	75	23	2	40.0	N/A	N/A	N/A	2	1,000	50	5.8	0.0
U /	N/A	N/A	12.55	438	0	75	23	2	40.0	N/A	N/A	N/A	2	1,000	50	0.0	0.0
U /	N/A	N/A	12.54	575	0	75	23	2	40.0	N/A	N/A	N/A	2	1,000	50	0.0	0.0
U /	N/A	N/A	12.62	145	0	75	23	2	40.0	N/A	N/A	N/A	2	1,000	50	0.0	0.0
B- / 7.5	4.9	0.99	14.33	868	0	52	47	1	84.0	67.7	-3.6	64	4	1,000	50	5.8	0.0
B- / 7.5	4.9	0.99	14.00	95	0	52	47	1	84.0	61.1	-3.8	50	4	1,000	50	0.0	0.0
B- / 7.5	4.9	0.99	14.07	100	0	52	47	1	84.0	61.7	-3.9	51	4	1,000	50	0.0	0.0
B- / 7.6	4.9	0.99	14.17	18	0	52	47	1	84.0	64.5	-3.8	58	4	1,000	50	0.0	0.0
C+ / 6.9	8.5	1.03	50.38	5,484	0	99	0	1	83.0	77.3	-11.2	21	2	1,000	50	5.8	0.0
C+ / 6.9	8.6	1.03	45.85	773	0	99	0	1	83.0	71.0	-11.3	16	2	1,000	50	0.0	0.0
C+ / 6.9	8.5	1.03	45.48	695	0	99	0	1	83.0	71.6	-11.3	16	2	1,000	50	0.0	0.0
C+ / 6.9	8.5	1.03	49.54	259	0	99	0	1	83.0	74.7	-11.2	19	2	1,000	50	0.0	0.0
B- / 7.5	8.6	1.03	45.21	1,637	0	99	0	1	83.0	81.3	-11.5	23	2	1,000	50	0.0	0.0
B- / 7.0	8.5	1.03	51.86	1,016	0	99	0	1	83.0	80.1	-11.1	24	2	1,000	50	0.0	0.0
B / 8.1	5.0	0.56	13.72	2,963	12	55	24	9	66.0	83.3	-1.0	84	8	1,000	50	5.8	0.0
B / 8.3	5.1	0.57	13.57	262	12	55	24	9	66.0	76.9	-1.2	77	8	1,000	50	0.0	0.0
B / 8.2	5.0	0.56	13.52	195	12	55	24	9	66.0	77.1	-1.2	78	8	1,000	50	0.0	0.0
B / 8.2	5.0	0.56	13.62	45	12	55	24	9	66.0	80.5	-1.1	82	8	1,000	50	0.0	0.0
E- / 0.0	23.0	0.75	6.93	715	20	0	79	1	89.0	36.0	33.1	0	8	1,000	50	5.8	2.0
E- / 0.0	22.9	0.75	6.81	76	20	0	79	1	89.0	31.1	33.0	0	8	1,000	50	0.0	2.0
E- / 0.0	23.0	0.75	6.77	154	20	0	79	1	89.0	31.3	32.9	0	8	1,000	50	0.0	2.0
E- / 0.0	23.0	0.75	6.85	20	20	0	79	1	89.0	34.0	32.8	0	8	1,000	50	0.0	2.0
E- / 0.0	23.0	0.75	6.98	317	20	0	79	1	89.0	38.7	33.3	0	8	1,000	50	0.0	2.0
U /	N/A	N/A	11.18	144	11	22	65	2	5.0	N/A	N/A	N/A	2	1,000	50	5.8	0.0
U /	N/A	N/A	11.08	27	11	22	65	2	5.0	N/A	N/A	N/A	2	1,000	50	0.0	0.0
U /	N/A	N/A	11.07	69	11	22	65	2	5.0	N/A	N/A	N/A	2	1,000	50	0.0	0.0
U /	N/A	N/A	11.14	36	11	22	65	2	5.0	N/A	N/A	N/A	2	1,000	50	0.0	0.0
B- / 7.3	6.1	0.97	15.11	256	9	32	0	59	54.0	61.1	0.8	70	14	1,000	50	5.8	0.0
B- / 7.6	6.1	0.96	15.13	36	9	32	0	59	54.0	55.6	0.5	59	14	1,000	50	0.0	0.0
B- / 7.6	6.1	0.96	15.10	57	9	32	0	59	54.0	55.7	0.6	60	14	1,000	50	0.0	0.0
B- / 7.6	6.1	0.96	15.10	70	9	32	0	59	54.0	60.4	0.6	71	14	1,000	50	3.3	0.0
B- / 7.6	6.1	0.96	15.11	3	9	32	0	59	54.0	57.7	0.6	64	14	1,000	50	0.0	0.0
C- / 4.0	16.2	1.06	48.21	8,969	0	99	0	1	65.0	361.0	-2.6	40	N/A	50,000	50	5.8	2.0
C- / 4.0	16.2	1.06	47.66	343	0	99	0	1	65.0	345.6	-2.7	32	N/A	50,000	50	0.0	2.0
C- / 4.0	16.3	1.06	47.01	1,151	0	99	0	1	65.0	346.7	-2.8	32	N/A	50,000	50	0.0	2.0
C- / 4.0	16.3	1.06	47.32	325	0	99	0	1	65.0	354.2	-2.6	36	N/A	50,000	50	0.0	2.0
C- / 4.2	16.0	1.11	52.79	555	1	98	0	1	133.0	86.2	-11.5	6	1	1,000	50	5.8	2.0
C- / 4.1	16.0	1.11	46.44	65	1	98	0	1	133.0	80.0	-11.6	4	1	1,000	50	0.0	2.0
C- / 4.1	16.0	1.11	47.42	37	1	98	0	1	133.0	80.1	-11.6	4	1	1,000	50	0.0	2.0
C- / 4.2	16.0	1.11	51.83	10	1	98	0	1	133.0	84.0	-11.5	5	1	1,000	50	0.0	2.0
C- / 4.2	16.0	1.11	55.05	30	1	98	0	1	133.0	88.3	-11.4	6	1	1,000	50	0.0	2.0
U /	N/A	N/A	12.14	80	2	97	0	1	39.0	N/A	N/A	N/A	2	1,000	50	5.8	0.0
C- / 3.3	17.6	1.19	12.62	70	1	98	0	1	213.0	124.7	-13.5	11	N/A	1,000	50	5.8	2.0

www.thestreet.com/ratings

Data as of June 30, 2007

I. Index of Stock Mutual Funds

Summer 2007

99 Pct = Best
0 Pct = Worst

Fund Type	Fund Name	Ticker Symbol	Overall Investment Rating	Phone	Performance Rating/Pts	3 Mo	6 Mo	1Yr / Pct	3Yr / Pct	5Yr / Pct	Dividend Yield	Expense Ratio
SC	Oppenheimer Emerging Growth B	OEGBX	E-	(800) 525-7048	D / 1.7	9.67	11.73	9.60 / 7	9.08 / 21	12.99 / 62	0.00	2.46
SC	Oppenheimer Emerging Growth C	OEGCX	E-	(800) 525-7048	D / 1.7	9.74	11.80	9.67 / 7	9.13 / 22	13.01 / 62	0.00	2.39
SC	Oppenheimer Emerging Growth N	OEGNX	E	(800) 525-7048	D / 2.1	9.86	12.15	10.26 / 8	9.68 / 25	13.61 / 66	0.00	2.00
SC	Oppenheimer Emerging Growth Y	OEGYX	E	(800) 525-7048	D+ / 2.7	10.10	12.56	11.21 / 11	10.65 / 33	14.59 / 73	0.00	1.01
TC	Oppenheimer Emerging Tech A	OETAX	E-	(800) 525-7048	D- / 1.1	8.75	11.54	20.00 / 60	5.90 / 6	10.57 / 39	0.00	2.06
TC	Oppenheimer Emerging Tech B	OETBX	E-	(800) 525-7048	D- / 1.4	8.50	11.04	19.00 / 52	5.10 / 4	9.70 / 30	0.00	2.83
TC	Oppenheimer Emerging Tech C	OETCX	E-	(800) 525-7048	D- / 1.4	8.82	11.37	19.35 / 55	5.08 / 4	9.76 / 30	0.00	2.69
TC	Oppenheimer Emerging Tech N	OETNX	E-	(800) 525-7048	D / 1.7	8.89	11.36	19.51 / 56	5.61 / 5	10.34 / 37	0.00	2.06
TC	Oppenheimer Emerging Tech Y	OETYX	E-	(800) 525-7048	D+ / 2.3	9.04	12.07	20.67 / 65	6.60 / 8	11.29 / 47	0.00	0.98
GI	● Oppenheimer Enterprise A	OENAX	D-	(800) 525-7048	D / 2.0	4.68	8.72	14.92 / 26	10.06 / 28	10.33 / 37	0.00	1.58
GI	● Oppenheimer Enterprise B	OENBX	D-	(800) 525-7048	D+ / 2.4	4.51	8.33	13.99 / 21	9.23 / 22	9.50 / 28	0.00	2.16
GI	● Oppenheimer Enterprise C	OENCX	D-	(800) 525-7048	D+ / 2.3	4.43	8.32	13.97 / 20	9.21 / 22	9.51 / 28	0.00	2.28
GI	Oppenheimer Enterprise N	OENNX	D	(800) 525-7048	D+ / 2.8	4.56	8.59	14.63 / 24	9.81 / 26	10.05 / 33	0.00	2.04
GI	● Oppenheimer Enterprise Y	OENYX	D	(800) 525-7048	C- / 3.4	4.79	8.99	15.48 / 29	10.55 / 32	10.77 / 41	0.00	0.70
AG	Oppenheimer Eq Inv Fd Cl A	OAAIX	U	(800) 525-7048	U /	7.27	9.43	21.49 / 70	--	--	1.27	0.88
AG	Oppenheimer Eq Inv Fd Cl B	OBAIX	U	(800) 525-7048	U /	7.17	9.08	20.56 / 64	--	--	0.87	1.77
AG	Oppenheimer Eq Inv Fd Cl C	OCAIX	U	(800) 525-7048	U /	7.09	9.09	20.60 / 64	--	--	0.89	1.78
AG	Oppenheimer Eq Inv Fd Cl N	ONAIX	U	(800) 525-7048	U /	7.29	9.37	21.23 / 68	--	--	1.33	1.30
GI	Oppenheimer Equity A	OEQAX	C	(800) 525-7048	C+ / 5.7	7.66	11.84	24.12 / 81	12.97 / 54	11.37 / 47	0.23	0.88
GI	Oppenheimer Equity B	OEQBX	C	(800) 525-7048	C+ / 6.1	7.51	11.38	23.16 / 78	11.97 / 45	10.39 / 37	0.00	1.77
GI	Oppenheimer Equity C	OEQCX	C	(800) 525-7048	C+ / 6.1	7.41	11.38	23.03 / 77	11.97 / 45	10.37 / 37	0.00	1.78
GI	Oppenheimer Equity N	OEQNX	C	(800) 525-7048	C+ / 6.5	7.61	11.65	23.68 / 79	12.49 / 50	10.91 / 42	0.03	1.30
GI	Oppenheimer Equity Y	OEQYX	C+	(800) 525-7048	C+ / 6.9	7.75	11.93	24.27 / 81	13.12 / 55	11.51 / 49	0.37	0.73
* GL	Oppenheimer Global Fund A	OPPAX	B	(800) 525-7048	B / 7.6	7.31	8.41	22.70 / 76	18.54 / 82	15.65 / 79	0.60	1.07
GL	Oppenheimer Global Fund B	OGLBX	B	(800) 525-7048	B / 7.8	7.11	7.98	21.74 / 71	17.58 / 79	14.72 / 74	0.00	1.86
GL	Oppenheimer Global Fund C	OGLCX	B	(800) 525-7048	B / 7.8	7.13	8.02	21.79 / 71	17.65 / 80	14.77 / 75	0.06	1.81
GL	Oppenheimer Global Fund N	OGLNX	B+	(800) 525-7048	B / 7.9	7.20	8.19	22.20 / 74	18.07 / 81	15.24 / 77	0.32	1.47
GL	Oppenheimer Global Fund Y	OGLYX	B+	(800) 525-7048	B / 8.2	7.42	8.60	23.15 / 78	18.94 / 83	15.98 / 81	0.95	0.69
GL	Oppenheimer Global Opportunities A	OPGIX	C	(800) 525-7048	B- / 7.3	8.95	9.74	15.38 / 28	19.09 / 83	19.05 / 90	0.25	1.13
GL	Oppenheimer Global Opportunities B	OGGIX	C	(800) 525-7048	B / 7.6	8.76	9.33	14.53 / 23	18.15 / 81	18.10 / 88	0.00	1.94
GL	Oppenheimer Global Opportunities C	OGICX	C	(800) 525-7048	B / 7.6	8.78	9.35	14.55 / 23	18.21 / 81	18.15 / 88	0.00	1.89
GL	Oppenheimer Global Opportunities N	OGINX	C	(800) 525-7048	B / 7.8	8.88	9.56	14.99 / 26	18.69 / 82	18.68 / 89	0.00	1.48
GL	Oppenheimer Global Opportunities Y	OGIYX	C	(800) 525-7048	B / 8.1	9.09	9.96	15.82 / 31	19.52 / 84	19.52 / 91	0.57	0.78
PM	Oppenheimer Gold/Spec Min A	OPGSX	C-	(800) 525-7048	A+ / 9.6	4.06	9.77	25.97 / 85	35.09 / 97	27.29 / 97	0.42	1.13
PM	Oppenheimer Gold/Spec Min B	OGMBX	C-	(800) 525-7048	A+ / 9.6	3.82	9.30	24.97 / 83	34.02 / 97	26.30 / 97	0.00	1.91
PM	Oppenheimer Gold/Spec Min C	OGMCX	C-	(800) 525-7048	A+ / 9.6	3.86	9.35	25.00 / 83	34.09 / 97	26.35 / 97	0.00	1.90
PM	Oppenheimer Gold/Spec Min N	OGMNX	C-	(800) 525-7048	A+ / 9.6	3.97	9.56	25.52 / 84	34.68 / 97	26.92 / 97	0.24	1.43
GR	Oppenheimer Growth A	OPPSX	D-	(800) 525-7048	D+ / 2.3	7.11	10.60	20.15 / 61	8.66 / 18	5.79 / 4	0.00	1.19
GR	Oppenheimer Growth B	OPSBX	D-	(800) 525-7048	D+ / 2.6	6.90	10.17	19.19 / 54	7.73 / 13	4.88 / 2	0.00	2.02
GR	Oppenheimer Growth C	OGRCX	D-	(800) 525-7048	D+ / 2.6	6.88	10.13	19.16 / 54	7.72 / 13	4.89 / 2	0.00	2.07
GR	Oppenheimer Growth N	OGRNX	D-	(800) 525-7048	C- / 3.0	7.01	10.40	19.75 / 58	8.27 / 16	5.68 / 3	0.00	1.56
GR	Oppenheimer Growth Y	OGRYX	D	(800) 525-7048	C- / 3.6	7.16	10.71	20.46 / 63	8.88 / 20	6.00 / 4	0.00	0.90
FO	Oppenheimer International Value A	OIVAX	A+	(800) 525-7048	B+ / 8.5	6.68	10.48	25.59 / 84	21.44 / 88	--	0.90	1.43
FO	Oppenheimer International Value B	OIVBX	A+	(800) 525-7048	B+ / 8.5	6.41	9.97	24.43 / 81	20.27 / 85	--	0.25	2.34
FO	Oppenheimer International Value C	OIVCX	A+	(800) 525-7048	B+ / 8.6	6.42	9.98	24.56 / 82	20.38 / 86	--	0.38	2.23
FO	Oppenheimer Intl Diversified A	OIDAX	U	(800) 525-7048	U /	9.03	13.24	33.55 / 95	--	--	1.84	1.46
FO	Oppenheimer Intl Diversified B	OIDBX	U	(800) 525-7048	U /	8.79	12.76	32.38 / 95	--	--	1.56	2.32
FO	Oppenheimer Intl Diversified C	OIDCX	U	(800) 525-7048	U /	8.78	12.83	32.54 / 95	--	--	1.62	2.18
FO	Oppenheimer Intl Diversified N	OIDNX	U	(800) 525-7048	U /	8.90	13.02	33.21 / 95	--	--	1.88	1.69
FO	Oppenheimer Intl Growth A	OIGAX	A-	(800) 525-7048	A- / 9.1	7.04	11.38	33.39 / 95	23.82 / 92	17.87 / 87	0.64	1.28
FO	Oppenheimer Intl Growth B	IGRWX	A-	(800) 525-7048	A- / 9.2	6.82	10.99	32.39 / 95	22.85 / 91	16.96 / 85	0.00	2.07
FO	Oppenheimer Intl Growth C	OIGCX	A-	(800) 525-7048	A- / 9.2	6.87	11.00	32.47 / 95	22.91 / 91	16.98 / 85	0.15	2.03

● Denotes fund is closed to new investors
* Denotes fund is included in Section II

www.thestreet.com/ratings

Summer 2007   I. Index of Stock Mutual Funds

RISK			NET ASSETS		ASSET				Portfolio Turnover Ratio	BULL / BEAR		FUND MANAGER		MINIMUMS		LOADS	
	3 Year		NAV As of 6/30/07	Total $(Mil)	Cash %	Stocks %	Bonds %	Other %		Last Bull Market Return	Last Bear Market Return	Manager Quality Pct	Manager Tenure (Years)	Initial Purch. $	Additional Purch. $	Front End Load	Back End Load
Risk Rating/Pts	Standard Deviation	Beta															
C− / 3.2	17.6	1.19	11.91	22	1	98	0	1	213.0	117.3	−13.7	8	N/A	1,000	50	0.0	2.0
C− / 3.2	17.6	1.19	11.94	18	1	98	0	1	213.0	117.4	−13.6	8	N/A	1,000	50	0.0	2.0
C− / 3.2	17.6	1.19	12.37	8	1	98	0	1	213.0	122.4	−13.8	10	N/A	1,000	50	0.0	2.0
C− / 3.3	17.6	1.19	13.08	3	1	98	0	1	213.0	130.4	−13.4	14	N/A	1,000	50	0.0	2.0
D+ / 2.5	19.9	2.08	3.48	88	N/A	100	0	N/A	101.0	88.3	−15.1	0	N/A	1,000	50	5.8	2.0
D+ / 2.5	20.0	2.10	3.32	33	N/A	100	0	N/A	101.0	82.9	−15.4	0	N/A	1,000	50	0.0	2.0
D+ / 2.5	19.9	2.10	3.33	18	N/A	100	0	N/A	101.0	82.9	−15.4	0	N/A	1,000	50	0.0	2.0
D+ / 2.5	20.0	2.09	3.43	5	N/A	100	0	N/A	101.0	86.5	−15.2	0	N/A	1,000	50	0.0	2.0
D+ / 2.5	20.1	2.10	3.62	2	N/A	100	0	N/A	101.0	94.1	−15.3	0	N/A	1,000	50	0.0	2.0
C+ / 6.0	11.8	1.34	16.33	119	3	96	0	1	43.0	94.3	−7.4	15	N/A	1,000	50	5.8	0.0
C+ / 6.0	11.8	1.34	14.83	32	3	96	0	1	43.0	88.2	−7.7	11	N/A	1,000	50	0.0	0.0
C+ / 6.0	11.8	1.34	14.85	19	3	96	0	1	43.0	88.3	−7.7	11	N/A	1,000	50	0.0	0.0
C+ / 6.0	11.8	1.34	16.06	53	3	96	0	1	43.0	92.4	−7.6	14	N/A	1,000	50	0.0	0.0
C+ / 6.1	11.8	1.34	16.86	12	3	96	0	1	43.0	97.9	−7.2	17	N/A	1,000	50	0.0	0.0
U /	N/A	N/A	13.58	239	0	100	0	0	2.0	N/A	N/A	N/A	2	1,000	50	5.8	0.0
U /	N/A	N/A	13.45	76	0	100	0	0	2.0	N/A	N/A	N/A	2	1,000	50	0.0	0.0
U /	N/A	N/A	13.44	97	0	100	0	0	2.0	N/A	N/A	N/A	2	1,000	50	0.0	0.0
U /	N/A	N/A	13.54	48	0	100	0	0	2.0	N/A	N/A	N/A	2	1,000	50	0.0	0.0
C / 5.5	8.9	1.14	12.09	2,653	0	99	0	1	85.0	97.8	−7.4	55	N/A	1,000	50	5.8	0.0
C / 5.4	8.9	1.14	11.45	155	0	99	0	1	85.0	90.4	−7.6	42	N/A	1,000	50	0.0	0.0
C / 5.4	9.0	1.15	11.45	101	0	99	0	1	85.0	90.4	−7.6	41	N/A	1,000	50	0.0	0.0
C / 5.5	8.9	1.14	11.88	40	0	99	0	1	85.0	94.2	−7.4	48	N/A	1,000	50	0.0	0.0
C / 5.5	9.0	1.15	12.10	65	0	99	0	1	85.0	98.8	−7.4	56	N/A	1,000	50	0.0	0.0
C+ / 6.9	10.3	0.99	79.69	13,837	0	99	0	1	23.0	165.1	−12.4	18	3	1,000	50	5.8	2.0
C+ / 6.8	10.3	0.99	73.85	1,254	0	99	0	1	23.0	156.1	−12.6	14	3	1,000	50	0.0	2.0
C+ / 6.8	10.3	0.99	75.17	1,545	0	99	0	1	23.0	156.6	−12.6	14	3	1,000	50	0.0	2.0
C+ / 6.9	10.3	0.99	78.89	490	0	99	0	1	23.0	160.7	−12.4	16	3	1,000	50	0.0	2.0
C+ / 6.9	10.3	0.99	80.30	934	0	99	0	1	23.0	168.5	−12.4	20	3	1,000	50	0.0	2.0
C− / 3.9	16.8	1.42	39.43	3,167	4	95	0	1	96.0	220.7	−18.9	1	12	1,000	50	5.8	2.0
C− / 3.8	16.8	1.42	37.39	513	4	95	0	1	96.0	209.8	−19.0	1	12	1,000	50	0.0	2.0
C− / 3.8	16.8	1.42	37.41	666	4	95	0	1	96.0	210.5	−19.0	1	12	1,000	50	0.0	2.0
C− / 3.9	16.8	1.42	38.62	136	4	95	0	1	96.0	216.0	−18.9	1	12	1,000	50	0.0	2.0
C− / 3.9	16.8	1.42	39.74	230	4	95	0	1	96.0	225.7	−18.8	2	12	1,000	50	0.0	2.0
D− / 1.2	25.7	1.26	31.81	1,002	0	99	0	1	152.0	243.4	11.6	99	10	1,000	50	5.8	2.0
D− / 1.2	25.7	1.26	30.44	139	0	99	0	1	152.0	232.1	11.5	98	10	1,000	50	0.0	2.0
D− / 1.2	25.7	1.26	30.41	229	0	99	0	1	152.0	232.8	11.5	98	10	1,000	50	0.0	2.0
D− / 1.2	25.7	1.26	31.18	29	0	99	0	1	152.0	239.0	11.5	99	10	1,000	50	0.0	2.0
C+ / 5.7	11.5	1.34	34.64	1,029	0	99	0	1	63.0	61.9	−7.8	9	N/A	1,000	50	5.8	0.0
C+ / 5.6	11.6	1.34	31.31	142	0	99	0	1	63.0	56.0	−7.9	7	N/A	1,000	50	0.0	0.0
C+ / 5.6	11.6	1.34	31.84	76	0	99	0	1	63.0	56.1	−8.0	7	N/A	1,000	50	0.0	0.0
C+ / 5.7	11.5	1.34	34.19	16	0	99	0	1	63.0	59.4	−7.8	8	N/A	1,000	50	0.0	0.0
C+ / 5.7	11.6	1.34	35.03	38	0	99	0	1	63.0	63.3	−7.7	10	N/A	1,000	50	0.0	0.0
B / 8.4	9.1	0.90	20.76	152	3	96	0	1	38.0	N/A	N/A	63	4	1,000	50	5.8	2.0
B / 8.4	9.1	0.90	20.41	26	3	96	0	1	38.0	N/A	N/A	49	3	1,000	50	0.0	2.0
B / 8.4	9.1	0.90	20.39	45	3	96	0	1	38.0	N/A	N/A	50	3	1,000	50	0.0	2.0
U /	N/A	N/A	14.37	853	0	89	9	2	1.0	N/A	N/A	N/A	2	1,000	50	5.8	0.0
U /	N/A	N/A	14.23	141	0	89	9	2	1.0	N/A	N/A	N/A	2	1,000	50	0.0	0.0
U /	N/A	N/A	14.25	390	0	89	9	2	1.0	N/A	N/A	N/A	2	1,000	50	0.0	0.0
U /	N/A	N/A	14.32	43	0	89	9	2	1.0	N/A	N/A	N/A	2	1,000	50	0.0	0.0
C+ / 6.3	11.0	1.14	31.03	1,415	0	98	0	2	12.0	234.8	−15.7	34	11	1,000	50	5.8	2.0
C+ / 6.3	11.0	1.14	29.59	173	0	98	0	2	12.0	223.9	−15.8	27	11	1,000	50	0.0	2.0
C+ / 6.3	11.0	1.14	29.57	271	0	98	0	2	12.0	224.6	−15.9	27	11	1,000	50	0.0	2.0

www.thestreet.com/ratings   Data as of June 30, 2007

I. Index of Stock Mutual Funds

Summer 2007

99 Pct = Best
0 Pct = Worst

Fund Type	Fund Name	Ticker Symbol	Overall Investment Rating	Phone	Performance Rating/Pts	3 Mo	6 Mo	1Yr / Pct	3Yr / Pct	5Yr / Pct	Dividend Yield	Expense Ratio
								Total Return % through 6/30/07	Annualized		Incl. in Returns	
FO	Oppenheimer Intl Growth N	OIGNX	A-	(800) 525-7048	A- / 9.2	6.93	11.20	32.94 /95	23.44 /92	17.52 /86	0.44	1.64
FO	Oppenheimer Intl Growth VA		A+	(800) 525-7048	A- / 9.2	7.11	10.47	32.70 /95	22.50 /90	15.92 /81	0.00	1.04
FO	Oppenheimer Intl Growth Y	OIGYX	U	(800) 525-7048	U /	7.15	11.66	34.06 /96	--	--	1.05	0.77
FO	Oppenheimer Intl Small Comp A	OSMAX	B-	(800) 525-7048	A+ / 9.8	16.10	24.22	52.57 /99	38.89 /98	34.65 /99	0.45	1.18
FO	Oppenheimer Intl Small Comp B	OSMBX	B-	(800) 525-7048	A+ / 9.8	15.84	23.74	51.23 /99	37.67 /98	33.50 /99	0.00	2.03
FO	Oppenheimer Intl Small Comp C	OSMCX	B-	(800) 525-7048	A+ / 9.8	15.87	23.76	51.37 /99	37.75 /98	33.60 /99	0.00	1.96
FO	Oppenheimer Intl Small Comp N	OSMNX	B-	(800) 525-7048	A+ / 9.9	16.04	24.01	51.97 /99	38.37 /98	34.19 /99	0.25	1.61
FO	Oppenheimer Intl Small Comp Y	OSMYX	U	(800) 525-7048	U /	16.21	24.46	53.09 /99	--	--	0.75	0.80
* GI	Oppenheimer Main St Fund A	MSIGX	C	(800) 525-7048	C- / 3.3	6.49	6.96	19.31 /55	11.49 /41	9.51 /28	0.79	0.91
GI	Oppenheimer Main St Fund B	OMSBX	C	(800) 525-7048	C- / 3.8	6.31	6.57	18.41 /48	10.62 /33	8.64 /20	0.06	1.68
GI	Oppenheimer Main St Fund C	MIGCX	C	(800) 525-7048	C- / 3.8	6.30	6.59	18.44 /48	10.66 /33	8.69 /20	0.19	1.65
GI	Oppenheimer Main St Fund N	OMGNX	C+	(800) 525-7048	C- / 4.2	6.43	6.83	19.00 /52	11.14 /37	9.19 /25	0.62	1.19
GI	Oppenheimer Main St Fund Y	MIGYX	C+	(800) 525-7048	C / 5.0	6.61	7.19	19.81 /58	11.95 /45	9.87 /31	1.23	0.48
GI	Oppenheimer Main St Oppty A	OMSOX	C	(800) 525-7048	C- / 4.0	6.39	7.25	18.89 /51	12.69 /51	12.42 /57	0.49	1.06
GI	Oppenheimer Main St Oppty B	OMOBX	C	(800) 525-7048	C / 4.5	6.16	6.84	17.96 /45	11.76 /43	11.48 /49	0.00	1.89
GI	Oppenheimer Main St Oppty C	OMSCX	C	(800) 525-7048	C / 4.5	6.20	6.87	18.03 /45	11.84 /44	11.58 /50	0.00	1.81
GI	Oppenheimer Main St Oppty N	OMSNX	C+	(800) 525-7048	C / 5.0	6.28	7.08	18.49 /48	12.26 /48	12.02 /54	0.30	1.40
GI	Oppenheimer Main St Oppty Y	OMSYX	C+	(800) 525-7048	C+ / 5.7	6.49	7.49	19.37 /55	13.07 /55	12.85 /61	0.81	0.68
SC	Oppenheimer Main St Small Cap A	OPMSX	C	(800) 525-7048	C+ / 6.1	5.43	9.68	16.48 /35	16.16 /75	15.14 /77	0.00	1.14
SC	Oppenheimer Main St Small Cap B	OPMBX	C	(800) 525-7048	C+ / 6.5	5.28	9.32	15.63 /30	15.29 /70	14.25 /71	0.00	1.92
SC	Oppenheimer Main St Small Cap C	OPMCX	C	(800) 525-7048	C+ / 6.6	5.26	9.33	15.68 /30	15.35 /71	14.33 /72	0.00	1.85
SC	Oppenheimer Main St Small Cap N	OPMNX	C+	(800) 525-7048	C+ / 6.9	5.33	9.52	16.08 /32	15.79 /73	14.80 /75	0.00	1.46
SC	Oppenheimer Main St Small Cap Y	OPMYX	C+	(800) 525-7048	B- / 7.4	5.54	9.94	17.00 /38	16.73 /77	15.74 /80	0.00	0.66
MC	Oppenheimer Mid Cap A	OMDAX	E+	(800) 525-7048	D- / 1.2	5.26	7.44	8.07 / 4	10.08 /29	9.41 /27	0.00	1.32
MC	Oppenheimer Mid Cap B	OMDBX	E+	(800) 525-7048	D- / 1.5	5.08	7.05	7.24 / 3	9.26 /23	8.58 /19	0.00	2.08
MC	Oppenheimer Mid Cap C	OMDCX	E+	(800) 525-7048	D- / 1.5	5.08	7.05	7.24 / 3	9.26 /23	8.58 /19	0.00	2.06
MC	Oppenheimer Mid Cap N	OMDNX	D-	(800) 525-7048	D / 1.8	5.23	7.33	7.80 / 4	9.85 /27	9.15 /25	0.00	1.60
MC	Oppenheimer Mid Cap Y	OMDYX	D-	(800) 525-7048	D+ / 2.3	5.40	7.66	8.49 / 5	10.55 /32	9.86 /31	0.00	0.86
AA	Oppenheimer Moderate Inv Fd Cl A	OAMIX	U	(800) 525-7048	U /	2.87	5.06	13.05 /17	--	--	2.14	1.19
AA	Oppenheimer Moderate Inv Fd Cl B	OBMIX	U	(800) 525-7048	U /	2.63	4.55	12.15 /14	--	--	1.76	2.05
AA	Oppenheimer Moderate Inv Fd Cl C	OCMIX	U	(800) 525-7048	U /	2.63	4.56	12.20 /14	--	--	1.80	2.02
AA	Oppenheimer Moderate Inv Fd Cl N	ONMIX	U	(800) 525-7048	U /	2.71	4.81	12.71 /15	--	--	2.21	1.38
AA	● Oppenheimer Prin Prot Main St Fd A	OAPPX	C-	(800) 525-7048	D / 2.1	6.36	6.68	18.80 /51	9.46 /24	--	0.00	1.47
AA	● Oppenheimer Prin Prot Main St Fd B	OBPPX	C-	(800) 525-7048	D+ / 2.5	6.12	6.28	17.87 /44	8.61 /18	--	0.00	2.24
AA	Oppenheimer Prin Prot Main St Fd C	OCPPX	C-	(800) 525-7048	D+ / 2.5	6.18	6.34	17.91 /44	8.64 /18	--	0.00	2.22
AA	Oppenheimer Prin Prot Main St Fd N	ONPPX	C	(800) 525-7048	D+ / 2.9	6.30	6.54	18.56 /49	9.25 /23	--	0.00	1.66
AA	Oppenheimer Prin Prot Main St II A	OAPMX	D+	(800) 525-7048	E+ / 0.6	4.64	4.84	13.60 /19	6.60 / 8	--	1.20	1.80
AA	Oppenheimer Prin Prot Main St II B	OBPMX	D+	(800) 525-7048	E+ / 0.8	4.44	4.44	12.70 /15	5.77 / 5	--	0.52	2.59
AA	Oppenheimer Prin Prot Main St II C	OCPMX	D+	(800) 525-7048	E+ / 0.8	4.46	4.46	12.75 /15	5.80 / 5	--	0.43	2.57
AA	Oppenheimer Prin Prot Main St III A	OAPRX	U	(800) 525-7048	U /	5.28	5.38	15.05 /26	--	--	1.50	1.50
BA	Oppenheimer Quest Balanced A	QVGIX	D	(800) 525-7048	D- / 1.3	5.87	5.71	16.64 /36	8.26 /16	10.66 /40	1.13	1.17
BA	Oppenheimer Quest Balanced B	QGRBX	D+	(800) 525-7048	D / 1.6	5.66	5.28	15.75 /30	7.39 /11	9.82 /31	0.48	1.95
BA	Oppenheimer Quest Balanced C	QGRCX	D+	(800) 525-7048	D / 1.6	5.62	5.31	15.75 /30	7.45 /11	9.88 /32	0.54	1.89
BA	Oppenheimer Quest Balanced N	QGRNX	D+	(800) 525-7048	D / 1.8	5.75	5.51	16.24 /33	7.90 /14	10.32 /36	0.91	1.48
BA	Oppenheimer Quest Balanced Y	QGRYX	C-	(800) 525-7048	D+ / 2.3	5.95	5.85	17.01 /38	8.58 /18	11.04 /44	1.48	0.87
GR	Oppenheimer Quest Capital Val A	QCVAX	C-	(800) 525-7048	C- / 3.1	4.70	5.67	16.73 /36	12.39 /49	13.22 /63	0.10	1.29
GR	Oppenheimer Quest Capital Val B	QCVBX	D+	(800) 525-7048	C- / 3.4	4.43	5.18	15.72 /30	11.36 /39	12.24 /56	0.00	2.19
GR	Oppenheimer Quest Capital Val C	QCVCX	C-	(800) 525-7048	C- / 3.5	4.46	5.22	15.73 /30	11.39 /40	12.25 /56	0.00	2.17
GR	Oppenheimer Quest Capital Val N	QCVNX	C-	(800) 525-7048	C- / 3.9	4.59	5.44	16.24 /33	11.90 /44	12.79 /60	0.00	1.90
GL	Oppenheimer Quest Internatl Val A	QIVAX	A-	(800) 525-7048	B+ / 8.4	6.59	10.32	26.00 /85	21.21 /87	16.63 /83	0.97	1.25
GL	Oppenheimer Quest Internatl Val B	QIVBX	A-	(800) 525-7048	B+ / 8.5	6.30	9.75	24.80 /82	20.08 /85	15.60 /79	0.33	2.16
GL	Oppenheimer Quest Internatl Val C	QIVCX	A-	(800) 525-7048	B+ / 8.5	6.28	9.76	24.80 /82	20.13 /85	15.62 /79	0.41	2.14

● Denotes fund is closed to new investors
* Denotes fund is included in Section II

Summer 2007 — I. Index of Stock Mutual Funds

RISK			NET ASSETS		ASSET				Portfolio	BULL / BEAR		FUND MANAGER		MINIMUMS		LOADS	
	3 Year		NAV							Last Bull	Last Bear	Manager	Manager	Initial	Additional	Front	Back
Risk	Standard		As of	Total	Cash	Stocks	Bonds	Other	Turnover	Market	Market	Quality	Tenure	Purch.	Purch.	End	End
Rating/Pts	Deviation	Beta	6/30/07	$(Mil)	%	%	%	%	Ratio	Return	Return	Pct	(Years)	$	$	Load	Load
C+ / 6.3	10.9	1.14	30.57	68	0	98	0	2	12.0	230.8	-15.8	31	6	1,000	50	0.0	2.0
B- / 7.5	10.8	1.11	2.11	357	0	98	0	2	12.0	208.1	-15.3	28	6	1,000	50	0.0	0.0
U /	N/A	N/A	31.03	521	0	98	0	2	12.0	N/A	N/A	N/A	11	1,000	50	0.0	2.0
C- / 4.0	15.8	1.43	33.39	2,104	5	94	0	1	35.0	455.5	-7.2	94	7	50,000	50	5.8	2.0
C- / 3.9	15.8	1.43	31.95	164	5	94	0	1	35.0	434.7	-7.2	91	7	50,000	50	0.0	2.0
C- / 3.9	15.8	1.43	31.98	384	5	94	0	1	35.0	436.7	-7.4	92	7	50,000	50	0.0	2.0
C- / 4.0	15.8	1.43	32.49	82	5	94	0	1	35.0	446.4	-7.3	93	6	50,000	50	0.0	2.0
U /	N/A	N/A	33.48	376	5	94	0	1	35.0	N/A	N/A	N/A	2	50,000	50	0.0	2.0
B / 8.2	7.4	1.00	43.49	8,373	0	99	0	1	84.0	91.3	-8.8	51	9	1,000	50	5.8	0.0
B / 8.2	7.4	1.00	42.15	1,283	0	99	0	1	84.0	84.9	-9.0	40	9	1,000	50	0.0	0.0
B / 8.2	7.4	1.00	42.03	1,163	0	99	0	1	84.0	85.2	-9.0	40	9	1,000	50	0.0	0.0
B / 8.2	7.4	1.00	42.88	244	0	99	0	1	84.0	88.6	-8.9	46	6	1,000	50	0.0	0.0
B / 8.2	7.4	1.00	43.70	959	0	99	0	1	84.0	94.2	-8.7	57	9	1,000	50	0.0	0.0
B- / 7.5	7.9	1.06	15.82	2,623	0	99	0	1	107.0	120.2	-9.1	60	7	1,000	50	5.8	0.0
B- / 7.5	7.9	1.07	15.16	535	0	99	0	1	107.0	112.7	-9.4	47	7	1,000	50	0.0	0.0
B- / 7.5	8.0	1.07	15.24	702	0	99	0	1	107.0	113.5	-9.3	48	7	1,000	50	0.0	0.0
B- / 7.5	8.0	1.07	15.58	145	0	99	0	1	107.0	117.0	-9.2	N/A	6	1,000	50	0.0	0.0
B- / 7.4	7.9	1.06	16.07	345	0	99	0	1	107.0	124.1	-9.1	64	7	1,000	50	0.0	0.0
C+ / 5.8	12.7	0.93	24.25	3,764	0	98	0	2	102.0	159.1	-10.6	86	8	1,000	50	5.8	0.0
C / 5.5	12.7	0.93	22.53	474	0	98	0	2	102.0	150.7	-10.8	81	8	1,000	50	0.0	0.0
C+ / 5.6	12.7	0.93	22.62	711	0	98	0	2	102.0	151.3	-10.8	81	8	1,000	50	0.0	0.0
C+ / 5.7	12.7	0.93	23.70	300	0	98	0	2	102.0	155.6	-10.6	84	8	1,000	50	0.0	0.0
C+ / 5.9	12.7	0.93	25.32	787	0	98	0	2	102.0	164.6	-10.5	88	8	1,000	50	0.0	0.0
C+ / 6.0	10.9	0.95	20.21	696	2	97	0	1	63.0	93.9	-9.1	15	N/A	1,000	50	5.8	0.0
C+ / 5.9	10.9	0.95	18.82	188	2	97	0	1	63.0	87.9	-9.2	11	N/A	1,000	50	0.0	0.0
C+ / 5.9	10.9	0.95	18.82	134	2	97	0	1	63.0	87.8	-9.2	12	N/A	1,000	50	0.0	0.0
C+ / 6.0	10.9	0.95	19.91	37	2	97	0	1	63.0	91.9	-9.1	14	N/A	1,000	50	0.0	0.0
C+ / 6.0	10.9	0.95	21.09	39	2	97	0	1	63.0	97.0	-9.0	17	N/A	1,000	50	0.0	0.0
U /	N/A	N/A	11.83	411	0	55	44	1	4.0	N/A	N/A	N/A	2	1,000	50	5.8	0.0
U /	N/A	N/A	11.71	121	0	55	44	1	4.0	N/A	N/A	N/A	2	1,000	50	0.0	0.0
U /	N/A	N/A	11.70	186	0	55	44	1	4.0	N/A	N/A	N/A	2	1,000	50	0.0	0.0
U /	N/A	N/A	11.77	68	0	55	44	1	4.0	N/A	N/A	N/A	2	1,000	50	0.0	0.0
B / 8.3	6.8	1.47	14.22	53	0	99	0	1	20.0	N/A	N/A	34	4	1,000	50	5.8	0.0
B / 8.3	6.8	1.47	14.05	113	0	99	0	1	26.0	N/A	N/A	27	4	1,000	50	0.0	0.0
B / 8.3	6.8	1.46	14.09	36	0	99	0	1	26.0	N/A	N/A	28	4	1,000	50	0.0	0.0
B / 8.3	6.8	1.46	14.18	5	0	99	0	1	26.0	N/A	N/A	33	4	1,000	50	0.0	0.0
B+ / 9.0	4.6	0.94	33.80	57	2	68	28	2	74.0	N/A	N/A	32	4	1,000	50	5.8	0.0
B+ / 9.3	4.6	0.94	33.63	74	2	68	28	2	74.0	N/A	N/A	26	4	1,000	50	0.0	0.0
B+ / 9.3	4.6	0.94	33.74	28	2	68	28	2	74.0	N/A	N/A	26	4	1,000	50	0.0	0.0
U /	N/A	N/A	34.30	31	9	69	20	2	133.0	N/A	N/A	N/A	3	1,000	50	5.8	0.0
B- / 7.8	7.5	1.52	19.79	3,084	1	72	25	2	63.0	78.8	-5.5	23	15	1,000	50	5.8	0.0
B- / 7.9	7.5	1.52	19.41	1,611	1	72	25	2	63.0	73.0	-5.7	17	14	1,000	50	0.0	0.0
B- / 7.9	7.5	1.52	19.42	968	1	72	25	2	63.0	73.5	-5.6	18	14	1,000	50	0.0	0.0
B- / 7.9	7.5	1.52	19.54	188	1	72	25	2	63.0	76.4	-5.5	20	6	1,000	50	0.0	0.0
B- / 7.9	7.5	1.52	19.78	260	1	72	25	2	63.0	81.1	-5.3	25	7	1,000	50	0.0	0.0
B- / 7.1	8.3	1.01	29.43	374	0	99	0	1	56.0	113.3	-9.5	62	7	1,000	50	5.8	0.0
C+ / 6.7	8.4	1.01	26.17	72	0	99	0	1	56.0	105.5	-9.7	48	7	1,000	50	0.0	0.0
C+ / 6.7	8.3	1.01	26.22	57	0	99	0	1	56.0	105.6	-9.6	49	7	1,000	50	0.0	0.0
B- / 7.0	8.4	1.01	28.70	20	0	99	0	1	56.0	109.6	-9.5	55	7	1,000	50	0.0	0.0
B- / 7.0	8.6	0.87	24.26	1,033	1	98	0	1	36.0	153.3	-6.6	66	2	1,000	50	5.8	2.0
B- / 7.0	8.6	0.87	22.28	62	1	98	0	1	36.0	143.8	-6.8	53	2	1,000	50	0.0	2.0
B- / 7.0	8.6	0.87	22.16	91	1	98	0	1	36.0	144.0	-6.7	54	2	1,000	50	0.0	2.0

www.thestreet.com/ratings   Data as of June 30, 2007

I. Index of Stock Mutual Funds

Summer 2007

	99 Pct = Best				**PERFORMANCE**							
	0 Pct = Worst		**Overall**		Perfor-		Total Return % through 6/30/07				Incl. in Returns	
Fund		Ticker	**Investment**		mance				Annualized		Dividend	Expense
Type	Fund Name	Symbol	**Rating**	Phone	Rating/Pts	3 Mo	6 Mo	1Yr / Pct	3Yr / Pct	5Yr / Pct	Yield	Ratio
GL	Oppenheimer Quest Internatl Val N	QIVNX	A-	(800) 525-7048	B+ / 8.6	6.42	10.05	25.45 /84	20.72 /86	16.19 /82	0.71	1.64
GR	Oppenheimer Quest Opporty Val A	QVOPX	E+	(800) 525-7048	D / 1.7	4.30	6.80	19.89 /59	8.73 /19	7.73 /13	1.12	1.43
GR	Oppenheimer Quest Opporty Val B	QOPBX	E+	(800) 525-7048	D / 2.0	4.12	6.42	19.02 /53	7.90 /14	6.92 / 8	0.48	2.18
GR	Oppenheimer Quest Opporty Val C	QOPCX	E+	(800) 525-7048	D / 2.0	4.13	6.44	19.04 /53	7.92 /14	6.94 / 8	0.52	2.18
GR	Oppenheimer Quest Opporty Val N	QOPNX	D-	(800) 525-7048	D+ / 2.3	4.26	6.65	19.51 /56	8.35 /16	7.36 /10	0.82	1.77
GR	Oppenheimer Quest Opporty Val Y	QOPYX	D-	(800) 525-7048	D+ / 2.7	4.34	6.91	20.11 /61	8.91 /20	7.92 /14	1.26	1.24
GR	Oppenheimer Quest Value A	QFVFX	C	(800) 525-7048	B- / 7.2	8.40	13.04	27.95 /90	14.67 /67	12.00 /54	0.59	1.17
GR	Oppenheimer Quest Value B	QFVBX	C	(800) 525-7048	B- / 7.5	8.15	12.65	27.00 /88	13.73 /60	11.07 /44	0.00	1.99
GR	Oppenheimer Quest Value C	QFVCX	C	(800) 525-7048	B- / 7.5	8.16	12.60	26.95 /88	13.72 /60	11.08 /44	0.01	1.99
GR	Oppenheimer Quest Value N	QFVNX	C	(800) 525-7048	B / 7.7	8.32	12.88	27.59 /89	14.34 /64	11.65 /50	0.37	1.46
GR	Oppenheimer Quest Value Y	QFVYX	C	(800) 525-7048	B / 7.9	8.40	13.13	28.19 /90	14.93 /68	12.23 /56	0.80	0.96
RE	Oppenheimer Real Estate A	OREAX	C-	(800) 525-7048	B- / 7.2	-10.33	-7.35	10.79 /10	22.45 /90	20.46 /92	1.42	1.53
RE	Oppenheimer Real Estate B	OREBX	C	(800) 525-7048	B- / 7.5	-10.49	-7.73	9.95 / 8	21.54 /88	--	1.02	2.54
RE	Oppenheimer Real Estate C	ORECX	C	(800) 525-7048	B- / 7.5	-10.48	-7.69	9.95 / 8	21.53 /88	--	1.02	2.47
RE	Oppenheimer Real Estate N	ORENX	C	(800) 525-7048	B / 7.7	-10.35	-7.45	10.50 / 9	22.14 /89	--	1.28	1.99
RE	Oppenheimer Real Estate Y	OREYX	C	(800) 525-7048	B / 8.0	-10.19	-7.14	11.30 /11	22.97 /91	--	1.85	1.07
GR	Oppenheimer Select Value A	OSVAX	A+	(800) 525-7048	B+ / 8.6	8.27	13.29	34.04 /96	18.88 /83	--	0.41	1.20
GR	Oppenheimer Select Value B	OSVBX	A+	(800) 525-7048	B+ / 8.7	8.03	12.85	32.92 /95	17.78 /80	--	0.00	2.07
GR	Oppenheimer Select Value C	OSCVX	A+	(800) 525-7048	B+ / 8.7	8.01	12.89	33.02 /95	17.86 /80	--	0.01	1.99
GR	Oppenheimer Select Value N	OSVNX	A+	(800) 525-7048	B+ / 8.8	8.17	13.17	33.66 /95	18.49 /82	--	0.33	1.47
GR	Oppenheimer Select Value Y	OSVYX	A+	(800) 525-7048	A- / 9.0	8.37	13.50	34.60 /96	19.25 /83	--	0.67	0.77
SC	● Oppenheimer Small & Mid Cap Value	QVSCX	A-	(800) 525-7048	B+ / 8.9	8.52	15.43	29.90 /92	22.05 /89	20.15 /92	0.00	1.14
SC	● Oppenheimer Small & Mid Cap Value	QSCBX	B+	(800) 525-7048	A- / 9.0	8.30	14.97	28.82 /91	21.03 /87	19.20 /90	0.00	1.97
SC	● Oppenheimer Small & Mid Cap Value	QSCCX	A-	(800) 525-7048	A- / 9.0	8.30	15.01	28.92 /91	21.11 /87	19.23 /90	0.00	1.92
SC	● Oppenheimer Small & Mid Cap Value	QSCNX	A-	(800) 525-7048	A- / 9.1	8.43	15.23	29.44 /92	21.62 /88	19.74 /91	0.00	1.50
SC	● Oppenheimer Small & Mid Cap Value	QSCYX	U	(800) 525-7048	U /	8.62	15.66	30.44 /93	--	--	0.00	0.68
GR	Oppenheimer Value A	CGRWX	A	(800) 525-7048	B / 7.8	8.35	13.06	27.74 /89	16.33 /75	15.05 /76	0.65	0.93
GR	Oppenheimer Value B	CGRBX	A+	(800) 525-7048	B / 7.9	8.11	12.58	26.68 /87	15.31 /70	14.06 /70	0.00	1.81
GR	Oppenheimer Value C	CGRCX	A+	(800) 525-7048	B / 8.0	8.11	12.61	26.75 /87	15.42 /71	14.13 /71	0.11	1.72
GR	Oppenheimer Value N	CGRNX	A+	(800) 525-7048	B / 8.1	8.20	12.78	27.19 /88	15.90 /73	14.63 /74	0.38	1.33
GR	Oppenheimer Value Y	CGRYX	A+	(800) 525-7048	B+ / 8.4	8.44	13.24	28.20 /90	16.73 /77	15.40 /78	0.95	0.57
FO	Optimum Intl Equity A	OAIEX	A+	(800) 523-4640	B+ / 8.7	7.47	10.61	28.61 /91	21.61 /88	--	0.27	2.19
FO	Optimum Intl Equity B	OBIEX	A+	(800) 523-4640	B+ / 8.9	7.25	10.22	27.77 /89	20.83 /86	--	0.00	2.84
FO	Optimum Intl Equity C	OCIEX	A+	(800) 523-4640	B+ / 8.9	7.25	10.21	27.75 /89	20.81 /86	--	0.00	2.84
FO	Optimum Intl Equity I	OIIEX	A+	(800) 523-4640	A- / 9.1	7.57	10.76	29.08 /91	22.03 /89	--	0.57	1.84
GR	Optimum Large Cap Growth A	OALGX	C-	(800) 523-4640	D+ / 2.5	6.44	6.98	17.07 /39	10.61 /33	--	0.00	1.83
GR	Optimum Large Cap Growth B	OBLGX	C-	(800) 523-4640	C- / 3.0	6.26	6.62	16.38 /34	9.88 /27	--	0.00	2.48
GR	Optimum Large Cap Growth C	OCLGX	C-	(800) 523-4640	C- / 3.0	6.26	6.62	16.38 /34	9.91 /27	--	0.00	2.48
GR	Optimum Large Cap Growth I	OILGX	C	(800) 523-4640	C- / 4.0	6.52	7.14	17.54 /42	11.00 /36	--	0.00	1.48
GR	Optimum Large Cap Value A	OALVX	B	(800) 523-4640	C+ / 5.9	6.66	8.36	22.78 /76	14.38 /65	--	0.81	1.82
GR	Optimum Large Cap Value B	OBLVX	B	(800) 523-4640	C+ / 6.4	6.54	8.08	22.00 /72	13.65 /59	--	0.29	2.47
GR	Optimum Large Cap Value C	OCLVX	B	(800) 523-4640	C+ / 6.4	6.54	8.08	21.91 /72	13.67 /60	--	0.29	2.47
GR	Optimum Large Cap Value I	OILVX	A	(800) 523-4640	B- / 7.2	6.81	8.68	23.23 /78	14.81 /68	--	1.16	1.47
SC	Optimum Small Cap Growth A	OASGX	D-	(800) 523-4640	D+ / 2.6	7.47	9.58	15.48 /29	10.39 /31	--	0.00	2.46
SC	Optimum Small Cap Growth B	OBSGX	D	(800) 523-4640	C- / 3.1	7.28	9.27	14.76 /25	9.69 /25	--	0.00	3.11
SC	Optimum Small Cap Growth C	OCSGX	D	(800) 523-4640	C- / 3.1	7.28	9.19	14.76 /25	9.69 /25	--	0.00	3.11
SC	Optimum Small Cap Growth I	OISGX	D+	(800) 523-4640	C- / 4.1	7.59	9.75	15.93 /31	10.79 /34	--	0.00	2.11
SC	Optimum Small Cap Value A	OASVX	C	(800) 523-4640	C / 5.4	5.78	10.51	20.08 /60	13.95 /62	--	0.00	2.57
SC	Optimum Small Cap Value B	OBSVX	C+	(800) 523-4640	C+ / 5.9	5.63	10.14	19.23 /54	13.20 /56	--	0.00	3.22
SC	Optimum Small Cap Value C	OCSVX	C+	(800) 523-4640	C+ / 5.9	5.63	10.14	19.23 /54	13.20 /56	--	0.00	3.22
SC	Optimum Small Cap Value I	OISVX	C+	(800) 523-4640	C+ / 6.8	5.92	10.68	20.42 /63	14.35 /64	--	0.00	2.22
GI	Osterweis Fund	OSTFX	B-	(866) 236-0050	C+ / 6.5	4.92	10.42	22.36 /74	14.22 /64	14.88 /75	0.63	1.21

● Denotes fund is closed to new investors
* Denotes fund is included in Section II

www.thestreet.com/ratings

I. Index of Stock Mutual Funds

Summer 2007

RISK			NET ASSETS		ASSET				Portfolio	BULL / BEAR		FUND MANAGER		MINIMUMS		LOADS	
	3 Year		NAV							Last Bull	Last Bear	Manager	Manager	Initial	Additional	Front	Back
Risk	Standard		As of	Total	Cash	Stocks	Bonds	Other	Turnover	Market	Market	Quality	Tenure	Purch.	Purch.	End	End
Rating/Pts	Deviation	Beta	6/30/07	$(Mil)	%	%	%	%	Ratio	Return	Return	Pct	(Years)	$	$	Load	Load
B- / 7.0	8.6	0.88	23.88	23	1	98	0	1	36.0	149.1	-6.6	60	2	1,000	50	0.0	2.0
C / 5.4	5.6	0.63	32.05	1,133	27	72	0	1	66.0	67.3	-4.9	55	2	1,000	50	5.8	0.0
C / 5.3	5.6	0.62	30.83	143	27	72	0	1	66.0	61.9	-5.1	44	2	1,000	50	0.0	0.0
C / 5.3	5.6	0.62	30.75	138	27	72	0	1	66.0	62.0	-5.1	44	2	1,000	50	0.0	0.0
C / 5.4	5.6	0.63	31.59	21	27	72	0	1	66.0	64.7	-4.9	50	2	1,000	50	0.0	0.0
C / 5.4	5.6	0.62	32.20	15	27	72	0	1	66.0	68.4	-4.8	58	2	1,000	50	0.0	0.0
C- / 4.0	7.4	0.88	21.67	747	6	93	0	1	108.0	113.6	-9.9	89	2	1,000	50	5.8	0.0
C- / 3.8	7.4	0.87	20.03	121	6	93	0	1	108.0	106.1	-10.0	85	2	1,000	50	0.0	0.0
C- / 3.8	7.3	0.87	20.02	101	6	93	0	1	108.0	106.2	-10.0	85	2	1,000	50	0.0	0.0
C- / 4.1	7.3	0.87	21.47	25	6	93	0	1	108.0	110.7	-9.9	88	2	1,000	50	0.0	0.0
C- / 4.1	7.3	0.87	22.06	38	6	93	0	1	108.0	115.4	-9.7	90	2	1,000	50	0.0	0.0
C- / 3.9	15.9	1.07	22.58	286	1	98	0	1	131.0	209.2	-0.9	79	5	1,000	50	5.8	0.0
C- / 3.9	15.9	1.07	22.45	40	1	98	0	1	131.0	N/A	N/A	71	4	1,000	50	0.0	0.0
C- / 3.9	15.9	1.07	22.46	59	1	98	0	1	131.0	N/A	N/A	70	4	1,000	50	0.0	0.0
C- / 3.9	15.9	1.07	22.59	19	1	98	0	1	131.0	N/A	N/A	76	4	1,000	50	0.0	0.0
C- / 3.9	15.9	1.07	22.64	222	1	98	0	1	131.0	N/A	N/A	82	4	1,000	50	0.0	0.0
B / 8.2	8.5	1.05	21.22	298	10	90	0	0	107.0	160.7	-5.9	96	5	1,000	50	5.8	0.0
B / 8.5	8.5	1.04	20.72	38	10	90	0	0	107.0	N/A	N/A	94	3	1,000	50	0.0	0.0
B / 8.5	8.5	1.05	20.76	77	10	90	0	0	107.0	N/A	N/A	94	3	1,000	50	0.0	0.0
B / 8.5	8.5	1.05	21.05	12	10	90	0	0	107.0	N/A	N/A	95	3	1,000	50	0.0	0.0
B / 8.5	8.5	1.05	21.36	9	10	90	0	0	107.0	N/A	N/A	96	3	1,000	50	0.0	0.0
C+ / 6.7	12.1	0.82	42.65	3,618	5	94	0	1	136.0	208.4	-8.0	98	6	1,000	50	5.8	2.0
C+ / 6.4	12.1	0.82	38.09	406	5	94	0	1	136.0	197.8	-8.1	98	6	1,000	50	0.0	2.0
C+ / 6.4	12.1	0.82	38.08	838	5	94	0	1	136.0	198.2	-8.1	98	6	1,000	50	0.0	2.0
C+ / 6.6	12.1	0.82	41.68	370	5	94	0	1	136.0	203.6	-8.0	98	6	1,000	50	0.0	2.0
U /	N/A	N/A	42.99	86	5	94	0	1	136.0	N/A	N/A	N/A	6	1,000	50	0.0	2.0
B / 8.3	7.7	0.95	29.34	1,608	5	94	0	1	101.0	128.6	-7.2	93	7	1,000	50	5.8	0.0
B / 8.4	7.7	0.94	28.54	171	5	94	0	1	101.0	120.2	-7.2	89	7	1,000	50	0.0	0.0
B / 8.4	7.7	0.94	28.13	304	5	94	0	1	101.0	120.9	-7.3	89	7	1,000	50	0.0	0.0
B / 8.3	7.7	0.95	28.76	167	5	94	0	1	101.0	125.1	-7.2	91	6	1,000	50	0.0	0.0
B / 8.3	7.7	0.95	29.94	681	5	94	0	1	101.0	131.7	-6.6	94	7	1,000	50	0.0	0.0
B- / 7.5	9.1	0.97	16.35	28	1	98	0	1	18.0	N/A	N/A	47	4	2,500	100	5.8	0.0
B- / 7.5	9.1	0.97	16.05	5	1	98	0	1	18.0	N/A	N/A	38	4	2,500	100	0.0	0.0
B- / 7.5	9.2	0.97	16.06	98	1	98	0	1	18.0	N/A	N/A	37	4	2,500	100	0.0	0.0
B- / 7.5	9.2	0.98	16.46	176	1	98	0	1	18.0	N/A	N/A	51	4	0	0	0.0	0.0
B- / 7.8	8.8	1.13	12.69	62	6	93	0	1	37.0	N/A	N/A	29	4	2,500	100	5.8	0.0
B- / 7.7	8.8	1.13	12.37	12	6	93	0	1	37.0	N/A	N/A	24	4	2,500	100	0.0	0.0
B- / 7.8	8.7	1.12	12.37	224	6	93	0	1	37.0	N/A	N/A	25	4	2,500	100	0.0	0.0
B- / 7.8	8.8	1.13	12.87	600	6	93	0	1	37.0	N/A	N/A	33	4	0	0	0.0	0.0
B / 8.7	6.6	0.86	13.33	63	4	95	0	1	22.0	N/A	N/A	88	4	2,500	100	5.8	0.0
B / 8.7	6.5	0.86	13.24	12	4	95	0	1	22.0	N/A	N/A	85	4	2,500	100	0.0	0.0
B / 8.7	6.5	0.86	13.23	236	4	95	0	1	22.0	N/A	N/A	85	4	2,500	100	0.0	0.0
B / 8.7	6.5	0.86	13.36	586	4	95	0	1	22.0	N/A	N/A	90	4	0	0	0.0	0.0
C+ / 5.8	14.2	1.02	14.89	13	2	97	0	1	46.0	N/A	N/A	22	4	2,500	100	5.8	0.0
C+ / 5.7	14.2	1.02	14.52	2	2	97	0	1	46.0	N/A	N/A	18	4	2,500	100	0.0	0.0
C+ / 5.7	14.2	1.02	14.52	44	2	97	0	1	46.0	N/A	N/A	17	4	2,500	100	0.0	0.0
C+ / 5.8	14.2	1.02	15.10	98	2	97	0	1	46.0	N/A	N/A	24	4	0	0	0.0	0.0
C+ / 6.5	11.3	0.80	14.03	13	8	91	0	1	49.0	N/A	N/A	81	4	2,500	100	5.8	0.0
C+ / 6.5	11.3	0.80	13.64	2	8	91	0	1	49.0	N/A	N/A	75	4	2,500	100	0.0	0.0
C+ / 6.5	11.3	0.80	13.64	44	8	91	0	1	49.0	N/A	N/A	75	4	2,500	100	0.0	0.0
C+ / 6.6	11.3	0.80	14.24	80	8	91	0	1	49.0	N/A	N/A	84	4	0	0	0.0	0.0
B- / 7.6	7.5	0.86	29.24	372	14	85	0	1	50.0	115.6	-3.7	87	14	5,000	500	0.0	2.0

www.thestreet.com/ratings

Data as of June 30, 2007

I. Index of Stock Mutual Funds

Summer 2007

99 Pct = Best
0 Pct = Worst

Fund Type	Fund Name	Ticker Symbol	Overall Investment Rating	Phone	Performance Rating/Pts	3 Mo	6 Mo	1Yr / Pct	3Yr / Pct	5Yr / Pct	Dividend Yield	Expense Ratio
BA	Pacific Advisors Balanced A	PAABX	C-	(800) 282-6693	D- / 1.2	5.17	7.11	14.16 /21	9.01 /21	8.62 /20	0.61	2.54
BA	Pacific Advisors Balanced C	PGBCX	C-	(800) 282-6693	D / 1.6	4.98	6.70	13.32 /17	8.51 /17	8.00 /15	0.68	3.30
GR	Pacific Advisors Growth A	PAGTX	D+	(800) 282-6693	C- / 3.0	7.18	11.83	17.45 /41	11.01 /36	11.60 /50	0.00	3.68
GR	Pacific Advisors Growth C	PGCCX	C-	(800) 282-6693	C- / 3.4	6.93	11.41	16.57 /35	10.10 /29	10.50 /39	0.00	4.44
GR	Pacific Advisors Multicap Value A	PAMVX	D	(800) 282-6693	C- / 3.2	6.43	6.26	21.08 /67	11.76 /43	13.60 /66	6.43	3.02
GR	Pacific Advisors Multicap Value C	PMVCX	D	(800) 282-6693	C- / 3.7	6.30	5.86	20.10 /60	10.91 /35	12.76 /60	7.11	3.79
SC	Pacific Advisors Small Cap A	PASMX	B	(800) 282-6693	A / 9.5	15.43	19.84	34.11 /96	26.26 /94	27.20 /97	2.66	2.78
SC	Pacific Advisors Small Cap C	PGSCX	B	(800) 282-6693	A / 9.5	15.19	19.33	33.00 /95	25.17 /93	26.07 /97	3.17	3.54
GI	Pacific Capital Gr & Inc A	PCIGX	D	(800) 258-9232	D- / 1.1	3.79	4.20	13.97 /20	8.81 /19	7.41 /11	0.48	1.53
GI	● Pacific Capital Gr & Inc B	PCBGX	D	(800) 258-9232	D- / 1.3	3.55	3.82	13.18 /17	7.98 /14	6.62 / 7	0.04	2.13
GI	Pacific Capital Gr & Inc C	PGACX	D+	(800) 258-9232	D- / 1.3	3.55	3.82	13.11 /17	7.98 /14	6.62 / 7	0.04	2.13
GI	Pacific Capital Gr & Inc Y	PGNIX	D+	(800) 258-9232	D / 1.9	3.82	4.37	14.35 /22	9.07 /21	7.69 /13	0.72	1.13
GR	Pacific Capital Growth Stock A	PCGSX	D-	(800) 258-9232	E+ / 0.7	5.21	6.60	14.22 /22	6.19 / 6	5.40 / 3	0.03	1.54
GR	● Pacific Capital Growth Stock B	PCGFX	D-	(800) 258-9232	E+ / 0.8	5.05	6.17	13.39 /18	5.38 / 4	4.62 / 1	0.02	2.14
GR	Pacific Capital Growth Stock C	PGFCX	D-	(800) 258-9232	E+ / 0.8	5.05	6.17	13.40 /18	5.39 / 4	--	0.02	2.14
GR	Pacific Capital Growth Stock Y	PGRSX	D-	(800) 258-9232	D- / 1.2	5.29	6.75	14.52 /23	6.43 / 7	5.66 / 3	0.07	1.14
FO	Pacific Capital Intl Stock A	PAISX	A-	(800) 258-9232	B+ / 8.8	8.59	12.58	29.57 /92	21.78 /89	14.58 /73	0.76	1.73
FO	● Pacific Capital Intl Stock B	PBISX	A-	(800) 258-9232	B+ / 8.9	8.40	12.12	28.45 /90	20.88 /86	13.85 /68	0.29	2.33
FO	Pacific Capital Intl Stock C	PIKCX	A+	(800) 258-9232	B+ / 8.9	8.40	12.13	28.48 /90	20.85 /86	13.84 /68	0.30	2.33
FO	Pacific Capital Intl Stock Y	PCVSX	A	(800) 258-9232	A- / 9.1	8.57	12.66	29.72 /92	22.03 /89	14.97 /76	0.98	1.33
MC	Pacific Capital MidCap A	PMDAX	C-	(800) 258-9232	C / 5.3	5.94	12.14	17.20 /40	13.99 /62	--	0.34	1.52
MC	Pacific Capital MidCap C	PMACX	B-	(800) 258-9232	C+ / 5.8	5.79	11.80	16.36 /34	13.19 /56	--	0.23	2.12
MC	Pacific Capital MidCap Y	PMDYX	C+	(800) 258-9232	C+ / 6.6	6.00	12.28	17.40 /41	14.27 /64	--	0.54	1.12
FO	Pacific Capital New Asia Gr A	PNAAX	A	(800) 258-9232	A+ / 9.6	13.35	17.83	45.47 /98	29.08 /95	20.11 /92	0.76	1.91
FO	● Pacific Capital New Asia Gr B	PNABX	A	(800) 258-9232	A+ / 9.6	13.10	17.41	44.30 /98	28.12 /95	19.23 /90	0.37	2.51
FO	Pacific Capital New Asia Gr C	PCNCX	A+	(800) 258-9232	A+ / 9.6	13.11	17.42	44.36 /98	28.13 /95	--	0.39	2.51
FO	Pacific Capital New Asia Gr Y	PCASX	A	(800) 258-9232	A+ / 9.7	13.38	17.98	45.78 /98	29.39 /96	20.46 /92	0.97	1.51
SC	Pacific Capital Small Cap A	PCSAX	D+	(800) 258-9232	C / 5.3	3.61	6.98	16.51 /35	15.64 /72	17.33 /86	0.00	1.87
SC	● Pacific Capital Small Cap B	PCSBX	D+	(800) 258-9232	C+ / 5.7	3.37	6.55	15.64 /30	14.75 /67	16.47 /83	0.00	2.47
SC	Pacific Capital Small Cap C	PCCCX	C+	(800) 258-9232	C+ / 5.7	3.43	6.54	15.70 /30	14.78 /67	16.49 /83	0.00	2.47
SC	Pacific Capital Small Cap Y	PSCYX	C	(800) 258-9232	C+ / 6.6	3.66	7.08	16.78 /37	15.90 /73	17.64 /87	0.00	1.47
GI	Pacific Capital Value A	PCVVX	C+	(800) 258-9232	C / 5.4	4.37	6.63	20.19 /61	14.87 /68	10.71 /41	0.92	1.49
GI	● Pacific Capital Value B	PCBVX	C+	(800) 258-9232	C+ / 5.8	4.17	6.36	19.46 /56	14.02 /62	9.89 /32	0.37	2.09
GI	Pacific Capital Value C	PVLCX	B+	(800) 258-9232	C+ / 5.9	4.17	6.35	19.41 /56	14.05 /62	9.91 /32	0.38	2.09
GI	Pacific Capital Value Y	PCVYX	B-	(800) 258-9232	C+ / 6.7	4.42	6.78	20.52 /64	15.19 /70	11.02 /44	1.17	1.09
SC	Paradigm Value Fund	PVFAX	A+	(877) 593-8637	B+ / 8.7	6.74	9.56	22.88 /77	21.82 /89	--	0.00	2.05
IN	Parnassus Equity Income Fund Inv	PRBLX	C+	(800) 999-3505	C / 5.5	7.03	10.75	21.86 /72	11.48 /41	10.80 /42	4.59	1.07
GR	Parnassus Fund	PARNX	C	(800) 999-3505	C / 5.0	8.48	9.47	24.17 /81	10.13 /29	6.88 / 8	0.00	1.02
BA	Pax World Balanced Fd	PAXWX	C	(800) 767-1729	C- / 3.4	5.74	7.12	15.28 /28	10.83 /34	9.88 /32	2.17	0.97
GR	Pax World Growth Fd	PXWGX	D-	(800) 767-1729	D / 2.1	7.83	12.13	11.77 /13	9.03 /21	11.43 /48	0.00	1.82
GI	Payden Market Return R	PYMRX	C	(888) 409-8007	C- / 3.7	5.96	6.64	19.89 /59	10.95 /35	10.70 /40	4.23	0.61
GR	Payden US Growth Leaders R	PUGLX	D	(888) 409-8007	C- / 3.1	6.99	9.70	11.82 /13	10.97 /35	10.01 /33	0.02	1.00
GI	Payden Value Leaders Fund	PYVLX	C+	(888) 409-8007	C- / 4.0	4.92	6.35	21.71 /71	11.27 /38	9.11 /24	1.60	0.91
GR	Payson Total Return Fund	PBFDX	C	(800) 805-8258	C- / 3.6	7.92	7.45	20.16 /61	9.50 /24	6.99 / 8	0.45	1.85
GL	Pearl Aggressive Growth Fund	PFAGX	C+		A- / 9.1	9.04	11.67	30.91 /93	21.93 /89	19.58 /91	1.97	1.16
IN	Penn Str Berkshire Advisors A	PBKAX	C+	(866) 207-5175	C / 5.5	5.78	10.82	19.75 /58	14.10 /63	--	0.11	2.97
AA	Performance Fds-Adv Cons Port C	PALSX	C-	(800) 737-3676	E / 0.3	1.38	3.27	6.92 / 3	5.21 / 4	--	1.14	2.03
AA	Performance Fds-Adv Growth Port C	PALFX	D+	(800) 737-3676	D- / 1.3	3.43	6.68	9.26 / 6	8.19 /15	--	0.46	2.03
AA	Performance Fds-Adv Moderat Port C	PALMX	C-	(800) 737-3676	E+ / 0.6	2.20	4.74	7.62 / 4	6.77 / 8	--	0.36	1.87
GR	Performance Fds-Leaders Equity A	PILZX	D-	(800) 737-3676	C- / 3.3	5.97	11.70	13.29 /17	11.97 /45	9.62 /29	0.00	1.75
GR	Performance Fds-Leaders Equity B		D	(800) 737-3676	C / 4.0	5.75	11.28	13.02 /16	11.34 /39	8.88 /22	0.00	2.40
GR	Performance Fds-Leaders Equity Inst	PILEX	C	(800) 737-3676	C / 4.8	6.08	11.83	13.64 /19	12.25 /48	9.89 /32	0.00	1.48

● Denotes fund is closed to new investors
* Denotes fund is included in Section II

www.thestreet.com/ratings

I. Index of Stock Mutual Funds

Summer 2007

RISK			NET ASSETS		ASSET				Portfolio Turnover Ratio	BULL / BEAR		FUND MANAGER		MINIMUMS		LOADS	
	3 Year		NAV							Last Bull	Last Bear	Manager	Manager	Initial	Additional	Front	Back
Risk	Standard		As of	Total	Cash	Stocks	Bonds	Other		Market	Market	Quality	Tenure	Purch.	Purch.	End	End
Rating/Pts	Deviation	Beta	6/30/07	$(Mil)	%	%	%	%		Return	Return	Pct	(Years)	$	$	Load	Load
B+ / 9.0	5.0	0.96	19.73	6	6	56	36	2	15.5	58.2	-4.1	61	N/A	1,000	25	5.8	2.0
B+ / 9.0	5.0	0.96	18.96	37	6	56	36	2	15.5	55.8	-5.1	55	N/A	10,000	500	0.0	2.0
B- / 7.0	10.7	1.10	10.30	3	12	87	0	1	22.8	87.9	-1.8	35	8	1,000	25	5.8	2.0
B- / 7.7	10.7	1.10	9.57	2	12	87	0	1	22.8	79.2	-1.5	27	8	10,000	500	0.0	2.0
C+ / 5.8	12.0	1.46	13.57	5	7	92	0	1	47.0	109.7	-12.8	19	1	1,000	25	5.8	2.0
C+ / 5.6	12.0	1.46	13.00	10	7	92	0	1	47.0	102.9	-12.8	14	1	10,000	500	0.0	2.0
C / 4.8	17.9	1.13	40.17	110	N/A	N/A	0	N/A	19.7	392.0	-17.6	98	14	1,000	25	5.8	2.0
C / 4.7	17.9	1.13	35.80	32	N/A	N/A	0	N/A	19.7	380.1	-18.6	98	14	10,000	500	0.0	2.0
B / 8.0	8.3	1.10	15.27	6	0	100	0	0	170.4	75.7	-9.9	19	13	1,000	50	5.3	0.0
B / 8.0	8.3	1.10	14.30	4	0	100	0	0	170.4	70.2	-10.0	14	4	1,000	50	0.0	0.0
B / 8.3	8.3	1.10	14.28	2	0	100	0	0	170.4	70.3	-10.0	14	3	1,000	50	0.0	0.0
B / 8.0	8.3	1.10	15.40	151	0	100	0	0	170.4	77.5	-9.8	20	13	1,000	50	0.0	0.0
B- / 7.5	9.3	1.20	9.90	9	0	100	0	0	191.1	58.6	-9.9	6	4	1,000	50	5.3	0.0
B- / 7.4	9.3	1.20	9.16	7	0	100	0	0	191.1	53.7	-10.1	5	N/A	1,000	50	0.0	0.0
B- / 7.9	9.2	1.19	9.15	2	0	100	0	0	191.1	N/A	N/A	5	3	1,000	50	0.0	0.0
B- / 7.5	9.3	1.19	10.23	160	0	100	0	0	191.1	60.3	-9.9	7	4	1,000	50	0.0	0.0
C+ / 6.8	9.9	1.04	13.77	1	2	97	0	1	46.2	149.7	-8.8	33	N/A	1,000	50	5.3	2.0
C+ / 6.8	9.8	1.04	13.04	1	2	97	0	1	46.2	141.7	-8.7	27	N/A	1,000	50	0.0	2.0
B- / 7.9	9.9	1.04	13.03	1	2	97	0	1	46.2	141.5	-8.7	27	N/A	1,000	50	0.0	2.0
C+ / 6.8	9.9	1.04	14.04	248	2	97	0	1	46.2	152.1	-8.5	36	N/A	1,000	50	0.0	2.0
C+ / 5.8	10.6	0.99	12.84	1	0	100	0	0	101.3	N/A	N/A	40	N/A	1,000	50	5.3	0.0
B / 8.0	10.6	0.99	12.60	1	0	100	0	0	101.3	N/A	N/A	32	N/A	1,000	50	0.0	0.0
C+ / 5.8	10.6	0.99	12.87	74	0	100	0	0	101.3	N/A	N/A	44	N/A	1,000	50	0.0	0.0
C+ / 6.2	12.1	1.02	21.43	3	1	98	0	1	44.1	201.9	-11.7	93	12	1,000	50	5.3	2.0
C+ / 6.1	12.0	1.02	20.37	1	1	98	0	1	44.1	192.8	-11.8	91	N/A	1,000	50	0.0	2.0
B- / 7.2	12.1	1.02	20.36	1	1	98	0	1	44.1	N/A	N/A	90	3	1,000	50	0.0	2.0
C+ / 6.2	12.1	1.02	21.76	110	1	98	0	1	44.1	205.2	-11.5	94	12	1,000	50	0.0	2.0
C / 4.5	11.8	0.87	19.78	248	0	100	0	0	110.6	184.2	-7.5	87	9	1,000	50	5.3	0.0
C / 4.3	11.8	0.87	18.38	3	0	100	0	0	110.6	175.4	-7.6	82	9	1,000	50	0.0	0.0
B- / 7.3	11.8	0.86	18.40	25	0	100	0	0	110.6	175.5	-7.6	82	3	1,000	50	0.0	0.0
C / 4.6	11.8	0.87	20.12	314	0	100	0	0	110.6	187.2	-7.4	88	N/A	1,000	50	0.0	0.0
B- / 7.0	7.4	0.92	11.14	3	0	100	0	0	114.1	111.6	-10.1	88	9	1,000	50	5.3	0.0
B- / 7.0	7.4	0.91	10.91	1	0	100	0	0	114.1	104.7	-10.2	85	9	1,000	50	0.0	0.0
B+ / 9.1	7.4	0.91	10.94	2	0	100	0	0	114.1	105.0	-10.2	85	3	1,000	50	0.0	0.0
B- / 7.1	7.4	0.92	11.17	152	0	100	0	0	114.1	114.1	-10.1	89	N/A	1,000	50	0.0	0.0
B- / 7.6	11.4	0.79	53.19	110	5	94	0	1	70.0	257.0	N/A	98	4	10,000	1,000	0.0	2.0
B- / 7.2	7.1	0.88	27.39	882	1	96	0	3	116.8	70.9	-7.4	64	6	2,000	50	0.0	0.0
B- / 7.0	9.6	1.01	39.66	309	2	97	0	1	142.0	56.1	-13.8	34	23	2,000	50	0.0	0.0
B / 8.2	6.2	1.29	26.01	2,379	2	69	28	1	29.1	69.7	-3.3	63	9	250	50	0.0	0.0
C+ / 5.8	12.2	1.25	13.94	113	N/A	100	0	N/A	117.0	94.9	-5.4	14	N/A	250	50	0.0	0.0
B / 8.3	7.5	1.02	12.18	66	4	0	96	0	191.0	96.1	-9.4	41	N/A	5,000	1,000	0.0	2.0
C+ / 6.2	12.5	1.14	9.95	95	0	100	0	0	202.0	100.1	-11.9	31	N/A	5,000	1,000	0.0	2.0
B / 8.4	7.3	0.90	14.02	87	0	100	0	0	67.0	88.2	-11.0	59	N/A	5,000	1,000	0.0	2.0
B / 8.3	7.2	0.92	14.64	33	2	97	0	1	46.0	63.2	-5.0	34	14	2,500	250	0.0	0.0
C- / 3.6	12.3	1.24	16.17	59	1	98	0	1	24.0	204.4	-9.2	12	N/A	5,000	100	0.0	2.0
B- / 7.9	10.5	1.20	14.65	3	1	98	0	1	114.0	N/A	N/A	63	N/A	2,000	100	5.5	0.0
B+ / 9.9	3.2	0.61	9.94	2	0	47	51	2	37.8	N/A	N/A	35	4	1,000	100	0.0	0.0
B / 8.5	7.7	1.34	8.14	2	4	89	6	1	35.6	N/A	N/A	29	4	1,000	100	0.0	0.0
B+ / 9.6	5.6	1.00	10.29	4	0	68	30	2	28.5	N/A	N/A	31	4	1,000	100	0.0	0.0
C / 5.3	12.5	1.38	10.12	3	1	98	0	1	141.8	107.1	-4.3	24	N/A	1,000	100	5.3	0.0
C / 5.1	12.5	1.39	9.57	N/A	1	98	0	1	141.8	101.4	-4.3	20	N/A	1,000	100	0.0	0.0
C+ / 6.5	12.9	1.42	10.30	48	1	98	0	1	141.8	109.3	-4.2	24	N/A	1,000,000	0	0.0	0.0

www.thestreet.com/ratings

Data as of June 30, 2007

I. Index of Stock Mutual Funds

Summer 2007

99 Pct = Best
0 Pct = Worst

Fund Type	Fund Name	Ticker Symbol	Overall Investment Rating	Phone	Performance Rating/Pts	3 Mo	6 Mo	1Yr / Pct	3Yr / Pct	5Yr / Pct	Dividend Yield	Expense Ratio
GR	Performance Fds-Lrg Cap Eq A	PFECX	E-	(800) 737-3676	D / 1.6	3.41	6.21	12.48 /15	10.32 /30	8.24 /16	0.47	1.31
GR	Performance Fds-Lrg Cap Eq B		E-	(800) 737-3676	D / 1.9	3.17	5.74	11.54 /12	9.48 /24	5.64 / 3	0.16	1.96
GR	Performance Fds-Lrg Cap Eq Inst	PFEQX	E-	(800) 737-3676	D+ / 2.6	3.48	6.28	12.67 /15	10.59 /32	8.48 /18	0.61	1.04
MC	Performance Fds-Mid Cap Eq A	PCGCX	E-	(800) 737-3676	C- / 3.7	6.16	15.10	14.31 /22	12.69 /51	12.59 /58	0.07	1.42
MC	Performance Fds-Mid Cap Eq B		E-	(800) 737-3676	C- / 4.1	6.00	14.64	13.81 /20	11.94 /45	11.80 /52	0.04	2.06
MC	Performance Fds-Mid Cap Eq Inst	PCGIX	E	(800) 737-3676	C / 5.1	6.27	15.19	14.52 /23	12.91 /53	12.83 /61	0.09	1.14
AG	Permanent Portfolio Aggress Gr	PAGRX	D	(800) 531-5142	B / 7.6	7.27	8.48	16.80 /37	17.72 /80	14.01 /70	0.08	1.34
AA	Permanent Portfolio Fund	PRPFX	C-	(800) 531-5142	C- / 3.0	1.48	4.08	9.99 / 8	12.39 /49	12.97 /62	0.18	1.11
GR	Perritt Emerging Opportunities Fund	PREOX	U	(800) 331-8936	U /	10.03	18.72	25.82 /85	--	--	1.22	1.71
SC	Perritt Micro Cap Opportunities	PRCGX	B+	(800) 331-8936	B / 8.2	9.26	13.85	21.02 /67	17.82 /80	20.76 /93	1.59	1.29
GI	Philadelphia Fund	PHILX	D+	(800) 749-9933	C- / 3.2	2.16	4.13	11.77 /13	12.30 /48	10.94 /43	1.83	1.49
GR	Phoenix All-Cap Growth A	PASGX	E	(800) 243-4361	D- / 1.3	7.87	9.75	15.53 /29	7.16 /10	11.27 /46	0.00	1.46
GR	Phoenix All-Cap Growth B	PGOBX	E	(800) 243-4361	D / 1.6	7.69	9.32	14.69 /24	6.39 / 7	10.44 /38	0.00	2.21
GR	Phoenix All-Cap Growth C	PGOCX	E	(800) 243-4361	D / 1.6	7.69	9.40	14.70 /24	6.39 / 7	10.45 /38	0.00	2.21
BA	Phoenix Balanced Fund Class A	PHBLX	D-	(800) 243-4361	E+ / 0.8	3.13	4.23	14.67 /24	7.80 /13	7.76 /13	2.04	1.08
BA	Phoenix Balanced Fund Class B	PBCBX	D-	(800) 243-4361	D- / 1.0	2.88	3.80	13.80 /20	6.99 / 9	6.94 / 8	1.47	1.83
BA	Phoenix Balanced Fund Class C	PSBCX	U	(800) 243-4361	U /	2.88	3.80	13.81 /20	--	--	1.47	1.83
GR	Phoenix Capital Growth A	PHGRX	D-	(800) 243-4361	E+ / 0.7	7.45	8.48	17.96 /45	5.07 / 4	6.78 / 7	0.00	1.38
GR	Phoenix Capital Growth B	PGTBX	D-	(800) 243-4361	E+ / 0.9	7.26	8.08	17.04 /38	4.30 / 2	5.98 / 4	0.00	2.13
GR	Phoenix Diversifier PHOLIO A	PDPAX	U	(800) 243-4361	U /	-0.38	3.02	11.75 /13	--	--	1.62	33.02
GR	Phoenix Diversifier PHOLIO C	PDPCX	U	(800) 243-4361	U /	-0.53	2.62	10.89 /10	--	--	1.27	33.77
MC	Phoenix Earnings Driven Growth A	EDGEX	E+	(800) 243-4361	D- / 1.4	7.14	9.92	13.22 /17	8.20 /16	5.34 / 3	0.00	1.87
MC	Phoenix Earnings Driven Growth B	EDBEX	E+	(800) 243-4361	D / 1.7	6.93	9.53	12.39 /14	7.38 /11	4.55 / 1	0.00	2.62
MC	Phoenix Earnings Driven Growth C	EDBCX	E+	(800) 243-4361	D / 1.7	6.93	9.53	12.39 /14	7.38 /11	4.56 / 1	0.00	2.62
MC	Phoenix Earnings Driven Growth I	EDGIX	D-	(800) 243-4361	D+ / 2.4	7.23	10.09	13.55 /19	8.49 /17	5.62 / 3	0.00	1.50
MC	Phoenix Focused Value A	JVVAX	E+	(800) 243-4361	E / 0.3	1.66	0.94	14.29 /22	5.94 / 6	7.93 /14	0.89	1.51
MC	Phoenix Focused Value C	JVVCX	E+	(800) 243-4361	E / 0.4	1.45	0.60	13.45 /18	5.15 / 4	--	0.61	2.26
FO	Phoenix Foreign Opportunities A	JVIAX	A	(800) 243-4361	A- / 9.1	5.54	8.54	27.01 /88	25.97 /94	19.51 /91	0.55	1.43
FO	Phoenix Foreign Opportunities C	JVICX	A	(800) 243-4361	A- / 9.2	5.38	8.18	26.08 /86	25.03 /93	--	0.24	2.17
FO	Phoenix Foreign Opportunities I	JVXIX	U	(800) 243-4361	U /	5.65	8.74	27.39 /89	--	--	0.74	1.17
UT	Phoenix Global Utilities A	PGUAX	U	(800) 243-4361	U /	2.26	8.21	30.60 /93	--	--	2.77	2.73
GI	Phoenix Gr & In Fund Class A	PDIAX	C	(800) 243-4361	C- / 3.5	5.72	6.57	20.94 /66	11.77 /43	10.17 /35	0.91	1.39
GI	Phoenix Gr & In Fund Class B	PBGIX	C+	(800) 243-4361	C- / 4.0	5.49	6.19	20.00 /60	10.92 /35	9.34 /26	0.17	2.14
GI	Phoenix Gr & In Fund Class C	PGICX	C+	(800) 243-4361	C- / 4.0	5.55	6.18	20.07 /60	10.94 /35	9.36 /27	0.17	2.14
GR	Phoenix Growth Opportunity A	TLCGX	D-	(800) 243-4361	C- / 3.1	9.15	10.59	17.30 /40	10.45 /31	12.79 /60	0.00	2.79
AA	Phoenix In & Gr Fund Class A	NAINX	D	(800) 243-4361	E+ / 0.6	2.39	3.45	12.84 /16	7.51 /12	7.38 /11	2.23	1.28
AA	Phoenix In & Gr Fund Class B	NBINX	C-	(800) 243-4361	E+ / 0.8	2.18	3.15	12.04 /13	6.73 / 8	6.58 / 6	1.64	2.03
AA	Phoenix In & Gr Fund Class C	POICX	C-	(800) 243-4361	E+ / 0.8	2.16	3.13	11.93 /13	6.71 / 8	6.57 / 6	1.62	2.03
BA	Phoenix Insight Balanced A	HIBZX	D	(800) 243-4361	D / 1.8	3.37	6.06	14.41 /23	10.54 /32	9.22 /25	1.68	1.03
BA	Phoenix Insight Balanced I	HIBLX	C-	(800) 243-4361	D+ / 2.9	3.43	6.25	14.74 /25	10.81 /34	9.50 /28	2.01	0.83
GR	Phoenix Insight Core Equity A	HGRZX	D+	(800) 243-4361	C- / 3.4	3.53	5.74	17.46 /41	13.05 /55	11.30 /47	0.55	1.18
GR	Phoenix Insight Core Equity I	HGRIX	C	(800) 243-4361	C / 5.0	3.60	5.88	17.75 /43	13.33 /57	11.55 /49	0.80	0.98
EM	Phoenix Insight Emerging Mkt A	HEMZX	D+	(800) 243-4361	A+ / 9.7	15.06	14.78	39.89 /97	33.62 /97	26.44 /97	1.14	1.57
EM	Phoenix Insight Emerging Mkt I	HIEMX	D+	(800) 243-4361	A+ / 9.7	15.05	14.86	40.22 /97	33.91 /97	26.72 /97	1.27	1.37
GI	Phoenix Insight Equity Fund A	HIEZX	B-	(800) 243-4361	C+ / 6.8	5.50	9.68	19.38 /55	16.80 /77	12.85 /61	0.79	1.11
GI	Phoenix Insight Equity Fund I	HEQIX	B+	(800) 243-4361	B / 7.7	5.54	9.82	19.67 /57	17.09 /78	13.14 /63	1.07	0.91
IX	Phoenix Insight Index A	HIDAX	D-	(800) 243-4361	C- / 3.4	6.07	6.65	19.80 /58	11.77 /43	10.51 /39	1.07	0.63
IX	Phoenix Insight Index I	HIDIX	D+	(800) 243-4361	C / 4.9	6.14	6.78	20.05 /60	11.96 /45	10.74 /41	1.43	0.43
SC	Phoenix Insight Small Cap Oppt A	HSCZX	E-	(800) 243-4361	D- / 1.4	5.27	5.71	9.22 / 6	10.60 /33	14.18 /71	0.00	1.14
SC	Phoenix Insight Small Cap Oppt I	HSCIX	E-	(800) 243-4361	D+ / 2.4	5.42	5.90	9.50 / 7	10.89 /35	14.47 /73	0.00	0.98
SC	Phoenix Insight Small Cap Val A	HSVZX	E+	(800) 243-4361	C- / 3.6	4.23	5.39	12.68 /15	14.09 /63	14.10 /70	0.06	1.13
SC	Phoenix Insight Small Cap Val I	HSCVX	D-	(800) 243-4361	C / 5.2	4.30	5.52	12.98 /16	14.38 /65	14.39 /72	0.23	0.95

● Denotes fund is closed to new investors
★ Denotes fund is included in Section II

www.thestreet.com/ratings

I. Index of Stock Mutual Funds

Summer 2007

RISK			NET ASSETS		ASSET					BULL / BEAR		FUND MANAGER		MINIMUMS		LOADS	
	3 Year		NAV						Portfolio	Last Bull	Last Bear	Manager	Manager	Initial	Additional	Front	Back
Risk	Standard		As of	Total	Cash	Stocks	Bonds	Other	Turnover	Market	Market	Quality	Tenure	Purch.	Purch.	End	End
Rating/Pts	Deviation	Beta	6/30/07	$(Mil)	%	%	%	%	Ratio	Return	Return	Pct	(Years)	$	$	Load	Load
D- / 1.2	8.9	1.05	11.94	23	1	98	0	1	79.0	78.9	-10.2	33	N/A	1,000	100	5.3	0.0
D- / 1.2	8.5	1.02	11.06	1	1	98	0	1	79.0	73.1	-17.4	28	N/A	1,000	100	0.0	0.0
D- / 1.2	8.5	1.02	12.09	38	1	98	0	1	79.0	81.0	-10.2	38	N/A	1,000,000	0	0.0	0.0
D- / 1.0	11.1	1.01	13.95	25	2	98	0	0	79.7	116.9	-7.1	27	13	1,000	100	5.3	0.0
E+ / 0.7	11.0	1.01	12.37	1	2	98	0	0	79.7	110.5	-7.1	22	9	1,000	100	0.0	0.0
D- / 1.1	11.1	1.01	14.41	59	2	98	0	0	79.7	118.6	-6.9	28	13	1,000,000	0	0.0	0.0
D / 1.6	11.5	1.34	90.84	31	N/A	100	0	N/A	2.0	134.3	-9.2	84	16	1,000	100	0.0	0.0
B / 8.0	6.6	0.81	33.68	1,028	34	56	9	1	7.3	73.0	4.2	92	16	1,000	100	0.0	0.0
U /	N/A	N/A	16.68	125	14	85	0	1	26.7	N/A	N/A	N/A	3	1,000	50	0.0	2.0
C+ / 6.6	12.1	0.83	34.70	546	8	92	0	0	26.1	194.7	-3.0	95	19	1,000	50	0.0	2.0
C+ / 6.4	5.4	0.41	8.02	89	5	94	0	1	33.0	89.8	-2.5	94	20	1,000	0	0.0	0.0
C / 4.7	11.6	1.38	16.56	93	1	98	0	1	73.0	87.6	-8.9	5	1	500	25	5.8	0.0
C / 4.3	11.6	1.38	13.99	6	1	98	0	1	73.0	81.8	-9.2	4	1	500	25	0.0	0.0
C / 4.3	11.6	1.38	13.99	7	1	98	0	1	73.0	81.8	-9.2	4	1	500	25	0.0	0.0
B- / 7.3	4.9	1.06	15.07	943	1	59	39	1	78.0	56.7	-4.3	38	N/A	500	25	5.8	0.0
B- / 7.3	4.8	1.06	15.01	17	1	59	39	1	78.0	51.9	-4.5	30	N/A	500	25	0.0	0.0
U /	N/A	N/A	15.00	73	1	59	39	1	78.0	N/A	N/A	N/A	N/A	500	25	0.0	0.0
C+ / 6.9	9.3	1.10	17.01	485	1	98	0	1	67.0	54.8	-9.0	5	N/A	500	25	5.8	0.0
C+ / 6.8	9.2	1.09	15.52	11	1	98	0	1	67.0	50.0	-9.2	4	N/A	500	25	0.0	0.0
U /	N/A	N/A	11.43	92	0	90	9	1	81.0	N/A	N/A	N/A	N/A	500	25	5.8	0.0
U /	N/A	N/A	11.35	57	0	90	9	1	81.0	N/A	N/A	N/A	N/A	500	25	0.0	0.0
C / 5.5	12.3	1.05	19.95	13	0	99	0	1	64.0	67.7	-10.8	6	N/A	500	25	5.8	0.0
C / 5.4	12.3	1.05	18.51	9	0	99	0	1	64.0	62.3	-10.9	4	N/A	500	25	0.0	0.0
C / 5.4	12.3	1.05	18.51	7	0	99	0	1	64.0	62.3	-10.9	4	N/A	500	25	0.0	0.0
C / 5.5	12.3	1.04	20.62	3	0	99	0	1	64.0	69.4	-10.7	6	N/A	100,000	0	0.0	0.0
C+ / 6.2	6.0	0.31	19.66	52	15	84	0	1	35.0	67.8	-8.3	38	17	500	25	5.8	0.0
C+ / 6.4	6.0	0.31	18.97	3	15	84	0	1	35.0	61.9	-8.5	30	17	500	25	0.0	0.0
C+ / 6.9	9.2	0.90	27.05	598	8	91	0	1	57.0	195.9	-7.4	92	5	500	25	5.8	0.0
C+ / 6.9	9.1	0.90	26.85	86	8	91	0	1	57.0	N/A	N/A	89	5	500	25	0.0	0.0
U /	N/A	N/A	27.07	398	8	91	0	1	57.0	N/A	N/A	N/A	1	100,000	0	0.0	0.0
U /	N/A	N/A	13.20	61	2	97	0	1	21.0	N/A	N/A	N/A	3	500	25	5.8	0.0
B / 8.5	7.5	1.01	18.45	188	0	99	0	1	33.0	95.3	-10.1	54	10	500	25	5.8	0.0
B / 8.6	7.5	1.02	17.68	29	0	99	0	1	33.0	89.1	-10.1	42	10	500	25	0.0	0.0
B / 8.6	7.6	1.02	17.69	57	0	99	0	1	33.0	89.1	-10.2	41	10	500	25	0.0	0.0
C / 4.8	13.8	1.60	14.31	24	5	94	0	1	189.0	106.4	-10.2	8	N/A	500	25	5.8	0.0
B / 8.8	3.9	0.87	9.68	290	1	49	49	1	46.0	50.8	-3.4	47	N/A	500	25	5.8	0.0
B+ / 9.5	3.9	0.87	9.75	7	1	49	49	1	46.0	46.1	-3.6	37	N/A	500	25	0.0	0.0
B+ / 9.5	3.9	0.88	9.83	2	1	49	49	1	46.0	46.0	-3.5	36	N/A	500	25	0.0	0.0
B- / 7.6	5.3	1.11	15.57	13	0	64	34	2	65.9	70.6	-2.6	70	N/A	500	25	5.8	0.0
B- / 7.6	5.3	1.12	15.61	75	0	64	34	2	65.9	72.4	-2.6	73	10	100,000	0	0.0	0.0
C+ / 6.4	7.9	1.02	22.33	11	1	98	0	1	74.1	100.2	-6.3	69	2	500	25	5.8	0.0
C+ / 6.4	7.9	1.01	22.66	146	1	98	0	1	74.1	102.2	-6.2	72	2	100,000	0	0.0	0.0
E- / 0.0	16.9	1.10	10.10	8	1	95	3	1	82.5	254.9	-4.2	5	1	500	25	5.8	0.0
E- / 0.0	16.9	1.10	10.34	210	1	95	3	1	82.5	258.3	-4.2	5	1	100,000	0	0.0	0.0
B- / 7.1	7.6	0.92	15.85	24	1	98	0	1	59.4	127.0	-6.4	94	4	500	25	5.8	0.0
B- / 7.1	7.6	0.92	15.73	295	1	98	0	1	59.4	129.7	-6.4	95	4	100,000	0	0.0	0.0
C / 4.9	7.3	1.00	23.00	19	4	95	0	1	3.4	95.5	-10.0	55	1	1,000	50	5.8	0.0
C / 4.9	7.4	1.00	22.99	49	4	95	0	1	3.4	97.0	-9.8	57	1	100,000	0	0.0	0.0
E+ / 0.9	12.8	0.92	18.90	70	1	98	0	1	85.4	139.1	-8.6	30	11	500	25	5.8	0.0
D- / 1.0	12.9	0.92	19.74	259	1	98	0	1	85.4	141.7	-8.5	32	11	100,000	0	0.0	0.0
C- / 3.3	11.6	0.82	42.62	64	1	98	0	1	92.1	146.5	-6.1	81	1	500	25	5.8	0.0
C- / 3.4	11.6	0.82	43.15	208	1	98	0	1	92.1	149.2	-6.0	82	1	100,000	0	0.0	0.0

www.thestreet.com/ratings

Data as of June 30, 2007

I. Index of Stock Mutual Funds

Summer 2007

						PERFORMANCE						
	99 Pct = Best 0 Pct = Worst			Overall		Perfor-	Total Return % through 6/30/07					Incl. in Returns
Fund			Ticker	Investment		mance				Annualized		Dividend Expense
Type	Fund Name		Symbol	Rating	Phone	Rating/Pts	3 Mo	6 Mo	1Yr / Pct	3Yr / Pct	5Yr / Pct	Yield Ratio
SC	Phoenix Insight Sm-Cap Growth I		HSAIX	D+	(800) 243-4361	C- / 4.2	7.80	7.88	14.36 /22	11.63 /42	13.83 /68	0.00 2.03
FO	Phoenix Intl strg Fund Class A		PHITX	A-	(800) 243-4361	B+ / 8.9	8.74	12.34	26.67 /87	22.35 /90	15.57 /79	1.19 1.68
FO	Phoenix Intl strg Fund Class B		PINBX	A-	(800) 243-4361	A- / 9.0	8.57	11.96	25.76 /85	21.48 /88	14.71 /74	0.73 2.43
FO	Phoenix Intl strg Fund Class C		PAICX	A-	(800) 243-4361	A- / 9.0	8.52	11.92	25.77 /85	21.44 /88	14.79 /75	0.73 2.43
MC	Phoenix Mid Cap Growth A		PHSKX	D-	(800) 243-4361	D+ / 2.7	8.13	12.26	17.03 /38	9.69 /25	10.02 /33	0.00 1.53
MC	Phoenix Mid Cap Growth B		PSKBX	D	(800) 243-4361	C- / 3.2	7.86	11.82	16.08 /33	8.86 /20	9.22 /25	0.00 2.28
MC	Phoenix Mid Cap Growth C		PSKCX	D	(800) 243-4361	C- / 3.2	7.94	11.90	16.17 /33	8.89 /20	9.21 /25	0.00 2.28
MC	● Phoenix Mid Cap Value A		FMIVX	A-	(800) 243-4361	B- / 7.5	3.31	8.96	26.91 /88	17.60 /79	16.00 /81	0.34 1.42
MC	● Phoenix Mid Cap Value C		FMICX	U	(800) 243-4361	U /	3.13	8.51	25.89 /85	--	--	0.00 2.17
GR	Phoenix Mkt Neutral Fund Class A		EMNAX	E+	(800) 243-4361	E- / 0.0	0.84	0.74	-2.60 / 0	-0.64 / 0	-1.04 / 0	1.95 3.63
GR	Phoenix Mkt Neutral Fund Class B		EMNBX	E+	(800) 243-4361	E- / 0.0	0.67	0.29	-3.34 / 0	-1.36 / 0	-1.76 / 0	1.36 4.38
GR	Phoenix Mkt Neutral Fund Class C		EMNCX	E+	(800) 243-4361	E- / 0.0	0.68	0.38	-3.35 / 0	-1.37 / 0	-1.75 / 0	1.37 4.38
RE	Phoenix Real Estate Securities A		PHRAX	C-	(800) 243-4361	C+ / 6.6	-10.98	-7.94	9.95 / 8	21.49 /88	20.47 /93	0.87 1.30
RE	Phoenix Real Estate Securities B		PHRBX	C	(800) 243-4361	C+ / 6.9	-11.17	-8.29	9.10 / 6	20.59 /86	19.57 /91	0.18 2.05
RE	Phoenix Real Estate Securities C		PHRCX	C	(800) 243-4361	B- / 7.0	-11.16	-8.29	9.14 / 6	20.61 /86	--	0.17 2.05
GR	Phoenix Rising Dividends A		PKLAX	D-	(800) 243-4361	E- / 0.0	-0.13	-0.77	10.99 /10	3.16 / 1	--	1.09 1.33
GR	Phoenix Rising Dividends B		PKLBX	D-	(800) 243-4361	E- / 0.1	-0.32	-1.15	10.15 / 8	2.39 / 1	--	0.42 2.08
GR	Phoenix Rising Dividends C		PKLCX	D-	(800) 243-4361	E- / 0.1	-0.32	-1.14	10.15 / 8	2.39 / 1	--	0.42 2.08
GR	Phoenix Rising Dividends I		PKLFX	D-	(800) 243-4361	E- / 0.1	-0.06	-0.65	11.24 /11	3.40 / 1	4.38 / 1	1.41 1.08
SC	Phoenix Small Cap Growth A		PAMAX	E+	(800) 243-4361	D / 2.2	7.37	10.50	15.55 /29	9.52 /24	13.87 /69	0.00 1.69
SC	Phoenix Small Cap Growth B		PSMGX	E+	(800) 243-4361	D+ / 2.6	7.18	10.09	14.72 /24	8.69 /18	13.01 /62	0.00 2.44
SC	Phoenix Small Cap Growth C		PEMCX	E+	(800) 243-4361	D+ / 2.6	7.19	10.09	14.73 /24	8.70 /19	13.01 /62	0.00 2.44
SC	Phoenix Small Cap Value A		PDSAX	E+	(800) 243-4361	D+ / 2.9	2.92	4.20	9.15 / 6	13.81 /61	12.64 /59	0.00 1.50
SC	Phoenix Small Cap Value B		PDSBX	E+	(800) 243-4361	C- / 3.4	2.77	3.84	8.39 / 5	12.98 /54	11.81 /52	0.00 2.25
SC	Phoenix Small Cap Value C		PDSCX	E+	(800) 243-4361	C- / 3.4	2.77	3.84	8.39 / 5	12.98 /54	11.81 /52	0.00 2.25
SC	Phoenix Small-Mid Cap Fund A		PKSAX	E	(800) 243-4361	D- / 1.1	0.94	4.98	13.60 /19	9.71 /26	--	0.00 1.47
SC	Phoenix Small-Mid Cap Fund B		PKSBX	E	(800) 243-4361	D- / 1.5	0.72	4.58	12.73 /15	8.96 /20	--	0.00 2.22
SC	Phoenix Small-Mid Cap Fund C		PKSCX	E	(800) 243-4361	D- / 1.5	0.71	4.52	12.72 /15	8.95 /20	--	0.00 2.22
SC	Phoenix Small-Mid Cap Fund I		PKSFX	E+	(800) 243-4361	D / 2.0	1.02	5.07	13.92 /20	9.98 /28	8.47 /18	0.00 1.22
GR	Phoenix Strategic Growth Fund A		PSTAX	E	(800) 243-4361	E / 0.4	5.79	7.01	14.05 /21	5.03 / 4	5.87 / 4	0.00 1.57
GR	Phoenix Strategic Growth Fund B		PBTHX	E	(800) 243-4361	E+ / 0.6	5.63	6.74	13.32 /17	4.26 / 2	5.09 / 2	0.00 2.32
GR	Phoenix Strategic Growth Fund C		SSTFX	E	(800) 243-4361	E+ / 0.6	5.63	6.73	13.30 /17	4.25 / 2	5.08 / 2	0.00 2.32
GI	Phoenix Value Equity Fund Class A		PVEAX	C+	(800) 243-4361	C- / 4.2	5.76	8.01	19.21 /54	13.00 /54	9.83 /31	1.12 1.65
GI	Phoenix Value Equity Fund Class B		PVEBX	C+	(800) 243-4361	C / 4.9	5.60	7.60	18.35 /48	12.16 /47	9.01 /23	0.48 2.40
GI	Phoenix Value Equity Fund Class C		PVECX	C+	(800) 243-4361	C / 4.9	5.53	7.60	18.34 /47	12.18 /47	9.01 /23	0.48 2.40
GI	Phoenix Value Opportunities A		PPTAX	U	(800) 243-4361	U /	7.55	14.78	26.71 /87	--	--	0.36 7.45
AA	Phoenix Wealth Builder PHOLIO A		PWBAX	C-	(800) 243-4361	D / 2.2	3.91	7.32	17.08 /39	10.57 /32	--	2.96 1.83
AA	Phoenix Wealth Builder PHOLIO C		PWBCX	C-	(800) 243-4361	D+ / 2.7	3.72	6.97	16.30 /34	9.77 /26	--	2.43 2.58
AA	Phoenix Wealth Guardian PHOLIO A		PSWAX	D	(800) 243-4361	D- / 1.1	2.95	5.85	13.97 /20	8.84 /20	--	3.28 1.82
AA	Phoenix Wealth Guardian PHOLIO C		PSWCX	D+	(800) 243-4361	D- / 1.4	2.84	5.57	13.22 /17	8.06 /15	--	2.74 2.57
GL	Phoenix Worldwide Strg Fund Class		NWWOX	B+	(800) 243-4361	B / 7.7	7.52	10.35	24.61 /82	17.61 /79	12.58 /58	0.96 1.70
GL	Phoenix Worldwide Strg Fund Class		WWOBX	B+	(800) 243-4361	B / 8.0	7.28	10.06	23.76 /80	16.78 /77	11.74 /51	0.53 2.45
GL	Phoenix Worldwide Strg Fund Class		WWOCX	B+	(800) 243-4361	B / 8.0	7.31	9.99	23.74 /80	16.76 /77	11.73 /51	0.54 2.45
AA	PIMCO All Asset A		PASAX	D-	(800) 227-7337	E / 0.4	0.56	2.73	8.80 / 6	7.55 /12	--	5.15 1.47
AA	PIMCO All Asset Admin		PAALX	D-	(800) 227-7337	E+ / 0.7	0.64	2.89	9.17 / 6	7.94 /14	--	5.70 1.12
AA	PIMCO All Asset All Authority A		PAUAX	D+	(800) 227-7337	E- / 0.2	-0.57	1.84	7.04 / 3	6.86 / 9	--	5.02 2.70
AA	PIMCO All Asset All Authority C		PAUCX	D+	(800) 227-7337	E- / 0.2	-0.84	1.49	6.29 / 2	6.04 / 6	--	4.51 3.44
AA	PIMCO All Asset All Authority D		PAUDX	D+	(800) 227-7337	E / 0.3	-0.57	1.87	7.07 / 3	6.84 / 8	--	5.25 1.54
AA	PIMCO All Asset All Authority Inst		PAUIX	C-	(800) 227-7337	E / 0.4	-0.44	2.12	7.66 / 4	7.49 /12	--	5.81 0.94
AA	PIMCO All Asset B		PASBX	D-	(800) 227-7337	E / 0.4	0.40	2.39	8.05 / 4	6.74 / 8	--	4.64 2.22
AA	PIMCO All Asset C		PASCX	D-	(800) 227-7337	E / 0.4	0.39	2.39	7.97 / 4	6.74 / 8	--	4.64 2.22
AA	PIMCO All Asset D		PASDX	D-	(800) 227-7337	E+ / 0.6	0.56	2.73	8.78 / 6	7.54 /12	--	5.33 1.47

● Denotes fund is closed to new investors

* Denotes fund is included in Section II

www.thestreet.com/ratings

I. Index of Stock Mutual Funds

Summer 2007

RISK			NET ASSETS		ASSET				Portfolio Turnover Ratio	BULL / BEAR		FUND MANAGER		MINIMUMS		LOADS	
	3 Year		NAV							Last Bull	Last Bear	Manager	Manager	Initial	Additional	Front	Back
Risk	Standard		As of	Total	Cash	Stocks	Bonds	Other		Market	Market	Quality	Tenure	Purch.	Purch.	End	End
Rating/Pts	Deviation	Beta	6/30/07	$(Mil)	%	%	%	%		Return	Return	Pct	(Years)	$	$	Load	Load
C / 5.4	14.0	1.01	14.95	29	1	98	0	1	N/A	134.7	-11.5	31	6	100,000	0	0.0	0.0
C+ / 6.6	9.4	0.99	15.57	93	0	98	0	2	86.0	165.7	-12.9	52	9	500	25	5.8	0.0
C+ / 6.5	9.3	0.98	14.31	7	0	98	0	2	86.0	157.4	-13.2	43	9	500	25	0.0	0.0
C+ / 6.5	9.4	0.98	14.26	2	0	98	0	2	86.0	158.0	-13.1	41	9	500	25	0.0	0.0
C+ / 5.9	12.7	1.08	18.49	124	1	98	0	1	124.0	100.9	-12.0	8	1	500	25	5.8	0.0
C+ / 5.9	12.7	1.08	16.46	9	1	98	0	1	124.0	94.6	-12.2	6	1	500	25	0.0	0.0
C+ / 5.9	12.7	1.08	16.45	1	1	98	0	1	124.0	94.4	-12.1	6	1	500	25	0.0	0.0
B / 8.0	8.2	0.59	27.40	833	15	84	0	1	16.0	168.3	-10.4	96	10	500	25	5.8	0.0
U /	N/A	N/A	27.04	229	15	84	0	1	16.0	N/A	N/A	N/A	10	500	25	0.0	0.0
B- / 7.4	3.0	-0.03	10.84	58	13	86	0	1	285.0	-5.2	5.0	15	7	500	25	5.8	0.0
B- / 7.6	3.0	-0.03	10.49	3	13	86	0	1	285.0	-8.1	5.0	11	7	500	25	0.0	0.0
B- / 7.6	3.0	-0.03	10.44	9	13	86	0	1	285.0	-8.1	4.9	11	7	500	25	0.0	0.0
C / 4.5	15.8	1.06	32.96	1,224	3	96	0	1	24.0	193.0	0.9	72	9	500	25	5.8	0.0
C / 4.5	15.8	1.06	32.60	55	3	96	0	1	24.0	183.8	0.8	62	9	500	25	0.0	0.0
C / 4.5	15.8	1.06	32.94	107	3	96	0	1	24.0	N/A	N/A	63	9	500	25	0.0	0.0
B- / 7.8	6.6	0.78	16.91	8	0	98	0	2	36.0	48.0	-10.7	6	N/A	500	25	5.8	0.0
B / 8.3	6.7	0.79	16.74	2	0	98	0	2	36.0	43.3	-10.8	5	N/A	500	25	0.0	0.0
B / 8.3	6.6	0.79	16.75	2	0	98	0	2	36.0	43.3	-10.8	5	N/A	500	25	0.0	0.0
B / 8.2	6.6	0.79	16.95	56	0	98	0	2	36.0	49.4	-10.7	7	N/A	100,000	0	0.0	0.0
C / 4.9	16.1	1.08	37.90	115	0	99	0	1	73.0	121.1	-12.7	14	N/A	500	25	5.8	0.0
C / 4.9	16.1	1.08	34.91	24	0	99	0	1	73.0	114.1	-12.8	10	N/A	500	25	0.0	0.0
C / 4.9	16.1	1.08	34.90	17	0	99	0	1	73.0	114.2	-12.8	10	N/A	500	25	0.0	0.0
C / 4.3	12.7	0.92	17.61	125	1	98	0	1	121.0	152.4	-11.7	68	N/A	500	25	5.8	0.0
C- / 3.8	12.7	0.92	15.95	24	1	98	0	1	121.0	144.3	-11.8	59	N/A	500	25	0.0	0.0
C- / 3.8	12.7	0.91	15.95	57	1	98	0	1	121.0	144.3	-11.8	59	N/A	500	25	0.0	0.0
C / 5.0	10.1	0.69	19.65	31	0	99	0	1	26.0	92.0	-11.7	45	11	500	25	5.8	0.0
C / 4.8	10.2	0.70	18.84	3	0	99	0	1	26.0	86.3	-11.8	36	11	500	25	0.0	0.0
C / 4.8	10.2	0.70	18.86	10	0	99	0	1	26.0	86.4	-11.8	36	11	500	25	0.0	0.0
C / 5.1	10.1	0.69	19.93	55	0	99	0	1	26.0	94.0	-11.6	49	11	100,000	0	0.0	0.0
C+ / 5.6	10.8	1.32	10.23	160	1	98	0	1	63.0	59.4	-10.0	3	N/A	500	25	5.8	0.0
C / 5.5	10.8	1.32	9.19	9	1	98	0	1	63.0	54.4	-10.1	2	N/A	500	25	0.0	0.0
C / 5.5	10.8	1.32	9.20	5	1	98	0	1	63.0	54.6	-10.1	2	N/A	500	25	0.0	0.0
B / 8.3	8.4	1.03	17.73	32	0	99	0	1	214.0	107.5	-10.5	67	N/A	500	25	5.8	0.0
B / 8.3	8.4	1.03	16.98	9	0	99	0	1	214.0	100.8	-10.5	57	N/A	500	25	0.0	0.0
B / 8.3	8.4	1.03	16.99	10	0	99	0	1	214.0	101.0	-10.6	57	N/A	500	25	0.0	0.0
U /	N/A	N/A	13.67	52	6	93	0	1	136.0	N/A	N/A	N/A	2	500	25	5.8	0.0
B / 8.1	6.0	1.26	13.23	58	0	81	18	1	74.0	N/A	N/A	61	N/A	500	25	5.8	0.0
B / 8.1	6.1	1.27	13.18	79	0	81	18	1	74.0	N/A	N/A	50	N/A	500	25	0.0	0.0
B / 8.4	4.4	0.94	12.23	29	0	62	37	1	67.0	N/A	N/A	60	N/A	500	25	5.8	0.0
B / 8.5	4.4	0.94	12.23	33	0	62	37	1	67.0	N/A	N/A	50	N/A	500	25	0.0	0.0
B- / 7.2	8.3	0.85	12.15	118	1	98	0	1	124.0	132.7	-11.1	31	11	500	25	5.8	0.0
B- / 7.1	8.3	0.86	11.05	5	1	98	0	1	124.0	125.2	-11.4	24	11	500	25	0.0	0.0
B- / 7.1	8.2	0.85	11.01	2	1	98	0	1	124.0	125.4	-11.4	25	11	500	25	0.0	0.0
B / 8.1	4.0	0.47	12.69	1,483	0	62	36	2	56.0	40.4	8.5	73	N/A	5,000	100	3.8	2.0
B / 8.0	4.0	0.47	12.73	180	0	62	36	2	56.0	42.6	8.7	77	N/A	5,000,000	0	0.0	2.0
B+ / 9.8	5.0	0.40	10.54	228	14	22	63	1	62.0	N/A	N/A	70	N/A	5,000	100	3.8	2.0
B+ / 9.8	5.0	0.40	10.50	130	14	22	63	1	62.0	N/A	N/A	60	N/A	5,000	100	0.0	2.0
B+ / 9.8	5.0	0.41	10.53	14	14	22	63	1	62.0	N/A	N/A	69	N/A	5,000	100	0.0	2.0
B+ / 9.8	5.0	0.41	10.56	301	14	22	63	1	62.0	N/A	N/A	76	N/A	5,000,000	0	0.0	2.0
B / 8.1	4.0	0.47	12.62	259	0	62	36	2	56.0	35.9	8.3	64	N/A	5,000	100	0.0	2.0
B / 8.1	4.0	0.47	12.60	1,236	0	62	36	2	56.0	36.0	8.3	64	N/A	5,000	100	0.0	2.0
B / 8.1	4.0	0.48	12.70	319	0	62	36	2	56.0	40.4	8.5	73	N/A	5,000	100	0.0	2.0

www.thestreet.com/ratings

Data as of June 30, 2007

I. Index of Stock Mutual Funds

Summer 2007

99 Pct = Best
0 Pct = Worst

Fund Type	Fund Name	Ticker Symbol	Overall Investment Rating	Phone	Performance Rating/Pts	3 Mo	6 Mo	1Yr / Pct	3Yr / Pct	5Yr / Pct	Dividend Yield	Expense Ratio
AA	PIMCO All Asset Inst	PAAIX	D	(800) 227-7337	E+ / 0.7	0.69	3.08	9.39 / 7	8.19 / 15	--	5.91	0.87
AA	PIMCO All Asset R	PATRX	C-	(800) 227-7337	E+ / 0.6	0.52	2.61	8.49 / 5	7.23 / 10	--	5.24	1.77
EN	PIMCO Commodity Real Ret Str A	PCRAX	E-	(800) 227-7337	E- / 0.2	-2.59	2.73	0.01 / 0	8.45 / 17	17.13 / 85	4.29	1.24
EN	PIMCO Commodity Real Ret Str Adm	PCRRX	E-	(800) 227-7337	E / 0.5	-2.52	2.85	0.22 / 0	8.70 / 19	17.41 / 86	4.81	0.99
EN	PIMCO Commodity Real Ret Str B	PCRBX	E-	(800) 227-7337	E / 0.3	-2.71	2.39	-0.76 / 0	7.62 / 12	16.28 / 82	3.79	1.99
EN	PIMCO Commodity Real Ret Str C	PCRCX	E-	(800) 227-7337	E / 0.3	-2.72	2.39	-0.77 / 0	7.63 / 12	16.28 / 82	3.79	1.99
EN	PIMCO Commodity Real Ret Str D	PCRDX	E-	(800) 227-7337	E / 0.4	-2.59	2.72	--	8.44 / 17	17.14 / 85	4.52	1.24
EN	PIMCO Commodity Real Ret Str Inst	PCRIX	E-	(800) 227-7337	E+ / 0.6	-2.46	3.01	0.45 / 1	8.97 / 20	17.71 / 87	5.02	0.74
CV	PIMCO Convertible Bond Admin	PFCAX	C-	(800) 227-7337	D+ / 2.8	4.66	9.01	18.56 / 49	9.64 / 25	11.37 / 47	3.13	0.90
CV	PIMCO Convertible Bond Inst	PFCIX	C-	(800) 227-7337	C- / 3.0	4.68	9.12	18.86 / 51	9.93 / 27	11.73 / 51	3.45	0.65
FO	PIMCO Eur StksPLUS TR Strat Inst	PESIX	C	(800) 227-7337	B+ / 8.5	6.61	8.83	27.85 / 89	19.72 / 84	--	23.69	0.80
FO	PIMCO FarEast StksPLUS TR Str	PEJIX	B+	(800) 227-7337	A / 9.4	9.30	13.93	37.81 / 96	23.99 / 92	--	16.59	0.80
IN	PIMCO Fundamental IndexPLUS Inst	PFPIX	U	(800) 227-7337	U /	5.80	7.91	21.68 / 71	--	--	7.67	0.65
IN	PIMCO Fundamental IndexPLUS Tr	PIXAX	U	(800) 227-7337	U /	3.61	5.95	21.66 / 71	--	--	11.55	1.14
IN	PIMCO Fundamental IndexPLUS Tr	PXTIX	U	(800) 227-7337	U /	3.57	6.09	22.03 / 73	--	--	12.32	0.74
FO	PIMCO Int Stk Plus Strg Unhdg Inst	PSKIX	U	(800) 227-7337	U /	3.18	7.84	--	--	--	0.00	0.69
FO	PIMCO Japanese StksPLUS TR Str	PJSIX	C-	(800) 227-7337	B / 7.6	2.12	4.88	19.76 / 58	19.09 / 83	--	4.79	0.80
RE	PIMCO RealEstate RlRetrn Str A	PETAX	E-	(800) 227-7337	C / 5.0	-12.41	-8.28	7.67 / 4	20.12 / 85	--	44.27	1.19
RE	PIMCO RealEstate RlRetrn Str B	PETBX	E	(800) 227-7337	C / 5.3	-12.66	-8.74	6.83 / 3	19.14 / 83	--	46.74	1.94
RE	PIMCO RealEstate RlRetrn Str C	PETCX	E	(800) 227-7337	C / 5.4	-12.52	-8.62	6.97 / 3	19.18 / 83	--	46.63	1.94
RE	PIMCO RealEstate RlRetrn Str D	PETDX	E	(800) 227-7337	C+ / 6.1	-12.53	-8.42	7.61 / 4	20.05 / 85	--	46.82	1.19
RE	PIMCO RealEstate RlRetrn Str Inst	PRRSX	E+	(800) 227-7337	C+ / 6.5	-12.27	-8.11	8.16 / 4	20.65 / 86	--	46.75	0.74
IX	PIMCO StocksPLUS A	PSPAX	C-	(800) 227-7337	D+ / 2.5	5.62	6.32	19.30 / 55	10.20 / 29	10.01 / 33	4.13	0.95
IX	PIMCO StocksPLUS Admin	PPLAX	C	(800) 227-7337	C- / 3.2	5.73	6.37	19.52 / 56	10.40 / 31	10.21 / 35	4.38	0.80
IX	PIMCO StocksPLUS B	PSPBX	C-	(800) 227-7337	D+ / 2.5	5.48	5.90	18.56 / 49	9.36 / 23	9.22 / 25	3.62	1.70
IX	PIMCO StocksPLUS C	PSPCX	C-	(800) 227-7337	D+ / 2.7	5.60	6.09	18.73 / 50	9.64 / 25	9.49 / 28	3.86	1.45
IX	PIMCO StocksPLUS D	PSPDX	C	(800) 227-7337	C- / 3.0	5.62	6.28	19.32 / 55	10.18 / 29	10.03 / 33	4.22	0.95
IX	PIMCO StocksPLUS Inst	PSTKX	C	(800) 227-7337	C- / 3.4	5.76	6.44	19.79 / 58	10.64 / 33	10.48 / 38	4.51	0.55
IX	PIMCO StocksPLUS R	PSPRX	C-	(800) 227-7337	D+ / 2.8	5.56	6.10	19.02 / 53	9.88 / 27	9.76 / 30	3.95	1.20
IX	PIMCO StocksPLUS Total Return A	PTOAX	E	(800) 227-7337	D / 1.8	2.79	3.85	18.44 / 48	10.12 / 29	11.23 / 46	3.17	1.09
IX	PIMCO StocksPLUS Total Return B	PTOBX	E+	(800) 227-7337	D / 1.8	2.58	3.39	17.51 / 42	9.32 / 23	10.36 / 37	2.69	1.84
IX	PIMCO StocksPLUS Total Return C	PSOCX	E+	(800) 227-7337	D / 1.8	2.58	3.38	17.57 / 42	9.31 / 23	10.37 / 37	2.67	1.84
IX	PIMCO StocksPLUS Total Return D	PSTDX	E+	(800) 227-7337	D+ / 2.3	2.80	3.78	18.45 / 48	10.14 / 29	11.18 / 45	3.32	1.09
IX	PIMCO StocksPLUS Total Return Inst	PSPTX	E+	(800) 227-7337	D+ / 2.7	2.89	4.05	18.95 / 52	10.61 / 33	11.61 / 50	3.68	0.69
GI	PIMCO StocksPLUS Tr Sh Strat A	PSSAX	D-	(800) 227-7337	E- / 0.0	-6.27	-4.51	-9.51 / 0	-4.64 / 0	--	4.61	1.14
GI	PIMCO StocksPLUS Tr Sh Strat C	PSSCX	D-	(800) 227-7337	E- / 0.0	-6.57	-4.97	-10.44 / 0	-5.42 / 0	--	4.09	1.89
GI	PIMCO StocksPLUS Tr Sh Strat D	PSSDX	D-	(800) 227-7337	E- / 0.0	-6.37	-4.47	-9.61 / 0	-4.67 / 0	--	4.82	1.14
GI	PIMCO StocksPLUS Tr Sh Strat I	PSTIX	E-	(800) 227-7337	E- / 0.0	-6.19	-4.25	-9.26 / 0	-4.35 / 0	--	4.95	0.74
GR	Pinnacle Value Fund	PVFIX	A-		B- / 7.4	7.02	11.52	17.31 / 40	16.33 / 75	--	1.27	2.05
GR	Pioneer AmPac Growth A	PAPRX	D-	(800) 225-6292	E+ / 0.9	6.04	7.20	18.92 / 52	6.23 / 6	7.26 / 10	0.06	2.23
GR	Pioneer AmPac Growth B	PRABX	D-	(800) 225-6292	D- / 1.1	5.78	6.72	17.78 / 43	5.21 / 4	6.32 / 5	0.00	3.30
GR	Pioneer AmPac Growth C	PRRCX	D-	(800) 225-6292	D- / 1.1	5.84	6.77	17.91 / 44	5.27 / 4	6.34 / 6	0.00	3.20
BA	Pioneer Classic Balanced Fund A	AOBLX	C	(800) 225-6292	D- / 1.4	2.96	5.08	12.77 / 15	9.63 / 25	8.70 / 20	3.00	1.24
BA	Pioneer Classic Balanced Fund B	ASBBX	C	(800) 225-6292	D- / 1.4	2.79	4.53	11.81 / 13	8.69 / 18	7.82 / 13	2.39	2.24
BA	Pioneer Classic Balanced Fund C	PCBCX	C	(800) 225-6292	D- / 1.5	2.78	4.60	11.87 / 13	8.91 / 20	7.94 / 14	2.48	2.00
BA	Pioneer Classic Balanced Fund Y	AYBLX	C	(800) 225-6292	D / 2.1	3.06	5.18	13.07 / 17	9.86 / 27	8.92 / 22	3.54	0.92
GR	Pioneer Cullen Value Fund A	CVFCX	B+	(800) 225-6292	C+ / 6.1	5.10	6.05	17.12 / 39	16.88 / 77	13.50 / 66	0.79	1.15
GR	Pioneer Cullen Value Fund B	CVFBX	B	(800) 225-6292	C+ / 6.6	4.80	5.59	16.09 / 33	16.07 / 74	13.03 / 62	0.24	2.09
GR	Pioneer Cullen Value Fund C	CVCFX	B	(800) 225-6292	C+ / 6.6	4.85	5.65	16.21 / 33	16.16 / 75	13.08 / 63	0.44	1.94
GR	Pioneer Cullen Value Fund Y	CVFYX	A+	(800) 225-6292	B- / 7.3	5.19	6.18	17.47 / 41	17.15 / 78	13.66 / 67	1.02	0.83
EM	Pioneer Emerging Markets A	PEMFX	B-	(800) 225-6292	A+ / 9.9	16.86	20.47	49.25 / 99	41.09 / 99	31.26 / 99	0.17	1.95
EM	Pioneer Emerging Markets B	PBEFX	B-	(800) 225-6292	A+ / 9.9	16.60	19.95	48.03 / 98	39.93 / 99	30.20 / 98	0.00	2.85

● Denotes fund is closed to new investors
★ Denotes fund is included in Section II

www.thestreet.com/ratings

Summer 2007 — I. Index of Stock Mutual Funds

RISK			NET ASSETS		ASSET					BULL / BEAR		FUND MANAGER		MINIMUMS		LOADS	
	3 Year		NAV						Portfolio	Last Bull	Last Bear	Manager	Manager	Initial	Additional	Front	Back
Risk	Standard		As of	Total	Cash	Stocks	Bonds	Other	Turnover	Market	Market	Quality	Tenure	Purch.	Purch.	End	End
Rating/Pts	Deviation	Beta	6/30/07	$(Mil)	%	%	%	%	Ratio	Return	Return	Pct	(Years)	$	$	Load	Load
B /8.0	4.1	0.48	12.75	9,324	0	62	36	2	56.0	44.1	8.7	79	N/A	5,000,000	0	0.0	2.0
B+ /9.9	4.0	0.48	12.71	N/A	0	62	36	2	56.0	38.6	8.4	70	N/A	2,500	50	0.0	0.0
D+ /2.9	14.9	0.49	13.95	1,904	2	0	96	2	292.0	57.2	25.2	5	5	5,000	100	5.5	2.0
D+ /2.9	14.9	0.50	13.97	898	2	0	96	2	292.0	58.8	25.2	5	5	5,000,000	0	0.0	2.0
D+ /2.9	14.9	0.50	13.83	208	2	0	96	2	292.0	52.3	25.1	4	5	5,000	100	0.0	2.0
D+ /2.9	14.9	0.50	13.81	947	2	0	96	2	292.0	52.3	25.1	4	5	5,000	100	0.0	2.0
D+ /2.9	14.9	0.50	13.96	927	2	0	96	2	292.0	57.1	25.4	5	5	5,000	100	0.0	2.0
D+ /2.9	14.9	0.50	14.05	6,559	2	0	96	2	292.0	60.6	25.3	6	5	5,000,000	0	0.0	2.0
B- /7.9	6.7	1.06	14.63	N/A	4	7	5	84	71.0	76.7	-0.1	77	4	5,000,000	0	0.0	2.0
B- /7.9	6.7	1.05	14.31	108	4	7	5	84	71.0	78.4	0.4	79	4	5,000,000	0	0.0	2.0
D+ /2.9	9.0	0.60	10.97	8	N/A	0	N/A	N/A	598.0	N/A	N/A	92	N/A	5,000,000	0	0.0	2.0
C /5.3	11.8	0.92	13.59	17	0	0	100	0	675.0	N/A	N/A	82	N/A	5,000,000	0	0.0	2.0
U /	N/A	N/A	11.52	519	26	0	72	2	49.0	N/A	N/A	N/A	N/A	5,000,000	0	0.0	2.0
U /	N/A	N/A	10.78	34	0	0	100	0	426.0	N/A	N/A	N/A	2	5,000	100	3.8	2.0
U /	N/A	N/A	10.81	602	0	0	100	0	426.0	N/A	N/A	N/A	2	5,000,000	0	0.0	2.0
U /	N/A	N/A	10.47	59	N/A	N/A	0	N/A	N/A	N/A	N/A	N/A	1	5,000,000	0	0.0	2.0
C- /3.4	12.7	0.78	13.50	50	N/A	0	N/A	N/A	655.0	N/A	N/A	64	4	5,000,000	0	0.0	2.0
E- /0.0	17.4	1.11	6.43	30	5	0	94	1	337.0	N/A	N/A	46	N/A	5,000	100	5.5	2.0
E- /0.0	17.4	1.11	6.32	11	5	0	94	1	337.0	N/A	N/A	36	N/A	5,000	100	0.0	2.0
E- /0.0	17.3	1.10	6.33	20	5	0	94	1	337.0	N/A	N/A	37	N/A	5,000	100	0.0	2.0
E- /0.0	17.4	1.11	6.43	6	5	0	94	1	337.0	N/A	N/A	46	N/A	5,000	100	0.0	2.0
E- /0.0	17.4	1.11	6.52	74	5	0	94	1	337.0	N/A	N/A	N/A	N/A	5,000,000	0	0.0	2.0
B /8.3	7.3	0.99	11.28	133	27	0	71	2	239.0	86.7	-8.5	36	9	5,000	100	3.0	2.0
B /8.3	7.3	0.99	11.32	34	27	0	71	2	239.0	88.2	-8.5	38	9	5,000,000	0	0.0	2.0
B /8.3	7.3	1.00	11.01	34	27	0	71	2	239.0	80.8	-8.6	28	9	5,000	100	0.0	2.0
B /8.3	7.3	0.99	11.10	97	27	0	71	2	239.0	82.6	-8.6	31	9	5,000	100	0.0	2.0
B /8.3	7.3	0.99	11.24	7	27	0	71	2	239.0	86.8	-8.4	36	9	5,000	100	0.0	2.0
B /8.3	7.3	0.99	11.57	743	27	0	71	2	239.0	89.9	-8.4	41	9	5,000,000	0	0.0	2.0
B /8.3	7.3	0.99	11.46	3	27	0	71	2	239.0	84.8	-8.5	33	9	2,500	50	0.0	2.0
C /4.7	7.4	0.92	12.20	38	25	0	74	1	322.0	92.0	-7.2	41	N/A	5,000	100	3.8	2.0
C /4.7	7.4	0.93	12.01	21	25	0	74	1	322.0	85.6	-7.4	32	N/A	5,000	100	0.0	2.0
C /4.7	7.4	0.93	12.03	24	25	0	74	1	322.0	85.6	-7.4	32	N/A	5,000	100	0.0	2.0
C /4.7	7.4	0.92	12.14	4	25	0	74	1	322.0	91.5	-7.2	41	N/A	5,000	100	0.0	2.0
C /4.7	7.4	0.93	12.18	257	25	0	74	1	322.0	94.7	-7.1	48	N/A	5,000,000	0	0.0	2.0
B /8.6	8.4	-1.10	7.83	1	22	0	77	1	N/A	N/A	N/A	52	1	5,000	100	3.8	2.0
B /8.5	8.3	-1.09	7.81	N/A	22	0	77	1	N/A	N/A	N/A	39	1	5,000	100	0.0	2.0
B /8.6	8.4	-1.10	7.82	1	22	0	77	1	N/A	N/A	N/A	52	1	5,000	100	0.0	2.0
D+ /2.5	8.4	-1.08	7.84	149	22	0	77	1	N/A	N/A	N/A	55	N/A	5,000,000	0	0.0	2.0
B /8.2	6.4	0.43	15.39	45	54	43	0	3	29.4	N/A	N/A	98	4	2,500	100	0.0	1.0
B- /7.4	8.6	1.06	18.62	18	1	98	0	1	14.0	62.9	-11.7	9	10	1,000	100	5.8	0.0
B- /7.2	8.6	1.06	18.11	2	1	98	0	1	14.0	56.8	-11.8	6	3	1,000	500	0.0	0.0
B- /7.2	8.7	1.06	18.13	2	1	98	0	1	14.0	56.9	-11.8	6	3	1,000	500	0.0	0.0
B+ /9.9	4.4	0.93	11.02	168	1	59	37	3	115.0	61.3	-4.5	70	N/A	1,000	100	4.5	0.0
B+ /9.9	4.4	0.94	10.97	31	1	59	37	3	115.0	55.8	-4.7	59	N/A	1,000	500	0.0	0.0
B+ /9.9	4.4	0.94	11.02	12	1	59	37	3	115.0	56.7	-4.7	61	N/A	1,000	500	0.0	0.0
B+ /9.9	4.4	0.94	11.01	28	1	59	37	3	115.0	62.9	-4.5	73	N/A	5,000,000	0	0.0	0.0
B /8.9	7.1	0.86	21.21	1,828	10	89	0	1	21.0	131.1	-6.1	95	6	1,000	100	5.8	0.0
B /8.9	7.1	0.86	20.96	113	10	89	0	1	21.0	126.6	-6.1	94	2	1,000	500	0.0	0.0
B /8.9	7.1	0.86	20.95	568	10	89	0	1	21.0	127.1	-6.1	94	2	1,000	500	0.0	0.0
B /8.9	7.0	0.86	21.30	598	10	89	0	1	21.0	132.7	-6.1	96	2	5,000,000	0	0.0	0.0
C- /3.8	16.7	1.08	36.73	355	1	98	0	1	32.0	319.0	-3.9	38	N/A	1,000	100	5.8	0.0
C- /3.7	16.7	1.08	33.01	55	1	98	0	1	32.0	304.7	-4.0	29	N/A	1,000	500	0.0	0.0

www.thestreet.com/ratings

Data as of June 30, 2007

I. Index of Stock Mutual Funds

Summer 2007

						PERFORMANCE							
	99 Pct = Best 0 Pct = Worst			Overall		Perfor-	Total Return % through 6/30/07					Incl. in Returns	
						mance				Annualized		Dividend	Expense
Fund Type	Fund Name		Ticker Symbol	Investment Rating	Phone	Rating/Pts	3 Mo	6 Mo	1Yr / Pct	3Yr / Pct	5Yr / Pct	Yield	Ratio
EM	Pioneer Emerging Markets C		PCEFX	B-	(800) 225-6292	A+ / 9.9	16.64	19.99	48.16 /98	40.10 /99	30.33 /98	0.00	2.85
EM	Pioneer Emerging Markets R		PEMRX	B-	(800) 225-6292	A+ / 9.9	16.84	20.40	48.98 /99	40.60 /99	30.97 /98	0.35	2.58
EM	Pioneer Emerging Markets Y		PYEFX	B-	(800) 225-6292	A+ / 9.9	17.01	20.77	50.08 /99	41.99 /99	32.27 /99	0.49	1.40
IN	Pioneer Equity Income A		PEQIX	B	(800) 225-6292	C+ / 6.4	3.89	7.25	22.14 /73	16.31 /75	12.06 /54	1.80	1.03
IN	Pioneer Equity Income B		PBEQX	B-	(800) 225-6292	C+ / 6.7	3.66	6.81	21.11 /67	15.30 /70	11.09 /45	1.12	1.90
IN	Pioneer Equity Income C		PCEQX	B-	(800) 225-6292	C+ / 6.8	3.65	6.84	21.16 /68	15.39 /71	11.16 /45	1.21	1.82
IN	Pioneer Equity Income R		PQIRX	B+	(800) 225-6292	B- / 7.2	3.83	7.17	21.88 /72	16.11 /74	11.97 /53	1.71	1.22
IN	Pioneer Equity Income Y		PYEQX	A-	(800) 225-6292	B- / 7.5	3.99	7.47	22.61 /75	16.78 /77	12.55 /58	2.21	0.65
GR	Pioneer Equity Opportunity A		PEOFX	U	(800) 225-6292	U /	7.13	16.28	30.81 /93	--	--	0.00	1.78
FO	Pioneer Europe Sel Eqty Fd A		PERAX	A	(800) 225-6292	B+ / 8.6	4.54	8.51	26.27 /86	22.16 /89	19.25 /90	1.02	1.66
FO	Pioneer Europe Sel Eqty Fd B		PERBX	A	(800) 225-6292	B+ / 8.6	4.30	7.93	24.86 /83	20.59 /86	17.44 /86	0.06	2.74
FO	Pioneer Europe Sel Eqty Fd C		PERCX	A	(800) 225-6292	B+ / 8.6	4.36	8.10	25.23 /83	20.83 /86	17.86 /87	0.52	2.59
FO	Pioneer Europe Sel Eqty Fd Y		PEYSX	A+	(800) 225-6292	B+ / 8.9	4.65	8.76	26.88 /88	22.26 /90	18.97 /90	1.49	1.10
* GI	Pioneer Fund A		PIODX	C+	(800) 225-6292	C / 4.9	6.42	8.02	20.12 /61	13.53 /58	10.33 /37	0.70	1.08
GI	Pioneer Fund B		PBODX	C+	(800) 225-6292	C / 5.3	6.20	7.51	19.14 /53	12.53 /50	9.34 /26	0.00	2.01
GI	Pioneer Fund C		PCODX	C+	(800) 225-6292	C / 5.4	6.19	7.56	19.16 /54	12.64 /51	9.45 /27	0.11	1.87
GI	Pioneer Fund R		PIORX	B	(800) 225-6292	C+ / 6.0	6.38	7.92	19.94 /59	13.39 /58	10.24 /36	0.64	1.21
GI	Pioneer Fund Y		PYODX	B	(800) 225-6292	C+ / 6.5	6.51	8.21	20.59 /64	14.00 /62	10.80 /42	1.09	0.65
GR	Pioneer Fundamental Growth Fd A		PIGFX	D	(800) 225-6292	D / 2.0	5.42	6.27	17.88 /44	9.70 /26	--	0.00	6.09
MC	Pioneer Growth Leaders Fund A		LRPSX	E-	(800) 225-6292	E+ / 0.6	6.17	5.53	13.69 /19	6.19 / 6	5.56 / 3	0.02	1.59
MC	Pioneer Growth Leaders Fund B		LRPBX	D-	(800) 225-6292	E+ / 0.6	5.89	5.00	12.45 /14	4.77 / 3	4.35 / 1	0.00	2.67
MC	Pioneer Growth Leaders Fund C		LRPCX	D-	(800) 225-6292	E+ / 0.6	5.58	4.68	12.01 /13	4.64 / 3	4.21 / 1	0.00	2.66
SC	Pioneer Growth Opportunities A		PGOFX	D-	(800) 225-6292	D / 1.6	4.68	7.12	13.25 /17	9.84 /24	9.42 /27	0.00	1.26
SC	Pioneer Growth Opportunities B		GOFBX	D-	(800) 225-6292	D / 1.8	4.42	6.45	11.99 /13	8.75 /19	8.43 /18	0.00	2.37
SC	Pioneer Growth Opportunities C		GOFCX	D-	(800) 225-6292	D / 1.9	4.43	6.53	12.08 /14	8.93 /20	8.55 /19	0.00	2.02
SC	Pioneer Growth Opportunities Y		GROYX	D	(800) 225-6292	D+ / 2.8	4.81	7.37	13.96 /20	10.20 /29	9.63 /29	0.00	0.78
GR	Pioneer Growth Shares A		MOMGX	C-	(800) 225-6292	C- / 3.1	9.35	8.87	22.32 /74	9.66 /25	7.59 /12	0.00	1.40
GR	Pioneer Growth Shares B		PBMGX	C-	(800) 225-6292	C- / 3.4	9.05	8.24	21.10 /67	8.61 /18	6.54 / 6	0.00	2.37
GR	Pioneer Growth Shares C		PCMGX	C-	(800) 225-6292	C- / 3.7	9.25	8.45	21.57 /70	8.80 /19	6.70 / 7	0.00	2.31
GR	Pioneer Growth Shares Y		PYMGX	C+	(800) 225-6292	C / 5.2	9.56	9.19	23.13 /78	10.43 /31	8.35 /17	0.00	0.73
AA	Pioneer Ibbotson Aggress Alloc Fd A		PIAAX	U	(800) 225-6292	U /	5.50	7.52	18.95 /52	--	--	1.01	1.72
AA	Pioneer Ibbotson Aggress Alloc Fd B		IALBX	U	(800) 225-6292	U /	5.22	7.08	17.95 /45	--	--	0.45	2.56
AA	Pioneer Ibbotson Gr Alloc A		GRAAX	U	(800) 225-6292	U /	4.72	6.75	16.81 /37	--	--	1.55	1.57
AA	Pioneer Ibbotson Gr Alloc B		GRABX	U	(800) 225-6292	U /	4.45	6.23	15.77 /30	--	--	1.15	2.45
AA	Pioneer Ibbotson Gr Alloc C		GRACX	U	(800) 225-6292	U /	4.52	6.29	15.91 /31	--	--	1.22	2.29
AA	Pioneer Ibbotson Mod Alloc Fd A		PIALX	U	(800) 225-6292	U /	3.84	5.74	14.37 /23	--	--	2.05	1.42
AA	Pioneer Ibbotson Mod Alloc Fd B		PIBLX	U	(800) 225-6292	U /	3.66	5.36	13.44 /18	--	--	1.53	2.30
AA	Pioneer Ibbotson Mod Alloc Fd C		PIDCX	U	(800) 225-6292	U /	3.60	5.31	13.49 /18	--	--	1.74	2.21
GR	Pioneer Independence Fd A		PINDX	C+	(800) 225-6292	C+ / 6.6	10.06	11.52	20.31 /62	12.95 /54	11.35 /47	0.06	1.40
GR	Pioneer Independence Fd Y		INYDX	B-	(800) 225-6292	C+ / 6.8	10.12	11.75	20.74 /65	13.12 /55	11.45 /48	0.26	1.00
FO	Pioneer International Core Equity A		IILAX	A+	(800) 225-6292	B+ / 8.8	8.90	11.83	26.07 /86	21.95 /89	20.61 /93	0.72	1.58
FO	Pioneer International Core Equity B		IILBX	A+	(800) 225-6292	B+ / 8.9	8.68	11.36	25.00 /83	20.94 /87	19.74 /91	0.26	2.48
FO	Pioneer International Core Equity C		PCECX	A+	(800) 225-6292	B+ / 8.9	8.66	11.41	25.04 /83	21.12 /87	19.85 /92	0.58	2.50
FO	Pioneer International Core Equity Y		IIEIX	A+	(800) 225-6292	A- / 9.1	9.01	12.11	26.67 /87	22.27 /90	20.95 /93	0.98	1.23
FO	Pioneer International Equity A		PIWEX	B+	(800) 225-6292	B+ / 8.6	8.31	10.78	25.28 /84	21.27 /87	16.06 /81	0.61	2.08
FO	Pioneer International Equity B		PBWEX	B+	(800) 225-6292	B+ / 8.7	8.11	10.32	24.17 /81	20.21 /85	15.01 /76	0.00	2.91
FO	Pioneer International Equity C		PCWEX	B+	(800) 225-6292	B+ / 8.7	8.10	10.24	24.20 /81	20.28 /85	14.92 /76	0.15	2.80
FO	Pioneer International Equity Y		PIEYX	A+	(800) 225-6292	A- / 9.0	8.47	11.06	25.93 /85	22.00 /89	16.48 /83	1.00	1.21
FO	Pioneer International Value A		PIIFX	B+	(800) 225-6292	B+ / 8.8	8.92	12.12	27.20 /88	21.98 /89	15.46 /79	0.33	1.79
FO	Pioneer International Value B		PBIFX	B+	(800) 225-6292	B+ / 8.9	8.74	11.65	26.05 /85	20.87 /86	14.24 /71	0.00	2.76
FO	Pioneer International Value C		PCITX	B+	(800) 225-6292	B+ / 8.9	8.82	11.76	26.34 /86	21.05 /87	14.32 /72	0.00	2.54
MC	Pioneer Mid Cap Value A		PCGRX	C	(800) 225-6292	B- / 7.2	8.20	13.00	25.59 /84	15.20 /70	15.33 /78	0.33	1.07

● Denotes fund is closed to new investors
* Denotes fund is included in Section II

www.thestreet.com/ratings

Summer 2007   **I. Index of Stock Mutual Funds**

RISK			NET ASSETS		ASSET					BULL / BEAR		FUND MANAGER		MINIMUMS		LOADS	
	3 Year		NAV						Portfolio	Last Bull	Last Bear	Manager	Manager	Initial	Additional	Front	Back
Risk	Standard		As of	Total	Cash	Stocks	Bonds	Other	Turnover	Market	Market	Quality	Tenure	Purch.	Purch.	End	End
Rating/Pts	Deviation	Beta	6/30/07	$(Mil)	%	%	%	%	Ratio	Return	Return	Pct	(Years)	$	$	Load	Load
C- / 3.7	16.7	1.08	32.95	79	1	98	0	1	32.0	306.6	-4.0	30	N/A	1,000	500	0.0	0.0
C- / 3.8	16.7	1.08	35.94	8	1	98	0	1	32.0	316.0	-4.1	34	N/A	0	0	0.0	0.0
C- / 3.9	16.7	1.08	39.08	65	1	98	0	1	32.0	332.2	-3.6	46	N/A	5,000,000	0	0.0	0.0
B- / 7.9	6.5	0.79	33.74	1,094	0	98	0	2	34.0	120.8	-8.8	95	6	1,000	100	5.8	0.0
B- / 7.9	6.5	0.79	33.54	151	0	98	0	2	34.0	112.9	-9.0	93	6	1,000	500	0.0	0.0
B- / 7.9	6.5	0.79	33.40	167	0	98	0	2	34.0	113.4	-8.9	94	6	1,000	500	0.0	0.0
B- / 7.9	6.5	0.80	33.98	53	0	98	0	2	34.0	120.8	-8.9	95	6	0	0	0.0	0.0
B- / 7.9	6.5	0.79	33.91	16	0	98	0	2	34.0	124.9	-8.7	96	N/A	5,000,000	0	0.0	0.0
U /	N/A	N/A	14.43	43	1	98	0	1	45.0	N/A	N/A	N/A	N/A	1,000	100	5.8	0.0
B- / 7.4	9.5	0.94	45.13	202	1	98	0	1	43.0	191.0	-9.1	62	N/A	1,000	100	5.8	0.0
B- / 7.4	9.4	0.92	40.95	29	1	98	0	1	43.0	175.8	-10.6	46	N/A	1,000	500	0.0	0.0
B- / 7.4	9.4	0.92	40.72	19	1	98	0	1	43.0	179.3	-10.4	49	N/A	1,000	500	0.0	0.0
B / 8.5	9.4	0.93	46.57	50	1	98	0	1	43.0	191.6	-10.4	66	N/A	5,000,000	0	0.0	0.0
B / 8.1	7.4	0.98	51.77	6,845	0	99	0	1	8.0	101.2	-11.3	77	6	1,000	100	5.8	0.0
B / 8.1	7.4	0.98	50.51	366	0	99	0	1	8.0	93.7	-11.5	66	6	1,000	500	0.0	0.0
B / 8.1	7.4	0.98	49.94	323	0	99	0	1	8.0	94.6	-11.5	67	6	1,000	500	0.0	0.0
B / 8.1	7.4	0.98	51.81	150	0	99	0	1	8.0	100.5	-11.3	75	4	0	0	0.0	0.0
B / 8.1	7.4	0.98	51.89	480	0	99	0	1	8.0	105.0	-11.3	81	6	5,000,000	0	0.0	0.0
B- / 7.5	9.6	1.18	11.87	3	5	94	0	1	61.0	78.0	-8.2	20	N/A	1,000	100	5.8	0.0
D- / 1.2	7.7	0.51	15.83	36	0	99	0	1	37.0	57.2	-13.2	22	18	1,000	100	5.8	0.0
B- / 7.5	7.7	0.51	14.92	1	0	99	0	1	37.0	49.3	-13.4	13	3	1,000	500	0.0	0.0
B- / 7.5	7.8	0.51	14.76	N/A	0	99	0	1	37.0	48.7	-13.4	13	3	1,000	500	0.0	0.0
C+ / 6.2	13.4	0.95	30.86	410	0	99	0	1	127.0	138.5	-18.0	22	N/A	1,000	100	5.8	0.0
C+ / 6.2	13.4	0.95	27.88	3	0	99	0	1	127.0	129.3	-18.1	16	N/A	1,000	500	0.0	0.0
C+ / 6.2	13.5	0.96	28.04	1	0	99	0	1	127.0	130.5	-18.1	17	N/A	1,000	500	0.0	0.0
C+ / 6.2	13.4	0.95	31.19	93	0	99	0	1	127.0	140.7	-18.0	25	N/A	5,000,000	0	0.0	0.0
B- / 7.2	10.1	1.24	14.85	392	0	99	0	1	99.0	67.1	-9.5	17	N/A	1,000	100	5.8	0.0
B- / 7.2	10.0	1.24	13.26	68	0	99	0	1	99.0	60.3	-9.8	12	N/A	1,000	500	0.0	0.0
B- / 7.2	10.0	1.24	13.47	32	0	99	0	1	99.0	61.1	-9.7	13	N/A	1,000	500	0.0	0.0
B- / 7.3	10.0	1.24	15.81	2	0	99	0	1	99.0	72.0	-9.3	22	N/A	5,000,000	0	0.0	0.0
U /	N/A	N/A	14.58	116	N/A	91	8	N/A	56.0	N/A	N/A	N/A	3	1,000	100	5.8	0.0
U /	N/A	N/A	13.92	39	N/A	91	8	N/A	56.0	N/A	N/A	N/A	3	1,000	500	0.0	0.0
U /	N/A	N/A	13.76	165	0	70	24	0	31.0	N/A	N/A	N/A	3	1,000	100	5.8	0.0
U /	N/A	N/A	12.44	78	0	76	24	0	31.0	N/A	N/A	N/A	3	1,000	500	0.0	0.0
U /	N/A	N/A	13.19	53	0	76	24	0	31.0	N/A	N/A	N/A	3	1,000	500	0.0	0.0
U /	N/A	N/A	12.72	171	4	60	35	1	51.0	N/A	N/A	N/A	3	1,000	100	5.8	0.0
U /	N/A	N/A	12.19	62	4	60	35	1	51.0	N/A	N/A	N/A	3	1,000	500	0.0	0.0
U /	N/A	N/A	12.09	47	4	60	35	1	51.0	N/A	N/A	N/A	3	1,000	500	0.0	0.0
C+ / 6.7	9.7	1.20	14.33	572	1	98	0	1	100.0	101.2	-10.3	49	9	0	0	0.0	0.0
B- / 7.5	9.7	1.20	14.36	36	1	98	0	1	100.0	101.9	-10.3	51	1	5,000,000	0	0.0	0.0
B- / 7.6	9.8	1.01	13.71	46	2	97	0	1	134.0	210.0	-9.8	40	2	1,000	100	5.8	0.0
B- / 7.5	9.8	1.02	13.14	7	2	97	0	1	134.0	199.8	-10.0	31	2	1,000	500	0.0	0.0
B- / 7.5	9.8	1.02	13.18	3	2	97	0	1	134.0	201.1	-10.0	32	2	1,000	500	0.0	0.0
B- / 7.6	9.8	1.02	13.79	350	2	97	0	1	134.0	213.1	-9.7	44	2	5,000,000	0	0.0	0.0
C+ / 6.4	9.5	1.00	28.66	64	0	100	0	0	79.0	168.7	-11.0	37	N/A	1,000	100	5.8	0.0
C+ / 6.3	9.5	1.00	25.98	18	0	100	0	0	79.0	158.6	-11.2	28	N/A	1,000	500	0.0	0.0
C+ / 6.3	9.5	1.00	25.62	14	0	100	0	0	79.0	158.2	-11.2	29	N/A	1,000	500	0.0	0.0
B / 8.1	9.5	1.00	28.93	143	0	100	0	0	79.0	173.5	-11.0	45	N/A	5,000,000	0	0.0	0.0
C+ / 6.1	10.4	1.08	27.48	138	1	98	0	1	86.0	156.6	-10.1	29	N/A	1,000	100	5.8	0.0
C+ / 6.0	10.4	1.08	25.02	15	1	98	0	1	86.0	145.2	-10.3	22	N/A	1,000	500	0.0	0.0
C+ / 6.0	10.4	1.08	24.80	13	1	98	0	1	86.0	146.2	-10.4	23	N/A	1,000	500	0.0	0.0
C / 5.0	9.2	0.81	25.73	2,132	1	98	0	1	91.0	141.6	-8.3	79	N/A	1,000	100	5.8	0.0

www.thestreet.com/ratings   Data as of June 30, 2007

I. Index of Stock Mutual Funds

Summer 2007

99 Pct = Best
0 Pct = Worst

Fund Type	Fund Name	Ticker Symbol	Overall Investment Rating	Phone	Performance Rating/Pts	3 Mo	6 Mo	1Yr / Pct	3Yr / Pct	5Yr / Pct	Dividend Yield	Expense Ratio
MC	Pioneer Mid Cap Value B	PBCGX	C	(800) 225-6292	B- / 7.4	7.97	12.54	24.50 /82	14.15 /63	14.29 /72	0.00	1.98
MC	Pioneer Mid Cap Value C	PCCGX	C	(800) 225-6292	B- / 7.5	7.98	12.59	24.59 /82	14.26 /64	14.33 /72	0.00	1.89
MC	Pioneer Mid Cap Value R	PCMRX	A	(800) 225-6292	B / 7.8	8.17	12.93	25.33 /84	14.98 /69	15.09 /77	0.28	1.37
MC	Pioneer Mid Cap Value Y	PYCGX	C+	(800) 225-6292	B / 8.1	8.32	13.21	26.16 /86	15.77 /73	15.90 /81	0.69	0.61
MC	Pioneer Mid-Cap Growth Fd A	PITHX	D	(800) 225-6292	C- / 3.1	7.59	10.89	21.65 /71	9.71 /26	9.34 /26	0.00	0.91
MC	Pioneer Mid-Cap Growth Fd B	PBMDX	D	(800) 225-6292	C- / 3.1	7.22	10.24	20.03 /60	8.29 /16	7.88 /14	0.00	2.26
MC	Pioneer Mid-Cap Growth Fd C	PCMCX	D	(800) 225-6292	C- / 3.3	7.29	10.27	20.30 /62	8.47 /17	8.03 /15	0.00	2.08
MC	Pioneer Mid-Cap Growth Fd Y	PMCYX	C	(800) 225-6292	C / 4.7	7.65	11.06	22.08 /73	10.04 /28	9.53 /28	0.00	0.51
GR	Pioneer Oak Ridge Lrg Cap Growth A	ORILX	E+	(800) 225-6292	E+ / 0.7	3.66	5.17	12.95 /16	7.31 /11	7.15 / 9	0.00	1.27
GR	Pioneer Oak Ridge Lrg Cap Growth B	ORLBX	D-	(800) 225-6292	E+ / 0.8	3.39	4.62	11.86 /13	6.30 / 7	6.24 / 5	0.00	2.28
GR	Pioneer Oak Ridge Lrg Cap Growth C	ORLCX	D-	(800) 225-6292	E+ / 0.8	3.45	4.68	11.98 /13	6.45 / 7	6.33 / 5	0.00	2.00
GR	Pioneer Oak Ridge Lrg Cap Growth R	ORLRX	D-	(800) 225-6292	D- / 1.0	3.59	4.98	12.56 /15	7.03 / 9	6.47 / 6	0.00	1.61
GR	Pioneer Oak Ridge Lrg Cap Growth Y	PORYX	D-	(800) 225-6292	D- / 1.3	3.77	5.27	13.28 /17	7.65 /12	7.35 /10	0.16	0.80
SC	● Pioneer Oak Ridge Sm Cap Growth A	ORIGX	D+	(800) 225-6292	C- / 4.2	9.35	10.83	14.85 /25	12.64 /51	12.60 /58	0.00	1.56
SC	● Pioneer Oak Ridge Sm Cap Growth B	ORIBX	C-	(800) 225-6292	C / 4.7	9.14	10.35	13.82 /20	11.65 /42	11.69 /51	0.00	2.38
SC	● Pioneer Oak Ridge Sm Cap Growth C	ORICX	C-	(800) 225-6292	C / 4.8	9.13	10.38	13.92 /20	11.72 /43	11.70 /51	0.00	2.20
RE	Pioneer Real Estate Shares A	PWREX	D+	(800) 225-6292	C+ / 6.9	-10.25	-7.66	9.56 / 7	22.03 /89	19.01 /90	2.04	1.50
RE	Pioneer Real Estate Shares B	PBREX	D+	(800) 225-6292	B- / 7.1	-10.44	-8.04	8.60 / 5	20.95 /87	18.00 /88	1.21	2.42
RE	Pioneer Real Estate Shares C	PCREX	D+	(800) 225-6292	B- / 7.2	-10.43	-8.03	8.63 / 5	21.04 /87	18.08 /88	1.29	2.32
RE	Pioneer Real Estate Shares Y	PYREX	C-	(800) 225-6292	B / 7.9	-10.18	-7.44	10.09 / 8	22.64 /90	19.65 /91	2.65	1.00
GR	Pioneer Research Fund A	PATMX	C+	(800) 225-6292	C / 5.1	6.42	9.26	20.72 /65	13.43 /58	10.69 /40	0.39	1.81
GR	Pioneer Research Fund B	PBTMX	B-	(800) 225-6292	C / 5.5	6.18	8.85	19.69 /57	12.44 /49	9.77 /31	0.11	2.69
GR	Pioneer Research Fund C	PCTMX	B-	(800) 225-6292	C+ / 5.6	6.32	8.98	19.86 /59	12.50 /50	9.83 /31	0.00	2.62
GR	Pioneer Research Fund Y	PRFYX	B	(800) 225-6292	C+ / 6.6	6.62	9.64	21.36 /69	13.70 /60	10.85 /42	0.56	1.18
MC	Pioneer Small & Mid Cap Gr A	PAPPX	D-	(800) 225-6292	D / 1.7	5.17	12.58	17.17 /39	7.97 /14	8.21 /16	0.00	1.71
MC	Pioneer Small & Mid Cap Gr B	MCSBX	D	(800) 225-6292	D / 1.9	4.92	12.06	16.03 /32	6.96 / 9	7.28 /10	0.00	2.62
MC	Pioneer Small & Mid Cap Gr C	CGCPX	D	(800) 225-6292	D / 1.9	4.90	12.02	16.14 /33	7.06 / 9	7.35 /10	0.00	2.55
SC	Pioneer Small Cap Value Fund A	PIMCX	D	(800) 225-6292	C- / 4.0	5.05	5.37	13.96 /20	14.47 /65	12.92 /61	0.00	1.55
SC	Pioneer Small Cap Value Fund B	PBMOX	D	(800) 225-6292	C / 4.5	4.82	4.85	12.93 /16	13.51 /58	12.00 /54	0.00	2.41
SC	Pioneer Small Cap Value Fund C	PSVCX	D+	(800) 225-6292	C / 4.5	4.86	4.93	13.02 /16	13.58 /59	12.07 /54	0.00	2.35
SC	Pioneer Small Cap Value Fund R	PSVRX	C-	(800) 225-6292	C / 5.1	4.99	5.22	13.49 /18	14.20 /63	12.69 /59	0.00	1.91
SC	Pioneer Small Cap Value Fund Y	PCAYX	C+	(800) 225-6292	C+ / 5.9	5.18	5.60	14.55 /23	15.04 /69	13.26 /64	0.00	1.02
GI	Pioneer Value Fund A	PIOTX	D	(800) 225-6292	C / 4.5	7.83	8.02	20.02 /60	12.69 /51	10.87 /42	1.34	0.94
GI	Pioneer Value Fund B	PBOTX	D	(800) 225-6292	C / 4.8	7.52	7.45	18.78 /50	11.55 /41	9.63 /29	0.61	2.03
GI	Pioneer Value Fund C	PCOTX	D	(800) 225-6292	C / 4.7	7.53	7.46	18.70 /50	11.49 /41	9.63 /29	0.68	2.03
GI	Pioneer Value Fund Y	PVFYX	B+	(800) 225-6292	C+ / 6.2	7.94	8.25	20.51 /63	13.17 /56	11.16 /45	1.73	0.55
GI	● PL Comstock Fund A	PFVAX	C-	(800) 722-2333	C- / 3.1	5.02	5.85	18.19 /46	11.96 /45	10.57 /39	0.73	2.00
GI	PL Comstock Fund AZ-529A	AZCAX	C-	(800) 722-2333	C- / 3.1	5.02	5.84	18.19 /46	11.96 /45	--	0.73	1.90
GI	PL Comstock Fund AZ-529B	AZCBX	C	(800) 722-2333	C- / 3.7	4.76	5.37	17.37 /41	11.35 /39	--	0.29	2.40
GI	PL Comstock Fund AZ-529C	AZCCX	C	(800) 722-2333	C- / 3.7	4.76	5.37	17.37 /41	11.34 /39	--	0.33	2.40
GI	● PL Comstock Fund B	PFVBX	C	(800) 722-2333	C- / 3.7	4.76	5.37	17.37 /41	11.35 /39	9.99 /33	0.29	2.75
GI	● PL Comstock Fund C	PFVCX	C	(800) 722-2333	C- / 3.7	4.76	5.37	17.37 /41	11.34 /39	9.97 /33	0.33	2.75
GI	PL Comstock Fund MT-529A	CPSAX	C	(800) 722-2333	C- / 3.1	5.02	5.84	18.19 /46	11.96 /45	--	0.73	1.90
GI	PL Comstock Fund MT-529B	CPSBX	C	(800) 722-2333	C- / 3.7	4.76	5.37	17.37 /41	11.35 /39	--	0.29	2.40
GI	PL Comstock Fund MT-529C	CPSCX	C	(800) 722-2333	C- / 3.7	4.76	5.37	17.37 /41	11.34 /39	--	0.33	2.40
AG	● PL Growth LT Fund A	PAJGX	D+	(800) 722-2333	D+ / 2.7	5.58	8.48	19.14 /53	10.33 /30	10.58 /39	0.00	1.90
AG	PL Growth LT Fund AZ-529A	AZGAX	D+	(800) 722-2333	D+ / 2.7	5.58	8.48	19.14 /53	10.33 /30	--	0.00	1.70
AG	PL Growth LT Fund AZ-529B	AZGBX	C-	(800) 722-2333	C- / 3.3	5.33	8.13	18.40 /48	9.73 /26	--	0.00	2.20
AG	PL Growth LT Fund AZ-529C	AZGCX	C-	(800) 722-2333	C- / 3.2	5.27	8.07	18.38 /48	9.70 /26	--	0.00	2.20
AG	● PL Growth LT Fund B	PBJGX	C-	(800) 722-2333	C- / 3.3	5.33	8.13	18.40 /48	9.73 /26	10.07 /34	0.00	2.65
AG	● PL Growth LT Fund C	PCJGX	C-	(800) 722-2333	C- / 3.2	5.27	8.07	18.38 /48	9.70 /26	9.98 /33	0.00	2.65
AG	PL Growth LT Fund MT-529A	CPGAX	D+	(800) 722-2333	D+ / 2.7	5.58	8.48	19.14 /53	10.33 /30	--	0.00	1.70

● Denotes fund is closed to new investors
* Denotes fund is included in Section II

www.thestreet.com/ratings

Summer 2007   I. Index of Stock Mutual Funds

RISK			NET ASSETS		ASSET				Portfolio Turnover Ratio	BULL / BEAR		FUND MANAGER		MINIMUMS		LOADS	
	3 Year		NAV							Last Bull	Last Bear	Manager	Manager	Initial	Additional	Front	Back
Risk Rating/Pts	Standard Deviation	Beta	As of 6/30/07	Total $(Mil)	Cash %	Stocks %	Bonds %	Other %		Market Return	Market Return	Quality Pct	Tenure (Years)	Purch. $	Purch. $	End Load	End Load
C- / 3.9	9.2	0.81	21.81	167	1	98	0	1	91.0	132.2	-8.5	69	N/A	1,000	500	0.0	0.0
C- / 3.9	9.2	0.81	21.64	198	1	98	0	1	91.0	132.9	-8.6	71	N/A	1,000	500	0.0	0.0
B / 8.0	9.2	0.81	25.42	61	1	98	0	1	91.0	139.8	-8.4	78	N/A	0	0	0.0	0.0
C / 5.1	9.2	0.81	26.82	346	1	98	0	1	91.0	146.6	-8.3	83	N/A	5,000,000	0	0.0	0.0
C+ / 6.1	11.9	1.07	17.01	479	0	99	0	1	96.0	90.0	-5.7	8	N/A	1,000	100	5.8	0.0
C+ / 5.9	11.9	1.07	14.10	19	0	99	0	1	96.0	79.9	-6.0	5	N/A	1,000	500	0.0	0.0
C+ / 6.0	11.9	1.07	14.71	12	0	99	0	1	96.0	80.8	-6.1	6	N/A	1,000	500	0.0	0.0
C+ / 6.8	11.9	1.07	17.17	35	0	99	0	1	96.0	91.7	-5.7	9	N/A	5,000,000	0	0.0	0.0
C+ / 6.3	8.9	1.06	14.45	226	3	96	0	1	38.0	63.6	-8.0	13	13	1,000	100	5.8	0.0
C+ / 6.9	8.9	1.06	14.03	30	3	96	0	1	38.0	57.9	-8.2	9	8	1,000	500	0.0	0.0
C+ / 6.9	8.8	1.05	14.09	72	3	96	0	1	38.0	58.4	-8.1	10	8	1,000	500	0.0	0.0
C+ / 6.9	8.9	1.06	14.13	2	3	96	0	1	38.0	59.2	-8.1	12	8	0	0	0.0	0.0
B- / 7.0	8.9	1.06	14.58	613	3	96	0	1	38.0	65.2	-8.0	14	8	5,000,000	0	0.0	0.0
C+ / 5.7	12.8	0.90	28.65	237	5	94	0	1	39.0	118.5	-5.5	57	13	1,000	100	5.8	0.0
C+ / 6.2	12.8	0.90	27.82	8	5	94	0	1	39.0	110.9	-5.7	43	13	1,000	500	0.0	0.0
C+ / 5.6	12.8	0.90	26.17	46	5	94	0	1	39.0	111.2	-5.7	45	13	1,000	500	0.0	0.0
D+ / 2.9	15.5	1.05	30.21	141	2	97	0	1	23.0	192.3	-0.7	79	N/A	1,000	100	5.8	0.0
D+ / 2.9	15.5	1.05	29.93	28	2	97	0	1	23.0	181.6	-0.9	69	N/A	1,000	500	0.0	0.0
D+ / 2.9	15.5	1.05	29.97	22	2	97	0	1	23.0	182.7	-0.9	70	N/A	1,000	500	0.0	0.0
D+ / 2.9	15.5	1.05	30.18	48	2	97	0	1	23.0	199.0	-0.6	83	N/A	5,000,000	0	0.0	0.0
B / 8.1	7.8	1.03	12.27	20	1	98	0	1	91.0	101.9	-11.8	71	N/A	1,000	100	5.8	0.0
B / 8.1	7.8	1.03	11.68	16	1	98	0	1	91.0	94.9	-12.0	60	N/A	1,000	500	0.0	0.0
B / 8.1	7.8	1.03	11.77	3	1	98	0	1	91.0	94.9	-12.0	61	N/A	1,000	500	0.0	0.0
B / 8.4	7.8	1.03	12.40	152	1	98	0	1	91.0	103.1	-11.8	75	N/A	5,000,000	0	0.0	0.0
C+ / 6.7	9.6	0.81	32.57	46	1	98	0	1	18.0	82.6	-10.4	13	9	1,000	100	5.8	0.0
B- / 7.0	9.6	0.81	31.59	5	1	98	0	1	18.0	76.1	-10.5	9	3	1,000	500	0.0	0.0
B- / 7.0	9.6	0.81	31.69	8	1	98	0	1	18.0	76.6	-10.5	9	3	1,000	500	0.0	0.0
C / 5.4	11.6	0.84	33.92	608	10	89	0	1	69.0	147.2	-10.2	82	N/A	1,000	100	5.8	0.0
C / 4.9	11.6	0.84	30.46	130	10	89	0	1	69.0	138.7	-10.4	74	N/A	1,000	500	0.0	0.0
C / 5.2	11.6	0.84	32.17	133	10	89	0	1	69.0	139.3	-10.4	74	N/A	1,000	500	0.0	0.0
C / 5.4	11.6	0.84	33.68	16	10	89	0	1	69.0	145.6	-10.4	80	N/A	0	0	0.0	0.0
C+ / 6.7	11.6	0.84	34.53	134	10	89	0	1	69.0	150.9	-10.2	85	N/A	5,000,000	0	0.0	0.0
C / 5.0	7.3	0.92	18.10	3,750	3	96	0	1	86.0	104.2	-10.1	74	13	1,000	100	5.8	0.0
C / 4.5	7.3	0.92	16.81	33	3	96	0	1	86.0	94.8	-10.4	61	11	1,000	500	0.0	0.0
C / 4.5	7.3	0.92	16.77	10	3	96	0	1	86.0	94.9	-10.4	60	11	1,000	500	0.0	0.0
B / 8.8	7.3	0.92	18.29	316	3	96	0	1	86.0	106.7	-10.1	78	N/A	5,000,000	0	0.0	0.0
B- / 7.6	6.6	0.81	14.63	94	3	96	0	1	40.1	104.2	-9.4	75	N/A	1,000	50	5.5	0.0
B- / 7.6	6.6	0.81	14.63	N/A	3	96	0	1	40.1	N/A	N/A	75	4	500	50	5.5	0.0
B- / 7.9	6.6	0.81	14.39	N/A	3	96	0	1	40.1	N/A	N/A	69	4	500	50	0.0	0.0
B- / 7.9	6.6	0.81	14.36	N/A	3	96	0	1	40.1	N/A	N/A	69	4	500	50	0.0	0.0
B- / 7.9	6.6	0.81	14.39	1	3	96	0	1	40.1	100.0	-9.5	69	N/A	1,000	50	0.0	0.0
B- / 7.9	6.6	0.81	14.36	1	3	96	0	1	40.1	99.6	-9.5	69	N/A	1,000	50	0.0	0.0
B / 8.5	6.6	0.81	14.63	1	3	96	0	1	40.1	104.2	-9.4	75	5	500	50	5.5	0.0
B / 8.5	6.6	0.81	14.39	N/A	3	96	0	1	40.1	100.0	-9.5	69	5	500	50	0.0	0.0
B / 8.5	6.6	0.81	14.36	N/A	3	96	0	1	40.1	99.6	-9.5	69	5	500	50	0.0	0.0
B- / 7.2	8.8	1.10	13.78	72	9	90	0	1	38.0	90.6	-9.5	29	N/A	1,000	50	5.5	0.0
B- / 7.2	8.8	1.10	13.78	N/A	9	90	0	1	38.0	N/A	N/A	29	4	500	50	5.5	0.0
B- / 7.2	8.8	1.10	13.41	N/A	9	90	0	1	38.0	N/A	N/A	24	4	500	50	0.0	0.0
B- / 7.2	8.8	1.10	13.36	N/A	9	90	0	1	38.0	N/A	N/A	24	4	500	50	0.0	0.0
B- / 7.2	8.8	1.10	13.41	1	9	90	0	1	38.0	86.5	-9.5	24	N/A	1,000	50	0.0	0.0
B- / 7.2	8.8	1.10	13.36	1	9	90	0	1	38.0	86.1	-9.4	25	N/A	1,000	50	0.0	0.0
B- / 7.2	8.8	1.10	13.78	1	9	90	0	1	38.0	90.6	-9.5	29	6	500	50	5.5	0.0

www.thestreet.com/ratings   Data as of June 30, 2007

I. Index of Stock Mutual Funds

Summer 2007

99 Pct = Best
0 Pct = Worst

Fund Type	Fund Name	Ticker Symbol	Overall Investment Rating	Phone	Performance Rating/Pts	3 Mo	6 Mo	1Yr / Pct	3Yr / Pct (Annualized)	5Yr / Pct (Annualized)	Dividend Yield	Expense Ratio
AG	PL Growth LT Fund MT-529B	CPGBX	C-	(800) 722-2333	C- / 3.3	5.33	8.13	18.40 /48	9.73 /26	--	0.00	2.20
AG	PL Growth LT Fund MT-529C	CPGCX	C-	(800) 722-2333	C- / 3.2	5.27	8.07	18.38 /48	9.70 /26	--	0.00	2.20
FO	● PL International Val A	PFAIX	C+	(800) 722-2333	B+ / 8.4	7.81	11.22	28.71 /91	19.22 /83	13.42 /65	0.65	2.03
FO	PL International Val AZ-529A	AZIAX	C+	(800) 722-2333	B+ / 8.4	7.81	11.22	28.71 /91	19.22 /83	--	0.65	1.80
FO	PL International Val AZ-529B	AZIBX	C+	(800) 722-2333	B+ / 8.6	7.61	10.84	27.89 /89	18.62 /82	--	0.31	2.30
FO	PL International Val AZ-529C	AZICX	C+	(800) 722-2333	B+ / 8.5	7.54	10.85	27.84 /89	18.53 /82	--	0.19	2.30
FO	● PL International Val B	PFBIX	C+	(800) 722-2333	B+ / 8.6	7.61	10.84	27.90 /89	18.62 /82	12.83 /61	0.31	2.78
FO	● PL International Val C	PCLIX	C+	(800) 722-2333	B+ / 8.5	7.54	10.85	27.84 /89	18.53 /82	12.79 /60	0.19	2.78
FO	PL International Val MT-529A	CPIAX	C+	(800) 722-2333	B+ / 8.4	7.81	11.22	28.71 /91	19.22 /83	--	0.65	1.80
FO	PL International Val MT-529B	CPIBX	C+	(800) 722-2333	B+ / 8.6	7.61	10.84	27.89 /89	18.62 /82	--	0.31	2.30
FO	PL International Val MT-529C	CPICX	C+	(800) 722-2333	B+ / 8.5	7.54	10.85	27.84 /89	18.53 /82	--	0.19	2.30
FO	PL Intl Large Cap Fund MT-529A	CPAGX	A+	(800) 722-2333	B / 7.9	4.65	8.43	23.01 /77	19.37 /84	--	1.57	2.00
FO	PL Intl Large Cap Fund MT-529B	CPBGX	A+	(800) 722-2333	B / 8.1	4.46	8.12	22.33 /74	18.72 /82	--	1.42	2.50
FO	PL Intl Large Cap Fund MT-529C	CPCGX	A+	(800) 722-2333	B / 8.1	4.45	8.10	22.29 /74	18.73 /82	--	1.26	2.50
FO	● PL Intl Large-Cap Fund A	PAGGX	B	(800) 722-2333	B / 7.9	4.65	8.43	23.01 /77	19.37 /84	15.26 /78	1.57	2.54
FO	PL Intl Large-Cap Fund AZ 529A	AZAGX	B	(800) 722-2333	B / 7.9	4.65	8.43	23.01 /77	19.37 /84	--	1.57	2.00
FO	PL Intl Large-Cap Fund AZ 529B	AZBGX	B+	(800) 722-2333	B / 8.1	4.46	8.12	22.33 /74	18.72 /82	--	1.42	2.50
FO	PL Intl Large-Cap Fund AZ 529C	AZCGX	B+	(800) 722-2333	B / 8.1	4.45	8.10	22.29 /74	18.73 /82	--	1.26	2.50
FO	● PL Intl Large-Cap Fund B	PBGGX	B+	(800) 722-2333	B / 8.1	4.46	8.12	22.33 /74	18.72 /82	14.66 /74	1.42	3.29
FO	● PL Intl Large-Cap Fund C	PFCGX	B+	(800) 722-2333	B / 8.1	4.45	8.10	22.29 /74	18.73 /82	14.68 /74	1.26	3.29
GR	PL Large Cap Growth Fund MT-529A	CPBLX	E-	(800) 722-2333	E- / 0.2	5.51	7.80	13.71 /19	2.69 / 1	--	0.00	1.90
GR	PL Large Cap Growth Fund MT-529B	CPCBX	E-	(800) 722-2333	E / 0.3	5.36	7.35	13.01 /16	2.13 / 0	--	0.00	2.40
GR	PL Large Cap Growth Fund MT-529C	CPBCX	E-	(800) 722-2333	E / 0.3	5.36	7.36	13.03 /16	2.14 / 0	--	0.00	2.40
GI	PL Large Cap Value Fund 529 AZ A	AZLAX	D+	(800) 722-2333	D+ / 2.9	5.60	6.17	18.77 /50	11.29 /39	--	0.33	1.80
GI	PL Large Cap Value Fund 529 AZ B	AZLBX	C-	(800) 722-2333	C- / 3.6	5.44	5.86	18.10 /46	10.74 /34	--	0.00	2.30
GI	PL Large Cap Value Fund 529 AZ C	AZLCX	C-	(800) 722-2333	C- / 3.5	5.38	5.79	18.06 /45	10.70 /33	--	0.00	2.30
GI	PL Large Cap Value Fund 529 MT A	CPLAX	C	(800) 722-2333	D+ / 2.9	5.60	6.17	18.77 /50	11.29 /39	--	0.33	1.80
GI	PL Large Cap Value Fund 529 MT B	CPLBX	C+	(800) 722-2333	C- / 3.6	5.44	5.86	18.10 /46	10.75 /34	--	0.00	2.30
GI	PL Large Cap Value Fund 529 MT C	CPLCX	C+	(800) 722-2333	C- / 3.5	5.38	5.79	18.06 /46	10.70 /33	--	0.00	2.30
GI	● PL Large Cap Value Fund A	PFALX	D	(800) 722-2333	D+ / 2.9	5.60	6.17	18.77 /50	11.29 /39	10.14 /34	0.33	2.00
GI	● PL Large Cap Value Fund B	PFBLX	D+	(800) 722-2333	C- / 3.6	5.44	5.86	18.10 /46	10.75 /34	9.63 /29	0.00	2.75
GI	● PL Large Cap Value Fund C	PFCLX	D+	(800) 722-2333	C- / 3.5	5.38	5.79	18.06 /46	10.70 /33	9.57 /28	0.00	2.75
GR	● PL Large-Cap Growth Fund A	PFBAX	E-	(800) 722-2333	E- / 0.2	5.51	7.80	13.71 /19	2.69 / 1	3.57 / 1	0.00	2.33
GR	PL Large-Cap Growth Fund AZ 529A	AZBAX	E-	(800) 722-2333	E- / 0.2	5.51	7.80	13.71 /19	2.69 / 1	--	0.00	1.90
GR	PL Large-Cap Growth Fund AZ 529B	AZBBX	E-	(800) 722-2333	E / 0.3	5.36	7.35	13.01 /16	2.13 / 0	--	0.00	2.40
GR	PL Large-Cap Growth Fund AZ 529C	AZBCX	E-	(800) 722-2333	E / 0.3	5.36	7.36	13.03 /16	2.14 / 0	--	0.00	2.40
GR	● PL Large-Cap Growth Fund B	PFBBX	E-	(800) 722-2333	E / 0.3	5.36	7.35	13.01 /16	2.13 / 0	3.04 / 0	0.00	3.08
GR	● PL Large-Cap Growth Fund C	PFBCX	E-	(800) 722-2333	E / 0.3	5.36	7.36	13.03 /16	2.14 / 0	3.04 / 0	0.00	3.08
MC	● PL Mid-Cap Growth Fund A	PFAMX	C	(800) 722-2333	B- / 7.2	8.95	11.81	18.03 /45	16.70 /77	13.96 /69	0.00	2.04
MC	PL Mid-Cap Growth Fund AZ-529 A	AZAMX	C	(800) 722-2333	B- / 7.2	8.95	11.81	18.03 /45	16.70 /77	--	0.00	1.85
MC	PL Mid-Cap Growth Fund AZ-529 B	AZBMX	C	(800) 722-2333	B- / 7.5	8.72	11.34	17.10 /39	16.08 /74	--	0.00	2.35
MC	PL Mid-Cap Growth Fund AZ-529 C	AZCMX	C	(800) 722-2333	B- / 7.5	8.74	11.47	17.25 /40	16.07 /74	--	0.00	2.35
MC	● PL Mid-Cap Growth Fund B	PFBMX	C	(800) 722-2333	B- / 7.5	8.72	11.34	17.10 /39	16.08 /74	13.41 /65	0.00	2.79
MC	● PL Mid-Cap Growth Fund C	PFCMX	C	(800) 722-2333	B- / 7.5	8.74	11.47	17.25 /40	16.07 /74	13.38 /65	0.00	2.79
MC	PL Mid-Cap Growth Fund MT-529 A	CPMAX	B	(800) 722-2333	B- / 7.2	8.95	11.81	18.03 /45	16.70 /77	--	0.00	1.85
MC	PL Mid-Cap Growth Fund MT-529 B	CPMBX	B	(800) 722-2333	B- / 7.5	8.72	11.34	17.10 /39	16.08 /74	--	0.00	2.35
MC	PL Mid-Cap Growth Fund MT-529 C	CPMCX	B	(800) 722-2333	B- / 7.5	8.74	11.47	17.25 /40	16.07 /74	--	0.00	2.35
MC	● PL Mid-Cap Value Fund A	PFAVX	U	(800) 722-2333	U /	7.75	12.19	24.53 /82	--	--	0.00	2.05
GR	PL Port Optz Aggr 529 AZ A	APEAX	B+	(800) 722-2333	C+ / 5.9	6.11	8.60	21.68 /71	14.65 /66	--	1.23	1.85
GR	PL Port Optz Aggr 529 AZ B	APEBX	B	(800) 722-2333	C+ / 6.5	5.92	8.26	21.11 /67	14.10 /63	--	1.03	2.35
GR	PL Port Optz Aggr 529 AZ C	APCEX	B	(800) 722-2333	C+ / 6.5	6.00	8.34	21.11 /67	14.13 /63	--	1.04	2.35
GR	PL Port Optz Aggr 529 MT A	CPAEX	B+	(800) 722-2333	C+ / 5.9	6.11	8.60	21.68 /71	14.65 /66	--	1.23	1.84

● Denotes fund is closed to new investors
* Denotes fund is included in Section II

www.thestreet.com/ratings

I. Index of Stock Mutual Funds

Summer 2007

RISK			NET ASSETS		ASSET				Portfolio Turnover Ratio	BULL / BEAR		FUND MANAGER		MINIMUMS		LOADS	
	3 Year		NAV							Last Bull	Last Bear	Manager	Manager	Initial	Additional	Front	Back
Risk	Standard		As of	Total	Cash	Stocks	Bonds	Other		Market	Market	Quality	Tenure	Purch.	Purch.	End	End
Rating/Pts	Deviation	Beta	6/30/07	$(Mil)	%	%	%	%		Return	Return	Pct	(Years)	$	$	Load	Load
B- / 7.2	8.8	1.10	13.41	N/A	9	90	0	1	38.0	86.5	-9.5	24	6	500	50	0.0	0.0
B- / 7.2	8.8	1.10	13.36	N/A	9	90	0	1	38.0	86.1	-9.4	25	6	500	50	0.0	0.0
C- / 4.1	8.9	0.92	15.48	91	3	96	0	1	108.9	130.8	-9.1	33	6	1,000	50	5.5	0.0
C- / 4.1	8.9	0.92	15.48	N/A	3	96	0	1	108.9	N/A	N/A	33	4	500	50	5.5	0.0
C- / 4.0	8.9	0.92	15.13	N/A	3	96	0	1	108.9	N/A	N/A	28	4	500	50	0.0	0.0
C- / 4.1	8.9	0.91	15.12	N/A	3	96	0	1	108.9	N/A	N/A	28	4	500	50	0.0	0.0
C- / 4.0	8.9	0.92	15.13	1	3	96	0	1	108.9	125.9	-9.2	28	6	1,000	50	0.0	0.0
C- / 4.1	8.9	0.91	15.12	2	3	96	0	1	108.9	125.7	-9.3	28	6	1,000	50	0.0	0.0
C- / 4.1	8.9	0.92	15.48	1	3	96	0	1	108.9	130.8	-9.1	33	6	500	50	5.5	0.0
C- / 4.0	8.9	0.92	15.13	N/A	3	96	0	1	108.9	125.9	-9.2	28	6	500	50	0.0	0.0
C- / 4.1	8.9	0.91	15.12	N/A	3	96	0	1	108.9	125.7	-9.3	28	6	500	50	0.0	0.0
B / 8.3	8.9	0.92	16.97	N/A	0	0	0	100	55.1	142.5	-8.7	35	N/A	500	50	5.5	0.0
B / 8.3	8.8	0.92	16.52	N/A	0	0	0	100	55.1	137.3	-8.9	29	N/A	500	50	0.0	0.0
B / 8.3	8.9	0.92	16.57	N/A	0	0	0	100	55.1	137.2	-8.8	29	N/A	500	50	0.0	0.0
C+ / 6.8	8.9	0.92	16.97	88	3	96	0	1	63.1	142.5	-8.7	35	N/A	1,000	50	5.5	0.0
C+ / 6.8	8.9	0.92	16.97	N/A	0	0	0	100	55.1	N/A	N/A	35	N/A	500	50	5.5	0.0
C+ / 6.8	8.8	0.92	16.52	N/A	0	0	0	100	55.1	N/A	N/A	29	N/A	500	50	0.0	0.0
C+ / 6.8	8.9	0.92	16.57	N/A	0	0	0	100	55.1	N/A	N/A	29	N/A	500	50	0.0	0.0
C+ / 6.8	8.8	0.92	16.52	1	3	96	0	1	63.1	137.3	-8.9	29	N/A	1,000	50	0.0	0.0
C+ / 6.8	8.9	0.92	16.57	1	3	96	0	1	63.1	137.2	-8.8	29	N/A	1,000	50	0.0	0.0
D+ / 2.8	9.8	1.16	9.95	1	0	0	0	100	N/A	40.9	-9.0	2	N/A	500	50	5.5	0.0
D+ / 2.7	9.8	1.15	9.64	N/A	0	0	0	100	N/A	37.9	-9.1	2	N/A	500	50	0.0	0.0
D+ / 2.7	9.8	1.16	9.63	N/A	0	0	0	100	N/A	37.8	-9.0	2	N/A	500	50	0.0	0.0
B- / 7.2	6.8	0.88	13.66	N/A	0	0	0	100	43.7	N/A	N/A	61	N/A	500	50	5.5	0.0
B- / 7.2	6.8	0.88	13.42	N/A	0	0	0	100	43.7	N/A	N/A	54	N/A	500	50	0.0	0.0
B- / 7.1	6.8	0.87	13.38	N/A	0	0	0	100	43.7	N/A	N/A	55	N/A	500	50	0.0	0.0
B+ / 9.2	6.8	0.88	13.66	2	4	94	0	2	43.7	96.5	-12.2	61	5	500	50	5.5	0.0
B+ / 9.2	6.8	0.88	13.42	N/A	4	94	0	2	43.7	92.8	-12.4	55	5	500	50	0.0	0.0
B+ / 9.2	6.8	0.87	13.38	N/A	4	94	0	2	43.7	92.2	-12.2	55	5	500	50	0.0	0.0
C+ / 6.3	6.8	0.88	13.66	65	3	96	0	1	19.6	96.5	-12.2	61	N/A	1,000	50	5.5	0.0
C+ / 6.3	6.8	0.88	13.42	1	3	96	0	1	19.6	92.8	-12.4	55	N/A	1,000	50	0.0	0.0
C+ / 6.3	6.8	0.87	13.38	2	3	96	0	1	19.6	92.2	-12.2	55	N/A	1,000	50	0.0	0.0
C- / 3.5	9.8	1.16	9.95	33	2	97	0	1	147.7	40.9	-9.0	2	N/A	1,000	50	5.5	0.0
D+ / 2.8	9.8	1.16	9.95	N/A	0	0	0	100	N/A	N/A	N/A	2	N/A	500	50	5.5	0.0
D+ / 2.7	9.8	1.15	9.64	N/A	0	0	0	100	N/A	N/A	N/A	2	N/A	500	50	0.0	0.0
D+ / 2.7	9.8	1.16	9.63	N/A	0	0	0	100	N/A	N/A	N/A	2	N/A	500	50	0.0	0.0
C- / 3.4	9.8	1.15	9.64	N/A	2	97	0	1	147.7	37.9	-9.1	2	N/A	1,000	50	0.0	0.0
C- / 3.4	9.8	1.16	9.63	1	2	97	0	1	147.7	37.8	-9.0	2	N/A	1,000	50	0.0	0.0
C / 4.3	13.0	1.16	11.48	71	5	94	0	1	60.1	129.1	-6.9	48	N/A	1,000	50	5.5	0.0
C- / 4.2	13.0	1.16	11.48	N/A	4	96	0	0	82.7	N/A	N/A	48	4	500	50	5.5	0.0
C- / 4.1	13.0	1.17	11.14	N/A	4	96	0	0	82.7	N/A	N/A	39	4	500	50	0.0	0.0
C- / 4.1	12.9	1.16	11.12	N/A	4	96	0	0	82.7	N/A	N/A	40	4	500	50	0.0	0.0
C- / 4.2	13.0	1.17	11.14	1	5	94	0	1	60.1	124.3	-6.9	39	N/A	1,000	50	0.0	0.0
C- / 4.2	12.9	1.16	11.12	1	5	94	0	1	60.1	124.2	-7.0	40	N/A	1,000	50	0.0	0.0
B- / 7.1	13.0	1.16	11.48	1	0	0	0	100	82.7	129.1	-6.9	48	5	500	50	5.5	0.0
B- / 7.1	13.0	1.17	11.14	1	0	0	0	100	82.7	124.3	-6.9	39	5	500	50	0.0	0.0
B- / 7.1	12.9	1.16	11.12	N/A	0	0	0	100	82.7	124.2	-7.0	40	5	500	50	0.0	0.0
U /	N/A	N/A	11.96	80	4	95	0	1	74.1	N/A	N/A	N/A	3	1,000	50	5.5	0.0
B / 8.8	7.8	1.01	14.05	4	0	96	2	2	22.0	N/A	N/A	83	1	500	50	5.5	0.0
B / 8.8	7.9	1.02	13.94	2	0	96	2	2	22.0	N/A	N/A	78	1	500	50	0.0	0.0
B / 8.8	7.9	1.02	13.94	3	0	96	2	2	22.0	N/A	N/A	79	1	500	50	0.0	0.0
B / 8.8	7.8	1.01	14.05	10	0	100	0	0	22.0	N/A	N/A	83	N/A	500	50	5.5	0.0

www.thestreet.com/ratings

Data as of June 30, 2007

I. Index of Stock Mutual Funds

Summer 2007

99 Pct = Best
0 Pct = Worst

Fund Type	Fund Name	Ticker Symbol	Overall Investment Rating	Phone	Performance Rating/Pts	3 Mo	6 Mo	1Yr / Pct	3Yr / Pct	5Yr / Pct	Dividend Yield	Expense Ratio
GR	PL Port Optz Aggr 529 MT B	CPBEX	B	(800) 722-2333	C+ / 6.5	5.92	8.26	21.11 /67	14.10 /63	--	1.03	2.34
GR	PL Port Optz Aggr 529 MT C	CPCEX	B	(800) 722-2333	C+ / 6.5	6.00	8.34	21.11 /67	14.13 /63	--	1.04	2.34
GR	PL Port Optz Aggrs Class A	POEAX	B-	(800) 722-2333	C+ / 5.9	6.11	8.60	21.68 /71	14.65 /66	--	1.23	2.48
GR	PL Port Optz Aggrs Class B	POEBX	B-	(800) 722-2333	C+ / 6.5	5.92	8.26	21.11 /67	14.10 /63	--	1.03	3.23
GR	PL Port Optz Aggrs Class C	POCEX	B-	(800) 722-2333	C+ / 6.5	6.00	8.34	21.11 /67	14.13 /63	--	1.04	3.23
GR	PL Port Optz Consrv 529 AZ A	PAZAX	D+	(800) 722-2333	E- / 0.1	0.67	2.23	7.12 / 3	4.59 / 3	--	2.63	1.53
GR	PL Port Optz Consrv 529 AZ B	PBAZX	D+	(800) 722-2333	E- / 0.2	0.51	1.88	6.49 / 2	4.05 / 2	--	2.27	2.03
GR	PL Port Optz Consrv 529 AZ C	PAZCX	D+	(800) 722-2333	E- / 0.2	0.51	1.88	6.51 / 2	4.07 / 2	--	2.28	2.03
GR	PL Port Optz Consrv 529 MT A	MPAAX	D+	(800) 722-2333	E- / 0.1	0.67	2.23	7.12 / 3	4.59 / 3	--	2.63	1.59
GR	PL Port Optz Consrv 529 MT B	MPABX	D+	(800) 722-2333	E- / 0.2	0.51	1.87	6.49 / 2	4.05 / 2	--	2.27	2.09
GR	PL Port Optz Consrv 529 MT C	MPCAX	D+	(800) 722-2333	E- / 0.2	0.51	1.88	6.51 / 2	4.07 / 2	--	2.28	2.09
AA	PL Port Optz Consrv Class A	POAAX	D	(800) 722-2333	E- / 0.1	0.67	2.23	7.12 / 3	4.59 / 3	--	2.63	2.50
AA	PL Port Optz Consrv Class B	POABX	D+	(800) 722-2333	E- / 0.2	0.51	1.88	6.49 / 2	4.05 / 2	--	2.27	3.25
AA	PL Port Optz Consrv Class C	POACX	D+	(800) 722-2333	E- / 0.2	0.51	1.88	6.51 / 2	4.07 / 2	--	2.28	3.25
GR	PL Port Optz Mod 529 AZ A	APCAX	C	(800) 722-2333	D / 1.7	3.59	5.78	14.95 /26	10.02 /28	--	1.74	1.73
GR	PL Port Optz Mod 529 AZ B	AOCBX	C	(800) 722-2333	D / 2.1	3.36	5.38	14.28 /22	9.48 /24	--	1.38	2.23
GR	PL Port Optz Mod 529 AZ C	APCCX	C	(800) 722-2333	D / 2.1	3.45	5.39	14.31 /22	9.49 /24	--	1.40	2.23
GR	PL Port Optz Mod 529 MT A	MOACX	C	(800) 722-2333	D / 1.7	3.59	5.78	14.95 /26	10.02 /28	--	1.74	1.73
GR	PL Port Optz Mod 529 MT B	MOBCX	C	(800) 722-2333	D / 2.1	3.36	5.38	14.28 /22	9.48 /24	--	1.38	2.23
GR	PL Port Optz Mod 529 MT C	MOCCX	C	(800) 722-2333	D / 2.1	3.45	5.39	14.31 /22	9.49 /24	--	1.40	2.23
GR	PL Port Optz Mod Class A	POCAX	C-	(800) 722-2333	D / 1.7	3.59	5.78	14.95 /26	10.02 /28	--	1.74	2.28
GR	PL Port Optz Mod Class B	POMBX	C-	(800) 722-2333	D / 2.1	3.37	5.38	14.28 /22	9.48 /24	--	1.38	3.03
GR	PL Port Optz Mod Class C	POMCX	C-	(800) 722-2333	D / 2.1	3.45	5.39	14.31 /22	9.49 /24	--	1.40	3.03
GR	PL Port Optz Mod-Agg 529 AZ A	APDAX	C+	(800) 722-2333	C- / 3.3	4.86	7.13	18.19 /46	12.11 /46	--	1.45	1.80
GR	PL Port Optz Mod-Agg 529 AZ B	APDBX	C+	(800) 722-2333	C- / 4.0	4.62	6.73	17.54 /42	11.58 /41	--	1.23	2.30
GR	PL Port Optz Mod-Agg 529 AZ C	APDCX	C+	(800) 722-2333	C- / 4.1	4.63	6.83	17.56 /42	11.61 /42	--	1.23	2.30
GR	PL Port Optz Mod-Agg 529 MT A	CPADX	C+	(800) 722-2333	C- / 3.3	4.86	7.13	18.19 /46	12.11 /46	--	1.45	1.79
GR	PL Port Optz Mod-Agg 529 MT B	CPBDX	C+	(800) 722-2333	C- / 4.0	4.62	6.73	17.54 /42	11.58 /41	--	1.23	2.29
GR	PL Port Optz Mod-Agg 529 MT C	CPCDX	C+	(800) 722-2333	C- / 4.1	4.63	6.83	17.57 /42	11.61 /42	--	1.23	2.29
GR	PL Port Optz Mod-Aggr Class A	PODAX	C	(800) 722-2333	C- / 3.3	4.86	7.13	18.19 /46	12.11 /46	--	1.45	2.33
GR	PL Port Optz Mod-Aggr Class B	PODBX	C	(800) 722-2333	C- / 4.0	4.62	6.73	17.54 /42	11.58 /41	--	1.23	3.08
GR	PL Port Optz Mod-Aggr Class C	PODCX	C	(800) 722-2333	C- / 4.1	4.63	6.83	17.56 /42	11.61 /42	--	1.23	3.08
GR	PL Port Optz Mod-Con 529 AZ A	PBAAX	C-	(800) 722-2333	E / 0.5	2.41	4.27	11.30 /11	7.25 /10	--	2.15	1.63
GR	PL Port Optz Mod-Con 529 AZ B	APBBX	C-	(800) 722-2333	E+ / 0.7	2.25	3.93	10.61 / 9	6.67 / 8	--	1.80	2.13
GR	PL Port Optz Mod-Con 529 AZ C	PBACX	C-	(800) 722-2333	E+ / 0.7	2.18	3.95	10.62 / 9	6.68 / 8	--	1.81	2.13
GR	PL Port Optz Mod-Con 529 MT A	MOABX	C-	(800) 722-2333	E / 0.5	2.41	4.27	11.30 /11	7.25 /10	--	2.15	1.67
GR	PL Port Optz Mod-Con 529 MT B	MOBBX	C-	(800) 722-2333	E+ / 0.7	2.25	3.93	10.61 / 9	6.68 / 8	--	1.80	2.17
GR	PL Port Optz Mod-Con 529 MT C	MOCBX	C-	(800) 722-2333	E+ / 0.7	2.18	3.95	10.62 / 9	6.68 / 8	--	1.81	2.17
GI	PL Port Optz Mod-Consrv Class A	POBAX	D+	(800) 722-2333	E / 0.5	2.41	4.27	11.30 /11	7.25 /10	--	2.15	2.33
GI	PL Port Optz Mod-Consrv Class B	POBBX	D+	(800) 722-2333	E+ / 0.7	2.25	3.93	10.61 / 9	6.67 / 8	--	1.80	3.08
GI	PL Port Optz Mod-Consrv Class C	POBCX	D+	(800) 722-2333	E+ / 0.7	2.18	3.95	10.62 / 9	6.68 / 8	--	1.81	3.08
RE	● PL Real Estate Fund A	PFARX	U	(800) 722-2333	U /	-7.22	-3.41	14.72 /24	--	--	0.60	2.32
SC	● PL Small-Cap Growth Fund A	PAAGX	E	(800) 722-2333	D- / 1.1	6.01	9.22	11.36 /11	7.88 /13	7.45 /11	0.00	2.70
SC	PL Small-Cap Growth Fund AZ 529A	AZAAX	E-	(800) 722-2333	D- / 1.1	6.01	9.22	11.36 /11	7.88 /13	--	0.00	1.95
SC	PL Small-Cap Growth Fund AZ 529B	AZABX	E	(800) 722-2333	D- / 1.4	5.83	8.92	10.70 /10	7.32 /11	--	0.00	2.45
SC	PL Small-Cap Growth Fund AZ 529C	AZACX	E	(800) 722-2333	D- / 1.4	5.82	8.91	10.68 /10	7.31 /10	--	0.00	2.45
SC	● PL Small-Cap Growth Fund B	PFBGX	E	(800) 722-2333	D- / 1.4	5.83	8.92	10.70 /10	7.32 /11	6.92 / 8	0.00	3.45
SC	● PL Small-Cap Growth Fund C	PCAGX	E	(800) 722-2333	D- / 1.4	5.82	8.91	10.68 /10	7.31 /10	6.95 / 8	0.00	3.45
SC	PL Small-Cap Growth Fund MT 529A	CPAAX	E-	(800) 722-2333	D- / 1.1	6.01	9.22	11.36 /11	7.88 /13	--	0.00	1.95
SC	PL Small-Cap Growth Fund MT 529B	CPBAX	E	(800) 722-2333	D- / 1.4	5.83	8.92	10.70 /10	7.32 /11	--	0.00	2.45
SC	PL Small-Cap Growth Fund MT 529C	CPCAX	E	(800) 722-2333	D- / 1.4	5.82	8.91	10.68 /10	7.31 /11	--	0.00	2.45
AA	PMFM Managed Portfolio Trust Fd	ETFGX	E+	(800) 222-7636	E / 0.4	4.87	3.23	10.79 /10	4.17 / 2	--	1.23	2.05

● Denotes fund is closed to new investors
* Denotes fund is included in Section II

www.thestreet.com/ratings

Summer 2007   I. Index of Stock Mutual Funds

RISK			NET ASSETS		ASSET					BULL / BEAR		FUND MANAGER		MINIMUMS		LOADS	
	3 Year		NAV						Portfolio	Last Bull	Last Bear	Manager	Manager	Initial	Additional	Front	Back
Risk	Standard		As of	Total	Cash	Stocks	Bonds	Other	Turnover	Market	Market	Quality	Tenure	Purch.	Purch.	End	End
Rating/Pts	Deviation	Beta	6/30/07	$(Mil)	%	%	%	%	Ratio	Return	Return	Pct	(Years)	$	$	Load	Load
B / 8.8	7.9	1.02	13.94	3	0	100	0	0	22.0	N/A	N/A	78	N/A	500	50	0.0	0.0
B / 8.8	7.9	1.02	13.94	5	0	100	0	0	22.0	N/A	N/A	79	N/A	500	50	0.0	0.0
B- / 7.6	7.8	1.01	14.05	91	0	66	33	1	10.1	N/A	N/A	83	1	1,000	50	5.5	0.0
B- / 7.6	7.9	1.02	13.94	28	0	66	33	1	10.1	N/A	N/A	78	1	1,000	50	0.0	0.0
B- / 7.6	7.9	1.02	13.94	65	0	66	33	1	10.1	N/A	N/A	79	1	1,000	50	0.0	0.0
B+ / 9.9	1.9	0.17	10.47	1	18	20	60	2	20.0	N/A	N/A	48	1	500	50	5.5	0.0
B+ / 9.9	1.9	0.17	10.42	N/A	18	20	60	2	20.0	N/A	N/A	40	1	500	50	0.0	0.0
B+ / 9.9	1.9	0.17	10.41	N/A	18	20	60	2	20.0	N/A	N/A	41	1	500	50	0.0	0.0
B+ / 9.9	1.9	0.17	10.47	1	8	22	70	0	20.0	N/A	N/A	48	1	500	50	5.5	0.0
B+ / 9.9	1.9	0.17	10.42	N/A	8	22	70	0	20.0	N/A	N/A	40	1	500	50	0.0	0.0
B+ / 9.9	1.9	0.17	10.41	1	8	22	70	0	20.0	N/A	N/A	41	1	500	50	0.0	0.0
B+ / 9.3	1.9	0.35	10.47	13	8	20	71	1	35.8	N/A	N/A	42	4	1,000	50	5.5	0.0
B+ / 9.7	1.9	0.35	10.42	3	8	20	71	1	35.8	N/A	N/A	36	4	1,000	50	0.0	0.0
B+ / 9.7	1.9	0.35	10.41	15	8	20	71	1	35.8	N/A	N/A	36	4	1,000	50	0.0	0.0
B+ / 9.8	4.9	0.63	12.33	5	2	64	32	2	6.0	N/A	N/A	71	1	500	50	5.5	0.0
B+ / 9.8	4.9	0.63	12.26	3	2	64	32	2	6.0	N/A	N/A	65	1	500	50	0.0	0.0
B+ / 9.8	5.0	0.64	12.25	3	2	64	32	2	6.0	N/A	N/A	64	1	500	50	0.0	0.0
B+ / 9.8	4.9	0.63	12.33	11	0	64	36	0	6.0	N/A	N/A	71	1	500	50	5.5	0.0
B+ / 9.8	4.9	0.63	12.26	3	0	64	36	0	6.0	N/A	N/A	65	1	500	50	0.0	0.0
B+ / 9.8	5.0	0.64	12.25	6	0	64	36	0	6.0	N/A	N/A	64	1	500	50	0.0	0.0
B / 8.7	4.9	0.63	12.33	167	0	51	48	1	8.2	N/A	N/A	71	4	1,000	50	5.5	0.0
B / 8.8	4.9	0.63	12.26	50	0	51	48	1	8.2	N/A	N/A	65	4	1,000	50	0.0	0.0
B / 8.8	5.0	0.64	12.25	153	0	51	48	1	8.2	N/A	N/A	64	4	1,000	50	0.0	0.0
B+ / 9.3	6.4	0.82	13.13	5	0	82	18	0	10.0	N/A	N/A	76	1	500	50	5.5	0.0
B+ / 9.3	6.4	0.83	13.03	3	0	82	18	0	10.0	N/A	N/A	70	1	500	50	0.0	0.0
B+ / 9.3	6.4	0.83	13.01	4	0	82	18	0	10.0	N/A	N/A	70	1	500	50	0.0	0.0
B+ / 9.3	6.4	0.82	13.13	14	0	82	18	0	10.0	N/A	N/A	76	1	500	50	5.5	0.0
B+ / 9.3	6.4	0.83	13.03	5	0	82	18	0	10.0	N/A	N/A	70	1	500	50	0.0	0.0
B+ / 9.3	6.4	0.83	13.01	8	0	82	18	0	10.0	N/A	N/A	70	1	500	50	0.0	0.0
B / 8.2	6.4	0.82	13.13	184	0	65	34	1	7.0	N/A	N/A	76	4	1,000	50	5.5	0.0
B / 8.2	6.4	0.83	13.03	64	0	65	34	1	7.0	N/A	N/A	70	4	1,000	50	0.0	0.0
B / 8.2	6.4	0.83	13.01	165	0	65	34	1	7.0	N/A	N/A	70	4	1,000	50	0.0	0.0
B+ / 9.9	3.3	0.40	11.31	2	10	44	44	2	8.0	N/A	N/A	60	1	500	50	5.5	0.0
B+ / 9.9	3.3	0.41	11.25	1	10	44	44	2	8.0	N/A	N/A	51	1	500	50	0.0	0.0
B+ / 9.9	3.2	0.40	11.25	1	10	44	44	2	8.0	N/A	N/A	52	1	500	50	0.0	0.0
B+ / 9.9	3.3	0.40	11.31	3	4	44	50	2	8.0	N/A	N/A	60	1	500	50	5.5	0.0
B+ / 9.9	3.3	0.41	11.25	1	4	44	50	2	8.0	N/A	N/A	51	1	500	50	0.0	0.0
B+ / 9.9	3.2	0.40	11.25	2	4	44	50	2	8.0	N/A	N/A	52	1	500	50	0.0	0.0
B+ / 9.2	3.3	0.40	11.31	40	7	36	55	2	18.3	N/A	N/A	60	4	1,000	50	5.5	0.0
B+ / 9.4	3.3	0.41	11.25	13	7	36	55	2	18.3	N/A	N/A	51	4	1,000	50	0.0	0.0
B+ / 9.4	3.2	0.40	11.25	37	7	36	55	2	18.3	N/A	N/A	52	4	1,000	50	0.0	0.0
U /	N/A	N/A	13.34	34	2	97	0	1	36.8	N/A	N/A	N/A	3	1,000	50	5.5	0.0
C- / 4.0	11.8	0.82	11.85	48	5	94	0	1	52.9	74.2	-8.2	19	N/A	1,000	50	5.5	0.0
C- / 3.8	11.8	0.82	11.85	N/A	0	0	0	100	N/A	N/A	N/A	19	4	500	50	5.5	0.0
C- / 3.6	11.8	0.82	11.48	N/A	0	0	0	100	N/A	N/A	N/A	15	4	500	50	0.0	0.0
C- / 3.6	11.9	0.82	11.50	N/A	0	0	0	100	N/A	N/A	N/A	15	4	500	50	0.0	0.0
C- / 3.8	11.8	0.82	11.48	N/A	5	94	0	1	52.9	70.5	-8.4	15	N/A	1,000	50	0.0	0.0
C- / 3.8	11.9	0.82	11.50	N/A	5	94	0	1	52.9	70.5	-8.4	15	N/A	1,000	50	0.0	0.0
C- / 3.8	11.8	0.82	11.85	N/A	0	0	0	100	N/A	74.2	-8.2	19	6	500	50	5.5	0.0
C- / 3.6	11.8	0.82	11.48	N/A	0	0	0	100	N/A	70.5	-8.4	15	6	500	50	0.0	0.0
C- / 3.6	11.9	0.82	11.50	N/A	0	0	0	100	N/A	70.5	-8.4	15	6	500	50	0.0	0.0
C+ / 6.9	7.4	1.42	10.18	66	100	0	0	0	871.2	N/A	N/A	7	4	1,000	250	0.0	0.0

www.thestreet.com/ratings   Data as of June 30, 2007

I. Index of Stock Mutual Funds

Summer 2007

99 Pct = Best
0 Pct = Worst

Fund Type	Fund Name	Ticker Symbol	Overall Investment Rating	Phone	Performance Rating/Pts	3 Mo	6 Mo	1Yr / Pct	3Yr / Pct	5Yr / Pct	Dividend Yield	Expense Ratio
GL	Polaris Global Value Fund	PGVFX	B+	(888) 263-5594	B / 7.8	2.01	6.46	22.34 /74	18.66 /82	18.89 /90	0.74	1.23
GR	Polynous Growth Fund	PAGFX	E+	(800) 924-3863	D- / 1.0	2.55	2.76	8.90 / 6	9.74 /26	14.76 /75	0.00	2.59
GL	Portfolio 21	PORTX	B	(800) 366-6223	B / 8.2	6.10	11.37	28.17 /90	17.64 /80	14.72 /74	0.87	1.60
GI	Primary Trend Fund	PTFDX	C-	(800) 443-6544	D+ / 2.7	5.56	6.81	17.56 /42	9.16 /22	8.87 /22	1.65	1.00
GR	Principal Inv Disc LrgCp Bld A	PRMGX	C	(800) 247-4123	C- / 3.2	5.29	6.40	18.48 /48	12.18 /47	--	0.49	1.20
GR	Principal Inv Disc LrgCp Bld AdvPfd	PDAPX	C+	(800) 247-4123	C / 4.3	5.21	6.20	18.36 /48	11.77 /43	--	0.54	1.16
GR	Principal Inv Disc LrgCp Bld AdvSel	PDCAX	C+	(800) 247-4123	C- / 4.1	5.22	6.15	18.22 /47	11.56 /41	--	0.38	1.34
GR	Principal Inv Disc LrgCp Bld B	PBABX	C	(800) 247-4123	C- / 3.6	5.02	5.87	17.29 /40	11.44 /40	--	0.00	2.19
GR	Principal Inv Disc LrgCp Bld C	PDCCX	C-	(800) 247-4123	C / 4.4	5.06	6.17	18.63 /49	12.27 /48	--	1.08	3.50
GR	Principal Inv Disc LrgCp Bld Inst	PILBX	B-	(800) 247-4123	C / 4.9	5.43	6.54	19.04 /53	12.40 /49	--	1.07	0.59
GR	Principal Inv Disc LrgCp Bld Pfd	PDPBX	C-	(800) 247-4123	C / 4.6	5.31	6.36	18.72 /50	12.12 /47	--	0.83	0.85
GR	Principal Inv Disc LrgCp Bld Sel	PDCSX	C-	(800) 247-4123	C / 4.4	5.32	5.52	18.60 /49	12.00 /45	--	0.72	0.97
FO	Principal Inv Divers Intl A	PRWLX	A-	(800) 247-4123	A / 9.4	8.58	12.10	27.78 /89	27.27 /95	19.22 /90	0.77	1.48
FO	Principal Inv Divers Intl AdvPfd	PINRX	A	(800) 247-4123	A / 9.5	8.54	11.99	27.73 /89	27.05 /95	19.10 /90	0.75	1.53
FO	Principal Inv Divers Intl AdvSel	PINNX	A	(800) 247-4123	A / 9.4	8.45	11.84	27.51 /89	26.90 /94	18.90 /90	0.60	1.71
FO	Principal Inv Divers Intl B	PRBWX	A-	(800) 247-4123	A / 9.4	8.38	11.57	26.94 /88	26.74 /94	18.93 /90	0.18	2.37
FO	Principal Inv Divers Intl C	PDNCX	B+	(800) 247-4123	A / 9.4	8.38	12.14	27.89 /89	27.10 /95	19.13 /90	0.75	2.59
FO	Principal Inv Divers Intl Inst	PIIIX	A	(800) 247-4123	A / 9.5	8.74	12.35	28.45 /90	27.74 /95	19.73 /91	1.25	0.96
FO	Principal Inv Divers Intl J	PIIJX	A	(800) 247-4123	A / 9.4	8.58	11.97	27.71 /89	26.92 /94	18.82 /89	0.65	1.68
FO	Principal Inv Divers Intl Pfd	PINPX	A	(800) 247-4123	A / 9.5	8.66	12.18	28.10 /90	27.41 /95	19.55 /91	1.01	1.22
FO	Principal Inv Divers Intl Sel	PINLX	A	(800) 247-4123	A / 9.5	8.58	12.14	27.93 /90	27.15 /95	19.55 /91	0.90	1.34
IN	Principal Inv Equity Inc Fd I A	PQIAX	B	(800) 247-4123	C+/ 5.7	5.79	7.26	19.78 /58	15.41 /71	14.10 /70	1.26	0.87
IN	Principal Inv Equity Inc Fd I B	PQUBX	B	(800) 247-4123	C+/ 6.0	5.52	6.78	18.75 /50	14.41 /65	13.08 /63	0.59	1.73
IN	Principal Inv Equity Inc Fd I C	PEUCX	B	(800) 247-4123	C+/ 6.1	5.59	6.83	18.85 /51	14.53 /66	13.20 /63	0.67	1.64
EM	Principal Inv Intl Emrg Mkts A	PRIAX	C+	(800) 247-4123	A+/ 9.9	15.70	20.25	48.33 /98	54.98 /99	38.09 /99	0.23	2.00
EM	Principal Inv Intl Emrg Mkts AdvPfd	PEAPX	A+	(800) 247-4123	A+/ 9.9	15.71	20.26	48.45 /98	42.43 /99	31.27 /99	0.31	1.92
EM	Principal Inv Intl Emrg Mkts AdvSel	PEASX	A+	(800) 247-4123	A+/ 9.9	15.63	20.16	48.15 /98	42.16 /99	30.93 /98	0.16	2.10
EM	Principal Inv Intl Emrg Mkts B	PIEBX	C+	(800) 247-4123	A+/ 9.9	15.43	19.70	47.13 /98	41.90 /99	30.98 /98	0.00	3.03
EM	Principal Inv Intl Emrg Mkts C	PMKCX	B	(800) 247-4123	A+/ 9.9	15.58	21.13	49.52 /99	42.78 /99	31.46 /99	0.31	4.54
EM	Principal Inv Intl Emrg Mkts Inst	PIEIX	A+	(800) 247-4123	A+/ 9.9	15.88	20.63	49.24 /99	43.23 /99	32.00 /99	0.77	1.35
EM	Principal Inv Intl Emrg Mkts J	PIEJX	B	(800) 247-4123	A+/ 9.9	15.72	20.26	48.35 /98	42.15 /99	30.80 /98	0.21	2.06
EM	Principal Inv Intl Emrg Mkts Pfd	PEPSX	A+	(800) 247-4123	A+/ 9.9	15.77	20.47	48.85 /99	42.84 /99	31.67 /99	0.56	1.61
EM	Principal Inv Intl Emrg Mkts Sel	PESSX	A+	(800) 247-4123	A+/ 9.9	15.75	20.41	48.69 /99	42.72 /99	31.55 /99	0.46	1.73
GL	Principal Inv Intl Growth AdvPfd	PITMX	A-	(800) 247-4123	A / 9.3	7.12	11.54	24.80 /82	25.03 /93	19.47 /91	0.29	1.59
GL	Principal Inv Intl Growth AdvSel	PITNX	A-	(800) 247-4123	A- / 9.2	7.13	11.53	24.63 /82	24.84 /93	18.42 /89	0.17	1.77
GL	Principal Inv Intl Growth Inst	PITIX	A-	(800) 247-4123	A / 9.3	7.33	11.89	25.52 /84	25.77 /94	19.35 /91	0.82	1.02
GL	Principal Inv Intl Growth J	PITJX	A-	(800) 247-4123	A- / 9.2	7.16	11.64	24.70 /82	24.81 /93	18.31 /89	0.19	1.75
GL	Principal Inv Intl Growth Pfd	PITPX	A-	(800) 247-4123	A / 9.3	7.23	11.74	25.23 /83	25.45 /94	19.07 /90	0.59	1.28
GL	Principal Inv Intl Growth Sel	PITSX	A-	(800) 247-4123	A / 9.3	7.18	11.69	24.99 /83	25.37 /93	18.92 /90	0.49	1.40
GR	Principal Inv LgCap Growth A	PRGWX	E-	(800) 247-4123	D+ / 2.3	7.27	8.22	16.95 /38	10.07 /29	9.34 /26	0.11	1.23
GR	Principal Inv LgCap Growth AdvPfd	PLGPX	C	(800) 247-4123	C / 4.3	7.25	8.16	16.97 /38	11.33 /39	10.08 /34	0.08	1.21
GR	Principal Inv LgCap Growth AdvSel	PCPPX	C	(800) 247-4123	C- / 4.1	7.20	8.02	16.65 /36	11.15 /37	9.13 /24	0.00	1.39
GR	Principal Inv LgCap Growth B	PRGBX	E-	(800) 247-4123	D+ / 2.6	7.00	7.54	15.55 /29	9.32 /23	8.89 /22	0.00	2.20
GR	Principal Inv LgCap Growth C	PLGCX	D-	(800) 247-4123	D / 2.2	7.03	3.90	12.36 /14	9.84 /27	9.20 /25	0.09	2.98
GR	Principal Inv LgCap Growth Inst	PGLIX	C	(800) 247-4123	C / 5.0	7.38	8.46	17.55 /42	11.97 /45	9.94 /32	0.64	0.64
GR	Principal Inv LgCap Growth J	PGLJX	C-	(800) 247-4123	C- / 3.9	7.19	8.18	16.83 /37	11.08 /37	8.94 /22	0.00	1.46
GR	Principal Inv LgCap Growth Pfd	PDPPX	C+	(800) 247-4123	C / 4.8	7.42	8.35	17.32 /40	11.71 /43	9.62 /29	0.39	0.90
GR	Principal Inv LgCap Growth Sel	PEPPX	C+	(800) 247-4123	C / 4.6	7.31	8.36	17.21 /40	11.52 /41	9.92 /32	0.27	1.02
IX	Principal Inv LgCap S&P 500 A	PLSAX	C	(800) 247-4123	C- / 3.5	6.16	6.69	19.77 /58	10.83 /34	9.76 /30	1.07	0.68
IX	Principal Inv LgCap S&P 500 AdvPfd	PLFMX	C	(800) 247-4123	C- / 4.0	6.05	6.58	19.71 /58	10.82 /34	9.83 /31	1.04	0.73
IX	Principal Inv LgCap S&P 500 AdvSel	PLFNX	C	(800) 247-4123	C- / 3.9	6.06	6.49	19.53 /56	10.66 /33	9.63 /29	0.87	0.91
IX	Principal Inv LgCap S&P 500 C	PLICX	D+	(800) 247-4123	C- / 3.7	5.96	6.28	19.37 /55	10.71 /33	9.77 /31	1.04	3.47

● Denotes fund is closed to new investors
★ Denotes fund is included in Section II

www.thestreet.com/ratings

Summer 2007
I. Index of Stock Mutual Funds

RISK			NET ASSETS		ASSET				Portfolio	BULL / BEAR		FUND MANAGER		MINIMUMS		LOADS	
	3 Year		NAV							Last Bull	Last Bear	Manager	Manager	Initial	Additional	Front	Back
Risk	Standard		As of	Total	Cash	Stocks	Bonds	Other	Turnover	Market	Market	Quality	Tenure	Purch.	Purch.	End	End
Rating/Pts	Deviation	Beta	6/30/07	$(Mil)	%	%	%	%	Ratio	Return	Return	Pct	(Years)	$	$	Load	Load
B- / 7.1	9.0	0.88	21.27	903	4	95	0	1	5.0	183.7	-7.0	34	9	2,500	250	0.0	1.0
C+ / 6.0	14.3	1.44	15.29	12	5	89	4	2	250.5	110.6	5.4	10	11	2,500	100	4.5	0.0
C+ / 6.2	10.4	1.01	36.54	172	9	90	0	1	4.1	142.4	-12.4	13	8	5,000	100	0.0	2.0
B / 8.1	5.5	0.68	14.43	23	22	75	2	1	28.9	80.6	-10.8	56	18	500	100	0.0	0.0
B / 8.4	7.5	1.01	17.12	684	0	99	0	1	92.0	99.0	N/A	59	2	1,000	100	5.5	1.0
B / 8.8	7.6	1.02	16.97	10	0	99	0	1	92.0	95.7	N/A	53	5	0	0	0.0	0.0
B / 8.8	7.5	1.02	16.92	2	0	99	0	1	92.0	94.0	N/A	50	5	0	0	0.0	0.0
B / 8.4	7.5	1.01	16.96	67	0	99	0	1	92.0	95.2	N/A	50	2	1,000	100	0.0	0.0
C+ / 6.2	7.5	1.02	17.04	2	0	99	0	1	92.0	99.7	N/A	60	N/A	1,000	100	0.0	1.0
B / 8.8	7.5	1.02	17.10	2,898	0	99	0	1	92.0	100.2	N/A	61	5	0	0	0.0	0.0
C+ / 6.3	7.5	1.01	17.05	2	0	99	0	1	92.0	98.3	N/A	59	5	0	0	0.0	0.0
C+ / 6.2	7.6	1.01	17.02	5	0	99	0	1	92.0	97.2	N/A	56	5	0	0	0.0	0.0
C+ / 6.3	10.9	1.16	15.57	622	3	96	0	1	108.0	196.7	-8.6	67	2	1,000	100	5.5	1.0
C+ / 6.3	10.9	1.16	15.50	78	3	96	0	1	108.0	195.1	-8.6	64	4	0	0	0.0	0.0
C+ / 6.3	10.9	1.16	15.40	32	3	96	0	1	108.0	193.3	-8.7	63	4	0	0	0.0	0.0
C+ / 6.3	11.0	1.16	15.52	67	3	96	0	1	108.0	193.2	-8.6	60	2	1,000	100	0.0	1.0
C+ / 5.6	10.9	1.16	15.52	15	3	96	0	1	108.0	195.5	-8.6	65	N/A	1,000	100	0.0	1.0
C+ / 6.3	10.9	1.16	15.56	1,114	3	96	0	1	108.0	201.9	-8.5	71	4	0	0	0.0	0.0
C+ / 6.3	10.9	1.16	15.44	264	3	96	0	1	108.0	192.1	-8.6	62	4	1,000	100	0.0	1.0
C+ / 6.3	10.9	1.16	15.56	86	3	96	0	1	108.0	199.2	-8.5	68	4	0	0	0.0	0.0
C+ / 6.3	10.9	1.16	15.70	36	3	96	0	1	108.0	200.4	-8.5	65	4	0	0	0.0	0.0
B / 8.4	6.9	0.90	23.40	1,883	5	93	0	2	81.0	125.6	-6.8	91	2	1,000	100	5.5	1.0
B / 8.4	6.9	0.90	23.22	392	5	93	0	2	81.0	117.4	-7.1	87	2	1,000	100	0.0	1.0
B / 8.4	6.9	0.90	23.03	299	5	93	0	2	81.0	118.1	-6.9	88	2	1,000	100	0.0	1.0
C- / 3.1	22.5	1.15	30.88	133	0	99	0	1	134.0	449.4	-5.4	96	2	1,000	100	5.5	1.0
C+ / 6.7	16.5	1.09	30.57	17	0	99	0	1	134.0	326.5	-5.4	49	6	0	0	0.0	0.0
C+ / 6.7	16.5	1.09	30.40	11	0	99	0	1	134.0	321.2	-5.4	46	6	0	0	0.0	0.0
D+ / 2.8	16.5	1.09	30.44	22	0	99	0	1	134.0	322.3	-5.4	41	2	1,000	100	0.0	1.0
C- / 4.2	16.4	1.08	30.79	4	0	99	0	1	134.0	330.0	-5.4	55	N/A	1,000	100	0.0	1.0
C+ / 6.7	16.4	1.08	30.87	594	0	99	0	1	134.0	336.6	-5.3	58	6	0	0	0.0	0.0
C / 4.6	16.5	1.09	30.04	220	0	99	0	1	134.0	320.2	-5.5	46	6	1,000	100	0.0	1.0
C+ / 6.7	16.5	1.09	30.84	30	0	99	0	1	134.0	331.9	-5.4	54	6	0	0	0.0	0.0
C+ / 6.7	16.5	1.09	30.80	9	0	99	0	1	134.0	330.0	-5.4	52	6	0	0	0.0	0.0
C+ / 6.3	10.2	1.07	14.60	36	3	96	0	1	134.7	194.5	-6.7	63	2	0	0	0.0	0.0
C+ / 6.3	10.2	1.07	13.83	17	3	96	0	1	134.7	191.9	-6.7	62	2	0	0	0.0	0.0
C+ / 6.2	10.2	1.07	14.21	1,826	3	96	0	1	134.7	201.9	-6.5	71	2	0	0	0.0	0.0
C+ / 6.3	10.1	1.06	13.91	80	3	96	0	1	134.7	190.6	-6.8	62	2	1,000	100	0.0	1.0
C+ / 6.2	10.2	1.07	14.09	26	3	96	0	1	134.7	198.6	-6.5	68	2	0	0	0.0	0.0
C+ / 6.3	10.1	1.06	14.04	23	3	96	0	1	134.7	197.4	-6.6	69	2	0	0	0.0	0.0
D- / 1.3	9.3	1.16	8.56	450	1	98	0	1	93.5	76.6	-5.7	24	2	1,000	100	5.5	1.0
B- / 7.8	9.3	1.16	8.88	47	1	98	0	1	93.5	82.9	-5.7	33	2	0	0	0.0	0.0
B- / 7.8	9.3	1.16	8.49	20	1	98	0	1	93.5	81.4	-8.8	31	2	0	0	0.0	0.0
D- / 1.3	9.2	1.15	8.41	91	1	98	0	1	93.5	73.2	-5.7	19	2	1,000	100	0.0	1.0
C+ / 5.7	9.4	1.15	8.53	4	1	98	0	1	93.5	75.7	-5.7	23	N/A	1,000	100	0.0	1.0
B- / 7.2	9.2	1.15	8.59	3,026	1	98	0	1	93.5	87.1	-8.6	40	2	0	0	0.0	0.0
B- / 7.2	9.3	1.16	8.20	39	1	98	0	1	93.5	80.0	-8.8	31	2	1,000	100	0.0	1.0
B- / 7.8	9.3	1.16	8.69	80	1	98	0	1	93.5	85.1	-8.9	37	2	0	0	0.0	0.0
B- / 7.8	9.2	1.14	8.81	21	1	98	0	1	93.5	87.3	-8.7	36	2	1,000	100	0.0	1.0
B / 8.6	7.3	0.93	10.69	87	0	99	0	1	3.7	89.9	-10.0	50	4	1,000	100	1.5	1.0
B- / 7.7	7.3	1.00	10.69	154	0	99	0	1	3.7	89.8	-9.9	42	4	0	0	0.0	0.0
B- / 7.7	7.4	1.00	10.67	71	0	99	0	1	3.7	88.4	-9.8	40	4	0	0	0.0	0.0
C+ / 6.1	7.3	1.00	10.66	2	0	99	0	1	3.7	89.3	-9.9	41	N/A	1,000	100	0.0	1.0

www.thestreet.com/ratings

Data as of June 30, 2007

I. Index of Stock Mutual Funds

Summer 2007

99 Pct = Best
0 Pct = Worst

Fund Type	Fund Name	Ticker Symbol	Overall Investment Rating	Phone	Performance Rating/Pts	Total Return % through 6/30/07					Incl. in Returns	
						3 Mo	6 Mo	1Yr / Pct	Annualized		Dividend Yield	Expense Ratio
									3Yr / Pct	5Yr / Pct		
IX	Principal Inv LgCap S&P 500 Inst	PLFIX	C+	(800) 247-4123	C /4.7	6.26	6.89	20.50 /63	11.51 /41	10.46 /38	1.57	0.16
IX	Principal Inv LgCap S&P 500 J	PSPJX	C	(800) 247-4123	C- /3.8	6.11	6.65	19.67 /57	10.76 /34	9.62 /29	0.95	0.83
IX	Principal Inv LgCap S&P 500 Pfd	PLFPX	C	(800) 247-4123	C /4.4	6.20	6.73	20.12 /61	11.20 /38	10.14 /34	1.32	0.42
IX	Principal Inv LgCap S&P 500 Sel	PLFSX	C	(800) 247-4123	C- /4.2	6.13	6.66	19.97 /60	11.05 /36	10.05 /33	1.21	0.54
GR	Principal Inv LgCap Val Fd A	PCACX	E+	(800) 247-4123	C /4.9	4.02	4.83	18.30 /47	15.38 /71	12.12 /55	1.12	0.95
GR	Principal Inv LgCap Val Fd AdvPfd	PLVMX	C+	(800) 247-4123	C /4.8	3.97	4.78	18.18 /46	12.97 /54	10.71 /41	1.07	1.03
GR	Principal Inv LgCap Val Fd AdvSel	PLVNX	C+	(800) 247-4123	C /4.5	3.88	4.69	17.94 /44	12.77 /52	10.59 /40	0.90	1.21
GR	Principal Inv LgCap Val Fd B	PCCBX	E+	(800) 247-4123	C /5.3	3.72	4.28	16.84 /37	14.59 /66	11.66 /50	0.19	2.02
GR	Principal Inv LgCap Val Fd C	PLUCX	C-	(800) 247-4123	C /4.7	3.80	5.10	18.54 /49	13.08 /55	10.77 /41	1.07	3.76
GR	Principal Inv LgCap Val Fd Inst	PVLIX	B-	(800) 247-4123	C /5.3	4.10	5.08	18.83 /51	13.61 /59	11.28 /46	1.61	0.46
GR	Principal Inv LgCap Val Fd J	PVLJX	C+	(800) 247-4123	C /4.3	3.99	4.81	18.06 /46	12.78 /52	10.32 /36	0.90	1.23
GR	Principal Inv LgCap Val Fd Pfd	PLVPX	C+	(800) 247-4123	C /5.1	4.10	4.99	18.50 /48	13.36 /57	11.08 /44	1.36	0.72
GR	Principal Inv LgCap Val Fd Sel	PLVSX	C+	(800) 247-4123	C /5.0	4.04	4.94	18.39 /48	13.20 /56	10.88 /42	1.25	0.84
AA	Principal Inv LifeTime 2010 A	PENAX	C-	(800) 247-4123	D- /1.0	2.17	3.80	12.81 /16	9.78 /26	9.42 /27	2.44	1.47
AA	Principal Inv LifeTime 2010 AdvPfd	PTAMX	C	(800) 247-4123	D /1.8	2.12	3.68	12.66 /15	9.66 /25	9.09 /24	2.50	0.69
AA	Principal Inv LifeTime 2010 AdvSel	PTANX	C	(800) 247-4123	D /1.7	2.12	3.61	12.49 /15	9.44 /24	8.91 /22	2.33	0.87
AA	Principal Inv LifeTime 2010 C	PPECX	C	(800) 247-4123	D /1.9	1.95	3.89	13.21 /17	10.25 /30	9.70 /30	3.04	4.09
AA	Principal Inv LifeTime 2010 Inst	PTTIX	C	(800) 247-4123	D /2.2	2.25	3.97	13.29 /17	10.27 /30	9.72 /30	3.04	0.12
AA	Principal Inv LifeTime 2010 J	PTAJX	C	(800) 247-4123	D /1.6	2.11	3.67	12.72 /15	9.65 /25	8.96 /23	2.50	0.68
AA	Principal Inv LifeTime 2010 Pfd	PTAPX	C	(800) 247-4123	D /2.0	2.19	3.83	12.97 /16	9.99 /28	9.42 /27	2.80	0.38
AA	Principal Inv LifeTime 2010 Sel	PTASX	C	(800) 247-4123	D /1.9	2.19	3.83	12.94 /16	9.88 /27	9.28 /26	2.68	0.50
AA	Principal Inv LifeTime 2020 A	PTBAX	C	(800) 247-4123	D+ /2.4	3.37	5.17	16.04 /32	11.91 /45	10.83 /42	2.27	1.58
AA	Principal Inv LifeTime 2020 AdvPfd	PTBMX	C+	(800) 247-4123	C- /3.5	3.33	5.15	15.81 /31	11.76 /43	10.49 /39	2.30	1.38
AA	Principal Inv LifeTime 2020 AdvSel	PTBNX	C+	(800) 247-4123	C- /3.4	3.27	5.02	15.57 /29	11.56 /41	10.26 /36	2.13	1.56
AA	Principal Inv LifeTime 2020 AdvSig	PWASX	U	(800) 247-4123	U /	3.25	4.92	15.42 /28	--	--	2.00	1.69
AA	Principal Inv LifeTime 2020 B	PLIBX	C+	(800) 247-4123	D+ /2.9	3.15	4.79	15.03 /26	11.32 /39	10.48 /38	1.63	2.96
AA	Principal Inv LifeTime 2020 C	PPLFX	C+	(800) 247-4123	C- /3.8	3.16	5.50	16.53 /35	12.41 /49	11.13 /45	2.83	4.15
AA	Principal Inv LifeTime 2020 Inst	PLWIX	C+	(800) 247-4123	C- /4.1	3.46	5.43	16.45 /35	12.38 /49	11.12 /45	2.84	0.81
AA	Principal Inv LifeTime 2020 J	PLFJX	C+	(800) 247-4123	C- /3.3	3.40	5.14	15.87 /31	11.75 /43	10.36 /37	2.30	1.38
AA	Principal Inv LifeTime 2020 Pfd	PTBPX	C+	(800) 247-4123	C- /3.8	3.39	5.22	16.12 /33	12.10 /46	10.81 /42	2.60	1.07
AA	Principal Inv LifeTime 2020 Sel	PTBSX	C+	(800) 247-4123	C- /3.7	3.40	5.22	16.00 /32	11.98 /45	10.70 /40	2.48	1.19
AA	Principal Inv LifeTime 2030 A	PTCAX	C	(800) 247-4123	C- /3.3	4.32	6.15	17.61 /42	12.85 /53	11.31 /47	2.02	1.88
AA	Principal Inv LifeTime 2030 AdvPfd	PTCMX	C+	(800) 247-4123	C /4.7	4.27	6.03	17.43 /41	12.74 /52	11.02 /44	2.05	1.39
AA	Principal Inv LifeTime 2030 AdvSel	PTCNX	C+	(800) 247-4123	C /4.5	4.21	5.98	17.22 /40	12.52 /50	10.80 /42	1.89	1.57
AA	Principal Inv LifeTime 2030 B	PTCBX	C+	(800) 247-4123	C- /4.0	4.09	5.76	16.70 /36	12.31 /48	10.99 /43	1.41	3.39
AA	Principal Inv LifeTime 2030 C	PPLTX	C	(800) 247-4123	C /5.0	4.11	6.33	18.05 /45	13.39 /58	11.63 /50	2.60	4.16
AA	Principal Inv LifeTime 2030 Inst	PMTIX	B-	(800) 247-4123	C /5.3	4.41	6.33	18.05 /45	13.39 /58	11.63 /50	2.60	0.82
AA	Principal Inv LifeTime 2030 J	PLTJX	C+	(800) 247-4123	C /4.4	4.27	6.11	17.47 /41	12.68 /51	10.80 /42	2.02	1.41
AA	Principal Inv LifeTime 2030 Pfd	PTCPX	C+	(800) 247-4123	C /5.0	4.34	6.18	17.75 /43	13.09 /55	11.34 /47	2.34	1.08
AA	Principal Inv LifeTime 2030 Sel	PTCSX	C+	(800) 247-4123	C /4.9	4.33	6.21	17.61 /42	12.95 /54	11.59 /50	2.18	1.20
AA	Principal Inv LifeTime 2040 A	PTDAX	C+	(800) 247-4123	C- /4.0	4.93	6.83	18.80 /51	13.34 /57	11.46 /48	1.90	2.46
AA	Principal Inv LifeTime 2040 AdvPfd	PTDMX	B-	(800) 247-4123	C /5.3	4.84	6.74	18.47 /48	13.19 /56	11.12 /45	1.92	1.40
AA	Principal Inv LifeTime 2040 AdvSel	PTDNX	C+	(800) 247-4123	C /5.2	4.85	6.67	18.26 /47	12.98 /54	10.97 /43	1.74	1.58
AA	Principal Inv LifeTime 2040 B	PTDBX	C+	(800) 247-4123	C /4.6	4.74	6.42	17.78 /43	12.78 /52	11.13 /45	1.31	4.49
AA	Principal Inv LifeTime 2040 C	PPTFX	C	(800) 247-4123	C /5.0	4.72	5.78	17.72 /43	13.37 /57	11.48 /49	2.47	4.17
AA	Principal Inv LifeTime 2040 Inst	PTDIX	B	(800) 247-4123	C+ /5.9	5.03	7.08	19.17 /54	13.83 /61	11.75 /51	2.44	0.83
AA	Principal Inv LifeTime 2040 J	PTDJX	C+	(800) 247-4123	C /5.1	4.91	6.81	18.45 /48	13.11 /55	10.76 /41	1.86	1.48
AA	Principal Inv LifeTime 2040 Pfd	PTDPX	B-	(800) 247-4123	C+ /5.7	4.97	6.94	18.82 /51	13.57 /59	11.48 /49	2.20	1.09
AA	Principal Inv LifeTime 2040 Sel	PTDSX	B-	(800) 247-4123	C+ /5.6	4.91	6.89	18.75 /50	13.42 /58	11.32 /47	2.09	1.21
AA	Principal Inv LifeTime 2050 A	PPEAX	C+	(800) 247-4123	C /4.3	5.16	7.02	19.14 /53	13.70 /60	11.56 /49	1.71	2.99
AA	Principal Inv LifeTime 2050 AdvPfd	PTERX	B-	(800) 247-4123	C+ /5.7	5.13	6.86	18.86 /51	13.56 /59	11.23 /46	1.75	1.41
AA	Principal Inv LifeTime 2050 AdvSel	PTENX	B-	(800) 247-4123	C /5.5	5.06	6.87	18.68 /50	13.40 /58	11.06 /44	1.57	1.59

● Denotes fund is closed to new investors
* Denotes fund is included in Section II

www.thestreet.com/ratings

Summer 2007

I. Index of Stock Mutual Funds

RISK			NET ASSETS		ASSET				Portfolio Turnover Ratio	BULL / BEAR		FUND MANAGER		MINIMUMS		LOADS	
	3 Year		NAV							Last Bull	Last Bear	Manager	Manager	Initial	Additional	Front	Back
Risk Rating/Pts	Standard Deviation	Beta	As of 6/30/07	Total $(Mil)	Cash %	Stocks %	Bonds %	Other %		Market Return	Market Return	Quality Pct	Tenure (Years)	Purch. $	Purch. $	End Load	End Load
B- / 7.7	7.3	1.00	10.70	72	0	99	0	1	3.7	94.8	-9.8	52	4	0	0	0.0	0.0
B- / 7.7	7.4	1.00	10.59	412	0	99	0	1	3.7	88.5	-9.9	41	4	1,000	100	0.0	1.0
B- / 7.7	7.3	1.00	10.79	242	0	99	0	1	3.7	92.6	-9.9	48	4	0	0	0.0	0.0
B- / 7.7	7.3	1.00	10.73	63	0	99	0	1	3.7	91.6	-9.9	45	4	1,000	100	0.0	0.0
D / 1.8	8.6	0.97	13.45	306	N/A	100	0	N/A	92.8	112.1	-6.6	88	2	1,000	100	5.5	1.0
B / 8.4	7.9	1.00	13.36	4	N/A	100	0	N/A	92.8	99.1	-6.6	69	7	0	0	0.0	0.0
B / 8.4	7.8	1.00	13.38	4	N/A	100	0	N/A	92.8	98.2	-6.6	67	7	0	0	0.0	0.0
D / 1.8	8.6	0.97	13.39	22	N/A	100	0	N/A	92.8	107.9	-6.6	85	2	1,000	100	0.0	1.0
C+ / 6.2	7.9	1.01	13.40	1	N/A	100	0	N/A	92.8	99.8	-6.6	70	N/A	1,000	100	0.0	1.0
B / 8.3	7.8	1.00	13.45	414	N/A	100	0	N/A	92.8	103.5	-6.5	76	6	0	0	0.0	0.0
B / 8.4	7.9	1.00	13.30	60	N/A	100	0	N/A	92.8	96.0	-6.7	67	6	1,000	100	0.0	1.0
B / 8.4	7.8	1.00	13.46	13	N/A	100	0	N/A	92.8	101.9	-6.5	73	7	0	0	0.0	0.0
B / 8.4	7.8	1.00	13.38	2	N/A	100	0	N/A	92.8	100.1	-6.5	72	7	0	0	0.0	0.0
B+ / 9.9	4.3	0.94	13.66	28	12	43	43	2	17.0	65.4	-2.2	72	2	1,000	100	5.5	1.0
B+ / 9.5	4.3	0.94	13.51	73	12	43	43	2	17.0	63.5	-2.4	70	6	0	0	0.0	0.0
B+ / 9.5	4.3	0.94	13.48	52	12	43	43	2	17.0	62.3	-2.5	68	6	0	0	0.0	0.0
B+ / 9.9	4.3	0.94	13.61	4	12	43	43	2	17.0	67.7	-2.2	76	N/A	1,000	100	0.0	1.0
B+ / 9.4	4.3	0.94	13.62	962	12	43	43	2	17.0	67.5	-2.2	77	6	0	0	0.0	0.0
B+ / 9.9	4.3	0.93	13.55	254	12	43	43	2	17.0	63.2	-2.6	70	6	1,000	100	0.0	1.0
B+ / 9.5	4.3	0.94	13.56	121	12	43	43	2	17.0	65.8	-2.4	74	6	0	0	0.0	0.0
B+ / 9.5	4.3	0.93	13.54	44	12	43	43	2	17.0	64.9	-2.4	73	6	0	0	0.0	0.0
B+ / 9.7	5.4	1.19	14.43	45	5	65	29	1	7.4	80.6	-3.5	80	2	1,000	100	5.5	1.0
B+ / 9.1	5.4	1.18	14.28	145	5	65	29	1	7.4	78.6	-3.6	78	6	0	0	0.0	0.0
B+ / 9.1	5.4	1.18	14.23	97	5	65	29	1	7.4	77.1	-3.7	77	6	0	0	0.0	0.0
U /	N/A	N/A	14.30	28	5	65	29	1	7.4	N/A	N/A	N/A	3	0	0	0.0	0.0
B+ / 9.7	5.4	1.18	14.43	9	5	65	29	1	7.4	77.8	-3.5	74	2	1,000	100	0.0	1.0
B+ / 9.6	5.4	1.19	14.38	4	5	65	29	1	7.4	83.2	-3.5	83	N/A	1,000	100	0.0	1.0
B+ / 9.0	5.4	1.18	14.37	1,882	5	65	29	1	7.4	82.8	-3.5	83	6	0	0	0.0	0.0
B+ / 9.1	5.4	1.18	14.31	498	5	65	29	1	7.4	77.9	-3.7	78	6	1,000	100	0.0	1.0
B+ / 9.1	5.4	1.18	14.32	223	5	65	29	1	7.4	80.9	-3.5	81	6	0	0	0.0	0.0
B+ / 9.1	5.4	1.18	14.30	91	5	65	29	1	7.4	79.8	-3.6	81	6	0	0	0.0	0.0
B / 8.8	6.0	1.32	14.50	33	0	80	19	1	9.4	89.5	-4.9	81	2	1,000	100	5.5	1.0
B / 8.3	6.1	1.33	14.41	130	0	80	19	1	9.4	87.5	-5.0	80	6	0	0	0.0	0.0
B / 8.3	6.1	1.33	14.35	86	0	80	19	1	9.4	86.1	-5.1	78	6	0	0	0.0	0.0
B / 8.8	6.0	1.32	14.51	8	0	80	19	1	9.4	86.9	-4.9	77	2	1,000	100	0.0	1.0
C+ / 6.7	6.1	1.33	14.45	4	0	80	19	1	9.4	92.4	-4.9	85	N/A	1,000	100	0.0	1.0
B / 8.2	6.1	1.33	14.45	1,595	0	80	19	1	9.4	92.2	-4.9	84	6	0	0	0.0	0.0
B / 8.3	6.0	1.32	14.42	402	0	80	19	1	9.4	86.3	-5.0	80	6	1,000	100	0.0	1.0
B / 8.3	6.0	1.32	14.44	181	0	80	19	1	9.4	90.1	-4.9	83	6	0	0	0.0	0.0
B / 8.3	6.1	1.32	14.71	87	0	80	19	1	9.4	92.1	-4.9	82	6	0	0	0.0	0.0
B / 8.8	6.6	1.44	14.70	20	0	86	13	1	13.1	95.6	-6.1	80	2	1,000	100	5.5	1.0
B / 8.2	6.7	1.45	14.72	61	0	86	13	1	13.1	93.5	-6.2	79	6	0	0	0.0	0.0
B / 8.2	6.7	1.44	14.71	37	0	86	13	1	13.1	92.3	-6.2	77	6	0	0	0.0	0.0
B / 8.7	6.7	1.44	14.59	5	0	86	13	1	13.1	92.9	-6.1	75	2	1,000	100	0.0	1.0
C+ / 6.5	6.7	1.44	14.65	2	0	86	13	1	13.1	95.9	-6.1	81	N/A	1,000	100	0.0	1.0
B / 8.2	6.7	1.44	14.83	846	0	86	13	1	13.1	98.2	-6.1	84	6	0	0	0.0	0.0
B / 8.2	6.7	1.44	14.75	158	0	86	13	1	13.1	91.3	-6.5	78	6	1,000	100	0.0	1.0
B / 8.2	6.6	1.44	14.79	81	0	86	13	1	13.1	96.1	-6.2	82	6	0	0	0.0	0.0
B / 8.2	6.7	1.44	14.74	34	0	86	13	1	13.1	95.0	-6.2	81	6	0	0	0.0	0.0
B / 8.7	7.3	1.55	14.48	12	0	90	9	1	15.9	102.3	-7.3	78	2	1,000	100	5.5	1.0
B / 8.1	7.2	1.54	14.34	23	0	90	9	1	15.9	100.4	-7.7	78	6	0	0	0.0	0.0
B / 8.1	7.3	1.54	14.32	17	0	90	9	1	15.9	99.1	-7.6	76	6	0	0	0.0	0.0

www.thestreet.com/ratings

Data as of June 30, 2007

I. Index of Stock Mutual Funds

Summer 2007

99 Pct = Best
0 Pct = Worst

Fund Type	Fund Name	Ticker Symbol	Overall Investment Rating	Phone	Performance Rating/Pts	Total Return % through 6/30/07		Annualized		Dividend Yield	Expense Ratio
						3 Mo	6 Mo	1Yr / Pct	3Yr / Pct	5Yr / Pct		
AA	Principal Inv LifeTime 2050 B	PLTFX	C	(800) 247-4123	C / 5.4	4.97	6.60	18.26 /47	13.69 /60	11.56 /49	1.22	24.41
AA	Principal Inv LifeTime 2050 C	PLTCX	C+	(800) 247-4123	C+ / 6.1	5.01	7.43	19.77 /58	14.32 /64	11.93 /53	2.27	4.18
AA	Principal Inv LifeTime 2050 Inst	PPLIX	B	(800) 247-4123	C+ / 6.2	5.26	7.21	19.52 /56	14.24 /64	11.89 /52	2.27	0.84
AA	Principal Inv LifeTime 2050 Pfd	PTEFX	B	(800) 247-4123	C+ / 6.0	5.19	7.06	19.33 /55	13.95 /62	11.59 /50	2.02	1.10
AA	Principal Inv LifeTime 2050 Sel	PTESX	B-	(800) 247-4123	C+ / 5.9	5.19	6.99	19.12 /53	13.84 /61	11.46 /48	1.92	1.22
AA	Principal Inv LifeTime S/I A	PALTX	C-	(800) 247-4123	E / 0.3	0.08	1.44	8.21 / 4	7.33 /11	7.66 /12	2.95	1.80
AA	Principal Inv LifeTime S/I AdvPfd	PLSMX	D+	(800) 247-4123	E / 0.5	0.00	1.38	8.04 / 4	7.20 /10	7.32 /10	3.03	1.27
AA	Principal Inv LifeTime S/I AdvSel	PLSNX	D+	(800) 247-4123	E / 0.5	0.00	1.29	7.83 / 4	7.03 / 9	7.18 / 9	2.85	1.45
AA	Principal Inv LifeTime S/I B	PLTSX	C-	(800) 247-4123	E / 0.4	-0.16	1.05	7.40 / 3	7.25 /10	7.61 /12	2.47	86.93
AA	Principal Inv LifeTime S/I C	PITCX	C-	(800) 247-4123	E+ / 0.6	-0.16	1.61	8.60 / 5	7.80 /13	7.94 /14	3.59	4.04
AA	Principal Inv LifeTime S/I Inst	PLSIX	D+	(800) 247-4123	E+ / 0.7	0.16	1.61	8.60 / 5	7.80 /13	7.94 /14	3.59	0.70
AA	Principal Inv LifeTime S/I J	PLSJX	C-	(800) 247-4123	E / 0.4	0.00	1.38	8.01 / 4	7.16 /10	7.09 / 9	3.01	1.29
AA	Principal Inv LifeTime S/I Pfd	PLSPX	D+	(800) 247-4123	E+ / 0.6	0.16	1.61	8.42 / 5	7.58 /12	7.70 /13	3.33	0.96
AA	Principal Inv LifeTime S/I Sel	PLSSX	C-	(800) 247-4123	E+ / 0.6	0.08	1.54	8.32 / 5	7.42 /11	7.53 /11	3.22	1.08
MC	Principal Inv MidCap Stock A	WMCAX	C+	(800) 247-4123	C / 5.3	4.66	8.62	19.81 /58	14.77 /67	13.73 /68	0.45	1.09
MC	Principal Inv MidCap Stock B	WMCBX	C+	(800) 247-4123	C+ / 5.6	4.41	8.16	18.67 /50	13.65 /59	12.58 /58	0.01	2.07
MC	Principal Inv MidCap Stock C	WMCCX	C+	(800) 247-4123	C+ / 5.7	4.46	8.21	18.84 /51	13.79 /60	12.70 /59	0.01	1.95
MC	Principal Inv MidCp Blend A	PEMGX	D	(800) 247-4123	B / 8.0	8.39	11.79	23.81 /80	18.54 /82	16.77 /84	0.16	1.14
MC	Principal Inv MidCp Blend AdvPfd	PMBMX	B	(800) 247-4123	B / 7.6	8.34	11.76	23.67 /79	15.01 /69	14.67 /74	0.00	1.22
MC	Principal Inv MidCp Blend AdvSel	PMBNX	B	(800) 247-4123	B- / 7.5	8.28	11.57	23.29 /78	14.78 /67	14.43 /73	0.00	1.40
MC	Principal Inv MidCp Blend B	PRMBX	D+	(800) 247-4123	B+ / 8.4	8.33	11.66	23.44 /79	18.45 /82	16.71 /84	0.00	2.06
MC	Principal Inv MidCp Blend C	PMBCX	B-	(800) 247-4123	B- / 7.5	8.19	11.76	23.67 /79	15.01 /69	14.67 /74	0.00	3.99
MC	Principal Inv MidCp Blend Inst	PCBIX	A	(800) 247-4123	B / 7.8	8.46	12.03	24.20 /81	15.62 /72	15.15 /77	0.50	0.65
MC	Principal Inv MidCp Blend J	PMBJX	B	(800) 247-4123	B- / 7.4	8.29	11.69	23.45 /79	14.81 /68	14.34 /72	0.00	1.36
MC	Principal Inv MidCp Blend Pfd	PMBPX	B	(800) 247-4123	B / 7.7	8.39	11.87	23.85 /80	15.31 /70	14.96 /76	0.25	0.91
MC	Principal Inv MidCp Blend Sel	PMBSX	B	(800) 247-4123	B / 7.6	8.37	11.75	23.61 /79	15.11 /69	15.06 /77	0.15	1.03
MC	Principal Inv MidCp Grw AdvPfd	PFPPX	C-	(800) 247-4123	C / 4.5	9.78	13.09	14.41 /23	10.66 /33	11.36 /47	0.00	1.28
MC	Principal Inv MidCp Grw AdvSel	PGPPX	C-	(800) 247-4123	C / 4.3	9.60	12.95	14.12 /21	10.45 /31	11.12 /45	0.00	1.46
MC	Principal Inv MidCp Grw Inst	PGWIX	C	(800) 247-4123	C / 5.2	9.90	13.43	15.11 /27	11.27 /38	11.99 /53	0.00	0.71
MC	Principal Inv MidCp Grw J	PMGJX	C-	(800) 247-4123	C- / 4.0	9.76	12.98	14.22 /22	10.35 /31	10.89 /42	0.00	1.54
MC	Principal Inv MidCp Grw Pfd	PHPPX	C-	(800) 247-4123	C / 4.9	9.86	13.44	14.74 /25	10.96 /35	11.71 /51	0.00	0.97
MC	Principal Inv MidCp Grw Sel	PIPPX	C-	(800) 247-4123	C / 4.8	9.81	13.25	14.72 /24	10.89 /35	11.52 /49	0.00	1.09
MC	Principal Inv MidCp S&P 400 AdvPfd	PMFMX	B-	(800) 247-4123	C+ / 6.5	5.67	11.64	17.76 /43	14.27 /64	13.25 /64	0.59	0.74
MC	Principal Inv MidCp S&P 400 AdvSel	PMFNX	C+	(800) 247-4123	C+ / 6.4	5.62	11.53	17.51 /42	14.09 /63	13.02 /62	0.42	0.92
MC	Principal Inv MidCp S&P 400 Inst	MPSIX	B	(800) 247-4123	C+ / 6.9	5.80	11.93	18.34 /47	14.92 /68	13.66 /67	1.13	0.17
MC	Principal Inv MidCp S&P 400 J	PMFJX	B	(800) 247-4123	C+ / 6.2	5.62	11.52	17.51 /42	14.05 /62	12.86 /61	0.45	0.93
MC	Principal Inv MidCp S&P 400 Pfd	PMFPX	B-	(800) 247-4123	C+ / 6.8	5.71	11.74	18.04 /45	14.61 /66	13.57 /66	0.87	0.43
MC	Principal Inv MidCp S&P 400 Sel	PMFSX	B-	(800) 247-4123	C+ / 6.7	5.73	11.69	17.95 /45	14.49 /65	13.44 /65	0.77	0.55
MC	Principal Inv MidCp Value AdvPfd	PJPPX	A-	(800) 247-4123	B- / 7.1	3.36	8.02	19.97 /60	16.14 /74	13.31 /64	0.62	1.24
MC	Principal Inv MidCp Value AdvSel	PKPPX	B	(800) 247-4123	C+ / 6.9	3.28	7.84	19.76 /58	15.94 /74	13.04 /62	0.44	1.42
MC	Principal Inv MidCp Value Inst	PVUIX	A+	(800) 247-4123	B / 7.7	3.52	8.26	20.62 /64	17.70 /80	14.21 /71	1.12	0.67
MC	Principal Inv MidCp Value J	PMCJX	C+	(800) 247-4123	C+ / 6.9	3.39	7.94	19.93 /59	15.99 /74	13.00 /62	0.52	1.36
MC	Principal Inv MidCp Value Pfd	PLPPX	A	(800) 247-4123	B- / 7.3	3.43	8.11	20.37 /62	16.50 /76	13.50 /66	0.90	0.93
MC	Principal Inv MidCp Value Sel	PMPPX	A	(800) 247-4123	B- / 7.2	3.39	8.09	20.22 /61	16.34 /75	13.29 /64	0.80	1.05
GL	Principal Inv Prt Intl AdvPfd	PRPPX	A+	(800) 247-4123	A- / 9.0	6.62	11.06	27.64 /89	21.63 /88	--	0.43	1.70
GL	Principal Inv Prt Intl AdvSel	PSPPX	A+	(800) 247-4123	B+ / 8.9	6.56	11.00	27.36 /89	21.43 /88	--	0.27	1.88
GL	Principal Inv Prt Intl Inst	PINIX	A+	(800) 247-4123	A- / 9.1	6.77	11.48	28.41 /90	22.36 /90	--	0.92	1.13
GL	Principal Inv Prt Intl Pfd	PTPPX	A+	(800) 247-4123	A- / 9.1	6.73	11.31	28.01 /90	22.02 /89	--	0.69	1.39
GL	Principal Inv Prt Intl Sel	PUPPX	A+	(800) 247-4123	A- / 9.0	6.67	11.17	27.87 /89	21.89 /89	--	0.59	1.51
GR	Principal Inv Prt LgCp Bld I A	PBLCX	E-	(800) 247-4123	D+ / 2.3	5.71	6.14	17.66 /43	10.68 /33	9.80 /31	0.06	1.13
GR	Principal Inv Prt LgCp Bld I AdvPfd	PVPPX	C	(800) 247-4123	C- / 3.4	5.70	6.13	17.70 /43	10.37 /31	9.61 /29	0.13	1.04
GR	Principal Inv Prt LgCp Bld I AdvSel	PWPPX	C	(800) 247-4123	C- / 3.2	5.61	6.05	17.48 /41	10.20 /29	9.27 /26	0.00	1.22

● Denotes fund is closed to new investors
* Denotes fund is included in Section II

www.thestreet.com/ratings

Summer 2007 — I. Index of Stock Mutual Funds

RISK			NET ASSETS		ASSET				Portfolio Turnover Ratio	BULL / BEAR		FUND MANAGER		MINIMUMS		LOADS	
	3 Year		NAV							Last Bull	Last Bear	Manager	Manager	Initial	Additional	Front	Back
Risk	Standard		As of	Total	Cash	Stocks	Bonds	Other		Market	Market	Quality	Tenure	Purch.	Purch.	End	End
Rating/Pts	Deviation	Beta	6/30/07	$(Mil)	%	%	%	%		Return	Return	Pct	(Years)	$	$	Load	Load
C+ / 6.4	7.3	1.55	14.37	2	0	90	9	1	15.9	102.4	-7.3	78	1	1,000	100	0.0	1.0
C+ / 6.4	7.3	1.49	14.45	2	0	90	9	1	15.9	105.7	-7.3	85	N/A	1,000	100	0.0	1.0
B / 8.1	7.3	1.55	14.42	401	0	90	9	1	15.9	105.3	-7.3	83	7	0	0	0.0	0.0
B / 8.1	7.2	1.53	14.40	26	0	90	9	1	15.9	103.0	-7.5	81	6	0	0	0.0	0.0
B / 8.1	7.2	1.54	14.38	14	0	90	9	1	15.9	102.1	-7.5	80	6	0	0	0.0	0.0
B+ / 9.9	3.1	0.59	12.66	11	0	24	75	1	48.9	48.8	-1.2	64	2	1,000	100	4.5	1.0
B+ / 9.5	3.1	0.59	12.51	25	0	24	75	1	48.9	47.0	-1.4	62	6	0	0	0.0	0.0
B+ / 9.5	3.1	0.59	12.52	26	0	24	75	1	48.9	46.2	-1.5	60	6	0	0	0.0	0.0
B+ / 9.9	3.1	0.59	12.56	1	0	24	75	1	48.9	48.5	-1.2	63	1	1,000	100	0.0	1.0
B+ / 9.9	3.2	0.59	12.61	2	0	24	75	1	48.9	50.7	-1.2	70	N/A	1,000	100	0.0	1.0
B+ / 9.4	3.1	0.59	12.61	332	0	24	75	1	48.9	50.6	-1.2	70	2	0	0	0.0	0.0
B+ / 9.9	3.1	0.59	12.53	92	0	24	75	1	48.9	46.0	-1.6	62	N/A	1,000	100	0.0	1.0
B+ / 9.5	3.1	0.59	12.60	37	0	24	75	1	48.9	49.2	-1.3	67	6	0	0	0.0	0.0
B+ / 9.9	3.1	0.59	12.55	10	0	24	75	1	48.9	48.2	-1.3	65	N/A	0	0	0.0	0.0
B- / 7.6	9.2	0.83	22.44	285	4	95	0	1	22.0	120.2	-4.6	73	5	1,000	100	5.5	1.0
B- / 7.7	9.2	0.83	21.07	34	4	95	0	1	22.0	111.1	-4.9	60	5	1,000	100	0.0	1.0
B- / 7.6	9.2	0.83	21.09	13	4	95	0	1	22.0	111.9	-4.8	62	5	1,000	100	0.0	1.0
D- / 1.4	9.8	0.78	15.64	603	0	99	0	1	43.4	143.5	-3.4	95	2	1,000	100	5.5	1.0
B- / 7.0	8.3	0.75	15.59	9	0	99	0	1	43.4	122.4	-3.4	83	7	0	0	0.0	0.0
B- / 7.0	8.3	0.74	15.43	3	0	99	0	1	43.4	120.3	-3.5	82	7	0	0	0.0	0.0
D- / 1.4	9.9	0.78	15.61	70	0	99	0	1	43.4	142.9	-3.4	94	2	1,000	100	0.0	1.0
C+ / 6.1	8.3	0.75	15.59	2	0	99	0	1	43.4	122.5	-3.4	83	N/A	1,000	100	0.0	1.0
B / 8.3	8.3	0.75	15.64	N/A	0	99	0	1	43.4	128.2	-4.2	86	6	0	0	0.0	0.0
B- / 7.0	8.3	0.75	15.29	202	0	99	0	1	43.4	119.8	-3.6	82	6	1,000	100	0.0	1.0
B- / 7.0	8.3	0.75	15.64	27	0	99	0	1	43.4	124.7	-3.3	85	7	0	0	0.0	0.0
B- / 7.0	8.3	0.75	15.79	7	0	99	0	1	43.4	125.9	-3.4	84	7	0	0	0.0	0.0
C+ / 6.2	13.3	1.19	7.86	1	2	97	0	1	146.1	93.1	-8.4	7	2	0	0	0.0	0.0
C+ / 6.2	13.2	1.18	7.76	2	2	97	0	1	146.1	91.6	-8.4	7	2	0	0	0.0	0.0
C+ / 6.2	13.2	1.18	7.77	8	2	97	0	1	146.1	98.0	-8.2	9	2	0	0	0.0	0.0
C+ / 6.2	13.3	1.19	7.31	23	2	97	0	1	146.1	89.8	-8.4	7	2	1,000	100	0.0	1.0
C+ / 6.2	13.3	1.18	8.02	2	2	97	0	1	146.1	95.8	-8.3	8	2	0	0	0.0	0.0
C+ / 6.2	13.2	1.18	7.95	N/A	2	97	0	1	146.1	94.1	-8.3	8	2	0	0	0.0	0.0
B- / 7.1	10.4	1.00	16.21	44	0	99	0	1	31.7	129.4	-9.5	42	4	0	0	0.0	0.0
B- / 7.1	10.4	1.00	16.16	28	0	99	0	1	31.7	127.4	-9.4	40	4	0	0	0.0	0.0
B / 8.0	10.4	1.00	16.04	26	0	99	0	1	31.7	134.5	-10.0	51	4	0	0	0.0	0.0
B / 8.0	10.4	1.00	15.78	43	0	99	0	1	31.7	126.1	-9.5	40	4	1,000	100	0.0	1.0
B- / 7.1	10.4	1.00	16.28	67	0	99	0	1	31.7	132.3	-9.4	47	4	0	0	0.0	0.0
B- / 7.1	10.4	1.00	16.24	18	0	99	0	1	31.7	130.8	-9.4	46	4	0	0	0.0	0.0
B / 8.6	8.3	0.75	15.09	2	0	99	0	1	103.0	119.5	-5.7	88	2	0	0	0.0	0.0
B / 8.7	8.3	0.75	15.13	2	0	99	0	1	103.0	117.3	-5.7	88	2	0	0	0.0	0.0
B / 8.6	8.4	0.75	15.59	N/A	0	99	0	1	103.0	130.1	-6.6	93	2	0	0	0.0	0.0
C+ / 5.9	8.3	0.75	14.96	147	0	99	0	1	103.0	117.5	-5.9	88	2	1,000	100	0.0	1.0
B / 8.7	8.3	0.75	15.07	5	0	99	0	1	103.0	122.3	-6.1	90	2	0	0	0.0	0.0
B / 8.7	8.3	0.75	14.96	3	0	99	0	1	103.0	121.2	-6.5	89	2	0	0	0.0	0.0
B / 8.2	9.7	1.04	17.07	21	4	95	0	1	60.0	N/A	N/A	32	3	0	0	0.0	0.0
B / 8.2	9.7	1.04	17.05	17	4	95	0	1	60.0	N/A	N/A	30	3	0	0	0.0	0.0
B / 8.2	9.7	1.04	17.19	1,627	4	95	0	1	60.0	N/A	N/A	39	4	0	0	0.0	0.0
B / 8.2	9.7	1.04	17.13	32	4	95	0	1	60.0	N/A	N/A	36	3	0	0	0.0	0.0
B / 8.2	9.7	1.04	17.12	15	4	95	0	1	60.0	N/A	N/A	34	3	0	0	0.0	0.0
D / 1.7	7.6	1.03	10.37	146	3	96	0	1	65.1	91.5	-10.5	38	N/A	1,000	100	5.5	1.0
B / 8.6	7.6	1.01	10.39	4	3	96	0	1	65.1	89.8	-10.0	36	N/A	0	0	0.0	0.0
B / 8.6	7.6	1.02	10.35	4	3	96	0	1	65.1	87.9	-10.3	33	N/A	0	0	0.0	0.0

www.thestreet.com/ratings

Data as of June 30, 2007

I. Index of Stock Mutual Funds

Summer 2007

99 Pct = Best
0 Pct = Worst

Fund Type	Fund Name	Ticker Symbol	Overall Investment Rating	Phone	Performance Rating/Pts	Total Return % through 6/30/07					Incl. in Returns	
						3 Mo	6 Mo	1Yr / Pct	Annualized 3Yr / Pct	5Yr / Pct	Dividend Yield	Expense Ratio
GR	Principal Inv Prt LgCp Bld I B	PBLBX	E-	(800) 247-4123	D+ / 2.5	5.46	5.57	16.38 /34	9.66 /25	8.89 /22	0.00	2.13
GR	Principal Inv Prt LgCp Bld I C	PPLGX	D	(800) 247-4123	D+ / 2.8	5.41	5.52	17.02 /38	10.15 /29	9.48 /28	0.13	3.80
GR	Principal Inv Prt LgCp Bld I Inst	PLIIX	C+	(800) 247-4123	C- / 3.9	5.82	6.47	18.41 /48	11.02 /36	10.01 /33	0.67	0.47
GR	Principal Inv Prt LgCp Bld I J	PPXJX	C	(800) 247-4123	C- / 3.0	5.66	6.10	17.55 /42	10.22 /30	9.33 /26	0.04	1.16
GR	Principal Inv Prt LgCp Bld I Pfd	PXPPX	C+	(800) 247-4123	C- / 3.7	5.77	6.31	18.10 /46	10.73 /34	9.93 /32	0.42	0.73
GR	Principal Inv Prt LgCp Bld I Sel	PYPPX	C	(800) 247-4123	C- / 3.5	5.69	6.23	17.90 /44	10.55 /32	9.77 /31	0.31	0.85
GR	Principal Inv Prt LgCp Blend A	PLRAX	C	(800) 247-4123	C- / 3.3	6.57	7.05	20.75 /65	11.40 /40	9.72 /30	0.32	1.41
GR	Principal Inv Prt LgCp Blend AdvPfd	PPZMX	C+	(800) 247-4123	C / 4.7	6.63	7.21	20.83 /66	11.29 /39	9.51 /28	0.42	1.32
GR	Principal Inv Prt LgCp Blend AdvSel	PPZNX	C	(800) 247-4123	C / 4.5	6.58	7.06	20.64 /64	11.08 /37	9.33 /26	0.26	1.50
GR	Principal Inv Prt LgCp Blend B	PLDBX	C	(800) 247-4123	C- / 3.7	6.43	6.82	20.01 /60	10.41 /31	8.40 /18	0.00	2.18
GR	Principal Inv Prt LgCp Blend C	PLFCX	C-	(800) 247-4123	C / 4.5	6.49	7.26	20.36 /62	11.52 /41	9.91 /32	0.96	4.09
GR	Principal Inv Prt LgCp Blend Inst	PLBIX	B-	(800) 247-4123	C / 5.3	6.76	7.53	21.57 /70	11.89 /44	10.01 /33	0.95	0.75
GR	Principal Inv Prt LgCp Blend J	PLBJX	C+	(800) 247-4123	C- / 4.2	6.47	7.06	20.69 /65	11.12 /37	9.26 /25	0.35	1.43
GR	Principal Inv Prt LgCp Blend Pfd	PPZPX	C+	(800) 247-4123	C / 5.0	6.70	7.37	21.25 /68	11.60 /42	9.85 /31	0.71	1.01
GR	Principal Inv Prt LgCp Blend Sel	PPZSX	C+	(800) 247-4123	C / 4.9	6.60	7.17	21.06 /67	11.45 /40	9.77 /31	0.60	1.13
GR	Principal Inv Prt LgCp Gr I A	PGGAX	D-	(800) 247-4123	D / 1.6	7.18	7.18	17.44 /41	8.51 /17	7.00 / 8	0.00	1.57
GR	Principal Inv Prt LgCp Gr I AdvPfd	PPUMX	D	(800) 247-4123	D+ / 2.8	7.20	7.34	17.66 /43	8.83 /20	7.67 /12	0.00	1.32
GR	Principal Inv Prt LgCp Gr I AdvSel	PPUNX	D	(800) 247-4123	D+ / 2.6	7.17	7.17	17.33 /40	8.60 /18	7.13 / 9	0.00	1.50
GR	Principal Inv Prt LgCp Gr I B	PBAGX	D-	(800) 247-4123	D / 1.8	6.92	6.66	16.26 /33	7.61 /12	6.12 / 5	0.00	2.47
GR	Principal Inv Prt LgCp Gr I C	PLRCX	D-	(800) 247-4123	D+ / 2.7	7.67	6.76	17.28 /40	9.12 /22	7.77 /13	0.42	4.06
GR	Principal Inv Prt LgCp Gr I Inst	PLGIX	D+	(800) 247-4123	C- / 3.2	7.35	7.61	18.21 /47	9.41 /24	7.94 /14	0.42	0.75
GR	Principal Inv Prt LgCp Gr I J	PLGJX	D	(800) 247-4123	D+ / 2.4	7.25	7.25	17.42 /41	8.56 /18	6.96 / 8	0.00	1.55
GR	Principal Inv Prt LgCp Gr I Pfd	PPUPX	D+	(800) 247-4123	C- / 3.0	7.29	7.42	18.08 /46	9.15 /22	7.70 /13	0.18	1.01
GR	Principal Inv Prt LgCp Gr I Sel	PPUSX	D	(800) 247-4123	D+ / 2.9	7.25	7.38	17.87 /44	8.97 /20	7.51 /11	0.08	1.13
GR	Principal Inv Prt LgCp Gr II AdvPfd	PPTMX	D+	(800) 247-4123	D+ / 2.6	6.91	7.70	17.17 /39	8.58 /18	7.62 /12	0.00	1.57
GR	Principal Inv Prt LgCp Gr II AdvSel	PPTNX	D	(800) 247-4123	D+ / 2.4	6.73	7.54	16.95 /38	8.35 /16	7.46 /11	0.00	1.75
GR	Principal Inv Prt LgCp Gr II C	PLGRX	D-	(800) 247-4123	D / 2.1	6.61	6.23	15.92 /31	8.61 /18	7.93 /14	0.11	4.31
GR	Principal Inv Prt LgCp Gr II Inst	PPIIX	D+	(800) 247-4123	C- / 3.0	7.01	7.90	17.75 /43	9.18 /22	8.27 /17	0.11	1.00
GR	Principal Inv Prt LgCp Gr II J	PPLJX	C-	(800) 247-4123	D+ / 2.3	6.77	7.46	16.94 /38	8.36 /16	7.37 /10	0.00	1.88
GR	Principal Inv Prt LgCp Gr II Pfd	PPTPX	D+	(800) 247-4123	D+ / 2.8	6.88	7.80	17.52 /42	8.89 /20	7.93 /14	0.00	1.26
GR	Principal Inv Prt LgCp Gr II Sel	PPTSX	D+	(800) 247-4123	D+ / 2.7	6.93	7.72	17.36 /40	8.80 /19	7.83 /14	0.00	1.38
GR	Principal Inv Prt LgCp Val A	PPVAX	C+	(800) 247-4123	C / 4.3	5.04	5.38	21.27 /69	13.53 /58	11.64 /50	0.81	1.41
GR	Principal Inv Prt LgCp Val AdvPfd	PPSFX	B	(800) 247-4123	C+ / 5.8	5.09	5.42	21.34 /69	13.41 /58	11.96 /53	0.89	1.34
GR	Principal Inv Prt LgCp Val AdvSel	PPSNX	B	(800) 247-4123	C+ / 5.6	5.05	5.32	21.13 /68	13.21 /56	11.25 /46	0.77	1.52
GR	Principal Inv Prt LgCp Val B	PLVBX	C+	(800) 247-4123	C / 4.8	4.78	4.92	20.35 /62	12.70 /52	10.78 /41	0.25	2.27
GR	Principal Inv Prt LgCp Val C	PLLCX	C+	(800) 247-4123	C+ / 6.0	5.05	5.53	21.92 /72	14.03 /62	12.07 /54	1.46	4.07
GR	Principal Inv Prt LgCp Val Inst	PLVIX	B+	(800) 247-4123	C+ / 6.3	5.25	5.73	22.14 /73	14.10 /63	12.11 /55	1.46	1.47
GR	Principal Inv Prt LgCp Val J	PLVJX	B-	(800) 247-4123	C / 5.4	5.05	5.39	21.29 /69	13.23 /56	11.16 /45	0.82	1.47
GR	Principal Inv Prt LgCp Val Pfd	PPSRX	B	(800) 247-4123	C+ / 6.0	5.12	5.53	21.69 /71	13.77 /60	11.81 /52	1.21	1.03
GR	Principal Inv Prt LgCp Val Sel	PPSSX	B	(800) 247-4123	C+ / 5.9	5.14	5.49	21.57 /70	13.63 /59	11.64 /50	1.11	1.15
GR	Principal Inv Prt LgCp VI I AdvPfd	PABDX	A-	(800) 247-4123	C+ / 6.4	5.43	6.49	20.26 /62	14.47 /65	--	0.32	1.38
GR	Principal Inv Prt LgCp VI I AdvSel	PABEX	A-	(800) 247-4123	C+ / 6.2	5.37	6.36	20.10 /60	14.27 /64	--	0.15	1.56
GR	Principal Inv Prt LgCp VI I Inst	PVPIX	B+	(800) 247-4123	C+ / 6.8	5.55	6.76	21.00 /67	15.12 /69	--	0.84	0.81
GR	Principal Inv Prt LgCp VI I Pfd	PAFBX	B+	(800) 247-4123	C+ / 6.6	5.48	6.62	20.64 /64	14.84 /68	--	0.60	1.07
GR	Principal Inv Prt LgCp VI I Sel	PAGBX	B+	(800) 247-4123	C+ / 6.5	5.42	6.56	20.45 /63	14.67 /67	--	0.50	1.19
GR	Principal Inv Prt LgCp VI II Inst	PVVTX	U	(800) 247-4123	U /	6.07	5.98	21.92 /72	--	--	1.41	0.86
MC	Principal Inv Prt MdCp Gr Fd A	PPMGX	D+	(800) 247-4123	C / 4.9	10.03	13.64	15.84 /31	12.93 /53	13.59 /66	0.00	1.83
MC	Principal Inv Prt MdCp Gr Fd AdvPfd	PPQMX	C	(800) 247-4123	C+ / 6.6	10.15	13.77	16.15 /33	13.30 /57	14.40 /72	0.00	1.58
MC	Principal Inv Prt MdCp Gr Fd AdvSel	PPQNX	C	(800) 247-4123	C+ / 6.4	10.12	13.73	15.93 /31	13.08 /55	13.87 /69	0.00	1.76
MC	Principal Inv Prt MdCp Gr Fd B	PPGFX	C-	(800) 247-4123	C / 5.5	9.85	13.26	14.99 /26	12.13 /47	12.88 /61	0.00	2.68
MC	Principal Inv Prt MdCp Gr Fd C	POWCX	D+	(800) 247-4123	C / 5.1	10.45	10.79	13.11 /17	12.31 /48	13.79 /68	0.00	3.44
MC	Principal Inv Prt MdCp Gr Fd Inst	PPIMX	C+	(800) 247-4123	B- / 7.0	10.19	14.11	16.77 /37	13.93 /62	14.70 /74	0.00	1.01

● Denotes fund is closed to new investors
* Denotes fund is included in Section II

www.thestreet.com/ratings

I. Index of Stock Mutual Funds

Summer 2007

RISK			NET ASSETS		ASSET				Portfolio Turnover Ratio	BULL / BEAR		FUND MANAGER		MINIMUMS		LOADS	
	3 Year		NAV							Last Bull	Last Bear	Manager	Manager	Initial	Additional	Front	Back
Risk Rating/Pts	Standard Deviation	Beta	As of 6/30/07	Total $(Mil)	Cash %	Stocks %	Bonds %	Other %		Market Return	Market Return	Quality Pct	Tenure (Years)	Purch. $	Purch. $	End Load	End Load
D / 1.7	7.6	1.03	10.23	15	3	96	0	1	65.1	84.6	-10.7	28	N/A	1,000	100	0.0	1.0
C+ / 6.1	7.5	1.01	10.33	1	3	96	0	1	65.1	88.9	-10.0	34	N/A	1,000	100	0.0	1.0
B / 8.7	7.5	1.01	10.37	571	3	96	0	1	65.1	94.3	-10.8	43	N/A	0	0	0.0	0.0
B / 8.6	7.6	1.02	10.27	56	3	96	0	1	65.1	88.1	-10.1	34	N/A	1,000	100	0.0	1.0
B / 8.7	7.6	1.02	10.44	6	3	96	0	1	65.1	92.3	-10.0	39	N/A	0	0	0.0	0.0
B / 8.7	7.6	1.02	10.40	4	3	96	0	1	65.1	91.0	-10.0	37	N/A	0	0	0.0	0.0
B- / 7.9	7.8	1.05	12.00	68	0	99	0	1	52.0	87.9	-9.6	45	3	1,000	100	5.5	1.0
B- / 7.7	7.4	1.00	11.90	34	0	99	0	1	52.0	85.9	-9.4	48	3	0	0	0.0	0.0
B- / 7.7	7.3	1.00	11.83	32	0	99	0	1	52.0	84.2	-9.2	46	3	0	0	0.0	0.0
B / 8.2	9.1	1.11	11.91	27	0	99	0	1	52.0	79.3	-9.5	29	3	1,000	100	0.0	1.0
C+ / 6.2	7.4	1.01	11.97	1	0	99	0	1	52.0	88.7	-9.1	51	N/A	1,000	100	0.0	1.0
B / 8.7	7.4	1.00	12.00	692	0	99	0	1	52.0	90.3	-9.6	56	3	0	0	0.0	0.0
B / 8.7	7.4	1.00	11.68	147	0	99	0	1	52.0	84.3	-9.4	46	3	1,000	100	0.0	1.0
B- / 7.7	7.4	1.00	11.94	54	0	99	0	1	52.0	88.2	-9.2	53	3	0	0	0.0	0.0
B- / 7.7	7.4	1.00	11.96	18	0	99	0	1	52.0	87.9	-9.3	51	3	0	0	0.0	0.0
C+ / 6.4	10.0	1.13	8.81	53	3	96	0	1	59.0	68.9	-11.0	16	3	1,000	100	5.5	1.0
C+ / 6.5	9.9	1.11	8.78	24	3	96	0	1	59.0	70.1	-10.7	18	3	0	0	0.0	0.0
C+ / 6.4	9.9	1.11	8.52	16	3	96	0	1	59.0	68.7	-10.6	17	3	0	0	0.0	0.0
C+ / 6.3	11.3	1.23	8.65	13	3	96	0	1	59.0	63.4	-11.2	9	3	1,000	100	0.0	1.0
C+ / 5.6	10.0	1.13	8.84	N/A	3	96	0	1	59.0	73.2	-10.6	19	N/A	1,000	100	0.0	1.0
C+ / 6.5	10.0	1.12	8.91	1,434	3	96	0	1	59.0	74.4	-10.6	22	3	0	0	0.0	0.0
C+ / 6.4	9.9	1.11	8.28	47	3	96	0	1	59.0	67.5	-10.8	17	3	1,000	100	0.0	1.0
C+ / 6.5	9.9	1.11	8.83	29	3	96	0	1	59.0	72.9	-10.6	20	3	0	0	0.0	0.0
C+ / 6.5	10.0	1.12	8.73	6	3	96	0	1	59.0	71.5	-10.7	19	3	0	0	0.0	0.0
B- / 7.0	8.3	1.05	8.67	9	1	98	0	1	143.4	71.4	-10.0	20	7	0	0	0.0	0.0
C+ / 6.9	8.3	1.06	8.56	14	1	98	0	1	143.4	70.0	-10.0	18	7	0	0	0.0	0.0
C+ / 5.8	8.2	1.05	8.87	N/A	1	98	0	1	143.4	73.1	-9.9	20	N/A	1,000	100	0.0	1.0
B- / 7.1	8.3	1.06	9.01	645	1	98	0	1	143.4	75.8	-9.9	23	7	0	0	0.0	0.0
B / 8.0	8.3	1.05	8.36	26	1	98	0	1	143.4	69.8	-10.1	18	6	1,000	100	0.0	1.0
B- / 7.0	8.3	1.05	8.85	19	1	98	0	1	143.4	73.4	-9.9	22	7	0	0	0.0	0.0
B- / 7.0	8.3	1.06	8.79	20	1	98	0	1	143.4	72.9	-10.1	21	7	0	0	0.0	0.0
B / 8.4	9.8	1.10	16.25	71	2	97	0	1	20.7	109.2	-9.1	66	7	1,000	100	5.5	1.0
B / 8.5	7.3	0.94	16.53	109	2	97	0	1	20.7	106.5	-8.8	78	7	0	0	0.0	0.0
B / 8.5	7.3	0.95	16.03	68	2	97	0	1	20.7	104.8	-8.9	76	7	0	0	0.0	0.0
B / 8.5	10.5	1.12	16.22	25	2	97	0	1	20.7	102.7	-9.2	N/A	7	1,000	100	0.0	1.0
C+ / 6.3	7.4	0.95	16.22	1	2	97	0	1	20.7	111.7	-8.7	83	N/A	1,000	100	0.0	1.0
B / 8.4	7.3	0.94	16.25	2,172	2	97	0	1	20.7	111.7	-8.7	83	7	0	0	0.0	0.0
B / 8.5	7.4	0.95	16.03	134	2	97	0	1	20.7	104.6	-8.9	76	7	1,000	100	0.0	1.0
B / 8.5	7.4	0.95	16.22	147	2	97	0	1	20.7	109.1	-8.7	81	7	0	0	0.0	0.0
B / 8.5	7.4	0.95	16.15	64	2	97	0	1	20.7	108.0	-8.8	80	7	0	0	0.0	0.0
B+ / 9.3	6.3	0.79	14.76	7	3	96	0	1	41.3	N/A	N/A	91	3	0	0	0.0	0.0
B+ / 9.3	6.2	0.78	14.72	7	3	96	0	1	41.3	N/A	N/A	91	3	0	0	0.0	0.0
B+ / 9.3	6.3	0.78	14.84	925	3	96	0	1	41.3	N/A	N/A	93	3	0	0	0.0	0.0
B+ / 9.3	6.3	0.78	14.81	12	3	96	0	1	41.3	N/A	N/A	92	3	0	0	0.0	0.0
B+ / 9.3	6.3	0.79	14.78	3	3	96	0	1	41.3	N/A	N/A	92	3	0	0	0.0	0.0
U /	N/A	N/A	12.59	255	0	99	0	1	14.8	N/A	N/A	N/A	3	0	0	0.0	0.0
C / 5.1	14.4	1.29	10.75	33	3	96	0	1	145.8	121.8	-10.8	10	7	1,000	100	5.5	1.0
C / 5.2	14.3	1.28	11.07	29	3	96	0	1	145.8	125.3	-10.2	12	7	0	0	0.0	0.0
C / 5.2	14.3	1.28	10.77	13	3	96	0	1	145.8	123.8	-10.4	11	7	0	0	0.0	0.0
C / 5.1	14.4	1.29	10.59	11	3	96	0	1	145.8	116.8	-11.0	8	7	1,000	100	0.0	1.0
C / 4.6	14.2	1.27	10.78	N/A	3	96	0	1	145.8	119.7	-10.2	9	N/A	1,000	100	0.0	1.0
C+ / 6.1	14.2	1.27	10.92	437	3	96	0	1	145.8	131.0	-10.2	15	7	0	0	0.0	0.0

www.thestreet.com/ratings

Data as of June 30, 2007

I. Index of Stock Mutual Funds

Summer 2007

							PERFORMANCE						
	99 Pct = Best												
	0 Pct = Worst				Overall		Perfor-	Total Return % through 6/30/07				Incl. in Returns	
Fund			Ticker	Investment		mance				Annualized		Dividend	Expense
Type	Fund Name		Symbol	Rating	Phone	Rating/Pts	3 Mo	6 Mo	1Yr / Pct	3Yr / Pct	5Yr / Pct	Yield	Ratio
MC	Principal Inv Prt MdCp Gr Fd J		PPQJX	C-	(800) 247-4123	C+ / 6.1	10.03	13.67	15.97 /32	12.98 /54	13.71 /67	0.00	1.79
MC	Principal Inv Prt MdCp Gr Fd Pfd		PPQPX	C	(800) 247-4123	C+ / 6.8	10.26	13.97	16.45 /35	13.67 /60	14.50 /73	0.00	1.27
MC	Principal Inv Prt MdCp Gr Fd Sel		PPQSX	C	(800) 247-4123	C+ / 6.7	10.17	13.92	16.31 /34	13.48 /58	14.28 /72	0.00	1.39
MC	Principal Inv Prt MdCp Gr I AdvPfd		PABLX	B-	(800) 247-4123	C+ / 6.9	7.23	12.03	18.94 /52	14.27 /64	--	0.00	1.58
MC	Principal Inv Prt MdCp Gr I AdvSel		PAVSX	B-	(800) 247-4123	C+ / 6.7	7.19	11.93	18.78 /50	14.04 /62	--	0.00	1.76
MC	Principal Inv Prt MdCp Gr I C		PMFCX	C	(800) 247-4123	C+ / 6.2	6.87	10.19	17.26 /40	14.14 /63	--	0.00	3.44
MC	Principal Inv Prt MdCp Gr I Inst		PMIIX	B	(800) 247-4123	B- / 7.3	7.43	12.44	19.65 /57	14.91 /68	--	0.00	1.01
MC	Principal Inv Prt MdCp Gr I Pfd		PABNX	B	(800) 247-4123	B- / 7.1	7.31	12.25	19.30 /55	14.65 /66	--	0.00	1.27
MC	Principal Inv Prt MdCp Gr I Sel		PABOX	B	(800) 247-4123	B- / 7.0	7.27	12.14	19.23 /54	14.48 /65	--	0.00	1.39
MC	Principal Inv Prt MdCp Gr II Inst		PIIMX	U	(800) 247-4123	U /	3.25	5.00	9.71 / 7	--	--	0.00	1.01
MC	Principal Inv Prt MdCp VI Fd AdvPf		PPPMX	C+	(800) 247-4123	C+ / 6.6	4.33	8.18	18.71 /50	15.16 /70	14.84 /75	0.14	1.58
MC	Principal Inv Prt MdCp VI Fd AdvSel		PPPNX	C+	(800) 247-4123	C+ / 6.5	4.25	8.07	18.45 /48	14.97 /69	14.33 /72	0.00	1.76
MC	Principal Inv Prt MdCp VI Fd C		PVUCX	C	(800) 247-4123	C+ / 6.5	4.03	7.56	18.34 /47	15.48 /71	14.99 /76	0.68	3.42
MC	Principal Inv Prt MdCp VI Fd Inst		PMVIX	B-	(800) 247-4123	B- / 7.0	4.45	8.47	19.34 /55	15.81 /73	15.19 /77	0.67	1.01
MC	Principal Inv Prt MdCp VI Fd J		PMVJX	C+	(800) 247-4123	C+ / 6.3	4.30	8.16	18.52 /49	14.91 /68	14.21 /71	0.00	1.81
MC	Principal Inv Prt MdCp VI Fd Pfd		PPPPX	C+	(800) 247-4123	C+ / 6.8	4.37	8.36	19.01 /52	15.50 /71	14.87 /75	0.43	1.27
MC	Principal Inv Prt MdCp VI Fd Sel		PPPSX	C+	(800) 247-4123	C+ / 6.7	4.34	8.28	18.85 /51	15.35 /71	14.75 /74	0.32	1.39
MC	Principal Inv Prt MdCp VI I AdvPfd		PMPRX	A	(800) 247-4123	B / 7.6	4.04	9.20	20.60 /64	16.97 /77	--	0.04	1.58
MC	Principal Inv Prt MdCp VI I AdvSel		PABUX	A	(800) 247-4123	B- / 7.5	4.06	9.08	20.38 /63	16.79 /77	--	0.00	1.76
MC	Principal Inv Prt MdCp VI I Inst		PVMIX	A+	(800) 247-4123	B / 7.8	4.22	9.51	21.21 /68	17.61 /79	--	0.56	1.01
MC	Principal Inv Prt MdCp VI I Pfd		PABVX	A+	(800) 247-4123	B / 7.7	4.16	9.38	20.95 /66	17.36 /79	--	0.33	1.27
MC	Principal Inv Prt MdCp VI I Sel		PABWX	A	(800) 247-4123	B / 7.6	4.10	9.33	20.77 /65	17.17 /78	--	0.21	1.39
SC	Principal Inv Prt SmCp Blend AdvPfd		PLDFX	C	(800) 247-4123	C / 4.6	6.79	10.43	14.33 /22	11.98 /45	--	0.00	1.58
SC	Principal Inv Prt SmCp Blend AdvSel		PABZX	C	(800) 247-4123	C / 4.5	6.79	10.40	14.11 /21	11.80 /44	--	0.00	1.76
SC	Principal Inv Prt SmCp Blend Inst		PSCIX	C+	(800) 247-4123	C / 5.3	6.99	10.76	14.97 /26	12.62 /51	--	0.04	1.01
SC	Principal Inv Prt SmCp Blend Pfd		PBEPX	D+	(800) 247-4123	C / 5.0	6.87	10.68	14.67 /24	12.35 /49	--	0.00	1.27
SC	Principal Inv Prt SmCp Blend Sel		PYARX	C+	(800) 247-4123	C / 4.9	6.86	10.54	14.48 /23	12.19 /47	--	0.00	1.39
SC	Principal Inv Prt SmCp Gr I AdvPfd		PPNMX	D+	(800) 247-4123	C+ / 5.6	7.52	11.78	17.70 /43	12.24 /48	10.43 /38	0.00	1.70
SC	Principal Inv Prt SmCp Gr I AdvSel		PPNNX	D+	(800) 247-4123	C / 5.4	7.51	11.70	17.44 /41	12.03 /46	10.23 /35	0.00	1.88
SC	Principal Inv Prt SmCp Gr I Inst		PGRTX	C-	(800) 247-4123	C+ / 6.1	7.65	12.11	18.36 /48	12.89 /53	11.05 /44	0.00	1.13
SC	Principal Inv Prt SmCp Gr I J		PSIJX	D	(800) 247-4123	C / 5.0	7.48	11.71	17.28 /40	11.84 /44	10.02 /33	0.00	2.11
SC	Principal Inv Prt SmCp Gr I Pfd		PPNPX	C-	(800) 247-4123	C+ / 5.9	7.64	12.03	18.08 /46	12.58 /50	10.77 /41	0.00	1.39
SC	Principal Inv Prt SmCp Gr I Sel		PPNSX	C-	(800) 247-4123	C+ / 5.8	7.63	11.96	17.95 /45	12.48 /50	10.65 /40	0.00	1.51
SC	Principal Inv Prt SmCp Gr II A		PPSMX	D-	(800) 247-4123	D+ / 2.7	5.84	10.25	12.69 /15	11.80 /44	8.49 /18	0.00	2.07
SC	Principal Inv Prt SmCp Gr II AdvPfd		PPMMX	D	(800) 247-4123	C / 4.4	5.84	10.34	12.97 /16	12.23 /48	12.78 /60	0.00	1.58
SC	Principal Inv Prt SmCp Gr II AdvSel		PPMNX	D	(800) 247-4123	C / 4.3	5.86	10.34	12.89 /16	12.04 /46	12.38 /57	0.00	1.76
SC	Principal Inv Prt SmCp Gr II B		PPSBX	D-	(800) 247-4123	C- / 3.1	5.59	9.81	11.79 /13	10.90 /35	7.67 /12	0.00	2.85
SC	Principal Inv Prt SmCp Gr II C		PTOCX	D-	(800) 247-4123	C- / 3.2	5.53	8.10	10.94 /10	11.96 /45	12.86 /61	0.00	4.32
SC	Principal Inv Prt SmCp Gr II Inst		PSIIX	C-	(800) 247-4123	C / 5.1	6.06	10.77	13.67 /19	12.87 /53	13.41 /65	0.00	1.01
SC	Principal Inv Prt SmCp Gr II J		PPMIX	C-	(800) 247-4123	C- / 3.9	5.79	10.21	12.74 /15	11.80 /44	12.26 /56	0.00	1.94
SC	Principal Inv Prt SmCp Gr II Pfd		PPMPX	D+	(800) 247-4123	C / 4.9	5.94	10.60	13.42 /18	12.58 /50	13.06 /62	0.00	1.27
SC	Principal Inv Prt SmCp Gr II Sel		PPMSX	D+	(800) 247-4123	C / 4.7	6.01	10.48	13.21 /17	12.49 /50	12.88 /61	0.00	1.39
SC	Principal Inv Prt SmCp Gr III AdvPf		PSTPX	C-	(800) 247-4123	C+ / 6.7	8.61	9.37	21.34 /69	13.53 /58	--	0.00	1.68
SC	Principal Inv Prt SmCp Gr III AdvSl		PSTSX	C-	(800) 247-4123	C+ / 6.5	8.57	9.23	21.15 /68	13.34 /57	--	0.00	1.86
SC	Principal Inv Prt SmCp Gr III Inst		PIIGX	C	(800) 247-4123	B- / 7.1	8.80	9.73	22.07 /73	14.21 /64	--	0.00	1.11
SC	Principal Inv Prt SmCp Gr III Pfd		PDARX	C-	(800) 247-4123	C+ / 6.9	8.70	9.54	21.65 /71	13.88 /61	--	0.00	1.37
SC	Principal Inv Prt SmCp Gr III Sel		PEARX	C-	(800) 247-4123	C+ / 6.8	8.65	9.49	21.63 /71	13.75 /60	--	0.00	1.49
SC	Principal Inv Prt SmCp VI Fd AdvPfd		PVUPX	B-	(800) 247-4123	C+ / 5.6	5.69	8.60	17.03 /38	13.42 /58	12.97 /62	0.00	1.59
SC	Principal Inv Prt SmCp VI Fd AdvSel		PSVLX	B-	(800) 247-4123	C / 5.5	5.64	8.45	16.79 /37	13.23 /56	12.74 /60	0.00	1.77
SC	Principal Inv Prt SmCp VI Fd J		PCVJX	D	(800) 247-4123	C / 5.1	5.65	8.42	16.78 /37	13.08 /55	12.56 /58	0.00	1.93
SC	Principal Inv Prt SmCp VI Fd Pfd		PHARX	B	(800) 247-4123	C+ / 5.9	5.74	8.72	17.34 /40	13.78 /60	13.33 /64	0.00	1.28
SC	Principal Inv Prt SmCp VI Fd Sel		PIARX	B-	(800) 247-4123	C+ / 5.8	5.68	8.62	17.19 /39	13.60 /59	13.14 /63	0.00	1.40

● Denotes fund is closed to new investors

* Denotes fund is included in Section II

I. Index of Stock Mutual Funds

Summer 2007

RISK			NET ASSETS		ASSET				Portfolio Turnover Ratio	BULL / BEAR		FUND MANAGER		MINIMUMS		LOADS	
	3 Year		NAV							Last Bull	Last Bear	Manager	Manager	Initial	Additional	Front	Back
Risk Rating/Pts	Standard Deviation	Beta	As of 6/30/07	Total $(Mil)	Cash %	Stocks %	Bonds %	Other %		Market Return	Market Return	Quality Pct	Tenure (Years)	Purch. $	Purch. $	End Load	End Load
C / 4.7	14.2	1.28	10.31	32	3	96	0	1	145.8	122.4	-10.2	11	N/A	1,000	100	0.0	1.0
C / 5.2	14.2	1.28	11.18	31	3	96	0	1	145.8	129.3	-10.3	14	7	0	0	0.0	0.0
C / 5.2	14.3	1.28	11.05	24	3	96	0	1	145.8	127.2	-10.1	13	7	0	0	0.0	0.0
B- / 7.3	12.1	1.13	12.76	1	1	98	0	1	85.0	N/A	N/A	27	4	0	0	0.0	0.0
B- / 7.3	12.0	1.13	12.67	2	1	98	0	1	85.0	N/A	N/A	26	4	0	0	0.0	0.0
C / 5.2	12.0	1.12	12.76	N/A	1	98	0	1	85.0	N/A	N/A	28	N/A	1,000	100	0.0	1.0
B- / 7.3	12.0	1.13	13.02	293	1	98	0	1	85.0	N/A	N/A	33	4	0	0	0.0	0.0
B- / 7.3	12.1	1.13	12.92	2	1	98	0	1	85.0	N/A	N/A	30	4	0	0	0.0	0.0
B- / 7.3	12.0	1.13	12.84	3	1	98	0	1	85.0	N/A	N/A	29	4	0	0	0.0	0.0
U /	N/A	N/A	11.75	564	1	98	0	1	161.0	N/A	N/A	N/A	3	0	0	0.0	0.0
C+ / 6.6	10.9	0.97	16.40	39	2	97	0	1	151.0	137.0	-5.8	59	2	0	0	0.0	0.0
C+ / 6.6	10.9	0.97	15.94	28	2	97	0	1	151.0	135.2	-5.9	56	2	0	0	0.0	0.0
C / 5.5	10.9	0.96	16.51	1	2	97	0	1	151.0	141.0	-5.8	63	1	1,000	100	0.0	1.0
C+ / 6.6	10.9	0.97	16.65	566	2	97	0	1	151.0	142.8	-5.8	66	2	0	0	0.0	0.0
C+ / 6.5	10.9	0.97	15.77	109	2	97	0	1	151.0	134.3	-5.9	56	2	1,000	100	0.0	1.0
C+ / 6.6	10.9	0.97	16.47	39	2	97	0	1	151.0	139.9	-5.8	63	2	0	0	0.0	0.0
C+ / 6.6	10.9	0.97	16.35	25	2	97	0	1	151.0	139.0	-5.9	61	2	0	0	0.0	0.0
B / 8.5	8.8	0.80	15.20	17	2	97	0	1	52.4	N/A	N/A	89	N/A	0	0	0.0	0.0
B / 8.5	8.9	0.80	15.13	6	2	97	0	1	52.4	N/A	N/A	88	N/A	0	0	0.0	0.0
B / 8.5	8.9	0.80	15.32	1,022	2	97	0	1	52.4	N/A	N/A	92	N/A	0	0	0.0	0.0
B / 8.5	8.8	0.80	15.28	22	2	97	0	1	52.4	N/A	N/A	91	N/A	0	0	0.0	0.0
B / 8.5	8.9	0.80	15.24	9	2	97	0	1	52.4	N/A	N/A	90	N/A	0	0	0.0	0.0
B- / 7.4	13.2	0.96	16.83	4	1	98	0	1	110.0	131.5	N/A	39	1	0	0	0.0	0.0
B- / 7.4	13.2	0.96	16.67	1	1	98	0	1	110.0	129.7	N/A	38	1	0	0	0.0	0.0
B- / 7.4	13.2	0.96	17.30	195	1	98	0	1	110.0	137.1	N/A	47	1	0	0	0.0	0.0
C / 4.9	13.2	0.96	17.10	1	1	98	0	1	110.0	134.7	N/A	44	N/A	0	0	0.0	0.0
B- / 7.4	13.2	0.96	16.99	1	1	98	0	1	110.0	133.4	N/A	42	1	0	0	0.0	0.0
C / 4.4	14.9	1.05	10.44	2	1	98	0	1	100.0	125.0	-13.2	33	N/A	0	0	0.0	0.0
C / 4.4	14.9	1.05	10.31	2	1	98	0	1	100.0	123.2	-13.2	31	N/A	0	0	0.0	0.0
C / 4.4	15.0	1.06	10.83	140	1	98	0	1	100.0	130.5	-13.0	39	N/A	0	0	0.0	0.0
C / 4.4	14.9	1.05	9.92	11	1	98	0	1	100.0	121.6	-13.4	29	N/A	1,000	100	0.0	1.0
C / 4.4	14.9	1.05	10.71	8	1	98	0	1	100.0	128.3	-13.2	36	N/A	0	0	0.0	0.0
C / 4.4	14.9	1.05	10.58	1	1	98	0	1	100.0	126.8	-13.1	35	N/A	0	0	0.0	0.0
C / 5.0	13.0	0.94	9.79	19	2	97	0	1	81.0	110.9	-10.6	39	N/A	1,000	100	5.5	1.0
C / 5.0	13.2	0.95	9.60	17	2	97	0	1	81.0	114.7	-10.3	43	N/A	0	0	0.0	0.0
C / 4.9	13.2	0.96	9.39	15	2	97	0	1	81.0	112.9	-10.6	41	N/A	0	0	0.0	0.0
C / 4.9	13.0	0.94	9.63	8	2	97	0	1	81.0	104.2	-10.8	31	N/A	1,000	100	0.0	1.0
C / 5.0	13.2	0.96	9.74	N/A	2	97	0	1	81.0	114.6	-10.1	40	N/A	1,000	100	0.0	1.0
C / 5.0	13.2	0.96	9.98	556	2	97	0	1	81.0	119.4	-10.1	52	5	0	0	0.0	0.0
C+ / 6.7	13.2	0.96	8.96	25	2	97	0	1	81.0	110.2	-10.4	38	N/A	1,000	100	0.0	1.0
C / 5.0	13.2	0.96	9.81	39	2	97	0	1	81.0	117.3	-10.3	48	5	0	0	0.0	0.0
C / 5.0	13.2	0.95	9.70	9	2	97	0	1	81.0	116.0	-10.3	47	5	0	0	0.0	0.0
C- / 4.2	17.1	1.16	12.61	1	0	99	0	1	88.0	N/A	N/A	34	3	0	0	0.0	0.0
C- / 4.2	17.0	1.16	12.54	1	0	99	0	1	88.0	N/A	N/A	33	3	0	0	0.0	0.0
C / 4.3	17.0	1.16	12.86	311	0	99	0	1	88.0	N/A	N/A	41	3	0	0	0.0	0.0
C / 4.3	17.1	1.16	12.74	5	0	99	0	1	88.0	N/A	N/A	38	3	0	0	0.0	0.0
C / 4.3	17.0	1.16	12.69	1	0	99	0	1	88.0	N/A	N/A	37	3	0	0	0.0	0.0
B / 8.2	10.1	0.72	16.17	9	1	98	0	1	36.0	127.2	-7.1	83	3	0	0	0.0	0.0
B / 8.1	10.2	0.73	15.91	3	1	98	0	1	36.0	125.1	-7.1	81	3	0	0	0.0	0.0
C- / 4.1	10.1	0.72	15.71	14	1	98	0	1	36.0	123.7	-7.1	80	3	1,000	100	0.0	1.0
B / 8.2	10.1	0.73	16.59	16	1	98	0	1	36.0	130.0	-7.0	85	3	0	0	0.0	0.0
B / 8.2	10.1	0.73	16.38	1	1	98	0	1	36.0	128.6	-7.1	84	3	0	0	0.0	0.0

www.thestreet.com/ratings

Data as of June 30, 2007

I. Index of Stock Mutual Funds

Summer 2007

	99 Pct = Best				**PERFORMANCE**							
	0 Pct = Worst			**Overall**	**Perfor-**		Total Return % through 6/30/07				Incl. in Returns	
Fund		Ticker		**Investment**	**mance**				Annualized		Dividend	Expense
Type	Fund Name	Symbol	Phone	**Rating**	**Rating/Pts**	3 Mo	6 Mo	1Yr / Pct	3Yr / Pct	5Yr / Pct	Yield	Ratio
SC	Principal Inv Prt SmCp VI I AdvPfd	PPKMX	(800) 247-4123	C-	C / 4.9	3.12	5.09	13.86 /20	14.06 /63	--	0.00	1.59
SC	Principal Inv Prt SmCp VI I AdvSel	PPKNX	(800) 247-4123	C-	C / 4.7	3.03	4.97	13.60 /19	13.85 /61	--	0.00	1.77
SC	Principal Inv Prt SmCp VI I Inst	PPKIX	(800) 247-4123	C	C / 5.5	3.23	5.35	14.50 /23	14.71 /67	--	0.44	1.02
SC	Principal Inv Prt SmCp VI I Pfd	PPKPX	(800) 247-4123	C	C / 5.2	3.14	5.21	14.19 /22	14.40 /65	--	0.19	1.28
SC	Principal Inv Prt SmCp VI I Sel	PPKSX	(800) 247-4123	C	C / 5.1	3.14	5.22	14.08 /21	14.28 /64	--	0.08	1.40
SC	Principal Inv Prt SmCp VI II AdvPfd	PJARX	(800) 247-4123	C+	C / 5.3	2.85	5.38	15.79 /31	14.50 /66	--	0.00	1.58
SC	Principal Inv Prt SmCp VI II AdvSel	PKARX	(800) 247-4123	C+	C / 5.2	2.87	5.26	15.63 /30	14.28 /64	--	0.00	1.76
SC	Principal Inv Prt SmCp VI II Inst	PPVIX	(800) 247-4123	C+	C+ / 5.9	3.04	5.70	16.51 /35	15.17 /70	--	0.45	1.01
SC	Principal Inv Prt SmCp VI II Pfd	PLARX	(800) 247-4123	C+	C+ / 5.7	2.98	5.58	16.20 /33	14.87 /68	--	0.21	1.27
SC	Principal Inv Prt SmCp VI II Sel	PSTWX	(800) 247-4123	C+	C / 5.5	2.91	5.44	16.02 /32	14.69 /67	--	0.10	1.39
RE	Principal Inv Real Estate A	PRRAX	(800) 247-4123	C-	C+ / 6.8	-11.28	-9.49	6.61 / 3	22.69 /90	20.28 /92	0.52	1.43
RE	Principal Inv Real Estate AdvPfd	PRERX	(800) 247-4123	C	B- / 7.1	-11.32	-9.57	6.50 / 2	21.46 /88	19.56 /91	0.51	1.42
RE	Principal Inv Real Estate AdvSel	PRENX	(800) 247-4123	C	B- / 7.0	-11.34	-9.61	6.36 / 2	21.26 /87	19.21 /90	0.40	1.60
RE	Principal Inv Real Estate B	PRLEX	(800) 247-4123	C	B- / 7.3	-11.48	-9.86	5.96 / 2	22.19 /90	19.99 /92	0.18	2.31
RE	Principal Inv Real Estate C	PRCEX	(800) 247-4123	C	B- / 7.3	-11.33	-8.63	7.61 / 4	21.88 /89	19.80 /92	0.48	2.53
RE	Principal Inv Real Estate Inst	PIREX	(800) 247-4123	C	B- / 7.5	-11.15	-9.25	7.17 / 3	22.15 /89	20.10 /92	1.08	0.85
RE	Principal Inv Real Estate J	PREJX	(800) 247-4123	C-	C+ / 6.9	-11.32	-9.56	6.47 / 2	21.28 /87	19.12 /90	0.43	1.54
RE	Principal Inv Real Estate Pfd	PREPX	(800) 247-4123	C	B- / 7.3	-11.23	-9.40	6.87 / 3	21.87 /89	19.81 /92	0.83	1.11
RE	Principal Inv Real Estate Sel	PRETX	(800) 247-4123	C	B- / 7.3	-11.27	-9.46	6.74 / 3	21.73 /88	19.63 /91	0.71	1.23
BA	Principal Inv SAM Bal Port A	SABPX	(800) 247-4123	C-	D- / 1.2	3.63	5.23	14.62 /24	9.16 /22	9.32 /26	1.90	1.28
BA	Principal Inv SAM Bal Port AdvPfd	PBAPX	(800) 247-4123	C	D / 1.7	3.53	4.14	13.43 /18	8.78 /19	9.09 /24	1.90	1.50
BA	Principal Inv SAM Bal Port AdvSel	PSBVX	(800) 247-4123	C	D / 1.6	3.48	4.05	13.33 /18	8.75 /19	9.07 /24	1.81	1.68
BA	Principal Inv SAM Bal Port AdvSig	PSBGX	(800) 247-4123	C	D / 1.6	3.45	3.98	13.25 /17	8.73 /19	9.06 /24	1.75	1.81
BA	Principal Inv SAM Bal Port B	SBBPX	(800) 247-4123	C-	D- / 1.5	3.44	4.84	13.77 /20	8.32 /16	8.49 /18	1.27	2.05
BA	Principal Inv SAM Bal Port C	SCBPX	(800) 247-4123	C-	D / 1.6	3.40	4.88	13.80 /20	8.37 /16	8.50 /19	1.30	2.03
BA	Principal Inv SAM Bal Port Inst	PSBIX	(800) 247-4123	C	D / 1.8	3.75	4.43	13.75 /19	8.89 /20	9.16 /25	2.18	0.93
BA	Principal Inv SAM Bal Port J	PSAJX	(800) 247-4123	C-	D- / 1.3	3.47	3.29	12.50 /15	8.49 /17	8.91 /22	1.88	3.21
BA	Principal Inv SAM Bal Port Pfd	PSBFX	(800) 247-4123	C	D / 1.7	3.61	4.30	13.61 /19	8.84 /20	9.13 /24	2.05	1.19
BA	Principal Inv SAM Bal Port Sel	PSBLX	(800) 247-4123	C	D / 1.7	3.58	4.24	13.54 /19	8.82 /19	9.11 /24	1.99	1.31
BA	Principal Inv SAM Consv Bal A	SAIPX	(800) 247-4123	D+	E / 0.5	2.23	3.80	11.59 /12	7.33 /11	7.73 /13	2.70	1.27
BA	Principal Inv SAM Consv Bal AdvPfd	PCBPX	(800) 247-4123	C-	E+ / 0.8	2.18	3.13	10.84 /10	7.08 / 9	7.58 /12	2.75	1.47
BA	Principal Inv SAM Consv Bal AdvSel	PCNSX	(800) 247-4123	C-	E+ / 0.8	2.13	3.04	10.74 /10	7.05 / 9	7.56 /12	2.66	1.65
BA	Principal Inv SAM Consv Bal AdvSig	PCSSX	(800) 247-4123	C-	E+ / 0.8	2.09	2.97	10.67 / 9	7.02 / 9	7.55 /11	2.59	1.78
BA	Principal Inv SAM Consv Bal B	SBIPX	(800) 247-4123	C-	E+ / 0.6	2.03	3.49	10.74 /10	6.51 / 7	6.93 / 8	2.10	2.04
BA	Principal Inv SAM Consv Bal C	SCIPX	(800) 247-4123	C-	E+ / 0.6	2.05	3.52	10.82 /10	6.52 / 7	6.95 / 8	2.14	2.02
BA	Principal Inv SAM Consv Bal Inst	PCCIX	(800) 247-4123	C-	E+ / 0.9	2.42	3.43	11.16 /11	7.18 /10	7.64 /12	3.03	0.90
BA	Principal Inv SAM Consv Bal J	PCBJX	(800) 247-4123	C-	E+ / 0.7	2.16	3.01	10.71 /10	7.04 / 9	7.56 /12	2.72	3.18
BA	Principal Inv SAM Consv Bal Pfd	PCBFX	(800) 247-4123	C-	E+ / 0.8	2.35	3.29	11.02 /10	7.14 /10	7.62 /12	2.91	1.16
BA	Principal Inv SAM Consv Bal Sel	PCBLX	(800) 247-4123	C-	E+ / 0.8	2.32	3.23	10.95 /10	7.11 /10	7.60 /12	2.84	1.28
AA	Principal Inv SAM Consv Gr A	SAGPX	(800) 247-4123	C-	D / 2.2	4.83	6.52	17.24 /40	10.74 /34	10.72 /41	1.11	1.33
AA	Principal Inv SAM Consv Gr AdvPfd	PCGPX	(800) 247-4123	D	D+ / 2.8	4.71	5.02	15.60 /29	10.22 /30	10.40 /37	1.19	1.54
AA	Principal Inv SAM Consv Gr AdvSel	PCGVX	(800) 247-4123	D	D+ / 2.7	4.71	4.96	15.53 /29	10.20 /29	10.39 /37	1.19	1.72
AA	Principal Inv SAM Consv Gr AdvSig	PCGGX	(800) 247-4123	D	D+ / 2.7	4.65	4.90	15.46 /29	10.18 /29	10.38 /37	1.19	1.85
AA	Principal Inv SAM Consv Gr B	SBGPX	(800) 247-4123	C-	D+ / 2.8	4.62	6.10	16.32 /34	9.90 /27	9.85 /31	0.48	2.10
AA	Principal Inv SAM Consv Gr C	SCGPX	(800) 247-4123	C-	D+ / 2.8	4.65	6.15	16.40 /35	9.94 /27	9.89 /31	0.57	2.09
AA	Principal Inv SAM Consv Gr Inst	PCWIX	(800) 247-4123	D	D+ / 2.9	4.88	5.32	15.93 /31	10.33 /31	10.47 /38	1.19	0.97
AA	Principal Inv SAM Consv Gr J	PCGJX	(800) 247-4123	D	D+ / 2.6	4.77	5.02	15.60 /29	10.22 /30	10.40 /37	1.19	3.25
AA	Principal Inv SAM Consv Gr Pfd	PCWPX	(800) 247-4123	D	D+ / 2.9	4.83	5.20	15.79 /31	10.29 /30	10.44 /38	1.19	1.23
AA	Principal Inv SAM Consv Gr Sel	PCWSX	(800) 247-4123	D	D+ / 2.8	4.83	5.14	15.73 /30	10.27 /30	10.43 /38	1.19	1.35
AA	Principal Inv SAM Flex Inc A	SAUPX	(800) 247-4123	D	E- / 0.2	0.96	2.37	8.60 / 5	5.43 / 4	6.17 / 5	3.53	1.23
AA	Principal Inv SAM Flex Inc AdvPfd	PFIPX	(800) 247-4123	C-	E / 0.3	0.90	1.98	8.18 / 4	5.29 / 4	6.09 / 4	3.57	1.44
AA	Principal Inv SAM Flex Inc AdvSel	PFIVX	(800) 247-4123	C-	E / 0.3	0.85	1.97	8.18 / 4	5.29 / 4	6.09 / 4	3.48	1.62

● Denotes fund is closed to new investors

* Denotes fund is included in Section II

www.thestreet.com/ratings

I. Index of Stock Mutual Funds

Summer 2007

RISK			NET ASSETS		ASSET				Portfolio	BULL / BEAR		FUND MANAGER		MINIMUMS		LOADS	
	3 Year		NAV							Last Bull	Last Bear	Manager	Manager	Initial	Additional	Front	Back
Risk	Standard		As of	Total	Cash	Stocks	Bonds	Other	Turnover	Market	Market	Quality	Tenure	Purch.	Purch.	End	End
Rating/Pts	Deviation	Beta	6/30/07	$(Mil)	%	%	%	%	Ratio	Return	Return	Pct	(Years)	$	$	Load	Load
C+ / 6.1	11.8	0.87	19.19	23	3	96	0	1	43.0	158.6	N/A	75	N/A	0	0	0.0	0.0
C+ / 6.1	11.8	0.87	19.02	21	3	96	0	1	43.0	156.7	N/A	73	N/A	0	0	0.0	0.0
C+ / 6.1	11.8	0.87	19.48	435	3	96	0	1	43.0	165.3	N/A	81	5	0	0	0.0	0.0
C+ / 6.1	11.8	0.87	19.39	26	3	96	0	1	43.0	162.1	N/A	78	N/A	0	0	0.0	0.0
C+ / 6.2	11.8	0.87	19.36	10	3	96	0	1	43.0	161.1	N/A	78	N/A	0	0	0.0	0.0
B- / 7.3	12.9	0.94	13.71	4	0	99	0	1	40.0	N/A	N/A	73	2	0	0	0.0	0.0
B- / 7.3	13.0	0.95	13.62	2	0	99	0	1	40.0	N/A	N/A	70	2	0	0	0.0	0.0
B- / 7.3	12.9	0.95	13.90	411	0	99	0	1	40.0	N/A	N/A	78	2	0	0	0.0	0.0
B- / 7.3	12.9	0.95	13.82	2	0	99	0	1	40.0	N/A	N/A	76	2	0	0	0.0	0.0
B- / 7.3	12.9	0.94	13.77	2	0	99	0	1	40.0	N/A	N/A	74	2	0	0	0.0	0.0
C- / 4.0	16.2	1.08	23.75	146	2	97	0	1	27.0	196.3	1.9	79	7	1,000	100	5.5	1.0
C- / 4.2	15.9	1.07	23.47	51	2	97	0	1	27.0	187.6	1.9	70	7	0	0	0.0	0.0
C- / 4.2	15.9	1.07	23.22	27	2	97	0	1	27.0	185.5	1.8	68	7	0	0	0.0	0.0
C- / 4.0	16.2	1.09	23.68	35	2	97	0	1	27.0	192.9	1.9	74	7	1,000	100	0.0	1.0
C / 4.3	16.1	1.08	23.72	8	2	97	0	1	27.0	190.6	1.9	72	N/A	1,000	100	0.0	1.0
C- / 4.2	15.9	1.07	23.74	983	2	97	0	1	27.0	194.7	1.9	77	7	0	0	0.0	0.0
C- / 4.2	15.9	1.07	23.43	206	2	97	0	1	27.0	185.0	1.7	68	7	1,000	100	0.0	1.0
C- / 4.2	15.9	1.07	23.37	86	2	97	0	1	27.0	191.5	1.9	74	7	0	0	0.0	0.0
C- / 4.2	15.9	1.07	23.35	18	2	97	0	1	27.0	189.9	1.8	73	7	0	0	0.0	0.0
B+ / 9.0	5.2	1.14	15.31	2,456	2	64	30	4	9.0	66.4	-3.6	51	7	1,000	100	5.5	1.0
B+ / 9.7	5.1	1.14	15.17	N/A	2	64	30	4	9.0	64.7	-3.6	46	N/A	0	0	0.0	0.0
B+ / 9.7	5.1	1.14	15.17	N/A	2	64	30	4	9.0	64.6	-3.6	45	N/A	0	0	0.0	0.0
B+ / 9.7	5.1	1.14	15.17	N/A	2	64	30	4	9.0	64.4	-3.6	45	N/A	0	0	0.0	0.0
B+ / 9.1	5.2	1.15	15.28	1,378	2	64	30	4	9.0	61.1	-3.8	39	7	1,000	100	0.0	0.0
B+ / 9.1	5.2	1.15	15.20	928	2	64	30	4	9.0	61.1	-3.7	40	5	1,000	100	0.0	0.0
B+ / 9.7	5.1	1.14	15.17	N/A	2	64	30	4	9.0	65.0	-3.6	47	N/A	0	0	0.0	0.0
B+ / 9.7	5.2	1.15	15.05	1	2	64	30	4	9.0	63.3	-3.6	41	N/A	1,000	100	0.0	1.0
B+ / 9.7	5.1	1.14	15.17	N/A	2	64	30	4	9.0	64.9	-3.6	46	N/A	0	0	0.0	0.0
B+ / 9.7	5.1	1.14	15.17	N/A	2	64	30	4	9.0	64.8	-3.6	46	N/A	0	0	0.0	0.0
B+ / 9.2	3.6	0.79	11.43	308	2	44	52	2	9.0	47.6	-1.0	50	7	1,000	100	5.5	1.0
B+ / 9.9	3.6	0.79	11.37	N/A	2	44	52	2	9.0	46.6	-1.0	47	N/A	0	0	0.0	0.0
B+ / 9.9	3.6	0.79	11.37	N/A	2	44	52	2	9.0	46.5	-1.0	46	N/A	0	0	0.0	0.0
B+ / 9.9	3.6	0.79	11.37	N/A	2	44	52	2	9.0	46.5	-1.0	46	N/A	0	0	0.0	0.0
B+ / 9.7	3.6	0.80	11.42	159	2	44	52	2	9.0	42.8	-1.1	39	7	1,000	100	0.0	1.0
B+ / 9.7	3.6	0.79	11.37	174	2	44	52	2	9.0	42.9	-1.1	39	5	1,000	100	0.0	1.0
B+ / 9.9	3.6	0.79	11.37	N/A	2	44	52	2	9.0	46.9	-1.0	48	N/A	0	0	0.0	0.0
B+ / 9.9	3.6	0.80	11.36	N/A	2	44	52	2	9.0	46.6	-1.0	46	N/A	1,000	100	0.0	1.0
B+ / 9.9	3.6	0.79	11.37	N/A	2	44	52	2	9.0	46.7	-1.0	48	N/A	0	0	0.0	0.0
B+ / 9.9	3.6	0.79	11.37	N/A	2	44	52	2	9.0	46.7	-1.0	47	N/A	0	0	0.0	0.0
B / 8.2	6.7	1.47	17.81	1,905	2	84	12	2	10.0	85.6	-5.9	50	7	1,000	100	5.5	1.0
C+ / 6.4	6.7	1.46	17.56	N/A	2	84	12	2	10.0	83.0	-5.9	43	N/A	0	0	0.0	0.0
C+ / 6.4	6.7	1.46	17.55	N/A	2	84	12	2	10.0	82.9	-5.9	42	N/A	0	0	0.0	0.0
C+ / 6.4	6.7	1.46	17.54	N/A	2	84	12	2	10.0	82.8	-5.9	42	N/A	0	0	0.0	0.0
B / 8.2	6.7	1.46	17.22	1,078	2	84	12	2	10.0	79.6	-6.1	39	7	1,000	100	0.0	0.0
B / 8.2	6.7	1.46	17.09	956	2	84	12	2	10.0	79.8	-6.1	39	5	1,000	100	0.0	0.0
C+ / 6.4	6.7	1.46	17.61	N/A	2	84	12	2	10.0	83.4	-5.9	44	N/A	0	0	0.0	0.0
C+ / 6.4	6.7	1.47	17.56	1	2	84	12	2	10.0	83.0	-5.9	43	N/A	1,000	100	0.0	1.0
C+ / 6.4	6.7	1.46	17.59	N/A	2	84	12	2	10.0	83.3	-5.9	43	N/A	0	0	0.0	0.0
C+ / 6.4	6.7	1.47	17.58	N/A	2	84	12	2	10.0	83.2	-5.9	43	N/A	0	0	0.0	0.0
B+ / 9.3	2.6	0.52	11.61	383	2	24	72	2	7.0	33.5	0.6	43	7	1,000	100	4.5	1.0
B+ / 9.9	2.6	0.52	11.58	N/A	2	24	72	2	7.0	33.0	0.6	41	N/A	0	0	0.0	0.0
B+ / 9.9	2.6	0.51	11.59	N/A	2	24	72	2	7.0	33.0	0.6	41	N/A	0	0	0.0	0.0

www.thestreet.com/ratings

Data as of June 30, 2007

I. Index of Stock Mutual Funds

Summer 2007

99 Pct = Best
0 Pct = Worst

Fund Type	Fund Name	Ticker Symbol	Overall Investment Rating	Phone	Performance Rating/Pts	Total Return % through 6/30/07				Incl. in Returns	
						3 Mo	6 Mo	1Yr / Pct	Annualized 3Yr / Pct	Dividend Yield	Expense Ratio
									5Yr / Pct		
AA	Principal Inv SAM Flex Inc AdvSig	PFIGX	C-	(800) 247-4123	E / 0.3	0.73	1.82	8.01 / 4	5.23 / 4	6.06 / 4	3.42	1.75
AA	Principal Inv SAM Flex Inc B	SBUPX	E+	(800) 247-4123	E- / 0.2	0.77	2.07	7.86 / 4	4.64 / 3	5.39 / 3	2.92	2.00
AA	Principal Inv SAM Flex Inc C	SCUPX	D+	(800) 247-4123	E- / 0.2	0.69	1.99	7.83 / 4	4.64 / 3	5.39 / 3	2.95	1.99
AA	Principal Inv SAM Flex Inc Inst	PIFIX	C-	(800) 247-4123	E / 0.3	1.04	2.27	8.49 / 5	5.39 / 4	6.15 / 5	3.86	0.87
AA	Principal Inv SAM Flex Inc J	PFIJX	C-	(800) 247-4123	E / 0.3	0.88	2.03	8.24 / 4	5.31 / 4	6.10 / 5	3.54	3.15
AA	Principal Inv SAM Flex Inc Pfd	PFIFX	C-	(800) 247-4123	E / 0.3	0.98	2.14	8.35 / 5	5.35 / 4	6.12 / 5	3.74	1.13
AA	Principal Inv SAM Flex Inc Sel	PFILX	C-	(800) 247-4123	E / 0.3	0.95	2.07	8.28 / 4	5.32 / 4	6.11 / 5	3.67	1.25
AA	Principal Inv SAM Strat Grw A	SACAX	D+	(800) 247-4123	C- / 3.0	5.42	7.13	18.57 /49	11.61 /42	11.39 /48	1.04	1.39
AA	Principal Inv SAM Strat Grw AdvPfd	PSGPX	D+	(800) 247-4123	C- / 3.6	5.39	5.56	16.84 /37	11.07 /36	11.07 /44	1.12	1.56
AA	Principal Inv SAM Strat Grw AdvSel	PSGVX	D+	(800) 247-4123	C- / 3.5	5.29	5.46	16.72 /36	11.03 /36	11.04 /44	1.12	1.74
AA	Principal Inv SAM Strat Grw AdvSig	PSGGX	D+	(800) 247-4123	C- / 3.5	5.29	5.40	16.66 /36	11.01 /36	11.03 /44	1.12	1.87
AA	Principal Inv SAM Strat Grw B	SBCAX	C-	(800) 247-4123	C- / 3.6	5.25	6.75	17.67 /43	10.78 /34	10.55 /39	0.46	2.16
AA	Principal Inv SAM Strat Grw C	SWHCX	C-	(800) 247-4123	C- / 3.6	5.25	6.73	17.72 /43	10.78 /34	10.61 /40	0.52	2.15
AA	Principal Inv SAM Strat Grw Inst	PSWIX	D+	(800) 247-4123	C- / 3.7	5.55	5.83	17.14 /39	11.16 /37	11.12 /45	1.11	0.99
AA	Principal Inv SAM Strat Grw J	PSWJX	D	(800) 247-4123	C- / 3.4	5.39	5.56	16.84 /37	11.07 /36	11.07 /44	1.12	3.27
AA	Principal Inv SAM Strat Grw Pfd	PSGFX	D+	(800) 247-4123	C- / 3.7	5.50	5.73	17.02 /38	11.12 /37	11.10 /45	1.11	1.25
AA	Principal Inv SAM Strat Grw Sel	PSGLX	D+	(800) 247-4123	C- / 3.6	5.44	5.67	16.96 /38	11.11 /37	11.09 /45	1.12	1.37
SC	Principal Inv SmCap Blend A	PLLAX	D+	(800) 247-4123	C / 4.5	5.23	8.94	16.26 /33	14.17 /63	12.40 /57	0.00	1.41
SC	Principal Inv SmCap Blend AdvPfd	PSBMX	C	(800) 247-4123	C+/ 6.2	5.26	8.99	16.42 /35	14.60 /66	13.57 /66	0.00	1.33
SC	Principal Inv SmCap Blend AdvSel	PSBNX	C	(800) 247-4123	C+/ 6.0	5.13	8.89	16.18 /33	14.40 /65	13.42 /65	0.00	1.51
SC	Principal Inv SmCap Blend B	PLLBX	C-	(800) 247-4123	C / 5.0	4.95	8.50	15.46 /29	13.34 /57	11.56 /49	0.00	2.26
SC	Principal Inv SmCap Blend C	PSMCX	C	(800) 247-4123	C+/ 6.1	5.12	9.24	16.68 /36	14.68 /67	13.62 /67	0.00	4.07
SC	Principal Inv SmCap Blend Inst	PSLIX	B-	(800) 247-4123	C+/ 6.7	5.40	9.33	17.09 /39	15.25 /70	14.24 /71	0.00	0.76
SC	Principal Inv SmCap Blend J	PSBJX	C	(800) 247-4123	C+/ 5.9	5.19	8.99	16.31 /34	14.46 /65	13.34 /65	0.00	1.46
SC	Principal Inv SmCap Blend Pfd	PSBPX	C	(800) 247-4123	C+/ 6.5	5.26	9.11	16.68 /36	14.94 /68	13.95 /69	0.00	1.02
SC	Principal Inv SmCap Blend Sel	PSBSX	C	(800) 247-4123	C+/ 6.5	5.24	9.11	16.60 /36	14.99 /69	13.84 /68	0.00	1.14
SC	Principal Inv SmCap S&P 600 AdvPfd	PSSMX	C	(800) 247-4123	C / 5.4	5.03	8.22	15.31 /28	13.61 /59	13.46 /65	0.21	0.73
SC	Principal Inv SmCap S&P 600 AdvSel	PSSNX	C	(800) 247-4123	C / 5.2	5.01	8.10	15.09 /27	13.41 /58	13.31 /64	0.05	0.91
SC	Principal Inv SmCap S&P 600 Inst	PSSIX	C+	(800) 247-4123	C+/ 5.9	5.15	8.51	15.95 /31	14.25 /64	13.98 /70	0.76	0.16
SC	Principal Inv SmCap S&P 600 J	PSSJX	D+	(800) 247-4123	C / 4.9	4.97	8.11	15.13 /27	13.38 /57	13.08 /63	0.08	0.90
SC	Principal Inv SmCap S&P 600 Pfd	PSSPX	C	(800) 247-4123	C / 5.7	5.11	8.39	15.62 /29	13.95 /62	13.82 /68	0.49	0.42
SC	Principal Inv SmCap S&P 600 Sel	PSSSX	C	(800) 247-4123	C / 5.5	5.06	8.29	15.44 /28	13.80 /61	13.66 /67	0.39	0.54
SC	Principal Inv SmCap Value A	PSUAX	D+	(800) 247-4123	D+/ 2.6	2.87	2.11	10.26 / 8	13.59 /59	14.33 /72	0.00	2.23
SC	Principal Inv SmCap Value AdvPfd	PSVMX	D+	(800) 247-4123	C- / 3.9	2.87	2.16	10.39 / 9	13.66 /60	14.37 /72	0.12	1.33
SC	Principal Inv SmCap Value AdvSel	PSVNX	D+	(800) 247-4123	C- / 3.8	2.84	2.08	10.17 / 8	13.46 /58	14.16 /71	0.00	1.51
SC	Principal Inv SmCap Value B	PSVBX	C-	(800) 247-4123	C- / 3.3	2.62	1.70	9.43 / 7	13.26 /57	14.13 /71	0.00	4.76
SC	Principal Inv SmCap Value C	PSUCX	D	(800) 247-4123	C- / 3.6	2.72	1.85	10.05 / 8	13.54 /59	14.30 /72	0.12	3.12
SC	Principal Inv SmCap Value Inst	PVSIX	C+	(800) 247-4123	C / 4.8	3.03	2.43	11.02 /10	14.61 /66	15.02 /76	0.69	0.76
SC	Principal Inv SmCap Value J	PSVJX	D	(800) 247-4123	C- / 3.6	2.85	2.07	10.27 / 8	13.44 /58	14.05 /70	0.00	1.45
SC	Principal Inv SmCap Value Pfd	PSVPX	C-	(800) 247-4123	C- / 4.2	2.90	2.25	10.71 /10	14.00 /62	14.73 /74	0.43	1.02
SC	Principal Inv SmCap Value Sel	PSVSX	D+	(800) 247-4123	C- / 4.1	2.91	2.21	10.55 / 9	13.87 /61	14.57 /73	0.31	1.14
SC	Principal Inv SmCp Gr Fd A	PMAAX	D-	(800) 247-4123	C- / 3.6	7.95	11.39	16.72 /36	11.65 /42	12.31 /56	0.00	1.24
SC	Principal Inv SmCp Gr Fd AdvPfd	PSLPX	C	(800) 247-4123	C / 5.1	7.82	11.50	16.84 /37	11.68 /43	12.33 /56	0.00	1.33
SC	Principal Inv SmCp Gr Fd AdvSel	PSARX	C	(800) 247-4123	C / 5.0	7.79	11.38	16.77 /37	11.57 /41	12.16 /55	0.00	1.51
SC	Principal Inv SmCp Gr Fd B	PSCBX	D	(800) 247-4123	C / 4.4	7.52	10.71	16.01 /32	11.42 /40	12.17 /55	0.00	2.88
SC	Principal Inv SmCp Gr Fd C	PSOWX	D	(800) 247-4123	C / 4.6	7.62	10.93	16.25 /33	11.49 /41	12.22 /56	0.00	5.42
SC	Principal Inv SmCp Gr Fd Inst	SCPGX	C+	(800) 247-4123	C+/ 5.8	8.05	11.87	17.65 /43	12.37 /49	12.96 /62	0.00	0.76
SC	Principal Inv SmCp Gr Fd J	PSGJX	C	(800) 247-4123	C / 4.8	7.85	11.50	16.75 /36	11.50 /41	12.01 /54	0.00	1.54
SC	Principal Inv SmCp Gr Fd Pfd	PTARX	C	(800) 247-4123	C / 5.5	7.97	11.69	17.32 /40	12.09 /46	12.71 /59	0.00	1.02
SC	Principal Inv SmCp Gr Fd Sel	PVARX	C	(800) 247-4123	C / 5.4	7.90	11.65	17.17 /39	11.92 /45	12.59 /58	0.00	1.14
GR	Principal Inv West Coast Eq A	CMNWX	D+	(800) 247-4123	D / 1.9	3.90	5.10	13.60 /19	11.36 /39	11.74 /51	0.36	0.85
GR	Principal Inv West Coast Eq B	CMNBX	D+	(800) 247-4123	D / 2.1	3.64	4.56	12.50 /15	10.31 /30	10.67 /40	0.00	1.78

● Denotes fund is closed to new investors
* Denotes fund is included in Section II

www.thestreet.com/ratings

I. Index of Stock Mutual Funds

Summer 2007

RISK			NET ASSETS		ASSET				Portfolio Turnover Ratio	BULL / BEAR		FUND MANAGER		MINIMUMS		LOADS	
	3 Year		NAV							Last Bull	Last Bear	Manager	Manager	Initial	Additional	Front	Back
Risk Rating/Pts	Standard Deviation	Beta	As of 6/30/07	Total $(Mil)	Cash %	Stocks %	Bonds %	Other %		Market Return	Market Return	Quality Pct	Tenure (Years)	Purch. $	Purch. $	End Load	End Load
B+ / 9.9	2.6	0.51	11.58	N/A	2	24	72	2	7.0	32.8	0.6	40	N/A	0	0	0.0	0.0
C+ / 6.7	2.6	0.52	11.61	274	2	24	72	2	7.0	29.2	0.4	34	7	1,000	100	0.0	0.0
B+ / 9.8	2.6	0.52	11.54	143	2	24	72	2	7.0	29.3	0.5	34	5	1,000	100	0.0	0.0
B+ / 9.9	2.6	0.52	11.58	N/A	2	24	72	2	7.0	33.3	0.6	42	N/A	0	0	0.0	0.0
B+ / 9.9	2.6	0.51	11.59	N/A	2	24	72	2	7.0	33.0	0.6	41	N/A	1,000	100	0.0	1.0
B+ / 9.9	2.6	0.52	11.58	N/A	2	24	72	2	7.0	33.1	0.6	42	N/A	0	0	0.0	0.0
B+ / 9.9	2.6	0.52	11.58	N/A	2	24	72	2	7.0	33.1	0.6	41	N/A	0	0	0.0	0.0
C+ / 6.7	7.7	1.64	19.83	1,160	N/A	95	4	N/A	11.0	100.1	-8.0	49	7	1,000	100	5.5	1.0
C+ / 6.1	7.6	1.63	19.54	N/A	N/A	95	4	N/A	11.0	97.2	-8.0	42	N/A	0	0	0.0	0.0
C+ / 6.1	7.6	1.63	19.52	N/A	N/A	95	4	N/A	11.0	97.1	-8.0	42	N/A	0	0	0.0	0.0
C+ / 6.1	7.6	1.63	19.51	N/A	N/A	95	4	N/A	11.0	97.0	-8.0	41	N/A	0	0	0.0	0.0
C+ / 6.7	7.7	1.64	18.83	720	N/A	95	4	N/A	11.0	93.7	-8.2	38	7	1,000	100	0.0	0.0
C+ / 6.7	7.7	1.64	18.86	581	N/A	95	4	N/A	11.0	93.9	-8.1	38	5	1,000	100	0.0	0.0
C+ / 6.1	7.6	1.64	19.59	N/A	N/A	95	4	N/A	11.0	97.7	-8.0	43	N/A	0	0	0.0	0.0
C+ / 6.1	7.6	1.64	19.54	1	N/A	95	4	N/A	11.0	97.3	-8.0	42	N/A	1,000	100	0.0	1.0
C+ / 6.1	7.6	1.64	19.57	N/A	N/A	95	4	N/A	11.0	97.5	-8.0	43	N/A	0	0	0.0	0.0
C+ / 6.1	7.6	1.63	19.56	N/A	N/A	95	4	N/A	11.0	97.4	-8.0	43	N/A	0	0	0.0	0.0
C / 5.3	13.6	0.99	17.91	121	4	95	0	1	137.0	140.5	-11.8	64	1	1,000	100	5.5	1.0
C / 5.3	12.7	0.93	17.82	2	4	95	0	1	137.0	134.9	-8.5	75	1	0	0	0.0	0.0
C / 5.3	12.7	0.93	17.63	3	4	95	0	1	137.0	133.0	-8.4	73	1	0	0	0.0	0.0
C / 5.2	13.6	0.99	17.61	24	4	95	0	1	137.0	132.9	-11.9	54	1	1,000	100	0.0	1.0
C / 5.2	12.8	0.93	17.86	1	4	95	0	1	137.0	135.6	-8.5	75	N/A	1,000	100	0.0	1.0
B- / 7.2	12.7	0.93	18.16	42	4	95	0	1	137.0	140.6	-8.3	81	1	0	0	0.0	0.0
C / 5.2	12.8	0.93	17.22	165	4	95	0	1	137.0	133.0	-8.6	73	1	1,000	100	0.0	1.0
C / 5.3	12.8	0.93	18.21	3	4	95	0	1	137.0	138.0	-8.4	78	1	0	0	0.0	0.0
C / 5.3	12.7	0.93	18.08	2	4	95	0	1	137.0	137.9	-8.4	78	1	0	0	0.0	0.0
C+ / 6.6	12.5	0.92	19.62	43	0	99	0	1	43.0	140.7	-9.9	66	4	0	0	0.0	0.0
C+ / 6.6	12.5	0.92	19.48	26	0	99	0	1	43.0	138.8	-9.7	63	4	0	0	0.0	0.0
B- / 7.5	12.5	0.93	19.38	202	0	99	0	1	43.0	146.5	-10.2	72	4	0	0	0.0	0.0
C / 5.1	12.5	0.92	18.79	86	0	99	0	1	43.0	137.4	-10.0	63	4	1,000	100	0.0	1.0
C+ / 6.6	12.5	0.92	19.76	88	0	99	0	1	43.0	144.0	-9.9	69	4	0	0	0.0	0.0
C+ / 6.6	12.5	0.92	19.73	19	0	99	0	1	43.0	142.7	-9.9	67	4	0	0	0.0	0.0
B- / 7.5	11.8	0.87	19.34	24	6	93	0	1	134.0	142.2	-9.0	72	2	1,000	100	5.5	1.0
C+ / 5.9	11.8	0.86	19.35	14	6	93	0	1	134.0	142.5	-9.0	73	7	0	0	0.0	0.0
C+ / 5.9	11.8	0.86	19.16	9	6	93	0	1	134.0	140.7	-9.0	71	7	0	0	0.0	0.0
B- / 7.5	11.8	0.86	19.17	5	6	93	0	1	134.0	140.1	-9.0	68	2	1,000	100	0.0	1.0
C / 5.4	11.8	0.86	19.29	4	6	93	0	1	134.0	141.9	-9.0	71	N/A	1,000	100	0.0	1.0
B- / 7.5	11.8	0.86	19.40	428	6	93	0	1	134.0	149.9	-9.4	81	6	0	0	0.0	0.0
C / 5.5	11.7	0.86	18.77	75	6	93	0	1	134.0	140.2	-9.1	71	6	1,000	100	0.0	1.0
C+ / 5.9	11.8	0.87	19.52	34	6	93	0	1	134.0	145.8	-8.8	76	7	0	0	0.0	0.0
C+ / 5.9	11.7	0.86	19.44	9	6	93	0	1	134.0	144.7	-9.0	75	7	0	0	0.0	0.0
C / 4.5	14.7	1.06	9.78	113	1	98	0	1	110.0	132.8	-12.9	27	2	1,000	100	5.5	1.0
C+ / 6.7	14.7	1.06	9.79	1	1	98	0	1	110.0	133.3	-12.9	28	2	0	0	0.0	0.0
C+ / 6.7	14.7	1.06	9.69	1	1	98	0	1	110.0	131.5	-12.9	27	2	0	0	0.0	0.0
C / 4.5	14.7	1.06	9.72	8	1	98	0	1	110.0	131.7	-12.9	26	2	1,000	100	0.0	1.0
C / 4.5	14.7	1.06	9.74	1	1	98	0	1	110.0	132.1	-12.9	26	2	1,000	100	0.0	1.0
C+ / 6.7	14.7	1.06	9.80	305	1	98	0	1	110.0	138.9	-12.9	33	2	0	0	0.0	0.0
C+ / 6.7	14.8	1.06	9.21	39	1	98	0	1	110.0	130.6	-13.1	26	2	1,000	100	0.0	1.0
C+ / 6.7	14.7	1.06	10.03	1	1	98	0	1	110.0	136.7	-12.9	31	2	0	0	0.0	0.0
C+ / 6.7	14.7	1.06	9.97	N/A	1	98	0	1	110.0	135.6	-12.9	30	2	0	0	0.0	0.0
B- / 7.6	9.6	1.20	45.54	913	1	98	0	1	15.0	112.8	-8.6	31	5	1,000	100	5.5	1.0
B- / 7.6	9.6	1.20	40.10	185	1	98	0	1	15.0	104.3	-8.9	23	5	1,000	100	0.0	1.0

www.thestreet.com/ratings

Data as of June 30, 2007

I. Index of Stock Mutual Funds

Summer 2007

	99 Pct = Best 0 Pct = Worst			**Overall**		**PERFORMANCE**						
						Perfor-	Total Return % through 6/30/07				Incl. in Returns	
			Ticker	**Investment**		**mance**				Annualized		
Fund											Dividend	Expense
Type	Fund Name		Symbol	**Rating**	Phone	**Rating/Pts**	3 Mo	6 Mo	1Yr / Pct	3Yr / Pct	5Yr / Pct	Yield	Ratio
GR	Principal Inv West Coast Eq C		CMNCX	D+	(800) 247-4123	D / 2.2	3.66	4.57	12.56 /15	10.38 /31	10.77 /41	0.00	1.69
GI	Profit Fund		PVALX	C-	(888) 744-2337	C- / 3.1	7.02	7.02	16.42 /35	9.76 /26	10.34 /37	0.00	3.39
FS	ProFunds-Bank UltraSector Inv		BKPIX	E	(888) 776-3637	E / 0.4	-2.93	-8.66	5.80 / 2	7.91 /14	8.71 /20	1.64	2.10
FS	ProFunds-Bank UltraSector Svc		BKPSX	E	(888) 776-3637	E / 0.3	-3.16	-9.09	4.78 / 1	6.85 / 8	7.70 /13	0.14	3.10
GR	ProFunds-Basic Mat UltraSector Inv		BMPIX	C	(888) 776-3637	A / 9.5	13.26	27.51	37.44 /96	21.99 /89	14.21 /71	2.09	1.49
GR	ProFunds-Basic Mat UltraSector Svc		BMPSX	C	(888) 776-3637	A / 9.4	13.01	26.86	36.07 /96	20.80 /86	13.21 /63	0.53	2.49
GR	ProFunds-Bear Fund Inv		BRPIX	E-	(888) 776-3637	E- / 0.0	-4.05	-3.02	-10.34 / 0	-5.86 / 0	-8.39 / 0	6.12	1.57
GR	ProFunds-Bear Fund Svc		BRPSX	E-	(888) 776-3637	E- / 0.0	-4.30	-3.43	-11.20 / 0	-6.77 / 0	-9.27 / 0	0.00	2.57
GR	ProFunds-Biotech Ultra Sector Inv		BIPIX	E-	(888) 776-3637	E / 0.4	4.18	-3.48	1.07 / 1	7.05 / 9	15.16 /77	0.00	1.58
GR	ProFunds-Biotech Ultra Sector Svc		BIPSX	E-	(888) 776-3637	E- / 0.2	3.93	-3.95	0.04 / 0	5.98 / 6	14.03 /70	0.00	2.58
GR	ProFunds-Bull Fund Inv		BLPIX	C	(888) 776-3637	C- / 3.3	5.90	6.17	18.95 /52	9.86 /27	8.60 /19	0.51	1.47
GR	ProFunds-Bull Fund Svc		BLPSX	C-	(888) 776-3637	D+ / 2.4	5.63	5.61	17.79 /43	8.74 /19	7.52 /11	0.00	2.47
GR	ProFunds-Consumer Goods Ultra Inv		CNPIX	D-	(888) 776-3637	D+ / 2.3	4.52	5.63	24.15 /81	7.37 /11	--	1.41	2.68
GR	ProFunds-Consumer Goods Ultra Svc		CNPSX	D-	(888) 776-3637	D / 1.6	4.26	5.12	22.88 /77	6.30 / 7	--	0.00	3.68
GR	ProFunds-Consumer Srvs Ultra Inv		CYPIX	E	(888) 776-3637	D- / 1.3	1.79	3.06	18.61 /49	7.27 /10	--	0.16	5.32
GR	ProFunds-Consumer Srvs Ultra Svc		CYPSX	E	(888) 776-3637	E+ / 0.9	1.60	2.61	17.52 /42	6.27 / 7	--	0.00	6.32
FO	ProFunds-Europe 30 Inv		UEPIX	B+	(888) 776-3637	B / 8.0	12.11	12.71	23.61 /79	15.49 /71	14.25 /71	0.00	1.44
FO	ProFunds-Europe 30 Svc		UEPSX	B	(888) 776-3637	B / 7.6	11.80	12.16	22.45 /75	14.39 /65	15.12 /77	0.00	2.44
FS	ProFunds-Financial UltraSector Inv		FNPIX	D-	(888) 776-3637	D+ / 2.4	1.04	-3.94	15.53 /29	12.08 /46	10.66 /40	1.11	1.53
FS	ProFunds-Financial UltraSector Svc		FNPSX	E+	(888) 776-3637	D / 1.7	0.76	-4.40	14.42 /23	10.98 /36	9.61 /29	0.41	2.53
GR	ProFunds-HlthCare UltraSector Inv		HCPIX	E+	(888) 776-3637	D- / 1.5	5.88	6.14	20.51 /63	5.87 / 5	6.81 / 7	0.42	1.75
GR	ProFunds-HlthCare UltraSector Svc		HCPSX	E+	(888) 776-3637	D- / 1.0	5.64	5.71	19.30 /55	4.89 / 3	5.81 / 4	0.04	2.75
GR	ProFunds-Industrial UltraSector Inv		IDPIX	C+	(888) 776-3637	B+ / 8.3	14.41	17.56	24.37 /81	14.84 /68	--	0.59	2.44
GR	ProFunds-Industrial UltraSector Svc		IDPSX	C+	(888) 776-3637	B / 7.9	14.13	17.00	23.23 /78	13.70 /60	--	0.00	3.44
SC	ProFunds-Internet UltraSector Inv		INPIX	D-	(888) 776-3637	B+ / 8.3	16.08	20.40	28.72 /91	13.38 /57	31.49 /99	1.11	1.51
SC	ProFunds-Internet UltraSector Svc		INPSX	D-	(888) 776-3637	B / 8.0	15.78	19.79	27.42 /89	12.25 /48	30.34 /98	0.27	2.51
GR	ProFunds-Large Cap Growth Inv		LGPIX	D	(888) 776-3637	D- / 1.2	6.10	5.54	16.94 /38	5.94 / 6	--	0.00	1.97
GR	ProFunds-Large Cap Growth Svc		LGPSX	D	(888) 776-3637	E+ / 0.8	5.87	5.07	15.84 /31	4.92 / 3	--	0.00	2.97
GR	ProFunds-Large Cap Value Inv		LVPIX	B-	(888) 776-3637	C / 5.4	5.43	6.41	19.83 /58	12.93 /53	--	0.40	1.47
GR	ProFunds-Large Cap Value Svc		LVPSX	C+	(888) 776-3637	C / 4.3	5.18	5.91	18.66 /50	11.81 /44	--	0.00	2.47
GR	ProFunds-Mble Telcm UltraSector Inv		WCPIX	D	(888) 776-3637	B / 8.2	13.67	17.19	19.91 /59	15.84 /73	31.91 /99	0.04	1.56
GR	ProFunds-Mble Telcm UltraSector		WCPSX	D	(888) 776-3637	B / 7.8	13.39	16.67	18.71 /50	14.70 /67	30.48 /98	0.00	2.56
GR	ProFunds-Mid Cap Growth Inv		MGPIX	C	(888) 776-3637	C / 5.2	6.91	12.81	16.55 /35	11.80 /44	9.91 /32	0.00	1.53
GR	ProFunds-Mid Cap Growth Svc		MGPSX	C-	(888) 776-3637	C- / 4.1	6.64	12.24	15.39 /28	10.63 /33	8.78 /21	0.00	2.53
MC	ProFunds-Mid Cap Inv		MDPIX	C+	(888) 776-3637	C / 5.4	5.35	11.00	15.86 /31	12.92 /53	11.64 /50	0.26	1.54
MC	ProFunds-Mid Cap Svc		MDPSX	C	(888) 776-3637	C / 4.3	5.11	10.47	14.74 /25	11.79 /44	10.53 /39	0.00	2.54
MC	ProFunds-Mid Cap Value Inv		MLPIX	C+	(888) 776-3637	C+ / 5.9	4.03	9.53	16.56 /35	14.23 /64	12.44 /57	0.14	1.52
MC	ProFunds-Mid Cap Value Svc		MLPSX	C	(888) 776-3637	C / 5.0	3.76	9.00	15.40 /28	13.12 /55	11.37 /47	0.00	2.52
EN	ProFunds-Oil & Gas UltraSector Inv		ENPIX	C	(888) 776-3637	A+ / 9.9	20.99	24.80	35.92 /96	41.76 /99	28.51 /98	0.14	1.42
EN	ProFunds-Oil & Gas UltraSector Svc		ENPSX	C	(888) 776-3637	A+ / 9.8	20.71	24.19	34.59 /96	40.36 /99	27.30 /97	0.00	2.42
AG	ProFunds-OTC Inv		OTPIX	D-	(888) 776-3637	C- / 3.0	8.93	9.62	21.65 /71	7.51 /12	11.83 /52	0.00	1.44
AG	ProFunds-OTC Svc		OTPSX	E+	(888) 776-3637	D / 2.2	8.67	9.07	20.49 /63	6.42 / 7	10.71 /41	0.00	2.44
GR	ProFunds-Pharm UltraSector Inv		PHPIX	E-	(888) 776-3637	E- / 0.1	7.18	6.13	22.14 /73	-0.24 / 0	-0.56 / 0	1.97	1.61
GR	ProFunds-Pharm UltraSector Svc		PHPSX	E-	(888) 776-3637	E- / 0.1	6.86	5.57	21.21 /68	-1.18 / 0	-1.42 / 0	0.72	2.61
PM	ProFunds-Precious Metals Ultra Inv		PMPIX	E-	(888) 776-3637	C- / 3.5	2.45	-6.81	-13.87 / 0	17.53 /79	12.73 /60	6.03	1.36
PM	ProFunds-Precious Metals Ultra Svc		PMPSX	E-	(888) 776-3637	D+ / 2.7	2.20	-7.26	-14.72 / 0	16.40 /76	11.66 /50	4.74	2.36
RE	ProFunds-Real Est UltraSector Inv		REPIX	D	(888) 776-3637	B / 8.1	-14.00	-12.18	11.09 /11	24.25 /92	19.90 /92	2.04	1.70
RE	ProFunds-Real Est UltraSector Svc		REPSX	D	(888) 776-3637	B / 7.7	-14.22	-12.65	9.95 / 8	23.04 /91	18.70 /89	0.98	2.70
OT	ProFunds-Rising Rates Opport Inv		RRPIX	E-	(888) 776-3637	E- / 0.0	6.38	8.11	1.90 / 1	-0.52 / 0	-4.50 / 0	6.39	1.43
OT	ProFunds-Rising Rates Opport Svc		RRPSX	E-	(888) 776-3637	E- / 0.0	6.07	7.49	0.81 / 1	-1.53 / 0	-5.42 / 0	5.44	2.43
GR	ProFunds-Semicond UltraSector Inv		SMPIX	E-	(888) 776-3637	E- / 0.0	19.76	15.45	19.35 /55	-4.08 / 0	0.90 / 0	0.16	1.58
GR	ProFunds-Semicond UltraSector Svc		SMPSX	E-	(888) 776-3637	E- / 0.0	19.53	14.87	18.05 /45	-5.03 / 0	-0.14 / 0	0.00	2.58

● Denotes fund is closed to new investors

* Denotes fund is included in Section II

Summer 2007
I. Index of Stock Mutual Funds

RISK			NET ASSETS		ASSET					BULL / BEAR		FUND MANAGER		MINIMUMS		LOADS	
	3 Year		NAV						Portfolio	Last Bull	Last Bear	Manager	Manager	Initial	Additional	Front	Back
Risk	Standard		As of	Total	Cash	Stocks	Bonds	Other	Turnover	Market	Market	Quality	Tenure	Purch.	Purch.	End	End
Rating/Pts	Deviation	Beta	6/30/07	$(Mil)	%	%	%	%	Ratio	Return	Return	Pct	(Years)	$	$	Load	Load
B- / 7.6	9.6	1.20	40.27	21	1	98	0	1	15.0	105.1	-8.8	23	5	1,000	100	0.0	1.0
B / 8.0	8.0	1.00	21.94	12	2	97	0	1	32.0	88.8	-7.8	31	10	2,500	0	0.0	0.0
C / 5.5	12.7	1.31	41.68	1	24	75	0	1	1,038.0	105.6	-6.4	8	6	15,000	100	0.0	0.0
C / 5.3	12.7	1.31	42.53	N/A	24	75	0	1	1,038.0	97.2	-6.5	6	6	15,000	100	0.0	0.0
D / 2.2	21.3	1.93	57.47	1	23	76	0	1	677.0	205.0	-19.5	77	N/A	15,000	100	0.0	0.0
D / 2.2	21.3	1.93	56.54	N/A	23	76	0	1	677.0	192.5	-19.5	66	N/A	15,000	100	0.0	0.0
C- / 3.2	7.2	-0.99	25.35	5	100	0	0	0	1,299.0	-42.7	9.5	27	10	15,000	100	0.0	0.0
C- / 3.8	7.2	-0.99	25.62	1	100	0	0	0	1,299.0	-45.0	9.3	20	10	15,000	100	0.0	0.0
D+ / 2.6	24.9	1.82	51.82	2	24	75	0	1	724.0	116.5	-2.4	1	N/A	15,000	100	0.0	0.0
D+ / 2.3	24.9	1.82	48.43	1	24	75	0	1	724.0	107.6	-2.6	1	N/A	15,000	100	0.0	0.0
B / 8.7	7.4	1.01	67.83	6	3	96	0	1	358.0	82.7	-10.1	31	10	15,000	100	0.0	0.0
B / 8.6	7.4	1.01	62.65	1	3	96	0	1	358.0	75.1	-10.4	23	10	15,000	100	0.0	0.0
C+ / 6.4	12.9	1.44	39.98	N/A	24	74	0	2	724.0	N/A	N/A	5	4	15,000	100	0.0	0.0
C+ / 6.3	12.9	1.44	39.63	N/A	24	74	0	2	724.0	N/A	N/A	3	4	15,000	100	0.0	0.0
C / 4.8	15.4	1.69	35.32	N/A	24	75	0	1	1,642.0	N/A	N/A	2	4	15,000	100	0.0	0.0
C / 4.5	15.4	1.69	34.26	N/A	24	75	0	1	1,642.0	N/A	N/A	2	4	15,000	100	0.0	0.0
C+ / 6.9	10.6	1.01	21.10	2	0	99	0	1	800.0	135.6	-11.0	7	8	15,000	100	0.0	0.0
C+ / 6.9	10.5	1.00	21.22	N/A	0	99	0	1	800.0	126.4	-3.6	5	8	15,000	100	0.0	0.0
C+ / 5.8	12.6	1.51	32.16	1	24	75	0	1	652.0	138.4	-14.5	19	7	15,000	100	0.0	0.0
C+ / 5.7	12.6	1.51	30.40	N/A	24	75	0	1	652.0	128.8	-14.6	13	7	15,000	100	0.0	0.0
C+ / 5.8	13.7	1.18	16.93	2	24	74	0	2	636.0	69.0	-9.7	6	7	15,000	100	0.0	0.0
C+ / 5.7	13.7	1.17	15.92	N/A	24	74	0	2	636.0	62.6	-9.8	4	7	15,000	100	0.0	0.0
C / 4.6	14.4	1.59	48.74	N/A	24	75	0	1	974.0	N/A	N/A	32	4	15,000	100	0.0	0.0
C / 4.5	14.4	1.59	47.42	N/A	24	75	0	1	974.0	N/A	N/A	24	4	15,000	100	0.0	0.0
E- / 0.2	34.4	1.90	102.46	2	24	75	0	1	568.0	275.7	-15.0	3	7	15,000	100	0.0	0.0
E- / 0.2	34.4	1.90	95.52	N/A	24	75	0	1	568.0	260.0	-15.2	2	7	15,000	100	0.0	0.0
B / 8.2	8.0	1.06	42.27	1	0	99	0	1	1,287.0	54.6	-9.5	8	5	15,000	100	0.0	0.0
B / 8.0	8.0	1.06	40.43	N/A	0	99	0	1	1,287.0	48.5	-9.8	6	5	15,000	100	0.0	0.0
B / 8.5	7.2	0.95	57.31	17	0	99	0	1	520.0	104.0	-10.8	73	5	15,000	100	0.0	0.0
B / 8.5	7.2	0.95	55.40	1	0	99	0	1	520.0	95.8	-11.1	61	5	15,000	100	0.0	0.0
D- / 1.0	24.4	1.96	22.70	1	42	58	0	0	520.0	298.4	-26.9	18	7	15,000	100	0.0	0.0
D- / 1.0	24.4	1.96	21.00	N/A	42	58	0	0	520.0	281.7	-27.4	12	7	15,000	100	0.0	0.0
C+ / 6.6	10.8	1.27	43.93	N/A	0	99	0	1	918.0	98.7	-10.2	29	6	15,000	100	0.0	0.0
C+ / 6.6	10.8	1.27	41.44	1	0	99	0	1	918.0	90.2	-10.5	21	6	15,000	100	0.0	0.0
B- / 7.0	10.5	1.01	49.24	1	15	84	0	1	500.0	119.7	-10.0	28	N/A	15,000	100	0.0	0.0
C+ / 6.9	10.5	1.01	46.94	N/A	15	84	0	1	500.0	110.5	-10.2	21	N/A	15,000	100	0.0	0.0
B- / 7.2	10.4	0.98	50.13	1	0	99	0	1	520.0	133.1	-10.1	44	6	15,000	100	0.0	0.0
B- / 7.1	10.4	0.98	47.47	1	0	99	0	1	520.0	123.8	-10.4	33	6	15,000	100	0.0	0.0
D / 1.8	29.9	1.51	51.94	15	25	74	0	1	352.0	348.3	-1.5	13	7	15,000	100	0.0	0.0
D / 1.7	29.9	1.50	48.56	2	25	74	0	1	352.0	329.8	-1.7	9	7	15,000	100	0.0	0.0
C / 5.1	14.3	1.68	71.82	2	1	98	0	1	671.0	83.4	-9.9	2	7	15,000	100	0.0	0.0
C / 4.9	14.3	1.68	67.19	N/A	1	98	0	1	671.0	75.8	-10.2	2	7	15,000	100	0.0	0.0
D+ / 2.3	18.2	1.14	10.90	2	26	73	0	1	576.0	18.5	-12.9	0	7	15,000	100	0.0	0.0
D / 2.0	18.2	1.14	10.43	1	26	73	0	1	576.0	14.1	-13.2	0	7	15,000	100	0.0	0.0
E- / 0.0	41.8	1.89	38.03	13	100	0	0	0	N/A	100.5	18.6	1	5	15,000	100	0.0	0.0
E- / 0.0	41.8	1.89	36.66	7	100	0	0	0	N/A	92.3	18.3	0	5	15,000	100	0.0	0.0
D- / 1.2	22.9	1.54	49.02	8	24	74	0	2	1,411.0	265.2	-4.5	21	7	15,000	100	0.0	0.0
D- / 1.2	22.9	1.54	49.77	1	24	74	0	2	1,411.0	249.7	-4.8	16	7	15,000	100	0.0	0.0
C- / 4.0	12.4	0.38	21.34	35	5	0	94	1	N/A	-3.9	-8.7	5	5	15,000	100	0.0	0.0
C- / 3.9	12.4	0.38	20.81	N/A	5	0	94	1	N/A	-7.9	-8.9	4	5	15,000	100	0.0	0.0
E- / 0.0	33.6	3.21	20.55	1	24	75	0	1	681.0	53.6	-29.0	0	7	15,000	100	0.0	0.0
E- / 0.0	33.6	3.21	19.16	N/A	24	75	0	1	681.0	47.1	-29.1	0	7	15,000	100	0.0	0.0

www.thestreet.com/ratings

Data as of June 30, 2007

I. Index of Stock Mutual Funds

Summer 2007

99 Pct = Best
0 Pct = Worst

					PERFORMANCE						Incl. in Returns	
			Overall		Perfor-	\multicolumn{5}{c}{Total Return % through 6/30/07}		
					mance				\multicolumn{2}{c}{Annualized}	Dividend	Expense
Fund Type	Fund Name	Ticker Symbol	Investment Rating	Phone	Rating/Pts	3 Mo	6 Mo	1Yr / Pct	3Yr / Pct	5Yr / Pct	Yield	Ratio
GR	ProFunds-Short OTC Inv	SOPIX	E-	(888) 776-3637	E- / 0.0	-6.76	-6.22	-13.27 / 0	-4.47 / 0	-12.93 / 0	7.68	1.50
GR	ProFunds-Short OTC Svc	SOPSX	E-	(888) 776-3637	E- / 0.0	-7.03	-6.70	-14.18 / 0	-5.44 / 0	-13.83 / 0	5.43	2.50
SC	ProFunds-Short Small Cap Inv	SHPIX	E-	(888) 776-3637	E- / 0.0	-2.80	-3.35	-9.35 / 0	-9.15 / 0	-12.54 / 0	6.45	1.52
SC	ProFunds-Short Small Cap Svc	SHPSX	E-	(888) 776-3637	E- / 0.0	-3.08	-3.90	-10.40 / 0	-10.10 / 0	-13.36 / 0	0.00	2.52
SC	ProFunds-Small Cap Growth Inv	SGPIX	C	(888) 776-3637	C / 4.8	5.86	10.25	14.63 / 24	12.28 / 48	12.64 / 59	0.00	1.61
SC	ProFunds-Small Cap Growth Svc	SGPSX	D+	(888) 776-3637	C- / 3.7	5.58	9.68	13.44 / 18	11.15 / 37	11.50 / 49	0.00	2.61
SC	ProFunds-Small Cap Inv	SLPIX	D+	(888) 776-3637	C- / 3.4	4.40	5.85	14.05 / 21	11.63 / 42	11.93 / 53	0.22	1.38
SC	ProFunds-Small Cap Svc	SLPSX	D	(888) 776-3637	D+ / 2.6	4.17	5.35	12.96 / 16	10.53 / 32	10.74 / 41	0.00	2.38
SC	ProFunds-Small Cap Value Inv	SVPIX	C-	(888) 776-3637	C- / 4.0	3.94	5.87	14.23 / 22	12.64 / 51	10.51 / 39	0.00	1.59
SC	ProFunds-Small Cap Value Svc	SVPSX	D	(888) 776-3637	C- / 3.1	3.67	5.32	13.09 / 17	11.53 / 41	9.37 / 27	0.00	2.59
TC	ProFunds-Tech UltraSector Inv	TEPIX	E+	(888) 776-3637	C / 5.4	14.07	11.20	33.53 / 95	7.15 / 10	10.13 / 34	0.00	1.66
TC	ProFunds-Tech UltraSector Svc	TEPSX	E	(888) 776-3637	C / 4.3	13.81	10.64	32.21 / 94	6.06 / 6	9.23 / 25	0.00	2.66
GR	ProFunds-Telecom UltraSector Inv	TCPIX	B-	(888) 776-3637	A+ / 9.6	10.24	20.77	54.02 / 99	24.96 / 93	13.53 / 66	0.63	1.63
GR	ProFunds-Telecom UltraSector Svc	TCPSX	C+	(888) 776-3637	A+ / 9.6	9.97	20.14	52.56 / 99	23.69 / 92	12.46 / 57	0.35	2.63
GR	ProFunds-Ultra Bear Fund Inv	URPIX	E-	(888) 776-3637	E- / 0.0	-9.16	-8.31	-23.24 / 0	-14.22 / 0	-18.83 / 0	5.35	1.40
GR	ProFunds-Ultra Bear Fund Svc	URPSX	E-	(888) 776-3637	E- / 0.0	-9.38	-8.72	-23.94 / 0	-15.04 / 0	-19.54 / 0	4.21	2.40
AG	ProFunds-Ultra Bull Fund Inv	ULPIX	B	(888) 776-3637	B+ / 8.5	10.74	9.88	34.47 / 96	16.17 / 75	13.66 / 67	0.06	1.45
AG	ProFunds-Ultra Bull Fund Svc	ULPSX	B-	(888) 776-3637	B / 8.2	10.49	9.39	33.23 / 95	15.04 / 69	12.69 / 59	0.00	2.45
GR	ProFunds-Ultra Dow 30 Inv	UDPIX	B	(888) 776-3637	B+ / 8.7	16.72	13.60	38.86 / 97	14.83 / 68	11.82 / 52	0.29	1.49
GR	ProFunds-Ultra Dow 30 Svc	UDPSX	B	(888) 776-3637	B+ / 8.5	16.41	13.03	37.41 / 96	13.71 / 60	10.78 / 41	0.00	2.49
FO	ProFunds-Ultra Japan Inv	UJPIX	D+	(888) 776-3637	A+ / 9.6	10.66	9.98	36.20 / 96	29.54 / 96	18.83 / 89	2.33	1.54
FO	ProFunds-Ultra Japan Svc	UJPSX	D	(888) 776-3637	A / 9.5	10.40	9.43	34.89 / 96	28.26 / 95	17.68 / 87	1.70	2.54
AG	ProFunds-Ultra Mid Cap Inv	UMPIX	C	(888) 776-3637	A / 9.3	9.55	20.36	28.54 / 91	22.98 / 91	19.29 / 90	0.65	1.47
AG	ProFunds-Ultra Mid Cap Svc	UMPSX	C	(888) 776-3637	A- / 9.2	9.27	19.77	27.27 / 88	21.73 / 88	18.20 / 88	0.00	2.47
GR	ProFunds-Ultra OTC Fund Inv	UOPIX	D-	(888) 776-3637	B / 7.9	16.88	16.47	39.12 / 97	9.68 / 25	16.37 / 83	0.00	1.37
GR	ProFunds-Ultra OTC Fund Svc	UOPSX	D-	(888) 776-3637	B- / 7.4	16.65	15.97	37.87 / 96	8.62 / 18	15.57 / 79	0.00	2.37
MC	ProFunds-Ultra Short Mid-Cap Inv	UIPIX	E-	(888) 776-3637	E- / 0.0	-8.66	-16.86	-22.85 / 0	-21.70 / 0	--	6.04	1.59
MC	ProFunds-Ultra Short Mid-Cap Svc	UIPSX	E-	(888) 776-3637	E- / 0.0	-8.99	-17.25	-23.71 / 0	-22.55 / 0	--	4.26	2.59
GR	ProFunds-Ultra Short OTC Fund Inv	USPIX	E-	(888) 776-3637	E- / 0.0	-14.33	-14.51	-29.08 / 0	-13.02 / 0	-29.03 / 0	5.01	1.38
GR	ProFunds-Ultra Short OTC Fund Svc	USPSX	E-	(888) 776-3637	E- / 0.0	-14.46	-14.88	-29.70 / 0	-13.85 / 0	-29.69 / 0	3.28	2.38
SC	ProFunds-Ultra Short Small-Cap Inv	UCPIX	E-	(888) 776-3637	E- / 0.0	-6.68	-9.12	-22.88 / 0	-21.71 / 0	--	6.66	1.43
SC	ProFunds-Ultra Short Small-Cap Svc	UCPSX	E-	(888) 776-3637	E- / 0.0	-6.95	-9.57	-23.64 / 0	-22.52 / 0	--	5.08	2.43
SC	ProFunds-Ultra Small Cap Inv	UAPIX	D	(888) 776-3637	B / 8.1	7.03	8.74	22.47 / 75	17.87 / 80	18.74 / 89	0.14	1.39
SC	ProFunds-Ultra Small Cap Svc	UAPSX	D	(888) 776-3637	B / 7.7	6.74	8.19	21.28 / 69	16.71 / 77	17.55 / 87	0.00	2.39
UT	ProFunds-Utilities UltraSector Inv	UTPIX	B	(888) 776-3637	A / 9.4	-1.59	10.36	33.35 / 95	27.75 / 95	14.90 / 75	1.11	1.61
UT	ProFunds-Utilities UltraSector Svc	UTPSX	B	(888) 776-3637	A / 9.3	-1.82	9.82	32.05 / 94	26.46 / 94	13.71 / 67	0.15	2.61
GR	Progressive Capital Accumulation	PCATX	E+		E / 0.3	3.25	3.09	10.69 / 10	3.63 / 1	4.88 / 2	0.00	2.25
MC	Provident Inv Counsel Flexible Gr I	PFLEX	C-	(800) 618-7643	C / 5.4	5.93	10.56	22.53 / 75	11.83 / 44	10.77 / 41	0.00	4.75
SC	● Provident Inv Counsel Sm Cap Gr A	PINSX	E+	(800) 618-7643	D+ / 2.7	6.41	12.10	15.41 / 28	10.67 / 33	11.30 / 47	0.00	1.60
SC	Provident Inv Counsel Sm Cap Gr I	PISCX	E+	(800) 618-7643	C- / 3.5	6.12	10.87	14.40 / 23	10.68 / 33	11.52 / 49	0.00	1.20
AA	Pru Target Conservative Alloc A	PCGAX	E+	(800) 778-8769	E / 0.3	1.63	2.78	9.25 / 6	6.95 / 9	8.06 / 15	2.31	1.46
AA	Pru Target Conservative Alloc B	PBCFX	E+	(800) 778-8769	E / 0.4	1.34	2.30	8.35 / 5	6.14 / 6	7.27 / 10	1.72	2.16
AA	Pru Target Conservative Alloc C	PCCFX	E+	(800) 778-8769	E / 0.4	1.34	2.30	8.35 / 5	6.14 / 6	7.27 / 10	1.72	2.16
AA	Pru Target Conservative Alloc Z	PDCZX	D-	(800) 778-8769	E+ / 0.7	1.60	2.85	9.43 / 7	7.21 / 10	8.34 / 17	2.70	1.16
GR	Pru Target Growth Alloc A	PHGAX	C+	(800) 778-8769	C+ / 5.6	6.29	7.96	19.83 / 58	14.67 / 67	13.06 / 62	1.33	1.43
GR	Pru Target Growth Alloc B	PIHGX	C+	(800) 778-8769	C+ / 6.0	6.10	7.56	18.96 / 52	13.82 / 61	12.21 / 55	1.43	2.13
GR	Pru Target Growth Alloc C	PHGCX	C+	(800) 778-8769	C+ / 6.0	6.10	7.56	18.96 / 52	13.78 / 60	12.21 / 55	1.43	2.13
GR	Pru Target Growth Alloc Z	PDHZX	B-	(800) 778-8769	C+ / 6.9	6.36	8.08	20.16 / 61	14.95 / 68	13.35 / 65	1.53	1.13
FO	Pru Target- International Equity T	TAIEX	A-	(800) 778-5970	A / 9.5	9.23	13.94	34.06 / 96	25.02 / 93	17.56 / 87	2.70	0.93
GR	Pru Target- Large Captlz Gr T	TALGX	E+	(800) 778-5970	D / 2.1	6.07	5.93	15.14 / 27	8.64 / 18	8.58 / 19	0.47	0.75
IN	Pru Target- Large Captliz Val T	TALVX	C+	(800) 778-5970	B / 7.8	5.31	6.80	22.12 / 73	17.53 / 79	15.79 / 80	2.39	0.72
AA	Pru Target Moderate Alloc A	PAMGX	D	(800) 778-8769	D / 2.1	3.98	5.49	14.91 / 25	10.96 / 35	10.66 / 40	1.84	1.38

● Denotes fund is closed to new investors
* Denotes fund is included in Section II

www.thestreet.com/ratings

Summer 2007   I. Index of Stock Mutual Funds

RISK			NET ASSETS		ASSET					BULL / BEAR		FUND MANAGER		MINIMUMS		LOADS	
	3 Year		NAV						Portfolio	Last Bull	Last Bear	Manager	Manager	Initial	Additional	Front	Back
Risk	Standard		As of	Total	Cash	Stocks	Bonds	Other	Turnover	Market	Market	Quality	Tenure	Purch.	Purch.	End	End
Rating/Pts	Deviation	Beta	6/30/07	$(Mil)	%	%	%	%	Ratio	Return	Return	Pct	(Years)	$	$	Load	Load
D / 2.1	14.2	-1.67	16.14	10	100	0	0	0	N/A	-45.9	8.2	92	5	15,000	100	0.0	0.0
D / 2.1	14.2	-1.67	15.87	1	100	0	0	0	N/A	-48.2	7.9	88	5	15,000	100	0.0	0.0
D / 1.9	13.3	-1.00	15.30	5	100	0	0	0	N/A	-58.0	11.4	14	5	15,000	100	0.0	0.0
D / 2.0	13.3	-1.00	16.03	N/A	100	0	0	0	N/A	-59.7	11.2	10	5	15,000	100	0.0	0.0
C+ / 6.4	12.7	0.92	46.78	1	0	99	0	1	628.0	123.6	-9.7	49	6	15,000	100	0.0	0.0
C+ / 6.3	12.7	0.91	44.31	N/A	0	99	0	1	628.0	114.3	-10.0	36	6	15,000	100	0.0	0.0
C+ / 6.3	13.4	1.00	47.44	2	26	73	0	1	475.0	128.6	-12.1	32	N/A	15,000	100	0.0	0.0
C+ / 6.2	13.4	1.00	44.72	1	26	73	0	1	475.0	118.8	-12.3	24	N/A	15,000	100	0.0	0.0
C+ / 6.5	12.6	0.93	51.22	1	0	99	0	1	761.0	134.9	-11.5	52	N/A	15,000	100	0.0	0.0
C+ / 6.4	12.6	0.93	48.30	1	0	99	0	1	761.0	125.0	-11.8	38	N/A	15,000	100	0.0	0.0
D / 1.6	22.7	2.59	32.18	1	25	74	0	1	634.0	100.9	-21.3	0	7	15,000	100	0.0	0.0
D- / 1.5	22.7	2.58	30.58	N/A	25	74	0	1	634.0	92.7	-20.9	0	7	15,000	100	0.0	0.0
C- / 4.0	16.8	1.25	32.51	1	35	64	0	1	1,212.0	169.1	-31.1	98	7	15,000	100	0.0	0.0
C- / 3.8	16.8	1.25	30.78	N/A	35	64	0	1	1,212.0	158.1	-31.2	98	7	15,000	100	0.0	0.0
D- / 1.4	14.5	-1.98	12.69	14	100	0	0	0	1,300.0	-70.4	19.1	14	10	15,000	100	0.0	0.0
D- / 1.4	14.5	-1.98	12.66	1	100	0	0	0	1,300.0	-71.5	18.9	10	10	15,000	100	0.0	0.0
C+ / 5.7	15.0	2.04	77.82	15	14	85	0	1	648.0	193.4	-20.2	16	N/A	15,000	100	0.0	0.0
C+ / 5.6	15.0	2.04	71.73	1	14	85	0	1	648.0	181.8	-20.1	11	N/A	15,000	100	0.0	0.0
C+ / 5.9	16.1	2.03	46.29	2	10	88	0	2	458.0	166.8	-22.6	11	N/A	15,000	100	0.0	0.0
C+ / 5.9	16.1	2.04	44.76	1	10	88	0	2	458.0	156.0	-22.7	7	N/A	15,000	100	0.0	0.0
E- / 0.0	28.5	1.89	53.68	20	100	0	0	0	299.9	296.9	-16.5	2	7	15,000	100	0.0	0.0
E- / 0.0	28.5	1.89	50.02	1	100	0	0	0	299.9	280.8	-16.8	1	7	15,000	100	0.0	0.0
D+ / 2.7	21.3	2.51	58.05	8	15	84	0	1	402.0	313.1	-20.0	32	7	15,000	100	0.0	0.0
D+ / 2.6	21.4	2.51	54.46	1	15	84	0	1	402.0	296.0	-20.1	24	7	15,000	100	0.0	0.0
E / 0.5	29.3	3.37	29.98	25	11	88	0	1	157.0	169.6	-21.1	0	10	15,000	100	0.0	0.0
E / 0.5	29.3	3.37	27.67	2	11	88	0	1	157.0	161.7	-21.0	0	10	15,000	100	0.0	0.0
E- / 0.0	20.7	-1.95	12.03	3	100	0	0	0	N/A	N/A	N/A	4	3	15,000	100	0.0	0.0
E- / 0.0	20.7	-1.95	11.85	N/A	100	0	0	0	N/A	N/A	N/A	3	3	15,000	100	0.0	0.0
E- / 0.0	28.8	-3.31	11.54	22	100	0	0	0	1,300.0	-75.9	14.0	97	9	15,000	100	0.0	0.0
E- / 0.0	28.8	-3.31	12.01	1	100	0	0	0	1,300.0	-76.9	13.8	96	9	15,000	100	0.0	0.0
E- / 0.0	26.9	-1.98	12.16	26	100	0	0	0	N/A	N/A	N/A	1	3	15,000	100	0.0	0.0
E- / 0.0	26.9	-1.97	12.19	3	100	0	0	0	N/A	N/A	N/A	1	3	15,000	100	0.0	0.0
D- / 1.2	27.6	2.02	34.72	16	15	84	0	1	481.0	328.2	-22.0	9	7	15,000	100	0.0	0.0
D- / 1.2	27.5	2.02	32.48	1	15	84	0	1	481.0	310.0	-22.2	6	7	15,000	100	0.0	0.0
C / 5.1	14.3	1.23	26.62	8	24	75	0	1	615.0	251.0	-8.3	22	7	15,000	100	0.0	0.0
C / 5.1	14.3	1.24	25.39	1	24	75	0	1	615.0	235.8	-8.7	16	7	15,000	100	0.0	0.0
C+ / 6.9	6.5	0.75	19.99	7	1	78	19	2	0.1	41.7	-7.3	8	11	500	0	0.0	0.0
C / 4.7	11.0	0.91	25.02	2	0	99	0	1	76.0	109.3	-9.8	28	N/A	1,000,000	100	0.0	1.0
C- / 3.8	14.4	1.01	18.25	3	2	97	0	1	87.0	113.7	-12.4	24	N/A	2,000	100	5.8	1.0
C- / 3.9	14.3	1.01	20.30	18	2	97	0	1	87.0	115.0	-12.2	24	N/A	1,000,000	100	0.0	1.0
B- / 7.0	4.0	0.86	10.81	61	0	46	53	1	481.0	51.9	-1.7	40	N/A	2,500	100	5.5	0.0
B- / 7.2	3.9	0.85	10.77	80	0	46	53	1	481.0	47.3	-1.8	32	N/A	2,500	100	0.0	0.0
B- / 7.2	3.9	0.85	10.77	34	0	46	53	1	481.0	47.3	-1.8	32	N/A	2,500	100	0.0	0.0
B- / 7.1	4.0	0.86	10.82	5	0	46	53	1	481.0	53.6	-1.6	44	N/A	0	0	0.0	0.0
B- / 7.2	8.9	1.14	15.05	143	0	100	0	0	85.0	124.5	-10.0	75	N/A	2,500	100	5.5	0.0
B- / 7.1	8.9	1.14	14.08	96	0	100	0	0	85.0	117.5	-10.2	66	N/A	2,500	100	0.0	0.0
B- / 7.1	8.9	1.14	14.08	115	0	100	0	0	85.0	117.2	-10.0	65	N/A	2,500	100	0.0	0.0
B- / 7.3	8.9	1.14	15.39	9	0	100	0	0	85.0	126.9	-9.9	77	N/A	0	0	0.0	0.0
C+ / 6.1	9.6	1.01	18.30	284	1	98	0	1	41.0	167.3	-8.2	75	N/A	10,000	250	0.0	0.0
C / 4.6	10.8	1.35	16.10	304	1	98	0	1	69.0	83.7	-10.9	9	N/A	10,000	250	0.0	0.0
C / 4.9	8.3	1.05	16.48	400	1	98	0	1	44.0	153.1	-9.4	93	N/A	10,000	250	0.0	0.0
B- / 7.4	5.9	1.25	13.06	169	2	68	29	1	324.0	83.0	-5.0	67	N/A	2,500	100	5.5	0.0

www.thestreet.com/ratings   Data as of June 30, 2007

I. Index of Stock Mutual Funds

Summer 2007

99 Pct = Best
0 Pct = Worst

Fund Type	Fund Name	Ticker Symbol	Overall Investment Rating	Phone	Performance Rating/Pts	Total Return % through 6/30/07 3 Mo	6 Mo	1Yr / Pct	Annualized 3Yr / Pct	5Yr / Pct	Incl. in Returns Dividend Yield	Expense Ratio
AA	Pru Target Moderate Alloc B	DMGBX	D+	(800) 778-8769	D+ / 2.4	3.76	5.11	14.00 /21	10.13 /29	9.82 /31	1.30	2.08
AA	Pru Target Moderate Alloc C	PIMGX	D+	(800) 778-8769	D+ / 2.4	3.76	5.11	14.00 /21	10.13 /29	9.82 /31	1.30	2.08
AA	Pru Target Moderate Alloc Z	PDMZX	C-	(800) 778-8769	C- / 3.3	4.05	5.65	15.17 /27	11.27 /38	10.92 /43	2.16	1.08
SC	Pru Target- Sm Captliz Gr T	TASGX	D	(800) 778-5970	C- / 3.4	7.57	8.81	13.49 /18	10.35 /31	8.79 /21	0.00	0.84
SC	Pru Target- Sm Captliz Val T	TASVX	C	(800) 778-5970	B / 8.2	5.61	8.04	18.45 /48	19.67 /84	20.11 /92	1.60	0.80
GR	Prudent Bear C	PBRCX	E+	(800) 711-1848	E- / 0.0	-1.42	0.91	-0.27 / 0	1.88 / 0	-1.63 / 0	2.74	2.51
GR	Prudent Bear Fd	BEARX	E+	(800) 711-1848	E- / 0.0	-1.20	1.40	0.58 / 1	2.67 / 1	-0.90 / 0	3.30	1.76
AA	Purisima Total Return Fund	PURIX	C+	(800) 841-0199	B- / 7.3	9.65	11.61	20.05 /60	14.75 /67	11.36 /47	0.30	1.41
AA	Putnam Asset Alloc-Balanced A	PABAX	C-	(800) 354-2228	D / 1.6	3.09	4.56	14.00 /21	10.43 /31	8.93 /22	1.56	1.11
AA	Putnam Asset Alloc-Balanced B	PABBX	C-	(800) 354-2228	D / 1.9	2.83	4.10	13.15 /17	9.61 /25	8.12 /16	0.93	1.86
AA	Putnam Asset Alloc-Balanced C	AABCX	C-	(800) 354-2228	D / 1.9	2.87	4.08	13.15 /17	9.58 /25	8.09 /15	0.98	1.86
AA	Putnam Asset Alloc-Balanced M	PABMX	C-	(800) 354-2228	D / 1.6	2.96	4.30	13.46 /18	9.90 /27	8.40 /18	1.13	1.61
AA	Putnam Asset Alloc-Balanced R	PAARX	C	(800) 354-2228	D / 2.2	3.04	4.37	13.71 /19	10.10 /29	8.61 /20	1.42	1.36
AA	Putnam Asset Alloc-Balanced Y	PABYX	C	(800) 354-2228	D+ / 2.6	3.15	4.69	14.25 /22	10.72 /34	9.21 /25	1.88	0.86
AA	Putnam Asset Alloc-Conserv A	PACAX	D+	(800) 354-2228	E / 0.3	0.97	2.16	8.70 / 5	6.76 / 8	6.65 / 7	2.73	1.21
AA	Putnam Asset Alloc-Conserv B	PACBX	C-	(800) 354-2228	E / 0.4	0.87	1.77	8.05 / 4	5.93 / 6	5.83 / 4	2.13	1.96
AA	Putnam Asset Alloc-Conserv C	PACCX	C-	(800) 354-2228	E / 0.4	0.87	1.87	8.17 / 4	6.03 / 6	5.86 / 4	2.13	1.96
AA	Putnam Asset Alloc-Conserv M	PACMX	C-	(800) 354-2228	E / 0.3	0.84	1.91	8.10 / 4	6.16 / 6	6.04 / 4	2.31	1.71
AA	Putnam Asset Alloc-Conserv R	PACRX	C-	(800) 354-2228	E / 0.5	1.00	2.12	8.58 / 5	6.77 / 8	6.61 / 7	2.61	1.46
AA	Putnam Asset Alloc-Conserv Y	PACYX	C-	(800) 354-2228	E+ / 0.6	1.13	2.39	9.10 / 6	7.05 / 9	6.92 / 8	3.12	0.96
AA	Putnam Asset Alloc-Growth A	PAEAX	C+	(800) 354-2228	C / 5.1	4.79	6.57	18.84 /51	14.61 /66	11.71 /51	0.50	1.23
AA	Putnam Asset Alloc-Growth B	PAEBX	C+	(800) 354-2228	C+ / 5.6	4.67	6.18	18.05 /45	13.77 /60	10.87 /42	0.00	1.98
AA	Putnam Asset Alloc-Growth C	PAECX	C+	(800) 354-2228	C / 5.5	4.60	6.12	18.02 /45	13.77 /60	10.87 /42	0.02	1.98
AA	Putnam Asset Alloc-Growth M	PAGMX	C+	(800) 354-2228	C / 5.1	4.73	6.30	18.28 /47	14.05 /62	11.15 /45	0.10	1.73
AA	Putnam Asset Alloc-Growth R	PASRX	B-	(800) 354-2228	C+ / 6.0	4.78	6.42	18.56 /49	14.35 /64	11.44 /48	0.41	1.48
AA	Putnam Asset Alloc-Growth Y	PAGYX	B	(800) 354-2228	C+ / 6.5	4.89	6.73	19.23 /54	14.91 /68	12.01 /54	0.70	0.98
GR	Putnam Capital Appreciation A	PCAPX	C-	(800) 354-2228	C- / 3.6	5.74	6.96	17.14 /39	12.54 /50	10.59 /40	0.00	1.29
GR	Putnam Capital Appreciation B	PCABX	C-	(800) 354-2228	C- / 4.0	5.57	6.57	16.31 /34	11.71 /43	9.76 /30	0.00	2.04
GR	Putnam Capital Appreciation C		C-	(800) 354-2228	C- / 4.0	5.55	6.58	16.27 /34	11.70 /43	9.75 /30	0.00	2.04
GR	Putnam Capital Appreciation M	PCAMX	C-	(800) 354-2228	C- / 3.6	5.64	6.72	16.54 /35	12.00 /45	10.04 /33	0.00	1.79
GR	Putnam Capital Appreciation R	PCPRX	C	(800) 354-2228	C / 4.6	5.70	6.83	16.85 /37	12.27 /48	10.32 /36	0.00	1.54
GR	Putnam Capital Appreciation Y		C	(800) 354-2228	C / 5.0	5.81	7.07	17.45 /41	12.71 /52	10.69 /40	0.00	1.04
SC	Putnam Capital Opportunities A	PCOAX	C-	(800) 354-2228	C+ / 6.4	5.36	10.09	19.04 /53	16.34 /75	12.21 /55	0.01	1.23
SC	Putnam Capital Opportunities B	POPBX	C-	(800) 354-2228	C+ / 6.8	5.17	9.78	18.32 /47	15.49 /71	11.39 /48	0.00	1.98
SC	Putnam Capital Opportunities C	PCOCX	C-	(800) 354-2228	C+ / 6.8	5.12	9.67	18.22 /47	15.48 /71	11.38 /47	0.00	1.98
SC	Putnam Capital Opportunities M	POPMX	C-	(800) 354-2228	C+ / 6.4	5.22	9.90	18.56 /49	15.80 /73	11.67 /50	0.00	1.73
SC	Putnam Capital Opportunities R	PCORX	C-	(800) 354-2228	B- / 7.1	5.26	9.94	18.77 /50	16.07 /74	11.92 /53	0.00	1.48
SC	Putnam Capital Opportunities Y	PYCOX	C	(800) 354-2228	B- / 7.4	5.43	10.25	19.44 /56	16.65 /76	12.52 /58	0.21	0.98
GI	Putnam Classic Equity A	PXGIX	C-	(800) 354-2228	C- / 3.2	5.52	7.71	20.48 /63	11.00 /36	9.72 /30	0.53	1.20
GI	Putnam Classic Equity B	PGIIX	C-	(800) 354-2228	C- / 3.6	5.31	7.22	19.55 /56	10.15 /29	8.89 /22	0.19	1.95
GI	Putnam Classic Equity C	PGTCX	C-	(800) 354-2228	C- / 3.6	5.34	7.32	19.62 /57	10.17 /29	8.91 /22	0.22	1.95
GI	Putnam Classic Equity M	PGIMX	C-	(800) 354-2228	C- / 3.2	5.42	7.47	19.97 /60	10.47 /32	9.17 /25	0.32	1.70
GI	Putnam Classic Equity R	PCERX	C	(800) 354-2228	C- / 4.1	5.47	7.52	20.18 /61	10.71 /33	9.45 /27	0.48	1.45
GI	Putnam Classic Equity Y		C	(800) 354-2228	C / 4.6	5.65	7.84	20.85 /66	11.27 /38	10.01 /33	0.67	0.95
GI	Putnam Col Adv US LCV Grwth & Inc		C	(800) 354-2228	D+ / 2.9	5.74	6.05	19.15 /53	11.10 /37	9.81 /31	0.00	1.26
GI	Putnam Col Adv US LCV Grwth & Inc		C	(800) 354-2228	C- / 3.3	5.51	5.67	18.37 /48	10.29 /30	8.98 /23	0.00	2.01
GI	Putnam Col Adv US LCV Grwth & Inc		C	(800) 354-2228	C- / 3.3	5.59	5.75	18.37 /48	10.25 /30	8.98 /23	0.00	2.01
GI	Putnam Col Adv US LCV Grwth & Inc		C+	(800) 354-2228	C / 4.7	5.89	6.42	19.92 /59	11.71 /43	10.36 /37	0.00	N/A
AA	Putnam College Adv Agg Gr A		C	(800) 354-2228	C- / 3.9	5.71	7.11	19.32 /55	12.53 /50	10.32 /36	0.00	1.50
AA	Putnam College Adv Agg Gr AX		C	(800) 354-2228	C- / 4.0	5.79	7.19	19.32 /55	12.53 /50	10.32 /36	0.00	1.50
AA	Putnam College Adv Agg Gr B		C	(800) 354-2228	C / 4.4	5.60	6.80	18.51 /49	11.68 /43	9.52 /28	0.00	2.25
AA	Putnam College Adv Agg Gr BX		C	(800) 354-2228	C / 4.6	5.64	6.92	18.66 /50	11.92 /45	9.71 /30	0.00	2.25

● Denotes fund is closed to new investors
* Denotes fund is included in Section II

www.thestreet.com/ratings

Summer 2007
I. Index of Stock Mutual Funds

RISK			NET ASSETS		ASSET				Portfolio	BULL / BEAR		FUND MANAGER		MINIMUMS		LOADS	
	3 Year		NAV							Last Bull	Last Bear	Manager	Manager	Initial	Additional	Front	Back
Risk	Standard		As of	Total	Cash	Stocks	Bonds	Other	Turnover	Market	Market	Quality	Tenure	Purch.	Purch.	End	End
Rating/Pts	Deviation	Beta	6/30/07	$(Mil)	%	%	%	%	Ratio	Return	Return	Pct	(Years)	$	$	Load	Load
B- / 7.4	5.9	1.25	12.96	160	2	68	29	1	324.0	77.3	-5.3	56	N/A	2,500	100	0.0	0.0
B- / 7.4	5.9	1.25	12.96	132	2	68	29	1	324.0	77.3	-5.3	56	N/A	2,500	100	0.0	0.0
B- / 7.1	5.9	1.24	13.10	15	2	68	29	1	324.0	85.1	-5.0	71	N/A	0	0	0.0	0.0
C+ / 5.6	14.2	1.01	13.21	139	4	95	0	1	96.0	100.2	-12.2	22	N/A	10,000	250	0.0	0.0
C- / 3.0	11.6	0.83	22.00	421	3	96	0	1	36.0	200.1	-8.1	97	N/A	10,000	250	0.0	0.0
C+ / 6.6	7.2	-0.58	5.56	33	57	18	23	2	104.0	-19.4	10.3	84	N/A	2,000	100	0.0	1.0
C+ / 6.7	7.3	-0.60	5.78	688	57	18	23	2	104.0	-16.8	10.5	89	N/A	2,000	100	0.0	1.0
C+ / 6.0	9.4	1.70	25.57	471	0	99	0	1	43.5	112.6	-10.7	80	N/A	25,000	1,000	0.0	0.0
B+ / 9.1	4.8	1.04	12.81	1,634	1	59	38	2	90.0	72.6	-5.3	73	13	500	50	5.3	0.0
B+ / 9.2	4.8	1.04	12.72	328	1	59	38	2	90.0	67.2	-5.5	64	13	500	50	0.0	0.0
B+ / 9.1	4.9	1.06	12.59	159	1	59	38	2	90.0	67.2	-5.5	62	13	500	50	0.0	0.0
B+ / 9.1	4.8	1.05	12.79	38	1	59	38	2	90.0	69.0	-5.4	67	12	500	50	3.3	0.0
B+ / 9.1	4.9	1.05	12.74	11	1	59	38	2	90.0	70.4	-5.3	69	12	500	50	0.0	0.0
B+ / 9.1	4.8	1.04	12.83	209	1	59	38	2	90.0	74.6	-5.3	76	13	150,000,000	0	0.0	0.0
B+ / 9.6	2.8	0.58	9.84	486	2	29	67	2	133.4	43.4	0.3	58	13	500	50	5.3	0.0
B+ / 9.9	2.8	0.58	9.76	78	2	29	67	2	133.4	38.7	N/A	46	13	500	50	0.0	0.0
B+ / 9.9	2.8	0.58	9.76	54	2	29	67	2	133.4	38.9	N/A	47	13	500	50	0.0	0.0
B+ / 9.9	2.8	0.59	9.75	13	2	29	67	2	133.4	40.1	N/A	48	12	500	50	3.3	0.0
B+ / 9.9	2.8	0.58	9.94	1	2	29	67	2	133.4	43.4	0.3	57	12	500	50	0.0	0.0
B+ / 9.9	2.8	0.57	9.83	447	2	29	67	2	133.4	45.0	0.1	62	13	150,000,000	0	0.0	0.0
B- / 7.8	7.0	1.43	15.09	1,710	1	80	18	1	85.0	108.8	-7.0	88	13	500	50	5.3	0.0
B- / 7.8	7.0	1.43	14.78	439	1	80	18	1	85.0	102.1	-7.2	83	13	500	50	0.0	0.0
B- / 7.8	7.0	1.44	14.56	232	1	80	18	1	85.0	102.2	-7.2	83	13	500	50	0.0	0.0
B- / 7.8	7.0	1.44	14.84	50	1	80	18	1	85.0	104.4	-7.2	85	12	500	50	3.3	0.0
B- / 7.8	7.0	1.43	14.92	10	1	80	18	1	85.0	106.5	-7.0	87	12	500	50	0.0	0.0
B- / 7.8	7.0	1.44	15.23	199	1	80	18	1	85.0	111.2	-7.0	89	13	150,000,000	0	0.0	0.0
C+ / 6.9	10.6	1.34	24.13	531	0	99	0	1	94.8	103.9	-10.2	30	N/A	500	50	5.3	0.0
C+ / 6.9	10.6	1.34	22.54	76	0	99	0	1	94.8	97.4	-10.3	24	N/A	500	50	0.0	0.0
C+ / 6.9	10.6	1.34	23.01	4	0	99	0	1	94.8	97.4	-10.3	24	N/A	500	50	0.0	0.0
C+ / 6.9	10.6	1.34	23.04	13	0	99	0	1	94.8	99.6	-10.3	26	N/A	500	50	3.3	0.0
C+ / 6.9	10.6	1.34	23.93	N/A	0	99	0	1	94.8	101.8	-10.2	28	N/A	500	50	0.0	0.0
B- / 7.2	10.6	1.35	24.23	7	0	99	0	1	94.8	104.7	-10.2	32	N/A	150,000,000	0	0.0	0.0
C- / 4.0	12.5	0.89	12.77	510	1	90	0	1	60.3	148.8	12.8	80	8	500	50	5.3	1.0
C- / 3.7	12.4	0.88	11.79	161	1	98	0	1	60.3	141.1	-13.0	85	8	500	50	0.0	1.0
C- / 3.7	12.4	0.89	11.91	35	1	98	0	1	60.3	140.9	-12.9	85	8	500	50	0.0	1.0
C- / 3.8	12.4	0.89	12.10	16	1	98	0	1	60.3	143.4	-12.9	86	8	500	50	3.3	1.0
C- / 3.9	12.4	0.89	12.61	3	1	98	0	1	60.3	146.2	-12.8	88	8	500	50	0.0	1.0
C- / 4.0	12.4	0.89	13.01	449	1	98	0	1	60.3	151.3	-12.7	90	8	150,000,000	0	0.0	1.0
B- / 7.5	7.9	1.03	16.06	618	0	99	0	1	145.8	91.4	-10.2	41	3	500	50	5.3	0.0
B- / 7.5	7.9	1.04	15.88	81	0	99	0	1	145.8	85.3	-10.4	32	3	500	50	0.0	0.0
B- / 7.5	8.0	1.04	15.98	15	0	99	0	1	145.8	85.2	-10.3	32	3	500	50	0.0	0.0
B- / 7.5	7.9	1.03	15.96	27	0	99	0	1	145.8	87.3	-10.3	35	3	500	50	3.3	0.0
B- / 7.5	7.9	1.03	16.01	N/A	0	99	0	1	145.8	89.3	-10.2	38	3	500	50	0.0	0.0
B- / 7.6	7.9	1.04	16.09	6	0	99	0	1	145.8	93.3	-10.2	44	3	150,000,000	0	0.0	0.0
B / 8.5	7.4	0.98	14.37	40	4	80	15	1	10.5	95.6	-10.0	48	N/A	25	25	5.3	0.0
B / 8.5	7.5	0.98	13.79	32	4	80	15	1	10.5	89.6	-10.2	38	N/A	25	25	0.0	0.0
B / 8.5	7.5	0.98	13.79	13	4	80	15	1	10.5	89.6	-10.2	37	N/A	25	25	0.0	0.0
B / 8.6	7.4	0.98	14.75	6	4	80	15	1	10.5	100.4	-10.0	57	N/A	25	25	0.0	0.0
B- / 7.6	9.0	1.88	13.71	43	0	99	0	1	48.1	102.2	-10.4	45	N/A	25	25	5.3	0.0
B- / 7.6	9.0	1.87	13.71	91	0	99	0	1	48.1	102.0	-10.4	45	N/A	25	25	5.3	0.0
B- / 7.5	9.0	1.89	13.19	14	0	99	0	1	48.1	95.9	-10.6	34	N/A	25	25	0.0	0.0
B- / 7.5	9.0	1.87	13.29	51	0	99	0	1	48.1	97.4	-10.4	38	N/A	25	25	0.0	0.0

www.thestreet.com/ratings

Data as of June 30, 2007

I. Index of Stock Mutual Funds

Summer 2007

					PERFORMANCE						
	99 Pct = Best			Overall	Perfor-	Total Return % through 6/30/07					Incl. in Returns
	0 Pct = Worst	Ticker		Investment	mance				Annualized		Dividend Expense
Fund Type	Fund Name	Symbol	Phone	Rating	Rating/Pts	3 Mo	6 Mo	1Yr / Pct	3Yr / Pct	5Yr / Pct	Yield Ratio
AA	Putnam College Adv Agg Gr C		(800) 354-2228	C	C / 4.4	5.58	6.77	18.41 /48	11.69 /43	9.54 /28	0.00 2.25
AA	Putnam College Adv Agg Gr CX		(800) 354-2228	C+	C / 4.9	5.72	7.06	19.05 /53	12.23 /48	10.03 /33	0.00 2.25
AA	Putnam College Adv Agg Gr O		(800) 354-2228	C+	C+/ 5.7	5.86	7.40	19.93 /59	13.07 /55	10.83 /42	0.00 0.05
AA	Putnam College Adv Bal A		(800) 354-2228	C-	D- / 1.4	3.58	4.68	14.57 /24	9.59 /25	8.25 /16	0.00 1.41
AA	Putnam College Adv Bal AX		(800) 354-2228	C-	D- / 1.4	3.58	4.68	14.57 /24	9.59 /25	8.25 /16	0.00 1.41
AA	Putnam College Adv Bal B		(800) 354-2228	C-	D / 1.7	3.39	4.28	13.71 /19	8.78 /19	7.45 /11	0.00 2.16
AA	Putnam College Adv Bal BX		(800) 354-2228	C-	D / 1.8	3.36	4.42	14.01 /21	9.00 /21	7.65 /12	0.00 2.16
AA	Putnam College Adv Bal C		(800) 354-2228	C-	D / 1.7	3.45	4.33	13.80 /20	8.77 /19	7.45 /11	0.00 2.16
AA	Putnam College Adv Bal CX		(800) 354-2228	C-	D / 2.0	3.55	4.59	14.42 /23	9.35 /23	7.99 /15	0.00 2.16
AA	Putnam College Adv Bal George Put		(800) 354-2228	C-	D- / 1.0	2.70	4.10	14.56 /24	8.58 /18	--	0.00 2.07
AA	Putnam College Adv Bal George Put		(800) 354-2228	C-	D- / 1.2	2.48	3.69	13.68 /19	7.76 /13	--	0.00 2.07
AA	Putnam College Adv Bal George Put		(800) 354-2228	C-	D- / 1.2	2.48	3.69	13.68 /19	7.76 /13	--	0.00 2.07
AA	Putnam College Adv Bal George Put		(800) 354-2228	C	D / 1.9	2.85	4.37	15.16 /27	9.18 /22	--	0.00 N/A
AA	Putnam College Adv Bal O		(800) 354-2228	C	D+/ 2.5	3.74	4.99	15.19 /27	10.03 /28	8.68 /20	0.00 0.08
AA	Putnam College Adv Growth A		(800) 354-2228	C	C- / 3.9	5.16	6.65	18.69 /50	12.84 /53	10.55 /39	0.00 1.46
AA	Putnam College Adv Growth AX		(800) 354-2228	C	C- / 3.9	5.16	6.65	18.69 /50	12.84 /53	10.55 /39	0.00 1.46
AA	Putnam College Adv Growth B		(800) 354-2228	C+	C / 4.3	4.95	6.22	17.83 /44	12.03 /46	9.75 /30	0.00 2.21
AA	Putnam College Adv Growth BX		(800) 354-2228	C+	C / 4.6	5.00	6.36	18.02 /45	12.22 /47	9.93 /32	0.00 2.21
AA	Putnam College Adv Growth C		(800) 354-2228	C+	C / 4.3	5.00	6.27	17.90 /44	12.01 /45	9.74 /30	0.00 2.21
AA	Putnam College Adv Growth CX		(800) 354-2228	C+	C / 4.9	5.07	6.49	18.37 /48	12.54 /50	10.26 /36	0.00 2.21
AA	Putnam College Adv Growth O		(800) 354-2228	B-	C+/ 5.7	5.27	6.98	19.38 /55	13.35 /57	11.03 /44	0.00 0.05
GL	Putnam College Adv Intl Cap Opp A		(800) 354-2228	A	A / 9.5	8.58	15.10	34.02 /95	28.25 /95	21.10 /93	0.00 1.90
GL	Putnam College Adv Intl Cap Opp B		(800) 354-2228	A-	A / 9.5	8.33	14.65	33.01 /95	27.27 /95	20.21 /92	0.00 2.65
GL	Putnam College Adv Intl Cap Opp C		(800) 354-2228	A-	A / 9.5	8.37	14.64	32.99 /95	27.26 /95	20.22 /92	0.00 2.65
GL	Putnam College Adv Intl Cap Opp O		(800) 354-2228	A	A+/ 9.6	8.69	15.37	34.71 /96	28.94 /95	21.77 /94	0.00 0.05
GL	Putnam College Adv Intl Equity A		(800) 354-2228	A-	B+/ 8.9	7.33	11.19	29.01 /91	22.33 /90	15.04 /76	0.00 1.59
GL	Putnam College Adv Intl Equity B		(800) 354-2228	A-	A- / 9.0	7.10	10.78	27.99 /90	21.41 /88	14.17 /71	0.00 2.34
GL	Putnam College Adv Intl Equity C		(800) 354-2228	A-	A- / 9.0	7.11	10.79	28.01 /90	21.38 /88	14.16 /71	0.00 2.34
GL	Putnam College Adv Intl Equity O		(800) 354-2228	A	A- / 9.2	7.45	11.51	29.75 /92	23.00 /91	15.66 /80	0.00 0.05
AA	Putnam College Adv Mod 1986 A		(800) 354-2228	D+	E- / 0.1	1.50	2.40	6.96 / 3	4.58 / 3	4.19 / 1	0.00 1.23
AA	Putnam College Adv Mod 1986 AX		(800) 354-2228	D+	E- / 0.1	1.41	2.31	6.86 / 3	4.55 / 3	4.17 / 1	0.00 1.23
AA	Putnam College Adv Mod 1986 B		(800) 354-2228	D+	E- / 0.1	1.19	1.94	6.07 / 2	3.75 / 1	3.41 / 0	0.00 1.98
AA	Putnam College Adv Mod 1986 BX		(800) 354-2228	D+	E- / 0.2	1.28	2.11	6.32 / 2	3.99 / 2	3.62 / 1	0.00 1.98
AA	Putnam College Adv Mod 1986 C		(800) 354-2228	D+	E- / 0.1	1.19	1.93	6.02 / 2	3.75 / 1	3.41 / 0	0.00 1.98
AA	Putnam College Adv Mod 1986 CX		(800) 354-2228	D+	E- / 0.2	1.34	2.17	6.59 / 2	4.29 / 2	3.92 / 1	0.00 1.98
AA	Putnam College Adv Mod 1986 O		(800) 354-2228	C-	E / 0.3	1.56	2.54	7.23 / 3	4.85 / 3	4.45 / 1	0.00 0.22
AA	Putnam College Adv Mod 1987 A		(800) 354-2228	D+	E- / 0.1	1.58	2.49	7.55 / 3	4.93 / 3	4.55 / 1	0.00 1.25
AA	Putnam College Adv Mod 1987 AX		(800) 354-2228	D+	E- / 0.1	1.58	2.49	7.55 / 3	4.93 / 3	4.55 / 1	0.00 1.25
AA	Putnam College Adv Mod 1987 B		(800) 354-2228	D+	E- / 0.2	1.29	2.04	6.68 / 3	4.13 / 2	3.77 / 1	0.00 2.00
AA	Putnam College Adv Mod 1987 BX		(800) 354-2228	C-	E- / 0.2	1.37	2.21	6.92 / 3	4.37 / 2	3.98 / 1	0.00 2.00
AA	Putnam College Adv Mod 1987 C		(800) 354-2228	D+	E- / 0.2	1.28	2.02	6.62 / 3	4.13 / 2	3.78 / 1	0.00 2.00
AA	Putnam College Adv Mod 1987 CX		(800) 354-2228	C-	E- / 0.2	1.43	2.25	7.18 / 3	4.67 / 3	4.27 / 1	0.00 2.00
AA	Putnam College Adv Mod 1987 O		(800) 354-2228	C-	E / 0.3	1.65	2.62	7.91 / 4	5.25 / 4	4.84 / 2	0.00 0.09
AA	Putnam College Adv Mod 1988 A		(800) 354-2228	D+	E- / 0.2	1.67	2.57	8.14 / 4	5.30 / 4	4.90 / 2	0.00 1.27
AA	Putnam College Adv Mod 1988 AX		(800) 354-2228	D+	E- / 0.2	1.67	2.57	8.14 / 4	5.30 / 4	4.90 / 2	0.00 1.27
AA	Putnam College Adv Mod 1988 B		(800) 354-2228	C-	E- / 0.2	1.38	2.13	7.28 / 3	4.51 / 2	4.10 / 1	0.00 2.02
AA	Putnam College Adv Mod 1988 BX		(800) 354-2228	C-	E / 0.3	1.55	2.29	7.52 / 3	4.72 / 3	4.33 / 1	0.00 2.02
AA	Putnam College Adv Mod 1988 C		(800) 354-2228	C-	E- / 0.2	1.37	2.11	7.23 / 3	4.51 / 2	4.11 / 1	0.00 2.02
AA	Putnam College Adv Mod 1988 CX		(800) 354-2228	C-	E / 0.3	1.61	2.43	7.87 / 4	5.04 / 4	4.65 / 1	0.00 2.02
AA	Putnam College Adv Mod 1988 O		(800) 354-2228	C-	E / 0.4	1.73	2.79	8.58 / 5	5.62 / 5	5.21 / 2	0.00 0.18
AA	Putnam College Adv Mod 1989 A		(800) 354-2228	C-	E- / 0.2	1.76	2.66	8.74 / 5	5.73 / 5	5.27 / 3	0.00 1.29
AA	Putnam College Adv Mod 1989 AX		(800) 354-2228	C-	E- / 0.2	1.76	2.66	8.74 / 5	5.73 / 5	5.27 / 3	0.00 1.29

• Denotes fund is closed to new investors
* Denotes fund is included in Section II

www.thestreet.com/ratings

Summer 2007   I. Index of Stock Mutual Funds

RISK			NET ASSETS		ASSET				Portfolio Turnover Ratio	BULL / BEAR		FUND MANAGER		MINIMUMS		LOADS	
	3 Year		NAV As of 6/30/07	Total $(Mil)	Cash %	Stocks %	Bonds %	Other %		Last Bull Market Return	Last Bear Market Return	Manager Quality Pct	Manager Tenure (Years)	Initial Purch. $	Additional Purch. $	Front End Load	Back End Load
Risk Rating/Pts	Standard Deviation	Beta															
B- / 7.6	9.0	1.88	13.25	15	0	99	0	1	48.1	95.9	-10.5	35	N/A	25	25	0.0	0.0
B- / 7.6	9.0	1.87	13.50	37	0	99	0	1	48.1	99.9	-10.4	41	N/A	25	25	0.0	0.0
B- / 7.6	9.0	1.88	14.08	28	0	99	0	1	48.1	106.3	-10.2	52	N/A	25	25	0.0	0.0
B+ / 9.2	5.2	1.15	12.74	67	5	88	5	2	28.5	65.9	-5.4	57	N/A	25	25	5.3	0.0
B+ / 9.2	5.2	1.15	12.74	216	5	88	5	2	28.5	65.9	-5.4	56	N/A	25	25	5.3	0.0
B+ / 9.1	5.2	1.14	12.19	24	5	88	5	2	28.5	60.7	-5.5	46	N/A	25	25	0.0	0.0
B+ / 9.1	5.2	1.14	12.29	91	5	88	5	2	28.5	62.0	-5.5	49	N/A	25	25	0.0	0.0
B+ / 9.1	5.2	1.15	12.29	30	5	88	5	2	28.5	60.7	-5.5	45	N/A	25	25	0.0	0.0
B+ / 9.1	5.2	1.15	12.54	86	5	88	5	2	28.5	64.2	-5.5	53	N/A	25	25	0.0	0.0
B+ / 9.7	4.5	1.01	14.48	12	0	0	0	100	11.3	N/A	N/A	52	N/A	25	25	5.3	0.0
B+ / 9.7	4.6	1.02	14.04	5	0	0	0	100	11.3	N/A	N/A	40	N/A	25	25	0.0	0.0
B+ / 9.7	4.6	1.02	14.04	6	0	0	0	100	11.3	N/A	N/A	40	N/A	25	25	0.0	0.0
B+ / 9.8	4.5	1.01	14.81	1	0	0	0	100	11.3	N/A	N/A	60	N/A	25	25	0.0	0.0
B+ / 9.2	5.2	1.14	13.04	41	5	88	5	2	28.5	68.7	-5.3	62	N/A	25	25	0.0	0.0
B / 8.1	7.7	1.63	12.83	109	0	100	0	0	25.8	99.2	-8.8	65	N/A	25	25	5.3	0.0
B / 8.1	7.7	1.63	12.83	463	0	100	0	0	25.8	99.2	-8.8	65	N/A	25	25	5.3	0.0
B / 8.1	7.7	1.63	12.29	37	0	100	0	0	25.8	93.2	-9.0	56	N/A	25	25	0.0	0.0
B / 8.1	7.7	1.63	12.38	177	0	100	0	0	25.8	94.4	-8.9	58	N/A	25	25	0.0	0.0
B / 8.1	7.7	1.64	12.38	45	0	100	0	0	25.8	93.3	-9.1	55	N/A	25	25	0.0	0.0
B / 8.1	7.7	1.63	12.63	179	0	100	0	0	25.8	97.1	-8.8	62	N/A	25	25	0.0	0.0
B / 8.2	7.7	1.63	13.18	79	0	100	0	0	25.8	102.7	-8.6	71	N/A	25	25	0.0	0.0
C+ / 6.2	11.8	1.22	26.83	17	0	0	0	100	12.7	251.1	-10.5	64	N/A	25	25	5.3	0.0
C+ / 6.2	11.8	1.22	25.75	8	0	0	0	100	12.7	240.0	-10.7	53	N/A	25	25	0.0	0.0
C+ / 6.2	11.8	1.22	25.76	7	0	0	0	100	12.7	240.1	-10.7	52	N/A	25	25	0.0	0.0
C+ / 6.2	11.8	1.22	27.63	2	0	0	0	100	12.7	259.2	-10.3	70	N/A	25	25	0.0	0.0
C+ / 6.6	9.8	1.05	19.48	22	0	100	0	0	18.2	153.9	-10.7	37	N/A	25	25	5.3	0.0
C+ / 6.6	9.8	1.05	18.70	12	0	100	0	0	18.2	145.9	-10.9	29	N/A	25	25	0.0	0.0
C+ / 6.6	9.8	1.05	18.69	10	0	100	0	0	18.2	145.7	-10.8	29	N/A	25	25	0.0	0.0
C+ / 6.7	9.8	1.04	20.06	12	0	100	0	0	18.2	160.1	-10.6	45	N/A	25	25	0.0	0.0
B+ / 9.9	1.8	0.38	11.53	1	0	26	74	0	29.6	27.1	-1.9	40	N/A	25	25	5.3	0.0
B+ / 9.9	1.8	0.39	11.52	6	0	26	74	0	29.6	27.1	-1.9	40	N/A	25	25	5.3	0.0
B+ / 9.9	1.8	0.38	11.01	N/A	0	26	74	0	29.6	23.2	-2.2	31	N/A	25	25	0.0	0.0
B+ / 9.9	1.8	0.37	11.11	1	0	26	74	0	29.6	24.2	-2.1	34	N/A	25	25	0.0	0.0
B+ / 9.9	1.8	0.38	11.09	1	0	26	74	0	29.6	23.2	-2.1	31	N/A	25	25	0.0	0.0
B+ / 9.9	1.8	0.38	11.32	5	0	26	74	0	29.6	25.7	-2.0	37	N/A	25	25	0.0	0.0
B+ / 9.9	1.8	0.38	11.71	1	0	26	74	0	29.6	28.5	-1.8	44	N/A	25	25	0.0	0.0
B+ / 9.9	2.1	0.44	11.54	3	0	26	74	0	25.5	30.3	-2.4	41	N/A	25	25	5.3	0.0
B+ / 9.9	2.0	0.44	11.54	19	0	26	74	0	25.5	30.3	-2.4	41	N/A	25	25	5.3	0.0
B+ / 9.9	2.1	0.45	11.02	1	0	26	74	0	25.5	26.4	-2.6	32	N/A	25	25	0.0	0.0
B+ / 9.9	2.0	0.44	11.12	4	0	26	74	0	25.5	27.4	-2.6	35	N/A	25	25	0.0	0.0
B+ / 9.9	2.0	0.44	11.11	4	0	26	74	0	25.5	26.3	-2.5	32	N/A	25	25	0.0	0.0
B+ / 9.9	2.0	0.44	11.34	12	0	26	74	0	25.5	29.1	-2.4	38	N/A	25	25	0.0	0.0
B+ / 9.9	2.1	0.45	11.73	3	0	26	74	0	25.5	31.9	-2.3	45	N/A	25	25	0.0	0.0
B+ / 9.9	2.3	0.51	11.56	7	0	26	74	0	26.0	33.8	-2.7	41	N/A	25	25	5.3	0.0
B+ / 9.9	2.3	0.51	11.56	28	0	26	74	0	26.0	33.8	-2.7	41	N/A	25	25	5.3	0.0
B+ / 9.9	2.4	0.52	11.05	1	0	26	74	0	26.0	29.4	-2.8	32	N/A	25	25	0.0	0.0
B+ / 9.9	2.4	0.52	11.15	13	0	26	74	0	26.0	30.7	-2.8	35	N/A	25	25	0.0	0.0
B+ / 9.9	2.4	0.52	11.13	6	0	26	74	0	26.0	29.6	-2.8	33	N/A	25	25	0.0	0.0
B+ / 9.9	2.4	0.53	11.37	16	0	26	74	0	26.0	32.5	-2.9	38	N/A	25	25	0.0	0.0
B+ / 9.9	2.4	0.52	11.77	5	0	26	74	0	26.0	35.5	-2.7	45	N/A	25	25	0.0	0.0
B+ / 9.9	2.7	0.59	11.57	11	0	38	62	0	25.9	37.7	-3.2	42	N/A	25	25	5.3	0.0
B+ / 9.9	2.7	0.59	11.57	40	0	38	62	0	25.9	37.7	-3.2	42	N/A	25	25	5.3	0.0

www.thestreet.com/ratings   Data as of June 30, 2007

I. Index of Stock Mutual Funds

Summer 2007

99 Pct = Best
0 Pct = Worst

Fund Type	Fund Name	Ticker Symbol	Overall Investment Rating	Phone	Performance Rating/Pts	Total Return % through 6/30/07				Incl. in Returns	
						3 Mo	6 Mo	1Yr / Pct	Annualized 3Yr / Pct	5Yr / Pct	Dividend Yield	Expense Ratio
AA	Putnam College Adv Mod 1989 B		C-	(800) 354-2228	E / 0.3	1.56	2.31	7.91 / 4	4.95 / 3	4.49 / 1	0.00	2.04
AA	Putnam College Adv Mod 1989 BX		C-	(800) 354-2228	E / 0.3	1.55	2.39	8.16 / 4	5.16 / 4	4.69 / 1	0.00	2.04
AA	Putnam College Adv Mod 1989 C		C-	(800) 354-2228	E / 0.3	1.55	2.29	7.94 / 4	4.93 / 3	4.49 / 1	0.00	2.04
AA	Putnam College Adv Mod 1989 CX		C-	(800) 354-2228	E / 0.4	1.70	2.52	8.48 / 5	5.47 / 5	5.02 / 2	0.00	2.04
AA	Putnam College Adv Mod 1989 O		C-	(800) 354-2228	E / 0.5	1.81	2.88	9.17 / 6	6.07 / 6	5.60 / 3	0.00	0.17
AA	Putnam College Adv Mod 1990 A		C-	(800) 354-2228	E / 0.3	1.93	2.83	9.43 / 7	6.21 / 6	5.67 / 3	0.00	1.30
AA	Putnam College Adv Mod 1990 AX		C-	(800) 354-2228	E / 0.3	1.93	2.83	9.43 / 7	6.21 / 6	5.67 / 3	0.00	1.30
AA	Putnam College Adv Mod 1990 B		C-	(800) 354-2228	E / 0.4	1.74	2.49	8.60 / 5	5.43 / 4	4.89 / 2	0.00	2.05
AA	Putnam College Adv Mod 1990 BX		C-	(800) 354-2228	E / 0.4	1.73	2.47	8.75 / 5	5.61 / 5	5.09 / 2	0.00	2.05
AA	Putnam College Adv Mod 1990 C		C-	(800) 354-2228	E / 0.4	1.73	2.47	8.63 / 5	5.42 / 4	4.87 / 2	0.00	2.05
AA	Putnam College Adv Mod 1990 CX		C-	(800) 354-2228	E / 0.5	1.87	2.79	9.17 / 6	5.95 / 6	5.44 / 3	0.00	2.05
AA	Putnam College Adv Mod 1990 O		C-	(800) 354-2228	E+ / 0.6	1.98	3.05	9.83 / 7	6.54 / 7	6.02 / 4	0.00	0.15
AA	Putnam College Adv Mod 1991 A		C-	(800) 354-2228	E / 0.4	2.11	3.11	10.14 / 8	6.68 / 8	6.08 / 4	0.00	1.32
AA	Putnam College Adv Mod 1991 AX		C-	(800) 354-2228	E / 0.4	2.11	3.11	10.14 / 8	6.68 / 8	6.08 / 4	0.00	1.32
AA	Putnam College Adv Mod 1991 B		C-	(800) 354-2228	E / 0.5	1.92	2.68	9.34 / 6	5.87 / 5	5.30 / 3	0.00	2.07
AA	Putnam College Adv Mod 1991 BX		C-	(800) 354-2228	E / 0.5	2.00	2.75	9.58 / 7	6.12 / 6	5.49 / 3	0.00	2.07
AA	Putnam College Adv Mod 1991 C		C-	(800) 354-2228	E / 0.4	1.91	2.66	9.28 / 6	5.87 / 6	5.28 / 3	0.00	2.07
AA	Putnam College Adv Mod 1991 CX		C-	(800) 354-2228	E+ / 0.6	2.05	2.88	9.90 / 8	6.40 / 7	5.81 / 4	0.00	2.07
AA	Putnam College Adv Mod 1991 O		C-	(800) 354-2228	E+ / 0.8	2.24	3.31	10.63 / 9	7.04 / 9	6.44 / 6	0.00	0.14
AA	Putnam College Adv Mod 1992 A		C-	(800) 354-2228	E / 0.5	2.28	3.18	10.72 / 10	7.17 / 10	6.47 / 6	0.00	1.34
AA	Putnam College Adv Mod 1992 AX		C-	(800) 354-2228	E / 0.5	2.37	3.27	10.82 / 10	7.20 / 10	6.49 / 6	0.00	1.34
AA	Putnam College Adv Mod 1992 B		C-	(800) 354-2228	E+ / 0.6	2.10	2.86	10.06 / 8	6.38 / 7	5.72 / 4	0.00	2.09
AA	Putnam College Adv Mod 1992 BX		C-	(800) 354-2228	E+ / 0.7	2.18	3.02	10.19 / 8	6.63 / 8	5.89 / 4	0.00	2.09
AA	Putnam College Adv Mod 1992 C		C-	(800) 354-2228	E+ / 0.6	2.18	2.93	10.08 / 8	6.40 / 7	5.69 / 3	0.00	2.09
AA	Putnam College Adv Mod 1992 CX		C-	(800) 354-2228	E+ / 0.8	2.23	3.14	10.60 / 9	6.93 / 9	6.22 / 5	0.00	2.09
AA	Putnam College Adv Mod 1992 O		C-	(800) 354-2228	D- / 1.0	2.41	3.47	11.30 / 11	7.59 / 12	6.85 / 7	0.00	0.13
AA	Putnam College Adv Mod 1993 A		C-	(800) 354-2228	E+ / 0.6	2.54	3.53	11.51 / 12	7.71 / 13	6.86 / 8	0.00	1.35
AA	Putnam College Adv Mod 1993 AX		C-	(800) 354-2228	E+ / 0.6	2.54	3.53	11.51 / 12	7.71 / 13	6.86 / 8	0.00	1.35
AA	Putnam College Adv Mod 1993 B		C-	(800) 354-2228	E+ / 0.8	2.37	3.13	10.77 / 10	6.92 / 9	6.09 / 4	0.00	2.10
AA	Putnam College Adv Mod 1993 BX		C-	(800) 354-2228	E+ / 0.8	2.36	3.20	11.00 / 10	7.13 / 10	6.29 / 5	0.00	2.10
AA	Putnam College Adv Mod 1993 C		C-	(800) 354-2228	E+ / 0.8	2.36	3.10	10.69 / 10	6.91 / 9	6.09 / 5	0.00	2.10
AA	Putnam College Adv Mod 1993 CX		C-	(800) 354-2228	E+ / 0.9	2.40	3.32	11.20 / 11	7.43 / 11	6.60 / 6	0.00	2.10
AA	Putnam College Adv Mod 1993 O		C-	(800) 354-2228	D- / 1.2	2.66	3.72	12.07 / 14	8.15 / 15	7.28 / 10	0.00	0.11
AA	Putnam College Adv Mod 1994 A		C-	(800) 354-2228	E+ / 0.8	2.71	3.79	12.20 / 14	8.21 / 16	7.26 / 10	0.00	1.36
AA	Putnam College Adv Mod 1994 AX		C-	(800) 354-2228	E+ / 0.8	2.71	3.79	12.20 / 14	8.21 / 16	7.26 / 10	0.00	1.36
AA	Putnam College Adv Mod 1994 B		C-	(800) 354-2228	E+ / 0.9	2.55	3.40	11.38 / 11	7.44 / 11	6.47 / 6	0.00	2.11
AA	Putnam College Adv Mod 1994 BX		C-	(800) 354-2228	D- / 1.0	2.53	3.46	11.60 / 12	7.60 / 12	6.67 / 7	0.00	2.11
AA	Putnam College Adv Mod 1994 C		C-	(800) 354-2228	E+ / 0.9	2.62	3.37	11.39 / 12	7.41 / 11	6.49 / 6	0.00	2.11
AA	Putnam College Adv Mod 1994 CX		C-	(800) 354-2228	D- / 1.2	2.75	3.67	12.00 / 13	7.98 / 14	7.00 / 8	0.00	2.11
AA	Putnam College Adv Mod 1994 O		C-	(800) 354-2228	D- / 1.5	2.82	3.98	12.75 / 15	8.65 / 18	7.65 / 12	0.00	0.10
AA	Putnam College Adv Mod 1995 A		C-	(800) 354-2228	E+ / 0.9	2.96	4.05	12.88 / 16	8.74 / 19	7.66 / 12	0.00	1.38
AA	Putnam College Adv Mod 1995 AX		C-	(800) 354-2228	E+ / 0.9	2.96	4.05	12.88 / 16	8.74 / 19	7.66 / 12	0.00	1.38
AA	Putnam College Adv Mod 1995 B		C-	(800) 354-2228	D- / 1.1	2.82	3.66	12.08 / 14	7.94 / 14	6.84 / 7	0.00	2.13
AA	Putnam College Adv Mod 1995 BX		C-	(800) 354-2228	D- / 1.3	2.89	3.73	12.30 / 14	8.15 / 15	7.09 / 9	0.00	2.13
AA	Putnam College Adv Mod 1995 C		C-	(800) 354-2228	D- / 1.1	2.71	3.55	12.01 / 13	7.94 / 14	6.83 / 7	0.00	2.13
AA	Putnam College Adv Mod 1995 CX		C-	(800) 354-2228	D- / 1.4	2.92	3.84	12.60 / 15	8.49 / 17	7.40 / 11	0.00	2.13
AA	Putnam College Adv Mod 1995 O		C	(800) 354-2228	D / 1.8	3.15	4.31	13.40 / 18	9.21 / 22	8.09 / 15	0.00	0.09
AA	Putnam College Adv Mod 1996 A		C-	(800) 354-2228	D- / 1.2	3.21	4.29	13.75 / 19	9.34 / 23	8.10 / 15	0.00	1.39
AA	Putnam College Adv Mod 1996 AX		C-	(800) 354-2228	D- / 1.2	3.21	4.29	13.75 / 19	9.34 / 23	8.10 / 15	0.00	1.39
AA	Putnam College Adv Mod 1996 B		C-	(800) 354-2228	D- / 1.5	2.99	3.93	12.90 / 16	8.54 / 18	7.28 / 10	0.00	2.14
AA	Putnam College Adv Mod 1996 BX		C-	(800) 354-2228	D / 1.6	3.05	3.99	13.10 / 17	8.77 / 19	7.49 / 11	0.00	2.14
AA	Putnam College Adv Mod 1996 C		C-	(800) 354-2228	D- / 1.5	3.05	3.90	12.89 / 16	8.58 / 18	7.31 / 10	0.00	2.14

• Denotes fund is closed to new investors
* Denotes fund is included in Section II

www.thestreet.com/ratings

I. Index of Stock Mutual Funds

Summer 2007

RISK			NET ASSETS		ASSET					BULL / BEAR		FUND MANAGER		MINIMUMS		LOADS	
	3 Year		NAV						Portfolio	Last Bull	Last Bear	Manager	Manager	Initial	Additional	Front	Back
Risk	Standard		As of	Total	Cash	Stocks	Bonds	Other	Turnover	Market	Market	Quality	Tenure	Purch.	Purch.	End	End
Rating/Pts	Deviation	Beta	6/30/07	$(Mil)	%	%	%	%	Ratio	Return	Return	Pct	(Years)	$	$	Load	Load
B+ / 9.9	2.7	0.59	11.05	3	0	38	62	0	25.9	33.4	-3.4	33	N/A	25	25	0.0	0.0
B+ / 9.9	2.7	0.60	11.14	21	0	38	62	0	25.9	34.6	-3.4	35	N/A	25	25	0.0	0.0
B+ / 9.9	2.7	0.60	11.15	9	0	38	62	0	25.9	33.5	-3.3	33	N/A	25	25	0.0	0.0
B+ / 9.9	2.7	0.60	11.38	19	0	38	62	0	25.9	36.2	-3.3	38	N/A	25	25	0.0	0.0
B+ / 9.9	2.7	0.59	11.79	6	0	38	62	0	25.9	39.6	-3.2	47	N/A	25	25	0.0	0.0
B+ / 9.9	3.0	0.67	11.61	13	0	38	62	0	26.6	41.8	-3.7	43	N/A	25	25	5.3	0.0
B+ / 9.9	3.0	0.67	11.61	45	0	38	62	0	26.6	41.8	-3.7	43	N/A	25	25	5.3	0.0
B+ / 9.9	3.0	0.67	11.11	6	0	38	62	0	26.6	37.4	-3.9	34	N/A	25	25	0.0	0.0
B+ / 9.9	3.0	0.67	11.19	24	0	38	62	0	26.6	38.5	-3.9	36	N/A	25	25	0.0	0.0
B+ / 9.9	3.0	0.67	11.20	8	0	38	62	0	26.6	37.2	-3.9	34	N/A	25	25	0.0	0.0
B+ / 9.9	3.0	0.67	11.43	19	0	38	62	0	26.6	40.3	-3.8	40	N/A	25	25	0.0	0.0
B+ / 9.2	3.0	0.67	11.84	9	0	38	62	0	26.6	43.9	-3.7	47	N/A	25	25	0.0	0.0
B+ / 9.9	3.4	0.76	11.62	16	0	38	62	0	25.2	46.1	-4.3	43	N/A	25	25	5.3	0.0
B+ / 9.9	3.4	0.76	11.62	46	0	38	62	0	25.2	46.1	-4.3	43	N/A	25	25	5.3	0.0
B+ / 9.9	3.4	0.75	11.12	7	0	38	62	0	25.2	41.7	-4.5	34	N/A	25	25	0.0	0.0
B+ / 9.9	3.4	0.75	11.21	27	0	38	62	0	25.2	42.8	-4.4	37	N/A	25	25	0.0	0.0
B+ / 9.9	3.4	0.75	11.19	8	0	38	62	0	25.2	41.6	-4.4	34	N/A	25	25	0.0	0.0
B+ / 9.9	3.4	0.75	11.43	19	0	38	62	0	25.2	44.5	-4.2	40	N/A	25	25	0.0	0.0
B+ / 9.9	3.4	0.75	11.86	7	0	38	62	0	25.2	48.2	-4.2	49	N/A	25	25	0.0	0.0
B+ / 9.9	3.8	0.84	11.67	17	0	50	50	0	27.4	50.8	-4.9	45	N/A	25	25	5.3	0.0
B+ / 9.9	3.8	0.84	11.68	47	0	50	50	0	27.4	50.8	-4.9	45	N/A	25	25	5.3	0.0
B+ / 9.9	3.8	0.83	11.16	7	0	50	50	0	27.4	46.3	-5.1	36	N/A	25	25	0.0	0.0
B+ / 9.9	3.7	0.83	11.25	27	0	50	50	0	27.4	47.1	-4.9	38	N/A	25	25	0.0	0.0
B+ / 9.9	3.7	0.83	11.25	7	0	50	50	0	27.4	46.0	-5.0	36	N/A	25	25	0.0	0.0
B+ / 9.9	3.8	0.83	11.48	15	0	50	50	0	27.4	49.2	-4.9	42	N/A	25	25	0.0	0.0
B+ / 9.9	3.8	0.84	11.92	8	0	50	50	0	27.4	52.9	-4.6	50	N/A	25	25	0.0	0.0
B+ / 9.7	4.1	0.91	11.72	17	0	50	50	0	28.2	55.3	-5.2	47	N/A	25	25	5.3	0.0
B+ / 9.8	4.1	0.91	11.72	45	0	50	50	0	28.2	55.3	-5.2	47	N/A	25	25	5.3	0.0
B+ / 9.7	4.1	0.92	11.21	8	0	50	50	0	28.2	50.6	-5.4	37	N/A	25	25	0.0	0.0
B+ / 9.7	4.1	0.92	11.30	26	0	50	50	0	28.2	51.8	-5.4	39	N/A	25	25	0.0	0.0
B+ / 9.7	4.2	0.92	11.29	6	0	50	50	0	28.2	50.5	-5.4	36	N/A	25	25	0.0	0.0
B+ / 9.8	4.1	0.91	11.52	15	0	50	50	0	28.2	53.7	-5.4	43	N/A	25	25	0.0	0.0
B+ / 9.8	4.1	0.91	11.98	8	0	50	50	0	28.2	57.8	-5.2	51	N/A	25	25	0.0	0.0
B+ / 9.6	4.6	1.00	11.77	16	0	50	50	0	27.6	60.1	-5.8	47	N/A	25	25	5.3	0.0
B+ / 9.6	4.6	1.00	11.77	47	0	50	50	0	27.6	60.1	-5.8	48	N/A	25	25	5.3	0.0
B+ / 9.5	4.5	0.99	11.26	8	0	50	50	0	27.6	55.1	-6.0	38	N/A	25	25	0.0	0.0
B+ / 9.5	4.5	1.00	11.35	27	0	50	50	0	27.6	56.3	-6.0	39	N/A	25	25	0.0	0.0
B+ / 9.5	4.5	1.00	11.34	5	0	50	50	0	27.6	55.2	-6.0	38	N/A	25	25	0.0	0.0
B+ / 9.6	4.5	0.99	11.57	16	0	50	50	0	27.6	58.3	-6.0	45	N/A	25	25	0.0	0.0
B+ / 9.6	4.5	1.00	12.03	9	0	50	50	0	27.6	62.5	-5.7	54	N/A	25	25	0.0	0.0
B+ / 9.4	4.8	1.06	11.83	17	0	66	34	0	26.1	64.7	-6.2	51	N/A	25	25	5.3	0.0
B+ / 9.4	4.8	1.06	11.83	47	0	66	34	0	26.1	64.7	-6.2	51	N/A	25	25	5.3	0.0
B+ / 9.4	4.8	1.06	11.32	8	0	66	34	0	26.1	59.6	-6.4	40	N/A	25	25	0.0	0.0
B+ / 9.4	4.9	1.07	11.41	27	0	66	34	0	26.1	61.0	-6.4	42	N/A	25	25	0.0	0.0
B+ / 9.4	4.8	1.06	11.38	6	0	66	34	0	26.1	59.3	-6.4	40	N/A	25	25	0.0	0.0
B+ / 9.4	4.9	1.07	11.62	16	0	66	34	0	26.1	63.1	-6.4	46	N/A	25	25	0.0	0.0
B+ / 9.4	4.9	1.07	12.10	9	0	66	34	0	26.1	67.5	-6.2	57	N/A	25	25	0.0	0.0
B+ / 9.2	5.2	1.15	11.91	17	0	66	34	0	26.4	69.8	-6.7	53	N/A	25	25	5.3	0.0
B+ / 9.2	5.2	1.14	11.91	47	0	66	34	0	26.4	69.8	-6.7	54	N/A	25	25	5.3	0.0
B+ / 9.2	5.2	1.15	11.38	8	0	66	34	0	26.4	64.4	-6.9	42	N/A	25	25	0.0	0.0
B+ / 9.2	5.3	1.16	11.48	27	0	66	34	0	26.4	66.1	-6.9	44	N/A	25	25	0.0	0.0
B+ / 9.2	5.2	1.14	11.47	5	0	66	34	0	26.4	64.5	-6.9	43	N/A	25	25	0.0	0.0

www.thestreet.com/ratings

Data as of June 30, 2007

I. Index of Stock Mutual Funds

Summer 2007

	99 Pct = Best 0 Pct = Worst			Overall		PERFORMANCE					
						Perfor-	Total Return % through 6/30/07				Incl. in Returns
Fund			Ticker	Investment		mance				Annualized	Dividend Expense
Type	Fund Name		Symbol	Rating	Phone	Rating/Pts	3 Mo	6 Mo	1Yr / Pct	3Yr / Pct 5Yr / Pct	Yield Ratio
AA	Putnam College Adv Mod 1996 CX			C-	(800) 354-2228	D / 1.7	3.17	4.18	13.47 /18	9.09 /21 7.81 /13	0.00 2.14
AA	Putnam College Adv Mod 1996 O			C	(800) 354-2228	D / 2.2	3.39	4.55	14.35 /22	9.83 /27 8.52 /19	0.00 0.08
AA	Putnam College Adv Mod 1997 A			C-	(800) 354-2228	D- / 1.5	3.45	4.62	14.50 /23	9.86 /27 8.45 /18	0.00 1.40
AA	Putnam College Adv Mod 1997 AX			C-	(800) 354-2228	D- / 1.5	3.45	4.62	14.50 /23	9.86 /27 8.45 /18	0.00 1.40
AA	Putnam College Adv Mod 1997 B			C-	(800) 354-2228	D / 1.8	3.33	4.27	13.66 /19	9.06 /21 7.65 /12	0.00 2.15
AA	Putnam College Adv Mod 1997 BX			C-	(800) 354-2228	D / 1.9	3.30	4.33	13.88 /20	9.26 /23 7.88 /14	0.00 2.15
AA	Putnam College Adv Mod 1997 C			C-	(800) 354-2228	D / 1.8	3.31	4.14	13.56 /19	9.07 /21 7.64 /12	0.00 2.15
AA	Putnam College Adv Mod 1997 CX			C-	(800) 354-2228	D / 2.1	3.42	4.42	14.12 /21	9.61 /25 8.19 /16	0.00 2.15
AA	Putnam College Adv Mod 1997 O			C	(800) 354-2228	D+ / 2.6	3.63	4.86	14.97 /26	10.33 /31 8.88 /22	0.00 0.07
AA	Putnam College Adv Mod 1998 A			C-	(800) 354-2228	D / 1.8	3.77	4.94	15.13 /27	10.37 /31 8.79 /21	0.00 1.41
AA	Putnam College Adv Mod 1998 AX			C-	(800) 354-2228	D / 1.8	3.77	4.94	15.13 /27	10.37 /31 8.79 /21	0.00 1.41
AA	Putnam College Adv Mod 1998 B			C-	(800) 354-2228	D / 2.1	3.58	4.52	14.33 /22	9.55 /25 7.96 /15	0.00 2.16
AA	Putnam College Adv Mod 1998 BX			C	(800) 354-2228	D+ / 2.3	3.64	4.66	14.52 /23	9.78 /26 8.23 /16	0.00 2.16
AA	Putnam College Adv Mod 1998 C			C-	(800) 354-2228	D / 2.1	3.47	4.49	14.24 /22	9.53 /24 7.93 /14	0.00 2.16
AA	Putnam College Adv Mod 1998 CX			C	(800) 354-2228	D+ / 2.5	3.66	4.85	14.86 /25	10.13 /29 8.54 /19	0.00 2.16
AA	Putnam College Adv Mod 1998 O			C	(800) 354-2228	C- / 3.0	3.86	5.18	15.69 /30	10.83 /34 9.23 /25	0.00 0.07
AA	Putnam College Adv Mod 1999 A			C-	(800) 354-2228	D / 2.1	3.94	5.20	15.73 /30	10.86 /35 9.14 /24	0.00 1.42
AA	Putnam College Adv Mod 1999 AX			C-	(800) 354-2228	D / 2.1	3.94	5.20	15.73 /30	10.86 /35 9.14 /24	0.00 1.42
AA	Putnam College Adv Mod 1999 B			C	(800) 354-2228	D+ / 2.4	3.75	4.78	14.94 /26	10.00 /28 8.33 /17	0.00 2.17
AA	Putnam College Adv Mod 1999 BX			C	(800) 354-2228	D+ / 2.6	3.81	4.93	15.14 /27	10.24 /30 8.55 /19	0.00 2.17
AA	Putnam College Adv Mod 1999 C			C-	(800) 354-2228	D+ / 2.4	3.82	4.74	14.93 /26	10.00 /28 8.34 /17	0.00 2.17
AA	Putnam College Adv Mod 1999 CX			C	(800) 354-2228	D+ / 2.8	3.83	5.01	15.47 /29	10.54 /32 8.86 /22	0.00 2.17
AA	Putnam College Adv Mod 1999 O			C	(800) 354-2228	C- / 3.4	4.02	5.43	16.28 /34	11.28 /39 9.57 /28	0.00 0.06
AA	Putnam College Adv Mod 2000 A			C-	(800) 354-2228	D+ / 2.4	4.16	5.41	16.30 /34	11.26 /38 9.43 /27	0.00 1.43
AA	Putnam College Adv Mod 2000 AX			C-	(800) 354-2228	D+ / 2.4	4.16	5.41	16.30 /34	11.26 /38 9.43 /27	0.00 1.43
AA	Putnam College Adv Mod 2000 B			C	(800) 354-2228	D+ / 2.8	3.99	5.01	15.44 /28	10.42 /31 8.60 /19	0.00 2.18
AA	Putnam College Adv Mod 2000 BX			C	(800) 354-2228	D+ / 2.9	4.04	5.24	15.74 /30	10.65 /33 8.85 /21	0.00 2.18
AA	Putnam College Adv Mod 2000 C			C	(800) 354-2228	D+ / 2.7	3.95	4.97	15.41 /28	10.41 /31 8.60 /19	0.00 2.18
AA	Putnam College Adv Mod 2000 CX			C	(800) 354-2228	C- / 3.2	4.05	5.32	15.95 /32	10.98 /36 9.15 /25	0.00 2.18
AA	Putnam College Adv Mod 2000 O			C+	(800) 354-2228	C- / 3.9	4.31	5.71	16.91 /38	11.73 /43 9.89 /32	0.00 0.05
AA	Putnam College Adv Mod 2001 A			C	(800) 354-2228	D+ / 2.7	4.36	5.70	16.86 /37	11.62 /42 9.73 /30	0.00 1.43
AA	Putnam College Adv Mod 2001 AX			C	(800) 354-2228	D+ / 2.7	4.36	5.70	16.86 /37	11.62 /42 9.73 /30	0.00 1.43
AA	Putnam College Adv Mod 2001 B			C	(800) 354-2228	C- / 3.1	4.20	5.33	15.96 /32	10.81 /34 8.91 /22	0.00 2.18
AA	Putnam College Adv Mod 2001 BX			C	(800) 354-2228	C- / 3.3	4.25	5.46	16.23 /33	11.05 /36 9.12 /24	0.00 2.18
AA	Putnam College Adv Mod 2001 C			C	(800) 354-2228	C- / 3.1	4.09	5.30	15.97 /32	10.82 /34 8.90 /22	0.00 2.18
AA	Putnam College Adv Mod 2001 CX			C	(800) 354-2228	C- / 3.6	4.34	5.61	16.62 /36	11.36 /39 9.43 /27	0.00 2.18
AA	Putnam College Adv Mod 2001 O			C+	(800) 354-2228	C / 4.3	4.50	5.97	17.42 /41	12.14 /47 10.16 /35	0.00 0.05
AA	Putnam College Adv Mod 2002 A			C	(800) 354-2228	C- / 3.0	4.51	5.93	17.25 /40	11.96 /45 9.98 /33	0.00 1.44
AA	Putnam College Adv Mod 2002 AX			C	(800) 354-2228	C- / 3.0	4.51	5.93	17.25 /40	11.96 /45 9.98 /33	0.00 1.44
AA	Putnam College Adv Mod 2002 B			C	(800) 354-2228	C- / 3.4	4.31	5.54	16.38 /34	11.15 /37 9.14 /24	0.00 2.19
AA	Putnam College Adv Mod 2002 BX			C	(800) 354-2228	C- / 3.7	4.43	5.65	16.71 /36	11.40 /40 9.36 /27	0.00 2.19
AA	Putnam College Adv Mod 2002 C			C	(800) 354-2228	C- / 3.4	4.37	5.52	16.49 /35	11.16 /37 9.16 /25	0.00 2.19
AA	Putnam College Adv Mod 2002 CX			C	(800) 354-2228	C- / 3.9	4.43	5.78	17.04 /38	11.69 /43 9.67 /29	0.00 2.19
AA	Putnam College Adv Mod 2002 O			C+	(800) 354-2228	C / 4.7	4.69	6.23	17.96 /45	12.48 /50 10.42 /38	0.00 0.05
AA	Putnam College Adv Mod 2003 A			C	(800) 354-2228	C- / 3.3	4.71	6.12	17.70 /43	12.28 /48 --	0.00 1.45
AA	Putnam College Adv Mod 2003 AX			C	(800) 354-2228	C- / 3.3	4.71	6.12	17.70 /43	12.28 /48 --	0.00 1.45
AA	Putnam College Adv Mod 2003 B			C	(800) 354-2228	C- / 3.7	4.55	5.75	16.87 /37	11.43 /40 --	0.00 2.20
AA	Putnam College Adv Mod 2003 BX			C	(800) 354-2228	C- / 3.9	4.58	5.83	17.10 /39	11.67 /42 --	0.00 2.20
AA	Putnam College Adv Mod 2003 C			C	(800) 354-2228	C- / 3.7	4.55	5.75	16.84 /37	11.44 /40 --	0.00 2.20
AA	Putnam College Adv Mod 2003 CX			C+	(800) 354-2228	C- / 4.2	4.63	6.00	17.45 /41	11.99 /45 --	0.00 2.20
AA	Putnam College Adv Mod 2003 O			C+	(800) 354-2228	C / 5.0	4.85	6.43	18.30 /47	12.78 /52 --	0.00 0.05
AA	Putnam College Adv Mod 2004 A			C	(800) 354-2228	C- / 3.5	4.89	6.35	18.06 /46	12.50 /50 --	0.00 1.45

● Denotes fund is closed to new investors
* Denotes fund is included in Section II

Summer 2007

I. Index of Stock Mutual Funds

RISK			NET ASSETS		ASSET				Portfolio Turnover Ratio	BULL / BEAR		FUND MANAGER		MINIMUMS		LOADS	
	3 Year		NAV							Last Bull	Last Bear	Manager	Manager	Initial	Additional	Front	Back
Risk	Standard		As of	Total	Cash	Stocks	Bonds	Other		Market	Market	Quality	Tenure	Purch.	Purch.	End	End
Rating/Pts	Deviation	Beta	6/30/07	$(Mil)	%	%	%	%		Return	Return	Pct	(Years)	$	$	Load	Load
B+ / 9.2	5.2	1.14	11.71	13	0	66	34	0	26.4	68.2	-6.9	50	N/A	25	25	0.0	0.0
B+ / 9.3	5.2	1.15	12.19	9	0	66	34	0	26.4	72.7	-6.7	59	N/A	25	25	0.0	0.0
B+ / 9.1	5.6	1.22	12.00	17	0	66	34	0	26.2	74.7	-7.2	55	N/A	25	25	5.3	0.0
B+ / 9.1	5.6	1.22	12.00	46	0	66	34	0	26.2	74.7	-7.2	55	N/A	25	25	5.3	0.0
B+ / 9.0	5.6	1.22	11.48	7	0	66	34	0	26.2	69.2	-7.4	44	N/A	25	25	0.0	0.0
B+ / 9.0	5.7	1.24	11.57	26	0	66	34	0	26.2	70.5	-7.3	45	N/A	25	25	0.0	0.0
B+ / 9.0	5.6	1.22	11.56	5	0	66	34	0	26.2	69.1	-7.4	44	N/A	25	25	0.0	0.0
B+ / 9.1	5.6	1.22	11.80	14	0	66	34	0	26.2	72.8	-7.3	51	N/A	25	25	0.0	0.0
B+ / 9.1	5.6	1.23	12.29	9	0	66	34	0	26.2	77.6	-7.2	61	N/A	25	25	0.0	0.0
B / 8.9	6.0	1.30	12.10	17	0	78	20	2	25.4	79.0	-7.7	57	N/A	25	25	5.3	0.0
B / 8.9	6.0	1.29	12.10	52	0	78	20	2	25.4	79.0	-7.7	57	N/A	25	25	5.3	0.0
B / 8.8	6.0	1.30	11.57	8	0	78	20	2	25.4	73.4	-7.9	45	N/A	25	25	0.0	0.0
B / 8.9	5.9	1.29	11.67	26	0	78	20	2	25.4	74.7	-7.7	49	N/A	25	25	0.0	0.0
B / 8.8	6.0	1.30	11.63	5	0	78	20	2	25.4	73.0	-7.9	45	N/A	25	25	0.0	0.0
B / 8.9	5.9	1.29	11.90	15	0	78	20	2	25.4	77.1	-7.7	54	N/A	25	25	0.0	0.0
B / 8.9	6.0	1.30	12.39	9	0	78	20	2	25.4	82.3	-7.5	62	N/A	25	25	0.0	0.0
B / 8.8	6.3	1.36	12.14	16	0	78	20	2	24.9	83.3	-8.0	58	N/A	25	25	5.3	0.0
B / 8.8	6.3	1.36	12.14	51	0	78	20	2	24.9	83.2	-8.0	59	N/A	25	25	5.3	0.0
B / 8.7	6.3	1.36	11.62	8	0	78	20	2	24.9	77.5	-8.2	47	N/A	25	25	0.0	0.0
B / 8.7	6.3	1.36	11.71	29	0	78	20	2	24.9	78.9	-8.0	51	N/A	25	25	0.0	0.0
B / 8.7	6.3	1.36	11.70	5	0	78	20	2	24.9	77.5	-8.1	47	N/A	25	25	0.0	0.0
B / 8.7	6.3	1.36	11.94	14	0	78	20	2	24.9	81.1	-7.9	55	N/A	25	25	0.0	0.0
B / 8.8	6.3	1.36	12.43	10	0	78	20	2	24.9	86.2	-7.8	64	N/A	25	25	0.0	0.0
B / 8.6	6.6	1.42	12.27	15	0	78	20	2	22.9	87.1	-8.3	60	N/A	25	25	5.3	0.0
B / 8.6	6.6	1.42	12.27	63	0	78	20	2	22.9	87.1	-8.3	60	N/A	25	25	5.3	0.0
B / 8.6	6.6	1.43	11.74	8	0	78	20	2	22.9	81.3	-8.5	48	N/A	25	25	0.0	0.0
B / 8.6	6.6	1.41	11.84	33	0	78	20	2	22.9	82.7	-8.4	52	N/A	25	25	0.0	0.0
B / 8.6	6.6	1.42	11.83	3	0	78	20	2	22.9	81.3	-8.6	48	N/A	25	25	0.0	0.0
B / 8.6	6.7	1.43	12.07	17	0	78	20	2	22.9	84.9	-8.2	55	N/A	25	25	0.0	0.0
B / 8.7	6.7	1.44	12.58	13	0	78	20	2	22.9	90.3	-8.1	64	N/A	25	25	0.0	0.0
B / 8.5	6.9	1.47	13.17	17	0	84	14	2	24.8	90.3	-8.4	61	N/A	25	25	5.3	0.0
B / 8.5	6.9	1.47	13.17	61	0	84	14	2	24.8	90.3	-8.4	61	N/A	25	25	5.3	0.0
B / 8.5	0.8	1.47	12.04	8	0	84	14	2	24.8	84.3	-8.5	51	N/A	25	25	0.0	0.0
B / 8.5	6.9	1.48	12.75	37	0	84	14	2	24.8	86.2	-8.7	53	N/A	25	25	0.0	0.0
B / 8.4	6.9	1.48	12.71	4	0	84	14	2	24.8	84.4	-8.6	49	N/A	25	25	0.0	0.0
B / 8.5	6.9	1.49	12.98	16	0	84	14	2	24.8	88.4	-8.5	56	N/A	25	25	0.0	0.0
B / 8.5	6.9	1.48	13.48	13	0	84	14	2	24.8	93.9	-8.4	66	N/A	25	25	0.0	0.0
B / 8.4	7.1	1.52	14.82	19	0	84	14	2	18.8	93.4	-8.6	62	N/A	25	25	5.3	0.0
B / 8.4	7.2	1.52	14.82	31	0	84	14	2	18.8	93.4	-8.6	62	N/A	25	25	5.3	0.0
B / 8.3	7.1	1.52	14.28	11	0	84	14	2	18.8	87.2	-8.7	51	N/A	25	25	0.0	0.0
B / 8.4	7.1	1.52	14.39	19	0	84	14	2	18.8	88.8	-8.7	55	N/A	25	25	0.0	0.0
B / 8.3	7.1	1.53	14.34	4	0	84	14	2	18.8	87.4	-8.8	51	N/A	25	25	0.0	0.0
B / 8.4	7.2	1.53	14.63	8	0	84	14	2	18.8	91.3	-8.7	57	N/A	25	25	0.0	0.0
B / 8.5	7.1	1.52	15.17	11	0	84	14	2	18.8	96.8	-8.5	68	N/A	25	25	0.0	0.0
B / 8.3	7.4	1.57	18.02	28	0	84	14	2	19.7	95.7	N/A	63	N/A	25	25	5.3	0.0
B / 8.3	7.3	1.57	18.02	3	0	84	14	2	19.7	95.7	N/A	63	N/A	25	25	5.3	0.0
B / 8.2	7.4	1.56	17.46	15	0	84	14	2	19.7	89.5	N/A	52	N/A	25	25	0.0	0.0
B / 8.3	7.3	1.56	17.60	1	0	84	14	2	19.7	91.0	N/A	55	N/A	25	25	0.0	0.0
B / 8.2	7.4	1.57	17.48	6	0	84	14	2	19.7	89.9	N/A	52	N/A	25	25	0.0	0.0
B / 8.3	7.3	1.56	17.84	1	0	84	14	2	19.7	93.6	N/A	59	N/A	25	25	0.0	0.0
B / 8.4	7.3	1.56	18.36	7	0	84	14	2	19.7	99.2	N/A	69	N/A	25	25	0.0	0.0
B / 8.2	7.6	1.61	14.58	19	0	84	14	2	14.6	N/A	N/A	63	N/A	25	25	5.3	0.0

www.thestreet.com/ratings

Data as of June 30, 2007

I. Index of Stock Mutual Funds

Summer 2007

Fund Type	Fund Name	Ticker Symbol	Overall Investment Rating	Phone	Performance Rating/Pts	3 Mo	6 Mo	1Yr / Pct	3Yr / Pct	5Yr / Pct	Dividend Yield	Expense Ratio
AA	Putnam College Adv Mod 2004 B		C	(800) 354-2228	C- / 3.9	4.64	5.89	17.15 /39	11.65 /42	--	0.00	1.45
AA	Putnam College Adv Mod 2004 C		C	(800) 354-2228	C- / 3.9	4.64	5.89	17.16 /39	11.66 /42	--	0.00	2.20
AA	Putnam College Adv Mod 2004 O		C+	(800) 354-2228	C / 5.2	4.96	6.63	18.68 /50	12.99 /54	--	0.00	0.05
AA	Putnam College Adv Mod Grad A		D+	(800) 354-2228	E- / 0.1	1.34	2.29	6.72 / 3	4.16 / 2	3.53 / 1	0.00	0.64
AA	Putnam College Adv Mod Grad AX		D+	(800) 354-2228	E- / 0.1	1.43	2.29	6.72 / 3	4.16 / 2	3.53 / 1	0.00	0.64
AA	Putnam College Adv Mod Grad B		D+	(800) 354-2228	E- / 0.1	1.23	1.94	5.87 / 2	3.39 / 1	2.72 / 0	0.00	1.39
AA	Putnam College Adv Mod Grad BX		D+	(800) 354-2228	E- / 0.1	1.30	2.01	6.10 / 2	3.59 / 1	2.96 / 0	0.00	1.19
AA	Putnam College Adv Mod Grad C		D+	(800) 354-2228	E- / 0.1	1.22	2.02	6.02 / 2	3.40 / 1	2.74 / 0	0.00	1.39
AA	Putnam College Adv Mod Grad CX		D+	(800) 354-2228	E- / 0.2	1.37	2.24	6.46 / 2	3.91 / 2	3.26 / 0	0.00	0.89
AA	Putnam College Adv Mod Grad O		C-	(800) 354-2228	E- / 0.2	1.50	2.43	7.01 / 3	4.43 / 2	3.76 / 1	0.00	0.23
AG	Putnam College Adv New Opps A		D	(800) 354-2228	D+ / 2.3	5.42	6.96	15.94 /31	10.54 /32	10.07 /34	0.00	1.49
AG	Putnam College Adv New Opps B		D	(800) 354-2228	D+ / 2.6	5.10	6.51	14.90 /25	9.67 /25	9.24 /25	0.00	2.24
AG	Putnam College Adv New Opps C		D	(800) 354-2228	D+ / 2.6	5.20	6.51	15.03 /26	9.68 /25	9.23 /25	0.00	2.24
AG	Putnam College Adv New Opps O		C-	(800) 354-2228	C- / 3.8	5.52	7.20	16.45 /35	11.14 /37	10.66 /40	0.00	0.05
BA	Putnam College Adv New Value A		C+	(800) 354-2228	C- / 4.2	6.13	7.02	19.65 /57	12.77 /52	12.29 /56	0.00	1.51
BA	Putnam College Adv New Value B		C+	(800) 354-2228	C / 4.7	5.97	6.60	18.81 /51	11.92 /45	11.46 /48	0.00	2.26
BA	Putnam College Adv New Value C		C+	(800) 354-2228	C / 4.7	5.98	6.62	18.85 /51	11.94 /45	11.44 /48	0.00	2.26
BA	Putnam College Adv New Value O		B	(800) 354-2228	C+ / 6.0	6.29	7.35	20.37 /62	13.38 /57	12.90 /61	0.00	0.05
AA	Putnam College Adv US Eqty Inc A		B	(800) 354-2228	C+ / 5.6	6.89	7.85	23.13 /78	13.73 /60	--	0.00	1.34
AA	Putnam College Adv US Eqty Inc B		B	(800) 354-2228	C+ / 6.0	6.74	7.46	22.16 /73	12.88 /53	--	0.00	2.09
AA	Putnam College Adv US Eqty Inc C		B	(800) 354-2228	C+ / 5.9	6.73	7.38	22.11 /73	12.86 /53	--	0.00	2.09
AA	Putnam College Adv US Eqty Inc O		A	(800) 354-2228	B- / 7.0	7.04	8.11	23.76 /80	14.35 /64	--	0.00	N/A
GR	Putnam College Adv US SCB Cap		C+	(800) 354-2228	C+ / 6.3	5.22	9.90	18.69 /50	15.91 /73	11.78 /51	0.00	1.59
GR	Putnam College Adv US SCB Cap		C+	(800) 354-2228	C+ / 6.7	5.10	9.50	17.82 /44	15.05 /69	11.00 /43	0.00	2.34
GR	Putnam College Adv US SCB Cap		C+	(800) 354-2228	C+ / 6.7	5.09	9.50	17.81 /44	15.07 /69	10.97 /43	0.00	2.34
GR	Putnam College Adv US SCB Cap		B	(800) 354-2228	B- / 7.5	5.40	10.17	19.33 /55	16.57 /76	12.42 /57	0.00	N/A
AG	Putnam College Adv Voyager A		E+	(800) 354-2228	E / 0.4	4.74	3.93	13.64 /19	5.74 / 5	5.49 / 3	0.00	1.46
AG	Putnam College Adv Voyager B		E+	(800) 354-2228	E+ / 0.6	4.53	3.59	12.81 /16	4.98 / 3	4.72 / 2	0.00	2.21
AG	Putnam College Adv Voyager C		E+	(800) 354-2228	E+ / 0.6	4.53	3.59	12.81 /16	4.98 / 4	4.75 / 2	0.00	2.21
AG	Putnam College Adv Voyager O		D-	(800) 354-2228	D- / 1.0	4.90	4.31	14.37 /23	6.36 / 7	6.06 / 4	0.00	0.05
CV	Putnam Convertible Inc & Gr A	PCONX	C-	(800) 354-2228	D+ / 2.8	5.17	8.64	18.56 /49	10.62 /33	12.96 /62	2.40	1.05
CV	Putnam Convertible Inc & Gr B	PCNBX	C	(800) 354-2228	C- / 3.2	4.94	8.24	17.65 /43	9.81 /26	12.11 /55	1.84	1.80
CV	Putnam Convertible Inc & Gr C		C	(800) 354-2228	C- / 3.1	4.91	8.20	17.62 /42	9.80 /26	12.11 /55	1.88	1.80
CV	Putnam Convertible Inc & Gr M	PCNMX	C-	(800) 354-2228	D+ / 2.7	5.02	8.38	17.94 /44	10.07 /29	12.38 /57	2.01	1.55
CV	Putnam Convertible Inc & Gr R	PCVRX	C	(800) 354-2228	D+ / 2.9	5.07	8.50	18.24 /47	10.34 /31	12.68 /59	2.27	1.30
CV	Putnam Convertible Inc & Gr Y	PCGYX	C+	(800) 354-2228	C- / 4.1	5.24	8.83	18.86 /51	10.92 /35	13.24 /64	2.77	0.80
AG	Putnam Discovery Growth Fund A	PVIIX	D	(800) 354-2228	C- / 4.1	8.18	11.41	20.50 /63	11.12 /37	10.24 /36	0.00	1.57
AG	Putnam Discovery Growth Fund B	PVYBX	D+	(800) 354-2228	C / 4.5	7.97	10.98	19.56 /56	10.28 /30	9.42 /27	0.00	2.32
AG	Putnam Discovery Growth Fund C	PVYCX	D+	(800) 354-2228	C / 4.5	7.93	10.96	19.53 /56	10.27 /30	9.42 /27	0.00	2.32
AG	Putnam Discovery Growth Fund M	PVYMX	D	(800) 354-2228	C- / 4.0	8.03	11.05	19.82 /58	10.55 /32	9.68 /30	0.00	2.07
AG	Putnam Discovery Growth Fund R	PDGRX	C-	(800) 354-2228	C / 5.1	8.10	11.25	20.14 /61	10.84 /35	9.97 /33	0.00	1.82
AG	Putnam Discovery Growth Fund Y		C-	(800) 354-2228	C / 5.5	8.22	11.47	20.75 /65	11.37 /40	10.51 /39	0.00	1.32
IN	Putnam Equity Income A	PEYAX	C+	(800) 354-2228	C+ / 6.0	7.03	8.04	23.61 /79	14.15 /63	11.79 /52	1.35	0.97
IN	Putnam Equity Income B	PEQNX	C+	(800) 354-2228	C+ / 6.3	6.82	7.56	22.62 /75	13.30 /57	10.94 /43	0.76	1.72
IN	Putnam Equity Income C	PEQCX	C+	(800) 354-2228	C+ / 6.3	6.81	7.61	22.64 /76	13.31 /57	10.94 /43	0.78	1.72
IN	Putnam Equity Income M	PEIMX	C+	(800) 354-2228	C+ / 5.9	6.95	7.76	22.98 /77	13.59 /59	11.24 /46	0.96	1.47
IN	Putnam Equity Income R	PEQRX	C+	(800) 354-2228	C+ / 6.7	6.94	7.83	23.24 /78	13.85 /61	11.51 /49	1.24	1.22
IN	Putnam Equity Income Y	PEIYX	B-	(800) 354-2228	B- / 7.1	7.10	8.17	23.90 /80	14.45 /65	12.06 /54	1.63	0.72
FO	Putnam Europe Equity A	PEUGX	A+	(800) 354-2228	A- / 9.2	7.52	12.28	33.65 /95	24.76 /93	16.79 /84	1.57	1.48
FO	Putnam Europe Equity B	PEUBX	A+	(800) 354-2228	A / 9.3	7.30	11.87	32.64 /95	23.81 /92	15.90 /81	0.83	2.23
FO	Putnam Europe Equity C		A+	(800) 354-2228	A / 9.3	7.33	11.90	32.67 /95	23.83 /92	15.91 /81	1.06	2.23
FO	Putnam Europe Equity M	PEUMX	A+	(800) 354-2228	A- / 9.2	7.37	12.00	32.97 /95	24.14 /92	16.19 /82	1.11	1.98

• Denotes fund is closed to new investors
* Denotes fund is included in Section II

I. Index of Stock Mutual Funds

Summer 2007

RISK			NET ASSETS		ASSET				Portfolio	BULL / BEAR		FUND MANAGER		MINIMUMS		LOADS	
	3 Year		NAV							Last Bull	Last Bear	Manager	Manager	Initial	Additional	Front	Back
Risk	Standard		As of	Total	Cash	Stocks	Bonds	Other	Turnover	Market	Market	Quality	Tenure	Purch.	Purch.	End	End
Rating/Pts	Deviation	Beta	6/30/07	$(Mil)	%	%	%	%	Ratio	Return	Return	Pct	(Years)	$	$	Load	Load
B / 8.2	7.5	1.59	14.21	8	0	84	14	2	14.6	N/A	N/A	54	N/A	25	25	0.0	0.0
B / 8.2	7.5	1.59	14.20	4	0	84	14	2	14.6	N/A	N/A	54	N/A	25	25	0.0	0.0
B / 8.3	7.5	1.60	14.80	2	0	84	14	2	14.6	N/A	N/A	69	N/A	25	25	0.0	0.0
B+ / 9.9	1.4	0.30	12.07	3	0	0	0	100	56.7	20.1	-0.7	40	N/A	25	25	5.3	0.0
B+ / 9.9	1.4	0.30	12.07	15	0	0	0	100	56.7	20.1	-0.7	40	N/A	25	25	5.3	0.0
B+ / 9.9	1.4	0.30	11.55	N/A	0	0	0	100	56.7	16.2	-0.9	32	N/A	25	25	0.0	0.0
B+ / 9.9	1.4	0.30	11.65	N/A	0	0	0	100	56.7	17.2	-0.9	34	N/A	25	25	0.0	0.0
B+ / 9.9	1.4	0.29	11.63	2	0	0	0	100	56.7	16.2	-0.9	33	N/A	25	25	0.0	0.0
B+ / 9.9	1.4	0.30	11.87	13	0	0	0	100	56.7	18.8	-0.8	38	N/A	25	25	0.0	0.0
B+ / 9.9	1.4	0.30	12.22	2	0	0	0	100	56.7	21.2	-0.7	44	N/A	25	25	0.0	0.0
C+ / 6.7	10.9	1.35	12.44	14	0	0	0	100	15.9	92.7	-9.9	17	N/A	25	25	5.3	0.0
C+ / 6.7	11.0	1.35	11.95	11	0	0	0	100	15.9	86.9	-10.0	13	N/A	25	25	0.0	0.0
C+ / 6.7	11.0	1.35	11.94	5	0	0	0	100	15.9	86.8	-10.1	13	N/A	25	25	0.0	0.0
C+ / 6.8	11.0	1.35	12.81	4	0	0	0	100	15.9	97.3	-9.7	20	N/A	25	25	0.0	0.0
B / 8.6	7.7	1.60	16.62	29	0	100	0	0	19.6	117.5	-10.3	66	N/A	25	25	5.3	0.0
B / 8.5	7.7	1.60	15.98	23	0	100	0	0	19.6	110.8	-10.6	56	N/A	25	25	0.0	0.0
B / 8.5	7.6	1.60	15.95	10	0	100	0	0	19.6	110.7	-10.5	56	N/A	25	25	0.0	0.0
B / 8.6	7.6	1.60	17.08	10	0	100	0	0	19.6	122.8	-10.3	73	N/A	25	25	0.0	0.0
B / 8.7	7.4	1.58	17.99	15	0	0	0	100	12.2	N/A	N/A	77	N/A	25	25	5.3	0.0
B / 8.7	7.4	1.57	17.42	7	0	0	0	100	12.2	N/A	N/A	69	N/A	25	25	0.0	0.0
B / 8.7	7.4	1.58	17.45	5	0	0	0	100	12.2	N/A	N/A	68	N/A	25	25	0.0	0.0
B / 8.8	7.4	1.57	18.39	10	0	0	0	100	12.2	N/A	N/A	82	N/A	25	25	0.0	0.0
C+ / 6.7	12.5	1.45	16.32	20	0	100	0	0	18.2	144.1	-12.8	58	N/A	25	25	5.3	0.0
C+ / 6.7	12.4	1.45	15.67	15	0	100	0	0	18.2	136.8	-13.0	48	N/A	25	25	0.0	0.0
C+ / 6.7	12.4	1.44	15.68	8	0	100	0	0	18.2	136.6	-13.0	49	N/A	25	25	0.0	0.0
C+ / 6.8	12.4	1.45	16.79	8	0	100	0	0	18.2	150.2	-12.8	67	N/A	25	25	0.0	0.0
C+ / 6.8	10.1	1.28	10.83	21	0	100	0	0	17.2	57.0	-9.7	4	N/A	25	25	5.3	0.0
C+ / 6.7	10.0	1.27	10.39	17	0	100	0	0	17.2	52.3	-9.9	3	N/A	25	25	0.0	0.0
C+ / 6.7	10.1	1.27	10.39	9	0	100	0	0	17.2	52.2	-9.9	3	N/A	25	25	0.0	0.0
C+ / 6.9	10.0	1.27	11.14	3	0	100	0	0	17.2	60.7	-9.6	5	N/A	25	25	0.0	0.0
B- / 7.7	6.5	1.04	20.87	686	1	5	1	93	63.6	84.1	1.1	84	5	500	50	5.3	0.0
B / 8.3	6.5	1.04	20.55	42	1	5	1	93	63.6	78.5	0.9	78	5	500	50	0.0	0.0
B / 8.3	6.5	1.04	20.72	31	1	5	1	93	63.6	78.5	0.9	78	5	500	50	0.0	0.0
B / 8.1	6.5	1.04	20.71	6	1	5	1	93	63.6	80.3	0.9	81	5	500	50	3.3	0.0
B / 8.3	6.5	1.04	20.82	2	1	5	1	93	63.6	82.3	1.1	83	5	500	50	3.3	0.0
B / 8.3	6.5	1.04	20.87	26	1	5	1	93	63.6	86.2	1.2	86	5	150,000,000	0	0.0	0.0
C / 5.4	12.1	1.48	22.75	544	0	98	0	2	89.2	95.4	-11.0	14	N/A	500	50	5.3	0.0
C / 5.3	12.1	1.48	20.72	227	0	98	0	2	89.2	89.1	-11.2	11	N/A	500	50	0.0	0.0
C / 5.3	12.2	1.49	21.36	32	0	98	0	2	89.2	89.3	-11.3	11	N/A	500	50	0.0	0.0
C / 5.3	12.2	1.49	21.40	21	0	98	0	2	89.2	91.3	-11.1	12	N/A	500	50	3.3	0.0
C / 5.3	12.2	1.48	22.55	N/A	0	98	0	2	89.2	93.4	-11.1	13	N/A	500	50	0.0	0.0
C / 5.4	12.2	1.49	23.04	11	0	98	0	2	89.2	97.5	-11.0	16	N/A	150,000,000	0	0.0	0.0
C+ / 6.9	7.4	0.98	18.89	2,984	0	97	0	3	77.0	108.6	-8.8	82	7	500	50	5.3	0.0
C+ / 6.8	7.4	0.98	18.72	533	0	97	0	3	77.0	102.1	-8.9	75	7	500	50	0.0	0.0
C+ / 6.9	7.4	0.97	18.78	103	0	97	0	3	77.0	102.1	-9.0	75	7	500	50	0.0	0.0
C+ / 6.9	7.4	0.97	18.75	58	0	97	0	3	77.0	104.3	-8.9	78	7	500	50	3.3	0.0
C+ / 6.9	7.5	0.98	18.82	7	0	97	0	3	77.0	106.4	-8.8	79	7	500	50	0.0	0.0
C+ / 6.9	7.4	0.97	18.89	300	0	97	0	3	77.0	110.9	-8.8	84	7	150,000,000	0	0.0	0.0
B- / 7.0	9.7	1.01	33.46	477	1	98	0	1	80.5	179.7	-11.2	73	1	500	50	5.3	1.0
B- / 7.0	9.7	1.01	32.33	77	1	98	0	1	80.5	170.8	-11.3	64	1	500	50	0.0	1.0
B- / 7.1	9.7	1.01	33.11	7	1	98	0	1	80.5	171.0	-11.4	64	1	500	50	0.0	1.0
B- / 7.0	9.7	1.01	33.22	14	1	98	0	1	80.5	173.8	-11.3	67	1	500	50	3.3	1.0

www.thestreet.com/ratings

Data as of June 30, 2007

I. Index of Stock Mutual Funds

Summer 2007

99 Pct = Best
0 Pct = Worst

Fund Type	Fund Name	Ticker Symbol	Overall Investment Rating	Phone	Performance Rating/Pts	3 Mo	6 Mo	1Yr / Pct	3Yr / Pct	5Yr / Pct	Dividend Yield	Expense Ratio
FO	Putnam Europe Equity R	PEERX	A+	(800) 354-2228	A / 9.4	7.46	12.16	33.32 /95	24.55 /93	16.56 /83	1.79	1.73
FO	Putnam Europe Equity Y		A+	(800) 354-2228	A / 9.4	7.57	12.45	34.01 /95	24.94 /93	16.89 /85	1.85	1.23
* GI	Putnam Fund for Gr & Inc A	PGRWX	D+	(800) 354-2228	C- / 3.3	5.84	6.29	19.71 /58	11.50 /41	10.23 /35	0.82	0.90
GI	Putnam Fund for Gr & Inc B	PGIBX	D+	(800) 354-2228	C- / 3.7	5.61	5.89	18.83 /51	10.67 /33	9.40 /27	0.17	1.65
GI	Putnam Fund for Gr & Inc C	PGRIX	D+	(800) 354-2228	C- / 3.7	5.66	5.89	18.81 /51	10.68 /33	9.40 /27	0.19	1.65
GI	Putnam Fund for Gr & Inc M	PGRMX	D+	(800) 354-2228	C- / 3.2	5.69	6.00	19.12 /53	10.96 /35	9.67 /29	0.41	1.40
GI	Putnam Fund for Gr & Inc R	PGCRX	C-	(800) 354-2228	C- / 4.1	5.79	6.19	19.45 /56	11.23 /38	9.96 /33	0.67	1.15
GI	Putnam Fund for Gr & Inc Y	PGIYX	C-	(800) 354-2228	C / 4.7	5.89	6.42	19.97 /60	11.78 /43	10.50 /39	1.09	0.65
AA	Putnam George Fund A	PGEOX	D	(800) 354-2228	D- / 1.1	2.78	4.28	15.00 /26	8.97 /20	8.06 /15	2.48	0.96
AA	Putnam George Fund B	PGEBX	D	(800) 354-2228	D- / 1.4	2.60	3.91	14.11 /21	8.17 /15	7.25 /10	1.88	1.71
AA	Putnam George Fund C	PGPCX	D	(800) 354-2228	D- / 1.4	2.61	3.92	14.17 /21	8.17 /15	7.26 /10	1.92	1.71
AA	Putnam George Fund M	PGEMX	D	(800) 354-2228	D- / 1.1	2.69	4.07	14.46 /23	8.44 /17	7.54 /11	2.10	1.46
AA	Putnam George Fund R	PGPRX	D+	(800) 354-2228	D / 1.7	2.73	4.16	14.72 /24	8.70 /19	7.80 /13	2.39	1.21
AA	Putnam George Fund Y	PGEYX	D+	(800) 354-2228	D / 2.0	2.84	4.39	15.25 /27	9.25 /23	8.34 /17	2.83	0.71
GL	Putnam Global Equity Fd A	PEQUX	B+	(800) 354-2228	B+ / 8.6	10.39	13.59	29.73 /92	19.21 /83	14.76 /75	1.32	1.28
GL	Putnam Global Equity Fd B	PEQBX	B+	(800) 354-2228	B+ / 8.6	10.14	13.08	28.70 /91	18.25 /81	13.89 /69	0.84	2.03
GL	Putnam Global Equity Fd C	PUGCX	B+	(800) 354-2228	B+ / 8.6	10.07	13.08	28.55 /91	18.28 /81	13.87 /69	0.85	2.03
GL	Putnam Global Equity Fd M	PEQMX	B	(800) 354-2228	B+ / 8.5	10.21	13.20	29.02 /91	18.58 /82	14.19 /71	0.99	1.78
GL	Putnam Global Equity Fd R	PGLRX	B+	(800) 354-2228	B+ / 8.8	10.28	13.30	29.27 /92	18.87 /83	14.49 /73	1.34	1.53
GL	Putnam Global Equity Fd Y	PEQYX	B+	(800) 354-2228	B+ / 8.9	10.43	13.63	29.96 /92	19.47 /84	15.01 /76	1.58	1.03
EN	Putnam Global Natural Resources A	EBERX	C+	(800) 354-2228	A+ / 9.6	15.00	21.37	26.93 /88	31.27 /96	22.69 /95	1.31	1.21
EN	Putnam Global Natural Resources B	PNRBX	C+	(800) 354-2228	A+ / 9.6	14.81	20.96	26.04 /85	30.31 /96	21.78 /94	0.72	1.96
EN	Putnam Global Natural Resources C	PGLCX	C+	(800) 354-2228	A+ / 9.6	14.81	20.91	25.99 /85	30.30 /96	21.78 /94	0.72	1.96
EN	Putnam Global Natural Resources M	PGLMX	C+	(800) 354-2228	A+ / 9.6	14.89	21.10	26.33 /86	30.62 /96	22.07 /94	0.97	1.71
EN	Putnam Global Natural Resources R	PGNRX	C+	(800) 354-2228	A+ / 9.6	14.95	21.25	26.65 /87	30.96 /96	22.41 /94	1.26	1.46
EN	Putnam Global Natural Resources Y		B-	(800) 354-2228	A+ / 9.6	15.11	21.53	27.31 /88	31.47 /96	22.80 /95	1.58	0.96
GR	Putnam Growth Opportunities A	POGAX	E+	(800) 354-2228	E+ / 0.7	4.88	4.31	15.44 /28	6.74 / 8	5.81 / 4	0.00	1.65
GR	Putnam Growth Opportunities B	POGBX	E+	(800) 354-2228	E+ / 0.9	4.69	3.93	14.61 /24	5.93 / 6	5.01 / 2	0.00	2.40
GR	Putnam Growth Opportunities C	POGCX	E+	(800) 354-2228	E+ / 0.9	4.70	4.03	14.66 /24	5.96 / 6	5.03 / 2	0.00	2.40
GR	Putnam Growth Opportunities M	POGMX	E+	(800) 354-2228	E+ / 0.7	4.74	4.07	14.89 /25	6.20 / 6	5.28 / 3	0.00	2.15
GR	Putnam Growth Opportunities R	PGORX	E+	(800) 354-2228	D- / 1.1	4.86	4.21	15.19 /27	6.48 / 7	5.55 / 3	0.00	1.90
GR	Putnam Growth Opportunities Y	PGOYX	E+	(800) 354-2228	D- / 1.3	4.99	4.50	15.77 /30	7.01 / 9	6.09 / 5	0.00	1.40
HL	Putnam Health Sciences Trust A	PHSTX	E	(800) 354-2228	D- / 1.0	3.18	4.40	12.21 /14	9.02 /21	7.72 /13	0.34	1.12
HL	Putnam Health Sciences Trust B	PHSBX	E	(800) 354-2228	D- / 1.2	2.99	4.01	11.35 /11	8.20 /16	6.92 / 8	0.00	1.87
HL	Putnam Health Sciences Trust C	PCHSX	E	(800) 354-2228	D- / 1.2	3.01	4.02	11.37 /11	8.20 /16	6.92 / 8	0.00	1.87
HL	Putnam Health Sciences Trust M	PHLMX	E	(800) 354-2228	D- / 1.0	3.07	4.14	11.66 /12	8.47 /17	7.19 / 9	0.00	1.62
HL	Putnam Health Sciences Trust R	PHSRX	E	(800) 354-2228	D- / 1.5	3.13	4.26	11.93 /13	8.74 /19	7.46 /11	0.24	1.37
HL	Putnam Health Sciences Trust Y	PHSYX	E+	(800) 354-2228	D / 1.8	3.25	4.52	12.49 /15	9.28 /23	7.99 /15	0.59	0.87
FO	Putnam International Capital Opp A	PNVAX	A	(800) 354-2228	A / 9.5	8.69	15.33	34.60 /96	28.72 /95	21.61 /94	1.64	1.57
FO	Putnam International Capital Opp B	PVNBX	A	(800) 354-2228	A / 9.5	8.48	14.89	33.59 /95	27.76 /95	20.70 /93	1.11	2.32
FO	Putnam International Capital Opp C	PUVCX	A	(800) 354-2228	A / 9.5	8.48	14.90	33.58 /95	27.76 /95	20.70 /93	1.18	2.32
FO	Putnam International Capital Opp M	PIVMX	A	(800) 354-2228	A / 9.5	8.54	15.02	33.90 /95	28.08 /95	21.01 /93	1.31	2.07
FO	Putnam International Capital Opp R	PICRX	A	(800) 354-2228	A+ / 9.6	8.63	15.20	34.30 /96	28.44 /95	21.37 /93	1.71	1.82
FO	Putnam International Capital Opp Y	PIVYX	A	(800) 354-2228	A+ / 9.6	8.75	15.46	34.91 /96	29.06 /95	21.92 /94	1.91	1.32
FO	Putnam International Equity A	POVSX	B+	(800) 354-2228	B+ / 8.9	7.45	11.39	29.52 /92	22.79 /91	15.48 /79	1.83	1.26
FO	Putnam International Equity B	POVBX	B+	(800) 354-2228	A- / 9.0	7.27	11.03	28.60 /91	21.89 /89	14.62 /74	1.25	2.01
FO	Putnam International Equity C	PIGCX	B+	(800) 354-2228	A- / 9.0	7.22	11.02	28.55 /91	21.88 /89	14.62 /74	1.31	2.01
FO	Putnam International Equity M	POVMX	B+	(800) 354-2228	B+ / 8.9	7.32	11.15	28.89 /91	22.19 /90	14.90 /76	1.46	1.76
FO	Putnam International Equity R	PIERX	A-	(800) 354-2228	A- / 9.1	7.39	11.29	29.23 /92	22.49 /90	15.20 /77	1.84	1.51
FO	Putnam International Equity Y	POVYX	A-	(800) 354-2228	A- / 9.2	7.49	11.54	29.85 /92	23.10 /91	15.77 /80	2.12	1.01
FO	Putnam Intl Growth & Inc A	PNGAX	A-	(800) 354-2228	A- / 9.0	7.75	11.42	29.22 /92	23.35 /92	17.96 /88	2.22	1.44
FO	Putnam Intl Growth & Inc B	PGNBX	A	(800) 354-2228	A- / 9.1	7.51	11.01	28.26 /90	22.43 /90	17.06 /85	1.64	2.19

● Denotes fund is closed to new investors
* Denotes fund is included in Section II

Summer 2007   I. Index of Stock Mutual Funds

RISK			NET ASSETS		ASSET					BULL / BEAR		FUND MANAGER		MINIMUMS		LOADS	
	3 Year		NAV						Portfolio	Last Bull	Last Bear	Manager	Manager	Initial	Additional	Front	Back
Risk	Standard		As of	Total	Cash	Stocks	Bonds	Other	Turnover	Market	Market	Quality	Tenure	Purch.	Purch.	End	End
Rating/Pts	Deviation	Beta	6/30/07	$(Mil)	%	%	%	%	Ratio	Return	Return	Pct	(Years)	$	$	Load	Load
B- / 7.0	9.7	1.01	33.29	N/A	1	98	0	1	80.5	177.6	-11.3	71	1	500	50	0.0	1.0
B- / 7.9	9.7	1.01	33.52	11	1	98	0	1	80.5	180.9	-11.2	75	1	150,000,000	0	0.0	1.0
C+ / 6.4	7.4	0.98	21.16	11,973	1	98	0	1	76.8	99.0	-10.0	54	2	500	50	5.3	0.0
C+ / 6.4	7.4	0.98	20.83	1,271	1	98	0	1	76.8	92.7	-10.1	42	14	500	50	0.0	0.0
C+ / 6.4	7.4	0.98	21.08	95	1	98	0	1	76.8	92.7	-10.1	42	2	500	50	0.0	0.0
C+ / 6.4	7.5	0.98	21.01	105	1	98	0	1	76.8	94.8	-10.0	46	12	500	50	3.3	0.0
C+ / 6.4	7.4	0.98	21.09	2	1	98	0	1	76.8	96.9	-10.0	50	2	500	50	0.0	0.0
C+ / 6.4	7.5	0.98	21.20	1,395	1	98	0	1	76.8	101.2	-9.9	57	2	150,000,000	0	0.0	0.0
B- / 7.9	4.5	1.01	18.58	3,297	4	58	37	1	117.1	61.9	-5.1	58	7	500	50	5.3	0.0
B / 8.0	4.5	1.01	18.39	442	4	58	37	1	117.1	56.9	-5.4	46	7	500	50	0.0	0.0
B / 8.0	4.5	1.01	18.47	73	4	58	37	1	117.1	56.9	-5.4	46	8	500	50	0.0	0.0
B- / 7.9	4.6	1.02	18.38	186	4	58	37	1	117.1	58.6	-5.3	50	7	500	50	3.3	0.0
B- / 7.9	4.6	1.01	18.52	2	4	58	37	1	117.1	60.2	-5.2	54	7	500	50	0.0	0.0
B- / 7.9	4.6	1.02	18.63	408	4	58	37	1	117.1	63.7	-5.1	61	5	150,000,000	0	0.0	0.0
C+ / 6.2	9.0	0.87	12.54	1,877	1	98	0	1	87.8	137.1	-9.9	42	N/A	500	50	5.3	1.0
C+ / 6.1	9.1	0.88	11.41	276	1	98	0	1	87.8	129.0	-9.8	31	N/A	500	50	0.0	1.0
C+ / 6.1	9.0	0.88	12.02	36	1	98	0	1	87.8	129.0	-9.7	32	N/A	500	50	0.0	1.0
C+ / 6.1	9.0	0.88	12.09	34	1	98	0	1	87.8	131.4	-9.7	34	N/A	500	50	3.3	1.0
C+ / 6.1	9.0	0.88	12.44	2	1	98	0	1	87.8	134.9	-9.9	37	N/A	500	50	0.0	1.0
C+ / 6.1	9.0	0.88	12.92	32	1	98	0	1	87.8	140.1	-10.0	43	N/A	150,000,000	0	0.0	1.0
C- / 3.6	17.1	0.85	35.89	564	0	99	0	1	56.4	209.5	-0.6	89	N/A	500	50	5.3	1.0
C- / 3.5	17.1	0.85	33.64	107	0	99	0	1	56.4	199.7	-0.8	85	N/A	500	50	0.0	1.0
C- / 3.6	17.1	0.85	34.18	25	0	99	0	1	56.4	199.9	-0.8	85	N/A	500	50	0.0	1.0
C- / 3.6	17.1	0.85	34.95	10	0	99	0	1	56.4	203.1	-0.7	86	N/A	500	50	3.3	1.0
C- / 3.6	17.1	0.85	35.60	4	0	99	0	1	56.4	206.4	-0.6	87	N/A	500	50	0.0	1.0
C / 4.3	17.0	0.85	35.96	18	0	99	0	1	56.4	210.8	-0.6	89	N/A	150,000,000	0	0.0	1.0
C+ / 6.0	9.2	1.18	15.25	374	0	99	0	1	88.4	55.4	-9.7	7	N/A	500	50	5.3	0.0
C+ / 6.2	9.2	1.18	14.28	180	0	99	0	1	88.4	50.6	-9.9	6	N/A	500	50	0.0	0.0
C+ / 6.2	9.2	1.18	14.47	24	0	99	0	1	88.4	50.6	-9.9	6	N/A	500	50	0.0	0.0
C+ / 6.2	9.2	1.18	14.58	8	0	99	0	1	88.4	52.2	-9.8	6	N/A	500	50	3.3	0.0
C+ / 6.2	9.2	1.18	15.09	N/A	0	99	0	1	88.4	53.9	-9.7	7	N/A	500	50	0.0	0.0
C+ / 6.2	9.2	1.18	15.56	8	0	99	0	1	88.4	57.1	-9.7	8	N/A	150,000,000	0	0.0	0.0
C / 4.8	8.4	0.68	60.71	1,701	0	99	0	1	17.0	63.2	4.6	53	N/A	500	50	5.3	0.0
C / 4.3	8.4	0.69	53.69	314	0	99	0	1	17.0	58.1	-4.8	41	N/A	500	50	0.0	0.0
C / 4.5	8.4	0.68	57.17	35	0	99	0	1	17.0	58.1	-4.8	42	N/A	500	50	0.0	0.0
C / 4.6	8.4	0.69	57.07	23	0	99	0	1	17.0	59.8	-4.7	45	N/A	500	50	3.3	0.0
C / 4.7	8.4	0.69	59.93	1	0	99	0	1	17.0	61.5	-4.7	49	N/A	500	50	0.0	0.0
C / 4.8	8.4	0.69	61.70	20	0	99	0	1	17.0	65.0	-4.5	56	N/A	150,000,000	0	0.0	0.0
C+ / 6.3	11.9	1.22	42.89	1,439	4	95	0	1	44.8	257.4	-10.3	68	N/A	500	50	5.3	1.0
C+ / 6.2	11.9	1.22	41.82	447	4	95	0	1	44.8	246.4	-10.6	57	N/A	500	50	0.0	1.0
C+ / 6.2	11.8	1.22	42.34	125	4	95	0	1	44.8	246.3	-10.5	58	N/A	500	50	0.0	1.0
C+ / 6.2	11.8	1.22	42.34	30	4	95	0	1	44.8	250.0	-10.5	61	N/A	500	50	3.3	1.0
C+ / 6.3	11.9	1.22	42.53	7	4	95	0	1	44.8	254.6	-10.4	65	N/A	500	50	0.0	1.0
C+ / 6.3	11.8	1.22	43.02	101	4	95	0	1	44.8	261.5	-10.3	71	N/A	150,000,000	0	0.0	1.0
C+ / 6.4	9.8	1.05	34.90	4,254	2	97	0	1	83.1	158.3	-10.6	42	N/A	500	50	5.3	1.0
C+ / 6.4	9.8	1.05	33.51	1,015	2	97	0	1	83.1	150.1	-10.8	33	N/A	500	50	0.0	1.0
C+ / 6.4	9.8	1.05	34.16	301	2	97	0	1	83.1	150.1	-10.8	33	N/A	500	50	0.0	1.0
C+ / 6.4	9.8	1.05	34.30	97	2	97	0	1	83.1	152.9	-10.7	36	N/A	500	50	3.3	1.0
C+ / 6.3	9.9	1.05	34.59	6	2	97	0	1	83.1	155.7	-10.7	38	N/A	500	50	0.0	1.0
C+ / 6.3	9.8	1.05	35.18	1,649	2	97	0	1	83.1	161.0	-10.6	46	N/A	150,000,000	0	0.0	1.0
C+ / 6.7	9.2	0.99	17.37	915	2	97	0	1	94.2	188.0	-8.8	64	N/A	500	50	5.3	1.0
C+ / 6.7	9.3	0.99	17.04	178	2	97	0	1	94.2	179.0	-9.0	52	N/A	500	50	0.0	1.0

www.thestreet.com/ratings   Data as of June 30, 2007

I. Index of Stock Mutual Funds

Summer 2007

						PERFORMANCE						
	99 Pct = Best					Perfor-	Total Return % through 6/30/07				Incl. in Returns	
	0 Pct = Worst			**Overall**		mance				Annualized	Dividend	Expense
Fund			Ticker	**Investment**		**Rating/Pts**						
Type	Fund Name		Symbol	**Rating**	Phone		3 Mo	6 Mo	1Yr / Pct	3Yr / Pct	5Yr / Pct	Yield	Ratio

Fund Type	Fund Name	Ticker Symbol	Overall Investment Rating	Phone	Performance Rating/Pts	3 Mo	6 Mo	1Yr / Pct	3Yr / Pct	5Yr / Pct	Dividend Yield	Expense Ratio
FO	Putnam Intl Growth & Inc C	PIGRX	A-	(800) 354-2228	A- / 9.1	7.52	11.00	28.24 /90	22.42 /90	17.09 /85	1.78	2.19
FO	Putnam Intl Growth & Inc M	PIGMX	A-	(800) 354-2228	A- / 9.0	7.67	11.20	28.61 /91	22.74 /91	17.37 /86	1.87	1.94
FO	Putnam Intl Growth & Inc R	PIIRX	A	(800) 354-2228	A- / 9.2	7.69	11.30	28.93 /91	23.03 /91	17.69 /87	2.34	1.69
FO	Putnam Intl Growth & Inc Y		A	(800) 354-2228	A- / 9.2	7.78	11.57	29.51 /92	23.65 /92	18.29 /89	2.51	1.19
FO	Putnam Intl New Opportunities A	PINOX	B	(800) 354-2228	A- / 9.1	7.34	13.60	28.89 /91	23.51 /92	17.30 /86	0.37	1.73
FO	Putnam Intl New Opportunities B	PINWX	B	(800) 354-2228	A- / 9.1	7.17	13.19	27.87 /89	22.58 /90	16.40 /83	0.00	2.48
FO	Putnam Intl New Opportunities C	PIOCX	B	(800) 354-2228	A- / 9.1	7.14	13.18	27.84 /89	22.60 /90	16.41 /83	0.00	2.48
FO	Putnam Intl New Opportunities M	PINMX	B	(800) 354-2228	A- / 9.0	7.21	13.27	28.14 /90	22.88 /91	16.69 /84	0.00	2.23
FO	Putnam Intl New Opportunities R	PNPRX	B	(800) 354-2228	A- / 9.2	7.27	13.43	28.52 /91	23.21 /91	17.05 /85	0.38	1.98
FO	Putnam Intl New Opportunities Y		A	(800) 354-2228	A- / 9.2	7.45	13.71	29.22 /92	23.69 /92	17.40 /86	0.59	1.48
GR	Putnam Investors Fund A	PINVX	C	(800) 354-2228	C- / 3.8	6.64	5.32	18.90 /51	12.52 /50	11.13 /45	0.19	1.08
GR	Putnam Investors Fund B	PNVBX	C	(800) 354-2228	C- / 4.1	6.40	4.89	17.94 /44	11.65 /42	10.27 /36	0.00	1.83
GR	Putnam Investors Fund C	PCINX	C	(800) 354-2228	C- / 4.1	6.41	4.91	18.00 /45	11.67 /42	10.29 /36	0.00	1.83
GR	Putnam Investors Fund M	PNVMX	C	(800) 354-2228	C- / 3.7	6.47	5.10	18.29 /47	11.95 /45	10.56 /39	0.00	1.58
GR	Putnam Investors Fund R	PIVRX	C+	(800) 354-2228	C / 4.8	6.56	5.17	18.59 /49	12.25 /48	10.89 /42	0.21	1.33
GR	Putnam Investors Fund Y	PNVYX	C+	(800) 354-2228	C / 5.3	6.68	5.45	19.21 /54	12.81 /52	11.40 /48	0.41	0.83
MC	Putnam Mid Cap Value Fund A	PMVAX	C+	(800) 354-2228	C+ / 6.6	4.03	9.85	19.77 /58	16.46 /76	13.64 /67	1.28	1.23
MC	Putnam Mid Cap Value Fund B	PMVBX	C+	(800) 354-2228	C+ / 6.9	3.82	9.44	18.94 /52	15.62 /72	12.80 /60	0.62	1.98
MC	Putnam Mid Cap Value Fund C	PMPCX	C+	(800) 354-2228	C+ / 6.9	3.82	9.45	18.92 /52	15.64 /72	12.81 /60	0.77	1.98
MC	Putnam Mid Cap Value Fund M	PMCVX	C	(800) 354-2228	C+ / 6.6	3.91	9.55	19.22 /54	15.91 /73	13.08 /63	0.90	1.73
MC	Putnam Mid Cap Value Fund R	PMVRX	C+	(800) 354-2228	B- / 7.3	4.01	9.75	19.53 /56	16.21 /75	13.39 /65	1.24	1.48
MC	Putnam Mid Cap Value Fund Y	PMVYX	C+	(800) 354-2228	B- / 7.5	4.14	10.03	20.14 /61	16.79 /77	13.94 /69	1.55	0.98
GR	Putnam New Opportunities A	PNOPX	D-	(800) 354-2228	D+ / 2.6	5.46	7.13	16.27 /34	10.91 /35	10.49 /39	0.00	1.14
GR	Putnam New Opportunities B	PNOBX	D-	(800) 354-2228	D+ / 2.9	5.27	6.72	15.40 /28	10.08 /29	9.67 /29	0.00	1.89
GR	Putnam New Opportunities C	PNOCX	D-	(800) 354-2228	D+ / 2.9	5.26	6.72	15.39 /28	10.08 /29	9.66 /29	0.00	1.89
GR	Putnam New Opportunities M	PNOMX	D-	(800) 354-2228	D+ / 2.5	5.34	6.86	15.70 /30	10.36 /31	9.94 /32	0.00	1.64
GR	Putnam New Opportunities R	PNORX	D	(800) 354-2228	C- / 3.4	5.39	7.00	15.96 /32	10.63 /33	10.23 /35	0.00	1.39
GR	Putnam New Opportunities Y	PNOYX	D	(800) 354-2228	C- / 3.8	5.53	7.27	16.56 /35	11.19 /38	10.77 /41	0.00	0.89
GR	Putnam New Value Fund A	PANVX	C	(800) 354-2228	C / 4.6	6.28	7.22	20.17 /61	13.17 /56	12.72 /60	0.82	1.14
GR	Putnam New Value Fund B	PBNVX	C+	(800) 354-2228	C / 5.1	6.06	6.85	19.24 /54	12.33 /48	11.88 /52	0.09	1.89
GR	Putnam New Value Fund C	PNVCX	C+	(800) 354-2228	C / 5.1	6.10	6.89	19.23 /54	12.34 /49	11.89 /52	0.25	1.89
GR	Putnam New Value Fund M	PMNVX	C	(800) 354-2228	C / 4.5	6.15	6.98	19.52 /56	12.60 /51	12.17 /55	0.40	1.64
GR	Putnam New Value Fund R	PNLRX	C+	(800) 354-2228	C+ / 5.6	6.24	7.13	19.88 /59	12.90 /53	12.45 /57	0.79	1.39
GR	Putnam New Value Fund Y	PYNVX	C+	(800) 354-2228	C+ / 6.0	6.32	7.37	20.47 /63	13.47 /58	13.01 /62	1.07	0.89
MC	Putnam OTC Emerging Growth A	POEGX	C	(800) 354-2228	C+ / 6.9	9.97	15.61	24.49 /82	13.67 /60	11.98 /53	0.00	1.48
MC	Putnam OTC Emerging Growth B	POTBX	C	(800) 354-2228	B- / 7.2	9.83	15.29	23.63 /79	12.83 /53	11.13 /45	0.00	2.23
MC	Putnam OTC Emerging Growth C	POECX	C	(800) 354-2228	B- / 7.2	9.80	15.25	23.57 /79	12.82 /53	11.14 /45	0.00	2.23
MC	Putnam OTC Emerging Growth M	POEMX	C	(800) 354-2228	C+ / 6.9	9.85	15.40	23.90 /80	13.15 /56	11.40 /48	0.00	1.98
MC	Putnam OTC Emerging Growth R	POTRX	C	(800) 354-2228	B- / 7.4	9.95	15.51	24.15 /81	13.34 /57	11.71 /51	0.00	1.73
MC	Putnam OTC Emerging Growth Y	POEYX	C	(800) 354-2228	B / 7.7	10.04	15.86	24.74 /82	13.94 /62	12.24 /56	0.00	1.23
GR	Putnam Research Fund A	PNRAX	C-	(800) 354-2228	D+ / 2.4	6.00	7.51	17.79 /43	10.16 /29	9.09 /24	0.10	1.17
GR	Putnam Research Fund B	PRFBX	C-	(800) 354-2228	D+ / 2.8	5.78	7.10	16.94 /38	9.35 /23	8.27 /17	0.00	1.92
GR	Putnam Research Fund C	PRACX	C-	(800) 354-2228	D+ / 2.8	5.81	7.12	16.99 /38	9.34 /23	8.26 /16	0.00	1.92
GR	Putnam Research Fund M	PRFMX	D+	(800) 354-2228	D+ / 2.4	5.84	7.20	17.23 /40	9.61 /25	8.53 /19	0.00	1.67
GR	Putnam Research Fund R	PRSRX	C-	(800) 354-2228	C- / 3.2	5.90	7.35	17.53 /42	9.87 /27	8.81 /21	0.00	1.42
GR	Putnam Research Fund Y	PURYX	C	(800) 354-2228	C- / 3.7	6.01	7.64	18.08 /46	10.44 /31	9.34 /26	0.34	0.92
AA	Putnam Retirement Ready 2010 A	PRXRX	U	(800) 354-2228	U /	1.82	3.05	9.28 / 6	--	--	3.20	1.03
AA	Putnam Retirement Ready 2015 A	PRRHX	U	(800) 354-2228	U /	2.93	4.32	12.35 /14	--	--	2.27	1.08
AA	Putnam Retirement Ready 2015 Y	PRRLX	U	(800) 354-2228	U /	2.99	4.43	12.62 /15	--	--	2.56	0.83
AA	Putnam Retirement Ready 2020 A	PRRMX	U	(800) 354-2228	U /	3.84	5.33	15.00 /26	--	--	2.14	1.12
AA	Putnam Retirement Ready 2020 Y	PRRNX	U	(800) 354-2228	U /	3.90	5.46	15.30 /28	--	--	2.29	0.87
AA	Putnam Retirement Ready 2025 A	PRROX	U	(800) 354-2228	U /	4.51	6.18	16.97 /38	--	--	1.86	1.14

● Denotes fund is closed to new investors
* Denotes fund is included in Section II

www.thestreet.com/ratings

Summer 2007   I. Index of Stock Mutual Funds

RISK	3 Year		NET ASSETS		ASSET				Portfolio	BULL / BEAR		FUND MANAGER		MINIMUMS		LOADS	
Risk Rating/Pts	Standard Deviation	Beta	NAV As of 6/30/07	Total $(Mil)	Cash %	Stocks %	Bonds %	Other %	Turnover Ratio	Last Bull Market Return	Last Bear Market Return	Manager Quality Pct	Manager Tenure (Years)	Initial Purch. $	Additional Purch. $	Front End Load	Back End Load
C+ / 6.7	9.3	0.99	17.16	48	2	97	0	1	94.2	179.3	-9.1	53	N/A	500	50	0.0	1.0
C+ / 6.7	9.3	0.99	17.27	22	2	97	0	1	94.2	182.0	-8.9	56	N/A	500	50	3.3	1.0
C+ / 6.6	9.3	0.99	17.23	1	2	97	0	1	94.2	185.3	-8.9	60	N/A	500	50	0.0	1.0
C+ / 6.8	9.3	0.99	17.45	19	2	97	0	1	94.2	191.5	-8.9	67	N/A	150,000,000	0	0.0	1.0
C / 5.3	10.5	1.10	19.30	686	2	97	0	1	79.0	170.7	-8.9	38	N/A	500	50	5.3	1.0
C / 5.3	10.5	1.10	17.94	121	2	97	0	1	79.0	162.1	-9.1	30	N/A	500	50	0.0	1.0
C / 5.3	10.5	1.10	18.46	20	2	97	0	1	79.0	162.2	-9.1	30	N/A	500	50	0.0	1.0
C / 5.3	10.6	1.11	18.44	21	2	97	0	1	79.0	165.0	-9.0	31	N/A	500	50	3.3	1.0
C / 5.3	10.5	1.10	19.17	1	2	97	0	1	79.0	168.5	-9.0	36	N/A	500	50	0.0	1.0
C+ / 6.5	10.5	1.10	19.33	21	2	97	0	1	79.0	171.9	-8.9	39	N/A	150,000,000	0	0.0	1.0
B- / 7.8	9.1	1.20	16.23	2,612	0	100	0	0	111.5	102.7	-10.4	42	5	500	50	5.3	0.0
B- / 7.7	9.1	1.20	14.79	577	0	100	0	0	111.5	96.2	-10.5	33	5	500	50	0.0	0.0
B- / 7.7	9.1	1.20	15.60	77	0	100	0	0	111.5	96.1	-10.5	33	5	500	50	0.0	0.0
B- / 7.7	9.1	1.20	15.46	42	0	100	0	0	111.5	98.3	-10.5	36	5	500	50	3.3	0.0
B- / 7.7	9.1	1.20	16.07	1	0	100	0	0	111.5	100.8	-10.4	39	5	500	50	0.0	0.0
B- / 7.8	9.1	1.20	16.45	765	0	100	0	0	111.5	104.7	-10.3	47	5	150,000,000	0	0.0	0.0
C+ / 5.7	9.9	0.91	16.28	692	4	95	0	1	63.6	135.1	-9.3	79	8	500	50	5.3	0.0
C+ / 5.8	9.9	0.91	15.77	216	4	95	0	1	63.6	127.7	-9.5	72	8	500	50	0.0	0.0
C+ / 5.7	9.9	0.91	15.75	46	4	95	0	1	63.6	127.8	-9.5	71	6	500	50	0.0	0.0
C+ / 5.7	10.0	0.92	15.94	14	4	95	0	1	63.6	130.2	-9.4	74	6	500	50	3.3	0.0
C+ / 5.7	9.9	0.91	16.10	6	4	95	0	1	63.6	132.9	-9.4	77	8	500	50	0.0	0.0
C+ / 5.6	9.9	0.92	16.34	57	4	95	0	1	63.6	137.5	-9.2	81	8	150,000,000	0	0.0	0.0
C+ / 5.6	11.0	1.35	53.16	3,422	1	98	0	1	83.6	96.1	-9.8	19	2	500	50	5.3	0.0
C / 5.5	11.0	1.35	47.14	483	1	98	0	1	83.6	90.0	-10.0	14	2	500	50	0.0	0.0
C / 5.5	11.0	1.35	50.01	36	1	98	0	1	83.6	90.0	-10.0	15	2	500	50	0.0	0.0
C / 5.5	11.0	1.35	49.51	70	1	98	0	1	83.6	92.0	-9.9	16	2	500	50	3.3	0.0
C / 5.5	11.0	1.35	52.61	1	1	98	0	1	83.6	94.1	-9.8	17	2	500	50	0.0	0.0
C+ / 5.6	11.0	1.35	55.18	416	1	98	0	1	83.6	98.2	-9.8	20	2	150,000,000	0	0.0	0.0
B- / 7.5	7.7	1.01	20.64	1,489	0	99	0	1	56.0	121.3	-10.3	71	12	500	50	5.3	0.0
B- / 7.7	7.7	1.01	20.29	368	0	99	0	1	56.0	114.4	-10.4	61	11	500	50	0.0	0.0
B- / 7.6	7.7	1.01	20.18	73	0	99	0	1	56.0	114.3	-10.4	61	8	500	50	0.0	0.0
B- / 7.6	7.7	1.01	20.55	35	0	99	0	1	56.0	116.6	-10.4	64	11	500	50	3.3	0.0
B- / 7.5	7.7	1.01	20.44	2	0	99	0	1	56.0	119.0	10.4	68	12	500	50	0.0	0.0
B- / 7.5	7.7	1.01	20.68	139	0	99	0	1	56.0	123.6	-10.2	74	12	150,000,000	0	0.0	0.0
C / 4.5	14.1	1.27	10.37	540	1	98	0	1	129.9	113.7	-11.2	14	3	500	50	5.3	0.0
C / 4.5	14.1	1.27	9.05	123	1	98	0	1	129.9	106.6	-11.4	11	3	500	50	0.0	0.0
C / 4.5	14.1	1.27	9.75	14	1	98	0	1	129.9	106.7	-11.5	11	3	500	50	0.0	0.0
C / 4.5	14.0	1.26	9.59	14	1	98	0	1	129.9	109.1	-11.3	12	3	500	50	3.3	0.0
C / 4.5	14.0	1.26	10.28	N/A	1	98	0	1	129.9	111.2	-11.2	13	3	500	50	0.0	0.0
C / 4.5	14.0	1.27	10.74	29	1	98	0	1	129.9	115.9	-11.3	16	3	150,000,000	0	0.0	0.0
B- / 7.8	8.5	1.10	17.32	478	0	99	0	1	85.1	83.6	-11.6	27	N/A	500	50	5.3	0.0
B- / 7.7	8.5	1.11	16.29	160	0	99	0	1	85.1	77.9	-11.8	22	N/A	500	50	0.0	0.0
B- / 7.7	8.5	1.11	16.39	28	0	99	0	1	85.1	77.8	-11.8	22	N/A	500	50	0.0	0.0
B- / 7.7	8.5	1.11	16.67	12	0	99	0	1	85.1	79.8	-11.7	23	N/A	500	50	3.3	0.0
B- / 7.7	8.5	1.11	17.23	N/A	0	99	0	1	85.1	81.7	-11.6	25	N/A	500	50	0.0	0.0
B- / 7.8	8.5	1.10	17.46	74	0	99	0	1	85.1	85.7	-11.6	30	N/A	150,000,000	0	0.0	0.0
U /	N/A	N/A	59.81	48	27	29	42	2	61.8	N/A	N/A	N/A	N/A	500	50	5.3	0.0
U /	N/A	N/A	69.32	97	17	49	32	2	62.7	N/A	N/A	N/A	N/A	500	50	5.3	0.0
U /	N/A	N/A	69.60	46	17	49	32	2	62.7	N/A	N/A	N/A	N/A	500	50	0.0	0.0
U /	N/A	N/A	71.15	109	9	65	24	2	46.9	N/A	N/A	N/A	N/A	500	50	5.3	0.0
U /	N/A	N/A	76.66	55	9	65	24	2	46.9	N/A	N/A	N/A	N/A	500	50	0.0	0.0
U /	N/A	N/A	79.52	87	7	75	16	2	53.1	N/A	N/A	N/A	N/A	500	50	5.3	0.0

www.thestreet.com/ratings   Data as of June 30, 2007

I. Index of Stock Mutual Funds

Summer 2007

						PERFORMANCE						
	99 Pct = Best 0 Pct = Worst			Overall		Perfor-	Total Return % through 6/30/07				Incl. in Returns	
Fund Type	Fund Name		Ticker Symbol	Investment Rating	Phone	mance Rating/Pts	3 Mo	6 Mo	1Yr / Pct	Annualized	Dividend Yield	Expense Ratio
										3Yr / Pct 5Yr / Pct		
AA	Putnam Retirement Ready 2025 Y		PRRPX	U	(800) 354-2228	U /	4.58	6.31	17.26 /40	-- --	2.15	0.89
AA	Putnam Retirement Ready 2030 A		PRRQX	U	(800) 354-2228	U /	4.79	6.51	17.82 /44	-- --	1.80	1.16
AA	Putnam Retirement Ready 2030 Y		PRRTX	U	(800) 354-2228	U /	4.86	6.64	18.12 /46	-- --	1.92	0.91
AA	Putnam Retirement Ready 2035 A		PRRWX	U	(800) 354-2228	U /	5.08	6.86	18.64 /49	-- --	1.68	1.18
AA	Putnam Retirement Ready 2035 Y		PRRYX	U	(800) 354-2228	U /	5.15	7.00	18.95 /52	-- --	1.79	0.93
AA	Putnam Retirement Ready 2040 A		PRRZX	U	(800) 354-2228	U /	5.39	7.23	19.46 /56	-- --	1.55	1.19
AA	Putnam Retirement Ready 2045 A		PRVLX	U	(800) 354-2228	U /	5.68	7.57	20.29 /62	-- --	1.45	1.20
SC	Putnam Small Cap Growth A		PNSAX	E+	(800) 354-2228	C- / 3.0	6.44	10.78	14.93 /26	11.54 /41	13.19 /63	0.00	1.67
SC	Putnam Small Cap Growth B		PNSBX	D-	(800) 354-2228	C- / 3.5	6.26	10.37	14.08 /21	10.72 /34	12.35 /57	0.00	2.42
SC	Putnam Small Cap Growth C			D-	(800) 354-2228	C- / 3.4	6.22	10.37	14.09 /21	10.71 /33	12.34 /56	0.00	2.42
SC	Putnam Small Cap Growth M		PSGMX	E+	(800) 354-2228	C- / 3.0	6.30	10.50	14.38 /23	10.99 /36	12.65 /59	0.00	2.17
SC	Putnam Small Cap Growth R		PSGRX	D-	(800) 354-2228	C- / 3.9	6.36	10.63	14.65 /24	11.27 /38	12.94 /61	0.00	1.92
SC	Putnam Small Cap Growth Y		PSYGX	D	(800) 354-2228	C / 4.4	6.51	10.91	15.23 /27	11.82 /44	13.41 /65	0.00	1.42
SC	Putnam Small Capital Value Fund A		PSLAX	E	(800) 354-2228	C / 5.0	4.04	7.41	17.32 /40	15.10 /69	14.96 /76	0.28	1.25
SC	Putnam Small Capital Value Fund B		PSLBX	E	(800) 354-2228	C / 5.4	3.89	7.01	16.43 /35	14.25 /64	14.11 /70	0.00	2.00
SC	● Putnam Small Capital Value Fund C		PSLCX	E	(800) 354-2228	C / 5.4	3.88	6.99	16.47 /35	14.25 /64	14.11 /70	0.00	2.00
SC	● Putnam Small Capital Value Fund M		PSLMX	E	(800) 354-2228	C / 4.9	3.93	7.13	16.73 /36	14.54 /66	14.40 /72	0.00	1.75
SC	● Putnam Small Capital Value Fund Y		PYSVX	D-	(800) 354-2228	C+ / 6.4	4.13	7.56	17.64 /42	15.43 /71	15.27 /78	0.50	1.00
GR	Putnam Tax Smart Equity A		PATSX	C	(800) 354-2228	C- / 3.2	6.38	4.92	18.40 /48	11.87 /44	11.02 /44	0.00	1.18
GR	Putnam Tax Smart Equity B		PBTSX	C	(800) 354-2228	C- / 3.6	6.13	4.60	17.50 /41	11.03 /36	10.18 /35	0.00	1.93
GR	Putnam Tax Smart Equity C		PCSMX	C	(800) 354-2228	C- / 3.7	6.22	4.68	17.59 /42	11.06 /36	10.20 /35	0.00	1.93
GR	Putnam Tax Smart Equity M			C-	(800) 354-2228	C- / 3.2	6.26	4.75	17.81 /44	11.33 /39	10.47 /38	0.00	1.68
UT	Putnam Utilities Gr & Inc A		PUGIX	A+	(800) 354-2228	B+ / 8.7	2.12	9.84	32.44 /95	21.36 /88	15.44 /78	1.26	1.24
UT	Putnam Utilities Gr & Inc B		PUTBX	A+	(800) 354-2228	B+ / 8.7	1.91	9.36	31.37 /94	20.42 /86	14.65 /74	0.62	1.99
UT	Putnam Utilities Gr & Inc C			A+	(800) 354-2228	B+ / 8.7	1.87	9.33	31.38 /94	20.42 /86	14.63 /74	0.66	1.99
UT	Putnam Utilities Gr & Inc M		PUTMX	A+	(800) 354-2228	B+ / 8.6	1.99	9.49	31.72 /94	20.75 /86	14.91 /76	0.85	1.74
UT	Putnam Utilities Gr & Inc R		PULRX	A+	(800) 354-2228	B+ / 8.8	2.00	9.67	32.01 /94	21.05 /87	15.22 /77	1.14	1.49
UT	Putnam Utilities Gr & Inc Y			A+	(800) 354-2228	B+ / 8.9	2.18	9.97	32.76 /95	21.53 /88	15.54 /79	1.56	0.99
MC	Putnam Vista Fund A		PVISX	D-	(800) 354-2228	D / 2.2	4.43	6.75	10.78 /10	11.85 /44	11.55 /49	0.00	1.07
MC	Putnam Vista Fund B		PVTBX	D-	(800) 354-2228	D+ / 2.6	4.33	6.37	9.98 / 8	11.07 /36	10.74 /41	0.00	1.82
MC	Putnam Vista Fund C		PCVFX	D-	(800) 354-2228	D+ / 2.5	4.25	6.31	9.93 / 8	11.02 /36	10.70 /40	0.00	1.82
MC	Putnam Vista Fund M		PVIMX	D-	(800) 354-2228	D / 2.2	4.34	6.44	10.26 / 8	11.30 /39	11.00 /43	0.00	1.57
MC	Putnam Vista Fund R		PVIRX	D-	(800) 354-2228	D+ / 2.9	4.38	6.62	10.48 / 9	11.59 /42	11.31 /47	0.00	1.32
MC	Putnam Vista Fund Y		PVIYX	D	(800) 354-2228	C- / 3.4	4.50	6.90	11.06 /11	12.14 /47	11.85 /52	0.00	0.82
★ GR	Putnam Voyager A		PVOYX	E+	(800) 354-2228	E / 0.5	4.78	4.15	14.06 /21	6.10 / 6	5.90 / 4	0.00	1.10
GR	Putnam Voyager B		PVOBX	E+	(800) 354-2228	E+ / 0.7	4.63	3.77	13.17 /17	5.33 / 4	5.11 / 2	0.00	1.85
GR	Putnam Voyager C		PVFCX	E+	(800) 354-2228	E+ / 0.7	4.56	3.72	13.19 /17	5.30 / 4	5.10 / 2	0.00	1.85
GR	Putnam Voyager M		PVOMX	E	(800) 354-2228	E / 0.5	4.64	3.84	13.42 /18	5.57 / 5	5.37 / 3	0.00	1.60
GR	Putnam Voyager R		PVYRX	E+	(800) 354-2228	E+ / 0.8	4.71	4.02	13.73 /19	5.83 / 5	5.65 / 3	0.00	1.35
GR	Putnam Voyager Y		PVYYX	D-	(800) 354-2228	D- / 1.0	4.89	4.28	14.36 /22	6.38 / 7	6.16 / 5	0.00	0.85
HL	Quaker Biotech Pharma-Hlthcare A		QBPAX	E	(800) 220-8888	E- / 0.0	1.72	-4.52	9.51 / 7	2.68 / 1	--	0.00	2.19
HL	● Quaker Biotech Pharma-Hlthcare B		QBPBX	E	(800) 220-8888	E- / 0.0	1.53	-4.85	8.67 / 5	1.92 / 0	--	0.00	2.94
HL	Quaker Biotech Pharma-Hlthcare C		CBPCX	E	(800) 220-8888	E- / 0.0	1.53	-4.85	8.67 / 5	1.92 / 0	--	0.00	2.94
GR	Quaker Capital Opportunities A		QUKTX	E+	(800) 220-8888	E+ / 0.9	4.53	5.71	9.67 / 7	8.78 /19	9.57 /28	0.00	1.72
GR	● Quaker Capital Opportunities B		QCOBX	E+	(800) 220-8888	D- / 1.1	4.30	5.20	8.75 / 5	7.95 /14	8.77 /21	0.00	2.47
GR	Quaker Capital Opportunities C		QCOCX	E+	(800) 220-8888	D- / 1.1	4.30	5.30	8.76 / 5	7.95 /14	8.77 /21	0.00	2.47
GR	Quaker Core Equity A		QUCEX	D-	(800) 220-8888	D- / 1.2	7.84	9.51	12.55 /15	7.71 /13	8.01 /15	0.00	1.77
GR	● Quaker Core Equity B		QCEBX	D-	(800) 220-8888	D- / 1.5	7.58	9.06	11.68 /12	6.88 / 9	7.20 / 9	0.00	2.52
GR	Quaker Core Equity C		QCECX	D-	(800) 220-8888	D- / 1.5	7.63	9.12	11.67 /12	6.90 / 9	7.21 / 9	0.00	2.52
GR	Quaker Core Equity Inst		QCEIX	D	(800) 220-8888	D / 2.1	7.91	9.56	12.82 /16	7.96 /14	8.29 /17	0.00	1.52
GR	Quaker Core Value Fd A		QUGTX	C	(800) 220-8888	C+ / 6.2	7.54	10.61	16.21 /33	16.34 /75	14.36 /72	0.57	1.89
MC	Quaker Mid Cap Value A		QMCVX	D-	(800) 220-8888	C- / 3.4	5.00	9.65	14.51 /23	12.45 /49	15.28 /78	0.00	1.69

● Denotes fund is closed to new investors

★ Denotes fund is included in Section II

www.thestreet.com/ratings

Summer 2007 — I. Index of Stock Mutual Funds

RISK			NET ASSETS		ASSET				Portfolio Turnover Ratio	BULL / BEAR		FUND MANAGER		MINIMUMS		LOADS	
	3 Year		NAV							Last Bull	Last Bear	Manager	Manager	Initial	Additional	Front	Back
Risk Rating/Pts	Standard Deviation	Beta	As of 6/30/07	Total $(Mil)	Cash %	Stocks %	Bonds %	Other %		Market Return	Market Return	Quality Pct	Tenure (Years)	Purch. $	Purch. $	End Load	End Load
U /	N/A	N/A	79.88	53	7	75	16	2	53.1	N/A	N/A	N/A	N/A	500	50	0.0	0.0
U /	N/A	N/A	76.73	68	5	80	13	2	48.8	N/A	N/A	N/A	3	500	50	5.3	0.0
U /	N/A	N/A	83.46	37	5	80	13	2	48.8	N/A	N/A	N/A	3	500	50	0.0	0.0
U /	N/A	N/A	78.34	51	3	85	10	2	51.7	N/A	N/A	N/A	3	500	50	5.3	0.0
U /	N/A	N/A	85.95	30	3	85	10	2	51.7	N/A	N/A	N/A	3	500	50	0.0	0.0
U /	N/A	N/A	81.55	36	2	90	6	2	54.5	N/A	N/A	N/A	3	500	50	5.3	0.0
U /	N/A	N/A	82.67	27	0	95	3	2	55.8	N/A	N/A	N/A	N/A	500	50	5.3	0.0
C / 4.5	15.2	1.09	24.46	394	2	97	0	1	112.2	139.0	-12.3	25	N/A	500	50	5.3	1.0
C / 4.4	15.2	1.09	23.42	53	2	97	0	1	112.2	131.5	-12.5	19	N/A	500	50	0.0	1.0
C / 4.4	15.2	1.09	23.41	21	2	97	0	1	112.2	131.7	-12.5	19	N/A	500	50	0.0	1.0
C / 4.4	15.2	1.09	23.78	6	2	97	0	1	112.2	134.0	-12.4	21	N/A	500	50	3.3	1.0
C / 4.5	15.2	1.09	24.24	12	2	97	0	1	112.2	136.6	-12.4	23	N/A	500	50	0.0	1.0
C / 4.5	15.2	1.09	24.70	35	2	97	0	1	112.2	141.1	-12.3	27	N/A	150,000,000	0	0.0	1.0
D- / 1.3	12.4	0.90	17.53	564	0	100	0	0	28.7	176.2	-8.9	81	8	500	50	5.3	1.0
E / 0.3	12.4	0.91	16.03	72	0	100	0	0	28.7	167.8	-9.1	74	8	500	50	0.0	1.0
E / 0.3	12.4	0.91	16.07	39	0	100	0	0	28.7	167.7	-9.1	74	8	500	50	0.0	1.0
E+ / 0.8	12.4	0.91	16.67	7	0	100	0	0	28.7	170.6	-9.0	77	5	500	50	3.3	1.0
D- / 1.4	12.4	0.91	17.92	50	0	100	0	0	28.7	179.3	-8.8	83	5	150,000,000	0	0.0	1.0
B- / 7.9	9.1	1.20	13.00	155	0	99	0	1	114.3	97.4	-9.0	35	4	500	50	5.3	0.0
B- / 7.8	9.2	1.20	12.29	89	0	99	0	1	114.3	91.2	-9.2	28	4	500	50	0.0	0.0
B- / 7.9	9.1	1.20	12.30	33	0	99	0	1	114.3	91.2	-9.2	28	4	500	50	0.0	0.0
B- / 7.9	9.1	1.20	12.57	4	0	99	0	1	114.3	93.4	-9.2	31	4	500	50	3.3	0.0
B / 8.0	7.7	0.59	14.84	562	4	95	0	1	64.9	154.6	-6.0	92	N/A	500	50	5.3	0.0
B / 8.0	7.7	0.59	14.77	53	4	95	0	1	64.9	146.9	-6.1	89	N/A	500	50	0.0	0.0
B / 8.1	7.7	0.59	14.75	6	4	95	0	1	64.9	147.2	-6.1	89	N/A	500	50	0.0	0.0
B / 8.0	7.7	0.60	14.82	4	4	95	0	1	64.9	149.6	-6.1	90	N/A	500	50	3.3	0.0
B / 8.1	7.7	0.59	14.81	1	4	95	0	1	64.9	152.4	-6.1	91	N/A	500	50	0.0	0.0
B / 8.4	7.7	0.59	14.84	5	4	95	0	1	64.9	155.5	-6.0	93	N/A	150,000,000	0	0.0	0.0
C / 5.5	13.1	1.18	12.02	1,654	0	99	0	1	110.5	110.5	-9.8	11	2	500	50	5.3	0.0
C / 5.4	13.1	1.17	10.36	275	0	99	0	1	110.5	103.9	-9.9	9	2	500	50	0.0	0.0
C / 5.4	13.1	1.18	11.29	36	0	99	0	1	110.5	103.9	-10.0	8	2	500	50	0.0	0.0
C / 5.5	13.2	1.18	11.07	26	0	99	0	1	110.5	106.0	-9.9	9	2	500	50	3.3	0.0
C / 5.5	13.1	1.17	11.91	2	0	99	0	1	110.5	108.6	-9.8	11	2	500	50	0.0	0.0
C / 5.5	13.1	1.18	12.55	187	0	99	0	1	110.5	112.8	-9.8	12	2	150,000,000	0	0.0	0.0
C+ / 6.6	10.1	1.28	19.07	5,085	1	98	0	1	76.0	59.6	-9.6	5	N/A	500	50	5.3	0.0
C+ / 6.5	10.1	1.27	16.50	778	1	98	0	1	76.0	54.6	-9.8	4	N/A	500	50	0.0	0.0
C+ / 6.5	10.1	1.28	18.11	62	1	98	0	1	76.0	54.7	-9.9	4	N/A	500	50	0.0	0.0
C+ / 6.5	10.1	1.27	17.83	51	1	98	0	1	76.0	56.2	-9.7	4	N/A	500	50	3.3	0.0
C+ / 6.5	10.1	1.28	18.89	2	1	98	0	1	76.0	57.9	-9.6	4	N/A	500	50	0.0	0.0
C+ / 6.6	10.1	1.28	19.75	1,439	1	98	0	1	76.0	61.3	-9.6	5	N/A	150,000,000	0	0.0	0.0
C / 5.3	13.7	1.26	12.45	6	46	53	0	1	199.4	65.7	-2.6	1	5	2,000	100	5.5	0.0
C / 5.2	13.7	1.26	11.97	1	46	53	0	1	199.4	60.5	-2.8	1	5	2,000	100	0.0	0.0
C / 5.2	13.7	1.26	11.98	4	46	53	0	1	199.4	60.5	-2.7	1	5	2,000	100	0.0	0.0
C+ / 6.0	8.1	0.85	11.30	9	10	89	0	1	129.3	83.1	0.1	33	5	2,000	100	5.5	0.0
C+ / 5.6	8.1	0.85	10.92	1	10	89	0	1	129.3	77.7	-0.1	26	5	2,000	100	0.0	0.0
C+ / 5.6	8.1	0.85	10.92	9	10	89	0	1	129.3	77.8	-0.1	26	5	2,000	100	0.0	0.0
B- / 7.0	9.8	1.20	14.17	10	2	98	0	0	139.0	69.2	-8.8	10	11	2,000	100	5.5	0.0
C+ / 6.9	9.8	1.20	13.48	N/A	2	98	0	0	139.0	63.8	-8.9	7	11	2,000	100	0.0	0.0
C+ / 6.9	9.8	1.19	13.40	N/A	2	98	0	0	139.0	63.8	-8.9	8	11	2,000	100	0.0	0.0
B- / 7.0	9.8	1.20	13.64	3	2	98	0	0	139.0	71.0	-8.7	11	11	1,000,000	0	0.0	0.0
C+ / 5.8	10.4	1.13	13.55	3	0	99	0	1	184.0	123.9	-6.2	87	5	2,000	100	5.5	0.0
C / 5.3	11.9	1.07	17.84	135	2	97	0	1	82.0	173.3	-11.7	20	2	2,000	100	5.5	0.0

www.thestreet.com/ratings

Data as of June 30, 2007

I. Index of Stock Mutual Funds

Summer 2007

Fund Type	Fund Name	Ticker Symbol	Overall Investment Rating	Phone	Performance Rating/Pts	3 Mo	6 Mo	1Yr / Pct	3Yr / Pct	5Yr / Pct	Dividend Yield	Expense Ratio
MC	● Quaker Mid Cap Value B	QMCBX	D	(800) 220-8888	C- / 3.9	4.83	9.30	13.72 /19	11.62 /42	14.46 /73	0.00	2.44
MC	Quaker Mid Cap Value C	QMCCX	D	(800) 220-8888	C- / 3.8	4.78	9.18	13.67 /19	11.62 /42	14.42 /72	0.00	2.44
MC	Quaker Mid Cap Value Inst	QMVIX	C-	(800) 220-8888	C / 4.9	5.10	9.83	14.85 /25	12.73 /52	15.59 /79	0.00	1.44
SC	Quaker Small Cap Growth A	QSGAX	D-	(800) 220-8888	C- / 3.0	7.58	9.42	12.44 /14	11.87 /44	9.24 /25	0.00	1.83
SC	Quaker Small Cap Growth B	QSGBX	D-	(800) 220-8888	C- / 3.5	7.37	8.97	11.69 /12	11.02 /36	8.30 /17	0.00	2.58
SC	Quaker Small Cap Growth C	QSGCX	D-	(800) 220-8888	C- / 3.5	7.32	9.02	11.61 /12	11.02 /36	8.43 /18	0.00	2.58
SC	Quaker Small Cap Growth Inst	QSGIX	D+	(800) 220-8888	C / 4.5	7.62	9.50	12.75 /15	12.10 /46	9.74 /30	0.00	1.58
SC	Quaker Small Cap Value A	QUSVX	C	(800) 220-8888	C+ / 6.1	5.50	9.23	18.22 /47	15.71 /72	16.23 /82	0.00	1.83
SC	● Quaker Small Cap Value B	QSVBX	C	(800) 220-8888	C+ / 6.5	5.33	8.82	17.31 /40	14.88 /68	15.35 /78	0.00	2.58
SC	Quaker Small Cap Value C	QSVCX	C	(800) 220-8888	C+ / 6.5	5.33	8.87	17.37 /41	14.90 /68	15.41 /78	0.00	2.58
SC	Quaker Small Cap Value Inst	QSVIX	C+	(800) 220-8888	B- / 7.2	5.53	9.34	18.44 /48	16.03 /74	16.51 /83	0.00	1.58
GR	Quaker Strategic Growth A	QUAGX	C+	(800) 220-8888	B- / 7.3	12.72	15.67	18.68 /50	15.21 /70	14.59 /73	0.32	1.90
GR	● Quaker Strategic Growth B	QAGBX	C+	(800) 220-8888	B- / 7.5	12.51	15.27	17.77 /43	14.34 /64	13.74 /68	0.00	2.65
GR	Quaker Strategic Growth C	QAGCX	C+	(800) 220-8888	B- / 7.5	12.52	15.29	17.80 /44	14.35 /64	13.74 /68	0.00	2.65
GR	Quaker Strategic Growth Inst	QAGIX	B-	(800) 220-8888	B / 7.9	12.49	15.49	18.63 /49	15.39 /71	14.81 /75	0.57	1.65
EM	Quant Emg-Markets Inst	QEMAX	B	(800) 326-2151	A+ / 9.9	17.74	24.09	52.61 /99	40.72 /99	36.96 /99	0.93	1.55
EM	Quant Emg-Markets Ord	QFFOX	B	(800) 326-2151	A+ / 9.9	17.65	23.86	52.13 /99	40.20 /99	36.41 /99	0.78	2.05
GI	Quant Long/Short Inst	QGIAX	B	(800) 326-2151	C+ / 6.0	3.82	6.45	21.85 /72	14.52 /66	10.44 /38	0.52	1.41
GI	Quant Long/Short Ord	USBOX	B	(800) 326-2151	C+ / 6.0	3.70	6.19	21.30 /69	13.95 /62	9.91 /32	0.15	1.90
SC	Quant Small Cap Inst	QBNAX	C+	(800) 326-2151	B- / 7.4	4.38	7.98	18.49 /48	17.74 /80	16.51 /83	0.00	1.38
SC	Quant Small Cap Ord	USBNX	C+	(800) 326-2151	B- / 7.3	4.23	7.70	17.88 /44	17.15 /78	15.93 /81	0.00	1.88
FO	Quantitative Foreign Value Ord	QFVOX	A-	(800) 326-2151	A- / 9.1	2.64	8.13	27.49 /89	24.21 /92	22.78 /95	0.28	1.69
SC	Queens Road Small Cap Value Fund	QRSVX	C		C / 4.6	6.01	10.52	16.99 /38	11.51 /41	16.68 /84	0.59	1.35
GI	Queens Road Value Fund	QRVLX	C+		C / 4.7	5.24	5.65	18.80 /51	12.38 /49	13.21 /63	1.28	0.95
BA	Rainier Balanced Fd	RIMBX	C-	(800) 280-6111	D+ / 2.9	5.55	7.71	15.19 /27	9.78 /26	8.65 /20	1.39	1.19
BA	Rainier Balanced Inst	RAIBX	C-	(800) 280-6111	C- / 3.1	5.64	7.88	15.47 /29	10.07 /29	8.92 /22	1.62	0.94
MC	Rainier Invt Mang Mid Cap Eq Fd	RIMMX	U	(800) 280-6111	U /	12.54	20.55	31.79 /94	--	--	0.00	5.37
MC	Rainier Invt Mang Mid Cap Eq I	RAIMX	U	(800) 280-6111	U /	12.60	20.69	32.15 /94	--	--	0.00	5.14
IN	Rainier Large Cap Equity Fd	RIMEX	B+	(800) 280-6111	B- / 7.2	9.24	11.67	21.18 /68	14.17 /63	11.42 /48	0.23	1.13
IN	Rainier Large Cap Equity Inst	RAIEX	B+	(800) 280-6111	B- / 7.3	9.27	11.81	21.51 /70	14.47 /65	11.71 /51	0.29	0.88
GR	Rainier Large Cap Growth Equity Fd	RGROX	C+	(800) 280-6111	C+ / 6.5	7.78	11.88	21.98 /72	12.72 /52	12.60 /58	0.00	1.72
SC	● Rainier Small-Mid Cap Equity Fd	RIMSX	B+	(800) 280-6111	A- / 9.1	11.49	19.06	25.16 /83	21.04 /87	18.97 /90	0.00	1.21
SC	● Rainier Small-Mid Cap Equity Inst	RAISX	B+	(800) 280-6111	A- / 9.2	11.55	19.18	25.48 /84	21.34 /88	19.25 /90	0.00	0.96
RE	REMS Real Estate Value Opp Fd	HLRRX	B+	(800) 527-9500	C+ / 6.0	-0.31	2.98	18.41 /48	16.24 /75	--	4.49	2.48
GR	Reynolds Blue Chip Growth Fund	RBCGX	E-	(800) 773-9665	E- / 0.0	3.68	3.10	3.78 / 1	0.18 / 0	4.94 / 2	0.00	2.30
MC	● Reynolds Fund	REYFX	E-	(800) 773-9665	E- / 0.0	4.58	4.58	1.15 / 1	-3.90 / 0	10.55 /39	0.00	3.21
MC	● Reynolds Opportunity Fund	ROPPX	E-	(800) 773-9665	E- / 0.0	3.86	4.10	3.00 / 1	-2.19 / 0	6.76 / 7	0.00	3.17
SC	Rice Hall James Micro Cap Port	RHJSX	D	(866) 777-7818	C / 5.1	6.92	7.60	18.10 /46	12.97 /54	14.05 /70	0.00	1.24
SC	Rice Hall James Small/Mid Cap Port	RHJMX	E-	(866) 777-7818	E- / 0.0	7.82	9.85	-6.57 / 0	1.64 / 0	3.82 / 1	0.00	1.08
BA	RMK Sel Balanced A	FPALX	D	(800) 366-7426	D- / 1.0	4.86	5.59	10.28 / 8	8.85 /20	7.13 / 9	1.11	1.29
BA	RMK Sel Balanced C	RMKBX	D+	(800) 366-7426	D- / 1.1	4.66	5.16	9.43 / 7	8.03 /14	6.35 / 6	0.39	2.04
GI	RMK Sel Core Eq Fund A	MGIFX	E-	(800) 366-7426	D- / 1.0	6.31	8.54	10.76 /10	7.71 /13	7.57 /12	0.49	1.28
GI	RMK Sel Core Eq Fund Inst	MAGIX	E-	(800) 366-7426	D / 1.7	6.35	8.67	11.05 /11	7.99 /14	7.86 /14	0.68	1.03
GR	RMK Sel Growth A	RGRAX	D-	(800) 366-7426	D- / 1.3	7.94	8.00	13.53 /18	8.06 /15	8.51 /19	0.12	1.25
GR	RMK Sel Growth C	RMKGX	D-	(800) 366-7426	D / 1.6	7.94	7.82	13.11 /17	7.49 /12	7.86 /14	0.00	2.00
GR	RMK Sel Growth I	RGRIX	D	(800) 366-7426	D / 2.1	7.97	8.09	13.81 /20	8.07 /15	--	0.49	1.00
MC	RMK Sel Mid Cap Growth A	RAGAX	E	(800) 366-7426	D+ / 2.9	7.11	10.75	9.70 / 7	12.71 /52	13.35 /65	0.00	1.28
MC	RMK Sel Mid Cap Growth C	RMKAX	E+	(800) 366-7426	C- / 3.8	7.26	10.84	9.93 / 8	12.49 /50	12.90 /61	0.00	2.03
MC	RMK Sel Mid Cap Growth I	RMKIX	C	(800) 366-7426	C / 4.5	7.19	10.80	10.49 / 9	13.15 /56	--	0.00	1.03
MC	RMK Sel Mid Cap Value A	RSEAX	D-	(800) 366-7426	C+ / 6.0	6.17	9.40	20.58 /64	14.83 /68	--	0.00	1.31
MC	RMK Sel Mid Cap Value C	RSECX	D-	(800) 366-7426	C+ / 6.6	6.24	9.25	20.22 /61	14.24 /64	--	0.00	2.06
MC	RMK Sel Mid Cap Value I	RMVIX	A-	(800) 366-7426	B- / 7.1	6.33	9.55	20.82 /66	15.01 /69	--	0.00	1.06

● Denotes fund is closed to new investors
* Denotes fund is included in Section II

www.thestreet.com/ratings

Summer 2007 — I. Index of Stock Mutual Funds

RISK			NET ASSETS		ASSET					BULL / BEAR		FUND MANAGER		MINIMUMS		LOADS	
	3 Year		NAV						Portfolio	Last Bull	Last Bear	Manager	Manager	Initial	Additional	Front	Back
Risk	Standard		As of	Total	Cash	Stocks	Bonds	Other	Turnover	Market	Market	Quality	Tenure	Purch.	Purch.	End	End
Rating/Pts	Deviation	Beta	6/30/07	$(Mil)	%	%	%	%	Ratio	Return	Return	Pct	(Years)	$	$	Load	Load
C / 5.0	11.8	1.07	16.93	2	2	97	0	1	82.0	164.7	-11.8	16	2	2,000	100	0.0	0.0
C / 4.9	11.9	1.07	16.65	15	2	97	0	1	82.0	164.7	-11.8	16	2	2,000	100	0.0	0.0
C / 5.4	11.8	1.07	18.33	2	2	97	0	1	82.0	176.1	-11.5	22	2	1,000,000	0	0.0	0.0
C / 5.2	13.7	0.92	11.50	1	4	96	0	0	216.0	109.2	-12.7	43	7	2,000	100	5.5	0.0
C / 5.2	13.8	0.92	10.93	N/A	4	96	0	0	216.0	101.9	-12.8	34	7	2,000	100	0.0	0.0
C / 5.2	13.8	0.92	11.00	N/A	4	96	0	0	216.0	102.4	-12.9	34	7	2,000	100	0.0	0.0
C / 5.3	13.8	0.92	11.87	3	4	96	0	0	216.0	111.3	-11.7	46	7	1,000,000	0	0.0	0.0
C / 5.2	12.3	0.88	20.71	48	1	98	0	1	129.6	166.0	-6.7	86	11	2,000	100	5.5	0.0
C / 5.0	12.2	0.88	19.38	1	1	98	0	1	129.6	157.4	-6.9	82	11	2,000	100	0.0	0.0
C / 4.8	12.2	0.88	18.77	13	1	98	0	1	129.6	157.9	-6.8	82	11	2,000	100	0.0	0.0
C / 5.4	12.2	0.88	21.19	29	1	98	0	1	129.6	168.7	-6.7	88	11	1,000,000	0	0.0	0.0
C+ / 5.7	10.0	0.98	25.69	611	11	88	0	1	185.7	122.9	-8.3	87	11	2,000	100	5.5	0.0
C+ / 5.6	10.1	0.98	24.46	15	11	88	0	1	185.7	116.0	-8.5	83	11	2,000	100	0.0	0.0
C+ / 5.6	10.0	0.98	24.36	108	11	88	0	1	185.7	116.0	-8.5	83	11	2,000	100	0.0	0.0
C+ / 5.7	10.0	0.97	26.02	15	11	88	0	1	185.7	124.6	-8.3	88	11	1,000,000	0	0.0	0.0
C / 4.3	18.1	1.17	27.87	18	2	97	0	1	24.0	377.5	-3.6	14	5	1,000,000	0	0.0	2.0
C / 4.3	18.4	1.19	27.46	332	2	97	0	1	24.0	368.9	-3.8	11	5	2,500	0	0.0	0.0
B / 8.4	8.0	1.01	18.48	1	1	98	0	1	83.0	95.6	-10.7	82	N/A	1,000,000	0	0.0	2.0
B / 8.4	8.0	1.01	17.67	84	1	98	0	1	83.0	91.6	-10.8	78	N/A	2,500	0	0.0	0.0
C / 5.4	11.8	0.85	27.88	20	4	95	0	1	41.0	175.0	-12.2	94	11	1,000,000	0	0.0	2.0
C / 5.1	12.1	0.85	24.89	143	4	95	0	1	41.0	169.2	-12.4	93	11	2,500	0	0.0	0.0
C+ / 6.4	11.2	1.09	23.68	1,110	4	95	0	1	19.0	225.3	-7.0	49	9	2,500	0	0.0	0.0
B- / 7.4	10.3	0.70	19.23	10	12	87	0	1	74.2	131.4	-3.2	68	5	10,000	1,000	0.0	0.0
B / 8.4	5.8	0.74	16.46	10	17	82	0	1	6.5	100.4	-8.4	83	N/A	10,000	1,000	0.0	0.0
B- / 7.9	5.2	1.09	18.69	76	0	62	36	2	73.3	61.5	-3.8	63	N/A	25,000	1,000	0.0	0.0
B- / 7.9	5.2	1.10	18.79	25	0	62	36	2	73.3	63.3	-3.8	66	N/A	500,000	1,000	0.0	0.0
U /	N/A	N/A	43.17	179	2	98	0	0	92.8	N/A	N/A	N/A	N/A	25,000	1,000	0.0	0.0
U /	N/A	N/A	43.34	165	2	98	0	0	92.8	N/A	N/A	N/A	N/A	500,000	1,000	0.0	0.0
B- / 7.6	8.4	1.07	31.09	467	N/A	100	0	N/A	85.9	104.6	-9.3	75	N/A	25,000	1,000	0.0	0.0
B- / 7.6	8.4	1.07	31.24	304	N/A	100	0	N/A	85.9	106.8	-9.2	78	N/A	500,000	1,000	0.0	0.0
C+ / 6.6	11.7	1.39	22.03	33	0	100	0	0	101.1	106.7	-10.6	29	N/A	25,000	1,000	0.0	0.0
C+ / 5.9	14.3	0.98	43.66	3,393	1	98	0	1	91.9	184.5	-9.1	97	N/A	25,000	1,000	0.0	0.0
C+ / 5.9	14.3	0.98	44.25	1,838	1	98	0	1	91.9	187.5	-9.0	97	N/A	500,000	1,000	0.0	0.0
B+ / 9.2	6.8	0.41	16.25	74	N/A	N/A	0	N/A	64.8	107.6	N/A	96	5	50,000	5,000	0.0	0.0
C- / 4.1	16.2	1.69	31.27	27	46	52	0	2	200.9	43.0	-14.6	0	19	1,000	100	0.0	0.0
E+ / 0.9	27.1	2.08	6.16	5	48	52	0	0	322.4	95.2	-24.7	0	8	1,000	100	0.0	0.0
E- / 0.0	20.3	1.60	8.03	5	13	63	22	2	185.6	61.2	-17.8	0	15	1,000	100	0.0	0.0
C- / 4.1	12.5	0.88	21.79	220	7	92	0	1	114.0	156.9	-10.0	64	13	2,500	100	0.0	2.0
D+ / 2.5	17.1	0.78	13.38	71	3	96	0	1	83.0	54.2	-11.5	2	11	2,500	100	0.0	0.0
B / 8.4	5.9	1.02	16.56	168	2	66	31	1	29.0	50.2	-5.0	55	N/A	1,000	50	5.5	0.0
B / 8.4	5.9	1.03	16.58	1	2	66	31	1	29.0	45.6	-5.2	43	N/A	1,000	50	1.0	0.0
D- / 1.3	8.7	0.92	24.26	5	0	99	0	1	120.0	64.5	-6.6	21	N/A	1,000	50	5.5	0.0
D- / 1.3	8.7	0.93	24.29	66	0	99	0	1	120.0	66.4	-6.5	22	N/A	0	0	0.0	0.0
B- / 7.0	8.1	0.97	19.48	391	2	98	0	0	27.0	66.4	-9.2	21	N/A	1,000	50	5.5	0.0
C+ / 6.9	8.4	0.99	18.90	5	2	98	0	0	27.0	62.4	-9.4	16	N/A	1,000	50	1.0	0.0
B- / 7.0	8.1	0.96	19.45	49	2	98	0	0	27.0	N/A	N/A	21	N/A	0	0	0.0	0.0
C- / 3.4	12.0	1.04	17.62	323	7	92	0	1	67.0	123.8	-11.4	24	7	1,000	50	5.5	0.0
C- / 3.0	12.2	1.06	16.98	9	7	92	0	1	67.0	120.5	-11.6	21	N/A	1,000	50	1.0	0.0
B- / 7.4	11.9	1.03	17.75	44	7	92	0	1	67.0	N/A	N/A	28	N/A	0	0	0.0	0.0
D / 2.0	8.7	0.73	11.87	79	3	96	0	1	33.0	104.5	N/A	83	5	1,000	50	5.5	0.0
D- / 1.5	8.9	0.75	11.57	2	3	96	0	1	33.0	100.4	N/A	77	5	1,000	50	0.0	0.0
B / 8.5	8.8	0.74	11.93	6	3	96	0	1	33.0	N/A	N/A	84	3	0	0	0.0	0.0

www.thestreet.com/ratings

Data as of June 30, 2007

I. Index of Stock Mutual Funds

Summer 2007

99 Pct = Best
0 Pct = Worst

					PERFORMANCE						Incl. in Returns	
			Overall		Perfor-	Total Return % through 6/30/07						
Fund		Ticker	Investment		mance				Annualized		Dividend	Expense
Type	Fund Name	Symbol	Rating	Phone	Rating/Pts	3 Mo	6 Mo	1Yr / Pct	3Yr / Pct	5Yr / Pct	Yield	Ratio
IN	RMK Sel Value A	RVLAX	C-	(800) 366-7426	C- / 3.8	7.36	7.92	15.37 /28	12.82 /52	8.07 /15	0.84	1.25
IN	RMK Sel Value C	RMKVX	C	(800) 366-7426	C / 4.3	7.17	7.53	14.57 /24	12.03 /46	7.32 /10	0.00	2.00
IN	RMK Sel Value I	RVLIX	B-	(800) 366-7426	C / 5.4	7.49	8.02	15.66 /30	13.09 /55	--	1.12	1.00
GR	Robeco Boston Ptrs All Cap Val I	BPAIX	B+	(888) 261-4073	B- / 7.1	6.96	7.56	22.47 /75	15.70 /72	--	0.70	2.93
GR	Robeco Boston Ptrs All Cap Val Inv	BPAVX	B+	(888) 261-4073	B- / 7.1	6.85	7.45	22.27 /74	15.44 /71	--	0.49	3.18
GI	Robeco Boston Ptrs Lg Cp Value I	BPLAX	C+	(888) 261-4073	B- / 7.4	7.12	7.71	23.51 /79	16.23 /75	13.01 /62	0.99	1.22
GI	Robeco Boston Ptrs Lg Cp Value Inv	BPLIX	B-	(888) 261-4073	B- / 7.4	7.06	7.56	23.18 /78	15.94 /74	12.74 /60	0.77	1.47
AA	● Robeco Boston Ptrs Lg/Sh Equit I	BPLSX	C	(888) 261-4073	C / 5.0	0.33	1.85	16.76 /37	15.61 /72	7.04 / 9	0.00	3.40
AA	● Robeco Boston Ptrs Lg/Sh Equit Inv	BPLEX	C	(888) 261-4073	C / 4.7	0.28	1.76	16.39 /34	15.30 /70	6.77 / 7	0.00	3.65
MC	Robeco Boston Ptrs Mid Cp Val Inst	BPMIX	D+	(888) 261-4073	B+ / 8.4	7.68	12.82	28.87 /91	17.61 /79	15.84 /80	0.20	1.38
MC	Robeco Boston Ptrs Mid Cp Val Inv	BPMCX	D+	(888) 261-4073	B+ / 8.4	7.59	12.64	28.53 /91	17.32 /79	15.55 /79	0.02	1.63
SC	Robeco Boston Ptrs Sm/Cp Val II I	BPSIX	D+	(888) 261-4073	C / 5.0	4.20	6.83	20.00 /60	13.23 /56	14.17 /71	0.32	1.53
SC	Robeco Boston Ptrs Sm/Cp Val II Inv	BPSCX	D	(888) 261-4073	C / 5.0	4.10	6.68	19.70 /57	12.95 /54	13.88 /69	0.07	1.78
GR	Robeco WPG Large Cap Growth	WPGLX	E+	(888) 261-4073	D+ / 2.7	6.65	8.65	18.98 /52	8.97 /20	8.40 /18	0.00	1.79
GR	Robeco WPG Small Cap Value Fund	WPGTX	C-	(888) 261-4073	C+ / 6.2	5.69	9.43	24.40 /81	13.41 /58	15.07 /77	0.02	1.43
FO	Rochdale Atlas Portfolio	RIMAX	A+	(800) 245-9888	A+ / 9.6	14.31	18.16	39.86 /97	31.00 /96	22.95 /95	0.90	1.71
IN	Rochdale Dividend & Income Port	RIMHX	B-	(800) 245-9888	C / 4.8	3.41	6.96	21.98 /72	14.56 /66	9.25 /25	5.82	1.41
GR	Rochdale Large Growth	RIMGX	E	(800) 245-9888	E+ / 0.8	5.75	5.86	17.33 /40	7.10 /10	6.95 / 8	0.01	1.26
GR	Rochdale Large Value	RIMVX	C	(800) 245-9888	C / 5.2	3.93	7.62	20.74 /65	15.13 /69	11.36 /47	1.09	1.19
MC	Rochdale Mid/Small Growth	RIMQX	E	(800) 245-9888	E+ / 0.9	6.72	7.72	8.45 / 5	9.57 /25	10.60 /40	0.00	1.21
MC	Rochdale Mid/Small Value	RIMKX	C-	(800) 245-9888	C / 5.2	4.50	8.97	17.33 /40	15.49 /71	14.03 /70	0.34	1.20
SC	Rockland Small Cap Growth	RKGRX	E	(800) 497-3933	D+ / 2.4	12.35	13.54	15.37 /28	6.91 / 9	7.19 / 9	0.00	1.73
GR	Roosevelt Anti-Terr Multi-Cap Fund	BULLX	A	(877) 322-0576	B / 7.9	7.18	12.56	22.09 /73	16.35 /75	--	0.24	1.36
SC	Roxbury Small Cap Growth Fund Inst	RSCIX	D-	(800) 336-9970	C- / 3.3	4.60	9.12	14.28 /22	11.09 /37	--	0.00	2.10
GR	Royce 100 Fund Inv	ROHHX	C+	(800) 221-4268	B / 7.7	6.75	10.22	18.69 /50	17.28 /79	--	0.00	1.47
GR	Royce 100 Fund Svc	RYOHX	B-	(800) 221-4268	B / 7.6	6.76	10.10	18.56 /49	17.24 /78	--	0.00	1.72
SC	Royce Capital Micro-Cap Port	RCMCX	B-	(800) 221-4268	B- / 7.3	4.79	9.31	18.82 /51	16.67 /77	15.64 /79	0.16	1.31
SC	Royce Discovery Fd Svc	RYDFX	D	(800) 221-4268	D+ / 2.3	2.51	1.02	14.77 /25	11.12 /37	--	0.00	3.73
GR	Royce Dividend Value Fd Svc	RYDVX	B	(800) 221-4268	C+ / 6.6	4.10	6.82	19.36 /55	15.56 /72	--	1.47	2.72
GR	Royce Financial Services Svc	RYFSX	B	(800) 221-4268	C+ / 6.8	1.49	1.49	15.89 /31	17.43 /79	--	0.85	3.70
SC	Royce Heritage Cons	RYGCX	C+	(800) 221-4268	C+ / 5.8	4.55	6.90	14.61 /24	15.08 /69	14.74 /74	0.00	3.18
SC	Royce Heritage Inv	RHFHX	C	(800) 221-4268	C+ / 6.7	4.85	7.45	15.96 /32	16.37 /76	15.96 /81	0.00	1.24
SC	Royce Heritage Svc	RGFAX	C	(800) 221-4268	C+ / 6.8	4.92	7.52	16.03 /32	16.39 /76	15.98 /81	0.00	1.47
SC	● Royce Low Priced Stock I	RLPIX	C+	(800) 221-4268	B- / 7.2	5.05	10.17	19.96 /59	15.70 /72	15.05 /76	0.91	1.19
SC	● Royce Low Priced Stock Inv	RLPHX	C	(800) 221-4268	B- / 7.0	5.05	10.04	19.67 /57	15.56 /72	14.97 /76	0.62	1.26
SC	● Royce Low Priced Stock Svc	RYLPX	C+	(800) 221-4268	B- / 7.0	4.99	9.98	19.60 /57	15.54 /72	14.95 /76	0.62	1.51
SC	● Royce Micro-Cap Cons	RYMCX	C+	(800) 221-4268	B- / 7.3	5.09	9.62	19.22 /54	16.59 /76	16.01 /81	0.61	2.42
SC	● Royce Micro-Cap Fd	RYOTX	C+	(800) 221-4268	B / 7.8	5.35	10.14	20.41 /63	17.76 /80	17.21 /86	1.36	1.43
SC	● Royce Micro-Cap Svc	RMCFX	C+	(800) 221-4268	B / 7.8	5.32	10.08	20.14 /61	17.59 /80	17.08 /85	1.24	1.93
SC	● Royce Opportunity Fd Cons	ROFCX	C	(800) 221-4268	B- / 7.1	7.52	11.94	20.30 /62	14.82 /68	17.56 /87	0.00	3.74
SC	● Royce Opportunity Fd Inst	ROFIX	C+	(800) 221-4268	B / 7.7	7.88	12.74	22.03 /73	15.53 /72	18.05 /88	0.00	1.03
SC	● Royce Opportunity Fd Inv	RYPNX	C+	(800) 221-4268	B / 7.6	7.85	12.73	21.97 /72	15.46 /71	17.96 /88	0.00	1.11
SC	● Royce Opportunity Fd Svc	RYOFX	C+	(800) 221-4268	B- / 7.4	7.77	12.56	21.66 /71	15.23 /70	17.73 /87	0.00	1.40
SC	Royce PA Mutual Fd Cons	RYPCX	C+	(800) 221-4268	C+ / 6.7	6.05	9.46	17.91 /44	15.29 /70	14.86 /75	0.00	1.86
SC	Royce PA Mutual Fd Inv	PENNX	B-	(800) 221-4268	B- / 7.4	6.35	10.03	19.00 /52	16.43 /76	16.01 /81	0.28	0.87
SC	● Royce Premier Cons	RPRCX	B-	(800) 221-4268	B- / 7.3	7.93	13.97	17.61 /42	15.44 /71	17.21 /86	0.00	2.11
SC	● Royce Premier Fd	RYPRX	B	(800) 221-4268	B / 7.8	8.18	14.55	18.73 /50	16.64 /76	18.28 /89	0.35	1.09
SC	● Royce Premier Inst	RPFIX	B	(800) 221-4268	B / 8.0	8.21	14.62	18.89 /51	16.74 /77	18.38 /89	0.43	1.00
SC	● Royce Premier Svc	RPFFX	B	(800) 221-4268	B / 7.7	8.12	14.46	18.52 /49	16.42 /76	18.11 /88	0.20	1.38
SC	Royce Premier W	RPRWX	U	(800) 221-4268	U /	8.18	14.54	18.80 /51	--	--	0.36	1.07
GR	Royce Select Fd	RYSFX	D-	(800) 221-4268	C+ / 6.7	6.10	9.67	19.65 /57	15.20 /70	17.46 /86	0.00	2.18
SC	Royce Small-Cap Premier	RCPFX	B	(800) 221-4268	B / 7.7	7.66	10.59	22.12 /73	16.23 /75	14.91 /76	0.05	1.08

● Denotes fund is closed to new investors
* Denotes fund is included in Section II

www.thestreet.com/ratings

I. Index of Stock Mutual Funds

Summer 2007

RISK			NET ASSETS		ASSET					BULL / BEAR		FUND MANAGER		MINIMUMS		LOADS	
	3 Year		NAV						Portfolio	Last Bull	Last Bear	Manager	Manager	Initial	Additional	Front	Back
Risk	Standard		As of	Total	Cash	Stocks	Bonds	Other	Turnover	Market	Market	Quality	Tenure	Purch.	Purch.	End	End
Rating/Pts	Deviation	Beta	6/30/07	$(Mil)	%	%	%	%	Ratio	Return	Return	Pct	(Years)	$	$	Load	Load
C+ / 6.9	9.5	0.96	19.29	226	5	94	0	1	72.0	88.6	-12.5	72	N/A	1,000	50	5.5	0.0
C+ / 6.8	9.5	0.96	19.27	3	5	94	0	1	72.0	83.0	-12.5	63	N/A	1,000	50	0.0	0.0
B / 8.2	9.5	0.96	19.29	5	5	94	0	1	72.0	N/A	N/A	74	N/A	0	0	0.0	0.0
B- / 7.6	8.0	0.98	17.22	15	1	98	0	1	51.1	146.6	-7.9	89	N/A	100,000	5,000	0.0	2.0
B- / 7.7	8.0	0.99	17.16	5	1	98	0	1	51.1	144.5	-8.0	88	N/A	2,500	100	0.0	1.0
C+ / 6.1	7.7	0.99	15.79	45	1	98	0	1	58.0	123.3	-8.8	91	10	100,000	5,000	0.0	2.0
C+ / 6.2	7.8	0.99	16.08	27	1	98	0	1	58.0	121.0	-9.0	90	10	2,500	100	0.0	1.0
C+ / 6.8	6.4	-0.07	18.16	100	0	100	0	0	108.6	55.2	-2.2	99	9	100,000	5,000	0.0	2.0
C+ / 6.7	6.4	-0.06	17.89	19	0	100	0	0	108.6	53.6	-2.3	99	9	2,500	100	0.0	2.0
D / 1.7	10.3	0.93	12.06	38	3	96	0	1	97.3	154.5	-7.6	85	10	100,000	5,000	0.0	1.0
D / 1.7	10.3	0.93	11.76	13	3	96	0	1	97.3	151.7	-7.6	84	10	2,500	100	0.0	1.0
C / 4.5	11.2	0.78	23.31	109	7	92	0	1	33.6	164.2	-9.4	77	9	100,000	5,000	0.0	2.0
C / 4.4	11.1	0.78	22.83	191	7	92	0	1	33.6	161.3	-9.4	74	9	2,500	100	0.0	1.0
C / 4.8	9.5	1.23	23.73	18	N/A	100	0	N/A	93.8	76.0	-11.6	14	3	100,000	100	0.0	2.0
C / 4.9	11.9	1.24	18.56	56	7	92	0	1	139.2	144.4	-11.7	50	4	100,000	100	0.0	2.0
B- / 7.0	13.3	1.35	67.33	364	0	99	0	1	56.4	229.0	-4.9	63	21	1,000	100	5.8	2.0
B+ / 9.2	6.9	0.73	30.59	73	1	98	0	1	10.0	105.4	-4.0	93	N/A	1,000	100	5.8	2.0
C+ / 5.6	7.7	1.01	20.60	50	0	99	0	1	87.1	62.8	-7.7	14	8	1,000	100	5.8	2.0
C+ / 6.4	6.9	0.88	31.23	60	0	99	0	1	66.9	115.3	-9.2	91	8	1,000	100	5.8	2.0
C / 5.2	11.0	1.01	37.82	52	0	100	0	0	85.0	101.4	-8.5	10	8	1,000	100	5.8	2.0
C / 5.3	11.5	1.07	54.54	61	0	99	0	1	34.5	151.2	-8.0	48	8	1,000	100	5.8	2.0
C- / 3.8	15.7	1.07	19.37	45	0	100	0	0	247.0	91.7	-10.3	6	11	2,000	250	0.0	2.0
B / 8.1	10.0	1.12	17.92	20	6	89	4	1	102.7	N/A	N/A	87	N/A	1,000	500	0.0	0.0
C / 4.9	15.4	1.08	20.69	222	7	92	0	1	151.0	145.5	N/A	22	4	1,000	0	0.0	1.0
C / 5.4	12.6	1.41	9.17	1	12	87	0	1	45.0	N/A	N/A	77	N/A	100,000	50	0.0	1.0
C+ / 6.3	12.6	1.41	9.16	37	12	87	0	1	45.0	N/A	N/A	77	4	2,000	50	0.0	1.0
C+ / 6.5	12.9	0.87	15.74	661	14	85	0	1	41.0	170.2	-10.7	91	6	2,000	50	0.0	1.0
C+ / 6.6	11.6	0.79	6.94	5	1	98	0	1	91.0	N/A	N/A	51	4	2,000	50	0.0	1.0
B / 8.5	7.9	0.93	7.32	9	2	97	0	1	19.0	N/A	N/A	91	N/A	2,000	50	0.0	1.0
B / 8.7	7.3	0.78	7.48	6	11	88	0	1	14.0	N/A	N/A	97	4	2,000	50	0.0	1.0
B- / 7.5	12.4	0.86	13.33	5	10	89	0	1	98.0	141.1	-11.9	84	6	2,000	50	0.0	1.0
C / 5.4	12.3	0.86	15.14	N/A	10	89	0	1	98.0	152.3	-11.7	90	N/A	100,000	50	0.0	1.0
C / 4.4	12.3	0.86	15.15	114	10	89	0	1	98.0	152.4	-11.7	90	6	5,000	50	0.0	1.0
C / 5.3	13.5	0.93	18.53	766	14	85	0	1	27.0	160.5	-10.4	84	N/A	1,000,000	0	0.0	0.0
C / 5.3	13.5	0.93	18.52	2	14	85	0	1	27.0	159.5	-10.4	83	N/A	100,000	50	0.0	1.0
C+ / 5.7	13.5	0.93	18.51	4,403	14	85	0	1	27.0	159.4	-10.4	83	7	2,000	50	0.0	1.0
C / 5.2	13.1	0.88	17.77	233	11	88	0	1	42.0	172.9	-10.8	90	6	2,000	50	0.0	1.0
C / 5.4	13.1	0.88	19.11	740	11	88	0	1	42.0	184.6	-10.5	94	6	2,000	50	0.0	1.0
C / 5.4	13.1	0.88	19.01	21	11	88	0	1	42.0	183.0	-10.5	93	6	2,000	50	0.0	1.0
C / 4.8	14.6	1.06	14.44	9	7	92	0	1	47.0	194.8	-10.8	63	N/A	2,000	50	0.0	1.0
C / 5.4	14.6	1.06	14.78	432	7	92	0	1	47.0	200.5	-10.8	71	7	1,000,000	0	0.0	0.0
C / 5.4	14.6	1.06	14.70	1,977	7	92	0	1	47.0	199.6	-10.8	70	7	2,000	50	0.0	1.0
C / 5.3	14.6	1.06	14.43	340	7	92	0	1	47.0	197.3	-10.9	68	7	2,000	50	0.0	1.0
C+ / 6.3	12.0	0.86	11.92	1,301	4	95	0	1	38.0	145.2	-8.6	85	10	2,000	50	0.0	1.0
C+ / 6.4	12.0	0.86	12.73	3,491	4	95	0	1	38.0	155.7	-7.7	90	10	2,000	50	0.0	1.0
C+ / 6.5	12.3	0.83	19.33	57	9	90	0	1	13.0	154.2	-8.6	88	4	2,000	50	0.0	1.0
C+ / 6.5	12.3	0.83	20.23	4,035	9	90	0	1	13.0	165.9	-8.6	92	N/A	2,000	50	0.0	1.0
C+ / 6.5	12.3	0.83	20.30	438	9	90	0	1	13.0	166.8	-8.6	92	4	1,000,000	0	0.0	0.0
C+ / 6.5	12.2	0.82	20.10	241	9	90	0	1	13.0	163.8	-8.6	91	5	2,000	50	0.0	1.0
U /	N/A	N/A	20.24	336	9	90	0	1	13.0	N/A	N/A	N/A	N/A	2,000	50	0.0	0.0
D- / 1.5	10.6	1.17	20.86	25	10	89	0	1	45.0	148.0	-6.3	77	9	50,000	100	0.0	2.0
C+ / 6.8	12.1	0.86	11.80	353	11	88	0	1	54.0	166.1	-8.7	89	6	2,000	50	0.0	1.0

I. Index of Stock Mutual Funds

Summer 2007

99 Pct = Best
0 Pct = Worst

Fund Type	Fund Name	Ticker Symbol	Overall Investment Rating	Phone	Performance Rating/Pts	3 Mo	6 Mo	1Yr / Pct	3Yr / Pct	5Yr / Pct	Dividend Yield	Expense Ratio
SC	● Royce Special Equity Cons	RSQCX	D	(800) 221-4268	D+ / 2.9	7.55	10.65	19.48 /56	8.30 /16	10.98 /43	0.00	2.22
SC	● Royce Special Equity Inst	RSEIX	D+	(800) 221-4268	C / 4.3	7.88	11.28	20.90 /66	9.62 /25	12.04 /54	0.55	1.05
SC	● Royce Special Equity Inv	RYSEX	C-	(800) 221-4268	C- / 4.0	7.87	11.26	20.82 /66	9.54 /25	12.00 /54	0.48	1.13
SC	● Royce Special Equity Svc	RSEFX	D	(800) 221-4268	C- / 3.8	7.87	11.20	20.62 /64	9.28 /23	11.81 /52	0.00	1.69
SC	Royce Technology Value Svc	RYTVX	E-	(800) 221-4268	E+ / 0.8	5.48	11.08	17.31 /40	4.06 / 2	15.00 /76	0.00	1.90
GI	Royce Total Return Cons	RYTCX	C+	(800) 221-4268	C / 5.1	5.20	8.31	16.92 /38	13.14 /55	12.86 /61	0.16	2.06
* GI	Royce Total Return Fd	RYTRX	B-	(800) 221-4268	C+ / 6.0	5.45	8.83	18.08 /46	14.22 /64	13.97 /69	1.01	1.09
GI	Royce Total Return Inst	RTRIX	B-	(800) 221-4268	C+ / 6.4	5.50	8.99	18.18 /46	14.40 /65	14.12 /70	1.20	0.99
GI	Royce Total Return Svc	RYTFX	C+	(800) 221-4268	C+ / 5.9	5.43	8.76	17.85 /44	14.04 /62	13.80 /68	0.76	1.34
GI	Royce Total Return W	RTRWX	U	(800) 221-4268	U /	5.44	8.89	18.07 /46	--	--	1.09	1.09
SC	Royce Value Fd Cons	RVFCX	B-	(800) 221-4268	B+ / 8.8	8.39	12.93	23.34 /78	20.90 /86	23.28 /95	0.00	4.34
SC	Royce Value Fd Inst	RVFIX	B	(800) 221-4268	A- / 9.0	8.75	13.68	25.00 /83	21.52 /88	23.66 /95	0.30	1.27
SC	Royce Value Fd Inv	RVVHX	B-	(800) 221-4268	A- / 9.0	8.83	13.65	24.83 /83	21.50 /88	23.65 /95	0.13	1.24
SC	Royce Value Fd Svc	RYVFX	A-	(800) 221-4268	B+ / 8.9	8.65	13.56	24.73 /82	21.47 /88	23.63 /95	0.13	1.42
SC	Royce Value Plus Fd Cons	RVPCX	C+	(800) 221-4268	B+ / 8.4	6.74	12.24	22.52 /75	19.25 /83	24.75 /96	0.00	2.90
SC	Royce Value Plus Fd Inst	RVPIX	B-	(800) 221-4268	B+ / 8.7	7.00	12.86	24.04 /80	19.83 /85	25.12 /96	0.13	1.17
SC	Royce Value Plus Fd Inv	RVPHX	B-	(800) 221-4268	B+ / 8.6	7.14	12.92	24.04 /80	19.83 /85	25.12 /96	0.02	1.24
SC	Royce Value Plus Fd Svc	RYVPX	B+	(800) 221-4268	B+ / 8.6	7.00	12.78	23.89 /80	19.78 /84	25.08 /96	0.02	1.40
AA	RS Asset Allocation Fund A	GUAAX	D+	(800) 766-3863	D / 2.0	5.14	5.78	16.65 /36	9.92 /27	9.45 /27	0.86	1.86
AA	RS Asset Allocation Fund B	GAABX	C-	(800) 766-3863	D / 2.2	4.88	5.36	15.65 /30	8.97 /20	8.49 /18	0.56	2.74
AA	RS Asset Allocation Fund C	RAACX	C-	(800) 766-3863	D / 2.1	4.97	5.38	15.65 /30	8.88 /20	8.36 /17	0.93	2.82
AA	RS Asset Allocation Fund K	RAAKX	D	(800) 766-3863	D+ / 2.6	5.02	5.58	16.21 /33	9.52 /24	9.06 /24	1.01	2.16
IN	RS Core Equity Fund A	GPAFX	B	(800) 766-3863	B- / 7.3	10.17	14.20	30.81 /93	13.30 /57	9.81 /31	0.32	0.94
IN	RS Core Equity Fund B	GUPBX	B	(800) 766-3863	B- / 7.3	9.90	13.65	29.59 /92	12.16 /47	8.72 /20	0.00	1.99
IN	RS Core Equity Fund C	RCOCX	B+	(800) 766-3863	B- / 7.3	9.98	13.76	29.65 /92	12.09 /46	8.56 /19	0.00	2.02
IN	RS Core Equity Fund K	RCEKX	B-	(800) 766-3863	B / 7.6	10.08	14.01	30.23 /93	12.87 /53	9.43 /27	0.00	1.28
SC	RS Emerging Growth Fund A	RSEGX	D+	(800) 766-3863	C / 4.7	11.58	12.68	19.69 /57	11.05 /36	11.93 /53	0.00	1.49
EM	RS Emerging Markets Fund A	GBEMX	C+	(800) 766-3863	A+ / 9.8	16.93	17.99	44.98 /98	41.21 /99	30.59 /98	0.00	1.68
EM	RS Emerging Markets Fund B	REMBX	B-	(800) 766-3863	A+ / 9.8	16.72	17.57	43.79 /98	39.92 /99	29.27 /98	0.00	2.53
EM	RS Emerging Markets Fund C	REMGX	B-	(800) 766-3863	A+ / 9.9	16.72	17.56	43.93 /98	40.02 /99	29.37 /98	0.00	2.47
EM	RS Emerging Markets Fund K	REMKX	C+	(800) 766-3863	A+ / 9.9	16.78	17.71	44.45 /98	40.73 /99	30.14 /98	0.00	1.98
EN	RS Global Natural Resources Fund A	RSNRX	C+	(800) 766-3863	A / 9.5	10.77	18.71	16.10 /33	31.93 /97	27.69 /97	0.87	1.51
GR	RS Growth Fund A	RSGRX	D-	(800) 766-3863	C / 5.2	8.05	9.11	19.98 /60	13.11 /55	13.55 /66	0.04	1.33
FO	RS International Growth Fund A	GUBGX	B	(800) 766-3863	B+ / 8.3	5.46	10.11	23.76 /80	21.14 /87	14.19 /71	0.00	1.64
FO	RS International Growth Fund B	GBGBX	B+	(800) 766-3863	B+ / 8.4	5.26	9.69	22.53 /75	19.75 /84	12.88 /61	0.00	2.88
FO	RS International Growth Fund C	RIGCX	A+	(800) 766-3863	B+ / 8.5	5.27	9.73	22.76 /76	20.01 /85	13.05 /62	0.00	2.56
FO	RS International Growth Fund K	RIGKX	B	(800) 766-3863	B+ / 8.7	5.36	9.92	23.37 /78	20.83 /86	13.96 /69	0.00	1.88
TC	RS Internet Age Fund A	RIAFX	C-	(800) 766-3863	B / 7.7	14.10	20.13	34.32 /96	11.82 /44	21.41 /93	0.00	1.61
GL	RS Investors Fund A	RSINX	U	(800) 766-3863	U /	7.41	9.79	26.86 /87	--	--	0.00	1.59
GR	RS Large Cap Value Fund A	RLCVX	B-	(800) 766-3863	C+ / 5.7	5.53	6.49	20.71 /65	14.78 /67	--	0.24	1.40
GR	RS Large Cap Value Fund B	RLVBX	B	(800) 766-3863	C+ / 5.9	5.29	6.10	19.74 /58	13.93 /62	--	0.00	2.16
GR	RS Large Cap Value Fund C	RLCCX	B	(800) 766-3863	C+ / 5.9	5.29	6.10	19.74 /58	13.93 /62	--	0.00	2.16
GR	RS Large Cap Value Fund K	RLCKX	C+	(800) 766-3863	C+ / 6.3	5.39	6.35	20.29 /62	14.44 /65	--	0.11	1.69
MC	RS MidCap Opportunities Fund A	RSMOX	C	(800) 766-3863	C+ / 6.2	9.39	14.26	19.23 /54	13.66 /60	15.51 /79	0.00	1.33
SC	● RS Partners Fund A	RSPFX	C+	(800) 766-3863	B- / 7.4	5.70	10.13	16.69 /36	18.48 /82	23.10 /95	0.21	1.50
IX	RS S & P 500 Index Fund A	GUSPX	C	(800) 766-3863	C- / 3.7	6.14	6.69	19.89 /59	11.17 /37	10.14 /34	0.75	0.70
IX	RS S & P 500 Index Fund B	RSPBX	C-	(800) 766-3863	C- / 3.6	5.96	6.29	19.08 /53	10.30 /30	9.26 /25	0.35	1.71
IX	RS S & P 500 Index Fund C	RSAPX	C-	(800) 766-3863	C- / 3.6	5.86	6.30	18.95 /52	10.31 /30	9.23 /25	0.43	1.74
IX	RS S & P 500 Index Fund K	RSPIX	D+	(800) 766-3863	C- / 3.9	6.06	6.49	19.51 /56	10.68 /33	9.62 /29	0.72	1.14
SC	RS Select Growth Fund A	RSDGX	E	(800) 766-3863	D- / 1.5	8.58	10.69	19.03 /53	6.37 / 7	9.27 /26	0.00	1.62
SC	RS Small Cap Core Equity Fund A	GPSCX	D-	(800) 766-3863	C / 5.3	4.77	11.62	22.69 /76	12.90 /53	13.03 /62	0.00	1.26
SC	RS Small Cap Core Equity Fund B	GUCBX	D-	(800) 766-3863	C / 5.3	4.52	11.14	21.42 /69	11.76 /43	11.92 /53	0.00	2.38

● Denotes fund is closed to new investors
* Denotes fund is included in Section II

www.thestreet.com/ratings

I. Index of Stock Mutual Funds

Summer 2007

RISK			NET ASSETS		ASSET					BULL / BEAR		FUND MANAGER		MINIMUMS		LOADS	
	3 Year		NAV						Portfolio	Last Bull	Last Bear	Manager	Manager	Initial	Additional	Front	Back
Risk	Standard		As of	Total	Cash	Stocks	Bonds	Other	Turnover	Market	Market	Quality	Tenure	Purch.	Purch.	End	End
Rating/Pts	Deviation	Beta	6/30/07	$(Mil)	%	%	%	%	Ratio	Return	Return	Pct	(Years)	$	$	Load	Load
C+ / 6.5	10.8	0.73	21.50	18	3	96	0	1	16.0	84.2	-5.5	27	4	2,000	50	0.0	1.0
C / 5.5	10.8	0.73	21.90	159	3	96	0	1	16.0	92.9	-5.5	39	4	1,000,000	0	0.0	0.0
C+ / 6.5	10.8	0.73	21.94	467	3	96	0	1	16.0	92.6	-5.5	38	4	2,000	50	0.0	1.0
C / 5.5	10.8	0.73	21.94	2	3	96	0	1	16.0	91.0	-5.5	36	9	2,000	50	0.0	1.0
D / 2.0	21.2	1.31	7.12	21	15	84	0	1	117.0	99.7	-5.4	1	6	2,000	50	0.0	2.0
B- / 7.6	9.1	1.07	14.85	747	5	90	4	1	25.0	109.9	-6.6	65	N/A	2,000	50	0.0	1.0
B- / 7.5	9.1	1.08	14.88	4,791	5	90	4	1	25.0	118.9	-6.4	75	14	2,000	50	0.0	1.0
B- / 7.5	9.1	1.07	14.91	315	5	90	4	1	25.0	120.2	-6.4	77	4	2,000	50	0.0	0.0
B- / 7.5	9.1	1.07	14.73	450	5	90	4	1	25.0	117.4	-6.4	74	5	2,000	50	0.0	1.0
U /	N/A	N/A	14.89	259	5	90	4	1	25.0	N/A	N/A	N/A	2	2,000	50	0.0	0.0
C / 5.1	13.9	0.95	12.40	10	10	88	0	2	41.0	223.2	-8.8	97	N/A	2,000	50	0.0	1.0
C / 5.1	13.8	0.95	12.55	192	10	88	0	2	41.0	227.8	-8.8	97	N/A	1,000,000	0	0.0	0.0
C / 5.1	13.9	0.95	12.57	4	10	88	0	2	41.0	227.9	-8.8	97	N/A	100,000	50	0.0	1.0
C+ / 6.7	13.8	0.95	12.56	676	10	88	0	2	41.0	227.6	-8.8	97	N/A	2,000	50	0.0	1.0
C / 5.0	14.2	0.96	15.68	10	11	88	0	1	31.0	263.2	-5.6	95	N/A	2,000	50	0.0	1.0
C / 5.0	14.2	0.97	15.89	60	11	88	0	1	31.0	268.3	-5.6	95	N/A	1,000,000	0	0.0	0.0
C / 5.0	14.1	0.96	15.91	5	11	88	0	1	31.0	267.8	-5.6	96	N/A	100,000	50	0.0	1.0
C+ / 6.3	14.1	0.96	15.89	2,293	11	88	0	1	31.0	267.6	-5.6	96	6	2,000	50	0.0	1.0
B / 8.0	6.5	1.42	13.90	92	19	80	0	1	1.0	84.4	-9.8	42	12	2,500	100	4.8	0.0
B / 8.0	6.5	1.42	13.75	14	19	80	0	1	1.0	77.7	-10.0	31	11	2,500	100	0.0	0.0
B / 8.2	6.5	1.42	13.72	10	19	80	0	1	1.0	76.8	-10.1	31	7	2,500	100	0.0	0.0
C+ / 6.5	6.5	1.42	13.81	14	19	80	0	1	1.0	81.4	-9.8	37	6	1,000	0	0.0	0.0
C+ / 6.8	8.1	1.03	42.47	862	0	99	0	1	81.0	86.7	-9.9	70	2	2,500	100	4.8	0.0
B- / 7.0	8.1	1.02	40.64	36	0	99	0	1	81.0	78.9	-10.2	58	2	2,500	100	0.0	0.0
B- / 7.4	8.1	1.03	40.01	10	0	99	0	1	81.0	77.9	-10.2	56	2	2,500	100	0.0	0.0
C+ / 6.0	8.6	1.08	42.39	14	0	99	0	1	81.0	83.9	-10.0	60	6	1,000	0	0.0	0.0
C / 5.2	15.8	1.10	40.18	636	1	98	0	1	129.0	122.4	-16.5	20	11	2,500	100	4.8	0.0
C- / 3.5	17.0	1.10	25.97	199	2	98	0	0	56.0	322.3	-6.9	32	10	2,500	100	4.8	2.0
C- / 4.0	17.0	1.10	22.62	19	2	98	0	0	56.0	304.5	-7.1	25	10	2,500	100	0.0	0.0
C- / 4.0	17.0	1.10	22.76	34	2	98	0	0	56.0	305.8	-7.1	25	7	2,500	100	0.0	0.0
D+ / 2.4	17.4	1.12	25.19	38	2	98	0	0	56.0	316.1	-7.0	25	6	1,000	0	0.0	0.0
C- / 3.0	19.5	0.87	36.61	1,668	8	91	0	1	62.0	248.0	6.5	88	N/A	2,500	100	4.8	0.0
C- / 3.1	11.4	1.34	16.64	186	0	99	0	1	100.0	123.1	10.1	36	6	2,500	100	4.8	0.0
C+ / 6.3	9.9	1.05	20.47	51	0	99	0	1	25.0	145.1	-7.7	28	14	2,500	100	4.8	2.0
C+ / 6.4	10.0	1.05	18.22	6	0	99	0	1	25.0	133.3	-7.8	19	11	2,500	100	0.0	0.0
B- / 7.7	11.4	1.16	18.39	10	0	99	0	1	25.0	135.2	-7.9	10	7	2,500	100	0.0	0.0
C+ / 5.6	9.9	1.05	20.06	17	0	99	0	1	25.0	142.8	-7.6	26	6	1,000	0	0.0	0.0
D+ / 2.5	22.5	2.23	9.55	61	2	97	0	1	129.0	183.8	-16.5	2	6	2,500	100	4.8	0.0
U /	N/A	N/A	12.90	69	0	99	0	1	116.0	N/A	N/A	N/A	2	2,500	100	4.8	0.0
B / 8.0	6.3	0.80	15.27	29	0	100	0	0	31.0	115.4	N/A	92	N/A	2,500	100	4.8	0.0
B / 8.1	6.3	0.79	15.14	23	0	100	0	0	31.0	108.9	N/A	89	N/A	2,500	100	0.0	0.0
B / 8.1	6.3	0.79	15.14	21	0	100	0	0	31.0	108.9	N/A	89	N/A	2,500	100	0.0	0.0
C+ / 6.5	6.4	0.81	15.24	28	0	100	0	0	31.0	112.9	N/A	90	N/A	1,000	0	0.0	0.0
C+ / 5.9	13.4	1.19	16.19	282	2	97	0	1	214.0	133.7	-9.1	19	12	2,500	100	4.8	0.0
C / 5.2	11.3	0.73	38.60	2,792	4	95	0	1	60.0	198.4	2.3	97	12	2,500	100	4.8	0.0
B / 8.5	7.3	0.99	10.37	143	0	100	0	0	4.0	92.4	-9.8	48	7	2,500	100	3.0	0.0
B- / 7.2	7.3	0.99	10.31	13	0	100	0	0	4.0	86.2	-10.3	37	7	2,500	100	0.0	0.0
B- / 7.2	7.3	1.00	10.29	11	0	100	0	0	4.0	86.1	-10.3	37	7	2,500	100	0.0	0.0
C+ / 6.2	7.1	0.96	10.33	20	0	100	0	0	4.0	88.8	-10.2	44	6	1,000	0	0.0	0.0
C / 4.8	16.5	1.13	26.71	171	4	95	0	1	195.0	114.2	-18.1	4	10	2,500	100	4.8	0.0
C- / 3.3	14.0	1.02	19.98	160	1	98	0	1	136.0	132.0	-10.4	43	5	2,500	100	4.8	0.0
C- / 3.0	14.1	1.02	17.56	8	1	98	0	1	136.0	122.6	-10.6	31	5	2,500	100	0.0	0.0

www.thestreet.com/ratings

Data as of June 30, 2007

I. Index of Stock Mutual Funds

Summer 2007

99 Pct = Best
0 Pct = Worst

Fund Type	Fund Name	Ticker Symbol	Overall Investment Rating	Phone	Performance Rating/Pts	3 Mo	6 Mo	1Yr / Pct	3Yr / Pct	5Yr / Pct	Dividend Yield	Expense Ratio
SC	RS Small Cap Core Equity Fund C	RSCCX	D-	(800) 766-3863	C / 5.5	4.56	11.22	21.68 /71	11.88 /44	11.89 /52	0.00	2.21
SC	RS Small Cap Core Equity Fund K	RSCKX	C-	(800) 766-3863	C+ / 5.9	4.65	11.41	22.22 /74	12.53 /50	12.68 /59	0.00	1.59
SC	RS Smaller Company Growth Fund A	RSSGX	E+	(800) 766-3863	D+ / 2.5	7.82	9.15	13.07 /17	10.42 /31	11.90 /53	0.00	1.51
MC	RS Value Fund A	RSVAX	A+	(800) 766-3863	B+ / 8.7	6.45	12.54	25.79 /85	21.63 /88	24.15 /95	0.94	1.34
GR	RSI Retirement Tr-Core Equity	RSICX	C-	(800) 772-3615	D+ / 2.8	5.60	6.24	17.02 /38	9.54 /25	7.37 /10	0.00	1.20
GR	Russell Diversified Equity Fund A	RDEAX	C+	(800) 832-6688	C- / 4.0	6.76	8.18	19.42 /56	12.33 /48	10.39 /37	0.55	1.23
GR	Russell Diversified Equity Fund C	RDECX	C+	(800) 832-6688	C / 4.6	6.57	7.76	18.53 /49	11.50 /41	9.59 /29	0.07	1.98
GR	Russell Diversified Equity Fund E	RDEEX	C+	(800) 832-6688	C / 5.3	6.75	8.16	19.41 /56	12.33 /48	10.39 /37	0.53	1.23
GR	Russell Diversified Equity Fund S	RDESX	C+	(800) 832-6688	C+ / 5.6	6.81	8.29	19.72 /58	12.61 /51	10.69 /40	0.75	0.98
EM	Russell Emerging Markets A	REMAX	C+	(800) 832-6688	A+ / 9.8	16.32	19.34	47.04 /98	38.59 /98	30.07 /98	1.40	1.93
EM	Russell Emerging Markets C	REMCX	C	(800) 832-6688	A+ / 9.8	16.01	18.84	45.83 /98	37.54 /98	29.17 /98	0.94	2.68
EM	Russell Emerging Markets E	REMEX	C	(800) 832-6688	A+ / 9.8	16.27	19.29	46.99 /98	38.57 /98	30.06 /98	1.47	1.93
EM	Russell Emerging Markets S	REMSX	C	(800) 832-6688	A+ / 9.9	16.38	19.46	47.35 /98	38.94 /98	30.31 /98	1.67	1.68
IX	Russell Inst Equity I Fd E	REAEX	C+	(800) 832-6688	C / 5.5	6.84	8.26	19.54 /56	12.55 /50	10.78 /41	0.75	0.96
IX	Russell Inst Equity I Fd I	REASX	C+	(800) 832-6688	C+ / 5.8	6.93	8.42	19.86 /59	12.82 /52	11.04 /44	0.96	0.73
GR	Russell Inst Equity II Fd E	REBEX	E+	(800) 832-6688	C+ / 5.8	5.82	8.99	17.59 /42	13.49 /58	13.77 /68	0.00	1.14
GR	Russell Inst Equity II Fd I	REBSX	E+	(800) 832-6688	C+ / 6.0	5.86	9.09	17.85 /44	13.73 /60	14.00 /70	0.11	0.94
GR	Russell Inst Equity Q Fd E	REQEX	C-	(800) 832-6688	C- / 3.8	4.93	5.92	17.88 /44	11.16 /37	10.28 /36	0.87	0.98
GR	Russell Inst Equity Q Fd I	REDSX	C-	(800) 832-6688	C- / 4.0	5.00	6.03	18.17 /46	11.43 /40	10.54 /39	1.10	0.74
FO	Russell Inst International E	RIFEX	B+	(800) 832-6688	A- / 9.0	7.65	10.70	26.76 /87	21.79 /89	16.73 /84	2.45	1.19
FO	Russell Inst International I	RINSX	B+	(800) 832-6688	A- / 9.1	7.72	10.84	27.07 /88	22.10 /89	16.97 /85	2.66	0.94
FO	Russell International Securities A	RISAX	B	(800) 832-6688	B+ / 8.6	7.47	10.55	26.40 /86	21.35 /88	16.24 /82	1.69	1.47
FO	Russell International Securities C	RCISX	B+	(800) 832-6688	B+ / 8.7	7.27	10.17	25.49 /84	20.46 /86	15.38 /78	1.23	2.22
FO	Russell International Securities E	REISX	B+	(800) 832-6688	B+ / 8.9	7.48	10.59	26.44 /86	21.36 /88	16.25 /82	1.79	1.47
FO	Russell International Securities S	RISSX	B+	(800) 832-6688	A- / 9.0	7.54	10.71	26.76 /87	21.67 /88	16.54 /83	1.96	1.22
AA	Russell LifePoints 2020 Strategy R3	RLLDX	U	(800) 832-6688	U /	2.95	4.67	14.66 /24	--	--	2.39	3.12
GL	Russell LifePoints Bal Strat A	RBLAX	C-	(800) 832-6688	D / 1.9	3.01	4.81	14.81 /25	11.16 /37	10.18 /35	3.01	1.68
GL	Russell LifePoints Bal Strat C	RBLCX	C	(800) 832-6688	D+ / 2.3	2.76	4.39	13.89 /20	10.32 /30	9.35 /26	2.53	2.43
GL	Russell LifePoints Bal Strat E	RBLEX	C	(800) 832-6688	D+ / 2.9	3.00	4.80	14.78 /25	11.16 /37	10.17 /35	3.18	1.68
GL	Russell LifePoints Bal Strat R1	RBLRX	C+	(800) 832-6688	C- / 3.1	2.97	4.84	14.98 /26	11.42 /40	10.42 /38	3.39	1.43
GL	Russell LifePoints Bal Strat R3	RBLDX	C	(800) 832-6688	D+ / 2.8	2.94	4.65	14.50 /23	10.91 /35	9.89 /32	2.95	1.93
GL	Russell LifePoints Bal Strat S	RBLSX	C	(800) 832-6688	C- / 3.1	2.97	4.84	14.98 /26	11.42 /40	10.42 /38	3.39	1.43
GL	Russell LifePoints Cons Strat A	RCLAX	D	(800) 832-6688	E- / 0.1	0.54	1.85	7.13 / 3	4.94 / 3	4.82 / 2	3.40	1.50
GL	Russell LifePoints Cons Strat C	RCLCX	D+	(800) 832-6688	E- / 0.2	0.38	1.50	6.37 / 2	4.15 / 2	4.05 / 1	2.90	2.25
GL	Russell LifePoints Cons Strat E	RCLEX	D+	(800) 832-6688	E- / 0.2	0.44	1.85	7.11 / 3	4.93 / 3	4.81 / 2	3.60	1.50
GL	Russell LifePoints Cons Strat R1	RCLRX	C-	(800) 832-6688	E- / 0.2	0.50	1.90	6.59 / 2	4.76 / 3	4.71 / 2	2.85	1.25
GL	Russell LifePoints Cons Strat R3	RCLDX	D+	(800) 832-6688	E- / 0.2	0.48	1.69	6.92 / 3	4.68 / 3	4.57 / 1	3.35	1.75
GL	Russell LifePoints Cons Strat S	RCLSX	D+	(800) 832-6688	E / 0.3	0.60	1.90	7.35 / 3	5.16 / 4	5.08 / 2	3.82	1.25
GL	Russell LifePoints Eq Gr Strat A	REAAX	B-	(800) 832-6688	C+ / 6.4	5.49	7.52	21.10 /67	16.06 /74	13.98 /70	2.26	1.81
GL	Russell LifePoints Eq Gr Strat C	RELCX	B-	(800) 832-6688	C+ / 6.8	5.28	7.05	20.22 /61	15.15 /70	12.73 /60	2.14	2.56
GL	Russell LifePoints Eq Gr Strat E	RELEX	B+	(800) 832-6688	B- / 7.3	5.42	7.49	21.10 /67	16.02 /74	13.58 /66	2.43	1.81
GL	Russell LifePoints Eq Gr Strat R3	RELDX	B	(800) 832-6688	B- / 7.1	5.46	7.35	20.80 /66	15.73 /73	13.30 /64	2.26	2.06
GL	Russell LifePoints Eq Gr Strat S	RELSX	B+	(800) 832-6688	B- / 7.4	5.49	7.61	21.37 /69	16.33 /75	13.87 /69	2.61	1.56
GL	Russell LifePoints Gr Strat A	RALAX	C	(800) 832-6688	C- / 3.9	4.14	6.08	17.72 /43	13.51 /58	11.80 /52	2.63	1.73
GL	Russell LifePoints Gr Strat C	RALCX	C+	(800) 832-6688	C / 4.4	4.00	5.69	16.83 /37	12.63 /51	10.96 /43	2.14	2.48
GL	Russell LifePoints Gr Strat E	RALEX	C+	(800) 832-6688	C / 5.3	4.22	6.07	17.79 /43	13.51 /58	11.80 /52	2.78	1.73
GL	Russell LifePoints Gr Strat R3	RALDX	C+	(800) 832-6688	C / 5.0	4.15	6.00	17.56 /42	13.23 /56	11.54 /49	2.54	1.98
GL	Russell LifePoints Gr Strat S	RALSX	B-	(800) 832-6688	C / 5.5	4.26	6.19	18.06 /46	13.79 /60	12.05 /54	2.98	1.48
GL	Russell LifePoints Mod Strategy A	RMLAX	D+	(800) 832-6688	E / 0.5	1.76	3.37	10.74 /10	7.82 /13	7.37 /10	3.19	1.58
GL	Russell LifePoints Mod Strategy C	RMLCX	C-	(800) 832-6688	E+ / 0.7	1.59	3.02	9.92 / 8	7.01 / 9	6.56 / 6	2.72	2.33
GL	Russell LifePoints Mod Strategy E	RMLEX	C-	(800) 832-6688	D- / 1.0	1.76	3.37	10.83 /10	7.84 /13	7.36 /10	3.38	1.58
GL	Russell LifePoints Mod Strategy R2	RMLTX	C-	(800) 832-6688	D- / 1.0	1.86	3.46	10.86 /10	7.84 /13	7.36 /10	3.32	1.58

• Denotes fund is closed to new investors
* Denotes fund is included in Section II

www.thestreet.com/ratings

I. Index of Stock Mutual Funds

Summer 2007

RISK			NET ASSETS		ASSET				Portfolio Turnover Ratio	BULL / BEAR		FUND MANAGER		MINIMUMS		LOADS	
	3 Year		NAV							Last Bull	Last Bear	Manager	Manager	Initial	Additional	Front	Back
Risk Rating/Pts	Standard Deviation	Beta	As of 6/30/07	Total $(Mil)	Cash %	Stocks %	Bonds %	Other %		Market Return	Market Return	Quality Pct	Tenure (Years)	Purch. $	Purch. $	End Load	End Load
D+ / 2.8	14.0	1.02	17.44	12	1	98	0	1	136.0	122.5	-10.7	33	5	2,500	100	0.0	0.0
C / 4.8	13.9	1.00	19.34	18	1	98	0	1	136.0	129.0	-10.4	41	6	1,000	0	0.0	0.0
C / 4.6	14.0	0.95	23.03	292	5	94	0	1	151.0	145.3	-14.4	26	6	2,500	100	4.8	0.0
B / 8.2	9.5	0.76	30.87	2,524	4	95	0	1	72.0	209.8	1.3	98	9	2,500	100	4.8	0.0
B- / 7.6	7.5	0.97	10.38	132	2	97	0	1	35.9	74.2	-8.4	31	3	0	0	0.0	0.0
B+ / 9.0	8.1	1.08	52.26	4	0	0	0	100	96.7	97.1	-9.8	54	N/A	0	0	5.8	0.0
B- / 7.9	8.1	1.08	50.26	167	0	0	0	100	96.7	90.9	-10.0	42	11	0	0	0.0	0.0
B- / 7.9	8.1	1.08	52.28	77	0	0	0	100	96.7	97.1	-9.8	54	N/A	0	0	0.0	0.0
B- / 7.9	8.1	1.08	52.31	4,165	0	0	0	100	96.7	99.2	-9.7	57	11	0	0	0.0	0.0
D+ / 2.5	17.5	1.15	24.81	2	3	96	0	1	63.5	312.1	-6.2	11	1	0	0	5.8	0.0
D+ / 2.3	17.4	1.14	23.91	57	3	96	0	1	63.5	300.8	-6.5	9	1	0	0	0.0	0.0
D+ / 2.3	17.5	1.15	24.80	36	3	96	0	1	63.5	312.1	-6.2	11	1	0	0	0.0	0.0
D+ / 2.3	17.5	1.15	24.80	1,456	3	96	0	1	63.5	316.0	-6.2	12	1	0	0	0.0	0.0
B- / 7.4	8.1	1.08	35.72	48	6	93	0	1	98.2	100.2	-9.8	56	11	0	0	0.0	0.0
B- / 7.4	8.0	1.08	35.72	1,288	6	93	0	1	98.2	102.1	-9.8	60	11	100,000	0	0.0	0.0
D- / 1.5	12.4	1.47	30.93	38	4	95	0	1	154.8	138.8	-9.1	30	N/A	100,000	0	0.0	0.0
D- / 1.5	12.4	1.47	31.09	492	4	95	0	1	154.8	140.9	-9.1	31	N/A	100,000	0	0.0	0.0
B- / 7.1	8.0	1.08	39.55	61	0	100	0	0	106.5	94.2	-9.0	38	N/A	100,000	0	0.0	0.0
B- / 7.1	8.0	1.08	39.57	1,328	0	100	0	0	106.5	96.3	-9.0	41	N/A	100,000	0	0.0	0.0
C+ / 5.8	9.5	1.02	52.46	59	8	91	0	1	83.1	173.8	-9.7	38	7	100,000	0	0.0	0.0
C+ / 5.8	9.5	1.01	52.46	1,630	8	91	0	1	83.1	176.2	-9.6	42	7	100,000	0	0.0	0.0
C+ / 6.0	9.4	1.01	83.01	5	9	90	0	1	76.7	168.4	-9.6	35	N/A	0	0	5.8	0.0
C+ / 6.1	9.4	1.01	79.70	180	9	90	0	1	76.7	160.0	-9.8	28	N/A	0	0	0.0	0.0
C+ / 6.1	9.4	1.01	83.04	88	9	90	0	1	76.7	168.5	-9.6	35	N/A	0	0	0.0	0.0
C+ / 6.1	9.4	1.01	84.04	3,827	9	90	0	1	76.7	171.3	-9.6	38	N/A	0	0	0.0	0.0
U /	N/A	N/A	11.86	29	0	60	38	2	46.6	N/A	N/A	N/A	N/A	0	0	0.0	0.0
B / 8.9	5.1	1.10	12.56	1,248	0	60	39	1	2.8	75.7	-3.7	77	N/A	0	0	5.8	0.0
B / 8.9	5.0	1.09	12.47	1,632	0	60	39	1	2.8	70.2	-3.8	69	N/A	0	0	0.0	0.0
B / 8.9	5.1	1.10	12.58	727	0	60	39	1	2.8	75.8	-3.7	77	N/A	0	0	0.0	0.0
B+ / 9.8	5.1	1.09	12.64	18	0	60	39	1	2.8	77.8	-3.7	80	N/A	0	0	0.0	0.0
B / 8.9	5.0	1.09	12.58	1,275	0	60	39	1	2.8	73.8	-3.7	75	N/A	0	0	0.0	0.0
B / 8.9	5.1	1.09	12.64	755	0	60	39	1	2.8	77.8	-3.7	80	N/A	0	0	0.0	0.0
B+ / 9.3	2.0	0.38	10.03	50	0	20	79	1	16.0	26.4	0.1	46	N/A	0	0	5.8	0.0
B+ / 9.7	2.0	0.37	10.77	86	0	20	79	1	16.0	22.4	-0.1	36	N/A	0	0	0.0	0.0
B+ / 9.7	2.0	0.38	10.85	82	0	20	79	1	16.0	26.3	0.1	45	N/A	0	0	0.0	0.0
B+ / 9.9	2.0	0.37	10.88	1	0	20	79	1	16.0	25.7	0.1	43	N/A	0	0	0.0	0.0
B+ / 9.7	2.0	0.38	10.88	191	0	20	79	1	16.0	25.0	0.1	42	N/A	0	0	0.0	0.0
B+ / 9.7	1.9	0.37	10.89	50	0	20	79	1	16.0	27.7	0.2	49	N/A	0	0	0.0	0.0
B- / 7.5	8.4	1.75	13.40	337	0	99	0	1	3.3	132.6	-8.8	86	N/A	0	0	5.8	0.0
B- / 7.4	8.5	1.76	12.75	592	0	99	0	1	3.3	121.4	-8.9	81	N/A	0	0	0.0	0.0
B- / 7.5	8.4	1.76	13.17	299	0	99	0	1	3.3	128.6	-8.8	86	N/A	0	0	0.0	0.0
B- / 7.5	8.4	1.75	13.15	524	0	99	0	1	3.3	126.2	-8.8	85	N/A	0	0	0.0	0.0
B- / 7.5	8.4	1.76	13.35	295	0	99	0	1	3.3	131.3	-8.8	87	N/A	0	0	0.0	0.0
B / 8.2	6.8	1.44	13.07	944	0	80	19	1	2.1	101.6	-6.4	82	N/A	0	0	5.8	0.0
B / 8.2	6.7	1.44	12.96	1,077	0	80	19	1	2.1	95.3	-6.6	74	N/A	0	0	0.0	0.0
B / 8.2	6.7	1.44	13.09	597	0	80	19	1	2.1	101.6	-6.4	82	N/A	0	0	0.0	0.0
B / 8.2	6.7	1.43	13.11	949	0	80	19	1	2.1	99.4	-6.4	80	N/A	0	0	0.0	0.0
B / 8.2	6.7	1.43	13.16	483	0	80	19	1	2.1	103.9	-6.4	84	N/A	0	0	0.0	0.0
B+ / 9.2	3.4	0.73	11.71	195	0	40	59	1	5.7	48.1	-1.7	61	N/A	0	0	5.8	0.0
B+ / 9.7	3.4	0.73	11.64	281	0	40	59	1	5.7	43.5	-2.0	50	N/A	0	0	0.0	0.0
B+ / 9.7	3.3	0.72	11.72	201	0	40	59	1	5.7	48.0	-1.7	62	N/A	0	0	0.0	0.0
B+ / 9.9	3.3	0.72	11.72	3	0	40	59	1	5.7	47.9	-1.7	62	N/A	0	0	0.0	0.0

www.thestreet.com/ratings

Data as of June 30, 2007

I. Index of Stock Mutual Funds

Summer 2007

99 Pct = Best
0 Pct = Worst

Fund Type	Fund Name	Ticker Symbol	Overall Investment Rating	Phone	Performance Rating/Pts	3 Mo	6 Mo	1Yr / Pct	3Yr / Pct	5Yr / Pct	Dividend Yield	Expense Ratio
GL	Russell LifePoints Mod Strategy R3	RMLDX	C-	(800) 832-6688	E+ / 0.9	1.78	3.30	10.53 / 9	7.58 / 12	7.11 / 9	3.13	1.83
GL	Russell LifePoints Mod Strategy S	RMLSX	C-	(800) 832-6688	D- / 1.1	1.90	3.51	11.06 / 11	8.09 / 15	7.63 / 12	3.60	1.33
GR	● Russell Multi-Mngr Prncpl-Prtctd A	RMPAX	D	(800) 832-6688	E- / 0.1	2.89	3.19	7.85 / 4	3.63 / 1	--	1.23	2.60
GR	● Russell Multi-Mngr Prncpl-Prtctd B	RMPBX	D	(800) 832-6688	E- / 0.1	2.57	2.77	7.03 / 3	2.81 / 1	--	0.49	3.35
GR	Russell Quantitative Equity A	RQEAX	D-	(800) 832-6688	D+ / 2.3	4.62	5.59	17.62 / 42	10.85 / 35	9.88 / 32	0.67	1.23
GR	Russell Quantitative Equity C	RQECX	C-	(800) 832-6688	D+ / 2.8	4.42	5.18	16.72 / 36	10.01 / 28	9.08 / 24	0.10	1.98
GR	Russell Quantitative Equity E	RQEEX	C	(800) 832-6688	C- / 3.4	4.61	5.59	17.62 / 42	10.85 / 35	9.88 / 32	0.66	1.23
GR	Russell Quantitative Equity S	RQESX	C	(800) 832-6688	C- / 3.7	4.69	5.71	17.90 / 44	11.11 / 37	10.17 / 35	0.88	0.98
RE	Russell Real Estate Securities A	RREAX	B-	(800) 832-6688	C+ / 6.9	-9.42	-6.48	11.38 / 12	21.56 / 88	19.38 / 91	1.21	1.32
RE	Russell Real Estate Securities C	RRSCX	C-	(800) 832-6688	B- / 7.2	-9.59	-6.85	10.51 / 9	20.65 / 86	18.48 / 89	0.67	2.07
RE	Russell Real Estate Securities E	RREEX	C-	(800) 832-6688	B / 7.6	-9.41	-6.49	11.37 / 11	21.55 / 88	19.38 / 91	1.22	1.32
RE	Russell Real Estate Securities S	RRESX	C	(800) 832-6688	B / 7.7	-9.37	-6.38	11.65 / 12	21.85 / 89	19.64 / 91	1.45	1.07
GR	Russell Select Growth Fund C	RSGCX	E+	(800) 832-6688	E+ / 0.6	4.50	4.89	10.58 / 9	5.25 / 4	7.22 / 9	0.00	2.29
GR	Russell Select Growth Fund E	RSGEX	E+	(800) 832-6688	E+ / 0.8	4.74	5.36	11.48 / 12	6.20 / 6	8.17 / 16	0.00	1.43
GR	Russell Select Growth Fund I	RSGIX	E+	(800) 832-6688	D- / 1.0	4.98	5.59	12.03 / 13	6.65 / 8	8.63 / 20	0.04	1.15
GR	Russell Select Growth Fund S	RSGSX	E+	(800) 832-6688	E+ / 0.9	4.78	5.39	11.68 / 12	6.42 / 7	8.42 / 18	0.00	1.23
IN	Russell Select Value C	RSVCX	B-	(800) 832-6688	C+ / 6.6	6.65	7.88	21.63 / 71	14.03 / 62	11.70 / 51	0.20	2.11
IN	Russell Select Value E	RSVEX	B+	(800) 832-6688	B- / 7.2	6.91	8.38	22.70 / 76	15.03 / 69	12.70 / 59	0.78	1.28
IN	Russell Select Value I	RSVIX	B+	(800) 832-6688	B- / 7.4	6.98	8.44	23.12 / 77	15.47 / 71	13.11 / 63	1.06	0.95
IN	Russell Select Value S	RSVSX	B+	(800) 832-6688	B- / 7.3	6.96	8.42	22.89 / 77	15.25 / 70	12.94 / 61	0.93	1.10
SC	Russell Special Growth A	RSPAX	D	(800) 832-6688	C- / 3.9	5.57	8.56	16.62 / 36	12.98 / 54	13.25 / 64	0.00	1.49
SC	Russell Special Growth C	RSPCX	E+	(800) 832-6688	C / 4.4	5.38	8.17	15.76 / 30	12.14 / 47	12.40 / 57	0.00	2.24
SC	Russell Special Growth E	RSPEX	D-	(800) 832-6688	C / 5.3	5.59	8.59	16.64 / 36	12.98 / 54	13.25 / 64	0.00	1.49
SC	Russell Special Growth S	RSPSX	D	(800) 832-6688	C / 5.5	5.65	8.72	16.92 / 38	13.27 / 57	13.54 / 66	0.00	1.24
GL	Russell Tax Managed Global Eq C	RTGCX	B-	(800) 832-6688	C+ / 6.1	6.41	8.31	20.73 / 65	13.38 / 57	11.72 / 51	0.93	2.66
GL	Russell Tax Managed Global Eq S	RTGSX	B-	(800) 832-6688	C+ / 6.9	6.67	8.81	22.01 / 73	14.51 / 66	12.84 / 61	1.70	1.66
GI	Russell Tax-Managed Large Cap C	RTLCX	C-	(800) 832-6688	D+ / 2.6	5.59	6.53	18.05 / 45	8.88 / 20	8.54 / 19	0.00	1.93
GI	Russell Tax-Managed Large Cap E	RTLEX	C	(800) 832-6688	C- / 3.2	5.76	6.93	18.96 / 52	9.69 / 26	9.38 / 27	0.53	1.18
GI	Russell Tax-Managed Large Cap S	RETSX	C	(800) 832-6688	C- / 3.4	5.83	7.06	19.25 / 54	9.96 / 28	9.66 / 29	0.72	0.93
SC	Russell Tax-Managed Mid-Sm Cap C	RTSCX	C+	(800) 832-6688	C+ / 6.2	6.57	10.31	18.24 / 47	13.63 / 59	12.56 / 58	0.00	2.36
SC	Russell Tax-Managed Mid-Sm Cap E	RTSEX	B-	(800) 832-6688	C+ / 6.9	6.89	10.83	19.23 / 54	14.50 / 66	13.45 / 65	0.00	1.61
SC	Russell Tax-Managed Mid-Sm Cap S	RTSSX	B-	(800) 832-6688	B- / 7.0	6.92	10.95	19.49 / 56	14.77 / 67	13.73 / 68	0.00	1.36
AG	RVS Aggressive Growth Fund A	ASGFX	C+	(888) 791-3380	B- / 7.0	12.39	18.02	20.92 / 66	13.91 / 61	--	0.00	1.69
AG	RVS Aggressive Growth Fund B	ARGBX	C+	(888) 791-3380	B- / 7.3	12.16	17.52	20.05 / 60	13.04 / 54	--	0.00	2.47
AG	RVS Aggressive Growth Fund C		C	(888) 791-3380	B- / 7.3	12.16	17.52	20.05 / 60	13.09 / 55	--	0.00	2.48
AG	RVS Aggressive Growth Fund I	APAIX	B-	(888) 791-3380	B / 7.9	12.46	18.30	21.32 / 69	14.29 / 64	--	0.00	1.00
AG	RVS Aggressive Growth Fund R4	RSASX	C+	(888) 791-3380	B / 7.8	12.42	18.15	21.18 / 68	14.09 / 63	--	0.00	1.46
BA	RVS Balanced Fund Class A	INMUX	C-	(888) 791-3380	D / 1.7	3.66	4.19	16.62 / 36	10.06 / 28	8.75 / 21	2.11	1.01
BA	RVS Balanced Fund Class B	IDMBX	C	(888) 791-3380	D / 2.0	3.58	3.81	15.83 / 31	9.20 / 22	7.90 / 14	1.50	1.78
BA	RVS Balanced Fund Class C		E+	(888) 791-3380	D / 2.0	3.59	3.83	15.78 / 31	9.22 / 22	7.91 / 14	1.55	1.78
BA	RVS Balanced Fund Class R4	IDMYX	C	(888) 791-3380	D+ / 2.7	3.70	4.24	16.77 / 37	10.23 / 30	8.92 / 22	2.36	0.90
MC	RVS Disc Sm & Md Cap Eq I		U	(888) 791-3380	U /	2.86	5.45	11.41 / 12	--	--	0.49	5.58
MC	RVS Disc Sm & Md Cap Eq W	RSEWX	U	(888) 791-3380	U /	2.76	5.26	--	--	--	0.00	6.00
GI	RVS Disciplined Equity Fund A	AQEAX	C+	(888) 791-3380	C- / 4.1	6.99	7.45	21.13 / 68	12.25 / 48	--	0.72	1.07
GI	RVS Disciplined Equity Fund B	AQEBX	C-	(888) 791-3380	C / 4.7	6.78	6.94	20.25 / 62	11.43 / 40	--	0.14	1.87
GI	RVS Disciplined Equity Fund C		C-	(888) 791-3380	C / 4.7	6.79	7.10	20.40 / 63	11.39 / 40	--	0.23	1.86
GI	RVS Disciplined Equity Fund I	ALEIX	U	(888) 791-3380	U /	6.94	7.55	21.49 / 70	--	--	1.01	0.72
GI	RVS Disciplined Equity Fund R4	RQEYX	C	(888) 791-3380	C+ / 5.7	6.96	7.42	21.35 / 69	12.50 / 50	--	0.85	0.99
GI	RVS Disciplined Equity Fund W	RDEWX	U	(888) 791-3380	U /	6.99	7.30	--	--	--	0.00	1.14
FO	RVS Disciplined Intl Equity I	RSDIX	U	(888) 791-3380	U /	8.56	13.96	32.80 / 95	--	--	0.71	1.57
FO	RVS Disciplined Intl Equity W	RDIWX	U	(888) 791-3380	U /	8.39	13.67	--	--	--	0.00	1.92
SC	RVS Disciplined Small Cap Value I		U	(888) 791-3380	U /	3.08	2.12	10.91 / 10	--	--	0.35	3.00

● Denotes fund is closed to new investors
* Denotes fund is included in Section II

www.thestreet.com/ratings

Summer 2007 — I. Index of Stock Mutual Funds

RISK			NET ASSETS		ASSET					BULL / BEAR		FUND MANAGER		MINIMUMS		LOADS	
	3 Year		NAV						Portfolio	Last Bull	Last Bear	Manager	Manager	Initial	Additional	Front	Back
Risk	Standard		As of	Total	Cash	Stocks	Bonds	Other	Turnover	Market	Market	Quality	Tenure	Purch.	Purch.	End	End
Rating/Pts	Deviation	Beta	6/30/07	$(Mil)	%	%	%	%	Ratio	Return	Return	Pct	(Years)	$	$	Load	Load
B+ / 9.7	3.3	0.73	11.75	385	0	40	59	1	5.7	46.5	-1.7	58	N/A	0	0	0.0	0.0
B+ / 9.7	3.3	0.73	11.76	132	0	40	59	1	5.7	49.7	-1.8	65	N/A	0	0	0.0	0.0
B / 8.6	2.8	0.33	10.67	1	6	41	52	1	78.5	17.5	N/A	25	N/A	1,000	50	5.0	0.0
B+ / 9.1	2.9	0.34	10.39	35	6	41	52	1	78.5	13.9	N/A	19	N/A	1,000	50	0.0	0.0
C+ / 6.0	7.9	1.07	42.91	4	1	98	0	1	104.5	91.6	-9.1	36	N/A	0	0	5.8	0.0
B- / 7.7	7.9	1.07	41.60	166	1	98	0	1	104.5	85.6	-9.2	28	N/A	0	0	0.0	0.0
B- / 7.8	7.9	1.07	42.93	78	1	98	0	1	104.5	91.6	-9.1	36	N/A	0	0	0.0	0.0
B- / 7.8	7.9	1.07	43.08	4,160	1	98	0	1	104.5	93.6	-9.0	39	N/A	0	0	0.0	0.0
B- / 7.1	15.2	1.03	50.20	5	0	0	0	100	48.6	191.7	0.4	77	N/A	0	0	5.8	0.0
C- / 3.4	15.2	1.03	49.26	101	0	0	0	100	48.6	182.4	0.2	68	N/A	0	0	0.0	0.0
C- / 3.5	15.2	1.03	50.22	52	0	0	0	100	48.6	191.7	0.4	77	N/A	0	0	0.0	0.0
C- / 3.5	15.2	1.03	50.79	1,928	0	0	0	100	48.6	194.7	0.5	79	N/A	0	0	0.0	0.0
C+ / 6.3	10.2	1.25	8.36	11	4	95	0	1	148.4	69.7	-11.4	4	N/A	0	0	0.0	0.0
C+ / 6.4	10.2	1.26	8.84	6	4	95	0	1	148.4	76.1	-11.1	5	N/A	0	0	0.0	0.0
C+ / 6.4	10.2	1.26	9.07	106	4	95	0	1	148.4	79.2	-11.1	6	N/A	100,000	0	0.0	0.0
C+ / 6.4	10.3	1.26	8.99	73	4	95	0	1	148.4	78.0	-11.2	5	N/A	0	0	0.0	0.0
B- / 7.9	7.7	1.03	13.15	27	6	93	0	1	86.6	116.1	-9.7	77	N/A	0	0	0.0	0.0
B- / 7.9	7.7	1.03	13.43	12	6	93	0	1	86.6	123.9	-9.5	84	N/A	0	0	0.0	0.0
B- / 7.9	7.7	1.03	13.47	148	6	93	0	1	86.6	127.5	-9.4	87	N/A	100,000	0	0.0	0.0
B- / 7.9	7.7	1.03	13.44	291	6	93	0	1	86.6	126.0	-9.4	86	N/A	0	0	0.0	0.0
C / 5.3	12.4	0.91	52.48	2	6	93	0	1	154.8	134.5	-9.1	59	N/A	0	0	5.8	0.0
C- / 3.0	12.4	0.91	47.95	72	6	93	0	1	154.8	127.2	-9.3	48	N/A	0	0	0.0	0.0
C- / 3.4	12.4	0.91	52.49	30	6	93	0	1	154.8	134.6	-9.1	59	N/A	0	0	0.0	0.0
C- / 3.6	12.4	0.91	55.01	1,393	6	93	0	1	154.8	137.2	-9.1	62	N/A	0	0	0.0	0.0
B- / 7.5	8.4	0.77	12.12	25	0	99	0	1	9.3	111.1	-9.3	15	N/A	0	0	0.0	0.0
B- / 7.6	8.4	0.76	12.47	68	0	99	0	1	9.3	120.7	-9.2	21	N/A	0	0	0.0	0.0
B / 8.3	7.7	1.03	21.52	22	6	93	0	1	60.6	82.2	-9.9	23	1	0	0	0.0	0.0
B / 8.3	7.7	1.02	22.05	16	6	93	0	1	60.6	88.0	-9.6	29	1	0	0	0.0	0.0
B / 8.3	7.7	1.02	22.14	527	6	93	0	1	60.6	90.1	-9.6	31	1	0	0	0.0	0.0
C+ / 6.9	12.4	0.91	14.76	14	6	93	0	1	54.3	123.7	-8.3	67	N/A	0	0	0.0	0.0
B- / 7.0	12.5	0.91	15.66	3	6	93	0	1	54.3	130.9	-8.0	76	N/A	0	0	0.0	0.0
B- / 7.0	12.5	0.91	15.91	247	6	93	0	1	54.3	133.5	-8.0	78	N/A	0	0	0.0	0.0
C+ / 5.9	14.2	1.58	9.89	394	0	100	0	0	202.0	N/A	N/A	26	4	2,000	100	5.8	0.0
C+ / 5.8	14.3	1.59	9.59	96	0	100	0	0	202.0	N/A	N/A	20	4	2,000	100	0.0	0.0
C / 4.6	14.2	1.58	9.59	2	0	100	0	0	202.0	N/A	N/A	21	4	2,000	100	0.0	0.0
C+ / 5.9	14.3	1.58	10.02	100	0	100	0	0	202.0	N/A	N/A	29	4	5,000,000	0	0.0	0.0
C / 4.6	14.3	1.58	9.96	N/A	0	100	0	0	202.0	N/A	N/A	27	4	2,000	100	0.0	0.0
B+ / 9.0	4.7	1.00	11.44	940	4	60	34	2	126.0	68.9	-5.5	71	5	2,000	100	5.8	0.0
B+ / 9.5	4.7	1.01	11.37	69	4	60	34	2	126.0	63.4	-5.7	60	5	2,000	100	0.0	0.0
C / 4.7	4.7	1.02	11.36	5	4	60	34	2	126.0	63.6	-5.8	60	5	2,000	100	0.0	0.0
B+ / 9.5	4.7	1.01	11.44	68	4	60	34	2	126.0	70.2	-5.4	73	5	10,000,000	0	0.0	0.0
U /	N/A	N/A	10.44	40	0	100	0	0	14.0	N/A	N/A	N/A	1	5,000,000	0	0.0	0.0
U /	N/A	N/A	10.41	35	0	100	0	0	14.0	N/A	N/A	N/A	N/A	500	0	0.0	0.0
B / 8.6	8.4	1.12	7.50	1,465	0	100	0	0	137.0	N/A	N/A	48	4	2,000	100	5.8	0.0
C+ / 5.9	8.4	1.12	7.40	81	0	100	0	0	137.0	N/A	N/A	38	4	2,000	100	0.0	0.0
C+ / 5.9	8.4	1.12	7.39	3	0	100	0	0	137.0	N/A	N/A	38	4	2,000	100	0.0	0.0
U /	N/A	N/A	7.55	464	0	100	0	0	137.0	N/A	N/A	N/A	4	5,000,000	0	0.0	0.0
C+ / 6.0	8.4	1.12	7.53	206	0	100	0	0	137.0	N/A	N/A	52	4	2,000	100	0.0	0.0
U /	N/A	N/A	7.50	610	0	100	0	0	137.0	N/A	N/A	N/A	1	500	0	0.0	0.0
U /	N/A	N/A	11.92	161	0	100	0	0	10.0	N/A	N/A	N/A	1	5,000,000	0	0.0	0.0
U /	N/A	N/A	11.89	165	0	100	0	0	10.0	N/A	N/A	N/A	1	500	0	0.0	0.0
U /	N/A	N/A	11.06	26	0	100	0	0	40.0	N/A	N/A	N/A	1	5,000,000	0	0.0	0.0

www.thestreet.com/ratings

Data as of June 30, 2007

I. Index of Stock Mutual Funds

Summer 2007

	99 Pct = Best 0 Pct = Worst			Overall		PERFORMANCE					Incl. in Returns	
						Perfor-	Total Return % through 6/30/07					
			Ticker	Investment		mance				Annualized	Dividend	Expense
Fund Type	Fund Name		Symbol	Rating	Phone	Rating/Pts	3 Mo	6 Mo	1Yr / Pct	3Yr / Pct	5Yr / Pct	Yield	Ratio
* IN	RVS Diversified Equity Income A	INDZX	A	(888) 791-3380	B+ / 8.4	10.69	11.76	23.19 /78	19.72 /84	17.08 /85	1.07	1.14
IN	RVS Diversified Equity Income B	IDEBX	A	(888) 791-3380	B+ / 8.5	10.39	11.31	22.24 /74	18.81 /83	16.18 /82	0.46	1.90
IN	RVS Diversified Equity Income C	ADECX	A	(888) 791-3380	B+ / 8.5	10.42	11.36	22.24 /74	18.81 /83	16.17 /82	0.50	1.90
IN	RVS Diversified Equity Income I	ADIIX	A+	(888) 791-3380	B+ / 8.8	10.72	11.98	23.67 /79	20.20 /85	--	1.46	0.74
IN	RVS Diversified Equity Income R4	IDQYX	A	(888) 791-3380	B+ / 8.7	10.62	11.81	23.34 /78	19.88 /85	17.27 /86	1.25	1.03
IN	RVS Dividend Opportunity A	INUTX	A+	(888) 791-3380	B / 7.8	6.03	9.25	26.66 /87	18.08 /81	11.21 /46	2.41	1.16
IN	RVS Dividend Opportunity B	IUTBX	A+	(888) 791-3380	B / 8.1	5.99	8.90	25.76 /85	17.19 /78	10.40 /37	1.86	1.93
IN	RVS Dividend Opportunity C	ACUIX	A+	(888) 791-3380	B / 8.0	5.90	8.83	25.73 /85	17.17 /78	10.39 /37	1.92	1.92
IN	RVS Dividend Opportunity I	RSOIX	B+	(888) 791-3380	B+ / 8.4	6.12	9.44	27.07 /88	18.51 /82	--	2.90	0.75
IN	RVS Dividend Opportunity R4		A+	(888) 791-3380	B+ / 8.3	6.04	9.28	26.75 /85	18.22 /81	11.44 /48	2.66	1.04
EM	RVS Emerging Markets Fund A	IDEAX	C+	(888) 791-3380	A+ / 9.7	11.77	14.44	43.94 /98	36.47 /98	27.66 /97	0.00	1.81
EM	RVS Emerging Markets Fund B	IEMBX	C	(888) 791-3380	A+ / 9.7	11.52	14.05	42.85 /97	35.36 /98	26.69 /97	0.00	2.57
EM	RVS Emerging Markets Fund C		C+	(888) 791-3380	A+ / 9.7	11.49	14.01	42.85 /97	35.40 /98	26.70 /97	0.00	2.58
EM	RVS Emerging Markets Fund I	RSRIX	C	(888) 791-3380	A+ / 9.8	11.89	14.62	44.53 /98	37.05 /98	--	0.00	1.35
EM	RVS Emerging Markets Fund R4		B	(888) 791-3380	A+ / 9.8	11.82	14.44	44.19 /98	36.60 /98	27.91 /97	0.00	1.65
GR	RVS Equity Value A	IEVAX	A	(888) 791-3380	B / 7.8	9.12	9.68	22.60 /75	18.03 /80	13.57 /66	0.97	1.17
GR	RVS Equity Value B	INEGX	A	(888) 791-3380	B / 8.0	8.89	9.15	21.61 /70	17.13 /78	12.68 /59	0.32	1.93
GR	RVS Equity Value C		A+	(888) 791-3380	B / 8.0	8.90	9.18	21.64 /71	17.11 /78	12.68 /59	0.40	1.93
GR	RVS Equity Value R4	AEVYX	A+	(888) 791-3380	B+ / 8.3	9.15	9.73	22.75 /76	18.21 /81	13.76 /68	1.16	0.98
FO	RVS European Equity Fund A	AXEAX	A	(888) 791-3380	B+ / 8.9	6.71	12.17	28.48 /91	22.92 /91	14.60 /73	1.01	1.52
FO	RVS European Equity Fund B	AEEBX	A	(888) 791-3380	A- / 9.0	6.79	11.92	27.61 /89	21.94 /89	13.76 /68	0.38	2.29
FO	RVS European Equity Fund C		A+	(888) 791-3380	A- / 9.0	6.63	11.76	27.54 /89	21.88 /89	13.72 /68	0.43	2.29
GR	RVS Fundamental Growth Fund A	AXPAX	D-	(888) 791-3380	D- / 1.1	8.48	7.97	16.90 /37	6.71 / 8	--	0.00	1.42
GR	RVS Fundamental Growth Fund B		D-	(888) 791-3380	D- / 1.4	8.27	7.57	15.96 /32	5.90 / 6	--	0.00	2.18
GR	RVS Fundamental Growth Fund C		D-	(888) 791-3380	D- / 1.4	8.25	7.56	16.13 /33	5.89 / 6	--	0.00	2.18
GR	RVS Fundamental Growth Fund I	APGIX	E+	(888) 791-3380	D+ / 2.3	8.67	8.33	17.76 /43	7.24 /10	--	0.00	0.95
GR	RVS Fundamental Growth Fund R4		D	(888) 791-3380	D / 2.0	8.55	8.22	17.28 /40	7.00 / 9	--	0.00	1.23
GR	RVS Fundamental Value Fund A	AFVAX	C+	(888) 791-3380	C- / 3.8	6.76	6.76	18.58 /49	12.48 /50	12.00 /54	0.26	1.26
GR	RVS Fundamental Value Fund B	AFVBX	C+	(888) 791-3380	C / 4.3	6.67	6.33	17.73 /43	11.62 /42	11.18 /45	0.00	2.03
GR	RVS Fundamental Value Fund C	AFVCX	C+	(888) 791-3380	C / 4.3	6.64	6.47	17.84 /44	11.63 /42	11.22 /46	0.00	2.03
GR	RVS Fundamental Value Fund I	AFVIX	C	(888) 791-3380	C+ / 5.6	7.00	7.00	19.23 /54	12.97 /54	--	0.52	0.79
GL	RVS Global Equity Fund A	IGLGX	A-	(888) 791-3380	B+ / 8.6	8.85	11.07	23.77 /80	21.17 /87	14.66 /74	0.68	1.51
GL	RVS Global Equity Fund B	IDGBX	A-	(888) 791-3380	B+ / 8.7	8.73	10.78	22.92 /77	20.33 /85	13.79 /68	0.04	2.28
GL	RVS Global Equity Fund C		A+	(888) 791-3380	B+ / 8.7	8.68	10.75	22.90 /77	20.27 /85	13.76 /68	0.36	2.27
GL	RVS Global Equity Fund R4	IDGYX	A	(888) 791-3380	B+ / 8.9	8.90	11.24	24.01 /80	21.36 /88	14.86 /75	0.82	1.32
TC	RVS Global Technology A	AXIAX	C-	(888) 791-3380	C+ / 6.3	8.33	8.33	30.62 /93	13.04 /55	17.48 /86	0.00	1.69
TC	RVS Global Technology B	INVBX	C	(888) 791-3380	C+ / 6.6	7.80	7.80	29.83 /92	12.06 /46	16.61 /83	0.00	2.47
TC	RVS Global Technology C	AXICX	C-	(888) 791-3380	C+ / 6.8	8.26	8.26	29.67 /92	12.22 /47	16.71 /84	0.00	2.45
TC	RVS Global Technology R4	RSGTX	D+	(888) 791-3380	B- / 7.4	8.66	8.66	31.43 /94	13.25 /56	17.74 /87	0.00	1.31
GR	RVS Growth Fund A	INIDX	C-	(888) 791-3380	D+ / 2.5	5.44	5.74	18.54 /49	10.76 /34	8.49 /18	0.62	1.14
GR	RVS Growth Fund B	IGRBX	C-	(888) 791-3380	D+ / 2.9	5.23	5.31	17.63 /42	9.90 /27	7.65 /12	0.00	1.91
GR	RVS Growth Fund C	AXGCX	C-	(888) 791-3380	D+ / 2.9	5.20	5.31	17.64 /42	9.91 /27	7.65 /12	0.10	1.91
GR	RVS Growth Fund Inst	AGWIX	C+	(888) 791-3380	C- / 4.1	5.53	5.92	19.06 /53	11.26 /38	--	1.05	0.68
GR	RVS Growth Fund R4	IGRYX	C	(888) 791-3380	C- / 3.8	5.43	5.79	18.72 /50	10.94 /35	8.68 /20	0.77	0.98
GI	RVS Income Bldr Basic Inc A	RBBAX	U	(888) 791-3380	U /	1.43	3.33	11.62 /12	--	--	4.08	4.42
GI	RVS Income Bldr Basic Inc B	RBBBX	U	(888) 791-3380	U /	1.25	2.96	10.73 /10	--	--	3.59	5.00
GI	RVS Income Bldr Enh Inc A	RSBAX	U	(888) 791-3380	U /	2.03	4.71	14.97 /26	--	--	4.40	3.08
GI	RVS Income Bldr Enh Inc B	REIVX	U	(888) 791-3380	U /	1.85	4.33	14.15 /21	--	--	3.91	3.83
GI	RVS Income Bldr Mod Inc A	RSMAX	U	(888) 791-3380	U /	1.96	4.11	13.72 /19	--	--	4.24	2.73
GI	RVS Income Bldr Mod Inc B	RSMBX	U	(888) 791-3380	U /	1.69	3.64	12.83 /16	--	--	3.77	3.37
FO	RVS International Aggressive Gr A	AXGAX	B	(888) 791-3380	A- / 9.1	7.79	12.75	28.96 /91	24.19 /92	18.26 /88	1.49	1.61
FO	RVS International Aggressive Gr B	APIBX	B	(888) 791-3380	A- / 9.2	7.58	12.30	27.97 /90	23.23 /91	17.35 /86	0.93	2.37

● Denotes fund is closed to new investors
* Denotes fund is included in Section II

www.thestreet.com/ratings

I. Index of Stock Mutual Funds

RISK			NET ASSETS		ASSET				Portfolio	BULL / BEAR		FUND MANAGER		MINIMUMS		LOADS	
	3 Year		NAV							Last Bull	Last Bear	Manager	Manager	Initial	Additional	Front	Back
Risk	Standard		As of	Total	Cash	Stocks	Bonds	Other	Turnover	Market	Market	Quality	Tenure	Purch.	Purch.	End	End
Rating/Pts	Deviation	Beta	6/30/07	$(Mil)	%	%	%	%	Ratio	Return	Return	Pct	(Years)	$	$	Load	Load
B- / 7.4	9.3	1.14	14.30	6,342	0	98	0	2	13.9	172.8	-9.8	96	N/A	2,000	100	5.8	0.0
B- / 7.4	9.3	1.14	14.31	1,329	0	98	0	2	13.9	163.8	-9.8	94	N/A	2,000	100	0.0	0.0
B- / 7.4	9.3	1.14	14.28	108	0	98	0	2	13.9	163.9	-9.8	94	N/A	2,000	100	0.0	0.0
B / 8.5	9.3	1.14	14.29	139	0	98	0	2	13.9	N/A	N/A	96	N/A	5,000,000	0	0.0	0.0
B- / 7.3	9.3	1.14	14.31	207	0	98	0	2	13.9	174.3	-9.6	96	N/A	10,000,000	0	0.0	0.0
B / 8.9	6.4	0.74	9.65	1,453	2	95	2	1	10.3	106.4	-5.2	98	N/A	2,000	100	5.8	0.0
B / 8.9	6.4	0.74	9.59	303	2	95	2	1	10.3	99.8	-5.3	97	N/A	2,000	100	0.0	0.0
B / 8.9	6.4	0.74	9.57	26	2	95	2	1	10.3	99.9	-5.4	97	N/A	2,000	100	0.0	0.0
C+ / 6.6	6.4	0.74	9.67	242	2	95	2	1	10.3	N/A	N/A	98	N/A	5,000,000	0	0.0	0.0
B+ / 9.2	6.4	0.73	9.67	1	2	95	2	1	10.3	107.9	-5.2	98	N/A	10,000,000	0	0.0	0.0
D+ / 2.7	17.5	1.14	11.49	507	3	96	0	1	145.0	258.8	-4.3	7	8	2,000	100	5.8	0.0
D+ / 2.5	17.5	1.14	10.55	89	3	96	0	1	145.0	247.0	-4.3	5	8	2,000	100	0.0	0.0
C- / 3.6	17.5	1.14	10.58	6	3	96	0	1	145.0	248.0	-4.5	5	7	2,000	100	0.0	0.0
D+ / 2.4	17.5	1.14	11.76	51	3	96	0	1	145.0	N/A	N/A	8	N/A	5,000,000	0	0.0	0.0
C / 4.3	17.5	1.14	11.73	8	3	96	0	1	145.0	261.3	-4.0	7	8	10,000,000	0	0.0	0.0
B / 8.0	8.7	1.06	14.61	1,086	0	99	0	1	37.0	137.4	-10.5	94	7	2,000	100	5.8	0.0
B / 8.0	8.6	1.06	14.64	194	0	99	0	1	37.0	129.9	-10.7	92	7	2,000	100	0.0	0.0
B / 8.7	8.6	1.06	14.51	7	0	99	0	1	37.0	129.6	-10.7	92	7	2,000	100	0.0	0.0
B / 8.6	8.6	1.06	14.62	14	0	99	0	1	37.0	139.2	-10.5	95	7	10,000,000	0	0.0	0.0
B- / 7.2	9.7	0.98	6.36	107	0	100	0	0	64.0	159.2	-11.1	61	4	2,000	100	5.8	0.0
B- / 7.1	9.7	0.99	6.29	33	0	100	0	0	64.0	150.9	-11.4	46	4	2,000	100	0.0	0.0
B / 8.9	9.7	0.99	6.27	2	0	100	0	0	64.0	150.8	-11.4	46	4	2,000	100	0.0	0.0
C+ / 6.8	10.0	1.26	6.91	18	0	100	0	0	62.0	N/A	N/A	6	4	2,000	100	5.8	0.0
B- / 7.2	10.0	1.26	6.68	6	0	100	0	0	62.0	N/A	N/A	5	4	2,000	100	0.0	0.0
B- / 7.2	10.0	1.26	6.69	1	0	100	0	0	62.0	N/A	N/A	5	4	2,000	100	0.0	0.0
C / 5.3	10.0	1.26	7.02	211	0	100	0	0	62.0	N/A	N/A	7	N/A	5,000,000	0	0.0	0.0
B- / 7.3	10.0	1.26	6.98	N/A	0	100	0	0	62.0	N/A	N/A	7	4	10,000,000	0	0.0	0.0
B / 8.9	6.2	0.79	6.95	803	0	100	0	0	20.0	101.3	-6.8	82	6	2,000	100	5.8	0.0
B / 8.8	6.2	0.79	6.72	251	0	100	0	0	20.0	94.9	-6.9	74	6	2,000	100	0.0	0.0
B / 8.9	6.3	0.79	6.75	19	0	100	0	0	20.0	95.2	-7.2	74	6	2,000	100	0.0	0.0
C+ / 6.6	6.2	0.78	7.03	90	0	100	0	0	20.0	N/A	N/A	85	6	5,000,000	0	0.0	0.0
B- / 7.0	9.9	1.00	8.73	667	0	100	0	0	112.0	137.5	-9.0	36	4	2,000	100	5.8	0.0
B- / 7.0	9.8	0.99	8.22	121	0	100	0	0	112.0	129.8	-9.2	31	4	2,000	100	0.0	0.0
B / 8.9	9.9	1.00	8.14	7	0	100	0	0	112.0	129.6	-9.2	28	4	2,000	100	0.0	0.0
B- / 7.0	9.9	1.00	8.81	10	0	100	0	0	112.0	139.1	-9.2	38	4	10,000,000	0	0.0	0.0
C / 4.8	17.0	1.85	2.73	125	0	100	0	0	196.0	143.6	-10.6	10	5	2,000	100	5.8	0.0
C / 4.7	17.0	1.84	2.35	42	0	100	0	0	196.0	134.7	-10.9	7	5	2,000	100	0.0	0.0
C- / 4.0	16.7	1.81	2.36	4	0	100	0	0	196.0	135.7	-10.9	8	5	2,000	100	0.0	0.0
D+ / 2.4	17.1	1.84	2.76	N/A	0	100	0	0	196.0	145.5	-10.6	11	5	10,000,000	0	0.0	0.0
B- / 7.8	7.7	0.90	33.55	2,412	0	100	0	0	134.0	73.6	-9.4	53	N/A	2,000	100	5.8	0.0
B- / 7.7	7.7	0.90	30.56	455	0	100	0	0	134.0	67.9	-9.6	41	N/A	2,000	100	0.0	0.0
B- / 7.7	7.7	0.90	30.53	21	0	100	0	0	134.0	68.0	-9.6	41	N/A	2,000	100	0.0	0.0
B / 8.3	7.7	0.90	34.36	374	0	100	0	0	134.0	N/A	N/A	59	N/A	5,000,000	0	0.0	0.0
B- / 7.8	7.7	0.90	34.16	176	0	100	0	0	134.0	74.8	-9.4	55	N/A	10,000,000	0	0.0	0.0
U /	N/A	N/A	10.66	206	12	28	58	2	N/A	N/A	N/A	N/A	1	2,000	100	4.8	0.0
U /	N/A	N/A	10.64	36	12	28	58	2	N/A	N/A	N/A	N/A	1	2,000	100	0.0	0.0
U /	N/A	N/A	10.91	275	0	36	62	2	N/A	N/A	N/A	N/A	1	2,000	100	4.8	0.0
U /	N/A	N/A	10.90	40	0	36	62	2	N/A	N/A	N/A	N/A	1	2,000	100	0.0	0.0
U /	N/A	N/A	10.85	478	4	32	62	2	N/A	N/A	N/A	N/A	1	2,000	100	4.8	0.0
U /	N/A	N/A	10.82	72	4	32	62	2	N/A	N/A	N/A	N/A	1	2,000	100	0.0	0.0
C / 5.4	10.3	1.09	9.55	365	0	100	0	0	124.0	189.0	-7.6	49	2	2,000	100	5.8	0.0
C / 5.5	10.3	1.08	9.22	76	0	100	0	0	124.0	180.1	-7.9	39	2	2,000	100	0.0	0.0

www.thestreet.com/ratings

Data as of June 30, 2007

I. Index of Stock Mutual Funds

Summer 2007

99 Pct = Best / 0 Pct = Worst			Overall		PERFORMANCE					Incl. in Returns	
Fund Type	Fund Name	Ticker Symbol	Investment Rating	Phone	Performance Rating/Pts	3 Mo	6 Mo	1Yr / Pct	3Yr / Pct (Annualized)	5Yr / Pct (Annualized)	Dividend Yield	Expense Ratio
FO	RVS International Aggressive Gr C		B+	(888) 791-3380	A- / 9.2	7.59	12.32	27.98 /90	23.29 /91	17.35 /86	1.02	2.37
FO	RVS International Aggressive Gr I	AIGGX	B+	(888) 791-3380	A / 9.4	7.93	12.98	29.58 /92	24.73 /93	--	1.91	1.14
FO	RVS International Equity Fund A	AAICX	C+	(888) 791-3380	B / 7.9	6.40	7.66	22.75 /76	19.37 /84	--	1.11	1.69
FO	RVS International Equity Fund B	APCBX	C+	(888) 791-3380	B / 8.1	6.22	7.21	21.92 /72	18.47 /82	--	0.44	2.46
FO	RVS International Equity Fund C		B	(888) 791-3380	B / 8.1	6.22	7.21	21.89 /72	18.48 /82	--	0.53	2.46
FO	RVS International Equity Fund I	AILIX	B-	(888) 791-3380	B+ / 8.5	6.50	7.76	23.32 /78	19.90 /85	--	1.53	1.23
FO	RVS International Equity Fund R4		B	(888) 791-3380	B+ / 8.4	6.40	7.66	23.00 /77	19.58 /84	--	1.33	1.53
FO	RVS International Opportunity A	INIFX	B+	(888) 791-3380	B+ / 8.3	6.03	9.66	23.00 /77	20.47 /86	13.34 /65	1.04	1.48
FO	RVS International Opportunity B	IWWGX	B+	(888) 791-3380	B+ / 8.4	5.88	9.25	22.12 /73	19.55 /84	12.48 /57	0.37	2.25
FO	RVS International Opportunity C		A-	(888) 791-3380	B+ / 8.4	5.94	9.36	22.18 /73	19.63 /84	12.47 /57	0.53	2.25
FO	RVS International Opportunity I	ATNIX	A+	(888) 791-3380	B+ / 8.7	6.27	9.99	23.70 /79	21.14 /87	--	1.52	0.99
FO	RVS International Opportunity R4	IDIYX	B+	(888) 791-3380	B+ / 8.6	6.12	9.79	23.18 /78	20.68 /86	13.56 /66	1.30	1.28
FO	RVS International Select Value A	APIAX	A+	(888) 791-3380	A / 9.3	9.94	12.31	31.26 /94	25.82 /94	21.00 /93	0.95	1.47
FO	RVS International Select Value B	AXIBX	A+	(888) 791-3380	A / 9.4	9.70	11.82	30.36 /93	24.88 /93	20.04 /92	0.39	2.24
FO	RVS International Select Value C	APICX	A+	(888) 791-3380	A / 9.4	9.72	11.86	30.35 /93	24.92 /93	20.07 /92	0.50	2.24
FO	RVS International Select Value I	APRIX	B+	(888) 791-3380	A / 9.5	10.01	12.47	31.83 /94	26.37 /94	--	1.31	1.04
FO	RVS International Select Value R4		B+	(888) 791-3380	A / 9.5	9.95	12.42	31.56 /94	26.04 /94	21.18 /93	1.12	1.34
FO	RVS International Small Cap A	AISCX	C+	(888) 791-3380	A- / 9.1	9.20	16.48	35.18 /96	21.91 /89	--	1.10	1.83
FO	RVS International Small Cap B	APNBX	C+	(888) 791-3380	A- / 9.2	9.00	16.04	34.11 /96	20.98 /87	--	0.52	2.60
FO	RVS International Small Cap C	RISLX	B	(888) 791-3380	A- / 9.2	8.87	16.04	34.05 /96	20.94 /87	--	0.60	2.61
FO	RVS International Small Cap R4		B	(888) 791-3380	A / 9.3	9.27	16.65	35.33 /96	22.11 /89	--	1.28	1.62
* GR	RVS Large Cap Equity A	ALEAX	C-	(888) 791-3380	D+ / 2.6	5.94	6.12	20.32 /62	10.32 /30	9.35 /26	0.85	1.06
GR	RVS Large Cap Equity B	ALEBX	C	(888) 791-3380	D+ / 2.9	5.72	5.72	19.30 /55	9.40 /24	8.52 /19	0.24	1.84
GR	RVS Large Cap Equity C	ARQCX	C	(888) 791-3380	C- / 3.0	5.71	5.71	19.38 /55	9.42 /24	8.52 /19	0.33	1.84
GR	RVS Large Cap Equity I	ALRIX	C+	(888) 791-3380	C- / 4.2	6.08	6.44	20.87 /66	10.83 /34	--	1.26	0.59
GR	RVS Large Cap Equity R4	ALEYX	C+	(888) 791-3380	C- / 3.9	6.04	6.22	20.71 /65	10.52 /32	9.57 /28	0.90	0.88
GR	RVS Large Cap Equity R5		U	(888) 791-3380	U /	6.06	6.42	--	--	--	0.00	0.63
GR	RVS Large Cap Value A	ALVAX	D+	(888) 791-3380	C- / 4.0	6.07	5.88	21.14 /68	12.65 /51	10.91 /42	1.05	1.21
GR	RVS Large Cap Value B	ALVBX	C-	(888) 791-3380	C / 4.7	5.94	5.56	20.23 /62	11.83 /44	10.09 /34	0.28	1.97
GR	RVS Large Cap Value C		C-	(888) 791-3380	C / 4.6	5.77	5.39	20.20 /61	11.83 /44	10.05 /33	0.39	1.98
GR	RVS Large Cap Value I	ALCIX	B+	(888) 791-3380	C+ / 5.8	6.04	6.04	21.56 /70	13.17 /56	--	1.50	0.75
GR	RVS Large Cap Value R4		C	(888) 791-3380	C+ / 5.6	6.04	5.85	21.32 /69	12.89 /53	11.11 /45	1.14	1.04
MC	RVS Mid Cap Growth Fd Cl A	INVPX	E-	(888) 791-3380	D / 2.1	7.54	11.96	15.08 /26	9.05 /21	9.19 /25	0.00	1.12
MC	RVS Mid Cap Growth Fd Cl B	IDQBX	E-	(888) 791-3380	D+ / 2.5	7.38	11.49	14.20 /22	8.20 /16	8.33 /17	0.00	1.90
MC	RVS Mid Cap Growth Fd Cl C	AESCX	E-	(888) 791-3380	D+ / 2.5	7.38	11.49	14.20 /22	8.20 /16	8.34 /17	0.00	1.90
MC	RVS Mid Cap Growth Fd Cl I	AQUIX	D-	(888) 791-3380	C- / 3.6	7.66	12.15	15.61 /29	9.54 /25	--	0.00	0.69
MC	RVS Mid Cap Growth Fd Cl R4	IESYX	D-	(888) 791-3380	C- / 3.3	7.57	12.01	15.25 /27	9.22 /22	9.37 /27	0.00	0.99
MC	RVS Mid Cap Value A	AMVAX	A-	(888) 791-3380	B+ / 8.8	10.33	15.30	24.36 /81	21.78 /89	19.54 /91	0.42	1.33
MC	RVS Mid Cap Value B	AMVBX	A-	(888) 791-3380	B+ / 8.9	10.18	15.01	23.36 /78	20.86 /86	18.62 /89	0.00	2.10
MC	RVS Mid Cap Value C	AMVCX	A-	(888) 791-3380	B+ / 8.9	10.06	14.88	23.34 /78	20.86 /86	18.62 /89	0.00	2.09
MC	RVS Mid Cap Value R4	RMCVX	A	(888) 791-3380	A- / 9.1	10.26	15.44	24.42 /81	21.95 /89	19.73 /91	0.61	1.20
AA	RVS Portfolio Bldr Aggressive A	AXBAX	C+	(888) 791-3380	C- / 4.1	5.98	7.57	18.84 /51	13.01 /54	--	2.43	1.31
AA	RVS Portfolio Bldr Aggressive B	AXPBX	C+	(888) 791-3380	C / 4.8	5.79	7.12	18.01 /45	12.15 /47	--	1.94	2.07
AA	RVS Portfolio Bldr Aggressive C	RBGCX	C+	(888) 791-3380	C / 4.8	5.80	7.14	17.96 /45	12.16 /47	--	2.11	2.07
AA	RVS Portfolio Bldr Aggressive R4		B	(888) 791-3380	C+ / 5.7	6.05	7.63	19.02 /53	13.25 /56	--	2.67	1.19
AA	RVS Portfolio Bldr Conservative A	ABDAX	C-	(888) 791-3380	E- / 0.2	1.49	3.07	8.71 / 5	5.77 / 5	--	3.43	1.12
AA	RVS Portfolio Bldr Conservative B	ABBDX	C-	(888) 791-3380	E / 0.3	1.40	2.68	7.91 / 4	4.98 / 4	--	2.86	1.88
AA	RVS Portfolio Bldr Conservative C	RPCCX	C-	(888) 791-3380	E / 0.3	1.39	2.69	7.90 / 4	4.98 / 4	--	2.86	1.88
AA	RVS Portfolio Bldr Conservative R4		C-	(888) 791-3380	E / 0.5	1.62	3.14	8.92 / 6	5.94 / 6	--	3.75	1.01
AA	RVS Portfolio Bldr Mod Agg A	AXMAX	C	(888) 791-3380	D+ / 2.6	4.70	6.37	16.40 /35	11.38 /40	--	2.54	1.25
AA	RVS Portfolio Bldr Mod Agg B	ABMBX	C+	(888) 791-3380	C- / 3.0	4.44	5.90	15.41 /28	10.53 /32	--	2.01	2.01
AA	RVS Portfolio Bldr Mod Agg C	AGECX	C+	(888) 791-3380	C- / 3.0	4.54	5.92	15.45 /29	10.55 /32	--	2.04	2.01

● Denotes fund is closed to new investors
* Denotes fund is included in Section II

www.thestreet.com/ratings

Summer 2007 — I. Index of Stock Mutual Funds

RISK			NET ASSETS		ASSET				Portfolio Turnover Ratio	BULL / BEAR		FUND MANAGER		MINIMUMS		LOADS	
	3 Year		NAV							Last Bull	Last Bear	Manager	Manager	Initial	Additional	Front	Back
Risk Rating/Pts	Standard Deviation	Beta	As of 6/30/07	Total $(Mil)	Cash %	Stocks %	Bonds %	Other %		Market Return	Market Return	Quality Pct	Tenure (Years)	Purch. $	Purch. $	End Load	End Load
C+ / 6.2	10.4	1.09	9.21	6	0	100	0	0	124.0	180.1	-7.7	39	2	2,000	100	0.0	0.0
C+ / 5.6	10.4	1.09	9.66	250	0	100	0	0	124.0	N/A	N/A	55	2	5,000,000	0	0.0	0.0
C / 5.1	9.7	1.02	8.15	104	0	100	0	0	89.0	153.9	-11.2	20	5	2,000	100	5.8	0.0
C / 5.3	9.7	1.02	8.03	26	0	100	0	0	89.0	145.9	-11.4	16	5	2,000	100	0.0	0.0
C+ / 6.0	9.7	1.01	8.03	2	0	100	0	0	89.0	145.9	-11.4	16	5	2,000	100	0.0	0.0
C+ / 5.6	9.7	1.02	8.19	85	0	100	0	0	89.0	N/A	N/A	23	N/A	5,000,000	0	0.0	0.0
C+ / 5.8	9.7	1.02	8.15	N/A	0	100	0	0	89.0	155.6	-11.1	22	5	10,000,000	0	0.0	0.0
C+ / 6.7	9.8	1.04	10.90	496	0	100	0	0	79.0	144.5	-10.2	25	4	2,000	100	5.8	0.0
C+ / 6.6	9.8	1.04	10.63	82	0	100	0	0	79.0	136.7	-10.3	19	4	2,000	100	0.0	0.0
B- / 7.2	9.8	1.04	10.52	4	0	100	0	0	79.0	136.4	-10.4	20	4	2,000	100	0.0	0.0
B / 8.1	9.7	1.03	11.01	130	0	100	0	0	79.0	N/A	N/A	30	N/A	5,000,000	0	0.0	0.0
C+ / 6.7	9.8	1.04	11.10	1	0	100	0	0	79.0	146.6	-10.2	26	4	2,000	100	0.0	0.0
C+ / 6.9	9.3	0.95	11.95	1,946	0	100	0	0	31.0	202.6	-5.4	88	N/A	2,000	100	5.8	0.0
B- / 7.0	9.4	0.95	11.54	455	0	100	0	0	31.0	193.3	-5.6	83	N/A	2,000	100	0.0	0.0
C+ / 6.9	9.3	0.95	11.51	36	0	100	0	0	31.0	193.1	-5.6	84	N/A	2,000	100	0.0	0.0
C+ / 5.8	9.3	0.95	12.09	191	0	100	0	0	31.0	N/A	N/A	90	N/A	5,000,000	0	0.0	0.0
C+ / 5.8	9.3	0.95	12.04	2	0	100	0	0	31.0	204.9	-5.4	88	N/A	200	100	0.0	0.0
C- / 4.2	10.5	1.02	9.61	79	0	100	0	0	157.0	207.6	-4.6	38	5	2,000	100	5.8	0.0
C- / 4.2	10.5	1.03	9.33	20	0	100	0	0	157.0	197.5	-4.6	29	5	2,000	100	0.0	0.0
C / 5.0	10.5	1.02	9.33	1	0	100	0	0	157.0	197.4	-4.8	29	5	2,000	100	0.0	0.0
C / 4.9	10.5	1.02	9.67	N/A	0	100	0	0	157.0	209.5	-4.6	40	5	10,000,000	0	0.0	0.0
B / 8.6	7.5	0.97	6.24	5,073	0	100	0	0	116.0	80.8	-9.1	39	2	2,000	100	5.8	0.0
B / 8.5	7.6	0.98	6.10	1,098	0	100	0	0	116.0	75.3	-9.5	30	2	2,000	100	0.0	0.0
B / 8.5	7.5	0.97	6.11	33	0	100	0	0	116.0	75.0	-9.5	30	2	2,000	100	0.0	0.0
B / 8.7	7.4	0.96	6.28	72	0	100	0	0	116.0	N/A	N/A	46	N/A	5,000,000	0	0.0	0.0
B / 8.5	7.2	0.89	6.32	373	0	100	0	0	116.0	82.3	-9.1	50	2	2,000	100	0.0	0.0
U /	N/A	N/A	6.30	29	0	100	0	0	116.0	N/A	N/A	N/A	N/A	2,000	100	0.0	0.0
C / 5.5	7.2	0.94	5.94	64	0	100	0	0	46.0	101.7	-10.2	71	N/A	2,000	100	5.8	0.0
C+ / 5.7	7.1	0.93	5.89	18	0	100	0	0	46.0	95.2	-10.4	63	N/A	2,000	100	0.0	0.0
C+ / 6.4	7.1	0.93	5.87	1	0	100	0	0	46.0	94.8	-10.4	63	N/A	2,000	100	0.0	0.0
B+ / 9.0	7.2	0.94	5.97	18	0	100	0	0	46.0	N/A	N/A	76	N/A	5,000,000	0	0.0	0.0
C+ / 6.3	7.0	0.92	5.97	N/A	0	100	0	0	46.0	103.0	-10.2	76	N/A	2,000	100	0.0	0.0
D- / 1.4	12.6	1.12	11.98	893	0	100	0	0	45.0	73.5	-7.2	5	7	2,000	100	5.8	0.0
D- / 1.1	12.5	1.12	10.48	164	0	100	0	0	45.0	67.8	-7.3	4	7	2,000	100	0.0	0.0
D- / 1.1	12.6	1.13	10.48	7	0	100	0	0	45.0	67.9	-7.3	4	N/A	2,000	100	0.0	0.0
C / 4.8	12.6	1.13	12.37	46	0	100	0	0	45.0	N/A	N/A	6	N/A	5,000,000	0	0.0	0.0
C / 4.8	12.6	1.12	12.22	24	0	100	0	0	45.0	74.7	-7.0	6	7	2,000	100	0.0	0.0
C+ / 6.8	9.8	0.90	10.25	1,945	0	98	0	2	12.3	213.9	-12.0	97	N/A	2,000	100	5.8	0.0
C+ / 6.8	9.8	0.90	9.96	358	0	98	0	2	12.3	204.2	-12.2	96	N/A	2,000	100	0.0	0.0
C+ / 6.8	9.8	0.90	9.96	36	0	98	0	2	12.3	204.4	-12.2	96	N/A	2,000	100	0.0	0.0
C+ / 6.8	9.9	0.91	10.32	138	0	98	0	2	12.3	216.3	-11.8	97	N/A	10,000,000	0	0.0	0.0
B / 8.5	6.9	1.44	12.93	442	0	82	16	2	40.0	N/A	N/A	77	3	2,000	100	5.8	0.0
B / 8.5	6.9	1.44	12.79	108	0	82	16	2	40.0	N/A	N/A	69	3	2,000	100	0.0	0.0
B / 8.5	6.9	1.43	12.76	15	0	82	16	2	40.0	N/A	N/A	69	3	2,000	100	0.0	0.0
B / 8.5	6.9	1.44	12.97	N/A	0	82	16	2	40.0	N/A	N/A	79	3	10,000,000	0	0.0	0.0
B+ / 9.9	2.3	0.45	10.55	87	5	24	69	2	54.0	N/A	N/A	53	3	2,000	100	4.8	0.0
B+ / 9.9	2.3	0.45	10.53	37	5	24	69	2	54.0	N/A	N/A	41	3	2,000	100	0.0	0.0
B+ / 9.9	2.3	0.45	10.54	6	5	24	69	2	54.0	N/A	N/A	41	3	2,000	100	0.0	0.0
B+ / 9.9	2.3	0.45	10.46	N/A	5	24	69	2	54.0	N/A	N/A	55	3	10,000,000	0	0.0	0.0
B+ / 9.6	5.7	1.20	12.27	874	0	68	32	0	29.0	N/A	N/A	74	3	2,000	100	5.8	0.0
B+ / 9.6	5.7	1.19	12.22	223	0	68	32	0	29.0	N/A	N/A	65	3	2,000	100	0.0	0.0
B+ / 9.6	5.6	1.19	12.22	31	0	68	32	0	29.0	N/A	N/A	66	3	2,000	100	0.0	0.0

www.thestreet.com/ratings

Data as of June 30, 2007

I. Index of Stock Mutual Funds

Summer 2007

99 Pct = Best
0 Pct = Worst

Fund Type	Fund Name	Ticker Symbol	Overall Investment Rating	Phone	Performance Rating/Pts	Total Return % through 6/30/07					Incl. in Returns	
						3 Mo	6 Mo	1Yr / Pct	Annualized 3Yr / Pct	5Yr / Pct	Dividend Yield	Expense Ratio
AA	RVS Portfolio Bldr Mod Agg R4		C+	(888) 791-3380	C- / 3.9	4.72	6.43	16.54 /35	11.58 /42	--	2.82	1.13
AA	RVS Portfolio Bldr Mod Cons A	AUCAX	C-	(888) 791-3380	E+ / 0.7	2.61	4.15	11.62 /12	8.01 /14	--	3.22	1.13
AA	RVS Portfolio Bldr Mod Cons B	AMDBX	C-	(888) 791-3380	E+ / 0.9	2.42	3.85	10.82 /10	7.21 /10	--	2.66	1.88
AA	RVS Portfolio Bldr Mod Cons C		C-	(888) 791-3380	E+ / 0.8	2.42	3.76	10.72 /10	7.18 /10	--	2.67	1.88
AA	RVS Portfolio Bldr Mod Cons R4		C	(888) 791-3380	D- / 1.3	2.64	4.30	11.80 /13	8.20 /16	--	3.50	1.01
AA	RVS Portfolio Bldr Moderate A	ABUAX	C	(888) 791-3380	D- / 1.5	3.54	5.23	14.21 /22	9.96 /28	--	2.98	1.18
AA	RVS Portfolio Bldr Moderate B	AURBX	C	(888) 791-3380	D / 1.8	3.36	4.85	13.32 /18	9.14 /22	--	2.46	1.94
AA	RVS Portfolio Bldr Moderate C	AMTCX	C	(888) 791-3380	D / 1.8	3.28	4.77	13.34 /18	9.09 /21	--	2.48	1.94
AA	RVS Portfolio Bldr Moderate R4		C+	(888) 791-3380	D+ / 2.4	3.48	5.17	14.34 /22	10.15 /29	--	3.25	1.06
AA	RVS Portfolio Bldr Total Equity A	AXTAX	B	(888) 791-3380	C+ / 5.9	7.07	8.63	21.24 /68	14.67 /67	--	2.19	1.35
AA	RVS Portfolio Bldr Total Equity B	AXTBX	B+	(888) 791-3380	C+ / 6.4	6.90	8.29	20.42 /63	13.82 /61	--	1.70	2.11
AA	RVS Portfolio Bldr Total Equity C	RBTCX	B+	(888) 791-3380	C+ / 6.4	6.91	8.31	20.44 /63	13.82 /61	--	1.84	2.11
AA	RVS Portfolio Bldr Total Equity R4		A-	(888) 791-3380	B- / 7.1	7.13	8.77	21.47 /70	14.86 /68	--	2.40	1.23
PM	RVS Precious Metals & Min Fund A	INPMX	D	(888) 791-3380	B+ / 8.8	6.25	6.86	15.65 /30	25.19 /93	21.23 /93	6.47	1.46
PM	RVS Precious Metals & Min Fund B	INPBX	D	(888) 791-3380	B+ / 8.9	6.06	6.46	14.67 /24	24.21 /92	20.32 /92	6.49	2.22
PM	RVS Precious Metals & Min Fund C		D	(888) 791-3380	B+ / 8.9	6.04	6.45	14.75 /25	24.26 /93	20.32 /92	6.56	2.20
PM	RVS Precious Metals & Min Fund R4		D	(888) 791-3380	A- / 9.1	6.26	6.94	15.78 /31	25.45 /94	21.47 /93	6.95	1.31
RE	RVS Real Estate Fund A	ARLAX	C	(888) 791-3380	C+ / 6.8	-8.99	-6.63	9.97 / 8	21.44 /88	--	1.09	1.54
RE	RVS Real Estate Fund B	AESBX	C	(888) 791-3380	B- / 7.1	-9.13	-6.94	9.13 / 6	20.51 /86	--	0.39	2.31
RE	RVS Real Estate Fund C	RRECX	C	(888) 791-3380	B- / 7.1	-9.14	-6.93	9.18 / 6	20.52 /86	--	0.43	2.30
RE	RVS Real Estate Fund I	AESIX	C+	(888) 791-3380	B / 7.7	-8.85	-6.33	10.52 / 9	21.96 /89	--	1.61	1.08
RE	RVS Real Estate Fund R4		C	(888) 791-3380	B / 7.6	-8.91	-6.51	10.17 / 8	21.63 /88	--	1.32	1.35
AA	RVS Retirement Plus 2020 Y	RSNFX	U	(888) 791-3380	U /	6.38	8.21	22.61 /75	--	--	2.79	2.02
AA	RVS Retirement Plus 2025 Y	RSMEX	U	(888) 791-3380	U /	6.56	8.29	22.68 /76	--	--	2.80	2.17
AA	RVS Retirement Plus 2030 Y	RPTYX	U	(888) 791-3380	U /	6.54	8.36	22.83 /76	--	--	2.76	1.98
AA	RVS Retirement Plus 2040 Y	RPFYX	U	(888) 791-3380	U /	6.45	8.28	22.71 /76	--	--	2.80	1.87
IX	RVS S&P 500 Index Fund D	ADIDX	C+	(888) 791-3380	C- / 4.2	6.20	6.59	19.82 /58	11.02 /36	10.04 /33	1.21	0.79
IX	RVS S&P 500 Index Fund E	ADIEX	C+	(888) 791-3380	C / 4.5	6.17	6.75	20.24 /62	11.31 /39	10.28 /36	1.44	0.59
GI	RVS Select Value Fund A	AXVAX	E+	(888) 791-3380	C / 5.3	5.25	11.09	21.18 /68	13.57 /59	14.19 /71	1.27	1.30
GI	RVS Select Value Fund B	AXVBX	E+	(888) 791-3380	C+ / 5.7	4.90	10.74	20.13 /61	12.66 /51	13.33 /64	0.49	2.06
GI	RVS Select Value Fund C	ACSVX	E+	(888) 791-3380	C+ / 5.8	5.09	10.74	20.21 /61	12.74 /52	13.33 /64	0.56	2.06
GI	RVS Select Value Fund R4		D-	(888) 791-3380	C+ / 6.6	5.21	11.20	21.28 /69	13.77 /60	14.39 /72	1.47	1.13
SC	RVS Small Cap Advantage A	ASAAX	E-	(888) 791-3380	D+ / 2.3	5.01	6.43	12.07 /14	11.67 /42	13.27 /64	0.00	1.32
SC	RVS Small Cap Advantage B	ASABX	E-	(888) 791-3380	D+ / 2.6	4.74	5.90	11.29 /11	10.78 /34	12.38 /57	0.00	2.09
SC	RVS Small Cap Advantage C	ADVCX	E-	(888) 791-3380	D+ / 2.6	4.74	5.90	11.29 /11	10.78 /34	12.38 /57	0.00	2.08
SC	RVS Small Cap Equity Fund A	AXSAX	C-	(888) 791-3380	C / 5.3	7.05	10.96	17.42 /41	14.09 /63	14.31 /72	0.00	1.76
SC	RVS Small Cap Equity Fund B	AXSBX	C	(888) 791-3380	C+ / 5.9	6.88	10.59	16.70 /36	13.24 /56	13.42 /65	0.00	2.54
SC	RVS Small Cap Equity Fund C		C	(888) 791-3380	C+ / 5.9	6.89	10.61	16.73 /36	13.26 /57	13.44 /65	0.00	2.54
SC	RVS Small Cap Equity Fund R4		C+	(888) 791-3380	C+ / 6.7	7.13	11.00	17.78 /43	14.33 /64	14.54 /73	0.00	1.55
SC	RVS Small Cap Growth Fund A	AXSCX	D-	(888) 791-3380	C- / 3.7	8.25	13.74	16.60 /36	11.11 /37	9.84 /31	0.00	1.71
SC	RVS Small Cap Growth Fund B	ASGBX	D-	(888) 791-3380	C- / 4.2	8.05	13.33	15.59 /29	10.26 /30	9.01 /23	0.00	2.48
SC	RVS Small Cap Growth Fund C	APRCX	D-	(888) 791-3380	C- / 4.2	8.05	13.33	15.57 /29	10.25 /30	9.01 /23	0.00	2.48
SC	RVS Small Cap Value Fund A	ASVAX	E+	(888) 791-3380	C / 4.4	4.21	8.43	16.34 /34	14.16 /63	13.34 /65	0.00	1.49
SC	RVS Small Cap Value Fund B	ASVBX	E+	(888) 791-3380	C / 5.2	3.90	7.92	15.39 /28	13.59 /59	12.81 /60	0.00	2.25
SC	RVS Small Cap Value Fund C	APVCX	C+	(888) 791-3380	C / 5.2	4.06	8.08	15.37 /28	13.57 /59	12.79 /60	0.00	2.25
SC	RVS Small Cap Value Fund R4	RSGLX	C+	(888) 791-3380	C+ / 5.8	4.17	8.53	16.38 /34	14.24 /64	13.49 /66	0.00	1.30
SC	RVS Small Company Index Fund A	ISIAX	D	(888) 791-3380	C- / 3.9	4.95	8.13	15.24 /27	13.53 /58	13.41 /65	0.00	0.92
SC	RVS Small Company Index Fund B	ISIBX	D	(888) 791-3380	C / 4.5	4.91	7.77	14.36 /22	12.66 /51	12.57 /58	0.00	1.68
SC	RVS Small Company Index Fund R4	ISCYX	C-	(888) 791-3380	C / 5.5	5.07	8.19	15.42 /28	13.71 /60	13.62 /67	0.00	0.78
AA	RVS Strategic Allocation A	IMRFX	C+	(888) 791-3380	C / 5.1	5.83	7.96	20.91 /66	13.79 /60	11.38 /47	1.68	1.14
AA	RVS Strategic Allocation B	IMRBX	B-	(888) 791-3380	C+ / 5.6	5.61	7.56	19.95 /59	12.94 /54	10.51 /39	1.15	1.91
AA	RVS Strategic Allocation C	RSSCX	B	(888) 791-3380	C+ / 5.6	5.56	7.54	19.90 /59	12.92 /53	10.51 /39	1.23	1.91

● Denotes fund is closed to new investors
* Denotes fund is included in Section II

www.thestreet.com/ratings

I. Index of Stock Mutual Funds

Summer 2007

RISK			NET ASSETS		ASSET				Portfolio	BULL / BEAR		FUND MANAGER		MINIMUMS		LOADS	
	3 Year		NAV							Last Bull	Last Bear	Manager	Manager	Initial	Additional	Front	Back
Risk	Standard		As of	Total	Cash	Stocks	Bonds	Other	Turnover	Market	Market	Quality	Tenure	Purch.	Purch.	End	End
Rating/Pts	Deviation	Beta	6/30/07	$(Mil)	%	%	%	%	Ratio	Return	Return	Pct	(Years)	$	$	Load	Load
B+ / 9.6	5.7	1.20	12.28	1	0	68	32	0	29.0	N/A	N/A	76	3	10,000,000	0	0.0	0.0
B+ / 9.9	3.4	0.73	11.10	216	2	40	57	1	24.0	N/A	N/A	64	3	2,000	100	4.8	0.0
B+ / 9.9	3.4	0.72	11.08	76	2	40	57	1	24.0	N/A	N/A	N/A	3	2,000	100	0.0	0.0
B+ / 9.9	3.4	0.73	11.08	14	2	40	57	1	24.0	N/A	N/A	53	3	2,000	100	0.0	0.0
B+ / 9.9	3.4	0.64	11.06	N/A	2	40	57	1	24.0	N/A	N/A	71	3	10,000,000	0	0.0	0.0
B+ / 9.9	4.6	0.99	11.73	672	0	52	46	2	24.0	N/A	N/A	71	3	2,000	100	5.8	0.0
B+ / 9.9	4.6	0.98	11.69	209	0	52	46	2	24.0	N/A	N/A	62	3	2,000	100	0.0	0.0
B+ / 9.9	4.6	0.99	11.69	31	0	52	46	2	24.0	N/A	N/A	61	3	2,000	100	0.0	0.0
B+ / 9.9	4.6	0.98	11.71	N/A	0	52	46	2	24.0	N/A	N/A	73	3	10,000,000	0	0.0	0.0
B / 8.5	8.2	1.69	13.47	407	2	98	0	0	27.0	N/A	N/A	80	3	2,000	100	5.8	0.0
B / 8.5	8.3	1.69	13.33	101	2	98	0	0	27.0	N/A	N/A	73	3	2,000	100	0.0	0.0
B / 8.5	8.2	1.69	13.30	14	2	98	0	0	27.0	N/A	N/A	73	3	2,000	100	0.0	0.0
B / 8.5	8.3	1.69	13.52	N/A	2	98	0	0	27.0	N/A	N/A	82	3	10,000,000	0	0.0	0.0
E+ / 0.6	26.3	1.24	14.96	100	0	99	0	1	114.0	162.3	17.4	84	8	2,000	100	5.8	0.0
E+ / 0.6	26.3	1.25	14.01	18	0	99	0	1	114.0	153.7	17.4	78	8	2,000	100	0.0	0.0
E- / 0.0	26.3	1.24	13.87	2	0	99	0	1	114.0	153.8	17.4	78	N/A	2,000	100	0.0	0.0
E- / 0.0	26.3	1.25	15.11	N/A	0	99	0	1	114.0	164.3	17.6	85	8	2,000	100	0.0	0.0
C / 4.6	14.7	0.99	15.83	147	0	100	0	0	47.0	N/A	N/A	81	2	2,000	100	5.8	0.0
C / 4.6	14.7	0.99	15.72	29	0	100	0	0	47.0	N/A	N/A	74	2	2,000	100	0.0	0.0
C / 4.6	14.7	0.99	15.72	2	0	100	0	0	47.0	N/A	N/A	74	2	2,000	100	0.0	0.0
C / 4.6	14.7	0.99	15.87	95	0	100	0	0	47.0	N/A	N/A	84	2	5,000,000	0	0.0	0.0
C / 4.6	14.7	0.99	15.79	N/A	0	100	0	0	47.0	N/A	N/A	82	2	10,000,000	0	0.0	0.0
U /	N/A	N/A	11.34	38	1	90	7	2	31.0	N/A	N/A	N/A	1	10,000,000	0	0.0	0.0
U /	N/A	N/A	11.37	36	1	92	6	1	23.0	N/A	N/A	N/A	1	10,000,000	0	0.0	0.0
U /	N/A	N/A	11.41	36	1	92	6	1	18.0	N/A	N/A	N/A	1	10,000,000	0	0.0	0.0
U /	N/A	N/A	11.38	27	1	92	6	1	20.0	N/A	N/A	N/A	1	10,000,000	0	0.0	0.0
B / 8.5	7.3	1.00	5.82	57	0	100	0	0	20.0	91.1	-9.9	45	6	2,000	100	0.0	0.0
B / 8.6	7.2	0.98	5.85	227	0	100	0	0	20.0	93.3	-10.0	51	6	2,000	100	0.0	0.0
D- / 1.5	7.9	0.94	5.81	432	0	100	0	0	7.0	113.2	-9.0	80	5	2,000	100	5.8	0.0
D- / 1.5	8.0	0.95	5.57	121	0	100	0	0	7.0	106.6	-9.3	71	5	2,000	100	0.0	0.0
D- / 1.5	8.0	0.95	5.57	9	0	100	0	0	7.0	106.8	-9.4	72	5	2,000	100	0.0	0.0
D- / 1.5	7.9	0.94	5.86	N/A	0	100	0	0	7.0	114.6	-8.8	82	5	10,000,000	100	0.0	0.0
D / 2.0	13.2	0.97	6.29	410	0	100	0	0	158.0	130.1	-10.0	35	8	2,000	100	5.8	0.0
D / 1.8	13.1	0.97	5.74	122	0	100	0	0	158.0	128.4	-10.0	28	8	2,000	100	0.0	0.0
D / 1.8	13.1	0.97	5.74	8	0	100	0	0	158.0	128.4	-10.0	28	8	2,000	100	0.0	0.0
C+ / 5.7	12.6	0.92	6.68	265	0	100	0	0	88.0	148.6	-12.2	71	N/A	2,000	100	5.8	0.0
C / 5.5	12.6	0.91	6.37	42	0	100	0	0	88.0	140.1	-12.3	62	N/A	2,000	100	0.0	0.0
C+ / 6.3	12.2	0.88	6.36	3	0	100	0	0	88.0	140.5	-12.3	66	N/A	2,000	100	0.0	0.0
C+ / 6.4	12.6	0.91	6.76	4	0	100	0	0	88.0	150.3	-12.0	74	N/A	10,000,000	100	0.0	0.0
C / 4.3	16.0	1.15	5.38	111	0	100	0	0	119.0	112.5	-14.2	18	4	2,000	100	5.8	0.0
C- / 4.2	16.0	1.15	5.10	43	0	100	0	0	119.0	106.0	-14.7	14	4	2,000	100	0.0	0.0
C- / 4.2	16.0	1.15	5.10	5	0	100	0	0	119.0	106.0	-14.7	14	4	2,000	100	0.0	0.0
D+ / 2.7	11.6	0.85	6.43	658	0	100	0	0	77.0	143.6	-9.9	79	6	2,000	100	5.8	0.0
D / 2.2	11.9	0.87	6.13	251	0	100	0	0	77.0	139.9	-10.4	71	6	2,000	100	0.0	0.0
B- / 7.3	11.9	0.87	6.15	18	0	100	0	0	77.0	138.9	-10.2	71	6	2,000	100	0.0	0.0
B- / 7.4	11.6	0.85	6.49	N/A	0	100	0	0	77.0	144.5	-9.9	79	6	10,000,000	100	0.0	0.0
C / 5.1	12.5	0.92	8.91	787	0	100	0	0	11.0	140.7	-10.0	64	6	2,000	100	5.8	0.0
C / 4.6	12.6	0.93	7.91	214	0	100	0	0	11.0	133.0	-10.2	53	6	2,000	100	0.0	0.0
C / 5.1	12.5	0.92	9.11	10	0	100	0	0	11.0	142.6	-9.9	66	6	10,000,000	100	0.0	0.0
B / 8.1	7.3	1.52	12.35	1,734	4	79	16	1	122.0	87.7	-3.8	80	5	2,000	100	5.8	0.0
B / 8.1	7.3	1.52	12.24	250	4	79	16	1	122.0	81.6	-4.0	73	5	2,000	100	0.0	0.0
B / 8.5	7.3	1.53	12.19	57	4	79	16	1	122.0	81.5	-3.8	72	5	2,000	100	0.0	0.0

www.thestreet.com/ratings

Data as of June 30, 2007

I. Index of Stock Mutual Funds

Summer 2007

						PERFORMANCE							
	99 Pct = Best			**Overall**		**Perfor-**	Total Return % through 6/30/07					Incl. in Returns	
Fund	*0 Pct = Worst*		Ticker	**Investment**		**mance**				Annualized		Dividend	Expense
Type	Fund Name		Symbol	**Rating**	Phone	**Rating/Pts**	3 Mo	6 Mo	1Yr / Pct	3Yr / Pct	5Yr / Pct	Yield	Ratio
AA	RVS Strategic Allocation R4		IDRYX	B	(888) 791-3380	C+ / 6.4	5.77	8.01	20.93 /66	13.97 /62	11.56 /49	1.90	1.05
GI	RVS Value Fund A		AVLAX	D-	(888) 791-3380	D+ / 2.6	5.24	5.24	17.82 /44	11.25 /38	10.58 /39	1.08	1.26
GI	RVS Value Fund B		AVFBX	D	(888) 791-3380	C- / 3.0	5.00	4.80	17.06 /39	10.42 /31	9.70 /30	0.33	2.02
GI	RVS Value Fund C		AVUCX	D	(888) 791-3380	C- / 3.0	4.99	4.79	16.87 /37	10.42 /31	9.70 /30	0.38	2.02
GI	RVS Value Fund I		AUEIX	C+	(888) 791-3380	C- / 4.2	5.39	5.59	18.40 /48	11.73 /43	--	1.52	0.67
GI	RVS Value Fund R4			C	(888) 791-3380	C- / 4.0	5.41	5.41	18.20 /47	11.43 /40	10.80 /42	1.33	1.10
AG	Rydex Dyn-Dow 2x Strategy C		RYCYX	B	(800) 820-0888	B+ / 8.5	16.25	12.71	37.50 /96	13.75 /60	--	0.57	2.44
AG	Rydex Dyn-Dow 2x Strategy H		RYCVX	B	(800) 820-0888	B+ / 8.7	16.49	13.17	38.57 /97	14.60 /66	--	0.56	1.69
AG	Rydex Dyn-Inv Dow 2x Strategy C		RYCZX	E	(800) 820-0888	E- / 0.0	-13.80	-11.16	-26.70 / 0	-14.51 / 0	--	0.48	2.44
AG	Rydex Dyn-Inv Dow 2x Strategy H		RYCWX	E	(800) 820-0888	E- / 0.0	-13.63	-10.83	-26.18 / 0	-13.85 / 0	--	0.47	1.69
AG	Rydex Dyn-Inv OTC 2x Strategy C		RYCDX	E-	(800) 820-0888	E- / 0.0	-14.25	-14.72	-29.45 / 0	-13.73 / 0	-29.56 / 0	4.54	2.44
AG	Rydex Dyn-Inv OTC 2x Strategy H		RYVNX	E-	(800) 820-0888	E- / 0.0	-14.10	-14.35	-28.89 / 0	-13.07 / 0	-29.03 / 0	4.34	1.69
SC	Rydex Dyn-Inv Rusl 2000 2x Strtgy H		RYIRX	U	(800) 820-0888	U /	-6.48	-8.86	-22.89 / 0	--	--	1.54	1.69
AG	Rydex Dyn-Inv S&P 500 2x Strategy		RYCBX	E-	(800) 820-0888	E- / 0.0	-9.26	-8.38	-23.83 / 0	-14.85 / 0	-19.54 / 0	4.38	2.43
AG	Rydex Dyn-Inv S&P 500 2x Strategy		RYTPX	E-	(800) 820-0888	E- / 0.0	-9.10	-8.00	-23.21 / 0	-14.17 / 0	-18.89 / 0	4.16	1.69
AG	Rydex Dyn-OTC 2x Strategy C		RYCCX	D-	(800) 820-0888	B / 7.6	16.92	16.60	38.79 /97	8.90 /20	15.23 /77	0.00	2.43
AG	Rydex Dyn-OTC 2x Strategy H		RYVYX	D-	(800) 820-0888	B / 8.0	17.14	17.04	39.75 /97	9.79 /26	16.15 /82	0.00	1.69
SC	Rydex Dyn-Russell 2000 2x Strtgy H		RYRSX	U	(800) 820-0888	U /	6.79	8.36	22.97 /77	--	--	0.16	1.70
AG	Rydex Dyn-S&P 500 2x Strategy C		RYCTX	B-	(800) 820-0888	B+ / 8.3	10.49	9.39	32.97 /95	15.46 /71	12.47 /57	1.60	2.44
AG	Rydex Dyn-S&P 500 2x Strategy H		RYTNX	B	(800) 820-0888	B+ / 8.5	10.70	9.79	33.97 /95	16.34 /75	13.31 /64	1.51	1.69
OT	Rydex Ser-Commodities Strgy H		RYMBX	U	(800) 820-0888	U /	1.85	6.17	-16.87 / 0	--	--	0.00	1.49
GI	Rydex Series - Ess Port Mod C		RYMYX	U	(800) 820-0888	U /	5.99	8.26	15.95 /32	--	--	3.74	2.41
IN	Rydex Series-Ablt Ret St A		RYMQX	U	(800) 820-0888	U /	3.59	5.67	9.26 / 6	--	--	1.33	1.93
IN	Rydex Series-Ablt Ret St C		RYMRX	U	(800) 820-0888	U /	3.40	5.30	8.48 / 5	--	--	1.41	2.66
IN	Rydex Series-Ablt Ret St H		RYMSX	U	(800) 820-0888	U /	3.59	5.71	9.30 / 6	--	--	1.39	1.90
FS	Rydex Series-Banking Adv		RYKAX	E+	(800) 820-0888	E- / 0.0	-1.44	-6.06	0.90 / 1	3.14 / 1	5.46 / 3	0.73	1.88
FS	Rydex Series-Banking C		RYKCX	E+	(800) 820-0888	E- / 0.0	-1.56	-6.30	0.61 / 1	2.67 / 1	4.92 / 2	0.74	2.37
FS	Rydex Series-Banking Inv		RYKIX	E+	(800) 820-0888	E- / 0.1	-1.36	-5.80	1.31 / 1	3.74 / 1	6.09 / 5	0.69	1.32
GR	Rydex Series-Basic Materials Adv		RYBAX	B	(800) 820-0888	A / 9.3	9.80	21.50	34.99 /96	20.24 /85	14.79 /75	0.67	1.87
GR	Rydex Series-Basic Materials C		RYBCX	B	(800) 820-0888	A- / 9.2	9.66	21.21	34.35 /96	19.66 /84	14.20 /71	0.69	2.37
GR	Rydex Series-Basic Materials Inv		RYBIX	B	(800) 820-0888	A / 9.3	9.96	21.81	35.68 /96	20.85 /86	15.31 /78	0.65	1.36
HL	Rydex Series-Biotechnology Adv		RYOAX	E-	(800) 820-0888	E- / 0.0	2.33	-0.48	2.23 / 1	1.98 / 0	8.86 /22	0.00	1.87
HL	Rydex Series-Biotechnology C		RYCFX	E-	(800) 820-0888	E- / 0.0	2.16	-0.78	1.65 / 1	1.45 / 0	8.27 /17	0.00	2.36
HL	Rydex Series-Biotechnology Inv		RYOIX	E-	(800) 820-0888	E- / 0.1	2.45	-0.28	2.69 / 1	2.48 / 1	9.39 /27	0.00	1.37
GR	Rydex Series-Consumer Products		RYCAX	D+	(800) 820-0888	D- / 1.3	2.02	5.02	15.23 /27	7.57 /12	8.74 /21	0.17	1.86
GR	Rydex Series-Consumer Products C		RYCPX	D	(800) 820-0888	D- / 1.0	1.88	4.74	14.63 /24	6.99 / 9	8.15 /16	0.18	2.36
GR	Rydex Series-Consumer Products Inv		RYCIX	D+	(800) 820-0888	D / 1.6	2.13	5.28	15.85 /31	8.13 /15	9.27 /26	0.17	1.37
TC	Rydex Series-Electronics Adv		RYSAX	E-	(800) 820-0888	E / 0.4	8.84	8.84	12.83 /16	1.73 / 0	2.88 / 0	0.00	1.87
TC	Rydex Series-Electronics C		RYSCX	E-	(800) 820-0888	E / 0.3	8.78	8.69	12.42 /14	1.34 / 0	2.39 / 0	0.00	2.36
TC	Rydex Series-Electronics Inv		RYSIX	E-	(800) 820-0888	E / 0.5	8.91	9.08	13.37 /18	2.26 / 0	3.42 / 0	0.00	1.37
EN	Rydex Series-Energy Adv		RYEAX	B-	(800) 820-0888	A / 9.5	14.49	19.64	18.85 /51	28.57 /95	21.88 /94	0.00	1.86
EN	Rydex Series-Energy C		RYECX	B-	(800) 820-0888	A / 9.5	14.40	19.38	18.29 /47	27.94 /95	21.30 /93	0.00	2.36
EN	Rydex Series-Energy Inv		RYEIX	B-	(800) 820-0888	A / 9.5	14.66	19.99	19.48 /56	29.26 /95	22.46 /94	0.00	1.36
EN	Rydex Series-Energy Services Adv		RYVAX	C	(800) 820-0888	A+ / 9.7	17.66	26.93	19.95 /59	34.20 /97	22.61 /94	0.00	1.86
EN	Rydex Series-Energy Services C		RYVCX	C	(800) 820-0888	A+ / 9.7	17.50	26.61	19.34 /55	33.56 /97	22.08 /94	0.00	2.36
EN	Rydex Series-Energy Services Inv		RYVIX	C	(800) 820-0888	A+ / 9.7	17.80	27.24	20.54 /64	34.86 /97	23.23 /95	0.00	1.36
FO	Rydex Series-Eurp 1.25x Strgy A		RYAEX	A+	(800) 820-0888	A- / 9.2	10.61	13.57	30.92 /93	23.14 /91	--	0.42	1.54
FO	Rydex Series-Eurp 1.25x Strgy C		RYCEX	A-	(800) 820-0888	A- / 9.2	10.40	13.11	30.00 /92	22.19 /90	14.78 /75	0.46	2.40
FO	Rydex Series-Eurp 1.25x Strgy H		RYEUX	A	(800) 820-0888	A / 9.3	10.60	13.57	30.97 /93	23.16 /91	15.74 /80	0.44	1.66
FS	Rydex Series-Financial Service Adv		RYFAX	D-	(800) 820-0888	D- / 1.1	0.22	-1.29	9.95 / 8	9.58 /25	8.32 /17	0.46	1.84
FS	Rydex Series-Financial Service C		RYFCX	D-	(800) 820-0888	E+ / 0.8	0.07	-1.61	9.31 / 6	8.98 /21	7.73 /13	0.47	2.34
FS	Rydex Series-Financial Service Inv		RYFIX	D	(800) 820-0888	D- / 1.3	0.35	-1.11	10.49 / 9	10.15 /29	8.78 /21	0.44	1.34

● Denotes fund is closed to new investors
* Denotes fund is included in Section II

www.thestreet.com/ratings

I. Index of Stock Mutual Funds

Summer 2007

RISK			NET ASSETS		ASSET				Portfolio Turnover Ratio	BULL / BEAR		FUND MANAGER		MINIMUMS		LOADS	
	3 Year		NAV							Last Bull	Last Bear	Manager	Manager	Initial	Additional	Front	Back
Risk	Standard		As of	Total	Cash	Stocks	Bonds	Other		Market	Market	Quality	Tenure	Purch.	Purch.	End	End
Rating/Pts	Deviation	Beta	6/30/07	$(Mil)	%	%	%	%		Return	Return	Pct	(Years)	$	$	Load	Load
B / 8.1	7.4	1.53	12.35	17	4	79	16	1	122.0	89.0	-3.7	82	5	2,000	100	0.0	0.0
C+ / 6.1	7.3	0.92	5.62	205	0	100	0	0	46.0	98.9	-11.1	57	N/A	2,000	100	5.8	0.0
C+ / 6.2	7.3	0.92	5.46	86	0	100	0	0	46.0	92.9	-11.5	45	N/A	2,000	100	0.0	0.0
C+ / 6.2	7.3	0.93	5.47	6	0	100	0	0	46.0	92.8	-11.4	45	N/A	2,000	100	0.0	0.0
B / 8.6	7.3	0.92	5.67	60	0	100	0	0	46.0	N/A	N/A	63	N/A	5,000,000	0	0.0	0.0
B- / 7.8	10.7	1.10	5.65	N/A	0	100	0	0	46.0	100.3	-11.1	39	N/A	10,000,000	100	0.0	0.0
C+ / 5.8	16.4	2.07	34.84	10	23	76	0	1	341.0	N/A	N/A	7	N/A	2,500	0	0.0	0.0
C+ / 5.8	16.4	2.07	35.75	31	23	76	0	1	341.0	N/A	N/A	9	N/A	25,000	0	0.0	0.0
C+ / 6.0	15.9	-2.03	30.74	6	100	0	0	0	N/A	N/A	N/A	15	N/A	2,500	0	0.0	0.0
C+ / 6.0	15.9	-2.03	31.55	57	100	0	0	0	N/A	N/A	N/A	19	N/A	25,000	0	0.0	0.0
E- / 0.0	28.7	-3.30	14.08	32	100	0	0	0	N/A	-76.7	13.3	96	N/A	2,500	0	0.0	0.0
E- / 0.0	28.7	-3.31	14.74	278	100	0	0	0	N/A	-76.0	13.5	97	N/A	25,000	0	0.0	0.0
U /	N/A	N/A	37.12	62	100	0	0	0	N/A	N/A	N/A	N/A	N/A	25,000	0	0.0	0.0
D- / 1.4	14.5	-1.98	27.43	36	100	0	0	0	N/A	-71.4	18.8	11	N/A	2,500	0	0.0	0.0
D- / 1.5	14.5	-1.98	28.87	187	100	0	0	0	N/A	-70.4	19.1	15	N/A	25,000	0	0.0	0.0
E / 0.5	29.3	3.37	24.94	35	17	82	0	1	71.0	158.3	-21.4	0	N/A	2,500	0	0.0	0.0
E / 0.5	29.3	3.37	27.00	303	17	82	0	1	71.0	167.3	-21.3	0	N/A	25,000	0	0.0	0.0
U /	N/A	N/A	30.34	62	56	43	0	1	221.0	N/A	N/A	N/A	N/A	25,000	0	0.0	0.0
C+ / 5.7	14.9	2.02	49.38	49	13	86	0	1	19.0	183.4	-20.7	13	N/A	2,500	0	0.0	0.0
C+ / 5.8	14.9	2.02	52.14	294	13	86	0	1	19.0	192.6	-20.6	18	N/A	25,000	0	0.0	0.0
U /	N/A	N/A	24.25	45	85	14	0	1	672.0	N/A	N/A	N/A	2	25,000	0	0.0	0.0
U /	N/A	N/A	11.14	25	0	100	0	0	66.0	N/A	N/A	N/A	1	2,500	0	0.0	1.0
U /	N/A	N/A	27.39	51	32	66	0	2	298.0	N/A	N/A	N/A	N/A	25,000	0	4.8	1.0
U /	N/A	N/A	27.03	64	32	66	0	2	298.0	N/A	N/A	N/A	N/A	25,000	0	0.0	1.0
U /	N/A	N/A	27.41	206	32	66	0	2	298.0	N/A	N/A	N/A	N/A	25,000	0	0.0	1.0
B- / 7.0	7.7	0.84	10.24	1	0	99	0	1	954.0	55.8	-3.0	6	N/A	2,500	0	0.0	0.0
C+ / 6.8	7.7	0.84	10.11	2	0	99	0	1	954.0	52.5	-3.3	5	N/A	2,500	0	0.0	0.0
B- / 7.1	7.7	0.83	10.88	9	0	99	0	1	954.0	59.7	-2.9	7	N/A	25,000	0	0.0	0.0
C / 5.3	14.8	1.48	44.59	17	0	99	0	1	442.0	166.3	-13.0	90	N/A	2,500	0	0.0	0.0
C / 5.3	14.8	1.48	43.60	13	0	99	0	1	442.0	161.0	-13.1	88	N/A	2,500	0	0.0	0.0
C / 5.4	14.8	1.48	46.46	135	0	99	0	1	442.0	171.4	-12.7	92	N/A	25,000	0	0.0	0.0
C / 4.5	15.7	1.41	20.67	5	0	99	0	1	269.0	71.2	-14.1	1	N/A	2,500	0	0.0	0.0
C / 4.5	15.7	1.40	20.38	2	0	99	0	1	269.0	67.4	-14.3	0	N/A	2,500	0	0.0	0.0
C / 4.6	15.7	1.41	21.73	59	0	99	0	1	269.0	75.0	-14.0	1	N/A	25,000	0	0.0	0.0
B / 8.3	7.9	0.75	35.38	33	0	99	0	1	455.0	80.6	-7.9	30	N/A	2,500	0	0.0	0.0
B / 8.3	7.9	0.75	34.68	3	0	99	0	1	455.0	76.3	-8.1	25	N/A	2,500	0	0.0	0.0
B / 8.4	7.9	0.75	36.88	15	0	99	0	1	455.0	84.2	-7.8	35	N/A	25,000	0	0.0	0.0
D- / 1.2	24.4	2.42	12.93	2	0	99	0	1	759.0	55.1	-22.9	0	N/A	2,500	0	0.0	0.0
D- / 1.2	24.4	2.42	12.76	2	0	99	0	1	759.0	52.1	-23.0	0	N/A	2,500	0	0.0	0.0
D- / 1.3	24.5	2.42	13.57	16	0	99	0	1	759.0	58.6	-22.8	0	N/A	25,000	0	0.0	0.0
C- / 4.2	20.0	1.00	25.52	20	0	99	0	1	283.0	202.4	-0.5	29	N/A	2,500	0	0.0	0.0
C- / 4.1	20.0	0.99	24.95	23	0	99	0	1	283.0	196.0	-0.6	25	N/A	2,500	0	0.0	0.0
C- / 4.2	20.0	1.00	26.59	79	0	99	0	1	283.0	208.5	-0.3	34	N/A	25,000	0	0.0	0.0
D / 2.2	22.8	1.05	53.63	28	0	99	0	1	196.0	192.4	-0.3	69	N/A	2,500	0	0.0	0.0
D / 2.1	22.8	1.05	52.63	36	0	99	0	1	196.0	186.1	-0.5	63	N/A	2,500	0	0.0	0.0
D / 2.2	22.8	1.05	55.92	179	0	99	0	1	196.0	198.2	-0.3	74	N/A	25,000	0	0.0	0.0
B- / 7.5	11.3	1.14	26.69	14	59	40	0	1	373.0	N/A	N/A	28	N/A	2,500	0	4.8	0.0
C+ / 6.4	11.3	1.14	25.37	12	59	40	0	1	373.0	180.1	-15.3	22	N/A	2,500	0	0.0	0.0
C+ / 6.5	11.3	1.14	26.70	77	59	40	0	1	373.0	189.7	-15.1	28	N/A	25,000	0	0.0	0.0
B- / 7.5	8.8	0.99	13.79	6	0	99	0	1	534.0	93.8	-7.6	31	N/A	2,500	0	0.0	0.0
B- / 7.5	8.9	0.99	13.47	5	0	99	0	1	534.0	89.6	-7.8	26	N/A	2,500	0	0.0	0.0
B- / 7.6	8.8	0.99	14.30	12	0	99	0	1	534.0	97.9	-7.7	37	N/A	25,000	0	0.0	0.0

www.thestreet.com/ratings

Data as of June 30, 2007

I. Index of Stock Mutual Funds

Summer 2007

99 Pct = Best
0 Pct = Worst

Fund Type	Fund Name	Ticker Symbol	Overall Investment Rating	Phone	Performance Rating/Pts	3 Mo	6 Mo	1Yr / Pct	3Yr / Pct	5Yr / Pct	Dividend Yield	Expense Ratio
HL	Rydex Series-Health Care Adv	RYHAX	D	(800) 820-0888	D- / 1.5	4.11	6.37	15.34 /28	7.38 /11	10.12 /34	0.00	1.85
HL	Rydex Series-Health Care C	RYHCX	D	(800) 820-0888	D- / 1.2	4.04	6.11	14.76 /25	6.79 / 8	9.49 /28	0.00	2.34
HL	Rydex Series-Health Care Inv	RYHIX	D+	(800) 820-0888	D / 1.8	4.32	6.69	15.93 /31	7.93 /14	10.67 /40	0.00	1.35
GR	Rydex Series-Hedged Eqty H	RYSTX	U	(800) 820-0888	U /	3.73	6.31	10.66 / 9	--	--	1.86	2.13
TC	Rydex Series-Internet Adv	RYIAX	E	(800) 820-0888	D / 2.2	9.19	9.99	21.69 /71	5.90 / 6	15.95 /81	0.00	1.87
TC	Rydex Series-Internet C	RYICX	E	(800) 820-0888	D / 1.9	9.07	9.73	21.13 /68	5.37 / 4	15.38 /78	0.00	2.36
TC	Rydex Series-Internet Inv	RYIIX	E	(800) 820-0888	D+ / 2.6	9.34	10.28	22.28 /74	6.40 / 7	16.52 /83	0.00	1.37
AG	Rydex Series-Inv OTC Strgy A	RYAPX	E+	(800) 820-0888	E- / 0.0	-6.77	-6.20	-13.25 / 0	-4.72 / 0	--	2.65	1.64
AG	Rydex Series-Inv OTC Strgy Adv	RYAAX	E+	(800) 820-0888	E- / 0.0	-6.86	-6.38	-13.49 / 0	-4.94 / 0	--	2.80	1.90
AG	Rydex Series-Inv OTC Strgy C	RYACX	E-	(800) 820-0888	E- / 0.0	-6.96	-6.59	-13.95 / 0	-5.43 / 0	-13.67 / 0	2.95	2.40
AG	Rydex Series-Inv OTC Strgy Inv	RYAIX	E-	(800) 820-0888	E- / 0.0	-6.69	-6.08	-13.07 / 0	-4.48 / 0	-12.76 / 0	2.75	1.40
GR	Rydex Series-Large Cap Growth C	RYGRX	D-	(800) 820-0888	E+ / 0.7	5.16	6.56	15.07 /26	4.35 / 2	--	0.00	2.28
GR	Rydex Series-Large Cap Growth H	RYAWX	D-	(800) 820-0888	E+ / 0.9	5.38	6.99	16.01 /32	5.11 / 4	--	0.00	1.52
GR	Rydex Series-Large Cap Value C	RYVVX	C+	(800) 820-0888	C / 4.3	3.89	7.33	18.02 /45	11.97 /45	--	0.63	2.27
GR	Rydex Series-Large Cap Value H	RYZAX	B	(800) 820-0888	C / 5.2	4.09	7.73	18.89 /51	12.83 /53	--	0.61	1.51
GR	Rydex Series-Leisure Adv	RYLAX	D-	(800) 820-0888	D / 2.0	1.26	1.56	15.35 /28	10.30 /30	8.94 /22	0.00	1.87
GR	Rydex Series-Leisure C	RYLCX	E+	(800) 820-0888	D / 1.7	1.12	1.33	14.78 /25	9.72 /26	8.33 /17	0.00	2.36
GR	Rydex Series-Leisure Inv	RYLIX	D-	(800) 820-0888	D+ / 2.4	1.37	1.79	15.94 /31	10.87 /35	9.41 /27	0.00	1.37
MC	Rydex Series-Mid Cap Value C	RYMMX	C+	(800) 820-0888	C / 5.1	2.24	7.09	17.06 /39	13.69 /60	--	0.00	2.28
MC	Rydex Series-Mid Cap Value H	RYAVX	B-	(800) 820-0888	C+ / 5.9	2.43	7.52	17.97 /45	14.54 /66	--	0.00	1.52
MC	Rydex Series-Mid-Cap Growth C	RYCKX	C	(800) 820-0888	C- / 4.0	6.76	11.29	15.56 /29	10.58 /32	--	0.00	2.27
MC	Rydex Series-Mid-Cap Growth H	RYBHX	C+	(800) 820-0888	C / 4.8	6.96	11.72	16.46 /35	11.39 /40	--	0.00	1.52
AG	Rydex Series-Nova A	RYANX	B-	(800) 820-0888	C+ / 6.5	7.95	8.32	27.28 /88	13.80 /61	--	5.99	1.50
AG	Rydex Series-Nova Adv	RYNAX	B-	(800) 820-0888	B- / 7.0	7.88	8.17	26.97 /88	13.53 /59	11.92 /53	6.34	1.75
AG	Rydex Series-Nova C	RYNCX	C+	(800) 820-0888	C+ / 6.7	7.71	7.90	26.33 /86	12.97 /54	11.39 /48	6.47	2.25
AG	Rydex Series-Nova Inv	RYNVX	B	(800) 820-0888	B- / 7.4	8.02	8.44	27.64 /89	14.11 /63	12.53 /58	6.03	1.25
AG	Rydex Series-OTC A	RYATX	D	(800) 820-0888	D+ / 2.4	9.07	9.94	22.55 /75	7.77 /13	--	0.00	1.46
AG	Rydex Series-OTC Adv	RYAOX	D-	(800) 820-0888	C- / 3.0	8.97	9.75	22.09 /73	7.46 /11	11.45 /48	0.00	1.73
AG	Rydex Series-OTC C	RYCOX	D-	(800) 820-0888	D+ / 2.6	8.89	9.39	21.46 /70	6.89 / 9	10.86 /42	0.00	2.22
AG	Rydex Series-OTC Inv	RYOCX	D	(800) 820-0888	C- / 3.6	9.17	10.01	22.83 /76	8.04 /15	12.06 /54	0.00	1.22
PM	Rydex Series-Precious Metal Adv	RYMPX	E-	(800) 820-0888	C / 4.9	-0.67	-1.08	4.81 / 1	16.34 /75	--	0.00	1.76
PM	Rydex Series-Precious Metal C	RYZCX	E-	(800) 820-0888	C / 4.3	-0.81	-1.35	4.30 / 1	15.71 /72	12.92 /61	0.00	2.26
PM	Rydex Series-Precious Metal Inv	RYPMX	E	(800) 820-0888	C / 5.4	-0.55	-0.83	5.35 / 2	16.88 /77	14.07 /70	0.00	1.26
RE	Rydex Series-Real Estate C	RYCRX	C-	(800) 820-0888	C / 4.4	-7.57	-5.88	10.16 / 8	16.16 /75	--	0.45	2.36
RE	Rydex Series-Real Estate H	RYHRX	C	(800) 820-0888	C / 5.3	-7.38	-5.52	10.98 /10	17.01 /78	--	0.44	1.62
GR	Rydex Series-Retailing Adv	RYRAX	E+	(800) 820-0888	D- / 1.4	2.00	5.63	14.09 /21	7.97 /14	7.45 /11	0.00	1.86
GR	Rydex Series-Retailing C	RYRCX	E+	(800) 820-0888	D- / 1.1	1.84	5.40	13.50 /18	7.45 /11	6.74 / 7	0.00	2.34
GR	Rydex Series-Retailing Inv	RYRIX	E+	(800) 820-0888	D / 1.6	2.14	5.87	14.57 /24	8.44 /17	7.85 /14	0.00	1.36
AG	Rydex Series-Sector Rotation A	RYAMX	B	(800) 820-0888	B- / 7.4	10.16	12.47	20.50 /63	16.11 /74	--	0.00	1.64
AG	Rydex Series-Sector Rotation C	RYISX	C+	(800) 820-0888	B / 7.6	9.94	12.00	19.63 /57	15.33 /70	10.26 /36	0.00	2.39
AG	Rydex Series-Sector Rotation H	RYSRX	C+	(800) 820-0888	B / 7.9	10.13	12.44	20.53 /64	16.21 /75	11.09 /45	0.00	1.65
SC	Rydex Series-Small-Cap Growth C	RYWCX	D+	(800) 820-0888	D+ / 2.5	5.23	8.11	12.11 /14	9.83 /27	--	0.00	2.32
SC	Rydex Series-Small-Cap Growth H	RYWAX	C-	(800) 820-0888	C- / 3.1	5.46	8.52	12.94 /16	10.60 /33	--	0.00	1.53
SC	Rydex Series-Small-Cap Value C	RYYCX	D+	(800) 820-0888	D+ / 2.5	1.79	3.34	12.87 /16	11.34 /39	--	0.00	2.26
SC	Rydex Series-Small-Cap Value H	RYAZX	C-	(800) 820-0888	C- / 3.2	2.00	3.75	13.77 /20	12.17 /47	--	0.00	1.52
TC	Rydex Series-Technology Adv	RYTAX	E+	(800) 820-0888	D+ / 2.7	9.63	11.38	22.43 /75	6.29 / 7	11.15 /45	0.00	1.86
TC	Rydex Series-Technology C	RYCHX	E+	(800) 820-0888	D+ / 2.3	9.44	11.12	21.86 /72	5.80 / 5	10.58 /39	0.00	2.35
TC	Rydex Series-Technology Inv	RYTIX	D-	(800) 820-0888	C- / 3.1	9.74	11.70	23.10 /77	6.82 / 8	11.56 /49	0.00	1.36
TC	Rydex Series-Telecomm Adv	RYMAX	B-	(800) 820-0888	B / 7.9	12.50	15.80	29.80 /92	13.11 /55	15.50 /79	0.55	1.83
TC	Rydex Series-Telecomm C	RYCSX	B-	(800) 820-0888	B / 7.7	12.44	15.53	29.24 /92	12.56 /50	14.77 /75	0.56	2.33
TC	Rydex Series-Telecomm Inv	RYMIX	B	(800) 820-0888	B / 8.1	12.67	16.09	30.52 /93	13.66 /60	15.88 /81	0.52	1.37
GR	Rydex Series-Transportation Adv	RYPAX	E+	(800) 820-0888	D+ / 2.7	3.25	8.01	0.11 / 0	12.73 /52	9.01 /23	0.00	1.86

● Denotes fund is closed to new investors
* Denotes fund is included in Section II

www.thestreet.com/ratings

I. Index of Stock Mutual Funds

Summer 2007

RISK			NET ASSETS		ASSET				Portfolio Turnover Ratio	BULL / BEAR		FUND MANAGER		MINIMUMS		LOADS	
	3 Year		NAV							Last Bull	Last Bear	Manager	Manager	Initial	Additional	Front	Back
Risk Rating/Pts	Standard Deviation	Beta	As of 6/30/07	Total $(Mil)	Cash %	Stocks %	Bonds %	Other %		Market Return	Market Return	Quality Pct	Tenure (Years)	Purch. $	Purch. $	End Load	End Load
B- / 7.9	8.8	0.87	15.19	14	0	99	0	1	545.0	78.3	-4.4	21	N/A	2,500	0	0.0	0.0
B- / 7.9	8.8	0.88	14.93	9	0	99	0	1	545.0	74.2	-4.5	18	N/A	2,500	0	0.0	0.0
B / 8.0	8.9	0.88	15.94	35	0	99	0	1	545.0	82.2	-4.3	25	N/A	25,000	0	0.0	0.0
U /	N/A	N/A	27.28	36	37	62	0	1	282.0	N/A	N/A	N/A	N/A	25,000	0	0.0	1.0
C- / 3.2	18.9	1.80	43.26	1	0	99	0	1	864.0	115.9	-18.2	1	N/A	2,500	0	0.0	0.0
C- / 3.1	18.9	1.80	42.31	2	0	99	0	1	864.0	111.3	-18.2	1	N/A	2,500	0	0.0	0.0
C- / 3.2	18.9	1.80	44.95	9	0	99	0	1	864.0	120.3	-18.1	1	N/A	25,000	0	0.0	0.0
C+ / 6.7	14.1	-1.66	19.98	3	100	0	0	0	N/A	N/A	N/A	91	N/A	2,500	0	4.8	0.0
C+ / 6.7	14.1	-1.66	19.82	3	100	0	0	0	N/A	N/A	N/A	90	N/A	2,500	0	0.0	0.0
D / 2.1	14.2	-1.67	18.86	15	100	0	0	0	N/A	-47.8	7.7	88	N/A	2,500	0	0.0	0.0
D / 2.2	14.1	-1.67	20.22	91	100	0	0	0	N/A	-45.5	8.1	92	N/A	25,000	0	0.0	0.0
B- / 7.7	8.3	1.06	27.94	6	0	99	0	1	1,029.0	N/A	N/A	5	N/A	2,500	0	0.0	0.0
B- / 7.8	8.3	1.06	28.62	58	0	99	0	1	1,029.0	N/A	N/A	6	N/A	25,000	0	0.0	0.0
B+ / 9.2	6.8	0.86	33.96	6	0	99	0	1	389.0	N/A	N/A	71	N/A	2,500	0	0.0	0.0
B+ / 9.2	6.7	0.86	34.83	137	0	99	0	1	389.0	N/A	N/A	79	N/A	25,000	0	0.0	0.0
C+ / 5.9	12.5	1.31	34.57	3	1	98	0	1	675.0	114.0	-14.2	17	N/A	2,500	0	0.0	0.0
C+ / 5.8	12.5	1.31	34.24	3	1	98	0	1	675.0	109.4	-14.4	14	N/A	2,500	0	0.0	0.0
C+ / 5.9	12.5	1.31	36.36	4	1	98	0	1	675.0	118.3	-14.2	21	N/A	25,000	0	0.0	0.0
B / 8.1	10.0	0.92	36.55	6	0	99	0	1	625.0	N/A	N/A	48	N/A	2,500	0	0.0	0.0
B / 8.1	10.0	0.92	37.47	29	0	99	0	1	625.0	N/A	N/A	58	N/A	25,000	0	0.0	0.0
B- / 7.5	11.0	1.02	32.04	3	0	99	0	1	537.0	N/A	N/A	13	N/A	2,500	0	0.0	0.0
B- / 7.5	11.0	1.02	32.89	29	0	99	0	1	537.0	N/A	N/A	17	N/A	25,000	0	0.0	0.0
B- / 7.5	11.4	1.55	32.03	15	12	87	0	1	144.0	N/A	N/A	27	N/A	2,500	0	4.8	0.0
C+ / 6.8	11.4	1.55	31.76	32	12	87	0	1	144.0	139.3	-15.5	25	N/A	2,500	0	0.0	0.0
C+ / 6.7	11.4	1.55	31.14	44	12	87	0	1	144.0	134.5	-15.6	21	N/A	2,500	0	0.0	0.0
C+ / 6.8	11.4	1.55	33.40	117	12	87	0	1	144.0	144.7	-15.4	29	N/A	25,000	0	0.0	0.0
C+ / 6.4	14.3	1.66	12.39	6	3	96	0	1	71.0	N/A	N/A	3	N/A	2,500	0	4.8	0.0
C / 5.1	14.3	1.66	12.27	10	3	96	0	1	71.0	80.7	-10.2	3	N/A	2,500	0	0.0	0.0
C / 5.0	14.3	1.66	12.00	13	3	96	0	1	71.0	76.5	-10.3	2	N/A	2,500	0	0.0	0.0
C / 5.2	14.3	1.66	12.86	693	3	96	0	1	71.0	84.9	-10.2	3	N/A	25,000	0	0.0	0.0
E- / 0.0	28.4	1.31	54.87	6	0	99	0	1	259.0	N/A	N/A	9	N/A	2,500	0	0.0	0.0
E / 0.3	28.4	1.31	52.69	25	0	99	0	1	259.0	90.7	11.5	7	N/A	2,500	0	0.0	0.0
E / 0.3	28.4	1.31	55.90	142	0	99	0	1	259.0	99.0	11.8	10	N/A	25,000	0	0.0	0.0
C+ / 6.7	14.2	0.96	38.10	6	0	99	0	1	762.0	N/A	N/A	31	N/A	2,500	0	0.0	0.0
C+ / 6.7	14.2	0.96	39.03	9	0	99	0	1	762.0	N/A	N/A	39	N/A	25,000	0	0.0	0.0
C / 5.5	13.3	1.31	14.25	2	0	99	0	1	952.0	91.6	-15.4	8	N/A	2,500	0	0.0	0.0
C / 5.4	13.3	1.31	13.87	2	0	99	0	1	952.0	87.6	-17.5	7	N/A	2,500	0	0.0	0.0
C / 5.5	13.3	1.31	14.78	4	0	99	0	1	952.0	94.8	-15.4	9	N/A	25,000	0	0.0	0.0
B- / 7.2	12.8	1.38	15.51	43	0	99	0	1	373.0	N/A	N/A	68	N/A	2,500	0	4.8	0.0
C / 5.1	12.9	1.39	14.93	121	0	99	0	1	373.0	109.4	-10.6	58	N/A	2,500	0	0.0	0.0
C / 5.2	12.9	1.39	15.55	138	0	99	0	1	373.0	116.2	-10.4	68	N/A	25,000	0	0.0	0.0
B- / 7.1	12.6	0.89	33.61	2	0	99	0	1	623.0	N/A	N/A	26	N/A	2,500	0	0.0	0.0
B- / 7.2	12.6	0.89	34.40	38	0	99	0	1	623.0	N/A	N/A	33	N/A	25,000	0	0.0	0.0
B- / 7.2	12.5	0.91	35.30	1	0	99	0	1	728.0	N/A	N/A	38	N/A	2,500	0	0.0	0.0
B- / 7.3	12.5	0.91	36.22	11	0	99	0	1	728.0	N/A	N/A	49	N/A	25,000	0	0.0	0.0
C / 4.6	15.6	1.72	13.21	5	0	99	0	1	684.0	86.7	-16.6	1	N/A	2,500	0	0.0	0.0
C / 4.5	15.7	1.72	12.99	1	0	99	0	1	684.0	82.6	-16.7	1	N/A	2,500	0	0.0	0.0
C / 4.6	15.6	1.72	13.75	35	0	99	0	1	684.0	89.9	-16.4	2	N/A	25,000	0	0.0	0.0
C+ / 5.9	12.9	1.41	20.52	11	0	99	0	1	430.0	109.1	-16.7	30	N/A	2,500	0	0.0	0.0
C+ / 5.8	12.9	1.41	20.16	6	0	99	0	1	430.0	104.9	-16.6	26	N/A	2,500	0	0.0	0.0
C+ / 6.0	12.8	1.41	21.43	38	0	99	0	1	430.0	113.5	-16.6	36	N/A	25,000	0	0.0	0.0
C- / 3.9	16.9	1.40	28.31	5	0	99	0	1	686.0	109.8	-14.0	28	N/A	2,500	0	0.0	0.0

www.thestreet.com/ratings

Data as of June 30, 2007

I. Index of Stock Mutual Funds

Summer 2007

	99 Pct = Best 0 Pct = Worst			**Overall**		**PERFORMANCE**					**Incl. in Returns**	
						Perfor-	\multicolumn{5}{c}{Total Return % through 6/30/07}		
			Ticker	**Investment**		**mance**				\multicolumn{2}{c}{Annualized}	Dividend	Expense
Fund Type	Fund Name		Symbol	**Rating**	Phone	**Rating/Pts**	3 Mo	6 Mo	1Yr / Pct	3Yr / Pct	5Yr / Pct	Yield	Ratio
GR	Rydex Series-Transportation C		RYCNX	E	(800) 820-0888	D+ / 2.4	3.14	7.78	-0.35 / 0	12.22 / 47	8.39 / 18	0.00	2.37
GR	Rydex Series-Transportation Inv		RYPIX	E+	(800) 820-0888	C- / 3.2	3.40	8.30	0.67 / 1	13.34 / 57	9.41 / 27	0.00	1.36
UT	Rydex Series-Utilities Adv		RYAUX	B-	(800) 820-0888	C+ / 6.9	-1.01	6.72	22.51 / 75	16.46 / 76	10.39 / 37	1.20	1.86
UT	Rydex Series-Utilities C		RYCUX	B-	(800) 820-0888	C+ / 6.5	-1.15	6.46	21.89 / 72	15.86 / 73	9.81 / 31	1.24	2.36
UT	Rydex Series-Utilities Inv		RYUIX	B	(800) 820-0888	B- / 7.3	-0.88	7.01	23.12 / 78	17.03 / 78	10.97 / 43	1.15	1.37
MC	Rydex Ser-Inv Mid-Cap Stgy A		RYAGX	D-	(800) 820-0888	E- / 0.0	-3.73	-7.35	-9.11 / 0	-9.37 / 0	--	8.16	1.65
MC	Rydex Ser-Inv Mid-Cap Stgy C		RYCLX	D-	(800) 820-0888	E- / 0.0	-3.89	-7.71	-9.81 / 0	-10.08 / 0	--	8.81	2.40
MC	Rydex Ser-Inv Mid-Cap Stgy H		RYMHX	D-	(800) 820-0888	E- / 0.0	-3.73	-7.35	-9.11 / 0	-9.37 / 0	--	8.57	1.66
SC	Rydex Ser-Inv Russell 2000 Stgy A		RYAFX	E+	(800) 820-0888	E- / 0.0	-2.57	-2.93	-8.85 / 0	-9.15 / 0	--	4.73	1.65
SC	Rydex Ser-Inv Russell 2000 Stgy C		RYCQX	E+	(800) 820-0888	E- / 0.0	-2.75	-3.29	-9.51 / 0	-9.81 / 0	--	5.10	2.40
SC	Rydex Ser-Inv Russell 2000 Stgy H		RYSHX	E+	(800) 820-0888	E- / 0.0	-2.57	-2.93	-8.84 / 0	-9.13 / 0	--	4.97	1.65
AG	Rydex Ser-Inv S&P 500 Stgry A		RYARX	D-	(800) 820-0888	E- / 0.0	-4.10	-2.89	-10.16 / 0	-5.84 / 0	--	3.07	1.61
AG	Rydex Ser-Inv S&P 500 Stgry Adv		RYUAX	E-	(800) 820-0888	E- / 0.0	-4.19	-2.98	-10.49 / 0	-5.95 / 0	-8.40 / 0	3.24	1.87
AG	Rydex Ser-Inv S&P 500 Stgry C		RYUCX	E-	(800) 820-0888	E- / 0.0	-4.31	-3.22	-10.91 / 0	-6.45 / 0	-8.88 / 0	3.29	2.36
AG	Rydex Ser-Inv S&P 500 Stgry Inv		RYURX	E-	(800) 820-0888	E- / 0.0	-4.02	-2.73	-10.04 / 0	-5.49 / 0	-7.95 / 0	3.07	1.36
FO	Rydex Ser-Japan 1.25x Strgy A		RYAJX	E	(800) 820-0888	E+ / 0.7	-0.46	1.49	6.27 / 2	9.39 / 24	--	3.21	1.64
FO	Rydex Ser-Japan 1.25x Strgy C		RYCJX	E-	(800) 820-0888	E+ / 0.8	-0.67	1.13	5.49 / 2	8.56 / 18	8.27 / 17	3.43	2.40
FO	Rydex Ser-Japan 1.25x Strgy H		RYJPX	E-	(800) 820-0888	D- / 1.1	-0.46	1.49	6.29 / 2	9.39 / 24	9.02 / 23	3.30	1.66
MC	Rydex Ser-Mid Cap 1.5x Strgy A		RYAHX	B	(800) 820-0888	B / 8.1	7.72	15.36	22.72 / 76	18.05 / 81	--	0.00	1.67
MC	Rydex Ser-Mid Cap 1.5x Strgy C		RYDCX	C+	(800) 820-0888	B / 8.2	7.53	14.92	21.79 / 71	17.20 / 78	15.39 / 78	0.00	2.41
MC	Rydex Ser-Mid Cap 1.5x Strgy H		RYMDX	C+	(800) 820-0888	B+ / 8.4	7.72	15.32	22.67 / 76	18.08 / 81	16.28 / 82	0.00	1.67
GR	Rydex Ser-Multi-Cap Core Eq A		RYASX	C	(800) 820-0888	C- / 3.6	4.52	6.32	17.90 / 44	12.85 / 53	--	0.00	1.32
GR	Rydex Ser-Multi-Cap Core Eq C		RYQCX	C	(800) 820-0888	C- / 4.1	4.33	5.95	17.03 / 38	11.99 / 45	--	0.00	2.12
GR	Rydex Ser-Multi-Cap Core Eq H		RYQMX	C	(800) 820-0888	C / 4.9	4.52	6.26	17.83 / 44	12.83 / 53	--	0.00	1.38
AG	Rydex Ser-Russell 2000 1.5x Strgy A		RYAKX	D-	(800) 820-0888	C+ / 6.6	5.88	8.29	20.12 / 61	16.08 / 74	--	0.00	1.66
AG	Rydex Ser-Russell 2000 1.5x Strgy C		RYCMX	C-	(800) 820-0888	C+ / 6.8	5.69	7.88	19.21 / 54	15.20 / 70	15.10 / 77	0.00	2.41
AG	Rydex Ser-Russell 2000 1.5x Strgy H		RYMKX	C-	(800) 820-0888	B- / 7.3	5.88	8.27	20.06 / 60	16.07 / 74	15.99 / 81	0.00	1.66
EM	Sanford Bernstein Emerg Markets Val		SNEMX	C+		A+ / 9.9	15.32	18.75	43.91 / 98	41.18 / 99	35.82 / 99	0.68	1.58
FO	Sanford Bernstein Internatl Val II		SIMTX	A+		B+ / 8.9	6.92	10.30	25.51 / 84	21.61 / 88	17.55 / 87	1.67	1.20
* GL	Sanford Bernstein T/M Intl Val		SNIVX	B		B+ / 8.9	6.63	9.83	25.69 / 85	21.57 / 88	17.29 / 86	1.51	1.15
MC	Santa Barbara Fds-Growth Fund A		BEGAX	E-	(800) 723-8637	E / 0.3	5.33	10.34	10.00 / 8	5.77 / 5	9.09 / 24	0.00	1.51
MC	Santa Barbara Fds-Growth Fund C		BEGCX	E-	(800) 723-8637	E / 0.3	4.91	9.42	8.30 / 4	4.36 / 2	7.69 / 13	0.00	2.26
MC	Santa Barbara Fds-Growth Fund Y		BEGYX	E-	(800) 723-8637	E / 0.5	5.18	10.05	9.56 / 7	5.47 / 5	8.84 / 21	0.00	1.51
AA	Santa Barbara Fds-Montecito A		MONAX	D-	(800) 723-8637	E / 0.5	1.21	2.09	13.37 / 18	7.45 / 11	6.33 / 5	2.15	1.19
EN	Saratoga Adv Tr Energy&Basic Mat A		SBMBX	C-	(800) 807-3863	A / 9.4	17.22	21.69	15.40 / 28	28.46 / 95	18.09 / 88	0.00	2.70
EN	Saratoga Adv Tr Energy&Basic Mat B		SPEBX	C-	(800) 807-3863	A / 9.5	17.59	21.87	15.25 / 27	27.90 / 95	17.48 / 86	0.00	3.30
EN	Saratoga Adv Tr Energy&Basic Mat C		SEPCX	C-	(800) 807-3863	A / 9.4	17.05	21.31	14.73 / 24	27.71 / 95	--	0.00	3.30
EN	Saratoga Adv Tr Energy&Basic Mat I		SEPIX	C	(800) 807-3863	A / 9.5	17.35	21.95	15.89 / 31	28.99 / 95	--	0.00	2.30
FS	Saratoga Adv Tr Financial Service A		SFPAX	E+	(800) 807-3863	D / 1.9	2.07	0.55	11.67 / 12	12.75 / 52	9.59 / 29	0.00	2.70
FS	Saratoga Adv Tr Financial Service B		SFPBX	D-	(800) 807-3863	D+ / 2.4	1.93	0.25	10.98 / 10	12.08 / 46	8.93 / 22	0.00	3.30
FS	Saratoga Adv Tr Financial Service C		SFPCX	D-	(800) 807-3863	D+ / 2.4	1.93	0.25	10.99 / 10	12.05 / 46	8.92 / 22	0.00	3.30
FS	Saratoga Adv Tr Financial Service I		SFPIX	D-	(800) 807-3863	C- / 3.3	2.26	0.85	12.29 / 14	13.29 / 57	--	0.00	2.30
FO	Saratoga Adv Tr Intl Equity B		SIEZX	B-	(800) 807-3863	B / 8.1	6.43	8.51	22.02 / 73	18.82 / 83	13.06 / 62	0.00	3.30
FO	Saratoga Adv Tr Intl Equity C		SIECX	B-	(800) 807-3863	B / 8.1	6.37	8.46	21.90 / 72	18.82 / 83	13.01 / 62	0.00	3.30
FO	Saratoga Adv Tr Intl Equity I		SIEPX	B-	(800) 807-3863	B+ / 8.4	6.62	9.02	23.08 / 77	19.99 / 85	14.18 / 71	0.61	2.30
GR	Saratoga Adv Tr Large Cap Value B		SLVZX	D-	(800) 807-3863	D+ / 2.4	5.34	2.92	17.68 / 43	10.00 / 28	8.87 / 22	0.26	3.00
GR	Saratoga Adv Tr Large Cap Value C		SLVCX	D-	(800) 807-3863	D+ / 2.4	5.29	2.92	17.62 / 42	9.98 / 28	8.86 / 22	0.26	3.00
GR	Saratoga Adv Tr Large Cap Value I		SLCVX	D	(800) 807-3863	C- / 3.2	5.56	3.44	18.83 / 51	11.09 / 37	9.97 / 33	0.50	2.00
MC	Saratoga Adv Tr Mid Cap A		SPMAX	C-	(800) 807-3863	C+ / 5.6	9.09	14.04	21.55 / 70	13.32 / 57	11.78 / 51	0.00	2.40
MC	Saratoga Adv Tr Mid Cap B		SPMBX	C	(800) 807-3863	C+ / 6.2	8.94	13.60	20.68 / 65	12.70 / 52	11.13 / 45	0.00	3.00
MC	Saratoga Adv Tr Mid Cap C		SPMCX	C	(800) 807-3863	C+ / 6.3	8.96	13.63	20.72 / 65	12.70 / 52	11.11 / 45	0.00	3.00
MC	Saratoga Adv Tr Mid Cap I		SMIPX	E+	(800) 807-3863	B- / 7.0	9.26	14.20	22.01 / 73	13.85 / 61	--	0.00	2.00

● Denotes fund is closed to new investors
* Denotes fund is included in Section II

Summer 2007

I. Index of Stock Mutual Funds

RISK			NET ASSETS		ASSET					BULL / BEAR		FUND MANAGER		MINIMUMS		LOADS	
	3 Year		NAV						Portfolio	Last Bull	Last Bear	Manager	Manager	Initial	Additional	Front	Back
Risk	Standard		As of	Total	Cash	Stocks	Bonds	Other	Turnover	Market	Market	Quality	Tenure	Purch.	Purch.	End	End
Rating/Pts	Deviation	Beta	6/30/07	$(Mil)	%	%	%	%	Ratio	Return	Return	Pct	(Years)	$	$	Load	Load
C- / 3.9	16.9	1.41	28.55	2	0	99	0	1	686.0	104.8	-14.9	24	N/A	2,500	0	0.0	0.0
C- / 4.0	16.9	1.41	30.15	14	0	99	0	1	686.0	113.8	-14.1	33	N/A	25,000	0	0.0	0.0
B- / 7.1	9.3	0.74	30.34	4	0	99	0	1	557.0	130.5	-5.0	23	N/A	2,500	0	0.0	0.0
B- / 7.0	9.3	0.74	29.32	8	0	99	0	1	557.0	125.9	-5.3	20	N/A	2,500	0	0.0	0.0
B- / 7.2	9.3	0.74	31.60	24	0	99	0	1	557.0	135.6	-5.0	27	N/A	25,000	0	0.0	0.0
B- / 7.8	10.3	-0.99	32.52	1	100	0	0	0	N/A	N/A	N/A	21	N/A	2,500	0	4.8	0.0
B- / 7.7	10.3	-0.99	31.61	1	100	0	0	0	N/A	N/A	N/A	16	N/A	2,500	0	0.0	0.0
B- / 7.8	10.3	-0.99	32.52	7	100	0	0	0	N/A	N/A	N/A	21	N/A	25,000	0	0.0	0.0
C+ / 6.8	13.3	-0.99	34.10	8	100	0	0	0	N/A	N/A	N/A	14	N/A	2,500	0	4.8	0.0
C+ / 6.8	13.3	-0.99	33.24	6	100	0	0	0	N/A	N/A	N/A	11	N/A	2,500	0	0.0	0.0
C+ / 6.8	13.3	-1.00	34.12	43	100	0	0	0	N/A	N/A	N/A	14	N/A	25,000	0	0.0	0.0
B / 8.4	7.2	-0.99	34.62	12	100	0	0	0	N/A	N/A	N/A	27	N/A	2,500	0	4.8	0.0
C- / 4.0	7.3	-1.01	34.49	15	100	0	0	0	N/A	-42.9	9.6	27	N/A	2,500	0	0.0	0.0
C / 4.3	7.3	-1.00	33.97	35	100	0	0	0	N/A	-44.1	7.5	23	N/A	2,500	0	0.0	0.0
C / 4.3	7.3	-1.00	36.33	251	100	0	0	0	N/A	-41.6	9.6	31	N/A	25,000	0	0.0	0.0
C / 5.4	16.6	1.33	23.83	12	100	0	0	0	N/A	N/A	N/A	0	N/A	2,500	0	4.8	0.0
E- / 0.0	16.6	1.33	22.39	7	100	0	0	0	N/A	104.2	-7.6	0	N/A	2,500	0	0.0	0.0
E- / 0.0	16.6	1.33	23.86	34	100	0	0	0	N/A	111.1	-7.7	0	N/A	25,000	0	0.0	0.0
C+ / 6.0	16.0	1.52	44.77	4	13	86	0	1	296.0	N/A	N/A	21	N/A	2,500	0	4.8	0.0
C / 4.5	16.0	1.52	42.82	19	13	86	0	1	296.0	194.0	-14.8	16	N/A	2,500	0	0.0	0.0
C / 4.6	16.0	1.52	44.79	55	13	86	0	1	296.0	203.4	-14.7	21	N/A	25,000	0	0.0	0.0
B / 8.2	9.5	1.22	17.82	5	2	97	0	1	138.0	N/A	N/A	45	N/A	2,500	0	4.8	1.0
B- / 7.1	9.5	1.22	17.10	30	2	97	0	1	138.0	107.3	-9.4	35	5	2,500	0	0.0	0.0
B- / 7.2	9.5	1.22	17.81	37	2	97	0	1	138.0	114.2	-9.2	44	N/A	25,000	0	0.0	0.0
D / 1.8	20.4	2.35	39.43	7	32	67	0	1	179.0	N/A	N/A	7	N/A	2,500	0	4.8	0.0
C- / 3.5	20.5	2.35	37.53	19	32	67	0	1	179.0	220.7	-18.1	5	N/A	2,500	0	0.0	0.0
C- / 3.5	20.4	2.35	39.41	46	32	67	0	1	179.0	231.0	-18.0	7	N/A	25,000	0	0.0	0.0
D+ / 2.7	17.8	1.15	45.53	2,965	2	97	0	1	61.0	367.6	-0.1	21	N/A	25,000	5,000	0.0	0.0
B / 8.1	9.6	1.02	28.59	4,177	2	97	0	1	73.0	167.6	-4.9	35	N/A	25,000	5,000	0.0	0.0
C / 5.3	9.6	1.02	28.93	9,174	1	98	0	1	67.0	165.1	-4.9	35	N/A	25,000	5,000	0.0	0.0
C- / 4.0	16.8	1.35	27.84	2	0	100	0	0	13.7	87.1	-16.1	1	N/A	2,500	1,000	5.8	0.0
D+ / 2.9	16.8	1.35	26.49	4	0	100	0	0	13.7	77.0	-16.3	0	N/A	2,500	1,000	0.0	0.0
C- / 3.0	16.8	1.35	29.46	4	0	100	0	0	13.7	85.3	-16.1	0	N/A	2,500	1,000	0.0	0.0
B / 8.1	8.1	1.34	11.64	13	4	60	28	8	33.4	63.8	-10.5	23	2	2,500	1,000	5.8	0.0
D- / 1.5	20.6	0.94	35.74	6	8	91	0	1	34.0	187.9	-4.5	41	N/A	250	0	5.8	2.0
D- / 1.5	20.5	0.94	34.10	3	8	91	0	1	34.0	180.5	-4.7	36	N/A	250	0	0.0	2.0
D- / 1.5	20.5	0.94	33.99	N/A	8	91	0	1	34.0	180.9	N/A	35	N/A	250	0	0.0	2.0
D / 2.2	20.6	0.94	36.39	3	8	91	0	1	34.0	192.8	N/A	48	N/A	250	0	0.0	2.0
C+ / 5.7	10.4	1.08	12.81	1	3	96	0	1	159.0	100.6	-11.4	60	7	250	0	5.8	2.0
C+ / 5.7	10.5	1.09	12.17	1	3	96	0	1	159.0	95.8	-11.5	51	7	250	0	0.0	2.0
C+ / 5.7	10.4	1.08	12.16	N/A	3	96	0	1	159.0	95.5	-11.5	51	7	250	0	0.0	2.0
C / 5.2	10.4	1.08	13.10	2	3	96	0	1	159.0	104.0	N/A	67	4	250	0	0.0	2.0
C / 5.4	10.2	1.07	14.41	N/A	1	98	0	1	69.0	141.0	-12.3	13	8	250	0	0.0	2.0
C / 5.4	10.2	1.06	14.36	1	1	98	0	1	69.0	140.7	-12.3	13	8	250	0	0.0	2.0
C / 5.5	10.2	1.06	15.47	15	1	98	0	1	69.0	151.3	-12.2	19	8	250	0	0.0	2.0
C+ / 5.9	8.4	1.06	21.49	1	2	97	0	1	49.0	91.0	-9.1	29	N/A	250	0	0.0	2.0
C+ / 5.9	8.4	1.06	21.48	2	2	97	0	1	49.0	90.9	-9.1	29	N/A	250	0	0.0	2.0
C+ / 6.0	8.4	1.06	23.16	42	2	97	0	1	49.0	99.2	-8.8	39	N/A	250	0	0.0	2.0
C / 5.2	11.6	1.04	10.56	4	0	99	0	1	130.0	122.0	-9.7	28	N/A	250	0	5.8	2.0
C / 5.2	11.6	1.04	10.11	2	0	99	0	1	130.0	116.9	-10.0	24	N/A	250	0	0.0	2.0
C / 5.2	11.5	1.04	10.09	1	0	99	0	1	130.0	116.4	-9.9	24	N/A	250	0	0.0	2.0
E / 0.3	11.6	1.04	10.86	12	0	99	0	1	130.0	126.3	N/A	33	N/A	250	0	0.0	2.0

www.thestreet.com/ratings

Data as of June 30, 2007

I. Index of Stock Mutual Funds

Summer 2007

99 Pct = Best
0 Pct = Worst

Fund Type	Fund Name	Ticker Symbol	Overall Investment Rating	Phone	Performance Rating/Pts	3 Mo	6 Mo	1Yr / Pct	3Yr / Pct	5Yr / Pct	Dividend Yield	Expense Ratio
SC	Saratoga Adv Tr Small Cap B	SSCZX	C-	(800) 807-3863	C / 5.2	5.90	10.76	17.60 /42	12.94 /54	12.48 /57	0.00	3.00
SC	Saratoga Adv Tr Small Cap C	SSCCX	C-	(800) 807-3863	C / 5.2	5.88	10.71	17.53 /42	12.93 /53	12.46 /57	0.00	3.00
SC	Saratoga Adv Tr Small Cap I	SSCPX	C	(800) 807-3863	C+ / 6.2	6.14	11.30	18.78 /50	14.06 /63	13.63 /67	0.00	2.00
TC	Saratoga Adv Tr Technology &	STPAX	E-	(800) 807-3863	D+ / 2.6	10.95	12.18	20.64 /64	8.81 /19	8.16 /16	0.00	2.70
TC	Saratoga Adv Tr Technology &	SCMPX	E	(800) 807-3863	C- / 3.6	11.41	12.29	20.48 /63	8.37 /16	7.66 /12	0.00	3.30
TC	Saratoga Adv Tr Technology &	STPCX	E-	(800) 807-3863	C- / 3.2	10.82	11.69	19.78 /58	8.14 /15	7.57 /12	0.00	3.30
TC	Saratoga Adv Tr Technology &	STPIX	D-	(800) 807-3863	C- / 4.2	11.15	12.36	21.18 /68	9.25 /23	--	0.00	2.30
HL	Saratoga Adv Tr-Health & Biotech A	SHPAX	E+	(800) 807-3863	E / 0.3	3.02	7.01	13.83 /20	5.43 / 4	3.03 / 0	0.00	2.70
HL	Saratoga Adv Tr-Health & Biotech B	SHPBX	E+	(800) 807-3863	E / 0.5	2.88	6.73	13.14 /17	4.80 / 3	2.40 / 0	0.00	3.30
HL	Saratoga Adv Tr-Health & Biotech C	SHPCX	E+	(800) 807-3863	E / 0.5	2.95	6.80	13.30 /17	4.85 / 3	2.43 / 0	0.00	3.30
HL	Saratoga Adv Tr-Health & Biotech I	SBHIX	E+	(800) 807-3863	E+ / 0.8	3.19	7.29	14.40 /23	5.88 / 6	--	0.00	2.30
GR	Saratoga Adv Tr-Large Cap Growth B	SLGZX	E	(800) 807-3863	D / 2.0	7.74	10.25	13.63 /19	8.16 /15	5.57 / 3	0.00	3.00
GR	Saratoga Adv Tr-Large Cap Growth C	SLGCX	E	(800) 807-3863	D / 2.0	7.72	10.16	13.60 /19	8.14 /15	5.57 / 3	0.00	3.00
GR	Saratoga Adv Tr-Large Cap Growth I	SLCGX	E+	(800) 807-3863	D+ / 2.7	7.95	10.69	14.73 /24	9.23 /22	6.64 / 7	0.00	2.00
SC	Satuit Capital Micro Cap Fd A	SATMX	C+	(800) 527-9500	C+ / 6.8	10.24	10.75	17.18 /39	16.04 /74	18.11 /88	0.00	2.30
GR	Schneider Value Fund PPP	SCMLX	B	(888) 520-3277	B+ / 8.6	10.28	13.52	29.11 /91	17.82 /80	--	0.31	1.27
FO	Schroder International Alpha Inv	SCIEX	A	(800) 464-3108	A- / 9.1	9.44	11.60	28.36 /90	22.95 /91	16.01 /81	0.74	2.66
GL	Schroder North American Equity Inv	SNAEX	B-	(800) 464-3108	C / 5.2	6.49	7.20	19.49 /56	12.37 /49	--	2.03	0.33
SC	● Schroder US Opportunities Inv	SCUIX	C+	(800) 464-3108	B / 7.9	6.02	10.75	21.79 /71	17.64 /80	16.41 /83	0.00	1.40
GI	Schwab 1000 Inv	SNXFX	C	(866) 855-9102	C / 4.5	6.02	7.18	20.06 /60	12.03 /46	10.94 /43	1.18	0.49
GI	Schwab 1000 Sel	SNXSX	C+	(866) 855-9102	C / 4.7	6.07	7.26	20.24 /62	12.20 /47	11.11 /45	1.33	0.34
GR	Schwab Core Equity Fd	SWANX	C+	(866) 855-9102	C+ / 5.8	5.59	6.84	20.34 /62	13.97 /62	12.01 /54	0.52	0.81
IN	Schwab Dividend Eqty Fund Inv	SWDIX	B	(866) 855-9102	C / 5.4	3.83	6.81	20.23 /62	13.81 /61	--	1.48	1.05
IN	Schwab Dividend Eqty Fund Sel	SWDSX	B	(866) 855-9102	C / 5.5	3.76	6.87	20.38 /63	13.96 /62	--	1.76	0.90
FS	Schwab Financial Services Focus	SWFFX	C-	(866) 855-9102	C / 4.7	3.01	2.50	12.83 /16	14.77 /67	13.56 /66	0.67	0.98
HL	Schwab Health Care Focus	SWHFX	B-	(866) 855-9102	C+ / 6.6	5.96	9.91	17.44 /41	15.40 /71	17.35 /86	0.00	0.84
IN	Schwab Hedged Equity Inv	SWHIX	U	(866) 855-9102	U /	4.00	4.85	10.37 / 9	--	--	0.40	2.12
IN	Schwab Hedged Equity Sel	SWHEX	C	(866) 855-9102	D+ / 2.6	4.06	4.91	10.55 / 9	11.88 /44	--	0.51	1.97
GR	Schwab Instl Select S&P 500 Sel	ISLCX	C+	(866) 855-9102	C / 4.3	6.31	6.98	20.55 /64	11.66 /42	10.64 /40	1.41	0.23
FO	Schwab International Index Inv	SWINX	A	(866) 855-9102	B+ / 8.8	7.24	11.26	26.22 /86	21.52 /88	16.65 /84	2.57	0.70
FO	Schwab International Index Sel	SWISX	A	(866) 855-9102	B+ / 8.9	7.28	11.36	26.49 /87	21.75 /88	16.87 /84	2.73	0.55
GR	Schwab Large-Cap Growth Inv	SWLNX	U	(866) 855-9102	U /	5.67	6.98	20.28 /62	--	--	0.11	1.26
GR	Schwab Large-Cap Growth Sel	SWLSX	U	(866) 855-9102	U /	5.75	7.06	20.56 /64	--	--	0.27	1.11
GR	Schwab MarketTrack All Equity Port	SWEGX	B-	(866) 855-9102	C+ / 6.5	6.07	8.37	21.16 /68	14.70 /67	12.82 /60	1.81	1.04
BA	Schwab MarketTrack Balanced Port	SWBGX	C-	(866) 855-9102	D / 2.1	3.53	5.33	14.81 /25	10.00 /28	9.29 /26	2.78	1.08
AA	Schwab MarketTrack Consv Port	SWCGX	D	(866) 855-9102	E+ / 0.9	2.22	3.92	11.77 /13	7.90 /14	7.61 /12	3.33	1.12
AA	Schwab MarketTrack Growth Port	SWHGX	C	(866) 855-9102	C- / 4.0	4.88	6.80	17.83 /44	12.12 /47	10.90 /42	2.22	0.99
IN	● Schwab Premier Equity Fund Inv	SWPNX	U	(866) 855-9102	U /	5.10	6.73	17.80 /44	--	--	0.04	1.18
IN	● Schwab Premier Equity Fund Sel	SWPSX	U	(866) 855-9102	U /	5.10	6.81	17.95 /45	--	--	0.17	1.03
GI	Schwab Retirement Income Fund	SWARX	U	(866) 855-9102	U /	1.04	3.17	9.39 / 7	--	--	4.20	0.95
IX	Schwab S&P 500 E	SWPEX	C	(866) 855-9102	C- / 4.2	6.28	6.91	20.44 /63	11.53 /41	10.52 /39	1.57	0.21
IX	Schwab S&P 500 Inv	SWPIX	C	(866) 855-9102	C- / 4.1	6.24	6.87	20.28 /62	11.40 /40	10.40 /37	1.43	0.36
IX	Schwab S&P 500 Sel	SWPPX	C	(866) 855-9102	C- / 4.2	6.26	6.94	20.45 /63	11.57 /41	10.58 /39	1.57	0.21
SC	Schwab Small-Cap Equity Inv	SWSIX	C	(866) 855-9102	C+ / 6.5	4.72	6.16	14.22 /22	16.60 /76	--	0.00	1.29
SC	Schwab Small-Cap Equity Sel	SWSCX	C	(866) 855-9102	C+ / 6.6	4.80	6.29	14.46 /23	16.81 /77	--	0.00	1.14
SC	Schwab Small-Cap Index Inv	SWSMX	C-	(866) 855-9102	C / 5.5	4.99	8.57	18.34 /47	13.79 /60	13.55 /66	0.83	0.57
SC	Schwab Small-Cap Index Sel	SWSSX	C-	(866) 855-9102	C+ / 5.6	4.98	8.65	18.47 /48	13.96 /62	13.72 /68	0.98	0.42
GR	Schwab Target 2010 Fund	SWBRX	U	(866) 855-9102	U /	3.64	6.07	15.96 /32	--	--	1.69	1.09
GR	Schwab Target 2020 Fund	SWCRX	U	(866) 855-9102	U /	3.91	6.66	17.01 /38	--	--	1.51	1.10
GR	Schwab Target 2030 Fund	SWDRX	U	(866) 855-9102	U /	4.34	7.15	17.76 /43	--	--	1.28	1.21
GR	Schwab Target 2040 Fund	SWERX	U	(866) 855-9102	U /	4.66	7.86	18.96 /52	--	--	1.15	1.41
TC	Schwab Technology Focus	SWTFX	E	(866) 855-9102	E+ / 0.7	6.45	4.08	13.56 /19	5.70 / 5	11.26 /46	0.00	0.95

● Denotes fund is closed to new investors
* Denotes fund is included in Section II

www.thestreet.com/ratings

I. Index of Stock Mutual Funds

Summer 2007

RISK			NET ASSETS		ASSET				Portfolio	BULL / BEAR		FUND MANAGER		MINIMUMS		LOADS	
	3 Year		NAV							Last Bull	Last Bear	Manager	Manager	Initial	Additional	Front	Back
Risk	Standard		As of	Total	Cash	Stocks	Bonds	Other	Turnover	Market	Market	Quality	Tenure	Purch.	Purch.	End	End
Rating/Pts	Deviation	Beta	6/30/07	$(Mil)	%	%	%	%	Ratio	Return	Return	Pct	(Years)	$	$	Load	Load
C / 5.5	10.9	0.77	11.12	N/A	0	99	0	1	35.0	122.4	-7.7	75	N/A	250	0	0.0	2.0
C / 5.5	10.9	0.77	11.16	1	0	99	0	1	35.0	122.3	-7.8	75	N/A	250	0	0.0	2.0
C / 5.5	11.0	0.77	12.80	17	0	99	0	1	35.0	131.9	-7.5	84	N/A	250	0	0.0	2.0
D / 1.6	19.0	1.98	9.12	9	0	99	0	1	99.0	77.3	-14.2	2	10	250	0	5.8	2.0
D / 1.6	19.0	1.97	8.59	7	0	99	0	1	99.0	72.7	-14.2	1	9	250	0	0.0	2.0
D / 1.6	19.0	1.98	8.60	1	0	99	0	1	99.0	72.9	-14.1	1	7	250	0	0.0	2.0
C- / 3.8	18.9	1.98	9.27	3	0	99	0	1	99.0	79.8	N/A	2	4	250	0	0.0	2.0
C+ / 6.3	8.6	0.65	14.65	9	1	98	0	1	16.0	39.4	-10.0	20	N/A	250	0	5.8	2.0
C+ / 6.2	8.6	0.65	13.95	12	1	98	0	1	16.0	35.9	-10.2	16	N/A	250	0	0.0	2.0
C+ / 6.2	8.6	0.65	13.97	3	1	98	0	1	16.0	35.9	-10.2	17	N/A	250	0	0.0	2.0
C+ / 6.4	8.6	0.65	14.86	2	1	98	0	1	16.0	41.2	N/A	23	N/A	250	0	0.0	2.0
C / 4.5	14.3	1.51	15.59	N/A	0	99	0	1	125.0	56.7	-10.9	5	2	250	0	0.0	2.0
C / 4.5	14.3	1.52	15.62	2	0	99	0	1	125.0	56.8	-10.9	5	2	250	0	0.0	2.0
C / 4.5	14.3	1.52	16.98	36	0	99	0	1	125.0	63.7	-10.6	7	2	250	0	0.0	2.0
C+ / 5.9	14.4	0.99	29.06	145	2	97	0	1	154.4	170.2	-6.7	82	7	1,000	250	5.8	0.0
C+ / 5.9	10.8	1.27	25.86	411	13	86	0	1	104.9	212.3	-11.6	88	5	20,000	2,500	0.0	1.0
C+ / 6.9	10.0	1.03	12.41	39	0	98	0	2	76.0	175.8	-15.0	48	N/A	250,000	1,000	0.0	2.0
B / 8.5	7.4	0.61	12.96	862	0	99	0	1	51.0	N/A	N/A	26	N/A	250,000	1,000	0.0	0.0
C / 5.3	10.6	0.77	24.31	300	12	88	0	0	101.0	160.0	-10.2	95	N/A	250,000	1,000	0.0	2.0
B- / 7.6	7.5	1.01	44.18	4,147	0	99	0	1	5.0	98.2	-9.6	57	N/A	100	1	0.0	2.0
B- / 7.6	7.5	1.02	44.19	3,200	0	99	0	1	5.0	99.5	-9.6	59	N/A	50,000	1	0.0	2.0
B- / 7.5	8.5	1.11	19.84	1,905	1	98	0	1	42.0	113.3	-9.2	70	N/A	100	1	0.0	2.0
B / 8.8	6.2	0.74	15.63	833	0	99	0	1	36.0	N/A	N/A	90	4	100	1	0.0	2.0
B / 8.8	6.2	0.74	15.58	1,324	0	99	0	1	36.0	N/A	N/A	91	4	50,000	1	0.0	2.0
C+ / 6.4	8.5	0.96	16.42	112	0	99	0	1	57.0	126.1	-8.2	87	N/A	2,500	1	0.0	2.0
B- / 7.6	9.9	0.96	16.53	759	2	97	0	1	76.0	156.6	-7.0	89	N/A	2,500	1	0.0	2.0
U /	N/A	N/A	16.64	257	N/A	100	0	N/A	100.0	N/A	N/A	N/A	N/A	100	1	0.0	2.0
B+ / 9.6	5.5	0.51	16.67	1,245	N/A	100	0	N/A	100.0	88.6	-3.4	90	N/A	50,000	1	0.0	2.0
B / 8.7	7.3	0.99	11.96	2,839	1	98	0	1	2.0	95.9	-9.8	54	N/A	75,000	1	0.0	2.0
B- / 7.0	8.8	0.94	24.01	820	0	99	0	1	11.0	168.4	-9.0	54	N/A	100	1	0.0	2.0
B- / 7.0	8.8	0.94	24.02	1,151	0	99	0	1	11.0	170.6	-9.0	56	N/A	50,000	1	0.0	2.0
U /	N/A	N/A	12.11	105	3	96	0	1	53.0	N/A	N/A	N/A	N/A	100	1	0.0	2.0
U /	N/A	N/A	12.13	390	3	96	0	1	53.0	N/A	N/A	N/A	N/A	50,000	1	0.0	2.0
B- / 7.9	8.4	1.08	15.02	636	2	97	0	1	8.0	124.7	-10.4	79	N/A	1,000	1	0.0	2.0
B+ / 9.0	4.9	1.07	17.58	594	4	61	33	2	8.0	70.8	-5.1	66	N/A	1,000	1	0.0	2.0
B / 8.3	3.4	0.73	14.57	247	2	97	0	1	11.0	49.7	-2.2	62	N/A	1,000	1	0.0	2.0
B- / 7.6	6.6	1.40	20.42	679	4	81	14	1	7.0	94.4	-7.7	71	N/A	1,000	1	0.0	2.0
U /	N/A	N/A	13.80	738	0	99	0	1	73.0	N/A	N/A	N/A	N/A	2,500	1	0.0	2.0
U /	N/A	N/A	13.81	1,055	0	99	0	1	73.0	N/A	N/A	N/A	N/A	50,000	1	0.0	2.0
U /	N/A	N/A	10.39	61	9	21	69	1	1.0	N/A	N/A	N/A	N/A	2,500	1	0.0	0.0
B- / 7.6	7.3	1.00	23.35	267	0	99	0	1	3.0	95.0	-9.7	52	N/A	1,000	1	0.0	2.0
B- / 7.6	7.3	1.00	23.34	4,060	0	99	0	1	3.0	94.0	-9.8	50	N/A	100	1	0.0	2.0
B- / 7.6	7.3	1.00	23.42	4,319	0	99	0	1	3.0	95.6	-9.8	53	N/A	50,000	1	0.0	2.0
C / 5.5	11.9	0.84	19.30	557	2	97	0	1	82.0	N/A	N/A	91	4	2,500	1	0.0	2.0
C / 5.5	11.9	0.85	19.42	614	2	97	0	1	82.0	N/A	N/A	92	4	50,000	1	0.0	2.0
C / 5.5	13.0	0.97	25.47	809	1	98	0	1	29.0	143.9	-12.5	62	10	100	1	0.0	2.0
C / 5.5	13.0	0.97	25.50	993	1	98	0	1	29.0	145.5	-12.5	64	10	50,000	1	0.0	2.0
U /	N/A	N/A	12.24	114	1	71	27	1	N/A	N/A	N/A	N/A	2	100	1	0.0	2.0
U /	N/A	N/A	12.50	180	0	78	20	2	N/A	N/A	N/A	N/A	2	100	1	0.0	2.0
U /	N/A	N/A	12.73	129	1	83	15	1	N/A	N/A	N/A	N/A	2	100	1	0.0	2.0
U /	N/A	N/A	13.03	90	1	89	9	1	N/A	N/A	N/A	N/A	2	100	1	0.0	2.0
C / 4.7	15.4	1.80	5.61	63	1	98	0	1	86.0	97.2	-13.6	1	7	100	1	0.0	2.0

www.thestreet.com/ratings

Data as of June 30, 2007

I. Index of Stock Mutual Funds

Summer 2007

99 Pct = Best
0 Pct = Worst

Fund Type	Fund Name	Ticker Symbol	Overall Investment Rating	Phone	Performance Rating/Pts	3 Mo	6 Mo	1Yr / Pct	3Yr / Pct	5Yr / Pct	Dividend Yield	Expense Ratio
GR	Schwab Total Stock Market Inv	SWTIX	C+	(866) 855-9102	C / 4.8	5.96	7.35	19.98 /60	12.40 /49	11.55 /49	1.08	0.53
GR	Schwab Total Stock Market Sel	SWTSX	C+	(866) 855-9102	C / 5.0	6.03	7.42	20.17 /61	12.58 /50	11.73 /51	1.23	0.38
BA	Schwab Viewpoints Fund Inv	SWOBX	D+	(866) 855-9102	D- / 1.5	2.56	5.43	13.70 /19	8.96 /20	9.42 /27	1.65	1.26
BA	Schwab Viewpoints Fund Sel	SWMBX	C-	(866) 855-9102	D / 1.6	2.64	5.59	13.91 /20	9.16 /22	--	1.84	1.21
GR	Schwartz Value Fund	RCMFX	D-	(888) 726-0753	C- / 3.8	4.33	5.72	14.52 /23	12.07 /46	12.84 /61	0.00	1.37
IN	Security Alpha Opp Series A	SAOAX	C	(800) 888-2461	C+ / 6.0	8.92	13.62	19.43 /56	13.89 /61	--	0.00	2.40
IN	Security Alpha Opp Series B	SAOBX	C	(800) 888-2461	C+ / 6.5	8.72	13.19	18.46 /48	13.04 /55	--	0.00	3.14
IN	Security Alpha Opp Series C	SAOCX	C	(800) 888-2461	C+ / 6.5	8.72	13.09	18.46 /48	13.04 /55	--	0.00	3.15
GR	Security Equity Fund A	SECEX	D-	(800) 888-2461	E+ / 0.9	5.21	3.31	14.00 /21	7.98 /14	7.02 / 8	0.00	1.37
GR	Security Equity Fund B	SEQBX	E+	(800) 888-2461	D- / 1.1	4.96	2.77	13.07 /17	7.16 /10	6.17 / 5	0.00	2.11
GR	Security Equity Fund C	SFECX	D-	(800) 888-2461	D- / 1.1	4.98	2.93	13.18 /17	7.21 /10	6.18 / 5	0.00	2.11
GL	Security Equity Fund-Global A	SEQAX	C+	(800) 888-2461	B- / 7.1	7.02	7.82	21.74 /71	17.71 /80	14.40 /72	0.00	1.73
GL	Security Equity Fund-Global B	SGOBX	C+	(800) 888-2461	B / 7.9	7.02	7.96	22.10 /73	17.56 /79	14.20 /71	0.00	2.48
GL	Security Equity Fund-Global C	SFGCX	C+	(800) 888-2461	B / 7.6	6.80	7.42	20.87 /66	16.85 /77	13.58 /66	0.00	2.48
GR	Security Equity Select 25 A	SEFAX	E+	(800) 888-2461	E+ / 0.9	6.26	2.99	9.08 / 6	9.02 /21	7.55 /11	0.00	1.55
GR	Security Equity Select 25 B	SEFBX	D-	(800) 888-2461	D- / 1.2	6.12	2.65	8.41 / 5	8.25 /16	6.74 / 7	0.00	2.31
GR	Security Equity Select 25 C	SSSCX	D-	(800) 888-2461	D- / 1.1	6.10	2.54	8.26 / 4	8.22 /16	6.72 / 7	0.00	2.31
GI	Security Large Cap Value A	SECIX	B	(800) 888-2461	C+ / 6.6	7.97	9.13	19.20 /54	16.01 /74	11.76 /51	0.03	1.41
GI	Security Large Cap Value B	SECBX	A-	(800) 888-2461	B- / 7.0	7.88	8.85	18.41 /48	15.15 /70	10.91 /42	0.00	2.16
GI	Security Large Cap Value C	SEGIX	A-	(800) 888-2461	B- / 7.0	7.87	8.82	18.36 /48	15.21 /70	10.90 /42	0.00	2.16
AG	Security Mid Cap Growth A	SECUX	E-	(800) 888-2461	E- / 0.1	0.53	0.09	2.78 / 1	5.23 / 4	10.47 /38	0.00	1.42
AG	Security Mid Cap Growth B	SEUBX	E-	(800) 888-2461	E- / 0.1	0.32	-0.32	1.88 / 1	4.45 / 2	9.66 /29	0.00	2.17
AG	Security Mid Cap Growth C	SUFCX	E-	(800) 888-2461	E- / 0.1	0.29	-0.29	1.98 / 1	4.46 / 2	9.69 /30	0.00	2.17
MC	Security Mid Cap Value A	SEVAX	B-	(800) 888-2461	B- / 7.5	7.54	10.12	15.87 /31	18.92 /83	18.86 /90	0.48	1.36
MC	Security Mid Cap Value B	SVSBX	B-	(800) 888-2461	B / 7.7	7.32	9.70	15.02 /26	18.04 /80	17.98 /88	0.00	2.11
MC	Security Mid Cap Value C	SEVSX	B-	(800) 888-2461	B / 7.7	7.31	9.70	15.00 /26	18.04 /81	17.98 /88	0.00	2.11
SC	Security Small Cap Growth A	SSCAX	E	(800) 888-2461	D+ / 2.3	7.78	9.00	12.76 /15	10.46 /31	12.95 /62	0.00	1.83
SC	Security Small Cap Growth B	SEPBX	E	(800) 888-2461	D+ / 2.7	7.52	8.57	11.91 /13	9.65 /25	12.10 /55	0.00	2.59
AA	SEI Asset Alloc- Moderate Strgy A	SMOAX	C	(800) 342-5734	D / 1.9	1.53	3.94	12.37 /14	10.07 /29	--	3.69	0.34
AG	SEI Asset Alloc-Agg Strgy A	SSGAX	C+	(800) 342-5734	C+ / 6.4	4.94	7.71	19.72 /58	14.44 /65	--	2.71	0.34
AA	SEI Asset Alloc-Cons Strat A	SVSAX	C	(800) 342-5734	D- / 1.3	1.45	3.93	11.18 /11	8.72 /19	--	4.27	0.35
AA	SEI Asset Alloc-Core Mrkt Strat A	SOKAX	C	(800) 342-5734	D / 1.6	1.96	4.11	12.68 /15	9.06 /21	--	3.69	0.34
AA	SEI Asset Alloc-Defensive Strat A	SNSAX	C-	(800) 342-5734	E / 0.5	1.37	3.44	9.05 / 6	6.36 / 7	--	4.54	0.34
AA	SEI Asset Alloc-Divers Conserv A	SACNX	D+	(800) 342-5734	D- / 1.1	1.81	3.83	11.78 /13	7.93 /14	7.59 /12	3.49	0.35
AA	SEI Asset Alloc-Divers Conserv D	SEADX	D+	(800) 342-5734	E+ / 0.7	1.54	3.30	10.60 / 9	6.85 / 8	6.49 / 6	2.55	1.35
AA	SEI Asset Alloc-Divers Conserv I	SCRIX	C-	(800) 342-5734	D- / 1.0	1.72	3.77	11.53 /12	7.68 /12	7.31 /10	3.26	0.60
AA	SEI Asset Alloc-Divers Consv Inc A	SACIX	D+	(800) 342-5734	E / 0.4	1.06	2.76	8.92 / 6	5.82 / 5	5.72 / 4	3.91	0.35
AA	SEI Asset Alloc-Divers Consv Inc D	SDCDX	D+	(800) 342-5734	E / 0.3	0.80	2.27	7.79 / 4	4.75 / 3	4.68 / 1	2.96	1.35
AA	SEI Asset Alloc-Divers Consv Inc I	SVVIX	C-	(800) 342-5734	E / 0.4	1.06	2.71	8.67 / 5	5.57 / 5	5.46 / 3	3.68	0.60
GL	SEI Asset Alloc-Dvrs Glb Growth A	SAGRX	B-	(800) 342-5734	C / 5.3	4.78	7.28	18.61 /49	13.09 /55	11.17 /45	2.53	0.34
GL	SEI Asset Alloc-Dvrs Glb Growth D	SAGDX	C+	(800) 342-5734	C- / 4.2	4.46	6.78	17.42 /41	11.95 /45	10.05 /33	1.64	1.34
GL	SEI Asset Alloc-Dvrs Glb Growth I	SGWIX	C	(800) 342-5734	C / 5.1	4.71	7.16	18.35 /48	12.80 /52	--	2.32	0.59
GL	SEI Asset Alloc-Dvrs Glb Mod Gr A	SAGMX	C	(800) 342-5734	C- / 3.3	3.39	5.75	15.74 /30	11.31 /39	10.27 /36	3.17	0.34
GL	SEI Asset Alloc-Dvrs Glb Mod Gr D	SDMDX	C-	(800) 342-5734	D+ / 2.4	3.10	5.19	14.55 /23	10.01 /28	8.96 /23	2.25	1.34
GL	SEI Asset Alloc-Dvrs Glb Stock A	SAGSX	B+	(800) 342-5734	B- / 7.0	6.04	8.82	21.36 /69	14.88 /68	12.07 /54	1.94	0.34
GL	SEI Asset Alloc-Dvrs Glb Stock D	SDGDX	B-	(800) 342-5734	C+ / 6.2	5.77	8.25	20.16 /61	13.73 /60	10.92 /43	1.40	1.34
GL	SEI Asset Alloc-Dvrs Glb Stock I	SBKIX	C+	(800) 342-5734	C+ / 6.8	5.99	8.64	21.08 /67	14.57 /66	--	1.74	0.59
AA	SEI Asset Alloc-Dvrs Mod Gr A	SAMGX	C	(800) 342-5734	D+ / 2.4	3.15	5.38	14.78 /25	10.05 /28	8.96 /23	3.10	0.35
AA	SEI Asset Alloc-Dvrs Mod Gr D	SMGDX	C-	(800) 342-5734	D / 1.7	2.95	4.93	13.62 /19	8.96 /20	7.87 /14	2.18	1.35
AA	SEI Asset Alloc-Dvrs Mod Gr I	SVRIX	C	(800) 342-5734	D / 2.2	3.08	5.25	14.50 /23	9.76 /26	8.68 /20	2.87	0.60
AA	SEI Asset Alloc-Dvrs US Stock A	SAUSX	C+	(800) 342-5734	C / 5.0	5.61	7.92	19.03 /53	12.18 /47	10.62 /40	1.53	0.34
AA	SEI Asset Alloc-Dvrs US Stock D	SADDX	C	(800) 342-5734	C- / 3.9	5.27	7.31	17.82 /44	11.05 /36	9.50 /28	0.78	1.34

• Denotes fund is closed to new investors
* Denotes fund is included in Section II

www.thestreet.com/ratings

I. Index of Stock Mutual Funds

Summer 2007

RISK			NET ASSETS		ASSET				Portfolio Turnover Ratio	BULL / BEAR		FUND MANAGER		MINIMUMS		LOADS	
	3 Year		NAV							Last Bull	Last Bear	Manager	Manager	Initial	Additional	Front	Back
Risk	Standard		As of	Total	Cash	Stocks	Bonds	Other		Market	Market	Quality	Tenure	Purch.	Purch.	End	End
Rating/Pts	Deviation	Beta	6/30/07	$(Mil)	%	%	%	%		Return	Return	Pct	(Years)	$	$	Load	Load
B / 8.5	7.8	1.05	26.13	672	1	98	0	1	3.0	104.6	-9.4	58	8	100	1	0.0	2.0
B / 8.5	7.8	1.05	26.19	885	1	98	0	1	3.0	105.9	-9.3	60	8	50,000	1	0.0	2.0
B / 8.4	6.0	1.25	13.60	121	7	66	25	2	244.0	67.8	-2.6	41	N/A	100	1	0.0	2.0
B+ / 9.5	5.9	1.22	13.61	30	7	66	25	2	244.0	N/A	N/A	45	N/A	50,000	1	0.0	2.0
C- / 4.2	9.9	1.06	26.98	70	3	96	0	1	82.0	132.0	-12.2	52	14	1,000	0	0.0	0.0
C+ / 5.6	10.5	1.18	13.43	23	60	39	0	1	1,246.9	N/A	N/A	62	4	100	100	5.8	0.0
C / 5.5	10.5	1.18	12.96	3	60	39	0	1	1,246.9	N/A	N/A	52	4	100	100	0.0	0.0
C / 5.5	10.5	1.18	12.96	4	60	39	0	1	1,246.9	N/A	N/A	52	4	100	100	0.0	0.0
C+ / 6.7	7.3	0.93	6.87	372	1	98	0	1	34.1	64.6	-10.2	22	3	100	100	5.8	0.0
C+ / 6.3	7.3	0.92	5.93	22	1	98	0	1	34.1	59.2	-10.5	18	3	100	100	0.0	0.0
C+ / 6.5	7.4	0.93	6.32	6	1	98	0	1	34.1	59.1	-10.3	18	3	100	100	0.0	0.0
C / 5.2	10.3	1.00	20.13	151	2	97	0	1	28.0	155.3	-12.5	14	3	100	100	5.8	2.0
C / 4.9	10.4	1.00	18.44	30	2	97	0	1	28.0	152.3	-12.4	13	3	100	100	0.0	0.0
C / 4.9	10.4	1.00	18.53	12	2	97	0	1	28.0	147.5	-12.7	11	3	100	100	0.0	0.0
C+ / 6.6	11.4	1.31	10.69	31	3	96	0	1	38.9	67.0	-11.8	11	3	100	100	5.8	0.0
C+ / 6.6	11.3	1.31	10.06	13	3	96	0	1	38.9	62.0	-12.1	9	3	100	100	0.0	0.0
C+ / 6.6	11.3	1.31	10.09	12	3	96	0	1	38.9	61.9	-12.1	9	3	100	100	0.0	0.0
B / 8.5	8.0	0.92	9.08	77	2	97	0	1	54.2	114.8	-10.4	92	N/A	100	100	5.8	0.0
B / 8.5	8.0	0.93	8.49	16	2	97	0	1	54.2	108.3	-10.9	89	N/A	100	100	0.0	0.0
B / 8.5	8.0	0.92	8.64	6	2	97	0	1	54.2	108.1	-10.7	89	N/A	100	100	0.0	0.0
D+ / 2.5	16.8	1.68	11.37	169	6	93	0	1	41.0	97.4	-8.6	1	9	100	100	5.8	0.0
D / 2.0	16.8	1.67	9.31	17	6	93	0	1	41.0	91.4	-8.9	1	9	100	100	0.0	0.0
D / 2.2	16.8	1.68	10.36	12	6	93	0	1	41.0	91.5	-8.8	1	9	100	100	0.0	0.0
C+ / 6.4	12.6	1.08	42.67	725	7	91	0	2	33.0	192.0	-5.4	82	10	100	100	5.8	0.0
C+ / 6.3	12.6	1.08	38.55	115	7	91	0	2	33.0	182.8	-5.6	75	10	100	100	0.0	0.0
C+ / 6.3	12.6	1.08	39.34	187	7	91	0	2	33.0	183.0	-5.7	75	10	100	100	0.0	0.0
C- / 3.8	14.1	0.96	18.29	46	5	94	0	1	136.0	138.1	-14.4	26	5	100	100	5.8	0.0
C- / 3.8	14.1	0.96	16.73	6	5	94	0	1	136.0	130.7	-14.5	21	5	100	100	0.0	0.0
B+ / 9.9	3.7	0.78	12.62	553	0	48	51	1	49.0	N/A	N/A	82	N/A	100,000	1,000	0.0	0.0
C+ / 6.4	7.4	0.95	14.65	435	0	80	19	1	0.1	N/A	N/A	85	N/A	100,000	1,000	0.0	0.0
B+ / 9.9	2.8	0.53	11.86	155	0	36	63	1	103.0	N/A	N/A	81	4	150,000	1,000	0.0	0.0
B+ / 9.9	3.8	0.81	11.95	104	0	40	59	1	7.0	N/A	N/A	71	4	150,000	1,000	0.0	0.0
B+ / 9.9	1.6	0.30	11.06	111	N/A	19	80	N/A	46.0	N/A	N/A	70	4	100,000	1,000	0.0	0.0
B+ / 9.0	3.4	0.73	11.23	81	0	40	58	2	32.0	49.6	-2.0	62	N/A	150,000	1,000	0.0	0.0
B+ / 9.1	3.4	0.74	11.18	7	0	40	58	2	32.0	43.4	-2.3	47	N/A	150,000	1,000	0.0	0.0
B+ / 9.9	3.4	0.73	11.21	10	0	40	58	2	32.0	48.0	-2.1	59	N/A	100,000	1,000	0.0	0.0
B+ / 9.7	2.4	0.49	11.47	49	19	24	55	2	17.0	33.1	-0.6	51	N/A	150,000	1,000	0.0	0.0
B+ / 9.7	2.4	0.49	11.37	7	19	24	55	2	17.0	27.6	-1.0	36	N/A	150,000	1,000	0.0	0.0
B+ / 9.9	2.4	0.49	11.45	5	19	24	55	2	17.0	31.7	-0.7	47	5	100,000	1,000	0.0	0.0
B / 8.4	6.7	1.42	15.14	223	0	80	19	1	23.0	96.9	-7.6	79	N/A	150,000	1,000	0.0	0.0
B / 8.4	6.7	1.42	15.00	12	0	80	19	1	23.0	88.6	-7.8	68	N/A	150,000	1,000	0.0	0.0
C+ / 6.6	6.7	1.43	15.12	50	0	80	19	1	23.0	94.8	-7.6	76	5	100,000	1,000	0.0	0.0
B / 8.5	5.1	1.11	12.80	169	0	60	39	1	28.0	77.8	-4.6	78	N/A	150,000	1,000	0.0	0.0
B / 8.5	5.1	1.11	12.64	5	0	60	39	1	28.0	68.7	-4.8	64	N/A	150,000	1,000	0.0	0.0
B- / 7.9	8.2	1.70	15.27	127	0	99	0	1	34.0	116.9	-10.1	81	N/A	150,000	1,000	0.0	0.0
B- / 7.8	8.3	1.71	14.30	7	0	99	0	1	34.0	107.7	-10.2	70	N/A	150,000	1,000	0.0	0.0
C+ / 6.1	8.3	1.72	15.22	17	0	99	0	1	34.0	114.5	-10.2	78	5	100,000	1,000	0.0	0.0
B+ / 9.0	4.9	1.07	14.07	196	0	60	39	1	15.0	69.0	-5.0	67	N/A	150,000	1,000	0.0	0.0
B+ / 9.0	4.9	1.07	13.98	18	0	60	39	1	15.0	61.9	-5.2	53	N/A	150,000	1,000	0.0	0.0
B+ / 9.8	4.9	1.08	14.05	24	0	60	39	1	15.0	67.2	-5.1	63	5	100,000	1,000	0.0	0.0
B / 8.2	8.3	1.75	17.70	75	N/A	100	0	N/A	15.0	101.0	-10.0	49	N/A	150,000	1,000	0.0	0.0
B / 8.2	8.3	1.76	16.58	11	N/A	100	0	N/A	15.0	92.4	-10.3	35	N/A	150,000	1,000	0.0	0.0

www.thestreet.com/ratings

Data as of June 30, 2007

I. Index of Stock Mutual Funds

Summer 2007

99 Pct = Best
0 Pct = Worst

Fund Type	Fund Name	Ticker Symbol	Overall Investment Rating	Phone	Performance Rating/Pts	3 Mo	6 Mo	1Yr / Pct	3Yr / Pct	5Yr / Pct	Dividend Yield	Expense Ratio
AA	SEI Asset Alloc-Dvrs US Stock I	SUKIX	C-	(800) 342-5734	C / 4.7	5.50	7.75	18.73 /50	11.91 /45	--	1.31	0.59
AA	SEI Asset Alloc-Mkt Gr Strgy A	SRWAX	C+	(800) 342-5734	C- / 3.7	3.46	5.93	16.13 /33	11.72 /43	--	3.18	1.40
AA	SEI Asset Alloc-Tax Mgd Agg Strgy A	SISAX	C+	(800) 342-5734	C+ / 6.4	5.67	7.58	19.84 /59	14.27 /64	--	2.00	0.34
IX	SEI Index Fds-S&P 500 Idx Fd A	SSPIX	C	(800) 342-5734	C / 4.3	6.20	6.77	20.14 /61	11.10 /37	10.21 /35	1.53	0.42
IX	SEI Index Fds-S&P 500 Idx Fd E	TRQIX	C	(800) 342-5734	C / 4.5	6.23	6.87	20.30 /62	11.26 /38	10.37 /37	1.65	0.52
IX	SEI Index Fds-S&P 500 Idx Fd I	SPIIX	C-	(800) 342-5734	C- / 4.1	6.12	6.63	19.83 /58	10.96 /35	10.00 /33	1.31	0.78
FO	SEI Instl Managed Tr-Intl Eq I	SEEIX	A+	(800) 342-5734	A- / 9.0	7.00	11.06	27.71 /89	21.97 /89	15.77 /80	2.68	1.64
GR	SEI Instl Managed Tr-Lg Cap Gr A	SELCX	D-	(800) 342-5734	D / 2.2	6.19	6.81	15.57 /29	8.47 /17	7.99 /15	0.26	1.02
GR	SEI Instl Managed Tr-Lg Cap Gr I	SPGIX	E+	(800) 342-5734	D / 2.0	6.09	6.61	15.21 /27	8.19 /15	7.70 /13	0.02	1.27
GR	SEI Instl Managed Tr-Lg Cap Val A	TRMVX	B	(800) 342-5734	B- / 7.1	5.53	6.67	22.23 /74	15.40 /71	12.45 /57	1.91	0.97
GR	SEI Instl Managed Tr-LgCp Dvf Alp A	SDAAX	U	(800) 342-5734	U /	6.04	8.31	19.71 /58	--	--	1.37	1.09
MC	SEI Instl Managed Tr-MidCap Portf A	SEMCX	B+	(800) 342-5734	B+ / 8.4	5.03	11.38	21.32 /69	19.37 /84	17.38 /86	0.60	1.02
RE	SEI Instl Managed Tr-Real Est A	SETAX	B+	(800) 342-5734	B+ / 8.5	-8.42	-5.28	12.34 /14	24.30 /93	--	2.50	1.27
SC	SEI Instl Managed Tr-Sm Cap Gr A	SSCGX	D	(800) 342-5734	C / 4.8	8.10	10.46	18.21 /47	11.00 /36	12.29 /56	0.02	1.27
SC	SEI Instl Managed Tr-Sm Cap Gr I	SPWIX	D-	(800) 342-5734	C / 4.5	8.07	10.35	17.87 /44	10.72 /34	12.00 /54	0.00	1.52
GI	SEI Instl Managed Tr-Sm Cap Val A	SESVX	C	(800) 342-5734	C+ / 6.9	3.52	6.94	19.83 /58	16.01 /74	15.60 /79	0.65	1.27
GI	SEI Instl Managed Tr-Sm Cap Val I	SMVIX	C	(800) 342-5734	C+ / 6.7	3.37	6.77	19.42 /56	15.70 /72	15.29 /78	0.41	1.52
GR	SEI Instl Managed Tr-T/M Lg Cap A	TMLCX	C+	(800) 342-5734	C / 4.9	6.26	6.97	19.11 /53	12.03 /46	10.46 /38	1.13	1.02
SC	SEI Instl Managed Tr-T/M Sm Cap A	STMSX	C	(800) 342-5734	C+ / 6.5	6.87	10.30	19.28 /54	13.85 /61	14.00 /70	0.37	1.27
GR	SEI Instl Mgd Tr-US Mgd Volty A	SVOAX	U	(800) 342-5734	U /	6.31	10.75	21.59 /70	--	--	1.63	1.27
EM	SEI Intl Tr-Emerging Mkts Eq Tr	SIEMX	B-	(800) 342-5734	A+ / 9.7	13.94	15.70	40.60 /97	34.31 /97	26.45 /97	0.35	2.05
FO	SEI Intl Tr-International Eq Tr	SEITX	A-	(800) 342-5734	A- / 9.1	7.05	11.20	28.06 /90	22.28 /90	16.01 /81	2.83	1.39
GI	Selected American Shares D	SLADX	B+	(800) 279-0279	C+ / 6.2	6.87	7.36	19.86 /59	13.72 /60	--	0.85	0.83
* GI	Selected American Shares S	SLASX	B+	(800) 279-0279	C+ / 5.9	6.81	7.21	19.49 /56	13.37 /57	13.05 /62	0.58	1.16
MC	Selected Special Shares D	SLSDX	B	(800) 279-0279	C+ / 6.4	7.25	6.94	19.31 /55	14.17 /63	--	1.00	0.96
MC	Selected Special Shares S	SLSSX	C+	(800) 279-0279	C+ / 6.0	7.18	6.72	18.88 /51	13.78 /60	13.74 /68	0.72	1.21
MC	Seligman Capital Fund A	SCFIX	C-	(800) 221-2783	C / 5.1	8.34	15.05	22.93 /77	11.16 /37	11.15 /45	0.00	1.51
MC	Seligman Capital Fund B	SLCBX	C	(800) 221-2783	C / 5.4	8.10	14.60	21.93 /72	10.30 /30	10.30 /36	0.00	2.26
MC	Seligman Capital Fund C	SCLCX	C	(800) 221-2783	C / 5.4	8.14	14.62	22.01 /73	10.32 /30	10.30 /36	0.00	2.26
MC	Seligman Capital Fund D	SLCDX	C	(800) 221-2783	C / 5.4	8.14	14.62	22.01 /73	10.34 /31	10.31 /36	0.00	2.26
MC	Seligman Capital Fund I	SCLIX	C+	(800) 221-2783	C+ / 6.6	8.46	15.28	23.55 /79	11.72 /43	11.71 /51	0.00	1.00
MC	Seligman Capital Fund R	SCFRX	C	(800) 221-2783	C+ / 6.0	8.32	14.91	22.72 /76	10.97 /35	--	0.00	1.76
GI	Seligman Common Stock Fund A	SCSFX	C	(800) 221-2783	C- / 3.8	6.55	7.61	23.91 /80	10.86 /35	8.11 /15	1.52	1.33
GI	Seligman Common Stock Fund B	SBCSX	C	(800) 221-2783	C- / 4.1	6.32	7.17	22.90 /77	10.03 /28	7.29 /10	0.61	2.08
GI	Seligman Common Stock Fund C	SCKCX	C	(800) 221-2783	C- / 4.1	6.31	7.16	22.88 /77	10.02 /28	7.29 /10	0.61	2.08
GI	Seligman Common Stock Fund D	SCSDX	C	(800) 221-2783	C- / 4.1	6.39	7.25	22.99 /77	10.06 /28	7.29 /10	0.61	2.08
GI	Seligman Common Stock Fund Inst	SCSIX	C	(800) 221-2783	C / 5.4	6.70	7.80	24.47 /82	11.32 /39	8.55 /19	1.97	0.93
GI	Seligman Common Stock Fund R	SCSRX	C	(800) 221-2783	C / 4.7	6.47	7.45	23.58 /79	10.63 /33	--	1.19	1.58
TC	Seligman Communications/Info A	SLMCX	C+	(800) 221-2783	B- / 7.1	8.38	10.14	28.23 /90	14.50 /66	14.99 /76	0.00	1.51
TC	Seligman Communications/Info B	SLMBX	C+	(800) 221-2783	B- / 7.3	8.15	9.71	27.21 /88	13.62 /59	14.10 /70	0.00	2.26
TC	Seligman Communications/Info C	SCICX	C+	(800) 221-2783	B- / 7.3	8.15	9.70	27.24 /88	13.64 /59	14.12 /70	0.00	2.26
TC	Seligman Communications/Info D	SLMDX	C+	(800) 221-2783	B- / 7.3	8.15	9.71	27.27 /88	13.63 /59	14.12 /70	0.00	2.26
TC	Seligman Communications/Info I	SCMIX	B	(800) 221-2783	B / 7.9	8.48	10.36	28.81 /91	15.04 /69	15.57 /79	0.00	1.04
TC	Seligman Communications/Info R	SCIRX	C+	(800) 221-2783	B / 7.6	8.28	9.99	27.91 /90	14.25 /64	--	0.00	1.76
EM	Seligman Emerging Markets A	SHEMX	B-	(800) 221-2783	A+ / 9.8	15.90	17.74	45.75 /98	35.99 /98	28.14 /97	0.00	2.46
EM	Seligman Emerging Markets B	SHEBX	B-	(800) 221-2783	A+ / 9.8	15.66	17.28	44.69 /98	34.98 /97	27.13 /97	0.00	3.21
EM	Seligman Emerging Markets C	SHECX	B-	(800) 221-2783	A+ / 9.8	15.69	17.41	44.76 /98	35.05 /97	27.21 /97	0.00	3.21
EM	Seligman Emerging Markets D	SHEDX	B-	(800) 221-2783	A+ / 9.8	15.69	17.31	44.74 /98	35.04 /97	27.20 /97	0.00	3.21
EM	Seligman Emerging Markets I	SERIX	B-	(800) 221-2783	A+ / 9.8	16.06	18.07	46.59 /98	36.96 /98	29.31 /98	0.00	1.73
EM	Seligman Emerging Markets R	SERRX	B-	(800) 221-2783	A+ / 9.8	15.81	17.57	45.42 /98	35.83 /98	--	0.00	2.71
SC	Seligman Frontier Fund A	SLFRX	D	(800) 221-2783	C- / 4.2	5.68	10.19	23.57 /79	11.29 /39	10.28 /36	0.00	1.97
SC	Seligman Frontier Fund B	SLFBX	D	(800) 221-2783	C / 4.5	5.41	9.68	22.49 /75	10.42 /31	9.42 /27	0.00	2.73

• Denotes fund is closed to new investors
* Denotes fund is included in Section II

www.thestreet.com/ratings

I. Index of Stock Mutual Funds

Summer 2007

RISK			NET ASSETS		ASSET				Portfolio	BULL / BEAR		FUND MANAGER		MINIMUMS		LOADS	
	3 Year		NAV							Last Bull	Last Bear	Manager	Manager	Initial	Additional	Front	Back
Risk	Standard		As of	Total	Cash	Stocks	Bonds	Other	Turnover	Market	Market	Quality	Tenure	Purch.	Purch.	End	End
Rating/Pts	Deviation	Beta	6/30/07	$(Mil)	%	%	%	%	Ratio	Return	Return	Pct	(Years)	$	$	Load	Load
C+ / 6.0	8.3	1.75	17.64	6	N/A	100	0	N/A	15.0	98.9	-10.2	45	5	100,000	1,000	0.0	0.0
B+ / 9.6	5.5	1.17	13.15	766	0	60	39	1	10.0	N/A	N/A	78	N/A	100,000	1,000	0.0	0.0
C+ / 6.3	7.7	1.63	15.10	109	0	87	11	2	12.0	N/A	N/A	79	N/A	100,000	1,000	0.0	0.0
B- / 7.5	7.3	1.00	44.02	643	2	97	0	1	6.0	92.6	-9.8	46	N/A	100,000	1,000	0.0	0.0
B- / 7.5	7.4	1.00	44.16	1,051	2	97	0	1	6.0	93.8	-9.8	48	N/A	5,000,000	1,000	0.0	0.0
C+ / 6.2	7.3	1.00	44.05	16	2	97	0	1	6.0	91.2	-9.9	44	N/A	100,000	1,000	0.0	0.0
B / 8.1	9.7	1.05	16.06	19	0	85	17	0	41.0	167.3	-11.3	34	N/A	100,000	1,000	0.0	0.0
C+ / 6.4	9.3	1.16	22.53	3,493	0	98	4	0	89.0	73.1	-10.6	14	13	100,000	1,000	0.0	0.0
C+ / 5.6	9.3	1.16	22.29	29	0	98	4	0	89.0	71.3	-10.6	13	N/A	100,000	1,000	0.0	0.0
B- / 7.2	7.3	0.94	24.27	3,752	2	97	0	1	38.0	122.5	-9.4	89	N/A	100,000	1,000	0.0	0.0
U /	N/A	N/A	11.76	1,561	3	71	24	2	72.0	N/A	N/A	N/A	N/A	100,000	1,000	0.0	0.0
C+ / 6.5	10.0	0.93	22.92	208	2	97	0	1	135.0	168.1	-6.5	92	N/A	100,000	1,000	0.0	0.0
C+ / 6.6	14.6	0.98	17.94	226	3	96	0	1	65.0	N/A	N/A	93	N/A	100,000	1,000	0.0	0.0
C / 4.5	16.7	1.21	22.29	1,183	0	97	9	0	99.0	132.3	-15.6	15	13	100,000	1,000	0.0	0.0
C- / 4.1	16.7	1.21	21.96	13	0	97	9	0	99.0	129.8	-15.7	13	N/A	100,000	1,000	0.0	0.0
C / 4.5	11.4	1.33	22.50	1,216	5	94	0	1	72.0	160.4	-7.5	72	13	100,000	1,000	0.0	0.0
C / 5.5	11.5	1.34	22.40	17	5	94	0	1	72.0	157.6	-7.5	68	N/A	100,000	1,000	0.0	0.0
B / 8.5	7.7	1.04	14.38	2,813	3	96	0	1	65.0	97.5	-10.2	54	N/A	100,000	1,000	0.0	0.0
C+ / 5.6	12.7	0.93	14.54	415	3	96	0	1	73.0	143.7	-9.7	68	7	100,000	1,000	0.0	0.0
U /	N/A	N/A	13.54	553	9	90	0	1	133.0	N/A	N/A	N/A	N/A	100,000	1,000	0.0	0.0
C- / 4.0	16.2	1.07	19.45	1,673	3	96	0	1	65.0	257.8	-6.8	8	1	100,000	1,000	0.0	0.0
C+ / 6.5	9.7	1.05	16.09	4,063	0	85	16	0	118.0	169.8	-11.2	37	1	100,000	1,000	0.0	0.0
B+ / 9.1	6.3	0.80	49.46	4,989	2	96	0	2	9.0	N/A	N/A	87	N/A	10,000	100	0.0	0.0
B / 8.9	6.3	0.80	49.38	8,106	2	96	0	2	9.0	110.0	-7.8	86	10	1,000	25	0.0	0.0
B / 8.1	9.7	0.83	14.95	104	5	93	0	2	41.0	N/A	N/A	66	N/A	10,000	100	0.0	0.0
B- / 7.2	9.7	0.84	14.92	57	5	93	0	2	41.0	128.3	-11.4	61	6	1,000	25	0.0	0.0
C+ / 5.8	11.8	1.02	25.84	322	2	97	0	1	203.7	103.6	-9.1	16	1	1,000	100	4.8	0.0
C+ / 5.8	11.8	1.02	21.35	40	2	97	0	1	203.7	97.1	-9.3	12	1	1,000	100	0.0	0.0
C+ / 5.8	11.7	1.02	21.40	40	2	97	0	1	203.7	97.0	-9.2	12	1	1,000	100	0.0	0.0
C+ / 5.8	11.8	1.02	21.40	47	2	97	0	1	203.7	97.1	-9.3	12	1	1,000	100	0.0	0.0
C+ / 6.3	11.8	1.02	26.55	25	2	97	0	1	203.7	108.0	-9.0	19	1	0	0	0.0	0.0
C+ / 5.8	11.8	1.02	25.66	5	2	97	0	1	203.7	N/A	N/A	15	1	1,000	100	0.0	0.0
B- / 7.4	7.7	1.02	13.93	224	10	89	0	1	93.5	86.8	-8.8	41	N/A	1,000	100	4.8	0.0
B- / 7.4	7.6	1.01	13.62	5	10	89	0	1	93.5	80.9	-9.0	33	N/A	1,000	100	0.0	0.0
B- / 7.4	7.7	1.02	13.63	5	10	89	0	1	93.5	80.9	-9.0	32	N/A	1,000	100	0.0	0.0
B- / 7.4	7.6	1.01	13.63	14	10	89	0	1	93.5	80.8	-9.0	33	N/A	1,000	100	0.0	0.0
C+ / 6.5	7.7	1.01	14.01	7	10	89	0	1	93.5	90.0	-8.9	47	N/A	0	0	0.0	0.0
B- / 7.4	7.7	1.02	13.94	1	10	89	0	1	93.5	N/A	N/A	38	N/A	1,000	100	0.0	0.0
C+ / 5.6	15.0	1.66	36.61	2,786	1	98	0	1	187.3	134.2	-12.5	25	18	1,000	100	4.8	0.0
C+ / 5.6	15.0	1.66	31.18	333	1	98	0	1	187.3	126.6	-12.7	20	11	2,500	100	0.0	0.0
C+ / 5.6	15.0	1.66	31.20	239	1	98	0	1	187.3	126.7	-12.7	20	8	2,500	100	0.0	0.0
C+ / 5.6	15.0	1.66	31.18	545	1	98	0	1	187.3	126.7	-12.7	20	14	2,500	100	0.0	0.0
C+ / 6.4	15.0	1.66	37.60	27	1	98	0	1	187.3	139.0	-12.4	29	18	0	0	0.0	0.0
C+ / 5.6	15.0	1.66	36.21	16	1	98	0	1	187.3	N/A	N/A	24	18	2,500	100	0.0	0.0
C- / 4.2	16.4	1.07	14.80	66	0	100	0	0	110.5	283.8	-3.7	12	N/A	1,000	100	4.8	0.0
C- / 4.1	16.4	1.07	13.37	7	0	100	0	0	110.5	271.0	-3.9	9	N/A	1,000	100	0.0	0.0
C- / 4.1	16.4	1.07	13.42	7	0	100	0	0	110.5	271.9	-3.9	9	N/A	1,000	100	0.0	0.0
C- / 4.1	16.3	1.07	13.42	26	0	100	0	0	110.5	272.1	-3.9	10	N/A	1,000	100	0.0	0.0
C- / 4.1	16.4	1.08	15.68	10	0	100	0	0	110.5	298.3	-3.4	15	N/A	0	0	0.0	0.0
C- / 4.2	16.4	1.07	14.72	4	0	100	0	0	110.5	N/A	N/A	12	N/A	1,000	100	0.0	0.0
C / 5.0	14.6	1.04	14.70	53	3	96	0	1	91.7	111.6	-11.5	26	1	1,000	100	4.8	0.0
C / 4.8	14.6	1.04	12.46	4	3	96	0	1	91.7	104.7	-11.6	21	1	1,000	100	0.0	0.0

www.thestreet.com/ratings

Data as of June 30, 2007

I. Index of Stock Mutual Funds

Summer 2007

						PERFORMANCE						
	99 Pct = Best							Total Return % through 6/30/07			Incl. in Returns	
	0 Pct = Worst			Overall		Perfor-				Annualized		
Fund			Ticker	Investment		mance					Dividend	Expense
Type	Fund Name		Symbol	Rating	Phone	Rating/Pts	3 Mo	6 Mo	1Yr / Pct	3Yr / Pct	5Yr / Pct	Yield	Ratio

Fund Type	Fund Name	Ticker Symbol	Overall Investment Rating	Phone	Performance Rating/Pts	3 Mo	6 Mo	1Yr / Pct	3Yr / Pct	5Yr / Pct	Dividend Yield	Expense Ratio
SC	Seligman Frontier Fund C	SLFCX	D	(800) 221-2783	C / 4.5	5.41	9.77	22.59 /75	10.44 /31	9.46 /27	0.00	2.73
SC	Seligman Frontier Fund D	SLFDX	D	(800) 221-2783	C / 4.6	5.50	9.77	22.69 /76	10.45 /31	9.46 /27	0.00	2.72
SC	Seligman Frontier Fund Inst	SFFIX	C-	(800) 221-2783	C+ / 6.0	5.81	10.47	24.29 /81	12.09 /46	11.01 /43	0.00	1.33
SC	Seligman Frontier Fund R	SFFRX	D+	(800) 221-2783	C / 5.1	5.58	10.05	23.40 /78	11.03 /36	--	0.00	2.23
GL	Seligman Global Growth Fd A	SHGOX	D	(800) 221-2783	C- / 3.0	8.52	9.49	17.77 /43	10.05 /28	10.33 /37	0.00	2.26
GL	Seligman Global Growth Fd B	SHOBX	D	(800) 221-2783	C- / 3.3	8.41	9.21	16.97 /38	9.24 /22	9.53 /28	0.00	3.01
GL	Seligman Global Growth Fd C	SHOCX	D	(800) 221-2783	C- / 3.2	8.28	9.08	16.82 /37	9.24 /22	9.53 /28	0.00	3.01
GL	Seligman Global Growth Fd D	SHODX	D	(800) 221-2783	C- / 3.3	8.41	9.08	16.97 /38	9.24 /22	9.53 /28	0.00	3.01
GL	Seligman Global Growth Fd Inst	SGLIX	D	(800) 221-2783	C / 4.6	8.67	9.85	18.44 /48	10.71 /33	11.05 /44	0.00	1.51
GL	Seligman Global Growth Fd R	SGGRX	D+	(800) 221-2783	C- / 3.7	8.47	9.33	17.51 /42	9.75 /26	--	0.00	2.51
GL	Seligman Global Small Co A	SHGAX	B-	(800) 221-2783	B+ / 8.3	7.79	11.99	22.10 /73	19.91 /85	15.98 /81	0.00	1.82
GL	Seligman Global Small Co B	SHGBX	C+	(800) 221-2783	B+ / 8.4	7.64	11.61	21.19 /68	18.98 /83	15.09 /77	0.00	2.57
GL	Seligman Global Small Co C	SHGCX	C+	(800) 221-2783	B+ / 8.4	7.61	11.56	21.18 /68	19.03 /83	15.14 /77	0.00	2.57
GL	Seligman Global Small Co D	SHGDX	C+	(800) 221-2783	B+ / 8.4	7.55	11.51	21.13 /68	18.99 /83	15.11 /77	0.00	2.57
GL	Seligman Global Small Co Inst	SGSIX	B-	(800) 221-2783	B+ / 8.8	7.94	12.30	22.77 /76	20.62 /86	16.70 /84	0.00	1.26
GL	Seligman Global Small Co R	SGSRX	B-	(800) 221-2783	B+ / 8.5	7.75	11.80	21.82 /72	19.62 /84	--	0.00	2.07
TC	Seligman Global Tech A	SHGTX	C	(800) 221-2783	C+ / 6.6	8.56	10.30	27.60 /89	13.46 /58	12.14 /55	0.00	1.77
TC	Seligman Global Tech B	SHTBX	C	(800) 221-2783	C+ / 6.8	8.41	9.92	26.65 /87	12.63 /51	11.28 /46	0.00	2.52
TC	Seligman Global Tech C	SHTCX	C	(800) 221-2783	C+ / 6.8	8.40	9.92	26.63 /87	12.62 /51	11.29 /47	0.00	2.52
TC	Seligman Global Tech D	SHTDX	C	(800) 221-2783	C+ / 6.8	8.42	9.94	26.69 /87	12.61 /51	11.27 /46	0.00	2.52
TC	Seligman Global Tech R	SGTRX	C	(800) 221-2783	B- / 7.1	8.51	10.12	27.28 /88	13.18 /56	--	0.00	2.02
GR	Seligman Growth Fund A	SGRFX	D	(800) 221-2783	D+ / 2.4	8.26	8.26	19.75 /58	8.95 /20	8.88 /22	0.00	1.39
GR	Seligman Growth Fund B	SGBTX	D+	(800) 221-2783	D+ / 2.7	8.08	7.78	19.02 /53	8.12 /15	8.01 /15	0.00	2.15
GR	Seligman Growth Fund C	SGRCX	D+	(800) 221-2783	D+ / 2.7	8.08	7.78	18.65 /50	8.12 /15	8.01 /15	0.00	2.15
GR	Seligman Growth Fund D	SGRDX	D	(800) 221-2783	D+ / 2.6	8.08	7.78	18.65 /50	8.00 /14	8.01 /15	0.00	2.15
GR	Seligman Growth Fund I	SGFIX	D+	(800) 221-2783	C- / 3.9	8.50	8.73	20.58 /64	9.53 /24	9.39 /27	0.00	0.88
GR	Seligman Growth Fund R	SGFRX	D+	(800) 221-2783	C- / 3.2	8.33	8.33	19.65 /57	8.65 /18	--	0.00	1.65
AA	Seligman Harvester A	SATVX	C-	(800) 221-2783	D / 1.7	3.08	5.20	15.87 /31	9.77 /26	9.10 /24	1.31	2.24
AA	Seligman Harvester B	STVBX	C-	(800) 221-2783	D / 1.9	2.89	4.81	15.02 /26	8.96 /20	8.29 /17	0.67	2.99
AA	Seligman Harvester C	STVCX	C-	(800) 221-2783	D / 1.9	2.89	4.81	15.02 /26	8.96 /20	8.29 /17	0.67	2.99
AA	Seligman Harvester D	STVDX	C-	(800) 221-2783	D / 1.9	2.89	4.81	15.02 /26	8.96 /20	8.29 /17	0.67	2.99
GI	Seligman Income & Growth A	SINFX	C-	(800) 221-2783	D / 2.0	4.08	5.60	19.73 /58	9.44 /24	8.05 /15	3.99	1.50
GI	Seligman Income & Growth B	SIBBX	C	(800) 221-2783	D+ / 2.3	3.85	5.23	18.87 /51	8.65 /18	7.27 /10	3.57	2.25
GI	Seligman Income & Growth C	SIMCX	C	(800) 221-2783	D / 2.2	3.85	5.16	18.80 /51	8.60 /18	7.24 /10	3.58	2.25
GI	Seligman Income & Growth D	SINDX	C	(800) 221-2783	D / 2.2	3.85	5.24	18.88 /51	8.62 /18	7.25 /10	3.58	2.25
GI	Seligman Income & Growth I	SINIX	C	(800) 221-2783	D+ / 2.4	3.88	5.39	18.39 /48	9.08 /21	--	2.88	1.40
GI	Seligman Income & Growth R	SIFRX	C	(800) 221-2783	D+ / 2.6	3.82	5.34	19.35 /55	9.18 /22	--	3.83	1.75
FO	Seligman International Growth A	SHIFX	C+	(800) 221-2783	B / 7.6	7.73	10.10	26.21 /86	16.32 /75	13.67 /67	0.00	2.09
FO	Seligman International Growth B	SHBIX	C+	(800) 221-2783	B / 7.7	7.54	9.75	25.28 /84	15.47 /71	12.78 /60	0.00	2.84
FO	Seligman International Growth C	SITCX	C+	(800) 221-2783	B / 7.7	7.52	9.73	25.23 /83	15.50 /71	12.82 /61	0.00	2.84
FO	Seligman International Growth D	SHIDX	C+	(800) 221-2783	B / 7.7	7.52	9.66	25.23 /83	15.47 /71	12.82 /61	0.00	2.84
FO	Seligman International Growth Inst	SIGIX	C+	(800) 221-2783	B+ / 8.3	7.90	10.46	27.05 /88	17.16 /78	14.80 /75	0.00	1.38
FO	Seligman International Growth R	SIGRX	B-	(800) 221-2783	B / 7.9	7.66	10.04	25.91 /85	16.10 /74	--	0.00	2.34
GR	Seligman Large-Cap Value A	SLVAX	B	(800) 221-2783	C+ / 6.9	9.23	11.50	22.00 /72	14.91 /68	12.10 /55	0.07	1.54
GR	Seligman Large-Cap Value B	SLVBX	A-	(800) 221-2783	B- / 7.1	9.02	11.07	21.15 /68	14.08 /63	11.25 /46	0.00	2.29
GR	Seligman Large-Cap Value C	SVLCX	C+	(800) 221-2783	B- / 7.1	9.10	11.07	21.15 /68	14.08 /63	11.25 /46	0.00	2.29
GR	Seligman Large-Cap Value D	SLVDX	A-	(800) 221-2783	B- / 7.1	9.03	11.01	21.09 /67	14.06 /63	11.25 /46	0.00	2.29
GR	Seligman Large-Cap Value Inst	SLVIX	B	(800) 221-2783	B / 7.8	9.36	11.75	22.66 /76	15.59 /72	12.75 /60	0.55	0.97
GR	Seligman Large-Cap Value R	SLVRX	A	(800) 221-2783	B- / 7.4	9.14	11.27	21.67 /71	14.64 /66	--	0.00	1.79
GI	Seligman LaSalle Div Real Estate A	SREAX	D-	(800) 221-2783	C- / 3.9	-7.09	-3.84	10.86 /10	16.58 /76	--	3.33	1.67
GI	Seligman LaSalle Div Real Estate B	SREBX	D-	(800) 221-2783	C- / 4.2	-7.28	-4.21	10.05 / 8	15.67 /72	--	2.75	2.42
GI	Seligman LaSalle Div Real Estate C	SRECX	D-	(800) 221-2783	C- / 4.2	-7.28	-4.11	10.05 / 8	15.72 /73	--	2.75	2.42

● Denotes fund is closed to new investors
* Denotes fund is included in Section II

www.thestreet.com/ratings

Summer 2007   I. Index of Stock Mutual Funds

RISK			NET ASSETS		ASSET				Portfolio Turnover Ratio	BULL / BEAR		FUND MANAGER		MINIMUMS		LOADS	
	3 Year		NAV As of 6/30/07	Total $(Mil)	Cash %	Stocks %	Bonds %	Other %		Last Bull Market Return	Last Bear Market Return	Manager Quality Pct	Manager Tenure (Years)	Initial Purch. $	Additional Purch. $	Front End Load	Back End Load
Risk Rating/Pts	Standard Deviation	Beta															
C / 4.8	14.6	1.04	12.47	3	3	96	0	1	91.7	105.0	-11.6	21	1	1,000	100	0.0	0.0
C / 4.8	14.6	1.04	12.47	19	3	96	0	1	91.7	105.0	-11.6	21	1	1,000	100	0.0	0.0
C / 4.6	14.6	1.04	15.30	5	3	96	0	1	91.7	117.3	-11.2	32	1	0	0	0.0	0.0
C / 4.9	14.7	1.05	14.57	N/A	3	96	0	1	91.7	N/A	N/A	24	1	1,000	100	0.0	0.0
C+ / 6.2	11.7	0.98	9.81	25	0	100	0	0	127.1	96.0	-9.0	1	12	1,000	100	4.8	0.0
C+ / 5.9	11.7	0.98	8.89	3	0	100	0	0	127.1	89.9	-9.0	1	N/A	1,000	100	0.0	0.0
C+ / 5.9	11.8	0.99	8.89	3	0	100	0	0	127.1	90.1	-9.2	1	N/A	1,000	100	0.0	0.0
C+ / 5.9	11.8	0.99	8.89	8	0	100	0	0	127.1	89.9	-9.2	1	12	1,000	100	0.0	0.0
C / 4.9	11.8	0.99	10.15	2	0	100	0	0	127.1	101.0	-8.8	2	6	0	0	0.0	0.0
C+ / 5.9	11.8	0.98	9.73	N/A	0	100	0	0	127.1	N/A	N/A	1	N/A	1,000	100	0.0	0.0
C / 5.5	11.9	1.14	19.24	132	0	100	0	0	67.9	183.3	-10.9	12	1	1,000	100	4.8	0.0
C / 4.9	11.8	1.13	16.63	9	0	100	0	0	67.9	173.8	-11.0	9	1	1,000	100	0.0	0.0
C / 5.0	11.8	1.13	16.69	9	0	100	0	0	67.9	174.4	-10.9	9	1	1,000	100	0.0	0.0
C / 5.0	11.8	1.13	16.67	50	0	100	0	0	67.9	174.2	-10.9	9	1	1,000	100	0.0	0.0
C / 5.1	11.8	1.13	19.99	59	0	100	0	0	67.9	190.8	-10.7	15	1	0	0	0.0	0.0
C / 5.4	11.8	1.13	19.05	N/A	0	100	0	0	67.9	N/A	N/A	11	1	1,000	100	0.0	0.0
C / 5.0	15.2	1.69	17.89	266	0	100	0	0	195.5	106.9	-10.5	18	N/A	1,000	100	4.8	0.0
C / 5.0	15.2	1.69	15.73	31	0	100	0	0	195.5	100.5	-10.8	13	N/A	1,000	100	0.0	0.0
C / 5.0	15.2	1.69	15.74	23	0	100	0	0	195.5	100.5	-10.9	13	N/A	1,000	100	0.0	0.0
C / 5.0	15.3	1.69	15.71	69	0	100	0	0	195.5	100.4	-10.8	13	N/A	1,000	100	0.0	0.0
C / 5.0	15.2	1.69	17.73	1	0	100	0	0	195.5	N/A	N/A	16	N/A	1,000	100	0.0	0.0
C+ / 6.9	8.3	1.04	4.85	382	0	99	0	1	132.6	78.0	-10.2	23	1	1,000	100	4.8	0.0
C+ / 6.9	8.4	1.03	3.88	13	0	99	0	1	132.6	72.1	-10.3	18	1	1,000	100	0.0	0.0
C+ / 6.9	8.4	1.03	3.88	14	0	99	0	1	132.6	72.1	-10.3	18	1	1,000	100	0.0	0.0
C+ / 6.9	8.4	1.04	3.88	19	0	99	0	1	132.6	72.6	-10.3	17	1	1,000	100	0.0	0.0
C+ / 5.8	8.3	1.03	4.98	14	0	99	0	1	132.6	82.1	-10.2	27	1	0	0	0.0	0.0
C+ / 6.9	8.4	1.03	4.81	N/A	0	99	0	1	132.6	N/A	N/A	21	1	1,000	100	0.0	0.0
B / 8.9	6.0	1.29	6.59	9	0	69	30	1	18.4	72.2	-4.6	49	15	1,000	100	4.8	0.0
B+ / 9.0	6.0	1.29	6.59	3	0	69	30	1	18.4	66.9	-4.8	38	15	1,000	100	0.0	0.0
B+ / 9.0	6.0	1.29	6.59	6	0	69	30	1	18.4	66.9	-4.8	38	15	1,000	100	0.0	0.0
B+ / 9.0	6.0	1.29	6.59	2	0	69	30	1	18.4	66.9	-4.8	38	15	1,000	100	0.0	0.0
B / 8.8	5.1	0.63	14.62	69	8	69	22	1	219.1	60.4	-3.8	65	2	1,000	100	4.8	0.0
B+ / 9.4	5.1	0.62	14.55	5	8	69	22	1	219.1	55.3	-4.0	55	2	1,000	100	0.0	0.0
B+ / 9.7	5.1	0.63	14.53	6	8	69	22	1	219.1	55.4	-4.0	54	2	1,000	100	0.0	0.0
B+ / 9.4	5.1	0.62	14.54	10	8	69	22	1	219.1	55.4	-4.0	54	2	1,000	100	0.0	0.0
B+ / 9.4	5.2	0.64	14.71	1	8	69	22	1	219.1	N/A	N/A	59	2	0	0	0.0	0.0
B+ / 9.4	5.1	0.63	14.65	N/A	8	69	22	1	219.1	N/A	N/A	61	2	1,000	100	0.0	0.0
C+ / 5.7	11.8	1.12	18.54	53	0	100	0	0	165.1	139.0	-8.3	4	N/A	1,000	100	4.8	0.0
C+ / 5.7	11.8	1.13	16.55	8	0	100	0	0	165.1	131.4	-8.6	3	N/A	1,000	100	0.0	0.0
C / 4.9	11.8	1.13	16.58	8	0	100	0	0	165.1	131.5	-8.6	3	N/A	1,000	100	0.0	0.0
C+ / 5.7	11.7	1.12	16.58	21	0	100	0	0	165.1	131.5	-8.6	3	N/A	1,000	100	0.0	0.0
C / 5.0	11.8	1.13	19.54	14	0	100	0	0	165.1	148.5	-8.0	5	N/A	0	0	0.0	0.0
C+ / 5.7	11.8	1.13	18.42	N/A	0	100	0	0	165.1	N/A	N/A	4	N/A	1,000	100	0.0	0.0
B / 8.7	7.4	0.90	16.09	150	N/A	100	0	N/A	30.0	131.8	-11.9	89	10	1,000	100	4.8	0.0
B / 8.6	7.3	0.89	15.35	34	N/A	100	0	N/A	30.0	124.4	-12.0	86	10	1,000	100	0.0	0.0
C+ / 6.3	7.3	0.89	15.35	39	N/A	100	0	N/A	30.0	124.4	-12.0	86	10	1,000	100	0.0	0.0
B / 8.6	7.4	0.89	15.33	40	N/A	100	0	N/A	30.0	124.2	-11.9	85	10	1,000	100	0.0	0.0
C+ / 6.3	7.3	0.89	16.36	15	N/A	100	0	N/A	30.0	137.4	-11.7	92	6	0	0	0.0	0.0
B / 8.7	7.4	0.90	16.00	4	N/A	100	0	N/A	30.0	N/A	N/A	88	10	1,000	100	0.0	0.0
C- / 3.8	14.0	1.02	9.33	47	2	98	0	0	47.8	N/A	N/A	91	4	1,000	100	4.8	0.0
C- / 3.8	13.9	1.02	9.32	13	2	98	0	0	47.8	N/A	N/A	88	4	1,000	100	0.0	0.0
C- / 3.8	14.0	1.02	9.32	28	2	98	0	0	47.8	N/A	N/A	88	4	1,000	100	0.0	0.0

www.thestreet.com/ratings   Data as of June 30, 2007

I. Index of Stock Mutual Funds

Summer 2007

Fund Type	Fund Name	Ticker Symbol	Overall Investment Rating	Phone	Performance Rating/Pts	3 Mo	6 Mo	1Yr / Pct	3Yr / Pct	5Yr / Pct	Dividend Yield	Expense Ratio
GI	Seligman LaSalle Div Real Estate D	SREDX	D-	(800) 221-2783	C- / 4.2	-7.28	-4.21	10.04 / 8	15.71 / 72	--	2.75	2.42
GI	Seligman LaSalle Div Real Estate R	SRERX	D-	(800) 221-2783	C / 4.8	-7.15	-3.97	10.59 / 9	16.30 / 75	--	3.23	1.92
SC	Seligman Smaller-Cap Value A	SSCVX	C+	(800) 221-2783	C+ / 6.8	8.76	11.71	27.24 / 88	13.59 / 59	14.53 / 73	0.00	1.74
SC	Seligman Smaller-Cap Value B	SSCBX	C+	(800) 221-2783	B- / 7.0	8.56	11.29	26.31 / 86	12.76 / 52	13.66 / 67	0.00	2.48
SC	Seligman Smaller-Cap Value C	SVMCX	C	(800) 221-2783	B- / 7.0	8.56	11.29	26.31 / 86	12.76 / 52	13.66 / 67	0.00	2.48
SC	Seligman Smaller-Cap Value D	SSVDX	C+	(800) 221-2783	B- / 7.0	8.55	11.28	26.38 / 86	12.78 / 52	13.67 / 67	0.00	2.48
SC	Seligman Smaller-Cap Value Inst	SSVIX	C+	(800) 221-2783	B / 7.7	8.89	11.99	27.92 / 90	14.24 / 64	15.22 / 77	0.00	1.18
SC	Seligman Smaller-Cap Value R	SSVRX	C+	(800) 221-2783	B- / 7.3	8.73	11.58	27.06 / 88	13.35 / 57	--	0.00	1.99
AA	Seligman TargETFund Core A	SHVAX	U	(800) 221-2783	U /	1.48	3.36	13.53 / 18	--	--	1.89	1.75
AA	Seligman TargETFund Core D	SHVDX	U	(800) 221-2783	U /	1.29	3.00	12.69 / 15	--	--	1.26	2.50
AA	Seligman Time Horizon 10 A	SANAX	C+	(800) 221-2783	C+ / 5.9	6.25	9.46	22.01 / 73	14.07 / 63	12.80 / 60	1.05	2.11
AA	Seligman Time Horizon 10 B	SANBX	B-	(800) 221-2783	C+ / 6.1	6.10	9.07	21.13 / 68	13.21 / 56	11.90 / 53	0.50	2.87
AA	Seligman Time Horizon 10 C	STNCX	B-	(800) 221-2783	C+ / 6.1	6.10	9.07	21.13 / 68	13.21 / 56	11.90 / 53	0.50	2.87
AA	Seligman Time Horizon 10 D	STNDX	B-	(800) 221-2783	C+ / 6.1	6.10	9.07	21.13 / 68	13.21 / 56	11.90 / 53	0.50	2.87
AA	Seligman Time Horizon 20 A	SATWX	B-	(800) 221-2783	B- / 7.4	8.45	11.64	24.96 / 83	15.76 / 73	13.91 / 69	0.86	2.27
AA	Seligman Time Horizon 20 B	STWBX	B-	(800) 221-2783	B / 7.6	8.26	11.33	24.19 / 81	14.94 / 68	13.11 / 63	0.25	3.03
AA	Seligman Time Horizon 20 C	STWCX	B-	(800) 221-2783	B / 7.6	8.26	11.33	24.19 / 81	14.94 / 68	13.11 / 63	0.25	3.03
AA	Seligman Time Horizon 20 D	STWDX	B-	(800) 221-2783	B / 7.6	8.26	11.33	24.19 / 81	14.94 / 68	13.11 / 63	0.25	3.03
AA	Seligman Time Horizon 30 A	STHAX	B-	(800) 221-2783	B / 7.7	8.78	12.33	25.80 / 85	16.35 / 75	14.96 / 76	1.17	2.44
AA	Seligman Time Horizon 30 B	SBTHX	B	(800) 221-2783	B / 7.8	8.45	11.87	24.83 / 83	15.51 / 71	14.12 / 70	0.63	3.20
AA	Seligman Time Horizon 30 C	STHCX	B	(800) 221-2783	B / 7.9	8.45	11.87	24.83 / 83	15.51 / 71	13.83 / 68	0.63	3.20
AA	Seligman Time Horizon 30 D	STHDX	B	(800) 221-2783	B / 7.9	8.45	11.87	24.83 / 83	15.51 / 71	13.83 / 68	0.63	3.20
BA	Sentinel Balanced A	SEBLX	C-	(800) 282-3863	D- / 1.5	4.56	5.58	15.50 / 29	9.41 / 24	9.35 / 26	1.99	1.11
BA	● Sentinel Balanced B	SEBBX	C-	(800) 282-3863	D / 1.6	4.24	5.08	14.40 / 23	8.45 / 17	8.40 / 18	1.24	2.00
BA	Sentinel Balanced C	SBACX	C-	(800) 282-3863	D / 1.6	4.23	5.06	14.37 / 23	8.36 / 16	8.28 / 17	1.17	2.07
BA	● Sentinel Balanced D	SBLDX	C-	(800) 282-3863	D / 2.0	4.50	5.51	15.24 / 27	9.15 / 22	8.78 / 21	1.82	1.38
GI	Sentinel Capital Growth Fund A	BRGRX	E+	(800) 282-3863	D / 1.6	6.04	8.89	15.27 / 27	8.88 / 20	6.05 / 4	0.00	1.27
GI	Sentinel Common Stock A	SENCX	C-	(800) 282-3863	C / 4.3	7.17	7.74	20.87 / 66	12.54 / 50	11.32 / 47	0.76	1.13
GI	● Sentinel Common Stock B	SNCBX	C	(800) 282-3863	C / 4.5	6.92	7.21	19.73 / 58	11.48 / 41	10.24 / 36	0.06	2.08
GI	Sentinel Common Stock C	SCSCX	C-	(800) 282-3863	C / 4.4	6.92	7.22	19.69 / 57	11.39 / 40	10.13 / 34	0.06	2.16
GR	Sentinel Growth Leaders Fund A	BRFOX	E+	(800) 282-3863	D / 2.0	7.14	10.40	16.29 / 34	9.15 / 22	6.78 / 7	0.04	1.67
FO	Sentinel International Equity A	SWRLX	B	(800) 282-3863	B / 7.9	5.72	9.23	22.85 / 76	19.50 / 84	14.84 / 75	0.70	1.39
FO	● Sentinel International Equity B	SEWBX	B	(800) 282-3863	B / 7.8	5.42	8.68	21.53 / 70	18.16 / 81	13.49 / 66	0.00	2.49
FO	Sentinel International Equity C	SWFCX	B	(800) 282-3863	B / 7.8	5.40	8.59	21.43 / 70	18.10 / 81	13.31 / 64	0.00	2.56
MC	Sentinel Mid Cap Growth A	SNTNX	E+	(800) 282-3863	D+ / 2.5	7.37	13.83	18.68 / 50	8.82 / 19	10.93 / 43	0.00	1.33
MC	● Sentinel Mid Cap Growth B	SMGBX	E+	(800) 282-3863	D+ / 2.6	7.04	13.15	17.36 / 40	7.70 / 13	9.89 / 32	0.00	2.36
MC	Sentinel Mid Cap Growth C	SMGCX	E+	(800) 282-3863	D+ / 2.4	7.01	13.04	17.27 / 40	7.46 / 11	9.46 / 28	0.00	2.49
SC	Sentinel Small Company Fd A	SAGWX	D	(800) 282-3863	C- / 3.9	5.69	8.64	18.81 / 51	12.96 / 54	13.77 / 68	0.00	1.13
SC	● Sentinel Small Company Fd B	SESBX	D	(800) 282-3863	C- / 4.2	5.42	8.10	17.76 / 43	12.03 / 46	12.75 / 60	0.00	2.00
SC	Sentinel Small Company Fd C	SSCOX	D	(800) 282-3863	C- / 4.2	5.38	8.06	17.83 / 44	12.08 / 46	12.81 / 60	0.00	1.94
GR	● Sequoia Fund	SEQUX	E+	(800) 686-6884	D- / 1.0	5.19	5.82	13.76 / 20	6.21 / 6	7.43 / 11	0.00	1.00
GR	Sextant Growth Fund	SSGFX	C+	(800) 728-8762	B- / 7.1	7.10	6.75	17.43 / 41	16.99 / 78	13.21 / 63	0.00	1.25
FO	Sextant International Fund	SSIFX	B+	(800) 728-8762	A / 9.4	11.27	13.58	32.63 / 95	24.73 / 93	18.61 / 89	0.71	1.09
GR	Shepherd Large Cap Growth Fund	DOIGX	D	(800) 416-2053	C- / 3.7	9.65	14.42	13.64 / 19	12.41 / 49	7.89 / 14	0.00	1.13
GR	Shepherd Street Equity Fund	SSEFX	D-	(888) 575-4800	D- / 1.0	6.43	6.50	17.43 / 41	5.13 / 4	7.30 / 10	0.11	1.16
GI	Sierra Club Equity Income Fund	SCFLX	E+	(800) 222-5852	E / 0.5	3.10	4.24	10.13 / 8	6.00 / 6	--	0.12	1.73
IN	Sierra Club Stock Fund Inv	SCFSX	D-	(800) 222-5852	D / 1.6	4.17	4.97	15.31 / 28	8.66 / 18	9.02 / 23	0.05	1.60
BA	Sit Balanced Fund	SIBAX	C	(800) 332-5580	D / 2.2	4.65	6.15	14.24 / 22	9.12 / 22	8.83 / 21	1.99	1.00
EM	Sit Developing Mkts Growth Fund	SDMGX	B-	(800) 332-5580	A+ / 9.8	14.93	18.65	43.82 / 98	36.44 / 98	25.54 / 96	0.19	2.00
GI	Sit Dividend Growth Fund Class I	SDVGX	A	(800) 332-5580	B- / 7.0	6.40	9.29	21.48 / 70	15.52 / 72	--	1.57	1.00
FO	Sit International Growth Fund	SNGRX	B	(800) 332-5580	B+ / 8.4	8.59	10.85	21.87 / 72	19.14 / 83	12.16 / 55	0.79	1.85
GR	Sit Large Cap Growth	SNIGX	C	(800) 332-5580	C / 4.3	7.27	8.86	17.79 / 43	11.69 / 43	11.04 / 44	0.63	1.00

● Denotes fund is closed to new investors
* Denotes fund is included in Section II

www.thestreet.com/ratings

I. Index of Stock Mutual Funds

Summer 2007

RISK		NET ASSETS		ASSET				Portfolio Turnover Ratio	BULL / BEAR		FUND MANAGER		MINIMUMS		LOADS	
	3 Year	NAV							Last Bull	Last Bear	Manager	Manager	Initial	Additional	Front	Back
Risk	Standard	As of	Total	Cash	Stocks	Bonds	Other		Market	Market	Quality	Tenure	Purch.	Purch.	End	End
Rating/Pts	Deviation Beta	6/30/07	$(Mil)	%	%	%	%		Return	Return	Pct	(Years)	$	$	Load	Load
C- / 3.8	13.9 1.02	9.32	11	2	98	0	0	47.8	N/A	N/A	88	4	1,000	100	0.0	0.0
C- / 3.8	13.9 1.02	9.33	2	2	98	0	0	47.8	N/A	N/A	90	4	1,000	100	0.0	0.0
C / 5.5	14.2 0.98	19.74	175	N/A	N/A	0	N/A	35.4	156.4	-14.0	58	10	1,000	100	4.8	0.0
C / 5.4	14.1 0.98	18.14	37	N/A	N/A	0	N/A	35.4	148.5	-14.3	47	10	1,000	100	0.0	0.0
C / 4.7	14.2 0.98	18.14	38	N/A	N/A	0	N/A	35.4	148.5	-14.3	47	10	1,000	100	0.0	0.0
C / 5.4	14.1 0.98	18.15	61	N/A	N/A	0	N/A	35.4	148.5	-14.3	47	10	1,000	100	0.0	0.0
C / 4.7	14.2 0.98	20.45	12	N/A	N/A	0	N/A	35.4	162.8	-13.9	66	6	0	0	0.0	0.0
C / 5.5	14.2 0.98	19.56	6	N/A	N/A	0	N/A	35.4	N/A	N/A	55	10	1,000	100	0.0	0.0
U /	N/A N/A	8.10	32	0	64	34	2	21.7	N/A	N/A	N/A	N/A	1,000	100	4.8	0.0
U /	N/A N/A	8.10	31	0	64	34	2	21.7	N/A	N/A	N/A	N/A	1,000	100	0.0	0.0
B- / 7.5	9.3 1.86	8.33	18	0	89	10	1	6.6	114.4	-7.7	65	15	1,000	100	4.8	0.0
B- / 7.4	9.3 1.87	8.18	7	0	89	10	1	6.6	108.1	-8.1	54	15	1,000	100	0.0	0.0
B- / 7.4	9.3 1.87	8.18	15	0	89	10	1	6.6	108.1	-8.1	54	15	1,000	100	0.0	0.0
B- / 7.4	9.3 1.87	8.18	4	0	89	10	1	6.6	108.1	-8.1	54	15	1,000	100	0.0	0.0
C+ / 6.5	11.0 2.12	9.11	15	0	99	0	1	5.6	138.6	-10.1	68	15	1,000	100	4.8	0.0
C+ / 6.4	11.0 2.12	8.65	7	0	99	0	1	5.6	131.6	-10.4	59	15	1,000	100	0.0	0.0
C+ / 6.4	11.0 2.12	8.65	12	0	99	0	1	5.6	131.6	-10.4	59	15	1,000	100	0.0	0.0
C+ / 6.4	11.0 2.12	8.65	2	0	99	0	1	5.6	131.6	-10.4	59	15	1,000	100	0.0	0.0
C+ / 6.2	13.2 2.42	9.29	11	0	99	0	1	1.3	144.8	-10.4	57	15	1,000	100	4.8	0.0
C+ / 6.2	11.7 2.21	8.86	5	0	99	0	1	1.3	137.1	-10.6	60	15	1,000	100	0.0	0.0
C+ / 6.2	11.7 2.21	8.86	5	0	99	0	1	1.3	137.1	-10.6	60	15	1,000	100	0.0	0.0
C+ / 6.2	11.7 2.21	8.86	1	0	99	0	1	1.3	137.1	-10.6	60	15	1,000	100	0.0	0.0
B / 8.8	4.5 0.96	18.40	261	1	66	32	1	209.0	70.9	-4.9	66	N/A	1,000	50	5.0	1.0
B / 8.8	4.5 0.96	18.49	20	1	66	32	1	209.0	64.7	-5.1	54	N/A	1,000	50	0.0	1.0
B / 8.8	4.5 0.96	18.43	8	1	66	32	1	209.0	63.9	-5.1	53	N/A	1,000	50	0.0	1.0
B / 8.8	4.5 0.96	18.40	24	1	66	32	1	209.0	68.1	-5.2	63	N/A	1,000	50	0.0	1.0
C / 5.4	8.9 1.09	20.20	190	1	98	0	1	8.0	62.7	-7.8	20	13	1,000	50	5.0	1.0
C+ / 6.7	7.2 0.92	35.34	1,179	2	97	0	1	13.0	104.8	-9.5	72	N/A	1,000	50	5.0	1.0
C+ / 6.7	7.2 0.92	34.63	43	2	97	0	1	13.0	96.7	-9.7	59	11	1,000	50	0.0	1.0
C+ / 6.7	7.2 0.92	34.46	21	2	97	0	1	13.0	95.7	-9.7	58	9	1,000	50	0.0	1.0
C / 5.0	12.2 1.41	12.31	14	3	96	0	1	157.0	67.0	-6.8	9	8	1,000	50	5.0	1.0
C+ / 6.3	9.0 0.96	22.36	169	2	97	0	1	63.0	154.0	-9.2	29	N/A	1,000	50	5.0	2.0
C+ / 6.4	9.0 0.96	21.78	12	2	97	0	1	63.0	141.6	-9.5	20	N/A	1,000	50	0.0	2.0
C+ / 6.4	9.0 0.96	21.87	7	2	97	0	1	63.0	140.7	-9.6	20	N/A	1,000	50	0.0	2.0
C / 5.1	13.1 1.18	18.93	154	1	98	0	1	83.0	101.4	-8.4	4	N/A	1,000	50	5.0	1.0
C / 5.0	13.1 1.18	17.04	14	1	98	0	1	83.0	93.8	-8.7	3	N/A	1,000	50	0.0	1.0
C / 5.0	13.2 1.18	17.25	4	1	98	0	1	83.0	90.5	-8.7	3	N/A	1,000	50	0.0	1.0
C / 5.3	11.5 0.84	8.17	1,305	4	95	0	1	53.0	127.9	-5.8	68	N/A	1,000	50	5.0	2.0
C / 4.7	11.5 0.84	6.81	137	4	95	0	1	53.0	119.1	-5.8	57	N/A	1,000	50	0.0	2.0
C / 5.1	11.5 0.84	7.64	185	4	95	0	1	53.0	120.0	-5.9	57	N/A	1,000	50	0.0	2.0
C+ / 6.2	8.0 0.59	156.12	360	8	91	0	1	14.0	60.4	-10.6	29	2	0	50	0.0	0.0
C+ / 6.3	10.6 1.32	19.92	15	10	89	0	1	11.0	110.6	-7.0	81	12	1,000	25	0.0	2.0
C+ / 5.7	10.7 1.03	15.89	12	12	87	0	1	9.0	191.1	-8.7	68	12	1,000	25	0.0	2.0
C / 5.5	14.9 1.46	5.00	9	22	77	0	1	246.4	77.9	-6.0	23	5	1,000	100	4.8	0.0
B- / 7.3	9.4 1.19	16.22	27	7	92	0	1	99.0	63.3	-8.2	4	9	1,000	500	0.0	0.5
C+ / 6.8	7.3 0.89	12.32	27	10	72	16	2	37.0	52.1	N/A	13	N/A	4,000	100	0.0	2.0
C+ / 6.5	10.3 1.28	12.25	36	1	98	0	1	5.2	82.9	-7.8	11	N/A	4,000	100	0.0	2.0
B+ / 9.2	5.7 1.19	16.93	13	2	63	33	2	50.0	63.7	-4.6	47	14	5,000	100	0.0	0.0
C- / 4.1	14.7 0.94	24.94	18	2	97	0	1	27.4	255.7	-8.9	49	13	5,000	100	0.0	2.0
B / 8.8	6.6 0.84	14.42	38	3	96	0	1	41.3	N/A	N/A	93	4	100,000	100	0.0	2.0
C+ / 6.3	10.5 1.10	18.70	40	2	98	0	0	20.2	133.1	-11.1	12	16	5,000	100	0.0	2.0
C+ / 6.9	8.5 1.07	43.99	126	6	93	0	1	23.7	94.1	-9.2	46	25	5,000	100	0.0	2.0

www.thestreet.com/ratings

Data as of June 30, 2007

I. Index of Stock Mutual Funds

Summer 2007

99 Pct = Best
0 Pct = Worst

Fund Type	Fund Name	Ticker Symbol	Overall Investment Rating	Phone	Performance Rating/Pts	3 Mo	6 Mo	1Yr / Pct	3Yr / Pct	5Yr / Pct	Dividend Yield	Expense Ratio
MC	Sit Mid Cap Growth Fund	NBNGX	C+	(800) 332-5580	B- / 7.3	7.82	12.37	20.75 /65	15.37 /71	14.71 /74	0.00	1.25
TC	Sit Science & Technology Growth	SISTX	E	(800) 332-5580	E+ / 0.7	8.21	6.70	14.47 /23	4.61 / 3	8.81 /21	0.00	1.50
SC	Sit Small Cap Growth Fund	SSMGX	C+	(800) 332-5580	B / 8.1	10.98	17.33	19.96 /59	16.65 /76	13.76 /68	0.00	1.50
SC	Skyline-Special Equities	SKSEX	D+	(800) 458-5222	C+ / 6.7	5.84	7.31	17.58 /42	16.18 /75	14.27 /71	0.00	1.47
BA	● SM&R Balanced Fund T	ANTRX	D-	(800) 231-4639	E+ / 0.8	4.39	5.21	14.61 /24	7.21 /10	7.27 /10	1.89	1.27
IN	● SM&R Equity Income	AMNIX	D	(800) 231-4639	D / 1.6	2.55	3.76	17.05 /38	10.19 /29	8.56 /19	2.45	1.14
GR	● SM&R Growth Fund T	AMRNX	C-	(800) 231-4639	D+ / 2.4	7.16	7.62	18.48 /48	9.85 /27	8.82 /21	0.52	1.18
GR	Snow Capital Opportunity Fd Cl A	SNOAX	U	(877) 766-9363	U /	6.06	9.98	21.50 /70	--	--	0.03	1.98
GR	Snow Capital Opportunity Fd Cl C	SNOCX	U	(877) 766-9363	U /	5.92	9.59	20.71 /65	--	--	0.00	2.73
GR	Snow Capital Opportunity Fd Cl Inst	SNOIX	U	(877) 766-9363	U /	6.15	10.11	21.76 /71	--	--	0.11	1.73
GR	Sound Mind Investing Fund	SMIFX	U	(877) 764-3863	U /	7.09	10.68	18.41 /48	--	--	0.00	2.33
GR	Sound Shore Fund	SSHFX	C+	(800) 754-8758	C+ / 6.1	6.74	6.52	22.27 /74	13.33 /57	13.12 /63	0.53	0.93
GR	Sparrow Growth Fd A	SGFFX	C-	(888) 569-6161	C / 4.4	5.98	8.67	21.24 /68	12.64 /51	9.65 /29	0.00	2.25
GR	Sparrow Growth Fd C	SGFCX	C	(888) 569-6161	C / 5.2	5.83	8.40	20.60 /64	12.04 /46	9.00 /23	0.00	2.75
FO	SPARX Japan Fund Inst	SPARX	E	(800) 632-1320	E / 0.4	1.92	-0.47	-4.28 / 0	8.90 /20	--	0.00	1.25
FO	SPARX Japan Fund Inv	SPXJX	E	(800) 632-1320	E / 0.4	1.87	-0.53	-4.52 / 0	8.70 /19	--	0.00	1.50
GR	Spectra Green Fund Class N	SPEGX	A	(800) 711-6141	B / 7.9	6.97	11.73	28.44 /90	15.79 /73	10.91 /43	0.00	7.04
AG	SSgA Aggressive Equity Fd	SSAEX	E+	(800) 647-7327	D / 1.8	4.35	3.12	13.50 /18	9.26 /23	9.58 /29	0.48	1.13
AG	SSgA Aggressive Equity R	SAERX	D+	(800) 647-7327	D / 1.6	4.17	2.95	12.87 /16	8.86 /20	9.37 /27	0.07	1.83
GR	SSgA Con Growth Opp Fund	SSLOX	D	(800) 647-7327	D / 1.6	5.61	8.08	18.86 /51	6.21 / 6	--	0.00	1.44
GR	SSgA Core Opportunities Fd	SSGWX	C-	(800) 647-7327	D / 2.1	4.59	6.34	17.43 /41	8.33 /16	7.61 /12	0.47	1.16
GR	SSgA Core Opportunities R	SCPRX	C-	(800) 647-7327	D / 1.8	4.46	6.10	16.85 /37	7.91 /14	7.29 /10	0.04	1.66
GR	SSgA Directional Core Equity Fd	SDCQX	U	(800) 647-7327	U /	1.38	4.43	11.42 /12	--	--	0.73	2.61
GI	SSgA Disciplined Equity	SSMTX	C+	(800) 647-7327	C / 5.0	5.98	7.06	21.16 /68	11.75 /43	10.35 /37	1.38	1.28
EM	SSgA Emerging Markets I	SSEMX	B-	(800) 647-7327	A+ / 9.9	15.70	18.91	45.52 /98	40.45 /99	30.49 /98	1.16	1.28
EM	SSgA Emerging Markets Sel	SEMSX	U	(800) 647-7327	U /	15.78	18.99	45.91 /98	--	--	1.31	1.12
SC	SSgA Enhanced Small Cap Fd	SESPX	U	(800) 647-7327	U /	3.53	5.90	16.79 /37	--	--	0.26	1.55
GR	SSgA IAM Shares Fd	SIAMX	C+	(800) 647-7327	C / 4.7	6.62	7.23	20.98 /67	11.21 /38	9.93 /32	1.48	0.79
FO	SSgA Intl Stock Selection Fd	SSAIX	A+	(800) 647-7327	A / 9.3	6.38	9.92	28.15 /90	24.90 /93	20.11 /92	1.23	1.20
FO	SSgA Intl Stock Selection R	SSARX	A+	(800) 647-7327	A- / 9.2	6.20	9.52	27.40 /89	24.25 /92	19.48 /91	0.85	1.69
FO	SSgA Intnl Growth Oppty Fd	SINGX	B+	(800) 647-7327	B+ / 8.5	7.65	9.43	22.75 /76	19.83 /85	14.04 /70	2.01	1.43
GR	SSgA Large Cap Value Fund	SSLVX	A-	(800) 647-7327	C+ / 6.4	5.00	6.84	19.28 /54	14.85 /68	--	0.84	1.65
BA	SSgA Life Solutions Balance Fd	SSLBX	C-	(800) 647-7327	D / 1.8	3.20	4.23	13.39 /18	9.17 /22	8.87 /22	3.11	1.29
BA	SSgA Life Solutions Balance R	SLBRX	C	(800) 647-7327	D- / 1.5	3.07	3.95	12.72 /15	8.66 /18	8.35 /17	2.62	1.86
GR	SSgA Life Solutions Growth Fd	SSLGX	C	(800) 647-7327	C- / 3.4	4.36	5.37	16.24 /33	11.11 /37	10.39 /37	2.52	1.48
GR	SSgA Life Solutions Growth R	SLRRX	C	(800) 647-7327	D+ / 2.9	4.16	5.09	15.49 /29	10.67 /33	9.88 /32	1.89	2.01
GI	SSgA Life Solutions Inc & Gr Fd	SSLIX	C-	(800) 647-7327	E+ / 0.7	2.14	2.95	10.39 / 9	7.02 / 9	7.11 / 9	3.42	1.28
GI	SSgA Life Solutions Inc & Gr R	SLIRX	C-	(800) 647-7327	E+ / 0.6	1.83	2.57	9.68 / 7	6.54 / 7	6.61 / 7	2.89	1.81
IX	SSgA S&P 500 Index	SVSPX	C+	(800) 647-7327	C / 4.7	6.27	6.91	20.43 /63	11.50 /41	10.53 /39	1.71	1.10
SC	SSgA SmallCap Fd	SVSCX	D	(800) 647-7327	C- / 3.2	3.71	6.45	12.12 /14	11.71 /43	12.80 /60	0.00	1.60
SC	SSgA SmallCap R	SSCRX	D+	(800) 647-7327	C- / 3.0	3.54	6.21	11.62 /12	11.51 /41	12.65 /59	0.00	1.60
RE	SSgA Tuckerman Active REIT	SSREX	C+	(800) 647-7327	B / 7.8	-10.39	-7.31	10.43 / 9	22.53 /90	19.01 /90	1.30	1.05
GL	STAAR Inv Trust International Fund		B+	(800) 332-7738	A- / 9.0	7.87	10.18	25.79 /85	21.93 /89	16.24 /82	0.00	3.25
AA	STAAR Inv Trust Lg Comp Stock		D-	(800) 332-7738	D / 1.7	5.43	7.00	11.70 /12	8.35 /16	7.45 /11	0.00	2.88
SC	STAAR Inv Trust Sm Comp Stock		E-	(800) 332-7738	E- / 0.2	5.38	8.50	-4.77 / 0	4.79 / 3	8.08 /15	0.00	3.32
BA	State Farm Balanced Fund	STFBX	C-	(877) 734-2265	D / 1.9	3.66	5.64	14.14 /21	8.97 /21	9.06 /24	2.99	0.13
IX	State Farm Equity & Bond Inst	SEBIX	D+	(877) 734-2265	D / 1.7	4.14	4.56	13.76 /20	8.69 /18	8.12 /16	2.46	0.17
IN	State Farm Equity Inst	SLEIX	C	(877) 734-2265	C / 5.0	7.43	7.06	19.33 /55	11.95 /45	10.39 /37	1.34	0.92
IN	● State Farm Equity LegA	SLEAX	C-	(877) 734-2265	C- / 4.0	7.34	6.87	19.03 /53	11.60 /42	9.97 /33	1.05	1.21
IN	● State Farm Equity LegB	SLEBX	C	(877) 734-2265	C / 4.3	7.29	6.69	18.69 /50	11.18 /37	9.56 /28	0.68	1.61
GR	State Farm Growth Fund	STFGX	C+	(877) 734-2265	C / 4.9	5.81	7.86	19.13 /53	11.89 /44	11.12 /45	1.93	0.12
FO	State Farm Intl Equity Inst	SFIIX	B+	(877) 734-2265	B+ / 8.5	6.35	10.10	23.44 /79	19.32 /84	14.84 /75	1.70	1.37

● Denotes fund is closed to new investors
* Denotes fund is included in Section II

www.thestreet.com/ratings

Summer 2007 — I. Index of Stock Mutual Funds

RISK			NET ASSETS		ASSET				Portfolio Turnover Ratio	BULL / BEAR		FUND MANAGER		MINIMUMS		LOADS	
	3 Year		NAV As of 6/30/07	Total $(Mil)	Cash %	Stocks %	Bonds %	Other %		Last Bull Market Return	Last Bear Market Return	Manager Quality Pct	Manager Tenure (Years)	Initial Purch. $	Additional Purch. $	Front End Load	Back End Load
Risk Rating/Pts	Standard Deviation	Beta															
C+ / 5.7	12.5	1.09	15.71	205	1	98	0	1	32.5	132.6	-6.5	42	25	5,000	100	0.0	2.0
C / 4.8	15.4	1.63	11.47	12	4	95	0	1	31.4	70.5	-9.9	1	10	5,000	100	0.0	2.0
C / 5.1	14.3	0.96	40.14	106	2	97	0	1	54.7	126.2	-10.9	87	13	5,000	100	0.0	2.0
C- / 3.2	11.5	0.82	27.89	606	5	94	0	1	63.0	150.0	-10.0	91	N/A	1,000	100	0.0	2.0
B- / 7.9	4.6	1.01	19.32	25	9	68	22	1	21.8	54.9	-5.0	35	N/A	100	20	5.8	0.0
B- / 7.3	6.4	0.83	24.81	96	0	99	0	1	47.6	82.6	-7.8	53	N/A	100	20	5.8	0.0
B / 8.3	7.1	0.93	4.99	104	0	99	0	1	22.5	82.2	-8.9	38	N/A	100	20	5.8	0.0
U /	N/A	N/A	23.26	74	7	92	0	1	N/A	N/A	N/A	N/A	1	10,000	0	5.3	0.5
U /	N/A	N/A	23.08	73	7	92	0	1	N/A	N/A	N/A	N/A	1	10,000	0	0.0	0.5
U /	N/A	N/A	23.30	55	7	92	0	1	N/A	N/A	N/A	N/A	1	1,000,000	0	0.0	0.5
U /	N/A	N/A	12.54	209	4	95	0	1	177.5	N/A	N/A	N/A	2	5,000	100	0.0	2.0
B- / 7.2	8.0	0.98	41.63	2,999	1	98	0	1	66.0	118.9	-9.1	75	22	10,000	0	0.0	0.0
C+ / 6.3	7.6	0.97	17.18	13	2	97	0	1	37.9	96.9	-9.1	68	9	10,000	500	5.8	0.0
C+ / 6.6	7.6	0.95	16.51	1	2	97	0	1	37.9	92.4	-8.6	64	N/A	10,000	500	0.0	0.0
C / 5.0	12.8	0.68	16.98	85	6	94	0	0	60.1	N/A	N/A	6	N/A	100,000	10,000	0.0	2.0
C / 5.0	12.9	0.68	16.89	14	6	94	0	0	60.1	N/A	N/A	6	N/A	1,000	250	0.0	2.0
B- / 7.9	12.2	1.35	6.91	N/A	0	0	0	100	N/A	116.7	-6.3	67	N/A	1,000	50	0.0	2.0
C+ / 5.7	9.8	1.26	5.28	38	0	100	0	0	118.1	93.0	-9.1	14	N/A	1,000	100	0.0	0.0
B / 8.0	9.8	1.26	5.24	N/A	0	100	0	0	118.1	90.8	-8.8	12	N/A	0	0	0.0	0.0
B- / 7.8	9.0	1.11	12.04	20	1	98	0	1	62.3	N/A	N/A	8	N/A	1,000	100	0.0	0.0
B / 8.2	7.5	0.97	23.02	102	0	100	0	0	60.5	67.0	-10.0	22	N/A	1,000	100	0.0	0.0
B / 8.3	7.5	0.98	22.95	N/A	0	100	0	0	60.5	64.8	-10.1	19	N/A	0	0	0.0	0.0
U /	N/A	N/A	12.50	46	7	92	0	1	108.1	N/A	N/A	N/A	N/A	1,000	100	0.0	0.0
B / 8.5	7.6	1.03	12.07	254	0	100	0	0	43.8	95.6	-9.0	52	N/A	1,000	100	0.0	0.0
C- / 3.8	17.3	1.14	27.86	2,423	1	98	0	1	36.9	313.7	-7.0	19	N/A	1,000	100	0.0	0.0
U /	N/A	N/A	27.88	1,136	1	98	0	1	36.9	N/A	N/A	N/A	N/A	20,000,000	0	0.0	0.0
U /	N/A	N/A	12.92	37	0	100	0	0	75.7	N/A	N/A	N/A	N/A	1,000	100	0.0	0.0
B / 8.6	7.5	1.01	11.54	233	0	100	0	0	12.1	93.2	-10.6	46	N/A	1,000	100	0.0	0.0
B- / 7.1	9.6	1.02	15.18	3,123	0	100	0	0	60.4	205.5	-7.9	71	12	1,000	100	0.0	0.0
B / 8.5	9.6	1.02	15.07	1	0	100	0	0	60.4	199.6	-7.9	65	N/A	0	0	0.0	0.0
C+ / 6.7	9.9	1.04	14.50	24	0	100	0	0	52.4	140.4	-12.8	20	N/A	1,000	100	0.0	0.0
B+ / 9.0	7.5	0.95	12.80	17	0	99	0	1	98.3	N/A	N/A	87	N/A	1,000	100	0.0	0.0
B+ / 9.2	5.0	1.09	13.55	76	8	57	34	1	29.0	68.3	-5.2	55	7	1,000	100	0.0	0.0
B+ / 9.8	5.0	1.10	13.43	2	8	57	34	1	29.0	65.7	-5.4	47	3	0	0	0.0	0.0
B / 8.5	6.7	0.88	14.13	47	8	77	14	1	28.7	90.3	-7.6	59	N/A	1,000	100	0.0	0.0
B+ / 9.2	6.6	0.87	14.03	1	8	77	14	1	28.7	88.4	-7.9	54	N/A	0	0	0.0	0.0
B+ / 9.7	3.5	0.43	12.90	25	8	37	54	1	30.2	47.6	-2.9	54	N/A	1,000	100	0.0	0.0
B+ / 9.9	3.5	0.43	12.79	N/A	8	37	54	1	30.2	45.4	-3.0	47	N/A	0	0	0.0	0.0
B / 8.6	7.3	1.00	24.73	2,139	0	100	0	0	8.2	95.4	-9.7	51	15	10,000	100	0.0	0.0
C+ / 6.0	13.8	0.99	32.69	125	0	100	0	0	82.9	132.1	-10.5	34	13	1,000	100	0.0	0.0
B- / 7.0	13.8	0.99	32.51	1	0	100	0	0	82.9	130.9	-10.6	32	3	0	0	0.0	0.0
C / 4.5	16.2	1.09	19.69	156	1	98	0	1	36.1	199.4	-1.8	77	N/A	1,000	100	0.0	0.0
C+ / 5.9	11.0	1.82	17.21	6	14	86	0	0	15.7	155.7	-8.2	98	11	500	100	0.0	0.0
C+ / 6.0	8.0	1.62	15.03	5	8	91	0	1	23.0	67.9	-8.6	20	11	500	100	0.0	0.0
C / 4.7	14.0	0.86	15.05	5	6	93	0	1	37.5	79.2	-7.6	6	11	500	100	0.0	0.0
B / 8.3	4.3	0.90	57.46	1,293	2	64	33	1	4.0	61.8	-4.4	65	N/A	250	50	0.0	0.0
B / 8.3	4.1	0.50	10.37	12	2	58	39	1	1.0	54.7	-3.7	68	N/A	250	50	0.0	0.0
C+ / 6.8	6.9	0.88	9.40	155	1	97	1	1	90.0	88.8	-9.1	69	N/A	250	50	0.0	0.0
B- / 7.0	6.9	0.88	9.65	119	1	97	1	1	90.0	85.7	-9.2	65	N/A	250	50	3.0	0.0
B- / 7.1	6.9	0.88	9.57	45	1	97	1	1	90.0	82.9	-9.2	60	N/A	250	50	0.0	0.0
B- / 7.5	6.7	0.84	60.78	3,699	0	99	0	1	2.0	91.5	-9.5	72	N/A	250	50	0.0	0.0
C+ / 6.7	9.4	0.97	13.74	14	2	97	0	1	27.0	148.1	-10.9	26	7	250	50	0.0	0.0

www.thestreet.com/ratings

Data as of June 30, 2007

I. Index of Stock Mutual Funds

Summer 2007

99 Pct = Best
0 Pct = Worst

Fund Type	Fund Name	Ticker Symbol	Overall Investment Rating	Phone	Performance Rating/Pts	3 Mo	6 Mo	1Yr / Pct	3Yr / Pct	5Yr / Pct	Dividend Yield	Expense Ratio
FO	● State Farm Intl Equity LegA	SFFAX	B+	(877) 734-2265	B / 8.2	6.24	9.97	23.16 / 78	18.98 / 83	14.40 / 72	1.44	1.62
FO	● State Farm Intl Equity LegB	SFFBX	B+	(877) 734-2265	B / 8.2	6.11	9.77	22.64 / 76	18.51 / 82	13.95 / 69	0.90	2.02
FO	State Farm Intl Index A	NFSAX	U	(877) 734-2265	U /	5.83	9.95	25.35 / 84	--	--	2.73	1.28
FO	State Farm Intl Index Inst	SFFFX	A-	(877) 734-2265	B+ / 8.8	5.89	10.16	25.73 / 85	21.03 / 87	16.88 / 84	2.00	1.06
FO	● State Farm Intl Index LegA	SIIAX	A-	(877) 734-2265	B+ / 8.5	5.84	9.97	25.47 / 84	20.64 / 86	16.42 / 83	1.74	1.28
FO	● State Farm Intl Index LegB	SIIBX	A-	(877) 734-2265	B+ / 8.6	5.70	9.75	24.90 / 83	20.19 / 85	15.99 / 81	1.35	1.68
AA	State Farm LifePath 2010 A	NLTAX	U	(877) 734-2265	U /	1.32	2.92	10.75 / 10	--	--	2.38	1.63
AA	State Farm LifePath 2010 Inst	SATIX	C-	(877) 734-2265	D- / 1.0	1.32	3.01	10.97 / 10	8.14 / 15	--	2.45	1.26
AA	● State Farm LifePath 2010 LegA	SATAX	D+	(877) 734-2265	E+ / 0.7	1.25	2.86	10.78 / 10	7.81 / 13	--	2.16	1.63
AA	● State Farm LifePath 2010 LegB	SATBX	C-	(877) 734-2265	E+ / 0.8	1.18	2.71	10.32 / 9	7.44 / 11	--	1.86	2.03
AA	State Farm LifePath 2020 A	NLWAX	U	(877) 734-2265	U /	2.25	3.86	13.35 / 18	--	--	3.07	1.63
AA	State Farm LifePath 2020 Inst	SAWIX	C-	(877) 734-2265	D / 2.2	2.32	3.93	13.69 / 19	10.21 / 29	--	1.84	1.23
AA	● State Farm LifePath 2020 LegA	SAWAX	C-	(877) 734-2265	D- / 1.5	2.20	3.82	13.36 / 18	9.86 / 27	--	1.57	1.63
AA	● State Farm LifePath 2020 LegB	SAWBX	C-	(877) 734-2265	D / 1.7	2.13	3.68	13.00 / 16	9.47 / 24	--	1.27	2.03
AA	State Farm LifePath 2030 A	NLHAX	U	(877) 734-2265	U /	2.97	4.63	15.37 / 28	--	--	1.39	1.57
AA	State Farm LifePath 2030 Inst	SAYIX	C	(877) 734-2265	C- / 3.4	2.96	4.69	15.60 / 29	11.73 / 43	--	1.40	1.34
AA	● State Farm LifePath 2030 LegA	SAYAX	C-	(877) 734-2265	D+ / 2.6	2.98	4.58	15.43 / 28	11.37 / 40	--	1.15	1.59
AA	● State Farm LifePath 2030 LegB	SAYBX	C	(877) 734-2265	D+ / 2.8	2.86	4.39	14.96 / 26	10.97 / 35	--	0.85	1.99
AA	State Farm LifePath 2040 A	NLOAX	U	(877) 734-2265	U /	3.55	5.18	17.14 / 39	--	--	2.38	1.71
AA	State Farm LifePath 2040 Inst	SAUIX	C+	(877) 734-2265	C / 4.6	3.60	5.36	17.42 / 41	12.89 / 53	--	1.09	1.25
AA	● State Farm LifePath 2040 LegA	SAUAX	C	(877) 734-2265	C- / 3.6	3.56	5.20	17.11 / 39	12.54 / 50	--	0.85	1.71
AA	● State Farm LifePath 2040 LegB	SAUBX	C	(877) 734-2265	C- / 3.9	3.44	5.02	16.69 / 36	12.14 / 47	--	0.54	2.11
GI	State Farm LifePath Income A	NILAX	U	(877) 734-2265	U /	0.83	2.45	9.55 / 7	--	--	4.50	1.67
GI	State Farm LifePath Income Inst	SLRIX	C-	(877) 734-2265	E+ / 0.7	0.95	2.59	9.83 / 7	7.05 / 9	--	3.11	1.45
GI	● State Farm LifePath Income LegA	SLRAX	D+	(877) 734-2265	E / 0.4	0.88	2.54	9.58 / 7	6.72 / 8	--	2.71	1.67
GI	● State Farm LifePath Income LegB	SLRBX	D+	(877) 734-2265	E / 0.5	0.78	2.34	9.18 / 6	6.32 / 7	--	2.43	2.07
GI	State Farm S&P 500 Index A	SNPAX	U	(877) 734-2265	U /	6.01	6.50	19.70 / 57	--	--	1.18	0.82
GI	State Farm S&P 500 Index Inst	SFXIX	C+	(877) 734-2265	C / 4.3	6.18	6.67	19.99 / 60	11.15 / 37	10.23 / 36	1.24	0.53
GI	● State Farm S&P 500 Index LegA	SLIAX	C	(877) 734-2265	C- / 3.4	6.11	6.60	19.77 / 58	10.85 / 35	9.86 / 31	0.98	0.82
GI	● State Farm S&P 500 Index LegB	SLIBX	C+	(877) 734-2265	C- / 3.7	6.02	6.42	19.24 / 54	10.42 / 31	9.47 / 28	0.65	1.22
SC	State Farm Small Cap Index Inst	SMIIX	D+	(877) 734-2265	C / 4.3	4.18	6.00	15.60 / 29	12.68 / 51	13.11 / 63	0.41	0.72
SC	● State Farm Small Cap Index LegA	SMIAX	D	(877) 734-2265	C- / 3.4	4.16	5.93	15.33 / 28	12.40 / 49	12.63 / 59	0.17	1.01
SC	● State Farm Small Cap Index LegB	SMIBX	D	(877) 734-2265	C- / 3.7	4.01	5.72	14.85 / 25	11.92 / 45	12.23 / 56	0.00	1.41
SC	State Farm Small Mid Cap Eq Inst	SFEIX	C+	(877) 734-2265	B+ / 8.3	11.52	18.01	32.41 / 95	13.72 / 60	10.95 / 43	0.00	1.15
SC	● State Farm Small Mid Cap Eq LegA	SFSAX	C+	(877) 734-2265	B / 7.9	11.47	17.86	32.12 / 94	13.38 / 57	10.50 / 39	0.00	1.51
SC	● State Farm Small Mid Cap Eq LegB	SFSBX	C+	(877) 734-2265	B / 8.0	11.32	17.66	31.65 / 94	12.94 / 54	10.07 / 34	0.00	1.91
GR	State Street Equity 500 Index A	STFAX	B-	(800) 882-0052	C / 4.6	6.22	6.85	20.25 / 62	11.40 / 40	--	1.51	0.25
GR	State Street Equity 500 Index B	STBIX	C+	(800) 882-0052	C / 4.5	6.22	6.85	20.26 / 62	11.31 / 39	--	1.41	0.35
GR	Steepleview Fund	STPVX	U	(888) 263-5593	U /	9.08	7.38	24.04 / 80	--	--	0.24	1.47
SC	Stephens Small Cap Growth A	STSGX	U	(800) 366-6223	U /	6.75	11.10	12.70 / 15	--	--	0.00	1.62
GR	Steward Domestic All-Cap Eqty Inst	SEECX	U	(800) 262-6631	U /	5.94	8.42	18.65 / 50	--	--	0.93	0.76
FO	Steward International Equity Inst	SNTCX	U	(800) 262-6631	U /	9.93	12.70	28.10 / 90	--	--	1.98	1.16
GR	Steward Multi-Manager Eqty Inst	SMQCX	U	(800) 262-6631	U /	6.24	7.75	18.04 / 45	--	--	0.73	1.00
SC	Steward SmallCap Equity Fd	TRDFX	D-	(800) 262-6631	D+ / 2.8	4.65	7.64	15.22 / 27	9.83 / 27	7.64 / 12	0.07	1.62
AG	STI Classic Aggressive Gr Stock A	SAGAX	D	(888) 784-3863	C- / 3.6	8.46	13.53	19.95 / 59	10.18 / 29	--	0.00	1.51
AG	STI Classic Aggressive Gr Stock C	SAGLX	D	(888) 784-3863	C- / 4.1	8.23	13.12	19.00 / 52	9.37 / 23	--	0.00	2.21
AG	STI Classic Aggressive Gr Stock I	SCATX	C-	(888) 784-3863	C / 5.2	8.54	13.67	20.14 / 61	10.46 / 31	--	0.00	1.21
SC	STI Classic Emerging Gr Stk A	SCEAX	C	(888) 784-3863	B- / 7.0	12.63	16.63	21.74 / 71	13.78 / 60	--	0.00	1.51
SC	STI Classic Emerging Gr Stk C	SEGLX	C	(888) 784-3863	B- / 7.4	12.47	16.26	20.92 / 66	13.09 / 55	--	0.00	2.21
SC	STI Classic Emerging Gr Stk I	SEGTX	C+	(888) 784-3863	B / 7.8	12.72	16.87	22.24 / 74	14.19 / 63	--	0.00	1.21
FO	STI Classic Intl Eq Index A	SIIIX	A-	(888) 784-3863	B+ / 8.7	6.65	11.16	28.02 / 90	22.03 / 89	17.37 / 86	1.40	0.97
FO	STI Classic Intl Eq Index C	SIIFX	A	(888) 784-3863	B+ / 8.8	6.45	10.76	27.07 / 88	21.17 / 87	16.61 / 83	1.12	1.67

● Denotes fund is closed to new investors
* Denotes fund is included in Section II

www.thestreet.com/ratings

I. Index of Stock Mutual Funds

Summer 2007

RISK			NET ASSETS		ASSET				Portfolio Turnover Ratio	BULL / BEAR		FUND MANAGER		MINIMUMS		LOADS	
	3 Year		NAV As of 6/30/07	Total $(Mil)	Cash %	Stocks %	Bonds %	Other %		Last Bull Market Return	Last Bear Market Return	Manager Quality Pct	Manager Tenure (Years)	Initial Purch. $	Additional Purch. $	Front End Load	Back End Load
Risk Rating/Pts	Standard Deviation	Beta															
C+ / 6.7	9.3	0.96	13.79	63	2	97	0	1	27.0	144.2	-10.9	25	7	250	50	3.0	0.0
C+ / 6.6	9.4	0.97	13.71	22	2	97	0	1	27.0	140.2	-11.0	22	7	250	50	0.0	0.0
U /	N/A	N/A	15.25	28	3	96	0	1	7.8	N/A	N/A	N/A	N/A	250	50	5.0	0.0
C+ / 6.9	9.2	0.99	15.29	41	3	96	0	1	7.8	175.1	-9.7	37	N/A	250	50	0.0	0.0
C+ / 6.9	9.2	0.99	15.22	140	3	96	0	1	7.8	170.7	-9.9	33	N/A	250	50	3.0	0.0
C+ / 6.9	9.2	0.99	15.20	45	3	96	0	1	7.8	166.4	-9.9	30	N/A	250	50	0.0	0.0
U /	N/A	N/A	13.03	75	7	49	42	2	12.0	N/A	N/A	N/A	N/A	250	50	5.0	0.0
B+ / 9.3	3.8	0.83	13.02	37	7	49	42	2	12.0	N/A	N/A	59	N/A	250	50	0.0	0.0
B+ / 9.3	3.8	0.82	12.93	273	7	49	42	2	12.0	N/A	N/A	55	N/A	250	50	3.0	0.0
B+ / 9.4	3.9	0.83	12.87	50	7	49	42	2	12.0	N/A	N/A	49	N/A	250	50	0.0	0.0
U /	N/A	N/A	14.52	135	8	64	26	2	16.0	N/A	N/A	N/A	1	250	50	5.0	0.0
B / 8.8	5.1	1.11	14.53	78	8	64	26	2	16.0	N/A	N/A	67	4	250	50	0.0	0.0
B / 8.9	5.1	1.11	14.41	453	8	64	26	2	16.0	N/A	N/A	62	4	250	50	3.0	0.0
B / 8.9	5.2	1.13	14.36	98	8	64	26	2	16.0	N/A	N/A	56	4	250	50	0.0	0.0
U /	N/A	N/A	15.60	117	10	74	15	1	22.0	N/A	N/A	N/A	N/A	250	50	5.0	0.0
B / 8.4	6.3	1.34	15.63	81	10	74	15	1	22.0	N/A	N/A	70	4	250	50	0.0	0.0
B / 8.5	7.2	1.51	15.54	314	10	74	15	1	22.0	N/A	N/A	55	4	250	50	3.0	0.0
B / 8.5	6.3	1.35	15.44	79	10	74	15	1	22.0	N/A	N/A	61	4	250	50	0.0	0.0
U /	N/A	N/A	16.64	83	9	83	7	1	29.0	N/A	N/A	N/A	N/A	250	50	5.0	0.0
B / 8.1	7.2	1.53	16.70	78	9	83	7	1	29.0	N/A	N/A	72	4	250	50	0.0	0.0
B / 8.1	7.2	1.54	16.60	221	9	83	7	1	29.0	N/A	N/A	68	4	250	50	3.0	0.0
B / 8.2	7.2	1.53	16.53	57	9	83	7	1	29.0	N/A	N/A	63	4	250	50	0.0	0.0
U /	N/A	N/A	11.72	26	6	44	48	2	10.0	N/A	N/A	N/A	N/A	250	50	5.0	0.0
B+ / 9.6	3.2	0.35	11.91	13	6	44	48	2	10.0	N/A	N/A	63	4	250	50	0.0	0.0
B+ / 9.6	3.2	0.34	11.89	107	6	44	48	2	10.0	N/A	N/A	59	4	250	50	3.0	0.0
B+ / 9.7	3.1	0.34	11.89	12	6	44	48	2	10.0	N/A	N/A	54	4	250	50	0.0	0.0
U /	N/A	N/A	11.47	38	8	91	0	1	14.0	N/A	N/A	N/A	N/A	250	50	5.0	0.0
B / 8.7	7.3	1.00	11.51	74	8	91	0	1	14.0	93.0	-9.8	47	N/A	250	50	0.0	0.0
B / 8.7	7.3	1.00	11.47	391	8	91	0	1	14.0	90.3	-10.0	43	N/A	250	50	3.0	0.0
B / 8.6	7.3	1.00	11.44	148	8	91	0	1	14.0	87.4	-10.1	37	N/A	250	50	0.0	0.0
C / 5.3	13.4	1.00	15.19	49	2	97	0	1	3.0	139.6	-10.9	43	7	250	50	0.0	0.0
C / 5.5	13.4	1.00	15.01	191	2	97	0	1	3.0	136.0	-11.4	40	7	250	50	3.0	0.0
C / 5.5	13.3	0.99	14.79	70	2	97	0	1	3.0	132.5	11.4	36	7	250	50	0.0	0.0
C / 5.0	15.4	1.08	12.78	20	1	98	0	1	61.0	121.6	-12.1	47	N/A	250	50	0.0	0.0
C / 5.0	15.3	1.07	12.54	85	1	98	0	1	61.0	118.2	-12.4	43	N/A	250	50	3.0	0.0
C / 4.9	15.3	1.07	12.19	30	1	98	0	1	61.0	114.5	-12.3	38	N/A	250	50	0.0	0.0
B / 8.9	7.3	1.00	12.64	33	1	98	0	1	8.0	N/A	N/A	50	1	25,000,000	0	0.0	0.0
B / 8.9	7.3	1.00	12.63	31	1	98	0	1	8.0	N/A	N/A	49	1	25,000,000	0	0.0	0.0
U /	N/A	N/A	13.09	68	2	97	0	1	50.0	N/A	N/A	N/A	N/A	250,000	10,000	0.0	0.0
U /	N/A	N/A	11.71	44	1	98	0	1	36.5	N/A	N/A	N/A	3	2,500	100	5.3	2.0
U /	N/A	N/A	32.69	86	0	100	0	0	8.0	N/A	N/A	N/A	N/A	25,000	1,000	0.0	0.0
U /	N/A	N/A	31.14	33	0	100	0	0	N/A	N/A	N/A	N/A	1	100,000	1,000	0.0	0.0
U /	N/A	N/A	10.96	171	0	100	0	0	28.0	N/A	N/A	N/A	N/A	100,000	1,000	0.0	0.0
C+ / 5.6	9.8	0.66	13.93	45	0	100	0	0	30.0	76.9	-9.5	51	N/A	200	0	0.0	0.0
C / 5.2	14.4	1.61	13.59	1	0	99	0	1	49.0	N/A	N/A	7	N/A	2,000	1,000	5.8	0.0
C / 5.2	14.4	1.61	13.28	3	0	99	0	1	49.0	N/A	N/A	6	N/A	5,000	1,000	0.0	0.0
C / 5.2	14.4	1.61	13.72	343	0	99	0	1	49.0	N/A	N/A	8	N/A	0	0	0.0	0.0
C / 4.4	16.9	1.08	14.45	1	1	98	0	1	103.0	N/A	N/A	48	3	2,000	1,000	5.8	0.0
C / 4.4	16.8	1.07	14.16	N/A	1	98	0	1	103.0	N/A	N/A	40	3	5,000	1,000	0.0	0.0
C / 4.4	16.8	1.07	14.62	131	1	98	0	1	103.0	N/A	N/A	54	3	0	0	0.0	0.0
B- / 7.1	9.5	1.02	19.72	6	5	94	0	1	8.0	180.6	-8.5	40	8	2,000	1,000	5.8	2.0
B- / 7.0	9.5	1.02	19.15	7	5	94	0	1	8.0	173.0	-8.6	32	8	5,000	1,000	0.0	2.0

www.thestreet.com/ratings

Data as of June 30, 2007

I. Index of Stock Mutual Funds

Summer 2007

99 Pct = Best
0 Pct = Worst

Fund Type	Fund Name	Ticker Symbol	Overall Investment Rating	Phone	Performance Rating/Pts	Total Return % through 6/30/07					Incl. in Returns	
						3 Mo	6 Mo	1Yr / Pct	3Yr / Pct (Annualized)	5Yr / Pct (Annualized)	Dividend Yield	Expense Ratio
FO	STI Classic Intl Eq Index I	SIEIX	A	(888) 784-3863	A- / 9.0	6.76	11.36	28.40 / 90	22.40 / 90	17.84 / 87	1.79	0.67
FO	STI Classic Intl Equity A	SCIIX	A	(888) 784-3863	B+ / 8.5	7.02	10.67	25.23 / 83	21.37 / 88	16.10 / 82	1.20	1.59
FO	STI Classic Intl Equity C	SIEFX	A	(888) 784-3863	B+ / 8.6	6.85	10.28	24.16 / 81	20.47 / 86	15.28 / 78	0.70	2.29
FO	STI Classic Intl Equity I	STITX	A+	(888) 784-3863	B+ / 8.8	7.07	10.82	25.35 / 84	21.69 / 88	16.46 / 83	1.51	1.29
GI	STI Classic Large Cap Val Equity A	SVIIX	B	(888) 784-3863	C+ / 5.8	6.89	8.56	22.74 / 76	14.24 / 64	11.28 / 46	1.15	1.15
GI	STI Classic Large Cap Val Equity C	SVIFX	B+	(888) 784-3863	C+ / 6.3	6.73	8.18	21.84 / 72	13.46 / 58	10.46 / 38	0.61	1.85
GI	STI Classic Large Cap Val Equity I	STVTX	A	(888) 784-3863	B- / 7.1	7.00	8.74	23.17 / 78	14.62 / 66	11.68 / 50	1.47	0.85
GI	STI Classic Large-Cap Core Equity A	CFVIX	B-	(888) 784-3863	C+ / 5.9	7.61	8.00	21.72 / 71	14.56 / 66	12.08 / 54	0.94	1.12
GI	STI Classic Large-Cap Core Equity C	CVIBX	B	(888) 784-3863	C+ / 6.4	7.43	7.66	20.84 / 66	13.71 / 60	11.25 / 46	0.37	1.87
GI	STI Classic Large-Cap Core Equity I	CRVAX	B+	(888) 784-3863	B- / 7.1	7.74	8.20	22.03 / 73	14.83 / 68	12.34 / 56	1.22	0.87
AG	STI Classic Life Vision Aggr Gr A	SLAAX	C	(888) 784-3863	C- / 3.9	6.62	8.54	19.16 / 54	12.13 / 47	10.40 / 37	1.39	1.43
AG	● STI Classic Life Vision Aggr Gr B	SLABX	B-	(888) 784-3863	C / 4.8	6.54	8.31	18.64 / 49	11.61 / 42	9.91 / 32	1.15	1.88
AG	STI Classic Life Vision Aggr Gr I	CVMGX	B-	(888) 784-3863	C / 5.5	6.75	8.74	19.53 / 56	12.48 / 50	10.65 / 40	1.74	1.13
AA	STI Classic Life Vision Conserv A	SVCAX	D-	(888) 784-3863	E- / 0.2	1.49	3.12	8.85 / 6	5.59 / 5	--	3.80	1.30
AA	● STI Classic Life Vision Conserv B	SCCBX	D-	(888) 784-3863	E / 0.3	1.38	2.91	8.41 / 5	5.14 / 4	--	3.58	1.75
AA	STI Classic Life Vision Conserv C	SCCLX	C-	(888) 784-3863	E / 0.3	1.34	2.82	8.19 / 4	5.21 / 4	--	3.37	2.00
AA	STI Classic Life Vision Conserv I	SCCTX	C-	(888) 784-3863	E / 0.5	1.65	3.35	9.31 / 6	5.93 / 6	--	4.31	1.00
AA	STI Classic Life Vision Gr&Inc A	SGIAX	C	(888) 784-3863	D / 1.9	5.09	6.95	15.79 / 31	10.04 / 28	9.32 / 26	2.16	1.26
AA	● STI Classic Life Vision Gr&Inc B	SGIBX	C	(888) 784-3863	D+ / 2.6	4.99	6.74	15.29 / 28	9.54 / 25	8.88 / 22	1.88	1.71
AA	STI Classic Life Vision Gr&Inc C	SGILX	C	(888) 784-3863	D+ / 2.4	4.88	6.60	15.04 / 26	9.29 / 23	8.92 / 22	1.71	1.96
AA	STI Classic Life Vision Gr&Inc I	CLVGX	C	(888) 784-3863	C- / 3.2	5.16	7.09	16.19 / 33	10.41 / 31	9.57 / 28	2.55	0.96
AA	STI Classic Life Vision Mod Gr A	SVMAX	D+	(888) 784-3863	E+ / 0.9	3.56	5.33	12.94 / 16	8.30 / 16	8.02 / 15	2.73	1.12
AA	● STI Classic Life Vision Mod Gr B	SVGBX	C	(888) 784-3863	D- / 1.3	3.47	5.18	12.53 / 15	7.83 / 13	7.55 / 11	2.43	1.57
AA	STI Classic Life Vision Mod Gr C	SVGLX	U	(888) 784-3863	U /	3.41	5.04	12.26 / 14	--	--	2.20	1.82
AA	STI Classic Life Vision Mod Gr I	CLVBX	C-	(888) 784-3863	D / 1.7	3.63	5.51	13.31 / 17	8.58 / 18	8.23 / 16	3.21	0.82
GR	STI Classic Lrg Cap Quant Eqty A	SQEAX	D	(888) 784-3863	D / 2.0	4.87	7.80	12.55 / 15	10.71 / 33	--	0.28	1.21
GR	STI Classic Lrg Cap Quant Eqty C	SQELX	D	(888) 784-3863	D+ / 2.4	4.70	7.47	11.78 / 13	9.91 / 27	--	0.00	1.96
GR	STI Classic Lrg Cap Quant Eqty I	SQETX	C-	(888) 784-3863	C- / 3.3	5.03	8.01	12.90 / 16	11.04 / 36	--	0.54	0.96
GR	STI Classic Lrg-Cap Growth Stock A	STCIX	D-	(888) 784-3863	E / 0.5	5.92	5.29	15.57 / 29	5.49 / 5	4.79 / 2	0.22	1.23
GR	STI Classic Lrg-Cap Growth Stock C	STCFX	D-	(888) 784-3863	E+ / 0.7	5.72	4.88	14.72 / 24	4.87 / 3	4.25 / 1	0.07	1.95
GR	STI Classic Lrg-Cap Growth Stock I	STCAX	D	(888) 784-3863	D- / 1.1	5.99	5.46	15.95 / 32	5.94 / 6	5.36 / 3	0.41	0.99
MC	STI Classic Mid Cap Value Eq A	SAMVX	C+	(888) 784-3863	B / 8.1	7.65	12.56	26.72 / 87	18.07 / 81	--	0.80	1.38
MC	STI Classic Mid Cap Value Eq C	SMVFX	A+	(888) 784-3863	B+ / 8.3	7.44	12.22	25.85 / 85	17.40 / 79	12.59 / 58	0.31	2.08
MC	STI Classic Mid Cap Value Eq I	SMVTX	A+	(888) 784-3863	B+ / 8.6	7.69	12.74	27.15 / 88	18.45 / 82	13.99 / 70	1.07	1.08
MC	STI Classic Mid-Cap Core Equity A	SCAIX	C+	(888) 784-3863	C / 5.5	4.14	9.16	16.59 / 36	15.56 / 72	12.21 / 55	0.14	1.39
MC	STI Classic Mid-Cap Core Equity C	SCMEX	C+	(888) 784-3863	C+ / 6.1	4.03	8.86	15.84 / 31	14.81 / 68	11.51 / 49	0.00	2.09
MC	STI Classic Mid-Cap Core Equity I	SAGTX	B-	(888) 784-3863	C+ / 6.9	4.27	9.31	16.96 / 38	15.97 / 74	12.66 / 59	0.30	1.09
GR	STI Classic Sel Lrg Cap Gr Fund A	SXSAX	D-	(888) 784-3863	E+ / 0.9	6.85	6.49	16.19 / 33	6.59 / 8	5.66 / 3	0.00	1.30
GR	STI Classic Sel Lrg Cap Gr Fund C	STTFX	D-	(888) 784-3863	D- / 1.1	6.66	6.11	15.41 / 28	5.87 / 6	4.83 / 2	0.00	2.00
GR	STI Classic Sel Lrg Cap Gr Fund I	STTAX	D	(888) 784-3863	D / 1.7	6.92	6.63	16.52 / 35	6.93 / 9	5.91 / 4	0.19	1.00
SC	STI Classic Sm Cap Gr Stock A	SCGIX	E	(888) 784-3863	D / 2.0	9.62	12.21	10.74 / 10	10.58 / 32	12.33 / 56	0.00	1.47
SC	STI Classic Sm Cap Gr Stock C	SSCFX	E	(888) 784-3863	D+ / 2.4	9.43	11.85	10.00 / 8	9.86 / 27	11.58 / 50	0.00	2.17
SC	STI Classic Sm Cap Gr Stock I	SSCTX	E+	(888) 784-3863	C- / 3.3	9.70	12.38	11.11 / 11	10.96 / 35	12.72 / 60	0.00	1.17
SC	● STI Classic Small Cap Val Eq A	SASVX	D	(888) 784-3863	B / 7.8	7.20	13.05	18.89 / 51	18.78 / 82	18.01 / 88	0.35	1.45
SC	● STI Classic Small Cap Val Eq C	STCEX	D+	(888) 784-3863	B+ / 8.3	7.28	13.07	18.92 / 52	18.78 / 82	17.66 / 87	0.37	1.45
SC	● STI Classic Small Cap Val Eq I	SCETX	D+	(888) 784-3863	B+ / 8.4	7.26	13.11	19.13 / 53	19.06 / 83	18.31 / 89	0.55	1.20
GI	STI Classic Var Tr-Large Cap Val Eq		B+	(888) 784-3863	B- / 7.0	7.14	8.36	22.74 / 76	14.59 / 66	11.25 / 46	0.98	1.12
MC	STI Classic Var Tr-Mid Cap Eq Inst		C-	(888) 784-3863	C- / 3.8	4.23	9.31	8.08 / 4	13.00 / 54	11.09 / 45	0.35	1.46
SC	● STI Classic Var Tr-Sm Cap Val Eq I		E-	(888) 784-3863	E+ / 0.7	7.21	12.78	-9.64 / 0	8.42 / 17	11.93 / 53	0.46	1.44
GI	Stonebridge Growth Fund	SBGFX	C	(800) 639-3935	D+ / 2.8	5.62	8.20	21.62 / 71	8.77 / 19	9.09 / 24	0.00	3.54
AG	Stonebridge Small-Cap Growth Fund	SBAGX	D+	(800) 639-3935	C+ / 6.4	5.35	9.76	24.73 / 82	13.56 / 59	15.50 / 79	0.00	3.54
GR	Strategic Partners Conc Gr Fund A	SPTAX	D-	(800) 778-8769	C- / 3.2	9.99	9.99	22.00 / 72	9.33 / 23	--	0.00	1.75

● Denotes fund is closed to new investors
* Denotes fund is included in Section II

www.thestreet.com/ratings

I. Index of Stock Mutual Funds

Summer 2007

RISK			NET ASSETS		ASSET				Portfolio	BULL / BEAR		FUND MANAGER		MINIMUMS		LOADS	
	3 Year		NAV							Last Bull	Last Bear	Manager	Manager	Initial	Additional	Front	Back
Risk	Standard		As of	Total	Cash	Stocks	Bonds	Other	Turnover	Market	Market	Quality	Tenure	Purch.	Purch.	End	End
Rating/Pts	Deviation	Beta	6/30/07	$(Mil)	%	%	%	%	Ratio	Return	Return	Pct	(Years)	$	$	Load	Load
B- / 7.1	9.5	1.02	19.90	1,051	5	94	0	1	8.0	185.2	-8.4	44	8	0	0	0.0	2.0
B- / 7.4	9.1	0.97	17.84	15	2	97	0	1	81.0	164.7	-9.0	44	7	2,000	1,000	5.8	2.0
B- / 7.4	9.1	0.97	16.84	9	2	97	0	1	81.0	157.0	-9.1	34	7	5,000	1,000	0.0	2.0
B- / 7.5	9.1	0.97	18.02	1,237	2	97	0	1	81.0	168.5	-8.9	48	7	0	0	0.0	2.0
B / 8.6	6.9	0.88	16.07	64	2	96	0	2	95.0	108.8	-9.9	87	12	2,000	1,000	5.8	0.0
B / 8.6	6.9	0.88	15.90	41	2	96	0	2	95.0	102.4	-10.1	83	12	5,000	1,000	0.0	0.0
B / 8.6	6.9	0.87	16.13	1,098	2	96	0	2	95.0	111.7	-9.8	89	14	0	0	0.0	0.0
B / 8.0	6.7	0.89	19.29	49	0	99	0	1	58.0	113.7	-9.1	88	14	2,000	1,000	5.8	0.0
B / 8.0	6.7	0.89	18.85	69	0	99	0	1	58.0	107.0	-9.2	84	12	5,000	1,000	0.0	0.0
B / 8.0	6.7	0.88	19.11	1,619	0	99	0	1	58.0	115.8	-9.1	89	15	0	0	0.0	0.0
B / 8.1	7.7	1.02	13.82	3	2	97	0	1	52.0	97.0	-8.6	57	N/A	2,000	1,000	5.8	0.0
B / 8.8	7.8	1.03	13.68	6	2	97	0	1	52.0	93.0	-8.6	50	N/A	5,000	1,000	0.0	0.0
B / 8.1	7.8	1.02	13.86	47	2	97	0	1	52.0	99.3	-8.6	61	N/A	0	0	0.0	0.0
B / 8.3	2.4	0.48	11.44	1	3	26	69	2	43.0	N/A	N/A	48	N/A	2,000	1,000	4.8	0.0
B / 8.4	2.4	0.48	11.44	5	3	26	69	2	43.0	N/A	N/A	41	N/A	5,000	1,000	0.0	0.0
B+ / 9.9	2.4	0.48	11.43	1	3	26	69	2	43.0	N/A	N/A	42	N/A	5,000	0	0.0	0.0
B+ / 9.7	2.4	0.49	11.44	3	3	26	69	2	43.0	N/A	N/A	52	N/A	0	0	0.0	0.0
B+ / 9.5	5.8	1.25	13.48	6	4	74	20	2	45.0	78.0	-6.3	55	N/A	2,000	1,000	5.8	0.0
B+ / 9.5	5.8	1.24	13.48	17	4	74	20	2	45.0	74.3	-6.3	49	N/A	5,000	1,000	0.0	0.0
B+ / 9.5	5.8	1.24	13.43	6	4	74	20	2	45.0	74.7	-6.3	46	N/A	5,000	0	0.0	0.0
B / 8.9	5.8	1.24	13.50	113	4	74	20	2	45.0	79.8	-6.3	61	N/A	0	0	0.0	0.0
B / 8.9	4.3	0.95	11.20	11	4	55	40	1	49.0	61.0	-4.3	53	N/A	2,000	1,000	5.8	0.0
B+ / 9.9	4.3	0.95	11.18	13	4	55	40	1	49.0	57.4	-4.3	46	N/A	5,000	1,000	0.0	0.0
U /	N/A	N/A	11.18	25	4	55	40	1	49.0	N/A	N/A	N/A	N/A	5,000	0	0.0	0.0
B / 8.9	4.3	0.95	11.20	197	4	55	40	1	49.0	62.6	-4.4	56	N/A	0	0	0.0	0.0
C+ / 6.8	11.5	1.32	14.63	1	0	99	0	1	450.0	N/A	N/A	19	1	2,000	1,000	5.8	0.0
C+ / 6.7	11.5	1.32	14.25	1	0	99	0	1	450.0	N/A	N/A	15	1	5,000	1,000	0.0	0.0
C+ / 6.9	11.5	1.32	14.76	318	0	99	0	1	450.0	N/A	N/A	21	1	0	0	0.0	0.0
B- / 7.8	8.0	1.03	12.91	79	0	99	0	1	79.0	49.4	-8.3	7	N/A	2,000	1,000	5.8	0.0
B- / 7.7	8.0	1.03	12.01	36	0	99	0	1	79.0	46.0	-8.4	6	N/A	5,000	1,000	0.0	0.0
B- / 7.9	8.0	1.03	13.62	865	0	99	0	1	79.0	52.6	-8.1	8	N/A	0	0	0.0	0.0
C / 5.3	9.8	0.90	13.90	4	3	96	0	1	196.0	N/A	N/A	89	4	2,000	1,000	5.8	0.0
B / 8.3	9.8	0.90	13.83	6	3	96	0	1	196.0	148.1	-13.1	86	6	5,000	1,000	0.0	0.0
B / 8.3	9.8	0.90	13.95	317	3	96	0	1	196.0	157.0	-10.9	91	6	0	0	0.0	0.0
B- / 7.1	9.9	0.92	13.83	11	2	97	0	1	189.0	118.9	-10.1	70	N/A	2,000	1,000	5.8	0.0
B- / 7.0	9.8	0.92	12.65	10	2	97	0	1	189.0	113.3	-10.2	62	N/A	5,000	1,000	0.0	0.0
B- / 7.1	9.9	0.92	14.48	326	2	97	0	1	189.0	122.6	-10.0	74	N/A	0	0	0.0	0.0
B- / 7.5	7.9	1.04	28.56	N/A	3	96	0	1	160.0	56.2	-9.0	10	N/A	2,000	1,000	5.8	0.0
B- / 7.5	7.9	1.04	26.59	32	3	96	0	1	160.0	51.3	-9.3	8	N/A	5,000	1,000	0.0	0.0
B- / 7.5	7.9	1.05	28.78	86	3	96	0	1	160.0	58.1	-9.0	12	N/A	0	0	0.0	0.0
C- / 3.8	14.9	1.06	21.88	24	1	98	0	1	139.0	126.4	-12.4	20	1	2,000	1,000	5.8	0.0
C- / 3.7	14.9	1.06	20.20	22	1	98	0	1	139.0	120.1	-12.6	16	1	5,000	1,000	0.0	0.0
C- / 3.9	14.9	1.06	22.61	701	1	98	0	1	139.0	129.9	-12.4	23	1	0	0	0.0	0.0
D- / 1.5	12.3	0.87	18.39	7	1	98	0	1	62.0	169.4	-7.1	96	4	2,000	1,000	5.8	0.0
D- / 1.5	12.3	0.87	17.93	35	1	98	0	1	62.0	167.0	-7.3	95	10	5,000	1,000	0.0	0.0
D- / 1.5	12.3	0.87	18.55	682	1	98	0	1	62.0	172.7	-7.1	96	10	25,000	0	0.0	0.0
B- / 7.7	7.0	0.88	19.06	35	N/A	100	0	N/A	91.0	111.4	-10.3	89	12	0	0	0.0	0.0
C+ / 6.6	10.5	0.89	15.02	12	0	99	0	1	181.0	106.9	-10.1	42	N/A	25,000	0	0.0	0.0
D / 2.2	19.9	0.64	18.17	20	5	94	0	1	74.0	106.6	-6.7	36	N/A	25,000	0	0.0	0.0
B / 8.5	7.3	0.85	11.08	22	4	95	0	1	67.3	71.4	-6.1	33	23	1,000	100	0.0	2.0
C- / 3.2	16.2	1.60	12.60	9	3	96	0	1	120.9	122.3	-10.7	22	N/A	1,000	100	0.0	2.0
C / 5.4	10.4	1.28	14.86	45	0	99	0	1	40.0	N/A	N/A	14	N/A	2,500	100	5.5	0.0

www.thestreet.com/ratings

Data as of June 30, 2007

I. Index of Stock Mutual Funds

Summer 2007

99 Pct = Best
0 Pct = Worst

Fund Type	Fund Name	Ticker Symbol	Overall Investment Rating	Phone	Performance Rating/Pts	3 Mo	6 Mo	1Yr / Pct	3Yr / Pct	5Yr / Pct	Dividend Yield	Expense Ratio
GR	Strategic Partners Conc Gr Fund B		D	(800) 778-8769	C- / 3.6	9.78	9.59	21.10 /67	8.50 /17	--	0.00	2.65
GR	Strategic Partners Conc Gr Fund C	CCGSX	C-	(800) 778-8769	C- / 3.6	9.71	9.62	21.04 /67	8.53 /17	6.14 / 5	0.00	2.65
GR	● Strategic Partners Conc Gr Fund L	CAGSX	D	(800) 778-8769	D+ / 2.9	9.92	9.92	21.72 /71	9.10 /21	6.72 / 7	0.00	2.15
GR	● Strategic Partners Conc Gr Fund M	CBGSX	D+	(800) 778-8769	C- / 3.7	9.77	9.68	21.08 /67	8.53 /18	6.16 / 5	0.00	2.65
GR	● Strategic Partners Conc Gr Fund X	CZGSX	D+	(800) 778-8769	C- / 3.7	9.76	9.57	21.06 /67	8.53 /18	6.13 / 5	0.00	2.65
RE	Stratton Monthly Dividend Reit Shs	STMDX	E+	(800) 634-5726	C- / 3.3	-5.97	-4.56	9.81 / 7	14.85 /68	13.86 /69	4.18	0.91
GR	Stratton Multi Cap Fund	STRGX	C	(800) 634-5726	C+ / 5.7	8.49	13.96	11.55 /12	14.54 /66	13.59 /66	0.36	1.06
SC	Stratton Small-Cap Value Fund	STSCX	C+	(800) 634-5726	C+ / 6.5	4.77	8.15	11.35 /11	16.78 /77	17.47 /86	0.15	1.21
GR	Stratus Growth A	STWAX	E+	(888) 769-2362	D- / 1.4	5.57	5.95	11.95 /13	9.11 /21	8.60 /20	0.27	1.15
GR	Stratus Growth Inst	STPGX	D-	(888) 769-2362	D / 1.9	5.56	5.93	11.80 /13	9.01 /21	8.58 /19	0.28	1.15
IN	Summit Apex Everest A	SEVRX	C	(888) 259-7565	C+ / 5.6	5.16	6.24	21.60 /70	14.94 /68	12.43 /57	1.14	1.18
IN	Summit Apex Everest I	SAEVX	B-	(888) 259-7565	C+ / 6.9	5.24	6.37	21.92 /72	15.22 /70	12.71 /59	1.36	0.93
GR	Summit Apex Nasdaq 100 Index I	SANIX	D-	(888) 259-7565	C- / 3.6	9.07	9.93	22.54 /75	8.28 /16	12.54 /58	0.24	0.65
GR	SunAmerica 2010 High Watermark A	HWIAX	D+	(800) 858-8850	E- / 0.1	1.28	2.08	8.77 / 5	4.42 / 2	--	2.60	1.72
GR	SunAmerica 2010 High Watermark C	HWICX	D+	(800) 858-8850	E- / 0.2	1.18	1.78	8.13 / 4	3.82 / 2	--	2.05	2.37
BA	SunAmerica Bal Assets A	SBAAX	D-	(800) 858-8850	E+ / 0.6	4.08	4.93	14.61 /24	6.82 / 8	5.48 / 3	1.51	1.57
BA	SunAmerica Bal Assets B	SBABX	D	(800) 858-8850	E+ / 0.9	3.91	4.52	13.83 /20	6.08 / 6	4.76 / 2	0.84	2.25
BA	SunAmerica Bal Assets C	SBDTX	D	(800) 858-8850	E+ / 0.9	3.91	4.58	13.80 /20	6.10 / 6	4.76 / 2	0.84	2.23
BA	SunAmerica Bal Assets I	NAAIX	D	(800) 858-8850	D- / 1.3	4.19	5.11	14.90 /25	7.10 /10	5.72 / 4	1.87	2.66
GR	SunAmerica Blue Chip Growth A	SVLAX	D-	(800) 858-8850	D- / 1.1	7.42	8.66	18.18 /46	6.56 / 8	6.09 / 5	0.00	1.60
GR	SunAmerica Blue Chip Growth B	SVLBX	D-	(800) 858-8850	D- / 1.4	7.16	8.26	17.23 /40	5.78 / 5	5.30 / 3	0.00	2.34
GR	SunAmerica Blue Chip Growth C	NGECX	D-	(800) 858-8850	D- / 1.4	7.14	8.18	17.10 /39	5.64 / 5	5.17 / 2	0.00	2.35
GR	SunAmerica Blue Chip Growth I	NGEIX	D-	(800) 858-8850	D / 2.0	7.50	8.87	18.52 /49	6.84 / 8	6.36 / 6	0.00	2.43
BA	SunAmerica Foc Balanced Strat A	FBAAX	D-	(800) 858-8850	E+ / 0.9	3.54	4.34	13.00 /16	8.36 /16	--	3.09	1.65
BA	SunAmerica Foc Balanced Strat B	FBABX	D-	(800) 858-8850	D- / 1.1	3.38	4.02	12.29 /14	7.64 /12	--	2.66	2.31
BA	SunAmerica Foc Balanced Strat C	FBACX	D-	(800) 858-8850	D- / 1.1	3.38	4.01	12.26 /14	7.65 /12	--	2.65	2.29
GI	SunAmerica Foc Div Strategy A	FDSAX	C	(800) 858-8850	C+ / 5.6	11.13	14.00	23.61 /79	11.63 /42	9.71 /30	2.09	1.07
GI	SunAmerica Foc Div Strategy B	FDSBX	C	(800) 858-8850	C+ / 6.1	10.90	13.56	22.77 /76	10.88 /35	9.00 /23	1.34	1.73
GI	SunAmerica Foc Div Strategy C	FDSTX	C	(800) 858-8850	C+ / 6.1	10.99	13.65	22.77 /76	10.91 /35	9.00 /23	1.34	1.71
GR	SunAmerica Foc Equity Strat A	FESAX	D-	(800) 858-8850	D / 2.2	5.64	6.20	16.27 /34	10.51 /32	--	2.52	1.83
GR	SunAmerica Foc Equity Strat B	FESBX	D	(800) 858-8850	D+ / 2.7	5.43	5.83	15.53 /29	9.76 /26	--	2.11	2.49
GR	SunAmerica Foc Equity Strat C	FESTX	D	(800) 858-8850	D+ / 2.7	5.43	5.83	15.52 /29	9.80 /26	--	2.11	2.47
GI	SunAmerica Foc Fix Inc&Eq Strat A	FFEAX	D-	(800) 858-8850	E- / 0.2	1.08	1.73	9.18 / 6	6.17 / 6	--	3.58	1.58
GI	SunAmerica Foc Fix Inc&Eq Strat B		D	(800) 858-8850	E / 0.3	0.90	1.38	8.46 / 5	5.44 / 4	--	3.14	2.26
GI	SunAmerica Foc Fix Inc&Eq Strat C	FFICX	D-	(800) 858-8850	E / 0.3	0.90	1.45	8.46 / 5	5.47 / 5	--	3.14	2.22
GI	SunAmerica Foc Gr & Inc A	FOGAX	C-	(800) 858-8850	C- / 3.0	4.61	5.78	20.32 /62	11.45 /40	9.80 /31	0.00	1.72
GI	SunAmerica Foc Gr & Inc B	FOGBX	C-	(800) 858-8850	C- / 3.6	4.46	5.42	19.49 /56	10.74 /34	9.07 /24	0.00	2.38
GI	SunAmerica Foc Gr & Inc C	FOGTX	C-	(800) 858-8850	C- / 3.6	4.46	5.48	19.51 /56	10.75 /34	9.08 /24	0.00	2.37
AG	SunAmerica Foc Gr A	SSAAX	C	(800) 858-8850	C+ / 6.3	9.25	12.00	19.96 /59	14.46 /65	11.81 /52	0.00	1.72
AG	SunAmerica Foc Gr B	SSABX	C+	(800) 858-8850	C+ / 6.8	9.08	11.69	19.22 /54	13.72 /60	11.09 /45	0.00	2.38
AG	SunAmerica Foc Gr C	SSACX	C+	(800) 858-8850	C+ / 6.8	9.08	11.65	19.17 /54	13.73 /60	11.08 /44	0.00	2.37
FO	SunAmerica Foc Intl Eqty A	SFINX	C+	(800) 858-8850	B / 7.6	6.04	8.95	23.65 /79	18.66 /82	14.49 /73	0.17	1.97
FO	SunAmerica Foc Intl Eqty B		B	(800) 858-8850	B / 8.1	5.86	8.52	22.81 /76	17.89 /80	13.74 /68	0.00	2.72
FO	SunAmerica Foc Intl Eqty C	FINTX	C+	(800) 858-8850	B / 8.1	5.87	8.59	22.92 /77	17.90 /80	13.73 /68	0.00	2.66
GR	SunAmerica Foc Lrg-Cp Gr A	SSFAX	E	(800) 858-8850	E- / 0.1	2.60	1.28	7.54 / 3	3.04 / 1	5.51 / 3	0.00	1.52
GR	SunAmerica Foc Lrg-Cp Gr B	SSFBX	E	(800) 858-8850	E- / 0.1	2.41	0.96	6.82 / 3	2.35 / 1	4.81 / 2	0.00	2.20
GR	SunAmerica Foc Lrg-Cp Gr C	SSFTX	E	(800) 858-8850	E- / 0.1	2.41	0.96	6.81 / 3	2.34 / 0	4.84 / 2	0.00	2.18
GR	SunAmerica Foc Lrg-Cp Gr Z	SSFZX	E	(800) 858-8850	E- / 0.2	2.76	1.60	8.11 / 4	3.65 / 1	6.10 / 5	0.00	N/A
GR	SunAmerica Foc Lrg-Cp Val A	SSLAX	D	(800) 858-8850	C- / 3.5	6.02	5.34	18.46 /48	12.41 /49	12.41 /57	0.52	1.64
GR	SunAmerica Foc Lrg-Cp Val B	SELBX	D+	(800) 858-8850	C- / 4.0	5.85	5.00	17.60 /42	11.62 /42	11.65 /50	0.06	2.37
GR	SunAmerica Foc Lrg-Cp Val C	SSLTX	D+	(800) 858-8850	C- / 4.0	5.83	4.98	17.63 /42	11.64 /42	11.67 /50	0.06	2.32
MC	SunAmerica Foc Mid Cap Growth A	FMGWX	U	(800) 858-8850	U /	11.26	14.24	20.91 /66	--	--	0.00	1.72

● Denotes fund is closed to new investors
* Denotes fund is included in Section II

www.thestreet.com/ratings

I. Index of Stock Mutual Funds

Summer 2007

RISK			NET ASSETS		ASSET				Portfolio	BULL / BEAR		FUND MANAGER		MINIMUMS		LOADS	
	3 Year		NAV							Last Bull	Last Bear	Manager	Manager	Initial	Additional	Front	Back
Risk	Standard		As of	Total	Cash	Stocks	Bonds	Other	Turnover	Market	Market	Quality	Tenure	Purch.	Purch.	End	End
Rating/Pts	Deviation	Beta	6/30/07	$(Mil)	%	%	%	%	Ratio	Return	Return	Pct	(Years)	$	$	Load	Load
C / 5.3	10.5	1.29	12.57	6	0	99	0	1	40.0	N/A	N/A	10	N/A	2,500	100	0.0	0.0
C+ / 6.7	10.4	1.28	12.54	33	0	99	0	1	40.0	66.1	-12.8	11	N/A	2,500	100	0.0	0.0
C+ / 6.5	10.4	1.28	14.74	37	0	99	0	1	40.0	69.9	-12.8	13	N/A	1,000	100	5.8	0.0
C+ / 6.1	10.4	1.28	12.58	87	0	99	0	1	40.0	66.0	-12.9	11	N/A	1,000	100	0.0	0.0
C+ / 6.1	10.5	1.29	12.59	19	0	99	0	1	40.0	66.1	-12.9	10	N/A	1,000	100	0.0	0.0
C- / 4.0	13.2	0.88	34.08	147	8	91	0	1	20.2	127.7	-1.4	31	N/A	2,000	100	0.0	1.5
C+ / 5.9	12.5	1.27	45.16	101	4	95	0	1	31.0	145.0	-7.7	61	35	2,000	100	0.0	1.5
C+ / 6.7	13.6	0.95	51.81	857	6	93	0	1	29.4	175.3	-6.6	88	N/A	2,000	100	0.0	1.5
C+ / 5.8	8.4	1.07	17.82	1	2	98	0	0	41.2	84.4	-8.7	22	N/A	1,000	0	4.5	0.0
C+ / 5.8	8.2	1.05	18.03	69	2	98	0	0	41.2	83.1	-8.4	22	N/A	250,000	0	0.0	0.0
C+ / 6.5	6.6	0.86	68.43	7	2	97	0	1	50.5	126.4	-10.9	90	8	2,000	50	5.8	0.0
B- / 7.1	6.6	0.86	69.09	102	2	97	0	1	50.5	128.1	-10.7	91	8	250,000	0	0.0	0.0
C / 4.7	14.3	1.67	25.24	19	0	99	0	1	12.9	88.0	-9.7	3	8	250,000	0	0.0	0.0
B+ / 9.9	3.6	0.39	10.31	108	23	0	76	1	15.0	N/A	N/A	27	100	500	100	5.8	0.0
B+ / 9.9	3.6	0.39	10.28	116	23	0	76	1	15.0	N/A	N/A	23	N/A	500	100	0.0	0.0
B- / 7.9	4.8	1.08	15.42	125	N/A	64	35	N/A	154.0	45.0	-5.5	28	12	500	100	5.8	0.0
B / 8.4	4.8	1.08	15.38	16	N/A	64	35	N/A	154.0	40.9	-5.7	23	12	500	100	0.0	0.0
B / 8.5	4.8	1.08	15.41	14	N/A	64	35	N/A	154.0	41.1	-5.7	23	N/A	500	100	0.0	0.0
B- / 7.7	4.8	1.09	15.44	1	N/A	64	35	N/A	154.0	46.5	-5.5	30	N/A	5,000,000	100	0.0	0.0
C+ / 6.6	8.8	1.13	17.81	50	2	97	0	1	154.0	60.2	-10.2	8	1	500	100	5.8	0.0
C+ / 6.7	8.8	1.14	15.72	15	2	97	0	1	154.0	55.4	-10.4	6	1	500	100	0.0	0.0
C+ / 6.8	8.8	1.13	15.61	4	2	97	0	1	154.0	54.8	-10.5	6	1	500	100	0.0	0.0
C+ / 5.6	8.8	1.13	18.05	1	2	97	0	1	154.0	62.1	-10.2	9	1	5,000,000	100	0.0	0.0
B- / 7.2	6.4	1.35	16.82	142	0	66	34	0	30.0	65.8	-4.1	29	5	500	100	5.8	0.0
B- / 7.2	6.4	1.36	16.80	105	0	66	34	0	30.0	61.3	-4.2	24	5	500	100	0.0	0.0
B- / 7.2	6.4	1.36	16.83	190	0	66	34	0	30.0	61.4	-4.2	24	5	500	100	0.0	0.0
C+ / 6.0	9.3	0.96	15.02	63	0	98	0	2	614.0	90.4	-12.9	57	9	500	100	5.8	0.0
C+ / 6.0	9.2	0.96	14.98	42	0	98	0	2	614.0	85.0	-13.0	48	9	500	100	0.0	0.0
C+ / 5.9	9.2	0.96	14.98	92	0	98	0	2	614.0	85.0	-13.0	48	9	500	100	0.0	0.0
C+ / 6.1	9.6	1.23	19.87	189	N/A	100	0	N/A	28.0	98.2	-8.2	23	5	500	100	5.8	0.0
C+ / 6.2	9.6	1.23	19.60	123	N/A	100	0	N/A	28.0	92.6	-8.3	18	5	500	100	0.0	0.0
C+ / 6.2	9.6	1.23	19.61	300	N/A	100	0	N/A	28.0	92.8	-8.4	18	5	500	100	0.0	0.0
B / 8.1	3.7	0.42	13.92	22	0	34	65	1	63.0	38.9	0.5	43	5	500	100	5.8	0.0
B+ / 9.0	3.7	0.41	13.91	13	0	34	65	1	63.0	35.1	-0.8	35	5	500	100	0.0	0.0
B / 8.2	3.7	0.42	13.91	28	0	34	65	1	63.0	35.1	-0.9	35	5	500	100	0.0	0.0
B- / 7.6	9.3	1.14	20.67	410	10	88	0	2	90.0	89.0	-7.6	36	10	500	100	5.8	0.0
B- / 7.5	9.3	1.14	19.45	65	10	88	0	2	90.0	83.9	-7.9	30	10	500	100	0.0	0.0
B- / 7.5	9.4	1.14	19.44	130	10	88	0	2	90.0	83.8	-7.8	30	10	500	100	0.0	0.0
C+ / 5.8	12.4	1.35	27.17	376	1	98	0	1	115.0	125.7	-10.3	51	11	500	100	5.8	0.0
C+ / 5.8	12.4	1.35	25.12	57	1	98	0	1	115.0	119.6	-10.5	42	11	500	100	0.0	0.0
C+ / 5.8	12.4	1.35	25.11	57	1	98	0	1	115.0	119.5	-10.5	42	11	500	100	0.0	0.0
C / 5.4	9.2	0.93	21.43	308	2	97	0	1	81.0	151.2	-10.1	27	N/A	500	100	5.8	2.0
C+ / 6.2	9.2	0.93	20.76	21	2	97	0	1	81.0	144.3	-10.2	22	N/A	500	100	0.0	0.0
C / 5.3	9.2	0.93	20.73	47	2	97	0	1	81.0	144.2	-10.2	22	N/A	500	100	0.0	0.0
C / 5.4	12.3	1.43	18.97	134	3	96	0	1	172.0	58.8	-8.3	1	9	500	100	5.8	0.0
C / 5.3	12.3	1.42	17.86	225	3	96	0	1	172.0	54.3	-8.4	1	9	500	100	0.0	0.0
C / 5.3	12.3	1.43	17.87	79	3	96	0	1	172.0	54.5	-8.4	1	9	500	100	0.0	0.0
C / 4.8	12.3	1.43	19.72	459	3	96	0	1	172.0	62.9	-8.2	1	9	500	100	0.0	0.0
C+ / 5.8	8.8	0.96	17.96	270	3	96	0	1	133.0	102.0	-9.3	67	10	500	100	5.8	0.0
C+ / 5.7	8.8	0.96	17.02	26	3	96	0	1	133.0	96.2	-9.5	57	10	500	100	0.0	0.0
C+ / 5.7	8.8	0.96	17.06	63	3	96	0	1	133.0	96.2	-9.4	58	10	500	100	0.0	0.0
U /	N/A	N/A	16.21	80	5	94	0	1	N/A	N/A	N/A	N/A	N/A	500	100	5.8	0.0

www.thestreet.com/ratings

Data as of June 30, 2007

I. Index of Stock Mutual Funds

Summer 2007

99 Pct = Best
0 Pct = Worst

Fund Type	Fund Name	Ticker Symbol	Overall Investment Rating	Phone	Performance Rating/Pts	Total Return % through 6/30/07		Annualized		Incl. in Returns	
						3 Mo	6 Mo	1Yr / Pct	3Yr / Pct	5Yr / Pct	Dividend Yield	Expense Ratio
MC	SunAmerica Foc Mid Cap Value A	FMVPX	U	(800) 858-8850	U /	5.92	13.36	25.84 /85	--	--	0.27	1.72
GR	SunAmerica Foc Multi-Asset Strat A	FASAX	D	(800) 858-8850	D+ / 2.3	4.92	6.34	15.40 /28	10.96 /35	--	2.03	1.78
GR	SunAmerica Foc Multi-Asset Strat B	FMABX	D	(800) 858-8850	D+ / 2.8	4.79	6.05	14.68 /24	10.26 /30	--	1.57	2.43
GR	SunAmerica Foc Multi-Asset Strat C	FMATX	D	(800) 858-8850	D+ / 2.8	4.74	5.99	14.68 /24	10.24 /30	--	1.57	2.42
SC	SunAmerica Foc Small Cap Growth A	NSKAX	E	(800) 858-8850	D+ / 2.6	7.53	8.04	8.15 / 4	12.61 /51	13.37 /65	0.00	1.70
SC	SunAmerica Foc Small Cap Growth B	NBSCX	E	(800) 858-8850	C- / 3.1	7.35	7.62	7.40 / 3	11.88 /44	12.64 /59	0.00	2.39
SC	SunAmerica Foc Small Cap Growth C	NCSCX	E	(800) 858-8850	C- / 3.1	7.31	7.65	7.43 / 3	11.87 /44	12.61 /59	0.00	2.37
SC	SunAmerica Foc Small Cap Value A	SSSAX	E-	(800) 858-8850	D+ / 2.6	5.42	7.75	16.56 /35	10.93 /35	13.98 /70	0.00	1.68
SC	SunAmerica Foc Small Cap Value B	SSSBX	E-	(800) 858-8850	C- / 3.0	5.19	7.36	15.74 /30	10.15 /29	13.23 /64	0.00	2.37
SC	SunAmerica Foc Small Cap Value C	SSSTX	E-	(800) 858-8850	C- / 3.1	5.17	7.39	15.75 /30	10.19 /29	13.26 /64	0.00	2.36
TC	SunAmerica Foc Technology A	STNAX	E	(800) 858-8850	D / 2.2	8.10	9.44	16.28 /34	9.33 /23	17.77 /87	0.00	2.12
TC	SunAmerica Foc Technology B	STNBX	E	(800) 858-8850	D+ / 2.6	7.81	9.03	15.36 /28	8.59 /18	17.03 /85	0.00	2.84
TC	SunAmerica Foc Technology C	STNTX	E	(800) 858-8850	D+ / 2.7	7.97	9.19	15.53 /29	8.64 /18	17.06 /85	0.00	2.79
GR	SunAmerica Foc Val A	SFVAX	B+	(800) 858-8850	B / 8.0	8.05	12.53	26.97 /88	17.53 /79	14.16 /71	0.46	1.70
GR	SunAmerica Foc Val B	SFDBX	B+	(800) 858-8850	B / 8.2	7.87	12.14	26.07 /86	16.77 /77	13.42 /65	0.03	2.37
GR	SunAmerica Foc Val C	SFVTX	B+	(800) 858-8850	B / 8.2	7.88	12.15	26.10 /86	16.76 /77	13.41 /65	0.03	2.36
GI	SunAmerica Growth & Income A	SEIAX	D+	(800) 858-8850	D+ / 2.8	7.00	7.08	19.66 /57	10.46 /31	7.72 /13	0.00	1.54
GI	SunAmerica Growth & Income B	SEIBX	C-	(800) 858-8850	C- / 3.4	6.87	6.79	18.94 /52	9.76 /26	7.02 / 8	0.00	2.22
GI	SunAmerica Growth & Income C	SEICX	C-	(800) 858-8850	C- / 3.4	6.88	6.72	18.87 /51	9.78 /26	7.03 / 8	0.00	2.19
GI	SunAmerica Growth & Income I	NARIX	C	(800) 858-8850	C- / 4.1	7.04	7.19	19.92 /59	10.66 /33	7.91 /14	0.00	3.55
GR	SunAmerica Growth Opportunities A	SGWAX	C-	(800) 858-8850	C / 4.6	6.21	11.08	25.81 /85	11.32 /39	9.80 /31	0.00	1.64
GR	SunAmerica Growth Opportunities B	SGWBX	C-	(800) 858-8850	C / 5.2	6.05	10.71	24.92 /83	10.57 /32	9.03 /23	0.00	2.35
GR	SunAmerica Growth Opportunities C	SGWTX	C-	(800) 858-8850	C / 5.2	6.00	10.67	24.90 /83	10.55 /32	9.00 /23	0.00	2.33
GR	SunAmerica Growth Opportunities I	NISIX	C+	(800) 858-8850	C+ / 6.1	6.27	11.23	26.21 /86	11.69 /43	10.13 /34	0.00	2.87
FO	SunAmerica Intl Equity A	SIEAX	B+	(800) 858-8850	B+ / 8.6	6.72	9.95	22.17 /73	22.51 /90	15.72 /80	0.00	1.91
FO	SunAmerica Intl Equity B	SSIBX	B+	(800) 858-8850	B+ / 8.8	6.59	9.63	21.40 /69	21.73 /88	15.00 /76	0.00	2.58
FO	SunAmerica Intl Equity C	SIETX	B+	(800) 858-8850	B+ / 8.8	6.59	9.65	21.43 /70	21.72 /88	14.97 /76	0.00	2.56
FO	SunAmerica Intl Equity I	NAOIX	A+	(800) 858-8850	B+ / 8.9	6.78	10.05	22.34 /74	22.65 /90	15.85 /80	0.00	1.81
FO	SunAmerica Intl Small Cap A	SAESX	U	(800) 858-8850	U /	6.28	13.49	25.67 /85	--	--	0.00	3.17
GR	SunAmerica New Century A	SEGAX	C+	(800) 858-8850	B- / 7.0	7.49	12.82	25.86 /85	14.78 /67	12.01 /54	0.00	1.55
GR	SunAmerica New Century B	SEGBX	C+	(800) 858-8850	B- / 7.3	7.30	12.42	24.92 /83	13.94 /62	11.21 /46	0.00	2.29
GR	SunAmerica New Century C	SEGCX	C+	(800) 858-8850	B- / 7.4	7.31	12.47	25.05 /83	14.14 /63	11.38 /47	0.00	2.58
GR	SunAmerica New Tax Mngd Equity A	TXMAX	D-	(800) 858-8850	D / 2.1	6.57	8.31	12.30 /14	10.58 /32	8.82 /21	0.00	1.76
GR	SunAmerica New Tax Mngd Equity B	TXMBX	D	(800) 858-8850	D+ / 2.6	6.35	7.92	11.55 /12	9.88 /27	8.12 /16	0.00	2.47
GR	SunAmerica New Tax Mngd Equity C	TXMTX	D	(800) 858-8850	D+ / 2.6	6.41	7.99	11.62 /12	9.87 /27	8.13 /16	0.00	2.40
GI	SunAmerica VAL Co I Brcap Val inc	VBCVX	U	(800) 858-8850	U /	5.07	8.09	22.43 /75	--	--	0.89	3.41
GR	SunAmerica VAL Co I Core Eq Fd	VCCEX	D-	(800) 858-8850	D+ / 2.5	5.22	6.25	17.89 /44	8.81 /19	8.89 /22	0.63	0.90
GI	SunAmerica VAL Co I Core Val Fd	VCIGX	C	(800) 858-8850	C+ / 5.6	6.88	7.15	22.64 /76	12.22 /47	11.40 /48	0.73	0.92
FO	SunAmerica VAL Co I Fr Val Fd	VCFVX	U	(800) 858-8850	U /	5.83	8.52	23.20 /78	--	--	0.98	1.65
GL	SunAmerica VAL Co I Glb Eq Fd	VCGEX	U	(800) 858-8850	U /	10.66	13.85	29.53 /92	--	--	1.11	2.16
GL	SunAmerica VAL Co I Glb Str Fd	VGLSX	U	(800) 858-8850	U /	5.69	7.88	21.88 /72	--	--	1.26	1.57
GI	SunAmerica VAL Co I Gr & Inc Fd	VCGAX	C	(800) 858-8850	C / 4.8	7.27	7.60	20.56 /64	11.28 /39	8.69 /20	0.61	0.89
HL	SunAmerica VAL Co I Health Sci Fd	VCHSX	E-	(800) 858-8850	E- / 0.2	4.77	7.90	4.58 / 1	3.51 / 1	9.27 /26	0.00	1.16
FO	SunAmerica VAL Co I Intl Eq Fd	VCIEX	B+	(800) 858-8850	B+ / 8.8	6.08	9.78	25.11 /83	21.46 /88	14.98 /76	1.36	0.56
FO	SunAmerica VAL Co I Intl Gr I Fd	VCINX	B+	(800) 858-8850	A- / 9.0	7.67	11.35	28.81 /91	21.59 /88	14.31 /72	1.40	1.19
GI	SunAmerica VAL Co I Lgcap Core Fd	VLCCX	U	(800) 858-8850	U /	7.73	7.92	19.35 /55	--	--	0.85	2.43
GR	SunAmerica VAL Co I Lgcptl Gr Fd	VLCGX	U	(800) 858-8850	U /	7.27	8.22	18.19 /46	--	--	0.21	1.33
MC	SunAmerica VAL Co I MdCp Strt Gr	VMSGX	U	(800) 858-8850	U /	11.00	15.85	20.28 /62	--	--	0.04	1.39
MC	SunAmerica VAL Co I Midcap Idx Fd	VMIDX	C+	(800) 858-8850	C+ / 6.9	5.81	11.81	18.09 /46	14.79 /67	13.78 /68	0.43	0.39
GR	SunAmerica VAL Co I Nsdq 100 IdX	VCNIX	D-	(800) 858-8850	C- / 3.7	9.18	10.08	22.80 /76	8.24 /16	12.81 /60	0.07	0.61
SC	SunAmerica VAL Co I Smcap Fd	VCSMX	D-	(800) 858-8850	C- / 3.0	4.35	6.41	10.97 /10	11.72 /43	11.25 /46	0.00	1.02
AG	SunAmerica VAL Co I SmCp Agg Gr	VSAGX	U	(800) 858-8850	U /	10.66	16.26	17.88 /44	--	--	0.00	3.18

● Denotes fund is closed to new investors
* Denotes fund is included in Section II

www.thestreet.com/ratings

Summer 2007   I. Index of Stock Mutual Funds

RISK			NET ASSETS		ASSET				Portfolio Turnover Ratio	BULL / BEAR		FUND MANAGER		MINIMUMS		LOADS	
	3 Year		NAV As of 6/30/07	Total $(Mil)	Cash %	Stocks %	Bonds %	Other %		Last Bull Market Return	Last Bear Market Return	Manager Quality Pct	Manager Tenure (Years)	Initial Purch. $	Additional Purch. $	Front End Load	Back End Load
Risk Rating/Pts	Standard Deviation	Beta															
U /	N/A	N/A	16.63	71	3	96	0	1	70.0	N/A	N/A	N/A	2	500	100	5.8	0.0
B- / 7.2	7.9	1.00	19.62	296	N/A	80	19	N/A	16.0	87.5	-6.3	44	5	500	100	5.8	0.0
C+ / 6.2	7.9	1.00	19.46	172	N/A	80	19	N/A	16.0	82.3	-6.4	36	5	500	100	0.0	0.0
C+ / 6.2	7.9	1.00	19.46	422	N/A	80	19	N/A	16.0	82.4	-6.4	36	5	500	100	0.0	0.0
C- / 3.7	15.8	1.06	18.42	236	4	95	0	1	68.0	132.6	-8.9	36	N/A	500	100	5.8	0.0
C- / 3.3	15.8	1.06	16.94	33	4	95	0	1	68.0	126.1	-8.9	29	N/A	500	100	0.0	0.0
C- / 3.3	15.8	1.06	16.88	65	4	95	0	1	68.0	126.2	-9.0	29	N/A	500	100	0.0	0.0
D / 1.6	11.1	0.77	20.03	200	1	98	0	1	197.0	126.8	-10.1	51	10	500	100	5.8	0.0
D- / 1.0	11.1	0.77	18.24	41	1	98	0	1	197.0	120.5	-10.2	41	10	500	100	0.0	0.0
D- / 1.0	11.1	0.77	18.30	84	1	98	0	1	197.0	120.6	-10.2	41	10	500	100	0.0	0.0
C- / 3.5	16.9	1.70	7.07	36	3	96	0	1	96.0	149.1	-13.5	4	7	500	100	5.8	0.0
C- / 3.4	16.8	1.70	6.76	17	3	96	0	1	96.0	142.2	-13.4	3	7	500	100	0.0	0.0
C- / 3.4	16.9	1.71	6.77	22	3	96	0	1	96.0	143.1	-13.8	3	7	500	100	0.0	0.0
C+ / 6.8	8.8	0.98	25.77	381	6	93	0	1	39.0	130.9	-8.5	95	8	500	100	5.8	0.0
C+ / 6.7	8.8	0.98	24.66	167	6	93	0	1	39.0	124.6	-8.6	93	8	500	100	0.0	0.0
C+ / 6.7	8.8	0.98	24.64	216	6	93	0	1	39.0	124.6	-8.7	93	8	500	100	0.0	0.0
B- / 7.3	6.8	0.90	15.28	65	0	99	0	1	152.0	76.1	-10.7	48	N/A	500	100	5.8	0.0
B- / 7.6	6.8	0.90	14.32	22	0	99	0	1	152.0	71.3	-10.9	39	N/A	500	100	0.0	0.0
B- / 7.5	6.8	0.90	14.30	25	0	99	0	1	152.0	71.6	-10.9	39	N/A	500	100	0.0	0.0
B- / 7.8	6.8	0.90	15.35	N/A	0	99	0	1	152.0	77.4	-10.6	51	N/A	5,000,000	100	0.0	0.0
C+ / 5.6	12.5	1.37	20.86	42	8	90	0	2	278.0	97.6	-10.0	21	N/A	500	100	5.8	0.0
C+ / 5.6	12.5	1.36	18.40	20	8	90	0	2	278.0	91.8	-10.2	17	N/A	500	100	0.0	0.0
C+ / 5.6	12.5	1.37	18.36	10	8	90	0	2	278.0	91.6	-10.2	16	N/A	500	100	0.0	0.0
C+ / 6.4	12.5	1.37	21.19	N/A	8	90	0	2	278.0	100.1	-10.0	23	N/A	5,000,000	100	0.0	0.0
C+ / 6.5	10.1	1.04	18.90	70	0	99	0	1	152.0	161.8	-7.2	40	N/A	500	100	5.8	0.0
C+ / 6.5	10.1	1.05	17.64	21	0	99	0	1	152.0	155.1	-7.5	31	N/A	500	100	0.0	0.0
C+ / 6.5	10.1	1.05	17.62	26	0	99	0	1	152.0	155.1	-7.3	32	N/A	500	100	0.0	0.0
B- / 7.8	10.1	1.05	19.06	8	0	99	0	1	152.0	162.8	-7.1	40	N/A	5,000,000	100	0.0	0.0
U /	N/A	N/A	14.05	30	3	96	0	1	N/A	N/A	N/A	N/A	N/A	500	100	5.8	2.0
C+ / 5.9	11.6	1.36	22.97	94	18	81	0	1	235.0	113.6	-7.8	55	9	500	100	5.8	0.0
C+ / 5.9	11.7	1.36	20.00	13	18	81	0	1	235.0	107.1	-8.0	44	9	500	100	0.0	0.0
C+ / 5.9	11.7	1.36	20.12	7	18	81	0	1	235.0	108.6	-8.0	46	9	500	100	0.0	0.0
C+ / 6.3	12.6	1.08	15.25	23	1	98	0	1	999.0	80.3	-9.8	32	8	500	100	5.8	0.0
C+ / 6.2	12.6	1.08	14.58	6	1	98	0	1	999.0	75.4	-10.0	27	8	500	100	0.0	0.0
C+ / 6.2	12.6	1.08	14.60	27	1	98	0	1	999.0	75.4	-10.0	27	8	500	100	0.0	0.0
U /	N/A	N/A	12.43	32	3	96	0	1	194.0	N/A	N/A	N/A	2	0	0	0.0	0.0
C+ / 6.0	6.8	0.90	15.13	440	2	97	0	1	39.0	79.5	-9.3	30	N/A	0	0	0.0	0.0
C+ / 6.1	8.4	1.11	12.74	241	1	98	0	1	109.0	103.9	-9.5	49	N/A	0	0	0.0	0.0
U /	N/A	N/A	13.25	1,054	9	90	0	1	15.0	N/A	N/A	N/A	2	0	0	0.0	0.0
U /	N/A	N/A	13.81	473	1	98	0	1	47.0	N/A	N/A	N/A	2	0	0	0.0	0.0
U /	N/A	N/A	13.01	507	9	65	25	1	21.0	N/A	N/A	N/A	N/A	0	0	0.0	0.0
C+ / 6.5	6.7	0.89	17.56	146	1	98	0	1	148.0	80.0	-10.3	61	N/A	0	0	0.0	0.0
C / 4.6	13.6	1.07	11.20	190	N/A	100	0	N/A	54.0	75.0	-4.9	3	7	0	0	0.0	0.0
C+ / 6.1	9.0	0.96	11.34	1,120	7	92	0	1	98.0	158.6	-10.4	49	N/A	0	0	0.0	0.0
C+ / 5.7	9.7	1.03	13.05	673	2	96	0	2	97.0	146.2	-10.3	34	7	0	0	0.0	0.0
U /	N/A	N/A	11.85	89	1	98	0	1	2.0	N/A	N/A	N/A	2	0	0	0.0	0.0
U /	N/A	N/A	12.24	574	3	96	0	1	404.0	N/A	N/A	N/A	N/A	0	0	0.0	0.0
U /	N/A	N/A	14.03	326	1	98	0	1	486.0	N/A	N/A	N/A	N/A	0	0	0.0	0.0
C+ / 5.6	10.5	1.00	26.03	3,018	1	98	0	1	19.0	133.6	-9.3	49	N/A	0	0	0.0	0.0
C / 4.5	14.2	1.67	5.35	84	2	97	0	1	14.0	90.1	-9.6	3	N/A	0	0	0.0	0.0
C / 5.1	12.5	0.92	12.95	534	1	98	0	1	83.0	119.0	-11.6	42	N/A	0	0	0.0	0.0
U /	N/A	N/A	11.94	53	N/A	100	0	N/A	28.0	N/A	N/A	N/A	N/A	0	0	0.0	0.0

www.thestreet.com/ratings   Data as of June 30, 2007

I. Index of Stock Mutual Funds

Summer 2007

	99 Pct = Best 0 Pct = Worst			Overall		PERFORMANCE						Incl. in Returns	
Fund Type	Fund Name	Ticker Symbol		Investment Rating	Phone	Performance Rating/Pts	3 Mo	6 Mo	1Yr / Pct	Annualized 3Yr / Pct	5Yr / Pct	Dividend Yield	Expense Ratio
SC	SunAmerica VAL Co I Smcp Spl Val	VSSVX		U	(800) 858-8850	U /	4.46	7.08	18.52 /49	--	--	0.51	2.30
SC	SunAmerica VAL Co I Smcp Str Gr	VSSGX		U	(800) 858-8850	U /	4.41	6.76	10.28 / 9	--	--	0.00	2.49
GR	SunAmerica VAL Co I Soc Awrnes Fd	VCSOX		C-	(800) 858-8850	C- / 4.1	5.54	6.96	19.31 /55	11.17 /37	10.35 /37	0.65	0.63
★ GR	SunAmerica VAL Co I Stk Idx Fd	VSTIX		C-	(800) 858-8850	C / 4.5	6.16	6.77	20.16 /61	11.29 /39	10.31 /36	0.77	0.36
GR	SunAmerica VAL Co I Val Fd	VAVAX		B	(800) 858-8850	B+ / 8.3	8.28	13.00	28.29 /90	16.38 /76	12.83 /61	1.58	0.92
GR	SunAmerica VAL Co I VALIC Ultra Fd	VCULX		U	(800) 858-8850	U /	6.86	6.98	10.13 / 8	--	--	0.01	1.39
AA	SunAmerica VAL Co II Agg Gr Life Fd	VAGLX		D+	(800) 858-8850	C- / 3.7	5.60	8.83	11.28 /11	12.31 /48	10.98 /43	0.00	1.03
GR	SunAmerica VAL Co II Capital App	VCCAX		D	(800) 858-8850	C- / 3.8	7.70	11.03	22.05 /73	8.70 /19	8.82 /21	0.16	1.21
AA	SunAmerica VAL Co II Con Gr Life Fd	VCGLX		C-	(800) 858-8850	D- / 1.0	3.08	5.47	8.18 / 4	7.82 /13	7.81 /13	0.00	1.03
FO	SunAmerica VAL Co II Intl Sm Cp Eq	VISEX		B+	(800) 858-8850	A / 9.3	6.67	13.46	20.62 /64	25.73 /94	17.24 /86	0.32	1.37
GR	SunAmerica VAL Co II Lrg Cp Val	VACVX		C	(800) 858-8850	C / 5.2	5.05	6.99	14.82 /25	13.71 /60	11.35 /47	0.42	1.20
MC	SunAmerica VAL Co II MdCp Value	VMCVX		C-	(800) 858-8850	C / 5.3	7.86	13.85	13.74 /19	13.21 /56	13.78 /68	0.32	1.34
MC	SunAmerica VAL Co II Mid Cp	VAMGX		C	(800) 858-8850	B- / 7.2	9.47	15.32	16.57 /35	14.49 /65	14.29 /72	0.00	1.13
AA	SunAmerica VAL Co II Mod Gr	VMGLX		D-	(800) 858-8850	D / 1.6	4.36	7.16	8.36 / 5	9.33 /23	9.04 /23	0.89	1.40
SC	SunAmerica VAL Co II SmCp Growth	VASMX		D-	(800) 858-8850	C- / 3.5	5.42	10.33	15.62 /30	10.25 /30	11.18 /45	0.00	1.40
GR	SunAmerica VAL Co II Soc Resp	VCSRX		C-	(800) 858-8850	C- / 4.1	5.45	6.85	19.31 /55	11.12 /37	10.24 /36	0.45	1.12
IN	SunAmerica Value A	SSVAX		C-	(800) 858-8850	C / 4.8	6.18	5.95	20.83 /66	13.68 /60	12.44 /57	0.73	1.71
IN	SunAmerica Value B	SSVBX		C	(800) 858-8850	C / 5.4	6.05	5.61	20.08 /60	12.94 /54	11.72 /51	0.27	2.38
IN	SunAmerica Value C	SVPCX		C	(800) 858-8850	C / 5.4	5.99	5.62	20.01 /60	12.94 /54	11.71 /51	0.27	2.36
AA	T. Rowe Price 529 AK ACT Prt			C-	(800) 638-5660	E+ / 0.8	2.20	3.49	11.71 /13	6.63 / 8	6.41 / 6	0.00	0.38
AA	T. Rowe Price 529 AK Bal Prt			C+	(800) 638-5660	C- / 3.3	4.70	6.10	16.65 /36	10.70 /33	10.52 /39	0.00	0.97
AA	T. Rowe Price 529 AK Eq Prt			C+	(800) 638-5660	C+ / 6.4	6.89	8.36	21.32 /69	13.67 /60	12.14 /55	0.00	0.96
AA	T. Rowe Price 529 AK Fix Inc Prt			E+	(800) 638-5660	E / 0.5	0.93	2.48	9.47 / 7	6.45 / 7	7.58 /12	0.00	1.00
AA	T. Rowe Price 529 AK Prt 2009			C-	(800) 638-5660	D- / 1.2	2.60	3.85	12.07 /14	8.07 /15	8.58 /19	0.00	0.89
AA	T. Rowe Price 529 AK Prt 2012			C	(800) 638-5660	D+ / 2.4	3.65	5.05	14.77 /25	9.87 /27	9.70 /30	0.00	0.95
AA	T. Rowe Price 529 AK Prt 2015			C+	(800) 638-5660	C- / 4.0	4.97	6.38	17.46 /41	11.47 /41	10.61 /40	0.00	0.95
AA	T. Rowe Price 529 AK Prt 2018			C	(800) 638-5660	C / 5.4	5.93	7.34	19.53 /56	12.67 /51	11.48 /49	0.00	0.96
AA	T. Rowe Price 529 AK Prt 2021			C+	(800) 638-5660	C+ / 6.4	6.82	8.21	21.23 /68	13.64 /59	12.09 /54	0.00	0.95
AA	T. Rowe Price 529 AK Prt 2024			C+	(800) 638-5660	C+ / 6.4	6.94	8.32	21.28 /69	13.62 /59	--	0.00	0.96
AA	T. Rowe Price 529 AK Prt Fr College			C-	(800) 638-5660	E / 0.5	1.88	3.12	9.71 / 7	6.14 / 6	6.15 / 5	0.00	0.83
AA	T. Rowe Price 529 MD Bal Prt			C+	(800) 638-5660	C- / 3.3	4.68	6.16	16.64 /36	10.67 /33	10.51 /39	0.00	0.96
GR	T. Rowe Price 529 MD Equity Prt			C+	(800) 638-5660	C+ / 6.2	7.08	8.41	21.17 /68	13.25 /56	11.92 /53	0.00	0.95
AA	T. Rowe Price 529 MD Port 2009			C	(800) 638-5660	D- / 1.2	2.66	3.94	12.10 /14	8.10 /15	8.59 /19	0.00	0.87
AA	T. Rowe Price 529 MD Prt 2012			C	(800) 638-5660	D+ / 2.4	3.70	5.11	14.84 /25	9.85 /27	9.70 /30	0.00	0.94
AA	T. Rowe Price 529 MD Prt 2015			C+	(800) 638-5660	C- / 3.8	4.96	6.39	17.37 /41	11.15 /40	10.43 /38	0.00	0.95
AA	T. Rowe Price 529 MD Prt 2018			C	(800) 638-5660	C / 5.0	6.02	7.37	19.27 /54	12.18 /47	11.27 /46	0.00	0.94
GR	T. Rowe Price 529 MD Prt 2021			C	(800) 638-5660	C+ / 6.1	6.83	8.23	20.91 /66	13.17 /56	11.87 /52	0.00	0.94
GR	T. Rowe Price 529 MD Prt 2024			C+	(800) 638-5660	C+ / 6.1	7.05	8.35	21.07 /67	13.17 /56	--	0.00	0.94
AA	T. Rowe Price 529 MD Prt Fr College			C-	(800) 638-5660	E / 0.3	1.91	3.01	8.18 / 4	4.73 / 3	4.29 / 1	0.00	0.76
BA	T. Rowe Price Balanced Fd	RPBAX		C+	(800) 638-5660	C- / 3.5	3.92	5.73	17.22 /40	11.16 /37	10.20 /35	2.57	0.65
GR	T. Rowe Price Blue Chip Growth Adv	PABGX		C+	(800) 638-5660	C / 4.4	8.44	8.78	20.69 /65	10.20 /29	10.23 /36	0.21	0.97
★ GR	T. Rowe Price Blue Chip Growth Fd	TRBCX		C+	(800) 638-5660	C / 4.6	8.48	8.87	20.87 /66	10.34 /31	10.34 /37	0.33	0.80
GR	T. Rowe Price Blue Chip Growth R	RRBGX		C+	(800) 638-5660	C- / 4.1	8.38	8.65	20.38 /63	9.89 /27	9.91 /32	0.13	1.22
AA	T. Rowe Price Cap Appreciation Adv	PACLX		B+	(800) 638-5660	C / 5.3	5.76	7.25	19.01 /52	12.70 /52	13.05 /62	1.93	1.04
★ AA	T. Rowe Price Cap Appreciation Fd	PRWCX		C+	(800) 638-5660	C / 5.5	5.83	7.42	19.36 /55	12.97 /54	13.22 /63	2.08	0.71
GR	T. Rowe Price Cap Opportunity Adv	PACOX		B-	(800) 638-5660	C / 4.9	6.62	7.22	20.97 /67	11.50 /41	10.96 /43	0.53	1.10
GR	T. Rowe Price Cap Opportunity Fd	PRCOX		B-	(800) 638-5660	C / 5.1	6.75	7.43	21.43 /70	11.70 /43	11.08 /44	0.88	0.75
GR	T. Rowe Price Cap Opportunity R	RRCOX		B-	(800) 638-5660	C / 4.6	6.57	7.10	20.63 /64	11.27 /38	10.82 /42	0.29	1.35
TC	T. Rowe Price Developing Tech	PRDTX		D-	(800) 638-5660	C / 4.3	9.28	12.29	22.69 /76	9.11 /21	12.59 /58	0.00	1.50
MC	T. Rowe Price Diversified MidCap Gr	PRDMX		C+	(800) 638-5660	C+ / 5.8	7.68	11.23	18.85 /51	12.40 /49	--	0.00	1.25
SC	T. Rowe Price Diversified Sm-Cap Gr	PRDSX		D+	(800) 638-5660	C- / 3.8	9.02	11.81	15.64 /30	9.95 /28	11.53 /49	0.00	1.25
IN	T. Rowe Price Dividend Growth Adv	TADGX		B+	(800) 638-5660	C+ / 5.8	7.72	8.57	21.60 /70	12.35 /49	10.31 /36	1.04	1.05

● Denotes fund is closed to new investors
★ Denotes fund is included in Section II

www.thestreet.com/ratings

Summer 2007

I. Index of Stock Mutual Funds

RISK			NET ASSETS		ASSET				Portfolio Turnover Ratio	BULL / BEAR		FUND MANAGER		MINIMUMS		LOADS	
	3 Year		NAV							Last Bull	Last Bear	Manager	Manager	Initial	Additional	Front	Back
Risk Rating/Pts	Standard Deviation	Beta	As of 6/30/07	Total $(Mil)	Cash %	Stocks %	Bonds %	Other %		Market Return	Market Return	Quality Pct	Tenure (Years)	Purch. $	Purch. $	End Load	End Load
U /	N/A	N/A	12.41	377	0	99	0	1	132.0	N/A	N/A	N/A	N/A	0	0	0.0	0.0
U /	N/A	N/A	11.37	157	1	98	0	1	277.0	N/A	N/A	N/A	N/A	0	0	0.0	0.0
C+ / 6.4	7.2	0.95	23.83	461	4	95	0	1	139.0	93.6	-10.3	53	N/A	0	0	0.0	0.0
C+ / 6.3	7.3	1.00	39.13	5,222	1	98	0	1	7.0	93.7	-9.8	49	N/A	0	0	0.0	0.0
C+ / 6.3	7.7	0.94	13.21	95	4	95	0	1	76.0	120.8	-10.1	93	N/A	0	0	0.0	0.0
U /	N/A	N/A	10.12	995	0	98	0	2	38.0	N/A	N/A	N/A	N/A	0	0	0.0	0.0
C+ / 5.9	9.1	1.63	12.82	80	N/A	95	4	N/A	79.0	96.6	-7.6	59	N/A	500	100	0.0	0.0
C / 5.5	10.1	1.26	10.77	78	3	96	0	1	169.0	70.5	-7.2	12	N/A	500	100	0.0	0.0
B+ / 9.5	5.7	1.04	11.37	47	N/A	58	42	N/A	81.0	51.7	-2.0	40	N/A	500	100	0.0	0.0
C / 5.5	11.5	1.07	20.48	725	3	96	0	1	69.0	178.2	-10.5	71	N/A	500	100	0.0	0.0
C+ / 6.2	7.8	0.95	16.22	407	1	98	0	1	103.0	103.5	-7.3	80	N/A	500	100	0.0	0.0
C / 5.2	11.9	1.01	21.13	549	2	97	0	1	76.0	134.0	-8.8	31	N/A	500	100	0.0	0.0
C / 5.0	13.2	1.18	9.71	84	6	93	0	1	142.0	121.7	-8.5	25	9	500	100	0.0	0.0
C+ / 6.2	7.7	1.36	13.17	118	0	79	20	1	70.0	69.6	-4.6	39	N/A	500	100	0.0	0.0
C / 4.6	14.1	1.01	15.17	58	0	99	0	1	69.0	113.3	-8.7	21	N/A	500	100	0.0	0.0
C+ / 6.8	7.2	0.95	13.73	877	15	83	0	2	172.0	92.4	-10.3	52	N/A	500	100	0.0	0.0
C+ / 6.0	6.3	0.80	18.89	131	2	97	0	1	140.0	100.9	-7.1	87	11	500	100	5.8	0.0
C+ / 6.0	6.3	0.80	17.87	44	2	97	0	1	140.0	95.5	-7.2	84	11	500	100	0.0	0.0
C+ / 6.0	6.3	0.80	17.86	33	2	97	0	1	140.0	95.5	-7.2	84	11	500	100	0.0	0.0
B+ / 9.9	2.9	0.64	13.93	44	0	0	0	100	N/A	35.7	-0.7	51	N/A	250	50	0.0	0.0
B+ / 9.6	5.5	1.22	15.83	63	0	60	40	0	N/A	79.5	-5.3	66	N/A	250	50	0.0	0.0
C+ / 6.1	7.9	1.70	15.82	145	0	100	0	0	N/A	113.2	-10.1	71	N/A	250	50	0.0	0.0
C+ / 6.9	2.6	0.43	15.26	17	0	100	0	0	N/A	38.3	2.7	63	N/A	250	50	0.0	0.0
B+ / 9.9	3.9	0.88	14.58	73	14	34	52	0	N/A	62.3	-4.2	55	N/A	250	50	0.0	0.0
B+ / 9.7	5.1	1.14	14.76	111	0	48	50	2	N/A	79.2	-6.6	61	N/A	250	50	0.0	0.0
B+ / 9.4	6.3	1.37	15.00	116	0	68	32	0	N/A	93.7	-8.6	66	N/A	250	50	0.0	0.0
C+ / 6.4	7.2	1.54	15.36	136	0	84	16	0	N/A	106.8	-10.1	68	N/A	250	50	0.0	0.0
C+ / 6.2	7.9	1.68	15.82	95	0	98	0	2	N/A	113.1	-10.2	71	N/A	250	50	0.0	0.0
C+ / 6.2	7.9	1.69	19.26	53	0	100	0	0	N/A	N/A	N/A	71	N/A	250	50	0.0	0.0
B+ / 9.9	2.4	0.53	13.56	50	34	20	46	0	N/A	36.2	-0.9	52	N/A	250	50	0.0	0.0
B+ / 9.6	5.5	1.22	17.24	122	0	16	83	1	8.7	79.8	-5.1	65	N/A	250	25	0.0	0.0
C+ / 6.2	7.9	1.06	17.40	205	0	100	0	0	9.8	110.0	-10.1	67	N/A	250	25	0.0	0.0
B+ / 9.9	3.9	0.87	15.84	133	0	34	66	0	17.0	62.5	-4.1	55	N/A	250	25	0.0	0.0
B+ / 9.7	5.1	1.13	16.25	178	0	48	50	2	10.2	78.6	-6.6	61	6	250	50	0.0	0.0
B+ / 9.3	6.3	1.37	16.49	185	0	68	32	0	10.8	91.5	-8.4	61	6	250	50	0.0	0.0
C+ / 6.4	7.3	1.57	16.90	189	0	84	16	0	10.1	103.9	-10.0	62	6	250	50	0.0	0.0
C+ / 6.2	7.9	1.06	17.35	152	0	98	0	2	9.6	109.7	-10.0	66	6	250	50	0.0	0.0
C+ / 6.1	7.9	1.06	16.09	53	0	100	0	0	8.1	N/A	N/A	66	4	250	50	0.0	0.0
B+ / 9.9	1.7	0.36	13.36	103	0	20	80	0	29.7	24.6	-1.0	44	N/A	250	25	0.0	0.0
B+ / 9.0	4.7	1.03	22.11	3,163	2	60	36	2	43.7	75.6	-4.6	80	15	2,500	100	0.0	0.0
B / 8.2	8.8	1.14	38.92	940	1	98	0	1	36.2	86.0	-9.2	25	14	2,500	100	0.0	0.0
B / 8.2	8.8	1.15	38.90	9,773	1	98	0	1	36.2	87.0	-9.3	26	14	2,500	100	0.0	0.0
B / 8.2	8.8	1.15	38.43	88	1	98	0	1	36.2	83.7	-9.3	23	N/A	2,500	100	0.0	0.0
B+ / 9.6	5.6	1.16	22.03	113	20	64	3	13	42.5	94.6	-3.6	86	N/A	2,500	100	0.0	0.0
B- / 7.1	5.6	1.16	22.15	10,470	20	64	3	13	42.5	96.0	-3.6	87	N/A	2,500	100	0.0	0.0
B+ / 9.0	7.4	1.00	17.07	N/A	0	99	0	1	60.9	98.9	-9.1	51	N/A	2,500	100	0.0	0.0
B / 8.7	7.4	1.00	17.07	240	0	99	0	1	60.9	99.9	-9.1	54	N/A	2,500	100	0.0	0.0
B / 8.9	7.4	1.00	17.04	N/A	0	99	0	1	60.9	97.6	-9.1	48	N/A	2,500	100	0.0	0.0
C- / 3.9	18.6	1.89	5.30	49	3	96	0	1	49.8	105.1	-13.8	2	N/A	2,500	100	0.0	1.0
B- / 7.0	11.3	1.03	14.86	102	0	99	0	1	26.5	N/A	N/A	23	4	2,500	100	0.0	0.0
C+ / 6.0	13.4	0.94	16.19	89	0	99	0	1	68.9	110.9	-12.1	24	1	2,500	100	0.0	1.0
B+ / 9.1	6.9	0.92	27.26	N/A	1	97	0	2	21.4	94.5	-9.7	70	2	2,500	100	0.0	0.0

www.thestreet.com/ratings

Data as of June 30, 2007

I. Index of Stock Mutual Funds

Summer 2007

99 Pct = Best
0 Pct = Worst

Fund Type	Fund Name	Ticker Symbol	Overall Investment Rating	Phone	Performance Rating/Pts	3 Mo	6 Mo	1Yr / Pct	3Yr / Pct	5Yr / Pct	Dividend Yield	Expense Ratio
IN	T. Rowe Price Dividend Growth Fd	PRDGX	B+	(800) 638-5660	C+ / 6.0	7.80	8.74	22.18 /73	12.53 /50	10.42 /38	1.40	0.71
EM	T. Rowe Price Emer Europe & Mdtr	TREMX	B-	(800) 638-5660	A+ / 9.8	5.92	7.55	42.82 /97	40.86 /99	39.89 /99	1.17	1.26
EM	T. Rowe Price Emerging Mkts Stk	PRMSX	B	(800) 638-5660	A+ / 9.9	16.13	17.71	51.04 /99	39.99 /99	31.02 /98	0.61	1.21
IN	T. Rowe Price Equity Income Adv	PAFDX	B	(800) 638-5660	C+ / 6.5	6.74	7.98	22.30 /74	13.67 /60	11.70 /51	1.46	0.89
* IN	T. Rowe Price Equity Income Fd	PRFDX	B	(800) 638-5660	C+ / 6.7	6.76	8.10	22.59 /75	13.90 /61	11.90 /53	1.64	0.67
IN	T. Rowe Price Equity Income R	RRFDX	B+	(800) 638-5660	C+ / 6.3	6.64	7.84	22.00 /72	13.36 /57	11.42 /48	1.24	1.15
* IX	T. Rowe Price Equity Index 500	PREIX	C+	(800) 638-5660	C / 4.3	6.19	6.78	20.18 /61	11.33 /39	10.40 /37	1.56	0.35
FO	T. Rowe Price European Stk	PRESX	C+	(800) 638-5660	A- / 9.2	7.12	12.42	35.43 /96	22.70 /91	17.03 /85	1.05	0.99
MC	T. Rowe Price Extended Eq Mkt Indx	PEXMX	B	(800) 638-5660	B- / 7.0	5.10	8.80	19.27 /54	15.67 /72	15.92 /81	0.89	0.40
FS	T. Rowe Price Financial Services	PRISX	C-	(800) 638-5660	C / 4.9	4.78	5.61	17.49 /41	13.05 /55	12.43 /57	1.70	0.89
GL	T. Rowe Price Global Stock Fd	PRGSX	A-	(800) 638-5660	A- / 9.1	7.49	10.87	30.36 /93	22.80 /91	16.93 /85	0.35	0.89
TC	T. Rowe Price Global Technology	PRGTX	C	(800) 638-5660	C+ / 5.8	8.70	9.84	24.28 /81	11.27 /38	15.28 /78	0.00	1.24
GI	T. Rowe Price Growth & Inc	PRGIX	C	(800) 638-5660	C / 4.9	7.53	7.78	21.05 /67	11.10 /37	9.89 /32	1.14	0.73
GR	T. Rowe Price Growth Stock Adv	TRSAX	B	(800) 638-5660	C+ / 5.9	7.78	8.54	22.68 /76	12.15 /47	11.68 /51	0.38	0.90
* GR	T. Rowe Price Growth Stock Fd	PRGFX	B	(800) 638-5660	C+ / 6.0	7.85	8.63	22.89 /77	12.38 /49	11.90 /53	0.54	0.69
GR	T. Rowe Price Growth Stock R	RRGSX	B-	(800) 638-5660	C+ / 5.6	7.70	8.39	22.31 /74	11.84 /44	11.39 /48	0.12	1.14
HL	T. Rowe Price Health Sciences	PRHSX	C	(800) 638-5660	C / 5.1	4.95	8.65	20.30 /62	12.11 /46	14.75 /74	0.00	0.85
EM	T. Rowe Price Instl Emer Mkt Eqty	IEMFX	B	(800) 638-5660	A+ / 9.9	16.00	17.70	51.35 /99	39.65 /98	--	0.71	1.10
FO	T. Rowe Price Instl Foreign Eq	PRFEX	B	(800) 638-5660	B / 8.2	5.69	8.17	24.40 /81	19.09 /83	14.14 /71	1.49	0.84
GR	T. Rowe Price Instl Lrg Cap Core Gr	TPLGX	C	(800) 638-5660	C- / 3.7	8.56	8.81	20.96 /67	9.02 /21	--	0.42	0.65
GR	T. Rowe Price Instl Lrg Cap Gr	TRLGX	C-	(800) 638-5660	C- / 3.4	7.36	7.65	18.54 /49	9.62 /25	11.78 /51	0.25	0.61
GI	T. Rowe Price Instl Lrg Cap Val	TILCX	A	(800) 638-5660	B- / 7.1	7.68	7.61	23.24 /78	14.70 /67	13.19 /63	1.52	0.65
MC	T. Rowe Price Instl Mid-Cap Eq Gr	PMEGX	B	(800) 638-5660	B / 8.2	11.73	15.45	21.90 /72	16.22 /75	15.86 /80	0.19	0.64
SC	● T. Rowe Price Instl Small Cap Stk	TRSSX	C-	(800) 638-5660	C / 5.0	4.63	7.30	14.41 /23	13.56 /59	13.30 /64	0.12	0.69
FO	T. Rowe Price Intl Discovery	PRIDX	B+	(800) 638-5660	A / 9.5	9.01	15.12	33.90 /95	28.64 /95	27.41 /97	0.52	1.22
FO	T. Rowe Price Intl Equity Index Fd	PIEQX	A+	(800) 638-5660	B+ / 8.9	6.25	10.40	26.75 /87	21.93 /89	17.34 /86	1.73	0.50
FO	T. Rowe Price Intl Gr & Inc Adv	PAIGX	A+	(800) 638-5660	A- / 9.2	6.18	10.28	28.65 /91	24.85 /93	19.39 /91	1.21	1.06
FO	T. Rowe Price Intl Gr & Inc Fd	TRIGX	A+	(800) 638-5660	A- / 9.2	6.17	10.40	28.93 /91	24.99 /93	19.43 /91	1.36	0.91
FO	T. Rowe Price Intl Gr & Inc R	RRIGX	A+	(800) 638-5660	A- / 9.2	6.11	10.17	28.34 /90	24.52 /93	19.09 /90	1.11	1.38
FO	T. Rowe Price Intl Stock Adv	PAITX	B	(800) 638-5660	B / 8.2	5.83	8.48	24.54 /82	18.82 /83	13.63 /67	0.91	1.04
* FO	T. Rowe Price Intl Stock Fd	PRITX	B	(800) 638-5660	B+ / 8.3	5.91	8.56	24.74 /82	19.03 /83	13.85 /68	1.06	0.85
FO	T. Rowe Price Intl Stock R	RRITX	B	(800) 638-5660	B / 8.1	5.71	8.23	24.14 /81	18.44 /82	13.32 /64	0.05	1.40
FO	T. Rowe Price Japan Fund	PRJPX	E	(800) 638-5660	E / 0.5	-1.27	-1.63	-1.45 / 0	9.13 /22	11.63 /50	0.18	1.01
FO	T. Rowe Price Latin America	PRLAX	B-	(800) 638-5660	A+ / 9.9	19.38	25.52	62.60 /99	61.62 /99	43.20 /99	0.65	1.20
TC	T. Rowe Price Media & Telecomm	PRMTX	B	(800) 638-5660	A+ / 9.6	12.51	16.88	39.61 /97	26.67 /94	29.63 /98	0.00	0.87
MC	● T. Rowe Price Mid-Cap Growth Adv	PAMCX	B+	(800) 638-5660	B / 8.0	11.48	15.02	21.21 /68	15.51 /72	14.99 /76	0.00	1.01
* MC	● T. Rowe Price Mid-Cap Growth Fd	RPMGX	B+	(800) 638-5660	B / 8.1	11.53	15.14	21.46 /70	15.77 /73	15.25 /77	0.12	0.79
MC	● T. Rowe Price Mid-Cap Growth R	RRMGX	B	(800) 638-5660	B / 7.9	11.41	14.89	20.89 /66	15.23 /70	14.73 /74	0.00	1.27
MC	● T. Rowe Price Mid-Cap Value Adv	TAMVX	A-	(800) 638-5660	B / 8.1	7.16	10.12	26.01 /85	16.60 /76	16.34 /82	0.66	1.03
* MC	● T. Rowe Price Mid-Cap Value Fd	TRMCX	A-	(800) 638-5660	B / 8.2	7.23	10.27	26.37 /86	16.89 /77	16.57 /83	0.82	0.79
MC	● T. Rowe Price Mid-Cap Value R	RRMVX	B+	(800) 638-5660	B / 7.9	7.10	10.00	25.76 /85	16.34 /75	16.05 /81	0.50	1.26
GR	T. Rowe Price New Amer Growth Adv	PAWAX	C-	(800) 638-5660	C- / 3.0	7.56	9.04	18.51 /49	8.72 /19	10.51 /39	0.00	1.61
GR	T. Rowe Price New Amer Growth Fd	PRWAX	D	(800) 638-5660	C- / 3.2	7.64	9.15	18.79 /51	8.83 /20	10.58 /40	0.00	0.89
FO	T. Rowe Price New Asia Fd	PRASX	B	(800) 638-5660	A+ / 9.9	25.42	26.74	67.15 /99	39.38 /98	27.68 /97	1.07	1.05
* EN	T. Rowe Price New Era	PRNEX	B+	(800) 638-5660	A+ / 9.6	15.73	22.20	26.12 /86	30.65 /96	23.27 /95	0.99	0.66
* SC	T. Rowe Price New Horizons	PRNHX	C-	(800) 638-5660	C / 5.1	5.32	9.20	15.20 /27	12.96 /54	15.29 /78	0.00	0.82
FO	T. Rowe Price Overseas Stock Fund	TROSX	U	(800) 638-5660	U /	5.96	10.20	--	--	--	0.00	0.84
BA	T. Rowe Price Personal Strategy Bal	TRPBX	C+	(800) 638-5660	C- / 4.0	4.97	6.80	17.15 /39	11.47 /41	11.16 /45	2.08	0.77
GR	T. Rowe Price Personal Strategy Gr	TRSGX	B	(800) 638-5660	C+ / 6.3	6.51	8.44	20.51 /63	13.61 /59	12.81 /60	1.28	0.85
AA	T. Rowe Price Personal Strategy Inc	PRSIX	C	(800) 638-5660	D / 1.9	3.44	5.20	13.53 /18	9.20 /22	9.18 /25	2.95	0.72
RE	T. Rowe Price Real Estate Adv	PAREX	C+	(800) 638-5660	B / 7.9	-8.80	-6.18	10.68 /10	22.86 /91	20.34 /92	2.51	1.03
RE	T. Rowe Price Real Estate Fd	TRREX	C	(800) 638-5660	B / 8.0	-8.74	-6.06	11.04 /10	23.09 /91	20.47 /93	2.76	0.78

● Denotes fund is closed to new investors
* Denotes fund is included in Section II

www.thestreet.com/ratings

I. Index of Stock Mutual Funds

Summer 2007

RISK			NET ASSETS		ASSET				Portfolio	BULL / BEAR		FUND MANAGER		MINIMUMS		LOADS	
	3 Year		NAV							Last Bull	Last Bear	Manager	Manager	Initial	Additional	Front	Back
Risk	Standard		As of	Total	Cash	Stocks	Bonds	Other	Turnover	Market	Market	Quality	Tenure	Purch.	Purch.	End	End
Rating/Pts	Deviation	Beta	6/30/07	$(Mil)	%	%	%	%	Ratio	Return	Return	Pct	(Years)	$	$	Load	Load
B /8.7	6.9	0.92	27.27	891	1	97	0	2	21.4	95.4	-9.7	72	7	2,500	100	0.0	0.0
C- /3.8	19.5	1.09	34.89	1,739	0	96	0	4	51.7	386.2	-3.1	34	7	2,500	100	0.0	2.0
C- /4.2	17.4	1.14	38.15	3,011	2	93	0	5	38.4	320.6	-7.7	18	12	2,500	100	0.0	2.0
B /8.6	6.6	0.88	31.23	2,559	4	95	0	1	18.3	108.6	-10.1	84	7	2,500	100	0.0	0.0
B /8.6	6.6	0.88	31.29	22,539	4	95	0	1	18.3	110.2	-9.9	85	22	2,500	100	0.0	0.0
B /8.6	6.6	0.88	31.19	285	4	95	0	1	18.3	106.2	-10.2	82	5	2,500	100	0.0	0.0
B /8.7	7.3	1.00	40.30	8,860	2	97	0	1	3.4	94.0	-9.8	49	N/A	2,500	100	0.0	0.5
C- /4.0	10.4	1.06	22.72	1,129	3	95	0	2	80.3	179.2	-11.2	38	17	2,500	100	0.0	2.0
B- /7.5	11.0	1.03	17.92	405	5	94	0	1	17.5	150.4	-8.9	56	N/A	2,500	100	0.0	0.5
C+ /5.6	8.4	0.90	22.58	467	4	93	0	3	195.2	115.3	-11.5	79	N/A	2,500	100	0.0	0.0
C+ /6.4	10.5	0.95	25.10	564	0	98	0	2	79.1	164.4	-9.5	67	12	2,500	100	0.0	2.0
C /5.5	15.5	1.65	7.37	149	3	96	0	1	106.2	123.6	-11.7	9	N/A	2,500	100	0.0	0.0
C+ /6.6	7.2	0.96	23.21	1,562	4	95	0	1	57.9	89.4	-9.3	51	N/A	2,500	100	0.0	0.0
B /8.4	8.7	1.13	34.07	3,185	2	97	0	1	25.5	97.2	-8.8	45	6	2,500	100	0.0	0.0
B /8.4	8.7	1.13	34.36	19,131	2	97	0	1	25.5	98.9	-8.7	48	6	2,500	100	0.0	0.0
B /8.4	8.7	1.13	33.83	828	2	97	0	1	25.5	94.8	-8.8	41	5	2,500	100	0.0	0.0
C+ /6.4	12.1	1.14	28.39	1,926	0	100	0	0	35.6	123.3	-4.7	43	7	2,500	100	0.0	0.0
C /4.3	17.4	1.14	36.17	224	2	93	0	5	46.9	321.7	-9.1	15	5	1,000,000	100,000	0.0	2.0
C+ /6.4	10.2	1.08	22.12	155	2	97	0	1	64.1	147.2	-11.2	13	18	1,000,000	100,000	0.0	2.0
B /8.3	8.4	1.10	14.45	27	0	99	0	1	33.3	N/A	N/A	20	4	1,000,000	100,000	0.0	0.0
B- /7.6	9.9	1.11	15.76	1,124	1	98	0	1	40.3	94.0	-7.8	23	N/A	1,000,000	100,000	0.0	0.0
B /8.8	6.8	0.88	16.12	241	1	98	0	1	20.2	122.1	-11.1	89	N/A	1,000,000	100,000	0.0	0.0
C+ /6.0	11.1	0.99	28.39	439	1	98	0	1	23.0	148.3	-8.4	68	11	1,000,000	100,000	0.0	0.0
C+ /5.7	11.8	0.86	15.13	431	2	97	0	1	24.2	128.3	-9.4	72	N/A	1,000,000	100,000	0.0	0.0
C /5.5	11.8	1.17	54.66	2,712	3	96	0	1	68.0	290.3	-3.0	77	19	2,500	100	0.0	2.0
B- /7.4	9.0	0.96	16.14	466	0	99	0	1	53.2	177.9	-9.5	53	N/A	2,500	100	0.0	2.0
B- /7.3	9.7	1.03	19.42	407	2	97	0	1	36.2	203.6	-7.5	71	5	2,500	100	0.0	2.0
B- /7.3	9.6	1.02	19.43	2,162	2	97	0	1	36.2	204.6	-7.7	73	N/A	2,500	100	0.0	2.0
B- /7.3	9.7	1.02	19.28	52	2	97	0	1	36.2	200.4	-7.7	68	5	2,500	100	0.0	2.0
C+ /6.3	10.2	1.07	18.16	63	1	98	0	1	64.0	143.9	-11.5	12	7	2,500	100	0.0	2.0
C+ /6.3	10.3	1.08	18.27	7,028	1	98	0	1	64.0	145.8	-11.5	13	7	2,500	100	0.0	2.0
C+ /6.3	10.3	1.08	18.14	3	1	98	0	1	64.0	140.5	-11.6	11	5	2,500	100	0.0	2.0
C /5.5	12.9	0.89	10.87	491	3	96	0	1	128.7	131.5	-7.4	2	16	2,500	100	0.0	2.0
C- /3.7	21.4	1.72	47.37	2,626	0	83	0	17	21.3	604.2	-7.4	99	11	2,500	100	0.0	2.0
C /4.9	12.9	1.57	50.47	1,765	1	98	0	1	64.1	265.8	-11.0	98	N/A	2,500	100	0.0	0.0
C+ /6.7	10.8	0.96	61.17	588	4	95	0	1	25.0	138.3	-8.1	65	15	2,500	100	0.0	0.0
C+ /6.7	10.8	0.96	61.82	15,723	4	95	0	1	25.0	140.7	-8.1	68	15	2,500	100	0.0	0.0
C+ /6.7	10.8	0.96	60.73	186	4	95	0	1	25.0	135.9	-8.2	61	5	2,500	100	0.0	0.0
B- /7.3	8.3	0.74	27.85	618	4	94	0	2	63.9	153.5	-8.8	91	5	2,500	100	0.0	0.0
B- /7.3	8.3	0.74	28.03	7,245	4	94	0	2	63.9	155.8	-8.7	92	6	2,500	100	0.0	0.0
B- /7.4	8.4	0.74	27.61	451	4	94	0	2	63.9	150.5	-8.8	90	5	2,500	100	0.0	0.0
B- /7.9	9.5	1.15	34.14	3	0	99	0	1	48.9	91.1	-8.3	16	2	2,500	100	0.0	0.0
C+ /5.8	9.5	1.15	34.25	821	0	99	0	1	48.9	91.7	-8.3	16	N/A	2,500	100	0.0	0.0
C /4.4	15.6	1.26	18.01	2,762	3	96	0	1	44.9	284.2	-9.2	98	17	2,500	100	0.0	2.0
C+ /5.7	16.5	0.79	56.21	5,063	2	97	0	1	24.1	223.2	-1.6	92	10	2,500	100	0.0	0.0
C+ /5.9	13.1	0.94	35.26	7,333	0	99	0	1	22.0	144.3	-10.2	55	20	2,500	100	0.0	0.0
U /	N/A	N/A	11.02	600	0	98	0	2	55.5	N/A	N/A	N/A	1	2,500	100	0.0	2.0
B+ /9.0	5.4	1.19	21.19	1,480	3	63	33	1	57.8	83.3	-4.2	76	9	2,500	100	0.0	0.0
B /8.2	7.0	0.93	27.50	1,200	2	81	15	2	46.2	106.6	-6.6	81	9	2,500	100	0.0	0.0
B+ /9.6	3.9	0.86	16.41	664	14	42	42	2	62.9	60.7	-2.1	70	13	2,500	100	0.0	0.0
C /4.7	15.0	1.01	23.19	66	2	98	0	0	11.8	199.2	0.5	87	3	2,500	100	0.0	1.0
C- /3.3	15.1	1.02	23.23	2,846	2	98	0	0	11.8	200.7	0.5	87	10	2,500	100	0.0	1.0

www.thestreet.com/ratings

Data as of June 30, 2007

I. Index of Stock Mutual Funds

Summer 2007

						PERFORMANCE						
	99 Pct = Best 0 Pct = Worst			Overall		Perfor-	Total Return % through 6/30/07				Incl. in Returns	
Fund Type	Fund Name		Ticker Symbol	Investment Rating	Phone	mance Rating/Pts	3 Mo	6 Mo	1Yr / Pct	Annualized 3Yr / Pct	5Yr / Pct	Dividend Yield	Expense Ratio
GI	T. Rowe Price Retirement 2005 Fd		TRRFX	C	(800) 638-5660	D+ / 2.4	3.47	5.17	14.73 /25	9.93 /27	--	2.42	0.86
AA	T. Rowe Price Retirement 2010 Adv		PARAX	C+	(800) 638-5660	C- / 3.3	4.29	5.94	16.33 /34	10.87 /35	--	1.77	0.89
AA	T. Rowe Price Retirement 2010 Fd		TRRAX	C+	(800) 638-5660	C- / 3.5	4.34	6.05	16.62 /36	11.13 /37	--	1.93	0.90
AA	T. Rowe Price Retirement 2010 R		RRTAX	C	(800) 638-5660	C- / 3.0	4.25	5.77	16.10 /33	10.60 /33	--	1.60	1.14
GI	T. Rowe Price Retirement 2015 Fd		TRRGX	B-	(800) 638-5660	C / 4.5	5.09	6.79	18.19 /46	12.03 /46	--	1.72	0.95
AA	T. Rowe Price Retirement 2020 Adv		PARBX	B-	(800) 638-5660	C / 5.3	5.69	7.35	19.33 /55	12.66 /51	--	1.38	1.04
* AA	T. Rowe Price Retirement 2020 Fd		TRRBX	B-	(800) 638-5660	C+ / 5.6	5.79	7.49	19.65 /57	12.92 /53	--	1.53	0.98
AA	T. Rowe Price Retirement 2020 R		RRTBX	C+	(800) 638-5660	C / 5.1	5.66	7.26	19.08 /53	12.38 /49	--	1.23	1.36
GI	T. Rowe Price Retirement 2025 Fd		TRRHX	B+	(800) 638-5660	C+ / 6.2	6.35	8.09	20.77 /65	13.63 /59	--	1.35	1.02
AA	T. Rowe Price Retirement 2030 Adv		PARCX	B	(800) 638-5660	C+ / 6.6	6.70	8.37	21.18 /68	14.02 /62	--	0.93	1.15
AA	T. Rowe Price Retirement 2030 Fd		TRRCX	B	(800) 638-5660	C+ / 6.8	6.72	8.50	21.66 /71	14.36 /64	--	1.07	1.04
AA	T. Rowe Price Retirement 2030 R		RRTCX	B+	(800) 638-5660	C+ / 6.4	6.56	8.18	21.00 /67	13.83 /61	--	0.84	1.42
GI	T. Rowe Price Retirement 2035 Fd		TRRJX	B	(800) 638-5660	C+ / 6.9	6.87	8.66	21.84 /72	14.40 /65	--	1.04	1.09
AA	T. Rowe Price Retirement 2040 Adv		PARDX	B	(800) 638-5660	C+ / 6.7	6.85	8.51	21.59 /70	14.16 /63	--	0.83	1.19
AA	T. Rowe Price Retirement 2040 Fd		TRRDX	B	(800) 638-5660	C+ / 6.9	6.87	8.64	21.87 /72	14.44 /65	--	0.97	1.10
AA	T. Rowe Price Retirement 2040 R		RRTDX	B	(800) 638-5660	C+ / 6.6	6.81	8.42	21.31 /69	13.91 /61	--	0.73	1.48
GI	T. Rowe Price Retirement 2045 Fd		TRRKX	U	(800) 638-5660	U /	6.92	8.65	21.81 /72	--	--	0.96	1.51
AA	T. Rowe Price Retirement Income		PARIX	C-	(800) 638-5660	D- / 1.3	2.78	4.27	12.20 /14	8.14 /15	--	3.12	1.01
AA	T. Rowe Price Retirement Income Fd		TRRIX	C	(800) 638-5660	D- / 1.3	2.72	4.27	12.33 /14	8.32 /16	--	3.30	0.76
AA	T. Rowe Price Retirement Income R		RRTIX	C-	(800) 638-5660	D- / 1.2	2.64	4.14	11.93 /13	7.94 /14	--	2.88	1.40
TC	T. Rowe Price Science & Tech Adv		PASTX	D	(800) 638-5660	C- / 3.7	8.63	11.17	26.10 /86	7.38 /11	10.68 /40	0.00	1.03
TC	T. Rowe Price Science & Tech Fd		PRSCX	D	(800) 638-5660	C- / 3.7	8.62	11.26	26.19 /86	7.45 /11	10.70 /40	0.00	0.97
SC	● T. Rowe Price Small Cap Stock Adv		PASSX	C	(800) 638-5660	C / 4.6	4.55	7.19	14.18 /22	13.06 /55	12.51 /58	0.00	1.12
* SC	● T. Rowe Price Small Cap Stock Fd		OTCFX	C	(800) 638-5660	C / 4.8	4.58	7.30	14.42 /23	13.29 /57	12.75 /60	0.05	0.91
SC	● T. Rowe Price Small Cap Value Adv		PASVX	C+	(800) 638-5660	C+ / 6.2	4.35	8.25	14.06 /21	15.73 /73	15.65 /80	0.44	1.02
* SC	● T. Rowe Price Small Cap Value Fd		PRSVX	C+	(800) 638-5660	C+ / 6.4	4.40	8.35	14.30 /22	15.94 /74	15.86 /80	0.59	0.84
GI	T. Rowe Price Spectrum Growth		PRSGX	A-	(800) 638-5660	B- / 7.5	7.47	9.26	23.23 /78	15.44 /71	13.77 /68	0.74	0.96
FO	T. Rowe Price Spectrum Intl		PSILX	B+	(800) 638-5660	A- / 9.0	7.21	10.45	28.99 /91	22.29 /90	17.37 /86	1.46	0.96
BA	T. Rowe Price Tax Eff Balanced		PRTEX	D	(800) 638-5660	E / 0.3	2.33	2.76	9.48 / 7	4.98 / 4	5.81 / 4	1.90	1.10
GR	T. Rowe Price Tax Eff Growth		PTEGX	D	(800) 638-5660	D- / 1.0	5.42	5.81	15.07 /26	6.09 / 6	7.11 / 9	0.18	1.03
MC	T. Rowe Price Tax Eff Mult-Cap Gr		PREFX	C-	(800) 638-5660	D+ / 2.9	6.23	8.56	16.96 /38	9.60 /25	10.91 /43	0.00	1.25
GR	T. Rowe Price Total Eq Mkt Index		POMIX	B-	(800) 638-5660	C / 5.3	6.00	7.45	20.07 /60	12.57 /50	11.69 /51	1.22	0.40
GI	T. Rowe Price Value Adv		PAVLX	A+	(800) 638-5660	B / 7.6	8.59	9.60	24.46 /82	15.19 /70	13.22 /64	0.83	1.02
* GI	T. Rowe Price Value Fd		TRVLX	A+	(800) 638-5660	B / 7.7	8.64	9.72	24.68 /82	15.36 /71	13.35 /65	0.89	0.87
FO	TA IDEX Alliancebernstein Int Val I			U	(888) 233-4339	U /	8.75	12.58	29.85 /92	--	--	0.99	0.99
GI	● TA IDEX American Century Lg Co VI		IAIAX	C+	(888) 233-4339	C- / 4.2	5.91	5.82	21.34 /69	12.78 /52	11.20 /45	0.77	1.01
GI	● TA IDEX American Century Lg Co VI		IAIBX	C+	(888) 233-4339	C / 5.1	5.86	5.77	21.35 /69	12.19 /47	10.57 /39	0.72	1.25
GI	● TA IDEX American Century Lg Co VI		IAILX	C+	(888) 233-4339	C / 5.1	5.96	5.87	21.40 /69	12.17 /47	--	0.79	1.20
GI	● TA IDEX American Century Lg Co VI I			U	(888) 233-4339	U /	5.92	5.92	21.71 /71	--	--	1.23	0.90
AA	TA IDEX Asset Allocation-Consv Pt A		ICLAX	D	(888) 233-4339	E / 0.5	1.85	3.37	9.84 / 7	8.06 /15	8.93 /22	3.20	1.44
AA	TA IDEX Asset Allocation-Consv Pt B		ICLBX	D+	(888) 233-4339	E+ / 0.8	1.68	3.06	9.13 / 6	7.38 /11	8.20 /16	2.74	2.10
AA	TA IDEX Asset Allocation-Consv Pt C		ICLLX	D+	(888) 233-4339	E+ / 0.7	1.61	3.00	9.10 / 6	7.36 /11	--	2.79	2.07
AA	TA IDEX Asset Allocation-Grth Pt A		IAAAX	C	(888) 233-4339	C / 4.8	5.97	8.04	18.88 /51	13.62 /59	12.02 /54	1.83	1.59
AA	TA IDEX Asset Allocation-Grth Pt B		IAABX	C+	(888) 233-4339	C / 5.3	5.78	7.63	18.07 /46	12.84 /53	11.28 /46	1.38	2.24
AA	TA IDEX Asset Allocation-Grth Pt C		IAALX	C+	(888) 233-4339	C / 5.3	5.78	7.63	18.12 /46	12.92 /53	--	1.49	2.19
AA	TA IDEX Asset Allocation-Md Gr Pt A		IMLAX	C-	(888) 233-4339	D+ / 2.5	4.12	6.07	15.30 /28	11.61 /42	8.00 /15	2.32	1.51
AA	TA IDEX Asset Allocation-Md Gr Pt B		IMLBX	C-	(888) 233-4339	C- / 3.0	4.07	5.77	14.64 /24	10.88 /35	10.14 /34	1.84	2.18
AA	TA IDEX Asset Allocation-Md Gr Pt C		IMLLX	C-	(888) 233-4339	C- / 3.0	3.99	5.78	14.60 /24	10.93 /35	--	1.95	2.14
AA	TA IDEX Asset Allocation-Md Pt A		IMOAX	D+	(888) 233-4339	D- / 1.3	2.79	4.55	12.73 /15	9.94 /27	9.93 /32	2.65	1.46
AA	TA IDEX Asset Allocation-Md Pt B		IMOBX	D+	(888) 233-4339	D / 1.6	2.64	4.15	12.02 /13	9.23 /22	9.21 /25	2.15	2.13
AA	TA IDEX Asset Allocation-Md Pt C		IMOLX	D+	(888) 233-4339	D / 1.7	2.65	4.23	12.05 /13	9.25 /23	--	2.26	2.09
SC	● TA IDEX Bjurman Barry Micro EmgGr			U	(888) 233-4339	U /	3.85	6.59	--	--	--	0.00	1.38

● Denotes fund is closed to new investors
* Denotes fund is included in Section II

www.thestreet.com/ratings

I. Index of Stock Mutual Funds

Summer 2007

RISK			NET ASSETS		ASSET				Portfolio Turnover Ratio	BULL / BEAR		FUND MANAGER		MINIMUMS		LOADS	
	3 Year		NAV As of 6/30/07	Total $(Mil)	Cash %	Stocks %	Bonds %	Other %		Last Bull Market Return	Last Bear Market Return	Manager Quality Pct	Manager Tenure (Years)	Initial Purch. $	Additional Purch. $	Front End Load	Back End Load
Risk Rating/Pts	Standard Deviation	Beta															
B+ / 9.9	4.8	0.63	12.21	755	0	53	46	1	17.1	N/A	N/A	70	3	2,500	100	0.0	0.0
B+ / 9.1	5.4	1.18	16.76	183	3	61	34	2	14.4	79.7	-5.6	70	4	2,500	100	0.0	0.0
B+ / 9.1	5.4	1.19	16.83	3,219	3	61	34	2	14.4	81.2	-5.6	72	5	2,500	100	0.0	0.0
B+ / 9.1	5.4	1.19	16.69	157	3	61	34	2	14.4	78.4	-5.6	66	4	2,500	100	0.0	0.0
B+ / 9.5	5.9	0.78	13.21	2,591	0	71	28	1	11.4	N/A	N/A	78	3	2,500	100	0.0	0.0
B / 8.4	6.5	1.40	18.56	262	3	76	19	2	7.9	96.9	-7.2	76	4	2,500	100	0.0	0.0
B / 8.4	6.5	1.41	18.65	4,677	3	76	19	2	7.9	98.6	-7.2	78	5	2,500	100	0.0	0.0
B / 8.4	6.5	1.41	18.47	221	3	76	19	2	7.9	95.3	-7.2	73	4	2,500	100	0.0	0.0
B+ / 9.1	7.0	0.93	13.90	2,343	0	85	14	1	13.2	N/A	N/A	81	3	2,500	100	0.0	0.0
B / 8.3	7.5	1.60	20.07	172	2	87	9	2	6.6	111.4	-8.7	79	4	2,500	100	0.0	0.0
B / 8.4	7.5	1.60	20.17	3,120	2	87	9	2	6.6	113.6	-8.7	82	5	2,500	100	0.0	0.0
B / 8.3	7.5	1.60	19.98	161	2	87	9	2	6.6	110.2	-8.7	77	4	2,500	100	0.0	0.0
B / 8.9	7.5	1.00	14.31	1,133	0	91	8	1	11.2	N/A	N/A	82	3	2,500	100	0.0	0.0
B / 8.3	7.5	1.60	20.27	98	2	88	7	3	7.3	112.4	-8.9	80	4	2,500	100	0.0	0.0
B / 8.3	7.5	1.60	20.37	1,576	2	88	7	3	7.3	114.1	-8.9	82	5	2,500	100	0.0	0.0
B / 8.3	7.6	1.61	20.22	82	2	88	7	3	7.3	110.8	-8.9	77	4	2,500	100	0.0	0.0
U /	N/A	N/A	13.44	360	0	91	8	1	28.4	N/A	N/A	N/A	N/A	2,500	100	0.0	0.0
B+ / 9.8	3.5	0.79	13.48	45	2	40	56	2	10.0	51.6	-2.2	62	4	2,500	100	0.0	0.0
B+ / 9.8	3.5	0.79	13.47	1,004	2	40	56	2	10.0	52.9	-2.2	64	5	2,500	100	0.0	0.0
B+ / 9.8	3.5	0.79	13.47	35	2	40	56	2	10.0	50.8	-2.2	59	4	2,500	100	0.0	0.0
C / 5.1	15.5	1.62	23.29	443	3	96	0	1	101.3	84.0	-11.8	3	5	2,500	100	0.0	0.0
C / 5.1	15.5	1.61	23.32	2,700	3	96	0	1	101.3	84.2	-11.8	3	5	2,500	100	0.0	0.0
C+ / 6.6	11.4	0.83	36.51	612	5	94	0	1	20.2	119.0	-8.9	69	7	2,500	100	0.0	0.0
C+ / 6.6	11.4	0.83	36.73	7,315	5	94	0	1	20.2	121.1	-9.0	72	15	2,500	100	0.0	0.0
C+ / 6.8	11.6	0.85	44.37	803	9	89	0	2	10.9	151.2	-7.2	88	7	2,500	100	0.0	1.0
C+ / 6.8	11.6	0.85	44.65	5,705	9	89	0	2	10.9	153.1	-7.1	89	19	2,500	100	0.0	1.0
B / 8.0	8.5	1.12	22.29	3,749	2	97	0	1	7.7	128.5	-9.8	82	N/A	2,500	100	0.0	0.0
C+ / 6.2	10.6	1.11	15.01	373	2	96	0	2	0.6	176.9	-10.0	27	N/A	2,500	100	0.0	2.0
B+ / 9.1	4.1	0.86	14.84	39	0	48	51	1	7.7	37.2	-3.9	23	10	2,500	100	0.0	1.0
B- / 7.9	8.9	1.12	11.29	66	0	99	0	1	10.4	63.8	-11.4	7	8	2,500	100	0.0	1.0
B- / 7.2	10.6	0.95	13.31	39	0	99	0	1	28.8	102.7	-10.5	13	7	2,500	100	0.0	1.0
B / 8.5	8.0	1.08	16.44	508	4	95	0	1	5.4	105.9	-9.7	57	N/A	2,500	100	0.0	0.5
B / 8.8	7.1	0.93	29.45	1,360	4	94	0	2	13.9	124.9	-11.9	89	N/A	2,500	100	0.0	0.0
B / 8.8	7.1	0.93	29.68	6,362	4	94	0	2	13.9	126.0	-11.9	90	N/A	2,500	100	0.0	0.0
U /	N/A	N/A	14.41	455	1	98	0	1	22.0	N/A	N/A	N/A	N/A	0	0	0.0	0.0
B / 8.4	6.6	0.85	12.90	7	3	96	0	1	24.0	103.5	-9.7	79	N/A	1,000	50	5.5	0.0
B / 8.4	6.7	0.86	12.47	11	3	96	0	1	24.0	98.8	-9.8	73	N/A	1,000	50	0.0	0.0
B / 8.4	6.7	0.86	12.44	5	3	96	0	1	24.0	98.5	-9.8	74	N/A	1,000	50	0.0	0.0
U /	N/A	N/A	12.88	678	3	96	0	1	24.0	N/A	N/A	N/A	N/A	0	0	0.0	0.0
B / 8.4	4.3	0.88	11.76	211	8	39	48	5	29.0	59.1	-2.3	54	N/A	1,000	50	5.5	0.0
B / 8.9	4.3	0.88	11.73	112	8	39	48	5	29.0	54.7	-2.4	45	N/A	1,000	50	0.0	0.0
B / 8.9	4.3	0.88	11.72	302	8	39	48	5	29.0	54.7	-2.4	44	N/A	1,000	50	0.0	0.0
B- / 7.1	9.2	1.81	14.38	679	4	94	1	1	22.0	112.5	-10.6	64	N/A	1,000	50	5.5	0.0
B- / 7.2	9.2	1.81	14.10	341	4	94	1	1	22.0	107.0	-10.7	54	N/A	1,000	50	0.0	0.0
B- / 7.1	9.2	1.80	14.10	1,129	4	94	1	1	22.0	107.3	-10.7	55	N/A	1,000	50	0.0	0.0
B- / 7.9	7.2	1.45	13.64	1,170	3	69	21	7	21.0	90.6	-7.3	62	N/A	1,000	50	5.5	0.0
B- / 7.9	7.2	1.45	13.56	615	3	69	21	7	21.0	85.5	-7.5	52	N/A	1,000	50	0.0	0.0
B- / 7.9	7.2	1.45	13.55	1,883	3	69	21	7	21.0	85.8	-7.5	54	N/A	1,000	50	0.0	0.0
B / 8.4	5.6	1.14	12.88	596	2	54	37	7	22.0	75.0	-5.0	62	N/A	1,000	50	5.5	0.0
B / 8.5	5.5	1.14	12.81	349	2	54	37	7	22.0	70.3	-5.1	53	N/A	1,000	50	0.0	0.0
B / 8.4	5.6	1.14	12.80	1,058	2	54	37	7	22.0	70.6	-5.1	53	N/A	1,000	50	0.0	0.0
U /	N/A	N/A	11.32	75	2	97	0	1	N/A	N/A	N/A	N/A	1	0	0	0.0	0.0

www.thestreet.com/ratings

Data as of June 30, 2007

I. Index of Stock Mutual Funds

Summer 2007

99 Pct = Best
0 Pct = Worst

Fund Type	Fund Name	Ticker Symbol	Overall Investment Rating	Phone	Performance Rating/Pts	3 Mo	6 Mo	1Yr / Pct	3Yr / Pct	5Yr / Pct	Dividend Yield	Expense Ratio
GL	TA IDEX BlackRock Global Allocation		U	(888) 233-4339	U /	5.58	7.65	9.67 / 7	--	--	1.63	0.91
GR	TA IDEX BlackRock Large Cap Value		U	(888) 233-4339	U /	5.73	7.56	18.52 / 49	--	--	0.71	0.84
RE	● TA IDEX Clarion Glb Real Estate A	ICRAX	B+	(888) 233-4339	B+ / 8.7	-6.57	-1.55	22.86 / 77	25.50 / 94	--	3.54	1.09
RE	● TA IDEX Clarion Glb Real Estate B	ICRBX	A-	(888) 233-4339	B+ / 8.9	-6.60	-1.57	22.88 / 77	25.00 / 93	--	3.75	1.21
RE	● TA IDEX Clarion Glb Real Estate C	ICRLX	B+	(888) 233-4339	B+ / 8.9	-6.53	-1.50	22.99 / 77	24.90 / 93	--	3.86	1.11
RE	● TA IDEX Clarion Glb Real Estate I		U	(888) 233-4339	U /	-6.53	-1.44	23.18 / 78	--	--	3.97	0.91
HL	● TA IDEX Evergreen Health Care A	IRHAX	D-	(888) 233-4339	D+ / 2.4	4.12	4.78	15.92 / 31	11.52 / 41	13.59 / 66	0.00	1.13
HL	● TA IDEX Evergreen Health Care B	IRHBX	D-	(888) 233-4339	C- / 3.1	4.11	4.80	15.70 / 30	10.97 / 35	12.96 / 62	0.00	1.23
HL	● TA IDEX Evergreen Health Care C	IRHLX	D-	(888) 233-4339	D+ / 2.9	4.14	4.74	15.41 / 28	10.73 / 34	--	0.00	1.18
HL	● TA IDEX Evergreen Health Care I		U	(888) 233-4339	U /	4.22	4.87	16.08 / 33	--	--	0.02	0.90
FO	TA IDEX Evergreen Intl Small Cap I		U	(888) 233-4339	U /	6.64	14.90	32.57 / 95	--	--	0.62	1.15
GI	TA IDEX Federated Market Opp I		U	(888) 233-4339	U /	-2.90	-3.06	-5.66 / 0	--	--	3.13	0.88
GR	● TA IDEX Jennison Growth A	ICASX	E+	(888) 233-4339	E+ / 0.9	3.37	4.58	13.77 / 20	8.40 / 17	8.87 / 22	0.00	1.24
GR	● TA IDEX Jennison Growth B	ICSBX	E+	(888) 233-4339	D- / 1.4	3.32	4.61	13.79 / 20	7.98 / 14	8.34 / 17	0.00	1.20
GR	● TA IDEX Jennison Growth C	IJOLX	E+	(888) 233-4339	D- / 1.4	3.41	4.60	13.86 / 20	7.91 / 14	--	0.00	1.23
GR	● TA IDEX Jennison Growth I		U	(888) 233-4339	U /	3.44	4.73	14.19 / 22	--	--	0.00	0.89
MC	TA IDEX JP Morgan Mid Cap Value I		U	(888) 233-4339	U /	4.13	7.76	18.49 / 48	--	--	0.85	0.88
GR	TA IDEX Legg Mason Prt All Cap A	IALAX	D-	(888) 233-4339	D+ / 2.4	5.82	5.62	18.57 / 49	10.48 / 32	11.18 / 45	0.28	1.57
GR	TA IDEX Legg Mason Prt All Cap B	IACBX	D-	(888) 233-4339	D+ / 2.9	5.60	5.25	17.71 / 43	9.70 / 26	10.42 / 38	0.00	2.21
GR	TA IDEX Legg Mason Prt All Cap C	ILLLX	D-	(888) 233-4339	D+ / 2.9	5.66	5.31	17.84 / 44	9.74 / 26	--	0.00	2.15
GR	● TA IDEX Legg Mason Prts Inv Val A	IVEAX	E	(888) 233-4339	C- / 3.6	5.83	6.50	19.72 / 58	12.05 / 46	10.75 / 41	0.61	1.12
GR	● TA IDEX Legg Mason Prts Inv Val B	IVEQX	E	(888) 233-4339	C / 4.4	5.82	6.44	19.64 / 57	11.53 / 41	10.17 / 35	0.54	1.21
GR	● TA IDEX Legg Mason Prts Inv Val C	IVELX	E	(888) 233-4339	C / 4.4	5.87	6.49	19.72 / 58	11.47 / 41	--	0.58	1.27
GR	● TA IDEX Legg Mason Prts Inv Val I		U	(888) 233-4339	U /	5.94	6.62	20.02 / 60	--	--	1.03	0.90
GR	● TA IDEX Marsico Growth A	IDGSX	D+	(888) 233-4339	D+ / 2.5	6.89	7.91	15.87 / 31	10.49 / 32	8.72 / 20	0.00	1.15
GR	● TA IDEX Marsico Growth B	IGSBX	C-	(888) 233-4339	C- / 3.3	6.98	7.96	15.91 / 31	9.98 / 28	8.16 / 16	0.00	1.20
GR	● TA IDEX Marsico Growth C	IGSLX	C-	(888) 233-4339	C- / 3.4	6.97	8.05	16.13 / 33	10.05 / 28	--	0.00	1.07
GR	● TA IDEX Marsico Growth I		U	(888) 233-4339	U /	6.95	8.06	16.15 / 33	--	--	0.12	0.89
FO	TA IDEX Marsico Intl Growth I		U	(888) 233-4339	U /	7.05	7.55	25.11 / 83	--	--	0.22	1.16
FO	● TA IDEX MFS International Equity A	ICIAX	D-	(888) 233-4339	B / 7.8	5.54	8.92	24.00 / 80	18.49 / 82	11.59 / 50	1.99	1.77
FO	● TA IDEX MFS International Equity B	ICIBX	D-	(888) 233-4339	B / 8.1	5.38	8.73	23.94 / 80	18.10 / 81	11.08 / 44	2.08	1.83
FO	● TA IDEX MFS International Equity C	ICILX	D-	(888) 233-4339	B / 8.1	5.53	8.97	23.90 / 80	17.97 / 80	--	2.10	1.70
FO	TA IDEX Multi-Mgr Int A	IMNAX	U	(888) 233-4339	U /	7.71	10.58	28.38 / 90	--	--	4.56	1.97
FO	TA IDEX Multi-Mgr Int C	IMNCX	U	(888) 233-4339	U /	7.56	10.24	27.53 / 89	--	--	4.58	2.62
FO	TA IDEX Neuberger Berman Intl I		U	(888) 233-4339	U /	7.34	9.76	24.58 / 82	--	--	0.92	1.07
GL	TA IDEX Oppenheimer Devlp Market		U	(888) 233-4339	U /	14.23	16.48	45.02 / 98	--	--	0.40	1.45
MC	TA IDEX Oppenheimer Sm/Mid Cp		U	(888) 233-4339	U /	8.44	15.40	--	--	--	0.00	1.22
GI	● TA IDEX Protected Principal Stck A	IPPAX	D+	(888) 233-4339	E / 0.3	2.08	3.50	8.43 / 5	6.53 / 7	--	0.00	1.96
GI	● TA IDEX Protected Principal Stck B	IPPBX	C-	(888) 233-4339	E / 0.4	1.96	3.23	7.77 / 4	5.96 / 6	--	0.00	2.61
GI	● TA IDEX Protected Principal Stck C2	IPPCX	C-	(888) 233-4339	E / 0.4	1.96	3.23	7.79 / 4	5.90 / 6	--	0.00	2.62
SC	TA IDEX Small/Mid Cap Value A	IIVAX	B+	(888) 233-4339	B+ / 8.5	12.88	16.64	22.94 / 77	19.16 / 83	16.29 / 82	0.56	1.39
SC	TA IDEX Small/Mid Cap Value B	IIVBX	B+	(888) 233-4339	B+ / 8.7	12.66	16.28	22.13 / 73	18.30 / 81	15.49 / 79	0.00	2.10
SC	TA IDEX Small/Mid Cap Value C	IIVLX	B+	(888) 233-4339	B+ / 8.7	12.71	16.34	22.20 / 74	18.28 / 81	--	0.18	2.08
SC	TA IDEX Small/Mid Cap Value I		U	(888) 233-4339	U /	13.01	16.95	23.65 / 79	--	--	1.05	0.86
GL	TA IDEX Templeton Trans Glb A	IGLBX	C+	(888) 233-4339	C+ / 5.7	6.46	8.51	22.87 / 77	13.99 / 62	8.45 / 18	0.97	1.62
GL	TA IDEX Templeton Trans Glb B	IGLWX	C+	(888) 233-4339	C+ / 6.1	6.25	8.16	22.03 / 73	13.20 / 56	7.70 / 13	0.46	2.42
GL	TA IDEX Templeton Trans Glb C	IGLLX	C+	(888) 233-4339	C+ / 6.1	6.26	8.18	22.02 / 73	13.17 / 56	--	0.50	2.35
GL	TA IDEX Templeton Trans Glb I		U	(888) 233-4339	U /	6.60	8.83	23.59 / 79	--	--	1.59	0.94
TC	TA IDEX Trans Scien & Tech A	IGTAX	E	(888) 233-4339	D / 1.7	11.30	12.97	21.45 / 70	5.58 / 5	9.71 / 30	0.00	1.67
TC	TA IDEX Trans Scien & Tech B	IGTBX	E	(888) 233-4339	D / 2.0	11.05	12.50	20.67 / 65	4.78 / 3	8.99 / 23	0.00	2.57
TC	TA IDEX Trans Scien & Tech C	IGTLX	E	(888) 233-4339	D / 1.9	11.08	12.53	20.39 / 63	4.70 / 3	--	0.00	2.35
TC	TA IDEX Trans Scien & Tech I		U	(888) 233-4339	U /	11.44	13.37	22.13 / 73	--	--	0.00	0.92

● Denotes fund is closed to new investors
* Denotes fund is included in Section II

www.thestreet.com/ratings

I. Index of Stock Mutual Funds

Summer 2007

RISK			NET ASSETS		ASSET					BULL / BEAR		FUND MANAGER		MINIMUMS		LOADS	
	3 Year		NAV						Portfolio	Last Bull	Last Bear	Manager	Manager	Initial	Additional	Front	Back
Risk	Standard		As of	Total	Cash	Stocks	Bonds	Other	Turnover	Market	Market	Quality	Tenure	Purch.	Purch.	End	End
Rating/Pts	Deviation	Beta	6/30/07	$(Mil)	%	%	%	%	Ratio	Return	Return	Pct	(Years)	$	$	Load	Load
U /	N/A	N/A	12.10	463	30	42	26	2	N/A	N/A	N/A	N/A	N/A	0	0	0.0	0.0
U /	N/A	N/A	13.09	594	0	99	0	1	N/A	N/A	N/A	N/A	N/A	0	0	0.0	0.0
C+ / 6.5	13.7	0.85	19.04	7	1	98	0	1	76.0	205.4	N/A	97	5	1,000	50	5.5	0.0
C+ / 6.5	13.7	0.86	18.98	5	1	98	0	1	76.0	199.3	N/A	97	4	1,000	50	0.0	0.0
C+ / 6.5	13.7	0.86	18.82	3	1	98	0	1	76.0	198.5	N/A	97	4	1,000	50	0.0	0.0
U /	N/A	N/A	18.98	322	1	98	0	1	76.0	N/A	N/A	N/A	N/A	0	0	0.0	0.0
C+ / 5.6	11.4	1.11	13.14	3	3	96	0	1	92.0	113.4	-4.9	39	N/A	1,000	50	5.5	0.0
C / 5.5	11.4	1.12	12.66	3	3	96	0	1	92.0	108.5	-5.0	33	N/A	1,000	50	0.0	0.0
C / 5.4	11.4	1.12	12.59	2	3	96	0	1	92.0	107.5	-5.0	31	N/A	1,000	50	0.0	0.0
U /	N/A	N/A	13.34	349	3	96	0	1	92.0	N/A	N/A	N/A	N/A	0	0	0.0	0.0
U /	N/A	N/A	17.50	573	7	92	0	1	N/A	N/A	N/A	N/A	N/A	0	0	0.0	0.0
U /	N/A	N/A	9.34	47	34	26	39	1	N/A	N/A	N/A	N/A	N/A	0	0	0.0	0.0
C+ / 6.1	10.9	1.28	11.65	9	0	99	0	1	80.0	90.3	-13.0	10	11	1,000	50	5.5	0.0
C+ / 6.1	10.8	1.27	10.89	14	0	99	0	1	80.0	86.9	-13.2	9	11	1,000	50	0.0	0.0
C+ / 6.0	10.9	1.28	10.92	5	0	99	0	1	80.0	87.4	-13.2	8	5	1,000	50	0.0	0.0
U /	N/A	N/A	11.74	132	0	99	0	1	80.0	N/A	N/A	N/A	N/A	0	0	0.0	0.0
U /	N/A	N/A	12.36	273	4	95	0	1	46.0	N/A	N/A	N/A	N/A	0	0	0.0	0.0
C+ / 5.7	8.9	1.12	17.28	53	2	97	0	1	25.0	107.3	-14.2	29	5	1,000	50	5.5	0.0
C+ / 5.6	8.9	1.12	16.23	100	2	97	0	1	25.0	101.5	-14.4	23	5	1,000	50	0.0	0.0
C+ / 5.6	8.9	1.12	16.25	39	2	97	0	1	25.0	101.6	-14.4	24	5	1,000	50	0.0	0.0
D / 1.7	7.0	0.90	9.99	10	3	96	0	1	47.0	100.0	-11.9	68	N/A	1,000	50	5.5	0.0
D / 1.7	7.0	0.90	9.09	11	3	96	0	1	47.0	95.9	-12.0	62	N/A	1,000	50	0.0	0.0
D / 1.7	7.0	0.90	9.02	3	3	96	0	1	47.0	95.4	-12.0	61	N/A	1,000	50	0.0	0.0
U /	N/A	N/A	9.98	64	3	96	0	1	47.0	N/A	N/A	N/A	N/A	0	0	0.0	0.0
B- / 7.2	9.6	1.14	12.41	8	12	87	0	1	33.0	78.6	-8.1	28	N/A	1,000	50	5.5	0.0
B- / 7.2	9.6	1.14	11.80	11	12	87	0	1	33.0	75.1	-8.4	24	N/A	1,000	50	0.0	0.0
B- / 7.2	9.6	1.14	11.81	8	12	87	0	1	33.0	75.1	-8.4	25	5	1,000	50	0.0	0.0
U /	N/A	N/A	12.47	313	12	87	0	1	33.0	N/A	N/A	N/A	N/A	0	0	0.0	0.0
U /	N/A	N/A	13.67	485	4	95	0	1	129.0	N/A	N/A	N/A	N/A	0	0	0.0	0.0
E- / 0.0	9.5	1.00	4.76	11	0	99	0	1	131.0	124.1	-10.4	18	N/A	1,000	50	5.5	0.0
E- / 0.0	9.6	1.01	4.11	15	0	99	0	1	131.0	120.5	-10.7	15	N/A	1,000	50	0.0	0.0
E- / 0.0	9.6	1.00	4.01	6	0	99	0	1	131.0	120.0	-10.8	15	N/A	1,000	50	0.0	0.0
U /	N/A	N/A	12.02	134	100	0	0	0	1.0	N/A	N/A	N/A	N/A	1,000	50	5.5	0.0
U /	N/A	N/A	11.95	184	100	0	0	0	1.0	N/A	N/A	N/A	N/A	1,000	50	0.0	0.0
U /	N/A	N/A	13.16	534	5	94	0	1	52.0	N/A	N/A	N/A	N/A	0	0	0.0	0.0
U /	N/A	N/A	14.21	532	4	96	0	0	N/A	N/A	N/A	N/A	N/A	0	0	0.0	0.0
U /	N/A	N/A	13.11	163	0	98	0	2	N/A	N/A	N/A	N/A	N/A	0	0	0.0	0.0
B+ / 9.5	2.3	0.28	12.73	4	2	97	0	1	4.0	39.7	-4.8	63	N/A	1,000	50	5.5	0.0
B+ / 9.9	2.3	0.29	12.48	26	2	97	0	1	4.0	36.9	-4.8	55	5	1,000	50	0.0	0.0
B+ / 9.9	2.3	0.28	12.46	3	2	97	0	1	4.0	36.6	-4.8	55	5	1,000	50	0.0	0.0
C+ / 6.6	13.6	0.90	21.03	61	7	92	0	1	42.0	207.5	-14.9	96	N/A	1,000	50	5.5	0.0
C+ / 6.5	13.6	0.91	20.29	48	7	92	0	1	42.0	198.7	-15.1	94	N/A	1,000	50	0.0	0.0
C+ / 6.5	13.6	0.90	20.22	41	7	92	0	1	42.0	198.4	-15.1	94	N/A	1,000	50	0.0	0.0
U /	N/A	N/A	21.11	429	7	92	0	1	42.0	N/A	N/A	N/A	N/A	0	0	0.0	0.0
C+ / 6.9	7.8	0.75	32.65	117	0	99	0	1	87.0	93.0	-11.8	20	N/A	1,000	50	5.5	0.0
C+ / 6.9	7.9	0.75	30.61	67	0	99	0	1	87.0	87.8	-12.0	15	N/A	1,000	50	0.0	0.0
C+ / 6.9	7.8	0.75	30.56	31	0	99	0	1	87.0	87.6	-12.0	16	N/A	1,000	50	0.0	0.0
U /	N/A	N/A	32.78	41	0	99	0	1	87.0	N/A	N/A	N/A	N/A	0	0	0.0	0.0
C- / 3.9	13.6	1.50	4.53	6	3	96	0	1	73.0	73.0	-9.7	2	N/A	1,000	50	5.5	0.0
C- / 3.8	13.8	1.53	4.32	4	3	96	0	1	73.0	68.7	-10.2	1	N/A	1,000	50	0.0	0.0
C- / 3.8	13.8	1.52	4.31	2	3	96	0	1	73.0	68.3	-10.2	1	N/A	1,000	50	0.0	0.0
U /	N/A	N/A	4.58	67	3	96	0	1	73.0	N/A	N/A	N/A	N/A	0	0	0.0	0.0

www.thestreet.com/ratings

Data as of June 30, 2007

I. Index of Stock Mutual Funds

Summer 2007

99 Pct = Best
0 Pct = Worst

Fund Type	Fund Name	Ticker Symbol	Overall Investment Rating	Phone	Performance Rating/Pts	3 Mo	6 Mo	1Yr / Pct	3Yr / Pct	5Yr / Pct	Dividend Yield	Expense Ratio
BA	TA IDEX Transamerica Balanced A	IBALX	D+	(888) 233-4339	D / 1.7	5.17	6.82	13.13 /17	9.97 /28	8.04 /15	0.49	1.58
BA	TA IDEX Transamerica Balanced B	IBABX	C-	(888) 233-4339	D / 2.2	5.05	6.55	12.50 /15	9.38 /23	7.38 /11	0.12	2.15
BA	TA IDEX Transamerica Balanced C	IBLLX	C-	(888) 233-4339	D / 2.2	5.02	6.58	12.50 /15	9.36 /23	--	0.13	2.12
CV	TA IDEX Transamerica Convertb Sec	ICVAX	D-	(888) 233-4339	D / 1.8	5.16	6.97	10.68 /10	10.40 /31	10.77 /41	0.73	1.25
CV	TA IDEX Transamerica Convertb Sec	ICVBX	D	(888) 233-4339	D / 2.0	5.01	6.61	9.89 / 8	9.60 /25	9.98 /33	0.22	1.99
CV	TA IDEX Transamerica Convertb Sec	ICVLX	D	(888) 233-4339	D / 2.0	5.04	6.57	9.97 / 8	9.53 /24	--	0.26	1.94
CV	TA IDEX Transamerica Convertb Sec		U	(888) 233-4339	U /	5.29	7.11	11.15 /11	--	--	1.22	0.82
IN	TA IDEX Transamerica Equity A	ITQAX	D+	(888) 233-4339	C- / 3.2	5.77	6.19	12.47 /15	13.22 /56	12.80 /60	0.00	1.51
IN	TA IDEX Transamerica Equity B	ITQBX	D+	(888) 233-4339	C- / 3.6	5.67	5.78	11.64 /12	12.36 /49	11.96 /53	0.00	2.34
IN	TA IDEX Transamerica Equity C	ITQLX	C-	(888) 233-4339	C- / 3.7	5.65	5.77	11.86 /13	12.43 /49	--	0.00	2.10
IN	TA IDEX Transamerica Equity I		U	(888) 233-4339	U /	6.11	6.63	13.37 /18	--	--	0.00	0.81
IN	● TA IDEX Transamerica Equity T	IEQTX	U	(888) 233-4339	U /	5.96	6.49	--	--	--	0.00	1.03
MC	TA IDEX Transamerica Growth Opp	ITSAX	E+	(888) 233-4339	D / 1.8	5.59	7.93	5.84 / 2	11.74 /43	11.57 /49	0.00	1.72
MC	TA IDEX Transamerica Growth Opp	ITCBX	E+	(888) 233-4339	D / 2.2	5.56	7.78	5.18 / 2	10.85 /35	10.75 /41	0.00	2.46
MC	TA IDEX Transamerica Growth Opp	ITSLX	E+	(888) 233-4339	D / 2.2	5.43	7.64	5.17 / 2	10.83 /34	--	0.00	2.38
MC	TA IDEX Transamerica Growth Opp I		U	(888) 233-4339	U /	5.87	8.44	6.71 / 3	--	--	0.00	0.88
BA	TA IDEX Transamerica Value Bal A	ITAPX	C-	(888) 233-4339	D+ / 2.4	4.53	5.52	17.09 /39	11.12 /37	10.32 /36	1.45	1.63
BA	TA IDEX Transamerica Value Bal B	ITABX	C-	(888) 233-4339	D+ / 2.9	4.44	5.26	16.36 /34	10.41 /31	9.56 /28	0.98	2.28
BA	TA IDEX Transamerica Value Bal C	ITALX	C-	(888) 233-4339	C- / 3.0	4.39	5.21	16.43 /35	10.44 /31	--	1.02	2.20
GI	TA IDEX Ubs Large Cap Value I		U	(888) 233-4339	U /	5.58	6.82	21.18 /68	--	--	0.91	0.88
EM	TA IDEX Van Kampen Emg Mrkt debt		U	(888) 233-4339	U /	0.59	2.71	15.08 /27	--	--	5.39	1.02
MC	TA IDEX Van Kampen Mid Cap		U	(888) 233-4339	U /	9.10	12.44	19.17 /54	--	--	0.16	0.92
SC	TA IDEX Van Kampen Small Co Gr I		U	(888) 233-4339	U /	4.61	6.74	16.55 /35	--	--	0.00	1.01
SC	Tamarack Enterprise Fund A	TETAX	C-	(800) 422-2766	C- / 3.0	5.80	8.42	13.88 /20	12.76 /52	13.83 /68	0.00	1.77
SC	Tamarack Enterprise Fund C	TETCX	C	(800) 422-2766	C- / 3.5	5.63	8.01	13.03 /16	11.92 /45	13.28 /64	0.00	2.27
SC	Tamarack Enterprise Fund I	TETIX	C	(800) 422-2766	C / 4.5	5.87	8.61	14.23 /22	13.07 /55	14.02 /70	0.08	1.27
SC	Tamarack Enterprise Fund R	TETRX	C	(800) 422-2766	C- / 4.0	5.77	8.33	13.66 /19	12.49 /50	13.65 /67	0.00	1.77
SC	Tamarack Enterprise Fund S	TETSX	C-	(800) 422-2766	C / 4.5	5.87	8.57	14.18 /22	13.05 /55	14.02 /70	0.08	1.27
SC	Tamarack Enterprise Small Cap A	TEEAX	C	(800) 422-2766	C- / 4.2	6.49	10.65	19.67 /57	12.94 /54	--	0.29	2.15
SC	Tamarack Enterprise Small Cap C	TEECX	C+	(800) 422-2766	C / 4.9	6.29	10.24	18.79 /51	12.10 /46	--	0.00	2.65
SC	Tamarack Enterprise Small Cap R	TEERX	C+	(800) 422-2766	C / 5.3	6.41	10.49	19.36 /55	12.63 /51	--	0.12	2.15
SC	Tamarack Enterprise Small Cap S	TEESX	C+	(800) 422-2766	C+ / 5.8	6.55	10.80	19.98 /60	13.21 /56	13.59 /66	0.53	1.65
GR	Tamarack Large Cap Growth A	TLEAX	E+	(800) 422-2766	E- / 0.2	4.94	4.66	9.87 / 8	4.51 / 2	5.08 / 2	0.00	1.68
GR	Tamarack Large Cap Growth I	TLEIX	D-	(800) 422-2766	E / 0.4	4.96	4.68	10.13 / 8	4.76 / 3	5.33 / 3	0.00	1.18
GR	Tamarack Large Cap Growth R	TLERX	D-	(800) 422-2766	E / 0.3	4.89	4.51	9.65 / 7	4.24 / 2	--	0.00	1.68
GR	Tamarack Large Cap Growth S	TLESX	D-	(800) 422-2766	E / 0.4	5.05	4.77	10.22 / 8	4.80 / 3	--	0.00	1.18
SC	Tamarack Micro Cap Value A	TMVAX	C+	(800) 422-2766	C / 4.6	4.54	5.60	17.24 /40	15.29 /70	--	0.00	1.73
SC	Tamarack Micro Cap Value C	TMVCX	C+	(800) 422-2766	C / 5.1	4.32	5.21	16.38 /34	14.44 /65	--	0.00	2.23
SC	Tamarack Micro Cap Value R	TMVRX	B-	(800) 422-2766	C+ / 5.6	4.47	5.49	16.95 /38	14.99 /69	--	0.00	1.73
SC	Tamarack Micro Cap Value S	TMVSX	C+	(800) 422-2766	C+ / 6.1	4.61	5.71	17.54 /42	15.56 /72	15.84 /80	0.13	1.23
MC	Tamarack Mid Cap Growth A	TMCAX	E	(800) 422-2766	E+ / 0.6	5.42	10.53	8.65 / 5	8.29 /16	8.73 /20	0.00	1.73
MC	Tamarack Mid Cap Growth C	TMCCX	E+	(800) 422-2766	E+ / 0.8	5.22	10.18	7.82 / 4	7.48 /12	--	0.00	2.23
MC	Tamarack Mid Cap Growth I	TMCIX	E	(800) 422-2766	D- / 1.3	5.48	10.69	8.94 / 6	8.56 /18	9.01 /23	0.00	1.23
MC	Tamarack Mid Cap Growth R	TMCRX	D-	(800) 422-2766	D- / 1.0	5.30	10.36	8.38 / 5	7.99 /14	--	0.00	1.73
MC	Tamarack Mid Cap Growth S	TMCSX	D-	(800) 422-2766	D- / 1.3	5.47	10.69	8.94 / 6	8.59 /18	--	0.00	1.23
SC	Tamarack Small Cap Growth C	TSMCX	D-	(800) 422-2766	E+ / 0.6	5.10	5.75	6.82 / 3	7.35 /11	9.43 /27	0.00	3.58
SC	Tamarack Small Cap Growth R	TSMRX	D-	(800) 422-2766	E+ / 0.8	5.31	6.05	7.42 / 3	7.89 /14	--	0.00	3.08
SC	Tamarack Small Cap Growth S	TSMSX	D-	(800) 422-2766	D- / 1.0	5.35	6.27	7.87 / 4	8.45 /17	--	0.00	2.58
GI	Tamarack Value Fund A	TVAAX	C-	(800) 422-2766	D / 2.1	5.59	4.90	16.62 /36	11.20 /38	7.91 /14	0.99	1.72
GI	Tamarack Value Fund C	TVACX	C	(800) 422-2766	D+ / 2.5	5.40	4.50	15.73 /30	10.35 /31	--	0.54	2.22
GI	Tamarack Value Fund R	TVARX	C	(800) 422-2766	D+ / 2.9	5.55	4.78	16.33 /34	10.90 /35	--	0.95	1.72
GI	Tamarack Value Fund S	TVASX	E+	(800) 422-2766	C- / 3.4	5.66	5.03	16.91 /38	11.46 /40	8.06 /15	1.37	1.22

● Denotes fund is closed to new investors
* Denotes fund is included in Section II

www.thestreet.com/ratings

Summer 2007 — I. Index of Stock Mutual Funds

RISK			NET ASSETS		ASSET				Portfolio	BULL / BEAR		FUND MANAGER		MINIMUMS		LOADS	
	3 Year		NAV							Last Bull	Last Bear	Manager	Manager	Initial	Additional	Front	Back
Risk	Standard		As of	Total	Cash	Stocks	Bonds	Other	Turnover	Market	Market	Quality	Tenure	Purch.	Purch.	End	End
Rating/Pts	Deviation	Beta	6/30/07	$(Mil)	%	%	%	%	Ratio	Return	Return	Pct	(Years)	$	$	Load	Load
B / 8.4	7.2	1.46	23.83	55	1	72	26	1	27.0	57.1	-3.2	40	N/A	1,000	50	5.5	0.0
B / 8.4	7.2	1.46	23.73	103	1	72	26	1	27.0	53.3	-3.6	33	N/A	1,000	50	0.0	0.0
B / 8.4	7.2	1.46	23.66	32	1	72	26	1	27.0	53.2	-3.6	33	N/A	1,000	50	0.0	0.0
C+ / 6.8	9.8	1.44	13.22	7	2	10	0	88	87.0	71.4	0.1	68	N/A	1,000	50	4.8	0.0
B- / 7.0	9.7	1.44	13.16	6	2	10	0	88	87.0	66.4	-0.1	59	N/A	1,000	50	0.0	0.0
B- / 7.0	9.8	1.45	13.11	3	2	10	0	88	87.0	66.1	-0.1	57	N/A	1,000	50	0.0	0.0
U /	N/A	N/A	13.22	128	2	10	0	88	87.0	N/A	N/A	N/A	N/A	0	0	0.0	0.0
C+ / 6.6	10.1	1.18	10.64	485	0	99	0	1	39.0	103.6	-8.5	N/A	N/A	1,000	50	5.5	0.0
C+ / 6.5	10.2	1.19	10.07	190	0	99	0	1	39.0	97.3	-8.5	41	N/A	1,000	50	0.0	0.0
C+ / 6.5	10.2	1.20	10.09	93	0	99	0	1	39.0	97.7	-8.5	42	N/A	1,000	50	0.0	0.0
U /	N/A	N/A	10.77	763	0	99	0	1	39.0	N/A	N/A	N/A	N/A	0	0	0.0	0.0
U /	N/A	N/A	29.53	175	0	99	0	1	39.0	N/A	N/A	N/A	N/A	1,000	50	8.5	0.0
C / 5.4	12.2	0.95	9.25	52	2	97	0	1	34.0	104.0	-11.5	25	N/A	1,000	50	5.5	0.0
C / 5.4	12.2	0.94	8.73	58	2	97	0	1	34.0	97.1	-11.6	19	N/A	1,000	50	0.0	0.0
C / 5.4	12.2	0.95	8.74	20	2	97	0	1	34.0	97.5	-11.6	19	N/A	1,000	50	0.0	0.0
U /	N/A	N/A	9.38	168	2	97	0	1	34.0	N/A	N/A	N/A	N/A	0	0	0.0	0.0
B / 8.0	5.4	1.11	13.93	32	1	71	26	2	57.0	74.9	-4.4	76	6	1,000	50	5.5	0.0
B / 8.0	5.3	1.10	13.89	19	1	71	26	2	57.0	70.0	-4.8	69	6	1,000	50	0.0	0.0
B / 8.0	5.3	1.10	13.88	12	1	71	26	2	57.0	70.3	-4.8	70	5	1,000	50	0.0	0.0
U /	N/A	N/A	13.62	832	3	96	0	1	32.0	N/A	N/A	N/A	N/A	0	0	0.0	0.0
U /	N/A	N/A	10.99	306	7	0	92	1	N/A	N/A	N/A	N/A	N/A	0	0	0.0	0.0
U /	N/A	N/A	12.11	92	0	99	0	1	50.0	N/A	N/A	N/A	N/A	0	0	0.0	0.0
U /	N/A	N/A	13.62	176	3	96	0	1	67.0	N/A	N/A	N/A	N/A	0	0	0.0	0.0
B- / 7.9	10.4	0.73	26.64	20	3	96	0	1	27.2	135.4	-3.9	77	3	1,000	100	5.8	2.0
B- / 7.9	10.4	0.73	25.90	3	3	96	0	1	27.2	129.9	-3.9	69	3	1,000	100	0.0	2.0
C+ / 6.8	14.4	0.57	26.88	45	3	96	0	1	27.2	137.3	-3.9	89	3	250,000	0	0.0	2.0
B- / 7.9	10.4	0.73	26.39	N/A	3	96	0	1	27.2	133.5	-3.9	75	3	1,000	100	0.0	2.0
C+ / 6.0	10.4	0.73	26.87	300	3	96	0	1	27.2	137.2	-3.9	80	8	1,000	100	0.0	2.0
B- / 7.6	12.2	0.85	33.13	3	2	97	0	1	34.8	N/A	N/A	66	3	1,000	100	5.8	2.0
B- / 7.6	12.2	0.85	32.29	1	2	97	0	1	34.8	N/A	N/A	56	3	1,000	100	0.0	2.0
B- / 7.6	12.2	0.85	32.85	N/A	2	97	0	1	34.8	N/A	N/A	62	3	1,000	100	0.0	2.0
B- / 7.6	12.2	0.85	33.34	70	2	97	0	1	34.8	135.8	-8.6	69	3	1,000	100	0.0	2.0
B- / 7.1	8.8	1.07	11.69	4	3	96	0	1	35.5	54.5	-11.0	5	N/A	1,000	100	5.8	2.0
B- / 7.4	8.7	1.06	11.85	1	3	96	0	1	35.5	56.1	-12.2	5	N/A	250,000	0	0.0	2.0
B- / 7.4	8.8	1.07	11.59	N/A	3	96	0	1	35.5	N/A	N/A	4	N/A	1,000	100	0.0	2.0
B- / 7.4	8.7	1.07	11.86	110	3	96	0	1	35.5	N/A	N/A	5	N/A	1,000	100	0.0	2.0
B- / 7.9	11.4	0.81	23.95	46	4	95	0	1	20.1	N/A	N/A	88	N/A	1,000	100	5.8	2.0
B- / 7.9	11.4	0.81	23.43	4	4	95	0	1	20.1	N/A	N/A	83	N/A	1,000	100	0.0	2.0
B- / 7.9	11.3	0.81	23.83	1	4	95	0	1	20.1	N/A	N/A	86	N/A	1,000	100	0.0	2.0
C+ / 6.9	11.4	0.81	24.07	337	4	95	0	1	20.1	176.3	-9.1	89	N/A	1,000	100	0.0	2.0
C / 4.9	11.9	0.99	13.43	38	0	99	0	1	23.1	86.3	-9.0	7	N/A	1,000	100	5.8	2.0
C+ / 6.7	11.9	0.99	13.10	2	0	99	0	1	23.1	N/A	N/A	5	N/A	1,000	100	0.0	2.0
C / 5.0	11.9	0.99	13.87	72	0	99	0	1	23.1	88.0	-8.9	8	N/A	250,000	0	0.0	2.0
C+ / 6.7	11.9	0.99	13.31	N/A	0	99	0	1	23.1	N/A	N/A	6	N/A	1,000	100	0.0	2.0
C+ / 6.8	11.9	0.99	13.88	2	0	99	0	1	23.1	N/A	N/A	8	N/A	1,000	100	0.0	2.0
B- / 7.1	12.4	0.86	10.30	N/A	2	97	0	1	22.7	92.0	-7.2	14	3	1,000	100	0.0	2.0
B- / 7.1	12.3	0.86	10.51	N/A	2	97	0	1	22.7	N/A	N/A	16	3	1,000	100	0.0	2.0
B- / 7.2	12.3	0.86	11.02	N/A	2	97	0	1	22.7	N/A	N/A	19	3	1,000	100	0.0	2.0
B+ / 9.0	7.0	0.86	42.14	1	1	98	0	1	37.9	95.1	-9.2	63	N/A	1,000	100	5.8	2.0
B+ / 9.0	7.0	0.86	41.61	N/A	1	98	0	1	37.9	N/A	N/A	52	N/A	1,000	100	0.0	2.0
B+ / 9.0	7.0	0.86	42.05	N/A	1	98	0	1	37.9	N/A	N/A	59	N/A	1,000	100	0.0	2.0
C- / 4.1	7.0	0.86	42.21	276	1	98	0	1	37.9	96.4	-9.2	66	N/A	1,000	100	0.0	2.0

www.thestreet.com/ratings

Data as of June 30, 2007

I. Index of Stock Mutual Funds

Summer 2007

99 Pct = Best
0 Pct = Worst

Fund Type	Fund Name	Ticker Symbol	Overall Investment Rating	Phone	Performance Rating/Pts	Total Return % through 6/30/07		Annualized		Incl. in Returns	
						3 Mo	6 Mo	1Yr / Pct	3Yr / Pct	5Yr / Pct	Dividend Yield	Expense Ratio
GR	● TCM Small Cap Growth Fund	TCMSX	U	(800) 366-6223	U /	7.82	11.99	18.50 /49	--	--	0.00	6.76
FO	TCW Asia Pacific Equities I	TGAPX	A-	(800) 386-3829	A+ / 9.7	17.27	19.58	48.15 /98	30.85 /96	20.36 /92	0.40	1.85
GR	TCW Diversified Value I	TGDIX	B	(800) 386-3829	C+ / 6.6	6.59	7.30	20.00 /60	14.49 /65	--	0.54	0.94
GR	TCW Diversified Value N	TGDVX	B+	(800) 386-3829	C+ / 6.4	6.55	7.20	19.76 /58	14.18 /63	14.08 /70	0.42	1.20
IN	TCW Dividend Focused Fd	TGIGX	B	(800) 386-3829	C+ / 6.8	7.81	9.39	23.78 /80	13.42 /58	13.21 /63	1.48	1.16
IN	TCW Dividend Focused I	TGDFX	U	(800) 386-3829	U /	7.89	9.55	24.11 /81	--	--	1.81	0.87
EM	TCW Emerging Markets Eq I	TGEMX	B	(800) 386-3829	A+ / 9.7	13.55	15.25	38.65 /97	32.42 /97	24.91 /96	0.64	1.94
GR	TCW Equities I	TGLVX	C	(800) 386-3829	C / 4.6	6.84	5.55	14.98 /26	12.64 /51	11.10 /45	1.09	0.75
GR	TCW Equities K	TGLKX	C	(800) 386-3829	C- / 4.0	6.25	5.09	14.14 /21	12.26 /48	--	0.00	1.63
GR	TCW Equities N	TGLNX	C	(800) 386-3829	C- / 3.9	6.72	5.30	14.34 /22	11.96 /45	10.42 /38	0.67	1.30
GR	TCW Focused Equities Fund N	TGFVX	B-	(800) 386-3829	C / 5.3	6.53	5.67	15.22 /27	13.62 /59	11.69 /51	0.20	1.38
GL	TCW Global Equities Fund I	TGIEX	A-	(800) 386-3829	B / 7.8	7.84	8.68	22.02 /73	17.35 /79	13.70 /67	0.28	1.28
GL	TCW Global Equities Fund N	TGIIX	C+	(800) 386-3829	B / 7.7	7.70	8.46	21.56 /70	17.20 /78	--	0.00	1.58
MC	TCW Growth Equities I	TGGEX	C-	(800) 386-3829	C / 4.7	8.20	12.56	17.96 /45	10.54 /32	--	0.00	1.50
MC	TCW Growth Equities N	TGDNX	D	(800) 386-3829	C / 4.7	8.12	12.48	17.88 /44	10.51 /32	--	0.00	4.17
GR	TCW Large Cap Core I	TGLIX	U	(800) 386-3829	U /	6.02	8.79	19.26 /54	--	--	0.38	1.16
SC	TCW Opportunity I	TGOIX	D-	(800) 386-3829	C- / 3.1	4.62	7.68	13.57 /19	10.80 /34	11.47 /48	0.00	1.16
SC	TCW Opportunity K	TGOKX	D-	(800) 386-3829	D+ / 2.6	4.46	7.32	12.92 /16	10.21 /30	--	0.00	1.77
SC	TCW Opportunity N	TGONX	D-	(800) 386-3829	D+ / 2.9	4.56	7.51	13.32 /18	10.49 /32	11.17 /45	0.00	1.43
GR	TCW Select Equities I	TGCEX	E	(800) 386-3829	E+ / 0.7	9.51	8.53	10.78 /10	4.06 / 2	10.23 /36	0.00	0.89
GR	TCW Select Equities K	TGSKX	E-	(800) 386-3829	E / 0.5	9.28	8.06	9.92 / 8	3.26 / 1	9.69 /30	0.00	1.71
GR	TCW Select Equities N	TGCNX	E	(800) 386-3829	E+ / 0.6	9.38	8.32	10.44 / 9	3.74 / 1	9.87 /31	0.00	1.17
SC	TCW Small Cap Growth I	TGSCX	C	(800) 386-3829	C+ / 6.5	8.90	13.07	18.60 /49	13.06 /55	12.48 /57	0.00	1.40
SC	TCW Small Cap Growth N	TGSNX	C	(800) 386-3829	C+ / 6.2	8.79	12.83	18.25 /47	12.68 /51	12.10 /55	0.00	1.66
SC	TCW Value Added I	TGSVX	E	(800) 386-3829	D / 2.1	4.34	7.24	18.54 /49	7.99 /14	10.36 /37	0.00	1.57
SC	TCW Value Added K	TGDKX	E+	(800) 386-3829	E+ / 0.9	2.96	4.90	14.35 /22	6.36 / 7	--	0.00	1.81
SC	TCW Value Added N	TGSSX	E+	(800) 386-3829	D / 2.0	4.29	7.18	18.97 /52	7.75 /13	10.19 /35	0.00	1.56
MC	TCW Value Opportunities I	TGVOX	C-	(800) 386-3829	C- / 4.1	5.43	9.95	18.32 /47	10.72 /34	12.97 /62	0.29	0.95
MC	TCW Value Opportunities K	TGVKX	D+	(800) 386-3829	C- / 3.4	5.26	9.56	17.49 /41	9.94 /27	--	0.00	1.71
MC	TCW Value Opportunities N	TGVNX	D+	(800) 386-3829	C- / 3.8	5.39	9.80	18.07 /46	10.38 /31	12.61 /59	0.04	1.22
AA	Teberg Fund (The)	TEBRX	E+	(866) 209-1964	E+ / 0.9	2.62	4.13	11.03 /10	7.33 /11	8.33 /17	2.76	2.33
EM	Templeton BRIC Fund A	TABRX	U	(800) 342-5236	U /	17.85	19.78	49.59 /99	--	--	0.31	2.44
EM	Templeton BRIC Fund C	TPBRX	U	(800) 342-5236	U /	17.61	19.36	48.51 /98	--	--	0.22	3.09
FO	Templeton China World A	TCWAX	A+	(800) 342-5236	A+ / 9.7	19.57	18.78	51.86 /99	31.25 /96	29.35 /98	0.65	2.06
FO	Templeton China World Adv	TACWX	A+	(800) 321-8563	A+ / 9.8	19.66	18.95	52.36 /99	31.71 /97	29.81 /98	0.97	1.71
FO	● Templeton China World B	TCWBX	A+	(800) 342-5236	A+ / 9.7	19.36	18.35	50.77 /99	30.41 /96	28.50 /98	0.16	2.70
FO	Templeton China World C	TCWCX	A+	(800) 342-5236	A+ / 9.7	19.34	18.36	50.80 /99	30.45 /96	28.51 /98	0.31	2.71
* EM	Templeton Developing Markets A	TEDMX	B+	(800) 342-5236	A+ / 9.7	13.15	14.85	38.83 /97	32.83 /97	28.00 /97	1.73	1.86
EM	Templeton Developing Markets Adv	TDADX	B+	(800) 321-8563	A+ / 9.7	13.25	15.00	39.25 /97	33.25 /97	28.47 /98	2.05	1.58
EM	● Templeton Developing Markets B	TDMBX	B+	(800) 342-5236	A+ / 9.7	12.98	14.43	37.84 /96	31.91 /97	27.15 /97	1.26	2.58
EM	Templeton Developing Markets C	TDMTX	B+	(800) 342-5236	A+ / 9.7	12.97	14.46	37.84 /96	31.91 /97	27.16 /97	1.31	2.58
EM	Templeton Developing Markets R	TDMRX	B+	(800) 342-5236	A+ / 9.7	13.09	14.73	38.57 /97	32.58 /97	27.74 /97	1.76	2.08
EM	Templeton Emerg Mkts Small Cap A	TEMMX	U	(800) 342-5236	U /	15.67	21.81	--	--	--	0.00	2.34
* FO	Templeton Foreign A	TEMFX	B+	(800) 342-5236	B / 7.9	7.40	9.60	23.83 /80	18.74 /82	14.50 /73	1.78	1.16
FO	Templeton Foreign Adv	TFFAX	A-	(800) 321-8563	B+ / 8.5	7.42	9.71	24.15 /81	18.99 /83	14.76 /75	2.12	0.91
FO	● Templeton Foreign B	TFRBX	B+	(800) 342-5236	B / 8.1	7.17	9.08	22.86 /77	17.82 /80	13.62 /67	1.27	1.91
FO	Templeton Foreign C	TEFTX	B+	(800) 342-5236	B / 8.1	7.23	9.14	22.89 /77	17.84 /80	13.63 /67	1.27	1.90
FO	Templeton Foreign R	TEFRX	B+	(800) 342-5236	B+ / 8.3	7.24	9.38	23.49 /79	18.39 /81	14.19 /71	1.69	1.41
FO	● Templeton Foreign Smaller Co A	FINEX	B	(800) 342-5236	A / 9.3	11.18	18.62	37.11 /96	23.09 /91	20.06 /92	1.52	1.50
FO	● Templeton Foreign Smaller Co Adv	FTFAX	B	(800) 321-8563	A / 9.5	11.23	18.77	37.40 /96	23.37 /92	20.37 /92	1.79	1.25
FO	● Templeton Foreign Smaller Co B		B	(800) 342-5236	A / 9.4	10.95	18.18	36.06 /96	22.16 /89	19.14 /90	1.08	2.24
FO	● Templeton Foreign Smaller Co C	FCFSX	B	(800) 342-5236	A / 9.4	11.02	18.24	36.08 /96	22.17 /90	19.12 /90	1.11	2.25

● Denotes fund is closed to new investors
* Denotes fund is included in Section II

www.thestreet.com/ratings

Summer 2007

I. Index of Stock Mutual Funds

RISK			NET ASSETS		ASSET				Portfolio	BULL / BEAR		FUND MANAGER		MINIMUMS		LOADS	
	3 Year		NAV							Last Bull	Last Bear	Manager	Manager	Initial	Additional	Front	Back
Risk	Standard		As of	Total	Cash	Stocks	Bonds	Other	Turnover	Market	Market	Quality	Tenure	Purch.	Purch.	End	End
Rating/Pts	Deviation	Beta	6/30/07	$(Mil)	%	%	%	%	Ratio	Return	Return	Pct	(Years)	$	$	Load	Load
U /	N/A	N/A	34.74	568	4	95	0	1	109.4	N/A	N/A	N/A	3	100,000	2,500	0.0	1.0
C+ / 6.0	14.0	1.15	15.82	31	2	97	0	1	87.3	192.6	-10.5	90	2	2,000	250	0.0	2.0
B / 8.8	7.9	0.99	17.63	829	7	92	0	1	24.1	N/A	N/A	83	8	2,000	250	0.0	0.0
B / 8.8	7.9	0.99	17.56	181	7	92	0	1	24.1	140.6	-11.3	81	8	2,000	250	0.0	0.0
B / 8.7	7.9	1.01	14.43	1,557	8	91	0	1	19.6	121.5	-8.3	73	6	2,000	250	0.0	0.0
U /	N/A	N/A	14.43	210	8	91	0	1	19.6	N/A	N/A	N/A	N/A	2,000	250	0.0	0.0
C / 4.5	16.4	1.04	20.78	22	2	97	0	1	128.3	234.0	-7.6	6	N/A	2,000	250	0.0	2.0
B- / 7.3	8.8	1.05	17.50	76	0	99	0	1	36.4	117.5	-11.7	61	22	2,000	250	0.0	0.0
B- / 7.9	8.5	1.02	19.21	N/A	0	99	0	1	36.4	114.9	-12.5	59	5	2,000	500	0.0	0.0
B- / 7.4	8.8	1.05	17.47	5	0	99	0	1	36.4	112.0	-11.8	52	22	2,000	250	0.0	0.0
B / 8.5	9.3	1.08	15.66	35	0	99	0	1	40.4	127.5	-11.8	69	N/A	2,000	250	0.0	0.0
B- / 7.6	10.6	1.05	15.40	59	0	99	0	1	256.6	145.1	-14.8	9	N/A	2,000	250	0.0	2.0
C / 5.3	10.6	1.04	15.39	N/A	0	99	0	1	256.6	144.3	N/A	9	N/A	2,000	250	0.0	2.0
C+ / 5.8	15.7	1.32	14.25	32	1	98	0	1	103.6	N/A	N/A	4	N/A	2,000	250	0.0	0.0
C- / 4.2	15.7	1.33	14.24	5	1	98	0	1	103.6	N/A	N/A	4	N/A	2,000	250	0.0	0.0
U /	N/A	N/A	13.74	26	N/A	100	0	N/A	37.0	N/A	N/A	N/A	N/A	2,000	250	0.0	0.0
C+ / 5.6	14.1	1.00	15.85	16	1	98	0	1	42.3	131.3	-10.6	25	12	2,000	250	0.0	0.0
C / 5.5	14.1	1.00	15.69	3	1	98	0	1	42.3	127.7	-10.6	21	12	2,000	250	0.0	0.0
C+ / 5.6	14.1	1.01	15.60	96	1	98	0	1	42.3	128.8	-10.7	23	12	2,000	250	0.0	0.0
C / 5.0	14.5	1.58	20.73	2,018	2	97	0	1	35.2	80.2	-11.0	1	3	2,000	250	0.0	0.0
C / 4.4	14.5	1.59	20.25	2	2	97	0	1	35.2	76.2	-11.0	0	3	2,000	250	0.0	0.0
C / 4.9	14.5	1.58	20.18	653	2	97	0	1	35.2	77.8	-11.0	1	3	2,000	250	0.0	0.0
C / 5.1	16.4	1.12	22.76	52	1	98	0	1	80.4	136.0	-16.3	34	N/A	2,000	250	0.0	0.0
C / 5.1	16.4	1.12	22.16	12	1	98	0	1	80.4	132.6	-16.4	31	N/A	2,000	250	0.0	0.0
C- / 3.8	16.3	1.14	13.93	25	0	99	0	1	74.3	123.6	-13.4	7	25	2,000	250	0.0	0.0
C+ / 5.7	15.0	1.06	18.41	N/A	0	99	0	1	74.3	114.0	-13.4	5	7	2,000	500	0.0	0.0
C / 5.2	15.2	1.06	17.01	N/A	0	99	0	1	74.3	122.1	-13.4	8	7	2,000	250	0.0	0.0
C+ / 6.3	11.5	0.98	24.87	633	0	99	0	1	71.7	128.2	-10.7	17	25	2,000	250	0.0	0.0
C+ / 6.2	11.5	0.98	24.42	9	0	99	0	1	71.7	123.5	-10.7	13	25	2,000	250	0.0	0.0
C+ / 6.3	11.5	0.98	24.43	181	0	99	0	1	71.7	125.1	-10.7	15	25	2,000	250	0.0	0.0
C+ / 6.5	5.2	1.05	11.35	38	4	30	64	2	150.9	48.9	-1.9	34	5	5,000	100	0.0	0.0
U /	N/A	N/A	15.17	309	6	94	0	0	29.0	N/A	N/A	N/A	1	1,000	50	5.8	0.0
U /	N/A	N/A	15.08	103	6	94	0	0	29.0	N/A	N/A	N/A	1	1,000	50	0.0	0.0
B- / 7.7	12.6	0.88	37.95	475	4	96	0	0	13.0	218.0	10.6	98	N/A	1,000	50	5.8	0.0
B- / 7.7	12.6	0.88	38.16	348	4	96	0	0	13.0	222.9	10.7	98	N/A	50,000	50	0.0	0.0
B- / 7.7	12.6	0.88	37.67	19	4	96	0	0	13.0	209.1	10.5	98	N/A	1,000	50	0.0	0.0
B- / 7.7	12.6	0.88	37.52	182	4	96	0	0	13.0	209.4	10.4	98	N/A	1,000	50	0.0	0.0
C / 5.3	14.7	0.96	31.76	5,035	6	94	0	0	52.0	258.1	-3.5	17	16	1,000	50	5.8	0.0
C / 5.3	14.7	0.96	31.79	693	6	94	0	0	52.0	263.2	-3.5	19	16	50,000	50	0.0	0.0
C / 5.3	14.7	0.96	31.07	54	6	94	0	0	52.0	247.9	-3.7	13	8	1,000	50	0.0	0.0
C / 5.3	14.7	0.96	31.01	533	6	94	0	0	52.0	248.1	-3.8	13	12	1,000	50	0.0	0.0
C / 5.3	14.7	0.96	31.36	54	6	94	0	0	52.0	255.0	-3.6	16	5	1,000	50	0.0	0.0
U /	N/A	N/A	12.96	51	4	96	0	0	50.0	N/A	N/A	N/A	N/A	1,000	50	5.8	0.0
B- / 7.0	8.9	0.95	14.95	12,879	2	98	0	0	26.2	135.9	-9.4	25	18	1,000	50	5.8	0.0
B- / 7.0	8.9	0.95	14.91	2,261	2	98	0	0	26.2	138.0	-9.2	27	18	50,000	50	0.0	0.0
B- / 7.0	8.9	0.95	14.65	230	2	98	0	0	26.2	128.6	-9.5	19	8	1,000	50	0.0	0.0
B- / 7.0	8.9	0.95	14.69	1,547	2	98	0	0	26.2	128.5	-9.5	19	12	1,000	50	0.0	0.0
B- / 7.0	8.9	0.95	14.81	210	2	98	0	0	26.2	133.4	-9.5	23	18	1,000	50	0.0	0.0
C / 4.9	10.0	0.98	24.80	503	8	90	0	2	33.9	197.2	-7.1	63	N/A	1,000	50	5.8	0.0
C / 4.9	10.0	0.98	24.85	65	8	90	0	2	33.9	200.4	-7.0	66	N/A	50,000	50	0.0	0.0
C / 4.9	10.1	0.98	24.12	9	8	90	0	2	33.9	187.7	-7.3	52	N/A	1,000	50	0.0	0.0
C / 4.9	10.0	0.98	24.18	39	8	90	0	2	33.9	187.2	-7.3	52	N/A	1,000	50	0.0	0.0

www.thestreet.com/ratings

Data as of June 30, 2007

I. Index of Stock Mutual Funds

Summer 2007

99 Pct = Best
0 Pct = Worst

Fund Type	Fund Name	Ticker Symbol	Overall Investment Rating	Phone	Performance Rating/Pts	3 Mo	6 Mo	1Yr / Pct	3Yr / Pct	5Yr / Pct	Dividend Yield	Expense Ratio
GL	Templeton Global Long-Short A	TLSAX	C-	(800) 342-5236	D / 1.7	5.65	6.70	14.88 /25	9.61 /25	6.92 / 8	1.23	1.63
GL	Templeton Global Long-Short Adv		C+	(800) 321-8563	D+ / 2.9	5.65	6.86	15.23 /27	9.95 /28	7.11 / 9	1.52	1.35
GL	● Templeton Global Long-Short B	TLSBX	C-	(800) 342-5236	D / 2.1	5.42	6.32	14.15 /21	8.84 /20	6.18 / 5	0.59	2.35
GL	Templeton Global Opportunities A	TEGOX	A+	(800) 342-5236	A- / 9.0	9.46	12.20	32.19 /94	21.86 /89	16.69 /84	0.60	1.40
GL	● Templeton Global Opportunities B		A+	(800) 342-5236	A- / 9.1	9.23	11.78	31.19 /94	20.96 /87	15.82 /80	0.09	2.14
GL	Templeton Global Opportunities C	TEGPX	A+	(800) 342-5236	A- / 9.1	9.27	11.83	31.25 /94	20.95 /87	15.81 /80	0.09	2.15
GL	● Templeton Global Smaller Co Gr A	TEMGX	B-	(800) 342-5236	A- / 9.2	9.15	16.45	35.17 /96	22.44 /90	19.73 /91	0.98	1.34
GL	● Templeton Global Smaller Co Gr Adv	TGSAX	B-	(800) 321-8563	A / 9.4	9.22	16.63	35.63 /96	22.74 /91	20.07 /92	1.21	1.09
GL	● Templeton Global Smaller Co Gr B		B-	(800) 342-5236	A / 9.3	9.01	15.98	34.23 /96	21.55 /88	18.86 /90	0.47	2.09
GL	● Templeton Global Smaller Co Gr C	TESGX	B-	(800) 342-5236	A- / 9.2	8.95	15.90	34.24 /96	21.51 /88	18.85 /90	0.54	2.09
*GL	Templeton Growth A	TEPLX	B-	(800) 342-5236	C+ / 6.7	6.15	6.90	22.37 /74	16.37 /76	14.23 /71	1.59	1.05
GL	Templeton Growth Adv	TGADX	B+	(800) 321-8563	B / 7.6	6.22	7.05	22.71 /76	16.67 /77	14.52 /73	1.88	0.80
GL	● Templeton Growth B	TMGBX	B	(800) 342-5236	B- / 7.0	5.92	6.47	21.46 /70	15.50 /71	13.38 /65	1.06	1.79
GL	Templeton Growth C	TEGTX	B	(800) 342-5236	B- / 7.0	5.92	6.47	21.46 /70	15.50 /71	13.39 /65	1.12	1.79
GL	Templeton Growth R	TEGRX	B+	(800) 342-5236	B- / 7.4	6.09	6.76	22.08 /73	16.08 /74	13.93 /69	1.52	1.30
GL	Templeton Income Fund A	TINCX	U	(800) 342-5236	U /	5.70	8.66	22.85 /77	--	--	3.45	1.51
GL	Templeton Income Fund C	TCINX	U	(800) 342-5236	U /	5.28	8.16	22.07 /73	--	--	3.31	1.91
EM	Templeton Inst-Emerg Markets Mkt	TEEMX	B	(800) 321-8563	A+ / 9.7	13.21	15.02	39.77 /97	33.21 /97	28.61 /98	2.47	1.42
FO	Templeton Inst-Foreign Eq Prim	TFEQX	A+	(800) 321-8563	A / 9.4	8.96	12.98	34.90 /96	24.74 /93	19.25 /90	2.31	1.63
*GL	Templeton World A	TEMWX	B-	(800) 342-5236	B- / 7.5	7.06	7.83	23.27 /78	17.82 /80	14.50 /73	1.44	1.06
GL	● Templeton World B	TWDBX	B	(800) 342-5236	B / 7.8	6.85	7.41	22.33 /74	16.94 /77	13.65 /67	0.62	1.82
GL	Templeton World C	TEWTX	B	(800) 342-5236	B / 7.8	6.89	7.46	22.34 /74	16.94 /77	13.65 /67	0.69	1.82
IN	TFS Market Neutral Fund	TFSMX	U	(888) 837-4446	U /	6.42	9.12	19.18 /54	--	--	0.00	5.10
FO	● The Boston Co Intl Core Eq	SDIEX	A+	(800) 221-4795	A- / 9.2	6.42	9.62	27.76 /89	25.24 /93	21.29 /93	1.27	0.88
FO	● The Boston Co Intl Small Cap Fd	SDISX	B+	(800) 221-4795	A / 9.5	5.59	10.06	27.43 /89	30.13 /96	27.50 /97	0.63	1.11
GR	The Boston Co Large Cap Core Fd	SDEQX	C	(800) 221-4795	C+ / 5.6	6.73	8.16	22.23 /74	12.69 /51	10.59 /40	0.76	0.99
SC	● The Boston Co Small Cap Growth	SSETX	C	(800) 221-4795	C+ / 5.8	7.11	8.72	18.12 /46	13.89 /61	14.40 /72	0.00	1.38
SC	The Boston Co Small/Mid Cap Gr	SDSCX	B	(800) 221-4795	B / 7.9	9.73	14.73	23.09 /77	15.96 /74	16.35 /83	0.00	1.29
SC	● The Boston Co Sml Cp Tx Sensitve	SDCEX	C-	(800) 221-4795	C+ / 6.5	7.81	9.81	19.36 /55	14.35 /64	14.90 /75	0.00	0.99
SC	● The Boston Company Small Cap Val	STSVX	B	(800) 221-4795	B- / 7.0	4.31	7.07	18.18 /46	17.13 /78	16.90 /85	0.34	0.94
TC	The Information Age Fund	RSIFX	D-	(800) 766-3863	C / 4.9	12.12	13.60	28.64 /91	9.02 /21	18.92 /90	0.00	1.61
GR	The Merger Fund	MERFX	D-	(800) 343-8959	E / 0.5	1.99	4.80	9.23 / 6	6.16 / 6	6.19 / 5	0.66	2.08
FO	● Third Avenue International Value	TAVIX	A-	(800) 443-1021	B+ / 8.7	8.89	10.53	19.58 /57	22.12 /89	23.00 /95	4.17	1.45
RE	Third Avenue Real Estate Value	TAREX	B+	(800) 443-1021	B+ / 8.5	-1.62	1.79	21.75 /71	21.84 /89	20.78 /93	2.36	1.11
SC	● Third Avenue Sm Cap Value Fund	TASCX	C+	(800) 443-1021	C+ / 5.6	5.93	8.56	15.22 /27	14.07 /63	14.62 /74	1.47	1.11
*GR	Third Avenue Value Fund	TAVFX	B+	(800) 443-1021	B- / 7.5	4.45	7.77	17.23 /40	17.86 /80	16.65 /84	5.05	1.08
EM	Third Millennium Russia Fund A	TMRFX	C-	(800) 527-9500	A / 9.5	1.14	3.23	24.48 /82	32.22 /97	34.37 /99	1.26	2.89
GI	Thomas Lloyd OPTI-flex C	OPTIX	A+		B / 7.8	6.97	9.02	20.57 /64	17.11 /78	14.72 /74	0.00	3.86
MC	Thomas White American Oppor	TWAOX	E	(800) 811-0535	E+ / 0.7	2.96	6.73	1.11 / 1	8.64 /18	10.13 /34	0.00	1.68
FO	Thomas White International	TWWDX	B	(800) 811-0535	A / 9.5	8.82	12.59	31.90 /94	29.41 /96	21.03 /93	0.80	1.58
GR	Thompson Plumb Growth	THPGX	D	(800) 999-0887	D- / 1.1	6.75	3.39	19.48 /56	5.16 / 4	8.51 /19	0.66	1.12
GR	Thornburg Core Growth Fd A	THCGX	A	(800) 847-0200	B+ / 8.8	5.72	10.63	26.33 /86	23.05 /91	22.83 /95	0.00	1.48
GR	Thornburg Core Growth Fd C	TCGCX	A	(800) 847-0200	B+ / 8.9	5.53	10.19	25.34 /84	22.11 /89	21.76 /94	0.00	2.25
GR	Thornburg Core Growth Fd I	THIGX	A	(800) 847-0200	A- / 9.1	5.83	10.83	26.79 /87	23.69 /92	--	0.00	1.10
GR	Thornburg Core Growth Fd R3	THCRX	A	(800) 847-0200	A- / 9.1	5.66	10.55	26.11 /86	23.11 /91	--	0.00	1.73
GR	Thornburg Core Growth Fd R5	THGRX	U	(800) 847-0200	U /	5.83	10.84	26.81 /87	--	--	0.00	2.20
GL	Thornburg Globl Opportunities A	THOAX	U	(800) 847-0200	U /	14.48	23.50	--	--	--	0.00	2.33
GL	Thornburg Globl Opportunities C	THOCX	U	(800) 847-0200	U /	14.19	22.91	--	--	--	0.00	3.08
GL	Thornburg Globl Opportunities Inst	THOIX	U	(800) 847-0200	U /	14.57	23.74	--	--	--	0.00	2.08
*FO	Thornburg Intl Value A	TGVAX	A+	(800) 847-0200	A / 9.4	12.23	15.70	32.29 /94	24.95 /93	19.64 /91	0.93	1.33
FO	Thornburg Intl Value B	THGBX	A+	(800) 847-0200	A / 9.4	12.04	15.31	31.22 /94	23.95 /92	18.65 /89	0.25	2.15
FO	Thornburg Intl Value C	THGCX	A+	(800) 847-0200	A / 9.4	12.04	15.25	31.29 /94	24.05 /92	18.73 /89	0.35	2.06

● Denotes fund is closed to new investors
* Denotes fund is included in Section II

www.thestreet.com/ratings

Summer 2007   I. Index of Stock Mutual Funds

RISK			NET ASSETS		ASSET				Portfolio Turnover Ratio	BULL / BEAR		FUND MANAGER		MINIMUMS		LOADS	
	3 Year		NAV As of 6/30/07	Total $(Mil)	Cash %	Stocks %	Bonds %	Other %		Last Bull Market Return	Last Bear Market Return	Manager Quality Pct	Manager Tenure (Years)	Initial Purch. $	Additional Purch. $	Front End Load	Back End Load
Risk Rating/Pts	Standard Deviation	Beta															
B+ / 9.0	5.6	0.54	14.02	210	6	92	0	2	133.1	49.3	-4.8	18	6	10,000	50	5.8	0.0
B+ / 9.6	5.6	0.54	14.02	6	6	92	0	2	133.1	50.6	-4.8	20	6	50,000	50	0.0	0.0
B+ / 9.0	5.7	0.54	13.80	34	6	92	0	2	133.1	44.8	-4.9	14	6	10,000	50	0.0	0.0
B- / 7.7	9.4	0.96	22.92	648	6	92	0	2	9.5	175.1	-11.8	54	N/A	1,000	50	5.8	0.0
B- / 7.7	9.3	0.95	22.60	3	6	92	0	2	9.5	166.5	-11.9	43	N/A	1,000	50	0.0	0.0
B- / 7.7	9.3	0.96	22.52	34	6	92	0	2	9.5	166.5	-11.9	43	N/A	1,000	50	0.0	0.0
C / 4.5	10.8	1.05	10.62	1,551	6	94	0	0	33.9	223.7	-10.1	37	8	1,000	50	5.8	0.0
C / 4.4	10.8	1.05	10.66	118	6	94	0	0	33.9	227.6	-10.1	40	8	50,000	50	0.0	0.0
C / 4.5	10.8	1.05	10.16	10	6	94	0	0	33.9	213.7	-10.3	30	8	1,000	50	0.0	0.0
C / 4.5	10.9	1.06	10.35	105	6	94	0	0	33.9	214.1	-10.3	28	8	1,000	50	0.0	0.0
B- / 7.5	7.8	0.80	27.43	27,702	6	94	0	0	35.3	132.2	-9.6	29	N/A	1,000	50	5.8	0.0
B- / 7.5	7.8	0.80	27.49	6,450	6	94	0	0	35.3	134.6	-9.4	31	N/A	50,000	50	0.0	0.0
B- / 7.6	7.8	0.80	26.83	613	6	94	0	0	35.3	125.0	-9.7	23	N/A	1,000	50	0.0	0.0
B- / 7.6	7.8	0.80	26.67	2,905	6	94	0	0	35.3	125.0	-9.7	23	N/A	1,000	50	0.0	0.0
B- / 7.5	7.8	0.80	27.16	497	6	94	0	0	35.3	129.8	-9.6	27	N/A	1,000	50	0.0	0.0
U /	N/A	N/A	3.14	427	8	62	28	2	21.2	N/A	N/A	N/A	N/A	1,000	50	4.3	0.0
U /	N/A	N/A	3.13	282	8	62	28	2	21.2	N/A	N/A	N/A	N/A	1,000	50	0.0	0.0
C / 4.7	14.8	0.97	23.23	3,534	0	99	0	1	36.4	263.0	-3.2	18	N/A	5,000,000	50	0.0	0.0
B- / 7.4	9.6	1.00	29.91	8,428	0	99	0	1	13.0	201.7	-10.1	74	N/A	5,000,000	50	0.0	0.0
C+ / 6.4	8.9	0.91	20.94	9,638	6	92	0	2	35.4	139.6	-11.6	24	6	1,000	50	5.8	0.0
C+ / 6.5	8.9	0.91	20.59	64	6	92	0	2	35.4	132.2	-11.8	19	6	1,000	50	0.0	0.0
C+ / 6.5	8.9	0.92	20.32	467	6	92	0	2	35.4	132.1	-11.9	18	6	1,000	50	0.0	0.0
U /	N/A	N/A	14.59	153	22	77	0	1	398.0	N/A	N/A	N/A	3	5,000	100	0.0	2.0
B- / 7.1	10.1	1.06	46.21	3,021	0	100	0	0	31.0	214.0	-5.2	66	10	100,000	5,000	0.0	2.0
C+ / 5.9	11.7	1.18	26.87	896	0	100	0	0	48.0	296.8	-3.1	84	7	100,000	5,000	0.0	2.0
C+ / 6.1	7.5	1.01	41.96	122	0	100	0	0	32.0	98.7	-8.0	66	N/A	100,000	5,000	0.0	2.0
C+ / 6.4	12.7	0.91	58.60	168	0	100	0	0	78.0	144.0	-11.4	70	6	100,000	5,000	0.0	2.0
C+ / 6.8	12.2	0.86	17.14	27	0	100	0	0	90.0	164.1	-11.4	88	N/A	100,000	5,000	0.0	2.0
C- / 4.2	12.7	0.91	42.53	290	7	92	0	1	169.0	147.4	-11.5	75	6	100,000	5,000	0.0	2.0
B- / 7.6	11.8	0.85	26.59	861	0	100	0	0	27.0	184.1	-10.7	93	7	100,000	5,000	0.0	2.0
C- / 3.0	22.0	2.23	18.04	77	4	95	0	1	178.0	152.5	-15.5	1	6	2,500	100	4.8	0.0
B- / 7.8	3.3	0.26	16.37	1,875	9	90	0	1	369.5	33.0	0.5	60	18	2,000	0	0.0	2.0
C+ / 6.8	7.4	0.67	24.25	2,374	18	82	0	0	34.0	191.4	-0.8	94	6	10,000	1,000	0.0	2.0
C+ / 6.7	8.8	0.53	35.26	3,253	10	88	0	2	10.0	190.7	0.1	98	9	10,000	1,000	0.0	1.0
B- / 7.8	8.6	0.61	28.04	2,458	18	82	0	0	15.0	141.7	-8.9	91	10	10,000	1,000	0.0	1.0
B- / 7.4	6.9	0.75	64.08	11,464	24	76	0	0	7.0	164.0	-7.3	97	4	10,000	1,000	0.0	1.0
E+ / 0.8	22.5	1.09	56.96	118	2	97	0	1	99.5	284.3	4.9	3	9	1,000	100	5.8	0.0
B / 8.5	10.0	1.16	9.67	5	0	0	0	100	21.6	119.3	-5.0	89	5	1,000	100	0.0	0.0
C / 4.9	10.9	0.72	16.34	26	2	97	0	1	44.7	95.2	-6.2	22	8	2,500	100	0.0	2.0
C / 4.5	11.5	1.21	22.09	213	2	97	0	1	38.7	229.3	-10.0	75	13	2,500	100	0.0	2.0
B / 8.0	8.4	1.02	50.61	682	0	99	0	1	17.4	75.0	-13.6	7	15	2,500	100	0.0	0.0
B- / 7.0	12.5	1.31	19.77	1,236	5	94	0	1	98.0	189.2	-6.8	97	7	5,000	100	4.5	1.0
C+ / 6.9	12.5	1.31	18.70	559	5	94	0	1	98.0	179.7	-7.1	97	7	5,000	100	0.0	0.0
B- / 7.0	12.5	1.31	20.16	534	5	94	0	1	98.0	N/A	N/A	98	4	2,500,000	5,000	0.0	1.0
B- / 7.0	12.4	1.30	19.80	352	5	94	0	1	98.0	N/A	N/A	98	4	0	0	0.0	0.0
U /	N/A	N/A	20.15	78	5	94	0	1	98.0	N/A	N/A	N/A	2	0	0	0.0	0.0
U /	N/A	N/A	18.34	156	2	97	0	1	6.1	N/A	N/A	N/A	1	5,000	100	4.5	1.0
U /	N/A	N/A	18.19	61	2	97	0	1	6.1	N/A	N/A	N/A	1	5,000	100	0.0	0.0
U /	N/A	N/A	18.40	73	2	97	0	1	6.1	N/A	N/A	N/A	1	2,500,000	5,000	0.0	1.0
B- / 7.1	9.5	0.97	32.85	6,014	2	97	0	1	36.6	199.1	-10.3	81	N/A	5,000	100	4.5	1.0
B- / 7.1	9.5	0.97	31.25	119	2	97	0	1	36.6	189.0	-10.5	72	N/A	5,000	100	0.0	0.0
B- / 7.1	9.6	0.98	31.36	1,976	2	97	0	1	36.6	189.9	-10.5	73	N/A	5,000	100	0.0	0.0

www.thestreet.com/ratings   Data as of June 30, 2007

I. Index of Stock Mutual Funds

Summer 2007

						PERFORMANCE						
	99 Pct = Best							Total Return % through 6/30/07			Incl. in Returns	
	0 Pct = Worst			Overall		Perfor-				Annualized		
Fund			Ticker	Investment		mance					Dividend	Expense
Type	Fund Name		Symbol	Rating	Phone	Rating/Pts	3 Mo	6 Mo	1Yr / Pct	3Yr / Pct	5Yr / Pct	Yield	Ratio
FO	Thornburg Intl Value I		TGVIX	A+	(800) 847-0200	A / 9.5	12.36	15.93	32.83 /95	25.50 /94	20.19 /92	1.35	0.94
FO	Thornburg Intl Value R3		TGVRX	A+	(800) 847-0200	A / 9.5	12.21	15.63	32.08 /94	24.88 /93	--	0.86	1.61
BA	Thornburg Investment Inc Builder A		TIBAX	A+	(800) 847-0200	B / 8.2	6.93	10.72	25.57 /84	19.22 /83	--	3.04	1.38
BA	Thornburg Investment Inc Builder C		TIBCX	A+	(800) 847-0200	B+ / 8.4	6.88	10.50	24.97 /83	18.65 /82	--	2.76	2.15
BA	Thornburg Investment Inc Builder I		TIBIX	A+	(800) 847-0200	B+ / 8.7	7.24	11.75	26.96 /88	20.02 /85	--	4.21	1.02
GI	Thornburg Value Fund A		TVAFX	A-	(800) 847-0200	B- / 7.4	6.67	9.68	26.79 /87	16.34 /75	13.13 /63	0.67	1.35
GI	Thornburg Value Fund B		TVBFX	A	(800) 847-0200	B / 7.6	6.48	9.27	25.78 /85	15.43 /71	12.22 /56	0.18	2.15
GI	Thornburg Value Fund C		TVCFX	A	(800) 847-0200	B / 7.6	6.49	9.28	25.84 /85	15.47 /71	12.28 /56	0.20	2.09
GI	Thornburg Value Fund Inst		TVIFX	A+	(800) 847-0200	B / 8.0	6.77	9.88	27.24 /88	16.78 /77	13.61 /67	0.99	0.98
GI	Thornburg Value Fund R3		TVRFX	A+	(800) 847-0200	B / 8.0	6.67	9.66	26.69 /87	16.31 /75	--	0.70	1.69
GI	Thornburg Value Fund R5		TVRRX	U	(800) 847-0200	U /	6.75	9.85	27.19 /88	--	--	0.99	3.24
AA	Thrivent Aggressive Allocation A		TAAAX	U	(800) 847-4836	U /	5.64	8.71	18.95 /52	--	--	1.40	1.57
AA	Thrivent Aggressive Allocation I		TAAIX	U	(800) 847-4836	U /	5.70	8.76	19.34 /55	--	--	1.77	0.24
BA	Thrivent Balanced A		AABFX	D+	(800) 847-4836	D- / 1.4	4.63	6.45	14.75 /25	9.00 /21	7.42 /11	1.53	1.09
BA	● Thrivent Balanced B		BBBFX	D+	(800) 847-4836	D / 1.6	4.45	5.92	13.65 /19	7.96 /14	6.43 / 6	0.68	2.06
BA	Thrivent Balanced I		IBBFX	C-	(800) 847-4836	D+ / 2.6	4.83	6.71	15.29 /28	9.53 /24	7.94 /14	2.04	0.63
GR	Thrivent Large Cap Growth A		AAAGX	D	(800) 847-4836	D / 1.9	6.32	8.47	18.11 /46	8.80 /19	8.50 /19	0.05	0.76
GR	● Thrivent Large Cap Growth B		BBAGX	D	(800) 847-4836	D / 2.1	6.40	8.07	17.06 /39	7.67 /12	7.50 /11	0.00	1.85
GR	Thrivent Large Cap Growth I		THLCX	C-	(800) 847-4836	C- / 3.5	6.64	8.87	18.88 /51	9.64 /25	9.51 /28	0.60	0.85
GR	Thrivent Large Cap Index A		AALCX	C	(800) 847-4836	C- / 3.0	6.05	6.60	19.75 /58	11.04 /36	10.17 /35	1.19	0.56
GR	Thrivent Large Cap Index I		IILCX	C+	(800) 847-4836	C / 4.3	6.09	6.75	20.10 /60	11.19 /38	10.22 /35	1.33	0.54
GR	Thrivent Large Cap Stock A		AALGX	E+	(800) 847-4836	D+ / 2.3	5.71	6.50	17.90 /44	10.12 /29	7.77 /13	0.81	1.00
GR	● Thrivent Large Cap Stock B		BBLGX	E+	(800) 847-4836	D+ / 2.6	5.53	6.06	16.87 /37	9.16 /22	6.70 / 7	0.00	1.89
GR	Thrivent Large Cap Stock I		IILGX	D-	(800) 847-4836	C- / 3.8	5.86	6.76	18.45 /48	10.63 /33	8.27 /17	1.26	0.56
GR	Thrivent Large Cap Value A		AAUTX	C+	(800) 847-4836	C / 5.2	5.73	7.35	19.69 /57	14.23 /64	10.19 /35	0.88	0.99
GR	● Thrivent Large Cap Value B		BBEIX	B-	(800) 847-4836	C / 5.2	5.44	6.74	18.33 /47	12.91 /53	9.09 /24	0.00	2.13
GR	Thrivent Large Cap Value I		TLVIX	B	(800) 847-4836	C+ / 6.7	5.82	7.57	20.18 /61	14.77 /67	10.92 /43	1.35	0.51
MC	Thrivent Mid Cap Growth A		LBMGX	C	(800) 847-4836	C+ / 6.2	9.69	14.16	21.10 /67	13.44 /58	12.04 /54	0.00	1.16
MC	● Thrivent Mid Cap Growth B		LUGBX	C	(800) 847-4836	C+ / 6.3	9.37	13.53	19.71 /58	12.20 /47	10.95 /43	0.00	2.31
MC	Thrivent Mid Cap Growth I		LBMIX	C+	(800) 847-4836	B / 7.6	9.89	14.60	21.97 /72	14.29 /64	12.98 /62	0.00	0.47
MC	Thrivent Mid Cap Index A		AAMIX	C	(800) 847-4836	C / 5.3	5.52	11.45	17.37 /41	14.15 /63	13.03 /62	0.58	1.00
MC	Thrivent Mid Cap Index I		AALMX	C+	(800) 847-4836	C+ / 6.7	5.68	11.71	17.97 /45	14.46 /65	13.51 /66	1.00	0.69
MC	Thrivent Mid Cap Stock A		AASCX	C-	(800) 847-4836	B- / 7.1	5.39	10.37	20.77 /65	16.98 /78	14.61 /73	0.07	1.16
MC	● Thrivent Mid Cap Stock B		BBSCX	C-	(800) 847-4836	B- / 7.1	5.07	9.79	19.39 /55	15.73 /73	13.32 /64	0.00	2.27
MC	Thrivent Mid Cap Stock I		TMSIX	C	(800) 847-4836	B / 8.0	5.53	10.66	21.32 /69	17.57 /79	15.22 /77	0.37	0.70
AA	Thrivent Moder Aggressive Alloc A		TMAAX	U	(800) 847-4836	U /	4.38	6.85	17.00 /38	--	--	1.83	1.35
AA	Thrivent Moder Aggressive Alloc I		TMAFX	U	(800) 847-4836	U /	4.45	7.00	17.33 /40	--	--	2.17	0.91
AA	Thrivent Moderate Allocation A		THMAX	U	(800) 847-4836	U /	3.19	5.35	14.33 /22	--	--	2.70	1.21
AA	Thrivent Moderate Conser Alloc A		TCAAX	U	(800) 847-4836	U /	2.09	4.06	11.53 /12	--	--	3.21	1.20
FO	Thrivent Partner International St A		AAITX	B	(800) 847-4836	B / 8.1	6.41	10.43	25.07 /83	19.04 /83	13.41 /65	0.88	1.34
FO	● Thrivent Partner International St B		BBITX	B	(800) 847-4836	B / 8.1	6.12	9.85	23.73 /80	17.72 /80	12.29 /56	0.00	2.43
FO	Thrivent Partner International St I		TISFX	B+	(800) 847-4836	B+ / 8.6	6.52	10.63	25.75 /85	19.83 /85	14.33 /72	1.43	0.72
MC	Thrivent Partner Mid Cap Value I		TPMIX	U	(800) 847-4836	U /	4.91	9.97	22.29 /74	--	--	1.52	1.37
SC	Thrivent Partner Small Cap Gr I		TPGIX	U	(800) 847-4836	U /	7.26	9.74	15.86 /31	--	--	0.16	1.35
SC	Thrivent Partner Small Cap Value A		AALVX	D	(800) 847-4836	C / 5.1	4.01	7.81	15.06 /26	15.44 /71	15.26 /78	0.08	1.76
SC	● Thrivent Partner Small Cap Value B		BBSVX	D	(800) 847-4836	C / 5.3	3.78	7.28	14.00 /21	14.33 /64	14.19 /71	0.00	2.71
SC	Thrivent Partner Small Cap Value I		TPSIX	C	(800) 847-4836	C+ / 6.8	4.22	8.15	15.80 /31	16.22 /75	16.14 /82	0.54	0.83
RE	Thrivent Real Estate Securities A		TREFX	U	(800) 847-4836	U /	-9.30	-6.08	11.16 /11	--	--	2.96	1.05
RE	Thrivent Real Estate Securities I		TREIX	U	(800) 847-4836	U /	-9.21	-5.91	11.55 /12	--	--	3.51	0.80
SC	Thrivent Small Cap Index Fund A		AALSX	D+	(800) 847-4836	C- / 3.8	4.87	7.94	14.92 /26	13.35 /57	13.23 /64	0.12	0.95
SC	Thrivent Small Cap Stock A		AASMX	D	(800) 847-4836	C- / 3.9	4.93	8.22	13.99 /21	13.71 /60	13.46 /65	0.00	1.28
SC	● Thrivent Small Cap Stock B		BBSMX	D-	(800) 847-4836	C- / 4.1	4.67	7.64	12.78 /16	12.55 /50	12.31 /56	0.00	2.37

● Denotes fund is closed to new investors
* Denotes fund is included in Section II

Summer 2007 — I. Index of Stock Mutual Funds

RISK		NET ASSETS		ASSET				Portfolio Turnover Ratio	BULL / BEAR		FUND MANAGER		MINIMUMS		LOADS	
	3 Year	NAV							Last Bull	Last Bear	Manager	Manager	Initial	Additional	Front	Back
Risk	Standard	As of	Total	Cash	Stocks	Bonds	Other		Market	Market	Quality	Tenure	Purch.	Purch.	End	End
Rating/Pts	Deviation Beta	6/30/07	$(Mil)	%	%	%	%		Return	Return	Pct	(Years)	$	$	Load	Load
B- / 7.2	9.5 0.97	33.47	4,245	2	97	0	1	36.6	205.1	-10.2	84	N/A	2,500,000	5,000	0.0	1.0
B- / 7.1	9.5 0.97	32.93	807	2	97	0	1	36.6	N/A	N/A	80	N/A	0	0	0.0	0.0
B / 8.4	7.1 1.23	22.35	1,460	6	86	7	1	55.3	136.2	N/A	98	N/A	5,000	100	4.5	1.0
B / 8.4	7.0 1.20	22.36	1,299	6	86	7	1	55.3	131.6	N/A	98	N/A	5,000	100	0.0	0.0
B / 8.4	7.2 1.23	22.49	549	6	86	7	1	55.3	N/A	N/A	98	N/A	2,500,000	5,000	0.0	1.0
B / 8.2	8.3 1.04	43.00	1,516	6	93	0	1	51.4	119.0	-9.2	90	12	5,000	100	4.5	1.0
B / 8.2	8.3 1.04	41.25	111	6	93	0	1	51.4	111.5	-9.4	86	12	5,000	100	0.0	0.0
B / 8.2	8.3 1.05	41.70	596	6	93	0	1	51.4	111.9	-9.3	86	12	5,000	100	0.0	0.0
B / 8.3	8.3 1.04	43.62	2,057	6	93	0	1	51.4	122.6	-9.0	91	12	2,500,000	5,000	0.0	1.0
B / 8.2	8.3 1.04	42.79	127	6	93	0	1	51.4	N/A	N/A	90	12	0	0	0.0	0.0
U /	N/A N/A	43.59	91	6	93	0	1	51.4	N/A	N/A	N/A	12	0	0	0.0	0.0
U /	N/A N/A	13.11	283	0	99	0	1	11.0	N/A	N/A	N/A	N/A	1,000	50	5.5	0.0
U /	N/A N/A	13.16	51	0	99	0	1	11.0	N/A	N/A	N/A	N/A	50,000	0	0.0	0.0
B / 8.2	5.6 1.22	13.20	238	0	66	38	0	116.0	53.3	-3.4	43	N/A	1,000	50	5.5	0.0
B / 8.5	5.6 1.21	13.16	8	0	66	38	0	116.0	47.3	-3.7	32	N/A	1,000	50	0.0	0.0
B / 8.5	5.6 1.22	13.19	84	0	66	38	0	116.0	56.5	-3.4	51	N/A	50,000	0	0.0	0.0
B- / 7.5	9.6 1.21	5.89	141	3	96	0	1	138.0	78.2	-10.4	14	5	1,000	50	5.5	0.0
B- / 7.3	9.6 1.21	5.49	9	3	96	0	1	138.0	70.7	-10.5	9	5	1,000	50	0.0	0.0
B- / 7.6	9.6 1.21	6.26	360	3	96	0	1	138.0	84.3	-10.0	18	5	50,000	0	0.0	0.0
B / 8.4	7.3 1.00	10.34	94	0	99	0	1	7.0	92.1	-9.8	45	5	1,000	50	5.5	0.0
B / 8.7	7.3 0.99	10.28	35	0	99	0	1	7.0	92.5	-9.8	48	5	50,000	0	0.0	0.0
C / 4.5	7.1 0.96	29.80	3,026	3	96	0	1	67.0	71.1	-8.0	38	12	1,000	50	5.5	0.0
C / 4.3	7.1 0.96	27.49	52	3	96	0	1	67.0	64.1	-8.4	29	12	1,000	50	0.0	0.0
C / 4.4	7.1 0.96	30.01	346	3	96	0	1	67.0	74.5	-8.0	44	12	50,000	0	0.0	0.0
B / 8.2	6.6 0.87	17.52	344	1	98	0	1	45.0	109.4	-9.1	87	3	1,000	50	5.5	0.0
B / 8.4	6.6 0.87	17.26	11	1	98	0	1	45.0	100.5	-9.3	79	3	1,000	50	0.0	0.0
B / 8.1	6.7 0.88	17.63	267	1	98	0	1	45.0	115.1	-8.9	89	3	50,000	0	0.0	0.0
C+ / 5.6	12.3 1.13	17.66	280	5	94	0	1	156.0	107.4	-9.3	22	4	1,000	50	5.5	0.0
C / 5.4	12.3 1.13	16.11	21	5	94	0	1	156.0	98.8	-9.5	15	4	1,000	50	0.0	0.0
C+ / 5.7	12.3 1.13	19.00	41	5	94	0	1	156.0	114.6	-9.0	28	4	50,000	0	0.0	0.0
C+ / 6.5	10.4 1.00	15.67	64	2	97	0	1	12.0	127.1	-9.3	41	5	1,000	50	5.5	0.0
C+ / 6.4	10.4 0.99	15.07	22	2	97	0	1	12.0	130.1	-9.2	46	5	50,000	0	0.0	0.0
C- / 3.9	10.5 0.96	17.78	1,023	5	94	0	1	193.0	137.5	-7.2	79	3	1,000	50	5.5	0.0
C- / 3.0	10.5 0.96	15.14	15	5	94	0	1	193.0	126.4	-7.6	66	3	1,000	50	0.0	0.0
C- / 4.1	10.5 0.96	18.90	150	5	94	0	1	193.0	142.7	-7.1	83	3	50,000	0	0.0	0.0
U /	N/A N/A	12.63	717	2	97	0	1	10.0	N/A	N/A	N/A	N/A	1,000	50	5.5	0.0
U /	N/A N/A	12.68	60	2	97	0	1	10.0	N/A	N/A	N/A	N/A	50,000	0	0.0	0.0
U /	N/A N/A	11.88	696	7	92	0	1	10.0	N/A	N/A	N/A	N/A	1,000	50	5.5	0.0
U /	N/A N/A	11.24	234	10	88	0	2	5.0	N/A	N/A	N/A	N/A	1,000	50	5.5	0.0
C+ / 6.5	9.7 1.02	14.93	369	3	96	0	1	50.0	140.7	-11.9	18	N/A	1,000	50	5.5	0.0
C+ / 6.4	9.7 1.03	14.39	12	3	96	0	1	50.0	130.7	-12.1	12	N/A	1,000	50	0.0	0.0
C+ / 6.5	9.7 1.03	15.19	274	3	96	0	1	50.0	148.5	-11.5	22	N/A	50,000	0	0.0	0.0
U /	N/A N/A	13.24	31	3	96	0	1	43.0	N/A	N/A	N/A	N/A	50,000	0	0.0	0.0
U /	N/A N/A	13.29	55	6	93	0	1	109.0	N/A	N/A	N/A	N/A	50,000	0	0.0	0.0
C- / 4.2	11.6 0.83	16.85	89	3	96	0	1	22.0	163.3	-8.6	87	3	1,000	50	5.5	0.0
C- / 3.9	11.6 0.83	15.91	5	3	96	0	1	22.0	153.1	-8.8	81	3	1,000	50	0.0	0.0
C / 4.5	11.6 0.83	17.52	57	3	96	0	1	22.0	171.7	-8.3	91	3	50,000	0	0.0	0.0
U /	N/A N/A	12.39	27	1	98	0	1	70.0	N/A	N/A	N/A	2	1,000	50	5.5	0.0
U /	N/A N/A	12.40	49	1	98	0	1	70.0	N/A	N/A	N/A	2	50,000	0	0.0	0.0
C+ / 6.1	12.5 0.92	16.58	49	1	98	0	1	16.0	138.3	-9.9	62	5	1,000	50	5.5	0.0
C / 5.1	11.8 0.86	18.29	456	4	95	0	1	92.0	137.3	-10.1	73	N/A	1,000	50	5.5	0.0
C / 4.4	11.8 0.86	15.92	12	4	95	0	1	92.0	127.4	-10.3	60	N/A	1,000	50	0.0	0.0

www.thestreet.com/ratings

Data as of June 30, 2007

I. Index of Stock Mutual Funds

Summer 2007

99 Pct = Best
0 Pct = Worst

Fund Type	Fund Name	Ticker Symbol	Overall Investment Rating	Phone	Performance Rating/Pts	3 Mo	6 Mo	1Yr / Pct	3Yr / Pct	5Yr / Pct	Dividend Yield	Expense Ratio
SC	Thrivent Small Cap Stock I	TSCSX	C-	(800) 847-4836	C+ / 5.8	5.09	8.54	14.62 /24	14.36 /64	14.16 /71	0.00	0.72
TC	Thrivent Technology A	AATSX	E	(800) 847-4836	D- / 1.3	8.38	9.81	18.29 /47	6.37 / 7	10.09 /34	0.00	1.52
TC	• Thrivent Technology B	BBTSX	E	(800) 847-4836	D / 1.7	8.24	9.75	17.61 /42	5.87 / 6	9.44 /27	0.00	2.08
TC	Thrivent Technology I	THTIX	E+	(800) 847-4836	D+ / 2.4	8.42	10.33	19.02 /53	6.95 / 9	10.74 /41	0.00	0.98
GR	TIAA-CREF Inst Equity Index Retail	TINRX	U		U /	5.72	7.10	19.86 /59	--	--	1.48	0.27
GI	TIAA-CREF Inst Growth & Inc Retail	TIIRX	U		U /	8.39	10.98	26.26 /86	--	--	1.34	0.82
GI	TIAA-CREF Inst Growth & Inc Retire	TRGIX	C+		B- / 7.3	8.45	10.91	26.29 /86	13.54 /59	--	1.51	0.82
FO	TIAA-CREF Inst Intl Eq Index Retire	TRIEX	A		B+ / 8.9	5.92	10.34	26.25 /86	21.66 /88	--	1.73	0.43
FO	TIAA-CREF Inst Intl Equity Retire	TRERX	B		A / 9.3	6.79	14.47	33.44 /95	23.12 /91	--	1.13	0.84
GR	TIAA-CREF Inst Large Cap Gr Inst	TILGX	U		U /	6.96	8.86	18.47 /48	--	--	0.44	1.98
GR	TIAA-CREF Inst Large Cap Gr Retail	TIRTX	U		U /	6.98	8.88	18.24 /47	--	--	0.42	1.98
GR	TIAA-CREF Inst LgCap Growth Idx	TILIX	C-		D+ / 2.8	6.78	8.00	18.93 /52	8.53 /18	--	2.13	0.09
GR	TIAA-CREF Inst LgCap Val Idx Retail	TILVX	B+		B- / 7.1	4.96	6.21	21.74 /71	15.81 /73	--	3.34	0.56
GR	TIAA-CREF Inst LgCap Val Idx Retire	TRCVX	B-		C+ / 6.9	4.84	6.08	21.44 /70	15.44 /71	--	3.23	0.35
GR	TIAA-CREF Inst LgCap Value Retail	TCLCX	B+		B / 8.0	6.82	9.14	24.65 /82	16.90 /77	--	1.39	0.56
GR	TIAA-CREF Inst LgCap Value Retire	TRLCX	B+		B / 7.9	6.73	9.07	24.24 /81	16.74 /77	--	1.27	0.75
MC	TIAA-CREF Inst MdCap Val Idx	TRVUX	B		B / 8.1	3.63	8.57	21.64 /71	18.91 /83	--	0.98	0.61
MC	TIAA-CREF Inst Mid Cap Value Retail	TCMVX	A-		B+ / 8.7	5.13	11.01	25.22 /83	20.25 /85	--	1.32	0.69
MC	TIAA-CREF Inst Mid/Cp Growth Inst	TRPWX	C		C+ / 6.6	8.02	11.49	19.30 /55	13.59 /59	--	0.26	0.56
MC	TIAA-CREF Inst Mid/Cp Growth	TCMGX	C		C+ / 6.5	8.03	11.48	19.21 /54	13.38 /57	--	0.10	0.73
MC	TIAA-CREF Inst Mid/Cp Growth	TRGMX	C		C+ / 6.3	7.98	11.36	19.08 /53	13.03 /54	--	0.10	0.81
RE	TIAA-CREF Inst Real Est Sec Instl	TIREX	C-		C+ / 6.8	-9.10	-6.00	12.18 /14	19.33 /84	--	3.52	0.56
RE	TIAA-CREF Inst Real Est Sec Retail	TCREX	C-		C+ / 6.7	-9.11	-6.01	12.32 /14	19.24 /83	--	3.46	0.68
GR	TIAA-CREF Inst S&P 500 Idx Retire	TRSPX	C+		C / 4.4	6.20	6.80	20.23 /62	11.23 /38	--	1.38	0.33
SC	TIAA-CREF Inst Sm Cap Equity	TCSEX	D		C / 4.7	4.08	6.39	15.10 /27	13.22 /56	--	0.51	0.70
SC	TIAA-CREF Inst Sm Cap Equity	TRSEX	D		C / 4.4	3.94	6.16	14.81 /25	13.01 /54	--	0.45	0.80
SC	TIAA-CREF Inst Sm Cp Blend Idx	TISBX	D		C / 5.0	4.38	6.48	16.30 /34	13.34 /57	--	1.11	0.17
SC	TIAA-CREF Inst Sm Cp Val Idx Retire	TRSVX	D-		C / 5.2	2.25	3.74	15.74 /30	14.71 /67	--	1.29	0.52
GR	TIAA-CREF Inst Social Ch Eq Retail	TICRX	U		U /	5.14	6.43	18.55 /49	--	--	1.55	0.32
GR	TIAA-CREF Inst Social Ch Eq Retire	TRSCX	C+		C- / 4.0	4.97	6.15	18.16 /46	11.46 /40	--	1.28	0.51
AA	TIAA-CREF Lifecycle 2010	TCLEX	U		U /	2.89	5.77	13.48 /18	--	--	2.03	0.77
AA	TIAA-CREF Lifecycle 2015	TCLIX	U		U /	3.55	6.50	15.09 /27	--	--	2.16	0.78
AA	TIAA-CREF Lifecycle 2020	TCLTX	U		U /	3.92	6.84	15.93 /31	--	--	2.07	0.81
AA	TIAA-CREF Lifecycle 2025	TCLFX	U		U /	4.22	7.40	16.89 /37	--	--	2.21	0.85
AA	TIAA-CREF Lifecycle 2030	TCLNX	U		U /	4.68	7.83	18.03 /45	--	--	2.08	0.88
AA	TIAA-CREF Lifecycle 2035	TCLRX	U		U /	4.95	8.35	19.08 /53	--	--	2.11	0.97
AA	TIAA-CREF Lifecycle 2040	TCLOX	U		U /	5.23	8.88	20.14 /61	--	--	2.10	0.94
AG	Timothy Plan Aggressive Growth A	TAAGX	D-	(800) 662-0201	C- / 3.0	5.75	9.80	12.55 /15	12.11 /46	10.03 /33	0.00	1.60
AG	• Timothy Plan Aggressive Growth B	TBAGX	C-	(800) 662-0201	C- / 3.6	5.64	9.43	11.86 /13	11.31 /39	9.24 /25	0.00	2.35
AG	Timothy Plan Aggressive Growth C	TCAGX	C-	(800) 662-0201	C- / 3.5	5.78	9.42	11.67 /12	11.29 /39	--	0.00	2.35
AA	Timothy Plan Conservative Growth A	TCGAX	D	(800) 662-0201	D- / 1.2	3.57	7.03	14.33 /22	8.67 /18	7.86 /14	1.69	2.56
AA	• Timothy Plan Conservative Growth B	TCGBX	D+	(800) 662-0201	D- / 1.4	3.36	6.65	13.01 /16	7.75 /13	6.96 / 8	1.03	2.10
AA	Timothy Plan Conservative Growth C	TCVCX	D-	(800) 662-0201	D- / 1.5	3.36	6.55	13.41 /18	7.87 /13	--	1.18	3.31
GR	Timothy Plan Large Mid Cap Growth	TLGAX	D-	(800) 662-0201	E+ / 0.8	5.35	8.69	15.88 /31	6.30 / 7	6.73 / 7	0.00	1.53
GR	• Timothy Plan Large Mid Cap Growth	TLGBX	C+	(800) 662-0201	C+ / 5.8	5.04	8.21	32.18 /94	10.54 /32	8.92 /22	0.00	2.28
GR	Timothy Plan Large Mid Cap Growth	TLGCX	D-	(800) 662-0201	D- / 1.0	5.03	8.20	14.81 /25	5.47 / 5	--	0.00	2.27
MC	Timothy Plan Large/Mid Cap Val A	TLVAX	B+	(800) 662-0201	B / 8.1	7.24	12.86	23.27 /78	18.88 /83	13.88 /69	0.85	1.51
MC	• Timothy Plan Large/Mid Cap Val B	TLVBX	A+	(800) 662-0201	B / 8.2	7.11	12.52	21.82 /72	17.83 /80	12.95 /62	0.27	2.26
MC	Timothy Plan Large/Mid Cap Val C	TLVCX	A+	(800) 662-0201	B / 8.2	7.10	12.50	21.90 /72	17.84 /80	--	0.36	2.25
SC	Timothy Plan Small Cap Value A	TPLNX	D-	(800) 662-0201	C- / 3.8	6.26	11.38	22.04 /73	10.93 /35	10.88 /42	1.09	1.52
SC	• Timothy Plan Small Cap Value B	TIMBX	D-	(800) 662-0201	C / 4.3	6.09	11.05	21.16 /68	10.13 /29	10.07 /34	0.79	2.27
SC	Timothy Plan Small Cap Value C	TSVCX	C	(800) 662-0201	C / 4.4	6.27	11.29	21.28 /69	10.11 /29	--	0.47	2.27

• Denotes fund is closed to new investors
* Denotes fund is included in Section II

www.thestreet.com/ratings

I. Index of Stock Mutual Funds

Summer 2007

RISK			NET ASSETS		ASSET					BULL / BEAR		FUND MANAGER		MINIMUMS		LOADS	
	3 Year		NAV						Portfolio	Last Bull	Last Bear	Manager	Manager	Initial	Additional	Front	Back
Risk	Standard		As of	Total	Cash	Stocks	Bonds	Other	Turnover	Market	Market	Quality	Tenure	Purch.	Purch.	End	End
Rating/Pts	Deviation	Beta	6/30/07	$(Mil)	%	%	%	%	Ratio	Return	Return	Pct	(Years)	$	$	Load	Load
C / 5.3	11.8	0.86	19.83	83	4	95	0	1	92.0	143.6	-9.9	79	N/A	50,000	0	0.0	0.0
C / 4.7	15.3	1.77	4.14	38	1	98	0	1	126.0	80.0	-13.2	1	N/A	1,000	50	5.5	0.0
C / 4.6	15.3	1.76	3.94	2	1	98	0	1	126.0	75.9	-13.2	1	N/A	1,000	50	0.0	0.0
C / 4.8	15.2	1.75	4.38	2	1	98	0	1	126.0	84.8	-13.2	2	N/A	50,000	0	0.0	0.0
U /	N/A	N/A	11.46	442	1	98	0	1	32.0	N/A	N/A	N/A	N/A	2,500	100	0.0	0.0
U /	N/A	N/A	11.73	604	1	98	0	1	131.0	N/A	N/A	N/A	1	2,500	100	0.0	0.0
C / 5.4	7.7	1.02	9.92	139	1	98	0	1	131.0	98.3	-3.0	74	5	2,500	100	0.0	0.0
B- / 7.0	9.2	0.99	23.26	241	1	98	0	1	35.0	177.1	-9.6	42	5	2,500	100	0.0	0.0
C / 4.8	10.1	1.06	14.95	1,045	3	96	0	1	203.0	188.8	-8.5	43	5	2,500	50	0.0	0.0
U /	N/A	N/A	11.06	157	0	100	0	0	81.0	N/A	N/A	N/A	N/A	2,500	100	0.0	0.0
U /	N/A	N/A	11.04	412	0	100	0	0	81.0	N/A	N/A	N/A	N/A	2,500	100	0.0	0.0
B- / 7.9	8.9	1.15	13.23	262	0	99	0	1	40.0	77.7	-9.6	15	5	2,500	100	0.0	0.0
B- / 7.7	6.9	0.90	16.93	357	1	98	0	1	49.0	125.4	-9.1	92	5	2,500	100	0.0	0.0
B- / 7.8	7.0	0.90	17.10	97	1	98	0	1	49.0	122.2	-9.2	91	5	2,500	100	0.0	0.0
C+ / 6.9	8.2	1.04	17.07	120	0	100	0	0	115.0	139.4	-9.1	92	5	2,500	100	0.0	0.0
B- / 7.1	8.2	1.03	17.44	460	0	100	0	0	115.0	138.4	-8.8	91	5	2,500	100	0.0	0.0
C+ / 6.5	8.4	0.76	18.25	66	2	98	0	0	50.0	165.9	-6.7	96	6	2,500	100	0.0	0.0
C+ / 6.9	9.4	0.84	20.07	200	1	98	0	1	131.0	182.9	-6.8	96	5	2,500	100	0.0	0.0
C / 5.4	12.1	1.10	19.40	46	0	100	0	0	147.0	126.6	-6.6	25	5	2,500	100	0.0	0.0
C / 5.1	12.1	1.11	19.23	74	0	100	0	0	147.0	122.8	-6.9	24	N/A	2,500	100	0.0	0.0
C / 5.1	12.1	1.10	19.21	211	0	100	0	0	147.0	122.4	-1.4	22	N/A	2,500	100	0.0	0.0
C- / 3.6	14.0	0.92	14.62	255	0	99	0	1	174.0	178.3	2.6	73	5	2,500	100	0.0	0.0
C- / 3.7	14.1	0.92	14.54	216	0	99	0	1	174.0	176.6	2.7	72	5	2,500	100	0.0	0.0
B / 8.5	7.3	0.99	17.12	216	0	99	0	1	26.0	92.6	-9.7	48	5	2,500	100	0.0	0.0
C / 4.5	13.3	0.98	16.31	79	3	96	0	1	264.0	147.2	-10.7	53	N/A	2,500	100	0.0	0.0
C / 4.6	13.2	0.98	16.36	284	3	96	0	1	264.0	145.5	-10.9	50	N/A	2,500	100	0.0	0.0
C / 4.3	13.4	1.00	16.44	175	0	99	0	1	45.0	145.5	-11.0	53	5	2,500	100	0.0	0.0
C- / 3.2	11.8	0.87	14.99	58	2	97	0	1	47.0	157.1	-10.1	81	5	2,500	100	0.0	0.0
U /	N/A	N/A	11.25	197	2	97	0	1	18.0	N/A	N/A	N/A	N/A	2,500	100	0.0	0.0
B / 8.4	8.1	1.08	12.26	120	2	97	0	1	18.0	99.2	-9.0	41	5	2,500	100	0.0	0.0
U /	N/A	N/A	11.73	193	0	48	51	1	13.0	N/A	N/A	N/A	N/A	0	0	0.0	0.0
U /	N/A	N/A	11.96	147	0	56	43	1	6.0	N/A	N/A	N/A	N/A	0	0	0.0	0.0
U /	N/A	N/A	12.19	131	0	61	38	1	1.0	N/A	N/A	N/A	N/A	0	0	0.0	0.0
U /	N/A	N/A	12.34	105	0	66	32	2	3.0	N/A	N/A	N/A	N/A	0	0	0.0	0.0
U /	N/A	N/A	12.53	94	0	71	28	1	N/A	N/A	N/A	N/A	N/A	0	0	0.0	0.0
U /	N/A	N/A	12.71	69	0	76	23	1	1.0	N/A	N/A	N/A	N/A	0	0	0.0	0.0
U /	N/A	N/A	12.88	92	0	81	18	1	17.0	N/A	N/A	N/A	N/A	0	0	0.0	0.0
C / 4.9	13.4	1.52	7.73	24	2	97	0	1	96.4	107.9	-9.8	18	N/A	1,000	0	5.5	0.0
C+ / 6.9	13.4	1.53	7.31	1	2	97	0	1	96.4	101.8	-9.7	13	N/A	1,000	0	0.0	0.0
C+ / 6.9	13.4	1.52	7.32	2	2	97	0	1	96.4	N/A	N/A	14	N/A	1,000	0	0.0	0.0
B / 8.0	6.3	1.24	11.88	37	0	70	29	1	6.1	66.2	-6.0	38	N/A	1,000	0	5.5	0.0
B / 8.3	6.3	1.24	11.38	11	0	70	29	1	6.1	60.4	-6.1	29	N/A	1,000	0	0.0	0.0
B- / 7.1	6.3	1.24	11.38	7	0	70	29	1	6.1	N/A	N/A	30	N/A	1,000	0	0.0	0.0
B- / 7.5	9.4	1.12	7.88	54	9	90	0	1	60.5	62.5	-8.1	8	N/A	1,000	0	5.5	0.0
B- / 7.3	11.9	1.14	7.51	2	9	90	0	1	60.5	81.0	-8.2	28	N/A	1,000	0	0.0	0.0
B- / 7.5	9.3	1.11	7.52	2	9	90	0	1	60.5	N/A	N/A	6	N/A	1,000	0	0.0	0.0
C+ / 6.8	16.2	0.96	16.15	91	5	94	0	1	52.2	137.3	-8.7	89	N/A	1,000	0	5.5	0.0
B / 8.7	8.9	0.78	14.92	3	5	94	0	1	52.2	128.8	-8.8	93	N/A	1,000	0	0.0	0.0
B / 8.7	8.9	0.78	14.94	10	5	94	0	1	52.2	N/A	N/A	93	N/A	1,000	0	0.0	0.0
C- / 3.8	12.1	0.84	16.64	66	8	91	0	1	148.0	123.5	-13.3	41	1	1,000	0	5.5	0.0
C- / 3.5	12.1	0.84	14.98	12	8	91	0	1	148.0	116.6	-13.4	33	1	1,000	0	0.0	0.0
B- / 7.7	12.1	0.84	15.08	6	8	91	0	1	148.0	N/A	N/A	33	1	1,000	0	0.0	0.0

www.thestreet.com/ratings

Data as of June 30, 2007

I. Index of Stock Mutual Funds

Summer 2007

99 Pct = Best
0 Pct = Worst

Fund Type	Fund Name	Ticker Symbol	Overall Investment Rating	Phone	Performance Rating/Pts	3 Mo	6 Mo	1Yr / Pct	3Yr / Pct	5Yr / Pct	Dividend Yield	Expense Ratio
GR	Timothy Plan Strategic Growth A	TSGAX	C-	(800) 662-0201	D+ / 2.6	5.86	10.01	16.91 /38	10.28 /30	8.74 /21	0.45	2.58
GR	● Timothy Plan Strategic Growth B	TSGBX	C-	(800) 662-0201	C- / 3.0	5.71	9.57	16.02 /32	9.45 /24	7.90 /14	0.00	1.82
GR	Timothy Plan Strategic Growth C	TSGCX	C-	(800) 662-0201	C- / 3.0	5.69	9.67	16.12 /33	9.47 /24	--	0.00	3.32
GR	Tocqueville Fund	TOCQX	B-	(800) 697-3863	C+ / 6.9	7.08	7.97	20.61 /64	15.50 /71	15.06 /77	0.48	1.26
PM	Tocqueville Gold Fund	TGLDX	C-	(800) 697-3863	A- / 9.2	-1.03	1.36	14.68 /24	28.11 /95	24.45 /96	0.38	1.43
FO	Tocqueville Intl Value Fund	TIVFX	B-	(800) 697-3863	B / 7.7	4.15	4.96	16.03 /32	19.38 /84	18.38 /89	1.47	1.60
SC	Tocqueville Small Cap Val Fund	TSCVX	E-	(800) 697-3863	E / 0.5	6.05	10.21	16.21 /33	2.98 / 1	9.02 /23	0.00	1.32
GR	Torray Fund	TORYX	C-	(800) 443-3036	D+ / 2.4	4.12	5.91	19.91 /59	8.66 /18	9.18 /25	0.18	1.10
GR	Torray Institutional Fd	TORRX	D+	(800) 443-3036	D / 1.8	4.60	5.88	18.07 /46	7.63 /12	8.86 /22	0.50	0.85
GR	Touchstone Div Gr Fund A	PTDGX	D	(800) 214-6744	D- / 1.5	6.01	6.88	15.96 /32	7.46 /11	7.57 /12	0.11	1.10
GR	Touchstone Div Val Fund A	PTDVX	C-	(800) 638-8194	C- / 3.4	4.91	5.27	18.21 /47	12.64 /51	11.43 /48	1.11	1.10
SC	Touchstone Diversified Sm Cap Val Z	TCSVX	E-	(800) 638-8194	C- / 3.6	3.83	6.96	13.87 /20	11.90 /44	12.00 /54	0.00	1.45
GR	Touchstone Family Heritage Fd CL A	PTFMX	D-	(800) 638-8194	E+ / 0.7	4.42	5.71	13.44 /18	6.90 / 9	8.02 /15	1.27	1.30
GR	Touchstone Growth Opps A	TGVFX	D-	(800) 638-8194	D+ / 2.9	11.76	12.68	17.48 /41	9.10 /21	10.86 /42	0.00	1.55
GR	Touchstone Growth Opps B	TGVBX	D	(800) 638-8194	C- / 4.0	12.44	13.25	17.66 /43	8.50 /17	10.21 /35	0.00	2.30
GR	Touchstone Growth Opps C	TGVCX	D	(800) 638-8194	C- / 4.1	12.28	13.08	17.67 /43	8.72 /19	10.43 /38	0.00	2.30
HL	Touchstone Hlth & Bio Fd A	THBCX	C-	(800) 638-8194	C- / 3.7	7.53	12.28	21.18 /68	9.17 /22	13.12 /63	0.00	1.55
FO	Touchstone Intl Equity Fd A	PTIEX	A	(800) 638-8194	B+ / 8.6	7.29	12.45	27.56 /89	20.92 /87	16.01 /81	1.00	1.45
GR	Touchstone Large Cap Core Equity A	TENAX	D+	(800) 638-8194	D / 2.1	6.34	4.50	18.37 /48	9.97 /28	9.50 /28	1.16	1.44
GR	Touchstone Large Cap Core Equity C	TENCX	C-	(800) 638-8194	D+ / 2.5	6.20	4.17	17.65 /43	9.16 /22	8.83 /21	0.34	3.66
GR	Touchstone Large Cap Growth A	TEQAX	D-	(800) 638-8194	D / 2.0	8.39	10.44	11.21 /11	9.87 /27	10.20 /35	0.00	1.25
GR	Touchstone Large Cap Growth B	TEQBX	D-	(800) 638-8194	D+ / 2.6	8.43	10.34	10.65 / 9	9.10 /21	--	0.00	2.00
GR	Touchstone Large Cap Growth C	TEQCX	D-	(800) 638-8194	D+ / 2.6	8.41	10.31	10.67 / 9	9.19 /22	--	0.00	2.00
GR	Touchstone Large Cap Growth I	TIQIX	U	(800) 638-8194	U /	8.38	10.47	11.39 /12	--	--	0.00	1.08
GR	Touchstone Large Cap Value A	TLCAX	U	(800) 638-8194	U /	7.35	6.68	22.40 /75	--	--	0.29	1.35
SC	Touchstone Micro Cap Growth A	TAMCX	E-	(800) 638-8194	D / 1.8	5.08	8.51	13.48 /18	9.92 /27	--	0.00	1.95
SC	Touchstone Micro Cap Growth C	TCMCX	E-	(800) 638-8194	D / 2.2	4.87	8.10	12.67 /15	9.11 /21	--	0.00	2.70
MC	Touchstone Mid Cap Growth A	TEGAX	C	(800) 638-8194	C+ / 6.2	8.52	12.77	21.61 /70	14.04 /62	14.09 /70	0.00	1.50
MC	Touchstone Mid Cap Growth B	TBEGX	C	(800) 638-8194	C+ / 6.7	8.33	12.35	20.69 /65	13.21 /56	13.49 /66	0.00	2.25
MC	Touchstone Mid Cap Growth C	TOECX	C	(800) 638-8194	C+ / 6.7	8.32	12.34	20.67 /65	13.19 /56	13.49 /66	0.00	2.25
GR	● Touchstone Pitcairn Sel Val Fund	PTSVX	D	(800) 214-6744	D+ / 2.7	4.71	5.64	17.99 /45	10.17 /29	9.12 /24	1.07	1.14
GR	Touchstone Sands Cap Sel Gr Y	CFSIX	E	(800) 214-6744	E+ / 0.6	4.24	6.78	10.89 /10	5.60 / 5	9.56 /28	0.00	1.10
GR	Touchstone Sands Cap Sel Gr Z	PTSGX	E	(800) 214-6744	E / 0.5	4.14	6.82	10.67 / 9	5.39 / 4	9.43 /27	0.00	1.35
SC	Touchstone Sm Cap Val Opp Z	TSVOX	C	(800) 224-6312	C+ / 5.6	6.10	7.60	12.09 /14	15.37 /71	18.40 /89	0.00	1.67
SC	Touchstone Small Cap A	PTMVX	E-	(800) 638-8194	D- / 1.0	2.84	4.11	12.85 /16	8.98 /21	10.39 /37	0.00	1.10
SC	Touchstone Small Cap Gr A	TESAX	E-	(800) 638-8194	E- / 0.2	5.66	5.78	9.96 / 8	4.33 / 2	--	0.00	2.05
SC	Touchstone Small Cap Gr B	TESBX	E-	(800) 638-8194	E / 0.4	5.70	5.64	9.51 / 7	3.72 / 1	--	0.00	2.87
SC	Touchstone Small Cap Gr C	TESCX	E-	(800) 638-8194	E / 0.4	5.63	5.63	9.50 / 7	3.71 / 1	--	0.00	2.79
SC	Touchstone Small Cap Gr I	THSIX	E	(800) 638-8194	E+ / 0.6	5.71	5.96	10.43 / 9	4.74 / 3	--	0.00	1.57
GI	Touchstone Strg Val & Hgh Inc I	TSVIX	E+	(800) 638-8194	D / 1.6	1.92	4.23	8.40 / 5	9.83 /27	--	2.03	3.95
GR	Touchstone Value Opp Fund Z	CCEVX	C-	(800) 638-8194	C+ / 6.8	6.05	6.83	19.29 /55	15.36 /71	13.83 /68	0.82	1.34
BA	Transamerica Premier Balanced Inv	TBAIX	C-	(800) 892-7587	D+ / 2.7	5.22	7.09	11.39 /12	10.49 /32	10.25 /36	0.71	1.10
GR	Transamerica Premier Divers Eq Inv	TPVIX	C	(800) 892-7587	C / 4.5	7.11	8.63	14.67 /24	12.68 /51	10.50 /39	0.00	1.15
GR	Transamerica Premier Equity Inst	TPIEX	C+	(800) 892-7587	C / 5.3	5.84	6.88	13.28 /17	14.22 /64	--	0.06	0.93
GR	Transamerica Premier Equity Inv	TEQUX	C-	(800) 892-7587	C- / 4.2	5.76	6.75	12.71 /15	13.56 /59	12.97 /62	0.00	1.15
AG	Transamerica Premier Focus Fund	TPAGX	D+	(800) 892-7587	C / 5.3	6.15	7.99	18.42 /48	13.35 /57	15.02 /76	0.00	1.20
SC	Transamerica Premier Growth Opp	TPSCX	E+	(800) 892-7587	D / 2.2	5.53	7.91	5.62 / 2	11.43 /40	11.32 /47	0.00	1.17
GR	TrendStar American Endeavor Fund	TREAX	C-	(888) 747-4872	D+ / 2.5	8.01	8.10	23.16 /78	6.73 / 8	--	0.30	1.46
SC	TrendStar Small Cap Fund	TRESX	D-	(888) 747-4872	D- / 1.5	3.59	5.57	9.06 / 6	9.18 /22	--	0.00	1.36
GR	Turnaround Fund	TURNX	E-		E- / 0.0	0.38	4.28	4.81 / 1	1.94 / 0	--	0.00	3.14
AG	Turner Concentrated Growth Fund	TTOPX	C	(800) 224-6312	C+ / 6.5	12.73	14.29	21.93 /72	11.27 /38	12.64 /59	0.00	1.96
GR	Turner Core Growth Fund Inst	TTMEX	B-	(800) 224-6312	C+ / 5.8	7.78	9.54	17.65 /43	13.62 /59	12.33 /56	0.36	1.20

● Denotes fund is closed to new investors
* Denotes fund is included in Section II

www.thestreet.com/ratings

Summer 2007 — I. Index of Stock Mutual Funds

RISK		NET ASSETS		ASSET				Portfolio	BULL / BEAR		FUND MANAGER		MINIMUMS		LOADS	
	3 Year															
Risk Rating/Pts	Standard Deviation	Beta	NAV As of 6/30/07	Total $(Mil)	Cash %	Stocks %	Bonds %	Other %	Portfolio Turnover Ratio	Last Bull Market Return	Last Bear Market Return	Manager Quality Pct	Manager Tenure (Years)	Initial Purch. $	Additional Purch. $	Front End Load	Back End Load
B /8.0	9.9	1.13	10.66	43	N/A	100	0	N/A	10.6	89.5	-9.8	27	N/A	1,000	0	5.5	0.0
B- /7.9	9.8	1.19	10.19	17	N/A	100	0	N/A	10.6	83.9	-10.0	18	N/A	1,000	0	0.0	0.0
B- /7.9	9.8	1.19	10.21	9	N/A	100	0	N/A	10.6	N/A	N/A	18	N/A	1,000	0	0.0	0.0
B- /7.3	10.0	1.17	27.38	493	4	94	0	2	32.0	140.6	-7.7	80	16	1,000	100	0.0	2.0
D- /1.2	24.0	1.20	52.13	986	7	91	0	2	30.0	179.5	20.1	95	9	1,000	100	0.0	2.0
C+ /5.8	9.2	0.93	16.07	227	12	87	0	1	39.0	199.2	-4.9	32	13	1,000	100	0.0	2.0
C- /3.0	15.4	0.94	17.71	54	1	98	0	1	45.0	105.6	-12.6	2	N/A	1,000	100	0.0	2.0
B- /7.8	7.9	0.99	43.89	1,217	0	94	0	6	21.9	74.7	-9.4	23	17	10,000	500	0.0	0.0
B /8.2	8.1	1.01	114.66	192	0	94	0	6	24.3	70.7	-9.1	16	N/A	5,000,000	0	0.0	0.0
B- /7.8	9.2	1.16	6.88	123	0	100	0	0	73.0	69.8	-10.4	10	N/A	2,500	50	0.0	2.0
B- /7.5	7.5	0.94	13.63	172	0	100	0	0	48.0	110.0	-11.1	71	N/A	2,500	50	5.8	0.0
E- /0.0	11.9	0.87	20.58	206	0	99	0	1	98.0	155.6	-13.8	51	11	2,500	50	0.0	0.0
B /8.0	7.9	1.00	11.33	87	0	99	0	1	27.0	78.7	-10.7	13	N/A	2,500	50	5.8	0.0
C /5.2	12.7	1.41	23.19	38	0	99	0	1	161.0	82.3	-6.8	9	N/A	2,500	50	5.8	0.0
C /4.9	13.4	1.49	21.79	2	0	99	0	1	161.0	79.3	-7.4	6	N/A	2,500	50	0.0	0.0
C /5.0	13.3	1.48	22.04	13	0	99	0	1	161.0	80.7	-7.4	7	N/A	2,500	50	0.0	0.0
C+ /6.6	10.7	1.06	17.28	48	1	98	0	1	185.0	100.9	1.1	23	1	2,500	50	0.0	2.0
B- /7.2	9.3	0.98	11.92	161	0	99	0	1	140.0	181.7	-13.4	36	N/A	2,500	50	5.8	0.0
B /8.0	7.9	1.00	12.08	102	0	98	0	2	54.0	88.8	-10.1	33	7	2,500	50	5.8	0.0
B /8.4	7.8	0.99	11.99	4	0	98	0	2	54.0	83.0	-10.2	27	7	2,500	50	0.0	0.0
C+ /5.9	11.8	1.22	23.91	678	0	99	0	1	115.0	95.4	-6.9	19	10	2,500	50	5.8	0.0
C+ /5.7	11.9	1.25	23.27	29	0	99	0	1	115.0	N/A	N/A	14	10	2,500	50	0.0	0.0
C+ /5.7	11.9	1.24	23.33	196	0	99	0	1	115.0	N/A	N/A	15	10	2,500	50	0.0	0.0
U /	N/A	N/A	24.05	43	0	99	0	1	115.0	N/A	N/A	N/A	10	1,000	50	0.0	0.0
U /	N/A	N/A	11.97	34	10	88	0	2	57.0	N/A	N/A	N/A	1	2,500	50	5.8	0.0
D+ /2.4	20.2	1.38	13.64	46	0	99	0	1	91.0	N/A	N/A	6	3	2,500	50	5.8	0.0
D+ /2.4	20.2	1.38	13.34	26	0	99	0	1	91.0	N/A	N/A	4	3	2,500	50	0.0	0.0
C+ /5.6	11.2	0.98	26.23	783	1	98	0	1	58.0	137.5	-9.1	41	13	2,500	50	5.8	0.0
C /5.4	11.2	0.98	23.02	80	1	98	0	1	58.0	136.8	-10.1	33	N/A	2,500	50	0.0	0.0
C /5.4	11.2	0.99	23.04	372	1	98	0	1	58.0	136.9	-10.1	33	13	2,500	50	0.0	0.0
C+ /6.4	8.6	1.06	11.56	56	0	99	0	1	130.0	103.4	-13.2	30	N/A	2,500	50	0.0	2.0
C+ /5.8	12.1	1.30	8.35	188	0	99	0	1	24.0	81.6	-7.2	4	N/A	250,000	0	0.0	2.0
C /4.6	12.0	1.29	8.30	352	0	99	0	1	24.0	80.5	-7.2	4	N/A	2,500	50	0.0	2.0
C+ /6.4	12.4	0.88	21.39	220	4	95	0	1	99.0	171.8	-6.7	85	5	2,500	50	0.0	2.0
C- /3.8	13.4	0.95	15.20	79	0	99	0	1	145.0	120.9	-11.4	17	N/A	2,500	50	5.8	0.0
C- /4.1	16.5	1.15	17.56	26	1	98	0	1	243.0	92.1	-11.2	2	5	2,500	50	5.8	0.0
C- /3.9	16.8	1.17	17.05	5	1	98	0	1	243.0	87.0	-11.4	1	5	2,500	50	0.0	0.0
C- /3.9	16.8	1.17	17.06	8	1	98	0	1	243.0	87.2	-11.4	1	5	2,500	50	0.0	0.0
C+ /5.9	16.4	1.14	17.78	15	1	98	0	1	243.0	N/A	N/A	2	5	1,000	0	0.0	0.0
C+ /6.0	7.6	0.83	15.51	1	1	58	39	2	195.0	93.1	-2.1	48	N/A	2,500	50	0.0	0.0
C- /3.7	7.9	0.96	17.69	98	1	98	0	1	80.0	140.5	-11.3	89	16	2,500	50	0.0	0.0
B /8.1	7.6	1.43	27.03	433	2	70	26	2	45.0	76.7	-3.6	49	9	1,000	50	0.0	0.0
B- /7.2	9.2	1.10	16.12	252	1	98	0	1	36.0	93.2	-8.7	55	N/A	1,000	50	0.0	2.0
B- /7.2	10.2	1.17	13.05	67	2	97	0	1	37.0	N/A	N/A	67	3	250,000	0	0.0	0.0
C+ /6.4	10.2	1.19	24.04	786	2	97	0	1	37.0	106.9	-8.6	57	8	1,000	50	0.0	2.0
C /4.6	11.1	1.12	21.22	87	2	97	0	1	46.0	122.7	-11.5	62	N/A	1,000	50	0.0	2.0
C /4.9	12.2	0.73	25.36	131	1	98	0	1	64.0	111.5	-12.6	63	8	1,000	50	0.0	2.0
B- /7.7	9.5	1.16	11.47	15	0	99	0	1	10.3	N/A	N/A	8	N/A	2,000	100	0.0	0.0
B- /7.0	12.9	0.87	12.70	197	0	99	0	1	13.0	N/A	N/A	24	N/A	2,000	100	0.0	0.0
D- /1.3	17.1	1.35	13.15	6	14	85	0	1	73.7	N/A	N/A	1	4	2,500	250	0.0	2.0
C /4.8	17.6	1.91	9.12	32	0	99	0	1	250.8	114.1	-14.3	5	8	2,500	50	0.0	0.0
B- /7.7	10.3	1.26	13.43	168	2	97	0	1	123.7	109.8	-9.5	51	N/A	2,500	50	0.0	2.0

www.thestreet.com/ratings

Data as of June 30, 2007

I. Index of Stock Mutual Funds

Summer 2007

	99 Pct = Best 0 Pct = Worst		**Overall**		**PERFORMANCE**							
					Perfor-	Total Return % through 6/30/07					Incl. in Returns	
Fund		Ticker	**Investment**		mance				Annualized		Dividend	Expense
Type	Fund Name	Symbol	**Rating**	Phone	**Rating/Pts**	3 Mo	6 Mo	1Yr / Pct	3Yr / Pct	5Yr / Pct	Yield	Ratio
GR	Turner Core Growth Fund Inv	TCGFX	**U**	(800) 224-6312	**U /**	7.73	9.49	17.30 /40	--	--	0.19	1.45
SC	● Turner Emerging Growth Fund	TMCGX	**C+**	(800) 224-6312	**B / 7.9**	8.99	12.19	16.14 /33	18.18 /81	15.85 /80	0.00	1.54
GR	Turner Large Cap Growth Fund Inst	TSGEX	**D-**	(800) 224-6312	**D- / 1.2**	5.45	6.72	13.49 /18	6.47 / 7	8.58 /19	0.27	1.16
MC	Turner Midcap Growth Inv	TMGFX	**C+**	(800) 224-6312	**C+ / 6.8**	10.21	13.80	16.51 /35	13.62 /59	14.42 /72	0.00	1.28
MC	Turner Midcap Growth Retire	TMIIX	**C+**	(800) 224-6312	**C+ / 6.4**	10.15	13.63	16.03 /32	13.08 /55	13.88 /69	0.00	1.53
MC	Turner New Enterprise Fund	TBTBX	**C-**	(800) 224-6312	**B / 8.1**	14.49	15.00	22.96 /77	15.69 /72	21.61 /94	0.00	2.16
SC	● Turner Small Cap Equity Inst	TSEIX	**D-**	(800) 224-6312	**D+ / 2.4**	4.14	6.70	9.82 / 7	11.35 /39	14.94 /76	0.00	1.81
SC	● Turner Small Cap Growth Fund	TSCEX	**C-**	(800) 224-6312	**C+ / 6.0**	7.74	11.75	17.69 /43	12.86 /53	15.00 /76	0.00	1.55
* GL	● Tweedy Browne Global Value	TBGVX	**A**	(800) 432-4789	**B / 8.2**	5.94	10.67	26.53 /87	18.06 /81	14.98 /76	1.25	1.38
GR	Tweedy Browne Value Fund	TWEBX	**D**	(800) 432-4789	**D+ / 2.5**	5.15	6.54	16.42 /35	9.13 /22	7.39 /11	0.98	1.36
GL	UBS Dynamic Alpha A	BNAAX	**U**	(888) 793-8637	**U /**	-0.95	-1.47	3.44 / 1	--	--	0.00	1.35
GL	UBS Dynamic Alpha B	BNABX	**U**	(888) 793-8637	**U /**	-1.14	-1.83	2.64 / 1	--	--	0.00	2.10
GL	UBS Dynamic Alpha C	BNACX	**U**	(888) 793-8637	**U /**	-1.14	-1.83	2.64 / 1	--	--	0.00	2.10
GL	UBS Dynamic Alpha Y	BNAYX	**U**	(888) 793-8637	**U /**	-0.86	-1.29	3.80 / 1	--	--	0.00	1.10
GL	UBS Global Allocation A	BNGLX	**C-**	(888) 793-8637	**D+ / 2.4**	3.57	4.66	14.93 /26	12.23 /48	11.75 /51	1.61	1.14
GL	UBS Global Allocation B	BNPBX	**C-**	(888) 793-8637	**D+ / 2.7**	3.35	4.16	13.96 /20	11.32 /39	10.88 /42	0.89	1.95
GL	UBS Global Allocation C	BNPCX	**C-**	(888) 793-8637	**D+ / 2.8**	3.35	4.25	14.02 /21	11.37 /40	10.90 /42	1.04	1.91
GL	UBS Global Allocation Y	BPGLX	**C**	(888) 793-8637	**C- / 3.7**	3.65	4.74	15.18 /27	12.50 /50	12.02 /54	1.89	0.88
GL	UBS Global Equity A	BNGEX	**C+**	(888) 793-8637	**C / 5.0**	6.32	6.40	20.11 /61	14.30 /64	11.77 /51	0.76	1.37
GL	UBS Global Equity B	BNEBX	**C+**	(888) 793-8637	**C / 5.5**	6.11	6.04	19.25 /54	13.43 /58	10.94 /43	0.14	2.35
GL	UBS Global Equity C	BNECX	**C+**	(888) 793-8637	**C / 5.5**	6.15	6.00	19.28 /54	13.46 /58	10.94 /43	0.43	2.20
GL	UBS Global Equity Y	BPGEX	**B**	(888) 793-8637	**C+ / 6.4**	6.41	6.55	20.44 /63	14.59 /66	12.12 /55	0.92	1.00
FO	UBS International Equity A	BNIEX	**B**	(888) 793-8637	**B / 7.9**	6.48	8.79	24.84 /83	19.04 /83	14.04 /70	0.77	1.48
FO	UBS International Equity B	BNIBX	**B**	(888) 793-8637	**B / 8.1**	6.22	8.38	23.97 /80	18.12 /81	13.19 /63	0.06	2.22
FO	UBS International Equity C	BNICX	**B**	(888) 793-8637	**B / 8.1**	6.19	8.27	23.85 /80	18.13 /81	13.12 /63	0.22	2.17
FO	UBS International Equity Y	BNUEX	**B**	(888) 793-8637	**B+ / 8.4**	6.43	8.83	24.83 /83	19.22 /83	14.25 /71	1.01	1.19
GR	UBS PACE Alternatives Strat Invst A	PASIX	**U**	(888) 793-8637	**U /**	4.68	8.78	15.98 /32	--	--	0.45	2.58
GR	UBS PACE Alternatives Strat Invst P	PASPX	**U**	(888) 793-8637	**U /**	4.77	8.86	16.28 /34	--	--	0.56	2.33
EM	UBS PACE Intertl Emg Mkts Eq Inve	PWEAX	**C+**	(888) 793-8637	**A+ / 9.7**	15.72	17.69	46.24 /98	34.89 /97	26.08 /97	0.80	1.97
EM	UBS PACE Intertl Emg Mkts Eq Inve	PWEBX	**C+**	(888) 793-8637	**A+ / 9.7**	15.48	17.21	45.02 /98	33.72 /97	24.97 /96	0.10	2.86
EM	UBS PACE Intertl Emg Mkts Eq Inve	PWECX	**C+**	(888) 793-8637	**A+ / 9.7**	15.53	17.27	45.16 /98	33.84 /97	25.06 /96	0.24	2.78
EM	UBS PACE Intertl Emg Mkts Eq Inve	PCEMX	**C+**	(888) 793-8637	**A+ / 9.8**	15.72	17.73	46.36 /98	34.96 /97	26.21 /97	0.85	1.98
EM	UBS PACE Intertl Emg Mkts Eq Inve	PWEYX	**A**	(888) 793-8637	**A+ / 9.8**	15.82	17.94	46.81 /98	35.44 /98	26.56 /97	1.14	1.56
FO	UBS PACE Intrntl Eq Inve A	PWGAX	**B+**	(888) 793-8637	**B+ / 8.9**	7.77	11.24	28.28 /90	22.76 /91	17.36 /86	1.43	1.65
FO	UBS PACE Intrntl Eq Inve B	PWGBX	**B+**	(888) 793-8637	**B+ / 8.9**	7.57	10.76	27.08 /88	21.56 /88	16.21 /82	0.51	2.45
FO	UBS PACE Intrntl Eq Inve C	PWGCX	**B+**	(888) 793-8637	**A- / 9.0**	7.56	10.81	27.26 /88	21.77 /88	16.39 /83	0.79	2.39
FO	UBS PACE Intrntl Eq Inve P	PCIEX	**B+**	(888) 793-8637	**A- / 9.2**	7.83	11.36	28.58 /91	23.12 /91	17.69 /87	1.74	1.17
FO	UBS PACE Intrntl Eq Inve Y	PWIYX	**B+**	(888) 793-8637	**A- / 9.2**	7.86	11.39	28.70 /91	23.25 /91	17.83 /87	1.82	1.40
GR	UBS PACE Large Co Gr Eq Inve A	PLAAX	**D**	(888) 793-8637	**D- / 1.3**	4.99	5.17	15.25 /27	9.10 /21	8.49 /18	0.00	1.35
GR	UBS PACE Large Co Gr Eq Inve B	PLABX	**D**	(888) 793-8637	**D- / 1.5**	4.78	4.72	14.27 /22	8.14 /15	7.57 /12	0.00	2.27
GR	UBS PACE Large Co Gr Eq Inve C	PLACX	**D**	(888) 793-8637	**D- / 1.5**	4.83	4.76	14.30 /22	8.19 /15	7.61 /12	0.00	2.12
GR	UBS PACE Large Co Gr Eq Inve P	PCLCX	**C-**	(888) 793-8637	**D+ / 2.3**	5.09	5.33	15.58 /29	9.44 /24	8.81 /21	0.20	1.05
GR	UBS PACE Large Co Gr Eq Inve Y	PLAYX	**C-**	(888) 793-8637	**D+ / 2.3**	5.12	5.36	15.73 /30	9.53 /24	8.92 /22	0.27	0.90
GI	UBS PACE Large Co Val Eq Inve A	PCPAX	**C+**	(888) 793-8637	**C+ / 5.8**	5.58	7.53	20.20 /61	15.50 /71	11.84 /52	0.85	1.27
GI	UBS PACE Large Co Val Eq Inve B	PCPBX	**C+**	(888) 793-8637	**C+ / 6.0**	5.29	6.98	19.03 /53	14.46 /65	10.88 /42	0.00	2.13
GI	UBS PACE Large Co Val Eq Inve C	PLVCX	**C+**	(888) 793-8637	**C+ / 6.2**	5.35	7.05	19.23 /54	14.59 /66	10.96 /43	0.14	2.06
GI	UBS PACE Large Co Val Eq Inve P	PCLVX	**C+**	(888) 793-8637	**B- / 7.0**	5.62	7.62	20.47 /63	15.77 /73	12.12 /55	1.15	0.99
GI	UBS PACE Large Co Val Eq Inve Y	PLVYX	**C+**	(888) 793-8637	**B- / 7.0**	5.61	7.65	20.56 /64	15.88 /73	12.23 /56	1.22	0.90
MC	UBS PACE Smal/Med Co Val Eq Inve	PEVAX	**E**	(888) 793-8637	**C / 4.6**	7.16	12.35	22.27 /74	11.94 /45	11.07 /44	0.00	1.30
MC	UBS PACE Smal/Med Co Val Eq Inve	PEVBX	**E**	(888) 793-8637	**C / 5.0**	6.97	11.92	21.21 /68	11.01 /36	10.16 /35	0.00	2.14
MC	UBS PACE Smal/Med Co Val Eq Inve	PEVCX	**E**	(888) 793-8637	**C / 5.1**	7.00	11.94	21.36 /69	11.08 /37	10.20 /35	0.00	2.08
MC	UBS PACE Smal/Med Co Val Eq Inve	PCSVX	**D-**	(888) 793-8637	**C+ / 6.0**	7.21	12.44	22.42 /75	12.10 /46	11.26 /46	0.00	1.17

● Denotes fund is closed to new investors
* Denotes fund is included in Section II

www.thestreet.com/ratings

I. Index of Stock Mutual Funds

Summer 2007

RISK			NET ASSETS		ASSET				Portfolio Turnover Ratio	BULL / BEAR		FUND MANAGER		MINIMUMS		LOADS	
Risk Rating/Pts	3 Year		NAV As of 6/30/07	Total $(Mil)	Cash %	Stocks %	Bonds %	Other %		Last Bull Market Return	Last Bear Market Return	Manager Quality Pct	Manager Tenure (Years)	Initial Purch. $	Additional Purch. $	Front End Load	Back End Load
	Standard Deviation	Beta															
U /	N/A	N/A	13.38	29	2	97	0	1	123.7	N/A	N/A	N/A	N/A	2,500	50	0.0	2.0
C / 5.3	14.8	1.04	62.57	627	14	85	0	1	77.9	180.2	-9.7	90	9	2,500	50	0.0	0.0
B- / 7.4	9.8	1.20	6.19	25	0	99	0	1	194.2	72.5	-10.3	6	7	2,500	50	0.0	0.0
C / 5.5	14.5	1.30	33.24	1,215	0	99	0	1	134.6	129.5	-10.7	12	11	2,500	50	0.0	0.0
C+ / 6.2	14.5	1.30	32.35	6	0	99	0	1	134.6	124.8	-10.7	10	11	2,500	50	0.0	0.0
D+ / 2.9	20.4	1.63	7.82	22	0	99	0	1	234.6	186.8	-18.5	7	7	2,500	50	0.0	2.0
C+ / 5.8	12.5	0.88	17.84	74	1	98	0	1	143.4	132.2	-6.9	42	5	2,500	50	0.0	2.0
C / 4.7	15.9	1.14	32.14	312	1	98	0	1	154.3	149.8	-11.5	30	N/A	2,500	50	0.0	0.0
B- / 7.9	7.0	0.56	34.23	8,696	2	92	5	1	13.0	152.1	-8.0	89	14	2,500	200	0.0	2.0
C+ / 6.9	6.1	0.78	25.92	533	3	91	4	2	9.0	74.0	-5.0	44	14	2,500	200	0.0	0.0
U /	N/A	N/A	11.42	2,170	8	86	5	1	0.8	N/A	N/A	N/A	2	1,000	100	5.5	1.0
U /	N/A	N/A	11.26	26	8	86	5	1	0.8	N/A	N/A	N/A	2	1,000	100	0.0	1.0
U /	N/A	N/A	11.26	581	8	86	5	1	0.8	N/A	N/A	N/A	2	1,000	100	0.0	1.0
U /	N/A	N/A	11.48	479	8	86	5	1	0.8	N/A	N/A	N/A	2	5,000,000	0	0.0	1.0
B / 8.1	5.4	1.12	14.81	3,094	3	75	20	2	37.0	91.3	-4.9	84	N/A	1,000	100	5.5	1.0
B / 8.3	5.4	1.12	14.52	139	3	75	20	2	37.0	84.9	-5.0	77	N/A	1,000	100	0.0	1.0
B / 8.3	5.4	1.12	14.48	1,275	3	75	20	2	37.0	85.0	-5.0	78	N/A	1,000	100	0.0	1.0
B / 8.1	5.4	1.12	15.04	648	3	75	20	2	37.0	93.4	-4.8	86	N/A	10,000,000	0	0.0	1.0
B- / 7.8	7.2	0.71	15.47	168	5	94	0	1	18.0	110.5	-9.9	27	N/A	1,000	100	5.5	1.0
B- / 7.8	7.3	0.72	15.11	7	5	94	0	1	18.0	103.7	-10.0	20	N/A	1,000	100	0.0	1.0
B- / 7.8	7.2	0.71	15.02	52	5	94	0	1	18.0	103.6	-10.0	22	N/A	1,000	100	0.0	1.0
B- / 7.9	7.2	0.71	15.78	180	5	94	0	1	18.0	113.1	-9.7	29	N/A	10,000,000	0	0.0	1.0
C+ / 6.3	8.7	0.92	12.99	27	7	92	0	1	31.0	144.6	-10.6	31	N/A	1,000	100	5.5	1.0
C+ / 6.3	8.7	0.92	12.81	1	7	92	0	1	31.0	136.8	-10.7	24	N/A	1,000	100	0.0	1.0
C+ / 6.3	8.7	0.92	12.70	3	7	92	0	1	31.0	136.7	-10.8	24	N/A	1,000	100	0.0	1.0
C+ / 6.3	8.7	0.92	13.07	173	7	92	0	1	31.0	146.7	-10.6	32	N/A	10,000,000	0	0.0	1.0
U /	N/A	N/A	11.40	54	20	79	0	1	54.0	N/A	N/A	N/A	1	1,000	100	5.5	1.0
U /	N/A	N/A	11.43	362	20	79	0	1	54.0	N/A	N/A	N/A	1	10,000	500	0.0	1.0
C- / 3.4	16.1	1.06	22.82	30	1	98	0	1	84.0	264.6	-8.7	11	7	1,000	100	5.5	1.0
C- / 3.4	16.1	1.06	21.86	1	1	98	0	1	84.0	251.7	-9.0	8	N/A	1,000	100	0.0	1.0
C- / 3.4	16.1	1.06	21.87	7	1	98	0	1	84.0	253.1	-9.0	8	7	1,000	100	0.0	1.0
C- / 3.4	16.1	1.06	23.04	361	1	98	0	1	84.0	266.1	-8.7	11	N/A	10,000	500	0.0	1.0
C+ / 5.9	16.1	1.06	23.14	27	1	98	0	1	84.0	272.7	-9.0	12	N/A	10,000,000	0	0.0	1.0
C+ / 6.2	9.5	1.02	21.78	135	1	98	0	1	52.0	182.9	-11.9	48	7	1,000	100	5.5	1.0
C+ / 6.3	9.6	1.03	21.31	1	1	98	0	1	52.0	170.9	-12.1	34	7	1,000	100	0.0	1.0
C+ / 6.2	9.5	1.02	21.33	9	1	98	0	1	52.0	172.8	-12.0	37	7	1,000	100	0.0	1.0
C+ / 6.2	9.6	1.03	21.77	1,189	1	98	0	1	52.0	186.0	-11.7	52	12	10,000	500	0.0	1.0
C+ / 6.2	9.5	1.02	21.81	68	1	98	0	1	52.0	187.6	-11.8	N/A	6	10,000,000	0	0.0	1.0
B- / 7.8	9.0	1.16	18.52	83	4	95	0	1	95.0	75.5	-8.7	18	N/A	1,000	100	5.5	1.0
B- / 7.9	9.0	1.16	17.54	1	4	95	0	1	95.0	69.1	-8.9	13	N/A	1,000	100	0.0	1.0
B- / 7.9	8.9	1.15	17.59	8	4	95	0	1	95.0	69.5	-9.0	13	N/A	1,000	100	0.0	1.0
B / 8.0	9.0	1.16	18.79	1,238	4	95	0	1	95.0	77.7	-8.7	20	N/A	10,000	500	0.0	1.0
B / 8.0	9.0	1.16	18.88	26	4	95	0	1	95.0	78.5	-8.7	20	N/A	10,000,000	0	0.0	1.0
C+ / 6.5	7.3	0.93	23.27	307	1	98	0	1	95.0	113.0	-7.3	90	N/A	1,000	100	5.5	1.0
C+ / 6.7	7.3	0.94	23.29	2	1	98	0	1	95.0	105.3	-7.5	86	N/A	1,000	100	0.0	1.0
C+ / 6.7	7.3	0.94	23.23	37	1	98	0	1	95.0	106.0	-7.5	86	N/A	1,000	100	0.0	1.0
C+ / 6.4	7.3	0.93	23.29	1,343	1	98	0	1	95.0	115.5	-7.3	91	N/A	10,000	500	0.0	1.0
C+ / 6.4	7.3	0.94	23.36	48	1	98	0	1	95.0	116.2	-7.2	91	N/A	10,000,000	0	0.0	1.0
D / 1.8	10.2	0.93	20.65	52	6	93	0	1	81.0	126.2	-10.5	28	7	1,000	100	5.5	1.0
D- / 1.3	10.2	0.93	19.34	1	6	93	0	1	81.0	118.3	-10.7	22	7	1,000	100	0.0	1.0
D- / 1.3	10.1	0.93	19.40	13	6	93	0	1	81.0	118.9	-10.7	22	7	1,000	100	0.0	1.0
D / 2.0	10.2	0.93	20.97	513	6	93	0	1	81.0	127.8	-10.5	29	12	10,000	500	0.0	1.0

www.thestreet.com/ratings

Data as of June 30, 2007

I. Index of Stock Mutual Funds

Summer 2007

99 Pct = Best
0 Pct = Worst

Fund Type	Fund Name	Ticker Symbol	Overall Investment Rating	Phone	Performance Rating/Pts	3 Mo	6 Mo	1Yr / Pct	3Yr / Pct (Annualized)	5Yr / Pct (Annualized)	Dividend Yield	Expense Ratio
MC	UBS PACE Smal/Med Co Val Eq Inve	PVEYX	D-	(888) 793-8637	C+ / 6.1	7.27	12.53	22.66 /76	12.30 /48	11.40 /48	0.00	0.97
MC	UBS PACE Smal/Med Comp Gr Eq	PQUAX	D-	(888) 793-8637	C / 5.2	8.92	14.44	21.56 /70	12.15 /47	11.90 /53	0.00	1.40
MC	UBS PACE Smal/Med Comp Gr Eq	PUMBX	D-	(888) 793-8637	C / 5.5	8.64	13.97	20.49 /63	11.12 /37	10.90 /42	0.00	2.27
MC	UBS PACE Smal/Med Comp Gr Eq	PUMCX	D	(888) 793-8637	C+ / 5.6	8.66	13.97	20.62 /64	11.25 /38	10.99 /43	0.00	2.13
MC	UBS PACE Smal/Med Comp Gr Eq	PCSGX	D+	(888) 793-8637	C+ / 6.5	8.95	14.52	21.76 /71	12.36 /49	12.14 /55	0.00	1.18
MC	UBS PACE Smal/Med Comp Gr Eq	PUMYX	C+	(888) 793-8637	C+ / 6.6	9.03	14.64	22.02 /73	12.57 /50	12.27 /56	0.00	1.13
GR	UBS S&P 500 Index Fund A	PSPIX	C-	(888) 793-8637	C- / 3.4	6.12	6.58	19.80 /58	10.98 /36	9.99 /33	1.10	0.82
GR	UBS S&P 500 Index Fund B	PWSBX	C-	(888) 793-8637	C- / 3.6	6.04	6.43	19.35 /55	10.54 /32	--	0.41	1.16
GR	UBS S&P 500 Index Fund C	PWSPX	C-	(888) 793-8637	C- / 3.2	5.88	6.20	18.87 /51	10.13 /29	9.16 /25	0.44	1.47
GR	UBS S&P 500 Index Fund C2	PWSDX	C-	(888) 793-8637	C- / 3.3	6.00	6.40	19.28 /54	10.53 /32	--	0.70	1.15
GR	UBS S&P 500 Index Fund Y	PSPYX	C	(888) 793-8637	C- / 4.1	6.16	6.74	20.05 /60	11.24 /38	10.25 /36	1.36	0.67
GI	UBS U.S. Equity Alpha Fund Class A	BEAAX	U	(888) 793-8637	U /	6.85	6.55	--	--	--	0.00	2.18
GI	UBS U.S. Equity Alpha Fund Class C	BEACX	U	(888) 793-8637	U /	6.68	6.19	--	--	--	0.00	2.95
AA	UBS US Allocation A	PWTAX	C	(888) 793-8637	D / 1.9	4.44	5.40	16.10 /33	10.71 /33	9.71 /30	1.98	0.94
AA	UBS US Allocation B	PWTBX	C	(888) 793-8637	D+ / 2.3	4.23	4.97	15.15 /27	9.81 /26	8.84 /21	1.02	1.74
AA	UBS US Allocation C	KPAAX	C	(888) 793-8637	D+ / 2.3	4.24	5.01	15.24 /27	9.88 /27	8.89 /22	1.40	1.68
AA	UBS US Allocation Y	PWTYX	C+	(888) 793-8637	C- / 3.2	4.54	5.55	16.49 /35	11.09 /37	10.08 /34	2.41	0.57
GI	UBS US Large Cap Eq A	BNEQX	C+	(888) 793-8637	C / 4.4	6.54	6.91	20.39 /63	13.26 /57	11.89 /52	0.44	1.30
GI	UBS US Large Cap Eq B	BNQBX	C+	(888) 793-8637	C / 4.9	6.39	6.49	19.50 /56	12.36 /49	11.04 /44	0.00	2.05
GI	UBS US Large Cap Eq C	BNQCX	C+	(888) 793-8637	C / 4.9	6.39	6.49	19.56 /56	12.41 /49	11.08 /44	0.00	2.05
GI	UBS US Large Cap Eq Y	BPEQX	B	(888) 793-8637	C+ / 5.9	6.61	7.04	20.73 /65	13.56 /59	12.22 /56	0.63	1.05
GR	UBS US Large Cap Growth Fund A	BNLGX	D+	(888) 793-8637	C- / 3.7	6.06	7.99	21.29 /69	11.50 /41	10.87 /42	0.04	2.33
GR	UBS US Large Cap Growth Fund B	BNWBX	C-	(888) 793-8637	C- / 4.1	5.88	7.66	20.42 /63	10.67 /33	10.04 /33	0.00	3.23
GR	UBS US Large Cap Growth Fund C	BNWCX	C-	(888) 793-8637	C- / 4.1	5.88	7.55	20.28 /62	10.72 /34	10.07 /34	0.00	3.12
GR	UBS US Large Cap Growth Fund Y	BLGIX	C	(888) 793-8637	C / 5.2	6.11	8.10	21.51 /70	11.80 /44	11.13 /45	0.17	2.10
SC	UBS US Small Cap Growth A	BNSCX	D-	(888) 793-8637	D+ / 2.7	4.52	9.48	14.18 /22	11.88 /44	12.23 /56	0.00	1.50
SC	UBS US Small Cap Growth B	BNMBX	D-	(888) 793-8637	C- / 3.2	4.31	9.08	13.31 /17	11.07 /36	11.40 /48	0.00	2.39
SC	UBS US Small Cap Growth C	BNMCX	D-	(888) 793-8637	C- / 3.2	4.32	9.10	13.33 /18	11.06 /36	11.39 /48	0.00	2.31
SC	UBS US Small Cap Growth Y	BISCX	D	(888) 793-8637	C / 4.3	4.60	9.64	14.54 /23	12.17 /47	12.50 /58	0.00	1.13
IN	UBS US Value Equity A	BNVAX	C-	(888) 793-8637	C+ / 5.9	5.62	6.87	21.20 /68	15.15 /70	13.07 /62	0.85	1.31
IN	UBS US Value Equity B	BNVBX	C-	(888) 793-8637	C+ / 6.0	5.41	6.38	20.21 /61	14.28 /64	12.20 /55	0.00	2.15
IN	UBS US Value Equity C	BNVCX	C-	(888) 793-8637	C+ / 6.3	5.35	6.43	20.24 /62	14.30 /64	12.22 /56	0.18	2.08
IN	UBS US Value Equity Y	BUSVX	C	(888) 793-8637	B- / 7.1	5.69	6.94	21.52 /70	15.47 /71	13.35 /65	1.12	1.06
GR	UMB Scout Growth Fd	UMBOX	E	(800) 996-2862	E+ / 0.8	6.43	7.38	12.54 /15	4.84 / 3	5.21 / 2	0.43	1.34
FO	UMB Scout Internl Fund	UMBWX	A-	(800) 996-2862	A- / 9.1	8.13	12.37	28.47 /90	22.71 /91	17.69 /87	1.22	1.03
MC	UMB Scout Mid Cap Fund	UMBMX	U	(800) 996-2862	U /	11.31	17.86	--	--	--	0.00	1.72
SC	UMB Scout Small Cap Fund	UMBHX	C	(800) 996-2862	C / 5.2	8.62	12.36	14.70 /24	12.67 /51	15.32 /78	0.00	1.06
GR	UMB Scout Stock Fund	UMBSX	E+	(800) 996-2862	C- / 3.1	6.20	6.28	13.52 /18	10.68 /33	8.56 /19	1.02	0.93
GR	Undiscovered Mgrs Behavior Gr A	UBGAX	D	(800) 358-4782	C+ / 6.2	12.51	18.22	23.99 /80	11.28 /39	15.07 /77	0.00	1.84
GR	Undiscovered Mgrs Behavior Gr B	UMGBX	D+	(800) 358-4782	C+ / 6.7	12.36	17.94	23.38 /78	10.74 /34	14.72 /74	0.00	2.33
GR	Undiscovered Mgrs Behavior Gr C	UBGCX	D+	(800) 358-4782	C+ / 6.7	12.36	17.89	23.38 /78	10.74 /34	14.72 /74	0.00	2.33
GR	Undiscovered Mgrs Behavior Gr Inst	UBRLX	C	(800) 358-4782	B- / 7.3	12.57	18.37	24.37 /81	11.66 /42	15.46 /79	0.00	1.41
GR	Undiscovered Mgrs Behavior Gr Inv	UBRRX	C-	(800) 358-4782	B- / 7.1	12.50	18.21	24.03 /80	11.31 /39	15.09 /77	0.00	1.67
GR	Undiscovered Mgrs Behavior Val A	UBVAX	C+	(800) 358-4782	C+ / 6.1	5.47	10.50	24.28 /81	14.06 /63	17.70 /87	0.00	1.84
GR	Undiscovered Mgrs Behavior Val B	UBVBX	B-	(800) 358-4782	C+ / 6.6	5.34	10.24	23.65 /79	13.51 /58	17.34 /86	0.00	2.34
GR	Undiscovered Mgrs Behavior Val C	UBVCX	B-	(800) 358-4782	C+ / 6.6	5.35	10.24	23.66 /79	13.51 /58	17.33 /86	0.00	2.34
GR	Undiscovered Mgrs Behavior Val Inst	UBVLX	C+	(800) 358-4782	B- / 7.1	5.56	10.62	24.54 /82	14.31 /64	17.85 /87	0.00	1.43
SC	● Undiscovered Mgrs Sm Cap Gr A	USRAX	E-	(800) 358-4782	D- / 1.2	8.37	7.74	18.11 /46	6.68 / 8	12.25 /56	0.00	1.64
SC	● Undiscovered Mgrs Sm Cap Gr Inst	USRLX	E	(800) 358-4782	D / 2.2	8.47	7.95	18.58 /49	7.10 /10	12.51 /58	0.00	1.24
GR	Unified Dreman Large Cap Val	DRLVX	C	(800) 408-4682	C / 5.5	6.41	5.00	18.84 /51	13.65 /59	--	1.17	2.77
MC	Unified Dreman Mid Cap Val	DRMVX	B	(800) 408-4682	B+ / 8.5	7.72	12.93	23.38 /78	19.10 /83	--	0.39	9.38
SC	Unified Dreman Small Cap Val	DRSVX	B	(800) 408-4682	B+ / 8.7	6.15	8.78	20.44 /63	21.78 /89	--	0.23	3.55

● Denotes fund is closed to new investors
* Denotes fund is included in Section II

Summer 2007

I. Index of Stock Mutual Funds

RISK			NET ASSETS		ASSET				Portfolio	BULL / BEAR		FUND MANAGER		MINIMUMS		LOADS	
	3 Year		NAV							Last Bull	Last Bear	Manager	Manager	Initial	Additional	Front	Back
Risk	Standard		As of	Total	Cash	Stocks	Bonds	Other	Turnover	Market	Market	Quality	Tenure	Purch.	Purch.	End	End
Rating/Pts	Deviation	Beta	6/30/07	$(Mil)	%	%	%	%	Ratio	Return	Return	Pct	(Years)	$	$	Load	Load
D / 2.1	10.2	0.93	21.11	6	6	93	0	1	81.0	129.4	-10.5	31	7	10,000,000	0	0.0	1.0
C- / 3.5	13.1	1.16	17.83	52	2	97	0	1	134.0	105.0	-9.5	13	7	1,000	100	5.5	1.0
C- / 3.1	13.1	1.16	16.72	N/A	2	97	0	1	134.0	97.3	-9.7	9	7	1,000	100	0.0	1.0
C- / 3.1	13.1	1.16	16.81	7	2	97	0	1	134.0	98.2	-9.7	10	7	1,000	100	0.0	1.0
C- / 3.6	13.1	1.16	18.14	512	2	97	0	1	134.0	106.9	-9.5	14	12	10,000	500	0.0	1.0
C+ / 6.9	13.1	1.16	18.24	6	2	97	0	1	134.0	108.2	-9.5	15	7	10,000,000	0	0.0	1.0
B- / 7.1	7.3	1.00	17.50	142	N/A	99	0	N/A	1.0	91.3	-9.9	44	10	1,000	100	2.5	1.0
B- / 7.1	7.3	1.00	17.39	3	N/A	99	0	N/A	1.0	N/A	N/A	39	N/A	1,000	100	0.0	1.0
B- / 7.0	7.4	1.00	17.29	31	N/A	99	0	N/A	1.0	85.3	-10.0	34	9	1,000	100	0.0	1.0
B- / 7.1	7.3	1.00	17.30	5	N/A	99	0	N/A	1.0	N/A	N/A	39	N/A	1,000	100	1.0	1.0
B- / 7.1	7.3	1.00	17.59	37	N/A	99	0	N/A	1.0	93.2	-9.9	48	10	10,000,000	0	0.0	1.0
U /	N/A	N/A	11.55	188	N/A	N/A	0	N/A	46.0	N/A	N/A	N/A	N/A	1,000	100	5.5	1.0
U /	N/A	N/A	11.50	43	N/A	N/A	0	N/A	46.0	N/A	N/A	N/A	N/A	1,000	100	0.0	1.0
B+ / 9.8	5.0	1.08	33.17	476	2	65	31	2	82.0	88.7	-9.9	73	14	1,000	100	5.5	1.0
B+ / 9.8	5.0	1.09	32.53	36	2	65	31	2	82.0	82.3	-10.1	63	11	1,000	100	0.0	1.0
B+ / 9.6	5.0	1.08	32.46	217	2	65	31	2	82.0	82.8	-10.1	64	15	1,000	100	0.0	1.0
B+ / 9.6	5.0	1.08	33.65	61	2	65	31	2	82.0	91.5	-9.9	77	14	10,000,000	0	0.0	1.0
B / 8.1	7.0	0.91	21.19	158	1	98	0	1	18.0	108.9	-9.6	80	10	1,000	100	5.5	1.0
B / 8.1	7.0	0.91	20.66	1	1	98	0	1	18.0	101.9	-9.7	71	6	1,000	100	0.0	1.0
B / 8.1	7.0	0.91	20.66	11	1	98	0	1	18.0	102.5	-9.8	72	6	1,000	100	0.0	1.0
B / 8.1	7.0	0.91	21.44	833	1	98	0	1	18.0	111.5	-9.5	82	13	10,000,000	0	0.0	1.0
C+ / 6.2	10.7	1.32	10.68	10	2	97	0	1	67.0	94.1	-8.4	24	N/A	1,000	100	5.5	0.0
C+ / 6.1	10.8	1.32	10.26	N/A	2	97	0	1	67.0	88.1	-8.6	19	N/A	1,000	100	0.0	0.0
C+ / 6.1	10.7	1.32	10.26	1	2	97	0	1	67.0	88.3	-8.4	19	N/A	1,000	100	0.0	0.0
C+ / 6.2	10.8	1.33	10.94	63	2	97	0	1	67.0	96.5	-8.4	26	N/A	10,000,000	0	0.0	0.0
C / 5.0	13.1	0.94	15.94	150	0	99	0	1	22.0	116.3	-10.8	40	N/A	1,000	100	5.5	1.0
C / 5.0	13.1	0.94	15.25	2	0	99	0	1	22.0	109.7	-11.1	33	N/A	1,000	100	0.0	1.0
C / 5.0	13.1	0.94	15.23	8	0	99	0	1	22.0	109.4	-11.0	32	N/A	1,000	100	0.0	1.0
C / 5.0	13.1	0.94	16.38	306	0	99	0	1	22.0	118.5	-10.8	45	N/A	5,000,000	0	0.0	0.0
C / 4.6	6.4	0.80	11.66	117	2	97	0	1	20.0	120.2	-8.1	93	6	1,000	100	5.5	1.0
C / 4.8	6.4	0.79	11.50	1	2	97	0	1	20.0	112.9	-8.3	90	6	1,000	100	0.0	1.0
C / 4.8	6.3	0.79	11.42	16	2	97	0	1	20.0	113.0	-8.3	90	6	1,000	100	0.0	0.0
C / 4.5	6.4	0.80	11.71	9	2	97	0	1	20.0	122.5	-8.1	94	6	10,000,000	0	0.0	0.0
C / 5.4	8.5	1.09	9.58	22	1	98	0	1	73.0	54.3	-8.5	5	2	1,000	100	0.0	0.0
C+ / 6.5	10.1	1.06	36.34	3,404	3	96	0	1	23.0	165.5	-7.2	39	14	1,000	100	0.0	2.0
U /	N/A	N/A	12.01	30	4	95	0	1	72.0	N/A	N/A	N/A	1	1,000	100	0.0	2.0
C+ / 6.2	12.5	0.86	18.91	719	8	91	0	1	64.0	134.3	-1.4	62	N/A	1,000	100	0.0	2.0
C / 4.3	7.7	0.98	15.22	93	0	98	0	2	49.0	79.0	-7.9	42	6	1,000	100	0.0	0.0
C- / 3.2	17.4	1.84	27.70	3	N/A	100	0	N/A	97.0	126.3	-8.7	6	3	1,000	25	5.3	0.0
C- / 3.2	17.4	1.84	27.28	1	N/A	100	0	N/A	97.0	122.9	-8.7	5	3	1,000	25	0.0	0.0
C- / 3.2	17.4	1.84	27.28	1	N/A	100	0	N/A	97.0	122.9	-8.7	5	3	1,000	25	0.0	0.0
C- / 3.9	17.4	1.84	28.48	114	N/A	100	0	N/A	97.0	129.4	-8.6	6	10	3,000,000	0	0.0	0.0
C- / 3.9	17.4	1.83	27.72	11	N/A	100	0	N/A	97.0	126.5	-8.7	6	9	10,000	25	0.0	0.0
B- / 7.1	12.7	1.48	35.47	43	4	95	0	1	34.0	199.1	-14.9	34	3	1,000	25	5.3	0.0
B- / 7.1	12.7	1.47	34.89	5	4	95	0	1	34.0	194.7	-14.9	29	3	1,000	25	0.0	0.0
B- / 7.1	12.7	1.47	34.88	25	4	95	0	1	34.0	194.6	-14.9	29	3	1,000	25	0.0	0.0
C+ / 5.8	12.7	1.47	35.72	129	4	95	0	1	34.0	200.9	-14.9	37	9	3,000,000	0	0.0	0.0
D / 2.0	19.7	1.36	11.00	N/A	0	99	0	1	97.0	120.8	-21.5	2	3	1,000	25	5.3	0.0
C- / 3.0	19.8	1.37	11.14	285	0	99	0	1	97.0	123.3	-21.5	2	5	3,000,000	0	0.0	0.0
C+ / 6.7	7.0	0.79	14.28	10	10	89	0	1	20.4	N/A	N/A	88	N/A	2,500	1,000	0.0	1.0
C+ / 5.9	9.8	0.85	14.24	3	6	93	0	1	52.5	N/A	N/A	94	N/A	2,500	1,000	0.0	1.0
C / 5.5	13.2	0.89	19.33	42	20	79	0	1	77.4	N/A	N/A	98	N/A	2,500	1,000	0.0	1.0

www.thestreet.com/ratings

Data as of June 30, 2007

I. Index of Stock Mutual Funds

Summer 2007

99 Pct = Best
0 Pct = Worst

Fund Type	Fund Name	Ticker Symbol	Overall Investment Rating	Phone	Performance Rating/Pts	3 Mo	6 Mo	1Yr / Pct	3Yr / Pct	5Yr / Pct	Dividend Yield	Expense Ratio
GR	Unified Srs Tr Marathon Val port	MVPFX	C+	(800) 408-4682	C- / 3.4	4.72	7.05	16.97 /38	10.68 /33	11.25 /46	0.67	1.27
IX	United Assoc S&P 500 Index I	UASPX	C+	(888) 766-8043	C / 4.8	6.26	6.87	20.45 /63	11.63 /42	10.62 /40	1.72	0.17
EM	Universal Inst Emer Markets Eqty I	UEMEX	A-	(800) 869-6397	A+ / 9.9	14.50	17.20	48.52 /98	39.71 /98	28.63 /98	0.55	2.97
EM	Universal Inst Emer Markets Eqty II	UEMBX	A-	(800) 869-6397	A+ / 9.9	14.51	17.21	48.56 /98	39.70 /98	--	0.54	1.98
IN	Universal Inst Eq & Inc II	UEIIX	B-	(800) 869-6397	C- / 3.9	5.41	5.98	16.75 /36	11.55 /41	--	1.01	1.08
GL	Universal Inst Global II	UGIIX	A+	(800) 869-6397	B / 7.6	3.36	9.21	22.89 /77	16.70 /77	--	1.18	1.54
GL	Universal Inst Global Value Equity	UGEPX	A	(800) 869-6397	B- / 7.5	7.65	10.19	25.44 /84	14.76 /67	10.98 /43	0.01	1.05
FO	Universal Inst Intl Magnum	UIMPX	A+	(800) 869-6397	B+ / 8.9	7.41	11.78	29.04 /91	20.50 /86	14.58 /73	0.08	1.18
MC	Universal Inst Mid Cap Gr 1	UMGPX	B	(800) 869-6397	B / 8.0	9.04	12.10	18.51 /49	17.40 /79	15.95 /81	0.00	1.06
SC	Universal Inst Small Comp Grwth II	USIIX	C-	(800) 869-6397	C / 4.9	3.88	5.85	14.94 /26	13.65 /59	--	0.00	1.36
MC	Universal Inst US MidCap Value II	UMCCX	A+	(800) 869-6397	B+ / 8.6	8.73	11.33	28.58 /91	18.32 /81	--	0.18	1.36
RE	Universal Inst US Real Estate I	UUSRX	A	(800) 869-6397	B+ / 8.8	-7.49	-3.30	16.30 /34	25.74 /94	21.36 /93	1.00	1.01
RE	Universal Inst US Real Estate II	USRBX	A-	(800) 869-6397	B+ / 8.8	-7.57	-3.44	15.98 /32	25.41 /94	--	0.88	1.36
GR	Universal Inst Value	UVAPX	B	(800) 869-6397	C+ / 5.6	5.34	6.12	19.27 /54	13.44 /58	11.79 /52	1.54	0.93
EM	US Global Accolade East European	EUROX	C-	(800) 873-8637	A+ / 9.8	7.12	11.15	41.60 /97	40.27 /99	41.75 /99	1.56	1.99
GR	US Global Accolade Holmes Growth	ACBGX	C+	(800) 873-8637	C+ / 6.8	12.19	16.92	16.60 /36	14.60 /66	9.81 /31	0.00	1.74
GL	US Global Accolade MegaTrends	MEGAX	C-	(800) 873-8637	C- / 3.6	8.54	8.22	13.78 /20	10.70 /33	10.89 /42	0.00	2.61
GR	US Global Inv All American Equity	GBTFX	C	(800) 873-8637	B- / 7.3	10.09	13.64	19.59 /57	14.38 /65	9.73 /30	0.00	2.31
GL	US Global Inv China Region Opport	USCOX	A	(800) 873-8637	A+ / 9.7	20.10	19.64	46.51 /98	31.67 /97	25.22 /96	1.25	2.51
EN	US Global Inv Global Resources	PSPFX	C-	(800) 873-8637	A+ / 9.8	15.76	19.27	20.94 /66	42.36 /99	38.46 /99	4.51	1.03
PM	US Global Inv Gold Shares	USERX	C	(800) 873-8637	A- / 9.0	-2.28	-6.72	-3.23 / 0	29.63 /96	23.71 /95	0.00	1.66
PM	US Global Inv World Prec Minerals	UNWPX	C	(800) 873-8637	A+ / 9.6	4.15	3.96	11.48 /12	36.59 /98	30.95 /98	5.01	1.23
AG	USAA Aggressive Growth Fund	USAUX	D-	(800) 382-8722	D+ / 2.8	5.81	6.42	13.87 /20	10.20 /29	8.78 /21	0.00	1.06
BA	USAA Balanced Strategy	USBSX	D	(800) 382-8722	D- / 1.2	3.28	5.03	12.95 /16	7.45 /11	7.84 /14	2.24	1.29
GR	USAA Capital Growth	USCGX	B+	(800) 382-8722	B+ / 8.3	6.29	10.26	26.72 /87	17.56 /79	18.34 /89	0.49	1.58
GL	USAA Cornerstone Strategy Fund	USCRX	C-	(800) 382-8722	C- / 3.5	3.79	5.85	17.52 /42	11.13 /37	10.60 /40	1.74	1.19
EM	USAA Emerging Markets	USEMX	B	(800) 382-8722	A+ / 9.7	14.63	16.51	42.06 /97	33.13 /97	26.78 /97	0.92	1.61
GR	USAA Extended Market Index	USMIX	B+	(800) 382-8722	B- / 7.1	5.14	9.09	19.47 /56	15.63 /72	15.91 /81	0.93	0.50
GR	USAA First Start Growth Fund	UFSGX	D-	(800) 382-8722	D- / 1.5	3.80	4.90	12.91 /16	8.20 /16	7.29 /10	0.98	2.21
GI	USAA Growth & Income Fund	USGRX	C	(800) 382-8722	C / 5.1	7.21	10.30	20.59 /64	11.23 /38	10.66 /40	0.59	1.01
AA	USAA Growth & Tax Strategy	USBLX	D-	(800) 382-8722	D / 1.6	2.70	3.30	11.62 /12	9.36 /23	8.41 /18	2.47	0.83
GR	USAA Growth Fund	USAAX	E+	(800) 382-8722	D / 2.2	5.48	7.22	14.07 /21	8.95 /20	7.96 /15	0.02	1.23
IN	USAA Income Stock Fund	USISX	C-	(800) 382-8722	C / 5.0	4.76	4.96	19.52 /56	12.86 /53	9.75 /30	1.62	0.83
FO	USAA International Fund	USIFX	B+	(800) 382-8722	B+ / 8.7	5.15	8.81	24.35 /81	20.85 /86	16.87 /84	1.78	1.21
GR	USAA Nasdaq 100 Index	USNQX	D+	(800) 382-8722	C- / 3.4	8.91	9.91	22.50 /75	8.02 /14	12.41 /57	0.00	1.12
PM	USAA Precious Metals & Minerals Fd	USAGX	C	(800) 382-8722	A / 9.5	-0.98	2.20	14.62 /24	30.89 /96	27.71 /97	2.52	1.21
IX	USAA S&P 500 Index Members	USSPX	C+	(800) 382-8722	C / 4.7	6.25	6.91	20.37 /62	11.47 /41	10.43 /38	1.61	0.35
IX	USAA S&P 500 Index Reward	USPRX	B-	(800) 382-8722	C / 4.8	6.28	6.91	20.49 /63	11.57 /41	10.57 /39	1.71	0.21
TC	USAA Science & Technology Fund	USSCX	C-	(800) 382-8722	C / 5.3	9.72	10.19	22.57 /75	10.57 /32	13.38 /65	0.00	1.55
SC	USAA Small Cap Stock Fund	USCAX	B-	(800) 382-8722	B- / 7.3	5.56	10.57	21.01 /67	15.46 /71	13.37 /65	0.13	1.30
GR	USAA Value Fund	UVALX	A+	(800) 382-8722	B- / 7.3	5.68	8.66	21.30 /69	15.68 /72	12.46 /57	0.93	1.26
GL	USAA World Growth Fund	USAWX	B+	(800) 382-8722	B / 7.7	5.50	7.57	22.29 /74	16.97 /77	14.30 /72	1.81	1.26
AA	Utopia Core Conservative	UTCCX	U	(888) 886-7423	U /	5.04	7.24	12.95 /16	--	--	1.44	1.95
AA	Utopia Core Fund	UTCRX	U	(888) 886-7423	U /	6.23	8.83	16.26 /33	--	--	1.24	1.93
GR	Utopia Growth Fund	UTGRX	U	(888) 886-7423	U /	7.62	10.42	19.26 /54	--	--	0.99	2.03
AA	Utopia Yield Income Fund	UTYIX	U	(888) 886-7423	U /	3.88	5.57	10.89 /10	--	--	1.73	2.05
GR	Valley Forge Fund	VAFGX	C-	(800) 548-1942	D+ / 2.8	6.69	8.93	18.76 /50	8.47 /17	7.30 /10	2.51	1.27
AA	Value Line Asset Allocation	VLAAX	C-	(800) 223-0818	C / 4.4	5.94	10.62	14.04 /21	11.89 /44	10.06 /34	0.67	1.17
CV	Value Line Convertible Fund	VALCX	D	(800) 223-0818	D / 2.0	4.40	7.60	14.26 /22	8.59 /18	8.45 /18	2.05	1.64
SC	Value Line Emerging Opportunities	VLEOX	C+	(800) 223-0818	C+ / 6.9	8.11	13.00	16.27 /34	14.47 /65	13.04 /62	0.00	1.16
GI	Value Line Fund	VLIFX	E	(800) 223-0818	C- / 3.6	6.67	10.26	11.77 /13	11.82 /44	7.17 / 9	0.00	1.12
GI	Value Line Income & Growth Fund	VALIX	C-	(800) 223-0818	C- / 4.1	4.42	7.20	14.59 /24	12.40 /49	11.76 /51	2.32	1.07

● Denotes fund is closed to new investors
* Denotes fund is included in Section II

www.thestreet.com/ratings

I. Index of Stock Mutual Funds

Summer 2007

RISK			NET ASSETS		ASSET				Portfolio Turnover Ratio	BULL / BEAR		FUND MANAGER		MINIMUMS		LOADS	
	3 Year		NAV As of 6/30/07	Total $(Mil)	Cash %	Stocks %	Bonds %	Other %		Last Bull Market Return	Last Bear Market Return	Manager Quality Pct	Manager Tenure (Years)	Initial Purch. $	Additional Purch. $	Front End Load	Back End Load
Risk Rating/Pts	Standard Deviation	Beta															
B+ / 9.2	6.7	0.84	16.85	28	2	82	14	2	29.0	90.9	-5.6	58	7	2,500	100	0.0	0.0
B / 8.6	7.3	1.00	10.87	270	2	97	0	1	13.0	96.1	-9.7	N/A	N/A	500,000	0	0.0	0.0
C+ / 5.7	16.9	1.11	22.90	927	0	98	0	2	77.0	296.9	-8.2	21	11	0	0	0.0	0.0
C+ / 5.7	16.9	1.11	22.88	286	0	98	0	2	77.0	295.5	N/A	21	4	0	0	0.0	0.0
B+ / 9.8	5.1	0.64	15.78	679	6	65	28	1	56.0	N/A	N/A	83	N/A	0	0	0.0	0.0
B / 8.7	6.7	0.54	19.69	192	2	97	0	1	28.0	N/A	N/A	85	N/A	0	0	0.0	0.0
B / 8.4	7.7	0.76	18.71	126	0	98	0	2	26.0	124.9	-12.7	24	10	0	0	0.0	0.0
B / 8.2	9.3	0.98	15.94	230	10	89	0	1	80.0	149.1	-10.3	32	10	0	0	0.0	0.0
C+ / 6.6	13.0	1.17	13.99	130	6	93	0	1	65.0	159.1	-8.8	56	N/A	0	0	0.0	0.0
C+ / 6.0	14.2	0.99	18.99	59	1	98	0	1	68.0	N/A	N/A	58	N/A	0	0	0.0	0.0
B / 8.3	9.0	0.78	21.91	133	4	95	0	1	65.0	N/A	N/A	94	N/A	0	0	0.0	0.0
C+ / 6.9	14.3	0.97	28.39	1,415	1	98	0	1	25.0	225.2	-0.3	96	5	0	0	0.0	0.0
C+ / 6.9	14.3	0.97	28.10	1,342	1	98	0	1	25.0	221.9	-0.4	96	5	0	0	0.0	0.0
B+ / 9.1	6.8	0.84	15.78	73	2	97	0	1	23.0	121.4	-10.0	85	N/A	0	0	0.0	0.0
E+ / 0.9	23.9	1.39	50.55	1,460	7	92	0	1	68.0	377.9	-0.2	1	7	5,000	50	0.0	2.0
C+ / 5.7	13.0	1.39	21.63	62	11	88	0	1	290.0	90.3	-9.4	49	N/A	5,000	50	0.0	0.3
B- / 7.1	8.0	0.67	11.19	15	1	98	0	1	75.0	94.5	-2.6	11	16	5,000	50	0.0	0.3
C / 4.6	11.8	1.22	28.58	22	10	89	0	1	156.0	97.9	-6.6	64	14	5,000	50	0.0	0.1
C+ / 6.1	15.5	1.33	12.55	79	6	93	0	1	103.0	237.5	-1.3	73	N/A	5,000	50	0.0	1.0
E+ / 0.9	23.0	1.07	17.70	1,160	10	89	0	1	72.0	415.2	25.3	96	15	5,000	50	0.0	0.3
D+ / 2.5	28.9	1.40	14.99	223	22	77	0	1	33.0	210.0	25.0	91	N/A	5,000	50	0.0	0.5
D / 1.8	28.4	1.36	28.34	999	15	84	0	1	28.0	306.9	32.1	99	N/A	5,000	50	0.0	0.5
C+ / 5.7	9.8	1.16	35.13	1,250	2	98	0	0	27.3	84.3	-7.0	25	5	3,000	50	0.0	0.0
B- / 7.6	5.1	1.12	15.46	654	2	60	36	2	101.9	56.8	-5.1	32	3	3,000	50	0.0	0.0
B- / 7.1	13.2	1.48	9.46	505	2	96	0	2	82.2	173.9	-8.4	74	N/A	3,000	50	0.0	0.0
B- / 7.0	6.1	1.28	28.24	2,185	2	70	26	2	69.2	84.7	-6.6	67	N/A	3,000	50	0.0	0.0
C / 4.7	15.6	1.03	23.50	464	2	96	0	2	68.7	267.0	-6.1	9	5	3,000	50	0.0	0.0
B- / 7.8	10.9	1.30	14.52	312	6	92	0	2	17.7	148.7	-8.7	70	N/A	3,000	50	0.0	0.0
C+ / 6.9	9.1	1.05	10.92	227	2	68	28	2	226.8	71.6	-7.0	18	N/A	3,000	20	0.0	0.0
C+ / 6.2	8.7	1.11	19.92	1,588	0	98	0	2	179.3	95.6	-10.6	36	N/A	3,000	50	0.0	0.0
C+ / 6.9	4.9	1.04	14.49	199	0	50	50	0	111.0	54.8	-2.5	60	8	3,000	50	0.0	0.0
C / 5.3	11.2	1.36	16.24	900	2	98	0	0	54.2	72.3	-8.2	10	N/A	3,000	50	0.0	0.0
C+ / 6.0	7.7	0.99	17.57	2,431	0	90	0	2	107.7	101.4	-8.4	69	N/A	3,000	50	0.0	0.0
C+ / 6.6	8.8	0.92	29.38	1,522	2	98	0	0	19.0	160.8	-7.5	51	N/A	3,000	50	0.0	0.0
C+ / 6.4	14.3	1.68	5.99	130	0	98	0	2	14.8	87.0	-9.6	3	2	3,000	50	0.0	0.0
D+ / 2.5	24.8	1.23	28.39	789	4	94	0	2	7.1	234.6	14.4	97	13	3,000	50	0.0	0.0
B / 8.7	7.3	1.00	22.52	2,392	2	98	0	0	6.1	94.3	-9.8	51	2	3,000	50	0.0	0.0
B+ / 9.0	7.3	1.00	22.52	1,037	2	98	0	0	1.0	95.4	-9.8	52	2	100,000	50	0.0	0.0
C / 4.9	13.8	1.56	12.76	374	0	98	0	2	105.0	112.3	-12.3	9	N/A	3,000	50	0.0	0.0
C+ / 6.3	11.6	0.84	16.32	537	2	96	0	2	65.9	123.7	-6.7	87	N/A	3,000	50	0.0	0.0
B+ / 9.0	7.4	0.93	16.18	498	4	96	0	0	12.0	117.9	-5.1	91	N/A	3,000	50	0.0	0.0
B- / 7.1	7.2	0.71	21.47	564	2	98	0	0	44.0	133.7	-9.0	54	5	3,000	50	0.0	0.0
U /	N/A	N/A	11.25	73	8	48	39	5	40.9	N/A	N/A	N/A	2	500	25	0.0	0.0
U /	N/A	N/A	11.59	99	10	66	19	5	63.7	N/A	N/A	N/A	2	500	25	0.0	0.0
U /	N/A	N/A	11.87	33	14	78	5	3	53.2	N/A	N/A	N/A	2	500	25	0.0	0.0
U /	N/A	N/A	10.99	33	18	37	40	5	50.4	N/A	N/A	N/A	2	500	25	0.0	0.0
B- / 7.8	9.2	1.06	10.37	10	52	47	0	1	10.3	66.1	-8.2	18	36	1,000	100	0.0	0.0
C+ / 6.7	7.5	1.36	22.82	135	6	79	14	1	36.0	84.4	-4.6	71	N/A	1,000	100	0.0	0.0
B- / 7.4	6.5	1.03	13.81	34	4	18	0	78	118.0	54.8	-1.2	67	N/A	1,000	250	0.0	0.0
C+ / 6.6	11.7	0.84	34.94	889	7	92	0	1	24.0	120.6	-5.2	82	N/A	1,000	100	0.0	0.0
D+ / 2.7	14.0	1.57	13.76	204	2	97	0	1	224.0	70.8	-6.0	14	N/A	1,000	100	0.0	0.0
C+ / 6.3	6.0	0.70	9.04	383	11	58	25	6	62.0	92.1	-3.6	85	N/A	1,000	100	0.0	0.0

www.thestreet.com/ratings

Data as of June 30, 2007

I. Index of Stock Mutual Funds

Summer 2007

						PERFORMANCE						
	99 Pct = Best					Perfor-	Total Return % through 6/30/07					Incl. in Returns
	0 Pct = Worst			Overall		mance				Annualized		Dividend Expense
Fund			Ticker	Investment		Rating/Pts	3 Mo	6 Mo	1Yr / Pct	3Yr / Pct	5Yr / Pct	Yield Ratio
Type	Fund Name		Symbol	Rating	Phone							
GR	Value Line Larger Companies Fd		VALLX	E+	(800) 223-0818	C+ / 5.8	8.50	9.31	16.79 /37	13.03 /54	7.36 /10	0.00 1.30
GR	Value Line Premier Growth		VALSX	B-	(800) 223-0818	B- / 7.3	8.15	13.19	17.70 /43	15.23 /70	13.63 /67	0.00 1.18
EM	Van Eck Emerging Mkts A		GBFAX	B+	(800) 221-2220	A+ / 9.9	17.94	25.32	57.01 /99	43.37 /99	32.21 /99	0.00 1.96
EM	Van Eck Emerging Mkts C		EMRCX	B+	(800) 221-2220	A+ / 9.9	17.72	24.75	55.71 /99	42.63 /99	--	0.00 2.74
EN	Van Eck Global Hard Assets A		GHAAX	B-	(800) 221-2220	A+ / 9.8	13.90	22.06	30.04 /92	38.88 /98	28.46 /98	0.00 1.61
EN	Van Eck Global Hard Assets C		GHACX	B-	(800) 221-2220	A+ / 9.8	13.68	21.60	29.11 /91	37.98 /98	27.41 /97	0.00 2.24
PM	Van Eck Intl Investors Gold A		INIVX	D+	(800) 221-2220	A / 9.4	1.11	2.12	13.72 /19	32.34 /97	24.36 /96	2.23 1.57
PM	Van Eck Intl Investors Gold C		IIGCX	D+	(800) 221-2220	A / 9.5	0.95	1.73	12.92 /16	31.58 /97	--	2.41 2.22
MC	● Van Eck Mid Cap Value A		CHGIX	C-	(800) 221-2220	C- / 3.1	3.21	8.02	16.69 /36	12.34 /49	12.06 /54	0.00 2.58
AG	Van Kampen Aggressive Growth A		VAGAX	D	(800) 421-5666	C- / 3.7	8.40	12.61	15.40 /28	11.54 /41	11.24 /46	0.00 1.37
AG	Van Kampen Aggressive Growth B		VAGBX	D	(800) 421-5666	C- / 4.2	8.28	12.24	14.53 /23	10.69 /33	10.39 /37	0.00 2.12
AG	Van Kampen Aggressive Growth C		VAGCX	D	(800) 421-5666	C- / 4.1	8.19	12.14	14.49 /23	10.66 /33	10.38 /37	0.00 2.13
AG	Van Kampen Aggressive Growth I		VAGDX	D+	(800) 421-5666	C / 5.3	8.51	12.78	15.69 /30	11.80 /44	11.51 /49	0.00 1.10
IN	Van Kampen American Franchise A		VAFAX	U	(800) 421-5666	U /	3.37	4.57	16.70 /36	--	--	0.76 1.46
IN	Van Kampen American Franchise B		VAFBX	U	(800) 421-5666	U /	3.24	4.19	15.78 /31	--	--	0.49 2.21
IN	Van Kampen American Franchise C		VAFCX	U	(800) 421-5666	U /	3.15	4.19	15.76 /30	--	--	0.55 2.21
IN	Van Kampen American Franchise I		VAFIX	U	(800) 421-5666	U /	3.44	4.64	16.87 /37	--	--	0.90 2.42
SC	Van Kampen American Value A		MSAVX	A	(800) 421-5666	B / 8.2	8.62	11.21	28.00 /90	18.07 /81	15.54 /79	0.27 1.29
SC	Van Kampen American Value B		MGAVX	A+	(800) 421-5666	B+ / 8.4	8.44	10.84	27.10 /88	17.55 /79	14.89 /75	0.20 2.04
SC	Van Kampen American Value C		MSVCX	A+	(800) 421-5666	B+ / 8.3	8.42	10.82	27.06 /88	17.20 /78	14.82 /75	0.20 2.04
GR	Van Kampen Asset Allocation Gr FD		VKAAX	U	(800) 421-5666	U /	5.32	7.79	--	--	--	0.00 0.90
* GI	Van Kampen Comstock A		ACSTX	C	(800) 421-5666	C- / 3.8	5.20	6.27	18.88 /51	12.88 /53	12.31 /56	1.71 0.80
GI	Van Kampen Comstock B		ACSWX	C+	(800) 421-5666	C / 4.3	5.00	5.87	17.95 /45	12.02 /46	11.47 /48	1.13 1.56
GI	Van Kampen Comstock C		ACSYX	C+	(800) 421-5666	C / 4.3	5.00	5.87	17.94 /44	12.01 /45	11.47 /48	1.13 1.56
GI	Van Kampen Comstock I		ACSDX	U	(800) 421-5666	U /	5.21	6.40	19.11 /53	--	--	2.04 0.56
GI	Van Kampen Comstock R		ACSRX	C+	(800) 421-5666	C / 4.9	5.08	6.14	18.52 /49	12.57 /50	--	1.58 1.06
EM	Van Kampen Emerging Markets A		MSRAX	C+	(800) 421-5666	A+ / 9.8	14.19	16.90	47.70 /98	39.15 /98	29.56 /98	0.13 2.14
EM	Van Kampen Emerging Markets B		MSRBX	C+	(800) 421-5666	A+ / 9.8	13.97	16.50	46.62 /98	38.13 /98	28.60 /98	0.00 2.89
EM	Van Kampen Emerging Markets C		MSRCX	C+	(800) 421-5666	A+ / 9.8	14.01	16.53	46.69 /98	38.12 /98	28.60 /98	0.00 2.89
GR	Van Kampen Enterprise A		ACENX	D+	(800) 421-5666	D+ / 2.4	6.98	10.03	18.91 /52	9.29 /23	7.29 /10	0.00 1.10
GR	Van Kampen Enterprise B		ACEOX	C-	(800) 421-5666	D+ / 2.8	6.74	9.59	18.04 /45	8.48 /17	6.47 / 6	0.00 1.87
GR	Van Kampen Enterprise C		ACEPX	C-	(800) 421-5666	D+ / 2.8	6.74	9.56	17.99 /45	8.43 /17	6.46 / 6	0.00 1.87
GR	Van Kampen Enterprise I		ACEUX	U	(800) 421-5666	U /	6.96	10.14	19.19 /54	--	--	0.00 0.87
GI	Van Kampen Eq Prem Inc A		VEPAX	U	(800) 421-5666	U /	4.76	7.12	16.89 /37	--	--	0.31 1.54
GI	Van Kampen Eq Prem Inc B		VEPBX	U	(800) 421-5666	U /	4.54	6.82	16.13 /33	--	--	0.04 2.29
GI	Van Kampen Eq Prem Inc C		VEPCX	U	(800) 421-5666	U /	4.54	6.72	16.14 /33	--	--	0.05 2.29
* BA	Van Kampen Equity & Income A		ACEIX	C	(800) 421-5666	D+ / 2.7	5.12	5.73	16.34 /34	11.76 /43	10.49 /39	2.00 0.78
BA	Van Kampen Equity & Income B		ACEQX	C	(800) 421-5666	C- / 3.2	5.01	5.31	15.52 /29	10.91 /35	9.65 /29	1.46 1.53
BA	Van Kampen Equity & Income C		ACERX	C	(800) 421-5666	C- / 3.2	4.99	5.29	15.44 /28	10.91 /35	9.67 /30	1.45 1.53
BA	Van Kampen Equity & Income I		ACETX	U	(800) 421-5666	U /	5.19	5.86	16.63 /36	--	--	2.35 0.55
BA	Van Kampen Equity & Income R		ACESX	C+	(800) 421-5666	C- / 3.7	5.15	5.57	16.11 /33	11.48 /41	--	1.88 1.03
GR	Van Kampen Equity Growth A		VEGAX	C-	(800) 421-5666	C / 4.5	8.07	10.46	20.84 /66	11.98 /45	9.16 /25	0.00 1.24
GR	Van Kampen Equity Growth B		VEGBX	C	(800) 421-5666	C / 5.2	7.99	10.44	20.38 /63	11.24 /38	8.40 /18	0.00 1.99
GR	Van Kampen Equity Growth C		VEGCX	C	(800) 421-5666	C / 5.1	7.88	10.13	20.00 /60	11.15 /37	8.45 /18	0.00 1.99
GI	● Van Kampen Exchange		ACEHX	C+	(800) 421-5666	C+ / 6.4	11.46	11.92	23.35 /78	12.20 /47	9.98 /33	0.27 0.57
GL	Van Kampen Global Eqty Allocatn A		MSGAX	B	(800) 421-5666	B / 7.7	8.87	11.80	26.70 /87	17.17 /78	12.87 /61	0.76 1.93
GL	Van Kampen Global Eqty Allocatn B		MSGBX	B+	(800) 421-5666	B / 8.2	8.90	11.85	26.73 /87	17.24 /78	12.76 /60	0.91 2.68
GL	Van Kampen Global Eqty Allocatn C		MSGCX	B	(800) 421-5666	B / 7.9	8.68	11.35	25.66 /84	16.28 /75	12.01 /54	0.22 3.36
GL	● Van Kampen Global Franchise A		VGFAX	B	(800) 421-5666	C+ / 6.6	3.28	9.20	22.80 /76	16.97 /77	14.42 /72	0.11 1.22
GL	● Van Kampen Global Franchise B		VGFBX	A-	(800) 421-5666	B- / 7.0	3.10	8.80	21.91 /72	16.09 /74	13.56 /66	0.00 1.98
GL	● Van Kampen Global Franchise C		VGFCX	A-	(800) 421-5666	B- / 7.0	3.11	8.79	21.91 /72	16.11 /74	13.57 /66	0.00 1.97
GL	Van Kampen Global Value Equity A		MGEAX	B-	(800) 421-5666	C+ / 6.7	7.61	10.06	27.18 /88	15.12 /69	10.73 /41	1.14 1.34

● Denotes fund is closed to new investors
* Denotes fund is included in Section II

www.thestreet.com/ratings

Summer 2007

I. Index of Stock Mutual Funds

RISK			NET ASSETS		ASSET				Portfolio Turnover Ratio	BULL / BEAR		FUND MANAGER		MINIMUMS		LOADS	
	3 Year		NAV As of 6/30/07	Total $(Mil)	Cash %	Stocks %	Bonds %	Other %		Last Bull Market Return	Last Bear Market Return	Manager Quality Pct	Manager Tenure (Years)	Initial Purch. $	Additional Purch. $	Front End Load	Back End Load
Risk Rating/Pts	Standard Deviation	Beta															
D- / 1.1	13.1	1.55	23.36	308	2	97	0	1	203.0	75.9	-8.5	22	N/A	1,000	100	0.0	0.0
C+ / 6.6	10.4	1.21	30.12	545	6	93	0	1	38.0	123.2	-5.9	74	N/A	1,000	100	0.0	0.0
C / 4.9	14.9	0.94	16.63	75	6	93	0	1	73.0	362.3	-8.1	93	5	1,000	100	5.8	0.0
C / 4.9	14.9	0.94	16.28	18	6	93	0	1	73.0	N/A	N/A	92	5	1,000	100	0.0	0.0
C- / 4.0	19.6	0.89	46.47	518	15	84	0	1	71.0	290.0	5.4	98	N/A	1,000	100	5.8	0.0
C- / 4.0	19.5	0.89	43.97	204	15	84	0	1	71.0	277.7	5.2	98	N/A	1,000	100	0.0	0.0
E / 0.3	26.9	1.37	16.34	477	8	91	0	1	18.0	186.3	22.5	97	9	1,000	100	5.8	0.0
E / 0.3	26.9	1.37	15.88	41	8	91	0	1	18.0	N/A	N/A	96	9	1,000	100	0.0	0.0
B- / 7.6	10.1	0.89	27.62	18	8	91	0	1	71.0	134.5	-8.7	36	N/A	1,000	100	5.8	0.0
C / 5.3	13.6	1.52	18.58	456	1	98	0	1	135.0	114.5	-8.5	15	11	1,000	50	5.8	0.0
C / 5.2	13.6	1.52	16.87	331	1	98	0	1	135.0	107.5	-8.6	11	11	1,000	50	0.0	0.0
C / 5.2	13.6	1.52	16.91	51	1	98	0	1	135.0	107.6	-8.7	11	11	1,000	50	0.0	0.0
C / 4.8	13.6	1.52	18.88	302	1	98	0	1	135.0	116.6	-8.4	16	N/A	0	0	0.0	0.0
U /	N/A	N/A	12.59	399	4	95	0	1	17.0	N/A	N/A	N/A	2	1,000	50	5.8	0.0
U /	N/A	N/A	12.44	39	4	95	0	1	17.0	N/A	N/A	N/A	2	1,000	50	0.0	0.0
U /	N/A	N/A	12.43	49	4	95	0	1	17.0	N/A	N/A	N/A	2	1,000	50	0.0	0.0
U /	N/A	N/A	12.63	60	4	95	0	1	17.0	N/A	N/A	N/A	2	0	0	0.0	0.0
B / 8.0	9.0	0.59	34.55	674	4	95	0	1	61.0	159.4	-10.2	98	N/A	1,000	50	5.8	0.0
B / 8.0	9.0	0.59	32.11	88	4	95	0	1	61.0	153.4	-10.3	97	N/A	1,000	50	0.0	0.0
B / 8.0	8.9	0.59	32.05	70	4	95	0	1	61.0	151.3	-9.8	97	N/A	1,000	50	0.0	0.0
U /	N/A	N/A	11.48	29	8	73	18	1	N/A	N/A	N/A	N/A	N/A	1,000	50	5.8	0.0
B / 8.0	6.5	0.81	20.13	14,052	6	93	0	1	26.0	110.8	-8.4	83	13	1,000	50	5.8	0.0
B / 8.0	6.5	0.81	20.13	2,436	6	93	0	1	26.0	104.2	-8.7	76	13	1,000	50	0.0	0.0
B / 8.0	6.5	0.81	20.14	1,497	6	93	0	1	26.0	104.2	-8.6	76	13	1,000	50	0.0	0.0
U /	N/A	N/A	20.12	2,079	6	93	0	1	26.0	N/A	N/A	N/A	3	0	0	0.0	0.0
B / 8.0	6.5	0.81	20.13	327	6	93	0	1	26.0	108.6	-8.6	81	5	0	0	0.0	0.0
D+ / 2.8	16.9	1.11	28.08	580	2	97	0	1	73.0	309.5	-8.3	18	N/A	1,000	50	5.8	2.0
D+ / 2.7	16.9	1.11	25.70	93	2	97	0	1	73.0	296.4	-8.5	15	N/A	1,000	50	0.0	2.0
D+ / 2.7	16.9	1.11	25.80	82	2	97	0	1	73.0	296.6	-8.5	15	N/A	1,000	50	0.0	2.0
B- / 7.4	9.7	1.20	15.47	1,094	1	98	0	1	110.0	73.3	-9.9	17	N/A	1,000	50	5.8	0.0
B- / 7.4	9.7	1.20	13.94	184	1	98	0	1	110.0	67.9	-10.1	13	N/A	1,000	50	0.0	0.0
B- / 7.4	9.7	1.20	14.10	20	1	98	0	1	110.0	67.9	-10.2	13	N/A	1,000	50	0.0	0.0
U /	N/A	N/A	15.53	42	1	98	0	1	110.0	N/A	N/A	N/A	N/A	0	0	0.0	0.0
U /	N/A	N/A	11.10	248	5	94	0	1	N/A	N/A	N/A	N/A	N/A	1,000	50	5.8	0.0
U /	N/A	N/A	11.05	28	5	94	0	1	N/A	N/A	N/A	N/A	N/A	1,000	50	0.0	0.0
U /	N/A	N/A	11.05	135	5	94	0	1	N/A	N/A	N/A	N/A	N/A	1,000	50	0.0	0.0
B / 8.7	5.0	1.03	9.49	13,676	6	60	18	16	39.0	81.8	-3.6	84	17	1,000	50	5.8	0.0
B / 8.8	5.0	1.03	9.33	3,281	6	60	18	16	39.0	76.2	-3.9	78	5	1,000	50	0.0	0.0
B / 8.7	4.9	1.03	9.37	2,441	6	60	18	16	39.0	76.0	-3.8	78	5	1,000	50	0.0	0.0
U /	N/A	N/A	9.49	259	6	60	18	16	39.0	N/A	N/A	N/A	3	0	0	0.0	0.0
B+ / 9.8	5.0	1.03	9.53	187	6	60	18	16	39.0	80.4	-3.8	82	5	0	0	0.0	0.0
C+ / 6.4	12.1	1.42	12.99	194	0	99	0	1	75.0	87.0	-10.8	22	N/A	1,000	50	5.8	0.0
C+ / 6.3	12.1	1.42	12.17	73	0	99	0	1	75.0	81.5	-11.0	18	N/A	1,000	50	0.0	0.0
C+ / 6.3	12.2	1.42	12.18	28	0	99	0	1	75.0	81.2	-10.6	17	N/A	1,000	50	0.0	0.0
C+ / 6.9	9.6	1.06	466.67	81	5	94	0	1	N/A	90.1	-10.2	55	17	0	0	0.0	2.0
C+ / 6.5	8.7	0.89	19.89	264	2	97	0	1	35.0	120.6	-8.7	22	14	1,000	50	5.8	2.0
C+ / 6.5	8.7	0.89	18.59	65	2	97	0	1	35.0	120.6	-8.8	23	12	1,000	50	0.0	2.0
C+ / 6.5	8.7	0.89	18.54	41	2	97	0	1	35.0	113.6	-8.8	17	14	1,000	50	0.0	2.0
B / 8.5	6.9	0.55	28.96	1,648	1	98	0	1	20.0	130.9	-5.3	85	N/A	1,000	50	5.8	2.0
B / 8.5	6.9	0.55	27.94	530	1	98	0	1	20.0	123.7	-5.5	79	N/A	1,000	50	0.0	2.0
B / 8.5	6.9	0.55	28.22	382	1	98	0	1	20.0	123.7	-5.5	79	N/A	1,000	50	0.0	2.0
B- / 7.6	7.6	0.75	15.42	365	1	98	0	1	29.0	126.6	-13.1	27	10	1,000	50	5.8	2.0

www.thestreet.com/ratings

Data as of June 30, 2007

I. Index of Stock Mutual Funds

Summer 2007

	99 Pct = Best 0 Pct = Worst			Overall		**PERFORMANCE**		Total Return % through 6/30/07			Incl. in Returns	
Fund Type	Fund Name	Ticker Symbol	Investment Rating	Phone	Perfor- mance Rating/Pts	3 Mo	6 Mo	1Yr / Pct	Annualized		Dividend Yield	Expense Ratio
									3Yr / Pct	5Yr / Pct		
GL	Van Kampen Global Value Equity B	MGEBX	B	(800) 421-5666	B- / 7.1	7.39	9.68	26.24 /86	14.29 /64	9.92 /32	0.00	2.09
GL	Van Kampen Global Value Equity C	MGECX	B	(800) 421-5666	B- / 7.1	7.42	9.71	26.32 /86	14.26 /64	9.98 /33	0.57	2.09
★ GI	Van Kampen Growth & Income A	ACGIX	B-	(800) 421-5666	C+ / 5.8	7.33	7.37	21.04 /67	14.73 /67	12.12 /55	1.41	0.79
GI	Van Kampen Growth & Income B	ACGJX	B	(800) 421-5666	C+ / 6.6	7.30	7.29	20.88 /66	14.28 /64	11.50 /49	1.40	1.54
GI	Van Kampen Growth & Income C	ACGKX	B	(800) 421-5666	C+ / 6.3	7.15	6.99	20.15 /61	13.86 /61	11.31 /47	0.84	1.54
GI	Van Kampen Growth & Income I	ACGMX	U	(800) 421-5666	U /	7.40	7.50	21.33 /69	--	--	1.72	0.54
GI	Van Kampen Growth & Income R	ACGLX	B	(800) 421-5666	C+ / 6.7	7.31	7.23	20.71 /65	14.43 /65	--	1.26	1.04
CV	Van Kampen Harbor A	ACHBX	D-	(800) 421-5666	E+ / 0.9	3.44	6.69	14.19 /22	7.99 /14	8.79 /21	2.93	1.07
CV	Van Kampen Harbor B	ACHAX	D-	(800) 421-5666	D- / 1.2	3.32	6.31	13.32 /18	7.15 /10	7.96 /15	2.41	1.83
CV	Van Kampen Harbor C	ACHCX	D-	(800) 421-5666	D- / 1.2	3.28	6.32	13.33 /18	7.18 /10	7.96 /15	2.38	1.83
AG	Van Kampen HEF 529 Agg Prt 1 Cl A		C	(800) 421-5666	C / 5.2	6.12	8.73	19.90 /59	14.05 /62	13.17 /63	0.00	1.67
AG	Van Kampen HEF 529 Agg Prt 1 Cl B		C	(800) 421-5666	C+ / 5.8	5.94	8.38	19.09 /53	13.20 /56	12.27 /56	0.00	2.42
AG	Van Kampen HEF 529 Agg Prt 1 Cl C		C	(800) 421-5666	C+ / 5.8	5.96	8.37	19.08 /53	13.18 /56	11.97 /53	0.00	2.42
AG	Van Kampen HEF 529 Agg Prt 1 Cl S		C+	(800) 421-5666	C+ / 6.7	6.22	8.92	20.37 /62	14.45 /65	13.02 /62	0.00	1.32
AG	Van Kampen HEF 529 Agg Prt 2 Cl A		D+	(800) 421-5666	C- / 3.3	5.07	7.47	17.18 /39	12.24 /48	11.17 /45	0.00	1.61
AG	Van Kampen HEF 529 Agg Prt 2 Cl B		C-	(800) 421-5666	C- / 3.8	4.87	7.04	16.26 /33	11.40 /40	11.22 /46	0.00	2.36
AG	Van Kampen HEF 529 Agg Prt 2 Cl C		C-	(800) 421-5666	C- / 3.8	4.84	7.00	16.23 /33	11.41 /40	11.35 /47	0.00	2.36
AG	Van Kampen HEF 529 Agg Prt 2 Cl S		C	(800) 421-5666	C / 5.0	5.10	7.63	17.59 /42	12.64 /51	12.37 /57	0.00	1.26
AA	Van Kampen HEF 529 Bond Prt Cl A		D+	(800) 421-5666	E- / 0.0	-0.56	0.90	5.20 / 2	3.75 / 1	4.28 / 1	0.00	1.37
AA	Van Kampen HEF 529 Bond Prt Cl B		D+	(800) 421-5666	E- / 0.1	-0.75	0.51	4.46 / 1	2.96 / 1	3.61 / 1	0.00	2.12
AA	Van Kampen HEF 529 Bond Prt Cl C		D+	(800) 421-5666	E- / 0.1	-0.75	0.51	4.46 / 1	2.96 / 1	3.61 / 1	0.00	2.12
AA	Van Kampen HEF 529 Bond Prt Cl S		D+	(800) 421-5666	E- / 0.1	-0.47	1.04	5.62 / 2	4.10 / 2	4.71 / 2	0.00	1.02
GI	Van Kampen HEF 529 ComStock A		C+	(800) 421-5666	C- / 3.5	5.12	6.10	18.47 /48	12.48 /50	--	0.00	1.15
GI	Van Kampen HEF 529 ComStock B		C+	(800) 421-5666	C- / 4.0	4.91	5.69	17.58 /42	11.63 /42	--	0.00	1.90
GI	Van Kampen HEF 529 ComStock C		C+	(800) 421-5666	C- / 4.0	4.91	5.70	17.61 /42	11.67 /42	--	0.00	1.90
GI	Van Kampen HEF 529 ComStock S		B	(800) 421-5666	C / 5.2	5.22	6.29	18.90 /51	12.87 /53	--	0.00	0.80
AA	Van Kampen HEF 529 Cons Prt 1 A		C-	(800) 421-5666	E / 0.3	1.53	3.18	8.74 / 5	6.26 / 7	6.87 / 8	0.00	1.34
AA	Van Kampen HEF 529 Cons Prt 1 B		C-	(800) 421-5666	E / 0.3	1.31	2.82	7.89 / 4	5.45 / 4	5.58 / 3	0.00	2.09
AA	Van Kampen HEF 529 Cons Prt 1 C		C-	(800) 421-5666	E / 0.4	1.37	2.85	7.93 / 4	5.47 / 5	5.93 / 4	0.00	2.09
AA	Van Kampen HEF 529 Cons Prt 1 S		C-	(800) 421-5666	E+ / 0.6	1.66	3.38	9.08 / 6	6.63 / 8	7.04 / 9	0.00	0.99
AA	Van Kampen HEF 529 Cons Prt 2 A		D+	(800) 421-5666	E- / 0.2	1.30	2.87	7.90 / 4	5.61 / 4	5.79 / 4	0.00	1.28
AA	Van Kampen HEF 529 Cons Prt 2 B		C-	(800) 421-5666	E / 0.3	1.11	2.50	7.17 / 3	4.84 / 3	4.91 / 2	0.00	2.03
AA	Van Kampen HEF 529 Cons Prt 2 C		C-	(800) 421-5666	E / 0.3	1.11	2.48	7.11 / 3	4.83 / 3	5.06 / 2	0.00	2.03
AA	Van Kampen HEF 529 Cons Prt 2 S		C-	(800) 421-5666	E / 0.4	1.36	2.99	8.31 / 5	5.99 / 6	6.06 / 4	0.00	0.93
AA	Van Kampen HEF 529 Cons Prt 3 A		C-	(800) 421-5666	E- / 0.2	1.23	2.89	7.94 / 4	5.60 / 5	5.69 / 3	0.00	1.28
AA	Van Kampen HEF 529 Cons Prt 3 B		C-	(800) 421-5666	E / 0.3	1.03	2.42	7.07 / 3	4.80 / 3	4.93 / 2	0.00	2.03
AA	Van Kampen HEF 529 Cons Prt 3 C		C-	(800) 421-5666	E / 0.3	1.03	2.41	7.05 / 3	4.82 / 3	5.00 / 2	0.00	2.03
AA	Van Kampen HEF 529 Cons Prt 3 S		C-	(800) 421-5666	E / 0.4	1.38	3.04	8.28 / 4	5.97 / 6	5.73 / 4	0.00	0.93
GI	Van Kampen HEF 529 Cons Prt 5 A		D+	(800) 421-5666	E- / 0.1	0.68	1.98	5.52 / 2	3.68 / 1	3.47 / 1	0.00	1.09
GI	Van Kampen HEF 529 Cons Prt 5 B		D+	(800) 421-5666	E- / 0.1	0.46	1.58	4.69 / 1	2.91 / 1	1.79 / 0	0.00	1.84
GI	Van Kampen HEF 529 Cons Prt 5 C		D+	(800) 421-5666	E- / 0.1	0.53	1.60	4.76 / 1	2.90 / 1	2.73 / 0	0.00	1.84
GI	Van Kampen HEF 529 Cons Prt 5 S		D+	(800) 421-5666	E- / 0.2	0.75	2.11	5.86 / 2	4.05 / 2	3.90 / 1	0.00	0.74
GI	Van Kampen HEF 529 Eq & Inc A		C+	(800) 421-5666	D+ / 2.4	5.04	5.54	15.95 /32	11.35 /39	--	0.00	1.13
GI	Van Kampen HEF 529 Eq & Inc B		C+	(800) 421-5666	D+ / 2.9	4.81	5.15	15.06 /26	10.55 /32	--	0.00	1.88
GI	Van Kampen HEF 529 Eq & Inc C		C+	(800) 421-5666	D+ / 2.9	4.81	5.16	15.07 /26	10.53 /32	--	0.00	1.88
GI	Van Kampen HEF 529 Eq & Inc S		B-	(800) 421-5666	C- / 3.9	5.13	5.72	16.33 /34	11.77 /43	--	0.00	0.78
GL	Van Kampen HEF 529 Equity Prt CL		C	(800) 421-5666	C+ / 6.4	6.88	9.64	21.64 /71	15.20 /70	13.83 /68	0.00	1.70
GL	Van Kampen HEF 529 Equity Prt CL		C+	(800) 421-5666	C+ / 6.8	6.73	9.26	20.81 /66	14.34 /64	12.97 /62	0.00	2.45
GL	Van Kampen HEF 529 Equity Prt CL		C+	(800) 421-5666	C+ / 6.8	6.68	9.27	20.79 /66	14.33 /64	15.19 /77	0.00	2.45
GL	Van Kampen HEF 529 Equity Prt CL		C+	(800) 421-5666	B- / 7.5	6.99	9.85	22.09 /73	15.62 /72	14.04 /70	0.00	1.35
GL	Van Kampen HEF 529 Glb Frnchs Prt		B+	(800) 421-5666	C+ / 6.7	3.20	9.01	22.36 /74	16.51 /76	--	0.00	1.63
GL	Van Kampen HEF 529 Glb Frnchs Prt		A+	(800) 421-5666	B- / 7.0	3.04	8.66	21.50 /70	15.70 /72	--	0.00	2.38

● Denotes fund is closed to new investors
★ Denotes fund is included in Section II

Summer 2007

I. Index of Stock Mutual Funds

RISK			NET ASSETS		ASSET				Portfolio	BULL / BEAR		FUND MANAGER		MINIMUMS		LOADS	
	3 Year		NAV							Last Bull	Last Bear	Manager	Manager	Initial	Additional	Front	Back
Risk	Standard		As of	Total	Cash	Stocks	Bonds	Other	Turnover	Market	Market	Quality	Tenure	Purch.	Purch.	End	End
Rating/Pts	Deviation	Beta	6/30/07	$(Mil)	%	%	%	%	Ratio	Return	Return	Pct	(Years)	$	$	Load	Load
B- / 7.6	7.7	0.75	14.96	54	1	98	0	1	29.0	119.5	-13.2	21	10	1,000	50	0.0	2.0
B- / 7.5	7.7	0.75	14.91	34	1	98	0	1	29.0	119.5	-13.0	21	10	1,000	50	0.0	2.0
B / 8.0	6.8	0.86	23.45	8,404	3	94	1	2	30.0	112.6	-7.0	90	N/A	1,000	50	5.8	0.0
B / 8.0	6.8	0.86	23.29	874	3	94	1	2	30.0	108.0	-7.1	88	N/A	1,000	50	0.0	0.0
B / 8.0	6.8	0.86	23.28	646	3	94	1	2	30.0	106.0	-7.1	86	N/A	1,000	50	0.0	0.0
U /	N/A	N/A	23.46	1,059	3	94	1	2	30.0	N/A	N/A	N/A	N/A	0	0	0.0	0.0
B / 8.0	6.9	0.86	23.47	158	3	94	1	2	30.0	110.4	-7.0	88	N/A	0	0	0.0	0.0
C+ / 6.9	6.0	0.95	16.35	298	3	0	0	97	87.0	55.8	N/A	63	9	1,000	50	5.8	0.0
B- / 7.5	6.0	0.95	16.31	23	3	0	0	97	87.0	50.8	-0.2	52	9	1,000	50	0.0	0.0
B- / 7.5	6.0	0.95	16.46	9	3	0	0	97	87.0	50.8	-0.2	52	9	1,000	50	0.0	0.0
C+ / 6.3	7.7	0.99	18.56	54	0	90	10	0	N/A	105.9	-7.4	80	5	1,000	25	5.8	0.0
C+ / 6.3	7.7	1.00	17.84	32	0	90	10	0	N/A	99.3	-7.6	72	5	1,000	25	0.0	0.0
C+ / 6.3	7.7	1.00	17.60	34	0	90	10	0	N/A	99.6	-7.6	72	5	1,000	25	0.0	0.0
C+ / 6.3	7.7	1.00	18.44	7	0	90	10	0	N/A	109.1	-7.3	83	5	1,000	25	0.0	0.0
C+ / 6.7	6.4	0.83	16.98	20	0	74	24	2	N/A	87.4	-5.7	77	N/A	1,000	25	5.8	0.0
C+ / 6.7	6.4	0.83	17.02	14	0	74	24	2	N/A	81.4	-5.9	68	N/A	1,000	25	0.0	0.0
C+ / 6.7	6.4	0.83	17.12	15	0	74	24	2	N/A	81.8	-5.9	68	N/A	1,000	25	0.0	0.0
C+ / 6.7	6.4	0.83	17.92	2	0	74	24	2	N/A	90.2	-5.7	80	N/A	1,000	25	0.0	0.0
B+ / 9.9	2.7	0.13	12.33	2	0	0	100	0	N/A	17.2	3.4	46	N/A	1,000	25	4.8	0.0
B+ / 9.9	2.7	0.14	11.94	1	0	0	100	0	N/A	13.5	3.3	35	N/A	1,000	25	0.0	0.0
B+ / 9.9	2.7	0.13	11.94	3	0	0	100	0	N/A	13.4	3.3	36	N/A	1,000	25	0.0	0.0
B+ / 9.9	2.7	0.14	12.59	1	0	0	100	0	N/A	18.9	3.6	51	N/A	1,000	25	0.0	0.0
B+ / 9.4	6.5	0.80	19.31	20	0	0	0	100	N/A	N/A	N/A	80	N/A	1,000	25	5.8	0.0
B+ / 9.4	6.5	0.81	18.39	6	0	0	0	100	N/A	N/A	N/A	73	N/A	1,000	25	0.0	0.0
B+ / 9.4	6.5	0.81	18.37	9	0	0	0	100	N/A	N/A	N/A	73	N/A	1,000	25	0.0	0.0
B+ / 9.4	6.5	0.81	18.75	N/A	0	0	0	100	N/A	N/A	N/A	83	N/A	1,000	25	0.0	0.0
B+ / 9.9	2.5	0.52	13.94	1	16	24	58	2	N/A	34.9	-0.1	54	N/A	1,000	25	5.8	0.0
B+ / 9.9	2.5	0.52	13.12	2	16	24	58	2	N/A	30.6	-0.3	43	N/A	1,000	25	0.0	0.0
B+ / 9.9	2.5	0.52	13.34	1	16	24	58	2	N/A	30.7	-0.4	44	N/A	1,000	25	0.0	0.0
B+ / 9.9	2.5	0.52	14.05	1	16	24	58	2	N/A	36.9	N/A	60	N/A	1,000	25	0.0	0.0
B+ / 9.9	2.1	0.42	13.25	1	24	20	56	0	N/A	30.2	0.2	53	N/A	1,000	25	5.8	0.0
B+ / 9.9	2.1	0.42	12.71	1	24	20	56	0	N/A	25.9	N/A	42	N/A	1,000	25	0.0	0.0
B+ / 9.9	2.1	0.41	12.80	1	24	20	56	0	N/A	26.1	N/A	42	N/A	1,000	25	0.0	0.0
B+ / 9.9	2.1	0.42	13.42	N/A	24	20	56	0	N/A	32.2	0.3	58	N/A	1,000	25	0.0	0.0
B+ / 9.9	2.1	0.41	13.19	2	24	20	56	0	N/A	29.7	0.2	53	N/A	1,000	25	4.8	0.0
B+ / 9.9	2.1	0.42	12.72	1	24	20	56	0	N/A	25.8	N/A	41	N/A	1,000	25	0.0	0.0
B+ / 9.9	2.1	0.41	12.76	1	24	20	56	0	N/A	25.7	0.1	42	N/A	1,000	25	0.0	0.0
B+ / 9.9	2.1	0.41	13.21	N/A	24	20	56	0	N/A	31.6	0.3	58	N/A	1,000	25	0.0	0.0
B+ / 9.9	1.2	0.04	11.86	10	50	4	44	2	N/A	15.4	1.2	50	N/A	1,000	25	2.3	0.0
B+ / 9.9	1.2	0.04	10.93	3	50	4	44	2	N/A	9.4	N/A	39	N/A	1,000	25	0.0	0.0
B+ / 9.9	1.3	0.04	11.44	15	50	4	44	2	N/A	11.9	1.1	39	N/A	1,000	25	0.0	0.0
B+ / 9.9	1.2	0.04	12.11	1	50	4	44	2	N/A	17.2	1.3	55	N/A	1,000	25	0.0	0.0
B+ / 9.8	4.9	0.63	17.52	23	0	0	0	100	N/A	N/A	N/A	83	N/A	1,000	25	5.8	0.0
B+ / 9.8	4.9	0.62	16.12	7	0	0	0	100	N/A	N/A	N/A	77	N/A	1,000	25	0.0	0.0
B+ / 9.8	4.9	0.63	16.11	13	0	0	0	100	N/A	N/A	N/A	76	N/A	1,000	25	0.0	0.0
B+ / 9.8	4.9	0.62	16.81	N/A	0	0	0	100	N/A	N/A	N/A	85	N/A	1,000	25	0.0	0.0
C+ / 5.7	8.7	0.80	19.11	17	0	99	0	1	N/A	119.8	-8.4	22	N/A	1,000	25	5.8	0.0
C+ / 5.7	8.7	0.80	18.40	12	0	99	0	1	N/A	112.8	-8.7	17	N/A	1,000	25	0.0	0.0
C+ / 5.7	8.6	0.79	20.28	24	0	99	0	1	N/A	113.0	-8.6	17	N/A	1,000	25	0.0	0.0
C+ / 5.8	8.6	0.79	19.29	3	0	99	0	1	N/A	123.2	-8.4	25	N/A	1,000	25	0.0	0.0
B+ / 9.3	6.8	0.55	21.29	14	0	0	0	100	N/A	N/A	N/A	82	N/A	1,000	25	5.8	0.0
B+ / 9.3	6.8	0.55	19.33	4	0	0	0	100	N/A	N/A	N/A	76	N/A	1,000	25	0.0	0.0

www.thestreet.com/ratings

Data as of June 30, 2007

I. Index of Stock Mutual Funds

Summer 2007

99 Pct = Best
0 Pct = Worst

Fund Type	Fund Name	Ticker Symbol	Overall Investment Rating	Phone	Performance Rating/Pts	Total Return % through 6/30/07			Annualized		Incl. in Returns	
						3 Mo	6 Mo	1Yr / Pct	3Yr / Pct	5Yr / Pct	Dividend Yield	Expense Ratio
GL	Van Kampen HEF 529 Glb Frnchs Prt		A+	(800) 421-5666	B- / 7.0	3.04	8.62	21.46 /70	15.70 /72	--	0.00	2.38
GL	Van Kampen HEF 529 Glb Frnchs Prt		A+	(800) 421-5666	B / 7.7	3.28	9.18	22.81 /76	16.95 /77	--	0.00	1.28
MC	Van Kampen HEF 529 MdCp Gr Prt		B+	(800) 421-5666	B- / 7.2	8.92	11.74	17.96 /45	16.81 /77	--	0.00	1.67
MC	Van Kampen HEF 529 MdCp Gr Prt		B+	(800) 421-5666	B- / 7.4	8.70	11.31	17.09 /39	15.91 /73	--	0.00	2.42
MC	Van Kampen HEF 529 MdCp Gr Prt		B+	(800) 421-5666	B- / 7.4	8.72	11.37	17.14 /39	15.91 /73	--	0.00	2.42
MC	Van Kampen HEF 529 MdCp Gr Prt		A-	(800) 421-5666	B / 8.0	9.00	11.96	18.44 /48	17.19 /78	--	0.00	1.28
BA	Van Kampen HEF 529 Mod Prt 1 A		C	(800) 421-5666	D / 1.7	4.04	6.11	14.35 /22	10.27 /30	9.10 /24	0.00	1.50
BA	Van Kampen HEF 529 Mod Prt 1 B		C	(800) 421-5666	D / 2.1	3.83	5.75	13.48 /18	9.46 /24	8.30 /17	0.00	2.25
BA	Van Kampen HEF 529 Mod Prt 1 C		C	(800) 421-5666	D / 2.1	3.80	5.74	13.50 /18	9.45 /24	8.88 /22	0.00	2.25
BA	Van Kampen HEF 529 Mod Prt 1 S		C+	(800) 421-5666	C- / 3.0	4.16	6.34	14.82 /25	10.68 /33	10.22 /35	0.00	1.15
BA	Van Kampen HEF 529 Mod Prt 2 A		C-	(800) 421-5666	D- / 1.1	3.33	5.29	12.78 /16	9.19 /22	9.20 /25	0.00	1.46
BA	Van Kampen HEF 529 Mod Prt 2 B		C	(800) 421-5666	D- / 1.4	3.05	4.87	11.89 /13	8.35 /16	8.26 /16	0.00	2.21
BA	Van Kampen HEF 529 Mod Prt 2 C		C	(800) 421-5666	D- / 1.4	3.10	4.91	11.97 /13	8.38 /17	8.40 /18	0.00	2.21
BA	Van Kampen HEF 529 Mod Prt 2 S		C	(800) 421-5666	D / 2.0	3.42	5.48	13.23 /17	9.55 /25	9.03 /23	0.00	1.11
BA	Van Kampen HEF 529 Mod Prt 3 A		C	(800) 421-5666	D- / 1.2	3.34	5.35	12.81 /16	9.15 /22	8.66 /20	0.00	1.46
BA	Van Kampen HEF 529 Mod Prt 3 B		C	(800) 421-5666	D- / 1.4	3.14	4.94	12.02 /13	8.39 /17	7.63 /12	0.00	2.21
BA	Van Kampen HEF 529 Mod Prt 3 C		C	(800) 421-5666	D- / 1.4	3.15	4.98	12.00 /13	8.37 /16	8.08 /15	0.00	2.21
BA	Van Kampen HEF 529 Mod Prt 3 S		C	(800) 421-5666	D / 2.1	3.43	5.52	13.22 /17	9.55 /25	9.40 /27	0.00	1.11
SC	Van Kampen HEF 529 Sm Cap Value		A+	(800) 421-5666	B / 8.1	6.65	10.62	27.52 /89	18.37 /81	--	0.00	1.73
SC	Van Kampen HEF 529 Sm Cap Value		A+	(800) 421-5666	B / 8.2	6.43	10.25	26.54 /87	17.46 /79	--	0.00	2.48
SC	Van Kampen HEF 529 Sm Cap Value		A+	(800) 421-5666	B+ / 8.3	6.44	10.22	26.55 /87	17.49 /79	--	0.00	2.48
SC	Van Kampen HEF 529 Sm Cap Value		A+	(800) 421-5666	B+ / 8.6	6.72	10.84	27.94 /90	18.78 /82	--	0.00	1.38
GR	Van Kampen HEF 529 Strg Gr A		E	(800) 421-5666	E+ / 0.9	6.33	7.94	11.64 /12	7.33 /11	--	0.00	1.49
GR	Van Kampen HEF 529 Strg Gr B		E	(800) 421-5666	D- / 1.1	6.18	7.56	10.87 /10	6.55 / 7	--	0.00	2.24
GR	Van Kampen HEF 529 Strg Gr C		E	(800) 421-5666	D- / 1.1	6.15	7.56	10.89 /10	6.58 / 8	--	0.00	2.24
GR	Van Kampen HEF 529 Strg Gr S		E+	(800) 421-5666	D / 1.7	6.44	8.16	12.14 /14	7.73 /13	--	0.00	1.14
FO	Van Kampen International Growth A	VIFAX	U	(800) 421-5666	U /	7.16	10.79	28.54 /91	--	--	0.24	1.37
FO	Van Kampen International Growth B	VIFBX	U	(800) 421-5666	U /	6.99	10.38	27.58 /89	--	--	0.13	2.12
FO	Van Kampen International Growth C	VIFCX	U	(800) 421-5666	U /	6.98	10.37	27.55 /89	--	--	0.12	2.12
FO	Van Kampen International Growth I	VIFIX	A+	(800) 421-5666	A- / 9.2	7.28	10.97	28.86 /91	24.45 /93	18.11 /88	0.30	1.12
FO	Van Kampen Intl Advantage A	VKIAX	B-	(800) 421-5666	B+ / 8.5	6.78	11.65	32.20 /94	20.05 /85	14.90 /76	0.34	1.68
FO	Van Kampen Intl Advantage B	VKIBX	B	(800) 421-5666	B+ / 8.7	6.60	11.28	31.22 /94	19.30 /84	14.11 /70	0.00	2.43
FO	Van Kampen Intl Advantage C	VKICX	B	(800) 421-5666	B+ / 8.7	6.53	11.23	31.12 /93	19.33 /84	14.32 /72	0.00	2.43
AA	Van Kampen Leaders Fund A	VLFAX	U	(800) 421-5666	U /	5.82	7.50	20.72 /65	--	--	1.12	1.35
AA	Van Kampen Leaders Fund B	VLFBX	U	(800) 421-5666	U /	5.63	7.12	19.76 /58	--	--	0.53	2.10
AA	Van Kampen Leaders Fund C	VLFCX	U	(800) 421-5666	U /	5.63	7.12	19.76 /58	--	--	0.53	2.10
MC	Van Kampen Mid Cap Gr A	VGRAX	C+	(800) 421-5666	B- / 7.4	9.03	11.97	18.42 /48	17.19 /78	13.59 /66	0.00	1.32
MC	Van Kampen Mid Cap Gr B	VGRBX	C+	(800) 421-5666	B / 7.6	8.85	11.58	17.54 /42	16.29 /75	12.72 /60	0.00	2.08
MC	Van Kampen Mid Cap Gr C	VGRCX	C+	(800) 421-5666	B / 7.6	8.80	11.58	17.54 /42	16.31 /75	12.74 /60	0.00	2.08
GR	Van Kampen Pace Class A	ACPAX	D	(800) 421-5666	C- / 3.1	6.60	9.52	17.49 /41	11.09 /37	8.33 /17	0.00	0.96
GR	Van Kampen Pace Class B	ACPBX	D+	(800) 421-5666	C- / 3.6	6.37	9.13	16.51 /35	10.24 /30	7.51 /11	0.00	1.73
GR	Van Kampen Pace Class C	ACPCX	D+	(800) 421-5666	C- / 3.6	6.44	9.09	16.56 /35	10.24 /30	7.50 /11	0.00	1.72
RE	● Van Kampen Real Estate Sec A	ACREX	C	(800) 421-5666	B+ / 8.4	-7.43	-3.41	15.73 /30	25.49 /94	20.96 /93	1.09	1.29
RE	● Van Kampen Real Estate Sec B	ACRBX	C	(800) 421-5666	B+ / 8.5	-7.61	-3.78	14.82 /25	24.56 /93	20.05 /92	0.49	2.04
RE	● Van Kampen Real Estate Sec C	ACRCX	C	(800) 421-5666	B+ / 8.5	-7.63	-3.78	14.82 /25	24.58 /93	20.10 /92	0.48	2.04
GR	Van Kampen Select Growth A	VSGAX	D-	(800) 421-5666	D / 1.8	7.04	9.68	17.55 /42	8.48 /17	7.80 /13	0.00	1.69
GR	Van Kampen Select Growth B	VBSGX	D-	(800) 421-5666	D / 2.2	6.88	9.06	16.60 /36	7.57 /12	6.93 / 8	0.00	2.45
GR	Van Kampen Select Growth C	VSGCX	D-	(800) 421-5666	D / 2.1	6.69	9.06	16.60 /36	7.57 /12	6.93 / 8	0.00	2.88
SC	Van Kampen Small Cap Growth A	VASCX	C	(800) 421-5666	C+ / 6.5	8.97	12.22	16.83 /37	16.21 /75	15.88 /81	0.00	1.63
SC	Van Kampen Small Cap Growth B	VBSCX	C+	(800) 421-5666	C+ / 6.9	8.81	11.87	15.95 /32	15.38 /71	15.08 /77	0.00	2.39
SC	Van Kampen Small Cap Growth C	VCSCX	C	(800) 421-5666	C+ / 6.9	8.81	11.88	15.97 /32	15.34 /71	15.06 /77	0.00	2.39
SC	Van Kampen Small Cap Value A	VSCAX	C+	(800) 421-5666	B / 8.0	6.71	10.81	27.90 /89	18.76 /82	15.07 /77	0.00	0.78

● Denotes fund is closed to new investors
* Denotes fund is included in Section II

I. Index of Stock Mutual Funds

Summer 2007

RISK			NET ASSETS		ASSET				Portfolio Turnover Ratio	BULL / BEAR		FUND MANAGER		MINIMUMS		LOADS	
Risk Rating/Pts	3 Year		NAV As of 6/30/07	Total $(Mil)	Cash %	Stocks %	Bonds %	Other %		Last Bull Market Return	Last Bear Market Return	Manager Quality Pct	Manager Tenure (Years)	Initial Purch. $	Additional Purch. $	Front End Load	Back End Load
	Standard Deviation	Beta															
B+ / 9.3	6.8	0.55	20.66	8	0	0	0	100	N/A	N/A	N/A	76	N/A	1,000	25	0.0	0.0
B+ / 9.3	6.9	0.55	20.46	1	0	0	0	100	N/A	N/A	N/A	85	N/A	1,000	25	0.0	0.0
B- / 7.7	13.0	1.17	20.75	5	0	0	0	100	N/A	N/A	N/A	48	N/A	1,000	25	5.8	0.0
B- / 7.6	13.0	1.17	18.50	1	0	0	0	100	N/A	N/A	N/A	37	N/A	1,000	25	0.0	0.0
B- / 7.6	13.0	1.17	20.57	3	0	0	0	100	N/A	N/A	N/A	38	N/A	1,000	25	0.0	0.0
B- / 7.7	13.0	1.17	21.07	N/A	0	0	0	100	N/A	N/A	N/A	53	N/A	1,000	25	0.0	0.0
B+ / 9.7	5.1	1.09	15.46	28	8	60	32	0	N/A	68.5	-4.1	68	N/A	1,000	25	5.8	0.0
B+ / 9.7	5.1	1.09	14.90	21	8	60	32	0	N/A	63.4	-4.3	59	N/A	1,000	25	0.0	0.0
B+ / 9.7	5.1	1.09	15.30	19	8	60	32	0	N/A	63.5	-4.4	58	N/A	1,000	25	0.0	0.0
B+ / 9.7	5.1	1.09	16.27	3	8	60	32	0	N/A	71.1	-4.0	73	N/A	1,000	25	0.0	0.0
B+ / 9.9	4.3	0.93	15.53	15	10	50	40	0	N/A	59.2	-2.9	66	N/A	1,000	25	5.8	0.0
B+ / 9.9	4.3	0.92	14.87	11	10	50	40	0	N/A	54.0	-3.1	56	N/A	1,000	25	0.0	0.0
B+ / 9.9	4.3	0.92	14.97	14	10	50	40	0	N/A	54.1	-3.1	56	N/A	1,000	25	0.0	0.0
B+ / 9.9	4.3	0.93	15.41	2	10	50	40	0	N/A	61.6	-2.9	70	N/A	1,000	25	0.0	0.0
B+ / 9.9	4.3	0.93	15.15	28	0	0	0	100	N/A	58.9	-2.9	65	1	1,000	25	4.8	0.0
B+ / 9.9	4.3	0.92	14.44	23	0	0	0	100	N/A	53.9	-3.2	56	1	1,000	25	0.0	0.0
B+ / 9.9	4.3	0.92	14.75	27	0	0	0	100	N/A	53.8	-3.1	56	1	1,000	25	0.0	0.0
B+ / 9.9	4.3	0.93	15.67	3	0	0	0	100	N/A	61.3	-2.8	70	1	1,000	25	0.0	0.0
B / 8.2	11.0	0.75	22.29	4	0	0	0	100	N/A	N/A	N/A	96	N/A	1,000	25	5.8	0.0
B / 8.2	11.0	0.75	19.69	2	0	0	0	100	N/A	N/A	N/A	96	N/A	1,000	25	0.0	0.0
B / 8.2	11.0	0.75	22.64	2	0	0	0	100	N/A	N/A	N/A	96	N/A	1,000	25	0.0	0.0
B / 8.2	11.0	0.75	22.39	N/A	0	0	0	100	N/A	N/A	N/A	97	N/A	1,000	25	0.0	0.0
C / 5.1	11.4	1.36	14.96	3	0	100	0	0	N/A	N/A	N/A	6	N/A	1,000	25	5.8	0.0
C / 5.0	11.3	1.36	14.08	1	0	100	0	0	N/A	N/A	N/A	4	N/A	1,000	25	0.0	0.0
C / 5.0	11.3	1.36	14.66	1	0	100	0	0	N/A	N/A	N/A	4	N/A	1,000	25	0.0	0.0
C / 5.1	11.3	1.36	13.39	N/A	0	100	0	0	N/A	N/A	N/A	7	N/A	1,000	25	0.0	0.0
U /	N/A	N/A	23.20	547	2	97	0	1	17.0	N/A	N/A	N/A	N/A	1,000	50	5.8	2.0
U /	N/A	N/A	22.97	48	2	97	0	1	17.0	N/A	N/A	N/A	N/A	1,000	50	0.0	2.0
U /	N/A	N/A	22.98	30	2	97	0	1	17.0	N/A	N/A	N/A	N/A	1,000	50	0.0	2.0
B / 8.1	10.2	1.08	23.27	137	2	97	0	1	17.0	190.5	-8.7	54	N/A	0	0	0.0	2.0
C / 5.5	10.6	1.08	16.39	143	6	93	0	1	124.0	157.5	-11.5	17	6	1,000	50	5.8	2.0
C / 5.5	10.6	1.08	15.98	27	6	93	0	1	124.0	150.1	-11.7	14	6	1,000	50	0.0	2.0
C / 5.5	10.5	1.08	16.15	12	6	93	0	1	124.0	152.6	11.7	14	6	1,000	50	0.0	2.0
U /	N/A	N/A	11.88	172	1	98	0	1	N/A	N/A	N/A	N/A	1	1,000	50	5.8	0.0
U /	N/A	N/A	11.87	51	1	98	0	1	N/A	N/A	N/A	N/A	1	1,000	50	0.0	0.0
U /	N/A	N/A	11.87	40	1	98	0	1	N/A	N/A	N/A	N/A	1	1,000	50	0.0	0.0
C+ / 5.6	13.0	1.17	29.09	1,143	2	97	0	1	61.0	136.4	-8.9	53	N/A	1,000	50	5.8	0.0
C+ / 5.6	13.1	1.17	26.20	186	2	97	0	1	61.0	128.9	-9.1	41	N/A	1,000	50	0.0	0.0
C+ / 5.6	13.0	1.17	26.20	101	2	97	0	1	61.0	128.9	-9.1	41	N/A	1,000	50	0.0	0.0
C+ / 6.2	12.3	1.43	11.96	1,402	2	97	0	1	70.0	79.6	-7.7	16	N/A	1,000	50	5.8	0.0
C+ / 6.1	12.2	1.43	11.36	43	2	97	0	1	70.0	73.9	-8.0	12	N/A	1,000	50	0.0	0.0
C+ / 6.1	12.3	1.43	11.40	8	2	97	0	1	70.0	74.0	-8.0	12	N/A	1,000	50	0.0	0.0
C- / 3.4	14.3	0.96	29.63	773	1	98	0	1	37.4	221.1	-0.5	96	10	1,000	50	4.8	2.0
C- / 3.4	14.3	0.96	29.61	140	1	98	0	1	37.4	211.1	-0.7	94	10	1,000	50	0.0	2.0
C- / 3.4	14.3	0.96	29.67	99	1	98	0	1	37.4	211.6	-0.7	95	10	1,000	50	0.0	2.0
C+ / 6.2	11.6	1.38	6.23	29	4	95	0	1	159.0	74.8	-9.9	8	7	1,000	50	5.8	0.0
C+ / 6.1	11.6	1.39	5.90	94	4	95	0	1	159.0	69.1	-10.0	6	7	1,000	50	0.0	0.0
C+ / 6.1	11.6	1.38	5.90	21	4	95	0	1	159.0	69.1	-10.0	6	7	1,000	50	0.0	0.0
C / 5.4	14.8	1.04	11.66	254	4	95	0	1	321.0	149.9	-8.3	79	7	1,000	50	5.8	2.0
C / 5.4	14.9	1.04	11.12	52	4	95	0	1	321.0	141.9	-8.4	71	7	1,000	50	0.0	2.0
C / 5.4	14.9	1.04	11.11	36	4	95	0	1	321.0	141.9	-8.2	71	7	1,000	50	0.0	2.0
C- / 4.2	11.0	0.75	18.76	233	6	93	0	1	53.0	154.0	-8.2	97	N/A	1,000	50	5.8	2.0

www.thestreet.com/ratings

Data as of June 30, 2007

I. Index of Stock Mutual Funds

Summer 2007

99 Pct = Best
0 Pct = Worst

Fund Type	Fund Name	Ticker Symbol	Overall Investment Rating	Phone	Performance Rating/Pts	3 Mo	6 Mo	1Yr / Pct	3Yr / Pct	5Yr / Pct	Dividend Yield	Expense Ratio
SC	Van Kampen Small Cap Value B	VSMBX	C	(800) 421-5666	B / 8.2	6.54	10.39	26.99 /88	17.86 /80	14.20 /71	0.00	1.53
SC	Van Kampen Small Cap Value C	VSMCX	C	(800) 421-5666	B / 8.2	6.53	10.37	26.94 /88	17.88 /80	14.21 /71	0.00	1.53
GR	Van Kampen Strategic Growth Fund	ACEGX	E+	(800) 421-5666	D- / 1.0	6.43	8.14	12.05 /13	7.70 /13	6.10 / 5	0.00	1.09
GR	Van Kampen Strategic Growth Fund	ACEMX	E+	(800) 421-5666	D- / 1.3	6.25	7.78	11.22 /11	6.89 / 9	5.30 / 3	0.00	1.85
GR	Van Kampen Strategic Growth Fund	ACEFX	E+	(800) 421-5666	D- / 1.3	6.22	7.77	11.22 /11	6.88 / 9	5.31 / 3	0.00	1.85
GR	Van Kampen Strategic Growth Fund I	ACEDX	D	(800) 421-5666	D / 1.8	6.51	8.30	12.34 /14	7.97 /14	6.36 / 6	0.00	0.84
GR	Van Kampen Strategic Growth Fund	ACEEX	E+	(800) 421-5666	D- / 1.5	6.38	7.91	11.68 /12	7.41 /11	--	0.00	1.34
TC	Van Kampen Technology A	VTFAX	E+	(800) 421-5666	D / 1.7	8.77	9.20	17.97 /45	8.32 /16	9.16 /25	0.00	2.26
TC	Van Kampen Technology B	VTFBX	E+	(800) 421-5666	D / 1.9	8.26	8.49	16.96 /38	7.40 /11	8.28 /17	0.00	3.03
TC	Van Kampen Technology C	VTFCX	E+	(800) 421-5666	D / 1.9	8.26	8.49	16.70 /36	7.40 /11	8.28 /17	0.00	3.03
UT	Van Kampen Utility A	VKUAX	A	(800) 421-5666	B / 8.2	1.46	10.90	26.71 /87	20.98 /87	14.16 /71	1.82	1.30
UT	Van Kampen Utility B	VKUBX	A	(800) 421-5666	B+ / 8.4	1.23	10.50	25.71 /85	20.07 /85	13.31 /64	1.38	2.06
UT	Van Kampen Utility C	VKUCX	A	(800) 421-5666	B+ / 8.4	1.27	10.50	25.78 /85	20.07 /85	13.31 /64	1.38	2.10
GI	Van Kampen Value Opportunities A	VVOAX	C+	(800) 421-5666	C / 5.5	6.41	8.39	21.72 /71	14.01 /62	14.08 /70	0.82	1.38
GI	Van Kampen Value Opportunities B	VVOBX	B-	(800) 421-5666	C+ / 6.0	6.23	7.99	20.91 /66	13.18 /56	13.25 /64	0.26	2.15
GI	Van Kampen Value Opportunities C	VVOCX	B-	(800) 421-5666	C+ / 6.0	6.22	7.98	20.90 /66	13.18 /56	13.25 /64	0.19	2.15
GR	Van Wagoner Emerging Growth Fund	VWEGX	E-	(800) 228-2121	E- / 0.0	2.16	2.61	4.19 / 1	-6.58 / 0	-2.55 / 0	0.00	4.81
SC	Van Wagoner Growth Opportunities	VWGOX	E-	(800) 228-2121	E- / 0.0	1.52	1.31	0.50 / 1	-7.21 / 0	--	0.00	6.44
SC	Van Wagoner Small-Cap Growth	VWMCX	E-	(800) 228-2121	E- / 0.0	1.33	2.49	2.60 / 1	-4.55 / 0	-0.58 / 0	0.00	5.31
IX	Vanguard 500 Index Adm	VFIAX	C+	(800) 662-7447	C / 4.8	6.26	6.93	20.51 /64	11.63 /42	10.67 /40	1.73	0.09
* IX	Vanguard 500 Index Inv	VFINX	C+	(800) 662-7447	C / 4.7	6.25	6.88	20.42 /63	11.53 /41	10.58 /40	1.65	0.18
IX	Vanguard 500 Index Sig	VIFSX	U	(800) 662-7447	U /	6.26	6.93	--	--	--	0.00	0.09
GR	Vanguard 529 500 Index Portfolio		C-	(800) 662-7447	C- / 4.2	6.12	6.64	19.93 /59	11.01 /36	--	0.00	0.62
GR	Vanguard 529 Aggressive Growth		C+	(800) 662-7447	C+ / 6.4	6.27	8.19	21.52 /70	13.82 /61	--	0.00	0.59
BA	Vanguard 529 Conservative Gr Port		C-	(800) 662-7447	E / 0.5	1.03	2.54	9.83 / 7	6.27 / 7	--	0.00	0.59
GI	Vanguard 529 Growth Fund		C+	(800) 662-7447	C- / 3.3	4.51	6.37	16.96 /38	10.59 /32	--	0.00	0.59
GR	Vanguard 529 Growth Index Port		D-	(800) 662-7447	D+ / 2.5	6.57	7.79	18.10 /46	8.29 /16	--	0.00	0.65
MC	Vanguard 529 Mid Cap Index Port		C+	(800) 662-7447	B / 7.8	5.97	10.70	20.13 /61	17.27 /79	--	0.00	0.65
GI	Vanguard 529 Moderate Growth Port		C	(800) 662-7447	D- / 1.5	2.80	4.44	13.33 /18	8.45 /17	--	0.00	0.59
SC	Vanguard 529 Small Cap Index Port		C	(800) 662-7447	C+ / 6.1	5.36	8.96	17.64 /42	14.20 /63	--	0.00	0.65
FO	Vanguard 529 Ttl Intl St Index Port		B+	(800) 662-7447	A- / 9.2	7.65	11.72	28.84 /91	23.21 /91	--	0.00	0.76
OT	Vanguard 529 Ttl Stock Market Port		C-	(800) 662-7447	C / 5.0	5.91	7.27	19.78 /58	12.08 /46	--	0.00	0.61
GR	Vanguard 529 Value Index Port		C+	(800) 662-7447	B- / 7.0	5.63	6.46	22.10 /73	15.23 /70	--	0.00	0.65
AA	Vanguard Asset Allocation Adm	VAARX	B-	(800) 662-7447	C / 5.0	5.82	6.58	20.00 /60	12.15 /47	11.11 /45	2.14	0.30
* AA	Vanguard Asset Allocation Inv	VAAPX	B-	(800) 662-7447	C / 4.9	5.83	6.53	19.89 /59	12.05 /46	11.00 /43	2.04	0.41
GI	Vanguard Balanced Index Adm	VBIAX	C	(800) 662-7447	D / 2.0	3.37	4.84	14.48 /23	9.23 /22	9.04 /23	2.89	0.11
GI	Vanguard Balanced Index Inst	VBAIX	C	(800) 662-7447	D / 2.0	3.38	4.86	14.52 /23	9.26 /23	9.07 /24	2.92	0.08
GI	Vanguard Balanced Index Inv	VBINX	C	(800) 662-7447	D / 1.9	3.35	4.79	14.46 /23	9.14 /22	8.95 /23	2.83	0.20
GI	Vanguard Balanced Index Sig	VBASX	U	(800) 662-7447	U /	3.40	4.88	--	--	--	0.00	0.11
GR	Vanguard Capital Opportunity Adm	VHCAX	C+	(800) 662-7447	B- / 7.3	9.64	9.00	23.40 /78	14.68 /67	18.38 /89	0.25	0.40
* GR	● Vanguard Capital Opportunity Inv	VHCOX	C+	(800) 662-7447	B- / 7.2	9.63	8.97	23.29 /78	14.58 /66	18.27 /88	0.17	0.49
GR	Vanguard Capital Value Inv	VCVLX	B	(800) 662-7447	B / 7.9	7.06	11.28	27.92 /90	15.48 /71	15.46 /79	0.86	0.61
GI	Vanguard Cons Stap Idx Adm	VCSAX	D-	(800) 662-7447	D / 1.9	2.65	5.68	16.45 /35	9.24 /22	--	1.39	0.28
CV	Vanguard Convertible Securities	VCVSX	C-	(800) 662-7447	C- / 3.5	5.31	8.24	16.19 /33	10.99 /36	12.58 /58	3.15	0.87
FO	Vanguard Developed Markets Index	VDMIX	A	(800) 662-7447	B+ / 8.9	6.33	10.81	26.90 /88	22.03 /89	17.67 /87	2.14	0.27
AA	Vanguard Diversified Equity Inv	VDEQX	U	(800) 662-7447	U /	6.13	8.26	20.19 /61	--	--	1.05	0.43
GR	Vanguard Dividend Apprec Idx Inv	VDAIX	U	(800) 662-7447	U /	5.55	5.59	16.56 /35	--	--	1.36	0.40
GI	Vanguard Dividend Growth Fd	VDIGX	B+	(800) 662-7447	C+ / 6.0	7.08	7.08	22.78 /76	12.74 /52	9.44 /27	1.75	0.38
EM	Vanguard Emerg Mkts Stk Idx Admin	VEMAX	U	(800) 662-7447	U /	15.41	17.97	43.91 /98	--	--	1.41	0.30
* EM	Vanguard Emerg Mkts Stk Idx Fd	VEIEX	B	(800) 662-7447	A+ / 9.8	15.40	17.92	43.76 /98	37.20 /98	29.66 /98	1.38	0.42
EM	Vanguard Emerg Mkts Stk Idx Inst	VEMIX	B	(800) 662-7447	A+ / 9.8	15.45	18.02	44.02 /98	37.41 /98	29.87 /98	1.50	0.25
EN	Vanguard Energy Adm	VGELX	A-	(800) 662-7447	A+ / 9.7	15.74	19.29	22.61 /75	34.94 /97	28.60 /98	1.37	0.21

● Denotes fund is closed to new investors
* Denotes fund is included in Section II

www.thestreet.com/ratings

I. Index of Stock Mutual Funds

Summer 2007

RISK			NET ASSETS		ASSET				Portfolio Turnover Ratio	BULL / BEAR		FUND MANAGER		MINIMUMS		LOADS	
Risk Rating/Pts	3 Year Standard Deviation	Beta	NAV As of 6/30/07	Total $(Mil)	Cash %	Stocks %	Bonds %	Other %		Last Bull Market Return	Last Bear Market Return	Manager Quality Pct	Manager Tenure (Years)	Initial Purch. $	Additional Purch. $	Front End Load	Back End Load
C- / 3.9	11.0	0.75	17.42	118	6	93	0	1	53.0	146.1	-8.3	96	N/A	1,000	50	0.0	2.0
C- / 3.9	11.0	0.75	17.45	52	6	93	0	1	53.0	146.1	-8.3	96	N/A	1,000	50	0.0	2.0
C+ / 6.1	11.4	1.36	46.21	2,601	2	97	0	1	109.0	66.9	-8.8	6	18	1,000	50	5.8	0.0
C+ / 6.1	11.4	1.36	38.95	1,036	2	97	0	1	109.0	61.5	-9.0	5	18	1,000	50	0.0	0.0
C+ / 6.0	11.4	1.36	39.95	197	2	97	0	1	109.0	61.6	-9.0	5	18	1,000	50	0.0	0.0
B- / 7.3	11.4	1.36	46.99	50	2	97	0	1	109.0	68.6	-8.8	7	N/A	0	0	0.0	0.0
C / 5.1	11.4	1.36	45.69	1	2	97	0	1	109.0	65.0	-8.9	6	5	0	0	0.0	0.0
C / 5.3	14.0	1.57	5.58	91	0	99	0	1	88.0	95.4	-13.2	4	8	1,000	50	5.8	2.0
C / 5.3	14.1	1.58	5.24	100	0	99	0	1	88.0	89.1	-13.2	3	8	1,000	50	0.0	2.0
C / 5.3	14.1	1.58	5.24	18	0	99	0	1	88.0	89.1	-13.2	3	8	1,000	50	0.0	2.0
B- / 7.7	8.5	0.67	24.12	171	2	97	0	1	30.0	141.5	-4.3	83	14	1,000	50	5.8	2.0
B- / 7.7	8.6	0.68	24.01	47	2	97	0	1	30.0	133.9	-4.6	75	12	1,000	50	0.0	2.0
B- / 7.7	8.6	0.68	24.01	19	2	97	0	1	30.0	133.9	-4.5	75	12	1,000	50	0.0	2.0
B- / 7.8	7.5	0.92	13.95	224	1	98	0	1	60.0	124.4	-8.4	84	6	1,000	50	5.8	0.0
B- / 7.8	7.5	0.92	13.65	38	1	98	0	1	60.0	117.6	-8.4	78	6	1,000	50	0.0	0.0
B- / 7.8	7.5	0.92	13.66	32	1	98	0	1	60.0	117.6	-8.6	78	6	1,000	50	0.0	0.0
D- / 1.3	21.1	1.90	4.72	28	0	99	0	1	778.0	10.6	-20.3	0	12	5,000	50	0.0	0.0
D / 1.8	19.0	1.18	10.05	9	0	99	0	1	828.0	19.5	N/A	0	4	5,000	50	0.0	0.0
D- / 1.3	21.7	1.38	9.88	10	0	100	0	0	817.0	16.3	-11.6	0	12	5,000	50	0.0	0.0
B / 8.5	7.3	1.00	138.43	50,951	0	99	0	1	5.0	96.1	-9.7	53	N/A	100,000	100	0.0	0.0
B / 8.5	7.3	1.00	138.43	71,245	0	99	0	1	5.0	95.4	-9.8	52	N/A	3,000	100	0.0	0.0
U /	N/A	N/A	114.34	4,214	0	99	0	1	5.0	N/A	N/A	N/A	N/A	0	0	0.0	0.0
C+ / 6.2	7.3	1.00	17.51	181	0	100	0	0	N/A	90.8	N/A	45	5	3,000	50	0.0	0.0
C+ / 6.1	7.9	1.06	19.82	550	0	100	0	0	N/A	114.1	N/A	73	5	3,000	50	0.0	0.0
B+ / 9.9	3.0	0.62	13.74	201	0	34	64	2	N/A	38.7	N/A	48	5	3,000	50	0.0	0.0
B+ / 9.7	5.2	0.69	16.69	518	0	64	34	2	N/A	74.5	N/A	72	5	3,000	50	0.0	0.0
C+ / 5.6	8.9	1.15	16.05	41	0	100	0	0	N/A	69.6	N/A	14	5	3,000	50	0.0	0.0
C+ / 5.6	10.4	0.98	22.56	125	0	100	0	0	N/A	143.8	N/A	79	N/A	3,000	50	0.0	0.0
B+ / 9.9	3.9	0.50	15.05	397	0	50	50	0	N/A	55.6	N/A	66	N/A	3,000	50	0.0	0.0
C / 5.2	12.1	0.90	22.61	112	0	100	0	0	N/A	148.5	N/A	74	5	3,000	50	0.0	0.0
C+ / 5.6	9.9	1.06	27.16	242	0	100	0	0	N/A	185.2	N/A	43	5	3,000	50	0.0	0.0
C+ / 6.1	7.9	1.07	18.29	180	0	100	0	0	N/A	101.2	N/A	52	5	3,000	50	0.0	0.0
C+ / 6.4	6.9	0.88	20.44	106	0	100	0	0	N/A	124.1	N/A	91	N/A	3,000	50	0.0	0.0
B / 8.7	6.7	1.48	68.13	2,285	19	80	0	1	4.0	93.6	-8.8	67	6	100,000	100	0.0	0.0
B / 8.7	6.7	1.48	30.35	11,636	19	80	0	1	4.0	92.7	-8.9	66	19	3,000	100	0.0	0.0
B+ / 9.5	4.7	0.62	22.09	2,320	1	59	38	2	33.0	65.1	-4.4	62	N/A	100,000	100	0.0	0.0
B+ / 9.5	4.7	0.62	22.09	2,821	1	59	38	2	33.0	65.4	-4.4	63	N/A	5,000,000	100	0.0	0.0
B+ / 9.5	4.7	0.62	22.09	3,901	1	59	38	2	33.0	64.5	-4.4	61	N/A	3,000	100	0.0	0.0
U /	N/A	N/A	21.86	666	1	59	38	2	33.0	N/A	N/A	N/A	N/A	1,000,000	50	0.0	0.0
C+ / 6.0	12.6	1.40	92.38	4,376	2	97	0	1	14.0	156.2	-10.8	48	N/A	100,000	100	0.0	1.0
C+ / 6.1	12.6	1.40	39.97	5,188	2	97	0	1	14.0	155.2	-10.8	47	N/A	25,000	100	0.0	1.0
C+ / 6.6	10.0	1.21	14.11	695	2	97	0	1	49.0	141.2	-9.7	76	6	3,000	100	0.0	0.0
C+ / 6.4	6.8	0.63	33.28	9	N/A	100	0	N/A	8.0	N/A	N/A	62	3	100,000	100	0.0	2.0
C+ / 6.8	6.6	1.03	14.56	816	2	0	0	98	162.0	81.0	1.0	87	11	10,000	100	0.0	1.0
B- / 7.0	9.2	0.99	13.94	3,635	0	100	0	0	9.0	182.2	-9.5	47	7	3,000	100	0.0	2.0
U /	N/A	N/A	25.44	345	0	100	0	0	16.0	N/A	N/A	N/A	N/A	3,000	100	0.0	0.0
U /	N/A	N/A	22.58	255	0	100	0	0	21.0	N/A	N/A	N/A	1	3,000	100	0.0	0.0
B / 8.8	6.5	0.85	15.46	1,269	0	100	0	0	40.6	103.7	-9.9	79	N/A	3,000	100	0.0	0.0
U /	N/A	N/A	37.68	2,573	0	100	0	0	26.0	N/A	N/A	N/A	N/A	100,000	100	0.5	0.5
C / 4.6	16.9	1.11	28.62	10,319	0	100	0	0	26.0	298.0	-6.8	11	N/A	3,000	100	0.0	0.5
C / 4.6	16.9	1.11	28.69	1,130	0	100	0	0	26.0	300.9	-6.8	11	N/A	5,000,000	100	0.0	0.0
C+ / 5.7	18.8	0.93	142.19	4,592	0	100	0	0	22.0	263.5	4.0	92	N/A	100,000	100	0.0	1.0

www.thestreet.com/ratings

Data as of June 30, 2007

I. Index of Stock Mutual Funds

Summer 2007

99 Pct = Best
0 Pct = Worst

Fund Type	Fund Name	Ticker Symbol	Overall Investment Rating	Phone	Performance Rating/Pts	3 Mo	6 Mo	1Yr / Pct	3Yr / Pct	5Yr / Pct	Dividend Yield	Expense Ratio
EN	Vanguard Energy Index Adm	VENAX	U	(800) 662-7447	U /	14.77	18.96	24.60 /82	--	--	0.88	0.28
★ EN	Vanguard Energy Inv	VGENX	A-	(800) 662-7447	A+ / 9.7	15.72	19.24	22.51 /75	34.85 /97	28.52 /98	1.31	0.28
IN	Vanguard Equity Income Adm	VEIRX	B	(800) 662-7447	C+ / 6.0	5.15	6.70	21.18 /68	14.07 /63	11.30 /47	2.65	0.17
IN	Vanguard Equity Income Inv	VEIPX	B	(800) 662-7447	C+ / 6.0	5.14	6.63	21.06 /67	13.95 /62	11.18 /45	2.53	0.31
FO	Vanguard European Stock Index Adm	VEUSX	A+	(800) 662-7447	A / 9.3	8.11	12.58	32.39 /95	24.48 /93	18.75 /89	2.35	0.17
FO	Vanguard European Stock Index Inst	VESIX	A+	(800) 662-7447	A / 9.3	8.12	12.59	32.44 /95	24.54 /93	18.81 /89	2.39	0.12
★ FO	Vanguard European Stock Index Inv	VEURX	A+	(800) 662-7447	A / 9.3	8.10	12.55	32.25 /94	24.36 /93	18.64 /89	2.28	0.27
FO	Vanguard European Stock Index Sig	VESSX	U	(800) 662-7447	U /	8.09	12.58	--	--	--	0.00	0.17
SC	● Vanguard Explorer Fund Adm	VEXRX	C-	(800) 662-7447	C+ / 5.6	6.75	10.81	16.93 /38	13.05 /55	13.70 /67	0.52	0.28
★ SC	● Vanguard Explorer Fund Inv	VEXPX	C-	(800) 662-7447	C / 5.4	6.70	10.69	16.72 /36	12.86 /53	13.53 /66	0.36	0.46
IN	Vanguard Extended Market Index	VEXAX	B-	(800) 662-7447	B- / 7.1	5.21	9.69	18.90 /51	15.80 /73	16.15 /82	1.19	0.10
IN	Vanguard Extended Market Index Inst	VIEIX	B-	(800) 662-7447	B- / 7.2	5.20	9.71	18.95 /52	15.84 /73	16.22 /82	1.21	0.07
★ IN	Vanguard Extended Market Index Inv	VEXMX	B-	(800) 662-7447	B- / 7.0	5.16	9.61	18.75 /50	15.64 /72	16.03 /81	1.05	0.25
IN	Vanguard Extended Market Index Sig	VEMSX	U	(800) 662-7447	U /	5.19	9.68	--	--	--	0.00	0.10
FS	Vanguard Financial Index Fd Adm	VFAIX	D-	(800) 662-7447	D / 1.8	1.35	-1.17	13.33 /18	11.33 /39	--	2.11	0.28
GR	Vanguard FTSE Social Index Inst	VFTNX	C-	(800) 662-7447	D+ / 2.4	4.32	4.77	17.48 /41	9.23 /22	--	1.37	0.12
GR	Vanguard FTSE Social Index Inv	VFTSX	C-	(800) 662-7447	D+ / 2.3	4.33	4.67	17.37 /41	9.03 /21	9.60 /29	1.25	0.25
★ GL	Vanguard Global Equity Fund	VHGEX	A+	(800) 662-7447	A- / 9.1	8.91	13.09	28.21 /90	21.83 /89	19.19 /90	1.16	0.72
GI	Vanguard Growth & Income Adm	VGIAX	C+	(800) 662-7447	C- / 3.8	3.83	5.95	18.96 /52	11.26 /38	10.62 /40	1.78	0.20
★ GI	Vanguard Growth & Income Inv	VQNPX	C	(800) 662-7447	C- / 3.7	3.78	5.87	18.74 /50	11.08 /37	10.43 /38	1.62	0.38
MC	Vanguard Growth Equity	VGEQX	D-	(800) 662-7447	D+ / 2.5	6.96	8.32	15.30 /28	8.74 /19	9.72 /30	0.00	0.91
GR	Vanguard Growth Index Adm	VIGAX	C-	(800) 662-7447	D+ / 2.9	6.68	8.00	18.71 /50	8.89 /20	9.06 /24	0.88	N/A
GR	Vanguard Growth Index Inst	VIGIX	C-	(800) 662-7447	C- / 3.0	6.69	8.02	18.75 /50	8.92 /20	9.10 /24	0.91	0.08
★ GR	Vanguard Growth Index Inv	VIGRX	C-	(800) 662-7447	D+ / 2.9	6.65	7.94	18.58 /49	8.77 /19	8.95 /23	0.78	N/A
HL	● Vanguard Health Care Adm	VGHAX	C	(800) 662-7447	C- / 3.5	3.04	5.69	14.48 /23	12.34 /49	12.27 /56	1.28	N/A
★ HL	● Vanguard Health Care Inv	VGHCX	C-	(800) 662-7447	C- / 3.4	3.03	5.66	14.39 /23	12.24 /48	12.18 /55	1.20	0.28
HL	Vanguard HealthCare Index Adm	VHCIX	D-	(800) 662-7447	D- / 1.2	4.50	5.97	16.66 /36	7.04 / 9	--	0.99	0.28
IN	Vanguard High Div Yield Index Inv	VHDYX	U	(800) 662-7447	U /	5.09	5.39	--	--	--	0.00	0.40
TC	Vanguard Info Tech Ind adm shs	VITAX	D-	(800) 662-7447	C- / 3.4	9.84	9.67	25.19 /83	7.83 /13	--	0.20	0.28
GL	Vanguard Instl Developd Mkts Idx Fd	VIDMX	A	(800) 662-7447	B+ / 8.9	6.38	10.91	27.17 /88	22.20 /90	17.84 /87	2.29	0.12
IX	Vanguard Instl Index Fd	VINIX	C+	(800) 662-7447	C / 4.9	6.27	6.94	20.55 /64	11.66 /42	10.72 /41	1.73	0.05
IX	Vanguard Instl Index Plus	VIIIX	C+	(800) 662-7447	C / 4.9	6.27	6.95	20.57 /64	11.69 /43	10.75 /41	1.76	N/A
GI	Vanguard Instl Total Stock Mkt Plus	VITPX	B-	(800) 662-7447	C+ / 5.6	6.06	7.55	20.43 /63	12.71 /52	12.01 /54	1.54	0.03
FO	● Vanguard International Explorer Fd	VINEX	A-	(800) 662-7447	A / 9.5	5.20	12.13	30.96 /93	28.11 /95	24.88 /96	2.29	0.44
FO	Vanguard International Growth Adm	VWILX	A-	(800) 662-7447	A- / 9.2	8.87	12.11	28.73 /91	23.16 /91	17.51 /86	2.00	0.35
★ FO	Vanguard International Growth Inv	VWIGX	A-	(800) 662-7447	A- / 9.2	8.84	11.99	28.48 /91	22.93 /91	17.29 /86	1.84	0.55
★ FO	Vanguard International Value Fund	VTRIX	A	(800) 662-7447	A / 9.3	8.33	11.85	28.21 /90	24.53 /93	19.19 /90	1.83	0.46
GR	Vanguard Large Cap Index Adm	VLCAX	B-	(800) 662-7447	C / 5.3	6.17	7.30	20.67 /65	12.34 /49	--	1.62	N/A
GR	Vanguard Large Cap Index Inst	VLISX	B-	(800) 662-7447	C / 5.4	6.20	7.33	20.72 /65	12.41 /49	--	1.64	0.08
GR	Vanguard Large Cap Index Inv	VLACX	B-	(800) 662-7447	C / 5.3	6.17	7.26	20.58 /64	12.24 /48	--	1.54	N/A
★ AA	Vanguard LifeStrategy Conserv Gr Fd	VSCGX	C	(800) 662-7447	D- / 1.5	2.93	4.42	13.30 /17	8.61 /18	8.27 /17	3.16	0.26
★ AA	Vanguard LifeStrategy Growth Fd	VASGX	B	(800) 662-7447	C+ / 5.7	5.57	7.25	20.00 /60	13.22 /56	11.99 /53	2.05	0.27
AA	Vanguard LifeStrategy Income Fd	VASIX	C-	(800) 662-7447	E+ / 0.6	1.50	2.81	10.06 / 8	6.34 / 7	6.35 / 6	3.97	0.25
★ AA	Vanguard LifeStrategy Mod Growth	VSMGX	C+	(800) 662-7447	C- / 3.3	4.12	5.70	16.64 /36	10.93 /35	10.21 /35	2.63	0.26
PM	Vanguard Materials Index Fd Adm	VMIAX	B-	(800) 662-7447	A- / 9.0	8.62	19.69	33.13 /95	19.10 /83	--	1.33	0.28
MC	Vanguard Mid-Cap Growth Fd	VMGRX	C	(800) 662-7447	B / 7.8	8.90	14.00	21.82 /72	15.63 /72	13.57 /66	0.20	0.50
MC	Vanguard Mid-Cap Growth Index Inv	VMGIX	U	(800) 662-7447	U /	8.75	14.12	--	--	--	0.00	0.26
MC	Vanguard Mid-Cap Index Adm	VIMAX	A-	(800) 662-7447	B / 8.1	6.06	10.94	20.70 /65	17.86 /80	15.48 /79	1.23	0.13
MC	Vanguard Mid-Cap Index Inst	VMCIX	A-	(800) 662-7447	B / 8.1	6.08	10.97	20.79 /66	17.94 /80	15.54 /79	1.27	0.08
★ MC	Vanguard Mid-Cap Index Inv	VIMSX	A-	(800) 662-7447	B / 8.0	6.05	10.85	20.58 /64	17.74 /80	15.38 /78	1.15	0.22
MC	Vanguard Mid-Cap Value Index Inv	VMVIX	U	(800) 662-7447	U /	3.44	7.76	--	--	--	0.00	0.26
MC	Vanguard Morgan Growth Adm	VMRAX	C+	(800) 662-7447	C / 5.2	7.10	8.63	19.40 /55	11.95 /45	12.24 /56	1.14	0.23

● Denotes fund is closed to new investors
★ Denotes fund is included in Section II

www.thestreet.com/ratings

Summer 2007 — I. Index of Stock Mutual Funds

RISK			NET ASSETS		ASSET				Portfolio	BULL / BEAR		FUND MANAGER		MINIMUMS		LOADS	
	3 Year		NAV							Last Bull	Last Bear	Manager	Manager	Initial	Additional	Front	Back
Risk	Standard		As of	Total	Cash	Stocks	Bonds	Other	Turnover	Market	Market	Quality	Tenure	Purch.	Purch.	End	End
Rating/Pts	Deviation	Beta	6/30/07	$(Mil)	%	%	%	%	Ratio	Return	Return	Pct	(Years)	$	$	Load	Load
U /	N/A	N/A	50.44	106	0	100	0	0	16.0	N/A	N/A	N/A	N/A	100,000	100	0.0	1.0
C+ / 5.7	18.8	0.93	75.69	7,780	0	100	0	0	22.0	262.5	4.0	92	N/A	25,000	100	0.0	1.0
B / 8.1	6.3	0.81	55.83	2,250	2	97	0	1	44.0	107.1	-8.6	89	N/A	100,000	100	0.0	1.0
B / 8.1	6.3	0.81	26.64	3,442	2	97	0	1	44.0	106.1	-8.6	88	N/A	3,000	100	0.0	1.0
B- / 7.7	9.5	0.99	95.29	3,087	0	100	0	0	6.0	200.5	-11.2	75	N/A	100,000	100	0.0	2.0
B- / 7.7	9.5	0.99	40.61	4,674	0	100	0	0	6.0	201.3	-11.2	75	N/A	5,000,000	100	0.0	2.0
B- / 7.7	9.5	0.98	40.55	23,428	0	100	0	0	6.0	199.3	-11.2	74	N/A	3,000	100	0.0	2.0
U /	N/A	N/A	36.87	37	0	100	0	0	6.0	N/A	N/A	N/A	N/A	1,000,000	50	0.0	2.0
C / 4.9	13.3	0.96	77.06	3,585	0	100	0	0	96.0	135.6	-11.6	54	N/A	100,000	100	0.0	1.0
C / 4.9	13.3	0.96	82.70	9,036	0	100	0	0	96.0	134.0	-11.7	51		3,000	0	0.0	1.0
C+ / 6.8	11.3	1.34	42.44	3,630	0	99	0	1	16.0	153.0	-9.0	69	N/A	100,000	100	0.0	0.0
C+ / 6.8	11.2	1.34	42.46	2,995	0	99	0	1	16.0	153.5	-8.9	69	N/A	5,000,000	100	0.0	0.0
C+ / 6.8	11.2	1.34	42.39	6,135	0	99	0	1	16.0	151.6	-9.0	67	N/A	3,000	100	0.0	0.0
U /	N/A	N/A	36.47	1,241	0	99	0	1	16.0	N/A	N/A	N/A	N/A	1,000,000	50	0.0	0.0
C+ / 6.1	8.2	0.99	32.06	19	0	100	0	0	12.0	N/A	N/A	51	3	100,000	100	0.0	2.0
B- / 7.9	8.5	1.12	9.66	115	0	100	0	0	33.0	86.4	N/A	20	N/A	5,000,000	100	0.0	0.0
B- / 7.9	8.5	1.12	9.64	545	0	100	0	0	33.0	85.5	-10.0	19	7	3,000	100	0.0	0.0
B- / 7.4	9.5	0.98	25.92	6,940	2	97	0	1	70.0	180.7	-7.0	48	12	3,000	100	0.0	0.0
B / 8.4	7.6	1.01	61.34	2,648	0	99	0	1	101.0	97.5	-9.7	47	6	100,000	100	0.0	0.0
B / 8.4	7.6	1.01	37.56	5,409	0	99	0	1	101.0	96.1	-9.7	44	N/A	3,000	100	0.0	0.0
C+ / 5.8	11.1	0.98	11.98	815	0	99	0	1	108.0	86.4	-10.3	9	15	10,000	100	0.0	0.0
B- / 7.5	8.9	1.15	32.00	2,926	0	100	0	0	28.0	74.6	-9.1	17	N/A	100,000	100	0.0	0.0
B- / 7.5	8.9	1.15	32.00	2,780	0	100	0	0	28.0	74.9	-9.2	17	N/A	5,000,000	100	0.0	0.0
B- / 7.5	8.9	1.15	32.00	6,954	0	100	0	0	28.0	73.9	-9.2	16	N/A	3,000	100	0.0	0.0
B- / 7.7	7.7	0.68	63.97	11,576	0	100	0	0	8.0	103.6	-6.6	86	6	100,000	100	0.0	1.0
B- / 7.7	7.7	0.68	151.52	16,056	0	100	0	0	8.0	102.9	-6.6	85	23	25,000	100	0.0	1.0
B- / 7.3	9.1	0.83	30.18	131	0	99	0	1	10.0	N/A	N/A	21	3	100,000	100	0.0	2.0
U /	N/A	N/A	21.38	55	0	100	0	0	N/A	N/A	N/A	N/A	1	3,000	100	0.0	0.0
C / 4.3	14.7	1.70	29.48	9	0	100	0	0	8.0	N/A	N/A	3	3	100,000	100	0.0	2.0
B- / 7.0	9.2	0.99	13.83	4,567	0	100	0	0	14.0	184.0	-9.5	49	7	5,000,000	100	0.0	2.0
B / 8.5	7.3	1.00	137.38	46,473	0	100	0	0	8.0	96.5	-9.7	N/A	N/A	5,000,000	100	0.0	0.0
B / 8.5	7.3	1.00	137.38	24,992	0	100	0	0	8.0	96.6	-9.7	54	N/A	200,000,000	100	0.0	0.0
B / 8.2	8.0	1.08	32.78	7,825	0	100	0	0	8.0	108.2	-9.4	59	N/A	200,000,000	100	0.0	0.0
C+ / 6.1	10.8	1.09	23.66	3,278	0	100	0	0	32.0	287.4	-7.0	84	11	25,000	100	0.0	2.0
C+ / 6.3	9.9	1.05	85.09	5,038	2	97	0	1	37.0	177.6	-11.1	45	N/A	100,000	100	0.0	1.0
C+ / 6.4	9.8	1.05	26.72	13,477	2	97	0	1	37.0	175.3	-11.1	43	4	3,000	100	0.0	1.0
C+ / 6.7	10.0	1.05	45.12	9,438	0	99	0	1	36.0	203.2	-10.1	61	N/A	3,000	100	0.0	2.0
B / 8.6	7.4	1.01	33.84	233	0	100	0	0	4.0	N/A	N/A	61	N/A	100,000	100	0.0	0.0
B / 8.4	7.4	1.01	139.29	98	0	100	0	0	4.0	N/A	N/A	61	N/A	5,000,000	100	0.0	0.0
B / 8.4	7.5	1.02	27.07	295	0	100	0	0	4.0	N/A	N/A	59	N/A	3,000	100	0.0	0.0
B+ / 9.8	3.6	0.82	17.07	6,831	22	47	29	2	4.0	55.3	-3.1	65	13	3,000	100	0.0	0.0
B / 8.6	6.8	1.47	25.38	9,878	2	87	9	2	3.0	102.5	-8.0	78	13	3,000	100	0.0	0.0
B+ / 9.8	2.5	0.50	14.05	1,804	22	27	49	2	14.0	35.6	-0.5	57	13	3,000	100	0.0	0.0
B+ / 9.1	5.1	1.15	21.27	10,843	2	67	29	2	8.0	77.7	-5.5	72	13	3,000	100	0.0	0.0
C / 4.8	13.7	0.29	42.98	47	0	100	0	0	7.0	N/A	N/A	99	3	100,000	100	0.0	2.0
C / 4.4	13.3	1.17	19.46	1,014	0	100	0	0	159.0	129.2	-9.1	35	N/A	10,000	100	0.0	0.0
U /	N/A	N/A	24.85	182	0	100	0	0	20.0	N/A	N/A	N/A	N/A	3,000	100	0.0	0.0
B- / 7.5	10.4	0.98	99.52	5,024	0	99	0	1	18.0	150.3	-9.2	83	6	100,000	100	0.0	0.0
B- / 7.5	10.4	0.98	22.00	5,876	0	99	0	1	18.0	150.8	-9.1	83	9	5,000,000	100	0.0	0.0
B- / 7.5	10.4	0.98	21.92	8,935	0	99	0	1	18.0	149.4	-9.2	82	9	3,000	100	0.0	0.0
U /	N/A	N/A	24.07	201	0	100	0	0	16.0	N/A	N/A	N/A	N/A	3,000	100	0.0	0.0
B- / 7.6	9.9	0.89	63.95	2,366	5	94	0	1	79.0	104.8	-9.6	32	N/A	100,000	100	0.0	0.0

www.thestreet.com/ratings

Data as of June 30, 2007

I. Index of Stock Mutual Funds

Summer 2007

99 Pct = Best
0 Pct = Worst

Fund Type	Fund Name	Ticker Symbol	Overall Investment Rating	Phone	Performance Rating/Pts	3 Mo	6 Mo	1Yr / Pct	3Yr / Pct	5Yr / Pct	Dividend Yield	Expense Ratio
* MC	Vanguard Morgan Growth Inv	VMRGX	C+	(800) 662-7447	C / 5.1	7.06	8.53	19.22 /54	11.78 /43	12.06 /54	0.97	0.42
FO	Vanguard Pacific Stock Index Adm	VPADX	C+	(800) 662-7447	C+ / 6.8	2.55	7.15	15.97 /32	17.12 /78	15.66 /80	2.08	0.17
FO	Vanguard Pacific Stock Index Inst	VPKIX	C+	(800) 662-7447	C+ / 6.9	2.62	7.15	16.04 /32	17.19 /78	15.74 /80	2.12	0.12
* FO	Vanguard Pacific Stock Index Inv	VPACX	C+	(800) 662-7447	C+ / 6.8	2.54	7.08	15.83 /31	16.99 /78	15.53 /79	2.01	0.27
PM	● Vanguard Prec. Metals & Mining Fd	VGPMX	C+	(800) 662-7447	A+ / 9.9	13.22	23.24	30.41 /93	44.31 /99	33.02 /99	1.42	0.40
MC	● Vanguard PRIMECAP Adm	VPMAX	C+	(800) 662-7447	C+ / 5.8	8.71	8.89	17.91 /44	13.15 /56	14.42 /72	0.70	0.31
GR	Vanguard PRIMECAP Core Inv	VPCCX	U	(800) 662-7447	U /	8.09	9.12	18.60 /49	--	--	0.69	0.60
* MC	● Vanguard PRIMECAP Inv	VPMCX	C+	(800) 662-7447	C+ / 5.7	8.66	8.80	17.74 /43	12.98 /54	14.25 /71	0.56	0.46
AG	Vanguard PRIMECAP Odyssey Agg	POAGX	U	(800) 662-7447	U /	3.12	5.93	21.18 /68	--	--	0.00	1.02
MC	Vanguard PRIMECAP Odyssey	POGRX	U	(800) 662-7447	U /	6.02	7.63	18.19 /46	--	--	0.13	0.92
GR	Vanguard PRIMECAP Odyssey Stock	POSKX	U	(800) 662-7447	U /	8.04	8.83	19.35 /55	--	--	0.27	1.02
RE	Vanguard REIT Index Adm	VGSLX	C-	(800) 662-7447	B- / 7.4	-9.35	-6.27	11.88 /13	20.87 /86	18.22 /88	4.44	0.14
RE	Vanguard REIT Index Inst	VGSNX	C-	(800) 662-7447	B- / 7.4	-9.35	-6.24	11.90 /13	20.91 /87	--	4.47	0.10
* RE	Vanguard REIT Index Inv	VGSIX	C-	(800) 662-7447	B- / 7.4	-9.40	-6.33	11.76 /13	20.76 /86	18.13 /88	4.35	0.21
* MC	Vanguard Selected Value Fund	VASVX	A-	(800) 662-7447	B / 7.9	4.69	8.91	25.99 /85	17.11 /78	14.97 /76	1.33	0.45
SC	Vanguard Small-Cap Grwth Index Fd	VISGX	C	(800) 662-7447	B- / 7.2	8.05	13.43	20.16 /61	14.31 /64	15.46 /79	0.25	0.23
SC	Vanguard Small-Cap Grwth Index Inst	VSGIX	C	(800) 662-7447	B- / 7.3	8.09	13.52	20.35 /62	14.47 /65	15.64 /79	0.38	0.08
SC	Vanguard Small-Cap Index Adm	VSMAX	C+	(800) 662-7447	C+ / 6.6	5.51	9.21	18.25 /47	14.82 /68	14.70 /74	1.09	0.13
SC	Vanguard Small-Cap Index Inst	VSCIX	C+	(800) 662-7447	C+ / 6.6	5.50	9.24	18.25 /47	14.89 /68	14.78 /75	1.13	0.08
* SC	Vanguard Small-Cap Index Inv	NAESX	C+	(800) 662-7447	C+ / 6.5	5.48	9.19	18.12 /46	14.72 /67	14.59 /73	1.01	0.23
* SC	Vanguard Small-Cap Value Index Fd	VISVX	C+	(800) 662-7447	C+ / 5.6	2.93	5.00	15.91 /31	14.93 /68	12.79 /60	1.75	0.23
* GI	Vanguard STAR Fund	VGSTX	C+	(800) 662-7447	C- / 3.4	4.28	5.93	15.98 /32	11.11 /37	10.58 /40	2.70	0.35
GR	Vanguard Str Brd Mrkt Inst plus	VSBPX	E-	(800) 662-7447	E- / 0.1	5.60	7.38	-6.81 / 0	4.06 / 2	--	0.41	0.15
* SC	Vanguard Strategic Equity Fd	VSEQX	B-	(800) 662-7447	B- / 7.1	5.57	10.70	18.55 /49	15.95 /74	16.42 /83	0.96	0.35
SC	Vanguard Strategic Sm-Cp Equity Inv	VSTCX	U	(800) 662-7447	U /	5.14	8.41	16.50 /35	--	--	0.67	0.39
GR	Vanguard Structured L-C GR IPls shs	VSGPX	U	(800) 662-7447	U /	6.96	8.73	19.40 /55	--	--	0.26	0.15
GR	Vanguard Structured Lg Cp Val	VSLVX	U	(800) 662-7447	U /	5.03	6.46	21.82 /72	--	--	0.00	0.15
GR	Vanguard Structured Lg-Cp Eq Inst	VSLIX	U	(800) 662-7447	U /	6.07	7.07	20.54 /64	--	--	0.58	0.25
GR	Vanguard Structured Lg-Cp Eq	VSLPX	U	(800) 662-7447	U /	6.08	7.12	20.66 /65	--	--	0.61	0.15
AA	Vanguard Target Retirement 2005 Fd	VTOVX	C-	(800) 662-7447	D- / 1.0	2.48	4.36	12.84 /16	7.35 /11	--	3.01	0.21
AA	Vanguard Target Retirement 2010	VTENX	U	(800) 662-7447	U /	3.15	4.99	14.68 /24	--	--	0.79	0.21
* AA	Vanguard Target Retirement 2015 Fd	VTXVX	C	(800) 662-7447	D+ / 2.5	3.86	5.70	16.25 /33	9.65 /25	--	2.35	0.21
AA	Vanguard Target Retirement 2020	VTWNX	U	(800) 662-7447	U /	4.38	6.26	17.31 /40	--	--	0.81	0.21
* AA	Vanguard Target Retirement 2025 Fd	VTTVX	C+	(800) 662-7447	C- / 3.9	4.89	6.83	18.75 /50	11.05 /36	--	2.08	0.21
AA	Vanguard Target Retirement 2030	VTHRX	U	(800) 662-7447	U /	5.45	7.36	19.80 /58	--	--	0.79	0.21
AA	Vanguard Target Retirement 2035 Fd	VTTHX	B	(800) 662-7447	C / 5.5	5.66	7.64	20.42 /63	12.61 /51	--	1.74	0.21
AA	Vanguard Target Retirement 2040	VFORX	U	(800) 662-7447	U /	5.64	7.57	20.20 /61	--	--	0.75	0.21
AA	Vanguard Target Retirement 2045 Fd	VTIVX	B	(800) 662-7447	C+ / 5.8	5.62	7.61	20.31 /62	13.25 /56	--	1.62	0.21
AA	Vanguard Target Retirement 2050	VFIFX	U	(800) 662-7447	U /	5.66	7.63	20.37 /63	--	--	0.91	0.21
AA	Vanguard Target Retirement Income	VTINX	D+	(800) 662-7447	E+ / 0.6	1.58	3.38	10.28 / 9	6.19 / 6	--	3.78	0.21
BA	Vanguard Tax-Managed Balanced Fd	VTMFX	C-	(800) 662-7447	D- / 1.0	2.74	3.76	11.94 /13	7.86 /13	7.78 /13	2.78	0.12
GR	Vanguard Tax-Managed Cap Appr	VTCLX	B-	(800) 662-7447	C / 5.4	6.29	7.82	20.66 /65	12.61 /51	11.87 /52	1.36	0.10
GR	Vanguard Tax-Managed Cap Appr	VTCIX	B-	(800) 662-7447	C / 5.4	6.33	7.84	20.69 /65	12.65 /51	11.91 /53	1.38	0.07
GR	Vanguard Tax-Managed Cap Appr	VMCAX	B-	(800) 662-7447	C / 5.4	6.31	7.81	20.61 /64	12.57 /50	11.81 /52	1.31	0.15
GI	Vanguard Tax-Managed Gr & Inc	VTGLX	C+	(800) 662-7447	C / 4.6	6.27	6.93	20.52 /64	11.66 /42	10.73 /41	1.70	0.10
GI	Vanguard Tax-Managed Gr & Inc Inst	VTMIX	C+	(800) 662-7447	C / 4.6	6.26	6.93	20.56 /64	11.69 /43	10.76 /41	1.73	0.07
GI	Vanguard Tax-Managed Gr & Inc Inv	VTGIX	C+	(800) 662-7447	C / 4.5	6.24	6.89	20.46 /63	11.60 /42	10.67 /40	1.65	0.15
FO	Vanguard Tax-Managed Intl Fd	VTMGX	A+	(800) 662-7447	A- / 9.0	6.37	10.91	26.96 /88	22.16 /89	17.76 /87	2.15	0.20
FO	Vanguard Tax-Managed Intl Inst	VTMNX	A+	(800) 662-7447	A- / 9.0	6.36	10.98	27.08 /88	22.28 /90	17.88 /88	2.19	0.14
SC	Vanguard Tax-Managed Small-Cap	VTMSX	C	(800) 662-7447	C+ / 5.7	5.20	8.65	15.56 /29	14.24 /64	14.20 /71	0.70	0.14
GR	Vanguard Telecom Services Index	VTCAX	U	(800) 662-7447	U /	7.70	12.54	34.90 /96	--	--	1.13	0.28
* GL	Vanguard Total Intl Stock Index Fd	VGTSX	A	(800) 662-7447	A- / 9.2	7.79	11.94	29.42 /92	23.84 /92	18.99 /90	2.03	0.32

● Denotes fund is closed to new investors
* Denotes fund is included in Section II

www.thestreet.com/ratings

Summer 2007 — I. Index of Stock Mutual Funds

RISK			NET ASSETS		ASSET				Portfolio	BULL / BEAR		FUND MANAGER		MINIMUMS		LOADS	
	3 Year		NAV							Last Bull	Last Bear	Manager	Manager	Initial	Additional	Front	Back
Risk	Standard		As of	Total	Cash	Stocks	Bonds	Other	Turnover	Market	Market	Quality	Tenure	Purch.	Purch.	End	End
Rating/Pts	Deviation	Beta	6/30/07	$(Mil)	%	%	%	%	Ratio	Return	Return	Pct	(Years)	$	$	Load	Load
B- / 7.6	9.9	0.89	20.61	6,201	5	94	0	1	79.0	103.4	-9.7	31	N/A	3,000	100	0.0	0.0
C+ / 6.3	11.0	1.00	87.19	1,381	0	100	0	0	2.0	149.2	-5.3	11	N/A	100,000	100	0.0	2.0
C+ / 6.3	10.9	1.00	13.34	2,522	0	100	0	0	2.0	149.8	-5.3	11	N/A	5,000,000	100	0.0	2.0
C+ / 6.3	11.0	1.01	13.31	10,180	0	100	0	0	2.0	148.0	-5.3	11	N/A	3,000	100	0.0	2.0
C- / 3.3	19.5	0.82	33.75	4,078	0	100	0	0	25.5	314.4	9.7	99	11	10,000	100	0.0	1.0
B- / 7.0	9.8	0.84	77.91	10,084	0	100	0	0	11.0	124.2	-10.1	53	6	100,000	100	0.0	1.0
U /	N/A	N/A	13.76	3,065	5	94	0	1	13.0	N/A	N/A	N/A	3	10,000	100	0.0	1.0
B- / 7.0	9.8	0.84	75.02	22,969	0	100	0	0	11.0	122.7	-10.1	50	23	25,000	100	0.0	1.0
U /	N/A	N/A	15.19	344	10	89	0	1	12.3	N/A	N/A	N/A	N/A	2,000	150	0.0	2.0
U /	N/A	N/A	14.96	392	8	91	0	1	6.9	N/A	N/A	N/A	N/A	2,000	150	0.0	2.0
U /	N/A	N/A	14.91	185	10	89	0	1	4.1	N/A	N/A	N/A	3	2,000	150	0.0	2.0
D+ / 2.9	15.1	1.03	100.46	2,825	0	100	0	0	11.0	180.5	-0.2	71	N/A	100,000	100	0.0	0.0
D+ / 2.9	15.2	1.03	15.55	848	0	100	0	0	11.0	N/A	N/A	72	N/A	5,000,000	100	0.0	0.0
D+ / 2.9	15.2	1.03	23.54	5,473	0	100	0	0	11.0	179.6	-0.2	70	N/A	3,000	100	0.0	0.0
B- / 7.8	7.9	0.64	22.97	5,464	0	100	0	0	37.0	151.7	-7.3	95	N/A	25,000	100	0.0	1.0
C / 4.9	14.2	1.03	20.80	2,656	0	100	0	0	40.0	143.7	-9.3	60	N/A	3,000	100	0.0	0.0
C / 4.9	14.2	1.03	20.85	647	0	100	0	0	40.0	145.1	-9.2	62	N/A	5,000,000	100	0.0	0.0
C+ / 6.4	12.2	0.90	35.64	3,602	0	100	0	0	13.0	156.2	-11.0	79	N/A	100,000	100	0.0	0.0
C+ / 6.4	12.2	0.90	35.66	3,661	0	100	0	0	13.0	156.8	-11.0	80	N/A	5,000,000	100	0.0	0.0
C+ / 6.4	12.2	0.90	35.61	7,217	0	100	0	0	13.0	155.0	-11.0	78	N/A	3,000	100	0.0	0.0
B- / 7.5	10.7	0.78	17.89	4,558	0	100	0	0	25.0	150.0	-10.1	87	N/A	3,000	100	0.0	0.0
B / 8.9	5.1	0.66	21.94	14,721	12	62	24	2	9.0	78.9	-4.4	79	22	1,000	100	0.0	0.0
C / 4.3	15.2	0.72	57.31	107	0	99	0	1	44.0	N/A	N/A	11	N/A	200,000,000	100	0.0	0.0
C+ / 6.8	11.9	0.86	26.17	8,192	0	99	0	1	75.0	151.2	-6.0	89	N/A	10,000	100	0.0	1.0
U /	N/A	N/A	22.31	282	0	99	0	1	56.0	N/A	N/A	N/A	1	3,000	100	0.0	1.0
U /	N/A	N/A	57.76	57	0	100	0	0	N/A	N/A	N/A	N/A	N/A	200,000,000	100	0.0	0.0
U /	N/A	N/A	64.09	79	0	100	0	0	61.0	N/A	N/A	N/A	N/A	200,000,000	100	0.0	0.0
U /	N/A	N/A	29.54	188	0	99	0	1	45.0	N/A	N/A	N/A	1	5,000,000	100	0.0	0.0
U /	N/A	N/A	59.12	608	0	99	0	1	45.0	N/A	N/A	N/A	1	200,000,000	100	0.0	0.0
B+ / 9.4	3.2	0.68	11.97	1,314	1	44	54	1	8.0	N/A	N/A	59	N/A	3,000	100	0.0	0.0
U /	N/A	N/A	22.93	979	0	54	44	2	5.0	N/A	N/A	N/A	N/A	3,000	100	0.0	0.0
B+ / 9.4	4.2	0.93	13.17	5,863	0	64	35	1	6.0	N/A	N/A	71	N/A	3,000	100	0.0	0.0
U /	N/A	N/A	23.59	1,327	0	71	28	1	12.0	N/A	N/A	N/A	N/A	3,000	100	0.0	0.0
B+ / 9.1	5.0	1.12	13.93	6,117	0	79	20	1	5.0	N/A	N/A	75	N/A	3,000	100	0.0	0.0
U /	N/A	N/A	24.20	827	0	86	12	2	10.0	N/A	N/A	N/A	N/A	3,000	100	0.0	0.0
B / 8.6	6.3	1.38	14.93	4,124	0	89	10	1	1.0	N/A	N/A	77	N/A	3,000	100	0.0	0.0
U /	N/A	N/A	24.16	380	0	89	10	1	14.0	N/A	N/A	N/A	N/A	3,000	100	0.0	0.0
B / 8.4	7.0	1.51	15.41	2,006	0	89	10	1	1.0	N/A	N/A	77	N/A	3,000	100	0.0	0.0
U /	N/A	N/A	24.26	136	0	89	10	1	N/A	N/A	N/A	N/A	N/A	3,000	100	0.0	0.0
B+ / 9.4	2.7	0.43	10.85	1,137	5	29	64	2	3.0	N/A	N/A	59	N/A	3,000	100	0.0	0.0
B+ / 9.5	3.8	0.86	20.50	704	0	48	50	2	40.9	52.2	-3.0	53	N/A	10,000	100	0.0	1.0
B / 8.3	8.0	1.09	72.96	3,269	0	100	0	0	5.0	106.5	-9.6	57	N/A	100,000	100	0.0	1.0
B / 8.3	8.0	1.09	36.26	283	0	100	0	0	5.0	106.8	-9.6	57	N/A	5,000,000	100	0.0	1.0
B / 8.3	8.0	1.09	36.24	823	0	100	0	0	5.0	106.2	-9.6	56	N/A	10,000	100	0.0	1.0
B / 8.5	7.3	1.00	67.29	2,101	0	100	0	0	6.0	96.4	-9.7	N/A	N/A	100,000	100	0.0	1.0
B / 8.5	7.3	1.00	32.74	457	0	100	0	0	6.0	96.7	-9.7	54	N/A	5,000,000	100	0.0	1.0
B / 8.5	7.3	1.00	32.74	786	0	100	0	0	6.0	96.0	-9.7	53	N/A	10,000	100	0.0	1.0
B- / 7.3	9.3	1.00	15.70	1,934	0	100	0	0	4.0	183.7	-9.5	46	N/A	10,000	100	0.0	1.0
B- / 7.3	9.2	0.99	15.72	355	0	100	0	0	4.0	184.6	-9.5	50	N/A	5,000,000	100	0.0	1.0
C+ / 6.5	12.5	0.92	27.94	1,932	0	100	0	0	42.0	147.6	-9.6	72	N/A	10,000	100	0.0	1.0
U /	N/A	N/A	42.09	49	N/A	100	0	N/A	32.0	N/A	N/A	N/A	N/A	100,000	100	0.0	2.0
C+ / 6.5	9.9	1.59	19.78	25,410	0	100	0	0	2.0	194.1	-9.3	99	N/A	3,000	100	0.0	2.0

I. Index of Stock Mutual Funds

Summer 2007

						PERFORMANCE						
	99 Pct = Best 0 Pct = Worst				Overall	Perfor-	Total Return % through 6/30/07				Incl. in Returns	
Fund Type	Fund Name		Ticker Symbol		Investment Rating	mance Rating/Pts	3 Mo	6 Mo	1Yr / Pct	Annualized		Dividend Yield	Expense Ratio
										3Yr / Pct	5Yr / Pct		
GR	Vanguard Total Stock Mkt Index Adm		VTSAX		B-	(800) 662-7447	C / 5.5	6.07	7.51	20.32 /62	12.63 /51	11.85 /52	1.61	0.09
★ GR	Vanguard Total Stock Mkt Index Inv		VTSMX		B-	(800) 662-7447	C / 5.4	6.04	7.47	20.21 /61	12.53 /50	11.76 /51	1.52	0.19
GR	Vanguard Total Stock Mkt Index Sig		VTSSX		U	(800) 662-7447	U /	6.09	7.52	--	--	--	0.00	0.09
GR	Vanguard US Growth Adm		VWUAX		D-	(800) 662-7447	D / 1.7	5.19	6.73	15.75 /30	7.93 /14	7.64 /12	0.68	0.34
★ GR	Vanguard US Growth Inv		VWUSX		D-	(800) 662-7447	D / 1.6	5.15	6.60	15.50 /29	7.68 /12	7.40 /11	0.45	0.58
GR	Vanguard US Value Fd		VUVLX		C	(800) 662-7447	C / 4.7	5.54	5.90	19.24 /54	12.04 /46	11.06 /44	1.44	0.43
UT	Vanguard Utilities Index Adm		VUIAX		A-	(800) 662-7447	B+ / 8.5	-0.37	8.78	25.60 /84	21.60 /88	--	2.51	0.28
GR	Vanguard Value Index Adm		VVIAX		A	(800) 662-7447	B- / 7.3	5.73	6.71	22.74 /76	15.87 /73	13.31 /64	2.35	0.11
GR	Vanguard Value Index Inst		VIVIX		A	(800) 662-7447	B- / 7.3	5.74	6.72	22.77 /76	15.90 /73	13.35 /65	2.38	0.08
★ GR	Vanguard Value Index Inv		VIVAX		A	(800) 662-7447	B- / 7.3	5.70	6.65	22.61 /75	15.75 /73	13.20 /63	2.25	0.21
AA	Vanguard Wellesley Income Adm		VWIAX		C-	(800) 662-7447	D- / 1.1	0.96	2.92	12.33 /14	8.25 /16	7.34 /10	4.18	0.14
★ AA	Vanguard Wellesley Income Inv		VWINX		D+	(800) 662-7447	D- / 1.1	0.96	2.90	12.21 /14	8.14 /15	7.23 /10	4.08	0.25
BA	Vanguard Wellington Adm		VWENX		C+	(800) 662-7447	C / 4.6	4.96	6.20	17.78 /43	12.33 /48	10.71 /41	2.97	0.17
★ BA	● Vanguard Wellington Inv		VWELX		C+	(800) 662-7447	C / 4.4	4.91	6.14	17.63 /42	12.18 /47	10.56 /39	2.86	0.30
MC	Vanguard Windsor-I Adm		VWNEX		B-	(800) 662-7447	C+ / 6.4	6.28	6.91	22.88 /77	13.76 /60	13.20 /63	1.51	0.25
★ MC	Vanguard Windsor-I Inv		VWNDX		C+	(800) 662-7447	C+ / 6.4	6.24	6.87	22.80 /76	13.64 /59	13.08 /63	1.41	0.36
GR	Vanguard Windsor-II Adm		VWNAX		A+	(800) 662-7447	B / 7.6	7.74	9.54	24.28 /81	15.46 /71	13.41 /65	2.13	0.23
★ GR	Vanguard Windsor-II Inv		VWNFX		A+	(800) 662-7447	B / 7.6	7.70	9.50	24.14 /81	15.33 /70	13.29 /64	2.02	0.34
IX	Vantagepoint 500 Stock Index I		VPFIX		C+	(800) 669-7400	C / 4.3	6.11	6.68	20.05 /60	11.20 /38	10.22 /35	1.23	0.45
IX	Vantagepoint 500 Stock Index II		VPSKX		C+	(800) 669-7400	C / 4.6	6.26	6.85	20.31 /62	11.44 /40	10.44 /38	1.50	0.25
MC	Vantagepoint Aggressive Opport		VPAOX		B	(800) 669-7400	B / 7.6	7.51	11.44	23.05 /77	15.17 /70	14.70 /74	0.00	1.04
AA	Vantagepoint Asset Allocation		VPAAX		C+	(800) 669-7400	C / 4.3	5.68	6.31	19.30 /55	11.53 /41	10.54 /39	1.50	0.75
GR	Vantagepoint Broad Market Index I		VPMIX		B-	(800) 669-7400	C / 5.2	5.93	7.37	20.03 /60	12.34 /49	11.51 /49	1.12	0.44
GR	Vantagepoint Broad Market Index II		VPBMX		B-	(800) 669-7400	C / 5.4	6.01	7.43	20.22 /61	12.58 /50	11.72 /51	1.40	0.24
IN	Vantagepoint Equity Income		VPEIX		A-	(800) 669-7400	B- / 7.3	7.42	9.70	23.69 /79	14.73 /67	13.09 /63	1.23	0.89
GI	Vantagepoint Growth & Income		VPGIX		C+	(800) 669-7400	C / 4.4	6.91	7.66	18.94 /52	11.13 /37	10.61 /40	0.75	0.81
GR	Vantagepoint Growth Fund		VPGRX		C-	(800) 669-7400	C- / 3.3	8.60	8.26	19.59 /57	8.74 /19	8.09 /15	0.28	0.88
FO	Vantagepoint International		VPINX		B+	(800) 669-7400	B+ / 8.5	5.77	9.39	22.55 /75	20.09 /85	14.91 /76	1.31	1.11
MC	Vantagepoint Mid-Small Comp Indx I		VPSIX		B-	(800) 669-7400	C+ / 6.9	5.19	9.26	19.13 /53	15.38 /71	15.51 /79	0.67	0.51
MC	Vantagepoint Mid-Small Comp Indx II		VPMSX		B	(800) 669-7400	B- / 7.1	5.24	9.37	19.39 /55	15.60 /72	15.73 /80	0.87	0.31
AA	Vantagepoint Milestone 2010 Fund		VPRQX		U	(800) 669-7400	U /	2.91	4.33	11.82 /13	--	--	2.17	1.02
AA	Vantagepoint Milestone 2015 Fund		VPRPX		U	(800) 669-7400	U /	3.93	5.49	14.33 /22	--	--	1.73	0.97
AA	Vantagepoint Milestone 2020 Fund		VPROX		U	(800) 669-7400	U /	4.53	6.25	15.72 /30	--	--	1.49	1.03
AA	Vantagepoint Milestone 2025 Fund		VPRNX		U	(800) 669-7400	U /	4.95	6.74	16.77 /37	--	--	1.30	1.10
AA	Vantagepoint Milestone 2030 Fund		VPRMX		U	(800) 669-7400	U /	5.38	7.15	17.66 /43	--	--	1.17	1.30
AA	Vantagepoint Milestone 2035 Fund		VPRLX		U	(800) 669-7400	U /	5.74	7.60	18.34 /47	--	--	1.03	1.56
IN	Vantagepoint Milestone Retire Incm		VPRRX		U	(800) 669-7400	U /	1.97	3.43	9.80 / 7	--	--	2.60	1.18
GR	Vantagepoint Model Port All Eq Gr		VPAGX		B	(800) 669-7400	C+ / 6.2	7.29	9.20	21.26 /68	13.10 /55	11.70 /51	0.67	1.11
GR	Vantagepoint Model Port Cons Grwth		VPCGX		C-	(800) 669-7400	E+ / 0.9	2.82	4.37	11.44 /12	7.22 /10	6.93 / 8	2.76	0.85
GR	Vantagepoint Model Port Long-Trm		VPLGX		C+	(800) 669-7400	C- / 4.1	5.64	7.45	17.96 /45	11.26 /38	10.40 /37	1.21	0.98
AA	Vantagepoint Model Port Savings Ori		VPSOX		D+	(800) 669-7400	E / 0.4	1.60	3.08	8.89 / 6	5.66 / 5	5.52 / 3	3.33	0.80
GR	Vantagepoint Model Port Traditnl Gr		VPTGX		C	(800) 669-7400	D / 2.2	4.30	5.98	14.62 /24	9.20 /22	8.61 /20	1.97	0.92
FO	Vantagepoint Overseas Eqty Index I		VPOIX		A+	(800) 669-7400	B+ / 8.8	5.48	10.22	25.87 /85	21.25 /87	16.86 /84	2.12	0.73
FO	Vantagepoint Overseas Eqty Index II		VPOEX		A+	(800) 669-7400	B+ / 8.9	5.57	10.34	26.21 /86	21.59 /88	17.13 /85	2.39	0.53
SC	Veracity Small Cap Value R		VSCVX		C	(866) 896-9292	C- / 4.1	7.27	7.35	9.34 / 6	13.80 /61	--	0.11	1.56
BA	Victory Balanced A		SBALX		C-	(800) 539-3863	D / 1.8	5.84	6.00	16.37 /34	9.51 /24	8.11 /15	1.51	1.18
BA	Victory Balanced C		VBFCX		C	(800) 539-3863	D / 2.1	5.64	5.58	15.33 /28	8.64 /18	--	0.80	4.06
BA	Victory Balanced R		VBFGX		C	(800) 539-3863	D+ / 2.4	5.76	5.80	15.86 /31	9.09 /21	7.74 /13	1.14	1.73
GR	Victory Diversified Stk A		SRVEX		C+	(800) 539-3863	C / 5.0	9.10	8.48	21.65 /71	12.73 /52	12.41 /57	0.48	1.07
GR	Victory Diversified Stk C		VDSCX		B	(800) 539-3863	C / 5.5	8.87	8.13	20.68 /65	11.86 /44	11.60 /50	0.10	1.93
GR	Victory Diversified Stk R		GRINX		B-	(800) 539-3863	C+ / 6.0	9.04	8.36	21.35 /69	12.37 /49	11.98 /53	0.29	1.36
GR	Victory Established Value A		VETAX		C	(800) 539-3863	B- / 7.0	6.16	11.31	21.47 /70	16.36 /75	14.32 /72	0.38	1.23

● Denotes fund is closed to new investors
★ Denotes fund is included in Section II

www.thestreet.com/ratings

I. Index of Stock Mutual Funds

Summer 2007

RISK			NET ASSETS		ASSET				Portfolio Turnover Ratio	BULL / BEAR		FUND MANAGER		MINIMUMS		LOADS	
	3 Year		NAV As of 6/30/07	Total $(Mil)	Cash %	Stocks %	Bonds %	Other %		Last Bull Market Return	Last Bear Market Return	Manager Quality Pct	Manager Tenure (Years)	Initial Purch. $	Additional Purch. $	Front End Load	Back End Load
Risk Rating/Pts	Standard Deviation	Beta															
B / 8.2	8.0	1.08	36.36	30,634	0	100	0	0	4.0	107.2	-9.5	58	N/A	100,000	100	0.0	0.0
B / 8.2	7.9	1.07	36.36	46,261	0	100	0	0	4.0	106.4	-9.5	57	N/A	3,000	100	0.0	0.0
U /	N/A	N/A	35.10	744	0	100	0	0	4.0	N/A	N/A	N/A	N/A	1,000,000	50	0.0	0.0
C+ / 6.3	10.7	1.29	50.25	1,281	4	95	0	1	48.0	71.9	-10.5	8	N/A	100,000	100	0.0	1.0
C+ / 6.3	10.7	1.29	19.38	4,448	4	95	0	1	48.0	70.2	-10.5	8	N/A	3,000	100	0.0	1.0
B- / 7.5	7.9	1.01	15.61	1,513	2	98	0	0	61.0	106.2	-8.8	57	N/A	3,000	100	0.0	0.0
B- / 7.2	9.4	0.81	41.42	110	0	100	0	0	9.0	N/A	N/A	58	N/A	100,000	100	0.0	2.0
B / 8.8	6.9	0.89	28.04	3,017	0	100	0	0	20.0	130.7	-10.3	93	N/A	100,000	100	0.0	0.0
B / 8.8	6.9	0.89	28.04	2,926	0	100	0	0	20.0	131.1	-10.3	93	N/A	5,000,000	100	0.0	0.0
B / 8.8	6.9	0.89	28.04	4,854	0	100	0	0	20.0	129.9	-10.4	92	N/A	3,000	100	0.0	0.0
B+ / 9.6	3.1	0.49	53.30	5,300	0	38	60	2	18.0	44.1	-0.6	79	N/A	100,000	100	0.0	0.0
B / 8.9	3.1	0.49	22.00	7,960	0	38	60	2	18.0	43.5	-0.7	78	25	3,000	100	0.0	0.0
B / 8.8	4.8	1.03	58.59	18,232	1	66	32	1	25.0	83.4	-5.1	87	N/A	100,000	100	0.0	0.0
B / 8.8	4.8	1.03	33.92	31,072	1	66	32	1	25.0	82.4	-5.2	87	N/A	10,000	100	0.0	0.0
B- / 7.1	8.4	0.71	66.70	10,089	0	100	0	0	38.0	123.8	-9.2	77	N/A	100,000	100	0.0	0.0
B- / 7.1	8.4	0.72	19.77	14,977	0	100	0	0	38.0	122.7	-9.3	75	N/A	3,000	100	0.0	0.0
B / 8.6	6.6	0.83	66.86	20,108	0	100	0	0	34.0	126.2	-7.1	93	6	100,000	100	0.0	0.0
B / 8.7	6.6	0.83	37.67	34,001	0	100	0	0	34.0	125.2	-7.1	93	22	10,000	100	0.0	0.0
B / 8.7	7.3	1.00	11.98	107	1	98	0	1	4.0	92.8	-9.8	47	N/A	0	0	0.0	0.0
B / 8.7	7.3	1.00	11.38	314	1	98	0	1	4.0	94.5	-9.8	51	N/A	0	0	0.0	0.0
C+ / 6.9	11.1	0.99	14.32	1,453	2	97	0	1	88.0	153.8	-10.1	55	N/A	0	0	0.0	0.0
B / 8.8	6.7	1.49	8.93	784	17	82	0	1	15.0	89.2	-9.0	59	N/A	0	0	0.0	0.0
B / 8.5	7.9	1.07	12.68	193	1	98	0	1	2.0	104.5	-9.6	55	N/A	0	0	0.0	0.0
B / 8.5	7.9	1.06	12.00	491	1	98	0	1	2.0	106.5	-9.6	59	N/A	0	0	0.0	0.0
B / 8.2	7.0	0.91	10.86	1,708	7	92	0	1	18.0	126.4	-9.8	88	N/A	0	0	0.0	0.0
B / 8.4	7.6	1.02	12.37	1,285	2	97	0	1	38.0	92.5	-9.8	44	N/A	0	0	0.0	0.0
B- / 7.8	9.5	1.21	10.35	2,833	3	96	0	1	62.0	75.5	-10.7	14	N/A	0	0	0.0	0.0
C+ / 6.5	9.4	1.00	13.75	1,147	3	96	0	1	65.0	157.7	-12.8	28	N/A	0	0	0.0	0.0
B- / 7.3	11.1	1.04	18.05	93	2	97	0	1	20.0	146.3	-8.9	50	N/A	0	0	0.0	0.0
B- / 7.3	11.1	1.04	17.28	126	2	97	0	1	20.0	148.4	-8.9	54	N/A	0	0	0.0	0.0
U /	N/A	N/A	11.32	63	7	42	50	1	15.0	N/A	N/A	N/A	N/A	0	0	0.0	0.0
U /	N/A	N/A	11.91	109	5	58	36	1	10.0	N/A	N/A	N/A	N/A	0	0	0.0	0.0
U /	N/A	N/A	12.24	94	4	67	28	1	5.0	N/A	N/A	N/A	N/A	0	0	0.0	0.0
U /	N/A	N/A	12.51	69	3	74	22	1	4.0	N/A	N/A	N/A	N/A	0	0	0.0	0.0
U /	N/A	N/A	12.73	50	2	80	16	2	3.0	N/A	N/A	N/A	N/A	0	0	0.0	0.0
U /	N/A	N/A	12.89	26	3	85	11	1	10.0	N/A	N/A	N/A	N/A	0	0	0.0	0.0
U /	N/A	N/A	10.87	40	9	28	61	2	25.0	N/A	N/A	N/A	N/A	0	0	0.0	0.0
B / 8.0	8.4	1.09	28.26	564	3	96	0	1	6.0	112.8	-10.7	62	N/A	0	0	0.0	0.0
B+ / 9.8	3.2	0.40	25.55	578	8	37	53	2	9.0	47.2	-3.5	60	N/A	0	0	0.0	0.0
B / 8.2	6.5	0.84	26.39	1,628	3	76	19	2	6.0	88.6	-7.8	65	N/A	0	0	0.0	0.0
B+ / 9.3	2.1	0.43	25.46	302	9	23	67	1	11.0	33.6	-1.8	53	N/A	0	0	0.0	0.0
B+ / 9.3	4.9	0.63	25.71	1,442	6	57	35	2	6.0	66.7	-5.8	61	N/A	0	0	0.0	0.0
B- / 7.4	9.1	0.97	15.20	73	12	87	0	1	3.0	175.2	-9.7	42	N/A	0	0	0.0	0.0
B- / 7.5	9.0	0.96	14.41	166	12	87	0	1	3.0	178.0	-9.7	49	N/A	0	0	0.0	0.0
B- / 7.4	12.2	0.86	28.93	137	1	98	0	1	106.0	N/A	N/A	74	N/A	25,000	1,000	0.0	2.0
B / 8.9	5.7	1.19	14.82	128	1	66	32	1	153.0	60.4	-5.6	53	N/A	2,500	250	5.8	0.0
B+ / 9.1	5.6	1.16	14.79	1	1	66	32	1	153.0	N/A	N/A	42	N/A	2,500	250	0.0	0.0
B+ / 9.1	5.7	1.19	14.84	4	1	66	32	1	153.0	58.0	-5.6	47	N/A	2,500	250	0.0	0.0
B / 8.0	8.4	1.05	19.51	3,691	0	99	0	1	103.0	109.7	-11.3	62	18	2,500	250	5.8	0.0
B / 8.7	8.4	1.05	19.15	194	0	99	0	1	103.0	103.4	-11.5	51	5	2,500	250	0.0	0.0
B / 8.0	8.5	1.05	19.35	220	0	99	0	1	103.0	106.6	-11.4	57	18	2,500	250	0.0	0.0
C / 4.7	9.3	1.10	29.19	13	3	96	0	1	49.0	136.7	-6.1	88	9	2,500	250	5.8	0.0

www.thestreet.com/ratings

Data as of June 30, 2007

I. Index of Stock Mutual Funds

Summer 2007

99 Pct = Best
0 Pct = Worst

Fund Type	Fund Name	Ticker Symbol	Overall Investment Rating	Phone	Performance Rating/Pts	Total Return % through 6/30/07		Annualized		Incl. in Returns	
						3 Mo	6 Mo	1Yr / Pct	3Yr / Pct	5Yr / Pct	Dividend Yield	Expense Ratio
GR	Victory Established Value R	GETGX	C+	(800) 539-3863	B / 7.6	6.12	11.22	21.29 /69	16.18 /75	14.10 /70	0.30	1.32
GR	Victory Focused Growth Fund A	VFGAX	C	(800) 539-3863	C / 4.9	7.81	11.17	22.53 /75	12.12 /47	--	0.00	4.16
GR	Victory Focused Growth Fund C	VFGCX	C+	(800) 539-3863	C / 5.5	7.71	10.89	21.69 /71	11.28 /39	--	0.00	5.53
GR	Victory Focused Growth Fund R	VFGRX	C+	(800) 539-3863	C+ / 5.9	7.80	11.09	22.22 /74	11.87 /44	--	0.00	5.39
CV	Victory Invt Grade Conv A	SBFCX	D+	(800) 539-3863	D- / 1.2	4.53	6.74	12.74 /15	7.63 /12	8.07 /15	0.91	1.36
SC	Victory Sm Co Opportunity A	SSGSX	C	(800) 539-3863	C+ / 6.4	4.83	8.61	21.04 /67	15.96 /74	14.94 /76	0.39	1.11
SC	Victory Sm Co Opportunity R	GOGFX	C+	(800) 539-3863	B- / 7.1	4.74	8.46	20.70 /65	15.63 /72	14.62 /74	0.24	1.43
MC	Victory Special Value A	SSVSX	C+	(800) 539-3863	B+ / 8.9	8.40	15.41	29.59 /92	21.53 /88	16.50 /83	0.51	1.25
MC	Victory Special Value C	VSVCX	C	(800) 539-3863	A- / 9.0	8.21	14.92	28.47 /90	20.54 /86	--	0.20	2.23
MC	Victory Special Value R	VSVGX	C+	(800) 539-3863	A- / 9.1	8.37	15.28	29.23 /92	21.18 /87	16.15 /82	0.36	1.58
IX	Victory Stock Index Fund A	SSTIX	C-	(800) 539-3863	C- / 3.2	6.22	6.62	20.58 /64	11.21 /38	10.13 /34	0.93	0.85
IX	Victory Stock Index Fund R	VINGX	C	(800) 539-3863	C / 4.3	6.19	6.55	20.43 /63	11.02 /36	9.92 /32	0.84	1.10
GR	Victory Value Fund A	SVLSX	C	(800) 539-3863	C+ / 5.6	9.28	7.87	18.07 /46	14.46 /65	11.20 /45	0.51	1.22
GR	Victory Value Fund C	VVFCX	C-	(800) 539-3863	C+ / 6.1	9.12	7.49	17.21 /40	13.63 /59	--	0.03	2.77
GR	Victory Value Fund R	VVFGX	C	(800) 539-3863	C+ / 6.4	9.25	7.74	17.64 /42	14.06 /63	10.87 /42	0.22	1.77
BA	Villere Balanced Fd	VILLX	D	(800) 366-6223	D- / 1.3	3.56	5.76	8.01 / 4	8.96 /20	10.99 /43	0.72	1.16
GR	Volumetric Fund	VOLMX	E+	(800) 541-3863	D+ / 2.6	4.82	7.74	13.07 /17	10.00 /28	10.80 /42	0.00	1.94
FO	Vontobel Eastern European Eq A	VEEEX	A+	(800) 527-9500	A / 9.4	3.27	7.19	26.75 /87	29.16 /95	31.93 /99	0.11	2.03
GR	Waddell & Reed Adv Accumulative A	UNACX	C+	(888) 923-3355	C+ / 6.1	8.77	10.63	23.70 /79	13.67 /60	8.76 /21	0.30	1.12
GR	Waddell & Reed Adv Accumulative B	WAABX	C+	(888) 923-3355	C+ / 6.3	8.46	10.11	22.50 /75	12.46 /49	7.57 /12	0.00	2.19
GR	Waddell & Reed Adv Accumulative C	WAACX	B-	(888) 923-3355	C+ / 6.3	8.41	10.06	22.55 /75	12.51 /50	7.68 /13	0.00	2.14
GR	Waddell & Reed Adv Accumulative Y	WAAYX	B	(888) 923-3355	B- / 7.2	8.75	10.74	23.93 /80	13.96 /62	9.07 /24	0.66	0.87
AA	Waddell & Reed Adv Asset Strat A	UNASX	C+	(888) 923-3355	B+ / 8.8	8.73	12.42	16.77 /37	23.73 /92	16.03 /81	0.21	1.22
AA	Waddell & Reed Adv Asset Strat B	WBASX	C+	(888) 923-3355	B+ / 8.8	8.42	11.91	15.73 /30	22.62 /90	14.99 /76	0.00	2.09
AA	Waddell & Reed Adv Asset Strat C	WCASX	C+	(888) 923-3355	B+ / 8.8	8.41	11.90	15.82 /31	22.66 /90	15.04 /76	0.00	2.05
AA	Waddell & Reed Adv Asset Strat Y	WYASX	B-	(888) 923-3355	A- / 9.1	8.82	12.63	17.01 /38	24.13 /92	16.44 /83	0.42	0.93
BA	Waddell & Reed Adv Cntinentl Inc A	UNCIX	D	(888) 923-3355	D- / 1.2	4.95	5.51	12.85 /16	9.04 /21	8.32 /17	1.11	1.24
BA	Waddell & Reed Adv Cntinentl Inc B	WACBX	D+	(888) 923-3355	D- / 1.4	4.69	5.13	11.75 /13	7.98 /14	7.26 /10	0.26	2.21
BA	Waddell & Reed Adv Cntinentl Inc C	WACCX	D+	(888) 923-3355	D- / 1.4	4.70	5.14	11.78 /13	8.00 /14	7.27 /10	0.28	2.19
BA	Waddell & Reed Adv Cntinentl Inc Y	WACYX	C-	(888) 923-3355	D / 2.1	4.89	5.65	13.17 /17	9.36 /23	8.65 /20	1.45	0.95
GR	Waddell & Reed Adv Core Invest A	UNCMX	D+	(888) 923-3355	C / 5.1	7.86	8.09	16.01 /32	14.41 /65	9.80 /31	0.61	1.09
GR	Waddell & Reed Adv Core Invest B	UNIBX	D+	(888) 923-3355	C / 5.3	7.45	7.45	14.80 /25	13.20 /56	8.56 /19	0.08	2.18
GR	Waddell & Reed Adv Core Invest C	WCCIX	D+	(888) 923-3355	C / 5.4	7.60	7.60	14.94 /26	13.29 /57	8.65 /20	0.08	2.14
GR	Waddell & Reed Adv Core Invest Y	UNIYX	C	(888) 923-3355	C+ / 6.5	7.92	8.22	16.32 /34	14.73 /67	10.11 /34	0.88	0.81
GI	Waddell & Reed Adv Div Inc A	WDVAX	B+	(888) 923-3355	C+ / 6.3	6.83	9.58	16.87 /37	16.22 /75	--	1.02	1.27
GI	Waddell & Reed Adv Div Inc B	WDVBX	B	(888) 923-3355	C+ / 6.6	6.56	9.00	15.72 /30	15.14 /69	--	0.24	2.20
GI	Waddell & Reed Adv Div Inc C	WDVCX	B	(888) 923-3355	C+ / 6.6	6.63	9.08	15.85 /31	15.19 /70	--	0.29	2.14
GI	Waddell & Reed Adv Div Inc Y	WDVYX	A	(888) 923-3355	B- / 7.4	6.93	9.69	17.25 /40	16.63 /76	--	1.39	0.94
EN	Waddell & Reed Adv Energy Fund A	WEGAX	U	(888) 923-3355	U /	16.57	23.27	19.37 /55	--	--	0.00	1.77
FO	Waddell & Reed Adv Intl Gr A	UNCGX	B	(888) 923-3355	B+ / 8.3	7.23	10.90	25.67 /85	20.45 /86	13.23 /64	0.21	1.50
FO	Waddell & Reed Adv Intl Gr B	WAIBX	B	(888) 923-3355	B+ / 8.3	6.89	10.27	24.30 /81	19.05 /83	11.77 /51	0.00	2.65
FO	Waddell & Reed Adv Intl Gr C	WAICX	B	(888) 923-3355	B+ / 8.4	6.94	10.36	24.50 /82	19.27 /83	12.16 /55	0.00	2.46
FO	Waddell & Reed Adv Intl Gr Y	WAIYX	B+	(888) 923-3355	B+ / 8.8	7.22	11.11	26.13 /86	20.97 /87	13.77 /68	0.59	1.09
MC	Waddell & Reed Adv New Concepts	UNECX	C-	(888) 923-3355	C / 5.1	7.44	10.94	17.53 /42	13.69 /60	13.83 /68	0.00	1.43
MC	Waddell & Reed Adv New Concepts	UNEBX	C-	(888) 923-3355	C / 5.3	7.20	10.39	16.25 /33	12.49 /50	12.51 /58	0.00	2.48
MC	Waddell & Reed Adv New Concepts	WNCCX	C-	(888) 923-3355	C / 5.5	7.24	10.50	16.44 /35	12.63 /51	12.68 /59	0.00	2.35
MC	Waddell & Reed Adv New Concepts	UNEYX	C	(888) 923-3355	C+ / 6.7	7.59	11.16	18.06 /46	14.16 /63	14.35 /72	0.00	1.06
GI	Waddell & Reed Adv Retirement A	UNFDX	C+	(888) 923-3355	C+ / 6.0	9.66	13.41	19.88 /59	13.71 /60	11.83 /52	0.54	1.19
GI	Waddell & Reed Adv Retirement B	WRRBX	C+	(888) 923-3355	C+ / 6.2	9.23	12.66	18.65 /50	12.54 /50	10.66 /40	0.03	2.20
GI	Waddell & Reed Adv Retirement C	WARCX	C+	(888) 923-3355	C+ / 6.4	9.32	12.88	18.90 /51	12.66 /51	10.76 /41	0.07	2.12
GI	Waddell & Reed Adv Retirement Y	WARYX	B-	(888) 923-3355	B- / 7.2	9.71	13.40	20.17 /61	14.06 /63	12.20 /55	0.87	0.93
TC	Waddell & Reed Adv Sci & Tech A	UNSCX	C	(888) 923-3355	B- / 7.2	8.20	13.19	21.43 /70	15.99 /74	15.25 /77	0.00	1.34

● Denotes fund is closed to new investors
* Denotes fund is included in Section II

www.thestreet.com/ratings

I. Index of Stock Mutual Funds

Summer 2007

RISK			NET ASSETS		ASSET				Portfolio Turnover Ratio	BULL / BEAR		FUND MANAGER		MINIMUMS		LOADS	
	3 Year		NAV							Last Bull	Last Bear	Manager	Manager	Initial	Additional	Front	Back
Risk Rating/Pts	Standard Deviation	Beta	As of 6/30/07	Total $(Mil)	Cash %	Stocks %	Bonds %	Other %		Market Return	Market Return	Quality Pct	Tenure (Years)	Purch. $	Purch. $	End Load	End Load
C /4.6	9.3	1.11	28.99	286	3	96	0	1	49.0	135.2	-6.1	87	9	2,500	250	0.0	0.0
C+ /6.7	11.7	1.42	14.63	4	2	97	0	1	52.0	N/A	N/A	23	4	2,500	250	5.8	0.0
B- /7.3	11.8	1.42	14.25	1	2	97	0	1	52.0	N/A	N/A	18	4	2,500	250	0.0	0.0
C+ /6.7	11.8	1.42	14.52	N/A	2	97	0	1	52.0	N/A	N/A	21	4	2,500	250	0.0	0.0
B /8.5	5.9	0.94	14.09	65	0	22	7	71	49.0	49.8	-0.3	59	11	2,500	250	2.0	0.0
C /5.4	11.1	0.79	30.62	160	6	93	0	1	73.0	147.8	-7.2	91	9	2,500	250	5.8	0.0
C /5.3	11.1	0.79	29.82	120	6	93	0	1	73.0	145.1	-7.3	90	9	2,500	250	0.0	0.0
C- /4.1	11.4	1.01	19.63	747	6	93	0	1	204.0	159.6	-7.2	95	N/A	2,500	250	5.8	0.0
D+ /2.9	11.4	1.01	19.07	36	6	93	0	1	204.0	N/A	N/A	93	4	2,500	250	0.0	0.0
C- /4.0	11.4	1.01	19.28	95	6	93	0	1	204.0	156.3	-7.2	94	N/A	2,500	250	0.0	0.0
B- /7.3	7.5	1.02	22.32	51	3	96	0	1	5.0	93.0	-10.0	45	8	2,500	250	5.8	0.0
B- /7.6	7.5	1.02	22.31	19	3	96	0	1	5.0	91.2	-10.0	43	8	2,500	250	0.0	0.0
C+ /5.8	9.2	1.02	15.68	227	5	94	0	1	104.0	109.4	-10.2	81	2	2,500	250	5.8	0.0
C /5.1	9.1	1.00	15.55	1	5	94	0	1	104.0	N/A	N/A	76	4	2,500	250	0.0	0.0
C+ /5.8	9.2	1.02	15.67	4	5	94	0	1	104.0	106.8	-10.3	78	2	2,500	250	0.0	0.0
B- /7.7	9.2	1.44	16.89	64	4	68	28	0	26.9	74.3	-1.0	31	8	2,000	500	0.0	0.0
C /4.8	10.3	1.19	18.91	27	11	88	0	1	153.0	98.6	-8.8	22	20	500	200	0.0	0.0
B- /7.5	12.5	1.04	31.61	87	33	66	0	1	115.0	263.7	1.8	92	6	2,500	50	5.8	2.0
B- /7.3	8.6	1.06	8.42	1,995	0	99	0	1	38.0	87.2	-7.0	72	3	500	0	5.8	0.0
B- /7.2	8.6	1.05	7.95	60	0	99	0	1	38.0	78.9	-7.4	58	3	500	0	0.0	0.0
B- /7.2	8.5	1.05	7.99	18	0	99	0	1	38.0	79.4	-7.4	59	3	500	0	0.0	0.0
B- /7.3	8.5	1.04	8.43	6	0	99	0	1	38.0	89.5	-7.1	76	3	10,000,000	0	0.0	0.0
C /4.5	11.9	1.31	10.59	2,048	8	79	12	1	116.0	105.4	2.5	99	10	500	0	5.8	0.0
C /4.4	11.8	1.32	10.43	147	8	79	12	1	116.0	97.9	2.2	99	8	500	0	0.0	0.0
C /4.4	11.9	1.32	10.44	87	8	79	12	1	116.0	98.2	2.2	99	8	500	0	0.0	0.0
C /4.5	11.9	1.32	10.61	15	8	79	12	1	116.0	108.3	2.6	99	10	10,000,000	0	0.0	0.0
B /8.2	5.1	1.08	8.34	469	8	71	20	1	48.0	60.4	-3.6	54	14	500	0	5.8	0.0
B /8.3	5.1	1.07	8.34	16	8	71	20	1	48.0	54.1	-4.0	40	8	500	0	0.0	0.0
B /8.3	5.1	1.07	8.34	6	8	71	20	1	48.0	54.2	-4.0	40	8	500	0	0.0	0.0
B /8.3	5.1	1.07	8.34	1	8	71	20	1	48.0	62.6	-3.7	58	11	10,000,000	0	0.0	0.0
C /4.8	8.1	0.96	6.64	4,136	1	98	0	1	56.0	89.2	-9.0	84	4	500	0	5.8	0.0
C /4.6	8.1	0.97	6.20	81	1	98	0	1	56.0	80.3	-9.3	74	4	500	0	0.0	0.0
C /4.6	8.1	0.96	6.23	24	1	98	0	1	56.0	81.0	-9.3	76	4	500	0	0.0	0.0
C /4.8	8.2	0.97	6.64	55	1	98	0	1	56.0	91.8	-8.9	85	4	10,000,000	0	0.0	0.0
B /8.6	7.7	0.89	16.79	558	5	94	0	1	15.0	N/A	N/A	94	4	500	0	5.8	0.0
B /8.6	7.7	0.89	16.72	31	5	94	0	1	15.0	N/A	N/A	91	4	500	0	0.0	0.0
B /8.6	7.7	0.89	16.73	24	5	94	0	1	15.0	N/A	N/A	91	4	500	0	0.0	0.0
B /8.6	7.7	0.88	16.79	15	5	94	0	1	15.0	N/A	N/A	95	4	10,000,000	0	0.0	0.0
U /	N/A	N/A	12.45	135	2	97	0	1	N/A	N/A	N/A	N/A	1	500	0	5.8	0.0
C+ /6.2	10.4	1.08	10.38	795	3	95	0	2	84.0	126.0	-8.0	19	11	500	0	5.8	2.0
C+ /6.1	10.4	1.09	9.77	21	3	95	0	2	84.0	114.2	-8.3	12	8	500	0	0.0	2.0
C+ /6.1	10.5	1.10	10.01	7	3	95	0	2	84.0	116.6	-8.1	12	8	500	0	0.0	2.0
C+ /6.2	10.5	1.09	10.40	43	3	95	0	2	84.0	130.5	-7.8	21	11	10,000,000	0	0.0	0.0
C /5.2	10.5	0.93	12.27	1,350	2	97	0	1	23.0	119.3	-5.7	46	6	500	0	5.8	0.0
C /5.1	10.5	0.93	11.16	53	2	97	0	1	23.0	109.3	-6.1	33	6	500	0	0.0	0.0
C /5.1	10.5	0.93	11.26	19	2	97	0	1	23.0	110.2	-5.9	34	6	500	0	0.0	0.0
C /5.2	10.5	0.92	12.75	30	2	97	0	1	23.0	123.7	-5.6	53	6	10,000,000	0	0.0	0.0
C+ /6.6	11.4	1.25	9.41	568	5	86	7	2	210.0	87.7	-4.3	53	8	500	0	5.8	0.0
C+ /6.5	11.3	1.23	8.99	20	5	86	7	2	210.0	79.6	-4.7	39	8	500	0	0.0	0.0
C+ /6.5	11.4	1.25	9.03	6	5	86	7	2	210.0	80.5	-4.7	39	8	500	0	0.0	0.0
C+ /6.5	11.4	1.25	9.45	6	5	86	7	2	210.0	90.1	-4.2	57	8	10,000,000	0	0.0	0.0
C /5.1	12.2	1.23	12.53	2,557	8	91	0	1	80.0	121.9	-3.8	79	6	500	0	5.8	0.0

www.thestreet.com/ratings

Data as of June 30, 2007

I. Index of Stock Mutual Funds

Summer 2007

99 Pct = Best
0 Pct = Worst

Fund Type	Fund Name	Ticker Symbol	Overall Investment Rating	Phone	Performance Rating/Pts	3 Mo	6 Mo	1Yr / Pct	3Yr / Pct	5Yr / Pct	Dividend Yield	Expense Ratio
TC	Waddell & Reed Adv Sci & Tech B	USTBX	C	(888) 923-3355	B- / 7.2	7.80	12.53	20.05 /60	14.63 /66	13.75 /68	0.00	2.47
TC	Waddell & Reed Adv Sci & Tech C	WCSTX	C	(888) 923-3355	B- / 7.2	7.88	12.47	20.08 /60	14.66 /66	13.79 /68	0.00	2.46
TC	Waddell & Reed Adv Sci & Tech Y	USTFX	C+	(888) 923-3355	B / 7.9	8.15	13.29	21.69 /71	16.38 /76	15.64 /79	0.00	1.03
SC	Waddell & Reed Adv Small Cap A	UNSAX	E+	(888) 923-3355	C- / 3.2	6.37	9.56	13.73 /19	12.16 /47	13.31 /64	0.00	1.53
SC	Waddell & Reed Adv Small Cap B	WRSBX	E+	(888) 923-3355	C- / 3.5	6.08	9.02	12.68 /15	11.10 /37	12.21 /55	0.00	2.44
SC	Waddell & Reed Adv Small Cap C	WSCCX	E+	(888) 923-3355	C- / 3.6	6.14	9.11	12.81 /16	11.21 /38	12.37 /57	0.00	2.36
SC	Waddell & Reed Adv Small Cap Y	WRSYX	D	(888) 923-3355	C / 5.0	6.49	9.87	14.28 /22	12.72 /52	13.94 /69	0.00	1.06
GR	Waddell & Reed Adv Tax Managed A	WTEAX	D+	(888) 923-3355	D+ / 2.4	6.80	7.85	17.92 /44	9.97 /28	10.76 /41	0.00	1.32
GR	Waddell & Reed Adv Tax Managed B	WBTMX	D+	(888) 923-3355	D+ / 2.7	6.60	7.37	16.84 /37	9.02 /21	9.76 /30	0.00	2.24
GR	Waddell & Reed Adv Tax Managed C	WCTMX	D+	(888) 923-3355	D+ / 2.6	6.51	7.40	16.65 /36	8.92 /20	9.68 /30	0.00	2.36
GR	Waddell & Reed Adv Tax Managed Y	WYTMX	C-	(888) 923-3355	C- / 3.6	6.90	7.95	18.03 /45	10.04 /28	10.82 /42	0.00	1.20
GR	Waddell & Reed Adv Value A	WVAAX	C+	(888) 923-3355	C / 4.7	6.16	8.20	22.82 /76	12.74 /52	11.48 /49	0.58	1.34
GR	Waddell & Reed Adv Value B	WVABX	C+	(888) 923-3355	C / 5.1	5.89	7.73	21.75 /71	11.67 /42	10.40 /37	0.00	2.27
GR	Waddell & Reed Adv Value C	WVACX	C+	(888) 923-3355	C / 5.1	5.93	7.68	21.69 /71	11.74 /43	10.47 /38	0.00	2.24
GR	Waddell & Reed Adv Value Y	WVAYX	B-	(888) 923-3355	C+ / 6.3	6.23	8.35	23.28 /78	13.19 /56	11.96 /53	0.99	0.93
GR	Waddell & Reed Adv Vanguard Adv A	UNVGX	E+	(888) 923-3355	D- / 1.3	5.97	8.00	9.64 / 7	9.95 /28	9.15 /25	0.00	1.17
GR	Waddell & Reed Adv Vanguard Adv B	WRVBX	E+	(888) 923-3355	D- / 1.4	5.63	7.47	8.38 / 5	8.77 /19	7.87 /14	0.00	2.27
GR	Waddell & Reed Adv Vanguard Adv C	WAVCX	E+	(888) 923-3355	D- / 1.4	5.60	7.44	8.46 / 5	8.82 /19	7.95 /14	0.00	2.20
GR	Waddell & Reed Adv Vanguard Adv Y	WAVYX	D-	(888) 923-3355	D+ / 2.4	6.14	8.23	10.06 / 8	10.36 /31	9.54 /28	0.00	0.88
BA	Waddell & Reed InvestEd Balanced A	WBLAX	C-	(888) 923-3355	D / 1.8	4.48	6.37	13.87 /20	10.38 /31	8.85 /21	1.73	1.68
GR	Waddell & Reed InvestEd Conserv A	WICAX	D	(888) 923-3355	E- / 0.2	1.67	3.00	7.25 / 3	4.87 / 3	4.01 / 1	2.88	1.73
GR	Waddell & Reed InvestEd Growth A	WAGRX	C	(888) 923-3355	C- / 3.4	5.63	7.90	15.91 /31	12.49 /50	10.88 /42	1.23	1.83
BA	Walden Social Balanced	WSBFX	D+	(877) 792-5336	E+ / 0.8	4.56	4.92	11.56 /12	6.10 / 6	6.93 / 8	1.33	1.17
GI	Walden Social Equity Fund	WSEFX	D	(877) 792-5336	D- / 1.4	6.09	6.09	13.47 /18	7.14 /10	8.64 /20	0.62	1.15
GR	Wall Street Fund	WALLX	D-	(800) 443-4693	C- / 4.0	7.85	11.16	15.94 /31	10.31 /30	11.56 /49	0.00	1.71
GR	● Wasatch Core Growth Fund	WGROX	C-	(800) 551-1700	C+ / 6.0	8.52	13.56	21.03 /67	12.24 /48	10.20 /35	0.28	1.20
TC	Wasatch Global Sci & Tech	WAGTX	C	(800) 551-1700	B / 8.2	12.45	15.42	28.40 /90	15.14 /69	17.42 /86	0.00	1.90
GR	Wasatch Heritage Growth Fund	WAHGX	C-	(800) 551-1700	C- / 3.6	7.15	9.08	18.25 /47	10.34 /31	--	0.01	0.98
FO	● Wasatch International Growth	WAIGX	B	(800) 551-1700	A / 9.5	9.24	19.84	35.83 /96	25.22 /93	24.16 /95	0.00	1.76
FO	● Wasatch International Opp Fund	WAIOX	U	(800) 551-1700	U /	13.17	27.27	48.22 /98	--	--	0.12	2.51
SC	● Wasatch Micro Cap Fund	WMICX	D+	(800) 551-1700	B- / 7.2	7.89	11.14	22.21 /74	15.10 /69	17.39 /86	0.00	2.14
SC	● Wasatch Micro Cap Value Fund	WAMVX	C+	(800) 551-1700	B+ / 8.5	7.42	11.76	24.46 /82	19.49 /84	--	0.00	2.30
SC	● Wasatch Small Cap Growth	WAAEX	E	(800) 551-1700	D+ / 2.5	5.30	6.67	15.53 /29	9.94 /27	11.59 /50	0.00	1.19
SC	● Wasatch Small Cap Value	WMCVX	C	(800) 551-1700	B- / 7.2	8.41	13.17	19.92 /59	15.11 /69	14.37 /72	0.60	1.68
GI	Wasatch Strategic Income Fund	WASIX	U	(800) 551-1700	U /	2.39	3.02	18.98 /52	--	--	4.01	1.44
MC	Wasatch Ultra Growth	WAMCX	E-	(800) 551-1700	E+ / 0.7	4.86	5.99	13.55 /19	5.69 / 5	10.78 /41	0.00	1.50
BA	Weitz Balanced Fund	WBALX	C-	(800) 232-4161	D / 1.9	2.82	3.16	14.54 /23	9.52 /24	--	1.23	1.13
GR	Weitz Partners-Partners Value	WPVLX	C	(800) 232-4161	C / 4.9	5.05	5.48	22.23 /74	11.90 /45	11.81 /52	0.34	1.14
GR	Weitz Series-Hickory Fund	WEHIX	C+	(800) 232-4161	C+ / 5.6	5.09	4.38	21.55 /70	13.27 /57	13.27 /64	0.65	1.20
MC	Weitz Series-Value	WVALX	C-	(800) 232-4161	C- / 3.8	4.52	4.08	20.56 /64	11.01 /36	11.74 /51	0.64	1.13
AG	Wells Fargo Avtg Agg Allc Adm	NWBEX	C	(800) 222-8222	C / 4.3	6.12	7.51	19.33 /55	11.16 /37	9.23 /25	1.06	1.20
FO	Wells Fargo Avtg Asia Pac Inv	SASPX	A+	(800) 222-8222	A+ / 9.6	9.60	16.97	32.64 /95	28.67 /95	23.75 /95	0.21	1.97
AA	Wells Fargo Avtg Ast Allc A	SFAAX	C-	(800) 222-8222	D / 1.8	4.89	5.17	17.15 /39	9.70 /26	9.06 /24	1.89	1.26
AA	Wells Fargo Avtg Ast Allc Adm	WFAIX	C	(800) 222-8222	D+ / 2.9	5.00	5.29	17.48 /41	9.98 /28	9.32 /26	2.24	1.08
AA	Wells Fargo Avtg Ast Allc B	SASBX	C	(800) 222-8222	D / 2.2	4.71	4.79	16.37 /34	8.91 /20	8.26 /16	1.24	2.01
AA	Wells Fargo Avtg Ast Allc C	WFALX	C	(800) 222-8222	D / 2.2	4.72	4.82	16.33 /34	8.89 /20	8.24 /16	1.29	2.01
BA	Wells Fargo Avtg Bal Inv	STAAX	C-	(800) 222-8222	D- / 1.1	3.69	3.67	13.46 /18	7.30 /10	7.07 / 9	2.14	1.58
GR	Wells Fargo Avtg Cap Gr Adm	WFCDX	C	(800) 222-8222	C / 4.3	5.95	8.90	17.49 /41	11.37 /40	11.91 /53	0.00	1.21
GR	Wells Fargo Avtg Cap Gr I	WWCIX	C	(800) 222-8222	C / 4.5	6.05	8.98	17.70 /43	11.51 /41	11.99 /53	0.00	0.94
GR	Wells Fargo Avtg Cap Gr Inv	SLGIX	C	(800) 222-8222	C- / 3.9	5.79	8.66	16.97 /38	10.81 /34	11.46 /48	0.00	1.55
GR	Wells Fargo Avtg CB Lg Cp VI A	CBEAX	C-	(800) 222-8222	D / 2.0	5.04	3.65	19.44 /56	10.15 /29	10.92 /43	0.95	1.40
GR	Wells Fargo Avtg CB Lg Cp VI Adm	CBLLX	C	(800) 222-8222	C- / 3.3	5.13	3.85	19.75 /58	10.43 /31	11.09 /45	1.19	1.22

● Denotes fund is closed to new investors
* Denotes fund is included in Section II

www.thestreet.com/ratings

I. Index of Stock Mutual Funds

Summer 2007

RISK			NET ASSETS		ASSET				Portfolio	BULL / BEAR		FUND MANAGER		MINIMUMS		LOADS	
	3 Year		NAV							Last Bull	Last Bear	Manager	Manager	Initial	Additional	Front	Back
Risk	Standard		As of	Total	Cash	Stocks	Bonds	Other	Turnover	Market	Market	Quality	Tenure	Purch.	Purch.	End	End
Rating/Pts	Deviation	Beta	6/30/07	$(Mil)	%	%	%	%	Ratio	Return	Return	Pct	(Years)	$	$	Load	Load
C / 4.7	12.2	1.23	11.05	81	8	91	0	1	80.0	110.5	-4.1	66	6	500	0	0.0	0.0
C / 4.7	12.1	1.23	11.09	17	8	91	0	1	80.0	110.6	-4.1	67	6	500	0	0.0	0.0
C / 5.2	12.2	1.23	13.13	60	8	91	0	1	80.0	125.3	-3.7	82	6	10,000,000	0	0.0	0.0
C- / 3.6	13.0	0.89	15.02	624	6	93	0	1	102.0	99.9	-4.0	52	4	500	0	5.8	0.0
C- / 3.0	13.0	0.89	13.78	65	6	93	0	1	102.0	92.2	-4.3	38	4	500	0	0.0	0.0
C- / 3.1	13.0	0.89	14.01	19	6	93	0	1	102.0	93.2	-4.3	39	4	500	0	0.0	0.0
C- / 3.9	13.0	0.89	15.59	241	6	93	0	1	102.0	104.7	-3.9	58	4	10,000,000	0	0.0	0.0
B- / 7.3	10.6	1.25	10.99	75	2	97	0	1	111.0	81.1	-5.6	18	1	500	0	5.8	0.0
B- / 7.2	10.6	1.25	10.34	4	2	97	0	1	111.0	74.2	-5.7	13	1	500	0	0.0	0.0
B- / 7.2	10.5	1.25	10.30	3	2	97	0	1	111.0	73.8	-5.7	13	1	500	0	0.0	0.0
B- / 7.3	10.5	1.25	11.00	N/A	2	97	0	1	111.0	81.2	-5.4	19	1	10,000,000	0	0.0	0.0
B- / 7.7	7.1	0.93	14.64	513	2	96	0	2	75.0	101.5	-7.9	73	4	500	0	5.8	0.0
B- / 7.9	7.1	0.93	14.21	51	2	96	0	2	75.0	93.4	-8.2	61	4	500	0	0.0	0.0
B- / 7.9	7.1	0.93	14.30	22	2	96	0	2	75.0	94.1	-8.3	62	4	500	0	0.0	0.0
B- / 7.7	7.1	0.93	14.67	39	2	96	0	2	75.0	105.3	-7.8	78	4	10,000,000	0	0.0	0.0
C+ / 5.6	11.3	1.13	9.58	1,601	0	99	0	1	78.0	78.2	-5.1	24	10	500	0	5.8	0.0
C / 5.1	11.3	1.13	8.63	48	0	99	0	1	78.0	70.1	-5.6	17	8	500	0	0.0	0.0
C / 5.1	11.2	1.12	8.67	17	0	99	0	1	78.0	70.8	-5.6	18	8	500	0	0.0	0.0
C+ / 5.7	11.2	1.12	9.86	54	0	99	0	1	78.0	80.9	-5.0	28	10	10,000,000	0	0.0	0.0
B+ / 9.0	4.8	0.98	13.52	93	0	99	0	1	13.0	60.8	-2.4	76	5	500	0	5.8	0.0
B+ / 9.3	1.6	0.18	10.98	37	0	99	0	1	60.0	20.5	0.5	52	5	500	0	4.3	0.0
B / 8.4	6.9	0.86	15.02	143	0	99	0	1	5.0	82.8	-4.0	76	N/A	500	50	5.8	0.0
B+ / 9.1	4.9	0.97	12.37	31	2	73	23	2	28.6	45.9	-3.7	27	8	100,000	1,000	0.0	0.0
B- / 7.7	7.2	0.91	13.06	52	2	97	0	1	25.5	69.2	-7.9	18	8	100,000	1,000	0.0	0.0
C- / 4.2	13.2	1.57	9.76	19	1	97	0	2	94.4	106.4	-8.4	9	23	1,000	100	0.0	0.0
C / 4.9	12.4	1.48	45.21	1,365	2	97	0	1	54.0	134.9	-13.5	21	8	2,000	100	0.0	2.0
C- / 4.0	18.0	1.85	17.07	157	1	98	0	1	81.0	148.1	-21.4	19	N/A	2,000	100	0.0	2.0
B- / 7.1	11.3	1.39	12.73	235	2	97	0	1	45.0	N/A	N/A	14	3	2,000	100	0.0	2.0
C / 4.6	12.0	1.15	24.58	528	0	99	0	1	59.0	235.4	-10.5	45	N/A	2,000	100	0.0	2.0
U /	N/A	N/A	3.78	58	1	98	0	1	54.0	N/A	N/A	N/A	2	2,000	100	0.0	2.0
D+ / 2.7	14.0	0.92	7.38	659	4	95	0	1	43.0	161.7	-14.0	81	N/A	2,000	100	0.0	2.0
C- / 4.0	13.8	0.86	3.04	122	8	91	0	1	95.0	N/A	N/A	96	4	2,000	100	0.0	2.0
C- / 3.8	13.1	0.91	39.34	1,177	2	97	0	1	44.0	110.6	-16.1	26	21	2,000	100	0.0	2.0
C / 4.4	11.9	0.82	5.67	754	1	98	0	1	69.0	176.9	-9.6	87	8	2,000	100	0.0	2.0
U /	N/A	N/A	11.55	28	7	91	0	2	55.0	N/A	N/A	N/A	1	2,000	100	0.0	2.0
C- / 3.1	15.9	1.32	25.48	266	3	96	0	1	50.0	91.6	-17.7	1	8	2,000	100	0.0	2.0
B+ / 9.0	4.5	0.80	12.23	96	19	54	24	3	33.0	N/A	N/A	76	4	5,000	0	0.0	0.0
B- / 7.2	6.9	0.71	24.58	2,094	12	87	0	1	31.0	93.3	-7.8	82	13	5,000	0	0.0	0.0
B- / 7.3	8.8	0.91	41.63	398	11	88	0	1	42.0	145.1	-11.8	79	4	5,000	0	0.0	0.0
B- / 7.3	7.0	0.42	39.78	3,149	12	86	0	2	29.0	95.3	-6.8	82	21	5,000	0	0.0	0.0
B- / 7.6	7.7	1.03	16.47	267	0	79	19	2	38.2	90.6	-10.6	44	10	1,000,000	0	0.0	0.0
B- / 7.4	13.1	1.18	14.61	534	9	90	0	1	167.9	253.6	-4.4	74	N/A	2,500	100	0.0	2.0
B / 8.6	6.0	1.36	22.44	900	0	84	14	2	17.1	73.1	-7.9	43	N/A	1,000	100	5.8	0.0
B+ / 9.0	6.0	1.36	22.47	76	0	84	14	2	17.1	75.0	-7.9	47	N/A	1,000,000	0	0.0	0.0
B+ / 9.0	6.0	1.36	13.66	94	0	84	14	2	17.1	67.7	-8.0	34	N/A	1,000	100	0.0	0.0
B+ / 9.0	5.9	1.35	13.66	36	0	84	14	2	17.1	67.6	-8.1	34	N/A	1,000	100	0.0	0.0
B+ / 9.9	4.5	0.97	21.90	128	1	59	39	1	50.2	52.5	-5.7	38	N/A	2,500	100	0.0	0.0
B- / 7.4	10.1	1.20	19.22	510	0	100	0	0	95.7	96.5	-10.0	31	1	1,000,000	0	0.0	0.0
B- / 7.4	10.1	1.21	19.29	271	0	100	0	0	95.7	97.2	-10.0	31	1	5,000,000	0	0.0	0.0
B- / 7.3	10.2	1.21	18.83	377	0	100	0	0	95.7	92.8	-10.0	26	1	2,500	100	0.0	0.0
B / 8.7	7.3	0.92	10.22	75	0	100	0	0	29.1	107.7	-11.9	41	3	1,000	100	5.8	0.0
B / 8.8	7.3	0.93	10.25	533	0	100	0	0	29.1	109.1	-11.9	45	3	1,000,000	0	0.0	0.0

I. Index of Stock Mutual Funds

Summer 2007

99 Pct = Best
0 Pct = Worst

Fund Type	Fund Name	Ticker Symbol	Overall Investment Rating	Phone	Performance Rating/Pts	Total Return % through 6/30/07		Annualized		Incl. in Returns	
						3 Mo	6 Mo	1Yr / Pct	3Yr / Pct	5Yr / Pct	Dividend Yield	Expense Ratio
GR	Wells Fargo Avtg CB Lg Cp VI B	CBEBX	C-	(800) 222-8222	D+ / 2.5	4.87	3.37	18.55 /49	9.29 /23	10.08 /34	0.36	2.15
GR	Wells Fargo Avtg CB Lg Cp VI C	CBECX	C-	(800) 222-8222	D+ / 2.5	4.87	3.37	18.56 /49	9.38 /23	10.44 /38	0.37	2.15
GR	Wells Fargo Avtg CB Lg Cp VI D	CBEQX	C	(800) 222-8222	C- / 3.1	5.04	3.65	19.44 /56	10.15 /29	10.92 /43	1.00	1.40
GR	Wells Fargo Avtg CB Lg Cp VI I	CBLSX	C+	(800) 222-8222	C- / 3.6	5.11	3.94	20.05 /60	10.73 /34	11.27 /46	1.38	0.95
MC	Wells Fargo Avtg CB MdCp VI A	CBMAX	B+	(800) 222-8222	B- / 7.1	6.20	9.84	27.72 /89	15.48 /71	14.08 /70	0.23	1.40
MC	Wells Fargo Avtg CB MdCp VI Adm	CBMIX	A-	(800) 222-8222	B / 7.9	6.24	9.96	27.99 /90	15.75 /73	14.25 /71	0.28	1.22
MC	Wells Fargo Avtg CB MdCp VI B	CBMBX	B+	(800) 222-8222	B- / 7.4	6.01	9.42	26.80 /87	14.66 /66	13.60 /66	0.00	2.15
MC	Wells Fargo Avtg CB MdCp VI C	CBMCX	A	(800) 222-8222	B / 8.0	6.01	9.41	26.79 /87	16.56 /76	14.37 /72	0.00	2.15
MC	Wells Fargo Avtg CB MdCp VI D	CBMDX	B-	(800) 222-8222	B / 7.8	6.22	9.85	27.85 /89	15.62 /72	14.17 /71	0.31	1.40
MC	Wells Fargo Avtg CB MdCp VI I	CBMSX	A-	(800) 222-8222	B / 8.0	6.36	10.07	28.34 /90	16.03 /74	14.41 /72	0.55	0.94
BA	Wells Fargo Avtg Cnsrv Allc Adm	NVCBX	D	(800) 222-8222	E / 0.4	1.48	2.95	8.93 / 6	5.35 / 4	4.96 / 2	3.19	1.04
MC	Wells Fargo Avtg Comm Stk A	SCSAX	B+	(800) 222-8222	B- / 7.4	7.70	13.13	23.47 /79	16.16 /75	15.37 /78	0.00	1.34
MC	Wells Fargo Avtg Comm Stk B	SCSKX	A-	(800) 222-8222	B / 7.6	7.56	12.76	22.57 /75	15.31 /70	14.49 /73	0.00	2.09
MC	Wells Fargo Avtg Comm Stk C	STSAX	A-	(800) 222-8222	B / 7.6	7.51	12.77	22.58 /75	15.30 /70	14.48 /73	0.00	2.09
MC	● Wells Fargo Avtg Comm Stk Z	STCSX	A	(800) 222-8222	B / 8.0	7.76	13.20	23.50 /79	16.28 /75	15.52 /79	0.00	1.51
SC	Wells Fargo Avtg Discovery Adm	WFDDX	B	(800) 222-8222	B / 8.1	9.30	15.93	24.17 /81	15.70 /72	15.80 /80	0.00	1.25
SC	Wells Fargo Avtg Discovery Inst	WFDSX	C+	(800) 222-8222	B / 8.1	9.33	16.00	24.34 /81	15.61 /72	15.74 /80	0.00	0.97
SC	Wells Fargo Avtg Discovery Inv	STDIX	B	(800) 222-8222	B / 8.0	9.18	15.74	23.79 /80	15.45 /71	15.65 /80	0.00	1.58
GR	Wells Fargo Avtg Divers Eqty A	NVDAX	D	(800) 222-8222	C- / 3.6	6.08	7.40	19.79 /58	11.86 /44	9.90 /32	0.44	1.42
GR	Wells Fargo Avtg Divers Eqty Adm	NVDEX	C-	(800) 222-8222	C / 5.2	6.12	7.52	20.05 /60	12.14 /47	10.17 /35	0.66	1.24
GR	Wells Fargo Avtg Divers Eqty B	NVDBX	D+	(800) 222-8222	C- / 4.1	5.88	7.01	18.90 /51	11.04 /36	9.08 /24	0.00	2.17
GR	Wells Fargo Avtg Divers Eqty C	WFDEX	D+	(800) 222-8222	C- / 4.1	5.86	7.00	18.88 /51	11.02 /36	9.07 /24	0.00	2.17
SC	Wells Fargo Avtg Divers Sm Cp Adm	NVDSX	C-	(800) 222-8222	C / 5.4	5.48	8.03	16.28 /34	13.43 /58	13.21 /63	0.00	1.31
GI	Wells Fargo Avtg Dividend Inc Adm	WWIDX	B+	(800) 222-8222	C+ / 6.0	5.06	4.22	18.92 /52	14.64 /66	10.69 /40	2.01	1.23
GI	Wells Fargo Avtg Dividend Inc Inv	SDVIX	C+	(800) 222-8222	C+ / 5.6	4.94	3.96	18.44 /48	14.17 /63	10.24 /36	1.63	1.50
AA	● Wells Fargo Avtg DJ Tgt 2010 A	STNRX	D-	(800) 222-8222	E- / 0.2	0.72	2.27	7.47 / 3	5.84 / 5	5.92 / 4	2.79	1.19
AA	Wells Fargo Avtg DJ Tgt 2010 Adm	WFLGX	D	(800) 222-8222	E / 0.4	0.79	2.41	7.74 / 4	6.14 / 6	6.23 / 5	3.22	1.01
AA	● Wells Fargo Avtg DJ Tgt 2010 B	SPTBX	D	(800) 222-8222	E- / 0.2	0.43	1.78	6.59 / 3	5.02 / 4	5.15 / 2	2.17	1.94
AA	● Wells Fargo Avtg DJ Tgt 2010 C	WFOCX	D	(800) 222-8222	E- / 0.2	0.52	1.79	6.56 / 2	5.03 / 4	5.16 / 2	2.17	1.94
AA	Wells Fargo Avtg DJ Tgt 2010 I	WFOAX	C-	(800) 222-8222	E / 0.4	0.77	2.44	7.98 / 4	6.34 / 7	6.35 / 6	3.44	0.74
AA	Wells Fargo Avtg DJ Tgt 2010 Inv	WFCTX	C-	(800) 222-8222	E / 0.4	0.72	3.09	8.33 / 5	6.12 / 6	6.09 / 5	3.10	1.39
AA	● Wells Fargo Avtg DJ Tgt 2020 A	STTRX	D	(800) 222-8222	D- / 1.0	3.08	5.18	13.25 /17	8.89 /20	7.98 /15	1.84	1.27
AA	Wells Fargo Avtg DJ Tgt 2020 Adm	WFLPX	D+	(800) 222-8222	D / 1.9	3.12	5.34	13.58 /19	9.21 /22	8.30 /17	2.20	1.09
AA	● Wells Fargo Avtg DJ Tgt 2020 B	STPBX	D	(800) 222-8222	D- / 1.3	2.82	4.74	12.32 /14	8.06 /15	7.20 / 9	1.24	2.02
AA	● Wells Fargo Avtg DJ Tgt 2020 C	WFLAX	D	(800) 222-8222	D- / 1.3	2.87	4.78	12.38 /14	8.08 /15	7.22 /10	1.24	2.02
AA	Wells Fargo Avtg DJ Tgt 2020 I	WFOBX	C	(800) 222-8222	D / 2.0	3.17	5.45	13.81 /20	9.48 /24	8.46 /18	2.41	0.82
AA	Wells Fargo Avtg DJ Tgt 2020 Inv	WFDTX	C	(800) 222-8222	D / 2.2	3.12	6.57	14.75 /25	9.37 /23	8.27 /17	2.09	1.42
AA	● Wells Fargo Avtg DJ Tgt 2030 A	STHRX	C-	(800) 222-8222	D+ / 2.7	5.00	7.63	17.99 /45	11.05 /36	9.69 /30	1.13	1.33
AA	Wells Fargo Avtg DJ Tgt 2030 Adm	WFLIX	C	(800) 222-8222	C- / 4.2	5.03	7.78	18.32 /47	11.38 /40	10.03 /33	1.46	1.15
AA	● Wells Fargo Avtg DJ Tgt 2030 B	SGPBX	C-	(800) 222-8222	C- / 3.2	4.75	7.21	17.11 /39	10.21 /30	8.92 /22	0.53	2.08
AA	● Wells Fargo Avtg DJ Tgt 2030 C	WFDMX	C-	(800) 222-8222	C- / 3.2	4.75	7.23	17.13 /39	10.21 /30	8.92 /22	0.56	2.08
AA	Wells Fargo Avtg DJ Tgt 2030 I	WFOOX	B-	(800) 222-8222	C / 4.4	5.08	7.90	18.58 /49	11.60 /42	10.17 /35	1.65	0.88
AA	Wells Fargo Avtg DJ Tgt 2030 Inv	WFETX	C	(800) 222-8222	C / 4.5	5.03	8.75	19.22 /54	11.43 /40	9.91 /32	1.34	1.47
AA	● Wells Fargo Avtg DJ Tgt 2040 A	STFRX	C	(800) 222-8222	C- / 4.2	5.77	8.75	20.12 /61	12.59 /51	10.98 /43	0.88	1.34
AA	Wells Fargo Avtg DJ Tgt 2040 Adm	WFLWX	B-	(800) 222-8222	C+ / 5.8	5.88	8.91	20.53 /64	12.92 /53	11.32 /47	1.19	1.16
AA	● Wells Fargo Avtg DJ Tgt 2040 B	SLPBX	C+	(800) 222-8222	C / 4.8	5.62	8.30	19.25 /54	11.75 /43	10.19 /35	0.27	2.09
AA	● Wells Fargo Avtg DJ Tgt 2040 C	WFOFX	C+	(800) 222-8222	C / 4.8	5.61	8.36	19.28 /54	11.74 /43	10.19 /35	0.32	2.09
AA	Wells Fargo Avtg DJ Tgt 2040 I	WFOSX	B+	(800) 222-8222	C+ / 6.0	5.94	9.02	20.79 /66	13.17 /56	11.47 /48	1.38	0.89
AA	Wells Fargo Avtg DJ Tgt 2040 Inv	WFFTX	C+	(800) 222-8222	C+ / 6.3	5.89	10.45	22.00 /72	13.18 /56	11.32 /47	1.07	1.48
AA	● Wells Fargo Avtg DJ Tgt Today A	STWRX	D	(800) 222-8222	E- / 0.1	0.45	1.80	5.64 / 2	4.54 / 3	4.79 / 2	3.39	1.26
AA	Wells Fargo Avtg DJ Tgt Today Adm	WFLOX	D	(800) 222-8222	E- / 0.2	0.62	2.02	5.97 / 2	4.84 / 3	5.12 / 2	3.82	1.08
AA	● Wells Fargo Avtg DJ Tgt Today B	WFOKX	D	(800) 222-8222	E- / 0.1	0.43	1.56	4.98 / 2	3.79 / 2	4.07 / 1	2.72	2.01

● Denotes fund is closed to new investors
* Denotes fund is included in Section II

www.thestreet.com/ratings

I. Index of Stock Mutual Funds

Summer 2007

RISK			NET ASSETS		ASSET				Portfolio Turnover Ratio	BULL / BEAR		FUND MANAGER		MINIMUMS		LOADS	
	3 Year		NAV As of 6/30/07	Total $(Mil)	Cash %	Stocks %	Bonds %	Other %		Last Bull Market Return	Last Bear Market Return	Manager Quality Pct	Manager Tenure (Years)	Initial Purch. $	Additional Purch. $	Front End Load	Back End Load
Risk Rating/Pts	Standard Deviation	Beta															
B / 8.6	7.2	0.92	10.13	27	0	100	0	0	29.1	102.9	-13.2	33	3	1,000	100	0.0	0.0
B / 8.6	7.3	0.92	10.13	18	0	100	0	0	29.1	103.3	-11.9	33	3	1,000	100	0.0	0.0
B / 8.3	7.3	0.92	10.22	214	0	100	0	0	29.1	107.7	-11.9	42	3	2,500	100	0.0	0.0
B / 8.8	7.3	0.93	10.29	76	0	100	0	0	29.1	110.8	-11.9	49	3	5,000,000	0	0.0	0.0
B- / 7.7	10.6	0.86	24.34	61	0	100	0	0	45.7	140.8	-9.5	76	N/A	1,000	100	5.8	0.0
B- / 7.7	10.6	0.86	24.52	115	0	100	0	0	45.7	142.5	-9.5	78	N/A	1,000,000	0	0.0	0.0
B- / 7.7	10.6	0.86	23.82	18	0	100	0	0	45.7	135.9	-9.5	68	N/A	1,000	100	0.0	0.0
B- / 7.9	9.7	0.77	23.83	18	0	100	0	0	45.7	145.3	-9.7	89	N/A	1,000	100	0.0	0.0
C+ / 6.2	10.6	0.86	24.42	821	0	100	0	0	45.7	141.7	-9.5	78	N/A	2,500	100	0.0	0.0
B- / 7.7	10.6	0.86	24.59	57	0	100	0	0	45.7	144.2	-9.5	81	N/A	5,000,000	0	0.0	0.0
B+ / 9.0	2.1	0.44	19.86	589	0	20	80	0	38.2	30.1	-1.5	47	13	1,000,000	0	0.0	0.0
B- / 7.8	10.6	0.97	22.23	64	0	100	0	0	61.1	127.0	-8.8	70	N/A	1,000	100	5.8	0.0
B- / 7.8	10.6	0.97	20.76	33	0	100	0	0	61.1	119.9	-9.0	60	N/A	1,000	100	0.0	0.0
B- / 7.8	10.6	0.97	20.75	19	0	100	0	0	61.1	119.9	-9.0	60	N/A	1,000	100	0.0	0.0
B- / 7.8	10.7	0.97	22.64	1,075	0	100	0	0	61.1	128.2	-8.8	71	N/A	2,500	100	0.0	0.0
C+ / 6.2	15.0	1.04	25.62	90	0	100	0	0	103.9	131.8	-8.0	74	N/A	1,000,000	0	0.0	0.0
C / 4.5	15.0	1.04	25.66	3	0	100	0	0	103.9	131.2	-7.9	74	1	5,000,000	0	0.0	0.0
C+ / 6.2	15.0	1.04	25.44	263	0	100	0	0	103.9	130.4	-8.0	72	N/A	2,500	100	0.0	0.0
C+ / 5.8	8.1	1.08	42.08	131	0	100	0	0	38.2	98.4	-10.6	47	11	1,000	100	5.8	0.0
C+ / 5.8	8.1	1.08	42.16	1,129	0	100	0	0	38.2	100.4	-10.6	51	11	1,000,000	0	0.0	0.0
C+ / 5.7	8.1	1.08	39.97	45	0	100	0	0	38.2	92.2	-10.8	37	11	1,000	100	0.0	0.0
C+ / 5.8	8.1	1.08	40.65	7	0	100	0	0	38.2	92.1	-10.9	36	11	1,000	100	0.0	0.0
C / 5.3	12.8	0.94	15.21	829	0	100	0	0	68.7	141.7	-9.9	61	10	1,000,000	0	0.0	0.0
B+ / 9.2	6.7	0.79	17.79	4	0	100	0	0	4.7	107.6	-7.8	91	N/A	1,000,000	0	0.0	0.0
B- / 7.8	6.7	0.80	18.06	206	0	100	0	0	4.7	104.1	-7.9	89	N/A	2,500	100	0.0	0.0
B / 8.5	3.5	0.69	12.62	67	22	22	56	0	160.4	42.7	-4.6	37	N/A	1,000	100	5.8	0.0
B / 8.6	3.4	0.68	12.72	115	22	22	56	0	160.4	44.5	-4.6	42	N/A	1,000,000	0	0.0	0.0
B / 8.6	3.4	0.69	12.65	13	22	22	56	0	160.4	38.4	-4.8	30	N/A	1,000	100	0.0	0.0
B / 8.6	3.4	0.69	12.77	4	22	22	56	0	160.4	38.2	-4.8	30	N/A	1,000	100	0.0	0.0
B+ / 9.9	3.4	0.69	12.71	106	22	22	56	0	160.4	45.3	-4.6	44	N/A	5,000,000	0	0.0	0.0
B+ / 9.9	3.5	0.70	12.70	1	22	22	56	0	160.4	43.9	-4.6	40	N/A	2,500	100	0.0	0.0
B / 8.0	4.8	1.02	14.60	153	4	50	44	2	140.7	63.1	-6.5	56	N/A	1,000	100	5.8	0.0
B / 8.0	4.8	1.01	14.77	217	4	50	44	2	140.7	65.2	-6.4	61	N/A	1,000,000	0	0.0	0.0
B / 8.0	4.8	1.01	14.48	15	4	50	44	2	140.7	58.0	-6.6	45	N/A	1,000	100	0.0	0.0
B / 8.0	4.8	1.02	14.61	4	4	50	44	2	140.7	58.2	-6.7	45	N/A	1,000	100	0.0	0.0
B+ / 9.8	4.8	1.01	14.79	227	4	50	44	2	140.7	66.3	-6.4	64	N/A	5,000,000	0	0.0	0.0
B+ / 9.8	4.9	1.02	14.77	3	4	50	44	2	140.7	65.3	-6.5	62	N/A	2,500	100	0.0	0.0
B- / 7.6	6.0	1.27	15.97	116	4	78	18	0	113.7	80.5	-7.5	67	N/A	1,000	100	5.8	0.0
B- / 7.6	6.0	1.27	16.12	143	4	78	18	0	113.7	82.8	-7.4	70	N/A	1,000,000	0	0.0	0.0
B- / 7.6	6.0	1.26	15.69	10	4	78	18	0	113.7	74.8	-7.5	57	N/A	1,000	100	0.0	0.0
B- / 7.6	6.0	1.27	15.72	3	4	78	18	0	113.7	74.9	-7.6	57	N/A	1,000	100	0.0	0.0
B+ / 9.4	6.0	1.27	16.12	170	4	78	18	0	113.7	83.8	-7.4	73	N/A	5,000,000	0	0.0	0.0
C+ / 6.9	6.0	1.24	16.11	3	4	78	18	0	113.7	82.3	-7.5	73	N/A	2,500	100	0.0	0.0
B / 8.1	7.0	1.45	18.56	173	4	88	6	2	105.0	95.3	-8.5	73	N/A	1,000	100	5.8	0.0
B / 8.1	7.0	1.45	18.82	119	4	88	6	2	105.0	98.0	-8.5	76	N/A	1,000,000	0	0.0	0.0
B / 8.1	7.0	1.46	17.87	15	4	88	6	2	105.0	89.3	-8.6	64	N/A	1,000	100	0.0	0.0
B / 8.1	6.9	1.45	17.84	4	4	88	6	2	105.0	89.3	-8.6	64	N/A	1,000	100	0.0	0.0
B+ / 9.1	7.0	1.45	18.82	80	4	88	6	2	105.0	99.3	-8.5	78	N/A	5,000,000	0	0.0	0.0
C+ / 6.5	6.9	1.42	18.82	2	4	88	6	2	105.0	98.3	-8.5	80	N/A	2,500	100	0.0	0.0
B / 8.7	2.5	0.49	9.98	34	56	12	32	0	156.8	30.5	-2.8	34	N/A	1,000	100	5.8	0.0
B+ / 9.2	2.6	0.50	10.16	20	56	12	32	0	156.8	32.1	-2.6	37	N/A	1,000,000	0	0.0	0.0
B+ / 9.3	2.6	0.49	10.22	10	56	12	32	0	156.8	26.5	-2.9	27	N/A	1,000	100	0.0	0.0

www.thestreet.com/ratings

Data as of June 30, 2007

I. Index of Stock Mutual Funds

Summer 2007

99 Pct = Best
0 Pct = Worst

Fund Type	Fund Name	Ticker Symbol	Overall Investment Rating	Phone	Performance Rating/Pts	3 Mo	6 Mo	1Yr / Pct	3Yr / Pct	5Yr / Pct	Dividend Yield	Expense Ratio
AA	● Wells Fargo Avtg DJ Tgt Today C	WFODX	D	(800) 222-8222	E- / 0.1	0.35	1.49	4.92 / 2	3.75 / 1	4.05 / 1	2.75	2.01
AA	Wells Fargo Avtg DJ Tgt Today I	WOTDX	C-	(800) 222-8222	E- / 0.2	0.68	2.13	6.31 / 2	5.09 / 4	5.25 / 3	4.04	0.81
AA	Wells Fargo Avtg DJ Tgt Today Inv	WFBTX	C-	(800) 222-8222	E / 0.3	0.54	3.70	7.62 / 4	5.18 / 4	5.18 / 2	3.71	1.33
EM	Wells Fargo Avtg Emg Mkt Foc A	MFFAX	C+	(800) 222-8222	A / 9.5	10.52	9.97	28.66 / 91	30.86 / 96	24.12 / 95	0.08	2.01
EM	Wells Fargo Avtg Emg Mkt Foc Adm	MNEFX	C+	(800) 222-8222	A+ / 9.6	10.59	10.09	29.03 / 91	31.26 / 96	24.53 / 96	0.34	1.83
EM	Wells Fargo Avtg Emg Mkt Foc B	MFFBX	C+	(800) 222-8222	A / 9.5	10.31	9.54	27.69 / 89	29.90 / 96	23.24 / 95	0.00	2.76
EM	Wells Fargo Avtg Emg Mkt Foc C	MFFCX	C+	(800) 222-8222	A / 9.5	10.32	9.55	27.70 / 89	29.85 / 96	23.15 / 95	0.00	2.76
GR	Wells Fargo Avtg Endeavor Lg Cp A	STALX	D+	(800) 222-8222	D+ / 2.6	5.85	8.55	17.08 / 39	10.67 / 33	10.82 / 42	0.00	1.60
GR	Wells Fargo Avtg Endeavor Lg Cp B	WELBX	C-	(800) 222-8222	C- / 3.1	5.64	8.14	16.19 / 33	9.84 / 27	10.08 / 34	0.00	2.36
GR	Wells Fargo Avtg Endeavor Lg Cp C	WELCX	C-	(800) 222-8222	C- / 3.1	5.64	8.14	16.19 / 33	9.84 / 27	10.08 / 34	0.00	2.36
OT	Wells Fargo Avtg Endeavor Sel A	STAEX	D	(800) 222-8222	D / 1.8	4.78	7.99	14.90 / 25	9.69 / 26	12.68 / 59	0.00	1.40
OT	Wells Fargo Avtg Endeavor Sel Adm	WECDX	D+	(800) 222-8222	D+ / 2.9	4.86	8.15	15.17 / 27	9.89 / 27	12.80 / 60	0.00	1.22
OT	Wells Fargo Avtg Endeavor Sel B	WECBX	D	(800) 222-8222	D / 2.1	4.63	7.66	14.04 / 21	8.85 / 20	11.80 / 52	0.00	2.15
OT	Wells Fargo Avtg Endeavor Sel C	WECCX	D	(800) 222-8222	D / 2.1	4.63	7.67	14.06 / 21	8.82 / 19	11.81 / 52	0.00	2.15
OT	Wells Fargo Avtg Endeavor Sel I	WFCIX	D+	(800) 222-8222	C- / 3.0	4.84	8.23	15.35 / 28	10.02 / 28	12.88 / 61	0.00	0.95
MC	Wells Fargo Avtg Enterprise Adm	SEPKX	B-	(800) 222-8222	B- / 7.4	8.21	13.26	19.86 / 59	14.88 / 68	13.25 / 64	0.00	1.23
MC	Wells Fargo Avtg Enterprise Adv	SENAX	B-	(800) 222-8222	B- / 7.2	8.14	13.14	19.56 / 56	14.55 / 66	12.94 / 62	0.00	1.42
MC	Wells Fargo Avtg Enterprise I	WFEIX	B-	(800) 222-8222	B- / 7.5	8.27	13.41	20.16 / 61	15.18 / 70	13.35 / 65	0.00	0.98
MC	Wells Fargo Avtg Enterprise Inv	SENTX	C+	(800) 222-8222	B- / 7.1	8.08	13.00	19.34 / 55	14.31 / 64	12.64 / 59	0.00	1.59
IN	Wells Fargo Avtg Eqty Inc A	NVAEX	E+	(800) 222-8222	C- / 3.6	5.37	5.26	21.26 / 68	12.12 / 47	9.40 / 27	1.63	1.36
IN	Wells Fargo Avtg Eqty Inc Adm	NVIEX	D	(800) 222-8222	C / 5.2	5.44	5.38	21.57 / 70	12.40 / 49	9.67 / 30	1.92	1.18
IN	Wells Fargo Avtg Eqty Inc B	NVBEX	D-	(800) 222-8222	C- / 4.1	5.18	4.87	20.37 / 63	11.28 / 39	8.58 / 19	1.01	2.11
IN	Wells Fargo Avtg Eqty Inc C	WFEEX	D-	(800) 222-8222	C- / 4.1	5.19	4.86	20.38 / 63	11.28 / 39	8.59 / 19	0.96	2.11
IN	Wells Fargo Avtg Eqty Indx A	SFCSX	D	(800) 222-8222	C- / 3.0	6.11	6.64	19.88 / 59	11.00 / 36	10.02 / 33	1.05	0.77
IN	Wells Fargo Avtg Eqty Indx B	SQIBX	D+	(800) 222-8222	C- / 3.5	5.91	6.24	18.98 / 52	10.17 / 29	9.21 / 25	0.38	1.52
GR	Wells Fargo Avtg Eqty Val A	WLVAX	B	(800) 222-8222	C+ / 6.8	5.90	9.61	22.42 / 75	16.14 / 74	--	0.55	1.53
GR	Wells Fargo Avtg Eqty Val Adm	WLVIX	A	(800) 222-8222	B / 7.7	5.94	9.66	22.62 / 76	16.42 / 76	--	0.78	1.35
GR	Wells Fargo Avtg Eqty Val B	WLVBX	A-	(800) 222-8222	B- / 7.1	5.65	9.17	21.49 / 70	15.25 / 70	--	0.00	2.28
GR	Wells Fargo Avtg Eqty Val C	WLVCX	A-	(800) 222-8222	B- / 7.1	5.66	9.11	21.40 / 69	15.29 / 70	--	0.09	2.28
GR	Wells Fargo Avtg Eqty Val Inst	WLVSX	B-	(800) 222-8222	B / 7.7	6.00	9.79	22.84 / 76	16.49 / 76	--	0.84	0.98
GR	Wells Fargo Avtg Gr & Inc Adm	SGIKX	B	(800) 222-8222	C+ / 6.3	10.37	10.49	30.47 / 93	10.33 / 31	9.15 / 25	0.51	1.22
GR	Wells Fargo Avtg Gr & Inc Adv	SGNAX	B	(800) 222-8222	C+ / 6.2	10.33	10.40	30.34 / 93	10.06 / 28	8.84 / 21	0.53	1.35
GR	Wells Fargo Avtg Gr & Inc I	SGNIX	B	(800) 222-8222	C+ / 6.6	10.48	10.68	30.94 / 93	10.65 / 33	9.48 / 28	0.95	0.95
GR	Wells Fargo Avtg Gr & Inc Inv	SGRIX	B	(800) 222-8222	C+ / 6.0	10.30	10.33	30.13 / 93	9.93 / 27	8.74 / 21	0.37	1.52
BA	Wells Fargo Avtg Gr Bal A	WFGBX	D+	(800) 222-8222	D / 1.8	5.04	6.37	16.86 / 37	9.64 / 25	8.08 / 15	1.35	1.30
BA	Wells Fargo Avtg Gr Bal Adm	NVGBX	C-	(800) 222-8222	C- / 3.0	5.07	6.48	17.11 / 39	9.90 / 27	8.34 / 17	1.77	1.12
BA	Wells Fargo Avtg Gr Bal B	NVGRX	D+	(800) 222-8222	D / 2.2	4.83	5.99	15.93 / 31	8.80 / 19	7.26 / 10	0.85	2.05
BA	Wells Fargo Avtg Gr Bal C	WFGWX	D+	(800) 222-8222	D / 2.2	4.82	5.97	15.96 / 32	8.81 / 19	7.27 / 10	0.87	2.05
GR	Wells Fargo Avtg Gr Eqty A	NVEAX	D-	(800) 222-8222	C- / 4.1	6.16	8.42	19.28 / 54	12.64 / 51	10.75 / 41	0.00	1.57
GR	Wells Fargo Avtg Gr Eqty Adm	NVGEX	C-	(800) 222-8222	C+ / 5.7	6.20	8.51	19.58 / 57	12.91 / 53	11.02 / 44	0.12	1.40
GR	Wells Fargo Avtg Gr Eqty B	NVEBX	D	(800) 222-8222	C / 4.7	5.98	8.01	18.42 / 48	11.80 / 44	9.91 / 32	0.00	2.32
GR	Wells Fargo Avtg Gr Eqty C	WFGGX	D-	(800) 222-8222	C / 4.4	5.95	7.97	18.36 / 48	11.78 / 43	9.91 / 32	0.00	2.33
GR	Wells Fargo Avtg Gr Eqty I	WGEIX	B-	(800) 222-8222	C+ / 5.9	6.27	8.66	19.80 / 58	13.07 / 55	11.12 / 45	0.29	1.12
GR	Wells Fargo Avtg Growth Adm	SGRKX	B-	(800) 222-8222	B- / 7.4	9.75	16.71	20.64 / 64	13.68 / 60	12.66 / 59	0.00	1.16
GR	Wells Fargo Avtg Growth Adv	SGRAX	C+	(800) 222-8222	B- / 7.1	9.60	16.48	20.19 / 61	13.22 / 56	12.05 / 54	0.00	1.33
GR	Wells Fargo Avtg Growth C	WGFCX	C+	(800) 222-8222	C+ / 6.6	9.43	16.06	19.30 / 55	12.47 / 50	--	0.00	2.08
GR	Wells Fargo Avtg Growth Instl	SGRNX	B-	(800) 222-8222	B- / 7.4	9.73	16.75	20.77 / 65	13.79 / 60	12.70 / 59	0.00	0.88
GR	Wells Fargo Avtg Growth Inv	SGROX	C+	(800) 222-8222	B- / 7.0	9.57	16.42	20.01 / 60	13.08 / 55	12.00 / 54	0.00	1.50
OT	Wells Fargo Avtg Indx Adm	NVINX	C+	(800) 222-8222	C / 4.6	6.21	6.82	20.25 / 62	11.40 / 40	10.49 / 39	1.36	0.38
OT	Wells Fargo Avtg Indx Inv	WFVEX	U	(800) 222-8222	U /	6.18	6.71	20.02 / 60	--	--	1.18	0.88
FO	Wells Fargo Avtg Intl Core A	WFIAX	A+	(800) 222-8222	B / 7.9	7.71	12.14	25.11 / 83	18.44 / 82	14.92 / 76	0.66	4.04
FO	Wells Fargo Avtg Intl Core Adm	WFIDX	A+	(800) 222-8222	B+ / 8.4	7.74	12.27	25.41 / 84	18.60 / 82	15.01 / 76	0.00	4.01

● Denotes fund is closed to new investors
* Denotes fund is included in Section II

Summer 2007 — I. Index of Stock Mutual Funds

RISK			NET ASSETS		ASSET				Portfolio Turnover Ratio	BULL / BEAR		FUND MANAGER		MINIMUMS		LOADS	
Risk Rating/Pts	3 Year Standard Deviation	Beta	NAV As of 6/30/07	Total $(Mil)	Cash %	Stocks %	Bonds %	Other %		Last Bull Market Return	Last Bear Market Return	Manager Quality Pct	Manager Tenure (Years)	Initial Purch. $	Additional Purch. $	Front End Load	Back End Load
B+ / 9.3	2.6	0.49	10.18	8	56	12	32	0	156.8	26.5	-2.8	27	N/A	1,000	100	0.0	0.0
B+ / 9.9	2.6	0.49	10.16	25	56	12	32	0	156.8	32.8	-2.6	40	N/A	5,000,000	0	0.0	0.0
B+ / 9.9	2.8	0.44	10.15	1	56	12	32	0	156.8	32.9	-2.8	45	N/A	2,500	100	0.0	0.0
C- / 3.5	19.0	1.20	41.93	184	6	92	0	2	118.2	237.7	-7.9	0	N/A	1,000	100	5.8	2.0
C- / 3.5	19.1	1.20	41.88	44	6	92	0	2	118.2	242.1	-7.8	1	N/A	1,000,000	0	0.0	2.0
C- / 3.5	19.1	1.20	40.76	7	6	92	0	2	118.2	227.7	-8.0	0	N/A	1,000	100	0.0	2.0
C- / 3.5	19.1	1.20	40.61	3	6	92	0	2	118.2	227.3	-8.2	0	N/A	1,000	100	0.0	2.0
B- / 7.3	10.4	1.23	11.94	44	0	100	0	0	93.0	98.9	-9.1	24	1	1,000	100	5.8	0.0
B- / 7.3	10.4	1.24	11.43	3	0	100	0	0	93.0	93.0	-9.2	18	1	1,000	100	0.0	0.0
B- / 7.3	10.3	1.23	11.43	2	0	100	0	0	93.0	93.0	-9.3	19	1	1,000	100	0.0	0.0
B- / 7.0	11.2	1.28	10.95	162	0	100	0	0	79.1	107.9	-10.0	16	1	1,000	100	5.8	0.0
B- / 7.1	11.2	1.28	11.01	108	0	100	0	0	79.1	108.8	-10.0	17	1	1,000,000	0	0.0	0.0
B- / 7.0	11.3	1.29	10.40	11	0	100	0	0	79.1	101.1	-10.3	12	1	1,000	100	0.0	0.0
B- / 7.0	11.2	1.28	10.39	10	0	100	0	0	79.1	100.6	-10.1	12	1	1,000	100	0.0	0.0
B- / 7.1	11.2	1.28	11.05	1,059	0	100	0	0	79.1	109.7	-10.0	17	1	5,000,000	0	0.0	0.0
C+ / 6.4	14.2	1.26	35.19	3	0	100	0	0	103.3	127.5	-9.6	21	N/A	1,000,000	0	0.0	0.0
C+ / 6.4	14.2	1.26	34.53	2	0	100	0	0	103.3	124.6	-9.7	19	7	1,000	100	0.0	0.0
C+ / 6.4	14.2	1.26	35.34	103	0	100	0	0	103.3	129.3	-9.8	23	N/A	5,000,000	0	0.0	0.0
C+ / 6.4	14.2	1.26	34.25	198	0	100	0	0	103.3	122.4	-9.8	18	N/A	2,500	100	0.0	0.0
C- / 3.7	6.7	0.87	31.26	177	0	100	0	0	9.2	99.5	-10.9	72	11	1,000	100	5.8	0.0
C- / 3.7	6.7	0.87	31.21	278	0	100	0	0	9.2	101.6	-10.9	75	13	1,000,000	0	0.0	0.0
C- / 3.8	6.7	0.87	31.29	27	0	100	0	0	9.2	93.1	-11.1	63	11	1,000	100	0.0	0.0
C- / 4.0	6.7	0.87	32.87	5	0	100	0	0	9.2	93.2	-11.1	63	9	1,000	100	0.0	0.0
C+ / 6.3	7.3	1.00	51.75	352	0	100	0	0	4.8	91.4	-9.8	44	5	1,000	100	5.8	0.0
C+ / 6.5	7.3	1.00	51.76	25	0	100	0	0	4.8	85.4	-10.0	35	5	1,000	100	0.0	0.0
B / 8.3	7.7	0.98	17.22	6	0	100	0	0	113.2	N/A	N/A	91	4	1,000	100	5.8	0.0
B / 8.3	7.7	0.98	17.48	84	0	100	0	0	113.2	N/A	N/A	92	4	1,000,000	0	0.0	0.0
B / 8.3	7.7	0.98	17.03	3	0	100	0	0	113.2	N/A	N/A	87	4	1,000	100	0.0	0.0
B / 8.3	7.7	0.98	17.00	1	0	100	0	0	113.2	N/A	N/A	88	4	1,000	100	0.0	0.0
C+ / 6.2	7.7	0.98	17.50	54	0	100	0	0	113.2	N/A	N/A	92	1	5,000,000	0	0.0	0.0
B / 8.1	9.5	1.20	26.24	N/A	0	100	0	0	30.6	80.2	-10.0	23	2	1,000,000	0	0.0	0.0
B / 8.1	9.5	1.20	26.24	4	0	100	0	0	30.6	78.1	-10.1	21	2	1,000	100	0.0	0.0
B / 8.1	9.5	1.20	26.50	36	0	100	0	0	30.6	82.5	-9.9	26	N/A	5,000,000	0	0.0	0.0
B / 8.1	9.5	1.20	26.40	271	0	100	0	0	30.6	77.5	-10.2	21	N/A	2,500	100	0.0	0.0
B- / 7.7	6.4	1.36	35.22	80	0	64	34	2	38.2	74.5	-8.9	42	9	1,000	100	5.8	0.0
B- / 7.4	6.4	1.36	32.35	1,904	0	64	34	2	38.2	76.4	-8.9	46	13	1,000,000	0	0.0	0.0
B- / 7.6	6.4	1.36	31.68	68	0	64	34	2	38.2	69.0	-9.1	33	9	1,000	100	0.0	0.0
B- / 7.6	6.4	1.36	31.76	16	0	64	34	2	38.2	69.0	-9.1	33	9	1,000	100	0.0	0.0
C / 4.6	9.9	1.25	29.48	33	0	100	0	0	42.1	109.6	-11.1	39	11	1,000	100	5.8	0.0
C / 4.6	9.9	1.25	29.97	360	0	100	0	0	42.1	111.8	-11.0	42	11	1,000,000	0	0.0	0.0
C- / 4.0	9.9	1.25	25.88	8	0	100	0	0	42.1	103.0	-11.2	31	11	1,000	100	0.0	0.0
C / 4.3	9.9	1.25	27.23	1	0	100	0	0	42.1	102.9	-11.2	31	11	1,000	100	1.0	0.0
B- / 7.9	9.9	1.25	29.99	156	0	100	0	0	42.1	112.7	-11.0	44	2	5,000,000	0	0.0	0.0
C+ / 6.3	13.3	1.48	27.24	127	0	100	0	0	117.5	109.4	-10.3	30	N/A	1,000,000	0	0.0	0.0
C+ / 6.3	13.3	1.48	26.37	26	0	100	0	0	117.5	105.3	-10.4	27	N/A	1,000	100	0.0	0.0
C+ / 6.3	13.3	1.47	25.65	N/A	0	100	0	0	117.5	98.9	N/A	22	N/A	1,000	100	0.0	0.0
C+ / 6.3	13.3	1.48	27.74	257	0	100	0	0	117.5	110.2	-10.3	31	N/A	5,000,000	0	0.0	0.0
C+ / 6.3	13.4	1.48	26.45	1,074	0	100	0	0	117.5	104.9	-10.5	26	N/A	2,500	100	0.0	0.0
B / 8.5	7.3	1.00	59.54	1,854	0	100	0	0	10.8	94.5	-9.8	50	N/A	1,000,000	0	0.0	0.0
U /	N/A	N/A	59.46	157	0	100	0	0	10.8	N/A	N/A	N/A	N/A	2,500	100	0.0	0.0
B / 8.4	8.8	0.92	16.63	5	6	94	0	0	48.5	137.8	-6.0	27	N/A	1,000	100	5.8	2.0
B / 8.4	8.8	0.92	16.84	1	6	94	0	0	48.5	138.9	-6.7	28	N/A	1,000,000	0	0.0	2.0

www.thestreet.com/ratings
Data as of June 30, 2007

I. Index of Stock Mutual Funds

Summer 2007

99 Pct = Best
0 Pct = Worst

Fund Type	Fund Name	Ticker Symbol	Overall Investment Rating	Phone	Performance Rating/Pts	3 Mo	6 Mo	1Yr / Pct	3Yr / Pct	5Yr / Pct	Dividend Yield	Expense Ratio
FO	Wells Fargo Avtg Intl Core B	WFIBX	A+	(800) 222-8222	B / 8.2	7.51	11.78	24.19 /81	17.77 /80	14.56 /73	0.44	4.86
FO	Wells Fargo Avtg Intl Core C	WFICX	A+	(800) 222-8222	B / 8.2	7.47	11.71	24.42 /81	17.81 /80	14.57 /73	0.32	4.87
FO	Wells Fargo Avtg Intl Eqty A	SILAX	A-	(800) 222-8222	B+ / 8.3	6.26	11.32	26.59 /87	20.10 /85	12.72 /60	0.81	1.67
FO	Wells Fargo Avtg Intl Eqty Adm	WFIEX	A	(800) 222-8222	B+ / 8.7	6.33	11.47	26.93 /88	20.41 /86	12.94 /62	1.08	1.49
FO	Wells Fargo Avtg Intl Eqty B	SILBX	A-	(800) 222-8222	B+ / 8.4	6.04	10.87	25.59 /84	19.19 /83	11.82 /52	0.24	2.42
FO	Wells Fargo Avtg Intl Eqty C	WFECX	A-	(800) 222-8222	B+ / 8.4	6.00	10.91	25.62 /84	19.20 /83	11.82 /52	0.37	2.42
FO	Wells Fargo Avtg Intl Eqty Inst	WFISX	B	(800) 222-8222	B+ / 8.7	6.33	11.53	27.11 /88	20.47 /86	12.64 /59	1.21	1.29
FO	Wells Fargo Avtg Intl Val A	WFFAX	A+	(800) 222-8222	B+ / 8.8	5.97	11.73	29.04 /91	22.51 /90	--	0.35	6.14
FO	Wells Fargo Avtg Intl Val Adm	WFVDX	A+	(800) 222-8222	A- / 9.1	6.02	11.84	29.30 /92	22.68 /90	--	0.00	1.51
FO	Wells Fargo Avtg Intl Val B	WFVBX	A+	(800) 222-8222	B+ / 8.9	5.81	11.34	28.09 /90	21.69 /88	--	0.39	6.84
FO	Wells Fargo Avtg Intl Val C	WFVCX	A+	(800) 222-8222	B+ / 8.9	5.84	11.35	28.11 /90	21.80 /89	--	0.00	6.29
FO	Wells Fargo Avtg Intl Val Inst	WFVIX	B+	(800) 222-8222	A- / 9.1	6.12	12.00	29.63 /92	22.68 /90	--	0.00	1.23
GR	Wells Fargo Avtg Lg Co Core A	SLGAX	C+	(800) 222-8222	C / 5.4	10.31	10.10	30.61 /93	10.72 /34	10.11 /34	0.28	1.51
GR	Wells Fargo Avtg Lg Co Core Adm	SLCKX	B-	(800) 222-8222	C+ / 6.7	10.29	10.18	30.82 /93	11.06 /36	10.58 /40	2.10	1.34
GR	Wells Fargo Avtg Lg Co Core B	WLCBX	C+	(800) 222-8222	C+ / 5.8	10.03	9.70	29.75 /92	9.85 /27	9.29 /26	0.00	2.26
GR	Wells Fargo Avtg Lg Co Core C	WLCCX	C+	(800) 222-8222	C+ / 5.8	9.94	9.61	29.51 /92	9.82 /26	9.28 /26	0.00	2.26
GR	● Wells Fargo Avtg Lg Co Core Z	WLCZX	U	(800) 222-8222	U /	10.26	10.05	30.45 /93	--	--	0.24	1.69
GR	Wells Fargo Avtg Lg Co Gr A	NVLAX	E	(800) 222-8222	E+ / 0.7	6.86	6.27	17.16 /39	5.79 / 5	5.72 / 4	0.00	1.30
GR	Wells Fargo Avtg Lg Co Gr Adm	NVLCX	E	(800) 222-8222	D- / 1.4	6.93	6.40	17.46 /41	6.06 / 6	5.98 / 4	0.00	1.12
GR	Wells Fargo Avtg Lg Co Gr B	NVLOX	E	(800) 222-8222	E+ / 0.9	6.66	5.86	16.29 /34	5.00 / 4	4.95 / 2	0.00	2.05
GR	Wells Fargo Avtg Lg Co Gr C	WFLCX	E	(800) 222-8222	E+ / 0.9	6.64	5.87	16.31 /34	5.00 / 4	4.97 / 2	0.00	2.05
GR	Wells Fargo Avtg Lg Co Gr I	WLCSX	E+	(800) 222-8222	D- / 1.5	6.97	6.50	17.70 /43	6.28 / 7	--	0.00	0.85
GR	● Wells Fargo Avtg Lg Co Gr Z	WFLZX	U	(800) 222-8222	U /	6.81	6.17	16.96 /38	--	--	0.00	1.47
GR	Wells Fargo Avtg Lg Cp App A	WFAPX	D	(800) 222-8222	D+ / 2.8	6.96	9.20	13.74 /19	11.34 /39	9.02 /23	0.06	1.44
GR	Wells Fargo Avtg Lg Cp App Adm	WFAKX	C-	(800) 222-8222	C- / 4.2	7.07	9.30	14.08 /21	11.57 /41	9.29 /26	0.28	1.26
GR	Wells Fargo Avtg Lg Cp App B	WFABX	D+	(800) 222-8222	C- / 3.3	6.80	8.82	12.93 /16	10.50 /32	8.22 /16	0.00	2.19
GR	Wells Fargo Avtg Lg Cp App C	WFACX	D+	(800) 222-8222	C- / 3.2	6.70	8.72	12.93 /16	10.46 /31	8.22 /16	0.00	2.19
GR	Wells Fargo Avtg Lg Cp App Inst	WFASX	D+	(800) 222-8222	C / 4.3	7.07	9.49	14.34 /22	11.66 /42	9.12 /24	0.41	0.93
GR	Wells Fargo Avtg Lg Cp Gr Inv	STRFX	D-	(800) 222-8222	D / 1.8	5.78	6.94	14.01 /21	8.00 /14	7.31 /10	0.00	1.51
AG	Wells Fargo Avtg Life Stg Aggr Inv	SAGGX	C+	(800) 222-8222	C- / 4.0	5.77	7.84	18.06 /46	10.89 /35	9.82 /31	1.78	1.74
IN	Wells Fargo Avtg Life Stg Cons Inv	SCONX	C-	(800) 222-8222	E+ / 0.9	3.00	4.68	11.32 /11	6.99 / 9	6.56 / 6	3.28	1.66
AA	Wells Fargo Avtg Life Stg Mod Inv	SMDPX	C	(800) 222-8222	D / 2.1	4.42	6.30	14.75 /25	8.93 /20	8.28 /17	2.64	0.97
MC	Wells Fargo Avtg Mid Cp Discp Adm	WFMDX	C	(800) 222-8222	C- / 4.2	2.02	4.31	15.20 /27	13.47 /58	15.52 /79	0.59	1.20
MC	Wells Fargo Avtg Mid Cp Discp I	WFMIX	C	(800) 222-8222	C / 4.5	2.10	4.48	15.54 /29	13.70 /60	15.66 /80	0.74	0.92
MC	Wells Fargo Avtg Mid Cp Discp Inv	SMCDX	C	(800) 222-8222	C- / 4.1	1.94	4.22	15.02 /26	13.34 /57	15.44 /78	0.47	1.54
MC	Wells Fargo Avtg Mid Cp Gr A	WFMCX	C+	(800) 222-8222	B / 8.1	11.67	18.99	25.71 /85	16.24 /75	14.99 /76	0.00	1.48
MC	Wells Fargo Avtg Mid Cp Gr B	WFMBX	C+	(800) 222-8222	B+ / 8.3	11.40	18.54	24.81 /83	15.40 /71	14.32 /72	0.00	2.23
MC	Wells Fargo Avtg Mid Cp Gr C	WFMHX	C+	(800) 222-8222	B+ / 8.3	11.60	18.78	24.85 /83	15.35 /71	14.29 /72	0.00	2.23
MC	● Wells Fargo Avtg Mid Cp Gr Z	WFMZX	B	(800) 222-8222	B+ / 8.5	11.56	18.88	25.43 /84	16.10 /74	-0.07 / 0	0.00	1.65
BA	Wells Fargo Avtg Mod Bal A	WFMAX	D-	(800) 222-8222	E+ / 0.6	3.07	4.47	12.32 /14	7.15 /10	--	2.49	1.27
BA	Wells Fargo Avtg Mod Bal Adm	NVMBX	D	(800) 222-8222	D- / 1.1	3.14	4.59	12.59 /15	7.42 /11	6.58 / 6	2.76	1.09
BA	Wells Fargo Avtg Mod Bal B	WMOBX	D-	(800) 222-8222	E+ / 0.7	2.90	4.12	11.53 /12	6.36 / 7	--	1.93	2.02
BA	Wells Fargo Avtg Mod Bal C	WFBCX	D-	(800) 222-8222	E+ / 0.7	2.90	4.12	11.48 /12	6.36 / 7	--	2.02	2.02
GR	Wells Fargo Avtg Oppty Adm	WOFDX	B	(800) 222-8222	C+ / 6.3	6.56	10.53	21.25 /68	13.17 /56	13.42 /65	0.41	1.13
GR	Wells Fargo Avtg Oppty Adv	SOPVX	B	(800) 222-8222	C+ / 6.1	6.49	10.40	20.97 /67	12.87 /53	13.08 /63	0.12	1.30
GR	Wells Fargo Avtg Oppty Inv	SOPFX	B	(800) 222-8222	C+ / 6.1	6.46	10.37	20.89 /66	12.88 /53	13.15 /63	0.16	1.47
GL	Wells Fargo Avtg Overseas I	WFIIX	A+	(800) 222-8222	B+ / 8.5	7.97	12.73	26.21 /86	18.83 /83	14.49 /73	1.44	1.34
GL	Wells Fargo Avtg Overseas Inv	SOVRX	A	(800) 222-8222	B+ / 8.3	7.83	12.51	25.52 /84	18.13 /81	13.90 /69	1.02	1.91
SC	Wells Fargo Avtg Sm Co Gr A	WFSAX	E	(800) 222-8222	D+ / 2.9	7.15	9.49	16.79 /37	10.72 /34	--	0.00	1.52
SC	Wells Fargo Avtg Sm Co Gr Adm	NVSCX	E+	(800) 222-8222	C / 4.3	7.22	9.66	17.07 /39	10.98 /36	11.60 /50	0.00	1.33
SC	Wells Fargo Avtg Sm Co Gr B	WFSBX	E	(800) 222-8222	C- / 3.3	6.95	9.11	15.86 /31	9.88 /27	--	0.00	2.27
SC	Wells Fargo Avtg Sm Co Gr C	WSMCX	E	(800) 222-8222	C- / 3.5	6.93	9.07	15.88 /31	10.12 /29	--	0.00	2.27

● Denotes fund is closed to new investors
* Denotes fund is included in Section II

www.thestreet.com/ratings

Summer 2007

I. Index of Stock Mutual Funds

RISK			NET ASSETS		ASSET				Portfolio	BULL / BEAR		FUND MANAGER		MINIMUMS		LOADS	
	3 Year		NAV							Last Bull	Last Bear	Manager	Manager	Initial	Additional	Front	Back
Risk	Standard		As of	Total	Cash	Stocks	Bonds	Other	Turnover	Market	Market	Quality	Tenure	Purch.	Purch.	End	End
Rating/Pts	Deviation	Beta	6/30/07	$(Mil)	%	%	%	%	Ratio	Return	Return	Pct	(Years)	$	$	Load	Load
B / 8.3	8.8	0.92	16.32	4	6	94	0	0	48.5	134.0	-6.7	23	N/A	1,000	100	0.0	2.0
B / 8.3	8.8	0.92	16.41	1	6	94	0	0	48.5	134.8	-6.7	22	N/A	1,000	100	0.0	2.0
B- / 7.1	9.2	0.98	19.17	62	2	98	0	0	42.8	139.0	-12.0	30	N/A	1,000	100	5.8	1.0
B- / 7.1	9.2	0.98	19.15	682	2	98	0	0	42.8	141.0	-11.8	33	N/A	1,000,000	0	0.0	2.0
B- / 7.1	9.2	0.98	18.25	12	2	98	0	0	42.8	131.1	-12.1	24	N/A	1,000	100	0.0	2.0
B- / 7.1	9.2	0.98	18.19	2	2	98	0	0	42.8	131.1	-12.0	24	N/A	1,000	100	0.0	2.0
C+ / 5.8	9.2	0.98	19.15	69	2	98	0	0	42.8	139.6	-12.1	33	1	5,000,000	0	0.0	2.0
B / 8.5	9.0	0.95	20.58	20	4	95	0	1	18.9	N/A	N/A	64	N/A	1,000	100	5.8	2.0
B / 8.5	9.1	0.95	20.59	250	4	95	0	1	18.9	N/A	N/A	65	N/A	1,000,000	0	0.0	2.0
B / 8.5	9.0	0.94	20.22	3	4	95	0	1	18.9	N/A	N/A	55	N/A	1,000	100	0.0	2.0
B / 8.5	9.0	0.94	20.31	1	4	95	0	1	18.9	N/A	N/A	56	N/A	1,000	100	0.0	2.0
C+ / 6.0	9.0	0.95	20.63	N/A	4	95	0	1	18.9	N/A	N/A	66	N/A	5,000,000	0	0.0	2.0
B- / 7.1	10.3	1.24	11.45	15	0	99	0	1	23.6	80.5	-8.8	24	N/A	1,000	100	5.8	0.0
B- / 7.1	10.3	1.24	11.36	N/A	0	99	0	1	23.6	83.3	-8.6	26	N/A	1,000,000	0	0.0	0.0
B- / 7.1	10.2	1.23	10.97	4	0	99	0	1	23.6	74.1	-9.0	18	N/A	1,000	100	0.0	0.0
B- / 7.1	10.3	1.24	10.95	3	0	99	0	1	23.6	74.1	-9.0	18	N/A	1,000	100	0.0	0.0
U /	N/A	N/A	11.39	34	0	99	0	1	23.6	N/A	N/A	N/A	N/A	2,500	100	0.0	0.0
C / 5.0	11.9	1.39	56.11	446	3	96	0	1	7.7	58.6	-12.3	3	25	1,000	100	5.8	0.0
C / 5.0	11.9	1.39	53.56	1,187	3	96	0	1	7.7	60.3	-12.2	3	25	1,000,000	0	0.0	0.0
C / 4.9	11.9	1.39	49.83	70	3	96	0	1	7.7	53.6	-12.4	2	25	1,000	100	0.0	0.0
C / 4.9	11.9	1.39	49.93	12	3	96	0	1	7.7	53.7	-12.4	2	25	1,000	100	0.0	0.0
C+ / 5.9	11.9	1.39	53.74	107	3	96	0	1	7.7	N/A	N/A	4	3	5,000,000	0	0.0	0.0
U /	N/A	N/A	53.03	98	3	96	0	1	7.7	N/A	N/A	N/A	N/A	2,500	100	0.0	0.0
C+ / 6.6	9.8	1.20	11.99	34	0	100	0	0	170.9	85.9	-6.4	31	6	1,000	100	5.8	0.0
C+ / 6.6	9.8	1.20	12.11	52	0	100	0	0	170.9	87.6	-6.2	33	6	1,000,000	0	0.0	0.0
C+ / 6.5	9.7	1.19	11.47	4	0	100	0	0	170.9	79.9	-6.4	25	6	1,000	100	0.0	0.0
C+ / 6.5	9.7	1.19	11.47	1	0	100	0	0	170.9	79.9	-6.4	24	6	1,000	100	0.0	0.0
C+ / 5.6	9.8	1.20	12.12	N/A	0	100	0	0	170.9	87.0	-6.3	33	1	5,000,000	0	0.0	0.0
C+ / 6.3	10.4	1.24	27.26	395	3	96	0	1	112.4	68.4	-10.7	10	N/A	2,500	100	0.0	0.0
B+ / 9.2	6.8	0.88	12.65	35	0	79	20	1	20.1	81.6	-7.2	57	N/A	2,500	100	0.0	0.0
B+ / 9.9	3.3	0.42	10.70	14	0	39	60	1	25.1	43.0	-2.3	55	N/A	2,500	100	0.0	0.0
B+ / 9.8	5.1	1.06	11.81	39	0	59	40	1	24.6	61.5	-4.9	N/A	N/A	2,500	100	0.0	0.0
B- / 7.7	7.0	0.55	23.72	149	6	93	0	1	101.9	147.7	8.9	87	N/A	1,000,000	0	0.0	0.0
B- / 7.7	7.0	0.55	23.81	130	6	93	0	1	101.9	149.1	-8.9	88	N/A	5,000,000	0	0.0	0.0
B- / 7.7	7.0	0.55	23.69	1,041	6	93	0	1	101.9	146.8	-8.9	87	6	2,500	100	0.0	0.0
C- / 4.2	13.5	1.14	7.27	119	1	98	0	1	107.4	147.1	-10.1	46	N/A	1,000	100	5.8	0.0
C- / 4.1	13.5	1.13	6.84	8	1	98	0	1	107.4	139.7	-10.1	37	N/A	1,000	100	0.0	0.0
C- / 4.0	13.7	1.14	6.83	2	1	98	0	1	107.4	139.4	-10.1	35	N/A	1,000	100	0.0	0.0
C+ / 5.9	13.5	1.13	7.24	43	1	98	0	1	107.4	22.5	-10.1	46	N/A	2,500	100	0.0	0.0
B- / 7.6	3.9	0.86	22.19	9	0	50	50	0	38.2	N/A	N/A	43	3	1,000	100	5.8	0.0
B- / 7.7	3.9	0.86	22.31	538	0	50	50	0	38.2	49.8	-5.0	46	13	1,000,000	0	0.0	0.0
B- / 7.9	3.9	0.86	22.01	4	0	50	50	0	38.2	N/A	N/A	34	3	1,000	100	0.0	0.0
B- / 7.9	3.9	0.86	22.00	2	0	50	50	0	38.2	N/A	N/A	34	3	1,000	100	0.0	0.0
B / 8.2	9.6	1.15	46.49	145	0	100	0	0	43.5	124.7	-9.9	56	N/A	1,000,000	0	0.0	0.0
B / 8.2	9.6	1.15	45.10	48	0	100	0	0	43.5	121.8	-10.0	53	16	1,000	100	0.0	0.0
B / 8.2	9.6	1.15	45.96	1,812	0	100	0	0	43.5	122.5	-10.0	53	N/A	2,500	100	0.0	0.0
B- / 7.8	9.1	0.95	13.55	9	1	98	0	1	49.4	141.5	-6.0	25	N/A	5,000,000	0	0.0	2.0
B- / 7.8	9.1	0.95	13.49	72	1	98	0	1	49.4	135.8	-6.1	21	N/A	2,500	100	0.0	2.0
D+ / 2.9	15.5	1.10	29.99	3	0	100	0	0	129.0	N/A	N/A	19	3	1,000	100	5.8	0.0
D+ / 2.9	15.5	1.10	30.31	518	0	100	0	0	129.0	123.4	-7.9	20	3	1,000,000	0	0.0	0.0
D+ / 2.7	15.5	1.10	29.09	1	0	100	0	0	129.0	N/A	N/A	14	3	1,000	100	0.0	0.0
D+ / 2.7	15.6	1.10	29.33	N/A	0	100	0	0	129.0	N/A	N/A	15	3	1,000	100	0.0	0.0

www.thestreet.com/ratings

Data as of June 30, 2007

I. Index of Stock Mutual Funds

Summer 2007

						PERFORMANCE						
	99 Pct = Best 0 Pct = Worst			Overall		Perfor-	Total Return % through 6/30/07				Incl. in Returns	
Fund			Ticker	Investment		mance				Annualized	Dividend	Expense
Type	Fund Name		Symbol	Rating	Phone	Rating/Pts	3 Mo	6 Mo	1Yr / Pct	3Yr / Pct	5Yr / Pct	Yield	Ratio

Fund Type	Fund Name	Ticker Symbol	Overall Investment Rating	Phone	Performance Rating/Pts	3 Mo	6 Mo	1Yr / Pct	3Yr / Pct	5Yr / Pct	Dividend Yield	Expense Ratio
SC	● Wells Fargo Avtg Sm Co Val A	SCVAX	C-	(800) 222-8222	C- / 4.1	3.76	5.69	13.87 /20	14.73 /67	13.67 /67	0.00	1.57
SC	● Wells Fargo Avtg Sm Co Val Adm	SCVIX	C+	(800) 222-8222	C+ / 5.8	3.78	5.82	14.20 /22	15.01 /69	13.94 /69	0.04	1.39
SC	● Wells Fargo Avtg Sm Co Val B	SCVBX	C	(800) 222-8222	C / 4.7	3.62	5.28	13.05 /17	13.88 /61	12.83 /61	0.00	2.32
SC	● Wells Fargo Avtg Sm Co Val C	SCVFX	C	(800) 222-8222	C / 4.8	3.62	5.35	13.13 /17	13.91 /61	12.83 /61	0.00	2.32
SC	Wells Fargo Avtg Sm Cp Discp Adm	WFSDX	D+	(800) 222-8222	C- / 3.4	3.95	6.64	14.64 /24	11.34 /39	19.98 /92	0.00	1.39
SC	Wells Fargo Avtg Sm Cp Discp I	WFSSX	D+	(800) 222-8222	C- / 3.5	3.99	6.68	14.85 /25	11.47 /41	20.06 /92	0.00	1.11
SC	Wells Fargo Avtg Sm Cp Discp Inv	SCOVX	D	(800) 222-8222	C- / 3.1	3.87	6.47	14.24 /22	11.02 /36	19.77 /91	0.00	1.73
SC	Wells Fargo Avtg Sm Cp Gr A	MNSCX	C	(800) 222-8222	B / 7.9	10.38	15.71	26.52 /87	16.06 /74	16.46 /83	0.00	1.61
SC	Wells Fargo Avtg Sm Cp Gr Adm	WMNIX	C+	(800) 222-8222	B+ / 8.4	10.44	15.82	26.75 /87	16.25 /75	16.64 /84	0.00	1.43
SC	Wells Fargo Avtg Sm Cp Gr B	WMNBX	C	(800) 222-8222	B / 8.1	10.14	15.19	25.52 /84	15.15 /70	--	0.00	2.36
SC	Wells Fargo Avtg Sm Cp Gr C	WMNCX	C	(800) 222-8222	B / 8.1	10.20	15.26	25.49 /84	15.16 /70	--	0.00	2.36
SC	Wells Fargo Avtg Sm Cp Gr I	WFSIX	B	(800) 222-8222	B+ / 8.5	10.52	15.95	27.12 /88	16.50 /76	16.79 /84	0.00	1.16
SC	● Wells Fargo Avtg Sm Cp Gr Z	WFSZX	U	(800) 222-8222	U /	10.35	15.62	26.27 /86	--	--	0.00	1.78
SC	● Wells Fargo Avtg Sm Cp Opp Adm	NVSOX	C+	(800) 222-8222	B+ / 8.3	6.37	11.34	23.05 /77	18.12 /81	16.79 /84	0.00	1.34
SC	● Wells Fargo Avtg Sm Cp Val A	SMVAX	B+	(800) 222-8222	B / 8.1	10.22	13.94	19.83 /58	18.70 /82	18.02 /88	0.00	1.44
SC	● Wells Fargo Avtg Sm Cp Val B	SMVBX	B+	(800) 222-8222	B+ / 8.3	9.99	13.52	18.98 /52	17.81 /80	17.11 /85	0.00	2.19
SC	● Wells Fargo Avtg Sm Cp Val C	SMVCX	B+	(800) 222-8222	B+ / 8.3	10.00	13.55	18.96 /52	17.83 /80	17.12 /85	0.00	2.19
SC	● Wells Fargo Avtg Sm Cp Val Z	SSMVX	A-	(800) 222-8222	B+ / 8.5	10.25	14.01	19.98 /60	18.84 /83	18.16 /88	0.00	1.61
SC	Wells Fargo Avtg Sm/MdCp Vl Adm	WWMDX	D	(800) 222-8222	C+ / 6.5	6.08	7.27	14.53 /23	15.81 /73	17.47 /86	0.00	1.43
SC	Wells Fargo Avtg Sm/MdCp Vl Inst	WWMSX	C-	(800) 222-8222	C+ / 6.4	6.13	7.39	14.65 /24	15.65 /72	17.37 /86	0.00	1.10
SC	Wells Fargo Avtg Sm/MdCp Vl Inv	SMMVX	C+	(800) 222-8222	C+ / 6.2	5.96	7.03	14.04 /21	15.45 /71	17.25 /86	0.00	1.78
FS	● Wells Fargo Avtg Spc Fin Svc A	SIFEX	D-	(800) 222-8222	D- / 1.1	2.34	-1.12	14.78 /25	10.08 /29	7.76 /13	1.00	1.58
FS	Wells Fargo Avtg Spc Fin Svc B	SIFBX	D-	(800) 222-8222	D- / 1.4	2.13	-1.26	14.22 /22	9.28 /23	7.00 / 8	0.33	2.33
FS	Wells Fargo Avtg Spc Fin Svc C	SIFCX	D-	(800) 222-8222	D- / 1.4	2.16	-1.26	14.04 /21	9.30 /23	7.01 / 8	0.34	2.33
HL	Wells Fargo Avtg Spc Hlth Sci A	WFHAX	E+	(800) 222-8222	E / 0.3	4.94	5.99	11.51 /12	4.40 / 2	7.77 /13	0.00	2.27
HL	Wells Fargo Avtg Spc Hlth Sci B	WFHBX	E+	(800) 222-8222	E / 0.4	4.81	5.61	10.73 /10	3.62 / 1	6.92 / 8	0.00	3.02
HL	Wells Fargo Avtg Spc Hlth Sci C	WFHCX	E+	(800) 222-8222	E / 0.4	4.71	5.60	10.72 /10	3.62 / 1	6.96 / 8	0.00	3.00
TC	Wells Fargo Avtg Spc Tech A	WFSTX	D	(800) 222-8222	C+ / 5.8	11.52	10.55	25.79 /85	12.07 /46	17.53 /87	0.00	1.83
TC	Wells Fargo Avtg Spc Tech B	WFTBX	D+	(800) 222-8222	C+ / 6.3	11.38	10.16	24.90 /83	11.24 /38	16.65 /84	0.00	2.58
TC	Wells Fargo Avtg Spc Tech C	WFTCX	D	(800) 222-8222	C+ / 6.2	11.21	10.00	24.74 /82	11.20 /38	16.58 /83	0.00	2.58
TC	● Wells Fargo Avtg Spc Tech Z	WFTZX	U	(800) 222-8222	U /	11.38	10.42	25.44 /84	--	--	0.00	2.00
GR	Wells Fargo Avtg US Val A	WFUAX	C	(800) 222-8222	C- / 3.0	6.48	5.27	19.73 /58	11.32 /39	10.75 /41	0.99	1.37
GR	Wells Fargo Avtg US Val Adm	SEQKX	B-	(800) 222-8222	C / 4.6	6.57	5.35	20.02 /60	11.99 /45	11.41 /48	1.33	1.23
GR	Wells Fargo Avtg US Val B	WFUBX	C+	(800) 222-8222	C- / 3.5	6.30	4.84	18.79 /51	10.47 /32	9.94 /32	0.35	2.12
GR	Wells Fargo Avtg US Val C	WFUCX	C+	(800) 222-8222	C- / 3.4	6.28	4.87	18.83 /51	10.32 /30	9.75 /30	0.36	2.12
GR	● Wells Fargo Avtg US Val Z	SEQIX	C+	(800) 222-8222	C / 4.4	6.50	5.23	19.61 /57	11.57 /41	10.88 /42	0.97	1.55
GR	● Wells Fargo Avtg Value Fund A	CBTTX	C-	(800) 222-8222	D+ / 2.3	5.15	4.01	19.96 /59	10.75 /34	11.49 /49	0.90	2.04
GR	Wells Fargo Avtg Value Fund Adm	CBTIX	C	(800) 222-8222	A+ / 9.8	5.20	4.12	20.23 /62	42.77 /99	29.60 /98	1.06	2.16
GR	Wells Fargo Avtg Value Fund D	CBTAX	C	(800) 222-8222	C- / 3.5	5.16	4.02	19.97 /60	10.67 /33	11.45 /48	0.88	2.16
AA	Wells Fargo Avtg VT Ast Allc		E	(800) 222-8222	D+ / 2.4	4.87	5.32	15.98 /32	9.41 /24	8.90 /22	2.16	1.02
IN	Wells Fargo Avtg VT CB Lg Cp Val		C+	(800) 222-8222	C / 4.7	5.22	4.18	20.47 /63	12.20 /47	9.65 /29	1.44	1.17
GR	Wells Fargo Avtg VT Dscvry		B+	(800) 222-8222	B+ / 8.3	9.40	16.12	25.02 /83	16.48 /76	16.48 /83	0.00	1.21
IN	Wells Fargo Avtg VT Eqty Inc		B	(800) 222-8222	C / 4.9	5.35	5.26	21.05 /67	12.19 /47	9.60 /29	1.44	1.04
FO	Wells Fargo Avtg VT Intl Core		A	(800) 222-8222	B / 7.9	7.95	12.87	21.19 /68	16.47 /76	11.36 /47	1.41	1.43
GI	Wells Fargo Avtg VT Lg Co Core		B-	(800) 222-8222	C+ / 5.8	10.11	10.32	30.46 /93	9.53 /24	7.14 / 9	0.60	1.19
GL	Wells Fargo Avtg VT Lg Co Gwth		D-	(800) 222-8222	D- / 1.5	7.01	6.67	17.32 /40	6.18 / 6	5.97 / 4	0.00	1.04
GR	Wells Fargo Avtg VT Opp		B	(800) 222-8222	C+ / 6.5	6.67	10.57	22.17 /73	13.31 /57	13.34 /65	0.00	1.18
SC	Wells Fargo Avtg VT Sm Cp Gwth		B-	(800) 222-8222	B / 8.1	10.54	15.86	23.55 /79	15.29 /70	13.79 /68	0.00	1.23
GR	Wells Fargo Avtg VT Sm/Md Cp Vl		B	(800) 222-8222	B / 7.6	5.65	7.16	14.77 /25	18.04 /81	13.68 /67	0.00	1.14
AA	Wells Fargo Avtg Wlth Bld Cons Allc	WBCAX	U	(800) 222-8222	U /	1.11	2.32	8.07 / 4	--	--	2.34	1.62
GR	Wells Fargo Avtg Wlth Bld Eqty	WBGIX	C+	(800) 222-8222	C / 5.3	6.48	8.02	19.52 /56	12.77 /52	10.39 /37	0.00	1.59
AA	Wells Fargo Avtg Wlth Bld Gr Allc	WBGGX	U	(800) 222-8222	U /	6.21	7.70	18.79 /51	--	--	0.50	1.63

● Denotes fund is closed to new investors
* Denotes fund is included in Section II

www.thestreet.com/ratings

Summer 2007   I. Index of Stock Mutual Funds

RISK			NET ASSETS		ASSET				Portfolio Turnover Ratio	BULL / BEAR		FUND MANAGER		MINIMUMS		LOADS	
	3 Year		NAV As of 6/30/07	Total $(Mil)	Cash %	Stocks %	Bonds %	Other %		Last Bull Market Return	Last Bear Market Return	Manager Quality Pct	Manager Tenure (Years)	Initial Purch. $	Additional Purch. $	Front End Load	Back End Load
Risk Rating/Pts	Standard Deviation	Beta															
C+ / 6.5	11.5	0.83	16.54	80	0	100	0	0	88.6	160.5	-11.9	84	N/A	1,000	100	5.8	0.0
C+ / 6.6	11.5	0.82	16.73	358	0	100	0	0	88.6	162.9	-11.7	86	N/A	1,000,000	0	0.0	0.0
C+ / 6.5	11.5	0.82	15.76	13	0	100	0	0	88.6	152.3	-12.0	78	N/A	1,000	100	0.0	0.0
C+ / 6.5	11.5	0.82	15.76	4	0	100	0	0	88.6	152.2	-12.0	79	N/A	1,000	100	0.0	0.0
C+ / 6.2	11.9	0.77	18.94	15	0	100	0	0	78.3	182.0	-9.2	56	2	1,000,000	0	0.0	0.0
C+ / 6.2	11.9	0.77	19.01	125	0	100	0	0	78.3	183.0	-9.2	58	5	5,000,000	0	0.0	0.0
C+ / 6.2	12.0	0.78	18.77	419	0	100	0	0	78.3	179.7	-9.2	52	5	2,500	100	0.0	0.0
C- / 4.2	15.9	1.06	15.10	171	0	100	0	0	125.4	156.7	-10.1	76	4	1,000	100	5.8	0.0
C- / 4.2	15.9	1.06	15.23	94	0	100	0	0	125.4	158.6	-10.1	78	4	1,000,000	0	0.0	0.0
C- / 4.1	15.9	1.06	14.56	16	0	100	0	0	125.4	N/A	N/A	67	4	1,000	100	0.0	0.0
C- / 4.1	15.9	1.06	14.58	8	0	100	0	0	125.4	N/A	N/A	67	4	1,000	100	0.0	0.0
C+ / 5.7	15.9	1.06	15.34	74	0	100	0	0	125.4	160.3	-10.1	80	N/A	5,000,000	0	0.0	0.0
U /	N/A	N/A	15.03	41	0	100	0	0	125.4	N/A	N/A	N/A	14	2,500	100	0.0	0.0
C- / 4.2	10.9	0.79	37.90	896	0	100	0	0	69.7	162.4	-9.9	96	4	2,000,000	0	0.0	0.0
B- / 7.1	13.8	0.87	35.06	713	0	100	0	0	36.9	177.5	-5.5	95	10	1,000	100	5.8	0.0
B- / 7.1	13.9	0.87	32.92	130	0	100	0	0	36.9	168.6	-5.7	94	10	1,000	100	0.0	0.0
B- / 7.1	13.9	0.87	33.01	149	0	100	0	0	36.9	168.8	-5.7	94	10	1,000	100	0.0	0.0
B- / 7.1	13.8	0.87	35.49	3,043	0	100	0	0	36.9	178.9	-5.4	96	N/A	2,500	100	0.0	0.0
D+ / 2.9	21.2	0.88	18.14	39	0	100	0	0	102.7	171.4	-4.2	87	N/A	1,000,000	0	0.0	0.0
C / 4.5	14.8	0.97	18.17	3	0	100	0	0	102.7	170.1	-4.1	80	1	5,000,000	0	0.0	0.0
C+ / 6.8	14.8	0.98	17.97	175	0	100	0	0	102.7	169.1	-4.2	78	N/A	2,500	100	0.0	0.0
B- / 7.0	8.0	0.92	4.05	327	0	100	0	0	14.8	86.7	-7.6	42	N/A	1,000	100	5.8	0.0
B- / 7.1	7.9	0.91	4.05	3	0	100	0	0	14.8	80.7	-7.8	34	N/A	1,000	100	0.0	0.0
B- / 7.0	8.0	0.91	4.02	1	0	100	0	0	14.8	81.0	-7.9	34	N/A	1,000	100	0.0	0.0
C+ / 6.4	9.1	0.80	11.68	7	0	100	0	0	308.3	60.9	-2.1	9	N/A	1,000	100	5.8	0.0
C+ / 6.4	9.1	0.80	11.11	10	0	100	0	0	308.3	55.8	-2.3	7	N/A	1,000	100	0.0	0.0
C+ / 6.4	9.1	0.79	11.12	1	0	100	0	0	308.3	55.8	-2.3	7	N/A	1,000	100	0.0	0.0
C- / 3.4	17.4	1.70	6.39	112	0	100	0	0	263.6	150.8	-14.6	11	7	1,000	100	5.8	0.0
C- / 3.3	17.4	1.71	6.07	23	0	100	0	0	263.6	142.2	-14.5	8	7	1,000	100	0.0	0.0
C- / 3.3	17.4	1.71	6.05	5	0	100	0	0	263.6	141.7	-14.5	8	7	1,000	100	0.0	0.0
U /	N/A	N/A	6.36	79	0	100	0	0	263.6	N/A	N/A	N/A	7	2,500	100	0.0	0.0
B / 8.9	6.9	0.87	19.40	3	5	94	0	1	32.6	100.8	-11.2	63	N/A	1,000	100	5.8	0.0
B+ / 9.0	6.7	0.86	19.21	142	5	94	0	1	32.6	105.4	10.7	72	N/A	1,000,000	0	0.0	1.0
B / 8.9	6.9	0.87	19.32	4	5	94	0	1	32.6	94.4	-11.2	52	N/A	1,000	100	0.0	0.0
B / 8.9	6.9	0.87	19.23	2	5	94	0	1	32.6	93.2	-11.4	50	N/A	1,000	100	0.0	0.0
B+ / 9.0	6.7	0.86	19.62	44	5	94	0	1	32.6	102.0	-11.0	67	N/A	2,500	100	0.0	0.0
B / 8.8	7.4	0.94	21.25	4	5	94	0	1	35.1	102.0	-12.6	48	N/A	1,000	100	5.8	1.0
D / 1.7	43.9	-1.06	21.25	3	5	94	0	1	35.1	352.0	-11.9	99	N/A	1,000,000	0	0.0	1.0
B- / 7.8	7.4	0.93	21.21	27	5	94	0	1	35.1	101.6	-12.6	48	N/A	2,500	100	0.0	0.0
C- / 3.9	6.1	1.36	14.72	277	0	45	54	1	12.0	71.5	-7.7	39	7	2,000	100	0.0	0.0
B / 8.8	7.0	0.87	11.65	31	2	97	0	1	30.0	96.3	-10.3	73	9	2,000	100	0.0	0.0
C+ / 6.4	15.0	1.60	19.09	244	1	98	0	1	114.0	138.6	-8.0	49	N/A	2,500	100	0.0	0.0
B+ / 9.1	6.7	0.86	20.64	106	0	99	0	1	14.0	98.7	-10.5	74	11	2,000	100	0.0	0.0
B / 8.1	9.4	0.95	11.14	48	2	97	0	1	43.0	119.0	-11.1	12	N/A	2,000	100	0.0	0.0
B- / 7.8	10.1	1.25	17.21	25	1	98	0	1	19.0	72.0	-7.4	16	N/A	1,000	100	0.0	0.0
B- / 7.1	11.8	0.58	10.23	108	2	97	0	1	12.0	59.7	-12.0	4	8	2,000	100	0.0	0.0
B / 8.1	9.5	1.14	26.56	888	7	92	0	1	41.0	126.5	-10.1	59	N/A	2,500	100	0.0	0.0
C+ / 5.8	16.4	1.08	11.54	216	1	98	0	1	135.0	148.3	-12.3	66	N/A	2,000	100	0.0	0.0
C+ / 6.7	14.9	1.43	14.22	22	0	99	0	1	81.0	147.9	-6.5	81	N/A	2,500	100	0.0	0.0
U /	N/A	N/A	10.75	71	0	24	74	2	93.0	N/A	N/A	N/A	3	1,000	100	1.5	0.0
B- / 7.3	8.9	1.15	14.95	207	1	98	0	1	52.0	105.5	-11.4	52	N/A	1,000	100	1.5	0.0
U /	N/A	N/A	13.85	154	0	94	4	2	108.0	N/A	N/A	N/A	3	1,000	100	1.5	0.0

www.thestreet.com/ratings   Data as of June 30, 2007

I. Index of Stock Mutual Funds

Summer 2007

99 Pct = Best
0 Pct = Worst

Fund Type	Fund Name	Ticker Symbol	Overall Investment Rating	Phone	Performance Rating/Pts	Total Return % through 6/30/07			Annualized		Dividend Yield	Expense Ratio
						3 Mo	6 Mo	1Yr / Pct	3Yr / Pct	5Yr / Pct		
GI	Wells Fargo Avtg Wlth Bld Gr Bal	WBGBX	C-	(800) 222-8222	D+ / 2.9	5.14	6.53	16.48 /35	10.36 /31	8.83 /21	0.91	1.53
GI	Wells Fargo Avtg Wlth Bld Mod Bal	WBBBX	U	(800) 222-8222	U /	2.60	3.94	11.48 /12	--	--	1.38	1.60
AA	Wells Fargo Avtg Wlth Bld Tact Eqty	WBGAX	B	(800) 222-8222	B- / 7.4	5.95	8.24	22.25 /74	16.30 /75	12.69 /59	0.01	1.55
RE	Wells S&P REIT Index A	WSPAX	D	(800) 282-1581	C+ / 6.1	-9.26	-6.21	11.77 /13	19.65 /84	17.15 /85	3.28	1.18
RE	Wells S&P REIT Index B	WSPBX	D+	(800) 282-1581	C+ / 6.3	-9.41	-6.53	10.96 /10	18.77 /82	16.28 /82	2.58	1.94
RE	Wells S&P REIT Index C	WSPCX	D+	(800) 282-1581	C+ / 6.2	-9.39	-6.49	10.93 /10	18.75 /82	16.28 /82	2.60	1.94
RE	Wells S&P REIT Index I	WSPIX	C+	(800) 282-1581	B- / 7.1	-9.19	-6.02	12.05 /13	19.98 /85	--	3.65	2.42
BA	WesMark Balanced Fund	WMBLX	D	(800) 341-7400	E+ / 0.9	4.30	4.70	12.06 /13	6.48 / 7	6.12 / 5	1.47	1.69
GR	WesMark Growth Fund	WMKGX	D	(800) 341-7400	D- / 1.2	6.26	5.78	13.39 /18	6.73 / 8	8.96 /23	0.58	1.51
SC	WesMark Small Company Growth	WMKSX	C-	(800) 341-7400	C / 4.7	8.11	12.25	17.69 /43	10.71 /33	12.04 /54	0.00	1.84
GI	Westcore Blue Chip Fund	WTMVX	C	(800) 392-2673	C / 4.5	6.87	6.55	18.54 /49	12.29 /48	9.96 /33	0.54	1.09
GR	Westcore Growth Fund	WTEIX	C-	(800) 392-2673	C- / 3.7	7.92	10.52	17.73 /43	10.18 /29	9.27 /26	0.00	1.11
FO	Westcore International Frontier	WTIFX	C+	(800) 392-2673	B- / 7.3	5.17	11.61	23.86 /80	15.58 /72	18.24 /88	0.78	2.27
MC	Westcore Mid-Cap Value	WTMCX	A	(800) 392-2673	B / 7.9	6.16	10.25	21.35 /69	17.95 /80	15.78 /80	0.42	1.23
MC	Westcore MIDCO Growth	WTMGX	D+	(800) 392-2673	C / 5.3	8.44	10.34	20.96 /67	11.86 /44	12.90 /61	0.00	1.08
MC	Westcore Select Fund	WTSLX	A-	(800) 392-2673	B+ / 8.4	10.36	13.87	27.16 /88	17.26 /78	11.71 /51	0.00	1.55
SC	Westcore Small-Cap Opportunity	WTSCX	C+	(800) 392-2673	B / 8.2	8.76	15.79	26.29 /86	16.26 /75	15.55 /79	0.00	1.73
SC	Westcore Small-Cap Value Fund	WTSVX	U	(800) 392-2673	U /	3.99	8.83	22.06 /73	--	--	0.68	1.54
MC	Westport Fund I	WPFIX	B	(888) 593-7878	B / 8.0	6.81	12.28	22.67 /76	16.71 /77	13.08 /63	0.00	1.48
MC	Westport Fund R	WPFRX	B	(888) 593-7878	B / 8.0	6.84	12.29	22.70 /76	16.66 /77	13.15 /63	0.00	1.50
SC	● Westport Select Cap I	WPSCX	B-	(888) 593-7878	B / 7.6	6.37	13.74	25.45 /84	14.61 /66	12.84 /61	0.23	1.10
SC	● Westport Select Cap R	WPSRX	B-	(888) 593-7878	B- / 7.5	6.25	13.56	25.12 /83	14.32 /64	12.55 /58	0.04	1.32
GI	WHG Income Opportunity I	WHGIX	U	(877) 386-3944	U /	1.91	5.62	14.66 /24	--	--	5.00	1.74
MC	WHG SMidCap Fund I	WHGMX	U	(877) 386-3944	U /	6.13	15.36	29.63 /92	--	--	0.68	3.20
EM	● William Blair Emrg Mkts Gr I	WBEIX	U	(800) 742-7272	U /	15.03	16.74	52.08 /99	--	--	0.04	1.47
EM	● William Blair Emrg Mkts Gr Inst	BIEMX	U	(800) 742-7272	U /	15.08	16.79	52.39 /99	--	--	0.05	1.32
EM	● William Blair Emrg Mkts Gr N	WBENX	U	(800) 742-7272	U /	14.93	16.53	51.80 /99	--	--	0.03	1.78
FO	William Blair Instl Int Eqty Fd	WIIEX	U	(800) 742-7272	U /	6.89	9.81	26.14 /86	--	--	1.00	1.12
FO	William Blair Instl Intl Gr	WBIIX	A+	(800) 742-7272	A / 9.4	7.64	11.86	30.26 /93	24.81 /93	--	1.56	1.03
FO	William Blair Intl Equity I	WIEIX	A	(800) 742-7272	B / 8.0	6.74	9.60	25.73 /85	17.31 /79	--	1.31	1.35
FO	William Blair Intl Equity N	WIENX	A-	(800) 742-7272	B / 7.9	6.66	9.47	25.47 /84	16.94 /77	--	1.15	1.56
FO	William Blair Intl Sm Cap Gr I	WISIX	U	(800) 742-7272	U /	6.89	14.47	27.09 /88	--	--	0.04	1.46
FO	William Blair Intl Sm Cap Gr Inst	WIISX	U	(800) 742-7272	U /	7.02	14.59	27.32 /88	--	--	0.04	1.31
GR	William Blair Mutual-Growth I	BGFIX	C	(800) 742-7272	C / 5.2	4.91	8.15	18.83 /51	12.98 /54	9.35 /26	0.00	0.89
GR	William Blair Mutual-Growth N	WBGSX	C	(800) 742-7272	C / 4.9	4.76	7.88	18.45 /48	12.66 /51	9.06 /24	0.00	1.17
FO	● William Blair Mutual-Intl Grwth I	BIGIX	B+	(800) 742-7272	A / 9.3	7.56	11.85	30.13 /93	24.70 /93	19.12 /90	1.33	1.11
* FO	● William Blair Mutual-Intl Grwth N	WBIGX	B+	(800) 742-7272	A / 9.3	7.51	11.66	29.75 /92	24.37 /93	18.80 /89	1.11	1.42
SC	● William Blair Mutual-Small Cap Gr I	WBSIX	C	(800) 742-7272	C+ / 5.6	6.87	9.14	17.85 /44	13.12 /55	17.84 /87	0.00	1.21
SC	● William Blair Mutual-Small Cap Gr N	WBSNX	D+	(800) 742-7272	C / 5.3	6.79	8.97	17.49 /41	12.80 /52	17.52 /87	0.00	1.48
SC	● William Blair Mutual-Val Discvry I	BVDIX	E	(800) 742-7272	C- / 4.1	4.14	6.54	19.65 /57	11.73 /43	10.32 /36	0.14	1.50
SC	William Blair Mutual-Val Discvry N	WBVDX	E	(800) 742-7272	C- / 3.9	4.09	6.45	19.42 /56	11.52 /41	10.11 /34	0.06	1.75
MC	William Blair Small-Mid Cap Gr I	WSMDX	B-	(800) 742-7272	C+ / 6.5	7.47	13.40	18.60 /49	13.68 /60	--	0.00	1.20
MC	William Blair Small-Mid Cap Gr N		B-	(800) 742-7272	C+ / 6.3	7.39	13.27	18.23 /47	13.40 /58	--	0.00	1.45
AA	Wilmington Aggres Asst Alloc Inst	WAAIX	U	(800) 336-9970	U /	4.13	7.11	18.26 /47	--	--	0.80	1.48
AA	Wilmington ETF Allocation Inst	WETIX	U	(800) 336-9970	U /	3.55	5.82	20.20 /61	--	--	1.69	2.24
GR	Wilmington Large Cap Core Inst	WLRIX	C-	(800) 336-9970	C- / 3.1	5.00	7.00	17.29 /40	10.30 /30	8.32 /17	1.07	1.14
MC	Wilmington Mlti Mgr Mid Cap Inst	WMMIX	C-	(800) 336-9970	C / 4.8	5.75	10.22	17.24 /40	12.11 /46	--	0.48	1.34
SC	Wilmington Mlti Mgr Sm Cap Inst	WMSIX	D	(800) 336-9970	C- / 3.7	4.91	7.57	14.42 /23	11.83 /44	--	0.08	1.49
RE	Wilmington Mul Mgr Rel Asset I	WMRIX	C	(800) 336-9970	C / 4.9	-2.83	-0.01	4.89 / 2	16.68 /77	--	2.33	0.64
GR	Wilmington Multi Mgr Lg Cap Inst	WMLIX	C	(800) 336-9970	C- / 3.6	5.54	6.85	18.45 /48	10.76 /34	--	0.61	1.07
GR	Wilshire 5000 Index Inst	WINDX	C+	(888) 200-6796	C / 4.7	5.75	7.15	19.37 /55	11.84 /44	11.09 /45	1.04	0.47
GR	Wilshire 5000 Index Inv	WFIVX	C+	(888) 200-6796	C / 4.4	5.67	6.99	19.19 /54	11.55 /41	10.78 /41	0.78	0.74

● Denotes fund is closed to new investors
* Denotes fund is included in Section II

www.thestreet.com/ratings

I. Index of Stock Mutual Funds

Summer 2007

RISK			NET ASSETS		ASSET					BULL / BEAR		FUND MANAGER		MINIMUMS		LOADS	
	3 Year		NAV						Portfolio	Last Bull	Last Bear	Manager	Manager	Initial	Additional	Front	Back
Risk	Standard		As of	Total	Cash	Stocks	Bonds	Other	Turnover	Market	Market	Quality	Tenure	Purch.	Purch.	End	End
Rating/Pts	Deviation	Beta	6/30/07	$(Mil)	%	%	%	%	Ratio	Return	Return	Pct	(Years)	$	$	Load	Load
B- / 7.8	7.1	0.93	13.70	622	1	63	34	2	74.0	80.5	-9.0	44	N/A	1,000	100	1.5	0.0
U /	N/A	N/A	11.85	154	0	50	50	0	152.0	N/A	N/A	N/A	3	1,000	100	1.5	0.0
B- / 7.1	8.9	1.72	18.53	522	0	100	0	0	76.0	133.8	-11.5	88	N/A	1,000	100	1.5	0.0
C- / 3.3	15.1	1.03	12.71	268	10	60	30	0	20.0	169.7	-0.7	58	6	2,500	0	4.0	0.0
C- / 3.3	15.2	1.03	12.96	70	10	60	30	0	20.0	161.0	-0.9	47	6	2,500	0	0.0	0.0
C- / 3.3	15.1	1.03	12.90	93	10	60	30	0	20.0	161.1	-0.9	47	6	2,500	0	0.0	0.0
C+ / 6.4	15.1	1.03	12.72	1	10	60	30	0	20.0	N/A	N/A	62	6	2,500	0	0.0	0.0
B / 8.6	4.9	1.03	10.34	57	11	60	26	3	63.0	47.8	-6.0	28	9	1,000	100	0.0	0.0
B- / 7.7	8.3	1.05	14.53	277	5	94	0	1	83.0	71.6	-9.0	11	10	1,000	100	0.0	0.0
C+ / 5.8	14.4	0.98	10.00	44	0	99	0	1	55.0	120.1	-11.3	26	7	1,000	100	0.0	0.0
B- / 7.6	8.0	1.03	14.63	69	2	97	0	1	45.1	97.5	-9.9	58	N/A	2,500	100	0.0	2.0
C+ / 6.7	10.9	1.35	14.71	296	3	96	0	1	143.5	86.2	-9.5	15	N/A	2,500	100	0.0	2.0
C+ / 6.2	11.0	0.93	16.06	44	2	97	0	1	132.6	179.6	-8.2	11	N/A	2,500	100	0.0	2.0
B / 8.1	9.6	0.82	22.59	113	2	97	0	1	49.1	155.9	-8.6	92	N/A	2,500	100	0.0	2.0
C / 4.5	12.4	1.08	8.22	204	2	97	0	1	127.8	105.9	-5.8	16	N/A	2,500	100	0.0	2.0
B- / 7.3	11.9	0.93	18.96	28	1	98	0	1	144.1	119.7	-11.5	83	5	2,500	100	0.0	2.0
C / 5.2	13.7	0.96	41.95	35	4	95	0	1	61.5	160.5	-11.0	85	N/A	2,500	100	0.0	2.0
U /	N/A	N/A	13.81	130	5	94	0	1	28.0	N/A	N/A	N/A	N/A	2,500	100	0.0	2.0
C+ / 6.2	9.0	0.76	21.49	15	3	96	0	1	1.0	131.2	-10.1	90	6	250,000	0	0.0	0.0
C+ / 6.3	9.0	0.76	21.57	39	3	96	0	1	1.0	131.1	-10.1	90	9	2,500	0	0.0	0.0
C+ / 6.4	9.1	0.60	28.40	613	3	96	0	1	7.0	118.7	-8.4	93	9	250,000	0	0.0	0.0
C+ / 6.4	9.1	0.60	27.89	492	3	96	0	1	7.0	116.5	-8.5	92	9	5,000	0	0.0	0.0
U /	N/A	N/A	10.94	129	4	60	34	2	45.0	N/A	N/A	N/A	N/A	5,000	0	0.0	0.0
U /	N/A	N/A	13.67	60	9	90	0	1	42.0	N/A	N/A	N/A	N/A	5,000	0	0.0	0.0
U /	N/A	N/A	22.73	242	2	97	0	1	113.6	N/A	N/A	N/A	2	5,000	1,000	0.0	2.0
U /	N/A	N/A	22.82	701	2	97	0	1	113.6	N/A	N/A	N/A	2	5,000,000	0	0.0	0.0
U /	N/A	N/A	22.63	64	2	97	0	1	113.6	N/A	N/A	N/A	2	5,000	1,000	0.0	2.0
U /	N/A	N/A	15.67	653	2	97	0	1	79.0	N/A	N/A	N/A	N/A	5,000,000	0	0.0	0.0
B- / 7.8	10.9	1.14	21.69	2,166	1	98	0	1	72.0	198.5	-8.6	43	5	5,000,000	0	0.0	0.0
B- / 7.8	10.2	1.03	16.78	304	3	96	0	1	84.0	N/A	N/A	10	3	5,000	5,000	0.0	2.0
B- / 7.8	10.0	1.02	16.65	52	3	96	0	1	84.0	N/A	N/A	10	3	5,000	5,000	0.0	2.0
U /	N/A	N/A	15.35	114	1	98	0	1	75.2	N/A	N/A	N/A	2	5,000	1,000	0.0	2.0
U /	N/A	N/A	15.39	207	1	98	0	1	75.2	N/A	N/A	N/A	2	5,000,000	0	0.0	0.0
C+ / 6.4	9.2	1.10	12.61	223	2	96	0	2	62.9	92.3	-11.5	59	6	5,000	1,000	0.0	1.0
C+ / 6.3	9.2	1.10	12.32	88	2	96	0	2	62.9	90.3	-11.6	56	6	5,000	1,000	0.0	1.0
C+ / 5.8	10.8	1.13	31.43	2,481	2	97	0	1	57.0	198.0	-7.2	44	11	5,000	1,000	0.0	2.0
C+ / 5.8	10.8	1.13	30.93	4,753	2	97	0	1	57.0	194.7	-8.5	40	11	5,000	1,000	0.0	2.0
C+ / 6.6	14.1	0.99	28.31	664	2	96	0	2	93.8	180.8	-9.2	51	8	5,000	1,000	0.0	1.0
C / 4.6	14.1	0.99	27.69	736	2	96	0	2	93.8	177.7	-9.3	46	8	5,000	1,000	0.0	1.0
D / 1.7	12.2	0.83	17.59	54	N/A	N/A	0	N/A	157.9	131.0	-10.0	N/A	8	5,000	1,000	0.0	1.0
D / 1.7	12.2	0.83	17.32	26	N/A	N/A	0	N/A	157.9	129.0	-10.1	51	11	5,000	1,000	0.0	1.0
B- / 7.3	11.5	0.98	14.81	98	4	95	0	1	72.6	N/A	N/A	38	N/A	5,000	1,000	0.0	1.0
B- / 7.3	11.4	0.98	14.68	17	4	95	0	1	72.6	N/A	N/A	35	N/A	5,000	1,000	0.0	1.0
U /	N/A	N/A	12.20	52	4	94	0	2	N/A	N/A	N/A	N/A	N/A	500,000	0	0.0	1.0
U /	N/A	N/A	12.40	42	0	99	0	1	58.0	N/A	N/A	N/A	N/A	500,000	0	0.0	1.0
B / 8.1	8.7	1.09	18.97	35	0	100	0	0	91.0	81.6	-8.4	29	N/A	500,000	0	0.0	1.0
C+ / 5.8	11.0	1.02	13.75	41	0	100	0	0	84.0	N/A	N/A	22	N/A	500,000	0	0.0	1.0
C / 5.1	13.1	0.97	14.11	42	0	100	0	0	96.0	N/A	N/A	37	N/A	500,000	0	0.0	1.0
C+ / 6.9	11.1	0.67	15.33	555	2	97	0	1	33.0	N/A	N/A	84	N/A	500,000	0	0.0	1.0
B / 8.7	7.3	0.97	14.40	253	0	100	0	0	57.0	N/A	N/A	45	4	500,000	0	0.0	1.0
B / 8.1	7.8	1.06	12.88	119	0	99	0	1	69.0	100.2	-9.7	49	8	250,000	100,000	0.0	0.0
B / 8.1	7.8	1.06	12.86	149	0	99	0	1	69.0	97.9	-9.6	46	8	1,000	100	0.0	0.0

www.thestreet.com/ratings

Data as of June 30, 2007

I. Index of Stock Mutual Funds

Summer 2007

99 Pct = Best
0 Pct = Worst

Fund Type	Fund Name	Ticker Symbol	Overall Investment Rating	Phone	Performance Rating/Pts	Total Return % through 6/30/07					Incl. in Returns	
						3 Mo	6 Mo	1Yr / Pct	Annualized 3Yr / Pct	5Yr / Pct	Dividend Yield	Expense Ratio
GR	Wilshire Large Co Growth Inst	WLCGX	D+	(888) 200-6796	C- / 3.1	6.98	9.36	16.55 /35	9.32 /23	9.44 /27	0.00	0.98
GR	Wilshire Large Co Growth Inv	DTLGX	D+	(888) 200-6796	D+ / 2.8	6.90	9.17	16.13 /33	8.93 /20	9.06 /24	0.00	1.34
GR	Wilshire Large Co Val Inst	WLCVX	C+	(888) 200-6796	C+ / 6.7	6.00	6.69	21.01 /67	14.75 /67	11.86 /52	0.98	1.08
GR	Wilshire Large Co Val Inv	DTLVX	C+	(888) 200-6796	C+ / 6.6	6.19	6.74	20.89 /66	14.48 /65	11.60 /50	0.72	1.39
SC	Wilshire Small Co Growth Inst	WSMGX	D-	(888) 200-6796	C / 4.4	5.82	9.59	17.13 /39	11.44 /40	12.58 /58	0.00	0.98
SC	Wilshire Small Co Growth Inv	DTSGX	D-	(888) 200-6796	C- / 4.1	5.81	9.56	16.90 /37	11.12 /37	12.35 /57	0.00	2.05
SC	Wilshire Small Co Val Inst	WSMVX	D-	(888) 200-6796	C+ / 6.7	5.29	8.52	17.25 /40	15.42 /71	15.02 /76	0.39	1.62
SC	Wilshire Small Co Val Inv	DTSVX	E+	(888) 200-6796	C+ / 6.5	5.22	8.42	16.92 /38	15.10 /69	14.67 /74	0.12	1.92
SC	Winslow Green Growth Fd	WGGFX	C	(888) 314-9049	B+ / 8.8	19.43	17.03	21.49 /70	18.47 /82	20.31 /92	0.00	1.49
GR	Wintergreen Fund	WGRNX	U	(888) 468-6473	U /	5.55	10.14	26.56 /87	--	--	0.64	2.00
GR	Wireless Fund (The)	WIREX	C	(800) 590-0898	B+ / 8.9	12.68	16.10	37.14 /96	17.28 /79	18.53 /89	0.00	1.95
GI	Wisdom Fund B	WSDBX	D	(877) 352-0020	D / 1.6	5.26	4.33	17.15 /39	7.30 /10	6.40 / 6	0.00	2.28
GI	Wisdom Fund C	WSDCX	D	(877) 352-0020	D / 1.6	5.23	4.31	17.14 /39	7.30 /10	6.41 / 6	0.00	2.28
GI	Wisdom Fund Inst	WSDIX	D+	(877) 352-0020	D / 2.2	5.49	4.85	18.29 /47	8.37 /16	7.48 /11	0.00	1.28
GI	Wisdom Fund Inv	WSDVX	D-	(877) 352-0020	D- / 1.3	5.49	4.76	18.08 /46	8.11 /15	7.20 / 9	0.00	1.53
GR	Womens Equity Fd R	FEMMX	D	(866) 811-0221	D- / 1.0	5.54	5.97	14.32 /22	6.53 / 7	7.76 /13	0.46	1.79
RE	World Fds Div Cap Realty Inc A	DCRAX	D+	(800) 527-9500	D / 1.8	-3.42	-2.60	8.12 / 4	14.03 /62	--	4.15	2.03
RE	World Fds Div Cap Realty Inc C	DCRCX	C-	(800) 527-9500	D+ / 2.4	-3.63	-2.97	7.78 / 4	12.85 /53	--	3.63	2.78
RE	World Fds Div Cap Realty Inc I	DCRIX	C+	(800) 527-9500	C / 4.4	-3.40	-2.53	8.89 / 6	15.61 /72	--	4.78	1.78
GR	WP Stewart & Co Growth Fund	WPSGX	E+	(212) 750-8585	D- / 1.2	2.25	0.87	11.91 /13	9.24 /22	7.48 /11	0.00	2.43
FO	Wright Intl Blue Chip Eq Fd	WIBCX	A-	(800) 232-0013	A- / 9.2	6.00	9.16	25.54 /84	25.00 /93	17.94 /88	1.55	1.37
GI	Wright Major Blue Chip Eq Fd	WQCEX	C-	(800) 232-0013	C- / 4.2	6.06	6.84	17.27 /40	11.66 /42	8.68 /20	0.49	1.27
GI	Wright Selected Blue Chip Eq Fd	WSBEX	C	(800) 232-0013	C+ / 6.8	8.21	15.60	17.70 /43	13.59 /59	11.83 /52	0.11	1.44
GI	Yacktman Focused Fund	YAFFX	D-	(800) 525-8258	D- / 1.5	3.83	3.37	15.35 /28	8.69 /19	12.43 /57	1.21	1.36
GI	Yacktman Fund	YACKX	D	(800) 525-8258	D- / 1.5	3.62	3.42	15.51 /29	8.63 /18	12.87 /61	1.72	0.96

• Denotes fund is closed to new investors
* Denotes fund is included in Section II

www.thestreet.com/ratings

Summer 2007

I. Index of Stock Mutual Funds

RISK			NET ASSETS		ASSET				Portfolio	BULL / BEAR		FUND MANAGER		MINIMUMS		LOADS	
	3 Year		NAV							Last Bull	Last Bear	Manager	Manager	Initial	Additional	Front	Back
Risk	Standard		As of	Total	Cash	Stocks	Bonds	Other	Turnover	Market	Market	Quality	Tenure	Purch.	Purch.	End	End
Rating/Pts	Deviation	Beta	6/30/07	$(Mil)	%	%	%	%	Ratio	Return	Return	Pct	(Years)	$	$	Load	Load
C+ / 6.8	10.1	1.24	40.29	195	0	99	0	1	62.0	78.7	-9.7	16	N/A	250,000	100,000	0.0	0.0
C+ / 6.8	10.0	1.24	39.52	332	0	99	0	1	62.0	76.1	-9.8	14	N/A	2,500	100	0.0	0.0
C+ / 6.6	7.4	0.96	24.57	7	2	97	0	1	50.0	116.5	-7.2	86	11	250,000	100,000	0.0	0.0
C+ / 6.7	7.4	0.95	24.54	77	2	97	0	1	50.0	113.9	-7.2	85	15	2,500	100	0.0	0.0
C- / 3.7	14.3	1.05	19.65	N/A	1	98	0	1	62.0	121.9	-11.2	26	11	250,000	100,000	0.0	0.0
C- / 3.6	14.4	1.06	19.13	16	1	98	0	1	62.0	119.4	-11.2	24	15	2,500	100	0.0	0.0
D- / 1.0	12.5	0.90	20.51	4	2	97	0	1	50.0	154.5	-7.9	84	11	250,000	100,000	0.0	0.0
D- / 1.0	12.5	0.90	20.35	23	2	97	0	1	50.0	151.4	-8.0	82	15	2,500	100	0.0	0.0
D+ / 2.8	24.0	1.54	23.23	236	1	98	0	1	113.0	209.7	-14.2	46	6	5,000	50	0.0	2.0
U /	N/A	N/A	13.39	998	7	92	0	1	13.0	N/A	N/A	N/A	2	10,000	1,000	0.0	2.0
D+ / 2.6	19.8	2.06	6.13	7	0	99	0	1	17.1	159.5	-18.4	21	7	5,000	100	0.0	2.0
B- / 7.2	6.4	0.82	13.00	12	1	98	0	1	19.0	58.5	-7.0	24	8	2,500	250	0.0	0.0
B- / 7.2	6.4	0.82	13.07	7	1	98	0	1	19.0	58.4	-6.9	24	8	2,500	250	0.0	0.0
B- / 7.4	6.4	0.82	13.83	5	1	98	0	1	19.0	65.3	-6.8	32	8	25,000	250	0.0	0.0
B- / 7.3	6.4	0.82	13.65	7	1	98	0	1	19.0	63.7	-6.8	30	8	2,500	250	5.8	0.0
B / 8.2	6.7	0.85	23.07	33	0	98	1	1	25.0	67.6	-9.5	17	12	1,000	100	0.0	2.0
B / 8.0	7.6	0.49	12.61	36	N/A	100	0	N/A	115.0	N/A	N/A	85	N/A	2,500	100	5.8	2.0
B / 8.0	7.5	0.49	12.52	13	N/A	100	0	N/A	115.0	N/A	N/A	77	N/A	2,500	100	0.0	0.0
B- / 7.9	8.2	0.51	13.08	N/A	N/A	100	0	N/A	115.0	N/A	N/A	90	N/A	100,000	10,000	0.0	0.0
C / 5.3	11.0	1.23	191.99	96	1	98	0	1	44.0	69.8	-8.6	15	1	50,000	0	0.0	1.0
C+ / 6.5	10.4	1.08	24.54	238	1	98	0	1	116.0	180.3	-8.2	59	N/A	1,000	0	0.0	2.0
C+ / 6.7	8.1	1.07	14.71	61	0	99	0	1	82.0	85.1	-9.4	46	N/A	1,000	0	0.0	0.0
C / 4.5	11.1	1.26	12.92	27	1	98	0	1	110.0	114.7	-8.3	50	N/A	1,000	0	0.0	0.0
C+ / 6.3	7.8	0.89	16.54	77	23	76	0	1	5.6	83.3	-5.7	30	10	2,500	100	0.0	2.0
B- / 7.4	6.9	0.79	16.33	371	24	75	0	1	8.6	86.2	-6.4	37	15	2,500	100	0.0	2.0

www.thestreet.com/ratings

Data as of June 30, 2007

Section II

Analysis of Largest Stock Mutual Funds

A summary analysis of the 183 largest retail

Equity Mutual Funds

receiving a TheStreet.com Investment Rating.

Funds are listed in alphabetical order.

Section II Contents

1. **Fund Name** — The name of the mutual fund as stated in its prospectus, which can sometimes differ slightly from the name that the company uses for advertising. If you cannot find the paritcular mutual fund you are interested in, or if you have any doubts regarding the precise name, verify the information with your broker or on your account statement. Also, use the fund's ticker symbol for confirmation.

2. **Ticker Symbol** — The unique alphabetic symbol used for identifying and trading a specific mutual fund. No two funds can have the same ticker symbol, and the ticker symbol for mutual funds always ends with an "X".

   A handful of funds currently show no associated ticker symbol. This means that the fund is either small or new since the NASD only assigns a ticker symbol to funds with at least $25 million in assets or 1,000 shareholders.

3. **Investment Rating** — Our overall rating is measured on a scale from A to E based on each fund's risk-adjusted performance. Please see page 10 for specific descriptions of each letter grade. Also refer to page 7 for information on how our ratings are derived. Most important, when using this rating, please be sure to consider the warnings beginning on page 11 regarding the ratings' limitations and the underlying assumptions.

4. **Major Rating Factors** — A synopsis of the key ratios and sub-factors that have most influenced the rating of a particular mutual fund, including an examination of the fund's performance, risk, and managerial performance. There may be additional factors which have influenced the rating but do not appear due to space limitations.

5. **Services Offered** — Services and/or benefits offered by the fund.

6. **Address** — The address of the company managing the fund.

7. **Phone** — The telephone number of the company managing the fund. Call this number to receive a prospectus or other information about the fund.

8. **Fund Family** — The umbrella group of mutual funds to which the fund belongs. In many cases, investors may move their assets from one fund to another within the same family at little or no cost.

9. **Fund Type** The mutual fund's peer category based on an analysis of its investment portfolio.

AG	Aggressive Growth	HL	Health
AA	Asset Allocation	IN	Income
BA	Balanced	IX	Index
CV	Convertible	MC	Mid Cap
EM	Emerging Market	OT	Other
EN	Energy/Natural Resources	PM	Precious Metals
FS	Financial Services	RE	Real Estate
FO	Foreign	SC	Small Cap
GL	Global	TC	Technology
GR	Growth	UT	Utilities
GI	Growth and Income		

A blank fund type means that the mutual fund has not yet been categorized.

How to Read the Historical Data Table

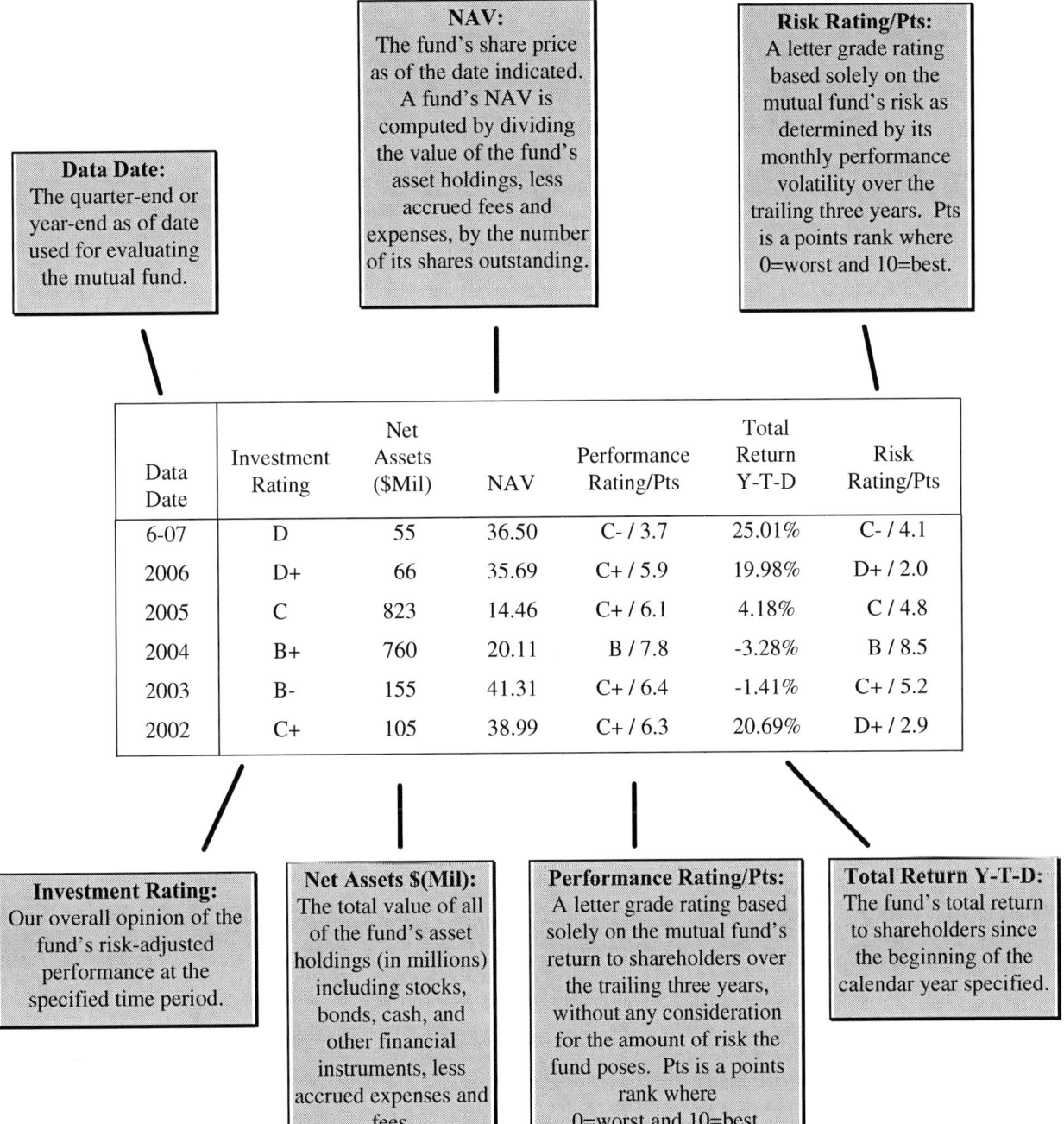

II. Analysis of Largest Funds

Summer 2007

AIM Charter Fund A (CHTRX) — C+ Fair

Fund Family: AIM Investments **Phone:** (800) 347-4246
Address: 11 Greenway Plaza, Houston, TX 77046
Fund Type: GI - Growth and Income
Major Rating Factors: Middle of the road best describes AIM Charter Fund A whose TheStreet.com Investment Rating is currently a C+ (Fair). The fund currently has a performance rating of C- (Fair) based on an average return of 11.62% over the last three years and 9.04% over the last six months. Factored into the performance evaluation is an expense ratio of 1.29% (average) and a 5.5% front-end load that is levied at the time of purchase.

The fund's risk rating is currently B (Good). It carries a beta of 0.90, meaning the fund's expected move will be 9.0% for every 10% move in the market. Volatility, as measured by both the semi-deviation and a drawdown factor, is considered low.

Ronald S. Sloan has been running the fund for 5 years and currently receives a manager quality ranking of 64 (0=worst, 99=best). If you desire an average level of risk, then this fund may be an option.

Services Offered: Automated phone transactions, check writing, bank draft capabilities, an IRA investment plan, a 401K investment plan, wire transfers and a systematic withdrawal plan.

Data Date	Investment Rating	Net Assets ($Mil)	NAV	Performance Rating/Pts	Total Return Y-T-D	Risk Rating/Pts
6-07	C+	5,007	16.77	C- / 4.1	9.04%	B / 8.9
2006	C+	4,873	15.38	C- / 4.0	16.27%	B+ / 9.0
2005	D+	1,664	13.32	D / 1.6	4.93%	B / 8.0
2004	C	1,871	12.81	C- / 3.0	8.67%	B- / 7.0
2003	C-	2,005	11.89	D / 1.8	23.99%	C+ / 5.7
2002	C-	2,162	9.61	C- / 3.0	-16.14%	C / 5.0

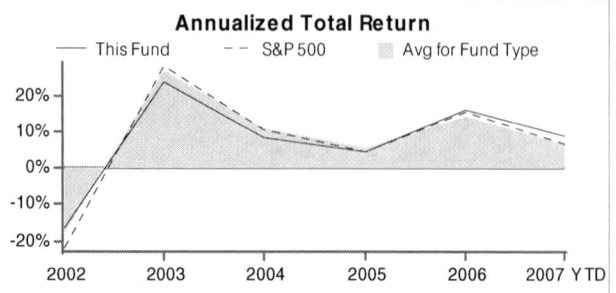

AIM Constellation Fund A (CSTGX) — D Weak

Fund Family: AIM Investments **Phone:** (800) 347-4246
Address: 11 Greenway Plaza, Houston, TX 77046
Fund Type: GR - Growth
Major Rating Factors: Disappointing performance is the major factor driving the D (Weak) TheStreet.com Investment Rating for AIM Constellation Fund A. The fund currently has a performance rating of D+ (Weak) based on an average return of 9.46% over the last three years and 9.65% over the last six months. Factored into the performance evaluation is an expense ratio of 1.24% (average) and a 5.5% front-end load that is levied at the time of purchase.

The fund's risk rating is currently C+ (Fair). It carries a beta of 1.31, meaning it is expected to move 13.1% for every 10% move in the market. Volatility, as measured by both the semi-deviation and a drawdown factor, is considered low.

Lanny H. Sachnowitz has been running the fund for 2 years and currently receives a manager quality ranking of 13 (0=worst, 99=best). This fund offers only a moderate level of risk but investors looking for strong performance are still waiting.

Services Offered: Automated phone transactions, check writing, bank draft capabilities, an IRA investment plan, a 401K investment plan, wire transfers and a systematic withdrawal plan.

Data Date	Investment Rating	Net Assets ($Mil)	NAV	Performance Rating/Pts	Total Return Y-T-D	Risk Rating/Pts
6-07	D	6,034	28.75	D+ / 2.4	9.65%	C+ / 6.9
2006	D-	6,283	26.22	E+ / 0.9	5.85%	B- / 7.0
2005	C-	4,569	24.77	C- / 3.3	8.45%	B- / 7.0
2004	D	5,768	22.84	D- / 1.4	6.18%	C / 5.5
2003	D	6,854	21.51	D- / 1.5	29.34%	C / 4.6
2002	D	6,947	16.63	D / 2.0	-24.75%	C- / 3.4

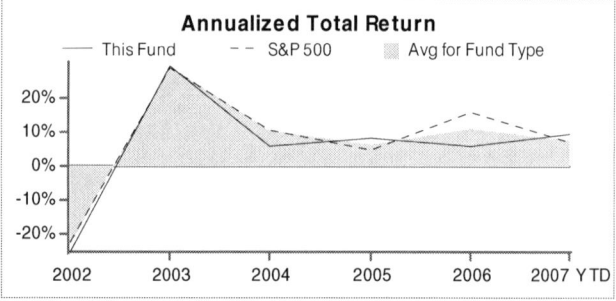

AllianceBern Intl Value A (ABIAX) — A Excellent

Fund Family: Alliance Bernstein **Phone:** (800) 221-5672
Address: 1345 Avenue of the Americas, New York, NY 10105
Fund Type: FO - Foreign
Major Rating Factors: Exceptional performance is the major factor driving the A (Excellent) TheStreet.com Investment Rating for AllianceBern Intl Value A. The fund currently has a performance rating of A (Excellent) based on an average return of 27.41% over the last three years and 10.27% over the last six months. Factored into the performance evaluation is an expense ratio of 1.19% (average) and a 4.3% front-end load that is levied at the time of purchase.

The fund's risk rating is currently C+ (Fair). It carries a beta of 1.04, meaning that its performance tracks fairly well with that of the overall stock market. Volatility, as measured by both the semi-deviation and a drawdown factor, is considered low.

This fund has been team managed for 7 years and currently receives a manager quality ranking of 86 (0=worst, 99=best). If you desire only a moderate level of risk and strong performance, then this fund is an excellent option.

Services Offered: Automated phone transactions, bank draft capabilities, an IRA investment plan, a 401K investment plan, wire transfers and a systematic withdrawal plan.

Data Date	Investment Rating	Net Assets ($Mil)	NAV	Performance Rating/Pts	Total Return Y-T-D	Risk Rating/Pts
6-07	A	5,563	24.70	A / 9.4	10.27%	C+ / 6.4
2006	A	3,581	22.40	A / 9.5	34.18%	C+ / 6.9
2005	A+	1,370	17.86	A- / 9.1	16.75%	B- / 7.2
2004	A-	521	16.36	A / 9.4	24.49%	C+ / 5.8
2003	U	180	13.58	U / --	42.50%	U / --
2002	U	74	9.53	U / --	-4.22%	U / --

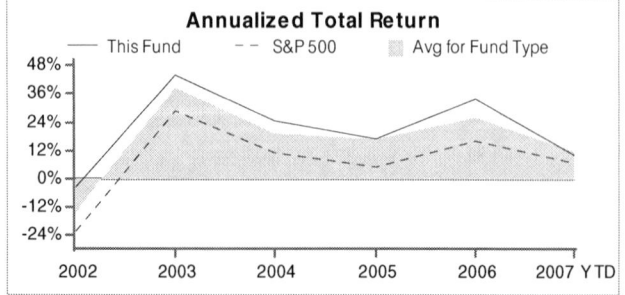

American Beacon Lg Cap Val PlanAhd (AAGPX)

A Excellent

Fund Family: American AAdvantage **Phone:** (800) 967-9009
Address: P.O. Box 619003, DFW Airport, TX 75261
Fund Type: GR - Growth

Major Rating Factors: Strong performance is the major factor driving the A (Excellent) TheStreet.com Investment Rating for American Beacon Lg Cap Val PlanAhd. The fund currently has a performance rating of B (Good) based on an average return of 16.41% over the last three years and 7.68% over the last six months. Factored into the performance evaluation is an expense ratio of 0.87% (low).

The fund's risk rating is currently B (Good). It carries a beta of 0.96, meaning that its performance tracks fairly well with that of the overall stock market. Volatility, as measured by both the semi-deviation and a drawdown factor, is considered low.

American Beacon Advisors, Inc currently receives a manager quality ranking of 93 (0=worst, 99=best). If you desire only a moderate level of risk and strong performance, then this fund is an excellent option.

Services Offered: Automated phone transactions, bank draft capabilities, an IRA investment plan, a 401K investment plan, wire transfers and a systematic withdrawal plan.

Data Date	Investment Rating	Net Assets ($Mil)	NAV	Performance Rating/Pts	Total Return Y-T-D	Risk Rating/Pts
6-07	A	4,817	24.53	B / 7.6	7.68%	B / 8.5
2006	A+	2,830	22.78	B / 8.0	18.71%	B / 8.8
2005	B+	637	19.94	B- / 7.3	9.67%	B- / 7.7
2004	B+	81	19.09	B / 8.1	19.12%	C+ / 6.0
2003	B+	24	16.22	B / 8.2	35.35%	B- / 7.2
2002	B+	17	12.16	B / 8.1	-16.18%	B- / 7.6

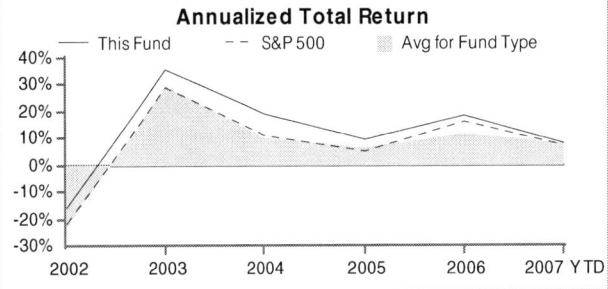

American Century Equity Income Inv (TWEIX)

C Fair

Fund Family: American Century Investments **Phone:** (800) 345-6488
Address: 4500 Main Street, Kansas City, MO 64141
Fund Type: IN - Income

Major Rating Factors: Middle of the road best describes American Century Equity Income Inv whose TheStreet.com Investment Rating is currently a C (Fair). The fund currently has a performance rating of C- (Fair) based on an average return of 11.40% over the last three years and 4.53% over the last six months. Factored into the performance evaluation is an expense ratio of 0.98% (low).

The fund's risk rating is currently B- (Good). It carries a beta of 0.67, meaning the fund's expected move will be 6.7% for every 10% move in the market. Volatility, as measured by both the semi-deviation and a drawdown factor, is considered low.

Kevin Toney, CFA currently receives a manager quality ranking of 81 (0=worst, 99=best). If you desire an average level of risk, then this fund may be an option.

Services Offered: Automated phone transactions, payroll deductions, bank draft capabilities, an IRA investment plan, a 401K investment plan, a Keogh investment plan, wire transfers and a systematic withdrawal plan.

Data Date	Investment Rating	Net Assets ($Mil)	NAV	Performance Rating/Pts	Total Return Y-T-D	Risk Rating/Pts
6-07	C	4,940	8.89	C- / 3.6	4.53%	B- / 7.9
2006	B	4,621	8.58	C+ / 6.4	19.45%	B / 8.2
2005	D+	3,840	7.82	D / 2.2	2.46%	B- / 7.5
2004	B+	2,822	8.11	B- / 7.0	12.53%	B- / 7.4
2003	A	1,935	7.78	B / 8.2	24.25%	B / 8.3
2002	A+	1,208	6.53	A / 9.5	-5.00%	B+ / 9.5

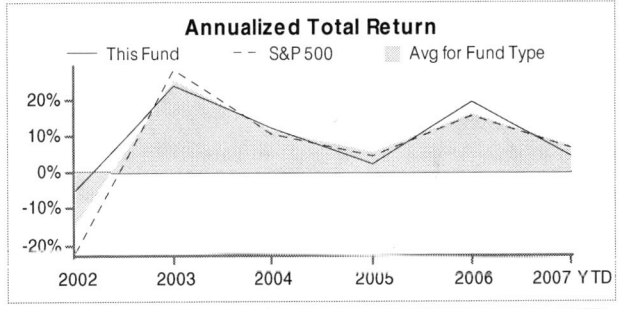

American Century Ultra Inv (TWCUX)

E Very Weak

Fund Family: American Century Investments **Phone:** (800) 345-6488
Address: 4500 Main Street, Kansas City, MO 64141
Fund Type: GR - Growth

Major Rating Factors: Very poor performance is the major factor driving the E (Very Weak) TheStreet.com Investment Rating for American Century Ultra Inv. The fund currently has a performance rating of E (Very Weak) based on an average return of 3.59% over the last three years and 6.97% over the last six months. Factored into the performance evaluation is an expense ratio of 0.99% (low).

The fund's risk rating is currently C+ (Fair). It carries a beta of 1.19, meaning it is expected to move 11.9% for every 10% move in the market. Volatility, as measured by both the semi-deviation and a drawdown factor, is considered low.

Wade W. Slome, CFA has been running the fund for 5 years and currently receives a manager quality ranking of 2 (0=worst, 99=best). This fund offers only a moderate level of risk but investors looking for strong performance are still waiting.

Services Offered: Automated phone transactions, payroll deductions, bank draft capabilities, an IRA investment plan, a 401K investment plan, a Keogh investment plan, wire transfers and a systematic withdrawal plan.

Data Date	Investment Rating	Net Assets ($Mil)	NAV	Performance Rating/Pts	Total Return Y-T-D	Risk Rating/Pts
6-07	E	10,450	29.00	E / 0.4	6.97%	C+ / 6.0
2006	E+	12,939	27.11	E- / 0.1	-3.28%	C+ / 6.0
2005	D	19,570	30.09	D+ / 2.5	2.12%	C+ / 6.9
2004	C-	21,456	29.50	C- / 3.6	10.69%	C / 5.1
2003	C-	21,427	26.65	D+ / 2.8	25.83%	C / 5.3
2002	C-	19,210	21.18	D+ / 2.7	-23.15%	C / 4.7

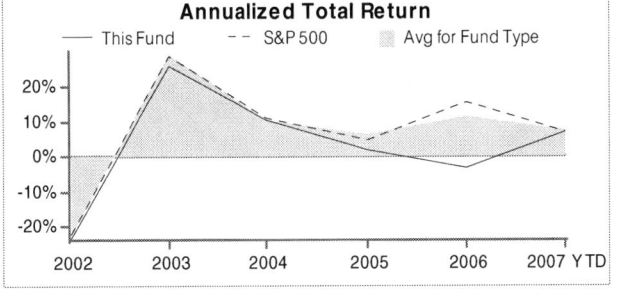

II. Analysis of Largest Funds

American Funds AMCAP A (AMCPX) — D — Weak

Fund Family: American Funds **Phone:** (800) 421-4120
Address: 333 South Hope Street, Los Angeles, CA 90071
Fund Type: GR - Growth
Major Rating Factors: Disappointing performance is the major factor driving the D (Weak) TheStreet.com Investment Rating for American Funds AMCAP A. The fund currently has a performance rating of D (Weak) based on an average return of 9.72% over the last three years and 8.16% over the last six months. Factored into the performance evaluation is an expense ratio of 0.68% (very low) and a 5.8% front-end load that is levied at the time of purchase.

The fund's risk rating is currently B- (Good). It carries a beta of 0.93, meaning that its performance tracks fairly well with that of the overall stock market. Volatility, as measured by both the semi-deviation and a drawdown factor, is considered low.

This fund has been team managed for 40 years and currently receives a manager quality ranking of 36 (0=worst, 99=best). This fund offers only a moderate level of risk but investors looking for strong performance are still waiting.

Services Offered: Automated phone transactions, check writing, bank draft capabilities, an IRA investment plan, a 401K investment plan, a Keogh investment plan, wire transfers and a systematic withdrawal plan.

Data Date	Investment Rating	Net Assets ($Mil)	NAV	Performance Rating/Pts	Total Return Y-T-D	Risk Rating/Pts
6-07	D	18,520	21.52	D / 2.1	8.16%	B- / 7.1
2006	D	17,194	20.02	D / 2.0	8.63%	B- / 7.2
2005	C-	15,364	19.12	C- / 3.4	6.98%	B- / 7.0
2004	C-	12,782	18.33	C- / 3.7	9.80%	C+ / 5.9
2003	C+	9,842	16.85	C+ / 6.5	29.64%	C+ / 6.1
2002	C+	7,077	13.00	C+ / 6.6	-18.66%	C+ / 6.9

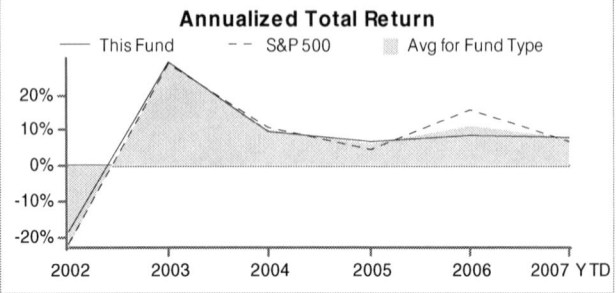

American Funds Amer Balancd Fd A (ABALX) — D+ — Weak

Fund Family: American Funds **Phone:** (800) 421-4120
Address: 333 South Hope Street, Los Angeles, CA 90071
Fund Type: BA - Balanced
Major Rating Factors: Disappointing performance is the major factor driving the D+ (Weak) TheStreet.com Investment Rating for American Funds Amer Balancd Fd A. The fund currently has a performance rating of D- (Weak) based on an average return of 8.83% over the last three years and 5.81% over the last six months. Factored into the performance evaluation is an expense ratio of 0.61% (very low) and a 5.8% front-end load that is levied at the time of purchase.

The fund's risk rating is currently B (Good). It carries a beta of 0.96, meaning that its performance tracks fairly well with that of the overall stock market. Volatility, as measured by both the semi-deviation and a drawdown factor, is considered low.

This fund has been team managed for 32 years and currently receives a manager quality ranking of 59 (0=worst, 99=best). This fund offers only a moderate level of risk but investors looking for strong performance are still waiting.

Services Offered: Automated phone transactions, check writing, bank draft capabilities, an IRA investment plan, a 401K investment plan, a Keogh investment plan, wire transfers and a systematic withdrawal plan.

Data Date	Investment Rating	Net Assets ($Mil)	NAV	Performance Rating/Pts	Total Return Y-T-D	Risk Rating/Pts
6-07	D+	37,760	19.87	D- / 1.4	5.81%	B / 8.5
2006	C-	35,294	19.02	D / 2.1	11.81%	B / 8.7
2005	D	32,947	17.82	D- / 1.0	3.12%	B / 8.4
2004	C+	28,004	18.00	C / 5.0	8.92%	B- / 7.5
2003	A	18,520	17.29	B- / 7.4	22.82%	B / 8.8
2002	A+	12,511	14.42	A- / 9.2	-6.27%	B+ / 9.5

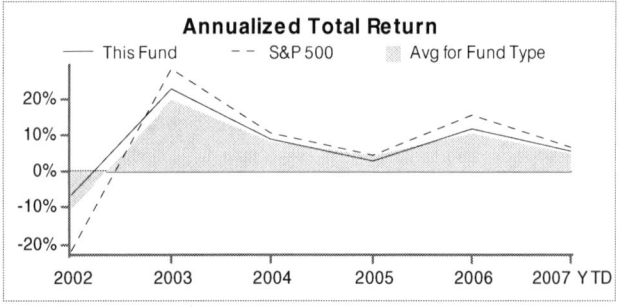

American Funds Amer Mutual Fd A (AMRMX) — C+ — Fair

Fund Family: American Funds **Phone:** (800) 421-4120
Address: 333 South Hope Street, Los Angeles, CA 90071
Fund Type: GI - Growth and Income
Major Rating Factors: Middle of the road best describes American Funds Amer Mutual Fd A whose TheStreet.com Investment Rating is currently a C+ (Fair). The fund currently has a performance rating of C- (Fair) based on an average return of 12.24% over the last three years and 8.17% over the last six months. Factored into the performance evaluation is an expense ratio of 0.58% (very low) and a 5.8% front-end load that is levied at the time of purchase.

The fund's risk rating is currently B (Good). It carries a beta of 0.77, meaning the fund's expected move will be 7.7% for every 10% move in the market. Volatility, as measured by both the semi-deviation and a drawdown factor, is considered low.

This is team managed and currently receives a manager quality ranking of 81 (0=worst, 99=best). If you desire an average level of risk, then this fund may be an option.

Services Offered: Automated phone transactions, check writing, bank draft capabilities, an IRA investment plan, a 401K investment plan, a Keogh investment plan, wire transfers and a systematic withdrawal plan.

Data Date	Investment Rating	Net Assets ($Mil)	NAV	Performance Rating/Pts	Total Return Y-T-D	Risk Rating/Pts
6-07	C+	18,060	31.29	C- / 4.0	8.17%	B / 8.5
2006	C+	16,308	29.21	C / 4.4	16.24%	B+ / 9.0
2005	D+	14,283	26.27	D / 1.7	4.94%	B / 8.0
2004	C	12,567	26.48	C / 4.6	10.74%	C+ / 6.3
2003	B+	9,853	24.38	B- / 7.1	23.32%	B- / 7.8
2002	A-	8,235	20.32	B+ / 8.4	-12.18%	B / 8.5

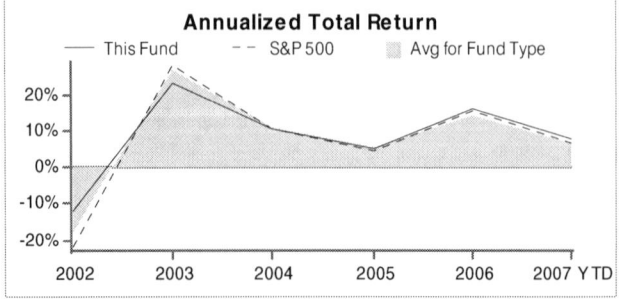

Summer 2007 — II. Analysis of Largest Funds

American Funds Cap Inc Builder A (CAIBX) — B — Good

Fund Family: American Funds **Phone:** (800) 421-4120
Address: 333 South Hope Street, Los Angeles, CA 90071
Fund Type: IN - Income
Major Rating Factors: American Funds Cap Inc Builder A receives a TheStreet.com Investment Rating of B (Good). The fund currently has a performance rating of C+ (Fair) based on an average return of 16.61% over the last three years and 8.03% over the last six months. Factored into the performance evaluation is an expense ratio of 0.58% (very low) and a 5.8% front-end load that is levied at the time of purchase.

The fund's risk rating is currently B (Good). It carries a beta of 0.57, meaning the fund's expected move will be 5.7% for every 10% move in the market. Volatility, as measured by both the semi-deviation and a drawdown factor, is considered low.

Michael Cohen currently receives a manager quality ranking of 98 (0=worst, 99=best). If you desire an average level of risk, then this fund may be an option.
Services Offered: Automated phone transactions, check writing, bank draft capabilities, an IRA investment plan, a 401K investment plan, a Keogh investment plan, wire transfers and a systematic withdrawal plan.

Data Date	Investment Rating	Net Assets ($Mil)	NAV	Performance Rating/Pts	Total Return Y-T-D	Risk Rating/Pts
6-07	B	74,365	64.99	C+ / 6.9	8.03%	B / 8.9
2006	A+	60,669	61.11	B- / 7.5	22.04%	B+ / 9.3
2005	C	43,361	53.03	D / 2.2	4.02%	B+ / 9.4
2004	A+	30,346	53.26	B / 8.0	17.40%	B / 8.7
2003	A+	19,022	47.87	B / 7.6	21.57%	B+ / 9.6
2002	A+	10,590	41.33	A / 9.3	0.65%	B+ / 9.9

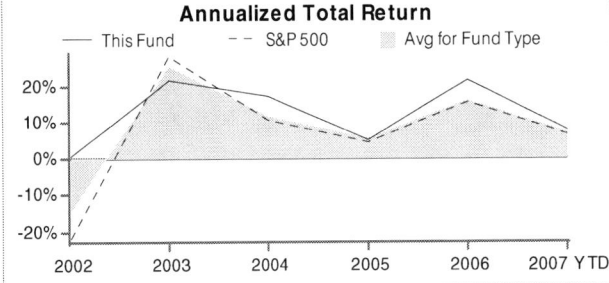

American Funds Cap Wld Gr&Inc A (CWGIX) — A+ — Excellent

Fund Family: American Funds **Phone:** (800) 421-4120
Address: 333 South Hope Street, Los Angeles, CA 90071
Fund Type: GL - Global
Major Rating Factors: Strong performance is the major factor driving the A+ (Excellent) TheStreet.com Investment Rating for American Funds Cap Wld Gr&Inc A. The fund currently has a performance rating of B+ (Good) based on an average return of 21.83% over the last three years and 11.51% over the last six months. Factored into the performance evaluation is an expense ratio of 0.73% (very low) and a 5.8% front-end load that is levied at the time of purchase.

The fund's risk rating is currently B- (Good). It carries a beta of 0.84, meaning the fund's expected move will be 8.4% for every 10% move in the market. Volatility, as measured by both the semi-deviation and a drawdown factor, is considered low.

Stephen E. Bepler has been running the fund for 14 years and currently receives a manager quality ranking of 77 (0=worst, 99=best). If you desire only a moderate level of risk and strong performance, then this fund is an excellent option.
Services Offered: Automated phone transactions, check writing, bank draft capabilities, an IRA investment plan, a 401K investment plan, a Keogh investment plan, wire transfers and a systematic withdrawal plan.

Data Date	Investment Rating	Net Assets ($Mil)	NAV	Performance Rating/Pts	Total Return Y-T-D	Risk Rating/Pts
6-07	A+	73,954	46.13	B+ / 8.8	11.51%	B- / 7.4
2006	A	60,265	41.93	B+ / 8.5	22.36%	B- / 7.8
2005	A	39,841	36.57	B+ / 8.3	14.72%	B- / 7.8
2004	A-	25,137	33.89	B+ / 8.8	19.42%	C+ / 6.4
2003	A-	14,703	29.88	B+ / 8.5	39.07%	B- / 7.4
2002	B	10,016	22.25	B / 7.7	-7.15%	B- / 7.6

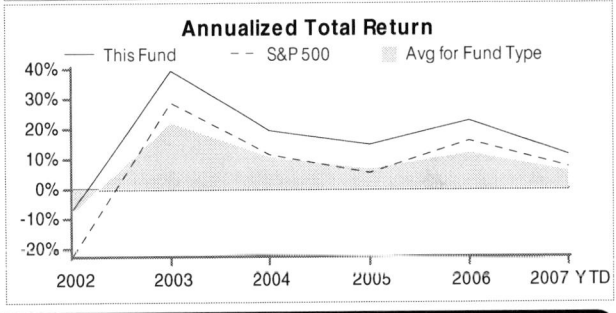

American Funds Fundamentl Invs A (ANCFX) — B+ — Good

Fund Family: American Funds **Phone:** (800) 421-4120
Address: 333 South Hope Street, Los Angeles, CA 90071
Fund Type: GI - Growth and Income
Major Rating Factors: Strong performance is the major factor driving the B+ (Good) TheStreet.com Investment Rating for American Funds Fundamentl Invs A. The fund currently has a performance rating of B (Good) based on an average return of 17.93% over the last three years and 11.15% over the last six months. Factored into the performance evaluation is an expense ratio of 0.61% (very low) and a 5.8% front-end load that is levied at the time of purchase.

The fund's risk rating is currently B- (Good). It carries a beta of 1.00, meaning that its performance tracks fairly well with that of the overall stock market. Volatility, as measured by both the semi-deviation and a drawdown factor, is considered low.

This fund has been team managed for 29 years and currently receives a manager quality ranking of 95 (0=worst, 99=best). If you desire only a moderate level of risk and strong performance, then this fund is an excellent option.
Services Offered: Automated phone transactions, check writing, payroll deductions, bank draft capabilities, an IRA investment plan, a 401K investment plan, a Keogh investment plan, wire transfers and a systematic withdrawal plan.

Data Date	Investment Rating	Net Assets ($Mil)	NAV	Performance Rating/Pts	Total Return Y-T-D	Risk Rating/Pts
6-07	B+	37,272	44.20	B / 7.7	11.15%	B- / 7.3
2006	B-	31,687	40.05	C+ / 6.9	19.24%	B- / 7.6
2005	C+	23,717	35.40	C+ / 5.9	11.68%	B- / 7.0
2004	C+	21,080	32.25	C+ / 6.0	13.91%	C+ / 6.6
2003	C+	17,932	28.85	C+ / 5.9	31.96%	C+ / 6.0
2002	C+	15,961	22.23	C+ / 6.0	-17.34%	C+ / 6.9

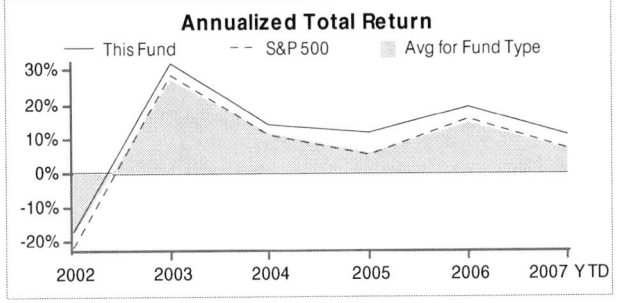

II. Analysis of Largest Funds — Summer 2007

American Funds Gr Fnd of Amer A (AGTHX) — C — Fair

Fund Family: American Funds **Phone:** (800) 421-4120
Address: 333 South Hope Street, Los Angeles, CA 90071
Fund Type: GR - Growth
Major Rating Factors: Middle of the road best describes American Funds Gr Fnd of Amer A whose TheStreet.com Investment Rating is currently a C (Fair). The fund currently has a performance rating of C (Fair) based on an average return of 14.01% over the last three years and 9.22% over the last six months. Factored into the performance evaluation is an expense ratio of 0.65% (very low) and a 5.8% front-end load that is levied at the time of purchase.

The fund's risk rating is currently C+ (Fair). It carries a beta of 1.06, meaning that its performance tracks fairly well with that of the overall stock market. Volatility, as measured by both the semi-deviation and a drawdown factor, is considered low.

Donnalisa P. Barnum currently receives a manager quality ranking of 75 (0=worst, 99=best). If you desire an average level of risk, then this fund may be an option.

Services Offered: Automated phone transactions, check writing, payroll deductions, bank draft capabilities, an IRA investment plan, a 401K investment plan, a Keogh investment plan, wire transfers and a systematic withdrawal plan.

Data Date	Investment Rating	Net Assets ($Mil)	NAV	Performance Rating/Pts	Total Return Y-T-D	Risk Rating/Pts
6-07	C	91,308	35.90	C / 5.2	9.22%	C+ / 6.9
2006	C-	84,112	32.87	C- / 4.1	10.94%	B- / 7.1
2005	B-	71,536	30.86	C+ / 6.5	14.23%	B- / 7.0
2004	C-	58,164	27.38	C / 4.4	11.95%	C / 5.4
2003	C	45,421	24.54	C / 4.4	32.90%	C / 5.1
2002	C	33,482	18.47	C / 5.4	-22.02%	C / 5.5

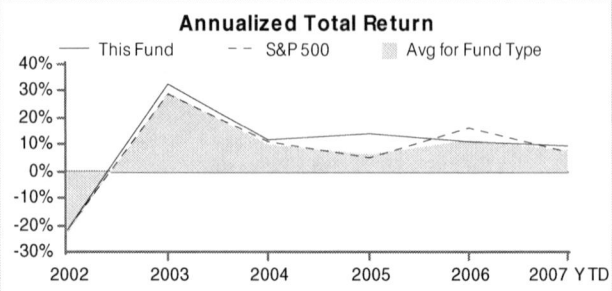

American Funds Inc Fnd of Amer A (AMECX) — C+ — Fair

Fund Family: American Funds **Phone:** (800) 421-4120
Address: 333 South Hope Street, Los Angeles, CA 90071
Fund Type: IN - Income
Major Rating Factors: Middle of the road best describes American Funds Inc Fnd of Amer A whose TheStreet.com Investment Rating is currently a C+ (Fair). The fund currently has a performance rating of C- (Fair) based on an average return of 13.55% over the last three years and 6.43% over the last six months. Factored into the performance evaluation is an expense ratio of 0.56% (very low) and a 5.8% front-end load that is levied at the time of purchase.

The fund's risk rating is currently B (Good). It carries a beta of 0.58, meaning the fund's expected move will be 5.8% for every 10% move in the market. Volatility, as measured by both the semi-deviation and a drawdown factor, is considered low.

This fund has been team managed for 34 years and currently receives a manager quality ranking of 94 (0=worst, 99=best). If you desire an average level of risk, then this fund may be an option.

Services Offered: Automated phone transactions, check writing, bank draft capabilities, an IRA investment plan, a 401K investment plan, a Keogh investment plan, wire transfers and a systematic withdrawal plan.

Data Date	Investment Rating	Net Assets ($Mil)	NAV	Performance Rating/Pts	Total Return Y-T-D	Risk Rating/Pts
6-07	C+	67,765	21.27	C- / 4.2	6.43%	B / 8.8
2006	B+	58,910	20.36	C+ / 5.9	20.29%	B+ / 9.2
2005	C-	48,075	18.11	D- / 1.5	2.45%	B+ / 9.3
2004	B-	40,768	18.56	C+ / 6.6	11.99%	B- / 7.9
2003	A	29,562	17.18	B / 7.7	25.27%	B / 8.8
2002	A+	20,836	14.35	A- / 9.0	-4.37%	B+ / 9.4

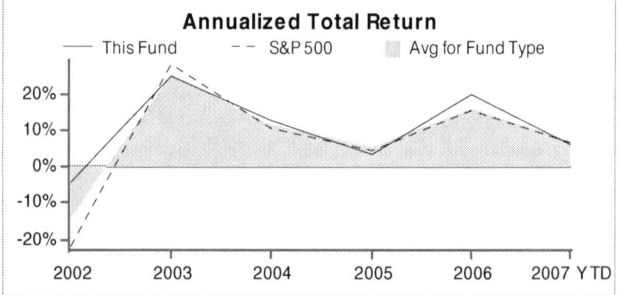

American Funds New Economy A (ANEFX) — B- — Good

Fund Family: American Funds **Phone:** (800) 421-4120
Address: 333 South Hope Street, Los Angeles, CA 90071
Fund Type: GR - Growth
Major Rating Factors: American Funds New Economy A receives a TheStreet.com Investment Rating of B- (Good). The fund currently has a performance rating of C+ (Fair) based on an average return of 14.90% over the last three years and 8.58% over the last six months. Factored into the performance evaluation is an expense ratio of 0.82% (very low) and a 5.8% front-end load that is levied at the time of purchase.

The fund's risk rating is currently B- (Good). It carries a beta of 1.22, meaning it is expected to move 12.2% for every 10% move in the market. Volatility, as measured by both the semi-deviation and a drawdown factor, is considered low.

This fund has been team managed for 24 years and currently receives a manager quality ranking of 70 (0=worst, 99=best). If you desire an average level of risk, then this fund may be an option.

Services Offered: Automated phone transactions, check writing, bank draft capabilities, an IRA investment plan, a 401K investment plan, a Keogh investment plan, wire transfers and a systematic withdrawal plan.

Data Date	Investment Rating	Net Assets ($Mil)	NAV	Performance Rating/Pts	Total Return Y-T-D	Risk Rating/Pts
6-07	B-	8,270	28.99	C+ / 6.3	8.58%	B- / 7.3
2006	C+	7,654	26.70	C+ / 6.2	14.73%	B- / 7.5
2005	B-	7,061	23.44	B- / 7.1	12.17%	C+ / 6.2
2004	D	6,938	21.03	C- / 3.6	12.45%	C- / 3.8
2003	C-	6,671	18.77	C- / 3.8	38.71%	C- / 3.7
2002	D+	5,882	13.54	D / 2.1	-26.01%	C- / 4.1

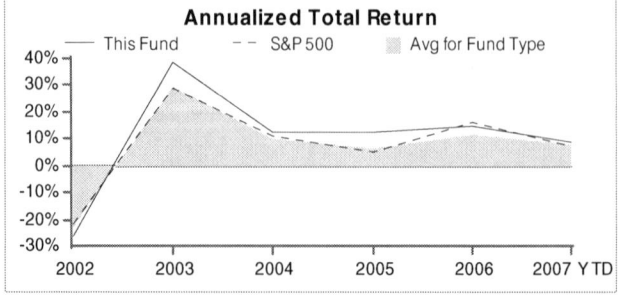

Summer 2007
II. Analysis of Largest Funds

American Funds New Perspective A (ANWPX) — B+ Good

Fund Family: American Funds **Phone:** (800) 421-4120
Address: 333 South Hope Street, Los Angeles, CA 90071
Fund Type: GL - Global
Major Rating Factors: Strong performance is the major factor driving the B+ (Good) TheStreet.com Investment Rating for American Funds New Perspective A. The fund currently has a performance rating of B (Good) based on an average return of 17.78% over the last three years and 10.37% over the last six months. Factored into the performance evaluation is an expense ratio of 0.75% (very low) and a 5.8% front-end load that is levied at the time of purchase.

The fund's risk rating is currently B- (Good). It carries a beta of 0.91, meaning that its performance tracks fairly well with that of the overall stock market. Volatility, as measured by both the semi-deviation and a drawdown factor, is considered low.

Gregg E. Ireland currently receives a manager quality ranking of 23 (0=worst, 99=best). If you desire only a moderate level of risk and strong performance, then this fund is an excellent option.
Services Offered: Automated phone transactions, check writing, bank draft capabilities, an IRA investment plan, a 401K investment plan, a Keogh investment plan, wire transfers and a systematic withdrawal plan.

Data Date	Investment Rating	Net Assets ($Mil)	NAV	Performance Rating/Pts	Total Return Y-T-D	Risk Rating/Pts
6-07	B+	47,224	35.03	B / 7.8	10.37%	B- / 7.4
2006	B+	42,805	31.74	B- / 7.4	19.87%	B- / 7.6
2005	B-	35,791	28.63	C+ / 6.8	11.28%	B- / 7.2
2004	C+	32,600	27.72	C+ / 6.9	14.27%	C+ / 5.8
2003	B-	27,244	24.49	B- / 7.5	36.76%	C+ / 6.2
2002	C+	23,358	18.04	C / 5.3	-16.05%	C+ / 6.2

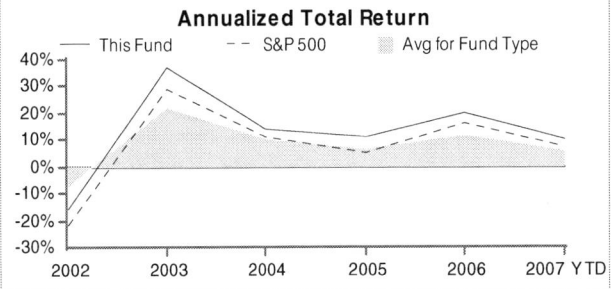

American Funds New World A (NEWFX) — B+ Good

Fund Family: American Funds **Phone:** (800) 421-4120
Address: 333 South Hope Street, Los Angeles, CA 90071
Fund Type: GL - Global
Major Rating Factors: Exceptional performance is the major factor driving the B+ (Good) TheStreet.com Investment Rating for American Funds New World A. The fund currently has a performance rating of A+ (Excellent) based on an average return of 30.95% over the last three years and 15.19% over the last six months. Factored into the performance evaluation is an expense ratio of 1.06% (low) and a 5.8% front-end load that is levied at the time of purchase.

The fund's risk rating is currently C+ (Fair). It carries a beta of 1.07, meaning that its performance tracks fairly well with that of the overall stock market. Volatility, as measured by both the semi-deviation and a drawdown factor, is considered low.

David C. Barclay currently receives a manager quality ranking of 95 (0=worst, 99=best). If you desire only a moderate level of risk and strong performance, then this fund is an excellent option.
Services Offered: Automated phone transactions, check writing, bank draft capabilities, an IRA investment plan, a 401K investment plan, a Keogh investment plan, wire transfers and a systematic withdrawal plan.

Data Date	Investment Rating	Net Assets ($Mil)	NAV	Performance Rating/Pts	Total Return Y-T-D	Risk Rating/Pts
6-07	B+	10,701	55.80	A+ / 9.6	15.19%	C+ / 5.6
2006	B+	8,319	48.44	A / 9.5	33.42%	C+ / 6.1
2005	A+	4,580	38.70	A / 9.3	22.20%	B- / 7.1
2004	A+	2,414	32.27	A- / 9.2	20.79%	B- / 7.2
2003	A	1,562	27.18	B+ / 8.9	43.36%	B- / 7.7
2002	C+	1,123	19.38	C+ / 6.0	-4.62%	C+ / 6.9

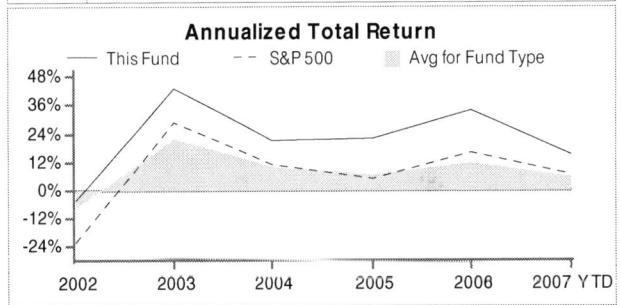

American Funds SMALLCAP World A (SMCWX) — B+ Good

Fund Family: American Funds **Phone:** (800) 421-4120
Address: 333 South Hope Street, Los Angeles, CA 90071
Fund Type: SC - Small Cap
Major Rating Factors: Exceptional performance is the major factor driving the B+ (Good) TheStreet.com Investment Rating for American Funds SMALLCAP World A. The fund currently has a performance rating of A- (Excellent) based on an average return of 23.39% over the last three years and 16.56% over the last six months. Factored into the performance evaluation is an expense ratio of 1.08% (low) and a 5.8% front-end load that is levied at the time of purchase.

The fund's risk rating is currently C+ (Fair). It carries a beta of 0.78, meaning the fund's expected move will be 7.8% for every 10% move in the market. Volatility, as measured by both the semi-deviation and a drawdown factor, is considered low.

Gordon Crawford has been running the fund for 17 years and currently receives a manager quality ranking of 99 (0=worst, 99=best). If you desire only a moderate level of risk and strong performance, then this fund is an excellent option.
Services Offered: Automated phone transactions, check writing, bank draft capabilities, an IRA investment plan, a 401K investment plan, a Keogh investment plan, wire transfers and a systematic withdrawal plan.

Data Date	Investment Rating	Net Assets ($Mil)	NAV	Performance Rating/Pts	Total Return Y-T-D	Risk Rating/Pts
6-07	B+	19,824	45.54	A- / 9.2	16.56%	C+ / 5.7
2006	B	16,636	39.07	B+ / 8.6	22.96%	C+ / 6.0
2005	A	12,776	35.27	A- / 9.0	16.53%	B- / 7.0
2004	B-	10,625	31.20	B / 7.8	17.76%	C / 5.5
2003	C+	8,894	26.77	C+ / 6.6	50.40%	C / 4.9
2002	D+	6,543	17.82	D+ / 2.3	-22.25%	C- / 3.7

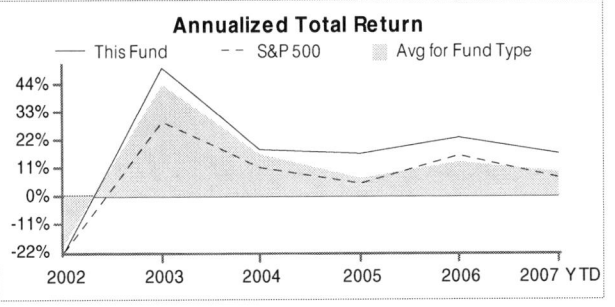

www.thestreet.com/ratings

II. Analysis of Largest Funds

American Funds Wash Mutl Invs A (AWSHX) — C — Fair

Fund Family: American Funds **Phone:** (800) 421-4120
Address: 333 South Hope Street, Los Angeles, CA 90071
Fund Type: GI - Growth and Income
Major Rating Factors: Middle of the road best describes American Funds Wash Mutl Invs A whose TheStreet.com Investment Rating is currently a C (Fair). The fund currently has a performance rating of C- (Fair) based on an average return of 12.00% over the last three years and 7.72% over the last six months. Factored into the performance evaluation is an expense ratio of 0.60% (very low) and a 5.8% front-end load that is levied at the time of purchase.

The fund's risk rating is currently B (Good). It carries a beta of 0.82, meaning the fund's expected move will be 8.2% for every 10% move in the market. Volatility, as measured by both the semi-deviation and a drawdown factor, is considered low.

This fund has been team managed for 55 years and currently receives a manager quality ranking of 75 (0=worst, 99=best). If you desire an average level of risk, then this fund may be an option.

Services Offered: Automated phone transactions, check writing, bank draft capabilities, an IRA investment plan, a 401K investment plan, a Keogh investment plan, wire transfers and a systematic withdrawal plan.

Data Date	Investment Rating	Net Assets ($Mil)	NAV	Performance Rating/Pts	Total Return Y-T-D	Risk Rating/Pts
6-07	C	73,035	37.19	C- / 3.9	7.72%	B / 8.2
2006	C+	67,795	34.86	C / 4.5	18.04%	B / 8.5
2005	D-	62,684	30.84	D- / 1.5	3.55%	B- / 7.4
2004	C-	61,398	30.78	C- / 4.0	9.92%	C+ / 6.0
2003	B-	52,127	28.78	C+ / 6.9	25.83%	B- / 7.0
2002	B	44,159	23.51	B / 7.7	-14.85%	B- / 7.9

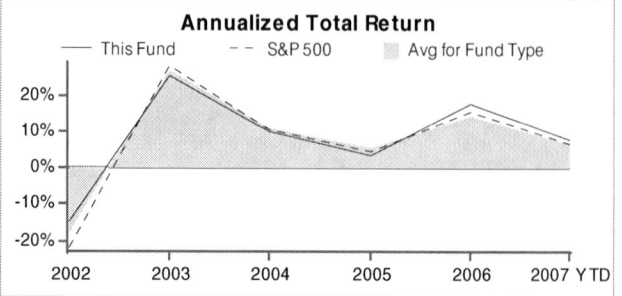

Artisan International Fund Inv (ARTIX) — B+ — Good

Fund Family: Artisan Funds **Phone:** (800) 344-1770
Address: 1000 North Water Street, Milwaukee, WI 53202
Fund Type: FO - Foreign
Major Rating Factors: Strong performance is the major factor driving the B+ (Good) TheStreet.com Investment Rating for Artisan International Fund Inv. The fund currently has a performance rating of B+ (Good) based on an average return of 21.97% over the last three years and 10.52% over the last six months. Factored into the performance evaluation is an expense ratio of 1.20% (average) and a 2.0% back-end load levied at the time of sale.

The fund's risk rating is currently C+ (Fair). It carries a beta of 1.05, meaning that its performance tracks fairly well with that of the overall stock market. Volatility, as measured by both the semi-deviation and a drawdown factor, is considered low.

Mark L. Yockey, CFA has been running the fund for 12 years and currently receives a manager quality ranking of 33 (0=worst, 99=best). If you desire only a moderate level of risk and strong performance, then this fund is an excellent option.

Services Offered: Automated phone transactions, bank draft capabilities, an IRA investment plan, a 401K investment plan, a Keogh investment plan and a systematic withdrawal plan.

Data Date	Investment Rating	Net Assets ($Mil)	NAV	Performance Rating/Pts	Total Return Y-T-D	Risk Rating/Pts
6-07	B+	17,019	32.04	B+ / 8.8	10.52%	C+ / 6.4
2006	A-	10,532	28.99	B+ / 8.9	25.56%	C+ / 6.7
2005	B	7,662	25.31	B / 8.0	16.27%	C+ / 5.8
2004	C+	9,728	22.14	B- / 7.3	17.76%	C / 5.1
2003	C	5,688	18.91	C / 4.9	29.14%	C+ / 5.9
2002	C-	7,221	14.79	C- / 4.0	-18.90%	C / 4.7

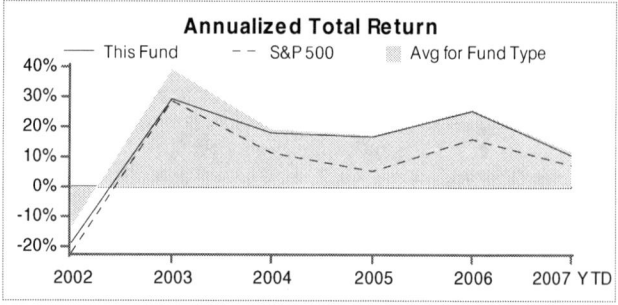

Artisan Mid Cap Fund (ARTMX) — C+ — Fair

Fund Family: Artisan Funds **Phone:** (800) 344-1770
Address: 1000 North Water Street, Milwaukee, WI 53202
Fund Type: MC - Mid Cap
Major Rating Factors: Strong performance is the major factor driving the C+ (Fair) TheStreet.com Investment Rating for Artisan Mid Cap Fund. The fund currently has a performance rating of B (Good) based on an average return of 13.89% over the last three years and 15.13% over the last six months. Factored into the performance evaluation is an expense ratio of 1.18% (low).

The fund's risk rating is currently C+ (Fair). It carries a beta of 1.06, meaning that its performance tracks fairly well with that of the overall stock market. Volatility, as measured by both the semi-deviation and a drawdown factor, is considered low.

Andrew C. Stephens has been running the fund for 10 years and currently receives a manager quality ranking of 31 (0=worst, 99=best). If you desire only a moderate level of risk and strong performance, then this fund is an excellent option.

Services Offered: An IRA investment plan and a 401K investment plan. However, the fund is currently closed to new investors.

Data Date	Investment Rating	Net Assets ($Mil)	NAV	Performance Rating/Pts	Total Return Y-T-D	Risk Rating/Pts
6-07	C+	5,704	35.07	B / 7.7	15.13%	C+ / 5.7
2006	D+	4,762	30.46	C- / 4.2	9.65%	C+ / 5.9
2005	C+	5,021	30.92	C+ / 6.3	9.11%	C+ / 6.3
2004	C	5,080	29.56	C+ / 5.8	14.66%	C / 4.8
2003	C+	3,032	25.78	C+ / 6.0	31.80%	C / 5.4
2002	B-	1,721	19.56	B / 7.7	-24.16%	C+ / 5.8

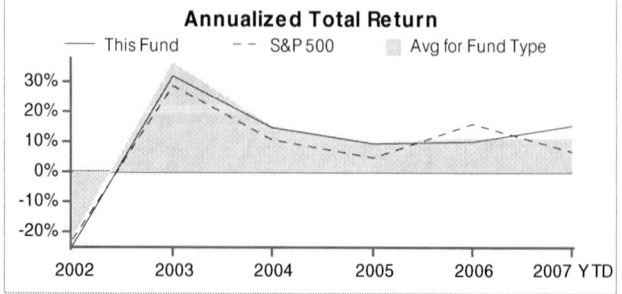

Baron Growth Fund (BGRFX) — C- Fair

Fund Family: Baron Funds **Phone:** (800) 992-2766
Address: 767 Fifth Avenue, New York, NY 10153
Fund Type: GR - Growth
Major Rating Factors: Middle of the road best describes Baron Growth Fund whose TheStreet.com Investment Rating is currently a C- (Fair). The fund currently has a performance rating of C+ (Fair) based on an average return of 14.86% over the last three years and 6.94% over the last six months. Factored into the performance evaluation is an expense ratio of 1.31% (average).

The fund's risk rating is currently C (Fair). It carries a beta of 1.28, meaning it is expected to move 12.8% for every 10% move in the market. Volatility, as measured by both the semi-deviation and a drawdown factor, is considered average.

Ron Baron has been running the fund for 13 years and currently receives a manager quality ranking of 64 (0=worst, 99=best). If you desire an average level of risk, then this fund may be an option.

Services Offered: Automated phone transactions, bank draft capabilities, an IRA investment plan and a 401K investment plan.

Data Date	Investment Rating	Net Assets ($Mil)	NAV	Performance Rating/Pts	Total Return Y-T-D	Risk Rating/Pts
6-07	C-	6,967	53.34	C+ / 5.9	6.94%	C / 5.0
2006	C	5,555	49.88	B- / 7.5	15.50%	C / 5.2
2005	C+	4,906	45.40	B- / 7.0	5.71%	C+ / 6.0
2004	B+	3,020	44.87	A- / 9.1	26.61%	C / 5.5
2003	B+	2,002	35.44	B+ / 8.3	31.75%	C+ / 6.5
2002	B+	1,029	26.90	B / 8.0	-12.29%	B- / 7.6

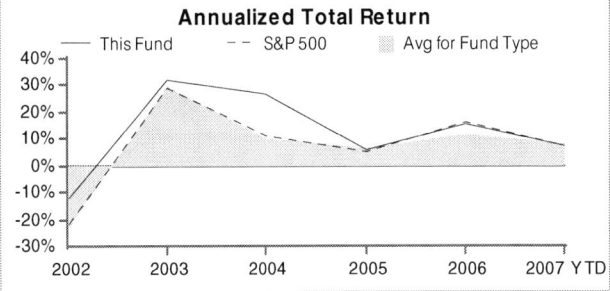

Brandywine Fund Inc. (BRWIX) — B Good

Fund Family: Brandywine **Phone:** (800) 656-3017
Address: 3711 Kennett Pike, Greenville, DE 19807
Fund Type: GR - Growth
Major Rating Factors: Strong performance is the major factor driving the B (Good) TheStreet.com Investment Rating for Brandywine Fund Inc.. The fund currently has a performance rating of B (Good) based on an average return of 16.65% over the last three years and 12.83% over the last six months. Factored into the performance evaluation is an expense ratio of 1.08% (low).

The fund's risk rating is currently C+ (Fair). It carries a beta of 1.45, meaning it is expected to move 14.5% for every 10% move in the market. Volatility, as measured by both the semi-deviation and a drawdown factor, is considered low.

D' Alonzo currently receives a manager quality ranking of 67 (0=worst, 99=best). If you desire only a moderate level of risk and strong performance, then this fund is an excellent option.

Services Offered: Automated phone transactions, wire transfers and a systematic withdrawal plan.

Data Date	Investment Rating	Net Assets ($Mil)	NAV	Performance Rating/Pts	Total Return Y-T-D	Risk Rating/Pts
6-07	B	4,546	38.69	B / 8.1	12.83%	C+ / 6.5
2006	C	4,230	34.29	C+ / 5.6	11.09%	C+ / 6.6
2005	B-	3,963	31.09	B- / 7.0	14.39%	C+ / 6.4
2004	C+	3,822	27.18	C+ / 6.1	13.11%	C+ / 5.6
2003	C	3,796	24.03	C- / 3.4	31.46%	C+ / 6.2
2002	C-	2,997	18.28	C / 4.5	-21.71%	C- / 3.6

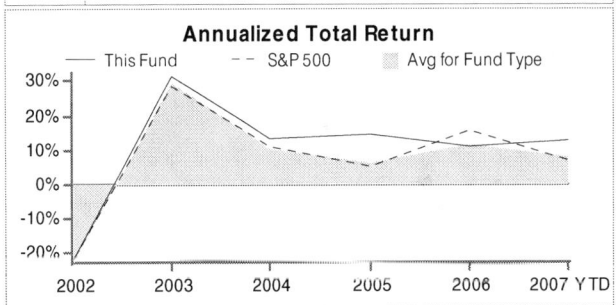

Calamos Growth Fund A (CVGRX) — D- Weak

Fund Family: Calamos **Phone:** (800) 823-7386
Address: 1111 East Warrenville Road, Naperville, IL 60563
Fund Type: MC - Mid Cap
Major Rating Factors: Disappointing performance is the major factor driving the D- (Weak) TheStreet.com Investment Rating for Calamos Growth Fund A. The fund currently has a performance rating of D+ (Weak) based on an average return of 9.87% over the last three years and 11.32% over the last six months. Factored into the performance evaluation is an expense ratio of 1.19% (average) and a 4.8% front-end load that is levied at the time of purchase.

The fund's risk rating is currently C (Fair). It carries a beta of 1.30, meaning it is expected to move 13.0% for every 10% move in the market. Volatility, as measured by both the semi-deviation and a drawdown factor, is considered average.

Nick P. Calamos has been running the fund for 17 years and currently receives a manager quality ranking of 4 (0=worst, 99=best). This fund offers an average level of risk but investors looking for strong performance will be frustrated.

Services Offered: Check writing, bank draft capabilities, an IRA investment plan, a 401K investment plan, a Keogh investment plan, wire transfers and a systematic withdrawal plan.

Data Date	Investment Rating	Net Assets ($Mil)	NAV	Performance Rating/Pts	Total Return Y-T-D	Risk Rating/Pts
6-07	D-	10,979	60.00	D+ / 2.7	11.32%	C / 4.9
2006	E+	12,081	53.90	D- / 1.5	1.45%	C / 4.9
2005	B-	12,615	55.06	B / 7.7	8.47%	C+ / 5.9
2004	B+	9,010	52.98	B / 7.9	18.65%	C+ / 6.7
2003	B+	4,458	44.78	B / 7.8	42.34%	B- / 7.7
2002	B-	1,535	31.46	B / 7.8	-15.88%	C+ / 5.9

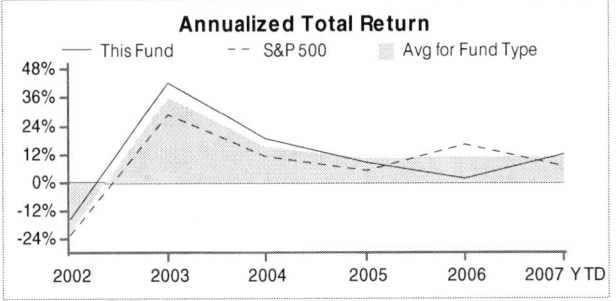

II. Analysis of Largest Funds
Summer 2007

Columbia Acorn International Fund Z (ACINX) — B+ Good

Fund Family: Columbia Funds
Phone: (800) 426-3750
Address: One Financial Center, Boston, MA 02111
Fund Type: FO - Foreign
Major Rating Factors: Exceptional performance is the major factor driving the B+ (Good) TheStreet.com Investment Rating for Columbia Acorn International Fund Z. The fund currently has a performance rating of A+ (Excellent) based on an average return of 30.75% over the last three years and 14.59% over the last six months. Factored into the performance evaluation is an expense ratio of 0.94% (low) and a 2.0% back-end load levied at the time of sale.

The fund's risk rating is currently C (Fair). It carries a beta of 1.21, meaning it is expected to move 12.1% for every 10% move in the market. Volatility, as measured by both the semi-deviation and a drawdown factor, is considered average.

Louis J. Mendes, CFA has been running the fund for 4 years and currently receives a manager quality ranking of 85 (0=worst, 99=best). If you desire an average level of risk and strong performance, then this fund is a good option.

Services Offered: Automated phone transactions, bank draft capabilities, an IRA investment plan, a 401K investment plan, wire transfers and a systematic withdrawal plan.

Data Date	Investment Rating	Net Assets ($Mil)	NAV	Performance Rating/Pts	Total Return Y-T-D	Risk Rating/Pts
6-07	B+	4,722	45.82	A+ / 9.6	14.59%	C / 5.3
2006	B+	3,835	40.31	A+ / 9.7	34.53%	C+ / 5.6
2005	A+	2,467	33.44	A+ / 9.6	21.81%	B- / 7.7
2004	A	1,919	29.03	A / 9.5	29.47%	C+ / 6.4
2003	C+	1,564	22.66	B- / 7.0	47.80%	C+ / 6.0
2002	C-	1,242	15.40	C- / 3.1	-16.15%	C- / 4.0

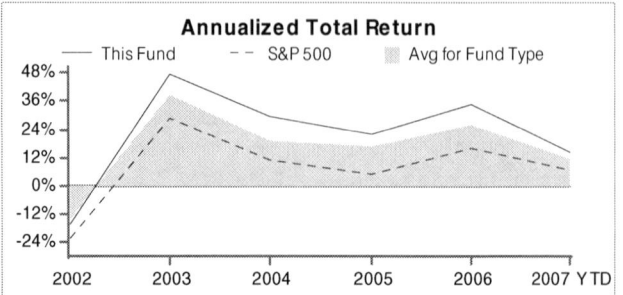

Davis New York Venture Fund A (NYVTX) — B Good

Fund Family: Davis Funds
Phone: (800) 279-0279
Address: 2949 East Elvira St, Tuscon, AZ 85706
Fund Type: GR - Growth
Major Rating Factors: Davis New York Venture Fund A receives a TheStreet.com Investment Rating of B (Good). The fund currently has a performance rating of C (Fair) based on an average return of 13.79% over the last three years and 7.50% over the last six months. Factored into the performance evaluation is an expense ratio of 0.88% (low) and a 4.8% front-end load that is levied at the time of purchase.

The fund's risk rating is currently B (Good). It carries a beta of 0.82, meaning the fund's expected move will be 8.2% for every 10% move in the market. Volatility, as measured by both the semi-deviation and a drawdown factor, is considered low.

Christopher C. Davis has been running the fund for 12 years and currently receives a manager quality ranking of 87 (0=worst, 99=best). If you desire an average level of risk, then this fund may be an option.

Services Offered: Automated phone transactions, payroll deductions, bank draft capabilities, an IRA investment plan, a 401K investment plan, a Keogh investment plan, wire transfers and a systematic withdrawal plan.

Data Date	Investment Rating	Net Assets ($Mil)	NAV	Performance Rating/Pts	Total Return Y-T-D	Risk Rating/Pts
6-07	B	30,838	41.41	C / 5.2	7.50%	B / 8.9
2006	B	26,419	38.52	C+ / 5.8	15.12%	B+ / 9.0
2005	B-	18,904	33.70	C+ / 5.6	10.68%	B- / 7.8
2004	C+	14,494	30.69	C+ / 5.6	12.37%	C+ / 6.4
2003	C+	10,899	27.52	C+ / 5.7	32.34%	B- / 7.1
2002	C+	8,258	20.94	C+ / 6.5	-17.16%	C+ / 6.8

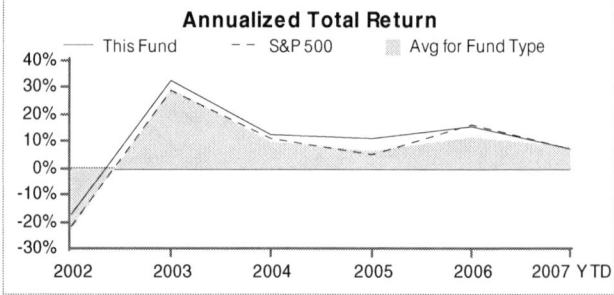

Dodge & Cox Balanced Fund (DODBX) — C+ Fair

Fund Family: Dodge & Cox
Phone: (800) 621-3979
Address: 555 California Street, San Francisco, CA 94104
Fund Type: BA - Balanced
Major Rating Factors: Middle of the road best describes Dodge & Cox Balanced Fund whose TheStreet.com Investment Rating is currently a C+ (Fair). The fund currently has a performance rating of C- (Fair) based on an average return of 11.57% over the last three years and 5.35% over the last six months. Factored into the performance evaluation is an expense ratio of 0.53% (very low).

The fund's risk rating is currently B+ (Good). It carries a beta of 0.99, meaning that its performance tracks fairly well with that of the overall stock market. Volatility, as measured by both the semi-deviation and a drawdown factor, is considered very low.

Fixed-Income Strategy Committe has been running the fund for 76 years and currently receives a manager quality ranking of 84 (0=worst, 99=best). If you desire an average level of risk, then this fund may be an option.

Services Offered: Automated phone transactions, an IRA investment plan, a 401K investment plan, wire transfers and a systematic withdrawal plan. However, the fund is currently closed to new investors.

Data Date	Investment Rating	Net Assets ($Mil)	NAV	Performance Rating/Pts	Total Return Y-T-D	Risk Rating/Pts
6-07	C+	29,671	90.01	C- / 3.4	5.35%	B+ / 9.4
2006	B	27,000	87.08	C / 5.1	13.86%	B+ / 9.3
2005	C+	23,629	81.34	C- / 4.0	6.59%	B / 8.4
2004	A	20,091	79.35	B- / 7.5	13.30%	B / 8.1
2003	A+	12,280	73.04	B+ / 8.3	24.44%	B+ / 9.1
2002	A+	7,885	60.75	A / 9.4	-2.94%	B+ / 9.4

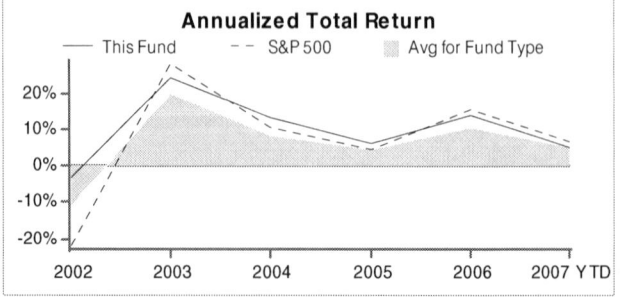

Dodge & Cox International Stock (DODFX) — A+ Excellent

Fund Family: Dodge & Cox **Phone:** (800) 621-3979
Address: 555 California Street, San Francisco, CA 94104
Fund Type: FO - Foreign
Major Rating Factors: Exceptional performance is the major factor driving the A+ (Excellent) TheStreet.com Investment Rating for Dodge & Cox International Stock. The fund currently has a performance rating of A (Excellent) based on an average return of 26.30% over the last three years and 12.00% over the last six months. Factored into the performance evaluation is an expense ratio of 0.70% (very low).

The fund's risk rating is currently B- (Good). It carries a beta of 1.04, meaning that its performance tracks fairly well with that of the overall stock market. Volatility, as measured by both the semi-deviation and a drawdown factor, is considered low.

International Investment Polic currently receives a manager quality ranking of 81 (0=worst, 99=best). If you desire only a moderate level of risk and strong performance, then this fund is an excellent option.

Services Offered: Automated phone transactions, bank draft capabilities, an IRA investment plan, a 401K investment plan and wire transfers.

Data Date	Investment Rating	Net Assets ($Mil)	NAV	Performance Rating/Pts	Total Return Y-T-D	Risk Rating/Pts
6-07	A+	44,612	48.90	A / 9.4	12.00%	B- / 7.2
2006	A+	28,400	43.66	A / 9.5	28.01%	B / 8.2
2005	A+	12,056	35.03	A / 9.5	16.75%	B- / 7.3
2004	C	3,376	30.64	A+ / 9.6	32.46%	D / 1.6

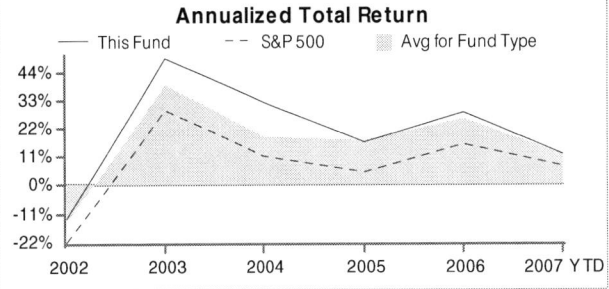

Dodge & Cox Stock Fund (DODGX) — A Excellent

Fund Family: Dodge & Cox **Phone:** (800) 621-3979
Address: 555 California Street, San Francisco, CA 94104
Fund Type: GI - Growth and Income
Major Rating Factors: Strong performance is the major factor driving the A (Excellent) TheStreet.com Investment Rating for Dodge & Cox Stock Fund. The fund currently has a performance rating of B- (Good) based on an average return of 16.02% over the last three years and 7.23% over the last six months. Factored into the performance evaluation is an expense ratio of 0.52% (very low).

The fund's risk rating is currently B (Good). It carries a beta of 0.94, meaning that its performance tracks fairly well with that of the overall stock market. Volatility, as measured by both the semi-deviation and a drawdown factor, is considered low.

Investment Policy Committee has been running the fund for 42 years and currently receives a manager quality ranking of 92 (0=worst, 99=best). If you desire only a moderate level of risk and strong performance, then this fund is an excellent option.

Services Offered: Automated phone transactions, bank draft capabilities, an IRA investment plan, a 401K investment plan, wire transfers and a systematic withdrawal plan. However, the fund is currently closed to new investors.

Data Date	Investment Rating	Net Assets ($Mil)	NAV	Performance Rating/Pts	Total Return Y-T-D	Risk Rating/Pts
6-07	A	73,314	162.09	B- / 7.1	7.23%	B / 8.7
2006	A+	64,800	153.46	B / 7.9	18.53%	B / 8.8
2005	B+	51,035	137.22	B- / 7.0	9.37%	B- / 7.5
2004	B+	41,436	130.22	B+ / 8.4	19.17%	C+ / 6.4
2003	A	26,408	113.78	B+ / 8.6	32.34%	B- / 7.7
2002	A-	14,036	88.05	A- / 9.1	-10.54%	B / 8.2

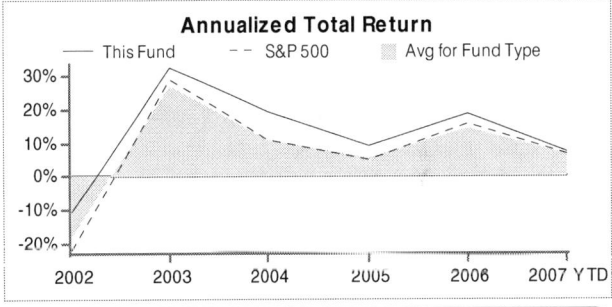

Dreyfus Appreciation Fund (DGAGX) — C Fair

Fund Family: Dreyfus **Phone:** (800) 242-8671
Address: 200 Park Avenue, New York, NY 10166
Fund Type: GR - Growth
Major Rating Factors: Middle of the road best describes Dreyfus Appreciation Fund whose TheStreet.com Investment Rating is currently a C (Fair). The fund currently has a performance rating of C- (Fair) based on an average return of 9.54% over the last three years and 4.99% over the last six months. Factored into the performance evaluation is an expense ratio of 0.95% (low).

The fund's risk rating is currently B (Good). It carries a beta of 0.79, meaning the fund's expected move will be 7.9% for every 10% move in the market. Volatility, as measured by both the semi-deviation and a drawdown factor, is considered low.

Fayez Sarofim & Co. has been running the fund for 17 years and currently receives a manager quality ranking of 48 (0=worst, 99=best). If you desire an average level of risk, then this fund may be an option.

Services Offered: Automated phone transactions, bank draft capabilities, an IRA investment plan, a 401K investment plan, a Keogh investment plan, wire transfers and a systematic withdrawal plan.

Data Date	Investment Rating	Net Assets ($Mil)	NAV	Performance Rating/Pts	Total Return Y-T-D	Risk Rating/Pts
6-07	C	4,473	45.95	C- / 3.0	4.99%	B / 8.2
2006	C+	4,398	43.79	C / 4.6	16.26%	B+ / 9.1
2005	E+	4,536	39.75	D- / 1.1	4.14%	B- / 7.0
2004	D+	4,307	38.69	D / 2.0	5.57%	C+ / 6.0
2003	C	3,779	37.14	C- / 3.7	20.39%	C+ / 6.6
2002	B-	3,275	31.20	C+ / 6.2	-17.14%	B- / 7.4

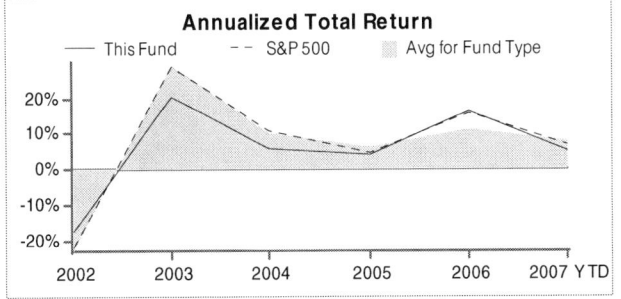

II. Analysis of Largest Funds

DWS Dreman High Ret Eqty A (KDHAX) — C+ Fair

Fund Family: DWS Scudder
Phone: (800) 621-1048
Address: Two International Place, Boston, MA 02110
Fund Type: GR - Growth
Major Rating Factors: Middle of the road best describes DWS Dreman High Ret Eqty A whose TheStreet.com Investment Rating is currently a C+ (Fair). The fund currently has a performance rating of C- (Fair) based on an average return of 13.67% over the last three years and 5.01% over the last six months. Factored into the performance evaluation is an expense ratio of 1.14% (low) and a 5.8% front-end load that is levied at the time of purchase.

The fund's risk rating is currently B (Good). It carries a beta of 0.80, meaning the fund's expected move will be 8.0% for every 10% move in the market. Volatility, as measured by both the semi-deviation and a drawdown factor, is considered low.

David N. Dreman currently receives a manager quality ranking of 87 (0=worst, 99=best). If you desire an average level of risk, then this fund may be an option.

Services Offered: Automated phone transactions, payroll deductions, bank draft capabilities, an IRA investment plan, a 401K investment plan, a Keogh investment plan, wire transfers and a systematic withdrawal plan.

Data Date	Investment Rating	Net Assets ($Mil)	NAV	Performance Rating/Pts	Total Return Y-T-D	Risk Rating/Pts
6-07	C+	6,085	53.05	C- / 4.2	5.01%	B / 8.6
2006	B-	5,993	51.34	C+ / 5.6	17.40%	B / 8.7
2005	C+	4,768	45.31	C / 4.5	7.72%	B- / 7.7
2004	C	4,365	42.67	C+ / 5.8	13.48%	C / 5.0
2003	B-	3,190	38.18	B- / 7.3	31.34%	C+ / 6.6
2002	B+	2,043	29.58	B+ / 8.9	-18.52%	B- / 7.4

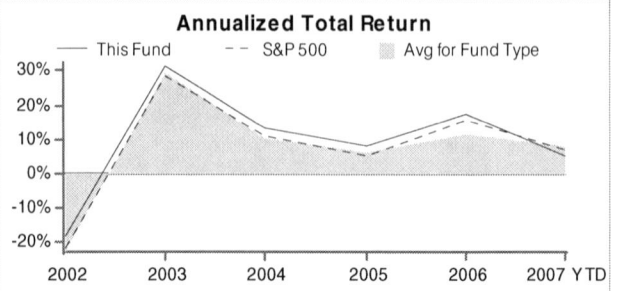

DWS Growth & Income S (SCDGX) — D- Weak

Fund Family: DWS Scudder
Phone: (800) 621-1048
Address: Two International Place, Boston, MA 02110
Fund Type: GI - Growth and Income
Major Rating Factors: Disappointing performance is the major factor driving the D- (Weak) TheStreet.com Investment Rating for DWS Growth & Income S. The fund currently has a performance rating of D (Weak) based on an average return of 9.67% over the last three years and 2.86% over the last six months. Factored into the performance evaluation is an expense ratio of 0.66% (very low) and a 2.0% back-end load levied at the time of sale.

The fund's risk rating is currently C+ (Fair). It carries a beta of 1.02, meaning that its performance tracks fairly well with that of the overall stock market. Volatility, as measured by both the semi-deviation and a drawdown factor, is considered low.

Jin Chen currently receives a manager quality ranking of 29 (0=worst, 99=best). This fund offers only a moderate level of risk but investors looking for strong performance are still waiting.

Services Offered: Automated phone transactions, payroll deductions, bank draft capabilities, an IRA investment plan, a 401K investment plan, a Keogh investment plan, wire transfers and a systematic withdrawal plan.

Data Date	Investment Rating	Net Assets ($Mil)	NAV	Performance Rating/Pts	Total Return Y-T-D	Risk Rating/Pts
6-07	D-	4,247	22.72	D / 2.0	2.86%	C+ / 6.6
2006	C-	4,462	22.25	C- / 3.7	13.51%	B- / 7.2
2005	C	2,202	21.80	C- / 3.6	5.92%	B- / 7.7
2004	C-	2,374	21.90	C- / 3.5	9.86%	C / 5.3
2003	C	2,479	20.14	C- / 3.6	26.80%	C+ / 6.0
2002	C+	2,254	15.98	C / 4.7	-23.52%	C+ / 6.5

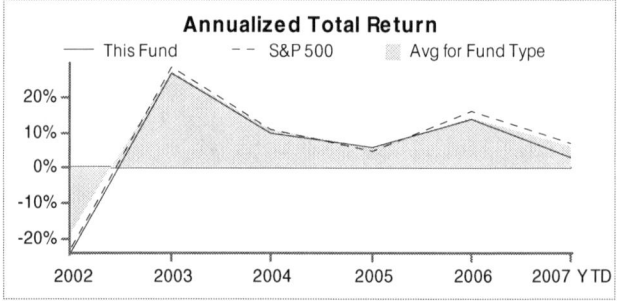

Excelsior Value & Restructg Fd (UMBIX) — A- Excellent

Fund Family: Excelsior Funds
Phone: (800) 446-1012
Address: 6 St. James Avenue, Boston, MA 02116
Fund Type: GR - Growth
Major Rating Factors: Strong performance is the major factor driving the A- (Excellent) TheStreet.com Investment Rating for Excelsior Value & Restructg Fd. The fund currently has a performance rating of B+ (Good) based on an average return of 17.57% over the last three years and 13.80% over the last six months. Factored into the performance evaluation is an expense ratio of 1.05% (low) and a 2.0% back-end load levied at the time of sale.

The fund's risk rating is currently B- (Good). It carries a beta of 1.29, meaning it is expected to move 12.9% for every 10% move in the market. Volatility, as measured by both the semi-deviation and a drawdown factor, is considered low.

David J. Williams, CFA has been running the fund for 15 years and currently receives a manager quality ranking of 86 (0=worst, 99=best). If you desire only a moderate level of risk and strong performance, then this fund is an excellent option.

Services Offered: Automated phone transactions, check writing, bank draft capabilities, an IRA investment plan, a 401K investment plan and wire transfers.

Data Date	Investment Rating	Net Assets ($Mil)	NAV	Performance Rating/Pts	Total Return Y-T-D	Risk Rating/Pts
6-07	A-	8,803	59.53	B+ / 8.3	13.80%	B- / 7.1
2006	B-	7,366	52.54	B- / 7.0	14.88%	C+ / 6.9
2005	A	4,859	46.18	B+ / 8.5	9.96%	B- / 7.5
2004	B	4,115	42.43	B / 8.1	19.36%	C / 5.3
2003	B	2,827	35.86	B+ / 8.5	47.33%	C+ / 6.1
2002	C+	1,682	24.46	C+ / 6.2	-23.32%	C+ / 6.8

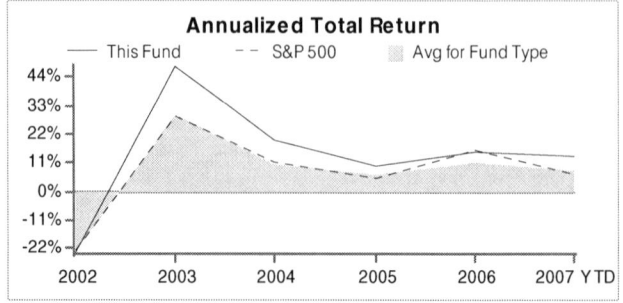

Fairholme Fund (FAIRX) — B+ Good

Fund Family: Fairholme Capital Management, LLC **Phone:** (866) 202-2263
Address: 51 JFK Parkway, Short Hills, NJ 07078
Fund Type: GR - Growth
Major Rating Factors: Strong performance is the major factor driving the B+ (Good) TheStreet.com Investment Rating for Fairholme Fund. The fund currently has a performance rating of B (Good) based on an average return of 19.81% over the last three years and 9.52% over the last six months. Factored into the performance evaluation is an expense ratio of 1.00% (low) and a 2.0% back-end load levied at the time of sale.

The fund's risk rating is currently B- (Good). It carries a beta of 0.68, meaning the fund's expected move will be 6.8% for every 10% move in the market. Volatility, as measured by both the semi-deviation and a drawdown factor, is considered low.

Team Manager currently receives a manager quality ranking of 98 (0=worst, 99=best). If you desire only a moderate level of risk and strong performance, then this fund is an excellent option.

Services Offered: Automated phone transactions, bank draft capabilities and an IRA investment plan.

Data Date	Investment Rating	Net Assets ($Mil)	NAV	Performance Rating/Pts	Total Return Y-T-D	Risk Rating/Pts
6-07	B+	5,507	31.75	B / 8.1	9.52%	B- / 7.2
2006	B+	3,697	28.99	B / 8.1	16.72%	B- / 7.0
2005	B	1,439	25.19	B- / 7.4	13.68%	B- / 7.0
2004	A-	235	22.77	A- / 9.1	24.93%	C+ / 6.3

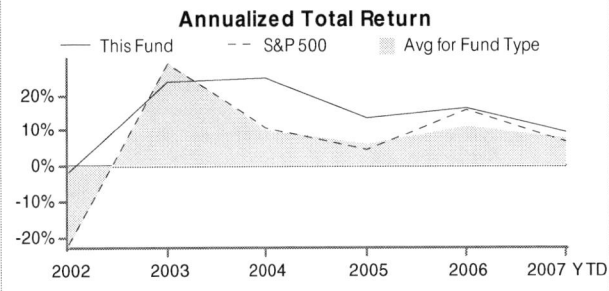

Federated Kaufmann K (KAUFX) — B Good

Fund Family: Federated Investors **Phone:** (800) 341-7400
Address: 5800 Corporate Drive, Pittsburgh, PA 15237
Fund Type: MC - Mid Cap
Major Rating Factors: Strong performance is the major factor driving the B (Good) TheStreet.com Investment Rating for Federated Kaufmann K. The fund currently has a performance rating of B (Good) based on an average return of 16.08% over the last three years and 13.43% over the last six months. Factored into the performance evaluation is an expense ratio of 2.44% (high) and a 0.2% back-end load levied at the time of sale.

The fund's risk rating is currently C+ (Fair). It carries a beta of 1.10, meaning it is expected to move 11.0% for every 10% move in the market. Volatility, as measured by both the semi-deviation and a drawdown factor, is considered low.

This fund has been team managed for 21 years and currently receives a manager quality ranking of 49 (0=worst, 99=best). If you desire only a moderate level of risk and strong performance, then this fund is an excellent option.

Services Offered: Automated phone transactions, payroll deductions, bank draft capabilities, an IRA investment plan, a 401K investment plan, a Keogh investment plan, wire transfers and a systematic withdrawal plan.

Data Date	Investment Rating	Net Assets ($Mil)	NAV	Performance Rating/Pts	Total Return Y-T-D	Risk Rating/Pts
6-07	B	5,018	6.42	B / 8.2	13.43%	C+ / 6.0
2006	C+	4,499	5.66	B- / 7.0	14.57%	C+ / 6.1
2005	B+	4,088	5.60	B / 8.1	10.84%	C+ / 6.5
2004	C+	3,881	5.36	C+ / 6.8	14.29%	C / 5.5
2003	B+	3,560	4.96	B+ / 8.5	45.08%	C+ / 6.7
2002	C+	2,512	3.45	B / 7.6	-21.41%	C- / 3.7

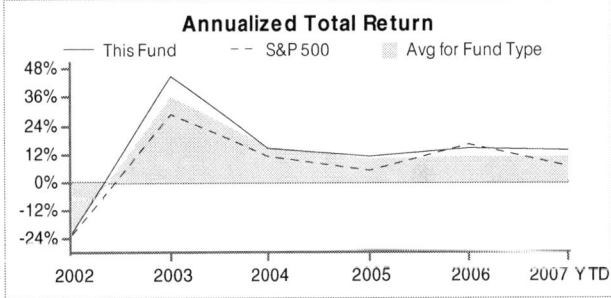

Fidelity Adv Capital Devp Class O (FDETX) — C+ Fair

Fund Family: Fidelity Advisor **Phone:** (800) 522-7297
Address: 82 Devonshire Street, Boston, MA 02109
Fund Type: GR - Growth
Major Rating Factors: Middle of the road best describes Fidelity Adv Capital Devp Class O whose TheStreet.com Investment Rating is currently a C+ (Fair). The fund currently has a performance rating of C (Fair) based on an average return of 11.80% over the last three years and 8.47% over the last six months. Factored into the performance evaluation is an expense ratio of 0.61% (very low).

The fund's risk rating is currently B- (Good). It carries a beta of 0.96, meaning that its performance tracks fairly well with that of the overall stock market. Volatility, as measured by both the semi-deviation and a drawdown factor, is considered low.

Adam Hetnarski has been running the fund for 7 years and currently receives a manager quality ranking of 60 (0=worst, 99=best). If you desire an average level of risk, then this fund may be an option.

Services Offered: Bank draft capabilities, an IRA investment plan, a 401K investment plan, a Keogh investment plan, wire transfers and a systematic withdrawal plan.

Data Date	Investment Rating	Net Assets ($Mil)	NAV	Performance Rating/Pts	Total Return Y-T-D	Risk Rating/Pts
6-07	C+	5,249	13.70	C / 5.5	8.47%	B- / 7.1
2006	C	5,167	12.63	C- / 4.1	13.98%	B- / 7.9
2005	D-	4,994	11.89	E+ / 0.7	2.37%	B / 8.0
2004	C-	5,405	11.92	C- / 3.5	10.60%	C+ / 6.3
2003	C-	4,791	10.93	D+ / 2.8	20.23%	C+ / 6.4
2002	C	4,378	9.16	C / 4.7	-15.37%	C+ / 5.6

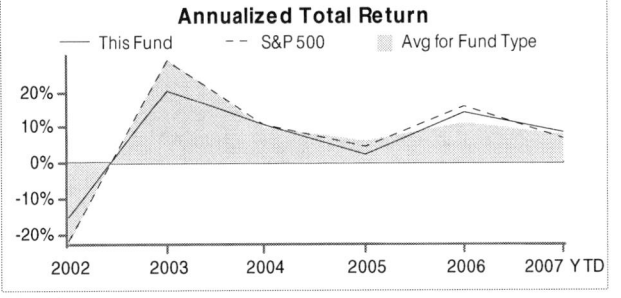

II. Analysis of Largest Funds
Summer 2007

Fidelity Adv Diversified Intl I (FDVIX) — B+ Good

Fund Family: Fidelity Advisor **Phone:** (800) 522-7297
Address: 82 Devonshire Street, Boston, MA 02109
Fund Type: FO - Foreign
Major Rating Factors: Strong performance is the major factor driving the B+ (Good) TheStreet.com Investment Rating for Fidelity Adv Diversified Intl I. The fund currently has a performance rating of B+ (Good) based on an average return of 20.93% over the last three years and 10.95% over the last six months. Factored into the performance evaluation is an expense ratio of 0.97% (low) and a 1.0% back-end load levied at the time of sale.

The fund's risk rating is currently C+ (Fair). It carries a beta of 1.10, meaning it is expected to move 11.0% for every 10% move in the market. Volatility, as measured by both the semi-deviation and a drawdown factor, is considered low.

Penelope A. Dobkin has been running the fund for 3 years and currently receives a manager quality ranking of 19 (0=worst, 99=best). If you desire only a moderate level of risk and strong performance, then this fund is an excellent option.

Services Offered: Automated phone transactions, check writing, bank draft capabilities, an IRA investment plan, a 401K investment plan, a Keogh investment plan, wire transfers and a systematic withdrawal plan.

Data Date	Investment Rating	Net Assets ($Mil)	NAV	Performance Rating/Pts	Total Return Y-T-D	Risk Rating/Pts
6-07	B+	5,061	25.64	B+ / 8.6	10.95%	C+ / 6.2
2006	B	4,444	23.11	B+ / 8.3	16.96%	C+ / 6.5
2005	A+	2,503	21.37	A- / 9.2	19.35%	B- / 7.9
2004	A	1,517	18.88	A- / 9.0	19.34%	B- / 7.0
2003	A-	499	15.97	B+ / 8.4	41.40%	B- / 7.5
2002	C+	96	11.39	C+ / 6.2	-8.81%	C+ / 6.2

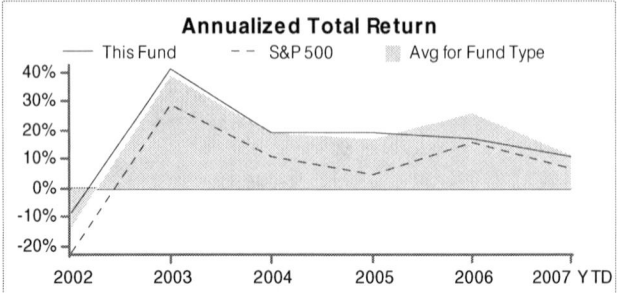

Fidelity Asset Manager 50% (FASMX) — D+ Weak

Fund Family: Fidelity Investments **Phone:** (800) 544-8888
Address: 82 Devonshire Street, Boston, MA 02109
Fund Type: AA - Asset Allocation
Major Rating Factors: Disappointing performance is the major factor driving the D+ (Weak) TheStreet.com Investment Rating for Fidelity Asset Manager 50%. The fund currently has a performance rating of D- (Weak) based on an average return of 7.60% over the last three years and 5.45% over the last six months. Factored into the performance evaluation is an expense ratio of 0.72% (very low).

The fund's risk rating is currently B (Good). It carries a beta of 0.89, meaning the fund's expected move will be 8.9% for every 10% move in the market. Volatility, as measured by both the semi-deviation and a drawdown factor, is considered low.

Richard Habermann has been running the fund for 11 years and currently receives a manager quality ranking of 47 (0=worst, 99=best). This fund offers only a moderate level of risk but investors looking for strong performance are still waiting.

Services Offered: Automated phone transactions, bank draft capabilities, an IRA investment plan, a 401K investment plan, a Keogh investment plan and a systematic withdrawal plan.

Data Date	Investment Rating	Net Assets ($Mil)	NAV	Performance Rating/Pts	Total Return Y-T-D	Risk Rating/Pts
6-07	D+	9,066	16.88	D- / 1.3	5.45%	B / 8.7
2006	C-	9,208	16.11	D / 1.8	9.19%	B / 8.8
2005	C-	10,134	16.05	E+ / 0.8	4.16%	B+ / 9.3
2004	C	10,955	16.21	C- / 3.1	5.40%	B- / 7.4
2003	B	11,002	15.76	C+ / 6.1	17.18%	B / 8.3
2002	B+	10,496	13.80	B / 8.2	-8.05%	B / 8.0

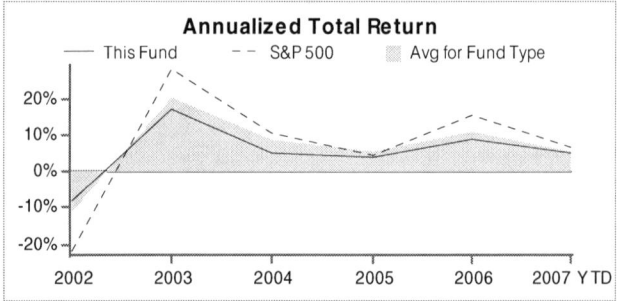

Fidelity Balanced Fund (FBALX) — B- Good

Fund Family: Fidelity Investments **Phone:** (800) 544-8888
Address: 82 Devonshire Street, Boston, MA 02109
Fund Type: BA - Balanced
Major Rating Factors: Fidelity Balanced Fund receives a TheStreet.com Investment Rating of B- (Good). The fund currently has a performance rating of C (Fair) based on an average return of 13.09% over the last three years and 8.46% over the last six months. Factored into the performance evaluation is an expense ratio of 0.64% (very low).

The fund's risk rating is currently B (Good). It carries a beta of 1.38, meaning it is expected to move 13.8% for every 10% move in the market. Volatility, as measured by both the semi-deviation and a drawdown factor, is considered low.

Lawrence Rakers has been running the fund for 5 years and currently receives a manager quality ranking of 81 (0=worst, 99=best). If you desire an average level of risk, then this fund may be an option.

Services Offered: Automated phone transactions, bank draft capabilities, an IRA investment plan, a 401K investment plan, a Keogh investment plan and a systematic withdrawal plan.

Data Date	Investment Rating	Net Assets ($Mil)	NAV	Performance Rating/Pts	Total Return Y-T-D	Risk Rating/Pts
6-07	B-	26,249	20.98	C / 5.4	8.46%	B / 8.4
2006	C+	22,439	19.43	C / 4.7	11.65%	B / 8.2
2005	B	15,999	18.76	C / 5.4	10.68%	B / 8.7
2004	B-	12,577	17.82	C+ / 6.8	10.94%	B- / 7.1
2003	A-	9,224	16.75	B / 7.8	28.24%	B / 8.3
2002	A	6,714	13.29	B+ / 8.6	-8.49%	B+ / 9.0

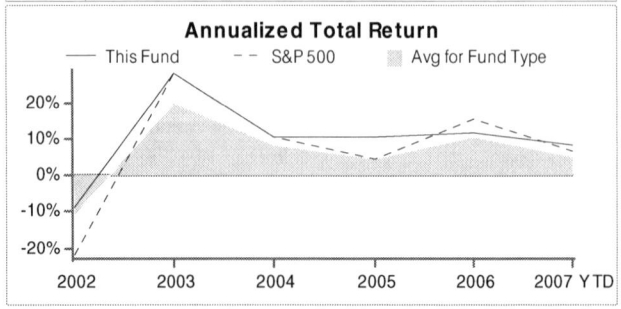

Summer 2007
II. Analysis of Largest Funds

Fidelity Blue Chip Growth (FBGRX) — D — Weak

Fund Family: Fidelity Investments
Phone: (800) 544-8888
Address: 82 Devonshire Street, Boston, MA 02109
Fund Type: GR - Growth

Major Rating Factors: Disappointing performance is the major factor driving the D (Weak) TheStreet.com Investment Rating for Fidelity Blue Chip Growth. The fund currently has a performance rating of D (Weak) based on an average return of 6.72% over the last three years and 7.04% over the last six months. Factored into the performance evaluation is an expense ratio of 0.63% (very low).

The fund's risk rating is currently B- (Good). It carries a beta of 1.07, meaning that its performance tracks fairly well with that of the overall stock market. Volatility, as measured by both the semi-deviation and a drawdown factor, is considered low.

Jennifer Uhrig has been running the fund for 1 year and currently receives a manager quality ranking of 10 (0=worst, 99=best). This fund offers only a moderate level of risk but investors looking for strong performance are still waiting.

Services Offered: Automated phone transactions, bank draft capabilities, an IRA investment plan, a 401K investment plan, a Keogh investment plan and a systematic withdrawal plan.

Data Date	Investment Rating	Net Assets ($Mil)	NAV	Performance Rating/Pts	Total Return Y-T-D	Risk Rating/Pts
6-07	D	19,705	47.43	D / 1.7	7.04%	B- / 7.6
2006	D	20,650	44.31	E+ / 0.9	5.54%	B- / 7.7
2005	D+	22,577	43.16	D / 1.9	4.03%	B- / 7.8
2004	D	23,578	41.71	D- / 1.4	6.26%	C+ / 5.6
2003	C-	21,426	39.63	D / 2.1	24.80%	C+ / 5.6
2002	C-	17,730	31.94	C- / 3.2	-25.32%	C / 5.4

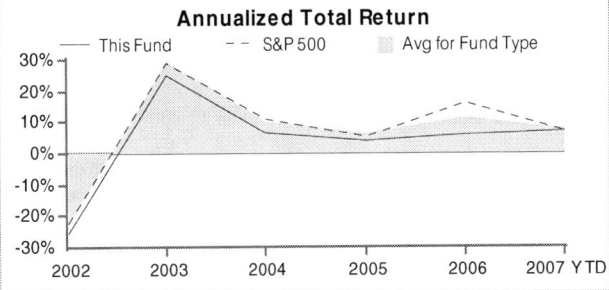

Fidelity Capital & Income (FAGIX) — C- — Fair

Fund Family: Fidelity Investments
Phone: (800) 544-8888
Address: 82 Devonshire Street, Boston, MA 02109
Fund Type: GI - Growth and Income

Major Rating Factors: Middle of the road best describes Fidelity Capital & Income whose TheStreet.com Investment Rating is currently a C- (Fair). The fund currently has a performance rating of C- (Fair) based on an average return of 12.01% over the last three years and 5.53% over the last six months. Factored into the performance evaluation is an expense ratio of 0.75% (very low) and a 1.0% back-end load levied at the time of sale.

The fund's risk rating is currently B- (Good). It carries a beta of 0.40, meaning the fund's expected move will be 4.0% for every 10% move in the market. Volatility, as measured by both the semi-deviation and a drawdown factor, is considered low.

Mark Notkin has been running the fund for 4 years and currently receives a manager quality ranking of 94 (0=worst, 99=best). If you desire an average level of risk, then this fund may be an option.

Services Offered: Automated phone transactions, bank draft capabilities, an IRA investment plan, a 401K investment plan, a Keogh investment plan and a systematic withdrawal plan.

Data Date	Investment Rating	Net Assets ($Mil)	NAV	Performance Rating/Pts	Total Return Y-T-D	Risk Rating/Pts
6-07	C-	9,485	9.12	C- / 3.3	5.53%	B- / 7.0
2006	C-	7,483	8.89	C- / 4.2	13.04%	C+ / 6.8
2004	B	4,912	8.47	B+ / 8.5	12.02%	C / 5.4
2003	B+	4,151	8.06	B+ / 8.6	41.47%	B- / 7.0
2002	B+	2,624	6.28	B+ / 8.4	-0.41%	B- / 7.3

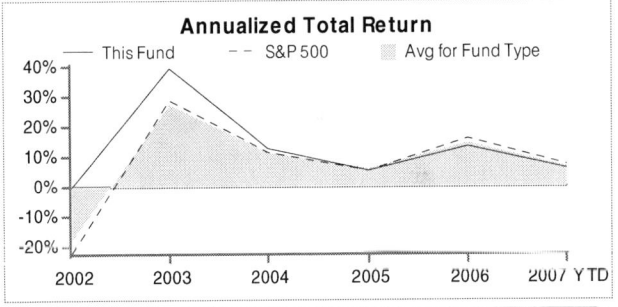

Fidelity Capital Appreciation (FDCAX) — C — Fair

Fund Family: Fidelity Investments
Phone: (800) 544-8888
Address: 82 Devonshire Street, Boston, MA 02109
Fund Type: GR - Growth

Major Rating Factors: Middle of the road best describes Fidelity Capital Appreciation whose TheStreet.com Investment Rating is currently a C (Fair). The fund currently has a performance rating of C+ (Fair) based on an average return of 12.42% over the last three years and 9.96% over the last six months. Factored into the performance evaluation is an expense ratio of 0.91% (low).

The fund's risk rating is currently C+ (Fair). It carries a beta of 1.34, meaning it is expected to move 13.4% for every 10% move in the market. Volatility, as measured by both the semi-deviation and a drawdown factor, is considered low.

J. Fergus Shiel has been running the fund for 2 years and currently receives a manager quality ranking of 30 (0=worst, 99=best). If you desire an average level of risk, then this fund may be an option.

Services Offered: Automated phone transactions, bank draft capabilities, an IRA investment plan, a 401K investment plan, a Keogh investment plan and a systematic withdrawal plan.

Data Date	Investment Rating	Net Assets ($Mil)	NAV	Performance Rating/Pts	Total Return Y-T-D	Risk Rating/Pts
6-07	C	9,694	29.81	C+ / 5.6	9.96%	C+ / 6.2
2006	C-	8,699	27.11	C / 4.7	13.80%	C+ / 6.1
2005	C+	7,284	25.10	B- / 7.4	5.80%	C+ / 5.7
2004	C+	6,452	26.03	B- / 7.1	11.26%	C / 4.8
2003	B-	4,031	24.51	B+ / 8.5	51.68%	C / 5.2
2002	C	1,958	16.18	C- / 4.1	-21.27%	C / 5.0

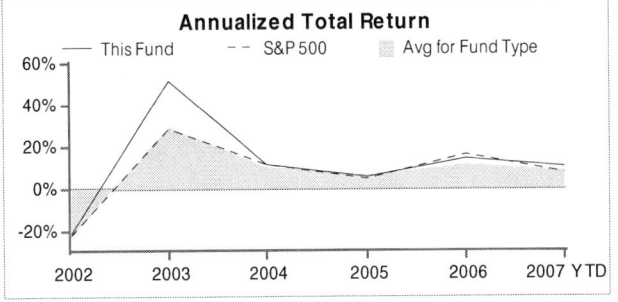

II. Analysis of Largest Funds

Summer 2007

Fidelity Contrafund (FCNTX) — C+ Fair

Fund Family: Fidelity Investments **Phone:** (800) 544-8888
Address: 82 Devonshire Street, Boston, MA 02109
Fund Type: GR - Growth

Major Rating Factors: Middle of the road best describes Fidelity Contrafund whose TheStreet.com Investment Rating is currently a C+ (Fair). The fund currently has a performance rating of C+ (Fair) based on an average return of 15.26% over the last three years and 9.02% over the last six months. Factored into the performance evaluation is an expense ratio of 0.90% (low).

The fund's risk rating is currently C+ (Fair). It carries a beta of 1.08, meaning that its performance tracks fairly well with that of the overall stock market. Volatility, as measured by both the semi-deviation and a drawdown factor, is considered low.

William Danoff has been running the fund for 17 years and currently receives a manager quality ranking of 83 (0=worst, 99=best). If you desire an average level of risk, then this fund may be an option.

Services Offered: Automated phone transactions, bank draft capabilities, an IRA investment plan, a 401K investment plan, a Keogh investment plan and a systematic withdrawal plan. However, the fund is currently closed to new investors.

Data Date	Investment Rating	Net Assets ($Mil)	NAV	Performance Rating/Pts	Total Return Y-T-D	Risk Rating/Pts
6-07	C+	72,875	70.38	C+ / 6.9	9.02%	C+ / 6.8
2006	C+	68,565	65.20	C+ / 6.4	11.52%	B- / 7.1
2005	A-	58,486	64.76	B- / 7.5	16.23%	B / 8.1
2004	B+	44,485	56.74	B- / 7.3	15.07%	C+ / 6.8
2003	B	35,008	49.35	B- / 7.0	27.95%	B- / 7.3
2002	C+	27,963	38.60	C+ / 5.9	-9.63%	B- / 7.3

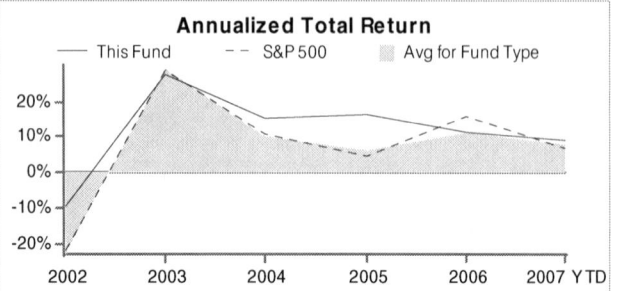

Fidelity Disciplined Equity (FDEQX) — B Good

Fund Family: Fidelity Investments **Phone:** (800) 544-8888
Address: 82 Devonshire Street, Boston, MA 02109
Fund Type: GR - Growth

Major Rating Factors: Fidelity Disciplined Equity receives a TheStreet.com Investment Rating of B (Good). The fund currently has a performance rating of C+ (Fair) based on an average return of 14.41% over the last three years and 9.44% over the last six months. Factored into the performance evaluation is an expense ratio of 0.92% (low).

The fund's risk rating is currently B (Good). It carries a beta of 1.11, meaning it is expected to move 11.1% for every 10% move in the market. Volatility, as measured by both the semi-deviation and a drawdown factor, is considered low.

Keith Quinton has been running the fund for 1 year and currently receives a manager quality ranking of 75 (0=worst, 99=best). If you desire an average level of risk, then this fund may be an option.

Services Offered: Automated phone transactions, bank draft capabilities, an IRA investment plan, a 401K investment plan, a Keogh investment plan and a systematic withdrawal plan.

Data Date	Investment Rating	Net Assets ($Mil)	NAV	Performance Rating/Pts	Total Return Y-T-D	Risk Rating/Pts
6-07	B	10,050	31.76	C+ / 6.8	9.44%	B / 8.0
2006	B	8,143	29.02	C+ / 6.2	14.58%	B / 8.1
2005	C+	6,083	27.71	C / 5.2	10.27%	B- / 7.4
2004	C+	4,951	25.29	C / 5.5	12.02%	C+ / 6.4
2003	C	3,805	22.74	C / 4.3	27.18%	C+ / 6.6
2002	C+	2,870	17.97	C / 5.1	-18.56%	C+ / 6.3

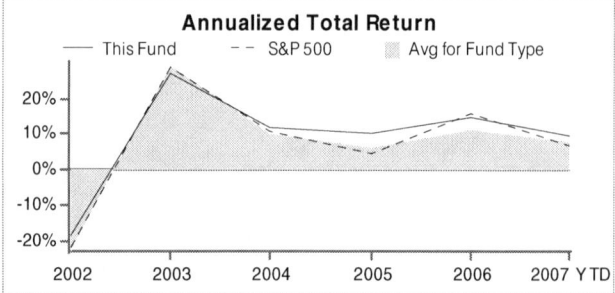

Fidelity Diversified Intl Fund (FDIVX) — A- Excellent

Fund Family: Fidelity Investments **Phone:** (800) 544-8888
Address: 82 Devonshire Street, Boston, MA 02109
Fund Type: FO - Foreign

Major Rating Factors: Exceptional performance is the major factor driving the A- (Excellent) TheStreet.com Investment Rating for Fidelity Diversified Intl Fund. The fund currently has a performance rating of A- (Excellent) based on an average return of 22.14% over the last three years and 11.10% over the last six months. Factored into the performance evaluation is an expense ratio of 1.01% (low) and a 1.0% back-end load levied at the time of sale.

The fund's risk rating is currently C+ (Fair). It carries a beta of 1.07, meaning that its performance tracks fairly well with that of the overall stock market. Volatility, as measured by both the semi-deviation and a drawdown factor, is considered low.

William Bower has been running the fund for 6 years and currently receives a manager quality ranking of 31 (0=worst, 99=best). If you desire only a moderate level of risk and strong performance, then this fund is an excellent option.

Services Offered: Automated phone transactions, bank draft capabilities, an IRA investment plan, a 401K investment plan and a systematic withdrawal plan. However, the fund is currently closed to new investors.

Data Date	Investment Rating	Net Assets ($Mil)	NAV	Performance Rating/Pts	Total Return Y-T-D	Risk Rating/Pts
6-07	A-	53,189	41.05	A- / 9.0	11.10%	C+ / 6.6
2006	B+	47,342	36.95	B+ / 8.8	22.52%	C+ / 6.7
2005	A+	31,026	32.54	A- / 9.1	17.23%	B- / 7.7
2004	A	23,420	28.64	A- / 9.1	19.66%	B- / 7.0
2003	A-	12,078	24.12	B+ / 8.4	42.38%	B- / 7.4
2002	B-	7,107	17.16	C+ / 6.0	-9.37%	B- / 7.3

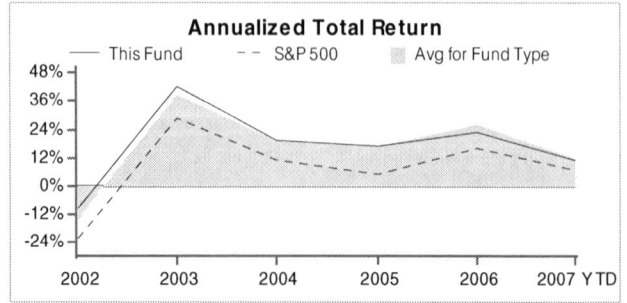

Fidelity Dividend Growth Fund (FDGFX) — C+ Fair

Fund Family: Fidelity Investments   **Phone:** (800) 544-8888
Address: 82 Devonshire Street, Boston, MA 02109
Fund Type: GR - Growth
Major Rating Factors: Middle of the road best describes Fidelity Dividend Growth Fund whose TheStreet.com Investment Rating is currently a C+ (Fair). The fund currently has a performance rating of C- (Fair) based on an average return of 9.70% over the last three years and 7.23% over the last six months. Factored into the performance evaluation is an expense ratio of 0.60% (very low).

The fund's risk rating is currently B (Good). It carries a beta of 0.95, meaning that its performance tracks fairly well with that of the overall stock market. Volatility, as measured by both the semi-deviation and a drawdown factor, is considered low.

Charles Mangum has been running the fund for 10 years and currently receives a manager quality ranking of 34 (0=worst, 99=best). If you desire an average level of risk, then this fund may be an option.

Services Offered: Automated phone transactions, bank draft capabilities, an IRA investment plan, a 401K investment plan and a systematic withdrawal plan.

Data Date	Investment Rating	Net Assets ($Mil)	NAV	Performance Rating/Pts	Total Return Y-T-D	Risk Rating/Pts
6-07	C+	17,263	33.97	C- / 3.8	7.23%	B / 8.6
2006	C	17,152	31.68	C- / 3.9	14.67%	B- / 7.7
2005	D-	16,565	28.79	D- / 1.5	3.50%	C+ / 6.8
2004	D	19,422	28.49	D / 1.9	5.84%	C / 5.1
2003	C	16,954	27.30	C / 4.8	23.36%	C+ / 6.1
2002	B-	14,176	22.32	B- / 7.4	-20.44%	B- / 7.0

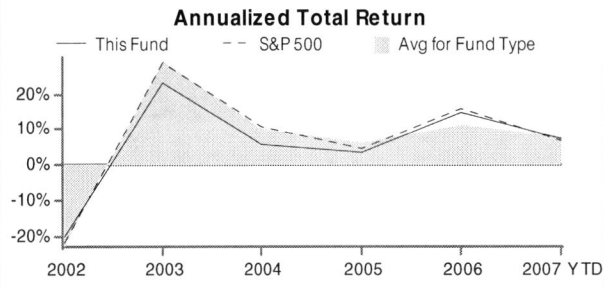

Fidelity Equity Income I (FEQIX) — B Good

Fund Family: Fidelity Investments   **Phone:** (800) 544-8888
Address: 82 Devonshire Street, Boston, MA 02109
Fund Type: IN - Income
Major Rating Factors: Fidelity Equity Income I receives a TheStreet.com Investment Rating of B (Good). The fund currently has a performance rating of C+ (Fair) based on an average return of 13.92% over the last three years and 8.45% over the last six months. Factored into the performance evaluation is an expense ratio of 0.68% (very low).

The fund's risk rating is currently B (Good). It carries a beta of 0.98, meaning that its performance tracks fairly well with that of the overall stock market. Volatility, as measured by both the semi-deviation and a drawdown factor, is considered low.

Stephen Petersen has been running the fund for 14 years and currently receives a manager quality ranking of 80 (0=worst, 99=best). If you desire an average level of risk, then this fund may be an option.

Services Offered: Automated phone transactions, bank draft capabilities, an IRA investment plan, a 401K investment plan, a Keogh investment plan and a systematic withdrawal plan.

Data Date	Investment Rating	Net Assets ($Mil)	NAV	Performance Rating/Pts	Total Return Y-T-D	Risk Rating/Pts
6-07	B	33,310	62.23	C+ / 6.9	8.45%	B / 8.3
2006	B+	30,629	58.55	B- / 7.0	19.81%	B / 8.5
2005	C	26,089	52.78	C / 4.5	5.74%	C+ / 6.9
2004	C	26,372	52.78	C+ / 5.8	11.29%	C / 5.5
2003	B-	21,691	49.75	B- / 7.2	29.96%	C+ / 6.5
2002	B	18,495	39.67	B- / 7.3	-17.16%	B- / 7.4

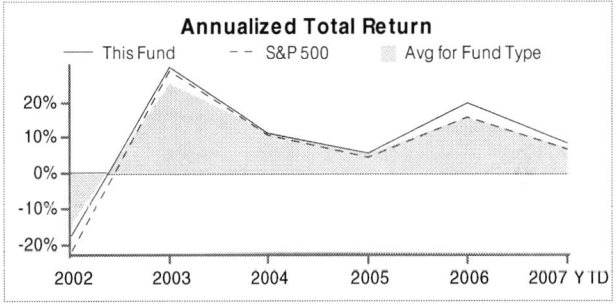

Fidelity Equity Income-II (FEQTX) — C+ Fair

Fund Family: Fidelity Investments   **Phone:** (800) 544-8888
Address: 82 Devonshire Street, Boston, MA 02109
Fund Type: IN - Income
Major Rating Factors: Middle of the road best describes Fidelity Equity Income-II whose TheStreet.com Investment Rating is currently a C+ (Fair). The fund currently has a performance rating of C (Fair) based on an average return of 11.89% over the last three years and 7.63% over the last six months. Factored into the performance evaluation is an expense ratio of 0.67% (very low).

The fund's risk rating is currently B- (Good). It carries a beta of 1.02, meaning that its performance tracks fairly well with that of the overall stock market. Volatility, as measured by both the semi-deviation and a drawdown factor, is considered low.

Robert Chow has been running the fund for 1 year and currently receives a manager quality ranking of 55 (0=worst, 99=best). If you desire an average level of risk, then this fund may be an option.

Services Offered: Automated phone transactions, bank draft capabilities, an IRA investment plan, a 401K investment plan and a systematic withdrawal plan.

Data Date	Investment Rating	Net Assets ($Mil)	NAV	Performance Rating/Pts	Total Return Y-T-D	Risk Rating/Pts
6-07	C+	11,517	25.02	C / 4.9	7.63%	B- / 7.4
2006	C	11,698	24.24	C / 4.4	13.73%	B- / 7.7
2005	C	12,251	22.86	C- / 4.2	4.63%	C+ / 6.8
2004	C+	12,915	24.01	C+ / 6.2	9.88%	C+ / 5.6
2003	B-	11,527	22.78	B- / 7.3	32.60%	C+ / 5.9
2002	B-	10,157	17.39	B- / 7.4	-15.43%	C+ / 6.3

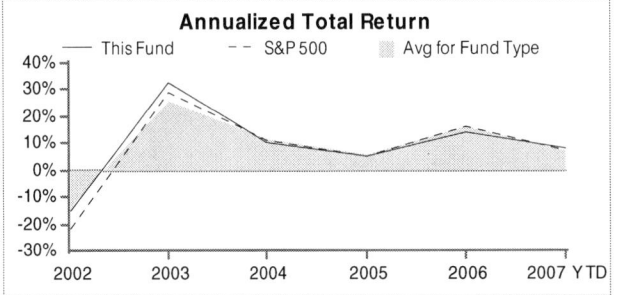

II. Analysis of Largest Funds
Summer 2007

Fidelity Europe (FIEUX) — B+ Good

Fund Family: Fidelity Investments **Phone:** (800) 544-8888
Address: 82 Devonshire Street, Boston, MA 02109
Fund Type: FO - Foreign
Major Rating Factors: Exceptional performance is the major factor driving the B+ (Good) TheStreet.com Investment Rating for Fidelity Europe. The fund currently has a performance rating of A (Excellent) based on an average return of 25.97% over the last three years and 9.76% over the last six months. Factored into the performance evaluation is an expense ratio of 1.16% (low) and a 1.0% back-end load levied at the time of sale.

The fund's risk rating is currently C+ (Fair). It carries a beta of 1.19, meaning it is expected to move 11.9% for every 10% move in the market. Volatility, as measured by both the semi-deviation and a drawdown factor, is considered low.

Trygve Toraasen has been running the fund for 1 year and currently receives a manager quality ranking of 43 (0=worst, 99=best). If you desire only a moderate level of risk and strong performance, then this fund is an excellent option.

Services Offered: Automated phone transactions, bank draft capabilities, an IRA investment plan, a 401K investment plan, a Keogh investment plan and a systematic withdrawal plan.

Data Date	Investment Rating	Net Assets ($Mil)	NAV	Performance Rating/Pts	Total Return Y-T-D	Risk Rating/Pts
6-07	B+	5,029	43.20	A / 9.3	9.76%	C+ / 6.0
2006	A-	4,388	39.36	A / 9.3	25.18%	C+ / 6.4
2005	B+	2,624	35.97	A / 9.5	18.17%	C / 5.0
2004	B-	2,208	34.15	A- / 9.2	28.95%	C- / 3.7
2003	C	1,386	26.62	C+ / 6.5	46.91%	C / 4.3
2002	C-	955	18.32	C- / 3.3	-25.46%	C / 4.5

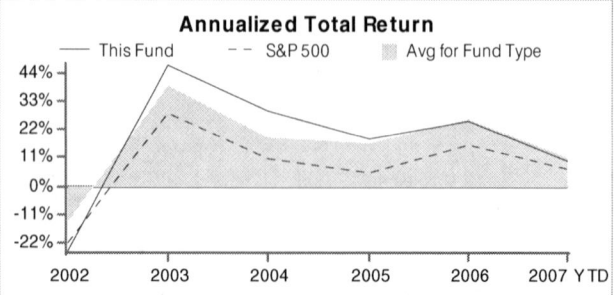

Fidelity Export Fund (FEXPX) — C+ Fair

Fund Family: Fidelity Investments **Phone:** (800) 544-8888
Address: 82 Devonshire Street, Boston, MA 02109
Fund Type: GR - Growth
Major Rating Factors: Middle of the road best describes Fidelity Export Fund whose TheStreet.com Investment Rating is currently a C+ (Fair). The fund currently has a performance rating of C+ (Fair) based on an average return of 14.12% over the last three years and 9.79% over the last six months. Factored into the performance evaluation is an expense ratio of 0.83% (very low) and a 0.8% back-end load levied at the time of sale.

The fund's risk rating is currently B- (Good). It carries a beta of 1.18, meaning it is expected to move 11.8% for every 10% move in the market. Volatility, as measured by both the semi-deviation and a drawdown factor, is considered low.

Victor Thay has been running the fund for 2 years and currently receives a manager quality ranking of 65 (0=worst, 99=best). If you desire an average level of risk, then this fund may be an option.

Services Offered: Automated phone transactions, payroll deductions, bank draft capabilities, an IRA investment plan, a 401K investment plan, a Keogh investment plan and a systematic withdrawal plan.

Data Date	Investment Rating	Net Assets ($Mil)	NAV	Performance Rating/Pts	Total Return Y-T-D	Risk Rating/Pts
6-07	C+	4,449	25.23	C+ / 6.2	9.79%	B- / 7.1
2006	C	4,285	22.98	C / 4.8	8.43%	B- / 7.1
2005	B	3,837	21.24	B / 7.7	15.29%	C+ / 6.7
2004	C+	1,643	19.64	C+ / 6.3	13.59%	C / 5.2
2003	B-	947	18.16	B- / 7.5	32.62%	C+ / 6.4
2002	C+	708	13.75	B- / 7.2	-18.66%	C+ / 5.6

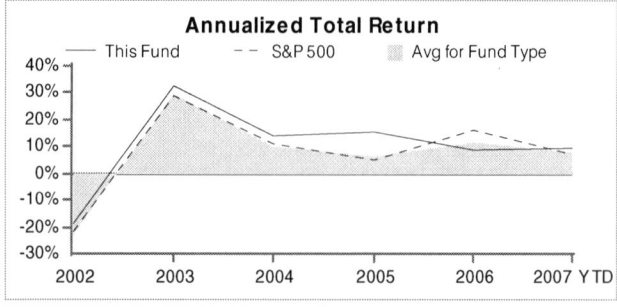

Fidelity Freedom 2010 Fd (FFFCX) — C- Fair

Fund Family: Fidelity Investments **Phone:** (800) 544-8888
Address: 82 Devonshire Street, Boston, MA 02109
Fund Type: AA - Asset Allocation
Major Rating Factors: Disappointing performance is the major factor driving the C- (Fair) TheStreet.com Investment Rating for Fidelity Freedom 2010 Fd. The fund currently has a performance rating of D (Weak) based on an average return of 8.98% over the last three years and 5.75% over the last six months. Factored into the performance evaluation is an expense ratio of 0.64% (very low).

The fund's risk rating is currently B+ (Good). It carries a beta of 0.95, meaning that its performance tracks fairly well with that of the overall stock market. Volatility, as measured by both the semi-deviation and a drawdown factor, is considered very low.

Ren Cheng has been running the fund for 11 years and currently receives a manager quality ranking of 62 (0=worst, 99=best). This fund offers only a moderate level of risk but investors looking for strong performance are still waiting.

Services Offered: Automated phone transactions, payroll deductions, bank draft capabilities, an IRA investment plan, a 401K investment plan and a Keogh investment plan.

Data Date	Investment Rating	Net Assets ($Mil)	NAV	Performance Rating/Pts	Total Return Y-T-D	Risk Rating/Pts
6-07	C-	14,038	15.08	D / 1.9	5.75%	B+ / 9.0
2006	C	12,269	14.62	D+ / 2.4	9.46%	B+ / 9.3
2005	C	9,788	14.05	D- / 1.3	5.92%	B+ / 9.9
2004	B	8,419	13.62	C / 4.4	7.24%	B+ / 9.2
2003	B+	6,497	13.02	C+ / 6.2	17.13%	B+ / 9.1
2002	B+	4,324	11.44	B / 8.1	-6.85%	B / 8.7

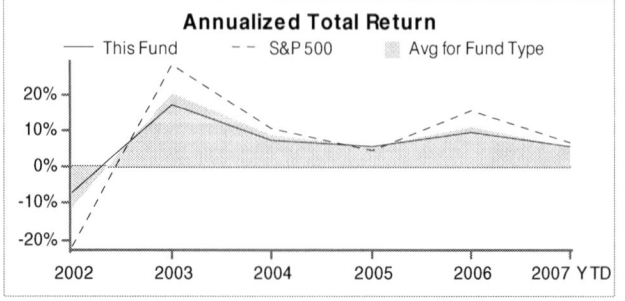

Fidelity Freedom 2015 Fd (FFVFX) C Fair

Fund Family: Fidelity Investments **Phone:** (800) 544-8888
Address: 82 Devonshire Street, Boston, MA 02109
Fund Type: AA - Asset Allocation

Major Rating Factors: Disappointing performance is the major factor driving the C (Fair) TheStreet.com Investment Rating for Fidelity Freedom 2015 Fd. The fund currently has a performance rating of D+ (Weak) based on an average return of 10.16% over the last three years and 6.40% over the last six months. Factored into the performance evaluation is an expense ratio of 0.69% (very low).

The fund's risk rating is currently B (Good). It carries a beta of 1.14, meaning it is expected to move 11.4% for every 10% move in the market. Volatility, as measured by both the semi-deviation and a drawdown factor, is considered low.

Ren Cheng has been running the fund for 4 years and currently receives a manager quality ranking of 64 (0=worst, 99=best). This fund offers only a moderate level of risk but investors looking for strong performance are still waiting.

Services Offered: Automated phone transactions, check writing, payroll deductions, bank draft capabilities, an IRA investment plan, a 401K investment plan, a Keogh investment plan, wire transfers and a systematic withdrawal plan.

Data Date	Investment Rating	Net Assets ($Mil)	NAV	Performance Rating/Pts	Total Return Y-T-D	Risk Rating/Pts
6-07	C	5,826	12.69	D+ / 2.8	6.40%	B / 8.8
2006	C+	4,276	12.20	C- / 3.2	10.36%	B+ / 9.7
2005	U	1,748	11.55	U / --	7.01%	U / --
2004	U	564	11.05	U / --	8.49%	U / --

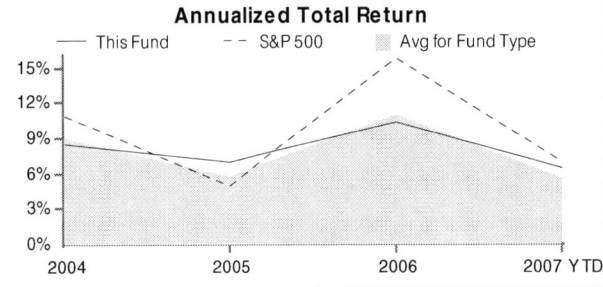

Fidelity Freedom 2020 Fd (FFFDX) C Fair

Fund Family: Fidelity Investments **Phone:** (800) 544-8888
Address: 82 Devonshire Street, Boston, MA 02109
Fund Type: AA - Asset Allocation

Major Rating Factors: Middle of the road best describes Fidelity Freedom 2020 Fd whose TheStreet.com Investment Rating is currently a C (Fair). The fund currently has a performance rating of C- (Fair) based on an average return of 11.36% over the last three years and 7.29% over the last six months. Factored into the performance evaluation is an expense ratio of 0.73% (very low).

The fund's risk rating is currently B (Good). It carries a beta of 1.34, meaning it is expected to move 13.4% for every 10% move in the market. Volatility, as measured by both the semi-deviation and a drawdown factor, is considered low.

Ren Cheng has been running the fund for 11 years and currently receives a manager quality ranking of 66 (0=worst, 99=best). If you desire an average level of risk, then this fund may be an option.

Services Offered: Automated phone transactions, payroll deductions, bank draft capabilities, an IRA investment plan, a 401K investment plan and a Keogh investment plan.

Data Date	Investment Rating	Net Assets ($Mil)	NAV	Performance Rating/Pts	Total Return Y-T-D	Risk Rating/Pts
6-07	C	19,960	16.16	C- / 4.0	7.29%	B / 8.0
2006	C	16,889	15.53	C- / 4.0	11.61%	B / 8.4
2005	C+	11,971	14.71	C- / 3.8	7.75%	B+ / 9.2
2004	C+	9,338	13.96	C / 5.3	9.55%	B- / 7.4
2003	C+	6,319	13.02	C / 5.5	24.90%	B- / 7.2
2002	B-	3,742	10.64	C+ / 6.5	-13.71%	B- / 7.1

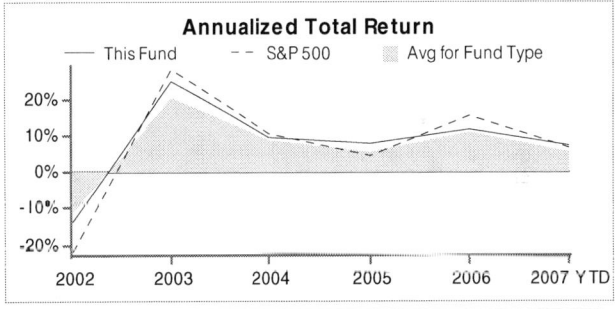

Fidelity Freedom 2025 Fd (FFTWX) C+ Fair

Fund Family: Fidelity Investments **Phone:** (800) 544-8888
Address: 82 Devonshire Street, Boston, MA 02109
Fund Type: AA - Asset Allocation

Major Rating Factors: Middle of the road best describes Fidelity Freedom 2025 Fd whose TheStreet.com Investment Rating is currently a C+ (Fair). The fund currently has a performance rating of C (Fair) based on an average return of 11.74% over the last three years and 7.61% over the last six months. Factored into the performance evaluation is an expense ratio of 0.75% (very low).

The fund's risk rating is currently B (Good). It carries a beta of 1.42, meaning it is expected to move 14.2% for every 10% move in the market. Volatility, as measured by both the semi-deviation and a drawdown factor, is considered low.

Ren Cheng has been running the fund for 4 years and currently receives a manager quality ranking of 66 (0=worst, 99=best). If you desire an average level of risk, then this fund may be an option.

Services Offered: Automated phone transactions, check writing, payroll deductions, bank draft capabilities, an IRA investment plan, a 401K investment plan, a Keogh investment plan, wire transfers and a systematic withdrawal plan.

Data Date	Investment Rating	Net Assets ($Mil)	NAV	Performance Rating/Pts	Total Return Y-T-D	Risk Rating/Pts
6-07	C+	5,135	13.41	C / 4.3	7.61%	B / 8.1
2006	C+	3,461	12.77	C / 4.3	11.84%	B+ / 9.2
2005	U	1,368	11.96	U / --	8.19%	U / --
2004	U	375	11.28	U / --	9.91%	U / --

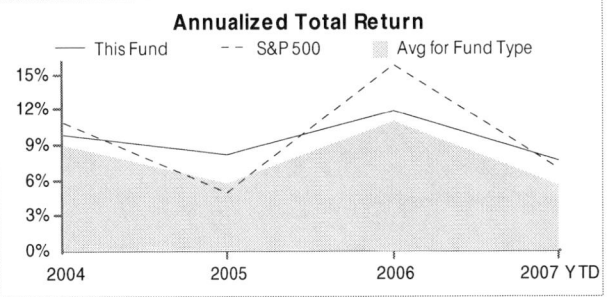

II. Analysis of Largest Funds

Fidelity Freedom 2030 Fd (FFFEX) — C+ Fair

Fund Family: Fidelity Investments **Phone:** (800) 544-8888
Address: 82 Devonshire Street, Boston, MA 02109
Fund Type: AA - Asset Allocation
Major Rating Factors: Middle of the road best describes Fidelity Freedom 2030 Fd whose TheStreet.com Investment Rating is currently a C+ (Fair). The fund currently has a performance rating of C+ (Fair) based on an average return of 12.76% over the last three years and 8.51% over the last six months. Factored into the performance evaluation is an expense ratio of 0.80% (very low).

The fund's risk rating is currently B- (Good). It carries a beta of 1.55, meaning it is expected to move 15.5% for every 10% move in the market. Volatility, as measured by both the semi-deviation and a drawdown factor, is considered low.

Ren Cheng has been running the fund for 11 years and currently receives a manager quality ranking of 69 (0=worst, 99=best). If you desire an average level of risk, then this fund may be an option.

Services Offered: Automated phone transactions, payroll deductions, bank draft capabilities, an IRA investment plan, a 401K investment plan and a Keogh investment plan.

Data Date	Investment Rating	Net Assets ($Mil)	NAV	Performance Rating/Pts	Total Return Y-T-D	Risk Rating/Pts
6-07	C+	13,260	16.84	C+ / 5.6	8.51%	B- / 7.6
2006	C+	10,720	16.03	C / 5.0	12.90%	B- / 7.9
2005	B-	7,173	15.02	C / 5.0	8.82%	B / 8.6
2004	C+	5,500	14.08	C / 5.4	10.45%	C+ / 6.5
2003	C+	3,658	12.95	C / 5.2	28.42%	C+ / 6.3
2002	C+	2,117	10.24	C+ / 5.6	-17.31%	C+ / 6.5

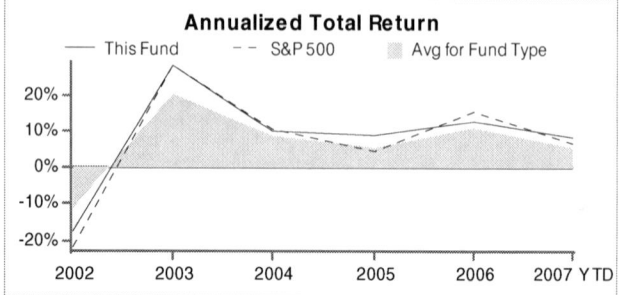

Fidelity Freedom 2040 Fd (FFFFX) — B- Good

Fund Family: Fidelity Investments **Phone:** (800) 544-8888
Address: 82 Devonshire Street, Boston, MA 02109
Fund Type: AA - Asset Allocation
Major Rating Factors: Fidelity Freedom 2040 Fd receives a TheStreet.com Investment Rating of B- (Good). The fund currently has a performance rating of C+ (Fair) based on an average return of 13.33% over the last three years and 8.89% over the last six months. Factored into the performance evaluation is an expense ratio of 0.79% (very low).

The fund's risk rating is currently B- (Good). It carries a beta of 1.65, meaning it is expected to move 16.5% for every 10% move in the market. Volatility, as measured by both the semi-deviation and a drawdown factor, is considered low.

Ren Cheng has been running the fund for 6 years and currently receives a manager quality ranking of 70 (0=worst, 99=best). If you desire an average level of risk, then this fund may be an option.

Services Offered: Automated phone transactions, payroll deductions, bank draft capabilities, an IRA investment plan, a 401K investment plan, a Keogh investment plan and a systematic withdrawal plan.

Data Date	Investment Rating	Net Assets ($Mil)	NAV	Performance Rating/Pts	Total Return Y-T-D	Risk Rating/Pts
6-07	B-	6,665	9.99	C+ / 6.1	8.89%	B- / 7.4
2006	C+	5,249	9.48	C / 5.5	13.49%	B- / 7.7
2005	B	2,973	8.83	C / 5.5	9.06%	B / 8.2
2004	C	1,864	8.27	C+ / 5.6	11.32%	C+ / 5.8
2003	C+	938	7.56	C / 5.1	31.16%	C+ / 6.0
2002	U	341	5.86	U / --	-19.66%	U / --

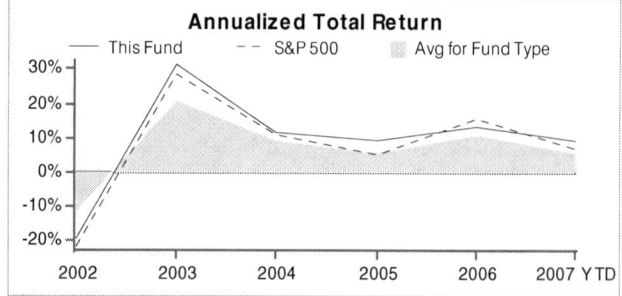

Fidelity Fund (FFIDX) — C+ Fair

Fund Family: Fidelity Investments **Phone:** (800) 544-8888
Address: 82 Devonshire Street, Boston, MA 02109
Fund Type: GR - Growth
Major Rating Factors: Middle of the road best describes Fidelity Fund whose TheStreet.com Investment Rating is currently a C+ (Fair). The fund currently has a performance rating of C (Fair) based on an average return of 11.75% over the last three years and 9.00% over the last six months. Factored into the performance evaluation is an expense ratio of 0.57% (very low).

The fund's risk rating is currently B- (Good). It carries a beta of 0.98, meaning that its performance tracks fairly well with that of the overall stock market. Volatility, as measured by both the semi-deviation and a drawdown factor, is considered low.

John Avery has been running the fund for 5 years and currently receives a manager quality ranking of 57 (0=worst, 99=best). If you desire an average level of risk, then this fund may be an option.

Services Offered: Automated phone transactions, bank draft capabilities, an IRA investment plan, a 401K investment plan, a Keogh investment plan and a systematic withdrawal plan.

Data Date	Investment Rating	Net Assets ($Mil)	NAV	Performance Rating/Pts	Total Return Y-T-D	Risk Rating/Pts
6-07	C+	7,500	38.98	C / 5.3	9.00%	B- / 7.9
2006	C	7,679	35.84	C / 4.5	13.67%	B / 8.0
2005	C	9,671	31.82	C- / 3.9	7.52%	B- / 7.2
2004	C-	10,812	29.88	D+ / 2.9	7.84%	C / 5.5
2003	C	9,854	28.08	C / 4.3	27.26%	C+ / 5.7
2002	C	9,256	22.26	C- / 4.2	-22.25%	C+ / 5.6

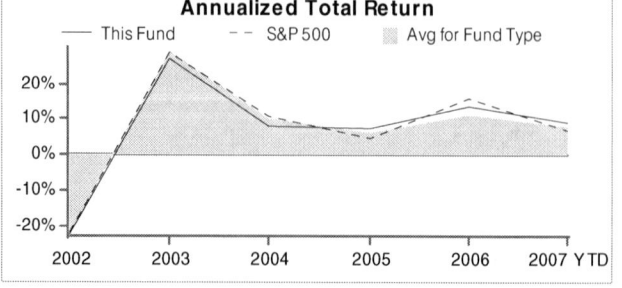

Fidelity Growth & Income (FGRIX) — E+ Very Weak

Fund Family: Fidelity Investments
Phone: (800) 544-8888
Address: 82 Devonshire Street, Boston, MA 02109
Fund Type: GI - Growth and Income

Major Rating Factors: Disappointing performance is the major factor driving the E+ (Very Weak) TheStreet.com Investment Rating for Fidelity Growth & Income. The fund currently has a performance rating of D+ (Weak) based on an average return of 9.23% over the last three years and 6.91% over the last six months. Factored into the performance evaluation is an expense ratio of 0.69% (very low).

The fund's risk rating is currently C- (Fair). It carries a beta of 0.90, meaning the fund's expected move will be 9.0% for every 10% move in the market. Volatility, as measured by both the semi-deviation and a drawdown factor, is considered average.

Tim Cohen has been running the fund for 2 years and currently receives a manager quality ranking of 34 (0=worst, 99=best). This fund offers an average level of risk but investors looking for strong performance will be frustrated.

Services Offered: Automated phone transactions, bank draft capabilities, an IRA investment plan, a 401K investment plan, a Keogh investment plan and a systematic withdrawal plan.

Data Date	Investment Rating	Net Assets ($Mil)	NAV	Performance Rating/Pts	Total Return Y-T-D	Risk Rating/Pts
6-07	E+	29,061	33.24	D+ / 2.9	6.91%	C- / 3.6
2006	E+	30,214	31.15	C- / 3.1	10.71%	C- / 3.4
2005	E+	31,527	34.40	D- / 1.3	2.71%	C+ / 6.6
2004	C-	32,106	38.21	C- / 3.5	9.84%	C+ / 6.2
2003	C	29,167	35.63	C- / 3.3	19.01%	C+ / 6.6
2002	C+	27,196	30.31	C+ / 5.9	-18.08%	B- / 7.2

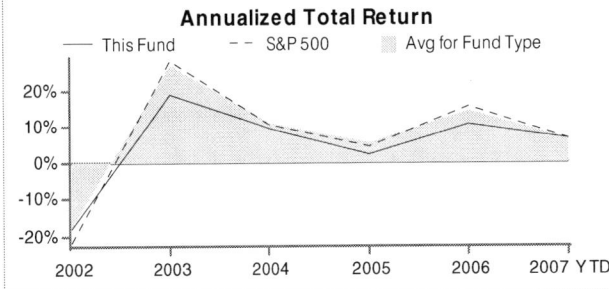

Fidelity Growth Company (FDGRX) — C Fair

Fund Family: Fidelity Investments
Phone: (800) 544-8888
Address: 82 Devonshire Street, Boston, MA 02109
Fund Type: GR - Growth

Major Rating Factors: Middle of the road best describes Fidelity Growth Company whose TheStreet.com Investment Rating is currently a C (Fair). The fund currently has a performance rating of C+ (Fair) based on an average return of 12.95% over the last three years and 9.04% over the last six months. Factored into the performance evaluation is an expense ratio of 0.97% (low).

The fund's risk rating is currently C+ (Fair). It carries a beta of 1.45, meaning it is expected to move 14.5% for every 10% move in the market. Volatility, as measured by both the semi-deviation and a drawdown factor, is considered low.

Steven Wymer has been running the fund for 10 years and currently receives a manager quality ranking of 26 (0=worst, 99=best). If you desire an average level of risk, then this fund may be an option.

Services Offered: Automated phone transactions, bank draft capabilities, an IRA investment plan, a 401K investment plan, a Keogh investment plan and a systematic withdrawal plan. However, the fund is currently closed to new investors.

Data Date	Investment Rating	Net Assets ($Mil)	NAV	Performance Rating/Pts	Total Return Y-T-D	Risk Rating/Pts
6-07	C	32,155	76.01	C+ / 6.1	9.04%	C+ / 5.9
2006	C-	30,070	69.71	C / 4.9	9.56%	C / 5.5
2005	B-	26,818	63.63	B / 8.2	13.50%	C / 5.3
2004	D-	25,180	56.07	D+ / 2.8	12.12%	D+ / 2.9
2003	D-	22,374	50.07	D / 2.1	41.36%	C- / 3.0
2002	D	16,411	35.42	D / 1.7	-33.45%	D+ / 2.9

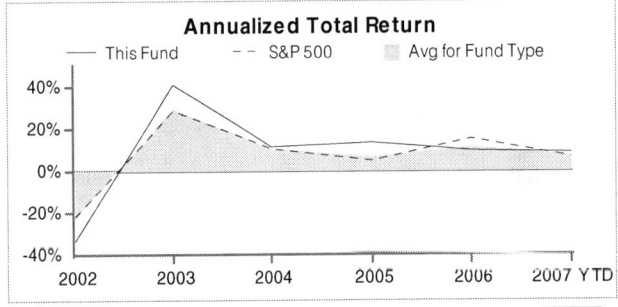

Fidelity Independence Fund (FDFFX) — B+ Good

Fund Family: Fidelity Investments
Phone: (800) 544-8888
Address: 82 Devonshire Street, Boston, MA 02109
Fund Type: GR - Growth

Major Rating Factors: Strong performance is the major factor driving the B+ (Good) TheStreet.com Investment Rating for Fidelity Independence Fund. The fund currently has a performance rating of B (Good) based on an average return of 14.77% over the last three years and 13.43% over the last six months. Factored into the performance evaluation is an expense ratio of 0.87% (low).

The fund's risk rating is currently B- (Good). It carries a beta of 1.41, meaning it is expected to move 14.1% for every 10% move in the market. Volatility, as measured by both the semi-deviation and a drawdown factor, is considered low.

Robert Bertelson has been running the fund for 1 year and currently receives a manager quality ranking of 49 (0=worst, 99=best). If you desire only a moderate level of risk and strong performance, then this fund is an excellent option.

Services Offered: Automated phone transactions, bank draft capabilities, an IRA investment plan, a 401K investment plan, a Keogh investment plan and a systematic withdrawal plan.

Data Date	Investment Rating	Net Assets ($Mil)	NAV	Performance Rating/Pts	Total Return Y-T-D	Risk Rating/Pts
6-07	B+	5,033	24.91	B / 7.7	13.43%	B- / 7.0
2006	C	4,707	21.96	C / 5.1	12.26%	B- / 7.0
2005	C	4,656	19.65	C / 5.1	10.55%	C+ / 6.4
2004	C	4,705	17.83	C / 5.5	11.65%	C / 5.0
2003	D	4,604	16.06	D / 1.7	23.66%	C / 4.5
2002	C-	4,444	13.07	C / 4.9	-15.82%	C- / 3.7

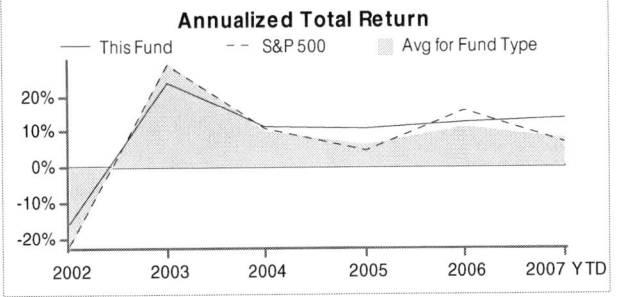

II. Analysis of Largest Funds
Summer 2007

Fidelity International Discovery Fd (FIGRX) — A Excellent

Fund Family: Fidelity Investments **Phone:** (800) 544-8888
Address: 82 Devonshire Street, Boston, MA 02109
Fund Type: FO - Foreign
Major Rating Factors: Exceptional performance is the major factor driving the A (Excellent) TheStreet.com Investment Rating for Fidelity International Discovery Fd. The fund currently has a performance rating of A- (Excellent) based on an average return of 23.27% over the last three years and 11.89% over the last six months. Factored into the performance evaluation is an expense ratio of 1.09% (low) and a 1.0% back-end load levied at the time of sale.

The fund's risk rating is currently C+ (Fair). It carries a beta of 1.16, meaning it is expected to move 11.6% for every 10% move in the market. Volatility, as measured by both the semi-deviation and a drawdown factor, is considered low.

William Kennedy has been running the fund for 3 years and currently receives a manager quality ranking of 27 (0=worst, 99=best). If you desire only a moderate level of risk and strong performance, then this fund is an excellent option.

Services Offered: Automated phone transactions, bank draft capabilities, an IRA investment plan, a 401K investment plan, a Keogh investment plan, wire transfers and a systematic withdrawal plan.

Data Date	Investment Rating	Net Assets ($Mil)	NAV	Performance Rating/Pts	Total Return Y-T-D	Risk Rating/Pts
6-07	A	11,868	42.43	A- / 9.2	11.89%	C+ / 6.6
2006	A-	8,974	37.92	A- / 9.1	24.22%	C+ / 6.7
2005	A	4,219	31.66	A- / 9.2	18.55%	B- / 7.0
2004	A-	2,504	28.20	A- / 9.1	19.05%	C+ / 6.4
2003	B+	1,300	23.92	B+ / 8.4	43.34%	C+ / 6.7
2002	C+	932	16.82	C / 5.0	-9.87%	C+ / 6.0

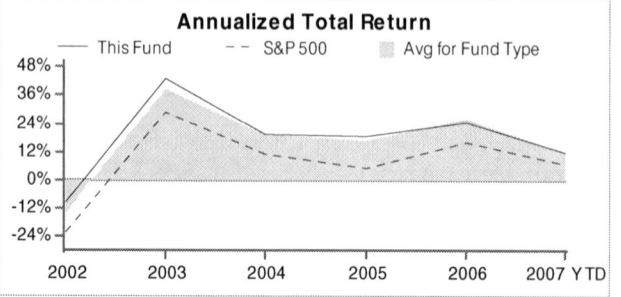

Fidelity Latin American Fund (FLATX) — B- Good

Fund Family: Fidelity Investments **Phone:** (800) 544-8888
Address: 82 Devonshire Street, Boston, MA 02109
Fund Type: EM - Emerging Market
Major Rating Factors: Exceptional performance is the major factor driving the B- (Good) TheStreet.com Investment Rating for Fidelity Latin American Fund. The fund currently has a performance rating of A+ (Excellent) based on an average return of 57.65% over the last three years and 23.83% over the last six months. Factored into the performance evaluation is an expense ratio of 1.05% (low) and a 1.5% back-end load levied at the time of sale.

The fund's risk rating is currently C- (Fair). It carries a beta of 1.30, meaning it is expected to move 13.0% for every 10% move in the market. Volatility, as measured by both the semi-deviation and a drawdown factor, is considered average.

Brent Bottamini currently receives a manager quality ranking of 89 (0=worst, 99=best). If you desire an average level of risk and strong performance, then this fund is a good option.

Services Offered: Automated phone transactions, bank draft capabilities, an IRA investment plan, a 401K investment plan and a systematic withdrawal plan.

Data Date	Investment Rating	Net Assets ($Mil)	NAV	Performance Rating/Pts	Total Return Y-T-D	Risk Rating/Pts
6-07	B-	4,886	55.39	A+ / 9.9	23.83%	C- / 3.7
2006	C+	3,666	44.73	A+ / 9.9	44.33%	C- / 3.7
2005	B+	1,691	31.98	A+ / 9.9	55.17%	C / 4.6
2004	B-	502	21.15	A+ / 9.8	41.11%	C- / 3.4
2003	B	234	15.22	A / 9.5	65.78%	C / 4.8
2002	C-	144	9.33	C / 4.3	-20.85%	C / 4.6

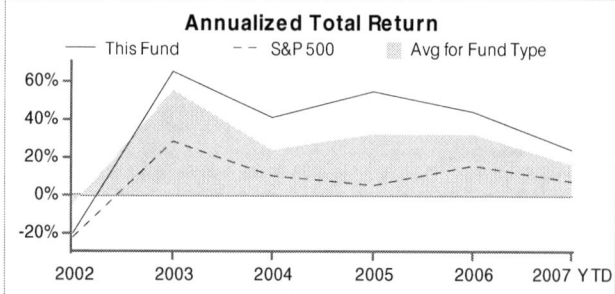

Fidelity Leveraged Company Stock (FLVCX) — A- Excellent

Fund Family: Fidelity Investments **Phone:** (800) 544-8888
Address: 82 Devonshire Street, Boston, MA 02109
Fund Type: GR - Growth
Major Rating Factors: Exceptional performance is the major factor driving the A- (Excellent) TheStreet.com Investment Rating for Fidelity Leveraged Company Stock. The fund currently has a performance rating of A (Excellent) based on an average return of 24.10% over the last three years and 20.23% over the last six months. Factored into the performance evaluation is an expense ratio of 0.86% (very low) and a 1.5% back-end load levied at the time of sale.

The fund's risk rating is currently C+ (Fair). It carries a beta of 1.29, meaning it is expected to move 12.9% for every 10% move in the market. Volatility, as measured by both the semi-deviation and a drawdown factor, is considered low.

Thomas Soviero has been running the fund for 4 years and currently receives a manager quality ranking of 98 (0=worst, 99=best). If you desire only a moderate level of risk and strong performance, then this fund is an excellent option.

Services Offered: Automated phone transactions, payroll deductions, bank draft capabilities, an IRA investment plan, a 401K investment plan, a Keogh investment plan, wire transfers and a systematic withdrawal plan.

Data Date	Investment Rating	Net Assets ($Mil)	NAV	Performance Rating/Pts	Total Return Y-T-D	Risk Rating/Pts
6-07	A-	7,772	34.83	A / 9.4	20.23%	C+ / 6.2
2006	B	4,909	28.97	B+ / 8.4	17.57%	C+ / 6.5
2005	A+	3,454	26.02	A+ / 9.8	17.47%	C+ / 6.7
2004	B+	2,142	22.68	A+ / 9.9	24.33%	C / 4.6
2003	B+	1,026	19.33	A+ / 9.9	96.31%	C / 5.4
2002	U	65	10.00	U / --	-1.77%	U / --

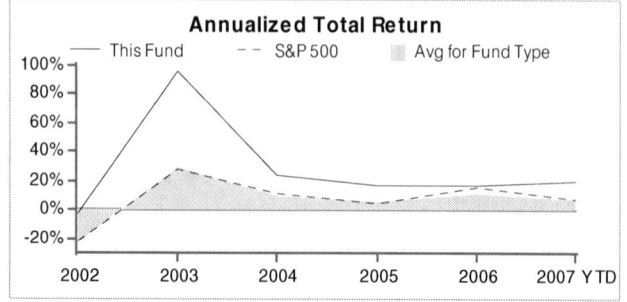

Summer 2007 — II. Analysis of Largest Funds

Fidelity Low-Priced Stock (FLPSX) — B Good

Fund Family: Fidelity Investments **Phone:** (800) 544-8888
Address: 82 Devonshire Street, Boston, MA 02109
Fund Type: MC - Mid Cap
Major Rating Factors: Strong performance is the major factor driving the B (Good) TheStreet.com Investment Rating for Fidelity Low-Priced Stock. The fund currently has a performance rating of B (Good) based on an average return of 16.77% over the last three years and 9.10% over the last six months. Factored into the performance evaluation is an expense ratio of 0.88% (low) and a 1.5% back-end load levied at the time of sale.

The fund's risk rating is currently C+ (Fair). It carries a beta of 0.93, meaning that its performance tracks fairly well with that of the overall stock market. Volatility, as measured by both the semi-deviation and a drawdown factor, is considered low.

Joel Tillinghast has been running the fund for 18 years and currently receives a manager quality ranking of 80 (0=worst, 99=best). If you desire only a moderate level of risk and strong performance, then this fund is an excellent option.

Services Offered: Automated phone transactions, bank draft capabilities, an IRA investment plan, a 401K investment plan, a Keogh investment plan and a systematic withdrawal plan. However, the fund is currently closed to new investors.

Data Date	Investment Rating	Net Assets ($Mil)	NAV	Performance Rating/Pts	Total Return Y-T-D	Risk Rating/Pts
6-07	B	41,237	47.50	B / 7.6	9.10%	C+ / 6.6
2006	B+	39,340	43.54	B / 8.0	17.76%	B- / 7.0
2005	A-	36,517	40.84	B / 8.0	8.65%	B- / 7.3
2004	A	35,976	40.25	A / 9.3	22.24%	C+ / 6.7
2003	A+	25,016	34.98	A+ / 9.6	40.85%	B- / 7.6
2002	A	15,540	25.17	A+ / 9.6	-6.18%	B / 8.3

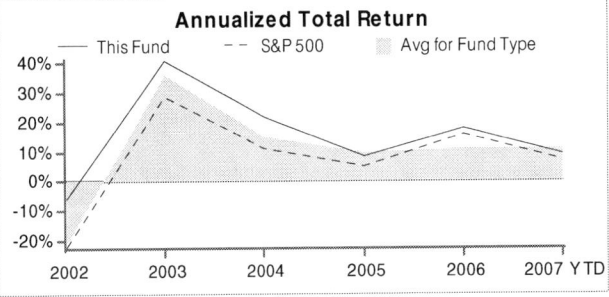

Fidelity Magellan Fund (FMAGX) — E Very Weak

Fund Family: Fidelity Investments **Phone:** (800) 544-8888
Address: 82 Devonshire Street, Boston, MA 02109
Fund Type: GR - Growth
Major Rating Factors: Fidelity Magellan Fund has adopted a very risky asset allocation strategy and currently receives an overall TheStreet.com Investment Rating of E (Very Weak). The fund has a high level of volatility, as measured by both semi-deviation and drawdown factors. It carries a beta of 1.05, meaning that its performance tracks fairly well with that of the overall stock market. Unfortunately, the high level of risk (D, Weak) has only provided investors with average performance.

The fund's performance rating is currently C- (Fair). It has registered an average return of 9.96% over the last three years and is up 10.78% over the last six months. Factored into the performance evaluation is an expense ratio of 0.57% (very low).

Harry Lange has been running the fund for 2 years and currently receives a manager quality ranking of 29 (0=worst, 99=best). If you are comfortable owning a very high risk investment, then this fund may be an option.

Services Offered: Automated phone transactions, bank draft capabilities, an IRA investment plan, a 401K investment plan, a Keogh investment plan and a systematic withdrawal plan. However, the fund is currently closed to new investors.

Data Date	Investment Rating	Net Assets ($Mil)	NAV	Performance Rating/Pts	Total Return Y-T-D	Risk Rating/Pts
6-07	E	44,373	93.80	C- / 3.9	10.78%	D / 2.2
2006	E	44,962	89.52	D / 1.9	7.22%	D+ / 2.5
2005	D	51,337	106.44	C- / 3.0	6.42%	C+ / 6.1
2004	D-	63,296	103.79	D / 1.6	7.49%	C / 4.5
2003	D+	64,989	97.74	D+ / 2.7	24.82%	C / 4.8
2002	C	60,873	78.96	C- / 3.9	-23.66%	C+ / 6.0

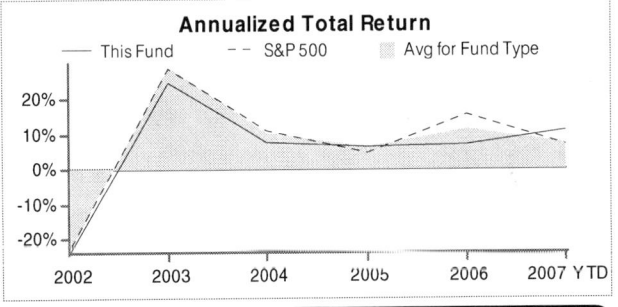

Fidelity Mid-Cap Stock Fund (FMCSX) — B- Good

Fund Family: Fidelity Investments **Phone:** (800) 544-8888
Address: 82 Devonshire Street, Boston, MA 02109
Fund Type: MC - Mid Cap
Major Rating Factors: Strong performance is the major factor driving the B- (Good) TheStreet.com Investment Rating for Fidelity Mid-Cap Stock Fund. The fund currently has a performance rating of B (Good) based on an average return of 17.77% over the last three years and 14.77% over the last six months. Factored into the performance evaluation is an expense ratio of 0.81% (very low) and a 0.8% back-end load levied at the time of sale.

The fund's risk rating is currently C+ (Fair). It carries a beta of 1.13, meaning it is expected to move 11.3% for every 10% move in the market. Volatility, as measured by both the semi-deviation and a drawdown factor, is considered low.

Shep Perkins has been running the fund for 2 years and currently receives a manager quality ranking of 66 (0=worst, 99=best). If you desire only a moderate level of risk and strong performance, then this fund is an excellent option.

Services Offered: Automated phone transactions, bank draft capabilities, an IRA investment plan, a 401K investment plan, wire transfers and a systematic withdrawal plan. However, the fund is currently closed to new investors.

Data Date	Investment Rating	Net Assets ($Mil)	NAV	Performance Rating/Pts	Total Return Y-T-D	Risk Rating/Pts
6-07	B-	15,888	31.90	B / 8.2	14.77%	C+ / 5.7
2006	C	12,942	29.14	C+ / 5.8	14.78%	C+ / 5.9
2005	B-	9,684	26.57	B- / 7.3	16.07%	C+ / 6.0
2004	D	9,093	23.45	D+ / 2.5	9.05%	C / 4.5
2003	C	7,856	21.57	C- / 4.1	33.26%	C / 5.4
2002	C+	5,440	16.26	C+ / 6.6	-27.59%	C+ / 5.6

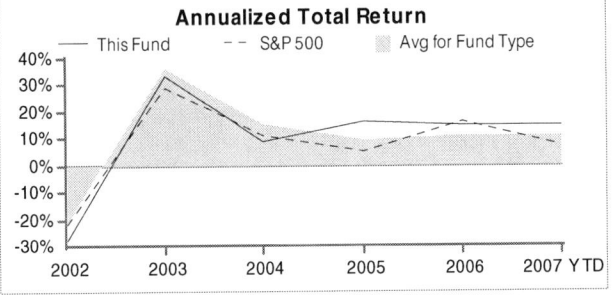

II. Analysis of Largest Funds

Fidelity OTC Portfolio (FOCPX) — C- Fair

Fund Family: Fidelity Investments **Phone:** (800) 544-8888
Address: 82 Devonshire Street, Boston, MA 02109
Fund Type: SC - Small Cap
Major Rating Factors: Middle of the road best describes Fidelity OTC Portfolio whose TheStreet.com Investment Rating is currently a C- (Fair). The fund currently has a performance rating of C+ (Fair) based on an average return of 11.48% over the last three years and 11.36% over the last six months. Factored into the performance evaluation is an expense ratio of 0.95% (low).

The fund's risk rating is currently C (Fair). It carries a beta of 0.96, meaning that its performance tracks fairly well with that of the overall stock market. Volatility, as measured by both the semi-deviation and a drawdown factor, is considered average.

Sonu Kalra has been running the fund for 2 years and currently receives a manager quality ranking of 34 (0=worst, 99=best). If you desire an average level of risk, then this fund may be an option.

Services Offered: Automated phone transactions, bank draft capabilities, an IRA investment plan, a 401K investment plan, a Keogh investment plan and a systematic withdrawal plan.

Data Date	Investment Rating	Net Assets ($Mil)	NAV	Performance Rating/Pts	Total Return Y-T-D	Risk Rating/Pts
6-07	C-	8,848	46.06	C+ / 6.5	11.36%	C / 4.4
2006	D-	8,796	41.36	C- / 3.3	9.45%	C / 4.6
2005	D+	8,209	37.79	C+ / 5.7	8.94%	C- / 4.0
2004	D	8,144	34.69	C- / 3.7	8.12%	C- / 3.6
2003	D+	7,827	32.47	C- / 3.4	35.80%	C- / 3.2
2002	D-	6,510	23.91	D- / 1.5	-23.29%	D / 2.0

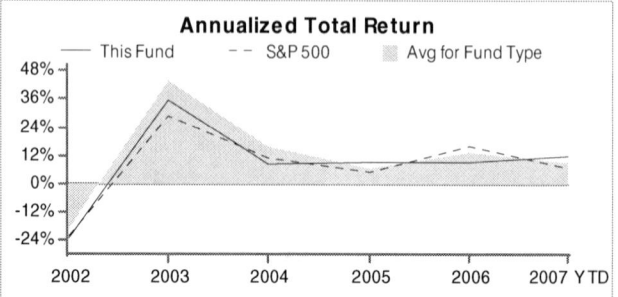

Fidelity Overseas Fund (FOSFX) — B+ Good

Fund Family: Fidelity Investments **Phone:** (800) 544-8888
Address: 82 Devonshire Street, Boston, MA 02109
Fund Type: FO - Foreign
Major Rating Factors: Exceptional performance is the major factor driving the B+ (Good) TheStreet.com Investment Rating for Fidelity Overseas Fund. The fund currently has a performance rating of A- (Excellent) based on an average return of 22.30% over the last three years and 13.21% over the last six months. Factored into the performance evaluation is an expense ratio of 1.00% (low) and a 1.0% back-end load levied at the time of sale.

The fund's risk rating is currently C+ (Fair). It carries a beta of 1.18, meaning it is expected to move 11.8% for every 10% move in the market. Volatility, as measured by both the semi-deviation and a drawdown factor, is considered low.

Ian Hart has been running the fund for 1 year and currently receives a manager quality ranking of 18 (0=worst, 99=best). If you desire only a moderate level of risk and strong performance, then this fund is an excellent option.

Services Offered: Automated phone transactions, bank draft capabilities, an IRA investment plan, a 401K investment plan, a Keogh investment plan and a systematic withdrawal plan.

Data Date	Investment Rating	Net Assets ($Mil)	NAV	Performance Rating/Pts	Total Return Y-T-D	Risk Rating/Pts
6-07	B+	8,786	50.72	A- / 9.1	13.21%	C+ / 5.9
2006	B	7,714	44.80	B+ / 8.5	20.49%	C+ / 6.2
2005	A-	5,002	41.61	A- / 9.1	19.29%	C+ / 6.3
2004	C+	4,687	35.38	B- / 7.1	13.54%	C / 5.2
2003	C+	3,660	31.43	C+ / 6.5	44.30%	C / 5.4
2002	C-	3,059	22.00	D+ / 2.7	-19.45%	C / 5.2

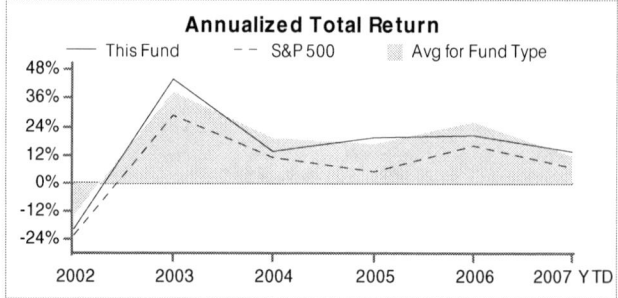

Fidelity Puritan Fund (FPURX) — C Fair

Fund Family: Fidelity Investments **Phone:** (800) 544-8888
Address: 82 Devonshire Street, Boston, MA 02109
Fund Type: GI - Growth and Income
Major Rating Factors: Middle of the road best describes Fidelity Puritan Fund whose TheStreet.com Investment Rating is currently a C (Fair). The fund currently has a performance rating of C- (Fair) based on an average return of 10.69% over the last three years and 5.88% over the last six months. Factored into the performance evaluation is an expense ratio of 0.62% (very low).

The fund's risk rating is currently B (Good). It carries a beta of 0.64, meaning the fund's expected move will be 6.4% for every 10% move in the market. Volatility, as measured by both the semi-deviation and a drawdown factor, is considered low.

Stephen Petersen has been running the fund for 7 years and currently receives a manager quality ranking of 77 (0=worst, 99=best). If you desire an average level of risk, then this fund may be an option.

Services Offered: Automated phone transactions, bank draft capabilities, an IRA investment plan, a 401K investment plan, a Keogh investment plan and a systematic withdrawal plan.

Data Date	Investment Rating	Net Assets ($Mil)	NAV	Performance Rating/Pts	Total Return Y-T-D	Risk Rating/Pts
6-07	C	26,588	21.00	C- / 3.4	5.88%	B / 8.7
2006	C+	25,810	19.97	C / 4.6	14.78%	B+ / 9.3
2005	C-	24,180	18.73	D / 2.1	4.67%	B / 8.0
2004	B-	23,935	18.95	C+ / 5.7	9.28%	B- / 7.5
2003	B+	20,776	18.47	B- / 7.1	22.20%	B / 8.3
2002	A	18,468	15.79	B+ / 8.6	-7.91%	B / 8.9

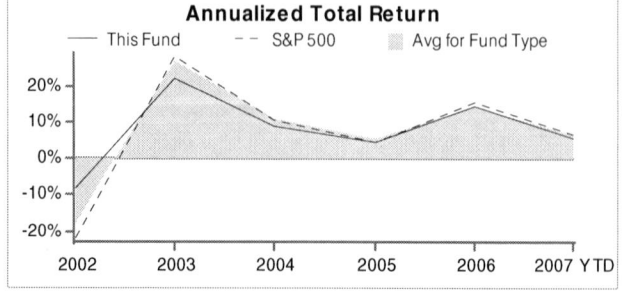

Fidelity Real Estate Investment (FRESX) **D+   Weak**

Fund Family: Fidelity Investments **Phone:** (800) 544-8888
Address: 82 Devonshire Street, Boston, MA 02109
Fund Type: RE - Real Estate
Major Rating Factors: Fidelity Real Estate Investment has adopted a risky asset allocation strategy and currently receives an overall TheStreet.com Investment Rating of D+ (Weak). The fund has shown an above average level of volatility, as measured by both semi-deviation and drawdown factors. It carries a beta of 1.02, meaning that its performance tracks fairly well with that of the overall stock market. The high level of risk (D+, Weak) did however, reward investors with excellent performance.

The fund's performance rating is currently B- (Good). It has registered an average return of 21.16% over the last three years but is down -7.79% over the last six months. Factored into the performance evaluation is an expense ratio of 0.83% (very low) and a 0.8% back-end load levied at the time of sale.

Steve Buller has been running the fund for 9 years and currently receives a manager quality ranking of 76 (0=worst, 99=best). If you are comfortable owning a high risk investment, this fund may be an option.

Services Offered: Automated phone transactions, bank draft capabilities, an IRA investment plan, a 401K investment plan, a Keogh investment plan and a systematic withdrawal plan.

Data Date	Investment Rating	Net Assets ($Mil)	NAV	Performance Rating/Pts	Total Return Y-T-D	Risk Rating/Pts
6-07	D+	6,919	33.42	B- / 7.1	-7.79%	D+ / 2.7
2006	C+	8,294	36.37	A+ / 9.6	32.84%	C- / 3.2
2005	B	5,791	31.16	A- / 9.1	14.87%	C / 5.0
2004	A+	4,557	29.54	A+ / 9.8	34.15%	B- / 7.4
2003	A+	2,586	23.71	A- / 9.2	33.78%	B / 8.8
2002	A+	1,697	18.39	A+ / 9.8	5.77%	B+ / 9.8

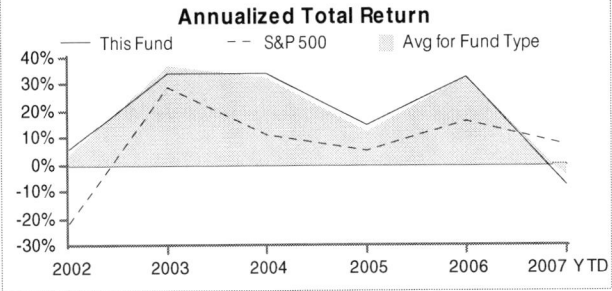

Fidelity Small Cap Stock Fund (FSLCX) **D+   Weak**

Fund Family: Fidelity Investments **Phone:** (800) 544-8888
Address: 82 Devonshire Street, Boston, MA 02109
Fund Type: SC - Small Cap
Major Rating Factors: Fidelity Small Cap Stock Fund receives a TheStreet.com Investment Rating of D+ (Weak). The fund currently has a performance rating of C+ (Fair) based on an average return of 13.44% over the last three years and 12.11% over the last six months. Factored into the performance evaluation is an expense ratio of 1.02% (low) and a 2.0% back-end load levied at the time of sale.

The fund's risk rating is currently C- (Fair). It carries a beta of 0.85, meaning the fund's expected move will be 8.5% for every 10% move in the market. Volatility, as measured by both the semi-deviation and a drawdown factor, is considered average.

Paul Antico has been running the fund for 9 years and currently receives a manager quality ranking of 72 (0=worst, 99=best). If you desire an average level of risk, then this fund may be an option.

Services Offered: Automated phone transactions, bank draft capabilities, an IRA investment plan, a 401K investment plan and a systematic withdrawal plan. However, the fund is currently closed to new investors.

Data Date	Investment Rating	Net Assets ($Mil)	NAV	Performance Rating/Pts	Total Return Y-T-D	Risk Rating/Pts
6-07	D+	5,070	19.88	C+ / 6.1	12.11%	C- / 3.9
2006	D	4,799	19.01	C / 4.7	12.37%	C / 4.4
2005	B-	4,290	18.30	B- / 7.4	8.09%	C+ / 6.2
2004	C+	4,159	18.16	B / 7.7	14.57%	C / 4.7
2003	B+	2,294	17.10	A- / 9.1	45.04%	C+ / 6.4
2002	B+	1,469	11.84	B / 8.2	-15.73%	B- / 7.4

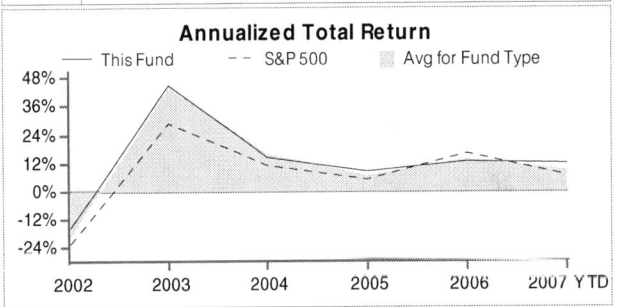

Fidelity Spartan 500 Idx Inv (FSMKX) **C+   Fair**

Fund Family: Fidelity Investments **Phone:** (800) 544-8888
Address: 82 Devonshire Street, Boston, MA 02109
Fund Type: IX - Index
Major Rating Factors: Middle of the road best describes Fidelity Spartan 500 Idx Inv whose TheStreet.com Investment Rating is currently a C+ (Fair). The fund currently has a performance rating of C (Fair) based on an average return of 11.60% over the last three years and 6.92% over the last six months. Factored into the performance evaluation is an expense ratio of 0.10% (very low) and a 0.5% back-end load levied at the time of sale.

The fund's risk rating is currently B (Good). It carries a beta of 1.00, meaning that its performance tracks fairly well with that of the overall stock market. Volatility, as measured by both the semi-deviation and a drawdown factor, is considered low.

Geode Capital Management has been running the fund for 2 years and currently receives a manager quality ranking of 53 (0=worst, 99=best). If you desire an average level of risk, then this fund may be an option.

Services Offered: Bank draft capabilities, an IRA investment plan, a 401K investment plan, a Keogh investment plan and a systematic withdrawal plan.

Data Date	Investment Rating	Net Assets ($Mil)	NAV	Performance Rating/Pts	Total Return Y-T-D	Risk Rating/Pts
6-07	C+	8,296	104.20	C / 4.7	6.92%	B / 8.5
2006	B-	7,902	97.97	C / 5.4	15.71%	B / 8.7
2005	C-	7,235	86.02	C- / 3.6	4.86%	B- / 7.0
2004	C-	12,113	83.36	C / 4.3	10.73%	C / 5.2
2003	C	9,240	76.60	C / 4.3	28.49%	C+ / 5.6
2002	C	7,245	60.47	C / 4.4	-22.17%	C+ / 6.3

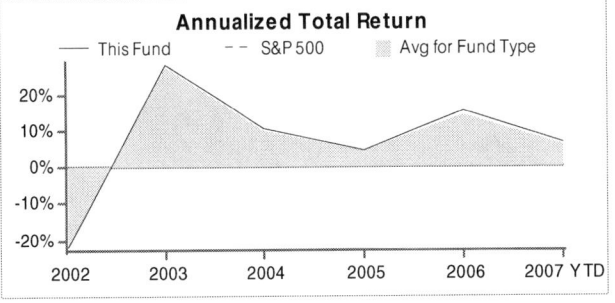

II. Analysis of Largest Funds — Summer 2007

Fidelity Spartan Total Mkt Idx Inv (FSTMX) — B- Good

Fund Family: Fidelity Investments
Phone: (800) 544-8888
Address: 82 Devonshire Street, Boston, MA 02109
Fund Type: GR - Growth

Major Rating Factors: Fidelity Spartan Total Mkt Idx Inv receives a TheStreet.com Investment Rating of B- (Good). The fund currently has a performance rating of C (Fair) based on an average return of 12.68% over the last three years and 7.54% over the last six months. Factored into the performance evaluation is an expense ratio of 0.10% (very low) and a 0.5% back-end load levied at the time of sale.

The fund's risk rating is currently B (Good). It carries a beta of 1.07, meaning that its performance tracks fairly well with that of the overall stock market. Volatility, as measured by both the semi-deviation and a drawdown factor, is considered low.

Geode Capital Mgmt has been running the fund for 4 years and currently receives a manager quality ranking of 59 (0=worst, 99=best). If you desire an average level of risk, then this fund may be an option.

Services Offered: An IRA investment plan, a 401K investment plan, a Keogh investment plan and wire transfers.

Data Date	Investment Rating	Net Assets ($Mil)	NAV	Performance Rating/Pts	Total Return Y-T-D	Risk Rating/Pts
6-07	B-	4,464	42.45	C / 5.4	7.54%	B / 8.3
2006	B-	3,666	39.58	C+ / 5.9	15.73%	B / 8.4
2005	C+	1,974	34.66	C / 4.8	6.42%	B- / 7.6
2004	C	2,774	33.05	C / 5.5	12.11%	C / 5.3
2003	C+	1,835	29.91	C / 5.3	31.24%	C+ / 5.8
2002	C	1,083	23.05	C / 4.5	-20.99%	C+ / 6.2

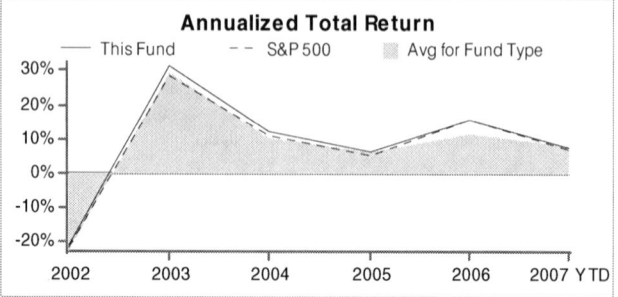

Fidelity Value Fund (FDVLX) — A- Excellent

Fund Family: Fidelity Investments
Phone: (800) 544-8888
Address: 82 Devonshire Street, Boston, MA 02109
Fund Type: GI - Growth and Income

Major Rating Factors: Strong performance is the major factor driving the A- (Excellent) TheStreet.com Investment Rating for Fidelity Value Fund. The fund currently has a performance rating of B (Good) based on an average return of 17.74% over the last three years and 11.43% over the last six months. Factored into the performance evaluation is an expense ratio of 0.67% (very low).

The fund's risk rating is currently B- (Good). It carries a beta of 1.14, meaning it is expected to move 11.4% for every 10% move in the market. Volatility, as measured by both the semi-deviation and a drawdown factor, is considered low.

Richard Fentin has been running the fund for 11 years and currently receives a manager quality ranking of 92 (0=worst, 99=best). If you desire only a moderate level of risk and strong performance, then this fund is an excellent option.

Services Offered: Automated phone transactions, bank draft capabilities, an IRA investment plan, a 401K investment plan, a Keogh investment plan, wire transfers and a systematic withdrawal plan.

Data Date	Investment Rating	Net Assets ($Mil)	NAV	Performance Rating/Pts	Total Return Y-T-D	Risk Rating/Pts
6-07	A-	22,983	89.81	B / 8.2	11.43%	B- / 7.3
2006	B+	18,254	80.60	B / 7.9	15.09%	B- / 7.4
2005	A-	13,896	75.88	B+ / 8.4	14.27%	B- / 7.1
2004	B+	10,279	71.29	B+ / 8.7	21.21%	C+ / 5.8
2003	A-	6,526	62.07	B+ / 8.9	34.43%	B- / 7.1
2002	A-	5,287	46.39	A- / 9.0	-9.25%	B / 8.0

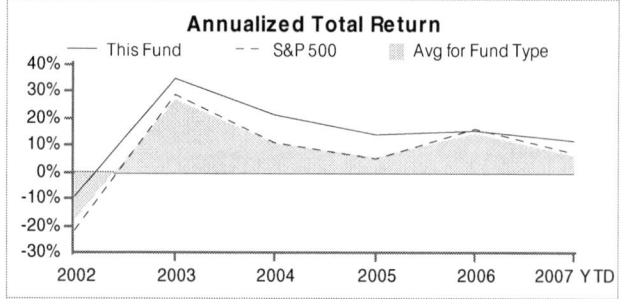

First Eagle Global Fund A (SGENX) — B Good

Fund Family: First Eagle
Phone: (800) 334-2143
Address: 1345 Avenue of the Americas, New York, NY 10105
Fund Type: GL - Global

Major Rating Factors: Strong performance is the major factor driving the B (Good) TheStreet.com Investment Rating for First Eagle Global Fund A. The fund currently has a performance rating of B- (Good) based on an average return of 18.63% over the last three years and 6.97% over the last six months. Factored into the performance evaluation is an expense ratio of 1.15% (low), a 5.0% front-end load that is levied at the time of purchase and a 2.0% back-end load levied at the time of sale.

The fund's risk rating is currently B- (Good). It carries a beta of 0.63, meaning the fund's expected move will be 6.3% for every 10% move in the market. Volatility, as measured by both the semi-deviation and a drawdown factor, is considered low.

Jean-Marie Eveillard has been running the fund for 28 years and currently receives a manager quality ranking of 85 (0=worst, 99=best). If you desire only a moderate level of risk and strong performance, then this fund is an excellent option.

Services Offered: Automated phone transactions, bank draft capabilities, an IRA investment plan, a 401K investment plan, wire transfers and a systematic withdrawal plan. However, the fund is currently closed to new investors.

Data Date	Investment Rating	Net Assets ($Mil)	NAV	Performance Rating/Pts	Total Return Y-T-D	Risk Rating/Pts
6-07	B	13,189	48.99	B- / 7.1	6.97%	B- / 7.6
2006	A-	12,373	45.80	B / 7.9	20.50%	B- / 7.9
2005	A+	10,038	42.06	B / 7.9	14.91%	B+ / 9.4
2004	A+	6,651	38.81	A- / 9.2	18.37%	B / 8.9
2003	A+	3,738	33.32	A / 9.5	37.64%	B+ / 9.5
2002	A+	1,976	25.35	A+ / 9.7	10.23%	B+ / 9.4

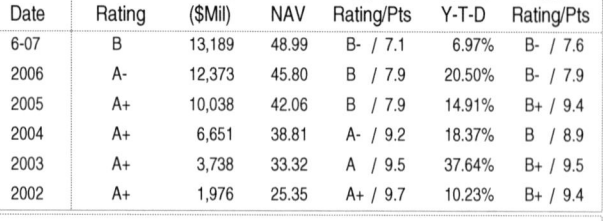
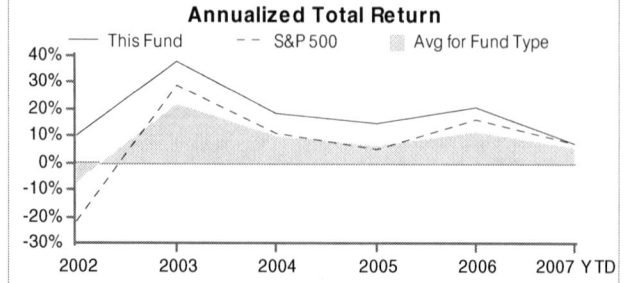

First Eagle Overseas Fund A (SGOVX)   B   Good

Fund Family: First Eagle **Phone:** (800) 334-2143
Address: 1345 Avenue of the Americas, New York, NY 10105
Fund Type: FO - Foreign
Major Rating Factors: Strong performance is the major factor driving the B (Good) TheStreet.com Investment Rating for First Eagle Overseas Fund A. The fund currently has a performance rating of B (Good) based on an average return of 20.91% over the last three years and 8.01% over the last six months. Factored into the performance evaluation is an expense ratio of 1.14% (low), a 5.0% front-end load that is levied at the time of purchase and a 2.0% back-end load levied at the time of sale.

The fund's risk rating is currently C+ (Fair). It carries a beta of 0.71, meaning the fund's expected move will be 7.1% for every 10% move in the market. Volatility, as measured by both the semi-deviation and a drawdown factor, is considered low.

Jean-Marie Eveillard has been running the fund for 14 years and currently receives a manager quality ranking of 88 (0=worst, 99=best). If you desire only a moderate level of risk and strong performance, then this fund is an excellent option.

Services Offered: Automated phone transactions, bank draft capabilities, an IRA investment plan, a 401K investment plan, wire transfers and a systematic withdrawal plan. However, the fund is currently closed to new investors.

Data Date	Investment Rating	Net Assets ($Mil)	NAV	Performance Rating/Pts	Total Return Y-T-D	Risk Rating/Pts
6-07	B	6,159	27.09	B / 7.9	8.01%	C+ / 6.6
2006	A-	6,005	25.08	B+ / 8.4	22.29%	B- / 7.4
2005	A+	5,110	23.04	B+ / 8.8	16.92%	B / 8.8
2004	A+	4,085	21.77	A / 9.5	21.83%	B / 8.3
2003	A+	2,944	18.17	A / 9.5	41.41%	B+ / 9.2
2002	A	912	13.30	A+ / 9.6	12.53%	B / 8.0

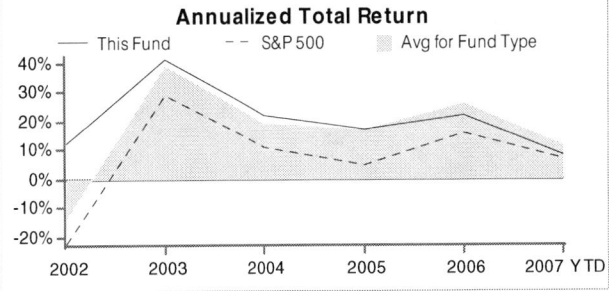

Franklin Balance Sheet Investmt A (FRBSX)   B-   Good

Fund Family: Franklin Templeton Investments **Phone:** (800) 342-5236
Address: 777 Mariners Island Blvd., San Mateo, CA 94404
Fund Type: GI - Growth and Income
Major Rating Factors: Franklin Balance Sheet Investmt A receives a TheStreet.com Investment Rating of B- (Good). The fund currently has a performance rating of C+ (Fair) based on an average return of 17.50% over the last three years and 9.34% over the last six months. Factored into the performance evaluation is an expense ratio of 0.94% (low) and a 5.8% front-end load that is levied at the time of purchase.

The fund's risk rating is currently B- (Good). It carries a beta of 1.08, meaning that its performance tracks fairly well with that of the overall stock market. Volatility, as measured by both the semi-deviation and a drawdown factor, is considered low.

William J. Lippman has been running the fund for 17 years and currently receives a manager quality ranking of 93 (0=worst, 99=best). If you desire an average level of risk, then this fund may be an option.

Services Offered: Automated phone transactions, payroll deductions, bank draft capabilities, an IRA investment plan, a 401K investment plan, a Keogh investment plan and a systematic withdrawal plan. However, the fund is currently closed to new investors.

Data Date	Investment Rating	Net Assets ($Mil)	NAV	Performance Rating/Pts	Total Return Y-T-D	Risk Rating/Pts
6-07	B-	4,869	72.94	C+ / 6.7	9.34%	B- / 7.7
2006	B+	4,524	66.71	B- / 7.4	16.35%	B / 8.1
2005	B-	4,193	61.73	C+ / 5.7	6.75%	B / 8.0
2004	A+	4,219	58.26	B+ / 8.9	25.30%	B- / 7.6
2003	B-	3,112	47.57	B+ / 8.7	29.58%	C / 4.9
2002	B-	2,460	37.09	A / 9.4	-5.96%	C / 4.6

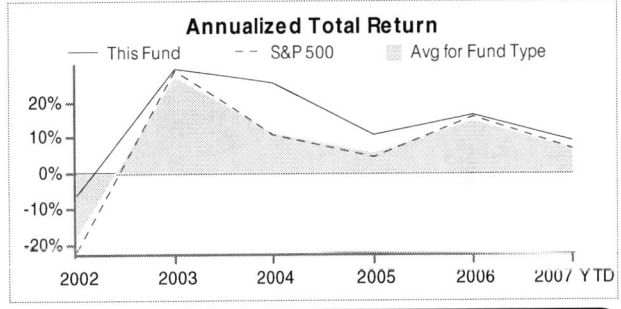

Franklin Income A (FKINX)   C-   Fair

Fund Family: Franklin Templeton Investments **Phone:** (800) 342-5236
Address: 777 Mariners Island Blvd., San Mateo, CA 94404
Fund Type: BA - Balanced
Major Rating Factors: Middle of the road best describes Franklin Income A whose TheStreet.com Investment Rating is currently a C- (Fair). The fund currently has a performance rating of C- (Fair) based on an average return of 12.47% over the last three years and 5.77% over the last six months. Factored into the performance evaluation is an expense ratio of 0.64% (very low) and a 4.3% front-end load that is levied at the time of purchase.

The fund's risk rating is currently B- (Good). It carries a beta of 0.91, meaning that its performance tracks fairly well with that of the overall stock market. Volatility, as measured by both the semi-deviation and a drawdown factor, is considered low.

Charles B. Johnson has been running the fund for 50 years and currently receives a manager quality ranking of 90 (0=worst, 99=best). If you desire an average level of risk, then this fund may be an option.

Services Offered: Automated phone transactions, payroll deductions, bank draft capabilities, an IRA investment plan, a 401K investment plan, a Keogh investment plan, wire transfers and a systematic withdrawal plan.

Data Date	Investment Rating	Net Assets ($Mil)	NAV	Performance Rating/Pts	Total Return Y-T-D	Risk Rating/Pts
6-07	C-	34,857	2.74	C- / 3.4	5.77%	B- / 7.3
2006	C+	28,925	2.66	C / 5.2	19.12%	B- / 7.5
2005	C-	21,907	2.40	D / 2.1	1.85%	B / 8.8
2004	A-	16,135	2.52	B- / 7.5	12.17%	B- / 7.9
2003	A	10,657	2.41	B / 8.1	30.96%	B / 8.5
2002	A+	6,429	1.99	A / 9.4	-1.06%	B+ / 9.2

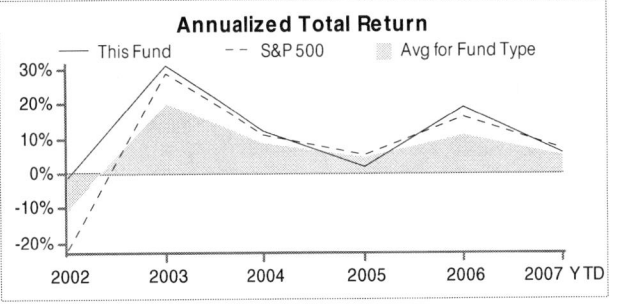

II. Analysis of Largest Funds

Franklin Small-Mid Cap Growth A (FRSGX) — C — Fair

Fund Family: Franklin Templeton Investments **Phone:** (800) 342-5236
Address: 777 Mariners Island Blvd., San Mateo, CA 94404
Fund Type: MC - Mid Cap
Major Rating Factors: Middle of the road best describes Franklin Small-Mid Cap Growth A whose TheStreet.com Investment Rating is currently a C (Fair). The fund currently has a performance rating of C+ (Fair) based on an average return of 13.47% over the last three years and 13.50% over the last six months. Factored into the performance evaluation is an expense ratio of 0.97% (low) and a 5.8% front-end load that is levied at the time of purchase.

The fund's risk rating is currently C+ (Fair). It carries a beta of 1.07, meaning that its performance tracks fairly well with that of the overall stock market. Volatility, as measured by both the semi-deviation and a drawdown factor, is considered low.

Edward B. Jamieson has been running the fund for 15 years and currently receives a manager quality ranking of 27 (0=worst, 99=best). If you desire an average level of risk, then this fund may be an option.

Services Offered: Automated phone transactions, payroll deductions, bank draft capabilities, an IRA investment plan, a 401K investment plan, a Keogh investment plan, wire transfers and a systematic withdrawal plan.

Data Date	Investment Rating	Net Assets ($Mil)	NAV	Performance Rating/Pts	Total Return Y-T-D	Risk Rating/Pts
6-07	C	5,583	42.87	C+ / 5.7	13.50%	C+ / 6.2
2006	D	5,596	37.77	D+ / 2.5	7.52%	C+ / 6.4
2005	B-	6,899	37.72	C+ / 6.3	10.55%	B- / 7.0
2004	D	7,729	34.16	D+ / 2.7	13.04%	C- / 3.6
2003	D	7,736	30.22	D+ / 2.4	37.68%	C- / 3.3
2002	D	6,023	21.95	D / 1.8	-29.58%	C- / 3.2

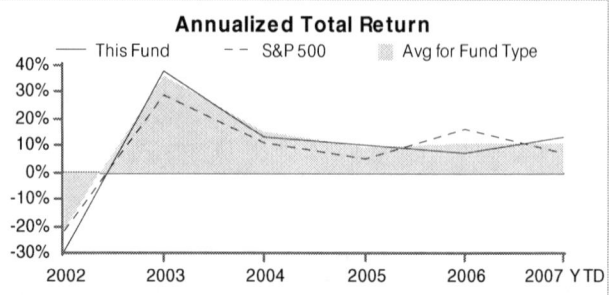

Franklin Templeton Foundng Allc A (FFALX) — B- — Good

Fund Family: Franklin Templeton Investments **Phone:** (800) 342-5236
Address: 777 Mariners Island Blvd., San Mateo, CA 94404
Fund Type: GI - Growth and Income
Major Rating Factors: Franklin Templeton Foundng Allc A receives a TheStreet.com Investment Rating of B- (Good). The fund currently has a performance rating of C (Fair) based on an average return of 14.56% over the last three years and 7.16% over the last six months. Factored into the performance evaluation is an expense ratio of 1.27% (average) and a 5.8% front-end load that is levied at the time of purchase.

The fund's risk rating is currently B (Good). It carries a beta of 0.70, meaning the fund's expected move will be 7.0% for every 10% move in the market. Volatility, as measured by both the semi-deviation and a drawdown factor, is considered low.

T. Anthony Coffey, CFA has been running the fund for 4 years and currently receives a manager quality ranking of 93 (0=worst, 99=best). If you desire an average level of risk, then this fund may be an option.

Services Offered: An IRA investment plan.

Data Date	Investment Rating	Net Assets ($Mil)	NAV	Performance Rating/Pts	Total Return Y-T-D	Risk Rating/Pts
6-07	B-	9,810	14.73	C / 5.3	7.16%	B / 8.7
2006	A-	7,274	13.98	C+ / 6.4	19.34%	B+ / 9.5
2005	U	4,044	12.50	U / --	6.31%	U / --
2004	U	1,636	12.28	U / --	13.58%	U / --

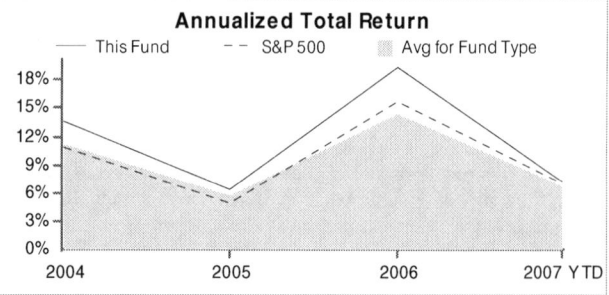

GE S&S Program Mutual Fund (GESSX) — C — Fair

Fund Family: GE Investment **Phone:** (800) 242-0134
Address: 3003 Summer Street, Stamford, CT 06905
Fund Type: GI - Growth and Income
Major Rating Factors: Middle of the road best describes GE S&S Program Mutual Fund whose TheStreet.com Investment Rating is currently a C (Fair). The fund currently has a performance rating of C (Fair) based on an average return of 11.04% over the last three years and 7.13% over the last six months. Factored into the performance evaluation is an expense ratio of 0.09% (very low).

The fund's risk rating is currently B- (Good). It carries a beta of 0.92, meaning that its performance tracks fairly well with that of the overall stock market. Volatility, as measured by both the semi-deviation and a drawdown factor, is considered low.

Eugene K. Bolton has been running the fund for 27 years and currently receives a manager quality ranking of 54 (0=worst, 99=best). If you desire an average level of risk, then this fund may be an option.

Services Offered: Payroll deductions and a 401K investment plan.

Data Date	Investment Rating	Net Assets ($Mil)	NAV	Performance Rating/Pts	Total Return Y-T-D	Risk Rating/Pts
6-07	C	4,839	49.61	C / 4.6	7.13%	B- / 7.3
2006	C	4,524	46.31	C / 4.9	16.82%	B- / 7.6
2005	D	4,103	42.85	D / 1.7	2.95%	B- / 7.2
2004	D+	4,034	45.36	D / 2.0	5.64%	C+ / 6.1
2003	C	3,738	42.94	C / 4.5	23.77%	C+ / 6.6
2002	C+	3,337	35.13	C+ / 6.0	-18.91%	C+ / 6.8

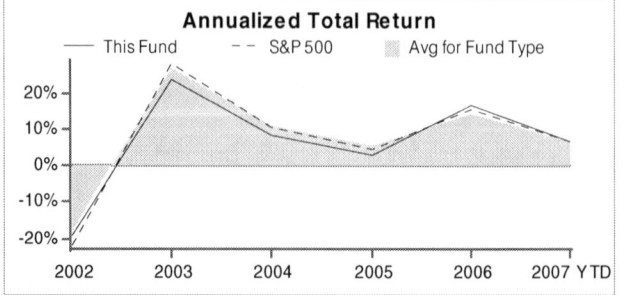

Summer 2007 — II. Analysis of Largest Funds

Janus Fd Inc-Twenty Fund (JAVLX)   C+   Fair

Fund Family: Janus Fund **Phone:** (800) 525-3713
Address: 100 Fillmore Street, Denver, CO 80206
Fund Type: GR - Growth
Major Rating Factors: Strong performance is the major factor driving the C+ (Fair) TheStreet.com Investment Rating for Janus Fd Inc-Twenty Fund. The fund currently has a performance rating of B (Good) based on an average return of 15.95% over the last three years and 11.96% over the last six months. Factored into the performance evaluation is an expense ratio of 0.92% (low).

The fund's risk rating is currently C (Fair). It carries a beta of 1.27, meaning it is expected to move 12.7% for every 10% move in the market. Volatility, as measured by both the semi-deviation and a drawdown factor, is considered average.

Scott Schoelzel has been running the fund for 10 years and currently receives a manager quality ranking of 76 (0=worst, 99=best). If you desire an average level of risk and strong performance, then this fund is a good option.
Services Offered: Automated phone transactions, payroll deductions, bank draft capabilities, an IRA investment plan, a 401K investment plan, a Keogh investment plan, wire transfers and a systematic withdrawal plan. However, the fund is currently closed to new investors.

Data Date	Investment Rating	Net Assets ($Mil)	NAV	Performance Rating/Pts	Total Return Y-T-D	Risk Rating/Pts
6-07	C+	10,529	61.15	B / 8.0	11.96%	C / 5.2
2006	C	9,789	54.62	B- / 7.2	12.30%	C / 5.4
2005	C+	9,817	48.92	C+ / 6.8	9.42%	C+ / 6.2
2004	C+	9,590	44.80	B- / 7.2	23.89%	C / 4.7
2003	D-	9,628	36.17	E+ / 0.9	25.31%	C- / 4.1
2002	D-	10,238	29.01	E+ / 0.7	-24.02%	C- / 3.5

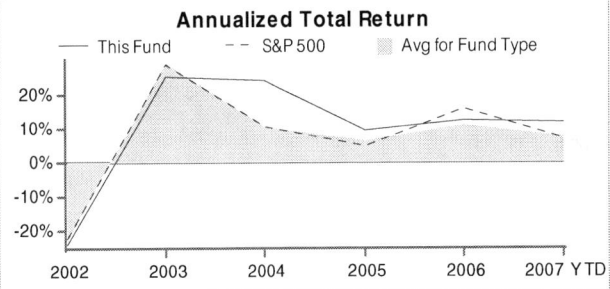

Janus Fd Inc-Worldwide Fund (JAWWX)   B   Good

Fund Family: Janus Fund **Phone:** (800) 525-3713
Address: 100 Fillmore Street, Denver, CO 80206
Fund Type: GL - Global
Major Rating Factors: Strong performance is the major factor driving the B (Good) TheStreet.com Investment Rating for Janus Fd Inc-Worldwide Fund. The fund currently has a performance rating of B (Good) based on an average return of 15.40% over the last three years and 12.80% over the last six months. Factored into the performance evaluation is an expense ratio of 0.87% (low) and a 2.0% back-end load levied at the time of sale.

The fund's risk rating is currently C+ (Fair). It carries a beta of 0.75, meaning the fund's expected move will be 7.5% for every 10% move in the market. Volatility, as measured by both the semi-deviation and a drawdown factor, is considered low.

Jason Yee currently receives a manager quality ranking of 28 (0=worst, 99=best). If you desire only a moderate level of risk and strong performance, then this fund is an excellent option.
Services Offered: Automated phone transactions, payroll deductions, bank draft capabilities, an IRA investment plan, a 401K investment plan, a Keogh investment plan, wire transfers and a systematic withdrawal plan.

Data Date	Investment Rating	Net Assets ($Mil)	NAV	Performance Rating/Pts	Total Return Y-T-D	Risk Rating/Pts
6-07	B	4,658	56.92	B / 8.1	12.80%	C+ / 6.6
2006	C	4,503	50.46	C+ / 5.9	17.90%	C+ / 6.5
2005	D-	5,000	43.34	D / 2.0	5.84%	C+ / 6.7
2004	D	7,119	41.41	D- / 1.4	5.54%	C / 5.2
2003	D	10,965	39.54	D- / 1.4	24.23%	C / 4.4
2002	D+	13,793	32.13	D / 1.8	-26.01%	C- / 4.2

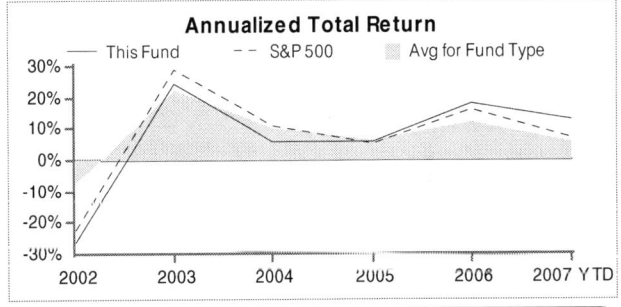

Janus Research Fund (JAMRX)   C+   Fair

Fund Family: Janus Fund **Phone:** (800) 525-3713
Address: 100 Fillmore Street, Denver, CO 80206
Fund Type: GR - Growth
Major Rating Factors: Strong performance is the major factor driving the C+ (Fair) TheStreet.com Investment Rating for Janus Research Fund. The fund currently has a performance rating of B- (Good) based on an average return of 12.87% over the last three years and 15.23% over the last six months. Factored into the performance evaluation is an expense ratio of 0.98% (low).

The fund's risk rating is currently C (Fair). It carries a beta of 1.21, meaning it is expected to move 12.1% for every 10% move in the market. Volatility, as measured by both the semi-deviation and a drawdown factor, is considered average.

Jim Goff currently receives a manager quality ranking of 46 (0=worst, 99=best). If you desire an average level of risk and strong performance, then this fund is a good option.
Services Offered: Automated phone transactions, payroll deductions, bank draft capabilities, an IRA investment plan, a 401K investment plan, a Keogh investment plan, wire transfers and a systematic withdrawal plan.

Data Date	Investment Rating	Net Assets ($Mil)	NAV	Performance Rating/Pts	Total Return Y-T-D	Risk Rating/Pts
6-07	C+	4,463	28.75	B- / 7.4	15.23%	C / 5.5
2006	D-	3,888	24.95	D+ / 2.9	8.65%	C / 5.1
2005	C	4,607	22.98	C / 5.1	6.82%	C+ / 6.4
2004	D	4,601	21.57	D+ / 2.4	10.62%	C / 4.7
2003	D-	5,280	19.50	D- / 1.2	32.11%	C- / 3.4
2002	D-	5,327	14.76	E+ / 0.9	-29.00%	C- / 3.0

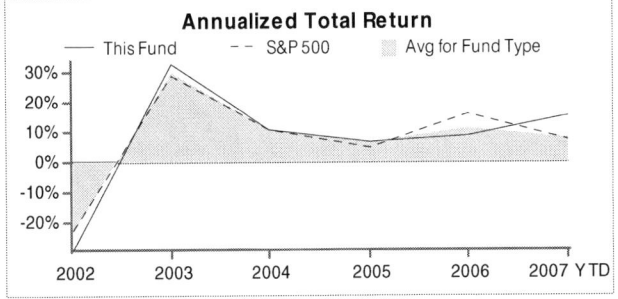

www.thestreet.com/ratings

II. Analysis of Largest Funds

Julius Baer International Equity A (BJBIX) — A Excellent

Fund Family: Julius Baer Funds **Phone:** (800) 387-6977
Address: c/o Unified Fund Services, Inc, Indianapolis, IN 46204
Fund Type: FO - Foreign
Major Rating Factors: Exceptional performance is the major factor driving the A (Excellent) TheStreet.com Investment Rating for Julius Baer International Equity A. The fund currently has a performance rating of A+ (Excellent) based on an average return of 28.19% over the last three years and 14.28% over the last six months. Factored into the performance evaluation is an expense ratio of 1.25% (average).

The fund's risk rating is currently C+ (Fair). It carries a beta of 1.19, meaning it is expected to move 11.9% for every 10% move in the market. Volatility, as measured by both the semi-deviation and a drawdown factor, is considered low.

Rudolph-Riad Younes, CFA has been running the fund for 14 years and currently receives a manager quality ranking of 69 (0=worst, 99=best). If you desire only a moderate level of risk and strong performance, then this fund is an excellent option.

Services Offered: Automated phone transactions, check writing, payroll deductions, bank draft capabilities, an IRA investment plan, a 401K investment plan, a Keogh investment plan, wire transfers and a systematic withdrawal plan. However, the fund is currently closed to new investors.

Data Date	Investment Rating	Net Assets ($Mil)	NAV	Performance Rating/Pts	Total Return Y-T-D	Risk Rating/Pts
6-07	A	10,878	48.26	A+ / 9.6	14.28%	C+ / 6.3
2006	A	9,510	42.23	A / 9.4	31.75%	C+ / 6.6
2005	A	7,245	35.44	B+ / 8.9	17.05%	B- / 7.2
2004	A+	4,217	31.61	A / 9.4	23.22%	B- / 7.5
2003	B+	1,905	26.50	B / 8.0	35.92%	B- / 7.5
2002	C+	694	19.74	C+ / 6.4	-3.60%	C+ / 6.7

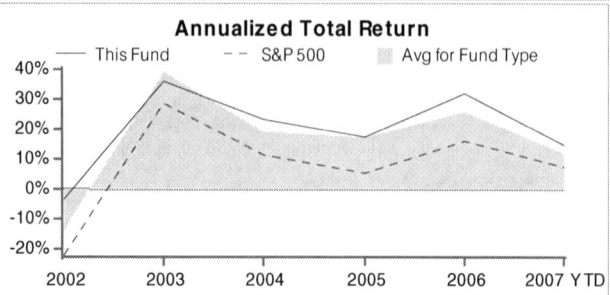

Keeley Small Cap Value Fund (KSCVX) — C- Fair

Fund Family: Keeley **Phone:** (800) 533-5344
Address: 401 South La Salle, Chicago, IL 60605
Fund Type: SC - Small Cap
Major Rating Factors: Keeley Small Cap Value Fund has adopted a very risky asset allocation strategy and currently receives an overall TheStreet.com Investment Rating of C- (Fair). The fund has shown a high level of volatility, as measured by both semi-deviation and drawdown factors. It carries a beta of 1.00, meaning that its performance tracks fairly well with that of the overall stock market. The high level of risk (D, Weak) did however, reward investors with excellent performance.

The fund's performance rating is currently B+ (Good). It has registered an average return of 23.42% over the last three years and is up 13.15% over the last six months. Factored into the performance evaluation is an expense ratio of 1.39% (average) and a 4.5% front-end load that is levied at the time of purchase.

John L. Keeley, Jr. has been running the fund for 14 years and currently receives a manager quality ranking of 98 (0=worst, 99=best). If you are comfortable owning a very high risk investment, this fund may be an option.

Services Offered: Automated phone transactions, bank draft capabilities, an IRA investment plan, a 401K investment plan and wire transfers.

Data Date	Investment Rating	Net Assets ($Mil)	NAV	Performance Rating/Pts	Total Return Y-T-D	Risk Rating/Pts
6-07	C-	5,215	29.51	B+ / 8.8	13.15%	D / 1.9
2006	C-	3,519	26.08	B+ / 8.8	19.55%	D- / 1.5
2005	A-	1,001	43.63	A- / 9.2	16.12%	C+ / 6.2
2004	A-	277	37.95	A / 9.5	32.94%	C / 5.5
2003	A-	103	29.52	A- / 9.2	39.31%	B- / 7.0
2002	A	74	21.19	A- / 9.0	-8.47%	B / 8.5

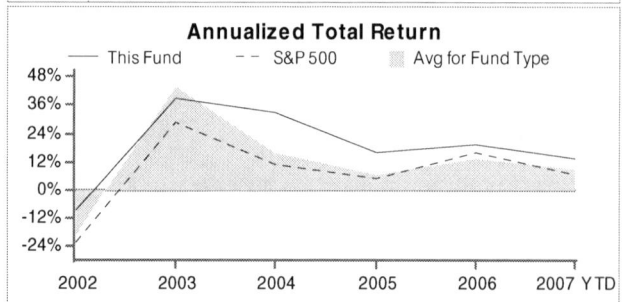

Legg Mason Opport Tr Prim (LMOPX) — C Fair

Fund Family: Legg Mason **Phone:** (866) 811-7256
Address: 100 Light Street, Baltimore, MD 21203
Fund Type: GR - Growth
Major Rating Factors: Strong performance is the major factor driving the C (Fair) TheStreet.com Investment Rating for Legg Mason Opport Tr Prim. The fund currently has a performance rating of B (Good) based on an average return of 13.54% over the last three years and 14.17% over the last six months. Factored into the performance evaluation is an expense ratio of 2.31% (high).

The fund's risk rating is currently C- (Fair). It carries a beta of 2.19, meaning it is expected to move 21.9% for every 10% move in the market. Volatility, as measured by both the semi-deviation and a drawdown factor, is considered average.

Bill Miller, CFA currently receives a manager quality ranking of 5 (0=worst, 99=best). If you desire an average level of risk and strong performance, then this fund is a good option.

Services Offered: Automated phone transactions, check writing, payroll deductions, bank draft capabilities, an IRA investment plan, a 401K investment plan, wire transfers and a systematic withdrawal plan.

Data Date	Investment Rating	Net Assets ($Mil)	NAV	Performance Rating/Pts	Total Return Y-T-D	Risk Rating/Pts
6-07	C	5,258	21.54	B / 7.7	14.17%	C- / 4.1
2006	D+	4,724	18.94	C+ / 5.6	13.41%	C- / 4.0
2005	B-	3,743	16.72	B+ / 8.8	6.70%	C / 4.6
2004	C+	3,357	15.67	B+ / 8.9	13.80%	C- / 3.0
2003	B-	2,644	13.77	A+ / 9.6	67.95%	C / 4.3
2002	B-	1,534	8.23	B / 7.7	-15.52%	C+ / 5.8

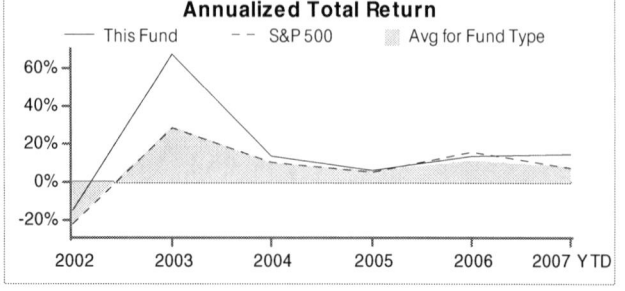

Legg Mason Prt Aggr Gr A (SHRAX) — D — Weak

Fund Family: Legg Mason Partners **Phone:** (866) 811-7256
Address: c/o BFDS 66 Brooks Dr, Massachusetts, MA 02205
Fund Type: AG - Aggressive Growth
Major Rating Factors: Disappointing performance is the major factor driving the D (Weak) TheStreet.com Investment Rating for Legg Mason Prt Aggr Gr A. The fund currently has a performance rating of D (Weak) based on an average return of 10.70% over the last three years and 4.62% over the last six months. Factored into the performance evaluation is an expense ratio of 1.17% (low) and a 5.8% front-end load that is levied at the time of purchase.

The fund's risk rating is currently B- (Good). It carries a beta of 1.24, meaning it is expected to move 12.4% for every 10% move in the market. Volatility, as measured by both the semi-deviation and a drawdown factor, is considered low.

Richard A. Freeman has been running the fund for 24 years and currently receives a manager quality ranking of 23 (0=worst, 99=best). This fund offers only a moderate level of risk but investors looking for strong performance are still waiting.

Services Offered: Automated phone transactions, check writing, bank draft capabilities, an IRA investment plan, a 401K investment plan, wire transfers and a systematic withdrawal plan.

Data Date	Investment Rating	Net Assets ($Mil)	NAV	Performance Rating/Pts	Total Return Y-T-D	Risk Rating/Pts
6-07	D	4,655	121.00	D / 1.9	4.62%	B- / 7.4
2006	D+	4,549	115.66	D+ / 2.5	7.98%	B- / 7.1
2005	C	3,906	107.11	C+ / 6.4	12.55%	C / 5.5
2004	D-	3,265	95.17	D / 2.1	10.61%	C- / 3.2
2003	C-	2,788	86.04	C- / 3.9	36.57%	C- / 4.0
2002	C	1,855	63.00	C / 5.5	-32.75%	C / 5.5

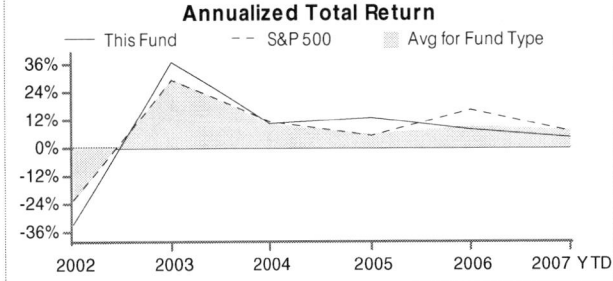

Legg Mason Value Trust Prim (LMVTX) — D- — Weak

Fund Family: Legg Mason **Phone:** (866) 811-7256
Address: 100 Light Street, Baltimore, MD 21203
Fund Type: GR - Growth
Major Rating Factors: Disappointing performance is the major factor driving the D- (Weak) TheStreet.com Investment Rating for Legg Mason Value Trust Prim. The fund currently has a performance rating of D (Weak) based on an average return of 8.19% over the last three years and 4.81% over the last six months. Factored into the performance evaluation is an expense ratio of 1.70% (above average).

The fund's risk rating is currently C+ (Fair). It carries a beta of 1.49, meaning it is expected to move 14.9% for every 10% move in the market. Volatility, as measured by both the semi-deviation and a drawdown factor, is considered low.

Bill Miller, CFA currently receives a manager quality ranking of 5 (0=worst, 99=best). This fund offers only a moderate level of risk but investors looking for strong performance are still waiting.

Services Offered: Automated phone transactions, bank draft capabilities, an IRA investment plan, a 401K investment plan, a Keogh investment plan, wire transfers and a systematic withdrawal plan.

Data Date	Investment Rating	Net Assets ($Mil)	NAV	Performance Rating/Pts	Total Return Y-T-D	Risk Rating/Pts
6-07	D-	11,537	74.95	D / 2.0	4.81%	C+ / 6.4
2006	D	11,713	72.72	D+ / 2.3	5.85%	C+ / 6.6
2005	C+	11,794	68.70	C+ / 6.5	5.32%	C+ / 6.0
2004	C	11,272	65.23	C+ / 6.8	11.96%	C- / 4.2
2003	C+	10,193	58.26	B / 7.9	43.53%	C / 5.0
2002	C+	7,853	40.59	C+ / 5.7	-18.92%	C / 5.2

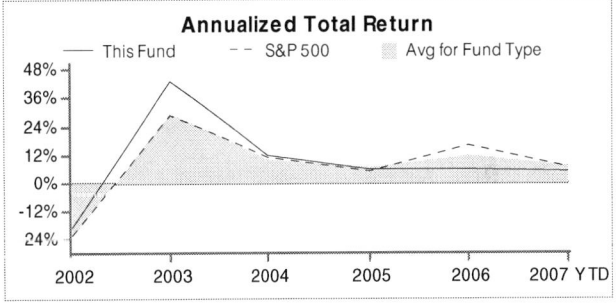

Longleaf Partners Fund (LLPFX) — B- — Good

Fund Family: Longleaf Partners **Phone:** (800) 445-9469
Address: 6410 Poplar Ave, Memphis, TN 38119
Fund Type: GR - Growth
Major Rating Factors: Longleaf Partners Fund receives a TheStreet.com Investment Rating of B- (Good). The fund currently has a performance rating of C+ (Fair) based on an average return of 13.11% over the last three years and 10.47% over the last six months. Factored into the performance evaluation is an expense ratio of 1.04% (low).

The fund's risk rating is currently B- (Good). It carries a beta of 0.90, meaning the fund's expected move will be 9.0% for every 10% move in the market. Volatility, as measured by both the semi-deviation and a drawdown factor, is considered low.

Mason Hawkins, CFA has been running the fund for 20 years and currently receives a manager quality ranking of 79 (0=worst, 99=best). If you desire an average level of risk, then this fund may be an option.

Services Offered: Automated phone transactions, check writing, bank draft capabilities, an IRA investment plan and wire transfers. However, the fund is currently closed to new investors.

Data Date	Investment Rating	Net Assets ($Mil)	NAV	Performance Rating/Pts	Total Return Y-T-D	Risk Rating/Pts
6-07	B-	12,299	38.51	C+ / 6.7	10.47%	B- / 7.9
2006	B-	10,883	34.86	C+ / 6.3	21.63%	B / 8.0
2005	C-	8,885	30.97	C- / 3.5	3.62%	B- / 7.4
2004	B-	8,683	31.32	C+ / 6.3	7.14%	B- / 7.2
2003	A+	7,313	29.98	B+ / 8.8	34.80%	B / 8.0
2002	A	4,974	22.24	A / 9.4	-8.34%	B / 8.6

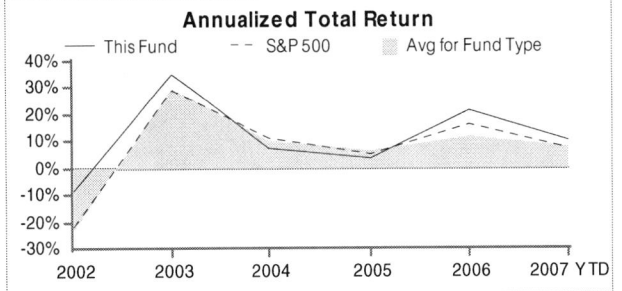

II. Analysis of Largest Funds
Summer 2007

Lord Abbett Affiliated Fund A (LAFFX) — D+ Weak

Fund Family: Lord Abbett **Phone:** (800) 201-6984
Address: 90 Hudson Street 10th Flr, Jersey City, NJ 07302
Fund Type: GI - Growth and Income
Major Rating Factors: Disappointing performance is the major factor driving the D+ (Weak) TheStreet.com Investment Rating for Lord Abbett Affiliated Fund A. The fund currently has a performance rating of D+ (Weak) based on an average return of 11.69% over the last three years and 5.48% over the last six months. Factored into the performance evaluation is an expense ratio of 0.80% (very low) and a 5.8% front-end load that is levied at the time of purchase.

The fund's risk rating is currently B- (Good). It carries a beta of 0.92, meaning that its performance tracks fairly well with that of the overall stock market. Volatility, as measured by both the semi-deviation and a drawdown factor, is considered low.

Eli M. Salzmann currently receives a manager quality ranking of 63 (0=worst, 99=best). This fund offers only a moderate level of risk but investors looking for strong performance are still waiting.

Services Offered: Automated phone transactions, bank draft capabilities, an IRA investment plan, a 401K investment plan and a systematic withdrawal plan.

Data Date	Investment Rating	Net Assets ($Mil)	NAV	Performance Rating/Pts	Total Return Y-T-D	Risk Rating/Pts
6-07	D+	16,733	16.04	D+ / 2.8	5.48%	B- / 7.2
2006	C	16,421	15.28	C / 4.7	17.61%	B- / 7.4
2005	D	14,837	14.05	C- / 3.0	3.33%	C+ / 6.5
2004	C	15,002	14.78	C / 5.3	12.60%	C / 5.1
2003	C+	12,600	13.55	C / 5.5	30.89%	C+ / 6.1
2002	C+	8,883	10.53	C+ / 6.8	-18.79%	C+ / 6.9

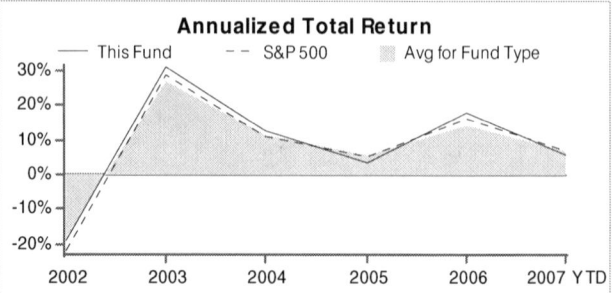

Lord Abbett Mid-Cap Value A (LAVLX) — C+ Fair

Fund Family: Lord Abbett **Phone:** (800) 201-6984
Address: 90 Hudson Street 10th Flr, Jersey City, NJ 07302
Fund Type: MC - Mid Cap
Major Rating Factors: Middle of the road best describes Lord Abbett Mid-Cap Value A whose TheStreet.com Investment Rating is currently a C+ (Fair). The fund currently has a performance rating of C+ (Fair) based on an average return of 15.36% over the last three years and 11.31% over the last six months. Factored into the performance evaluation is an expense ratio of 1.05% (low) and a 5.8% front-end load that is levied at the time of purchase.

The fund's risk rating is currently C+ (Fair). It carries a beta of 0.85, meaning the fund's expected move will be 8.5% for every 10% move in the market. Volatility, as measured by both the semi-deviation and a drawdown factor, is considered low.

This fund has been team managed for 12 years and currently receives a manager quality ranking of 76 (0=worst, 99=best). If you desire an average level of risk, then this fund may be an option.

Services Offered: Automated phone transactions, bank draft capabilities, an IRA investment plan, a 401K investment plan and a systematic withdrawal plan. However, the fund is currently closed to new investors.

Data Date	Investment Rating	Net Assets ($Mil)	NAV	Performance Rating/Pts	Total Return Y-T-D	Risk Rating/Pts
6-07	C+	7,250	24.47	C+ / 6.8	11.31%	C+ / 6.5
2006	C	6,900	22.40	C+ / 6.1	12.36%	C+ / 6.5
2005	C	7,435	22.41	C / 5.4	8.16%	C+ / 6.3
2004	B+	6,355	22.63	B+ / 8.3	24.10%	C+ / 6.3
2003	B+	4,224	18.83	B / 7.6	24.94%	B- / 7.5
2002	A+	2,230	15.39	A+ / 9.6	-9.75%	B / 8.6

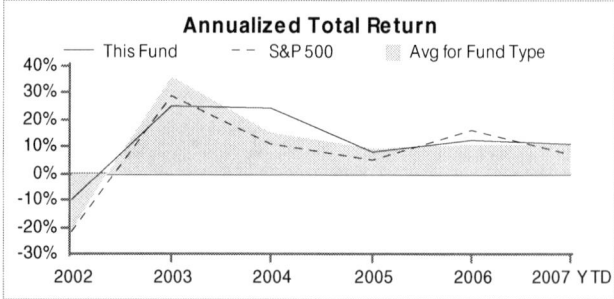

Marsico Focus Fund (MFOCX) — D Weak

Fund Family: Marsico Investment Fund **Phone:** (888) 860-8686
Address: 1200 17th Street, Denver, CO 80202
Fund Type: GR - Growth
Major Rating Factors: Disappointing performance is the major factor driving the D (Weak) TheStreet.com Investment Rating for Marsico Focus Fund. The fund currently has a performance rating of D (Weak) based on an average return of 10.93% over the last three years and 1.61% over the last six months. Factored into the performance evaluation is an expense ratio of 1.22% (average) and a 2.0% back-end load levied at the time of sale.

The fund's risk rating is currently B- (Good). It carries a beta of 1.16, meaning it is expected to move 11.6% for every 10% move in the market. Volatility, as measured by both the semi-deviation and a drawdown factor, is considered low.

Thomas F. Marsico has been running the fund for 10 years and currently receives a manager quality ranking of 30 (0=worst, 99=best). This fund offers only a moderate level of risk but investors looking for strong performance are still waiting.

Services Offered: Check writing, bank draft capabilities, an IRA investment plan, a 401K investment plan, wire transfers and a systematic withdrawal plan.

Data Date	Investment Rating	Net Assets ($Mil)	NAV	Performance Rating/Pts	Total Return Y-T-D	Risk Rating/Pts
6-07	D	4,685	19.60	D / 1.9	1.61%	B- / 7.2
2006	C-	4,944	19.29	C- / 3.4	8.60%	B- / 7.2
2005	C+	3,961	18.22	C+ / 5.6	9.69%	B- / 7.3
2004	C+	3,791	16.61	C+ / 5.9	11.70%	C+ / 6.3
2003	C	2,533	14.87	C- / 4.2	31.24%	C+ / 6.1
2002	C-	1,349	11.33	D+ / 2.9	-16.69%	C / 5.5

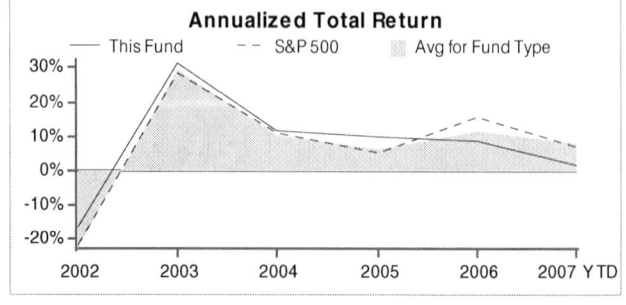

MFS Total Return Fund A (MSFRX)

D- Weak

Fund Family: MFS
Phone: (800) 343-2829
Address: 500 Boylston Street, Boston, MA 02116
Fund Type: AA - Asset Allocation
Major Rating Factors: Disappointing performance is the major factor driving the D- (Weak) TheStreet.com Investment Rating for MFS Total Return Fund A. The fund currently has a performance rating of D (Weak) based on an average return of 9.89% over the last three years and 5.77% over the last six months. Factored into the performance evaluation is an expense ratio of 0.87% (low) and a 5.8% front-end load that is levied at the time of purchase.

The fund's risk rating is currently B- (Good). It carries a beta of 0.92, meaning that its performance tracks fairly well with that of the overall stock market. Volatility, as measured by both the semi-deviation and a drawdown factor, is considered low.

Brooks Taylor has been running the fund for 1 year and currently receives a manager quality ranking of 74 (0=worst, 99=best). This fund offers only a moderate level of risk but investors looking for strong performance are still waiting.

Services Offered: Automated phone transactions, check writing, bank draft capabilities, an IRA investment plan, a 401K investment plan, wire transfers and a systematic withdrawal plan.

Data Date	Investment Rating	Net Assets ($Mil)	NAV	Performance Rating/Pts	Total Return Y-T-D	Risk Rating/Pts
6-07	D-	7,343	16.89	D / 1.7	5.77%	B- / 7.0
2006	C-	7,335	16.18	D+ / 2.6	11.77%	B+ / 9.0
2005	D+	6,995	15.37	E+ / 0.8	3.31%	B+ / 9.2
2004	B	6,492	16.00	C / 5.3	11.14%	B / 8.6
2003	B+	5,931	15.10	C+ / 6.3	16.85%	B+ / 9.2
2002	A+	4,772	13.27	A- / 9.0	-5.56%	B+ / 9.7

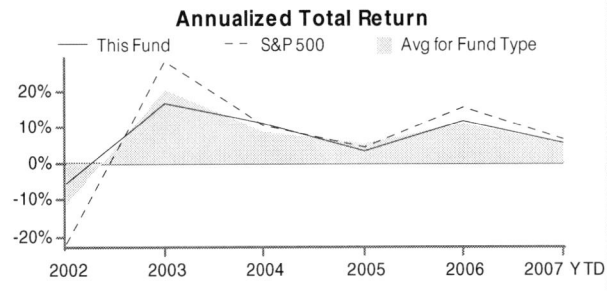

MFS Value Fund A (MEIAX)

B+ Good

Fund Family: MFS
Phone: (800) 343-2829
Address: 500 Boylston Street, Boston, MA 02116
Fund Type: GR - Growth
Major Rating Factors: MFS Value Fund A receives a TheStreet.com Investment Rating of B+ (Good). The fund currently has a performance rating of C+ (Fair) based on an average return of 15.53% over the last three years and 8.12% over the last six months. Factored into the performance evaluation is an expense ratio of 1.17% (low) and a 5.8% front-end load that is levied at the time of purchase.

The fund's risk rating is currently B (Good). It carries a beta of 0.81, meaning the fund's expected move will be 8.1% for every 10% move in the market. Volatility, as measured by both the semi-deviation and a drawdown factor, is considered low.

Steven R. Gorham has been running the fund for 5 years and currently receives a manager quality ranking of 94 (0=worst, 99=best). If you desire an average level of risk, then this fund may be an option.

Services Offered: Automated phone transactions, check writing, bank draft capabilities, an IRA investment plan, a 401K investment plan, wire transfers and a systematic withdrawal plan.

Data Date	Investment Rating	Net Assets ($Mil)	NAV	Performance Rating/Pts	Total Return Y-T-D	Risk Rating/Pts
6-07	B+	6,436	28.78	C+ / 6.4	8.12%	B / 8.4
2006	A-	5,527	26.77	B- / 7.0	20.67%	B / 8.9
2005	C-	4,627	23.15	C- / 3.1	6.22%	B- / 7.4
2004	C+	3,859	23.14	C+ / 6.1	15.08%	C+ / 6.4
2003	C+	3,303	20.34	C / 5.3	24.70%	B- / 7.5
2002	B+	2,049	16.52	B+ / 8.3	-13.70%	B / 8.3

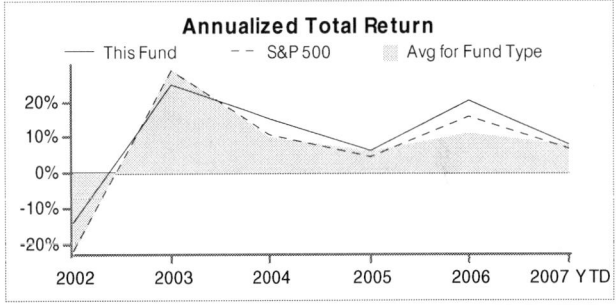

Mutual Beacon Z (BEGRX)

B+ Good

Fund Family: Franklin Templeton Institutional Gr
Phone: (800) 321-8563
Address: 777 Mariners Island Blvd., San Mateo, CA 94403
Fund Type: GI - Growth and Income
Major Rating Factors: Strong performance is the major factor driving the B+ (Good) TheStreet.com Investment Rating for Mutual Beacon Z. The fund currently has a performance rating of B (Good) based on an average return of 17.16% over the last three years and 9.61% over the last six months. Factored into the performance evaluation is an expense ratio of 0.85% (very low).

The fund's risk rating is currently B- (Good). It carries a beta of 0.72, meaning the fund's expected move will be 7.2% for every 10% move in the market. Volatility, as measured by both the semi-deviation and a drawdown factor, is considered low.

Michael J. Embler has been running the fund for 2 years and currently receives a manager quality ranking of 97 (0=worst, 99=best). If you desire only a moderate level of risk and strong performance, then this fund is an excellent option.

Services Offered: Automated phone transactions, bank draft capabilities, an IRA investment plan, a 401K investment plan, a Keogh investment plan, wire transfers and a systematic withdrawal plan.

Data Date	Investment Rating	Net Assets ($Mil)	NAV	Performance Rating/Pts	Total Return Y-T-D	Risk Rating/Pts
6-07	B+	4,309	18.15	B / 7.9	9.61%	B- / 7.1
2006	B+	3,927	16.71	B / 8.0	20.98%	B- / 7.4
2005	B-	3,434	15.52	C+ / 5.7	9.25%	B- / 7.7
2004	B+	3,360	15.94	B- / 7.4	14.52%	B- / 7.2
2003	A-	3,012	14.39	B / 8.1	29.44%	B- / 7.8
2002	A	2,619	11.31	B+ / 8.9	-11.05%	B / 8.5

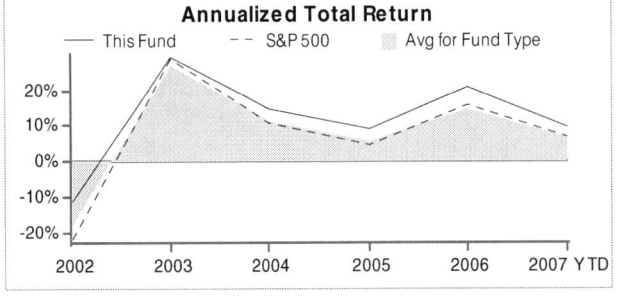

II. Analysis of Largest Funds — Summer 2007

Mutual Discovery Z (MDISX) — A+ Excellent

Fund Family: Franklin Templeton Institutional Gr **Phone:** (800) 321-8563
Address: 777 Mariners Island Blvd., San Mateo, CA 94403
Fund Type: GL - Global
Major Rating Factors: Exceptional performance is the major factor driving the A+ (Excellent) TheStreet.com Investment Rating for Mutual Discovery Z. The fund currently has a performance rating of A- (Excellent) based on an average return of 22.69% over the last three years and 12.89% over the last six months. Factored into the performance evaluation is an expense ratio of 1.05% (low).

The fund's risk rating is currently B (Good). It carries a beta of 0.67, meaning the fund's expected move will be 6.7% for every 10% move in the market. Volatility, as measured by both the semi-deviation and a drawdown factor, is considered low.

Anne E. Gudefin, CFA has been running the fund for 2 years and currently receives a manager quality ranking of 95 (0=worst, 99=best). If you desire only a moderate level of risk and strong performance, then this fund is an excellent option.

Services Offered: Automated phone transactions, bank draft capabilities, an IRA investment plan, a 401K investment plan, a Keogh investment plan, wire transfers and a systematic withdrawal plan.

Data Date	Investment Rating	Net Assets ($Mil)	NAV	Performance Rating/Pts	Total Return Y-T-D	Risk Rating/Pts
6-07	A+	4,560	34.34	A- / 9.2	12.89%	B / 8.2
2006	A+	4,018	30.46	B+ / 8.8	23.43%	B / 8.5
2005	A+	3,033	26.27	B / 8.2	15.70%	B / 8.3
2004	A	2,578	24.26	B+ / 8.6	19.39%	B- / 7.2
2003	A	2,095	20.80	B / 8.2	31.55%	B / 8.3
2002	A-	1,705	16.16	B+ / 8.7	-9.06%	B / 8.2

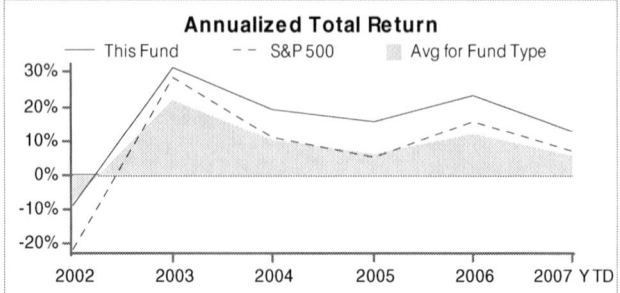

Mutual Qualified Z (MQIFX) — A+ Excellent

Fund Family: Franklin Templeton Institutional Gr **Phone:** (800) 321-8563
Address: 777 Mariners Island Blvd., San Mateo, CA 94403
Fund Type: GI - Growth and Income
Major Rating Factors: Strong performance is the major factor driving the A+ (Excellent) TheStreet.com Investment Rating for Mutual Qualified Z. The fund currently has a performance rating of B+ (Good) based on an average return of 18.96% over the last three years and 12.16% over the last six months. Factored into the performance evaluation is an expense ratio of 0.83% (very low).

The fund's risk rating is currently B (Good). It carries a beta of 0.76, meaning the fund's expected move will be 7.6% for every 10% move in the market. Volatility, as measured by both the semi-deviation and a drawdown factor, is considered low.

Anne E. Gudefin, CFA has been running the fund for 7 years and currently receives a manager quality ranking of 98 (0=worst, 99=best). If you desire only a moderate level of risk and strong performance, then this fund is an excellent option.

Services Offered: Automated phone transactions, bank draft capabilities, an IRA investment plan, a 401K investment plan, a Keogh investment plan, wire transfers and a systematic withdrawal plan.

Data Date	Investment Rating	Net Assets ($Mil)	NAV	Performance Rating/Pts	Total Return Y-T-D	Risk Rating/Pts
6-07	A+	4,679	24.44	B+ / 8.5	12.16%	B / 8.2
2006	A	4,203	21.88	B / 8.0	19.29%	B / 8.4
2005	B	3,650	19.81	C+ / 6.8	11.26%	B / 8.5
2004	A-	3,420	19.49	B / 7.7	16.64%	B- / 7.4
2003	A-	2,984	17.87	B / 8.2	30.50%	B- / 7.6
2002	A-	2,558	13.95	B+ / 8.8	-12.70%	B / 8.3

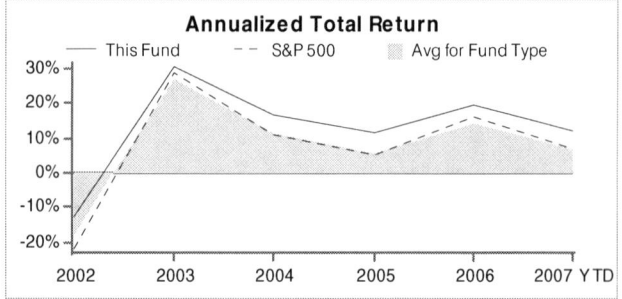

Mutual Shares Z (MUTHX) — A+ Excellent

Fund Family: Franklin Templeton Institutional Gr **Phone:** (800) 321-8563
Address: 777 Mariners Island Blvd., San Mateo, CA 94403
Fund Type: GI - Growth and Income
Major Rating Factors: Strong performance is the major factor driving the A+ (Excellent) TheStreet.com Investment Rating for Mutual Shares Z. The fund currently has a performance rating of B (Good) based on an average return of 16.37% over the last three years and 9.50% over the last six months. Factored into the performance evaluation is an expense ratio of 0.84% (very low).

The fund's risk rating is currently B (Good). It carries a beta of 0.74, meaning the fund's expected move will be 7.4% for every 10% move in the market. Volatility, as measured by both the semi-deviation and a drawdown factor, is considered low.

Debbie Turner, CFA has been running the fund for 14 years and currently receives a manager quality ranking of 96 (0=worst, 99=best). If you desire only a moderate level of risk and strong performance, then this fund is an excellent option.

Services Offered: Automated phone transactions, bank draft capabilities, an IRA investment plan, a 401K investment plan, a Keogh investment plan, wire transfers and a systematic withdrawal plan.

Data Date	Investment Rating	Net Assets ($Mil)	NAV	Performance Rating/Pts	Total Return Y-T-D	Risk Rating/Pts
6-07	A+	13,019	28.49	B / 7.7	9.50%	B / 8.5
2006	A	10,927	26.09	B / 7.6	18.36%	B / 8.8
2005	B+	8,950	23.95	C / 5.5	10.39%	B+ / 9.2
2004	B+	7,240	23.05	B- / 7.0	13.89%	B- / 7.7
2003	A-	5,465	20.98	B / 7.8	26.62%	B / 8.0
2002	A	4,664	16.84	B+ / 8.9	-10.89%	B / 8.5

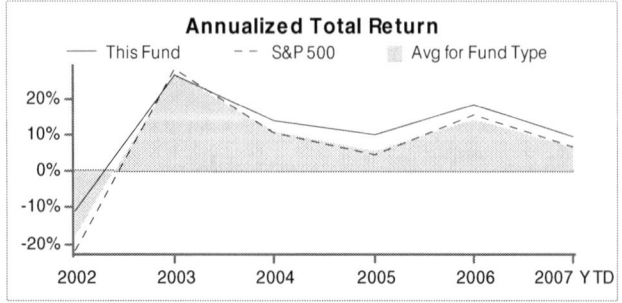

Oakmark Equity and Income I (OAKBX)   C-   Fair

Fund Family: Oakmark   **Phone:** (800) 625-6275
Address: 2 North LaSalle Street, Chicago, IL 60602
Fund Type: BA - Balanced
Major Rating Factors: Disappointing performance is the major factor driving the C- (Fair) TheStreet.com Investment Rating for Oakmark Equity and Income I. The fund currently has a performance rating of D+ (Weak) based on an average return of 10.35% over the last three years and 7.38% over the last six months. Factored into the performance evaluation is an expense ratio of 0.84% (very low) and a 2.0% back-end load levied at the time of sale.

The fund's risk rating is currently B (Good). It carries a beta of 0.74, meaning the fund's expected move will be 7.4% for every 10% move in the market. Volatility, as measured by both the semi-deviation and a drawdown factor, is considered low.

Clyde S. McGregor, C.F.A has been running the fund for 12 years and currently receives a manager quality ranking of 85 (0=worst, 99=best). This fund offers only a moderate level of risk but investors looking for strong performance are still waiting.

Services Offered: Automated phone transactions, bank draft capabilities, an IRA investment plan and a systematic withdrawal plan.

Data Date	Investment Rating	Net Assets ($Mil)	NAV	Performance Rating/Pts	Total Return Y-T-D	Risk Rating/Pts
6-07	C-	12,239	27.79	D+ / 2.5	7.38%	B / 8.6
2006	C	10,792	25.88	C- / 3.4	10.82%	B+ / 9.3
2005	C+	9,272	24.98	C- / 3.3	8.60%	B+ / 9.6
2004	B	7,994	23.50	C+ / 6.5	10.36%	B / 8.7
2003	A+	4,769	22.02	B+ / 8.5	23.21%	B+ / 9.7
2002	A+	2,704	17.99	A+ / 9.7	-2.14%	B+ / 9.9

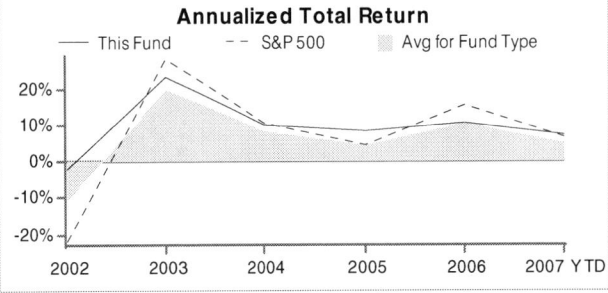

Oakmark Fund (The) I (OAKMX)   C   Fair

Fund Family: Oakmark   **Phone:** (800) 625-6275
Address: 2 North LaSalle Street, Chicago, IL 60602
Fund Type: GR - Growth
Major Rating Factors: Middle of the road best describes Oakmark Fund (The) I whose TheStreet.com Investment Rating is currently a C (Fair). The fund currently has a performance rating of C- (Fair) based on an average return of 10.08% over the last three years and 6.08% over the last six months. Factored into the performance evaluation is an expense ratio of 1.02% (low) and a 2.0% back-end load levied at the time of sale.

The fund's risk rating is currently B (Good). It carries a beta of 0.86, meaning the fund's expected move will be 8.6% for every 10% move in the market. Volatility, as measured by both the semi-deviation and a drawdown factor, is considered low.

Kevin G. Grant, C.F.A has been running the fund for 7 years and currently receives a manager quality ranking of 47 (0=worst, 99=best). If you desire an average level of risk, then this fund may be an option.

Services Offered: Automated phone transactions, bank draft capabilities, an IRA investment plan and a systematic withdrawal plan.

Data Date	Investment Rating	Net Assets ($Mil)	NAV	Performance Rating/Pts	Total Return Y-T-D	Risk Rating/Pts
6-07	C	6,224	48.71	C- / 3.3	6.08%	B / 8.1
2006	C+	5,886	45.92	C / 5.2	18.26%	B / 8.7
2005	D	6,198	40.88	D- / 1.3	-1.31%	B / 8.0
2004	C+	6,918	41.77	C / 5.5	11.73%	C+ / 6.2
2003	B+	5,254	37.54	B / 8.0	25.30%	B- / 7.4
2002	A-	3,925	30.08	A- / 9.1	-14.41%	B / 8.1

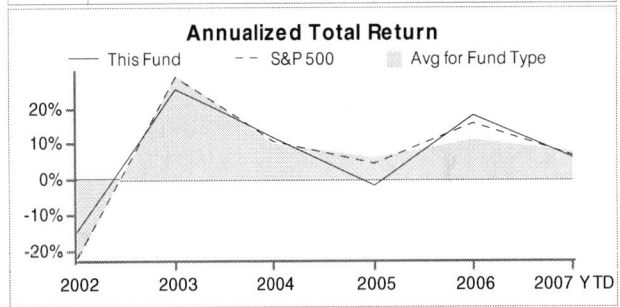

Oakmark International I (OAKIX)   B+   Good

Fund Family: Oakmark   **Phone:** (800) 625-6275
Address: 2 North LaSalle Street, Chicago, IL 60602
Fund Type: FO - Foreign
Major Rating Factors: Strong performance is the major factor driving the B+ (Good) TheStreet.com Investment Rating for Oakmark International I. The fund currently has a performance rating of B+ (Good) based on an average return of 22.12% over the last three years and 8.25% over the last six months. Factored into the performance evaluation is an expense ratio of 1.04% (low) and a 2.0% back-end load levied at the time of sale.

The fund's risk rating is currently C+ (Fair). It carries a beta of 0.84, meaning the fund's expected move will be 8.4% for every 10% move in the market. Volatility, as measured by both the semi-deviation and a drawdown factor, is considered low.

David G. Herro, C.F.A has been running the fund for 15 years and currently receives a manager quality ranking of 81 (0=worst, 99=best). If you desire only a moderate level of risk and strong performance, then this fund is an excellent option.

Services Offered: Automated phone transactions, bank draft capabilities, an IRA investment plan and a systematic withdrawal plan.

Data Date	Investment Rating	Net Assets ($Mil)	NAV	Performance Rating/Pts	Total Return Y-T-D	Risk Rating/Pts
6-07	B+	9,103	27.55	B+ / 8.7	8.25%	C+ / 6.5
2006	A+	7,886	25.45	A- / 9.2	30.60%	B- / 7.4
2005	B+	5,644	22.52	B+ / 8.3	14.12%	C+ / 6.3
2004	B+	4,446	21.13	B+ / 8.9	19.09%	C+ / 5.6
2003	B+	3,173	18.02	B+ / 8.6	38.04%	C+ / 6.7
2002	B+	1,733	13.14	B+ / 8.4	-8.46%	B- / 7.8

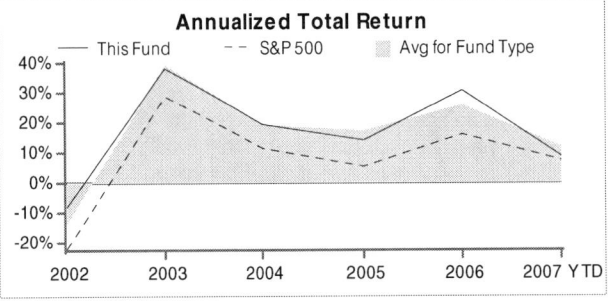

II. Analysis of Largest Funds — Summer 2007

Oakmark Select I (OAKLX) — D+ Weak

Fund Family: Oakmark **Phone:** (800) 625-6275
Address: 2 North LaSalle Street, Chicago, IL 60602
Fund Type: MC - Mid Cap
Major Rating Factors: Oakmark Select I receives a TheStreet.com Investment Rating of D+ (Weak). The fund currently has a performance rating of C- (Fair) based on an average return of 10.99% over the last three years and 5.56% over the last six months. Factored into the performance evaluation is an expense ratio of 0.98% (low) and a 2.0% back-end load levied at the time of sale.

The fund's risk rating is currently C+ (Fair). It carries a beta of 0.62, meaning the fund's expected move will be 6.2% for every 10% move in the market. Volatility, as measured by both the semi-deviation and a drawdown factor, is considered low.

William C. Nygren has been running the fund for 11 years and currently receives a manager quality ranking of 58 (0=worst, 99=best). If you desire an average level of risk, then this fund may be an option.

Services Offered: Automated phone transactions, bank draft capabilities, an IRA investment plan and a systematic withdrawal plan.

Data Date	Investment Rating	Net Assets ($Mil)	NAV	Performance Rating/Pts	Total Return Y-T-D	Risk Rating/Pts
6-07	D+	6,203	35.34	C- / 3.6	5.56%	C+ / 6.1
2006	C	6,111	33.48	C / 4.3	13.60%	B- / 7.5
2005	C	6,038	32.90	C- / 3.2	4.84%	B / 8.1
2004	C+	5,596	33.35	C+ / 6.1	9.73%	C+ / 6.3
2003	A	5,498	30.62	B+ / 8.7	29.00%	B- / 7.6
2002	A	4,349	23.82	A+ / 9.6	-12.47%	B / 8.4

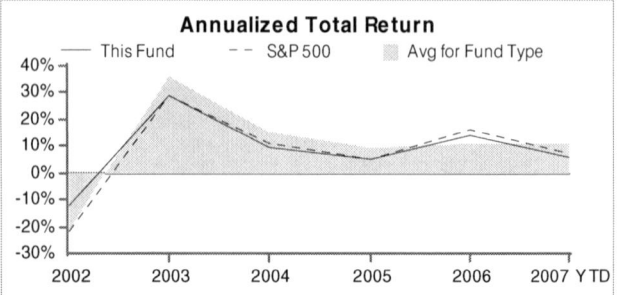

Oppenheimer Capital Appr A (OPTFX) — D Weak

Fund Family: OppenheimerFunds **Phone:** (800) 525-7048
Address: P.O. Box 5270, Denver, CO 80217
Fund Type: GR - Growth
Major Rating Factors: Disappointing performance is the major factor driving the D (Weak) TheStreet.com Investment Rating for Oppenheimer Capital Appr A. The fund currently has a performance rating of D (Weak) based on an average return of 8.61% over the last three years and 9.21% over the last six months. Factored into the performance evaluation is an expense ratio of 1.07% (low) and a 5.8% front-end load that is levied at the time of purchase.

The fund's risk rating is currently C+ (Fair). It carries a beta of 1.03, meaning that its performance tracks fairly well with that of the overall stock market. Volatility, as measured by both the semi-deviation and a drawdown factor, is considered low.

Marc L. Baylin, CFA has been running the fund for 2 years and currently receives a manager quality ranking of 21 (0=worst, 99=best). This fund offers only a moderate level of risk but investors looking for strong performance are still waiting.

Services Offered: Automated phone transactions, bank draft capabilities, an IRA investment plan, a 401K investment plan and a systematic withdrawal plan.

Data Date	Investment Rating	Net Assets ($Mil)	NAV	Performance Rating/Pts	Total Return Y-T-D	Risk Rating/Pts
6-07	D	5,484	50.38	D / 1.8	9.21%	C+ / 6.9
2006	D-	5,364	46.13	E+ / 0.8	7.50%	B- / 7.3
2005	D	5,711	42.91	D / 2.0	4.70%	C+ / 6.9
2004	D-	5,678	41.22	D- / 1.1	6.46%	C / 4.8
2003	D+	4,925	38.72	D+ / 2.7	29.46%	C / 4.7
2002	C-	3,504	29.91	C- / 3.8	-26.26%	C / 5.2

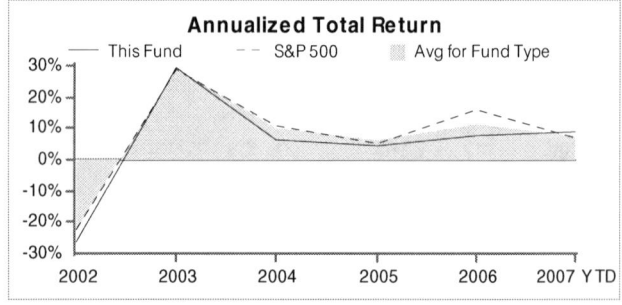

Oppenheimer Global Fund A (OPPAX) — B Good

Fund Family: OppenheimerFunds **Phone:** (800) 525-7048
Address: P.O. Box 5270, Denver, CO 80217
Fund Type: GL - Global
Major Rating Factors: Strong performance is the major factor driving the B (Good) TheStreet.com Investment Rating for Oppenheimer Global Fund A. The fund currently has a performance rating of B (Good) based on an average return of 18.54% over the last three years and 8.41% over the last six months. Factored into the performance evaluation is an expense ratio of 1.07% (low), a 5.8% front-end load that is levied at the time of purchase and a 2.0% back-end load levied at the time of sale.

The fund's risk rating is currently C+ (Fair). It carries a beta of 0.99, meaning that its performance tracks fairly well with that of the overall stock market. Volatility, as measured by both the semi-deviation and a drawdown factor, is considered low.

Rajeev Bhaman, CFA has been running the fund for 3 years and currently receives a manager quality ranking of 18 (0=worst, 99=best). If you desire only a moderate level of risk and strong performance, then this fund is an excellent option.

Services Offered: Automated phone transactions, bank draft capabilities, an IRA investment plan, a 401K investment plan, wire transfers and a systematic withdrawal plan.

Data Date	Investment Rating	Net Assets ($Mil)	NAV	Performance Rating/Pts	Total Return Y-T-D	Risk Rating/Pts
6-07	B	13,837	79.69	B / 7.6	8.41%	C+ / 6.9
2006	B	13,131	73.51	B / 7.7	17.38%	B- / 7.1
2005	A	10,609	66.70	B+ / 8.3	13.83%	B- / 7.4
2004	C+	9,291	60.77	B- / 7.5	18.67%	C / 5.1
2003	C+	7,182	51.50	C+ / 6.5	43.07%	C+ / 5.7
2002	C	4,681	36.24	C / 4.8	-22.45%	C / 5.2

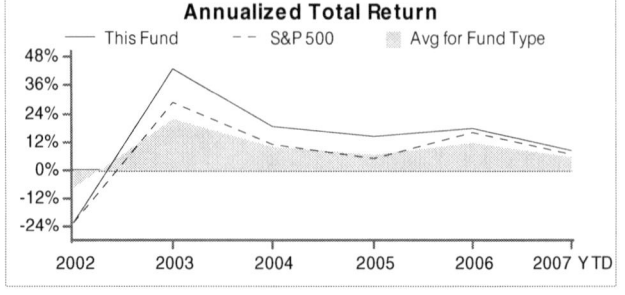

Oppenheimer Main St Fund A (MSIGX) C Fair

Fund Family: OppenheimerFunds
Phone: (800) 525-7048
Address: P.O. Box 5270, Denver, CO 80217
Fund Type: GI - Growth and Income
Major Rating Factors: Middle of the road best describes Oppenheimer Main St Fund A whose TheStreet.com Investment Rating is currently a C (Fair). The fund currently has a performance rating of C- (Fair) based on an average return of 11.49% over the last three years and 6.96% over the last six months. Factored into the performance evaluation is an expense ratio of 0.91% (low) and a 5.8% front-end load that is levied at the time of purchase.

The fund's risk rating is currently B (Good). It carries a beta of 1.00, meaning that its performance tracks fairly well with that of the overall stock market. Volatility, as measured by both the semi-deviation and a drawdown factor, is considered low.

Nikolaos Monoyios has been running the fund for 9 years and currently receives a manager quality ranking of 51 (0=worst, 99=best). If you desire an average level of risk, then this fund may be an option.

Services Offered: Automated phone transactions, bank draft capabilities, an IRA investment plan, a 401K investment plan and a systematic withdrawal plan.

Data Date	Investment Rating	Net Assets ($Mil)	NAV	Performance Rating/Pts	Total Return Y-T-D	Risk Rating/Pts
6-07	C	8,373	43.49	C- / 3.3	6.96%	B / 8.2
2006	C	8,188	40.66	C- / 3.9	14.91%	B / 8.6
2005	D+	7,946	37.13	D+ / 2.4	5.74%	B- / 7.6
2004	C-	7,764	35.46	C- / 3.3	9.39%	C+ / 6.1
2003	C	7,886	32.80	C- / 4.0	26.95%	C+ / 6.6
2002	C+	6,043	26.00	C / 4.4	-19.42%	C+ / 6.6

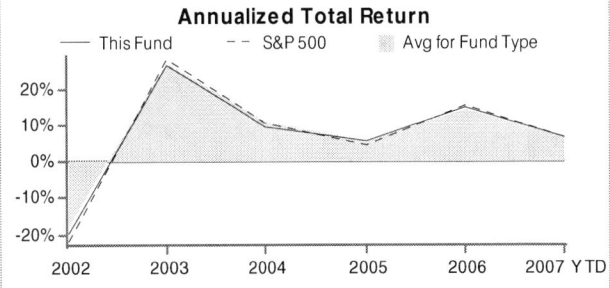

Pioneer Fund A (PIODX) C+ Fair

Fund Family: Pioneer Investments
Phone: (800) 225-6292
Address: 60 State Street, Boston, MA 02109
Fund Type: GI - Growth and Income
Major Rating Factors: Middle of the road best describes Pioneer Fund A whose TheStreet.com Investment Rating is currently a C+ (Fair). The fund currently has a performance rating of C (Fair) based on an average return of 13.53% over the last three years and 8.02% over the last six months. Factored into the performance evaluation is an expense ratio of 1.08% (low) and a 5.8% front-end load that is levied at the time of purchase.

The fund's risk rating is currently B (Good). It carries a beta of 0.98, meaning that its performance tracks fairly well with that of the overall stock market. Volatility, as measured by both the semi-deviation and a drawdown factor, is considered low.

Walter Hunnewell, Jr has been running the fund for 6 years and currently receives a manager quality ranking of 77 (0=worst, 99=best). If you desire an average level of risk, then this fund may be an option.

Services Offered: Automated phone transactions, check writing, payroll deductions, bank draft capabilities, an IRA investment plan, a 401K investment plan, a Keogh investment plan, wire transfers and a systematic withdrawal plan.

Data Date	Investment Rating	Net Assets ($Mil)	NAV	Performance Rating/Pts	Total Return Y-T-D	Risk Rating/Pts
6-07	C+	6,845	51.77	C / 4.9	8.02%	B / 8.1
2006	C+	6,682	48.10	C / 4.7	16.39%	B / 8.3
2005	D	5,647	44.21	D+ / 2.7	6.39%	C+ / 6.9
2004	C-	5,471	42.06	C- / 3.7	11.63%	C / 5.4
2003	C-	5,131	38.00	C- / 3.3	24.58%	C+ / 5.9
2002	C+	4,864	30.76	C / 5.1	-20.26%	C+ / 6.5

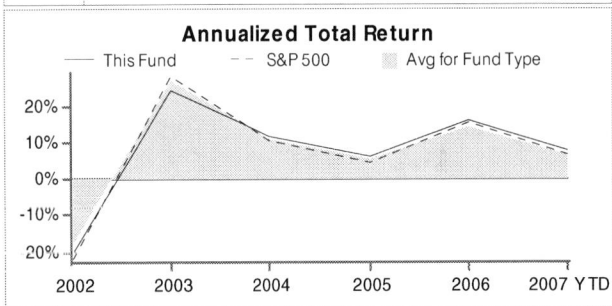

Putnam Fund for Gr & Inc A (PGRWX) D+ Weak

Fund Family: Putnam Funds
Phone: (800) 354-2228
Address: One Post Office Square, Boston, MA 02109
Fund Type: GI - Growth and Income
Major Rating Factors: Putnam Fund for Gr & Inc A receives a TheStreet.com Investment Rating of D+ (Weak). The fund currently has a performance rating of C- (Fair) based on an average return of 11.50% over the last three years and 6.29% over the last six months. Factored into the performance evaluation is an expense ratio of 0.90% (low) and a 5.3% front-end load that is levied at the time of purchase.

The fund's risk rating is currently C+ (Fair). It carries a beta of 0.98, meaning that its performance tracks fairly well with that of the overall stock market. Volatility, as measured by both the semi-deviation and a drawdown factor, is considered low.

Joshua H Brooks has been running the fund for 2 years and currently receives a manager quality ranking of 54 (0=worst, 99=best). If you desire an average level of risk, then this fund may be an option.

Services Offered: Automated phone transactions, check writing, payroll deductions, bank draft capabilities, an IRA investment plan, a 401K investment plan, a Keogh investment plan and a systematic withdrawal plan.

Data Date	Investment Rating	Net Assets ($Mil)	NAV	Performance Rating/Pts	Total Return Y-T-D	Risk Rating/Pts
6-07	D+	11,973	21.16	C- / 3.3	6.29%	C+ / 6.4
2006	C	12,079	20.00	C / 4.7	15.82%	B- / 7.0
2005	D	11,876	19.73	D+ / 2.5	5.15%	C+ / 6.9
2004	C-	12,532	19.40	C- / 3.9	10.97%	C / 5.3
2003	C+	13,457	17.70	C / 4.9	27.22%	C+ / 6.3
2002	B-	14,196	14.14	C+ / 6.4	-19.13%	B- / 7.2

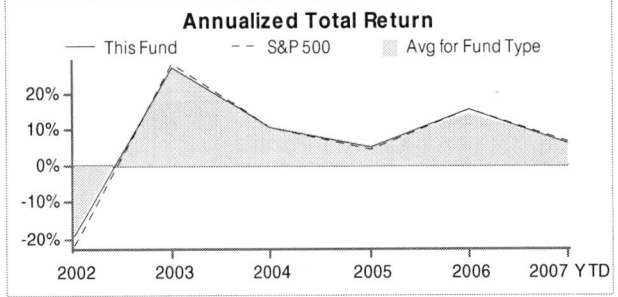

II. Analysis of Largest Funds

Putnam Voyager A (PVOYX) — E+ Very Weak

Fund Family: Putnam Funds **Phone:** (800) 354-2228
Address: One Post Office Square, Boston, MA 02109
Fund Type: GR - Growth
Major Rating Factors: Very poor performance is the major factor driving the E+ (Very Weak) TheStreet.com Investment Rating for Putnam Voyager A. The fund currently has a performance rating of E (Very Weak) based on an average return of 6.10% over the last three years and 4.15% over the last six months. Factored into the performance evaluation is an expense ratio of 1.10% (low) and a 5.3% front-end load that is levied at the time of purchase.

The fund's risk rating is currently C+ (Fair). It carries a beta of 1.28, meaning it is expected to move 12.8% for every 10% move in the market. Volatility, as measured by both the semi-deviation and a drawdown factor, is considered low.

Kelly A. Morgan currently receives a manager quality ranking of 5 (0=worst, 99=best). This fund offers only a moderate level of risk but investors looking for strong performance are still waiting.

Services Offered: Automated phone transactions, bank draft capabilities, an IRA investment plan, a 401K investment plan, a Keogh investment plan and a systematic withdrawal plan.

Data Date	Investment Rating	Net Assets ($Mil)	NAV	Performance Rating/Pts	Total Return Y-T-D	Risk Rating/Pts
6-07	E+	5,085	19.07	E / 0.5	4.15%	C+ / 6.6
2006	D-	5,695	18.31	E+ / 0.6	5.23%	C+ / 6.7
2005	D-	6,944	17.40	D- / 1.3	5.50%	C+ / 6.9
2004	D-	8,511	16.61	E+ / 0.6	4.79%	C / 5.0
2003	D	11,204	15.85	E+ / 0.9	24.70%	C / 5.0
2002	D	11,026	12.71	D- / 1.5	-26.53%	C- / 4.2

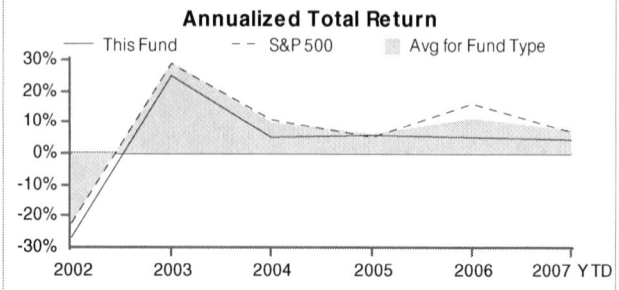

Royce Total Return Fd (RYTRX) — B- Good

Fund Family: Royce Funds **Phone:** (800) 221-4268
Address: 1414 Avenue of the Americas, New York, NY 10019
Fund Type: GI - Growth and Income
Major Rating Factors: Royce Total Return Fd receives a TheStreet.com Investment Rating of B- (Good). The fund currently has a performance rating of C+ (Fair) based on an average return of 14.22% over the last three years and 8.83% over the last six months. Factored into the performance evaluation is an expense ratio of 1.09% (low) and a 1.0% back-end load levied at the time of sale.

The fund's risk rating is currently B- (Good). It carries a beta of 1.08, meaning that its performance tracks fairly well with that of the overall stock market. Volatility, as measured by both the semi-deviation and a drawdown factor, is considered low.

Charles M. Royce has been running the fund for 14 years and currently receives a manager quality ranking of 75 (0=worst, 99=best). If you desire an average level of risk, then this fund may be an option.

Services Offered: Automated phone transactions, check writing, payroll deductions, bank draft capabilities, an IRA investment plan, a 401K investment plan, wire transfers and a systematic withdrawal plan.

Data Date	Investment Rating	Net Assets ($Mil)	NAV	Performance Rating/Pts	Total Return Y-T-D	Risk Rating/Pts
6-07	B-	4,791	14.88	C+ / 6.0	8.83%	B- / 7.5
2006	B-	4,395	13.75	C+ / 6.4	14.54%	B- / 7.8
2005	B-	4,274	12.60	C+ / 6.0	8.23%	B- / 7.7
2004	A	3,584	12.26	B+ / 8.6	17.52%	B- / 7.4
2003	A+	2,569	10.69	B+ / 8.8	29.99%	B / 8.5
2002	A+	1,052	8.37	A / 9.5	-1.60%	B+ / 9.2

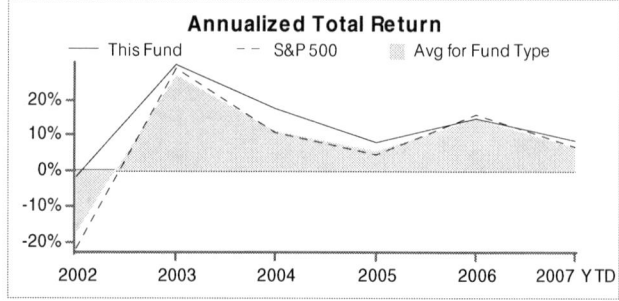

RVS Diversified Equity Income A (INDZX) — A Excellent

Fund Family: RiverSource Investments **Phone:** (888) 791-3380
Address: 734 Ameriprise Financial Ctr, Minneapolis, MN 55474
Fund Type: IN - Income
Major Rating Factors: Strong performance is the major factor driving the A (Excellent) TheStreet.com Investment Rating for RVS Diversified Equity Income A. The fund currently has a performance rating of B+ (Good) based on an average return of 19.72% over the last three years and 11.76% over the last six months. Factored into the performance evaluation is an expense ratio of 1.14% (low) and a 5.8% front-end load that is levied at the time of purchase.

The fund's risk rating is currently B- (Good). It carries a beta of 1.14, meaning it is expected to move 11.4% for every 10% move in the market. Volatility, as measured by both the semi-deviation and a drawdown factor, is considered low.

This is team managed and currently receives a manager quality ranking of 96 (0=worst, 99=best). If you desire only a moderate level of risk and strong performance, then this fund is an excellent option.

Services Offered: Automated phone transactions, check writing, bank draft capabilities, an IRA investment plan, a 401K investment plan and wire transfers.

Data Date	Investment Rating	Net Assets ($Mil)	NAV	Performance Rating/Pts	Total Return Y-T-D	Risk Rating/Pts
6-07	A	6,342	14.30	B+ / 8.4	11.76%	B- / 7.4
2006	B+	5,910	12.88	B / 7.8	19.66%	B- / 7.8
2005	B+	3,936	11.89	B / 8.2	13.33%	B- / 7.0
2004	C+	2,729	11.13	B / 7.8	18.23%	C / 4.6
2003	B	1,761	9.56	B+ / 8.4	41.89%	C+ / 5.9
2002	B-	1,313	6.84	C+ / 6.4	-18.39%	B- / 7.0

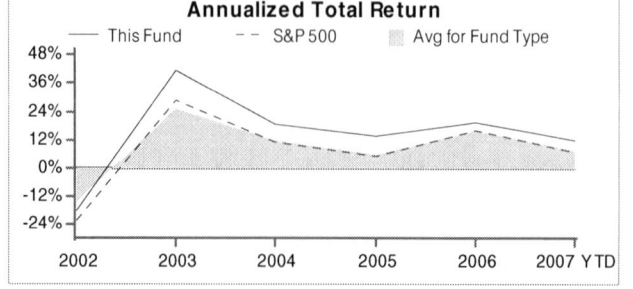

RVS Large Cap Equity A (ALEAX)

C-   Fair

Fund Family: RiverSource Investments   **Phone:** (888) 791-3380
Address: 734 Ameriprise Financial Ctr, Minneapolis, MN 55474
Fund Type: GR - Growth
Major Rating Factors: Disappointing performance is the major factor driving the C- (Fair) TheStreet.com Investment Rating for RVS Large Cap Equity A. The fund currently has a performance rating of D+ (Weak) based on an average return of 10.32% over the last three years and 6.12% over the last six months. Factored into the performance evaluation is an expense ratio of 1.06% (low) and a 5.8% front-end load that is levied at the time of purchase.

The fund's risk rating is currently B (Good). It carries a beta of 0.97, meaning that its performance tracks fairly well with that of the overall stock market. Volatility, as measured by both the semi-deviation and a drawdown factor, is considered low.

Nick Thakore has been running the fund for 2 years and currently receives a manager quality ranking of 39 (0=worst, 99=best). This fund offers only a moderate level of risk but investors looking for strong performance are still waiting.

Services Offered: Automated phone transactions, check writing, payroll deductions, bank draft capabilities, an IRA investment plan, a 401K investment plan, wire transfers and a systematic withdrawal plan.

Data Date	Investment Rating	Net Assets ($Mil)	NAV	Performance Rating/Pts	Total Return Y-T-D	Risk Rating/Pts
6-07	C-	5,073	6.24	D+ / 2.6	6.12%	B / 8.6
2006	C	5,401	5.88	C- / 3.5	14.95%	B / 8.1
2005	D+	1,011	5.31	D- / 1.5	5.76%	B / 8.3
2004	U	1,215	5.04	U / --	8.24%	U / --
2003	U	157	4.93	U / --	29.88%	U / --

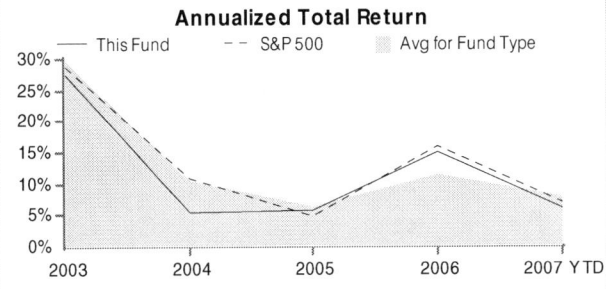

Sanford Bernstein T/M Intl Val (SNIVX)

B   Good

Fund Family: Bernstein Funds   **Phone:** N/A
Address: 767 Fifth Avenue, New York, NY 10153
Fund Type: GL - Global
Major Rating Factors: Strong performance is the major factor driving the B (Good) TheStreet.com Investment Rating for Sanford Bernstein T/M Intl Val. The fund currently has a performance rating of B+ (Good) based on an average return of 21.57% over the last three years and 9.83% over the last six months. Factored into the performance evaluation is an expense ratio of 1.15% (low).

The fund's risk rating is currently C (Fair). It carries a beta of 1.02, meaning that its performance tracks fairly well with that of the overall stock market. Volatility, as measured by both the semi-deviation and a drawdown factor, is considered average.

Rich Ellison currently receives a manager quality ranking of 35 (0=worst, 99=best). If you desire an average level of risk and strong performance, then this fund is a good option.

Services Offered: Automated phone transactions, an IRA investment plan, a 401K investment plan, a Keogh investment plan and a systematic withdrawal plan.

Data Date	Investment Rating	Net Assets ($Mil)	NAV	Performance Rating/Pts	Total Return Y-T-D	Risk Rating/Pts
6-07	B	9,174	28.93	B+ / 8.9	9.83%	C / 5.3
2006	B	8,227	26.34	B+ / 8.9	24.86%	C+ / 5.6
2005	B+	6,402	24.06	B+ / 8.6	14.44%	C+ / 6.5
2004	B+	5,281	22.58	B+ / 8.8	17.58%	C / 5.5
2003	B	3,841	19.61	B / 8.1	38.83%	C+ / 6.2
2002	C+	2,707	14.35	C+ / 6.6	-8.51%	C+ / 6.8

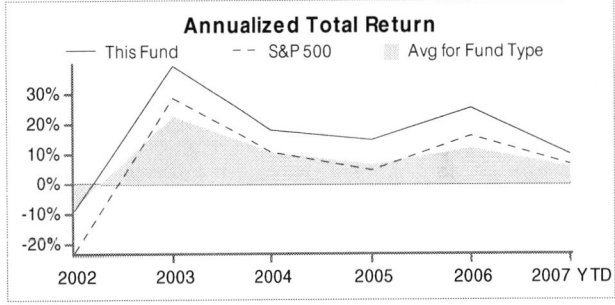

Selected American Shares S (SLASX)

B+   Good

Fund Family: Davis Funds   **Phone:** (800) 279-0279
Address: 2949 East Elvira St, Tuscon, AZ 85706
Fund Type: GI - Growth and Income
Major Rating Factors: Selected American Shares S receives a TheStreet.com Investment Rating of B+ (Good). The fund currently has a performance rating of C+ (Fair) based on an average return of 13.37% over the last three years and 7.21% over the last six months. Factored into the performance evaluation is an expense ratio of 1.16% (low).

The fund's risk rating is currently B (Good). It carries a beta of 0.80, meaning the fund's expected move will be 8.0% for every 10% move in the market. Volatility, as measured by both the semi-deviation and a drawdown factor, is considered low.

Christopher C. Davis has been running the fund for 10 years and currently receives a manager quality ranking of 86 (0=worst, 99=best). If you desire an average level of risk, then this fund may be an option.

Services Offered: Check writing, bank draft capabilities, an IRA investment plan, a 401K investment plan, wire transfers and a systematic withdrawal plan.

Data Date	Investment Rating	Net Assets ($Mil)	NAV	Performance Rating/Pts	Total Return Y-T-D	Risk Rating/Pts
6-07	B+	8,106	49.38	C+ / 5.9	7.21%	B / 8.9
2006	B+	7,331	46.06	C+ / 6.5	15.19%	B+ / 9.1
2005	B	7,780	40.24	C+ / 5.8	9.90%	B- / 7.9
2004	C+	6,603	36.87	C+ / 6.0	11.99%	C+ / 6.4
2003	C+	5,614	33.17	C+ / 6.0	30.90%	C+ / 6.6
2002	C+	4,569	25.51	C+ / 6.9	-17.06%	C+ / 6.8

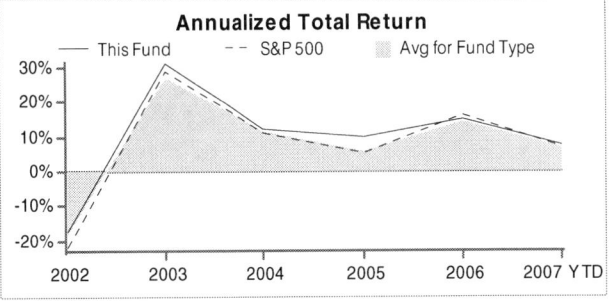

II. Analysis of Largest Funds   Summer 2007

SunAmerica VAL Co I Stk Idx Fd (VSTIX)   C-   Fair

Fund Family: SunAmerica **Phone:** (800) 858-8850
Address: Harborside Financial Center, Jersey City, NJ 07311
Fund Type: GR - Growth

Major Rating Factors: Middle of the road best describes SunAmerica VAL Co I Stk Idx Fd whose TheStreet.com Investment Rating is currently a C- (Fair). The fund currently has a performance rating of C (Fair) based on an average return of 11.29% over the last three years and 6.77% over the last six months. Factored into the performance evaluation is an expense ratio of 0.36% (very low).

The fund's risk rating is currently C+ (Fair). It carries a beta of 1.00, meaning that its performance tracks fairly well with that of the overall stock market. Volatility, as measured by standard deviation, is considered low for equity funds at 7.31.

James O. Kurtz currently receives a manager quality ranking of 49 (0=worst, 99=best). If you desire an average level of risk, then this fund may be an option.
Services Offered: Bank draft capabilities, an IRA investment plan, a 401K investment plan and wire transfers.

Data Date	Investment Rating	Net Assets ($Mil)	NAV	Performance Rating/Pts	Total Return Y-T-D	Risk Rating/Pts
6-07	C-	5,222	39.13	C / 4.5	6.77%	C+ / 6.3

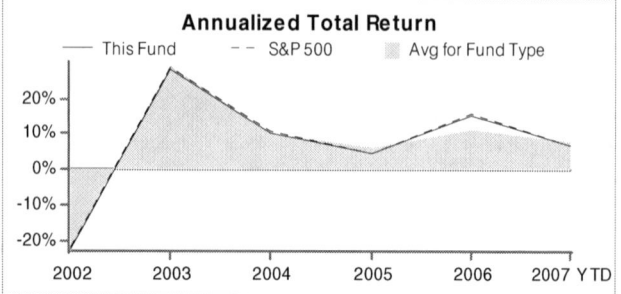

T. Rowe Price Blue Chip Growth Fd (TRBCX)   C+   Fair

Fund Family: T. Rowe Price **Phone:** (800) 638-5660
Address: 100 East Pratt Street, Baltimore, MD 21202
Fund Type: GR - Growth

Major Rating Factors: Middle of the road best describes T. Rowe Price Blue Chip Growth Fd whose TheStreet.com Investment Rating is currently a C+ (Fair). The fund currently has a performance rating of C (Fair) based on an average return of 10.34% over the last three years and 8.87% over the last six months. Factored into the performance evaluation is an expense ratio of 0.80% (very low).

The fund's risk rating is currently B (Good). It carries a beta of 1.15, meaning it is expected to move 11.5% for every 10% move in the market. Volatility, as measured by both the semi-deviation and a drawdown factor, is considered low.

Larry J. Puglia has been running the fund for 14 years and currently receives a manager quality ranking of 26 (0=worst, 99=best). If you desire an average level of risk, then this fund may be an option.
Services Offered: Automated phone transactions, payroll deductions, bank draft capabilities, an IRA investment plan, a 401K investment plan, a Keogh investment plan, wire transfers and a systematic withdrawal plan.

Data Date	Investment Rating	Net Assets ($Mil)	NAV	Performance Rating/Pts	Total Return Y-T-D	Risk Rating/Pts
6-07	C+	9,773	38.90	C / 4.6	8.87%	B / 8.2
2006	C-	8,753	35.73	D+ / 2.8	9.73%	B / 8.2
2005	C	7,842	32.68	C- / 4.2	5.95%	B- / 7.7
2004	D+	7,057	30.92	D+ / 2.7	9.25%	C+ / 5.6
2003	C	6,031	28.45	C- / 3.6	29.75%	C+ / 5.8
2002	C	4,868	21.95	C / 4.5	-24.23%	C+ / 5.8

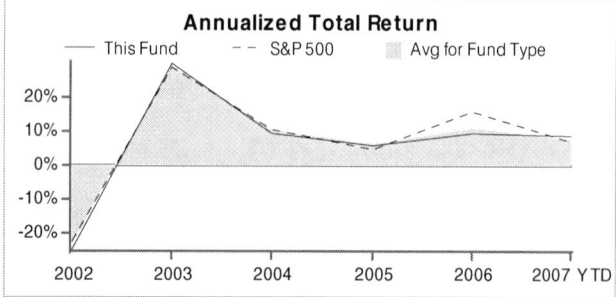

T. Rowe Price Cap Appreciation Fd (PRWCX)   C+   Fair

Fund Family: T. Rowe Price **Phone:** (800) 638-5660
Address: 100 East Pratt Street, Baltimore, MD 21202
Fund Type: AA - Asset Allocation

Major Rating Factors: Middle of the road best describes T. Rowe Price Cap Appreciation Fd whose TheStreet.com Investment Rating is currently a C+ (Fair). The fund currently has a performance rating of C (Fair) based on an average return of 12.97% over the last three years and 7.42% over the last six months. Factored into the performance evaluation is an expense ratio of 0.71% (very low).

The fund's risk rating is currently B- (Good). It carries a beta of 1.16, meaning it is expected to move 11.6% for every 10% move in the market. Volatility, as measured by both the semi-deviation and a drawdown factor, is considered low.

David R. Giroux currently receives a manager quality ranking of 87 (0=worst, 99=best). If you desire an average level of risk, then this fund may be an option.
Services Offered: Automated phone transactions, payroll deductions, bank draft capabilities, an IRA investment plan, a 401K investment plan, a Keogh investment plan and a systematic withdrawal plan.

Data Date	Investment Rating	Net Assets ($Mil)	NAV	Performance Rating/Pts	Total Return Y-T-D	Risk Rating/Pts
6-07	C+	10,470	22.15	C / 5.5	7.42%	B- / 7.1
2006	B-	9,174	20.62	C+ / 6.1	14.54%	B- / 7.9
2005	B	7,280	20.06	C / 4.6	6.85%	B+ / 9.1
2004	A+	4,693	19.49	B / 8.2	15.29%	B / 8.5
2003	A+	2,737	17.50	B+ / 8.6	25.47%	B+ / 9.5
2002	A+	1,856	14.21	A+ / 9.6	0.54%	B+ / 9.9

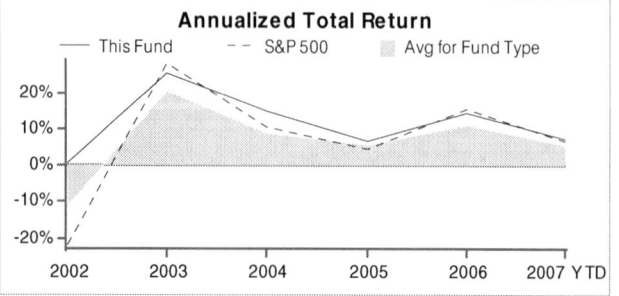

T. Rowe Price Equity Income Fd (PRFDX)   B   Good

Fund Family: T. Rowe Price **Phone:** (800) 638-5660
Address: 100 East Pratt Street, Baltimore, MD 21202
Fund Type: IN - Income
Major Rating Factors: T. Rowe Price Equity Income Fd receives a TheStreet.com Investment Rating of B (Good). The fund currently has a performance rating of C+ (Fair) based on an average return of 13.90% over the last three years and 8.10% over the last six months. Factored into the performance evaluation is an expense ratio of 0.67% (very low).

The fund's risk rating is currently B (Good). It carries a beta of 0.88, meaning the fund's expected move will be 8.8% for every 10% move in the market. Volatility, as measured by both the semi-deviation and a drawdown factor, is considered low.

Brian C. Rogers has been running the fund for 22 years and currently receives a manager quality ranking of 85 (0=worst, 99=best). If you desire an average level of risk, then this fund may be an option.

Services Offered: Automated phone transactions, payroll deductions, bank draft capabilities, an IRA investment plan, a 401K investment plan, a Keogh investment plan, wire transfers and a systematic withdrawal plan.

Data Date	Investment Rating	Net Assets ($Mil)	NAV	Performance Rating/Pts	Total Return Y-T-D	Risk Rating/Pts
6-07	B	22,539	31.29	C+ / 6.7	8.10%	B / 8.6
2006	A	20,717	29.55	B- / 7.1	19.14%	B / 8.9
2005	C	17,958	25.92	C- / 3.8	4.26%	B- / 7.2
2004	C+	15,276	26.59	C+ / 6.9	15.05%	C+ / 6.3
2003	B+	11,407	24.16	B- / 7.4	25.78%	B- / 7.5
2002	B+	9,383	19.79	B+ / 8.5	-13.04%	B- / 7.9

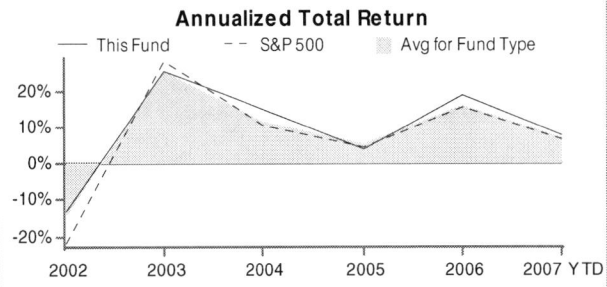

T. Rowe Price Equity Index 500 (PREIX)   C+   Fair

Fund Family: T. Rowe Price **Phone:** (800) 638-5660
Address: 100 East Pratt Street, Baltimore, MD 21202
Fund Type: IX - Index
Major Rating Factors: Middle of the road best describes T. Rowe Price Equity Index 500 whose TheStreet.com Investment Rating is currently a C+ (Fair). The fund currently has a performance rating of C (Fair) based on an average return of 11.33% over the last three years and 6.78% over the last six months. Factored into the performance evaluation is an expense ratio of 0.35% (very low) and a 0.5% back-end load levied at the time of sale.

The fund's risk rating is currently B (Good). It carries a beta of 1.00, meaning that its performance tracks fairly well with that of the overall stock market. Volatility, as measured by both the semi-deviation and a drawdown factor, is considered low.

E. Frederick Bair currently receives a manager quality ranking of 49 (0=worst, 99=best). If you desire an average level of risk, then this fund may be an option.

Services Offered: Automated phone transactions, check writing, payroll deductions, bank draft capabilities, an IRA investment plan, a 401K investment plan, a Keogh investment plan and a systematic withdrawal plan.

Data Date	Investment Rating	Net Assets ($Mil)	NAV	Performance Rating/Pts	Total Return Y-T-D	Risk Rating/Pts
6-07	C+	8,860	40.30	C / 4.3	6.78%	B / 8.7
2006	B-	7,463	38.04	C / 5.2	15.41%	B / 8.8
2005	C	5,683	33.55	C- / 3.4	4.62%	B- / 7.8
2004	C	4,590	32.56	C / 4.3	10.51%	C+ / 5.8
2003	C	3,662	29.95	C / 4.3	28.31%	C+ / 6.1
2002	C	2,865	23.67	C / 4.4	-22.21%	C+ / 6.3

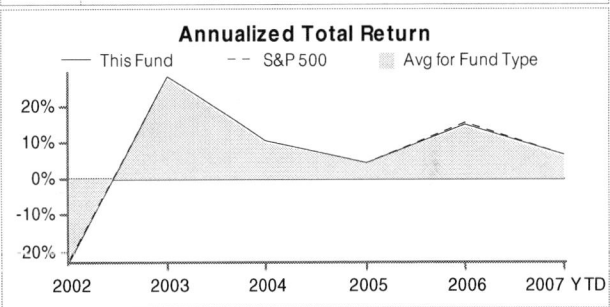

T. Rowe Price Growth Stock Fd (PRGFX)   B   Good

Fund Family: T. Rowe Price **Phone:** (800) 638-5660
Address: 100 East Pratt Street, Baltimore, MD 21202
Fund Type: GR - Growth
Major Rating Factors: T. Rowe Price Growth Stock Fd receives a TheStreet.com Investment Rating of B (Good). The fund currently has a performance rating of C+ (Fair) based on an average return of 12.38% over the last three years and 8.63% over the last six months. Factored into the performance evaluation is an expense ratio of 0.69% (very low).

The fund's risk rating is currently B (Good). It carries a beta of 1.13, meaning it is expected to move 11.3% for every 10% move in the market. Volatility, as measured by both the semi-deviation and a drawdown factor, is considered low.

Robert W. Smith has been running the fund for 6 years and currently receives a manager quality ranking of 48 (0=worst, 99=best). If you desire an average level of risk, then this fund may be an option.

Services Offered: Automated phone transactions, payroll deductions, bank draft capabilities, an IRA investment plan, a 401K investment plan, a Keogh investment plan, wire transfers and a systematic withdrawal plan.

Data Date	Investment Rating	Net Assets ($Mil)	NAV	Performance Rating/Pts	Total Return Y-T-D	Risk Rating/Pts
6-07	B	19,131	34.36	C+ / 6.0	8.63%	B / 8.4
2006	C+	15,423	31.63	C / 5.3	14.05%	B / 8.2
2005	C+	10,749	28.40	C / 4.8	6.56%	B- / 7.7
2004	C-	7,714	26.67	D+ / 2.8	10.24%	C+ / 6.6
2003	C-	5,266	24.33	C / 5.1	31.23%	C- / 3.4
2002	C-	3,941	18.58	C / 5.4	-23.00%	D- / 1.5

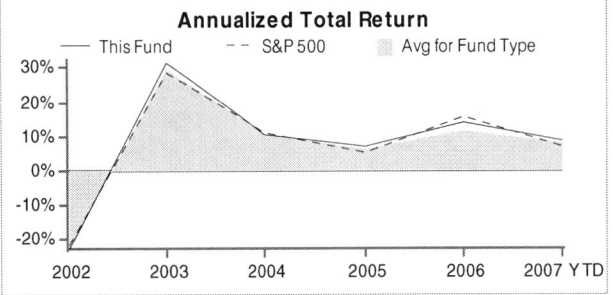

II. Analysis of Largest Funds — Summer 2007

T. Rowe Price Intl Stock Fd (PRITX) — B Good

Fund Family: T. Rowe Price **Phone:** (800) 638-5660
Address: 100 East Pratt Street, Baltimore, MD 21202
Fund Type: FO - Foreign
Major Rating Factors: Strong performance is the major factor driving the B (Good) TheStreet.com Investment Rating for T. Rowe Price Intl Stock Fd. The fund currently has a performance rating of B+ (Good) based on an average return of 19.03% over the last three years and 8.56% over the last six months. Factored into the performance evaluation is an expense ratio of 0.85% (very low) and a 2.0% back-end load levied at the time of sale.

The fund's risk rating is currently C+ (Fair). It carries a beta of 1.08, meaning that its performance tracks fairly well with that of the overall stock market. Volatility, as measured by both the semi-deviation and a drawdown factor, is considered low.

This fund has been team managed for 7 years and currently receives a manager quality ranking of 13 (0=worst, 99=best). If you desire only a moderate level of risk and strong performance, then this fund is an excellent option.

Services Offered: Automated phone transactions, payroll deductions, bank draft capabilities, an IRA investment plan, a 401K investment plan, a Keogh investment plan, wire transfers and a systematic withdrawal plan.

Data Date	Investment Rating	Net Assets ($Mil)	NAV	Performance Rating/Pts	Total Return Y-T-D	Risk Rating/Pts
6-07	B	7,028	18.27	B+ / 8.3	8.56%	C+ / 6.3
2006	B	6,620	16.83	B+ / 8.3	19.26%	C+ / 6.5
2005	B	5,427	14.79	B / 7.8	16.27%	C+ / 6.6
2004	C+	5,085	12.93	C+ / 6.1	13.89%	C+ / 5.7
2003	C	4,947	11.49	C- / 4.2	31.28%	C / 5.4
2002	C-	4,751	8.88	C- / 3.0	-18.18%	C / 5.3

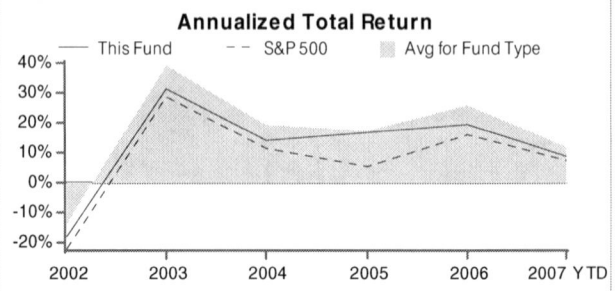

T. Rowe Price Mid-Cap Growth Fd (RPMGX) — B+ Good

Fund Family: T. Rowe Price **Phone:** (800) 638-5660
Address: 100 East Pratt Street, Baltimore, MD 21202
Fund Type: MC - Mid Cap
Major Rating Factors: Strong performance is the major factor driving the B+ (Good) TheStreet.com Investment Rating for T. Rowe Price Mid-Cap Growth Fd. The fund currently has a performance rating of B (Good) based on an average return of 15.77% over the last three years and 15.14% over the last six months. Factored into the performance evaluation is an expense ratio of 0.79% (very low).

The fund's risk rating is currently C+ (Fair). It carries a beta of 0.96, meaning that its performance tracks fairly well with that of the overall stock market. Volatility, as measured by both the semi-deviation and a drawdown factor, is considered low.

Brian W.H. Berghuis has been running the fund for 15 years and currently receives a manager quality ranking of 68 (0=worst, 99=best). If you desire only a moderate level of risk and strong performance, then this fund is an excellent option.

Services Offered: Automated phone transactions, payroll deductions, bank draft capabilities, an IRA investment plan, a 401K investment plan, a Keogh investment plan and a systematic withdrawal plan. However, the fund is currently closed to new investors.

Data Date	Investment Rating	Net Assets ($Mil)	NAV	Performance Rating/Pts	Total Return Y-T-D	Risk Rating/Pts
6-07	B+	15,723	61.82	B / 8.1	15.14%	C+ / 6.7
2006	C	14,843	53.69	C / 5.2	6.79%	B- / 7.0
2005	A	14,892	54.14	B+ / 8.6	14.82%	B- / 7.3
2004	B-	12,178	49.88	B- / 7.5	18.39%	C / 5.5
2003	B	9,517	42.90	B / 7.7	38.21%	C+ / 6.4
2002	C+	5,975	31.04	C+ / 6.9	-21.22%	C+ / 6.6

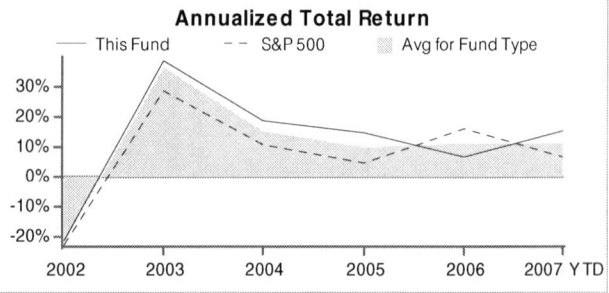

T. Rowe Price Mid-Cap Value Fd (TRMCX) — A- Excellent

Fund Family: T. Rowe Price **Phone:** (800) 638-5660
Address: 100 East Pratt Street, Baltimore, MD 21202
Fund Type: MC - Mid Cap
Major Rating Factors: Strong performance is the major factor driving the A- (Excellent) TheStreet.com Investment Rating for T. Rowe Price Mid-Cap Value Fd. The fund currently has a performance rating of B (Good) based on an average return of 16.89% over the last three years and 10.27% over the last six months. Factored into the performance evaluation is an expense ratio of 0.79% (very low).

The fund's risk rating is currently B- (Good). It carries a beta of 0.74, meaning the fund's expected move will be 7.4% for every 10% move in the market. Volatility, as measured by both the semi-deviation and a drawdown factor, is considered low.

David J. Wallack has been running the fund for 6 years and currently receives a manager quality ranking of 92 (0=worst, 99=best). If you desire only a moderate level of risk and strong performance, then this fund is an excellent option.

Services Offered: An IRA investment plan. However, the fund is currently closed to new investors.

Data Date	Investment Rating	Net Assets ($Mil)	NAV	Performance Rating/Pts	Total Return Y-T-D	Risk Rating/Pts
6-07	A-	7,245	28.03	B / 8.2	10.27%	B- / 7.3
2006	A	6,390	25.42	B+ / 8.3	20.24%	B- / 7.8
2005	B-	5,320	23.38	B / 7.7	7.73%	C+ / 5.7
2004	A-	4,246	22.99	A- / 9.0	20.56%	C+ / 6.3
2003	A+	1,666	20.34	A / 9.3	39.00%	B- / 7.6
2002	A	1,011	15.00	A / 9.5	-7.38%	B / 8.4

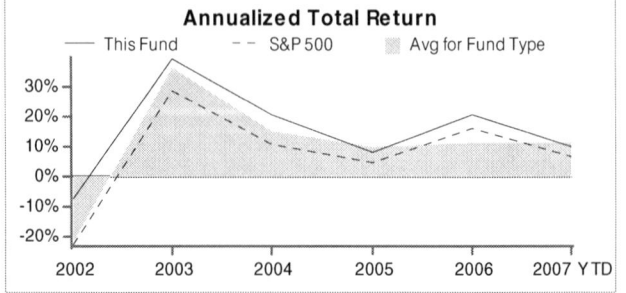

T. Rowe Price New Era (PRNEX) — B+ Good

Fund Family: T. Rowe Price
Phone: (800) 638-5660
Address: 100 East Pratt Street, Baltimore, MD 21202
Fund Type: EN - Energy/Natural Resources
Major Rating Factors: Exceptional performance is the major factor driving the B+ (Good) TheStreet.com Investment Rating for T. Rowe Price New Era. The fund currently has a performance rating of A+ (Excellent) based on an average return of 30.65% over the last three years and 22.20% over the last six months. Factored into the performance evaluation is an expense ratio of 0.66% (very low).

The fund's risk rating is currently C+ (Fair). It carries a beta of 0.79, meaning the fund's expected move will be 7.9% for every 10% move in the market. Volatility, as measured by both the semi-deviation and a drawdown factor, is considered low.

Charles M. Ober has been running the fund for 10 years and currently receives a manager quality ranking of 92 (0=worst, 99=best). If you desire only a moderate level of risk and strong performance, then this fund is an excellent option.

Services Offered: Automated phone transactions, payroll deductions, bank draft capabilities, an IRA investment plan, a 401K investment plan, a Keogh investment plan, wire transfers and a systematic withdrawal plan.

Data Date	Investment Rating	Net Assets ($Mil)	NAV	Performance Rating/Pts	Total Return Y-T-D	Risk Rating/Pts
6-07	B+	5,063	56.21	A+ / 9.6	22.20%	C+ / 5.7
2006	B+	4,572	46.00	A- / 9.2	17.00%	C+ / 6.2
2005	A+	3,616	41.10	A+ / 9.6	29.88%	B- / 7.2
2004	A+	2,145	33.68	A / 9.4	30.09%	C+ / 6.9
2003	B+	1,168	27.22	B+ / 8.5	33.20%	B- / 7.2
2002	A-	984	20.63	A- / 9.0	-6.34%	B- / 7.9

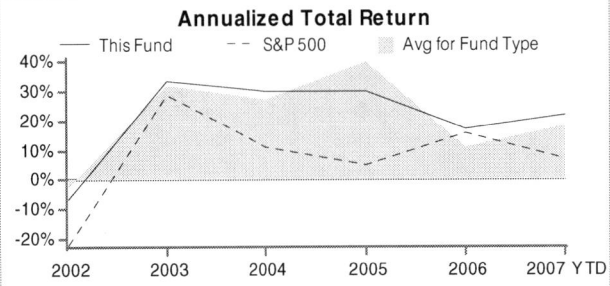

T. Rowe Price New Horizons (PRNHX) — C- Fair

Fund Family: T. Rowe Price
Phone: (800) 638-5660
Address: 100 East Pratt Street, Baltimore, MD 21202
Fund Type: SC - Small Cap
Major Rating Factors: Middle of the road best describes T. Rowe Price New Horizons whose TheStreet.com Investment Rating is currently a C- (Fair). The fund currently has a performance rating of C (Fair) based on an average return of 12.96% over the last three years and 9.20% over the last six months. Factored into the performance evaluation is an expense ratio of 0.82% (very low).

The fund's risk rating is currently C+ (Fair). It carries a beta of 0.94, meaning that its performance tracks fairly well with that of the overall stock market. Volatility, as measured by both the semi-deviation and a drawdown factor, is considered low.

John H. Laporte has been running the fund for 20 years and currently receives a manager quality ranking of 55 (0=worst, 99=best). If you desire an average level of risk, then this fund may be an option.

Services Offered: Automated phone transactions, payroll deductions, bank draft capabilities, an IRA investment plan, a 401K investment plan, a Keogh investment plan, wire transfers and a systematic withdrawal plan.

Data Date	Investment Rating	Net Assets ($Mil)	NAV	Performance Rating/Pts	Total Return Y-T-D	Risk Rating/Pts
6-07	C-	7,333	35.26	C / 5.1	9.20%	C+ / 5.9
2006	C-	7,025	32.29	C / 4.7	7.39%	C+ / 6.0
2005	B+	6,530	31.74	B+ / 8.8	11.90%	C+ / 6.1
2004	C	5,565	29.24	B / 7.6	17.90%	C- / 3.6
2003	C+	4,949	24.80	B+ / 8.3	49.31%	C- / 4.0
2002	C	3,616	16.61	C / 5.2	-26.60%	C / 4.3

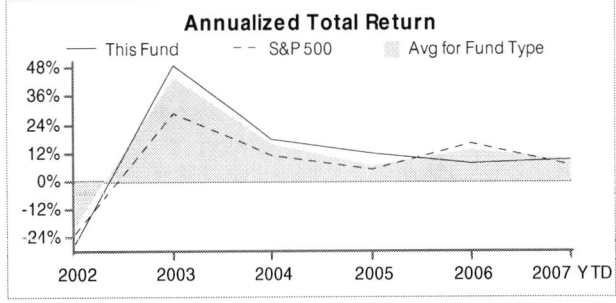

T. Rowe Price Retirement 2020 Fd (TRRBX) — B- Good

Fund Family: T. Rowe Price
Phone: (800) 638-5660
Address: 100 East Pratt Street, Baltimore, MD 21202
Fund Type: AA - Asset Allocation
Major Rating Factors: T. Rowe Price Retirement 2020 Fd receives a TheStreet.com Investment Rating of B- (Good). The fund currently has a performance rating of C+ (Fair) based on an average return of 12.92% over the last three years and 7.49% over the last six months. Factored into the performance evaluation is an expense ratio of 0.98% (low).

The fund's risk rating is currently B (Good). It carries a beta of 1.41, meaning it is expected to move 14.1% for every 10% move in the market. Volatility, as measured by both the semi-deviation and a drawdown factor, is considered low.

Jerome A. Clark has been running the fund for 5 years and currently receives a manager quality ranking of 78 (0=worst, 99=best). If you desire an average level of risk, then this fund may be an option.

Services Offered: Payroll deductions, bank draft capabilities, an IRA investment plan, a 401K investment plan, a Keogh investment plan, wire transfers and a systematic withdrawal plan.

Data Date	Investment Rating	Net Assets ($Mil)	NAV	Performance Rating/Pts	Total Return Y-T-D	Risk Rating/Pts
6-07	B-	4,677	18.65	C+ / 5.6	7.49%	B / 8.4
2006	B	3,315	17.35	C+ / 5.9	14.66%	B+ / 9.0
2005	B-	1,636	15.63	C / 4.7	7.17%	B / 8.8
2004	U	791	14.89	U / --	12.82%	U / --
2003	U	146	13.45	U / --	27.41%	U / --

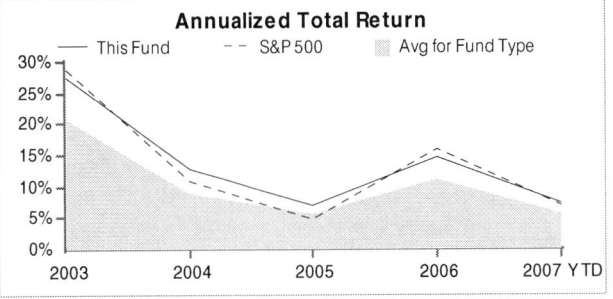

II. Analysis of Largest Funds — Summer 2007

T. Rowe Price Small Cap Stock Fd (OTCFX) — C — Fair

Fund Family: T. Rowe Price **Phone:** (800) 638-5660
Address: 100 East Pratt Street, Baltimore, MD 21202
Fund Type: SC - Small Cap

Major Rating Factors: Middle of the road best describes T. Rowe Price Small Cap Stock Fd whose TheStreet.com Investment Rating is currently a C (Fair). The fund currently has a performance rating of C (Fair) based on an average return of 13.29% over the last three years and 7.30% over the last six months. Factored into the performance evaluation is an expense ratio of 0.91% (low).

The fund's risk rating is currently C+ (Fair). It carries a beta of 0.83, meaning the fund's expected move will be 8.3% for every 10% move in the market. Volatility, as measured by both the semi-deviation and a drawdown factor, is considered low.

Gregory A. McCrickard has been running the fund for 15 years and currently receives a manager quality ranking of 72 (0=worst, 99=best). If you desire an average level of risk, then this fund may be an option.

Services Offered: Automated phone transactions, payroll deductions, bank draft capabilities, an IRA investment plan, a 401K investment plan, a Keogh investment plan, wire transfers and a systematic withdrawal plan. However, the fund is currently closed to new investors.

Data Date	Investment Rating	Net Assets ($Mil)	NAV	Performance Rating/Pts	Total Return Y-T-D	Risk Rating/Pts
6-07	C	7,315	36.73	C / 4.8	7.30%	C+ / 6.6
2006	C+	7,078	34.23	C+ / 5.9	12.78%	C+ / 6.9
2005	B-	6,966	32.81	C+ / 6.8	8.44%	B- / 7.0
2004	B	6,176	31.82	B / 8.0	18.77%	C+ / 6.0
2003	B+	4,779	27.98	B+ / 8.3	32.35%	B- / 7.3
2002	B+	3,408	21.50	B+ / 8.8	-14.21%	B / 8.0

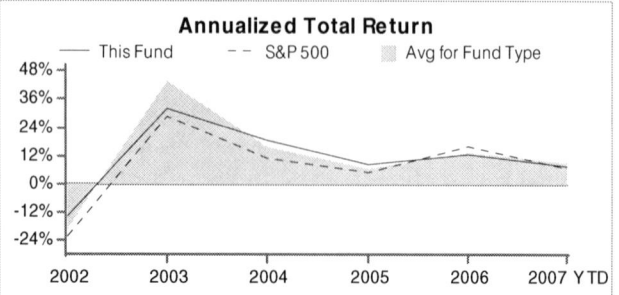

T. Rowe Price Small Cap Value Fd (PRSVX) — C+ — Fair

Fund Family: T. Rowe Price **Phone:** (800) 638-5660
Address: 100 East Pratt Street, Baltimore, MD 21202
Fund Type: SC - Small Cap

Major Rating Factors: Middle of the road best describes T. Rowe Price Small Cap Value Fd whose TheStreet.com Investment Rating is currently a C+ (Fair). The fund currently has a performance rating of C+ (Fair) based on an average return of 15.94% over the last three years and 8.35% over the last six months. Factored into the performance evaluation is an expense ratio of 0.84% (very low) and a 1.0% back-end load levied at the time of sale.

The fund's risk rating is currently C+ (Fair). It carries a beta of 0.85, meaning the fund's expected move will be 8.5% for every 10% move in the market. Volatility, as measured by both the semi-deviation and a drawdown factor, is considered low.

Preston G. Athey has been running the fund for 19 years and currently receives a manager quality ranking of 89 (0=worst, 99=best). If you desire an average level of risk, then this fund may be an option.

Services Offered: Automated phone transactions, payroll deductions, bank draft capabilities, an IRA investment plan, a 401K investment plan, a Keogh investment plan, wire transfers and a systematic withdrawal plan. However, the fund is currently closed to new investors.

Data Date	Investment Rating	Net Assets ($Mil)	NAV	Performance Rating/Pts	Total Return Y-T-D	Risk Rating/Pts
6-07	C+	5,705	44.65	C+ / 6.4	8.35%	C+ / 6.8
2006	B	5,502	41.21	B / 7.6	16.24%	B- / 7.1
2005	A-	4,800	36.91	B / 8.0	8.74%	B- / 7.6
2004	A+	4,355	35.65	A / 9.4	25.58%	C+ / 6.7
2003	A+	3,192	29.39	A / 9.5	36.43%	B / 8.0
2002	A+	2,435	21.94	A+ / 9.7	-1.76%	B / 8.8

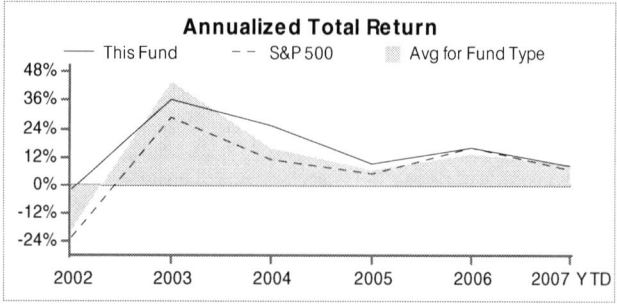

T. Rowe Price Value Fd (TRVLX) — A+ — Excellent

Fund Family: T. Rowe Price **Phone:** (800) 638-5660
Address: 100 East Pratt Street, Baltimore, MD 21202
Fund Type: GI - Growth and Income

Major Rating Factors: Strong performance is the major factor driving the A+ (Excellent) TheStreet.com Investment Rating for T. Rowe Price Value Fd. The fund currently has a performance rating of B (Good) based on an average return of 15.36% over the last three years and 9.72% over the last six months. Factored into the performance evaluation is an expense ratio of 0.87% (low).

The fund's risk rating is currently B (Good). It carries a beta of 0.93, meaning that its performance tracks fairly well with that of the overall stock market. Volatility, as measured by both the semi-deviation and a drawdown factor, is considered low.

John Linehan currently receives a manager quality ranking of 90 (0=worst, 99=best). If you desire only a moderate level of risk and strong performance, then this fund is an excellent option.

Services Offered: Automated phone transactions, payroll deductions, bank draft capabilities, an IRA investment plan, a 401K investment plan, a Keogh investment plan and a systematic withdrawal plan.

Data Date	Investment Rating	Net Assets ($Mil)	NAV	Performance Rating/Pts	Total Return Y-T-D	Risk Rating/Pts
6-07	A+	6,362	29.68	B / 7.7	9.72%	B / 8.8
2006	A+	5,052	27.05	B / 7.6	19.75%	B / 8.9
2005	C+	3,072	23.38	C / 5.3	6.30%	B- / 7.0
2004	C+	2,310	22.90	C+ / 6.9	15.36%	C+ / 5.6
2003	B	1,367	20.01	B / 7.7	30.00%	C+ / 6.7
2002	B+	1,199	15.56	B+ / 8.3	-16.58%	B- / 7.3

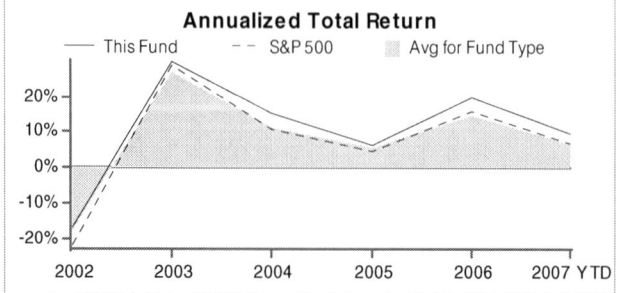

Summer 2007 — II. Analysis of Largest Funds

Templeton Developing Markets A (TEDMX) — B+ Good

Fund Family: Franklin Templeton Investments **Phone:** (800) 342-5236
Address: 777 Mariners Island Blvd., San Mateo, CA 94404
Fund Type: EM - Emerging Market
Major Rating Factors: Exceptional performance is the major factor driving the B+ (Good) TheStreet.com Investment Rating for Templeton Developing Markets A. The fund currently has a performance rating of A+ (Excellent) based on an average return of 32.83% over the last three years and 14.85% over the last six months. Factored into the performance evaluation is an expense ratio of 1.86% (above average) and a 5.8% front-end load that is levied at the time of purchase.

The fund's risk rating is currently C (Fair). It carries a beta of 0.96, meaning that its performance tracks fairly well with that of the overall stock market. Volatility, as measured by both the semi-deviation and a drawdown factor, is considered average.

Mark Mobius, Ph.D. has been running the fund for 16 years and currently receives a manager quality ranking of 17 (0=worst, 99=best). If you desire an average level of risk and strong performance, then this fund is a good option.
Services Offered: Payroll deductions, bank draft capabilities, an IRA investment plan, a 401K investment plan, a Keogh investment plan and a systematic withdrawal plan.

Data Date	Investment Rating	Net Assets ($Mil)	NAV	Performance Rating/Pts	Total Return Y-T-D	Risk Rating/Pts
6-07	B+	5,035	31.76	A+ / 9.7	14.85%	C / 5.3
2006	B+	4,904	28.28	A+ / 9.6	28.29%	C+ / 5.6
2005	A+	3,428	23.42	A+ / 9.6	28.20%	C+ / 6.7
2004	A+	2,307	18.52	A+ / 9.7	25.45%	B- / 7.5
2003	A+	1,712	14.99	A+ / 9.6	53.14%	B- / 7.7
2002	C+	1,227	10.00	C / 5.5	1.68%	C+ / 6.2

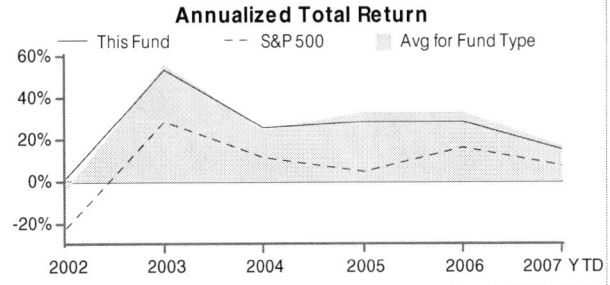

Templeton Foreign A (TEMFX) — B+ Good

Fund Family: Franklin Templeton Investments **Phone:** (800) 342-5236
Address: 777 Mariners Island Blvd., San Mateo, CA 94404
Fund Type: FO - Foreign
Major Rating Factors: Strong performance is the major factor driving the B+ (Good) TheStreet.com Investment Rating for Templeton Foreign A. The fund currently has a performance rating of B (Good) based on an average return of 18.74% over the last three years and 9.60% over the last six months. Factored into the performance evaluation is an expense ratio of 1.16% (low) and a 5.8% front-end load that is levied at the time of purchase.

The fund's risk rating is currently B- (Good). It carries a beta of 0.95, meaning that its performance tracks fairly well with that of the overall stock market. Volatility, as measured by both the semi-deviation and a drawdown factor, is considered low.

Jeffrey A. Everett, CFA has been running the fund for 18 years and currently receives a manager quality ranking of 25 (0=worst, 99=best). If you desire only a moderate level of risk and strong performance, then this fund is an excellent option.
Services Offered: Automated phone transactions, payroll deductions, bank draft capabilities, an IRA investment plan, a 401K investment plan, a Keogh investment plan, wire transfers and a systematic withdrawal plan.

Data Date	Investment Rating	Net Assets ($Mil)	NAV	Performance Rating/Pts	Total Return Y-T-D	Risk Rating/Pts
6-07	B+	12,879	14.95	B / 7.9	9.60%	B- / 7.0
2006	B+	13,909	13.64	B / 7.8	19.93%	B- / 7.3
2005	C+	14,770	12.68	C+ / 6.2	10.63%	C+ / 6.8
2004	B+	13,290	12.30	B / 8.1	18.14%	C+ / 6.6
2003	B+	11,252	10.64	B- / 7.4	30.51%	B- / 7.5
2002	B	8,468	8.31	C+ / 6.6	-8.64%	B / 8.2

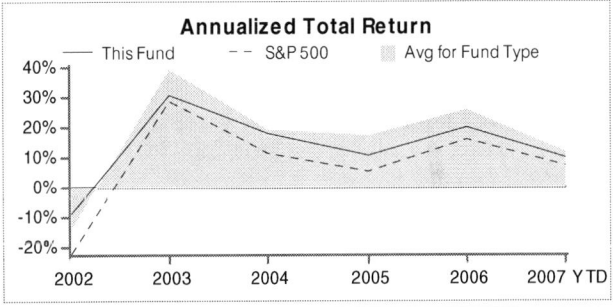

Templeton Growth A (TEPLX) — B- Good

Fund Family: Franklin Templeton Investments **Phone:** (800) 342-5236
Address: 777 Mariners Island Blvd., San Mateo, CA 94404
Fund Type: GL - Global
Major Rating Factors: Templeton Growth A receives a TheStreet.com Investment Rating of B- (Good). The fund currently has a performance rating of C+ (Fair) based on an average return of 16.37% over the last three years and 6.90% over the last six months. Factored into the performance evaluation is an expense ratio of 1.05% (low) and a 5.8% front-end load that is levied at the time of purchase.

The fund's risk rating is currently B- (Good). It carries a beta of 0.80, meaning the fund's expected move will be 8.0% for every 10% move in the market. Volatility, as measured by both the semi-deviation and a drawdown factor, is considered low.

Jeffrey A. Everett, CFA currently receives a manager quality ranking of 29 (0=worst, 99=best). If you desire an average level of risk, then this fund may be an option.
Services Offered: Payroll deductions, bank draft capabilities, an IRA investment plan, a 401K investment plan, a Keogh investment plan, wire transfers and a systematic withdrawal plan.

Data Date	Investment Rating	Net Assets ($Mil)	NAV	Performance Rating/Pts	Total Return Y-T-D	Risk Rating/Pts
6-07	B-	27,702	27.43	C+ / 6.7	6.90%	B- / 7.5
2006	B+	26,260	25.66	B / 7.8	21.81%	B- / 7.8
2005	C+	20,500	22.94	C / 5.5	8.10%	C+ / 6.5
2004	B+	16,210	22.89	B / 7.8	17.00%	C+ / 6.5
2003	A-	14,036	20.67	B / 8.0	32.85%	B- / 7.9
2002	B+	11,584	15.93	B / 7.7	-9.48%	B / 8.6

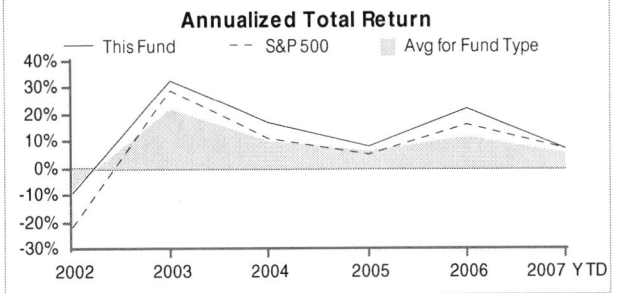

www.thestreet.com/ratings

II. Analysis of Largest Funds
Summer 2007

Templeton World A (TEMWX) — B- Good

Fund Family: Franklin Templeton Investments **Phone:** (800) 342-5236
Address: 777 Mariners Island Blvd., San Mateo, CA 94404
Fund Type: GL - Global
Major Rating Factors: Strong performance is the major factor driving the B- (Good) TheStreet.com Investment Rating for Templeton World A. The fund currently has a performance rating of B- (Good) based on an average return of 17.82% over the last three years and 7.83% over the last six months. Factored into the performance evaluation is an expense ratio of 1.06% (low) and a 5.8% front-end load that is levied at the time of purchase.

The fund's risk rating is currently C+ (Fair). It carries a beta of 0.91, meaning that its performance tracks fairly well with that of the overall stock market. Volatility, as measured by both the semi-deviation and a drawdown factor, is considered low.

Jeffrey A. Everett, CFA has been running the fund for 6 years and currently receives a manager quality ranking of 24 (0=worst, 99=best). If you desire only a moderate level of risk and strong performance, then this fund is an excellent option.

Services Offered: Payroll deductions, bank draft capabilities, an IRA investment plan, a 401K investment plan, a Keogh investment plan, wire transfers and a systematic withdrawal plan.

Data Date	Investment Rating	Net Assets ($Mil)	NAV	Performance Rating/Pts	Total Return Y-T-D	Risk Rating/Pts
6-07	B-	9,638	20.94	B- / 7.5	7.83%	C+ / 6.4
2006	B	9,247	19.42	B / 7.8	20.89%	C+ / 6.8
2005	C	8,201	17.74	C+ / 6.3	11.67%	C / 5.5
2004	B	7,786	17.75	B- / 7.5	15.63%	C+ / 6.2
2003	B	6,767	16.87	B- / 7.4	33.38%	B- / 7.1
2002	B-	6,147	12.89	C+ / 6.1	-12.15%	B- / 7.4

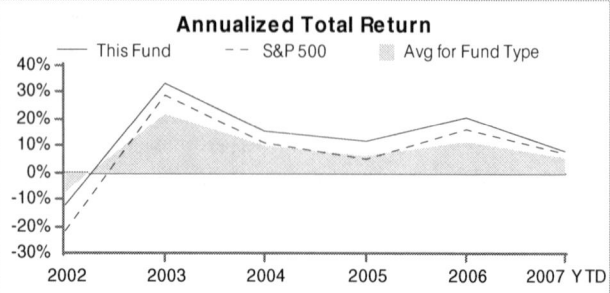

Third Avenue Value Fund (TAVFX) — B+ Good

Fund Family: Third Avenue **Phone:** (800) 443-1021
Address: 767 Third Avenue, New York, NY 10017
Fund Type: GR - Growth
Major Rating Factors: Strong performance is the major factor driving the B+ (Good) TheStreet.com Investment Rating for Third Avenue Value Fund. The fund currently has a performance rating of B- (Good) based on an average return of 17.86% over the last three years and 7.77% over the last six months. Factored into the performance evaluation is an expense ratio of 1.08% (low) and a 1.0% back-end load levied at the time of sale.

The fund's risk rating is currently B- (Good). It carries a beta of 0.75, meaning the fund's expected move will be 7.5% for every 10% move in the market. Volatility, as measured by both the semi-deviation and a drawdown factor, is considered low.

Martin J.Whitman has been running the fund for 4 years and currently receives a manager quality ranking of 97 (0=worst, 99=best). If you desire only a moderate level of risk and strong performance, then this fund is an excellent option.

Services Offered: Automated phone transactions, bank draft capabilities, an IRA investment plan, a 401K investment plan, a Keogh investment plan, wire transfers and a systematic withdrawal plan.

Data Date	Investment Rating	Net Assets ($Mil)	NAV	Performance Rating/Pts	Total Return Y-T-D	Risk Rating/Pts
6-07	B+	11,464	64.08	B- / 7.5	7.77%	B- / 7.4
2006	A-	9,725	59.46	B+ / 8.3	14.69%	B- / 7.5
2005	A+	6,891	54.78	A- / 9.0	16.50%	B- / 7.5
2004	B+	4,321	51.70	B+ / 8.9	26.60%	C+ / 5.9
2003	B+	3,098	41.45	B+ / 8.3	37.20%	B- / 7.3
2002	B+	2,134	30.47	B+ / 8.7	-15.19%	B- / 7.4

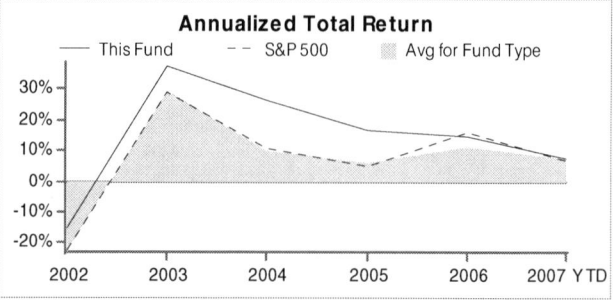

Thornburg Intl Value A (TGVAX) — A+ Excellent

Fund Family: Thornburg Funds **Phone:** (800) 847-0200
Address: 119 E. Marcy Street, Santa Fe, NM 87501
Fund Type: FO - Foreign
Major Rating Factors: Exceptional performance is the major factor driving the A+ (Excellent) TheStreet.com Investment Rating for Thornburg Intl Value A. The fund currently has a performance rating of A (Excellent) based on an average return of 24.95% over the last three years and 15.70% over the last six months. Factored into the performance evaluation is an expense ratio of 1.33% (average), a 4.5% front-end load that is levied at the time of purchase and a 1.0% back-end load levied at the time of sale.

The fund's risk rating is currently B- (Good). It carries a beta of 0.97, meaning that its performance tracks fairly well with that of the overall stock market. Volatility, as measured by both the semi-deviation and a drawdown factor, is considered low.

This is team managed and currently receives a manager quality ranking of 81 (0=worst, 99=best). If you desire only a moderate level of risk and strong performance, then this fund is an excellent option.

Services Offered: Automated phone transactions, bank draft capabilities, an IRA investment plan, a 401K investment plan, wire transfers and a systematic withdrawal plan.

Data Date	Investment Rating	Net Assets ($Mil)	NAV	Performance Rating/Pts	Total Return Y-T-D	Risk Rating/Pts
6-07	A+	6,014	32.85	A / 9.4	15.70%	B- / 7.1
2006	A	4,605	28.48	B+ / 8.8	25.62%	B- / 7.2
2005	A	2,434	23.46	B+ / 8.9	19.73%	B- / 7.2
2004	B+	1,113	20.40	B+ / 8.5	17.72%	C+ / 6.5
2003	B+	169	17.39	B / 8.2	40.02%	B- / 7.4
2002	B-	79	12.42	C+ / 6.3	-10.45%	B- / 7.6

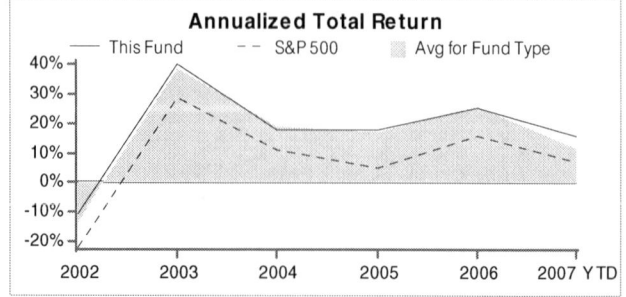

Tweedy Browne Global Value (TBGVX) — A Excellent

Fund Family: Tweedy Browne **Phone:** (800) 432-4789
Address: 350 Park Avenue, New York, NY 10022
Fund Type: GL - Global
Major Rating Factors: Strong performance is the major factor driving the A (Excellent) TheStreet.com Investment Rating for Tweedy Browne Global Value. The fund currently has a performance rating of B (Good) based on an average return of 18.06% over the last three years and 10.67% over the last six months. Factored into the performance evaluation is an expense ratio of 1.38% (average) and a 2.0% back-end load levied at the time of sale.

The fund's risk rating is currently B- (Good). It carries a beta of 0.56, meaning the fund's expected move will be 5.6% for every 10% move in the market. Volatility, as measured by both the semi-deviation and a drawdown factor, is considered low.

Christopher H. Browne has been running the fund for 14 years and currently receives a manager quality ranking of 89 (0=worst, 99=best). If you desire only a moderate level of risk and strong performance, then this fund is an excellent option.

Services Offered: Automated phone transactions, an IRA investment plan, a 401K investment plan, a Keogh investment plan and wire transfers. However, the fund is currently closed to new investors.

Data Date	Investment Rating	Net Assets ($Mil)	NAV	Performance Rating/Pts	Total Return Y-T-D	Risk Rating/Pts
6-07	A	8,696	34.23	B / 8.2	10.67%	B- / 7.9
2006	A+	8,014	30.93	B+ / 8.5	20.14%	B / 8.4
2005	B+	7,272	26.40	B- / 7.2	15.42%	B- / 7.7
2004	B	6,144	23.19	B- / 7.2	20.01%	C+ / 6.3
2003	B	4,834	19.55	B- / 7.1	24.93%	B- / 7.4
2002	B+	4,237	15.81	B / 8.1	-12.14%	B / 8.0

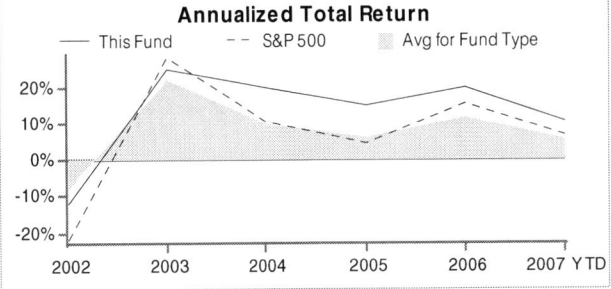

Van Kampen Comstock A (ACSTX) — C Fair

Fund Family: Van Kampen **Phone:** (800) 421-5666
Address: One Parkview Plaza, Oakbrook Terrace, IL 60181
Fund Type: GI - Growth and Income
Major Rating Factors: Middle of the road best describes Van Kampen Comstock A whose TheStreet.com Investment Rating is currently a C (Fair). The fund currently has a performance rating of C- (Fair) based on an average return of 12.88% over the last three years and 6.27% over the last six months. Factored into the performance evaluation is an expense ratio of 0.80% (very low) and a 5.8% front-end load that is levied at the time of purchase.

The fund's risk rating is currently B (Good). It carries a beta of 0.81, meaning the fund's expected move will be 8.1% for every 10% move in the market. Volatility, as measured by both the semi-deviation and a drawdown factor, is considered low.

B. Robert Baker, Jr. has been running the fund for 13 years and currently receives a manager quality ranking of 83 (0=worst, 99=best). If you desire an average level of risk, then this fund may be an option.

Services Offered: Automated phone transactions, check writing, bank draft capabilities, an IRA investment plan, a 401K investment plan, a Keogh investment plan, wire transfers and a systematic withdrawal plan.

Data Date	Investment Rating	Net Assets ($Mil)	NAV	Performance Rating/Pts	Total Return Y-T-D	Risk Rating/Pts
6-07	C	14,052	20.13	C- / 3.8	6.27%	B / 8.0
2006	C+	13,715	19.25	C / 5.5	16.06%	B / 8.4
2005	C	12,065	17.81	C / 4.3	4.19%	B- / 7.6
2004	C	10,023	18.51	C+ / 6.2	17.57%	C / 5.1
2003	C+	6,734	15.95	C+ / 6.9	30.98%	C+ / 6.0
2002	B	4,195	12.34	B+ / 8.4	-19.59%	C+ / 6.5

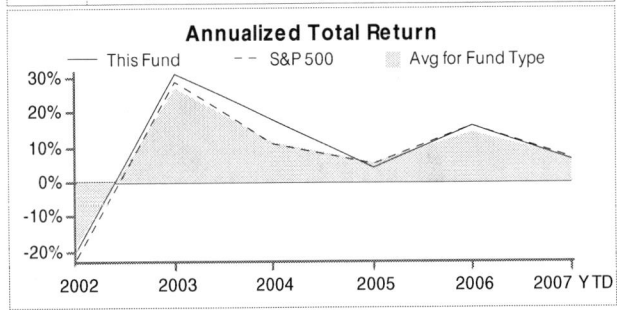

Van Kampen Equity & Income A (ACEIX) — C Fair

Fund Family: Van Kampen **Phone:** (800) 421-5666
Address: One Parkview Plaza, Oakbrook Terrace, IL 60181
Fund Type: BA - Balanced
Major Rating Factors: Disappointing performance is the major factor driving the C (Fair) TheStreet.com Investment Rating for Van Kampen Equity & Income A. The fund currently has a performance rating of D+ (Weak) based on an average return of 11.76% over the last three years and 5.73% over the last six months. Factored into the performance evaluation is an expense ratio of 0.78% (very low) and a 5.8% front-end load that is levied at the time of purchase.

The fund's risk rating is currently B (Good). It carries a beta of 1.03, meaning that its performance tracks fairly well with that of the overall stock market. Volatility, as measured by both the semi-deviation and a drawdown factor, is considered low.

This fund has been team managed for 17 years and currently receives a manager quality ranking of 84 (0=worst, 99=best). This fund offers only a moderate level of risk but investors looking for strong performance are still waiting.

Services Offered: Automated phone transactions, check writing, bank draft capabilities, an IRA investment plan, a 401K investment plan, a Keogh investment plan, wire transfers and a systematic withdrawal plan.

Data Date	Investment Rating	Net Assets ($Mil)	NAV	Performance Rating/Pts	Total Return Y-T-D	Risk Rating/Pts
6-07	C	13,676	9.49	D+ / 2.7	5.73%	B / 8.7
2006	C+	12,621	9.12	C- / 3.6	12.53%	B+ / 9.1
2005	C	10,372	8.68	D+ / 2.5	7.81%	B / 8.9
2004	B-	7,363	8.62	C / 5.5	11.77%	B- / 7.7
2003	B	5,192	7.90	C+ / 6.6	22.16%	B / 8.4
2002	A	2,833	6.62	B+ / 8.8	-8.32%	B / 8.7

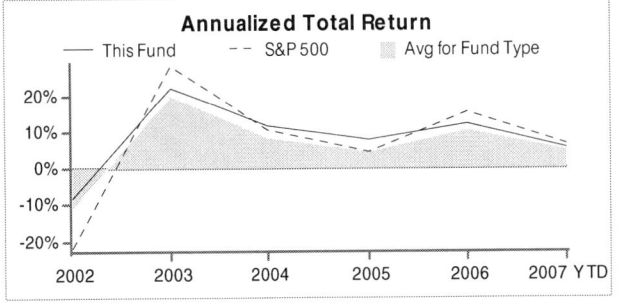

II. Analysis of Largest Funds

Van Kampen Growth & Income A (ACGIX) — B- Good

Fund Family: Van Kampen **Phone:** (800) 421-5666
Address: One Parkview Plaza, Oakbrook Terrace, IL 60181
Fund Type: GI - Growth and Income
Major Rating Factors: Van Kampen Growth & Income A receives a TheStreet.com Investment Rating of B- (Good). The fund currently has a performance rating of C+ (Fair) based on an average return of 14.73% over the last three years and 7.37% over the last six months. Factored into the performance evaluation is an expense ratio of 0.79% (very low) and a 5.8% front-end load that is levied at the time of purchase.

The fund's risk rating is currently B (Good). It carries a beta of 0.86, meaning the fund's expected move will be 8.6% for every 10% move in the market. Volatility, as measured by both the semi-deviation and a drawdown factor, is considered low.

This is team managed and currently receives a manager quality ranking of 90 (0=worst, 99=best). If you desire an average level of risk, then this fund may be an option.

Services Offered: Automated phone transactions, check writing, payroll deductions, bank draft capabilities, an IRA investment plan, a 401K investment plan, a Keogh investment plan, wire transfers and a systematic withdrawal plan.

Data Date	Investment Rating	Net Assets ($Mil)	NAV	Performance Rating/Pts	Total Return Y-T-D	Risk Rating/Pts
6-07	B-	8,404	23.45	C+ / 5.8	7.37%	B / 8.0
2006	B	7,875	22.08	C+ / 6.0	16.01%	B / 8.5
2005	C+	6,539	20.54	C / 4.7	9.87%	B- / 7.5
2004	C+	5,443	20.19	C+ / 6.0	13.94%	C+ / 6.2
2003	B-	3,647	18.04	C+ / 6.7	27.57%	B- / 7.3
2002	B	2,071	14.29	B / 7.8	-14.71%	B- / 7.5

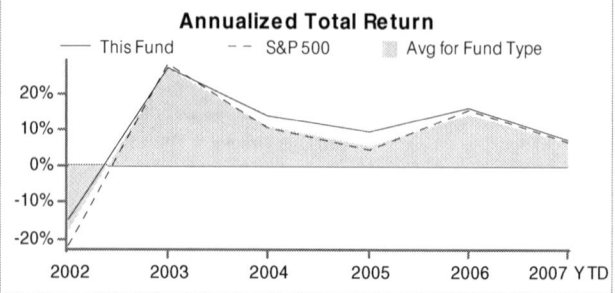

Vanguard 500 Index Inv (VFINX) — C+ Fair

Fund Family: Vanguard **Phone:** (800) 662-7447
Address: Vanguard Financial Center, Valley Forge, PA 19482
Fund Type: IX - Index
Major Rating Factors: Middle of the road best describes Vanguard 500 Index Inv whose TheStreet.com Investment Rating is currently a C+ (Fair). The fund currently has a performance rating of C (Fair) based on an average return of 11.53% over the last three years and 6.88% over the last six months. Factored into the performance evaluation is an expense ratio of 0.18% (very low).

The fund's risk rating is currently B (Good). It carries a beta of 1.00, meaning that its performance tracks fairly well with that of the overall stock market. Volatility, as measured by both the semi-deviation and a drawdown factor, is considered low.

Michael H. Buek, CFA currently receives a manager quality ranking of 52 (0=worst, 99=best). If you desire an average level of risk, then this fund may be an option.

Services Offered: Automated phone transactions, payroll deductions, bank draft capabilities, an IRA investment plan, a 401K investment plan, a Keogh investment plan, wire transfers and a systematic withdrawal plan.

Data Date	Investment Rating	Net Assets ($Mil)	NAV	Performance Rating/Pts	Total Return Y-T-D	Risk Rating/Pts
6-07	C+	71,245	138.43	C / 4.7	6.88%	B / 8.5
2006	B-	72,013	130.59	C / 5.5	15.64%	B / 8.6
2005	C	69,916	114.92	C- / 3.6	4.77%	B- / 7.6
2004	C-	84,167	111.64	C / 4.4	10.74%	C / 5.5
2003	C	71,893	102.67	C / 4.4	28.50%	C+ / 5.9
2002	C	59,672	81.15	C / 4.4	-22.15%	C+ / 6.3

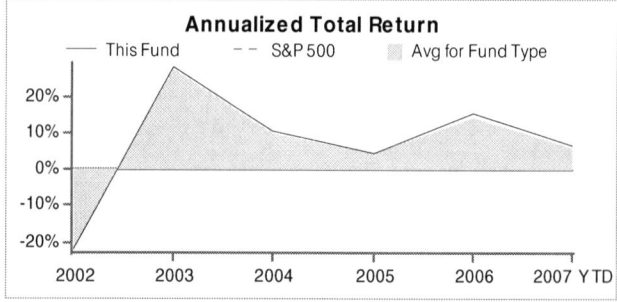

Vanguard Asset Allocation Inv (VAAPX) — B- Good

Fund Family: Vanguard **Phone:** (800) 662-7447
Address: Vanguard Financial Center, Valley Forge, PA 19482
Fund Type: AA - Asset Allocation
Major Rating Factors: Vanguard Asset Allocation Inv receives a TheStreet.com Investment Rating of B- (Good). The fund currently has a performance rating of C (Fair) based on an average return of 12.05% over the last three years and 6.53% over the last six months. Factored into the performance evaluation is an expense ratio of 0.41% (very low).

The fund's risk rating is currently B (Good). It carries a beta of 1.48, meaning it is expected to move 14.8% for every 10% move in the market. Volatility, as measured by both the semi-deviation and a drawdown factor, is considered low.

Thomas F. Loeb has been running the fund for 19 years and currently receives a manager quality ranking of 66 (0=worst, 99=best). If you desire an average level of risk, then this fund may be an option.

Services Offered: Automated phone transactions, payroll deductions, bank draft capabilities, an IRA investment plan, a 401K investment plan, a Keogh investment plan, wire transfers and a systematic withdrawal plan.

Data Date	Investment Rating	Net Assets ($Mil)	NAV	Performance Rating/Pts	Total Return Y-T-D	Risk Rating/Pts
6-07	B-	11,636	30.35	C / 4.9	6.53%	B / 8.7
2006	B	10,635	28.78	C+ / 5.7	16.02%	B / 8.9
2005	C	9,424	25.33	C- / 3.4	5.00%	B- / 7.8
2004	C+	9,724	24.56	C+ / 5.6	11.09%	C+ / 6.3
2003	B-	8,088	22.56	C+ / 6.8	26.49%	B- / 7.1
2002	B	6,871	18.07	B- / 7.3	-15.43%	B- / 7.7

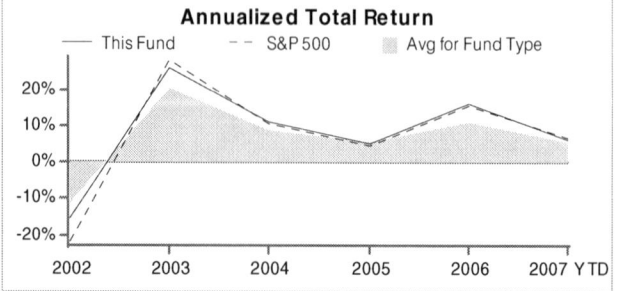

Vanguard Capital Opportunity Inv (VHCOX)   C+   Fair

Fund Family: Vanguard **Phone:** (800) 662-7447
Address: Vanguard Financial Center, Valley Forge, PA 19482
Fund Type: GR - Growth
Major Rating Factors: Strong performance is the major factor driving the C+ (Fair) TheStreet.com Investment Rating for Vanguard Capital Opportunity Inv. The fund currently has a performance rating of B- (Good) based on an average return of 14.58% over the last three years and 8.97% over the last six months. Factored into the performance evaluation is an expense ratio of 0.49% (very low) and a 1.0% back-end load levied at the time of sale.

The fund's risk rating is currently C+ (Fair). It carries a beta of 1.40, meaning it is expected to move 14.0% for every 10% move in the market. Volatility, as measured by both the semi-deviation and a drawdown factor, is considered low.

This is team managed and currently receives a manager quality ranking of 47 (0=worst, 99=best). If you desire only a moderate level of risk and strong performance, then this fund is an excellent option.

Services Offered: Automated phone transactions, payroll deductions, bank draft capabilities, an IRA investment plan, a 401K investment plan, a Keogh investment plan, wire transfers and a systematic withdrawal plan. However, the fund is currently closed to new investors.

Data Date	Investment Rating	Net Assets ($Mil)	NAV	Performance Rating/Pts	Total Return Y-T-D	Risk Rating/Pts
6-07	C+	5,188	39.97	B- / 7.2	8.97%	C+ / 6.1
2006	C+	5,268	36.68	B / 7.7	16.78%	C+ / 6.1
2005	B	5,182	33.03	B+ / 8.7	8.27%	C+ / 5.7
2004	C	6,963	30.77	B / 7.8	21.65%	C- / 3.4
2003	C	5,294	25.41	C+ / 6.8	49.55%	C- / 3.0
2002	C+	3,578	17.00	C+ / 6.1	-27.97%	C / 5.0

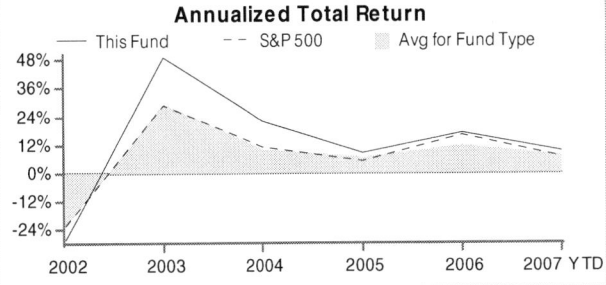

Vanguard Emerg Mkts Stk Idx Fd (VEIEX)   B   Good

Fund Family: Vanguard **Phone:** (800) 662-7447
Address: Vanguard Financial Center, Valley Forge, PA 19482
Fund Type: EM - Emerging Market
Major Rating Factors: Exceptional performance is the major factor driving the B (Good) TheStreet.com Investment Rating for Vanguard Emerg Mkts Stk Idx Fd. The fund currently has a performance rating of A+ (Excellent) based on an average return of 37.20% over the last three years and 17.92% over the last six months. Factored into the performance evaluation is an expense ratio of 0.42% (very low) and a 0.5% back-end load levied at the time of sale.

The fund's risk rating is currently C (Fair). It carries a beta of 1.11, meaning it is expected to move 11.1% for every 10% move in the market. Volatility, as measured by both the semi-deviation and a drawdown factor, is considered average.

Duane F. Kelly currently receives a manager quality ranking of 11 (0=worst, 99=best). If you desire an average level of risk and strong performance, then this fund is a good option.

Services Offered: Automated phone transactions, payroll deductions, bank draft capabilities, an IRA investment plan, a 401K investment plan, a Keogh investment plan, wire transfers and a systematic withdrawal plan.

Data Date	Investment Rating	Net Assets ($Mil)	NAV	Performance Rating/Pts	Total Return Y-T-D	Risk Rating/Pts
6-07	B	10,319	28.62	A+ / 9.8	17.92%	C / 4.6
2006	B	8,109	24.27	A+ / 9.8	29.39%	C / 4.8
2005	A-	5,515	19.07	A+ / 9.8	32.05%	C+ / 5.7
2004	A	3,140	14.68	A+ / 9.6	26.12%	C+ / 6.2
2003	A	1,669	11.85	A+ / 9.7	57.65%	C+ / 6.9
2002	C+	915	7.63	C / 5.5	-7.43%	C+ / 5.8

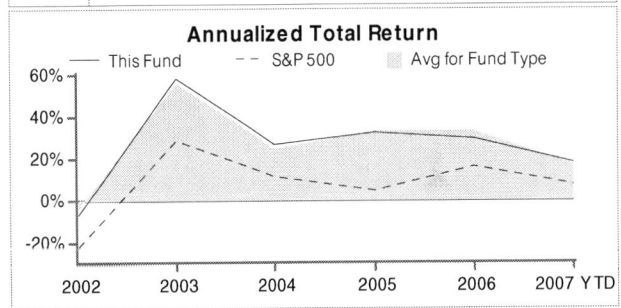

Vanguard Energy Inv (VGENX)   A-   Excellent

Fund Family: Vanguard **Phone:** (800) 662-7447
Address: Vanguard Financial Center, Valley Forge, PA 19482
Fund Type: EN - Energy/Natural Resources
Major Rating Factors: Exceptional performance is the major factor driving the A- (Excellent) TheStreet.com Investment Rating for Vanguard Energy Inv. The fund currently has a performance rating of A+ (Excellent) based on an average return of 34.85% over the last three years and 19.24% over the last six months. Factored into the performance evaluation is an expense ratio of 0.28% (very low) and a 1.0% back-end load levied at the time of sale.

The fund's risk rating is currently C+ (Fair). It carries a beta of 0.93, meaning that its performance tracks fairly well with that of the overall stock market. Volatility, as measured by both the semi-deviation and a drawdown factor, is considered low.

James A. Bevilacqua currently receives a manager quality ranking of 92 (0=worst, 99=best). If you desire only a moderate level of risk and strong performance, then this fund is an excellent option.

Services Offered: Automated phone transactions, payroll deductions, bank draft capabilities, an IRA investment plan, a 401K investment plan, a Keogh investment plan, wire transfers and a systematic withdrawal plan.

Data Date	Investment Rating	Net Assets ($Mil)	NAV	Performance Rating/Pts	Total Return Y-T-D	Risk Rating/Pts
6-07	A-	7,780	75.69	A+ / 9.7	19.24%	C+ / 5.7
2006	A	6,628	64.63	A+ / 9.7	19.66%	C+ / 6.3
2005	A+	5,438	56.05	A+ / 9.8	44.60%	B- / 7.1
2004	A+	4,706	40.00	A+ / 9.6	36.52%	B- / 7.3
2003	A	1,921	29.85	B+ / 8.6	33.80%	B- / 7.6
2002	A	1,269	23.20	A / 9.5	-0.62%	B / 8.0

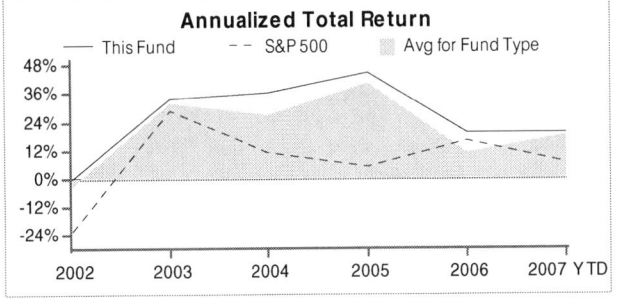

II. Analysis of Largest Funds
Vanguard European Stock Index Inv (VEURX) — A+ Excellent

Fund Family: Vanguard
Phone: (800) 662-7447
Address: Vanguard Financial Center, Valley Forge, PA 19482
Fund Type: FO - Foreign

Major Rating Factors: Exceptional performance is the major factor driving the A+ (Excellent) TheStreet.com Investment Rating for Vanguard European Stock Index Inv. The fund currently has a performance rating of A (Excellent) based on an average return of 24.36% over the last three years and 12.55% over the last six months. Factored into the performance evaluation is an expense ratio of 0.27% (very low) and a 2.0% back-end load levied at the time of sale.

The fund's risk rating is currently B- (Good). It carries a beta of 0.98, meaning that its performance tracks fairly well with that of the overall stock market. Volatility, as measured by both the semi-deviation and a drawdown factor, is considered low.

Duane F. Kelly currently receives a manager quality ranking of 74 (0=worst, 99=best). If you desire only a moderate level of risk and strong performance, then this fund is an excellent option.

Services Offered: Automated phone transactions, payroll deductions, bank draft capabilities, an IRA investment plan, a 401K investment plan, a Keogh investment plan, wire transfers and a systematic withdrawal plan.

Data Date	Investment Rating	Net Assets ($Mil)	NAV	Performance Rating/Pts	Total Return Y-T-D	Risk Rating/Pts
6-07	A+	23,428	40.55	A / 9.3	12.55%	B- / 7.7
2006	A+	18,461	36.04	A- / 9.2	33.46%	B- / 7.9
2005	B	11,052	27.70	B / 7.8	9.26%	C+ / 6.6
2004	B	9,220	25.99	B+ / 8.6	20.86%	C / 5.3
2003	C	5,688	22.00	C+ / 6.1	38.70%	C / 4.7
2002	C	4,102	16.21	C- / 4.2	-17.95%	C+ / 6.1

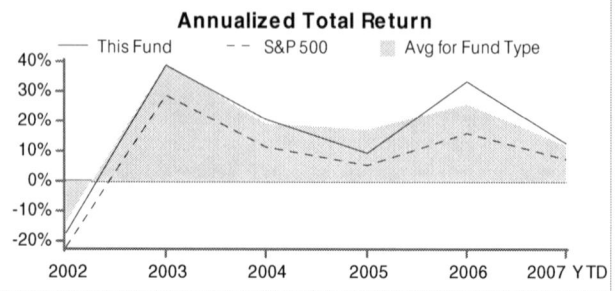

Vanguard Explorer Fund Inv (VEXPX) — C- Fair

Fund Family: Vanguard
Phone: (800) 662-7447
Address: Vanguard Financial Center, Valley Forge, PA 19482
Fund Type: SC - Small Cap

Major Rating Factors: Middle of the road best describes Vanguard Explorer Fund Inv whose TheStreet.com Investment Rating is currently a C- (Fair). The fund currently has a performance rating of C (Fair) based on an average return of 12.86% over the last three years and 10.69% over the last six months. Factored into the performance evaluation is an expense ratio of 0.46% (very low) and a 1.0% back-end load levied at the time of sale.

The fund's risk rating is currently C (Fair). It carries a beta of 0.96, meaning that its performance tracks fairly well with that of the overall stock market. Volatility, as measured by both the semi-deviation and a drawdown factor, is considered average.

William E. Ricks currently receives a manager quality ranking of 51 (0=worst, 99=best). If you desire an average level of risk, then this fund may be an option.

Services Offered: Automated phone transactions, payroll deductions, bank draft capabilities, an IRA investment plan, a 401K investment plan, a Keogh investment plan, wire transfers and a systematic withdrawal plan. However, the fund is currently closed to new investors.

Data Date	Investment Rating	Net Assets ($Mil)	NAV	Performance Rating/Pts	Total Return Y-T-D	Risk Rating/Pts
6-07	C-	9,036	82.70	C / 5.4	10.69%	C / 4.9
2006	D	8,627	74.71	C- / 3.8	9.68%	C / 5.1
2005	C+	8,303	75.11	B / 7.7	9.29%	C / 5.3
2004	C	8,230	74.57	C+ / 6.1	13.75%	C- / 4.2
2003	B-	5,943	65.62	B / 8.2	44.25%	C / 4.8
2002	C+	3,764	45.49	C+ / 6.6	-24.56%	C / 5.2

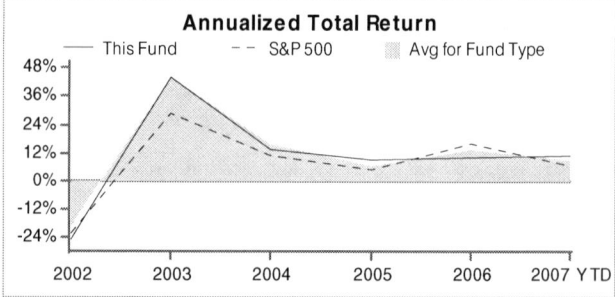

Vanguard Extended Market Index Inv (VEXMX) — B- Good

Fund Family: Vanguard
Phone: (800) 662-7447
Address: Vanguard Financial Center, Valley Forge, PA 19482
Fund Type: IN - Income

Major Rating Factors: Strong performance is the major factor driving the B- (Good) TheStreet.com Investment Rating for Vanguard Extended Market Index Inv. The fund currently has a performance rating of B- (Good) based on an average return of 15.64% over the last three years and 9.61% over the last six months. Factored into the performance evaluation is an expense ratio of 0.25% (very low).

The fund's risk rating is currently C+ (Fair). It carries a beta of 1.34, meaning it is expected to move 13.4% for every 10% move in the market. Volatility, as measured by both the semi-deviation and a drawdown factor, is considered low.

Donald M. Butler, CFA currently receives a manager quality ranking of 67 (0=worst, 99=best). If you desire only a moderate level of risk and strong performance, then this fund is an excellent option.

Services Offered: Automated phone transactions, payroll deductions, bank draft capabilities, an IRA investment plan, a 401K investment plan, a Keogh investment plan, wire transfers and a systematic withdrawal plan.

Data Date	Investment Rating	Net Assets ($Mil)	NAV	Performance Rating/Pts	Total Return Y-T-D	Risk Rating/Pts
6-07	B-	6,135	42.39	B- / 7.0	9.61%	C+ / 6.8
2006	C+	6,172	38.68	C+ / 6.8	14.27%	C+ / 6.7
2005	B+	5,275	34.26	B+ / 8.3	10.29%	C+ / 6.8
2004	B-	5,484	31.36	B+ / 8.4	18.71%	C / 4.7
2003	B-	4,097	26.66	B / 8.1	43.43%	C / 5.2
2002	C-	2,686	18.74	C / 4.7	-18.06%	C- / 4.2

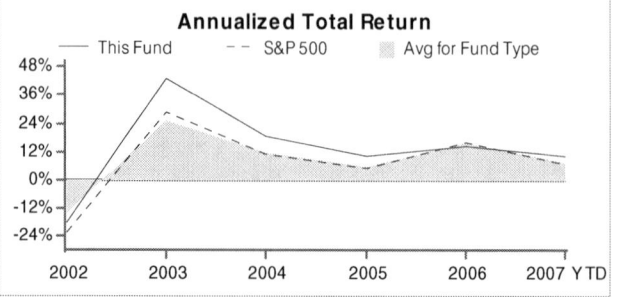

Vanguard Global Equity Fund (VHGEX) — A+ Excellent

Fund Family: Vanguard **Phone:** (800) 662-7447
Address: Vanguard Financial Center, Valley Forge, PA 19482
Fund Type: GL - Global
Major Rating Factors: Exceptional performance is the major factor driving the A+ (Excellent) TheStreet.com Investment Rating for Vanguard Global Equity Fund. The fund currently has a performance rating of A- (Excellent) based on an average return of 21.83% over the last three years and 13.09% over the last six months. Factored into the performance evaluation is an expense ratio of 0.72% (very low).

The fund's risk rating is currently B- (Good). It carries a beta of 0.98, meaning that its performance tracks fairly well with that of the overall stock market. Volatility, as measured by both the semi-deviation and a drawdown factor, is considered low.

Jeremy J. Hosking has been running the fund for 12 years and currently receives a manager quality ranking of 48 (0=worst, 99=best). If you desire only a moderate level of risk and strong performance, then this fund is an excellent option.

Services Offered: Automated phone transactions, payroll deductions, bank draft capabilities, an IRA investment plan, a 401K investment plan, a Keogh investment plan, wire transfers and a systematic withdrawal plan.

Data Date	Investment Rating	Net Assets ($Mil)	NAV	Performance Rating/Pts	Total Return Y-T-D	Risk Rating/Pts
6-07	A+	6,940	25.92	A- / 9.1	13.09%	B- / 7.4
2006	A	4,964	22.92	B+ / 8.7	23.59%	B- / 7.6
2005	A+	2,479	19.51	B+ / 8.7	11.77%	B- / 7.9
2004	A-	1,143	18.06	A / 9.3	20.09%	C+ / 6.1
2003	A-	744	15.45	A- / 9.1	44.51%	B- / 7.0
2002	B+	245	10.83	B / 8.1	-5.61%	B- / 7.8

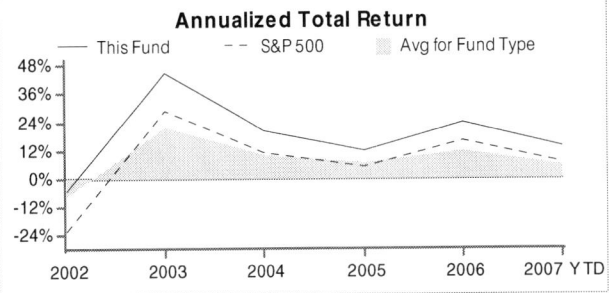

Vanguard Growth & Income Inv (VQNPX) — C Fair

Fund Family: Vanguard **Phone:** (800) 662-7447
Address: Vanguard Financial Center, Valley Forge, PA 19482
Fund Type: GI - Growth and Income
Major Rating Factors: Middle of the road best describes Vanguard Growth & Income Inv whose TheStreet.com Investment Rating is currently a C (Fair). The fund currently has a performance rating of C- (Fair) based on an average return of 11.08% over the last three years and 5.87% over the last six months. Factored into the performance evaluation is an expense ratio of 0.38% (very low).

The fund's risk rating is currently B (Good). It carries a beta of 1.01, meaning that its performance tracks fairly well with that of the overall stock market. Volatility, as measured by both the semi-deviation and a drawdown factor, is considered low.

John S. Cone, CFA currently receives a manager quality ranking of 44 (0=worst, 99=best). If you desire an average level of risk, then this fund may be an option.

Services Offered: Automated phone transactions, payroll deductions, bank draft capabilities, an IRA investment plan, a 401K investment plan, a Keogh investment plan, wire transfers and a systematic withdrawal plan.

Data Date	Investment Rating	Net Assets ($Mil)	NAV	Performance Rating/Pts	Total Return Y-T-D	Risk Rating/Pts
6-07	C	5,409	37.56	C- / 3.7	5.87%	B / 8.4
2006	B-	5,314	35.76	C / 5.2	14.01%	B / 8.8
2005	C+	5,223	31.89	C / 4.4	5.82%	B- / 7.9
2004	C	6,091	30.61	C / 4.8	11.11%	C+ / 6.0
2003	C+	5,506	27.94	C / 5.0	30.15%	C+ / 6.4
2002	C+	4,870	21.75	C / 4.5	-21.92%	C+ / 6.4

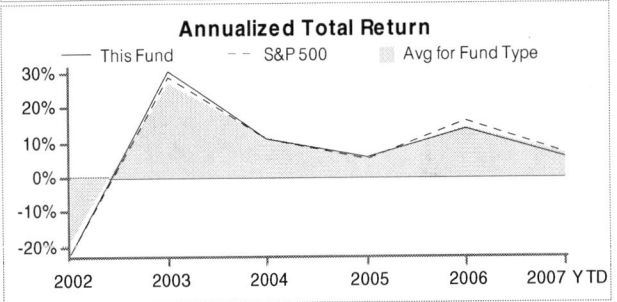

Vanguard Growth Index Inv (VIGRX) — C- Fair

Fund Family: Vanguard **Phone:** (800) 662-7447
Address: Vanguard Financial Center, Valley Forge, PA 19482
Fund Type: GR - Growth
Major Rating Factors: Disappointing performance is the major factor driving the C- (Fair) TheStreet.com Investment Rating for Vanguard Growth Index Inv. The fund currently has a performance rating of D+ (Weak) based on an average return of 8.77% over the last three years and 7.94% over the last six months.

The fund's risk rating is currently B- (Good). It carries a beta of 1.15, meaning it is expected to move 11.5% for every 10% move in the market. Volatility, as measured by both the semi-deviation and a drawdown factor, is considered low.

Gerard C. O Reilly currently receives a manager quality ranking of 16 (0=worst, 99=best). This fund offers only a moderate level of risk but investors looking for strong performance are still waiting.

Services Offered: Automated phone transactions, payroll deductions, bank draft capabilities, an IRA investment plan, a 401K investment plan, a Keogh investment plan, wire transfers and a systematic withdrawal plan.

Data Date	Investment Rating	Net Assets ($Mil)	NAV	Performance Rating/Pts	Total Return Y-T-D	Risk Rating/Pts
6-07	C-	6,954	32.00	D+ / 2.9	7.94%	B- / 7.5
2006	D+	6,707	29.77	D / 2.0	9.01%	B- / 7.5
2005	D+	6,757	27.54	D+ / 2.6	5.09%	B- / 7.2
2004	D	7,522	26.41	D / 1.9	7.20%	C / 5.0
2003	C-	7,415	24.92	C- / 3.2	25.92%	C / 5.2
2002	C-	6,566	19.95	D+ / 2.8	-23.65%	C / 5.3

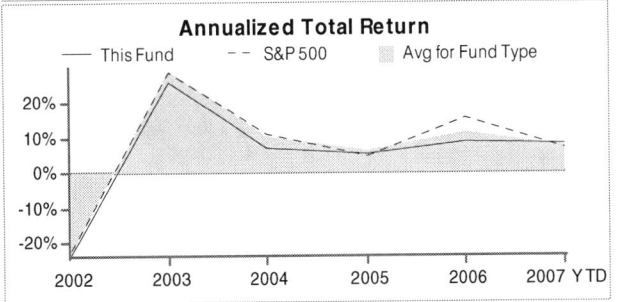

II. Analysis of Largest Funds

Vanguard Health Care Inv (VGHCX) — C- Fair

Fund Family: Vanguard
Phone: (800) 662-7447
Address: Vanguard Financial Center, Valley Forge, PA 19482
Fund Type: HL - Health

Major Rating Factors: Middle of the road best describes Vanguard Health Care Inv whose TheStreet.com Investment Rating is currently a C- (Fair). The fund currently has a performance rating of C- (Fair) based on an average return of 12.24% over the last three years and 5.66% over the last six months. Factored into the performance evaluation is an expense ratio of 0.28% (very low) and a 1.0% back-end load levied at the time of sale.

The fund's risk rating is currently B- (Good). It carries a beta of 0.68, meaning the fund's expected move will be 6.8% for every 10% move in the market. Volatility, as measured by both the semi-deviation and a drawdown factor, is considered low.

Edward P. Owens, CFA has been running the fund for 23 years and currently receives a manager quality ranking of 85 (0=worst, 99=best). If you desire an average level of risk, then this fund may be an option.

Services Offered: Automated phone transactions, payroll deductions, bank draft capabilities, an IRA investment plan, a 401K investment plan, a Keogh investment plan, wire transfers and a systematic withdrawal plan. However, the fund is currently closed to new investors.

Data Date	Investment Rating	Net Assets ($Mil)	NAV	Performance Rating/Pts	Total Return Y-T-D	Risk Rating/Pts
6-07	C-	16,056	151.52	C- / 3.4	5.66%	B- / 7.7
2006	C	16,329	145.60	C / 4.4	10.86%	B- / 7.9
2005	C+	16,340	139.45	C+ / 5.9	15.41%	B- / 7.2
2004	C+	18,819	126.79	C / 5.5	9.51%	C+ / 6.2
2003	B-	16,746	120.57	C+ / 6.9	26.58%	B- / 7.0
2002	A	14,115	96.16	A / 9.5	-11.36%	B / 8.2

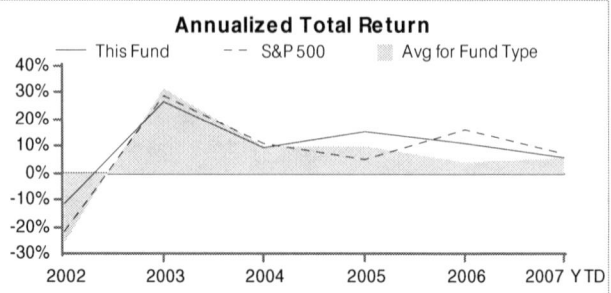

Vanguard International Growth Inv (VWIGX) — A- Excellent

Fund Family: Vanguard
Phone: (800) 662-7447
Address: Vanguard Financial Center, Valley Forge, PA 19482
Fund Type: FO - Foreign

Major Rating Factors: Exceptional performance is the major factor driving the A- (Excellent) TheStreet.com Investment Rating for Vanguard International Growth Inv. The fund currently has a performance rating of A- (Excellent) based on an average return of 22.93% over the last three years and 11.99% over the last six months. Factored into the performance evaluation is an expense ratio of 0.55% (very low) and a 1.0% back-end load levied at the time of sale.

The fund's risk rating is currently C+ (Fair). It carries a beta of 1.05, meaning that its performance tracks fairly well with that of the overall stock market. Volatility, as measured by both the semi-deviation and a drawdown factor, is considered low.

James K. Anderson has been running the fund for 4 years and currently receives a manager quality ranking of 43 (0=worst, 99=best). If you desire only a moderate level of risk and strong performance, then this fund is an excellent option.

Services Offered: Automated phone transactions, payroll deductions, bank draft capabilities, an IRA investment plan, a 401K investment plan, a Keogh investment plan, wire transfers and a systematic withdrawal plan.

Data Date	Investment Rating	Net Assets ($Mil)	NAV	Performance Rating/Pts	Total Return Y-T-D	Risk Rating/Pts
6-07	A-	13,477	26.72	A- / 9.2	11.99%	C+ / 6.4
2006	B+	11,800	23.86	A- / 9.0	25.92%	C+ / 6.6
2005	A-	8,410	21.00	B+ / 8.3	14.95%	B- / 7.2
2004	B	7,725	18.86	B / 8.0	18.95%	C+ / 5.8
2003	C	6,024	16.13	C / 5.5	34.45%	C / 5.5
2002	C	5,089	12.16	C / 4.3	-17.79%	C+ / 5.8

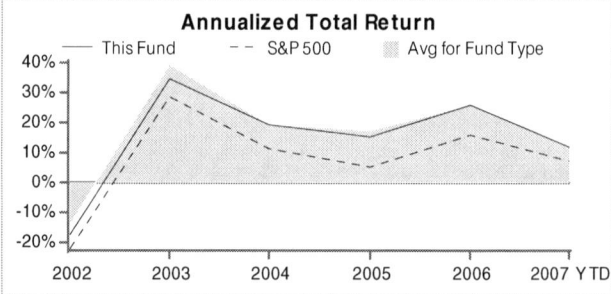

Vanguard International Value Fund (VTRIX) — A Excellent

Fund Family: Vanguard
Phone: (800) 662-7447
Address: Vanguard Financial Center, Valley Forge, PA 19482
Fund Type: FO - Foreign

Major Rating Factors: Exceptional performance is the major factor driving the A (Excellent) TheStreet.com Investment Rating for Vanguard International Value Fund. The fund currently has a performance rating of A (Excellent) based on an average return of 24.53% over the last three years and 11.85% over the last six months. Factored into the performance evaluation is an expense ratio of 0.46% (very low) and a 2.0% back-end load levied at the time of sale.

The fund's risk rating is currently C+ (Fair). It carries a beta of 1.05, meaning that its performance tracks fairly well with that of the overall stock market. Volatility, as measured by both the semi-deviation and a drawdown factor, is considered low.

This is team managed and currently receives a manager quality ranking of 61 (0=worst, 99=best). If you desire only a moderate level of risk and strong performance, then this fund is an excellent option.

Services Offered: Automated phone transactions, payroll deductions, bank draft capabilities, an IRA investment plan, a 401K investment plan, a Keogh investment plan, wire transfers and a systematic withdrawal plan.

Data Date	Investment Rating	Net Assets ($Mil)	NAV	Performance Rating/Pts	Total Return Y-T-D	Risk Rating/Pts
6-07	A	9,438	45.12	A / 9.3	11.85%	C+ / 6.7
2006	A	7,681	40.34	A- / 9.2	27.37%	B- / 7.0
2005	A+	3,818	34.82	A- / 9.1	17.96%	B- / 7.2
2004	B+	2,463	30.93	B+ / 8.8	19.77%	C+ / 5.9
2003	B	1,564	26.24	B+ / 8.3	41.90%	C+ / 5.9
2002	C+	1,155	18.83	C / 5.5	-13.35%	B- / 7.0

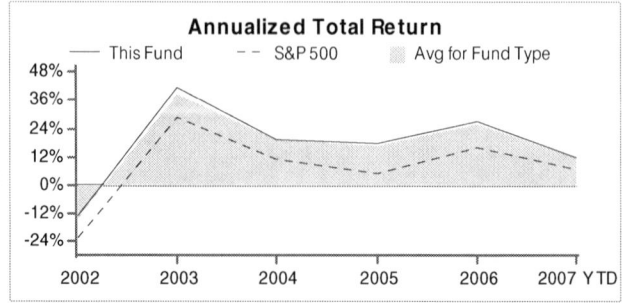

Summer 2007 — II. Analysis of Largest Funds

Vanguard LifeStrategy Conserv Gr Fd (VSCGX) — C — Fair

Fund Family: Vanguard **Phone:** (800) 662-7447
Address: Vanguard Financial Center, Valley Forge, PA 19482
Fund Type: AA - Asset Allocation
Major Rating Factors: Disappointing performance is the major factor driving the C (Fair) TheStreet.com Investment Rating for Vanguard LifeStrategy Conserv Gr Fd. The fund currently has a performance rating of D- (Weak) based on an average return of 8.61% over the last three years and 4.42% over the last six months. Factored into the performance evaluation is an expense ratio of 0.26% (very low).

The fund's risk rating is currently B+ (Good). It carries a beta of 0.82, meaning the fund's expected move will be 8.2% for every 10% move in the market. Volatility, as measured by both the semi-deviation and a drawdown factor, is considered very low.

Vanguard Quantitative Equity G has been running the fund for 13 years and currently receives a manager quality ranking of 65 (0=worst, 99=best). This fund offers only a moderate level of risk but investors looking for strong performance are still waiting.

Services Offered: Automated phone transactions, payroll deductions, bank draft capabilities, an IRA investment plan, a 401K investment plan, a Keogh investment plan, wire transfers and a systematic withdrawal plan.

Data Date	Investment Rating	Net Assets ($Mil)	NAV	Performance Rating/Pts	Total Return Y-T-D	Risk Rating/Pts
6-07	C	6,831	17.07	D- / 1.5	4.42%	B+ / 9.8
2006	C	5,567	16.59	D+ / 2.7	10.62%	B+ / 9.9
2005	C	4,254	15.49	D- / 1.1	4.45%	B+ / 9.9
2004	B	3,569	15.26	C / 4.9	8.02%	B / 8.9
2003	A-	2,854	14.54	C+ / 6.6	16.57%	B+ / 9.3
2002	A+	2,210	12.82	B+ / 8.6	-5.37%	B+ / 9.6

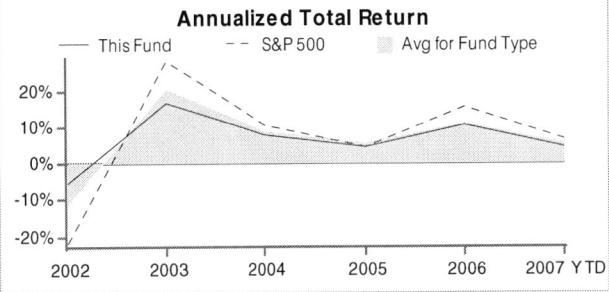

Vanguard LifeStrategy Growth Fd (VASGX) — B — Good

Fund Family: Vanguard **Phone:** (800) 662-7447
Address: Vanguard Financial Center, Valley Forge, PA 19482
Fund Type: AA - Asset Allocation
Major Rating Factors: Vanguard LifeStrategy Growth Fd receives a TheStreet.com Investment Rating of B (Good). The fund currently has a performance rating of C+ (Fair) based on an average return of 13.22% over the last three years and 7.25% over the last six months. Factored into the performance evaluation is an expense ratio of 0.27% (very low).

The fund's risk rating is currently B (Good). It carries a beta of 1.47, meaning it is expected to move 14.7% for every 10% move in the market. Volatility, as measured by both the semi-deviation and a drawdown factor, is considered low.

Vanguard Quantitative Equity G has been running the fund for 13 years and currently receives a manager quality ranking of 78 (0=worst, 99=best). If you desire an average level of risk, then this fund may be an option.

Services Offered: Automated phone transactions, payroll deductions, bank draft capabilities, an IRA investment plan, a 401K investment plan, a Keogh investment plan, wire transfers and a systematic withdrawal plan.

Data Date	Investment Rating	Net Assets ($Mil)	NAV	Performance Rating/Pts	Total Return Y-T-D	Risk Rating/Pts
6-07	B	9,878	25.38	C+ / 5.7	7.25%	B / 8.6
2006	B+	8,783	23.87	C+ / 6.3	16.13%	B / 8.9
2005	C+	6,938	21.00	C / 4.7	6.88%	B / 8.2
2004	C+	5,828	20.04	C+ / 6.3	12.58%	C+ / 6.4
2003	C+	4,553	18.16	C+ / 6.0	28.52%	C+ / 6.7
2002	C+	3,405	14.36	C+ / 6.0	-15.84%	B- / 7.2

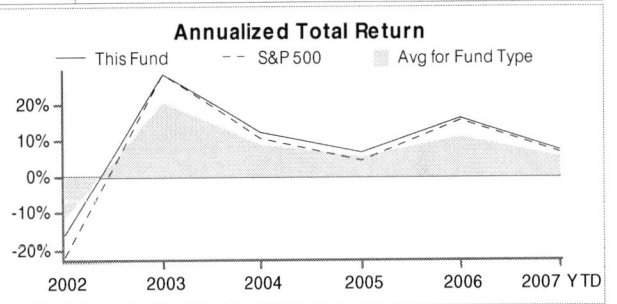

Vanguard LifeStrategy Mod Growth Fd (VSMGX) — C+ — Fair

Fund Family: Vanguard **Phone:** (800) 662-7447
Address: Vanguard Financial Center, Valley Forge, PA 19482
Fund Type: AA - Asset Allocation
Major Rating Factors: Middle of the road best describes Vanguard LifeStrategy Mod Growth Fd whose TheStreet.com Investment Rating is currently a C+ (Fair). The fund currently has a performance rating of C- (Fair) based on an average return of 10.93% over the last three years and 5.70% over the last six months. Factored into the performance evaluation is an expense ratio of 0.26% (very low).

The fund's risk rating is currently B+ (Good). It carries a beta of 1.15, meaning it is expected to move 11.5% for every 10% move in the market. Volatility, as measured by both the semi-deviation and a drawdown factor, is considered very low.

Vanguard Quantitative Equity G has been running the fund for 13 years and currently receives a manager quality ranking of 72 (0=worst, 99=best). If you desire an average level of risk, then this fund may be an option.

Services Offered: Automated phone transactions, payroll deductions, bank draft capabilities, an IRA investment plan, a 401K investment plan, a Keogh investment plan, wire transfers and a systematic withdrawal plan.

Data Date	Investment Rating	Net Assets ($Mil)	NAV	Performance Rating/Pts	Total Return Y-T-D	Risk Rating/Pts
6-07	C+	10,843	21.27	C- / 3.3	5.70%	B+ / 9.1
2006	B-	9,802	20.36	C / 4.5	13.31%	B+ / 9.5
2005	C	8,062	18.47	D+ / 2.7	5.69%	B+ / 9.2
2004	B-	6,818	17.91	C+ / 5.8	10.57%	B- / 7.7
2003	B	5,408	16.61	C+ / 6.7	22.40%	B / 8.1
2002	B+	4,075	13.87	B / 7.6	-10.32%	B / 8.4

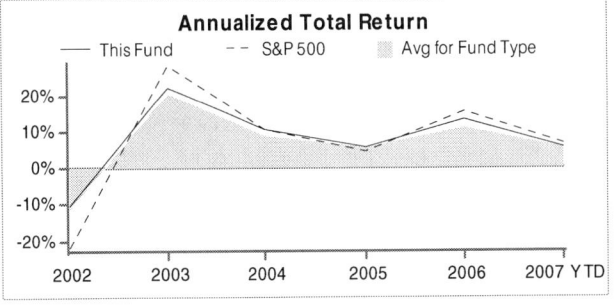

II. Analysis of Largest Funds

Vanguard Mid-Cap Index Inv (VIMSX) — A- Excellent

Fund Family: Vanguard
Phone: (800) 662-7447
Address: Vanguard Financial Center, Valley Forge, PA 19482
Fund Type: MC - Mid Cap

Major Rating Factors: Strong performance is the major factor driving the A- (Excellent) TheStreet.com Investment Rating for Vanguard Mid-Cap Index Inv. The fund currently has a performance rating of B (Good) based on an average return of 17.74% over the last three years and 10.85% over the last six months. Factored into the performance evaluation is an expense ratio of 0.22% (very low).

The fund's risk rating is currently B- (Good). It carries a beta of 0.98, meaning that its performance tracks fairly well with that of the overall stock market. Volatility, as measured by both the semi-deviation and a drawdown factor, is considered low.

Donald M. Butler, CFA has been running the fund for 9 years and currently receives a manager quality ranking of 82 (0=worst, 99=best). If you desire only a moderate level of risk and strong performance, then this fund is an excellent option.

Services Offered: Automated phone transactions, check writing, bank draft capabilities, an IRA investment plan, a 401K investment plan and wire transfers.

Data Date	Investment Rating	Net Assets ($Mil)	NAV	Performance Rating/Pts	Total Return Y-T-D	Risk Rating/Pts
6-07	A-	8,935	21.92	B / 8.0	10.85%	B- / 7.5
2006	B	7,677	19.78	B- / 7.4	13.60%	B- / 7.5
2005	B+	6,237	17.63	B / 8.2	13.93%	B- / 7.0
2004	B+	4,925	15.64	B+ / 8.5	20.35%	C+ / 6.3
2003	C+	3,451	13.13	B / 8.1	34.14%	C- / 3.3
2002	C	2,333	9.88	B+ / 8.4	-14.61%	D / 1.8

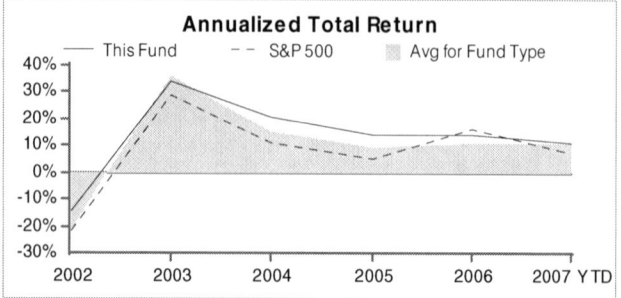

Vanguard Morgan Growth Inv (VMRGX) — C+ Fair

Fund Family: Vanguard
Phone: (800) 662-7447
Address: Vanguard Financial Center, Valley Forge, PA 19482
Fund Type: MC - Mid Cap

Major Rating Factors: Middle of the road best describes Vanguard Morgan Growth Inv whose TheStreet.com Investment Rating is currently a C+ (Fair). The fund currently has a performance rating of C (Fair) based on an average return of 11.78% over the last three years and 8.53% over the last six months. Factored into the performance evaluation is an expense ratio of 0.42% (very low).

The fund's risk rating is currently B- (Good). It carries a beta of 0.89, meaning the fund's expected move will be 8.9% for every 10% move in the market. Volatility, as measured by both the semi-deviation and a drawdown factor, is considered low.

Paul E. Marrkand, CFA currently receives a manager quality ranking of 31 (0=worst, 99=best). If you desire an average level of risk, then this fund may be an option.

Services Offered: Automated phone transactions, payroll deductions, bank draft capabilities, an IRA investment plan, a 401K investment plan, a Keogh investment plan, wire transfers and a systematic withdrawal plan.

Data Date	Investment Rating	Net Assets ($Mil)	NAV	Performance Rating/Pts	Total Return Y-T-D	Risk Rating/Pts
6-07	C+	6,201	20.61	C / 5.1	8.53%	B- / 7.6
2006	C	5,592	18.99	C / 4.4	11.15%	B- / 7.3
2005	C+	4,681	17.71	C+ / 5.8	9.09%	B- / 7.0
2004	C-	4,389	16.32	C- / 3.8	10.47%	C / 5.2
2003	C	3,673	14.87	C / 4.9	33.73%	C / 5.1
2002	C-	2,739	11.15	C- / 3.6	-23.52%	C / 4.8

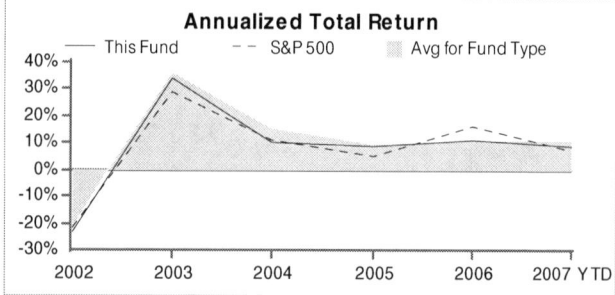

Vanguard Pacific Stock Index Inv (VPACX) — C+ Fair

Fund Family: Vanguard
Phone: (800) 662-7447
Address: Vanguard Financial Center, Valley Forge, PA 19482
Fund Type: FO - Foreign

Major Rating Factors: Middle of the road best describes Vanguard Pacific Stock Index Inv whose TheStreet.com Investment Rating is currently a C+ (Fair). The fund currently has a performance rating of C+ (Fair) based on an average return of 16.99% over the last three years and 7.08% over the last six months. Factored into the performance evaluation is an expense ratio of 0.27% (very low) and a 2.0% back-end load levied at the time of sale.

The fund's risk rating is currently C+ (Fair). It carries a beta of 1.01, meaning that its performance tracks fairly well with that of the overall stock market. Volatility, as measured by both the semi-deviation and a drawdown factor, is considered low.

Michael H. Buek, CFA currently receives a manager quality ranking of 11 (0=worst, 99=best). If you desire an average level of risk, then this fund may be an option.

Services Offered: Automated phone transactions, payroll deductions, bank draft capabilities, an IRA investment plan, a 401K investment plan, a Keogh investment plan, wire transfers and a systematic withdrawal plan.

Data Date	Investment Rating	Net Assets ($Mil)	NAV	Performance Rating/Pts	Total Return Y-T-D	Risk Rating/Pts
6-07	C+	10,180	13.31	C+ / 6.8	7.08%	C+ / 6.3
2006	B-	8,408	12.43	B / 7.8	11.99%	C+ / 6.2
2005	A-	5,473	11.34	A / 9.3	22.59%	C+ / 6.1
2004	A-	3,732	9.38	B+ / 8.7	18.83%	C+ / 6.5
2003	C+	2,275	8.03	C+ / 6.2	38.42%	C+ / 5.6
2002	C-	1,445	5.88	D+ / 2.6	-9.32%	C+ / 5.8

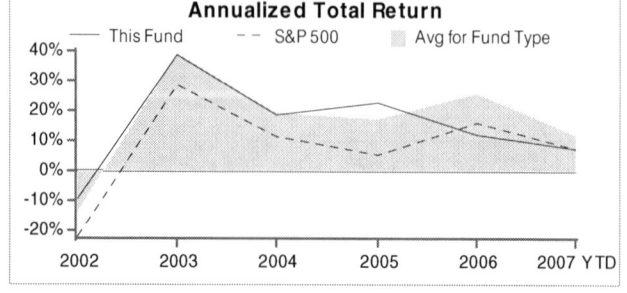

Summer 2007 — II. Analysis of Largest Funds

Vanguard PRIMECAP Inv (VPMCX) — C+ Fair

Fund Family: Vanguard **Phone:** (800) 662-7447
Address: Vanguard Financial Center, Valley Forge, PA 19482
Fund Type: MC - Mid Cap
Major Rating Factors: Middle of the road best describes Vanguard PRIMECAP Inv whose TheStreet.com Investment Rating is currently a C+ (Fair). The fund currently has a performance rating of C+ (Fair) based on an average return of 12.98% over the last three years and 8.80% over the last six months. Factored into the performance evaluation is an expense ratio of 0.46% (very low) and a 1.0% back-end load levied at the time of sale.

The fund's risk rating is currently B- (Good). It carries a beta of 0.84, meaning the fund's expected move will be 8.4% for every 10% move in the market. Volatility, as measured by both the semi-deviation and a drawdown factor, is considered low.

Howard B. Schow has been running the fund for 23 years and currently receives a manager quality ranking of 50 (0=worst, 99=best). If you desire an average level of risk, then this fund may be an option.

Services Offered: Automated phone transactions, payroll deductions, bank draft capabilities, an IRA investment plan, a 401K investment plan, a Keogh investment plan, wire transfers and a systematic withdrawal plan. However, the fund is currently closed to new investors.

Data Date	Investment Rating	Net Assets ($Mil)	NAV	Performance Rating/Pts	Total Return Y-T-D	Risk Rating/Pts
6-07	C+	22,969	75.02	C+ / 5.7	8.80%	B- / 7.0
2006	C+	22,372	68.95	C / 5.5	12.32%	B- / 7.3
2005	B+	20,762	65.31	B- / 7.5	8.49%	B- / 7.0
2004	C	22,226	62.30	C+ / 6.8	18.31%	C- / 4.2
2003	C	18,163	53.04	C / 5.5	37.75%	C- / 4.2
2002	C	14,054	38.66	C / 5.2	-24.56%	C / 5.3

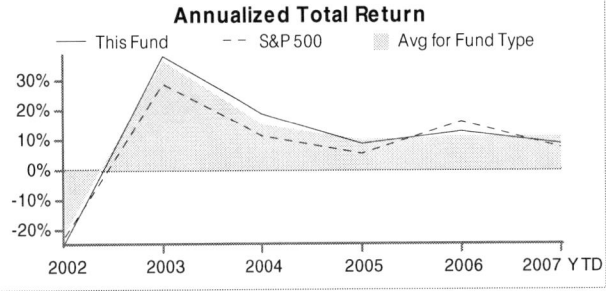

Vanguard REIT Index Inv (VGSIX) — C- Fair

Fund Family: Vanguard **Phone:** (800) 662-7447
Address: Vanguard Financial Center, Valley Forge, PA 19482
Fund Type: RE - Real Estate
Major Rating Factors: Vanguard REIT Index Inv has adopted a risky asset allocation strategy and currently receives an overall TheStreet.com Investment Rating of C- (Fair). The fund has shown an above average level of volatility, as measured by both semi-deviation and drawdown factors. It carries a beta of 1.03, meaning that its performance tracks fairly well with that of the overall stock market. The high level of risk (D+, Weak) did however, reward investors with excellent performance.

The fund's performance rating is currently B- (Good). It has registered an average return of 20.76% over the last three years but is down -6.33% over the last six months. Factored into the performance evaluation is an expense ratio of 0.21% (very low).

Gerard C. O'Reilly currently receives a manager quality ranking of 70 (0=worst, 99=best). If you are comfortable owning a high risk investment, this fund may be an option.

Services Offered: Automated phone transactions, payroll deductions, bank draft capabilities, an IRA investment plan, a 401K investment plan, a Keogh investment plan, wire transfers and a systematic withdrawal plan.

Data Date	Investment Rating	Net Assets ($Mil)	NAV	Performance Rating/Pts	Total Return Y-T-D	Risk Rating/Pts
6-07	C-	5,473	23.54	B- / 7.4	-6.33%	D+ / 2.9
2006	C+	6,066	25.58	A+ / 9.6	35.07%	C- / 3.3
2005	C	4,444	19.80	B+ / 8.7	11.95%	C- / 3.1
2004	A	4,381	18.78	A+ / 9.7	30.69%	C+ / 6.2
2003	A+	2,891	15.18	A / 9.3	35.65%	B / 8.7
2002	A+	1,765	11.84	A+ / 9.7	3.75%	B+ / 9.7

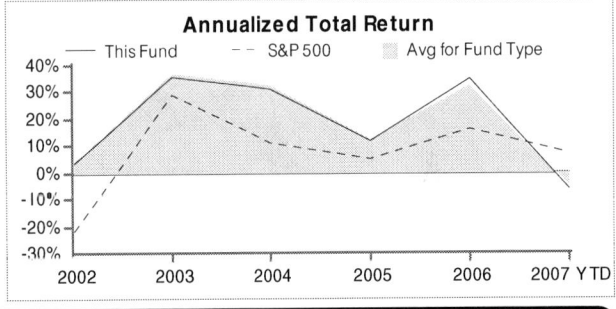

Vanguard Selected Value Fund (VASVX) — A- Excellent

Fund Family: Vanguard **Phone:** (800) 662-7447
Address: Vanguard Financial Center, Valley Forge, PA 19482
Fund Type: MC - Mid Cap
Major Rating Factors: Strong performance is the major factor driving the A- (Excellent) TheStreet.com Investment Rating for Vanguard Selected Value Fund. The fund currently has a performance rating of B (Good) based on an average return of 17.11% over the last three years and 8.91% over the last six months. Factored into the performance evaluation is an expense ratio of 0.45% (very low) and a 1.0% back-end load levied at the time of sale.

The fund's risk rating is currently B- (Good). It carries a beta of 0.64, meaning the fund's expected move will be 6.4% for every 10% move in the market. Volatility, as measured by both the semi-deviation and a drawdown factor, is considered low.

James P. Barrow currently receives a manager quality ranking of 95 (0=worst, 99=best). If you desire only a moderate level of risk and strong performance, then this fund is an excellent option.

Services Offered: Automated phone transactions, payroll deductions, bank draft capabilities, an IRA investment plan, a 401K investment plan, a Keogh investment plan, wire transfers and a systematic withdrawal plan.

Data Date	Investment Rating	Net Assets ($Mil)	NAV	Performance Rating/Pts	Total Return Y-T-D	Risk Rating/Pts
6-07	A-	5,464	22.97	B / 7.9	8.91%	B- / 7.8
2006	A+	4,584	21.09	B+ / 8.3	19.11%	B / 8.2
2005	B+	3,867	18.86	B- / 7.5	10.67%	B- / 7.3
2004	B+	2,111	18.07	B+ / 8.7	20.38%	C+ / 5.7
2003	A-	1,322	15.23	A- / 9.0	35.21%	B- / 7.1
2002	A-	1,118	11.46	A / 9.3	-9.79%	B / 8.0

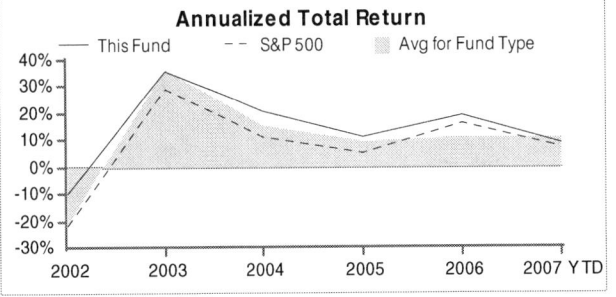

II. Analysis of Largest Funds

Summer 2007

Vanguard Small-Cap Index Inv (NAESX) — C+ — Fair

Fund Family: Vanguard
Phone: (800) 662-7447
Address: Vanguard Financial Center, Valley Forge, PA 19482
Fund Type: SC - Small Cap
Major Rating Factors: Middle of the road best describes Vanguard Small-Cap Index Inv whose TheStreet.com Investment Rating is currently a C+ (Fair). The fund currently has a performance rating of C+ (Fair) based on an average return of 14.72% over the last three years and 9.19% over the last six months. Factored into the performance evaluation is an expense ratio of 0.23% (very low).

The fund's risk rating is currently C+ (Fair). It carries a beta of 0.90, meaning the fund's expected move will be 9.0% for every 10% move in the market. Volatility, as measured by both the semi-deviation and a drawdown factor, is considered low.

Michael H. Buek, CFA currently receives a manager quality ranking of 78 (0=worst, 99=best). If you desire an average level of risk, then this fund may be an option.

Services Offered: Automated phone transactions, payroll deductions, bank draft capabilities, an IRA investment plan, a 401K investment plan, a Keogh investment plan, wire transfers and a systematic withdrawal plan.

Data Date	Investment Rating	Net Assets ($Mil)	NAV	Performance Rating/Pts	Total Return Y-T-D	Risk Rating/Pts
6-07	C+	7,217	35.61	C+ / 6.5	9.19%	C+ / 6.4
2006	C+	6,808	32.62	B- / 7.1	15.64%	C+ / 6.5
2005	B+	5,869	28.52	B / 8.0	7.40%	C+ / 6.7
2004	C+	5,996	26.82	B+ / 8.4	19.85%	C- / 4.2
2003	B	4,698	22.60	B+ / 8.8	45.63%	C+ / 5.8
2002	C+	3,142	15.66	C+ / 6.4	-20.02%	C+ / 5.6

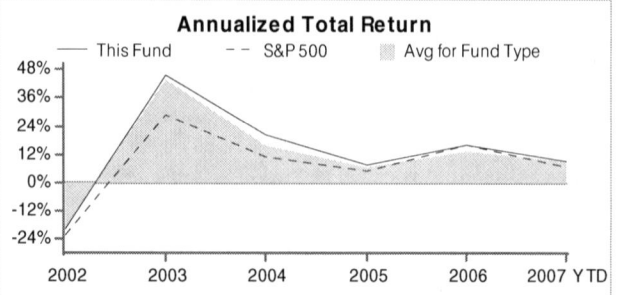

Vanguard Small-Cap Value Index Fd (VISVX) — C+ — Fair

Fund Family: Vanguard
Phone: (800) 662-7447
Address: Vanguard Financial Center, Valley Forge, PA 19482
Fund Type: SC - Small Cap
Major Rating Factors: Middle of the road best describes Vanguard Small-Cap Value Index Fd whose TheStreet.com Investment Rating is currently a C+ (Fair). The fund currently has a performance rating of C+ (Fair) based on an average return of 14.93% over the last three years and 5.00% over the last six months. Factored into the performance evaluation is an expense ratio of 0.23% (very low).

The fund's risk rating is currently B- (Good). It carries a beta of 0.78, meaning the fund's expected move will be 7.8% for every 10% move in the market. Volatility, as measured by both the semi-deviation and a drawdown factor, is considered low.

Michael H. Buek, CFA currently receives a manager quality ranking of 87 (0=worst, 99=best). If you desire an average level of risk, then this fund may be an option.

Services Offered: Automated phone transactions, payroll deductions, bank draft capabilities, an IRA investment plan, a 401K investment plan, a Keogh investment plan, wire transfers and a systematic withdrawal plan.

Data Date	Investment Rating	Net Assets ($Mil)	NAV	Performance Rating/Pts	Total Return Y-T-D	Risk Rating/Pts
6-07	C+	4,558	17.89	C+ / 5.6	5.00%	B- / 7.5
2006	B+	4,314	17.05	B / 8.1	19.24%	B- / 7.4
2005	B	3,473	14.56	B- / 7.3	6.07%	C+ / 6.5
2004	B	2,753	13.97	B+ / 8.9	23.55%	C / 4.9
2003	B+	1,622	11.49	A- / 9.0	37.19%	C+ / 6.3
2002	B+	1,217	8.52	A- / 9.1	-14.20%	B- / 7.3

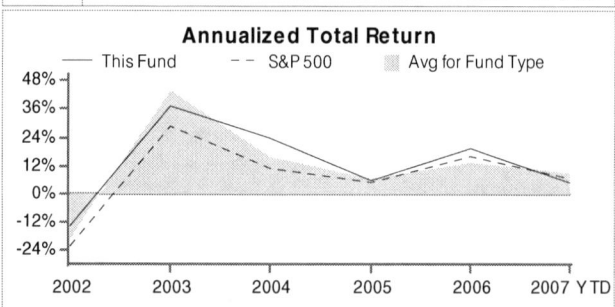

Vanguard STAR Fund (VGSTX) — C+ — Fair

Fund Family: Vanguard
Phone: (800) 662-7447
Address: Vanguard Financial Center, Valley Forge, PA 19482
Fund Type: GI - Growth and Income
Major Rating Factors: Middle of the road best describes Vanguard STAR Fund whose TheStreet.com Investment Rating is currently a C+ (Fair). The fund currently has a performance rating of C- (Fair) based on an average return of 11.11% over the last three years and 5.93% over the last six months. Factored into the performance evaluation is an expense ratio of 0.35% (very low).

The fund's risk rating is currently B (Good). It carries a beta of 0.66, meaning the fund's expected move will be 6.6% for every 10% move in the market. Volatility, as measured by both the semi-deviation and a drawdown factor, is considered low.

Vanguard Quantitative Equity G has been running the fund for 22 years and currently receives a manager quality ranking of 79 (0=worst, 99=best). If you desire an average level of risk, then this fund may be an option.

Services Offered: Automated phone transactions, payroll deductions, bank draft capabilities, an IRA investment plan, a 401K investment plan, a Keogh investment plan, wire transfers and a systematic withdrawal plan.

Data Date	Investment Rating	Net Assets ($Mil)	NAV	Performance Rating/Pts	Total Return Y-T-D	Risk Rating/Pts
6-07	C+	14,721	21.94	C- / 3.4	5.93%	B / 8.9
2006	C+	13,859	20.94	C- / 4.1	11.58%	B+ / 9.2
2005	C+	11,858	19.60	C- / 3.6	7.44%	B+ / 9.5
2004	B-	10,435	18.74	C+ / 6.1	11.60%	B- / 7.9
2003	B+	8,822	17.20	B- / 7.0	22.70%	B / 8.2
2002	A	7,498	14.35	B+ / 8.6	-9.86%	B / 8.8

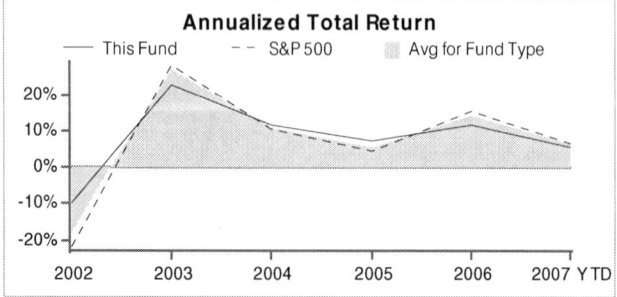

Vanguard Strategic Equity Fd (VSEQX) — B- Good

Fund Family: Vanguard
Phone: (800) 662-7447
Address: Vanguard Financial Center, Valley Forge, PA 19482
Fund Type: SC - Small Cap
Major Rating Factors: Strong performance is the major factor driving the B- (Good) TheStreet.com Investment Rating for Vanguard Strategic Equity Fd. The fund currently has a performance rating of B- (Good) based on an average return of 15.95% over the last three years and 10.70% over the last six months. Factored into the performance evaluation is an expense ratio of 0.35% (very low) and a 1.0% back-end load levied at the time of sale.

The fund's risk rating is currently C+ (Fair). It carries a beta of 0.86, meaning the fund's expected move will be 8.6% for every 10% move in the market. Volatility, as measured by both the semi-deviation and a drawdown factor, is considered low.

James D. Troyer, CFA currently receives a manager quality ranking of 89 (0=worst, 99=best). If you desire only a moderate level of risk and strong performance, then this fund is an excellent option.

Services Offered: Automated phone transactions, payroll deductions, bank draft capabilities, an IRA investment plan, a 401K investment plan, a Keogh investment plan, wire transfers and a systematic withdrawal plan.

Data Date	Investment Rating	Net Assets ($Mil)	NAV	Performance Rating/Pts	Total Return Y-T-D	Risk Rating/Pts
6-07	B-	8,192	26.17	B- / 7.1	10.70%	C+ / 6.8
2006	C+	7,133	23.64	C+ / 6.6	13.43%	C+ / 6.9
2005	A-	5,484	21.93	B+ / 8.3	9.97%	B- / 7.3
2004	A	3,467	21.43	B+ / 8.9	20.49%	C+ / 6.7
2003	A+	1,861	18.71	B+ / 8.9	43.83%	B- / 7.8
2002	B-	932	13.10	C+ / 6.8	-13.14%	B- / 7.4

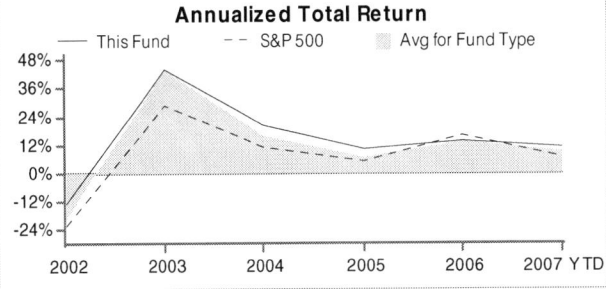

Vanguard Target Retirement 2015 Fd (VTXVX) — C Fair

Fund Family: Vanguard
Phone: (800) 662-7447
Address: Vanguard Financial Center, Valley Forge, PA 19482
Fund Type: AA - Asset Allocation
Major Rating Factors: Disappointing performance is the major factor driving the C (Fair) TheStreet.com Investment Rating for Vanguard Target Retirement 2015 Fd. The fund currently has a performance rating of D+ (Weak) based on an average return of 9.65% over the last three years and 5.70% over the last six months. Factored into the performance evaluation is an expense ratio of 0.21% (very low).

The fund's risk rating is currently B+ (Good). It carries a beta of 0.93, meaning that its performance tracks fairly well with that of the overall stock market. Volatility, as measured by both the semi-deviation and a drawdown factor, is considered very low.

Duane F. Kelly currently receives a manager quality ranking of 71 (0=worst, 99=best). This fund offers only a moderate level of risk but investors looking for strong performance are still waiting.

Services Offered: Automated phone transactions, payroll deductions, bank draft capabilities, an IRA investment plan, a Keogh investment plan and wire transfers.

Data Date	Investment Rating	Net Assets ($Mil)	NAV	Performance Rating/Pts	Total Return Y-T-D	Risk Rating/Pts
6-07	C	5,863	13.17	D+ / 2.5	5.70%	B+ / 9.4
2006	C+	4,355	12.46	C- / 3.4	11.42%	B+ / 9.9
2005	U	2,015	11.46	U / --	4.94%	U / --
2004	U	610	11.17	U / --	9.04%	U / --

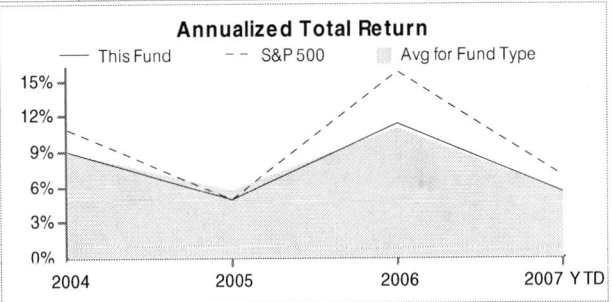

Vanguard Target Retirement 2025 Fd (VTTVX) — C+ Fair

Fund Family: Vanguard
Phone: (800) 662-7447
Address: Vanguard Financial Center, Valley Forge, PA 19482
Fund Type: AA - Asset Allocation
Major Rating Factors: Middle of the road best describes Vanguard Target Retirement 2025 Fd whose TheStreet.com Investment Rating is currently a C+ (Fair). The fund currently has a performance rating of C- (Fair) based on an average return of 11.05% over the last three years and 6.83% over the last six months. Factored into the performance evaluation is an expense ratio of 0.21% (very low).

The fund's risk rating is currently B+ (Good). It carries a beta of 1.12, meaning it is expected to move 11.2% for every 10% move in the market. Volatility, as measured by both the semi-deviation and a drawdown factor, is considered very low.

Duane F. Kelly currently receives a manager quality ranking of 75 (0=worst, 99=best). If you desire an average level of risk, then this fund may be an option.

Services Offered: Automated phone transactions, check writing, payroll deductions, bank draft capabilities, an IRA investment plan, a Keogh investment plan and wire transfers.

Data Date	Investment Rating	Net Assets ($Mil)	NAV	Performance Rating/Pts	Total Return Y-T-D	Risk Rating/Pts
6-07	C+	6,117	13.93	C- / 3.9	6.83%	B+ / 9.1
2006	B-	4,605	13.04	C / 4.5	13.24%	B+ / 9.8
2005	U	2,180	11.77	U / --	5.45%	U / --
2004	U	605	11.39	U / --	10.11%	U / --

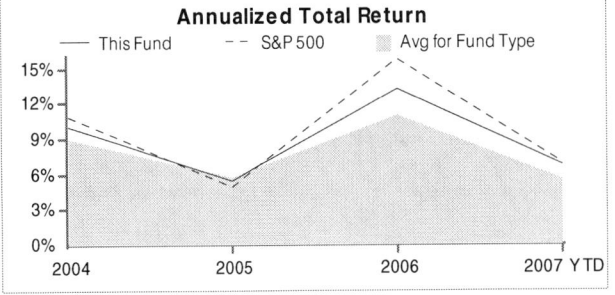

II. Analysis of Largest Funds

Vanguard Total Intl Stock Index Fd (VGTSX) — A — Excellent

Fund Family: Vanguard **Phone:** (800) 662-7447
Address: Vanguard Financial Center, Valley Forge, PA 19482
Fund Type: GL - Global
Major Rating Factors: Exceptional performance is the major factor driving the A (Excellent) TheStreet.com Investment Rating for Vanguard Total Intl Stock Index Fd. The fund currently has a performance rating of A- (Excellent) based on an average return of 23.84% over the last three years and 11.94% over the last six months. Factored into the performance evaluation is an expense ratio of 0.32% (very low) and a 2.0% back-end load levied at the time of sale.

The fund's risk rating is currently C+ (Fair). It carries a beta of 1.59, meaning it is expected to move 15.9% for every 10% move in the market. Volatility, as measured by both the semi-deviation and a drawdown factor, is considered low.

George U. Sauter currently receives a manager quality ranking of 99 (0=worst, 99=best). If you desire only a moderate level of risk and strong performance, then this fund is an excellent option.

Services Offered: Automated phone transactions, payroll deductions, bank draft capabilities, an IRA investment plan, a 401K investment plan, a Keogh investment plan, wire transfers and a systematic withdrawal plan.

Data Date	Investment Rating	Net Assets ($Mil)	NAV	Performance Rating/Pts	Total Return Y-T-D	Risk Rating/Pts
6-07	A	25,410	19.78	A- / 9.2	11.94%	C+ / 6.5
2006	A-	20,070	17.67	A- / 9.1	26.64%	C+ / 6.9
2005	A	11,889	14.27	B+ / 8.9	15.57%	C+ / 6.9
2004	B+	7,986	12.60	B+ / 8.8	20.84%	C+ / 5.6
2003	C+	4,786	10.64	C+ / 6.6	40.34%	C / 5.5
2002	C	3,069	7.72	C- / 3.8	-15.08%	C+ / 6.2

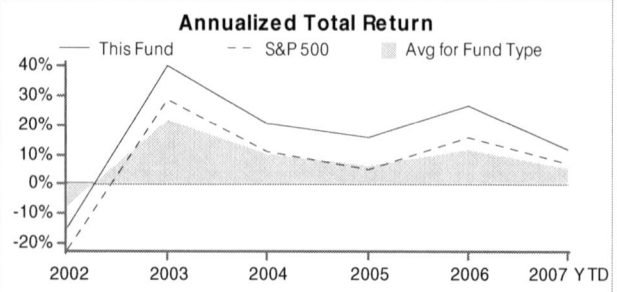

Vanguard Total Stock Mkt Index Inv (VTSMX) — B- — Good

Fund Family: Vanguard **Phone:** (800) 662-7447
Address: Vanguard Financial Center, Valley Forge, PA 19482
Fund Type: GR - Growth
Major Rating Factors: Vanguard Total Stock Mkt Index Inv receives a TheStreet.com Investment Rating of B- (Good). The fund currently has a performance rating of C (Fair) based on an average return of 12.53% over the last three years and 7.47% over the last six months. Factored into the performance evaluation is an expense ratio of 0.19% (very low).

The fund's risk rating is currently B (Good). It carries a beta of 1.07, meaning that its performance tracks fairly well with that of the overall stock market. Volatility, as measured by both the semi-deviation and a drawdown factor, is considered low.

Gerard C. O Reilly currently receives a manager quality ranking of 57 (0=worst, 99=best). If you desire an average level of risk, then this fund may be an option.

Services Offered: Automated phone transactions, payroll deductions, bank draft capabilities, an IRA investment plan, a 401K investment plan, a Keogh investment plan, wire transfers and a systematic withdrawal plan.

Data Date	Investment Rating	Net Assets ($Mil)	NAV	Performance Rating/Pts	Total Return Y-T-D	Risk Rating/Pts
6-07	B-	46,261	36.36	C / 5.4	7.47%	B / 8.2
2006	B-	39,095	34.09	C+ / 5.9	15.51%	B / 8.3
2005	C+	29,339	30.00	C / 4.9	5.98%	B- / 7.6
2004	C	30,433	28.77	C+ / 5.7	12.52%	C / 5.5
2003	C+	22,735	25.99	C / 5.4	31.35%	C+ / 5.9
2002	C	14,917	20.07	C / 4.6	-20.96%	C+ / 6.1

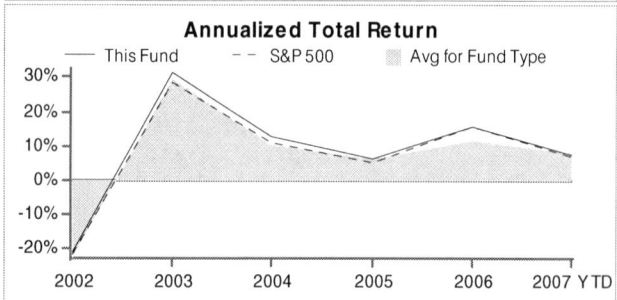

Vanguard US Growth Inv (VWUSX) — D- — Weak

Fund Family: Vanguard **Phone:** (800) 662-7447
Address: Vanguard Financial Center, Valley Forge, PA 19482
Fund Type: GR - Growth
Major Rating Factors: Disappointing performance is the major factor driving the D- (Weak) TheStreet.com Investment Rating for Vanguard US Growth Inv. The fund currently has a performance rating of D (Weak) based on an average return of 7.68% over the last three years and 6.60% over the last six months. Factored into the performance evaluation is an expense ratio of 0.58% (very low) and a 1.0% back-end load levied at the time of sale.

The fund's risk rating is currently C+ (Fair). It carries a beta of 1.29, meaning it is expected to move 12.9% for every 10% move in the market. Volatility, as measured by both the semi-deviation and a drawdown factor, is considered low.

Alan Levi currently receives a manager quality ranking of 8 (0=worst, 99=best). This fund offers only a moderate level of risk but investors looking for strong performance are still waiting.

Services Offered: Automated phone transactions, payroll deductions, bank draft capabilities, an IRA investment plan, a 401K investment plan, a Keogh investment plan, wire transfers and a systematic withdrawal plan.

Data Date	Investment Rating	Net Assets ($Mil)	NAV	Performance Rating/Pts	Total Return Y-T-D	Risk Rating/Pts
6-07	D-	4,448	19.38	D / 1.6	6.60%	C+ / 6.3
2006	D-	4,573	18.18	D- / 1.1	1.77%	C+ / 6.4
2005	C	5,075	17.95	C / 4.9	11.15%	C+ / 6.4
2004	E+	5,357	16.18	E / 0.4	7.03%	C- / 3.4
2003	E+	6,081	15.16	E / 0.3	26.10%	D+ / 2.6
2002	E+	5,480	12.06	E / 0.5	-35.80%	D / 2.1

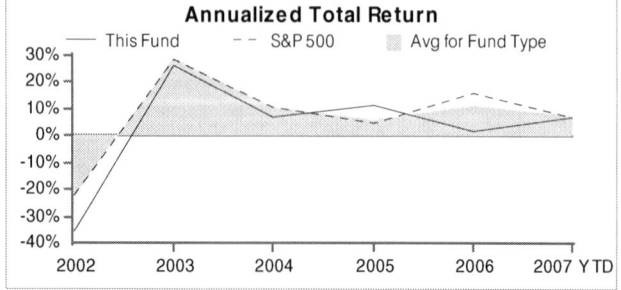

Vanguard Value Index Inv (VIVAX) — A Excellent

Fund Family: Vanguard **Phone:** (800) 662-7447
Address: Vanguard Financial Center, Valley Forge, PA 19482
Fund Type: GR - Growth
Major Rating Factors: Strong performance is the major factor driving the A (Excellent) TheStreet.com Investment Rating for Vanguard Value Index Inv. The fund currently has a performance rating of B- (Good) based on an average return of 15.75% over the last three years and 6.65% over the last six months. Factored into the performance evaluation is an expense ratio of 0.21% (very low).

The fund's risk rating is currently B (Good). It carries a beta of 0.89, meaning the fund's expected move will be 8.9% for every 10% move in the market. Volatility, as measured by both the semi-deviation and a drawdown factor, is considered low.

Gerard C. O Reilly currently receives a manager quality ranking of 92 (0=worst, 99=best). If you desire only a moderate level of risk and strong performance, then this fund is an excellent option.

Services Offered: Automated phone transactions, payroll deductions, bank draft capabilities, an IRA investment plan, a 401K investment plan, a Keogh investment plan, wire transfers and a systematic withdrawal plan.

Data Date	Investment Rating	Net Assets ($Mil)	NAV	Performance Rating/Pts	Total Return Y-T-D	Risk Rating/Pts
6-07	A	4,854	28.04	B- / 7.3	6.65%	B / 8.8
2006	A+	4,417	26.58	B / 8.1	22.15%	B+ / 9.1
2005	C+	3,360	22.29	C+ / 5.6	7.09%	B- / 7.5
2004	C+	3,455	21.35	C+ / 6.5	15.29%	C / 5.3
2003	C+	2,727	18.95	C / 5.4	32.25%	C+ / 5.7
2002	C+	2,353	14.65	C+ / 5.9	-20.91%	C+ / 6.3

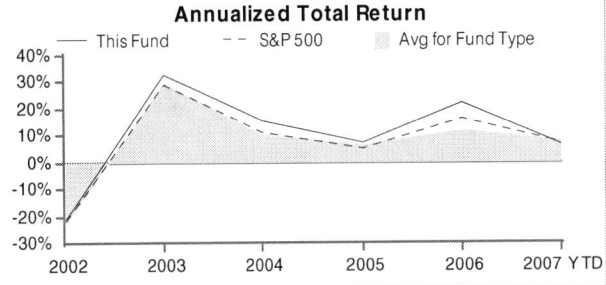

Vanguard Wellesley Income Inv (VWINX) — D+ Weak

Fund Family: Vanguard **Phone:** (800) 662-7447
Address: Vanguard Financial Center, Valley Forge, PA 19482
Fund Type: AA - Asset Allocation
Major Rating Factors: Disappointing performance is the major factor driving the D+ (Weak) TheStreet.com Investment Rating for Vanguard Wellesley Income Inv. The fund currently has a performance rating of D- (Weak) based on an average return of 8.14% over the last three years and 2.90% over the last six months. Factored into the performance evaluation is an expense ratio of 0.25% (very low).

The fund's risk rating is currently B (Good). It carries a beta of 0.49, meaning the fund's expected move will be 4.9% for every 10% move in the market. Volatility, as measured by both the semi-deviation and a drawdown factor, is considered low.

Earl E. McEvoy has been running the fund for 25 years and currently receives a manager quality ranking of 78 (0=worst, 99=best). This fund offers only a moderate level of risk but investors looking for strong performance are still waiting.

Services Offered: Automated phone transactions, payroll deductions, bank draft capabilities, an IRA investment plan, a 401K investment plan, a Keogh investment plan, wire transfers and a systematic withdrawal plan.

Data Date	Investment Rating	Net Assets ($Mil)	NAV	Performance Rating/Pts	Total Return Y-T-D	Risk Rating/Pts
6-07	D+	7,960	22.00	D- / 1.1	2.90%	B / 8.9
2006	C	7,743	21.80	D+ / 2.6	11.23%	B+ / 9.4
2005	D+	7,632	21.07	E / 0.3	3.48%	B+ / 9.3
2004	B+	9,087	21.58	C / 5.3	7.57%	B+ / 9.0
2003	A	8,199	20.91	C+ / 6.8	9.66%	B+ / 9.8
2002	A+	7,402	19.90	A+ / 9.6	4.64%	B+ / 9.9

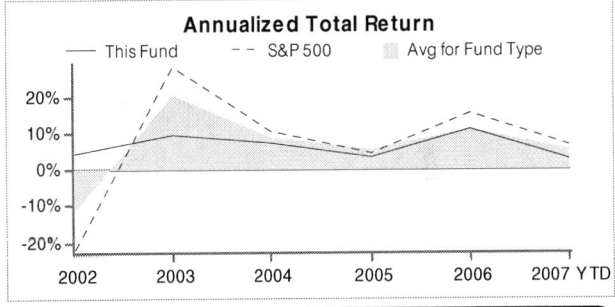

Vanguard Wellington Inv (VWELX) — C+ Fair

Fund Family: Vanguard **Phone:** (800) 662-7447
Address: Vanguard Financial Center, Valley Forge, PA 19482
Fund Type: BA - Balanced
Major Rating Factors: Middle of the road best describes Vanguard Wellington Inv whose TheStreet.com Investment Rating is currently a C+ (Fair). The fund currently has a performance rating of C (Fair) based on an average return of 12.18% over the last three years and 6.14% over the last six months. Factored into the performance evaluation is an expense ratio of 0.30% (very low).

The fund's risk rating is currently B (Good). It carries a beta of 1.03, meaning that its performance tracks fairly well with that of the overall stock market. Volatility, as measured by both the semi-deviation and a drawdown factor, is considered low.

Edward P. Bousa, CFA currently receives a manager quality ranking of 87 (0=worst, 99=best). If you desire an average level of risk, then this fund may be an option.

Services Offered: Automated phone transactions, payroll deductions, bank draft capabilities, an IRA investment plan, a 401K investment plan, a Keogh investment plan, wire transfers and a systematic withdrawal plan. However, the fund is currently closed to new investors.

Data Date	Investment Rating	Net Assets ($Mil)	NAV	Performance Rating/Pts	Total Return Y-T-D	Risk Rating/Pts
6-07	C+	31,072	33.92	C / 4.4	6.14%	B / 8.8
2006	B	29,675	32.43	C / 5.4	14.93%	B+ / 9.2
2005	C	26,074	30.35	D+ / 2.9	6.82%	B / 8.8
2004	B-	27,503	30.19	C+ / 6.2	11.17%	B- / 7.9
2003	A-	23,108	28.81	B- / 7.3	20.75%	B / 8.5
2002	A	20,007	24.56	A- / 9.0	-6.90%	B+ / 9.1

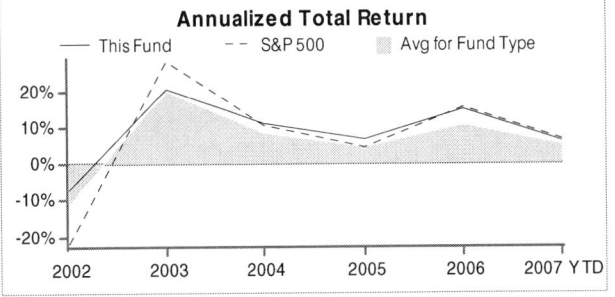

II. Analysis of Largest Funds
Summer 2007

Vanguard Windsor-I Inv (VWNDX) — C+ Fair

Fund Family: Vanguard
Phone: (800) 662-7447
Address: Vanguard Financial Center, Valley Forge, PA 19482
Fund Type: MC - Mid Cap

Major Rating Factors: Middle of the road best describes Vanguard Windsor-I Inv whose TheStreet.com Investment Rating is currently a C+ (Fair). The fund currently has a performance rating of C+ (Fair) based on an average return of 13.64% over the last three years and 6.87% over the last six months. Factored into the performance evaluation is an expense ratio of 0.36% (very low).

The fund's risk rating is currently B- (Good). It carries a beta of 0.72, meaning the fund's expected move will be 7.2% for every 10% move in the market. Volatility, as measured by both the semi-deviation and a drawdown factor, is considered low.

David R. Fassnacht, CFA currently receives a manager quality ranking of 75 (0=worst, 99=best). If you desire an average level of risk, then this fund may be an option.

Services Offered: Automated phone transactions, payroll deductions, bank draft capabilities, an IRA investment plan, a 401K investment plan, a Keogh investment plan, wire transfers and a systematic withdrawal plan.

Data Date	Investment Rating	Net Assets ($Mil)	NAV	Performance Rating/Pts	Total Return Y-T-D	Risk Rating/Pts
6-07	C+	14,977	19.77	C+ / 6.4	6.87%	B- / 7.1
2006	B	14,699	18.64	B- / 7.3	19.35%	B- / 7.4
2005	C+	13,275	17.15	C / 5.5	4.99%	C+ / 6.9
2004	C+	15,788	18.07	C+ / 6.4	13.38%	C / 5.1
2003	B	14,121	16.26	B / 8.1	37.01%	C+ / 6.4
2002	B	11,738	12.00	B / 8.0	-22.25%	B- / 7.1

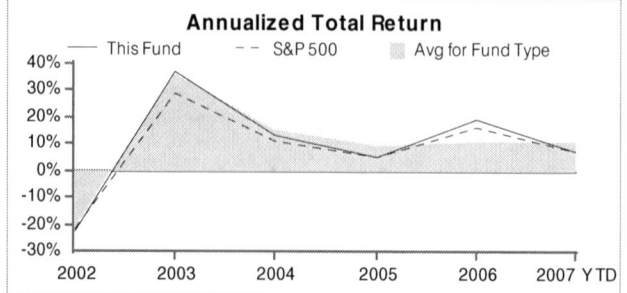

Vanguard Windsor-II Inv (VWNFX) — A+ Excellent

Fund Family: Vanguard
Phone: (800) 662-7447
Address: Vanguard Financial Center, Valley Forge, PA 19482
Fund Type: GR - Growth

Major Rating Factors: Strong performance is the major factor driving the A+ (Excellent) TheStreet.com Investment Rating for Vanguard Windsor-II Inv. The fund currently has a performance rating of B (Good) based on an average return of 15.33% over the last three years and 9.50% over the last six months. Factored into the performance evaluation is an expense ratio of 0.34% (very low).

The fund's risk rating is currently B (Good). It carries a beta of 0.83, meaning the fund's expected move will be 8.3% for every 10% move in the market. Volatility, as measured by both the semi-deviation and a drawdown factor, is considered low.

James P. Barrow has been running the fund for 22 years and currently receives a manager quality ranking of 93 (0=worst, 99=best). If you desire only a moderate level of risk and strong performance, then this fund is an excellent option.

Services Offered: Automated phone transactions, payroll deductions, bank draft capabilities, an IRA investment plan, a 401K investment plan, a Keogh investment plan, wire transfers and a systematic withdrawal plan.

Data Date	Investment Rating	Net Assets ($Mil)	NAV	Performance Rating/Pts	Total Return Y-T-D	Risk Rating/Pts
6-07	A+	34,001	37.67	B / 7.6	9.50%	B / 8.7
2006	A+	31,569	34.75	B- / 7.5	18.25%	B+ / 9.1
2005	B	28,868	31.33	C+ / 5.6	7.01%	B / 8.1
2004	B	27,919	30.73	B- / 7.3	18.31%	C+ / 6.1
2003	B	21,370	26.49	B- / 7.2	30.08%	B- / 7.1
2002	B	18,494	20.80	B / 7.9	-16.86%	B- / 7.6

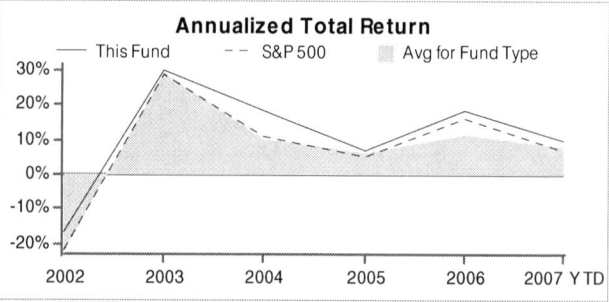

William Blair Mutual-Intl Grwth N (WBIGX) — B+ Good

Fund Family: William Blair Funds
Phone: (800) 742-7272
Address: 222 West Adams Street, Chicago, IL 60606
Fund Type: FO - Foreign

Major Rating Factors: Exceptional performance is the major factor driving the B+ (Good) TheStreet.com Investment Rating for William Blair Mutual-Intl Grwth N. The fund currently has a performance rating of A (Excellent) based on an average return of 24.37% over the last three years and 11.66% over the last six months. Factored into the performance evaluation is an expense ratio of 1.42% (average) and a 2.0% back-end load levied at the time of sale.

The fund's risk rating is currently C+ (Fair). It carries a beta of 1.13, meaning it is expected to move 11.3% for every 10% move in the market. Volatility, as measured by both the semi-deviation and a drawdown factor, is considered low.

W. George Greig has been running the fund for 11 years and currently receives a manager quality ranking of 40 (0=worst, 99=best). If you desire only a moderate level of risk and strong performance, then this fund is an excellent option.

Services Offered: Automated phone transactions, check writing, bank draft capabilities, an IRA investment plan, a 401K investment plan, wire transfers and a systematic withdrawal plan. However, the fund is currently closed to new investors.

Data Date	Investment Rating	Net Assets ($Mil)	NAV	Performance Rating/Pts	Total Return Y-T-D	Risk Rating/Pts
6-07	B+	4,753	30.93	A / 9.3	11.66%	C+ / 5.8
2006	B+	4,072	27.70	A- / 9.1	23.06%	C+ / 6.0
2005	A+	2,832	25.22	A / 9.3	21.65%	B- / 7.2
2004	A-	1,953	22.09	B+ / 8.7	18.48%	C+ / 6.7
2003	B+	1,167	18.65	B / 8.1	42.14%	B- / 7.1
2002	C	396	13.13	C / 5.1	-15.18%	C / 5.5

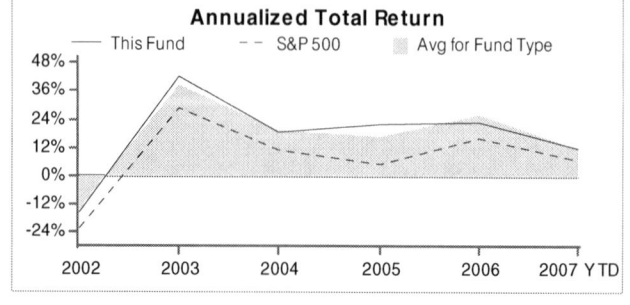

Section III

Top 200
Stock Mutual Funds

A compilation of those

Equity Mutual Funds

receiving the highest TheStreet.com Investment Ratings.

Funds are listed in order by Overall Investment Rating.

Section III Contents

This section contains a summary analysis of each of the top 200 equity mutual funds as determined by their overall TheStreet.com Investment Rating. You can use this section to identify those mutual funds that have achieved the best possible combination of total return on investment and reduced volatility over the past three years. Consult each fund's individual Performance Rating and Risk Rating to find the fund that best matches your investing style.

1. **Fund Type** The mutual fund's peer category based on an analysis of its investment portfolio.

AG	Aggressive Growth		HL	Health
AA	Asset Allocation		IN	Income
BA	Balanced		IX	Index
CV	Convertible		MC	Mid Cap
EM	Emerging Market		OT	Other
EN	Energy/Natural Resources		PM	Precious Metals
FS	Financial Services		RE	Real Estate
FO	Foreign		SC	Small Cap
GL	Global		TC	Technology
GR	Growth		UT	Utilities
GI	Growth and Income			

   A blank fund type means that the mutual fund has not yet been categorized.

2. **Fund Name** The name of the mutual fund as stated in its prospectus, which can sometimes differ slightly from the name that the company uses for advertising. If you cannot find the particular mutual fund you are interested in, or if you have any doubts regarding the precise name, verify the information with your broker or on your account statement. Also, use the fund's ticker symbol for confirmation. (See column 3.)

3. **Ticker Symbol** The unique alphabetic symbol used for identifying and trading a specific mutual fund. No two funds can have the same ticker symbol, and the ticker symbol for mutual funds always ends with an "X".

   A handful of funds currently show no associated ticker symbol. This means that the fund is either small or new since the NASD only assigns a ticker symbol to funds with at least $25 million in assets or 1,000 shareholders.

4. **Overall Investment Rating** Our overall rating is measured on a scale from A to E based on each fund's risk-adjusted performance. Please see page 10 for specific descriptions of each letter grade. Also, refer to page 7 for information on how our ratings are derived. Most important, when using this rating, please be sure to consider the warnings beginning on page 11 regarding the ratings' limitations and the underlying assumptions.

5.	**Phone**	The telephone number of the company managing the fund. Call this number to receive a prospectus or other information about the fund.
6.	**Net Asset Value (NAV)**	The fund's share price as of the date indicated. A fund's NAV is computed by dividing the value of the fund's asset holdings, less accrued fees and expenses, by the number of its shares outstanding.
7.	**Performance Rating/Points**	A letter grade rating based solely on the mutual fund's financial performance over the trailing three years, without any consideration for the amount of risk the fund poses. Like the overall Investment Rating, the Performance Rating is measured on a scale from A to E for ease of interpretation. The points score indicates where the Performance Rating falls on a scale of 0 to 10.
8.	**1-Year Total Return**	The total return the fund has provided investors over the preceeding twelve months. This total return figure is computed based on the fund's dividend distributions and share price appreciation/depreciation during the period, net of the expenses and fees it imposes on its shareholders. Although the total return figure does not reflect an adjustment for any loads the fund may carry, such adjustments have been made in deriving TheStreet.com Investment Ratings.
9.	**1-Year Total Return Percentile**	The fund's percentile rank based on its one-year performance compared to that of all other equity funds in existence for at least one year. A score of 99 is the best possible, indicating that the fund outperformed 99% of the other mutual funds. Zero is the worst possible percentile score.
10.	**3-Year Total Return**	The total annual return the fund has provided investors over the preceeding three years.
11.	**3-Year Total Return Percentile**	The fund's percentile rank based on its three-year performance compared to that of all other equity funds in existence for at least three years. A score of 99 is the best possible, indicating that the fund outperformed 99% of the other mutual funds. Zero is the worst possible percentile score.
12.	**5-Year Total Return**	The total annual return the fund has provided investors over the preceeding five years.
13.	**5-Year Total Return Percentile**	The fund's percentile rank based on its five-year performance compared to that of all other equity funds in existence for at least five years. A score of 99 is the best possible, indicating that the fund outperformed 99% of the other mutual funds. Zero is the worst possible percentile score.
14.	**Risk Rating/Points**	A letter grade rating based solely on the mutual fund's risk as determined by its monthly performance volatility over the trailing three years. The risk rating does not take into consideration the overall financial performance the fund has achieved or the total return it has provided to its shareholders. Like the overall Investment Rating, the Risk Rating is measured on a scale from A to E for ease of interpretation. The points score indicates where the Risk Rating falls on a scale of 0 to 10.

15. Manager Quality Percentile	The manager quality percentile is based on a ranking of the fund's alpha, a statistical measure representing the difference between a fund's actual returns and its expected performance given its level of risk. Fund managers who have been able to exceed the fund's statistically expected performance receive a high percentile rank with 99 representing the highest possible score. At the other end of the spectrum, fund managers who have actually detracted from the fund's expected performance receive a low percentile rank with 0 representing the lowest possible score.
16. Manager Tenure	The number of years the current manager has been managing the fund. Since fund managers who deliver substandard returns are usually replaced, a long tenure is usually a good sign that shareholders are satisfied that the fund is achieving its stated objectives.

III. Top 200 Stock Mutual Funds

Summer 2007

99 Pct = Best
0 Pct = Worst

Fund Type	Fund Name	Ticker Symbol	Overall Investment Rating	Phone	Net Asset Value As of 6/30/07	Performance Rating/Pts	Annualized Total Return Through 6/30/07			Risk Rating/Pts	Mgr. Quality Pct	Mgr. Tenure (Years)
							1Yr / Pct	3Yr / Pct	5Yr / Pct			
FO	Nationwide China Opport Inst	GOPIX	A+	(888) 366-0404	24.49	A+ /9.9	82.00 /99	42.11 /99	--	B- / 7.0	99	3
FO	Nationwide China Opport Instl-Svc	GOPSX	A+	(888) 366-0404	24.44	A+ /9.9	82.03 /99	42.01 /99	--	B- / 7.0	99	3
FO	Nationwide China Opport A	GOPAX	A+	(888) 366-0404	24.39	A+ /9.9	81.60 /99	41.72 /99	--	B- / 7.0	99	3
FO	DFA Pacific Rim Small Company	DFRSX	A+	(800) 984-9472	27.13	A+ /9.9	65.58 /99	36.72 /98	31.22 /99	C+ / 6.8	99	14
EM	Principal Inv Intl Emrg Mkts Inst	PIEIX	A+	(800) 247-4123	30.87	A+ /9.9	49.24 /99	43.23 /99	32.00 /99	C+ / 6.7	58	6
EM	Eaton Vance Tax-Mgd Emg Mkt Fd	EITEX	A+	(800) 225-6265	47.67	A+ /9.9	53.74 /99	42.65 /99	36.46 /99	B- / 7.3	92	N/A
EM	Principal Inv Intl Emrg Mkts Pfd	PEPSX	A+	(800) 247-4123	30.84	A+ /9.9	48.85 /99	42.84 /99	31.67 /99	C+ / 6.7	54	6
EM	Principal Inv Intl Emrg Mkts Sel	PESSX	A+	(800) 247-4123	30.80	A+ /9.9	48.69 /99	42.72 /99	31.55 /99	C+ / 6.7	52	6
EM	AIM Developing Markets Fd Inst	GTDIX	A+	(800) 347-4246	32.18	A+ /9.9	54.22 /99	42.21 /99	32.12 /99	C+ / 6.6	44	2
EM	Principal Inv Intl Emrg Mkts AdvPfd	PEAPX	A+	(800) 247-4123	30.57	A+ /9.9	48.45 /98	42.43 /99	31.27 /99	C+ / 6.7	49	6
EM	Principal Inv Intl Emrg Mkts AdvSel	PEASX	A+	(800) 247-4123	30.40	A+ /9.9	48.15 /98	42.16 /99	30.93 /98	C+ / 6.7	46	6
FO	AllianceBern Greater China 97 Adv	GCHYX	A+	(800) 221-5672	25.13	A+ /9.8	62.37 /99	34.27 /97	27.70 /97	C+ / 6.4	97	2
EM	● AIM International Small Co Inst	IEGIX	A+	(800) 347-4246	28.89	A+ /9.8	38.94 /97	40.40 /99	35.06 /99	B- / 7.5	98	N/A
EM	American Beacon Emerg Mkts Inst	AEMFX	A+	(800) 967-9009	19.70	A+ /9.8	45.55 /98	36.01 /98	28.97 /98	C+ / 6.8	15	N/A
EM	Forward Global Emerg Markets Inv	PGERX	A+	(800) 999-6809	26.50	A+ /9.8	44.61 /98	36.57 /98	--	C+ / 6.6	18	6
FO	Templeton China World Adv	TACWX	A+	(800) 321-8563	38.16	A+ /9.8	52.36 /99	31.71 /97	29.81 /98	B- / 7.7	98	N/A
FO	Templeton China World C	TCWCX	A+	(800) 342-5236	37.52	A+ /9.7	50.80 /99	30.45 /96	28.51 /98	B- / 7.7	98	N/A
FO	● Templeton China World B	TCWBX	A+	(800) 342-5236	37.67	A+ /9.7	50.77 /99	30.41 /96	28.50 /98	B- / 7.7	98	N/A
FO	Templeton China World A	TCWAX	A+	(800) 342-5236	37.95	A+ /9.7	51.86 /99	31.25 /96	29.35 /98	B- / 7.7	98	N/A
FO	Allianz NFJ Intl Value D	AFJDX	A+	(800) 426-0107	26.55	A+ /9.7	41.30 /97	31.84 /97	--	B- / 7.7	86	N/A
UT	MFS Utilities Fund I	MMUIX	A+	(800) 343-2829	19.26	A+ /9.7	44.33 /98	31.09 /96	25.58 /96	B / 8.1	99	15
UT	MFS Utilities Fund R5	MMUJX	A+	(800) 343-2829	19.23	A+ /9.7	44.18 /98	30.89 /96	25.34 /96	B / 8.2	99	2
FO	Allianz NFJ Intl Value C	AFJCX	A+	(800) 426-0107	26.34	A+ /9.7	40.19 /97	30.90 /96	--	B- / 7.7	82	N/A
FO	China U.S. Growth Fund (The)	CHUSX	A+	(800) 544-4774	18.87	A+ /9.7	43.06 /97	30.70 /96	--	B- / 7.0	92	N/A
UT	MFS Utilities Fund R4	MMUHX	A+	(800) 343-2829	19.22	A+ /9.7	43.81 /98	30.58 /96	25.16 /96	B / 8.2	99	2
FO	Allianz NFJ Intl Value A	AFJAX	A+	(800) 426-0107	26.52	A+ /9.7	41.28 /97	31.85 /97	--	B- / 7.7	86	N/A
UT	MFS Utilities Fund R	MMURX	A+	(800) 343-2829	19.21	A+ /9.7	43.68 /98	30.44 /96	24.84 /96	B / 8.1	99	15
UT	MFS Utilities Fund R3	MURRX	A+	(800) 343-2829	19.20	A+ /9.7	43.42 /98	30.18 /96	24.63 /96	B / 8.1	99	4
UT	MFS Utilities Fund R2	MMUKX	A+	(800) 343-2829	19.16	A+ /9.7	43.31 /98	30.00 /96	24.48 /96	B / 8.2	99	2
UT	MFS Utilities Fund B	MMUBX	A+	(800) 343-2829	19.17	A+ /9.7	42.99 /97	29.80 /96	24.36 /96	B / 8.1	99	14
UT	MFS Utilities Fund C	MMUCX	A+	(800) 343-2829	19.18	A+ /9.7	42.87 /97	29.78 /96	24.34 /96	B / 8.1	99	13
UT	MFS Utilities Fund R1	MMUGX	A+	(800) 343-2829	19.16	A+ /9.6	42.72 /97	29.68 /96	24.29 /96	B / 8.1	99	2
UT	MFS Utilities Fund A	MMUFX	A+	(800) 343-2829	19.23	A+ /9.6	43.97 /98	30.75 /96	25.26 /96	B / 8.1	99	15
FO	Nationwide Intl Growth Inst	GIGIX	A+	(888) 366-0404	16.16	A+ /9.6	37.95 /96	31.50 /96	21.35 /93	B- / 7.6	85	N/A
FO	Rochdale Atlas Portfolio	RIMAX	A+	(800) 245-9888	67.33	A+ /9.6	39.86 /97	31.00 /96	22.95 /95	B- / 7.0	63	21
FO	Fidelity Canada Fund	FICDX	A+	(800) 544-8888	58.42	A+ /9.6	31.71 /94	29.37 /96	24.92 /96	B- / 7.2	94	5
FO	Pacific Capital New Asia Gr C	PCNCX	A+	(800) 258-9232	20.36	A+ /9.6	44.36 /98	28.13 /95	--	B- / 7.2	90	3
FO	Columbia Acorn Intl 529 Z		A+	(800) 426-3750	33.48	A+ /9.6	34.51 /96	30.43 /96	--	C+ / 6.9	83	4
FO	JPMorgan Intrepid Euro Inst	JFEIX	A+	(800) 358-4782	33.01	A+ /9.6	35.11 /96	30.77 /96	23.06 /95	C+ / 6.6	94	7
FO	JPMorgan Intrepid Euro Sel	JFESX	A+	(800) 358-4782	32.60	A+ /9.6	34.90 /96	30.49 /96	22.67 /95	C+ / 6.6	93	7
UT	Evergreen Utility and Telecom I	EVUYX	A+	(800) 343-2898	16.21	A+ /9.6	35.31 /96	29.64 /96	22.72 /95	B- / 7.4	99	N/A
FO	Columbia Acorn Intl 529 C		A+	(800) 426-3750	32.14	A+ /9.6	33.31 /95	29.12 /95	--	C+ / 6.9	73	4
FO	ICON Intl Equity Fd I	IIQIX	A+	(800) 764-0442	18.55	A+ /9.6	32.11 /94	28.22 /95	--	B- / 7.0	44	2
FO	Columbia Acorn Intl 529 B		A+	(800) 426-3750	32.10	A+ /9.6	33.20 /95	29.10 /95	--	C+ / 6.9	73	4
FO	Franklin Intl Smaller Co Grw Adv	FKSCX	A+	(800) 321-8563	30.97	A+ /9.6	22.00 /72	31.31 /96	--	B- / 7.1	89	N/A
FO	Wells Fargo Avtg Asia Pac Inv	SASPX	A+	(800) 222-8222	14.61	A+ /9.6	32.64 /95	28.67 /95	23.75 /95	B- / 7.4	74	N/A
UT	Evergreen Utility and Telecom B	EVUBX	A+	(800) 343-2898	16.20	A+ /9.6	34.01 /95	28.38 /95	21.50 /94	B- / 7.4	98	N/A
UT	Evergreen Utility and Telecom C	EVUCX	A+	(800) 343-2898	16.20	A+ /9.6	33.99 /95	28.36 /95	21.48 /93	B- / 7.4	98	N/A
FO	Columbia Acorn Intl 529 A		A+	(800) 426-3750	33.09	A /9.5	34.18 /96	30.03 /96	--	C+ / 6.9	80	4
UT	Eaton Vance Utilities I	EIUTX	A+	(800) 225-6265	14.69	A /9.5	35.34 /96	28.35 /95	21.05 /93	B / 8.3	99	2
FO	DFA International Small Cap Value	DISVX	A+	(800) 984-9472	23.71	A /9.5	33.45 /95	28.78 /95	29.61 /98	C+ / 6.8	93	N/A
FO	● AIM European Growth Inv	EGINX	A+	(800) 347-4246	45.96	A /9.5	33.95 /95	29.16 /95	23.59 /95	C+ / 6.8	88	10

● Denotes fund is closed to new investors

III. Top 200 Stock Mutual Funds

99 Pct = Best
0 Pct = Worst

Fund Type	Fund Name	Ticker Symbol	Overall Investment Rating	Phone	Net Asset Value As of 6/30/07	Performance Rating/Pts	Annualized Total Return Through 6/30/07 1Yr/Pct	3Yr/Pct	5Yr/Pct	Risk Rating/Pts	Mgr. Quality Pct	Mgr. Tenure (Years)
UT	Evergreen Utility and Telecom A	EVUAX	A+	(800) 343-2898	16.19	A /9.5	34.99 /96	29.30 /95	22.37 /94	B- /7.4	99	N/A
EM	DFA International Value IV	DFVFX	A+	(800) 984-9472	21.31	A /9.5	35.27 /96	27.49 /95	23.37 /95	B- /7.3	95	N/A
FO	Mutual European Z	MEURX	A+	(800) 321-8563	28.67	A /9.5	36.14 /96	26.30 /94	19.70 /91	B- /7.6	98	3
EM	DFA International Value I	DFIVX	A+	(800) 984-9472	25.77	A /9.5	35.07 /96	27.29 /95	23.19 /95	B- /7.0	95	N/A
FO	Fidelity China Region Fund	FHKCX	A+	(800) 544-8888	28.01	A /9.5	35.88 /96	25.55 /94	19.40 /91	B- /7.0	94	N/A
FO	DFA Tax Managed Intl Value	DTMIX	A+	(800) 984-9472	22.00	A /9.5	34.63 /96	26.98 /95	22.98 /95	C+ /6.9	85	N/A
FO	ICON Intl Equity Fd C	IIQCX	A+	(800) 764-0442	17.68	A /9.5	30.86 /93	26.41 /94	--	C+ /6.9	29	2
FO	AllianceBern CBF Intl Value R		A+	(800) 221-5672	30.56	A /9.5	30.54 /93	27.74 /95	22.61 /94	B /8.4	87	N/A
FO	AIM European Growth B	AEDBX	A+	(800) 347-4246	43.40	A /9.5	32.98 /95	28.17 /95	22.70 /95	C+ /6.8	83	10
FO	AIM European Growth C	AEDCX	A+	(800) 347-4246	43.42	A /9.5	32.96 /95	28.17 /95	22.69 /95	C+ /6.8	83	10
FO	Thornburg Intl Value I	TGVIX	A+	(800) 847-0200	33.47	A /9.5	32.83 /95	25.50 /94	20.19 /92	B- /7.2	84	N/A
FO	GMO International Small Co III	GMISX	A+		12.97	A /9.5	32.83 /95	27.45 /95	27.34 /97	B- /7.8	60	N/A
FO	AllianceBern CBF Intl Value RA		A+	(800) 221-5672	30.19	A /9.5	30.24 /93	27.52 /95	22.31 /94	B /8.4	86	N/A
FO	Mutual European C	TEURX	A+	(800) 342-5236	28.07	A /9.5	34.89 /96	25.07 /93	18.53 /89	B- /7.6	97	3
FO	● Mutual European B	TEUBX	A+	(800) 342-5236	27.47	A /9.5	34.84 /96	25.08 /93	18.52 /89	B- /7.6	96	3
FO	AIM European Growth A	AEDAX	A+	(800) 347-4246	46.03	A /9.5	33.93 /95	29.09 /95	23.54 /95	C+ /6.9	88	10
UT	Eaton Vance Utilities A	EVTMX	A+	(800) 225-6265	14.69	A /9.5	35.00 /96	28.15 /95	20.93 /93	B- /7.7	99	8
FO	Thornburg Intl Value R3	TGVRX	A+	(800) 847-0200	32.93	A /9.5	32.08 /94	24.88 /93	--	B- /7.1	80	N/A
FO	JPMorgan Intl Value Inst	JNUSX	A+	(800) 358-4782	19.89	A /9.5	30.79 /93	27.60 /95	20.95 /93	B- /7.7	92	6
UT	BlackRock Utilities/Telecom Inst	MAGUX	A+	(888) 825-2257	16.62	A /9.5	33.93 /95	25.54 /94	16.96 /85	B- /7.5	97	5
FO	AIM International Growth Inst	AIEVX	A+	(800) 347-4246	34.04	A /9.5	33.03 /95	26.20 /94	18.62 /89	B /8.1	74	12
FO	JPMorgan Intl Value Sel	JIESX	A+	(800) 358-4782	19.81	A /9.4	30.66 /93	27.25 /95	20.62 /93	B- /7.7	91	6
FO	Mutual European A	TEMIX	A+	(800) 342-5236	28.18	A /9.4	35.80 /96	25.91 /94	19.32 /91	B- /7.6	97	3
FO	ING Foreign Fund I	IAFIX	A+	(800) 334-3444	22.07	A /9.4	31.80 /94	25.78 /94	--	B- /7.6	43	4
FO	Templeton Inst-Foreign Eq Prim	TFEQX	A+	(800) 321-8563	29.91	A /9.4	34.90 /96	24.74 /93	19.25 /90	B- /7.4	74	N/A
FO	AllianceBern CBF Intl Value B		A+	(800) 221-5672	28.95	A /9.4	29.24 /92	26.53 /94	21.40 /93	B /8.4	81	N/A
FO	AllianceBern CBF Intl Value C		A+	(800) 221-5672	28.93	A /9.4	29.21 /91	26.50 /94	21.38 /93	B /8.4	81	N/A
GL	BlackRock Global Growth Inst	MAGGX	A+	(888) 825-2257	16.60	A /9.4	34.29 /96	23.92 /92	16.69 /84	B- /7.4	33	N/A
FO	Allianz NACM International I	NAISX	A+	(800) 426-0107	26.35	A /9.4	25.43 /84	27.95 /95	22.56 /94	B- /7.0	83	1
FO	AllianceBern CBF Intl Value A		A+	(800) 221-5672	30.17	A /9.4	30.21 /93	27.49 /95	22.31 /94	B /8.4	86	N/A
FO	ING Julius Baer Foreign Port S	IJBSX	A+	(800) 334-3444	18.94	A /9.4	31.63 /94	25.46 /94	17.22 /86	B- /7.6	42	4
FO	Thornburg Intl Value C	THGCX	A+	(800) 847-0200	31.36	A /9.4	31.29 /94	24.05 /92	18.73 /89	B- /7.1	73	N/A
FO	ING Foreign Fund Q	IAFQX	A+	(800) 334-3444	21.83	A /9.4	31.39 /94	25.40 /94	--	B- /7.6	39	4
GR	ING Janus Contrarian Port S	IJCSX	A+	(800) 334-3444	17.29	A /9.4	36.65 /96	23.45 /92	19.43 /91	B- /7.5	97	/
FO	Dodge & Cox International Stock	DODFX	A+	(800) 621-3979	48.90	A /9.4	28.91 /91	26.30 /94	22.99 /95	B- /7.2	81	N/A
FO	Thornburg Intl Value B	THGBX	A+	(800) 847-0200	31.25	A /9.4	31.22 /94	23.95 /92	18.65 /89	B- /7.1	72	N/A
FO	ING Julius Baer Foreign Port S2	IJBTX	A+	(800) 334-3444	18.88	A /9.4	31.40 /94	25.29 /93	--	B- /7.6	40	4
GR	ING Janus Contrarian Port S2	IJCTX	A+	(800) 334-3444	17.18	A /9.4	36.43 /96	23.26 /91	--	B- /7.5	97	5
FO	Putnam Europe Equity Y		A+	(800) 354-2228	33.52	A /9.4	34.01 /95	24.94 /93	16.89 /85	B /7.9	75	1
FO	Allianz NACM International D	PNIDX	A+	(800) 426-0107	26.05	A /9.4	24.90 /83	27.50 /95	22.27 /94	B /8.2	81	1
FO	JPMorgan Intl Value B	JFEBX	A+	(800) 358-4782	19.34	A /9.4	29.68 /92	26.39 /94	19.80 /92	B- /7.7	88	6
FO	RVS International Select Value C	APICX	A+	(888) 791-3380	11.51	A /9.4	30.35 /93	24.92 /93	20.07 /92	C+ /6.9	84	N/A
FO	RVS International Select Value B	AXIBX	A+	(888) 791-3380	11.54	A /9.4	30.36 /93	24.88 /93	20.04 /92	B- /7.0	83	N/A
UT	BlackRock Utilities/Telecom B1	MBGUX	A+	(888) 825-2257	16.57	A /9.4	32.88 /95	24.56 /93	16.05 /81	B- /7.5	97	5
UT	● AIM Utilities Fund Inv	FSTUX	A+	(800) 347-4246	18.88	A /9.4	30.95 /93	25.92 /94	17.77 /87	B- /7.7	95	4
FO	Thornburg Intl Value A	TGVAX	A+	(800) 847-0200	32.85	A /9.4	32.29 /94	24.95 /93	19.64 /91	B- /7.1	81	N/A
FO	● MFS Intl New Discovery R5	MIDJX	A+	(800) 343-2829	30.50	A /9.4	31.50 /94	25.28 /93	22.75 /95	B- /7.7	49	N/A
UT	BlackRock Utilities/Telecom C1	MCGUX	A+	(888) 825-2257	16.39	A /9.4	32.74 /95	24.50 /93	16.00 /81	B- /7.5	97	5
FO	Vontobel Eastern European Eq A	VEEEX	A+	(800) 527-9500	31.61	A /9.4	26.75 /87	29.16 /95	31.93 /99	B- /7.5	92	6
FO	Putnam Europe Equity R	PEERX	A+	(800) 354-2228	33.29	A /9.4	33.32 /95	24.55 /93	16.56 /83	B- /7.0	71	1
TC	GAMCO Global Telecom AAA	GABTX	A+	(800) 422-3554	25.62	A /9.4	40.01 /97	21.96 /89	22.47 /94	B /8.1	98	7
FO	● William Blair Instl Intl Gr	WBIIX	A+	(800) 742-7272	21.69	A /9.4	30.26 /93	24.81 /93	--	B- /7.8	43	5

● Denotes fund is closed to new investors

Data as of June 30, 2007

III. Top 200 Stock Mutual Funds — Summer 2007

99 Pct = Best
0 Pct = Worst

Fund Type	Fund Name	Ticker Symbol	Overall Investment Rating	Phone	Net Asset Value As of 6/30/07	Performance Rating/Pts	1Yr / Pct	3Yr / Pct	5Yr / Pct	Risk Rating/Pts	Mgr. Quality Pct	Mgr. Tenure (Years)
FO	● MFS Intl New Discovery R4	MIDHX	A+	(800) 343-2829	30.41	A / 9.4	31.10 / 93	25.01 / 93	22.60 / 94	B- / 7.7	45	N/A
FO	JennDry Dryden Internatl Val Z	PISZX	A+	(800) 778-8769	31.23	A / 9.4	30.35 / 93	24.15 / 92	15.78 / 80	B- / 7.0	66	N/A
GL	Kinetics Small Cap Opport NL	KSCOX	A+	(800) 930-3828	31.09	A / 9.3	34.41 / 96	23.76 / 92	19.18 / 90	B- / 7.1	92	N/A
FO	Laudus Internatl MarketMasters Sel	SWMIX	A+	(866) 855-9102	23.66	A / 9.3	31.96 / 94	24.27 / 93	--	B / 8.1	61	2
UT	Fidelity Utilities Fund	FIUIX	A+	(800) 544-8888	21.24	A / 9.3	33.73 / 95	24.41 / 93	18.02 / 88	B- / 7.7	98	2
FO	RVS International Select Value A	APIAX	A+	(888) 791-3380	11.95	A / 9.3	31.26 / 94	25.82 / 94	21.00 / 93	C+ / 6.9	88	N/A
FO	Vanguard European Stock Index	VESIX	A+	(800) 662-7447	40.61	A / 9.3	32.44 / 95	24.54 / 93	18.81 / 89	B- / 7.7	75	N/A
FO	Vanguard European Stock Index	VEUSX	A+	(800) 662-7447	95.29	A / 9.3	32.39 / 95	24.48 / 93	18.75 / 89	B- / 7.7	75	N/A
FO	ING Foreign Fund B	IAFBX	A+	(800) 334-3444	21.10	A / 9.3	30.31 / 93	24.49 / 93	--	B- / 7.5	31	4
FO	ING Foreign Fund C	ICFCX	A+	(800) 334-3444	21.13	A / 9.3	30.33 / 93	24.48 / 93	--	B- / 7.5	31	4
UT	BlackRock Utilities/Telecom Inv A	MDGUX	A+	(888) 825-2257	16.62	A / 9.3	33.50 / 95	25.18 / 93	16.67 / 84	B- / 7.5	97	5
UT	Nationwide Global Utilities Inst	GLUIX	A+	(888) 366-0404	14.49	A / 9.3	34.28 / 96	25.30 / 93	19.40 / 91	B / 8.6	99	N/A
FO	JPMorgan Intl Value A	JFEAX	A+	(800) 358-4782	19.66	A / 9.3	30.23 / 93	26.99 / 95	20.40 / 92	B- / 7.7	91	6
FO	Vanguard European Stock Index	VEURX	A+	(800) 662-7447	40.55	A / 9.3	32.25 / 94	24.36 / 93	18.64 / 89	B- / 7.7	74	N/A
FO	BlackRock Eurofund Inst	MAEFX	A+	(888) 825-2257	24.45	A / 9.3	30.35 / 93	24.49 / 93	17.75 / 87	B- / 7.1	71	7
GL	BlackRock Global Growth Inv C	MCGGX	A+	(888) 825-2257	15.63	A / 9.3	32.91 / 95	22.66 / 90	15.47 / 79	B- / 7.3	24	N/A
FO	DFA United Kingdom Small Co	DFUKX	A+	(800) 984-9472	34.56	A / 9.3	35.65 / 96	25.67 / 94	24.10 / 95	B- / 7.0	87	N/A
GL	BlackRock Global Growth Inv B	MBGGX	A+	(888) 825-2257	15.64	A / 9.3	32.88 / 95	22.66 / 90	15.50 / 79	B- / 7.3	24	N/A
GL	Nationwide Worldwd Leaders Inst	GWLIX	A+	(888) 366-0404	14.01	A / 9.3	30.71 / 93	25.20 / 93	17.11 / 85	B / 8.1	72	N/A
UT	AIM Utilities Fund C	IUTCX	A+	(800) 347-4246	18.94	A / 9.3	30.03 / 92	24.99 / 93	16.74 / 84	B- / 7.8	94	4
FO	Allianz NACM International C	PNICX	A+	(800) 426-0107	25.75	A / 9.3	23.94 / 80	26.53 / 94	21.36 / 93	B / 8.2	73	1
UT	AIM Utilities Fund B	IBUTX	A+	(800) 347-4246	18.79	A / 9.3	29.97 / 92	25.00 / 93	16.86 / 84	B- / 7.7	94	4
FO	GMO Tax Managed Intl Equities III	GTMIX	A+		23.07	A / 9.3	28.19 / 90	24.28 / 93	21.02 / 93	B- / 7.1	69	N/A
SC	● Nationwide Small Cap Fd Inst	GSCIX	A+	(888) 366-0404	23.98	A / 9.3	27.44 / 89	25.95 / 94	21.48 / 94	B- / 7.1	99	N/A
FO	Putnam Europe Equity C		A+	(800) 354-2228	33.11	A / 9.3	32.67 / 95	23.83 / 92	15.91 / 81	B- / 7.1	64	1
FO	Putnam Europe Equity B	PEUBX	A+	(800) 354-2228	32.33	A / 9.3	32.64 / 95	23.81 / 92	15.90 / 81	B- / 7.0	64	1
GL	BlackRock Global Growth Inv A	MDGGX	A+	(888) 825-2257	16.39	A / 9.3	33.91 / 95	23.62 / 92	16.40 / 83	B- / 7.4	31	N/A
FO	HSBC Investor Overseas Equity C	HOECX	A+	(800) 782-8183	19.20	A / 9.3	29.14 / 91	24.62 / 93	17.09 / 85	B / 8.1	60	N/A
FO	SSgA Intl Stock Selection Fd	SSAIX	A+	(800) 647-7327	15.18	A / 9.3	28.15 / 90	24.90 / 93	20.11 / 92	B- / 7.1	71	12
FO	ING Foreign Fund A	IAFAX	A+	(800) 334-3444	21.75	A / 9.3	31.31 / 94	25.41 / 94	--	B- / 7.6	39	4
FO	HSBC Investor Overseas Equity B	HOEBX	A+	(800) 782-8183	18.72	A / 9.3	29.15 / 91	24.60 / 93	17.09 / 85	B / 8.1	59	N/A
UT	Fidelity Adv Utilities I	FUGIX	A+	(800) 522-7297	21.93	A / 9.3	33.74 / 95	24.34 / 93	19.96 / 92	B- / 7.8	98	1
TC	GAMCO Global Telecom B	GTCBX	A+	(800) 422-3554	24.88	A / 9.3	38.99 / 97	21.04 / 87	21.54 / 94	B / 8.0	98	7
FO	Allianz NACM International A	PNIAX	A+	(800) 426-0107	26.08	A- / 9.2	24.88 / 83	27.48 / 95	22.25 / 94	B / 8.2	80	1
TC	GAMCO Global Telecom C	GTCCX	A+	(800) 422-3554	24.71	A- / 9.2	38.94 / 97	21.02 / 87	21.54 / 94	B / 8.0	98	7
UT	AIM Utilities Fund A	IAUTX	A+	(800) 347-4246	18.73	A- / 9.2	30.98 / 93	25.90 / 94	17.72 / 87	B- / 7.7	95	4
FO	Putnam Europe Equity A	PEUGX	A+	(800) 354-2228	33.46	A- / 9.2	33.65 / 95	24.76 / 93	16.79 / 84	B- / 7.0	73	1
FO	T. Rowe Price Intl Gr & Inc Fd	TRIGX	A+	(800) 638-5660	19.43	A- / 9.2	28.93 / 91	24.99 / 93	19.43 / 91	B- / 7.3	73	N/A
UT	American Century Utilities Inv	BULIX	A+	(800) 345-6488	18.04	A- / 9.2	31.72 / 94	24.02 / 92	17.73 / 87	B- / 7.9	95	10
FO	● The Boston Co Intl Core Eq	SDIEX	A+	(800) 221-4795	46.21	A- / 9.2	27.76 / 89	25.24 / 93	21.29 / 93	B- / 7.1	66	10
FO	Putnam Europe Equity M	PEUMX	A+	(800) 354-2228	33.22	A- / 9.2	32.97 / 95	24.14 / 92	16.19 / 82	B- / 7.0	67	1
FO	Van Kampen International Growth I	VIFIX	A+	(800) 421-5666	23.27	A- / 9.2	28.86 / 91	24.45 / 93	18.11 / 88	B / 8.1	54	N/A
FO	T. Rowe Price Intl Gr & Inc Adv	PAIGX	A+	(800) 638-5660	19.42	A- / 9.2	28.65 / 91	24.85 / 93	19.39 / 91	B- / 7.3	71	5
FO	● Dreyfus Premier Intl Equity I	DIERX	A+	(800) 782-6620	48.90	A- / 9.2	27.39 / 89	24.51 / 93	20.24 / 92	B- / 7.2	60	4
FO	JPMorgan Intl Equity Index Sel	OIEAX	A+	(800) 358-4782	31.27	A- / 9.2	30.20 / 93	23.80 / 92	19.06 / 90	B- / 7.0	49	3
FO	JennDry Dryden Internatl Val C	PCISX	A+	(800) 778-8769	29.93	A- / 9.2	29.05 / 91	22.93 / 91	14.64 / 74	B- / 7.0	52	N/A
FO	JennDry Dryden Internatl Val B	PISBX	A+	(800) 778-8769	29.90	A- / 9.2	29.03 / 91	22.92 / 91	14.64 / 74	B- / 7.0	52	N/A
UT	American Century Utilities Adv	ACUTX	A+	(800) 345-6488	18.02	A- / 9.2	31.44 / 94	23.75 / 92	17.44 / 86	B- / 7.8	95	N/A
TC	GAMCO Global Telecom A	GTCAX	A+	(800) 422-3554	25.60	A- / 9.2	40.14 / 97	21.97 / 89	22.48 / 94	B- / 7.9	98	7
FO	Fidelity Adv International Disc I	FIADX	A+	(800) 522-7297	42.47	A- / 9.2	28.76 / 91	23.37 / 92	19.44 / 91	B- / 7.7	27	2
FO	SSgA Intl Stock Selection R	SSARX	A+	(800) 647-7327	15.07	A- / 9.2	27.40 / 89	24.25 / 92	19.48 / 91	B / 8.5	65	N/A
UT	AllianceBern Utility Income Adv	AUIYX	A+	(800) 221-5672	23.79	A- / 9.2	30.46 / 93	23.97 / 92	17.65 / 87	B- / 7.7	96	6

● Denotes fund is closed to new investors

Summer 2007   III. Top 200 Stock Mutual Funds

Fund Type	Fund Name	Ticker Symbol	Overall Investment Rating	Phone	Net Asset Value As of 6/30/07	Performance Rating/Pts	Annualized Total Return Through 6/30/07 1Yr/Pct	3Yr/Pct	5Yr/Pct	Risk Rating/Pts	Mgr. Quality Pct	Mgr. Tenure (Years)
FO	T. Rowe Price Intl Gr & Inc R	RRIGX	A+	(800) 638-5660	19.28	A- /9.2	28.34 /90	24.52 /93	19.09 /90	B- /7.3	68	5
FO	Oppenheimer Intl Growth VA		A+	(800) 525-7048	2.11	A- /9.2	32.70 /95	22.50 /90	15.92 /81	B- /7.5	28	6
FO	Rydex Series-Eurp 1.25x Strgy A	RYAEX	A+	(800) 820-0888	26.69	A- /9.2	30.92 /93	23.14 /91	--	B- /7.5	28	N/A
FO	MFS Research International R5	MRSJX	A+	(800) 343-2829	21.21	A- /9.2	27.39 /89	23.50 /92	18.36 /89	B /8.2	56	2
GL	Mutual Discovery Z	MDISX	A+	(800) 321-8563	34.34	A- /9.2	28.65 /91	22.69 /90	17.98 /88	B /8.2	95	2
FO	BlackRock Eurofund Inv B	MBEFX	A+	(888) 825-2257	20.60	A- /9.2	28.94 /91	23.17 /91	16.53 /83	B- /7.1	57	7
FO	JennDry Dryden Internatl Val A	PISAX	A+	(800) 778-8769	31.07	A- /9.2	30.01 /92	23.88 /92	15.53 /79	B- /7.0	63	N/A
SC	● Nationwide Small Cap Fd C	GSXCX	A+	(888) 366-0404	22.10	A- /9.2	26.17 /86	24.72 /93	20.40 /92	B- /7.1	98	N/A
FO	JennDry Dryden Intl Equity Z	PJIZX	A+	(800) 257-3893	10.00	A- /9.1	26.80 /87	23.16 /91	18.75 /89	B- /7.2	60	4
GL	Kinetics Small Cap Opport A	KSOAX	A+	(800) 930-3828	30.81	A- /9.1	33.97 /95	23.38 /92	18.88 /90	B- /7.1	91	N/A
FO	MFS Research International R4	MRSHX	A+	(800) 343-2829	21.09	A- /9.1	26.98 /88	23.21 /91	18.20 /88	B /8.2	53	2
FO	BlackRock Eurofund Inv A	MDEFX	A+	(888) 825-2257	24.12	A- /9.1	30.04 /92	24.19 /92	17.46 /86	B- /7.1	68	7
FO	Goldman Sachs Stru Intl Eq Inst	GCIIX	A+	(800) 292-4726	16.89	A- /9.1	29.26 /92	23.25 /91	18.19 /88	B- /7.1	57	N/A
FO	● Dreyfus Founders Intl Equity I	FOIRX	A+	(800) 242-8671	18.74	A- /9.1	26.84 /87	22.99 /91	17.41 /86	B- /7.2	45	4
FO	Dreyfus Premier Intl Growth I	DIGRX	A+	(800) 782-6620	14.84	A- /9.1	26.64 /87	23.00 /91	16.29 /82	B- /7.2	42	3
GL	American Funds Cap Wld Gr&Inc	RWIFX	A+	(800) 421-4120	46.14	A- /9.1	28.30 /90	22.11 /89	19.71 /91	B- /7.4	80	N/A
GL	Vanguard Global Equity Fund	VHGEX	A+	(800) 662-7447	25.92	A- /9.1	28.21 /90	21.83 /89	19.19 /90	B- /7.4	48	12
FO	Pioneer International Core Equity Y	IIEIX	A+	(800) 225-6292	13.79	A- /9.1	26.67 /87	22.27 /90	20.95 /93	B- /7.6	44	2
FO	ING American Funds Int Portfolio	IFSTX	A+	(800) 334-3444	25.34	A- /9.1	25.93 /85	22.29 /90	--	B /8.2	65	4
GL	Principal Inv Prt Intl Inst	PINIX	A+	(800) 247-4123	17.19	A- /9.1	28.41 /90	22.36 /90	--	B /8.2	39	4
UT	Fidelity Adv Utilities C	FUGCX	A+	(800) 522-7297	21.34	A- /9.1	32.26 /94	22.96 /91	18.63 /89	B- /7.9	98	1
GL	Mutual Discovery R	TEDRX	A+	(800) 342-5236	33.68	A- /9.1	27.97 /90	22.08 /89	17.39 /86	B /8.2	94	2
GL	American Funds Cap Wld Gr&Inc	CWIFX	A+	(800) 421-4120	46.07	A- /9.1	28.17 /90	21.88 /89	19.38 /91	B- /7.4	78	N/A
FO	GMO International Intrinsic Val III	GMOIX	A+		38.58	A- /9.1	26.09 /86	22.76 /91	20.68 /93	B /8.6	69	N/A
UT	Fidelity Adv Utilities B	FAUBX	A+	(800) 522-7297	21.37	A- /9.1	32.27 /94	22.92 /91	18.57 /89	B- /7.9	98	1
FO	Optimum Intl Equity I	OIIEX	A+	(800) 523-4640	16.46	A- /9.1	29.08 /91	22.03 /89	--	B- /7.5	51	4
FO	● Dreyfus Founders Intl Equity F	FOIEX	A+	(800) 242-8671	18.59	A- /9.1	26.54 /87	22.55 /90	17.05 /85	B- /7.2	38	4
GL	Templeton Global Opportunities C	TEGPX	A+	(800) 342-5236	22.52	A- /9.1	31.25 /94	20.95 /87	15.81 /80	B- /7.7	43	N/A
GL	● Templeton Global Opportunities B		A+	(800) 342-5236	22.60	A- /9.1	31.19 /94	20.96 /87	15.82 /80	B- /7.7	43	N/A
GL	American Funds Cap Wld Gr&Inc F	CWGFX	A+	(800) 421-4120	46.06	A- /9.1	27.99 /90	21.78 /88	19.36 /91	B- /7.4	77	N/A
FO	● Dreyfus Premier Intl Equity C	DIECX	A+	(800) 782-6620	47.37	A- /9.1	26.12 /86	23.26 /91	19.17 /90	B- /7.1	48	4
FO	Morgan Stanley European Eq D	EUGDX	A+	(800) 869-6397	26.18	A- /9.1	31.21 /94	21.52 /88	14.71 /74	B- /7.2	42	1
FO	● Dreyfus Premier Intl Equity B	DIEBX	A+	(800) 782-6620	47.39	A- /9.1	26.05 /85	23.27 /91	19.18 /90	B- /7.1	48	4
FO	Wells Fargo Avtg Intl Val Adm	WFVDX	A+	(800) 222-8222	20.59	A- /9.1	29.30 /92	22.68 /90	--	B /8.5	65	N/A
GL	American Funds Cap Wld Gr&Inc	RWIEX	A+	(800) 421-4120	46.06	A- /9.1	27.92 /90	21.73 /88	19.34 /91	B- /7.4	77	N/A
FO	GMO Foreign Fund II	GMFRX	A+		20.21	A- /9.1	27.48 /89	22.52 /90	19.22 /90	B- /7.3	56	N/A
FO	Morgan Stanley European Eq B	EUGBX	A+	(800) 869-6397	24.55	A- /9.1	30.97 /93	21.37 /88	14.36 /72	B- /7.2	41	1
GL	Principal Inv Prt Intl Pfd	PTPPX	A+	(800) 247-4123	17.13	A- /9.1	28.01 /90	22.02 /89	--	B /8.2	36	3
FO	Fidelity Adv International Disc C	FCADX	A+	(800) 522-7297	41.82	A- /9.0	27.29 /88	22.21 /90	18.76 /89	B- /7.7	20	2
UT	Fidelity Adv Utilities T	FAUFX	A+	(800) 522-7297	21.68	A- /9.0	32.85 /95	23.50 /92	19.13 /90	B- /7.9	98	1
UT	AllianceBern Utility Income C	AUICX	A+	(800) 221-5672	23.47	A- /9.0	29.17 /91	22.72 /91	16.47 /83	B- /7.7	94	11
FO	SEI Instl Managed Tr-Intl Eq I	SEEIX	A+	(800) 342-5734	16.06	A- /9.0	27.71 /89	21.97 /89	15.77 /80	B /8.1	34	N/A
FO	Fidelity Adv International Disc B	FADDX	A+	(800) 522-7297	41.71	A- /9.0	27.22 /88	22.12 /89	18.71 /89	B- /7.7	19	2
FO	GMO International Core Eqty IV	GMIRX	A+		43.24	A- /9.0	25.87 /85	22.31 /90	--	B /8.2	46	N/A

● Denotes fund is closed to new investors

www.thestreet.com/ratings

Data as of June 30, 2007

Section IV

Bottom 200
Stock Mutual Funds

A compilation of those

Equity Mutual Funds

receiving the lowest TheStreet.com Investment Ratings.

Funds are listed in order by Overall Investment Rating.

Section IV Contents

This section contains a summary analysis of each of the bottom 200 equity mutual funds as determined by their overall TheStreet.com Investment Rating. Typically, these funds have invested in stocks that are currently out of favor, presenting a risky investment proposition. As such, these are the funds that you should generally avoid since they have historically underperformed most other mutual funds given the level of risk in their underlying investments.

1. **Fund Type** — The mutual fund's peer category based on an analysis of its investment portfolio.

AG	Aggressive Growth	HL	Health
AA	Asset Allocation	IN	Income
BA	Balanced	IX	Index
CV	Convertible	MC	Mid Cap
EM	Emerging Market	OT	Other
EN	Energy/Natural Resources	PM	Precious Metals
FS	Financial Services	RE	Real Estate
FO	Foreign	SC	Small Cap
GL	Global	TC	Technology
GR	Growth	UT	Utilities
GI	Growth and Income		

   A blank fund type means that the mutual fund has not yet been categorized.

2. **Fund Name** — The name of the mutual fund as stated in its prospectus, which can sometimes differ slightly from the name that the company uses for advertising. If you cannot find the particular mutual fund you are interested in, or if you have any doubts regarding the precise name, verify the information with your broker or on your account statement. Also, use the fund's ticker symbol for confirmation. (See column 3.)

3. **Ticker Symbol** — The unique alphabetic symbol used for identifying and trading a specific mutual fund. No two funds can have the same ticker symbol, and the ticker symbol for mutual funds always ends with an "X".

   A handful of funds currently show no associated ticker symbol. This means that the fund is either small or new since the NASD only assigns a ticker symbol to funds with at least $25 million in assets or 1,000 shareholders.

4. **Overall Investment Rating** — Our overall rating is measured on a scale from A to E based on each fund's risk-adjusted performance. Please see page 10 for specific descriptions of each letter grade. Also, refer to page 7 for information on how our ratings are derived. Most important, when using this rating, please be sure to consider the warnings beginning on page 11 regarding the ratings' limitations and the underlying assumptions.

5.	**Phone**	The telephone number of the company managing the fund. Call this number to receive a prospectus or other information about the fund.
6.	**Net Asset Value (NAV)**	The fund's share price as of the date indicated. A fund's NAV is computed by dividing the value of the fund's asset holdings, less accrued fees and expenses, by the number of its shares outstanding.
7.	**Performance Rating/Points**	A letter grade rating based solely on the mutual fund's financial performance over the trailing three years, without any consideration for the amount of risk the fund poses. Like the overall Investment Rating, the Performance Rating is measured on a scale from A to E for ease of interpretation. The points score indicates where the Performance Rating falls on a scale of 0 to 10.
8.	**1-Year Total Return**	The total return the fund has provided investors over the preceeding twelve months. This total return figure is computed based on the fund's dividend distributions and share price appreciation/depreciation during the period, net of the expenses and fees it imposes on its shareholders. Although the total return figure does not reflect an adjustment for any loads the fund may carry, such adjustments have been made in deriving TheStreet.com Investment Ratings.
9.	**1-Year Total Return Percentile**	The fund's percentile rank based on its one-year performance compared to that of all other equity funds in existence for at least one year. A score of 99 is the best possible, indicating that the fund outperformed 99% of the other mutual funds. Zero is the worst possible percentile score.
10.	**3-Year Total Return**	The total annual return the fund has provided investors over the preceeding three years.
11.	**3-Year Total Return Percentile**	The fund's percentile rank based on its three-year performance compared to that of all other equity funds in existence for at least three years. A score of 99 is the best possible, indicating that the fund outperformed 99% of the other mutual funds. Zero is the worst possible percentile score.
12.	**5-Year Total Return**	The total annual return the fund has provided investors over the preceeding five years.
13.	**5-Year Total Return Percentile**	The fund's percentile rank based on its five-year performance compared to that of all other equity funds in existence for at least five years. A score of 99 is the best possible, indicating that the fund outperformed 99% of the other mutual funds. Zero is the worst possible percentile score.
14.	**Risk Rating/Points**	A letter grade rating based solely on the mutual fund's risk as determined by its monthly performance volatility over the trailing three years. The risk rating does not take into consideration the overall financial performance the fund has achieved or the total return it has provided to its shareholders. Like the overall Investment Rating, the Risk Rating is measured on a scale from A to E for ease of interpretation. The points score indicates where the Risk Rating falls on a scale of 0 to 10.

15.	**Manager Quality Percentile**	The manager quality percentile is based on a ranking of the fund's alpha, a statistical measure representing the difference between a fund's actual returns and its expected performance given its level of risk. Fund managers who have been able to exceed the fund's statistically expected performance receive a high percentile rank with 99 representing the highest possible score. At the other end of the spectrum, fund managers who have actually detracted from the fund's expected performance receive a low percentile rank with 0 representing the lowest possible score.
16.	**Manager Tenure**	The number of years the current manager has been managing the fund. Since fund managers who deliver substandard returns are usually replaced, a long tenure is usually a good sign that shareholders are satisfied that the fund is achieving its stated objectives.

IV. Bottom 200 Stock Mutual Funds

Summer 2007

							PERFORMANCE				RISK	FUND MGR	
	99 Pct = Best 0 Pct = Worst			Overall		Net Asset Value As of 6/30/07	Perform- ance Rating/Pts	Annualized Total Return Through 6/30/07			Risk Rating/Pts	Mgr. Quality Pct	Mgr. Tenure (Years)
Fund Type	Fund Name	Ticker Symbol	Investment Rating		Phone			1Yr / Pct	3Yr / Pct	5Yr / Pct			
SC	Direxion Small Cp Bear 2.5X	DXRSX	E-		(800) 851-0511	10.55	E- /0.0	-30.31 / 0	-22.46 / 0	-22.01 / 0	E- / 0.0	0	8
MC	ProFunds-Ultra Short Mid-Cap Svc	UIPSX	E-		(888) 776-3637	11.85	E- /0.0	-23.71 / 0	-22.55 / 0	--	E- / 0.0	3	3
SC	ProFunds-Ultra Short Small-Cap	UCPSX	E-		(888) 776-3637	12.19	E- /0.0	-23.64 / 0	-22.52 / 0	--	E- / 0.0	1	3
MC	ProFunds-Ultra Short Mid-Cap Inv	UIPIX	E-		(888) 776-3637	12.03	E- /0.0	-22.85 / 0	-21.70 / 0	--	E- / 0.0	4	3
SC	ProFunds-Ultra Short Small-Cap	UCPIX	E-		(888) 776-3637	12.16	E- /0.0	-22.88 / 0	-21.71 / 0	--	E- / 0.0	1	3
GR	ProFunds-Ultra Short OTC Fund	USPSX	E-		(888) 776-3637	12.01	E- /0.0	-29.70 / 0	-13.85 / 0	-29.69 / 0	E- / 0.0	96	9
AG	Rydex Dyn-Inv OTC 2x Strategy C	RYCDX	E-		(800) 820-0888	14.08	E- /0.0	-29.45 / 0	-13.73 / 0	-29.56 / 0	E- / 0.0	96	N/A
GR	ProFunds-Ultra Bear Fund Svc	URPSX	E-		(888) 776-3637	12.66	E- /0.0	-23.94 / 0	-15.04 / 0	-19.54 / 0	D- / 1.4	10	10
GR	ProFunds-Ultra Short OTC Fund	USPIX	E-		(888) 776-3637	11.54	E- /0.0	-29.08 / 0	-13.02 / 0	-29.03 / 0	E- / 0.0	97	9
AG	Rydex Dyn-Inv OTC 2x Strategy H	RYVNX	E-		(800) 820-0888	14.74	E- /0.0	-28.89 / 0	-13.07 / 0	-29.03 / 0	E- / 0.0	97	N/A
AG	Rydex Dyn-Inv S&P 500 2x	RYCBX	E-		(800) 820-0888	27.43	E- /0.0	-23.83 / 0	-14.85 / 0	-19.54 / 0	D- / 1.4	11	N/A
GR	ProFunds-Ultra Bear Fund Inv	URPIX	E-		(888) 776-3637	12.69	E- /0.0	-23.24 / 0	-14.22 / 0	-18.83 / 0	D- / 1.4	14	10
AG	Rydex Dyn-Inv S&P 500 2x	RYTPX	E-		(800) 820-0888	28.87	E- /0.0	-23.21 / 0	-14.17 / 0	-18.89 / 0	D- / 1.5	15	N/A
AG	Gabelli Comstock Partners Cap Val	DRCVX	E-		(800) 422-3554	2.11	E- /0.0	-10.18 / 0	-10.33 / 0	-11.13 / 0	D+ / 2.6	9	11
AG	Gabelli Comstock Partners Strat A	CPFAX	E-		(800) 422-3554	2.44	E- /0.0	-9.82 / 0	-10.08 / 0	-9.27 / 0	C- / 3.4	2	11
AG	Gabelli Comstck Partners Cap Val	CPCCX	E-		(800) 422-3554	1.96	E- /0.0	-11.03 / 0	-11.03 / 0	-11.84 / 0	D+ / 2.6	6	11
AG	Gabelli Comstock Partners Strat C	CPFCX	E-		(800) 422-3554	2.46	E- /0.0	-10.67 / 0	-10.90 / 0	-10.02 / 0	C- / 3.4	1	11
AG	Gabelli Comstck Partners Cap Val	DCVBX	E-		(800) 422-3554	2.07	E- /0.0	-10.58 / 0	-10.92 / 0	-11.74 / 0	D+ / 2.6	7	11
SC	Leuthold Grizzly Short Fund	GRZZX	E-		(888) 200-0409	4.77	E- /0.0	-15.68 / 0	-9.32 / 0	-13.69 / 0	D+ / 2.3	5	7
AG	● Gabelli Comstock Partners Strat O	CPSFX	E-		(800) 422-3554	2.36	E- /0.0	-9.90 / 0	-9.99 / 0	-9.08 / 0	C- / 3.4	2	11
SC	ProFunds-Short Small Cap Svc	SHPSX	E-		(888) 776-3637	16.03	E- /0.0	-10.40 / 0	-10.10 / 0	-13.36 / 0	D / 2.0	10	5
AG	Gabelli Comstck Partners Cap Val	CPCRX	E-		(800) 422-3554	2.12	E- /0.0	-9.51 / 0	-9.95 / 0	-10.90 / 0	D+ / 2.6	9	11
SC	Frontier MicroCap Fund	FEFPX	E-		(800) 231-2901	0.19	E- /0.0	--	-11.05 / 0	-28.26 / 0	E- / 0.1	0	5
SC	ProFunds-Short Small Cap Inv	SHPIX	E-		(888) 776-3637	15.30	E- /0.0	-9.35 / 0	-9.15 / 0	-12.54 / 0	D / 1.9	14	5
GR	Direxion S&P 500 Bear 1.0XFd	PSPSX	E-		(800) 851-0511	23.70	E- /0.0	-10.76 / 0	-7.06 / 0	-9.82 / 0	C- / 3.3	18	10
GR	ProFunds-Bear Fund Svc	BRPSX	E-		(888) 776-3637	25.62	E- /0.0	-11.20 / 0	-6.77 / 0	-9.27 / 0	C- / 3.8	20	10
GR	ProFunds-Short OTC Svc	SOPSX	E-		(888) 776-3637	15.87	E- /0.0	-14.18 / 0	-5.44 / 0	-13.83 / 0	D / 2.1	88	5
AG	Rydex Series-Inv OTC Strgy C	RYACX	E-		(800) 820-0888	18.86	E- /0.0	-13.95 / 0	-5.43 / 0	-13.67 / 0	D / 2.1	88	N/A
AG	Rydex Ser-Inv S&P 500 Stgry C	RYUCX	E-		(800) 820-0888	33.97	E- /0.0	-10.91 / 0	-6.45 / 0	-8.88 / 0	C / 4.3	23	N/A
AG	Rydex Ser-Inv S&P 500 Stgry Adv	RYUAX	E-		(800) 820-0888	34.49	E- /0.0	-10.49 / 0	-5.95 / 0	-8.40 / 0	C- / 4.0	27	N/A
GR	ProFunds-Bear Fund Inv	BRPIX	E-		(888) 776-3637	25.35	E- /0.0	-10.34 / 0	-5.86 / 0	-8.39 / 0	C- / 3.2	27	10
GR	ProFunds-Short OTC Inv	SOPIX	E-		(888) 776-3637	16.14	E- /0.0	-13.27 / 0	-4.47 / 0	-12.93 / 0	D / 2.1	92	5
AG	Rydex Series-Inv OTC Strgy Inv	RYAIX	E-		(800) 820-0888	20.22	E- /0.0	-13.07 / 0	-4.48 / 0	-12.76 / 0	D / 2.2	92	N/A
AG	Rydex Ser-Inv S&P 500 Stgry Inv	RYURX	E-		(800) 820-0888	36.33	E- /0.0	-10.04 / 0	-5.49 / 0	-7.95 / 0	C / 4.3	31	N/A
GI	PIMCO StocksPLUS Tr Sh Strat I	PSTIX	E-		(800) 227-7337	7.84	E- /0.0	-9.26 / 0	-4.35 / 0	--	D+ / 2.5	55	N/A
SC	Van Wagoner Growth	VWGOX	E-		(800) 228-2121	10.05	E- /0.0	0.50 / 1	-7.21 / 0	--	D / 1.8	0	4
GR	New York Equity Fund	NYSAX	E-		(888) 899-8344	7.92	E- /0.0	-1.86 / 0	-3.63 / 0	6.95 / 8	C / 4.4	0	N/A
GR	Van Wagoner Emerging Growth	VWEGX	E-		(800) 228-2121	4.72	E- /0.0	4.19 / 1	-6.58 / 0	-2.55 / 0	D- / 1.3	0	12
AG	Ameritor Security Trust 1	ASTRX	E-		(800) 424-8570	0.38	E- /0.0	-7.32 / 0	-5.48 / 0	-4.96 / 0	C- / 3.6	0	10
SC	Van Wagoner Small-Cap Growth	VWMCX	E-		(800) 228-2121	9.88	E- /0.0	2.60 / 1	-4.55 / 0	-0.58 / 0	D- / 1.3	0	12
EN	BlackRock Comm Strategies A	MDCDX	E-		(888) 825-2257	8.60	E- /0.0	-19.56 / 0	1.74 / 0	--	E / 0.5	0	N/A
MC	● Reynolds Fund	REYFX	E-		(800) 773-9665	6.16	E- /0.0	1.15 / 1	-3.90 / 0	10.55 / 39	E+ / 0.9	0	8
EN	BlackRock Comm Strategies C	MCCDX	E-		(888) 825-2257	8.60	E- /0.0	-20.23 / 0	0.99 / 0	--	E / 0.5	0	N/A
EN	BlackRock Comm Strategies B	MBCDX	E-		(888) 825-2257	8.62	E- /0.0	-20.25 / 0	1.01 / 0	--	E / 0.5	0	N/A
HL	Allianz RCM Biotechnology A	RABTX	E-		(800) 426-0107	24.87	E- /0.0	6.74 / 3	-1.06 / 0	9.26 / 25	C- / 3.6	0	N/A
EN	BlackRock Comm Strategies Inst	MACDX	E-		(888) 825-2257	8.60	E- /0.0	-19.45 / 0	1.96 / 0	--	E+ / 0.6	0	N/A
MC	Apex Mid-Cap Growth Fund	BMCGX	E-		(877) 593-8637	1.57	E- /0.0	16.30 / 34	-5.15 / 0	8.84 / 21	E- / 0.2	0	14
HL	Allianz RCM Biotechnology B	RBBTX	E-		(800) 426-0107	23.87	E- /0.0	5.95 / 2	-1.80 / 0	8.44 / 18	C- / 3.5	0	N/A
HL	Allianz RCM Biotechnology C	RCBTX	E-		(800) 426-0107	23.88	E- /0.0	5.94 / 2	-1.80 / 0	8.45 / 18	C- / 3.5	0	N/A
MC	● Reynolds Opportunity Fund	ROPPX	E-		(800) 773-9665	8.03	E- /0.0	3.00 / 1	-2.19 / 0	6.76 / 7	E- / 0.0	0	15
FO	● Fidelity Japan Small Companies	FJSCX	E-		(800) 544-8888	12.54	E- /0.0	-10.98 / 0	1.37 / 0	11.87 / 52	C- / 3.4	0	11
HL	Allianz RCM Biotechnology D	DRBNX	E-		(800) 426-0107	24.86	E- /0.0	6.79 / 3	-1.06 / 0	9.27 / 26	C- / 3.6	0	N/A

● Denotes fund is closed to new investors

Summer 2007

IV. Bottom 200 Stock Mutual Funds

Fund Type	Fund Name	Ticker Symbol	Overall Investment Rating	Phone	Net Asset Value As of 6/30/07	Performance Rating/Pts	1Yr / Pct	3Yr / Pct	5Yr / Pct	Risk Rating/Pts	Mgr. Quality Pct	Mgr. Tenure (Years)
SC	Calvert New Vision Small Cap A	CNVAX	E-	(800) 368-2745	17.67	E- /0.0	2.14 / 1	0.12 / 0	3.31 / 0	C- / 3.5	1	N/A
OT	ProFunds-Rising Rates Opport Svc	RRPSX	E-	(888) 776-3637	20.81	E- /0.0	0.81 / 1	-1.53 / 0	-5.42 / 0	C- / 3.9	4	5
SC	Calvert New Vision Small Cap B	CNVBX	E-	(800) 368-2745	15.88	E- /0.0	1.15 / 1	-0.80 / 0	2.34 / 0	C- / 3.2	0	N/A
IN	Kelmoore Strategy Eagle A	KSEAX	E-	(877) 328-9456	9.64	E- /0.0	4.86 / 1	0.34 / 0	6.38 / 6	D / 1.8	0	7
SC	Calvert New Vision Small Cap C	CNVCX	E-	(800) 368-2745	16.07	E- /0.0	1.26 / 1	-0.68 / 0	2.47 / 0	C- / 3.2	0	N/A
IN	Kelmoore Strategy Eagle C	KSECX	E-	(877) 328-9456	8.68	E- /0.0	4.02 / 1	-0.59 / 0	5.55 / 3	D / 1.6	0	7
FO	Matthews Japan Fund	MJFOX	E-	(800) 892-0382	16.89	E- /0.0	-6.37 / 0	2.39 / 1	10.37 / 37	C- / 3.8	0	9
FO	Credit Suisse Japan Equity A	CUJAX	E-	(800) 222-8977	6.35	E- /0.0	-8.10 / 0	4.72 / 3	5.36 / 3	C- / 4.1	0	2
GR	ProFunds-Semicond UltraSector	SMPSX	E-	(888) 776-3637	19.16	E- /0.0	18.05 /45	-5.03 / 0	-0.14 / 0	E- / 0.0	0	7
OT	ProFunds-Rising Rates Opport Inv	RRPIX	E-	(888) 776-3637	21.34	E- /0.0	1.90 / 1	-0.52 / 0	-4.50 / 0	C- / 4.0	5	5
FS	FBR Small Cap Financial Fd	FBRSX	E-	(888) 888-0025	25.87	E- /0.0	-6.78 / 0	4.38 / 2	9.85 / 31	D+ / 2.7	11	10
HL	Rydex Series-Biotechnology C	RYCFX	E-	(800) 820-0888	20.38	E- /0.0	1.65 / 1	1.45 / 0	8.27 / 17	C / 4.5	0	N/A
GR	Reynolds Blue Chip Growth Fund	RBCGX	E-	(800) 773-9665	31.27	E- /0.0	3.78 / 1	0.18 / 0	4.94 / 2	C- / 4.1	0	19
HL	Fidelity Adv Biotechnology A	FBTAX	E-	(800) 522-7297	7.32	E- /0.0	5.63 / 2	2.64 / 1	10.72 / 41	C / 4.4	1	2
GR	ProFunds-Semicond UltraSector	SMPIX	E-	(888) 776-3637	20.55	E- /0.0	19.35 / 55	-4.08 / 0	0.90 / 0	E- / 0.0	0	7
FO	● Credit Suisse Japan Equity Com	WPJGX	E-	(800) 222-8977	6.39	E- /0.0	-7.93 / 0	4.62 / 3	5.50 / 3	C- / 4.1	0	2
FO	Commonwealth-Japan Fund	CNJFX	E-	(888) 345-1898	3.80	E- /0.0	0.73 / 1	2.41 / 1	2.83 / 0	C- / 3.5	0	10
SC	Rice Hall James Small/Mid Cap	RHJMX	E-	(866) 777-7818	13.38	E- /0.0	-6.57 / 0	1.64 / 0	3.82 / 1	D+ / 2.5	2	11
FO	Credit Suisse Japan Equity Adv	WPJAX	E-	(800) 222-8977	6.27	E- /0.0	-7.79 / 0	4.85 / 3	5.53 / 3	C- / 4.2	0	2
TC	Aston Veredus SciTech Fund N	AVSTX	E-	(800) 443-4725	8.02	E- /0.0	5.39 / 2	0.80 / 0	6.92 / 8	D+ / 2.3	0	6
HL	Rydex Series-Biotechnology Adv	RYOAX	E-	(800) 820-0888	20.67	E- /0.0	2.23 / 1	1.98 / 0	8.86 / 22	C / 4.5	1	N/A
HL	Fidelity Adv Biotechnology T	FBTTX	E-	(800) 522-7297	7.20	E- /0.0	5.42 / 2	2.38 / 1	10.45 / 38	C / 4.4	1	2
SC	Calvert New Vision Small Cap I	CVSMX	E-	(800) 368-2745	18.70	E- /0.0	2.92 / 1	0.92 / 0	4.37 / 1	C- / 3.8	1	N/A
GR	Turnaround Fund	TURNX	E-		13.15	E- /0.0	4.81 / 1	1.94 / 0	--	D- / 1.3	1	4
HL	Fidelity Adv Biotechnology C	FBTCX	E-	(800) 522-7297	6.96	E- /0.0	4.82 / 1	1.84 / 0	9.91 / 32	C / 4.4	1	2
HL	Fidelity Adv Biotechnology B	FBTBX	E-	(800) 522-7297	6.96	E- /0.0	4.82 / 1	1.89 / 0	9.91 / 32	C / 4.4	1	2
FS	Burnham Financial Services A	BURKX	E-	(800) 874-3863	20.74	E- /0.0	1.53 / 1	6.24 / 6	12.16 / 55	D / 1.9	32	8
FO	Fidelity Adv Japan A	FJPAX	E-	(800) 522-7297	16.79	E- /0.1	-2.72 / 0	5.82 / 5	9.70 / 30	C / 4.9	0	4
GR	ProFunds-Pharm UltraSector Svc	PHPSX	E-	(888) 776-3637	10.43	E- /0.1	21.21 / 68	-1.18 / 0	-1.42 / 0	D / 2.0	0	7
HL	Rydex Series-Biotechnology Inv	RYOIX	E-	(800) 820-0888	21.73	E- /0.1	2.69 / 1	2.48 / 1	9.39 / 27	C / 4.6	1	N/A
FS	Fidelity Select Home Finance	FSVLX	E-	(800) 544-8888	46.49	E- /0.1	4.66 / 1	3.19 / 1	6.58 / 6	D+ / 2.9	3	1
FO	Fidelity Adv Japan T	FAJTX	E-	(800) 522-7297	16.51	E- /0.1	-2.88 / 0	5.58 / 5	9.43 / 27	C / 4.8	0	4
FS	Burnham Financial Services B	BURMX	E-	(800) 874-3863	19.80	E- /0.1	0.78 / 1	5.42 / 4	11.34 / 47	D / 1.8	25	8
EN	Oppenheimer Comm Str Tot Retn	QRAAX	E-	(800) 525-7048	6.93	E- /0.1	-12.51 / 0	7.21 / 10	14.45 / 73	E- / 0.0	0	8
FO	Fidelity Adv Japan B	FAJBX	E-	(800) 522-7297	15.90	E- /0.1	-3.40 / 0	5.04 / 4	8.90 / 22	C / 4.8	0	4
AG	Security Mid Cap Growth A	SECUX	E-	(800) 888-2461	11.37	E- /0.1	2.78 / 1	5.23 / 4	10.47 / 38	D+ / 2.5	1	9
FO	Fidelity Adv Japan C	FAJCX	E-	(800) 522-7297	16.01	E- /0.1	-3.38 / 0	5.08 / 4	8.95 / 22	C / 4.8	0	4
GR	ProFunds-Pharm UltraSector Inv	PHPIX	E-	(888) 776-3637	10.90	E- /0.1	22.14 / 73	-0.24 / 0	-0.56 / 0	D+ / 2.3	0	7
GR	Vanguard Str Brd Mrkt Inst plus	VSBPX	E-	(800) 662-7447	57.31	E- /0.1	-6.81 / 0	4.06 / 2	--	C / 4.3	11	N/A
HL	Fidelity Adv Biotechnology I	FBTIX	E-	(800) 522-7297	7.46	E- /0.1	6.12 / 2	2.98 / 1	11.09 / 44	C / 4.5	1	2
EN	Oppenheimer Comm Str Tot Retn	QRABX	E-	(800) 525-7048	6.81	E- /0.1	-13.25 / 0	6.30 / 7	13.48 / 66	E- / 0.0	0	8
HL	Fidelity Select Biotech Port	FBIOX	E-	(800) 544-8888	64.57	E- /0.1	5.96 / 2	3.18 / 1	11.09 / 44	C- / 3.1	1	2
EN	Oppenheimer Comm Str Tot Retn	QRACX	E-	(800) 525-7048	6.77	E- /0.1	-13.15 / 0	6.35 / 7	13.52 / 66	E- / 0.0	0	8
AG	Security Mid Cap Growth B	SEUBX	E-	(800) 888-2461	9.31	E- /0.1	1.88 / 1	4.45 / 2	9.66 / 29	D / 2.0	1	9
AG	Security Mid Cap Growth C	SUFCX	E-	(800) 888-2461	10.36	E- /0.1	1.98 / 1	4.46 / 2	9.69 / 30	D / 2.2	1	9
EN	Oppenheimer Comm Str Tot Retn	QRANX	E-	(800) 525-7048	6.85	E- /0.1	-12.86 / 0	6.80 / 8	14.17 / 71	E- / 0.0	0	8
TC	J Hancock Technology A	NTTFX	E-	(800) 257-3336	3.73	E- /0.1	12.35 / 14	1.28 / 0	5.24 / 3	C- / 3.5	0	1
SC	Bjurman Barry Small Cap Growth	BBSFX	E-	(800) 227-7264	14.98	E- /0.2	5.79 / 2	3.27 / 1	--	C- / 3.1	1	4
SC	MainStay Small Cap Value A	MSPAX	E-	(800) 624-6782	13.43	E- /0.2	7.04 / 3	5.71 / 5	9.30 / 26	D / 1.8	6	N/A
HL	SunAmerica VAL Co I Health Sci	VCHSX	E-	(800) 858-8850	11.20	E- /0.2	4.58 / 1	3.51 / 1	9.27 / 26	C / 4.6	3	7
SC	STAAR Inv Trust Sm Comp Stock		E-	(800) 332-7738	15.05	E- /0.2	-4.77 / 0	4.79 / 3	8.08 / 15	C / 4.7	6	11
TC	J Hancock Technology C	JHTCX	E-	(800) 257-3336	3.36	E- /0.2	11.63 / 12	0.60 / 0	4.55 / 1	C- / 3.4	0	1

● Denotes fund is closed to new investors

www.thestreet.com/ratings

Data as of June 30, 2007

IV. Bottom 200 Stock Mutual Funds

Summer 2007

99 Pct = Best
0 Pct = Worst

Fund Type	Fund Name	Ticker Symbol	Overall Investment Rating	Phone	Net Asset Value As of 6/30/07	Performance Rating/Pts	1Yr / Pct	3Yr / Pct	5Yr / Pct	Risk Rating/Pts	Mgr. Quality Pct	Mgr. Tenure (Years)
GR	PL Large-Cap Growth Fund AZ	AZBAX	E-	(800) 722-2333	9.95	E- / 0.2	13.71 / 19	2.69 / 1	--	D+ / 2.8	2	N/A
GR	PL Large Cap Growth Fund	CPBLX	E-	(800) 722-2333	9.95	E- / 0.2	13.71 / 19	2.69 / 1	--	D+ / 2.8	2	N/A
GR	● PL Large-Cap Growth Fund A	PFBAX	E-	(800) 722-2333	9.95	E- / 0.2	13.71 / 19	2.69 / 1	3.57 / 1	C- / 3.5	2	N/A
TC	J Hancock Technology B	FGTBX	E-	(800) 257-3336	3.36	E- / 0.2	11.63 / 12	0.60 / 0	4.55 / 1	C- / 3.5	0	1
GR	ProFunds-Biotech Ultra Sector Svc	BIPSX	E-	(888) 776-3637	48.43	E- / 0.2	0.04 / 0	5.98 / 6	14.03 / 70	D+ / 2.3	1	N/A
SC	MainStay Small Cap Value B	MSPBX	E-	(800) 624-6782	12.29	E- / 0.2	6.33 / 2	4.93 / 3	8.50 / 19	D- / 1.2	5	N/A
SC	MainStay Small Cap Value C	MSMCX	E-	(800) 624-6782	12.29	E- / 0.2	6.33 / 2	4.95 / 3	8.49 / 18	D- / 1.2	5	N/A
MC	Navellier Millennium Top 20 A	NTGRX	E-	(800) 887-8671	14.73	E- / 0.2	0.41 / 1	6.72 / 8	3.72 / 1	D+ / 2.9	0	N/A
SC	Touchstone Small Cap Gr A	TESAX	E-	(800) 638-8194	17.56	E- / 0.2	9.96 / 8	4.33 / 2	--	C- / 4.1	2	5
EN	Oppenheimer Comm Str Tot Retn	QRAYX	E-	(800) 525-7048	6.98	E- / 0.2	-11.96 / 0	7.74 / 13	14.97 / 76	E- / 0.0	0	8
EN	PIMCO Commodity Real Ret Str A	PCRAX	E-	(800) 227-7337	13.95	E- / 0.2	0.01 / 0	8.45 / 17	17.13 / 85	D+ / 2.9	5	5
TC	Firsthand-Technology Innovators	TIFQX	E-	(888) 884-2675	10.96	E- / 0.2	13.46 / 18	1.09 / 0	5.17 / 2	D / 1.6	0	9
FO	Fidelity The Japan Fund CL S	SJPNX	E-	(800) 544-8888	12.57	E- / 0.2	3.74 / 1	6.40 / 7	11.91 / 53	C- / 3.3	0	5
FO	JPMorgan Japan Fund A	CVJAX	E-	(800) 358-4782	9.71	E / 0.3	-1.12 / 0	9.19 / 22	11.91 / 53	C / 4.7	1	3
GR	PL Large-Cap Growth Fund AZ	AZBBX	E-	(800) 722-2333	9.64	E / 0.3	13.01 / 16	2.13 / 0	--	D+ / 2.7	2	N/A
GR	PL Large Cap Growth Fund	CPCBX	E-	(800) 722-2333	9.64	E / 0.3	13.01 / 16	2.13 / 0	--	D+ / 2.7	2	N/A
GR	● PL Large-Cap Growth Fund B	PFBBX	E-	(800) 722-2333	9.64	E / 0.3	13.01 / 16	2.13 / 0	3.04 / 0	C- / 3.4	2	N/A
GR	PL Large-Cap Growth Fund AZ	AZBCX	E-	(800) 722-2333	9.63	E / 0.3	13.03 / 16	2.14 / 0	--	D+ / 2.7	2	N/A
GR	PL Large Cap Growth Fund	CPBCX	E-	(800) 722-2333	9.63	E / 0.3	13.03 / 16	2.14 / 0	--	D+ / 2.7	2	N/A
GR	● PL Large-Cap Growth Fund C	PFBCX	E-	(800) 722-2333	9.63	E / 0.3	13.03 / 16	2.14 / 0	3.04 / 0	C- / 3.4	2	N/A
GI	American Century Newton Investor	AEVIX	E-	(800) 345-6488	13.75	E / 0.3	11.07 / 11	3.04 / 1	--	C- / 4.2	0	4
FS	J Hancock Regional Bank A	FRBAX	E-	(800) 257-3336	36.55	E / 0.3	5.71 / 2	7.75 / 13	8.42 / 18	C- / 4.2	38	15
AA	Fidelity DE College Portfolio		E-	(800) 544-8888	15.04	E / 0.3	8.12 / 4	4.95 / 3	4.94 / 2	E+ / 0.8	45	N/A
TC	Rydex Series-Electronics C	RYSCX	E-	(800) 820-0888	12.76	E / 0.3	12.42 / 14	1.34 / 0	2.39 / 0	D- / 1.2	0	N/A
EN	PIMCO Commodity Real Ret Str B	PCRBX	E-	(800) 227-7337	13.83	E / 0.3	-0.76 / 0	7.62 / 12	16.28 / 82	D+ / 2.9	4	5
EN	PIMCO Commodity Real Ret Str C	PCRCX	E-	(800) 227-7337	13.81	E / 0.3	-0.77 / 0	7.63 / 12	16.28 / 82	D+ / 2.9	4	5
SC	Allegiant Small Cap Growth A	ASMGX	E-	(800) 622-3863	10.51	E / 0.3	10.87 / 10	4.65 / 3	4.19 / 1	C- / 3.7	2	N/A
MC	Santa Barbara Fds-Growth Fund C	BEGCX	E-	(800) 723-8637	26.49	E / 0.3	8.30 / 4	4.36 / 2	7.69 / 13	D+ / 2.9	0	N/A
MC	Santa Barbara Fds-Growth Fund A	BEGAX	E-	(800) 723-8637	27.84	E / 0.3	10.00 / 8	5.77 / 5	9.09 / 24	C- / 4.0	1	N/A
SC	Touchstone Small Cap Gr C	TESCX	E-	(800) 638-8194	17.06	E / 0.4	9.50 / 7	3.71 / 1	--	C- / 3.9	1	5
SC	Touchstone Small Cap Gr B	TESBX	E-	(800) 638-8194	17.05	E / 0.4	9.51 / 7	3.72 / 1	--	C- / 3.9	1	5
TC	Rydex Series-Electronics Adv	RYSAX	E-	(800) 820-0888	12.93	E / 0.4	12.83 / 16	1.73 / 0	2.88 / 0	D- / 1.2	0	N/A
GR	ProFunds-Biotech Ultra Sector Inv	BIPIX	E-	(888) 776-3637	51.82	E / 0.4	1.07 / 1	7.05 / 9	15.16 / 77	D+ / 2.6	1	N/A
FS	J Hancock Regional Bank B	FRBFX	E-	(800) 257-3336	36.14	E / 0.4	4.95 / 2	6.99 / 9	7.66 / 12	C- / 4.1	30	22
FS	J Hancock Regional Bank C	FRBCX	E-	(800) 257-3336	36.15	E / 0.4	4.95 / 2	6.99 / 9	7.67 / 12	C- / 4.1	30	8
HL	Franklin Biotechnology Discovery A	FBDIX	E-	(800) 342-5236	61.07	E / 0.4	15.53 / 29	5.50 / 5	11.75 / 51	D+ / 2.8	2	10
HL	J Hancock Health Sciences A	JHGRX	E-	(800) 257-3336	38.94	E / 0.4	12.08 / 14	6.56 / 8	9.36 / 27	D- / 1.2	9	N/A
TC	J Hancock Technology I	JHTIX	E-	(800) 257-3336	4.11	E / 0.4	13.54 / 19	2.20 / 0	7.00 / 8	C- / 3.6	0	1
SC	Allegiant Small Cap Growth C	ASGCX	E-	(800) 622-3863	9.86	E / 0.4	10.04 / 8	3.98 / 2	3.48 / 1	C- / 3.7	1	N/A
AA	Aston Balanced Fund N	CHTAX	E-	(800) 443-4725	7.68	E / 0.4	11.14 / 11	4.67 / 3	5.37 / 3	E- / 0.0	12	N/A
FS	Fidelity Select Banking Port	FSRBX	E-	(800) 544-8888	32.22	E / 0.4	6.96 / 3	7.21 / 10	7.57 / 12	C- / 3.5	26	1
EN	PIMCO Commodity Real Ret Str D	PCRDX	E-	(800) 227-7337	13.96	E / 0.4	--	8.44 / 17	17.14 / 85	D+ / 2.9	5	5
SC	Allegiant Multi-Factor Sm Cap Val	AMRRX	E-	(800) 622-3863	17.93	E / 0.5	5.62 / 2	9.00 / 21	9.99 / 33	D+ / 2.4	20	N/A
TC	Rydex Series-Electronics Inv	RYSIX	E-	(800) 820-0888	13.57	E / 0.5	13.37 / 18	2.26 / 0	3.42 / 0	D- / 1.3	0	N/A
GI	AMF Large Cap Equity Inst	IICAX	E-	(800) 982-1846	10.15	E / 0.5	14.29 / 22	4.49 / 2	4.77 / 2	D- / 1.5	10	16
AG	● Chesapeake Aggressive Growth	CPGRX	E-	(800) 525-3863	10.79	E / 0.5	12.84 / 16	5.62 / 5	6.90 / 8	D- / 1.4	1	14
GR	TCW Select Equities K	TGSKX	E-	(800) 386-3829	20.25	E / 0.5	9.92 / 8	3.26 / 1	9.69 / 30	C / 4.4	0	3
TC	BlackRock Global Technology Inv	MBGTX	E-	(888) 825-2257	7.88	E / 0.5	12.89 / 16	4.13 / 2	7.61 / 12	C / 4.3	0	N/A
SC	Tocqueville Small Cap Val Fund	TSCVX	E-	(800) 697-3863	17.71	E / 0.5	16.21 / 33	2.98 / 1	9.02 / 23	C- / 3.0	2	N/A
EN	PIMCO Commodity Real Ret Str	PCRRX	E-	(800) 227-7337	13.97	E / 0.5	0.22 / 0	8.70 / 19	17.41 / 86	D+ / 2.9	5	5
HL	J Hancock Health Sciences B	JHRBX	E-	(800) 257-3336	33.68	E / 0.5	11.28 / 11	5.81 / 5	8.59 / 19	E+ / 0.9	7	N/A
HL	J Hancock Health Sciences C	JHRCX	E-	(800) 257-3336	33.68	E / 0.5	11.28 / 11	5.81 / 5	8.59 / 19	E+ / 0.9	7	N/A

● Denotes fund is closed to new investors

Summer 2007   IV. Bottom 200 Stock Mutual Funds

Fund Type	Fund Name	Ticker Symbol	Overall Investment Rating	Phone	Net Asset Value As of 6/30/07	Performance Rating/Pts	1Yr / Pct	3Yr / Pct	5Yr / Pct	Risk Rating/Pts	Mgr. Quality Pct	Mgr. Tenure (Years)
SC	● Allegiant Small Cap Growth B	ASGRX	E-	(800) 622-3863	9.83	E /0.5	9.96 / 8	3.96 / 2	3.47 / 0	C- / 3.7	1	N/A
MC	Santa Barbara Fds-Growth Fund Y	BEGYX	E-	(800) 723-8637	29.46	E /0.5	9.56 / 7	5.47 / 5	8.84 / 21	C- / 3.0	0	N/A
TC	Morgan Stanley Technology Fd A	IFOAX	E-	(800) 869-6397	11.31	E+ /0.6	18.68 / 50	4.26 / 2	7.30 / 10	C / 4.4	0	1
EN	PIMCO Commodity Real Ret Str	PCRIX	E-	(800) 227-7337	14.05	E+ /0.6	0.45 / 1	8.97 / 20	17.71 / 87	D+ / 2.9	6	5
MC	Pioneer Growth Leaders Fund A	LRPSX	E-	(800) 225-6292	15.83	E+ /0.6	13.69 / 19	6.19 / 6	5.56 / 3	D- / 1.2	22	18
SC	Allegiant Multi-Factor Sm Cap Val	ASVCX	E-	(800) 622-3863	16.60	E+ /0.6	4.89 / 1	8.24 / 16	9.23 / 25	D / 2.2	16	N/A
SC	● Allegiant Multi-Factor Sm Cap Val	ASMVX	E-	(800) 622-3863	16.65	E+ /0.6	4.87 / 1	8.24 / 16	9.22 / 25	D / 2.2	16	N/A
TC	Fidelity Select Netwrkg & Infrastr	FNINX	E-	(800) 544-8888	2.64	E+ /0.6	14.29 / 22	3.81 / 2	8.32 / 17	D / 1.6	0	3
SC	Needham Small Cap Gr Fund	NESGX	E-	(800) 625-7071	15.10	E+ /0.6	10.74 / 10	6.38 / 7	18.53 / 89	E+ / 0.6	9	N/A
SC	● STI Classic Var Tr-Sm Cap Val Eq		E-	(888) 784-3863	18.17	E+ /0.7	-9.64 / 0	8.42 / 17	11.93 / 53	D / 2.2	36	N/A
TC	Morgan Stanley Technology Fd C	IFOCX	E-	(800) 869-6397	10.40	E+ /0.7	17.78 / 43	3.43 / 1	6.42 / 6	C / 4.3	0	1
SC	Allegiant Small Cap Growth Inst	ASMIX	E-	(800) 622-3863	10.78	E+ /0.7	11.13 / 11	4.97 / 3	4.45 / 1	C- / 3.7	2	N/A
TC	Morgan Stanley Technology Fd B	IFOBX	E-	(800) 869-6397	10.41	E+ /0.7	17.89 / 44	3.42 / 1	6.44 / 6	C / 4.3	0	1
MC	Wasatch Ultra Growth	WAMCX	E-	(800) 551-1700	25.48	E+ /0.7	13.55 / 19	5.69 / 5	10.78 / 41	C- / 3.1	1	8
HL	Morgan Stanley Health Sci Tr A	HCRAX	E-	(800) 869-6397	17.35	E+ /0.7	15.36 / 28	7.01 / 9	9.74 / 30	C- / 3.4	9	2
SC	Oppenheimer Discovery A	OPOCX	E-	(800) 525-7048	52.79	E+ /0.8	13.92 / 20	7.24 / 10	9.59 / 29	C- / 4.2	6	1
SC	Royce Technology Value Svc	RYTVX	E-	(800) 221-4268	7.12	E+ /0.8	17.31 / 40	4.06 / 2	15.00 / 76	D / 2.0	1	6
TC	Oak Assoc-Black Oak Emerging	BOGSX	E-	(888) 462-5386	2.49	E+ /0.8	15.28 / 28	3.44 / 1	6.94 / 8	D+ / 2.7	0	2
FO	Rydex Ser-Japan 1.25x Strgy C	RYCJX	E-	(800) 820-0888	22.39	E+ /0.8	5.49 / 2	8.56 / 18	8.27 / 17	E- / 0.0	0	N/A
GR	ICON Leisure & Consumer Staple	ICLEX	E-	(800) 764-0442	10.48	E+ /0.8	17.93 / 44	4.70 / 3	6.14 / 5	D- / 1.0	4	4
TC	DWS Technology Fd A	KTCAX	E-	(800) 621-1048	12.66	E+ /0.8	20.80 / 66	4.61 / 3	8.86 / 21	C- / 3.4	0	N/A
SC	● Allianz CCM Emerging Co Admin	PMGAX	E-	(800) 426-0107	22.13	E+ /0.9	4.47 / 1	8.19 / 15	11.42 / 48	C- / 3.5	9	11
MC	AllianceBern Mid Cap Growth A	CHCLX	E-	(800) 221-5672	6.29	E+ /0.9	9.45 / 7	8.00 / 14	14.99 / 76	D+ / 2.9	0	N/A
MC	AllianceBern CBF Mid Cap Growth		E-	(800) 221-5672	16.88	E+ /0.9	9.47 / 7	8.03 / 14	14.95 / 76	C- / 3.4	0	N/A
HL	Morgan Stanley Health Sci Tr B	HCRBX	E-	(800) 869-6397	15.49	E+ /0.9	14.53 / 23	6.21 / 6	8.91 / 22	D+ / 2.3	7	2
TC	DWS Technology Fd B	KTCBX	E-	(800) 621-1048	10.53	E+ /0.9	19.39 / 55	3.45 / 1	7.66 / 12	C- / 3.3	0	N/A
GR	ICON Consumer Discretionary	ICCCX	E-	(800) 764-0442	13.62	E+ /0.9	14.94 / 26	5.69 / 5	4.11 / 1	D+ / 2.7	3	N/A
HL	Morgan Stanley Health Sci Tr C	HCRCX	E-	(800) 869-6397	15.52	E+ /0.9	14.50 / 23	6.25 / 6	8.90 / 22	D+ / 2.4	7	2
SC	BNY Hamilton Small Cap Gr A	BNSVX	E-	(800) 426-9363	15.45	E+ /0.9	14.22 / 22	6.26 / 6	7.63 / 12	C- / 3.6	5	N/A
SC	Allegiant Multi-Factor Sm Cap Val I	AMRIX	E-	(800) 622-3863	19.07	E+ /0.9	5.90 / 2	9.26 / 23	10.27 / 36	D+ / 2.5	22	N/A
TC	Fifth Third Technology A	FTTAX	E-	(800) 282-5706	11.99	E+ /0.9	14.08 / 21	6.74 / 8	14.74 / 74	C- / 3.0	1	4
GR	Atlantic Whitehall Growth Dist	WHGFX	E-	(800) 994-2533	12.93	E+ /0.9	15.45 / 28	5.59 / 5	5.96 / 4	D / 2.2	7	N/A
GI	RMK Sel Core Eq Fund A	MGIFX	E-	(800) 366-7426	24.26	D- /1.0	10.70 / 10	7.71 / 13	7.57 / 12	D- / 1.3	21	N/A
SC	Bjurman Micro-Cap Growth Fund	BMCFX	E-	(800) 227-7264	21.79	D- /1.0	7.32 / 3	8.87 / 20	11.85 / 52	E+ / 0.7	7	10
SC	Touchstone Small Cap A	PTMVX	E-	(800) 638-8194	15.20	D- /1.0	12.85 / 16	8.98 / 21	10.39 / 37	C- / 3.8	17	N/A
MC	AllianceBern Mid Cap Growth B	CHCBX	E-	(800) 221-5672	5.10	D- /1.0	8.63 / 5	7.13 / 10	14.02 / 70	D+ / 2.8	0	N/A
TC	Fifth Third Technology Adv	FTTVX	E-	(800) 282-5706	11.80	D- /1.0	13.79 / 20	6.42 / 7	14.41 / 72	C- / 3.0	0	4
SC	● Allianz CCM Emerging Co Inst	PMCIX	E-	(800) 426-0107	23.21	D- /1.0	4.71 / 1	8.46 / 17	11.68 / 50	C- / 3.7	10	14
MC	AllianceBern Mid Cap Growth C	CHCCX	E-	(800) 221-5672	5.10	D- /1.0	8.63 / 5	7.20 / 10	14.02 / 70	D+ / 2.8	0	N/A
MC	AllianceBern CBF Mid Cap Growth		E-	(800) 221-5672	16.22	D- /1.0	8.64 / 5	7.22 / 10	14.12 / 70	C- / 3.4	0	N/A
SC	● Bridgeway Micro-Cap Ltd	BRMCX	E-	(800) 661-3550	8.57	D- /1.0	-3.43 / 0	10.28 / 30	10.97 / 43	D / 1.6	8	N/A
MC	AllianceBern CBF Mid Cap Growth		E-	(800) 221-5672	16.22	D- /1.0	8.64 / 5	7.24 / 10	14.09 / 70	C- / 3.4	0	N/A
GR	Atlantic Whitehall Growth Inst	AWGFX	E-	(800) 994-2533	13.08	D- /1.0	15.64 / 30	5.82 / 5	--	D+ / 2.3	8	N/A
TC	DWS Technology Fd C	KTCCX	E-	(800) 621-1048	10.86	D- /1.0	19.74 / 58	3.73 / 1	7.86 / 14	C- / 3.4	0	N/A

● Denotes fund is closed to new investors

www.thestreet.com/ratings

Data as of June 30, 2007

Section V

Performance: 100 Best and Worst Stock Mutual Funds

A compilation of those

Equity Mutual Funds

receiving the highest and lowest Performance Ratings.

Funds are listed in order by Performance Rating.

Section V Contents

This section contains a summary analysis of each of the top 100 and bottom 100 equity mutual funds as determined by their TheStreet.com Performance Rating. Since the Performance Rating does not take into consideration the amount of risk a fund poses, the selection of funds presented here is based solely on each fund's financial performance over the past three years.

You can use this section to identify those funds that have historically given shareholders the highest returns on their investments. A word of caution though: past performance is not necessarily indicative of future results. While these funds have provided the highest returns, some of them may be currently overvalued and due for a correction.

1. **Fund Type** — The mutual fund's peer category based on an analysis of its investment portfolio.

AG	Aggressive Growth	HL	Health
AA	Asset Allocation	IN	Income
BA	Balanced	IX	Index
CV	Convertible	MC	Mid Cap
EM	Emerging Market	OT	Other
EN	Energy/Natural Resources	PM	Precious Metals
FS	Financial Services	RE	Real Estate
FO	Foreign	SC	Small Cap
GL	Global	TC	Technology
GR	Growth	UT	Utilities
GI	Growth and Income		

   A blank fund type means that the mutual fund has not yet been categorized.

2. **Fund Name** — The name of the mutual fund as stated in its prospectus, which can sometimes differ slightly from the name that the company uses for advertising. If you cannot find the particular mutual fund you are interested in, or if you have any doubts regarding the precise name, verify the information with your broker or on your account statement. Also, use the fund's ticker symbol for confirmation. (See column 3.)

3. **Ticker Symbol** — The unique alphabetic symbol used for identifying and trading a specific mutual fund. No two funds can have the same ticker symbol, and the ticker symbol for mutual funds always ends with an "X".

   A handful of funds currently show no associated ticker symbol. This means that the fund is either small or new since the NASD only assigns a ticker symbol to funds with at least $25 million in assets or 1,000 shareholders.

4.	**Overall Investment Rating**	Our overall rating is measured on a scale from A to E based on each fund's risk-adjusted performance. Please see page 10 for specific descriptions of each letter grade. Also, refer to page 7 for information on how our ratings are derived. Most important, when using this rating, please be sure to consider the warnings beginning on page 11 regarding the ratings' limitations and the underlying assumptions.
5.	**Phone**	The telephone number of the company managing the fund. Call this number to receive a prospectus or other information about the fund.
6.	**Net Asset Value (NAV)**	The fund's share price as of the date indicated. A fund's NAV is computed by dividing the value of the fund's asset holdings, less accrued fees and expenses, by the number of its shares outstanding.
7.	**Performance Rating/Points**	A letter grade rating based solely on the mutual fund's financial performance over the trailing three years, without any consideration for the amount of risk the fund poses. Like the overall Investment Rating, the Performance Rating is measured on a scale from A to E for ease of interpretation. The points score indicates where the Performance Rating falls on a scale of 0 to 10.
8.	**1-Year Total Return**	The total return the fund has provided investors over the preceeding twelve months. This total return figure is computed based on the fund's dividend distributions and share price appreciation/depreciation during the period, net of the expenses and fees it imposes on its shareholders. Although the total return figure does not reflect an adjustment for any loads the fund may carry, such adjustments have been made in deriving TheStreet.com Investment Ratings.
9.	**1-Year Total Return Percentile**	The fund's percentile rank based on its one-year performance compared to that of all other equity funds in existence for at least one year. A score of 99 is the best possible, indicating that the fund outperformed 99% of the other mutual funds. Zero is the worst possible percentile score.
10.	**3-Year Total Return**	The total annual return the fund has provided investors over the preceeding three years.
11.	**3-Year Total Return Percentile**	The fund's percentile rank based on its three-year performance compared to that of all other equity funds in existence for at least three years. A score of 99 is the best possible, indicating that the fund outperformed 99% of the other mutual funds. Zero is the worst possible percentile score.
12.	**5-Year Total Return**	The total annual return the fund has provided investors over the preceeding five years.

13.	**5-Year Total Return Percentile**	The fund's percentile rank based on its five-year performance compared to that of all other equity funds in existence for at least five years. A score of 99 is the best possible, indicating that the fund outperformed 99% of the other mutual funds. Zero is the worst possible percentile score.
14.	**Risk Rating/Points**	A letter grade rating based solely on the mutual fund's risk as determined by its monthly performance volatility over the trailing three years. The risk rating does not take into consideration the overall financial performance the fund has achieved or the total return it has provided to its shareholders. Like the overall Investment Rating, the Risk Rating is measured on a scale from A to E for ease of interpretation. The points score indicates where the Risk Rating falls on a scale of 0 to 10.
15.	**Manager Quality Percentile**	The manager quality percentile is based on a ranking of the fund's alpha, a statistical measure representing the difference between a fund's actual returns and its expected performance given its level of risk. Fund managers who have been able to exceed the fund's statistically expected performance receive a high percentile rank with 99 representing the highest possible score. At the other end of the spectrum, fund managers who have actually detracted from the fund's expected performance receive a low percentile rank with 0 representing the lowest possible score.
16.	**Manager Tenure**	The number of years the current manager has been managing the fund. Since fund managers who deliver substandard returns are usually replaced, a long tenure is usually a good sign that shareholders are satisfied that the fund is achieving its stated objectives.

V. Performance: 100 Best Stock Mutual Funds

Summer 2007

99 Pct = Best
0 Pct = Worst

Fund Type	Fund Name	Ticker Symbol	Overall Investment Rating	Phone	Net Asset Value As of 6/30/07	Performance Rating/Pts	Annualized Total Return Through 6/30/07 1Yr / Pct	3Yr / Pct	5Yr / Pct	Risk Rating/Pts	Mgr. Quality Pct	Mgr. Tenure (Years)
EM	Eaton Vance Tax-Mgd Emg Mkt Fd	EITEX	A+	(800) 225-6265	47.67	A+ / 9.9	53.74 / 99	42.65 / 99	36.46 / 99	B- / 7.3	92	N/A
FO	Nationwide China Opport A	GOPAX	A+	(888) 366-0404	24.39	A+ / 9.9	81.60 / 99	41.72 / 99	--	B- / 7.0	99	3
FO	Nationwide China Opport Instl-Svc	GOPSX	A+	(888) 366-0404	24.44	A+ / 9.9	82.03 / 99	42.01 / 99	--	B- / 7.0	99	3
FO	Nationwide China Opport Inst	GOPIX	A+	(888) 366-0404	24.49	A+ / 9.9	82.00 / 99	42.11 / 99	--	B- / 7.0	99	3
FO	DFA Pacific Rim Small Company	DFRSX	A+	(800) 984-9472	27.13	A+ / 9.9	65.58 / 99	36.72 / 98	31.22 / 99	C+ / 6.8	99	14
EM	Principal Inv Intl Emrg Mkts AdvPfd	PEAPX	A+	(800) 247-4123	30.57	A+ / 9.9	48.45 / 98	42.43 / 99	31.27 / 99	C+ / 6.7	49	6
EM	Principal Inv Intl Emrg Mkts AdvSel	PEASX	A+	(800) 247-4123	30.40	A+ / 9.9	48.15 / 98	42.16 / 99	30.93 / 98	C+ / 6.7	46	6
EM	Principal Inv Intl Emrg Mkts Inst	PIEIX	A+	(800) 247-4123	30.87	A+ / 9.9	49.24 / 99	43.23 / 99	32.00 / 99	C+ / 6.7	58	6
EM	Principal Inv Intl Emrg Mkts Pfd	PEPSX	A+	(800) 247-4123	30.84	A+ / 9.9	48.85 / 98	42.84 / 99	31.67 / 99	C+ / 6.7	54	6
EM	Principal Inv Intl Emrg Mkts Sel	PESSX	A+	(800) 247-4123	30.80	A+ / 9.9	48.69 / 98	42.72 / 99	31.55 / 99	C+ / 6.7	52	6
EM	AIM Developing Markets Fd Inst	GTDIX	A+	(800) 347-4246	32.18	A+ / 9.9	54.22 / 99	42.21 / 99	32.12 / 99	C+ / 6.6	44	2
FO	Matthews China Fund	MCHFX	A	(800) 892-0382	31.20	A+ / 9.9	77.78 / 99	35.51 / 98	27.27 / 97	C+ / 6.1	99	N/A
EM	Fidelity Adv Emerging Asia I	FERIX	A	(800) 522-7297	29.33	A+ / 9.9	51.50 / 99	38.90 / 98	25.12 / 96	C+ / 6.0	92	3
FO	Columbia Greater China Z	LNGZX	A	(800) 426-3750	53.09	A+ / 9.9	68.46 / 99	38.07 / 98	28.31 / 98	C+ / 6.0	99	N/A
FO	Columbia Greater China B	NGCBX	A	(800) 426-3750	49.90	A+ / 9.9	66.76 / 99	36.70 / 98	26.38 / 97	C+ / 5.9	99	N/A
FO	Columbia Greater China C	NGCCX	A	(800) 426-3750	50.56	A+ / 9.9	66.73 / 99	36.70 / 98	26.34 / 97	C+ / 5.9	99	N/A
FO	● AIM European Small Company C	ESMCX	A	(800) 347-4246	31.73	A+ / 9.9	40.18 / 97	43.94 / 99	37.11 / 99	C+ / 5.9	99	7
FO	● AIM European Small Company B	ESMBX	A	(800) 347-4246	31.73	A+ / 9.9	40.24 / 97	43.91 / 99	37.12 / 99	C+ / 5.9	99	7
FO	● AIM European Small Company A	ESMAX	A	(800) 347-4246	33.02	A+ / 9.9	41.26 / 97	44.96 / 99	38.10 / 99	C+ / 5.9	99	7
FO	Columbia Greater China A	NGCAX	A	(800) 426-3750	51.14	A+ / 9.9	68.04 / 99	37.72 / 98	27.33 / 97	C+ / 5.9	99	N/A
EM	Universal Inst Emer Markets Eqty II	UEMBX	A-	(800) 869-6397	22.88	A+ / 9.9	48.56 / 98	39.70 / 98	--	C+ / 5.7	21	4
EM	Universal Inst Emer Markets Eqty I	UEMEX	A-	(800) 869-6397	22.90	A+ / 9.9	48.52 / 98	39.71 / 98	28.63 / 98	C+ / 5.7	21	11
FO	Fidelity Southeast Asia Fund	FSEAX	A-	(800) 544-8888	35.41	A+ / 9.9	62.62 / 99	41.68 / 99	27.86 / 97	C+ / 5.7	99	14
FO	Dreyfus Premier Greater China A	DPCAX	A-	(800) 782-6620	49.47	A+ / 9.9	95.39 / 99	43.54 / 99	30.72 / 98	C+ / 5.6	99	9
FO	Dreyfus Premier Greater China I	DPCRX	A-	(800) 782-6620	50.21	A+ / 9.9	95.93 / 99	43.93 / 99	31.11 / 99	C+ / 5.6	99	9
FO	Eaton Vance Greater China C	ECCGX	B+	(800) 225-6265	29.44	A+ / 9.9	65.58 / 99	36.18 / 98	25.57 / 96	C / 5.5	99	5
FO	Eaton Vance Greater China A	EVCGX	B+	(800) 225-6265	29.58	A+ / 9.9	66.49 / 99	36.88 / 98	26.27 / 97	C / 5.5	99	5
FO	Eaton Vance Greater China B	EMCGX	B+	(800) 225-6265	29.49	A+ / 9.9	65.58 / 99	36.23 / 98	25.61 / 96	C / 5.5	99	5
FO	Dreyfus Premier Greater China T	DPCTX	A-	(800) 782-6620	48.12	A+ / 9.9	94.82 / 99	43.07 / 99	30.40 / 98	C / 5.5	99	7
FO	● Dreyfus Premier Greater China B	DPCBX	A-	(800) 782-6620	46.87	A+ / 9.9	93.88 / 99	42.41 / 99	29.70 / 98	C / 5.5	98	9
FO	Dreyfus Premier Greater China C	DPCCX	A-	(800) 782-6620	46.82	A+ / 9.9	93.91 / 99	42.45 / 99	29.73 / 98	C / 5.5	98	9
EM	Van Eck Emerging Mkts A	GBFAX	B+	(800) 221-2220	16.63	A+ / 9.9	57.01 / 99	43.37 / 99	32.21 / 99	C / 4.9	93	5
EM	Van Eck Emerging Mkts C	EMRCX	B+	(800) 221-2220	16.28	A+ / 9.9	55.71 / 99	42.63 / 99	--	C / 4.9	92	5
FO	DFA Emerging Markets Small Cap	DEMSX	B	(800) 984-9472	22.43	A+ / 9.9	68.92 / 99	42.15 / 99	35.49 / 99	C / 4.7	97	N/A
EM	Lazard Emerging Markets Inst	LZEMX	B	(800) 823-6300	24.20	A+ / 9.9	46.76 / 98	42.00 / 99	32.61 / 99	C / 4.7	63	13
EM	AIM Developing Markets Fd A	GTDDX	B	(800) 347-4246	32.06	A+ / 9.9	53.45 / 99	41.84 / 99	31.91 / 99	C / 4.7	40	4
EM	Lazard Emerging Markets Open	LZOEX	B	(800) 823-6300	24.42	A+ / 9.9	46.30 / 98	41.71 / 99	32.37 / 99	C / 4.7	61	10
EM	AIM Developing Markets Fd B	GTDBX	B	(800) 347-4246	31.08	A+ / 9.9	52.35 / 99	40.87 / 99	31.11 / 98	C / 4.7	32	4
EM	AIM Developing Markets Fd C	GTDCX	B	(800) 347-4246	31.05	A+ / 9.9	52.28 / 99	40.87 / 99	31.11 / 99	C / 4.7	32	4
EM	Principal Inv Intl Emrg Mkts J	PIEJX	B	(800) 247-4123	30.04	A+ / 9.9	48.35 / 98	42.15 / 99	30.80 / 98	C / 4.6	46	6
EM	● GMO Emerging Markets Fund III	GMOEX	B		25.08	A+ / 9.9	46.25 / 98	41.96 / 99	33.48 / 99	C / 4.5	43	14
FO	Nationwide China Opport B	GOPBX	B	(888) 366-0404	24.07	A+ / 9.9	80.17 / 99	40.71 / 99	--	C / 4.5	99	3
FO	Nationwide China Opport C	GOPCX	B	(888) 366-0404	24.07	A+ / 9.9	80.29 / 99	40.67 / 99	--	C / 4.5	99	3
FO	Nationwide China Opport R	GOPRX	B	(888) 366-0404	24.27	A+ / 9.9	80.86 / 99	41.26 / 99	--	C / 4.5	99	3
EM	DFA Emerging Markets Value	DFEVX	B	(800) 984-9472	40.53	A+ / 9.9	62.09 / 99	46.98 / 99	39.38 / 99	C / 4.5	89	N/A
FO	T. Rowe Price New Asia Fd	PRASX	B	(800) 638-5660	18.01	A+ / 9.9	67.15 / 99	39.38 / 98	27.68 / 97	C / 4.4	98	17
EM	T. Rowe Price Instl Emer Mkt Eqty	IEMFX	B	(800) 638-5660	36.17	A+ / 9.9	51.35 / 99	39.65 / 98	--	C / 4.3	15	5
EM	Fidelity Adv Emerging Markets I	FIMKX	B	(800) 522-7297	25.64	A+ / 9.9	46.36 / 98	42.28 / 99	--	C / 4.3	25	3
EM	Nationwide Emerging Markets Inst	GEGIX	B	(888) 366-0404	21.73	A+ / 9.9	53.23 / 99	38.29 / 98	31.17 / 99	C / 4.3	8	1
EM	Fidelity Adv Emerging Markets B	FBMKX	B	(800) 522-7297	24.98	A+ / 9.9	44.90 / 98	40.88 / 99	--	C / 4.3	18	3
EM	Fidelity Adv Emerging Markets C	FMCKX	B	(800) 522-7297	24.98	A+ / 9.9	44.90 / 98	40.89 / 99	--	C / 4.3	18	3
EM	Fidelity Adv Emerging Markets T	FTMKX	B	(800) 522-7297	25.31	A+ / 9.9	45.63 / 98	41.53 / 99	--	C / 4.3	21	3

● Denotes fund is closed to new investors

Summer 2007

V. Performance: 100 Best Stock Mutual Funds

99 Pct = Best
0 Pct = Worst

Fund Type	Fund Name	Ticker Symbol	Overall Investment Rating	Phone	Net Asset Value As of 6/30/07	PERFORMANCE Perform-ance Rating/Pts	Annualized Total Return Through 6/30/07			RISK Risk Rating/Pts	FUND MGR Mgr. Quality Pct	Mgr. Tenure (Years)
							1Yr / Pct	3Yr / Pct	5Yr / Pct			
FO	● Fidelity Adv Korea T	FAKTX	B	(800) 522-7297	32.31	A+ /9.9	44.99 /98	43.57 /99	25.19 /96	C /4.3	97	1
EM	Quant Emg-Markets Ord	QFFOX	B	(800) 326-2151	27.46	A+ /9.9	52.13 /99	40.20 /99	36.41 /99	C /4.3	11	5
EM	Quant Emg-Markets Inst	QEMAX	B	(800) 326-2151	27.87	A+ /9.9	52.61 /99	40.72 /99	36.96 /99	C /4.3	14	5
FO	● Fidelity Adv Korea A	FAKAX	B	(800) 522-7297	32.85	A+ /9.9	45.53 /98	43.99 /99	25.54 /96	C /4.3	97	1
FO	● Fidelity Adv Korea I	FKRIX	B	(800) 522-7297	33.31	A+ /9.9	45.68 /98	44.26 /99	25.81 /97	C /4.3	97	1
EM	American Century Emerging Mkt C	ACECX	B	(800) 345-6488	10.34	A+ /9.9	53.70 /99	40.86 /99	28.49 /98	C- /4.2	56	N/A
EM	Principal Inv Intl Emrg Mkts C	PMKCX	B	(800) 247-4123	30.79	A+ /9.9	49.52 /99	42.78 /99	31.46 /99	C- /4.2	55	N/A
EM	T. Rowe Price Emerging Mkts Stk	PRMSX	B	(800) 638-5660	38.15	A+ /9.9	51.04 /99	39.99 /99	31.02 /98	C- /4.2	18	12
FO	● Fidelity Adv Korea B	FAKBX	B	(800) 522-7297	31.33	A+ /9.9	44.25 /98	42.84 /99	24.55 /96	C- /4.2	96	1
FO	● Fidelity Adv Korea C	FAKCX	B	(800) 522-7297	31.38	A+ /9.9	44.25 /98	42.80 /99	24.55 /96	C- /4.2	96	1
EM	American Century Emerging Mkt	AMKIX	B	(800) 345-6488	10.99	A+ /9.9	55.75 /99	42.63 /99	29.97 /98	C- /4.1	71	N/A
EM	American Century Emerging Mkt	AEMMX	B-	(800) 345-6488	10.56	A+ /9.9	54.85 /99	41.98 /99	29.36 /98	C- /4.1	67	N/A
EM	American Century Emerging Mkt	TWMIX	B-	(800) 345-6488	10.80	A+ /9.9	55.37 /99	42.36 /99	29.72 /98	C- /4.1	71	N/A
EM	Fidelity Emerging Markets	FEMKX	B-	(800) 544-8888	29.22	A+ /9.9	47.56 /98	43.26 /99	30.67 /98	C- /4.1	27	3
EM	RS Emerging Markets Fund C	REMGX	B-	(800) 766-3863	22.76	A+ /9.9	43.93 /98	40.02 /99	29.37 /98	C- /4.0	25	7
FO	Oppenheimer Intl Small Comp N	OSMNX	B-	(800) 525-7048	32.49	A+ /9.9	51.97 /99	38.37 /98	34.19 /99	C- /4.0	93	6
EM	Nationwide Emerging Markets IS	GEGSX	B-	(888) 366-0404	21.73	A+ /9.9	53.23 /99	38.29 /98	31.17 /99	C- /3.9	8	1
EM	Pioneer Emerging Markets Y	PYEFX	B-	(800) 225-6292	39.08	A+ /9.9	50.08 /99	41.99 /99	32.27 /99	C- /3.9	46	N/A
EM	Pioneer Emerging Markets R	PEMRX	B-	(800) 225-6292	35.94	A+ /9.9	48.98 /99	40.60 /99	30.97 /98	C- /3.8	34	N/A
FO	Fidelity Adv Latin America A	FLTAX	B-	(800) 522-7297	50.72	A+ /9.9	56.47 /99	57.00 /99	41.34 /99	C- /3.8	99	2
FO	Fidelity Adv Latin America B	FLTBX	B-	(800) 522-7297	49.43	A+ /9.9	55.35 /99	55.82 /99	40.32 /99	C- /3.8	99	2
FO	Fidelity Adv Latin America C	FLACX	B-	(800) 522-7297	49.22	A+ /9.9	55.27 /99	55.84 /99	40.28 /99	C- /3.8	99	2
FO	Fidelity Adv Latin America I	FLNIX	B-	(800) 522-7297	51.73	A+ /9.9	56.96 /99	57.42 /99	41.74 /99	C- /3.8	99	2
FO	Fidelity Adv Latin America T	FLTTX	B-	(800) 522-7297	50.35	A+ /9.9	56.09 /99	56.58 /99	41.00 /99	C- /3.8	99	2
EM	Pioneer Emerging Markets A	PEMFX	B-	(800) 225-6292	36.73	A+ /9.9	49.25 /99	41.09 /99	31.26 /99	C- /3.8	38	N/A
EM	SSgA Emerging Markets I	SSEMX	B-	(800) 647-7327	27.86	A+ /9.9	45.52 /98	40.45 /99	30.49 /98	C- /3.8	19	N/A
EM	Pioneer Emerging Markets B	PBEFX	B-	(800) 225-6292	33.01	A+ /9.9	48.03 /98	39.93 /99	30.20 /98	C- /3.7	29	N/A
EM	Metzler/Payden European Emrg	MPYMX	B-	(888) 409-8007	36.02	A+ /9.9	38.89 /97	44.98 /99	--	C- /3.7	65	N/A
FO	T. Rowe Price Latin America	PRLAX	B-	(800) 638-5660	47.37	A+ /9.9	62.60 /99	61.62 /99	43.20 /99	C- /3.7	99	11
EM	Evergreen Emerging Market	EMGYX	B-	(800) 343-2898	25.60	A+ /9.9	49.20 /99	40.72 /99	30.83 /98	C- /3.7	26	13
EM	Fidelity Latin American Fund	FLATX	B-	(800) 544-8888	55.39	A+ /9.9	57.67 /99	57.65 /99	42.35 /99	C- /3.7	89	N/A
EM	Pioneer Emerging Markets C	PCEFX	B-	(800) 225-6292	32.95	A+ /9.9	48.16 /98	40.10 /99	30.33 /98	C- /3.7	30	N/A
FO	BlackRock Latin America Inst	MALTX	C+	(888) 825-2257	68.50	A+ /9.9	64.60 /99	61.27 /99	44.52 /99	C- /3.6	99	N/A
EM	● GMO Emerging Markets Fund VI	GEMMX	C+		25.04	A+ /9.9	46.43 /98	42.10 /99	--	C- /3.5	44	N/A
EM	● GMO Emerging Markets Fund V	GEMVX	C+		24.99	A+ /9.9	46.24 /98	41.96 /99	--	C- /3.5	42	N/A
FO	BlackRock Latin America Inv C	MCLTX	C+	(888) 825-2257	64.18	A+ /9.9	63.02 /99	59.67 /99	43.05 /99	C- /3.5	99	N/A
EM	MSIF Inc. Emerging Markets A	MGEMX	C+	(800) 354-8185	34.37	A+ /9.9	48.90 /99	40.34 /99	30.38 /98	C- /3.5	24	6
EM	● GMO Emerging Markets Fund IV	GMEFX	C+		25.02	A+ /9.9	46.32 /98	42.03 /99	33.52 /99	C- /3.5	43	N/A
FO	BlackRock Latin America Inv A	MDLTX	C+	(888) 825-2257	67.89	A+ /9.9	64.24 /99	60.86 /99	44.17 /99	C- /3.5	99	N/A
FO	BlackRock Latin America Inv B	MBLTX	C+	(888) 825-2257	65.14	A+ /9.9	62.96 /99	59.63 /99	43.04 /99	C- /3.5	99	N/A
PM	● Vanguard Prec. Metals & Mining Fd	VGPMX	C+	(800) 662-7447	33.75	A+ /9.9	30.41 /93	44.31 /99	33.02 /99	C- /3.3	99	11
EM	● Driehaus Emerging Markets	DREGX	C+	(800) 560-6111	45.93	A+ /9.9	45.73 /98	43.33 /99	33.70 /99	C- /3.3	41	10
FO	DWS Latin America Eq Fund C	SLAPX	C+	(800) 621-1048	70.18	A+ /9.9	55.28 /99	53.45 /99	37.32 /99	C- /3.3	98	6
FO	DWS Latin America Eq Fund B	SLAOX	C+	(800) 621-1048	70.20	A+ /9.9	55.20 /99	53.25 /99	37.25 /99	C- /3.3	98	6
FO	DWS Latin America Eq Fund A	SLANX	C+	(800) 621-1048	71.22	A+ /9.9	56.55 /99	54.57 /99	38.40 /99	C- /3.3	99	6
FO	● DWS Latin America Eq Fund S	SLAFX	C+	(800) 621-1048	71.42	A+ /9.9	57.01 /99	54.95 /99	38.73 /99	C- /3.3	99	11
EM	● Adv Inn Cir Acadian Emg Mkt I	AEMGX	C+	(866) 777-7818	33.40	A+ /9.9	42.40 /97	42.77 /99	36.19 /99	C- /3.2	25	N/A
EM	Principal Inv Intl Emrg Mkts A	PRIAX	C+	(800) 247-4123	30.88	A+ /9.9	48.33 /98	54.98 /99	38.09 /99	C- /3.1	96	2

● Denotes fund is closed to new investors

www.thestreet.com/ratings

Data as of June 30, 2007

V. Performance: 100 Worst Stock Mutual Funds

Summer 2007

99 Pct = Best
0 Pct = Worst

Fund Type	Fund Name	Ticker Symbol	Overall Investment Rating	Phone	Net Asset Value As of 6/30/07	Performance Rating/Pts	Annualized Total Return Through 6/30/07			Risk Rating/Pts	Mgr. Quality Pct	Mgr. Tenure (Years)
							1Yr / Pct	3Yr / Pct	5Yr / Pct			
SC	ProFunds-Ultra Short Small-Cap	UCPSX	E-	(888) 776-3637	12.19	E- / 0.0	-23.64 / 0	-22.52 / 0	--	E- / 0.0	1	3
SC	ProFunds-Ultra Short Small-Cap	UCPIX	E-	(888) 776-3637	12.16	E- / 0.0	-22.88 / 0	-21.71 / 0	--	E- / 0.0	1	3
MC	ProFunds-Ultra Short Mid-Cap Svc	UIPSX	E-	(888) 776-3637	11.85	E- / 0.0	-23.71 / 0	-22.55 / 0	--	E- / 0.0	3	3
MC	ProFunds-Ultra Short Mid-Cap Inv	UIPIX	E-	(888) 776-3637	12.03	E- / 0.0	-22.85 / 0	-21.70 / 0	--	E- / 0.0	4	3
GR	ProFunds-Ultra Short OTC Fund	USPSX	E-	(888) 776-3637	12.01	E- / 0.0	-29.70 / 0	-13.85 / 0	-29.69 / 0	E- / 0.0	96	9
GR	ProFunds-Semicond UltraSector	SMPSX	E-	(888) 776-3637	19.16	E- / 0.0	18.05 / 45	-5.03 / 0	-0.14 / 0	E- / 0.0	0	7
GR	ProFunds-Semicond UltraSector	SMPIX	E-	(888) 776-3637	20.55	E- / 0.0	19.35 / 55	-4.08 / 0	0.90 / 0	E- / 0.0	0	7
GR	ProFunds-Ultra Short OTC Fund	USPIX	E-	(888) 776-3637	11.54	E- / 0.0	-29.08 / 0	-13.02 / 0	-29.03 / 0	E- / 0.0	97	9
AG	Rydex Dyn-Inv OTC 2x Strategy H	RYVNX	E-	(800) 820-0888	14.74	E- / 0.0	-28.89 / 0	-13.07 / 0	-29.03 / 0	E- / 0.0	97	N/A
SC	Direxion Small Cp Bear 2.5X	DXRSX	E-	(800) 851-0511	10.55	E- / 0.0	-30.31 / 0	-22.46 / 0	-22.01 / 0	E- / 0.0	0	8
MC	● Reynolds Opportunity Fund	ROPPX	E-	(800) 773-9665	8.03	E- / 0.0	3.00 / 1	-2.19 / 0	6.76 / 7	E- / 0.0	0	15
AG	Rydex Dyn-Inv OTC 2x Strategy C	RYCDX	E-	(800) 820-0888	14.08	E- / 0.0	-29.45 / 0	-13.73 / 0	-29.56 / 0	E- / 0.0	96	N/A
SC	Frontier MicroCap Fund	FEFPX	E-	(800) 231-2901	0.19	E- / 0.0	--	-11.05 / 0	-28.26 / 0	E- / 0.1	0	5
MC	Apex Mid-Cap Growth Fund	BMCGX	E-	(877) 593-8637	1.57	E- / 0.0	16.30 / 34	-5.15 / 0	8.84 / 21	E- / 0.2	0	14
EN	BlackRock Comm Strategies A	MDCDX	E-	(888) 825-2257	8.60	E- / 0.0	-19.56 / 0	1.74 / 0	--	E / 0.5	0	N/A
EN	BlackRock Comm Strategies B	MBCDX	E-	(888) 825-2257	8.62	E- / 0.0	-20.25 / 0	1.01 / 0	--	E / 0.5	0	N/A
EN	BlackRock Comm Strategies C	MCCDX	E-	(888) 825-2257	8.60	E- / 0.0	-20.23 / 0	0.99 / 0	--	E / 0.5	0	N/A
EN	BlackRock Comm Strategies Inst	MACDX	E-	(888) 825-2257	8.60	E- / 0.0	-19.45 / 0	1.96 / 0	--	E+ / 0.6	0	N/A
MC	● Reynolds Fund	REYFX	E-	(800) 773-9665	6.16	E- / 0.0	1.15 / 1	-3.90 / 0	10.55 / 39	E+ / 0.9	0	8
GR	Turnaround Fund	TURNX	E-		13.15	E- / 0.0	4.81 / 1	1.94 / 0	--	D- / 1.3	1	4
SC	Van Wagoner Small-Cap Growth	VWMCX	E-	(800) 228-2121	9.88	E- / 0.0	2.60 / 1	-4.55 / 0	-0.58 / 0	D- / 1.3	0	12
GR	Van Wagoner Emerging Growth	VWEGX	E-	(800) 228-2121	4.72	E- / 0.0	4.19 / 1	-6.58 / 0	-2.55 / 0	D- / 1.3	0	12
GR	ProFunds-Ultra Bear Fund Inv	URPIX	E-	(888) 776-3637	12.69	E- / 0.0	-23.24 / 0	-14.22 / 0	-18.83 / 0	D- / 1.4	14	10
GR	ProFunds-Ultra Bear Fund Svc	URPSX	E-	(888) 776-3637	12.66	E- / 0.0	-23.94 / 0	-15.04 / 0	-19.54 / 0	D- / 1.4	10	10
AG	Rydex Dyn-Inv S&P 500 2x	RYCBX	E-	(800) 820-0888	27.43	E- / 0.0	-23.83 / 0	-14.85 / 0	-19.54 / 0	D- / 1.4	11	N/A
AG	Rydex Dyn-Inv S&P 500 2x	RYTPX	E-	(800) 820-0888	28.87	E- / 0.0	-23.21 / 0	-14.17 / 0	-18.89 / 0	D- / 1.5	15	N/A
IN	Kelmoore Strategy Eagle C	KSECX	E-	(877) 328-9456	8.68	E- / 0.0	4.02 / 1	-0.59 / 0	5.55 / 3	D / 1.6	0	7
SC	Van Wagoner Growth	VWGOX	E-	(800) 228-2121	10.05	E- / 0.0	0.50 / 1	-7.21 / 0	--	D / 1.8	0	4
IN	Kelmoore Strategy Eagle A	KSEAX	E-	(877) 328-9456	9.64	E- / 0.0	4.86 / 1	0.34 / 0	6.38 / 6	D / 1.8	0	7
FS	Burnham Financial Services A	BURKX	E-	(800) 874-3863	20.74	E- / 0.0	1.53 / 1	6.24 / 6	12.16 / 55	D / 1.9	32	8
SC	ProFunds-Short Small Cap Inv	SHPIX	E-	(888) 776-3637	15.30	E- / 0.0	-9.35 / 0	-9.15 / 0	-12.54 / 0	D / 1.9	14	5
SC	ProFunds-Short Small Cap Svc	SHPSX	E-	(888) 776-3637	16.03	E- / 0.0	-10.40 / 0	-10.10 / 0	-13.36 / 0	D / 2.0	10	5
GR	ProFunds-Short OTC Svc	SOPSX	E-	(888) 776-3637	15.87	E- / 0.0	-14.18 / 0	-5.44 / 0	-13.83 / 0	D / 2.1	88	5
GR	ProFunds-Short OTC Inv	SOPIX	E-	(888) 776-3637	16.14	E- / 0.0	-13.27 / 0	-4.47 / 0	-12.93 / 0	D / 2.1	92	5
AG	Rydex Series-Inv OTC Strgy C	RYACX	E-	(800) 820-0888	18.86	E- / 0.0	-13.95 / 0	-5.43 / 0	-13.67 / 0	D / 2.1	88	N/A
AG	Rydex Series-Inv OTC Strgy Inv	RYAIX	E-	(800) 820-0888	20.22	E- / 0.0	-13.07 / 0	-4.48 / 0	-12.76 / 0	D / 2.2	92	N/A
SC	Leuthold Grizzly Short Fund	GRZZX	E-	(888) 200-0409	4.77	E- / 0.0	-15.68 / 0	-9.32 / 0	-13.69 / 0	D+ / 2.3	5	7
TC	Aston Veredus SciTech Fund N	AVSTX	E-	(800) 443-4725	8.02	E- / 0.0	5.39 / 2	0.80 / 0	6.92 / 8	D+ / 2.3	0	6
GI	PIMCO StocksPLUS Tr Sh Strat I	PSTIX	E-	(800) 227-7337	7.84	E- / 0.0	-9.26 / 0	-4.35 / 0	--	D+ / 2.5	55	N/A
SC	Rice Hall James Small/Mid Cap	RHJMX	E-	(866) 777-7818	13.38	E- / 0.0	-6.57 / 0	1.64 / 0	3.82 / 1	D+ / 2.5	2	11
AG	Gabelli Comstck Partners Cap Val	CPCCX	E-	(800) 422-3554	1.96	E- / 0.0	-11.03 / 0	-11.03 / 0	-11.84 / 0	D+ / 2.6	6	11
AG	Gabelli Comstck Partners Cap Val	CPCRX	E-	(800) 422-3554	2.12	E- / 0.0	-9.51 / 0	-9.95 / 0	-10.90 / 0	D+ / 2.6	9	11
AG	Gabelli Comstck Partners Cap Val	DRCVX	E-	(800) 422-3554	2.11	E- / 0.0	-10.18 / 0	-10.33 / 0	-11.13 / 0	D+ / 2.6	9	11
AG	Gabelli Comstck Partners Cap Val	DCVBX	E-	(800) 422-3554	2.07	E- / 0.0	-10.58 / 0	-10.92 / 0	-11.74 / 0	D+ / 2.6	7	11
FS	FBR Small Cap Financial Fd	FBRSX	E-	(888) 888-0025	25.87	E- / 0.0	-6.78 / 0	4.38 / 2	9.85 / 31	D+ / 2.7	11	10
SC	Calvert New Vision Small Cap C	CNVCX	E-	(800) 368-2745	16.07	E- / 0.0	1.26 / 1	-0.68 / 0	2.47 / 0	C- / 3.2	0	N/A
GR	ProFunds-Bear Fund Inv	BRPIX	E-	(888) 776-3637	25.35	E- / 0.0	-10.34 / 0	-5.86 / 0	-8.39 / 0	C- / 3.2	27	10
SC	Calvert New Vision Small Cap B	CNVBX	E-	(800) 368-2745	15.88	E- / 0.0	1.15 / 1	-0.80 / 0	2.34 / 0	C- / 3.2	0	N/A
GR	Direxion S&P 500 Bear 1.0XFd	PSPSX	E-	(800) 851-0511	23.70	E- / 0.0	-10.76 / 0	-7.06 / 0	-9.82 / 0	C- / 3.3	18	10
AG	Gabelli Comstock Partners Strat C	CPFCX	E-	(800) 422-3554	2.46	E- / 0.0	-10.67 / 0	-10.90 / 0	-10.02 / 0	C- / 3.4	1	11
FO	● Fidelity Japan Small Companies	FJSCX	E-	(800) 544-8888	12.54	E- / 0.0	-10.98 / 0	1.37 / 0	11.87 / 52	C- / 3.4	0	11
AG	● Gabelli Comstock Partners Strat O	CPSFX	E-	(800) 422-3554	2.36	E- / 0.0	-9.90 / 0	-9.99 / 0	-9.08 / 0	C- / 3.4	2	11

● Denotes fund is closed to new investors

Summer 2007

V. Performance: 100 Worst Stock Mutual Funds

Fund Type	Fund Name	Ticker Symbol	Overall Investment Rating	Phone	Net Asset Value As of 6/30/07	Performance Rating/Pts	Annualized Total Return Through 6/30/07 1Yr/Pct	3Yr/Pct	5Yr/Pct	Risk Rating/Pts	Mgr. Quality Pct	Mgr. Tenure (Years)
AG	Gabelli Comstock Partners Strat A	CPFAX	E-	(800) 422-3554	2.44	E- /0.0	-9.82 / 0	-10.08 / 0	-9.27 / 0	C- / 3.4	2	11
SC	Calvert New Vision Small Cap A	CNVAX	E-	(800) 368-2745	17.67	E- /0.0	2.14 / 1	0.12 / 0	3.31 / 0	C- / 3.5	1	N/A
FO	Commonwealth-Japan Fund	CNJFX	E-	(888) 345-1898	3.80	E- /0.0	0.73 / 1	2.41 / 1	2.83 / 0	C- / 3.5	0	10
HL	Allianz RCM Biotechnology B	RBBTX	E-	(800) 426-0107	23.87	E- /0.0	5.95 / 2	-1.80 / 0	8.44 / 18	C- / 3.5	0	N/A
HL	Allianz RCM Biotechnology C	RCBTX	E-	(800) 426-0107	23.88	E- /0.0	5.94 / 2	-1.80 / 0	8.45 / 18	C- / 3.5	0	N/A
AG	Ameritor Security Trust 1	ASTRX	E-	(800) 424-8570	0.38	E- /0.0	-7.32 / 0	-5.48 / 0	-4.96 / 0	C- / 3.6	0	10
HL	Allianz RCM Biotechnology D	DRBNX	E-	(800) 426-0107	24.86	E- /0.0	6.79 / 3	-1.06 / 0	9.27 / 26	C- / 3.6	0	N/A
HL	Allianz RCM Biotechnology A	RABTX	E-	(800) 426-0107	24.87	E- /0.0	6.74 / 3	-1.06 / 0	9.26 / 25	C- / 3.6	0	N/A
SC	Calvert New Vision Small Cap I	CVSMX	E-	(800) 368-2745	18.70	E- /0.0	2.92 / 1	0.92 / 0	4.37 / 1	C- / 3.8	1	N/A
GR	ProFunds-Bear Fund Svc	BRPSX	E-	(888) 776-3637	25.62	E- /0.0	-11.20 / 0	-6.77 / 0	-9.27 / 0	C- / 3.8	20	10
FO	Matthews Japan Fund	MJFOX	E-	(800) 892-0382	16.89	E- /0.0	-6.37 / 0	2.39 / 1	10.37 / 37	C- / 3.8	0	9
OT	ProFunds-Rising Rates Opport Svc	RRPSX	E-	(888) 776-3637	20.81	E- /0.0	0.81 / 1	-1.53 / 0	-5.42 / 0	C- / 3.9	4	5
AG	Rydex Ser-Inv S&P 500 Stgry Adv	RYUAX	E-	(800) 820-0888	34.49	E- /0.0	-10.49 / 0	-5.95 / 0	-8.40 / 0	C- / 4.0	27	N/A
OT	ProFunds-Rising Rates Opport Inv	RRPIX	E-	(888) 776-3637	21.34	E- /0.0	1.90 / 1	-0.52 / 0	-4.50 / 0	C- / 4.0	5	5
FO	● Credit Suisse Japan Equity Com	WPJGX	E-	(800) 222-8977	6.39	E- /0.0	-7.93 / 0	4.62 / 3	5.50 / 3	C- / 4.1	0	2
GR	Reynolds Blue Chip Growth Fund	RBCGX	E-	(800) 773-9665	31.27	E- /0.0	3.78 / 1	0.18 / 0	4.94 / 2	C- / 4.1	0	19
FO	Credit Suisse Japan Equity A	CUJAX	E-	(800) 222-8977	6.35	E- /0.0	-8.10 / 0	4.72 / 3	5.36 / 3	C- / 4.1	0	2
FO	Credit Suisse Japan Equity Adv	WPJAX	E-	(800) 222-8977	6.27	E- /0.0	-7.79 / 0	4.85 / 3	5.53 / 3	C- / 4.2	0	2
AG	Rydex Ser-Inv S&P 500 Stgry Inv	RYURX	E-	(800) 820-0888	36.33	E- /0.0	-10.04 / 0	-5.49 / 0	-7.95 / 0	C / 4.3	31	N/A
AG	Rydex Ser-Inv S&P 500 Stgry C	RYUCX	E-	(800) 820-0888	33.97	E- /0.0	-10.91 / 0	-6.45 / 0	-8.88 / 0	C / 4.3	23	N/A
HL	Fidelity Adv Biotechnology C	FBTCX	E-	(800) 522-7297	6.96	E- /0.0	4.82 / 1	1.84 / 0	9.91 / 32	C / 4.4	1	2
HL	Fidelity Adv Biotechnology B	FBTBX	E-	(800) 522-7297	6.96	E- /0.0	4.82 / 1	1.89 / 0	9.91 / 32	C / 4.4	1	2
HL	Fidelity Adv Biotechnology T	FBTTX	E-	(800) 522-7297	7.20	E- /0.0	5.42 / 2	2.38 / 1	10.45 / 38	C / 4.4	1	2
HL	Fidelity Adv Biotechnology A	FBTAX	E-	(800) 522-7297	7.32	E- /0.0	5.63 / 2	2.64 / 1	10.72 / 41	C / 4.4	1	2
GR	New York Equity Fund	NYSAX	E-	(888) 899-8344	7.92	E- /0.0	-1.86 / 0	-3.63 / 0	6.95 / 8	C / 4.4	0	N/A
HL	Rydex Series-Biotechnology Adv	RYOAX	E-	(800) 820-0888	20.67	E- /0.0	2.23 / 1	1.98 / 0	8.86 / 22	C / 4.5	1	N/A
HL	Rydex Series-Biotechnology C	RYCFX	E-	(800) 820-0888	20.38	E- /0.0	1.65 / 1	1.45 / 0	8.27 / 17	C / 4.5	0	N/A
HL	Quaker Biotech Pharma-Hlthcare C	CBPCX	E	(800) 220-8888	11.98	E- /0.0	8.67 / 5	1.92 / 0	--	C / 5.2	1	5
HL	● Quaker Biotech Pharma-Hlthcare B	QBPBX	E	(800) 220-8888	11.97	E- /0.0	8.67 / 5	1.92 / 0	--	C / 5.2	1	5
HL	Quaker Biotech Pharma-Hlthcare A	QBPAX	E	(800) 220-8888	12.45	E- /0.0	9.51 / 7	2.68 / 1	--	C / 5.3	1	5
AG	Rydex Dyn-Inv Dow 2x Strategy H	RYCWX	E	(800) 820-0888	31.55	E- /0.0	-26.18 / 0	-13.85 / 0	--	C+ / 6.0	19	N/A
AG	Rydex Dyn-Inv Dow 2x Strategy C	RYCZX	E	(800) 820-0888	30.74	E- /0.0	-26.70 / 0	-14.51 / 0	--	C+ / 6.0	15	N/A
FS	Hilliard-Lyons Senbanc Fund	SENBX	E	(800) 444-1854	15.63	E- /0.0	0.45 / 1	2.99 / 1	8.32 / 17	C+ / 6.1	7	N/A
GR	Prudent Bear C	PBRCX	E+	(800) 711-1848	5.56	E- /0.0	-0.27 / 0	1.88 / 0	-1.63 / 0	C+ / 6.6	84	N/A
GI	Jacobs & Co Mutual Fund	JACOX	E+	(877) 560-6823	8.03	E- /0.0	-2.16 / 0	0.13 / 0	-1.96 / 0	C+ / 6.6	3	6
AG	Rydex Series-Inv OTC Strgy Adv	RYAAX	E+	(800) 820-0888	19.82	E- /0.0	-13.49 / 0	-4.94 / 0	--	C+ / 6.7	90	N/A
AG	Rydex Series-Inv OTC Strgy A	RYAPX	E+	(800) 820-0888	19.98	E- /0.0	-13.25 / 0	-4.72 / 0	--	C+ / 6.7	91	N/A
GR	Prudent Bear Fd	BEARX	E+	(800) 711-1848	5.78	E- /0.0	0.58 / 1	2.67 / 1	-0.90 / 0	C+ / 6.7	89	N/A
SC	Rydex Ser-Inv Russell 2000 Stgy H	RYSHX	E+	(800) 820-0888	34.12	E- /0.0	-8.84 / 0	-9.13 / 0	--	C+ / 6.8	14	N/A
SC	Rydex Ser-Inv Russell 2000 Stgy C	RYCQX	E+	(800) 820-0888	33.24	E- /0.0	-9.51 / 0	-9.81 / 0	--	C+ / 6.8	11	N/A
SC	Rydex Ser-Inv Russell 2000 Stgy A	RYAFX	E+	(800) 820-0888	34.10	E- /0.0	-8.85 / 0	-9.15 / 0	--	C+ / 6.8	14	N/A
FS	Rydex Series-Banking C	RYKCX	E+	(800) 820-0888	10.11	E- /0.0	0.61 / 1	2.67 / 1	4.92 / 2	C+ / 6.8	5	N/A
FS	Rydex Series-Banking Adv	RYKAX	E+	(800) 820-0888	10.24	E- /0.0	0.90 / 1	3.14 / 1	5.46 / 3	B- / 7.0	6	N/A
GR	J Hancock US Glob Lead Gr A	USGLX	E+	(800) 257-3336	28.81	E- /0.0	7.98 / 4	2.50 / 1	3.75 / 1	B- / 7.2	4	N/A
GR	Phoenix Mkt Neutral Fund Class A	EMNAX	E+	(800) 243-4361	10.84	E- /0.0	-2.60 / 0	-0.64 / 0	-1.04 / 0	B- / 7.4	15	7
AA	Federated Market Opportunity A	FMAAX	E+	(800) 341-7400	12.19	E- /0.0	-3.87 / 0	4.01 / 2	4.91 / 2	B- / 7.5	78	7
GR	Phoenix Mkt Neutral Fund Class C	EMNCX	E+	(800) 243-4361	10.44	E- /0.0	-3.35 / 0	-1.37 / 0	-1.75 / 0	B- / 7.6	11	7
GR	Phoenix Mkt Neutral Fund Class B	EMNBX	E+	(800) 243-4361	10.49	E- /0.0	-3.34 / 0	-1.36 / 0	-1.76 / 0	B- / 7.6	11	7

● Denotes fund is closed to new investors

www.thestreet.com/ratings

Data as of June 30, 2007

Section VI

Risk:
100 Best and Worst
Stock Mutual Funds

A compilation of those

Equity Mutual Funds

receiving the highest and lowest Risk Ratings.

Funds are listed in order by Risk Rating.

Section VI Contents

This section contains a summary analysis of each of the top 100 and bottom 100 mutual funds as determined by their TheStreet.com Risk Rating. Since the Risk Rating does not take into consideration a fund's overall financial performance, the selection of funds presented here is based solely on each fund's performance volatility over the past three years.

You can use this section to identify those funds that have historically given shareholders the most consistent returns on their investments. A word of caution though: consistency in the past is not necessarily indicative of future results. While these funds have provided the most stable returns, it is possible for a fund manager – especially a newly appointed fund manager – to suddenly shift the fund's investment focus which could lead to greater volatility.

1. **Fund Type** — The mutual fund's peer category based on an analysis of its investment portfolio.

AG	Aggressive Growth	HL	Health
AA	Asset Allocation	IN	Income
BA	Balanced	IX	Index
CV	Convertible	MC	Mid Cap
EM	Emerging Market	OT	Other
EN	Energy/Natural Resources	PM	Precious Metals
FS	Financial Services	RE	Real Estate
FO	Foreign	SC	Small Cap
GL	Global	TC	Technology
GR	Growth	UT	Utilities
GI	Growth and Income		

   A blank fund type means that the mutual fund has not yet been categorized.

2. **Fund Name** — The name of the mutual fund as stated in its prospectus, which can sometimes differ slightly from the name that the company uses for advertising. If you cannot find the particular mutual fund you are interested in, or if you have any doubts regarding the precise name, verify the information with your broker or on your account statement. Also, use the fund's ticker symbol for confirmation. (See column 3.)

3. **Ticker Symbol** — The unique alphabetic symbol used for identifying and trading a specific mutual fund. No two funds can have the same ticker symbol, and the ticker symbol for mutual funds always ends with an "X".

   A handful of funds currently show no associated ticker symbol. This means that the fund is either small or new since the NASD only assigns a ticker symbol to funds with at least $25 million in assets or 1,000 shareholders.

4.	**Overall Investment Rating**	Our overall rating is measured on a scale from A to E based on each fund's risk-adjusted performance. Please see page 10 for specific descriptions of each letter grade. Also, refer to page 7 for information on how our ratings are derived. Most important, when using this rating, please be sure to consider the warnings beginning on page 11 regarding the ratings' limitations and the underlying assumptions.
5.	**Phone**	The telephone number of the company managing the fund. Call this number to receive a prospectus or other information about the fund.
6.	**Net Asset Value (NAV)**	The fund's share price as of the date indicated. A fund's NAV is computed by dividing the value of the fund's asset holdings, less accrued fees and expenses, by the number of its shares outstanding.
7.	**Performance Rating/Points**	A letter grade rating based solely on the mutual fund's financial performance over the trailing three years, without any consideration for the amount of risk the fund poses. Like the overall Investment Rating, the Performance Rating is measured on a scale from A to E for ease of interpretation. The points score indicates where the Performance Rating falls on a scale of 0 to 10.
8.	**1-Year Total Return**	The total return the fund has provided investors over the preceeding twelve months. This total return figure is computed based on the fund's dividend distributions and share price appreciation/depreciation during the period, net of the expenses and fees it imposes on its shareholders. Although the total return figure does not reflect an adjustment for any loads the fund may carry, such adjustments have been made in deriving TheStreet.com Investment Ratings.
9.	**1-Year Total Return Percentile**	The fund's percentile rank based on its one-year performance compared to that of all other equity funds in existence for at least one year. A score of 99 is the best possible, indicating that the fund outperformed 99% of the other mutual funds. Zero is the worst possible percentile score.
10.	**3-Year Total Return**	The total annual return the fund has provided investors over the preceeding three years.
11.	**3-Year Total Return Percentile**	The fund's percentile rank based on its three-year performance compared to that of all other equity funds in existence for at least three years. A score of 99 is the best possible, indicating that the fund outperformed 99% of the other mutual funds. Zero is the worst possible percentile score.
12.	**5-Year Total Return**	The total annual return the fund has provided investors over the preceeding five years.

13.	**5-Year Total Return Percentile**	The fund's percentile rank based on its five-year performance compared to that of all other equity funds in existence for at least five years. A score of 99 is the best possible, indicating that the fund outperformed 99% of the other mutual funds. Zero is the worst possible percentile score.
14.	**Risk Rating/Points**	A letter grade rating based solely on the mutual fund's risk as determined by its monthly performance volatility over the trailing three years. The risk rating does not take into consideration the overall financial performance the fund has achieved or the total return it has provided to its shareholders. Like the overall Investment Rating, the Risk Rating is measured on a scale from A to E for ease of interpretation. The points score indicates where the Risk Rating falls on a scale of 0 to 10.
15.	**Manager Quality Percentile**	The manager quality percentile is based on a ranking of the fund's alpha, a statistical measure representing the difference between a fund's actual returns and its expected performance given its level of risk. Fund managers who have been able to exceed the fund's statistically expected performance receive a high percentile rank with 99 representing the highest possible score. At the other end of the spectrum, fund managers who have actually detracted from the fund's expected performance receive a low percentile rank with 0 representing the lowest possible score.
16.	**Manager Tenure**	The number of years the current manager has been managing the fund. Since fund managers who deliver substandard returns are usually replaced, a long tenure is usually a good sign that shareholders are satisfied that the fund is achieving its stated objectives.

VI. Risk: 100 Best Stock Mutual Funds

Summer 2007

99 Pct = Best
0 Pct = Worst

Fund Type	Fund Name	Ticker Symbol	Overall Investment Rating	Phone	Net Asset Value As of 6/30/07	Performance Rating/Pts	Annualized Total Return Through 6/30/07			Risk Rating/Pts	Mgr. Quality Pct	Mgr. Tenure (Years)
							1Yr / Pct	3Yr / Pct	5Yr / Pct			
BA	Gabelli Westwood Balanced Fd B	WBCBX	C+	(800) 422-3554	12.43	C- /3.0	13.23 /17	11.08 /37	8.16 /16	B+ /9.9	85	6
BA	Gabelli Westwood Balanced Fd C	WBCCX	C+	(800) 422-3554	12.45	C- /3.0	13.27 /17	11.12 /37	8.18 /16	B+ /9.9	86	6
AA	MFS Total Return Fund R5	MSFJX	C+	(800) 343-2829	16.90	D+ /2.8	16.50 /35	10.10 /29	8.96 /23	B+ /9.9	76	1
GL	Nationwide Inv Dest Moderate Inst	GMDIX	C+	(888) 366-0404	11.35	D+ /2.5	14.33 /22	10.12 /29	9.08 /24	B+ /9.9	70	N/A
AA	MFS Total Return Fund R4	MSFHX	C+	(800) 343-2829	16.89	D+ /2.5	16.02 /32	9.82 /26	8.80 /21	B+ /9.9	73	1
GI	T. Rowe Price Retirement 2005 Fd	TRRFX	C	(800) 638-5660	12.21	D+ /2.4	14.73 /25	9.93 /27	--	B+ /9.9	70	3
AA	RVS Portfolio Bldr Moderate R4		C+	(888) 791-3380	11.71	D+ /2.4	14.34 /22	10.15 /29	--	B+ /9.9	73	3
AA	MFS Total Return Fund R2	MSFKX	C	(800) 343-2829	16.86	D /2.2	15.66 /30	9.31 /23	8.20 /16	B+ /9.9	68	1
BA	Columbia FS Balanced Portfolio Z		C	(800) 426-3750	16.27	D /2.2	12.83 /16	9.95 /27	--	B+ /9.9	70	N/A
BA	Pioneer Classic Balanced Fund Y	AYBLX	C	(800) 225-6292	11.01	D /2.1	13.07 /17	9.86 /27	8.92 /22	B+ /9.9	73	N/A
BA	Van Kampen HEF 529 Mod Prt 3 S		C	(800) 421-5666	15.67	D /2.1	13.22 /17	9.55 /25	9.40 /27	B+ /9.9	70	1
AA	MFS Total Return Fund R1	MSFFX	C	(800) 343-2829	16.88	D /2.0	15.26 /27	9.08 /21	8.06 /15	B+ /9.9	65	1
BA	Columbia FS Balanced Portfolio		C	(800) 426-3750	14.13	D /2.0	13.04 /16	9.54 /24	8.66 /20	B+ /9.9	66	N/A
BA	Columbia FS Balanced Portfolio E		C	(800) 426-3750	16.11	D /2.0	13.05 /16	9.53 /24	--	B+ /9.9	66	N/A
BA	Van Kampen HEF 529 Mod Prt 2 S		C	(800) 421-5666	15.41	D /2.0	13.23 /17	9.55 /25	9.03 /23	B+ /9.9	70	N/A
AA	SEI Asset Alloc- Moderate Strgy A	SMOAX	C	(800) 342-5734	12.62	D /1.9	12.37 /14	10.07 /29	--	B+ /9.9	82	N/A
AA	Principal Inv LifeTime 2010 C	PPECX	C	(800) 247-4123	13.61	D /1.9	13.21 /17	10.25 /30	9.70 /30	B+ /9.9	76	N/A
AA	RVS Portfolio Bldr Moderate B	AURBX	C	(888) 791-3380	11.69	D /1.8	13.32 /18	9.14 /22	--	B+ /9.9	62	3
AA	RVS Portfolio Bldr Moderate C	AMTCX	C	(888) 791-3380	11.69	D /1.8	13.34 /18	9.09 /21	--	B+ /9.9	61	3
BA	Columbia FS Balanced Portfolio Dir		C	(800) 426-3750	14.28	D /1.8	13.60 /19	8.83 /19	8.42 /18	B+ /9.9	62	N/A
GL	Franklin Templeton Conserv Tgt		C	(800) 321-8563	13.64	D /1.8	12.44 /14	9.12 /22	8.45 /18	B+ /9.9	70	11
BA	JPMorgan 529 Bal - Fee Structure		C	(800) 358-4782	14.70	D /1.8	13.51 /18	9.10 /21	8.90 /22	B+ /9.9	66	6
BA	Columbia FS Balanced Portfolio B		C	(800) 426-3750	15.14	D /1.7	12.40 /14	8.97 /20	--	B+ /9.9	60	N/A
AA	Principal Inv LifeTime 2010 J	PTAJX	C	(800) 247-4123	13.55	D /1.6	12.72 /15	9.65 /25	8.96 /23	B+ /9.9	70	6
AA	SEI Asset Alloc-Core Mrkt Strat A	SOKAX	C	(800) 342-5734	11.95	D /1.6	12.68 /15	9.06 /21	--	B+ /9.9	71	4
AA	RVS Portfolio Bldr Moderate A	ABUAX	C	(888) 791-3380	11.73	D- /1.5	14.21 /22	9.96 /28	--	B+ /9.9	71	3
BA	Pioneer Classic Balanced Fund C	PCBCX	C	(800) 225-6292	11.02	D- /1.5	11.87 /13	8.91 /20	7.94 /14	B+ /9.9	61	N/A
BA	Columbia FS Balanced Portfolio		C	(800) 426-3750	14.18	D- /1.5	12.81 /16	9.30 /23	8.41 /18	B+ /9.9	63	N/A
BA	Columbia FS Balanced Portfolio C		C	(800) 426-3750	15.37	D- /1.5	12.52 /15	8.96 /20	--	B+ /9.9	59	N/A
BA	J Hancock Trust Lifestyle Mod Ser I	JELMX	C	(800) 257-3336	13.26	D- /1.5	12.30 /14	9.16 /22	8.89 /22	B+ /9.9	69	N/A
GI	Vanguard 529 Moderate Growth		C	(800) 662-7447	15.05	D- /1.5	13.33 /18	8.45 /17	--	B+ /9.9	66	N/A
BA	Pioneer Classic Balanced Fund A	AOBLX	C	(800) 225-6292	11.02	D- /1.4	12.77 /15	9.63 /25	8.70 /20	B+ /9.9	70	N/A
BA	Pioneer Classic Balanced Fund B	ASBBX	C	(800) 225-6292	10.97	D- /1.4	11.81 /13	8.69 /18	7.82 /13	B+ /9.9	59	N/A
BA	Columbia FS Balanced Portfolio A		C	(800) 426-3750	14.34	D- /1.4	13.36 /18	9.81 /26	8.93 /22	B+ /9.9	69	N/A
GI	Columbia Thermostat NY 529Z		C	(800) 426-3750	13.08	D- /1.4	12.47 /15	8.75 /19	--	B+ /9.9	69	N/A
BA	Van Kampen HEF 529 Mod Prt 2 B		C	(800) 421-5666	14.87	D- /1.4	11.89 /13	8.35 /16	8.26 /16	B+ /9.9	56	N/A
BA	Van Kampen HEF 529 Mod Prt 2 C		C	(800) 421-5666	14.97	D- /1.4	11.97 /13	8.38 /17	8.40 /18	B+ /9.9	56	N/A
BA	Van Kampen HEF 529 Mod Prt 3 B		C	(800) 421-5666	14.44	D- /1.4	12.02 /13	8.39 /17	7.63 /12	B+ /9.9	56	1
BA	Van Kampen HEF 529 Mod Prt 3 C		C	(800) 421-5666	14.75	D- /1.4	12.00 /13	8.37 /16	8.08 /15	B+ /9.9	56	1
AA	● STI Classic Life Vision Mod Gr B	SVGBX	C	(888) 784-3863	11.18	D- /1.3	12.53 /15	7.83 /13	7.55 /11	B+ /9.9	46	N/A
AA	JennDry Dryden Conserv Alloc Z	JDAZX	C	(800) 257-3893	11.76	D- /1.3	11.33 /11	8.47 /17	--	B+ /9.9	66	3
AA	RVS Portfolio Bldr Mod Cons R4		C	(888) 791-3380	11.06	D- /1.3	11.80 /13	8.20 /16	--	B+ /9.9	71	3
BA	JPMorgan 529 Bal - Fee Structure		C	(800) 358-4782	13.97	D- /1.3	12.48 /15	8.03 /14	7.88 /14	B+ /9.9	52	6
AA	SEI Asset Alloc-Cons Strat A	SVSAX	C	(800) 342-5734	11.86	D- /1.3	11.18 /11	8.72 /19	--	B+ /9.9	81	4
AA	MFS Conservative Alloc R5	MACJX	C-	(800) 343-2829	12.55	D- /1.2	12.07 /14	7.81 /13	6.96 / 8	B+ /9.9	65	N/A
BA	Van Kampen HEF 529 Mod Prt 3 A		C	(800) 421-5666	15.15	D- /1.2	12.81 /16	9.15 /22	8.66 /20	B+ /9.9	65	1
AA	T. Rowe Price 529 AK Prt 2009		C-	(800) 638-5660	14.58	D- /1.2	12.07 /14	8.07 /15	8.58 /19	B+ /9.9	55	N/A
BA	JPMorgan 529 Bal - Fee Structure		C	(800) 358-4782	14.01	D- /1.2	12.44 /14	8.01 /14	7.92 /14	B+ /9.9	52	6
AA	T. Rowe Price 529 MD Port 2009		C	(800) 638-5660	15.84	D- /1.2	12.10 /14	8.10 /15	8.59 /19	B+ /9.9	55	N/A
GL	Nationwide Inv Dest Mod Conserv I	GMIMX	C-	(888) 366-0404	10.82	D- /1.1	11.38 /11	7.99 /14	7.23 /10	B+ /9.9	66	N/A
AA	MFS Conservative Alloc R4	MACNX	C-	(800) 343-2829	12.50	D- /1.1	11.81 /13	7.61 /12	6.84 / 7	B+ /9.9	62	N/A
BA	Wells Fargo Avtg Bal Inv	STAAX	C-	(800) 222-8222	21.90	D- /1.1	13.46 /18	7.30 /10	7.07 / 9	B+ /9.9	38	N/A

● Denotes fund is closed to new investors

Summer 2007

VI. Risk: 100 Best Stock Mutual Funds

Fund Type	Fund Name	Ticker Symbol	Overall Investment Rating	Phone	Net Asset Value As of 6/30/07	Performance Rating/Pts	Annualized Total Return Through 6/30/07			Risk Rating/Pts	Mgr. Quality Pct	Mgr. Tenure (Years)
	99 Pct = Best *0 Pct = Worst*						1Yr / Pct	3Yr / Pct	5Yr / Pct			
AA	Columbia Bal Ass Alloc 529 Z		C-	(800) 426-3750	13.92	D- / 1.1	12.35 / 14	7.55 / 12	--	B+ / 9.9	49	4
BA	Columbia Bal NY 529 Z		C-	(800) 426-3750	12.63	D- / 1.1	11.87 / 13	7.74 / 13	--	B+ / 9.9	53	4
BA	Van Kampen HEF 529 Mod Prt 2 A		C-	(800) 421-5666	15.53	D- / 1.1	12.78 / 16	9.19 / 22	9.20 / 25	B+ / 9.9	66	N/A
AA	Hartford Conservative Alloc I	HCVIX	C-	(800) 523-7798	11.26	D- / 1.1	11.56 / 12	7.73 / 13	--	B+ / 9.9	57	N/A
AA	Hartford Conservative Alloc R5	HCVTX	C-	(800) 523-7798	11.28	D- / 1.1	11.43 / 12	7.69 / 13	--	B+ / 9.9	56	N/A
AA	Putnam College Adv Mod 1992 O		C-	(800) 354-2228	11.92	D- / 1.0	11.30 / 11	7.59 / 12	6.85 / 7	B+ / 9.9	50	N/A
AA	Principal Inv LifeTime 2010 A	PENAX	C-	(800) 247-4123	13.66	D- / 1.0	12.81 / 16	9.78 / 26	9.42 / 27	B+ / 9.9	72	2
GI	Columbia FS Inc & Gr Port Z		C-	(800) 426-3750	14.29	D- / 1.0	11.03 / 10	7.67 / 12	--	B+ / 9.9	68	N/A
GL	Russell LifePoints Mod Strategy R2	RMLTX	C-	(800) 832-6688	11.72	D- / 1.0	10.86 / 10	7.84 / 13	7.36 / 10	B+ / 9.9	62	N/A
GI	Columbia Thermostat NY 529B		C-	(800) 426-3750	12.64	D- / 1.0	11.46 / 12	7.69 / 12	--	B+ / 9.9	56	N/A
BA	JPMorgan 529 Bal - Fee Structure		C-	(800) 358-4782	14.50	D- / 1.0	13.19 / 17	8.83 / 20	8.62 / 20	B+ / 9.9	63	6
AA	SEI Asset Alloc-Divers Conserv I	SCRIX	C-	(800) 342-5734	11.21	D- / 1.0	11.53 / 12	7.68 / 12	7.31 / 10	B+ / 9.9	59	N/A
AA	Hartford Conservative Alloc R3	HCVRX	C-	(800) 523-7798	11.27	D- / 1.0	11.08 / 11	7.58 / 12	--	B+ / 9.9	55	N/A
AA	Hartford Conservative Alloc R4	HCVSX	C-	(800) 523-7798	11.28	D- / 1.0	11.27 / 11	7.64 / 12	--	B+ / 9.9	55	N/A
AA	RVS Portfolio Bldr Mod Cons B	AMDBX	C-	(888) 791-3380	11.08	E+ / 0.9	10.82 / 10	7.21 / 10	--	B+ / 9.9	N/A	3
AA	MFS Conservative Alloc R2	MACLX	C-	(800) 343-2829	12.35	E+ / 0.9	11.46 / 12	7.10 / 9	6.27 / 5	B+ / 9.9	55	N/A
IN	Wells Fargo Avtg Life Stg Cons Inv	SCONX	C-	(800) 222-8222	10.70	E+ / 0.9	11.32 / 11	6.99 / 9	6.56 / 6	B+ / 9.9	55	N/A
GI	Columbia Thermostat NY 529C		C-	(800) 426-3750	12.62	E+ / 0.9	11.29 / 11	7.64 / 12	--	B+ / 9.9	56	N/A
BA	Principal Inv SAM Consv Bal Inst	PCCIX	C-	(800) 247-4123	11.37	E+ / 0.9	11.16 / 11	7.18 / 10	7.64 / 12	B+ / 9.9	48	N/A
GL	Accessor Fd-Inc & Gr Alloc Adv	AIGAX	C-	(800) 759-3504	16.64	E+ / 0.9	11.10 / 11	7.25 / 10	7.07 / 9	B+ / 9.9	64	N/A
AA	Fidelity DE Portfolio 2009		C-	(800) 544-8888	15.30	E+ / 0.8	10.39 / 9	6.80 / 8	7.27 / 10	B+ / 9.9	42	N/A
AA	Putnam College Adv Mod 1991 O		C-	(800) 354-2228	11.86	E+ / 0.8	10.63 / 9	7.04 / 9	6.44 / 6	B+ / 9.9	49	N/A
AA	Putnam College Adv Mod 1992 CX		C-	(800) 354-2228	11.48	E+ / 0.8	10.60 / 9	6.93 / 9	6.22 / 5	B+ / 9.9	42	N/A
AA	Hartford Conservative Alloc B	HCVBX	C-	(800) 523-7798	11.28	E+ / 0.8	10.59 / 9	6.95 / 9	--	B+ / 9.9	45	N/A
AA	Hartford Conservative Alloc C	HCVCX	C-	(800) 523-7798	11.27	E+ / 0.8	10.54 / 9	6.93 / 9	--	B+ / 9.9	45	N/A
AA	JennDry Dryden Conserv Alloc B	JDABX	C-	(800) 257-3893	11.69	E+ / 0.8	10.27 / 8	7.34 / 11	--	B+ / 9.9	50	3
AA	JennDry Dryden Conserv Alloc C	JDACX	C-	(800) 257-3893	11.69	E+ / 0.8	10.27 / 8	7.34 / 11	--	B+ / 9.9	50	3
AA	RVS Portfolio Bldr Mod Cons C		C-	(888) 791-3380	11.08	E+ / 0.8	10.72 / 10	7.18 / 10	--	B+ / 9.9	53	3
AA	MFS Conservative Alloc R1	MACKX	C-	(800) 343-2829	12.27	E+ / 0.8	10.98 / 10	6.82 / 8	6.10 / 5	B+ / 9.9	52	N/A
GI	Columbia Life Goal Inc & Gr Fund	CLIRX	C-	(800) 426-3750	10.98	E+ / 0.8	10.19 / 8	7.22 / 10	8.23 / 16	B+ / 9.9	64	N/A
GI	Columbia FS Inc & Gr Port CX		C-	(800) 426-3750	13.18	E+ / 0.8	10.48 / 9	7.13 / 10	6.37 / 6	B+ / 9.9	62	N/A
GI	Columbia FS Inc & Gr Port E		C-	(800) 426-3750	13.91	E+ / 0.8	10.40 / 9	7.08 / 9	--	B+ / 9.9	60	N/A
GI	Columbia FS Inc & Gr Port Dir		C-	(800) 426-3750	13.21	E+ / 0.8	10.54 / 9	6.75 / 8	0.20 / 5	B+ / 9.9	61	N/A
AA	T. Rowe Price 529 AK ACT Prt		C-	(800) 638-5660	13.93	E+ / 0.8	11.71 / 13	6.63 / 8	6.41 / 6	B+ / 9.9	51	N/A
BA	Principal Inv SAM Consv Bal	PCSSX	C-	(800) 247-4123	11.37	E+ / 0.8	10.67 / 9	7.02 / 9	7.55 / 11	B+ / 9.9	46	N/A
BA	Principal Inv SAM Consv Bal	PCNSX	C-	(800) 247-4123	11.37	E+ / 0.8	10.74 / 10	7.05 / 9	7.56 / 12	B+ / 9.9	46	N/A
BA	Principal Inv SAM Consv Bal	PCBPX	C-	(800) 247-4123	11.37	E+ / 0.8	10.84 / 10	7.08 / 9	7.58 / 12	B+ / 9.9	47	N/A
BA	Principal Inv SAM Consv Bal Sel	PCBLX	C-	(800) 247-4123	11.37	E+ / 0.8	10.95 / 10	7.11 / 10	7.60 / 12	B+ / 9.9	47	N/A
BA	Principal Inv SAM Consv Bal Pfd	PCBFX	C-	(800) 247-4123	11.37	E+ / 0.8	11.02 / 10	7.14 / 10	7.62 / 12	B+ / 9.9	48	N/A
AA	● Fidelity Adv 529 2010 D		C-	(800) 522-7297	13.04	E+ / 0.7	10.14 / 8	6.78 / 8	7.39 / 11	B+ / 9.9	35	2
AA	● Fidelity Adv 529 2010 Old-B		C-	(800) 522-7297	12.90	E+ / 0.7	9.88 / 8	6.53 / 7	7.11 / 9	B+ / 9.9	32	2
AA	Fidelity MA Portfolio 2009		C-	(800) 544-8888	13.94	E+ / 0.7	10.28 / 8	6.62 / 8	7.32 / 10	B+ / 9.9	40	N/A
AA	Fidelity NH Portfolio 2009		C-	(800) 544-8888	15.59	E+ / 0.7	10.41 / 9	6.77 / 8	7.46 / 11	B+ / 9.9	40	N/A
GR	PL Port Optz Mod-Con 529 AZ B	APBBX	C-	(800) 722-2333	11.25	E+ / 0.7	10.61 / 9	6.67 / 8	--	B+ / 9.9	51	1
GR	PL Port Optz Mod-Con 529 MT B	MOBBX	C-	(800) 722-2333	11.25	E+ / 0.7	10.61 / 9	6.68 / 8	--	B+ / 9.9	51	1
GR	PL Port Optz Mod-Con 529 MT C	MOCBX	C-	(800) 722-2333	11.25	E+ / 0.7	10.62 / 9	6.68 / 8	--	B+ / 9.9	52	1
GR	PL Port Optz Mod-Con 529 AZ C	PBACX	C-	(800) 722-2333	11.25	E+ / 0.7	10.62 / 9	6.68 / 8	--	B+ / 9.9	52	1
AA	AllianceBern Wealth Pres Strat R	APPRX	C-	(800) 221-5672	12.15	E+ / 0.7	10.00 / 8	7.43 / 11	--	B+ / 9.9	62	N/A

● Denotes fund is closed to new investors

www.thestreet.com/ratings

Data as of June 30, 2007

VI. Risk: 100 Worst Stock Mutual Funds

Summer 2007

99 Pct = Best
0 Pct = Worst

Fund Type	Fund Name	Ticker Symbol	Overall Investment Rating	Phone	Net Asset Value As of 6/30/07	Performance Rating/Pts	Annualized Total Return Through 6/30/07 1Yr / Pct	3Yr / Pct	5Yr / Pct	Risk Rating/Pts	Mgr. Quality Pct	Mgr. Tenure (Years)
SC	ProFunds-Ultra Short Small-Cap	UCPSX	E-	(888) 776-3637	12.19	E- /0.0	-23.64 / 0	-22.52 / 0	--	E- / 0.0	1	3
SC	ProFunds-Ultra Short Small-Cap	UCPIX	E-	(888) 776-3637	12.16	E- /0.0	-22.88 / 0	-21.71 / 0	--	E- / 0.0	1	3
MC	ProFunds-Ultra Short Mid-Cap Svc	UIPSX	E-	(888) 776-3637	11.85	E- /0.0	-23.71 / 0	-22.55 / 0	--	E- / 0.0	3	3
MC	ProFunds-Ultra Short Mid-Cap Inv	UIPIX	E-	(888) 776-3637	12.03	E- /0.0	-22.85 / 0	-21.70 / 0	--	E- / 0.0	4	3
GR	ProFunds-Ultra Short OTC Fund	USPSX	E-	(888) 776-3637	12.01	E- /0.0	-29.70 / 0	-13.85 / 0	-29.69 / 0	E- / 0.0	96	9
GR	ProFunds-Semicond UltraSector	SMPSX	E-	(888) 776-3637	19.16	E- /0.0	18.05 / 45	-5.03 / 0	-0.14 / 0	E- / 0.0	0	7
GR	ProFunds-Semicond UltraSector	SMPIX	E-	(888) 776-3637	20.55	E- /0.0	19.35 / 55	-4.08 / 0	0.90 / 0	E- / 0.0	0	7
GR	ProFunds-Ultra Short OTC Fund	USPIX	E-	(888) 776-3637	11.54	E- /0.0	-29.08 / 0	-13.02 / 0	-29.03 / 0	E- / 0.0	97	9
AG	Rydex Dyn-Inv OTC 2x Strategy H	RYVNX	E-	(800) 820-0888	14.74	E- /0.0	-28.89 / 0	-13.07 / 0	-29.03 / 0	E- / 0.0	97	N/A
SC	Direxion Small Cp Bear 2.5X	DXRSX	E-	(800) 851-0511	10.55	E- /0.0	-30.31 / 0	-22.46 / 0	-22.01 / 0	E- / 0.0	0	8
MC	● Reynolds Opportunity Fund	ROPPX	E-	(800) 773-9665	8.03	E- /0.0	3.00 / 1	-2.19 / 0	6.76 / 7	E- / 0.0	0	15
AG	Rydex Dyn-Inv OTC 2x Strategy C	RYCDX	E-	(800) 820-0888	14.08	E- /0.0	-29.45 / 0	-13.73 / 0	-29.56 / 0	E- / 0.0	96	N/A
EN	Oppenheimer Comm Str Tot Retn	QRAAX	E-	(800) 525-7048	6.93	E- /0.1	-12.51 / 0	7.21 / 10	14.45 / 73	E- / 0.0	0	8
EN	Oppenheimer Comm Str Tot Retn	QRABX	E-	(800) 525-7048	6.81	E- /0.1	-13.25 / 0	6.30 / 7	13.48 / 66	E- / 0.0	0	8
EN	Oppenheimer Comm Str Tot Retn	QRACX	E-	(800) 525-7048	6.77	E- /0.1	-13.15 / 0	6.35 / 7	13.52 / 66	E- / 0.0	0	8
EN	Oppenheimer Comm Str Tot Retn	QRANX	E-	(800) 525-7048	6.85	E- /0.1	-12.86 / 0	6.80 / 8	14.17 / 71	E- / 0.0	0	8
EN	Oppenheimer Comm Str Tot Retn	QRAYX	E-	(800) 525-7048	6.98	E- /0.2	-11.96 / 0	7.74 / 13	14.97 / 76	E- / 0.0	0	8
AA	Aston Balanced Fund N	CHTAX	E-	(800) 443-4725	7.68	E /0.4	11.14 / 11	4.67 / 3	5.37 / 3	E- / 0.0	12	N/A
FO	Rydex Ser-Japan 1.25x Strgy C	RYCJX	E-	(800) 820-0888	22.39	E+ /0.8	5.49 / 2	8.56 / 18	8.27 / 17	E- / 0.0	0	N/A
FO	Rydex Ser-Japan 1.25x Strgy H	RYJPX	E-	(800) 820-0888	23.86	D- /1.1	6.29 / 2	9.39 / 24	9.02 / 23	E- / 0.0	0	N/A
SC	Integrity Small Cap Growth Fund A	ICPAX	E-	(701) 852-5292	9.40	D /2.2	12.47 / 15	11.40 / 40	9.47 / 28	E- / 0.0	54	N/A
GI	Morgan Stanley Dividend Gr Sec A	DIVAX	E-	(800) 869-6397	21.30	D /2.2	18.55 / 49	9.66 / 25	7.96 / 15	E- / 0.0	36	N/A
GR	Old Mutual Barrow Hanley Value A	OAFOX	E-	(888) 744-5050	9.31	D+ /2.3	21.94 / 72	9.03 / 21	8.18 / 16	E- / 0.0	32	N/A
SC	MassMutual Premier Small Co Opp	DLBMX	E-	(800) 542-6767	12.93	D+ /2.3	16.76 / 36	10.16 / 29	9.15 / 25	E- / 0.0	28	1
SC	BlackRock Aurora Inv A	SSRAX	E-	(888) 825-2257	29.69	D+ /2.4	19.06 / 53	10.64 / 33	11.91 / 53	E- / 0.0	39	2
GI	Morgan Stanley Dividend Gr Sec C	DIVCX	E-	(800) 869-6397	21.25	D+ /2.5	17.65 / 43	8.86 / 20	7.16 / 9	E- / 0.0	29	N/A
GR	Old Mutual Barrow Hanley Value C	OCFOX	E-	(888) 744-5050	9.13	D+ /2.7	20.74 / 65	8.17 / 15	7.35 / 10	E- / 0.0	25	N/A
SC	BlackRock Aurora Inv C	SSRDX	E-	(888) 825-2257	24.89	D+ /2.7	18.12 / 46	9.81 / 26	11.09 / 44	E- / 0.0	31	2
SC	BlackRock Aurora Inv B	SSRPX	E-	(888) 825-2257	24.89	D+ /2.7	18.12 / 46	9.81 / 26	11.09 / 44	E- / 0.0	31	2
PM	ProFunds-Precious Metals Ultra	PMPSX	E-	(888) 776-3637	36.66	D+ /2.7	-14.72 / 0	16.40 / 76	11.66 / 50	E- / 0.0	0	5
RE	Columbia Real Estate Equity A	CREAX	E-	(800) 426-3750	20.74	C- /3.2	7.94 / 4	17.09 / 78	16.35 / 82	E- / 0.0	38	1
GI	Morgan Stanley Dividend Gr Sec B	DIVBX	E-	(800) 869-6397	21.45	C- /3.2	18.69 / 50	9.77 / 26	7.81 / 13	E- / 0.0	37	N/A
GR	Old Mutual Barrow Hanley Value	OCLFX	E-	(888) 744-5050	9.32	C- /3.4	21.79 / 71	9.00 / 21	8.19 / 16	E- / 0.0	32	N/A
SC	● BlackRock Small Cap Val Inv A	PSEIX	E-	(888) 825-2257	11.95	C- /3.4	17.27 / 40	13.69 / 60	13.55 / 66	E- / 0.0	77	5
GI	Morgan Stanley Dividend Gr Sec D	DIVDX	E-	(800) 869-6397	21.32	C- /3.4	18.86 / 51	9.94 / 27	8.23 / 16	E- / 0.0	39	N/A
PM	ProFunds-Precious Metals Ultra Inv	PMPIX	E-	(888) 776-3637	38.03	C- /3.5	-13.87 / 0	17.53 / 79	12.73 / 60	E- / 0.0	1	5
SC	Touchstone Diversified Sm Cap Val	TCSVX	E-	(800) 638-8194	20.58	C- /3.6	13.87 / 20	11.90 / 44	12.00 / 54	E- / 0.0	51	11
GR	Old Mutual Barrow Hanley Value Z	OBFOX	E-	(888) 744-5050	9.32	C- /3.6	22.12 / 73	9.28 / 23	8.45 / 18	E- / 0.0	35	N/A
RE	Columbia Real Estate Equity B	CREBX	E-	(800) 426-3750	20.80	C- /3.7	7.15 / 3	16.22 / 75	15.57 / 79	E- / 0.0	30	1
RE	● Columbia Real Estate Equity D	CREDX	E-	(800) 426-3750	20.79	C- /3.7	7.15 / 3	16.22 / 75	15.58 / 79	E- / 0.0	31	1
RE	Columbia Real Estate Equity C	CRECX	E-	(800) 426-3750	20.77	C- /3.7	7.15 / 3	16.22 / 75	15.56 / 79	E- / 0.0	30	1
SC	● BlackRock Small Cap Val Inv B	CCVBX	E-	(888) 825-2257	9.94	C- /3.8	16.24 / 33	12.77 / 52	12.67 / 59	E- / 0.0	68	5
SC	BlackRock Aurora Inst	SSRCX	E-	(888) 825-2257	31.85	C- /3.8	19.53 / 56	11.02 / 36	12.27 / 56	E- / 0.0	44	2
SC	● BlackRock Small Cap Val Inv C	BSCCX	E-	(888) 825-2257	9.94	C- /3.8	16.31 / 34	12.80 / 52	12.70 / 59	E- / 0.0	68	5
SC	● BlackRock Small Cap Val Svc	PSESX	E-	(888) 825-2257	12.06	C /4.7	17.32 / 40	13.69 / 60	13.64 / 67	E- / 0.0	77	5
SC	● BlackRock Small Cap Val Blrk	BSEBX	E-	(888) 825-2257	12.35	C /4.8	17.44 / 41	13.88 / 61	13.91 / 69	E- / 0.0	79	5
RE	Columbia Real Estate Equity Z	CREEX	E-	(800) 426-3750	20.75	C /4.8	8.21 / 4	17.39 / 79	16.68 / 84	E- / 0.0	42	1
PM	Rydex Series-Precious Metal Adv	RYMPX	E-	(800) 820-0888	54.87	C /4.9	4.81 / 1	16.34 / 75	--	E- / 0.0	9	N/A
RE	PIMCO RealEstate RlRetrn Str A	PETAX	E-	(800) 227-7337	6.43	C /5.0	7.67 / 4	20.12 / 85	--	E- / 0.0	46	N/A
SC	● BlackRock Small Cap Val Inst	PNSEX	E	(888) 825-2257	12.37	C /5.0	17.73 / 43	14.09 / 63	14.01 / 70	E- / 0.0	81	5
RE	PIMCO RealEstate RlRetrn Str B	PETBX	E	(800) 227-7337	6.32	C /5.3	6.83 / 3	19.14 / 83	--	E- / 0.0	36	N/A
BA	Eaton Vance Balanced B	EMIFX	E	(800) 225-6265	8.22	C /5.4	21.35 / 69	11.94 / 45	10.22 / 35	E- / 0.0	66	7

● Denotes fund is closed to new investors

VI. Risk: 100 Worst Stock Mutual Funds

Summer 2007

99 Pct = Best
0 Pct = Worst

Fund Type	Fund Name	Ticker Symbol	Overall Investment Rating	Phone	Net Asset Value As of 6/30/07	Performance Rating/Pts	1Yr / Pct	3Yr / Pct	5Yr / Pct	Risk Rating/Pts	Mgr. Quality Pct	Mgr. Tenure (Years)
BA	Eaton Vance Balanced C	ECIFX	E	(800) 225-6265	8.24	C /5.4	21.28 /69	11.95 /45	10.22 /35	E- / 0.0	65	7
RE	PIMCO RealEstate RlRetrn Str C	PETCX	E	(800) 227-7337	6.33	C /5.4	6.97 / 3	19.18 /83	--	E- / 0.0	37	N/A
IN	Gabelli Westwood Income AAA	WESRX	E	(800) 422-3554	10.41	C /5.4	15.30 /28	14.98 /69	14.61 /73	E- / 0.0	96	10
GL	NorthPointe Small Cap Value Inst	NNSVX	E	(800) 848-0920	11.30	C /5.4	13.76 /20	14.70 /67	14.37 /72	E- / 0.0	9	7
SC	Fifth Third Small Cap Growth A	KNEMX	E	(800) 282-5706	13.47	C /5.4	19.78 /58	12.02 /46	10.65 /40	E- / 0.0	24	N/A
SC	Fifth Third Small Cap Growth Adv	FTGVX	E	(800) 282-5706	13.44	C+ /5.7	19.45 /56	11.93 /45	10.39 /37	E- / 0.0	24	N/A
SC	Fifth Third Small Cap Growth C	FTGCX	E	(800) 282-5706	12.83	C+ /5.8	18.83 /51	11.35 /39	9.82 /31	E- / 0.0	20	N/A
SC	• Fifth Third Small Cap Growth B	FTGBX	E	(800) 282-5706	12.82	C+ /5.8	18.87 /51	11.37 /39	9.82 /31	E- / 0.0	20	N/A
RE	PIMCO RealEstate RlRetrn Str D	PETDX	E	(800) 227-7337	6.43	C+ /6.1	7.61 / 4	20.05 /85	--	E- / 0.0	46	N/A
RE	PIMCO RealEstate RlRetrn Str Inst	PRRSX	E+	(800) 227-7337	6.52	C+ /6.5	8.16 / 4	20.65 /86	--	E- / 0.0	N/A	N/A
SC	Fifth Third Small Cap Growth Inst	KNEEX	E+	(800) 282-5706	14.07	C+ /6.7	20.07 /60	12.49 /50	10.94 /43	E- / 0.0	28	N/A
FO	Morgan Stanley Intl Small Cap A	ISMAX	E+	(800) 869-6397	13.21	C+ /6.9	20.93 /66	18.44 /82	18.46 /89	E- / 0.0	27	N/A
FO	Morgan Stanley Intl Small Cap B	ISMBX	E+	(800) 869-6397	12.21	B- /7.2	20.04 /60	17.55 /79	17.49 /86	E- / 0.0	21	N/A
FO	Morgan Stanley Intl Small Cap C	ISMCX	E+	(800) 869-6397	12.15	B- /7.2	20.13 /61	17.67 /80	17.59 /87	E- / 0.0	22	N/A
FO	Morgan Stanley Intl Small Cap D	ISMDX	D-	(800) 869-6397	13.33	B /7.7	21.24 /68	18.73 /82	18.69 /89	E- / 0.0	29	N/A
SC	CG Cap Mkt Fds-Small Cap Val Eq	TSVUX	D-	(800) 444-4273	14.34	B /7.7	20.08 /60	16.67 /77	15.23 /77	E- / 0.0	92	14
FO	• TA IDEX MFS International Equity	ICIAX	D-	(888) 233-4339	4.76	B /7.8	24.00 /80	18.49 /82	11.59 /50	E- / 0.0	18	N/A
FO	• TA IDEX MFS International Equity	ICILX	D-	(888) 233-4339	4.01	B /8.1	23.90 /80	17.97 /80	--	E- / 0.0	15	N/A
FO	• TA IDEX MFS International Equity	ICIBX	D-	(888) 233-4339	4.11	B /8.1	23.94 /80	18.10 /81	11.08 /44	E- / 0.0	15	N/A
SC	Morgan Stanley Special Value B	SVFBX	D-	(800) 869-6397	17.51	B+ /8.3	27.35 /89	18.08 /81	14.60 /73	E- / 0.0	96	N/A
SC	Morgan Stanley Special Value C	SVFCX	D-	(800) 869-6397	17.54	B+ /8.3	27.39 /89	18.15 /81	14.64 /74	E- / 0.0	96	N/A
PM	RVS Precious Metals & Min Fund		D	(888) 791-3380	13.87	B+ /8.9	14.75 /25	24.26 /93	20.32 /92	E- / 0.0	78	N/A
PM	RVS Precious Metals & Min Fund		D	(888) 791-3380	15.11	A- /9.1	15.78 /31	25.45 /94	21.47 /93	E- / 0.0	85	8
EN	BlackRock Global Resources Inv C	SSGDX	D	(888) 825-2257	51.02	A /9.5	4.85 / 1	32.68 /97	32.49 /99	E- / 0.0	38	2
EN	BlackRock Global Resources Inv A	SSGRX	D	(888) 825-2257	59.10	A /9.5	5.61 / 2	33.62 /97	33.41 /99	E- / 0.0	48	2
EN	BlackRock Global Resources Inv B	SSGPX	D	(888) 825-2257	51.05	A /9.5	4.85 / 1	32.67 /97	32.50 /99	E- / 0.0	38	2
FO	ProFunds-Ultra Japan Svc	UJPSX	D	(888) 776-3637	50.02	A /9.5	34.89 /96	28.26 /95	17.68 /87	E- / 0.0	1	7
EN	BlackRock Global Resources Inst	SGLSX	D+	(888) 825-2257	63.48	A+ /9.6	5.92 / 2	34.00 /97	33.88 /99	E- / 0.0	53	2
FO	ProFunds-Ultra Japan Inv	UJPIX	D+	(888) 776-3637	53.68	A+ /9.6	36.20 /96	29.54 /96	18.83 /89	E- / 0.0	2	7
EM	Phoenix Insight Emerging Mkt I	HIEMX	D+	(800) 243-4361	10.34	A+ /9.7	40.22 /97	33.91 /97	26.72 /97	E- / 0.0	5	1
EM	Hansberger Eme Markts Fd Inst	HEMGX	D+	(800) 414-6927	9.41	A+ /9.7	43.77 /98	32.58 /97	26.50 /97	E- / 0.0	4	11
EM	Phoenix Insight Emerging Mkt A	HEMZX	D+	(800) 243-4361	10.10	A+ /9.7	39.89 /97	33.62 /97	26.44 /97	E- / 0.0	5	1
SC	Frontier MicroCap Fund	FEFPX	E-	(800) 231-2901	0.19	E- /0.0	--	-11.05 / 0	-28.26 / 0	E- / 0.1	0	5
SC	Morgan Stanley Special Value A	SVFAX	D-	(800) 869-6397	19.69	B /8.2	28.37 /90	19.00 /83	15.49 /79	E- / 0.1	97	N/A
PM	Fidelity Adv Gold Fund Class A	FGDAX	D-	(800) 522-7297	33.89	B+ /8.4	6.11 / 2	25.83 /94	17.95 /88	E- / 0.1	89	N/A
PM	Fidelity Adv Gold Fund Class T	FGDTX	D-	(800) 522-7297	33.88	B+ /8.5	6.02 / 2	25.79 /94	17.93 /88	E- / 0.1	89	N/A
PM	Fidelity Adv Gold Fund Class B	FGDBX	D-	(800) 522-7297	33.77	B+ /8.6	5.67 / 2	25.65 /94	17.86 /87	E- / 0.1	88	N/A
PM	Fidelity Adv Gold Fund Class C	FGDCX	D-	(800) 522-7297	33.75	B+ /8.6	5.65 / 2	25.64 /94	17.85 /87	E- / 0.1	88	N/A
PM	Fidelity Adv Gold Fund Class I	FGDIX	D	(800) 522-7297	33.95	B+ /8.7	6.31 / 2	25.90 /94	18.00 /88	E- / 0.1	90	N/A
EM	Mellon Emerging Markets M	MEMKX	D+	(800) 499-3327	24.30	A+ /9.7	39.11 /97	32.59 /97	27.42 /97	E- / 0.1	6	7
EM	Mellon Emerging Markets Inv	MIEGX	D+	(800) 499-3327	24.49	A+ /9.7	38.79 /97	32.32 /97	27.14 /97	E- / 0.1	6	6
MC	Apex Mid-Cap Growth Fund	BMCGX	E-	(877) 593-8637	1.57	E- /0.0	16.30 /34	-5.15 / 0	8.84 /21	E- / 0.2	0	14
SC	ProFunds-Internet UltraSector Svc	INPSX	D-	(888) 776-3637	95.52	B /8.0	27.42 /89	12.25 /48	30.34 /98	E- / 0.2	2	7
SC	ProFunds-Internet UltraSector Inv	INPIX	D-	(888) 776-3637	102.46	B+ /8.3	28.72 /91	13.38 /57	31.49 /99	E- / 0.2	3	7
EN	Morgan Stanley Natural Res Dev B	NREBX	D+	(800) 869-6397	23.00	A /9.5	18.28 /47	29.15 /95	19.79 /92	E- / 0.2	32	N/A
EN	Morgan Stanley Natural Res Dev C	NRECX	D+	(800) 869-6397	22.93	A /9.5	18.34 /47	29.18 /95	19.80 /92	E- / 0.2	32	N/A
PM	Rydex Series-Precious Metal C	RYZCX	E-	(800) 820-0888	52.69	C /4.3	4.30 / 1	15.71 /72	12.92 /61	E / 0.3	7	N/A
PM	Rydex Series-Precious Metal Inv	RYPMX	E	(800) 820-0888	55.90	C /5.4	5.35 / 2	16.88 /77	14.07 /70	E / 0.3	10	N/A

• Denotes fund is closed to new investors

Data as of June 30, 2007

Section VII

Top-Rated Stock Mutual Funds by Risk Category

A compilation of those

Equity Mutual Funds

receiving the highest TheStreet.com Investment Ratings

within each risk grade.

Funds are listed in order by Overall Investment Rating.

Section VII Contents

This section contains a summary analysis of the top 100 rated stock mutual funds within each risk grade. Based on your personal risk tolerance, each page shows those funds that have achieved the best financial performance over the past three years.

Take the Investor Profile Quiz on page 647 of the Appendix for assistance in determining your own risk tolerance level. Then you can use this section to identify those funds that are most appropriate for your investing style.

Note that increased risk does not always mean increased performance. Most of the riskiest mutual funds in the E (Very Weak) Risk Rating category have also provided very poor returns to their shareholders. Funds in the D and E Risk Rating categories generally represent speculative ventures that should not be entered into lightly.

1. **Fund Type** — The mutual fund's peer category based on an analysis of its investment portfolio.

AG	Aggressive Growth	HL	Health
AA	Asset Allocation	IN	Income
BA	Balanced	IX	Index
CV	Convertible	MC	Mid Cap
EM	Emerging Market	OT	Other
EN	Energy/Natural Resources	PM	Precious Metals
FS	Financial Services	RE	Real Estate
FO	Foreign	SC	Small Cap
GL	Global	TC	Technology
GR	Growth	UT	Utilities
GI	Growth and Income		

    A blank fund type means that the mutual fund has not yet been categorized.

2. **Fund Name** — The name of the mutual fund as stated in its prospectus, which can sometimes differ slightly from the name that the company uses for advertising. If you cannot find the particular mutual fund you are interested in, or if you have any doubts regarding the precise name, verify the information with your broker or on your account statement. Also, use the fund's ticker symbol for confirmation. (See column 3.)

3. **Ticker Symbol** — The unique alphabetic symbol used for identifying and trading a specific mutual fund. No two funds can have the same ticker symbol, and the ticker symbol for mutual funds always ends with an "X".

    A handful of funds currently show no associated ticker symbol. This means that the fund is either small or new since the NASD only assigns a ticker symbol to funds with at least $25 million in assets or 1,000 shareholders.

4.	**Overall Investment Rating**	Our overall rating is measured on a scale from A to E based on each fund's risk-adjusted performance. Please see page 10 for specific descriptions of each letter grade. Also, refer to page 7 for information on how our ratings are derived. Most important, when using this rating, please be sure to consider the warnings beginning on page 11 regarding the ratings' limitations and the underlying assumptions.
5.	**Phone**	The telephone number of the company managing the fund. Call this number to receive a prospectus or other information about the fund.
6.	**Net Asset Value (NAV)**	The fund's share price as of the date indicated. A fund's NAV is computed by dividing the value of the fund's asset holdings, less accrued fees and expenses, by the number of its shares outstanding.
7.	**Performance Rating/Points**	A letter grade rating based solely on the mutual fund's financial performance over the trailing three years, without any consideration for the amount of risk the fund poses. Like the overall Investment Rating, the Performance Rating is measured on a scale from A to E for ease of interpretation. The points score indicates where the Performance Rating falls on a scale of 0 to 10.
8.	**1-Year Total Return**	The total return the fund has provided investors over the preceeding twelve months. This total return figure is computed based on the fund's dividend distributions and share price appreciation/depreciation during the period, net of the expenses and fees it imposes on its shareholders. Although the total return figure does not reflect an adjustment for any loads the fund may carry, such adjustments have been made in deriving TheStreet.com Investment Ratings.
9.	**1-Year Total Return Percentile**	The fund's percentile rank based on its one-year performance compared to that of all other equity funds in existence for at least one year. A score of 99 is the best possible, indicating that the fund outperformed 99% of the other mutual funds. Zero is the worst possible percentile score.
10.	**3-Year Total Return**	The total annual return the fund has provided investors over the preceeding three years.
11.	**3-Year Total Return Percentile**	The fund's percentile rank based on its three-year performance compared to that of all other equity funds in existence for at least three years. A score of 99 is the best possible, indicating that the fund outperformed 99% of the other mutual funds. Zero is the worst possible percentile score.
12.	**5-Year Total Return**	The total annual return the fund has provided investors over the preceeding five years.

13.	**5-Year Total Return Percentile**	The fund's percentile rank based on its five-year performance compared to that of all other equity funds in existence for at least five years. A score of 99 is the best possible, indicating that the fund outperformed 99% of the other mutual funds. Zero is the worst possible percentile score.
14.	**Risk Rating/Points**	A letter grade rating based solely on the mutual fund's risk as determined by its monthly performance volatility over the trailing three years. The risk rating does not take into consideration the overall financial performance the fund has achieved or the total return it has provided to its shareholders. Like the overall Investment Rating, the Risk Rating is measured on a scale from A to E for ease of interpretation. The points score indicates where the Risk Rating falls on a scale of 0 to 10.
15.	**Manager Quality Percentile**	The manager quality percentile is based on a ranking of the fund's alpha, a statistical measure representing the difference between a fund's actual returns and its expected performance given its level of risk. Fund managers who have been able to exceed the fund's statistically expected performance receive a high percentile rank with 99 representing the highest possible score. At the other end of the spectrum, fund managers who have actually detracted from the fund's expected performance receive a low percentile rank with 0 representing the lowest possible score.
16.	**Manager Tenure**	The number of years the current manager has been managing the fund. Since fund managers who deliver substandard returns are usually replaced, a long tenure is usually a good sign that shareholders are satisfied that the fund is achieving its stated objectives.

VII. Top-Rated Stock Mutual Funds In The B Risk Category

Summer 2007

99 Pct = Best
0 Pct = Worst

Fund Type	Fund Name	Ticker Symbol	Overall Investment Rating	Phone	Net Asset Value As of 6/30/07	Performance Rating/Pts	1Yr / Pct	3Yr / Pct	5Yr / Pct	Risk Rating/Pts	Mgr. Quality Pct	Mgr. Tenure (Years)
EM	Eaton Vance Tax-Mgd Emg Mkt Fd	EITEX	A+	(800) 225-6265	47.67	A+ /9.9	53.74 /99	42.65 /99	36.46 /99	B- / 7.3	92	N/A
FO	Nationwide China Opport A	GOPAX	A+	(888) 366-0404	24.39	A+ /9.9	81.60 /99	41.72 /99	--	B- / 7.0	99	3
FO	Nationwide China Opport Instl-Svc	GOPSX	A+	(888) 366-0404	24.44	A+ /9.9	82.03 /99	42.01 /99	--	B- / 7.0	99	3
FO	Nationwide China Opport Inst	GOPIX	A+	(888) 366-0404	24.49	A+ /9.9	82.00 /99	42.11 /99	--	B- / 7.0	99	3
FO	Templeton China World Adv	TACWX	A+	(800) 321-8563	38.16	A+ /9.8	52.36 /99	31.71 /97	29.81 /98	B- / 7.7	98	N/A
EM	● AIM International Small Co Inst	IEGIX	A+	(800) 347-4246	28.89	A+ /9.8	38.94 /97	40.40 /99	35.06 /99	B- / 7.5	98	N/A
UT	MFS Utilities Fund R2	MMUKX	A+	(800) 343-2829	19.16	A+ /9.7	43.31 /98	30.00 /96	24.48 /96	B / 8.2	99	2
UT	MFS Utilities Fund R5	MMUJX	A+	(800) 343-2829	19.23	A+ /9.7	44.18 /98	30.89 /96	25.34 /96	B / 8.2	99	2
UT	MFS Utilities Fund R4	MMUHX	A+	(800) 343-2829	19.22	A+ /9.7	43.81 /98	30.58 /96	25.16 /96	B / 8.2	99	2
UT	MFS Utilities Fund R	MMURX	A+	(800) 343-2829	19.21	A+ /9.7	43.68 /98	30.44 /96	24.84 /96	B / 8.1	99	15
UT	MFS Utilities Fund R3	MURRX	A+	(800) 343-2829	19.20	A+ /9.7	43.42 /98	30.18 /96	24.63 /96	B / 8.1	99	4
UT	MFS Utilities Fund B	MMUBX	A+	(800) 343-2829	19.17	A+ /9.7	42.99 /98	29.80 /96	24.36 /96	B / 8.1	99	14
UT	MFS Utilities Fund I	MMUIX	A+	(800) 343-2829	19.26	A+ /9.7	44.33 /98	31.09 /96	25.58 /96	B / 8.1	99	15
UT	MFS Utilities Fund C	MMUCX	A+	(800) 343-2829	19.18	A+ /9.7	42.87 /97	29.78 /96	24.34 /96	B / 8.1	99	13
FO	Templeton China World A	TCWAX	A+	(800) 342-5236	37.95	A+ /9.7	51.86 /99	31.25 /96	29.35 /98	B- / 7.7	98	N/A
FO	● Templeton China World B	TCWBX	A+	(800) 342-5236	37.67	A+ /9.7	50.77 /99	30.41 /96	28.50 /98	B- / 7.7	98	N/A
FO	Templeton China World C	TCWCX	A+	(800) 342-5236	37.52	A+ /9.7	50.80 /99	30.45 /96	28.51 /98	B- / 7.7	98	N/A
FO	Allianz NFJ Intl Value A	AFJAX	A+	(800) 426-0107	26.52	A+ /9.7	41.28 /97	31.85 /97	--	B- / 7.7	86	N/A
FO	Allianz NFJ Intl Value C	AFJCX	A+	(800) 426-0107	26.34	A+ /9.7	40.19 /97	30.90 /96	--	B- / 7.7	82	N/A
FO	Allianz NFJ Intl Value D	AFJDX	A+	(800) 426-0107	26.55	A+ /9.7	41.30 /97	31.84 /97	--	B- / 7.7	86	N/A
FO	China U.S. Growth Fund (The)	CHUSX	A+	(800) 544-4774	18.87	A+ /9.7	43.06 /97	30.70 /96	--	B- / 7.0	92	N/A
UT	MFS Utilities Fund R1	MMUGX	A+	(800) 343-2829	19.16	A+ /9.6	42.72 /97	29.68 /96	24.29 /96	B / 8.1	99	2
UT	MFS Utilities Fund A	MMUFX	A+	(800) 343-2829	19.23	A+ /9.6	43.97 /98	30.75 /96	25.26 /96	B / 8.1	99	15
FO	Nationwide Intl Growth Inst	GIGIX	A+	(888) 366-0404	16.16	A+ /9.6	37.95 /96	31.50 /96	21.35 /93	B- / 7.6	85	N/A
UT	Evergreen Utility and Telecom B	EVUBX	A+	(800) 343-2898	16.20	A+ /9.6	34.01 /96	28.38 /95	21.50 /94	B- / 7.4	98	N/A
UT	Evergreen Utility and Telecom I	EVUYX	A+	(800) 343-2898	16.21	A+ /9.6	35.31 /96	29.64 /96	22.72 /95	B- / 7.4	99	N/A
UT	Evergreen Utility and Telecom C	EVUCX	A+	(800) 343-2898	16.20	A+ /9.6	33.99 /95	28.36 /95	21.48 /93	B- / 7.4	98	N/A
FO	Wells Fargo Avtg Asia Pac Inv	SASPX	A+	(800) 222-8222	14.61	A+ /9.6	32.64 /95	28.67 /95	23.75 /95	B- / 7.4	74	N/A
FO	Pacific Capital New Asia Gr C	PCNCX	A+	(800) 258-9232	20.36	A+ /9.6	44.36 /98	28.13 /95	--	B- / 7.2	90	3
FO	Fidelity Canada Fund	FICDX	A+	(800) 544-8888	58.42	A+ /9.6	31.71 /94	29.37 /96	24.92 /96	B- / 7.2	94	5
FO	Franklin Intl Smaller Co Grw Adv	FKSCX	A+	(800) 321-8563	30.97	A+ /9.6	22.00 /72	31.31 /96	--	B- / 7.1	89	N/A
FO	ICON Intl Equity Fd I	IIQIX	A+	(800) 764-0442	18.55	A+ /9.6	32.11 /94	28.22 /95	--	B- / 7.0	44	2
FO	Rochdale Atlas Portfolio	RIMAX	A+	(800) 245-9888	67.33	A+ /9.6	39.86 /97	31.00 /96	22.95 /95	B- / 7.0	63	21
FO	AllianceBern CBF Intl Value R		A+	(800) 221-5672	30.56	A /9.5	30.54 /93	27.74 /95	22.61 /94	B / 8.4	87	N/A
FO	AllianceBern CBF Intl Value RA		A+	(800) 221-5672	30.19	A /9.5	30.24 /93	27.52 /95	22.31 /94	B / 8.4	86	N/A
UT	Eaton Vance Utilities I	EIUTX	A+	(800) 225-6265	14.69	A /9.5	35.34 /96	28.35 /95	21.05 /93	B / 8.3	99	2
FO	AIM International Growth Inst	AIEVX	A+	(800) 347-4246	34.04	A /9.5	33.03 /95	26.20 /94	18.62 /89	B / 8.1	74	12
FO	GMO International Small Co III	GMISX	A+		12.97	A /9.5	32.83 /95	27.45 /95	27.34 /97	B- / 7.8	60	N/A
FO	JPMorgan Intl Value Inst	JNUSX	A+	(800) 358-4782	19.89	A /9.5	30.79 /93	27.60 /95	20.95 /93	B- / 7.7	92	6
UT	Eaton Vance Utilities A	EVTMX	A+	(800) 225-6265	14.69	A /9.5	35.00 /96	28.15 /95	20.93 /93	B- / 7.7	99	8
FO	Mutual European Z	MEURX	A+	(800) 321-8563	28.67	A /9.5	36.14 /96	26.30 /94	19.70 /91	B- / 7.6	98	3
FO	Mutual European C	TEURX	A+	(800) 342-5236	28.07	A /9.5	34.89 /96	25.07 /93	18.53 /89	B- / 7.6	97	3
FO	● Mutual European B	TEUBX	A+	(800) 342-5236	27.47	A /9.5	34.84 /96	25.08 /93	18.52 /89	B- / 7.6	96	3
UT	BlackRock Utilities/Telecom Inst	MAGUX	A+	(888) 825-2257	16.62	A /9.5	33.93 /95	25.54 /94	16.96 /85	B- / 7.5	97	5
UT	Evergreen Utility and Telecom A	EVUAX	A+	(800) 343-2898	16.19	A /9.5	34.99 /96	29.30 /95	22.37 /94	B- / 7.4	99	N/A
EM	DFA International Value IV	DFVFX	A+	(800) 984-9472	21.31	A /9.5	35.27 /96	27.49 /95	23.37 /95	B- / 7.3	95	N/A
FO	Thornburg Intl Value I	TGVIX	A+	(800) 847-0200	33.47	A /9.5	32.83 /95	25.50 /94	20.19 /92	B- / 7.2	84	N/A
FO	Thornburg Intl Value R3	TGVRX	A+	(800) 847-0200	32.93	A /9.5	32.08 /94	24.88 /93	--	B- / 7.1	80	N/A
EM	DFA International Value I	DFIVX	A+	(800) 984-9472	25.77	A /9.5	35.07 /96	27.29 /95	23.19 /95	B- / 7.0	95	N/A
FO	Fidelity China Region Fund	FHKCX	A+	(800) 544-8888	28.01	A /9.5	35.88 /96	25.55 /94	19.40 /91	B- / 7.0	94	N/A
FO	AllianceBern CBF Intl Value A		A+	(800) 221-5672	30.17	A /9.4	30.21 /93	27.49 /95	22.31 /94	B / 8.4	86	N/A
FO	AllianceBern CBF Intl Value B		A+	(800) 221-5672	28.95	A /9.4	29.24 /92	26.53 /94	21.40 /93	B / 8.4	81	N/A

● Denotes fund is closed to new investors

Summer 2007

VII. Top-Rated Stock Mutual Funds In The B Risk Category

99 Pct = Best
0 Pct = Worst

Fund Type	Fund Name	Ticker Symbol	Overall Investment Rating	Phone	Net Asset Value As of 6/30/07	Performance Rating/Pts	Annualized Total Return Through 6/30/07 1Yr/Pct	3Yr/Pct	5Yr/Pct	Risk Rating/Pts	Mgr. Quality Pct	Mgr. Tenure (Years)
FO	AllianceBern CBF Intl Value C		A+	(800) 221-5672	28.93	A /9.4	29.21 /91	26.50 /94	21.38 /93	B /8.4	81	N/A
FO	Allianz NACM International D	PNIDX	A+	(800) 426-0107	26.05	A /9.4	24.90 /83	27.50 /95	22.27 /94	B /8.2	81	1
TC	GAMCO Global Telecom AAA	GABTX	A+	(800) 422-3554	25.62	A /9.4	40.01 /97	21.96 /89	22.47 /94	B /8.1	98	7
FO	Putnam Europe Equity Y		A+	(800) 354-2228	33.52	A /9.4	34.01 /95	24.94 /93	16.89 /85	B- /7.9	75	1
FO	● William Blair Instl Intl Gr	WBIIX	A+	(800) 742-7272	21.69	A /9.4	30.26 /93	24.81 /93	--	B- /7.8	43	5
FO	● MFS Intl New Discovery R5	MIDJX	A+	(800) 343-2829	30.50	A /9.4	31.50 /94	25.28 /93	22.75 /95	B- /7.7	49	N/A
FO	● MFS Intl New Discovery R4	MIDHX	A+	(800) 343-2829	30.41	A /9.4	31.10 /93	25.01 /93	22.60 /94	B- /7.7	45	N/A
UT	● AIM Utilities Fund Inv	FSTUX	A+	(800) 347-4246	18.88	A /9.4	30.95 /93	25.92 /94	17.77 /87	B- /7.7	95	4
FO	JPMorgan Intl Value Sel	JIESX	A+	(800) 358-4782	19.81	A /9.4	30.66 /93	27.25 /95	20.62 /93	B- /7.7	91	6
FO	JPMorgan Intl Value B	JFEBX	A+	(800) 358-4782	19.34	A /9.4	29.68 /92	26.39 /94	19.80 /92	B- /7.7	88	6
FO	ING Foreign Fund Q	IAFQX	A+	(800) 334-3444	21.83	A /9.4	31.39 /94	25.49 /94	--	B- /7.6	39	4
FO	ING Foreign Fund I	IAFIX	A+	(800) 334-3444	22.07	A /9.4	31.80 /94	25.78 /94	--	B- /7.6	43	4
FO	ING Julius Baer Foreign Port S	IJBSX	A+	(800) 334-3444	18.94	A /9.4	31.63 /94	25.46 /94	17.22 /86	B- /7.6	42	4
FO	ING Julius Baer Foreign Port S2	IJBTX	A+	(800) 334-3444	18.88	A /9.4	31.40 /94	25.29 /93	--	B- /7.6	40	4
FO	Mutual European A	TEMIX	A+	(800) 342-5236	28.18	A /9.4	35.80 /96	25.91 /94	19.32 /91	B- /7.6	97	3
UT	BlackRock Utilities/Telecom C1	MCGUX	A+	(888) 825-2257	16.39	A /9.4	32.74 /95	24.50 /93	16.00 /81	B- /7.5	97	5
GR	ING Janus Contrarian Port S	IJCSX	A+	(800) 334-3444	17.29	A /9.4	36.65 /96	23.45 /92	19.43 /91	B- /7.5	97	7
GR	ING Janus Contrarian Port S2	IJCTX	A+	(800) 334-3444	17.18	A /9.4	36.43 /96	23.26 /91	--	B- /7.5	97	5
UT	BlackRock Utilities/Telecom B1	MBGUX	A+	(888) 825-2257	16.57	A /9.4	32.88 /95	24.56 /93	16.05 /81	B- /7.5	97	5
FO	Vontobel Eastern European Eq A	VEEEX	A+	(800) 527-9500	31.61	A /9.4	26.75 /87	29.16 /95	31.93 /99	B- /7.5	92	6
GL	BlackRock Global Growth Inst	MAGGX	A+	(888) 825-2257	16.60	A /9.4	34.29 /96	23.92 /92	16.69 /84	B- /7.4	33	N/A
FO	Templeton Inst-Foreign Eq Prim	TFEQX	A+	(800) 321-8563	29.91	A /9.4	34.90 /96	24.74 /93	19.25 /90	B- /7.4	74	N/A
FO	Dodge & Cox International Stock	DODFX	A+	(800) 621-3979	48.90	A /9.4	28.91 /91	26.30 /94	22.99 /95	B- /7.2	81	N/A
FO	Thornburg Intl Value B	THGBX	A+	(800) 847-0200	31.25	A /9.4	31.22 /94	23.95 /92	18.65 /89	B- /7.1	72	N/A
FO	Thornburg Intl Value A	TGVAX	A+	(800) 847-0200	32.85	A /9.4	32.29 /94	24.95 /93	19.64 /91	B- /7.1	81	N/A
FO	Thornburg Intl Value C	THGCX	A+	(800) 847-0200	31.36	A /9.4	31.29 /94	24.05 /92	18.73 /89	B- /7.1	73	N/A
FO	Putnam Europe Equity R	PEERX	A+	(800) 354-2228	33.29	A /9.4	33.32 /95	24.55 /93	16.56 /83	B- /7.0	71	1
FO	JennDry Dryden Internatl Val Z	PISZX	A+	(800) 778-8769	31.23	A /9.4	30.35 /93	24.15 /92	15.78 /80	B- /7.0	66	N/A
FO	Allianz NACM International I	NAISX	A+	(800) 426-0107	26.35	A /9.4	25.43 /84	27.95 /95	22.56 /94	B- /7.0	83	1
FO	RVS International Select Value B	AXIBX	A+	(888) 791-3380	11.54	A /9.4	30.36 /93	24.88 /93	20.04 /92	B- /7.0	83	N/A
UT	Nationwide Global Utilities Inst	GLUIX	A+	(888) 366-0404	14.49	A /9.3	34.28 /96	25.30 /93	19.40 /91	B /8.6	99	N/A
FO	Allianz NACM International C	PNICX	A+	(800) 426-0107	25.75	A /9.3	23.94 /80	26.53 /94	21.36 /93	B /8.2	73	1
FO	Laudus Internatl MarketMasters Sel	SWMIX	A+	(866) 855-9102	23.66	A /9.3	31.96 /94	24.27 /93	--	B /8.1	61	2
GL	Nationwide Worldwd Leaders Inst	GWLIX	A+	(888) 366-0404	14.01	A /9.3	30.71 /93	25.20 /93	17.11 /85	B /8.1	72	N/A
FO	HSBC Investor Overseas Equity B	HOEBX	A+	(800) 782-8183	18.72	A /9.3	29.15 /91	24.60 /93	17.09 /85	B /8.1	59	N/A
FO	HSBC Investor Overseas Equity C	HOECX	A+	(800) 782-8183	19.20	A /9.3	29.14 /91	24.62 /93	17.09 /85	B /8.1	60	N/A
TC	GAMCO Global Telecom B	GTCBX	A+	(800) 422-3554	24.88	A /9.3	38.99 /97	21.04 /87	21.54 /94	B /8.0	98	7
UT	Fidelity Adv Utilities I	FUGIX	A+	(800) 522-7297	21.93	A /9.3	33.74 /95	24.34 /93	19.96 /92	B- /7.8	98	1
UT	AIM Utilities Fund C	IUTCX	A+	(800) 347-4246	18.94	A /9.3	30.03 /92	24.99 /93	16.74 /84	B- /7.8	94	4
UT	Fidelity Utilities Fund	FIUIX	A+	(800) 544-8888	21.24	A /9.3	33.73 /95	24.41 /93	18.02 /88	B- /7.7	98	2
FO	Vanguard European Stock Index	VEURX	A+	(800) 662-7447	40.55	A /9.3	32.25 /94	24.36 /93	18.64 /89	B- /7.7	74	N/A
FO	Vanguard European Stock Index	VESIX	A+	(800) 662-7447	40.61	A /9.3	32.44 /95	24.54 /93	18.81 /89	B- /7.7	75	N/A
FO	Vanguard European Stock Index	VEUSX	A+	(800) 662-7447	95.29	A /9.3	32.39 /95	24.48 /93	18.75 /89	B- /7.7	75	N/A
FO	JPMorgan Intl Value A	JFEAX	A+	(800) 358-4782	19.66	A /9.3	30.23 /93	26.99 /95	20.40 /92	B- /7.7	91	6
UT	AIM Utilities Fund B	IBUTX	A+	(800) 347-4246	18.79	A /9.3	29.97 /92	25.00 /93	16.86 /84	B- /7.7	94	4
FO	ING Foreign Fund A	IAFAX	A+	(800) 334-3444	21.75	A /9.3	31.31 /94	25.41 /94	--	B- /7.6	39	4
FO	ING Foreign Fund C	ICFCX	A+	(800) 334-3444	21.13	A /9.3	30.33 /93	24.48 /93	--	B- /7.5	31	4
FO	ING Foreign Fund B	IAFBX	A+	(800) 334-3444	21.10	A /9.3	30.31 /93	24.49 /93	--	B- /7.5	31	4

● Denotes fund is closed to new investors

www.thestreet.com/ratings

Data as of June 30, 2007

VII. Top-Rated Stock Mutual Funds In The C Risk Category

Summer 2007

99 Pct = Best
0 Pct = Worst

Fund Type	Fund Name	Ticker Symbol	Overall Investment Rating	Phone	Net Asset Value As of 6/30/07	Performance Rating/Pts	Annualized Total Return Through 6/30/07			Risk Rating/Pts	Mgr. Quality Pct	Mgr. Tenure (Years)
							1Yr / Pct	3Yr / Pct	5Yr / Pct			
FO	DFA Pacific Rim Small Company	DFRSX	A+	(800) 984-9472	27.13	A+ / 9.9	65.58 / 99	36.72 / 98	31.22 / 99	C+ / 6.8	99	14
EM	Principal Inv Intl Emrg Mkts AdvPfd	PEAPX	A+	(800) 247-4123	30.57	A+ / 9.9	48.45 / 98	42.43 / 99	31.27 / 99	C+ / 6.7	49	6
EM	Principal Inv Intl Emrg Mkts AdvSel	PEASX	A+	(800) 247-4123	30.40	A+ / 9.9	48.15 / 98	42.16 / 99	30.93 / 98	C+ / 6.7	46	6
EM	Principal Inv Intl Emrg Mkts Inst	PIEIX	A+	(800) 247-4123	30.87	A+ / 9.9	49.24 / 99	43.23 / 99	32.00 / 99	C+ / 6.7	58	6
EM	Principal Inv Intl Emrg Mkts Pfd	PEPSX	A+	(800) 247-4123	30.84	A+ / 9.9	48.85 / 99	42.84 / 99	31.67 / 99	C+ / 6.7	54	6
EM	Principal Inv Intl Emrg Mkts Sel	PESSX	A+	(800) 247-4123	30.80	A+ / 9.9	48.69 / 99	42.72 / 99	31.55 / 99	C+ / 6.7	52	6
EM	AIM Developing Markets Fd Inst	GTDIX	A+	(800) 347-4246	32.18	A+ / 9.9	54.22 / 99	42.21 / 99	32.12 / 99	C+ / 6.6	44	2
EM	American Beacon Emerg Mkts Inst	AEMFX	A+	(800) 967-9009	19.70	A+ / 9.8	45.55 / 98	36.01 / 98	28.97 / 98	C+ / 6.8	15	N/A
EM	Forward Global Emerg Markets Inv	PGERX	A+	(800) 999-6809	26.50	A+ / 9.8	44.61 / 98	36.57 / 98	--	C+ / 6.6	18	6
FO	AllianceBern Greater China 97 Adv	GCHYX	A+	(800) 221-5672	25.13	A+ / 9.8	62.37 / 99	34.27 / 97	27.70 / 97	C+ / 6.4	97	2
FO	Columbia Acorn Intl 529 B		A+	(800) 426-3750	32.10	A+ / 9.6	33.20 / 95	29.10 / 95	--	C+ / 6.9	73	4
FO	Columbia Acorn Intl 529 C		A+	(800) 426-3750	32.14	A+ / 9.6	33.31 / 95	29.12 / 95	--	C+ / 6.9	73	4
FO	Columbia Acorn Intl 529 Z		A+	(800) 426-3750	33.48	A+ / 9.6	34.51 / 96	30.43 / 96	--	C+ / 6.9	83	4
FO	JPMorgan Intrepid Euro Inst	JFEIX	A+	(800) 358-4782	33.01	A+ / 9.6	35.11 / 96	30.77 / 96	23.06 / 95	C+ / 6.6	94	7
FO	JPMorgan Intrepid Euro Sel	JFESX	A+	(800) 358-4782	32.60	A+ / 9.6	34.90 / 96	30.49 / 96	22.67 / 95	C+ / 6.6	93	7
FO	ICON Intl Equity Fd C	IIQCX	A+	(800) 764-0442	17.68	A / 9.5	30.86 / 93	26.41 / 94	--	C+ / 6.9	29	2
FO	Columbia Acorn Intl 529 A		A+	(800) 426-3750	33.09	A / 9.5	34.18 / 96	30.03 / 96	--	C+ / 6.9	80	4
FO	AIM European Growth A	AEDAX	A+	(800) 347-4246	46.03	A / 9.5	33.93 / 95	29.09 / 95	23.54 / 95	C+ / 6.9	88	10
FO	DFA Tax Managed Intl Value	DTMIX	A+	(800) 984-9472	22.00	A / 9.5	34.63 / 96	26.98 / 95	22.98 / 95	C+ / 6.9	85	N/A
FO	● AIM European Growth Inv	EGINX	A+	(800) 347-4246	45.96	A / 9.5	33.95 / 95	29.16 / 95	23.59 / 95	C+ / 6.8	88	10
FO	AIM European Growth B	AEDBX	A+	(800) 347-4246	43.40	A / 9.5	32.98 / 95	28.17 / 95	22.70 / 95	C+ / 6.8	83	10
FO	AIM European Growth C	AEDCX	A+	(800) 347-4246	43.42	A / 9.5	32.96 / 95	28.17 / 95	22.69 / 95	C+ / 6.8	83	10
FO	DFA International Small Cap Value	DISVX	A+	(800) 984-9472	23.71	A / 9.5	33.45 / 95	28.78 / 95	29.61 / 98	C+ / 6.8	93	N/A
FO	RVS International Select Value C	APICX	A+	(888) 791-3380	11.51	A / 9.4	30.35 / 93	24.92 / 93	20.07 / 92	C+ / 6.9	84	N/A
FO	RVS International Select Value A	APIAX	A+	(888) 791-3380	11.95	A / 9.3	31.26 / 94	25.82 / 94	21.00 / 93	C+ / 6.9	88	N/A
FO	Matthews China Fund	MCHFX	A	(800) 892-0382	31.20	A+ / 9.9	77.78 / 99	35.51 / 98	27.27 / 97	C+ / 6.1	99	N/A
EM	Fidelity Adv Emerging Asia I	FERIX	A	(800) 522-7297	29.33	A+ / 9.9	51.50 / 99	38.90 / 98	25.12 / 96	C+ / 6.0	92	3
FO	Columbia Greater China Z	LNGZX	A	(800) 426-3750	53.09	A+ / 9.9	68.46 / 99	38.07 / 98	28.31 / 98	C+ / 6.0	99	N/A
FO	Columbia Greater China B	NGCBX	A	(800) 426-3750	49.90	A+ / 9.9	66.76 / 99	36.70 / 98	26.38 / 97	C+ / 5.9	99	N/A
FO	Columbia Greater China C	NGCCX	A	(800) 426-3750	50.56	A+ / 9.9	66.73 / 99	36.70 / 98	26.34 / 97	C+ / 5.9	99	N/A
FO	● AIM European Small Company C	ESMCX	A	(800) 347-4246	31.73	A+ / 9.9	40.18 / 97	43.94 / 99	37.11 / 99	C+ / 5.9	99	7
FO	● AIM European Small Company B	ESMBX	A	(800) 347-4246	31.73	A+ / 9.9	40.24 / 97	43.91 / 99	37.12 / 99	C+ / 5.9	99	7
FO	● AIM European Small Company A	ESMAX	A	(800) 347-4246	33.02	A+ / 9.9	41.26 / 97	44.96 / 99	38.10 / 99	C+ / 5.9	99	7
FO	Columbia Greater China A	NGCAX	A	(800) 426-3750	51.14	A+ / 9.9	68.04 / 99	37.72 / 98	27.33 / 97	C+ / 5.9	99	N/A
FO	AllianceBern Greater China 97 A	GCHAX	A	(800) 221-5672	24.59	A+ / 9.8	61.90 / 99	33.83 / 97	27.30 / 97	C+ / 6.4	97	2
EM	JPMorgan Emerg Mkt Eq C	JEMCX	A	(800) 358-4782	21.03	A+ / 9.8	45.69 / 98	36.16 / 98	28.87 / 98	C+ / 6.3	10	2
FO	AIM Asia Pacific Growth A	ASIAX	A	(800) 347-4246	29.57	A+ / 9.8	51.03 / 99	35.60 / 98	25.38 / 96	C+ / 6.3	98	10
FO	AIM Asia Pacific Growth B	ASIBX	A	(800) 347-4246	27.99	A+ / 9.8	49.91 / 99	34.66 / 97	24.54 / 96	C+ / 6.3	97	10
FO	AIM Asia Pacific Growth C	ASICX	A	(800) 347-4246	27.87	A+ / 9.8	49.90 / 99	34.62 / 97	24.49 / 96	C+ / 6.3	97	10
FO	AllianceBern Greater China 97 B	GCHBX	A	(800) 221-5672	23.31	A+ / 9.8	60.78 / 99	32.90 / 97	26.38 / 97	C+ / 6.3	96	2
FO	AllianceBern Greater China 97 C	GCHCX	A	(800) 221-5672	23.25	A+ / 9.8	60.70 / 99	32.92 / 97	26.32 / 97	C+ / 6.3	96	2
EM	ING JPMorgan Emrg Mkt Eq Port S	IJPIX	A	(800) 334-3444	22.60	A+ / 9.8	45.34 / 98	37.72 / 98	26.50 / 97	C+ / 6.2	19	2
EM	ING JPMorgan Emrg Mkt Eq Port	IJPTX	A	(800) 334-3444	22.43	A+ / 9.8	45.12 / 98	37.51 / 98	--	C+ / 6.2	18	2
EM	ING Emerging Countries Q	NACQX	A	(800) 334-3444	40.98	A+ / 9.8	49.71 / 99	31.96 / 97	23.79 / 95	C+ / 6.2	39	2
EM	Fidelity Adv Emerging Asia B	FERBX	A	(800) 522-7297	27.37	A+ / 9.8	50.00 / 99	37.56 / 98	23.90 / 95	C+ / 6.0	88	3
EM	Fidelity Adv Emerging Asia C	FERCX	A	(800) 522-7297	27.30	A+ / 9.8	49.97 / 99	37.52 / 98	23.90 / 95	C+ / 6.0	88	3
EM	Fidelity Adv Emerging Asia A	FEAAX	A	(800) 522-7297	28.83	A+ / 9.8	51.17 / 99	38.58 / 98	24.85 / 96	C+ / 6.0	91	3
EM	Fidelity Adv Emerging Asia T	FEATX	A	(800) 522-7297	28.34	A+ / 9.8	50.77 / 99	38.25 / 98	24.54 / 96	C+ / 6.0	91	3
EM	UBS PACE Intertl Emg Mkts Eq	PWEYX	A	(888) 793-8637	23.14	A+ / 9.8	46.81 / 98	35.44 / 98	26.56 / 97	C+ / 5.9	12	N/A
UT	J Hancock Trust Utilities Ser I	JEUTX	A	(800) 257-3336	15.73	A+ / 9.7	43.66 / 98	30.58 / 96	24.86 / 96	C+ / 6.4	99	6
RE	Alpine Intl Real Estate Y	EGLRX	A	(888) 785-5578	45.58	A+ / 9.7	42.24 / 97	32.95 / 97	27.64 / 97	C+ / 6.3	99	18
FO	Pacific Capital New Asia Gr Y	PCASX	A	(800) 258-9232	21.76	A+ / 9.7	45.78 / 98	29.39 / 96	20.46 / 92	C+ / 6.2	94	12

● Denotes fund is closed to new investors

VII. Top-Rated Stock Mutual Funds In The C Risk Category

Summer 2007

99 Pct = Best
0 Pct = Worst

Fund Type	Fund Name	Ticker Symbol	Overall Investment Rating	Phone	Net Asset Value As of 6/30/07	Performance Rating/Pts	Annualized Total Return Through 6/30/07			Risk Rating/Pts	Mgr. Quality Pct	Mgr. Tenure (Years)
							1Yr / Pct	3Yr / Pct	5Yr / Pct			
EM	ING Emerging Countries A	NECAX	A	(800) 334-3444	39.61	A+ /9.7	49.51 /99	31.84 /97	23.75 /95	C+ /6.2	37	2
EM	ING Emerging Countries C	NAEMX	A	(800) 334-3444	36.82	A+ /9.7	48.44 /98	30.85 /96	22.72 /95	C+ /6.2	29	2
EM	ING Emerging Countries B	NACBX	A	(800) 334-3444	38.93	A+ /9.7	48.42 /98	30.89 /96	23.00 /95	C+ /6.2	30	2
GL	US Global Inv China Region	USCOX	A	(800) 873-8637	12.55	A+ /9.7	46.51 /98	31.67 /97	25.22 /96	C+ /6.1	73	N/A
FO	JPMorgan Intrepid Euro B	VEUBX	A	(800) 358-4782	29.98	A+ /9.6	33.93 /95	29.46 /96	21.66 /94	C+ /6.6	90	7
FO	Driehaus International Discovery	DRIDX	A	(800) 560-6111	47.38	A+ /9.6	31.91 /94	31.15 /96	23.97 /95	C+ /6.5	61	9
FO	JPMorgan Intrepid Euro C	VEUCX	A	(800) 358-4782	29.81	A+ /9.6	33.84 /95	29.46 /96	21.66 /94	C+ /6.5	90	7
FO	Putnam International Capital Opp	PICRX	A	(800) 354-2228	42.53	A+ /9.6	34.30 /96	28.44 /95	21.37 /93	C+ /6.3	65	N/A
FO	Putnam International Capital Opp Y	PIVYX	A	(800) 354-2228	43.02	A+ /9.6	34.91 /96	29.06 /95	21.92 /94	C+ /6.3	71	N/A
FO	● Julius Baer International Equity A	BJBIX	A	(800) 387-6977	48.26	A+ /9.6	34.85 /96	28.19 /95	22.06 /94	C+ /6.3	69	14
FO	● Julius Baer International Equity I	JIEIX	A	(800) 387-6977	49.33	A+ /9.6	35.20 /96	28.54 /95	22.46 /94	C+ /6.3	72	14
GL	Putnam College Adv Intl Cap Opp		A	(800) 354-2228	27.63	A+ /9.6	34.71 /96	28.94 /95	21.77 /94	C+ /6.2	70	N/A
FO	Nationwide Intl Growth Instl-Svc	GIGSX	A	(888) 366-0404	16.16	A+ /9.6	37.94 /96	31.50 /97	21.35 /93	C+ /6.2	85	N/A
FO	Pacific Capital New Asia Gr A	PNAAX	A	(800) 258-9232	21.43	A+ /9.6	45.47 /98	29.08 /95	20.11 /92	C+ /6.2	93	12
FO	Nationwide Intl Growth A	GIGAX	A	(888) 366-0404	15.91	A+ /9.6	37.53 /96	31.15 /96	21.02 /93	C+ /6.2	84	N/A
FO	Nationwide Intl Growth R	GIRRX	A	(888) 366-0404	15.38	A+ /9.6	36.95 /96	30.88 /96	20.54 /93	C+ /6.1	81	N/A
FO	● Pacific Capital New Asia Gr B	PNABX	A	(800) 258-9232	20.37	A+ /9.6	44.30 /98	28.12 /95	19.23 /90	C+ /6.1	91	N/A
FO	JPMorgan Intrepid Euro A	VEUAX	A	(800) 358-4782	32.31	A /9.5	34.54 /96	30.11 /96	22.34 /94	C+ /6.6	92	7
RE	● MSIF Inc. Intl Real Estate A	MSUAX	A	(800) 354-8185	33.60	A /9.5	29.73 /92	31.45 /96	29.34 /98	C+ /6.5	99	8
RE	● MSIF Inc. Intl Real Estate B	IERBX	A	(800) 354-8185	33.57	A /9.5	29.40 /92	31.10 /96	29.01 /98	C+ /6.5	99	8
FO	AllianceBern Intl Value R	AIVRX	A	(800) 221-5672	24.57	A /9.5	29.80 /92	27.12 /95	--	C+ /6.4	84	7
FO	AllianceBern Intl Value Adv	ABIYX	A	(800) 221-5672	25.10	A /9.5	30.53 /93	27.78 /95	22.59 /94	C+ /6.4	87	7
FO	Principal Inv Divers Intl Inst	PIIIX	A	(800) 247-4123	15.56	A /9.5	28.45 /90	27.74 /95	19.73 /91	C+ /6.3	71	4
FO	Principal Inv Divers Intl Sel	PINLX	A	(800) 247-4123	15.70	A /9.5	27.93 /90	27.15 /95	19.55 /91	C+ /6.3	65	4
FO	Principal Inv Divers Intl Pfd	PINPX	A	(800) 247-4123	15.56	A /9.5	28.10 /90	27.41 /95	19.55 /91	C+ /6.3	68	4
FO	Principal Inv Divers Intl AdvPfd	PINRX	A	(800) 247-4123	15.50	A /9.5	27.73 /89	27.05 /95	19.10 /90	C+ /6.3	64	4
FO	Putnam International Capital Opp A	PNVAX	A	(800) 354-2228	42.89	A /9.5	34.60 /96	28.72 /95	21.61 /94	C+ /6.3	68	N/A
FO	Forward International Equity Fund	FFINX	A	(800) 999-6809	20.99	A /9.5	38.43 /97	26.94 /94	19.74 /91	C+ /6.3	63	7
FO	Columbia Acorn Intl Select Fund Z	ACFFX	A	(800) 426-3750	31.12	A /9.5	35.02 /96	26.76 /94	21.96 /94	C+ /6.3	73	6
GL	Putnam College Adv Intl Cap Opp		A	(800) 354-2228	26.83	A /9.5	34.02 /95	28.25 /95	21.10 /93	C+ /6.2	64	N/A
FO	Putnam International Capital Opp B	PVNBX	A	(800) 354-2228	41.82	A /9.5	33.59 /95	27.76 /95	20.70 /93	C+ /6.2	57	N/A
FO	Putnam International Capital Opp	PIVMX	A	(800) 354-2228	42.34	A /9.5	33.90 /95	28.08 /95	21.01 /93	C+ /6.2	61	N/A
FO	Putnam International Capital Opp	PUVCX	A	(800) 354-2228	42.34	A /9.5	33.58 /95	27.76 /95	20.70 /93	C+ /6.2	58	N/A
FO	MainStay ICAP International Fd	ICEUX	A	(800) 624-6782	43.30	A /9.4	26.65 /87	26.39 /94	20.07 /92	C+ /6.8	82	10
TC	DWS Communication Fund Inst	FLICX	A	(800) 621-1048	27.79	A /9.4	34.90 /96	22.85 /91	20.47 /92	C+ /6.8	97	5
GR	Fidelity Adv Leveraged Co Stk I	FLVIX	A	(800) 522-7297	39.93	A /9.4	28.68 /91	23.85 /92	36.51 /99	C+ /6.7	98	4
FO	Ivy Fund-International Core Eq Y	IVVYX	A	(800) 777-6472	19.15	A /9.4	28.32 /90	25.98 /94	--	C+ /6.6	56	N/A
FO	● Ivy Fund-International Core Eq Adv	IVIVX	A	(800) 777-6472	18.96	A /9.4	28.38 /90	26.53 /94	17.19 /85	C+ /6.6	63	5
FO	DFA International Small Company	DFISX	A	(800) 984-9472	21.75	A /9.4	31.13 /93	25.97 /94	26.25 /97	C+ /6.6	83	N/A
FO	Laudus Internatl MarketMasters Inv	SWOIX	A	(866) 855-9102	23.63	A /9.4	32.76 /95	24.37 /93	19.62 /91	C+ /6.4	61	2
FO	Elfun International Fund	EGLBX	A	(800) 242-0134	29.02	A /9.4	29.54 /92	25.10 /93	18.02 /88	C+ /6.4	57	16
FO	AllianceBern Intl Value A	ABIAX	A	(800) 221-5672	24.70	A /9.4	30.17 /93	27.41 /95	22.24 /94	C+ /6.4	86	7
FO	AllianceBern Intl Value B	ABIBX	A	(800) 221-5672	24.24	A /9.4	29.23 /92	26.51 /94	21.37 /93	C+ /6.4	81	7
FO	AllianceBern Intl Value C	ABICX	A	(800) 221-5672	24.25	A /9.4	29.29 /92	26.53 /94	21.38 /93	C+ /6.4	81	7
FO	Principal Inv Divers Intl J	PIIJX	A	(800) 247-4123	15.44	A /9.4	27.71 /89	26.92 /94	18.82 /89	C+ /6.3	62	4
FO	Principal Inv Divers Intl AdvSel	PINNX	A	(800) 247-4123	15.40	A /9.4	27.51 /89	26.90 /94	18.90 /90	C+ /6.3	63	4
GR	Fidelity Adv Leveraged Co Stk A	FLSAX	A	(800) 522-7297	39.56	A /9.3	28.33 /90	23.47 /92	36.11 /99	C+ /6.7	98	4
GL	Nationwide Worldwd Leaders IS	GLLSX	A	(888) 366-0404	13.96	A /9.3	30.54 /93	24.94 /93	16.97 /85	C+ /6.7	71	N/A

● Denotes fund is closed to new investors

www.thestreet.com/ratings

Data as of June 30, 2007

VII. Top-Rated Stock Mutual Funds In The D Risk Category

Summer 2007

99 Pct = Best
0 Pct = Worst

Fund Type	Fund Name	Ticker Symbol	Overall Investment Rating	Phone	Net Asset Value As of 6/30/07	Performance Rating/Pts	Annualized Total Return Through 6/30/07 1Yr / Pct	3Yr / Pct	5Yr / Pct	Risk Rating/Pts	Mgr. Quality Pct	Mgr. Tenure (Years)
EM	Legg Mason Emerg Mkts Prim	LMEMX	C+	(866) 811-7256	26.83	A+ /9.9	47.60 /98	41.15 /99	31.35 /99	D+ / 2.9	20	11
EM	Principal Inv Intl Emrg Mkts B	PIEBX	C+	(800) 247-4123	30.44	A+ /9.9	47.13 /98	41.90 /99	30.98 /98	D+ / 2.8	41	2
EM	Sanford Bernstein Emerg Markets	SNEMX	C+		45.53	A+ /9.9	43.91 /98	41.18 /98	35.82 /99	D+ / 2.7	21	N/A
EM	RS Emerging Markets Fund K	REMKX	C+	(800) 766-3863	25.19	A+ /9.9	44.45 /98	40.73 /99	30.14 /98	D+ / 2.4	25	6
EM	ING Russia A	LETRX	C+	(800) 334-3444	64.99	A+ /9.8	36.22 /96	45.04 /99	41.48 /99	D+ / 2.9	79	6
EM	Van Kampen Emerging Markets A	MSRAX	C+	(800) 421-5666	28.08	A+ /9.8	47.70 /98	39.15 /98	29.56 /98	D+ / 2.8	18	N/A
EM	Van Kampen Emerging Markets C	MSRCX	C+	(800) 421-5666	25.80	A+ /9.8	46.69 /98	38.12 /98	28.60 /98	D+ / 2.7	15	N/A
EM	Van Kampen Emerging Markets B	MSRBX	C+	(800) 421-5666	25.70	A+ /9.8	46.62 /98	38.13 /98	28.60 /98	D+ / 2.7	15	N/A
EM	BlackRock Dev Cap Mkt Inv B	MBDCX	C+	(888) 825-2257	25.20	A+ /9.8	40.59 /97	35.68 /98	26.09 /97	D+ / 2.6	6	N/A
EM	● GMO Emerging Countries Fund M	GECMX	C+		19.06	A+ /9.8	42.21 /97	38.65 /98	--	D+ / 2.6	23	N/A
EM	BlackRock Dev Cap Mkt Inst	MADCX	C+	(888) 825-2257	27.91	A+ /9.8	41.99 /97	37.11 /98	27.40 /97	D+ / 2.6	8	N/A
EM	Russell Emerging Markets A	REMAX	C+	(800) 832-6688	24.81	A+ /9.8	47.04 /98	38.59 /98	30.07 /98	D+ / 2.5	11	1
EN	Fidelity Select Energy Svcs	FSESX	C+	(800) 544-8888	85.91	A+ /9.8	23.25 /78	36.96 /98	24.43 /96	D+ / 2.5	86	2
EM	Delaware Emerging Markets I	DEMIX	C+	(800) 362-3863	19.90	A+ /9.8	50.13 /99	37.02 /98	32.68 /99	D+ / 2.4	66	1
EN	Allianz RCM Global Resources I	RGLIX	C+	(800) 426-0107	19.71	A+ /9.7	24.73 /82	35.35 /97	--	D+ / 2.8	80	3
EN	Fidelity Adv Energy I	FANIX	C+	(800) 522-7297	49.83	A+ /9.7	21.16 /68	33.75 /97	24.66 /96	D+ / 2.8	79	1
EN	● AIM Energy Inv	FSTEX	C+	(800) 347-4246	46.98	A+ /9.7	20.15 /61	33.86 /97	26.23 /97	D+ / 2.8	74	10
PM	Midas Fund	MIDSX	C+	(800) 400-6432	4.80	A+ /9.7	18.96 /52	38.59 /98	28.98 /98	D+ / 2.8	99	N/A
EM	RVS Emerging Markets Fund A	IDEAX	C+	(888) 791-3380	11.49	A+ /9.7	43.94 /98	36.47 /98	27.66 /97	D+ / 2.7	7	8
EM	BlackRock Dev Cap Mkt Inv A	MDDCX	C+	(888) 825-2257	27.27	A+ /9.7	41.66 /97	36.75 /98	27.10 /97	D+ / 2.6	8	N/A
EN	Fidelity Adv Energy B	FANRX	C+	(800) 522-7297	46.82	A+ /9.6	19.86 /59	32.31 /97	23.30 /95	D+ / 2.8	67	1
EN	Fidelity Adv Energy A	FANAX	C+	(800) 522-7297	48.44	A+ /9.6	20.82 /66	33.29 /97	24.20 /96	D+ / 2.8	75	1
EN	Fidelity Adv Energy C	FNRCX	C+	(800) 522-7297	47.07	A+ /9.6	19.94 /59	32.37 /97	23.35 /95	D+ / 2.8	68	1
EN	Fidelity Adv Energy T	FAGNX	C+	(800) 522-7297	49.43	A+ /9.6	20.52 /64	33.03 /97	23.97 /95	D+ / 2.8	73	1
EN	AIM Energy A	IENAX	C+	(800) 347-4246	47.11	A+ /9.6	20.15 /61	33.81 /97	26.27 /97	D+ / 2.8	74	5
EN	ICON Energy	ICENX	C+	(800) 764-0442	39.22	A+ /9.6	19.30 /55	31.65 /97	27.22 /97	D+ / 2.7	24	N/A
PM	ING Global Natural Resources	LEXMX	C+	(800) 334-3444	12.29	A /9.5	21.46 /70	29.22 /95	22.37 /94	D+ / 2.8	96	9
FO	Eaton Vance Greater India B	EMGIX	C	(800) 225-6265	27.14	A+ /9.9	46.28 /98	47.68 /99	40.50 /99	D+ / 2.3	97	N/A
FO	Eaton Vance Greater India A	ETGIX	C	(800) 225-6265	29.16	A+ /9.9	47.01 /98	48.40 /99	40.96 /99	D+ / 2.3	98	N/A
EM	Russell Emerging Markets S	REMSX	C	(800) 832-6688	24.80	A+ /9.9	47.35 /98	38.94 /98	30.31 /98	D+ / 2.3	12	1
EM	Allianz NACM Emer Mkts Opp I	AOTIX	C	(800) 426-0107	30.56	A+ /9.9	61.10 /99	46.90 /99	--	D / 2.0	46	N/A
EN	ProFunds-Oil & Gas UltraSector	ENPIX	C	(888) 776-3637	51.94	A+ /9.9	35.92 /96	41.76 /99	28.51 /98	D / 1.8	13	7
EN	Nationwide Glb Natural Res I	GGNIX	C	(888) 366-0404	22.88	A+ /9.9	28.03 /90	43.30 /99	--	D / 1.8	99	4
EN	Nationwide Glb Natural Res IS	GGNSX	C	(888) 366-0404	22.85	A+ /9.9	28.00 /90	43.23 /99	--	D / 1.7	99	4
EM	BlackRock Dev Cap Mkt Inv C	MCDCX	C	(888) 825-2257	24.91	A+ /9.8	40.58 /97	35.71 /98	26.09 /97	D+ / 2.5	6	N/A
EM	RVS Emerging Markets Fund I	RSRIX	C	(888) 791-3380	11.76	A+ /9.8	44.53 /98	37.05 /98	--	D+ / 2.4	8	N/A
EM	Delaware Emerging Markets A	DEMAX	C	(800) 362-3863	19.79	A+ /9.8	49.70 /99	36.69 /98	32.35 /99	D+ / 2.4	63	1
EM	● Delaware Emerging Markets B	DEMBX	C	(800) 362-3863	19.30	A+ /9.8	48.60 /99	35.70 /98	31.34 /99	D+ / 2.4	53	1
EM	Delaware Emerging Markets C	DEMCX	C	(800) 362-3863	19.27	A+ /9.8	48.59 /99	35.69 /98	31.34 /99	D+ / 2.4	53	1
EM	Russell Emerging Markets C	REMCX	C	(800) 832-6688	23.91	A+ /9.8	45.83 /98	37.54 /98	29.17 /98	D+ / 2.3	9	1
EM	Russell Emerging Markets E	REMEX	C	(800) 832-6688	24.80	A+ /9.8	46.99 /98	38.57 /98	30.06 /98	D+ / 2.3	11	1
EM	● Delaware Pooled Tr-Emerging	DPEMX	C	(800) 362-3863	16.13	A+ /9.8	42.75 /97	35.99 /98	32.95 /99	D / 1.9	65	10
EN	Nationwide Glb Natural Res B	GGNBX	C	(888) 366-0404	22.16	A+ /9.8	26.76 /87	41.85 /99	--	D / 1.8	98	4
EN	Nationwide Glb Natural Res C	GGNCX	C	(888) 366-0404	22.18	A+ /9.8	26.74 /87	41.89 /99	--	D / 1.8	98	4
EN	Nationwide Glb Natural Res R	GGNRX	C	(888) 366-0404	22.50	A+ /9.8	27.22 /88	42.47 /99	--	D / 1.8	98	4
GR	Wells Fargo Avtg Value Fund Adm	CBTIX	C	(800) 222-8222	21.25	A+ /9.8	20.23 /62	42.77 /99	29.60 /98	D / 1.7	99	N/A
EN	ProFunds-Oil & Gas UltraSector	ENPSX	C	(888) 776-3637	48.56	A+ /9.8	34.59 /96	40.36 /99	27.30 /97	D / 1.7	9	7
EM	● Dreyfus Premier Emerging Mrkts I	DRPEX	C	(800) 782-6620	24.45	A+ /9.7	39.47 /97	32.55 /97	27.22 /97	D+ / 2.5	7	11
EM	● Dreyfus Premier Emerging Mrkts C	DCPEX	C	(800) 782-6620	23.79	A+ /9.7	37.99 /96	31.14 /96	25.98 /97	D+ / 2.5	4	11
EM	● Dreyfus Premier Emerging Mrkts B	DBPEX	C	(800) 782-6620	23.71	A+ /9.7	38.00 /97	31.10 /96	--	D+ / 2.5	4	11
EM	● Dreyfus Premier Emerging Mrkts A	DRFMX	C	(800) 782-6620	24.35	A+ /9.7	39.00 /97	32.10 /97	26.80 /97	D+ / 2.5	6	11
EM	RVS Emerging Markets Fund B	IEMBX	C	(888) 791-3380	10.55	A+ /9.7	42.85 /97	35.36 /98	26.69 /97	D+ / 2.5	5	8

● Denotes fund is closed to new investors

Summer 2007
VII. Top-Rated Stock Mutual Funds In The D Risk Category

99 Pct = Best
0 Pct = Worst

Fund Type	Fund Name	Ticker Symbol	Overall Investment Rating	Phone	Net Asset Value As of 6/30/07	Performance Rating/Pts	1Yr / Pct	3Yr / Pct	5Yr / Pct	Risk Rating/Pts	Mgr. Quality Pct	Mgr. Tenure (Years)
EN	Rydex Series-Energy Services Adv	RYVAX	C	(800) 820-0888	53.63	A+ /9.7	19.95 /59	34.20 /97	22.61 /94	D /2.2	69	N/A
EN	Rydex Series-Energy Services Inv	RYVIX	C	(800) 820-0888	55.92	A+ /9.7	20.54 /64	34.86 /97	23.23 /95	D /2.2	74	N/A
EN	Rydex Series-Energy Services C	RYVCX	C	(800) 820-0888	52.63	A+ /9.7	19.34 /55	33.56 /97	22.08 /94	D /2.1	63	N/A
EN	Excelsior Energy & Nat Resrc Fd	UMESX	C	(800) 446-1012	26.48	A+ /9.7	26.27 /86	34.27 /97	25.48 /96	D /1.9	82	12
FO	● American Century Intl Opport Inst	ACIOX	C	(800) 345-6488	11.26	A+ /9.7	44.55 /98	32.78 /97	--	D /1.6	67	N/A
RE	CGM Realty Fund	CGMRX	C	(800) 345-4048	30.99	A+ /9.7	30.57 /93	35.08 /97	32.07 /99	D /1.6	99	13
FO	● American Century Intl Opport Inv	AIOIX	C	(800) 345-6488	11.20	A+ /9.7	44.21 /98	32.50 /97	30.89 /98	D /1.6	65	N/A
FO	American Century Intl Disc Adv	ACIDX	C	(800) 345-6488	16.94	A+ /9.6	36.34 /96	30.57 /96	24.30 /96	D+ /2.6	36	N/A
FO	American Century Intl Disc Inst	TIDIX	C	(800) 345-6488	17.38	A+ /9.6	36.95 /96	31.15 /96	24.83 /96	D+ /2.6	41	N/A
FO	● American Century Intl Disc Inv	TWEGX	C	(800) 345-6488	17.22	A+ /9.6	36.68 /96	30.90 /96	24.58 /96	D+ /2.6	38	13
EN	AIM Energy C	IEFCX	C	(800) 347-4246	44.17	A+ /9.6	19.25 /54	32.88 /97	25.37 /96	D+ /2.6	66	7
EN	AIM Energy B	IENBX	C	(800) 347-4246	45.03	A+ /9.6	19.26 /54	32.86 /97	25.36 /96	D+ /2.6	66	5
EM	● Dreyfus Premier Emerging Mrkts T	DTPEX	C	(800) 782-6620	24.02	A+ /9.6	38.54 /97	31.65 /97	26.33 /97	D+ /2.5	5	11
EN	Fidelity Select Natural Gas	FSNGX	C	(800) 544-8888	45.18	A+ /9.6	20.88 /66	31.87 /97	25.91 /97	D+ /2.4	35	2
PM	US Global Inv World Prec Minerals	UNWPX	C	(800) 873-8637	28.34	A+ /9.6	11.48 /12	36.59 /98	30.95 /98	D /1.8	99	N/A
EN	Munder Energy Fund Y	MPFYX	C	(800) 438-5789	21.70	A+ /9.6	22.95 /77	31.01 /96	23.84 /95	D /1.8	70	N/A
PM	USAA Precious Metals & Minerals	USAGX	C	(800) 382-8722	28.39	A /9.5	14.62 /24	30.89 /96	27.71 /97	D+ /2.5	97	13
EN	Saratoga Adv Tr Energy&Basic Mat	SEPIX	C	(800) 807-3863	36.39	A /9.5	15.89 /31	28.99 /95	--	D /2.2	48	N/A
UT	Eaton Vance Utilities C	ECTMX	C	(800) 225-6265	14.70	A /9.5	33.97 /95	27.18 /95	19.99 /92	D /2.2	98	8
GR	ProFunds-Basic Mat UltraSector	BMPIX	C	(888) 776-3637	57.47	A /9.5	37.44 /96	21.99 /89	14.21 /71	D /2.2	77	N/A
FO	● Fidelity Adv International Sm Cap I	FIXIX	C	(800) 522-7297	29.49	A /9.4	26.08 /86	26.60 /94	--	D /2.2	25	5
PM	Franklin Gold & Prec Metals Adv	FGADX	C	(800) 321-8563	34.13	A /9.4	13.65 /19	30.12 /96	24.02 /95	D /2.2	97	10
GR	ProFunds-Basic Mat UltraSector	BMPSX	C	(888) 776-3637	56.54	A /9.4	36.07 /96	20.80 /86	13.21 /63	D /2.2	66	N/A
FO	● Fidelity International Small Cap	FISMX	C	(800) 544-8888	29.54	A /9.4	26.08 /86	26.61 /94	--	D /2.2	25	5
SC	● CGM Capital Development	LOMCX	C	(800) 345-4048	32.61	A /9.4	19.29 /54	25.10 /93	18.75 /89	D /2.0	99	31
AG	ProFunds-Ultra Mid Cap Inv	UMPIX	C	(888) 776-3637	58.05	A /9.3	28.54 /91	22.98 /91	19.29 /90	D+ /2.7	32	7
FO	● Fidelity Adv International Sm Cap	FICSX	C	(800) 522-7297	28.87	A /9.3	24.70 /82	25.23 /93	--	D+ /2.3	18	5
FO	● Fidelity Adv International Sm Cap B	FIBSX	C	(800) 522-7297	28.75	A /9.3	24.69 /82	25.15 /93	--	D+ /2.3	17	5
FO	● Fidelity Adv International Sm Cap T	FTISX	C	(800) 522-7297	29.15	A /9.3	25.33 /84	25.83 /94	--	D /2.2	21	5
FO	● Fidelity Adv International Sm Cap A	FIASX	C	(800) 522-7297	29.29	A /9.3	25.67 /85	26.16 /94	--	D /2.2	23	5
PM	Franklin Gold & Prec Metals C	FRGOX	C	(800) 342-5236	32.41	A /9.3	12.56 /15	28.86 /95	22.83 /95	D /2.2	95	10
PM	Franklin Gold & Prec Metals A	FKRCX	C	(800) 342-5236	33.20	A /9.3	13.38 /18	29.81 /96	23.73 /95	D /2.2	96	10
PM	● Franklin Gold & Prec Metals B	FAGPX	C	(800) 342-5236	32.11	A /9.3	12.52 /15	28.83 /95	22.80 /95	D /2.2	95	10
AG	ProFunds-Ultra Mid Cap Svc	UMPSX	C	(888) 776-3637	54.46	A- /9.2	27.27 /88	21.73 /88	18.20 /88	D+ /2.6	24	7
MC	Victory Special Value C	VSVCX	C	(800) 539-3863	19.07	A- /9.0	28.47 /90	20.54 /86	--	D+ /2.9	93	4
PM	US Global Inv Gold Shares	USERX	C	(800) 873-8637	14.99	A- /9.0	-3.23 / 0	29.63 /96	23.71 /95	D+ /2.5	91	N/A
GR	Wireless Fund (The)	WIREX	C	(800) 590-0898	6.13	B+ /8.9	37.14 /96	17.28 /79	18.53 /89	D+ /2.6	21	7
SC	Winslow Green Growth Fd	WGGFX	C	(888) 314-9049	23.23	B+ /8.8	21.49 /70	18.47 /82	20.31 /92	D+ /2.8	46	6
PM	● AIM Gold & Prec Met Inv	FGLDX	C	(800) 347-4246	6.17	B+ /8.6	10.53 / 9	24.71 /93	21.30 /93	D+ /2.6	86	8
FO	PIMCO Eur StksPLUS TR Strat	PESIX	C	(800) 227-7337	10.97	B+ /8.5	27.85 /89	19.72 /84	--	D+ /2.9	92	N/A
FO	● Eaton Vance Asian Small Co B	EBASX	C-	(800) 225-6265	38.78	A+ /9.9	54.49 /99	39.90 /98	30.52 /98	D- /1.2	99	3
EN	Guinness Atkinson Glob Energy	GAGEX	C-	(800) 915-6565	30.64	A+ /9.7	16.21 /33	38.13 /98	--	D- /1.3	90	3
EN	Allianz RCM Global Resources D	ARMDX	C-	(800) 426-0107	19.59	A+ /9.7	24.31 /81	34.87 /97	--	D- /1.0	77	3
EN	Allianz RCM Global Resources A	ARMAX	C-	(800) 426-0107	19.59	A+ /9.7	24.29 /81	34.85 /97	--	D- /1.0	76	3
EN	Allianz RCM Global Resources C	ARMCX	C-	(800) 426-0107	19.39	A+ /9.7	23.29 /78	33.82 /97	--	D- /1.0	68	3
PM	Oppenheimer Gold/Spec Min B	OGMBX	C-	(800) 525-7048	30.44	A+ /9.6	24.97 /83	34.02 /97	26.30 /97	D- /1.2	98	10
PM	Oppenheimer Gold/Spec Min C	OGMCX	C-	(800) 525-7048	30.41	A+ /9.6	25.00 /83	34.09 /97	26.35 /97	D- /1.2	98	10
PM	Oppenheimer Gold/Spec Min A	OPGSX	C-	(800) 525-7048	31.81	A+ /9.6	25.97 /85	35.09 /97	27.29 /97	D- /1.2	99	10

● Denotes fund is closed to new investors

www.thestreet.com/ratings

Data as of June 30, 2007

VII. Top-Rated Stock Mutual Funds In The E Risk Category

Summer 2007

99 Pct = Best
0 Pct = Worst

Fund Type	Fund Name	Ticker Symbol	Overall Investment Rating	Phone	Net Asset Value As of 6/30/07	PERFORMANCE Performance Rating/Pts	Annualized Total Return Through 6/30/07 1Yr / Pct	3Yr / Pct	5Yr / Pct	RISK Risk Rating/Pts	FUND MGR Mgr. Quality Pct	Mgr. Tenure (Years)
FO	● Eaton Vance Asian Small Co A	EVASX	C-	(800) 225-6265	38.99	A+ / 9.9	55.29 / 99	40.60 / 99	31.19 / 99	E+ / 0.8	99	3
EM	US Global Accolade East	EUROX	C-	(800) 873-8637	50.55	A+ / 9.8	41.60 / 97	40.27 / 99	41.75 / 99	E+ / 0.9	1	7
EN	US Global Inv Global Resources	PSPFX	C-	(800) 873-8637	17.70	A+ / 9.8	20.94 / 66	42.36 / 99	38.46 / 99	E+ / 0.9	96	15
EM	DWS Emerg Mkts Eqty Fd S	SEMGX	C-	(800) 621-1048	25.52	A+ / 9.8	46.85 / 98	36.56 / 98	29.68 / 98	E+ / 0.8	18	11
EM	DWS Emerg Mkts Eqty Fd A	SEKAX	C-	(800) 621-1048	25.26	A+ / 9.8	46.48 / 98	36.28 / 98	29.36 / 98	E+ / 0.8	17	6
EM	DWS Emerg Mkts Eqty Fd C	SEKCX	C-	(800) 621-1048	23.92	A+ / 9.8	45.33 / 98	35.20 / 97	28.32 / 98	E+ / 0.7	13	6
EM	DWS Emerg Mkts Eqty Fd B	SEKBX	C-	(800) 621-1048	23.83	A+ / 9.8	45.23 / 98	35.17 / 97	28.30 / 97	E+ / 0.7	13	6
EN	ING Global Resources S2	IGRTX	C-	(800) 334-3444	25.40	A+ / 9.6	24.19 / 81	31.77 / 97	--	E+ / 0.9	44	1
EN	ING Global Resources S	IGRSX	C-	(800) 334-3444	25.55	A+ / 9.6	24.30 / 81	31.97 / 97	22.73 / 95	E+ / 0.9	46	1
EN	ING Global Resources I	IGRIX	C-	(800) 334-3444	25.70	A+ / 9.6	24.67 / 82	32.32 / 97	--	E+ / 0.9	50	1
EM	Third Millennium Russia Fund A	TMRFX	C-	(800) 527-9500	56.96	A / 9.5	24.48 / 82	32.22 / 97	34.37 / 99	E+ / 0.8	3	9
EM	Mellon Emerging Markets M	MEMKX	D+	(800) 499-3327	24.30	A+ / 9.7	39.11 / 97	32.59 / 97	27.42 / 97	E- / 0.1	6	7
EM	Mellon Emerging Markets Inv	MIEGX	D+	(800) 499-3327	24.49	A+ / 9.7	38.79 / 97	32.32 / 97	27.14 / 97	E- / 0.1	6	6
EM	Hansberger Eme Markts Fd Inst	HEMGX	D+	(800) 414-6927	9.41	A+ / 9.7	43.77 / 98	32.58 / 97	26.50 / 97	E- / 0.0	4	11
EM	Phoenix Insight Emerging Mkt I	HIEMX	D+	(800) 243-4361	10.34	A+ / 9.7	40.22 / 97	33.91 / 97	26.72 / 97	E- / 0.0	5	1
EM	Phoenix Insight Emerging Mkt A	HEMZX	D+	(800) 243-4361	10.10	A+ / 9.7	39.89 / 97	33.62 / 97	26.44 / 97	E- / 0.0	5	1
EN	Morgan Stanley Natural Res Dev D	NREDX	D+	(800) 869-6397	25.87	A+ / 9.6	19.47 / 56	30.45 / 96	20.99 / 93	E / 0.5	44	N/A
EN	BlackRock Global Resources Inst	SGLSX	D+	(888) 825-2257	63.48	A+ / 9.6	5.92 / 2	34.00 / 97	33.88 / 99	E- / 0.0	53	2
FO	ProFunds-Ultra Japan Inv	UJPIX	D+	(888) 776-3637	53.68	A+ / 9.6	36.20 / 96	29.54 / 96	18.83 / 89	E- / 0.0	2	7
EN	Morgan Stanley Natural Res Dev A	NREAX	D+	(800) 869-6397	25.34	A / 9.5	19.17 / 54	30.14 / 96	20.70 / 93	E / 0.4	41	N/A
PM	Van Eck Intl Investors Gold C	IIGCX	D+	(800) 221-2220	15.88	A / 9.5	12.92 / 16	31.58 / 97	--	E / 0.3	96	9
EN	Morgan Stanley Natural Res Dev B	NREBX	D+	(800) 869-6397	23.00	A / 9.5	18.28 / 47	29.15 / 95	19.79 / 92	E- / 0.2	32	N/A
EN	Morgan Stanley Natural Res Dev C	NRECX	D+	(800) 869-6397	22.93	A / 9.5	18.34 / 47	29.18 / 95	19.80 / 92	E- / 0.2	32	N/A
PM	Van Eck Intl Investors Gold A	INIVX	D+	(800) 221-2220	16.34	A / 9.4	13.72 / 19	32.34 / 97	24.36 / 96	E / 0.3	97	9
SC	Eaton Vance Multi-cap Growth B	EMGFX	D+	(800) 225-6265	10.60	A- / 9.0	38.96 / 97	16.48 / 76	14.22 / 71	E+ / 0.9	73	7
SC	Eaton Vance Multi-cap Growth C	ECGFX	D+	(800) 225-6265	10.58	A- / 9.0	38.70 / 97	16.38 / 76	14.15 / 71	E+ / 0.9	72	7
EN	BlackRock Global Resources Inv C	SSGDX	D	(888) 825-2257	51.02	A / 9.5	4.85 / 1	32.68 / 97	32.49 / 99	E- / 0.0	38	2
EN	BlackRock Global Resources Inv A	SSGRX	D	(888) 825-2257	59.10	A / 9.5	5.61 / 2	33.62 / 97	33.41 / 99	E- / 0.0	48	2
EN	BlackRock Global Resources Inv B	SSGPX	D	(888) 825-2257	51.05	A / 9.5	4.85 / 1	32.67 / 97	32.50 / 99	E- / 0.0	38	2
FO	ProFunds-Ultra Japan Svc	UJPSX	D	(888) 776-3637	50.02	A / 9.5	34.89 / 96	28.26 / 95	17.68 / 87	E- / 0.0	1	7
PM	RVS Precious Metals & Min Fund		D	(888) 791-3380	15.11	A- / 9.1	15.78 / 31	25.45 / 94	21.47 / 93	E- / 0.0	85	8
PM	RVS Precious Metals & Min Fund B	INPBX	D	(888) 791-3380	14.01	B+ / 8.9	14.67 / 24	24.21 / 92	20.32 / 92	E+ / 0.6	78	8
PM	GAMCO Gold AAA	GOLDX	D	(800) 422-3554	25.19	B+ / 8.9	6.93 / 3	26.19 / 94	22.57 / 94	E / 0.5	83	13
PM	RVS Precious Metals & Min Fund		D	(888) 791-3380	13.87	B+ / 8.9	14.75 / 25	24.26 / 93	20.32 / 92	E- / 0.0	78	N/A
PM	RVS Precious Metals & Min Fund A	INPMX	D	(888) 791-3380	14.96	B+ / 8.8	15.65 / 30	25.19 / 93	21.23 / 93	E+ / 0.6	84	8
RE	● Morgan Stanley Real Estate D	REFDX	D	(800) 869-6397	15.98	B+ / 8.8	16.36 / 34	26.21 / 94	21.68 / 94	E / 0.5	96	8
PM	GAMCO Gold C	GLDCX	D	(800) 422-3554	24.84	B+ / 8.7	6.17 / 2	25.26 / 93	21.77 / 94	E / 0.5	78	5
PM	GAMCO Gold B	GLDBX	D	(800) 422-3554	24.88	B+ / 8.7	6.09 / 2	25.21 / 93	21.72 / 94	E / 0.5	76	5
PM	Fidelity Adv Gold Fund Class I	FGDIX	D	(800) 522-7297	33.95	B+ / 8.7	6.31 / 2	25.90 / 94	18.00 / 88	E- / 0.1	90	N/A
PM	GAMCO Gold A	GLDAX	D	(800) 422-3554	25.16	B+ / 8.6	6.95 / 3	26.19 / 94	22.58 / 94	E / 0.5	83	5
RE	● Morgan Stanley Real Estate B	REFBX	D	(800) 869-6397	15.89	B+ / 8.6	15.23 / 27	24.94 / 93	20.45 / 92	E / 0.4	95	8
RE	● Morgan Stanley Real Estate C	REFCX	D	(800) 869-6397	15.88	B+ / 8.6	15.20 / 27	24.94 / 93	20.45 / 92	E / 0.4	95	8
SC	Morgan Stanley Special Value D	SVFDX	D	(800) 869-6397	20.38	B+ / 8.6	28.63 / 91	19.28 / 83	15.76 / 80	E / 0.3	97	N/A
RE	● Morgan Stanley Real Estate A	REFAX	D	(800) 869-6397	15.95	B+ / 8.5	16.04 / 32	25.87 / 94	21.36 / 93	E / 0.4	96	8
PM	Fidelity Adv Gold Fund Class C	FGDCX	D-	(800) 522-7297	33.75	B+ / 8.6	5.65 / 2	25.64 / 94	17.85 / 87	E- / 0.1	88	N/A
PM	Fidelity Adv Gold Fund Class B	FGDBX	D-	(800) 522-7297	33.77	B+ / 8.6	5.67 / 2	25.65 / 94	17.86 / 87	E- / 0.1	88	N/A
PM	Fidelity Adv Gold Fund Class T	FGDTX	D-	(800) 522-7297	33.88	B+ / 8.5	6.02 / 2	25.79 / 94	17.93 / 88	E- / 0.1	89	N/A
PM	Fidelity Adv Gold Fund Class A	FGDAX	D-	(800) 522-7297	33.89	B+ / 8.4	6.11 / 2	25.83 / 94	17.95 / 88	E- / 0.1	89	N/A
SC	ProFunds-Internet UltraSector Inv	INPIX	D-	(888) 776-3637	102.46	B+ / 8.3	28.72 / 91	13.38 / 57	31.49 / 99	E- / 0.2	3	7
SC	Morgan Stanley Special Value B	SVFBX	D-	(800) 869-6397	17.51	B+ / 8.3	27.35 / 89	18.08 / 81	14.60 / 73	E- / 0.0	96	N/A
SC	Morgan Stanley Special Value C	SVFCX	D-	(800) 869-6397	17.54	B+ / 8.3	27.39 / 89	18.15 / 81	14.64 / 74	E- / 0.0	96	N/A
SC	Morgan Stanley Special Value A	SVFAX	D-	(800) 869-6397	19.69	B / 8.2	28.37 / 90	19.00 / 83	15.49 / 79	E- / 0.1	97	N/A

● Denotes fund is closed to new investors

Summer 2007 — VII. Top-Rated Stock Mutual Funds In The E Risk Category

99 Pct = Best
0 Pct = Worst

Fund Type	Fund Name	Ticker Symbol	Overall Investment Rating	Phone	Net Asset Value As of 6/30/07	Performance Rating/Pts	1Yr / Pct	3Yr / Pct	5Yr / Pct	Risk Rating/Pts	Mgr. Quality Pct	Mgr. Tenure (Years)
FO	● TA IDEX MFS International Equity	ICILX	D-	(888) 233-4339	4.01	B /8.1	23.90 /80	17.97 /80	--	E- / 0.0	15	N/A
FO	● TA IDEX MFS International Equity	ICIBX	D-	(888) 233-4339	4.11	B /8.1	23.94 /80	18.10 /81	11.08 /44	E- / 0.0	15	N/A
AG	Rydex Dyn-OTC 2x Strategy H	RYVYX	D-	(800) 820-0888	27.00	B /8.0	39.75 /97	9.79 /26	16.15 /82	E / 0.5	0	N/A
SC	ProFunds-Internet UltraSector Svc	INPSX	D-	(888) 776-3637	95.52	B /8.0	27.42 /89	12.25 /48	30.34 /98	E- / 0.2	2	7
PM	DWS Gold & Prec Metals Fund S	SCGDX	D-	(800) 621-1048	21.02	B /7.9	9.48 / 7	21.39 /88	25.64 /96	E+ / 0.6	35	6
GR	ProFunds-Ultra OTC Fund Inv	UOPIX	D-	(888) 776-3637	29.98	B /7.9	39.12 /97	9.68 /25	16.37 /83	E / 0.5	0	10
FO	● TA IDEX MFS International Equity	ICIAX	D-	(888) 233-4339	4.76	B /7.8	24.00 /80	18.49 /82	11.59 /50	E- / 0.0	18	N/A
FO	Morgan Stanley Intl Small Cap D	ISMDX	D-	(800) 869-6397	13.33	B /7.7	21.24 /68	18.73 /82	18.69 /89	E- / 0.0	29	N/A
SC	CG Cap Mkt Fds-Small Cap Val Eq	TSVUX	D-	(800) 444-4273	14.34	B /7.7	20.08 /60	16.67 /77	15.23 /77	E- / 0.0	92	14
AG	Rydex Dyn-OTC 2x Strategy C	RYCCX	D-	(800) 820-0888	24.94	B /7.6	38.79 /97	8.90 /20	15.23 /77	E / 0.5	0	N/A
SC	Old Mutual Strategic Small Comp Z	OSSCX	D-	(888) 744-5050	14.77	B- /7.4	23.25 /78	13.80 /61	12.18 /55	E+ / 0.8	60	N/A
PM	DWS Gold & Prec Metals Fund C	SGDCX	D-	(800) 621-1048	20.73	B- /7.4	8.43 / 5	20.19 /85	24.44 /96	E+ / 0.6	26	6
GR	ProFunds-Ultra OTC Fund Svc	UOPSX	D-	(888) 776-3637	27.67	B- /7.4	37.87 /96	8.62 /18	15.57 /79	E / 0.5	0	10
SC	Old Mutual Strategic Small Comp	OBSSX	D-	(888) 744-5050	14.56	B- /7.3	22.96 /77	13.55 /59	11.91 /53	E+ / 0.8	57	N/A
PM	DWS Gold & Prec Metals Fund B	SGDBX	D-	(800) 621-1048	20.76	B- /7.3	8.36 / 5	20.15 /85	24.40 /96	E+ / 0.6	25	6
PM	DWS Gold & Prec Metals Fund A	SGDAX	D-	(800) 621-1048	21.00	B- /7.1	9.22 / 6	21.08 /87	25.37 /96	E+ / 0.6	32	6
FO	Morgan Stanley Intl Small Cap B	ISMBX	E+	(800) 869-6397	12.21	B- /7.2	20.04 /60	17.55 /79	17.49 /86	E- / 0.0	21	N/A
FO	Morgan Stanley Intl Small Cap C	ISMCX	E+	(800) 869-6397	12.15	B- /7.2	20.13 /61	17.67 /80	17.59 /87	E- / 0.0	22	N/A
MC	Saratoga Adv Tr Mid Cap I	SMIPX	E+	(800) 807-3863	10.86	B- /7.0	22.01 /73	13.85 /61	--	E / 0.3	33	N/A
FO	Morgan Stanley Intl Small Cap A	ISMAX	E+	(800) 869-6397	13.21	C+ /6.9	20.93 /66	18.44 /82	18.46 /89	E- / 0.0	27	N/A
SC	Old Mutual Strategic Small Comp C	OCSSX	E+	(888) 744-5050	14.05	C+ /6.8	22.08 /73	12.70 /51	11.06 /44	E+ / 0.7	46	N/A
SC	Fifth Third Small Cap Growth Inst	KNEEX	E+	(800) 282-5706	14.07	C+ /6.7	20.07 /60	12.49 /50	10.94 /43	E- / 0.0	28	N/A
RE	● Delaware Pooled Tr-REIT Port II	DPRTX	E+	(800) 362-3863	13.01	C+ /6.5	13.27 /17	18.66 /82	16.33 /82	E / 0.5	51	10
RE	Delaware REIT I	DPRSX	E+	(800) 362-3863	17.04	C+ /6.5	13.38 /18	18.66 /82	16.60 /83	E / 0.5	48	12
RE	● Delaware Pooled Tr-REIT Port I	DPRIX	E+	(800) 362-3863	17.04	C+ /6.5	13.45 /18	18.67 /82	16.60 /83	E / 0.5	48	8
RE	PIMCO RealEstate RlRetrn Str Inst	PRRSX	E+	(800) 227-7337	6.52	C+ /6.5	8.16 / 4	20.65 /86	--	E- / 0.0	N/A	N/A
RE	GMO Real Estate III	GMORX	E+		11.22	C+ /6.4	9.48 / 7	19.58 /84	16.66 /84	E / 0.5	56	N/A
PM	● First Eagle Gold Fund I	FEGIX	E+	(800) 334-2143	20.41	C+ /6.3	1.33 / 1	19.94 /85	--	E+ / 0.9	44	14
SC	Old Mutual Strategic Small Comp A	OSSAX	E+	(888) 744-5050	14.58	C+ /6.3	22.92 /77	13.51 /58	11.95 /53	E+ / 0.8	57	N/A
RE	Delaware REIT R	DPRRX	E+	(800) 362-3863	17.03	C+ /6.0	12.85 /16	18.03 /80	--	E / 0.5	40	10
RE	PIMCO RealEstate RlRetrn Str D	PETDX	E	(800) 227-7337	6.43	C+ /6.1	7.61 / 4	20.05 /85	--	E- / 0.0	46	N/A
SC	Fifth Third Small Cap Growth C	FTGCX	E	(800) 282-5706	12.83	C+ /5.8	18.83 /51	11.35 /39	9.82 /31	E- / 0.0	20	N/A
SC	● Fifth Third Small Cap Growth B	FTGBX	E	(800) 282-5706	12.82	C+ /5.8	18.87 /51	11.37 /39	9.82 /31	E- / 0.0	20	N/A
SC	Fifth Third Small Cap Growth Adv	FTGVX	E	(800) 282-5706	13.44	C+ /5.7	19.45 /56	11.93 /45	10.39 /37	E- / 0.0	24	N/A
RE	● Delaware REIT B	DPRBX	E	(800) 362-3863	17.02	C+ /5.6	12.30 /14	17.49 /79	15.44 /78	E / 0.5	35	10
RE	Delaware REIT C	DPRCX	E	(800) 362-3863	17.02	C+ /5.6	12.25 /14	17.49 /79	15.44 /78	E / 0.5	35	10
PM	● First Eagle Gold Fund C	FEGOX	E	(800) 334-2143	20.02	C /5.4	0.35 / 0	18.74 /82	--	E+ / 0.9	32	14
PM	Rydex Series-Precious Metal Inv	RYPMX	E	(800) 820-0888	55.90	C /5.4	5.35 / 2	16.88 /77	14.07 /70	E / 0.3	10	N/A
SC	● Putnam Small Capital Value Fund	PSLCX	E	(800) 354-2228	16.07	C /5.4	16.47 /35	14.25 /64	14.11 /70	E / 0.3	74	8
SC	Putnam Small Capital Value Fund	PSLBX	E	(800) 354-2228	16.03	C /5.4	16.43 /35	14.25 /64	14.11 /70	E / 0.3	74	8
IN	Gabelli Westwood Income AAA	WESRX	E	(800) 422-3554	10.41	C /5.4	15.30 /28	14.98 /69	14.61 /73	E- / 0.0	96	10
BA	Eaton Vance Balanced B	EMIFX	E	(800) 225-6265	8.22	C /5.4	21.35 /69	11.94 /45	10.22 /35	E- / 0.0	66	7
BA	Eaton Vance Balanced C	ECIFX	E	(800) 225-6265	8.24	C /5.4	21.28 /69	11.95 /45	10.22 /35	E- / 0.0	65	7
RE	PIMCO RealEstate RlRetrn Str C	PETCX	E	(800) 227-7337	6.33	C /5.4	6.97 / 3	19.18 /83	--	E- / 0.0	37	N/A
GL	NorthPointe Small Cap Value Inst	NNSVX	E	(800) 848-0920	11.30	C /5.4	13.76 /20	14.70 /67	14.37 /72	E- / 0.0	9	7
SC	Fifth Third Small Cap Growth A	KNEMX	E	(800) 282-5706	13.47	C /5.4	19.78 /58	12.02 /46	10.65 /40	E- / 0.0	24	N/A
RE	PIMCO RealEstate RlRetrn Str B	PETBX	E	(800) 227-7337	6.32	C /5.3	6.83 / 3	19.14 /83	--	E- / 0.0	36	N/A
RE	Delaware REIT A	DPREX	E	(800) 362-3863	17.02	C /5.1	13.11 /17	18.37 /81	16.31 /82	E / 0.5	44	12

● Denotes fund is closed to new investors

Data as of June 30, 2007

www.thestreet.com/ratings

Section VIII

Top-Rated Stock Mutual Funds by Fund Type

A compilation of those

Equity Mutual Funds

receiving the highest TheStreet.com Investment Rating

within each type of fund.

Funds are listed in order by Overall Investment Rating.

Section VIII Contents

This section contains a summary analysis of the top 100 rated mutual funds within each fund type. If you are looking for a particular type of mutual fund, these pages show those funds that have achieved the best combination of risk and financial performance over the past three years.

1. **Fund Type** — The mutual fund's peer category based on an analysis of its investment portfolio.

AG	Aggressive Growth	HL	Health
AA	Asset Allocation	IN	Income
BA	Balanced	IX	Index
CV	Convertible	MC	Mid Cap
EM	Emerging Market	OT	Other
EN	Energy/Natural Resources	PM	Precious Metals
FS	Financial Services	RE	Real Estate
FO	Foreign	SC	Small Cap
GL	Global	TC	Technology
GR	Growth	UT	Utilities
GI	Growth and Income		

   A blank fund type means that the mutual fund has not yet been categorized.

2. **Fund Name** — The name of the mutual fund as stated in its prospectus, which can sometimes differ slightly from the name that the company uses for advertising. If you cannot find the particular mutual fund you are interested in, or if you have any doubts regarding the precise name, verify the information with your broker or on your account statement. Also, use the fund's ticker symbol for confirmation. (See column 3.)

3. **Ticker Symbol** — The unique alphabetic symbol used for identifying and trading a specific mutual fund. No two funds can have the same ticker symbol, and the ticker symbol for mutual funds always ends with an "X".

   A handful of funds currently show no associated ticker symbol. This means that the fund is either small or new since the NASD only assigns a ticker symbol to funds with at least $25 million in assets or 1,000 shareholders.

4. **Overall Investment Rating** — Our overall rating is measured on a scale from A to E based on each fund's risk-adjusted performance. Please see page 10 for specific descriptions of each letter grade. Also, refer to page 7 for information on how our ratings are derived. Most important, when using this rating, please be sure to consider the warnings beginning on page 11 regarding the ratings' limitations and the underlying assumptions.

5. **Phone** — The telephone number of the company managing the fund. Call this number to receive a prospectus or other information about the fund.

6. **Net Asset Value (NAV)** — The fund's share price as of the date indicated. A fund's NAV is computed by dividing the value of the fund's asset holdings, less accrued fees and expenses, by the number of its shares outstanding.

7. **Performance Rating/Points** — A letter grade rating based solely on the mutual fund's financial performance over the trailing three years, without any consideration for the amount of risk the fund poses. Like the overall Investment Rating, the Performance Rating is measured on a scale from A to E for ease of interpretation. The points score indicates where the Performance Rating falls on a scale of 0 to 10.

8. **1-Year Total Return** — The total return the fund has provided investors over the preceeding twelve months. This total return figure is computed based on the fund's dividend distributions and share price appreciation/depreciation during the period, net of the expenses and fees it imposes on its shareholders. Although the total return figure does not reflect an adjustment for any loads the fund may carry, such adjustments have been made in deriving TheStreet.com Investment Ratings.

9. **1-Year Total Return Percentile** — The fund's percentile rank based on its one-year performance compared to that of all other equity funds in existence for at least one year. A score of 99 is the best possible, indicating that the fund outperformed 99% of the other mutual funds. Zero is the worst possible percentile score.

10. **3-Year Total Return** — The total annual return the fund has provided investors over the preceeding three years.

11. **3-Year Total Return Percentile** — The fund's percentile rank based on its three-year performance compared to that of all other equity funds in existence for at least three years. A score of 99 is the best possible, indicating that the fund outperformed 99% of the other mutual funds. Zero is the worst possible percentile score.

12. **5-Year Total Return** — The total annual return the fund has provided investors over the preceeding five years.

13. **5-Year Total Return Percentile** — The fund's percentile rank based on its five-year performance compared to that of all other equity funds in existence for at least five years. A score of 99 is the best possible, indicating that the fund outperformed 99% of the other mutual funds. Zero is the worst possible percentile score.

14. Risk Rating/Points	A letter grade rating based solely on the mutual fund's risk as determined by its monthly performance volatility over the trailing three years. The risk rating does not take into consideration the overall financial performance the fund has achieved or the total return it has provided to its shareholders. Like the overall Investment Rating, the Risk Rating is measured on a scale from A to E for ease of interpretation. The points score indicates where the Risk Rating falls on a scale of 0 to 10.
15. Manager Quality Percentile	The manager quality percentile is based on a ranking of the fund's alpha, a statistical measure representing the difference between a fund's actual returns and its expected performance given its level of risk. Fund managers who have been able to exceed the fund's statistically expected performance receive a high percentile rank with 99 representing the highest possible score. At the other end of the spectrum, fund managers who have actually detracted from the fund's expected performance receive a low percentile rank with 0 representing the lowest possible score.
16. Manager Tenure	The number of years the current manager has been managing the fund. Since fund managers who deliver substandard returns are usually replaced, a long tenure is usually a good sign that shareholders are satisfied that the fund is achieving its stated objectives.

VIII. Top-Rated Stock Mutual Funds: Aggressive Growth

Summer 2007

99 Pct = Best
0 Pct = Worst

Fund Type	Fund Name	Ticker Symbol	Overall Investment Rating	Phone	Net Asset Value As of 6/30/07	Performance Rating/Pts	Annualized Total Return Through 6/30/07 1Yr / Pct	3Yr / Pct	5Yr / Pct	Risk Rating/Pts	Mgr. Quality Pct	Mgr. Tenure (Years)
AG	Dreyfus Premier Strategic Value I	DRGVX	A	(800) 782-6620	35.04	B /7.7	24.47 /82	16.17 /75	16.10 /82	B /8.1	87	4
AG	Alger Spectra Fund N	SPECX	B+	(800) 711-6141	10.22	B+ /8.5	33.42 /95	17.13 /78	13.15 /63	C+ /6.3	74	N/A
AG	● Dreyfus Premier Strategic Value B	DBGVX	B+	(800) 782-6620	33.67	B- /7.3	23.27 /78	15.08 /69	15.02 /76	B /8.1	80	4
AG	Dreyfus Premier Strategic Value C	DCGVX	B+	(800) 782-6620	33.68	B- /7.3	23.29 /78	15.11 /69	15.06 /77	B /8.1	81	4
AG	Columbia FS Agg Gr Portfolio E		B+	(800) 426-3750	19.98	C+ /6.4	18.44 /48	14.73 /67	--	B /8.6	78	N/A
AG	Columbia FS Agg Gr Portfolio Dir		B+	(800) 426-3750	15.96	C+ /6.3	20.45 /63	13.87 /61	12.31 /56	B /8.7	72	N/A
AG	Columbia FS Agg Gr Portfolio CX		B+	(800) 426-3750	14.73	C+ /6.3	18.31 /47	14.67 /66	11.49 /49	B /8.6	78	N/A
AG	Rydex Dyn-Dow 2x Strategy H	RYCVX	B	(800) 820-0888	35.75	B+ /8.7	38.57 /97	14.60 /66	--	C+ /5.8	9	N/A
AG	Rydex Dyn-Dow 2x Strategy C	RYCYX	B	(800) 820-0888	34.84	B+ /8.5	37.50 /96	13.75 /60	--	C+ /5.8	7	N/A
AG	Rydex Dyn-S&P 500 2x Strategy H	RYTNX	B	(800) 820-0888	52.14	B+ /8.5	33.97 /95	16.34 /75	13.31 /64	C+ /5.8	18	N/A
AG	ProFunds-Ultra Bull Fund Inv	ULPIX	B	(888) 776-3637	77.82	B+ /8.5	34.47 /96	16.17 /75	13.66 /67	C+ /5.7	16	N/A
AG	Rydex Series-Sector Rotation A	RYAMX	B	(800) 820-0888	15.51	B- /7.4	20.50 /63	16.11 /74	--	B- /7.2	68	N/A
AG	Rydex Series-Nova Inv	RYNVX	B	(800) 820-0888	33.40	B- /7.4	27.64 /89	14.11 /63	12.53 /58	C+ /6.8	29	N/A
AG	Accessor Fd-Aggress Gr Alloc Adv	AAGRX	B	(800) 759-3504	20.40	C+ /6.9	21.24 /68	14.67 /66	12.86 /61	B /8.8	83	N/A
AG	Dreyfus Premier Strategic Value A	DAGVX	B	(800) 782-6620	35.03	C+ /6.9	24.21 /81	15.92 /73	15.85 /80	B /8.1	86	4
AG	Dreyfus Premier Strategic Value T	DTGVX	B	(800) 782-6620	34.11	C+ /6.9	23.90 /80	15.56 /72	15.58 /79	B /8.1	83	4
AG	Columbia FS Agg Gr Portfolio Z		B	(800) 426-3750	19.80	C+ /6.7	18.85 /51	15.17 /70	--	B /8.6	82	N/A
AG	ING Lifestyle Agg Growth S	ILSGX	B	(800) 334-3444	15.16	C+ /6.7	20.77 /65	14.69 /67	--	B /8.3	70	3
AG	Accessor Fd-Aggress Gr Alloc Inv	ACAIX	B	(800) 759-3504	19.94	C+ /6.5	20.59 /64	14.08 /63	12.74 /60	B /8.8	79	N/A
AG	MFS Aggressive Gr Alloc R5	MAALX	B	(800) 343-2829	17.08	C+ /6.5	21.72 /71	13.61 /59	12.67 /59	B /8.3	57	N/A
AG	MFS Aggressive Gr Alloc R4	MAAHX	B	(800) 343-2829	16.99	C+ /6.3	21.32 /69	13.35 /57	12.51 /58	B /8.3	54	N/A
AG	Allianz NFJ All-Cap Value Inst	PNFIX	B	(800) 426-0107	20.32	C+ /6.1	19.14 /53	14.45 /65	--	B /8.3	79	N/A
AG	Columbia FS Agg Gr Portfolio B		B	(800) 426-3750	19.71	C+ /5.9	17.74 /43	14.07 /63	--	B /8.6	72	N/A
AG	Columbia FS Agg Gr Portfolio C		B	(800) 426-3750	19.36	C+ /5.9	17.76 /43	14.08 /63	--	B /8.6	73	N/A
AG	Allianz NFJ All-Cap Value Admin	PNCAX	B	(800) 426-0107	20.21	C+ /5.9	18.86 /51	14.18 /63	--	B /8.3	76	N/A
AG	MFS Aggressive Gr Alloc R2	MAAMX	B	(800) 343-2829	16.74	C+ /5.9	20.94 /66	12.85 /53	11.99 /53	B /8.2	47	N/A
AG	Columbia FS Agg Gr Portfolio BX		B	(800) 426-3750	14.72	C+ /5.7	18.14 /46	14.41 /65	11.35 /47	B /8.6	75	N/A
AG	Rydex Dyn-S&P 500 2x Strategy C	RYCTX	B-	(800) 820-0888	49.38	B+ /8.3	32.97 /95	15.46 /71	12.47 /57	C+ /5.7	13	N/A
AG	ProFunds-Ultra Bull Fund Svc	ULPSX	B-	(888) 776-3637	71.73	B /8.2	33.23 /95	15.04 /69	12.69 /59	C+ /5.6	11	N/A
AG	RVS Aggressive Growth Fund I	APAIX	B-	(888) 791-3380	10.02	B /7.9	21.32 /69	14.29 /64	--	C+ /5.9	29	4
AG	Needham Aggressive Growth Fund	NEAGX	B-	(800) 625-7071	15.72	B- /7.1	22.96 /77	14.65 /66	12.70 /59	C+ /6.4	61	6
AG	Rydex Series-Nova Adv	RYNAX	B-	(800) 820-0888	31.76	B- /7.0	26.97 /88	13.53 /59	11.92 /53	C+ /6.8	25	N/A
AG	MFS Aggressive Gr Alloc I	MIAGX	B-	(800) 343-2829	17.25	C+ /6.6	21.83 /72	13.76 /60	12.95 /62	B- /7.2	60	5
AG	Rydex Series-Nova A	RYANX	B-	(800) 820-0888	32.03	C+ /6.5	27.28 /88	13.80 /61	--	B- /7.5	27	N/A
AG	Gabelli Value Fund C	GVCCX	B-	(800) 422-3554	18.06	C+ /6.3	22.76 /76	12.87 /53	12.86 /61	B- /7.3	59	7
AG	Gabelli Value Fund B	GVCBX	B-	(800) 422-3554	18.04	C+ /6.3	22.70 /76	12.86 /53	12.86 /61	B- /7.3	59	7
AG	Accessor Fd-Aggress Gr Alloc C	ACAGX	B-	(800) 759-3504	19.71	C+ /6.0	19.96 /59	13.50 /58	--	B- /7.8	73	N/A
AG	Allianz NFJ All-Cap Value D	PNFDX	B-	(800) 426-0107	20.06	C+ /5.8	18.69 /50	13.98 /62	--	B /8.1	74	N/A
AG	MFS Aggressive Gr Alloc R1	MAAFX	B-	(800) 343-2829	16.65	C+ /5.7	20.50 /63	12.55 /50	11.82 /52	B /8.2	43	N/A
AG	STI Classic Life Vision Aggr Gr I	CVMGX	B-	(888) 784-3863	13.86	C /5.5	19.53 /56	12.48 /50	10.65 /40	B /8.1	61	N/A
AG	Columbia FS Agg Gr Portfolio A		B-	(800) 426-3750	15.15	C /5.4	18.64 /49	14.93 /68	11.86 /52	B /8.6	80	N/A
AG	Columbia Agg Gr NY 529 Z		B-	(800) 426-3750	14.71	C /5.3	19.21 /54	12.43 /49	--	B /8.7	56	4
AG	● STI Classic Life Vision Aggr Gr B	SLABX	B-	(888) 784-3863	13.68	C /4.8	18.64 /49	11.61 /42	9.91 /32	B /8.8	50	N/A
AG	CGM Focus Fund	CGMFX	C+	(800) 345-4048	42.77	A /9.4	22.90 /77	25.77 /94	20.11 /92	C- /3.9	99	10
AG	Fund *X Aggressive Upgrader	HOTFX	C+	(866) 455-3863	51.10	B+ /8.7	27.22 /88	20.18 /85	--	C /4.7	93	5
AG	Bridgeway Aggressive Investor 2	BRAIX	C+	(800) 661-3550	20.05	B /8.1	16.68 /36	17.90 /80	15.31 /78	C /4.6	28	12
AG	Rydex Series-Sector Rotation H	RYSRX	C+	(800) 820-0888	15.55	B /7.9	20.53 /64	16.21 /75	11.09 /45	C /5.2	68	N/A
AG	RVS Aggressive Growth Fund R4	RSASX	C+	(888) 791-3380	9.96	B /7.8	21.18 /68	14.09 /63	--	C /4.6	27	4
AG	Rydex Series-Sector Rotation C	RYISX	C+	(800) 820-0888	14.93	B /7.6	19.63 /57	15.33 /70	10.26 /36	C /5.1	58	N/A
AG	J Hancock Trust Lifestyle Agg Ser I	JELAX	C+	(800) 257-3336	11.27	B- /7.4	20.88 /66	15.78 /73	13.80 /68	C+ /5.9	84	N/A
AG	RVS Aggressive Growth Fund B	ARGBX	C+	(888) 791-3380	9.59	B- /7.3	20.05 /60	13.04 /54	--	C+ /5.8	20	4
AG	AllianceBern CBF AgeBa Agg		C+	(800) 221-5672	17.76	B- /7.0	20.33 /62	15.82 /73	14.08 /70	C+ /6.2	86	N/A

● Denotes fund is closed to new investors

Summer 2007

VIII. Top-Rated Stock Mutual Funds: Asset Allocation

Fund Type	Fund Name	Ticker Symbol	Overall Investment Rating	Phone	Net Asset Value As of 6/30/07	Performance Rating/Pts	1Yr / Pct	3Yr / Pct	5Yr / Pct	Risk Rating/Pts	Mgr. Quality Pct	Mgr. Tenure (Years)
AA	Nationwide Opt Alloc Fd Spc Inst	GASIX	A	(888) 366-0404	14.20	B- /7.5	20.56 /64	16.93 /77	--	B /8.5	90	1
AA	Nationwide Opt Alloc Fd Spc IS	GAISX	A	(888) 366-0404	14.18	B- /7.5	20.60 /64	16.85 /77	--	B /8.5	90	1
AA	Putnam College Adv US Eqty Inc O		A	(800) 354-2228	18.39	B- /7.0	23.76 /80	14.35 /64	--	B /8.8	82	N/A
AA	Nationwide Opt Alloc Fd Spc R	GASRX	A-	(888) 366-0404	14.10	B- /7.2	19.87 /59	16.30 /75	--	B /8.5	87	1
AA	RVS Portfolio Bldr Total Equity R4		A-	(888) 791-3380	13.52	B- /7.1	21.47 /70	14.86 /68	--	B /8.5	82	3
AA	Fidelity MA 100% Equity Portfolio		A-	(800) 544-8888	14.02	C+ /6.4	21.60 /70	13.10 /55	11.57 /49	B+ /9.1	58	N/A
AA	Ivy Fund-Asset Strategy Y	WASYX	B+	(800) 777-6472	22.31	B+ /8.9	16.29 /34	23.05 /91	15.77 /80	C+ /5.9	99	10
AA	Lifetime Achievement Fund	LFTAX	B+	(414) 299-2120	24.98	B- /7.4	22.06 /73	17.61 /79	15.17 /77	B- /7.7	87	7
AA	Eaton Vance Tax-Mgd Eqty A-Alloc	EBEAX	B+	(800) 225-6265	15.16	B- /7.2	22.32 /74	14.67 /66	11.34 /47	B- /7.6	75	5
AA	Eaton Vance Tax-Mgd Eqty A-Alloc	ECEAX	B+	(800) 225-6265	15.13	B- /7.2	22.37 /74	14.64 /66	11.32 /47	B- /7.6	74	5
AA	AIM Growth Allocation Inst	AADIX	B+	(800) 347-4246	14.93	B- /7.0	20.72 /65	15.24 /70	--	B /8.4	81	2
AA	RVS Portfolio Bldr Total Equity B	AXTBX	B+	(888) 791-3380	13.33	C+ /6.4	20.42 /63	13.82 /61	--	B /8.5	73	3
AA	RVS Portfolio Bldr Total Equity C	RBTCX	B+	(888) 791-3380	13.30	C+ /6.4	20.44 /63	13.82 /61	--	B /8.5	73	3
AA	T. Rowe Price Retirement 2030 R	RRTCX	B+	(800) 638-5660	19.98	C+ /6.4	21.00 /67	13.83 /61	--	B /8.3	77	4
AA	Hartford Equity Growth Alloc B	HAABX	B+	(800) 523-7798	14.46	C+ /6.3	20.41 /63	13.46 /58	--	B /8.5	62	N/A
AA	Hartford Equity Growth Alloc C	HAACX	B+	(800) 523-7798	14.46	C+ /6.3	20.51 /63	13.46 /58	--	B /8.5	62	N/A
AA	Nationwide Opt Alloc Fd Gro R	GAARX	B+	(888) 366-0404	13.06	C+ /6.3	19.49 /56	14.39 /65	--	B /8.5	71	1
AA	Fidelity DE 100% Equity Portfolio		B+	(800) 544-8888	13.95	C+ /6.2	21.52 /70	12.91 /53	11.40 /48	B+ /9.1	55	N/A
AA	Fidelity NH 100% Equity Portfolio		B+	(800) 544-8888	13.96	C+ /6.2	21.71 /71	12.79 /52	11.34 /47	B+ /9.0	54	N/A
AA	ING T. Rowe Price Cap App I	ITRIX	B+	(800) 334-3444	28.66	C+ /6.2	19.68 /57	13.94 /62	--	B /8.9	89	1
AA	Wells Fargo Avtg DJ Tgt 2040 I	WFOSX	B+	(800) 222-8222	18.82	C+ /6.0	20.79 /66	13.17 /56	11.47 /48	B+ /9.1	78	N/A
AA	● Fidelity Adv 529 100% Equity D		B+	(800) 522-7297	14.68	C+ /5.8	21.02 /67	12.46 /49	10.75 /41	B+ /9.0	56	2
AA	T. Rowe Price Cap Appreciation	PACLX	B+	(800) 638-5660	22.03	C /5.3	19.01 /52	12.70 /52	13.05 /62	B+ /9.6	86	N/A
AA	Ivy Fund-Asset Strategy C	WASCX	B	(800) 777-6472	21.95	B+ /8.7	15.40 /28	22.10 /89	14.84 /75	C+ /5.9	99	8
AA	Ivy Fund-Asset Strategy B	WASBX	B	(800) 777-6472	21.89	B+ /8.7	15.33 /28	21.98 /89	14.71 /74	C+ /5.9	99	8
AA	Ivy Fund-Asset Strategy A	WASAX	B	(800) 777-6472	22.29	B+ /8.6	16.30 /34	23.04 /91	15.72 /80	C+ /5.9	99	8
AA	Goldman Sachs Equity Gr Strg Inst	GAPIX	B	(800) 292-4726	17.53	B /8.2	22.55 /75	18.64 /82	15.80 /80	C+ /6.3	95	9
AA	Goldman Sachs Equity Gr Strg Svc	GAPSX	B	(800) 292-4726	17.18	B /7.9	21.88 /72	18.05 /81	15.22 /77	C+ /6.3	94	9
AA	Seligman Time Horizon 30 C	STHCX	B	(800) 221-2783	8.86	B /7.9	24.83 /83	15.51 /71	13.83 /68	C+ /6.2	60	15
AA	Seligman Time Horizon 30 D	STHDX	B	(800) 221-2783	8.86	B /7.9	24.83 /83	15.51 /71	13.83 /68	C+ /6.2	60	15
AA	Seligman Time Horizon 30 B	SBTHX	B	(800) 221-2783	8.86	B /7.8	24.83 /83	15.51 /71	14.12 /70	C+ /6.2	60	15
AA	Wells Fargo Avtg Wlth Bld Tact	WBGAX	B	(800) 222-8222	18.53	B- /7.4	22.25 /74	16.30 /75	12.69 /59	B- /7.1	88	N/A
AA	GMO Benchmark Free Allocation III	GBMFX	B		28.66	B- /7.3	16.84 /37	17.10 /78	--	B- /7.0	98	N/A
AA	Nationwide Opt Alloc Fd Spc C	GAMCX	B	(888) 366-0404	13.90	C+ /6.9	19.39 /55	15.74 /73	--	B /8.5	84	1
AA	Nationwide Opt Alloc Fd Spc B	GASBX	B	(888) 366-0404	13.91	C+ /6.9	19.38 /55	15.76 /73	--	B /8.5	84	1
AA	T. Rowe Price Retirement 2040 Fd	TRRDX	B	(800) 638-5660	20.37	C+ /6.9	21.87 /72	14.44 /65	--	B /8.3	82	5
AA	Nationwide Opt Alloc Fd Gro I	GAAIX	B	(888) 366-0404	13.24	C+ /6.8	20.34 /62	15.08 /69	--	B /8.5	77	1
AA	T. Rowe Price Retirement 2030 Fd	TRRCX	B	(800) 638-5660	20.17	C+ /6.8	21.66 /71	14.36 /64	--	B /8.4	82	5
AA	T. Rowe Price Retirement 2040	PARDX	B	(800) 638-5660	20.27	C+ /6.7	21.59 /72	14.16 /63	--	B /8.3	80	4
AA	AIM Growth Allocation R	AADRX	B	(800) 347-4246	14.81	C+ /6.6	19.96 /56	14.58 /66	--	B /8.4	76	2
AA	T. Rowe Price Retirement 2030	PARCX	B	(800) 638-5660	20.07	C+ /6.6	21.18 /68	14.02 /62	--	B /8.3	79	4
AA	T. Rowe Price Retirement 2040 R	RRTDX	B	(800) 638-5660	20.22	C+ /6.6	21.31 /69	13.91 /61	--	B /8.3	77	4
AA	Nationwide Opt Alloc Fd Spc A	GASAX	B	(888) 366-0404	14.12	C+ /6.5	20.32 /62	16.59 /76	--	B /8.5	88	1
AA	Putnam Asset Alloc-Growth Y	PAGYX	B	(800) 354-2228	15.23	C+ /6.5	19.23 /54	14.91 /68	12.01 /54	B- /7.8	89	13
AA	RVS Strategic Allocation R4	IDRYX	B	(888) 791-3380	12.35	C+ /6.4	20.93 /66	13.97 /62	11.56 /49	B /8.1	82	5
AA	First American Strat-Agg Gr Alloc Y	FSAYX	B	(800) 677-3863	13.70	C+ /6.4	19.88 /59	13.98 /62	12.15 /55	B /8.0	79	N/A
AA	Principal Inv LifeTime 2050 Inst	PPLIX	B	(800) 247-4123	14.42	C+ /6.2	19.52 /56	14.24 /64	11.89 /52	B /8.1	83	7
AA	AIM Growth Allocation B	AAEBX	B	(800) 347-4246	14.70	C+ /6.1	19.36 /55	14.01 /62	--	B /8.4	70	2
AA	AIM Growth Allocation C	AADCX	B	(800) 347-4246	14.70	C+ /6.1	19.46 /56	14.01 /62	--	B /8.4	70	2
AA	Putnam College Adv US Eqty Inc B		B	(800) 354-2228	17.42	C+ /6.0	22.16 /73	12.88 /53	--	B /8.7	69	N/A
AA	Principal Inv LifeTime 2050 Pfd	PTEFX	B	(800) 247-4123	14.40	C+ /6.0	19.33 /55	13.95 /62	11.59 /50	B /8.1	81	6
AA	Putnam College Adv US Eqty Inc C		B	(800) 354-2228	17.45	C+ /5.9	22.11 /73	12.86 /53	--	B /8.7	68	N/A

● Denotes fund is closed to new investors

www.thestreet.com/ratings

Data as of June 30, 2007

VIII. Top-Rated Stock Mutual Funds: Balanced

Summer 2007

99 Pct = Best
0 Pct = Worst

Fund Type	Fund Name	Ticker Symbol	Overall Investment Rating	Phone	Net Asset Value As of 6/30/07	Performance Rating/Pts	1Yr / Pct	3Yr / Pct	5Yr / Pct	Risk Rating/Pts	Mgr. Quality Pct	Mgr. Tenure (Years)
BA	Thornburg Investment Inc Builder I	TIBIX	A+	(800) 847-0200	22.49	B+ /8.7	26.96 /88	20.02 /85	--	B /8.4	98	N/A
BA	Thornburg Investment Inc Builder C	TIBCX	A+	(800) 847-0200	22.36	B+ /8.4	24.97 /83	18.65 /82	--	B /8.4	98	N/A
BA	Thornburg Investment Inc Builder A	TIBAX	A+	(800) 847-0200	22.35	B /8.2	25.57 /84	19.22 /83	--	B /8.4	98	N/A
BA	J Hancock Balanced I	SVBIX	B+	(800) 257-3336	14.69	B- /7.1	19.25 /54	15.15 /69	11.61 /50	B /8.3	96	4
BA	● FPA Crescent Fund	FPACX	B	(800) 982-4372	28.49	C+ /6.3	19.11 /53	13.32 /57	13.79 /68	B /8.4	95	14
BA	J Hancock Balanced C	SVBCX	B	(800) 257-3336	14.69	C+ /6.2	18.00 /45	13.86 /61	10.30 /36	B /8.3	94	4
BA	J Hancock Balanced B	SVBBX	B	(800) 257-3336	14.69	C+ /6.2	18.02 /45	13.86 /61	10.30 /36	B /8.3	93	4
BA	Putnam College Adv New Value O		B	(800) 354-2228	17.08	C+ /6.0	20.37 /62	13.38 /57	12.90 /61	B /8.6	73	N/A
BA	J Hancock Balanced A	SVBAX	B	(800) 257-3336	14.69	C+ /5.9	18.82 /51	14.65 /66	11.06 /44	B /8.3	95	4
BA	Columbia FS Bal Gr Portfolio Z		B	(800) 426-3750	18.45	C /4.8	17.37 /40	12.73 /52	--	B+ /9.3	80	N/A
BA	Fidelity Balanced Fund	FBALX	B-	(800) 544-8888	20.98	C /5.4	17.41 /41	13.09 /55	12.73 /60	B /8.4	81	5
BA	American Beacon Balance AMR	AABNX	B-	(800) 967-9009	15.32	C- /3.9	17.22 /40	11.87 /44	11.40 /48	B+ /9.8	84	N/A
BA	CGM Mutual Fund	LOMMX	C+	(800) 345-4048	31.84	B- /7.2	13.83 /20	15.51 /71	11.32 /47	C /5.4	95	26
BA	Neuberger Berman AMT Balanced	NBABX	C+	(800) 877-9700	12.68	C /5.1	16.83 /37	12.10 /46	9.70 /30	B- /7.6	69	1
BA	Eaton Vance Balanced A	EVIFX	C+	(800) 225-6265	8.22	C /4.9	22.25 /74	12.80 /52	11.06 /44	B /8.0	75	7
BA	Putnam College Adv New Value B		C+	(800) 354-2228	15.98	C /4.7	18.81 /51	11.92 /45	11.46 /48	B /8.5	56	N/A
BA	Putnam College Adv New Value C		C+	(800) 354-2228	15.95	C /4.7	18.85 /51	11.94 /45	11.44 /48	B /8.5	56	N/A
BA	Vanguard Wellington Adm	VWENX	C+	(800) 662-7447	58.59	C /4.6	17.78 /43	12.33 /48	10.71 /41	B /8.8	87	N/A
BA	● Vanguard Wellington Inv	VWELX	C+	(800) 662-7447	33.92	C /4.4	17.63 /42	12.18 /47	10.56 /39	B /8.8	87	N/A
BA	Putnam College Adv New Value A		C+	(800) 354-2228	16.62	C- /4.2	19.65 /57	12.77 /52	12.29 /56	B /8.6	66	N/A
BA	Columbia FS Bal Gr Portfolio CX		C+	(800) 426-3750	14.78	C- /4.0	15.83 /31	12.00 /45	10.41 /37	B+ /9.3	74	N/A
BA	T. Rowe Price Personal Strategy	TRPBX	C+	(800) 638-5660	21.19	C- /4.0	17.15 /39	11.47 /41	11.16 /45	B+ /9.0	76	9
BA	J Hancock Trust Lifestyle Bal Ser I	JELBX	C+	(800) 257-3336	13.94	C- /3.9	15.90 /31	12.16 /47	11.32 /47	B+ /9.6	81	N/A
BA	Columbia FS Bal Gr Portfolio E		C+	(800) 426-3750	17.99	C- /3.9	15.84 /31	11.93 /45	--	B+ /9.3	73	N/A
BA	AFBA 5Star Balanced I	AFBAX	C+	(800) 243-9865	14.49	C- /3.8	15.53 /29	12.05 /46	11.77 /51	B+ /9.1	89	N/A
BA	AllianceBern Bal Wealth Strat Adv	ABWYX	C+	(800) 221-5672	14.11	C- /3.8	16.35 /34	12.19 /47	--	B /8.7	81	N/A
BA	● Morgan Stanley Balanced Fund D	BGRDX	C+	(800) 869-6397	15.44	C- /3.8	16.43 /35	11.52 /41	9.47 /28	B /8.5	84	5
BA	Van Kampen Equity & Income R	ACESX	C+	(800) 421-5666	9.53	C- /3.7	16.11 /33	11.48 /41	--	B+ /9.8	82	5
BA	Buffalo Balanced Fund	BUFBX	C+	(800) 492-8332	12.23	C- /3.7	15.60 /29	11.94 /45	12.17 /55	B+ /9.1	89	N/A
BA	MSIF Trust Balanced Inst	MPBAX	C+	(800) 354-8185	14.03	C- /3.7	17.60 /42	10.91 /35	9.72 /30	B+ /9.0	71	N/A
BA	MSIF Trust Balanced Inv	MABIX	C+	(800) 354-8185	14.01	C- /3.6	17.46 /41	10.74 /34	9.58 /29	B+ /9.0	69	N/A
BA	Columbia FS Bal Gr Portfolio Dir		C+	(800) 426-3750	15.13	C- /3.5	16.56 /35	11.01 /36	10.20 /35	B+ /9.5	66	N/A
BA	Columbia FS Bal Gr Portfolio B		C+	(800) 426-3750	17.38	C- /3.5	15.33 /28	11.46 /40	--	B+ /9.3	68	N/A
BA	Columbia FS Bal Gr Portfolio C		C+	(800) 426-3750	17.31	C- /3.5	15.32 /28	11.43 /40	--	B+ /9.3	68	N/A
BA	T. Rowe Price Balanced Fd	RPBAX	C+	(800) 638-5660	22.11	C- /3.5	17.22 /40	11.16 /37	10.20 /35	B+ /9.0	80	15
BA	MSIF Trust Balanced Adv	MBAAX	C+	(800) 354-8185	14.01	C- /3.5	17.44 /41	10.65 /33	9.46 /27	B+ /9.0	68	N/A
BA	AFBA 5Star Balanced R	ASBRX	C+	(800) 243-9865	14.28	C- /3.4	15.15 /27	11.56 /41	11.37 /47	B+ /9.8	87	N/A
BA	● Dodge & Cox Balanced Fund	DODBX	C+	(800) 621-3979	90.01	C- /3.4	15.24 /27	11.57 /41	11.78 /51	B+ /9.4	84	76
BA	Columbia FS Bal Gr Portfolio BX		C+	(800) 426-3750	14.63	C- /3.2	15.56 /29	11.76 /43	10.16 /34	B+ /9.3	72	N/A
BA	American Beacon Balance Ser	ABLSX	C+	(800) 967-9009	14.82	C- /3.1	16.36 /34	10.99 /36	10.62 /40	B+ /9.8	76	N/A
BA	AllianceBern Bal Wealth Strat R	ABWRX	C+	(800) 221-5672	14.07	C- /3.1	15.56 /29	11.48 /41	--	B+ /9.6	75	N/A
BA	Gabelli Westwood Balanced Fd B	WBCBX	C+	(800) 422-3554	12.43	C- /3.0	13.23 /17	11.08 /37	8.16 /16	B+ /9.9	85	6
BA	Gabelli Westwood Balanced Fd C	WBCCX	C+	(800) 422-3554	12.45	C- /3.0	13.27 /17	11.12 /37	8.18 /16	B+ /9.9	86	6
BA	Van Kampen HEF 529 Mod Prt 1 S		C+	(800) 421-5666	16.27	C- /3.0	14.82 /25	10.68 /33	10.22 /35	B+ /9.7	73	N/A
BA	Columbia FS Bal Gr Portfolio A		C+	(800) 426-3750	15.05	C- /3.0	16.13 /33	12.32 /48	10.71 /41	B+ /9.3	77	N/A
BA	Delaware Balanced I	DEICX	C+	(800) 362-3863	19.24	D+ /2.6	17.13 /39	9.94 /27	7.92 /14	B+ /9.8	73	N/A
BA	Columbia Life Goal Bal Growth Fd	CLBRX	C+	(800) 426-3750	12.44	D+ /2.6	14.50 /23	10.45 /31	9.60 /29	B+ /9.7	70	N/A
BA	Franklin Income Adv	FRIAX	C	(800) 321-8563	2.73	C /4.6	19.12 /53	12.70 /51	13.93 /69	B- /7.6	91	50
BA	Franklin Income R	FISRX	C	(800) 342-5236	2.72	C- /4.2	18.65 /49	12.20 /47	13.43 /65	B- /7.6	89	50
BA	Franklin Income C	FCISX	C	(800) 342-5236	2.76	C- /3.8	18.15 /46	11.83 /44	13.15 /63	B- /7.6	88	12
BA	Fidelity Adv Balanced Fund I	FAIOX	C	(800) 522-7297	17.91	C- /3.6	17.49 /41	10.54 /32	9.65 /29	B /8.1	71	6
BA	American Beacon Balance Inst	AADBX	C	(800) 967-9009	15.93	C- /3.6	16.94 /38	11.60 /42	11.09 /44	B- /7.8	82	N/A

● Denotes fund is closed to new investors

Summer 2007
VIII. Top-Rated Stock Mutual Funds: Convertible

Fund Type	Fund Name	Ticker Symbol	Overall Investment Rating	Phone	Net Asset Value As of 6/30/07	PERFORMANCE Performance Rating/Pts	Annualized Total Return Through 6/30/07 1Yr / Pct	3Yr / Pct	5Yr / Pct	RISK Risk Rating/Pts	FUND MGR Mgr. Quality Pct	Mgr. Tenure (Years)
CV	Fidelity Convertible Securities	FCVSX	A	(800) 544-8888	29.16	B /7.9	24.33 /81	14.79 /67	13.93 /69	B- /7.8	95	2
CV	Nicholas-Applegate US Convert Fd	NIGIX	B-	(800) 551-8043	25.83	C+ /6.1	19.84 /59	12.89 /53	12.68 /59	B- /7.6	92	N/A
CV	Northern Trust Income Equity	NOIEX	C+	(800) 595-9111	13.77	C+ /6.1	23.28 /78	13.18 /56	11.10 /45	B- /7.3	95	N/A
CV	Putnam Convertible Inc & Gr Y	PCGYX	C+	(800) 354-2228	20.87	C- /4.1	18.86 /51	10.92 /35	13.24 /64	B /8.3	86	5
CV	Putnam Convertible Inc & Gr B	PCNBX	C	(800) 354-2228	20.55	C- /3.2	17.65 /43	9.81 /26	12.11 /55	B /8.3	78	5
CV	Putnam Convertible Inc & Gr C		C	(800) 354-2228	20.72	C- /3.1	17.62 /42	9.80 /26	12.11 /55	B /8.3	78	5
CV	Putnam Convertible Inc & Gr R	PCVRX	C	(800) 354-2228	20.82	D+ /2.9	18.24 /47	10.34 /31	12.68 /59	B /8.3	83	5
CV	Columbia FS Convertible Sec Port		C	(800) 426-3750	13.32	D /2.2	13.75 /19	9.27 /23	--	B+ /9.5	79	N/A
CV	Vanguard Convertible Securities	VCVSX	C-	(800) 662-7447	14.56	C- /3.5	16.19 /33	10.99 /36	12.58 /58	C+ /6.8	87	11
CV	Franklin Convertible Securities C	FROTX	C-	(800) 342-5236	17.05	C- /3.2	15.48 /29	10.87 /35	12.70 /59	B- /7.0	85	9
CV	MainStay Convertible Fund C	MCCVX	C-	(800) 624-6782	16.05	C- /3.1	14.94 /26	9.71 /26	9.09 /24	B- /7.4	77	8
CV	MainStay Convertible Fund B	MCSVX	C-	(800) 624-6782	16.06	C- /3.1	14.93 /26	9.74 /26	9.11 /24	B- /7.4	77	8
CV	PIMCO Convertible Bond Inst	PFCIX	C-	(800) 227-7337	14.31	C- /3.0	18.86 /51	9.93 /27	11.73 /51	B- /7.9	79	4
CV	PIMCO Convertible Bond Admin	PFCAX	C-	(800) 227-7337	14.63	D+ /2.8	18.56 /49	9.64 /25	11.37 /47	B- /7.9	77	4
CV	Putnam Convertible Inc & Gr A	PCONX	C-	(800) 354-2228	20.87	D+ /2.8	18.56 /49	10.62 /33	12.96 /62	B- /7.7	84	5
CV	Putnam Convertible Inc & Gr M	PCNMX	C-	(800) 354-2228	20.71	D+ /2.7	17.94 /44	10.07 /29	12.38 /57	B /8.1	81	5
CV	Morgan Stanley Convertbl Sec Tr D	CNSDX	C-	(800) 869-6397	18.75	D /1.9	14.61 /24	8.37 /16	9.74 /30	B /8.4	65	6
CV	Legg Mason Prt Inc Fd Con Cl C	SMCLX	C-	(866) 811-7256	18.26	D- /1.4	13.75 /19	7.54 /12	11.38 /47	B /8.9	49	N/A
CV	Columbia FS Convertible Sec Port		C-	(800) 426-3750	15.29	D- /1.3	12.51 /15	7.93 /14	--	B+ /9.5	64	N/A
CV	Columbia FS Convertible Sec Port		C-	(800) 426-3750	15.51	E+ /0.9	12.64 /15	7.98 /14	--	B+ /9.5	64	N/A
CV	Columbia FS Convertible Sec Port		C-	(800) 426-3750	15.85	E+ /0.9	13.46 /18	7.89 /14	--	B+ /9.4	63	N/A
CV	MainStay Convertible Fund A	MCOAX	D+	(800) 624-6782	16.05	D+ /2.7	15.85 /31	10.54 /32	9.91 /32	B- /7.4	83	8
CV	Lord Abbett Convertible Fund Y	LCFYX	D+	(800) 201-6984	12.67	D /1.8	12.24 /14	8.85 /20	--	B /8.2	71	4
CV	Lord Abbett Convertible Fund P	LCFPX	D+	(800) 201-6984	12.71	D- /1.5	11.67 /12	8.34 /16	--	B /8.2	65	4
CV	Morgan Stanley Convertbl Sec Tr C	CNSCX	D+	(800) 869-6397	18.65	D- /1.3	13.42 /18	7.33 /11	8.67 /20	B /8.4	52	6
CV	Morgan Stanley Convertbl Sec Tr B	CNSBX	D+	(800) 869-6397	18.76	D- /1.3	13.32 /17	7.27 /10	8.62 /20	B /8.4	51	6
CV	Victory Invt Grade Conv A	SBFCX	D+	(800) 539-3863	14.09	D- /1.2	12.74 /15	7.63 /12	8.07 /15	B /8.5	59	11
CV	Franklin Convertible Securities A	FISCX	D	(800) 342-5236	17.20	D+ /2.7	16.32 /34	11.69 /43	13.53 /66	C+ /6.7	89	9
CV	Columbia Convertible Sec Fund Z	NCIAX	D	(800) 426-3750	16.91	D+ /2.3	14.03 /21	9.37 /23	9.75 /30	C+ /6.8	79	2
CV	Value Line Convertible Fund	VALCX	D	(800) 223-0818	13.81	D /2.0	14.26 /22	8.59 /18	8.45 /18	B- /7.4	67	N/A
CV	Legg Mason Prt Inc Fd Con Cl I	SCVYX	D	(866) 811-7256	18.40	D /2.0	14.96 /26	8.74 /19	12.66 /59	B- /7.4	65	N/A
CV	TA IDEX Transamerica Convertb	ICVLX	D	(888) 233-4339	13.11	D /2.0	9.97 / 8	9.53 /24	--	B- /7.0	57	N/A
CV	TA IDEX Transamerica Convertb	ICVBX	D	(888) 233-4339	13.16	D /2.0	9.89 / 8	9.60 /25	9.90 /33	B- /7.0	59	N/A
CV	Oppenheimer Convertible Sec N	RCVNX	D	(800) 525-7048	15.11	D /1.9	15.38 /28	8.12 /15	9.09 /24	B- /7.6	64	14
CV	Oppenheimer Convertible Sec C	RCVCX	D	(800) 525-7048	15.10	D /1.7	14.81 /25	7.78 /13	8.75 /21	B- /7.6	60	14
CV	Oppenheimer Convertible Sec B	RCVBX	D	(800) 525-7048	15.13	D /1.7	14.60 /24	7.77 /13	8.72 /20	B- /7.6	59	14
CV	Oppenheimer Convertible Sec M	RCVGX	D	(800) 525-7048	15.10	D /1.7	15.78 /31	8.68 /18	9.47 /28	B- /7.6	71	14
CV	Legg Mason Prt Inc Fd Con Cl B	SCVSX	D	(866) 811-7256	18.16	D- /1.5	13.90 /20	7.73 /13	11.60 /50	B- /7.4	51	N/A
CV	Lord Abbett Convertible Fund C	LACCX	D	(800) 201-6984	12.60	D- /1.3	11.19 /11	7.79 /13	--	B /8.2	57	4
CV	Lord Abbett Convertible Fund B	LBCFX	D	(800) 201-6984	12.61	D- /1.3	11.18 /11	7.79 /13	--	B /8.2	58	4
CV	Lord Abbett Convertible Fund A	LACFX	D	(800) 201-6984	12.64	D- /1.0	11.88 /13	8.45 /17	--	B /8.2	66	4
CV	Morgan Stanley Convertbl Sec Tr A	CNSAX	D	(800) 869-6397	18.74	D- /1.0	14.21 /22	8.09 /15	9.47 /28	B- /7.7	62	6
CV	TA IDEX Transamerica Convertb	ICVAX	D-	(888) 233-4339	13.22	D /1.8	10.68 /10	10.40 /31	10.77 /41	C+ /6.8	68	N/A
CV	Columbia Convertible Sec Fund C	PHIKX	D-	(800) 426-3750	16.89	D /1.6	12.85 /16	8.27 /16	8.66 /20	C+ /6.8	68	2
CV	Columbia Convertible Sec Fund B	NCVBX	D-	(800) 426-3750	16.67	D /1.6	12.82 /16	8.27 /16	8.65 /20	C+ /6.8	68	2
CV	Oppenheimer Convertible Sec A	RCVAX	D-	(800) 525-7048	15.11	D- /1.4	15.61 /29	8.69 /18	9.63 /29	B- /7.3	70	14
CV	Van Kampen Harbor C	ACHCX	D-	(800) 421-5666	16.46	D- /1.2	13.33 /18	7.18 /10	7.96 /15	B- /7.5	52	9
CV	Van Kampen Harbor B	ACHAX	D-	(800) 421-5666	16.31	D- /1.2	13.32 /18	7.15 /10	7.96 /15	B- /7.5	52	9
CV	Legg Mason Prt Inc Fd Con Cl A	SCRAX	D-	(866) 811-7256	18.24	D- /1.1	14.52 /23	8.33 /16	12.20 /55	B- /7.0	60	N/A
CV	● Calamos Convertible Fund I	CICVX	D-	(800) 823-7386	18.59	E+ /0.9	10.90 /10	6.91 / 9	8.82 /21	B- /7.5	43	10
CV	Van Kampen Harbor A	ACHBX	D-	(800) 421-5666	16.35	E+ /0.9	14.19 /22	7.99 /14	8.79 /21	C+ /6.9	63	9
CV	Columbia Convertible Sec Fund A	PACIX	E+	(800) 426-3750	16.91	D- /1.3	13.68 /19	9.10 /21	9.49 /28	C+ /6.3	77	2

● Denotes fund is closed to new investors

www.thestreet.com/ratings

Data as of June 30, 2007

VIII. Top-Rated Stock Mutual Funds: Emerging Market

Summer 2007

99 Pct = Best
0 Pct = Worst

Fund Type	Fund Name	Ticker Symbol	Overall Investment Rating	Phone	Net Asset Value As of 6/30/07	Performance Rating/Pts	1Yr / Pct	3Yr / Pct	5Yr / Pct	Risk Rating/Pts	Mgr. Quality Pct	Mgr. Tenure (Years)
EM	Eaton Vance Tax-Mgd Emg Mkt Fd	EITEX	A+	(800) 225-6265	47.67	A+ /9.9	53.74 /99	42.65 /99	36.46 /99	B- / 7.3	92	N/A
EM	Principal Inv Intl Emrg Mkts Pfd	PEPSX	A+	(800) 247-4123	30.84	A+ /9.9	48.85 /99	42.84 /99	31.67 /99	C+ / 6.7	54	6
EM	Principal Inv Intl Emrg Mkts Inst	PIEIX	A+	(800) 247-4123	30.87	A+ /9.9	49.24 /99	43.23 /99	32.00 /99	C+ / 6.7	58	6
EM	Principal Inv Intl Emrg Mkts AdvSel	PEASX	A+	(800) 247-4123	30.40	A+ /9.9	48.15 /98	42.16 /99	30.93 /98	C+ / 6.7	46	6
EM	Principal Inv Intl Emrg Mkts AdvPfd	PEAPX	A+	(800) 247-4123	30.57	A+ /9.9	48.45 /98	42.43 /99	31.27 /99	C+ / 6.7	49	6
EM	Principal Inv Intl Emrg Mkts Sel	PESSX	A+	(800) 247-4123	30.80	A+ /9.9	48.69 /99	42.72 /99	31.55 /99	C+ / 6.7	52	6
EM	AIM Developing Markets Fd Inst	GTDIX	A+	(800) 347-4246	32.18	A+ /9.9	54.22 /99	42.21 /99	32.12 /99	C+ / 6.6	44	2
EM	● AIM International Small Co Inst	IEGIX	A+	(800) 347-4246	28.89	A+ /9.8	38.94 /97	40.40 /99	35.06 /99	B- / 7.5	98	N/A
EM	American Beacon Emerg Mkts Inst	AEMFX	A+	(800) 967-9009	19.70	A+ /9.8	45.55 /98	36.01 /98	28.97 /98	C+ / 6.8	15	N/A
EM	Forward Global Emerg Markets Inv	PGERX	A+	(800) 999-6809	26.50	A+ /9.8	44.61 /98	36.57 /98	--	C+ / 6.6	18	6
EM	DFA International Value IV	DFVFX	A+	(800) 984-9472	21.31	A /9.5	35.27 /96	27.49 /95	23.37 /95	B- / 7.3	95	N/A
EM	DFA International Value I	DFIVX	A+	(800) 984-9472	25.77	A /9.5	35.07 /96	27.29 /95	23.19 /95	B- / 7.0	95	N/A
EM	Fidelity Adv Emerging Asia I	FERIX	A	(800) 522-7297	29.33	A+ /9.9	51.50 /99	38.90 /98	25.12 /96	C+ / 6.0	92	3
EM	JPMorgan Emerg Mkt Eq C	JEMCX	A	(800) 358-4782	21.03	A+ /9.8	45.69 /98	36.16 /98	28.87 /98	C+ / 6.3	10	2
EM	ING JPMorgan Emrg Mkt Eq Port S	IJPIX	A	(800) 334-3444	22.60	A+ /9.8	45.34 /98	37.72 /98	26.50 /97	C+ / 6.2	19	2
EM	ING JPMorgan Emrg Mkt Eq Port	IJPTX	A	(800) 334-3444	22.43	A+ /9.8	45.12 /98	37.51 /98	--	C+ / 6.2	18	2
EM	ING Emerging Countries Q	NACQX	A	(800) 334-3444	40.98	A+ /9.8	49.71 /99	31.96 /97	23.79 /95	C+ / 6.2	39	2
EM	Fidelity Adv Emerging Asia B	FERBX	A	(800) 522-7297	27.37	A+ /9.8	50.00 /99	37.56 /98	23.90 /95	C+ / 6.0	88	3
EM	Fidelity Adv Emerging Asia C	FERCX	A	(800) 522-7297	27.30	A+ /9.8	49.97 /99	37.52 /98	23.90 /95	C+ / 6.0	88	3
EM	Fidelity Adv Emerging Asia A	FEAAX	A	(800) 522-7297	28.83	A+ /9.8	51.17 /99	38.58 /98	24.85 /96	C+ / 6.0	91	3
EM	Fidelity Adv Emerging Asia T	FEATX	A	(800) 522-7297	28.34	A+ /9.8	50.77 /99	38.25 /98	24.54 /96	C+ / 6.0	91	3
EM	UBS PACE Intertl Emg Mkts Eq	PWEYX	A	(888) 793-8637	23.14	A+ /9.8	46.81 /98	35.44 /98	26.56 /97	C+ / 5.9	12	N/A
EM	ING Emerging Countries A	NECAX	A	(800) 334-3444	39.61	A+ /9.7	49.51 /99	31.84 /97	23.75 /95	C+ / 6.2	37	2
EM	ING Emerging Countries C	NAEMX	A	(800) 334-3444	36.82	A+ /9.7	48.44 /98	30.85 /96	22.72 /95	C+ / 6.2	29	2
EM	ING Emerging Countries B	NACBX	A	(800) 334-3444	38.93	A+ /9.7	48.42 /98	30.89 /96	23.00 /95	C+ / 6.2	30	2
EM	DFA Global Equity Inst	DGEIX	A	(800) 984-9472	16.08	B /8.2	23.66 /79	18.01 /80	--	B- / 7.6	34	4
EM	Universal Inst Emer Markets Eqty II	UEMBX	A-	(800) 869-6397	22.88	A+ /9.9	48.56 /98	39.70 /99	--	C+ / 5.7	21	4
EM	Universal Inst Emer Markets Eqty I	UEMEX	A-	(800) 869-6397	22.90	A+ /9.9	48.52 /98	39.71 /99	28.63 /98	C+ / 5.7	21	11
EM	Van Eck Emerging Mkts A	GBFAX	B+	(800) 221-2220	16.63	A+ /9.9	57.01 /99	43.37 /99	32.21 /99	C / 4.9	93	5
EM	Van Eck Emerging Mkts C	EMRCX	B+	(800) 221-2220	16.28	A+ /9.9	55.71 /99	42.63 /99	--	C / 4.9	92	5
EM	● AIM International Small Co C	IEGCX	B+	(800) 347-4246	27.80	A+ /9.8	37.33 /96	39.11 /98	33.96 /99	C / 5.3	98	7
EM	● AIM International Small Co A	IEGAX	B+	(800) 347-4246	28.82	A+ /9.8	38.34 /97	40.10 /99	34.89 /99	C / 5.3	98	7
EM	● AIM International Small Co B	IEGBX	B+	(800) 347-4246	27.81	A+ /9.8	37.31 /96	39.09 /98	33.93 /99	C / 5.3	98	7
EM	Templeton Developing Markets C	TDMTX	B+	(800) 342-5236	31.01	A+ /9.7	37.84 /96	31.91 /97	27.16 /97	C / 5.3	13	12
EM	Templeton Developing Markets	TDADX	B+	(800) 321-8563	31.79	A+ /9.7	39.25 /97	33.25 /97	28.47 /98	C / 5.3	19	16
EM	● Templeton Developing Markets B	TDMBX	B+	(800) 342-5236	31.07	A+ /9.7	37.84 /96	31.91 /97	27.15 /97	C / 5.3	13	8
EM	Templeton Developing Markets A	TEDMX	B+	(800) 342-5236	31.76	A+ /9.7	38.83 /97	32.83 /97	28.00 /97	C / 5.3	17	16
EM	Templeton Developing Markets R	TDMRX	B+	(800) 342-5236	31.36	A+ /9.7	38.57 /97	32.58 /97	27.74 /97	C / 5.3	16	5
EM	DFA International Value III	DFVIX	B+	(800) 984-9472	24.26	A /9.5	35.28 /96	27.51 /95	23.40 /95	C+ / 5.6	93	N/A
EM	Frontegra New Star Intl Equity Fd	FRNSX	B+	(888) 825-2100	16.11	B+ /8.5	27.12 /88	19.01 /83	--	C+ / 6.7	43	3
EM	Lazard Emerging Markets Inst	LZEMX	B	(800) 823-6300	24.20	A+ /9.9	46.76 /98	42.00 /99	32.61 /99	C / 4.7	63	13
EM	AIM Developing Markets Fd A	GTDDX	B	(800) 347-4246	32.06	A+ /9.9	53.45 /99	41.84 /99	31.91 /99	C / 4.7	40	4
EM	Lazard Emerging Markets Open	LZOEX	B	(800) 823-6300	24.42	A+ /9.9	46.30 /98	41.71 /99	32.37 /99	C / 4.7	61	10
EM	AIM Developing Markets Fd B	GTDBX	B	(800) 347-4246	31.08	A+ /9.9	52.35 /99	40.87 /99	31.11 /98	C / 4.7	32	4
EM	AIM Developing Markets Fd C	GTDCX	B	(800) 347-4246	31.05	A+ /9.9	52.28 /99	40.87 /99	31.11 /99	C / 4.7	32	4
EM	Principal Inv Intl Emrg Mkts J	PIEJX	B	(800) 247-4123	30.04	A+ /9.9	48.35 /98	42.15 /99	30.80 /98	C / 4.6	46	6
EM	● GMO Emerging Markets Fund III	GMOEX	B		25.08	A+ /9.9	46.25 /98	41.96 /99	33.48 /99	C / 4.5	43	14
EM	DFA Emerging Markets Value	DFEVX	B	(800) 984-9472	40.53	A+ /9.9	62.09 /99	46.98 /99	39.38 /99	C / 4.5	89	N/A
EM	Fidelity Adv Emerging Markets T	FTMKX	B	(800) 522-7297	25.31	A+ /9.9	45.63 /98	41.53 /99	--	C / 4.3	21	3
EM	Fidelity Adv Emerging Markets C	FMCKX	B	(800) 522-7297	24.98	A+ /9.9	44.90 /98	40.89 /99	--	C / 4.3	18	3
EM	Fidelity Adv Emerging Markets B	FBMKX	B	(800) 522-7297	24.98	A+ /9.9	44.90 /98	40.88 /99	--	C / 4.3	18	3
EM	Nationwide Emerging Markets Inst	GEGIX	B	(888) 366-0404	21.73	A+ /9.9	53.23 /99	38.29 /98	31.17 /99	C / 4.3	8	1

● Denotes fund is closed to new investors

Summer 2007

VIII. Top-Rated Stock Mutual Funds: Energy/Natural Resources

99 Pct = Best
0 Pct = Worst

Fund Type	Fund Name	Ticker Symbol	Overall Investment Rating	Phone	Net Asset Value As of 6/30/07	Performance Rating/Pts	1Yr / Pct	3Yr / Pct	5Yr / Pct	Risk Rating/Pts	Mgr. Quality Pct	Mgr. Tenure (Years)
EN	Vanguard Energy Inv	VGENX	A-	(800) 662-7447	75.69	A+ /9.7	22.51 /75	34.85 /97	28.52 /98	C+ /5.7	92	N/A
EN	Vanguard Energy Adm	VGELX	A-	(800) 662-7447	142.19	A+ /9.7	22.61 /75	34.94 /97	28.60 /98	C+ /5.7	92	N/A
EN	FBR Gas Utility Index Fund	GASFX	A-	(888) 888-0025	21.53	B /8.1	21.13 /67	20.19 /85	13.36 /65	B- /7.6	98	N/A
EN ●	Ivy Fund-Global Nat Resource Adv	IGNVX	B+	(800) 777-6472	36.20	A+ /9.7	28.09 /90	34.37 /97	27.04 /97	C /5.1	98	9
EN	Ivy Fund-Global Nat Resource Y	IGNYX	B+	(800) 777-6472	36.59	A+ /9.7	27.77 /89	34.34 /97	--	C /5.1	98	10
EN	Ivy Fund-Global Nat Resource B	IGNBX	B+	(800) 777-6472	34.15	A+ /9.7	26.62 /87	32.97 /97	25.82 /97	C /5.1	97	10
EN	T. Rowe Price New Era	PRNEX	B+	(800) 638-5660	56.21	A+ /9.6	26.12 /86	30.65 /96	23.27 /95	C+ /5.7	92	10
EN	Ivy Fund-Global Nat Resource A	IGNAX	B+	(800) 777-6472	36.39	A+ /9.6	27.63 /89	34.06 /97	26.92 /97	C /5.1	98	10
EN	Ivy Fund-Global Nat Resource C	IGNCX	B	(800) 777-6472	33.49	A+ /9.7	26.71 /87	33.08 /97	25.90 /97	C /5.0	97	10
EN	Fidelity Select Natural Resources	FNARX	B	(800) 544-8888	34.25	A+ /9.7	26.10 /86	35.49 /98	25.26 /96	C /4.8	90	1
EN	Van Eck Global Hard Assets C	GHACX	B-	(800) 221-2220	43.97	A+ /9.8	29.11 /91	37.98 /98	27.41 /97	C- /4.0	98	N/A
EN	Van Eck Global Hard Assets A	GHAAX	B-	(800) 221-2220	46.47	A+ /9.8	30.04 /92	38.88 /98	28.46 /98	C- /4.0	98	N/A
EN	Nationwide Glb Natural Res A	GGNAX	B-	(888) 366-0404	22.71	A+ /9.8	27.71 /89	42.95 /99	--	C- /3.9	99	4
EN	Fidelity Select Energy	FSENX	B-	(800) 544-8888	58.98	A+ /9.7	20.97 /67	35.44 /98	25.11 /96	C /4.3	86	1
EN	BlackRock Natural Resource Inst	MAGRX	B-	(888) 825-2257	63.56	A+ /9.7	21.12 /67	33.89 /97	26.74 /97	C /4.3	69	N/A
EN ●	Munder Energy Fund B	MPFBX	B-	(800) 438-5789	20.36	A+ /9.6	21.77 /71	29.75 /96	22.64 /94	C /4.4	57	N/A
EN	Munder Energy Fund C	MPFTX	B-	(800) 438-5789	20.37	A+ /9.6	21.68 /71	29.73 /96	22.61 /94	C /4.4	56	N/A
EN	Putnam Global Natural Resources		B-	(800) 354-2228	35.96	A+ /9.6	27.31 /88	31.47 /96	22.80 /95	C /4.3	89	N/A
EN	BlackRock Natural Resource Inv A	MDGRX	B-	(888) 825-2257	62.49	A+ /9.6	20.82 /66	33.56 /97	26.41 /97	C /4.3	66	N/A
EN	BlackRock Natural Resource Inv C	MCGRX	B-	(888) 825-2257	58.06	A+ /9.6	19.86 /59	32.53 /97	25.44 /96	C- /4.2	56	N/A
EN	BlackRock Natural Resource Inv B	MBGRX	B-	(888) 825-2257	58.86	A+ /9.6	19.88 /59	32.53 /97	25.44 /96	C- /4.2	56	10
EN	Dreyfus Premier Natural Resources	DLDRX	B-	(800) 782-6620	29.95	A+ /9.6	19.95 /59	30.97 /96	--	C- /4.1	56	2
EN	Dreyfus Premier Natural Resources	DLDCX	B-	(800) 782-6620	29.03	A+ /9.6	18.76 /50	29.62 /96	--	C- /4.1	40	2
EN ●	Dreyfus Premier Natural Resources	DLDBX	B-	(800) 782-6620	28.93	A+ /9.6	18.79 /51	29.59 /96	--	C- /4.1	40	2
EN	Munder Energy Fund A	MPFAX	B-	(800) 438-5789	21.37	A /9.5	22.60 /75	30.71 /96	23.56 /95	C /4.4	66	N/A
EN	Rydex Series-Energy Adv	RYEAX	B-	(800) 820-0888	25.52	A /9.5	18.85 /51	28.57 /95	21.88 /94	C- /4.2	29	N/A
EN	Rydex Series-Energy Inv	RYEIX	B-	(800) 820-0888	26.59	A /9.5	19.48 /56	29.26 /95	22.46 /94	C- /4.2	34	N/A
EN	Dreyfus Premier Natural Resources	DNLAX	B-	(800) 782-6620	29.68	A /9.5	19.64 /57	30.58 /96	--	C- /4.1	51	2
EN	Dreyfus Premier Natural Resources	DLDTX	B-	(800) 782-6620	29.51	A /9.5	19.25 /54	30.22 /96	--	C- /4.1	47	2
EN	ICON Materials	ICBMX	B-	(800) 764-0442	14.12	A /9.5	27.52 /89	26.18 /94	18.53 /89	C- /4.1	93	4
EN	Rydex Series-Energy C	RYECX	B-	(800) 820-0888	24.95	A /9.5	18.29 /47	27.94 /95	21.30 /93	C- /4.1	25	N/A
EN	JennDry Jennison Nat Resources Z	PNRZX	C+	(800) 257-3893	55.46	A+ /9.8	26.41 /86	39.12 /98	31.35 /99	C- /3.4	94	2
EN	JennDry Jennison Nat Resources	PNRCX	C+	(800) 257-3893	47.27	A+ /9.8	25.19 /83	37.75 /98	30.04 /98	C- /3.2	91	2
EN	JennDry Jennison Nat Resources	PRGNX	C+	(800) 257-3893	47.27	A+ /9.8	25.17 /83	37.75 /98	30.04 /98	C- /3.2	91	2
EN	Fidelity Select Energy Svcs	FSESX	C+	(800) 544-8888	85.91	A+ /9.8	23.25 /78	36.96 /98	24.43 /96	D+ /2.5	86	2
EN	JennDry Jennison Nat Resources	PGNAX	C+	(800) 257-3893	54.33	A+ /9.7	26.12 /86	38.78 /98	31.02 /98	C- /3.4	93	2
EN	Fidelity Adv Energy I	FANIX	C+	(800) 522-7297	49.83	A+ /9.7	21.16 /68	33.75 /97	24.66 /96	D+ /2.8	79	1
EN	Allianz RCM Global Resources I	RGLIX	C+	(800) 426-0107	19.71	A+ /9.7	24.73 /82	35.35 /97	--	D+ /2.8	80	3
EN ●	AIM Energy Inv	FSTEX	C+	(800) 347-4246	46.98	A+ /9.7	20.15 /61	33.86 /97	26.23 /97	D+ /2.8	74	10
EN	Putnam Global Natural Resources	PGNRX	C+	(800) 354-2228	35.60	A+ /9.6	26.65 /87	30.96 /96	22.41 /94	C- /3.6	87	N/A
EN	Putnam Global Natural Resources	PGLMX	C+	(800) 354-2228	34.95	A+ /9.6	26.33 /86	30.62 /96	22.07 /94	C- /3.6	86	N/A
EN	Putnam Global Natural Resources	EBERX	C+	(800) 354-2228	35.89	A+ /9.6	26.93 /88	31.27 /96	22.69 /95	C- /3.6	89	N/A
EN	Putnam Global Natural Resources	PGLCX	C+	(800) 354-2228	34.18	A+ /9.6	25.99 /85	30.30 /96	21.78 /94	C- /3.6	85	N/A
EN	Putnam Global Natural Resources	PNRBX	C+	(800) 354-2228	33.64	A+ /9.6	26.04 /85	30.31 /96	21.78 /94	C- /3.5	85	N/A
EN	Franklin Natural Resources Adv	FNRAX	C+	(800) 321-8563	42.92	A+ /9.6	26.64 /87	31.58 /97	23.53 /95	C- /3.3	62	N/A
EN	Franklin Natural Resources A	FRNRX	C+	(800) 342-5236	40.87	A+ /9.6	26.29 /86	31.17 /96	23.08 /95	C- /3.2	58	12
EN	Fidelity Adv Energy B	FANRX	C+	(800) 522-7297	46.82	A+ /9.6	19.86 /59	32.31 /97	23.30 /95	D+ /2.8	67	1
EN	Fidelity Adv Energy A	FANAX	C+	(800) 522-7297	48.44	A+ /9.6	20.82 /66	33.29 /97	24.20 /96	D+ /2.8	75	1
EN	Fidelity Adv Energy C	FNRCX	C+	(800) 522-7297	47.07	A+ /9.6	19.94 /59	32.37 /97	23.35 /95	D+ /2.8	68	1
EN	Fidelity Adv Energy T	FAGNX	C+	(800) 522-7297	49.43	A+ /9.6	20.52 /64	33.03 /97	23.97 /95	D+ /2.8	73	1
EN	AIM Energy A	IENAX	C+	(800) 347-4246	47.11	A+ /9.6	20.15 /61	33.81 /97	26.27 /97	D+ /2.8	74	5
EN	ICON Energy	ICENX	C+	(800) 764-0442	39.22	A+ /9.6	19.30 /55	31.65 /97	27.22 /97	D+ /2.7	24	N/A

● Denotes fund is closed to new investors

www.thestreet.com/ratings

Data as of June 30, 2007

VIII. Top-Rated Stock Mutual Funds: Financial Services

Summer 2007

99 Pct = Best
0 Pct = Worst

Fund Type	Fund Name	Ticker Symbol	Overall Investment Rating	Phone	Net Asset Value As of 6/30/07	Performance Rating/Pts	1Yr / Pct	3Yr / Pct	5Yr / Pct	Risk Rating/Pts	Mgr. Quality Pct	Mgr. Tenure (Years)
FS	Nationwide Global Finan Svc Inst	GLFIX	B+	(888) 366-0404	16.20	C+ /6.3	16.99 /38	16.77 /77	16.69 /84	B /8.9	96	3
FS	Fidelity Select Brkge & Invst Mgt	FSLBX	B	(800) 544-8888	74.30	A- /9.0	23.10 /77	23.84 /92	18.11 /88	C /5.3	97	N/A
FS	Delaware American Services Fund	DASIX	B	(800) 362-3863	20.97	B /7.6	22.47 /75	15.13 /69	17.64 /87	C+ /6.9	89	N/A
FS	Mutual Financial Svcs Z	TEFAX	B	(800) 321-8563	23.36	B- /7.3	20.11 /61	17.46 /79	14.89 /75	C+ /6.8	97	3
FS	AXA Entp-Global Financial Serv Y	EGFYX	B	(800) 432-4320	9.70	B- /7.0	16.79 /37	17.64 /79	15.19 /77	B- /7.4	96	N/A
FS	Nationwide Global Finan Svc IS	GFISX	B	(888) 366-0404	16.20	C+ /6.3	16.99 /38	16.77 /77	16.69 /84	B /8.0	96	5
FS	Nationwide Global Finan Svc R	GLFRX	B	(888) 366-0404	15.83	C+ /6.1	16.19 /33	16.24 /75	15.95 /81	B /8.0	95	4
FS	Delaware American Services Fund	DAMCX	B-	(800) 362-3863	19.64	B- /7.0	21.30 /69	13.98 /62	16.50 /83	C+ /6.8	84	N/A
FS	● Delaware American Services Fund	DASBX	B-	(800) 362-3863	19.64	B- /7.0	21.30 /69	13.98 /62	16.48 /83	C+ /6.8	84	N/A
FS	Davis Financial Y	DVFYX	B-	(800) 279-0279	50.81	C+ /6.2	23.19 /78	13.39 /57	13.42 /65	B- /7.8	87	16
FS	AXA Entp-Global Financial Serv C	EGFCX	B-	(800) 432-4320	9.52	C+ /6.2	15.78 /30	16.50 /76	14.06 /70	B- /7.5	94	N/A
FS	J Hancock Trust Fin Svcs Ser I	JEFSX	C+	(800) 257-3336	19.27	C+ /6.8	23.28 /78	14.83 /68	13.36 /65	C+ /6.2	90	6
FS	● Mutual Financial Svcs B	TBFSX	C+	(800) 342-5236	22.73	C+ /6.7	19.00 /52	16.32 /75	13.77 /68	C+ /6.9	96	3
FS	Mutual Financial Svcs C	TMFSX	C+	(800) 342-5236	23.13	C+ /6.6	18.93 /52	16.32 /75	13.75 /68	C+ /6.9	96	3
FS	Delaware American Services Fund	DASAX	C+	(800) 362-3863	20.64	C+ /6.6	22.19 /73	14.83 /68	17.38 /86	C+ /6.9	88	N/A
FS	Mutual Financial Svcs A	TFSIX	C+	(800) 342-5236	23.35	C+ /6.2	19.78 /58	17.12 /78	14.52 /73	C+ /6.9	97	3
FS	AXA Entp-Global Financial Serv B	EGFBX	C+	(800) 432-4320	9.54	C+ /6.0	15.61 /29	16.28 /75	13.93 /69	B- /7.5	94	N/A
FS	AXA Entp-Global Financial Serv A	EGFAX	C+	(800) 432-4320	9.66	C+ /5.7	16.32 /34	17.12 /78	14.71 /74	B- /7.5	95	N/A
FS	Nationwide Global Finan Svc C	GLFCX	C+	(888) 366-0404	15.76	C /5.4	15.88 /31	15.62 /72	15.54 /79	B /8.0	94	5
FS	Nationwide Global Finan Svc B	GLFBX	C+	(888) 366-0404	15.76	C /5.4	15.79 /31	15.61 /72	15.53 /79	B /8.0	94	5
FS	Davis Financial C	DFFCX	C+	(800) 279-0279	45.55	C /5.3	21.97 /72	12.25 /48	12.25 /56	B- /7.6	80	16
FS	Davis Financial B	DFIBX	C+	(800) 279-0279	44.74	C /5.2	21.89 /72	12.22 /47	12.24 /56	B- /7.6	79	16
FS	Davis Financial A	RPFGX	C+	(800) 279-0279	49.83	C /5.1	23.02 /77	13.22 /56	13.23 /64	B- /7.7	86	16
FS	Hartford Global Finan Serv Y	HGFYX	C+	(800) 523-7798	14.19	C /5.0	16.23 /33	14.45 /65	10.83 /42	B /8.0	89	N/A
FS	Nationwide Global Finan Svc A	GLFAX	C+	(888) 366-0404	16.10	C /4.8	16.64 /36	16.44 /76	16.38 /83	B /8.0	95	5
FS	BlackRock Global Finan Svc Inst	MAFNX	C	(888) 825-2257	17.01	B- /7.1	7.02 / 3	19.40 /84	18.86 /90	C /4.6	93	N/A
FS	JennDry Jennison Financial Svcs Z	PFSZX	C	(800) 257-3893	13.53	C+ /6.1	22.98 /77	14.00 /62	12.00 /54	C /5.4	76	5
FS	J Hancock Financial Indust I	FIDIX	C	(800) 257-3336	20.86	C /5.3	19.44 /56	13.48 /58	11.19 /45	C+ /6.2	78	6
FS	Hartford Global Finan Serv B	HGFBX	C	(800) 523-7798	13.76	C- /3.8	15.01 /26	13.21 /56	9.58 /29	B- /7.9	82	N/A
FS	Hartford Global Finan Serv C	HGFCX	C	(800) 523-7798	13.72	C- /3.7	14.82 /25	13.12 /55	9.53 /28	B- /7.9	82	N/A
FS	Hartford Global Finan Serv A	HGFAX	C	(800) 523-7798	14.02	C- /3.2	15.69 /30	13.97 /62	10.33 /37	B /8.0	87	N/A
FS	ING VP Financial Services Port I		C	(800) 334-3444	13.34	D+ /2.9	15.25 /27	11.80 /44	--	B /8.7	55	3
FS	ING VP Financial Services Port S		C	(800) 334-3444	13.32	D+ /2.7	14.99 /26	11.60 /42	--	B /8.7	53	3
FS	BlackRock Global Finan Svc R	MRFNX	C-	(888) 825-2257	16.56	C+ /6.8	6.47 / 2	18.78 /82	--	C /4.3	91	N/A
FS	BlackRock Global Finan Svc Inv C	MCFNX	C-	(888) 825-2257	16.49	C+ /6.3	5.91 / 2	18.20 /81	17.61 /87	C /4.6	89	N/A
FS	BlackRock Global Finan Svc Inv B	MBFNX	C-	(888) 825-2257	16.61	C+ /6.3	5.95 / 2	18.20 /81	17.60 /87	C /4.6	89	N/A
FS	BlackRock Global Finan Svc Inv A	MDFNX	C-	(888) 825-2257	16.90	C+ /6.0	6.79 / 3	19.10 /83	18.52 /89	C /4.6	92	N/A
FS	JennDry Jennison Financial Svcs B	PUFBX	C-	(800) 257-3893	12.68	C /5.2	21.76 /71	12.89 /53	10.88 /42	C /5.4	64	5
FS	JennDry Jennison Financial Svcs C	PUFCX	C-	(800) 257-3893	12.68	C /5.2	21.76 /71	12.89 /53	10.88 /42	C /5.4	64	5
FS	T. Rowe Price Financial Services	PRISX	C-	(800) 638-5660	22.58	C /4.9	17.49 /41	13.05 /55	12.43 /57	C+ /5.6	79	N/A
FS	Schwab Financial Services Focus	SWFFX	C-	(866) 855-9102	16.42	C /4.7	12.83 /16	14.77 /67	13.56 /66	C+ /6.4	87	N/A
FS	J Hancock Financial Indust B	FIDBX	C-	(800) 257-3336	19.38	C- /4.0	18.16 /46	12.13 /47	9.90 /32	C+ /6.2	63	10
FS	J Hancock Financial Indust C	FIDCX	C-	(800) 257-3336	19.36	C- /4.0	18.11 /46	12.12 /46	9.89 /32	C+ /6.2	63	8
FS	Fidelity Select Insurance	FSPCX	C-	(800) 544-8888	73.67	C- /3.8	18.37 /48	11.58 /41	11.48 /49	B- /7.3	69	1
FS	Burnham Financial Industries C	BURCX	C-	(800) 874-3863	12.28	D- /1.3	9.63 / 7	10.48 /32	--	B+ /9.7	87	N/A
FS	Burnham Financial Industries A	BURFX	C-	(800) 874-3863	12.41	D- /1.1	10.42 / 9	11.23 /38	--	B+ /9.7	90	N/A
FS	JennDry Jennison Financial Svcs A	PFSAX	D+	(800) 257-3893	13.33	C /4.6	22.53 /75	13.73 /60	11.71 /51	C /5.4	74	5
FS	J Hancock Financial Indust A	FIDAX	D+	(800) 257-3336	20.45	C- /3.7	18.97 /52	12.91 /53	10.68 /40	C+ /6.2	73	11
FS	ICON Financial	ICFSX	D	(800) 764-0442	15.04	C- /3.0	14.44 /23	11.55 /41	11.92 /53	C+ /6.0	37	10
FS	Fidelity Adv Financial Serv I	FFSIX	D	(800) 522-7297	23.04	D+ /2.6	15.09 /27	11.56 /41	10.90 /42	C+ /6.9	55	N/A
FS	ING Financial Services B	PBTBX	D	(800) 334-3444	23.55	D /2.2	14.07 /21	11.04 /36	9.63 /29	C+ /6.8	44	6
FS	Rydex Series-Financial Service Inv	RYFIX	D	(800) 820-0888	14.30	D- /1.3	10.49 / 9	10.15 /29	8.78 /21	B- /7.6	37	N/A

● Denotes fund is closed to new investors

www.thestreet.com/ratings

VIII. Top-Rated Stock Mutual Funds: Foreign

Fund Type	Fund Name	Ticker Symbol	Overall Investment Rating	Phone	Net Asset Value As of 6/30/07	Performance Rating/Pts	Annualized Total Return Through 6/30/07 1Yr / Pct	3Yr / Pct	5Yr / Pct	Risk Rating/Pts	Mgr. Quality Pct	Mgr. Tenure (Years)
FO	Nationwide China Opport A	GOPAX	A+	(888) 366-0404	24.39	A+ /9.9	81.60 /99	41.72 /99	--	B- / 7.0	99	3
FO	Nationwide China Opport Instl-Svc	GOPSX	A+	(888) 366-0404	24.44	A+ /9.9	82.03 /99	42.01 /99	--	B- / 7.0	99	3
FO	Nationwide China Opport Inst	GOPIX	A+	(888) 366-0404	24.49	A+ /9.9	82.00 /99	42.11 /99	--	B- / 7.0	99	3
FO	DFA Pacific Rim Small Company	DFRSX	A+	(800) 984-9472	27.13	A+ /9.9	65.58 /99	36.72 /98	31.22 /99	C+ / 6.8	99	14
FO	Templeton China World Adv	TACWX	A+	(800) 321-8563	38.16	A+ /9.8	52.36 /99	31.71 /97	29.81 /98	B- / 7.7	98	N/A
FO	AllianceBern Greater China 97 Adv	GCHYX	A+	(800) 221-5672	25.13	A+ /9.8	62.37 /99	34.27 /97	27.70 /97	C+ / 6.4	97	2
FO	Templeton China World A	TCWAX	A+	(800) 342-5236	37.95	A+ /9.7	51.86 /99	31.25 /96	29.35 /98	B- / 7.7	98	N/A
FO ●	Templeton China World B	TCWBX	A+	(800) 342-5236	37.67	A+ /9.7	50.77 /99	30.41 /96	28.50 /98	B- / 7.7	98	N/A
FO	Templeton China World C	TCWCX	A+	(800) 342-5236	37.52	A+ /9.7	50.80 /99	30.45 /96	28.51 /98	B- / 7.7	98	N/A
FO	Allianz NFJ Intl Value A	AFJAX	A+	(800) 426-0107	26.52	A+ /9.7	41.28 /97	31.85 /97	--	B- / 7.7	86	N/A
FO	Allianz NFJ Intl Value C	AFJCX	A+	(800) 426-0107	26.34	A+ /9.7	40.19 /97	30.90 /96	--	B- / 7.7	82	N/A
FO	Allianz NFJ Intl Value D	AFJDX	A+	(800) 426-0107	26.55	A+ /9.7	41.30 /97	31.84 /97	--	B- / 7.7	86	N/A
FO	China U.S. Growth Fund (The)	CHUSX	A+	(800) 544-4774	18.87	A+ /9.7	43.06 /97	30.70 /96	--	B- / 7.0	92	N/A
FO	Nationwide Intl Growth Inst	GIGIX	A+	(888) 366-0404	16.16	A+ /9.6	37.95 /96	31.50 /96	21.35 /93	B- / 7.6	85	N/A
FO	Wells Fargo Avtg Asia Pac Inv	SASPX	A+	(800) 222-8222	14.61	A+ /9.6	32.64 /95	28.67 /95	23.75 /95	B- / 7.4	74	N/A
FO	Pacific Capital New Asia Gr C	PCNCX	A+	(800) 258-9232	20.36	A+ /9.6	44.36 /98	28.13 /95	--	B- / 7.2	90	3
FO	Fidelity Canada Fund	FICDX	A+	(800) 544-8888	58.42	A+ /9.6	31.71 /94	29.37 /96	24.92 /96	B- / 7.2	94	5
FO	Franklin Intl Smaller Co Grw Adv	FKSCX	A+	(800) 321-8563	30.97	A+ /9.6	22.00 /72	31.31 /96	--	B- / 7.1	89	N/A
FO	ICON Intl Equity Fd I	IIQIX	A+	(800) 764-0442	18.55	A+ /9.6	32.11 /94	28.22 /95	--	B- / 7.0	44	2
FO	Rochdale Atlas Portfolio	RIMAX	A+	(800) 245-9888	67.33	A+ /9.6	39.86 /97	31.00 /96	22.95 /95	B- / 7.0	63	21
FO	Columbia Acorn Intl 529 B		A+	(800) 426-3750	32.10	A+ /9.6	33.20 /95	29.10 /95	--	C+ / 6.9	73	4
FO	Columbia Acorn Intl 529 C		A+	(800) 426-3750	32.14	A+ /9.6	33.31 /95	29.12 /95	--	C+ / 6.9	73	4
FO	Columbia Acorn Intl 529 Z		A+	(800) 426-3750	33.48	A+ /9.6	34.51 /96	30.43 /96	--	C+ / 6.9	83	4
FO	JPMorgan Intrepid Euro Inst	JFEIX	A+	(800) 358-4782	33.01	A+ /9.6	35.11 /96	30.77 /96	23.06 /95	C+ / 6.6	94	7
FO	JPMorgan Intrepid Euro Sel	JFESX	A+	(800) 358-4782	32.60	A+ /9.6	34.90 /96	30.49 /96	22.67 /95	C+ / 6.6	93	7
FO	AllianceBern CBF Intl Value R		A+	(800) 221-5672	30.56	A /9.5	30.54 /93	27.74 /95	22.61 /94	B / 8.4	87	N/A
FO	AllianceBern CBF Intl Value RA		A+	(800) 221-5672	30.19	A /9.5	30.24 /93	27.52 /95	22.31 /94	B / 8.4	86	N/A
FO	AIM International Growth Inst	AIEVX	A+	(800) 347-4246	34.04	A /9.5	33.03 /95	26.20 /94	18.62 /89	B / 8.1	74	12
FO	GMO International Small Co III	GMISX	A+		12.97	A /9.5	32.83 /95	27.45 /95	27.34 /97	B- / 7.8	60	N/A
FO	JPMorgan Intl Value Inst	JNUSX	A+	(800) 358-4782	19.89	A /9.5	30.79 /93	27.60 /95	20.95 /93	B- / 7.7	92	6
FO	Mutual European Z	MEURX	A+	(800) 321-8563	28.67	A /9.5	36.14 /96	26.30 /94	19.70 /91	B- / 7.6	98	3
FO	Mutual European C	TEURX	A+	(800) 342-5236	28.07	A /9.5	34.89 /96	25.07 /93	18.53 /89	B- / 7.6	97	3
FO ●	Mutual European B	TEUBX	A+	(800) 342-5236	27.47	A /9.5	34.84 /96	25.08 /93	18.52 /89	B- / 7.6	96	3
FO	Thornburg Intl Value I	TGVIX	A+	(800) 847-0200	33.47	A /9.5	32.83 /95	25.50 /94	20.19 /92	B- / 7.2	84	N/A
FO	Thornburg Intl Value R3	TGVRX	A+	(800) 847-0200	32.93	A /9.5	32.08 /94	24.88 /93	--	B- / 7.1	80	N/A
FO	Fidelity China Region Fund	FHKCX	A+	(800) 544-8888	28.01	A /9.5	35.88 /96	25.55 /94	19.40 /91	B- / 7.0	94	N/A
FO	ICON Intl Equity Fd C	IIQCX	A+	(800) 764-0442	17.68	A /9.5	30.86 /93	26.41 /94	--	C+ / 6.9	29	2
FO	Columbia Acorn Intl 529 A		A+	(800) 426-3750	33.09	A /9.5	34.18 /96	30.03 /96	--	C+ / 6.9	80	4
FO	AIM European Growth A	AEDAX	A+	(800) 347-4246	46.03	A /9.5	33.93 /95	29.09 /95	23.54 /95	C+ / 6.9	88	10
FO	DFA Tax Managed Intl Value	DTMIX	A+	(800) 984-9472	22.00	A /9.5	34.63 /96	26.98 /95	22.98 /95	C+ / 6.9	85	N/A
FO ●	AIM European Growth Inv	EGINX	A+	(800) 347-4246	45.96	A /9.5	33.95 /95	29.16 /95	23.59 /95	C+ / 6.8	88	10
FO	AIM European Growth B	AEDBX	A+	(800) 347-4246	43.40	A /9.5	32.98 /95	28.17 /95	22.70 /95	C+ / 6.8	83	10
FO	AIM European Growth C	AEDCX	A+	(800) 347-4246	43.42	A /9.5	32.96 /95	28.17 /95	22.69 /95	C+ / 6.8	83	10
FO	DFA International Small Cap Value	DISVX	A+	(800) 984-9472	23.71	A /9.5	33.45 /95	28.78 /95	29.61 /98	C+ / 6.8	93	N/A
FO	AllianceBern CBF Intl Value A		A+	(800) 221-5672	30.17	A /9.4	30.21 /93	27.49 /95	22.31 /94	B / 8.4	86	N/A
FO	AllianceBern CBF Intl Value B		A+	(800) 221-5672	28.95	A /9.4	29.24 /92	26.53 /94	21.40 /93	B / 8.4	81	N/A
FO	AllianceBern CBF Intl Value C		A+	(800) 221-5672	28.93	A /9.4	29.21 /91	26.50 /94	21.38 /93	B / 8.4	81	N/A
FO	Allianz NACM International D	PNIDX	A+	(800) 426-0107	26.05	A /9.4	24.90 /83	27.50 /95	22.27 /94	B / 8.2	81	1
FO	Putnam Europe Equity Y		A+	(800) 354-2228	33.52	A /9.4	34.01 /95	24.94 /93	16.89 /85	B- / 7.9	75	1
FO ●	William Blair Instl Intl Gr	WBIIX	A+	(800) 742-7272	21.69	A /9.4	30.26 /93	24.81 /93	--	B- / 7.8	43	5
FO ●	MFS Intl New Discovery R5	MIDJX	A+	(800) 343-2829	30.50	A /9.4	31.50 /94	25.28 /94	22.75 /95	B- / 7.7	49	N/A
FO ●	MFS Intl New Discovery R4	MIDHX	A+	(800) 343-2829	30.41	A /9.4	31.10 /93	25.01 /94	22.60 /94	B- / 7.7	45	N/A

● Denotes fund is closed to new investors

Data as of June 30, 2007

VIII. Top-Rated Stock Mutual Funds: Global

Summer 2007

99 Pct = Best
0 Pct = Worst

Fund Type	Fund Name	Ticker Symbol	Overall Investment Rating	Phone	Net Asset Value As of 6/30/07	PERFORMANCE Performance Rating/Pts	Annualized Total Return Through 6/30/07 1Yr / Pct	3Yr / Pct	5Yr / Pct	RISK Risk Rating/Pts	FUND MGR Mgr. Quality Pct	Mgr. Tenure (Years)
GL	BlackRock Global Growth Inst	MAGGX	A+	(888) 825-2257	16.60	A /9.4	34.29 /96	23.92 /92	16.69 /84	B- /7.4	33	N/A
GL	Nationwide Worldwd Leaders Inst	GWLIX	A+	(888) 366-0404	14.01	A /9.3	30.71 /93	25.20 /93	17.11 /85	B /8.1	72	N/A
GL	BlackRock Global Growth Inv A	MDGGX	A+	(888) 825-2257	16.39	A /9.3	33.91 /95	23.62 /92	16.40 /83	B- /7.4	31	N/A
GL	BlackRock Global Growth Inv B	MBGGX	A+	(888) 825-2257	15.64	A /9.3	32.88 /95	22.66 /90	15.50 /79	B- /7.3	24	N/A
GL	BlackRock Global Growth Inv C	MCGGX	A+	(888) 825-2257	15.63	A /9.3	32.91 /95	22.66 /90	15.47 /79	B- /7.3	24	N/A
GL	Kinetics Small Cap Opport NL	KSCOX	A+	(800) 930-3828	31.09	A /9.3	34.41 /96	23.76 /92	19.18 /90	B- /7.1	92	N/A
GL	Mutual Discovery Z	MDISX	A+	(800) 321-8563	34.34	A- /9.2	28.65 /91	22.69 /90	17.98 /88	B /8.2	95	2
GL	Principal Inv Prt Intl Inst	PINIX	A+	(800) 247-4123	17.19	A- /9.1	28.41 /90	22.36 /90	--	B /8.2	39	4
GL	Principal Inv Prt Intl Pfd	PTPPX	A+	(800) 247-4123	17.13	A- /9.1	28.01 /90	22.02 /89	--	B /8.2	36	3
GL	Mutual Discovery R	TEDRX	A+	(800) 342-5236	33.68	A- /9.1	27.97 /90	22.08 /89	17.39 /86	B /8.2	94	2
GL	Templeton Global Opportunities C	TEGPX	A+	(800) 342-5236	22.52	A- /9.1	31.25 /94	20.95 /87	15.81 /80	B- /7.7	43	N/A
GL	● Templeton Global Opportunities B		A+	(800) 342-5236	22.60	A- /9.1	31.19 /94	20.96 /87	15.82 /80	B- /7.7	43	N/A
GL	Vanguard Global Equity Fund	VHGEX	A+	(800) 662-7447	25.92	A- /9.1	28.21 /90	21.83 /89	19.19 /90	B- /7.4	48	12
GL	American Funds Cap Wld Gr&Inc F	CWGFX	A+	(800) 421-4120	46.06	A- /9.1	27.99 /90	21.78 /88	19.36 /91	B- /7.4	77	N/A
GL	American Funds Cap Wld Gr&Inc	CWIFX	A+	(800) 421-4120	46.07	A- /9.1	28.17 /90	21.88 /89	19.38 /91	B- /7.4	78	N/A
GL	American Funds Cap Wld Gr&Inc	RWIFX	A+	(800) 421-4120	46.14	A- /9.1	28.30 /90	22.11 /89	19.71 /91	B- /7.4	80	N/A
GL	American Funds Cap Wld Gr&Inc	RWIEX	A+	(800) 421-4120	46.06	A- /9.1	27.92 /90	21.73 /88	19.34 /91	B- /7.4	77	N/A
GL	Kinetics Small Cap Opport A	KSOAX	A+	(800) 930-3828	30.81	A- /9.1	33.97 /95	23.38 /92	18.88 /90	B- /7.1	91	N/A
GL	Principal Inv Prt Intl AdvPfd	PRPPX	A+	(800) 247-4123	17.07	A- /9.0	27.64 /89	21.63 /88	--	B /8.2	32	3
GL	Principal Inv Prt Intl Sel	PUPPX	A+	(800) 247-4123	17.12	A- /9.0	27.87 /89	21.89 /89	--	B /8.2	34	3
GL	Mutual Discovery C	TEDSX	A+	(800) 342-5236	33.61	A- /9.0	27.39 /89	21.47 /88	16.82 /84	B /8.2	93	2
GL	● Mutual Discovery B	TEDBX	A+	(800) 342-5236	33.19	A- /9.0	27.39 /89	21.49 /88	16.82 /84	B /8.2	93	2
GL	Templeton Global Opportunities A	TEGOX	A+	(800) 342-5236	22.92	A- /9.0	32.19 /94	21.86 /89	16.69 /84	B- /7.7	54	N/A
GL	American Funds Cap Wld Gr&Inc	CWIEX	A+	(800) 421-4120	46.01	A- /9.0	27.56 /89	21.35 /88	18.94 /90	B- /7.4	73	N/A
GL	American Funds Cap Wld Gr&Inc	RWICX	A+	(800) 421-4120	45.94	A- /9.0	27.53 /89	21.36 /88	18.94 /90	B- /7.4	74	N/A
GL	Principal Inv Prt Intl AdvSel	PSPPX	A+	(800) 247-4123	17.05	B+ /8.9	27.36 /89	21.43 /88	--	B /8.2	30	3
GL	Mutual Discovery A	TEDIX	A+	(800) 342-5236	33.95	B+ /8.9	28.27 /90	22.29 /90	17.59 /87	B /8.2	94	2
GL	American Funds Cap Wld Gr&Inc B	CWGBX	A+	(800) 421-4120	45.92	B+ /8.9	27.00 /88	20.88 /86	18.51 /89	B- /7.4	69	N/A
GL	American Funds Cap Wld Gr&Inc C	CWGCX	A+	(800) 421-4120	45.78	B+ /8.9	26.96 /88	20.83 /86	18.44 /89	B- /7.4	69	N/A
GL	American Funds Cap Wld Gr&Inc	CWIBX	A+	(800) 421-4120	45.94	B+ /8.9	26.90 /88	20.72 /86	18.32 /89	B- /7.4	67	N/A
GL	American Funds Cap Wld Gr&Inc	CWICX	A+	(800) 421-4120	45.93	B+ /8.9	26.89 /88	20.73 /86	18.34 /89	B- /7.4	67	N/A
GL	American Funds Cap Wld Gr&Inc	RWIBX	A+	(800) 421-4120	45.78	B+ /8.9	26.95 /88	20.81 /86	18.44 /89	B- /7.4	68	N/A
GL	American Funds Cap Wld Gr&Inc	RWIAX	A+	(800) 421-4120	45.88	B+ /8.9	26.91 /88	20.76 /86	18.42 /89	B- /7.4	68	N/A
GL	Atlantic Whitehall Mult-Cp Glb Inst	AWGVX	A+	(800) 994-2533	14.99	B+ /8.8	32.96 /95	18.66 /82	--	B /8.3	48	3
GL	American Funds Cap Wld Gr&Inc A	CWGIX	A+	(800) 421-4120	46.13	B+ /8.8	28.03 /90	21.83 /89	19.43 /91	B- /7.4	77	14
GL	American Funds Cap Wld Gr&Inc	CWIAX	A+	(800) 421-4120	46.05	B+ /8.8	27.95 /90	21.75 /88	19.34 /91	B- /7.4	77	N/A
GL	RVS Global Equity Fund C		A+	(888) 791-3380	8.14	B+ /8.7	22.90 /77	20.27 /85	13.76 /68	B /8.9	28	4
GL	Legg Mason Prt Global Eq I	SMYIX	A+	(866) 811-7256	13.31	B+ /8.6	25.76 /85	19.79 /84	--	B /8.5	40	1
GL	AIM Trimark Fund Inst	ATKIX	A+	(800) 347-4246	16.68	B+ /8.5	32.16 /94	17.73 /80	--	B /8.3	39	3
GL	Wells Fargo Avtg Overseas I	WFIIX	A+	(800) 222-8222	13.55	B+ /8.5	26.21 /86	18.83 /83	14.49 /73	B- /7.8	25	N/A
GL	Legg Mason Prt Global Eq B	SILCX	A+	(866) 811-7256	12.74	B+ /8.3	24.56 /82	18.43 /81	13.56 /66	B /8.4	29	1
GL	ING Global Equity Dividend C	ICGEX	A+	(800) 334-3444	16.49	B /8.0	22.14 /73	18.82 /83	--	B+ /9.0	71	1
GL	ING Global Equity Dividend B	IBGEX	A+	(800) 334-3444	16.53	B /8.0	22.21 /74	18.87 /83	--	B+ /9.0	73	1
GL	ING Global Equity Dividend A	IAGEX	A+	(800) 334-3444	16.59	B /7.8	23.10 /77	19.72 /84	--	B+ /9.0	79	1
GL	MFS Global Equity Fund R5	MWELX	A+	(800) 343-2829	30.39	B /7.8	22.57 /75	17.16 /78	14.78 /75	B /8.4	53	N/A
GL	Van Kampen HEF 529 Glb Frnchs		A+	(800) 421-5666	20.46	B /7.7	22.81 /76	16.95 /77	--	B+ /9.3	85	N/A
GL	Universal Inst Global II	UGIIX	A+	(800) 869-6397	19.69	B /7.6	22.89 /77	16.70 /77	--	B /8.7	85	N/A
GL	AIM Global Value I	AWSIX	A+	(800) 347-4246	17.05	B- /7.4	19.07 /53	18.32 /81	16.05 /81	B /8.8	79	2
GL	Van Kampen HEF 529 Glb Frnchs		A+	(800) 421-5666	19.33	B- /7.0	21.50 /70	15.70 /72	--	B+ /9.3	76	N/A
GL	Van Kampen HEF 529 Glb Frnchs		A+	(800) 421-5666	20.66	B- /7.0	21.46 /70	15.70 /72	--	B+ /9.3	76	N/A
GL	US Global Inv China Region	USCOX	A	(800) 873-8637	12.55	A+ /9.7	46.51 /98	31.67 /97	25.22 /96	C+ /6.1	73	N/A
GL	Putnam College Adv Intl Cap Opp		A	(800) 354-2228	27.63	A+ /9.6	34.71 /96	28.94 /95	21.77 /94	C+ /6.2	70	N/A

● Denotes fund is closed to new investors

VIII. Top-Rated Stock Mutual Funds: Growth

Summer 2007

99 Pct = Best
0 Pct = Worst

Fund Type	Fund Name	Ticker Symbol	Overall Investment Rating	Phone	Net Asset Value As of 6/30/07	Performance Rating/Pts	1Yr / Pct	3Yr / Pct	5Yr / Pct	Risk Rating/Pts	Mgr. Quality Pct	Mgr. Tenure (Years)
GR	ING Janus Contrarian Port S	IJCSX	A+	(800) 334-3444	17.29	A /9.4	36.65 /96	23.45 /92	19.43 /91	B- /7.5	97	7
GR	ING Janus Contrarian Port S2	IJCTX	A+	(800) 334-3444	17.18	A /9.4	36.43 /96	23.26 /91	--	B- /7.5	97	5
GR	Oppenheimer Select Value Y	OSVYX	A+	(800) 525-7048	21.36	A- /9.0	34.60 /96	19.25 /83	--	B /8.5	96	3
GR	Columbia Acorn Select 529 Z		A+	(800) 426-3750	21.73	A- /9.0	31.86 /94	19.23 /83	--	B- /7.8	95	4
GR	Columbia Acorn Select NY 529 Z		A+	(800) 426-3750	18.36	A- /9.0	32.18 /94	19.31 /84	--	B- /7.8	96	4
GR	Oppenheimer Select Value N	OSVNX	A+	(800) 525-7048	21.05	B+ /8.8	33.66 /95	18.49 /82	--	B /8.5	95	3
GR	Columbia Acorn Select 529 B		A+	(800) 426-3750	20.84	B+ /8.8	30.90 /93	18.14 /81	--	B- /7.8	93	4
GR	Columbia Acorn Select 529 C		A+	(800) 426-3750	20.90	B+ /8.8	30.95 /93	18.16 /81	--	B- /7.8	93	4
GR	Columbia Acorn Select NY 529 B		A+	(800) 426-3750	17.73	B+ /8.8	30.85 /93	18.11 /81	--	B- /7.8	93	4
GR	Columbia Acorn Select NY 529 C		A+	(800) 426-3750	17.74	B+ /8.8	30.83 /93	18.14 /81	--	B- /7.8	93	4
GR	Oppenheimer Select Value C	OSCVX	A+	(800) 525-7048	20.76	B+ /8.7	33.02 /95	17.86 /80	--	B /8.5	94	3
GR	Oppenheimer Select Value B	OSVBX	A+	(800) 525-7048	20.72	B+ /8.7	32.92 /95	17.78 /80	--	B /8.5	94	3
GR	Columbia Acorn Select 529 A		A+	(800) 426-3750	21.51	B+ /8.7	31.96 /94	19.04 /83	--	B- /7.8	95	4
GR	Columbia Acorn Select NY 529 A		A+	(800) 426-3750	18.21	B+ /8.7	31.77 /94	18.99 /83	--	B- /7.8	95	4
GR	Oppenheimer Select Value A	OSVAX	A+	(800) 525-7048	21.22	B+ /8.6	34.04 /96	18.88 /83	--	B /8.2	96	5
GR	Oppenheimer Value Y	CGRYX	A+	(800) 525-7048	29.94	B+ /8.4	28.20 /90	16.73 /77	15.40 /78	B /8.3	94	7
GR	RVS Equity Value R4	AEVYX	A+	(888) 791-3380	14.62	B+ /8.3	22.75 /76	18.21 /81	13.76 /68	B /8.6	95	7
GR	Croft-Leominster Value	CLVFX	A+	(800) 551-0990	25.58	B+ /8.3	23.92 /80	17.68 /80	14.37 /72	B /8.1	96	12
GR	MainStay ICAP Select Equity Fd I	ICSLX	A+	(800) 624-6782	45.33	B /8.1	24.51 /82	16.85 /77	15.04 /76	B /8.4	94	N/A
GR	Oppenheimer Value N	CGRNX	A+	(800) 525-7048	28.76	B /8.1	27.19 /88	15.90 /73	14.63 /74	B /8.3	91	6
GR	Allianz NFJ Large Cap Value Inst	ANVIX	A+	(800) 426-0107	20.81	B /8.0	21.52 /70	17.66 /80	13.93 /69	B+ /9.0	96	N/A
GR	RVS Equity Value C		A+	(888) 791-3380	14.51	B /8.0	21.64 /71	17.11 /78	12.68 /59	B /8.7	92	7
GR	Oppenheimer Value C	CGRCX	A+	(800) 525-7048	28.13	B /8.0	26.75 /87	15.42 /71	14.13 /71	B /8.4	89	7
GR	Oppenheimer Value B	CGRBX	A+	(800) 525-7048	28.54	B /7.9	26.68 /87	15.31 /70	14.06 /70	B /8.4	89	7
GR	Allianz NFJ Large Cap Value D	PNBDX	A+	(800) 426-0107	20.72	B /7.8	21.08 /67	17.14 /78	13.42 /65	B+ /9.0	95	N/A
GR	Old Mutual Focused Fd Z	OBFVX	A+	(888) 744-5050	25.89	B /7.8	27.28 /88	15.29 /70	12.34 /56	B /8.9	87	8
GR	DFA U.S Large Cap Value I	DFLVX	A+	(800) 984-9472	27.37	B /7.8	21.08 /67	17.27 /78	14.35 /72	B /8.5	91	14
GR	AllianceBern CBF Sm/Mid Cap Val		A+	(800) 221-5672	21.33	B /7.8	21.96 /72	15.96 /74	16.01 /81	B /8.4	84	N/A
GR	Mutual Recovery Adv	FMRVX	A+	(800) 321-8563	15.47	B /7.7	23.92 /80	16.22 /75	--	B /8.8	97	4
GR	JPMorgan Intrepid Value Sel	JPIVX	A+	(800) 358-4782	29.26	B /7.7	20.60 /64	17.76 /80	--	B /8.6	95	4
GR	Vanguard Windsor-II Inv	VWNFX	A+	(800) 662-7447	37.67	B /7.6	24.14 /81	15.33 /70	13.29 /64	B /8.7	93	22
GR	Vanguard Windsor-II Adm	VWNAX	A+	(800) 662-7447	66.86	B /7.6	24.28 /81	15.46 /71	13.41 /65	B /8.6	93	6
GR	MFS Value Fund R5	MEIJX	A+	(800) 343-2829	28.79	B- /7.4	23.35 /78	15.76 /73	12.35 /57	B+ /9.4	94	5
GR	JPMorgan Intrepid Value C	JIVCX	A+	(800) 358-4782	29.05	B- /7.4	19.72 /58	17.06 /78	--	B+ /9.0	94	3
GR	Allianz NFJ Large Cap Value B	PNBBX	A+	(800) 426-0107	20.56	B- /7.4	20.16 /61	16.28 /75	12.57 /58	B+ /9.0	94	N/A
GR	Allianz NFJ Large Cap Value C	PNBCX	A+	(800) 426-0107	20.56	B- /7.4	20.17 /61	16.28 /75	12.57 /58	B+ /9.0	94	N/A
GR	Delaware Value I	DDVIX	A+	(800) 362-3863	14.37	B- /7.4	24.15 /81	15.51 /71	12.25 /56	B /8.8	91	3
GR	MFS Value Fund R4	MEIHX	A+	(800) 343-2829	28.74	B- /7.3	23.02 /77	15.50 /71	12.20 /55	B+ /9.4	94	5
GR	USAA Value Fund	UVALX	A+	(800) 382-8722	16.18	B- /7.3	21.30 /69	15.68 /72	12.46 /57	B+ /9.0	91	N/A
GR	Pioneer Cullen Value Fund Y	CVFYX	A+	(800) 225-6292	21.30	B- /7.3	17.47 /41	17.15 /78	13.66 /67	B /8.9	96	2
GR	JPMorgan Large Cap Value Ultra	JLVUX	A+	(800) 358-4782	18.39	B- /7.2	24.14 /81	14.77 /67	11.72 /51	B+ /9.1	87	2
GR	Fidelity Adv Leveraged Co Stk I	FLVIX	A	(800) 522-7297	39.93	A /9.4	28.68 /91	23.85 /92	36.51 /99	C+ /6.7	98	4
GR	Fidelity Adv Leveraged Co Stk A	FLSAX	A	(800) 522-7297	39.56	A /9.3	28.33 /90	23.47 /92	36.11 /99	C+ /6.7	98	4
GR	Fidelity Adv Leveraged Co Stk C	FLSCX	A	(800) 522-7297	38.15	A /9.3	27.36 /89	22.59 /90	35.12 /99	C+ /6.6	97	4
GR	Fidelity Adv Leveraged Co Stk B	FLCBX	A	(800) 522-7297	38.16	A /9.3	27.27 /88	22.48 /90	35.15 /99	C+ /6.6	97	4
GR	Fidelity Adv Leveraged Co Stk T	FLSTX	A	(800) 522-7297	38.98	A /9.3	28.00 /90	23.14 /91	35.72 /99	C+ /6.6	98	4
GR	Thornburg Core Growth Fd R3	THCRX	A	(800) 847-0200	19.80	A- /9.1	26.11 /86	23.11 /91	--	B- /7.0	98	4
GR	Thornburg Core Growth Fd I	THIGX	A	(800) 847-0200	20.16	A- /9.1	26.79 /87	23.69 /92	--	B- /7.0	98	4
GR	Thornburg Core Growth Fd C	TCGCX	A	(800) 847-0200	18.70	B+ /8.9	25.34 /84	22.11 /89	21.76 /94	C+ /6.9	97	7
GR	Thornburg Core Growth Fd A	THCGX	A	(800) 847-0200	19.77	B+ /8.8	26.33 /86	23.05 /91	22.83 /95	B- /7.0	97	7
GR	Heartland Select Value Fd	HRSVX	A	(888) 505-5180	31.86	B+ /8.6	24.26 /81	18.85 /83	16.08 /81	B- /7.4	95	N/A
GR	Fidelity Adv Value I	FVIFX	A	(800) 522-7297	16.69	B /8.0	23.36 /78	17.08 /78	--	B- /8.0	90	4

● Denotes fund is closed to new investors

Data as of June 30, 2007

www.thestreet.com/ratings

VIII. Top-Rated Stock Mutual Funds: Growth and Income

Summer 2007

99 Pct = Best
0 Pct = Worst

Fund Type	Fund Name	Ticker Symbol	Overall Investment Rating	Phone	Net Asset Value As of 6/30/07	Performance Rating/Pts	1Yr / Pct	3Yr / Pct	5Yr / Pct	Risk Rating/Pts	Mgr. Quality Pct	Mgr. Tenure (Years)
GI	Managers First Quad	MFQTX	A+	(800) 835-3879	16.16	B+ /8.5	24.31 /81	18.83 /83	13.63 /67	B /8.4	94	7
GI	Mutual Qualified Z	MQIFX	A+	(800) 321-8563	24.44	B+ /8.5	25.48 /84	18.96 /83	15.28 /78	B /8.2	98	7
GI	Old Mutual Analytic U.S. Lng/Sh Z	OBDEX	A+	(888) 744-5050	15.28	B+ /8.3	31.11 /93	16.04 /74	12.18 /55	B /8.4	88	4
GI	Loomis Sayles Value Y	LSGIX	A+	(800) 225-5478	23.51	B+ /8.3	25.19 /83	18.62 /82	14.68 /74	B /8.4	97	7
GI	Mutual Qualified C	TEMQX	A+	(800) 342-5236	24.00	B /8.2	24.21 /81	17.78 /80	14.14 /71	B /8.3	97	7
GI	● Mutual Qualified B	TEBQX	A+	(800) 342-5236	23.71	B /8.2	24.24 /81	17.78 /80	14.14 /71	B /8.3	97	7
GI	Thornburg Value Fund Inst	TVIFX	A+	(800) 847-0200	43.62	B /8.0	27.24 /88	16.78 /77	13.61 /67	B /8.3	91	12
GI	Thornburg Value Fund R3	TVRFX	A+	(800) 847-0200	42.79	B /8.0	26.69 /87	16.31 /75	--	B /8.2	90	12
GI	Mutual Qualified A	TEQIX	A+	(800) 342-5236	24.27	B /8.0	25.07 /83	18.55 /82	14.90 /75	B /8.2	98	7
GI	Old Mutual Analytic U.S. Lng/Sh C	OCDEX	A+	(888) 744-5050	15.02	B /7.9	29.93 /92	14.91 /68	11.03 /44	B /8.4	83	4
GI	Eaton Vance Large Cap Value I	EILVX	A+	(800) 225-6265	22.45	B /7.8	21.81 /71	17.19 /78	12.94 /61	B+ /9.0	95	3
GI	Thomas Lloyd OPTI-flex C	OPTIX	A+		9.67	B /7.8	20.57 /64	17.11 /78	14.72 /74	B /8.5	89	5
GI	T. Rowe Price Value Fd	TRVLX	A+	(800) 638-5660	29.68	B /7.7	24.68 /82	15.36 /71	13.35 /65	B /8.8	90	N/A
GI	Mutual Shares Z	MUTHX	A+	(800) 321-8563	28.49	B /7.7	22.92 /77	16.37 /76	13.76 /68	B /8.5	96	14
GI	Eaton Vance Large Cap Value R	ERSTX	A+	(800) 225-6265	22.45	B /7.6	21.21 /68	16.79 /77	12.67 /59	B+ /9.0	95	3
GI	T. Rowe Price Value Adv	PAVLX	A+	(800) 638-5660	29.45	B /7.6	24.46 /82	15.19 /70	13.22 /64	B /8.8	89	N/A
GI	Aston Value Fund Class N	RVALX	A+	(800) 443-4725	15.09	B- /7.4	23.60 /79	15.72 /72	12.42 /57	B /8.8	94	N/A
GI	JPMorgan Value Opportunity Inst	JVOIX	A+	(800) 358-4782	21.36	B- /7.3	23.75 /80	15.07 /69	13.90 /69	B+ /9.1	88	3
GI	Columbia Dividend Income Fund Z	GSFTX	A+	(800) 426-3750	15.11	B- /7.3	24.46 /82	15.34 /70	11.31 /47	B /8.9	94	27
GI	Fidelity Value Discovery Fund	FVDFX	A	(800) 544-8888	19.44	B+ /8.3	21.35 /69	18.66 /82	--	B- /7.8	94	5
GI	ING Corp Leaders Trust Fd B	LEXCX	A	(800) 334-3444	22.71	B /8.2	23.45 /79	17.89 /80	13.52 /66	B- /7.9	96	N/A
GI	Heritage Growth and Income Trust	HIGCX	A	(800) 421-4184	15.87	B /7.9	24.91 /83	15.96 /74	12.49 /57	B /8.1	94	6
GI	Heritage Growth and Income Trust	HRCVX	A	(800) 421-4184	16.26	B /7.7	25.82 /85	16.83 /77	13.33 /64	B /8.2	96	6
GI	Old Mutual Analytic U.S. Lng/Sh A	OADEX	A	(888) 744-5050	15.23	B /7.7	30.82 /93	15.75 /73	11.85 /52	B /8.1	87	4
GI	Thornburg Value Fund C	TVCFX	A	(800) 847-0200	41.70	B /7.6	25.84 /85	15.47 /71	12.28 /56	B /8.2	86	12
GI	Thornburg Value Fund B	TVBFX	A	(800) 847-0200	41.25	B /7.6	25.78 /85	15.43 /71	12.22 /56	B /8.2	86	12
GI	Waddell & Reed Adv Div Inc Y	WDVYX	A	(888) 923-3355	16.79	B- /7.4	17.25 /40	16.63 /76	--	B /8.6	95	4
GI	Hartford Dividend & Growth Y	HDGYX	A	(800) 523-7798	22.91	B- /7.4	24.12 /81	14.92 /68	12.10 /55	B /8.6	88	6
GI	Mutual Shares R	TESRX	A	(800) 342-5236	28.09	B- /7.4	22.33 /74	15.79 /73	13.19 /63	B /8.5	95	14
GI	Eaton Vance Large Cap Value C	ECSTX	A	(800) 225-6265	22.45	B- /7.3	20.61 /64	16.20 /75	12.01 /54	B /8.7	94	7
GI	Hartford Value Fd Y	HVFYX	A	(800) 523-7798	13.60	B- /7.2	22.69 /76	15.11 /69	11.43 /48	B /8.8	90	6
GI	Ivy Fund-Dividend Income Y	IVDYX	A	(800) 777-6472	16.74	B- /7.2	16.85 /37	16.07 /74	--	B /8.6	93	4
GI	T. Rowe Price Instl Lrg Cap Val	TILCX	A	(800) 638-5660	16.12	B- /7.1	23.24 /78	14.70 /67	13.19 /63	B /8.8	89	N/A
GI	● Dodge & Cox Stock Fund	DODGX	A	(800) 621-3979	162.09	B- /7.1	19.74 /58	16.02 /74	14.80 /75	B /8.7	92	42
GI	Goldman Sachs Growth & Income	GSIIX	A	(800) 292-4726	31.73	B- /7.1	23.86 /80	15.05 /69	13.33 /64	B /8.6	92	11
GI	● Mutual Shares B	FMUBX	A	(800) 342-5236	27.57	B- /7.1	21.67 /71	15.21 /70	12.62 /59	B /8.6	94	14
GI	STI Classic Large Cap Val Equity I	STVTX	A	(888) 784-3863	16.13	B- /7.1	23.17 /78	14.62 /66	11.68 /50	B /8.6	89	14
GI	Sit Dividend Growth Fund Class I	SDVGX	A	(800) 332-5580	14.42	B- /7.0	21.48 /70	15.52 /72	--	B /8.8	93	4
GI	ING Van Kampen Gr and Inc S	IVGSX	A	(800) 334-3444	30.39	B- /7.0	21.15 /68	14.85 /68	12.24 /56	B /8.8	89	5
GI	American Funds Fundamentl Invs	CFNFX	A-	(800) 421-4120	44.14	B+ /8.3	21.91 /72	17.97 /80	14.40 /72	B- /7.3	95	29
GI	American Funds Fundamentl Invs	RFNFX	A-	(800) 421-4120	44.21	B+ /8.3	22.05 /73	18.20 /81	14.72 /74	B- /7.3	95	29
GI	Fidelity Value Fund	FDVLX	A-	(800) 544-8888	89.81	B /8.2	23.80 /80	17.74 /80	16.12 /82	B- /7.3	92	11
GI	American Funds Fundamentl Invs	AFIFX	A-	(800) 421-4120	44.18	B /8.2	21.76 /71	17.90 /80	14.40 /72	B- /7.3	95	6
GI	American Funds Fundamentl Invs	RFNEX	A-	(800) 421-4120	44.14	B /8.2	21.68 /71	17.85 /80	14.38 /72	B- /7.3	95	29
GI	American Funds Fundamentl Invs	CFNEX	A-	(800) 421-4120	44.14	B /8.1	21.29 /69	17.46 /79	13.98 /69	B- /7.3	94	29
GI	American Funds Fundamentl Invs	RFNCX	A-	(800) 421-4120	44.13	B /8.1	21.32 /69	17.47 /79	13.99 /70	B- /7.3	94	29
GI	Columbia Disciplined Value Fund Z	GEVTX	A-	(800) 426-3750	17.02	B /8.0	24.93 /83	17.21 /78	12.23 /56	B- /7.5	94	2
GI	Homestead Funds-Value Fund	HOVLX	A-	(800) 258-3030	39.30	B- /7.5	20.94 /66	16.21 /75	13.27 /64	B /8.1	95	17
GI	T. Rowe Price Spectrum Growth	PRSGX	A-	(800) 638-5660	22.29	B- /7.5	23.23 /78	15.44 /71	13.77 /68	B /8.0	82	N/A
GI	Thornburg Value Fund A	TVAFX	A-	(800) 847-0200	43.00	B- /7.4	26.79 /87	16.34 /75	13.13 /63	B /8.2	90	12
GI	Mutual Shares C	TEMTX	A-	(800) 342-5236	27.87	B- /7.1	21.69 /71	15.20 /70	12.63 /59	B /8.6	94	14
GI	Eaton Vance Large Cap Value A	EHSTX	A-	(800) 225-6265	22.45	B- /7.0	21.50 /70	17.05 /78	12.85 /61	B /8.7	95	7

● Denotes fund is closed to new investors

VIII. Top-Rated Stock Mutual Funds: Health

Summer 2007

99 Pct = Best
0 Pct = Worst

Fund Type	Fund Name	Ticker Symbol	Overall Investment Rating	Phone	Net Asset Value As of 6/30/07	Performance Rating/Pts	1Yr / Pct	3Yr / Pct	5Yr / Pct	Risk Rating/Pts	Mgr. Quality Pct	Mgr. Tenure (Years)
HL	Fidelity Select Medical Delivery	FSHCX	B-	(800) 544-8888	52.22	B+ /8.5	18.07 /46	21.38 /88	14.93 /76	C /5.2	98	2
HL	Schwab Health Care Focus	SWHFX	B-	(866) 855-9102	16.53	C+ /6.6	17.44 /41	15.40 /71	17.35 /86	B- /7.6	89	N/A
HL	● JennDry Jennison Health Sciences	PHSZX	C+	(800) 257-3893	22.32	C+ /6.9	19.25 /54	16.14 /74	20.53 /93	C+ /5.6	91	8
HL	● BlackRock Health Sci Opp Inst	SHSSX	C+	(888) 825-2257	28.41	C /5.3	17.34 /40	13.90 /61	20.70 /93	B- /7.1	74	2
HL	Fidelity Select Pharmaceuticals	FPHAX	C+	(800) 544-8888	11.70	C /5.1	18.73 /50	11.36 /39	9.01 /23	B- /7.3	45	1
HL	Kinetics Medical Fund NL	MEDRX	C+	(800) 930-3828	20.12	C /5.1	22.91 /77	10.92 /35	10.34 /37	B- /7.2	47	N/A
HL	● JennDry Jennison Health Sciences	PHLCX	C	(800) 257-3893	20.10	C+ /6.0	18.09 /46	14.94 /68	19.30 /90	C /5.5	85	8
HL	● JennDry Jennison Health Sciences	PHLBX	C	(800) 257-3893	20.11	C+ /6.0	18.09 /46	14.96 /68	19.31 /91	C /5.5	85	8
HL	● JennDry Jennison Health Sciences	PHLAX	C	(800) 257-3893	21.72	C+ /5.6	18.98 /52	15.81 /73	20.21 /92	C+ /5.6	89	8
HL	T. Rowe Price Health Sciences	PRHSX	C	(800) 638-5660	28.39	C /5.1	20.30 /62	12.11 /46	14.75 /74	C+ /6.4	43	7
HL	● BlackRock Health Sci Opp Svc	SHISX	C	(888) 825-2257	27.91	C /5.0	16.96 /38	13.65 /59	20.40 /92	B- /7.2	74	2
HL	Alger Fund-Health Sciences B	AHSBX	C	(800) 992-3863	17.63	C /4.8	18.28 /47	13.35 /57	16.98 /85	B- /7.1	71	N/A
HL	Alger Fund-Health Sciences C	AHSCX	C	(800) 992-3863	17.62	C /4.7	18.22 /47	13.33 /57	16.97 /85	B- /7.1	71	N/A
HL	● BlackRock Health Sci Opp Inv C	SHSCX	C	(888) 825-2257	26.48	C- /4.2	16.08 /32	12.76 /52	19.50 /91	B- /7.1	61	2
HL	Alger Fund-Health Sciences A	AHSAX	C	(800) 992-3863	18.36	C- /4.2	19.09 /53	14.16 /63	17.82 /87	B- /7.1	78	N/A
HL	● BlackRock Health Sci Opp Inv B	SHSPX	C	(888) 825-2257	26.50	C- /4.1	15.97 /32	12.69 /51	19.45 /91	B- /7.1	61	2
HL	● Vanguard Health Care Adm	VGHAX	C	(800) 662-7447	63.97	C- /3.5	14.48 /23	12.34 /49	12.27 /56	B- /7.7	86	6
HL	● BlackRock Health Sci Opp Inv A	SHSAX	C-	(888) 825-2257	27.84	C- /3.8	16.92 /38	13.56 /59	20.34 /92	B- /7.1	71	2
HL	Touchstone Hlth & Bio Fd A	THBCX	C-	(800) 638-8194	17.28	C- /3.7	21.18 /68	9.17 /22	13.12 /63	C+ /6.6	23	1
HL	Kinetics Medical Fund A	KRXAX	C-	(800) 930-3828	19.69	C- /3.5	22.59 /75	10.64 /33	9.94 /32	C+ /6.7	43	N/A
HL	● Vanguard Health Care Inv	VGHCX	C-	(800) 662-7447	151.52	C- /3.4	14.39 /23	12.24 /48	12.18 /55	B- /7.7	85	23
HL	Hartford Global Health Y	HGHYX	C-	(800) 523-7798	19.06	C- /3.1	14.47 /23	11.59 /42	13.30 /64	B- /7.5	67	N/A
HL	ING Evergreen Health Sciences S	IEHSX	C-	(800) 334-3444	12.78	D+ /2.9	15.91 /31	10.60 /32	--	B- /7.5	43	1
HL	Dreyfus Premier Health Care I	DHCRX	D+	(800) 782-6620	16.86	D+ /2.8	18.26 /47	8.21 /16	10.65 /40	B- /7.2	27	1
HL	Rydex Series-Health Care Inv	RYHIX	D+	(800) 820-0888	15.94	D /1.8	15.93 /31	7.93 /14	10.67 /40	B /8.0	25	N/A
HL	● AIM Global Health Care Inv	GTHIX	D+	(800) 347-4246	30.17	D /1.6	13.84 /20	8.80 /19	6.65 / 7	B /8.0	33	2
HL	Hartford Global Health R5	HGHTX	D	(800) 523-7798	19.03	C- /3.0	14.29 /22	11.53 /41	13.27 /64	C+ /5.9	66	N/A
HL	Hartford Global Health I	HGHIX	D	(800) 523-7798	18.31	D+ /2.9	14.44 /23	11.21 /38	12.84 /61	C+ /5.9	62	N/A
HL	Hartford Global Health R4	HGHSX	D	(800) 523-7798	19.00	D+ /2.9	14.11 /21	11.47 /40	13.23 /64	C+ /5.9	65	N/A
HL	Hartford Global Health R3	HGHRX	D	(800) 523-7798	18.96	D+ /2.8	13.87 /20	11.39 /40	13.18 /63	C+ /5.9	64	N/A
HL	Fidelity Adv Health Care I	FHCIX	D	(800) 522-7297	24.41	D+ /2.7	16.40 /34	10.39 /31	10.05 /33	C+ /6.4	58	1
HL	Evergreen Health Care Fund I	EHCYX	D	(800) 343-2898	22.28	D+ /2.6	14.96 /26	10.35 /31	14.28 /72	C+ /6.9	37	1
HL	Hartford Global Health B	HGHBX	D	(800) 523-7798	17.14	D /2.1	12.86 /16	10.18 /29	11.92 /53	B- /7.4	49	N/A
HL	Hartford Global Health C	HGHCX	D	(800) 523-7798	17.17	D /2.1	13.13 /17	10.22 /30	11.94 /53	B- /7.4	49	N/A
HL	● Dreyfus Premier Health Care B	DHCBX	D	(800) 782-6620	16.03	D /2.0	17.13 /39	7.04 / 9	9.59 /29	B- /7.1	19	1
HL	Dreyfus Premier Health Care C	DHCCX	D	(800) 782-6620	16.01	D /2.0	17.16 /39	7.02 / 9	9.56 /28	B- /7.1	19	1
HL	DWS Health Care Fund Inst	SUHIX	D	(800) 621-1048	27.07	D /1.9	17.16 /39	8.77 /19	11.64 /50	C+ /6.9	28	N/A
HL	Franklin Global Health Care C	FGIIX	D	(800) 342-5236	24.17	D /1.8	14.50 /23	8.22 /16	7.78 /13	B- /7.3	18	11
HL	● Franklin Global Health Care B	FGHBX	D	(800) 342-5236	24.41	D /1.8	14.49 /23	8.22 /16	7.79 /13	B- /7.3	19	8
HL	Hartford Global Health A	HGHAX	D	(800) 523-7798	18.22	D /1.8	13.88 /20	11.02 /36	12.72 /59	B- /7.1	60	N/A
HL	Dreyfus Premier Health Care A	DHCAX	D	(800) 782-6620	16.66	D /1.7	18.01 /45	7.90 /14	10.40 /37	B- /7.2	25	1
HL	Dreyfus Premier Health Care T	DHCTX	D	(800) 782-6620	16.28	D /1.6	17.66 /43	7.54 /12	9.91 /32	B- /7.2	23	1
HL	Rydex Series-Health Care Adv	RYHAX	D	(800) 820-0888	15.19	D- /1.5	15.34 /28	7.38 /11	10.12 /34	B- /7.9	21	N/A
HL	Franklin Global Health Care A	FKGHX	D	(800) 342-5236	25.85	D- /1.5	15.35 /28	9.03 /21	8.59 /19	B- /7.4	24	13
HL	AllianceBern Global Health Care	AHLDX	D	(800) 221-5672	15.20	D- /1.4	12.51 /15	8.47 /17	8.67 /20	B- /7.4	36	8
HL	Rydex Series-Health Care C	RYHCX	D	(800) 820-0888	14.93	D- /1.2	14.76 /25	6.79 / 8	9.49 /28	B- /7.9	18	N/A
HL	Nationwide Glbl Health Sci Inst	GGHIX	D	(888) 366-0404	12.09	D- /1.1	15.47 /29	6.69 / 8	10.58 /39	B- /7.8	17	1
HL	● TA IDEX Evergreen Health Care B	IRHBX	D-	(888) 233-4339	12.66	C- /3.1	15.70 /30	10.97 /35	12.96 /62	C /5.5	33	N/A
HL	● TA IDEX Evergreen Health Care C	IRHLX	D-	(888) 233-4339	12.59	D+ /2.9	15.41 /28	10.73 /34	--	C /5.4	31	N/A
HL	● TA IDEX Evergreen Health Care A	IRHAX	D-	(888) 233-4339	13.14	D+ /2.4	15.92 /31	11.52 /41	13.59 /66	C+ /5.6	39	N/A
HL	Janus Aspen Global Life Sci Svc		D-	(800) 525-3713	10.21	D+ /2.4	11.10 /11	10.34 /31	10.21 /35	C /5.2	38	3
HL	Evergreen Health Care Fund C	EHCCX	D-	(800) 343-2898	20.41	D /1.9	13.84 /20	9.26 /23	13.15 /63	C+ /6.8	27	1

● Denotes fund is closed to new investors

www.thestreet.com/ratings

Data as of June 30, 2007

VIII. Top-Rated Stock Mutual Funds: Income

Summer 2007

Fund Type	Fund Name	Ticker Symbol	Overall Investment Rating	Phone	Net Asset Value As of 6/30/07	Performance Rating/Pts	Annualized Total Return Through 6/30/07 1Yr / Pct	3Yr / Pct	5Yr / Pct	Risk Rating/Pts	Mgr. Quality Pct	Mgr. Tenure (Years)
IN	RVS Diversified Equity Income I	ADIIX	A+	(888) 791-3380	14.29	B+ /8.8	23.67 /79	20.20 /85	--	B /8.5	96	N/A
IN	Amana Mutual Fund-Income Fund	AMANX	A+	(800) 728-8762	30.62	B+ /8.6	21.86 /72	21.26 /87	15.90 /81	B- /7.8	98	17
IN	RVS Dividend Opportunity R4		A+	(888) 791-3380	9.67	B+ /8.3	26.75 /87	18.22 /81	11.44 /48	B+ /9.2	98	N/A
IN	● Allianz NFJ Dividend Value Inst	NFJEX	A+	(800) 426-0107	18.51	B+ /8.3	24.19 /81	18.42 /81	15.59 /79	B+ /9.0	97	N/A
IN	● Allianz NFJ Dividend Value Admin	ANDAX	A+	(800) 426-0107	18.55	B /8.2	23.91 /80	18.12 /81	15.29 /78	B+ /9.1	97	N/A
IN	● Allianz NFJ Dividend Value D	PEIDX	A+	(800) 426-0107	18.34	B /8.2	23.75 /80	17.92 /80	15.07 /77	B+ /9.0	97	N/A
IN	● Allianz NFJ Dividend Value R	PNERX	A+	(800) 426-0107	18.28	B /8.1	23.46 /79	17.65 /80	14.79 /75	B+ /9.0	96	N/A
IN	BB&T Equity Income C	BCEGX	A+	(800) 228-1872	14.68	B /8.1	22.30 /74	18.32 /81	--	B /8.9	98	7
IN	BB&T Equity Income B	BEIBX	A+	(800) 228-1872	14.69	B /8.1	22.26 /74	18.32 /81	--	B /8.9	98	7
IN	RVS Dividend Opportunity B	IUTBX	A+	(888) 791-3380	9.59	B /8.1	25.76 /85	17.19 /78	10.40 /37	B /8.9	97	N/A
IN	RVS Dividend Opportunity C	ACUIX	A+	(888) 791-3380	9.57	B /8.0	25.73 /85	17.17 /78	10.39 /37	B /8.9	97	N/A
IN	Excelsior Equity Opportunities Fd	UMECX	A+	(800) 446-1012	15.45	B /8.0	24.76 /82	16.50 /76	--	B /8.4	91	3
IN	BB&T Equity Income A	BAEIX	A+	(800) 228-1872	14.73	B /7.9	23.22 /78	19.20 /83	--	B /8.9	98	7
IN	American Funds Cap Inc Builder	RIRFX	A+	(800) 421-4120	64.99	B /7.8	23.87 /80	16.84 /77	13.89 /69	B+ /9.2	98	N/A
IN	● Allianz NFJ Dividend Value B	PNEBX	A+	(800) 426-0107	18.25	B /7.8	22.79 /76	17.03 /78	14.21 /71	B+ /9.1	96	N/A
IN	● Allianz NFJ Dividend Value C	PNECX	A+	(800) 426-0107	18.21	B /7.8	22.81 /76	17.04 /78	14.22 /71	B+ /9.0	96	N/A
IN	RVS Dividend Opportunity A	INUTX	A+	(888) 791-3380	9.65	B /7.8	26.66 /87	18.08 /81	11.21 /46	B /8.9	98	N/A
IN	American Funds Cap Inc Builder	CIRFX	A+	(800) 421-4120	64.99	B /7.7	23.77 /80	16.63 /76	13.58 /66	B+ /9.2	98	N/A
IN	American Funds Cap Inc Builder F	CIBFX	A+	(800) 421-4120	64.99	B /7.6	23.58 /79	16.54 /76	13.57 /66	B+ /9.2	98	N/A
IN	American Funds Cap Inc Builder	RIREX	A+	(800) 421-4120	64.99	B /7.6	23.51 /79	16.50 /76	13.55 /66	B+ /9.2	97	N/A
IN	● Allianz NFJ Dividend Value A	PNEAX	A+	(800) 426-0107	18.33	B /7.6	23.78 /80	17.94 /80	15.09 /77	B+ /9.0	97	N/A
IN	American Funds Cap Inc Builder	CIREX	A+	(800) 421-4120	64.99	B- /7.5	23.17 /78	16.15 /74	13.19 /63	B+ /9.2	97	N/A
IN	American Funds Cap Inc Builder	RIRCX	A+	(800) 421-4120	64.99	B- /7.5	23.16 /78	16.15 /74	13.18 /63	B+ /9.2	97	N/A
IN	American Funds Cap Inc Builder B	CIBBX	A+	(800) 421-4120	64.99	B- /7.3	22.69 /76	15.72 /72	12.79 /60	B+ /9.2	97	N/A
IN	American Funds Cap Inc Builder C	CIBCX	A+	(800) 421-4120	64.99	B- /7.2	22.64 /76	15.65 /72	12.71 /59	B+ /9.2	97	N/A
IN	American Funds Cap Inc Builder	CIRBX	A+	(800) 421-4120	64.99	B- /7.2	22.56 /75	15.55 /72	12.61 /58	B+ /9.2	97	N/A
IN	American Funds Cap Inc Builder	CIRCX	A+	(800) 421-4120	64.99	B- /7.2	22.56 /75	15.57 /72	12.62 /59	B+ /9.2	97	N/A
IN	American Funds Cap Inc Builder	RIRBX	A+	(800) 421-4120	64.99	B- /7.2	22.60 /75	15.63 /72	12.71 /59	B+ /9.2	97	N/A
IN	American Funds Cap Inc Builder	RIRAX	A+	(800) 421-4120	64.99	B- /7.2	22.62 /75	15.62 /72	12.69 /59	B+ /9.2	97	N/A
IN	RVS Diversified Equity Income R4	IDQYX	A	(888) 791-3380	14.31	B+ /8.7	23.34 /78	19.88 /85	17.27 /86	B- /7.3	96	N/A
IN	RVS Diversified Equity Income B	IDEBX	A	(888) 791-3380	14.31	B+ /8.5	22.24 /74	18.81 /83	16.18 /82	B- /7.4	94	N/A
IN	RVS Diversified Equity Income C	ADECX	A	(888) 791-3380	14.28	B+ /8.5	22.24 /74	18.81 /83	16.17 /82	B- /7.4	94	N/A
IN	RVS Diversified Equity Income A	INDZX	A	(888) 791-3380	14.30	B+ /8.4	23.19 /78	19.72 /84	17.08 /85	B- /7.4	96	N/A
IN	BlackRock Eq Dividend Inst	MADVX	A	(888) 825-2257	20.09	B+ /8.3	21.52 /70	18.51 /82	14.13 /70	B- /7.9	97	N/A
IN	BlackRock Eq Dividend R	MRDVX	A	(888) 825-2257	20.17	B /8.1	20.85 /66	17.96 /80	--	B- /7.9	97	N/A
IN	BlackRock Eq Dividend Inv C	MCDVX	A	(888) 825-2257	19.70	B /7.9	20.33 /62	17.32 /79	12.98 /62	B- /7.9	96	N/A
IN	BlackRock Eq Dividend Inv B	MBDVX	A	(888) 825-2257	20.10	B /7.9	20.19 /61	17.31 /79	12.96 /62	B- /7.9	96	N/A
IN	HSBC Investor Value Y	HIVYX	A	(800) 782-8183	16.81	B- /7.2	21.35 /69	15.99 /74	--	B /8.7	90	N/A
IN	Hancock Horizon Value Tr	HHGTX	A-	(888) 346-6300	28.09	B /8.1	19.01 /52	18.75 /82	14.44 /73	B- /7.5	96	7
IN	BlackRock Eq Dividend Inv A	MDDVX	A-	(888) 825-2257	20.06	B /7.7	21.19 /68	18.20 /81	13.84 /68	B- /7.9	97	N/A
IN	Pioneer Equity Income Y	PYEQX	A-	(800) 225-6292	33.91	B- /7.5	22.61 /75	16.78 /77	12.55 /58	B- /7.9	96	N/A
IN	Vantagepoint Equity Income	VPEIX	A-	(800) 669-7400	10.86	B- /7.3	23.69 /79	14.73 /67	13.09 /63	B /8.2	88	N/A
IN	Eaton Vance Tax-Managed Div Inc	EBDIX	A-	(800) 225-6265	14.52	B- /7.2	21.07 /67	15.40 /71	--	B /8.3	95	4
IN	Eaton Vance Tax-Managed Div Inc	ECDIX	A-	(800) 225-6265	14.52	B- /7.1	20.98 /67	15.36 /71	--	B /8.3	95	4
IN	Eaton Vance Tax-Mgd Value B	EBTVX	A-	(800) 225-6265	19.65	B- /7.0	19.35 /55	15.84 /73	11.56 /49	B /8.4	92	7
IN	Eaton Vance Tax-Mgd Value C	ECTVX	A-	(800) 225-6265	20.17	B- /7.0	19.38 /55	15.86 /73	11.57 /49	B /8.4	92	7
IN	BB&T Special Opport Eqty I	BOPIX	B+	(800) 228-1872	18.51	B+ /8.7	29.34 /92	18.96 /83	--	C+ /6.6	97	4
IN	BB&T Special Opport Eqty C	BOPCX	B+	(800) 228-1872	17.69	B+ /8.5	28.06 /90	17.81 /80	--	C+ /6.5	96	4
IN	BB&T Special Opport Eqty B	BOPBX	B+	(800) 228-1872	17.68	B+ /8.5	28.08 /90	17.79 /80	--	C+ /6.5	96	4
IN	BB&T Special Opport Eqty A	BOPAX	B+	(800) 228-1872	18.30	B+ /8.4	28.98 /91	18.65 /82	--	C+ /6.6	97	4
IN	RVS Dividend Opportunity I	RSOIX	B+	(888) 791-3380	9.67	B+ /8.4	27.07 /88	18.51 /82	--	C+ /6.6	98	N/A
IN	1st Source Monogram Income	FMIEX	B+	(800) 766-8938	15.94	B+ /8.3	23.72 /79	17.62 /79	14.74 /74	C+ /6.5	94	11

● Denotes fund is closed to new investors

Summer 2007

VIII. Top-Rated Stock Mutual Funds: Index

Fund Type	Fund Name	Ticker Symbol	Overall Investment Rating	Phone	Net Asset Value As of 6/30/07	Performance Rating/Pts	1Yr / Pct	3Yr / Pct	5Yr / Pct	Risk Rating/Pts	Mgr. Quality Pct	Mgr. Tenure (Years)
IX	Legg Mason Classic Valuation Prim	LMCVX	B	(866) 811-7256	15.60	B- /7.0	23.67 /79	14.02 /62	10.46 /38	B- /7.1	60	N/A
IX	USAA S&P 500 Index Reward	USPRX	B-	(800) 382-8722	22.52	C /4.8	20.49 /63	11.57 /41	10.57 /39	B+ /9.0	52	2
IX	Fidelity Spartan US Equity Idx Adv	FUSVX	B-	(800) 544-8888	53.41	C /4.8	20.52 /64	11.61 /42	10.61 /40	B /8.8	53	2
IX	Flex-funds The Quantex Fund	FLCGX	C+	(800) 325-3539	21.68	C+ /6.5	24.09 /80	13.29 /57	10.36 /37	C+ /6.0	50	N/A
IX	Russell Inst Equity I Fd I	REASX	C+	(800) 832-6688	35.72	C+ /5.8	19.86 /59	12.82 /52	11.04 /44	B- /7.4	60	11
IX	Russell Inst Equity I Fd E	REAEX	C+	(800) 832-6688	35.72	C /5.5	19.54 /56	12.55 /50	10.78 /41	B- /7.4	56	11
IX	Vanguard Instl Index Plus	VIIIX	C+	(800) 662-7447	137.38	C /4.9	20.57 /64	11.69 /43	10.75 /41	B /8.5	54	N/A
IX	Vanguard Instl Index Fd	VINIX	C+	(800) 662-7447	137.38	C /4.9	20.55 /64	11.66 /42	10.72 /41	B /8.5	N/A	N/A
IX	DWS Equity 500 Index Inst	BTIIX	C+	(800) 621-1048	170.23	C /4.8	20.56 /64	11.62 /42	10.63 /40	B /8.6	53	N/A
IX	Fidelity Spartan US Equity Idx Inv	FUSEX	C+	(800) 544-8888	53.41	C /4.8	20.49 /63	11.60 /42	10.60 /40	B /8.6	53	4
IX	DFA US Large Company	DFLCX	C+	(800) 984-9472	44.11	C /4.8	20.49 /63	11.59 /42	10.59 /40	B /8.6	53	16
IX	United Assoc S&P 500 Index I	UASPX	C+	(888) 766-8043	10.87	C /4.8	20.45 /63	11.63 /42	10.62 /40	B /8.6	N/A	N/A
IX	Vanguard 500 Index Adm	VFIAX	C+	(800) 662-7447	138.43	C /4.8	20.51 /64	11.63 /42	10.67 /40	B /8.5	53	N/A
IX	BlackRock Index Eq Inst	PNIEX	C+	(888) 825-2257	29.01	C /4.8	20.54 /64	11.59 /42	10.59 /40	B /8.5	53	N/A
IX	Legg Mason American Lead Co	LMALX	C+	(866) 811-7256	26.62	C /4.8	19.22 /54	11.81 /44	11.36 /47	B- /7.7	43	9
IX	● MainStay Equity Index A	MCSEX	C+	(800) 624-6782	51.81	C /4.8	21.69 /71	12.40 /49	11.90 /52	B- /7.7	61	11
IX	Fidelity Spartan 500 Idx Adv	FSMAX	C+	(800) 544-8888	104.20	C /4.7	20.51 /63	11.61 /42	10.62 /40	B /8.8	53	2
IX	American Beacon S&P 500 Index	AASPX	C+	(800) 967-9009	20.39	C /4.7	20.43 /63	11.50 /41	10.48 /38	B /8.7	51	N/A
IX	USAA S&P 500 Index Members	USSPX	C+	(800) 382-8722	22.52	C /4.7	20.37 /62	11.47 /41	10.43 /38	B /8.7	51	2
IX	GE Institutional S&P 500 Index Inv	GIDIX	C+	(800) 242-0134	14.40	C /4.7	20.45 /63	11.49 /41	10.52 /39	B /8.6	51	6
IX	DWS Equity 500 Index S	BTIEX	C+	(800) 621-1048	168.55	C /4.7	20.45 /63	11.47 /40	10.49 /38	B /8.6	51	N/A
IX	SSgA S&P 500 Index	SVSPX	C+	(800) 647-7327	24.73	C /4.7	20.43 /63	11.50 /41	10.53 /39	B /8.6	51	15
IX	Barclays Gbl Inv S&P500 Stock Fd	WFSPX	C+	(800) 474-2737	179.57	C /4.7	20.38 /63	11.48 /41	10.51 /39	B /8.5	51	N/A
IX	Vanguard 500 Index Inv	VFINX	C+	(800) 662-7447	138.43	C /4.7	20.42 /63	11.53 /41	10.58 /40	B /8.5	52	N/A
IX	Fidelity Spartan 500 Idx Inv	FSMKX	C+	(800) 544-8888	104.20	C /4.7	20.49 /63	11.60 /42	10.61 /40	B /8.5	53	2
IX	Principal Inv LgCap S&P 500 Inst	PLFIX	C+	(800) 247-4123	10.70	C /4.7	20.50 /63	11.51 /41	10.46 /38	B- /7.7	52	4
IX	Dreyfus Basic S&P 500 Stock Idx	DSPIX	C+	(800) 242-8671	31.30	C /4.6	20.35 /62	11.46 /40	10.49 /38	B /8.7	50	N/A
IX	Vantagepoint 500 Stock Index II	VPSKX	C+	(800) 669-7400	11.38	C /4.6	20.31 /62	11.44 /40	10.44 /38	B /8.7	51	N/A
IX	JPMorgan Equity Index Sel	HLEIX	C+	(800) 358-4782	34.16	C /4.6	20.31 /62	11.43 /40	10.42 /38	B /8.6	50	12
IX	Nationwide S&P 500 Index Inst	GRMIX	C+	(888) 366-0404	12.80	C /4.6	20.35 /62	11.47 /40	10.47 /38	B /8.3	50	N/A
IX	JennDry Drydon Stock Index I	PDSIX	C+	(800) 257-3893	33.63	C /4.6	20.28 /62	11.42 /40	10.45 /38	B /8.2	50	N/A
IX	Northern Trust Stock Index	NOSIX	C+	(800) 595-9111	18.55	C /4.6	20.35 /62	11.35 /39	10.26 /36	B- /7.7	49	1
IX	Morgan Stanley S&P 500 Indx D	SPIDX	C+	(800) 869-6397	16.44	C /4.5	20.22 /61	11.28 /38	10.28 /36	B /8.7	48	9
IX	● DWS S&P 500 Index Fund S	SCPIX	C+	(800) 621-1048	19.95	C /4.5	20.27 /62	11.27 /38	10.29 /36	B /8.6	48	N/A
IX	Allegiant S&P 500 Index Inst	AQDIX	C+	(800) 622-3863	12.87	C /4.5	20.16 /61	11.33 /39	10.31 /36	B /8.6	49	N/A
IX	Evergreen Equity Index Fund I	EVIIX	C+	(800) 343-2898	56.19	C /4.5	20.25 /62	11.36 /39	10.33 /36	B /8.6	50	7
IX	First American Eqty Indx Y	FEIIX	C+	(800) 677-3863	27.81	C /4.5	20.20 /61	11.37 /39	10.40 /37	B /8.6	50	N/A
IX	RVS S&P 500 Index Fund E	ADIEX	C+	(888) 791-3380	5.85	C /4.5	20.24 /62	11.31 /39	10.28 /36	B /8.6	51	6
IX	E*TRADE S & P 500 Index Fund	ETSPX	C+	(800) 786-2575	11.92	C /4.5	20.53 /64	11.56 /41	10.50 /39	B /8.5	52	8
IX	BlackRock Index Eq Svc	PNESX	C+	(888) 825-2257	28.81	C /4.5	20.30 /62	11.29 /39	10.21 /35	B /8.5	48	N/A
IX	Nationwide S&P 500 Index L	GRMLX	C+	(888) 366-0404	12.82	C /4.5	20.23 /62	11.37 /40	10.37 /37	B /8.4	49	N/A
IX	JennDry Dryden Stock Index Z	PSIFX	C+	(800) 257-3893	33.62	C /4.5	20.20 /61	11.33 /39	10.35 /37	B /8.2	49	N/A
IX	BlackRock S&P Index Inst	MASRX	C+	(888) 825-2257	18.59	C /4.5	20.24 /62	11.37 /39	10.40 /37	B /8.2	49	N/A
IX	Columbia Large Cap Index Fund A	NEIAX	C+	(800) 426-3750	29.03	C /4.4	20.14 /61	11.26 /38	10.22 /35	B /8.6	48	N/A
IX	Vantagepoint 500 Stock Index I	VPFIX	C+	(800) 669-7400	11.98	C /4.3	20.05 /60	11.20 /38	10.22 /35	B /8.7	47	N/A
IX	T. Rowe Price Equity Index 500	PREIX	C+	(800) 638-5660	40.30	C /4.3	20.18 /61	11.33 /39	10.40 /37	B /8.7	49	N/A
IX	Nationwide S&P 500 Index	GRISX	C+	(888) 366-0404	12.79	C /4.3	20.08 /60	11.20 /38	10.18 /35	B /8.3	47	N/A
IX	American Beacon S&P 500	AAFPX	C+	(800) 967-9009	20.14	C- /4.2	19.88 /59	11.01 /36	10.00 /33	B /8.7	44	N/A
IX	Evergreen Equity Index Fund IS	EVISX	C+	(800) 343-2898	56.16	C- /4.2	19.94 /59	11.08 /37	10.05 /33	B /8.6	46	7
IX	RVS S&P 500 Index Fund D	ADIDX	C+	(888) 791-3380	5.82	C- /4.2	19.82 /58	11.02 /36	10.04 /33	B /8.5	45	6
IX	Nationwide S&P 500 Index Svc	GRMSX	C+	(888) 366-0404	12.74	C- /4.2	19.88 /59	11.02 /36	10.02 /33	B /8.4	45	N/A
IX	DWS Enhac S&P 500 Indx S	SSFFX	C+	(800) 621-1048	14.20	C- /4.2	19.58 /57	11.25 /38	9.75 /30	B /8.3	47	N/A

● Denotes fund is closed to new investors

www.thestreet.com/ratings

Data as of June 30, 2007

VIII. Top-Rated Stock Mutual Funds: Mid Cap

Summer 2007

99 Pct = Best
0 Pct = Worst

Fund Type	Fund Name	Ticker Symbol	Overall Investment Rating	Phone	Net Asset Value As of 6/30/07	Performance Rating/Pts	1Yr / Pct	3Yr / Pct	5Yr / Pct	Risk Rating/Pts	Mgr. Quality Pct	Mgr. Tenure (Years)
MC	MSIF Trust Mid Cap Value Inst	MPMVX	A+	(800) 354-8185	36.35	A- / 9.0	32.22 / 94	20.10 / 85	16.97 / 85	B / 8.2	96	13
MC	MSIF Trust Mid Cap Value Inv	MPMIX	A+	(800) 354-8185	36.17	A- / 9.0	32.00 / 94	19.93 / 85	16.80 / 84	B / 8.2	96	11
MC	MSIF Trust Mid Cap Value Adv	MMCAX	A+	(800) 354-8185	36.17	A- / 9.0	31.84 / 94	19.80 / 84	16.68 / 84	B / 8.2	96	9
MC	RS Value Fund A	RSVAX	A+	(800) 766-3863	30.87	B+ / 8.7	25.79 / 85	21.63 / 88	24.15 / 95	B / 8.2	98	9
MC	Morgan Stanley U.S Mid Cap	UMCVX	A+	(800) 869-6397	21.99	B+ / 8.6	28.69 / 91	18.45 / 82	16.15 / 82	B / 8.5	94	N/A
MC	Universal Inst US MidCap Value II	UMCCX	A+	(800) 869-6397	21.91	B+ / 8.6	28.58 / 91	18.32 / 81	--	B / 8.3	94	N/A
MC	STI Classic Mid Cap Value Eq I	SMVTX	A+	(888) 784-3863	13.95	B+ / 8.6	27.15 / 88	18.45 / 82	13.99 / 70	B / 8.3	91	6
MC	Artisan Mid Cap Value Inv	ARTQX	A+	(800) 344-1770	22.70	B+ / 8.6	24.67 / 82	19.49 / 84	19.46 / 91	B- / 7.8	95	6
MC	Columbia FS Mid Cap Value Port Z		A+	(800) 426-3750	17.74	B+ / 8.5	23.80 / 80	19.33 / 84	--	B / 8.6	96	N/A
MC	Columbia FS Mid Cap Value Port E		A+	(800) 426-3750	21.13	B+ / 8.5	23.35 / 78	18.96 / 83	--	B / 8.5	95	N/A
MC	American Century Mid Cap Val Inv	ACMVX	A+	(800) 345-6488	14.09	B+ / 8.3	25.81 / 85	18.14 / 81	--	B / 8.6	95	N/A
MC	Columbia FS Mid Cap Value Port B		A+	(800) 426-3750	23.21	B+ / 8.3	22.67 / 76	18.38 / 81	--	B / 8.5	94	N/A
MC	STI Classic Mid Cap Value Eq C	SMVFX	A+	(888) 784-3863	13.83	B+ / 8.3	25.85 / 85	17.40 / 79	12.59 / 58	B / 8.3	86	6
MC	AIM Mid Cap Basic Value Inst	MDICX	A+	(800) 347-4246	16.41	B+ / 8.3	30.33 / 93	14.81 / 67	14.07 / 70	B / 8.2	74	1
MC	AIM Trimark Endeavor Fund Inst	ATDIX	A+	(800) 347-4246	17.70	B+ / 8.3	29.95 / 92	17.87 / 80	--	B / 8.2	93	3
MC	● Timothy Plan Large/Mid Cap Val B	TLVBX	A+	(800) 662-0201	14.92	B / 8.2	21.82 / 72	17.83 / 80	12.95 / 62	B / 8.7	93	N/A
MC	Timothy Plan Large/Mid Cap Val C	TLVCX	A+	(800) 662-0201	14.94	B / 8.2	21.90 / 72	17.84 / 80	--	B / 8.7	93	N/A
MC	CMG Mid Cap Value Fund	CMCVX	A+	(800) 426-3750	14.80	B / 8.2	24.81 / 82	17.06 / 78	--	B / 8.5	90	2
MC	Columbia FS Mid Cap Value Port C		A+	(800) 426-3750	21.68	B / 8.2	22.62 / 75	18.35 / 81	--	B / 8.5	94	N/A
MC	Columbia FS Mid Cap Value Port A		A+	(800) 426-3750	23.36	B / 8.1	23.60 / 79	19.24 / 83	--	B / 8.5	96	N/A
MC	Columbia Mid Cap Value NY 529Z		A+	(800) 426-3750	17.18	B / 7.9	23.86 / 80	16.38 / 76	--	B / 8.5	87	N/A
MC	Principal Inv Prt MdCp VI I Inst	PVMIX	A+	(800) 247-4123	15.32	B / 7.8	21.21 / 68	17.61 / 79	--	B / 8.5	92	N/A
MC	Columbia Mid Cap Value Fd 529Z		A+	(800) 426-3750	20.94	B / 7.8	23.61 / 79	16.25 / 75	--	B / 8.4	87	N/A
MC	Principal Inv MidCp Value Inst	PVUIX	A+	(800) 247-4123	15.59	B / 7.7	20.62 / 64	17.70 / 80	14.21 / 71	B / 8.6	93	2
MC	Principal Inv Prt MdCp VI I Pfd	PABVX	A+	(800) 247-4123	15.28	B / 7.7	20.95 / 66	17.36 / 79	--	B / 8.5	91	N/A
MC	American Beacon MidCap Val Inst	AACIX	A+	(800) 967-9009	11.79	B / 7.6	24.29 / 81	16.34 / 75	--	B / 8.9	92	N/A
MC	American Beacon MidCap Val	AMDIX	A+	(800) 967-9009	11.83	B- / 7.3	24.02 / 80	16.31 / 75	--	B / 8.9	92	N/A
MC	RVS Mid Cap Value R4	RMCVX	A	(888) 791-3380	10.32	A- / 9.1	24.42 / 81	21.95 / 89	19.73 / 91	C+ / 6.8	97	N/A
MC	Dreyfus Founders Mid-Cap Growth	FRSRX	A	(800) 242-8671	6.63	B+ / 8.9	27.01 / 88	20.70 / 86	16.95 / 85	B- / 7.1	93	3
MC	● Dreyfus Founders Mid-Cap Growth	FRSPX	A	(800) 242-8671	6.67	B+ / 8.9	26.57 / 87	20.63 / 86	16.94 / 85	B- / 7.0	92	3
MC	Dreyfus Premier S&P STARS Opp	DSORX	A	(800) 782-6620	25.99	B+ / 8.4	19.06 / 53	19.58 / 84	16.57 / 83	B- / 7.6	82	3
MC	AIM Capital Development Inst	ACDVX	A	(800) 347-4246	21.93	B+ / 8.4	23.52 / 79	17.60 / 79	14.16 / 71	B- / 7.5	66	9
MC	HSBC Investor Mid Cap Y	HMCTX	A	(800) 782-8183	10.24	B+ / 8.4	24.32 / 81	16.66 / 77	13.45 / 65	B- / 7.4	58	N/A
MC	● CRM Mid Cap Value Instl	CRIMX	A	(800) 276-2883	33.69	B+ / 8.3	25.69 / 85	17.43 / 79	16.85 / 84	B- / 7.6	93	N/A
MC	● AIM Capital Development Inv	ACDIX	A	(800) 347-4246	21.16	B+ / 8.3	22.95 / 77	17.03 / 78	13.55 / 66	B- / 7.6	64	3
MC	● CRM Mid Cap Value Inv A	CRMMX	A	(800) 276-2883	33.19	B+ / 8.3	25.45 / 84	17.15 / 78	16.56 / 83	B- / 7.6	92	N/A
MC	Wells Fargo Avtg CB MdCp VI C	CBMCX	A	(800) 222-8222	23.83	B / 8.0	26.79 / 87	16.56 / 76	14.37 / 72	B- / 7.9	89	N/A
MC	● Wells Fargo Avtg Comm Stk Z	STCSX	A	(800) 222-8222	22.64	B / 8.0	23.50 / 79	16.28 / 75	15.52 / 79	B- / 7.8	71	N/A
MC	Fidelity Mid Cap Value	FSMVX	A	(800) 544-8888	18.18	B / 8.0	19.81 / 58	18.49 / 82	14.84 / 75	B- / 7.8	94	2
MC	AIM Trimark Endeavor Fund B	ATDBX	A	(800) 347-4246	17.11	B / 7.9	28.39 / 90	16.50 / 76	--	B / 8.1	89	4
MC	AIM Trimark Endeavor Fund C	ATDCX	A	(800) 347-4246	17.11	B / 7.9	28.39 / 90	16.50 / 76	--	B / 8.1	89	4
MC	Westcore Mid-Cap Value	WTMCX	A	(800) 392-2673	22.59	B / 7.9	21.35 / 69	17.95 / 80	15.78 / 80	B / 8.1	92	N/A
MC	Principal Inv MidCp Blend Inst	PCBIX	A	(800) 247-4123	15.64	B / 7.8	24.20 / 81	15.62 / 72	15.15 / 77	B / 8.3	86	6
MC	DFA Tax Managed US MktWide	DTMMX	A	(800) 984-9472	19.36	B / 7.8	19.94 / 59	17.61 / 79	15.21 / 77	B / 8.3	90	N/A
MC	JPMorgan Intrepid Mid Cap Ultra	JDMUX	A	(800) 358-4782	19.09	B / 7.8	18.63 / 49	17.59 / 79	13.97 / 69	B / 8.1	79	3
MC	Pioneer Mid Cap Value R	PCMRX	A	(800) 225-6292	25.42	B / 7.8	25.33 / 84	14.98 / 69	15.09 / 77	B / 8.0	78	N/A
MC	AIM Trimark Endeavor Fund A	ATDAX	A	(800) 347-4246	17.52	B / 7.7	29.40 / 92	17.34 / 79	--	B / 8.1	92	4
MC	BlackRock Mid Cp Val Opp Inst	MARFX	A	(888) 825-2257	20.40	B / 7.7	21.16 / 68	15.94 / 74	14.99 / 76	B / 8.0	74	N/A
MC	Principal Inv Prt MdCp VI I AdvPfd	PMPRX	A	(800) 247-4123	15.20	B / 7.6	20.60 / 64	16.97 / 77	--	B / 8.5	89	N/A
MC	Principal Inv Prt MdCp VI I Sel	PABWX	A	(800) 247-4123	15.24	B / 7.6	20.77 / 65	17.17 / 78	--	B / 8.5	90	N/A
MC	Principal Inv Prt MdCp VI I AdvSel	PABUX	A	(800) 247-4123	15.13	B- / 7.5	20.38 / 63	16.79 / 77	--	B / 8.5	88	N/A
MC	Columbia Mid Cap Value NY 529C		A	(800) 426-3750	16.58	B- / 7.5	22.72 / 76	15.22 / 70	--	B / 8.5	81	N/A

● Denotes fund is closed to new investors

VIII. Top-Rated Stock Mutual Funds: Other

Fund Type	Fund Name	Ticker Symbol	Overall Investment Rating	Phone	Net Asset Value As of 6/30/07	Performance Rating/Pts	1Yr / Pct	3Yr / Pct	5Yr / Pct	Risk Rating/Pts	Mgr. Quality Pct	Mgr. Tenure (Years)
OT	● Davis Research Fund Class A		A-	(800) 279-0279	15.55	B- /7.1	22.44 /75	16.30 /75	15.75 /80	B /8.5	90	6
OT	● Davis Research Fund Class C		B	(800) 279-0279	14.92	C+ /6.8	20.47 /63	14.48 /65	13.98 /69	B /8.5	80	6
OT	● Davis Research Fund Class B		B	(800) 279-0279	14.90	C+ /6.7	20.51 /63	14.43 /65	13.96 /69	B /8.5	80	6
OT	Wells Fargo Avtg Indx Adm	NVINX	C+	(800) 222-8222	59.54	C /4.6	20.25 /62	11.40 /40	10.49 /39	B /8.5	50	N/A
OT	Vanguard 529 Ttl Stock Market		C-	(800) 662-7447	18.29	C /5.0	19.78 /58	12.08 /46	--	C+ /6.1	52	5
OT	Wells Fargo Avtg Endeavor Sel I	WFCIX	D+	(800) 222-8222	11.05	C- /3.0	15.35 /28	10.02 /28	12.88 /61	B- /7.1	17	1
OT	Wells Fargo Avtg Endeavor Sel	WECDX	D+	(800) 222-8222	11.01	D+ /2.9	15.17 /27	9.89 /27	12.80 /60	B- /7.1	17	1
OT	Diversified Inv Money Market	DVMKX	D+	(800) 755-5801	10.64	E- /0.1	4.70 / 1	3.21 / 1	2.17 / 0	B+ /9.9	48	N/A
OT	Diversified Inst Money Market	DFINX	D+	(800) 755-5801	10.07	E- /0.1	4.89 / 1	3.48 / 1	2.47 / 0	B+ /9.9	52	N/A
OT	Wells Fargo Avtg Endeavor Sel C	WECCX	D	(800) 222-8222	10.39	D /2.1	14.06 /21	8.82 /19	11.81 /52	B- /7.0	12	1
OT	Wells Fargo Avtg Endeavor Sel B	WECBX	D	(800) 222-8222	10.40	D /2.1	14.04 /21	8.85 /20	11.80 /52	B- /7.0	12	1
OT	Wells Fargo Avtg Endeavor Sel A	STAEX	D	(800) 222-8222	10.95	D /1.8	14.90 /25	9.69 /26	12.68 /59	B- /7.0	16	1
OT	ProFunds-Rising Rates Opport Inv	RRPIX	E-	(888) 776-3637	21.34	E- /0.0	1.90 / 1	-0.52 / 0	-4.50 / 0	C- /4.0	5	5
OT	ProFunds-Rising Rates Opport Svc	RRPSX	E-	(888) 776-3637	20.81	E- /0.0	0.81 / 1	-1.53 / 0	-5.42 / 0	C- /3.9	4	5

● Denotes fund is closed to new investors

Data as of June 30, 2007

VIII. Top-Rated Stock Mutual Funds: Precious Metals

Summer 2007

99 Pct = Best
0 Pct = Worst

Fund Type	Fund Name	Ticker Symbol	Overall Investment Rating	Phone	Net Asset Value As of 6/30/07	PERFORMANCE Performance Rating/Pts	Annualized Total Return Through 6/30/07 1Yr / Pct	3Yr / Pct	5Yr / Pct	RISK Risk Rating/Pts	FUND MGR Mgr. Quality Pct	Mgr. Tenure (Years)
PM	Fidelity Adv Materials Fund I	FMFEX	B	(800) 522-7297	55.98	A /9.3	26.01 /85	24.03 /92	19.65 /91	C /5.1	99	N/A
PM	Fidelity Adv Materials Fund C	FMFCX	B	(800) 522-7297	55.66	A /9.3	25.35 /84	23.81 /92	19.52 /91	C /5.1	99	N/A
PM	Fidelity Adv Materials Fund B	FMFBX	B	(800) 522-7297	55.67	A /9.3	25.34 /84	23.81 /92	19.52 /91	C /5.1	99	N/A
PM	Fidelity Adv Materials Fund A	FMFAX	B	(800) 522-7297	56.02	A- /9.2	26.17 /86	24.08 /92	19.68 /91	C /5.1	99	N/A
PM	Fidelity Adv Materials Fund T	FMFTX	B	(800) 522-7297	55.83	A- /9.2	25.75 /85	23.94 /92	19.60 /91	C /5.1	99	N/A
PM	Vanguard Materials Index Fd Adm	VMIAX	B-	(800) 662-7447	42.98	A- /9.0	33.13 /95	19.10 /83	--	C /4.8	99	3
PM ●	Vanguard Prec. Metals & Mining Fd	VGPMX	C+	(800) 662-7447	33.75	A+ /9.9	30.41 /93	44.31 /99	33.02 /99	C- /3.3	99	11
PM	Midas Fund	MIDSX	C+	(800) 400-6432	4.80	A+ /9.7	18.96 /52	38.59 /98	28.98 /98	D+ /2.8	99	N/A
PM	ING Global Natural Resources	LEXMX	C+	(800) 334-3444	12.29	A /9.5	21.46 /70	29.22 /95	22.37 /94	D+ /2.8	96	9
PM	US Global Inv World Prec Minerals	UNWPX	C	(800) 873-8637	28.34	A+ /9.6	11.48 /12	36.59 /98	30.95 /98	D /1.8	99	N/A
PM	USAA Precious Metals & Minerals	USAGX	C	(800) 382-8722	28.39	A /9.5	14.62 /24	30.89 /96	27.71 /97	D+ /2.5	97	13
PM	Franklin Gold & Prec Metals Adv	FGADX	C	(800) 321-8563	34.13	A /9.4	13.65 /19	30.12 /96	24.02 /95	D /2.2	97	10
PM	Franklin Gold & Prec Metals C	FRGOX	C	(800) 342-5236	32.41	A /9.3	12.56 /15	28.86 /95	22.83 /95	D /2.2	95	10
PM	Franklin Gold & Prec Metals A	FKRCX	C	(800) 342-5236	33.20	A /9.3	13.38 /18	29.81 /96	23.73 /95	D /2.2	96	10
PM ●	Franklin Gold & Prec Metals B	FAGPX	C	(800) 342-5236	32.11	A /9.3	12.52 /15	28.83 /95	22.80 /95	D /2.2	95	10
PM	US Global Inv Gold Shares	USERX	C	(800) 873-8637	14.99	A- /9.0	-3.23 / 0	29.63 /96	23.71 /95	D+ /2.5	91	N/A
PM ●	AIM Gold & Prec Met Inv	FGLDX	C	(800) 347-4246	6.17	B+ /8.6	10.53 / 9	24.71 /93	21.30 /93	D+ /2.6	86	8
PM	Oppenheimer Gold/Spec Min C	OGMCX	C-	(800) 525-7048	30.41	A+ /9.6	25.00 /83	34.09 /97	26.35 /97	D- /1.2	98	10
PM	Oppenheimer Gold/Spec Min B	OGMBX	C-	(800) 525-7048	30.44	A+ /9.6	24.97 /83	34.02 /97	26.30 /97	D- /1.2	98	10
PM	Oppenheimer Gold/Spec Min A	OPGSX	C-	(800) 525-7048	31.81	A+ /9.6	25.97 /85	35.09 /97	27.29 /97	D- /1.2	98	10
PM	Oppenheimer Gold/Spec Min N	OGMNX	C-	(800) 525-7048	31.18	A+ /9.6	25.52 /84	34.68 /97	26.92 /97	D- /1.2	99	10
PM	Tocqueville Gold Fund	TGLDX	C-	(800) 697-3863	52.13	A- /9.2	14.68 /24	28.11 /95	24.45 /96	D- /1.2	95	9
PM	Evergreen Precious Metals I	EKWYX	C-	(800) 343-2898	56.12	A- /9.1	7.51 / 3	28.54 /95	26.24 /97	D /1.8	89	N/A
PM	Evergreen Precious Metals B	EKWBX	C-	(800) 343-2898	53.93	B+ /8.9	6.47 / 2	27.27 /95	24.99 /96	D /1.8	84	N/A
PM	Evergreen Precious Metals C	EKWCX	C-	(800) 343-2898	53.57	B+ /8.9	6.47 / 2	27.28 /95	25.01 /96	D /1.8	84	N/A
PM	Evergreen Precious Metals A	EKWAX	C-	(800) 343-2898	56.43	B+ /8.8	7.21 / 3	28.17 /95	25.88 /97	D /1.8	88	N/A
PM	Fidelity Select Gold	FSAGX	C-	(800) 544-8888	33.96	B+ /8.7	6.31 / 2	25.90 /94	17.99 /88	D+ /2.4	89	4
PM	AIM Gold & Prec Met C	IGDCX	C-	(800) 347-4246	6.40	B+ /8.5	9.76 / 7	23.78 /92	20.35 /92	D+ /2.6	81	7
PM	AIM Gold & Prec Met B	IGDBX	C-	(800) 347-4246	6.03	B+ /8.5	9.82 / 7	23.81 /92	20.56 /93	D+ /2.6	80	5
PM	AIM Gold & Prec Met A	IGDAX	C-	(800) 347-4246	6.14	B+ /8.3	10.78 /10	24.72 /93	21.11 /93	D+ /2.6	86	5
PM	Van Eck Intl Investors Gold C	IIGCX	D+	(800) 221-2220	15.88	A /9.5	12.92 /16	31.58 /97	--	E /0.3	96	9
PM	Van Eck Intl Investors Gold A	INIVX	D+	(800) 221-2220	16.34	A /9.4	13.72 /19	32.34 /97	24.36 /96	E /0.3	97	9
PM	RVS Precious Metals & Min Fund		D	(888) 791-3380	15.11	A- /9.1	15.78 /31	25.45 /94	21.47 /93	E- /0.0	85	8
PM	RVS Precious Metals & Min Fund B	INPBX	D	(888) 791-3380	14.01	B+ /8.9	14.67 /24	24.21 /92	20.32 /92	E+ /0.6	78	8
PM	GAMCO Gold AAA	GOLDX	D	(800) 422-3554	25.19	B+ /8.9	6.93 / 3	26.19 /94	22.57 /94	E /0.5	83	13
PM	RVS Precious Metals & Min Fund		D	(888) 791-3380	13.87	B+ /8.9	14.75 /25	24.26 /93	20.32 /92	E- /0.0	78	N/A
PM	RVS Precious Metals & Min Fund A	INPMX	D	(888) 791-3380	14.96	B+ /8.8	15.65 /30	25.19 /93	21.23 /93	E+ /0.6	84	8
PM	GAMCO Gold C	GLDCX	D	(800) 422-3554	24.84	B+ /8.7	6.17 / 2	25.26 /93	21.77 /94	E /0.5	78	5
PM	GAMCO Gold B	GLDBX	D	(800) 422-3554	24.88	B+ /8.7	6.09 / 2	25.21 /93	21.72 /94	E /0.5	76	5
PM	Fidelity Adv Gold Fund Class I	FGDIX	D	(800) 522-7297	33.95	B+ /8.7	6.31 / 2	25.90 /94	18.00 /88	E- /0.1	90	N/A
PM	GAMCO Gold A	GLDAX	D	(800) 422-3554	25.16	B+ /8.6	6.95 / 3	26.19 /94	22.58 /94	E /0.5	83	5
PM	OCM Gold Fund	OCMGX	D	(800) 628-9403	17.89	B /8.1	6.08 / 2	24.09 /92	20.82 /93	D- /1.1	51	19
PM	Fidelity Adv Gold Fund Class C	FGDCX	D-	(800) 522-7297	33.75	B+ /8.6	5.65 / 2	25.64 /94	17.85 /87	E- /0.1	88	N/A
PM	Fidelity Adv Gold Fund Class B	FGDBX	D-	(800) 522-7297	33.77	B+ /8.6	5.67 / 2	25.65 /94	17.86 /87	E- /0.1	88	N/A
PM	Fidelity Adv Gold Fund Class T	FGDTX	D-	(800) 522-7297	33.88	B+ /8.5	6.02 / 2	25.79 /94	17.93 /88	E- /0.1	89	N/A
PM	Fidelity Adv Gold Fund Class A	FGDAX	D-	(800) 522-7297	33.89	B+ /8.4	6.11 / 2	25.83 /94	17.95 /88	E- /0.1	89	N/A
PM	DWS Gold & Prec Metals Fund S	SCGDX	D-	(800) 621-1048	21.02	B /7.9	9.48 / 7	21.39 /88	25.64 /96	E+ /0.6	35	6
PM	DWS Gold & Prec Metals Fund C	SGDCX	D-	(800) 621-1048	20.73	B- /7.4	8.43 / 5	20.19 /85	24.44 /96	E+ /0.6	26	6
PM	DWS Gold & Prec Metals Fund B	SGDBX	D-	(800) 621-1048	20.76	B- /7.3	8.36 / 5	20.15 /85	24.40 /96	E+ /0.6	25	6
PM	DWS Gold & Prec Metals Fund A	SGDAX	D-	(800) 621-1048	21.00	B- /7.1	9.22 / 6	21.08 /87	25.37 /96	E+ /0.6	32	6
PM	American Century Global Gold Inv	BGEIX	D-	(800) 345-6488	18.26	C+ /6.4	-1.28 / 0	20.60 /86	17.96 /88	D /1.7	16	16
PM	American Century Global Gold Adv	ACGGX	D-	(800) 345-6488	18.22	C+ /6.2	-1.50 / 0	20.33 /85	17.74 /87	D /1.7	15	9

● Denotes fund is closed to new investors

VIII. Top-Rated Stock Mutual Funds: Real Estate

Summer 2007

99 Pct = Best
0 Pct = Worst

Fund Type	Fund Name	Ticker Symbol	Overall Investment Rating	Phone	Net Asset Value As of 6/30/07	Performance Rating/Pts	1Yr / Pct	3Yr / Pct	5Yr / Pct	Risk Rating/Pts	Mgr. Quality Pct	Mgr. Tenure (Years)
RE	Alpine Intl Real Estate Y	EGLRX	A	(888) 785-5578	45.58	A+ /9.7	42.24 /97	32.95 /97	27.64 /97	C+ /6.3	99	18
RE	● MSIF Inc. Intl Real Estate A	MSUAX	A	(800) 354-8185	33.60	A /9.5	29.73 /92	31.45 /96	29.34 /98	C+ /6.5	99	8
RE	● MSIF Inc. Intl Real Estate B	IERBX	A	(800) 354-8185	33.57	A /9.5	29.40 /92	31.10 /96	29.01 /98	C+ /6.5	99	8
RE	Universal Inst US Real Estate I	UUSRX	A	(800) 869-6397	28.39	B+ /8.8	16.30 /34	25.74 /94	21.36 /93	C+ /6.9	96	5
RE	● TA IDEX Clarion Glb Real Estate B	ICRBX	A-	(888) 233-4339	18.98	B+ /8.9	22.88 /77	25.00 /93	--	C+ /6.5	97	4
RE	Universal Inst US Real Estate II	USRBX	A-	(800) 869-6397	28.10	B+ /8.8	15.98 /32	25.41 /94	--	C+ /6.9	96	5
RE	● TA IDEX Clarion Glb Real Estate C	ICRLX	B+	(888) 233-4339	18.82	B+ /8.9	22.99 /77	24.90 /93	--	C+ /6.5	97	4
RE	ING Global Real Estate C	IGCAX	B+	(800) 334-3444	20.16	B+ /8.9	21.28 /69	24.86 /93	22.68 /95	C+ /6.5	98	5
RE	ING Global Real Estate A	IGLAX	B+	(800) 334-3444	22.46	B+ /8.8	22.15 /73	25.79 /94	23.53 /95	C+ /6.6	98	6
RE	ING Global Real Estate B	IGBAX	B+	(800) 334-3444	19.21	B+ /8.8	21.24 /68	24.84 /93	22.63 /94	C+ /6.5	98	5
RE	● TA IDEX Clarion Glb Real Estate A	ICRAX	B+	(888) 233-4339	19.04	B+ /8.7	22.86 /77	25.50 /94	--	C+ /6.5	97	5
RE	Third Avenue Real Estate Value	TAREX	B+	(800) 443-1021	35.26	B+ /8.5	21.75 /71	21.84 /89	20.78 /93	C+ /6.7	98	9
RE	SEI Instl Managed Tr-Real Est A	SETAX	B+	(800) 342-5734	17.94	B+ /8.5	12.34 /14	24.30 /93	--	C+ /6.6	93	N/A
RE	REMS Real Estate Value Opp Fd	HLRRX	B+	(800) 527-9500	16.25	C+ /6.0	18.41 /48	16.24 /75	--	B+ /9.2	96	5
RE	ING Van Kampen Real Estate I	IVRIX	B	(800) 334-3444	37.70	B+ /8.9	15.67 /30	25.94 /94	--	C+ /5.6	96	4
RE	● MSIF Inc. US Real Estate A	MSUSX	B	(800) 354-8185	27.30	B+ /8.9	16.93 /38	26.71 /94	22.04 /94	C /5.5	97	12
RE	● MSIF Inc. US Real Estate B	MUSDX	B	(800) 354-8185	27.01	B+ /8.9	16.65 /36	26.38 /94	21.73 /94	C /5.5	97	11
RE	ING Van Kampen Real Estate S2	IVRTX	B	(800) 334-3444	37.32	B+ /8.8	15.19 /27	25.45 /94	--	C+ /5.6	96	5
RE	ING Van Kampen Real Estate S	IVRSX	B	(800) 334-3444	37.49	B+ /8.8	15.38 /28	25.64 /94	21.48 /93	C+ /5.6	96	6
RE	Cohen & Steers Realty Shrs Inst	CSRIX	B	(800) 437-9912	52.07	B+ /8.3	11.64 /12	23.77 /92	20.62 /93	C+ /6.3	88	16
RE	JPMorgan US Real Estate Sel	SUIEX	B	(800) 358-4782	20.89	B /7.9	8.96 / 6	22.75 /91	19.90 /92	C+ /6.3	85	2
RE	JPMorgan Realty Income Fund Cl	URTBX	B	(800) 358-4782	15.59	B- /7.4	10.91 /10	20.84 /86	18.99 /90	C+ /6.8	79	N/A
RE	JPMorgan Realty Income Fund Cl	URTCX	B	(800) 358-4782	15.53	B- /7.3	10.84 /10	20.82 /86	18.98 /90	C+ /6.8	78	N/A
RE	Commonwealth-Real Estate	CNREX	B	(888) 345-1898	14.84	C+ /6.5	16.18 /33	16.57 /76	--	B- /7.9	89	N/A
RE	J Hancock Real Estate C	JRECX	B-	(800) 257-3336	22.19	B+ /8.4	19.40 /55	22.15 /89	17.96 /88	C /5.2	90	7
RE	J Hancock Real Estate B	JREBX	B-	(800) 257-3336	22.18	B+ /8.4	19.35 /55	22.13 /89	17.95 /88	C /5.2	90	7
RE	● AIM Real Estate Fund Inst	IARIX	B-	(800) 347-4246	31.40	B /8.2	11.81 /13	23.39 /92	21.60 /94	C+ /5.6	91	N/A
RE	JPMorgan US Real Estate C	JPRCX	B-	(800) 358-4782	20.77	B /7.6	8.20 / 4	22.03 /89	19.47 /91	C+ /6.3	81	2
RE	JPMorgan Realty Income Fund Cl	URTAX	B-	(800) 358-4782	15.66	B- /7.0	11.42 /12	21.45 /88	19.35 /91	C+ /6.8	83	N/A
RE	Russell Real Estate Securities A	RREAX	B-	(800) 832-6688	50.20	C+ /6.9	11.38 /12	21.56 /88	19.38 /91	B- /7.1	77	N/A
RE	AllianceBern Global Real Est II	ARIIX	C+	(800) 221-5672	16.76	A- /9.1	23.89 /80	26.16 /94	22.03 /94	C /4.4	96	N/A
RE	AllianceBern Global Real Est Adv	ARSYX	C+	(800) 221-5672	25.65	B+ /8.4	14.97 /26	23.07 /91	20.31 /92	C /4.4	88	N/A
RE	First American Real Est Secs Y	FARCX	C+	(800) 677-3863	23.25	B+ /8.4	12.82 /16	23.90 /92	20.89 /93	C- /4.1	92	8
RE	J Hancock Real Estate A	JREAX	C+	(800) 257-3336	22.24	B+ /8.3	20.23 /59	23.00 /91	18.78 /89	C /5.2	93	9
RE	First American Real Est Secs R	FRSSX	C+	(800) 677-3863	23.28	B /8.2	12.27 /14	23.29 /91	20.40 /92	C- /4.1	90	8
RE	Adelante US Real Estate Sec Y	LLUYX	C+	(877) 563-5327	17.25	B /8.1	13.67 /19	22.33 /90	19.26 /90	C /4.6	83	1
RE	Cohen & Steers Realty Shrs Fd	CSRSX	C+	(800) 437-9912	82.15	B /8.1	11.23 /11	23.58 /92	20.51 /93	C- /4.2	87	16
RE	JPMorgan US Real Estate R	JURRX	C+	(800) 358-4782	20.90	B /8.0	9.17 / 6	22.87 /91	19.97 /92	C /4.5	86	1
RE	T. Rowe Price Real Estate Adv	PAREX	C+	(800) 638-5660	23.19	B /7.9	10.68 /10	22.86 /91	20.34 /92	C /4.7	87	3
RE	Adelante US Real Estate Sec K	LLUKX	C+	(877) 563-5327	17.44	B /7.9	13.34 /18	22.00 /89	18.85 /89	C /4.7	81	1
RE	JPMorgan Realty Income Fund Cl	JRIRX	C+	(800) 358-4782	15.67	B /7.8	11.94 /13	21.95 /89	19.66 /91	C /4.7	86	N/A
RE	SSgA Tuckerman Active REIT	SSREX	C+	(800) 647-7327	19.69	B /7.8	10.43 / 9	22.53 /90	19.01 /90	C /4.5	77	N/A
RE	RVS Real Estate Fund I	AESIX	C+	(888) 791-3380	15.87	B /7.7	10.52 / 9	21.96 /89	--	C /4.6	84	2
RE	Wells S&P REIT Index I	WSPIX	C+	(800) 282-1581	12.72	B- /7.1	12.05 /13	19.98 /85	--	C+ /6.4	62	6
RE	Alpine Realty Inc & Growth Y	AIGYX	C+	(888) 785-5578	25.62	C+ /6.3	11.35 /11	18.71 /82	18.28 /89	C+ /6.1	77	8
RE	World Fds Div Cap Realty Inc I	DCRIX	C+	(800) 527-9500	13.08	C /4.4	8.89 / 6	15.61 /72	--	B- /7.9	90	N/A
RE	CGM Realty Fund	CGMRX	C	(800) 345-4048	30.99	A+ /9.7	30.57 /93	35.08 /97	32.07 /99	D /1.6	99	13
RE	JennDry Dryden Glb Real Est Cl Z	PURZX	C	(800) 778-8769	24.93	A- /9.2	19.84 /59	27.15 /95	24.62 /96	C- /3.1	98	N/A
RE	JennDry Dryden Glb Real Est Cl B	PURBX	C	(800) 778-8769	24.65	A- /9.0	18.70 /50	25.88 /94	23.39 /95	C- /3.0	97	N/A
RE	JennDry Dryden Glb Real Est Cl C	PURCX	C	(800) 778-8769	24.65	A- /9.0	18.70 /50	25.88 /94	23.39 /95	C- /3.0	97	N/A
RE	JennDry Dryden Glb Real Est Cl A	PURAX	C	(800) 778-8769	24.86	B+ /8.9	19.62 /57	26.86 /94	24.32 /96	C- /3.0	98	N/A
RE	● Van Kampen Real Estate Sec C	ACRCX	C	(800) 421-5666	29.67	B+ /8.5	14.82 /25	24.58 /93	20.10 /92	C- /3.4	95	10

● Denotes fund is closed to new investors

www.thestreet.com/ratings

Data as of June 30, 2007

VIII. Top-Rated Stock Mutual Funds: Small Cap

Summer 2007

99 Pct = Best
0 Pct = Worst

Fund Type	Fund Name	Ticker Symbol	Overall Investment Rating	Phone	Net Asset Value As of 6/30/07	PERFORMANCE Performance Rating/Pts	Annualized Total Return Through 6/30/07 1Yr / Pct	3Yr / Pct	5Yr / Pct	RISK Risk Rating/Pts	FUND MGR Mgr. Quality Pct	Mgr. Tenure (Years)
SC	● Nationwide Small Cap Fd Inst	GSCIX	A+	(888) 366-0404	23.98	A / 9.3	27.44 / 89	25.95 / 94	21.48 / 94	B- / 7.1	99	N/A
SC	● Nationwide Small Cap Fd C	GSXCX	A+	(888) 366-0404	22.10	A- / 9.2	26.17 / 86	24.72 / 93	20.40 / 92	B- / 7.1	98	N/A
SC	Paradigm Value Fund	PVFAX	A+	(877) 593-8637	53.19	B+ / 8.7	22.88 / 77	21.82 / 89	--	B- / 7.6	98	4
SC	Van Kampen HEF 529 Sm Cap		A+	(800) 421-5666	22.39	B+ / 8.6	27.94 / 90	18.78 / 82	--	B / 8.2	97	N/A
SC	Van Kampen American Value B	MGAVX	A+	(800) 421-5666	32.11	B+ / 8.4	27.10 / 88	17.55 / 79	14.89 / 75	B / 8.0	97	N/A
SC	AIM Trimark Small Companies Inst	ATIIX	A+	(800) 347-4246	17.00	B+ / 8.3	24.05 / 80	19.04 / 83	--	B / 8.2	98	3
SC	Van Kampen HEF 529 Sm Cap		A+	(800) 421-5666	22.64	B+ / 8.3	26.55 / 87	17.49 / 79	--	B / 8.2	96	N/A
SC	Van Kampen American Value C	MSVCX	A+	(800) 421-5666	32.05	B+ / 8.3	27.06 / 88	17.20 / 78	14.82 / 75	B / 8.0	97	N/A
SC	Van Kampen HEF 529 Sm Cap		A+	(800) 421-5666	19.69	B / 8.2	26.54 / 87	17.46 / 79	--	B / 8.2	96	N/A
SC	Gabelli Westwood Mighty Mites C	WMMCX	A+	(800) 422-3554	16.40	B / 8.2	28.50 / 91	16.37 / 76	14.60 / 73	B / 8.1	96	N/A
SC	Van Kampen HEF 529 Sm Cap		A+	(800) 421-5666	22.29	B / 8.1	27.52 / 89	18.37 / 81	--	B / 8.2	96	N/A
SC	Van Kampen American Value A	MSAVX	A	(800) 421-5666	34.55	B / 8.2	28.00 / 90	18.07 / 81	15.54 / 79	B / 8.0	98	N/A
SC	● JPMorgan Small Cap Equity C	JSECX	A	(800) 358-4782	29.15	B / 8.2	21.61 / 70	18.57 / 82	15.88 / 81	B- / 7.7	96	3
SC	Franklin MicroCap Value Adv	FVRMX	A	(800) 321-8563	45.53	B- / 7.5	20.16 / 61	16.93 / 77	16.30 / 82	B / 8.6	97	2
SC	● Oppenheimer Small & Mid Cap	QSCNX	A-	(800) 525-7048	41.68	A- / 9.1	29.44 / 92	21.62 / 88	19.74 / 91	C+ / 6.6	98	6
SC	● Oppenheimer Small & Mid Cap	QSCCX	A-	(800) 525-7048	38.08	A- / 9.0	28.92 / 91	21.11 / 87	19.23 / 90	C+ / 6.4	98	6
SC	● Oppenheimer Small & Mid Cap	QVSCX	A-	(800) 525-7048	42.65	B+ / 8.9	29.90 / 92	22.05 / 89	20.15 / 92	C+ / 6.7	98	6
SC	Royce Value Fd Svc	RYVFX	A-	(800) 221-4268	12.56	B+ / 8.9	24.73 / 82	21.47 / 88	23.63 / 95	C+ / 6.7	97	N/A
SC	● Wells Fargo Avtg Sm Cp Val Z	SSMVX	A-	(800) 222-8222	35.49	B+ / 8.5	19.98 / 60	18.84 / 83	18.16 / 88	B- / 7.1	96	N/A
SC	HSBC Investor Opportunity B	HOPBX	A-	(800) 782-8183	13.86	B / 8.2	23.88 / 80	16.30 / 75	13.17 / 63	B- / 7.3	90	N/A
SC	HSBC Investor Opportunity C	HOPCX	A-	(800) 782-8183	14.01	B / 8.2	23.88 / 80	16.32 / 75	13.17 / 63	B- / 7.3	90	N/A
SC	AIM Trimark Small Companies C	ATICX	A-	(800) 347-4246	16.28	B / 7.9	22.52 / 75	17.64 / 79	--	B- / 7.7	97	4
SC	AIM Trimark Small Companies B	ATIBX	A-	(800) 347-4246	16.29	B / 7.9	22.50 / 75	17.62 / 79	--	B- / 7.7	97	4
SC	AIM Trimark Small Companies A	ATIAX	A-	(800) 347-4246	16.73	B / 7.7	23.45 / 79	18.49 / 82	--	B- / 7.7	98	4
SC	AllianceBern Sm/Mid Cap Value R	ABSRX	A-	(800) 221-5672	18.38	B / 7.6	21.28 / 69	15.43 / 71	--	B / 8.0	92	N/A
SC	American Funds SMALLCAP World	SCWFX	B+	(800) 421-4120	45.21	A / 9.4	32.92 / 95	23.36 / 92	19.78 / 91	C+ / 5.7	99	17
SC	American Funds SMALLCAP World	CSPEX	B+	(800) 421-4120	44.94	A / 9.4	32.44 / 95	22.93 / 91	19.36 / 91	C+ / 5.7	99	17
SC	American Funds SMALLCAP World	CSPFX	B+	(800) 421-4120	45.35	A / 9.4	33.05 / 95	23.45 / 92	19.78 / 91	C+ / 5.7	99	17
SC	American Funds SMALLCAP World	RSLFX	B+	(800) 421-4120	45.77	A / 9.4	33.28 / 95	23.73 / 92	20.15 / 92	C+ / 5.7	99	17
SC	American Funds SMALLCAP World	RSLEX	B+	(800) 421-4120	45.32	A / 9.4	32.86 / 95	23.34 / 91	19.77 / 91	C+ / 5.7	99	17
SC	American Funds SMALLCAP World	RSLCX	B+	(800) 421-4120	44.87	A / 9.4	32.42 / 95	22.89 / 91	19.35 / 91	C+ / 5.7	99	17
SC	American Funds SMALLCAP World	SCWBX	B+	(800) 421-4120	43.77	A / 9.3	31.93 / 94	22.45 / 90	18.88 / 90	C+ / 5.7	99	17
SC	American Funds SMALLCAP World	SCWCX	B+	(800) 421-4120	43.47	A / 9.3	31.85 / 94	22.39 / 90	18.85 / 89	C+ / 5.7	98	17
SC	American Funds SMALLCAP World	CSPBX	B+	(800) 421-4120	44.23	A / 9.3	31.74 / 94	22.28 / 90	18.72 / 89	C+ / 5.7	98	17
SC	American Funds SMALLCAP World	CSPCX	B+	(800) 421-4120	44.19	A / 9.3	31.75 / 94	22.29 / 90	18.73 / 89	C+ / 5.7	98	17
SC	American Funds SMALLCAP World	RSLBX	B+	(800) 421-4120	44.38	A / 9.3	31.87 / 94	22.41 / 90	18.89 / 90	C+ / 5.7	98	17
SC	American Funds SMALLCAP World	RSLAX	B+	(800) 421-4120	44.30	A / 9.3	31.82 / 94	22.38 / 90	18.85 / 90	C+ / 5.7	98	17
SC	● Rainier Small-Mid Cap Equity Inst	RAISX	B+	(800) 280-6111	44.25	A- / 9.2	25.48 / 84	21.34 / 88	19.25 / 90	C+ / 5.9	97	N/A
SC	● Nationwide Small Cap Fd R	GNSRX	B+	(888) 366-0404	22.45	A- / 9.2	26.64 / 87	25.38 / 93	20.83 / 93	C+ / 5.7	99	N/A
SC	American Funds SMALLCAP World	SMCWX	B+	(800) 421-4120	45.54	A- / 9.2	32.92 / 95	23.39 / 92	19.79 / 92	C+ / 5.7	99	17
SC	American Funds SMALLCAP World	CSPAX	B+	(800) 421-4120	45.36	A- / 9.2	32.85 / 95	23.33 / 91	19.78 / 91	C+ / 5.7	99	17
SC	● Nationwide Small Cap Fd B	GSXBX	B+	(888) 366-0404	22.06	A- / 9.2	26.16 / 86	24.71 / 93	20.41 / 92	C+ / 5.6	98	N/A
SC	● Rainier Small-Mid Cap Equity Fd	RIMSX	B+	(800) 280-6111	43.66	A- / 9.1	25.16 / 83	21.04 / 87	18.97 / 90	C+ / 5.9	97	N/A
SC	● Nationwide Small Cap Fd A	GSXAX	B+	(888) 366-0404	23.48	A- / 9.1	27.07 / 88	25.53 / 94	21.15 / 93	C+ / 5.8	99	N/A
SC	● Oppenheimer Small & Mid Cap	QSCBX	B+	(800) 525-7048	38.09	A- / 9.0	28.82 / 91	21.03 / 87	19.20 / 90	C+ / 6.4	98	6
SC	TA IDEX Small/Mid Cap Value C	IIVLX	B+	(888) 233-4339	20.22	B+ / 8.7	22.20 / 74	18.28 / 81	--	C+ / 6.5	94	N/A
SC	TA IDEX Small/Mid Cap Value B	IIVBX	B+	(888) 233-4339	20.29	B+ / 8.7	22.13 / 73	18.30 / 81	15.49 / 79	C+ / 6.5	94	N/A
SC	● MSIF Trust U.S Small Cap Value	MPSCX	B+	(800) 354-8185	29.30	B+ / 8.6	28.88 / 91	19.49 / 84	17.86 / 87	C+ / 6.5	97	4
SC	Royce Value Plus Fd Svc	RYVPX	B+	(800) 221-4268	15.89	B+ / 8.6	23.89 / 80	19.78 / 84	25.08 / 96	C+ / 6.3	96	6
SC	Gabelli Westwood Sm Cap Equity	WESCX	B+	(800) 422-3554	15.35	B+ / 8.5	21.89 / 72	20.07 / 85	10.87 / 42	C+ / 6.6	97	N/A
SC	TA IDEX Small/Mid Cap Value A	IIVAX	B+	(888) 233-4339	21.03	B+ / 8.5	22.94 / 77	19.16 / 83	16.29 / 82	C+ / 6.6	96	N/A
SC	MSIF Trust U.S Small Cap Value	MCVAX	B+	(800) 354-8185	29.15	B+ / 8.5	28.55 / 91	19.18 / 83	17.55 / 87	C+ / 6.5	97	4

● Denotes fund is closed to new investors

VIII. Top-Rated Stock Mutual Funds: Technology

Summer 2007

Fund Type	Fund Name	Ticker Symbol	Overall Investment Rating	Phone	Net Asset Value As of 6/30/07	Performance Rating/Pts	Annualized Total Return Through 6/30/07 1Yr / Pct	3Yr / Pct	5Yr / Pct	Risk Rating/Pts	Mgr. Quality Pct	Mgr. Tenure (Years)
TC	GAMCO Global Telecom AAA	GABTX	A+	(800) 422-3554	25.62	A /9.4	40.01 /97	21.96 /89	22.47 /94	B /8.1	98	7
TC	GAMCO Global Telecom B	GTCBX	A+	(800) 422-3554	24.88	A /9.3	38.99 /97	21.04 /87	21.54 /94	B /8.0	98	7
TC	GAMCO Global Telecom C	GTCCX	A+	(800) 422-3554	24.71	A- /9.2	38.94 /97	21.02 /87	21.54 /94	B /8.0	98	7
TC	GAMCO Global Telecom A	GTCAX	A+	(800) 422-3554	25.60	A- /9.2	40.14 /97	21.97 /89	22.48 /94	B- /7.9	98	7
TC	DWS Communication Fund Inst	FLICX	A	(800) 621-1048	27.79	A /9.4	34.90 /96	22.85 /91	20.47 /92	C+ /6.8	97	5
TC	Fidelity Select Telecommunications	FSTCX	A	(800) 544-8888	57.30	A /9.3	37.89 /96	21.07 /87	22.58 /94	C+ /6.7	97	N/A
TC	DWS Communication Fund B	FTEBX	A	(800) 621-1048	25.02	A- /9.2	33.58 /95	21.61 /88	19.08 /90	C+ /6.8	96	12
TC	DWS Communication Fund A	TISHX	A	(800) 621-1048	27.17	A- /9.2	34.57 /96	22.53 /90	20.13 /92	C+ /6.8	97	23
TC	DWS Communication Fund C	FTICX	A	(800) 621-1048	25.04	A- /9.2	33.55 /95	21.62 /88	19.08 /90	C+ /6.8	96	12
TC	Guinness Atkinson Glob Innov	IWIRX	A	(800) 915-6565	20.94	A- /9.0	31.12 /93	18.51 /82	16.42 /83	C+ /6.8	82	N/A
TC	Franklin Global Communications A	FRGUX	B+	(800) 342-5236	14.50	A /9.4	37.70 /96	23.18 /91	19.11 /90	C+ /5.6	96	N/A
TC	Franklin Global Communications C	FRUTX	B+	(800) 342-5236	13.74	A /9.4	36.72 /96	22.26 /90	18.21 /88	C /5.5	95	N/A
TC	● Franklin Global Communications B		B+	(800) 342-5236	13.73	A /9.4	36.75 /96	22.31 /90	18.21 /88	C /5.5	95	N/A
TC	T. Rowe Price Media & Telecomm	PRMTX	B	(800) 638-5660	50.47	A+ /9.6	39.61 /97	26.67 /94	29.63 /98	C /4.9	98	N/A
TC	Fidelity Adv Telecom Fd I	FTUIX	B	(800) 522-7297	57.34	A /9.3	37.92 /96	21.08 /87	22.58 /94	C /5.3	97	N/A
TC	Fidelity Adv Telecom Fd B	FTUBX	B	(800) 522-7297	57.05	A /9.3	37.18 /96	20.86 /86	22.45 /94	C /5.3	96	N/A
TC	Fidelity Adv Telecom Fd C	FTUCX	B	(800) 522-7297	57.03	A /9.3	37.15 /96	20.86 /86	22.45 /94	C /5.3	96	N/A
TC	Fidelity Adv Telecom Fd A	FTUAX	B	(800) 522-7297	57.22	A- /9.2	37.71 /96	21.02 /87	22.55 /94	C /5.3	97	N/A
TC	Fidelity Adv Telecom Fd T	FTUTX	B	(800) 522-7297	57.16	A- /9.2	37.53 /96	20.97 /87	22.52 /94	C /5.3	96	N/A
TC	Rydex Series-Telecomm Inv	RYMIX	B	(800) 820-0888	21.43	B /8.1	30.52 /93	13.66 /60	15.88 /81	C+ /6.0	36	N/A
TC	Seligman Communications/Info I	SCMIX	B	(800) 221-2783	37.60	B /7.9	28.81 /91	15.04 /69	15.57 /79	C+ /6.4	29	18
TC	Fidelity Select Wireless Fund	FWRLX	B-	(800) 544-8888	8.53	A /9.4	35.18 /96	20.94 /87	26.65 /97	C /4.6	95	N/A
TC	Matthews Asian Technology Fund	MATFX	B-	(800) 892-0382	8.83	A- /9.0	33.38 /95	20.08 /85	19.54 /91	C /5.0	91	8
TC	Rydex Series-Telecomm Adv	RYMAX	B-	(800) 820-0888	20.52	B /7.9	29.80 /92	13.11 /55	15.50 /79	C+ /5.9	30	N/A
TC	Ivy Fund-Science & Tech Y	WSTYX	B-	(800) 777-6472	31.99	B /7.8	21.07 /67	15.92 /74	15.32 /78	C+ /5.8	80	6
TC	Rydex Series-Telecomm C	RYCSX	B-	(800) 820-0888	20.16	B /7.7	29.24 /92	12.56 /50	14.77 /75	C+ /5.8	26	N/A
TC	Waddell & Reed Adv Sci & Tech Y	USTFX	C+	(888) 923-3355	13.13	B /7.9	21.69 /71	16.38 /76	15.64 /79	C /5.2	82	6
TC	Seligman Communications/Info R	SCIRX	C+	(800) 221-2783	36.21	B /7.6	27.91 /90	14.25 /64	--	C+ /5.6	24	18
TC	Baron iOpportunity Fund	BIOPX	C+	(800) 992-2766	12.23	B- /7.5	24.80 /82	15.05 /69	23.89 /95	C /5.5	36	1
TC	Huntington New Economy Tr	HNETX	C+	(800) 253-0412	18.00	B- /7.4	17.69 /43	16.12 /74	14.28 /72	C+ /5.7	72	6
TC	Seligman Communications/Info B	SLMBX	C+	(800) 221-2783	31.18	B- /7.3	27.21 /88	13.62 /59	14.10 /70	C+ /5.6	20	11
TC	Seligman Communications/Info C	SCICX	C+	(800) 221-2783	31.20	B- /7.3	27.24 /88	13.64 /59	14.12 /70	C+ /5.6	20	8
TC	Seligman Communications/Info D	SLMDX	C+	(800) 221-2783	31.18	B- /7.3	27.27 /88	13.63 /59	14.12 /70	C+ /5.6	20	14
TC	Ivy Fund-Science & Tech C	WSTCX	C+	(800) 777-6472	29.25	B- /7.2	19.91 /59	14.74 /67	14.07 /70	C+ /5.7	69	6
TC	Ivy Fund-Science & Tech B	WSTBX	C+	(800) 777-6472	28.72	B- /7.1	19.75 /58	14.48 /65	13.77 /68	C+ /5.7	66	6
TC	Seligman Communications/Info A	SLMCX	C+	(800) 221-2783	36.61	B- /7.1	28.23 /90	14.50 /66	14.99 /76	C+ /5.6	25	18
TC	Ivy Fund-Science & Tech A	WSTAX	C+	(800) 777-6472	30.99	B- /7.0	20.94 /66	15.72 /73	15.06 /77	C+ /5.8	78	6
TC	Huntington New Economy B	HNEBX	C+	(800) 253-0412	17.10	B- /7.0	16.80 /37	15.25 /70	13.40 /65	C+ /5.6	63	6
TC	Wasatch Global Sci & Tech	WAGTX	C	(800) 551-1700	17.07	B /8.2	28.40 /90	15.14 /69	17.42 /86	C- /4.0	19	N/A
TC	● MFS Technology Fund I	MTCIX	C	(800) 343-2829	13.49	B /7.8	34.10 /96	13.28 /57	13.73 /68	C /4.3	11	2
TC	Henderson Global Technology B	HFGBX	C	(866) 443-6337	15.81	B /7.6	26.18 /86	13.09 /55	16.18 /82	C /4.5	12	6
TC	Henderson Global Technology C	HFGCX	C	(866) 443-6337	15.77	B /7.6	26.16 /86	13.10 /55	16.12 /82	C /4.5	12	6
TC	MFS Technology Fund R	MTQRX	C	(800) 343-2829	13.00	B /7.6	33.47 /95	12.75 /52	13.15 /63	C /4.3	9	2
TC	MFS Technology Fund R3	MTERX	C	(800) 343-2829	12.92	B- /7.5	33.33 /95	12.56 /50	13.01 /62	C /4.3	9	2
TC	Henderson Global Technology A	HFGAX	C	(866) 443-6337	16.45	B- /7.3	27.03 /88	13.93 /61	16.94 /85	C /4.3	16	6
TC	MFS Technology Fund B	MTCBX	C	(800) 343-2829	12.53	B- /7.3	32.73 /95	12.16 /47	12.64 /59	C /4.3	8	2
TC	MFS Technology Fund C	MTCCX	C	(800) 343-2829	12.51	B- /7.3	32.80 /95	12.19 /47	12.60 /58	C /4.3	8	2
TC	Waddell & Reed Adv Sci & Tech A	UNSCX	C	(888) 923-3355	12.53	B- /7.2	21.43 /70	15.99 /74	15.25 /77	C /5.1	79	6
TC	Waddell & Reed Adv Sci & Tech B	USTBX	C	(888) 923-3355	11.05	B- /7.2	20.05 /60	14.63 /66	13.75 /68	C /4.7	66	6
TC	Waddell & Reed Adv Sci & Tech C	WCSTX	C	(888) 923-3355	11.09	B- /7.2	20.08 /60	14.66 /66	13.79 /68	C /4.7	67	6
TC	Seligman Global Tech R	SGTRX	C	(800) 221-2783	17.73	B- /7.1	27.28 /88	13.18 /56	--	C /5.0	16	N/A
TC	FBR Small Cap Technology Fund	FBRCX	C	(888) 888-0025	12.79	B- /7.0	29.87 /92	11.93 /45	--	C /4.9	5	3

● Denotes fund is closed to new investors

Data as of June 30, 2007

VIII. Top-Rated Stock Mutual Funds: Utilities

Summer 2007

99 Pct = Best
0 Pct = Worst

Fund Type	Fund Name	Ticker Symbol	Overall Investment Rating	Phone	Net Asset Value As of 6/30/07	Performance Rating/Pts	Annualized Total Return Through 6/30/07 1Yr / Pct	3Yr / Pct	5Yr / Pct	Risk Rating/Pts	Mgr. Quality Pct	Mgr. Tenure (Years)
UT	MFS Utilities Fund R4	MMUHX	A+	(800) 343-2829	19.22	A+ /9.7	43.81 /98	30.58 /96	25.16 /96	B /8.2	99	2
UT	MFS Utilities Fund R5	MMUJX	A+	(800) 343-2829	19.23	A+ /9.7	44.18 /98	30.89 /96	25.34 /96	B /8.2	99	2
UT	MFS Utilities Fund R2	MMUKX	A+	(800) 343-2829	19.16	A+ /9.7	43.31 /98	30.00 /96	24.48 /96	B /8.2	99	2
UT	MFS Utilities Fund I	MMUIX	A+	(800) 343-2829	19.26	A+ /9.7	44.33 /98	31.09 /96	25.58 /96	B /8.1	99	15
UT	MFS Utilities Fund B	MMUBX	A+	(800) 343-2829	19.17	A+ /9.7	42.99 /97	29.80 /96	24.36 /96	B /8.1	99	14
UT	MFS Utilities Fund R	MMURX	A+	(800) 343-2829	19.21	A+ /9.7	43.68 /98	30.44 /96	24.84 /96	B /8.1	99	15
UT	MFS Utilities Fund R3	MURRX	A+	(800) 343-2829	19.20	A+ /9.7	43.42 /98	30.18 /96	24.63 /96	B /8.1	99	4
UT	MFS Utilities Fund C	MMUCX	A+	(800) 343-2829	19.18	A+ /9.7	42.87 /97	29.78 /96	24.34 /96	B /8.1	99	13
UT	MFS Utilities Fund R1	MMUGX	A+	(800) 343-2829	19.16	A+ /9.6	42.72 /97	29.68 /96	24.29 /96	B /8.1	99	2
UT	MFS Utilities Fund A	MMUFX	A+	(800) 343-2829	19.23	A+ /9.6	43.97 /98	30.75 /96	25.26 /96	B /8.1	99	15
UT	Evergreen Utility and Telecom C	EVUCX	A+	(800) 343-2898	16.20	A+ /9.6	33.99 /95	28.36 /95	21.48 /93	B- /7.4	98	N/A
UT	Evergreen Utility and Telecom B	EVUBX	A+	(800) 343-2898	16.20	A+ /9.6	34.01 /95	28.38 /95	21.50 /94	B- /7.4	98	N/A
UT	Evergreen Utility and Telecom I	EVUYX	A+	(800) 343-2898	16.21	A+ /9.6	35.31 /96	29.64 /96	22.72 /95	B- /7.4	99	N/A
UT	Eaton Vance Utilities I	EIUTX	A+	(800) 225-6265	14.69	A /9.5	35.34 /96	28.35 /95	21.05 /93	B /8.3	99	2
UT	Eaton Vance Utilities A	EVTMX	A+	(800) 225-6265	14.69	A /9.5	35.00 /96	28.15 /95	20.93 /93	B- /7.7	99	8
UT	BlackRock Utilities/Telecom Inst	MAGUX	A+	(888) 825-2257	16.62	A /9.5	33.93 /95	25.54 /94	16.96 /85	B- /7.5	97	5
UT	Evergreen Utility and Telecom A	EVUAX	A+	(800) 343-2898	16.19	A /9.5	34.99 /96	29.30 /95	22.37 /94	B- /7.4	99	N/A
UT	● AIM Utilities Fund Inv	FSTUX	A+	(800) 347-4246	18.88	A /9.4	30.95 /93	25.92 /94	17.77 /87	B- /7.7	95	4
UT	BlackRock Utilities/Telecom B1	MBGUX	A+	(888) 825-2257	16.57	A /9.4	32.88 /95	24.56 /93	16.05 /81	B- /7.5	97	5
UT	BlackRock Utilities/Telecom C1	MCGUX	A+	(888) 825-2257	16.39	A /9.4	32.74 /95	24.50 /93	16.00 /81	B- /7.5	97	5
UT	Nationwide Global Utilities Inst	GLUIX	A+	(888) 366-0404	14.49	A /9.3	34.28 /96	25.30 /93	19.40 /91	B /8.6	99	N/A
UT	Fidelity Adv Utilities I	FUGIX	A+	(800) 522-7297	21.93	A /9.3	33.74 /95	24.34 /93	19.96 /92	B- /7.8	98	1
UT	AIM Utilities Fund C	IUTCX	A+	(800) 347-4246	18.94	A /9.3	30.03 /92	24.99 /93	16.74 /84	B- /7.8	94	4
UT	Fidelity Utilities Fund	FIUIX	A+	(800) 544-8888	21.24	A /9.3	33.73 /95	24.41 /93	18.02 /88	B- /7.7	98	2
UT	AIM Utilities Fund B	IBUTX	A+	(800) 347-4246	18.79	A /9.3	29.97 /92	25.00 /93	16.86 /84	B- /7.7	94	4
UT	BlackRock Utilities/Telecom Inv A	MDGUX	A+	(888) 825-2257	16.62	A /9.3	33.50 /95	25.18 /93	16.67 /84	B- /7.5	97	5
UT	American Century Utilities Inv	BULIX	A+	(800) 345-6488	18.04	A- /9.2	31.72 /94	24.02 /92	17.73 /87	B- /7.9	95	10
UT	American Century Utilities Adv	ACUTX	A+	(800) 345-6488	18.02	A- /9.2	31.44 /94	23.75 /92	17.44 /86	B- /7.8	95	N/A
UT	AllianceBern Utility Income Adv	AUIYX	A+	(800) 221-5672	23.79	A- /9.2	30.46 /93	23.97 /92	17.65 /87	B- /7.7	96	6
UT	AIM Utilities Fund A	IAUTX	A+	(800) 347-4246	18.73	A- /9.2	30.98 /93	25.90 /94	17.72 /87	B- /7.7	95	4
UT	Fidelity Adv Utilities B	FAUBX	A+	(800) 522-7297	21.37	A- /9.1	32.27 /94	22.92 /91	18.57 /89	B- /7.9	98	1
UT	Fidelity Adv Utilities C	FUGCX	A+	(800) 522-7297	21.34	A- /9.1	32.26 /94	22.96 /91	18.63 /89	B- /7.9	98	1
UT	Cohen & Steers Utility I	CSUIX	A+	(800) 437-9912	18.70	A- /9.0	31.47 /94	21.43 /88	--	B /8.6	76	N/A
UT	Fidelity Select Utilities Growth	FSUTX	A+	(800) 544-8888	61.10	A- /9.0	29.56 /92	23.09 /91	18.85 /90	B /8.0	98	1
UT	Fidelity Adv Utilities A	FUGAX	A+	(800) 522-7297	21.71	A- /9.0	33.19 /95	23.84 /92	19.43 /91	B- /7.9	98	1
UT	Fidelity Adv Utilities T	FAUFX	A+	(800) 522-7297	21.68	A- /9.0	32.85 /95	23.50 /92	19.13 /90	B- /7.9	98	1
UT	AllianceBern Utility Income A	AUIAX	A+	(800) 221-5672	23.67	A- /9.0	30.07 /92	23.59 /92	17.31 /86	B- /7.7	95	6
UT	AllianceBern Utility Income B	AUIBX	A+	(800) 221-5672	23.41	A- /9.0	29.13 /91	22.68 /90	16.46 /83	B- /7.7	94	6
UT	AllianceBern Utility Income C	AUICX	A+	(800) 221-5672	23.47	A- /9.0	29.17 /91	22.72 /91	16.47 /83	B- /7.7	94	11
UT	Putnam Utilities Gr & Inc Y		A+	(800) 354-2228	14.84	B+ /8.9	32.76 /95	21.53 /88	15.54 /79	B /8.4	93	N/A
UT	Flex-funds Total Return Utilities	FLRUX	A+	(800) 325-3539	25.03	B+ /8.9	25.75 /85	21.14 /87	13.60 /66	B- /7.6	95	12
UT	Cohen & Steers Utility C	CSUCX	A+	(800) 437-9912	18.61	B+ /8.8	30.09 /92	20.21 /85	--	B /8.6	64	N/A
UT	Cohen & Steers Utility B	CSUBX	A+	(800) 437-9912	18.60	B+ /8.8	30.14 /93	20.23 /85	--	B /8.6	64	N/A
UT	Putnam Utilities Gr & Inc R	PULRX	A+	(800) 354-2228	14.81	B+ /8.8	32.01 /94	21.05 /87	15.22 /77	B /8.1	91	N/A
UT	Cohen & Steers Utility A	CSUAX	A+	(800) 437-9912	18.67	B+ /8.7	31.02 /93	21.01 /87	--	B /8.6	72	N/A
UT	Putnam Utilities Gr & Inc C		A+	(800) 354-2228	14.75	B+ /8.7	31.38 /94	20.42 /86	14.63 /74	B /8.1	89	N/A
UT	Putnam Utilities Gr & Inc A	PUGIX	A+	(800) 354-2228	14.84	B+ /8.7	32.44 /95	21.36 /88	15.44 /78	B /8.0	92	N/A
UT	Putnam Utilities Gr & Inc B	PUTBX	A+	(800) 354-2228	14.77	B+ /8.7	31.37 /94	20.42 /86	14.65 /74	B /8.0	89	N/A
UT	Putnam Utilities Gr & Inc M	PUTMX	A+	(800) 354-2228	14.82	B+ /8.6	31.72 /94	20.75 /86	14.91 /76	B /8.0	90	N/A
UT	J Hancock Trust Utilities Ser I	JEUTX	A	(800) 257-3336	15.73	A+ /9.7	43.66 /98	30.58 /96	24.86 /96	C+ /6.4	99	6
UT	Van Kampen Utility B	VKUBX	A	(800) 421-5666	24.01	B+ /8.4	25.71 /85	20.07 /85	13.31 /64	B- /7.7	75	12
UT	Van Kampen Utility C	VKUCX	A	(800) 421-5666	24.01	B+ /8.4	25.78 /85	20.07 /85	13.31 /64	B- /7.7	75	12

● Denotes fund is closed to new investors

Appendix

What is a Mutual Fund?

Picking individual stocks is difficult and buying individual bonds can be expensive. Mutual funds were introduced to allow the small investor to participate in the stock and bond market for just a small initial investment. Mutual funds are pools of stocks or bonds that are managed by investment professionals. First, an investment company organizes the fund and collects the money from investors. The company then takes that money and pays a portfolio manager to invest it in stocks, bonds, money market instruments and other types of securities.

Most funds fit within one of two main categories, open-ended funds or closed-end funds. Open-ended funds issue new shares when investors put in money and redeem shares when investors withdraw money. The price of a share is determined by dividing the total net assets of the fund by the number of shares outstanding.

On the other hand, closed-end funds issue a fixed number of shares in an initial public offering, trading thereafter in the open market like a stock. Open-end funds are the most common type of mutual fund. Investing in either class of funds means you own a share of the portfolio, so you participate in the fund's gains and losses.

There are approximately 20,000 different mutual funds, each with a stated investment objective. Here are descriptions for five of the most popular types of funds:

Stock funds: A mutual fund which invests mainly in stocks. These funds are more actively traded than other more conservative funds. The stocks chosen may vary widely according to the fund's investment strategy.

Bond funds: A mutual fund which invests in bonds, in an effort to provide stable income while preserving principal as much as possible. These funds invest in medium- to long-term bonds issued by corporations and governments.

Index funds: A mutual fund that aims to match the performance of a specific index, such as the S&P 500. Index funds tend to have fewer expenses than other funds because portfolio decisions are automatic and transactions are infrequent.

Balanced funds: A mutual fund that buys a combination of stocks and bonds, in order to supply both income and capital growth while ensuring a minimal amount of risk for investors.

Money market funds: An open-end mutual fund which invests only in stable, short-term securities. The fund seeks to preserve its value at a constant $1 per share. Money market funds are not insured by the FDIC, however may be covered by SIPC insurance. Investors should contact the firm administering their investment account to determine the insurance coverage of the funds or contact the FDIC and/or the SIPC directly.

Investing in a mutual fund has several advantages over owning a single stock or bond. For example, funds offer instant portfolio diversification by giving you ownership of many stocks or bonds simultaneously. This diversification protects you in case a part of your investment takes a sudden downturn. You also get the benefit of having a professional handling your investment, though a management fee is charged for these services, typically 1% or 2% a year.

You should be aware that the fund may also levy other fees and that you will likely have to pay a sales commission (known as a load) if you purchase the fund from a financial adviser. The fund manager's strategy is laid out in the fund's prospectus, which is the official name for the legal document that contains financial information about the fund, including its history, its officers and its performance. Mutual fund investments are fully liquid so you can easily get in or out by just placing an order through a broker.

Investor Profile Quiz

We recognize that each person approaches his or her investment decisions from a unique perspective. A mutual fund that is perfect for someone else may be totally inappropriate for you due to factors such as:
- How much risk you are comfortable taking
- Your age and the number of years you have before retirement
- Your income level and tax rate
- Your other existing investments and personal net worth
- Preconceived expectations about investment performance

The following quiz will help you quantify your tolerance for risk based on your own personal life situation. As you read through each question, circle the letter next to the single answer that you feel most accurately describes your current position. Keep in mind that there are no "correct" answers to this quiz, only answers that are helpful in assessing your investment style. So don't worry about how your answer might be perceived by others; just try to be as honest and accurate as possible.

Then at the end of the quiz, use the point totals listed on the right side of the page to compute your test score. Once you've added up your total points, refer to the corresponding investor profile for an evaluation of your personal risk tolerance. Each profile also lists the page number where you will find the top performing mutual funds matching your risk profile.

		Points	Your Score
1.	I am currently investing to pay for:		
	a. Retirement	0 pts	
	b. College	0 pts	
	c. A house	0 pts	
2.	I expect I will need to liquidate some or all of this investment in:		
	a. 2 years or less	0 pts	
	b. 2 to 5 years	5 pts	
	c. 5 to 10 years	8 pts	
	d. 10 years or more	10 pts	
3.	My age group is		
	a. Under 30	10 pts	
	b. 30 to 44	9 pts	
	c. 45 to 60	7 pts	
	d. 60 to 74	5 pts	
	e. 75 and older	1 pts	
4.	I am currently looking to invest money through:		
	a. An IRA or other tax-deferred account	0 pts	
	b. A fully taxable account	0 pts	

5.	I have a cash reserve equal to 3 to 6 months expenses. a. Yes b. No	10 pts 1 pts	
6.	My primary source of income is: a. Salary and other earnings from my primary occupation b. Earnings from my investment portfolio c. Retirement pension and/or Social Security	7 pts 5 pts 3 pts	
7.	I will need regular income from this investment now or in the near future. a. Yes b. No	6 pts 10 pts	
8.	Over the long run, I expect this investment to average returns of: a. 8% annually or less b. 8% to 12% annually c. 12% to 15% annually d. 15% to 20% annually e. Over 20% annually	0 pts 6 pts 8 pts 10 pts 18 pts	
9.	The worst loss I would be comfortable accepting on my investment is: a. Less than 5%. Stability of principal is very important to me. b. 5% to 10%. Modest periodic declines are acceptable. c. 10% to 15%. I understand that there may be losses in the short run but over the long term, higher risk investments will offer highest returns. d. Over 15%. You don't get high returns without taking risk. I'm looking for maximum capital gains and understand that my funds can substantially decline.	1 pts 3 pts 8 pts 15 pts	
10.	If the stock market were to suddenly decline by 15%, which of the following would most likely be your reaction? a. I should have left the market long ago, at the first sign of trouble. b. I should have substantially exited the stock market by now to limit my exposure. c. I'm still in the stock market but I've got my finger on the trigger. d. I'm staying fully invested so I'll be ready for the next bull market.	3 pts 5 pts 7 pts 10 pts	
11.	The best defense against a bear market is: a. A defensive market timing system that avoids large losses. b. A potent offense that will make big gains in the next bull market.	4 pts 10 pts	
12.	The best strategy to employ during bear markets is: a. Move to cash. It's the only safe hiding place. b. Short the market and try to make a profit as it declines. c. Wait it out because the market will eventually recover.	5 pts 10 pts 8 pts	

13.	I would classify myself as: a. A buy-and-hold investor who rides out all the peaks and valleys. b. A market timer who wants to capture the major bull markets. c. A market timer who wants to avoid the major bear markets.	10 pts 7 pts 5 pts		
14.	My attitude regarding trading activity is: a. Active trading is costly and unproductive. b. I don't mind frequent trades as long as I'm making money c. Occasional trading is okay but too much activity is not good.	0 pts 2 pts 1 pts		
15.	If the S&P 500 advanced strongly over the last 12 months, my investment should have: a. Grown even more than the market. b. Approximated the performance of the broad market. c. Focused on reducing the risk of loss in a bear market, even if it meant giving up some upside potential in the bull market.	10 pts 5 pts 2 pts		

		Extensive	Some	None
16.	I have experience (extensive, some, or none) with the following types of investments.			
	a. U.S. stocks or stock mutual funds	2 pts	1 pts	0 pts
	b. International stock funds	2 pts	1 pts	0 pts
	c. Bonds or bond funds	1 pts	0 pts	0 pts
	d. Futures and/or options	5 pts	3 pts	0 pts
	e. Managed futures or funds	3 pts	1 pts	0 pts
	f. Real estate	2 pts	1 pts	0 pts
	g. Private hedge funds	3 pts	1 pts	0 pts
	h. Privately managed accounts	2 pts	1 pts	0 pts

17.	Excluding my primary residence, this investment represents ___% of my investment holdings. a. Less than 5% b. 5% to 10% c. 10% to 20% d. 20% to 30% e. 30% or more	10 pts 7 pts 5 pts 3 pts 1 pts		
			TOTAL	

Under 58 pts	**Very Conservative.** You appear to be very risk averse with capital preservation as your primary goal. As such, most equity mutual funds may be a little too risky for your taste, especially in a turbulent market environment. We recommend you stick to the safest bond funds and money market mutual funds where your income stream is predictable and more secure. Those funds are not covered in this publication, but you can easily find them in Section VII of *TheStreet.com Ratings Guide to Bond and Money Market Mutual Funds*.
58 to 77 pts	**Conservative.** Based on your responses, it appears that you are more concerned about minimizing the risk to your principal than you are about maximizing your returns. Don't worry, there are plenty of good mutual funds that offer strong returns with very little volatility. As a starting point, we recommend you turn to page 608 where you will find a list of the top-rated funds receiving the best risk rating we issue to equity mutual funds (B– or better, meaning Good).
78 to 108 pts	**Moderate.** You are prepared to take on a little added risk in order to enhance your investment returns. This is probably the most common approach to mutual fund investing. To select a mutual fund matching your style, we recommend you turn to page 610. There you can easily pick from the top-rated mutual funds receiving a risk rating in the C (Fair) range.
109 to 129 pts	**Aggressive.** You appear to be ready to ride out almost any financial storm on your way toward maximizing your investment returns. You understand that the only way to make large returns on your investments is by taking on added risk, and your personal situation seems to allow for that approach. We recommend you use pages 610 - 613 as a starting point for selecting a top-rated mutual fund with a risk rating in the C (Fair) or D (Weak) range.
Over 129 pts	**Very Aggressive.** Based on your responses, you appear to be leaning heavily toward speculation. Your primary concern is maximizing your investment growth, and you are prepared to take on as much risk as necessary in order to do so. To this end, turn to page 614 where you'll find the top-rated mutual funds with a risk rating in the E (Very Weak) range. These investments have historically been extremely volatile, oftentimes investing in stocks that are currently out of favor. As such, they are highly speculative investments that could provide superior results if you can stomach the volatility and uncertainty. For a list of the top performing mutual funds regardless of risk category, turn to page 588. Also see section VI of *TheStreet.com Ratings Guide to Common Stocks*.

Performance Benchmarks

The following benchmarks represent the average performance for all mutual funds within each stock fund type category. Comparing an individual mutual fund's returns to these benchmarks is yet another way to assess its performance. For the top performing funds within each of the following categories, turn to Section VIII, Top-Rated Stock Mutual Funds By Fund Type, beginning on page 622. You can also use this information to compare the average performance of one category of funds to another (updated through June 30, 2007).

		3 Month Total Return %	1 Year Total Return %	Refer to page:
AA	Asset Allocation	3.83%	14.89%	623
AG	Aggressive Growth	5.70%	15.93%	622
BA	Balanced	3.72%	14.20%	624
CV	Convertible	4.42%	14.32%	625
EM	Emerging Market	13.87%	43.86%	626
EN	Energy/Natural Resources	12.52%	17.20%	627
FO	Foreign	7.82%	28.94%	629
FS	Financial Services	2.53%	13.31%	628
GI	Growth & Income	5.37%	18.17%	632
GL	Global	6.19%	22.22%	630
GR	Growth	6.31%	18.36%	631
HL	Health	3.99%	13.52%	633
IN	Income	5.47%	19.33%	634
IX	Index	5.70%	19.32%	635
MC	Mid Cap	6.84%	19.29%	636
OT	Other	3.81%	8.00%	637
PM	Precious Metals	1.54%	10.80%	638
RE	Real Estate	-7.72%	12.36%	639
SC	Small Cap	6.12%	16.80%	640
TC	Technology	9.14%	22.61%	641
UT	Utilities	3.98%	31.83%	642

Fund Type Descriptions

AG - Aggressive Growth - Seeks maximum capital appreciation, by investing primarily in common stocks of companies that are believed to offer rapid growth potential. These funds tend to employ greater-than-average risk strategies than a typical growth fund in an attempt to gain a higher rate of return. Aggressive Growth funds have the flexibility to invest in companies with any capitalization.

AA - Asset Allocation - Seeks both income and capital appreciation by determining the optimal percentage of assets to place in stocks, bonds, and cash.

BA - Balanced - Seeks both income and capital appreciation by determining the optimal proportion of assets to place in stocks, bonds, and cash. The allocation across asset classes will remain relatively stable.

CV - Convertible - Invests at least 65% in convertible securities. Convertible securities are bonds or preferred stocks that are exchangeable for a set number of shares of common stock.

EM - Emerging Market - Seeks long term capital appreciation by investing primarily in emerging market equity securities. Income is usually incidental.

EN - Energy/Natural Resources - Invests primarily in equity securities of companies involved in the exploration, distribution, or processing of natural resources.

FS - Financial - Seeks capital appreciation by investing in equity securities of companies engaged in providing financial services. Typically, securities are from commercial banks, S&Ls, finance companies, securities brokerages, investment managers, insurance companies, and leasing companies.

FO - Foreign - Invests primarily in non-U.S. equity securities of any market capitalization. Income is usually incidental.

GL - Global - Invests primarily in domestic and foreign equity securities of any market capitalization. Income is usually incidental.

GR - Growth - Seeks long term capital appreciation by investing primarily in equity securities of any market capitalization. Income is usually incidental.

GI - Growth and Income - Seeks both capital appreciation and income primarily by investing in equities with a level or rising dividend stream.

HL - Health - Seeks capital appreciation by investing primarily in equities of companies engaged in the design, manufacture, or sale of products or services connected with health care or medicine.

IN - Income - Seeks current income by investing a minimum of 65% of its assets in income-producing equity securities.

IX - Index - Seeks to provide investment results comparable to that of a particular index by investing substantially in the securities of, or characteristically similar to those of, the index.

MC - Mid Cap - Seeks long term capital appreciation by investing in stocks of medium size companies, as determined by market capitalization. Typically, capitalizations between $1 billion and $5 billion are ranked as medium capitalization companies.

OT - Other - Funds which have a specific focus that do not fit into any of the existing categories.

PM - Precious Metals - Seeks capital appreciation by investing primarily in equity securities of companies involved in mining, distribution, processing, or dealing in gold, silver, platinum, diamonds, or other precious metals and minerals.

RE - Real Estate - Seeks capital appreciation and income by investing in equity securities of real estate investment trusts and other real estate industry companies.

SC - Small Cap - Seeks maximum capital appreciation, by investing primarily in stocks of small companies, as determined by market capitalization. Typically, capitalizations under $1 billion are classified as small capitalization companies.

TC - Technology - Seeks capital appreciation by investing a minimum of 65% of its assets in the technology sector.

UT - Utilities - Seeks a high level of current income by investing primarily in the equity securities of utility companies.

Share Class Descriptions

Many mutual funds have several classes of shares, each with different fees and associated sales charges. While there is no official standardization of mutual fund classes we have compiled a list of those most frequently seen. Ultimately you must consult a fund's prospectus for particular share class designations and what they mean. Federal regulation requires that the load, or sales charge, not exceed 8.5% of the investment purchase.

Class	Description
A	**Front End Load.** Sales charge is paid at the time of purchase and is deducted from the investment amount.
B	**Back End Load.** Also know as contingent deferred sales charge (CDSC); the sales charge is imposed if the fund is sold. Class B shares usually convert to Class A shares after six to eight years from the date of purchase.
C	**Level Load.** A set sales charge paid annually for as long as the fund is held. This class is especially beneficial to the short-term investor.
D	**Flexible.** Class D shares can be anything a fund company wants. Check the fund prospectus for the details regarding a specific fund's fee structure.
I	**Institutional.** No sales charge is collected due to the size of the order. This class usually requires a minimum investment of $100,000.
M	**Mid Load.** Similar to Class A, but with a lower front end load and higher expense ratio (see page 17 for more information on expense ratios).
N	**No Load.** No sales fee is imposed.
R	**No Load.** No sales fee is imposed and fund must be held in a qualified retirement account.
T	**Mid Load.** Similar to Class A, but with a lower front end load and higher expense ratio (see page 17 for more information on expense ratios).
Y	**Institutional.** No sales charge is collected due to the size of the order. This class usually requires a minimum investment of $100,000.
Z	**No Load.** Fund is only available for purchase to employees of the mutual fund company, as an employee benefit. No sales fee is imposed.

TheStreet.com Ratings'

THESTREET.COM RATINGS' FINANCIAL STRENGTH GUIDES

TheStreet.com Ratings' comprehensive industry-wide guides provide the most accurate, complete source of financial strength ratings on more than 15,000 financial institutions including banks and insurance companies.

Issued Quarterly. Price: $499 + $19.95 s/h for 4 quarterly issues, or $249 + $8.95 s/h for a single edition.

Guide to Life and Annuity Insurers covers more than 1,500 U.S. life, health and annuity insurers.

Guide to Property and Casualty Insurers covers more than 2,500 property and casualty insurers in the U.S.

Guide to Health Insurers is the only source covering more than 1,200 U.S. health insurers including all Blue Cross/Blue Shield plans.

Guide to Banks and Thrifts covers more than 9,000 banks and thrifts in the U.S.

THESTREET.COM RATINGS' INVESTMENT GUIDES

TheStreet.com Ratings' comprehensive investment guides provide the most accurate, complete information for more than 20,000 investment choices.

Issued Quarterly. Price: $499 + $19.95 s/h for 4 quarterly issues, or $249 + $8.95 s/h for a single edition.

Ultimate Guided Tour of Stock Investing is a must-have, easy-to-understand guide presented in a friendly, fun format complete with our "Wise Guide" who leads you on an informative safari through the stock market jungle. Complete with how-to information on stock investing, useful worksheets, examples on common topics such as diversification, TheStreet.com Performance and Risk Ratings, and much more! This guide will help you learn to invest and successfully manage your stock portfolio. Covers every stock on the American Stock Exchange, New York Stock Exchange, and the NASDAQ.

Guide to Stock Mutual Funds covers more than 7,000 equity mutual funds, including balanced funds, international funds, and individual sector funds.

Guide to Bond and Money Market Mutual Funds covers more than 4,200 fixed-income mutual funds, including government bond funds, municipal bond funds, and corporate bond funds.

Guide to Exchange-Traded Funds covers more than 600 closed-end mutual funds, including growth funds, sector funds, international funds, municipal bond funds and other closed-end funds.

Guide to Common Stocks covers stocks on the American Stock Exchange, New York Stock Exchange, and the NASDAQ, plus more.

To Place your Print Guide Order

❶ Call Grey House Publishing at (800) 562-2139

❷ Order Online at www.greyhouse.com

www.thestreet.com/ratings

THESTREET.COM RATINGS' REPORTS AND SERVICES

See pricing below for each report and service.

Ratings Online — An on-line summary covering an individual company's TheStreet.com Financial Strength Rating or an investment's unique TheStreet.com Investment Rating with the factors contributing to that rating; available 24 hours a day by visiting www.thestreet.com/tscratings/.

Unlimited Ratings Research — The ultimate research tool providing fast, easy online access to the very latest TheStreet.com Financial Strength Ratings and Investment Ratings. Price: $559 per industry.

THESTREET.COM RATINGS' CUSTOM REPORTS

TheStreet.com Ratings is pleased to offer two customized options for receiving our data. Each taps into our vast data repositories and is designed to provide exactly the data you need. Choose from a variety of industries, companies, data variables, and delivery formats including print, Excel, SQL, Text or Access.

Customized Reports - get right to the heart of your company's research and data needs with a report customized with just the data you need.

Complete Database Download - we design and deliver the database; you're then free to sort it, recalculate it, and format your results to suit your specific needs.

To Place your Reports Order

❶ Call TheStreet.com at (800) 289-9222

❷ Order Online at www.thestreet.com/ratings

Grey House Publishing
Business Directories

The Directory of Business Information Resources, 2007
With 100% verification, over 1,000 new listings and more than 12,000 updates, this 2007 edition of *The Directory of Business Information Resources* is the most up-to-date source for contacts in over 98 business areas – from advertising and agriculture to utilities and wholesalers. This carefully researched volume details: the Associations representing each industry; the Newsletters that keep members current; the Magazines and Journals - with their "Special Issues" - that are important to the trade, the Conventions that are "must attends," Databases, Directories and Industry Web Sites that provide access to must-have marketing resources. Includes contact names, phone & fax numbers, web sites and e-mail addresses. This one-volume resource is a gold mine of information and would be a welcome addition to any reference collection.

"This is a most useful and easy-to-use addition to any researcher's library." –The Information Professionals Institute

2,500 pages; Softcover ISBN 1-59237-146-9, $195.00 ◆ Online Database $495.00

Nations of the World, 2007/08 A Political, Economic and Business Handbook
This completely revised edition covers all the nations of the world in an easy-to-use, single volume. Each nation is profiled in a single chapter that includes Key Facts, Political & Economic Issues, a Country Profile and Business Information. In this fast-changing world, it is extremely important to make sure that the most up-to-date information is included in your reference collection. This edition is just the answer. Each of the 200+ country chapters have been carefully reviewed by a political expert to make sure that the text reflects the most current information on Politics, Travel Advisories, Economics and more. You'll find such vital information as a Country Map, Population Characteristics, Inflation, Agricultural Production, Foreign Debt, Political History, Foreign Policy, Regional Insecurity, Economics, Trade & Tourism, Historical Profile, Political Systems, Ethnicity, Languages, Media, Climate, Hotels, Chambers of Commerce, Banking, Travel Information and more. Five Regional Chapters follow the main text and include a Regional Map, an Introductory Article, Key Indicators and Currencies for the Region. As an added bonus, an all-inclusive CD-ROM is available as a companion to the printed text. Noted for its sophisticated, up-to-date and reliable compilation of political, economic and business information, this brand new edition will be an important acquisition to any public, academic or special library reference collection.

"A useful addition to both general reference collections and business collections." –RUSQ

1,700 pages; Print Version Only Softcover ISBN 1-59237-177-9, $155.00

The Directory of Venture Capital & Private Equity Firms, 2007
This edition has been extensively updated and broadly expanded to offer direct access to over 2,800 Domestic and International Venture Capital Firms, including address, phone & fax numbers, e-mail addresses and web sites for both primary and branch locations. Entries include details on the firm's Mission Statement, Industry Group Preferences, Geographic Preferences, Average and Minimum Investments and Investment Criteria. You'll also find details that are available nowhere else, including the Firm's Portfolio Companies and extensive information on each of the firm's Managing Partners, such as Education, Professional Background and Directorships held, along with the Partner's E-mail Address. *The Directory of Venture Capital & Private Equity Firms* offers five important indexes: Geographic Index, Executive Name Index, Portfolio Company Index, Industry Preference Index and College & University Index. With its comprehensive coverage and detailed, extensive information on each company, *The Directory of Venture Capital & Private Equity Firms* is an important addition to any finance collection.

"The sheer number of listings, the descriptive information provided and the outstanding indexing make this directory a better value than its principal competitor, Pratt's Guide to Venture Capital Sources. Recommended for business collections in large public, academic and business libraries." –Choice

1,300 pages; Softcover ISBN 1-59237-176-0, $565.00/$450.00 Library ◆ Online Database (includes a free copy of the directory) $889.00

To preview any of our Directories Risk-Free for 30 days, call (800) 562-2139 or fax to (518) 789-0556

The Directory of Mail Order Catalogs, 2007

Published since 1981, the *Directory of Mail Order Catalogs* is the premier source of information on the mail order catalog industry. It is the source that business professionals and librarians have come to rely on for the thousands of catalog companies in the US. New for 2007, The Directory of Mail Order Catalogs has been combined with its companion volume, *The Directory of Business to Business Catalogs*, to offer all 13,000 catalog companies in one easy-to-use volume. Section I: Consumer Catalogs, covers over 9,000 consumer catalog companies in 44 different product chapters from Animals to Toys & Games. Section II: Business to Business Catalogs, details 5,000 business catalogs, everything from computers to laboratory supplies, building construction and much more. Listings contain detailed contact information including mailing address, phone & fax numbers, web sites, e-mail addresses and key contacts along with important business details such as product descriptions, employee size, years in business, sales volume, catalog size, number of catalogs mailed and more. Three indexes are included for easy access to information: Catalog & Company Name Index, Geographic Index and Product Index. *The Directory of Mail Order Catalogs*, now with its expanded business to business catalogs, is the largest and most comprehensive resource covering this billion-dollar industry. It is the standard in its field. This important resource is a useful tool for entrepreneurs searching for catalogs to pick up their product, vendors looking to expand their customer base in the catalog industry, market researchers, small businesses investigating new supply vendors, along with the library patron who is exploring the available catalogs in their areas of interest.

"This is a godsend for those looking for information." –Reference Book Review

1,700 pages; Softcover ISBN 1-59237-156-6 $350.00/$250.00 Library ♦ Online Database (includes a free copy of the directory) $495.00

Sports Market Place Directory, 2007

For over 20 years, this comprehensive, up-to-date directory has offered direct access to the Who, What, When & Where of the Sports Industry. With over 20,000 updates and enhancements, the *Sports Market Place Directory* is the most detailed, comprehensive and current sports business reference source available. In 1,800 information-packed pages, *Sports Market Place Directory* profiles contact information and key executives for: Single Sport Organizations, Professional Leagues, Multi-Sport Organizations, Disabled Sports, High School & Youth Sports, Military Sports, Olympic Organizations, Media, Sponsors, Sponsorship & Marketing Event Agencies, Event & Meeting Calendars, Professional Services, College Sports, Manufacturers & Retailers, Facilities and much more. *The Sports Market Place Directory* provides organization's contact information with detailed descriptions including: Key Contacts, physical, mailing, email and web addresses plus phone and fax numbers. Plus, nine important indexes make sure that you can find the information you're looking for quickly and easily: Entry Index, Single Sport Index, Media Index, Sponsor Index, Agency Index, Manufacturers Index, Brand Name Index, Facilities Index and Executive/Geographic Index. For over twenty years, *The Sports Market Place Directory* has assisted thousands of individuals in their pursuit of a career in the sports industry. Why not use "THE SOURCE" that top recruiters, headhunters and career placement centers use to find information on or about sports organizations and key hiring contacts.

1,800 pages; Softcover ISBN 1-59237-189-2, $225.00 ♦ Online Database $479.00

Food and Beverage Market Place, 2007

Food and Beverage Market Place is bigger and better than ever with thousands of new companies, thousands of updates to existing companies and two revised and enhanced product category indexes. This comprehensive directory profiles over 18,000 Food & Beverage Manufacturers, 12,000 Equipment & Supply Companies, 2,200 Transportation & Warehouse Companies, 2,000 Brokers & Wholesalers, 8,000 Importers & Exporters, 900 Industry Resources and hundreds of Mail Order Catalogs. Listings include detailed Contact Information, Sales Volumes, Key Contacts, Brand & Product Information, Packaging Details and much more. *Thomas Food and Beverage Market Place* is available as a three-volume printed set, a subscription-based Online Database via the Internet, on CD-ROM, as well as mailing lists and a licensable database.

"An essential purchase for those in the food industry but will also be useful in public libraries where needed. Much of the information will be difficult and time consuming to locate without this handy three-volume ready-reference source." –ARBA

8,500 pages, 3 Volume Set; Softcover ISBN 1-59237-152-3, $595.00 ♦ Online Database $795.00 ♦ Online Database & 3 Volume Set Combo, $995.00

To preview any of our Directories Risk-Free for 30 days, call (800) 562-2139 or fax to (518) 789-0556

The Grey House Homeland Security Directory, 2007

This updated edition features the latest contact information for government and private organizations involved with Homeland Security along with the latest product information and provides detailed profiles of nearly 1,000 Federal & State Organizations & Agencies and over 3,000 Officials and Key Executives involved with Homeland Security. These listings are incredibly detailed and include Mailing Address, Phone & Fax Numbers, Email Addresses & Web Sites, a complete Description of the Agency and a complete list of the Officials and Key Executives associated with the Agency. Next, *The Grey House Homeland Security Directory* provides the go-to source for Homeland Security Products & Services. This section features over 2,000 Companies that provide Consulting, Products or Services. With this Buyer's Guide at their fingertips, users can locate suppliers of everything from Training Materials to Access Controls, from Perimeter Security to BioTerrorism Countermeasures and everything in between – complete with contact information and product descriptions. A handy Product Locator Index is provided to quickly and easily locate suppliers of a particular product. Lastly, an Information Resources Section provides immediate access to contact information for hundreds of Associations, Newsletters, Magazines, Trade Shows, Databases and Directories that focus on Homeland Security. This comprehensive, information-packed resource will be a welcome tool for any company or agency that is in need of Homeland Security information and will be a necessary acquisition for the reference collection of all public libraries and large school districts.

"Compiles this information in one place and is discerning in content. A useful purchase for public and academic libraries." –Booklist

800 pages; Softcover ISBN 1-59237-151-5, $195.00 ◆ Online Database (includes a free copy of the directory) $385.00

The Grey House Transportation Security Directory & Handbook

This brand new title is the only reference of its kind that brings together current data on Transportation Security. With information on everything from Regulatory Authorities to Security Equipment, this top-flight database brings together the relevant information necessary for creating and maintaining a security plan for a wide range of transportation facilities. With this current, comprehensive directory at the ready you'll have immediate access to: Regulatory Authorities & Legislation; Information Resources; Sample Security Plans & Checklists; Contact Data for Major Airports, Seaports, Railroads, Trucking Companies and Oil Pipelines; Security Service Providers; Recommended Equipment & Product Information and more. Using the *Grey House Transportation Security Directory & Handbook*, managers will be able to quickly and easily assess their current security plans; develop contacts to create and maintain new security procedures; and source the products and services necessary to adequately maintain a secure environment. This valuable resource is a must for all Security Managers at Airports, Seaports, Railroads, Trucking Companies and Oil Pipelines.

800 pages; Softcover ISBN 1-59237-075-6, $195

The Grey House Safety & Security Directory, 2007

The Grey House Safety & Security Directory is the most comprehensive reference tool and buyer's guide for the safety and security industry. Arranged by safety topic, each chapter begins with OSHA regulations for the topic, followed by Training Articles written by top professionals in the field and Self-Inspection Checklists. Next, each topic contains Buyer's Guide sections that feature related products and services. Topics include Administration, Insurance, Loss Control & Consulting, Protective Equipment & Apparel, Noise & Vibration, Facilities Monitoring & Maintenance, Employee Health Maintenance & Ergonomics, Retail Food Services, Machine Guards, Process Guidelines & Tool Handling, Ordinary Materials Handling, Hazardous Materials Handling, Workplace Preparation & Maintenance, Electrical Lighting & Safety, Fire & Rescue and Security. The Buyer's Guide sections are carefully indexed within each topic area to ensure that you can find the supplies needed to meet OSHA's regulations. Six important indexes make finding information and product manufacturers quick and easy: Geographical Index of Manufacturers and Distributors, Company Profile Index, Brand Name Index, Product Index, Index of Web Sites and Index of Advertisers. This comprehensive, up-to-date reference will provide every tool necessary to make sure a business is in compliance with OSHA regulations and locate the products and services needed to meet those regulations.

"Presents industrial safety information for engineers, plant managers, risk managers, and construction site supervisors…" –Choice

1,500 pages, 2 Volume Set; Softcover ISBN 1-59237-160-4, $225.00

To preview any of our Directories Risk-Free for 30 days, call (800) 562-2139 or fax to (518) 789-0556

The Grey House Biometric Information Directory

The Biometric Information Directory is the only comprehensive source for current biometric industry information. This 2006 edition is the first published by Grey House. With 100% updated information, this latest edition offers a complete, current look, in both print and online form, of biometric companies and products – one of the fastest growing industries in today's economy. Detailed profiles of manufacturers of the latest biometric technology, including Finger, Voice, Face, Hand, Signature, Iris, Vein and Palm Identification systems. Data on the companies include key executives, company size and a detailed, indexed description of their product line. Plus, the Directory also includes valuable business resources, and current editorial make this edition the easiest way for the business community and consumers alike to access the largest, most current compilation of biometric industry information available on the market today. The new edition boasts increased numbers of companies, contact names and company data, with over 700 manufacturers and service providers. Information in the directory includes: Editorial on Advancements in Biometrics; Profiles of 700+ companies listed with contact information; Organizations, Trade & Educational Associations, Publications, Conferences, Trade Shows and Expositions Worldwide; Web Site Index; Biometric & Vendors Services Index by Types of Biometrics; and a Glossary of Biometric Terms. This resource will be an important source for anyone who is considering the use of a biometric product, investing in the development of biometric technology, support existing marketing and sales efforts and will be an important acquisition for the business reference collection for large public and business libraries.

800 pages; Softcover ISBN 1-59237-121-3, $225

The Rauch Guide to the US Adhesives & Sealants, Cosmetics & Toiletries, Ink, Paint, Plastics, Pulp & Paper and Rubber Industries

The Rauch Guides are known worldwide for their comprehensive marketing information. Acquired by Grey House Publishing in 2005, new updated and revised editions will be published throughout 2005 and 2006. Each Guide provides market facts and figures in a highly organized format, ideal for today's busy personnel, serving as ready-references for top executives as well as the industry newcomer. *The Rauch Guides* save time and money by organizing widely scattered information and providing estimates for important business decisions, some of which are available nowhere else. Each Guide is organized into several information-packed chapters. After a brief introduction, the ECONOMICS section provides data on industry shipments; long-term growth and forecasts; prices; company performance; employment, expenditures, and productivity; transportation and geographical patterns; packaging; foreign trade; and government regulations. Next, TECHNOLOGY & RAW MATERIALS provide market, technical, and raw material information for chemicals, equipment and related materials, including market size and leading suppliers, prices, end uses, and trends. PRODUCTS & MARKETS provide information for each major industry product, including market size and historical trends, leading suppliers, five-year forecasts, industry structure, and major end uses. For easy access, each *Guide* contains a chapter on INDUSTRY ACTIVITIES, ORGANIZATIONS & SOURCES OF INFORMATION with detailed information on meetings, exhibits, and trade shows, sources of statistical information, trade associations, technical and professional societies, and trade and technical periodicals. Next, the COMPANY DIRECTORY profiles major industry companies, both public and private. Generally several hundred companies are analyzed. Information includes complete contact information, web address, estimated total and domestic sales, product description, and recent mergers and acquisitions. Each Guide also contains several APPENDICES that provide a cross-reference of suppliers, subsidiaries and divisions. The Rauch Guides will prove to be an invaluable source of market information, company data, trends and forecasts that anyone in these fast-paced industries.

The Rauch Guide to the U.S. Paint Industry Softcover ISBN 1-59237-127-2 $595 ♦ The Rauch Guide to the U.S. Plastics Industry Softcover ISBN 1-59237-128-0 $595 ♦ The Rauch Guide to the U.S. Adhesives and Sealants Industry Softcover ISBN 1-59237-129-9 $595 ♦ The Rauch Guide to the U.S. Ink Industry Softcover ISBN 1-59237-126-4 $595 ♦ The Rauch Guide to the U.S. Rubber Industry Softcover ISBN 1-59237-130-2 $595 ♦ The Rauch Guide to the U.S. Pulp and Paper Industry Softcover ISBN 1-59237-131-0 $595 ♦ The Rauch Guide to the U.S. Cosmetic and Toiletries Industry Softcover ISBN 1-59237-132-9 $895

The Grey House Performing Arts Directory, 2007

The Grey House Performing Arts Directory is the most comprehensive resource covering the Performing Arts. This important directory provides current information on over 8,500 Dance Companies, Instrumental Music Programs, Opera Companies, Choral Groups, Theater Companies, Performing Arts Series and Performing Arts Facilities. Plus, this edition now contains a brand new section on Artist Management Groups. In addition to mailing address, phone & fax numbers, e-mail addresses and web sites, dozens of other fields of available information include mission statement, key contacts, facilities, seating capacity, season, attendance and more. This directory also provides an important Information Resources section that covers hundreds of Performing Arts Associations, Magazines, Newsletters, Trade Shows, Directories, Databases and Industry Web Sites. Five indexes provide immediate access to this wealth of information: Entry Name, Executive Name, Performance Facilities, Geographic and Information Resources. *The Grey House Performing Arts Directory* pulls together thousands of Performing Arts Organizations, Facilities and Information Resources into an easy-to-use source – this kind of comprehensiveness and extensive detail is not available in any resource on the market place today.

"Immensely useful and user-friendly ... recommended for public, academic and certain special library reference collections." –Booklist

1,500 pages; Softcover ISBN 1-59237-138-8, $185.00 ♦ Online Database $335.00

To preview any of our Directories Risk-Free for 30 days, call (800) 562-2139 or fax to (518) 789-0556

New York State Directory, 2007/08

The New York State Directory, published annually since 1983, is a comprehensive and easy-to-use guide to accessing public officials and private sector organizations and individuals who influence public policy in the state of New York. *The New York State Directory* includes important information on all New York state legislators and congressional representatives, including biographies and key committee assignments. It also includes staff rosters for all branches of New York state government and for federal agencies and departments that impact the state policy process. Following the state government section are 25 chapters covering policy areas from agriculture through veterans' affairs. Each chapter identifies the state, local and federal agencies and officials that formulate or implement policy. In addition, each chapter contains a roster of private sector experts and advocates who influence the policy process. The directory also offers appendices that include statewide party officials; chambers of commerce; lobbying organizations; public and private universities and colleges; television, radio and print media; and local government agencies and officials.

New York State Directory - 800 pages; Softcover ISBN 1-59237-190-6; $145.00
New York State Directory with Profiles of New York – 2 volumes; 1,600 pages; Softcover ISBN 1-59237-191-4; $225

Profiles of New York ♦ Profiles of Florida ♦ Profiles of Texas ♦ Profiles of Illinois ♦ Profiles of Michigan ♦ Profiles of Ohio ♦ Profiles of New Jersey ♦ Profiles of Massachusetts ♦ Profiles of Pennsylvania ♦ Profiles of Wisconsin ♦ Profiles of Connecticut ♦ Profiles of Indiana ♦ Profiles of North Carolina ♦ Profiles of Virginia ♦ Profiles of California

Packed with over 50 pieces of data that make up a complete, user-friendly profile of each state, these directories go even further by then pulling selected data and providing it in ranking list form for even easier comparisons between the 100 largest towns and cities! The careful layout gives the user an easy-to-read snapshot of every single place and county in the state, from the biggest metropolis to the smallest unincorporated hamlet. The richness of each place or county profile is astounding in its depth, from history to weather, all packed in an easy-to-navigate, compact format. No need for piles of multiple sources with this volume on your desk. Here is a look at just a few of the data sets you'll find in each profile: History, Geography, Climate, Population, Vital Statistics, Economy, Income, Taxes, Education, Housing, Health & Environment, Public Safety, Newspapers, Transportation, Presidential Election Results, Information Contacts and Chambers of Commerce. As an added bonus, there is a section on Selected Statistics, where data from the 100 largest towns and cities is arranged into easy-to-use charts. Each of 22 different data points has its own two-page spread with the cities listed in alpha order so researchers can easily compare and rank cities. A remarkable compilation that offers overviews and insights into each corner of the state, *Profiles of New York*, *Profiles of Florida* and *Profiles of Texas* go beyond Census statistics, beyond metro area coverage, beyond the 100 best places to live. Drawn from official census information, other government statistics and original research, you will have at your fingertips data that's available nowhere else in one single source. Data will be published on additional states in 2006 and 2007.

Each Profiles of… title ranges from 400-800 pages, priced at $149.00 each

Research Services Directory: Commercial & Corporate Research Centers

This Ninth Edition provides access to well over 8,000 independent Commercial Research Firms, Corporate Research Centers and Laboratories offering contract services for hands-on, basic or applied research. *Research Services Directory* covers the thousands of types of research companies, including Biotechnology & Pharmaceutical Developers, Consumer Product Research, Defense Contractors, Electronics & Software Engineers, Think Tanks, Forensic Investigators, Independent Commercial Laboratories, Information Brokers, Market & Survey Research Companies, Medical Diagnostic Facilities, Product Research & Development Firms and more. Each entry provides the company's name, mailing address, phone & fax numbers, key contacts, web site, e-mail address, as well as a company description and research and technical fields served. Four indexes provide immediate access to this wealth of information: Research Firms Index, Geographic Index, Personnel Name Index and Subject Index.

"An important source for organizations in need of information about laboratories, individuals and other facilities." –ARBA

1,400 pages; Softcover ISBN 1-59237-003-9, $395.00 ♦ Online Database (includes a free copy of the directory) $850.00

International Business and Trade Directories

Completely updated, the Third Edition of *International Business and Trade Directories* now contains more than 10,000 entries, over 2,000 more than the last edition, making this directory the most comprehensive resource of the worlds business and trade directories. Entries include content descriptions, price, publisher's name and address, web site and e-mail addresses, phone and fax numbers and editorial staff. Organized by industry group, and then by region, this resource puts over 10,000 industry-specific business and trade directories at the reader's fingertips. Three indexes are included for quick access to information: Geographic Index, Publisher Index and Title Index. Public, college and corporate libraries, as well as individuals and corporations seeking critical market information will want to add this directory to their marketing collection.

"Reasonably priced for a work of this type, this directory should appeal to larger academic, public and corporate libraries with an international focus." –Library Journal

1,800 pages; Softcover ISBN 1-930956-63-0, $225.00 ♦ Online Database (includes a free copy of the directory) $450.00

To preview any of our Directories Risk-Free for 30 days, call (800) 562-2139 or fax to (518) 789-0556

Grey House Publishing Canada
Canadian Information Resources

Canadian Almanac & Directory, 2007

The Canadian Almanac & Directory contains ten directories in one – giving you all the facts and figures you will ever need about Canada. No other single source provides users with the quality and depth of up-to-date information for all types of research. This national directory and guide gives you access to statistics, images and over 45,000 names and addresses for everything from Airlines to Zoos - updated every year. It's Ten Directories in One! Each section is a directory in itself, providing robust information on business and finance, communications, government, associations, arts and culture (museums, zoos, libraries, etc.), health, transportation, law, education, and more. Government information includes federal, provincial and territorial - and includes an easy-to-use quick index to find key information. A separate municipal government section includes every municipality in Canada, with full profiles of Canada's largest urban centers. A complete legal directory lists judges and judicial officials, court locations and law firms across the country. A wealth of general information, the Canadian Almanac & Directory also includes national statistics on population, employment, imports and exports, and more. National awards and honors are presented, along with forms of address, Commonwealth information and full color photos of Canadian symbols. Postal information, weights, measures, distances and other useful charts are also incorporated. Complete almanac information includes perpetual calendars, five-year holiday planners and astronomical information. Published continuously for 160 years, The Canadian Almanac & Directory is the best single reference source for business executives, managers and assistants; government and public affairs executives; lawyers; marketing, sales and advertising executives; researchers, editors and journalists.

Hardcover ISBN 978-1-89502-149-3; 1,600 pages; $315.00

Associations Canada, 2007

The Most Powerful Fact-Finder to Business, Trade, Professional and Consumer Organizations
Associations Canada covers Canadian organizations and international groups including industry, commercial and professional associations, registered charities, special interest and common interest organizations. This annually revised compendium provides detailed listings and abstracts for nearly 20,000 regional, national and international organizations. This popular volume provides the most comprehensive picture of Canada's non-profit sector. Detailed listings enable users to identify an organization's budget, founding date, scope of activity, licensing body, sources of funding, executive information, full address and complete contact information, just to name a few. Powerful indexes help researchers find information quickly and easily. The following indexes are included: subject, acronym, geographic, budget, executive name, conferences & conventions, mailing list, defunct and unreachable associations and registered charitable organizations. In addition to annual spending of over $1 billion on transportation and conventions alone, Canadian associations account for many millions more in pursuit of membership interests. Associations Canada provides complete access to this highly lucrative market. Associations Canada is a strong source of prospects for sales and marketing executives, tourism and convention officials, researchers, government officials - anyone who wants to locate non-profit interest groups and trade associations.

Hardcover ISBN 978-1-59237-219-5; 1,600 pages; $315.00

Financial Services Canada, 2007/08

Financial Services Canada is the only master file of current contacts and information that serves the needs of the entire financial services industry in Canada. With over 18,000 organizations and hard-to-find business information, Financial Services Canada is the most up-to-date source for names and contact numbers of industry professionals, senior executives, portfolio managers, financial advisors, agency bureaucrats and elected representatives. Financial Services Canada incorporates the latest changes in the industry to provide you with the most current details on each company, including: name, title, organization, telephone and fax numbers, e-mail and web addresses. Financial Services Canada also includes private company listings never before compiled, government agencies, association and consultant services - to ensure that you'll never miss a client or a contact. Current listings include: banks and branches, non-depository institutions, stock exchanges and brokers, investment management firms, insurance companies, major accounting and law firms, government agencies and financial associations. Powerful indexes assist researchers with locating the vital financial information they need. The following indexes are included: alphabetic, geographic, executive name, corporate web site/e-mail, government quick reference and subject. Financial Services Canada is a valuable resource for financial executives, bankers, financial planners, sales and marketing professionals, lawyers and chartered accountants, government officials, investment dealers, journalists, librarians and reference specialists.

900 pages; Hardcover ISBN 978-1-59237-221-8 $315.00

To preview any of our Directories Risk-Free for 30 days, call (800) 562-2139 or fax to (518) 789-0556

Directory of Libraries in Canada, 2007/08

The Directory of Libraries in Canada brings together almost 7,000 listings including libraries and their branches, information resource centers, archives and library associations and learning centers. The directory offers complete and comprehensive information on Canadian libraries, resource centers, business information centers, professional associations, regional library systems, archives, library schools and library technical programs. The Directory of Libraries in Canada includes important features of each library and service, including library information; personnel details, including contact names and e-mail addresses; collection information; services available to users; acquisitions budgets; and computers and automated systems. Useful information on each library's electronic access is also included, such as Internet browser, connectivity and public Internet/CD-ROM/subscription database access. The directory also provides powerful indexes for subject, location, personal name and Web site/e-mail to assist researchers with locating the crucial information they need. The Directory of Libraries in Canada is a vital reference tool for publishers, advocacy groups, students, research institutions, computer hardware suppliers, and other diverse groups that provide products and services to this unique market.

850 pages; Hardcover ISBN 978-1-59237-222-5; $315.00

Canadian Environmental Directory, 2007/08

The Canadian Environmental Directory is Canada's most complete and only national listing of environmental associations and organizations, government regulators and purchasing groups, product and service companies, special libraries, and more! The extensive Products and Services section provides detailed listings enabling users to identify the company name, address, phone, fax, e-mail, Web address, firm type, contact names (and titles), product and service information, affiliations, trade information, branch and affiliate data. The Government section gives you all the contact information you need at every government level – federal, provincial and municipal. We also include descriptions of current environmental initiatives, programs and agreements, names of environment-related acts administered by each ministry or department PLUS information and tips on who to contact and how to sell to governments in Canada. The Associations section provides complete contact information and a brief description of activities. Included are Canadian environmental organizations and international groups including industry, commercial and professional associations, registered charities, special interest and common interest organizations. All the Information you need about the Canadian environmental industry: directory of products and services, special libraries and resource, conferences, seminars and tradeshows, chronology of environmental events, law firms and major Canadian companies, The Canadian Environmental Directory is ideal for business, government, engineers and anyone conducting research on the environment.

Hardcover ISBN 978-1-59237-218-8; 900 pages; $315.00

To preview any of our Directories Risk-Free for 30 days, call (800) 562-2139 or fax to (518) 789-0556

Grey House Publishing
General Reference Titles

The Value of a Dollar 1600-1859, The Colonial Era to The Civil War

Following the format of the widely acclaimed, *The Value of a Dollar, 1860-2004*, *The Value of a Dollar 1600-1859, The Colonial Era to The Civil War* records the actual prices of thousands of items that consumers purchased from the Colonial Era to the Civil War. Our editorial department had been flooded with requests from users of our Value of a Dollar for the same type of information, just from an earlier time period. This new volume is just the answer – with pricing data from 1600 to 1859. Arranged into five-year chapters, each 5-year chapter includes a Historical Snapshot, Consumer Expenditures, Investments, Selected Income, Income/Standard Jobs, Food Basket, Standard Prices and Miscellany. There is also a section on Trends. This informative section charts the change in price over time and provides added detail on the reasons prices changed within the time period, including industry developments, changes in consumer attitudes and important historical facts. This fascinating survey will serve a wide range of research needs and will be useful in all high school, public and academic library reference collections.

600 pages; Hardcover ISBN 1-59237-094-2, $135.00

The Value of a Dollar 1860-2004, Third Edition

A guide to practical economy, *The Value of a Dollar* records the actual prices of thousands of items that consumers purchased from the Civil War to the present, along with facts about investment options and income opportunities. This brand new Third Edition boasts a brand new addition to each five-year chapter, a section on Trends. This informative section charts the change in price over time and provides added detail on the reasons prices changed within the time period, including industry developments, changes in consumer attitudes and important historical facts. Plus, a brand new chapter for 2000-2004 has been added. Each 5-year chapter includes a Historical Snapshot, Consumer Expenditures, Investments, Selected Income, Income/Standard Jobs, Food Basket, Standard Prices and Miscellany. This interesting and useful publication will be widely used in any reference collection.

"Recommended for high school, college and public libraries." –ARBA

600 pages; Hardcover ISBN 1-59237-074-8, $135.00

Working Americans 1880-1999
Volume I: The Working Class, Volume II: The Middle Class, Volume III: The Upper Class

Each of the volumes in the *Working Americans 1880-1999* series focuses on a particular class of Americans, The Working Class, The Middle Class and The Upper Class over the last 120 years. Chapters in each volume focus on one decade and profile three to five families. Family Profiles include real data on Income & Job Descriptions, Selected Prices of the Times, Annual Income, Annual Budgets, Family Finances, Life at Work, Life at Home, Life in the Community, Working Conditions, Cost of Living, Amusements and much more. Each chapter also contains an Economic Profile with Average Wages of other Professions, a selection of Typical Pricing, Key Events & Inventions, News Profiles, Articles from Local Media and Illustrations. The *Working Americans* series captures the lifestyles of each of the classes from the last twelve decades, covers a vast array of occupations and ethnic backgrounds and travels the entire nation. These interesting and useful compilations of portraits of the American Working, Middle and Upper Classes during the last 120 years will be an important addition to any high school, public or academic library reference collection.

"These interesting, unique compilations of economic and social facts, figures and graphs will support multiple research needs. They will engage and enlighten patrons in high school, public and academic library collections." –Booklist

Volume I: The Working Class ♦ 558 pages; Hardcover ISBN 1-891482-81-5, $145.00 ♦ Volume II: The Middle Class ♦ 591 pages; Hardcover ISBN 1-891482-72-6; $145.00 ♦ Volume III: The Upper Class ♦ 567 pages; Hardcover ISBN 1-930956-38-X, $145.00

Working Americans 1880-1999 Volume IV: Their Children

This Fourth Volume in the highly successful *Working Americans 1880-1999* series focuses on American children, decade by decade from 1880 to 1999. This interesting and useful volume introduces the reader to three children in each decade, one from each of the Working, Middle and Upper classes. Like the first three volumes in the series, the individual profiles are created from interviews, diaries, statistical studies, biographies and news reports. Profiles cover a broad range of ethnic backgrounds, geographic area and lifestyles – everything from an orphan in Memphis in 1882, following the Yellow Fever epidemic of 1878 to an eleven-year-old nephew of a beer baron and owner of the New York Yankees in New York City in 1921. Chapters also contain important supplementary materials including News Features as well as information on everything from Schools to Parks, Infectious Diseases to Childhood Fears along with Entertainment, Family Life and much more to provide an informative overview of the lifestyles of children from each decade. This interesting account of what life was like for Children in the Working, Middle and Upper Classes will be a welcome addition to the reference collection of any high school, public or academic library.

600 pages; Hardcover ISBN 1-930956-35-5, $145.00

To preview any of our Directories Risk-Free for 30 days, call (800) 562-2139 or fax to (518) 789-0556

Working Americans 1880-2003 Volume V: Americans At War

Working Americans 1880-2003 Volume V: Americans At War is divided into 11 chapters, each covering a decade from 1880-2003 and examines the lives of Americans during the time of war, including declared conflicts, one-time military actions, protests, and preparations for war. Each decade includes several personal profiles, whether on the battlefield or on the homefront, that tell the stories of civilians, soldiers, and officers during the decade. The profiles examine: Life at Home; Life at Work; and Life in the Community. Each decade also includes an Economic Profile with statistical comparisons, a Historical Snapshot, News Profiles, local News Articles, and Illustrations that provide a solid historical background to the decade being examined. Profiles range widely not only geographically, but also emotionally, from that of a girl whose leg was torn off in a blast during WWI, to the boredom of being stationed in the Dakotas as the Indian Wars were drawing to a close. As in previous volumes of the *Working Americans* series, information is presented in narrative form, but hard facts and real-life situations back up each story. The basis of the profiles come from diaries, private print books, personal interviews, family histories, estate documents and magazine articles. For easy reference, *Working Americans 1880-2003 Volume V: Americans At War* includes an in-depth Subject Index. The *Working Americans* series has become an important reference for public libraries, academic libraries and high school libraries. This fifth volume will be a welcome addition to all of these types of reference collections.

600 pages; Hardcover ISBN 1-59237-024-1; $145.00
Five Volume Set (Volumes I-V), Hardcover ISBN 1-59237-034-9, $675.00

Working Americans 1880-2005 Volume VI: Women at Work

Unlike any other volume in the *Working Americans* series, this Sixth Volume, is the first to focus on a particular gender of Americans. *Volume VI: Women at Work*, traces what life was like for working women from the 1860's to the present time. Beginning with the life of a maid in 1890 and a store clerk in 1900 and ending with the life and times of the modern working women, this text captures the struggle, strengths and changing perception of the American woman at work. Each chapter focuses on one decade and profiles three to five women with real data on Income & Job Descriptions, Selected Prices of the Times, Annual Income, Annual Budgets, Family Finances, Life at Work, Life at Home, Life in the Community, Working Conditions, Cost of Living, Amusements and much more. For even broader access to the events, economics and attitude towards women throughout the past 130 years, each chapter is supplemented with News Profiles, Articles from Local Media, Illustrations, Economic Profiles, Typical Pricing, Key Events, Inventions and more. This important volume illustrates what life was like for working women over time and allows the reader to develop an understanding of the changing role of women at work. These interesting and useful compilations of portraits of women at work will be an important addition to any high school, public or academic library reference collection.

600 pages; Hardcover ISBN 1-59237-063-2; $145.00

Working Americans 1880-2005 Volume VII: Social Movements

The newest addition to the widely-successful *Working Americans* series, *Volume VII: Social Movements* explores how Americans sought and fought for change from the 1880s to the present time. Following the format of previous volumes in the Working Americans series, the text examines the lives of 34 individuals who have worked -- often behind the scenes --- to bring about change. Issues include topics as diverse as the Anti-smoking movement of 1901 to efforts by Native Americans to reassert their long lost rights. Along the way, the book will profile individuals brave enough to demand suffrage for Kansas women in 1912 or demand an end to lynching during a March on Washington in 1923. Each profile is enriched with real data on Income & Job Descriptions, Selected Prices of the Times, Annual Incomes & Budgets, Life at Work, Life at Home, Life in the Community, along with News Features, Key Events, and Illustrations. The depth of information contained in each profile allow the user to explore the private, financial and public lives of these subjects, deepening our understanding of how calls for change took place in our society. A must-purchase for the reference collections of high school libraries, public libraries and academic libraries.

600 pages; Hardcover ISBN 1-59237-101-9; $145.00
Seven Volume Set (Volumes I-VII), Hardcover ISBN 1-59237-133-7, $945.00

The Encyclopedia of Warrior Peoples & Fighting Groups

Many military groups throughout the world have excelled in their craft either by fortuitous circumstances, outstanding leadership, or intense training. This new second edition of The Encyclopedia of Warrior Peoples and Fighting Groups explores the origins and leadership of these outstanding combat forces, chronicles their conquests and accomplishments, examines the circumstances surrounding their decline or disbanding, and assesses their influence on the groups and methods of warfare that followed. This edition has been completely updated with information through 2005 and contains over 20 new entries. Readers will encounter ferocious tribes, charismatic leaders, and daring militias, from ancient times to the present, including Amazons, Buffalo Soldiers, Green Berets, Iron Brigade, Kamikazes, Peoples of the Sea, Polish Winged Hussars, Sacred Band of Thebes, Teutonic Knights, and Texas Rangers. With over 100 alphabetical entries, numerous cross-references and illustrations, a comprehensive bibliography, and index, the Encyclopedia of Warrior Peoples and Fighting Groups is a valuable resource for readers seeking insight into the bold history of distinguished fighting forces.

"This work is especially useful for high school students, undergraduates, and general readers with an interest in military history." –Library Journal

Pub. Date: May 2006; Hardcover ISBN 1-59237-116-7; $135.00

To preview any of our Directories Risk-Free for 30 days, call (800) 562-2139 or fax to (518) 789-0556

The Encyclopedia of Invasions & Conquests, From the Ancient Times to the Present

Throughout history, invasions and conquests have played a remarkable role in shaping our world and defining our boundaries, both physically and culturally. This second edition of the popular Encyclopedia of Invasions & Conquests, a comprehensive guide to over 150 invasions, conquests, battles and occupations from ancient times to the present, takes readers on a journey that includes the Roman conquest of Britain, the Portuguese colonization of Brazil, and the Iraqi invasion of Kuwait, to name a few. New articles will explore the late 20th and 21st centuries, with a specific focus on recent conflicts in Afghanistan, Kuwait, Iraq, Yugoslavia, Grenada and Chechnya. Categories of entries include countries, invasions and conquests, and individuals. In addition to covering the military aspects of invasions and conquests, entries cover some of the political, economic, and cultural aspects, for example, the effects of a conquest on the invade country's political and monetary system and in its language and religion. The entries on leaders – among them Sargon, Alexander the Great, William the Conqueror, and Adolf Hitler – deal with the people who sought to gain control, expand power, or exert religious or political influence over others through military means. Revised and updated for this second edition, entries are arranged alphabetically within historical periods. Each chapter provides a map to help readers locate key areas and geographical features, and bibliographical references appear at the end of each entry. Other useful features include cross-references, a cumulative bibliography and a comprehensive subject index. This authoritative, well-organized, lucidly written volume will prove invaluable for a variety of readers, including high school students, military historians, members of the armed forces, history buffs and hobbyists.

"Engaging writing, sensible organization, nice illustrations, interesting and obscure facts, and useful maps make this book a pleasure to read." –ARBA

Pub. Date: March 2006; Hardcover ISBN 1-59237-114-0; $135.00

Encyclopedia of Prisoners of War & Internment

This authoritative second edition provides a valuable overview of the history of prisoners of war and interned civilians, from earliest times to the present. Written by an international team of experts in the field of POW studies, this fascinating and thought-provoking volume includes entries on a wide range of subjects including the Crusades, Plains Indian Warfare, concentration camps, the two world wars, and famous POWs throughout history, as well as atrocities, escapes, and much more. Written in a clear and easily understandable style, this informative reference details over 350 entries, 30% larger than the first edition, that survey the history of prisoners of war and interned civilians from the earliest times to the present, with emphasis on the 19th and 20th centuries. Medical conditions, international law, exchanges of prisoners, organizations working on behalf of POWs, and trials associated with the treatment of captives are just some of the themes explored. Entries range from the Ardeatine Caves Massacre to Kurt Vonnegut. Entries are arranged alphabetically, plus illustrations and maps are provided for easy reference. The text also includes an introduction, bibliography, appendix of selected documents, and end-of-entry reading suggestions. This one-of-a-kind reference will be a helpful addition to the reference collections of all public libraries, high schools, and university libraries and will prove invaluable to historians and military enthusiasts.

"Thorough and detailed yet accessible to the lay reader. Of special interest to subject specialists and historians; recommended for public and academic libraries." - Library Journal

Pub. Date: March 2006; Hardcover ISBN 1-59237-120-5; $135.00

The Religious Right, A Reference Handbook

Timely and unbiased, this third edition updates and expands its examination of the religious right and its influence on our government, citizens, society, and politics. From the fight to outlaw the teaching of Darwin's theory of evolution to the struggle to outlaw abortion, the religious right is continually exerting an influence on public policy. This text explores the influence of religion on legislation and society, while examining the alignment of the religious right with the political right. A historical survey of the movement highlights the shift to "hands-on" approach to politics and the struggle to present a unified front. The coverage offers a critical historical survey of the religious right movement, focusing on its increased involvement in the political arena, attempts to forge coalitions, and notable successes and failures. The text offers complete coverage of biographies of the men and women who have advanced the cause and an up to date chronology illuminate the movement's goals, including their accomplishments and failures. This edition offers an extensive update to all sections along with several brand new entries. Two new sections complement this third edition, a chapter on legal issues and court decisions and a chapter on demographic statistics and electoral patterns. To aid in further research, The Religious Right, offers an entire section of annotated listings of print and non-print resources, as well as of organizations affiliated with the religious right, and those opposing it. Comprehensive in its scope, this work offers easy-to-read, pertinent information for those seeking to understand the religious right and its evolving role in American society. A must for libraries of all sizes, university religion departments, activists, high schools and for those interested in the evolving role of the religious right.

" Recommended for all public and academic libraries." - Library Journal

Pub. Date: November 2006; Hardcover ISBN 1-59237-113-2; $135.00

To preview any of our Directories Risk-Free for 30 days, call (800) 562-2139 or fax to (518) 789-0556

From Suffrage to the Senate, America's Political Women
From Suffrage to the Senate is a comprehensive and valuable compendium of biographies of leading women in U.S. politics, past and present, and an examination of the wide range of women's movements. Up to date through 2006, this dynamically illustrated reference work explores American women's path to political power and social equality from the struggle for the right to vote and the abolition of slavery to the first African American woman in the U.S. Senate and beyond. This new edition includes over 150 new entries and a brand new section on trends and demographics of women in politics. The in-depth coverage also traces the political heritage of the abolition, labor, suffrage, temperance, and reproductive rights movements. The alphabetically arranged entries include biographies of every woman from across the political spectrum who has served in the U.S. House and Senate, along with women in the Judiciary and the U.S. Cabinet and, new to this edition, biographies of activists and political consultants. Bibliographical references follow each entry. For easy reference, a handy chronology is provided detailing 150 years of women's history. This up-to-date reference will be a must-purchase for women's studies departments, high schools and public libraries and will be a handy resource for those researching the key players in women's politics, past and present.

"An engaging tool that would be useful in high school, public, and academic libraries looking for an overview of the political history of women in the US." –Booklist

Pub. Date: October 2006; Two Volume Set; Hardcover ISBN 1-59237-117-5; $195.00

An African Biographical Dictionary
This landmark second edition is the only biographical dictionary to bring together, in one volume, cultural, social and political leaders – both historical and contemporary – of the sub-Saharan region. Over 800 biographical sketches of prominent Africans, as well as foreigners who have affected the continent's history, are featured, 150 more than the previous edition. The wide spectrum of leaders includes religious figures, writers, politicians, scientists, entertainers, sports personalities and more. Access to these fascinating individuals is provided in a user-friendly format. The biographies are arranged alphabetically, cross-referenced and indexed. Entries include the country or countries in which the person was significant and the commonly accepted dates of birth and death. Each biographical sketch is chronologically written; entries for cultural personalities add an evaluation of their work. This information is followed by a selection of references often found in university and public libraries, including autobiographies and principal biographical works. Appendixes list each individual by country and by field of accomplishment – rulers, musicians, explorers, missionaries, businessmen, physicists – nearly thirty categories in all. Another convenient appendix lists heads of state since independence by country. Up-to-date and representative of African societies as a whole, An African Biographical Dictionary provides a wealth of vital information for students of African culture and is an indispensable reference guide for anyone interested in African affairs.

"An unquestionable convenience to have these concise, informative biographies gathered into one source, indexed, and analyzed by appendixes listing entrants by nation and occupational field." –Wilson Library Bulletin

Pub. Date: July 2006; Hardcover ISBN 1-59237-112-4; $125.00

American Environmental Leaders, From Colonial Times to the Present
A comprehensive and diverse award winning collection of biographies of the most important figures in American environmentalism. Few subjects arouse the passions the way the environment does. How will we feed an ever-increasing population and how can that food be made safe for consumption? Who decides how land is developed? How can environmental policies be made fair for everyone, including multiethnic groups, women, children, and the poor? American Environmental Leaders presents more than 350 biographies of men and women who have devoted their lives to studying, debating, and organizing these and other controversial issues over the last 200 years. In addition to the scientists who have analyzed how human actions affect nature, we are introduced to poets, landscape architects, presidents, painters, activists, even sanitation engineers, and others who have forever altered how we think about the environment. The easy to use A–Z format provides instant access to these fascinating individuals, and frequent cross references indicate others with whom individuals worked (and sometimes clashed). End of entry references provide users with a starting point for further research.

"Highly recommended for high school, academic, and public libraries needing environmental biographical information." –Library Journal/Starred Review

Two Volume Set; Hardcover ISBN 1-57607-385-8 $175.00

World Cultural Leaders of the Twentieth Century
An expansive two volume set that covers 450 worldwide cultural icons, World Cultural Leaders of the Twentieth Century includes each person's works, achievements, and professional careers in a thorough essay. Who was the originator of the term "documentary"? Which poet married the daughter of the famed novelist Thomas Mann in order to help her escape Nazi Germany? Which British writer served as an agent in Russia against the Bolsheviks before the 1917 revolution? These and many more questions are answered in this illuminating text. A handy two volume set that makes it easy to look up 450 worldwide cultural icons: novelists, poets, playwrights, painters, sculptors, architects, dancers, choreographers, actors, directors, filmmakers, singers, composers, and musicians. World Cultural Leaders of the Twentieth Century provides entries (many of them illustrated) covering the person's works, achievements, and professional career in a thorough essay and offers interesting facts and statistics. Entries are fully cross-referenced so that readers can learn how various individuals influenced others. A thorough general index completes the coverage.

"Fills a need for handy, concise information on a wide array of international cultural figures." -ARBA

Two Volume Set; Hardcover ISBN 1-57607-038-7 $175.00

To preview any of our Directories Risk-Free for 30 days, call (800) 562-2139 or fax to (518) 789-0556

Universal Reference Publications
Statistical & Demographic Reference Books

America's Top-Rated Cities, 2007
America's Top-Rated Cities provides current, comprehensive statistical information and other essential data in one easy-to-use source on the 100 "top" cities that have been cited as the best for business and living in the U.S. This handbook allows readers to see, at a glance, a concise social, business, economic, demographic and environmental profile of each city, including brief evaluative comments. In addition to detailed data on Cost of Living, Finances, Real Estate, Education, Major Employers, Media, Crime and Climate, city reports now include Housing Vacancies, Tax Audits, Bankruptcy, Presidential Election Results and more. This outstanding source of information will be widely used in any reference collection.

"The only source of its kind that brings together all of this information into one easy-to-use source. It will be beneficial to many business and public libraries." –ARBA

2,500 pages, 4 Volume Set; Softcover ISBN 1-59237-184-1, $195.00

America's Top-Rated Smaller Cities, 2006/07
A perfect companion to *America's Top-Rated Cities*, *America's Top-Rated Smaller Cities* provides current, comprehensive business and living profiles of smaller cities (population 25,000-99,999) that have been cited as the best for business and living in the United States. Sixty cities make up this 2004 edition of *America's Top-Rated Smaller Cities*, all are top-ranked by Population Growth, Median Income, Unemployment Rate and Crime Rate. City reports reflect the most current data available on a wide-range of statistics, including Employment & Earnings, Household Income, Unemployment Rate, Population Characteristics, Taxes, Cost of Living, Education, Health Care, Public Safety, Recreation, Media, Air & Water Quality and much more. Plus, each city report contains a Background of the City, and an Overview of the State Finances. *America's Top-Rated Smaller Cities* offers a reliable, one-stop source for statistical data that, before now, could only be found scattered in hundreds of sources. This volume is designed for a wide range of readers: individuals considering relocating a residence or business; professionals considering expanding their business or changing careers; general and market researchers; real estate consultants; human resource personnel; urban planners and investors.

"Provides current, comprehensive statistical information in one easy-to-use source... Recommended for public and academic libraries and specialized collections." –Library Journal

1,100 pages; Softcover ISBN 1-59237-135-3, $160.00

Profiles of America: Facts, Figures & Statistics for Every Populated Place in the United States
Profiles of America is the only source that pulls together, in one place, statistical, historical and descriptive information about every place in the United States in an easy-to-use format. This award winning reference set, now in its second edition, compiles statistics and data from over 20 different sources – the latest census information has been included along with more than nine brand new statistical topics. This Four-Volume Set details over 40,000 places, from the biggest metropolis to the smallest unincorporated hamlet, and provides statistical details and information on over 50 different topics including Geography, Climate, Population, Vital Statistics, Economy, Income, Taxes, Education, Housing, Health & Environment, Public Safety, Newspapers, Transportation, Presidential Election Results and Information Contacts or Chambers of Commerce. Profiles are arranged, for ease-of-use, by state and then by county. Each county begins with a County-Wide Overview and is followed by information for each Community in that particular county. The Community Profiles within the county are arranged alphabetically. *Profiles of America* is a virtual snapshot of America at your fingertips and a unique compilation of information that will be widely used in any reference collection.

A Library Journal Best Reference Book "An outstanding compilation." –Library Journal

10,000 pages; Four Volume Set; Softcover ISBN 1-891482-80-7, $595.00

The Comparative Guide to American Suburbs, 2007
The Comparative Guide to American Suburbs is a one-stop source for Statistics on the 2,000+ suburban communities surrounding the 50 largest metropolitan areas – their population characteristics, income levels, economy, school system and important data on how they compare to one another. Organized into 50 Metropolitan Area chapters, each chapter contains an overview of the Metropolitan Area, a detailed Map followed by a comprehensive Statistical Profile of each Suburban Community, including Contact Information, Physical Characteristics, Population Characteristics, Income, Economy, Unemployment Rate, Cost of Living, Education, Chambers of Commerce and more. Next, statistical data is sorted into Ranking Tables that rank the suburbs by twenty different criteria, including Population, Per Capita Income, Unemployment Rate, Crime Rate, Cost of Living and more. *The Comparative Guide to American Suburbs* is the best source for locating data on suburbs. Those looking to relocate, as well as those doing preliminary market research, will find this an invaluable timesaving resource.

"Public and academic libraries will find this compilation useful...The work draws together figures from many sources and will be especially helpful for job relocation decisions." – Booklist

1,700 pages; Softcover ISBN 1-59237-180-9, $130.00

To preview any of our Directories Risk-Free for 30 days, call (800) 562-2139 or fax to (518) 789-0556

The Asian Databook: Statistics for all US Counties & Cities with Over 10,000 Population

This is the first-ever resource that compiles statistics and rankings on the US Asian population. *The Asian Databook* presents over 20 statistical data points for each city and county, arranged alphabetically by state, then alphabetically by place name. Data reported for each place includes Population, Languages Spoken at Home, Foreign-Born, Educational Attainment, Income Figures, Poverty Status, Homeownership, Home Values & Rent, and more. Next, in the Rankings Section, the top 75 places are listed for each data element. These easy-to-access ranking tables allow the user to quickly determine trends and population characteristics. This kind of comparative data can not be found elsewhere, in print or on the web, in a format that's as easy-to-use or more concise. A useful resource for those searching for demographics data, career search and relocation information and also for market research. With data ranging from Ancestry to Education, *The Asian Databook* presents a useful compilation of information that will be a much-needed resource in the reference collection of any public or academic library along with the marketing collection of any company whose primary focus in on the Asian population.

1,000 pages; Softcover ISBN 1-59237-044-6 $150.00

The Hispanic Databook: Statistics for all US Counties & Cities with Over 10,000 Population

Previously published by Toucan Valley Publications, this second edition has been completely updated with figures from the latest census and has been broadly expanded to include dozens of new data elements and a brand new Rankings section. The Hispanic population in the United States has increased over 42% in the last 10 years and accounts for 12.5% of the total US population. For ease-of-use, *The Hispanic Databook* presents over 20 statistical data points for each city and county, arranged alphabetically by state, then alphabetically by place name. Data reported for each place includes Population, Languages Spoken at Home, Foreign-Born, Educational Attainment, Income Figures, Poverty Status, Homeownership, Home Values & Rent, and more. Next, in the Rankings Section, the top 75 places are listed for each data element. These easy-to-access ranking tables allow the user to quickly determine trends and population characteristics. This kind of comparative data can not be found elsewhere, in print or on the web, in a format that's as easy-to-use or more concise. A useful resource for those searching for demographics data, career search and relocation information and also for market research. With data ranging from Ancestry to Education, *The Hispanic Databook* presents a useful compilation of information that will be a much-needed resource in the reference collection of any public or academic library along with the marketing collection of any company whose primary focus in on the Hispanic population.

"This accurate, clearly presented volume of selected Hispanic demographics is recommended for large public libraries and research collections."-Library Journal

1,000 pages; Softcover ISBN 1-59237-008-X, $150.00

Ancestry in America: A Comparative Guide to Over 200 Ethnic Backgrounds

This brand new reference work pulls together thousands of comparative statistics on the Ethnic Backgrounds of all populated places in the United States with populations over 10,000. Never before has this kind of information been reported in a single volume. Section One, Statistics by Place, is made up of a list of over 200 ancestry and race categories arranged alphabetically by each of the 5,000 different places with populations over 10,000. The population number of the ancestry group in that city or town is provided along with the percent that group represents of the total population. This informative city-by-city section allows the user to quickly and easily explore the ethnic makeup of all major population bases in the United States. Section Two, Comparative Rankings, contains three tables for each ethnicity and race. In the first table, the top 150 populated places are ranked by population number for that particular ancestry group, regardless of population. In the second table, the top 150 populated places are ranked by the percent of the total population for that ancestry group. In the third table, those top 150 populated places with 10,000 population are ranked by population number for each ancestry group. These easy-to-navigate tables allow users to see ancestry population patterns and make city-by-city comparisons as well. Plus, as an added bonus with the purchase of *Ancestry in America*, a free companion CD-ROM is available that lists statistics and rankings for all of the 35,000 populated places in the United States. This brand new, information-packed resource will serve a wide-range or research requests for demographics, population characteristics, relocation information and much more. *Ancestry in America: A Comparative Guide to Over 200 Ethnic Backgrounds* will be an important acquisition to all reference collections.

"This compilation will serve a wide range of research requests for population characteristics ... it offers much more detail than other sources." —Booklist

1,500 pages; Softcover ISBN 1-59237-029-2, $225.00

To preview any of our Directories Risk-Free for 30 days, call (800) 562-2139 or fax to (518) 789-0556

The American Tally: Statistics & Comparative Rankings for U.S. Cities with Populations over 10,000

This important statistical handbook compiles, all in one place, comparative statistics on all U.S. cities and towns with a 10,000+ population. *The American Tally* provides statistical details on over 4,000 cities and towns and profiles how they compare with one another in Population Characteristics, Education, Language & Immigration, Income & Employment and Housing. Each section begins with an alphabetical listing of cities by state, allowing for quick access to both the statistics and relative rankings of any city. Next, the highest and lowest cities are listed in each statistic. These important, informative lists provide quick reference to which cities are at both extremes of the spectrum for each statistic. Unlike any other reference, *The American Tally* provides quick, easy access to comparative statistics – a must-have for any reference collection.

"A solid library reference." -Bookwatch

500 pages; Softcover ISBN 1-930956-29-0, $125.00

The Environmental Resource Handbook, 2007/08

The Environmental Resource Handbook is the most up-to-date and comprehensive source for Environmental Resources and Statistics. Section I: Resources provides detailed contact information for thousands of information sources, including Associations & Organizations, Awards & Honors, Conferences, Foundations & Grants, Environmental Health, Government Agencies, National Parks & Wildlife Refuges, Publications, Research Centers, Educational Programs, Green Product Catalogs, Consultants and much more. Section II: Statistics, provides statistics and rankings on hundreds of important topics, including Children's Environmental Index, Municipal Finances, Toxic Chemicals, Recycling, Climate, Air & Water Quality and more. This kind of up-to-date environmental data, all in one place, is not available anywhere else on the market place today. This vast compilation of resources and statistics is a must-have for all public and academic libraries as well as any organization with a primary focus on the environment.

"…the intrinsic value of the information make it worth consideration by libraries with environmental collections and environmentally concerned users." –Booklist

1,000 pages; Softcover ISBN 1-59237-195-7, $155.00 ♦ Online Database $300.00

Weather America, A Thirty-Year Summary of Statistical Weather Data and Rankings

This valuable resource provides extensive climatological data for over 4,000 National and Cooperative Weather Stations throughout the United States. *Weather America* begins with a new Major Storms section that details major storm events of the nation and a National Rankings section that details rankings for several data elements, such as Maximum Temperature and Precipitation. The main body of *Weather America* is organized into 50 state sections. Each section provides a Data Table on each Weather Station, organized alphabetically, that provides statistics on Maximum and Minimum Temperatures, Precipitation, Snowfall, Extreme Temperatures, Foggy Days, Humidity and more. State sections contain two brand new features in this edition – a City Index and a narrative Description of the climatic conditions of the state. Each section also includes a revised Map of the State that includes not only weather stations, but cities and towns.

"Best Reference Book of the Year." –Library Journal

2,013 pages; Softcover ISBN 1-891482-29-7, $175.00

Crime in America's Top-Rated Cities

This volume includes over 20 years of crime statistics in all major crime categories: violent crimes, property crimes and total crime. *Crime in America's Top-Rated Cities* is conveniently arranged by city and covers 76 top-rated cities. *Crime in America's Top-Rated Cities* offers details that compare the number of crimes and crime rates for the city, suburbs and metro area along with national crime trends for violent, property and total crimes. Also, this handbook contains important information and statistics on Anti-Crime Programs, Crime Risk, Hate Crimes, Illegal Drugs, Law Enforcement, Correctional Facilities, Death Penalty Laws and much more. A much-needed resource for people who are relocating, business professionals, general researchers, the press, law enforcement officials and students of criminal justice.

"Data is easy to access and will save hours of searching." –Global Enforcement Review

832 pages; Softcover ISBN 1-891482-84-X, $155.00

To preview any of our Directories Risk-Free for 30 days, call (800) 562-2139 or fax to (518) 789-0556

Sedgwick Press
Health Directories

The Complete Directory for People with Disabilities, 2007
A wealth of information, now in one comprehensive sourcebook. Completely updated, this edition contains more information than ever before, including thousands of new entries and enhancements to existing entries and thousands of additional web sites and e-mail addresses. This up-to-date directory is the most comprehensive resource available for people with disabilities, detailing Independent Living Centers, Rehabilitation Facilities, State & Federal Agencies, Associations, Support Groups, Periodicals & Books, Assistive Devices, Employment & Education Programs, Camps and Travel Groups. Each year, more libraries, schools, colleges, hospitals, rehabilitation centers and individuals add *The Complete Directory for People with Disabilities* to their collections, making sure that this information is readily available to the families, individuals and professionals who can benefit most from the amazing wealth of resources cataloged here.

"No other reference tool exists to meet the special needs of the disabled in one convenient resource for information." –Library Journal

1,200 pages; Softcover ISBN 1-59237-147-7, $165.00 ♦ Online Database $215.00 ♦ Online Database & Directory Combo $300.00

The Complete Directory for People with Chronic Illness, 2007/08
Thousands of hours of research have gone into this completely updated 2005/06 edition – several new chapters have been added along with thousands of new entries and enhancements to existing entries. Plus, each chronic illness chapter has been reviewed by an medical expert in the field. This widely-hailed directory is structured around the 90 most prevalent chronic illnesses – from Asthma to Cancer to Wilson's Disease – and provides a comprehensive overview of the support services and information resources available for people diagnosed with a chronic illness. Each chronic illness has its own chapter and contains a brief description in layman's language, followed by important resources for National & Local Organizations, State Agencies, Newsletters, Books & Periodicals, Libraries & Research Centers, Support Groups & Hotlines, Web Sites and much more. This directory is an important resource for health care professionals, the collections of hospital and health care libraries, as well as an invaluable tool for people with a chronic illness and their support network.

"A must purchase for all hospital and health care libraries and is strongly recommended for all public library reference departments." –ARBA

1,200 pages; Softcover ISBN 1-59237-183-3, $165.00 ♦ Online Database $215.00 ♦ Online Database & Directory Combo $300.00

The Complete Learning Disabilities Directory, 2007
The Complete Learning Disabilities Directory is the most comprehensive database of Programs, Services, Curriculum Materials, Professional Meetings & Resources, Camps, Newsletters and Support Groups for teachers, students and families concerned with learning disabilities. This information-packed directory includes information about Associations & Organizations, Schools, Colleges & Testing Materials, Government Agencies, Legal Resources and much more. For quick, easy access to information, this directory contains four indexes: Entry Name Index, Subject Index and Geographic Index. With every passing year, the field of learning disabilities attracts more attention and the network of caring, committed and knowledgeable professionals grows every day. This directory is an invaluable research tool for these parents, students and professionals.

"Due to its wealth and depth of coverage, parents, teachers and others… should find this an invaluable resource." -Booklist

900 pages; Softcover ISBN 1-59237-122-1, $145.00 ♦ Online Database $195.00 ♦ Online Database & Directory Combo $280.00

The Complete Mental Health Directory, 2006/07
This is the most comprehensive resource covering the field of behavioral health, with critical information for both the layman and the mental health professional. For the layman, this directory offers understandable descriptions of 25 Mental Health Disorders as well as detailed information on Associations, Media, Support Groups and Mental Health Facilities. For the professional, *The Complete Mental Health Directory* offers critical and comprehensive information on Managed Care Organizations, Information Systems, Government Agencies and Provider Organizations. This comprehensive volume of needed information will be widely used in any reference collection.

"… the strength of this directory is that it consolidates widely dispersed information into a single volume." –Booklist

800 pages; Softcover ISBN 1-59237-124-8, $165.00 ♦ Online Database $215.00 ♦ Online & Directory Combo $300.00

To preview any of our Directories Risk-Free for 30 days, call (800) 562-2139 or fax to (518) 789-0556

Older Americans Information Directory, 2006/07

Completely updated for 2006/07, this sixth edition has been completely revised and now contains 1,000 new listings, over 8,000 updates to existing listings and over 3,000 brand new e-mail addresses and web sites. You'll find important resources for Older Americans including National, Regional, State & Local Organizations, Government Agencies, Research Centers, Libraries & Information Centers, Legal Resources, Discount Travel Information, Continuing Education Programs, Disability Aids & Assistive Devices, Health, Print Media and Electronic Media. Three indexes: Entry Index, Subject Index and Geographic Index make it easy to find just the right source of information. This comprehensive guide to resources for Older Americans will be a welcome addition to any reference collection.

"Highly recommended for academic, public, health science and consumer libraries..." –Choice

1,200 pages; Softcover ISBN 1-59237-136-1, $165.00 ♦ Online Database $215.00 ♦ Online Database & Directory Combo $300.00

The Complete Directory for Pediatric Disorders, 2007

This important directory provides parents and caregivers with information about Pediatric Conditions, Disorders, Diseases and Disabilities, including Blood Disorders, Bone & Spinal Disorders, Brain Defects & Abnormalities, Chromosomal Disorders, Congenital Heart Defects, Movement Disorders, Neuromuscular Disorders and Pediatric Tumors & Cancers. This carefully written directory offers: understandable Descriptions of 15 major bodily systems; Descriptions of more than 200 Disorders and a Resources Section, detailing National Agencies & Associations, State Associations, Online Services, Libraries & Resource Centers, Research Centers, Support Groups & Hotlines, Camps, Books and Periodicals. This resource will provide immediate access to information crucial to families and caregivers when coping with children's illnesses.

"Recommended for public and consumer health libraries." –Library Journal

1,200 pages; Softcover ISBN 1-59237-150-7 $165.00 ♦ Online Database $215.00 ♦ Online Database & Directory Combo $300.00

The Directory of Drug & Alcohol Residential Rehabilitation Facilities

This brand new directory is the first-ever resource to bring together, all in one place, data on the thousands of drug and alcohol residential rehabilitation facilities in the United States. *The Directory of Drug & Alcohol Residential Rehabilitation Facilities* covers over 1,000 facilities, with detailed contact information for each one, including mailing address, phone and fax numbers, email addresses and web sites, mission statement, type of treatment programs, cost, average length of stay, numbers of residents and counselors, accreditation, insurance plans accepted, type of environment, religious affiliation, education components and much more. It also contains a helpful chapter on General Resources that provides contact information for Associations, Print & Electronic Media, Support Groups and Conferences. Multiple indexes allow the user to pinpoint the facilities that meet very specific criteria. This time-saving tool is what so many counselors, parents and medical professionals have been asking for. *The Directory of Drug & Alcohol Residential Rehabilitation Facilities* will be a helpful tool in locating the right source for treatment for a wide range of individuals. This comprehensive directory will be an important acquisition for all reference collections: public and academic libraries, case managers, social workers, state agencies and many more.

"This is an excellent, much needed directory that fills an important gap..." –Booklist

300 pages; Softcover ISBN 1-59237-031-4, $135.00

To preview any of our Directories Risk-Free for 30 days, call (800) 562-2139 or fax to (518) 789-0556

Sedgwick Press
Education Directories

The Comparative Guide to American Elementary & Secondary Schools, 2007

The only guide of its kind, this award winning compilation offers a snapshot profile of every public school district in the United States serving 1,500 or more students – more than 5,900 districts are covered. Organized alphabetically by district within state, each chapter begins with a Statistical Overview of the state. Each district listing includes contact information (name, address, phone number and web site) plus Grades Served, the Numbers of Students and Teachers and the Number of Regular, Special Education, Alternative and Vocational Schools in the district along with statistics on Student/Classroom Teacher Ratios, Drop Out Rates, Ethnicity, the Numbers of Librarians and Guidance Counselors and District Expenditures per student. As an added bonus, *The Comparative Guide to American Elementary and Secondary Schools* provides important ranking tables, both by state and nationally, for each data element. For easy navigation through this wealth of information, this handbook contains a useful City Index that lists all districts that operate schools within a city. These important comparative statistics are necessary for anyone considering relocation or doing comparative research on their own district and would be a perfect acquisition for any public library or school district library.

"This straightforward guide is an easy way to find general information. Valuable for academic and large public library collections." –ARBA

2,400 pages; Softcover ISBN 1-59237-223-6, $125.00

Educators Resource Directory, 2007/08

Educators Resource Directory is a comprehensive resource that provides the educational professional with thousands of resources and statistical data for professional development. This directory saves hours of research time by providing immediate access to Associations & Organizations, Conferences & Trade Shows, Educational Research Centers, Employment Opportunities & Teaching Abroad, School Library Services, Scholarships, Financial Resources, Professional Consultants, Computer Software & Testing Resources and much more. Plus, this comprehensive directory also includes a section on Statistics and Rankings with over 100 tables, including statistics on Average Teacher Salaries, SAT/ACT scores, Revenues & Expenditures and more. These important statistics will allow the user to see how their school rates among others, make relocation decisions and so much more. For quick access to information, this directory contains four indexes: Entry & Publisher Index, Geographic Index, a Subject & Grade Index and Web Sites Index. *Educators Resource Directory* will be a well-used addition to the reference collection of any school district, education department or public library.

"Recommended for all collections that serve elementary and secondary school professionals." –Choice

1,000 pages; Softcover ISBN 1-59237-179-5, $145.00 ◆ Online Database $195.00 ◆ Online Database & Directory Combo $280.00

To preview any of our Directories Risk-Free for 30 days, call (800) 562-2139 or fax to (518) 789-0556

Sedgwick Press
Hospital & Health Plan Directories

The Comparative Guide to American Hospitals, 2007

This is the first ever resource to compare all of the nation's hospitals by 17 measures of quality in the treatment of heart attack, heart failure and pneumonia. This data is based on the Hospital Compare study, produced by Medicare, and is available in print and in a unique and user-friendly format from Grey House Publishing, along with extra contact information from Grey House's *Directory of Hospital Personnel*. *The Comparative Guide to American Hospitals* provides a snapshot profile of each of the nations 6,000 hospitals. These informative profiles illustrate how the hospital rates in 17 important areas: Heart Attack Care (% who receive Aspirin at Arrival, Aspirin at Discharge, ACE Inhibitor for LVSD, Beta Blocker at Arrival, Beta Blocker at Discharge, Thrombolytic Agent Received, PTCA Received and Adult Smoking Cessation Advice); Heart Failure (% who receive LVF Assessment, ACE Inhibitor for LVSD, Discharge Instructions, Adult Smoking Cessation Advice); and Pneumonia (% who receive Initial Antibiotic Timing, Pneumococcal Vaccination, Oxygenation Assessment, Blood Culture Performed and Adult Smoking Cessation Advice). Each profile includes the raw percentage for that hospital, the state average, the US average and data on the top hospital. For easy access to contact information, each profile includes the hospitals address, phone and fax numbers, email and web addresses, type and accreditation along with 5 top key administrations. These profiles will allow the user to quickly identify the quality of the hospital and have the necessary information at their fingertips to make contact with that hospital. Most importantly, *The Comparative Guide to American Hospitals* provides an easy-to-use Ranking Table for each of the data elements to allow the user to quickly locate the hospitals with the best level of service. This brand new title will be a must for the reference collection at all public, medical and academic libraries.

2,500 pages; Softcover ISBN 1-59237-182-5; $225.00

The Directory of Hospital Personnel, 2007

The Directory of Hospital Personnel is the best resource you can have at your fingertips when researching or marketing a product or service to the hospital market. A "Who's Who" of the hospital universe, this directory puts you in touch with over 150,000 key decision-makers. With 100% verification of data you can rest assured that you will reach the right person with just one call. Every hospital in the U.S. is profiled, listed alphabetically by city within state. Plus, three easy-to-use, cross-referenced indexes put the facts at your fingertips faster and more easily than any other directory: Hospital Name Index, Bed Size Index and Personnel Index. *The Directory of Hospital Personnel* is the only complete source for key hospital decision-makers by name. Whether you want to define or restructure sales territories… locate hospitals with the purchasing power to accept your proposals… keep track of important contacts or colleagues… or find information on which insurance plans are accepted, *The Directory of Hospital Personnel* gives you the information you need – easily, efficiently, effectively and accurately.

"Recommended for college, university and medical libraries." -ARBA

2,500 pages; Softcover ISBN 1-59237-178-7 $325.00 ◆ Online Database $545.00 ◆ Online Database & Directory Combo, $650.00

The Directory of Health Care Group Purchasing Organizations, 2006

This comprehensive directory provides the important data you need to get in touch with over 800 Group Purchasing Organizations. By providing in-depth information on this growing market and its members, *The Directory of Health Care Group Purchasing Organizations* fills a major need for the most accurate and comprehensive information on over 800 GPOs – Mailing Address, Phone & Fax Numbers, E-mail Addresses, Key Contacts, Purchasing Agents, Group Descriptions, Membership Categorization, Standard Vendor Proposal Requirements, Membership Fees & Terms, Expanded Services, Total Member Beds & Outpatient Visits represented and more. Five Indexes provide a number of ways to locate the right GPO: Alphabetical Index, Expanded Services Index, Organization Type Index, Geographic Index and Member Institution Index. With its comprehensive and detailed information on each purchasing organization, *The Directory of Health Care Group Purchasing Organizations* is the go-to source for anyone looking to target this market.

"The information is clearly arranged and easy to access…recommended for those needing this very specialized information." –ARBA

1,000 pages; Softcover ISBN 1-59237-0091-8, $325.00 ◆ Online Database, $650.00 ◆ Online Database & Directory Combo, $750.00

To preview any of our Directories Risk-Free for 30 days, call (800) 562-2139 or fax to (518) 789-0556

The HMO/PPO Directory, 2007

The HMO/PPO Directory is a comprehensive source that provides detailed information about Health Maintenance Organizations and Preferred Provider Organizations nationwide. This comprehensive directory details more information about more managed health care organizations than ever before. Over 1,100 HMOs, PPOs, Medicare Advantage Plans and affiliated companies are listed, arranged alphabetically by state. Detailed listings include Key Contact Information, Prescription Drug Benefits, Enrollment, Geographical Areas served, Affiliated Physicians & Hospitals, Federal Qualifications, Status, Year Founded, Managed Care Partners, Employer References, Fees & Payment Information and more. Plus, five years of historical information is included related to Revenues, Net Income, Medical Loss Ratios, Membership Enrollment and Number of Patient Complaints. Five easy-to-use, cross-referenced indexes will put this vast array of information at your fingertips immediately: HMO Index, PPO Index, Other Providers Index, Personnel Index and Enrollment Index. *The HMO/PPO Directory* provides the most comprehensive data on the most companies available on the market place today.

"Helpful to individuals requesting certain HMO/PPO issues such as co-payment costs, subscription costs and patient complaints. Individuals concerned (or those with questions) about their insurance may find this text to be of use to them." –ARBA

600 pages; Softcover ISBN 1-59237-158-2, $325.00 ♦ Online Database, $495.00 ♦ Online Database & Directory Combo, $600.00

Medical Device Register, 2007

The only one-stop resource of every medical supplier licensed to sell products in the US. This award-winning directory offers immediate access to over 13,000 companies - and more than 65,000 products – in two information-packed volumes. This comprehensive resource saves hours of time and trouble when searching for medical equipment and supplies and the manufacturers who provide them. Volume I: The Product Directory, provides essential information for purchasing or specifying medical supplies for every medical device, supply, and diagnostic available in the US. Listings provide FDA codes & Federal Procurement Eligibility, Contact information for every manufacturer of the product along with Prices and Product Specifications. Volume 2 - Supplier Profiles, offers the most complete and important data about Suppliers, Manufacturers and Distributors. Company Profiles detail the number of employees, ownership, method of distribution, sales volume, net income, key executives detailed contact information medical products the company supplies, plus the medical specialties they cover. Four indexes provide immediate access to this wealth of information: Keyword Index, Trade Name Index, Supplier Geographical Index and OEM (Original Equipment Manufacturer) Index. Medical Device Register, 2007 is the only one-stop source for locating suppliers and products; looking for new manufacturers or hard-to-find medical devices; comparing products and companies; know who's selling what and who to buy from cost effectively. This directory has become the standard in its field and will be a welcome addition to the reference collection of any medical library, large public library, university library along with the collections that serve the medical community.

"A wealth of information on medical devices, medical device companies… and key personnel in the industry is provide in this comprehensive reference work… A valuable reference work, one of the best hardcopy compilations available." -Doody Publishing

3,000 pages Two Volumes; Hardcover ISBN 1-59237-181-7; $325.00

The Directory of Independent Ambulatory Care Centers

This first edition of *The Directory of Independent Ambulatory Care Centers* provides access to detailed information that, before now, could only be found scattered in hundreds of different sources. This comprehensive and up-to-date directory pulls together a vast array of contact information for over 7,200 Ambulatory Surgery Centers, Ambulatory General and Urgent Care Clinics, and Diagnostic Imaging Centers that are not affiliated with a hospital or major medical center. Detailed listings include Mailing Address, Phone & Fax Numbers, E-mail and Web Site addresses, Contact Name and Phone Numbers of the Medical Director and other Key Executives and Purchasing Agents, Specialties & Services Offered, Year Founded, Numbers of Employees and Surgeons, Number of Operating Rooms, Number of Cases seen per year, Overnight Options, Contracted Services and much more. Listings are arranged by State, by Center Category and then alphabetically by Organization Name. Two indexes provide quick and easy access to this wealth of information: Entry Name Index and Specialty/Service Index. *The Directory of Independent Ambulatory Care Centers* is a must-have resource for anyone marketing a product or service to this important industry and will be an invaluable tool for those searching for a local care center that will meet their specific needs.

"Among the numerous hospital directories, no other provides information on independent ambulatory centers. A handy, well-organized resource that would be useful in medical center libraries and public libraries." –Choice

986 pages; Softcover ISBN 1-930956-90-8, $185.00 ♦ Online Database, $365.00 ♦ Online Database & Directory Combo, $450.00

To preview any of our Directories Risk-Free for 30 days, call (800) 562-2139 or fax to (518) 789-0556

Invest like the pros with this no-risk offer from
TheStreet.com

Get a free trial to your choice of 3 products.

Pick the product that fits your investment style. This is your chance to get up-to-the-minute market analysis, stock recommendations, insightful strategies, research and commentary from the premiere financial information resource, *The Street.com*.

Our respected Wall Street specialists span all sectors, evaluating thousands of stocks — thereby streamlining what could otherwise be a very time-consuming, overwhelming process for investors.

The unbiased, innovative leader. *TheStreet.com* delivers timely, unbiased information through a range of premium products. And, for a limited time, we're offering a free trial to three of our most popular ones:

TheStreet.com *Action Alerts PLUS* by Jim Cramer

Jim Cramer, who was one of the most successful hedge fund managers on Wall Street and is now a renowned financial commentator, sends you email alerts of every buy and sell he recommends — before he acts on any one of them.

TheStreet.com Stock UNDER $10

Designed for the relatively risk-tolerant, email alerts are sent throughout the week pinpointing undervalued, low-priced stocks across any sector.

TheStreet.com RealMoney

You receive up to 15 exclusive stories daily written by more than 45 contributing Wall Street pros. The focus is on investment commentary, analysis and potential money-making ideas.

Make more educated investing decisions.

To get your free 30-day trial, call 1-800-706-2501

Monday–Friday, 8 a.m.–6 p.m. ET; outside the U.S. and in Canada, call 1-212-321-5200.

Make sure you mention "Library Offer" and one of the following promotional codes:
Action Alerts PLUS: PRAA-0084   *Stocks Under $10*: PRSU-0019   *RealMoney*: PRRM-0072

Your time is an investment, too...Use it wisely with TheStreet.com

NO COST, NO OBLIGATION POLICY: Your trial to *TheStreet.com* product you select is at no cost and no obligation to you. This means that your credit card will not be charged during the trial period, allowing you to cancel the trial at no cost to you. You may cancel the trial during the trial period with no obligation to continue by calling customer service at 1-800-706-2501. Otherwise, after the trial period you will be charged for and continue to receive the subscription.

Please note: Your subscription will not begin until your free trial ends.

IMPORTANT SECURITIES DISCLAIMER: *The Street.com Ratings, Inc.* is a wholly owned subsidiary of *TheStreet.com, Inc.* which is a publisher and has registered as an investment adviser with the U.S. Securities and Exchange Commission. No content published by *TheStreet.com Ratings* or *TheStreet.com* constitutes a recommendation that any particular security, portfolio of securities, transaction or investment strategy is suitable for any specific person. None of the information providers or their affiliates will advise you personally concerning the nature, potential, value or suitability of any particular security, portfolio of securities, transaction, investment strategy or other matter.

Past performance is not indicative of future results.

TheStreet.com Ratings and *TheStreet.com* products may contain opinions from time to time with regard to securities mentioned in other products offered by *TheStreet.com*, and those opinions may be different from those obtained by using another product offered by *TheStreet.com*. Although we do not permit our editorial staff to hold positions in individual stocks other than *TheStreet.com*, from time to time, outside contributing columnists or their affiliates may write about securities in which they or their firms have a position, and that they may trade for their own account. In cases where the position is held at the time of publication, appropriate disclosure is made. In addition, outside contributing columnists may be subject to certain restrictions on trading for their own account. However, at the time of any transaction that you make, one or more contributing columnists or their affiliates may have a position in the securities written about. In addition, certain of *TheStreet.com's* affiliates and employees may, from time to time, have long and short positions in, or buy or sell the securities, or derivatives thereof, of companies mentioned and may take positions inconsistent with the views expressed. With respect to *Action Alerts PLUS* and *TheStreet.com Stocks Under $10*, the authors are subject to additional restrictions. To view these restrictions and complete terms of use please visit http://www.thestreet.com/tsc/commerce/terms/tou-sb-38.html and http://www.thestreet.com/tsc/commerce/terms/tou-sb-9.html.

© 2006 TheStreet.com, Inc., 14 Wall Street, 15th Floor, New York, NY 10005.

Invest like the pros with this no-risk offer from

TheStreet.com

Get a **FREE TRIAL** to your choice of 3 products.

TheStreet.com
Action Alerts PLUS
by Jim Cramer

Jim Cramer, who was one of the most successful hedge fund managers on Wall Street and is now a renowned financial commentator, sends you email alerts of every buy and sell he recommends — before he acts on any one of them.

TheStreet.com
Stock$10 UNDER

Designed for the relatively risk-tolerant, email alerts are sent throughout the week pinpointing undervalued, low-priced stocks across any sector.

TheStreet.com
RealMoney

You receive up to 15 exclusive stories daily written by more than 45 contributing Wall Street pros. The focus is on investment commentary, analysis and potential money-making ideas.

Make more educated investing decisions.

To get your free 30-day trial, call 1-800-706-2501

Monday–Friday, 8 a.m.–6 p.m. ET; outside the U.S. and in Canada, call 1-212-321-5200.

Make sure you mention "Library Offer" and one of the following promotional codes:

Action Alerts PLUS: PRAA-0084   **Stocks Under $10**: PRSU-0019   **RealMoney**: PRRM-0072

Your time is an investment, too...Use it wisely with TheStreet.com

NO COST, NO OBLIGATION POLICY: Your trial to *TheStreet.com* product you select is at no cost and no obligation to you. This means that your credit card will not be charged during the trial period, allowing you to cancel the trial at no cost to you. You may cancel the trial during the trial period with no obligation to continue by calling customer service at 1-800-706-2501. Otherwise, after the trial period you will be charged for and continue to receive the subscription.

Please note: Your subscription will not begin until your free trial ends.

IMPORTANT SECURITIES DISCLAIMER: *The Street.com Ratings, Inc.* is a wholly owned subsidiary of *TheStreet.com, Inc.* which is a publisher and has registered as an investment adviser with the U.S. Securities and Exchange Commission. No content published by *TheStreet.com Ratings* or *TheStreet.com* constitutes a recommendation that any particular security, portfolio of securities, transaction or investment strategy is suitable for any specific person. None of the information providers or their affiliates will advise you personally concerning the nature, potential, value or suitability of any particular security, portfolio of securities, transaction, investment strategy or other matter.

Past performance is not indicative of future results.

TheStreet.com Ratings and *TheStreet.com* products may contain opinions from time to time with regard to securities mentioned in other products offered by *TheStreet.com*, and those opinions may be different from those obtained by using another product offered by *TheStreet.com*. Although we do not permit our editorial staff to hold positions in individual stocks other than *TheStreet.com*, from time to time, outside contributing columnists or their affiliates may write about securities in which they or their firms have a position, and that they may trade for their own account. In cases where the position is held at the time of publication, appropriate disclosure is made. In addition, outside contributing columnists may be subject to certain restrictions on trading for their own account. However, at the time of any transaction that you make, one or more contributing columnists or their affiliates may have a position in the securities written about. In addition, certain of *TheStreet.com's* affiliates and employees may, from time to time, have long and short positions in, or buy or sell the securities, or derivatives thereof, of companies mentioned and may take positions inconsistent with the views expressed. With respect to *Action Alerts PLUS* and *TheStreet.com Stocks Under $10*, the authors are subject to additional restrictions. To view these restrictions and complete terms of use please visit http://www.thestreet.com/tsc/commerce/terms/tou-sb-38.html and http://www.thestreet.com/tsc/commerce/terms/tou-sb-9.html.

© 2006 TheStreet.com, Inc., 14 Wall Street, 15th Floor, New York, NY 10005.